COLLECTION

DE

DOCUMENTS INÉDITS

SUR L'HISTOIRE DE FRANCE,

PUBLIÉS PAR LES SOINS

DE SON EXCELLENCE LE MINISTRE DE L'INSTRUCTION PUBLIQUE.

PREMIÈRE SÉRIE.

HISTOIRE POLITIQUE.

ARCHIVES

ADMINISTRATIVES ET LÉGISLATIVES

DE LA VILLE DE REIMS.

COLLECTION
DE PIÈCES INÉDITES

POUVANT SERVIR

A L'HISTOIRE DES INSTITUTIONS

DANS L'INTÉRIEUR DE LA CITÉ,

PAR PIERRE VARIN,

ANCIEN SECRÉTAIRE DU COMITÉ DES CHARTES ET INSCRIPTIONS, CONSERVATEUR-ADJOINT
DE LA BIBLIOTHÈQUE DE L'ARSENAL.

Humani generis mores tibi nosse volenti
Sufficit una domus. . . . . .
(JUVÉNAL, sat. XIII, v. 160.)

TABLE GÉNÉRALE DES MATIÈRES
PAR M. L. AMIEL,
Collaborateur de M. Varin.

PARIS,
IMPRIMERIE DE CH. LAHURE,
ANCIENNE MAISON CRAPELET,
RUE DE VAUGIRARD, 9.

M DCCC LIII.

ARCHIVES

DE

LA VILLE DE REIMS.

TABLE GÉNÉRALE

DES MATIÈRES.

On trouvera à la fin de cette table générale une table distincte et raisonnée des dates omises à la marge, et par conséquent confondues dans le texte, où l'œil du lecteur les trouverait difficilement. Par ce moyen, on embrassera sans effort toute la période chronologique de l'histoire de Reims.

A.

Aalis, femme de Raoul de Noeroi. *Arch. adm.*, t. I, p. 742.

— la Bernarde, revenderesse. *Arch. adm.*, t. II, p. 827.

— femme de Gui Lescot. *Arch. adm.*, t. II, p. 828.

— femme de Gérard Truyete. *Arch. adm.*, t. I, p. 1096.

— femme de Jehan de Montoison. *Arch. adm.*, t. II, p. 42.

— dit Saint-Mataingue. *Arch. adm.*, t. II, p. 530.

— le Pasquarde. *Arch. adm.*, t. II, p. 603.

Aalis, femme de Grenier (Guillaume). *Arch. adm.*, t. II, p. 805.

Aalot, censitaire de S.-Remi-de-Reims. *Arch. lég.*, iie part., *statuts*, ier vol., p. 168.

Aamoises (Bauduin des), bourgeois de Reims. *Arch. adm.*, t. II, p. 97, 250.

Aaron, frère de Moyse. *Arch. adm.*, t. II, p. 1024; *Arch. lég.*, ire part., p. 349, 356; iie part., *statuts*, iie vol., p. 251.

Abadon, nom hébreu du diable. *Arch. lég.*, ire part., p. 435.

Abaie-mort, voy. Aboie-mort.

Abailard (P.) cite avec honneur deux professeurs célèbres de Reims. *Arch. adm.*, t. I, p. 666.

Abandonium (abandon, désistement). *Arch. adm.*, t. I, p. 628, 644.

Abbas, voy. Abbé, Affligimensis, Alchiacensis, Alneto (de), Altivillaris, Alto-fonte (de), Alto-monte (de), Andrenensis, Aquincincense (de), Ardemboure (de), Arroisia (de), Aucamp, Aurelianensis, Ayolicurte (de), Beatæ-Mariæ-de-Chokes, Beaulieu-en-Argonne, Bella-Valle (de), Bellevallis, Belloloco (de), Belloprato (de), Belval, Bergensis-S.-Winoci, Bignon, Blanche, Blanchiacensis, Bohory, Bonæ-Spei, Bonifontis, Bonne-Fontaine, Boudello (de), Bourg-Moyen-de-Bois, Bucillies (de), Bucillis-pro-Ham (de), Cagia (de), Calvomonte (de), Camberonensis, Canduco (de), Cantipratensis-in-Cameraco, Capella (de), Caro-Campo (de), Cartovoro (de), Caspædei, Castello-in-Moricani (de), Castrices (de), Chalade, Charrot (de), Charymeya (de), Chaumont-la-Piscine, Chehery (abb. de), Cheminone (de), Chesiaco (de), Chisonnensis (de), Cîteaux (abbé général de l'ordre de), Clarevallensis, Claris-Fontibus (de), Clarofageto (de), Claromarisco (de), Cluniacensis, Congrelo (de), Crispinio (de), Cuissiacensis, Dervinensis, Dodellivilla (de), Donno-Martino (de), Duniis (de), Dusel, Ellencio (de), Escout-in-Brugensi (de), Essomis (de), Evressen (de), Eyhamencis-prope-Ardenarde, Fedemiensis, Foisinacensis, Foresti-monasterii, Fourmezeles (de), Gardo (de), Getho (de), Grambergis (de), Hamensis-in-Viromandia, Hamensis-prope-Lilers, Hannon (de), Hemio-Litardi (de), Homblières (de), Honnecuriensis, Igny, Irval, Karoliloci, Landèves, Laudons [Dunœ?] prope-Brugium (de), Lesiensis, Lisques (de), Lo (de), Lobiensis, Loci-restaurati, Loco-Dei (de), Longo-Ponte (de), Longovado (de), Longovillari (de), Louvois, Loz-prope-Insulam (de), Mairy, Majoris-monasterii-Turonensis, Margueniis (de), Maricolensis, Marmoutiers, Marolio (de), Maurimontis, Molesme, Monasteriis-in-Argonia (de), Moncellis (de), Moncello-S.-Quintini (de), Montis-Eligii, Montis-S.-Martini, Moreuil, Mosomio (de), Murrimonte (de), Ninive (de), Nogento-sub-Coucyum (de), Noirmont, Omnium-sanctorum-in-Insula-cathalaunensi, Orbacensis, Orbais, Orione (de), Ostain, Parco (de), Phalempin (de), Præmostratensis, Regalimonte (de), Regiaco (de), Roberies (de), S.-Acheoli, S.-Alberti-Cameracensis, S.-Amandi-in-Pabulo, S.-Andreæ-in-Castello, S.-Andreæ-in-Nemore, S.-Andreæ-prope-Brugium, S.-Augustini-morinensis, S.-Bartholomei-Noviomensis, S.-Basoli-Remensis, S.-Bavonis-in-Gandavo, S.-Benoît-sur-Loire, S.-Bertini-in-S.-Audomaro, S.-Bertremieu, S.-Crispini-in-Cavea, S.-Crispini-majoris, S.-Dionysii-Remensis, S.-Dyonisii-in-Brokereya, S.-Eligii-Fontis, S.-Eligii-Noviomensis, S.-Elizabeth-de-Genlis, S.-Foilliani-de-Rodio, S.-Frigidomonte (de), S.-Fusciani-in-Nemore, S.-Georges-de-Bocherville, S.-Geremari-in-Flagiaco, S.-Gisseni (seu Gisleni), S.-Hubert-de-Liége, S.-Huberti, S.-Jacobi-Pruvinensis, S.-Johannis-Ambianensis, S.-Johannis-in-Vineis-Suessionensis, S.-Johannis-Laudunensis, S.-Johannis-Morinensis, S.-Johannis-Valencenensis, S.-Judoci-supra-mare, S.-Justi-præmostratensis, S.-Leodegarii-Suessionensis, S.-Luciani-Belvacensis, S.-Magloire, S.-Mange, S.-Mangii-cathalaunensis, S.-Marc-de-Soissons, S.-Mariæ-de-Virtuto, S.-Mariæ-in-Bolonia, S.-Mariæ-in-Bosco, S.-Mariæ-in-Britolio, S.-Martin-de-Laon, S.-Mar-

tin-d'Épernay, S.-Martini-de-Gemellis, S.-Martini-in-Bosco, S.-Martini-in-Ypra, S.-Martini-Laudunensis, S.-Martini-Metensis, S.-Martini-Tornacensis, S.-Maxime, S.-Médard-de-Soissons, S.-Medardi, S.-Memmie, S.-Michaelis-in-Antuverpia, S.-Michaelis-in-Terrescha, S.-Nichasii-in-Pratis, S.-Nichasii-Remensis, S.-Nicholai-de-Ribaudi-monti, S.-Nicholai-Furnensis, S.-Nicolai-in-Bosco, S.-Pauli-Virdunensis, S.-Petri-ad-Montes-Cathalaunenses, S.-Petri-de-Corbeio, S.-Petri-de-Selincuria, S.-Petri-in-Gandavo, S.-Pierre-au-Mont, S.-Prejecti-in-S.-Quintino, S.-Pry, S.-Quintini-Belvacensis, S.-Quintini-in-insula, S.-Remigii-Remensis, S.-Salini-in-monasteroliis, S.-Salvatoris-de-Virtuto, S.-Sauve, S.-Sepulchri-Cameracensis, S.-Stephani-Divionensis, S.-Symphoriani-Belvacensis, S.-Thenailles, S.-Theodorici-Remensis, S.-Urbani, S.-Vincencii-Laudunensis, S.-Vincentii-Silvanectensis, S.-Vithonii-Virodunensis, S.-Wlmari-in-Nemore, S.-Yvodii-de-Brana, Sainte-Geneviève-de-Reims, Senonensis, Septemfoncium, Seriaco (de), Signiacensis, Signy-l'Abbaye, Sparnacensis, Sparnicensis, Sylva-in-Gasconia (de), Tenellis (de), Tornacensis, Toussaints, Trenchiennes-prope-Gandavum (de), Tribus-Fontibus (de), Ursi-campo (de), Vallis-Christianæ, Vallis-Claræ, Vallis-secretæ, Vallis-serenæ, Valoiles (de), Valroy, Vaucellensis, Vermans (de), Viconia (de), Victoria (de), Virdunensis, Visenolio (de), Warneston (de), Watenes (de), Zenebecca (de), Zoutendale (de).

Abbatia, voy. Monasterium, Abbaye.

Abbatissa, voy. Abbesse, Avenayo (de), Avesnis-prope-Bapalmas (de), Beatæ-Mariæ-in-Bosco-justa-bellum-Locum, Beatæ-Mariæ-suessionensis, Bertoldicuria (de), Bourbouro (de), Clarismarici, Clarismarisco-juxta-Masuris (de), Cordigerarum-remensium, Courtanberchge, Danaim (de), Dullandio (de), Estreben (de), Favorques-juxta-S.-Quintinum (de), Foresto (de), Gillenghien (de), Gisnes (de), Merken, Messiniensis, Morgnyvalle (de), Oregniaco (de), Origny, Premiaco-prope-Cameracum (de), S.-Austrabertæ-in-Monsteriolio, S.-Damiani Remensis, S.-Étienne-de-Reims, S.-Johannis-in-Bosco, S.-Justi-prope-Belvacum, S.-Mariæ-in-Bosco, S.-Mauri-Virdunensis, S.-Petri-Remensis, S.-Remigii-Silvanectensis, Val-de-Grâce-de-Paris.

Abbatis installatio. *Arch. lég.*, 1re part., t. I, p. 90, 145.

— molindina. *Arch. lég.*, 11e part., *statuts*, t. I, p. 185.

— sancti-Remigii Curia. *Arch. adm.*, t. I, p. 308, 827.

Abbatis-Villa, voy. Abbeville.

Abbatisvilla-Clugniacensis (prior de). *Arch. adm.*, t. II, p. 638.

— voy. Abbeville.

Abbatisvillæ capitulum. *Arch. adm.*, t. II, p. 637.

Abbaye, voy. Abbatia.

— de Saint-Thierry de Reims (château de l'), démoli et rasé. *Arch. adm.*, t. III, p. 148.

— voy. Avenay, Cercamp, Champagne, Chaumont-la-Piscine, Cosla (de), Crisy, Erlaus, Ermières, Espar, Fécamp, Hautvillers, Marsna (de), Micy, Molesmes, Montier-en-Der, Mouson, Ressons, Ronceray, Sainte-Trinité, Saint-Bertin, Saint-Germain-des-Prés, Saint-Jean-de-Laon, Saint-Jean-des-Vignes-lez-Soissons, Saint-Martin-de-Laon, Saint-Martin-d'Ypres, Saint-Quintin-en l'Isle, Thierry-au-Mont-d'Or, Saint-Thierry de Reims, S.-Remigii-Remensis, Saint-Sparnaco (de), Trois-Fontaines, Vallis-Dei.

Abbaye de Saint-Remy (statuts de l'). *Arch. lég.*, ii° part., *statuts*, i°° vol., p. 165.

—(maison de l') *Arch. adm.*, t. III, p. 620.

— de Saint-Remi de Reims (réformation de l'). *Arch. lég.*, ii° part., *statuts*, i°° vol., p. 199.

Abbé, voy. Abbas.

— (Jehan l'), bourgeois de Reims. *Arch. adm.*, t. II, p. 394, 663, 697; *Arch. lég.*, ii° part., *statuts*, i°° vol., p. 592, 616, 634; voy. Labbé (Jean).

— (pré l'). *Arch. adm.*, t. III, p. 601.

— voy. Melin (Jean), dit l'Abbé.

— de Saint-Remy de Reims (serment de l'), formule dudit. *Arch. lég.*, ii° part., *statuts*, i°° vol., p. 166.

Abbeit (Johannes l'), voy. Abbé (Jean l').

—(Moulin de l'). *Arch. lég.*, ii° part., *statuts*, i°° vol., p. 829.

Abbeville (ville d'), voy. Abbatis-Villa. *Arch. adm.*, t. II, p. 1004; t. III, p. 37; *Arch. lég.*, ii° part., *statuts*, ii° vol., p. 604.

Abbo, évêque. *Arch. lég.*, ii° part., *statuts*, i°° vol., p. 83.

— rector Cœnobii Floriacensis. *Arch. adm.*, t. I, p. 128, 202.

Abdenago (Anger), marchand tapissier. *Arch. lég.*, ii° part., *statuts*, ii° vol., p. 441.

Abdication (acte d'). *Arch. adm.*, t. I, p. 174.

Abel, archevêque de Reims, observation critique de D. Vincent au sujet dudit. *Arch. adm.*, t. I, p. 27.

Abertus, prêtre. *Arch. lég.*, ii° part., *statuts*, i°° vol., p. 121.

Abiron, lévite. *Arch. adm.*, t. I, p. 208, 279.

Abiudis, laïca, voy. Albuidis.

Ablancourt (village d'). *Arch. lég.*, i°° part., p. 878, 919.

Ableige (Maupou d'); intendant de justice en Poitou. *Arch. lég.*, ii° part., *statuts*, ii° vol., p. 291.

Abnurage, rentes de chevaux, à Bétheniville. *Arch. adm.*, t. III, p. 40.

Aboie-Mort, grosse cloche de Reims pour les funérailles. *Arch. adm.*, t. I, p. 987; *Arch. lég.*, ii° part., p. 23.

Abrada, laica. *Arch. lég.*, ii° part., *statuts*, i°° vol., p. 88.

Abraham, patriarche. *Arch. adm.*, t. I, p. 189, 437; *Arch. lég.*, i°° part., p. 315, 478; ii° part., *statuts*, ii° vol., p. 251.

— (Jacques), noble de Reims. *Arch. lég.*, i°° part., p. 894.

— tailleur d'habits. *Arch. lég.*, ii° part., *statuts*, ii° vol., p. 531.

Abreuvoir, voy. Reims (abreuvoirs de).

Absalon, fils du roi David. *Arch. lég.*, i°° part., p. 317, 359.

Absolutio (absolution). *Arch. adm.*, t. I, p. 567, 609, 639, 641. — Amende pécuniaire infligée pour l'obtenir, p. 659. *Arch. lég.*, i°° part., p. 55, 75, 96, 99, 100, 125, 389, 399.

— -ad-cautelam. Comment taxée à la cour spirituelle. *Arch. lég.*, i°° part., p. 31, 32, 41, 45, 90, 97, 175, 206, 219, 328, 340.

Academia, voy. Remensis acad.

Academici, voy. Parisienses.

Acarin Renerus, voy. Aquarin.

— (C.), marchand à Reims. *Arch. adm.*, t. II, p. 486.

— (Gilles), bourgeois de Reims. *Arch. adm.*, t. II, p. 492; t. III, p. 70, 80.

— (Renier), chevalier, voy. Champigny (Reinier Acarin de).

Acarinus, prêtre. *Arch. adm.*, t. I, p. 410.

Acate-Tout (Raoulés), boulanger. *Arch. adm.*, t. I, p. 767.

Accidia (paresse). *Arch. lég.*, 1re part., p. 358.

Accles, terres données à Saint-Nicaise de Reims par Innocent II. *Arch. adm.*, t. I, p. 288; *Arch. lég.*, 11e part., *statuts*, 1er vol., p. 169. Voy. Acelesterra (de).

Accompletus (parachevé). *Arch. adm.*, t. III, p. 851.

Accordum (accord). *Arch. adm.*, t. II, p. 709, 931, 933; t. III, p. 375, 399, 525, 678, 706, 727, 801, 851.

Aceles-terra, voy. Accles.

Acelin (Coleçon), bourgeois de Reims. *Arch. lég.*, 11e part., *statuts*, 1er vol., p. 650.

Aceyo (patronagium de), voy. Acy.

— (Renaudus de), miles, vend à l'église de Reims la dîme d'Acy. *Arch. lég.*, 11e part., *statuts*, 1er vol., p. 100.

— (terra de). *Arch. lég.*, 11e part., *statuts*, 1er vol., p. 103.

— (monasterium de). *Arch. adm.*, t. I, p. 1059.

— (parrochia de), voy. Acy-Romance (paroisse de).

— (capella de). *Arch. adm.*, t. II, p. 1107.

— Voy. S. Egidius (de).

— (Villa de), voy. Acy [village d'].

— (Odardus de), miles. *Arch. adm.*, t. I, p. 424.

— (Stephanus de), miles. *Arch. adm.*, t. I, p. 425.

— (decima de). *Arch. lég.*, 11e part., *statuts*, 1er vol., p. 93, 100.

Achadeus, comes, offre son fils à l'abbaye de Saint-Remi de Reims. *Arch. adm.*, t. I, p. 65.

Achaimus, sous-diacre. *Arch. lég.*, 11e part., *statuts*, 1er vol., p. 120.

Achar, voy. Achaz.

Acharin (Gilet), voy. Acarin (Gilles).

Acharinus, fils de Petrus, vidame de Reims. *Arch. adm.*, t. I, p. 367.

— prêtre de S.-Étienne de Reims. *Arch. adm.*, t. I, p. 498; *Arch. lég.*, 11e part., *statuts*, 1er vol., p. 172?

Acharius, sous-diacre et chanoine. *Arch. lég.*, 11e part., *statuts*, 1er vol., p. 94.

Achaz, roi de Judée. *Arch. adm.*, t. I, p. 194; *Arch. lég.*, 1re part., p. 433.

Achery (dom), bénédictin, spicilége dudit allégué. *Arch. adm.*, t. I, p. 560.

Achet (Robert), curé de Neuville-sur-Margival. *Arch. lég.*, 1re part., p. 884.

Achillas. *Arch. lég.*, 11e part., *statuts*, 11e vol., p. 762.

Acier (Jehan), tabellion de Sainte-Menehould. *Arch. adm.*, t. II, p. 1013, 1017.

Acloquais (Coquard), marchand. *Arch. lég.*, 11e part., *statuts*, 11e vol. p. 797.

Acosta (Theles d'), grand-maître des eaux et forêts de Champagne. *Arch. lég.*, 11e part., *statuts*, 11e vol., p. 15.

Acquestum, voy. Acquêt.

Acquêt. *Arch. adm.*, t. II, p. 103; *Arch. lég.*, 1re part., p. 609, 615, 630, 633, 648, 660, 680, 684, 686, 703, 931.

Acquinciacum. *Arch. adm.*, t. II, p. 639.

Acquincincensis abbas. *Arch. adm.*, t. II, p. 638.

Acquincurtis. *Arch. adm.*, t. II, p. 641. Vide Haimeriis (de).

Acquitare (acquitter). *Arch. adm.*, t. I, p. 451.

Acra (Franco de), miles. *Arch. adm.*, t. II, p. 451.

Acranvilla, voy. Aincreville.

Acranvilla (presbyter de). *Arch. adm.*, t. II, p. 1092.

— (parrochia de), voy. Aincreville (paroisse de).

Acranvilla (patronagium de). *Arch. adm.*, t. II, p. 1094.

Acrier (croix d'), voy. Croix-à-Crys. *Arch. adm.*, t. II, p. 319; t. III, p. 649.

Aculiaca-curte (alodium de). *Arch. adm.*, t. I, p. 218.

Acy (Hugues d'), archevêque de Reims. Procès dudit avec les échevins. *Arch. adm.*, t. III, p. 24.

— (village d'). *Arch. adm.*, t. I, p. 309, 349, 453; t. III, p. 109; *Arch. lég.*, ıʳᵉ part., p. 910.

— (Garin d'), évêque de Chartres. *Arch. adm.*, t. III, p. 354.

— Romance (paroisse d'). *Arch. lég.*, p. 910; t. II, p. 1104, 1105.

— (Simon d'), bourgeois de Reims. *Arch. lég.*, ıɪᵉ part., *statuts*, ıɪᵉ vol., p. 364.

— (dîme d'), voy. Aceyo (decima de).

— (personatus de). *Arch. lég.*, ıɪᵉ part., *statuts*, ıɪᵉ vol., p. 636.

— (Regnaut d'), avocat au parlement. *Arch. adm.*, t. II, p. 1006; t. III, p. 20.

— (Aubertus de), chapelain de Saint-Symphorien de Reims. *Arch. adm.*, t. II, p. 1039.

— (presbyter de). *Arch. adm.*, t. II, p. 1105.

— (patronagium de). *Arch. adm.*, t. II, p. 1105, 1115.

— (Robinetus de), accusé de meurtre. *Arch. adm.*, t. III, p. 859.

Ada, soror Bosonis militis. *Arch. adm.*, t. I, p. 363.

— uxor Erardi de Valeterris, civis Remensis. *Arch. adm.*, t. II, p. 99.

— prêtre de Saint-Nicaise de Reims. *Arch. adm.*, t. I, p. 251, 259, 276; *Arch. lég.*, ıɪᵉ part., *statuts*, ıᵉʳ vol., p. 122.

— sous-diacre. *Arch. adm.*, t. I, p. 254.

Adabestre de Vincestre, Anglais, convaincu de violences contre un chanoine de Reims. *Arch. adm.*, t. II, p. 619.

Adalbero, évêque de Laon. *Arch. adm.*, t. I, p. 115, 174, 180.

— (beatus). *Arch. adm.*, t. I, p. 180.

Adalberon, évêque de Verdun. *Arch. adm.*, t. I, p. 99.

— archevêque de Reims, tente de réformer le chapitre de cette ville. *Arch. adm.*, t. I, p. 75. — Citation de la chronique de Mouzon à ce sujet, *ibid.*, p. 90, 92, 230. — Anniversaire dudit, 513, 665, 1001. *Arch. lég.*, ıɪᵉ part., *statuts*, ıᵉʳ vol., p. 65, 78, 96, 114, 169.

Adalbert, archevêque de Mayence, rétablit le prieuré de Cosle, ou du Mont-Saint-Remi. *Arch. adm.*, t. I, p. 5.

Adalbertus, clerc. *Arch. lég.*, ıɪᵉ part., *statuts*, ıᵉʳ vol., p. 65, 80, 83?

— chanoine. *Arch. lég.*, ıɪᵉ part., *statuts*, ıᵉʳ vol., p. 68.

— (charte d'), *ibid.*

— évêque de Thérouanne. *Arch. adm.*, t. I, p. 59, 60, 62.

Adalgardis, abbesse, voy. Aldalgardis.

Adalgarius. *Arch. lég.*, ıɪᵉ part., *statuts*, ıᵉʳ vol., p. 68.

Adalgerus, prêtre. Déposition dudit au concile de Reims. *Arch. adm.*, t. I, p. 120, 123, 175.

— accolyte. *Arch. lég.*, ıɪᵉ part., *statuts*, ıᵉʳ vol., p. 93.

Adaloldus, coutre de Saint-Remi de Reims. *Arch. adm.*, t. I, p. 41.

Adam, fils de Hersendis de Condé. *Arch. adm.*, t. I, p. 347.

— prieur de Grand-Pré. *Arch. lég.*, ıʳᵉ partie, p. 135.

— patriarche. *Arch. adm.*, t. I, p. 358; *Arch. lég.*, ıʳᵉ part., p. 431; ıɪᵉ part., *statuts*, ıɪᵉ vol., p. 609.

— chanoine de Reims. *Arch. adm.*,

p. 491, 631 ; *Arch. lég.*, IIe part., *statuts*, Ier vol., p. 90.

Adam, évêque de Senlis. *Arch. adm.*, t. I, p. 559, 641 ; *Arch. lég.*, IIe part., *statuts*, Ier vol., p. 89, 117, 119.

— puer et canonicus Remensis. *Arch. lég.*, IIe part., *statuts*, Ier vol., p. 85.

— écolâtre de Reims. *Arch. adm.*, t. I, p. 997.

— un des hommes que Jacques de Châtillon donne au monastère de Saint-Remi. *Arch. adm.*, t. I, p. 273.

— cognomento Magnus, chanoine, donne sa personne et partie de ses biens à Saint-Denis de Reims. *Arch. adm.*, t. I, p. 275.

— orfévre. *Arch. lég.*, IIe part., *statuts*, Ier vol., p. 67.

— prêtre et chanoine de Reims. *Arch. adm.*, t. I, p. 283 ; *Arch. lég.*, IIe part., *statuts*, Ier vol., p. 67, 87, 94, 114, 118.

— avocat du roi à Laon. *Arch. lég.*, IIe part., *statuts*, Ier vol., p. 775.

— le linier. *Arch. adm.*, t. II, p. 541, 609.

— voy. Caquenote.

— (Robert), lieutenant du prévôt de Laon. *Arch. lég.*, Ire part., p. 921.

— (Regnault), curé de Landricourt. *Arch. lég.*, Ire part., p. 882.

— (Martin), procureur à Laon. *Arch. lég.*, Ire part., p. 921.

— abbé de Saint-Bâle. *Arch. adm.*, t. I, p. 843.

— frère convers de l'hospice de Notre-Dame de Reims. *Arch. adm.*, t. I, p. 995.

— (Ét....), maître sergier. *Arch. lég.*, IIe part., *statuts*, IIe vol., p. 860.

Adamiste (l'), livre odieux attribué à un jésuite. *Arch. lég.*, IIe part., *statuts*, IIe vol., p. 650.

Ade dictus Cauchons, voy. Adneus.

— voy. Insula.

Adeberonis pastus. *Arch. adm.*, t. II, p. 384.

Adela, comtesse de Blois. Legs fait par elle à l'église de Reims. *Arch. adm.*, t. I, p. 209 ; *Arch. lég.*, IIe part., *statuts*, Ier vol., p. 72, 115.

— sœur de Robert, comte de Flandre, reine de Danemark, donne au couvent de Saint-Thierry de Reims la forêt de Herlebecche. *Arch. adm.*, t. I, p. 248, 249.

Adelaidis, religieuse. *Arch. lég.*, IIe part., *statuts*, Ier vol., p. 66, 83.

— laica. *Arch. lég.*, IIe part., *statuts*, Ier vol., p. 69, 82.

— impératrice, lettres de Gerbert à ladite. *Arch. adm.*, t. I, p. 201.

Adelais, bienfaiteur de l'église de Reims. *Arch. lég.*, IIe part., *statuts*, Ier vol., p. 71.

Adelardus, presbyter et canonicus. *Arch. lég.*, IIe part., *statuts*, Ier vol., p. 65, 97.

— laicus. *Arch. lég.*, IIe part., *statuts*, Ier vol., p. 81, 83, 117.

— miles, bienfaiteur de l'église de Reims. *Arch. lég.*, IIe part., *statuts*, Ier vol., p. 83, 89, 119.

— comes, bienfaiteur de l'église de Reims. *Arch. lég.*, IIe part., *statuts*, Ier vol., p. 169.

— serf de l'église de Reims. *Arch. adm.*, t. I, p. 35.

Adelbertus, marquis de Saxe, nommé dans le privilége de Cosle, accordé par l'empereur Frédéric à l'abbaye de Saint-Remi de Reims. *Arch. adm.*, t. I, p. 327.

Adelelmus, clerc. *Arch. lég.*, ɪɪ^e part., *statuts*, ɪ^er vol., p. 73.

— vicecomes, nommé dans l'obituaire de l'église de Reims. *Arch. lég.*, ɪɪ^e part., *statuts*, ɪ^er vol., p. 90.

Adelendis, nommé dans l'obituaire de l'église de Reims. *Arch. lég.*, ɪɪ^e part., *statuts*, ɪ^er vol., p. 79.

Adelerus, nommé dans l'obituaire de l'église de Reims. *Arch. lég.*, ɪɪ^e part., *statuts*, ɪ^er vol., p. 70.

Adelina, laica. *Arch. lég.*, ɪɪ^e part., *statuts*, ɪ^er vol., p. 71.

Adelinus, bienfaiteur de l'église de Reims. *Arch. lég.*, ɪɪ^e part., *statuts*, ɪ^er vol., p. 169.

Adeloldus, bienfaiteur de l'église de Reims. *Arch. lég.*, ɪɪ^e part., *statuts*, ɪ^er vol., p. 68.

Adelsadus, voy. Adelsatus.

Adelsatus presbyter et canonicus. *Arch. lég.*, ɪɪ^e part., *statuts*, ɪ^er vol., p. 97.

Adelulfus, presbyter et canonicus. *Arch. lég.*, ɪɪ^e part., *statuts*, ɪ^er vol., p. 101.

— voy. Rechinart.

Adenariare (arrenter). *Arch. adm.*, t. III, p. 92.

Adenet-Vervins, voy. Vervins.

— voy. Massonet.

— l'archevêque, bourgeois de Reims. *Arch. adm.*, t. III, p. 15.

— Argent, cordier. *Arch. adm.*, t. III, p. 835.

— (Pierre), coutre et marguillier d'Auberive. *Arch. lég.*, ɪ^re part., t. I, p. 910.

— voy. Ennete.

— le Cherbonnier, voy. Charbonnier (Adenez le).

— voy. Pescherainne.

— Joli-Cœur, pelletier. *Arch. adm.*, t. III, p. 836.

— voy. Loial (Adam).

Adenet Lointier (Quarrel d'). *Arch. adm.*, t. II, p. 806.

— voy. Wède.

Adenin (Pachi), condamné au pilori. *Arch. adm.*, t. II, p. 1243.

— (Harnot), sergent du capitaine de Reims. *Arch. adm.*, t. III, p. 835; *Arch. lég.*, ɪ^re part., p. 817.

Adenot (Jome), bourgeois de Reims. *Arch. adm.*, t. III, p. 837.

Aderoldus, chorévêque et chanoine. *Arch. lég.*, ɪɪ^e part., *statuts*, ɪ^er vol., p. 86.

Aderons, femme de Robert le Chapelier. *Arch. adm.*, t. I, p. 1084.

Aderrannus, diacre. *Arch. lég.*, ɪɪ^e part., *statuts*, ɪ^er vol., p. 96.

Adilbertus chanoine. *Arch. lég.*, ɪɪ^e part., *statuts*, ɪ^er vol., p. 63.

Adilstat (villa de). *Arch. adm.*, t. I, p. 326, 330.

Adin, voy. Beaumont (Jesson A. de).

Adinetus, sergent de Saint-Remi. *Arch. adm.*, t. I, p. 848.

Adistat, voy. Adilstat.

Adjornamentum (Ajournement). *Arch. adm.*, t. II, p. 207, 237, 242, 263, 385, 719, 947, 961, 1220; t. III, p. 145, 187, 190, 263, 316, 402, 476, 613, 666, 858, 884, 896; *Arch. lég.*, ɪ^re part., p. 326, 763, 806; ɪɪ^e part., *statuts*, ɪ^er vol., p. 537, 543.

Adjornare (ajourner). *Arch. adm.*, t. I, p. 898; t. II, p. 73, 194, 432, 649, 723, 736, 876, 879, 1164, 1207; t. III, p. 88, 145, 190, 198, 247, 323, 339, 433, 503, 518, 672, 701, 856, 887, 908; *Arch. lég.*, ɪ^re part., p. 143, 373; ɪɪ^e part., *statuts*, ɪ^er vol., p. 404, 848.

Administrateur, voy. Église de Reims (administrateur perpétuel de l'), Hôtel-Dieu de Reims (adm. de l')

Administration , voy. Reims (administration municipale de).

Admissio , voy. Civitatis admissio.

Admonitione unius monetæ (Capitulum de), attribué à tort à Charlemagne par Marlot. *Arch. adm.*, t. I, p. 82.

Admortire , voy. Amortisare.

Admortisare (amortir). *Arch. adm.*, t. I, iʳᵉ part., p. 137.

Adnet (Jean), syndic des notaires. *Arch. lég.*, iiᵉ part., *statuts*, iiᵉ vol., p. 238 ; *statuts*, iiiᵉ vol., p. 259.

— (Guyon), mercier. *Arch. lég.*, iiᵉ part., *statuts*, iiᵉ vol. ; iiᵉ part., p. 566.

—(Pierre), marchand. *Arch. lég.*, iiᵉ part., *statuts*, iiiᵉ vol., p. 93.

— (Jean-Nicolas), ajusteur des monnaies à Reims. *Arch. lég.*, iiᵉ part., *statuts*, iiiᵉ vol., p. 187.

— voy. Chastel.

Adnetus, dictus Cauchons , citoyen de Reims. *Arch. adm.*, t. I, p. 710 ; t. II, p. 103.

— filius Radulphi corrigiarii, écolier à Reims. *Arch. adm.*, t. II, p. 735.

— Quatreaguillaume, bourgeois de l'échevinage. *Arch. adm.*, t. II, p. 1221.

— voy. Triquesel.

Adolphus, roi des Romains , lettre de défi dudit au roi des Français. *Arch. lég.*, iʳᵉ part., p. 288.

Adon, abbé , charte dudit en faveur de saint Remi. *Arch. adm.*, t. I, p. 25.

—S.-Pharonis-Meldensis (prior de). *Arch. adm.*, t. II, p. 634.

— (Sʳ. d'), voy. Cocquebert (Oudard).

Adonis Carta, voy. Adon.

Adoptio (adoption). *Arch. lég.*, iʳᵉ part., p. 385.

Adrian (Daniel), marchand, de Bruges. *Arch. lég.*, iiᵉ part., *statuts*, iᵉʳ vol., p. 613.

Adrian, archidiacre de Reims. *Arch. lég.*, iiᵉ part., *statuts*, iᵉʳ vol., p. 89.

Adrianus I, pape, voy. Adrien.

— II, pape, lettre dudit aux évêques du synode de Troyes. *Arch. adm.*, t. I, p. 50, 51, 53 , 54, 58.

— IV, pape. *Arch. adm.*, t. I, p. 26, 328, 331, 334, 337, 813 ? 985 ? *Arch. lég.*, iiᵉ part., *statuts*, iᵉʳ vol., p. 74, 119 ?

— V, pape. *Arch. lég.*, iʳᵉ part., p. 103, iiᵉ part., *statuts*, iᵉʳ vol., p. 79.

Adrien Iᵉʳ, pape, lettre dudit à Tilpin , archevêque de Reims. *Arch. adm.*, t. I, p. 26, 28, 108. — Relations dudit avec Charlemagne, p. 109. — Où tendaient ces relations, *ibid.* — Capitulaires qui portent son nom, p. 110, 111.—Décrétales dudit, p. 138.

Adroinus , major S.-Remigii-Remensis *Arch. adm.*, t. I, p. 36.

Adultère. *Arch. adm.*, t. I, p. 173, 807 ; t. III, p. 392, 437 ; *Arch. lég.*, iʳᵉ part., p. 127, 132, 169, 380, 415, 425, 434, 464.

Adulterium, voy. Adultère.

Adus (Hieronimus), Ostiarius. *Arch. lég.*, iiᵉ part., *statuts*, iiᵉ vol., p. 773.

Advisatus (avisé). *Arch. adm.*, t. III, p. 89.

Advoamentum, voy. Aveu. *Arch. adm.*, t. II, p. 1228 ; t. III, p. 240, 402, 897, 902.

Advoare (avouer). *Arch. adm.*, t. I, p. 790 ; t. II, p. 335, 398, 410, 710, 814, 881, 1226 ; t. III, p. 347, 885 ; *Arch. lég.*, iʳᵉ part., p. 329.

Advocatia (avouerie), voy. Advocatio. *Arch. adm.*, t. I, p. 279, 310, 325, 328, 437, 450, 453, 454, 475, 552, 734, 750 ; t. II, p. 22, 596 ; *Arch. lég.*, iiᵉ part., *statuts*, iᵉʳ vol., p. 180.

Advocatio, voy. Advocatia.

Advocationis jus. *Arch. lég.*, IIe part., *statuts*, Ier vol., p. 165.

Advocatorum salaria. *Arch. adm.*, t. I, p. 683 ; *Arch. lég.*, Ire part., p. 194, 306.

Avocats (salaire des), voy. Advocatorum salaria.

Ægidius, archidiacre de Tournay. *Arch. adm.*, t. I, p. 731.

Aelidis, dicta Corgine, civis Remensis. *Arch. adm.*, t. I, p. 711.

— fille de Gylindis, dame de Rosoy. *Arch. adm.*, t. I, p. 719.

— uxor Johannis Castellani de Belestre. *Arch. adm.*, t. II, p. 100.

— femme d'Herverus de Sacy. *Arch. lég.*, IIe part., *statuts*, Ier vol., p. 194.

— voy. Gringot.

— la Grace. *Arch. adm.*, t. I, p. 1052.

— la coutepointière. *Arch. adm.*, t. II, p. 301.

— religieuse. *Arch. adm.*, t. II, p. 745.

Ælipdis, femme de Fouquetus Lechesne. *Arch. adm.*, t. III, p. 392.

— femme de Johannes Baulart. *Arch. adm.*, t. III, p. 393.

— Lescote. *Arch. adm.*, t. III, p. 393, 398.

Aesle (village d'). *Arch. lég.*, Ire part., p. 876, 877.

— (curé d'). *Arch. lég.*, Ire part., p. 887.

Aetius, neveu de saint Remi. *Arch. adm.*, t. I, 17, 18.

Affiret (Colin d'), forestier. *Arch. adm.*, t. III, p. 759.

Affligimensis, abbas. *Arch. adm.*, t. II, p. 640.

Afflignium. *Arch. adm.*, t. II, p. 641. Voy. Forguehain (de).

Afforage (droit d'). Appartient pour moitié à l'abbé de Saint-Remi-de-Reims, et pour l'autre aux prieur et religieux du

dit monastère. *Arch. lég.*, IIe part., *statuts*, Ier vol., 240. — Distrait à perpétuité de la manse abbatiale de ladite abbaye en faveur de l'hôpital général de Reims, 299.

Afrancia (Claude-Frédéric Gillot), notaire apostolique. *Arch. lég.*, IIe part., *statuts*, IIe vol., p. 925.

Africa. *Arch. adm.*, t. I, p. 152, 186, 913. Voy. Afrique.

Afrique (conciles d'). *Arch. adm.*, t. I, p. 101. — Affaire d'Apiarius, traitée dans l'un desdits, p. 106. — Le pontife romain essaye d'y faire consacrer sa suprématie, *ibid.*, p. 107, 112, 128, 129, 139, 140, 150, 152, 167, 170, 191, 192, 195.

— (synode d'), voy. Afrique (conciles d').

— (Église d'). *Arch. adm.*, t. I, p. 102.

— Sa rivalité avec celle d'Italie, *ibid.*

— Constituée de la même manière que la société civile des États-Unis, p. 103, 107, 111.

— (évêques d'). *Arch. adm.*, t. I, p. 143, 144, 165, 193.

Agart (Wauchier d'), chevalier. *Arch. adm.*, t. I, p. 816.

Agathimerus, neveu de saint Remi. *Arch. adm.*, t. I, p. 17, 18.

Agde (concile d'). *Arch. adm.*, t. I, p. 105, 161.

Agenardus, prêtre. *Arch. lég.*, IIe part., *statuts*, Ier vol., p. 99, 105.

Agénois (pays d'). *Arch. adm.*, t. I, p. 32, 783.

Agenoult, voy. Villechetif.

Agligot (Pierre), sergent. *Arch. lég.*, Ire part., p. 898.

Agnanie (ville d'). *Arch. adm.*, t. I, p. 103, 267, 378, 444, 445, 446, 472, 476, 559, 656, 736.

Agnels-Vieux, monnaie du XIIIe siècle. *Arch. adm.*, t. III, p. 108.

Agnericourt, voy. Agnicourt.

Agnès, uxor Briardi, civis Remensis. *Arch. adm.*, t. I, p. 525.

— femme de Jean, seigneur de Châlons. *Arch. adm.*, t. I, p. 721.

— la-Grimaude. *Arch. adm.*, t. I, p. 1012.

— la-Saineresse. *Arch. adm.*, t. I, p. 1012.

— femme de Raoul de Bazoches. *Arch. adm.*, t. II, p. 202; *Arch. lég.*, iie part., *statuts*, ier vol., p. 73, 92.

— la-Nainne. *Arch. adm.*, t. II, p. 492.

— femme d'Uguenin Lorrain. *Arch. adm.*, t. II, p. 827.

— femme de Miles Jupin. *Arch. adm.*, t. II, p. 984.

— la-Grasse. *Arch. adm.*, t. III, p. 86.

— femme d'Euverart Jolivet. *Arch. adm.*, t. II, p. 807.

— fille d'Émélina de Chanterainne. *Arch. adm.*, t. II, p. 709.

— femme le Poulain. *Arch. adm.*, t. II, p. 780.

— femme de Girart Herlouin. *Arch. adm.*, t. II, p. 805.

Agnesonia, bourgeoise de Reims. *Arch. lég.*, ire part., p. 43, 54.

Agnessona, voy. Agnesonia.

Agneta, fille de Balduinus la Piche. *Arch. adm.*, t. I, p. 940.

— fille de Renerus Akarin, chevalier. *Arch. adm.*, t. II, p. 103.

Agnicourt (M. d'), seigneur de Montigny. *Arch. adm.*, t. II, p. 1077.

— (village d'). *Arch. lég.*, ire part., p. 877, 887, 900, 903.

— (curé d'). *Arch. lég.*, ire part., p. 887, 919.

Agnus-Dei. *Arch. adm.*, t. I p. 421, 692; t. III, p. 736.

Agny (Origny d'), procureur syndic des habitants de Reims. *Arch. lég.*, iie part., *statuts*, iie vol., p. 408, 1018.

Agny (village d'), voy. Aigny.

Agobard, archevêque de Lyon. *Arch. adm.*, t. I, p. 106.—Citation d'une des lettres dudit au sujet des canons gallicans, p. 111.

Agot-Alligot (quarrel de). *Arch. adm.*, t. I, p. 1012; t. II, p. 511.

Agricola, prêtre, neveu de saint Remi. *Arch. adm.*, t. I, p. 16, 19. — Signe au testament de son oncle, p. 22.

Agricultura, voy. Agriculture. *Arch. adm.*, t. I, p. 735.

Agriculture, voy. Champagne (agric. de).

Agrippinus, l'un des prélats du concile d'Afrique. *Arch. adm.*, t. I, p. 186.

Aguère (Philippe d'), chevalier. *Arch. lég.*, ire part., p. 919.

Aguessonna, femme Jean de Cappis. *Arch. adm.*, t. III, p. 393.

Aguilcourt-sur-Aisne. *Arch. adm.*, t. I, p. 35; t. II, p. 855; *Arch. lég.*, ire part., p. 754, 900.

— (moulins d'), voy. Aguliaca-curte (molendina de).

Aguisi (Gérard d'). *Arch. adm.*, t. II, p. 483.

Aguleicurte (Altar de). *Arch. adm.*, t. I, p. 280.

Aguleicurtis, voy. Aguilcourt.

Aguliaca-curte (molendina de). *Arch. adm.*, t. I, p. 274.

— curtis, voy. Aguilcourt.

Aï (vin d'). *Arch. adm.*, t. I, p. 1056.

— (dame d'). — *Arch. adm.*, t. II, p. 545.

Aicheveville (Haruin d'), commissaire du roi. *Arch. adm.*, t. II, p. 1159.

Aide-Petit, sorte d'impôt. *Arch. lég.*, iie part., *statuts*, ier vol., p. 461.

Aides. *Arch. adm.*, t. III, p. 319, voy. roi (aides du), vin (aide sur le), Reims

(aides de). *Arch. lég.*, iie part., *statuts*, i^{er} vol., p. 459. — Suppression desdits, *statuts*, iiie vol., p. 742.

Aigle (moutons à l'), monnaie des xiiie et xive siècles. *Arch. adm.*, t. III, p. 105, 108.

Aiglemont (village d'). *Arch. adm.*, t. II, p. 1071, 1078.

Aignelet (J....), bourgeois de Reims. *Arch. lég.*, iie part., *statuts*, i^{er} vol., p. 655, 656, 659, 667, 696, 703, 709, 725, 741, 746, 753.

— (P... l'), bourgeois de Reims. *Arch. lég.*, iie part., *statuts*, i^{er} vol., p. 770.

Aigneyum, voy. Aigny.

Aignicourt, voy. Agnicourt.

Aignicuria-de-Rebez (prior de). *Arch. adm.*, t. II, p. 637.

Aigny (Bourgoin-Jean d'), colon des environs de Reims. *Arch. adm.*, t. III, p. 129.

— (Pérot d'), sellier. *Arch. adm.*, t. III, p. 197.

— (Julien d'), ouvrier en soie. *Arch. lég.*, iie part., *statuts*, iie vol., p. 375.

— (village d'). *Arch. adm.*, t. II, p. 1119; *Arch. lég.*, i^{re} part., p. 885, 903, 904, 910, 916.

— (presbyter de). *Arch. adm.*, t. II, p. 1120.

— sur-Marne, voy. Aigny (village d').

— (paroisse d'). *Arch. adm.*, t. II, p. 1120.

— sur-Marne (curé d'), voy. Dumesnil (Jn...,..)

Aigred (J'), vitrier. *Arch. adm.*, t. III, p. 312.

Aigremont (village d'). *Arch. lég.*, i^{re} part., p. 920.

Aigrès (Jehan), fils de G. d'Air, écuyer. *Arch. adm.*, t. II, p. 120, 121, 126, 135.

Aigrevilla (D. de), conseiller du roi. *Arch. adm.*, t. II, p. 244.

Aiguillier (Sanse de l'), commissaire pour la taille à Reims. *Arch. adm.*, t. III, p. 511.

Aiguillon (duc d'), seigneur d'Harcy. *Arch. adm.*, t. II, p. 1068, 1069, 1070.

Aiguisy (G. de), officier du roi. *Arch. adm.*, t. II, p. 305.

Ailendis, don fait par ladite à l'abbaye de Saint-Remi-de-Reims. *Arch. lég.*, iie part., *statuts*, i^{er} vol., p. 169.

Ailimpra, lieu des environs de Reims. *Arch. adm.*, t. I, p. 263.

Ailinus, prêtre et chanoine. *Arch. lég.*, iie part., *statuts*, i^{er} vol., p. 96.

Aillé (ville d'). *Arch. adm.*, t. III, p. 492; *Arch. lég.*, i^{re} part., p. 900.

Ailliaco (Hugo de), procureur de l'évêque d'Amiens. *Arch. lég.*, i^{re} part., p. 243.

Aillicourt (Ponceta d'), bourgeoise de Reims. *Arch. adm.*, t. II, p. 869.

Ailliot (Jacques), perruquier. *Arch. lég.*, iie part., *statuts*, iiie vol., p. 193, 194, 198, 199.

Aillon (seigneurie d'). *Arch. lég.*, i^{re} part., p. 890.

Ailly (Jehan d'), bourgeois de Saint-Remi. *Arch. lég.*, i^{re} part., p. 494.

— voy. Aillé.

Ailulfus, prévôt et archidiacre. *Arch. lég.*, iie part., *statuts*, i^{er} vol., p. 73.

Aimar, archevêque de Bourges, voy. Aimarus.

Aimarus, archevêque de Bourges. *Arch. adm.*, t. I, p. 28.

Aimery (Petrus), citoyen de Reims. *Arch. adm.*, t. III, p. 262, 318.

— (Nicholaus). *Arch. lég.*, iie part., *statuts*, i^{er} vol., p. 103.

Aimet, bourgeois de Reims. *Arch. adm.*, t. II, p. 80.

Aimoin, historien. *Arch. adm.*, t. I, p. 56.

— Passage de la chronique dudit allégué, p. 85.

Aimon (duc d'), seigneur de Brognon. *Arch. adm.*, t. II, p. 1074.

Ainaudimento (Guido de). *Arch. lég.*, iie part., *statuts*, i[er] vol., p. 622.

Ainaudimons, voy. Inaumont.

Ainbaldus de Secano, chanoine, voy. Secano.

Aincreville (village d'). *Arch. adm.*, t. II, p. 1091.

Aincreville, voy. Acranvilla.

Aincreville (Pierre d'), voy. Ancerville.

— (paroisse d'). *Arch. adm.*, t II, p. 1092.

Aineming (village d'). *Arch. adm.*, t. III, p. 586, 588.

Aînesse (droit d'). *Arch. lég.*, i[re] part., p. 933.

Ainglès (R.), parmentier. *Arch. adm.*, t. II, p. 824.

— (J.), charpentier. *Arch. adm.*, t. II, p. 824.

— (H.), tailleur de robes. *Arch. adm.*, t. II, p. 824.

Aingnaudimonte (presbyter de), voy. Inaumont. *Arch. adm.*, t. II, p. 1083.

Aingnel, voy. Cau d'.

— (Jehan), l'aîné. *Arch. adm.*, t. III, p. 837.

Aipe (Jehan d'). *Arch. adm.*, t. I, p. 895.

— (Marie d'). *Arch. adm.*, t. II, p. 542.

— (village d'). *Arch. lég.*, i[re] part., p. 883, 899.

— (seigneur d'), voy. Cuvillières (Antoine de).

— (curé de), voy. Duchesne (J.).

Aïr (Evrart d'). *Arch. adm.*, t. I, p. 1013.

— (Gerardus d'), écuyer, t. II, p. 120, 121, 126.

— (Jesson d'). *Arch. adm.*, t. II, p. 269.

Aïr (J. d'), tavernier. *Arch. adm.*, t. II, p. 824.

— (E. d'), tavernier. *Arch. adm.*, t. II, p. 824.

— (Helota de). *Arch. lég.*, i[re] part , p. 166.

Aire (village d'). *Arch. adm.*, t. II, p. 1065; *Arch. lég.*, i[re] part., p. 902, 904; iie part., *statuts*, iiie vol., p. 258.

— (curé d', voy. Bueur (Gérard le), Robille (Simon).

Aisamentum, voy. Aisantiæ.

Aisantiæ (permis de parcours, facilités). *Arch. adm.*, t. I, p. 262, 355, 386, 389, 391, 454, 455, 473, 539, 706, 974 ; t. II, p. 1011 ; t. III, p. 225, 245.

Aiscellis (Jacobus de), miles. *Arch. adm.*, t. I, p. 721.

Aisel, voy. Aizelles.

Aisencella (villa de). *Arch. adm.*, t. I, p. 313; *Arch. lég.*, iie part., *statuts*, i[er] vol., p. 175, 176, 191.

— (prepositura de). *Arch. lég.*, iie part., *statuts*, i[er] vol., p. 171, 192.

Aisne (rivière d'), voy. Axona. *Arch. adm.*, t. I, p. 157, 288, 309, 329 ; t. II, p. 297 ; t. III, p. 603 ; *Arch. lég.*, iie part., *statuts*, i[er] vol., p. 474, 552, 664, 678, 794, 795, 800, 804, 811, 826, 837, 840. — Les habitants de Reims en font surveiller tous les passages, lors de la descente du roi d'Angleterre, p. 847, 901; *statuts*, iie vol., p. 17, 845, 848; *statuts*, iiie vol., p. 393, 505.

Aissiaco (Guillelmus de), doyen d'Orléans. *Arch. adm.*, t. I, p. 970.

Aisy, voy. Aizy.

Aivella (Lambertus d'), écolier de Reims. *Arch. adm.*, t. II, p. 735.

Aix (évêché d'). *Arch. adm.*, t. I, p. 313, 330.

— (doyen d'). *Arch. adm.*, t. I, p. 325.

Aix (université d'). *Arch. lég.*, iie part., *statuts*, iie vol., p. 666, 670, 677.

— (ville d'). *Arch. lég.*, iie part., *statuts*, iiie vol., p. 415.

Aizelles (village d'). *Arch. lég.*, i^{re} part., p. 894, 900.

Aizy (Gérard d'), notable de Reims. *Arch. adm.*, t. III, p. 837.

— (Jehan d'), prévôt de Laon. *Arch. adm.*, t. II, p. 215.

— (ville d'). *Arch. adm.*, t. III, p. 488, 489, 663; *Arch. lég.*, i^{re} part., p. 876, 883, 919.

— (vicomté d'). *Arch. adm.*, t. III, p. 490.

— (Colin d'), bourgeois de Reims. *Arch. lég.*, iie part., *statuts*, i^{er} vol., p. 390.

Ajustage (droit d'). *Arch. lég.*, iie part., *statuts*, i^{er} vol., p. 299.

Alacrannus, vassal de l'église de Reims. *Arch. adm.*, t. I, p. 36.

Alagrinus, cives Anagniæ. *Arch. adm.*, t. I, p. 378.

Alain, docteur en théologie, recommandé par Grégoire XIII à M. de Guise, archevêque de Reims. *Arch. lég.*, iie part., *statuts*, iie vol., p. 689, 765.

— cardinal. *Arch. lég.*, iie part., *statuts*, iie vol., p. 699.

Alaincourt (Euriel d'), sergent de la baillie de Reims. *Arch. adm.*, t. II, p. 688, 703.

— (Outriel), sergent de la baillie de Reims. *Arch. adm.*, t. II, p. 785.

— (village d'). *Arch. lég.*, i^{re} part., p. 877.

— (dîme d'). *Arch. lég.*, iie part., *statuts*, i^{er} vol., p. 239.

— (sieur d'), voy. Feret Lambert.

Alainne (Aubry), échevin. *Arch. adm.*, t. I, p. 904.

— Roussel, bourgeois de Reims. *Arch. adm.*, t. II, p. 871.

Alainne (Évrart), bourgeois du chapitre de Reims. *Arch. adm.*, t. III, p. 381.

Alair, bourgeois de Reims. *Arch. adm.*, t. III, p. 69.

Alais (ville d'). *Arch. lég.*, iie part., *statuts*, iiie vol., p. 631.

Alan, docteur en théologie, voy. Alain.

Alancourt, voy. Alincourt.

Alant (Raoul), bourgeois de Reims. *Arch. adm.*, t. III, p. 673.

Alardi (Johannes), bourgeois de Reims. *Arch. adm.*, t. II, p. 1219.

Alardin de Plombais, voy. Plombais.

— (Alart). *Arch. adm.*, t. II, p. 550.

Alardinus Tribalet, citoyen de Reims. *Arch. adm.*, t. III, p. 432, 436, 438.

Alardo-le-Savetier. *Arch. adm.*, t II, p. 494.

Alardus (Radulphus), bourgeois de Reims. *Arch. adm.*, t. III, p. 703; *Arch. lég.*, iie part., *statuts*, i^{er} vol., p. 168.

— diacre de Tours-sur-Marne. *Arch. adm.*, t. I, p. 353.

— Luscus, colon de Saint-Nicaise de Reims. *Arch. adm.*, t. I, p. 262.

— Wastellarius, censitaire de Reims. *Arch. adm.*, t. II, p. 383.

— Baudoinus, habitant d'Escry. *Arch. adm.*, t. III, p. 393.

— voy. Arnulphus.

Alargamentum (élargissement). *Arch. adm.*, t. II, p. 648.

Alaricus, serf de l'église de Reims. *Arch. adm.*, t. I, p. 7, 16.

Alart (Thierry), chaudronnier. *Arch. lég.*, iie part., *statuts*, iiie vol., p. 104.

— (Jean), bourgeois de Reims. *Arch. adm.*, t. II, p. 4, 134.

— le-Parcheminier. *Arch. adm.*, t. II, p. 537.

— (Jean-Baptiste), boulanger à Reims

Arch. lég., iie part., *statuts*, iie vol., p. 161.

Alart (Jean), tourneur. *Arch. lég.*, iie part., *statuts*, iie vol., p. 581.

— voy. Maurille.

— citoyen de Reims. *Arch. adm.*, t. I, p. 1016.

— (Aubri). *Arch. adm.*, t. III, p. 34.

— (Albertus). *Arch. adm.*, t. II, p. 374.

— (Thomas), chaudronnier. *Arch. lég.*, iie part., *statuts*, iiie vol., p. 102.

— voy. Raulet.

— (Jehan), curé de Neuville-à-Maire. *Arch. lég.*, ire part., p. 886.

— (Estienne), sergent du roi. *Arch. lég.*, iie part., *statuts*, ier vol. p. 381.

Alavium, lieu appartenant à Saint-Nicaise de Reims. *Arch. adm.*, t. I, p. 263.

Alba (aube). *Arch. adm.*, t. I, p. 168, 222, 224, 449; *Arch. lég.*, iie part., *statuts*, ier vol., p. 91, 93, 188.

Albalda (Maria), laica. *Arch. lég.*, iie part., *statuts*, ier vol., p. 120.

Albaripa, voy. Auberive (presbyter de). *Arch. adm.*, t. II, p. 1114.

— (parrochia de), voy. Auberive (paroisse d').

Albastrier (Estienne l'), ouvrier en soie. *Arch. lég.*, iie part., *statuts*, iie vol., p. 375.

Albaudus, bienfaiteur de l'église de Reims. *Arch. lég.*, iie part., *statuts*, ier vol., p. 81.

Albéric, compilation dudit, alléguée. *Arch. adm.*, t. I, p. 86. — Célèbre professeur de l'école de Reims, p. 666.

— évêque de Bourges. *Arch. adm.*, t. I, p. 228; *Arch. lég.*, iie part., *statuts*, ier vol., p. 73, 89, 119.

— abbé de Saint-Nicaise de Reims. *Arch. adm.*, t. I, p. 264, 265, 440.

— (Humbert), archevêque de Reims, voy. Albericus.

Alberic-le-Crevcit (hôpital d'), voy. Aubry-le-Crevé. *Arch. adm.*, t. I, p. 1000, 1019; t. II, p. 733.

Albericus, archevêque de Bourges, voy. Albricus.

— abbé de Saint-Martin de Metz. *Arch. lég.*, iie part., *statuts*, ier vol., p. 171.

— miles Remensis. *Arch. adm.*, t. I, p. 374.

— sous-diacre de Reims. *Arch. adm.*, t. I, p. 387; *Arch. lég.*, iie part., *statuts*, ier vol., p. 170.

— de Lavania, grand archidiacre de Reims, voy. Lavania (Albericus de).

— Crepatus, voy. Crevé (Alberic le).

— archevêque de Reims. *Arch. adm.*, t. I, p. 81, 463, 464, 466, 472, 476, 477, 480, 482, 492, 495, 502, 508, 509, 512. — Fait refleurir les lettres à Reims, p. 666, 724, 777, 822, 838, 857, 863, 868, 938; t. II, p. 411, 440; t. III, p. 355; *Arch. lég.*, iie part., *statuts*, ier vol., p. 104, 122, 179, 569; *statuts*, iie vol., p. 328.

— évêque d'Ostie. *Arch. adm.*, t. I, p. 314.

— prêtre. *Arch. lég.*, iie part., *statuts*, ier vol., p. 106, 114, 119, 122.

Albero, évêque de Liége. *Arch. adm.*, t. I, p. 281, 316, 331, 419.

Albert, évêque de Laon, serment prêté par ledit au chapitre de Reims. *Arch. adm.*, t. I, p. 60.

Albertus, cognomine parvus, prêtre de Reims. *Arch. adm.*, t. I, p. 276, 283; *Arch. lég.*, iie part., *statuts*, ier vol., p. 86, 101.

— cardinal. *Arch. adm.*, t. I, p. 377, 383.

— monachus S.-Galgani-Ulteravensis. *Arch. adm.*, t. I, p. 1059.

— prêtre et chanoine. *Arch. lég.*, iie part.,

statuts, Ier vol., p. 77, 80, 81 ? 83 ? 86, 89, 100.

Albertus, chapelain de Saint-Remi. *Arch. adm.*, t. I, p. 424.

— laïque. *Arch. lég.*, IIe part., *statuts*, Ier vol., p. 71, 73 ?

— clerc. *Arch. lég.*, IIe part., *statuts*, Ier vol., p. 74, 101.

— archidiacre et chanoine de Reims. *Arch. lég.*, IIe part., *statuts*, Ier vol., p. 90.

— diacre. *Arch. adm.*, t. I, p. 241.

— avocat. *Arch. adm.*, t. I, p. 326, 330 ; *Arch. lég.*, IIe part., *statuts*, Ier vol., p. 71 ?

— chanoine de Reims, frère du comte de Rethel. *Arch. adm.*, t. I, p. 345.

— sous-diacre. *Arch. lég.*, IIe part., *statuts*, Ier vol., p. 69.

— de Lavania, voy. Lavania (Albertus de).

Albi (Johannes), chapelain. *Arch. adm.*, t. II, p. 733.

Albiganus, clerc. *Arch. lég.*, IIe part., *statuts*, Ier vol., p. 84.

Albigenses, voy. Albigeois.

Albigeois, hérétiques. *Arch. adm.*, t. I, p. 493, 576.

Albigniaco-montis-Sancti-Eligii (prior de). *Arch. adm.*, t. II, p. 638.

Albiniaco (Sylva de). *Arch. adm.*, t. I, p. 450.

Albiniacus, clerc. *Arch. adm.*, t. I, p. 5.

Albovichus, nommé dans le testament de S. Remi. *Arch. adm.*, t. I, p. 8.

Albrada, religieuse. *Arch. lég.*, IIe part., *statuts*, Ier vol., p. 74.

— laïca. *Arch. lég.*, IIe part., *statuts*, Ier vol., p. 96.

Albret (sire d'), signe aux lettres d'abolition de Charles V, en faveur des habitants de Reims *Arch. lég.*, IIe part., *statuts*, Ier vol., p. 608.

Albret (J.... d'), comte de Dreux et de Rethel. *Arch. lég.*, IIe part., *statuts*, Ier vol., p. 682.

— (bailliage d'). *Arch. lég.*, IIe part., *statuts*, IIIe vol., p. 553.

— offre son fils à l'église de Reims. *Arch. adm.*, t. I, p. 68, 827 ; *Arch. lég.*, IIe part., *statuts*, Ier vol., p. 68, 76 ? 82, 83, 87, 169, 170.

Albricus, prêtre et chanoine. *Arch. lég.*, IIe part., *statuts*, Ier vol., p. 103.

— Crepatus, voy. Alberic ou Aubry le Crevé.

— écolâtre de Reims, voy. Altovillari.

— évêque de Bourges, voy. Albéric.

— échevin. *Arch. lég.*, IIe part., *statuts*, Ier vol., p. 171.

— sous-diacre. *Arch. adm.*, t. I, p. 283.

— clerc. *Arch. adm.*, t. I, p. 286 ; *Arch. lég.*, IIe part., *statuts*, Ier vol., p. 80.

— de Baalon, voy. Baalon (Aubry de).

— Un des fauteurs de la commune de Reims. *Arch. adm.*, t. I, p. 303.

— archevêque de Reims, voy. Albericus.

— Cope-sac, voy. Cope-sac.

— chapelain de Jehan, comte de Roucy. *Arch. adm.*, t. I, p. 912.

— prévôt. *Arch. lég.*, IIe partie, *statuts*, Ier vol., p. 77.

Albuidis, sœur d'Odalricus, prévôt de Reims. *Arch. lég.*, IIe part., *statuts*, Ier vol., p. 96.

Albuinus, bienfaiteur de l'église de Reims. *Arch. lég.*, IIe part., *statuts*, Ier vol., p. 169.

Alburgil (dame d'). *Arch. lég.*, IIe part., *statuts*, Ier vol., p. 170.

Alburgis, religieuse. *Arch. lég.*, IIe part., *statuts*, Ier vol., p. 81.

Alby (J....), bourgeois de Reims. *Arch. lég.*, IIe part., *statuts*, Ier vol., p. 582.

Alby (G....), sénéchal. *Arch. lég.*, ne part., *statuts*, 1er vol., p. 691.

Alchiacensis abbas. *Arch. adm.*, t. II, p. 639.

Aldalgardis, abbesse. *Arch. lég.*, ne part., *statuts*, 1er vol., p. 75.

Aldeberus, évêque du Mans, voy. Audebertus.

Aldegaudus, presbyter. *Arch. lég.*, ne part., *statuts*, 1er vol., p. 89.

Aldelin (Hugo), censitaire de Saint-Remi de Reims. *Arch. lég.*, ne part., *statuts*, 1er vol., p. 166.

Aldenarde (quatuor presbyteri de). *Arch. adm.*, t. II, p. 640.

Aldina, lieu des environs de Reims. *Arch. adm.*, t. I, p. 29.

Aldredus, signataire d'une charte accordée à Saint-Remi par le comte anglais Algar. *Arch. adm.*, t. I, p. 208.

Aldricus. *Arch. lég.*, ne part., *statuts*, 1er vol., p. 64.

Alebret (sire d'), voy. Albret.

Alebrones (Nicholaus), bourgeois de Reims. *Arch. lég.*, 1re part., *statuts*, 1er vol., p. 258, 259.

Alecia (poisson salé). *Arch. lég.*, ne part., *statuts*, 1er vol., p. 168, 175, 182, 186, 196.

Aleconius, inscrit au nécrologe de Reims. *Arch. lég.*, ne part., *statuts*, 1er vol., p. 68.

Alectrudis, inscrite au nécrologe de Reims. *Arch. lég.*, ne part., *statuts*, 1er vol., p. 67.

Alelmus, chapelain. *Arch. adm.*, t. I, p. 311.

— voy. Monte.

Alemani, voy. Allemans.

— (Renerus), citoyen de Reims. *Arch. lég.*, 1re part., p. 110, 111, 112.

Alemanicurte (Alodium de). *Arch. lég.*, ne part., *statuts*, 1er vol., p. 72.

Alemarus, presbyter. *Arch. lég.*, ne part., *statuts*, 1er vol., p. 75.

Alençon (duc d'). *Arch. adm.*, t. II, p. 82. — Rang dudit à la cérémonie du sacre, p. 595. *Arch. lég.*, ne part., 1er vol., p. 608.

— (comtes d'). *Arch. adm.*, t. II, p. 556; *Arch. lég.*, ne part., *statuts*, 1er vol., p. 548, 685.

— (ville d'). *Arch. lég.*, ne part., *statuts*, 1er vol., p. 926.

Alenduis (village d'), voy. Alland'huy.

— (Hugo Laffolais de), notaire à Reims. *Arch. adm.*, t. II, p. 106.

— (presbyter de). *Arch. adm.*, t. II, p. 1110.

— (parrochia de), voy. Alland'huy (paroisse de).

Alendusio (furnus de), voy. Alland'huy.

Alendusium, voy. Alland'huy.

Alerannus, sous-diacre et chanoine. *Arch. lég.*, ne part., *statuts*, 1er vol., p. 81, 94.

Aleranum, voy. Villare.

Aleudz (les), voy. Alleux.

Alevigne (P....), élu de Reims. *Arch. lég.*, ne part., *statuts*, 1er vol., p. 733.

Alexander, archidiacre et prévôt de Reims. *Arch. adm.*, t. I, p. 333, 415; *Arch. lég.*, ne part., *statuts*, 1er vol., p. 102, 121.

— chancelier, *Arch. adm.*, t. I, p. 359.

— chanoine et sous-diacre. *Arch. lég.*, ne part., *statuts*, 1er vol., p. 80.

Alexandre II, pape; lettres dudit à Gervais, archevêque de Reims. *Arch. adm.*, t. I, 212, 213, 220, 219, 332, 985.

— III, pape. *Arch. adm.*, t. I, p. 252. Confirme le diplôme de Frédéric, roi des Romains, en faveur de l'abbaye de Saint-Remi de Reims, p. 324; 337, 338, 339, 340, 341, 342, 343, 344,

349, 350, 351, 352, 354, 355, 356, 357, 358, 360, 361, 362, 365, 368, 369, 370 *et seq.* 381, 383, 416, 436, 438, 440; *Arch. lég.*, 1re part., p. 3.

Alexandre IV, pape. *Arch. adm.*, t. I, p. 224, 416, 444, 670, 701, 762, 774, 795, 803, 805. *Arch. lég.*, 1re part., p. 276.

— VII, pape; refuse les bulles pour l'archevêché de Reims au cardinal Barberin. *Arch. lég.*, 11e part., *statuts*, 111e vol., p. 636.

Alexandréide (l'), poëme composé par Galtherus, chanoine de Reims. *Arch. adm.*, t. I, p. 464.

Alexandri decretalis. *Arch. lég.*, 1re part., t. I, p. 73.

Alexandrie (patriarcat d'). *Arch. adm.*, p. 42.

— (ville d'). *Arch. lég.*, 11e part., *statuts*, 1er vol., p. 850.

— (église d'). *Arch. adm.*, t. I, p. 152.

Alexio (Gregorius de), citoyen romain. *Arch. adm.*, t. I, p. 505.

Aleya (allée). *Arch. adm.*, t. II, p. 439.

Alfonsus (comte de Poitiers); lettre dudit au pape Urbain IV en faveur de Jean de Courtenay, archevêque de Reims. *Arch. adm.*, t. I, p. 819.

Alfridus, monachus. *Arch. lég.*, 11e part., *statuts*, 1er vol., p. 94.

Algar, comes de Lapeleia; charte octroyée par ledit à l'abbaye de Saint-Remi. *Arch. adm.*, t. I, p. 207, 208.

Algaudus, laicus. *Arch. lég.*, 11e part., *statuts*, 1er vol., p. 70.

Alhaidis, laica. *Arch. lég.*, 11e part., *statuts*, 1er vol., p. 72.

Alhardus, habitant du ban de Saint-Remi. *Arch. adm.*, t. I, p. 273.

Aliancia (alliance). *Arch. adm.*, t. I, p. 778.

Aliaume, voy. Amiens (Ali. d').

Aliaume (Jean), voy. Épernay (J. Aliaume).

Aliaumet (Thierry), sergent royal. *Arch. adm.*, t. III, p. 809.

Alibon (J. d'), huissier d'armes. *Arch. adm.*, t. III, p. 94.

Alienatio. *Arch. adm.*, t. I, p. 475, 504; *Arch. lég.*, 1re part., p. 138, 642, 684.

Aliénation, voy. Alienatio.

Alies, voy. Alecia.

Alignicourt, voy. Hallignicourt.

Aligot (Hue), bourgeois de Reims. *Arch. adm.*, t. I, p. 1062.

— (Jehan), échevin. *Arch. adm.*, t. II, p. 93, 916.

— (Wauthier), bourgeois du ban de l'archevêque. *Arch. adm.*, t. II, p. 603.

Alimenta, par qui fournis d'après la loi *Arch. lég.*, 1re part., p. 189, 440.

Aliments, voy. Alimenta.

Alincourt (M. de), seigneur en partie de Branscourt. *Arch. adm.*, t. II, p. 1060.

— (Cugnon d'), seigneur de Sorbon. *Arch. adm.*, t. II, p. 1083.

— (village d'). *Arch. adm.*, t. II, p. 1103; 1re part., p. 884, 902, 904.

— (curé d'), voy. Perrin (Nicole).

Alipe (Gilet d'), boucher. *Arch. adm.*, t. I, p. 767; t. II, p. 93.

Alis, femme de Thierry de la Nueville. *Arch. adm.*, t. II, p. 688.

— femme de Perrin le Pourpoingneur. *Arch. adm.*, t. II, p. 689, 693.

— femme de Grenier Guillaume. *Arch. adm.*, t. II, p. 690.

Alison-la-Tellière. *Arch. adm.*, t. II, p. 532.

— fille de Sohier, bourgeois de Reims. *Arch. adm.*, t. II, p. 682.

— femme de Concelin-le-savetier. *Arch. adm.*, t. II, p. 694.

— nièce de Ponsart Bat-la-Nainne. *Arch. adm.*, t. II, p. 697, 702.

Alisonna, femme de Niset Hebert. *Arch. adm.*, t. III, p. 393.

— femme de Baillart (Jean). *Arch. adm.*, t. III, p. 396.

Alix (Philippe), curé de Troussy. *Arch. lég.*, 1re part., p. 883.

— (A...), hôtellière. *Arch. lég.*, 11e part., *statuts*, 1er vol., p. 613.

Alla-de-Imperio (presbyter de). *Arch. adm.*, t. II, p. 1088. Voy. Alles.

— (parrochia de). *Arch. adm.*, t. II, p. 1088; *Arch. lég.*, 11e part., *statuts*, 1er vol., p. 106.

Alland'huy (four d'). *Arch. adm.*, t. I, p. 321.

— (terre d'). *Arch. lég.*, 11e part., *statuts*, 1er vol., p. 245.

— (village de). *Arch. adm.*, t. I, p. 312, 452, 622, 649, 701; t. II, p. 1108; t. III, p. 600, 602.; *Arch. lég.*, 1re part., p. 876, 903, 904, 909, 911; 11e part., *statuts*, 1er vol., p. 243, 876, 903.

— (paroisse de). *Arch. adm.*, t. II, p. 1110.

— (seigneurie de). *Arch. lég.*, 111e part., *statuts*, 1er vol., p. 245.

Alleau (Pierre), maître charron. *Arch. lég.*, 11e part., *statuts*, 11e vol., p. 930.

Allemagne, voy. Allemania. *Arch. adm.*, t. I, p. 100, 819; t. II, p. 793, 1078; t. III, p. 242, 340, 783. — Les élus de Reims refusent de contribuer pour les arbalétriers envoyés dans ledit pays, p. 783. *Arch. lég.*, 11e part., *statuts*, 1er vol., p. 552, 713, 955; *statuts*, 11e vol., p. 19; *statuts*, 111e vol., p. 419.

— (empereur d'). *Arch. adm.*, t. III, p. 82, 444. Voy. Charles IV, Othon, Fredericus.

— (marches d'). *Arch. lég.*, 11e part., *statuts*, 1er vol., p. 796.

— (schismatiques d'), voy. Allemaniæ schismatici.

Allemand (Louis l'), notaire. *Arch. lég.*, 11e part., *statuts*, 111e vol., p. 511.

Allemani, voy. Allemans.

Allemania, voy. Allemagne.

Allemaniæ schismatici. *Arch. adm.*, t. I, p. 352.

Allemans, voy. Allemani. *Arch. adm.*, t. I, p. 419; t. II, p. 853, 949; t. III, p. 211.—Tuent, sous les murs de Reims, le frère du duc de Brabant, évêque de Liége. *Arch. lég.*, 11e part., *statuts*, 1er vol., p. 101.

Allemant (village d'). *Arch. lég.*, 1re part., p. 909.

— (Erardus d'), conseiller du roi. *Arch. adm.*, t. II, p. 259, 270, 271.

— (Garnier l'), de Reims. *Arch. adm.*, t. II, p. 301, 603.

— (Colars l'), boucher de Reims. *Arch. adm.*, t. II, p. 962.

— voy. Colinus.

— (Rose l'), femme de Thierry dit le savetier. *Arch. adm.*, t. I, p. 1084.

— (Guillaume l'), garde des foires de Champagne. *Arch. adm.*, t. I, p. 935; t. II, p. 301?

— (Gérart l'). *Arch. adm.*, t. I, p. 958.

— (Thierry l'), dit le savetier. *Arch. adm.*, t. I, p. 1084.

— (Pietres li), écuyer. *Arch. adm.*, t. II, p. 120, 121, 123, 126.

— (Robers l'), échevin de Laon. *Arch. adm.*, t. II, p. 168.

Allenduno (R. de), chanoine de Reims. *Arch. adm.*, t. III, p. 103.

Allendunum, voy. Alland'huy.

Alles (village d'), voy. Alla-de-Imperio. *Arch. adm.*, t. II, p. 1085, 1093.

— (paroisse de), voy. Alla (parrochia de).

Alleu, voy. Alodium, Franc-alleu.

Alleux (village des). *Arch. adm.*, t. II, p. 1110; *Arch. lég.*, 1re part., p. 875, 884, 903, 904, 911, 921.

Alleux (curé des), voy. Grossainc (Pierre).

Alliancelles (village d'). *Arch. adm.*, t. I,
p. 242 ; t. III, p. 600. *Arch. lég.*,
ii⁰ part., *statuts*, i⁰ʳ vol., p. 245.

— (moulin d'). *Arch. lég.*, ii⁰ part., *statuts*, i⁰ʳ vol., p. 243.

Allibaudière (village d'). *Arch. lég.*,
ii⁰ part., *statuts*, iii⁰ vol., p. 390.

Alligret, homme de loi. *Arch. lég.*,
ii⁰ part., *statuts*, ii⁰ vol., p. 24.

Alliot (Gervais), imprimeur à Paris. *Arch. adm.*, t. II, p. 1027.

Allodio-de-Flay (prior de). *Arch. adm.*,
t. II, p. 638.

Allonville (Regnault d'), seigneur d'Artaise, etc. *Arch. lég.*, i⁰ᵉ part., p. 893.

Almannus, inscrit dans l'obituaire de
l'église de Reims. *Arch. lég.*, ii⁰ part.,
statuts, i⁰ʳ vol., p. 69.

Almanricus, voy. Ruffiaco (Alm. de).

Almaricus, inscrit dans l'obituaire de
l'église de Reims. *Arch. adm.*, t. I,
p. 387 ; *Arch. lég.*, ii⁰ part., *statuts*,
i⁰ʳ vol., p. 69.

— trésorier et chantre de l'église de Reims.
Arch. lég., ii⁰ part., *statuts*, i⁰ʳ vol.,
p. 89.

— archidiacre de Liége. *Arch. lég.*, ii⁰ part.,
statuts, i⁰ʳ vol., p. 90.

Almaudus, prévôt de Henricus de Montegayo. *Arch. adm.*, t. I, p. 273.

Almericurte (molendinum de). *Arch. adm.*,
t. I, p. 355.

— (decima de). *Arch. adm.*, p. 421.

Almericus, cardinal. *Arch. adm.*, t. I,
p. 289.

— prêtre. *Arch. lég.*, ii⁰ part., *statuts*,
i⁰ʳ vol., p. 119.

Almutia (Aumusse). *Arch. adm.*, t. I,
p. 655 ; *Arch. lég.*, ii⁰ part., *statuts*,
i⁰ʳ vol., p. 45, 50, 54.

Alna. *Arch. adm.*, t. II, p. 637. Voy.
Axona.

Alneto (abbas de). *Arch. adm.*, t. II,
p. 636.

— (parrochia de). *Arch. adm.*, t. II,
p. 1068.

— (decanatus de). *Arch. adm.*, t. II,
p. 1068, 1071 ; *Arch. lég.*, ii⁰ part.,
statuts, i⁰ʳ vol., p. 715.

— vide Malo.

— (Petrus de). *Arch. adm.*, t. II,
p. 1032.

— (presbyter de). *Arch. adm.*, t. II,
p. 1069.

— (Gerardus de), presbyter. *Arch. lég.*,
ii⁰ part., *statuts*, i⁰ʳ vol., p. 118.

Alneyo (Guillermus de), official de Reims.
Arch. adm., t. II, p. 434, 614, 622.

Alnoyo (G. de), official de Reims; voy.
Alneyo (Guill. de).

Alnulphus, sous-diacre. *Arch. lég.*,
ii⁰ part., *statuts*, i⁰ʳ vol., p. 120.

Alo, major. *Arch. adm.*, t. I, p. 333.

— prêtre et chanoine. *Arch. lég.*, ii⁰ part.,
statuts, i⁰ʳ vol., p. 96.

Alodium, voy. Aculiaca-curte (de); Alemanicurte (de); Alleu; Amblco (de);
Arcelio-curte (de); Bappura (de); Bretiniaco (de); Canniacho (de); Curcellis
(de); Curte-Salonis (de); Domno-Trojano (de); Florinencis; Fratrum; Genvereio (de); Gosmonte (de); Haidericicurte (de); Ham (de); Haterel (de);
Hermondivilla (de); Hesbinis (de);
Hugonis; Hugonis-de-Cirelio; Joureio
(de); Lapelleya (de); Ledvidis; Lescellis (de), p. 89, 92. — Littæ; Melereio
(de); Munitionibus (de); Mutationibus
(de); Odonis-de-Quarnaco; Pontisfabricati; Primiceio (de); Radulphi; Reliaco
(de); Resbais (de); Rouveio (de); Rumestat (de); Sanctæ-Genovefæ; S.-Leodegardii; S.-Petri-Ruminiacensis; S.-
Remigii-Remensis; Septem-Salicum;
Signeio (de). *Arch. adm.*, t. I, p. 74. —
Stogia (de), p. 326, 653, 711, 1093;

Arch. lég., iie part., *statuts*, i^{er} vol., p. 62, 65. — Verniaco (de); Vesana-villa (de), p. 80, 81, 82. — Vilanis (de), p. 218, 226, 235, 236. — Vuandel (de), p. 96, 99.

Aloldus, voy. Rohart-Calvi.

Alon (villa de). *Arch. adm.*, t. I, p. 29.

Alpaïde, fille de Louis le Débonnaire, dotée par son père du second monastère de Saint-Pierre de Reims. *Arch. adm.*, t. I, p. 12, 263 ?

Alpaïdis, voy. Alpaïde.

Alparipa, voy. Auberive.

Alperus, prêtre. *Arch. lég.*, iie part., *statuts*, i^{er} vol., p. 72.

Alpes (les). *Arch. adm.*, t. I, p. 112.

Alpheidis, religieuse. *Arch. lég.*, iie part., *statuts*, i^{er} vol., p. 87.

Alphonse VI, roi de Castille ; efforts dudit pour introduire l'office de l'église de France dans ses États. *Arch. adm.*, t. I, p. 110.

Alra (villa de). *Arch. adm.*, t. I, p. 253.
— (Altar de). *Arch. adm.*, t. I, p. 252.

Alramnus, inscrit dans un obituaire de l'église de Reims. *Arch. lég.*, iie part., *statuts*, i^{er} vol., p. 73.

Alsace (province d'). *Arch. lég.*, iie part., *statuts*, iiie vol., p. 742.

Altacuria (P. de), procureur. *Arch. adm.*, t. III, p. 64.

Alta justitia, voy. Haute-justice. *Arch. adm.*, t. I, p. 770-821, 974, 981, 1065, 1068 ; t. II, p. 22, 85, 107, 262, 398 ; t. III, p. 67, 228. *Arch. lég.*, iie part., *statuts*, i^{er} vol., p. 575. — A qui attribuée dans Reims ; *statuts*, iiie vol., p. 514.

Altar, voy. Autel. Voy. Aguleicurte (de), Alra (de), Alto-Villari (de), Ambleio (de), Amenancort (de), Ansoldicurte (de), Anteniaco (de), Antinno (de), Arceio (de), Assia (de), Atrio (de), Bachelon (de), Baelon (de), Bair (de), Balliolo (de), Baonis-villæ, Bar (de), Basoli, Beati-Jacobi, Bernis (de), Berturicurte (de), Bocio (de), Boegneiis (de), Bolencino (de), Branzonis-curiti (de), Brebantio (de), Brecceio (de), Buccnico (de), Bureio (de), Buri (de), Buxut (de), Campiniaco (de), Castris (de), Cerlonnes (de), Chaimeri (de), Chambreceio (de), Channery (de), Cheffilly (de), Colereio, Columpnis (de), Condato (de), Copelliaco (de), Culmisiaco (de), Cupellia (de), Curtis-Ausorum, Curvavilla (de), Cymaco (de), Domnamaria (de), Dotheniis (de), Driencourt (de), Eccreio (de), Elefella (de), Estrebaiz (de), Falesia (de), Gerondelle (de), Givereio (de), Gons (de), Grandi-Prato (de), Gruere (de), Guartengen (de), Hamelez (de), Hanape (de), Hanonia (de), Hermundivilla (de), Huldrisvilla (de), Hupeneicurte (de), Ida (de), Insula (de), Jovini, Junchereio (de), Kercova (de), Lagereio (de), Laireio (de), Landres (de), Liart (de), Liverone (de), Lort (de), Lovois (de), Lupivia (de), Machoio (de), Malleio (de), Memmio (de), Milliaco (de), Monci (de), Monte-S.-Petri (de), Montiscurte (de), Morelineis (de), Mortines (de), Neminco (de), Nigella (de), Noveileisio (de), Petri-monte (de), Pliveio (de), Ponte-Fabricato (de), Prees (de), Remeuse (de), Rohella (de), S.-Crucis, S.-Dionysii, S.-Helani-de-Buxolio, S.-Juliani, S.-Lamberto (de), S.-Leodegario, S.-Lupo (de), S.-Maria-subtus-burgum (de), S.-Martini-de-Cappa, S.-Medardo (de), S.-Memmio (de), S.-Nichasii, S.-Petri-de-Ruminiaco, S.-Quintini, S.-Remigii-de-Celto, S.-Sixti, S.-Stephano (de), S.-Sulpitii, S.-Theoderici, S.-Theodulfo (de), Seilis (de), Seoilo (de), Silviniaco (de), Sivigniaco (de), Spoia (de), Stamberc (de), Summopi (de), Tardani-villa (de), Thelina (de), Triniaco (de), Turba (de), Var (de), Villa-Cappa (de), Villa-Cas-

tellum (de), Villa-exsia (de), Villari (de), Vuadenois (de), Warmerivilla (de), Wreivilla (de).

Altaribus (Johannes de), clerc. *Arch. lég.*, 1re part., p. 263, 264.

Altaris (Jus). *Arch. adm.*, t. I, p. 366.

Altavilla (presbyter de). *Arch. adm.*, t. II, p. 1081.

— (Guido de), miles. *Arch. lég.*, 11e part., *statuts*, 1er vol., p. 82, 84, 97, 101.

Alteracurte (presbyter de). *Arch. adm.*, t. II, p. 1088.

— (parrochia de). *Arch. adm.*, t. II, p. 1089.

— voy. Autricourt.

Altherus, vassal de l'église de Reims. *Arch. adm.*, t. I, p. 36.

Altiandus, vassal de l'église de Reims. *Arch. adm.*, t. I, p. 36.

Altissodoro (Guido de). *Arch. adm.*, t. II, p. 1036.

Altofonte (abbas de). *Arch. adm.*, t. II, p. 636.

Altomons, voy. Aumont. *Arch. adm.*, t. I, p. 452.

Altomonte (abbas de). *Arch. adm.*, t. II, p. 640.

Altovillarense monasterium. *Arch. adm.*, t. I, p. 275.

Altovillarensis, ecclesia, frais de gîte auxquels elle est tenue à l'arrivée du roi à Reims. *Arch. adm.*, t. I, p. 304, 762, 850.

Altovillari (abbas de), voy. Hautvilliers (abb. d'). *Arch. adm.*, t. I, p. 867; t. II, p. 634, 1026, 1037, 1038. — Seigneur de Cormoyeux, p. 1052, 1054. — Seigneur de Thillois, p. 1055, 1114, 1119, 1120, 1121, 1122, 1123; t. III, p. 610; voy. Nocherus. *Arch. lég.*, 1re part., p. 333, 880, 686; *Arch. adm.*, t. II, p. 1029.

Altovillari, (thesaurarius de). *Arch. adm.*, t. II, p. 1029.

— voy. S. Nivardus.

— (altar de). *Arch. adm.*, t. I, p. 263, 354.

— (capella de). *Arch. adm.*, t. I, p. 288.

— (villa de), voy. Hautvilliers.

— (parrochia de), voy. Hautvilliers-lès-Épernay (par. de).

— (presbyter de). *Arch. adm.*, t. II, p. 1120.

— (prior de). *Arch. lég.*, 11e part., *statuts*, 1er vol., p. 90.

— (Drogo de), écolâtre de Reims. *Arch. adm.*, t. I, p. 651, 667; t. II, p. 1024; *Arch. lég.*, 1re part. — Extraits et citations de la Somme dudit, p. 347, 352, 353, 363, 432, 444, 448, 451, 467, 477; 11e part., *statuts*, 1er vol., p. 69, 115.

— (Albericus de), écolâtre; célèbre par sa doctrine dans l'école de Reims. *Arch. adm.*, t. I, p. 666, 667; *Arch. lég.*, 11e part., *statuts*, 1er vol., p. 66, 114.

— (Mesus de). *Arch. lég.*, 11e part., *statuts*, 1er vol., p. 93.

Altra, voy. Altrum.

— (altar de), voy. Alra.

Altreio (ecclesia de). *Arch. adm.*, t. I, p. 329.

— (Guido de), miles. *Arch. adm.*, t. I, p. 321, 329, 373.

Altrio (Petrus de), capellanus de Avenaio. *Arch. adm.*, t. II, p. 104.

Altruda, censitaire de l'église de Reims. *Arch. lég.*, 11e part., *statuts*, 1er vol., p. 168.

Altrum, voy. Autre (village d').

Alués (lieu d'). *Arch. adm.*, t. II, p. 382.

Alun, voy. Rome (Alun de).

Alutariorum vicus. *Arch. lég.*, iie part., *statuts*, i^{er} vol., p. 93.

Alvequin (Jacques), seigneur de Sercy. *Arch.*, *lég.*, i^{re} part., p. 894.

Alvernia, voy. Auvergne.

Alvisus, évêque d'Arras. *Arch. adm.*, t. I, p. 287, 302.

Alvius, prêtre. *Arch. lég.*, iie part., *statuts*, i^{er} vol., p. 80.

Alvydis. *Arch. lég.*, iie part., *statuts*, i^{er} vol., p. 69.

Alwodus, évêque, l'un des signataires de la charte du comte Algar, en faveur de Saint-Remi de Reims. *Arch. adm.*, t. I, p. 208.

Alxais (pays d'). *Arch. adm.*, t. III, p. 82.

Amadeus, archevêque de Besançon. *Arch. adm.*, t. I, p. 495.

— comte de Savoie, l'un des commissaires du roi pour l'estimation des frais du sacre à Reims. *Arch. adm.*, t. II, p. 194.

Amagne (seigneur d'), voy. Milon.

— (village d'). *Arch. adm.*, t. II, p. 1108, voy. (dîme d'). *Arch. lég.*, iie part., *statuts*, i^{er} vol., p. 245.

— (presbyter de). *Arch. adm.*, t. II, p. 1110.

— (Poncelet d'). *Arch. adm.*, t. II, p. 671, 692.

Amaingne, voy. Amagne.

Amalbertus, prêtre. *Arch. lég.*, iie part., *statuts*, i^{er} vol., p. 78.

— vassal de l'église de Reims. *Arch. adm.*, t. I, p. 36.

Amalech, père des Amalécites. *Arch. lég.*, i^{re} part., p. 357.

Amalécites, peuplade de l'Idumée. *Arch. adm.*, t. I, p. 199.

Amalgedus, laicus. *Arch. lég.*, iie part., *statuts*, i^{er} vol., p. 79.

Amalgisus, laicus. *Arch. lég.*, iie part., *statuts*, i^{er} vol., p. 82.

Amalhadus, vassal de l'église de Reims. *Arch. adm.*, t. I, p. 36.

Amalricus, sous-diacre. *Arch. adm.*, t. I, p. 283, 292? 305, 308?

— laicus. *Arch. lég.*, iie part., *statuts*, i^{er} vol., p. 91.

— archidiacre de Reims. *Arch. adm.*, t. I, p. 332, 333.

— chanoine de Saint-Lambert. *Arch. adm.*, t. I, p. 333; *Arch. lég.*, iie part., *statuts*, i^{er} vol., p. 63, 78.

— neveu du précédent. *Arch. adm.*, t. I, p. 333.

— prêtre. *Arch. lég.*, iie part., *statuts*, i^{er} vol., p. 81, 103.

— roi de Jérusalem. *Arch. adm.*, t. I, p. 356.

— miles. *Arch. lég.*, iie part., *statuts*, i^{er} vol., p. 76, 168.

Amandus, prêtre. *Arch. lég.*, iie part., *statuts*, i^{er} vol., p. 104.

Amantius, vassal de l'église de Reims. *Arch. adm.*, t. I, p. 16.

Amarris, voy. Portes.

Amauricus, clericus. *Arch. adm.*, t. I, p. 885.

Ambe (Capella de). *Arch. adm.*, t. I, p. 313, 330.

Ambianense capitulum. *Arch. adm.*, t. II, p. 637.

Ambianensis baillivia, voy. Amiens (baillie de).

— diœcesis, voy. Amiens (diocèse de).

— decanus, voy. Fluy (Henricus de).

— ecclesia. *Arch. adm.*, t. I, p. 675.

— officialis. *Arch. lég.*, t. I, i^{re} part., p. 206, 212, 244, 256, 257, 307.

— episcopus. *Arch. adm.*, t. I, p. 361, 549; voy. Godefridus, p. 571, 584, 587,

604, 671, 688, 694, 703, 968 ; voy. Guillelmus, p. 1122, t. II, p. 637 ; *Arch. lég.*, ı^{re} part., p. 242, 250, 251, 252 ; voy. Arnulphus, Rorico, ıı^e part., *statuts*, ı^{er} vol., p. 420 ; voy. Pellevé (Nicolas de) ; voy. Augo (Gaufridus de).

Ambianis (Johannes de), chanoine et prêtre de Reims). *Arch. adm.*, t. I, p. 714 ; t. II, p. 1037 ; *Arch. lég.*, ı^{re} part., p. 253 ; ıı^e part., *statuts*, ı^{er} vol., p. 82, 85, 100, 105, 121.

Ambianum, voy. Amiens.

Ambigny (presbyter de), voy. Aubigny (presb. de).

Ambleio (Henrionnes de), écuyer. *Arch. adm.*, t. II, p. 101.

— (medietas de). *Arch. adm.*, t. II, p. 276.

— (piscaria de). *Arch. adm.*, t. II, p. 276.

— (altar de). *Arch. adm.*, t. II, p. 252.

— (allodium de). *Arch. adm.*, t. II, p. 253, 275.

Ambleium, voy. Ambly.

Ambleyo (presbyter de). *Arch. adm.*, t. II, p. 1105.

— (parrochia de), voy. Ambly (paroisse de).

Amblicourt, voy. Ablancourt.

Amblimont (village d'). *Arch. adm.*, t. II, p. 1086.

— (église de). *Arch. adm.*, t. II, p. 1087.

— (presbyter de). *Arch. adm.*, t. II, p. 1090.

Amblimonte (ecclesia de), voy. Amblimont (église de).

Amblincourt, voy. Ablancourt.

Ambly (Giraut d'). *Arch. adm.*, t. III, p. 673, 702.

Ambly (paroisse de). *Arch. adm.*, t. II, p. 1105.

Ambly (Gillet d'). *Arch. lég.*, ıı^e part., *statuts*, ı^{er} vol., p. 378.

— (Nicolas d'), seigneur dudit lieu. *Arch. lég.*, ı^{re} part., p. 893.

Ambly-sur-Bar (ville d'). *Arch. adm.*, t. II, p. 1075, 1102 ; *Arch. lég.*, ı^{re} part., p. 904, 910.

— (marquis d'), seigneur de Chalandry. *Arch. adm.*, t. II, p. 1075, 1089, 1090, 1091, 1109.

— (Mlle d'), dame de Sorbon. *Arch. adm.*, t. II, p. 1083.

— (château d'). *Arch. adm.*, t. II, p. 1091.

Amboise (Clermont d'), seigneur d'Antheny. *Arch. adm.*, t. II, p. 1071, 1072, 1073.

— (ville d'). *Arch. lég.*, ıı^e part., *statuts*, ı^{er} vol., p. 626, 774, 800, 806, 814, 829.

— évêque de Maillezais. *Arch. lég.*, ıı^e part., *statuts*, ı^{er} vol., p. 673.

— (bailli d'), voy. Cochinart (Raulin).

Amboneio (Remigius de), voy. Ambonnay (Remi d').

Ambonnay (Jehan-Thomas d'), marchand. *Arch. adm.*, t. III, p. 128, 129.

— (Jehan héraut d'), marchand de blé. *Arch. adm.*, t. III, p. 129.

— (Perresson-Houillot d'), marchand. *Arch. adm.*, t. III, p. 218.

— (ville d'). *Arch. adm.*, t. II, p. 1119. *Arch. lég.*, ı^{re} part., p. 878.

— (Jehan d'), bailli du chap. de Reims. *Arch. adm.*, t. III, p. 837, 841, 868 ; *Arch. lég.*, ı^{re} part., p. 491, 505, 537, 549 ; ıı^e part., *statuts*, ı^{er} vol., p. 349, 351, 354, 362, 384, 387.

— (Renault d'), bourgeois de Reims. *Arch. adm.*, t. III, p. 97, 188, 414, 465, 501, 670.

— (Thébaut Brochin d'), marchand. — *Arch. adm.*, t. III, p. 128.

Amerval (Raoul d'), seigneur de Noyale. *Arch. lég.*, 1re part., 920.

Amez (Jean), mercier. *Arch. lég.*, 11e part., *statuts*, 11e vol., 570.

Amichin, serf de l'église de Reims. *Arch. adm.*, t. I, 332.

Amidonniers, voy. Reims (Amidonniers de).

Amiens (bailliage d'). *Arch. adm.*, t. I, 780; *Arch. lég.*, 11e part., *statuts*, 111e vol., 271, 509.

— (baillie d'). *Arch. adm.*, t. II, 272, 298, 791.

— (Aliaume d'). *Arch. adm.*, t. II, 487.

— (Jehan d'), tavernier. *Arch. adm.*, t. III, 837; *Arch. lég.*, 11e part., *statuts*, 1er vol., 642, 644, 649, 650.

— (évêché d'). *Arch. adm.*, t. I, 382.

— (évêque d'), voy. Ambianensis episcopus.

— (J. d'), clerc. *Arch. adm.*, t. II, 525; t. III, 833.

— (ville d'). *Arch. adm.*, t. I, 599, 642; t. II, 29, 273, 783, 802, 819, 825, 829, 835, 840, 998, 1093, 1159, 1210; t. III, 17, 73, 143, 209, 273, 276, 320; *Arch. lég.*, 1re part., 242, 913; 11e part., *statuts*, 1er vol., 481, 559, 570, 664, 665, 803, 805; *statuts*, 11e vol., 570, 572, 805; *statuts*, 111e vol., 69, 128.

— (diocèse d'). *Arch. adm.*, t. II, 635, 637, 1027.

— (E.... d'). *Arch. lég.*, 11e part., *statuts*, 1er vol., 771.

— (charte d'). *Arch. lég.*, 11e part., *statuts*, 111e vol., 609.

— (chapitre d'), voy. Ambianense capitulum.

— (échevins d'). *Arch. adm.*, t. II, 1004; *Arch. lég.*, 11e part., *statuts*, 11e vol., 179.

— (église d'), voy. Ambianensis eccles.

Amiens (élection d'). *Arch. lég.*, 11e part., *statuts*, 11e vol., 947.

Amiet (G.), pelletier. *Arch. adm.*, t. II, 823.

Ami-Fontaine, voy. Amye-Fontaine.

Amigny (village d'). *Arch. lég.*, 1re part., 877, 883, 909.

— (curé d'), voy. Goret (Pierre).

— (fief d'). *Arch. lég.*, 1re partie, 894.

Amiral, voy. France (amiral de).

Amiraut (G.), couvreur. *Arch. adm.*, t. II, 489.

Amisy-le-Court (village d'). *Arch. lég.*, 1re part., 882.

Ammeline, femme de Huesson le Large, bourgeois de Reims. *Arch. adm.*, t. I, 1015.

Amoises (Bauduyn des), citoyen de Reims. *Arch. adm.*, t. II, 250.

— (Marie des). *Arch. adm.*, t. II, 807.

Amoisiis (parrochia de), voy. Armoises (paroisse des).

— (presbyter de). *Arch. adm.*, t. II, 1071.

Amoisonare (Amodier). *Arch. adm.*, t. II, 931.

Amolio (Hugo d'), diacre. *Arch. lég.*, 11e part., *statuts*, 1er vol., 117.

Amorinus, serf légué par saint Remi à l'église de Reims. *Arch. adm.*, t. I, 4.

Amortisare (Amortir). *Arch. adm.*, t. I, 905, 988; t. II, 98, 104, 407; *Arch. lég.*, 1re part., 137.

Amortisatio (Amortissement). *Arch. adm.*, t. I, 73, 989; t. II, 437; *Arch. lég.*, 1re part., 137, 437.

Amour (rue d'). *Arch. lég.*, 11e part., *statuts*, 1er vol., 568; *Arch. adm.*, t. I, 81.

Amours (P. d'), intendant de Champagne. *Arch. lég.*, 11e part., *statuts*, 1er vol., 919, 929; *statuts*, 11e vol., 554; *statuts*, 111e vol., 396, 398.

Amparamentum (remparement). *Arch. lég.*, 11e part., *statuts*, 1er vol., 812.

Amphredus, nom inscrit dans un obituaire de Reims *Arch. lég.*, IIᵉ partie, *statuts*, Iᵉʳ vol., 116.

Ampoule (sainte). *Arch. adm.*, t. I, 528, 529, 1062; t. II, 568; cérémonie observée au sacre pendant sa translation, 569; t. III, 555; *Arch. lég.*, Iʳᵉ part., 484; IIᵉ part., *statuts*, Iᵉʳ vol., 200; *statuts*, IIᵉ vol., 829.

Amputatio, voy. Capitis amputatio.

Amuencurtis, voy. Aumenancourt.

Amuenancurte Magno (presbyter de). *Arch. adm.*, t. II, 1064.

— Magno (parrochia de). *Arch. adm.*, t. II, 1063; voy. Aumenancourt-le-Grand.

— Parvo (presbyter de). *Arch. adm.*, t. II, 1064.

— Parvo (parrochia de). *Arch. adm.*, t. II, 1063; voy. Aumenancourt-le-Petit.

Amville (d'), maréchal de France. *Arch. lég.*, IIᵉ part., *statuts*, IIIᵉ vol., 510, 542.

Amye-Fontaine (village de). *Arch. lég.*, Iʳᵉ part., 882, 891, 893, 900.

— (curé de), voy. Coulebout (Estienne).— *Arch. lég.*, Iʳᵉ part., 888.

Amys (J....), élu de Reims. *Arch. lég.*, IIᵉ part., *statuts*, Iᵉʳ vol., 677.

Anacletus pape; décrétales dudit alléguées. *Arch. adm.*, t. I, 138, 287.

Anagnia, voy. Agnanie.

Anam, voy. Arnam.

Anathema. *Arch. adm.*, t. I, 96, 98, 120, 122, 123, 161, 162, 172, 175, 194, 208, 223, 337, 370, 371, 377, 380, 395, 403, 410, 447, 632; *Arch. lég.*, IIᵉ part., *statuts*, Iᵉʳ vol., 170.

Anathème, voy. Anathema.

Ancart, tailleur d'habits. *Arch. lég.*, IIᵉ part., *statuts*, IIᵉ vol., 531.

Ancel Courré, receveur des tailles, voy. Courré.

— voy. Anglure (A.).

Ancel (Antoine). *Arch. lég.*, Iʳᵉ part., 898.

Anemant (prebendarii de). *Arch. adm.*, t. I, 344.

Annellævay, voy. Annelles.

Annelles (village d'). *Arch. adm.*, t. II, 1102, 1104.

Ansgottus, chancelier de Laon. *Arch. lég.*, t. I, 318.

Anthoiny (Johannes de), chanoine de Saint-Timothée de Reims. *Arch. adm.*, t. II, 1041.

Anthonnet (Guillelmus), citoyen de Reims. *Arch. lég.*, IIᵉ part., *statuts*, Iᵉʳ vol., 802.

Antigny (village d'). *Arch. adm.*, t. I, 354; *Arch. lég.*, Iʳᵉ part., 919.

Antineium, voy. Antigny.

Antonino (Altar de). *Arch. adm.*, t. I, 262.

Antre (Dîme d'). *Arch. lég.*, IIᵉ part., *statuts*, Iᵉʳ vol., 243.

Antuerpia, voy. Anvers.

Antuwerpiense capitulum. *Arch. adm.*, t. II, 640.

Anvers (ville d'). *Arch. lég.*, IIᵉ part., *statuts*, Iᵉʳ vol., 613, 665.

— (chapitre de), voy. Antuwerpiense capitulum.

Aogny (Colart de), bailli de Processe. *Arch. adm.*, t. II, 349.

Aongny (Jehan le Breton d'), notable de Reims. *Arch. lég.*, IIᵉ part., *statuts*, Iᵉʳ vol., 621, 638.

Aoingny (presbyter de). *Arch. adm.*, t. II, 1059.

— (village d'). *Arch. lég.*, Iʳᵉ part., 607.

Aongneyo (parrochia de), voy. Ogny. *Arch. adm.*, t. II, 1058.

Aost en Piémont. *Arch. adm.*, t. I, 207.

Aoust (Jean d'), major de la milice bourgeoise de Reims. *Arch. lég.*, IIᵉ part., *statuts*, IIᵉ vol., 1014, 1028.

Aouste (Baudessons d'), écuyer, l'un des complices des enfants de Brienne. *Arch. adm.*, t. II, 120, 121, 123, 126, 136, 392.

— (Thomas d'), batelier. *Arch. adm.*, t. III, 106.

— (Jacques d'), sous-chantre à Châlons. *Arch. lég.*, Ire part., 897.

— (sieur d'), assesseur du maire de Reims. *Arch. lég.*, IIe part., *statuts*, IIe vol., 996, 999.

— (paroisse d'), voy. Augusta (parochia de).

— (personatus de). *Arch. lég.*, IIe part., *statuts*, IIe vol., 636.

Apautre (Johannes l'), citoyen de Reims. *Arch. lég.*, IIe part., *statuts*, Ier vol., 76.

Aperteletus, voy. Appartelet.

Apiarius. *Arch. adm.*, t. I, 106. — Concile d'Afrique tenu au sujet dudit, *ibid.*, 143.

Apie (village d'). *Arch. lég.*, Ire part., 911.

Apostole (l'), voy. Pape.

Apothecarius (apothicaire). *Arch. lég.*, Ire part., 155.

Apothecaria (apothicairerie). *Arch. lég.*, IIe part., *statuts*, Ier vol., 66.

Appariteur, voy. Apparitor.

Apparitor, t. II, 593; t. III, 419. Voy. Remenses apparitores; Chrestienté (appariteur de la).

Appartelet, voy. Buiron (Aubericus).

Apparuit (Guillaume-Paul), coutre laïc. *Arch. lég.*, IIe part., *statuts*, IIIe vol., 697, 699, 706, 710, 713, 715, 718, 723.

Appassamentum (trève, remise d'une cause). *Arch. adm.*, t. II, 414.

Appel, voy. Appellatio; Rome (appel à).

— frivole. *Arch. adm.*, t. III, 360, 386, 389, 390, 491, 861. *Arch. lég.*, Ire part., 120, 267; IIe part., *statuts*, Ier vol., 392.

— volage, voy. Appel frivole.

— (fol), voy. Appel frivole.

Appel comme d'abus. *Arch. lég.*, IIe part., *statuts*, IIe vol., 673.

Appellatio, voy. Appel. *Arch. adm.*, t. I, 361, 383, 445, 462, 463, 468, 469, 470, 471, 472, 504, 519, 520, 536, 550, 561, 571, 577, 578, 583, 595, 599, 606, 617, 658, 660, 672, 676, 679, 680, 696, 717, 762, 883, 951, 1076, 1098, 1101; t. II, 34, 201. *Arch. lég.*, Ire part., 22, 42, 67, 86, 90, 103, 107, 142, 147, 150, 153, 154, 155, 159, 173, 191, 193, 195, 205, 207, 213, 219, 231, 256, 237, 258, 266, 282, 311, 330, 333, 413, 417, 805, IIe part., *statuts*, IIe vol., 69, 530, 923.

— canonica. *Arch. lég.*, Ire part., 75, 143, 173, 220, 244, 255.

Appia (Guido de), *Arch. adm.*, t. I, 373.

Appilly (village d'). *Arch. lég.*, Ire part., 878, 890, 909.

Approvisionnement, voy. Reims (approvisionnement de).

Appunctamentum (appointement). *Arch. lég.*, IIe part., *statuts*, Ier vol., 358.

Appunctuare (appointer). *Arch. lég.*, IIe partie, *statuts*, Ier vol., 362, 402.

Apremont (village d'). *Arch. adm.*, t. II, 1068, 1095, 1096, 1097.

— (dame d'), *Arch. adm.*, t. II, 1078.

— (Jean de), seigneur de Vandy, *Arch. adm.*, t. II, 1112. *Arch. lég.*, Ire part., 893, 921.

Apulia, voy. Pouille (la). *Arch. adm.*, t. I, 35; *Arch. lég.*, Ire part., 265, 452.

— lex. *Arch. lég.*, Ire part., 421.

Apuliæ Comes, voy. Theobaldus.

Apvril (Jehan), voy. Avrillet. *Arch. adm.*, t. III, 413. *Arch. lég.*, IIe part., *statuts*, IIe vol., 29, 48, 53.

Aqua, vide Castellani, longa, Baironis.

Aqua-curta (prior de), *Arch. adm.*, t. II, 636.

Aquaria (vivier, réservoir). *Arch. adm.*, t. II, 956.

Aquarin, voy. Acarin.

— (Thomas), bourgeois de Reims, poursuivi pour meurtre. *Arch. adm.*, t. III, 63, 240.

— (Gilletus), bourgeois de Reims. *Arch. adm.*, t. III, 240.

Aquaviva, général des jésuites. *Arch. lég.*, ii⁵ part., *statuts*, II⁵ vol., 715.

Aquila (Robertus de), prévôt de Laon, *Arch. adm.*, t. I, 868.

Aquilia, lex. *Arch. lég.*, i⁵ part., 406.

Aquisgrani palatium, voy. Aix-la-Chapelle (palais d'). *Arch. adm.*, t. I, 37.

Aquitaine (ducs d'), rang desdits à la cérémonie du sacre, *Arch. adm.*, t. II, 575. *Arch. lég.*, ii⁵ part., *statuts*, i⁵ʳ vol., 407, 420.

— (roi d'). *Arch. lég.*, ii⁵ part., *statuts*, ii⁵ part., 179.

— (duché d'), *Arch. adm.*, t. II, 586; t. III, 157.

— (province d'). *Arch. adm.*, t. I, 7, 115; t. III, 189. *Arch. lég.*, ii⁵ part., *statuts*, i⁵ʳ vol., 84.

Aquitanorum rex, voy. Pippinus.

— provincia, voy. Aquitaine (province d').

Aquitare (acquitter). *Arch. adm.*, t. I, 913.

Aragon, procureur du chapitre de Reims. *Arch. lég.*, ii⁵ part., *statuts*, ii⁵ vol., 493.

Arare-Marvaulx (ville d'). *Arch. adm.*, t. III, 660.

Arbalète (jardin de l'), *Arch. lég.*, ii⁵ part., *statuts*, i⁵ʳ vol., 321, 322, 325, 857.

— (jeu de l'), *Arch. lég.*, ii⁵ part., *statuts*, I⁵ʳ vol., 324, 870.

— (chevaliers de l'). *Arch. lég.*, ii⁵ part., *statuts*, I⁵ʳ vol., 327.

— (serment de l'). *Arch. lég.*, ii⁵ part., *statuts*, i⁵ʳ vol., 328.

Arbalétrier, voy. Chaîne (arbalétriers du); Reims (arb. de).

— (Prusche l'), bourgeois de Reims, exécuté comme prévenu d'intelligence avec les Anglais. *Arch. adm.*, t. III, 147, 162.

Arbataille (Gérard), cordonnier, *Arch. lég.*, ii⁵ part., *statuts*, ii⁵ vol., 238.

Arbertus, évêque d'Avignon, charte dudit en faveur des moines de Saint-Remi. *Arch. adm.*, t. I, 251.

Arbitrage, voy. Arbitrium.

Arbodus, abbé de Saint-Remi, *Arch. adm.*, t. I, 85, 176, 566; *Arch. lég.*, ii⁵ part., *statuts*, iii⁵ vol., 20.

Arbois (Notre-Dame d'). *Arch. adm.*, t. III, 762.

Arbore (Guiotus de). *Arch. adm.*, t. III, 392.

Arboso (Philippus de), chanoine de Reims. *Arch. adm.*, t. II, 1034.

Arbres (échenillage des), ordonnance à ce sujet. *Arch. lég.*, ii⁵ part., *statuts*, ii⁵ vol. 507.

Arbroye (village de l'). *Arch. lég.*, i⁵ part., 878.

Arc de triomphe, par qui ordonné, à l'entrée du roi dans Reims. *Arch. adm.*, t. I, 484.

— du dauphin (jeu de l'); le vainqueur dudit était exempt du guet pour l'année. *Arch. lég.*, ii⁵ part., *statuts*, i⁵ʳ vol., 846, 870.

— (village d'). *Arch. lég.* ii⁵ part., *statuts*, iii⁵ vol., 395.

Arceia (Simon de), chanoine. *Arch. adm.*, t. I, 599, 600.

Arceium, voy. Arcy. *Arch. adm.*, t. I, 546.

Arceis (Marçonna de). *Arch. adm.*, t. III, 544, 565.

— (Hugo de), archevêque de Reims, voy. Arcy (Hugues d').

Arbitrium. *Arch. adm.*, t. I, 715; t. III, 332. *Arch. lég.*, i⁵ part., 144, 152.

Arcelio-curte (alodium de). *Arch. adm.*, t. I, 218.

Arceris (Petrus de), procureur de la comtesse de Champagne. *Arch. adm.*, t. III, 203.

Arceyo (Altar de). *Arch. adm.*, t. I, 252.

— Poncardi (parrochia de). *Arch. adm.*, t. II, 1057.

Archambaudus de Borbonio, voy. Borbonio.

Arche, voy. Noë (arche de).

Archer, voy. Franques l'archier, voy. Toiles du roi (archier des).

Archeria (créneau). *Arch. adm.*, t. III, 236.

Archers, voy. Reims (archers de), Maréchaussée (arch. de la), Guet.

Arches (paroisse d'). *Arch. adm.*, t. II, 1069, 1078; *Arch. lég.*, IIe part., *statuts*, IIe vol., p. 642.

— (patronage de), voy. Archiis patronagium.

Archevêché de Reims (bailliage de). *Arch. adm.*, t. I, 489, 490; *Arch. lég.*, IIe part., *statuts*, Ier vol., 44; *statuts*, IIe vol., 57, 554; *statuts*, IIIe vol., 75, 118, 456, 459, 518.

—(bénéfices de l'). *Arch. adm.*, t. II, 1027.

—(bailli de l'); empiétements dudit sur les droits de l'échevinage. *Arch. adm.*, t. I, 483.—Assiste à l'audience des échevins, 489, 490, 517, 527, 538, 566, 781, 949; t. II, 49, 105, 270, 378, 417, 433, 443, 585, 713, 1163 1214, 1235, 1243; t. III, 4, 244, 356; voy. 401, 564, 645, 657, 726, 781, 856, 859, 884. *Arch. lég.*, Ire part., 556; IIe part., *statuts*, Ier vol., 393. — Institue les échevins, 536, 753. —Remaniement par ledit des anciennes ordonnances de police, IIe part., 1045, 1048; *statuts*, IIe vol., 22, 29, 54, 176, 177, 181, 224, 308, 320., 490, 552. — Reçoit le serment des échevins, 558, 606, 608; 651, 914, 934, 976, *statuts*, IIIe vol. 1, 33, 49, 68, 70, 72, 73, 74; voy. 89, 98, 111, 117, 124, 136, 138, 141. — Exige ledit serment, 153, 158. —Cumule la charge de lieutenant de police, 162, 321, 383, 399. — Tentative d'usurpation dudit sur le droit de voirie, 407, 424, 438, 450. — Seul juge de police, 462, 463, 663.

Archevêché (ban de l'). *Arch. adm.*, t. I, 440, 442, 483, 484, 606, 618, 624, 639, 718, 777, 868, 930, 944, 961; t. II, 37, 63, 75, 79, 124, 133, 143, 145, 170, 227, 236, 243, 265, 288, 318, 420, 443, 647, 740; 791, 831, 888, 919. — Les habitants dudit se plaignent des exactions des officiers de l'archevêque, 923, 955, 1198; t. III, 192, 202, 287, 292, 293, 370, 509, 519, 551, 569, 597, 642, 645.— Tenu en fief du roi, 649.—Droit de prise de vivres dans ledit par les officiers de l'archevêque, 713, 784, 859. *Arch. lég.*, Ire part., 544, 860, 1011, 1024; *statuts*, Ier vol., 335, 351, 357, 363, 431, 436, 896; IIe part., *statuts*, IIe vol., 33, 37, 39, 43, 60, 141, 176, 304, 308; *statuts*, IIIe vol., 30, 138, 383, 451.

— (économat de l'). *Arch. lég.*, IIe part., *statuts*, IIe vol., 660.

— (juridiction de l'). *Arch. lég.*, Ire part., 740; IIe part., *statuts*, IIe vol., 174, 918; *statuts*, IIIe vol., 238, 514.

— (prévôté de), voy. Reims (prévôté de).

— (procureur de l'). *Arch. lég.*, IIe part., *statuts*, IIe vol., 13, 212, 279, 297, 315, 362, 369, 581, 930, 1034; *statuts*, IIIe vol., 49, 136.

— (revenus de l'). *Arch. adm.*, t. III, 66, 406.

— (seigneurie de l'). *Arch. lég.*, IIe part., *statuts*, Ier vol., 568.

— (temporel de l') *Arch. lég.*, IIe part., *statuts*, Ier vol., 587, 588.

— (territoire de l'). *Arch. lég.*, IIe part., *statuts*, IIIe vol., 238, 514, 524, 614.

Archevêché (vacance de l'). Voy. Siége de Reims (vacance du).

Archevêque , voy. Archiepiscopus. Dispose, en qualité de chef suprême de la communauté cléricale, des biens de l'Église. *Arch. adm.*, t. I, 76.

Archevêque de Reims (bois de), voy. Archiepiscopi Remensis sylvæ.

— (bourgeois du ban de l'). *Arch. adm.*, t. I, 483, 488.—Tombent sous la juridiction de l'échevinage, *ibid.*, 489 ; t. II, 293, 313, 788, 839, 871, 883, 919, 944, 980, 987, 1010, 1163. —Concourent à l'élection des échevins de Reims, 1198, 1218 ; t. III, 14, 243, 263, 602, 846, 884. *Arch. lég.*, iie part., *statuts*, i^{er} vol., 348 ; *statuts*, iie vol., 5, 176, 277, 919 ; *statuts*, iiie vol., 30, 138, 424.

— (chapelain de l'), voy. Garinus.

— (cerf de l'). Flèche allégorique dirigée par les chanoines contre ledit. *Arch. lég.*, i^{re} part., 373.

— (château de l'), voy. Porte-Mars.

— (châtellenies de l'). *Arch. adm.*, t. II, 286, 289, 883, 944, 956 ; t. III, 292, 510. *Arch. lég.*, i^{re} part., 805.

— (coadjuteur de l'). *Arch. lég.*, iie part., *statuts*, iie vol., 911, 924.

— (cour de l'), voy. Remorum archiepiscopi curia.

— (échevins du ban de l'). *Arch. adm.*, 860, 942, t. II, 598, 659, 664, 777, 819, 822, 935, 1010.—Notice sur leurs priviléges, 1198, 1218, 1233 ; t. III, 4, 14, 41, 52, 153, 182, 357, 400, 613, 716, 726. *Arch. lég.*, iie part., *statuts*, iie vol., 172, 550 ; *statuts*, iiie vol., 400, 416.

— (enregistreurs de). *Arch. adm.*, t. II, 652.

— (finage de l'). *Arch. adm.*, t. I, 484.

— (fossé de l'). *Arch. adm.*, t. III, 649.

— (gibet de l'), voy. Archiepiscopi remensis furcæ.

Archevêque de Reims (grand vicaire de l'). *Arch. lég.*, iie part., *statuts*, iie vol., 1045, *statuts*, iiie vol., 141, 154.—Assiste aux délibérations de l'hôtel-de-ville comme conseiller ecclésiastique, 161, 162, 165. — Premier conseiller né de la ville, et auditeur né des comptes de l'hôtel-de-ville, 168, 562, 566.

— (grange de l'). *Arch. lég.*, i^{re} part., 540.

— (grangers de l'), voy. Robertus, Courré (Morise).

— (Jard de l'). *Arch. adm.*, t. III, 649, 901 ; *Arch. lég.*, i^{re} part., 715.

— (juridiction de l'), voy. Archiepiscopi remensis jurisdictio.

— (maire de l'). *Arch. adm.*, t. I, 483, 736.

— (maréchal de), voy. Archiepiscopi remensis marescallus.

— (moulins de l'). *Arch. adm.*, t. III, 688, 796.

— (officiers de l'), voy. Remorum archiepiscopi officiales. *Arch. adm.*, t. I, 749 ; t. II, 90, 183, 271, 309, 317, 784, 789, 859, 888 ; t. III, 644, 646, 859, 873, 884. *Arch. lég.*, i^{re} part., 550, iie part., *statuts*, iie vol., 37, 50, 172, 322, 453.— Connaissance des cas qui leur appartiennent, 607. —Leurs empiétements sur la juridiction des gens du roi, *statuts*, iiie vol., 3.—Dressent en commun avec ceux de Saint-Remi les ordonnances relatives à la police de la ville, 15, 49, 53, 89, 98, 138. — Différends entre lesdits et les notaires de Reims au sujet des inventaires, 238, 321, 342. — Sont officiers de police de la ville, 346, 413, 432.

— (palais de l'), voy. Porte-Mars. *Arch. adm.*, t. I, 751, 1078 ; t. II, 441. —Procès entre l'archevêque et les échevins au sujet d'une émotion populaire dirigée contre ledit, 445, 453, 661, 789, 942, 1248 ; t. III, 235, 244, 380. *Arch. lég.*, i^{re} part., 1, iie part., *statuts*, i^{er} vol. 678 ;

94, 410, 793; *statuts*, IIe vol., 4, 454, *statuts*, IIIe vol., 24.

Archevêque (pont de l'). *Arch. lég.*, IIe part., *statuts*, IIIe vol., 112.

Archevêque de Reims (préau de), voy. Archiepiscopi remensis pratellus

— (prévôt de l'). *Arch. adm.*, t. I, 482, 490, 527, 781; t. II, 714, 874, 996, 1168, 1221; t. III, 4, 645, 723, 781, 881. *Arch. lég.*, Ire part., 522, IIe part., 42, *statuts*, Ier vol., 393, 939, *statuts*, IIe vol., 42, *statuts*, IIIe vol., 36. — Exactions commises par ledit pendant les foires de Reims, 63, 73.

— (primatie de l'). *Arch. lég.*, Ire part, 4.

— (prison de l'). *Arch. adm.*, t. II, 265, 378, 441, 655, 785; t. III, 379, 401, 638, 647. *Arch. lég.*, IIe part., *statuts*, Ier vol., 416.

Archevêque (procureurs de l'), voy. Remorum archiepiscopi procuratores.

— (sergents de l'), voy. Remorum archiepiscopi servientes.

— (sestrelage de l'). *Arch. adm.*, t. III, 577, 626.

— (terre de l'). *Arch. adm.*, t. III, 73.

— (vicomte de l'), voy. Reims (vidame de).

— (vicaire de), voy. Remorum archiepiscopi vicarius.

— (villes de l'). *Arch. adm.*, t. II, 286.

Archiæ, voy. Arches.

Archidiaconatus, voy. Major archidiaconatus remensis.

Archidiaconé, voy. Archidiaconatus, voy. Champagne (Archidiaconé de).

Archidiaconi remensis curia. *Arch. adm.*, t. I, 749, 787, 793, 883; t. II, 408, 592, 642, 1141; t. III, 369, 872. *Arch. lég.*, Ire part., 30, 31.

Archidiaconi officiales. *Arch. adm.*, t. I, 683, 787, voy. Rephenellus (Guillermus), 788.

Archidiaconus, vide Remensis, Bajocensis, Cameracensis, Chartres (archidiacre de), Coutances, Parisiensis, Suessionensis.

— Remensis receptio. *Arch. lég.*, IIe part., *statuts*, Ier vol., 15.

Archidiaconus major, voy. Reims (grand archidiacre de); voy. Minor archidiaconus remensis; Balgenciacensis, Cathalaunensis, Meldensis, Laudunensis, Virdunensis, Leodiensis, Aurelianensis.

Archidiacre, voy. Archidiaconus; voy. Chrétienté (archidiacre de) Champagne;

Archidiacre de Reims (cour de l'), voy. Archidiaconi Remensis curia. — Notice historique sur les attributions dudit. *Arch. adm.*, t. I, 747; voy. Soissons, Cathalaunensis, Avranches, Tournay, Baugency, Reims (grand archidiacre de); Reims (petit archidiacre de).

— de Reims (promoteur de l'). *Arch. adm.*, t. III, 872.

— de Reims (francs sergents de), affranchis du droit de stellage. *Arch. lég.*, IIe part., *statuts*, IIIe vol., 308, 319, 322.

— de Metz (hôtel de l'). *Arch. adm.*, t. II, 1004.

— (lecture de l'). *Arch. adm.*, t. III, 743.

Archiepiscopi remensis baillivus; voy. archevêque de Reims (bailli de l').

— remensis bannus; voy. Archevêque de Reims (ban de l').

— remensis cartellus, voy. Archiepiscopi Rem. mensura.

— remensis curia. *Arch. adm.*, t. I, 418, 445, 749, 786, 864, 904, 966, 972; t. II, 73, 417, 718, 752, 905, 927, 933, 940, 1163. *Arch. lég.*, IIe part., *statuts*, Ier vol., 364.

— remensis domanium, est d'un revenu noble. *Arch. adm.*, t. I, 55; t. III, 193, 224, 226, 555. — De quelles châtellenies

il se compose. *Arch. lég.*, IIe part., *statuts*, IIIe vol., 43, 95, 98.

Archiepiscopi remensis furcæ. *Arch. adm.*, t. I, 890. — Appartiennent à l'archevêque dans la banlieue de Reims, *ibid.*, 1065. *Arch. lég.*, Ire part., 502, 522.

— remensis grangiarii; voy. Archevêque de Reims (grangers de).

— remensis homines feodales. *Arch. adm.*, t. I, 56. *Arch. lég.*, IIe part., *statuts*, Ier vol., 364, 371.

— remensis jurisdictio. *Arch. adm.*, t. I, 785, 943. *Arch. lég.*, IIe part., *statuts*, Ier vol., 351, 353, 434, 593, 938, *statuts*, IIIe vol., 73.

— remensis marescallus, tué dans une émeute des citoyens contre le chapitre. *Arch. adm.*, t. I, 566.

— remensis mensura. *Arch. adm.*, t. I, 513, 517, 833. *Arch. lég.*, IIe part., *statuts*, Ier vol., 66.

— remensis præpositus; vide Silvanecto (Johanne de); voy. Archevêque de Reims (prévôts de l').

— remensis pratellus. *Arch. adm.*, t. I, 559.

— remensis prisio, voy. Archevêque de Reims (prison de l').

— remensis receptio. *Arch. lég.*, IIe part., *statuts*, Ier vol., 4.

— remensis silvæ, *Arch. adm.*, t. I, 288, 447, 545; voy. Monlanier, Luseloy, Malval, Fayel, Baras, Forest, Belay-super-Arcedium, Belay-super-Curvillam, t. III, 418.

— remensis terra. *Arch. adm.*, t. I, 580, 831, 866. *Arch. lég.*, IIe part., *statuts*, Ier vol., 332.

Archiepiscopus. Vide Bremensis, Coloniensis, Dacia (de), Genonensis, Mayence, Narbonne, Orléans, Padeburnensis, Remorum, Rothomagensis, Senonensis, Toulouse, Trajanopole, Trevirensis, Trevisorum, Turonensis, Vienne.

Archipresbyter; vide remensis ecclesiæ archipresbyter.

Archimonasterii remensis consuetudines; voy. Abbaye de Saint-Remi (statuts de l').

Archiis (patronagium de). *Arch. adm.*, t. II, 1080, voy. Arches (patronage d').

— (præpositura de). *Arch. lég.*, IIe part., *statuts*, Ier vol., 181.

— (F. de), chapelain de l'église de Mézières. *Arch. adm.*, t. II, 1043.

— (parrochia de), voy. Arches (paroisse de).

— (presbyter de). *Arch. adm.*, t. II, 1071, 1077.

Archimonastère, voy. Saint-Remi de Reims (abbaye de).

Archives de Reims (garde des). *Arch. lég.*, IIe part., *statuts*, IIIe vol., 177.

Arcis (village d'). *Arch. adm.*, t. III, 109.

Arcis-sur-Aube. *Arch. lég.*, IIe part., *statuts*, Ier vol., 706; IIIe vol., 395, 542.

Arcon (villa de). *Arch. adm.*, t. I, 321.

Arcu (Johannes de), chanoine de Reims. *Arch. adm.*, t. II, 391. *Arch. lég.*, IIe part., *statuts*, Ier vol., 63.

— (dame d'), voy. Berendière (Louise de).

Arcy, voy. Arceium.

Arcy (Hugues d'), archevêque de Reims. *Arch. lég.*, IIe part., *statuts*, Ier vol., 69, 115, 169. *Arch. adm.*, t. I, 225.

Arcy-Ponsart (village de). *Arch. adm.*, t. II, 702, 1060; t. III, 653.

— (paroisse de), voy. Arcéyo-Poncardi (parrochia de).

Arcy-le-Vieil. *Arch. adm.*, t. II, 634; t. III, 417, 426, 745.

Ardanguien (Jehan d'), bourgeois de Reims. *Arch. adm.*, t. II, 604.

Ardea de capella monachorum (Prior de). *Arch. adm.*, t. II, 639.

— (Arnulfus de), chapelain du comte de Flandre. *Arch. adm.*, t. I, 249.

Ardembourc (Abbas de). *Arch. adm.*, t. II, 640.

Ardenay (Isabelle de), vidamesse de Châlons. *Arch. adm.*, t. I, 415.

— (ville de). *Arch. adm.*, t. I, 388, 397; t. II, 604; t. III, 660. *Arch. lég.*, 1re part., 754, 904.

— (château d'). *Arch. lég.*, 11e part., *statuts*, 1er vol., 806.

— (presbyter de). *Arch. adm.*, t. II, 1117.

— (paroisse de). *Arch. adm.*, t. II, 1118, 1119; t. III, 410, 411.

— (capellania de), voy. Saint-Georges d'Ardenay (chapellenie de).

Ardenna, voy. S. Huberti (in).

— (Johannes de). *Arch. adm.*, t. I, 388, 397.

Ardennes (département des). *Arch. adm.*, t. I, 19.

Ardentium hospitalis. *Arch. adm.*, t. I, 1019.

Ardents (hôpital des), voy. Ardentium hospitalis.

Ardeuil (Village d'). *Arch. adm.*, t. II, 1098.

— (paroisse d'). *Arch. adm.*, t. II, 1099.

— (église d'), voy. Ardullio (eccl. de).

Ardoize (Pierre d'), tisserand. *Arch. lég.*, 11e part., *statuts*, 11e vol., 297.

Ardolio (parrochia de), voy. Ardeuil (paroisse d').

— (presbyter de). *Arch. adm.*, t. II, 1100.

— (Ulricus de), miles. *Arch. adm.*, t. I, 320.

Ardon (C. d'). *Arch. adm.*, t. II, 302.

Ardre (Rivière d'). *Arch. adm.*, t. I, 1089; t. III, 602.

Ardricus, abbé de Saint-Thierry. *Arch. adm.*, t. I, 317, 319.

Arduenna, vide Ardenna.

Arduin, archidiacre et prévôt de l'église de Reims. *Arch. adm.*, t. I, 205.

Ardullio (Ecclesia de). *Arch. adm.*, t. I, 314, 329. Voy. Ardeuil.

Aregius laicus. *Arch. lég.*, 11e part., *statuts*, 1er vol., 76.

Aregildus, affranchi par saint Remy. *Arch. adm.*, t. I, 16.

Arelatense concilium, voy. Arles (concile de).

Arency (Village d'). *Arch. lég.*, 1re part., 887, 899.

— (curé d'). *Arch. lég.*, 1re part., 887.

Arenis-Clugniacensis (Prior). *Arch. adm.*, t. II, 638.

Aresnes (Mont d'). *Arch. adm.*, t. I, 1056; t. II, 380, 554, 551, 552.

Argent (Marc d'), voy. Marca argenti.

— (Claude-Charles-Antoine d'), docteur en théologie et commissaire du pape. *Arch. lég.*, 11e part., *statuts*, 1er vol., 254, 295; *statuts*, 11e vol., 419.

— Voy. Adenet.

Argenteolis (Conventus de), vide Argentoles.

— (Moniales de), vide Bertha, Isabella.

Argentier, voy. Roi (argentier du), Soissons (argent. de).

Argentolles (couvent de). *Arch. adm.*, t. I, 811, 1001.

Argieus (Alienor d'). *Arch. adm.*, t. III, 608.

Argiers (Henri d'), chevalier. *Arch. adm.*, t. II, 812, 830, 832, 837, 842.

Argincourt (Ecclesia de), voy. Angecourt.

Argis (M. d'), seigneur de Malmy. *Arch. adm.*, t. II, 1090.

Argonia, voy. Argonne.

Argongne (Pierre d'), curé de Venderesse. *Arch. lég.* 1re part., 883.

Argonne, voy. Wally (en), Beaulieu (en), Villiers (en), Beaumont (en).

Arguincourt (Village d'). *Arch. lég.*, 1re part., 904.

Aria, vide Sanctus-Andrea-prope-Ariam.

Aria-de-Molesmis. *Arch. adm.*, t. II, 639.

Ariani, voy. Ariens.

Aribertus, cardinal. *Arch. adm.*, 314.

Ariens (hérétiques). *Arch. adm.*, t. I, 187.

Arigier (Jean), maître charron. *Arch. lég.*, iie part., *statuts*, iie vol., 930.

Ariminiensis Synodus, voy. Rimini (Synode de). *Arch. adm.*, t. I, 182.

Arius, hérésiarque. *Arch. adm.*, t. I, 189.

Arlanges (seigneurie d'). *Arch. adm.*, t. II, 1088.

Arlaut (Jacques). *Arch. lég.*, iie part., *statuts*, iie vol., 239.

Arles (Cardinal d'). *Arch. lég.*, iie part., *statuts*, i^{er} vol., 604.

Arlés (Pierre), sergent. *Arch. lég.*, i^{re} part., 898.

Arli (Jehan d'), maître d'hôtel de la reine. *Arch. adm.*, t. II, 490.

— (concile d'). *Arch. adm.*, t. I, 105.

Arma, voy. Remorum archiepiscopi Arma.

Armagnacs (Faction des). *Arch. lég.*, iie part., *statuts*, i^{er} vol., 529. — Plusieurs membres du conseil de Reims sont soupçonnés d'en faire partie, 738.

Armand, tailleur d'habits. *Arch. lég.*, iie part., *statuts*, iie vol., 531.

— (le père), jésuite. *Arch. lég.*, iie part., *statuts*, iie vol., 715.

Armarius, vide Christianus.

Armée, voy. Hermet (porte de).

Armella (Walterus de), notaire impérial. *Arch. lég.*, i^{re} part., 295.

Armenonville (Fleurian d'), directeur des finances. *Arch. lég.*, iie part., *statuts*, iie vol., 998; *statuts*, iiie vol., 172.

Armentières (Seigneurie d'). *Arch. lég.*, i^{re} part., 889, 909; iie part., *statuts*, iiie vol., 394.

Armes (Port d'), interdit aux religieux.

Arch. adm., t. I, 556. — Octroyé aux habitants de Reims, et pourquoi, t. II, 331, 1020. — L'archevêque de Reims peut seul faire ledit octroi, t. III, 210, 228.

Armes, voy. Reims (Armes de), université de Reims (Arm. de l').

Armoises (église des), voy. Armoisiis ecclesia.

— (village de). *Arch. adm.*, t. I, 789.

— (Robert des), chevalier. *Arch. adm.*, t. II, 716.

— (Roulin des), tavernier. *Arch. adm.*, t. III, 105.

— Voy. Grandes Armoises, petites Armoises.

— (paroisse de). *Arch. adm.*, t. II, 1070, 1071.

Armoisiis (ecclesia de). *Arch. adm.*, t. II, 1086.

Armorum portatio, voy. Armes (port d').

Arna, voy. sanctus Petrus-super-Anam, sanctus Stephanus super.

Arnaldus Blesensis, chanoine de Reims. *Arch. adm.*, t. I, 397.

Arnaudus (Christianus), miles. *Arch. adm.*, t. I, 857.

Arnetal (rue d'). *Arch. lég.*, iie part., *statuts*, iie vol., 915.

Arnicourt (prieur d'). *Arch. adm.*, t. II, 1030, 1084.

— (village d'). *Arch. adm.*, t. II, 1081, 1103.

Arnoldus, archevêque de Cologne. *Arch. adm.*, t. I, 325.

— cancellarius. *Arch. adm.*, t. I, 325, 327.

— presbyter et canonicus. *Arch. lég.*, iie part., *statuts*, i^{er} vol., 80, 168.

Arnoul (Charles), bourgeois de Reims. *Arch. lég.*, iie part., *statuts*, i^{er} vol., 961, 746?

Arnould, archevêque de Reims, voy. Arnulfus.

— Floqués, voir Floque.

— tailleur d'habits. *Arch. lég.*, iie part., *statuts*, iie vol., 531.

— (Bernardus), clerc. *Arch. lég.*, iie part., *statuts*, iie vol., 773.

Arnoult (Laurent-Benjamin), avocat tonsuré au parlement. *Arch. lég.*, iie part., *statuts*, i^{er} vol., 277, 292, 293.

— (J...). *Arch. lég.*, iie part., *statuts*, i^{er} vol., 531.

Arnoulet, voy. Belru.

— (Oudart), mercier. *Arch. lég.*, iie part., 560, *statuts*, iie vol., 560.

— (Jean), cordonnier. *Arch. lég.*, iie part., *statuts*, iie vol., 239.

Arnoulx (Charles), bourgeois de Reims. *Arch. lég.*, iie part., *statuts*, i^{er} vol., 483.

Arnoust, bourgeois de Reims. *Arch. lég.*, iie part., *statuts*, iiie vol., 263.

Arnulphus, évêque d'Orléans. *Arch. adm.*, t. I, 101, 104, 115. — Choisi par le concile de Reims pour son orateur; (*ibid.*), 119, 121, 127, 143, 154, 157, 171, 175.

— archevêque de Reims. Excommunication dudit. *Arch. adm.*, t. I, 92, 93. — Charte dudit en faveur du monastère de Saint-Remi, 94, 95, 96. — Élection dudit, 98. — Son démêlé avec Hugues Capet, 99. — Sa trahison, 101. — Concile tenu à Reims au sujet dudit (*ibid.*), 104, 116, 119, 121, 126, 128, 139, 142, 146, 168, 170, 171, 172, 173, 176, 179, 181, 189, 192, 193 et seq., 197 et seq., 982. *Arch. lég.*, iie part., *statuts*, i^{er} vol., 71, 169; *statuts*, iiie vol., 20.

— archidiacre de Reims. *Arch. adm.*, t. I, 245.

— voy. Gest.

— voy. Paisant.

Arnulphus, magister domus Sancti-Lazari-Remensis. *Arch. adm.*, t. I, 547.

— levita et canonicus. *Arch. lég.*, iie part., *statuts*, i^{er} vol., 75.

— candelarius. *Arch. adm.*, t. II, 728, 880.

— archidiacre de Troyes. *Arch. adm.*, t. I, 731.

— (Alardus). *Arch. adm.*, t. II, 403.

— évêque d'Amiens. *Arch. lég.*, iie part., *statuts*, i^{er} vol., 85, 100, 118.

Arquebuse (Officiers de l'). *Arch. lég.*, iie part., *statuts*, iiie vol., 298, 581.

— (chevaliers de l'). *Arch. lég.*, iie part., 28, 101, 103, 109; *statuts*, iiie vol., 280.

— (oiseau de l'). *Arch. lég.*, iie part., *statuts*, iie vol., 464; *statuts*, iiie vol., 280.

— (l'), quartier de Reims. *Arch. lég.*, iie part., *statuts*, iiie vol., 92, 280.

— voy. Reims (arquebuse de).

Arquebusier, voy. Reims (arquebusiers de), Soissons, Laon, Crépy (arq. de).

Arquebusiers de Reims (Capitaine des). *Arch. lég.*, iie part., 101.

— de Reims (statuts des). *Arch. lég.*, iie part., *statuts*, iie vol., 101, 109.

Arques (Guillaume d'). *Arch. adm.*, t. III, 764.

— (ville d'). *Arch. lég.*, iie part., *statuts*, iiie vol., 223.

Arragium, fortasse Aragium (terrage Champart, olim Arage). *Arch. adm.*, t. I, 847, 858.

Arramenta (errements). *Arch. adm.*, t. I, 790; t. II, 414, 472, 881, 946; t. III, 171, 339, 342, 393, 504.

Arras (diocèse d'). *Arch. adm.*, t. II, 1027.

— (madame de), douairière de Prouilly. *Arch. adm.*, t. II, 1058.

— (M. d'), seigneur de Prouilly. *Arch. adm.*, t. II, 1058.

— (échevins d'), t. II, 1001.

Arras (paix d'). *Arch. lég.*, iie part., *statuts*, i^{er} vol., 606, 767.

— (église d'). *Arch. adm.*, t. I, 19, 321, 330, 566.

— (évêché d'). *Arch. adm.*, t. I, 274, 281, 313, 381.

— (territoire d'). *Arch. adm.*, t. I, 321, 330.

— (ville d'), voy. Atrebatum.

— (évêques d'), voy. Attrebatenses episcopi.

— (Robert d'). *Arch. adm.*, t. II, 1172.

Arraudus, monachus. *Arch. lég.*, iie part., *statuts*, i^{er} vol., 65.

Arrendatio (bail à rente). *Arch. adm.*, t. II, 20.

Arreragium (arrérage). *Arch. adm.*, t. I, 889 ; t. II, 705, 930 ; t. III, 170, 345, 395, 909. *Arch. lég.*, i^{re} part., 192, 222.

Arrestare (arrêter). *Arch. adm.*, t. I, 555, 556, 653, 827, 833, 872, 1061 ; t. II, 75, 337, 403, 880, 932 ; t. III, 192, 298, 315, 400, 518, 561, 887, 904. *Arch. lég.*, i^{re} part., 38, 103, 156, 177 ; iie part., *statuts*, i^{er} vol., 349, 353.

Arrestatio (arrestation). *Arch. adm.*, t. I, 873 ; t. II, 593, 642 ; t. III, 10.

Arrestum (arrêt). *Arch. adm.*, t. I, 902, 965 ; t. II, 63, 76, 211, 257, 276, 465, 648, 720, 933, 945, 959 ; t. III, 93, 250, 266, 518, 896. *Arch. lég.*, i^{re} part., 85 ; iie part., *statuts*, i^{er} vol., 343, 351, 362.

Arreux (village d'). *Arch. adm.*, t. II, 1070.

Arrière-ban, voy. Reims (arrière-ban). *Arch. adm.*, t. II, 792, 811, 817, 951, 1124, 1153 ; t. III, 73, 78, 79, 94, 116. *Arch. lég.*, i^{re} part., 918 ; iie part., 993, 1009, 1012 ; *statuts*, i^{er} vol., 885 ; *statuts*, iiie vol., 54.

— fief, voy. Retro-feodus.

— guet, voy. Reguetus.

Arroesia, voy. Margellis (prior de).

Arroisia (abbas de). *Arch. adm.*, t. II, 638.

Arson (hameau d'). *Arch. adm.*, t. II, 380, 1107.

Arson-le-Têtu (chapelle d'). *Arch. adm.*, t. II, 1107.

— (château d'). *Arch. adm.*, t. II, 1107.

— (J.... d'), chevalier, maître d'hôtel du roi. *Arch. lég.*, iie part., *statuts*, i^{er} vol., 833, 834.

Arsenal, voy. Reims, Paris (ars. de).

— (rue de l'). *Arch. lég.*, iie part., *statuts*, iiie vol., 408.

Arsicum Vetus, voy. Arcy-le-Vieil.

Arsilliers (Henry Blanchon d'), capitaine de bourgeoisie. *Arch. lég.*, iie part., *statuts*, iie vol., 1020.

Arsuris (Silva de). *Arch. adm.*, t. I, 262.

Art, voy. Imprimerie (art de l').

Artagne (village d'). *Arch. lég.*, i^{re} part., 904.

Artaise (église d'). *Arch. adm.*, t. II, 1085.

— (seigneurs d'), voy. Gurard (Pierre de), Maire (Jacques du), Allonville (Régnault d').

— (dame d'), voy. Somerance (Margarite de).

— (village d'). *Arch. adm.*, t. II, 1090, 1091. *Arch. lég.*, i^{re} part., 904, 909.

— (château d'). *Arch. adm.*, t. II, 1090.

— (Jehan d'). *Arch. adm.*, écuyer, t. III, 661.

Artaldus, archevêque de Reims, assiste au concile de Fîmes. *Arch. adm.*, t. I, 78. — Reçoit, en don du roi, la comté de Reims, 83, 84, et seq. — Sa querelle avec Hugo, son compétiteur au siége de Reims, 88, 95, 96. *Arch. lég.*, iie part., *statuts*, i^{er} vol., 95 ; *statuts*, iiie vol., 20, 22, 548, 607.

Artaudus, camerarius. *Arch. adm.*, t. I, 347.

Artault (J....), religieux de Saint-Nicaise.

Arch. lég., ɪɪᵉ part., *statuts*, ɪᵉʳ vol., 865.

Artaud, archevêque de Reims, voy. Artaldus.

Arthaise, voy. Artaise.

Artificialis, voy. Dies artificialis.

Artilleria, voy. Artillerie. *Arch. adm.*, t. III, 62, 232, 246.

Artillerie, voy. Reims (artillerie de).

Artisans, voy. Reims (artisans de).

Artois (Jehan d'), bailli de l'archevêque de Reims. *Arch. adm.*, t. II, 872, 891, 893, 895, 897, 898, 901, 902, 903, 904, 908, 910, 913, et seq., 931, 953, 964, 1177, 1181, 1182, 1184, 1185, 1186, 1188, 1189, 1191, 1192, 1195, et seq., 1243; t. III, 45, 46, 83, 280, 380, 393. *Arch. lég.*, ɪɪᵉ part., *statuts*, ɪɪᵉ vol., 269.

— (pays d'). *Arch. lég.*, ɪɪᵉ part., *statuts*, ɪᵉʳ vol., 616, 664; ɪɪᵉ vol., 26; ɪɪɪᵉ vol., 742.

— (comtes d'). *Arch. adm.*, t. II, 82; rang. dudit à la cérémonie du sacre, 575.

— (comtesse d'). *Arch. lég.*, ɪɪᵉ part., *statuts*, ɪᵉʳ vol., 281.

— (marches d'). *Arch. lég.*, ɪɪᵉ part., *statuts*, ɪᵉʳ vol., 616.

— Ginaut (d'), garde du scel de la prévôté de Fîmes. *Arch. adm.*, t. II, 107.

Artoldus, presbyter et canonicus. *Arch. lég.*, ɪɪᵉ part., *statuts*, ɪᵉʳ vol., 79.

— archiepiscopus remensis, voy. Artaldus.

Artuis (Pierre), tailleur d'habits. *Arch. lég.*, ɪɪᵉ part., *statuts*, ɪɪᵉ vol., 531.

Artus, voy. Roi.

Arty (paroisse d'). *Arch. lég.*, ɪɪᵉ part., *statuts*, ɪɪᵉ vol., 968.

Arvernicus pagus. *Arch. adm.*, t. I, 30.

Arvidis, femme de Boso. *Arch. lég.*, ɪɪᵉ partie, *statuts*, ɪᵉʳ vol., 76.

Arzillières (Gauchier d'), chevalier. *Arch. adm.*, t. III, 656.

Arzillières (village d'). *Arch. lég.*, ɪʳᵉ part., 904.

— (d'), conseiller échevin. *Arch. lég.*, ɪɪᵉ part., *statuts*, ɪɪɪᵉ vol., 115.

Ascelinus, prêtre et chanoine. *Arch. lég.*, ɪɪᵉ part., *statuts*, ɪᵉʳ vol., 84, 169.

Ascelinus, abbé de Saint-Bâle. *Arch. adm.*, t. I, 365, 366, 367.

Asconio (Johannes de), chanoine de Reims. *Arch. adm.*, t. II, 200, 333, 475, 622. *Arch. lég.*, ɪɪᵉ part., *statuts*, ɪᵉʳ vol., 116.

— (Regnault d'), coutre-clerc de Reims. *Arch. adm.*, t. II, 665, 1035.

— (Guill. de), canonicus Braquensis. *Arch. adm.*, t. II, 1044.

Ascot, ville d'Angleterre, serges de ladite vendues à Reims. *Arch. lég.*, ɪɪᵉ part., *statuts*, ɪɪᵉ vol., 570, 572.

Ascons (prior de). *Arch. adm.*, t. II, 638.

Asencella, voy. Alliancelles.

Asfeld (maréchal d'). *Arch. lég.*, ɪɪᵉ part., *statuts*, ɪɪɪᵉ vol., 392.

— (ville d'). *Arch. adm.*, t. II, 1065.

— (marquis d'). *Arch. adm.*, t. II, 1065.

— Seigneur de Vieux-Asfeld, 1066. *Arch. lég.*, ɪɪᵉ part., *statuts*, ɪɪɪᵉ vol., 392.

— (territoire d'). *Arch. adm.*, t. II, 1067.

— le-Château, voy. Avaux-le-Château.

— Voy. Vieux-lès-Asfeld, voy. Avaux.

Asfilles (Jehan), bourgeois de Reims. *Arch. adm.*, t. II, 404, 436, 1136, 1137, 1141.

— (Jesson), voy. Asfille (Jean).

Asia. *Arch. adm.*, t. I, 152. Voy. Asie.

Asiatus, bienfaiteur de l'église de Reims. *Arch. lég.*, ɪɪᵉ part., *statuts*, ɪᵉʳ vol., 81.

Asie (royaume d'), voy. Asia.

Asini (Johannes), gardien de l'église de Reims. *Arch. adm.*, t. I, 262; t. III, 665.

Asinus (Arnulfus). *Arch. adm.*, t. I, 328.

As-Malos (Egidius). *Arch. lég.*, 1re part., 261.

Aslevis, bienfaitrice de l'église de Reims. *Arch. lég.*, 11e part., *statuts*, 1er vol., 73.

As-Moes (Henri). *Arch. adm.*, t. II, 1189.

— (Aubri) dit Caca. *Arch. adm.*, t. II, 1196.

Asnelles, voy. Annellas.

Asneriæ, voy. Asnières. *Arch. adm.*, t. II, 291.

Asnerie (Jehan de l'), sergent royal. *Arch. lég.*, 11e part., *statuts*, 1er vol., 378, 774, 783.

Asne-Royé (maison de l'). *Arch. adm.*, t. III, 22. *Arch. lég.*, 11e part., *statuts*, 1er vol., 614, 622, 650.

Asne-Royez (chemin de l'). *Arch. adm.*, t. III, 892.

Asnier (Herbesson l'). *Arch. adm.*, t. II, 544.

— (Jehan l'), mercier. *Arch. adm.*, t. III, 886.

— Thomas (l'), clerc de Reims. *Arch. adm.*, t. 1042.

Asnières (village d'), voy. Asneriæ.

Asorius, compilateur de canons. *Arch. lég.*, 11e part., *statuts*, 1er vol., 220.

Aspermont, voy. Apremont.

— (patronagium de). *Arch. adm.*, t. II, 1098.

Asnorum-villa, vide Villers-aux-Nœuds.

Assambleya (assemblée). *Arch. adm.*, t. III, 229.

Assecuramentum, vide Assecuratio.

Assecurare (assurer). *Arch. adm.*, t. I, 557.

Assecuratio (sûreté, caution). *Arch. adm.*, t. I, 557; t. II, 376, 655; t. III, 476, 544, 666; *Arch. lég.*, 11e part., *statuts*, 1er vol., 159.

Asselin (Colesson). *Arch. adm.*, t. III, 836.

Asselineau, greffier. *Arch. lég.*, 11e part., *statuts*, 111e vol., 518, 550.

Assia (altar d'), voy. Acy (autel d'?). *Arch. adm.*, t. I, 274.

Assidatus (assis). *Arch. adm.*, t. III, 701.

Assieta (assiette). *Arch. adm.*, t. III, 693.

Assignamentum (assignation). *Arch. adm.*, t. II, 282. *Arch. lég.*, 1re part., 61, 196, 276, 326.

Assisia, voy. Assieta.

Assisiæ, voy. Assises. *Arch. adm.*, t. I, 452, 465, 466, 471, 472, 476, 538, 622, 721, 770, 832, 870; t. II, 22, 64, 124, 187. *Arch. lég.*, 11e part., *statuts*, 1er vol., 159.

Assises, voy. Assisiæ, Laon (assises de), Ouchié, Fimes.

Assisita, vide Assisia.

Assonville (Alexandre d'). *Arch. lég.*, 1re part., 891.

— (Nicolas d'), sergent royal. *Arch. lég.*, 1re part., 921.

Assuérus, roi de Perse. *Arch. lég.*, 1re part., 378, 433.

Assy (village d'). *Arch. lég.*, 1re part., 899.

— devant Soissons. *Arch. lég.*, 1re part., 920, voy. Acy.

— P.... Me Sergier. *Arch. lég.*, 11e part., 859.

— (vicomtesse d'). *Arch. lég.*, 11e part., *statuts*, 1er vol., 482.

— (seigneur d'). *Arch. lég.*, 11e part., *statuts*, 1er vol., 897, 901, 920.

Astor (agent). *Arch. adm.*, t. I, 802.

Astrologues ou Mathématiciens (secte des). *Arch. adm.*, t. I, 184.

Aszo, signataire d'une charte de Samson, archevêque de Reims. *Arch. adm.*, t. I, 318.

Atheiis (decima de). *Arch. adm.*, t. I, 280.

Atheis (Hugo de), maître de la paneterie de France. *Arch. adm.*, t. I, 592.

Athènes (duc d'). *Arch. adm.*, t. II, 991.

Athenoure, citoyen de Reims. *Arch. lég.*, ıı° part., *statuts*, ııı° vol., 746.

Athies S. Theodorici (prior de). *Arch. adm.*, t. II, 635.

— (presbyter de). *Arch. adm.*, t. II, 1119.

— (curés d'), voy. Levarries (Robert), Regnier (Claude).

— (village d'). *Arch. adm.*, t. II, 1119; *Arch. lég.*, ı° part., 877, 892, 902, 903, 904, 911, 916, 919.

Athonus, archevêque de Mayence, voy. Hatton.

Athye (Éverard d'), prieur de Chantond. *Arch. lég.*, ı° part., 881.

Atichiaco (Symo de), procureur de l'archevêque de Reims, voy. Attichy (Symon d').

Atlas (l'), chaîne de montagnes d'Afrique. *Arch. adm.*, t. I, 112.

Atrebatense capitulum. *Arch. adm.*, t. II, 638.

Atrebatenses episcopi, voy. Arras (évêques d'). *Arch. adm.*, t. I, 312, 550. — Anchus, 584, 587, 600, 604, 671, 688, 694, 702. — Guillermus, 1054, 1099; t. II; 285, 638, 764; Pontius, Robertus, Vedastus.

Atrebatensis canonicus, voy. Porta (J. de).

— officialis. *Arch. lég.*, ı° part., 170.

— comitissa. *Arch. adm.*, t. II, 297.

— diocesis. *Arch. adm.*, t. II, 638.

— comes. *Arch. lég.*, ı° part., 329.

Atrebato (Matheus de), chanoine de Reims. *Arch. adm.*, t. I, 769.

— (Jacobus de), chanoine de Reims. *Arch. adm.*, t. I, 844; t. II, 332?

— (Baudetus de). *Arch. lég.*, ı° part., 242, 243, 256.

Atrebatum, voy. Arras. *Arch. adm.*, t. I, 586, 642, 967; t. II, 23, 30, 164, 169, 273, 831, 1001, 1005, 1068, 1159; t. III, 143. *Arch. lég.*, ı° part., 167; ıı° part., *statuts*, ı° vol., 559, 604, 666, 669, 805, 810, 813, 815, 816, 819, 839. — Reims souffre de la dépopulation d'Arras, 843.

Atrio (altar de). *Arch. lég.*, ıı° part., *statuts*, ı° vol., 175.

— (decima de). *Arch. lég.*, ıı° part., *statuts*, ı° vol., 171.

— (molendina de). *Arch. lég.*, ıı° part., *statuts*, ı° vol., 171.

— (Robinus de). *Arch. adm.*, t. I, 829, 839.

— (Jo.... de). *Arch. lég.*, ıı° part., *statuts*, ı° vol., 114, 118.

— (Eustachius de). *Arch. lég.*, ıı° part., *statuts*, ı° vol., 166.

— (Houdebert d'). *Arch. lég.*, ıı° part., *statuts*, ı° vol., 166.

— (Waltir d'). *Arch. lég.*, ıı° part., *statuts*, ı° vol., 166.

Attichy (Symon de), procureur de l'archevêque de Reims. *Arch. adm.*, t. I, 249; t. II, 1249; t. III, 65, 96.

Attigniaco (decanatus de), voy. Attiguy (doyenné d').

— (parrochia de), voy. Attigny (paroisse d').

— (domus Dei de). *Arch. adm.*, t. II, 1111.

— (patronagium de). *Arch. adm.*, t. II, 1112, 1113.

— (mensura de). *Arch. adm.*, t. I, 526, 1093.

— (Simon d'), voy. Attigny (Simon d').

— (Robertus Boton de), prévôt de Reims. *Arch. adm.*, t. I, 837.

Attigniacum, voy. Attigny.

Attigny (Loupin d'). *Arch. adm.*, t. III, 72.

Attigny (échevins d'), voy. Borgne, J. (le); Pochon, J.

— (concile d'), voy. Attiniacense concilium.

— (Deniset d'). *Arch. adm.*, t. I, 1118.

— (Jehan d'), aumônier de Saint-Remi de Reims. *Arch. adm.*, t. III, 881. *Arch. lég.*, 1re part., 492; 11e part., *statuts*, 111e vol., 31.

— (ville d'). *Arch. adm.*, t. I, 275, 277, 383, 525; t. II, 293, 326, 383, 574, 853, 883, 978, 1108; t. III, 131, 379, 652, 661, 758, 769. *Arch. lég.*, 1re part., 607, 875, 903, 904, 909; 11e part., *statuts*, 1er vol., 87, 701, 717, 847, 892; *statuts*, 111e vol., 43, 264, 269, 392, 638.

— (Simon d'), prêtre de Reims. *Arch. adm.*, t. III, 751,, 768, 771, 775.

— (J.... d'), aumônier de Saint-Remy de Reims. *Arch. adm.*, t. III, 784. *Arch. lég.*, 11e part., *statuts*, 1er vol., 743.

— (paroisse d'). *Arch. adm.*, t. II, 1110.

— (presbyter de). *Arch. adm.*, t. II, 1112; t. III, 758.

— (personatus de). *Arch. lég.*, 11e part., *statuts*, 11e vol., 636.

— (église d'). *Arch. adm.*, t. II, 1110.

— (moulin d'). *Arch. adm.*, t. III, 424, 661.

— (mesure d'). *Arch. adm.*, t. III, 661.

— (prévôté d'). *Arch. adm.*, t. III, 408, 416, 424, 661.

— (four d'). *Arch. adm.*, t. III, 408.

— (rivière d'). *Arch. adm.*, t. III, 408.

— (vinage d'). *Arch. adm.*, t. III, 408.

— (strelage d'). *Arch. adm.*, t. III, 408.

— (R. d'). *Arch. adm.*, t. II, 1118.

— (châtellenie d'). *Arch. adm.*, t. II, 883; t. III, 417, 748. *Arch. lég.*, *statuts*, 111e vol., 43.

— (doyenné d'). *Arch. adm.*, t. II, 1108, 1113; t. III, 278. *Arch. lég.*, 11e part., *statuts*, 1er vol., 715.

Attigny (Jehan la Cole d'). *Arch. adm.*, t. III, 40.

— (forteresse d'). *Arch. adm.*, t. III, 178.

— (Marie d'). *Arch. adm.*, t. III, 281.

— (Thiébaut d'), chanoine de Reims. *Arch. adm.*, t. III, 284, 357, 393, 443.

Attiniaca villa, voy. Attigny.

Attiniacense concilium. *Arch. adm.*, t. I, 47, 53, 54, vide Attigny (concile d').

Attole. Épitaphe dudit alléguée. *Arch. adm.*, t. I, 8.

Atulf, professeur à Reims. *Arch. adm.*, t. I, 666.

Atzo, prêtre et chanoine. *Arch. lég.*, 11e part., *statuts*, 1er vol., 76.

Aubain, voy. Foraneus. *Arch. adm.*, t. II, 848. — Droits accordés aux aubains membres du chapitre de Reims, t. III, 204. *Arch. lég.*, 1re part., 1006; 11e part., *statuts*, 1er vol., 544, 848; *statuts*, 111e vol., 511.

Aubaine (droit d'). *Arch. lég.*, 11e part., *statuts*, 111e vol., 238, 240, 539.

Aubalestrier (Thieron l'). *Arch. adm.*, t. II, 699.

Aube (rivière d'). *Arch. lég.*, 11e part., *statuts*, 111e vol., 388, 394, 395.

Aubelet, parmentier. *Arch. adm.*, t. I, 1120.

Aubelet, le cordonnier. *Arch. adm.*, t. II, 694.

— sergent de la prévôté de Reims. *Arch. lég.*, 1re part., 540.

Aubeletus, le jardinier, voy. Jardinier (Aub. le).

Aubemale (Jehan d'), procureur du chapitre de Reims. *Arch. adm.*, t. III, 33. *Arch. lég.*, 11e part., *statuts*, 1er vol., 331.

Aubemont (Jehan d'). *Arch. lég.*, 11e part., *statuts*, 1er vol., 534.

Aubenton (ville d'). *Arch. adm.*, t. II, 830,

840. *Arch. lég.*, ɪ^{re} part., 888; ɪɪ^e part., *statuts*, ɪ^{er} vol., 715.

Aubenton (drapiers d'). *Arch. adm.*, t. II, 844.

— (P. d'), notaire. *Arch. adm.*, t. I, 1076, 1078.

— (Adam d'). *Arch. adm.*, t. III, 107.

Aubentone (P. de), vicaire du chapitre de Reims. *Arch. adm.*, t. II, 617.

Aubentono (Gobertus de). *Arch. adm.*, t. II, 1036.

— (Nicolaus de), chapelain de Saint-Timothée de Reims. *Arch. adm.*, t. II, 1041.

— (Laurencius de), avocat. *Arch. lég.*, ɪ^{re} partie, 320.

Auberée, curé de Reims. *Arch. adm.*, t. II, 501.

— de Rethel, voy. Rethel.

Auberge, voy. Chariot-d'Or (auberge du).

Auberive (ville d') *Arch. adm.*, t. II, 1113, 1114. *Arch. lég.*, ɪ^{re} part., 754, 881, 903, 904, 909; ɪɪ^e part., *statuts*, ɪɪɪ^e vol., 392.

— (Jean d'), *Arch. adm.*, t. II, 903. *Arch. lég.*, ɪɪ^e part., *statuts*, ɪ^{er} vol., 623.

Auberru (terre d'). *Arch. adm.*, t. II, 551.

Aubert, le porchier. *Arch. adm.*, t. I, 775.

— le macécrier. *Arch. adm.*, t. I, 1012; t. II, 23, 38.

— le Dragon, voy. Dragon.

— (Gilles), sergier. *Arch. lég.*, ɪɪ^e part., 811, *statuts*, ɪɪ^e vol., 811.

— (Robinet), receveur des deniers communs. *Arch. lég.*, ɪɪ^e part., *statuts*, ɪ^{er} vol., 662.

— (Nicolas), receveur. *Arch. lég.*, ɪɪ^e part., *statuts*, ɪ^{er} vol., 694, 885; *statuts*, ɪɪɪ^e vol., 388?

— le bouchier, voir Aubert le macécrier.

— Grammaire, voir Grammaire.

— le ferrier. *Arch. adm.*, t. III, 752, 759.

— (Martin). *Arch. lég.*, ɪ^{re} part., 910.

Aubert (Claude), grand archidiacre de Reims. *Arch. lég.*, ɪɪ^e part., *statuts*, ɪ^{er} vol., 483? 908? 922, 960, 963, 971; *statuts*, ɪɪ^e vol., 700, 706, 712, 713, 717.

Auberthin (Jean). *Arch. lég.*, ɪɪ^e part., *statuts*, ɪɪ^e vol., 239, 263.

Aubierge (moulin d'). *Arch. adm.*, t. III, 608.

Aubigny-ès-Portés, (ville d'). *Arch. adm.*, t. I, 589.

— (curé d'), voir Berault (Charles).

— tailleur d'habits. *Arch. lég.*, ɪɪ^e part., *statuts*, ɪɪ^e vol., 531.

— (ville d'). *Arch. adm.*, t. II, 433, 714; t. III, 589. *Arch. lég.*, ɪ^{re} part., 607, 876, 889, 903, 911; ɪɪ^e part., *statuts*, ɪɪɪ^e vol., 252.

— (J. d') clerc. *Arch. adm.*, t. II, 507.

— (paroisse d'). *Arch. adm.*, t. II, 1072.

— (Person d'), bourgeois de Reims. *Arch. adm.*, t. III, 81.

— (presbyter d'). *Arch. adm.*, t. II, 1073.

Aubijois (Colinet l'), lieutenant du prévôt de Reims. *Arch. adm.*, t. II, 897, 898, 1183.

— (Jehannot l'), clerc du prévôt de Reims. *Arch. adm.*, t. II, 899, 1183 et seq., 1191, 1192.

— (Colars li). *Arch. adm.*, t. II, 903, 909, 911, 1175, 1184, 1190, 1191, 1227.

— (Jehan l'). *Arch. adm.*, t. III, 110, 112, 240, 261.

Aubilly (village d'), *Arch. adm.*, t. I, 1089; t. II, 1054; t. III, 109. *Arch. lég.*, ɪɪ^e part., 963.

— (presbyter de). *Arch. adm.*, t. II, 1052.

— (maison d'). *Arch. adm.*, t. III, 148.

— (château d'). *Arch. adm.*, t. III, 148.

— (Jacques d'), échevin. *Arch. adm.*, t. II, 65, 118; t. III, 73? 109.

— (Henri d'). *Arch. adm.*, t. II, 269, 604, 696, 775? 805, 806, 810.

Aubilly (Thiébaut d'). *Arch. adm.*, t. II, 1136, 1138; t. III, 35, 45, 48.

— (Jehan d'), charpentier. *Arch. adm.*, t. III, 106.

Aubiniaco (grangia de). *Arch. lég.*, IIe part., *statuts*, Ier vol., 66, 102.

Aublin (M.), seigneur de Grivy. *Arch. adm.*, t. II, 1109.

Auboncourt (église d'). *Arch. adm.*, t. II, 1103.

— (village d'). *Arch. adm.*, t. II, 1104.

Aubrée, bourgeois de Reims, 1012.

Aubreville (Guillaume d'), chevalier, conseiller du roi. *Arch. adm.*, t. III, 23.

— (Jehan d'), sellier. *Arch. adm.*, t. III, 97, 106.

Aubriet, lieutenant de bourgeoisie. *Arch. lég.*, IIe part., *statuts*, IIe vol., 1030, 1047; *statuts*, IIIe vol., 660 ?

— (Remy), notaire à Ville-en-Tardenois. *Arch. lég.*, IIe part., *statuts*, IIIe vol., 269.

Aubrion Puioile, voir Puioile.

Aubriot (Hugues), prévôt de Paris. *Arch. adm.*, t. III, 260, 384.

— le Charton. *Arch. adm.*, t. III, 492.

Aubry (Jehan), notaire. *Arch. lég.*, Ire part., 879, 897; IIe part., *statuts*, IIe vol., 240, 659 ? 662.

— le Crevé, voir Crevé (Albéric).

— (Granerius), procureur, voir Granier (Aubry).

— le Crevé (école d'), voir Écrevés (collége des).

— as-Maves, voy. Maves.

— (Bernard), notaire. *Arch. adm.*, t. II, 1177. *Arch. lég.*, IIe part., *statuts*, IIIe vol., 258.

— curé de Saint-Étienne de Reims. *Arch. adm.*, t. III, 15.

Aubuyns Niers Buène de Mezières. *Arch. adm.*, t. I, 1012.

Auca (oie). *Arch. adm.*, t. II, 383.

Aucamps (abbé d'). *Arch. adm.*, t. III, 144.

Auceret (N.....), receveur. *Arch. lég.*, IIe part., *statuts*, Ier vol., 931.

Auch (généralité d'). *Arch. lég.*, IIe part., *statuts*, IIe vol., 851.

Auchamp (hameau d'). *Arch. adm.*, t. II, 1069.

Auchier (H). *Arch. adm.*, t. III, 50.

Auchy (village d'). *Arch. lég.*, IIe part., *statuts*, IIe vol., 407.

— (mesure d'). *Arch. lég.*, IIe part., *statuts*, IIe vol., 407.

Aucqueton (Guillaume). *Arch. adm.*, t. III, 754.

Auda, femme de Renaudus de Cuilly, écuyer. *Arch. adm.*, t. II, 103. *Arch. lég.*, IIe part., *statuts*, Ier vol., 92?

Audaiet (Philibert). *Arch. lég.*, IIe part., *statuts*, Ier vol., 613.

Audanhain (le maréchal d'), voir Odeneham.

Audasium fortasse Andassium (chenêt), Andier (le). *Arch. adm.*, t. II, 957.

Audebertus, évêque du Mans, et plus tard archevêque de Tours. *Arch. lég.*, IIe part., *statuts*, Ier vol., 103.

Audecis (monialis de), voy. Chastellaine (Floria la).

Audecy (couvent de). *Arch. lég.*, Ire part., 918.

Audegneio (capellania de). *Arch. lég.*, IIe part., *statuts*, Ier vol., 107.

Audelain (village d'). *Arch. lég.*, Ire part., 899.

Audelin (Pierre). *Arch. adm.*, t. III, 484, 493.

Audience (Alart de l'), clerc. *Arch. adm.*, t. II, 533.

— (Meline de l'). *Arch. lég.*, Ire part., 513, 530, 582, 586, 601.

Audience (Guill. de l'). *Arch. lég.*, II° part., *statuts*, I°r vol., 250.

Audienciarius (audiencier). *Arch. adm.*, t. II, 595; t. III, 418.

Audier (Gaillot d'). *Arch. lég.*, II° part., *statuts*, III° vol. 389.

Audignis (capellania de). *Arch. adm.*, t. II, 1074.

Audigny (chapelle d'), voy. Audignis (capellania de)

— (chapellenie d'), voy. Audignis (capellania de).

Audilcourt (village d'). *Arch. lég.*, II° part., *statuts*, II° vol., 860.

Audion, femme de Jean Ernoul, bourgeois de Reims. *Arch. lég.*, I°° part., 535.

Audomarus, vide sanctus.

Audrelocense capitulum, voy. Andres (chapitre d'). *Arch. adm.*, t. II, 640.

Audrenart (Thierry), citoyen de Reims. *Arch. adm.*, t. II, 528? 1021, 1221, 1223.

Audrenas (Thierry), bourgeois de Reims, voy. Audrenart (Thierry).

Audry (Jehan) dit Marcoucy, sergent du roi. *Arch. lég.*, II° part., *statuts*, I°r vol., 589, 591.

— (André), élu de Reims. *Arch. lég.*, II° part., *statuts*, I°r vol., 716, 918, 922.

— (Jacobus), doyen de St-Symphorien. *Arch. adm.*, t. I, 271.

— Lieutenant de la ville de Reims. *Arch. lég.*, II° part., *statuts*, II° vol., 115.

— (Jean), avocat. *Arch. lég.*, II° part., *statuts*, I°r vol., 420; *statuts*, II° vol., 559.

— (G...), recteur de l'université. *Arch. lég.*, II° part., *statuts*, II° vol., 654.

— (Simon), chanoine de St-Symphorien de Reims. *Arch. lég.*, II° part., *statuts*, I°r vol., 531.

Aufale (Jehan d'), tisserand. *Arch. adm.*, t. III, 837.

Auffart (G. d'). *Arch. adm.*, t. II, 493.

— (Simon d'). *Arch. adm.*, t. I, 1125; t. II, 395, 604, 894, 895.

— (Williaume d'), chanoine de Ste-Nourrice. *Arch. adm.*, 745.

Aufridus, échevin. *Arch. lég.*, II° part., *statuts*, I°r vol., 166.

Auge (hameau d'). *Arch. adm.*, t. II, 1071.

Augeard, Recueil d'arrêts dudit, allégué. *Arch. lég.*, II° part., *statuts*, III° vol., 553.

Auger (Petrus), exorciste. *Arch. lég.*, II° part., *statuts*, II° vol., 773.

— (N....), marchand drapier. *Arch. lég.*, II° part., *statuts*, II° vol., 829.

— (Robert), tapissier. *Arch. lég.*, II° part., *statuts*, I°r vol., 323.

— (Ponce), bourgeois de Reims. *Arch. lég.*, II° part., *statuts*, III° vol., 250.

— Auger (Jean), notaire. *Arch. lég.*, II° part., *statuts*, III° vol., 509.

Augeste (M. d'), seigneur en partie de Prouilly. *Arch. adm.*, t. II, 1058.

Augier (Simon). *Arch. lég.*, II° part., *statuts*, III° vol., 51.

— (André), notaire. *Arch. lég.*, II° part., *statuts*, III° vol., 401.

— (René), sergent royal. *Arch. lég.*, II° part., *statuts*, III° vol., 403.

— (Poncelet), échevin de Reims. *Arch. lég.*, II° part., *statuts*, I°r vol., 908; *statuts*, II° vol., 172.

— (François), sergent du bailliage de Reims. *Arch. lég.*, II° part., *statuts*, II° vol., 209.

— (Jehan). *Arch. lég.*, II° part., *statuts*, I°r vol., 893; *statuts*, II° vol., 220, 606.

— (G....). *Arch. lég.*, II° part., *statuts*, I°r vol., 711.

Augier (R....). *Arch. lég.*, iie part., *statuts*, i^{er} vol., 862.

Augimontis dominus. *Arch. adm.*, t. II, 179. Voy. Aumont (seigneur d').

Augny (ville d'). *Arch. adm.*, t. III, 601.

Augo-de-Sancto-Luciano (Calceia de). *Arch. adm.*, t. II, 637.

— (Gaufridus de), évêque d'Amiens. *Arch. adm.*, t. I, 60. Voy. Gaufridus.

Augrenon (Colinus), échevin de Reims, *Arch. adm.*, t. II, 105.

Auguessona, femme de Johannes de Capis. *Arch. adm.*, t. III, 393.

Auguier (Petrus), gardien de l'église de Reims, *Arch. adm.*, III, 665.

Augusta. *Arch. adm.*, , 263, voy. Aouste.

— medietas. *Arch. adm.*, t. I, 263. Voy. Aouste (moitié d').

— (Bandessons d'), voy. Aouste (Bandessonus d').

— (presbyter de). *Arch. adm.*, t. II, 1073.

— (parochia de). *Arch. adm.*, t. II, 1072.

— (patronagium de). *Arch. adm.*, t. II, 1074.

Augustini (Petrus), gardien de l'église de Reims. *Arch. adm.*, t. III, 665.

Auguste, voy. Vermandois (Auguste de).

— (empereur). *Arch. adm.*, t. I, 98. *Arch. lég.*, iie part., *statuts*, iie vol., 179.

Augustiniani, eremitæ. *Arch. adm.*, t. II, 257. Voy. Saint-Augustin (ermites de).

Augustins. *Arch. adm.*, t. II, 536, 853. Voy. Reims (Augustins de).

— (rue des). *Arch. adm.*, t. III, 17.

— (porte des). *Arch. lég.*, iie part., *statuts*, i^{er} vol., 859.

— (église des). *Arch. lég.*, iie part., *statuts*, i^{er} vol., 897; *statuts*, iiie vol., 102.

Augustodunensis episcopus. Voy. Gualtèrus Henry, Autun (évêque d').

Augustodunum, voy. Autun.

Aula-Valecinense (capitulum). *Arch. adm.*, t. II, 640. Voy. Valenciennes (chapitre de).

Aulcé (cense d'). *Arch. lég.*, iie part., *statuts*, i^{er} vol., 245.

Auliatena, femme de l'église de Reims, affranchie par saint Remi. *Arch. adm.*, t. I, 18.

Aulnay l'Aistré (village d'). *Arch. lég.*, i^{re} part., 878, 919.

— (village d'). *Arch. lég.*, iie part., *statuts*, iiie vol., 391.

— le-Châtel. *Arch. lég.*, iie part., *statuts*, iiie vol., 394.

Aulne (Florent), avocat. *Arch. lég.*, i^{re} part., 913.

Aultremont (village d'). *Arch. lég.*, i^{re} part., 900.

Aumale (Jehan d'), procureur du chapitre de Reims. *Arch. adm.*, t. III, 8.

— (ville d'). *Arch. lég.*, iie part., *statuts*, iie vol., 572, 869, 896, *statuts*, iiie vol., 226.

Aumale (duc d'). Voy. Savoye (H. de). *Arch. lég.*, iie part.; *statuts*, i^{er} vol., 706, 914.

Aumassier (Garart), dit Secours, sergent à cheval. *Arch. adm.*, t. III, 765.

Aumenancourt (G....), bourgeois de Reims. *Arch. lég.*, iie part., *statuts*, i^{er} vol., 770, 772, 777, 784, 787.

— le-Petit (château d'). *Arch. lég.*, iie part., *statuts*, i^{er} vol., 806.

— le-Petit (paroisse de). *Arch. adm.*, t. II, 1062. *Arch. lég.*, i^{re} part., 876, 902, 904, 911; iie part., *statuts*, i^{er} vol., 107.

— le-Petit (curé de), voy. Oudard (Constant).

— le-Grand (paroisse de). *Arch. adm.*,

t. II, 1062. *Arch. lég.*, 1re part., 902; IIe part., *statuts*, 1er vol., 107.

Aumenancourt (Johannes de), miles. *Arch. adm.*, t. I, 1098.

— (Reniers d'), échevin de Reims. *Arch. adm.*, t. I, 1127.

— (Constancius de), lieutenant du bailli de Vermandois. *Arch. adm.*, t. I, 834; t. II, 1228; t. III, 58.

— (Pierre d'). *Arch. adm.*, t. III, 662.

— (Altar d'), voy. Amenancourt.

— (maison d'). *Arch. adm.*, t. III, 130.

— le-Grand (ville d'). *Arch. adm.*, t. III, 587. *Arch. lég.*, 1re part., 904, 911; IIe part., *statuts*, 1er vol., 107.

Aumenencourt (village d'), voy. Aumenancurtis. *Arch. adm.*, t. I, 1090, 1097; t. III, 620. *Arch. lég.*, IIe part., *statuts*, 1er vol., 71.

Aumenescort Magnum, voy. Aumenecourt-le-Grand.

Aumicurte (ecclesia de), voy. Omicourt.

Aumie (Renaut d'). *Arch. adm.*, t. I, 737; t. II, 219, 250.

— (Hue d'), dit Tonnoire. *Arch. adm.*, t. II, 61.

Aumiens, voy. Amiens.

Aumignasse (Ysabel d'). *Arch. adm.*, t. II, 604.

Aumoises (Gobers d'), chevalier. *Arch. adm.*, t. I, 972.

Aumône, voy. St-Pierre-as-Nonains (aumône de); St-Denis de Reims, St-Pierre, St-Antoine, St-Remi de Reims.

Aumône de St-Pierre-les-Dames (chapelle de l'). *Arch. adm.*, t. I, 15. — Origine et motif de la fondation de ladite. *Arch. adm.*, t. II, 1050.

— Saint-Pierre (Quarrel de l'). *Arch. adm.*, t. II, 529.

— (Mames de l'), huissier. *Arch. lég.*, IIe part., *statuts*, IIe vol., 773.

Aumônier, voy. St-Nicaise de Reims, St-Remi de Reims (aumôniers de).

Aumont (maréchal d') s'approche de Reims pour en faire le siége. *Arch. lég.*, IIe part., *statuts*, 1er vol., 932.

— (duc d'). *Arch. lég.*. IIe part., *statuts*, IIIe vol., 394, 532, 543.

— (seigneur d'), voy. Augimontis dominus.

— (paroisse d'). *Arch. adm.*, t. II, 1103, 1104.

— (prieuré d'), voy. Omont. *Arch. adm.*, t. II, 1107.

Aumosnier (François l'), conseiller au présidial de Laon. *Arch. lég.*, 1re part., 921.

Aumusse, voy. Almutia.

Aune, voy Laon (aune de), Paris (aune de).

Auneur, voy. drap (auneurs de).

Aupin (R....), bourgeois de Reims. *Arch. lég.*, IIe part., *statuts*, 1er vol., 861.

Aupois (J....), bourgeois. *Arch. adm.*, t. III, 820.

Aure (paroisse d'). *Arch. adm.* t. II, 1100. *Arch. lég.*, 1re part., 884, 904.

— (seigneur d'), voy. Auro (dominus de).

— (curé de), voy. Mengyn.

— lez-Menre. *Arch. lég.*, 1re part., 901.

Aureis-Dieu (Johannes li), dit Waigne Maille. *Arch. adm.*, t. I, 927.

Aurelian, professeur de théologie à Reims. *Arch. adm.*, t. I, 666.

Aurelianenses canonici, voy. Isiaco (Guillelmus de), Orléans (chanoines d').

— archidiaconus, voy. Ligais (Guillelmus de), Orléans (archidiacres d').

— decani, voy. Orléans (doyens d'), Gros parmi Raoul.

Aurelianenses episcopi, voy. Orléans (évêques d'). *Arch. adm.*, t. I, 463, vide Arnulphus, t. I, 472, vide Willelmus, vide Petrus, vide Henricus, *Arch. lég.*, IIe part., *statuts*, 1er vol., 608.

Aurelianensis (Stephanus). *Arch. lég.*, 11ᵉ part., *statuts*, 1ᵉʳ vol., 107.

Aurelianis (Johannes de) valet de la chambre du parlement. *Arch. adm.*, t. II, 209.

Aurelius, l'un des évêques du concile de Reims. *Arch. adm.*, t. I, 140.

Aureomont (ecclesia de), voy. Ormont (église de).

Aureomonte (moniales de). *Arch. adm.*, t. I, 1002, voy. Ormont (religieuses d').

Aureus-Mons, voy. Ormont.

Aurezi (village d'). *Arch. adm.*, t. I, 1089.

Aurifabri, voy. Remenses aurifabri.

Aurifaber (Oiseletus), franc-sergent. *Arch. adm.*, t. II, 336, 396, 410, 492, 522, 680.

Aurifaber (Simon), voy. Orfévre (Simon l').

Aurifrisia (Orfroy). *Arch. lég.*, 11ᵉ part., *statuts*, 1ᵉʳ vol., 107.

Auriliacensis abbas, voy. Geraldus Raimundus.

Aurliacum, voy. Aurillac.

Aurillac (ville de), voy. Auriliacum. *Arch. adm.*, t. I, 90.

Aurillac (abbé d'), voy. Auriliacensis abbas.

Auro (Dominus de). *Arch. adm.*, t. II, 215.

Aurra (presbyter de). *Arch. adm.*, t. II, 1099.

— (parrochia de), voy. Aure (paroisse de).

Ausbeufs (Stephanus), bourgeois de Reims. *Arch. adm.*, t. III, 710.

Ausculphi–Firmitas. *Arch. adm.*, t. I, 273, voy. Ferté-Aucoul (la).

Ausiria, bienfaitrice de l'église de Reims. *Arch. lég.*, 11ᵉ part., *statuts*, 1ᵉʳ vol., 70.

Ausoncia mansionariis, voy. Ausson (mansionnaires d').

Ausoncia (villa). *Arch. adm.*, t. I, 227, 711, 988; t. II, 381, 1141; t. III, 86, 95, 573, 871. *Arch. lég.*, 1ʳᵉ part., 489, 541, 754; 11ᵉ part., *statuts*, 1ᵉʳ vol., 103, 720, *statuts*, 111ᵉ vol., 31, 32. Voy. Aussonce.

Ausonnum, voy. Ausoncia villa.

Auspex Julius, premier magistrat civil à Reims sous Vespasien. *Arch. adm.*, t. I, 482.

Ausseure (muid d'), voy. Auxerre.

Aussisson, voy. Ausson.

Aussoire (Jaquemin d'). *Arch. adm.*, t. III, 70.

Aussois (Jehan d'), chantre de Troyes. *Arch. adm.*, t. II, 781.

Ausson-en-Courcelles. *Arch. adm.*, t. II, 555; t. III, 469.

— (Thierry de), bourgeois de Reims. *Arch. adm.*, t. II, 394, 550, 788, 808, 810; t. III, 174, 303, 327, 444.

— (Pierre d'), clerc. *Arch. adm.*, t. II, 506; t. III, 19? 25, 34, 40, 63, 105.

— Perrart, voy. Ausson Pierre.

Ausson (porte d'), voy. Aussone (porta de).

— (ville d'), voy. Ausoncia villa.

— lès-Reims. *Arch. adm.*, t. I, 567; t. II, 399 ; t. III, 577, 626. *Arch. lég.*, 11ᵉ part., *statuts*, 111ᵉ vol., 31, 33.

— (faubourg d'), voy. Ausson-lès-Reims.

— (mansionarii de). *Arch. adm.*, t. I, 500.

— (Emelina de). *Arch. adm.*, t. I, 568.

— Voy. Pereenaud (d'), sénéchal. *Arch. adm.*, t. II, 558.

— (Notre-Dame d'). *Arch. adm.*, t. II, 747.

— (Olivier d'), bourgeois de Reims, envoyé en otage en Angleterre pour le roi Jean. *Arch. adm.*, t. III, 172, 189, 196, 866?

— (J. d'), pennellier, t. II, 542.

Aussons (Furnus de). *Arch. lég.*, 11ᵉ part., *statuts*, 1ᵉʳ vol., 88.

Aussonce, voy. Ausoncia villa.

— (J. de), clerc. *Arch. adm.*, t. II, 501.

— (Thierry d'). *Arch. adm.*, t. II, 748.

Aussonce (Doynet Herbin d'). *Arch. adm.*, t. III, 866.

— (paroisse de), voy. Aussoncia (parrochia de).

— (ville d'), voy. Aussoncia villa. *Arch. lég.*, 1re part., 754, 11e part., *statuts*, 1er vol., 63, 64, 65, 66; *statuts*, 11e vol., 860; *statuts*, 111e vol., 393.

Aussoncia (parrochia de), voy. Aussonce (paroisse de). *Arch. adm.*, t. II, 1062.

— (presbyter de). *Arch. adm.*, t. II, 1062.

Aussone (porta de). *Arch. adm.*, t. I, 500.

— (Remense suburbium de), voy. Ausson-lès-Reims.

Aussonum, voy. Ausson.

Austrasie (royaume d'). *Arch. adm.*, t. I, 110.—Dévoué aux Carolingiens (*ibid.*).

Austria. *Arch. adm.*, t. I, 7. Voy. Autriche.

Autel, voy. Altar. *Arch. adm.*, t. I, 204.
— Serment prêté sur, 224, 227, 229.

Autereyo (parrochia de), voy. Autry (paroisse d').

Auterio (Fulco de), diacre. *Arch. lég.*, 11e part., *statuts*, 1er vol., 120.

Auteville (Jehan d'), pourpoingeur. *Arch. adm.*, t. II, 1180.

Autharius, vassal de l'église de Reims. *Arch. adm.*, t. I, 36.

Authe (village d'). *Arch. adm.*, t. I, 25; t. II, 1095.

Autissiodorensis episcopus, voy. Herbertus, Auxerre (évêque d').

Autissiodoro (Guido de), voy. Auxerre (Guy d').

Autrecourt (village d'). *Arch. adm.*, t. II, 1085, 1089.

— (paroisse de), voy. Alteracurte (parrochia de).

Autre, voy. Authe.

Autrègne (Jean d'), tisserand. *Arch. lég.*, 11e part., *statuts*, 11e vol., 297.

Autresche (Jacques d'), châtelain de Bar, t. III, 4.

— (Jehan d'), écuyer, t. III, 859.

Autrèche (village d'). *Arch. lég.*, 1re part., 917.

Autremancourt (village d'). *Arch. lég.*, 1re part., 887.

— (curé d'). *Arch. lég.*, 1re part., 887.

Autreville (presbyter de). *Arch. adm.*, t. II, 1090.

— (village d'). *Arch. lég.*, 1re part., 894.

— (fief d'). *Arch. lég.*, 1re part., 894.

Autreyo (presbyter de). *Arch. adm.*, t. II, 1100.

— (capellania de). *Arch. adm.*, t. II, 1102.

— (parrochia de), voy. Autry.

Autriche, voy. Austria.

Autriche (duc d'), voy. Maximilien (Philippe).

Autriche (laine d'), employée dans la manufacture de Reims. *Arch. lég.*, 11e part., *statuts*, 1er vol., 854.

Autruche (village d'). *Arch. adm.*, t. II, 1095.

Autry (chapellenie d'), voy. Autreyo (capellania de).

Autry (fief d'). *Arch. adm.*, t. III, 3.

Autry (seigneur d'). *Arch. lég.*, 11e part., *statuts*, 111e vol., 393.

— (forteresse d'). *Arch. adm.*, t. III, 178.

— (Gros d'), bourgeois de Reims. *Arch. adm.*, t. II, 831.

— (paroisse d'). *Arch. adm.*, t. II, 1099, 1100.

— (comte d'), seigneur de Massiges. *Arch. adm.*, t. II, 1100.

— (Herbin d'), tavernier, *Arch. adm.*, t. III, 107.

— (Balduinum d'). *Arch. adm.*, t. I, 857.

— (village d'). *Arch. adm.*, t. III, 131, 607. *Arch. lég.*, 11e part., *statuts*,

Iᵉʳ vol., 693; *statuts*, IIIᵉ vol., 388, 393.

Autun (concile d'). *Arch. adm.*, t. I, 236.

— (diocèse d'). *Arch. lég.*, IIᵉ part., *statuts*, IIᵉ vol., 85.

— (évêque d'), voy. Augustodunensis episcopus.

— (ville d'). *Arch. adm.*, t. I, 482, voy. Augustodunum.

Auvergne (province d'). *Arch. adm.*, t. I, 988; t. II, p. 634. *Arch. lég.*, IIᵉ part., *statuts*, IIIᵉ vol., 52, 631, voy. Arvernicus pagus.

— (sénéchal d'). *Arch. lég.*, IIᵉ part., *statuts*, IIIᵉ vol., 53.

— (manufacture d'). *Arch. lég.*, IIᵉ part., *statuts*, IIᵉ vol., 837.

— (laine d'), employée dans la manufacture de Reims. *Arch. lég.*, IIᵉ part., *statuts*, Iᵉʳ vol., 851.

— (coutume d'). *Arch. lég.*, IIᵉ part., *statuts*, IIIᵉ vol., 53.

Auvillers (Mez d'), porte de Reims. *Arch. adm.*, t. I, 1094; t. II, 508, 1138.

— (village d'), voy. Altovillaris. *Arch. adm.*, t. III, 109, 630. *Arch. lég.*, Iʳᵉ part., 903, 904; IIᵉ part., *statuts*, IIᵉ vol., 968.

— (maison d'). *Arch. adm.*, t. II, 1149.

Auvillers (église d'). *Arch. adm.*, t. III, 421.

— (abbé d'), voy. Altovillaris abbas.

Auviné (village d'), voy. Hauviné.

Auvin (J.... de) dit Testart, bourgeois de Reims. *Arch. adm.*, t. III, 465.

Auvisy (J... d'), maçon, t. II, 823.

Auvrillet (J...). *Arch. lég.*, IIᵉ part., *statuts*, Iᵉʳ vol., 615.

Aux (Simon d'), conseiller du roi. *Arch. lég.*, IIᵉ part., *statuts*, Iᵉʳ vol., 814.

Auxerre (Jehan d'), fourbeur. *Arch. adm.*, t. II, 1177.

Auxerre (bailliage d'). *Arch. lég.*, Iʳᵉ part. 869, 871.

— (comte d'), bouteiller de France. *Arch. adm.*, t. III, 44.

— (comté d'). *Arch. lég.*, IIᵉ part., *statuts*, IIIᵉ vol., 585, 586.

— évêque d'), voy. Autossiodorensis episcopus.

— (Guy d'), chapelain. *Arch. adm.*, t. II, 506, 734.

— (muid d'). *Arch. adm.*, t. III, 581.

— (vin d'). Défense d'en fabriquer à Reims. *Arch. lég.*, IIᵉ part., *statuts*, IIIᵉ vol., 69.

— (Pierre d'). *Arch. adm.*, t. II, 653, 732.

— (Remy d'), professeur d'arts libéraux à Reims. *Arch. adm.* t. I, 666.

— (ville d'). *Arch. adm.*, t. I, 257, 268.

— (St-Germain d'), *Arch. adm.*, t. I, 666.

Avainne (village d'). *Arch. adm.*, t. II, 855.

— (seigneur d'), voy. Bainne (Ph. de).

Avallibus (parrochia de), voy. Avaux-le-Château (paroisse de), t. II, 1065.

Avançon (paroisse d'). *Arch. adm.*, t. II, 1105.

— (village d'), voy. Aventio. *Arch. adm.*, t. I, 335; t. II, 91, 1102; t. III, 149, 582. *Arch. lég.*, Iʳᵉ part., 876, 904, 910; IIᵉ part., *statuts*, Iᵉʳ vol., 66, 74, 94, 101, 104; *statuts*, IIIᵉ vol., 258.

— (dîme d'). *Arch. lég.*, IIᵉ part., *statuts*, Iᵉʳ vol., 240.

— (église d'), voy. Aventionis ecclesia.

— (four d'), voy. Aventione (furnus de).

Avanagium fortasse advenagium, voy. Avenage.

Avanare (avenner). *Arch. adm*, t. I, 794.

Avanson (village d'), voy. Avançon.

Avansonnum, voy. Avanson.

Avansonno (presbyter de). *Arch. adm.*, t. II, 1105.

— (parochia de), voy. Avançon (paroisse d').

Avant-loges, voy. Bourgeois de la coûture (avant-loges des).

Avaux-sur-Aisne (ville d'). *Arch. lég.*, 1re part., 902, 904; IIe part., *statuts*, IIIe vol., 37.

— sur-Suippe. *Arch. lég.* 1re part.; 904.

— (Ponsart d'). *Arch. adm.*, t. II, 604.

— la-ville, dit Asfeld. *Arch. adm.*, t. II, 1065. *Arch. lég.*, 1re part., 904.

— la-Ville, dit Asfeld (doyenné de), *Arch. lég.*; IIe part., *statuts*, IIIe vol., 680, 690.

— la-Ville, dit Asfeld (cure de), est à la collation du trésorier de l'église de Reims. *Arch. lég.*, IIe part., *statuts*, IIIe vol., 689, 690, 694, 696, 734.

Avaux (prêtre d'), voy. Avellibus (presbyter de).

— le-Château. *Arch. adm.*, t. II, 1065.

— (Simon-Godefroy d'), écuyer, *Arch. adm.*, t. III, 661.

— le-Château (paroisse de), voy. Avallibus (parrochia de).

— (marquisat d'). *Arch. lég.*, IIe part., *statuts*, IIIe vol., 392.

Ave, voy. Cuisse (d').

Avègne (lieu d'). *Arch. lég.*, 1re part., 904.

Avègres, (paroisse de), voy. Aveigra (parrochia de). *Arch. adm.*, t. II, 1100.

— (curé de), voy. Bricot (Gerrard).

— (prêtre de), voy. Avesgra (presbyter de).

Aveigra (parrochia de), voy. Avègres (paroisse de).

Avelina, filia Hersendis de Condato. *Arch. adm.*, t. I, 347.

— ancilla Nicolai filia Albrici. *Arch. adm.*, t. I, 353.

— comtesse de Soissons. *Arch. lég.*, IIe part., *statuts*, 1er vol., 81.

— mère de Simon, vidame de Reims. *Arch. lég.*, IIe part., *statuts*, 1er vol., 73.

Aveline, veuve de Colart Richier, de Reims. *Arch. adm.*, t. III, 707.

— la-Cirière. *Arch. adm.*, t. III, 751, 757.

Avella (parrochia de), voy. Ayvelles (paroisse d'). *Arch. adm.*, t. II, 1077.

— (patronagium de). *Arch. adm.*, t. II, 1079, voy. Ayvelle (patronage d').

Avellibus (presbyter de). *Arch. adm.* t. II, 1068. Voy. Avaux (prêtre d').

Avelly (Johannes de), moine de Hautvilliers. *Arch. lég.*, 1re part., 133.

Avelot (J....). *Arch. adm.*, t. III, 832.

Avem, aumônier de St-Remi de Reims. *Arch. lég.*, IIe part., *statuts*, 1er vol., 180.

Avenage. *Arch. adm.*, t. I, 784, 786; t. II, 590, voy. Avenagium. Droit de bourgeoisie accordé par l'échevinage aux habitants de Reims non bourgeois. *Arch. lég.*, 1re part., 757.

Avenagium fortasse advenagium, voy. Avenage.

Avenæ sextarius. *Arch. lég.*, IIe part., *statuts*, 1er vol., 167, 170, 247, 768.

Avenæ modius. *Arch. lég.*, IIe part., *statuts*, t. I, 167, *statuts*, IIIe vol., 33.

Avenaicuria Clugniacensis (prior de). *Arch. adm.*, t. II, 637.

Avenaticus fortasse advenaticus avenné. *Arch. lég.*, IIe part., *statuts*, 1er vol., 195.

Avenay (ville d'), voy. Avenayum. *Arch. adm.*, t. II, 14, 17, 1119; t. III, 149. *Arch. lég.*, IIe part., *statuts*, IIIe vol., 395.

— (abbaye d'), voy. Avenayo (abbatia de). *Arch. adm.*, t. I, 382, 811, 872, 1059; t. II, 248.

— (maison d') *Arch. adm.*, t. II, 1149. *Arch. lég.*, IIe part., *statuts*, 1er vol., 389.

— (Marguerite d'). *Arch. lég.*, IIe part., 1er vol., *statuts*, 1er vol., 389.

— (Henri d'), sergent du roi. *Arch. adm.*,

t. III, 657. *Arch. lég.*, iie part., *statuts*, i^{er} vol., 591.

Avenay (T.... d'). *Arch. lég.*, iie part., *statuts*, i^{er} vol., 740.

— (Quarrel d'). *Arch. adm.*, t. II, 520.

— (Petrus de), miles. *Arch. adm.*, t. I, 363, 364, 365.

— (paroisse d'). *Arch. adm.*, t. II, 1122, voy. Avenayo (parrochia de).

— (Oudinet d') dit la Beste. *Arch. lég.*, i^{re} part., 493.

— (abbesse d'), voy. Avenayo (abbatissa de).

— (chanoines d'), voy. Avenayo (canonici (de).

— (J.... d'), boulanger. *Arch. adm.*, t. II, 502.

— (Simon d'). *Arch. adm.*, t. II, 809.

— (Maresson d'). *Arch. adm.*, t. II, 906.

— (L.... d'), sergent du prévôt de Reims. *Arch. adm.*, t. III, 831.

Avenayo (abbatissa de), voy. Avenay (abbesse d'), dame de Matigny. *Arch. adm.*, t. II, 634, 1026, 1038, 1115, 1116, 1117, 1119, 1121, 1122, 1123. *Arch. lég.*, iie part., *statuts*, i^{er} vol., 250.

— (capellania de). *Arch. adm.*, t. II, 1123.

— (abbatia de), voy. Avenay (abbaye d').

— (ecclesia de). *Arch. adm.*, t. II, 103, 1123. *Arch. lég.*, i^{re} part., 305.

— (Canonici de). *Arch. adm.*, t. II, 1045.

— (presbyter de). *Arch. adm.*, t. II, 1120.

— (parrochia de), voy. Avenay (paroisse d').

Avenayum, voy. Avenay.

Avenionensis pons, voy. Avignon (pont d').

Avenis (Jorran d'), échevin de Laon. *Arch. adm.*, t. II, 168.

Avenné, voy. Avenaticus, bourgeois avennès.

Avennement, permission donnée par le panetier de Reims aux forains, de vendre leur pain sur le ban de l'archevêque. *Arch. lég.*, iie part., *statuts*, i^{er} vol., 367.

Avenson (Pierre d'), dit Tarot, tavernier à Reims. *Arch. adm.* t. III, 40.

— (village d'). voy. Avançon.

Avenson (Benoît d'). *Arch. adm.*, t. III. 40.

— (Colart d'). *Arch. adm.*, t. II, 42, 726?

— (Jesson d'). *Arch. adm.*, t. II, 1187.

— (Raulet d'), cordonnier. *Arch. adm.*, t. II, 1194,'1195.

— (Guillaume d'). *Arch. adm.*, t. II, 604.

— (J.... d'), cordonnier. *Arch. adm.*, t. II, 826.

— (G.... de), cordonnier, t. II, 827.

— (patronagium de). *Arch. adm.*, t. II, 1107.

Avensonis (Johannes), préposé à l'entretien des chantiers de Reims. *Arch. adm.*, t. II, 861. *Arch. lég.*, iie part., *statuts*, i^{er} vol., 612, 739.

Aventio, voy. Avançon.

Aventione (potestas de). *Arch. adm.*, t. II, 386.

— (furnus de). *Arch. lég.*, iie part., *statuts*, i^{er} vol., 72.

Aventionis ecclesia, voy. Avançon (église d'). *Arch. adm.*, t. I, 312.

Aventium, voy. Avançon.

Avergles, voy. Avègres.

Avergueyo (parrochia de), voy. Virginy (paroisse de).

Aversignyo (presbyter de). *Arch. adm.*, t. II, 1099, voy. Versigny.

Averus (avoir). *Arch. adm.*, t. II, 737.

Avesgra (presbyter de). *Arch. adm.*, t. II, 1099, voy. Avègres.

Avesna (villa de), voy. Avesnes.

Avesnes (ville d'). *Arch. adm.*, t. I, 868; t. II, 176, 179, voy. Avesna.

— près-Bapaume (abbesse d'.), voy. Avesnis-prope-Bapalmas (abbatissa de).

— (Galterus de). *Arch. adm.*, t. I, 250.

— (Petrus de), franc sergent du chapitre de Reims. *Arch. adm.*, t. I, 1029.

— (Guillelmus de). *Arch. lég.*, Ire part., 83.

Avesnis-prope-Bapalmas (abbatissa de). *Arch. adm.*, t. II, 638. Voy. Avesnes-près-Bapaume.

Avesson (Baudenet d'). *Arch. adm.*, t. II, 684.

Avida, voy. Avila.

Avignon (évêché d'). *Arch. adm.*, 281, 313.

— (ville d'), voy. Avinio. *Arch. adm.*, t. I, 103, 667; t. II, 474, 796, 1109; t. III, 606, 756, 761, 766, 809, 813.

— (florin d'). *Arch. adm.*, t. III, 749.

— (pont d'). *Arch. adm.*, t. III, 813.

— (J... d'), bourgeois de Reims. *Arch. lég.*, IIe part., *statuts*, Ier vol., 773, 776.

Avigny, voy. Amigny.

Avila, serve de l'église de Reims. *Arch. adm.*, t. I, 35.

Avinio, voy. Avignon.

Avis (Nicholaus), moine de Saint-Remy de Reims. *Arch. adm.*, t. I, 511.

Avisy (Jesnot d'). *Arch. adm.*, t. II, 582, 765.

— (Jehan d'), avocat à Laon. *Arch. adm.*, t. II, 761, 765; t. III, 20.

Avize (sieur d'). *Arch. lég.*, IIe part., *statuts*, IIIe vol., 267.

Avôare (avouer). *Arch. adm.*, t. I, 858; t. II, 364.

Avoatio (aveu). *Arch. adm.*, t. II, 364.

Avocat, voy. Advocatus, Reims (avocats).

— (Pierre l'). *Arch. adm.*, t. II, 672.

Avochart (Jehan d'), seigneur de Guincourt. *Arch. lég.*, Ire part., 921.

Avoine (muid d'). *Arch. lég.*, IIe part., *statuts*, Ier vol., 684, 847.

— (boisseau d'), voy. Avenæ modius.

— (setier d'), voy. Avenæ sextarius.

Avouerie. *Arch. adm.*, t. III, 528. Voy. Advocatia.

Avranches (archidiacre d'), voy. Pinchon (Guillaume).

— (coadjuteur d'). *Arch. lég.*, IIe part., *statuts*, IIe vol., 777.

Avril (J.), voy. Apvril.

Avrillet, voy. Apvril.

Axona fluvius, voy. Aisne (rivière d').

Azona, vide Axona.

Ay (P. de), savetier. *Arch. adm.*, t. II, 823.

— (bourg d'). *Arch. adm.*, t. II, 1119; t. III, 108. *Arch. lég.*, IIe part., *statuts*, Ier vol., 920; *statuts*, IIIe vol., 395.

— (presbyter de). *Arch. adm.*, t. II, 1120.

— (Jehan de), chanoine de Reims. *Arch. adm.*, t. III, 873. *Arch. lég.*, IIe part., *statuts*, Ier vol., 350, 362.

Ay (paroisse d'). *Arch. adm.*, t. II, 1121. *Arch. lég.*, IIe part., *statuts*, IIe vol., 968.

— (J.... d'), chandelier. *Arch. lég.*, IIe part., *statuts*, Ier vol., 667, 698, 740.

Aydes, premier établissement desdites à Reims. *Arch. adm.*, t. II, 858.

Ayeux (bois d'). *Arch. lég.*, IIe part., *statuts*, IIIe vol., 265.

Aymeri de Vezelay, voy. Vezelay.

— voy. Perresson.

Aymez (Jesson). *Arch. adm.* t. II, 694.

Aymo de Chaciaco, chanoine de Reims, vide Chaciaco (Aymo de).

Aymo de Sabaudia, archidiacre de Reims, vide Sabaudia (Aymo de).

Ayna fluvius. *Arch. adm.*, t. II, 726, voy. Aisne (rivière d').

Aynaudimonte (parrochia de), voy. Inau-

mont (paroisse de). *Arch. adm.*, t. II, 1081.

Ayne (rivière d'), voy. Aisne.

Ayo (Johannes de), chanoine de Reims, voy. Ay (Jehan d').

Ayolicurte (abbas de). *Arch. adm.*, t. II, 638. Voy. Aillicourt (abbé d').

Aysel (village d'), voy. Aizelles? *Arch. lég.*, 1re part., 884.

— (curé d'), voy. Mesle (Paquier de).

Ayvelles (village d'). *Arch. adm.*, t. II, 1075, voy. Avella.

— (marquis d'). *Arch. adm.*, t. II, 1075.

Ayvelles (château d'). *Arch. adm.*, t. II, 1075.

— (paroisse de), voy. Avella (parrochia de).

Azinarius, voy. Azinare, abbé de St-Remi. *Arch. adm.*, t. I, 255, 256, 258, 264, 265, 266, 268, 273, 410; *Arch. lég.*, 1re part., 487; 11e part., *statuts*, 1er vol., 165, 166, 170, 195.

Azinare, abbé de St-Remy, voy. Azinarius.

Azo, abbas de Bucillis. *Arch. adm.*, t. II, 314. Voy. Bucilly (abbé de).

— voy. Ham (Azonis de).

B.

Baalon (paroisse de). *Arch. adm.*, t. II, 1103, 1104, 1106.

— (village de). *Arch. adm.*, t. I, 4; *Arch. lég.*, 1re part, 902, 904.

— (patronagium de). *Arch. adm.*, t. II, 1107.

— (patronage de), voy. Baalon (patronagium de).

— (Aubry de), chevalier. *Arch. adm.*, t. I, 816; t. II, 100.

— (territorium de). *Arch. adm.*, t. I, 1093.

— (altar de). *Arch. adm.*, t. I, 449, 508; *Arch. lég.*, 11e part., *statuts*, 1er vol., 91, 104.

— (prêtre de), voy. Baalono (presbyter de).

— (autel de), voy. Baalon (altar de).

Baalonno (presbyter de). *Arch. adm.*, t. II, 1103.

Baaslan (Guillaume de), sergent du bailliage de Reims. *Arch. lég.*, 11e part., *statuts*, 11e vol., 363.

Babeuf (village de). *Arch. lég.*, 1re part., 889, 907.

Babille, avocat à Reims. *Arch. lég.*, 11e part., *statuts*, 11e vol., 245.

Babré (Colinus). *Arch. adm.*, t. II, 725.

Babuce (J.). *Arch. adm.*, t. III, 749.

Babuel (domus de). *Arch. adm.*, t. II, 635.

Bac (chemin du). *Arch. adm.*, t. II, 577.

Bac-à-Berry (village de). *Arch. lég.*, 11e part., *statuts*, 111e vol. 419.

Bacchalarius (bachelier). *Arch. lég.*, 1re part., 27.

Bacchi porta, voy. Bacchus (porte de).

Bacchus (porte de), voy. Fleschambaut (porte de).

Bacerna (G. de), chantre. *Arch. adm.*, t. II, 1031.

Bacheler (Nicole de), échevin. *Arch. lég.*, 11e part., *statuts*, 1er vol., 645, 863, 919, 924; *statuts*, 111e vol., 115.

Bachelet (J....), appariteur. *Arch. lég.*, 11e part., *statuts*, 1er vol., 730.

Bachelet (O....), notable de Reims, voy. Bachelier (Oudart).

— (D....), élu de Reims, voy. Bachelier (Drouyn).

Bachelier (Edmond), sieur d'Hanogne, bourgeois de Reims. *Arch. lég.*, IIe part., *statuts*, Ier vol., 775, 777, 789; *statuts*, IIIe vol., 439, 443, 444, 453, 463.

— (grand-vicaire et sénéchal de l'église de Reims). *Arch. lég*, IIe part., *statuts*, IIIe vol., 171, 172.

— (Simon), lieutenant de la ville de Reims. *Arch. lég.*, IIe part., *stat.*, IIIe vol., 439.

— (Henry), sieur de Lafontaine, lieutenant des habitants de Reims. *Arch. lég.*, IIe part., *statuts*, Ier vol., 436, 708, 920? *statuts*, IIe vol., 556, 559, 795.

— (Johannes), prétre et vidame de l'église de Reims. *Arch. lég.*, IIe part., *statuts*, Ier vol., 119, 331, 730; *statuts*, IIIe vol., 171?

— (Hubert), marchand. *Arch. lég.*, IIe part., *statuts*, Ier vol., 322.

— (Michel), sergent royal. *Arch. lég.*, IIe part., *statuts*, Ier vol., 322.

— (Regnault), gardien de l'archevêque de Reims. *Arch. adm.*, t. III, 382.

— (Oudart), député des états de Reims. *Arch. lég.*, Ire part., 897; IIe part., *statuts*, Ier vol., 904, 921.

— (Drouyn), député des états de Reims. *Arch. lég.*, Ire part., 897; IIe part., *statuts*, Ier vol., 904? 322.

— (Christophe), marchand drapier. *Arch. lég.*, IIe part., *statuts*, IIe vol., 391, 535.

— (Henry), marchand drapier. *Arch. lég.*, IIe part., *statuts*, IIe vol., 391.

Bachelon (altar de). *Arch. adm.*, t. I, 421, vide supra Baalon fortasse.

Bacherius, curé de Faverolles, dirige les machines de guerre contre les religieux et bourgeois du ban de St-Remi, pendant l'attaque de ces derniers contre l'abbaye de St-Nicaise. *Arch. adm.* t. I, 266.

Bachus, vide Sanctus.

Bacinum (cloche de réfectoire, ustensile de cuisine). *Arch. adm.*, t. I, 831.

Backet (Johannes), prévôt de l'archevêque de Reims. *Arch. adm.*, t. I, 833.

Bacle (Martin), prêtre. *Arch. adm.*, t. III, 751.

Bacon (Jehan de). *Arch. adm.*, t. I, 914? 1066; t. III, 837.

Baconna (presbyter de). *Arch. adm.*, t. II, 1118.

— (parrochia de), voy. Baconne (paroisse de).

Baconne (Dommanjart de). *Arch. adm.*, t. I, 763.

— (village de). *Arch. adm.*, t. II, 1116; t. III, 108, 655; *Arch. lég.*, Ire part., 754; IIe part., *statuts*, Ier vol., 715.

— (paroisse de). *Arch. adm.*, t. II, 1118. Voy. Baconna parrochia.

— (Jehan de). *Arch. adm.*, t. I, 1066.

— (Colart de). *Arch. adm.*, t. II, 300.

— (prêtre de), voy. Baconna (presbyter de).

Baconnel (Wautier), pelletier. *Arch. adm.* t. II, 533.

— (Gilet). *Arch. adm.*, t. II, 667.

Bacot (J.), bourgeois de Reims. *Arch. adm.*, t. III, 723.

Bacquehan, voy. Houllier (Robert).

Bacquenois (Nicolas), imprimeur. *Arch. lég.*, Ire part., 649; 922, *statuts*, IIIe vol., 79.

Bacquenois (Claude), procureur au bailliage de Reims. *Arch. lég.*, IIe part., *statuts*, IIe vol., 293, 422, 424.

Bacquet (Jean). *Arch. lég.*, IIe part., *statuts*, IIe vol., 204. — Traité de justice dudit allégué, *statuts*, IIIe vol., 17.

Bacquier (Ysambart le). *Arch. adm.*, t. II, 301, 484.

Badard (Jacques), syndic des charpentiers de Reims. *Arch. lég.*, IIe part., *statuts*, IIIe vol., 420, 671.

Badel (Denis), fermier des aides. *Arch. lég.*, IIe part., *statuts*, Ier vol., 483, 976.

Baderamus (Heribertus). *Arch. lég.*, IIe part., *statuts*, Ier vol., 121. — Don de deux journaux de terre fait par ledit à Notre-Dame de Reims. *Arch. lég.*, IIe part., *statuts*, Ier vol., 99.

Baderannus, voy. Baderamus.

Baelon (altar de), voy. Baalon.

Bagimont (village de), du doyenné de Mézières. *Arch. adm.*, t. II, 1077.

Baiardus Camerarius St-Remigii remensis. *Arch. adm.*, t. I, 861.

Baier (Ysambart), voy. Bacquier.

Baiet (Noël), bailli de l'archevéché de Reims. *Arch. lég.*, IIe part., *statuts*, IIIe vol., 396.

Baigneulx (Gonthier de). *Arch. adm.*, t. III, 79.

Baigneur (Gautier le), voy. Baingneur.

Baguier (P. le), poissonnier du roi. *Arch. adm.*, t. II, 483.

Bailaincourt (Prior de). *Arch. adm.*, t. II, 1028.

Bailla (château de). *Arch. adm.*, t. II, 1109.

— (rue de). *Arch. adm.*, t. I, 80, 636. *Arch. lég.*, IIe part., *statuts*, Ier vol., 567.

Baillart (Johannes). *Arch. adm.*, t. III, 396.

Baillay (seigneurie de). *Arch. lég.*, Ire part., 894.

Baille (Hues le). *Arch. adm.*, t. I, 742.

Baillenay (Jehan de), garde de la baillie de Vermandois. *Arch. adm.*, t. II, 266.

Baillet (Milet). *Arch. adm.*, t. III, 748.

Baillet (Radulphus), clerc. *Arch. lég.*, Ire part., 178.

— (Jean), courtier de vins. *Arch. lég.*, IIe part., *statuts*, Ier vol., 433.

— (N.), bourgeois de Reims. *Arch. lég.*, IIe part., *statuts*, Ier vol., 871.

— (Nicolas), syndic des notaires de Reims. *Arch. lég.*, IIe part., *statuts*, IIIe vol., 268, 393.

Bailleuc (presbyter de), voy. Bailleux.

Bailleuvre (Wiart de). *Arch. adm.*, t. II, 808.

Bailleux (paroisse de). *Arch. adm.*, t. II, 1059. *Arch. lég.*, Ire part., 909.

— (seigneur de). *Arch. adm.*, t. II, 1059.

— lès-Fismes (village de). *Arch. lég.*, Ire part., 904.

— (presbyter de). *Arch. adm.*, t. II, 1059.

— (Robin de), voy. Bailliex.

Bailli, voy. Bailivus ; Archevêque de Reims, Bar, Barbe-aux-Cannes, Beaurenoir, Châlons, Chapitre de Reims, Chaumont-en-Bassigny, Commanderie du temple de Reims, Crécy, Meaux (baillis de), Pocesse, Porte-Mars, Potel, Saint-Éloi, Saint-Maurice de Reims, Saint-Nicaise de Reims, Saint-Pierre-as-Nonains (bailli de), Saint-Remi de Reims, Trésorier de l'église de Reims, Vidame de Reims, Vitry.

— (Pierre), clerc des élus de Reims. *Arch. adm.*, t. III, 811.

— royal, voy. Bajulus regius.

— de Saint-Remi de Reims (Sceau du). *Arch. lég.*, Ire part., 965.

— de Reims (lieutenants du), voy. Fauconnier (Jehan), Stançon (Jacques), Tassin (Bergier).

— (loge du). *Arch. lég.*, IIe part., *statuts*, IIIe vol., 105.

— (Pierre), commis au bailliage de Reims. *Arch. adm.*, t. III, 726.

Bailli (Symonnet le), collecteur des tailles, voy. Belly.

— de Reims (ban du). *Arch. lég.*, i^{re} part., 1024.

Bailliage, voy. Baillivium, Albret, Amiens, Archevêché de Reims, Auxerre, Beauvais, Châlons, Étampes, Mâcon, Mante, Meulan, Montfort, Noyon, Reims, Saint-Maurice, Saint-Pierre le Moutier, Saint-Remi de Reims, Senlis, Sens, Vermandois (bailliage de)

— de Reims (lieutenants-généraux du). *Arch. lég.*, iie part., *statuts*, i^{er} vol., 312, 570; *statuts*, iie vol., 11. Voy. Seguin (Jean), Barrois.

— de Reims (plaids du), voy. Baillie.

— de l'archevêché de Reims (charte du). *Arch. lég.*, iie part., *statuts*, iiie vol., 76.

— de Vermandois (lieutenant-général du), voy. Bailliage de Reims, lieutenant-général du.

— de Reims (maison du). *Arch. adm.*, t. III, 423.

— de Reims (sceau du). *Arch. lég.*, i^{re} part., 733, 965.

— de Reims (sergents du), voy. Reims (sergents de), Baillie (sergents de la).

Baillie, voy. Bailliage.

— de Reims (plaids de la) *Arch. adm.*, t. II, 904, 1175, 1179, 1181; t. III, 4, 21, 273, 618, 685, 687, 778, 830. *Arch. lég.*, iie part., *statuts*, iie vol., 178.

— de Reims (sergents de la), voy. Unchar (Gonthier de), Alaincourt (Enriet d'), Alaincourt (Outriet d'). *Arch. adm.*, t. II, 835, voy. Froument (Jehan), Tournay (Jehan de); t. III, 443; *Arch. lég.*, iie part., *statuts*, i^{er} vol., 43; *statuts*, iie vol., 327.

Bailliex (Robin de). *Arch. adm.*, t. II, 269.

Baillif, tonnelier. *Arch. adm.*, t. II, 905.

Baillif (Waldericus le). *Arch. adm.*, t. III, 393.

Baillivia, voy. Baillie.

Baillivium, voy. Bailliage.

Baillivus, voy. Bailli, Définition de ce mot. *Arch. adm.*, t. I, 431, 522, voy. Episcopi, 537, 555, 556, 561, 568, 585, 586, 608, 621, 645, 673, 677, 734, 749; Remensis, 875.

Bailloit (Bertrand), voy. Baillot.

Baillolet S.-Vulmari-in-Bosco (prior de). *Arch. adm.*, t. II, 638.

Baillot (Martinus). *Arch. adm.*, t. III, 615.

— (Bertrand), notaire à Reims. *Arch. adm.*, t. III, 836, 842. *Arch. lég.*, i^{re} part., 511.

Baillues (Jehan de), chevalier. *Arch. adm.*, t. I, 1094.

Bailly (Jeanne), veuve d'Antoine Chastelain. *Arch. lég.*, iie part., *statuts*, iie vol., 618.

— (Peresson), juré du roi. *Arch. lég.*, iie part., *statuts*, i^{er} vol., 550, 615, 617, 621, 698, 745.

— (connétablie de). *Arch. lég.*, iie part., *statuts*, iie vol., 1015.

— (Pierre), lieutenant du bailli de Reims. *Arch. lég.*, iie part., *statuts*, i^{er} vol., 526, 546, 585; *statuts*, iie vol., 315, 531 ?

— (Colesson le), notaire. *Arch. lég.*, i^{re} part., 553.

— (André), curé de Trois-Puits et de Montbré. *Arch. lég.*, i^{re} part., 886.

— (Nicolas), menuisier. *Arch. lég.*, iie part., *statuts*, iie vol., 204, 359.

— (Giles). *Arch. lég.*, iie part., *statuts*, iie vol., 238.

— (Thomas). *Arch. lég.*, iie part., *statuts*, iie vol., 265.

Bain, voy. Reims (bains de).

Bain (rue du). *Arch. lég.*, i^{re} part. , 533 , 588.

Baina , voy. Beine.

— Baina (ecclesia de). *Arch. adm.* , t. I, 329.

— Baina (decima de). *Arch. lég.*, iie part., *statuts*, i^{er} vol. , 166 , 171 , 175. Voy. Beine (dîme de).

— (furnus de). *Arch. lég.*, iie part. , *statuts*, i^{er} vol., 181.

Bainart (M. de), seigneur de Sery. *Arch. adm.*, t. II, 1083.

Bainet (village de). *Arch. lég.*, i^{re} part., 919.

Baingneur (Gautier le). *Arch. adm.*, t. II, 891, 900, 907.

Bainne (Choletel de). *Arch. adm.*, t. II, 332.

— (village de). voy. Beine.

— (Ph. de), chevalier sire de Villers. *Arch. adm.*, t. II, 855.

— (Raoul de), clerc. *Arch. adm.*, t. I, 960.

— (Hues de), chevalier. *Arch. adm.*, t. I, 972.

— (Constant de), charpentier. *Arch. adm.*, t. II, 541.

Bainongne (village de). *Arch. adm.*, t. II, 1077, voy. Borgnons.

Bains du Jart (quarrel des). *Arch. adm.*, t. II, 540.

— de Kainne (quarrel des). *Arch. adm.*, t. II, 546.

— (Jenson des), voy. Bains (Jean des).

— la-Piquavette et M. la Buironne (quarrel de). *Arch. adm.*, t. II, 546.

— (Jean de), bailli de Vermandois. *Arch. lég.*, iie part., *statuts*, iiie vol., 32.

— (Poncin des). *Arch. adm.*, t. II, 302.

— (rue des). *Arch. adm.*, t. II, 558. *Arch. lég.*, i^{re} part., 486, 494.

— (B. des), clerc, *Arch. adm.*, t. II, 524.

— (Marie des). *Arch. adm.*, t. II, 675.

— voy. Reims (bains de).

Bains (Jehan des). *Arch. adm.*, t. I, 1038; t. III, 8, 264, 836.

— (Liégart des). *Arch. adm.*, t. II, 688.

Bainson, voy. Ponte (prior de).

Baionne (H. de), chevalier. *Arch. adm.*, t. II, 533.

Baioville (presbyter de). *Arch. adm.*, t. II, 1097.

Bair (altar de). *Arch. lég.*, iie part., *statuts*, i^{er} vol., 90, 95.

— (Boulengarius), dictus Boivin. *Arch. adm.*, t. II, 408.

— frère d'Odalricus, prévôt de Reims. *Arch. lég.*, iie part., *statuts*, i^{er} vol., 67, 168?

— Junior, prévôt de Reims. *Arch. adm.*, t. I, 509, 510. *Arch. lég.*, iie part., *statuts*, i^{er} vol., 70.

— vide Laurencius.

Bairon (village de). *Arch. adm.*, t. I, 177, 242, 313, 428, 474, 622, 649 ; t. II, 1111 ; t. III, 601. *Arch. lég.*, i^{re} part., 876, 902, 904, iie part., *statuts*, i^{er} vol., 175.

— (four de), voy. Bairone furnus.

— (seigneurie de). *Arch. lég.*, iie part., *statuts*, i^{er} vol., 245, 251.

— (potestas de). *Arch. adm.*, t. I, 454.

— en-Rethelois. *Arch. lég.*, iie part., *statuts*, i^{er} vol., 169.

— (bois de). *Arch. adm.*, t. I, 453.

Bairona, voy. Bairon.

Bairo, voy. Bairon.

Bairone (furnus de). *Arch. adm.*, t. I, 321.

— (aisentiæ de). *Arch. adm.*, t. I, 475.

— (aqua de). *Arch. adm.*, t. I, 475.

Baironne (Emelina la), bourgeoise de Reims. *Arch. adm.*, t. II, 422, 582?

Baironno (J. de). *Arch. adm.*, t. II, 1037, 1039.

Bairum, vide Bar.

Bairum fluvius. *Arch. adm.*, t. I, 475. Voy. Bar (rivière de).

Baisnel (Matheus de), chevalier. *Arch. lég.*, 1re part., 255.

Baisselle (Rose la). *Arch. adm.*, t. II, 499.

Bajocenses episcopi, vide Bayeux (évêque de). Guillelmus, Petrus, Odo, *Arch. lég.*, 11e part., *statuts*, 1er vol., 120.

Bajocensis archidiaconus, vide Niger (Thomas).

— ecclesiæ scholastici, vide Philippus, Philippus de Cotures.

Bajonis villa (altar de). *Arch. adm.*, t. I, 254. Voy. Bassonville.

Bajoras, voy. Bazoras (Roger).

Bajulus regius, *Arch. lég.*, 11e part., *statuts*, 111e vol. 631; voy. Bailli royal.

Balaham (Galfredus de). *Arch. adm.*, t. I, 450.

Balahan (village de), voy. Balan.

Balafré (Henry le), voy. Lorraine (Henry de), duc de Guise.

Balaines, faubourg de Mouzon (patronage de). *Arch. adm.*, t. II, 1091.

Balaine (Guillaume de), seigneur de Viezmaisons. *Arch. lég.*, 11e part., *statuts*, 1er vol., 606.

Balaives (village de). *Arch. adm.*, t. II, 1075, 1076. *Arch. lég.*, 1re part., 901.

— (patronage de). *Arch. adm.*, t. II, 1080.

Balan (village de). *Arch. adm.*, t. I, 4; t. II, 1087; t. III, 769. Voy. Balhéon et Balhan.

— (église de). *Arch. adm.*, t. II, 1065, 1088.

— (territoire de). *Arch. adm.*, t. II, 1067.

— (paroisse de). *Arch. adm.*, t. II, 1055.

— (chapelle de). *Arch. adm.*, t. II, 1066, 1067.

— (curé de), voy. Grignon (Jean).

— (presbyter de). *Arch. adm.*, t. II, 1066.

Balanio (Hugo de), miles. *Arch. adm.*, t. I, 319.

Balay (village de), voy. Ballay.

Balatoforus, lieu consacré dans le couvent aux pélerins et aux pauvres. *Arch. adm.* t. I, 8; voy. Xenodochium.

Balatonium, voy. Baalon.

Balbartus, voy. Vallenchenis (Johannes de).

Balbuoco (Petrus de), chanoine. *Arch. lég.*, 11e part., *statuts*, 1er vol., 120.

Balderanus (Richerus), don fait par ledit à St-Denis de Reims d'une pièce de terre. *Arch. adm.*, t. I, 276.

Balderi (Johannes), notaire et prêtre de l'église de Reims. *Arch. adm.*, t. III, 773, 775.

Baldessonnus, voy. Vipe.

Baldimento (Andreas de). *Arch. adm.*, t. I, 273.

Baldiricus, bienfaiteur de l'église de Reims. *Arch. lég.*, 11e part., *statuts*, 1er vol., 68.

Balduinus, comte de Flandre. *Arch. adm.*, t. I, 66. — Excommunié au concile de Reims à l'occasion du meurtre de l'archevêque Foulques, 67; voy. Baudouin.

Balduinus, dictus comes, échevin du ban de Saint-Remi de Reims. *Arch. adm.*, t. I, 45? 1072.

— prévôt et diacre de l'église de Reims. *Arch. adm.*, t. I, 424, 425, 500; *Arch. lég.*, 11e part., *statuts*, 1er vol., 90, 92, 115, 119, 171.

— sénéchal. *Arch. lég.*, 11e part., *statuts*, 1er vol., 75.

— moine. *Arch. lég.*, 11e part., *statuts*, 1er vol., 79.

— prêtre. *Arch. lég.*, 11e part., *statuts*, 1er vol., 96.

— évêque de Laon. *Arch. adm.*, t. I, 283.

— majeur du chapitre de Reims. *Arch. adm.*, t. I, 785.

— chanoine. *Arch. lég.*, 11e part., *statuts*, 1er vol., 69.

v.

Balduinus, archidiacre. *Arch. adm.*, t. I, 332, 333, 364.

— sous-diacre. *Arch. adm.*, t. I, 387.

— Dapifer. *Arch. adm.*, t. I, 415.

— frère de Manassès, comte de Réthel. *Arch. adm.*, t. I, 428.

— roi de Jérusalem. *Arch. adm.*, t. I, 337 ; *Arch. lég.*, iie part., *statuts*, i^{er} vol., 89, voy. Baudouin.

— frère de Hugo, comte de Réthel. *Arch. adm.*, 348.

— mansionnaire de l'église de Reims. *Arch. adm.*, t. I, 500.

— sous-chantre. *Arch. lég.*, iie part., *statuts*, i^{er} vol., 116.

— villicus. *Arch. adm.*, t. I, 318.

— servant de l'abbé de Saint-Remi. *Arch. adm.*, t. I, 311.

— remensis, miles. *Arch. adm.*, t. I, 287, 305? 364.

Balecte (Ermenjart la). *Arch. adm.*, t. II, 604.

Balehain (Gaufridus de), chevalier. *Arch. adm.*, t. II, 233.

Balehan (Brune de). *Arch. adm.*, t. II, 41.

— (parochia de), voy. Balan (paroisse de).

— (presbyter de), voy. Balan.

— (Robert de). *Arch. adm.*, t. II, 801.

— (Rogier de). *Arch. adm.*, t. II, 810, 821, 831, 839, 842, 843.

— (G. de), couvreur. *Arch. adm.*, t. II, 827.

Balemy (Nicole), curé de Saint-Éloy. *Arch. lég.*, i^{re} part., 887.

Balena (Paganus). *Arch. adm.*, t. I, 318, 367.

Balès (Jehan), vergeur de vins. *Arch. lég.*, iie part., *statuts*, i^{er} vol., 429, 773, 776, 781, 788.

Balet (J...), voy. Balès.

Balèves, voy. Balaives.

— (patronagium de), voy. Balaives.

Balèvre-lès-Chemery. *Arch. lég.*, i^{re} part., 904.

— lès-Romigny. *Arch. lég.*, i^{re} part., 904.

Balèvres, voy. Balaives.

Balgenciacenses archidiaconi, voy. Baugency (archidiacres de).

Balhan (Gerardus) sergent du prévôt de Reims. *Arch. adm.*, t. II, 183.

— (territoire de), voy. Balan.

Balhean (chapelle de), voy. Balan.

Balheon, voy. Balan.

— (église de). *Arch. adm.*, t. II, 1065.

— (château de). *Arch. adm.*, t. II, 1066.

— (Geoffroy de). *Arch. adm.*, t. II, 1066.

— (chapelle de), voy. Balan.

Baligaut (Colart), majeur de Puisieux. *Arch. adm.*, t. III, 832.

Ballais, voy. Ballay.

Ballay (village de). *Arch. adm.*, t. II, 1112 ; *Arch. lég.*, i^{re} part., 904.

Balestria (capella de). *Arch. adm.*, t. II, 1107.

Ballestria, voy. Billestre.

Ballet (Noel), bailli de Reims. *Arch. lég.*, iie part., *statuts*, iie vol., 302, 328, 330, 333, 336, 369, 375, 390, 554, 589? 621, 693.

— (Louis), conseiller au présidial de Reims. *Arch. lég.*, iie part., *statuts*, iie vol., 603, 616.

Balliolo (altar de). *Arch. adm.*, t. I, 252.

Ballium (bail). *Arch. adm.*, t. I, 494, 512.

Balneare (baigner). *Arch. lég.*, iie part., *statuts*, i^{er} vol., 173.

Balneis (Johannes de), citoyen de Reims. *Arch. adm.*, t. III, 186, 544, 560.

Balneo (Petrus de), chanoine de Reims. *Arch. adm.*, t. I, 542 ; *Arch. lég.*, iie part., *statuts*, i^{er} vol., 93.

Balneolis-de-Molesmis (prior de). *Arch. adm.*, t. II, 638, voy. Bagneux.

Baloce (Milet). *Arch. adm.*, t. III, 284.

Balon (parrochia de), voy. Baalon.

— (patronagium de), voy. Baalon.

Balosse, voy. Baloce

— (Robinus). *Arch. lég.*, ıʳᵉ part., 113.

Balossière (village de). *Arch. lég.*, ııᵉ part., *statuts*, ıııᵉ vol., 389.

Balouart (Jehan), tonnelier. *Arch. adm.*, t. III, 836, 841.

Balsamus, vassal de l'Église de Reims. *Arch. adm.*, t. I, 36.

Balthardus, vassal de l'église de Reims, *Arch. adm.*, t. I, 36.

Balthasar, roi de Babylone. *Arch. lég.*, ıʳᵉ part., 355, 456.

Balu (Jean). *Arch. lég.*, ııᵉ part., *statuts*, ııᵉ vol., 265.

Bâluèvre (Jehan de). *Arch. adm.*, t. II, 41.

— (Emmelot de). *Arch. adm.*, t. II, 1187; t. III, 24.

— (Wiart de). *Arch. adm.*, t. II, 1187.

— voy. Balèvres.

Baluze, historien. *Arch. adm.*, t. I, 105.

— Allégué à l'occasion des Capitulaires du pape Adrien Iᵉʳ; t. III, 250, 287, 566.

Balzamie, voy. Sainte.

Ban, voy. Bannus, Saint-Remi, Archevêque de Reims (ban de), Échevinage, Chapitre de Reims, Nobles (ban des). *Arch. adm.*, t. II, 1153; Vivier. *Arch. lég.*, ıʳᵉ part., 913; Bailli de Reims (ban du), ııᵉ part., *statuts*, ııᵉ vol., 993, 1009, 1012; *statuts*, ıııᵉ vol., 54; Châtillon, Chaude-Teste, Vrigny, Saint-Léonard, voy. Arrière-ban.

— Saint-Remi (échevins perpétuels du). *Arch. lég.*, ııᵉ part., *statuts*, ıᵉʳ vol., 537; *statuts*, ııᵉ vol., 363.

— Saint-Remi (jardins du). *Arch. lég.*, ııᵉ part., *statuts*, ıᵉʳ vol., 237.

— Saint-Nicaise (échevins du). *Arch. adm.*, t. II, 587.

Ban Saint-Remi (échevins du). *Arch. adm.*, t. II, 587; *Arch. lég.*, ııᵉ part., *statuts*, ıᵉʳ vol., 537; ııᵉ vol., 363, 546, 927; *statuts*, ıııᵉ vol., 76.

— du chapitre Notre-Dame (échevins du). *Arch. adm.*, t. II, 587.

— Saint-Remi (boucherie du). *Arch. adm.*, t. III, 49.

— Saint-Remi (majeur du), voy. Guillemin (Michel).

Banc, voy. Vivier (banc du).

Banche (M. de la), seigneur de Bazeilles. *Arch. adm.*, t. II, 1085.

Bancigny (ville de). *Arch. lég.*, ıʳᵉ part., 885, 889, 900.

— (curé de). *Arch. lég.*, ıʳᵉ part., 888.

Banc-Lévesque (village de). *Arch. lég.*, ıʳᵉ part., 878.

Bancloche, voy. Bancloque.

Bancloque (la), cloche publique de Reims. *Arch. adm.*, t. III, 192, 193, 208, 210, 239.

Bandrecourt (seigneurie de). *Arch. lég.*, ııᵉ part., *statuts*, ıııᵉ vol., 533. voy. Baudrecourt.

Banleuca, voy. Banlieue, Remorum bannileuga.

Banleuga, voy. Banlieue.

Banlieue, voy. Bannileuga, Reims (banlieue de).

Bannalis. *Arch. adm.*, t. I, 393, 399, voy. Placitum banale.

— furnus, voy. Furnus bannatus.

Bannau, voy. Bannalis.

Banneret, voy. Châtelain.

Banni archiepiscopi Remensis habitatores, voy. Archevêque de Reims (bourgeois du ban de l').

— archiepiscospi Remensis scabini, voy. Archevêque de Reims (échevins du ban de l').

— furnus, voy. Furnus bannatus.

Ban S.-Nichasii Remensis scabini. *Arch. adm.*, t. III, 170.

— S.-Remigii Remensis scabini, voy. Saint-Remi de Reims (échevins du ban de).

Bannileuga, voy. Banlieue.

Bannimentum, vide Bannitio.

Bannire (bannir). *Arch. adm.*, t. II, 961.

Bannitio (bannissement). *Arch. adm.*, t. I, 584, 586, 587, 868; t. II, 654; t. III, 614; *Arch. lég.*, 1re part., 811.

Banno capituli Remensis (cives de), voy. Chapitre de Reims (citoyens du).

— episcopi Remensis (cives de). voy. Archevêque de Reims (bourgeois du ban de l').

Bannogne (village de). *Arch. adm.*, t. II, 1065; voy. Bainongne.

Bannus, voy. Condati bannus, Castellani, Chaumesiaco (de), S. Dionysii Remensis, Majori-Vico (de), S. Albini, S. Genovefæ, S. Leodegarii, S. Timothei Remensis, Sennicurte (de), Tillio (de), Triniaco (de), Nocturniaca-Villa (de), Veriliaco (de).

Bansanum (sorte d'accord ou de trève). *Arch. adm.*, t. I, 824.

Bantalu (P. de), échanson. *Arch. adm.*, t. II, 301.

Bantheville (village de). *Arch. adm.*, t. II, 1093.

Bapalma, voy. Bapaume.

Bapalmis (pedagium de). *Arch. adm.*, t. II, 297.

Bapaume (ville de). *Arch. adm.*, t. II, 638, voy. Bapalma.

— (péage de), voy. Bapalmis (pedag. de).

Baptême, voy. Baptisma.

Baptisma. *Arch. adm.*, t. I, 555, 604; *Arch. lég.*, 1re part., 917; 11e part., 766, *statuts*, 1er vol., 3, voy. Parvulorum baptisma.

Baquet, avocat du roi et jurisconsulte,

Traité des droits de justice dudit allégué au sujet des droits de tabellionnage. *Arch. lég.*, 11e part., *statuts*, 111e vol., 508, 510, 539, 540.

Bar (comtes de), voy. Barri comites.

— sur-Seine (comté de). *Arch. lég.*, 11e part., *statuts*, 111e vol., 385, 386.

— (bailli de), voy. Petit-Prestre (Jennot).

— sur-Aube (élection de). *Arch. lég.*, 11e part., *statuts*, 11e vol., 968.

— (duc de). *Arch. lég.*, 11e part., *statuts*, 1er vol., 420, 548, 754.

— (Estienne de), bourgeois de Reims. *Arch. lég.*, 11e part., *statuts*, 1er vol., 650, 740.

— (châtelain de), voy. Austresche (Jacques d'), Philippe.

— sur-Aube (ville de). *Arch. lég.*, 11e part., *statuts*, 1er vol., 706; *statuts*, 111e vol., 531, 533.

— le-Duc (ville de). *Arch. lég.*, 11e part., *statuts*, 1er vol., 916, 931.

— (Altar de). *Arch. adm.*, t. I, 509; *Arch. lég.*, 11e part., *statuts*, 1er vol., 104.

— (comtes de). voy. Barri comites.

— lès-Buzancy. *Arch. adm.*, t. II, 1095.

— (Jean-Louis de), religieux de Saint-Remi. *Arch. lég.*, 11e part., *statuts*, 1er vol., 284.

— (Mgr. Thibaut de). *Arch. adm.*, t. II, 1005.

— (Doyen de), voy. Gille, délégué par le pape pour lancer l'excommunication sur les Rémois, soulevés contre leur archevêque. *Arch. lég.*, 11e part., *statuts*, 111e vol., 612.

— (Husson Chaumont de), receveur du comté de Bar. *Arch. adm.*, t. II, 1014.

— (Pierre-Gabriel de), grand prieur de Saint-Remi de Reims. *Arch. lég.*, 11e part., *statuts*, 1er vol., 235, 284, 293.

Bar (Regnault de), évêque de Metz. *Arch. adm.*, t. II, 160.

— (rivière de), voy. Bairum fluvius.

— (le Quains de), moutonnier. *Arch. adm.*, t. II, 522.

— (Jaquemin de), sergent du prévôt de Reims. *Arch. adm.*, t. II, 989 ; t. III, 831.

— (Jean de), poissonnier. *Arch. adm.*, t. III, 71 ; *Arch. lég.*, ıı^e part., *statuts*, ı^{er} vol., 534.

Bara (Jean), tonnelier. *Arch. lég.*, ıı^e part., *statuts*, ıı^e vol., 415.

— tailleur d'habits. *Arch. lég.*, ıı^e part., *statuts*, ıı^e vol., 531.

— (Martin), notaire royal. *Arch. lég.*, ıı^e part., *statuts*, ı^{er} vol., 261, 276, 295.

Barada (Pierre), taillandier. *Arch. lég.*, ıı^e part., *statuts*, ıı^e vol., 430.

Barale (Prior de). *Arch. adm.*, t. II, 638, voy. Baralle.

Baralle (prieur de), voy. Barale (prior de).

Baranton-Bugny (village de). *Arch. lég.*, ı^{re} part., 877.

— sur - Sère (village de). *Arch. lég.*, ı^{re} part., 877.

Baras, bois de l'archevêque de Reims. *Arch. adm.*, t. I, 546.

Barasel (Jehan), écuyer. *Arch. adm.*, t. III, 521.

Barast (P....), sénéchal de Reims. *Arch. lég.*, ıı^e part., *statuts*, ı^{er} vol., 686.

Barat (Jehan), sergent du roi. *Arch. adm.*, t. II, 377.

— (Jean), seigneur de la Bove, capitaine de Reims. *Arch. adm.*, t. III, 530, 570, 669, 701.

— (Pierre), chanoine de Reims. *Arch. lég.*, ıı^e part., *statuts*, ı^{er} vol., 372, 374, 375, 376, 377, 379, 384, *statuts*, ıı^e vol., 739.

Baratre (village de). *Arch. lég.*, ı^{re} part., 892.

Baratre (seigneur de), voy. Héricourt (Antoine).

Barba (Petrus), prêtre. *Arch. lég.*, ıı^e part., *statuts*, ı^{er} vol., 116.

Barbaize (ville de). *Arch. adm.*, t. II, 1076, 1077. *Arch. lég.*, ı^{re} part., 904, 911, ıı^e part., *statuts*, ıı^e vol., 252.

— (Jehan de), charpentier. *Arch. adm.*, t. III, 17. *Arch. lég.*, ıı^e part., *statuts*, ı^{er} vol., 615, 616, 619? 631, 639, 651.

Barbares (invasion des). *Arch. adm.*, t. I, 104.

Barbâtre (bourg de). *Arch. adm.*, t. I, 9, 928, 1055, 1103, 1125; t. II, 269, 380, 531, 1177, 1187; t. III, 629; *Arch. lég.*, ıı^e part., *statuts*, ı^{er} vol., 130, 728, 849; *statuts*, ıı^e vol., 765.

— (rue du). *Arch. adm.*, t. I, 80, 205, 206, 260, 485, 637; croix élevée par un juif dans ladite, en réparation d'une insulte faite à un chrétien, 906, 1075; *Arch. lég.*, ı^{re} part., 570, 572, 576, 588, 597, 753, ıı^e part., *statuts*, ı^{er} vol., 567; *statuts*, ıı^e vol., 12, 13, 648, 761, 928; *statuts*, ıı^e vol., 35, 389, 392, 395, 419, 420.

Barbâtre (maison de). *Arch. adm.*, t. II, 913.

Barbazan (Mgr. de). *Arch. lég.*, ıı^e part., *statuts*, ı^{er} vol., 750.

Barbe (Jehan la). *Arch. adm.*, t. II, 712, t. III, 81, 97, 301, 460, 707; *Arch. lég.*, ıı^e part., *statuts*, ıı^e vol., 32.

— (Hue la) échevin de Reims. *Arch. adm.*, t. I, 1116; t. II, 13, 415, 550, 663, 775, 810; t. III, 656? *Arch. lég.*, ıı^e part., *statuts*, ı^{er} vol., 366, 367, 572, 574, 592, 618, 620, 637, 679, 681, 683, 689, 696, 705, 743? 722, 729, 736, 742.

— (Thibaut la), bourgeois de Reims, *Arch. adm.*, t. I, 1087, t. III, 80, 81, 98, 110, 112, 166, 188. Le père dudit tué à

la bataille de Crécy, 214, 230, 240, 249, 261, 280, 302.

Barbe (Remy la), clerc du roi. *Arch. lég.*, i^{re} part., 481, 561, iie part., *statuts*, i^{er} vol., 367, 527, 546, 573, 587, 641, 642, 650, 651, 947.

— (Phlipot). *Arch. adm.*, t. III, 393; *Arch. lég.*, i^{re} part., 532, 561, iie part., *statuts*, i^{er} vol., 637.

— (Martin), veuve de Nicolas Colbert, gouverneur de Fîmes. *Arch. lég.*, iie part., *statuts*, i^{er} vol., 129.

— (B.... la), guetteur de nuit à Reims. *Arch. lég.*, iie part., *statuts*, i^{er} vol., 615, 619.

— (Franque la). *Arch. adm.*, t. II, 381, 415, 779; t. III, 97, 99, 149, 393, 397.

— (Agnès la). *Arch. adm.*, t. III, 393.

— (Hugo la), voy. Barbe (Hue la).

— (Aelipdis la). *Arch. adm.*, t. III, 656.

— (R. la), tabellion royal. *Arch. adm.*, t. III, 692.

— (Guiot la). *Arch. adm.*, t. I, 767.

— (Marie la). *Arch. adm.*, t. I, 1055.

— (Droadus la). *Arch. adm.*, t. I, 835.

— (Philippe), échevin de Reims. *Arch. adm.*, t. III, 15, 304? 306, 308, 389, 393, 441, 443, 444, 450, 451, 452, 463, 471, 756, 778, 890, 893.

— (Thierry la), commis aux tailles. *Arch. adm.*, t. III, 107.

— as-quannes, voy. Barbe-aux-cannes.

— (Jacques la). *Arch. adm.*, t. III, 189, 240, 303? 305, 307, 310, 459, 535, 536, 610, 656, 707; *Arch. lég.*, iie part., *statuts*, i^{er} vol., 366.

— (Philippotus la), voy. Barbe (Phlipot).

— (Johannes la), bourgeois de Reims, voy. Barbe (Jean la).

— (Étienne), artilleur. *Arch. adm.*, t. III, 837.

— (Jesson la), voy. Barbe (Jacques la).

Barbe-aux-cannes (maison de la), appartenant à la seigneurie du chapitre de Reims. *Arch. adm.*, t. I, 81, t. II, 1141.

— aux-cannes (bailli de la). *Arch. lég.*, iie part., *statuts*, iie vol., 606.

— aux-cannes (seigneurie de la). *Arch. lég.*, iie part., *statuts*, i^{er} vol., 569, *statuts*, iiie vol., 51.

Barbacanne (maison de la), voy. Barbe-aux-cannes.

Barbeii ecclesia. *Arch. adm.*, t. I, 312; voy. Barby (église de).

Barbelet (Pierre). *Arch. lég.*, iie part., *statuts*, iie vol., 226, *statuts*, iiie vol., 746.

Barbenson (François de), seigneur de Varennes. *Arch. lég.*, i^{re} part., 889.

Barberin (Antoine), cardinal et archevêque de Reims. *Arch. adm.*, t. I, 81; *Arch. lég.*, iie part., *statuts*, i^{er} vol., 568, *statuts*, iie vol., 666, 910, 913, 925, *statuts*, iiie vol., 7, 74, 427, 541, 618, 636.

Barberius (Jaquetus), valet de l'archevêque de Reims. *Arch. adm.*, t. II, 634.

Barbet (Pierre), archevêque de Reims, fondation du château de Porte-Mars, attribuée au dit. *Arch. adm.*, t. I, 12, 60, 61, 225, 415, 489, 953, 954, 969. *Arch. lég.*, iie part., *statuts*, i^{er} vol., 95, 97, 120.

— (Jean), cureur. *Arch. adm.*, t. I, 108.

Barbette (Thomas), clerc. *Arch. adm.*, t. I, 893, t. II, 498, 928, 1175; *Arch. lég.*, i^{re} part., 54.

— (Ch.), échevin de Reims. *Arch. adm.*, t. I, 1084.

— (Alexandre), échevin de Reims. *Arch. adm.*, t. II, 13, 737, 786, 805, 806, 822, 898, 901, 902, 903, 908, 911, 912, 914, 918, 983, 1137, 1138, 1193, 1217.

— (Jesson), voy. Barbette (Jehan).

— (Gérard). *Arch. adm.*, t. III, 836.

Barbette (Thierry). *Arch. adm.*, t. II, 12, 115, 492, 737.

— (Johannes), voy. Barbette Jesson.

— (Baudenetus). *Arch. lég.*, 1re part., 53.

— (Pierre), marchand sergier. *Arch. lég.*, IIe part., *statuts*, IIe vol., 796, 807, 810, 812, *statuts*, IIIe vol., 86.

— (Gratien), marchand sergier. *Arch. lég.*, IIe part., *statuts*, IIe vol., 810, 812.

— (Jehan), conseiller à Reims. *Arch. adm.*, t. III, 836, 891, 895; *Arch. lég.*, IIe part., *statuts*, 1er vol., 637, 682, 701? 722, 727.

Barbeyo (parrochia de), voy. Barby (paroisse de).

— (presbyter de). *Arch. adm.*, t. II, 1082.

Barbeyum, voy. Barby.

Barbez (Petrus), archevéque de Reims, voy. Barbet.

Barbèze, voy Barbaize.

— (le), voy. Anciaus, Parressons, Haimmart, Droyn, Miles.

— (Pierre), mercier. *Arch. lég.*, IIe part., *statuts*, IIe vol., 560.

— (Jean), tondeur de drap. *Arch. adm.*, t. II, 907; *Arch. lég.*, IIe part., *statuts*, 1er vol., 322; *statuts*, IIe vol., 394, 396.

— (Poncelet le). *Arch. adm.*, t. III, 25, 831.

— (Nicolas). *Arch. lég.*, IIe part., *statuts*, IIe vol., 279.

— (François), tondeur de drap. *Arch. lég.*, IIe part., *statuts*, IIe vol., 395.

Barbier (Thibault). *Arch. lég.*, IIe part., *statuts*, IIe vol., 546.

— (C....), bourgeois de Reims. *Arch. lég.*, IIe part., *statuts*, 1er vol., 742.

— (Ponce), maître charpentier. *Arch. lég.*, IIe part., *statuts*, IIIe vol., 671.

— (Jaquet le). *Arch. adm.*, t. II, 603, 779.

Barbier (Thomas le). *Arch. adm.*, t. I, 763; t. II, 685.

— (Jesson le), voy. Barbier (Jean le), tondeur.

— (Guiot le). *Arch. adm.*, t. III, 179.

— (Jehan), curé d'Ysle. *Arch. lég.*, 1re part., 885.

— (Noël), *Arch. lég.*, IIe part., *statuts*, IIe vol., 161.

— (Philippe), notaire à Reims. *Arch. lég.*, IIe part., *statuts*, 1er vol., 235.

— (Hernoult le). *Arch. adm.*, t. II, 534, 1219.

— (Engorran le). *Arch. adm.*, t. III, 105.

— (Bertrand le), échevin. *Arch. adm.*, t. III, 409, 412.

— (Guillaume). *Arch. lég.*, IIe part., *statuts*, IIe vol., 162.

— (Michel). *Arch. lég.*, IIe part., *statuts*, IIe vol., 278, 296.

Barbiers, perruquiers, baigneurs et étuvistes de Reims (statuts des). *Arch. lég.*, IIe part., *statuts*, IIIe vol., 189, 197.

Barbin de Broyes, seigneur d'Autry, voy. Broyes.

Barbonval (village de). *Arch. lég.*, 1re part., 892.

— (terre de). *Arch. adm.*, t. I, 545.

Barbonvalle (terra de), voy. Barbonval.

Barbouillé (R.), bourgeois de Reims. *Arch. adm.*, t. III, 17.

Barbotte (G....), bourgeois de Reims. *Arch. lég.*, IIe part., *statuts*, 1er vol., 770.

Barboz (Renaud). *Arch. adm.*, t. I, 968; t. II, 226?

Barby (curé de). *Arch. adm.*, t. II, 832.

— (église de), voy. Barbeii (ecclesia).

— (village de). *Arch. adm.*, t. II, 832, 1080, 1084.

— (Girard de), sergent royal. *Arch. adm.*, t. III, 809.

Barby (paroisse de). *Arch. adm.*, t. II, 1081, voy. Barbeyo (parrochia de).

Barchon (baron de), voy. Prez (M. de).

Bardeaux (Jean), contrôleur au bailliage de Vermandois. *Arch. lég.*, iie part., *statuts*, iiie vol., 253.

Bardilly-Saint-Pierre (Ligier de). *Arch. adm.*, t. II, 1159.

Bardin (Gauthier), bailli de Vermandois. *Arch. lég.*, iie part., *statuts*, iiie vol., 28.

Bardo, prêtre et chanoine. *Arch. lég.*, iie part., *statuts*, i^er vol., 85.

Bardoul le Mercier, voy. Mercier.

— (Estevenin). *Arch. adm.*, t. II, 907.

Bardoulet. *Arch. adm.*, t. I, 740.

Bardoux (Nicolas). *Arch. lég.*, iie part., *statuts*, iie vol., 238.

Bardulphus, villicus. *Arch. adm.*; t. I, 273.

Baré (Jehennardus). *Arch. adm.*, t. II, 726, 816?

Barenger (Pierre). *Arch. lég.*, iie part., *statuts*, iie vol., 265.

Barengier (Nicole), greffier du bailliage de Vermandois. *Arch. lég.*, i^re part., 875, 896? 922.

— (Nicolas), mégissier. *Arch. lég.*, iie part., *statuts*, iie vol., 265.

Barentoncel (village de). *Arch. lég.*, i^re part., 877, 919.

Barenton-sur-Serre (ville de). *Arch. lég.*, i^re part., 883, 899.

— (curé de), voy. Champion (Adam).

— Bugny (village de). *Arch. lég.*, i^re part., 919.

— Vigny, voy Barenton-Bugny.

Baret (Colin). *Arch. lég.*, i^re part., 828.

Bari (Antoine). *Arch. lég.*, iie part., *statuts*, iie vol., 302.

Barisel (Johannes). *Arch. adm.*; t. III, 393.

Barisiaco S.-Amandi-in-Pabula (prior de). *Arch. adm.*, t. II, 635.

Bar-le-Duc (ville de). *Arch. adm.*, t. II, 1075; *Arch. lég.*, iie part., *statuts*, i^er vol., 801.

— (doyen de). *Arch. adm.*, t. II, 1098.

— lès-Buzancy (paroisse de). *Arch. adm.*, t. II, 1096.

Barlet (Robert), receveur du domaine du roy. *Arch. lég.*, i^re part., 898.

Barnage (Theodoricus). *Arch. lég.*, iie part., *statuts*, i^er vol., 166.

— (Claude), envoyé à Reims, par Louis XI, pour inspecter les fortifications. *Arch. lég.*, iie part., *statuts*, i^er vol., 802.

Barnequin (C....). *Arch. lég.*, iie part., *statuts*, i^er vol., 613.

Baro, précepteur du temple de Reims. *Arch. lég.*, t. I, 862.

Barolii mensura. *Arch. lég.*, iie part., *statuts*, i^er vol., 165; voy. Beaurieux (mesure de).

Baron, notaire au Châtelet de Paris. *Arch. lég.*, iie part., *statuts*, i^er vol., 273.

— (famille de). *Arch. adm.*, t. I, 494.

— (Charles), marchand mercier, *Arch. lég.*, iie part., *statuts*, iie vol., 560, 565, 570.

— (Marie), veuve d'André Robert. *Arch. lég.*, iie part., *statuts*, iie vol., 566.

— (Franciscus), exorciste. *Arch. lég.*, iie part., *statuts*, iie vol., 773.

Barones, voy. Barons.

— voy. Barons, Franciæ barones.

Baronia, voy. Baronnie.

Baronis (Petrus), huissier du parlement. *Arch. adm.*, t. II, 932.

Baronius, cardinal. *Arch. adm.*, t. I, 26.— Annales ecclésiastiques dudit alléguées à l'occasion du pape Grégoire II. *Ibid.*

— Antagoniste des Centuriateurs-Magdebourg, t. I, 100, 548.

Baronnie, voy. Tery (bar. de), Neuvizy, Bellestre, Confoulant.

Barons, voy. Barchon (barons de), Bazoches, Betigniville, Bouxtel, Bove, Cardaillac, Chourses, Cornay, Feret, Landres, Lonchamps, Mouy, Neuvelize, Pouilly, Romance, Rumigny, Saint-Loup, Sermaize, Termes, Thiers, Tour.

— Sainte-Ampoule (bar. de la). *Arch. adm.*, t. I, 319, 383, 493. — Fonction desdits au sacre du roi, t. I, 528, 530, 557, 560, 592, 614; t. II, 977.

— de France (statuts des), voy. Baronum Franciæ statuta.

Baronum Franciæ statuta. *Arch. adm.*, t. I, 690, 691.

Barpeteau, maître tonnelier. *Arch. leg.*, iie part., *statuts*, iie vol., 417.

Barra (sorte d'exception dilatoire). *Arch. adm.*, t. I, 916; t. II, 956.

— (Nicolas). *Arch. lég.*, iie part., *statuts*, iie vol., 264, 394.

— (Robertus de). *Arch. lég.*, iie part., *statuts*, i^er vol., 166.

Barral (Louis-Mathieu), évêque de Meaux. *Arch. lég.*, iie part., *statuts*, iiie vol., 753.

Barre (terres de la). *Arch. adm.*, t. II, 380.

— (porte de la). *Arch. adm.*, t. II, 520.

— (J.... de la). *Arch. lég.*, iie part., *statuts*, i^er vol., 871.

— (la), Spicilège dudit allégué. *Arch. Adm.*, t. I, 52.

— voy. Reims (barre de).

Barré (J.), de Pargny. *Arch. adm.*, t. II, 985.

— (Nicolas), menuisier. *Arch. lég.*, iie part., *statuts*, iie vol., 359.

— conseiller. *Arch. lég.*, iie part., *statuts*, iiie vol., 103.

— (Remi), notaire. *Arch. lég.*, iie part., *statuts*, iiie vol., 259.

Barrensis-Comes, voy. Bar (comte de)

Barreria (Barrière). *Arch. adm.*, t. III, 221, 225, 245, 905.

Barres (Mgr des), maréchal de France. *Arch. adm.*, t. II, 385.

Barri comites, vide Theobaldus, Thomas, Henry. *Arch. adm.*, t. I, 867, 1016, 1097; t. II, 153; *Arch. lég.*, iie part., *statuts*, i^er vol., 552, voy. Bar (comtes de).

Barricades (journée des). *Arch. lég.*, iie part., *statuts*, i^er vol., 932.

Barricourt (village de). *Arch. adm.*, t. II, 1093.

Barrières, voy. Reims (barrières de).

Barrillus (baril). *Arch. adm.*, t. II, 956.

Barris (Radulphus de), chevalier. *Arch. adm.*, t. I, 278.

— (Odo de), prêtre. *Arch. lég.*, iie part., *statuts*, i^er vol., 124.

Barrizet (Jean), bourgeois de Reims. *Arch. adm.*, t. III, 465.

Barro (Castellanus de), vide Autry (Balduinus de), Bar (châtelain de).

— (parrochia de), voy. Bar-lès-Buzancy (paroisse de).

— (Maria de). *Arch. adm.*, t. III, 339.

— (Nicolaus de), chanoine de Reims. *Arch. lég.*, iie part., *statuts*, i^er vol., 91, 119.

— (Petrus de), cardinal, neveu du précédent. *Arch. lég.*, iie part., *statuts*, i^er vol., 91.

Barrois-Loherain (Élise de). *Arch. adm.*, t. II, 906.

— (province du). *Arch. lég.*, i^re part., 498, 541.

— (Charles), élu de Reims. *Arch. lég.*, iie part., *statuts*, iie vol., 90.

— (Marie-Jeanne). *Arch. lég*, iie part., *statuts*, iie vol., 163.

— (Jacques), échevin de Reims. *Arch. lég.*, iie part., *statuts*, iie vol., 172, 660? 695; *statuts*, iiie vol., 100?

v.   9

Barrois (Robert), lieutenant-général à Reims. *Arch. lég.*, iie part., *statuts*, iie vol., 480, 558, 712, 713.

— (D....), procureur du roi à l'élection de Reims. *Arch. lég.*, iie part., *statuts*, iiie vol., 44.

— (Claude). *Arch. lég.*, iie part., *statuts*, iie vol., 239.

— (Gaucher), tisserand. *Arch. lég.*, iie part., *statuts*, iie vol., 297.

— (Jean), tisserand. *Arch. lég.*, iie part., *statuts*, i^{er} vol., 110? 716; *statuts*, iie vol., 297, 302.

— (Jean-Baptiste), bailli de l'archevêque de Reims. *Arch. lég.*, iie part., *statuts*, iie vol., 394, 415? 519, 616, 828, 925, 930; *statuts*, iiie vol., 75.

— (Fiacre), maître juré tonnelier. *Arch. lég.*, iie vol., 421.

Barrone (Joannes de), chanoine de Senlis. *Arch. adm.*, t. II, 67.

— (Guillermus de), doyen de Senlis. *Arch. adm.*, t. II, 67.

Barrum, voy. Bar.

Barse (logia de). *Arch. lég.*, iie part., *statuts*, i^{er} vol., 80.

Bart (Colart du). *Arch. adm.*, t. II, 481.

Barthe (Jean la), bourgeois de Reims. *Arch. lég.*, iie part.; *statuts*, iiie vol., 32.

Bartholomeus, sergent de l'abbé de Saint-Remi. *Arch. adm.*, t. I, 311.

— archidiacre. *Arch. adm.*, t. I, 318, 319.

— camerarius. *Arch. adm.*, t. I, 466.

— moine de Saint-Remi. *Arch. adm.*, t. I, 603.

— chanoine d'Amiens. *Arch. adm.*, t. I, 695.

— accolyte. *Arch. adm.*, t. I, 245; *Arch. lég.*, iie part., *statuts*, i^{er} vol., 87, 172 ?

— sous-diacre. *Arch. adm.*, t. I, 254.

— trésorier. *Arch. adm.*, t. I, 259, 308 ?

Bartholomeus, évêque de Laon. *Arch. adm.*, t. I, 269, 278, 283, 285, 286, 291, 295, 303, 306, 310, 316, 317, 337; *Arch. lég.*, iie part., *statuts*, i^{er} vol., 85.

Bartholus, nom dudit inscrit sur le digeste de la bibliothèque du chapitre de Reims. *Arch. lég.*, iie part., *statuts*, i^{er} vol., 108.

Bary (village de). *Arch. lég.*, i^{re} part., 904; voy. Berry-au-Bac.

Barzy (prieuré de). *Arch. lég.*, i^{re} part., 881.

— (village de). *Arch. lég.*, i^{re} part., 893, 899.

— deçà-le-Rieu. *Arch. lég.*, i^{re} part., 899.

Basailles, voy. Bazeilles.

— (presbyter de), voy. Bazeilles.

Bas (Guy le). *Arch. adm.*, t. I, 968.

— voy. Reims (fabricants de bas de).

Basencourt, voy. Bazancourt.

Basæu (Hugo de). *Arch. adm.*, t. I, 321.

Baserane (Petrus de), voy. Besannnes (Petrus de).

Baserna (Guillelmus de), chantre et chanoine de Reims. *Arch. lég.*, iie part., *statuts*, i^{er} vol., 80, 117.

Baset (Jehan). *Arch. lég.*, i^{re} part., 528.

Basilicæ-curtis ecclesia. *Arch. adm.*, t. I, 312.

Basilicacurtis, voy. Bazancourt.

Basilicarum porta. *Arch. adm.*, t. I, 218, 275, 293.

Basilite (évêque de), voy. Fournier (Antoine).

Basin (Colart), gouverneur de la régale de Reims. *Arch. adm.*, t. III, 751, 753, 761, 764, 767, 798.

Basle (concile de). *Arch. adm.*, t. III, 19; *Arch. lég.*, iie part., *statuts*, i^{er} vol., 604, 754.

Baslieux (village de). *Arch. adm.*, t. II, 1056; voy. Bailleux.

Baslieux (paroisse de), voy. Bailleux (parrochia de).

Basoches, voy. Bazoches.

Basochiis (Thomas de), moine de Saint-Remi de Reims, *Arch. adm.*, t. I, 1002, 1003.

Basolus, vide Sanctus.

Basons (lieu de). *Arch. lég.*, iie part., *statuts*, iiie vol., 391.

Bassa justitia. *Arch. adm.*, t. I, 798, 911; t. II, 101, 262; *Arch. lég.*, iie part., *statuts*, i^{er} vol., 575.

Basseia, voy. Florimen.

Basseio (Jo...), prêtre. *Arch. lég.*, iie part., *statuts*, i^{er} vol., 120.

Basse-Justice, voy. Bassa Justitia.

Basse-Mairie. *Arch. lég.*, iie part., *statuts*, i^{er} vol., 243, voy. Isles.

Basserna (Guillelmus de), voy. Baserna.

Bassette (jeu de la), en usage à Reims. *Arch. lég.*, *statuts*, iiie vol., 26.

Bassigny (le). *Arch. lég.*, iie part., *statuts*, i^{er} vol., 169.

Bassin (enseigne du). *Arch. lég.*, i^{re} part., 559.

Bassin (or du). *Arch. lég.*, iie part., *statuts*, iiie vol., 300.

Bassinet, voy. Nage (Pierre le).

Bassinetus (bassinet, casque). *Arch. adm.*, t. III, 771.

Bassolles (village de). *Arch. lég.*, i^{re} part., 882, 909.

Bassonnet (Martin), bourgeois de Reims, *Arch. lég.*, iie part., *statuts*, iiie vol., 514.

Bastien (J....). *Arch. lég.*, iie part., *statuts*, i^{er} vol., 862.

Bastière (la). *Arch. adm.*, t. III, 486.

Bastier (Claude), religieux de Saint-Remi de Reims. *Arch. lég.*, iie part., *statuts*, i^{er} vol., 203, 217, 219, 227, 230.

Bastonnier (Husson), notaire à Signy-l'Ab-baye. *Arch. lég.*, iie part., *statuts*, iiie vol., 252.

Bastonnier (Nicolas), notaire, fils du précédent. *Arch. lég.*, iie part., *statuts*, iiie vol., 252.

Batail (Radulphus le). *Arch. lég.*, iie part., i^{er} vol., 180.

Bataille (gage de). *Arch. adm.*, t. I, 1065.

— avocat. *Arch. lég.*, iie part., *statuts*, iie vol., 499, 611.

— (J.). *Arch. adm.*, t. II, 303.

— voy. Crécy (bataille de), Saint-Amand.

Batailli (Thomas le), doyen du bourg Saint-Remi de Reims. *Arch. adm.*, t. I, 847.

Bâtards. Par composition entre Mgr. de Reims et le roi, la saisine desdits demeurants à Reims tombe entre les mains de l'archevêque. *Arch. adm.*, t. II, 965, 967. *Arch. lég.*, i^{re} part., 1006; iie part., *statuts*, i^{er} vol., 544; *statuts*, iiie vol., 511, 514, 515.

— voy. Saint-Pol (bâtard de), Orléans, Bourbon.

Bâtardise. *Arch. adm.*, t. III, 389.

— (droit de). *Arch. lég.*, iie part., *statuts*, iiie vol., 69, 238, 240, 539.

Batavilla. *Arch. adm.*, t. I, 355.

Bateicium, fortasse patiscium (pâturage). *Arch. adm.*, t. I, 453, 454.

Baterez, espèce de drap fabriqué à Reims. *Arch. lég.*, iie part., *statuts*, i^{er} vol., 170.

Bateur (Robin le). *Arch. adm.*, t. II, 486, 538.

Bateux (Robert le). *Arch. adm.*, t. II, 604.

Batillot (R. le). *Arch. adm.*, t. III, 414.

Bat-la-Nainne, *Arch. adm.*, t. II, 697.

Batri (prior de). *Arch. adm.*, t. II, 638.

Batteliers (Oudart), drapier. *Arch. lég.*, iie part., *statuts*, iie vol., 397.

Batz , syndic-comptable à Reims. *Arch. lég.*, iie part., *statuts*, iiie vol., 747.

Baubray J...., bourgeois de Reims. *Arch. lég.*, iie part., *statuts*, i^er vol., 631.

Bauceio (Hugo de) miles. *Arch. adm.*, t. I, 592.

Baucen (H). *Arch. adm.*, t. II, 45.

Baucent (Thomas). *Arch. lég.* , iie part., *statuts*, i^er vol., 94.

Bauchant (Nicholaus), chanoine de Sainte-Nourrice de Reims. *Arch. lég.*, iie part., *statuts*, i^er vol., 107.

Bauchamp (P....). *Arch. lég.*, iie part., *statuts*, i^er vol., 862.

Bauchés (lieu des). *Arch. adm.*, t. III, 16.

— (Jesson des), parmentier. *Arch. adm.*, t. III, 836.

— (Jehan des). *Arch. adm.*, t. III, 837, 841.

Baucigny (Juliana dame de). *Arch. adm.*, t. I, 480.

Baudaimont (Martinet de). *Arch. adm.*, t. II, 693.

Baudart l'Estaminier. *Arch. adm.*, t. II, 603.

— (M.), seigneur de Saint-Pierre-à-Arne. *Arch. adm.*, t. II, 1115.

— (Jacques), échevin de Reims. *Arch. adm.*, t. III, 15, 673, 703, 704, 705, 706.

— (Henry). *Arch. adm.*, t. III, 99.

— (Jean-Joseph), religieux de Saint-Remi de Reims. *Arch. lég.*, iie part., *statuts*, i^er vol., 270, 273, 274, 279, 284, 293.

Baude, voy. Ralicourt (Baude de).

— le-Lainguart, bourgeois de Reims. *Arch. adm.*, t. III, 380.

Baudeconus Gauvain, voy. Gauvain.

Baudelet (Jehan), bourgeois de Reims. *Arch. lég.*, iie part., *statuts*, i^er vol., 637, 656, 754.

Baudemens-li-Bués, voy. Bués.

Bauden (T....), élu de Reims. *Arch. lég.*, iie part., *statuts*, i^er vol., 734.

Baudenet, clerc. *Arch. adm.*, t. II, 917, 1175; t. III, 758.

— Picaves, voy. Picaves.

— Bourgogne, voy. Bourgogne.

— Maigret, voy. Maigret-Balduinus.

— Chevalier, voy. Chevalier (Bauduyn).

— la Meslette, voy. Meslette.

— Lescot, voy. Lescot.

Baudenetus de Blanzeio, voy. Blanzeyo.

— Lescaret, voy. Lescaret.

— Loisel, voy. Loisel (Bauduyn).

Bauderi (Johannes). *Arch. adm.*, t. II, 1035.

Bauderius. *Arch. lég.*, iie part., *statuts*, iiie vol., 630.

Baudés le Juif. *Arch. adm.*, t. I, 743.

— de Namur, prêtre de Reims. *Arch. adm.*, t. II, 1242.

Baudesson (Nicole), curé de Saint-Germain. *Arch. lég.*, i^re part., 887.

Baudessons de Pissochien, voy. Pissechien.

— le Tellier, voy. Tellier (Baudouin le).

— le Coureur. *Arch. adm.*, t. III, 69, 72.

— voy. Tabouzel.

— Bochet. *Arch. adm.*, t. III, 108.

Baudessonus, frère de Humbertus Pelliparius. *Arch. adm.*, t. II, 795.

Baudet (Gilles), seigneur de Brégny. *Arch. lég.*, i^re part., 894 ; iie part., *statuts*, iie vol., 315?

— (Gillet), cordier de Reims. *Arch. lég.*, iie part., *statuts*, iie vol., 213.

— (Pierre), vinaigrier. *Arch. lég.*, iie part., *statuts*, iie vol., 315.

— (Poncelet), maître sergier. *Arch. lég.*, iie part., *statuts*, i^er vol., 756, *statuts*, iie vol., 811.

— l'écureur. *Arch. adm.*, t. II, 504.

— de Saint-Bri, clerc, voy. Saint-Bry.

— Danné, voy. Danné.

Baudet (Jehan), curé de Festieux, *Arch. adm.*, t. III, 836, 893, 903, 904; *Arch. lég.*, 1re part., 883.

— (Aubry). *Arch. lég.*, 1re part., 554.

— (Jesson), voy. Baudet (Jehan).

Baudetus de Blanseio, voy Blanzeyo (Baudenetus de).

— (Gesson), voy. Baudet (Jehan).

Baudier, voy. Savelon.

—(Alart), seigneur de la Chapelle-Amont. *Arch. lég.*, 1re part., 892.

— (Guilain), seigneur de Neufville. *Arch. lég.*, 1re part., 892.

— (Gérard). *Arch. lég.*, 1re part., 910.

— (J....), bourgeois de Reims. *Arch. lég.* 11e part., *statuts*, 1er vol., 770, 788.

Baudiet (Colard). *Arch. adm.*, t. III, 836.

Baudinus Rodan, voy. Rodun.

Baudoinus Militis, citoyen de Reims, voy. (Militis Balduinus)

— voy. Alardus.

Baudoleifus, colon légué par Saint-Remi à l'église de Reims. *Arch. adm.*, t. I, 4.

Baudon (R.), tourneur. *Arch. adm.*, t. II, 826; *Arch. lég.*, 11e part., *statuts* 1er vol., 770, 772, 773, 781, 788.

— de Maubeuge, tisserand de drap. *Arch. adm.*, t. III, 18.

— (Jean), dit Lelarge. *Arch. adm.*, t. III, 63, 65.

— (Colson), fermier des vins. *Arch. lég.*, 11e part., *statuts*, 1er vol., 611, 743.

— voy. Franque, Aubri, Chépy.

— le-boursier. *Arch. adm.*, t. I, 765.

— de Rocroy, prévôt de Reims, voy. Rocroy.

— l'Enfumé. *Arch. adm.*, t. I, 1021.

— de Vendière, chevalier, voy. Vendières (Baudon de).

— voy. Ounne.

— voy. Large.

Baudon (Colart). *Arch. lég.*, 11e part., *statuts*, 1er vol., 635.

Baudonnés de Ruiffi, voy. Ruffy.

Baudorosena, voy. Baudoroseva.

Baudoroseva affranchie par Saint-Remi. *Arch. adm.*, t. I, 18.

Baudot (J....), dit Lambinet. *Arch. lég.*, 11e part., *statuts*, 1er vol., 668, 776, 845.

Baudovicus affranchi par Saint-Remi. *Arch. adm.*, t. I, 15.

Baudran (Michel), économe de l'archevêché de Reims. *Arch. lég.*, 11e part., *statuts*, 11e vol., 660.

Baudricourt (R.... de), juge commissaire sur le fait des aides. *Arch. lég.*, 11e part., *statuts*, 1er vol., 858, 862.

Baudry (Gilles). *Arch. adm.*, t. II, 804.

— (Estienne). *Arch. lég.*, 1re part., 497, 500, 522, 526, 539 541, 574, 576.

Bauduin (J....), messager. *Arch. lég.*, 11e part., *statuts*, 1er vol., 653.

Baudye (Godefroy de), seigneur de Pierremande. *Arch. lég.*, 1re part., 894.

Baufinaiges (village de). *Arch. lég.*, 1re part., 901.

Baugency (archidiacres de), voy. Lauduno (Petrus de), Fourqueux (Guill. de), Balgiacensis archid.

— (ville de). *Arch. lég.*, 11e part., *statuts*, 1er vol., 596, 599.

Baugessant Clugniacensis (prior de). *Arch. adm.*, t. II, 639.

Baugier; Mémoire du dit allégué à l'occasion de l'église de Saint-Symphorien de Reims. *Arch. adm.*, t. I, 271.

— voy. Bignipont.

Baugis (Petrus de), chanoine de Reims. *Arch. lég.*, 11e part., *statuts*, 1er vol., 71, 115.

Baulandre, voy. (Lardenois de), baron de Termes. *Arch. adm.*, t. II, 1098.

Baulart (Johannes). *Arch. adm.*, t. III, 392.

Baulet (Jehan), *Arch. lég.*, 1re part., 506.

Baulmont (M. de), seigneur de Haulme. *Arch. adm.*, t. II, 1071.

Baulthor (village de), voy. Beautort.

— (curé de), voy. Dumoustier (Adrien).

Baume (Henri de la), prévôt de Senu et moine de Saint-Remi de Reims. *Arch. adm.*, t. II, 423.

— (prieur de la), doyen de Saint-Agricole à Avignon, seigneur de Sainte-Vaubourg. *Arch. adm.*, t. II, 1109.

Bauni, chanoine de Saint-Symphorien de Reims. *Arch. adm.*, t. II, 1027, 1040.

Bauny (village de). *Arch. adm.*, t. II, 1095, 1096.

— directeur de l'agence nationale des domaines. *Arch. lég.*, IIe part., *statuts*, IIIe vol., 744.

Baussonnet (Raoul), voy. Bossonet.

— (Étienne). *Arch. lég.*, IIe part., *statuts*, 1er vol., 862, *statuts*, IIe vol., 392.

Bauthor (village de), voy. Beautort.

Bauve (Gobert de la), bailli de Reims. *Arch. lég.*, IIe part., *statuts*, IIIe vol., 30.

Bauzeiez (J. de), bourgeois de Reims. *Arch. adm.*, t. III, 831. *Arch. lég.*, IIe part., *statuts*, 1er vol., 428.

Bausis, voy. Bauzeis.

Bava, recluse. *Arch. lég.*, IIe part., *statuts*, 1er vol., 74.

— laïque. *Arch. lég.*, IIe part., *statuts*, 1er vol., 78.

Bavais (Pétrus de), évêque de Bayeux. *Arch. lég.*, IIe part., *statuts*, 1er vol., 71, 114.

Bavay, voy. Baviscium?

Bavelline (la). *Arch. adm.*, t. II, 539.

Baveux (Jehan le), déchargeur. *Arch. adm.*, t. II, 911.

Bavière (Estienne), cordonnier. *Arch. lég.*, IIe part., *statuts*, IIe vol., 238.

— (duc de). Lettres prises sur un des messagers dudit. *Arch. lég.*, IIe part., *statuts*, 1er vol., 796.

Baviscium, voy. Burigny (?)

Bavo, laïque inscrit sur l'obituaire de Reims. *Arch. lég.*, IIe part., *statuts*, 1er vol., 64.

Bavy (domus de). *Arch. adm.*, t. II, 1061.

Bavyn (Jehan). *Arch. lég.*, 1re part., 898.

Bay (paroisse de), voy. Bayo (parrochia de). *Arch. adm.*, t. II, 1072, 1073.

— (presbyter de). *Arch. adm.*, t. II, 1074.

— (village de). *Arch. lég.*, 1re part., 904, 919.

Bayard (Guillaume). *Arch. adm.*, t. II, 904.

— (moulin de). *Arch. adm.*, t. III, 585.

— (hameau de). *Arch. lég.*, IIe part., *statuts*, IIIe vol., 394.

— voy. Marcaud (Jean).

Bayencourt (village de). *Arch. lég.*, 1re part., 891.

— (Antoine de), gouverneur de Coucy. *Arch. lég.*, 1re part., 893.

Bayeux (doyen de), voy. Poncy (Theobaldus).

— (évêque de), voy. Bajocensis episcopus, voy. Thesart (Louis).

Bayne (village de), voy. Beine.

Baynettes, voy. Bennette.

Bayo (parrochia de), voy. Bay (paroisse de).

Bayonensis episcopus, voy. Fresse (Joannes de).

Bayonne (ville de). *Arch. lég.*, IIe part., *statuts*, IIIe vol., 130, 131.

Bayonvilla (parrochia de), voy. Bayonville (paroisse de). *Arch. adm.*, t. II, 1095.

— (Autel de), voy. Bajonis villa (altar de).

Bayonville (paroisse de), voy. Bayonvilla (parrochia de).

Bayron, voy. Bairon.

Bazalarius, (espèce de grand couteau. *Arch. adm.*, t. III, 297.

Bazancourt (village de), *Arch. adm.*, t. III, 600. Voy. Bazencurtis. *Arch. adm.*, t. I, 177, 209, 242, 321, 859; t. II, 1062; t. III, 609. *Arch. lég.*, iⁱᵉ part., 497, 523, 549, 594, 754, 876, 901, 904; iiᵉ part., *statuts*, iᵉʳ vol., 167, 176, 181, *statuts*, iiᵉ vol., 276, 843, 845, *statuts*, iiiᵉ vol., 392.

— (prévôté de). *Arch. lég.*, iⁱᵉ part., 490, 607.

— (curé de), voy. Barbier (Jean). *Arch. lég.*, iⁱᵉ part., 887.

— sur-Bar. *Arch. lég.*, iⁱᵉ part., 902.

— sur-Suippe. *Arch. lég.*, iⁱᵉ part., 904, 906.

— (presbyter de). *Arch. adm.*, t. II, 1063.

— (dîme de). *Arch. lég.*, iiᵉ part., *statuts*, iᵉʳ vol., 236.

Bazeilles (J. de). *Arch. adm.*, t. II, 769.

— (village de). *Arch. adm.*, t. II, 1085.

— (église de). *Arch. adm.*, t. II, 1088.

— (Perceval de), clerc. *Arch. adm.*, t. III, 448, 517, 520.

— (presbyter de). *Arch. adm.*, t. II, 1090.

Bazel, voy. Porte-Bazée.

Bazencurte (Galterus-li-Boire de). *Arch. adm.*, t. I, 834.

— (Herbertus de). *Arch. adm.*, t. I, 834.

— (Droardus de). *Arch. adm.*, t. I, 835.

Bazencurtis, voy. Bazancourt.

Bazenier (Benoît le). *Arch. adm.*, t. II, 269.

Bazet, voy. Porte-Bazée.

Bazin (Henry), vicomte de Reims. *Arch. lég.*, iⁱᵉ part., 745; *statuts*, iᵉʳ vol., 244? 245, 922, 930.

— (Pierre), curé de Gisy. *Arch. lég.*, iⁱᵉ part., 886.

Bazoches (Girardus de), évêque de Noyon. *Arch. adm.*, t. I, 60.

Bazoches (baron de), voy. Bossu (Claude).

— (Jacobus de), évêque de Soissons. *Arch. adm.*, t. I, 60 ; *Arch. lég.*, iiᵉ part., *statuts*, iᵉʳ vol., 32.

— (forteresse de). *Arch. lég.*, iiᵉ part., *statuts*, iᵉʳ vol., 576, 579.

— (ville de). *Arch. adm.*, t. III, 57; *Arch. lég.*, iⁱᵉ part., 902, 919.

— (Robert de), échevin. *Arch. adm.*, t. II, 756, 764, 771, 801.

— (Raoul de). *Arch. adm.*, t. II, 97, 202, 758, 770.

— (Agnès de). *Arch. adm.*, t. II, 269, 493, 753, 758; t. III, 35; *Arch. lég.*, iⁱᵉ part., 490, 544, 560, 589 ; iiᵉ part., *statuts*, iᵉʳ vol., 944.

— (Aubry de). *Arch. adm.*, t. III, 21, 35, 99, 108.

— (Nicolas) de). voy. Bazochiis (N. de).

— (Milo de), abbé de Saint-Remi de Reims. *Arch. adm.*, t. I, 456, 457.

— (Thomas de), lieutenant de Reims. *Arch. adm.*, t. III, 51 ; *Arch. lég.*, iⁱᵉ part., 509, 589, iiᵉ part., *statuts*, iᵉʳ vol., 527, 571, 573, 576, 578, 580, 581, 612, 613, 616, 618, 621, 626, 628, 630, 632, 635, 637, 639, 642, 644, 649, 651, 653, 655, 661, 667, 671, 673, 676, 683, 689, 695, 702, 709, 726, 729, 736, 740, 745; *statuts*, iiᵉ part., 113, 142.

— (curé de), voy. Patelette (Guillaume).

Bazochiis (Nicholaus de). *Arch. adm.*, t. I, 361, 545, 546.

Bazoras (Roger). *Arch. adm.*, t. I, 358.

Beaine, voy. Beine.

Béarn (province de). *Arch. lég.*, iiᵉ part., *statuts*, iiᵉ vol., 851.

Beata Maria, voy. Virgo beata, Valle (B. M. in), Rohellam (B. M. ad).

— Maria Suessionensis, voy. Soissons (Notre-Dame des vignes de).

Beatæ-Mariæ-Casletense capitulum. *Arch. adm.*, t. II, 639.

— Mariæ-de-Sevigny (capellania de). *Arch. adm.*, t. II, 1067.

— Mariæ-de-Chokes, abbas. *Arch. adm.*, t. II, 739.

— Mariæ-in-Valencencia de Hannon prioratus. *Arch. adm.*, t. II, 641.

— Mariæ-de-Cantiprato monasterium. *Arch. lég.*, 1re part., 117.

— Mariæ-Virdunensis (capitulum de), voy. Virdunense capitulum.

— Mariæ-de-Andenne capitulum. *Arch. adm.*, t. II, 1092, 1094.

— Mariæ-de-Castro-Portuensi prioratus. *Arch. adm.*, t. I, 811, 1039; t. II, 1028, 1084.

— Mariæ-Sylvanectensis ecclesia. *Arch. adm.*, t. I, 1000.

— Mariæ-in-Bosco-juxta-Bellum-locum abbatissa. *Arch. adm.*, t. II, 635.

— Mariæ-regalis-prope-Pontisaram monasterium. *Arch. adm.*, t. III, 170.

— Mariæ-Magdalenæ Remensis parrochia, voy. Sainte-Magdelaine de Reims (paroisse de).

— Mariæ-Magdalenæ presbyter. *Arch. adm.*; t. II, 1047, voy. Sainte-Magdelaine de Reims (curé de).

— Mariæ-Magdalenæ curatus. *Arch. adm.*, t. III, 784.

— Mariæ Remensis bannus, voy. Notre-Dame de Reims (ban de).

— Mariæ Remensis servientes, voy. Remensis ecclesiæ servientes.

— Mariæ Remensis mansionarii. *Arch. adm.*, t. I, 477; voy. Notre-Dame de Reims (mansionnaires de).

— Mariæ-de-Castello-Portuensi ecclesia. *Arch. adm.*, t. I, 306, 316; voy. Notre-Dame de Château-Poitiers.

— Mariæ-Remensis decanus, voy. Remensis ecclesiæ decani.

Beatæ-Mariæ Remensis curia, voy. Notre de Reims (cour de).

— Mariæ-Remensis terra. *Arch. adm.*, t. I, 514, 963; *Arch. lég.*, IIe part., statuts, 1er vol., 86.

— Mariæ Registestensis nemus. *Arch. adm.*, t. I, 649, voy. Notre-Dame de Rethel (bois de).

— Mariæ Remensis ecclesia, voy. Reims (église de).

— Mariæ Remensis canonici, voy. Reims (chanoines de).

— Mariæ Remensis præpositus, voy. Suessione (Johannes de).

— Mariæ-de-Carmelo fratres, voy. Carmeli fratres.

— Mariæ Remensis hospitium, voy. Reims (hôtel-Dieu de).

— Mariæ Remensis congregatio, voy. Notre-Dame de Reims (congrégation de).

— Mariæ Remensis Scholæ, voy. Notre-Dame de Reims (écoles de).

— Mariæ Suessionensis abbatissa. *Arch. adm.*, t. II, 634.

— Mariæ-de-Vasseyo (prioratus de). *Arch. lég.*, IIe part., statuts, IIe vol., 642.

— Ignatii reliquiæ. *Arch. lég.*, IIe part., statuts, 1er vol., 107; voy. Saint Ignace (reliques de).

Beati-Jacobi-Remensis ecclesia, voy. St-Jacques de Reims (église de).

— Jacobi altar. *Arch. adm.*, t. I, 425, 426.

Beatrix, comtesse de Rethel. *Arch. adm.*, t. I, 309.

— femme de J.... de Saint-Remi. *Arch. adm.*, t. II, 829.

Beatus-Regulus-Sylvanectensis. *Arch. adm.*, t. I, 1000.

Beaucaire (ville de). *Arch. adm.*, t. I, 1092.

— (foire de). *Arch. lég.*, IIe part., statuts, 1er vol., 979.

Beauchamps (Jehan de). *Arch. adm.*, t. III, 156; *Arch. lég.*, 1re part., 802, 896, 897.

— (Pierre). *Arch. lég.*, 1re part., 657.

— (Émery). *Arch. lég.*, 11e part., *statuts*, 11e vol., 9.

— (A....), lieutenant du prévôt des marchands. *Arch. lég.*, 11e part., *statuts*, 1er vol., 861, 877.

Beauchesne (Antonius de), chanoine de Reims. *Arch. lég.*, 11e part, *statuts*, 1er vol., 107.

Beauclair (village de). *Arch. adm.*, t. II, 1077, 1093, 1094.

Beauclers (village de), voy. Beauclair.

Beaudart (Étienne), boulanger. *Arch. lég.*, 11e part., *statuts*, 11e vol., 162.

Beaugillet (Henry-Amé de), conseiller du roi. *Arch. lég.*, 11e part., *statuts*, 11e vol., 115, 968, *statuts*, 111e vol., 188, 423.

Beaugrant (Nicole de), avocat. *Arch. lég.*, 1re part., 895.

Beaujeu (sire de), *Arch. lég.*, 11e part., *statuts*, 1er vol., 639, 828; 11e vol., 126.

— (comte de). *Arch. lég.*, 11e part., *statuts*, 1er vol., 812.

— (dame de). *Arch. lég.*, 11e part., *statuts*, 1er vol., 832.

Baujois, voy. Namps.

Beaulieu (village de). *Arch. adm.*, t. II, 1073; *Arch. lég.*, 1re part., 910, 11e part., *statuts*, 1er vol., 686, 767.

— en-Argonne. *Arch. adm.*, t. II, 137; *Arch. lég.*, 1re part., 905.

— en-Argonne (abbé de). *Arch. adm.*, t. II, 137. *Arch. lég.*, 11e part., *statuts*, 111e vol., 393?

Beaumanoir (Thomas de), archevêque de Reims, surprend à saint Louis des lettres patentes dans lesquelles il se fait attribuer la police des bourgeois de Reims,

à l'exclusion des échevins. *Arch. lég.*, 11e part., *statuts*, 111e vol., 39, 54.

Beaumets (Thomas de), Voy. Bellomeso (Th.)

Beaumont (ville de). *Arch. adm.*, t. I, 570, 594, 599, 1090; t. II, 757, 1089. *Arch. lég.*, 1re part., 754, 902; 11e part., *statuts*, 1er vol., 694, 775; *statuts*, 11e vol., 16, 968; *statuts*; 111e vol., 392.

— (Jehan de), grand maître d'hôtel du roi. *Arch. adm.*, t. II, 302, 477, 489.

— (Johannes de), clerc. *Arch. adm.*, t. III, 769.

— (Pierre de), bailli de Vermandois. t. II, 329, 359, 377. *Arch. lég.*, 11e part., *statuts*, 111 vol., 29.

— sur-Vesle (ville de). *Arch. adm.*, t. II, 1116; t. III, 409. *Arch. lég.*, 1re part., 492, 904.

— sur-Vesle (paroisse de). *Arch. adm.*, t. II, 1086, 1119.

— sur-Vesle (péage de). *Arch. lég.*, 1re part., 875.

— sur-Vesle (curé de), voy. Lagresle (Pierre), Bouches (Thomas).

— sur-Oise (ville de). *Arch. lég.*, 11e part., *statuts*, 11e vol., 852, 853.

— (Frizon de), bourgeois de Reims. *Arch. lég.*, 11e part., *statuts*, 11e vol., 968.

— (forteresse de). *Arch. lég.*, 11e part., *statuts*, 1er vol., 730, 732.

— (G.... de), dit Cauchette, voy. Cauchette.

— (H. de), sergent du maire de Venisse. *Arch adm.*, t. III, 68.

— (Jesson-Adin de). *Arch. adm.*, t. III, 130.

— (four de). *Arch. adm.*, t. III, 408.

— (moulins de). *Arch. adm.*, t. III, 408.

— (Robert de). *Arch. adm.*, t. II, 805; t. III, 833?

— (Robinet de). *Arch. adm.*, t. II, 899.

Beaumont (M. de), seigneur de Clavy. *Arch. adm.*, t. II, 1070.

— (C....), poulaillier de Reims. *Arch. adm.*, t. III, 831.

— en-Argonne (ville de). *Arch. adm.*, t. II, 1085. *Arch. lég.*, 1re part., 902, 915; 11e part., *statuts*, 1er vol., 717; *statuts*, 111e vol., 51.

— en-Argonne (paroisse de). *Arch. adm.*, t. III, 279, 382, 480. *Arch. lég.*, 1re part., 904.

— en-Argonne (prieuré de). *Arch. adm.*, t. II, 1088.

— en-Argonne (châtellenie de). *Arch. adm.*, t. III, 418. *Arch. lég.*, 11e part., *statuts*, 11e vol., 606.

— (terrages de). *Arch. adm.*, t. III, 412, 479, 496.

Beaune (vin de). *Arch. adm.*, t. I, 1056; t. II, 298, 483, 811; fort estimé à Reims, t. III, 318, 439, 753. *Arch. lég.*, 1re part., 656, 599; 11e part., *statuts*, 1er vol., 633, 648, 673. Défenses d'en fabriquer dans ladite ville; *statuts*, 111e vol., 69.

— (Gérart de), chevalier. *Arch. adm.*, t. III, 174.

— (Jehan de), échevin de Reims. *Arch. adm.*, t. III, 611.

— (Marot de), chapelain de Notre-Dame de Reims. *Arch. adm.*, t. II, 523.

Beaupré (Charles-Étienne Pelletier de), intendant de Champagne. *Arch. lég.*, 11e part., *statuts*, 1er vol., 462; *statuts*, 11e vol., 256, 671, 833, 836, 837, 839; *statuts*, 111e vol., 358, 372.

Beauquêne (Mme). *Arch. lég.*, 11e part., *statuts*, 11e vol., 163.

Beauquire (Franciscus), abbas de Regiaco. *Arch. lég.*, 11e part., *statuts*, 11e vol., 642.

Beaurain (seigneurie de). *Arch. lég.*, 1re part., 890.

Beaurain (prieur de), voy. Belloramo (prior de).

Beaurenoir (sire de), voy. Luxembourg (Jean de).

— (bailli de), voy. Lusson (Jean).

Beaurepaire (presbyter de). *Arch. adm.*, t. II, 1096.

— (village de). *Arch. adm.*, t. II, 1097.

Beaurevoir (châtellenie de). *Arch. lég.*, 1re part., 888.

Beaurieux (village de). *Arch. lég.*, 1re part., 881, 900, voy. Barolium.

— (curé de), voy. Charpentier (Nicole).

— (mesure de), voy. Barolii mensura.

Beausillon (Enguerrand de), lieutenant du bailli de Vermandois. *Arch. lég.*, 11e part., *statuts*, 111e vol., 32, 33, 614.

Beaussart (seigneur de), voy. Masier (Henri le).

Beautort (village de). *Arch. lég.*, 1re part., 899.

Beauvais (bailliage de). *Arch. lég.*, 11e part., *statuts*, 111e vol., 649, 652, 654.

— (chapitre de), voy. Belvacense capitulum.

— (commune de). *Arch. adm*, t. I, 559, 568, 569, 593, 595, 596 605, 606.

— (église de). *Arch. adm.*, t. I, 272, 549, 550, 569, 570, 571, 575, 576, 577, 593, 599, 600, 605.

— (ville de). *Arch. adm.*, t. I, 349, 568, 592, 593, 594, 595, 596, 597, 598, 599, 642. *Arch. lég.*, 11e part., *statuts*, 1er vol., 665, 792, 802; *statuts*, 11e vol., 202, 572, 896; *statuts*, 111e vol., 89, 608. Le roi ne possède point de domaine dans ladite. *Arch. adm.*, t. I, 634, 637, 651, 654, 656.

— (Jehan de), cardinal et légat du saint-siége. *Arch. adm.*, t. III, 383.

— (charte de). *Arch. lég.*, 11e part., *statuts*, 111e vol., 609.

— (comté de). *Arch. lég.*, 11e part., *statuts*, 111e vol., 648.

Beauvais (diocèse de). *Arch. adm.*, t. I,
271, 551 ; t. II, 635, 1027 ; t. III, 522.

— (évêques de), voy. Belvacenses episcopi.

— (évêché de). *Arch. adm.*, t. I, 382,
605.

— (concile de). *Arch. adm.*, t. I, 34,
236, 269.

Beauval (Charles de La Cour de). *Arch. lég.*,
IIe part., *statuts*, IIe vol., 1050.

— (prévôt de). *Arch. lég.*, IIe part., *statuts*, Ier vol., 672.

Beauvallon (Caillet J. de), capitaine de
bourgeoisie. *Arch. lég.*, IIe part., *statuts*, IIe vol., 1021.

Beauvarlet (M....), élu de Reims. *Arch. lég.*, IIe part., *statuts*, Ier vol., 779, 811.

Beauvoir (la Nué-Ville à). *Arch. adm.*,
t. I, 1089.

Beauvoisin (prévôté de). *Arch. lég.*,
IIe part., *statuts*, Ier vol., 767.

Beauvoisis (nobles du). *Arch. adm.*, t. II,
1161.

— (province du). *Arch. adm.*, t. III, 614.

Bebrimodus, serf de l'église de Reims.
Arch. adm., t. I, 16.

Bec (Colart le). *Arch. adm.*, t. II, 340,
349, 415.

— (Philippe du), archevêque de Reims.
Arch. lég., IIe part., *statuts*, IIe vol.,
699 ; *statuts*, IIIe vol., 44, 55.

— (abbaye du), voy. Becco-in-Normannia.

Becart (J.), dit Petit-Jehan. *Arch. adm.*,
t. II, 800.

Becca, lieu des environs de Reims. *Arch. adm.*, t. I, 325, 330.

Beccha, vide Becca.

Becco-in-Normannia (monasterium de).
Arch. adm., t. II, 636.

Becdecot, sergent des caves de Betheinville. *Arch. adm.*, t. III, 760.

Bechefer de Ponte (Nicolaus). *Arch. lég.*,
Ier vol., 66 ; *statuts*, IIIe vol., 420 ?

Bechegrain (moulin de). *Arch. adm.*, t. III,
601.

Béchet de Sédan, seigneur de Balan, voy.
Sédan.

Bechet, seigneur d'Andevanne. *Arch. adm.*,
t. II, 1093.

Becket (Thomas), archevêque de Cantorbéry. *Arch. adm.*, t. I, 373, 515.
Arch. lég., Ire part., 367.

Beconville, voy. Bouconville.

Bécot (Jean-Baptiste), boulanger à Reims.
Arch. lég., IIe part., *statuts*, IIe vol.,
162.

Becteny, voy. Betheny.

Bectini (Johannes). *Arch. adm.*, t. II,
1220.

Bectonvilla, voy. Bouconville.

Bedeau (Benoist), procureur à Reims.
Arch. lég., Ire part., 897.

Bedelet (Jesson). *Arch. adm.*, t. II, 603.

— (Person). *Arch. lég.*, Ire part., 497,
499, 522, 526, 539, 541, 571, 594.

Bedellus, *Arch. adm.*, t. I, 514, vide
Laurentii Bedelli (vicus de).

Bedfort (duc de), régent de France. *Arch. lég.*, IIe part., *statuts*, Ier vol., 576.

Beeffort, voy. Beffort.

Beeschot (Arnault de). *Arch. adm.*, t. II,
299.

Befeu (hameau de). *Arch. adm.*, t. II, 1097.

Beffecourt (seigneurie de). *Arch. lég.*,
Ire part., 877, 903.

Beffort (village de). *Arch. lég.*, Ire part.,
901, 904 ; IIe part., 276 ; *statuts*, Ier vol.,
176.

Beffroi, voy. Belfredus.

Beffroy (M. de), seigneur de Saint-Marcel, *Arch. adm.*, t. II, 1069, 1095,
1097.

Begga, prêtre de Liége, fondateur de la
congrégation des Béguines. *Arch. lég.*,
IIe part., *statuts*, Ier vol., 129.

Begon (le comte de), épouse la fille de Louis le Débonnaire. *Arch. adm.*, t. I, 12.

Bègue (Estienne le), dit de Vienne, boucher. *Arch. lég.*, ne part., *statuts*, ier vol., 998.

— (Johannes), doyen de Saint-Symphorien. *Arch. adm.*, t. I, 271.

— (Colin le), boulanger. *Arch. adm.*, t. II, 504, 685.

— (Thibaut le). *Arch. adm.*, t. II, 674.

— (Oudin le), boulanger. *Arch. adm.*, t. II, 684, 686.

— (Jean le). *Arch. adm.*, t. II, 924; t. III, 382.

— voy. Unchar (Oudin de).

Béguin (Nicolaus), canonicus. *Arch. lég.*, ne part., *statuts*, ier vol, 119, 699, 862, 866, 876, 885.

— (H....), bourgeois de Reims. *Arch. lég.*, ne part., *statuts*, ier vol., 678, 836.

— (Simon), conseiller au présidial de Reims. *Arch. lég.*, ne part., *statuts*, me vol., 56.

— (Jean), lieutenant du bailli de Vermandois. *Arch. adm.*, t. III, 659. Seigneur de Coigny et de Châlons-sur-Vesle. *Arch. lég.*, ne part., *statuts*, ier vol., 977; *statuts*, ne vol., 143, 163, 494, 605, 749, 820, 1048; *statuts*, me vol., 74.

— de Sausseuil, voy. Sausseuil.

— (Marguerite). *Arch. lég.*, ne part., 929; *statuts*, ne vol., 929.

— (Pierre), procureur fiscal à Reims. *Arch. lég.*, ire part., 876, 887, 897, 941, 956; ne part., *statuts*, ier vol., 870, 897, 901; *statuts*, ne vol., 23, 96, 559.

— (Nicole), avocat. *Arch. lég.*, ire part., 897, 1001; ne part., 332; *statuts*, ne vol., 332.

— voy. Savigny (Béguin de).

Béguin (Joseph-Antoine), lieutenant général au bailliage de Vermandois. *Arch. lég.*, ne part., *statuts*, ne vol., 411; *statuts*, me vol., 74.

Beguinæ, vide Cantiprato (Beguinæ de), Remenses beg. Voy. Béguines.

Béguines, voy. Sainte-Agnès (bég. de).

— de Reims (maison des); voy. Reims (béguines de).

Behaigne (Charles de). *Arch. adm.*, t. II, 486, 631.

Behaine, voy. Beine.

Béhéricourt (village de). *Arch. lég.*, ire part., 909.

Behucier (Colin le), sergent de l'archevêque de Reims. *Arch. adm.*, t. II, 1156, 1157.

Beigny, voy. Bény.

Beine (ville de). *Arch. adm.*, t. I, 177, 242, 312, 1090; t. II, 551, 1117; t. III, 100, 108, 601. *Arch. lég.*, ire part., 754, 755, 876, 883, 899, 900, 901, 903, 909; ne part., *statuts*, ier vol., 167, 604; *statuts*, ne vol., 276, 860; *statuts*, me vol., 264, 392.

— (seigneur de), voy. Fremyn (Louis).

— (chemin de). *Arch. adm.*, t. II, 577. *Arch. lég.*, ire part., 518, 521, 560.

— (église de), voy. Baina (ecclesia de).

— (paroisse de), *Arch. adm.*, t. II, 1118.

— (Clicquot de), fabricant. *Arch. lég.*, ne part., *statuts*, ne vol., 859.

— (dîme de). *Arch. lég.*, ne part., *statuts*, ier vol., 243.

— (prêtre de), voy. Bena (presbyter de).

Béingue (village de), voy. Beine.

Beir (Oudart le). *Arch. adm.*, t. III, 285.

Bejoin (Blanc de), tanneur à Reims. *Arch. lég.*, ne part., *statuts*, ier vol., 822.

Bel (Jehan le), lieutenant des habitants de Reims. *Arch. lég.*, ne part., *statuts*, ier vol., 875, 915, 928, 929, 931.

Belagent (Pierre), juge au Châtelet de Paris. *Arch. adm.*, t. II, 654, 705.

Belangier, voy. Macili.

Belay-sur-Arcy (bois de), appartient à l'archevêque de Reims. *Arch. adm.*, t. I, 546.

— sur-Courville (bois de), appartient au même. *Arch. adm.*, t. I, 546.

— (Jacobus), lecteur au séminaire de Reims. *Arch. lég.*, IIe part., *statuts*, IIe vol., 773.

— (Raynaud Ier de), archevêque de Reims. *Arch. adm.*, t. I, 264, 265.

Belchou (prior de). *Arch. adm.*, t. II, 638.

Beldin (village de). *Arch. adm.*, t. I, 313.

Beleau (Jacques), abbé de Cheminon, *Arch. lég.*, Ire part., 879.

Belei, voy. Bellay.

Belestre (moulin de)., voy. Bellestre.

Belet (Johannes). *Arch. adm.*, t. III, 89.

Belevol, clerc forain de Reims. *Arch. adm.*, t. I, 1016.

Belfredus. *Arch. adm.*, t. III, 394, voy. Beffroi.

Belgica. *Arch. adm.*, t. I, 145, 199. *Arch. lég.*, IIe part., *statuts*, IIIe vol., 606.

Belgin (ecclesia de). *Arch. adm.*, t. I, 287, 330.

Belgique, voy. Belgica.

Belhère (village de), voy. Berlière.

— (seigneur de), voy. Fontaine (Hubert de La).

Belhomme (Husson le). *Arch. adm.*, t. III, 835.

— (Gauthier le). *Arch. adm.*, t. III, 841.

Bel-Hoste (Colesson). *Arch. adm.*, t. III, 836.

Beliarda, censitaire de l'église de Reims. *Arch. lég.*, IIe part., *statuts*, Ier vol., 168.

Belin (Johannes). *Arch. adm.*, t. I, 759.

Belini (Johannes), notaire apostolique. *Arch. adm.*, t. III, 812.

Belinus, voy. Belvius.

Bélisaire, général de Justinien. *Arch. adm.*, t. I, 107.

Bella-Ecclesia-de-Pontizara (prior de). *Arch. adm.*, t. II, 636.

Bella-Fontana-S.-Bartholomei-Noviomensis (prior de). *Arch. adm.*, t. II, 634. *Arch. lég.*, Ire part., 882; voy. Belle-Fontaine.

Bellancourt (Jehan de). *Arch. adm.*, t. III, 836.

Bellapertica (Johannes de), miles. *Arch. adm.*, t. II, 945.

— (Heroardus de), miles. *Arch. adm.*, t. II, 945.

Bellaria (presbyter de). *Arch. adm.*, t. II, 1086, voy. Berlière.

— (parrochia de). *Arch. adm.*, t. II, 1086.

— (patronagium de). *Arch. adm.*, t. II, 1089, 1090.

Bella-Valle (abbas de). *Arch. adm.*, t. II, 559, 634, 1026, 1037, 1038, 1091, 1092, 1095, 1098, 1109. *Arch. lég.*, Ire part., 192; IIe part., *statuts*, Ier vol., 612, voy. Belval (abbé de).

— (monasterium de). *Arch. adm.*, t. II, 1113.

Bellavallis, voy. Belval (village de).

Bellavilla (presbyter de). *Arch. adm.*, t. II, 1095, voy. Belleville.

— (parrochia de), voy. Belleville (paroisse de).

Bellay (Guyot de), écuyer. *Arch. adm.*, t. II, 716, voy. Belleyum.

— (village de). *Arch. adm.*, t. I, 430. *Arch. lég.*, IIe part., *statuts*, IIIe vol., 389.

Belle (Petrus), huissier au parlement. *Arch. adm.*, t. III, 613.

Belleavesne (prior de). *Arch. adm.*, t. II, 638.

Bellebonne (Robert de), capitaine du château de Porte-Mars. *Arch. lég.*, IIe part., statuts, Ier vol., 418.

Belle-Bouche (Colin). *Arch. adm.*, t. II, 906.

— (Jesson). *Arch. adm.*, t. II, 917.

Bellebreune (sieur de), voy. Bellebonne.

Bellefontaine (prieur de), voy. Bella-Fontana (prior de).

Belle-Image (la), enseigne de Reims. *Arch. adm.*, t. II, 380.

Belle-Jeune (Nicolas), notaire. *Arch. lég.*, Ire part., 759.

Bellemère (Jehan), barbier. *Arch. lég.*, IIe part., statuts, Ier vol., 980.

Bellesis (villa de), voy. Belzy.

Bellestre, voy. Bello-esse.

— châtelain de), voy. Bello-esse.

— (Johannes de), armiger. *Arch. adm.*, t. II, 100.

— *Arch. adm.*, t. II, 1105. voy. Ballestria.

— (baronnie de). *Arch. lég.*, IIe part., statuts, Ier vol., 285.

— (moulin de). *Arch. adm.*, t. III, 609.

Bellesuer (P.), bourgeois de Reims. *Arch. adm.*, t. I, 1091.

Belleterre (Guillot). *Arch. lég.*, IIe part., statuts, IIe vol., 334.

Belle-Tour (la). *Arch. lég.*, IIe part., statuts, IIIe vol., 476.

Belleval, voy. Belval.

— (mès de), voy. Belval.

— (maison de), voy. Belval.

— en Argonne (abbé de), voy. Bella-Valle (abbas de).

— Bellevallis-silvæ-majoris prior. *Arch. adm.*, t. II, 634.

Belleville (paroisse de). *Arch. adm.*, t. II, 1095, voy. Bellavilla.

— (J.... de), chambellan. *Arch. lég.*, IIe part., statuts, Ier vol. 672.

Belleyo (Heluys-Guillelmus de). *Arch. adm.*, t. III, 772.

Bellier (G....), bailli de Troyes. *Arch. lég.*, IIe part., statuts, Ier vol., 649.

Bellimontis vicecomes. *Arch. adm.*, t. I, 591, voy. Beaumont.

— in-Argonna Castellania, voy. Beaumont-en-Argonne (châtellenie de).

— comies, voy. Mattheus.

Bellin-le-Wauthier. *Arch. adm.*, t. II, 34.

Bellique (J.... la), bourgeois de Reims. *Arch. lég.*, IIe part., statuts, Ier vol., 626, 648, 651, 696, 701, 709, 731, 745.

Belli Vadium (gage de bataille). *Arch. lég.*, Ire part., 40.

Bellocerte (Roger de), fait don d'une terre aux lépreux de Reims. *Arch. adm.*, t. II, 6.

Bello-esse, voy. Bellestre.

— (Castellani de), vide Radulphus.

— (capellania de). *Arch. adm.*, t. II, 1108.

Bello-Forti (domina de), vide Felicitas, Beaufort (dame de).

Bello-loco-S.-Crispini-Suessionensis (prior de). *Arch. adm.*, t. II, 635, vide Beaulieu.

Bello-loco (abbas de). *Arch. adm.*, t. II, 639, vide Beaulieu.

— (prioratus de). *Arch. lég.*, IIe part., statuts, IIe vol., 642.

Bellomanso (Thomas de), voy. Bellomeso (Th. de).

Bellomeso (Thomas de), archevêque de Reims. *Arch. adm.*, t. I, 154, 224, 225, 584, 586 et seq., 632, 639, 713, 731, 739, 747; 756, 763, 776, 781, 782, 784, 789, 793, 794; 797, 805, 806, 808, 810, 816, 820; 844, 897, 917, 942, 980, 985, 1086; t. II, 100, 101, 590; t. III, 802. *Arch. lég.*, Ire part., 8, 9, 25; IIe part., statuts, Ier vol., 69,

115, *statuts*, ii⁰ vol., 328, voy. Beau-mez (Th. de).

Bellomezo (Rodulphus de), thesaurarius. *Arch. lég.*, ii⁰ part., *statuts*, i⁰ʳ vol., 421.

Bellomonte (Adam de). *Arch. adm.*, t. I, 592.

— (Johannes de). *Arch. adm.*, t. I, 592, 827; t. II, 945.

— (Gaufridus de), évêque de Laon *Arch. adm.*, t. I, 61, 918.

— (curatus de). *Arch. adm.*, t. II, 1086, 1087.

— (parochia de), voy. Beaumont-sur- (paroisse de).

— (presbyter de). *Arch. adm.*, t. II, 1118.

— (Lex de). *Arch. adm.*, t. I, 474.

— Cluniacensis (prior de). *Arch. adm.*, t. II, 636.

Bellon (Jehan de). *Arch. lég.*, ii⁰ part., *statuts*, i⁰ʳ vol., 802.

Belloprato (abbas de). *Arch. adm.*, t. II, 636.

Bello-Ramo (prior de). *Arch. adm.*, t. II, 639, voy. Beaurain.

Belloredditu-de-Chisonio (prior de). *Arch. adm.*, t. II, 638.

Bellot, official de Reims. *Arch. lég.*, ii⁰ part., *statuts*, iii⁰ vol., 728.

Bellovacum, voy. Beauvais (ville de).

Belloverio (curtis de). *Arch. adm.*, t. I, 329.

Bellovisu (parochia de), voy. Neuville en Beauvais (paroisse de la).

Belloy (Florent de), écuyer. *Arch. lég.*, i⁰ʳ part., 893.

— (seigneur de), voy. Tassart (Antoine).

— (Ét....), maître sergier. *Arch. lég.*, ii⁰ part., *statuts*, ii⁰ vol., 859.

— (village de). *Arch. adm.*, t. I, 313, 329, voy. Beloium.

Bellus-locus, voy. Beaulieu.

Bellus-mons, voy. Beaumont.

Belly (M. de), seigneur d'Ourges. *Arch. adm.*, t. II, 1061.

— (village de). *Arch. lég.*, i⁰ʳ part., 920.

— (Simonnet), collecteur des tailles. *Arch. adm.*, t. III, 788; *Arch. lég.*, ii⁰ part., *statuts*, i⁰ʳ vol., 383.

Belna (Guillermus de). *Arch. adm.*, t. II, 1038.

— (vinum de), voy. Beaune (vin de).

Beloche (P.), bourgeois de Reims. *Arch. adm.*, t. III, 17.

Beloium, voy. Belloy,

Belonia (Guido de), voy. Bolonia.

Belosanne (village de). *Arch. adm.*, t. II, 328.

Belot (J....), maître de la chambre des comptes. *Arch. lég.*, ii⁰ part., *statuts*, i⁰ʳ vol., 872, 901, 902.

Belru (Arnoulet de). *Arch. adm.*, t. III, 484.

Belud, voy. Veslud.

Belvacense capitulum. *Arch. adm.*, t. I, 564; t. II, 635, voy. Beauvais (chap. de).

Belvacensis diœcesis, voy. Beauvais (dio-cèse de).

— ecclesia, voy. Beauvais (église de).

— communia, voy. Beauvais (commune de).

— concilium, voy. Beauvais (concile de):

— episcopus, comte et pair de France. *Arch. adm.*, t. II, 82. Rang dudit à la cérémonie du sacre, 568, 645. *Arch. lég.*, i⁰ʳ part., 129; ii⁰ part., *statuts*, iii⁰ vol., 89, 511, 520, 543, 604, 633, 638, 647, 649, 653, 654, 657, voy. Milo, Gaufridus, Nautolio (Robertus de), Ermenfridus, Gesvres, Nautolio (Regi-naldus de), Cauchon (Pierre), Herveus, Guy, Hildemannus.

Belvacensis propositus, voy. Rufus (G.).

— parochia. *Arch. adm.*, t. I, 68.

Belvacum, voy. Bellovacum, Beauvais (ville de).

Belval (Oudin), cordonnier. *Arch. lég.*, iie part., *statuts*, iie vol., 239.

— capitaine d'aventuriers. *Arch. lég.*, iie part., *statuts*, i^{er} vol., 898, 899.

— (maison de). *Arch. adm.*, t. III, 623.

— (abbé de), voy. Bella-Valle (abbas de).

— (prieur de). *Arch. adm.*, t. II, 1039; t. III, 214.

— (Jean), cordonnier. *Arch. lég.*, iie part., iie vol., 239.

— (village de), *Arch. adm.*, t. II, 495, 559, 1095, voy. Bellavallis.

— (Mes de). *Arch. adm.*, t. II, 549.

— (monastère de), voy. Bella-Valle (M. de).

Belvius, censitaire de l'église de Reims. *Arch. lég.*, iie part., *statuts*, i^{er} vol., 79.

Belzy (village de). *Arch. adm.*, t. II, 1073; t. III, 591, *Arch. lég.*, i^{re} part., 904.

Bena (presbyter de). *Arch. adm.*, t. II, 1118.

— (parrochia de), voy. Beine (paroisse de).

— (villa de), voy. Beine.

Benard, voy. Poel-dormant.

Bencinnez (homines de). *Arch. adm.*, t. I, 391.

Bendeville (Charles de), élu de Reims. *Arch. lég.*, iie part., *statuts*, i^{er} vol., 730.

Benedicta, femme de Johannes de la Valle. *Arch. adm.*, t. III, 535, 536.

Benedictio (bénédiction), somme dévolue au prêtre qui donne ladite. *Arch. adm.*, t. I, 262.

Benedictionalis (bénédictionnaire). *Arch. adm.*, t. I, 222.

Bénédictins, allégués à l'occasion d'un écrit de Gerbert. *Arch. adm.*, t. I, 101, 205, 216. Voy. Saint-Vannes de Verdun (Bénéd. de).

Benedictus III, pape, confirme le synode de Soissons et les priviléges de l'église de Reims. *Arch. adm.*, t. I, 39.

Benedictus, cardinal. *Arch. adm.*, t. I, 1046, 1054, 1057.

— XXII, pape. *Arch. adm.*, t. II, 755.

— évêque, nommé dans le testament de saint Remi, *Arch. adm.*, t. I, 5, 7, signataire dudit testament, 22.

Bénéfice, voy. Archevêché de Reims (bénéfices de), Beneficium, Clergie (bénéfice de), Saint-Nicaise, Saint-Sixte, Saint-Timothée.

Bénéficier, voy. Reims (bénéficiers de).

Beneficium, voy. Bénéfice, Bullionense, 206, 212, 221, 224, 227, 229, 497, 582, 633, 634, 656, 713, 717; t. II, 1026; t. III, 376. *Arch. lég.*, i^{re} part., 121, 126, 295, 299, 307, 469, iie part., *statuts*, i^{er} vol., 105. Charles le Chauve rend les bénéfices héréditaires, *statuts*, iiie vol., 624.

Bénévent, voy. *Arch. adm.*, t, I, 355, 894.

Beneventum, voy. Bénévent.

Beneveto (terra de). *Arch. lég.*, iie part., *statuts*, i^{er} vol., 78.

— (nemus de). *Arch. lég.*, iie part., *statuts*, i^{er} vol., 78.

Benges (M. de), seigneur de Marquigny. *Arch. adm.*, t, II, 1111.

Bennade, évêque de Reims, testament dudit. *Arch. adm.*, t. I, 1. Legs fait par ledit aux frères et sœurs de l'Hôtel-Dieu de Reims, 38.

Bennagius, Remensis episcopus, voy. Bennade.

Bennereya-prope-Bethunam-de-Charran (prior de). *Arch. adm.*, t. II, 639.

Bennette (la), voy. Baynettes. *Arch. lég.*, i^{re} part., 889, 909.

Benoclet (Colard), tonnelier. *Arch. adm.*, t. III, 837.

Benoise (Charles), conseiller. *Arch. lég.*, iie part, *statuts*, iie vol., 805.

Benoist (Claude), avocat à Reims. *Arch. lég.*, iie part., *statuts*, iiie vol.; 103, 228, 423, 691?

— (Guillaume), ajusteur des monnaies de Reims. *Arch. lég.*, iie part., *statuts*, iiie vol., 187.

— lieutenant du bailliage de Reims. *Arch. lég.*, iie part., *statuts*, iiie vol., 236.

— (connétablie de). *Arch. lég.*, iie part., *statuts*, iie vol., 1015.

Benoît III, pape, voy. Benedictus III.

Benoît XXII, voy. Benedictus XXII.

Benoît (Pierre le), mesureur de blé. *Arch. adm.*, t. III, 788.

— (Nicolas), religieux de Saint-Remi de Reims. *Arch. lég.*, iie part., *statuts*, i^{er} vol., 235.

— (Henri-Claude), sénéchal du chapitre de Reims. *Arch. lég.*, iie part., *statuts*, i^{er} vol., 297; *statuts*, iiie vol., 154.

Bensi (Johannes de), écuyer. *Arch. adm.*, t. III, 296.

Beouna (terra de). *Arch. adm.*, t. I. 329.

Ber (Jehan le). *Arch. adm.*, t. III, 841.

Berahidis, voy. Berthaidis.

Berangarius, voy. Berenger.

Berangier (Jehan). *Arch. lég.*, i^{re} part., 593.

— (G.), voy. Bérengier (Guillelmus).

Berangière (la). *Arch. adm.*, t. II, 229.

— (la). *Arch. adm.*, t. II, 546.

Berarde (Rosa), femme d'Érart (Robert). *Arch. adm.*, t. III, 393.

Berardus. *Arch. lég.*, iie part., *statuts*, i^{er} vol., 169.

Berault (Charles), curé d'Aubigny. *Arch. lég.*, i^{re} part., 882.

— voy. Rubilleux, maire de Dontrien.

— (Aubry), boulanger. *Arch. lég.*, iie part., *statuts*, iie vol., 533.

— (Jesson), boulanger. *Arch. adm.*, t. II, 675? 915.

— (Henri). *Arch. adm.*, t. II, 1198.

Berbier (R. le). *Arch. adm.*, t. III, 414.

Berbix (brebis). *Arch. adm.*, t. I, 834.

Bercelin (Geriaumin), bourgeois de Reims. *Arch. adm.*, t. I, 904.

Berceolum, coffre précieux destiné aux archives rares de la cathédrale de Reims. *Arch. adm.*, t. II, 246.

Bercherii (Johannes), voy. Brehier (Jean), dit Machefain.

Berco (Johannes de), procureur des religieux de Saint-Remi de Reims. *Arch. adm.*, t. III, 729, 875.

Bercy (Gaufridus de), lieutenant du capitaine de Reims. *Arch. adm.*, t. III, 703.

Berebais (terra de). *Arch. adm.*, t. I, 504.

— (sieur de), commissaire du roi. *Arch. lég.*, iie part., *statuts*, iie vol., 658.

Berendière (Louise de), dame d'Arcis-sur-Aube. *Arch. lég.*, iie part., *statuts*, iiie vol., 510.

Berengarius, prêtre et chanoine. *Arch. lég.*, iie part., *statuts*, i^{er} vol., 80, 83? 102.

Berengeicort, voy. Bernicourt.

Berenger (Hugo), panetier. *Arch. adm.*, t. I, 333? *Arch. lég.*, iie part., *statuts*, i^{er} vol., 85, 118.

Berengerus. Voy. Berenger (Hugo).

Bérengier (Pierre), échevin de Reims. *Arch. adm.*, t. II, 603, 671.

— (Guillelmus). *Arch. adm.*, t. II, 229, 663.

Bérénion (J.), boucher. *Arch. adm.*, t. II, 304.

Bereo (Johannes de), procureur du chapitre de Reims, voy. Berco.

Bergeat (Claude-François), lieutenant du bailli de Reims. *Arch. lég.*, iie part., *statuts*, iie vol., 155, 156, 162, 240, 293, 421, 422, 528, 531, 592, 843, 851, 852, 853, 855, 857, 859, 861, 1035, 1046, 1047; *statuts*, iiie vol., 85, 192, 306, 497, 668, 675.

v.

Bergensis-S.-Winoci abbas. *Arch. adm.*, t. II, 639.

Berger, bourgeois de Reims. *Arch. lég.*, ii⁰ part., *statuts.*, ii⁰ vol., 697.

— (Thomas le), chanoine régulier de Saint-Augustin. *Arch. lég.*, ii⁰ part., *statuts*, ii⁰ vol., 780.

— (P....), sergent de la forteresse de Reims. *Arch. lég.*, ii⁰ part., *statuts*, i⁰ʳ vol., 870.

— (Jehan), procureur de l'échevinage de Reims. *Arch. lég.*, ii⁰ part., *statuts*, i⁰ʳ vol., 977.

Bergerac (ville de). *Arch. adm.*, t. II, 586.

Bergerel (Thiebault). *Arch. lég.*, ii⁰ part., *statuts*, i⁰ʳ vol., 343.

Bergères (village de). *Arch. lég.*, ii⁰ part., *statuts*, iii⁰ vol., 389.

Bergerii (Thierricus). *Arch. adm.*, t. II, 655.

Bergeronneau (Jean-Baptiste), syndic de la communauté des tonneliers. *Arch. lég.*, ii⁰ part., *statuts*, ii⁰ vol., 408, 416

— (Nicolas), marchand charcutier. *Arch. lég.*, ii⁰ part., *statuts*, ii⁰ vol., 931, 938.

Bergier, procureur de l'échevinage de Reims. *Arch. adm.*, t. I, 481, 482, 483, 484; *Arch. lég.*, ii⁰ part., *statuts*, iii⁰ vol., 44.

— le Parmantier. *Arch. adm.*, t. I, 773.

— (J.), clerc. *Arch. adm.*, t. II, 498.

— (Adam le). *Arch. adm.*, t. II, 269.

— voy. Tassin.

— (Henricus). *Arch. adm.*, t. I, 765; t. II, 615.

— (Nicolas), échevin. *Arch. lég.*, ii⁰ part., *statuts*, ii⁰ vol., 404. — Discours dudit sur l'antiquité de l'échevinage de Reims, *statuts*, iii⁰ vol., 606.

Bergier (P....), connétable de Reims. *Arch. lég.*, ii⁰ part., *statuts*, i⁰ʳ vol., 882.

— (Quarrel de). *Arch. adm.*, t. II, 516.

— (J.) le lormier. *Arch. adm.*, t. II, 517.

— (Renerus), appariteur de l'archevêque. *Arch. adm.*, t. II, 651; *Arch. lég.*, i⁰ʳ part., 343.

— (Robin le). *Arch. lég.*, i⁰ʳ part., 493, 519, 589.

— auteur de la vie de saint Albert. *Arch. adm.*, t. I, 12, 82.

Bergière (Ysabel la). *Arch. adm.*, t. II, 779.

Bergineia (Gerardus de), prêtre. *Arch. lég.*, ii⁰ part., *statuts*, i⁰ʳ vol., 116.

Bergnicourt (curé de), voy. Roland (Nicole).

— (village de) *Arch. adm.*, t. I, 253, 275, 330; t. II, 1103. *Arch. lég.*, ii⁰ part., *statuts*, i⁰ʳ vol, 169.

Bergnicourt (paroisse de). *Arch. adm.*, t. II, 1104. *Arch. lég.*, i⁰ʳ part., 884.

Bergue (Terricus le), franc sergent du chapitre de Reims. *Arch. adm.*, t. II, 646.

Bergues (ville de). *Arch. adm.*, t. II, 32.

Berhaine, voy. Beine.

Beri (village de), voy. Berry.

Bericus, diacre. *Arch. adm.*, t. I, 720.

Bérieux (village de), voy. Berrieux.

Beritone (Herveus de), chanoine. *Arch. lég.*, ii⁰ part., *statuts*, i⁰ʳ vol., 119.

Beriucum, voy. Beru.

Berlaimont (ville de), *Arch. lég.*, i⁰ʳ part., 895.

— (seigneur de), voy. Mange (Jean de).

Berlaius, père de Rainaldus, archevêque de Reims. *Arch. lég.*, ii⁰ part., *statuts*, i⁰ʳ vol., 98.

Berlancourt, voy. Blerencourt.

Berlandus, médecin. *Arch. lég.*, iie part., *statuts*, i^{er} vol., 78.

Berlardus, voy. Berlaius.

Berlet (Ernoul), voy. Berlette.

Berlemont, voy. Berlaimont.

— (seigneur de), voy. Berlaimont.

Berlette (Ernoul de), chanoine et garde du scel de la baillie de Vermandois. *Arch. lég.*, iie part., *statuts*, i^{er} vol., 946, 527, 566, 571, 573, 578, 587.

Berlière (paroisse de), voy. Bellaria (parrochia de).

— (village de). *Arch. adm.*, t. II, 1090. *Arch. lég.*, i^{re} part., 892.

— (seigneur de), voy. Fontaine (Hubert de la).

— (patronage de), voy. Bellaria (patronagium de).

— (prêtre de), voy. Bellaria (presbyter de).

Berlise (village de). *Arch. adm.*, t. I, 262. *Arch. lég.*, i^{re} part., 900.

Bermericourt, *Arch. adm.*, t. I, 280, 1090; t. II, 1058. *Arch. lég.*, i^{re} part., 754, 904. voy. Bremericurtis.

Bermonde (M. de), seigneur de Bouzy. *Arch. adm.*, t. II, 1120.

Berna, clerc de Reims. *Arch. adm.*, t. I, 5.

Bernacrus, lévite et chanoine. *Arch. lég.*, iie part., *statuts*, i^{er} vol., 87.

Berna-Curtis, voy. Bernicourt.

Bernage (Radulfus). *Arch. adm.*, t. I, 519.

Bernard (connétablie de). *Arch. lég.*, iie part., *statuts*, iie vol., 1015.

— (Jehan), bourgeois de Reims. *Arch. lég.*, iie part., *statuts*, i^{er} vol., 788, 998 ?

— (G....), religieux de Saint-Remi. *Arch. lég.*, iie part., *statuts*, i^{er} vol., 865.

Bernardi (Johannes), chanoine de Sainte-

Nourrice de Reims. *Arch. adm.*, t. II, 1042.

Bernardi Terra. *Arch. lég.*, iie part., *statuts*, i^{er} vol., 167.

Bernardus, cardinal. *Arch. adm.*, t. I, 331.

— abbé de Clairvaux, voy. saint Bernard.

— clerc de Reims. *Arch. adm.*, t. I, 191, 292. *Arch. lég.*, iie part., *statuts*, i^{er} vol., 69 ? 87.

— archevêque de Paderborn. *Arch. adm.*, t. I, 325.

— abbas Majoris-Monasterii turonensis. *Arch. adm.*, t. I, 250. *Arch. lég.*, iie part., *statuts*, i^{er} vol., 75.

— chanoine. *Arch. lég.*, iie part., *statuts*, i^{er} vol., 65, 99 ?

— Lepreux. *Arch. adm.*, t. I, 372.

— religieux. *Arch. adm.*, t. I, 373.

— archevêque de Palerme. *Arch. adm.*, t. I, 495.

— sous-chantre. *Arch. adm.*, t. I, 596.

— de Sancto Lupo clericus Remensis, voy. Solio (Bernardus de).

— diacre. *Arch. lég.*, iie part., *statuts*, i^{er} vol., 114.

— (comes). *Arch. lég.*, iie part., *statuts*, i^{er} vol., 169.

Berna, voy. Berne.

Bernay (ville de). *Arch. lég.*, iie part., *statuts*, iie vol., 880, 886.

Berne (ville de). Saint Remi tire des habitants de ladite pour peupler deux villages de son diocèse. *Arch. adm.*, t. I, 5.

Bernequin (Nicole). *Arch. adm.*, t. III, 749.

Berneredus, abbé de Saint-Crépin de Soissons. *Arch. adm.*, t. I, 376.

Bernerus, chapelain. *Arch. adm.*, t. I, 367. *Arch. lég.*, iie part., *statuts*, i^{er} vol., 64.

Bernes (Françoise de), dame de Noirecourt. *Arch. lég.*, 1re part., 890.

Bernez (Jesson). *Arch. adm.*, t. II, 894.

Berniaca-Curtis, voy. Bergnicourt.

Bernico (presbyter de). *Arch. lég.*, 11e part., *statuts*, 1er vol., 82.

Bernicourt, voy. Bergnicourt (paroisse de).

Bernicurte (presbyter de). *Arch. adm.*, t. II, 1105.

— (parrochia de), voy. Bergnicourt (paroisse de).

Bernicurtis, voy, Bergnicourt.

Bernier (Abraham), tonnelier. *Arch. lég.*, 11e part., *statuts*, 11e vol., 336.

— (Christophe), avocat. *Arch. lég.*, 11e part., *statuts*, 11e vol., 712.

— (Charles), perruquier. *Arch. lég.*, 11e part., *statuts*, 111e vol., 191, 199.

— (Pierre), bourgeois de Reims. *Arch. lég.*, 11e part., *statuts*, 111e vol., 477.

— de Briaigne, pelletier, voy. Briaingne.

— (J.), cordonnier. *Arch. adm.*, t. II, 827 ; t. III, 836.

— (Jehan), garde de la prévôté de Paris. *Arch. adm.*, t. II, 955 ; t. III, 160, 836.

— (Guillaume), capitaine du château des Sept-Saulx. *Arch. adm.*, t. III, 758.

— (Jesson), voy. Bernier (Jean).

Bernis (altar de). *Arch. adm.*, t. I, 315.

Bernoldus, serf de l'église de Reims. *Arch. adm.*, t. I, 335.

Bero, laicus. *Arch. lég.*, 11e part., *statuts*, 1er vol., 72.

Beroche (Jehan), curé d'Ormes. *Arch. lég.*, 1re part., 885.

Beroldus, bienfaiteur de l'église de Reims. *Arch. lég.*, 11e part., *statuts*, 1er vol., 80.

Bérole, évêque de Soissons. *Arch. adm.*, t. I, 205.

Berolus, voy. Bero.

Beron (seigneurie de), voy. Bairon.

Beroniaco (decima de). *Arch. adm.*, t. I, 330, voy. Bairon (dîme de).

— (Guerinus de), valet du roi. *Arch. adm.*, t. II, 287.

Beronnet (Regnault de), chevalier. *Arch. adm.*, t. I, 921.

Berquère (Jehan de la). *Arch. lég.*, 1re part., 920.

Berquir (Guffridus). *Arch. lég.*, 11e part., *statuts*, 1er vol., 167.

Berrieux (M. de), seigneur d'Ogny et en partie de Tainquieux. *Arch. adm.*, t. II, 1055 ; 1061, 1062. *Arch. lég.*, 11e part., *statuts*, 111e vol., 392?

— (village de). *Arch. adm.*, t. II, 1061. *Arch. lég.*, 1re part., 890, 899.

Berruco (presbyter de). *Arch. adm.*, t. II, 1064. Voy. Beru.

— (parrochia de). *Arch. adm.*, t. II, 1064.

— (decima de). *Arch. lég.*, 11e part., *statuts*, 11e vol., 771.

Berrucum, voy. Beru.

Berruyer (Bertrand - Panfilet le). *Arch. adm.*, t. II, 1187.

Berry (village de). *Arch. adm.*, t. II, 487, 1081.

— héraut d'armes. *Arch. lég.*, 11e part., *statuts*, 1er vol., 790.

— (province de). *Arch. adm.*, t. I, 115. *Arch. lég.*, 11e part., *statuts*, 111e vol., 926.

— (coutume de). *Arch. lég.*, 11e part., *statuts*, 111e vol., 551.

— (duc de). *Arch. adm.*, t. II, 82 ; t. III, 783. *Arch. lég.*, 11e part., *statuts*, 1er vol., 407.

— au-Bac (village de). *Arch. adm.*, t. III, 833. *Arch. lég.*, 11e part., *statuts*, 1er vol., 788, 790, 847.

— (laine de). *Arch. lég.*, 11e part., 831, 841, 847.

Berry (de), élu de Reims. *Arch. lég.*, IIe part., *statuts*, Ier vol., 734.

Bers (Guill. de), canonicus Braquensis. *Arch. adm.*, t. II, 1044.

Bersela (villa), comprise dans la forêt royale de Waure. *Arch. adm.*, t. I, 29.

Berselain (Gilo), *Arch. adm.*, t. I, 491.

Berta, femme de corps de l'église de Reims. *Arch. adm.*, t. I, 35, 314.

Bertandus (Oliverius), prêtre. *Arch. lég.*, IIe part., *statuts*, Ier vol., 116.

Bertault (Françoise), cuisinière. *Arch. lég.*, IIe part., *statuts*, IIIe vol., 497.

Berteaucourt (village de). *Arch. adm.*, t. II, 1076, 1083. *Arch. lég.*, Ire part., 899.

— (abbesse de), voy. Bertholdicuria (abbatissa de).

Bertelet (Colin). *Arch. lég.*, Ire part., 528, 543, 581.

Bertelinet (Eudes). *Arch. adm.*, t. II, 808, 810.

Bertelot (Martinus), prêtre. *Arch. lég.*, IIe part., *statuts*, Ier vol., 116.

Bertha, religieuse du couvent d'Argentolles. *Arch. adm.*, t. I, 1001. *Arch. lég.*, IIe part., *statuts*, Ier vol., 66? 71?

— laica. *Arch. lég.*, IIe part., *statuts*, Ier vol., 75, 77, 79, 81, 160?

— (Rohardus de). *Arch. lég.*, IIe part., *statuts*, Ier vol., 117.

Berthaidis. *Arch. lég.*, IIe part., *statuts*, Ier vol., 76, 105.

Bertheidis, comtesse, voy. Berthaidis.

Berthe, femme de Watier-as-Maves, forgeron. *Arch. adm.*, t. II, 908.

Berthemet (Gille), élu de Reims. *Arch. lég.*, IIe part., *statuts*, Ier vol., 437.

Berthenay (village de), *Arch. lég.*, Ire part., 904, voy. Bre.

Berthenville (four de). *Arch. adm.*, t. III, 594.

Bertheuil (vicomte de), voy. Thony.

Berthineville (village de). *Arch. lég.*, Ire part., 903, 909, voy. Betheniville.

Berticourt (village de). *Arch. adm.*, t. I, 280; *Arch. lég.*, Ire part., 754, 893, 902.

Bertier, bailli de Vermandois. *Arch. adm.*, t. I, 895.

Bertierus, prêtre. *Arch. lég.*, IIe part., *statuts*, Ier vol., 97.

Bertin (Jean), vinaigrier. *Arch. adm.*, t. III, 437? *Arch. lég.*, IIe part., *statuts*, Ier vol., 773; *statuts*, IIe vol., 315.

— (Antoine). *Arch. lég.*, IIe part., *statuts*, IIe vol., 315.

— (S....), bourgeois de Reims. *Arch. lég.*, IIe part., *statuts*, Ier vol., 781.

— (rue de). *Arch. lég.*, IIe part., *statuts*, IIIe vol., 419.

Bertin, prêtre de Reims. *Arch. lég.*, IIe part., *statuts*, IIIe vol., 753.

Bertincort (decima de), voy. Bertincourt.

Bertincourt (dîme de). *Arch. lég.*, IIe part., *statuts*, Ier vol., 97.

Bertinne (Adam de). *Arch. adm.*, t. III, 889.

Bertinus (Johannes), voy. Bertin (Jean).

Berto inscrit sur l'obituaire de Reims. *Arch. lég.*, IIe part., *statuts*, Ier vol., 81.

Bertoinus, prêtre. *Arch. lég.*, IIe part., *statuts*, Ier vol., 69.

Bertoldicuria (abbatissa de). *Arch. adm.*, t. II, 637, voy. Berteaucourt.

Bertoncourt, voy. Berteaucourt.

Bertoul (Olivier), chanoine de Reims. *Arch. adm.*, t. II, 537.

— (François), tabellion royal. *Arch. lég.*, IIe part., *statuts*, IIIe vol., 253.

— voy. Jehan.

— de Soissons, architecte de la cathédrale de Reims, voy. Soissons (Bertr. de).

— le-Grand de Venisse. *Arch. adm.*, t. II, 269.

Bertoul-le-Jardinier. *Arch. adm.*, t. II, 347.

— (Claude-Joseph), doyen de Saint-Remi de Reims. *Arch. lég.*, IIe part., *statuts*, Ier vol., 235.

— l'estaminier. *Arch. adm.*, t. II, 522, 900.

— fils, voy., Richier-la-Vesve.

— Panfilet le Berruyer, voy. Berruyer.

— (Jehan), garde des sceaux de France. *Arch. lég.*, Ire part., 919.

— (Johannes), sous-diacre au séminaire de Reims. *Arch. lég.*, IIe part., *statuts*, IIe vol., 772.

Bertrandus, chanoine d'Avenay. *Arch. adm.*, t. II, 1045. *Arch. lég.*, Ire part., 43.

Bertrannus, chancelier de la cour de Reims. *Arch. adm.*, t. I, 793, 794.

— miles. *Arch. adm.*, t. I, 305, 318? *Arch. lég.*, IIe part., *statuts*, Ier vol., 77? 170?

Bertremés (Eudes), voy. Bertremet (Wède).

Bertremet (Wède), receveur des tailles à Reims. *Arch. adm.*, t. II, 486? 571.

— (Odo). *Arch. adm.*, t. II, 663.

Bertremieu, vergeur de vins. *Arch. lég.*, Ire part., 528.

Bertremot, sellier. *Arch. adm.*, t. I, 1094.

Bertricus, frère d'Hincmar, évêque de Laon. *Arch. adm.*, t. I, 53.

Berturicurtis, voy. Berticourt.

Beru (curés de), voy. Tripache (Jean), Galoteau (Martin).

— (dîme de), voy. Berruco (decima de).

— (mont de). *Arch. adm.*, t. II, 319; t. III, 629.

— (paroisse de), voy. Berruco (parrochia de).

— (village de), voy. Berrucum. *Arch. adm.*, t. I, 270, 545, 852, 890, 1090; t. II, 1062, 1101; t. III, 72, 108, 383, 583, 649. *Arch. lég.*, Ire part., 876, 902, 904; IIe part., *statuts*, Ier vol., 72, 74, 100, 346, 745, 775, 922; *statuts*, IIe vol., 860; *statuts*, IIIe vol., 30.

Beru (dîme de), voy. Berruco (decima de),

— (paroisse de), voy. Berruco parochia.

— (Jehan-Mériot de), clerc de Reims. *Arch. adm.*, t. III, 383.

— (Pierre de). *Arch. adm.*, t. II, 92.

— (N....), maître sergier. *Arch. lég.*, IIe part., *statuts*, IIe vol., 812.

— (Th. de), échevin de Reims. *Arch. adm.*, t. III, 51. *Arch. lég.*, IIe part., *statuts*, Ier vol., 580, 619, 622, 625, 626? 631, 636, 637, 641, 647, 648, 655, 658, 672, 681, 689, 695, 697, 724.

— (G.... de), échevin. *Arch. lég.*, IIe part., *statuts*, Ier vol., 610?

— (Jehan- de), boucher. *Arch. lég.*, IIe part., *statuts*, Ier vol., 998.

Berulfus, signataire d'un acte d'oblation fait à l'église de Reims. *Arch. adm.*, t. I, 69.

Berzieux (village de). *Arch. adm.*, t. II, 1101.

— (Thiébaut de). *Arch. adm.*, t. III, 744, 745, 761, 766.

Besace (Ponsart de la), clerc. *Arch. adm.*, t. II, 516.

— (four de la). *Arch. adm.*, t. III, 409.

— (Jenson de la), boulanger. *Arch. adm.*, t. III, 793.

Besançon (Perrenin de). *Arch. lég.*, IIe part., *statuts*, Ier vol., 613.

— (Richard de), voy. Pique Richard, archevêque de Reims.

— (Guy de), official de Tournay. *Arch. adm.*, t. III, 756, 767, 771.

— (Pierre), chanoine de Laon. *Arch. adm.*, t. III, 768.

— (sieur de). *Arch. lég.*, IIe part., *statuts*, Ier vol., 485, *statuts*, IIe vol., 126.

Besançon (université de). *Arch. lég.*, iie part., *statuts*, iie vol., 677.

— (ville de). *Arch. adm.*, t. II, 1058; t. III, 751, 762. *Arch. lég.*, iie part., *statuts*, i^er vol., 613.

Besancourt (ville de), voy. Bazancourt.

Besansonno (Richardus de), voy. Picque (Richard), archevêque de Reims.

Besche-Clau (Jehan de), charlier. *Arch. adm.*, t. II, 1189.

— (Jesson). *Arch. adm.*, t. II, 1196, 1198.

Bescheur (Jesson le). *Arch. adm.*, t. III, 37.

Beschos (Hernaut li). *Arch. adm.*, t. II, 810, 811.

Bescot (Guillaume le). *Arch. adm.*, t. II, 82, 1244.

Bescut (Adans li). *Arch. adm.*, t. II, 674, 1220.

Besannis (parrochia de). *Arch. adm.*, t. II, 1053, voy. Bezannes (paroisse de).

— (presbyter de). *Arch. adm.*, t. II, 1054.

Bescignes, voy. Bezannes.

Besennes, voy. Bezannes.

— (li), valet de Herbert-le-Poulier. *Arch. adm.*, t. II, 904, 911.

— (le), tailleur d'habits. *Arch. lég.*, iie part., *statuts*, iie vol., 531.

— (Alardin le). *Arch. adm.*, t. II, 906.

— (Colart le), notaire à Reims. *Arch. adm.*, t. III, 836.

— (Jean le), chancelier de l'université de Reims. *Arch. lég.*, iie part., *stat.*, iie vol., 700, 706, 712.

— (D....), guetteur de nuit. *Arch. lég.*, iie part., *statuts*, i^er vol., 654.

Besnard-Duval, avocat à Reims. *Arch. lég.*, i^re part., 1015.

Beste (la). *Arch. adm.*, t. II, 538.

— (Oudinet la). *Arch. lég.*, i^re part., 535, 549.

Bestelette (Jehan), écuyer. *Arch. adm.*, t. III, 662.

Bestisiaco (Guido de), bailli royal. *Arch. adm.*, t. I, 476.

— (prepositus de). *Arch. adm.*, t. I, 935.

— S.-Quintini-Belvacensis (prior de). *Arch. adm.*, t. II, 634.

Besuncio (Guido de), voy. Besançon (Guy de).

Besuntio (Richardus), voy. Pique (Richard), archevêque.

Betenacurte (decima de), voy. Béthencourt (dîme de).

— (ecclesia de), voy. Béthencourt (église de).

Betenacurtis, voy. Béthencourt.

Berterni, voy. Bétheny.

Beterni (Blanchart de). *Arch. adm.*, t. II, 558.

Betezi (Guiotus de). *Arch. adm.*, t. I, 828.

Béthencourt (moulin de). *Arch. adm.*, t. I, 355, 669. *Arch. lég.*, iie part., *statuts*, i^er vol., 100.

— (village de). *Arch. adm.*, t. I, 65; t. II, 1067. *Arch. lég.*, i^re part., 8, 909.

— (chapelain de). *Arch. adm.*, t. II, 1068.

— (église de). *Arch. adm.*, t. I, 262.

— (seigneurie de). *Arch. lég.*, i^re part., 889.

— (dîme de). *Arch. adm.*, t. I, 262. *Arch. lég.*, iie part., *statuts*, i^er vol., 243.

Bethenacurte (molendinum de), voy. Béthencourt (moulin de).

Bethenacurtis, voy. Béthencourt.

Betheneium, voy. Bétheny.

Béthéniville (château de). *Arch. adm.*, t. II, 352, 883; t. III, 413, 417, 659, 745, 748, 758. *Arch. lég.*, iie part., *statuts*, i^er vol., 626.

— (moulins de). *Arch. adm.*, t. III, 412. *Arch. lég.*, iie part., *statuts*, i^er vol., 93.

— (baron de). *Arch. lég.*, iie part., *statuts*, i^er vol., 75.

Bétheniville (curé de), voy. Clocquet (Nicole).

— (forteresse de), voy. Bétheniville (château de).

— (doyenné de). *Arch. adm.*, t. II, 1113, 1116; t. III, 279. *Arch. lég.*, II° part., *statuts*, I°r vol., 715; *statuts*, III° vol., 690.

— (prêtre de), voy. Betignivilla (presbyter de).

— (prévôté de). *Arch. adm.*, t. III, 409, 416.

— (église de). *Arch. lég.*, II° part., *statuts*, I°r vol., 80, voy. Betegnivilla (ecclesia de).

— (paroisse de). *Arch. adm.*, t. II, 1114, 1116.

— (village de), voy. Betignivilla. *Arch. adm.*, t. I, 383, 850, 907, 1030, 1062, 1070; t. II, 225, 293, 326, 359, 484, 574, 853; t. III, 410, 412, 652, 659, 760, 768. *Arch. lég.*, I°re part., 607, 875, 885, 904; II° part., *statuts*, II° vol., 160; *statuts*, III° vol., 43, 152.

Bétheny (village de). *Arch. adm.*, t. I, 421, 1090; t. II, 40, 349, 380, 553, 567, 998, 1062, 1063; t. III, 156, 649, 832. *Arch. lég.*, I°re part., 754, 904, 909, 910; II° part., *statuts*, I°r vol., 769, 806; *statuts*, III° vol., 745.

— (chemin de). *Arch. adm.*, t. II, 577.

— (terre de). *Arch. adm.*, t. II, 931.

— (porte de). *Arch. adm.*, t. I, 1119; t. II, 522.

— (église de). *Arch. lég.*, II° part., *statuts*, III° vol., 682, 713, 714.

— (curé de). *Arch. lég.*, II° part., *statuts*, III° vol., 683, 689, 695, 697, 703, 736, voy. Poignart (Pierre).

Béthigny (village de), voy. Bétheny.

— (porte de), voy. Bétheny.

Béthisy (M. de), seigneur de Vonc. *Arch. adm.*, t. II, 1112.

Bethléem (évêque de). *Arch. lég.*, II° part., *statuts*, I°r vol., 614, 619.

— (ville de). *Arch. lég.*, I°re part., 130, 379.

Betho, voy. Betto.

Bethuna, voy. Béthune.

— Clugniacensis (prior de). *Arch. adm.*, t. II, 638.

Béthune (comtesse de). *Arch. adm.*, t. I, 724; t. II, 1065. — Dame de Seuil, 1104, 1108.

— (marquis de), seigneur de Lonny. *Arch. adm.*, t. II, 1068, 1069, 1072, 1075, 1105.

— (Georges de), capitaine de Laon. *Arch. lég.*, I°re part., 889.

— (ville de). *Arch. adm.*, t. II, 29. *Arch. lég.*, II° part., I°r vol., 819, 835.

— (Robert de), seigneur de Mareuil. *Arch. lég.*, II° part., *statuts*, I°r vol., 606.

— (chapitre de). *Arch. adm.*, t. II, 638.

Bethunense Capitulum, voy. Béthune (chapitre de).

Betier (Thibaut) de Mailly. *Arch. adm.*, t. III, 129.

— (Perrart) de Mailly. *Arch. adm.*, t. III, 129.

Betigni (terra de), voy. Bétheny (terre de).

Betignivilla (presbyter de). *Arch. adm.*, t. II, 1116.

— (Reinaldus de). *Arch. adm.*, t. I, 367.

— (Johannes de), sergent du bailli de Reims. *Arch. adm.*, t. II, 335.

— (ecclesia de), voy. Bétheniville (église de).

— voy. Bétheniville.

— voy. Bétigniville.

— (Drouardus de), écolier à Reims. *Arch. adm.*, t. II, 735.

— (decanatus de), voy. Bétheniville (doyenné de).

Bétigniville (Wède de). *Arch. adm.*, t. I, 819.

— (Henricus de), moine de Saint-Remi de Reims. *Arch. adm.*, t. I, 844, 860.

— (Estevenes de). *Arch. adm.*, t. I, 990.

— (village de), voy. Bétheniville.

Betiniacivilla, voy. Bétheniville.

— (Fulchrus de), lègue ainsi que sa femme tous ses biens à Saint-Remi de Reims. *Arch. adm.*, t. I, 275.

Bétoye (J.), de Saint-Martin-le-Heureux. *Arch. adm.*, t. II, 481.

Bettancourt, voy. Béthencourt.

Betteny (village de), voy. Bétheny.

— (Jacquet de), charpentier. *Arch. adm.*, t. II, 1184.

— (J....), courtier. *Arch. adm.*, t. II, 823.

— (Thierry). *Arch. adm.*, t. II, 1141; t. III, 72.

Betto, vassal de l'église de Reims. *Arch. adm.*, t. I, 36. *Arch. lég.*, IIe part., *statuts*, Ier vol., 72?

Beucellus. *Arch. adm.*, t. II, 956.

Beufroy (N.... de), maître sergier. *Arch. lég.*, IIe part., *statuts*, IIe vol., 859.

Beures (Henry de), chevalier. *Arch. adm.*, t. III, 660.

Beuvacier (G. le), bourgeois de Reims. *Arch. adm.*, t. III, 17.

Beutier (Guillaume), sergent royal à Reims. *Arch. lég.*, Ire part., 898.

Beuy (G.), maître sergier. *Arch. lég.*, IIe part., *statuts*, IIe vol., 860.

Bevo, prêtre et chantre. *Arch. lég.*, IIe part., *statuts*, Ier vol., 83.

Beyne, voy. Beine.

— (seigneur de), voy. Chinoir (J.).

Bezace (église de la), voy. Labesse (ecclesia de).

— (village de). *Arch. adm.*, t. II, 1090. *Arch. lég.*, Ire part., 904.

Bezançon (Nicolas), teinturier. *Arch. lég.*, IIe part., *statuts*, IIe vol., 291.

Bezannes (dîme de). *Arch. lég.*, IIe part., *statuts*, Ier vol., 85, 236.

— (B.... de), échevin de Reims. *Arch. adm.*, t. III, 34.

— (Hue de). *Arch. adm.*, 729, 1117; t. II, 269, 555.

— (Liger de). *Arch. adm.*, t. II, 148.

— (Huet de), voy. Bezannes (Hue de).

— (Guillaume de), seigneur de Taissy. *Arch. lég.*, Ire part., 891; IIe part., *statuts*, IIe vol., 35.

— (Nicolas de), lieutenant du bailli de Vermandois, seigneur de Prounais. *Arch. lég.*, Ire part., 891. — De Condé, IIe part., *statuts*, Ier vol., 862, 931; *statuts*, IIe vol., 11; *statuts*, IIIe vol., 37, 614.

— (Aubry Trenel de). *Arch. adm.*, t. II, 700.

— (Hilot de), fripier. *Arch. adm.*, t. II, 824, 1008.

— (Th.... de), échevin. *Arch. lég.*, IIe part., *statuts*, Ier vol., 849, 850.

— (Philippe de), lieutenant du bailli de Vermandois. *Arch. lég.*, II^{re} part., *statuts*, IIIe vol., 35, 36, 64, 78, 614.

— (Philippot de). *Arch. adm.*, t. II, 758; t. III, 282, 357.

— (Pierre de), échevin. *Arch. adm.*, t. I, 1087; t. II, 261, 461, 492, 604, 756, 759, 800, 810, 984, 1008, 1137, 1138, 1139, 1176, 1191, 1195, 1207, 1211; t. III, 19, 35, 40, 50, 67, 84, 95, 105, 106, 174, 188, 240, 248, 284, 303, 459, 686. *Arch. lég.*, IIe part., *statuts*, Ier vol., 397, 622, 633, 638, 730, 740, 751, 762, 771, 803, 823, 824, 828, 832, 836, 839, 841, 855, 859, 899, 930, 934, 940; *statuts*, IIe vol., 455.

Bezannes (Pérarde de). *Arch. lég.*, IIe part.,
statuts, Ier vol., 705.

— (Jehan de). *Arch. adm.*, t. II, 756,
810, 1008; t. III, 105, 692. *Arch. lég.*,
Ire part., 686, 694

— (paroisse de), voy. Besannis (parrochia
de).

— (M. de), seigneur de Vaux en Champagne. *Arch. adm.*, t. II, 1110.

— (curé de), voy. Tacheron (André).

— (Regnault de), seigneur de Mainieux.
Arch. lég., Ire part., 893.

— (ville de). *Arch. adm.*, t. I, 406, 1089,
1090; t. II, 698, 775, 834, 1182; t. III,
50, 100, 109, 624, 654. *Arch. lég.*,
Ire part., 754, 881, 902, 904; IIe part.,
statuts, IIe vol., 963, 968; *statuts*,
IIIe vol., 268.

— (Philippe de), clerc. *Arch. adm.*, t. III,
249, 867? *Arch. lég.*, IIe part.; *statuts*,
Ier vol., 370, 374, 377, 378, 656,
658, 661, 666, 668, 677, 679, 683,
825, 827, 848, 853; *statuts*, IIe vol.,
6, 11.

— J. (Quarrel de). *Arch. adm.*, t. II, 543.

— (chemin de). *Arch. adm.*, t. II, 554.

— (Petrus de), voy. Bezannes (Pierre de).

Bezannis (Julionnus dictus de). *Arch. adm.*,
t. II, 663.

Bezelle (M.). *Arch. lég.*, IIe part.; *statuts*,
Ier vol., 212.

Bezerne (Hués de), cureur. *Arch. adm.*,
t. II, 895.

— voy. Lorraine.

Bezu (Ernoulet de). *Arch. adm.*, t. III,
492.

Biarnois (M. de), seigneur de La Lobbe.
Arch. adm., t. II, 1082.

Biars (bois de). *Arch. adm.*, t. III, 608.

Biau-Bouchier, boucher à Reims. *Arch.
adm.*, t. II, 115.

Biau-Leu, voy. Saint-Bertrimieu.

Biaumont (P. de), tailleur de draps. *Arch.
adm.*, t. II, 673.

Biaumont (Robinet de), voy. Beaumont.

Biaune (Odardus de). *Arch. adm.*, t. I, 519.

— (Wauthier de), échevin de Laon. *Arch.
adm.*, t. II, 168.

Biaurepair, voy. Beaurepaire.

Biauru. *Arch. adm.*, t. II, 16, voy. Beaurieux.

Biaussart. *Arch. adm.*, t. III, 472.

Biautrix, mère de Raoulés-Ingrans. *Arch.
adm.*, t. I, 963.

— mère de Jesson-li-Petiz. *Arch. adm.*,
t. I, 1119.

Bibliophiles, voy. Reims (société des bibliophiles de).

Bibliotheca, voy. Ottobonis cardinalis bibl.

Bibliothecarius, voy. Johannes.

Bibliothèque, voy. Chapitre de Reims
(bibliothèque de), Reims, Saint-Remi de
Reims (bibl. de).

Biche (M. de la), seigneur de Sugny. *Arch.
adm.*, t. II, 1039, 1078.

— (Jehan la), receveur à Reims. *Arch.
adm.*, t. I, 1085, 1891. *Arch. lég.*,
Ire part., 898?

Bicoigne (Guillaume de), écuyer. *Arch.
adm.*, t. III, 608.

Bida (Louis-Barthélemy), trésorier de l'é-
glise de Reims. *Arch. lég.*, IIe part.,
statuts, IIIe vol., 679, 681, 684, 688,
689, 694, 696, 721, 733, 784.

Bidault (Allard), juge consul. *Arch. lég.*,
IIe part., *statuts*, Ier vol., 979; *statuts*,
IIIe vol., 155.

— (Jacques), greffier. *Arch. lég.*, IIe part.,
statuts, IIe vol., 1025.

Bidaut, voy. Cheffaut (Jehan, dit).

— (Pierre). *Arch. adm.*, t. III, 485, 487.

— (J.... le), de Reims. *Arch. adm.*, t. III,
833.

— (Aubry le). *Arch. adm.*, t. III, 833.

Bidaut (Vallerian), ouvrier en soie. *Arch. lég.*, iie part., *statuts*, iie vol., 375.

Bidet, historien de Reims. *Arch. adm.*, t. I, 12, 204. — Opinion dudit alléguée au sujet de la prévôté de Saint-Pierre-aux-Dames, 205, 488; t. II, 241, 370. *Arch. lég.*, i^{re} part., 3, 605; iie part., *statuts*, i^{er} vol., 131, 431, 608; *statuts*, iie vol., 320, 554, 1025.—Observations dudit au sujet de la police de Reims, *statuts*, iiie vol., 10.—Citations de l'histoire de l'échevinage du même au sujet du droit de stellage, 343, 398, 400, 404.

— avocat. *Arch. lég.*, iie part., *statuts*, iiie vol., 154, 155.

— (Louis), lieutenant des eaux et forêts. *Arch. lég.*, iie part., *statuts*, iie vol., 882.

Biéclaine (Robert de). *Arch. lég.*, i^{re} part., 913.

Biencourt (village de). *Arch. adm.*, t. II, 638. Voy. Biencuria.

Biencuria Majoris-Monasterii (prior de). *Arch. adm.*, t. II, 638.

— voy. Biencourt.

Bienfaisant (Guillaume). *Arch. adm.*, t. II, 604.

— (Thomas). *Arch. adm.*, t. III, 97.

Biens, voy. Clergé (biens du).

— vacants. *Arch. lég.*, i^{re} part., 621, 717.

— (communauté de). *Arch. lég.*, i^{re} part., 630, 704.

— (criée des). *Arch. lég.*, i^{re} part., 784.

Bières (Ponsars de). *Arch. adm.*, t. II, 897.

Bierma (parrochia de), voy. Biermes (paroisse de).

— (presbyter de). *Arch. adm.*, t. II, 1106.

— (villa de), voy. Biermes de lez-Rethel (village de).

Biermes (paroisse de). *Arch. adm.*, t. II, 1104.

— de lez-Rethel *Arch. adm.*, t. II, 1103; t. III, 620. *Arch. lég.*, i^{re} part., 904, 910; iie part., *statuts*, iiie vol., 30.

— (Pierre de). *Arch. lég.*, i^{re} part., 505.

Bierretus (aumusse?). *Arch. lég.*, iie part., *statuts*, i^{er} vol., 51.

Biesmes, voy. Biermes.

Bieuvre, voy. Bièvre.

Bièvre (communitas de). *Arch. adm.*, t. II, 1166.

— (curé de), voy. Boutray (Robert).

— (village de). *Arch. lég.*, i^{re} part., 899.

Bigardis (priorissa de). *Arch. adm.*, t. II, 641.

Bigehen (lieu de). *Arch. adm.*, t. I, 330.

Bignecourt (village de), voy. Bignicourt.

Bignicourt (village de). *Arch. adm.*, t. II, 767, 1105, 1116.

— en-Champagne. *Arch. lég.*, i^{re} part., 879.

— (Gilles), député des États de Reims. *Arch. lég.*, i^{re} part., 897; iie part., *statuts*, i^{er} vol., 323, 699? *statuts*, iiie vol., 393?

— (Jacques), chantre et Quart prieur de Saint - Remi de Reims. *Arch. lég.*, iie part., *statuts*, i^{er} vol., 203, 216, 217, 219, 221, 230, 262.

— (dîme de). *Arch. lég.*, iie part., *statuts*, i^{er} vol., 243.

— (Nicolas), boucher de Reims. *Arch. lég.*, iie part., *statuts*, i^{er} vol., 322.

— (Simon de). *Arch. lég.*, iie part., *statuts*, i^{er} vol., 32, 862; *statuts*, iie vol., 508; *statuts*, iiie vol., 57.

— (Jean), receveur des décimes. *Arch. lég.*, iie part., *statuts*, iiie vol., 57, 516.

— (Gérard). *Arch. lég.*, iie part., *statuts*, iiie vol., 57.

Bignicourt (Nicolas), chaussetier. *Arch. lég.*, iie part., *statuts*, i^{er} vol., 323.

— (Thomas), marchand. *Arch. lég.*, iie part., *statuts*, i^{er} vol., 324.

— (Colesson), charlier. *Arch. lég.*, iie part., *statuts*, i^{er} vol., 822.

— sergent royal. *Arch. lég.*, iie part., *statuts*, i^{er} vol., 931.

Bignipont (village de). *Arch. adm.*, t. II, 1100.

— (Baugier de), seigneur de Fontaine-le-Grateuil. *Arch. adm.*, t. II, 1100.

Bignon, avocat général. *Arch. lég.*, iie part., *statuts*, iie vol., 499 ; *statuts*, iiie vol., 70.

— (abbé de). *Arch. lég.*, iie part., *statuts*, iie vol., 671.

— (Renatus), huissier. *Arch. lég.*, iie part., *statuts*, iie vol., 773.

Bigot (T….). *Arch. adm.*, t. I, 341.

— (Jean-Baptiste), procureur. *Arch. lég.*, iie part., *statuts*, iie vol., 528 ; *statuts*, iiie vol., 444, 466.

— (Guido). *Arch. lég.*, iie part., *statuts*, i^{er} vol., 171.

— aumônier de Saint-Remi de Reims. *Arch. lég.*, iie part., *statuts*, i^{er} vol., 180.

— (Jehan). *Arch. lég.*, iie part., *statuts*, i^{er} vol., 817.

Bigoz (Guido), voy. Bigot.

Bigre (J…. le), chanoine. *Arch. lég.*, iie part., *statuts*, i^{er} vol., 667, 819, 822.

Biguet (Jesson), guetteur de nuit. *Arch. lég.*, iie part., *statuts*, i^{er} vol., 652.

— (Jehan), barbier. *Arch. lég.*, iie part., *statuts*, i^{er} vol., 980.

Bigvifort (lieu de). *Arch. adm.*, t. I, 330.

Bihutier (Colin le), voy. Behucier (Colin le).

Bilhau (Ourietus de), écuyer. *Arch. adm.*, t. II, 153.

Billaudel (Jean), marchand quincaillier. *Arch. lég.*, iie part., *statuts*, iiie vol., 348

Bille (Poncelet la). *Arch. adm.*, t. III, 52, 54.

Billé (Colin). *Arch. adm.*, t. II, 985.

Billet (M.), seigneur de Maison. *Arch. adm.*, t. II, 1061.

— (Antoine). *Arch. lég.*, iie part., *statuts*, iiie vol., 41.

— voy. Grains (Billet des).

Billeti (Oudardus). *Arch. adm.*, t. II, 1041.

Billy (Gerardus le), échevin de Boul. *Arch. adm.*, t. II, 726, 878.

— (Mgr. de). *Arch. adm.*, t. II, 1005.

— (village de). *Arch. lég.*, i^{re} part., 878, 904, 916, 919.

— le Petit (village de). *Arch. adm.*, t. II, 1122. *Arch. lég.*, i^{re} part., 904.

— le Grand. *Arch. adm.*, t. II, 1122. *Arch. lég.*, i^{re} part., 904.

Bilon, femme de Wiart, sergent de Bétheville. *Arch. adm.*, t. II, 359.

Bilona, femme de Coquelet (Herbin). *Arch. adm.*, t. III, 393.

Binarville (village de). *Arch. adm.*, t. II, 1099, 1100.

Bines (Égidius), voy. Binet.

Binet-Guillaume (hôtel de). *Arch. adm.*, t. II, 1005.

— (Gaufridus). *Arch. adm.*, t. III, 85.

— (Briolle), vinaigrier. *Arch. lég.*, iie part., *statuts*, iie vol., 315.

— (Egidius), clerc. *Arch. adm.*, t. III, 86. *Arch. lég.*, i^{re} part., 129.

— (Honoratus), prêtre. *Arch. adm.*, t. III, 90.

— (Charles). *Arch. lég.*, iie part., *statuts*, iie vol., 239.

Binius, collection dudit alléguée à l'occasion d'un écrit de Gerbert. *Arch. adm.*, t. I, 100.

Birbec (ville de). *Arch. adm.*, t. I, 655.

Bischopfeschin (villa de). *Arch adm.*, t. I, 326, 330.

Biscofesheim, voy. Bischopfeschin.

Bisenna (lieu de). *Arch. lég.*, 11ᵉ part., *statuts*, 1ᵉʳ vol., 65, 66.

Bisolus (Adam). *Arch. adm.*, t. I, 328.

Bisseuil (village de). *Arch. adm.*, t. II, 1119, voy. Bussolium.

— (paroisse de). *Arch. adm.*, t. II, 1122.

Bisuntio (Richardus de), archevêque de Reims, voy. Picque (Richard).

Bithignica-Villa, voy. Bétheniville.

— (furnus de). *Arch. lég.*, 11ᵉ part., *statuts*, 1ᵉʳ vol., 69.

Bithinivilla (parrochia de), voy. Bétheniville, (paroisse de).

Bitinivilla, voy. Bétheniville.

Bituricense concilium *Arch. lég.*, 1ʳᵉ part., 158, voy. Bourges (concile de).

Bituricenses episcopi, voy Albricus, Aimarus, Wulfadus, Bourges (évêques de).

Bituricensium provincia, voy. Berry (province du).

Bivinus, diacre et chanoine. *Arch. lég.*, 11ᵉ part., *statuts*, 1ᵉʳ vol., 95.

Bizeau, conseiller à Reims. *Arch. adm.*, t. I, 530.

Bladi modius. *Arch. lég.*, 11ᵉ part., *statuts*, 1ᵉʳ vol , 95, 103 Voy Blé (boisseau de).

— sextarius. *Arch. lég.*, 11ᵉ part., *statuts*, 1ʳᵉ vol., 127, 192. Voy. Blé (setier de)

Bladorum decima. *Arch. lég.*, 11ᵉ part., *statuts*, 1ᵉʳ vol., 175.

Bladus. *Arch. adm.*, t. I, 517, 518, 538, 547, 688, 705, 710, 848, 853. Voy. Blé.

— cosialis. *Arch. adm.*, t. II, 710.

Blagny (paroisse de). *Arch. adm.*, t. II, 1052.

— (presbyter de). *Arch. adm.*, t. II, 1055.

Blagny (village de). *Arch. adm.*, t. II, 1056. *Arch. lég.*, 1ʳᵉ part., 754.

Blai, censitaire de l'église de Reims. *Arch. lég.*, 11ᵉ part., *statuts*, 1ᵉʳ vol., 168.

Blaicha (Jehan). *Arch. adm.*, t. II, 695.

Blaine, voy. Taiche.

Blaingny (presbyter de), voy. Blagny.

— (village de), voy. Blagny.

Blaise (dîme de). *Arch. adm.*, t. II, 743.

— (M.). *Arch. lég.*, 11ᵉ part., *statuts*, 1ᵉʳ vol, 828.

— (Moricet), boucher. *Arch. lég.*, 11ᵉ part., *statuts*, 1ᵉʳ vol., 998.

Blaivesson, bourgeois de Reims, voy. Tache.

Blambuisieux (village de). *Arch. lég.*, 1ʳᵉ part., 911.

Blamont (Thomas de), vidame de Reims et évêque de Verdun. *Arch. adm.*, t. I, 1028, 1076. *Arch. lég.*, 11ᵉ part., *statuts*, 1ᵉʳ vol., 79, 117.

— voy. Livre blanc, Bretagne (Blanc de), Lorraine (Blanc de). Petit Blanc.

— contrefait (espèce de monnaie). *Arch. adm.*, t. III, 736.

— Fossé, lieu des environs de Reims. *Arch. adm.*, t. II, 552. *Arch. lég.*, 11ᵉ part., *statuts*, 1ᵉʳ vol., 805.

— (Évrart le). *Arch. adm.*, t. I, 1109 ; t. II, 149.

— (Pierre). *Arch. adm.*, t. II, 524.

— (Jehan le), chanoine. *Arch. adm.*, t. II, 425, 493, 747. *Arch. lég.*, 11ᵉ part., *statuts*, 1ᵉʳ vol., 114, 578, 646, 725, 734.

— (Guillaume le), clerc de Reims. *Arch. lég.*, 11ᵉ part., *statuts*, 1ᵉʳ vol., 571.

— (Pierre le), monnayeur. *Arch. lég.*, 11ᵉ part., *statuts*, 111ᵉ vol., 51, 187.

Blanc (le), notable de Reims *Arch. lég.*, 11ᵉ part., *statuts*, 11ᵉ vol., 606.

Blanc (Mile le), échevin. *Arch. adm.*, t. II, 219, 286, 376, 681, 806, 1125.

— (Robin le). *Arch. adm.*, t. II, 603.

Blancha, comtesse de Champagne. *Arch. adm.*, t. I, 479, 494, 501, 505, 512, 541, 544. — Legs fait par ladite au chapitre de Reims pour son anniversaire. *Arch. lég.*, II⁰ part., *statuts*, 1ᵉʳ vol., 72, 115.

— uxor Johannis filii comitis Britanniæ. *Arch. adm.*, t. I, 579.

— regina, voy. Blanche, reine de France.

Blanchandin (Jehan), dit d'Attigny, appariteur. *Arch. adm.*, t. III, 842, 873.

Blanchard (Jean), trésorier de l'église de Reims. *Arch. adm.*, t. I, 499; t. III, 105, 748, 769. *Arch. lég.*, II⁰ part., *statuts*, 1ᵉʳ vol., 77? 90? 94? 119.

Blanchardi (Johannes), voy. Blanchard (Jean).

— (Drogo), diacre et chanoine. *Arch. lég.*, II⁰ part., *statuts*, 1ᵉʳ vol., 90, 97, 120.

— (Poncardus), chanoine et sous-chantre. *Arch. lég.*, II⁰ part., *statuts*, 1ᵉʳ vol., 95, 121.

Blanchars (Johannes), voy. Blanchard (Jean).

Blanchart, voy. Large (Hue le).

— (Jacques), avocat. *Arch. adm.*, t. III, 841.

— (Alart). *Arch. adm.*, t. II, 558.

— (Huet). *Arch. adm.*, t. II, 514, 759, 768, 770? 801, 808, 823, 825, 829, 841, 843, 983, 989, 990, 1000, 1001, 1002, 1004, 1006; t. III, 17, 20, 23, 26, 36.

— (C.) Tellier. *Arch. adm.*, t. II, 823.

— (R.) Tellier. *Arch. adm.*, t. II, 824.

Blanchaudun (Sancto-Amano-Lambertus de). *Arch. adm.*, t. III, 364.

Blanche (Pierre). *Arch. lég.*, II⁰ part., *statuts*, II⁰ vol., 239, 264.

Blanche (Claude). *Arch. lég.*, II⁰ part., *statuts*, II⁰ vol., 265.

— (abbé de la), seigneur d'Andevanne. *Arch. adm.*, t. II, 639? 1093.

— reine de France. *Arch. adm.*, t. I, 575, 727, 840, 870, 980, 1002, 1061; t. II, 45.

— (Mᵐᵉ de la). *Arch. adm.*, t. II, 1093.

— femme d'Eudes de Cruny. *Arch. adm.*, t. II, 1195.

Blanchebarbe, conseiller. *Arch. lég.*, II⁰ part., *statuts*, II⁰ vol., 589; *statuts*, III⁰ vol., 115.

Blanchegorge (Ysabel la). *Arch. adm.*, t. II, 688.

Blanchefosse (village de). *Arch. adm.*, t. II, 1072. *Arch. lég.*, Iʳᵉ part., 904.

Blanches-mains, voy. Guillaume (aux), archevêque de Reims.

Blanchet, sénéchal du chapitre de Reims. *Arch. lég.*, II⁰ part., *statuts*, II⁰ vol., 1010.

Blanchiacensis abbas, voy. Blanche (abbé de).

Blanchon (Henry), voy. Arsilliers.

Blanc-Lion (maison du). *Arch. adm.*, t. III, 20.

Blancs-Manteaux (religieux des). *Arch. lég.*, II⁰ part., *statuts*, 1ᵉʳ vol., 604, 745.

Blancoison (vigne de), donnée par Petrus Draco, chanoine de Reims, au chapitre. *Arch. lég.*, II⁰ part., *statuts*, 1ᵉʳ vol., 104.

Blanc-Parisis (monnaie). *Arch. adm.*, t. II, 911.

Blancpignon (P....), bourgeois de Reims. *Arch. lég.*, II⁰ part., *statuts*, 1ᵉʳ vol., 772, 775, 792, 832.

Blancus, vide Garinus.

Blandibaccius - Villa - in - Portensi, voy. Blombay.

Blandimont (village de). *Arch. lég.*, i^{re} part., 882.

Blangeium, voy. Blangy.

Blangy (ville de). *Arch. adm.*, 1089. *Arch. lég.*, iie part., *statuts*, i^{er} vol., 804.

— (château de). *Arch. lég.*, iie part., *statuts*, i^{er} vol., 806.

Blanpains (Guios). *Arch. adm.*, t. I, 117.

Blans (Droués li). *Arch. adm.*, t. I, 740.

— (Jehan li), terrier de Notre-Dame de Reims. *Arch. adm.*, t. I, 963, 1095.

Blanzac (comtesse de). *Arch. lég.*, iie part., *statuts*, iiie vol., 394.

Blanzeyo (Henricus de), voy. Blanzy (Henry de).

— (Johannes de), citoyen de Reims, voy. Blanzy (Jean de).

— (parrochia de). *Arch. adm.*, t. II, 1065. Voy. Blanzy (paroisse de).

— (Albricus de), voy. Blanzy (Aubry de).

— (Johellus de), citoyen de Reims. *Arch. adm.*, t. I, 1037.

— (présbyter de). *Arch. adm.*, t. II, 1068.

— (Gerardus de). *Arch. adm.*, t. I, 1115.

— (Robertus de), citoyen de Reims. *Arch. adm.*, t. I, 851.

— (Baudenetus de), citoyen de Reims. *Arch. adm.*, t. II, 105, 106.

Blanzeyum, voy. Blanzy.

Blanzy, tailleur d'habits. *Arch. lég.*, iie part., *statuts*, iie vol., 531.

— (village de), voy. Blanzeyum. *Arch. adm.*, t. II, 296. *Arch. lég.*, i^{re} part., 881, 904, 909, 911.

— (J.) voy. Blanzy (Jehan de).

— (Henry de), citoyen de Reims. *Arch. adm.*, t. I, 768, 850, t. II, 105.

— (M....), recteur de l'université de Reims. *Arch. lég.*, iie part., *statuts*, iie vol., 654.

Blanzy (Garnier de). *Arch. adm.*, t. I, 768, 1084; t. II, 11.

— (Quarré de). *Arch. adm.*, t. II, 603, 617.

— (paroisse de), voy. Blanzeyo (par. de).

— (patronagium de). *Arch. adm.*, t. II, 1067. *Arch. lég.*, i^{re} part., 224.

— (curé de). *Arch. lég.*, i^{re} part., 223; voy. Robille (Simon).

— (paroisse de), voy. Blanzeyo (parrochia de).

— (Jehan de), bailli du chapitre de Reims. *Arch. adm.*, t. I, 845, 849; t. II, 510, 604, 678? 894, 895, 1180; t. III, 306.

— (Thierry de), chapelain de Notre-Dame de Reims. *Arch. adm.*, t. II, 668, 1036.

— (Drouard de). *Arch. adm.*, t. II, 708, 762, 801, 829, 1000.

— (Aubri de). *Arch. adm.*, t. II, 105.

Blarica (villa de). *Arch. adm.*, t. I, 29.

Blasphème. *Arch. adm.*, t. II, 954; t. III, 637, voy. vierge Marie (blasphème contre la), Trinité (bl. c. la), Jésus-Christ (bl. c.), Croix (bl. c. la). *Arch. lég.*, iie part., *statuts*, i^{er} vol., 328; *statuts*, iie vol., 58, 61. —La connaissance dudit appartient exclusivement au bailli de l'archevêque de Reims, 63, 65, 253, 364; *statuts*, iiie vol., 3.

Blasphémateurs. *Arch. adm.*, t. II, 156.— Peines contre lesdits. *Arch. lég.*, *statuts*, iiie vol., 72, 73, 76.

Blasphemium, voy. Blasphème.

Blavic (seigneur de). *Arch. lég.*, iie part., *statuts*, i^{er} vol., 420.

Blavier (René-Louis), conseiller municipal. *Arch. lég.*, iie part., *statuts*, iiie vol., 660.

— (Jehan), chantre de l'église de Reims. *Arch. lég.*, i^{re} part., 880.

— (le jeune), avocat. *Arch. lég.*, iie part., *statuts*, i^{er} vol., 242; *statuts*, iie vol.,

158, 243, 852 ; *statuts*, iiie vol., 659, 660.

Blavier, recteur de l'université de Reims. *Arch. lég.*, iie part., *statuts*, iie vol., 689.

— bailli du chapitre de Reims. *Arch. lég.*, iie part., *statuts*, iie vol., 1047.

Blazeyo (curatus de), voy. Blanzy (curé de).

— (marché au), voy. Reims (marché au blé de).

Blé (setier de), voy. Bladi sextarius.

— (boisseau de), voy. Bladi modius.

— (Gerardus Remigius), bourgeois de Reims. *Arch. adm.*, t. III, 693.

— (Henry), bourgeois de Reims. *Arch. lég.*, iie part., *statuts*, iie vol., 978.

— (Claude), épicier. *Arch. lég.*, iie part., *statuts*, iiie vol., 93.

— (quartel au), mesure de stellage de Reims. *Arch. lég.*, iie part., *statuts*, iiie vol., 118.

— (dîme du), voy. Bladorum decima.

Bleandus, prêtre. *Arch. lég.*, iie part., *statuts*, ier vol., 114.

Blecherus (Thierricus), bourgeois de Reims. *Arch. adm.*, t. I, 797.

Blecourt (François de), seigneur de Neufville-Housset. *Arch. lég.*, ire part., 891, 893.

Blehardus, prévôt de Saint-Remi, vide Blihardus.

Bleherius (Perrotus). *Arch. adm.*, t. I, 709 ? 812 ?

Blerancourt (village de). *Arch. lég.*, ire part., 886, 900, 909.

— (curé de), voy. Jourde (Laurent).

— (seigneur de), voy. Lauvin (Geoffroy de).

Blerancourdel, voy. Blérancourdelle.

Blérancourdelle (village de). *Arch. lég.*, ire part., 909.

Blervache (Jean), marchand mercier. *Arch. lég.*, iie part., *statuts*, iie vol., 560.

— (Jean) le jeune, orfèvre. *Arch. lég.*, iie part., *statuts*, iiie vol., 80.

— (Cleiquot), procureur syndic de Reims. *Arch. lég.*, iie part., *statuts*, iiie vol., 558.

Blesensis (Michael), chanoine de Reims. *Arch. lég.*, iie part., *statuts*, ier vol., 107.

— canonicus, vide Arnaldus.

— comes, vide Theobaldus.

— comitatus. *Arch. adm.*, t. I, 326, 330.

— comitissa, voy. Adela.

Blesis (Johannes de), chanoine, prévôt de Saint-Omer. *Arch. adm.*, t. I, 628, 629, 711. *Arch. lég.*, iie part., *statuts*, ier vol., 76, 84, 116, 118 ?

Blesson (parrochia de), voy. Bulson (paroisse de).

— (village de), voy. Bulson.

— (presbyter de). *Arch. adm.*, t. II, 1086.

Blessono (Julianus de). *Arch. lég.*, iie part., *statuts*, ier vol., 118.

Bliardi Pastus. *Arch. adm.*, t. II, 384.

Bliardus chanoine. *Arch. lég.*, iie part., *statuts*, ier vol., 117.

— de Turro, voy. Turro.

— miles, voy. Turro.

Blihardus, canonicus. *Arch. lég.*, iie part., *statuts*, ier vol., 117.

— cantor. *Arch. adm.*, t. I, 278.

— de Ulmimonte, voy. Ulmimonte.

— prévôt de Reims. *Arch. adm.*, t I, 409, 424. *Arch. lég.*, iie part., ier vol, 65.

Bligny, voy. Blagny.

— (parrochia de), voy. Blagny.

— (seigneur de), voy. Bove (Ferry de la).

— (village de). *Arch. adm.*, t. II, 1056. *Arch. lég.*, ire part., 754.

Blismodus laicus. *Arch. lég.*, iie part., *statuts*, ier vol., 63.

Blithelmus, serf de l'église de Reims. *Arch. adm.*, t. I, 36.

Blocquel (T.). *Arch. lég.*, iie part., *statuts*, ier vol., 615.

Blocquel (Colart) *Arch. adm.*, t. III, 836. *Arch. lég.*, ire part., 527; iie part., *statuts*, ier vol., 413, 632, 659.

Bloquet (Simon), tondeur de drap. *Arch. lég.*, ie part., *statuts*, iie vol., 392.

Blois (comte de), voy. Blesensis comes.

— (comtesse de), voy. Blesensis comitissa.

— (états de). *Arch. lég.*, iie part., *statuts*, ier vol., 135, 570; *statuts*, iie vol., 311.

— (ville de). *Arch. lég.* iie part., *statuts*, ier vol., 910, 912; *statuts*, iie vol., 648; *statuts*, iiie vol., 529, 632.

— (Philippe de), procureur général du roi. *Arch. lég.*, iie part., *statuts*, ier vol., 380.

— (élection de). *Arch. lég.*, iie part., *statuts*, ier vol., 944, 946.

— (comté de), voy. Blesensis comitatus.

Blombay (paroisse de). *Arch. adm.*, t. II, 1072, 1073.

Blombel (curé de), voy. Blombuisieux.

Blombey, voy. Blombay.

Blombuisieux (curé de), voy. Quantin (Pierrot).

Blond (Hélie le), tourneur *Arch. lég.*, iie part., *statuts*, iie vol., 581.

— (Estienne le), tourneur. *Arch. lég.*, iie part., *statuts*, iie vol., 581.

— (Oudin le), bourgeois de Reims. *Arch. lég.*, iie part., ier vol., 776, 777, 781, 788, 823.

Blondel (André). *Arch. lég.*, iie part., *statuts*, iie vol., 490.

Blondel (Pierre). *Arch. lég.*, iie part., *statuts*, ier vol., 531 ; *statuts*, iiie vol., 497.

— (S....), collecteur des tailles. *Arch. lég.*, iie part., *statuts*, ier vol., 711.

— (R.), chanoine. *Arch. lég.*, iie part., *statuts*, ier vol., 835, 838, 839.

— (Guillaume), bailli de Vermandois. *Arch. lég.*, iie part., *statuts*, iiie vol., 31.

— (Jean), tambour de ville à Reims. *Arch. lég.*, iie part., *statuts*, iiie vol., 86.

— (Jehan), bailli de Vermandois. *Arch. adm.*, t. II, 584, 586, 599. *Arch. lég.*, iie part., *statuts*, iiie vol., 29, 63.

— (François), député des états de Reims. *Arch. lég.*, ire part., 897; iie part., *statuts*, ier vol., 884.

— (Nicolas). *Arch. lég.*, ire part., 910.

— (Antoine), menuisier. *Arch. lég.*, iie part., *statuts*, iie vol., 359.

— (Gérard), greffier. *Arch. lég.*, iie part., *statuts*, iie vol., 369, 577.

Blondelet, clerc. *Arch. adm.*, t. II, 898.

— (Gérard), épicier. *Arch. lég.*, iie part., *statuts*, iie vol., 978.

Blondet (Jehan), curé de Bourgongne. *Arch. lég.*, ire part., 884.

Blondus (Gerardus), voy. Blondel (Gérard).

Bloqueau, voy. Presbtre.

Bloyer (N.... de), messager de Reims. *Arch. lég.*, iie part., *statuts*, ier vol., 653.

Bloys (Nicolas de), sergent royal. *Arch. lég.*, ire part., 921.

— (Thomas de). *Arch. lég.*, ire part., 877.

— (Pierre de). *Arch. lég.*, ire part., 879, 896, 897.

— (Estienne de), sergent royal. *Arch. lég.*, ire part., 898.

— (Philippe de), sergent royal. *Arch. lég.*, ire part., 921.

— (Jacques de), sergent royal. *Arch. lég.*, ire part., 921.

Bobain, valet. *Arch. adm.*, t. II, 826.

Bobant (Jessonus), bourgeois de Reims. *Arch. adm.*, t. II, 443, 753.

— (Waldessonius), bourgeois de Reims. *Arch. adm.*, t. II, 446.

Bobelin (P.), bourgeois de Reims. *Arch. adm.*, t. II, 673.

— (Raoul), bourgeois de Reims. *Arch. adm.*, t. I, 1116.

— (Husson), bourgeois de Rossi. *Arch. adm.*, t. III, 891.

Boberie (G....), notable de Reims. *Arch. lég.*, iie part., *statuts*, i^{er} vol., 740.

Bobernière, voy. Amelline (la).

Bobille, voy. Ponceletus.

Boccaire (Allart), bonnetier. *Arch. lég.*, iie part., *statuts*, iie vol., 296.

Bocardus, clerc de Reims. *Arch. lég.*, i^{re} part., 163.

Boccart (Richard). *Arch. lég.*, iie part., *statuts*, iie vol., 278.

Boce (Rogerus), bourgeois de Reims. *Arch. adm.*, t. I, 829, 839.

Bocette (la), bourgeois de Reims. *Arch. adm.*, t. II, 53, 57.

Bochart (Élie), conseiller. *Arch. lég.*, iie part., *statuts*, iie vol., 531, 940.

— (Jean), conseiller. *Arch. lég.*, iie part., *statuts*, iie vol., 8? 975, 978; *statuts*, iiie vol., 97.

Boche (Radulphus), sergent du prévôt de Laon. *Arch. adm.*, t. I, 825.

— (Rogerus li), voy. Boce.

Bocher (Theobaldus), chanoine. *Arch. lég.*, iie part., *statuts*, i^{er} vol., 72.

Bocherel (Raoulin le), échevin de Betheniville. *Arch. adm.*, t. III, 745.

Bocherville, voy. Saint-George de Richerville (abbaye de).

Bochet (Baudesson). *Arch. adm.*, t. III, 108.

— (Garnier), appariteur. *Arch. adm.*, t. III, 842.

Bochet (Pierre de), curé de Courteçon. *Arch. lég.*, i^{re} part., 883.

— bourgeois de Reims. *Arch. lég.*, iie part., *statuts*, i^{er} vol., 772.

Bocio (Allar de). *Arch. adm.*, t. I, 274.

Boconville (parochia de), voy. Bouconville (paroisse de).

Bocquet (Pierre), mercier. *Arch. lég.*, iie part., *statuts*, iie vol., 560.

— (Pierre-Louis), perruquier. *Arch. lég.*, *statuts*, iiie vol., 191, 194.

Bodillo (molendina de). *Arch. lég.*, iie part., *statuts*, i^{er} vol., 83, 91, 94.

— (hospitalis de). *Arch. adm.*, t. I, 1001, 1021.

— (jardinus de). *Arch. lég.*, iie part., *statuts*, i^{er} vol., 75.

— vide (Theobaldus de), tavernier. *Arch. adm.*, t. II, p. 403.

— (presbyter de). *Arch. adm.*, t. II, 1072.

— (parrochia de). *Arch. adm.*, t. II, 1062.

— (furnus de). *Arch. lég.*, iie part., *statuts*, i^{er} vol., 68, 95, 102.

Bodillum. *Arch. adm.*, t. I, 886, 999. *Arch. lég.*, iie part., *statuts*, i^{er} vol., 64, 90, 96, 107, voy. Bouilly.

Boegniis (altar de). *Arch. lég.*, iie part., *statuts*, i^{er} vol., 93, voy. Bogny.

Bœhmer, auteur du corpus juris canonici. *Arch. adm.*, t. I, 670.

Boëtius, philosophe du ve siècle. *Arch. adm.*, t. III, 743. *Arch. lég.*, i^{re} part., 359.

Boëtte (le P.), jésuite, cité à l'occasion de l'établissement du collège de son ordre à Reims. *Arch. lég.*, iie part., *statuts*, iie vol., 695.

Boffuy (maison de). *Arch. adm.*, t. III, 50.

Bogny (village de), *Arch. adm.*, t. II, 1068, 1073. *Arch. lég.*, i^{re} part., 904.

— (autel de), voy. Boegniis (altar de).

— (paroisse de), voy. Bouignis (parrochia de).

Bograssa (sorte de pitance du couvent). *Arch. lég.*, IIe part., *statuts*, Ier vol., 184.

Bohain (ville de). *Arch. adm.*, t. II, 1075. *Arch. lég.*, Ire part., 921 ; IIe part., *statuts*, Ier vol., 794.

— (patronage de). *Arch. adm.*, t. II, 1079.

— (M. de), seigneur de Vandy. *Arch. adm.*, t. II, 1112.

— (châtellenie de). *Arch. lég.*, Ire part., 888.

— (Jehan de), seigneur d'Écordail, voy. Bohan.

— (paroisse de). *Arch. adm.*, t. II, 1078.

Bohan (Gobert de), capitaine de la ville de Reims. *Arch. lég.*, IIe part., *statuts*, Ier vol., 321, 804.

— (Jean de), seigneur de Damery. *Arch. lég.*, Ire part., 893 ; IIe part., *statuts*, Ier vol., 322.

— (Thomas de). *Arch. lég.*, Ire part., 892, 924.

— (ville de), voy. Bohain.

Bohic, voy. Boïce.

Bohory (abbé de). *Arch. lég.*, Ire part., 879.

Boïce, voy. Boëtius.

Boilaue (Jehan, dit Lamire). *Arch. adm.*, t. II, 134.

Boileau (Gilles), maître cordonnier à Reims. *Arch. lég.*, IIe part., *statuts*, IIe vol., 238, 264.

Boileaue (Jehan), lieutenant du receveur des aides. *Arch. lég.*, IIe part., *statuts*, Ier vol., 629, 645, 647, 648, 654, 665, 737, 741, 749, 753, 772, 776, 784 ; *statuts*, IIIe vol., 514, 515.

— (Adam). *Arch. lég.*, IIe part., *statuts*, Ier vol., 818.

— bourgeois de Reims. *Arch. adm.*, t. I, 1040. *Arch. lég.*, Ire part., 889, 892.

— (Jesson) de Villedomange. *Arch. adm.*, t. II, 680.

Boileaue (Biautrix la). *Arch. adm.*, t. III, 20, 35.

— (Remi), échevin de Reims. *Arch. adm.*, t. II, 376.

— (Jehan), boucher. *Arch. lég.*, IIe part., *statuts*, Ier vol., 998.

Boiliaue, voy. Boileau.

Boillum (Feudus de). *Arch. adm.*, t. I, 382.

Boinarville (Alexandre de), bourgeois de Reims. *Arch. adm.*, t. II, 550.

Boincourt (village de), voy. Boncourt.

Boine (Regnier), écuyer. *Arch. adm.*, t. III, 534.

Boint (P. de), mégissier. *Arch. adm.*, t. II, 825.

Bointeuse, voy. Havys La.

Boire (li), voy. Bazencurte (Galterus de).

Bois. Règlement relatif à la vente dudit sur le marché de Reims. *Arch. lég.*, IIe part., *statuts*, Ier vol., 440 ; *statuts*, IIe vol., 506.

— voy. Ayeux (bois d'), Biars, Bois-Labbé, Brémontel, Brésil, Campêche, Chapelle, Chapitre, Chaumisy, Faude, Fernambouc, Flète, Gislain, Gloriette, Hôtel-Dieu, Hubaut, Igny, Japon, Lorin, Marcelot, Meremont, Montagnes de Reims, Moyne, Pertes, Reims, Saint-Remi, Sainte-Marthe, Santal, Sulain, Taille-Gueule, Trembloys. Voy. Nemus, Sylva.

— (mesureurs de), voy. Bois (annelleurs de).

— Labbé (bois de). *Arch. adm.*, t. III, 620.

— du-Pré (maison du). *Arch. lég.*, IIe part., *statuts*, Ier vol., 806.

— sur-Aisne. *Arch. lég.*, IIe part., *statuts*, Ier vol., 945.

— le Vicomte (sieur de), voy. Feydeau (Antoine).

— Planté (le), lieu ressortissant du bail-

liage et prévôté foraine de Reims. *Arch. adm.*, t. I, 97. *Arch. lég.*, ı^{re} part., 904.

Bois (anneleurs de). Mesures de police à l'égard desdits. *Arch. adm.*, t. I, 97. *Arch. lég.*, ıı^e part., *statuts*, ııı^e vol., 96.

— (Guillaume du), bourgeois de Reims. *Arch. adm.*, t. III, 249.

— (Nicolas du), greffier de l'échevinage de Reims. *Arch. lég.*, ıı^e part., *statuts*, ıı^e vol., 172, 182, 185.

— (Poncelet du), cordonnier. *Arch. lég.*, ıı^e part., *statuts*, ıı^e vol., 238.

Boisellus, miles. *Arch. adm.*, t. I, 354.

Boison (H.), maçon. *Arch. adm.* t. II, 541.

Boisseau, voy. Modius, beucellus (blé boiss. de).

Boisserel, procureur. *Arch. lég.*, ı^{re} part., 903.

Boisset (J....), bourgeois de Reims. *Arch. lég.*, ıı^e part., *statuts*, ı^{er} vol., 918, 920, 921, 922, 930.

Boisseux (Nicolas le). *Arch. lég.*, ıı^e part., *statuts*, ıı^e vol., 239.

— (Gérard le). *Arch. lég.*, ıı^e part., *statuts*, ıı^e vol., 239, 260.

Boissieux (M. de). Le bureau pour le fait des guerres établi à Reims assigne audit une somme pour la levée d'une compagnie de chevau – légers. *Arch. lég.*, ıı^e part., *statuts*, ı^{er} vol., 920.

Boissonnet (Raoul), homme de loi. *Arch. lég.*, ı^{re} part., 880.

Boissy (village de). *Arch. lég.*, ı^{re} part., 877.

Boisyeu (M. de), voy. Boissieux.

Boiteux (Henri le). *Arch. adm.*, t. II, 547.

— (Bertrand le) de Venise. *Arch. adm.*, t. II, 675.

— (Robin li). *Arch. adm.*, t. II, 686.

— (Jehan le) de Boul, *Arch. adm.*, t. III, 378.

Boiteux (Noël le). *Arch. lég.*, ıı^e part., 238, *statuts*, ıı^e vol., 238.

Boivin, voy. Balduinus boulengarius.

— le Drapier. *Arch. adm.* t. II, 535.

— le Quocrenier. *Arch. adm.*, t. II, 539.

Boizot-Poncin (Jean-Baptiste), menuisier. *Arch. lég.*, ıı^e part., *statuts*, ıı^e vol., 359.

— (Mathieu), menuisier. *Arch. lég.*, ıı^e part., *statuts*, ıı^e vol., 359.

— (Sulpice), menuisier. *Arch. lég.*, ıı^e part., *statuts*, ıı^e vol., 359.

— (Godart), menuisier. *Arch. lég.*, ıı^e part., *statuts*, ıı^e vol., 359.

— tailleur d'habits. *Arch. lég.*, ıı^e part., *statuts*, ıı^e vol., 531.

Bolbec (ville de). *Arch. lég.*, ıı^e part., *statuts*, ıı^e vol., 880, 886.

Bolencino (Altar de). *Arch. adm.*, t. I, 254.

Bolengarius, voy. Boulanger.

Bolesme (Guillaume), marchand. *Arch. lég.*, ıı^e part., *statuts*, ı^{er} vol., 946.

Bolio (Jacobus de), official de Reims. *Arch. lég.*, ı^{re} part., 248, 260.

Bollandistes (les), cités à l'occasion d'un vidimus de la charte communale de Beauvais. *Arch. adm.*, t. I, 560.

Bolmont (hameau de). *Arch. adm.*, t. II, 1069.

Bolonia, voy. Boulogne.

— (Jacobus de), évêque de Thérouenne. *Arch. lég.*, ıı^e part., *statuts*, ı^{er} vol., 92, 119.

— (Guido de), cardinal et archidiacre de Reims. *Arch. adm.*, t. III, 354, 743. *Arch. lég.*, ıı^e part., *statuts*, ı^{er} vol., 101, 121.

Bolonezium. *Arch. adm.*, t. II, 639, voy. Boulonais.

Bomant (J....), officier du prévôt forain de Laon. *Arch. lég.*, ıı^e part., *statuts*, ı^{er} vol., 388.

Bomart (Jacques), vicomte de Reims. *Arch. adm.*, t. III, 767.

Bomont (curé de). *Arch. lég.*, 1re part., 887, voy. Beaumont.

— (Ferry de), seigneur de Neuville-sur-Margival. *Arch. lég.*, 1re part., 890.

— (village de). *Arch. lég*, 1re part., 900)

Bon (Robert de), dit Penboir, le preux de Reims. Démêlés au sujet dudit entre l'abbé de Saint-Nicaise et l'échevinage. *Arch. adm.*, t. II, 889.

— (Johannes le), fosserius. *Arch. adm.*, t. III, 901.

Bona (connétablie de). *Arch. lég.*, IIe part., *statuts*, IIe vol., 1015.

— voy. Mobilia, ecclesiatica.

Bonacord, marchand. *Arch. lég.*, IIe part., *statuts*, IIe vol., 852.

Bonadomus, lieu des environs de Reims. *Arch. adm.*, t. III, 418.

Bonardus (presbyter de). *Arch. lég.*, IIe part., *statuts*, 1er vol., 115, 168?

Bona-Septimana, voy. Bonne-Semaine.

Bonæ-Septimanæ turrarius. *Arch. adm.*, t. III, 419.

Bonæ-Spei abbas. *Arch. adm.*, t. II, 640.

Bonart (Julien), bourgeois de Reims. *Arch. lég.*, 1re part., 524.

Bona-Terra, échevin de Reims. *Arch. lég.*, IIe part., *statuts*, 1er vol., 171.

Bonbuef (Jehan). *Arch. lég.*, 1re part., 531, 570.

— (Guillelmus), élu de Reims. *Arch. lég.*, IIe part., *statuts*, 1er vol., 903, 912, 934, 937, 940.

Bon-Compain (J. le), maçon. *Arch. adm.*, t. III, 69, 71.

Boncourt (commandeur de). *Arch. adm.*, t. II, 1039, 1066, 1082.

— (village de). *Arch. adm.*, t. II, 1061. *Arch. lég.*, 1re part., 910? 919.

Boncuir (Huet), bourgeois de Reims. *Arch. adm.*, t. III, 493.

Bonde, voy. Saint-Ladre (bonde de), Saint Thierry, Reims.

— (Jacquemin la), charpentier et trésorier de l'église de Reims. *Arch. adm.*, t. III. 382.

Bondecourt, voy. Boncourt, *Arch. adm.*, t. II. 1075.

Bondies. *Arch. adm.*, t. II, 171, voy. Bondy.

Bondy, voy. Bondies.

Bonefacius, vidame et sous-diacre de Reims. *Arch. adm.* t. I, 491. *Arch. lég.*, IIe part., *statuts*, 1er vol., 95, 120.

— pape, voy. Bonifacius.

Boneus (hameu de). *Arch. adm.*, t. I, 1089.

Bongarson (Petrus), chanoine de Reims. *Arch. lég.*, IIe part., *statuts*, 1er vol., 119, 550, 553, 611, 615, 629, 632, 633, 634, 637, 638, 645, 652, 657, 672, 692, 697, 700, 711, 724, 729, 734.

Bongnier, notable de Reims. *Arch. lég.*, IIe part., *statuts*, IIe vol., 29, 41, 45, 58, 66, 69.

Bongnis (parrochia de). *Arch. adm.*, t. II, 1070, voy. Bogny.

Bonhomme (Jean). *Arch. lég.*, IIe part., *statuts*, IIe vol., 279, 296.

— (Regnaut), maçon. *Arch. lég.*, IIe part., *statuts*, IIIe vol., 409.

Boniaut (Jacques), vicomte de Reims. *Arch. adm.*, t. III, 793.

Boniface VIII, pape, voy. Bonifacius VIII.

— archevêque de Mayence. *Arch. adm.*, t. I, 109.

Bonifacius, papa, voy. Boniface.

— vidame, voy. Bonefacius.

— VIII, pape. *Arch. adm.*, t. I, 143? 144? Lettre dudit alléguée, 153, 191, 1092, 1099, 1107, 1108, 1111, 1117,

1121, 1122 ; t. II, 6, 23, 33, 34. *Arch.
lég.*, ıʳᵉ part., 81, 130, 133, 197, 287,
298. Constitution de testaments dudit alléguée, 320.

Bonifontis (abbas), voy. Bonnefontaine
(abbé de).

— (abbatia de), voy. Bonnefontaine (abbaye de).

Boni-Pueri, voy. Reims (Bons-Enfants de).

Bonna (borne). *Arch. adm.*, t. I, 307.

Bonnaire (J....), sergier. *Arch. lég.*,
ııᵉ part., *statuts*, ııᵉ vol., 859.

— (Léon), charpentier. *Arch. lég.*,
ııᵉ part., *statuts*, ıııᵉ vol., 671.

Bonnart (Jehan), échevin de Reims. *Arch.
adm.*, t. III, 19, 25, 26, 34, 44, 249.

— (Poncelet), drapier. *Arch. lég.*, ııᵉ part.,
statuts, ııᵉ vol., 373.

Bonjacquier (Gérard), échevin. *Arch. adm.*,
t. III, 309, 441, 444, 451, 469, 471,
648, 673, 702, 723, 891.

Bonnart-le-Tavernier. *Arch. adm.*, t. II,
809.

— de Rethel, pelletier. *Arch. adm.*, t. II,
522.

— boucher. *Arch. adm.*, t. II, 699, 986.

Bonnay, voy. Rosnay.

— (Estienne de), receveur - général des
finances. *Arch. lég.*, ııᵉ part., *statuts*,
ıᵉʳ vol., 655.

Bonne (Robert la), bourgeois de Reims.
Arch. adm., t. I, 809.

Bonne-Aventure (Petrus), archidiacre de
Reims. *Arch. adm.*, t. III, 321.

Bonne-Chière (Colart). *Arch. adm.*, t. II,
906.

Bonneau (Philiber), notaire. *Arch. lég.*,
ııᵉ part., *statuts*, ıııᵉ vol., 510.

Bonne-Femme (rue de la). *Arch. lég.*,
ııᵉ part., *statuts*, ıııᵉ vol., 419.

Bonnefin, bénéficier de l'archidiaconé de
Reims. *Arch. adm.*, t. II, 1059. *Arch.
lég.*, ııᵉ part., *statuts*, ııᵉ vol., 860.

Bonne-Fontaine (prieur de). *Arch. adm.*,
t. II, 1039.

Bonnefontaine (abbaye de). *Arch. adm.*,
t. II, 1149. *Arch. lég.*, ıʳᵉ part., 879,
voy. Bonifontis abbatia.

Bonne-Fontaine (village de). *Arch. adm.*,
t. II, 504, 526. *Arch. lég.*, ıʳᵉ part., 904.

— (abbé de). *Arch. adm.*, t. II, 634, 1024,
1037, 1072, 1073, 1074. *Arch. lég.*,
ııᵉ part., *statuts*, ıᵉʳ vol., 686.

Bonnement (Antoine), chapelier. *Arch.
lég.*, ııᵉ part., *statuts*, ııᵉ vol., 204.

Bonne-Semaine (prison de). *Arch. adm.*,
t. II, 898. *Arch. lég.*, ıʳᵉ part., 567, 569,
576 ; ııᵉ part., *statuts*, ıᵉʳ vol., 826, 926.

— (maison de). *Arch. adm.*, t. III, 407,
423, 426.

— (tourrier de), voy. Bonæ Septimanæ
turrarius.

Bonnestreinne (Nicolas), notaire. *Arch.
lég.*, ııᵉ part., *statuts*, ıᵉʳ vol., 979 ; *statuts*, ııᵉ vol., 35, 42, 44, 172, 185, 240.

Bonnet (Guillelmus), alias Grand Guillaume. *Arch. adm.*, t. III, 769.

— (Perresson), dit le Payeur, sergent de la
prévôté de Reims. *Arch. adm.*, t. III,
840.

Bonneta, nourrice du fils de Johan de la
Panse, citoyen de Reims. *Arch. adm.*,
t. I, 1021.

Bonnetiers, voy. Reims (bonnetiers de).

— de Reims (statuts des). *Arch. lég.*,
ııᵉ part., *statuts*, ııᵉ vol., 278.

Bonneville-sous-Touque (village de). *Arch.
adm.*, t. II, 328.—Séjour du roi Charles
le Bel dans ledit. *Arch. adm.*, t. II, 328.

Bonnivet, amiral de France. *Arch. lég.*,
ııᵉ part., *statuts*, ııᵉ vol., 20.

Bononia (Jacobus de), official de Reims.
Arch. adm., t. II, 103.

Bononiæ comes, voy. Boulogne (comte
de).

Bono-oculo-de-Bricolio (prior de). *Arch. adm.*, t. II, 636.

Bonorum Puerorum collegium, voy. Bons-Enfants (collége des).

— publicatio. *Arch. lég.*, 1ʳᵉ part., 385.

— annotatio. *Arch. lég.*, 1ʳᵉ part., 385.

Bono-Vultu, (Ponetus de), habitant d'Escry. *Arch. adm.*, t. III, 392.

Bons-Enfants de Reims (maîtres des), voy. Jehan. *Arch. adm.*, t. III, 281. *Arch. lég.*, 11ᵉ part., *statuts*, 11ᵉ vol., 636, 730.

— (collége des). *Arch. adm.*, t. I, 14, 662, 663, 667, 811, 1000, 1020. *Arch. lég.*, 11ᵉ part., *statuts*, 1ᵉʳ vol., 469, 893 ; *statuts*, 11ᵉ vol., 75, 631, 633, 637, 639, 643, 651, 678, 684, 686, 697, 703, 719, 724, 726, 730, 764 ; *stat.*, 111ᵉ vol., 412.

— (quarrel des). *Arch. adm.*, t. II, 528.

— (hôtel des). *Arch. adm.*, t. II, 652.

— (ruelle des). *Arch. adm.*, t. II, 652.

Bonus-Homo S.-Petri, Sublacensis canonicus. *Arch. adm.*, t. I, 1112.

— official de l'archiadiacre de Reims. *Arch. adm.*, t. I, 513.

Bonvent (L.), recteur de l'université de Reims. *Arch. lég.*, 11ᵉ part., *statuts*, 11ᵉ vol., 654, 661.

Bosigni (altar de). *Arch. adm.*, t. I, 508. *Arch. lég.*, 11ᵉ part., *statuts*, 1ᵉʳ vol., 104, voy. Bogny.

Boqueron (Nicole), bailli du duché de Guise. *Arch. lég.*, 1ʳᵉ part., 896.

Boquetus, prévôt de Reims. *Arch. adm.*, t. I, 852.

Boquillon (Nicole), lieutenant de Guise. *Arch. lég.*, 1ʳᵉ part., 881, 888, 903.

— (Jacques). *Arch. lég.*, 11ᵉ part., *statuts*, 11ᵉ vol., 238.

Boquillon (Noelmus), lecteur au séminaire de Reims. *Arch. lég.*, 11ᵉ part., *statuts*, 11ᵉ vol., 773.

Borbonio (Archambaudus de). *Arch. adm.*, t. I, 591.

Bornonio (Johannes de), chanoine de Reims. *Arch. adm.*, t. II, 434, 475, 622. *Arch. lég.*, 11ᵉ part., *statuts*, 1ᵉʳ vol., 93.

Borch (H. le), notable de Reims. *Arch. adm.*, t. I, 789.

Borde (de la), avocat. *Arch. lég.*, 11ᵉ part., *statuts*, 111ᵉ vol., 199.

Bordeau (Benoît), homme de loi. *Arch. lég.*, 1ʳᵉ part., 881.

Bordeaux (élection de). *Arch. lég.*, 11ᵉ part., *statuts*, 11ᵉ vol., 947.

— (université de). *Arch. lég.*, 11ᵉ part., *statuts*, 11ᵉ vol., 665, 670, 677.

— (ville de). *Arch. lég.*, 11ᵉ part., *statuts*, 11ᵉ vol. 681 ; *statuts*, 111ᵉ vol., 128, 632.

Bordes (Guillaume des), conseiller du roi. *Arch. adm.*, t. III, 777.

— (Pierre des), curé d'Estouvelles. *Arch. lég.*, 1ʳᵉ part., 886.

Bordeur (Jacques), curé de Boult-sur-Suippe. *Arch. lég.*, 1ʳᵉ part., 885.

Bordillon (seigneur de), voy. Platrière (H. de la).

Bordon (Gerardus), prêtre. *Arch. lég.*, 11ᵉ part., *statuts*, 1ᵉʳ vol., 117.

Borgne (Jehançon le), voy. Borgne (Jesson le), bourgeois de Reims.

— (Colart le). *Arch. lég.*, 1ʳᵉ part., 528.

— (Collesson le), voy. Charloré.

— (Jesson le), bourgeois de Reims. *Arch. adm.*, t. II, 44, 1189, 1195, 1217, 1237.

— (Thierricus dictus le), voy. Borgne (Thierry le).

— (Jacques le). *Arch. adm.*, t. I, 1127 ; t. II, 319, 724.

— (J. le), échevin d'Attigny. *Arch. adm.*, t. II, 481.

— (Thomas le). *Arch. adm.*, t. I, 814.

— (Renaut le). *Arch. adm.*, t. I, 964.

— (G. le), mercier. *Arch. adm.*, t. II, 827.

— (Thierry le). *Arch. adm.*, t. II, 404, 1175.

Borgne (Jehan le), voy. Borgne (Jesson le).

— (Pierre le), voy. Bourgne.

Borgnette (la), bourgeoise de Reims. *Arch. adm.*, t. II, 900.

Borgnons, voy Banongne.

Borjot (Nicolas-François), procureur fiscal de l'archevêque de Reims. *Arch. lég.*, II^{re} part., *statuts*, IIe vol., 620.

Borlande (Philippe de), chevalier. *Arch. adm.*, t. II, 1000, 1003.

Bormigly (J.... de), maître d'hôtel du comte Maréchal, amène l'artillerie à Reims après le siége de la Folie. *Arch. lég.*, IIe part., *statuts*, Ier vol., 613.

Borne (J. le), voy. Borne (Jesson le).

— voy. Reims (bornes de).

Bornel-de-Berzelayo (prior de). *Arch adm.*, t. II, 636.

Bornier (Jehan). *Arch. adm.*, t. II, 1244. *Arch. lég.*, IIe part., *statuts*, IIe vol., 359.

Bos, vide Ebalus.

— (Thomas). *Arch. adm.*, t. II, 491.

— (Galterus). *Arch. adm.*, t. II, 491.

— (Stephanus), citoyen de Reims. *Arch. adm.*, t. I, 711, 988.

— (Colart de). *Arch. adm.*, t. III, 74.

— (Johannes), citoyen de Reims. *Arch. adm.*, t. I, 917; t. II, 103.

— (Colin du). *Arch. adm.*, t. II, 1185, 1187, 1193; t. III, 69.

— (Thierry du). *Arch. adm.*, t. III, 279.

Boschaige (du), chancelier de France, voy. Bouchage.

Bosche (li), voy. Boce (Rogerus).

— (Radulphus), sergent du prévôt de Laon, voy. Boche.

Boschet (Nicole), avocat du roi. *Arch. lég.*, Ire part., 875, 895?; IIe part., *statuts*, Ier vol., 752, 772, 779.

— (Milet), juré du roi. *Arch. lég.*, 1re part., 565, 573, 773?, 780, 787.

— (Theobaldus), sous-diacre. *Arch. lég.*, IIe part., *statuts*, Ier vol., 115.

Bosco (in), vide Sancta Vulnara.

— (Vivianus de), prêtre. *Arch. lég.*, IIe part., *statuts*, Ier vol., 120.

— (Johannes de), voy. Dubos (Jehan), bailly de Reims.

— (Balduinetus de). *Arch. lég.*, IIe part., *statuts*, Ier vol., 576, 581?, 582.

Bosco-Sardolii (in), vide Fons.

Boscus, voy. Bois.

Bosmez (village de), voy. Beaumetz.

Bosmont (village de). *Arch. lég.*, Ire part., 894, 911, 919.

— (Seigneur de), voy. Sanguyn (Guérin).

Boso, garde royal. *Arch. adm.*, t. I, 511. *Arch. lég.*, IIe part., *statuts*, Ier vol., 76.

Boso, comes. *Arch. lég.*, IIe part., *statuts*, Ier vol., 169.

— (Hugo) Miles Sampegniaci. *Arch. adm.*, t. I, 363, 364, 365.

— sous-diacre. *Arch. adm.*, t. I, 305.

— archidiacre de Reims. *Arch. adm.*, t. I, 283, 292, 295, 308, 310, 318, 319, 344, 361. *Arch. lég.*, IIe part., *statuts*, Ier vol., 64, 79.

Boso, évêque de Châlons. *Arch. lég.*, IIe part., *statuts*, Ier vol., 74, 116.

Bosonis-de-Helpeio, feudus. *Arch. adm.*, t. I, 321.

Bosquillon (G....), bourgeois de Reims. *Arch. lég.*, IIe part., *statuts*, Ier vol., 770.

Bosselec (François de), écuyer. *Arch. lég.*, Ire part., 917.

Bossenet (Gérard), procureur à Reims. *Arch. lég.*, Ire part., 897.

Bosserel (Pierre), bourgeois de Reims. *Arch. lég.*, IIe part., *statuts*, IIIe vol., 556.

Bossette (la), bourgeoise de Reims, *Arch. adm.*, t. II, 834.

Bosseux (Raoul le), bourgeois de Reims. *Arch. adm.*, t. III, 841.

— (François), curé de Dannemarie. *Arch. lég.*, 1re part., 883.

Bosseval (village de), la duchesse de Mazarin, dame dudit. *Arch. adm.*, t. II, 1075.

Bossonnet (Raoul), bourgeois de Reims. *Arch. lég.*, 1re part., 884, 891, 901; 11e part., *statuts*, 11e vol., 35, 42, 44, 109.

Bossu (Jehan de), seigneur de Lyerval. *Arch. lég.*, 1re part., 890.

— (seigneurie de), appartient au prince de Condé. *Arch. adm.*, t. II, 107.

— (Gilet le), charpentier. *Arch. adm.*, t. III, 107.

— (Regnault de), bailly de Vermandois. *Arch. lég.*, 1re part., 873, 889, 894.

— (Jehan), curé de Daigny. *Arch. lég.*, 1re part., 884.

— (Claude de), baron de Bazoche. *Arch. lég.*, 1re part., 890.

Bosteau (Jean), chaudronnier. *Arch. lég.*, 11e part., *statuts*, 111e vol., 101.

Boteilles (Jardin aux). *Arch. adm.*, t. III, 423.

Botoncourt (presbyter de), voy. S. Martino (presbyter de).

Boton (Robertus), prévôt, voy. Attigniaco (Robertus).

Bottes, font partie du vêtement des religieux de Saint-Nicaise de Reims. *Arch. adm.*, t. I, 655.

Bou (village de), voy. Boult.

Boubaix (Jean-Louis), sous-prieur de Saint-Remi de Reims. *Arch. lég.*, 11e part., *statuts*, 1er vol., 284.

Boubeuf (Guillelmus), bourgeois de Reims. *Arch. lég.*, 11e part., *statuts*, 1er vol., 859.

Bouc (Johannes le), acolyte. *Arch. lég.*, 11e part., *statuts*, 11e vol., 773.

Boucart (Jehan), barbier. *Arch. lég.*, 11e part., *statuts*, 1er vol., 980.

Bouchage (du), chancelier de France. *Arch. lég.*, 11e part., *statuts*, 1er vol., 815, 823, 830.

Bouchart (Claude), boulanger. *Arch. lég.*, 11e part., *statuts*, 11e vol., 161.

— (Jean-Baptiste), boulanger. *Arch. lég.*, 11e part., *statuts*, 11e vol., 162.

— (Hugo), notaire. *Arch. adm.*, t. II, 184.

— (P....). *Arch. lég.*, 11e part., *statuts*, 1er vol., 862.

Bouche-de-Lièvre, voy. Gille dit.

Boucheon (sire de), voy. Bouchon.

— (village de), voy. Bouchon.

Boucher (Joseph), tailleur d'habits. *Arch. lég.*, 11e part., *statuts*, 11e vol., 528.

— (Remi-Guillaume-Adrien), tailleur d'habits. *Arch. lég.*, 11e part., *statuts*, 11e vol., 531.

— (Clément), chanoine et prévôt de Notre-Dame de Reims. *Arch. lég.*, 11e part., *statuts*, 11e vol., 762, 777.

— (Thomas), chanoine et prévôt de l'église de Reims. *Arch. lég.*, 11e part., *statuts*, 1er vol., 118.

Boucher (Messire P. de), seigneur d'Avançou. *Arch. adm.*, t. II, 1102.

— (Jean le), épicier. *Arch. adm.*, t. III, 470. *Arch. lég.*, 11e part., *statuts*, 111e vol., 31.

— (Jennin le). *Arch. adm.*, t. III, 757.

— (Gerardus le). *Arch. adm.*, t. III, 769.

— (Thomas), curé de Beaumont. *Arch. lég.*, 1re part., 885.

— (Hilaire), curé de Gueux. *Arch. lég.*, 1re part., 886.

— (Jehan), chanoine. *Arch. lég.*, 1re part., 910; 11e part., *statuts*, 1er vol., 118, 666, 668.

— (Remy), cordonnier. *Arch. lég.*, 11e part., *statuts*, 11e vol., 238.

Boucher (Poncelet) , cordonnier. *Arch. lég.*, iie part., *statuts*, iie vol., 238.

— (Nicolas), ouvrier en soie. *Arch. lég.*, iie part., *statuts*, iie vol., 375.

Boucherie, voy. Reims (boucherie de).

— de Reims (place de la). *Arch. lég*, iie part., *statuts*, iie vol., 936.

Boucheries (rue des), voy. Bouchers (rue (des).

Bouchers, voy. Reims (bouchers de).

— (rue des), *Arch. lég.*, iie part., *statuts*, iie vol., 13 ; *statuts*, iiie vol, 414.

Bouchet, auteur de la *Bibliothèque du Droit français*, cité à l'occasion de la monnaie de Reims. *Arch. adm.*, t. I, 83.

— (Jean), prêtre. *Arch. lég.*, iie part., *statuts*, i^{er} vol., 120 ; iie vol., 238, 240.

— (Rogier), cordonnier. *Arch. lég.*, iie part., *statuts*, iie vol., 238.

— (Blaise), prêtre et procureur de l'archevêque de Reims. *Arch. lég.*, iie part., *statuts*, i^{er} vol., 377, 813.

Bouchette (Colart). *Arch. adm.*, t. II, 1191.

— (Guillaume), cordonnier. *Arch. lég.*, iie part., *statuts*, iie vol., 238.

— (Henry), mercier. *Arch. lég.*, iie part., *statuts*, iie vol., 560.

— (A.....), bourgeois de Reims. *Arch. lég.*, iie part., *statuts*, i^{er} vol., 928.

— (Th....), bourgeois de Reims. *Arch. lég.*, iie part., *statuts*, i^{er} vol., 929.

— (Nicolas), cordonnier. *Arch. lég.*, iie part., *statuts*, i^{er} vol., 929.

Bouchi, voy. Tripier (Jean).

— voy. Bouchy.

Bouchier, voy. Enrart (le), Guioran (le), Guivernel (le), Ludes (li), Maisgrelet (le), Maugis (le), Oingnon, Pierats (le), Sallehadin (le).

— (Symonnet le), clerc. *Arch. adm.*, t. III, 142.

Bouchier (Jean), échevin de Reims. *Arch. adm.*, t. III, 409, 412, 673, 702, 754 ?

— (Jacobus le), habitant de Reims, accusé de divers crimes. *Arch. adm.*, t. III, 545.

Bouchon (sire de), voy. Fay (Godemard de).

— (village de). *Arch. adm.*, t. II, 1023.

Bouchut (Thoumasset le), bourgeois de Reims. *Arch. adm.*, t. I, 966.

— (Gilet le), bourgeois de Reims. *Arch. adm.*, t. II, 917.

— commissaire du roi. *Arch. lég.*, iie part., *statuts*, iie vol., 118.

— (Peresson le), bourgeois de Reims. *Arch. adm.*, t. II, 917.

Bouchy (Jehan dit de Pertes), boucher. *Arch. lég.*, iie part., *statuts*, i^{er} vol., 998.

Bouclenay (presbyter de). *Arch. adm.*, t. II, 1115.

— (Vautier de). chevalier. *Arch. adm.*, t. I, 919.

— (Fourques de), chevalier. *Arch. adm.*, t. I, 810 ; t. II, 101.

— (paroisse de). *Arch. adm.*, t. II, 1115, 1116.

— (Pierre de), clerc. *Arch. adm.*, t. III, 142, 841.

Bouclenayo (parrochia de), voy. Bouclenay (paroisse de).

Bouconville (paroisse de). *Arch. adm.*, t. II, 1098, 1099.

— (presbyter de). *Arch. adm.*, t. II, 1101.

— (Adam de), sergent de la prévôté de Laon. *Arch. adm.*, t. III, 798, 809.

— (curé de), voy. Sougny (Gilles).

— (village de). *Arch. adm.*, t. III, 756. *Arch. lég.*, i^{re} part., 900.

Boucot (M.), seigneur du péage de Dormans. *Arch. lég.*, iie part., *statuts*, iiie vol., 388.

Boucquier, voy. Bongnier.

Boudello (abbas de). *Arch. adm.*, t. II, 640.

Boudenay (P. de), censitaire de Reims. *Arch. lég.*, IIᵉ part., *statuts*, Iᵉʳ vol., 250.

Boudin (Fourquetus), habitant d'Escry. *Arch. adm.*, t. III, 92.

— (J.), sergent de Betheniville. *Arch. adm.*, t. III, 442.

Boudot (Claude), coutelier. *Arch. lég.*, IIᵉ part., *statuts*, IIᵉ vol., 1035.

Bouffle (Charles), menuisier. *Arch. lég.*, IIᵉ part., *statuts*, IIᵉ vol., 359.

Boufflers (duc de), seigneur du péage d'É-toges. *Arch. lég.*, IIᵉ part., *statuts*, IIIᵉ vol., 390.

Bouffut (maison de). *Arch. adm.*, t. II, 743, 750.

Bouffuye, voy. Bouffut.

Bougant (Jaquet), garde de la vicomté de Reims. *Arch. adm.*, t. III, 748.

Bougé (Bernard), cordonnier. *Arch. lég.*, IIᵉ part., *statuts*, IIᵉ vol., 238.

Bougier (Antoine). *Arch. lég.*, Iʳᵉ part., IIᵉ vol., 897.

Bougny (Simon). *Arch. lég.*, IIᵉ part., *statuts*, 239.

Bougy (Charles), sous-fermier des aides. *Arch. lég.*, IIᵉ part., *statuts*, Iᵉʳ vol., 976.

Bouhaing (presbyter de). *Arch. adm.*, t. II, 1080.

— Bouhaing, voy. Bohain.

Bouignis (villa de), voy. Bogny, Logny-Bogny.

— voy. Bony.

Bouillart (li), boulanger. *Arch. adm.*, t. I, 775.

— (Miletus). *Arch. adm.*, t. II, 401. *Arch. lég.*, IIᵉ part., *statuts*, Iᵉʳ vol., 439.

— (Jesson). *Arch. adm.*, t. II, 906.

— (Guillaume), échevin de Reims. *Arch. adm.*, t. III, 311, 690, 777, 834, 837, 839, 842, 888, 891. *Arch. lég.*, IIᵉ part., *statuts*, Iᵉʳ vol., 363, 413.

Bouillart (li), (Guillemin). *Arch. adm.*, t. III, 752.

— (Jaquet). *Arch. adm.*, t. III, 752.

— (C.), échevin de Reims. *Arch. adm.*, t. III, 832, 833.

Bouilleguet, boucher. *Arch. lég.*, IIᵉ part., *statuts*, Iᵉʳ vol., 998.

Bouillon (ville de). *Arch. adm.*, t. II, 1040.

— (Robert), perruquier. *Arch. lég.*, *statuts*, IIIᵉ vol., 191.

— (duc de), seigneur d'Alles. *Arch. adm.*, t. II, 1085, 1121. *Arch. lég.*, IIᵉ part., *statuts*, IIIᵉ vol., 262, 391.

— (château de). *Arch. adm.*, t. III, 480.

— (Godefroy duc de), chef de la croisade. *Arch. lég.*, Iʳᵉ part., 453.

— (prieur de). *Arch. lég.*, Iʳᵉ part., 887.

— (Simon), tondeur de drap. *Arch. lég.*, IIᵉ part., *statuts*, IIᵉ vol., 392.

Bouilloteau (Nicolas), cordonnier. *Arch. lég.*, IIᵉ part., *statuts*, IIᵉ vol., 238.

Bouilly (patronage de). *Arch. adm.*, t. II, 1055.

— (ville de). *Arch. lég.*, Iʳᵉ part., 754; IIᵉ part., *statuts*, IIᵉ vol., 963.

— (seigneurs de), voy. Enghien (Louis d').

— (Jöh.), clerc de Reims. *Arch. adm.*, t. II, 332.

— (J.), drapier. *Arch. adm.*, t. II, 340.

— (O. de), maçon. *Arch. adm.*, t. II, 824.

— (paroisse de), *Arch. adm.*, t. II, 1051, 1052.

— (Claude l'Espagnol), lieutenant des habitants de Reims. *Arch. lég.*, IIᵉ part., *statuts*, IIᵉ vol., 550.

Bouiron (Drouyn). *Arch. adm.*, t. II, 902, 1186.

— (Pierre). *Arch. adm.*, t. II, 912.

— (Drouinet), voy. Buiron Drouyn.

Bouiron (Herbert), pelletier. *Arch. adm.*, t. II, 823.

— (Jehan), dit Chicot. *Arch. adm.*, t. II, 892, 893, 899, 908, 1192.

— (Jehan), échevin, voy. Buiron (Jehan).

— (Oudart), voy. Buiron.

Boujacourt (village de). *Arch. adm.*, t. II, 1053. *Arch. lég.*, iie part., *statuts*, iie vol., 968.

Boul (Jehan de), clerc. *Arch. adm.*, t. III, 764, 832 ? *Arch. lég.*, iie part., *statuts*, ier vol., 998.

— (Jaquet de). *Arch. adm.*, t. III, 792.

— (P. de), bourgeois de Reims. *Arch. adm.*, t. III, 832.

— (Thiebault de). *Arch. lég.*, ire part., 505.

— (ville de), voy. Boult.

— sur-Suippe, voy. Boult.

— (major de), voy. Guillautiaus (Thierricus le).

— (échevins de), voy. Englici (Herbertus); Poillarde (Riverius la); Billi (Gerardus le).

— voy. Quarré (Johannes).

Boulainvilliers (Henry, comte de), historien. *Arch. lég.*, iie part., *statuts*, iiie vol. 606. Allégué à l'occasion des antiques franchises de Reims, *ibid.*

Boulanger, voy. Bolengarius, Reims (boulangers de).

— (Lambert le), bourgeois de Reims. *Arch. adm.*, t. III, 462.

— (Robin le). *Arch. adm.*, t. II, 74.

— (F.), maître sergier. *Arch. lég.*, iie part., *statuts*, iie vol., 859.

— (Jean le), cureur. *Arch. adm.*, t. II, 824, 896, 898.

— (Alexandre). *Arch. adm.*, t. II, 906.

— (Robert le). *Arch. adm.*, t. I, 1126.

— (Nicolas), chaircuitier. *Arch. lég.*, iie part., *statuts*, iie vol., 941.

Boulangère (Marie la). *Arch. adm.*, t. II, 523.

— (la belle). *Arch. lég.*, ire part., 496.

Boulangerie, voy. Reims (boulangerie de).

Boulangerius, voy. Boulanger.

Boulangers de Reims (statuts des). *Arch. lég.*, iie part., *statuts*, iie vol., 144.

Boulangier (P... le), conseiller municipal. *Arch. lég.*, iie part., *statuts*, ier vol., 612.

Boulard (Theobaldus), *Arch. adm.*, t. II, 537, 680, 869.

Boulard, notaire au Châtelet de Paris. *Arch. lég.*, iie part., *statuts*, ier vol., 278, 295.

Boulaux (village de). *Arch. lég.*, ire part., 884, 900.

Boulaux (curé de), voy. Chaisnau (Barthélemy).

Boulay (Estienne du). *Arch. adm.*, t. II, 461.

— (Daniel du), élu de Reims. *Arch. lég.*, iie part., *statuts*, ier vol., 716.

Boulei (Nicolaus), évêque de Meaux. *Arch. lég.*, iie part., *statuts*, ier vol., 75.

Boulengarius (G.) de Burgundia. *Arch. adm.*, t. II, 403.

— Boulesicourt, voy. Boulzicourt.

Boulet (J...), commis à la recette. *Arch. lég.*, iie part., *statuts*, ier vol., 711, 713, 920, 921, 922.

— (Nicolas), prévôt de l'échevinage de Reims. *Arch. adm.*, t. I, 488. *Arch. lég.*, ire part., 896? iie part., *statuts*, ier vol., 711, 922; *statuts*, iie vol., 172.

— (Guillelmus). *Arch. adm.*, t. II, 1219.

— (Pierre), président en l'élection de Reims. *Arch. lég.*, ie part., 653, 805; iie part., *statuts*, ier vol., 678, 680, 717, 721, 857, 859, 862, 863, 876; *statuts*, iie vol., 4, 6, 90.

— (Nicolas), religieux de Saint-Remi de

Reims. *Arch. lég.*, ıı^e part., *statuts*, ı^{er} vol., 204, 211, 861 ?

Boulet (Claude), bourgeois de Reims. *Arch. lég.*, ıı^e part., *statuts*, ı^{er} vol., 436, 475.

Boulette (Gesson la), sergent du prévôt de Reims. *Arch. adm.*, t. III, 69.

Bouleuse (village de). *Arch. adm.*, t. I, 1089; t. II, 1052. *Arch. lég.*, ı^{re} part., 902; ıı^e part., *statuts*, ıı^e vol. 963.

— (presbyter de). *Arch. adm.*, t. II, 1051.

— (marquis de), voy. Noailles.

Boulevart, voy. Reims (boulevarts de).

Boulevart (Guillaume), bourgeois de Reims. *Arch. lég.*, ıı^e part., *statuts*, ı^{er} vol., 821.

Bouliaus (Stephanus des), bourgeois de Reims. *Arch. adm.*, t. II, 794.

Bouligny (R... de), conseiller du roi. *Arch. lég.*, ıı^e part., *statuts*, ı^{er} vol., 626.

Boullant, voy. Saint-Martin.

Boullay, avocat. *Arch. lég.*, ıı^e part., *statuts*, ıı^e vol., 625.

— (du), auteur de l'Histoire de l'université de Paris. *Arch. lég.*, ı^{re} part., 278.

Boulle (Huet la). *Arch. adm.*, t. II, 541.

— (loges de la). *Arch. lég.*, ıı^e part., *statuts*, ı^{er} vol., 759, 847, 864, 878; *statuts*, ıı^e vol., 237, 469.

Boulliaue (Adam), charpentier. *Arch. adm.*, t. II, 489.

Boully (village de). *Arch. adm.*, t. I, 1089.

— (Jehan), lieutenant du bailli de Reims. *Arch. adm.*, t. II, 672, 690? 702.

— (Oudin). *Arch. adm.*, t. II, 541, 673.

Boulogne (diocèse de). *Arch. adm.*, t. II, 1027.

— (M. de), seigneur des Petites-Armoises, *Arch. adm.*, t. II, 1091, 1093, 1095, 1096, 1097, 1098.

Boulogue (cardinal de), voy. Bolonia (Guido de).

— (comté de). *Arch. adm.*, t. II, 272. *Arch. lég.*, ıı^e part., *statuts*, ı^{er} vol., 601.

— (comte de). *Arch. adm.*, t. I, 598.

— (ville de). *Arch. adm.*, t. II, 273, 639; t. III, 205, 334. *Arch. lég.*, ıı^e part., *statuts*, ı^{er} vol., 839.

— (Notre-Dame de). *Arch. adm.*, t. II, 715, 1134.

Boulonnois (province de), voy. Bolonezium.

Boult (villa de). *Arch. adm.*, t. II, 725, 878, 879, 881, 1002; t. III, 109, 378, 380. *Arch. lég.*, ıı^e part., *statuts*, ı^{er} vol., 181; *statuts*, ıı^e vol., 845; *statuts*, ııı^e vol., 391.

— sur-Suippe (paroisse de), voy. Bodillo (parrochia de).

— (curé de), voy. Bordeur (Jacques).

— (ville de). *Arch. adm.*, t. II, 1063; t. III, 582. *Arch. lég.*, ı^{re} part., 607, 754, 876, 902, 904, 910.

— et Merlan (commandeur de). *Arch. adm.*, t. II, 1062, 1063, 1064, 1095, 1096, 1111, 1115. *Arch. lég.*, ıı^e part., *statuts*, ııı^e vol., 393.

— aux-Bois (village de). *Arch. adm.*, t. II, 1095, 1106. *Arch. lég.*, ı^{re} part., 904.

— (moulin de). *Arch. lég.*, *statuts*, ııı^e vol., 31.

Boulzicourt (village de). *Arch. adm.*, t. II, 1075, 1076. *Arch. lég.*, ı^{re} part., 902, 904, 911.

— (parochia de). *Arch. adm.*, t. II, 1076.

— (patronage de). *Arch. adm.*, t. II, 1080.

— (presbyter de). *Arch. adm.*, t. II, 1075.

Boune (Thomas de la), écuyer. *Arch. adm.*, t. II, 931.

Bounont, voy. Mourron.

Bouquebec (Robin), bourgeois de Reims. *Arch. adm.*, t. II, 909.

Bouquet (Haimmart), bourgeois de Reims. *Arch. adm.*, t. I, 746? 905.

— (Dom Martin), bénédictin allégué à l'occasion d'une donation de Pepin au monastère de Saint-Antonin. *Arch. adm.*, t. I, 28.

Bouqueton (Jean), bourgeois de Reims. *Arch. lég.*, IIe part., *statuts*, IIe vol., 324.

Bouquin (Jehan), mercier. *Arch. adm.*, t. III, 836.

— (Collart), bourgeois de Reims. *Arch. lég.*, IIe part., *statuts*, Ier vol., 321, 639, 653.

— (Colesson), voy. Bouquin (Collart).

Bouran (Jaquet), bourgeois de Reims. *Arch. adm.*, t. III, 767.

Bourbier (Philippe), marchand de Nesle. *Arch. lég.*, Ire part., 898.

Bourbon (bâtard de). *Arch. lég.*, IIe part., *statuts*, Ier vol., 641, 644.

— (Loys de), prince de Condé. *Arch. lég.*, Ire part., 888.

— (Jehan), marchand de Nesle. *Arch. lég.*, Ire part., 898.

— (Louis), cardinal et évêque de Laon. *Arch. lég.*, Ire part., 877? 896? IIe part., *statuts*, IIe vol., 8, 9.

— (rue de). *Arch. lég.*, IIe part., *statuts*, Ier vol., 235.

— (duc de). *Arch. adm.*, t. II, 82. Rang dudit à la cérémonie du sacre, 575; t. III, 522, 614, 749, 772. *Arch. lég.*, IIe part., *statuts*, Ier vol., 407, 548, 629, 639.

— (Pierre de), chapelain de l'église de Reims. *Arch. adm.*, t. II, 264.

— (Jehan de), chanoine de Reims. *Arch. adm.*, t. II, 1033; t. III, 25.

Bourbonnio (Johannes de), voy. Bourbon (Jean de).

Bourbourg (abbesse de), voy Bourbouro (abbatissa de).

Bourbouro (abbatissa de). *Arch. adm.*, t. II, 639.

Bourcamus, commandant d'Attigny. *Arch. lég.*, IIe part., *statuts*, Ier vol., 717, 780? 788, 862?

Bourc (Huet du), bourgeois de Reims. *Arch. adm.*, t. II, 466.

Bourcq (ville de). *Arch. adm.*, t. I, 270; t. II, 981, 1112. *Arch. lég.*, *statuts*, IIIe vol., 244.

Bourdelois (Jehan le), cordonnier. *Arch. adm.*, t. III, 105.

— (F....), quincaillier. *Arch. lég.*, IIe part., *statuts*, IIIe vol., 358.

Bourdereau, notaire royal. *Arch. lég.*, IIe part., *statuts*, IIe vol., 430.

Bourdesse (la) de Merfaut. *Arch. adm.*, t. III, 69.

Bourdin (Fouquetus), habitant d'Écry. *Arch. adm.*, t. III, 393.

— (Perrinet), bourgeois de Reims. *Arch. adm.*, t. III, 696.

— (Gilles), avocat du roi. *Arch. lég.*, Ire part., 869, 871.

Bourdoir, siége particulier du chœur dans le chapitre de Reims. *Arch. lég.*, IIe part., *statuts*, Ier vol., 156.

Bourdon (Antoine), député des états de Reims. *Arch. lég.*, Ire part., 897; IIe part., *statuts*, IIIe vol., 41.

— (Jo....), prêtre. *Arch. lég.*, IIe part., Ier vol., 119, 870.

Bourdonnaye (de la), conseiller d'État. *Arch. lég.*, IIe part., *statuts*, IIe vol., 671.

Bourelier (Jehan le), bourgeois de Reims. *Arch. adm.*, t. III, 17.

Bourés (la), bourgeoise de Reims. *Arch. adm.*, t. I, 766.

Boureta, servante du curé de Saint-Julien de Reims. *Arch. adm.*, t. II, 641.

Boureu (village de). *Arch. lég.*, 1re part. , 904.

Boureuilles (village de). *Arch. lég.* , ne part., *statuts*, me vol., 388.

Boureulles, voy. Boureuilles.

— voy. Vicus , Saint-Denis (bourg de), Coursalin, Beteni, Vesle, Trippes (bourg aux), Wautier-le-Noir, Cousture. .

Bourg (Robèle de), prévôt de Reims. *Arch. adm.*, t. I, 969.

— (Warnet-Ferelet du) , bourgeois de Reims. *Arch. adm.*, t. I, 1119.

— (Noë du), bourgeois de Reims. *Arch. adm.*, t. II, 116.

— (Briet du), bourgeois de Reims. *Arch. adm.*, t. II, 468, 471, 581, 695.

— (Roland du), avocat. *Arch. lég.*, ne part., *statuts*, me vol., 167.

— (Haimmars du), bourgeois de Reims. *Arch. adm.*, t. I, 740.

— (Tiebaus du), bourgeois de Reims. *Arch. adm.*, t. I, 904.

— (Fourcaus du), bourgeois de Reims. *Arch. adm.*, t. I, 904.

— Fidel (hameau du). *Arch. adm.*, t. II, 1069.

Bourg (ville de), voy. Bourcq.

— en-Champagne. *Arch. adm.* , t. III, 574.

— (Ellebaut du). *Arch. adm.*, t. II, 894.

— (paroisse de). *Arch. adm.*, t. II, 1108.

— Saint-Denis (rue du). *Arch. lég.*, ne part., *statuts*, ne vol., 874.

— (Jehan de), chanoine de Reims. *Arch. adm.*, t. III, 352.

— Commin (village de). *Arch. lég.*, 1re part., 883.

— Commin (curé de), voy. Houet (Pierre).

— Moyen de Blois (abbé du), voy. Phelipeaux (Jacob).

— de-Vesle (seigneurie de), possédée par le chapitre de Reims. *Arch. lég.*, ne part., *statuts*, 1er vol., 569.

— de-Vesle (mairie de). *Arch. adm.*, t. II, 383 ; t. III, 577.

— de-Vesle (rue de). *Arch. lég.*, ne part., *statuts*, ne vol., 773.

Bourgeat (C....), bourgeois de Reims. *Arch. lég.*, ne part. , *statuts*, 1er vol., 777.

Bourgeois, voy. Reims (bourgeois de), Archevêque (bourg. de l'), Chanoines (bourg. des), Chapitre de Reims (bourg. du), Vidame de Reims (bourg du).

— (Remy), conseiller municipal. *Arch. lég.*, ne part., *statuts*, 1er vol., 929.

— (Nicolas), bailli de la commanderie du Temple, à Reims. *Arch. lég.*, ne part. , *statuts*, me vol., 54, 266?

— (présentation de), voy. Presentatio.

— (Jean), échevin. *Arch. adm.* , t. I, 488 ; t. III, 248 , 386. *Arch. lég.*, ne part., *statuts*, 1er vol., 413, 780 ; *statuts*, ne vol., 172, 811.

— (René), bailli de Reims. *Arch. lég.*, ne part., *statuts*, 1er vol., 921 ; *statuts*, ne vol., 221, 360, 392, 441, 479, 710, 913, 915, 925.

— (Jacques), religieux de Saint-Remi de Reims. *Arch. lég.*, ne part. , *statuts*, 1er vol., 204, 216, 219, 230.

— (M.), collecteur d'antiquités de Reims. *Arch. adm.*, t. I, 724.

— (Henri li), citoyen de Reims. *Arch. adm.*, t. I, 1084.

— Daugé, seigneur de Gueux. *Arch. adm.*, t. II, 1053.

— (Reginaldus) , acolyte. *Arch. lég.*, ne part., *statuts*, ne vol., 773.

— (Oudart), tiers-prieur de Saint-Remi de Reims. *Arch. lég.*, ne part., *statuts*, 1er vol., 203, 209, 217, 219, 221, 223.

Bourgeois (Stephanus). *Arch. lég.*, ne part. *statuts*, Ier vol., 395.

— (Coleçon), échevin. *Arch. lég.*, ne part., *statuts*, Ier vol., 620, 637, 646, 648, 664, 686, 750, 783.

— (Gérard), bourgeois de Reims. *Arch. lég.*, ne part., *statuts*, Ier vol., 770, 773, 781, 795, 808, 817, 825, 828, 832.

— (Jesson). *Arch. lég.*, ne part., *statuts*, Ier vol., 834.

— (Jean), greffier de l'échevinage de Reims. *Arch. adm.*, t. III, 694, 695, 834. *Arch. lég.*, ne part., *statuts*, ne vol., 610.

— (Jehan), charpentier. *Arch. adm.*, t. III, 836, 841. *Arch. lég.*, ne part., *statuts*, Ier vol., 812.

— (G....), *Arch. lég.*, ne part., *statuts*, Ier vol., 668.

— (Philippe). *Arch. lég.*, ne part., *statuts*, Ier vol., 671, 844; *statuts*, ne vol., 212.

— (Jehanne). *Arch. lég.*, ne part., *statuts*, Ier vol., 676.

— de la Couture de Reims (avant-loges des). *Arch. adm.*, t. III, 840.

Bourgeoisie (droit de). *Arch. lég.*, *statuts*, ne vol., 149. Les étrangers qui ont acquis ce droit à Reims sont éligibles après dix ans de domicile (ibid.).

— voy. Reims (bourgeoisie de).

— (espèce de rente). *Arch. adm.*, t. III, 412.

— de Reims (droits de la), voy. Bourgeoisie (priviléges de la).

— de Reims (priviléges de la). *Arch. adm.*, t. III, 244, 388, voy. échevinage de Reims (privil. de l').

Bourgeriis (Gerardus de), chanoine de Reims. *Arch. lég.*, ne part., *statuts*, Ier vol., 116.

Bourgeron (moulin de). *Arch. adm.*, t. I, 344.

Bourgery (Jean-Baptiste), garde-syndic de la communauté des barbiers-perruquiers, à Reims. *Arch. lég.*, ne part., *statuts*, ne vol., 198, 199.

Bourges (ville de). *Arch. adm.*, t. I, 315. *Arch. lég.*, ne part., *statuts*, Ier vol., 643, 644, 649, 742; *statuts*, ne vol., 532, 533, 543.

— (église de). *Arch. adm.*, t. I, 237.

— (archevêques de), voy. Bituricenses archiepiscopi.

— (université de). *Arch. lég.*, ne part., *statuts*, ne vol., 666, 677, 679.

— (concile de), voy. Bituricense concilium.

Bourget (Nicolaus), clerc. *Arch. lég.*, ne part., *statuts*, ne vol., 773.

Bourgin (Hue), prévôt de Laon. *Arch. lég.*, Ire part., 571, 728?

Bourgne (Pierre le), écuyer. *Arch. adm.*, t. III, 757.

Bourgogne (Antoine-Rigobert), échevin. *Arch. lég.*, ne part., *statuts*, ne vol., 1021; ne vol., 440, 442, 444, 451, 458, 465, 471.

— (États de). *Arch. lég.*, ne part., *statuts*, ne vol., 585, 586.

— (duc de). Fonctions dudit à la cérémonie du sacre. *Arch. adm.*, t. I, 529, 591, 690, 968; t. II, 82, 570, 730; t. III, 516, 586, 601, 606, 769, 772. *Arch. lég.*, ne part., *statuts*, Ier vol., 407, 420, 471, 539, 597, 600, 604, 606, 616, 617, 620, 626, 629, 639, 641, 664, 668, 689, 694, 701, 739, 743, 746, 760, 763, 767, 775, 797, 801, 802, 804, 815, 829; *statuts*, ne vol., 114. Établit une commune à Dijon, *statuts*, ne vol., 627.

— (Oudart de), échevin. *Arch. adm.*, t. I, 1127; t. II, 11, 16, 36, 678, 893, 913, 915, 916, 1180, 1185, 1187, 1188, 1189, 1193.

Bourgogne (Miles de), bourgeois de Reims. *Arch. adm.*, t. II, 904, 1189, 1192, 1193, 1217, 1237.

— (Ponsard de), bourgeois de Reims. *Arch. adm.*, t. II, 1036, 1134, 1136, 1137, 1138, 1141.

— (Marson de), bourgeois de Reims. *Arch. adm.*, t. III, 107.

— (Milet de), voy. Burgondia (Miles de).

— (prévôt de). *Arch. adm.*, t. III, 284.

— (Florin de). *Arch. adm.*, t. III, 733.

— (Baudenet de), clerc. *Arch. adm.*, t. II, 549.

— (duché de). *Arch. lég.*, IIe part., statuts, Ier vol., 670, 673, 815; statuts, IIe vol., 830.

— (régiment de). *Arch. lég.*, IIe part., statuts, Ier vol., 497.

— (vin de). *Arch. adm.*, t. I, 1056. *Arch. lég.*, IIe part., statuts, IIIe vol., 69, 73.

— (Marie de), fille de Charles-le-Téméraire. *Arch. lég.*, IIe part., statuts, Ier vol., 805.

— (comté de). *Arch. adm.*, t. I, 242. *Arch. lég.*, IIe part., statuts, Ier vol., 509, 673.

— (Jehan de), lieutenant du bailli de Reims. *Arch. adm.*, t. II, 674. *Arch. lég.*, IIe part., statuts, IIe vol., 333, 558? 635?

— (Nicolas), bourgeois de Reims. *Arch. lég.*, IIe part., statuts, IIe vol., 1014?

— lez-Reims (village de). *Arch. adm.*, t. I, 1090; t. II, 1063; t. III, 380, 586. *Arch. lég.*, Ire part., 754, 876, 902, 904, 911; IIe part., statuts, Ier vol., 345; statuts, IIe vol., 860.

— (roi de). *Arch. lég.*, IIe part., statuts, IIe vol., 179.

— (laine de). *Arch. lég.*, IIe part., statuts, IIe vol., 841.

— (André), bourgeois de Reims. *Arch. lég.*, IIe part., statuts, IIe vol., 1019; statuts, IIIe vol., 212.

Bourgogne (Pierre-François), capitaine de la bourgeoisie de Reims. *Arch. lég.*, IIe part., statuts, IIe vol., 1020, 1022, 1028? statuts, IIIe vol., 155?

— (Jean), chanoine de Reims. *Arch. adm.*, t. II, 678; t. III, 352.

— (église de). *Arch. lég.*, IIe part., statuts, IIe vol., 713, 714.

— (Jehesson de), bourgeois de Reims. *Arch. adm.*, t. I, 960.

— (Fourques de), bourgeois de Reims, t. I, 960, 1127; t. II, 115.

— (curé de), voy. Blondet (Jehan).

— (Johannes de), mansionnaire du chapitre de Reims. *Arch. adm.*, t. I, 1029; t. II, 604, 673. *Arch. lég.*, IIe part., 328.

— (Sébille de). *Arch. adm.*, t. II, 776; t. III, 500.

— (madame de). *Arch. adm.*, t. III, 735. *Arch. lég.*, IIe part., statuts, Ier vol., 673.

— (paroisse de), voy. Bourgondia (parrochia de).

— Ledoux, chevalier. *Arch. lég.*, IIe part., statuts, IIIe vol., 155.

Bourgoin (Pierre), épicier. *Arch. lég.*, IIe part., statuts, IIe vol., 978; statuts, IIIe vol., 92, 399?

— (J. le). *Arch. adm.*, t. III, 17.

— (René), avocat. *Arch. lég.*, IIe part., statuts, IIe vol., 801.

— voy. Aigny (Bourgoin-Jean d').

— (Étienne le). *Arch. adm.*, t. III, 284.

— (Nicolas), vinaigrier. *Arch. lég.*, IIe part., statuts, IIe vol., 315.

— (Jean). *Arch. lég.*, IIe part., statuts, IIe vol., 822.

Bourgondia (parrochia de). *Arch. adm.*, t. II, 1062, voy. Bourgogne (paroisse de).

Bourgondia (presbyter de). *Arch. adm.*, t. II, 1065.

— (Ponsardus de), voy. Bourgogne (Ponsard de).

— voy. Bourgogne.

Bourguet (Jehan), bailli de Reims. *Arch. lég.*, ^{re} part., 865; ^{e} part., *statuts*, ^{er} vol., 667, 677, 679, 772, 775, 780, 787, 795, 799, 804, 808, 815, 823, 825, 828, 835, 838, 841, 846, 851, 854, 857, 859, 861, 997; ^{e} vol., 6.

— (Nicolas), sergent du chapitre de Reims. *Arch. lég.*, ^{e} part., *statuts*, ^{er} vol., 915, 928, 929; *statuts*, ^{e} vol., 237, 391; *statuts*, ^{e} vol., 71.

— (Anthoine), bourgeois de Reims. *Arch. lég.*, ^{e} part., *statuts*, ^{er} vol., 774; *statuts*, ^{e} vol., 557.

— (Colinet), notable de Reims. *Arch. lég.*, ^{e} part., *statuts*, ^{er} vol., 623, 770, 771, 772, 775, 777, 796.

— (T....) *Arch. lég.*, ^{e} part., *statuts*, ^{er} vol., 784.

Bourguignon (Hubers le). *Arch. adm.*, t. I, 1062.

— (Thomas le), échevin de Laon. *Arch. adm.*, t. II, 168.

— (seigneurie de). *Arch. lég.*, ^{re} part., 877, 919.

Bourguignons (factions des). *Arch. adm.*, t. III, 462. *Arch. lég.*, ^{e} part., *statuts*, ^{er} vol., 529, 603, 664, 753, 789, 792, 793. A leur approche, les habitants de Reims font abattre les bois des environs, 794, 797, 839.

Bouriaucourt (village de). *Arch. lég.*, ^{e} part., *statuts*, ^{er} vol., 77.

Bourich (Rogier de), procureur de l'archevêque de Reims. *Arch. adm.*, t. II, 1239; t. III, 157, 280?

— (Simon de), chanoine et vidame de Reims. *Arch. adm.*, t. III, 823. *Arch. lég.*, ^{e} part., *statuts*, ^{er} vol., 116.

Bouries (Jehan de), dit Fierembras, écuyer. *Arch. adm.*, t. III, 662.

Bourjoise, femme de Raoul, l'enduiseur. *Arch. adm.*, t. II, 766.

— (Hélias), clerc séculier de N.-D. de Reims. *Arch. adm.*, t. II, 1033.

Bourlemont (M. de). *Arch. lég.*, ^{e} part., *statuts*, ^{e} vol., 390.

Bourlette (village de). *Arch. lég.*, ^{re} part., 879.

Bournel (G....), maître de l'artillerie. *Arch. lég.*, ^{e} part., *statuts*, ^{er} vol., 805.

Bouron (Philippe), chanoine. *Arch. adm.*, t. III, 9, 691, 692, 694, 695, 831, 834, 837. *Arch. lég.*, ^{e} part., *statuts*, ^{er} vol., 796.

— (N.), chanoine de Reims. *Arch. adm.*, t. III, 469.

— notaire à Paris. *Arch. lég.*, ^{e} part., *statuts*, ^{er} vol., 511.

— (J....), lieutenant du roi, voy. Buiron (Jean).

Bourrée (Guillemin), guetteur de nuit. *Arch. lég.*, ^{e} part., *statuts*, ^{er} vol., 652.

Bourreuilles (village de). *Arch. lég.*, ^{re} part., 919.

Bourris (Henri de), moine et châtelain du Ban Saint-Remi de Reims. *Arch. adm.*, t. II, 423.

Bourron (Jehan), voy. Buiron (Jean).

Bours (Jehan de), abbé de Saint-Quentin-en-l'Isle. *Arch. lég.*, ^{re} part., 880.

Boursac (maréchal de). *Arch. lég.*, ^{re} part., 515.

— (Jean-François de la Cropte de), évêque de Noyon. *Arch. lég.*, ^{e} part., *statuts*, ^{e} vol., 652, 654.

Boursier (J. le), notable de Reims. *Arch. adm.*, t. II, 493.

— (Joffroy le), commissaire pour les subsides de guerre. *Arch. adm.*, t. II, 768.

Boursier (Noë le), bourgeois de Reims. *Arch. adm.*, t. II, 895.

— voy. Reims (boursiers de).

— (le), voy. Baudon.

Boursolio (Radulphus de), seigneur de Loupy. *Arch. lég.*, IIᵉ part., *statuts*, Iᵉʳ vol., 68.

Bous (Hugo), maître d'hôtel du roi. *Arch. adm.*, t. III, 43.

Bousis (presbyter de). *Arch. adm.*, t. II, 1120.

— (parochia de), voy. Bouzy (paroisse de).

Bousseis (Stephanus de), chanoine de Senlis. *Arch. adm.*, t. II, 67.

Bousseval (village de). *Arch. lég.*, Iʳᵉ part., 902.

Boussiaco Majoris monasterii (prior de). *Arch. adm.*, t. II, 635.

Boussut, voy. Bossu.

— (J.... de), écuyer, lieutenant du capitaine de Reims. *Arch. lég.*, IIᵉ part., *statuts*, Iᵉʳ vol., 691, 862, 863, 893, 898, 901.

— (N.... de), chevalier, seigneur de Longueval. *Arch. lég.*, IIᵉ part., *statuts*, Iᵉʳ vol., 532? 898.

Bout (Girardus de), chevalier. *Arch. adm.*, t. III, 340.

Boutalins (J....), notable de Reims. *Arch. lég.*, IIᵉ part., *statuts*, Iᵉʳ vol., 740.

Boutancourt (village de). *Arch. adm.*, t. II, 1077. *Arch. lég.*, Iʳᵉ part., 901, 905.

Boutard (François), bourgeois de Reims. *Arch. lég.*, IIᵉ part., *statuts*, Iᵉʳ vol., 436.

— huissier. *Arch. lég.*, IIᵉ part., *statuts*, IIIᵉ vol., 727.

Boutefigue (J.), bourgeois de Reims. *Arch. adm.*, t. II, 598.

Bouteiller, voy. France (bouteiller de).

Boutelier (Baudouin le), voir Boutillier (Baudouin le).

Boutelle (Franquet), bourgeois de Reims. *Arch. adm.*, t. II, 995.

Boutellière (la). *Arch. adm.*, t. II, 493.

Boutenivillo (R. de), maître d'hôtel du roi. *Arch. adm.*, t. III, 43.

Bouterelli (Jo....), prêtre. *Arch. lég.*, IIᵉ part., *statuts*, Iᵉʳ vol., 119.

Boutet (M.). *Arch. lég.*, IIᵉ part., *statuts*, IIIᵉ vol., 390.

Bouteville (M.). *Arch. adm.*, t. II, 1089.

— (Drouart), boucher. *Arch. lég.*, IIᵉ part., *statuts*, Iᵉʳ vol., 998.

Boutier (Macé), écuyer. *Arch. adm.*, t. III, 110.

Boutilac (Jehan de), seigneur de Semeuze. *Arch. lég.*, Iʳᵉ part., 920.

Boutillier (Deniset le), notaire. *Arch. adm.*, t. III, 836. *Arch. lég.*, IIᵉ part., *statuts*, Iᵉʳ vol., 667, 669, 797, 805, 810, 832.

— (Jehan le), dit Gascars, lieutenant du bailli de Vermandois. *Arch. lég.*, Iʳᵉ part., 481; IIᵉ part., *statuts*, Iᵉʳ vol., 626, 682, 733, 740, 777, 787.

— (Thomas le), maître des eaux et forêts de Champagne. *Arch. lég.*, IIᵉ part., *statuts*, Iᵉʳ vol., 540, 770.

— (Thiébaut), conseiller municipal. *Arch. lég.*, IIᵉ part., *statuts*, Iᵉʳ vol., 637, 638, 756.

— (Baudouin le), échevin. *Arch. adm.*, t. II, 800, 805, 811, 1188; t. III, 188. *Arch. lég.*, IIᵉ part., *statuts*, Iᵉʳ vol., 618, 631, 637, 640, 657, 674, 710, 722.

— (Jacques le), échevin de Reims. *Arch. adm.*, t. III, 690, 692, 704, 706, 733, 830, 834, 836, 842, 888. *Arch. lég.*, IIᵉ part., *statuts*, Iᵉʳ vol., 413, 667? 997.

— (Baudenet le). *Arch. adm.*, t. III, 108. *Arch. lég.*, Iʳᵉ part., 590; IIᵉ part.,

statuts, 1er vol., 428, 580, 623 ? 642, 650, 653.

Boutillier (Henry le). *Arch. adm.*, t. III, 701, 756. *Arch. lég.*, 1re part., 141, voy. Buticularius.

— (J. C.); échevin de Reims. *Arch. adm.*, t. III, 832, 833.

Boutillière (M. la), religieuse cordelière de Reims. *Arch. adm.*, t. III, 835.

Boutroy (Robert), curé de Bièvre. *Arch. lég.*, 1re part., 883.

Boutton (Simon), taillandier. *Arch. lég.*, 11e part., *statuts*, 11e vol., 428.

— (Jacques), taillandier. *Arch. lég.*, 11e part., *statuts.*, 11e vol., 428.

— (Jean). taillandier. *Arch. lég.*, *statuts*, 11e vol., 430 ; *statuts*, 111e vol., 358.

Bouvanches (Prior de). *Arch. adm.*, t. II, 638.

Bouvancourt (village de). *Arch. lég.*, 11e part., *statuts*, 1er vol., 107.

— (église de). *Arch. adm.*, t. I, 887.

— (paroisse de). *Arch. adm.*, t. II, 1056, 1059.

— (presbyter de). *Arch. adm.*, t. II, 1058.

— (Gaubertus de), homme lige de Fourquandus de Vallibus , qui donne ledit et ses héritiers à Saint-Thierry de Reims. *Arch. adm.*, t. I, 629.

Bouvart (Petrus), dictus Chaucon. *Arch. adm.*, t. II, 928, 931.

Bouvellemont (village de). *Arch. leg.*, 1re part., 902, 905 ; 11e part., *statuts*, 111e vol., 391.

Bouvencourt (Gaubertus), voy. Bouvancourt.

Bovencurte (parochia de), voy. Bouvancourt.

Bouves (le P.); provincial des Jésuites. *Arch. lég.*, 11e part., *statuts*, 11e vol., 695.

Bouvians (Thomas), citoyen de Laon. *Arch. adm.*, t. I, 519.

Bouvrie (Madame de la). *Arch. adm.*, t. II, 1075.

Bouxein (Nicolas), laboureur. *Arch. lég.*, 11e part., *statuts*, 111e vol., 258.

Bouxtet (baron de), voy. Horgues (J. de).

Bouy (village de). *Arch. adm.*, t. II, 1117. *Arch. lég.*, 11e part., *statuts*, 111e vol., 394.

— (paroisse de). *Arch. adm.*, t. II, 1119, 1121.

— (Nicolaus), lecteur au séminaire de Reims. *Arch. lég.*, 11e part., *statuts*, 11e vol., 773.

Bouzenet (connétablie de). *Arch. lég.*, 11e part., *statuts*, 11e vol., 1015.

Bouzis, voy. Bouzy.

— (Jehan de), courtier de vins à Reims. *Arch. adm.*, t. III, 742.

Bouzy (village de). *Arch. adm.*, t. I, 415 ; t. II, 1120, 1121. *Arch. lég.*, 1re part., 892, 905.

— (curé de). *Arch. lég.*, 11e part., *statuts*, 1er vol., 566.

— (M. de), élu de Reims. *Arch. lég.*, 11e part., *statuts*, 1er vol., 919.

Bova (Balduinus de), voy. Boves (Bauduin de).

— (villa de). *Arch. lég.*, 11e part., *statuts*, 1er vol., 92, 644.

Bove (Gobert de la), bailli., voy. Bauve.

— (seigneurs de la). *Arch. adm.*, t. III, 411, voy. Barat (J.), Proisy (Loys de), Bohain (J. de).

— (village de), voy. Bova.

— (Caze de la), intendant de Champagne. *Arch. lég.*, 11e part., *statuts*, 11e vol., 845, 848.

— (Barat de la). *Arch. lég.*, 11e part., *statuts*, 1er vol., 622.

— (Robert de la). *Arch. adm.*, t. I, 367.

— (terre de la). *Arch. adm.*, t. II, 380.

— (Ferry de la), seigneur de Cilly. *Arch. lég.*, 1re part., 891.

Bovencort (ecclesia de), voy. Bouvancourt.

Bovelinus, chanoine de Reims. *Arch. adm.*, t. I, 459.

Boves (Baudouin de), capitaine de Reims. *Arch. adm.*, t. II, 787; t. III, 120, 230, 280? 303, 310, 472.

Bovilla (Guillermus de), chanoine de Reims. *Arch. adm.*, t. II, 475.

Bovinæ, voy. Bovines

Bovines (bataille de). Les Champenois et en particulier ceux de Reims, s'y distinguent. *Arch. adm.*, t. I, 493, 1086.

Bovis (Gerardinus de), prévôt de Reims. *Arch. adm.*, t. I, 471.

— (Stephanus), prévôt de Laon. *Arch. adm.*, t. I, 648.

— (Johannes), franc sergent. *Arch. adm.*, t. I, 938.

Bovo (Boucher). *Arch. adm.*, t. I, 829.

— le lamiers. *Arch. adm.*, t. I, 835.

— (clerc). *Arch. adm.*, t. I, 868; *Arch. lég.*, iie part., statuts, ier vol., 65, 85? 168?

— doyen de Châlons. *Arch. adm.*, t. I, 364.

Boy (J. de), chanoine de Reims. *Arch. adm.*, t. I, 970.

— (presbyter de). *Arch. adm.*, t. II, 1118.

— (parochia de), voy. Bouy (paroisse de).

— (Haimmart de). *Arch. adm.*, t. I, 1096.

Boyacourt (village de), le grand archidiacre de Reims est patron dudit. *Arch. adm.*, t. II, 1056.

Boyault (P....), bourgeois de Reims. *Arch. lég.*, iie part., statuts, ier vol., 711.

Boyer (Jean), tisserand. *Arch. lég.*, iie part., statuts, iie vol., 301.

Boyleau (Jean), voy. Boileau (J.).

Boyme (Grand-Jean), sergent du chapitre de Reims. *Arch. adm.*, t. III, 379.

Boyot (Nicolas-François), procureur fiscal. *Arch. lég.*, iie part., statuts, iiie vol., 75.

Boys (village de). *Arch. lég.*, ire part., 879.

— Chastelain (village de). *Arch. lég.*, ire part., 891.

— -sur-Aisne (village de). *Arch. lég.*, iie part., 911.

Brabançons. Le comte de Champagne se sert desdits contre l'archevêque de Reims, Henry de France. *Arch. adm.*, t. I, 369. Cruautés exercées par eux à Reims. *Arch. adm.*, t. I, 376; t. II, 853.

Brabant (paroisse de). *Arch. adm.*, t. II, 1121.

— voy. Braiban.

— (presbyter de). *Arch. adm.*, t. II, 1122.

— (village de), voy. Braibentium (villa).

— (chapelle de). *Arch. adm.*, t. II, 1123.

— (autel de), voy. Braibentio (altar de).

— (province de). *Arch. adm.*, t. I, 655. *Arch. lég.*, iie part., statuts, ier vol., 388.

— (duc de). *Arch. lég.*, iie part., statuts, ier vol., 793.

— (Henry de), voy. Bresbant.

Braccarensis ecclesia. *Arch. adm.*, t. I, 169.

Braches (Michel), voy. Brachet.

Brachet (Michel de), chanoine de Reims. *Arch. adm.*, t. III, 25.

— (Regnault), cordonnier. *Arch. lég.*, iie part., statuts, iie vol., 238.

— (Jehan). *Arch. lég.*, iie part., statuts, ier vol., 345.

Bracheul, voy. Bracheux.

Bracheux (village de). *Arch. lég.*, ire part., 894, 920.

Braciator, voy. Fenorum Braciatores.

Braciés, sorte de mesure. *Arch. adm.*, t. I, 911.

Braconnier (B...), bourgeois de Reims.

Arch. lég., ıı^e part., *statuts*, ı^{er} vol., 782.

Bractum (braie, haut-de-chausses). *Arch. adm.*, t. I, 624.

Braella (villa de). *Arch. adm.*, t. I, 593, 595, 597, voy. Bresle.

Braga (concile de). *Arch. adm.*, t. I, 105.

Braiban (Olricus de), censitaire de Reims. *Arch. lég.*, ıı^e part., *statuts*, ı^{er} vol., 166.

— (Ernaudius), censitaire de Saint-Remi. *Arch. lég.*, ıı^e part., *statuts*, ı^{er} vol., 166.

— (Jehan), conseiller à Reims. *Arch. lég.*, ıı^e part., *statuts*, ı^{er} vol., 637, 651, 655, 659, 675, 696, 722, 726, 734, 740, 745, 756.

— (J. de), hostellier. *Arch. adm.*, t. II, 508.

— (Mathildis de), censitaire de Saint-Remi. *Arch. lég.*, ıı^e part., *statuts*, ı^{er} vol., 165.

— (Gervinus de). *Arch. lég.*, ıı^e part., *statuts*, ı^{er} vol., 165.

— (Guiardus), censitaire de Saint-Remi. *Arch. lég.*, ıı^e part., *statuts*, ı^{er} vol., 165.

— (Erlaudus de). *Arch. lég.*, ıı^e part., *statuts*, ı^{er} vol., 166.

Braibentium (villa). *Arch. adm.*, t. I, 346. *Arch. lég.*, ıı^e part., *statuts*, ı^{er} vol., 84, 107. voy. Brabant.

Braibentio (altar de). *Arch. lég.*, ıı^e part., *statuts*, ı^{er} vol., 67, 84.

Brailoteau (Jean), cordonnier. *Arch. lég.*, ıı^e part., *statuts*, ıı^e vol., 238.

Braine (comté de). *Arch. adm.*, t. III, 216, 232, 234.

— (comtesse de), voy. Sarrebruche (Guillemette de), Yolanda.

— (Godefroy de), cède certains droits de justice à Saint-Pierre-aux-Dames de Reims. *Arch. adm.*, t. I, 205, 206.

— (ville de), *Arch. adm.*, t. I, 205, 206, 382, 566, 667, 724, 1086; t. III, 57. *Arch. lég.*, ıı^e part., *statuts*, ıı^e vol., 579, 628, voy. Brana.

Braine (Adam de). *Arch. adm.*, t. III, 46, 47.

— (Henry de), archevêque de Reims, voy. Brana (Henricus de).

— (comte de). L'archevêque de Reims lui confie la garde du château de Porte-Mars. *Arch. adm.*, t. III, 111.

Braio (Ida de). *Arch. adm.*, t. I, 353.

— S. Victoris-Parisiensis (prior de). *Arch. adm.*, t. II, 638.

Brancart (M. de), seigneur de Magneux. *Arch. adm.*, t. II, 1061.

Brana (Henricus de), archevêque de Reims, fortifie le château de Porte-Mars. *Arch. adm.*, t. I, 12. Découverte du cercueil dudit, 724, 1086. *Arch. lég.*, ıı^e part., *statuts*, ı^{er} vol., 84, 101, 118. Attaques violentes dudit contre les franchises de l'échevinage, *statuts*, ıı^e vol., 610. Exactions dudit sur les bourgeois, 611; impôt qu'il met sur ceux-ci, *ibid.*, 612, 615.

— voy. Braine.

— voy. S. Yvodius.

— -Cluniacensis (prior de). *Arch. adm.*, t. II, 634.

Brancecourt, voy. Branscourt.

— (parrochia de), voy. Branscourt.

— (terra de), voy. Branscourt.

— (presbyter de), voy. Branscourt.

— (Lyonnet de). *Arch. adm.*, t. II, 779.

— voy. Brancuria (villa de), voy. Branscourt.

Branchon (Henricus), bourgeois du ban Saint-Remi de Reims. *Arch. adm.*, t. I, 838.

Brancicura (Johannes de). *Arch. adm.*, t. II, 927, 932, 1039.

— voy. Branscourt.

Brancourt (sieur de), voy. Paris (Oudart de), Valet (Guill. de), Fremyn (Louis).

Brancourt (curé de), voy. Branscourt.

— voy. Brancuria villa.

— (Johannes de), voy. Brancicuria (J. de).

— (prêtre de), voy. Branscourt.

Brancuria (villa de). *Arch. adm.*, t. II, 930. *Arch. lég.*, ire part., 754, 877, voy. Branscourt.

Brandevilla, voy. Brandeville.

Brandevilla (presbyter de). *Arch. adm.*, t. II, 1092.

— (parrochia de), voy. Brandeville (paroisse de).

— (patronagium de). *Arch. adm.*, t. II, 1094. *Arch. lég.*, iie part., *statuts*, iie vol., 636.

Brandeville (personatus de). *Arch. lég.*, iie part., *statuts*, iie vol., 637.

— (paroisse de). *Arch. adm.*, t. II, 1092.

Brandoulz (Petit), bourgeois de Reims. *Arch. lég.*, ire part., 564.

Branæ comitissa, voy. Braine (comtesse de).

Branges (village de). *Arch. lég.*, ire part., 893.

Branne. voy. Braine, Brennes.

Brannecourt, voy. Branscourt.

— (Johannes de), voy. Brancicuria (Johannes de).

Branscourt (curé de). *Arch. adm.*, t. I, 650.

— (sieur de), voy. Brancourt.

— (paroisse de). *Arch. adm.*, t. II, 1059, 1060.

— voy. Brancuria (villa de).

Branzonis-curte (altar de). *Arch. adm.*, t. I, 288, voy. Branscourt (autel de).

Braquense capitulum. *Arch. adm.*, t. II, 634, 1038, 1070, 1071, 1078, 1091, voy. Braux (chap. de).

Braquenses canonici. *Arch. adm.*, t. II, 1044, voy. Braux (chanoines de).

Braquenses capellani, vide Placencia (Giffardus de).

Braquensis ecclesia. *Arch. adm.*, t. II, 1044, voy. Braux (église de).

— ecclesiæ prepositi, vide Cherboignia (Ponsardus de), Cherboigne (Gauchier de).

— prepositura, voy. Braux (prévôté de).

Braquet (Robinet), aliter Luceron, bourgeois de Reims, accusé de meurtre. *Arch. adm.*, t. III, 446, 448, 458.

Branscourt (paroisse de) *Arch. adm.*, t. II, 1059, 1060.

— (terre de). *Arch. adm.*, t. II, 928, 933.

— (prêtre de). *Arch. adm.*, t. II, 1060.

— (ville de), voy. Brancuria. (villa de),

— (autel de), voy. Branzonis - curte (altar de).

Braquis (parrochia de), voy. Braux (paroisse de). *Arch. adm.*, t. II, 1070.

— de-Imperio (presbyter de). *Arch. adm.*, t. II, 1071, 1080.

— (capitulum de), voy. Braquense capitulum.

Brasé (Jacques), échevin. *Arch. adm.*, t. II, 36.

Brassée, voy. foin (brassée de), avoine.

Brasseurs de foin, voy. Reims (brasseurs de foin de).

Brau (Jean), épicier. *Arch. lég.*, *statuts*, iiie vol., 229.

Braulart, boucher de Reims. *Arch. adm.*, t. II, 981 ; t. III, 68, 71.

— (Érart), sergent royal. *Arch. lég.*, ire part., 531.

— (Mahiel), exécuté à Reims sur le ban du chapitre par ordre du bailli de Vermandois. *Arch. lég.*, iie part., *statuts*, ier vol., 567.

Brauleya(Ægidius de), chanoine de Reims. *Arch. adm.*, t. II, 475.

Braux (chapitre de), voy. Braquense capitulum.

— (chanoines de), voy. Braquenses canonici.

— (doyenné de). *Arch. adm.*, t. II, 1070.

— (église de), voy. Braquensis ecclesia.

— (Irbays de). *Arch. adm.*, t. I, 313.

— (ville de). *Arch. adm.*, t. I, 329. *Arch. lég.*, ı^{re} part., 607; ıı^e part., *statuts*, ı^{er} vol., 175, 176; *statuts*, ııı^e vol., 390.

— (paroisse de), voy. Braquis (parrochia de).

— (chapelain de), voy. Braquensis capellanus.

— (prévôté de). *Arch. lég.*, ıı^e part., *statuts*, ı^{er} vol., 171, 180, 183, 189, 191, 244.

— (église de), voy. (B.), doyen des passementiers de Reims. *Arch. lég.*, ıı^e part., *statuts*, ııı^e vol., 306.

— (A.), passementier, juré de Reims. *Arch. lég.*, ıı^e part., *statuts*, ııı^e vol., 306.

— (Prévôt de), voy. Braquensis ecclesiæ prepositus.

— Saint-Remy (village de). *Arch. adm.*, t. I, 329; t. III, 606. *Arch. lég.*, ıı^e part., *statuts*, ı^{er} vol., 243.

Bray (Jean de), lieutenant du bailli de Vermandois. *Arch. lég.*, ıı^e part., *statuts*, ııı^e vol., 614.

— en-Laonnais (ville de). *Arch. lég.*, ı^{re} part., 877, 899, 905.

— en-Thierasche (ville de). *Arch. lég.*, ı^{re} part., 887, 899.

— (ville de). *Arch. adm.*, t. I, 638, 788, 789. *Arch. lég.*, ı^{re} part., 910, 920; ıı^e part., *statuts*, ı^{er} vol., 169.

— sous-Clamecy (ville de). *Arch. lég.*, ı^{re} part., 919.

— (Jehan-Petit), marchand. *Arch. lég.*, ıı^e part., *statuts*, ı^{er} vol., 946.

Braye (Jehan de). *Arch. adm.*, t. II, 732.

Brayer (Jehan), cordier. *Arch. lég.*, ıı^e part., *statuts*, ıı^e vol., 212.

Brayum, voy. Bray.

Braynne (A. de), général réformateur des monnaies. *Arch. adm.*, t. III, 310.

Brayo (Guillemus de), cardinal-archidiacre de Reims. *Arch. adm.*, t. I, 510, 789, 894; t. II, 99. *Arch. lég.*, ıı^e part., *statuts*, ı^{er} vol., 71, 78, 116.

Brazier (G. le), bourgeois de Reims. *Arch. adm.*, t. III, 17.

Brébant (village de). *Arch. lég.*, ıı^e part., *statuts*, ııı^e vol., 390.

Brebantio (parrochia de), voy. Brabant (par. de).

— (altar de). *Arch. lég.*, ıı^e part., *statuts*, ı^{er} vol., 67.

Brebantium, voy. Brebant.

Brebentioni, voy. Brabançons.

Brebis (J.), harangier. *Arch. adm.*, t. II, 775.

— (dîme des), voy. ovium decima.

Breboennes, Montis-S.-Eligii (prior de). *Arch. adm.*, t. II, 638.

Breceium, voy. Brecy.

Breceyo (parrochia de), voy. Brecy (paroisse de).

— (altar de). *Arch. adm.*, t. I, 274, voy. Brecy (autel de).

Breché (Michel de), chanoine de Reims, voy. Braché.

Brechez (Michel), voy. Brachet.

Brechier (Jacobus), prêtre. *Arch. lég.*, ıı^e part., *statuts*, ı^{er} vol., 118.

Brecy (village de). *Arch. adm.*, t. II, 1099, voy. Brecium.

— (Maltheus de). *Arch. lég.*, ıı^e part., *statuts*, ı^{er} vol., 106.

— (presbyter de). *Arch. adm.*, t. II, 1100.

— (autel de), voy. Breceyo (altar de).

— (paroisse de). *Arch. adm.*, t. II, 1100.

Brecy (Galcherus de). *Arch. lég.*, iie part , *statuts*, ier vol., 106.

Bredaine (Noël), procureur à Laon. *Arch. lég.*, ire part., 921.

Bredé (Thierry), boulanger. *Arch. adm.*, t. II, 779.

Bredeneio-S.-Richasii-in-Pontivo (prior de). *Arch. adm.*, t. II, 640.

Breffort (Jacques), perruquier. *Arch. lég.*, iie part., *statuts*, iiie vol., 193.

— (François), perruquier. *Arch. lég.*, iie part., *statuts*, iiie vol., 193, 194, 198, 199.

Brégny (village de). *Arch. lég.*, ire part., 891.

Brehier (Jehan). *Arch. adm.*, t. II, 893 ; t. III, 68, 796.

— (Jehan), dit Machefain. *Arch. adm.*, t. III, 894, 895.

— (Jehanson), voy. Brehier (Jean).

— voy. Wyet.

Brelan (jeu de), usité à Reims. *Arch. lég.*, iie part., 65, 496, *statuts*, ier vol., 347.

Brelou (Jehan), bourgeois de Reims. *Arch. adm.*, t. III, 841. *Arch. lég.*, iie part., *statuts*, ier vol., 626, 629, 632, 633, 636, 639, 640, 641, 644, 647, 649, 652, 655, 658.

Brelout (J....), voy. Brelou.

Bremenses archiepiscopi, voy. Hartwicus.

Bremericourt (Willeaume de), bourgeois de Reims. *Arch. adm.*, t. I, 740.

— (village de), voy. Bermericourt.

Bremericurte (decima de). *Arch. adm.*, t. I, 380. *Arch. lég.*, iie part., *statuts*, ier vol., 99.

— (presbyter de). *Arch. adm.*, t. II, 1060.

Bremericurtis (villa), voy. Bermericourt.

Bremont (M. de), seigneur de Bouzy. *Arch. adm.*, t. II, 1120.

Bremontel (bois de). *Arch. adm.*, t. II, 1148.

Bremontel (ville de). *Arch. adm.*, t. III, 586.

Brena (M. de), archidiacre délégué par le pape pour faire prêter le serment à l'archevêque de Reims. *Arch. adm.*, t. I, 224, 534.

Brenay (prior de). *Arch. adm.*, t. II, 638.

Brengue (village de). *Arch. lég.*, ire part., 902.

Brenna (Erardus de). Démélés dudit avec Blanche, comtesse de Champagne. *Arch. adm.*, t. I, 501.

— (R. de), trésorier. *Arch. adm.*, t. II, 1031.

Brenot (village de). *Arch. lég.*, ire part., 919.

Breox, voy. Braux.

Bréquigny. *Arch. adm.*, t. I, 24, 26, 35. Capitulaires d'Hincmar omis par ledit dans son *Diplomata*, 39, 45, 53, 57, 65, 93, 98, 204, 223, 229, 230, 234, 258, 261, 287, 301, 303, 320, 323, 337, 346, 349, 360, 416, 431, 584.

Bresbant (Henry de), marchand de Malines. *Arch. adm.*, t. III, 840.

Bresché (Jehan), accusé d'exactions et pilleries sur les habitants de Reims. *Arch. lég.*, iie part., *statuts*, ier vol., 818.

— (Robinet), accusé d'exaction sur les habitants de Reims. *Arch. lég.*, iie part., *statuts*, ier vol., 818, 826, 828.

Breschel (Robinet), voy. Bresché.

Brèse (Pierre la), bourgeois de Reims. *Arch. adm.*, t. I, 301.

Brésil (bois du). Emploi dudit défendu dans la fabrication des draps à Reims. *Arch. lég.*, iie part., *statuts*, iie vol., 876, 878, 881, 889, 891, 897, 900.

Breslay, procureur du cardinal de Bourbon. *Arch. lég.*, iie part., *statuts*, iie vol., 8.

Bresle, voy. Braella.

Bret (M. le), avocat. *Arch. lég.*, 11ᵉ part., *statuts*, 111ᵉ vol., 13.

Bretagne (Claude), bourgeois de Reims. *Arch. lég.*, *statuts*, 111ᵉ vol., 250.

— (duc de). Rang dudit à la cérémonie du sacre. *Arch. adm.*, t. II, 575. *Arch. lég.*, 11ᵉ part., *statuts*, 1ᵉʳ vol., 835.

— (duché de). *Arch. lég.*, 11ᵉ part., *statuts*, 1ᵉʳ vol., 809, 810.

— (Blanc de), petite monnaie. *Arch. adm.*, t. III, 736.

— (province de). *Arch. lég.*, 1ʳᵉ part., 889; 11ᵉ part., *statuts*, 1ᵉʳ vol., 497, 603, 800, 813, 842; *statuts*, 111ᵉ vol., 742.

Bretèche, voy. Bretechia.

Bretechia. *Arch. adm.*, t. III, 225.

Bretenayo (Radulphus de), bourgeois de Reims, tué dans cette ville. *Arch. adm.*, t. III, 145.

Breteuil (ville de). *Arch. adm.*, t. III, 79.

Brethemet, clerc de Reims. *Arch. adm.*, 785.

Bretheuil, voy. Faignon (Jean).

Bretigniaco (Philippus de), official de Reims. *Arch. adm.*, t. I, 914, 1017.

— Cluniacensis (prior de). *Arch. adm.*, t. II, 634.

Bretignières (M. de), rapporteur dans le procès des notaires de Reims. *Arch. lég.*, 11ᵉ part., *statuts*, 111ᵉ vol., 548, 556.

Bretigny (village de). *Arch. lég.*, 1ʳᵉ part., 887.

Bretiniaco (Philippus de), official de Reims, voy. Bretigniaco.

— (Allodium de). *Arch. lég.*, 11ᵉ part., *statuts*, 1ᵉʳ vol., 65.

Breton (Yves le), maître des pavillons du roi. *Arch. adm.*, t. II, 487.

— (H. le), messager du roi. *Arch. adm.*, t. II, 832.

Breton (Jennin le), boutillier. *Arch. adm.*, t. III, 757, 760, 767. *Arch. lég.*, 11ᵉ part., *statuts*, 1ᵉʳ vol., 615, 742, 746.

— (Olivier le), mercier. *Arch. adm.*, t. III, 793, 836.

— (Jehan le), sergent du roi. *Arch. lég.*, 11ᵉ part., *statuts*, 1ᵉʳ vol., 591, 615, 628, 635, 637, 642, 654, 675, 709, 733, 739.

— (R... le), bourgeois de Reims. *Arch. lég.*, 11ᵉ part., *statuts*, 1ᵉʳ vol., 781.

— (Guillaume le). Citation de la Philippide dudit. *Arch. adm.*, t. I, 464. *Arch. lég.*, 11ᵉ part., *statuts*, 1ᵉʳ vol., 862.

Bretons. Louis XI accuse les habitants de Reims d'avoir voulu livrer leur ville auxdits et aux Anglais. *Arch. lég.*, 11ᵉ part., *statuts*, 1ᵉʳ vol., 825.

Bretoys (Henry le), charpentier. *Arch. adm.*, t. III, 751.

Breuil (Jehan de), sergent. *Arch. adm.*, t. II, 652.

— (M. du), seigneur de Villars-devant-Mézières. *Arch. adm.*, t. II, 1078.

— (village du). *Arch. adm.*, t. II, 1060. *Arch. lég.*, 11ᵉ part., *statuts*, 1ᵉʳ vol., 167, 169.

— (château du). *Arch. adm.*, t. II, 1073.

— (paroisse de), voy. Brolio (parr. de).

— -sur-Bar (village de). *Arch. lég.*, 1ʳᵉ part., 910.

Breuil (village de). *Arch. adm.*, t. II, 349, 387, 388; voy. *Arch. lég.*, 1ʳᵉ part., 754; voy. Brolium.

— (Pierre de), bourgeois de Reims. *Arch. adm.*, t. III, 837, 841.

Breul (du), éditeur d'Aimoin, allégué au sujet des comtes de Reims. *Arch. adm.*, t. I, 85.

Brevay (village de). *Arch. lég.*, 1ʳᵉ part., 919.

Brevet (Terricus de), prêtre du diocèse de Trèves. *Arch. lég.*, 1re part., 96.

Bréviaire, voy. Breviarium, voy. Diocèse de Reims (bréviaire du).

Breviarium, voy. Bréviaire. *Arch. adm.*, t. III, 773.

Brevilly (village de). *Arch. adm.*, t. II, 1085.

— (parochia de). *Arch. adm.*, t. II, 1087.

— (presbyter de). *Arch. adm.*, t. II, 1090.

Breyefort, voy. Ourmeaulx (Jean des).

Bria, voy. Brie (pays de).

— (G. de), archidiacre de Reims. *Arch. adm.*, t. II, 418.

— (Johannes de), chanoine de Reims. *Arch. adm.*, t. I, 510, 714. *Arch. lég.*, IIe part., *statuts*, 1er vol., 69, 70, 105, 106, 115?

— (Thomas de), diacre. *Arch. lég.*, IIe part., *statuts*, 1er vol., 74, 92, 119.

Brial (dom), bénédictin. Recherches dudit sur la pairie alléguées. *Arch. adm.*, t. I, 373, 666.

Briaigne (Bernier de), pelletier. *Arch. adm.*, t. I, 1095.

Briaingna (Renaudus de), écuyer. *Arch. adm.*, t. II, 118, 120, 121, 124, 127, 134, 136, 138, 141, 143, 146, 152, 155, 161, 187, 194, 199, 428.

— (Fratres de), voy. Brienne (frères de).

— (Raoulinus de), écuyer. Exactions et meurtres commis par ledit contre les habitants de Reims. *Arch. adm.*, t. II, 118, 120, 122, 127, 134, 136, 138, 141, 143, 146, 152, 155, 161, 187, 194, 199, 392, 428.

Briaingne (ville de), voy. Brienne.

Briardus, orfèvre à Reims. *Arch. adm.*, t. I, 525.

Briart, voy. Gaite.

Briart (Remy), majeur du chapitre à Beru. *Arch. adm.*, t. III, 383.

Briaucourt (hameau de). *Arch. adm.*, t. II, 1075.

Bricart (Jehan), forgeron. *Arch. adm.*, t. III, 106.

— (Bertrand), bourgeois de Reims. *Arch. adm.*, t. III, 459, 723.

Briccius, évêque, faussement accusé et réhabilité au concile de Turin. *Arch. adm.*, t. I, 194.

Brice de Vaus, échevin, voy. Vaus (Brice de).

Bricellus, citoyen de Laon. *Arch. adm.*, t. I, 519.

Bricet-le-Chien, pelletier. *Arch. adm.*, t. II, 603.

— Cul-de-Leu, bourgeois de Reims. *Arch. adm.*, t. II, 904, 911.

— Malecanche, prévôt de Fîmes. *Arch. adm.*, t. II, 1243, 1244.

Brichotel (Jehan), bourgeois de Reims. *Arch. adm.*, t. III, 836.

Bricolium. *Arch. adm.*, t. II, 636.

Bricongne (Robert de la), écuyer. *Arch. adm.*, t. II, 544.

Bricogne (Guido de), écuyer. *Arch. lég.*, IIe part., *statuts*, 1er vol., 104.

Briconnet (Guillelmus), archevêque de Reims. *Arch. adm.*, t. III, 851. *Arch. lég.*, IIe part., *statuts*, 1er vol., 846, 849.

— (Robertus), archevêque de Reims. *Arch. lég.*, 1re part., 745.

Bricquet (Pierre), boulanger. *Arch. lég.*, IIe part., *statuts*, IIe vol., 219.

— (Jeanne), veuve de Henri Tassin, bourgeois de Reims. *Arch. lég.*, IIe part., *statuts*, IIe vol., 226, 227.

— (Jacques), cordonnier. *Arch. lég.*, IIe part., *statuts*, IIe vol., 238.

Bricot (Gérard), curé d'Avègres. *Arch. lég.*, 1re part., 884.

Bricot-la-Ville. *Arch. lég.*, 1re part., 902.

Bricquot, voy. Bricot-la-Ville.

Bricy (maison de). *Arch. adm.*, t. II, 1094.

Bridoue (Perardus) , alias de S. Marco, voy. Bridoul.

Bridoul, fils de Garnier de S. Marc, bourgeois de Reims. *Arch. adm.*, t. II, 95.

— de Saint-Marc (Pierre), citoyen de Reims. *Arch. adm.*, t. II, 663, 678.

Brie, Champagne et Brie (comté de).

— (pays de), *Arch. adm.*, t. I, 541. *Arch. lég.*, IIe part., statuts, 1er vol., 698 ; statuts, IIe vol., 829, 830.

— (T... de). *Arch. lég.*, IIe part., statuts, 1er vol., 615.

— -Comte-Robert (ville de). *Arch. lég.*, IIe part., statuts, IIIe vol., 532.

Briena (Galterus comes de). *Arch. lég.*, 1re part., 452.

— voy. Brienne.

Brienne (comtes de), voy. Briena (Galterus de) ; Brienne (Loménie de).

Brienne (Loménie comte de), conseiller d'État. *Arch. lég.*, IIe part., statuts, IIe vol., 138, 666? statuts, IIIe vol., 390.

— (ville de). *Arch. adm.*, t. I, 1070 ; t. II, 88, 120, 126, 127, 187, 392. *Arch. lég.*, IIe part., statuts, IIIe vol., 390.

— (frères de), Tuent et dévalisent les bourgeois de Reims. *Arch. adm.*, t. II, 120, 127, 128, 133, 139, 141, 142, 158, 160, 179, 231, 419. Cause de la guerre qu'ils firent aux bourgeois de Reims, 430, 582.

Brière avocat. *Arch. lég.*, IIe part., statuts, IIIe vol., 740, 741.

Brières (village de). *Arch. adm.*, t. II, 1099.

— -sur-Aisne (ville de). *Arch. adm.*, t. II, 1100.

Briet-le-Boulangier. *Arch. adm.*, t. II, 38.

— (Huet) Charlier. *Arch. adm.*, t. III, 38, 39.

Briet (Jehan), chanoine et avocat en cour d'église. *Arch. adm.*, t. III, 352, 765, 870.

Brietus de Burgo, voy. Bourg Briet (du).

Brieul-sur-Meuse (paroisse de), voy. Brieulles.

— sur-Bar (paroisse de), voy. Brieulles.

— sur-Meuse, voy. Brieulles-sur-Meuse.

Brieulles-les-Bourgeois (village de). *Arch. lég.*, 1re part., 902.

— sur-Meuse. *Arch. lég.*, 1re part., 905, 911, 919 ; IIe part., statuts, IIe vol., 606; statuts, IIIe vol., 51, 388, 391? 394.

— (prêtre de), voy. Brioliis (presbyter).

— sur-Bar (paroisse de). *Arch. adm.*, t. II, 1095.

— sur-Meuse (paroisse de). *Arch. adm.*, t. II, 1092.

Briex (comte de), seigneur de Bantheville. *Arch. adm.*, t. II, 1093.

Briffaut (Colardus), notaire à Reims. *Arch. adm.*, t. II, 308, 673?

— (Jehan), élu de Reims. *Arch. lég.*, 1re part., 896 ; IIe part., statuts, 1er vol., 994 ; statuts, IIIe vol., 44.

— sergent de la vicomté de Reims. *Arch. lég.*, IIe part., statuts, 1er vol., 345.

— (P.), bourgeois de Reims. *Arch. lég.*, IIe part., statuts, 1er vol., 748.

Brigosus (querelleur). *Arch. adm.*, t. III, 477.

Brigot, bourgeois, pris en flagrant délit de chasse sur le ban de Saint-Remi de Reims. *Arch. lég.*, 1re part., 494.

Brillet (Jehan), homme de loi. *Arch. lég.*, 1re part., 879, 893, 897.

Brimericurte (Radulfus de), Miles. *Arch. adm.*, t. II, 278.

— (decima de). *Arch. lég.*, IIe part., statuts, 1er vol., 94.

Brimericurtis, voy. Rimaucourt?

Brimont (village de). *Arch. adm.*, t. I, 441, 1090; t. II, 555, 1063, 1064; 1146; t. III, 108, 156, 380, 586. *Arch. lég.*, 1re part., 754, 876, 902, 905; 11e part., *statuts*, 1er vol., 88, 92, 93, 104; *statuts*, 11e vol., 963.

— (pierre de) employée aux constructions de Reims. *Arch. adm.*, t. II, 1142.

— (carrières de). *Arch. adm.*, t. II, 1147.

— (Jehan de), bourgeois de Reims. *Arch. adm.*, t. II, 395; t. III, 452.

— (curé de) voy. Maupyn (Nicole).

— (Jacques de), clerc. *Arch. adm.*, t. II, 533, 604 ?

— (presbyter de). *Arch. adm.*, t. II, 1063.

— (patronage de), voy. Brimonte (p. de).

— (altar de). *Arch. adm.*, t. II, 1063.

Brimonte (patronagium de). *Arch. adm.*, t. II, 1065.

Brimontel (Jacques de), bourgeois de Reims. *Arch. adm.*, t. III, 109.

— (Jehan Goingnon de), sergent du chapitre de Reims. *Arch. adm.*, t. III, 379.

— (personatus de). *Arch. lég.*, 11e part., *statuts*, 11e vol., 636.

— (village de). *Arch. adm.*, t. II, 1090; t. III, 586, 865; *Arch. lég.*, 1re part., 754, 876, 902, 905; 11e part., *statuts*, 1er vol., 68, 96.

— (prebendiers de), voy. Brimontello (prebend. de).

— (Mareson de), bourgeois de Reims. *Arch. adm.*, t. II, 923.

— (Ponce de), béguine. *Arch. adm.*, t. III, 106.

— (Meline de), béguine. *Arch. adm.*, t. III, 106.

— (paroisse de), voy. Brimontello (parrochia de).

— (patronage de), voy. Brimontello (patronagium de).

— (four de), voy. Brimontello (furnus de).

Brimontello (parrochia de). *Arch. adm.*, t. II, 1063.

— (patronagium de). *Arch. adm.*, t. II, 1065.

— (furnus de). *Arch. lég.*, 11e part., *statuts*, 1er vol., 63.

— (prebendarii de). *Arch. lég.*, 11e part, *statuts*, 1er vol., 81.

Brindois (Nicolas), tisserand. *Arch. lég.*, 11e part., *statuts*, 11e vol., 302.

Brinon-l'Archevêque (ville de). *Arch. lég.*, 11e part., *statuts*, 1er vol., 599.

Brinont (Jehannet de), parcheminier. *Arch. adm.*, t. III, 836.

Briocensis (episcopus), voy. Laval (Petrus de), voy. Saint-Brieux (évêque de).

Briois (Pierre), bourgeois de Reims. *Arch. lég.*, *statuts*, 11e vol., 53.

Brioiz (J....), pourpoingueur. *Arch. adm.*, t. II, 529.

Brioliis (parrochia de), voy. Brieul-sur-Meuse (paroisse de); Brieulles-sur-Bar.

Brioliis (capellania de). *Arch. adm.*, t. II, 1097.

Brioliis (presbyter de). *Arch. adm.*, t. II, 1093, 1097.

Briolle, voy. Binel.

Brion de la Couture, voy. Couture (Brion de).

Brion (Michel), notaire à Attigny. *Arch. lég.*, 11e part., *statuts*, 111e vol., 264.

Brionne (ville de). *Arch. adm.*, t. II, 328.

Briotin (N....), bourgeois de Reims, soupçonné d'hérésie. *Arch. lég.*, 11e part., *statuts*, 1er vol., 907.

— (Jehan), échevin de Reims, sieur de Seuil. *Arch. lég.*, 11e part., *statuts*, 1er vol., 865, 890, 897, 898; *statuts*, 11e vol., 4.

— (G....), bourgeois de Reims. *Arch.*, *lég.*, 11e part., *statuts*, 1er vol., 770, 772, 776, 780, 787, 865.

Briotin (S....), bourgeois de Reims. *Arch. lég.*, iie part., *statuts*, i^{er} vol., 770.

— (P....), bourgeois de Reims. *Arch. lég.*, iie part., *statuts*, i^{er} vol., 870.

Brioude (comte de). *Arch. lég.*, iie part., *statuts*, iiie vol., 52.

— (chanoines de). *Arch. lég.*, iie part., *statuts*, iiie vol., 52.

Brioullart (Drouin), maître cordonnier. *Arch. lég.*, iie part., *statuts*, iie vol., 263.

Briquars (Ponsart), couvreur. *Arch. adm.*, t. II, 269.

Briquenay (village de). *Arch. adm.*, t. II, 1095, voy. *Arch. lég.*, iie part., *statuts*, iiie vol., 393, voy. Briquenayum.

— (paroisse de). *Arch. adm.*, t. II, 1097.

— (patronage de). *Arch. adm.*, t. II, 1098.

— (prêtre de), voy. Briquenayo (presbyter de).

— (seigneur de), voy. Fressencourt (Réné de); voy. Joyeuse (marquis de).

Briquenayo (presbyter de). *Arch. adm.*, t. II, 1095.

— (parrochia de), voy. Briquenay (paroisse de).

Briquenayum, voy. Briquenay.

Briquet (connétablie de). *Arch. lég.*, iie partie, *statuts*, iie vol., 1015.

— (S....), quincaillier. *Arch. lég.*, iie part., *statuts*, iiie vol., 358.

— (N. R....), quincaillier. *Arch. lég.*, iie part., *statuts*, iiie vol., 358.

— (N. E...), quincaillier. *Arch. lég.*, iie part., *statuts*, iiie vol., 358.

Bris (village de). *Arch. lég.*, i^{re} part., 900, 903.

Brisard (Jehan), curé de Pierremande. *Arch. lég.*, i^{re} part., 886.

Brisare (Briser). *Arch. adm.*, 862.

Brisebarre, censitaire de Reims. *Arch. lég.*, iie part., *statuts*, i^{er} vol., 170.

Brisecoing (Jehan), sergent du roi. *Arch. lég.*, iie part., *statuts*, i^{er} vol., 589.

Brissart (Jehan). *Arch. lég.*, i^{re} part., 667, 889.

Brisset (Germain), bourgeois de Reims. *Arch. lég.*, iie part., *statuts*, iie vol., 479, 929.

— (Marie), femme de Georges Varlet, bourgeois de Reims, fonde en cette ville la maison de l'Enfant Jésus. *Arch. lég.*, iie part., *statuts*, i^{er} vol., 129.

— (Martin), procureur. *Arch. lég.*, iie partie, *statuts*, iiie vol., 259.

Brisson, auteur de divers traités de jurisprudence. *Arch. adm.*, t. I, 19.

Britaniæ, vicomitessa. Patronne de la chapelle de Mareuil. *Arch. adm.*, t. II, 1123.

Britannia, voy. Bretagne. *Arch. lég.*, iie part., *statuts*, i^{er} vol., 85.

Britanniæ comes. *Arch. adm.*, t. I, 591, vide Petrus.

Britolium. *Arch. adm.*, t. II, 636, voy. Breteuil.

Britobaudis, serf de l'église de Reims. *Arch. adm.*, t. I, 16.

Britonis (Johannes), bourgeois de Reims. *Arch. lég.*, iie part., *statuts*, i^{er} vol., 92, 121.

— (Yvo), prêtre. *Arch. lég.*, iie part., *statuts*, i^{er} vol., 106, 122.

Brieulet (voirie de). *Arch. adm.*, t. III, 610.

Brizeaux (village de). *Arch. lég.*, i^{re} part., 905, 919.

Brizieux (Thiebaut), priseur juré à Reims. *Arch. adm.*, t. III, 737.

Bro, notaire au Châtelet de Paris. *Arch. lég.*, iie part., *statuts*, i^{er} vol., 255, 279, 284, 293, 304.

Brocart (Jennin), grangier. *Arch. adm.*, t. III, 757.

Brochardus (comes). *Arch. adm.*, t. I, 172, 173.

Brochart (R...), bourgeois de Reims. *Arch. lég.*, IIe part., *statuts*, Ier vol., 770, 776.

— (Pierre), bourgeois de Reims. *Arch. lég.*, IIe part., *statuts*, Ier vol., 770.

Brochet (Jean), tisserand. *Arch. lég.*, *statuts*, IIe vol., 297.

Brochier (Thiébaut), bourgeois de Reims. *Arch. adm.*, t. III, 129.

Brochain, voy. Ambonnay (Thiébaut d').

Brodare (Broder). *Arch. adm.*, t. III, 769.

Brodeau (Sébastien), religieux de Saint-Remi de Reims. *Arch. lég.*, IIe part., *statuts*, Ier vol., 203, 217, 219.

Brodel, voy. Drouet.

— (Jean-Baptiste), notaire à Verzy. *Arch. lég.*, IIe part., *statuts*, IIIe vol., 243, 256, 258.

Brodelas (Jehan le), bourgeois de Reims. *Arch. adm.*, t. II, 1243.

Brodier (Jehan), pannellier. *Arch. adm.*, t. II, 487.

Brodin (Perart), boulanger. *Arch. adm.*, t. III, 842.

Brodura, fortasse bordura (bordure). *Arch. lég.*, IIe part., *statuts*, Ier vol., 71.

Brogly (M. de), seigneur de Pargny. *Arch. adm.*, t. II, 1105.

Brognon (village de). *Arch. adm.*, t. II, 1074.

Brolio-Sicco-in-Flagiaco (prior de). *Arch. adm.*, t. II, 636.

— (Parochia de). *Arch. adm.*, t. II, 1057, voy. Breuil (Par. du).

— (presbyter de). *Arch. adm.*, t. II, 1058.

Brolium, voy. Breuil.

Brollart (Adam), chevalier. *Arch. adm.*, t. I, 545, 546.

Brondon (Jean), curé de Sapogne. *Arch. lég.*, Ire part., 882, 887.

Brool (Ecclesia Matrix de). *Arch. adm.*, t. I, 329.

Brosse (M. de), gouverneur pour le roi à Reims. *Arch. lég.*, IIe part., *statuts*, Ier vol., 708.

Brouage (ville du). *Arch. lég.*, IIe part., *statuts*, Ier vol., 509.

Brouaigne (Jehan de), tonnelier. *Arch. adm.*, t. III, 836.

Bronain-Super-Chesum, maison du comte de Bar. *Arch. adm.*, t. II, 154.

Brouart (R...), fermier général. *Arch. lég.*, IIe part., *statuts*, Ier vol., 924.

Brouet (Jehan), voy. Telmont.

— (Arnoult), boucher. *Arch. lég.*, IIe part., *statuts*, Ier vol., 998.

— (Girardin), boucher. *Arch. lég.*, IIe part., *statuts*, Ier vol., 998.

Brouillat (Renaudus), bourgeois de Reims. *Arch. adm.*, t. II, 403.

Brouillet (village de). *Arch. adm.*, t. II, 1059, 1060. *Arch. lég.*, Ire part., 904, 905.

— (sieur de), voy. Moet (Jehan).

Broyart (Rogier), boucher. *Arch. adm.*, t. III, 485.

— (Pierre), boucher. *Arch. adm.*, t. III, 486, 487.

— (Raulin), boucher. *Arch. adm.*, t. III, 493.

Broye (Barbin de), seigneur d'Autry. *Arch. adm.*, t. II, 1099.

— (château de), Philippe de Valois s'y réfugie après la bataille de Crécy. *Arch. adm.*, t. II, 1155.

— (seigneur de). *Arch. adm.*, t. II, 1155.

Bruant-le-Leu (Pelletier). *Arch. adm.*, t. II, 327.

Bruant (B...), échevin de Reims. *Arch. adm.*, t. III, 311.

Brucca (villa). *Arch. adm.*, t. I, 326, 330.

Brucelles (Jehan de), cordonnier à Reims. *Arch. adm.*, t. III, 25.

— (Pierre de), voy. Bruxelles.

Bruel (Ponsart de), marchand de bestiaux à la Neufville lez Reims. *Arch. adm.*, t. III, 468.

Brueres (Ebrardus de), Miles. *Arch. adm.*, t. I, 360.

Brueriis (Jacobus de). *Arch. adm.*, t. II, 385.

— (Petrus de), châtelain de Laon. *Arch. adm.*, t. I, 643.

— (Johannes de). *Arch. adm.*, t. I, 846.

Bruette (Hel. de la), conseiller du roi. *Arch. adm.*, t. II, 1159.

Brugæ, voy. Bruges (ville de).

Bruges (ville de). *Arch. adm.*, t. I, 548; t. II, 28, 639; t. III, 173, 840. *Arch. lég.*, II⁰ part., *statuts*, I⁰ʳ vol., 613, 835; *statuts*, II⁰ vol., 898, voy. Brugæ.

— (Florin de). *Arch. adm.*, t. III, 733.

— (écu de). *Arch. adm.*, t. III, 736.

— (Thomas de). *Arch. adm.*, t. I, 905.

— (Huet de). *Arch. adm.*, t. II, 424.

— huissier, voy. Brugis (Stephanus).

Brugis (Stephanus de), huissier du parlement. *Arch. adm.*, t. II, 879, 881. *Arch. lég.*, II⁰ part., *statuts*, III⁰ vol., 747.

Bruians (Theobaldus le), citoyen de Reims. *Arch. adm.*, t. II, 1206.

— (Colossonnus le), citoyen de Reims. *Arch. adm.*, t. II, 1206.

— (Jean), épicier. *Arch. lég.*, *statuts*, III⁰ vol., 94.

— voy. Bruyant.

Bruiot (Colard le), bourgeois de Reims. *Arch. adm.*, t. III, 836.

Brukes (terra de). *Arch. lég.*, II⁰ part., *statuts*, I⁰ʳ vol., 167.

Brulart (Guillaume), prêtre. *Arch. lég.*, II⁰ part., *statuts*, I⁰ʳ vol., 817, 820.

Brulart, archidiacre. Discours dudit contre le roi de Navarre. *Arch. lég.*, II⁰ part., *statuts*, I⁰ʳ vol., 924.

— (Jehan), procureur de l'archevêché de Reims. *Arch. lég.*, I⁰ᵉ part., 482, 573, 583; II⁰ part., *statuts*, I⁰ʳ vol., 587, 591, 653, 714? 731, 736, 749, 947.

— (Pierre), conseiller au parlement. *Arch. lég.*, I⁰ᵉ part., 889.

— (Nicolas), garde des sceaux de France. *Arch. lég.*, II⁰ part., *statuts*, II⁰ vol., 648.

— (François), abbé de la Valleroy, fondateur du collége des Jésuites à Reims. *Arch. lég.*, II⁰ part., *statuts*, II⁰ vol., 712, 713.

— (Colas), sergent du roi. *Arch. lég.*, II⁰ part., *statuts*, I⁰ʳ vol., 591.

Brulé (moulin de). *Arch. adm.*, t. I, 81, 663. Cédé par l'archevêque Gervais au chapitre. *Arch. lég.*, II⁰ part., *statuts*, I⁰ʳ vol., 569.

— (Jehan), (hôtel de). *Arch. lég.*, I⁰ᵉ partie, 509, 529.

— (Gauchier). *Arch. lég.*, II⁰ part., *statuts*, I⁰ʳ vol., 249.

— (Jehan) écuyer. *Arch. lég.*, II⁰ part., *statuts*, I⁰ʳ vol., 626.

Brully (Jehan), bourgeois de Reims. *Arch. adm.*, t. II, 802.

Brun (P. le), sergier. *Arch. adm.*, t. II, 826.

— (Costel) messager. *Arch. adm.*, t. II, 840.

— (Simon le), bourgeois de Reims. *Arch. adm.*, t. III, 832, 842. *Arch. lég.*, II⁰ part., *statuts*, II⁰ vol., 212.

— (Jehan le), barbier. *Arch. lég.*, II⁰ part., *statuts*, I⁰ʳ vol., 980; *statuts*, III⁰ vol., 400?

— (Symonnet), voy. Brun (Simon le).

Brune, voy. Joutière.

Brunehaume (J. de), notable de Reims. *Arch. adm.*, t. II, 527.

Brunehaumez (J. de), fèvre. *Arch. adm.*, t. II, 1135.

— (Colart), échevin. *Arch. adm.*, t. II, 916.

Brunel (H.), bourgeois de Reims. *Arch. adm.*, t. III, 820, 823.

— (Jehan), prévôt de Laon. *Arch. lég.*, Iᵣᵉ part., 506? 571; IIᵉ part., *statuts*, Iᵉʳ vol., 626, 682.

Brunelli (Guillelmus), conseiller du roi. *Arch. adm.*, t. III, 843, 844, 848.

Brunet (Jehan), châtelain du ban saint Remi. *Arch. lég.*, Iᵣᵉ part., 493, 546; IIᵉ part., *statuts*, Iᵉʳ vol., 630, 648, 651, 665, 667, 672, 696, 701, 709, 738.

— (Gérard), maître tonnelier. *Arch. lég.*, IIᵉ part., *statuts*, IIᵉ vol., 413, 421.

Brunhamel (village de). *Arch. lég.*, Iᵣᵉ partie, 903; IIᵉ part., *statuts*, IIIᵉ vol., 71.

Brunnum, lieu des environs de Reims. *Arch. adm.*, t. I, 29.

Bruno, archidiacre de Reims. *Arch. adm.*, t. I, 333.

— évêque de Langres. *Arch. adm.*, t. I, 115, 117, 118, 143, 156, 157, 174, 175. *Arch. lég.*, IIᵉ part., *statuts*, Iᵉʳ vol., 66.

— ermite. *Arch. lég.*, IIᵉ part., *statuts*, Iᵉʳ vol., 95.

— archevêque de Cologne. *Arch. lég.*, IIᵉ part., *statuts*, Iᵉʳ vol., 96.

Brunon, auteur des Lettres sur les exactions des seigneurs de Rumigny contre les habitants de Reims. *Arch. adm.*, t. I, 269.

Bruslé (Pierre), sergent de Saint-Remi. *Arch. lég.*, IIᵉ part., *statuts*, IIᵉ vol., 546.

Brussart (Hugo), censitaire de Saint-Remi. *Arch. lég.*, IIᵉ part., *statuts*, Iᵉʳ vol., 166.

Brusset (Regnault), sergent du bailli de Reims. *Arch. lég.*, IIᵉ part., *statuts*, IIᵉ vol., 237.

Brussy (Jean de), savetier. *Arch. lég.*, IIᵉ part., *statuts*, IIᵉ vol., 239, 264.

— (Jacques), pannelier. *Arch. lég.*, IIᵉ part., *statuts*, IIᵉ vol., 336.

Brutine (Hersent la), bourgeoise de Reims. *Arch. adm.*, t. II, 42.

Brutobaude, voy. Britobaudus.

Brutus, sénateur romain, cité dans les statuts de l'université de Reims. *Arch. lég.*, IIᵉ part., *statuts*, IIᵉ vol., 736.

Bruxelle (Poncelet), tondeur de drap. *Arch. lég.*, IIᵉ part., *statuts*, IIᵉ vol., 394.

— (Nicolas), tondeur de drap. *Arch. lég.*, IIᵉ part., *statuts*, IIᵉ vol., 394, 395.

— (André), tondeur de drap. *Arch. lég.*, IIᵉ part., *statuts*, IIᵉ vol., 395.

Bruxelles (Pierre de), bourgeois de Reims. *Arch. adm.*, t. III, 840. *Arch. lég.*, IIᵉ part., *statuts*, Iᵉʳ vol., 944.

— (Jean), religieux réformé de Saint-Remi de Reims. *Arch. lég.*, IIᵉ part., *statuts*, Iᵉʳ vol., 199, 204, 211, 216, 219, 229.

— (chapitre de), voy. Bruxellense capitulum.

Bruxellense capitulum. *Arch. adm.*, t. II, 640.

Bruy (village de). *Arch. lég.*, Iᵣᵉ part., 919.

Bruyant (Gérard), épicier. *Arch. lég.*, IIᵉ part., *statuts*, IIᵉ vol., 978.

Bruyer, bourgeois de Reims. *Arch. adm.*, t. III, 68.

Bruyères (curé de), voy. Santerre (Olivier).

Bruyères-en-Laonnois (village de). *Arch. adm.*, t. III, 143. *Arch. lég.*, IIᵉ part., *statuts*, IIᵉ vol., 10.

Bruyères (village de). *Arch. adm.*, t. I, 25. *Arch. lég.*, Iᵣᵉ part., 900.

Bruyn (Simon le), sergent du bailli de

v

130   TABLE GÉNÉRALE

Reims. *Arch. lég.*, iie part., *statuts*, iie vol., 328.

Bruzac, officier du roi. *Arch. lég.*, iie part., *statuts*, i^{er} vol., 650.

Buat (Claude), chanoine de Châlons. *Arch. lég.*, i^{re} part , 878, 880, 897.

— (Nicole), curé de Saint-Remi-de-Marson. *Arch. lég.*, i^{re} part., 885.

— (Mathieu), religieux de Saint-Remi de Reims. *Arch. lég.*, iie part., *statuts*, i^{er} vol., 203, 217, 219.

Bubeis (Willelmus de), notable de Reims. *Arch. adm.*, t. I, 333.

Bucardus, inscrit dans l'obituaire de Reims. *Arch. lég.*, iie part., *statuts*, i^{er} vol., 75.

Buceneio (altar de). *Arch. adm.*, t. I, 254, 274.

Buchardus de Montemorenciaco, vide Montemorenciaco (Buchardus de).

Buchardus, sous-diacre et chanoine. *Arch. lég.*, iie part., *statuts*, i^{er} vol., 96.

Buchardus , abbé de Saint-Bâle. *Arch. adm.*, t. I, 245.

Buchelle (Jean), cordonnier. *Arch. lég.*, iie part., *statuts*, iie vol., 239.

Buchères (village de). *Arch. lég.*, iie part., *statuts*, iiie vol., 394.

Buchet (Nicolas), fermier général des aides à Reims. *Arch. lég.*, iie part., *statuts*, i^{er} vol., 960, 964, 969, 971.

Buchette (Aubry), charpentier. *Arch. adm.*, t. III, 842; *Arch. lég.*, iie part., *statuts*, i^{er} vol., 915.

Buchia (bûche). *Arch. lég.*, iie part., *statuts*, i^{er} vol., 45. Condition imposée aux chanoines de Reims pour obtenir ladite), 128.

Bucillis-pro-ham (abbas de). *Arch. adm.*, t. I, 314; t. II, 1027, 1037, 1072, 1073, 1074.

Bucilly (abbés de), voy. Petrus, Azo.

Bucilly (monastère de). *Arch. adm.*, t I, 314.

— -lez-Ham (abbé de), voy. Bucillis-pro-ham.

Bucy (Symon de). *Arch. adm.*, t. II, 651, 732; t. III, 251, 255, 259, 288.

— (Ponsard de). *Arch. adm.*, t. II, 809.

— (Jacobus de), chapelain perpétuel de l'église de Reims. *Arch. adm.*, t. III, 364, 419.

— (Regnault de). *Arch. adm.*, t. III, 798.

— -lez-Cerny (village de). *Arch. lég.*, i^{re} part., 887, 900.

— -sur-Aisne. *Arch. adm.*, t. II, 932. *Arch. lég.*, i^{re} part., 889.

— -lez-Pierrepont. *Arch. lég.*, i^{re} part., 889, 900, 909.

Budé (G....), maître des garnisons du roi. *Arch. adm.*, t. III, 832.

— voy. Dreux.

Buée (Jesson), hocquetonnier de Reims. *Arch. adm.*, t. II, 1176.

Buef (Simon le), maçon. *Arch. adm.*, t. III, 831.

— (Henry le), chaussetier. *Arch. adm.*, t. III, 836.

— (Quarrel du). *Arch. adm.*, t. I, 1013; t. II, 507, 518.

— (Thomas le), mercier. *Arch. adm.*, t. I, 958; t. II, 499, 823.

— (Jehan le), bourgeois de Reims. *Arch. adm.*, t. II, 603, 682.

Buène de Goussancourt, voy. Goussancourt (Buène de).

Buenèles, tailleur de robes. *Arch. adm.*, t. II, 269.

Buenzares (Thomas), bourgeois de Reims. *Arch. adm.*, t. I, 839.

Buergoigne (village de), voy. Bourgogne.

Bueria fortasse bovaria (étable à bœufs, métairie). *Arch. lég.*, iie part., *statuts*, i^{er} vol., 86.

Bues (Baudemens le). *Arch. adm.*, t. I, 1118.

— (Oudinus le), aliter Corfaus. *Arch. adm.*, t. II, 282.

Buesart (Thomas), bourgeois de Reims. *Arch. adm.*, 976.

Bueur (Gérard le), curé d'Aires. *Arch. lég.*, 1re part., 884.

Buève (Sebylle la), bourgeoise de Reims. *Arch. adm.*, t. II, 779.

Buevelet-Raulet, bourgeois de Reims. *Arch. adm.*, t. I, 1126.

Bufés (Raoulés), bourgeois de Reims. *Arch. adm.*, t. I, 730.

Buffet (Jehan), dit Gaillard, bourgeois de Reims. *Arch. adm.*, t. II, 904.

— (Pierre), mégissier. *Arch. lég.*, IIe part., *statuts*, IIe vol., 265.

— (Oudinet), bourgeois de Reims. *Arch. lég.*, IIe part., *statuts*, IIIe vol., 31.

— voy. Echevinage de Reims (buffet de l').

Buffetus. *Arch. adm.*, t. I, 1018. *Arch. lég.*, IIe vol., *statuts*; Ier vol., 116, 162, voy. Buffet.

Bugnicourt (dîme de). *Arch. adm.*, t. III, 610.

— (J....), bourgeois de Reims. *Arch. lég.*, IIe part., *statuts*, Ier vol., 770.

Buignicus (Gerardus de), prêtre et chanoine. *Arch. lég.*, IIe part., *statuts*, Ier vol., 77.

Buillart (Milles), bourgeois de Reims. *Arch. adm.*, t. II, 803, 806, 808.

Buillegium, voy. Builleium.

Builleium. *Arch. lég.*, IIe part., *statuts*, Ier vol., 80, voy. Builly.

Buillomio (prior de). *Arch. adm.*, t. II, 1030.

Buillon (Godefridus), voy. Bouillon (Godefroy de).

— (Cérigne de), bourgeoise de Reims. *Arch. adm.*, t. I. 775.

Builly (presbyter de). *Arch. adm.*, t. II, 1051, 1052.

— (village de), voy. Bouilly.

Buinart, vigne (la) appartenant au couvent de Saint-Symphorien de Reims. *Arch. adm.*, t. I, 914.

— (Robinet), valet d'Adam Noel, bourgeois de Reims. *Arch. adm.*, t. III, 17.

Buinarville (Gérard de), charbonnier. *Arch. adm.*, t. III, 128.

— (Thierry de), charbonnier. *Arch. adm.*, t. III, 128.

— (Collesson de), charbonnier, *Arch. adm.*, t. III, 129.

Buinius, inscrit dans l'obituaire de Reims. *Arch. lég.*, IIe part., *statuts*, Ier vol., 80.

Buious (Gautier), bourgeois de Reims. *Arch. adm.*, t. I, 972.

Buireuse (la), fruitière de Reims. *Arch. adm.*, t. II, 685.

Buirevilles (seigneurie de), appartient à la maison de Coucy. *Arch. lég.*, 1re part., 889.

Buiron (Aubri), dit Appartelet, citoyen de Reims. *Arch. adm.*, t. I, 937, 987, 1080; t. II, 162, 603, 651, 663, 788, 805, 806, 822, 838, 983, 986, 1136; t. III, 14, 16, 17, 20, 22, 24, 26, 28, 34, 35, 38, 39, 44, 48, 71, 98, 105, 188, 393.

— Régnier (porte de), voy. Renier-Buiron.

— (Jehan), échevin. *Arch. adm.*, t. II, 464, 581, 603, 756, 762, 772, 800, 802, 807, 825, 839, 856, 857, 894, 895, 899, 901, 903, 908, 910, 916, 978, 981, 983, et seq., 992, 993, 994, 996, 998, 999, 1000, 1005, 1007, 1008, 1009, 1162, 1175, 1179, 1181, 1188, 1189, 1191, 1193, 1194, 1196, 1201; t. III, 19, 36, 118, 285, 885, 887. *Arch. lég.*, IIe part., *statuts*, Ier vol., 532.

Buiron (Perrart), bourgeois de Reims, voy. Buiron Perrardus.

— (Aubericus), dictus Appartelet, voy. Buiron (Aubri).

— (Thomas), échevin. *Arch. adm.*, t. II, 10, 230, 651, 655, 756, 804; t. III, 311, 691, 833, 841. *Arch. lég.*, 1re part., 561; 11e part., *statuts*, 1er vol., 397, 453, 539, 612? 614, 616, 621, 625, 647.

— (Jacobus), bourgeois de Reims. *Arch. adm.*, t. I, 618.

— (Robertus), bourgeois de Reims. *Arch. adm.*, t. II, 204, 299.

— (Petrus), chanoine. *Arch. adm.*, t. II, 912.

— (Renier). *Arch. adm.*, t. II, 319, voy. Renier-Buiron (porte de).

— (Oudinus), bourgeois de Reims. *Arch. adm.*, t. II, 655, 814.

— (Thomas), dit Renart, échevin. *Arch. adm.*, t II, 800, 810; t. III, 34, 36, 37, 39, 40, 44, 836.

— (Oudart), bourgeois de Reims. *Arch. adm.*, t. II, 97, 161, 736, 867, 895, 1220.

— (Didier), bourgeois de Reims. *Arch. adm.*, t. III, 865.

— (Wauthier), bourgeois de Reims. *Arch. adm.*, t. I, 764.

— (Thomas), dit le Cot, voy. Buiron Thomasset.

— (Robertus), bourgeois de Reims. *Arch. adm.*, t. II, 655, 810.

— (Perrardus), dictus Wardemer. *Arch. adm.*, t. II, 651? Assassiné à Reims, 655.

— (Albricus), voy. Buiron (Aubri).

— (Thomasset), dit le Coc. *Arch. adm.*, t. II, 678, 690, 807, 825.

— voy. Burdin.

— (Remions), bourgeois de Reims. *Arch. adm.*, t. II, 780, 806.

Buiron (Gérart), bourgeois de Reims. *Arch. adm.*, t. II, 788, 804, 986; t. III, 36.

Buironne (Marie la), bourgeoise de Reims. *Arch. adm.*, t. II, 603.

— (Pasque la). *Arch. adm.*, t. II, 603.

— (Sebille la). *Arch. adm.*, t. III, 20.

— (Rose la), abbesse des Cordelières de Reims. *Arch. adm.*, t. III, 834.

— (Helvidis la), veuve de Baudon l'Enfumé, bourgeois de Reims. *Arch. adm.*, t. I, 1021; t. II, 546.

— (Marguerite la), bourgeoise de Reims. *Arch. adm.*, t. II, 546.

Buirot (Jean le), prévôt de Reims. *Arch. lég.*, 1re part., 551, 570, 572; 11e part., *statuts*, 1er vol., 591? 615, 667, 670, 725, 729, 740.

Buissellus (boisseau), vide terræ Buissellus, Frumenti buiss.

Buissenot (Baudesson), mercier. *Arch. lég.*, 11e part., *statuts*, 1er vol., 820.

Buisset (Arthus), cordonnier. *Arch. lég.*, 11e part., *statuts*, 11e vol., 238.

Buisseyum, voy. Buissy.

Buisseyo (Henricus de), chanoine. *Arch. lég.*, 11e part., *statuts*, 1er vol., 69.

— (Robertus de), diacre et chanoine. *Arch. lég.*, 11e part., *statuts*, 1er vol., 87.

Buissiaco (Habericus dominus de), voy. Buissy (Herbert de).

Buissière (Yève de la), chanoine de Reims. *Arch. adm.*, t. III, 25, 28, 39.

Buissolio (presbyter de). *Arch. adm.*, t. II, 1120.

Buissonno (Isabella domicella de). *Arch. adm.*, t. II, 105.

Buissy (Herbert de), noble de Reims. *Arch. adm.*, t. II, 193, 216, 408.

— (Simon de), conseiller du roi. *Arch. adm.*, t. II, 831, 837, 839, 843.

— (Ponsart de), bourgeois de Reims, ac-

cusé de meurtre. *Arch. adm.*, t. II, 902, 903, 904, 908.

Buissy (Jehan de), receveur des tailles. *Arch. adm.*, t. II, 44; t. III, 128. *Arch. lég.*, ı^{re} part., 494, 503, 506, 537, 541, 547.

— (Raoulet de), tenancier de l'archevêque de Reims. *Arch. adm.*, t. III, 660. *Arch. lég.*, ıı^e part., *statuts*, ı^{er} vol., 631.

— (Jacques de), vicomte de Reims. *Arch. adm.*, t. III, 793.

— (presbyter de). *Arch. adm.*, t. II, 1099.

Buiteus (Robin le), tailleur de robes. *Arch. adm.*, t. II, 43.

— (J. de), voy. Buissy (Jean de).

Buizency (presbyter de), voy. Buzancy.

Bulain (village de). Contribue aux frais des fortifications de Reims. *Arch. adm.*, t. I, 1089.

— (Jehan de), bourgeois de Reims. *Arch. adm.*, t. II, 906.

Bulchardus, abbé de Saint-Bâle. Anniversaire dudit. *Arch. lég.*, ıı^e part., *statuts*, ı^{er} vol., 69.

Buleteau (J....), grand prieur de Saint-Remi. *Arch. lég.*, ıı^e part., *statuts*, ı^{er} vol., 774.

Buletellus (tamis, bluteau). *Arch. adm.*, t. II, 956.

Buletier (Jehan le), estaminier. *Arch. adm.*, t. III, 836.

Bulinghera (Hubertus de), censitaire de Saint-Remi. *Arch. lég.*, ıı^e part., *statuts*, ı^{er} vol., 166.

Bullion (Gabriel-Jérôme de), prévôt de Paris. *Arch. lég.*, ıı^e part., *statuts*, ıı^e vol., 624.

Bullionense beneficium. *Arch. adm.*, t. I, 281.

Bullis-de-Verzalayo (prior de). *Arch. adm.*, t. II, 636.

Bully, procureur. *Arch. lég.*, ıı^e part., *statuts*, ıı^e vol., 747.

Bulon (Jehan), sergent de l'archevêque de Reims. *Arch. adm.*, t. III, 380.

Bulson (paroisse de). *Arch. adm.*, t. II, 1089, voy. Blesson (parrochia de).

— (village de). *Arch. lég.*, ıı^e part., *statuts*, ı^{er} vol., 106.

Bunarville (ville de). *Arch. adm.*, t. III, 607.

Bunna (capella de). *Arch. adm.*, t. I, 313.

Bunnarium. *Arch. adm.*, t. I, 249.

Bunnarvilla, voy. Bunarville.

Bunnarvilla (presbyter de). *Arch. adm.*, t. II, 1101.

Bunot (Pierre), notaire à Vitry. *Arch. lég.*, ıı^e part., *statuts*, ıı^e vol., 268.

Buppura (villa). *Arch. adm.*, t. I, 326, 330.

Buppuræ alodium. *Arch. adm.*, t. I, 330.

Burchardus, fils du comte anglais Algar. Don fait à Saint-Remi par ce dernier, à l'occasion de la mort dudit. *Arch. adm.*, t. I, 207. *Arch. lég.*, ıı^e part., *statuts*, ı^{er} vol., 169.

— abbé de Saint-Remi de Reims, signe à la charte de l'archevêque Manassès, en faveur de l'abbaye de Saint-Denis de Reims. *Arch. adm.*, t. I, 253.

Burche (Rogier de), sergent du chapitre de Reims. *Arch. adm.*, t. III, 24, 25, 28, voy. Burich (Roger de).

Burdaut (Colin), bourgeois de Reims. *Arch. adm.*, t. II, 914.

Burdin (Simonnet), bourgeois de Reims. *Arch. adm.*, t. II, 892, 945.

— (Jehan), bourgeois de Reims. *Arch. adm.*, t. II, 549, 906; t. III, 238, 249, 837.

— (Renault), boulanger. *Arch. adm.*, t. II, 131, 509, 899, 900.

— (dit Buiron), bourgeois de Reims. *Arch. adm.*, t. II, 162, 663.

— (B.), chapelain de Notre-Dame de Reims. *Arch. adm.*, t. II, 526.

— (H.), boulanger. *Arch. adm.*, t. II, 549.

Burdin (R.), charpentier. *Arch. adm.*, t. II, 673.

Burdine (Wedeline la), bourgeoise de Reims. *Arch. adm.*, t. III, 17.

— (Marguerite la), sœur de la précédente. *Arch. adm.*, t. III, 17.

— (Isabel la), sœur de la précédente. *Arch. adm.*, t. III, 17.

— (de Vico-Judeorum), signataire d'une transaction entre les chanoines de Saint-Symphorien de Reims et ceux de Saint-Denis. *Arch. adm.*, t. I, 906. *Arch. lég.*, IIe part., *statuts*, Ier vol., 168? 169?

Bureau, voy. Reims (bureaux de).

— (Jehan), trésorier de France. *Arch. lég.*, IIe part., *statuts*, Ier vol., 762, 764.

Bureau des aides (maison du), de ladite situation à Reims. *Arch. adm.*, t. I, 81.

Bureio (altar de). *Arch. adm.*, t. I, 288.

Bureium, voy. Bury.

Burellus (monceau, tas). *Arch. lég.*, IIe part., *statuts*, Ier vol., 93.

Bures (Sanson de). *Arch. adm.*, t. II, 894.

— (Robin Pintart de), notable de Reims. *Arch. adm.*, t. II, 604.

Burete (Johannes), bourgeois de Reims. *Arch. adm.*, t. II, 981.

Bureti (Egidius), chanoine de Saint-Symphorien de Reims. *Arch. adm.*, t. II, 1038.

Bureto (Zacharias de), chanoine de Reims. *Arch. adm.*, t. II, 1033, 1138.

Bureville (village de). *Arch. lég.*, Ire part., 900.

Burge, pierre tendre servant aux constructions intérieures à Reims. *Arch. adm.*, t. I, 722.

Burgen (Johannes), citoyen de Reims. *Arch. adm.*, t. I, 1019.

Burgenses, voy. Sancti Quinctiniburgenses. Remensis archiepiscopi burg.

Burgensis (Jérôme), évêque de Châlons. *Arch. lég.*, Ire part., 877.

Burgensis (Robertus), bourgeois de Reims. *Arch. adm.*, t. I, 843, 865.

— (Jo.....), chanoine de Reims. *Arch. lég.*, IIe part., *statuts*, Ier vol., 117.

Burgensenses, voy. Reims, Chaudarde (bourgeois de).

Burgesia (bourgeoisie). *Arch. adm.*, 450, 876, voy. Reims (bourgeoisie de).

Burgi-Vidulæ Majoria, voir Bourg-de-Vesle (mairie de).

Burgo (Radulfus de), chanoine. *Arch. adm.*, t. I, 491.

— (parochia de), voy. Bourg (paroisse de).

— (Gerbaudus de), bourgeois de Reims. *Arch. adm.*, t. I, 824, 863.

— (Curati de), voy. Fontenelles (Petrus de), Robins (Petrus de).

— (Johannes de), chanoine de Reims. *Arch. adm.*, t. III, 876. *Arch. lég.*, IIe part., *statuts*, Ier vol., 118.

— (Domus Dei de). *Arch. adm.*, t. II, 1111.

— (Simon de), notable de Reims. *Arch. adm.*, t. I, 415.

— (Huetus de), notable de Reims. *Arch. lég.*, IIe part. *statuts*, Ier vol., 79.

Burgondia (Johannes de), diacre. *Arch. lég.*, IIe part., *statuts*, Ier vol., 122.

Burgondiensis (Symon), chanoine de Reims. *Arch. lég.*, IIe part., *statuts*, Ier vol., 107.

Burgundi (Petrus), citoyen de Reims. *Arch. adm.*, t. III, 434, 436, 438.

Burgundia, voy. Bourgogne.

— (Potestates de). *Arch. adm.*, t. II, 386.

— (Robinus de), clerc. *Arch. adm.*, t. II, 735.

— (Petrus de), Miles. *Arch. adm.*, t. I, 373.

— (Fulco de), citoyen de Reims. *Arch. adm.*, t. I, 935.

Burgundia (Poncardus de). *Arch. lég.*, iie part., *statuts*, i^{er} vol., 107.

— (Odo de), bourgeois de Reims. *Arch. adm.*, t. II, 201, 340. *Arch. lég.*, iie part., *statuts*, i^{er} vol., 117, 121.

— (Mareson de), bourgeois de Reims. *Arch. adm.*, t. II, 923.

— (Johanna de), prévenue d'escroquerie. *Arch. adm.*, t. III, 541.

— (Miletus de), voy. Bourgogne (Miles de).

Burgundiæ (dux), voy. Bourgogne (duc de).

— (prebendarii). *Arch. lég.*, iie part., *statuts*, i^{er} vol., 64.

Burgundus (Hugo), archidiacre de Reims. *Arch. adm.*, t. I, 491, 513. *Arch. lég.*, iie part., *statuts*, i^{er} vol., 74, 116.

Burgus. Vide Sancti Dionysii; Sancta Maria (burg. de); Sancti Nicasii; Sancti Remigii; Sancti Symphoriani; Vidulæ; Vrilly.

Buri (village de), voy. Bury.

— (Johannes de), voy. Buris (Joh. de).

Buriaudi, curia. *Arch. lég.*, iie part., *statuts*, i^{er} vol., 102.

Buridan, commentateur de la coutume de Reims. *Arch. adm.*, t. I, 494. *Arch. lég.*, iie part., *statuts*, iiie vol., 42.

Burie (rivière de), fréquentée par les baigneurs de Reims. *Arch. lég.*, iie part., *statuts*, i^{er} vol., 142.

Burigniaco (furnus de). *Arch. lég.*, iie part., *statuts*, i^{er} vol., 97.

Burigniacum, voy. Burigny.

Burigny (village de). *Arch. adm.*, t. I, 270, 1090; t. II, 385, 1062; t. III, 379, 588, 627. *Arch. lég.*, i^{re} part., 754, 904, voy. Baviscium.

— (Ernaut-Jedon de), mis à la prison de l'archevêque de Reims pour avoir mené du blé à Reims sans payer le mesurage. *Arch. adm.*, t. III, 379.

— les-Vitry. *Arch. lég.*, i^{re} part., 876; *statuts*, iiie vol., 37.

Burigny (four de), voy. Burigniaco (furnus de).

Buris (Johannes de), archidiacre et notaire à Reims. *Arch. adm.*, t. II, 229; t. III, 837?

Burnons, lieu des environs de Reims. *Arch. lég.*, iie part., *statuts*, i^{er} vol., 167.

Burnoust (Petrus), huissier au parlement. *Arch. adm.*, t. III, 191, 237, 665.

Buron (Oudinetus), dictus Cornufle, voy. Buiron (Oudart).

— (Thomas), voy. Buiron.

Bursaldus, signataire d'une charte de Henry de Troyes, comte palatin, qui exempte de la taille les hommes de Saint-Remi de Reims. *Arch. adm.*, t. I, 328.

Bursarius (J.), chapelain de l'église de Reims. *Arch. adm.*, t. II, 1037.

Bursarius (boursier), voy. Reims (boursiers de).

Bury (Rogier de), sergent du chapitre de Reims. *Arch. adm.*, t. III, 38, 39.

— (Jehan de), voy. Buris (Johannes de).

— (altar de). *Arch. adm.*, t. I, 354.

— (village de), t. I, 354; t. II, 1121.

Bus (Jehan du), sergent du bailliage de Reims. *Arch. lég.*, i^{re} part., 540; iie part., *statuts*, i^{er} vol., 591, 729.

Busancy (Colart de). *Arch. adm.*, t. II, 107.

— (village de). *Arch. lég.*, iie part., *statuts*, iiie vol., 388, 393.

Buschet (Perressonus), lieutenant du prévôt de Castro. *Arch. adm.*, t. II, 725.

Busceniaco (altar de), voy. Buceneio.

Busseillis (abbas de), voy. Bucilly (abbé de).

Busseio (Robertus de), chanoine. *Arch. adm.*, t. I, 424. *Arch. lég.*, iie part., *statuts*, i^{er} vol., 93, 171.

Busseium, voy. Bussy.

Bussio (Robertus de), diaconus, voy. Busseio.

Bussolio (parrochia de), voy. Bisseuil (paroisse de).

Bussolium, voy. Bisseuil.

Bussy (Hébert de), voy. Buissy

— (Ponsart de), voy. Buissy.

— (village de). *Arch. adm.*, t. I, 321 ; t. II, 1100. *Arch. lég.*, iie part., *statuts*, iiie vol., 389, voy. Busseium.

— (Jacques de), curé de Saint-Michel de Reims. *Arch. adm.*, t. III, 867, 871.

— (Jehan de). *Arch. adm.*, t. III, 871.

— les-Pierrepont, voy. Bucy.

— Lestrée (village de). *Arch. lég.*, i^{re} part., 919.

Bustellus, voy. Boisseau.

But (hameau de). *Arch. adm.*, t. II, 1078.

Buticula (panier à poisson). *Arch. adm.* ? t. II, 956.

Buticularius, vide S. Remigii butic. *Arch. adm.*, t. I, 414.

— (Henricus), voy. Boutillier (Henry le).

Butier (Guillaume), maître des œuvres à Reims. *Arch. lég.*, iie part., *statuts*, iie vol., 369.

Butri (Willelmus), censitaire de Saint-Remi de Reims. *Arch. lég.*, iie part., *statuts*, i^{er} vol., 167.

Buxelio (Stephanus de), Miles. *Arch. adm.*, 353.

Buxeuil, voy. Buxitum.

— (altar de), voy. Buxut.

Buxito, vide S. Hilarii (altar de), voy. Buxut.

Buxitum. *Arch. adm.*, t. III, 11, voy. Buxut, Buxeuil.

Buxstellus, voy. Boisseau.

Buxut (altar de). *Arch. adm.*, 263, 355, voy. Buxeuil.

Buyères (Gérard de), procureur. *Arch. lég.*, i^{re} part., 889.

Buz (village de). *Arch. lég.*, i^{re} part., 885, 905, 909.

Buzancourt (village de). *Arch. lég.*, iie part., *statuts*, iie vol., 860.

Buzancy (parrochia de). *Arch. adm.*, t. II, 1095, 1096.

— (dominus de). *Arch. adm.*, t. II, 1097.

— (presbyter de). *Arch. adm.*, t. II, 1096.

Buzy (terroir de). *Arch. adm.*, t. II, 1100.

Byaufort (ville de), en l'archevêché de Trèves. *Arch. adm.*, t. III, 278.

Byaunes (Gerand de), voy. Biaune.

C.

Cabanel (M.), seigneur de péage d'Anglure. *Arch. lég.*, iie part., *statuts*, iiie vol., 388.

Cabaret (Huet), bourgeois de Reims. *Arch. adm.*, t. II, 149.

— (J...), élu de Reims. *Arch. lég.*, iie part., *statuts*, i^{er} vol., 734, 745.

Cabaretiers, voy. Reims (cabaretiers de).

Cabé (Pernet), sergent royal. *Arch. lég.*, iie part., *statuts*, i^{er} vol., 531.

Cabert (Jehan), échevin de Reims. *Arch.*

lég., iie part., *statuts*, i^{er} vol., 453, 517, 539, 574, 508, 592, 612, 616, 617, 620, 621, 622, 624 et seq., 629, 632, 633, 636, 637, 638, 640, 642, 643, 644, 647, 649, 653, 655, 657, 666, 670, 678, 683, 689, 691, 695, 702, 711, 715, 725, 733, 950 ; *statuts*, iie vol., 114.

— (G...), échevin. *Arch. lég.*, iie part., *statuts*, i^{er} vol., 658.

Cabilone (Theobaldus de), voy. Châlons (Thibaut de).

Cabilone (Petrus), voy. Châlons (Pierre de).
— (Giletus de), voy. Châlons (Gilet de).
— (Johannes), voy. Châlons (Jehan de).
Cabillonensis episcopus, voy. Châlons-sur-Saône (évêque de). *Arch. adm.*, t. I, 449.
Cabon, grand vicaire de Saint-Denis, voy. Carbon.
Cabriart (J...), bourgeois de Reims. *Arch. lég.*, IIe part., *statuts*, Ier vol., 862, 863.
Cabot (Jehan), habitant de Reims, accusé de blasphème. *Arch. lég.*, IIe part., *statuts*, IIe vol., 65, 66.
Cabour (Thomas de), échanson du roi. *Arch. adm.*, t. II, 483.
Cabuta, vide Cambuta
Caby (Perrinet), complice des meurtres et pilleries commises par Raulin Cochinart, capitaine de Reims. *Arch lég.*, IIe part., *statuts*, Ier vol., 818.
Caca, voy. As-Moës (Aubri).
Cache-Marée, valet de ville à Reims. *Arch. adm.*, t. III, 37.
Cachet (Jehan), curé de Fressencourt. *Arch. lég.*, Ire part., 882.
Cachette (P.), échevin. *Arch. adm.*, t. I, 488; *Arch. lég.*, IIe part., *statuts*, Ier vol., 777.
— (Simon), bourgeois de Reims. *Arch. lég.*, Ire part., 657.
— (H.), bourgeois de Reims. *Arch. lég.*, IIe part., *statuts*, IIe vol., 94.
— (Christophe), échevin. *Arch. lég.*, IIe part., *statuts*, IIe vol., 172.
— (Nicolas), marchand drapier. *Arch. lég.*, IIe part., *statuts*, IIe vol., 391.
— (J...), échevin de Reims. *Arch. lég.*, IIe part., *statuts*, Ier vol., 617, 622.
— (Th...), élu de Reims. *Arch. lég.*, IIe part., *statuts*, Ier vol., 921.
Cacoué (J.) sergier. *Arch. adm.*, t. II, 541.

Cacq, voy. Charbon (Cacq de); Reims (jauge de).
Cadart (Jehan), avocat et échevin. *Arch. lég.*, Ire part., 657, 880, 897; IIe part., *statuts*, Ier vol. 691, *statuts*, IIIe vol., 40, 41, 42.
— (F...), maître sergier. *Arch. lég.*, IIe part., *statuts*, IIe vol., 860.
Cadel (J.), procureur. *Arch. adm.*, t. III, 303.
Cadereaux (Jehannon de), valet des murs de Reims. *Arch. lég.*, IIe part., *statuts*, Ier vol., 584, 585.
Cadevet (Antoine), seigneur de Sery. *Arch. lég.*, Ire part., 920.
— (François de), seigneur des Grandes-Armoises. *Arch. lég.*, Ire part., 921.
Cadi (H...), bourgeois de Reims. *Arch. lég.*, IIe part., *statuts*, Ier vol., 862.
Cadignan (Jean-Chrysostome Dupleix de), vicaire général du diocèse de Reims. *Arch. lég.*, IIe part., *statuts*, Ier vol., 281.
Cadoré (Johannes), bourgeois de Reims. *Arch. adm.*, t. II, 403.
Cadorel (J.), voy. Cadourel.
Cadot, capitaine de bourgeoisie. *Arch. lég.*, IIe part., *statuts*, Ier vol., 979; *statuts*, IIe vol., 1030; *statuts*, IIIe vol., 154? 155.
— (C...), fermier des vins. *Arch. lég.*, IIe part., *statuts*, Ier vol., 611.
Cadote (la), bourgeoise de Reims. *Arch. adm.*, t. II, 894.
Cadoti (Johannes), dictus Cadoreau, voy. Cadereaux (Jehannon).
Cadourel (J...), sergent du capitaine de Reims. *Arch. lég.*, IIe part., *statuts*, Ier vol., 580, 615, 619, 732.
Cadouret, voy. Cadourel.
Gady (Hugo de), prêtre et chanoine. *Arch. lég.*, IIe part., *statuts*, Ier vol., 119.
Cæcilianus, prélat d'Afrique, implique dans

l'hérésie des donatistes. *Arch. adm.*, t. I, 1.

Caen (ville de). *Arch. adm.*, t. III, 840. *Arch. lég.*, 11ᵉ part., *statuts*, 11ᵉ vol., 285, 573, 690, 695; *statuts*, 111ᵉ vol., 128, 225, 227.

— (université de). *Arch. lég.*, 11ᵉ part., 666, 669, 670, 677, 695. Procès de ladite contre les jésuites, 715, 721.

— (foire de). *Arch. lég.*, 11ᵉ part., *statuts*, 1ᵉʳ vol., 979.

Caengio (capella de). *Arch. adm.*, t. I, 280.

Caeto-de-Flay (prior de). *Arch. adm.*, t. II, 637.

Cafarnea, vide Carfania.

Cafcolo (Petrus de), prébendier. *Arch. lég.*, 1ʳᵉ part., 157.

Cagia (abbas de). *Arch. adm.*, t. I, 478.

Cagia-in-Meldensis, voy. Sancta-Maria.

Cagnicourt (prior de). *Arch. adm.*, t. II, 638.

Cahier (Toussaint), savetier. *Arch. lég.*, 11ᵉ part., *statuts*, 11ᵉ vol., 239.

Cahiet (Gérart), savetier, voy. Cayet.

Cahors (université de). *Arch. lég.*, 11ᵉ part., *statuts*, 11ᵉ vol., 666, 670, 677.

Cahute, voy. Picavet (Bauduyn).

Cahyer (Denys), sergent du bailliage de Reims. *Arch. lég.*, 11ᵉ part., *statuts*, 11ᵉ vol., 23.

Caiart, valet à pied de la ville de Reims. *Arch. adm.*, t. II, 998.

Caietan (cardinal), voy. Gaietanus (Jacobus).

Caignart, menace d'un procès la ville de Reims pour un cheval que les habitants lui retiennent. *Arch. lég.*, 11ᵉ part., *statuts*, 1ᵉʳ vol., 720.

Caigne (Robert), bourgeois de Reims. *Arch. adm.*, t. II, 905.

Caignetus, sorte d'étoffe. *Arch. adm.*, t. III, 772.

Caigny (Pierre de), curé de Fresnes et de Septvaulx. *Arch. lég.*, 1ʳᵉ part., 883, 886.

Cailcot (Nicolas), boulanger. *Arch. lég.*, 11ᵉ part., *statuts*, 11ᵉ vol., 162.

Caillambault (G....), contrôleur des deniers communaux. *Arch. lég.*, 11ᵉ part., *statuts*, 11ᵉ vol., 949.

Caillard (Jehan), échevin de Reims. *Arch. adm.*, t. III, 9, 51, 690, 691, 692, 702, 831, 836, 840, 841, 842, 888. *Arch. lég.*, 11ᵉ part., *statuts*, 1ᵉʳ vol., 398, 413, 574, 578, 580, 582, 618, 619, 624, 625, 632, 641, 646, 647, 653, 655, 657, 667, 672, 676, 681, 683, 688, 695, 702, 705, 711, 715, 725, 734, 746.

— (Colesson), maître des œuvres à Reims. *Arch. lég.*, 11ᵉ part., *statuts*, 1ᵉʳ vol., 611, 612, 617, 630, 637, 649, 655, 657, 668, 686, 701, 709, 725, 736.

— (Huet), conseiller municipal. *Arch. lég.*, 11ᵉ part., *statuts*, 1ᵉʳ vol., 637, 642, 654, 659, 703, 730, 740, 756, 821.

— avocat au parlement. *Arch. lég.*, 11ᵉ part., *statuts*, 11ᵉ vol., 921.

Caillaudeau (P....), élu de Reims. *Arch. lég.*, 11ᵉ part., *statuts*, 1ᵉʳ vol., 631, 677, 730.

— (C....), bourgeois de Reims. *Arch. lég.*, 11ᵉ part., *statuts*, 1ᵉʳ vol., 675, 677.

Caillaut (P.), bourgeois de Reims. *Arch. adm.*, t. III, 835.

Caillaux (seigneur de), voy. Chauveau (Claude).

Caille (Jean la), cordonnier à Reims. *Arch. lég.*, 11ᵉ part., *statuts*, 11ᵉ vol., 263.

— (Nicolas), charron. *Arch. lég.*, 11ᵉ part., *statuts*, 11ᵉ vol., 930.

Caillé (Pierre), sous-prieur de Saint-Remi de Reims. *Arch. lég.*, 11ᵉ part., *statuts*, 1ᵉʳ vol., 235.

Cailleau (avocat). *Arch. lég.*, iie part., *statuts*, iie vol., 595.

Cailleroy (G.), bourgeois de Reims. *Arch. lég.*, iie part., *statuts*, i^{er} vol., 770.

Caillerus (Fulco), majeur de Saint-Remi, *Arch. adm.*, t. I, 846, 851.

Caillet (Milet), officier de l'archevêque de Reims. *Arch. adm.*, t. III, 748.

— huissier. *Arch. lég.*, iie part., *statuts*, iie vol., 244, 852, 853; iiie vol., 746? 747.

— (Gobert), tisserand. *Arch. lég.*, iie part., *statuts*, iie vol., 297.

— (Jean), épicier. *Arch. lég.*, iie part., *statuts*, iie vol., 978.

Caillier (Petrus), majeur de Saint-Remi. *Arch. adm.*, t. I, 821, 827, 838.

Caillot (Girodus), maire de Champigny. *Arch. adm.*, t. II, 105.

— (Jehan), banni de Reims pour meurtre. *Arch. adm.*, t. II, 135.

Cainet (Robertus), prêtre. *Arch. lég.*, iie part., *statuts*, i^{er} vol., 116.

Caingneit (Remi), receveur des tailles à Reims. *Arch. adm.*, t. I, 116? t. II, 148.

Caïphe, grand prêtre des juifs, rôle que lui font jouer les chapeliers de Reims dans les réceptions du compagnonnage. *Arch. lég.*, iie part., *statuts*, iie vol., 251.

Caisnes, voy. Cayne.

Caisnot, conseiller d'État. *Arch. adm.*, t. II, 927, 1023.

Caisse, voy. Charité (caisse de).

Caitaing (H. de), noble de Reims. *Arch. adm.*, t. I, 789.

Cajetani (cardinalis), voy. Gaietanus.

Calabre, province d'Italie. *Arch. adm.*, t. III, 741.

Calaio (Guido de), prêtre. *Arch. lég.*, iie part., *statuts*, i^{er} vol., 114.

Calatrava (ordre de). *Arch. adm.*, t. III, 498.

Calatravensis (ordo), voy. Calatrava (ordre de).

Calcédoine (synode de). *Arch. adm.*, t. I, 183.

Calceia, vide Augo-de-San-Luciano (Cal. de), Claustri, Duos pontes (Cal. inter), Molendini-Frichambaut, Portæ vidulæ, Portæ Martis, Portæ Reneri-Buiron, Teisi (de). Voy. Chaussée.

Calciata, vide Calceia; vide Remensis Calciata.

Calais (ville de). *Arch. adm.*, t. II, 273, 1178; t. III, 163, 165, 168, 173, 472. *Arch. lég.*, iie part., *statuts*, i^{er} vol., 604, 605, 815.

— (siége de). *Arch. adm.*, t. II, 1145, 1151.

Calanda (Baudenetus), voy. Calandre.

Calandre (Baudenet), commis à la taille de Reims. *Arch. adm.*, t. III, 647, 673, 703, 704, 836.

Calcul romain, n'avait pas cours à Reims. *Arch. adm.*, t. I, 296.

— pisan, avait cours à Reims. *Arch. adm.*, t. I, 296.

Calcul, voy. Comput.

Calderia (chaudière). *Arch. adm.*, t. II, 956, 958.

Calderonnus (chaudron). *Arch. adm.*, t. II, 956.

Calega (chaussure), voy. Caliga.

Calestus (presbyter). *Arch. lég.*, iie part., *statuts*, i^{er} vol., 101.

Calet (J....), parmentier. *Arch. adm.*, t. II, 827.

Calevin (Johannes), voy. Calvin (Jean).

Calidofonte Sanctæ-Wannæ-Verdunensis (prior de). *Arch. adm.*, t. II, 637.

— (prioratus de), voy. Chaudefontaine (prieuré de).

Caliga (chaussure). *Arch. lég.*, ɪɪᵉ part., *statuts*, ɪᵉʳ vol., 86, 88, 90, 91, 92, 93, 100, 103.

Caliga quadragesimalis. *Arch. adm.*, t. I, 222.

Calixte II, pape. *Arch. adm.*, t. I, 252. Bulle dudit à Odon, abbé de Saint-Remi, 270; autre du même à l'archevêque de Reims, relative à la simonie, 271, 313. L'empereur s'avance en Champagne pour se venger sur Reims de la bulle d'excommunication dudit. *Arch. lég.*, ɪɪᵉ part., *statuts*, ɪɪɪᵉ vol., 607.

Calle (J.), sergent du Châtelet. *Arch. adm.*, t. III, 309.

Callerange (lieu de). *Arch. lég.*, ɪɪᵉ part., *statuts*, ɪɪɪᵉ vol., 388.

Callerus, chanoine de Reims. *Arch. adm.*, t. I, 387.

Callou, avocat. *Arch. lég.*, ɪɪᵉ part., *statuts*, ɪᵉʳ vol., 242; *statuts*, ɪɪᵉ vol., 413, 592? 633; *statuts*, ɪɪɪᵉ vol., 666?

— (Simon), drapier. *Arch. lég.*, ɪɪᵉ part., *statuts*, ɪɪᵉ vol., 577, 838, 1014, 1028.

— (Thomas), capitaine de bourgeoisie. *Arch. lég.*, ɪɪᵉ part., *statuts*, ɪɪᵉ vol., 1021; *statuts*, ɪɪɪᵉ vol., 212.

Calloux (Jacques), drapier. *Arch. lég.*, ɪɪᵉ part., *statuts*, ɪɪᵉ vol., 369, 391, 777, 779, 802, 1019, 1021.

Calmisiaci villa, voy. Chaumuzy.

Calmisiaco (Radulfus de), lieutenant du bailli de Reims. *Arch. adm.*, t. I, 1115; t. II, 105.

— (Hugo de), canonicus. *Arch. adm.*, t. I, 328. *Arch. lég.*, ɪɪᵉ part., *statuts*, ɪᵉʳ vol., 120.

— (Odo de), presbyter et canonicus. *Arch. lég.*, ɪɪᵉ part., *statuts*, ɪᵉʳ vol., 76, 116.

— (Hugo de), canonicus. *Arch. lég.*, ɪɪᵉ part., *statuts*, ɪᵉʳ vol., 95.

— de Sylva, vide Chalmisiaco (de).

Calmisiaco (decima de). *Arch. lég.*, ɪɪᵉ part., *statuts*, ɪᵉʳ vol., 63.

Calmisiacum, voy. Chaumuzy.

Calmontana, lieu dépendant de l'abbaye de Saint-Nicaise de Reims. *Arch. adm.*, t. I, 355.

Calouet (Hubert de), seigneur de Valoret. *Arch. lég.*, ɪʳᵉ part., 894.

Calumniator (calomniateur). *Arch. lég.*, ɪʳᵉ part., 375.

Calvi-Arnulfi terra. *Arch. lég.*, ɪɪᵉ part., *statuts*, ɪᵉʳ vol., 166.

Calvi (Aloldus), censitaire de Saint-Remi. *Arch. lég.*, ɪɪᵉ part., *statuts*, ɪᵉʳ vol., 166.

Calvimons, voy. Chaumont.

Calvimonte (Drouet de), voy. Chaumont (Drouet de).

— (Guido de), archidiacre de Châlons. *Arch. adm.*, t. II, 334.

— (Guido de), pourvoyeur de la léproserie de Saint-Ladre de Reims. *Arch. adm.*, t. I, 1076, 1078; t. II, 284. *Arch. lég.*, ɪʳᵉ part., 119.

Calvimontensis baillivus, voy. Chaumont (bailli de).

Calvin (Jean), bourgeois de Reims. *Arch. adm.*, t. III, 780, 834. *Arch. lég.*, ɪɪᵉ part., *statuts*, ɪᵉʳ vol., 447.

Calvomonte (abbas de). *Arch. adm.*, t. II, 634, 1027, 1082, 1083, 1084, voy. Chaumont (abbé de).

— (monasterium de). *Arch. adm.*, t. I, 277.

— (presbyter de). *Arch. adm.*, t. II, 1081.

— (Lambertus de), clerc. *Arch. adm.*, t. I, 992.

— (parrochia de). *Arch. adm.*, t. II, 1088, voy. Chaumont-en-Porcien (paroisse de).

— (Johannes de), voy. Chaumont (J. de).

Calvusmons, voy. Chaumont.

Camaldulensis ordo, voy. Camaldules (ordre des).

Camaldules (ordre des). *Arch. adm.*, t. III, 498.

Camas (village de). *Arch. lég.*, 1re part., 891.

— (seigneur de), voy. Lafons (Nicolas de).

Camba (Guillelmus de), official de Reims. *Arch. adm.*, t. III, 638, 876, 892. *Arch. lég.*, IIe part., *statuts*, 1er vol., 341.

Cambellanus (Galterus), citoyen de Laon. *Arch. adm.*, t. I, 520.

Cambellarius (chambellan), voy. Sancti-Remigii Remensis Cambellarii.

Camberonensis (abbas). *Arch. adm.*, t. II, 641.

Cambire (Changer). *Arch. adm.*, t. I, 394, 401, t. III, 85, 171.

Cambitor (changeur), voy. Reims (changeurs de).

Cambium (change), voy. Reims (change de).

Cambornio (Guido de), chanoine de Reims. *Arch. adm.*, t. II, 1032.

Cambray (Colin de), parmentier. *Arch. adm.*, t. II, 827.

— (M. de), seigneur en partie de Sainte-Euphraise. *Arch. adm.*, t. II, 1055, 1120.

— (Renier de), charretier. *Arch. adm.*, t. III, 17.

— (Jacques de), capitaine de bourgeoisie. *Arch. lég.*, IIe part., *statuts*, IIe vol., 1022; *statuts*, IIIe vol., 212.

— (Hue de), bourgeois de Reims, voy. Cambray (Hugo).

— (Pierre de), échevin. *Arch. adm.*, t. II, 376, 461?

— (Hugo, dictus le Large de), échevin. *Arch. adm.*, t. II, 185, 241, 393.

— (Jehan le Large de), bourgeois de Reims. *Arch. adm.*, t. II, 493, 807, 461? 493, 604? 759? 807.

Cambray (chapitre de), voy. Cameracense capitulum.

— (évêques de), voy. Cameracenses episcopi.

— (diocèse de). *Arch. adm.*, t. I, 274, 641. *Arch. lég.*, 1re part., 86, 88.

— (Sainte-Croix de). *Arch. lég.*, 1re part., 80, voy. Sanctæ Crucis Cameracensis.

— (Philippe de), procureur du chapitre de Rozoy. *Arch. lég.*, 1re part., 881, 897, 898.

— (official de), voy. Cameracensis officialis.

— (évêché de). *Arch. adm.*, t. I, 280, 382.

— (ville de). *Arch. adm.*, t. I, 642; t. III, 772, 833. *Arch. lég.*, 1re part., 271, 287, voy. Cameracum.

— (clercs de). *Arch. adm.*, t. I, 236.

— (église de). *Arch. adm.*, t. I, 246, 1111, 1122, 1123, voy. Cameracensis ecclesia.

Cambrecis (Willelmus), habitant de Chenay. *Arch. adm.*, t. I, 797.

Cambresis, voy. Château Cambresis.

Cambuarius, pauvre à béquilles. *Arch. lég.*, IIe part., *statuts*, 1er vol., 403.

Cambuslia (ecclesia de). *Arch. adm.*, t. I, 329.

Cambuta (crosse pastorale). *Arch. adm.*, t. I, 17, 223.

Camela fortasse camelus (corde ou ferrure), sorte de ferrure. *Arch. adm.*, t. I, 833.

Camelin (Simon), receveur des tailles. *Arch. adm.*, t. III, 109, 114.

Camellin, voy. Mauri.

Camelotus (camelot, étoffe de poil de chèvre). *Arch. adm.*, t. I, 913.

Camen (Baudeçonnus), bourgeois de Reims, impliqué dans une affaire d'usure. *Arch. adm.*, t. II, 931.

Camera, vide Computorum Registrorum, Camera.

Cameracensis archidiaconus, voy. Gerardus.

Cameracense capitulum. *Arch. adm.*, t. I, 420, 1122 ; t. II, 640. *Arch. lég.*, ɪ^{re} part., 220 ; ɪɪ^e part., *statuts*, ɪ^{er} vol., 101, voy. Cambray (chapitre de).

Cameracenses episcopi. *Arch. adm.*, t. I, 550. Vide Godefridus, 570, 571, 584, 587, 599, 604, 605, 670, 700, 702. Vide Guido; Guillelmus, t. II, 640 ; t. III, 639. *Arch. lég.*, ɪ^{re} part., 87, 117, 234, 269, 270, 271, 273, 287, 313. Vide Gerardus ; Lebertus.

— ecclesia, voy. Cambray (église de).

— diœcesis, voy. Cambray (diocèse de).

— officialis. *Arch. lég.*, ɪ^{re} part., 188, 205, 260.

Cameraco (Hugo de), voy. Cambray (Hugo de).

Cameracum, voy. Cambray.

Camerarius (chambrier), attributions dudit dans le couvent, 656, 800 ; vide Alanus, Artaudus, Campania (cam. de), Hugo, Matheus, Radulfus, Remorum archiepiscopi, camerarii, S. Nichasii Remensis, 453, 621, S. Remigii Remensis, voy. Chambrier.

Camerei-Mons. *Arch. adm.*, t. I, 218, 221.

Camervorda, ville d'Angleterre. *Arch. adm.*, t. I, 251.

Camina (fourneau). *Arch. adm.*, t. I, 177, 242.

Caminus, voy. Cheminus.

Camis (Hugo de), doyen du chapitre de Reims. *Arch. adm.*, t. II, 1031.

Camisia (chemise). *Arch. adm.*, 544, 624, 642. *Arch. lég.*, ɪɪ^e part., *statuts*, ɪ^{er} vol., 197.

Cammas (le), bourgeois de Reims. *Arch. adm.*, t. I, 737.

Camnum, lieu des environs de Reims. *Arch. lég.*, ɪɪ^e part., *statuts*, ɪ^{er} vol., 168.

Camoin (Renerus de), grènetier de Saint-Denis de Reims. *Arch. adm.*, t. I, 1037.

Campagne (village de). *Arch. lég.*, ɪ^{re} part., 908.

— (dame de), voy. Humières (Charlotte d').

Campana (cloche). *Arch. adm.*, t. I, 432, 603. Servait à convoquer les gens du ban ; t. II, 253, vide Papelina, 921 ; vide Bancloque ; t. III, 228, 232, 340, 363, vide Belfredus, 394. *Arch. lég.*, ɪ^{re} partie, 90, 289 ; ɪɪ^e part., *statuts*, ɪ^{er} vol., 12, 48, 55, 56, 59, 158.

Campania (prepositus de). *Arch. lég.*, ɪɪ^e part., *statuts*, ɪ^{er} vol., 168, 182, vide Champagne.

— voy. Champagne (province de).

— (Gazo de), chanoine de Laon. *Arch. adm.*, t. I, 1114.

— (C. de), clerc. *Arch. adm.*, t. II, 617.

Campaniæ comes. *Arch. adm.*, t. I, 368, 369, 434 ; 711, 871, 974, 978, 988, 996. Rang dudit à la cérémonie du sacre, t. II, 575. *Arch. lég.*, ɪɪ^e part., *statuts*, ɪ^{er} vol., 502 ; *statuts*, ɪɪɪ^e vol., 612, voy. Champagne (comte de).

— camerarius. *Arch. adm.*, t. I, 841

— comitissæ, vide Johanna regina Franciæ, Blancha.

— archidiaconus, voy. Champagne (archidiacre de).

— comitatus, voy. Champagne et Brie (comtés des).

— dies, voy. Champagne (jours de).

— marescalus, voy. Champagne (maréchal de).

— nundinæ. *Arch. adm.*, t. I, 612, 935. *Arch. lég.*, t. II, 928, 932. voy. Champagne (foires de).

— nundinarum, servientes. *Arch. adm.*, t. II, 799 ; voy. foires de Champagne (sergents des).

Campaniæ senescalus , voy. Champagne (sénéchal de); voy. Gyenville (Johannes de).

Campcelles , voy. Nampcelles.

Campéche (bois de), employé dans la fabrique de Reims. *Arch. lég.* , II*e* part., *statuts*, II*e* vol., 878 , 893.

Campestris, voy. Reims, civitas campestris.

Campilium. *Arch. adm.*, t. I, 263, voy. Champigny.

Campiniaca, villa, voy. Champigny.

Campiniaco (altar de). *Arch. adm.*, t. I, 252 , voy. Champigny (autel de).

— (decima de). *Arch. lég.*, II*e* part., *statuts*, I*er* vol., 97.

Campio (champion), cas où les parties lésées sont en droit de prendre ledit. *Arch. lég.* , I*re* part., 37, 40.

Campó-Florido (presbyter de), *Arch. adm.*, t. II, 1117.

— (parrochia de). *Arch. adm.*, t. II, 1119, voy. Champfleury (paroisse de).

— (decima de). *Arch. lég.*, II*e* part., *statuts*, I*er* vol., 171, 175.

Camponi, espèce de redevance. *Arch. adm.*, t. I, 474.

Campopullain (capellania de), voy. Campopullano (capéll. de).

Campopullano (capellania de). *Arch. adm.*, t. II, 1122.

Campo-Repulso (Henry de), établi par le roi au temporel de Reims. *Arch. adm.*, t. I, 920. — Requiert les échevins de Reims de contribuer aux frais du sacre, *ibid.*

Campsores, nom des maires et majeurs de Beauvais. *Arch. adm.*, t. I, 595, 597.

Campus, voy. Fiscalis.

— Floridus, voy. Champfleury.

Camus (Remy), religieux de Saint-Remi de Reims. *Arch. lég.*, II*e* part., *statuts*, I*er* vol., 212, 659.

— (Claude), bourgeois de Reims. *Arch. lég.*, II*e* part., *statuts*, III*e* vol., 403, 466.

Camus (Pierre le), bourgeois de Reims. *Arch. adm.*, t. II, 603; t. III, 745, 893.

— (Pierre), curé de Lor. *Arch. lég.*, I*re* part., 887.

— (Person), juré de Reims, voy. Camus (Pierre le).

— (Jean-Baptiste), maître cordonnier à Reims. *Arch. lég.*, II*e* part., *statuts*, II*e* vol., 244, 245.

— (Jean), tondeur de drap. *Arch. lég.*, II*e* part., 392, 860 ?

— (André), religieux de Saint-Remi de Reims. *Arch. lég*, II*e* part., *statuts*, I*er* vol., 203, 217, 219, 227.

— (Jehannet le), dit Nachet, bourgeois de Reims, condamné pour faux témoignage. *Arch. adm.*, t. II, 1243; t. III, 691.

— (G. le), bourgeois de Reims. *Arch. adm.*, t. II, 492.

— (Raulins li), bourgeois de Reims. *Arch. adm.*, t. II, 690.

— (P. le), savetier. *Arch. adm.*, t. II, 824.

— (Thiébaut le), charpentier. *Arch. adm.*, t. III, 842; *Arch. lég.*, II*e* part., *statuts*, I*er* vol., 637, 656, 709, 734, 740, 754.

— voy. Clavy (Person de), Ambonnay (Jean le Camus de).

Camuse (la), bourgeoise de Reims. *Arch. adm.*, t. III, 107.

— (Jehanne la), bourgeoise de Reims. *Arch. adm.*, t. III, 611.

— (Yderona la), bourgeoise de Reims. *Arch. lég.*, I*re* part., 110, 111, 112.

Cana (place de). *Arch. lég.*, II*e* part., *statuts*, II*e* vol., 13.

Canard (Jehan), vidame de l'église de Reims. *Arch. adm.*, t. III, 724. *Arch. lég.*, I*re* part., 903.

— (Philippe), marchand chaircuitier. *Arch.*

lég., ɪɪᵉ part., *statuts*, ɪɪᵉ vol., 931, 938.

Canard (Timothée), receveur des chaircuitiers. *Arch. lég.*, ɪɪᵉ part., *statuts*,
ɪɪᵉ vol., 941.

— (Jehan), abbé de Saint-Remi, voy.
Cannart.

Canaux, tailleur d'habits. *Arch. lég.*,
ɪɪᵉ part., *statuts*, ɪɪᵉ vol., 531.

Canaye (Jacques), conseiller au parlement.
Arch. lég., ɪɪᵉ part., *statuts*, ɪɪᵉ vol.,
174, 178, 277.

Cancellaria, vide Remensis (Cancel....).

Cancellarius, vide Ansgottus, Arnoldus,
Cancellarii, Cardinalis, Drogo, Franciæ,
Cancellarii, Fulchradus, Godefridus,
Guido, Guillermus, Hainericus, Joffri-
dus, Johannes, Odalricus, Odericus,
Hindulphus, Radulphus, vide Remen-
ses Cancellarii.

Canche-Dieu (Thiébaut la). *Arch. adm.*,
t. II, 892, 899, 913, 1187.

Canche (rivière de la). *Arch. adm.*, t. II,
638, voy. Canchia Flavius.

Canchia, fluvius, voy. Canche (rivière de
la).

Canchiaco-de-Becco in Normannia (prior
de). *Arch. adm.*, t. II, 638.

Canculæ-mons, terre donnée par l'archevêque de Reims Gervais au monastère
de Saint-Remi. *Arch. adm.*, t. I, 218,
221.

Candela (chandelle). *Arch. adm.*, t. I, 603.
Allumée pendant l'élection de l'abbé de
Saint-Remi de Reims, 756; t. II, 625;
t. III, 539. *Arch. lég.*, ɪʳᵉ part., 392.
Éteinte à la réception de l'archevêque
de Reims, ɪɪᵉ part., *statuts*, ɪᵉʳ vol., 11,
40.

Candelarius, vide Arnulfus.

Candelosa (chandeleur). *Arch. adm.*, t. I,
690, 873, 897, 901.

Canduco (abbas de). *Arch. adm.*, t. II,
634.

Canel de Vuasigny, voy. Vuasigny.

Canel de Torelle, seigneur de Ludes, voy.
Torelle.

Canelle, bourgeois de Reims. *Arch. lég.*,
ɪɪᵉ part., *statuts*, ɪɪɪᵉ vol., 385.

Cange (du), voy. Ducange.

Cangue (Robert), voy. Caigne.

Cani (F. de), l'un des signataires d'une
transaction entre l'évêque de Liége et
l'archevêque de Reims. *Arch. adm.*,
t. I, 789.

Caniacum, voy. Chagny.

Caniacus vicus, voy. Chenay.

Caniculæ-mons, voy. Canculæ-mons.

Cannart (Johannes), abbé de Saint-Remi.
Arch. adm., t. I, 334; t. III. 307. *Arch.
lég.*, ɪɪᵉ part., *statuts*, ɪᵉʳ vol., 549.

— (Symon), mesureur de charbon. *Arch.
adm.*, t. III, 485.

— (Jehan), avocat du roi. *Arch. adm.*,
t. III, 504.

— (Jean), vidame de Reims. *Arch. adm.*,
t. III, 519, 520.

Canniacho (furnus), voy. Chagny (four de).

— (alodium de). *Arch. adm.*, t. I, 353.

— (prior de), voy. Chagny (prieur de).

Canniaci cella, voy. Chagny (chapelle de).

Cannoy-proche-Landève (village de). *Arch.
lég.*, ɪʳᵉ part., 905.

Cannula (bec, tuyau). *Arch. adm.*, t. I,
222.

Canones, voy. Canons.

Canonica, vide Purgatio, Instituta, Prebenda.

Canonicatus, voy. Remensis ecclesiæ canonicatus.

Canonici, vide Aurelianenses, Avenayo (de),
Beatæ-Mariæ-Remensis, Belvacenses,

Braquenses, Cathalaunenses, Condeio (de), Grandisprati, Landaviis (de), Laudunenses, Montisfalconis, Noviomenses, Remenses, Sancti-Cosmæ, Sancti-Dionysii Remensis, Sancti-Petri, Sancti-Symphoriani, Saint-Timothée, Saint-Pierre-as-Nonains, Senonenses, Silvanectenses, Sparnacenses, Suessionenses, Trecenses, Virtuto (de).

Canonicus presbyter. Obligation qui est imposée audit par les statuts capitulaires. *Arch. lég.*, iie part., *statuts*, i^{er} vol., 52.

— foraneus. Obligations imposées audit. *Arch. adm.*, t. III, 372.

— voy. Jus.

Canonicorum Remensium receptio. *Arch. lég.*, iie part., *statuts*, i^{er} vol., 12.

— (panis). *Arch. lég.*, iie part., *statuts*, i^{er} vol., 93.

— (Franci burgenses), voy. Reims (bourgeois à chanoines de).

— Franci servientes. *Arch. adm.*, t. II, 887; t. III, 371. Sont affranchis de la juridiction spirituelle et temporelle de l'archevêque (*ibid.*), voy. chapitre de Reims (bourgeois du).

Canons, allégués dans la querelle entre saint Louis et l'évêque de Beauvais, à l'occasion du concile de ladite ville. *Arch. adm.*, t. I, 550. Notice relative à ladite querelle, 551, 554, 556, 687, 717, 761; t. II, 624. *Arch. lég.*, i^{re} part., 352, 360, 365, 367, 373, 378, 380, 389, 418, 453, 457, 468, voy. Federicus (canon de).

Canot (Govin le), bourgeois de Reims. *Arch. adm.*, t. II, 940.

Cantel (Jacques le), bourgeois de Reims. *Arch. adm.*, t. I, 1039.

Canteni (Johannes de), miles. *Arch. adm.*, t. I, 870.

Cantevaus, mont des environs de Reims. *Arch. adm.*, t. I, 621.

Cantinet (N....), maître sergier. *Arch. lég.*, iie part., *statuts*, iie vol., 859.

Cantiprato (beguinæ de). *Arch. adm.*, t. I, 1000, 1020.

Cantipré (maison de). *Arch. adm.*, t. II, 343; t. III, 107.

Cantiprato (domus de), voy. Cantipré (maison de).

Cantipré (béguines de), voy. Cantiprato (beguinæ de).

Cantor, voy. Ecclesiæ Remensis Cantor.

Cantorbia (B. Thomas de). *Arch. adm.*, t. III, 3, voy. Becket (Thomas).

Cantoris Remensis ecclesiæ receptio. *Arch. lég.*, iie part., *statuts*, i^{er} vol., 15.

Cantoufle, bourgeois de Reims. *Arch. adm.*, t. I, 773.

Cantuarensis (Thomas), voy Becket (Thomas).

Canuel (Jean), prévôt, fermier de Laon. *Arch. lég.*, iie part., *statuts*, i^{er} vol., 532.

Canus (Robert le), bûcheron. *Arch. adm.*, t. III, 129.

Caoe, bourgeois de Reims. *Arch. adm.*, t. I, 825. Banni de la terre de l'archevêque, 827.

Caoursins (Colart), bourgeois de Reims. *Arch. adm.*, t. I, 1062.

Capalinus, homme de l'église de Reims. *Arch. adm.*, t. I, 16.

Capé (Johannes), citoyen de Reims. *Arch. adm.*, t. III, 262.

Capella, vide Ambe (de), Altovillari (de), Carolifonte (de), Castri-Viennensis, Concha (de), Fulzeio (de), Gloma (de), Guarnercia (de), Heustan (de), Lueres (de), Masnelibus (de), Muscherio (de), Oggeio (de), Osterna (de), Quadromonte (de), Querenbac (de), Runna (de), Sancti-Laurentii, Sancti-Nicholai-de-Sarpeia-Curte, Sarneio (de), Squimorte (de), Vosiers (de).

Capella Monachorum. *Arch. adm.*, t. II, 639, voy. Ardea.

— (Gaudefrus de), chevalier. *Arch. adm.*, t. I, 592, 703, 841.

— in-Hanonio (prior de). *Arch. adm.*, t. II, 638.

— (abbas de). *Arch. adm.*, t. II, 639.

Capellania, voy. Aceyo (capellania de), Antony (de), Audignis (de), Autreyo (de), Avenayo (de), Aynaudimonte (de), Balehan (de), Beatæ-Mariæ-de-Sevigny, Bellemonte (de), Belloesse (de), Betaincourt (de), Brioliis (de), Britonis, Buzancy (de), Campopullain (de), Carolifonte (de), Castellari (de), Castro de Scala (de), Castro de Savouges (de), Charboigne (de), Chastellari (de), Chavougiis (de), Cheveriis (de), Choilleyo (de), Condeto (de), Cornaco (de), Courmissiaco (de), Courville (de), Cumeriis (de), Domus-Dei (de), Domus-Dei-de-Attigniaco, Domus-Dei-de-Burgo, Domus-Domini-de-Resson, Drogonis magistri, Ecclesia-de-Queren (de), Firmes (de), Foucardi de Varmarivilla, Fragillicurté (de), Garini-de-Joinville, Gerardi Blondi, Gerardi-de-Registeté, Germaignia (de), Guespines (de), Herbigny (de), Hermondivilla (de), Horgne (de), Hospitalis Sancti-Anthonii-Remensis, Hospitalis Sancti-Petri-ad-Moniales, Hospitalis Sancti-Remigii-Remensis, Johannis de Machau Jonchery (de), Jonval (de), Leprosariæ-de-Chastellari, Leprosariæ-de-Queren, Livry (de), Lonnys (de), Luporumviis (de), Mairy (de), Maladomo (de), Marolio (de), Maternam (de), Mathei de Brecy, Menria (de), Montelin (de), Montecornuto (de), Mosomo (de), Mutreyo (de), Nantholio (de), Olysi (de), Pasquis (de), Petri-de-Joinvilla, Poncardi-de-Burgundia, Pontheolis (de), Porgneyo (de), Porta-Martis, Portuensi, Puteolis (de), Regiteste (de), Remensis Palatii, Remundi, Rumigny (de), S.-Lupo-in-Bosco (de), Salcia-ad-Tournelles (de), Sanctæ-Genovefæ-Juxta-Remis, Sancti-Lamberti, Sancti-Lazari-ad-Mulieres, Sancti-Michaelis-in-domo-Ancelli-de-Resson, Sancti-Nicholaï, Sancti-Patricii, Sancti-Petri-Veteris, Sancti-Pontii, Sancti-Rigoberti, Sarnaco (de), Scala (de), Septem-Salicibus (de), Sommapinu (de), Sommèrance (de), Sopia (de), Souano (de), Stonne (de), Taigneyo (de), Tairis (de), Tarsy (de), Tayrico (de), Truneyo (de), Turribus-supra (de), Vallis-Remundi, Varennes (de), Vendy (de), Verzenay (de), Vianna (de), Villa-de-Turno, Villa-supra-Turbam (de), Yvonis.

Capellanus, voy. Regis Capellanus. Remensis ecclesiæ.

Capellaria, voy. Chapellerie.

Capellet (Jaquet), bourgeois de Reims, *Arch. adm.*, t. II, 780, 800; t. III, 471, 696?

— (Thomas), échevin. *Arch. adm.*, t. III, 171, 306, 389, 449.

— (Jacobus), voy. Capellet (Jaquet).

Capellete (Maria la), religieuse du couvent de Sainte-Marie-Royale, près Pontoise. *Arch. adm.*, t. III, 170.

Capellis (Jacobus Junior de), bourgeois de Reims. *Arch. adm.*, t. II, 618.

Capes (Hugo de), échevin de Reims. *Arch. adm.*, t. I, 642.

Capet, voy. Hugues Capet.

Capharnaum, bourg de la Judée. *Arch. lég.*, Ire part., 477.

Capi (Médard), canonnier. *Arch. lég.*, IIe part., *statuts*, IIe vol., 24.

Capi-Cluniacensis (prior de). *Arch. adm.*, t. II, 635.

Capicerius, voy. Ecclesiæ remensis Capic. Voy. Chapucier.

Capis (Petrus de), chancelier de France et chanoine de Reims. *Arch. adm.*, t. II, 336.

Capis (presbyter de). *Arch. adm.*, t. II, 1081.

— (parrochia de), voy. Chappes (parr. de).

Capitainerie, voy. Reims (capitainerie de).

Capitaines, voy. Folembray (cap. de), francs-archers (cap. des), habitants de Reims (cap. de), Hacquébutiers de Reims (cap. des), Laon, Meulan, milice bourgeoise de Reims (cap. de la), Rouen, Wailly.

Capitaine de Reims (lieutenant du). *Arch. adm.*, t. III, 328, voy. Louvergny (Jehan de).

Capitagium (cens par tête). *Arch. adm.*, t. I, 430, 497, 887. *Arch. lég.*, Ire part., 55; IIe part., *statuts*, Ier vol., 171, 176.

Capitalitium (rente-cheptel, redevance). *Arch. adm.*, t. I, 221, 224, 227, 275, 366, 497. *Arch. lég.*, IIe part., *statuts*, Ier vol., 167, 168.

Capitatio (capitation, redevance). *Arch. adm.*, t. I, 385, 388. *Arch. lég.*, IIe part., *statuts*, Ier vol., 457, 461, 497, 499, 506, 516.

Capitis amputatio (décapitation). *Arch. lég.*, Ire part., 385.

— diminutio (esclavage). *Arch. lég.*, Ire part., 385, 414.

Capitouls, magistrats municipaux du midi de la France. *Arch. lég.*, IIe part., *statuts*, IIe vol., 817. — Prêtent serment comme les jurats et échevins entre les mains du maire, 992.

Capitula, voy. Hincmari capitula, cap. admonitione unius monetæ.

Capitulaires. *Arch. adm.*, t. I, 226. *Arch. lég.*, IIe part., *statuts*, IIIe vol., 28.

Capituli Remensis bannus, voy. chapitre de Reims (ban du).

— Remensis major. *Arch. lég.*, IIe part., *statuts*, Ier vol., 43.

— Remensis officiarius. *Arch. lég.*, IIe part., *statuts*, Ier vol., 43.

Capituli Remensis pistor. *Arch. lég.*, IIe part., *statuts*, Ier vol., 43.

— Remensis promotor. *Arch. lég.*, IIe part., *statuts*, Ier vol., 54.

— Remensis protutor. *Arch. lég.*, IIe part., *statuts*, Ier vol., 26, 43.

— Remensis punctator. *Arch. lég.*, IIe part., *statuts*, Ier vol., 43, 156.

— Remensis scriba. *Arch. lég.*, IIe part., *statuts*, Ier vol., 43.

— Remensis vinitor. *Arch. lég.*, IIe part., *statuts*, Ier vol., 43.

Capitulum, Abbatisvillæ (cap.) Noyelle (de), Ambianense, Androlecense, Anthoinense, Antuwerpiense, Attrebatense, Audainnes (de) Aula-Valecenense (de), Beatæ-Mariæ-Casletense, Beatæ-Mariæ-de-Andene, Bethunense, Braquense, Bruxellense, Burgense, Cathalaunense, Claromonte (de), Condatense, Courtracense, Credolio (de), Crespio (de), Donatiani, Falcobergense, Fara (de), Folliacense, Furnense, Gelboradense, Generale capitulum, Guysence, Haltrense, Hellebeke (de), Hisdunense, Insulense, Joinvilla (de), Lansense, Laudunense, Lavanna, Lierense, Lineyo (de), Lisleriis (de), Lobiense, Longo-Prato (de), Luchosense, Maceriense, Malbodiense-Dominarum, Maskilinense, Merloto (de), Moncenense-Dominarum, Monciaco (de), Montisfalconis, Morinense, Nigellese, Noviomense, Parisiense, Peronense, Pinconiense, Remense, Rosetense, Rosnachense, Royense, Sanctæ-Crucis-Cameracensis, Sanctæ-Mariæ-in-Brugis, Sanctæ-Nutricis-Rem, Sanctæ Trinitatis, Sancti-Amati-Duacensis, Sancti Audomari, Sancti Bartholomei, Sancti Dionysii Remensis, Sancti Frambardi, Sancti-Gaugerici-Cameracensis, Sancti Johannis-in-Burgo, Sancti Lamberti, Sancti Laurencii, Sancti Michaelis, Sancti Nicholai, Sancti-Pauli-in-Tornesio, Sancti-Petri-Casletense, Sancti Petri-

in-Foro, Sancti Pharahildis-in-Gandavo, Sancti-Quintini, Sancti-Reguli, Sancti-Remigii-Remensis, Sancti Symphoriani Remensis, Sancti Theodorici Remensis, Sancti Vedasti, Sancti Wlmari, Senogiense, Sicliniense, Silvanectense, Suessionense, Thoralto (de), Tiremonnense, Tornacense, Vinacurte (de).

Caponis Gaufridus, voy. Chapon (Geoffroy).

Caporia-Sancti-Eligii-Fontis (prior de). *Arch. adm.*, t. II, 635.

Cappa (cape). *Arch. adm.*, t. I, 222, 233, 234, 338, 379, 409, 425, 449, 508, 668; t. III, 768. *Arch. lég.*, 1re part., 139, 333; 11e part., *statuts*, 1er vol., 54, 63, 71, 84, 88, 90, 96, 99, 102, 184, 188.

Cappa, voy. Villa.

Cappé (Jehan), bourgeois de Reims. *Arch. adm.*, t. III, 68, 318, 393.

Capperon (J....), bourgeois de Reims. *Arch. lég.*, 11e part., *statuts*, 1er vol., 648.

Cappis (Johannes), voy. Cappé (Jean).

Cappy (M.), seigneur d'Athis. *Arch. adm.*, t. II, 1119, 1122. *Arch. lég.*, 11e part., 1er vol., 862.

Capron (Mathieu), lieutenant de Neesle. *Arch. lég.*, 1re part., 896.

Caprosia Guido miles (de). *Arch. adm.*, t. I, 592.

Captallum (cheptel). *Arch. adm.*, t. I, 540, vide Capitalitium.

Capucerius, Chapucier. Vide Remensis ecclesiæ Capucerius.

Capucins, voy. Reims (capucins de).

— (rue des). *Arch. adm.*, t. I, 81. *Arch. lég.*, 11e part., *statuts*, 1er vol., 568.

— (jardin des). *Arch. lég.*, 11e part., *statuts*, 111e vol., 406.

Capucium (Capuce). *Arch. adm.*, t. I, 784.

Caputii (Petrus), chanoine de Reims. *Arch. adm.*, t. I, 1100.

Caquedent (Jehan), couvreur. *Arch. adm.*, t. III, 107.

— (Guiot), notable de Reims. *Arch. adm.*, t. III, 841.

— (Pierre), bourgeois de Reims. *Arch. lég.*, 11e part., *statuts*, 111e vol., 30.

Caquenote (Raulin de), fruitier. *Arch. adm.*, t. II, 892.

— (Adam), fils du précédent. *Arch. adm.*, t. II, 892, 908.

Caquerel, un des complices des frères de Brienne. *Arch. adm.*, t. II, 393.

Cara (L....), sergier. *Arch. lég.*, 11e part., *statuts*, 11e vol., 860.

Caraxatura (rature). *Arch. adm.*, t. I, 19.

Carbon (Louis-Robert), bourgeois de Reims, procès dudit contre l'archevêque. *Arch. lég.*, 11e part., *statuts*, 111e vol., 738.

— (Jean-Baptiste), bailli de Reims. *Arch. lég.*, 11e part., *statuts*, 1er vol., 993; *statuts*, 11e vol., 213, 242, 291, 320, 405, 413, 415, 485, 592, 1035; *statuts*, 111e vol., 105, 228, 236, 306.

— (Jehan), procureur de Saint-Thierry de Reims. *Arch. adm.*, t. I, 925; t. III, 485, 486. *Arch. lég.*, 11e part., *statuts*, 11e vol., 951.

— grand vicaire de l'abbaye de Saint-Denis. *Arch. lég.*, 11e part., *statuts*, 11e vol., 1047; *statuts*, 111e vol., 155.

— (Thomas), chanoine de Saint-Symphorien. *Arch. lég.*, *statuts*, 111e vol., 32.

Carbonia (decima de). *Arch. adm.*, t. I, 531, 532.

— (Reinerus de). *Arch. adm.*, t. I, 531, 532, 533.

— (Renaldus de). *Arch. adm.*, t. I, 532, 533.

— voy. Charbogne.

Carbonarius (Johannes), voy. Carbon (Jean).

— (Remigius), bourgeois de Reims. *Arch. adm.*, t. II, 445.

Carbonnel de Chaule, voy. Chaule (C. de).

Carbonum jurati (charbons jurés des). *Arch. adm.*, t. II, 312.

Carcassonne (sénéchal de). *Arch. lég.*, IIe part., *statuts*, Ier vol., 795 ; *statuts*, IIIe vol., 630.

— (église de). L'archevêque de Reims, Simon Cramaud, administrateur perpétuel de ladite. *Arch. lég.*, IIe part , *statuts*, Ier vol., 107.

Carcassonnensis ecclesia, voy. Carcassonne (église de).

Carcenel (Balduinus), inscrit dans l'obituaire de Reims. *Arch. lég.*, IIe part., *statuts*, Ier vol., 116.

Carcer, vide Curtis beatæ Mariæ remensis carceres, Porta-Carceris.

Carceriagium (charroi). *Arch. adm.*, t. III, 226.

Carceto (villa de). *Arch. lég.*, Ire part., 89.

Carchiaco-de-Nogento-sub-Couciaco (prior de). *Arch. adm.*, t. II, 635.

Carchon (Bauduin), possesseur d'un fief de Saint-Remi. *Arch. adm.*, t. III, 610.

Cardaillac (baron de), chef d'un parti des ligueurs, marche sur Reims. *Arch. lég.*, IIe part., *statuts*, Ier vol., 912.

Cardenal (Pierre le Tellier). *Arch. adm.*, t. II, 827.

Cardinales, voy. cardinaux.

Cardinaux, vide Albertus, Allain, Almericus, Amdegavensis, Anselmus, Aribertus, Arles (card. d'), Chalons (card. de), Barberin, Barro (Petrus), Beauvais (Jehan de), Benedictus, Bernardus, Bolonia (Guido de), Bourbon (card. de), Brayo (Guill. de), Chypre (card. de), Cinthius, Crisogonus, Dormans (Johannes de), Ferrare (card. de), Fossa-Nova (Stephanus de), Franciscus, Fuschamberg, Gaietani, Gaucelinus, Gesvres, Gregorius, Guido, Guillelmus archevêque de Reims, Guise (card. de), Haimericus, Humbaldus, Jacobus, Johannes, Jordanus, Julius, Liudfredus, Lorraine, Lucas, Maganne (Jehan) du titre de quatre couronnés, Manfredus, Mimatensis (card.), Neapoleo, Nicholaus, Octavianus, Odalricus, Odo, Ossat, Paparo, Pellevé, Perron, Petrus, Pisani, Plaisance, Portuensis, Raimundus, Rainerius, Richardus, Robertus, Rochechouart (Jean-François de), Rolandus, Saint-Pierre, Saint-Vital, Sainte-Croix, Saisiaco (Stephanus-Neapolitanus de), Simon, Stephanus, Ubaldus, Vendosme (card. de), Villanus, Vital.

Cardinaux (rue des). *Arch. lég.*, IIe part., *statuts*, IIIe vol., 419.

Carditius, évêque de Verceil, signe le privilége de Cosle, accordé par l'empereur Frédéric à l'abbé de Saint-Remi de Reims. *Arch. adm.*, t. I, 327.

Cardon (Gérard), dit Crespelet, bourgeois de Reims. *Arch. adm.*, t. II, 1243.

Carecheriis (Johannes de), procureur du chapitre de Reims. *Arch. adm.*, t. II, 1249.

Carengier (Jean), bourgeois de Reims. *Arch. adm.*, t. III, 892.

Caret (R.), collecteur des tailles. *Arch. adm.*, t. II, 820.

Careur (François), coutre de Lavanne. *Arch. adm.*, Ire part., 910.

Carfania, femme romaine, qui donna occasion à un édit contre son sexe par sa conduite déréglée. *Arch. lég.*, Ire part., 417.

Cargnesalle, grand écuyer de France. *Arch. lég.*, IIe part., *statuts*, Ier vol., 763.

Carialis, (nom d'une espèce de soie). *Arch. lég.*, 1re part., 139.

Caricon (Herbert), bourgeois de Reims. *Arch. adm.*, t. II, 150.

Carignan (doyen de), voy. Stourne (M).

Cariolle (Colin la), témoin récusé par les échevins de Reims. *Arch. adm.*, t. II, 347.

Carisiacum (synodus apud). *Arch. adm.*, t. I, 39, voy. Quierzy (synode de).

Carisia, lieu où l'archevêque de Reims, Heriveus, reçut Charles le Simple. *Arch. adm.*, t. I, 56.

Caritate (Droco de), conseiller du roi, archidiacre de Soissons, voy. Charité (Dreux de la).

— (Johannes de), voy. Charité (Jehan de la).

— (Petrus de), rapporteur dans le jugement rendu contre le comte de Porcien, qui s'était emparé de Boult. *Arch. adm.*, t. II, 882.

— vide Wairi-prope-Clarum-montem (de).

Carlarius (Colardus), sergent du bailli de Reims. *Arch. adm.*, t. II, 335, 617.

Carlepont (village de). *Arch. lég.*, 1re part., 878, 909.

Carlet (Pierre), boulanger à Reims. *Arch. lég.*, IIe part., *statuts*, IIe vol., 161, 208.

— (Pierre-Paul), boulanger. *Arch. lég.*, IIe part., *statuts*, IIe vol., 162.

— (Thomas), maître tonnelier. *Arch. lég.*, IIe part., *statuts*, IIe vol., 415.

Carlier (G....), élu de Reims. *Arch. lég.*, IIe part., *statuts*, 1er vol., 780, 735.

— (Jean), chanoine de l'Isle. *Arch. lég.*, *statuts*, IIe vol., 32.

— (Pierre), prieur de Corbeny. *Arch. lég.*, *statuts*, IIIe vol., 32.

Carlomanus et Carolus Magnus, charte dedits en faveur de l'église de Reims. *Arch. adm.*, t. I, 28

— excommunication dudit. *Arch. adm.*, t. I, 57.

Carlot (Jean), maître tonnelier. *Arch. lég.*, IIe part., *statuts*, IIe vol., 417.

Carlovingiens, voy. Carolingiens.

Carme (Guibert le), clerc. *Arch. adm.*, t. II, 904.

Carmel (frères du), legs fait auxdits par Hugues le Large, doyen de Reims. *Arch. adm.*, t. I, 1000; appelés Barrati, 1024; t. II, 585.

Carmeli fratres, voy. Carmel (frères du).

Carmélites, voy. Reims (carmélites de).

Carmes (rue des). *Arch. adm.*, t. I, 80, 260. *Arch. lég.*, IIe part.; *statuts*, 1er vol., 568; *statuts*, IIe vol., 12.

— (couvent des). *Arch. adm.*, t. II, 853. *Arch. lég.*, IIe part., *statuts*, IIe vol., 113.

— (supérieur des), voy. Prieuse (Guillaume).

— de Reims (église des), voy. Reims (carmes de).

Carnaco (parrochia de), voy. Cornay (paroisse de).

Carnem, voy. Mordens.

Carnerus (Galterus), juré et citoyen de Laon. *Arch. adm.*, t. I, 519.

Carnifex, voy. Vicandus Bovo.

Carnificeria, vide Remenses Carnificeriæ.

Carnotensis comes, voy. Chatres (comte de).

— episcopus, voy. Chartres (évêque de).

Carnoto (Thomas de), frère prêcheur de Paris. *Arch. adm.*, t. I, 780.

— (Adam de), chanoine. *Arch. lég.*, IIe part., *statuts*, 1er vol., 74, 115.

— (Reginaldus de), archevêque de Reims, voy. Chartres (Regnault de).

Caro-Campo (abbas de). *Arch. adm.*, t. II, 637.

Caroleit (Th.), bourgeois de Reims. *Arch. adm.*, t. III, 69.

Carolet (C....), bourgeois de Reims. *Arch. lég.*, IIe part., *statuts*, Ier vol., 862, 865.

Caroli-Fonte (Odo de), chevalier. *Arch. adm.*, t. I, 532.

— (Capella de). *Arch. adm.*, 275.

Carolingiens (les). *Arch. adm.*, t. I, 27, 28. Cherchent à battre en brèche l'église des Gaules au profit de l'unité absolue, 106, 109. Veulent convertir la Germanie à l'unité, 110. Leur respect pour les libertés de l'église de Reims, 182. Les seigneuries non établies de leur temps. *Arch. lég.*, IIe part., *statuts*, IIIe vol., 622. État de la France sous lesdits, 624, 626.

Carolus II (Calvus), empereur, restitue certains immeubles à l'église de Reims. *Arch. adm.*, t. I, 34, 36, 37, 39, 40, 42, 45, et seq. 50 et seq. 58. Présent au concile de Pontion-sur-le-Sault, 63, 64, 71, 74. *Arch. lég.*, IIe part., *statuts*, IIe vol., 17; *statuts*, IIIe vol., 607. Rend les bénéfices héréditaires, 624.

— -Simplex, voy. Charles le Simple.

— compétiteur de Hugues Capet. *Arch. adm.*, t. I, 118, 120, 156, 157, 158, 181.

— IV, voy. Charles IV, dit le Bel.

Carolus Sigonius, savant italien, ouvrage dudit allégué au sujet de l'antique liberté de la ville de Reims. *Arch. adm.*, t. I, 482.

— (Richard), chanoine. *Arch. lég.*, IIe part., *statuts*, Ier vol., 115.

— monnaie du temps de Charles VIII. *Arch. lég.*, IIe part., *statuts*, Ier vol., 887.

— rex, voy. Karolus.

— Andegavensis comes, vide Karolus.

— Magnus, voy. Charlemagne.

— Calvus, voy. Charles le Chauve.

Caron (Jacques), curé de Bretigny. *Arch. lég.*, Ire part., 886.

— (Jean), marchand de Neesle. *Arch. lég.*, Ire part., 898.

— (Gerardus le), inscrit dans l'obituaire de Reims. *Arch. lég.*, IIe part., *statuts*, Ier vol., 116.

— (Bernard), religieux réformé de Saint-Remi de Reims. *Arch. lég.*, IIe part., *statuts*, Ier vol., 199, 204, 216, 219, 229.

— (Pierre), religieux de Saint-Remi de Reims. *Arch. lég.*, IIe part., *statuts*, Ier vol., 217.

Carot, serrurier. *Arch. adm.*, t. III, 754.

Carpentarius (Johannes), mansionnaire de Courcy. *Arch. adm.*, t. I, 704.

— (Rollandus), charretier. *Arch. adm.*, t. II, 620.

— franc sergent du chapitre de Reims. *Arch. adm.*, t. II, 336.

— vide Remenses Carpentarii.

Carpentier (Jehan), seigneur de Villecholles. *Arch. lég.*, Ire part., 894.

Carré, voy. Quarrel, Franc-Jardin (carré du), Magdelaine, Pellerin, Bataille, Saint-Pierre. Reims (quarrels de).

— (Guiot), vacher. *Arch. adm.*, t. III, 106.

— (Samson), panetier. *Arch. lég.*, IIe part., *statuts*, 336.

— (Jean), maître tonnelier. *Arch. lég.*, IIe part., *statuts*, 404.

— tailleur d'habits. *Arch. lég.*, IIe part., *statuts*, 531.

— (Robert), sergent du roi. *Arch. lég.*, IIe part., *statuts*, Ier vol., 589.

— (Rodolphe), président à l'élection de Reims. *Arch. lég.*, IIe part., *statuts*, Ier vol., 716; IIIe vol., 748.

Carrefour, Reims (carrefours de).

Carreia (chemin, route), *Arch. adm.*, t. III, 375.

Carreta (charretée). *Arch. adm.*, t. I, 499, 526.

Carreti (Johannes), prêtre. *Arch. lég.*, iie part., *statuts*, i^{er} vol., 114.

Carreto (Henricus de). *Arch. adm.*, t. II, 1033.

Carretus (charriage). *Arch. adm.*, t. I, 451, 621, 649, 651, v. Blanzy (carr. de).

Carrière, voy. Chiennay (carrières de), Brimont, Hermonville, terroir de Reims (carr. de).

— (droit de). *Arch. lég.*, iie part., *statuts*, i^{er} vol., 240; appartient exclusivement à l'abbé de Saint-Remi de Reims, *ibid.*

Carriole (Colin la), témoin présenté par l'archevêque et récusé par les échevins de Reims. *Arch. adm.*, t. II, 347.

Carropera (charretée). *Arch. lég.*, iie part., *statuts*, i^{er} vol., 167, 168, voy. Vini Carropera.

Carruca, voy. Carropera.

Carrucata terræ (mesure cadastrale). Autant de terre qu'en peut cultiver un laboureur en une année. *Arch. adm.*, t. I, 321, 354, 355, 418.

Carrus (char). *Arch. adm.*, t. I, 499, 545.

Cars (Pierre le), bourgeois du chapitre de Reims. *Arch. adm.*, t. I, 1087, 1211; t. II, 1207; t. III, 73, 97, 174, 188.

Carsue (Jehan), seigneur du Plessis. *Arch. lég.*, i^{re} part., 890.

Carta, vide Novavillæ carta Thuisy, Robertina, Adonis Carlomani et Caroli Magni, voy. Charte.

Cartagirensis ecclesia, voy. Chéry (église de).

Carteller (Etienne), notaire. *Arch. lég.*, iie part., *statuts*, iiie vol., 510.

Cartellus, Cartel, Cedule, voy. Quartellus, mesure de froment.

Carterium (quartier). *Arch. adm.*, t. I, 830.

Carthage (ville de). *Arch. lég.*, iie part., *statuts*, i^{er} vol., 970.

— (concile de). *Arch. adm.*, t. I, 103, 105, 106, 108, 126, 127, 153.

Carthaginis concilium, voy. Carthage (concile de).

Cartier (Geuffroy), chanoine de Reims. *Arch. adm.*, t. III, 866, 875.

— (Simon), curé de Chevrigny. *Arch. lég.*, i^{re} part., 884.

— (Claude), bourgeois de Reims. *Arch. lég.*, iie part., *statuts*, iie vol., 364.

Cartin (Pierre), avocat à Laon. *Arch. lég.*, i^{re} part., 921.

Carton (Jean-Baptiste), tonnellier. *Arch. lég.*, iie part. *statuts*, i^{er} vol., 434 ? *statuts*, iie vol., 416.

Cartovora (abbas de). *Arch. adm.*, t. II, 1027.

Cartusiensis ordo, voy. Chartreux (ordre des).

Cartusio, voy. Cattusio.

Carune, voy. Craonne.

Cas (Jehan le), bourgeois de Reims. *Arch. adm.*, t. III, 678, 736.

— (Bauduin le), bourgeois de Reims. *Arch. adm.*, t. II, 95, 152, 674, 684.

— (Pierre le), bourgeois de Reims, voy. Cars (Pierre le).

— (Baudenet le), voy. Cas (Bauduin).

— (Gilet le), bourgeois de Reims. *Arch. adm.*, t. II, 95.

— (Erart le), bourgeois de Reims. *Arch. adm.*, t. II, 95.

— (Perrart le), bourgeois de Reims. *Arch. adm.*, t. II, 1182; t. III, 248.

Casa, vide Cella Dei (C. de); Monte arceio (de), Sancti-Syxti Casa.

— -Dei (abbas de). *Arch. adm.*, t. I, 463,

472. Voy. Seguinus. Chaise-Dieu (abbé de).

Casamentum, vide Cazamentum.

Casant (J....), bourgeois de Reims. *Arch. lég.*, IIe part., *statuts*, Ier vol., 783.

Casalus, voy. miles.

Caseolo (Petrus de), chanoine. *Arch. lég.*, Ire part., 228.

Caseorum decima. *Arch. adm.*, t. I, 771, voy. fromages (dîme de).

Casernes, voy. Reims, casernes.

— (droit des). *Arch. lég.*, IIe part., *statuts*, IIIe vol., 148.

Casetis (Remondus de), chanoine de Reims. *Arch. adm.*, t. II, 475, 1031.

Casin (Vuyer), sergent de l'échevinage de Reims. *Arch. lég.*, IIe part., *statuts*, IIe vol., 24.

Casly (François), voy. Cassy.

Cassa. *Arch. adm.*, t. I, 222.

Cassetis (Raymundus), voy. Casetis.

Cassianus, écrivain ascétique du IVe siècle? *Arch. adm.*, t. I, 197.

Cassel (ville de). *Arch. adm.*, t. II, 29.

Cassine (Guyot), clerc. *Arch. adm.*, t. I, 761, 894.

— (la), village ressortissant de la prévôté foraine de Reims. *Arch. lég.*, Ire part., 904.

Cassinel Ferry, archevêque de Reims. *Arch. adm.*, t. III, 755, 756, 761, 762. *Arch. lég.*, IIe part., *statuts*, Ier vol., 81, 117.

— (Guillaume), maître d'hôtel de la reine. *Arch. adm.*, t. III, 762, 765. *Arch. lég.*, IIe part., *statuts*, Ier vol., 614.

— (Jehan), hospitalier. *Arch. adm.*, t. III, 765.

Cassini-Montis, *Arch. adm.*, t. I, 983, voy. Montcassin (monastère de).

Cassiodore, voy. Cassiodorus.

Cassiodorus, extrait d'un ouvrage dudit allégué. *Arch. lég.*, Ire part., 360.

Casson (Simon), bourgeois de Reims. *Arch. lég.*, IIe part., *statuts*, IIe vol., 374.

Cassy (François), tondeur de drap. *Arch. lég.*, IIe part., *statuts*, IIe vol., 394, 395.

Castali (G.), bourgeois de Reims. *Arch. adm.*, t. III, 831.

Castel (Gilet du), bourgeois de Reims. *Arch. adm.*, t. II, 678.

— (Raymbaudus de), la veuve dudit fonde la chapelle de Soumrance. *Arch. adm.*, t. II, 1097.

— (du), greffier de l'échevinage de Reims. *Arch. adm.*, t. III, 16.

— (Nicole du), chanoine de Laon. *Arch. lég.*, Ire part., 879, 882.

— (François de), bourgeois de Reims. *Arch. lég.*, IIe part., *statuts*, IIIe vol., 400, 401.

Castella-de-Ullois de Rebez (prior de). *Arch. adm.*, t. II, 634.

Castellain (Thierry), déchargeur. *Arch. adm.*, t. II, 823, 892.

— (Jacques), maître tonnelier. *Arch. lég.*, IIe part., *statuts*, IIe vol., 417.

— (G....), bourgeois de Reims. *Arch. lég.*, IIe part., *statuts*, Ier vol., 582.

Castellanensis (Johannes), archidiacre de Reims. *Arch. adm.*, t. I, 536.

Castellani bannus, dépendant de l'église de Saint-Remi. *Arch. adm.*, t. I, 413. Voy. Châtelain (ban du).

— aqua vendue à l'église de Saint-Remi avec le pont et le moulin de Flechembault. *Arch. adm.*, t. I, 499, 526, voy. Châtelain (eau du).

Castellania, voy. Attigniaco (castell. de), Bitignivilla (de), Chamissaco (de), Curvilla (de), Cormiaco (de), Montibus (de), Mosomo (de), Nogento (de), Septem-Salicibus (de), Sparnaco (de), Vitriaco (de).

Castellanus (Rolandus), voir Chastelain (Roland le).

— (Johannes de). *Arch. adm.*, t. II, 1049; t. III, 240?

— (Theobaldus), voy. Chastelain (Thiébaut), vide Manasserius.

— (Guido), miles. *Arch. adm.*, t. II, 98, 99.

— vide Belloesse (Castellanus de), Curvilla (de), Martis portæ, Novilla (de), Sancti Remigii, Vitriaco (de).

— (Henricus), échevin de Reims. *Arch. adm.*, t. I, 491.

Castellari-juxta-Rippontem (presbyter de), *Arch. adm.*, t. II, 1100.

— (Decanatus de), *Arch. adm.*, t. II, 1108, voy. (Castellet doyen-né de).

— (Capellania de), voy. Sainte-Marguerite du Châtel (chapellenie de).

— (Abbas de). *Arch. adm.*, t. II, 1072, voy. Châtelet-près-Murtin (abbé de).

— -Reginaldi (parrochia de). *Arch. adm.*, t. II, 1078, voy. Château-Renault (paroisse de).

— (presbyter de). *Arch. adm.*, t. II, 1095, 1104.

Castellario (Andreas de), miles. *Arch. adm.*, t. I, 424.

Castellarium, voy. Châtelet (village de).

Castelletum, voy. Châtelet, Paris (Châtelet de).

Castelli-in-Porcianis comitatus, voy. Château-Porcien (comté de).

Castellio-supra-Maternam, voy. Châtillon-sur-Marne.

Castellione (presbyter de). *Arch. adm.*, t. II, 1096, voy. Châtillon (prêtre de).

— -supra-Maternam (stalli de). *Arch. lég.*, IIe part., *statuts*, Ier vol., 102.

— (mensura de). *Arch. lég.*, IIe part., *statuts*, Ier vol., 170, voy. Châtillon (mesure de).

Castellione (Galcherus de), voy. Châtillon (Gaucher de).

— Wermundus (de), *Arch. adm.*, t. I, 360, 368, 369.

— (Jacobus de), fils de Guy, donne à Saint-Remi de Reims ses hommes du bourg de Châtillon. *Arch. adm.*, t. I, 272, 273.

— (Huetus de), sénéchal de Saint-Denis de Reims. *Arch. adm.*, t. I, 1037.

— (Guermundus de), vide Castellione Wermundus.

— (prior de). *Arch. adm.*, t. II, 634.

— (servientes de). *Arch. adm.*, t. I, 825.

— (Dominicus de), conseiller du roi. *Arch. adm.*, t. II, 650, 732.

— (Galtherus de), voy. Châtillon (Gaucher de).

— (Johannes de), chevalier et queux du roi. *Arch. adm.*, t. II, 945.

— (Hugo de), canonicus. *Arch. adm.*, t. III, 369. *Arch. lég.*, IIe part., *statuts*, Ier vol., 81, 117.

Castello-in-Moricani (abbas de). *Arch. adm.*, t. II, 638.

— (Johannes de). *Arch. lég.*, IIe part., *statuts*, Ier vol., 81.

— (Hecelinus de), donne à Notre-Dame de Reims l'alleu de Signy. *Arch. lég.*, IIe part., *statuts*, Ier vol., 72, 96, 115.

Castellulum, voy. Châtelet.

Castellum-Portuense, voy. Château-Porcien.

— -in-Cameracensi, voy. Château-Cambresis.

— vide Sancti-Remigii castellum, Cociacum, Registeste, Viennense.

Castigatio, voy. Fustium Castigatio.

Castillæ rex. *Arch. adm.*, t. II, 927. Le roi de France enjoint aux habitants de Reims de bien recevoir ledit. *Arch. lég.*, IIe part., *statuts*, Ier vol., 664, vide Alphonsus.

Castille (royaume de). *Arch. adm.*, t. II, 926.

— (roi de), voy. Castillæ rex.

Castillon (village de). *Arch. lég.*, rre part., 882.

Castor et Pollux (constellation de). *Arch. lég.*, ne part., *statuts*, rer vol., 222.

Castres (madame de), dame de Vaux. *Arch. adm.*, t. II, 1083.

— (monseigneur de) va à Reims en la compagnie du roi. *Arch. lég.*, ne part., *statuts*, rer vol., 648.

— (C.... de), élu de Reims. *Arch. lég.*, ne part., *statuts*, rer vol., 921.

Castri - Viennensi capella. *Arch. adm.*, t. I, 329.

Castrices (abbas de). *Arch. adm.*, t. II, 636.

Castriduni vicecomes, vide Châteaudun (vicomte de), signe la protestation des barons de France au pape contre les prélats. *Arch. adm.*, t. I, 591.

Castrieraudi vicecomes, vide Châtelleraut (vicomte de), signe comme le précédent la protestation des barons de France. *Arch. adm.*, t. I, 591.

Castris (altar de). *Arch. adm.*, t. I, 252.

— (parrochia de), voy. Chestre (paroisse de).

— (presbyter de). *Arch. adm.*, t. II, 1112.

— (Raymondus de), presbyter de. *Arch. lég.*, ne part., *statuts*, rer vol., 118.

Castro-Theodorici (Hugo de), miles. *Arch. adm.*, t. I, 273.

— (Philipotus de), bourgeois de Reims. *Arch. adm.*, t. II, 923.

— -de-Scala (capellania in). *Arch. adm.*, t. II, 1074.

— (mensura de). *Arch. lég.*, ne part., *statuts*, rer vol., 104.

— -Portuensi (presbyter de). *Arch. adm.*, t. II, 1083.

Castro (Richardus de), frère de Guido, évêque de Soissons. *Arch. lég.*, ne part., *stat.*, rer vol., 75, 120.

— (Heschelinus de), voy. Castello (Hecelinus de).

— -Portuensi (Guichardus de), chanoine de Reims. *Arch. adm.*, t. I, 810. *Arch. lég.*, ne part., *statuts*, rer vol., 95.

— -Portuensi (hospitalis de). *Arch. adm.*, t. I, 1021.

— de Savouges (Capellenia in) vide Chavougiis (Capel. de).

— -Portuens (parrochia de). *Arch. adm.*, t. II, 1084, voy. Château-Porcien (paroisse de).

— Renaldi (J. de), chapelain de l'église de Reims. *Arch. adm.*, t. I, 1037.

— Villano (Nicolaus de), prêtre. *Arch. adm.*, t. II, 735, 1034; t. III, 31, 103. *Arch. lég.*, ne part., *statuts*, rer vol., 124.

Castrum, vide Choceium castrum, Februarii, Litebert (de), Mosomii, Montismarini, Novilla (de), Novum, Porciani, Reteste, Renaldi, Sancti-Remigii, Theodorici, Thur (de), Ventabren, Viennense, Vitriacum, Virtutum, Wasnum, Wastefale, voy. Château.

— Portuense, voy. Château-Porcien.

— voy. Chestre.

Casulla (chasuble). *Arch. adm.*, t. I, 17, 19, 222, 449, 508; t. III, 760. *Arch. lég.*, ne part., *statuts*, rer vol., 73, 91, 98, 108.

Cat (Pierre le), voy. Cas.

Catalanum, voy. Châlons.

Cathalanno (Grégoire de), voy. Châlons (Grégoire de).

Catallum (cheptel). *Arch. adm.*, t. I, 520, 563, 569, 593, 651. *Arch. lég.*, rre part., 36.

Catechismus (catéchisme). *Arch. adm.*, t. I, 271.

Cateit (P. le), voy. Creceit (Perresson le).

Catenaio (Guillelmus de), presbyter. *Arch. lég.*; ɪɪᵉ part., *statuts*, ɪᵉʳ vol., 117.

Cathalaunense capitulum. *Arch. adm.*, t. I, 873; t. II, 636. 1122; t. III, 601. *Arch. lég.*, ɪʳᵉ part., 326, 878, voy. Châlons (chapitre de).

Cathalaunenses Consuetudines, voy. Châlons (coutumes de).

— canonici, voy. Hape (Johannes) Thiais.

Cathalaunensis archidiaconus, voy. Châlons (archidiacre de).

— decanus. *Arch. lég.*, ɪʳᵉ part., 293, vide Guillermus.

— libra. *Arch. adm.*, t. I, 508. *Arch. lég.*, ɪɪᵉ part., *statuts*, ɪᵉʳ vol., 81, 176.

— prior. *Arch. adm.*, t. I, 646.

— officialis. *Arch. lég.*, ɪʳᵉ part., 97, 195.

— ecclesia. *Arch. adm.*, t. I, 19. *Arch. lég.*, ɪʳᵉ part., 309, 881 ; ɪɪᵉ part., *statuts*, ɪᵉʳ vol., 66.

— insula. *Arch. adm.*, t. II, 634, vide Omnium sanctorum insula.

— vice domina, voy. Prona (Isabella de), voy. Châlons (vidamesse de).

— episcopus. *Arch. adm.*, t. I, 377, 468, 478, 550, 569, 570, 571, 584, 586, 587, 598, 604, 605, 670, 699, 702; comte et pair de France, t. II, 82 ; rang dudit à la cérémonie du sacre, 658, 636, 1176, 1178. *Arch. lég.*, ɪʳᵉ part., 213, 325; ɪɪᵉ part., *statuts*, ɪᵉʳ vol., 608; *statuts*, ɪɪɪᵉ vol., 511, 520, 542, 605, 633, 638, 647, 649, 653, 654, 657, voy. Châlons (évêques de).

— vide S. Alpinus-cathal.

Cathalauno (Gregorius de), voy. Châlons (Grégoire de).

— (Johannes de), voy. Châlons (Jehan de).

Cathalauno (Radulphus de), citoyen de Reims. *Arch. adm.*, t. III, 432, 436, 439.

— (Petrus de), voy. Châlons (Pierre de).

— (Baldoynus de) miles. *Arch. lég.*, ɪʳᵉ part., 44.

— (Henricus le), presbyter. *Arch. lég.*, ɪɪᵉ part., *statuts*, ɪᵉʳ vol., 19.

Cathalaunum, voy. Châlons.

Cathécumènes, voy. Cathecumeni.

Cathaloniæ vicedominus, voy. Châlons (vidame de).

Cathecumeni. *Arch. lég.*, ɪɪᵉ part., *statuts*, ɪᵉʳ vol., 29. L'archidiacre de Reims est chargé de garder les huiles pour la consécration desdits (*ibid.*).

Cathedra (chaire). *Arch. adm.*, t. I, 548, voy. Sancti Remigii cathedra.

Catheium, voy. Chezy.

Cathedrales, vide ecclesiæ.

— voy. Reims (cathédrale de); Châlons (cathédrale de).

Cathédrale de Reims (chanoine tournaire de la), voy. chapitre de Reims (tournaire du).

— (chapucier de la), échappe, par le privilége de son office, aux charges publiques. *Arch. adm.*, t I, 495. *Arch. lég.*, ɪɪᵉ part., *statuts*, ɪɪɪᵉ vol., 680, 684.

Cathelin (Roch), ajusteur des monnaies de Reims. *Arch. lég.*, ɪɪᵉ part., *statuts*, ɪɪɪᵉ vol., 187.

Cathena (Galterus de), chanoine et diacre. *Arch. lég.*, ɪɪᵉ part., *statuts*, ɪᵉʳ vol., 93, 120.

— (Galerus de), voy. Cathena (Galterus de).

Cathoire (Denys). *Arch. lég.*, ɪʳᵉ part., 898.

Catholet (André), maître charcutier. *Arch. lég.*, ɪɪᵉ part., 931, 938.

Catholica ecclesia. *Arch. adm.*, t. I, 93, 120, 121, 132.

Catholica, fides. *Arch. adm.*, t. I, 119 ; t. II, 67 ; t. III, 639, 645. *Arch. lég.*, 1re part., 49, 358.

Catholicus. *Arch. adm.*, t. I, 581.

Catholique, voy. Catholicus.

Catier (Jaquet), tonnelier. *Arch. adm.*, t. III, 107.

Catigny (village de). *Arch. lég.*, 1re part., 908.

Catinal (Pierre), conseiller au parlement. *Arch. lég.*, 11e part., *statuts*, 11e vol., 663.

Catoire (Jean), procureur du roi à Coucy. *Arch. lég.*, 1re part., 898.

Cattusio, colon de l'église de Reims. *Arch. adm.*, t. I, 17, 18.

Caturco (Philippus de), official de l'archidiacre de Reims. *Arch. adm.*, t. I, 759, 844, 882. *Arch. lég.*, 11e part., *statuts*, 1er vol., 120.

— (Guillermus de), official de l'archidiacre de Reims. *Arch. adm.*, t. I, 874, 880.

— (Petrus de), chanoine de Reims. *Arch. adm.*, t. I, 1002, 1006. *Arch. lég.*, 11e part., *statuts*, 1er vol., 121.

— (Robert de), chanoine de Reims. *Arch. adm.*, t. I, 1002.

Cauche (Georges), grènetier du grenier à sel de Coucy. *Arch. lég.*, 1re part., 897, 899.

— (Pierre), procureur à Laon. *Arch. lég.*, 1re part., 921.

— Cauchiart (G....), bourgeois de Reims. *Arch. adm.*, t. II, 1141.

— (Jacques), receveur des tailles à Reims. *Arch. adm.*, t. III, 97, 105.

Cauchiette (J....), bourgeois de Reims. *Arch. lég.*, 11e part., *statuts*, 1er vol., 580, 626, 628, 629, 630, 632, 634, 636, 639, 640, 642, 644, 649, 653, 657, 659, 667, 670, 677, 682, 686, 689, 693, 702, 712, 729, 734, 740.

Cauchette (G....), noble de Reims. *Arch.*

lég., 11e part., *statuts*, 1er vol., 773, 775, 777, 780, 795, 808.

Cauchon (Louis), vicomte d'Unchaire. *Arch. lég.*, 11e part., *statuts*, 111e vol., 56.

— voy. Menissier, Marc, Lery.

— (Pierre), bourgeois de Reims. *Arch. adm.*, t. II, 604, 705? 759, 895. *Arch. lég.*, 1re part., 879.

— (Gérart), bourgeois de Reims. *Arch. adm.*, t. I, 941 ; t. II, 40, 555, 604, 666, 705? 759, 800? 810, 916, 983, 992, 998.

— Guillelmus), notable de Reims. *Arch. lég.*, 11e part., *statuts*, 1er vol., 117, 772, 774, 775, 808, 812, 823, 824, 858, 865, 876.

— (Jehan), le jeune, échevin. *Arch. adm.*, t. III, 51. *Arch. lég.*, 11e part., *statuts*, 1er vol., 527, 580, 581, 612, 616, 626, 629, 630, 632, 637, 638, 642, 653, 657, 674, 681, 683, 690, 695, 702, 722, 770, 772, 774, 776, 800, 807 ? 822, 836, 844, 997.

— (Genesson), bourgeois de Reims. *Arch. lég.*, *statuts*, 111e vol., 32.

— (P. Bernard), échevin. *Arch. adm.*, t. II, 800.

— (Hubert), seigneur de Sillery. *Arch. lég.*, 1re part., 759.

— (Laurent), lieutenant général du bailli de Vermandois. *Arch. lég.*, 1re part., 889, 893 ; 11e part., *statuts*, 1er vol., 858, 861, 863, 866, 922, 931.

— (Jehan), sieur de Maurepas. *Arch. lég.*, 11e part., *statuts*, 1er vol., 610? 824 ; *statuts*, 11e vol., 4, 6, 7, 10, 114.

— (Thomas), lieutenant du bailli de Vermandois. *Arch. lég.*, 11e part., *statuts*, 1er vol., 668, 680, 770, 806, 810, 825 ; *statuts*, 11e vol., 11, 93, 321 ; *statuts*, 111e vol., 35.

— (B....), lieutenant du capitaine de

Reims. *Arch. lég.*, ɪɪᵉ part. , *statuts*, ɪɪᵉ vol., 94.

Cauchon (Jehan), seigneur du Godart, lieutenant de Reims. *Arch. lég.*, ɪʳᵉ part., 892? ɪɪᵉ part., *statuts*, ɪᵉʳ vol., 532? 538? 606? 612? 615, 617, 619, 626, 628, 632, 637, 642, 648, 650? 654, 656, 733, 770, 772, 787, 826, 828, 829; *statuts*, ɪɪɪᵉ vol., 33, 614?

— (Regnault), seigneur de Condé-sur-Suippe. *Arch. lég.*, ɪʳᵉ part., 865, 892; ɪɪᵉ part., *statuts*, ɪᵉʳ vol., 203? *statuts*, ɪɪᵉ vol., 165, 172.

— (Thomas), grand archidiacre de Reims. *Arch. lég.*, ɪʳᵉ part., 876, 880; ɪɪᵉ part., *statuts*, ɪᵉʳ vol., 810? *statuts*, ɪɪᵉ vol., 93, 762, 777.

— (Claude), abbé de Saint-Denis de Reims. *Arch. lég.*, ɪʳᵉ part., 878; ɪɪᵉ part., *statuts*, ɪᵉʳ vol., 781? *statuts*, ɪɪᵉ vol., 94.

— (P....), évêque de Beauvais. *Arch. lég.*, ɪɪᵉ part., *statuts*, ɪᵉʳ vol., 122.

— (Jérôme), seigneur de Gueux. *Arch. lég.*, ɪɪᵉ part., *statuts*, ɪᵉʳ vol., 656, 793, 838? *statuts*, ɪɪɪᵉ vol., 250? 253, 263, 266.

— (N....), marchand de Reims. *Arch. lég.*, ɪɪᵉ part., *statuts*, ɪᵉʳ vol., 668, 780.

— (H....), procureur des nobles de Reims. *Arch. lég.*, ɪɪᵉ part., *statuts*, ɪᵉʳ vol., 678, 859, 862, 867, 885.

— le Tendans, bourgeois de Reims. *Arch. adm.*, t. I, 1119.

— (Bauduin), bourgeois de Reims. *Arch. adm.*, t. I, 767.

— (Adam), bourgeois de Reims. *Arch. adm.*, t. I, 904.

— (Raoul), bourgeois de Reims. *Arch. adm.*, t. II, 78, 393. *Arch. lég.*, ɪɪᵉ part., *statuts*, ɪᵉʳ vol., 865, 898, 904.

— (Jehan), clerc. *Arch. adm.*, t. II, 508; t. III, 836, 842. *Arch. lég.*, ɪɪᵉ part., *statuts*, ɪᵉʳ vol., 73? 118, 374, 622,

625? 644, 767, 795, 845, 848, 854; *statuts*, ɪɪᵉ vol., 7.

Cauchon (Jehan), échevin de Reims. *Arch. adm.*, t. I, 1108; t. II, 14, 50, 103, 135, 491? t. III, 696, 697, 728. *Arch. lég.*, ɪʳᵉ part., 650; ɪɪᵉ part., *statuts*, ɪᵉʳ vol., 370, 375, 377, 397, 540, 542, 543, 572? 580, 775, 798.

— (Remi), échevin de Reims. *Arch. adm.*, t. I, 1087; t. II, 139, 146, 152, 229, 231, 233, 299, 309, 505, 666, 671, 696? 705, 756, 760, 786? 800, 804, 882, 891, 892, 896, 897, 898, 904, 905, 907, 916, 982, 983, 993, 1002, 1005, 1007, 1162, 1175, 1176, 1179, 1184, 1186, 1188, 1189, 1192, 1195, 1199, 1201, 1202, 1207, 1211; t. III, 15, 34, 36, 38, 39, 44, 87, 95, 831. *Arch. lég.*, ɪɪᵉ part., *statuts*, ɪᵉʳ vol., 322, 678, 686, 691, 854, 856, 858, 862.

— (Jacques), échevin de Reims. *Arch. adm.*, t. I, 1117, 1127; t. III, 15, 19, 21, 25, 26, 27, 28, 63, 106? 248, 332. *Arch. lég.*, ɪɪᵉ part., *statuts*, ɪᵉʳ vol., 397, 770, 805, 844, 848, 862.

— (Pierre), dit le Hiraut, bourgeois de Reims. *Arch. adm.*, t. II, 912.

— (Jesson), bourgeois de Reims. *Arch. adm.*, t. II, 993; t. III, 332.

— Thierry), sieur de Maupas. *Arch. adm.*, t. II, 1137, 1138; t. III. 99, 105, 108. *Arch. lég.*, ɪɪᵉ part., *statuts*, ɪᵉʳ vol., 682? 862, 883; *statuts*, ɪɪᵉ vol., 332.

— Remigius, voy. Cauchon (Remi).

Cauchonne (Marie la), bourgeoise de Reims. *Arch. adm.*, t. II, 269.

— (Gilé la), bourgeoise de Reims. *Arch. adm.*, t. II, 823.

— (Pucelle la), bourgeoise de Reims, voy. Pucelle.

Cauchonnet (Jaquet de), clerc. *Arch. adm.*, t. II, 544; t. III, 831, 836, 843. *Arch. lég.*, ɪɪᵉ part., *statuts*, ɪᵉʳ vol., 610? 611? 615, 617, 619, 623, 625,

637, 639, 659, 661, 673, 677, 696, 700, 708, 733, 740, 745.

Cau-d'Aingnel (rue de la). *Arch. adm.*, t. II, 496.

Cauda, voy. Vini Cauda.

Caudoie, le sergier. *Arch. adm.*, t. II, 529.

Cauldoye (Renaut), bourgeois de Reims. *Arch. adm.*, t. II, 347.

— (Ysabel), femme du précédent. *Arch. adm.*, t. II, 347.

Caulet (Guillaume), bourgeois de Reims. *Arch. adm.*, t. III, 488.

— voy. Hauteville.

Cauliculus (Hugo), comte de Roucy. *Arch. adm.*, t. I, 317, 318.

Caulus (Hurtaut), échevin. *Arch. adm.*, t. III, 696, 697. *Arch. lég.*, IIᵉ part., *statuts*, Iᵉʳ vol., 637, 639, 642, 646, 647, 654, 667, 701, 708, 726, 733, 740, 743, 754, 784; *statuts*, IIᵉ vol., 455.

— (J....), élu de Reims. *Arch. lég.*, IIᵉ part., *statuts*, Iᵉʳ vol., 709.

Cauma (chaumière, ferme). *Arch. adm.*, t. I, 328.

Caumartin (Louis le Fèvre de), garde des sceaux de France. *Arch. lég.*, IIᵉ part., *statuts*, IIIᵉ vol., 250, 253, 266.

Caumont, voy. Perthes.

Cauny (Jehan de), seigneur de Bucy. *Arch. lég.*, Iʳᵉ part., 889.

— (fief de). *Arch. lég.*, Iʳᵉ part., 894.

Caureit de Ygny, voy. Ygny.

Caurel (village de). *Arch. adm.*, t. I, 1090; t. II, 1063; t. III, 381, 584. *Arch. lég.*, IIᵉ part., *statuts*, Iᵉʳ vol., 64, 99; *statuts*, IIᵉ vol., 860.

— -lez-Lavanne (ville de). *Arch. lég.*, Iʳᵉ part., 754, 876, 902, 905, 911.

— (paroisse de), voy. Caurello (parr. de).

— (Ysabel de), béguine. *Arch. adm.*, t. II, 671, 683, 692?

Caurel (Gringuet de). *Arch. adm.*, t. II, 900.

— -lez-Hermonville (village de). *Arch. lég.*, Iʳᵉ part., 905.

Caurello (parrochia de). *Arch. adm.*, t. II, 1063.

Caureto (parrochia de), voy. Cauroy (de).

— (Odo de), doyen de Saint-Symphorien. *Arch. adm.*, t. I, 270.

— (Giletus de), notaire. *Arch. adm.*, t. II, 186.

— (Wietus de), parmentier. *Arch. adm.*, t. II, 186.

— (presbyter de). *Arch. adm.*, t. II, 1060, 1111.

Caurette (J....), bourgeois de Reims. *Arch. lég.*, IIᵉ part., *statuts*, Iᵉʳ vol., 770, 777.

Cauroy (Jehan de), bourgeois de Reims. *Arch. adm.*, t. II, 603, 914.

— (Briart le Galois de), bourgeois de Reims. *Arch. adm.*, t. II, 905.

— (village de). *Arch. adm.*, t. II, 905; t. III, 108. *Arch. lég.*, Iʳᵉ part., 885, 901, 910; IIᵉ part., *statuts*, Iᵉʳ vol., 796.

— (seigneurie de). *Arch. lég.*, IIᵉ part., *statuts*, IIIᵉ vol., 288, 292.

— -lez-Hermonville. *Arch. adm.*, t. I, 1090; t. II, 559? 1056. *Arch. lég.*, Iʳᵉ part., 754; IIᵉ part., *statuts*, Iᵉʳ vol., 806; *statuts*, IIIᵉ vol., 36.

— lez-Hermonville (paroisse de). *Arch. adm.*, t. II, 1059. *Arch. lég.*, Iʳᵉ part., 902.

— -lez-Machaut (village de). *Arch. adm.*, t. III, 607. *Arch. lég.*, Iʳᵉ part., 909.

— -lez-Machaut (paroisse de). *Arch. adm.*, t. II, 1108, 1113.

— (curé de), voy. Léo de Remi.

Caurzy (village de), en la montagne de Reims. *Arch. adm.*, t. I, 1089.

Caussin, bourgeois de Reims. *Arch. adm.*, t. II, 24.

Caussin (Guiot), bourgeois de Guise. *Arch. adm.*, t. III, 836.

Caussonnier (Michel le), contrôleur de magasin de Châlons. *Arch. lég.*, 1re part., 896.

— (Godet du), député des états de Châlons. *Arch. lég.*, 1re part., 897.

Cautela, vide Absolutio ad cautelam.

Cautio (caution). *Arch. adm.*, t. I, 627; t. II, 109, 232; t. III, 405. *Arch. lég.*, 1re part., 126, 170, 285, 312, 334, 460; 11e part., *statuts*, 1er vol., 159, voy. recréance.

Cauveri (Adam de), bailli de l'archevêque de Reims. *Arch. adm.*, t. II, 100.

Cavagium, vide Chevagium.

Cavalcata, voy. Cavalchia.

Cavalcatura, voy. Cavalchia.

Cavalchia (chevauchée). *Arch. adm.*, t. I, 526, 596, 649, 650, 839, 848, 850, 865, 1060, 1068. Démêlés au sujet de ladite entre l'abbé de Saint-Remi de Reims et l'archevêque; *ibid.*, t. II, 112, 730.

Cavalcheia, vide Cavalchia.

Cavalio (villa). *Arch. adm.*, t. I, 279, voy Cavillon.

Çave (Michel), procureur des habitants de Reims. *Arch. lég.*, 11e part., *statuts*, 1er vol., 773, 774.

Caveau, voy. Saint-Martin (caveau de).

Cavell (Gerardus de). *Arch. lég.*, 11e part., *statuts*, 1er vol., 100.

Cavennes, voy. Lavannes.

Cavence (village de), voy. Lavannes

Caverdi, voy. Rupes.

Cavillon (village de), voy. Cavalio-Villa.

Cavinio, lieu des environs de Laon. *Arch. adm.*, t. I, 155, 157.

Cavroie (seigneur de), voy. Oge (J.... d').

Cayer, voy. Haimet.

Cayet (Gérard), savetier. *Arch. adm.*, t. II, 780. *Arch. lég.*, 11e part., *statuts*, 1er vol., 820, 865; *statuts*, 11e vol., 239.

Cayeu (Nicolas de), conseiller au parlement. *Arch. adm.*, t. II, 654.

Cayn (Guillelmus), bourgeois de Nanteuil. *Arch. adm.*, t. II, 726.

Cayne (village de). *Arch. lég.*, 1re part., 909.

Caynet (R....), sénéchal de N. D. de Reims. *Arch. lég.*, 11e part., *statuts*, 1er vol., 835, 841.

— (Poncelet), boucher. *Arch. lég.*, 11e part., *statuts*, 1er vol., 998.

Cayon (Jehan de), écuyer. *Arch. adm.*, t. III, 662.

Cayot (Gérart), voy. Cahiet.

Cayot (Remiette), veuve de Pierre Robin, bonnetier. *Arch. lég.*, 11e part., *statuts*, 11e vol., 279.

Cayous (Thiébaut), bourgeois de Reims. *Arch. adm.*, 1189.

Cazamentum (Cademente, fief à rente annuelle). *Arch. adm.*, t. I, 903.

Cazart (Petrus), conseiller du roi. *Arch. lég.*, 11e part., *statuts*, 1er vol., 421.

— (Pierre), cordonnier. *Arch. lég.*, 11e part., *statuts*, 11e vol., 238.

Cecilia, vide Sancta.

— abbesse de Saint-Pierre-aux-Dames. *Arch. adm.*, t. I, 929.

— sœur de Guido Castellanus, chevalier. *Arch. adm.*, t. II, 99.

— uxor Milonis de Germania. *Arch. lég.*, 11e part., *statuts*, 1er vol., 85, 118?

Cedronis-Curtis, voy. Courtecèdre.

Ceffoud (seigneurie de). *Arch. lég.*, 11e part., *statuts*, 111e vol., 533.

Celer (J. du), bourgeois de Reims. *Arch. adm.*, t. III, 833.

Célestin III, pape. Bulle dudit où il est parlé des maîtres et sœurs de S.-Éloi. *Arch. adm.*, t. II, 6.

Célestins de Soissons (couvent des). *Arch. lég.*, 1re part., 881.

Célibat, voy. Reims (clercs de); Cambray (Cl. de).

Celinia, mère de saint Remi. *Arch. adm.*, t. I, 312. *Arch. lég.*, 1re part., 383.

Celinus, bienfaiteur de l'église de Reims. *Arch. lég.*, 11e part., *statuts*, 1er vol., 107.

Cella, voy. Caniachus.

— -Dei, voy. Chaise-Dieu.

— voy. S. Petri Trecensis.

Celle (Thomas de la), bourgeois de Reims. *Arch. adm.*, t. II, 696.

— (Étienne de la), dit le Poure, tavernier, bourgeois de Reims. *Arch. adm.*, t. III, 98, 105.

Cellensis, voy. Petrus.

Cellerarius, vide Haidericus Petrus, Evrardus. S. Withoni Virdunensis.

Cellerier, voy. Cellerarius. S. Remi de Reims (cellerier de).

Celles (village de). *Arch. lég.*, 1re part., 887, 900.

— (seigneur de), voy. Maubeston (J. de).

Celliaco (Adam de), prêtre. *Arch. lég.*, 11e part., *statuts*, 1er vol., 115.

Cellier (dom), histoire générale dudit alléguée. *Arch. adm.*, t. I, 24.

— (M.), seigneur de Magneux. *Arch. adm.*, t. II, 1061.

— (Robin du), clerc. *Arch. adm.*, t. III, 107.

— (Presson le), bourgeois de Reims. *Arch. adm.* t. III, 766.

— (Colard du), bourgeois de Reims. *Arch. adm.*, t. III, 836.

— (Jesson du), sergent de la prévôté de Reims. *Arch. adm.*, t. III, 840. *Arch. lég.*, 11e part., *statuts*, 1er vol., 428, 429.

Celsa, cousine de S. Remi. *Arch. adm.*, t. I, 5.

Celsinus, prêtre, signataire du testament de saint Remi. *Arch. adm.*, t. I, 23.

Celyommelles (village de). *Arch. lég.*, 1re part., 891.

Cena, voy. Remensis episcopi cena.

Cendé, gouverneur de l'église de Saint-Michel de Reims. *Arch. lég.*, 11e part., *statuts*, 1er vol., 343.

Cendres (jour des), époque de la réélection des échevins à Reims. *Arch. adm.*, t. I, 393.

Cenomanensis episcopus, voy. Audebertus; voy. Mans (évêque du).

— diœcesis. *Arch. adm.*, 11e part., *statuts*, 1er vol., 108; voy. Mans (diocèse de).

Cens, voy. Census.

Cense, voy. Chaise (cense de la), Marigny, Doizel, Lagny, Aubé.

— des Cordeliers (rue de la). *Arch. adm.*, t. I, 80. *Arch. lég.*, 11e part., *statuts*, 1er vol., 568.

Censier, voy. chapitre de Reims (censiers du). *Arch. lég.*, 1re part., 75.

— (Jehan le), bourgeois de Reims, condamné au pilori. *Arch. adm.*, t. II, 1243.

— (village de). *Arch. lég.*, 1re part., 903.

— (Marguet), estaminier. *Arch. lég.*, 11e part., *statuts*, 11e vol., 226.

Censitor, voy. Censier.

Censiva (censive). *Arch. adm.*, t. I, 924. *Arch. lég.*, 11e part., *statuts*, 1er vol., 64.

Censura ecclesiastica. *Arch. adm.*, t. I, 561, 583, 603, 683, 698, 717, 749, 762, 927, 946; t. II, 398, 642; t. III, 363, 366, 804, 807. *Arch. lég.*, 1re part., 65; 11e part., *statuts*, 1er vol., 354.

Census, voy. Garini Mordens, Census,

Tannion, Romanæ ecclesiæ. Placitis (de), Gerolvart (de).

Centaurus, voy. Sagittaire.

Centum, mesure pour le bois en usage à Reims. *Arch. adm.*; t. II, 713.

Cepiensis summa. *Arch. lég.*, iie part., *statuts*, i^{er} vol., 88.

Ceray (Jacques de), voy. Cereyo (Jarquenardus de).

— (Thomas de), élu de Reims. *Arch. adm.*, t. III, 841.

Cerbarre (Jean), cordier. *Arch. lég.*, iie part., *statuts*, iie vol., 212.

Cercamp (abbaye de). *Arch. lég.*, iie part., *statuts*, i^{er} vol., 292.

Cercelière, voy. Ysaberonne (la) Larde.

Cérémonie, voy. sacre (cérémonie du).

Cereris porta, voy. Cérès. *Arch. adm.*, t. I, 11, 80, 853; t. II, 861, 1147; t. III, 67. *Arch. lég.*, iie part., *statuts*, i^{er} vol., 325, 567, 807, 831; *statuts*, iie vol., 927; *statuts*, iiie vol., 51, 389, 396, 419, 476, 641.

Cérès (porte de), voy. Cereris porta.

— (rue de). *Arch. adm.*, t. I, 80. *Arch. lég.*, iie part., *statuts*, i^{er} vol., 567; *statuts*, iiie vol., 419.

— (faubourg de). *Arch. adm.*, t. I, 270. *Arch. lég.*, i^{re} part., 722; iie part., *statuts*, i^{er} vol., 685, 720, 816; *statuts*, iie vol., 12, 321, 489, 606; *statuts*, iiie vol., 51, 120, 419.

Cereyo (Jacquemardus), procureur de la léproserie de Reims. *Arch. adm.*, t. I, 1077.

Cerf (Ysabeau le), femme de Beguin, procureur fiscal de l'archevêque de Reims. *Arch. lég.*, iie part., *statuts*, iie vol., 332.

— (Wautier du), messager de Reims. *Arch. adm.*, t. II, 998, 999, 1000; t. III, 37.

Cerf (Quarrel du). *Arch. adm.*, t. II, 509.

— (Pierre le), conseiller en l'échevinage de Reims. *Arch. adm.*, t. III, 827, 889, 894.

— (rue du). *Arch. lég.*, iie part., *statuts*, iiie vol., 419.

— voy. archevêque de Reims (cerf de l').

Cerfmont, bourgeois de Reims. *Arch. lég.*, iie part., *statuts*, iiie vol., 408.

Cerfontaine (village de). *Arch. lég.*, i^{re} part., 890, voy. Serenus fons.

Cerfueil (village de). *Arch. lég.*, iie part., *statuts*, i^{er} vol., 175.

Cergnon (parrochia de), voy. Cernon (paroisse de).

— (decima de). *Arch. lég.*, iie part., *statuts*, i^{er} vol., 75.

Cérigne, voy. Bouillon.

Ceris (ecclesia de). *Arch. adm.*, t. I, 355.

— (Guido de), noble de Reims. *Arch. adm.*, t. I, 415.

Cérisiers (René), jésuite. Ouvrage dudit sur saint Remi, apôtre des Français, allégué. *Arch. lég.*, iie part., *statuts*, iiie vol., 751.

Cerleau (village de). *Arch. adm.*, t. II, 1072, 1073. L'écolâtre de Reims en est seigneur, *ibid.*

Cerlonne (altar de). *Arch. adm.*, t. I, 508. *Arch. lég.*, iie part., *statuts*, i^{er} vol., 104.

Cernaco in Dormesio (decanus de), voy. Cernay-en-Dormois (doyen de).

— (parrochia de), voy. Cernay-en-Dormois (paroisse de).

Cernay-en-Dormois (doyenné de), *Arch. adm.*, t. II, 278, 1098, 1101, 1102. *Arch. lég.*, iie part., *statuts*, i^{er} vol., 715, voy. Cernaco in Dormisio decanatus.

— (Jehan de), voy. Cerneyo (Johannes de).

Cernay-en-Dormois (Thomas de), cha- noine de Reims. *Arch. adm.*, t. II, 804, 1125.

— (terroir de). *Arch. adm.*, t. III, 50. *Arch. lég.*, 1re part., 755.

— voy. Sarnay.

— -les-Reims. *Arch. adm.*, t. I, 5 ; t. III, 584. *Arch. lég.*, 1re part., 754, 876, 881, 901, 905 ; 11e part., *statuts*, 1er vol., 64, 181, 238, 322 ; *statuts*, 11e vol., 422 ; *statuts*, 111e vol., 392.

— -les-Reims (doyenné de). *Arch. lég.*, 11e part., *statuts*, 111e vol., 680.

— les-Reims (cure de). *Arch. lég.*, 11e part., *statuts*, 111e vol., 689, 694, 696, 734.

— -les-Reims (paroisse de). *Arch. adm.*, t. II, 1063.

— (ville de). *Arch. adm.*, t. I, 262, 344, 1014, 1090 ; t. II, 567. *Arch. lég.*, 1re part., 559 ; 11e part., *statuts*, 1er vol., 107, 169, 245, voy. Sarnacum.

— -en-Dormois (paroisse de), *Arch. adm.*, t. I, 1101 ; t. II, 1098, 1099, voy. Cernaco in Dormisio (parr. de).

— (Raulet de), barbier. *Arch. adm.*, t. III, 387.

— (Ponsart de) clerc. *Arch. adm.*, t. II, 530, 537.

— (Rogier de), boulanger. *Arch. adm.*, t. II, 541.

Cerneyo (Johannes de), concierge de la prison du chapitre de Reims. *Arch. adm.*, t. II, 146.

Cernion (ville de). *Arch. adm.*, t. III, 589. *Arch. lég.*, 1re part., 876, 903, 908 ; 11e part., *statuts*, 1er vol., 71.

— (paroisse de). *Arch. adm.*, t. II, 1071, 1077.

— (presbyter de). *Arch. adm.*, t. II, 1071.

— (curé de), voy. Petit (Claude).

Cernon, voy. Cernion.

— -sur-Cosle (ville de). *Arch. lég.*,

1re part., 919 ; 11e part., *statuts*, 1er vol., 107.

Cernum (Milo de) donne à l'abbaye de Saint-Remi la dîme de Loveias. *Arch. adm.*, t. I, 321.

Cerny-en-Laonnais (ville de). *Arch. adm.*, t. I, 15, 17. *Arch. lég.*, 1re part., 879, 920, voy. Cesurnicum.

— (curé de), voy. Trouillet (Gaspard).

— (commune de). *Arch. lég.*, 1re part., 899, voy. Serni.

— (J.... de), noble de Reims. *Arch. lég.*, 11e part., *statuts*, 1er vol., 705.

— (baron de). *Arch. lég.*, 11e part., *statuts*, 1er vol., 705.

Cerre (porte de), voy. Cérès (porte de).

Cerrier (Baudesson le), bourgeois de Reims. *Arch. adm.*, t. II, 134.

— (Jesson le), bourgeois de Reims. *Arch. adm.*, t. II, 511 ; t. III, 21.

Cerrot (Jehan), procureur du chapitre de Reims. *Arch. adm.*, t. III, 841.

Certainne (Hyllot la), bourgeoise de Reims. *Arch. adm.*, t. II, 525.

Cervisia (Cervoise, bière). *Arch. adm.*, t. I, 385.

Cervisiæ sextarius. *Arch. lég.*, 11e part., *statuts*, 1er vol., 166.

Cervoles (P.... de), bailli de Vitry. *Arch. lég.*, 11e part., *statuts*, 1er vol., 453.

Cervus, vide Odardus.

Cery (parrochia de), voy. Sery (parr. de).

Césaréenne, voy. indiction.

Cesaria, serve affranchie par saint Remi. *Arch. adm.*, t. I, 18.

Cespitem (investitura per). *Arch. adm.*, t. I, 333.

Cessatio (cessation). *Arch. adm.*, t. I, 560, 562, 715.

— a divinis. *Arch. adm.*, t. II, 583, 588.

Cesse (prieur de). *Arch. adm.*, t. II, 1085, 1086.

Cesse (paroisse de). *Arch. adm.*, t. II, voy.
Syresia (parrochia de).

— (presbyter de). *Arch. adm.*, t. II,
1088.

Cessé (prieuré de). *Arch. adm.*, t. II,
1088.

— (Thiebaut de), voy. Césy.

Cessières (village de). *Arch. lég.*, ı^{re} part.,
899.

Cession, voy. biens (cession de).

Cesurnicum, vide Cerny-en-Laonnois

Cesurnicum, voy. Cerny-en-Laonnois.

Césy (Thiebault de), grènetier du roi. *Arch.
adm.*, t. III, 728, 834. *Arch. lég.*,
ıı^e part., *statuts*, ı^{er} vol., 612, 615,
619, 638, 668, 711, 729, 740.

Ceylliaco (Adam de), chanoine de Reims.
Arch. adm., t. I, 1105.

Chabanois (prince de), voy. Vendosme
(comte de).

Chably (Gautier de), archidiacre de Coutances. *Arch. adm.*, t. I, 968.

Chaciaco (Aymo de), chanoine de Reims.
Arch. adm., t. II, 200, 201.

Chacre (porte du). *Arch. adm.*, t. I,
485, 769, 1088, 1108, 1120, 1127;
t. II, 24, 50, 380, 519, 779, 855, 856;
t. III, 67, 76, 127, 159, 225, 226,
471, 472, 689, 692, 696, voy. Cérès
(porte de).

Chadot (Gerson). *Arch. adm.*, t. III, 751.

Chabereyo (abbas de), voy. Chehery
(abbé de).

Chagny (prieuré de). *Arch. adm.*, t. I,
453; t. II, 1112.

— (Jean de), chanoine de Reims. *Arch.
adm.*, t. III, 444.

— -sous-Omont (village de). *Arch. lég.*,
ı^{re} part., 607.

— (village de). *Arch. adm.*, t. I, 177,
242, 243, 451, 622; t. II, 1099,
1111, 1112. *Arch. lég.*, ı^{re} part., 594,

755, 876, 911, 921; ıı^e part., *statuts*,
ı^{er} vol., 191, 715; *statuts*, ıı^e vol., 963,
968, voy. Canniacum.

Chagny (chapelle de). *Arch. adm.*, t. I,
353, voy. Canniaci cella.

— (four de). *Arch. adm.*, t. I, 321.

— (alleu de), voy. Canniacho (allodium
de).

— (paroisse de). *Arch. adm.*, t. II, 1110.

— -en-la-Montagne (village de). *Arch.
lég.*, ı^{re} part., 905.

— (P. de), procureur du chapitre de
Reims. *Arch. adm.*, t. II, 621.

— (presbyter de). *Arch. adm.*, t. II,
1100, 1112.

— (curé de). *Arch. lég.*, ı^{re} part., 888.

— (vicomté de). *Arch. lég.*, ıı^e part., *statuts*, ııı^e vol., 391.

— -lès-Omont (village de). *Arch lég.*,
ı^{re} part., 901, 905, 910.

Chailevet (seigneur de), voy. Viefville
(Pierre de la).

— (village de). *Arch. lég.*, ı^{re} part.,
890, 900, 919.

Chaillevoix (village de). *Arch. lég.*, ı^{re} part.,
877, 900.

Chaillicourt, voy. Alignicourt.

Chaimery (altar de). *Arch. adm.*, t. I,
509.

Chaineyo (Johannes de), notaire à Reims.
Arch. adm., t. III, 363, 364.

Chaîne (Haymart du), tonnelier. *Arch.
adm.*, t. III, 106.

— (Bertrans du), bourgeois de Reims
Arch. adm., t. II, 959.

— (à la), puits de Reims. *Arch. adm.*,
t. I, 963.

— (Perron de La), bourgeois de Reims.
Arch. adm., t. I, 743.

— (Jehan du), voy. Chaisne (J. de).

— (M. du), barbier. *Arch. adm.*, t. II,
824.

Chaîne (arbalétriers du). *Arch. adm.*, t. III, 3.

Chainei-Villa, voy. Chagny

Chaingneyo (prior de) vide Cheagniaco.

Chainniaco, voy. Quarnay (Herbertus de).

Chainy, voy. Chany.

Chaintru S. Martini-Toracensis (prior de). *Arch. adm.*, t. II, 635.

Chaircuitiers, voy. Reims (chaircuitiers de).

Chaircuitiers de Reims (statuts des). *Arch. lég.*, IIᵉ part., 931.

Chaise-Dieu (abbaye de), *Arch. adm.*, t. I, 238, 265, 634, 655, voy. Cella Dei.

Chaise (cense de la). *Arch. lég.*, IIᵉ part., *statuts*, Iᵉʳ vol., 211, 213.

— (Nicolas de La), bailli de Saint-Maurice. *Arch. lég.*, IIᵉ part., *statuts*, IIIᵉ vol., 51.

— (la), cuisinier. *Arch. lég.*, IIᵉ part., *statuts*, IIIᵉ vol., 497.

Chaisne (Jean du), bourgeois de Reims. *Arch. adm.*, t. II, 504, 604, 936; t. III, 105, 384.

— (Pierre du), clerc. *Arch. adm.*, t. III, 249.

Chaisneau (Barthélemy), curé de Bouleaulx. *Arch. lég.*, Iʳᵉ part., 884.

Chalans (cardinal de), légat en France. *Arch. lég.*, IIᵉ part., *statuts*, Iᵉʳ vol., 343.

Chalan (Pierre), marchand à Reims. *Arch. lég.*, IIᵉ part., *statuts*, IIIᵉ vol., 115.

— (Jean), fermier de la vicomté de Reims. *Arch. lég.*, *statuts*, IIᵉ part. IIIᵉ vol., 115, 340.

Chalade (abbé de la). *Arch. adm.*, t. II, 1038.

Chalandry (village de). *Arch. adm.*, t. II, 1075. *Arch. lég.*, Iʳᵉ part., 879.

— (presbyter de). *Arch. adm.*, t. II, 1077.

— -Elain (paroisse de), voy. Eslers.

Chalaüno (Renaudus de), citoyen de Reims. *Arch. adm.*, t. II, 615.

Chalcédoine (concile de). *Arch. adm.*, t. I, 105.

Chaleranges (village de). *Arch. adm.*, t. I, 1002.

Chalevery (village de). *Arch. lég.*, Iʳᵉ part., 919.

Chalemes (J.), échevin de Reims. *Arch. adm.*, t. II, 800.

Chalistre (Stephanus de), procureur de l'archevêque de Reims. *Arch. adm.*, t. II, 309.

Challe, déchargeur. *Arch. adm.*, t. II, 681.

Challé (Regnault), sergent de la vicomté de Reims. *Arch. lég.*, IIᵉ part., *statuts*, Iᵉʳ vol., 345.

Challemaine, échevin. *Arch. adm.*, t. II, 733.

Challeranges (Guiterus de), miles. *Arch. lég.*, IIᵉ part., *statuts*, Iᵉʳ vol., 72, 94.

— (Vuiterus de), miles, voy. Challeranges (Guiterus).

— (village de). *Arch. adm.*, t. II, 1099; t. III, 278. *Arch. lég.*, IIᵉ part., 563.

— (château de). *Arch. adm.*, t. II, 1099, 1118.

— (presbyter de). *Arch. adm.*, t. II, 1100.

— (paroisse de). *Arch. adm.*, t. II, 1100.

Challet-le-fripier, bourgeois de Reims. *Arch. adm.*, t. I, 1013.

Chally (Drouart de), sénéchal de N. D. de Reims. *Arch. adm.*, t. II, 395.

— (J. de) charreton. *Arch. adm.*, t. II, 544.

Chalmeau (Jo....), prêtre. *Arch. lég.*, IIᵉ part., *statuts*, Iᵉʳ vol., 120.

Chalmisiaco (Sylva de). *Arch. adm.*, t. I, 147, 630.

Chalonno (Rigaudus de), citoyen de Reims. *Arch. adm.*, t. II, 645.

Châlons (archidiacres de), voy. Calvimonte (Guido de) Raimundus, Odo. *Arch. adm.*, t. I, 224, 616, 627. *Arch. lég.*, 1re part., 314.

— (bailli de). *Arch. lég.*, 11e part., *statuts*, 1er vol., 641.

— (bailliage de). *Arch. lég.*, 11e part., *statuts*, 111e vol., 652, 654.

— (cathédrale de). *Arch. adm.*, t. II, 1119.

— (commune de), voy. Châlons communitas (de).

— (chanoines de), voy. Cathalaunenses canonici.

— (coutumes de). *Arch. adm.*, t. I, 423, 719. *Arch. lég.*, 1re part., 906, 1018; 11e part., *statuts*, 111e vol., 21.

— (chemin de). *Arch. adm.*, t. I, 368, 1001.

— (chapitre de), voy. Cathalaunense capitulum.

— (cloître de). *Arch. lég.*, 1re part., 70.

— (comté de). *Arch. lég.*, 11e part., *statuts*, 111e vol., 648.

— (concile de). *Arch. adm.*, t. I, 269.

— (communitas de). *Arch. adm.*, t. I, 721.

— (famille de), appartient à la ville de Reims. *Arch. adm.*, t. I, 340.

— (foire de). *Arch. lég.*, 11e part., *statuts*, 1er vol., 943, 964.

— (J. de), dit Couille-Môle, bourgeois de Reims. *Arch. adm.*, t. II, 834.

— (diocèse de). *Arch. adm.*, t. I, 430; t. II, 1027, 1037, 1171; t. III, 630. *Arch. lég.*, 11e part., *statuts*, 11e vol., 14, 18, 169.

— (Jehan de) le jeune. *Arch. lég.*, 11e part., *statuts*, 1er vol., 622, 625, 642.

— (R. de), bourgeois de Reims. *Arch. adm.*, t. II, 146. Voy. Chalauno (Renaudas de).

Châlons (lieutenant général de), voy. Morilon (Jacques de). *Arch. lég.*, 11e part., *statuts*, 111e vol., 97.

— (église de), voy. Cathalaunensis ecclesia.

— (élection de). *Arch. lég.*, 11e part., *statuts*, 1er vol., 713, 718, 904, 943, 945; *statuts*, 11e vol., 968.

— (dominus de), voy. Johannes, armiger.

— (homines de). *Arch. adm.*, t. I, 719, 879.

— (mensura de), voy. Châlons (mesure de).

— (évêché de). *Arch. adm.*, t. I, 281, 289, 313, 382. *Arch. lég.*, 11e part., *statuts*, 1er vol., 302.

— (évêques de), voy. Philippe, Conon, Joffridus, Latiliaco (P. de), Guido, Burgensis (Jérôme), Boso, Rodoardus, Rogerus, Willebertus, Charles (Jean), Cathalaunensis episcopi.

— (échevins de). *Arch. adm.*, t. III, 23.

— (mesure de). *Arch. adm.*, t. I, 719; t. III, 601.

— (monnaie de). *Arch. adm.*, t. I, 275, 276, 340, 353; *Arch. lég.*, 11e part., *statuts*, 1er vol., 643, voy. Cathalaunensis libra.

— -sur-Saône (évêque de), voy. Cabillonensis episcopus.

— (généralité de). *Arch. lég.*, 11e part., *statuts*, 1er vol., 500, 503, 510, 521; *statuts*, 11e vol., 846, 928; *statuts*, 111e vol., 418, 518, 550.

— -sur-Vesle (seigneur de), voy. Beguin (Jean).

— (vicomte de), voy. Cathaloniæ vicedominus).

— (Notre-Dame en Vaulx de). *Arch. lég.*, 1re part., 881.

— (prévôté de). *Arch. lég.*, 1re part., 916.

— (présidial de). *Arch. lég.*, 11e part., *statuts*, 11e vol., 979; *statuts*, 111e vol., 98.

— (Saint-Alpin de). *Arch. lég.*, 1re part., 919.

Châlons (Saint-Nicaise de). *Arch. lég.*, i^re part., 919.

— (Saint-Jehan de). *Arch. lég.*, i^re part., 919.

— (siége royal de). *Arch. lég.*, iie part., *statuts*, iie vol., 12.

— (territoire de). *Arch. adm.*, t. I, 242, 321, 329, 721, 1001, 1121.

— -le-Merdeux (village de). *Arch. adm.*, t. I, 1090. *Arch. lég.*, i^re part., 891.

— -le-Vergeur (village de). *Arch. adm.*, t. II, 1056, 1057.

— -sur-Vesle (village de). *Arch. adm.*, t. I, 724, 911, 912, 971 ; t. II, 1060 ; t. III, 108, 473. *Arch. lég.*, i^re part., 583, 755 ; iie part., *statuts*, iie vol., 148, 411, 820, 693.

— (marchands de). *Arch. adm.*, t. I, 818.

— (Ysabin de). *Arch. lég.*, iie part., *statuts*, i^er vol., 250.

— (vidame de), voy. Cathaloniæ vicedominus ; voy. Hugo. *Arch. lég.*, i^re part., 583.

Châlons - sur - Marne (ville de). *Arch. adm.*, t. I, 278, 280, 285, 290, 294, 306, 322, 363, 369, 377, 430, 642, 724, 852, 878, 910, 912, 1001 ; t. II, 96, 135, 267, 272, 301, 478, 484, 551, 647, 831, 1003, 1040, 1060, 1100, 1114, 1122, 1171 ; t. III, 109. Traité d'alliance entre Reims et ladite, 120, 143, 481, 606, 702. *Arch. lég.*, i^re part., 549, 568, 653, 916 ; iie part., *statuts*, i^er vol., 255, 261, 272, 278, 295, 299, 303, 309, 462, 476, 480, 579, 599, 602, 616, 635, 661, 676, 686, 698, 706, 742, 834, 836, 904, 908, 919, 922, 932 ; *statuts*, iie vol., 10, 114, 291, 343, 573, 625, 805, 810, 816, 823, 826, 877, 896. Voy. Cathalaunum.

— (ville de). *Arch. adm.*, t. I, 896 ; *statuts*, iiie vol., 21, 140, 143, 157, 165, 184, 250, 251, 263, 283, 288, 295, 419, 533, 536, 605, 618, 637, 649, 651, 655, 656, 739, 820.

Châlons-sur-Marne (Henry de), bourgeois de Reims. *Arch. adm.*, t. III, 836. *Arch. lég.*, iie part., *statuts*, i^er vol., 862.

— (Willequin de), marchand. *Arch. adm.*, t. III, 840. *Arch. lég.*, iie part., *statuts*, i^er vol., 944.

— (église de Saint-Pierre de), doyen. *Arch. lég.*, i^re part., 47.

— (Pierre de), greffier de l'échevinage de Reims. *Arch. adm.*, t. III, 19, 20, 21, 22, 23, 24, 25, 26, 27, 34, 36, 37, 38, 39, 40, 41, 44, 68, 73, 75, 76, 188, 240, 248, 294, 303, 393. *Arch. lég.*, iie part., *statuts*, i^er vol., 539, 636, 637.

— (Thibaut de), échevin de Reims. *Arch. adm.*, t. III, 22, 23, 39, 80, 248, 309, 339, 393, 460, 500, 648, 670, 865. *Arch. lég.*, iie part., *statuts*, i^er vol., 397.

— (Érambourg de), femme de Jean de Reims, chevalier. *Arch. adm.*, t. III, 654.

— (Drouet de), bourgeois de Reims. *Arch. adm.*, t. III, 795.

— (Jesson de), voy. Châlons (Jean de).

— (Jehan de), lieutenant du bailli de Reims. *Arch. lég.*, iie part., *statuts*, i^er vol., 170, 397, 453, 455, 539, 548, 550, 552, 557, 560, 580, 612, 616, 617, 619, 620, 626 ? 629 ? 632 ? 634, 636, 638, 641, 642, 644, 646, 652, 655, 657, 659, 667, 674, 677, 681, 683, 699, 715, 722, 731, 734, 745, 756, 772, 787.

— (Aubri de), bourgeois de Reims. *Arch. adm.*, t. II, 689, 693, 916.

— (Pierre de), échevin. *Arch. adm.*, t. II, 534, 692, 912, 1190 ; t. III, 174.

— (Pierre de), dit la Poche, bourgeois de Reims. *Arch. adm.*, t. II, 758.

— (Gringoire de), échevin de Reims. *Arch. adm.*, t. II, 424, 529, 800 ? 805.

Châlons-sur-Marne (Jesnot de), clerc. *Arch. adm.*, t. II, 761.

— (Jean de), échevin de Reims. *Arch. adm.*, t. I, 809, chargé par l'archevêque, après le désastre de Poitiers, de la réparation des murs de Reims, 1087; t. II, 808, 826, 932, 1006; t. III, 17? 81, 82, 98, 311, 673, 686, 688, 692, 696, 701, 728, 795, 841, 842? 901. *Arch. lég.*, ɪɪᵉ part., *statuts*, ɪᵉʳ vol., 432, 574; *statuts*, ɪɪᵉ vol., 114.

— (Gilet de), bourgeois de Reims. *Arch. adm.*, t. II, 774; t. III, 398.

— (Remi de), bourgeois de Reims. *Arch. adm.*, t. II, 810; t. III, 309? 695, 840? 841. *Arch. lég.*, ɪɪᵉ part., *statuts*, ɪᵉʳ vol., 397.

— (Étiénne de), à Rome agent de l'archevêque de Reims, Henry de France. *Arch. adm.*, t. I, 370.

— (Marie de), bourgeois de Reims. *Arch. adm.*, t. III, 673, 702.

— (Roulet de), sergent du prévôt de Reims. *Arch. adm.*, t. III, 788, 830, 831, 837, 841, 894. *Arch. lég.*, ɪɪᵉ part., *statuts*, ɪᵉʳ vol., 595.

— (Renaut de), échevin. *Arch. adm.*, t. II, 603.

— (Grégoire de), prévôt de Reims et bailli du chapitre. *Arch. adm.*, t. II, 110, 215, 270, 273, 311, 333, 350, 365, 617? 641. Scandale à l'occasion de son enterrement, 660.

— (Jaquet de), emprisonné par ordre du bailli de Reims. *Arch. adm.*, t. II, 910.

— (Oudinet de), clerc. *Arch. adm.*, t. II, 1185.

— (Baudouin de), seigneur de Bouzy. *Arch. adm.*, t. II, 1120.

— (Jehelos de), bourgeois de Reims. *Arch. adm.*, t. I, 737.

— (Thomas de), bourgeois de Reims. *Arch. adm.*, t. II, 92; t. III, 337.

Châlons-sur-Marne (Milon de), agent de l'archevêque de Reims à Rome. *Arch. adm.*, t. I, 370.

— (Gérard de), bourgeois de Reims. *Arch. adm.*, t. II, 92.

— (Guiot de), bourgeois de Reims. *Arch. adm.*, t. II, 150.

Chalteray (Pierre de), voleur exécuté à Reims. *Arch. adm.*, t. III, 214.

Chalvellu, colon, signe une charte de donation faite aux moines de Saint-Remi de Reims. *Arch. adm.*, t. I, 373.

Chamans (ville de). *Arch. adm.*, t. III, 492.

Chambailles (Henricus), chanoine de Saint-Timothée de Reims. *Arch. adm.*, t. II, 1040.

Chambellan, voy. roi (chambellan du); France (chambellan de).

Chambault (Jean), bourgeois de Reims. *Arch. lég.*, ɪɪᵉ part., *statuts*, ɪɪɪᵉ vol., 398.

Chamberlain (Mahieu), prévôt de Laon. *Arch. adm.*, t. II, 685.

Chamble (M. de), seigneur lorrain. Bénéfice possédé par ledit au diocèse de Reims. *Arch. adm.*, t. II, 1098.

Chambley (M. de), voy. Chamble.

Chambliaco (Jacobus), officier de la maison du roi. *Arch. adm.*, t. II, 945.

Chambly (M. de), voy. Chamble.

— (ville de). *Arch. adm.*, t. III, 491 *Arch. lég.*, ɪʳᵉ part., 890.

— (Charles de), seigneur de Chamouille. *Arch. adm.*, t. III, 491. *Arch. lég.*, ɪʳᵉ part., 890.

— (Jehan de), seigneur de Montenault. *Arch. lég.*, ɪʳᵉ part., 890.

Chambre, voy. comptes (chambre des), Reims (chambre syndicale de).

Chambreceio (altar de). *Arch. adm.*, t. I, 449. *Arch. lég.*, ɪɪᵉ part., *statuts*, ɪᵉʳ vol., 91, 101.

Chambrecy (autel de), voy. Chambrecio (altar de).

— (presbyter de). *Arch. adm.*, t. II, 1051, 1052.

— (paroisse de). *Arch. adm.*, t. II, 1054.

— (village de). *Arch. lég.*, i^{re} part., 892, 902, 905; iie part., *statuts*, i^{er} vol., 107.

— (seigneur de), voy. Chinoirs (Jehan), Chinoirs (Nicolas).

Chambrerie, voy. Saint Remi (chambrerie de).

Chambri (Estevenin de). *Arch. adm.*, t. II, 1187.

Chambrier, voy. France (chambrier de).

— voy. Camerarius.

Chamecy (Jehan de), censitaire de Vailly. *Arch. adm.*, t. III, 487.

— (village de), voy. Chaumuzy.

Chamelin (Jacquet), maçon. *Arch. lég.*, iie part., *statuts*, i^{er} vol., 800

Chamelle (pré sur), appartenant à l'abbaye de Saint-Remi de Reims. *Arch. adm.*, t. III, 601.

Chamereyum, voy. Chamery.

Chameriacum, voy. Chamery.

Chamery (presbyter de). *Arch. adm.*, t. II, 1054, 1095.

— -en-la-Montagne (village de), voy. Chamery.

— (Gerardin le Bastard de). *Arch. lég.*, i^{re} part., 500.

— (village de). *Arch. adm.*, t. II, 326, 481, 574; t. III, 100, 416, 424, 426, 597, 622, 769. *Arch. lég.*, i^{re} part., 875, 879, 899, 905, 909, 911; iie part., *statuts*, i^{er} vol., 245, 806; *statuts*, iiie vol., 392. Voy. Chamereyum.

— (T.), parmentier. *Arch. adm.*, t. II, 541.

— (chemin de). *Arch. adm.*, t. II, 554.

— (P. de), boulanger. *Arch. adm.*, t. II, 826.

Chamery (châtellenie de). *Arch. adm.*, t. II, 883.

— (paroisse de). *Arch. adm.*, t. II, 1053.

— (curé de). *Arch. lég.*, i^{re} part., 877.

Chameuse, voy. Cheveuge.

Chamhart (rue de). *Arch. adm.*, t. II, 626.

Chammère, lieu des environs de Reims, relevant de l'abbaye de Saint-Remi. *Arch. lég.*, iie part., *statuts*, i^{er} vol., 167.

Chamillart, contrôleur général des finances. *Arch. lég.*, iie part., 573, 823, 826, 1042.

Chamisiaco (castellania de), vide Chaumuzy (châtellenie de).

Chamouille (village de). *Arch. lég.*, i^{re} part., 899.

Chamouillet, voy. Chamouilley.

Chamouilley (village de). *Arch. lég.*, i^{re} part., 890.

Champ, voy. Gerbert (ch. de), S.-Remi (ch. de).

Champ (Regnier du), censitaire du chapitre de Saint-Timothée de Reims. *Arch. lég.*, iie part., *statuts*, iiie vol., 30.

Champagne (Guillaume de), archevêque de Reims, voy. Guillaume aux Blanches Mains.

— (archidiacre de), droits et revenus dudit, t. III, 596. Prend le titre d'archidiacre de chrétienté. *Arch. lég.*, iie part., *statuts*, i^{er} vol., 29; *statuts*, iie vol., 782. *Arch. adm.*, t. I, 28, 410, 717; t. II, 1091. Voy. S. Vital, Dozet (Pierre), Hildewinus, Tristan (Louis-Éléonor), Wido.

— (agriculture de). *Arch. lég.*, iie part., *statuts*, iiie vol., 505. Obstacles qu'elle trouve dans la stérilité du sol, 506.

— (foires de) voy. Campaniæ nundinæ.

Champagne (cardinal de). *Arch. adm.*, t. I, 415.

— (vins de), *Arch. lég.*, IIᵉ part., *statuts*, IIIᵉ vol., 221, 222, 226. Voy. Reims (vins de).

— (abbaye de). *Arch. lég.*, IIᵉ part., *statuts*, IIᵉ vol., 604.

— (comtes de) voy. Campaniæ comites.

— (général des finances de), voy. Pioche (A.).

— (Robert de), bourgeois de Reims. *Arch. adm.*, t. I, 990.

— (G. de), receveur général. *Arch. lég.*, IIᵉ part., *statuts*, Iᵉʳ vol., 706.

— (jours de). *Arch. adm.*, t. III, 96, 339.

— (chambrier de), voy. Campaniæ camerarius.

— (gouverneur de). *Arch. lég.*, IIᵉ part., *statuts*, Iᵉʳ vol., 525, 613, 698, 799, 803, 861, 895 ; *statuts*, IIᵉ vol., 137.

— (frontières de). *Arch. lég.*, IIᵉ part, *statuts*, IIᵉ vol., 290, 837, 848.

— (intendant de). *Arch. lég.*, IIᵉ part., *statuts*, Iᵉʳ vol., 521 ; *statuts*, IIᵉ vol., 823, 832 ; confirme les élections des échevins de Reims, *statuts*, IIIᵉ vol., 148, 280, 358. voy. Miromesnil, Beaupré (Pelletier de Chastaigneray).

— (province de), voy. Campania. *Arch. adm.*, t. I, 3, 516 ; t. II, 170, 726. *Arch. lég.*, Iʳᵉ part., 649, 744 ; IIᵉ part., *statuts*, Iᵉʳ vol., 221, 459. Le roi exempte les habitants de ladite des tailles et crues, 481, 496. Réglement relatif aux dépenses ordinaires et extraordinaires de ladite, 513. Autre pour la répartition de la taille, 515, 521. Entrée de Charles VII en ladite après la prise d'Orléans par Jehanne la Pucelle, 597, 604, 615. Commerce et labourage interrompus en ladite par la presse des gens de guerre, 635, 652, 673. Commission du conseil de l'union pour ladite, 722, 786. Le sieur de Craon se rend, par ordre du roi, dans ladite pour s'opposer au duc de Bourgogne, 797. Le duc de Guise écrit que l'empereur se dispose à envahir ladite, 890. Assemblées interdites par la loi dans ladite, 973. Notice concernant l'établissement des jésuites dans ladite. *Arch. lég.*, IIᵉ part., *statuts*, IIᵉ vol., 651, 837, 841, 842, 972, 975. Droit de prévention que le roi s'est réservé dans ladite, IIᵉ part., *statuts*, IIIᵉ vol., 5, 17, 221, 225, 263. Stérilité du sol de ladite, 505.

Champagne (sénéchaux de), voy. Campaniæ senescalli.

— (Colart de), bourgeois de Reims. *Arch. adm.*, t. II, 349, 500. *Arch. lég.*, IIᵉ part., *statuts*, Iᵉʳ vol., 441 ?

— (communes de). *Arch. adm.*, t. I, 493.

— (famille de). *Arch. adm.*, t. I, 494.

— -Salle-Assy (famille de). *Arch. adm.*, t. I, 494.

— -Barré (famille de). *Arch. adm.*, t. I, 494.

— -Varin (famille de). *Arch. adm.*, t. I, 494.

— (coutume de). *Arch. adm.*, t. III, 89, 239. *Arch. lég.*, Iʳᵉ part., 605, 623, 628, 633, 684, 697.

— (Pierre de), maître couvreur. *Arch. lég.*, IIᵉ part., *statuts*, IIIᵉ vol., 676, 678, 746.

— (généralité de). *Arch. lég.*, Iʳᵉ part., 896 ; IIᵉ part., *statuts*, IIᵉ vol., 15, 293, 879, 968, 998 ; *statuts*, Iᵉʳ vol., 462, 512, 906, ; *statuts*, IIIᵉ vol., 113, 142, 144, 266.

— (grand maître des eaux et forêts de), voy. Acosta (Theles de), voy. Courtagnon (Lagoille de).

— et Brie (comté de). *Arch. adm.*, t. I, 369 ; t. II, 727, 767 ? 880 ; t. III, 358, 481. *Arch. lég.*, Iʳᵉ part., 653 ; IIᵉ part., *statuts*, Iᵉʳ vol., 442, 542, 673, 901 ; *statuts*, IIᵉ vol., 103, 822.

Champagne et Brie (foires de). *Arch. adm.*, t. II, 266. *Arch. lég.*, 11e part., *statuts*, 1er vol., 955, 958, 979; *statuts*, 111e vol., 17, 49. Le roi n'y a pas d'autre domaine que les juridictions, 96, 510. Voy. Campaniæ nundinæ.

— (Henry), juge consul. *Arch. lég.*, 11e part., *statuts*, 1er vol., 979.

— (comtes de), voy. Campaniæ comites.

— (lieutenant général de). *Arch. lég.*, 11e part., *statuts*, 11e vol., 137, 141. Donne le mot du guet pendant le séjour du roi en cette province, et lui présente les clefs de Reims, 138, 139.

— (laine de). *Arch. lég.*, 11e part., *statuts*, 11e vol., 847, 850.

— (légionnaires de). *Arch. lég.*, 11e part., *statuts*, 1er vol., 884.

— (maréchal de), voy. Doullans (Hugo de).

— (nobles de). *Arch. adm.*, t. II, 170, 812. *Arch. lég.*, 11e part., *statuts*, 11e vol., 727.

— (prévôt de). *Arch. lég.*, 11e part., *statuts*, 1er vol., 713.

— (Sebastien), curé de Montchâlons. *Arch. lég.*, 1re part., 883.

Champaubert (village de). *Arch. lég.*, 1re part., 919.

Champdolant, lieu des environs de Reims passible des frais du sacre. *Arch. adm.*, t. II, 551. *Arch. lég.*, 1re part., 486, 512, 533, 560.

Champeaux (village de). *Arch. lég.*, 1re part., 920.

Champenois, censitaire de Reims. *Arch. adm.*, t. II, 320.

— (R. R.), voy. Champenois Clicquet.

— (Johannes le), appariteur de la cour de l'archevêque de Reims. *Arch. adm.*, t. III, 322. *Arch. lég.*, 11e part., 709, *statuts*, 1er vol., 389, 588, 589, 946.

— Clicquot, juge consul. *Arch. lég.*, 11e part., *statuts*, 1er vol., 979.

Champenois (Pierre), curé de Verzy. *Arch. lég.*, 1re part., 885.

— (Stephanus le), bourgeois de Reims. *Arch. adm.*, t. I, 829.

— de Contruèves, chevalier, voy. Contruèves.

Champenoise (la), femme de Henry le boucher. *Arch. adm.*, t. II, 545.

Champenoy (Jehan), voy. Champenois.

Champfleury (seigneurie de). *Arch. lég.*, 11e part., *statuts*, 1er vol., 243.

— (paroisse de). *Arch. adm.*, t. II, 1119. voy. Campo Florido (parochia de).

— (curé de). *Arch. lég.*, 11e part., *statuts*, 1er vol., 212.

— (village de), donné par Ordilo, Chapelain de Charles le Simple à l'abbaye de Saint-Remi de Reims. *Arch. adm.*, t. I, 89, 329, 1090; t. II, 1117; t. III, 100, 322, 627. *Arch. lég.*, 1re part., 594, 876, 901, 911; 11e part., *statuts*, 1er vol., 167, 239; *statuts*, 11e vol., 276, 963, 968; *statuts*, 111e vol., 37. Vide Campus floridus.

— (Haimart de), notable de Reims. *Arch. adm.*, t. II, 697.

Champfort (Notre-Dame de). *Arch. adm.*, t. II, 1067.

Champhuart, lieu du ban Saint-Remi à Reims. *Arch. lég.*, 1re part., 511.

Champiago (Guillermus de), chanoine de Reims. *Arch. adm.*, t. II, 1032.

Champiaux (Guillaume de), bourgeois de Reims. *Arch. adm.*, t. II, 653.

Champignelles (village de). *Arch. lég.*, 1re part., 919.

Champigneul (prêtre de), voy. Champignoliis (presbyter de).

— (village de). *Arch. adm.*, t. II, 1075, 1076, 1096. *Arch. lég.*, 1re part., 878

— (patronage de), voy. Champignoliis (patronagium de).

Champigneul (paroisse de). *Arch. adm.*, t. II, 1097.

— (personatus de). *Arch. lég.*, IIe part., 636.

— (église de). *Arch. lég.*, IIe part., 636.

Champigneulles, voy. Champignelles.

Champigneyum, voy. Champigny.

Champigniaco (Guiotus de), écuyer. *Arch. adm.*, t. II, 100, 104.

— (Richerus de), don fait par lui au monastère de Saint-Denis de Reims. *Arch. adm.*, t. II, 205.

— (Richardus de), fils du précédent. *Arch. adm.*, t. II, 105.

— (Isabella de), veuve de Raoul de Champigny, écuyer. *Arch. adm.*, t. II, 105.

— (major de), voy. Herbertus.

— (Scabini de). *Arch. adm.*, t. II, 105.

— (Sylva de). *Arch. adm.*, t. II, 105.

— (villa de), voy. Champigny.

— (Curatus de). *Arch. adm.*, t. II, 106.

Champignoliis (presbyter de). *Arch. adm.*, t. II, 1095.

— ecclesia, voy. Champigneul.

— (parrochia de), voy. Champigneul (paroisse de).

— (patronagium de). *Arch. adm.*, t. II, 1098.

Champigny. *Arch. adm.*, t. I, 218, 263, 710, 808, 1090; t. II, 90, 92, 98, 100, 103, 216, 337; t. III, 100. *Arch. lég.*, Ire part., 754, 902, 905, 910. Voy. Champigniaco (villa de).

— (mesure de), *Arch. adm.*, t. II, 102.

— (paroisse de). *Arch. adm.*, t. II, 1052.

— (seigneur de), voy. Thugny (Jehan de).

— (Reinier Acarin de), chevalier. *Arch. adm.*, t. I, 808, 810; t. II, 99.

— (Haymon, seigneur de). *Arch. adm.*, t. II, 100.

Champigny (Albricus de), écuyer. *Arch. adm.*, t. II, 100, 103.

— (Radulphus de), écuyer. *Arch. adm.*, t. II, 105.

— (Guyardus de), écuyer. *Arch. adm.*, t. II, 108.

— Aubry, voy. Champigny (Albricus).

— (Raulin de), écuyer. *Arch. adm.*, t. II, 106.

— (échevins de), voy. Champigniaco (scabini de).

— (presbyter de) *Arch. adm.*, t. II, 1053.

— (rivière de). *Arch. adm.*, t. III, 416, 423.

— (forêt de), voy. Champigniaco (sylva de).

— (terroir de). *Arch. adm.*, t. III, 629.

— (sieur de), conseiller d'État. *Arch. lég.*, IIe part., statuts, IIe vol., 652, 671, 680, 687, 711, 712, 719.

— (J....), élu de Reims. *Arch. lég.*, IIe part., statuts, Ier vol., 648.

Champillon (village de). *Arch. adm.*, t. II, 1122. *Arch. lég.*, Ire part., 903, 905, 911; IIe part., statuts, IIe vol., 968.

— (curé de), voy. Lefévre (Magdelain de).

Champineulles, voy. Champigneul.

Champingio (Johannes de), chapelain de l'église de Reims. *Arch. adm.*, t. II, 1036.

Champion (M.), seigneur de Bouzy. *Arch. adm.*, t. II, 1120.

— (Jehan), bourgeois de Reims. *Arch. adm.*, t. III, 81.

— (Adam), curé de Barenton-sur-Seine. *Arch. lég.*, Ire part., 883.

— notaire à Reims. *Arch. lég.*, IIe part., statuts, Ier vol., 287; statuts, IIIe vol., 694, 697, 700, 711, 716.

— (Robert), sergent royal. *Arch. lég.*, IIe part., statuts, Ier vol., 589. voy. Campio.

Champlat (seigneur de), voy. Senectère (comte de).

Champlin (village de), bénéfice relevant du doyenné de Rumigny. *Arch. adm.*, t. II, 1071.

Champmoret (Robert de), conseiller du parlement. *Arch. adm.*, t. II, 654.

Champs (Pierre des), élu de Reims. *Arch. lég.*, IIe part., *statuts*, IIe vol., 172.

— (hôtel-Dieu des). *Arch. lég.*, *statuts*, Ier vol., 720.

Champtunet, fief de l'abbaye de Saint-Remi de Reims. *Arch. adm.*, t. III, 609.

Champturgeon (dîme de). *Arch. lég.*; IIe part., *statuts*, IIIe vol., 714.

Chamuses, voy. Chaumuzy.

Chamusiacum, voy. Chaumuzy.

Chamusy (Drouart de), charpentier. *Arch. adm.*, t. II, 838.

— (village de), voy. Chaumuzy.

Chamussy, voy. Chaumuzy.

— (châtellenie de), voy. Chaumuzy.

Chamy, voy. Changy.

— (presbyter de), voy. Changny.

Chanaia (villa de), Chanadii (villa).

Chanaium, voy. Chanadii (villa).

Chanadii villa, la dîme de ladite appartenant à l'abbé de Saint-Thierry de Reims. *Arch. adm.*, t. I, 280, 306. *Arch. lég.*, IIe part., *statuts*, IIe vol., 80.

Chancellarius, voy. Chancellier.

Chancellier, voy. France (chancellier de) Navarre (chanc. de).

Chancenay, voy. Chanadii villa.

Chancre (Remigius dictus la). *Arch. adm.*, t. I, 925.

Chandelier (Poncelet le Grand). *Arch. adm.*, t. II, 538.

— (Girart le). *Arch. adm.*, t. II, 537.

Chandelier (Jolit le), voy. Jolit.

— (Jehan le). *Arch. adm.*, t. II, 546.

Chandelliers, voy. Reims (Chandelliers de).

Chandellier (Pierre le), bourgeois de Reims. *Arch. adm.*, t. II, 505. *Arch. lég.*, IIe part., *statuts*, Ier vol., 632, 776.

Chandrelier (P...), voy. Chandellier.

Chanevancier (le), voy. Hermant.

Change, voy. Reims (change de), Reims (Pierre au change de).

— de Reims (étal du). *Arch. adm.*, t. II, 742, 748.

Change (quarrel du). *Arch. adm.*, t. II, 491.

Change de Reims (loges du), nommées tabulæ dans les vieilles chartes. *Arch. adm.*, t. I, 82; puis teloneum, *ibid*; distinction entre lesdites et les étaux des bouchers, *ibid*; nommées trecensum dans la charte Willelmine, *ibid*, t. II, 936, 1210; t. III, 84, 423. *Arch. lég.*, IIe part., *statuts*, Ier vol., 834.

Changeur, voy. Cambiator; Reims (changeurs de).

Changeurs forains. *Arch. adm.*, t. III, 84.

Changirault (Charles), seigneur de Chaigny. *Arch. lég.*, Ire part., 921.

Changy (village de). *Arch. adm.*, t. II, 1099; t. III, 605

— (presbyter de). *Arch. adm.*, t. II, 1001.

Chanlat (village de). *Arch. lég.*, IIe part., *statuts*, IIe vol., 963, voy. Channacum.

Chanlay (Johannes de), chainoine de Reims. *Arch. adm.*, t. I, 926.

Chanlayo (Guido de), chanoine de Reims. *Arch. lég.*, IIe part., *statuts*, Ier vol., 67.

Channacum, lieu sur lequel l'abbé de Saint-Remi de Reims prélevait un cens.

Arch. lég., iie part., *statuts*, i^{er} vol., 167, voy. Chanlat.

Channe (Huet la), courrier de Reims. *Arch. adm.*, t. II, 823.

Channerei (altar de). *Arch. lég.*, iie part., *statuts*, i^{er} vol., 90, 95, 104, voy. Chennery.

Chanonnes (four de). *Arch. adm.*, t. III, 489.

— (village de). *Arch. adm.*, t. III, 489.

— (vicomté de). *Arch. adm.*, t. III, 489.

Channes, voy. Channacum.

Channeto (ecclesia de), voy. Chenois (église de).

Channery (village de), voy. Chennery.

— (altar de), voy. Channerey.

Channiacum, voy. Changy.

Chanoine (Anth.), sous-diacre. *Arch. lég.*, iie part., 772.

— voy. Épernay (chanoines d'), Notre-Dame de Reims, Saint-Augustin, Saint-Denis de Reims, Saint-Louis de Paris, Saint-Pierre de Reims, Tours, voy. Canonicus.

Chanoines (pain à), voy. canonicorum panis.

— (réception des), voy. canonicorum receptio.

Chanoines réguliers, affiliation desdits au chapitre de Notre-Dame de Reims. *Arch. adm.*, t. I, 215; introduction desdits en France, *ibid*; à qui attribuée, *ibid.*

Chanoinesses, voy. dames-chanoinesses; Metz (chanoinesses de).

Chanonges, lieu des environs de Reims. *Arch. lég.*, iie part., *statuts*, i^{er} vol., 107.

Chantars (Wautiers), bourgeois de Reims. *Arch. adm.*, t. I, 957.

Chante-Cocq (village de). *Arch. adm.*, t. II, 1242.

Chantelou (Jean), chanoine de Reims.

Arch. lég. iie part., *statuts*, iiie vol., 616.

Chanteprime (Adam), conseiller du roi. *Arch. adm.*, t. II, 1244.

— (Franciscus dictus), receveur général des aides. *Arch. adm.*, t. III, 538.

— (Jehan), conseiller du roi. *Arch. adm.*, t. III, 871, *Arch. lég.*, iie part., *statuts*, i^{er} vol., 350, 355.

Chanterainne (Bertrand de), chevalier. *Arch. adm.*, t. I, 1015.

— (dame de). *Arch. adm.*, t. II, 547.

— (Emelina de). *Arch. adm.*, t. II, 709.

— lieu des environs de Pontfavergier. *Arch. adm.*, t. III, 411. *Arch. lég.*, i^{re} part., 597; iie part., *statuts*, i^{er} vol., 244, 640, 739.

Chantereinne (tour de). *Arch. lég.*, i^{re} part., 489; iie part., *statuts*, i^{er} vol., 238, 684, 698.

Chanterel (Ponsart), bourgeois de Reims. *Arch. adm.*, t. II, 911.

Chantond (prieur de), voy. Athye (Everard d'). *Arch. lég.*, i^{re} part., 881.

Chantraine (rue de). *Arch. lég.*, iie part., *statuts*, i^{er} vol., 237.

— (tour de), voy. Chantereinne.

Chantraines (Dubois de), seigneur de Soin. *Arch. adm.*, t. II, 1115.

Chantre (le), voy. Cantor, Troyes (chantres de), Reims (grand chantre de), Saint-Remi de Reims (chantre de).

— (Agnès de La). *Arch. adm.*, t. II, 1220.

— (Jehan le), de Sarey. *Arch. adm.*, t. III, 381.

Chantreau (Charles), chaudronnier. *Arch. lég.*, iie part., *statuts*, iiie vol., 101.

Chantrène (Dubois de), seigneur de Soin, voy. Chantraines.

Chanvierre (rue de la), voy. Sacqs de la Herisandière (rue des).

Chaouce (Jean de), voy. Chaousse.

Chaourse (ville de). *Arch. lég.*, 1re part., 900.

— (baron de). *Arch. adm.*, t. II, 1106.

Chaousse (Jean de), bourgeois de Reims, *Arch. adm.*, t. III, 69, 72.

Chape (Marguerite à la), bourgeoise de Reims. *Arch. adm.*, t. II, 526.

Chapeau (Robert), conseiller du roi. *Arch. adm.*, t. II, 732.

Chapelain, Archevêque de Reims, Église de Reims (chapelains de), Chapelle-as-Chapelains, Marlemont, Mons-Lion, Murigny, Notre-Dame de Reims, Palais de Reims, Pontfavergier, Porte-Mars, Saint-Christophe, Saint-Jacques de Reims, Saint-Nicaise, Saint-Pierre-as-Nonains, Saint-Symphorien, Sainte-Nourrice, Vendeuil, voy. Capellanus.

Chapelains de Reims (congrégation des). *Arch. lég.*, 1re part., 880.

— royaux, voy. Saint-Corneille de Laon (Chap. R. de).

Chapelet (rue du). *Arch. adm.*, t. I, 81 ; t. II, 381. *Arch. lég.*, IIe part., *statuts*, 1er vol., 568.

Chapelier (Robin le). *Arch. adm.*, t. I, 1083, 1084.

Chapeliers de Reims (statuts des). *Arch. lég.*, IIe part., *statuts*, IIe vol., 203, voy. Reims (chapeliers de).

Chapelle, voy. Arson-le-Fétus (chapelle d'), Aumône, Avenay, Braban, Commanderie de l'hôpital, Condé-sur-Marne, Grières, Crucifix, Egland, Estrebay, Girondel, Magdelaine, Montcornet, Mont-Saint-Remy, Notre-Dame de Saint-Germain-Mont, Notre-Dame de Château-Portien, Notre-Dame de Saint-Hilaire, Notre-Dame de Luzy, Notre-Dame de Montfaucon, Notre-Dame de Pouilly, Notre-Dame de Rumigny, Notre-Dame de Tour-sur-Marne, Notre-Dame de Saint-Timothée, Onze-mille-Vierges (ch. des), Palais archiépiscopal de Reims, Ponturay, Porte-Mars, Roi, Saint-André-des-Bours, Saint-Barthélemy, Saint-Calixte, Saint-Christophe, Saint-Eutrope, Saint-Georges, Saint-Jacques, Saint-Jean-Baptiste, Saint-Jean d'Hermonville, Saint-Jeban, Saint-Juvin, Saint-Laurent, Saint-Lié, Saint-Léger, Saint-Léonard, Saint-Louis, Saint-Martin, Saint-Marc-à-Cachot, Saint-Maur, Saint-Nicaise, Saint-Nicolas, Saint-Nicolas de Réthel, Saint-Paul, Saint-Pierre et Saint-Paul, Saint-Ponce, Saint-Remi, Saint-Roch, Saint-Simon, Saint-Thibaut, Sainte-Anne, Sainte-Chapelle, Sainte-Croix, Sainte-Marguerite, Sainte-Marguerite-de-Châtel, Sainte-Marie-Égyptienne, Sainte-Reine, Semuid, Sévigny, Thomas, Tolérance (chapelle de), Transfiguration.

Chapelle Aumont (village de). *Arch. lég.*, 1re part., 892.

— (Jehan de La), bougeois de Reims. *Arch. adm.*, t. III, 836.

— (Pierre de La), bougeois de Hesdin, *Arch. adm.*, t. III, 151.

— (Regnault de La), trésorier de France, *Arch. adm.*, t. III, 527.

— -as-Chapelains. *Arch. adm.*, t. II, 1000.

— -Castrale. *Arch. adm.*, t. II, 1052, 1053, 1066. Voy. Furtigny (chap. Cast. de), Mesmont (chap. C. de).

— (bois de la). *Arch. lég.*, IIe part., *statuts*, 1er vol., 806.

Chapellerie, voy. Capellaria, Arson (chapellerie de), Saint-Ladre de Reims (ch. de).

Chapelles (Jacquet de) Clerc, *Arch. adm.*, t. II, 525.

Chaperon (A.), bourgeois de Reims. *Arch. adm.*, t. III, 831. *Arch. lég.*, IIe part., *statuts*, IIe vol., 1047.

Chapi, voy. Chepy.

Chapino (parrochia de), voy. Chepy.

Chapitel (le), bâtiment de Reims. *Arch. adm.*, t. II, 810.

Chapitre (définition de ce mot). *Arch. adm.*, t. I, 747, voy. Braux, Mézières, Montfaucon, Notre-Dame d'Arbois, Notre-Dame de Nesle, Notre-Dame de Reims, Rozoy, Saint-Donatien de Bourges, Saint-Étienne de Châlons, Saint-Gervais et Saint-Protais de Guise, Saint-Jean-des-Vertus, Saint-Julien-le-Pauvre de Laon, Saint-Lambert Saint-Montain de la Fère, Sainte-Bâle, Sainte-Balzamie, Sainte-Chapelle de Paris, Verdun. Voy. Capitulum.

— de Reims (bailli de). La juridiction de l'Hôtel-Dieu, appartient audit, à l'exclusion de l'archevêque *Arch. adm.*, t. I, 78; t. II, 1000, 1214. A droit à la prise de vivres sur le ban du chapitre, t. III, 713, 726. *Arch. lég.*, IIe part., *statuts*, Ier vol., 26, 383, 390, 394, 566, *statuts*, IIe vol., 488, 606, 651, voy. (Pierre Eude), *statuts*, IIIe vol., 34, 68. 149.

— de Reims (bailliage du). *Arch. lég.*, IIe part., *statuts*, Ier vol., 567.

— (baillis du), voy. Blavier, Croissy (Pierre de), Ozanne, Robillart (Pierre).

— de Reims (ban du) *Arch. adm.*, t. II, 791, 888, t. III, 298. *Arch. lég.*, Ire part., 607, IIe part., *sta-tuts*, IIe vol., 304, 309.

— de Reims (bibliothèque du). *Arch. adm.*, t. III, 731. *Arch. lég.*, IIe part., *statuts*, Ier vol., 62.

— de Reims (bois du). *Arch. lég.*, IIe part., *statuts*, Ier vol., 806.

— de Reims (bourgeois du). *Arch. adm.*, t. I, 78, 566; t. II, 853, 905, 1135. Notice sur admission desdits. *Arch. adm.*, t. III, 14, 16, 449, 631. *Arch. lég.*, IIe part., *statuts*, Ier vol., 26, 307, 308, 312, *statuts*, IIe vol., 307, 309, 313.

Chapitre de Reims (cartulaire du). *Arch. adm.*, t. I, 272.

— de Reims (moulin du). *Arch. adm.*, t. II, 91.

— de Reims (censier), voy. Ponsart.

— de Reims (doyen du). *Arch. adm.*, t. II, 1125, t. III, 53, voy. Remensis ecclesiæ decanus.

— de Reims (grange du). *Arch. adm.*, t. III, 258.

— de Reims (greffier du). Attributions du dit). *Arch. lég.*, IIe part., *statuts*, Ier vol., 68.

— de Reims (juridiction du). *Arch. adm.*, t. II, 1146. *Arch. lég.*, IIe part., *statuts*, Ier vol., 566, *statuts*, IIe vol., 313, *statuts*, IIIe vol., 18, 436.

— de Reims (justice du), voy. chap. de Reims (juridiction du).

— de Reims (hommes de corps du). *Arch. adm.*, t. II, 886.

— de Reims (manse du). *Arch. lég.*, IIe part., *statuts*, IIe vol., 680.

— de Reims (mesure du). *Arch. lég.*, IIe part., *statuts*, IIIe vol., 407.

— de Reims (officiers du). *Arch. adm.*, t. III, 101. Énumération des dignités dont ils sont revêtus. *Arch. lég.*, IIe part., *statuts*, Ier vol., 43, 865; *statuts*, IIIe vol., 67, 554, 556.

— de Reims (oubliettes du). *Arch. adm.*, t. III, 576.

— de Reims (prévôt du). *Arch. lég.*, IIe part., *statuts*, IIe vol., 307.

— de Reims (ponctuateur du). *Arch. lég.*, IIe part., *statuts*, Ier vol., 99.

— de Reims (pain du). *Arch. lég.*, IIe part., *statuts*, Ier vol., 106.

— de Reims (procureur fiscal du). *Arch. lég.*, IIe part., *statuts*, Ier vol., 332.

— de Reims (sceau du). *Arch. adm.*, t. II, 476.

Chapitre de Reims (seigneuries du). *Arch. lég.*, iie part., *statuts*, i^{er} vol., 568; *statuts*, iiie vol., 642.

— de Reims (servants du). *Arch. lég.*, iie part., *statuts*, i^{er} vol., 341; *statuts*, iie vol., 364; *statuts*, iiie vol., 67. Voy. Remensis ecclesiæ servientes.

— général de Reims (statuts du). *Arch. lég.*, iie part., *statuts*, i^{er} vol., 156, 158.

— de Reims (sénéchaux du). Voy. Remensis ecclesiæ senescalli.

— de Reims (tournaire du). *Arch. adm.*, t. II, 1036. *Arch. lég.*, iie part., *statuts*, iiie vol., 680. Droit qu'il a de nommer à certaines cures (*ibid.*) 684, 689, 719, 737.

— de Reims (usages du). *Arch. lég.*, iie part., *statuts*, i^{er} vol., 60.

— de Saint-Remi (vidamé du), substitué à la vidamé laïque de la cour archiépiscopale. *Arch. adm.*, t. I, 259.

— Saint-Pierre (rue du). *Arch. adm.*, t. II, 178.

Chapon (Geoffroy), official de l'archevêque de Reims. *Arch. adm.*, t. III, 679, 754, 757, 767.

Chappa (chappe), voy. Capa.

Chappes (village de). *Arch. adm.*, t. II, 956, 1081. *Arch. lég.*, i^{re} part., 905, 911; iie part., *statuts*, iiie vol., 394.

— (paroisse de). *Arch. adm.*, t. II, 1082, 1109. Voy. Capis (parrochia de).

— (patronage de). *Arch. adm.*, t. II, 1112.

— —en-Portien. *Arch. lég.*, i^{re} part., 903.

Chapellet (Thomas), pelletier. *Arch. adm.*, t. III, 294.

Chappelet (ruelle du). *Arch. lég.*, iie part., *statuts*, iie vol., 312.

Chappelin (G.), bourgeois de Reims. *Arch. lég.*, iie part., *statuts*, i^{er} vol., 770, 773.

Chappron (Maurice), savetier. *Arch. lég.*, iie part., *statuts*, iie vol., 239.

Chappron-Bergeat, procureur à Reims. *Arch. lég.*, iie part., *statuts*, iie vol., 626, 635.

— subdélégué de l'intendant de Champagne. *Arch. lég.*, *statuts*, i^{er} vol., 979; iie part., *statuts*, iie vol., 832, 838.

Chapron (Pierre, conseiller échevin. *Arch. lég.*, iie part., *statuts*, iiie vol., 212.

Chapucier, voy. cathédrale de Reims (chapucier de la).

Charbogne (patronage de), voy. Charboignia patronagium.

— (curé de), voy. Rety (Denis).

— (village de). *Arch. adm.*, t. II, 1108. *Arch. lég.*, i^{re} part., 902, 905.

— (chevalier de). *Arch. adm.*, t. I, 816.

— (paroisse de). *Arch. adm.*, t. II, 1110. Voy. Cherbognia (par. de).

— (sire de). *Arch. adm.*, t. I, 972.

— (chapelle de). *Arch. adm.*, t. II, 1111, 113. Voy. Charbaigni- (Capellania de).

— (presbyter de). *Arch. adm.*, t. II, 1111.

Charboignia (Ponsardus de), prepositus ecclesiæ Braquensis. *Arch. adm.*, t. II, 1044.

Charbognia (parochia de), voy. Charbogne (par. de).

Charboiguia (capellania de), voy. Charbogne (chapelle de).

— (patronagium de). *Arch. adm.*, t. II, 1110, 1112.

Charbon (cacq de), déterminé d'après la jauge de Reims. *Arch. lég.*, iie part., *statuts*, iiie vol., 98, 99.

— (poinçon de). *Arch. lég.*, iie part., *statuts*, iiie vol., 99.

— (mesureurs de), nommés par le prévôt et les échevins de Reims. *Arch. lég.*, iie part., *statuts*, i^{er} vol., 440, 451, 457, 462, 463.

Charbongne (village de), voy. Charbogne.

Charbonier (Raoulin le), bourgeois du ban de l'archevêque de Reims. *Arch. adm.*, t. II, 874.

— (Jehan le), bourgeois de Reims. *Arch. adm.*, t. I, 960.

— (Adenés le), bourgeois de Reims. *Arch. adm.*, t. II, 134.

— (Wyart le), bourgeois de Reims. *Arch. adm.*, t. III , 37.

Charbonniers (rue des). *Arch. adm.*, t. I, 1116; t. II, 380.

— Voy. Reims (charbonniers de).

Charchantur, lieu du territoire de Châlons. *Arch. adm.*, t. II , 911.

Charcigny, voy. Harcigny.

Charcutier, voy. Reims (charcutiers de).

Char-de-Buef (Henricus), moine de Saint-Remi de Reims. *Arch. adm.*, t. I, 861.

Chardeneio (Petrus de), miles, vend à l'église de Reims la dîme de Saint-Sonpplet. *Arch. adm.*, t. I, 510. *Arch. lég.*, IIe part. , *statuts*, Ier vol., 70.

Chardeneyum, voy. Chardeny.

Chardeny (village de). *Arch. adm.*, t. II, 1109.

Chardoinne (Ferry de), vassal de Saint-Remi de Reims. *Arch. adm.*, t. III, 609.

— (Geoffroy de) vassal de Saint-Remi de Reims. *Arch. adm.*, t. III, 609.

Chardon (Jehan) bailli de Reims. *Arch. adm.*, t. II, p. 566. *Arch. lég.*, IIe part., *statuts*, Ier vol., 321, 368, 370, 371, 373, 374, 375, 658, 662, 770, 774, 779, 786, 796, 800, 815, 822, 824, 832, 835, 838, 841, 870, 903, 905, 910, 933, 967, 988; *statuts*, IIIe vol, 35, 616.

— (Nicole), curé de Chermisy. *Arch. lég.*, Ire part., 883.

— (Guillaume), vicomte d'Hermonville. *Arch. lég.*, IIe part., *statuts*, Ier vol., 322.

Chardon (Pierre). Commissaire du roi pour les aides. *Arch. adm.*, t. III, 728, 834, 837. *Arch. lég.*, IIe part., *statuts*, Ier vol., 465, 510, 513, 526, 528, 539, 574, 580, 587, 588, 592, 612, 613, 616, 617, 619, 622, 625, 626, 629, 630, 632, 634, 636, 637, 638, 640, 642, 644, 647, 651, 653, 655, 657, 659, 667, 671, 679, 681, 683, 689, 695, 699, 702, 710, 722, 734, 742, 745, 752, 756, 947.

— (A....). *Arch. lég.*, IIe part., *statuts*, Ier vol., 862.

— (Thomas), bourgeois de Reims. *Arch lég.*, Ire part., 693.

Chargia (charge). *Arch. lég.*, IIe partie, *statuts*, Ier vol., 171.

Charité des femmes de Reims (hospice de la). *Arch. adm.*, t. I, 664, *Arch. lég.*, IIe part., *statuts*, IIe vol., 92; *statuts*, IIIe vol., 69, 71.

— (caisse de la). *Arch. lég.*, IIe part., *statuts*, IIIe vol., 673.

— de Reims (maison de la), voy. Charité des femmes de Reims (hospice de la).

— (Jesnet de la), sergent du bailli de Reims, voy. Charité (Jean de la).

— (Hue de la), archidiacre de Soissons. *Arch. adm.*, t. II , 270.

— (Drouet de la), voy. Charité (Dreux de la).

— (Dreux de la), conseiller du roi et archidiacre de Soissons. *Arch. adm.*, t. II, 177? 259, 271, 276.

— (Jehan de la), sergent de la baillie de Reims. *Arch. adm.*, t. II, 307, 617? 675? 686, 703, 772, 797, 843, 873. 895, 902, 936? *Arch. lég.*, IIe part., *statuts*, IIIe vol., 29, 63.

Charles-Fontaine (village de). *Arch. adm.*, t. II, 1025. voy. Karoli-Fons.

Charlemagne, empereur. *Arch. adm.*, t. I, 1, 28, 29, 79, 82; projette l'unité de

l'occident, 108; liaisons dudit avec le pape Adrien pour atteindre ce but, 109; soupçonné d'avoir cooporé à la publication de fausses décrétales, *ibid.*; ses efforts pour introduire en France le chant grégorien, 110, 111; veut faire dominer l'unité politique sur la religieuse, 112; confirme la donation de Momiane à l'église de Reims, 217, 334, 613, 692. *Arch. lég.*, i^{re} part., 356; iie part., *statuts*, iie vol., 87, 603; *statuts*, iiie vol., 19, 28, 623, 624.

Charles Ier, roi de Navarre, comte d'Évreux, cité à l'occasion de l'établissement des consuls à Reims. *Arch. lég.*, iie part., *statuts*, iiie vol., 631.

— II, dit le Chauve, voy. Carolus Calvus.

— III, dit le Gros, empereur. *Arch. adm.*, t. I, 29.

— de Lorraine, archevêque de Reims, voy. Lorraine (Charles).

— -Quint, empereur, voy. Charles V.

— le Simple, empereur. *Arch. adm.*, t. I, 56, 66, 69, 70; loge à Reims dans l'abbaye de Saint-Remi, 72, 89. *Arch. lég.*, iie part., *statuts*, iie vol., 179.

— évêque de Châlons. *Arch. adm.*, t. I, 62.

— compétiteur de Hugues Capet, voy. Carolus.

— IV, dit le Bel, roi de France, défend aux évêques et aux grands seigneurs de battre monnaie. *Arch. adm.*, t. I, 82; accord fait par ledit avec les Flamands, t. II, 31; sacre dudit, 270, 276, 280; commission dudit contre certains malfaiteurs de Reims, 287, 288; autre relative aux fortifications de Saint-Nicaise de Reims, 291, 309, 318; maintient aux échevins de Reims la possession de nommer des brasseurs de foin, 321; compte du couronnement dudit, 326; intervient dans un débat contre lesdits échevins

et les moines de Saint-Nicaise, 333, 343, 368, 374, 377, 385, 390, 421, 442, 461, 462, 467, 472? 474, 477, 600? 756? 758? 958, 1211. *Arch. lég.*, iie part., *statuts*, i^{er} vol., 439.

Charles V, roi de France, invite les Rémois, après la bataille de Poitiers, à bien défendre leur ville. *Arch. adm.*, t. II, 615, 628, 631; institue le conseil de ville de Reims, 667, 1056; don de chapes fait par ledit à l'église de Reims, t. II. 567; invite les Rémois à demander pour archevêque de leur ville l'évêque de Bayeux, t. III, 19, 60; invite les mêmes à se cotiser pour fortifier les murs de la ville, 99; commet six bourgeois à cet effet, 107, 116; nomme G. de Châtillon capitaine de ladite ville, 117, 131, 136, 139; 145, 152, 179, 246, 259; confirme un octroi fait à ladite ville, 286; sacre dudit, 287, 288, 291, 293; intervient dans un procès entre le chapitre de Reims et les échevins, 299; interdit au susdit capitaine de s'entremettre du gouvernement de la ville sans le concours de ceux du conseil de ladite, 325, 326, 334; nomme Robert de Sueil capitaine de Reims, 348, 349; modère les fouages de ladite ville, 358, 359; décharge les Rémois de la levée de trente arbalétiers, 386, 391, 429, 443; règlement fait par ledit pour ladite ville, 458; prie l'archevêque de faire donner des reliques de saint Nicaise à l'empereur, 462, 465, 473, 497; fondation faite par ledit à l'église de Reims, 505, 506; charte dudit concernant les courtiers de vin de Reims, *Arch. lég.*, iie part., *statuts*, i^{er} vol., 437; sous le règne dudit, les impositions deviennent tailles ordinaires, iie part., *statuts*, iie vol., 13, 16; charte du même qui ordonne que la ville de Reims sera régie et gouvernée par les habitants d'icelle, 141; confirme les priviléges desdits habitants pour avoir

repoussé les Anglais, *statuts*, iiie vol., 559.

Charles V, empereur. *Arch. lég.*, iie part., *statuts*, i^{er} vol., 868. Se dispose à envahir la Champagne, 890, iie part., *statuts*, iiie vol., 632.

— duc de Normandie et régent de France, voy. Charles V.

— Martel, voy. Karolus Martellus.

— VI, roi de France, écrit aux échevins de Reims pour les prier de conférer la cure de Saint-Éloi à un bachelier en théologie. *Arch. adm.*, t. I, 13, 667; t. II, 561. Commission dudit concernant les réparations des chaussées de Reims ; t. III, 8, 378 ; fait grâce aux Rémois de certaine imposition à l'occasion de son sacre, 508, 512, 528 ; lettres dudit aux mêmes, concernant la réparation des fortifications de leur ville, 532, 534, 569, 598, 611, 634, 664, 676, 677, 678, 683, 686, 693 ; octroi dudit relatif auxdites fortifications, 699, 705, 711, 732, 776, 779, 810, 820 ; maintient les échevins dans le droit de conférer la bourgeoisie, 824, 826, 833, 843, 858, 861, 879. Lettres dudit sur les aides de Reims, 898. *Arch. lég.*, i^{re} part., 484, augmente le nombre des élus dans le bailliage de Reims ; iie part., *statuts*, i^{er} vol., 341, 382, 397; autres lettres dudit concernant les fortifications de Reims, 398 ; charte du même en faveur des habitants de ladite ville, 407, 420 ; octroi du droit de courtage fait par ledit aux mêmes, 426, 429, 438, 441, 448, 460, 472, 542, 543, 547, 593; commission dudit relative aux foires de la Couture de Reims, 944; *statuts*, iie vol., 13, 16, 212. Lettres du même relatives aux jaugeurs de vin de Reims, *statuts*, iiie vol., 63, 513, 615.

— VII, roi de France, fait exécuter la défense aux évêques et aux grands sei-

gneurs de battre monnaie. *Arch. adm.*, t. I, 83; t. II, 561; t. III, 312. *Arch. lég.*, iie part., *statuts*, i^{er} vol., 325. La taille du fouage devient perpétuelle à partir du règne dudit sous le nom de taille royale, 457; suppression du petit aide à Reims par ledit, 463, 474, 492; oblige les gens d'église de Reims à faire le guet, 549, 559, 570 ; abolition en faveur des habitants de Reims à l'occasion du sacre, 596, 601, 603, 606, 608, 622. Lettres dudit sur la crue du petit aide à Reims, 624 ; proroge ladite crue, 627, 632, 641, 655 ; sacre dudit, 741, 753, 757, 760; rétablit les foires du royaume discontinuées à l'occasion des guerres des Anglais, 766, 830, 842, 843, 940; les Rémois se fondent sur les lettres dudit pour obtenir la franchise de leurs foires, 942 ; met un impôt sur lesdites pour subvenir aux réparations des fortifications de Reims, 947, 958 ; iie part., *statuts*, iie vol., 669 ; *statuts*, iiie vol., 4, 5 ; différend dudit avec l'archevêque de Reims, 34, 38, 39, 62, 64 ; confirme l'indépendance absolue de la commune de Reims vis-à-vis de l'archevêque, 616, 617; amnistie accordée par ledit à la ville de Reims, après l'occupation de ladite par les Anglais, 642.

Charles, voy. Vergeur.

— IV, empereur. Reliques de saint Nicaise de Reims envoyées audit, t. III, 462.

— VIII, roi de France, ordonne que toutes les coutumes soient rédigées par écrit. *Arch. lég.*, i^{re} part., 605, iie part., *statuts*, i^{er} vol., 377 ; proroge le petit aide à Reims, 474, 475, 509, 614? frais faits à Reims pour le mariage dudit, 669, 694, 814, 825; sacre dudit, 826, 829, 968; ordonnances dudit relatives aux notaires royaux, iie part., *statuts*, iiie vol., 237; commission du-

dit en faveur des échevins de Reims, 398.

Charles IX, roi de France. Édit du même concernant la direction des hôpitaux. *Arch. lég.*, ii° part., *statuts*, i°ʳ vol., 133, 138, 476, 478, 483. Lettres patentes dudit au chapitre de Reims, relatives à l'exercice de la juridiction temporelle, ii° part., *statuts*, iii° vol., 26, 65 ; se réserve la connaissance des statuts des arts et métiers, 78, 83, 84, 88, 349, 520.

Charlet (Jansonus), procureur des habitants de Reims, voy. Charlet (Jean).

— (Gérard), pannelier. *Arch. lég.*, ii° part., *statuts*, ii° vol., 336.

— (Petrus), chantre. *Arch. lég.*, ii° part., *statuts*, i°ʳ vol., 115, 539, 611, 616, 617, 619, 621, 625, 632, 634, 642, 645, 648, 654, 657, 667, 699, 705, 734, 741, 86.

— (Éstienne), commis à l'artillerie de Reims. *Arch. lég.*, iʳ° part., 563; ii° part., *statuts*, i°ʳ vol., 639, 738.

— le peintre. *Arch. adm.*, t. II, 493.

— -le-Lourdeur, bourgeois de Reims, *Arch. adm.*, t. II, 500.

— (Jean), procureur de l'échevinage de Reims. *Arch. adm.*, t. III, 311, 312, 834, 848, 889. *Arch. lég.*, ii° part., *statuts*, i°ʳ vol., 441, 610.

Charleville (ville de). *Arch. adm.*, t. II, 1040, 1042, 1068, 1071, 1078. *Arch. lég.*, ii° part., *statuts*, iii° vol., 394.

— (doyenné de). *Arch. adm.*, t. II, 1068, 1094.

— (collège de). *Arch. adm.*, t. II, 1080.

— (paroisse de). *Arch. adm.*, t. II, 1078 ; voy. Arches (paroisse de).

Charlier (R....), bourgeois de Reims. *Arch. lég.*, ii° part., *statuts*, i°ʳ vol., 845, 862.

— (Hubert Le), bourgeois de Reims. *Arch. adm.*, t. III, 836.

Charlier (Nicolas), menuisier. *Arch. lég.*, ii° part., *statuts*, ii° vol., 359.

— (Jean), sergent de bailliage de Reims. *Arch. lég.*, ii° part., *statuts*, i°ʳ vol., 824, 865; *statuts*, ii° vol., 487.

— (D....), élu de Reims. *Arch. lég.*, ii° part., *statuts*, i°ʳ vol., 722.

— voy. Foliart.

— (Colart), bourgeois de Reims. *Arch. adm.*, t. II, 349. *Arch. lég.*, ii° part., *statuts*, i°ʳ vol., 788.

— (Martin le), bourgeois de Reims. *Arch. adm.*, t. II, 544.

— (Oudin le), bourgeois de la Cousture. *Arch. adm.*, t. II, 674.

— (Adenet le), bourgeois de Reims. *Arch. adm.*, t II, 683. *Arch. lég.*, ii° part., *statuts*, i°ʳ vol., 862.

— (Eudes le), bourgeois de Reims. *Arch. adm.*, t. II, 808.

— (Auberi le), bourgeois de Reims. *Arch. adm.*, t. II, 808.

Charlons (M....), propriétaire du péage de Vesigneux. *Arch. lég.*, ii° part., *statuts*, iii° vol., 390.

Charloré (Colesson), bourgeois de Reims. *Arch. lég.*, iʳ° part., 528, 572.

Charlot (Gerard), bourgeois de Reims. *Arch. adm.*, t. III, 831. *Arch. lég.*, ii° part., *statuts*, ii° vol., 315.

— (Jacques), bourgeois de Reims. *Arch. lég.*, iʳ° part., 865.

— (Antoine), écolier des jésuites à Reims. *Arch. lég.*, ii° part., *statuts*, i°ʳ vol., 661.

— (Jean), conseiller royal. *Arch. lég.*, ii° part., *statuts*, i°ʳ vol., 781 ; *statuts*, ii° vol., 710, 712, 713, 1048.

— (E...), notaire royal. *Arch. lég.*, ii° part., *statuts*, i°ʳ vol., 862.

— (Pierre), évêque de Noyon. *Arch. adm.*, t. I, 60.

Charmolue, avocat. *Arch. lég.*, *statuts*, II⁰ vol., 65.

Charmontois-l'abbé (village de). *Arch. lég.*, 1ʳᵉ part., 919.

Charnage (J...), bourgeois de Reims. *Arch. adm.*, t. III, 728. *Arch. lég.*, II⁰ part., *statuts*, 1ᵉʳ vol., 746.

Charniaco (Johannes), voy. Charny (Jean de).

Charnois (village de). *Arch. adm.*, t. II, 1083.

Charnois (Mᵐᵉ de), dame de Rubigny. *Arch. adm.*, t. II, 1083.

Charnoys (Stephanus), homme fieffé de l'archevêque de Reims. *Arch. lég.*, II⁰ part., *statuts*, 1ᵉʳ vol., 365.

Charny (sire de), voy. Charny (Jehan de).

— (Jehan), coutre de Lavanne. *Arch. lég.*, 1ʳᵉ part., 910.

— (Jean de) capitaine de Reims. *Arch. adm.*, t. II, 130, 137, 392, 533, 1244.

Charolais (comte de), négociation pour le mariage dudit avec la sœur du roi d'Angleterre. *Arch. lég.*, II⁰ part., *statuts*, 1ᵉʳ vol., 766.

Charolles (Jean de), conseiller du roi. *Arch. adm.*, t. II, 1244.

Charon (Johannes), bourgeois de Reims. *Arch. adm.*, t. III, 707, 730.

Charon (Noël), cordonnier. *Arch. lég.*, II⁰ part., *statuts*, II⁰ vol., 238.

Charon (Nicolas), bourgeois de Reims. *Arch. lég.*, II⁰ part., *statuts*, II⁰ vol., 264.

Charouze-en-Gournay (lieu de). *Arch. adm.*, t. III, 37.

Charpentier (Gerard), notaire. *Arch. lég.*, 1ʳᵉ part., 759 ; II⁰ part., *statuts*, 1ᵉʳ vol., 862, 876, 882 ; *statuts*, II⁰ vol., 4, 29, 456 ?

— (Pierre), curé du Mont Saint-Martin. *Arch. lég.*, 1ʳᵉ part., 882.

Charpentier (Jehan), curé de Fay-le-Sec. *Arch. lég.*, 1ʳᵉ part., 884.

— (Nicole), curé de Beaurieu. *Arch. lég.*, 1ʳᵉ part., 884.

— (H.), directeur des aides de l'élection de Reims. *Arch. lég.*, II⁰ part., *statuts*, II⁰ vol., 965.

— (Estevenin le), bourgeois de Reims. *Arch. adm.*, t. I, 969 ; t. III, 98. *Arch. lég.*, 1ʳᵉ part., 666.

— (Anseles le), bourgeois de Reims. *Arch. adm.*, t. II, 92, 548.

— (Pierre le), bourgeois de Reims. *Arch. adm.*, t. II, 487,

— (Claude), prieur de Semuy. *Arch. lég.*, 1ʳᵉ part., 855.

— (Bartholom.), clerc. *Arch. lég.*, II⁰ part., *statuts*, II⁰ vol., 773, 777.

— (J.... le), fonde une chapelle à Hermonville. *Arch. adm.*, t. II, 1061. *Arch. lég.*, II⁰ part., *statuts*, 1ᵉʳ vol., 776.

Charpentry (village de). *Arch. adm.*, t. II, 1095.

Charpet (lieu de). *Arch. lég.*, 1ʳᵉ part., 905

Charran (lieu de). *Arch. adm.*, t. II, 636, 639, voy. Fresnetus.

Charreton, voy. Soibaut (Jean-Hanon).

— (Bertrand le). *Arch. adm.*, t. I, 1016.

Charriagium (Charroi). *Arch. adm.*, t. III, 226.

Charriot-d'Or (auberge du). *Arch. lég.*, II⁰ part., *statuts*, II⁰ vol., 915.

Charron (Jehan le). *Arch. adm.*, t. II, 1244. *Arch. lég.*, 1ʳᵉ part., 608.

— (Collart), marchand. *Arch. adm.*, t. III, 743.

— (Hubert), prévôt de Reims. *Arch. lég.*, II⁰ part., *statuts*, II⁰ vol., 324.

— voy. Reims (charrons de).

Charrot (abbas de). *Arch. adm.*, t. II, 1051. Patron de la chapelle de Saint-Dié, 1054, 1056.

Charroux (abbé de), voy. Charrot (abbas de).

Charruel (Pierre), avocat au parlement. *Arch. lég.*, 11e part., *statuts*, 111e vol., 51, 100?

Chartain (Simonnet), savetier. *Arch. adm.*, t. II, 823.

Charte. Archevêque de Reims (charte de l'), Adalbert, Amiens, Beauvais, Draperie de Reims, Fraillicort (de), Guillaume de Champagne, Johannine, Laon, Ogier le Danois, Reims, Saint-Quentin, Simonine, Vicomte de Reims. Voy. Carta.

Chartier, voy. Reims (chartiers de).

— (Michel le), bourgeois de Reims. *Arch. adm.*, t. III, 17.

— (J....), trésorier de Saint-Denis. *Arch. lég.*, 11e part., *statuts*, 1er vol., 686.

Chartogne (vicomte de), seigneur de Bertoncourt. *Arch. adm.*, t. II, 1083, 1097.

— C.... de), échevin. *Arch. lég.*, 11e part., *statuts*, 1er vol., 824.

Charton (Guill.), sergent royal. *Arch. adm.*, t. III, 809.

— (J....), docteur en théologie de la faculté de Paris. *Arch. lég.*, 11e part., *statuts*, 11e vol., 253.

Chartrée, voy. Mousso.

Chartrerie, voy. Reims (chartreries de).

Chartriers (communauté des). *Arch. adm.*, t. I, 14.

Chartre-Ogier (maison de la). *Arch. adm.*, t. II, 856.

Chartres (Regnault de), archevêque de Reims et chancelier de France. Reconnaît au chapitre le droit de haute, moyenne et basse justice sur le territoire de Sa Seigneurie. *Arch. adm.*, t. I, 82. Les Rémois s'adressent à lui pour obtenir du roi des statuts qui rendent la forme du conseil de ville invariable.

Arch. adm., t. I, 643. Sa fidélité au dauphin pendant l'occupation du royaume par les Anglais, t. III, 462, 805. *Arch. lég.*, 11e part., *statuts*, 1er vol., 75. Charte dudit relative aux eaux et forêts du domaine archiépiscopal, 540, 569, Règlement dudit relatif aux conseillers et officiers de Reims, 573. Le temporel dudit saisi par le roi d'Angleterre, et pourquoi? 588. Assiste Charles VII, 602. Lettres qu'il écrit aux Rémois en faveur dudit, 603. Règlement du même relatif à l'élection des gens du conseil de ville de Reims, 608, 721; 11e part., *statuts*, 111e vol., 616, 617.

Chartres (archidiacre de), voy. Rueuile (Guillaume de).

— (comte de), voy. Carnotensis comes.

— (duc de), seigneur d'Ecombres. *Arch. adm.*, t. II, 1086.

— (vidame de). *Arch. lég.*, 11e part., *statuts*, 111e vol., 509, 510.

— (Williaume de), bourgeois de Reims. *Arch. adm.*, t. I, 742.

— (Estevenès de), chevalier. *Arch. adm.*, t. I, 968.

— (Nicolas de), chevalier. *Arch. adm.* t. I, 968.

— (Tassin de), orfèvre. *Arch. adm.*, t. II, 507.

— (église de). *Arch. adm.*, t. I, 237, 449.

— (ville de). *Arch. adm.*, t. III, 320. *Arch. lég.*, 11e part., *statuts*, 11e vol., 570, 572, 896; *statuts*, 111e vol., 128, 531, 533, 632.

— (évêques de). *Arch. adm.*, t. I, 734. voy. Johannes, Petrus, Acy (Garin d'), Anselmus.

Chartreuse, fondée près de Tournay, à l'occasion des alliances de France et des Flandres. *Arch. adm.*, t. II, 31.

Chartreux (ordre des), donnent une horloge à la cathédrale de Reims. *Arch.*

adm., t. I, 722; t. III, 498. Vauvert près Paris (chartr. de) Mont-Dieu, voy. Cartusiensis ordo.

Chartreux du Mont-Dieu (hospice des). *Arch. adm.*, t. II, 1112. *Arch. lég.*, IIe part., *statuts*, IIe vol., 648, 761.

— de Reims (hospice des), voy. Chartreux du Mont-Dieu.

Chartrier, voy. Reims (chartriers de).

— de Saint-Symphorien de Reims (procureur des), voy. Jobart.

Charude, notable de Reims. *Arch lég.*, IIe part., *statuts*, IIe vol., 606.

Charus (seigneur de), voy. Lignières (René de).

Charvey (village de). *Arch. lég.*, IIe part., *statuts*, IIIe vol., 390.

Charymeya (abbas de). *Arch. adm.*, t. II, 636.

Chasneyo (furnus de). *Arch. adm.*, t. I, 321.

Châsse, voy. Saint-Remi (châsse de).

— -Pierre (seigneur de), voy. Rodemacre (Giles de).

Chasset (Colesson). *Arch. adm.*, t. II, 698.

Chastaigneray (Saint-Constest de la), intendant de Champagne. *Arch. lég.*, IIe part., *statuts*, IIe vol., 854.

Chasteau-Villain (Jean de). *Arch. adm.*, t. II, 525; t. III, 105.

— (Wiart de). *Arch. adm.*, t. III, 109.

Chastel (Bertrand de), bourgeois de Reims. *Arch. adm.*, t. II, 891; t. III, 379.

— (Raulin de), bourgeois de Reims. *Arch. adm.*, t. II, 915.

— (Adnet du), laboureur. *Arch. lég.*, IIe part., *statuts*, IIe vol., 321.

— (Jacques), cordonnier à Reims. *Arch.*, *adm.*, t. III, 13.

— (Ponce de), béguine. *Arch. adm.*, t. III, 106.

— (Jehan), parmentier. *Arch. adm.*, t. III, 527, 751.

Chastel la mercière. *Arch. adm.*, t. II, 525.

— -l'Archevesque (village de). *Arch. adm.*, t. I, 1090; t. III, 893. *Arch. lég.*, IIe part., *statuts*, Ier vol., 798.

— -en-Porcian, voy. Château-Porcien.

— -Regnault, voy. Château-Regnaut.

— -Levêque (étang de). Les bourgeois de Reims y prétendent droit de pêche. *Arch. adm.*, t. III, 688.

— (maison de), fief de l'archevêché de Reims. *Arch. adm.*, t. III, 655.

— (Molinet de). *Arch. adm.*, t. III, 865.

— -Ripont (paroisse de). *Arch. adm.*, t. II, 1100.

— (rue du). *Arch. lég.* Ire part., 487, 516.

Chastelain (Jehannon le), voy. Chastelain (Jean).

— (Lorent le). *Arch. adm.*, t. II, 559.

— (Benoît), religieux réformé de Saint-Remi de Reims. *Arch. lég.*, IIe part., *statuts*, Ier vol., 199, 203, 216, 229.

— (François), religieux réformé de Saint-Remi de Reims. *Arch. lég.*, IIe part., *statuts*, Ier vol., 199, 203? 210, 219, 229.

— (Jehan le), bourgeois de Reims. *Arch. adm.*, t. I, 1087; t. II, 14, 461, 504, 603, 714, 719, 810, 1207, 1211; t. III, 105, 398. *Arch. lég.*, IIe part., *statuts*, Ier vol., 709; *statuts*, IIe vol., 560.

— (Pierre le), bourgeois de Reims. *Arch. adm.*, t. II, 178, 376, 493? 603, 765.

— (Constant le). *Arch. adm.*, t. II, 530, 810; t. III, 41.

— (Rolant le). *Arch. adm.*, t. II, 810; t. III, 39, 40, 393.

— voy. Châtelain.

— (François), marchand sergier. *Arch. lég.*, IIe part., *statuts*, IIe vol., 807, 810, 829.

Chastellaïn (Gérard le). *Arch. adm.* t. III, 836. *Arch. lég.*, IIe part., *statuts*, Ier vol., 578, 646, 729.

Chastelain (Lorins le). *Arch. lég.*, ı^{re} part., 608.

— (Henry), religieux profès de Saint-Remi de Reims. *Arch. lég.*, ıı^e part., *statuts*, ı^{er} vol., 216, 217.

— (Nicolas), maître tonnelier. *Arch. lég.*, ıı^e part., *statuts*, ıı^e vol., 404.

— (Jacques), marchand mercier. *Arch. lég.*, ıı^e part., *statuts*, ıı^e vol., 560, 565; *statuts*, ııı^e vol., 122, 124?

— (Oudart), marchand mercier. *Arch. lég.*, ıı^e part., *statuts*, ıı^e vol., 565.

— (Antoine), bourgeois de Reims. *Arch. lég.*, ıı^e part., *statuts*, ıı^e vol., 618.

— avocat. *Arch. lég.*, ıı^e part., *statuts*, ıı^e vol., 625.

— (Thomas). *Arch. adm.*, t. II, 481, 775? 788.

— (Thiébaut le), échevin. *Arch. adm.*, t. II, 603, 756, 767, 788, 809, 810, 826; t. III, 63.

— (Jehan li), dit Monamit, échevin. *Arch. adm.*, t. II, 508, 800, 806, 823, 825, 835.

— (Hue). *Arch. adm.*, t. III, 97, 108.

— (Estenes), sergent du roi. *Arch. adm.*, t. I, 1121.

— (Thierry), prévôt de Corbeny. *Arch. lég.*, ıı^e part., *statuts*, ı^{er} vol., 217, 219.

— (Jehan), curé de Deuilet. *Arch. lég.*, ı^{re} part., 882.

— (Loys le), lieutenant de Noyon. *Arch. lég.*, ı^{re} part., 895.

Chastelaine (Floria la), religieuse d'Adecis. *Arch. adm.*, t. III, 393.

— (eau de la). *Arch. lég.*, ı^{re} part., 489.

Chastelains (rue des). *Arch. adm.*, t. II, 380, 509, 510.

— (Quarrel de). *Arch. adm.*, t. II, 509.

Chastellari (parrochia de), voy. Chastelet.

Chasteller (Petrus). *Arch. adm.*, t. II, 646, voy. Chastellet (Perrart).

Chasteller (Jehan de). *Arch. adm.*, t. II, 764.

— (doyenné de). *Arch. adm.*, t. III, 278.

— -en-Ardenne (village de). *Arch. lég.*, ı^{re} part., 607.

Chastellet (Perrart), bourgeois de Reims. *Arch. adm.*, t. II, 543, 685, 805.

— (village de), voy. Châtelet.

— (Girart du). *Arch. adm.*, t. II, 805.

— (Pierre), voy. Chastellet (Perrart).

— (Nicolas). *Arch. lég.*, ıı^e part., *statuts*, ıı^e vol., 212.

— (rue du). *Arch. lég.*, ıı^e part., *statuts*, ı^{er} vol., 237.

— (village de), voy. Châtelet.

— (paroisse de). *Arch. adm.*, t. II, 1104, voy. Chastellari (parrochia de).

— (doyenné de). *Arch. adm.*, t. II, 1102, voy. Castellari (decanatus de).

Chastellier (Johannes du), chevalier conseiller du roi. *Arch. adm.*, t. II, 649.

Chastellier (village de). voy. Châtellier.

Chastellione (parrochia de), voy. Châtillon-sur-Bar (paroisse de).

Chastel-Ripont, voy. Châtelet.

Chastenier (J…), général des finances. *Arch. lég.*, ıı^e part., *statuts*, ı^{er} vol., 628.

Chasteté (vœu de). *Arch. lég.*, ıı^e part., *statuts*, ı^{er} vol., 138, 142.

Chastillon, voy. Châtillon.

Chasurier (Herbin le), échevin de Reims. *Arch. adm.*, t. III, 51, 695, 841. *Arch. lég.*, ıı^e part., *statuts*, ı^{er} vol., 433, 455, 527, 614, 615, 629, 630.

Chasurier (G…). *Arch. lég.*, ıı^e part., *statuts*, ı^{er} vol., 619, 621, 625.

Chat (Colin le). *Arch. adm.*, t. II, 496.

— (Jehan le). *Arch. lég.*, ı^{re} part., 528, 536, 538, 541.

Chataigneray (sieur de la), commissaire dé-
parti en la généralité de Châlons. *Arch.*
lég., iie part., *statuts*, iiie vol., 494.

Château, voy. Abbaye de Saint-Thierry
(château de l'), Ambly, Anisy, Ardenay,
Arlaize, Arson, Aubilly, Aumenancourt-
le-Petit, Ayvelles, Bailla, Balhan, Be-
tigniville, Blangny, Bouillon, Breuil,
Challerange, Coucy, Courville, Écly,
Évigny, Fetu, Furtigny, Girondel, Go-
dart, Grange-aux-Bois, Ham, Haudrecy,
Lambrelle, Lamecourt, Livry, Lobbe,
Lor, Louvois, Luches-près-Thuisy, Ma-
rets, Maupas, May, Muire, Monts-de-
Jeux, Montagne, Morioles, Mouzon,
Neuville dit l'Archevêque, Neuville-lez-
Reims, Neuville-près-Courcelles, Ou-
dousselle, Reims, Rethel, Rocan, Roche,
Sampigny, Sedan, Sept-Saulx, Sévi-
gny, Signy, Sy, Tery, Vienne-le-Château.

Château-Cambrésis (ville de). *Arch. adm.*,
t. I, 515; t. II, 638.

Château de Lor. *Arch. adm.*, t. II, 1066.

Châteaudun (vicomte de), voy. Castriduni
vicecomes.

Château-Gontier (ville de). *Arch. lég.*,
iie part., *statuts*, i^{er} vol., 813.

Châteauneuf-en-Thimerais (village de).
Arch. lég., iie part., *statuts*, iiie vol.,
226.

— sur-Cher (ville de). *Arch. lég.*, iie part.,
statuts, iiie vol., 510, 542.

Châteauneuf-sur-Loire (ville de). *Arch.
adm.*, t. II, 329.

Château-Porcien (ville de). *Arch. adm.*,
t. I, 316, 354, 643; t. II, 765, 825,
831, 878, 881, 894, 1065, 1088. *Arch.
lég.*, iie part., *statuts*, i^{er} vol., 478,
640, 680, 684, 687, 694, 696, 702,
706, 715, 763, 883, 889, 919, 921.

— (comté de), voy. Castelli-in-Porciani
comitatus.

— (paroisse de), voy. Castro-Portuensi
(parrochia de).

Château-Porcien (Notre-Dame de). *Arch.
adm.*, t. II, 1067.

— (hôpital de). *Arch. adm.*, t. II, 1066,
1067.

Château-Regnault (village de). *Arch. adm.*,
t. II, 1070; t. III, 12, 13.

— (vicariat indépendant de). *Arch. adm.*,
t. II, 1070.

— (paroisse de), voy. Castellari Regi-
naldi (parrochia de).

Château-Thierry (ville de). *Arch. adm.*,
t. II, 1099; t. III, 13. *Arch. lég.*,
iie part., *statuts*, i^{er} vol., 453, 743,
879.

— (élection de). *Arch. lég.*, iie part., *statuts*, i^{er} vol., 834, 944, 946.

— (Hugues de), voy. Castro-Theodorici
(Hugo de).

Châteauvillain (Mgr J. de). *Arch. adm.*,
t. II, 486.

— (Nichole de), chanoine de Reims. *Arch.
adm.*, t. III, 24, 39.

— (Guillaume de). *Arch. adm.*, t. III,
355.

— (village de). *Arch. lég.*, iie part., *statuts*, iiie vol., 395.

Chatel (J. de), cordonnier. *Arch. adm.*,
t. II, 823.

— (paroisse de). *Arch. adm.*, t. II, 1097.

— (village de). *Arch. adm.*, t. II, 1096,
1098.

Châtelain-Banneret. *Arch. adm.*, t. II,
29; t. III, 111.

— voy. Bar (châtelain de), Porte-Mars,
Saint-Remi de Reims, Soudron.

— (M.), seigneur de Rimogne. *Arch. adm.*,
t. II, 1068.

— (J. Gabriel), boulanger. *Arch. lég.*,
iie part., *statuts*, iie vol., 163.

Châtelet (village du). *Arch. adm.*, t. I,
452, 835; t. II, 1069, 1103. *Arch.
lég.*, i^{re} part., 905; iie part., *statuts*,
iiie vol., 391, voy. Chastelet.

Châtelet (curé de), voy. Grand-Ami (Nicole).

— voy. Paris (châtelet de)

— -près-Murtin (abbé de), voy. Castellari abbas.

— (examinateur du), voy. Verzelay (Aymeri de).

Châtellenies, voy. Archevêque de Reims (châtellenie de l'), Beaurevoir, Bohain, Chamery, Chamussy, Cormicy, Courtieramont, Courville, Dontrien, Douilly, Épillez, Fère-sur-Oise, Ham, Montz, Nogent, Nuefville-lez-Courmissy, Pierrepont, Reims, Reuilly, Saint-Clément, Saint-Martin-l'Heureux, Sept-Saulx, Sermiers, Vandeuil, voy. Castellania.

Châtelleraut (vicomte de), voy. Castrieraudi vicecomes.

Châtellier (village de). Arch. adm., t. I, 1070. Arch. lég., IIe part., statuts, Ier vol., 857.

Châtelus, procureur au Châtelet. Arch. lég., IIe part., statuts, IIe vol., 624.

Châtenay (Oudet de), bourgeois de Reims. Arch. adm., t. II, 347.

Châtillon (Dymenche de), voy. Châtillon (Domange de).

— (Gaucher de), capitaine de Reims. Arch. adm., t. I, 11; t. III, 116, 117, 119, 120, 130, 131, 136, 138, 139, 141, 145, 147, 148, 151, 156, 160, 168, 175, 200, 207, 212, 231, 233, 237, 240, 245, 252, 282, 283, 301, 304, 325, 326, 384, 531. Grand maître des eaux et forêts. Arch. lég., IIe part., statuts, Ier vol., 93, 107, 571 ? 573 ? 599, 600, 679 ; statuts, IIe vol., 14, 114.

— (Guillaume de), capitaine de Reims. Arch. lég., IIe part., statuts, Ier vol., 453, 455, 539, 576, 581, 582, 606, 610, 613, 614, 616, 618, 619, 622 ? 624, 626, 629, 632, 640, 669, 671, 685, 717, 740

Châtillon (J. de Bois de), bailli de Reims. Arch. adm., t. II, 660, 683.

— (Domange de). Arch. adm., t. II, 653, 834, 837, 838, 843.

— (Eudes de). Arch. adm., t. I, 666.

— (Guy de), capitaine de Reims. Arch. lég., IIe part., statuts, IIIe vol., 641. Les habitants le mettent à leur tête, parce qu'ils soupçonnent l'archevêque d'intelligence avec les ennemis de l'État (ibid.).

— (Guy de), archevêque de Reims ; achète au fils du comte de Champagne la comté de Reims. Arch. adm., t. I, 85. Laisse aux archevêques ses successeurs une partie de la vicomté en héritage (ibid.), 95, 96, 204, 205, 206, 207, 209, 1086.

— sur-Marne (ville de). Arch. adm., t. I, 81, 264, 352, 382, 978 ; t. II, 837, 1040 ; t. III, 45, 95, 280 ? 602. Arch. lég., IIe part., statuts, Ier vol., 453, 569, 616, 896 ; statuts, IIIe vol., 394, 513.

— (étaux de), voy. Castellione supra Maternam (stalli de).

— (mesure de), voy. Castellione (mensura de).

— (Gaucher de), voy. Connétable de France. Arch. adm., t. I, 803 ; t. II, 6, 136, 266, 312, 474, 643, 720, 722, 732, 878, 1245 ; t. III, 110, 167.

— (Symon de). Arch. adm., t. II, 126.

— (Thibaut de). Arch. adm., t. II, 540.

— (monseigneur Jehan de). Arch. adm., t. II, 837. Arch. lég., IIe part., statuts, Ier vol., 601, 606.

— (Gauthier de), voy. Châtillon (Gaucher de).

— (Hugues de), prince et chanoine de Reims. Arch. adm., t. III, 31.

— (sire de), grand maître d'hôtel du roi. Arch. adm., t. III, 94, 762.

Châtillon (Jehanne de). *Arch. adm.*, t. III, 661, 1245.

— (Nicolas). *Arch. lég.*, II⁰ part., *statuts*, II⁰ vol., 244 ; III⁰ vol., 745 ?

— (maison de). *Arch. adm.*, t. I, 272, 724.

— (seigneurs de). *Arch. adm.*, t. I, 367, voy. Châtillon (Gaucher de), t. II, 1069 ; t. III, 749, 769 ; Doulcet (Pierre). *Arch. lég.*, II⁰ part., *statuts*, I⁰ʳ vol., 606.

— voy. Castellio.

— (terme de). *Arch. lég.*, I⁰ᵉ part., 591.

— (ban de). *Arch. lég.*, II⁰ part., *statuts*, I⁰ʳ vol., 236, 238.

— (prévôt de). *Arch. adm.*, t. II, 910 ; t. III, 45, 95, 280. *Arch. lég.*, I⁰ᵉ part., 567 ; *statuts*, III⁰ vol., 64.

— sur-Bar (paroisse de). *Arch. adm.*, t. II, 1095, 1096, voy. Chastellione (parrochia de).

— (Jacques de). *Arch. lég.*, I⁰ᵉ part., 920.

Chativelle (rue de). *Arch. adm.*, t. II, 545, 634 ; t. III, 893. *Arch. lég.*, II⁰ part., *statuts*, I⁰ʳ vol., 325, 617, 625, 627, 628, 646.

— (four de). *Arch. lég.*, I⁰ᵉ part., 486, 509, 517, 529, 533, 544, 545, 552, 600.

Chats (rue des). *Arch. lég.*, II⁰ part., *statuts*, III⁰ vol., 419.

Chaubaillet (J.), sergier. *Arch. adm.*, t. II, 826.

Chaubert (Jehan-Baptiste), abbé de Sainte-Geneviève de Paris. *Arch. lég.*, II⁰ part., *statuts*, II⁰ vol., 780.

Chauceteur (Cochart le). *Arch. adm.*, t. II, 894.

— (Ponsars le). *Arch. adm.*, t. II, 911.

Chaucieux (Jehan le), sergent du chapitre de Reims. *Arch. adm.*, t. III, 379.

Chaucon, voy. Bouvart (Petrus).

Chaudardes (village de). *Arch. lég.*, I⁰ᵉ part., 881.

Chaudardes (curé de), voy. Chenu (Claude).

— (communitas de). *Arch. adm.*, t. I, 644, 651, 1031.

— (jurés de), *Arch. adm.*, t. I, 643.

Chaudardre, voy. Chaudardes.

Chaude-Couille, voy. Buron (Audinetus).

— (Jean), bourgeois de Reims. *Arch. adm.*, t. II, 901, 902.

Chaude-Fontaine (prieuré de). *Arch. lég.*, II⁰ part., *statuts*, II⁰ vol., 726.

Chauderon (Guillaume). *Arch. adm.*, t. III, 609.

— (Elyotus). *Arch. lég.*, I⁰ᵉ part., 114.

Chauderoye (rue de). *Arch. adm.*, t. II, 624.

Chaude-Teste (ban de). *Arch. lég.*, II⁰ part., *statuts*, I⁰ʳ vol., 236, 239.

Chaudion (village de), voy. Chaudun.

Chaudium, voy. Marogilo (Albricus de) ; Marogilo (Nicolaus de).

Chaudrelier (Jehan), *Arch. lég.*, II⁰ part., *statuts*, I⁰ʳ vol., 375.

Chaudron (Johannes), chanoine de Reims. *Arch. adm.*, t. II, 475, 622.

Chaudronniers, voy. Reims (chaudronniers de).

— de Reims (statuts des). *Arch. lég.*, II⁰ part., *statuts*, III⁰ vol., 101, 103.

Chaudun (village de). *Arch. lég.*, I⁰ᵉ part., 887, 905, 910.

— (curé de), voy. Pelletier (Jn.).

Chaudyon, voy. Chaudun.

Chauffour (Jean). *Arch. lég.*, II⁰ part., *statuts*, III⁰ vol., 616.

— (François-Claude, sieur de), *Arch. lég.*, II⁰ part., *statuts*, III⁰ vol., 263, 266.

Chauflon (Jehan), bachelier en théologie. *Arch. lég.*, II⁰ part., *statuts*, I⁰ʳ vol., 767, 771, 772, 774, 777, 780, 789, 796.

Chaufornier (Thomas le). *Arch. adm.*, t. I, 827.

Chaugnon (village de). *Arch. lég.*, 1re part., 919.

Chaugny, voy. Chauny.

Chaule (Carbonnel de), commissaire du roi pour la levée de la taille. *Arch. adm.*, t. II, 1172.

Chauleguet (Étienne), chanoine de Reims. *Arch. adm.*, t. III, 38.

Chaulines (Thomas). *Arch. lég.*, 1re part., 528.

Chaumart (Jacques), conseiller du roi. *Arch. adm.*, t. II, 1244.

Chaumery. *Arch. adm.*, t. I, 1089; t. II, 853 , voy Chamery.

Chaumesiaco (bannus de), voy. Chaumuzy (ban de).

— (curatus de), voy. Chaumuzy (curé de).

— (Johannes). *Arch. lég.*, IIe part. , statuts, 1er vol., 107.

Chaumez (N. de), maçon. *Arch. adm.*, t. II, 304.

Chaumisy (Robert de). *Arch. adm.*, t. II, 697, 894.

— (Raoul de). *Arch. adm.*, t. II, 71.

— (Pestel J. de). *Arch. adm.*, t. II, 481.

— (Drouet de), charpentier. *Arch. adm.*, t. II, 329.

— voy. Chaumuzy.

Chaumusiaco (redditus de). *Arch. lég.*, IIe part., statuts, 1er vol., 63.

Chaumusiacum, voy. Chaumuzy.

Chaumont (coutume de). *Arch. lég.*, IIe part., statuts, IIIe vol., 53.

— (ville de). *Arch. adm.*, t. I, 389; t. III, 610. *Arch. lég.*, 1re part., 887, 902, 903; IIe part., statuts, 1er vol., 502, 706, 920; statuts, IIIe vol., 53, voy. Calvus mons.

— -la-Piscine (abbaye de). *Arch. adm.*, t. II, 1082.

— -la-Piscine (abbé de). *Arch. adm.*, t. II, 1037.

Chaumont-en-Porcien (ville de). *Arch. adm.*, t. II, 1081; t. III, 574.

— -en-Porcien (paroisse de). *Arch. adm.*, t. II, 1082.

— -en-Bassigny (ville de). *Arch. adm.*, t. II, 1003; t. III, 399, 606. *Arch. lég.*, IIe part., statuts, 1er vol., 713 ; statuts, IIIe vol., 532.

— -vers-Chavenge. *Arch. lég.*, 1re part., 905.

— (Raoul de), clerc. *Arch. adm.*, t. II, 525.

— (R. de), échevin. *Arch. adm.*, t. II, 671, 705? 770? 1140? 1152.

— (Gerart de), échevin de Reims. *Arch. adm.*, t. I, 1127; t. II, 527.

— (Robert de), bourgeois de Reims. *Arch. adm.*, t. I, 1087; t. II, 666, 697, 701, 765, 801, 810, 1008, 1195, 1207, 1211 ; t. III, 41, 398.

— (Henry de). *Arch. adm.*, t. II, 759.

— (Jacques de). *Arch. lég.*, 1re part., 523, 538, 542, 554, 557, 558; IIe part., statuts, 1er vol., 453, 532, 567, 570, 574, 616? 679, 689, 695, 699, 702, 710, 722; statuts, IIe vol., 113.

— (maîtrise des eaux et forêts de). *Arch. lég.*, IIe part., 15.

— (élection de). *Arch. lég.*, IIe part. 968.

— (Hues de). *Arch. adm.*, t. I, 1095; t. II, 146, 543.

— (Jesson de). *Arch. adm.*, t. II, 393.

— (Drouet de), boulanger de Reims, *Arch. adm.*, t. II, 332, 504, 540.

— (Eudeline de), béguine. *Arch. adm.*, t. II, 531.

— (W. de), tailleur. *Arch. adm.*, t. II, 219.

— (J. de), boulanger. *Arch. adm.*, t. II, 523.

— (Jehan de), clerc. *Arch. adm.*, t. II, 113, 510, 533? 603; t. III, 48. *Arch.*

lég., ɪɪᵉ part. , _statuts_ , ɪᵉʳ vol., 589, 591, 933.

Chaumont (Guillaume de). _Arch. adm._, t. II, 603, 757, 810, 827, 906, 983, 984, 985, 1008.

— (Ysaberon de), femme de Bauduyn Loisel. _Arch. adm._, t. II, 1179.

Chaumontagne (hameau de). _Arch. adm._, t. II, 1066.

Chaumortel (B....). _Arch. adm._, t. ɪɪ, 750.

Chaumuzy (prévôt de), voy. Renaut.

— (bois de). _Arch. adm._, t. III, 759.

— (curé de), voy. Pyot (Claude).

— (paroisse de). _Arch. adm._, t. II, 1052.

— (village de). _Arch. adm._, t. I, 221, 314, 383, 854, 970, 1030, 1089; t. II, 326, 383, 574, 709, 853, 892, 1052; t. III, 108, 424, 426, 653, 769. _Arch. lég._, ɪʳᵉ part, 607, 875, 905; ɪɪᵉ part., _statuts_, ɪᵉʳ vol., 71, 106, 718, 772 ; _statuts_, ɪɪᵉ vol., 963; _statuts_, ɪɪɪᵉ vol., 40, voy. Chaumusiacum.

— (prévôté de). _Arch. adm._, t. II, 285, 294; t. III, 407, 416, 424, 663.

— (ban de). _Arch. adm._, t. II, 710.

— (prévôt de), voy. Renaut.

Chauny (ville de). _Arch. adm._, t. I, 1089; t. II, 272, 484, 585, 587, 600, 784, 818. _Arch. lég._, ɪɪᵉ part., _statuts_, ɪᵉʳ vol., 170, 904; _statuts_, ɪɪɪᵉ vol., 14, 53, 533, 543.

— (maison de), voy. Chausniaco (domus de).

— (prévôté de). _Arch. adm._, t. II, 1171, 1172.

— (coutume de). _Arch. lég._, _statuts_, ɪɪɪᵉ vol., 20.

— (Bertremieu de), commis à la recette des deniers de Reims. _Arch. adm._, t. III, 128.

— (Soibert de), échevin de Laon. _Arch. adm._, t. II, 168.

Chauny-sur-Oise (ville de). _Arch. adm._, t. II, 819.

Chaupelue (Jacquet la). _Arch. adm._, t. II, 40.

— (Thiébaut la). _Arch. adm._, t. II, 40.

Chaurcel (lieu de). _Arch. adm._, t. I, 344, 379.

Chaurre (Robertus) , huissier au parlement. _Arch. adm._, t. III, 612.

Chausieur (Thomas le). _Arch. adm._, t. II, 545.

— (J.... le). _Arch. adm._, t. III, 93.

Chausniaco (domus de). _Arch. adm._, t. II, 635, voy. Chauny (maison de).

Chaussée, Reims (chaussées de), Reims (gouverneur des chaussées de), Reims (maître de la chaussée de), Porte-Mars, voy. Calceia.

— (droit de). _Arch. adm._, t. II, 590. Ne peut être perçu à Reims que sur les forains, 979, t. III, 468. _Arch. lég._, ɪʳᵉ part., 508 ; ɪɪᵉ part., _statuts_, ɪɪᵉ vol., 925.

— (village de la). _Arch. lég._, ɪɪᵉ part., _statuts_, ɪɪɪᵉ vol., 394.

Chaussetier, voy. Reims (chaussetiers de).

Chauveau (Sébastien). _Arch. lég._, ɪʳᵉ part., 877, 884, 888, 892, 897.

— (Claude), prévôt des exploits et amendes. _Arch. lég._, ɪʳᵉ part., 896.

— (Antoine) , lieutenant du bailli de Wailly. _Arch. lég._, ɪʳᵉ part., 898.

— (Jehan), prieur de Neuville. _Arch. lég._, ɪʳᵉ part., 918, 921 ?

Chauvency (Godefroy de). _Arch. lég._, ɪɪᵉ part., _statuts_, ɪᵉʳ vol., 388.

Chauvercy (C....), élu de Reims. _Arch. lég._, ɪɪᵉ part., _statuts_, ɪɪᵉ vol., 740.

— (Nicole de) , élu de Reims. _Arch. lég._, ɪɪᵉ part., _statuts_, ɪᵉʳ vol., 730

Chauvry (Jean-Baptiste), boulanger. _Arch. lég._, ɪɪᵉ part., _statuts_, ɪɪᵉ vol., 162.

Chavailles (village de). *Arch. lég.*, 1re part., 877.

Chavanciaco (Jacobus de), citoyen d'Escry. *Arch. adm.*, t. III, 392.

Chavanges (Colinetus de), clerc. *Arch. adm.*, t. II, 612.

— (village de). *Arch. lég.*, 1re part., 905.

Chavannes (P.... de). *Arch. adm.*, t. II, 794.

— (Evrardus). *Arch. adm.*, t. II, 794.

Chavensio Castro (Walcherus Bertrandus de). *Arch. adm.*, t. II, 723.

Chavensium Castrum, voy. Chavanges.

Chavignon (village de). *Arch. lég.*, 1re part., 903.

Chavigny-en-la-Montagne (village de). *Arch. adm.*, t. III, 585.

— -lez-Omont (village de). *Arch. adm.*, t. III, 462.

— (forêt de). *Arch. adm.*, t. III, 592.

— (terroir de). *Arch. adm.*, t. III, 629.

— (curé de). *Arch. lég.*, 1re part., 888.

Chavogiis (altar de). *Arch. adm.*, t. I, 247. *Arch. lég.*, 11e part., *statuts*, 1er vol., 65.

Chavogium, voy. Chavonne, Chavost.

Chavonne (village de). *Arch. adm.*, t. III, 488, 663.

Chavost (paroisse de). *Arch. lég.*, 11e part., *statuts*, 11e vol., 968.

Chavouge, voy. Chevennes, Chevense.

— (dominus de), voy. Chavourges (Stephanus de).

— (Raoul du), échevin et bailli du chapitre de Reims. *Arch. adm.*, t. II, 331, 362, 394.

Chavougiis (presbyter de). *Arch. adm.*, t. II, 1086.

— (capellania de). *Arch. adm.*, t. II, 1079, 1088.

Chavourges (Stephanus de), écuyer. *Arch. lég.*, 11e part., *statuts*, 1er vol., 108.

Chechery (village de). voy. Chehery.

Chéery (Jaquet de). *Arch. adm.*, t. III, 841.

Cheffaut (D.), charpentier. *Arch. adm.*, t. III, 48.

— (Jehan), dit Bidaut. *Arch. adm.*, t. III, 63, 106? 108, 284?

— (Thomas), charpentier. *Arch. adm.*, t. I, 1126, t. II, 1136, 1137.

Chefilly (village du), voy. Chuffilly.

Chehery (abbé de). *Arch. adm.*, t. II, 634, 1037, 1114, 1095, 1097, 1098, 1124.

— (Jacquemin de), boulanger. *Arch. adm.*, t. III, 835.

— (B....). *Arch. lég.*, 11e part., *statuts*, 1er vol., 689.

— (Jehan de), chanoine. *Arch. lég.*, 11e part., *statuts*, 1er vol., 120, 615, 624, 625, 648, 657, 680, 684, 687, 691, 697, 709, 718, 730, 734, 747.

— (village de). *Arch. adm.*, t. II, 1090; t. III, 588. *Arch. lég.*, 1re part., 892, 901, 905.

— (église de). *Arch. adm.*, t. II, 1085.

Chehy (Robert), avocat. *Arch. lég.*, 11e part., *statuts*, 11e vol., 823.

Cheinny, lieu des environs de Reims. *Arch. adm.*, t. I, 1090.

Chemercium, vide Chemery.

Chemery (paroisse de). *Arch. adm.*, t. II, 1085, 1089, 1091, 1096, 1112.

— -sur-Bar (village de). *Arch. lég.*, 1re part., 887, 902; 11e part., 11e vol., 258.

— (village de). *Arch. adm.*, t. II, 383. *Arch. lég.*, 1re part., 889, 905; 11e part.,

statuts, Ier vol., 107, 169, *statuts*, IIIe vol., 256.

Chemery (terre de). *Arch. adm.*, t. III, 636.

— (presbyter de). *Arch. adm.*, t. II, 1087.

— (J. de), prêtre. *Arch. adm.*, t. II, 505.

— (Thibaut de), clerc bénéficier. *Arch. adm.*, t. III, 281.

— (Claude), greffier du siége de Reims. *Arch. lég.*, Ire part., 898; IIe part., *statuts*, IIe vol., 181, *statuts*, IIIe vol., 57.

Chemin, voy. Asne-Royez (chemin de l'), Bac, Beine, Betheny, Chamery, Courcy, Ecry, Neufville, Ourme de Vesve, Petite-Barbarie, Pompelle, Porte-Mars, Ruffy, Saint-Thierry, Vaurevelles, Villers-aux-Nœud, Vrilly, Cheminus.

Cheminet (moulin de). *Arch. adm.*, t. III, 585.

Cheminière (Raoul la). *Arch. adm.*, t. II, 940.

Cheminon (abbé de), voy. Cheminone (abbas de).

Cheminone (abbas de). *Arch. adm.*, t. I, 361; t. II, 636. *Arch. lég.*, Ire part., 879.

Cheminus, voy. Chemin; voy. Publica via.

Chemiselle (la), lieu des environs de Champigny. *Arch. adm.*, t. II, 105.

Chenay (presbyter de). *Arch. adm.*, t. II, 1059.

— (carrières de). *Arch. adm.*, t. II, 1136.

— (ville de). *Arch. adm.*, t. I, 177, 242, 793, 794, 797, 812, 896, 1090; t. II, 7, 100, 1056; t. III, 108, 602, 622, 832. *Arch. lég.*, Ire part., 607, 754, 884, 902, 905; IIe part., *statuts*, Ier vol. 168; *statuts*, IIe vol., 276, 963; *statuts*, IIIe vol., 393.

— (curé de), voy. Massy (Jn.).

— (seigneurie de). *Arch. lég.*, IIe part., *statuts*, Ier vol., 238.

Chenay (eaux minérales de). *Arch. adm.*, t. I, 760.

— (Herbertus de). *Arch. adm.*, t. I, 878.

— (paroisse de), voy. Chienayo (parrochia de).

Chêne-le-Populeux, voy. Chesne.

Cheneloti (Thomas) doyen de Saint-Symphorien de Reims. *Arch. adm.*, t. I, 271.

Chenepître (Marie). *Arch. lég.*, IIe part., *statuts*, IIe vol., 279.

Chenereium, voy. Chennery.

Chenetus, lieu relevant du chapitre de Reims. *Arch. lég.*, IIe part., *statuts*, Ier vol., 106.

Chenières (village de). *Arch. lég.*, Ire part., 919.

Chenix (cul-de-sac de). *Arch. lég.*, IIe part., *statuts*, Ier vol., 237.

Chennei, voy. Chenay.

Chennery (village de). *Arch. adm.*, t. II, 1096. *Arch. lég.*, IIe part., *statuts*, Ier vol., 87.

— (autel de), voy. Channery.

Chenneyo (Johannes de), voy. Chaineyo.

Chieno (Johannes de), procureur du couvent de Saint-Remi de Reims. *Arch. adm.*, t. III, 203.

Chenoï (église de). *Arch. adm.*, t. II, 1104, voy. Channette.

Chenonges (Estène de), écuyer. *Arch. adm.*, t. III, 662.

Chenovelle (Robertus de), prévôt de Reims. Amende honorable infligée audit par le chapitre. *Arch. adm.*, t. I, 927, 1108; t. II, 13, 104.

Chentry (village de). *Arch. lég.*, IIe part, *statuts*, IIIe vol., 389.

Chenu (Guios le). *Arch. adm.*, t. I, 1117.

— (Henri le). *Arch. adm.*, t. I, 1117.

— (Claude), curé de Chaudardes. *Arch. lég.*, Ire part., 884.

— (Jean). *Arch. lég.*, IIe part., *statuts*, IIe vol., 238.

Chéon (Poncelet), drapier. *Arch. lég.*, ɪɪᵉ part., *statuts*, ɪɪᵉ vol., 201, 390, 392.

— (Thomas), ouvrier en soie. *Arch. lég.*, ɪɪᵉ part., *statuts*, ɪɪᵉ vol., 375.

Chepoix (Pierre de), seigneur de Deuillet, *Arch. lég.*, ɪʳᵉ part., 890.

Cheppe (paroisse de), voy. Capis (parochia de).

— (village de). *Arch. adm.*, t. II, 1114. *Arch. lég.*, ɪɪᵉ part., *statuts*, ɪɪɪᵉ vol., 389.

— -Doye (G.), habitant de Betheniville. *Arch. adm.*, t. III, 412.

— (église de). *Arch. lég.*, ɪɪᵉ part., *statuts*, ɪɪɪᵉ vol., 716.

Chepy (paroisse de). *Arch. adm.*, t. II, 1096.

— (Baudon de), *Arch. lég.*, ɪʳᵉ part., 564.

— (presbyter de). *Arch. adm.*, t. II, 1097.

Cherboigne (Gauchier de), moine de Saint-Remi et prévôt de Braus. *Arch. adm.*, t. II, 426.

Cherchas (Watier). *Arch. adm.*, t. II, 697.

Cherensium, vide Sancto Lupo de Charensio (prior de).

Cheret, gouverneur des pages de M. de Provence. *Arch. adm.*, t. II, 1087.

Cherfaudéur (Huet le). *Arch. adm.*, t. II, 542.

Cherisiaco Cluniacensis (prior de). *Arch. adm.*, t. II, 634.

Chermes (village de). *Arch. adm.*, t. II, 551. *Arch. lég.*, ɪʳᵉ part., 900.

— (curé de), voy. Tour (Martin de la). *Arch. lég.*, ɪʳᵉ part., 887.

Chermet, voy. Winement.

Chermisy (village de). *Arch. lég.*, ɪʳᵉ part., 883, 899, 920.

— (curé de), voy. Chardon (Nicole).

Chermontois (G.…), portier de la ville de Reims. *Arch. lég.*, ɪɪᵉ part., *statuts*, ɪᵉʳ vol., 886.

Chermoy (lieu de). *Arch. adm.*, t. III, 621.

Cherpet (village de). *Arch. lég.*, ɪʳᵉ part., 903.

Cherros (Bernardus de). *Arch. adm.*, t. II, 1040.

Chertemps (Nicolas), député de Reims aux états. *Arch. lég.*, ɪʳᵉ part., 897.

Cherton (Person le). *Arch. lég.*, ɪʳᵉ part., 495.

Cherucy (presbyter de). *Arch. adm.*, t. III, 609.

Cheruy (Jean-Baptiste), perruquier. *Arch. lég.*, ɪɪᵉ part., *statuts*, ɪɪɪᵉ vol., 191, 194, 199.

Cherville (village de). *Arch. adm.*, t. II, 1119. *Arch. lég.*, ɪʳᵉ part., 905, 916.

Chéry (église de). *Arch. adm.*, t. I, 19.

— -Caiole (hôtel de). *Arch. adm.*, t. III, 634.

— (village de). *Arch. lég.*, ɪʳᵉ part., 886, voy. Chiry.

— (curé de), voy. Surzeau (Thomas).

— -en-Laonnais (village de). *Arch. lég.*, ɪʳᵉ part., 899.

— -lez-Rosoy (village). *Arch. lég.*, ɪʳᵉ part., 900.

Chesarde (Margueron la). *Arch. lég.*, ɪɪᵉ part., *statuts*, ɪɪɪᵉ vol., 31.

Chescre (porte du), voy. Chacre.

Chesia (chaise, chaire). *Arch. lég.*, ɪɪᵉ part., *statuts*, ɪᵉʳ vol., 189.

Chesiaco (abbas de). *Arch. adm.*, t. II, 634, voy. Chesy.

— (Johannes de), huissier au parlement. *Arch. adm.*, t. II, 1216, 1217.

— (prior de), voy. Vezolo.

Chesnaie (la), général des aides. *Arch. lég.*, ɪɪᵉ part., *statuts*, ɪᵉʳ vol., 901, 902.

Chesnau (Nicolas), doyen de Saint-Symphorien. *Arch. adm.*, t. I, 271.

Chesnau (Jean), traducteur de Flodoard. *Arch. lég.*, iie part., *statuts*, iiie vol., 403.

Chesnay (village de), voy. Chenay.

— (église de). *Arch. adm.*, t. II, 1104.

— -en-Dormois (village de). *Arch. adm.*, t. III, 603.

Chesne (prieur du), voy. Ravineau (Jean).

Chesne-le-Populeux (bourg du). *Arch. lég.*, i^{re} part., 876, 902, 905; iie part., *statuts*, iiie vol., 254.

— -lez-Arcy (prieuré du). *Arch. lég.*, iie part., *statuts*, i^{er} vol., 244.

— (paroisse du). *Arch. adm.*, t. II, 1109, 1111.

— (doyenné du). *Arch. adm.*, t. II, 1110.

— (village du). *Arch. adm.*, t III, 601. *Arch. lég.*, iie part., *statuts*, i^{er} vol., 245.

— (seigneurie du). *Arch. lég.*, iie part., *statuts*, i^{er} vol., 251.

— (Wastelet le), couturier. *Arch. adm.*, t. III, 836.

Chesnoy (village de), près Allendhuy. *Arch. lég.*, i^{re} part., 905.

Chessy (Jean), chapelier. *Arch. lég.*, iie part., *statuts*, iiie vol., 495.

Chester (évêché de). *Arch. adm.*, t. I, 281, 330.

Chestres (paroisse de), *Arch. adm.*, t. II, 1110, 1111, voy. Castris (parochia de).

— (Jean). *Arch. lég.*, *statuts*, iiie vol., 32.

Chesus, rivière. *Arch. adm.*, t. II, 154, voy. Brouain

Chesy, voy. Catheium.

Chetivel (four de), voy. Chalivelle.

Chetu (Ponselin), notaire à Sept-Saulx. *Arch. lég.*, iie part., *statuts*, iiie vol., 254.

Chevagium (cens par tête). *Arch. adm.*, t. I, 829, 1060, vide Cavagium.

Chevailles (village de). *Arch. lég.*, i^{re} part., 900, 919.

Cheval, voy. Drouet.

— (poil de queue de). Défenses faites à Reims d'en vendre, et pourquoi? *Arch. adm.*, t. II, 832.

— (franc à), monnaie. *Arch. adm.*, t. III, 733.

Chevalcata, vide Cavalchia.

Chevalet (R.), clerc. *Arch. lég.*, i^{re} part., 70.

Chevalier (Thomas), épicier. *Arch. lég.*, iie part., *statuts*, iiie vol., 94.

— (François), bourgeois de Reims *Arch. lég.*, iie part., *statuts*, iiie vol., 265.

— (Charles). *Arch. lég.*, iie part., *statuts*, iiie vol., 265.

— voy. Arquebuse, Hôtel du roi, Lois (chevalier ès), Miles, Nation de Reims (chevaliers de la).

— (Henri). *Arch. adm.*, t. II, 981, 1178, 1179; t. III, 97.

— (Aubri), citoyen de Reims. *Arch. adm.*, t. II, 54, 492.

— (Jacques), bourgeois de Châlons. *Arch. adm.*, t. III, 120.

— (Pierre), valet de chambre du roi Jean. *Arch. adm.*, t. III, 164.

— (Bauduyn), échevin de Reims. *Arch. adm.*, t. II, 582, 736, 741, 756, 760, 770, 802, 1008, 1135, 1138, 1175, 1176, 1179, 1181, 1183, 1187, 1188, 1190; t. III, 188, 357.

— (Remion), bourgeois de Reims. *Arch. adm.*, t. II, 11. *Arch. lég.*, i^{re} part., 530, 561; iie part., *statuts*, i^{er} vol., 637, 651.

— (George), lieutenant du bailli de Reims. *Arch. lég.*, i^{re} part., 865, 895; iie part., 172, 183, 203, 212, 219, 226, 264, 278, 296, 315, 328, 332, 333; *statuts*, iiie vol., 37.

— (Jehan), chanoine de Sainte-Geneviève

de Laon et curé de Nouviant. *Arch. lég.*, 1re part., 877, 882.

Chevalier (Claude), lieutenant du bailli de l'archevêque. *Arch. lég.*, 1re part., 1046 ; 11e part., *statuts*, 1er vol., 714 ? 922 ?

— (Gérard), bonnetier. *Arch. lég.*, 11e part., *statuts*, 11e vol., 279, 296.

—, (Jean), bailli de Reims. *Arch. lég.*, 11e part., *statuts*, 11e vol., 301.

— (Balthazar). *Arch. lég.*, 11e part., *statuts*, 11e vol. 315.

— (Benoît). *Arch. lég.*, 11e part., *statuts*, 11e vol., 315.

— (Ponce), épicier. *Arch. lég.*, 11e part., *statuts*, 1er vol., 918 ; *statuts*, 11e vol., 978.

— (Antoine), lieutenant général du bailli de Vermandois. *Arch. lég.*, 11e part., *statuts*, 1er vol., 757.

— (S...), juge consul. *Arch. lég.*, 11e part. *statuts*, 1er vol., 979 ; *statuts*, 111e vol. 155.

— (Jehan), bourgeois de Reims. *Arch. adm.*, t. II, 603, 800 ? 805, 822, 834 ? 839, 1007. *Arch. lég.*, 11e part., *statuts*, 1er vol., 831 ; *statuts*, 11e vol., 335, 546.

— (W.), receveur des tailles. *Arch. adm.*, t. II, 416.

— (Guillaume), bourgeois de Reims, *Arch. adm.*, t. II, 486, 779. *Arch. lég.*, 1re part., 654 ? 11e part., *statuts*, 1er vol., 858.

— (Estienne). *Arch. adm.*, t. II, 632.

— (Oudart), changeur. *Arch. adm.*, t. III, 841. *Arch. lég.*, 11e part., *statuts*, 1er vol., 250.

Chevalle (Eudesson), béguine. *Arch. adm.*, t. II, 524.

Chevalot (J.), sergent de ville. *Arch. lég.*, 11e part., *statuts*, 1er vol., 842.

— (J.), clerc. *Arch. adm.*, t. II, 529.

Chevancia (Chevance). *Arch. lég.*, t. III, 90.

Chevardière (M. de La), seigneur de la Grand'ville. *Arch. adm.*, t. II, 1075.

Chevare (Creuser), *Arch. adm.*, t. III, 245.

Chevaucheia, vide Cavalchia.

Chevaux, voy. Reims (marché aux chevaux de).

— (Jesson). *Arch. adm.*, t. III, 754.

Cheveilles, voy. Chevailles.

Chevenay (Guillaume), écuyer. *Arch. adm.*, t. III, 659.

Chevennes (village de). *Arch. lég.*, 1re part., 886, 903.

Chevenot (Thomas), charcutier. *Arch. lég.*, 11e part., *statuts*, 11e vol., 941.

Chevereiis (ecclesia de). *Arch. adm.*, t. I, 329, voy. Chivres.

— (capellania de). *Arch. adm.*, t. II, 1106, voy. Sainte-Catherine de Chevrières (chapelle de).

Chevery (Mgr de). *Arch. lég.*, 11e part., *statuts*, 1er vol., 651.

Chevesne (village de), voy. Chevennes.

— (curé de), voy. Lesaige (J.).

— (dame de). *Arch. lég.*, 1re part., 893.

Chevesus (Chevét). *Arch. adm.*, t. I, 567.

Cheveuge (village de). *Arch. adm.*, t. II, 1085. *Arch. lég.*, 1re part., 909.

Cheveuse (village de), voy. Cheveuge.

— (paroisse de). *Arch. adm.*, t. II, 1089.

— (seigneur de). *Arch. adm.*, t. II, 1079 ; *Arch. lég.*, 1re part., 887.

Chevières (presbyter de). *Arch. adm.*, t. II, 1095, voy. Chivres.

— (ville de), voy. Chivres.

— (Jean de), procureur de l'echevinage de Reims. *Arch. adm.*, t. III, 693, 695, 834, 837, 841, 842. *Arch. lég.*, 11e part., *statuts*, 1er vol., 410, 417.

— (église de), voy. Chevereiis (ecclesia de).

Chevigny (village de). *Arch. lég.*, iie part., *statuts*, iiie vol., 389.

— (Gargam de), conseiller du roi. *Arch. lég.*, iie part., *statuts*, iiie vol., 419.

Chevilcourt (village de). *Arch. lég.*, i^{re} part. , 917.

Chevilhagium, vide Chevagium.

Chevillia (cheville). *Arch. adm.*, t. I, 1060.

Chevillot (Jean). *Arch. adm.*, t. III, 129.

Chevougiis (parochia de), voy. Cheveuse (paroisse de).

Chèvre, voy. Chièvre.

Chevregny (village de). *Arch. lég.*, i^{re} part., 877, 899.

— (Emmeline de). *Arch. adm.*, t. I, 1014.

— (curé de), voy. Cartier (Simon).

Chevreuse (seigneurie de). *Arch. lég.*, i^{re} part. , 876; iie part., *statuts*, iie vol., 336, 649.

— (duc de). *Arch. lég.*, iie part., *statuts*, iiie vol., 532, 547.

Chevreux (châtellenie de), voy. Chevreuse (seigneurie de).

Chevriaco (Guillelmus), miles. *Arch. adm.*, t. I, 901.

Chevrières (hameau de), *Arch. adm.*, t. II, 1105, 1107.

— (Jehan de), écuyer, *Arch. adm.*, t. III, 655.

— (Dépain de), procureur du roi. *Arch. lég.*, iie part., *statuts*, iiie vol., 753.

Chevrigny (village de). voy. Chevregny.

Chevrilles (Cunrart de). *Arch. lég.*, iie part., *statuts*, i^{er} vol., 166.

Chezei (placita de), voy. Chezy (plaids de).

Cheziacum, voy. Chezy.

Chezy (village de). *Arch. adm.*, t. I, 242, 329; *Arch. lég.*, iie part., *statuts*, i^{er} vol., 167.

Chezy (plaids de). *Arch. lég.*, iie part., *statuts*, i^{er} vol., 167.

Chibus (Jaquemin). *Arch. lég.*, i^{re} part., 526 ; iie part., *statuts*, i^{er} vol., 632.

Chicot, voy. Buiron (Jean).

Chien (Jehans li). *Arch. adm.*, t. I, 1118.

—(Estènes li), voy. Chien (Stephanus le).

— (Stephanus le), officier de la maison du roi. *Arch. adm.*, t. II, 303? 487? 945.

— voy. Bricet (le).

Chiennay (villa de), voy. Chenay.

— (Merardus de), voy. Chiennayo.

— (Ouède de). *Arch. adm.*, t. I, 876.

Chiennayo (parochia de). *Arch. adm.*, t. II, 1058, voy. Chenay (paroisse de).

— (Merardus de). *Arch. adm.*, t. I, 812

Chiennayum, voy. Chenay.

Chiennet, voy. Collossonius.

Chiertemps (Nicolas). *Arch. lég.*, t. I, i^{re} part., 685; iie part., *statuts*, i^{er} vol., 322, 890, 900, 904; *statuts*, iie vol., 330.

— (Jehan), échevin de Reims. *Arch. lég.*, iie part., *statuts*, i^{er} vol., 322, 863, 864, 867, 870; *statuts*, iie vol., 4.

—(Gérard), marchand. *Arch. lég.*, iie part., *statuts*, i^{er} vol., 322, 874.

— (A....), marchand. *Arch. lég.*, iie part., *statuts*, i^{er} vol., 686.

— (S....), seigneur de Vraulx. *Arch. lég.*, iie part., *statuts*, i^{er} vol., 918, 922.

Chierville, voy. Cherville.

Chièse (C.... la). *Arch. lég.*, iie part., *statuts*, i^{er} vol., 781.

Chièvre (pignon de la). *Arch. adm.*, t. II, 518.

— (quarrel de la). *Arch. adm.*, t. II, 518.

— -en-Haynaut (ville de). *Arch. adm.*, t. III, 839.

— voy. Villers (de la).

Chievregny (Jehan de), lieutenant du prévôt de Laon. *Arch. adm.*, t. II, 1159.

Chiffel (M....), bourgeois de Reims. *Arch. lég.*, iie part., *statuts*, ier vol., 861.

Chiffellei (Robertus). *Arch. lég.*, iie part., *statuts*, ier vol., 166.

Chiffés (A....), bourgeois de Reims. *Arch. adm.*, t. III, 71.

Chifflet (E....), gouverneur de l'artillerie à Reims. *Arch. lég.*, iie part., *statuts*, ier vol., 667.

— (L....), échevin. *Arch. lég.*, iie part., *statuts*, ier vol., 773, 776, 781.

Chiffonet (Jean). *Arch. adm.*, t. II, 192.

Childebertus II, rex. *Arch. adm.*, t. I, 23, 150.

Chilpericus, rex, vide Hilpericus.

Chily (village de). *Arch. adm.*, t. II, 1072.

Chimery, voy. Chemery.

Chinay, voy. Chenay.

Chinche (Robin la). *Arch. adm.*, t. III, 37, 52, 54.

Chincheni, voy. Sinceny.

Chinet (J....). *Arch. adm.*, t. II, 1090.

Chigny (comtes de). *Arch. adm.*, t. II, 127, 139, 1070.

— (ville de). *Arch. adm.*, t. II, 5, 1117. *Arch. lég.*, ire part., 908; iie part., *statuts*, ier vol., 244, 245; *statuts*, iie vol., 276, 858; *statuts*, iiie vol., 393.

Chiis, lieu relevant du chapitre de Reims. *Arch. lég.*, iie part., *statuts*, ier vol., 167.

Chingiacum, voy. Chigny.

Chingny (Jean), voy. Tugny (Jean de).

Chini (comté de), voy. Chigny.

Chiniaco (comes de), voy. Chiny (comte de).

Chinoir (Jehan), seigneur de Chambrecy. *Arch. lég.*, ire part., 892; iie part., *statuts*, ier vol., 322, 621, 635, 645, 646, 649, 666, 687, 748, 750, 771, 772,

773, 775, 777, 780, 784, 787, 789, 837, 838, 841, 844, 849, 862.

Chinoir (Nicolas), seigneur de Chambrecy. *Arch. lég.*, ire part., 892; iie part., *statuts*, ier vol., 863, 876, 881, 883, 884, 887, 889, 905.

— (G....), conseiller à Reims. *Arch. lég.*, iie part., *statuts*, ier vol., 691.

Chinot (Jean de). *Arch. adm.*, t. III, 65.

Chiquès le Curères, voy. Chiquet.

Chiquet, bourgeois de Reims. *Arch. adm.*, t. II, 675, 892?

Chiric, voy. Chiry.

Chirurgiens, voy. Reims (chirurgiens de).

Chiry (village de). *Arch. lég.*, ire part., 878, 886, 909.

Chisonium, voy. Cisoin.

Chisonnensis (abbas), voy. Cisoin (abbé de).

Chiverain, voy. Chivres, Saulx-Saint-Remi.

Chiverium, voy. Chevrières, Chivres?

Chiverny (Jean de). Envoyé à Reims par Philippe de Valois pour hâter les fortifications de cette ville. *Arch. lég.*, ire part., 899.

Chivey-lez-Beaulne. *Arch. lég.*, ire part., 899, voy. Chuine-lez-Beauce.

Chivres (village de). *Arch. adm.*, t. II, 1096; t. III, 832. *Arch. lég.*, ire part., 887, 919; iie part., *statuts*, ier vol., 169.

— (église de), voy. Chevereiis (ecclesia de).

— (prêtre de), voy. Chevières (presbyter de).

Chivry (village de). *Arch. lég.*, ire part., 877.

— (curé de), voy. Hoye (Henry de La).

Chivry (Jean de), seigneur de Willemort. *Arch. lég.*, iie part., *statuts*, ier vol., 606.

Choceium castrum, voy. Coucy.

Chœur, voy. Chorus, Reims (enfants de chœur de).

Choffe (Étienne). *Arch. adm.*, t. III, 99, 106.

Choilleyo (parochia de), voy. Chouilly (paroisse de).

— (capellania de). *Arch. adm.*, t. II, 1122.

Choilliaco (Guiotus de), voy. Chouilly (Guiot de).

Choilly (presbyter de). *Arch. adm.*, t. II, 1121.

— (châtelain de), voy. Bossu (Régnault de).

— (Henry), député des états de Reims. *Arch. lég.*, 1re part., 897 ; *statuts*, 1er vol., 686, 844, 870.

— (Robert), échevin de Reims. *Arch. lég.*, 11e part., *statuts*, 1er vol., 677, 772, 776, 787, 796, 800, 816, 828, 997.

— voy. Chouilly.

— (J....), bourgeois de Reims. *Arch. lég.*, 11e part., *statuts*, 1er vol., 770, 772, 775, 777, 780, 796, 800, 804, 823, 825, 829, 832.

— (Hugo de). *Arch. adm.*, t. I, 410.

— (Milo de), miles. *Arch. adm.*, t. I, 545. *Arch. lég.*, 11e part., *statuts*, 1er vol., 72, 74.

— (village de), voy. Chouilly.

— (Jehan de), prévôt de Reims. *Arch. lég.*, 11e part., *statuts*, 1er vol., 621, 654, 667, 671 ?

Choinet (Johannes), clerc. *Arch. lég.*, 1re part., 247.

Choisel (Adam de), chanoine. *Arch. adm.*, t. I, 540. *Arch. lég.*, 11e part., *statuts*, 1er vol., 70.

— (Gerardus). *Arch. adm.*, t. I, 704.

— (village de). *Arch. adm.*, t. II, 550 ; t. III, 580, 606.

Choiselles, voy. Choisel.

Choisellus (Johannes de), miles. *Arch adm.*, t. I, 1081.

Choizy (Nicolas), cordonnier. *Arch. lég.*, 11e part., *statuts*, 11e vol., 238.

Chokes, voy. Choques Beata Maria (de).

Cholet (Jean), bourgeois de Reims. *Arch. adm.*, t. III, 478. *Arch. lég.*, 11e part., *statuts*, 111e vol., 268.

Choletel de Bainne, voy. Bainne.

Choleti (Nicolaus), bourgeois de Reims. *Arch. adm.*, t. I, 543? t. II, 1039.

Choletier (H....). *Arch. lég.*, 11e part., *statuts*, 1er vol., 616.

Choletus, bourgeois de Reims, voy. Choleti (Nic.).

Chomedey, bourgeois de Reims. *Arch. lég.*, 11e part., *statuts*, 11e vol., 22.

Chopin (Robin). *Arch. adm.*, t. I, 957.

— (Bertrand), sergent. *Arch. lég.*, 1re part., 898.

— (Guill.), *Arch. lég.*, 11e part., *statuts*, 1er vol., 486.

— (René), avocat. *Arch. lég.*, 11e part., *statuts*, 11e vol., 113, 142, 321, 323, 327. Traité dudit sur le domaine, allégué, *statuts*, 111e vol., 16, 47.

Chopine, voy. Paris (chopine de).

Chopiton (Gilles). *Arch. lég.*, 11e part., *statuts*, 11e vol., 239, 264.

Choppelin (G....), bourgeois de Reims. *Arch. lég.*, 11e part., *statuts*, 1er vol., 777.

Choques (village de). *Arch. adm.*, t. II, 639.

Chotivus. *Arch. lég.*, 1re part., 464.

Choubrieux (Pierre), aumônier de Saint-Denis de Reims. *Arch. lég.*, 11e part., *statuts*, 1er vol., 619.

— (B....), bourgeois de Reims. *Arch. lég.*, 11e part., *statuts*, 1er vol., 742.

Chouilly (paroisse de). *Arch. adm.*, t. II, 1120.

Chouilly (village de). *Arch. lég.*, 1re part., 873.

— (Guiot de). *Arch. adm.*, t. III, 41, 58.

Chorez de Toulongeon, voy. Toulongeon.

Chori, vide Pueri.

Chorus (chœur). *Arch. adm.*, t. I, 412, 420, 421, 549, 582. *Arch. lég.*, IIe part., *statuts*, 1er vol., 10, 14, 15, 26, 27, 30, 31, 40, 46, 54, 63, 71, 74.

Chosseti (Stephanus), maire de la Couture de Reims. *Arch. adm.*, t. III, 309.

Chourses (baron de), seigneur de Puiseulx, voy. Chaourses.

Chrême (saint). *Arch. adm.*, t. I, 21, 529. *Arch. lég.*, 1re part., 386, 463; IIe part., *statuts*, 1er vol., 29, 108; *statuts*, IIe vol., 250.

Chrestien (Arnaldus), chevalier. *Arch. adm.*, t. I, 829, 857.

— (Colesson). *Arch. lég.*, 1re part., 521.

— (Jehan), élu de Reims. *Arch. lég.*, 1re part., 572, 580, 730, 739, 740.

— de Jasseignes, voy. Jassenis (Christianus).

Chrétien, tailleur d'habits. *Arch. lég.*, IIe part., *statuts*, IIe vol., 531.

Chrétienté, voy. Christianitas. *Arch. adm.*, t. I, 536, 758.

— (appariteurs de la). *Arch. adm.*, t. II, 776.

— (official de la). *Arch. adm.*, t. II, 1182.

— (plaids de la). *Arch. adm.*, t. I, 520.

— de Reims (maison de la), voy. Christianitatis Remensis domus.

— (archidiacre de la). *Arch. adm.*, t. III, 596.

— (cour de la). *Arch. adm.*, t. I, 744, 864; t. II, 901.

— de Reims (doyen de la), voy. Godbillot (Charles).

— (doyenné de la). *Arch. adm.*, t. II, 1046. *Arch. lég.*, 1re part., 88.

Chrétienté (maison de la), voy. Christianitatis Remensis domus.

— (promotions de la). *Arch. adm.*, t. II, 1182.

— (quarrel de la). *Arch. adm.*, t. II, 516.

— (Guiot de la), bourgeois de Reims. *Arch. adm.*, t. III, 38.

— (juridiction de la), voy. Christianitatis jurisdictio.

Chrisma, voy Chrême.

Chrisogonus, cardinal. *Arch. adm.*, t. I, 289.

Christ, voy. Christus.

Christi corpus. *Arch. adm.*, t. I, 21, 425, 530. *Arch. lég.*, 1re part., 386, 463, 465; IIe part., *statuts*, 1er vol., 71, 102, 108, voy. Eucharistie.

Christiani militis terra. *Arch. adm.*, t. I, 321.

Christianitas, voy. Chrétienté.

Christianitatis curia, voy. Chrétienté (cour de la).

— Remensis (domus). *Arch. adm.*, t. II, 438.

— (jurisdictio). *Arch. adm.*, t. I, 715.

— placita, voy. Chrétienté (plaids de la).

Christianus, vide Arnaudus, Ernaudus.

— chantre et chanoine de l'église de Reims. *Arch. lég.*, IIe part., *statuts*, 1er vol., 84, 118.

— Parisiensis, sergent du roi. *Arch. adm.*, t. I, 596.

— armarius Sancti Remigii Remensis. *Arch. adm.*, t. I, 231.

Christine, reine de Suède. *Arch. lég.*, IIe part., *statuts*, 1er vol., 62.

Christus. *Arch. adm.*, t. I, 9, 18, 20, 74, 122, 128, 130, 134, 145, 160, 167, 173, 183, 186, 190, 193, 197, 199, 207, 208, 215, 240, 259, 265, 331, 464, 535, 554, 573, 575, 614, 616, 628, 672, 684, 687, 701, 731.

936, 982, 1102; t. II, 664, 921, 984; t. III, 42, 84, 120, 161, 178, 638, 644. *Arch. lég.*, 1re part., 136, 304, 319, 347, 349, 354, 358, 361, 363, 365, 394, 429, 435, 438, 444, 449, 452, 457, 477; 11e part., *statuts*, 1er vol., 27; *statuts*, 11e vol., 255, 762.

Chuchepin (Michelet). *Arch. adm.*, t. II, 674.

— (J.). *Arch. adm.*, t. II, 726.

Chuffet (Martin), élu de Reims. *Arch. lég.*, 1re part., 759; 11e part., *statuts*, 1er vol., 862, 863, 885.

— (Guillaume), avocat à Reims. *Arch. lég.*, 1re part., 897; 11e part., *statuts*, 1er vol., 922.

Chuffilley (parochia de), voy. Chuffilly (paroisse de).

— (patronagium de). *Arch. adm.*, t. II, 1112.

Chuffilly (village de). *Arch. adm.*, t. I, 1093; t. II, 1108; t. III, 661. *Arch. lég.*, 1re part., 902, 905, 11e part., *statuts*, 11e vol., 100.

— (paroisse de). *Arch. adm.*, t. II, 1109, 1110.

— (curé de), voy. Gueux (Guillaume de).

— (dame de), voy. Macyault (Antoinette de).

— (J.... de). *Arch. lég.*, 11e part., *statuts*, 1er vol., 626.

— (altar de). *Arch. adm.*, t. III, 1113.

— (presbyter de). *Arch. adm.*, t. II, 1111.

— (patronage de), voy. Chuffilleyo (patron de).

Chuim-lez-Beauce, voy. Chivey-lez-Beaulne.

Chuturia Cluniacensis (prior de). *Arch. adm.*, t. II, 636.

Chy (village de). *Arch. lég.*, 1re part., 921.

Chymery, voy. Chemery.

Chypre (île de). *Arch. lég.*, 11e part., *statuts*, 11e vol., 577.

Chypre (cardinal de). *Arch. lég.*, 11e part., *statuts*, 1er vol., 604.

— (or de). *Arch. adm.*, t. III, 742.

Ciborium (ciboire). *Arch. adm.*, t. I, 222. *Arch. lég.*, 11e part., *statuts*, 1er vol., 101.

Cicéron, orateur romain. *Arch. adm.*, t. I, 667. *Arch. lég.*, 11e part., *statuts*, 11e vol., 735.

Cierges (moulin de). *Arch. adm.*, t. I, 262.

— (forêt de). *Arch. adm.*, t. I, 263.

— (paroisse de). *Arch. adm.*, t. II, 1091, 1092.

— (Pierre de), commis à Reims. *Arch. adm.*, t. III, 109, 723. *Arch. lég.*, 11e part., *statuts*, 1er vol., 592, 629, 630, 672, 740, 752.

— (presbyter de). *Arch. adm.*, t. II, 1092.

— (Milet de). *Arch. adm.*, t. III, 764.

Cigne (J.... du), maître d'hôtel. *Arch. lég.*, 11e part., *statuts*, 1er vol., 654.

Cigniacensis (abbas), voy. Signy (abbé de).

Cilinia, religieuse. *Arch. lég.*, 11e part., *statuts*, 1er vol., 68, 82, 86.

Cilly (village de). *Arch. lég.*, 1re part., 887, 891.

— (curé de). *Arch. lég.*, 1re part., 887.

Cimaco (Alardus du). Don fait par ledit à l'église de Saint-Pierre de Rumigny. *Arch. adm.*, t. I, 263.

Cimay (Jehan de). *Arch. lég.*, 1re part., 501, 509, 537, 543.

— (Arnoult de). *Arch. adm.*, t. III, 613. *Arch. lég.*, 11e part., *statuts*, 1er vol., 534.

— (village de). *Arch. lég.*, 11e part., *statuts*, 1er vol., 535.

Cimayo (Arnulphus de), voy. Cimay (Arnoult de).

Cimen (cimetière). *Arch. adm.*, t. I, 798.

Cimetière, voy. Cimiterium. Reims (cimetières de).

Cimetière Saint-Pierre (rue du). *Arch. lég.*, ue part., *statuts*, iiie vol., 419.

— Saint-Denis (rue du). *Arch. lég.*, iie part., *statuts*, i^{er} vol., 569.

Cimiterium (cimetière). *Arch. adm.*, t. I, 396, 508, 618, 619, 627, 638, 1110 ; t. II, 46, 48, 163, 252, 623, 1247 ; t. III, 236. *Arch. lég.*, i^{re} part., 25, 386, 458 ; iie part., *statuts*, i^{er} vol., 104, vide Remensis ecclesiæ cimiterium.

Cinchius, vide Sancto Eustachio (Cinchius de).

Cincius magnus, sous-diacre. *Arch. lég.*, *statuts*, i^{er} vol., 106.

Cinquanteniers, fonctions desdits dans Reims. *Arch. adm.*, t. III, 247, 253.

Cinquantièmes (impôt des). *Arch. lég.*, iie part., *statuts*, i^{er} vol., 462.

Cinthius, cardinal. *Arch. adm.*, t. I, 314.

Cinuel (Nicaise), curé de Saint-Michel de Reims. *Arch. lég.*, i^{re} part, 887.

Ciphus Mazarinus. *Arch. lég.*, iie part., *statuts*, i^{er} vol., 78.

Cips (cep, entrave). *Arch. adm.*, t. I, 859.

Circonstantia (circonstance). *Arch. adm.*, t. I, 685 ; t. II, 599.

Circonventio (captation, fraude). *Arch. adm.*, t. I, 916.

Cire (droit de). *Arch. lég.*, iie part., *statuts*, iiie vol., 297. Voy. Espagne (cire d').

Cirelio, vide Hugonis (de).

Cirice (vidame de). *Arch. adm.*, t. I, 259.

Ciricus vicedominus, voy. Cirice (vidame de).

Cirier (Jehan le). *Arch. adm.*, t. II, 806. *Arch. lég.*, iie part., *statuts*, i^{er} vol., 773, 858.

— (Huet le). *Arch. adm.*, t. II, 537, 604.

— (Adam le), écuyer. *Arch. lég.*, iie part., *statuts*, i^{er} vol., 677, 679, 680, 682.

Cirière (Margueron la). *Arch. adm.*, t. II, 517.

— (Clémence la). *Arch. adm.*, t. I, 1094.

Cirnelles (village de). *Arch. lég.*, i^{re} part., 895.

— (seigneur de), voy. Lorisse (Guillaume).

Cirotheca (gand). *Arch. lég.*, iie part., *statuts*, i^{er} vol., 193.

Ciry (village de). *Arch. adm.*, t. III, 45.

Cisoin (abbé de). *Arch. adm.*, t. II, 248, 640.

— (village de). *Arch. adm.*, t. II, 638, voy. Chisonium.

— (monastère de), voy. Cisum monasterium.

Cispicolus, affranchi par le testament de saint Remi. *Arch. adm.*, t. I, 18.

Cis-super-Azonam (villa de). *Arch. adm.*, t. I, 408. *Arch. lég.*, iie part., *statuts*, i^{er} vol., 73, 91, voy. Cys-sur-Aisne.

Cisterciensis ordo. *Arch. adm.*, t. I, 525 ; t. II, 248, 636 ; t. III, 498. *Arch. lég.*, i^{re} part., 135 ; iie part., *statuts*, i^{er} vol., 29, voy. Cîteaux (ordre de).

Cisum (monasterium de). *Arch. adm.*, t. I, 382.

Citatio (citation). *Arch. adm.*, t. I, 537. *Arch. lég.*, i^{re} part., 24, 78, 80, 93, 198, 291, 298.

Citatorius. *Arch. adm.*, t. II, 593.

Cité, voy. Reims (cité de).

Cité de Reims (remparts de la). *Arch. lég.*, iie part., *statuts*, iiie vol., 411.

Cîteaux (ordre de), voy. Cisterciensis ordo.

— (abbé général de). *Arch. adm.*, t. II, 1070.

Citole (Colesson), messager de Reims. *Arch. lég.*, iie part., *statuts*, i^{er} vol., 653.

Civis. *Arch. adm.*, t. I, 347, 348, 539 ; vide Banno capituli (cives de); Banno

episcopi (de), Laudunenses, Parisienses, Remenses, Sancti Remigii de Burgo.

Civilis, vide Jus.

Civitas, vide Remensis.

Civitatis claves, voy. Reims (clés de).

— admissio. *Arch. lég.*, Ire part., 385.

Claciaco (Petrus de), lévite et chanoine. *Arch. adm.*, t. II, 216? *Arch. lég.*, IIe part., *statuts*, Ier vol., 79.

Clacy (Pierre de), voy. Claciaco (Petrus de).

— (village de). *Arch. lég.*, Ire part., 889.

Clafars (Hermandus), citoyen de Reims. *Arch. adm.*, t. II, 176.

Clairfontaine (abbé de), voy. Clarisfontibus (abbas de).

Clairmarais (prieuré de). *Arch. adm.*, t. II, 105.

— (prieur de). *Arch. lég.*, IIe part., *statuts*, Ier vol., 565.

— (promenade de). *Arch. adm.*, t. II, 1050; possédée par les religieux de Clairvaux, *ibid.*

— (rue de). *Arch. adm.*, t. II, 779.

— (église de). *Arch. adm.*, t. I, 792; abattue par ordre de Gaucher de Châtillon, pour la défense de Reims, t. III, 147, 161. *Arch. lég.*, IIe part., *statuts*, Ier vol., 92, 806.

— (abbesse de). *Arch. adm.*, t. II, 558, 1050; t. III, 208, 784. *Arch. lég.*, IIe part., *statuts*, Ier vol., 94, voy. Clarismarisco juxta Remis abbatissa.

— (abbé de), voy. Claromarisco (abbas de).

— (abbaye de), bâtie hors de Reims. *Arch. adm.*, t. I, 11; rétablie dans la rue de Vesle, *ibid.*; les Anglais pensent à la faire servir de retraite pendant le siége de Reims, *ibid.*, 525, 567; t. II, 493, 510, 1149; t. III, 571, 629.

— (village de). *Arch. adm.*, t. II, 380, 554; t. III, 256. *Arch. lég.*, Ire part., 756; IIe part., *statuts*, Ier vol. 619.

Clairmarais, faubourg de Reims, voy. Clarismariscus.

— (religieuses de). *Arch. adm.*, t. 1, 525, 1020; t. II, 853, voy. Clarismarici moniales.

Clairon (village de). *Arch. adm.*, t. II, 1069.

Clairvaux (maison de). *Arch. adm.*, t. II, 1050. *Arch. lég.*, IIe part., *statuts*, Ier vol., 806.

— (moines de). S'emparent à Reims du monastère de Clairmarais comme étant de leur ordre. *Arch. adm.*, t. I, 11. *Arch. lég.*, IIe part., *statuts*, Ier vol., 163.

— (abbé de), voy. S. Bernardus, Clarevallensis (abbas).

Clamange (village de). *Arch. lég.*, IIe part., *statuts*, IIIe vol., 389.

Clamatensis ordo. *Arch. adm.*, t. III, 498.

Clamecy (ville de). *Arch. lég.*, Ire part., 887, 899.

Clamor (clameur, haro). *Arch. adm.*, t. 1, 419, 526, 752, 830.

Claquin (Bertrand de), voy. Guesclin (Bertrand du), connétable de France.

Clarambaldus de Roseto, vide Roseto (Cl. de).

Clarambaudus le Grignon, homme de Trigny. *Arch. adm.*, t. 1, 874.

— bourgeois de Reims. *Arch. adm.*, t. 1, 877.

— lévite et chanoine. *Arch. lég.*, IIe part., *statuts*, Ier vol., 74, 115.

Clarembauld, bailli de l'archevêque de Reims. *Arch. adm.*, t. I, 862.

Clarembaut le chapelier, bourgeois de Reims. *Arch. adm.* t. III, 831.

Clarence (duc de). Descente dudit en Zélande. *Arch. lég.*, IIe part., *statuts*, Ier vol., 885.

Clarevalle (fratres de), voy. Clairvaux (moines de).

Clarevallensis (abbas), vide Bernardus. *Arch. adm.*, t. I, 376, 456 ; Gerardus.

Clarisfontibus (abbas de). *Arch. adm.*, t. II, 635. *Arch. lég.*, 1re part., 879.

Clarismarisci moniales , voy. Clairmarais (religieuses de).

— ecclesia, voy. Clairmarais.

Clarismarisco juxta Remis (abbatissa de), voy. Clairmarais (abbesse de).

Clarissel (ville de). *Arch. adm.*, t. I, 997, 1089 ; t. III, 379. *Arch. lég.*, 1re part., 755, 876 ; 11e part., *statuts*, 1er vol., 93, voy. Clarissellum.

— (Pierre de), bailli de l'archevêque de Reims. *Arch. adm.*, t. III, 381, 413, 446, 448, 451, 768.

— (moulin de), voy. Clarissello (molendinus de).

Clarissello (Symon de), chapelain perpétuel du chapitre de Reims. *Arch. adm.*, t. II, 616, 1036. Vide Suavicuria (Petrus de).

— (Egidius de). *Arch. adm.*, t. II, 1036.

— (presbyter de). *Arch. adm.*, t. II, 1051.

— (molendinus de). *Arch. adm.*, t. I, 338. *Arch. lég.*, 11e part., *statuts*, 1er vol., 93.

Clarisset (Robin Cheleit de). *Arch. adm.*, t. II, 894.

— voy. Clarissel. *Arch. adm.*, t. I?

Claristes (les), introduction desdites à Reims. *Arch. adm.*, t. I, 528.

Clarofageto (abbas de). *Arch. adm.*, t. II, 637.

Claromarisco (abbas de). *Arch. adm.*, t. II, 639.

— (ecclesia de), voy. Clairmarais (église de).

Claromonte (Guillermus de), clerc. *Arch. adm.*, t. I, 1050, 1057, 1102. *Arch. lég.*, 1re part., 305.

— de Sabaudia (Ludovicus de), chanoine de Reims. *Arch. adm.*, t. II, 1032.

Claromonte (Maressona de). *Arch. lég.*, 1re part., 305.

— (capitulum de). *Arch. adm.*, t. II, 636.

— (Morise de). *Arch. adm.*, t. II, 190.

Claromontensis episcopus. *Arch. lég.*, 1re part., 332, voy. Clermont (évêque de).

Clarus Mariscus, voy. Clairmarais. *Arch. adm.*, t. I.

Clary (presbyter de). *Arch. adm.*, t. II, 1092.

— voy. Petit et Grand Clary.

Claseyo (Petrus de), chanoine de Reims. *Arch. adm.*, t. I, 1107.

Classiaco (Petrus de), diacre. *Arch. lég.*, 11e part., *statuts*, 1er vol., 116.

Classy (village de), voy. Clacy.

Claude, sieur de Vraux. *Arch. adm.*, t. I, 415.

— (Constant), avocat à Laon. *Arch. lég.*, 1re part., 924.

— (Noël), pannelier à Reims. *Arch. lég.*, 11e part., *statuts*, 11e vol., 144, 150.

— (Bernard). *Arch. lég.*, 11e part., *statuts*, 1er vol., 436 ; *statuts*, 11e vol., 212.

— (Benoît), lieutenant du bailliage de Reims. *Arch. lég.*, 11e part., *statuts*, 11e vol., 242.

— (Estienne), drapier. *Arch. lég.*, 11e part., *statuts*, 11e vol., 373.

— (Barthélemy le), perruquier. *Arch. lég.*, *statuts*, 111e vol., 193, 194, 199.

— (François). *Arch. lég.*, *statuts*, 111e vol., 250.

Claudius de Louvain , doyen de Saint-Symphorien, voy. Louvain.

— (Stephanotius), bénédictin et procurateur général. *Arch. lég.*, 11e part., *statuts*, 1er vol., 62.

Clauduno (Radulphus de). *Arch. adm.*, t. II, 1031.

— (Johannes de). *Arch. adm.*, t. II, 1038.

Claudus, vide Droardus Petrus.

Claustri calceia. *Arch. adm.*, t. III, 375, voy. Cloître (chaussée du).

— immunitas , voy. Cloître (immunité du).

— porta. *Arch. adm.*, t. III, 369. *Arch. lég.*, IIᵉ part., *statuts*, Iᵉʳ vol., 93, voy. Cloître (porte du).

Claustro (Hermenricus de), chanoine de Reims, donne un four à l'abbaye de Saint-Denis de la même ville. *Arch. adm.*, t. I, 276.

Claustrum, voy. Châlons (cloître de), Sancti Nichasii claustrum, S. Theodorici.

— magnum Remense. *Arch. lég.*, IIᵉ part., *statuts*, Iᵉʳ vol., 82.

Clauzet, terre des environs de Reims. *Arch. adm.*, t. II, 553.

Clavel, secrétaire du roi. *Arch. adm.*, t. II, 980.

Claves, vide Portarum Remensium, Civitatis.

— (domus ad). *Arch. lég.*, IIᵉ part., *statuts*, Iᵉʳ vol., 63.

Clavi (village de), voy. Clavy.

Clavibus thesauri Remensis ecclesiæ (custodia de). *Arch. lég.*, IIᵉ part., *statuts*, Iᵉʳ vol., 75.

Clavier (N....), bourgeois avenné de Reims. *Arch. adm.*, t. III, 16.

Claviger, vide Ecclesiæ Remensis clavigeri.

Clavy (P. de), dit le Camus. *Arch. adm.*, t. II, 914.

— (village de). *Arch. adm.*, t. II, 1069, 1070.

— (presbyter de). *Arch. adm.*, t. II, 1070.

— (Colardus de), curé de Jandun. *Arch. adm.*, t. II, 1075.

— (Jean de), barbier. *Arch. adm.*, t. III, 105.

Claye (Mme), dame de Saint-Imoges. *Arch. adm.*, t. II, 1122.

Clazenier, voy. Reims (Clazeniers de).

Clé, voy. Reims (clés de).

Clef (rue de la). *Arch. lég.*, IIᵉ part., *statuts*, IIᵉ vol., 649.

— (vin de la). *Arch. lég.*, *statuts*, Iᵉʳ vol., 322.

Cleiète (village de la). *Arch. adm.*, t. III, 765.

Clémence, fille de Geoffroy Nivelle. Prébende de l'Hôtel-Dieu accordée à ladite par le chapitre de Reims. *Arch. adm.*, t. III, 59.

Clemens, vide Sanctus Corderius.

— sous-diacre et chanoine. *Arch. lég.*, IIᵉ part., *statuts*, Iᵉʳ vol., 115 ; *statuts*, IIᵉ vol., 70.

— archiepiscopus. *Arch. adm.*, t. I, 148.

Clément IV, pape. *Arch. adm.*, t. I, 882, 891, 892, 893, 894 ; t. II, 1247.

— V, pape, abolit l'ordre des béguins dans le concile de Vienne. *Arch. adm.*, t. I, 13, 136, 655 ; t. II, 65, 131, 183, 216. *Arch. lég.*, Iʳᵉ part., 134 ; IIᵉ part., *statuts*, Iᵉʳ vol., 130.

— VI, pape. *Arch. adm.*, t. I, 61 ; t. II, 479, 889 ; t. III, 18.

— VII, pape. *Arch. adm.*, t. III, 498, 733, 799. *Arch. lég.*, Iʳᵉ part., 29, 366 ?

— IX, pape. *Arch. lég.*, IIᵉ part., *statuts*, IIIᵉ vol., 636.

— (Thierry), prêtre et religieux de Saint-Remi de Reims. *Arch. lég.*, IIᵉ part., *statuts*, Iᵉʳ vol., 204.

— (Jean), retendeur à Reims. *Arch. lég.*, IIᵉ part., *statuts*, IIIᵉ vol., 124.

— (Pierre), curé de Saint-Loup. *Arch. lég.*, Iʳᵉ part., 887.

Clementia, femme de Robert, comte de Flandres. *Arch. adm.*, t. I, 249.

Clementinæ constitutiones. *Arch. adm.*, t. I, 112 ; t. II, 624 ; t. III, 743.

Clementines (décret des), voy. Clementinæ constitutiones.

Clerannoy (G... de), capitaine de Villesa-
voir. *Arch. lég.*, 11ᵉ part., *statuts*,
1ᵉʳ vol., 627.

Clerc (Huet le). *Arch. adm.*, t. I, 743.

— (Thiébaut le). *Arch. adm.*, t. II, 604 ;
t. III, 307.

— (Arnulphus le), mansionnaire du chapitre de Reims. *Arch. adm.*, t. I, 1055,
1058 ; t. II, 53 ?

— (Simon le). *Arch. adm.*, t. I, 1084.

— (Jesson le), bourgeois de Reims. *Arch.
adm.*, t. II, 604, 1189, 1192, 1216,
1217, 1237 ; t. III, 527.

— (Jehançon le), bourgeois de Reims,
voy. Clerc (Jesson le).

— (Jehan le), dit le Courrier, sergent du
capitaine de Reims. *Arch. adm.*, t. III,
835.

— le Poure, voy. Poure.

— (Colas le), échevin de Reims, voy.
Clerc (Colart le).

— (Hernoul le), voy. Clerc (Arnulfus le).

— (Colart le), échevin de Reims. *Arch.
adm.*, t. III, 14? 19? 20, 21, 23, 25,
28, 34, 35, 39, 44, 48, 71, 110, 112,
174, 188, 248.

— (Colécon le), échevin de Reims. voy.
Clerc (Colart le).

— (Liénard le). *Arch. lég.*, 11ᵉ part.,
statuts, 11ᵉ vol., 238.

— forain. *Arch. adm.*, t. I, 1016.

— (Pierre le). *Arch. lég.*, 1ʳᵉ part., 666.

— (G. le). *Arch. adm.*, t. II, 623.

— (Colart le), dit Moet, drapier. *Arch.
adm.*, t. II, 913 ; t. III, 105, 240, 695.

— (Jehan le). *Arch. adm.*, t. I, 765 ;
t. II, 522, 982 ; t. III, 106, 686, 798 ,
voy. Leclerc (Jehan, dit Mouet).

— (Andreu le). *Arch. adm.*, t. I, 893 ;
t. II, 558.

— (Jacques le), bourgeois de Reims.
Arch. lég., 11ᵉ part., *statuts*, 11ᵉ vol.,
31.

Clerc (Marc le), canonnier à Reims,
chargé de la démolition du château de
Porte-Mars. *Arch. lég.*, 11ᵉ part.,
statuts, 1ᵉʳ vol., 918.

— (Nicolas le), procureur fiscal de l'archevêché. *Arch. lég.*, 11ᵉ part., *statuts*,
11ᵉ vol., 553.

— (Dominique le), abbé de Saint-Thierry
de Reims. *Arch. lég.*, 11ᵉ part., *statuts*,
11ᵉ vol., 277.

— (Fiacre le), sergent à cheval du roi.
Arch. lég., 11ᵉ part., *statuts*, 11ᵉ vol.,
330.

Clercs. Concile de Tolède, qui oblige lesdits
à la vie commune. *Arch. adm.*, t. I,
74 ; dépouillés de leur dignité pour
cause d'adultère, 105 ; leur présence est
requise pour valider le jugement de l'é-
vêque, 126, 131 ; criminels de lèse-
majesté, 158 ; faussaires et meurtriers,
161 ; violateurs du serment, 165 ; accusés de péché mortel, 196, 205 ; libres
de tout impôt, 226 ; justiciables des
seuls juges d'église, *ibid.*, ne peuvent
ester devant un tribunal laïque sans le
congé de leur ordinaire, 708 ; t. II,
925 ; mariés, t. III, 73, 531, 536 ; bénéficiers, 338, voy. Échevinage de Reims
(clercs de l'), Roi (clercs du).

— pauvres, voy. Clerici pauperes.

— de Reims (réception de), voy. Clericorum Remensium receptio.

— (marchands), voy. Clerici mercatores.

— séculiers, voy. Clerici seculares.

— (ordination des), voy. Clericorum ordinatio.

Clercy (village de). *Arch. lég.*, 1ʳᵉ part.,
899.

Clère (Jean le), tourneur. *Arch. lég.*,
11ᵉ part., *statuts*, 11ᵉ vol., 581.

— (Guillaume le), tourneur. *Arch. lég.*,
11ᵉ part., *statuts*, 11ᵉ vol., 581.

Cléré (Georges de), maître d'hôtel de

Mgr d'Orléans. *Arch. lég.*, iie part., *statuts*, i^{er} vol., 648, 650.

Clerembaudus, chanoine. *Arch. adm.*, t. I, 491.

Clergé, voy. Reims (clergé de).

— (biens du), saisis par le roi pour refus fait par les clercs de contribuer aux fortifications de Reims. *Arch. adm.*, t. II, 816.

Clergeon (Gérard), procureur. *Arch. lég.*, iie part., *statuts*, iie vol., 661.

Clerget (Petrus), chanoine. *Arch. lég.*, iie part., *statuts*, i^{er} vol., 120.

— (Jo...), prêtre. *Arch. lég.*, iie part., *statuts*, i^{er} vol., 120.

Clergie (bénéfice de). *Arch. adm.*, t. I, 727 ; t. III, 879. *Arch. lég.*, i^{re} part., 186, 287.

Clericatus privilegium, voy. Clergie (bénéfice de).

Clerici pauperes. *Arch. adm.*, t. I, 1000. *Arch. lég.*, i^{re} part., 92.

— mercatores. *Arch. adm.*, t. II, 113.

— sæculares. *Arch. lég.*, i^{re} part., 93.

— (Jacobus). *Arch. lég.*, iie part., *statuts*, i^{er} vol., 422.

— (Johannes), alias Mouet, voy. Leclerc (Jean).

— (Colardus), citoyen de Reims. voy. Clerc (Colart le).

Clericorum ordinatio. *Arch. lég*, i^{re} part., 462.

— Remensium receptio. *Arch. lég.*, iie part., *statuts*, i^{er} vol., 16.

Clericus (Ruffus), vide Ruffus.

Clerizet (village de). *Arch. lég.*, i^{re} part., 905 ; iie part., *statuts*, iie vol., 963.

Clerjon (J....), bourgeois de Reims. *Arch. lég.*, iie part., *statuts*, i^{er} vol., 776.

— (famille de), inscrite parmi les nobles de Reims. *Arch. lég.*, iie part., *statuts*, i^{er} vol., 886.

Clermarès, voy. Clairmarais.

Clermont (comte de), rang dudit à la cérémonie du sacre. *Arch. adm.*, t. I, 575, t. III, 522. *Arch. lég.*, iie part., *statuts*, i^{er} vol., 608, 648.

— (prévôté de). *Arch. adm.*, t. III, 614.

— (coutume de). *Arch. lég.*, iie part., *statuts*, iiie vol., 551.

— (évêque de). *Arch. adm.*, t. II, 1169 ; voy. Pierre.

— Lodève (ville de). Le roi Jean prend le consulat de ladite sous sa protection. *Arch. lég.*, iie part., *statuts*, iiie vol., 630. Le roi n'y possède point de domaine, 631.

— (concile de). *Arch. adm.*, t. I, 204, 265.

— (Eudes de). *Arch. adm.*, t. II, 320, 505.

— (Emelot de). *Arch. adm.*, t. II, 603.

— (N. Mgr de). *Arch. adm.*, t. II, 486. *Arch. lég.*, iie part., *statuts*, i^{er} vol., 745.

— (maison de). *Arch. lég.*, iie part., *statuts*, i^{er} vol., 720.

— (G. de), (quarrel de). *Arch. adm.*, t. II, 524.

— (J. de), clerc. *Arch. adm.*, t. II, 528.

— (Henriet de), brouetier. *Arch. adm.*, t. II, 904.

— (collége de). *Arch. lég.*, iie part., *statuts*, iie vol., 692, 703.

— (Perrart de), clerc. *Arch. adm.*, t. II, 492, 529.

Clers (Simons le), voy. Clerc.

Clerus, vide Clericus.

Clervaux, voy. Clairvaux.

Clèves (Mlle de). *Arch. lég.*, iie part., *statuts*, i^{er} vol., 603.

— (P.... de), contrôleur à Reims. *Arch. lég.*, iie part., *statuts*, i^{er} vol., 717.

Clévion (Gérard). *Arch. lég.*, iie part., *statuts*, iie vol. 265.

Clichy (village de). *Arch. adm.*, t. II, 997.

Clicotel, voy Juniville (Cl. de).

Clicquot (Victor), mercier. *Arch. lég.*, ıı^e part. , *statuts*, ıı^e vol. , 102, 407, 411 ? 413.

— Voy. Hante.

— -Blerrache (Simon), procureur-syndic à Reims. *Arch. lég.*, ıı^e part. , *statuts*, ıı^e vol., 1025.

— (Champenois) , capitaine de bourgeoisie. *Arch. lég.* , ıı^e part., *statuts*, ıı^e vol., 1030.

— (Claude) , marchand. *Arch. lég.*, ıı^e part., *statuts*, ı^{er} vol. 498.

— (Oudart), épicier. *Arch. lég.*, ıı^e part., *statuts*, ı^{er} vol., 991.

— (Tronsson), juge consul. *Arch. lég.*, ıı^e part., *statuts*, ı^{er} vol., 979 ; *statuts*, ıı^e vol., 154, 155.

— (Pierre), boulanger à Reims. *Arch. lég.*, ıı^e part., *statuts*, ıı^e vol. , 162.

— (Jean-Baptiste), boulanger à Reims. *Arch. lég.*, ıı^e part. , *statuts*, ıı^e vol., 162.

— (Nicolas), maître juré, tonnelier. *Arch. lég.*, ıı^e part., *statuts*, ıı^e vol. , 421.

— (Simon) , marchand mercier. *Arch. lég.*, ıı^e part., *statuts*, ıı^e vol., 577.

— (Guillaume), marchand mercier. *Arch. adm.* t. I, 724. *Arch. lég.*, ıı^e part., *statuts*, ıı^e vol., 577 ? 1030, 1047.

— (Jean - Baptiste) , conseiller du roi. *Arch. lég.* , ıı^e part., *statuts*, ıı^e vol., 659, 660.

Clignart (Jehan), *Arch. adm.*, t. II, 603.

Cligne-Oreille (Jehan). *Arch. adm.*, t. II, 604, 805 ? 1187.

Clignet (Claude), juré bonnetier. *Arch. lég.*, ıı^e part., 293.

— surnommé Cœlius, *Arch. adm.*, t. I, 150, 151 ?

— (Rigobert), bailli de l'archevêque de

Reims. *Arch. lég.*, ıı^e part. , *statuts*, ıı^e vol., 634 ; *statuts*, ıı^e vol., 100, 101.

Clincampo (Radulphus de), chanoine de Reims. *Arch. adm.* , t. II, 1034.

— (Guillelmus de) , chanoine de Saint-Nourrice de Reims. *Arch. adm.*, t. II, 1041.

Clispericus Francorum; rex, vide Hilpericus.

Cloche, voy. Campana, Reims (cloche de).

Clochette (J. la), parmentier. *Arch. adm.*, t. II, 827.

Clochia (cloche). *Arch. adm.*, t. III, 772.

Cloistre (Loys de), enquesteur en la prévôté de Laon. *Arch. lég.*, ı^{re} part., 921.

Cloître, voy. Notre-Dame de Reims (cloître de).

— (Justices seigneuriales du), voy. Saint-Ambroise, Saint-Étienne, Saint-Sulpice, Saint-Ursin, Sainte-Chapelle.

— (maisons du). Nombre desdites. *Arch. adm.*, t. I, 77. Désignation qui en est faite dans la Johannine, *ibid. Arch. lég.*, ıı^e part., *statuts*, ı^{er} vol. 567.

— (immunité du). Notes critiques à ce sujet. *Arch. adm.*, t. I, 73, 272 ; t. III, 297. *Arch. lég.*, ı^{re} part., 70 ; ıı^e part., *statuts*, ı^{er} vol., 90.

Cloîtres (rue des). *Arch. adm.*, t. I, 78 ; *Arch. lég.*, ıı^e part., *statuts*, ı^{er} vol., 237 ; *statuts*, ıı^e vol., 419.

Clopfontaine (village de). *Arch. lég.*, ıı^e part., 901, voy. Clairfontaine.

Clopin (Poncardus). *Arch. adm.*, t. II, 403.

Cloquet (J.), recteur de l'université de Reims, impliqué dans l'affaire des jésuites. *Arch. lég.*, ıı^e part., *statuts*, ıı^e vol., 654.

— (A...), recteur de l'université de Reims, impliqué dans la même affaire. *Arch. lég.*, ıı^e part., *statuts*, ıı^e vol., 654.

Cloquet (Martin), corroyeur. *Arch. lég.*, ii⁰ part., *statuts*, i⁰ʳ vol., 323.

— receveur des deniers communs de la ville de Reims. *Arch. lég.*, ii⁰ part., *statuts*, iii⁰ vol., 168.

— (Johannes), inspecteur des chaussées et pavé de Reims. *Arch. adm.*, t. III, 693.

— (Nicole), curé de Betheniville. *Arch. lég.*, i⁰ʳ part., 887.

— (Louis), proviseur du collége de Reims. *Arch. lég.*, ii⁰ part., *statuts*, ii⁰ vol., 632, 635.

— (Jean), voy. Cloquet (Johannes).

Cloquins (Girardus), prêtre et chanoine. *Arch. lég.*, ii⁰ part., *statuts*, i⁰ʳ vol., 77.

Closiés (Thibaut le). *Arch. adm.*, t. II, 691.

Clotaire II, roi des Francs. *Arch. lég.*, ii⁰ part., *statuts*, iii⁰ vol., 621.

Cloteau (Louis), greffier de l'hôtel de ville de Reims. *Arch. lég.*, ii⁰ part., *statuts*, iii⁰ vol., 112, 113.

Clôture, (voy. Reims (clôture de).

Clouet (Hierôme). *Arch. lég.*, ii⁰ part., *statuts*, ii⁰ vol., 212.

— (Michel). *Arch. lég.*, ii⁰ part., *statuts*, ii⁰ vol., 290.

Cloux-dans-Fer (rue du). *Arch. lég.*, ii⁰ part., *statuts*, iii⁰ vol., 411.

Clovis, roi des Francs. *Arch. adm.*, t. I, 2, 5, 8. Libéralités dudit à Saint-Remi et à l'église de Reims, 94. Stipulation dudit avec les Rémois au sujet de leurs franchises, 482. *Arch. lég.*, i⁰ʳ part., 475; ii⁰ part., *statuts*, ii⁰ vol., 452. Offre en dot le comté de Reims à saint Arnoul, en le mariant à une de ses nièces, *statuts*, iii⁰ vol., 512, 544, 606, 621, 749.

Cloyes (ville de). *Arch. adm.*, t. II, 328.

Clozet (Robert), lieutenant du bailli de Vermandois. *Arch. lég.*, ii⁰ part., *statuts*, iii⁰ vol., 32, 614.

Cluma (curia de). *Arch. adm.*, t. I, 325.

— (ecclesia de). *Arch. adm.*, t. I, 330.

Cluniacensis (abbas). *Arch. lég.*, i⁰ʳ part., 133.

— (ordo). *Arch. adm.*, t. II, 636. voy. Saint-Eude.

Cluniacum, voy. Cluny.

Cluny (abbaye de). *Arch. adm.*, t. I, 231, 238, 661.

— (ordre de), voy. Cluniacensis ordo.

— (religieux de). *Arch. adm.*, t. II, 1123. *Arch. lég.*, i⁰ʳ part., 133.

— (abbé de), voy. Cluniacensis abbas.

Coadjuteur, voy. Archevêque de Reims (coadj. de), Avranches, Coadjutor.

Coadjutor. *Arch. adm.*, t. I, 753.

Coaiquien (Raoul de), maître d'hôtel du roi. *Arch. adm.*, t. II, 480.

Coarcy (village de). *Arch. lég.*, i⁰ʳ part., 889, 907.

Cobazilli (Thierricus). *Arch. adm.*, t. II, 444.

Coc, voy. Buiron (le).

— (Thomasset le). *Arch. adm.*, t. II, 281.

Cocassier, voy. Reims (cocassiers de).

Cocceium, voy. Coucy.

Coch (Hervy le), maître des requêtes de l'hôtel du roi. *Arch. adm.*, t. II, 1126, 1127.

Cochart (Colin). *Arch. adm.*, t. II, 696; t. III, 470, 471.

— (Pierre), bourgeois de Reims. *Arch. adm.*, t. III, 637.

— Colesson, voy. Cochart (Colin).

Cochelet (Jehan), mansionnaire du chapitre de Reims. *Arch. adm.*, t. II, 410, 425, 684, 758; t. III, 34, 38, 39, 40, 44, 99, 166? 179, 249, 255, 256, 257, 301.

Cochelet (Thomas), citoyen de Reims. *Arch. adm.*, t. I, 1126 ; t. II, 60, 299, 337, 810.

— (Herbertus), mansionnaire du chapitre de Reims. *Arch. adm.*, t. I, 1055, 1058 ; t. II, 61, 201, 410, 487, 663, 757, 810, 1185? t. III, 24, 40.

— (Herbertus) le jeune, échevin de Reims. *Arch. adm.*, t. II, 183, 185, 480, 900.

— (Renaud), échevin. *Arch. adm.*, t. II, 14, 65.

— (Renaudot). *Arch. adm.*, t. I, 1084? t. II, 230.

— (Garin). *Arch. adm.*, t. I, 740 ; t. II, 1175, 1176, 1178, 1182, 1184, 1191, 1196 ; t. III, 19, 34, 35, 41, 73, 95, 240.

— (Garnier), échevin de Reims. *Arch. adm.*, t. II, 1176, 1192.

— (Aubry). *Arch. adm.*, t. II, 604.

— (Herbin). *Arch. adm.*, t. II, 1185.

— (Johannes), voy. Coquelet (Jean).

— (Guyot), voy. Franc sergent de l'église de Reims. *Arch. adm.*, t. I, 1029 ; t. II, 1185 ; t. III, 63.

— (Garin), dit Mautibé. *Arch. adm.*, t. III, 63, 98.

— le queux. *Arch. adm.*, t. III, 754.

— (Jesson). *Arch. adm.*, t. II, 96, 1180.

— (Giletus). *Arch. adm.*, t. I, 543, 544.

Cochelin (Jehan). *Arch. lég.*, 1re part., 542.

— (Aubertin). *Arch. lég.*, 1re part., 581 ; 11e part., *statuts*, 1er vol., 647, 654, 730.

Cochelu, voy. Descortis.

Cocheminart (Colin). *Arch. lég.*, 1re part., 524.

Cochenille, voy. Maestrech (Cochenille de).

Cocherium, voy. Cochery.

Cochery (village de). *Arch. adm.*, t. I, 294 ; t. III, 587.

Cochés, voy. Cochet.

Cochet (Évrard). *Arch. adm.*, t. II, 905, 907.

— (Paulin), boucher de Reims. *Arch. adm.*, t. II, 27, 38.

— (Johannes). *Arch. adm.*, t. II, 725. *Arch. lég.*, 11e part., *statuts*, 111e vol., 688, 701? 706, 722.

— (Renaud). *Arch. adm.*, t. III, 448.

— -Gosset (Evrart). *Arch. adm.*, t. II, 902.

— (Jacobus), lecteur au séminaire de Reims. *Arch. lég.*, 11e part., *statuts*, 11e vol., 773.

— (Garnier). *Arch. adm.*, t. II, 907.

Cochetier (Johannes le). *Arch. adm.*, t. II, 945.

Cochetus (Fossarius). *Arch. adm.*, t. II, 445.

Cochinart (Raulin), capitaine de Reims. *Arch. adm.*, t. I, 10, 11. *Arch. lég.*, 11e part., *statuts*, 1er vol., 664, 666, 667, 670. Envoyé par Louis XI pour réparer les fortifications de Reims, 765. Exactions commises par lui dans ladite ville, *ibid.*, 766, 797, 798, 800, 802, 803, 805, 806, 809, 813, 814, 825, 826 ; contraint les officiers de l'archevêque et le clergé à contribuer pour lesdites fortifications, 828, 829, 843, 849.

— (Guillaume), échanson du roi. *Arch. lég.*, 11e part., *statuts*, 1er vol., 825.

Cochlear (vase sacré). *Arch. adm.*, t. I, 222.

Cochon (C.), bourgeois de Reims. *Arch. lég.*, 11e part., *statuts*, 1er vol., 777.

Cochons (marché aux). *Arch. lég.*, 11e part., *statuts*, 1er vol., 237.

Cochunus, échevin de Reims. *Arch. adm.*, t. I, 491 ; voy. Cauchon.

Coci (Johannes). *Arch. adm.*, t. II, 1219.

Cociacum castellum, voy. Coucy (château de).

Coclear, voy. Cochlear.

Coclois (lieu du). *Arch. lég.*, IIe part., *statuts*, IIIe vol., 394.

Cocon (Thomas), condamné au pilori à Reims. *Arch. adm.*, t. II, 1243.

Cocq (Raoul le). *Arch. adm.*, t. II, 481.

— (Jehan le), avocat. *Arch. adm.*, t. III, 763.

— (Robert le), sergent royal. *Arch. lég.*, Ire part., 898.

— (Jacques le), quincaillier. *Arch. lég.*, IIe part., *statuts*, IIIe vol., 348.

— (Henry le), procureur. *Arch. lég.*, IIe part., *statuts*, IIe vol., 590.

— (Jehan le), écolier des jésuites de Reims. *Arch. lég.*, IIe part., *statuts*, IIe vol., 657, 660.

Cocquault, historien, compilateur. Table chronologique dudit alléguée, 227. *Arch. adm.*, t. I, 300, 536; t. II, 924. *Arch. lég.*, IIe part., *statuts*, Ier vol., 547, voy. Raulé.

— (J....), bourgeois de Reims. *Arch. lég.*, IIe part., *statuts*, Ier vol., 770, 772, 773, 775, 780, 786, 821.

— (B....), teinturier. *Arch. lég.*, IIe part., *statuts*, Ier vol., 841.

— (P...). *Arch. lég.*, IIe part., *statuts*, Ier vol., 845.

— (loges de). *Arch. adm.*, t. I, 80. *Arch. lég.*, IIe part., *statuts*, Ier vol., 568; *statuts*, IIIe vol., 36, 37, 93.

Cocquebert (Oudart), sieur d'Adon. *Arch. lég.*, IIe part., *statuts*, Ier vol., 918, 922.

— (Regnault), boucher. *Arch. lég.*, IIe part., *statuts*, Ier vol., 998.

— (Gérard), conseiller municipal. Lettre dudit sur les archives de l'abbaye de Saint-Denis. *Arch. adm.*, t. I, 216?

217? t. II, 1046? *Arch. lég.*, IIe part., *statuts*, IIe vol., 589? *statuts*, IIIe vol., 146, 147.

Cocquebert (Henry), trésorier de France. *Arch. lég.*, IIe part., *statuts*, IIIe vol., 411, 659, 660, 665.

— (Nicolas), drapier. *Arch. lég.*, IIe part., *statuts*, Ier vol., 909; *statuts*, IIe vol., 391, 366, 370.

— (Thierry), échevin. *Arch. lég.*, IIe part., *statuts*, Ier vol., 866; *statuts*, IIe vol., 29, 43, 148, 507; *statuts*, IIIe vol., 115.

— (Simon), drapier. *Arch. lég.*, IIe part., *statuts*, Ier vol., 664, 931; *statuts*, IIe vol., 369, 397, 797? 926.

— (Thomas), bourgeois de Reims. *Arch. lég.*, IIe part., *statuts*, IIe vol., 556, 559, 603.

— (André), lieutenant au présidial de Reims. *Arch. lég.*, IIe part., *statuts*, IIe vol., 556, 559, 616, 800, 810, 1047.

— voy. Crouy.

— (Jean), bourgeois de Reims. *Arch. lég.*, IIe part., *statuts*, Ier vol., 874, 921; *statuts*, IIe vol., 929.

— (Remy), échevin. *Arch. lég.*, IIe part., *statuts*, Ier vol., 267, 720? *statuts*, IIe vol., 115, 154, 155; *statuts*, IIIe vol., 559.

— (Petrus), appariteur de l'université. *Arch. lég.*, IIe part., *statuts*, IIe vol., 710.

— (Claude), échevin. *Arch. lég.*, IIe part., *statuts*, IIe vol., 810.

— (Étienne), lieutenant au présidial de Reims. *Arch. lég.*, IIe part., *statuts*, IIe vol., 926.

— (Nicolas), religieux réformé de Saint-Remi de Reims. *Arch. lég.*, IIe part., *statuts*, Ier vol., 199, 203, 210, 216, 217, 219, 229.

Cocquenart (J....) l'aîné, marchand. *Arch. lég.*, iie part., *statuts*, i^{er} vol., 808.

Cocquet (Nicolas), tondeur de draps. *Arch. lég.*, iie part., *statuts*, iie vol., 392.

Cocquillart (Guillelmus), procureur du chapitre de Reims. *Arch. adm.*, t. III, 469. *Arch. lég.*, iie part., *statuts*, i^{er} vol., 773, 774, 780, 804, 812, 815, 822, 824, 832, 835, 837, 848, 861, 929.

— (François), religieux de Saint-Remi de Reims. *Arch. lég.*, iie part., *statuts*, i^{er} vol., 204, 217, 219.

— (J....), bourgeois de Reims. *Arch. lég.*, iie part., *statuts*, i^{er} vol., 701, 796, 853, 858, 859.

— (P....), sergent royal. *Arch. lég.*, iie part., *statuts*, i^{er} vol., 863, 922, 930.

Cocrenel (Guillaume). *Arch. lég*, i^{re} part., 496, 539, 547, 551, 556, 596.

Cocterel (Antoine), seigneur de Homencourt. *Arch. lég.*, i^{re} part., 894.

Cocus (cuisinier). Attributions dudit dans le couvent. *Arch. adm.*, t. I, 646.

Code civil. *Arch. lég.*, i^{re} part., 868.

Codex. *Arch. lég.*, iie part., *statuts*, iie vol., 759, 766 ; vide Triennalis.

Codiciacum, voy. Coucy.

Cœfantano (marquis de). *Arch. lég.*, iie part., *statuts*, iiie vol., 393.

Cœgny (seigneur de), voy. Béguin (Jehan).

Cœlestinus Ier, pape. *Arch. adm.*, t. I, 143 ? 165 ? 191, 193, 197, voy. Célestin.

Cœlestius, évêque. *Arch. adm.*, t. I, 197.

Cœmeterium, voy. Cimeterium.

Cœmie, voy. Cohemy.

Cœnobium, voy. monasterium.

Coereins (Lionnet), vinaigrier. *Arch. lég.*, iie part., *statuts*, iie vol., 315.

Coes (Albericus). *Arch. adm.*, t. I, 824.

Cœsar. *Arch. lég.*, i^{re} part., 366 ; iie part., *statuts*, iie vol., 735. Commentaires du-

dit allégués à l'occasion de l'antiquité de l'échevinage de Reims, *statuts*, iiie vol., 427, 428, 558. Rang distingué qu'occupait Reims dans les Gaules du temps dudit, 605.

Cœsarea, vide Barbastre (rue de).

Cœsarius (sanctus), évêque d'Arles. *Arch. adm.*, t. I, 195, 196, voy. S. Cesaire.

Coffart (Guillaume), dit Floridus, prévôt forain de Laon. *Arch. adm.*, t. III, 611, 612, 617.

Coffin (Honoré), mercier. *Arch. lég.*, iie part., *statuts*, iie vol., 560.

Coffrus (coffre). *Arch. adm.*, t. III, 538.

Cofin (Thiébault), bourgeois de Reims. *Arch. adm.*, t. I, 1082.

Cogé (Poncelet), tonnelier. *Arch. adm.*, t. III, 836. *Arch. lég.*, iie part., *statuts*, i^{er} vol., 343.

— (Jehan), chapelain de Notre-Dame de Reims. *Arch. lég.*, iie part., *statuts*, i^{er} vol., 322.

— (Marguerite), femme de Poncelet. *Arch. lég.*, i^{re} part., *statuts*, i^{er} vol., 343.

Coham, voy. Cohan.

Cohan (village de). *Arch. adm.*, t. III. *Arch. lég.*, i^{re} part., 905.

Coharcy, voy. Coarcy.

Cohartil, voy. Cohartille.

Cohartille (village de). *Arch. lég.*, i^{re} part., 879.

Cohem-prope-Ariam de Molesmis (prior de). *Arch. adm.*, t. II, 639.

Cohemy (village de). *Arch. lég.*, i^{re} part., 905.

Coiffy (Jean de), curé de Saint-Hilaire de Reims. *Arch. adm.*, t. III, 543.

Coigny (village de). *Arch. adm.*, t. I, 415.

Coille (Rainerus de). *Arch. lég.*, iie part., *statuts*, i^{er} vol., 172.

Coincy (village de). *Arch. adm.*, t. II, 328 ; t. III, 45.

Coinissiaco Cluniacensis (prior de). *Arch. adm.*, t. II, 634.

Coinret (J.), tonnelier. *Arch. adm.*, t. II, 824.

Coinssy, voy. Coincy.

— (Melot de). *Arch. adm.*, t. II, 1180.

Cointe (Johannes le), sergent du roi. *Arch. adm.*, t. II, 146. *Arch. lég.*, ne part., *statuts*, 1er vol., 675; *statuts*, ne vol., 204, 237, 239, 265, 308, 333.

— (Estène le). *Arch. adm.*, t. II, 808.

Cointiers (Robert le). *Arch. adm.*, t. I, 1013.

Cointre (Jean le), notaire, voy. Cointe (Johannes le).

— (Nicolas le), religieux de Saint-Remi *Arch. lég.*, ne part., *statuts*, 1er vol., 203, 217, 219, 227, 230.

Cointreau, avocat. *Arch. lég.*, ne part., *statuts*, ine vol., 260.

Coiquauts (loges des), voy. Cocquault.

Coirier (Colesson le). *Arch. adm.*, t. III, 837.

Coissardus (Hugo), voy. Cossart (Hugo).

Coitier (Jacques), vice-président de la chambre des comptes. *Arch. lég.*, ne part., *statuts*, 1er vol., 672.

Coke (Gerandus la), voy. Coque.

Cola (Jean), bourgeois de Reims. *Arch. lég.*, ne part., *statuts*, ne vol., 237.

Coland (Jean de), noble de Reims. *Arch. lég.*, 1re part., 893.

Colardeau, avocat. *Arch. lég.*, 1re part., 1015.

Colardus Clerici, voy. Clerici.

— (Raymondus), prêtre. *Arch. lég.*, ne part., *statuts*, 1er vol., 116.

— châtelain de Saint-Remi. *Arch. adm.*, t. I, 491, 854, 856; t. II, 99.

— voy. Patequin.

— Carlarius, sergent du bailli de Reims. *Arch. adm.*, t. II, 335, 647.

Colardus, prévôt de Reims. *Arch. adm.*, t. II, 183, 907.

Colart-Gorgeron, procureur de l'archevêque de Reims. *Arch. adm.*, t. II, 1011.

Colart (M.), seigneur de Chenois. *Arch. adm.*, t. II, 1104, 1110, 1112.

— d'Assy, seigneur de Vonc. *Arch. adm.*, t. II, 1112.

— (Nicolas), chandelier-graissier. *Arch. lég.*, *statuts*, ine vol., 229.

Colart (Pierre) de Launoy, sergent du roi. *Arch. adm.*, t. II, 1142.

— tondeur. *Arch. adm.*, t. II, 1197.

— (Antoine), curé de Saint-Crespin de Saulce-Champenoise. *Arch. lég.*, 1re part., 886.

— maître de l'œuvre de Notre-Dame de Reims. *Arch. adm.*, t. II, 518.

— (Jean), tonnelier. *Arch. lég.*, ne part., *statuts*, 1er vol., 322, 846, 862.

— (Jean Warin), courtier de vins. *Arch. lég.*, ne part., *statuts*, 1er vol., 433.

— le buhetier, bourgeois de Reims. *Arch. adm.*, t. II, 901.

— li Escos, échevin, voy. Escot (Colart l').

— chapelain de Saint-Symphorien. *Arch. adm.*, t. I, 1013.

— Caoursins, voy Caoursins.

— des Festius, voy. Festius.

— de Champagne, voy. Champagne.

— lieutenant du prévôt de Reims. *Arch. adm.*, t. II, 395, 899, 903, 906, 907, 910, 916, 917, 918.

— voy. Bonne-chière

— prévôt de Reims, voy. Colardus.

Colas (Nicolas), tambour de la ville de Reims. *Arch. lég.*, ne part., *statuts*, ne vol., 843; *statuts*, ine vol., 423, 484.

— (Pierre), sergent-voyer. *Arch. lég.*, *statuts*, ine vol., 63.

Colatorium (couvercle du ciboire). *Arch. adm.*, t. I, 222.

Colbert (Philippe), lieutenant général du bailli de Vermandois. *Arch. lég.*, IIe part., *statuts*, IIIe vol., 475.

Colbert (Thomas), marchand. *Arch. lég.*, IIe part., *statuts*, IIe vol., 323.

— (Nicolas), marchand drapier. *Arch. lég.*, IIe part., *statuts*, IIe vol., 391.

— (Charles), lieutenant général au bailliage de Vermandois. *Arch. lég.*, IIe part., *statuts*, IIe vol., 491, 498, 507, 561, 1048; *statuts*, IIIe vol., 71, 80, 82.

— (Jean), sieur de Terron, conseiller du roi. *Arch. lég.*, Ire part., 897? IIe part., *statuts*, Ier vol., 433; *statuts*, IIe vol., 550; *statuts*, IIIe vol., 42, 80.

— (Élisabeth), veuve de Gérard d'Origny. *Arch. lég.*, IIe part., *statuts*, IIe vol., 566.

— (Jean), apothicaire. *Arch. lég.*, IIe part., *statuts*, Ier vol., 322, 323?

— (Pierre), marchand. *Arch. lég.*, IIe part., *statuts*, Ier vol., 323.

— -Trompette (Pierre), bottier. *Arch. lég.*, IIe part., *statuts*, Ier vol., 323.

— (O....), exclu de Reims par le conseil municipal. *Arch. lég.*, IIe part., *statuts*, Ier vol., 919.

— (Gérard), receveur général des deniers des pauvres à Reims. *Arch. lég.*, Ire part., 897; IIe part., *statuts*, Ier vol., 890, 904, 921; *statuts*, IIe vol., 93, 172?

— docteur en droit. *Arch. lég.*, IIe part., *statuts*, Ier vol., 857; *statuts*, IIe vol., 93.

— (Nicolas), gouverneur de Fîmes. *Arch. lég.*, IIe part., *statuts*, Ier vol., 129.

— contrôleur général des finances, rétablit l'hôtel de la monnaie à Reims. *Arch. adm.*, t. I, 83. *Arch. lég.*, IIe part., *statuts*, Ier vol., 492, 500; IIe vol., 17, 795, 816, 819, 874, 911, 924; *statuts*, IIIe vol., 430, 517, 618.

Col-d'Oie, franc sergent du chancelier de France. *Arch. adm.*, t. I, 336.

Cole, voy. Attigny.

— (Jehan la). *Arch. adm.*, t. III, 97.

Coleaingue (village de). *Arch. adm.*, t. I, 1090.

Colebert (Gérard), député des états de Reims, voy. Colbert.

— (Jehan), avocat à Reims, voy. Colbert.

— (Colson), élu de Reims. *Arch. lég.*, IIe part., *statuts*, Ier vol., 875.

Coleçon (A.), bourgeois de Reims. *Arch. adm.*, t. III, 580. *Arch. lég.*, IIe part., Ier vol., 776.

— -le-clerc, voy. Clerc.

Colesson-Chesset, voy. Chasset.

— -Petillon, voy. Petillon.

— (Gerart). *Arch. adm.*, t. III, 128.

— -le-Thiez, voy. Thiez.

— (Jacquart). *Arch. adm.*, t. III, 411, 412. *Arch. lég.*, IIe part., *statuts*, Ier vol., 619.

— dit Paradis. *Arch. adm.*, t. III, 832.

— (Jehan). *Arch. lég.*, Ire part., 910.

— -le-Cordier. *Arch. lég.*, IIe part., *statuts*, IIe vol., 212.

— (A.), bourgeois de Reims, voy. Coleçon.

Colessonus-Marnous, voy. Marnous.

— -Waleti, voy. Waleti.

— -dictus le Fromagier, citoyen de Reims, voy. Fromagier.

— -Coulepuis, voy. Coulepuis.

Colet (Jehot). *Arch. adm.*, t. III, 128.

— voy. Jaquier (Colet le), Peschour (Colet le).

— (Herbin). *Arch. adm.*, t. III, 728. *Arch. lég.*, IIe part., *statuts*, Ier vol., 539, 575, 629, 630, 637, 649, 653, 661, 667, 672, 679, 683, 687, 695, 703, 711, 742, 746.

— (G....), conseiller municipal. *Arch.*

lég., iie part., *statuts*, i^{er} vol., 614, 615, 617, 620, 679.

Colet (Baudesson): *Arch. adm.*, t. III, 890,

— (J....), écuyer. *Arch. lég.*, iie part., *statuts*, i^{er} vol., 835.

— (R.), bourgeois de Reims. *Arch. lég.*, iie part., *statuts*, i^{er} vol., 770, 772, 775, 786.

— (Jean), voiturier. *Arch. lég.*, iie part., *statuts*, iiie vol., 93.

Coleti (Johannes), chanoine de Saint-Symphorien de Reims. *Arch. adm.*, t. I, 2083 ; t. II, 1039.

Coletier (J....), bourgeois de Reims. *Arch. lég.*, iie part., *statuts*, i^{er} vol., 770, 838.

Colette, femme de J. de Mauvaise. *Arch. adm.*, t. III, 820.

— voy. Wyet.

Coletus, vide Halenus.

— de Solio, vide Solio.

Colignon (R.), bourgeois de Reims. *Arch. adm.*, t. III, 835.

— (J.), quincaillier, voy. Collignon.

Colin, lieutenant du bailli de Reims. *Arch. adm.*, t. II, 895, 898, 899, 900.

— (Bernard), boucher de Reims. *Arch. adm.*, t. II, 962, 1183.

— Watrigues de Launoit, voy. Launoit.

— -li-Fas, voy. Gloie.

— (J....), portier du château de Bethiniville. *Arch. adm.*, t. III, 414. *Arch. lég.*, iie part., *statuts*, i^{er} vol., 632? 656, 700, 709, 734, 858.

— brasseur juré de Reims. *Arch. adm.*, t. III, 744.

— sellier. *Arch. adm.*, t. III, 759, 840? *Arch. lég.*, iie part., *statuts*, i^{er} vol., 493?

— (Guillaume), conseiller au siége de Laon. *Arch. lég.*, i^{re} part., 895, 896, 911.

Colin (Claude), greffier du chapitre de Reims. *Arch. lég.*, iie part., *statuts*, iie vol., 144.

— (N....), recteur de l'université. *Arch. lég.*, iie part., *statuts*, iie vol., 654.

— (J....). *Arch. lég.*, iie part., *statuts*, i^{er} vol. 655.

Colinet, lieutenant du prévôt de Reims. *Arch. adm.*, t. II, 895, 896, 903? 906, 910.

— (Gauchier). *Arch. lég.*, i^{re} part., 519.

— (Claude), marchand drapier. *Arch. lég.*, iie part., *statuts*, iie vol., 391.

— (Nicolas), tailleur d'habits. *Arch. lég.*, iie part., *statuts*, iie vol., 534.

— (connétable de). *Arch. lég.*, iie part., *statuts*, iie vol., 1015.

— (Jaquinel), juré du roi. *Arch. lég.*, iie part., *statuts*, i^{er} vol., 526.

— des Burres, voy. Burres.

Colinus, filius Helvidis sororis Bosonis militis. *Arch. adm.*, t. I, 363.

— le Teigneux, bourgeois de Reims. *Arch. adm.*, t. II, 446.

— Alemani dictus Roucelet, citoyen de Reims. *Arch. adm.*, t. III, 432, 436.

— (Martini). *Arch. lég.*, iie part., *statuts*, i^{er} vol., 422.

— frater Gaucheri de Ruminiaco, voy. Ruminiaco.

— Augrenon, échevin de Reims, voy. Augrenon.

Colla le Clerc, voy. Clerc (Colas le).

Collandon (Johannes de), écuyer. *Arch. adm.*, t. II, 929.

Collandonno (Capellani de), vide Thomas, Vivariis (J. de).

Collarium (Collet, collier). *Arch. lég.*, iie part., *statuts*, i^{er} vol., 84.

Collatéral, voy. ligne collatérale.

Collatica porta, voy. Porte Bazée.

Collatio (collation): *Arch. adm.*, t. I, 226, 629, 630, 663, 713, 755, 811. *Arch.*

lég., 1re part. , 94, 95, 466; 11e part., *statuts*, 1er vol., 13, 57, 105, 424.

Colle, voy. Angleterre (colle d'), Flandres.

Collebert (Jehan), maçon. *Arch. lég.*, 11e part. , *statuts*, 1er vol., 626.

— (Gérard), marchand. *Arch. lég.*, 11e part., *statuts*, 1er vol., 890, voy. Colbert.

Collecta (collecte). *Arch. adm.*, t. I, 476; t. III, 244. *Arch. lég.*, 1re part., 386, 456.

Collecteurs, voy. Tailles (collec. des), Mortemains, Sacre, Pape (collec. du).

Collége, Bons Enfants de Reims, Charleville, Clermont, Compiègne, Jésuites de Reims, Reims (collége royal de Reims), Rome, Sacré collége, Sainte-Geneviève de Laon, Université, voy. Collegium.

— des jésuites de Reims (manse du). *Arch. adm.*, t. II, 1051.

— de Reims (proviseur du), voy. Clocquet (Louis).

Collégiale, Saint-Symphorien de Reims (collégiale de), Saint-Balsamie, Saint-Timothée, Saint-Pierre-les-Dames, voy. Ecclesia collegiata.

Collegiatæ, vide Ecclesiæ.

Collegium. *Arch. adm.*, t. I, 554, 676, 679, 684 , vide Parisius, Canonicorum, Sanctæ Nutricis, Remensis ecclesiæ; t. III, 239. Sanctæ-Mariæ Magdalenæ Bisuntinensis, Sancti-Pauli Bisuntini, Sancti Vincentii Bisuntinensis, Cardigerorum Bisuntinensium. *Arch. lég.*, 1re part., 459.

Colleone (Johannes de), chanoine de Reims. *Arch. adm.*, t. II, 618.

Collet, seigneur de Hauteville, voy. Hauteville (Caulet de).

— (Jacques), drapier. *Arch. lég.*, 11e part., *statuts*, 1er vol., 770, 774, 776, 780, 804, 812, 816; *statuts*, 11e vol., 373.

Collet (Nicolas), manouvrier. *Arch. lég.*, 11e part., *statuts*, 11e vol., 422.

— (Jean), religieux de Saint-Remi de Reims. *Arch. lég.*, 11e part., *statuts*, 1er vol., 203, 213, 219, 227, 230?

Colleteit (J.), bourgeois de Reims. *Arch. adm.*, t. III, 17.

Colletot (Robinus). *Arch. adm.*, t. III, 615.

Colletus (collet). *Arch. lég.*, 11e part., *statuts*, 1er vol., 54.

Collier (L.), sergier. *Arch. lég.*, 11e part., *statuts*, 11e vol., 859.

Collignon (Jean), menuisier. *Arch. lég.*, 11e part. , *statuts*, 11e vol., 359; *statuts*, 11e vol., 358?

— (Jacques), drapier. *Arch. lég.*, 11e part., *statuts*, 11e vol., 373.

Collin (Gilles), chirurgien. *Arch. lég.*, 11e part. , *statuts*, 11e vol., 93.

— (Guillaume), bailli de Reims. *Arch. lég.*, 11e part., *statuts*, 11e vol., 144, 150.

— (Thomas). *Arch. lég.*, 11e part., *statuts*, 11e vol., 212.

— (Nicolas), ouvrier en soie. *Arch. lég.*, 11e part., *statuts*, 11e vol., 375.

Collomedio (Petrus de), prévôt de Saint-Omer. *Arch. adm.*, t. I, 560, 562, 576, 578, 605, 609, 617.

Collonet (Henricus), clerc. *Arch. lég.*, 11e part., *statuts*, 11e vol., 773.

Collorgues (M. de), seigneur de Sorcy. *Arch. adm.*, t. II, 1106.

Collossonius, dit Chiennet, sergent du chapitre de Reims. *Arch. adm.*, t. II, 409.

Collumier (Nicolas), ouvrier en soie. *Arch. lég.*, 11e part., *statuts*, 11e vol., 375.

Colmart (Remi), maître juré, tonnelier. *Arch. lég.*, 11e part., *statuts*, 11e vol., 421.

Colmisiaco (paganus de). *Arch. adm.*, t. I, 273.

Colmisiacum, voy. Cormicy.

Colocria (entonnoir). *Arch. adm.*, t. II, 956.

Cologne (concile de). *Arch. adm.*, t. I, 72.

— (archevêque de), voy. Coloniensis archiepiscopus.

Colombe (village de). *Arch. lég.*, IIe part., *statuts*, IIIe vol., 390.

Colombiers (seigneurs de), voy. Navarrot (N.).

Colomes (terre de). *Arch. adm.*, t. II, 928, 930, 933.

— (maison de). *Arch. adm.*, t. II, 931.

— (village de), voy. Coulommes.

Colommes, bourgeois de Reims. *Arch. adm.*, t. III, 754.

Colon, voy. Colonus.

Colongnia (Guido de), chanoine de Reims. *Arch. adm.*, t. II, 475.

Colonienses archiepiscopi, vide Arnoldus, Bruno.

Colonna (Johannes de), chanoine de Reims. *Arch. adm.*, t. II, 475, 622.

Colonus. *Arch. lég.*, Ire part., 444.

Colot (Remy), menuisier. *Arch. lég.*, IIe part., *statuts*, IIe vol., 359.

Colreio (altar de). *Arch. adm.*, t. I, 252.

Colson-Copillon, bourgeois de Reims. *Arch. lég.*, IIe part., *statuts*, Ier vol., 619; *statuts*, IIe vol., 239.

Colsonet (Franciscus). *Arch. lég.*, IIe part., *statuts*, Ier vol., 114.

Coltier (C....), maître sergier. *Arch. lég.*, IIe part., *statuts*, IIe vol., 859.

— huissier. *Arch. lég.*, IIe part., *statuts*, IIIe vol., 694, 697, 714.

Coluel, ingénieur en la généralité de Châlons. *Arch. lég.*, IIe part., *statuts*, IIIe vol., 418, 419.

Columnos, voy. Coulommes.

Columpnis (altar de). *Arch. lég.*, IIe part., *statuts*, Ier vol., 175, voy. Coulommes.

Comans (les), voy. Commani.)

Comble (Noël le), chapelier. *Arch. lég.*, IIe part., *statuts*, IIe vol., 203.

Combrat (Henrion). *Arch. adm.*, t. III, 836.

Comenoy (village de). *Arch. lég.*, Ire part., 909.

Comes palatinus, vide Henricus Trecensis, Valdenzen (de).

— Gerardus, franc sergent. *Arch. adm.*, t. II, 131.

— vide Andegavensis, Apuliæ, Attrebatensis, Barri, Blesensis, Bollimontis, Bonnonia, Britanniæ, Campaniæ, Carnotensis, Chimiaco (de), Chipi, Egolesmensis, Flandriæ, Grandis-Prati, Guinari, Jouvigniaci, Marchiæ, Matisconensis, Montisfortis, Pictavensis, Pontivi, Porciani, Portuensis, Provinciæ, Registestensis, Rouciaci, Sabaudiæ, Sacricesaris, Salicis, Sancti Pauli, Suessionensis, Tholosensis, Trecensis comes, Vindocinensis.

Comestor, vide Saisinator.

Comitatus, voy. comté.

— remensis prebenda. *Arch. lég.*, IIe part., *statuts*, Ier vol., 122.

— campaniæ consuetudo. *Arch. adm.*, t. II, 727.

Comite (Paulus de). *Arch. adm.*, t. II, 475.

Comitissa, vide Attrebatensis, Bertheidis, Blesensis, Campaniæ, Hildiardis, Oda, Suessionensis, Trecensis, voy. Valois (comtesse de).

Comitiva, voy. Comitissa.

Commanderie du temple, voy. Reims (temple de).

— du temple de Reims (bailli de la). *Arch. lég.*, IIe part., *statuts*, IIe vol., 606.

Commandeur, voy. Temple de Reims (commandeur du), Boncourt (commandeur de), Boult et Merlan, Reims, Neuville-Maucourt.

Commani (Comans les), assassinent à Jérusalem un prêtre champenois pendant l'office divin. *Arch. lég.*, iiᵉ part., *statuts*, iᵉʳ vol., 92.

Commartin (sieur de), conseiller du roi. *Arch. lég.*, iiᵉ part., *statuts*, iiᵉ vol., 451.

Commensalis, vide Remorum archiepiscopi commensalis.

Commercy (Jehan de), bourgeois de Reims. *Arch. adm.*, t. III, 284.

— (dame de). *Arch. lég.*, iiᵉ part., *statuts*, iᵉʳ vol., 651.

Commerfort (M. de). *Arch. lég.*, iiᵉ part., *statuts*, iiiᵉ vol., 388.

Commiers (village de). *Arch. lég.*, iʳᵉ part., 900.

Commillet (J.), charreton. *Arch. adm.*, t. II, 826.

Commin (Bauduyn de). *Arch. adm.*, t. II, 828.

Commissaire, voy. roi (commissaire de), Reims (commissaire de).

Commissarius, voy. Commissaire.

Commissiones, vide sedis apostolicæ commissiones.

Communauté, voy. Biens (communauté de), Bruyères (communauté de), Fère, Crécy, Chartriers, Bièvre.

Communes, voy. Champagne (communes de), Picardie, Laon, Reims, Beauvais, Chaudardre. *Arch. adm.*, t. I, 386, 434, 435, 569; 593, 595, 596, 598, 601, 609; t. III, 394; Cerny, droits conférés par les chartes desdites. *Arch. lég.*, iiᵉ part., *statuts*, iiiᵉ vol., 625. Le droit d'en ériger appartenait au roi, *ibid.* L'érection d'une ville en commune n'était que le droit de bourgeoisie conféré à ses habitants, 627. Toutes ne reconnaissent plus pour seigneur que le roi, *ibid.* Le roi y établit ses baillis royaux pour les faire respecter, 628, 629, 630, 631, voy. Communauté.

Communia, voy. Commune.

Communiæ sylvæ. *Arch. adm.*, t. I, 450.

Communio. *Arch. adm.*, t. I, 155, 161, 163, 164, 167, 175, 183. Catholique et apostolique, 184, 187. Privation de ladite, 192, 196, 198, 580, 762. *Arch. lég.*, iiᵉ part., *statuts*, iiᵉ vol., 764.

Communion, voy. Communio.

Communitas, voy. Commune, Communauté, Cormisiaco, Meldensis, 326, S. Desiderio (comm. de). *Arch. adm.*, t. III, 239, 340. *Arch. lég.*, iʳᵉ part., 85.

Compagnie, voy. Grande couronne.

Compagnies bourgeoises de Reims (sergents des), nombre desdites. *Arch. lég.*, iiᵉ part., *statuts*, iiiᵉ vol., 139.

— Innocent III engage Louis VII à dissiper lesdites dans Reims. *Arch. adm.*, t. I, 303; t. III, 358, voy. Grandes compagnies.

Compagnon, huissier à verge du Châtelet. *Arch. lég.*, iiᵉ part., *statuts*, iiᵉ vol., 852.

— (J....) le Jeune, franc archer. *Arch. lég.*, iiᵉ part., *statuts*, iᵉʳ vol., 781.

Compagnonnage, voy. Reims (compagnonnage de).

Compaignie (Constancius). *Arch. adm.*, t. III, 393.

— (Pierre), vinaigrier. *Arch. lég.*, iiᵉ part., *statuts*, iiᵉ vol., 315.

Compains (Robert). *Arch. lég.*, iiᵉ part., *statuts*, iᵉʳ vol., 651.

Compendience concilium, voy. Compiègne (concile de).

Compendii prepositus. *Arch. adm.*, t. II, 280, voy. Compiègne (prévôt de).

Compendio (Rogerus de), clerc de Reims. *Arch. adm.*, t. II, 734.

— (Ruscelinus de). *Arch. adm.*, t. I, 666.

Compendium, vide Compiègne.

Compensi (moulin de). *Arch. adm.*, t. I, 896.

Compertrix (village de). *Arch. lég.*, iʳᵉ part., 878, 915, 919.

Compertrix (prévôt de), voy. Garnier (Jehan).

Compiègne (ville de). *Arch. adm.*, t. I, 64, 260, 374, 427, 465, 511, 573, 585, 587, 588, 589, 953, 1024; t. II, 484, 772, 804, 819, 1124, 1127; t. III, 21, 130, 143, 282, 318, 903. *Arch. lég.*, IIe part., *statuts*, Ier vol., 604, 632, 790, 803; *statuts*, IIe vol., 291; *statuts*, IIIe vol., 265, 533, 557, 579.

— (collège royal de). *Arch. lég.*, IIe part., *statuts*, IIe vol., 726.

— (prévôt de), voy. Compendii prepositus.

Compiègne (élection de). *Arch. lég.*, IIe part., *statuts*, Ier vol., 904.

— (concile de). *Arch. adm.*, t. I, 27, 33, 913, 953; t. II, 12, 597.

— (Jean de), bourgeois de Reims. *Arch. adm.*, t. III, 841.

— (Dupont de). *Arch. lég.*, IIe part., *statuts*, IIIe vol., 391.

Completoria (complies). *Arch. adm.*, t. I, 233, 668; t. II, 183. *Arch. lég.*, Ire part., 270.

Compositio, vide Accordum.

Compositor (arbitre). *Arch. lég.*, Ire part., 187.

Compostellanus, écrits dudit allégués. *Arch. lég.*, Ire part., 128.

Compotus (compte, comput). *Arch. adm.*, t. I, 336, 609, 868; t. II, 364, 385, 931; t. III, 51, 101, 404, 541, 708. *Arch. lég.*, Ire part., 29, 198; IIe part., *statuts*, Ier vol., 152, 161, 405, 559.

Compromissum (compromis). *Arch. adm.*, t. I, 540, 543, 560, 624, 626, 688. *Arch. lég.*, Ire part., 82, 164, 168, 190, 200, 203, 215, 239, 269, 476.

Compte, voy. Compotus, Echevinage de Reims (comptes de l'), Léproseries, Reims (Auditeurs des comptes de).

— (chambre des). *Arch. adm.*, t. I, 528, 531; t. II, 842. *Arch. lég.*, IIe part., *statuts*, IIIe vol., 143.

Comptes (maître des), voy. Billet (Robert).

Compurgator (témoin). *Arch. adm.*, t. I, 624.

Comput, voy. Compotus.

Computatio, voy. Compotus.

Computorum Parisiensium camera, voy. Comptes (chambre des).

Computum, voy. Compotus.

Comte (Roussel le), conseiller municipal. *Arch. lég.*, IIe part., *statuts*, IIIe vol., 659, 660, 665.

— (Charles le), conseiller au parlement. *Arch. lég.*, IIe part., *statuts*, IIe vol., 628.

— (le), major de la milice bourgeoise de Reims. *Arch. lég.*, IIe part., *statuts*, IIe vol., 1030.

— (Tronsson le), capitaine de bourgeoisie. *Arch. lég.* IIe part., *statuts*, IIe vol., 1030; *statuts*, IIIe vol., 660.

— (Mopinot le), capitaine de bourgeoisie. *Arch. lég.*, IIe part., *statuts*, IIe vol., 1030.

— Maréchal (M. le). *Arch. lég.*, IIe part., *statuts*, Ier vol., 581.

Comtes, voy. Alençon (comte d'), Anisy, Artois, Autry, Auxerre, Braine, Beaujeu, Boulainvilliers, Brie, Brioude, Champagne, Charolais, Chigny, Clermont, Comes, Courtaumer, Dreux, Estain, Étampes, Joyeuse, Marigny, Marle, Mont-de-Jeux, Mortain, Noailles, Northampton, Poix, Réthel, Richemont, Roucy, Roussillon, Saint-Pol, Salisbury, Salles, Saltz, Soissons, Tavannes-Vertus, Toulouse, Vaudemont, Vendôme, Vermandois, Warwick, s'érigent en princes souverains. *Arch. lég.*, IIe part., *statuts*, IIIe vol., 628.

— de Champagne (hôtel des). *Arch. adm.*, t. I, 722.

Comtés, voy. Auxerre, Bar-sur-Seine, Beauvais, Châlons, Chiny, Comitatus, Doys, Mâcon, Noyon, Reims (comté de), Réthel, Savoie, Valentinois.

Comtesse, voy. Comitissa, Béthune (comtesse de), Artois (d').

Conagium, voy. Connages.

Concelin, le savetier. *Arch. adm.*, t. II, 694.

Concernantia (fortifications, enceinte). *Arch. adm.*, t. III, 245.

Concha (capella de). *Arch. adm.*, t. I, 326.

Conchiart (J.). *Arch. adm.*, t. II, 623.

— (Erart), élu de Reims. *Arch. adm.*, t. III, 174.

— (Girardot), voy. Cunchiart (Gerart).

Concile, voy. Afrique (concile d'), Agde, Ancyre, Antioche, Arles, Attigny, Bâle, Beauvais, Bourges, Braga, Carthage, Chalcédoine, Châlons, Clermont, Cologne, Compiègne, Constantinople, Douzy, Epaone, Ephèse, Gangres, Hippone, Laodicée, Laon, Latran, Lyon, Meaux, Milan, Milève, Mouson, Neocésarée, Nicée, Noyon, Orléans, Paris, Pavie, Pise, Pitres, Reims, Rome, Saint-Omer, Saint-Quentin, Saint-Thierry, Sardes, Sardique, Senlis, Soissons, Thionville, Tolède, Toul, Tours, Trente, Trèves, Troyes, Turin, Valence, Vannes, Verberie, Verdun, Vienne, voy. Concilium.

— Concile universel, voy. generale concilium. *Arch. adm.*, t. I, 150, 153. Différence entre ledit et les provinciaux et généraux, 186.

Concilium, Vizachii, Trosleium, Sanctæ-Macræ, Montis Sanctæ-Mariæ, voy. Concile.

Concordat (le). *Arch. lég.*, IIe part., statuts, IIe vol., 81.

Concubina (concubine). *Arch. lég.*, Ire part., 117, 440.

Condamine (Antoine-Pierre de la), grand archidiacre de Reims, voy. Lescure.

Condatense capitulum. *Arch. adm.*, t. II, 640.

Condati bannus. *Arch. adm.*, t. I, 329.

Condatium, voy. Condé.

— supra-Maternam, voy. Condé-sur-Marne.

Condato (altar de). *Arch. adm.*, t. I, 254, 274.

— (Molendina de). *Arch. lég.*, IIe part., statuts, Ier vol., 176, 243.

— (prepositus de), voy. Grez (Jacques de).

Condé (Claude de), dame de Coucy-lès-Aipe. *Arch. lég.*, Ire part., 892.

— (Claude de), bourgeois de Reims. *Arch. lég.*, Ire part., 920; IIe part., statuts, IIIe vol., 892.

— (Jehan de), bourgeois de Reims. *Arch. adm.*, t. II, 521? 867; t. III, 128, 486.

— (Lancelot de), bourgeois de Reims. *Arch. lég.*, IIe part., statuts, Ier vol., 781.

— (Berthe de). *Arch. lég.*, IIe part., statuts, Ier vol., 180.

— (seigneur de), voy. Bezannes (N.). *Arch. lég.*, IIe part., statuts, Ier vol., 901.

— (Charles de), bourgeois de Reims. *Arch. lég.*, IIe part., statuts, IIIe vol., 385.

— (Marie de). *Arch. adm.*, t. III, 663.

— (Jesson de), voy. Condé (Jean de).

— (Remy de), bailli de Reims. *Arch. adm.*, t. II, 143.

— (Agnès de). *Arch. adm.*, t. II, 732.

— (Oudet de). *Arch. adm.*, t. II, 667.

— (Rogerus de), 865.

— (Symon de). *Arch. adm.*, t. II, 681; t. III, 619.

— (Paulet de), lieutenant du capitaine de Reims. *Arch. adm.*, t. III, 833, 835, 837, 841, 873, 901.

— (Guilain de), seigneur de Fussigny. *Arch. lég.*, Ire part., 890; IIe part., statuts, Ier vol., 616, 673? 679.

Condé (Guillaume de), conseiller. *Arch.
lég.*, ɪɪᵉ part., *statuts*, ɪᵉʳ vol., 574, 626,
628, 630, 632, 636, 638, 644, 647, 652,
657, 684, 683, 695, 702, 711, 734, 746.
— (ville de). *Arch. adm.*, t. I, 312, 321,
330, 346; t. II, 1065, 1108, 1110;
t. III, 594, 607. *Arch. lég.*, ɪʳᵉ part.,
903 ; ɪɪᵉ part., *statuts*, ɪᵉʳ vol., 167,
168, 169, 170, 175, 176, 665, voy.
Condatum.
— (chapitre de), vide Condatense capitulum.
— (autel de), voy. Condato (altar de).
— (église de). *Arch. adm.*, t. II, 1123.
— -les-Chaumont. *Arch. lég.*, ɪɪᵉ part.,
statuts, ɪᵉʳ vol., 244, 287, 291.
— -les-Vouzy. *Arch. adm.*, t. II, 1114.
— (dîme de), voy. Condeda (decima de).
— -sur-Aisne, *Arch. adm.*, t. II, 726,
886, 1099, 1109; t. III, 57.
— (prévôt de), voy. Condato (præpositus
de).
— (prince de). *Arch. adm.*, t. II, 1040,
1042, 1065. Seigneur de Charleville,
1068, 1069, 1072, 1073, 1074, 1076,
1077, 1087. Suzerain de Brieul-sur-
Meuse, 1092, 1093, 1094, 1095, 1097,
1098, voy. Bourbon (Loys de).
— -lez-Herpy (chapelle de). *Arch. adm.*,
t. II, 1066, 1067.
— -lès-Autry. *Arch. adm.*, t. II, 1099.
— -les-Autry (paroisse de). *Arch. adm.*,
t. II, 1100.
— (ban de), voy. Condati bannus.
— -sur-Suippe. *Arch. lég.*, ɪʳᵉ part., 892.
— -sur-Suippe (seigneur de), voy. Cauchon (Regnault).
— -sur-Aïppe. *Arch. lég.*, ɪʳᵉ part., 900.
— -en-Bassigny. *Arch. lég.*, ɪɪᵉ part., *statuts*, ɪᵉʳ vol., 169.
— -sur-Marne. *Arch. lég.*, t. I, 41, 141,
177, 242? 322? t. III, 601. *Arch. lég.*,

ɪʳᵉ part., 905; ɪɪᵉ part., *statuts*, ɪᵉʳ vol.,
167? 172.
Condé-sur-Marne (seigneurie de). *Arch.
adm.*, t. I, 236.
— -sur-Marne (paroisse de). *Arch. adm.*,
t. II, 1120, 1121, 1123.
— -sur-Marne (chapelle de). *Arch. adm.*,
t. II, 1123.
— -sur-Marne (moulins de), voy. Condato
(molendina de).
Condeda (decima de). *Arch. adm.*, t. I,
330. *Arch. lég.*, ɪɪᵉ part., *statuts*, ɪᵉʳ vol.,
243.
Condeda (curtis de). *Arch. adm.*, t. I, 89.
Condedas, vide Condé.
Condeio (vido de), chanoine de Saint-Denis
de Reims. *Arch. adm.*, t. I, 253.
Condeit-sur-Aisne, voy. Condé.
Condenhove (M. de), seigneur d'Aincreville. *Arch. adm.*, t. II, 1092.
Condeto (parrochia de), voy. Condé-les-
Autry (paroisse de).
— supra Matronam (presbyter de). *Arch.
adm.*, t. II, 1121.
— supra Matronam (parochia de), voy.
Condé-sur-Marne (paroisse de).
— (Johannes de), clerc de Reims. *Arch.
adm.*, t. II, 332, 618, voy. Condé
(Jean de).
— prope Vailliacum (prior de). *Arch. adm.*,
t. II, 634.
— (major de), voy. Gossinus.
— (Pauletus de), chanoine de Reims. *Arch.
lég.*, ɪɪᵉ part., *statuts*, ɪᵉʳ vol., 350, 355,
362, 397.
— (Nicholaus de), canonicus Braquensis.
Arch. adm., t. II, 1044.
— (capellania de), voy. Condé-les-Herpy
(chapelle de).
— (presbyter de). *Arch. adm.*, t. II, 1101.
Condetum supra Aynam, voy. Condé-sur-
Aisne.

Conditio servilis. *Arch. lég.*, ɪ^{re} part., 127, voy. servus.

Conestabulus, voy. connétable.

Confesseurs (somme des). *Arch. adm.*, t. III, 743.

Confessio (confession). *Arch. adm.*, t. I, 223, 262, 555. Doit être faite dans la nef, et avant l'heure du dîner, 647, 668, 1027; t. II, 656. *Arch. lég.*, ɪ^{re} part., 43, 82, 170, 220, 235, 248; ɪɪ^e part., statuts., ɪɪ^e vol., 764.

Confirmatio (confirmation). *Arch. adm.*, t. I, 1112. *Arch. lég.*, ɪ^{re} part., 135, 139.

Confiscatio (confiscation). *Arch. adm.*, t. III, 559. *Arch. lég.*, ɪ^{re} part., 719, 1006, voy. fief (confiscation de).

Conflans (Eustachius de), chanoine de Reims. *Arch. adm.*, t. II, 8. *Arch. lég.*, ɪ^{re} part., 305.

— (village de). *Arch. adm.*, t. II, 860.

— (seigneur de). *Arch. lég.*, ɪɪ^e part., statuts, ɪ^{er} vol., 617.

Confolare (Fouler). *Arch. adm.*, t. II, 879.

Confoulant (baronnie de). *Arch. lég.*, ɪɪ^e part., statuts, ɪɪɪ^e vol., 509.

Confreria (confrérie). *Arch. adm.*, t. I, 674, voy. Reims, Saint-Julien (confréries de).

Congé (droit de). *Arch. lég.*, ɪɪ^e part., statuts, ɪ^{er} vol., 240, 241, voy. congedium.

Congedium (congé). *Arch. adm.*, t. III, 198, 262, 314, 324, 342, 402, 694, 813, 856. *Arch. lég.*, ɪɪ^e part., statuts, ɪ^{er} vol., 404, 900.

Congregatio, voy. Congrégation.

Congrégation, voy. Saint-Maur (congr. de), Chapelains de Reims (congr. de). France, Mission, prieur-curé, Notre-Dame de Reims.

— de Saint-Maur (procureur général de la), voy. Vinet (Jean).

— (supérieur de la), voy. ordre de Saint-Benoît (sup. de).

Congrégation de la Mission (supérieur général de la). *Arch. adm.*, t. II, 1039.

— de France (supérieurs majeurs de la). *Arch. adm.*, t. II, 1039.

Congrelo (abbas de). *Arch. adm.*, t. II, 640.

Conjugium, voy. Maritagium, incestâ conjugia.

Connages (paroisse de). *Arch. adm.*, t. II, 1085, 1089.

— (prêtre de), voy. Connagiis (presbyter de).

— (village de). *Arch. lég.*, ɪ^{re} part., 889, 901, 905.

— (terre de). *Arch. adm.*, t. III, 656.

— (alleu de), voy. Connagio (alodium de).

— (bois de), voy. Connagio (nemus de).

Connagiis (presbyter de). *Arch. adm.*, t. II, 1086.

Connagio (nemus de). *Arch. lég.*, ɪɪ^e part., statuts, ɪ^{er} vol., 182.

— (alodium de). *Arch. lég.*, ɪɪ^e part., statuts, ɪ^{er} vol., 83.

Connais (Frasnetum de). *Arch. adm.*, t. I, 474.

Connétable, voy. France (conn. de), Reims, voy. conestabularius.

Connétablie, voy. Reims (connétablies de).

Connil (Aubri), voy. Connin.

Connin (Aubry), échevin. *Arch. lég.*, ɪɪ^e part., statuts, ɪ^{er} vol., 621, 646, 649, 666, 686, 750, 784.

Connins (Guillemin des). *Arch. adm.*, t. III, 39. *Arch. lég.*, ɪɪ^e part., statuts, ɪ^{er} vol., 249.

Cono, chapelain du comte de Flandre. *Arch. adm.*, t. I, 249.

Conon, évêque de Châlons. *Arch. adm.*, t. I, 872. Légat du saint-siége, 269.

Conort (Jehan), seigneur de Moncel. *Arch. lég.*, ɪ^{re} part., 897.

Conquets. *Arch. lég.*, ɪ^{re} part., 703.

Conradus évêque de Metz et de Spire. *Arch. adm.*, t. I, 495.

— archevêque de Mayence. *Arch. lég.*, iie part., *statuts*, i^{er} vol., 90.

— marquis de Saxe. *Arch. adm.*, t. I, 327.

— roi des Romains. *Arch. adm.*, t. I, 292, 310? 323, 326.

Conrart, mercier de Reims. *Arch. adm.*, t. II, 529.

Conreur (Thiebaut le). *Arch. adm.*, t. II, 698.

Conroi (village de), voy. Courcy.

Consecratio, voy. Virginum consecratio, Ecclesiarum, Regum Francicum.

Consécration, voy. Consecratio.

Consecrationis regum expensæ, voy. sacre (frais du).

Conseil, voy. Reims (cons. de ville de), Échevinage de Reims (conseil de l').

Conseillers, voy. Reims (cons. de), roi (cons. de).

— de Reims (élection des). *Arch. lég.*, iie part., *statuts*, i^{er} vol., 573, 608; *statuts*, iie vol., 541.

Conservateur, voy. étalons (conservateur des).

Consialis, vide Sextarius.

Consolation-des-Mazurs (Notre-Dame de). *Arch. adm.*, t. II, 1094.

Consors (Colart de). *Arch. lég.*, i^{re} part., 485, 517, 553.

Constabularius, vide Droco, Radulphus, Normanniæ, Franciæ, Connétable.

Constance, reine d'Espagne. Efforts de ladite pour faire accepter en Espagne l'office de l'Église de France. *Arch. adm.*, t. I, 110.

Constant, majeur de Saint-Remi de Reims. *Arch. adm.*, t. II, 1141.

— (Jehan), juré du roi. *Arch. lég.*, i^{re} part., 575; iie part., *statuts*, i^{er} vol., 651, 655, 739.

Constant (Martin), maître tonnelier. *Arch. lég.*, iie part., *statuts*, iie vol., 416, 421.

— (Regnault), maître tonnelier. *Arch. lég.*, iie part., *statuts*, iie vol., 417.

— (Nicolas), imprimeur. *Arch. lég.*, iie part., *statuts*, iie vol., 469, 486.

— doyen de l'église de Reims, rétablit l'église de la Trinité et y fonde quatre prébendes. *Arch. adm.*, t. I, 364.

— curé de Saint-Hilaire de Reims. *Arch. adm.*, t. II, 500.

— le soyeur. *Arch. adm.*, t. III, 69.

Constantia, nommée dans l'obituaire de Reims. *Arch. lég.*, iie part., *statuts*, i^{er} vol., 80.

Constantiensis episcopus, vide Sery (Ludovicus de).

Constantii fons. *Arch. adm.*, t. I, 475.

— empereur, voy. Constantius Magnus.

— (le prince). *Arch. lég.*, iie part., *statuts*, iiie vol., 445.

Constantinople (concile de). *Arch. adm.*, t. I, 104, 167, 183.

— (ville de). *Arch. adm.*, t. I, 148.

— (église de). *Arch. adm.*, t. I, 152.

Constantinopolus imperator. *Arch. adm.*, t. I, 613. *Arch. lég.*, iie part., *statuts*, i^{er} vol., 107, voy. Constantinus Magnus.

Constantinus Magnus imperator. *Arch. adm.*, t. I, 104, 226.

— abbé de Micy. *Arch. adm.*, t. I, 201.

Constantius, clerc. *Arch. lég.*, iie part., *statuts*, i^{er} vol., 73, 75? 81? 84, 86, 87? 168, 169.

— decanus. *Arch. lég.*, iie part., *statuts*, i^{er} vol., 115.

— (Hugo), échevin de Reims. *Arch. adm.*, t. I, 251, 260? *Arch. lég.*, iie part., *statuts*, i^{er} vol., 171?

Constantius longobardus , chanoine de Reims. *Arch. adm.*, t. I, 223.

— sous-diacre. *Arch. lég.*; iie part., *statuts*, i^{er} vol., 84.

— puer et canonicus. *Arch. lég.*, iie part., *statuts*, i^{er} vol., 99.

— presbyter. *Arch. adm.*, t. I, 410. *Arch. lég.*, iie part., *statuts*, i^{er} vol., 68, 73, 74, 88.

— chanoine de Saint-Denis de Reims. *Arch. adm.*, t. I, 353. *Arch. lég.*, iie part., *statuts*, i^{er} vol., 73, 82, 117.

Constitutio , vide Clementina.

— provincialis. *Arch. lég.*, i^{re} part., 74.

Consuetudinarius , voy. Sancti-Remigii Consuet.

Consuetudo , t. I, 355. Terræ, 167, 170, 181, 184, 186, 187, 358, 383, 385. Roseti, Remensis ecclesiæ, 389, 392, 398, 399, 404, 405, 413, 418, 419, 424, 427, 428. Registestis, 446, 454, 525, 526, 527, 538, 543, 582, 592, 612, 614, 616, 658, 676, 693, 697. Courcy, 710, 726, 733, 734, 749, 750. Hermondivillæ, 813, 873. Campaniæ, Comitatus, Lupi-Mons, Remensis, Sancti-Remigii; t. II, 297, 884; t. III, 341, 517, 518. Curiæ Remensis. *Arch. lég.*, i^{re} part., 39, 71, 123, 145, 167, 179, 199, 200, 212, 216, 221, 251, 252, 287, 306, 316, 320. Archimonasterii-Remensis, voy. Coutume.

Consuls. *Arch. adm.*, t. I, 693, 726. *Arch. lég.*, i^{re} part., 151 ; iie part., *statuts*, iie vol., 992.

Contagion. Mesures prises à Reims, voy. Reims (consuls de). *Arch. lég.*, iie part., *statuts*, iiie vol., 69, 71, 72.

Contant (G. de). *Arch. adm.*, t. II, 304.

— le serrier. *Arch. adm.*, t. II, 604.

Contart, voy. Preudon.

Contay (Françoise de), dame de Lassigny. *Arch. lég.*, i^{re} part., 890.

— (rue de), voy. Contray.

Conte (Gérart le). *Arch. adm.*, t. II, 550. *Arch. lég.*, i^{re} part., 320.

— (Robert le), sergent du roi. *Arch. adm.*, t. III, 599.

— (J. le), sellier. *Arch. adm.*, t. III, 833.

— (Jehan), voy. Contet.

— (Raoul le), huissier. *Arch. lég.*, i^{re} part., 897.

Conté , femme d'Oudeit de Condé. *Arch. adm.*, t. II, 667.

— (Gerardus le), voy. Conte (Gerard le).

Contencourt , voy. Contescourt.

Contescourt (village de). *Arch. lég.*, i^{re} part., 878.

Contessa, femme de Baudouin de Sont, écuyer. *Arch. adm.*, t. II, 102.

Contesse (Jacques), marguillier de Saint-Gilles. *Arch. lég.*, i^{re} part., 910.

Contet (Jehan), sergent du roi. *Arch. adm.*, t. III, 312, 691, 693, 695, 833. *Arch. lég.*, i^{re} part., 486, 489, 560, 586, 590, 895; iie part., *statuts*, i^{er} vol., 438.

Conteur (Johannes le). *Arch. adm.*, t. I, 925.

Conteyo Sancti-Quintini Belvacensis (prior de). *Arch. adm.*, t. II, 637.

Contiguatio (contiguïté, voisinage). *Arch. adm.*, t. I, 903.

Continuales , vide litteræ.

Contractus (Renaudus) , chanoine. *Arch. lég.*, iie part., *statuts*, i^{er} vol., 51.

Contrapannus, vide Contravadium.

Contra-Rotulator, voy. Contrôleur.

Contravadium (contre-gage). *Arch. adm.*, t. I, 514, 916; t. II, 727.

Contray (quartier de). *Arch. adm.*, t. I, 927.

— (rue de). *Arch. adm.*, t. I, 205, 206; t. II, 555. *Arch. lég.*, i^{re} part., 1057; iie part., *statuts*, iiie vol., 407, 411.

Contressart (sire de), chambellan du roi.

Arch. lég., iie part., *statuts*, i^{er} vol., 767.

Contreuve (paroisse de). *Arch. adm.*, t. II, 1109, 1114.

— (prêtre de), voy. Controviis (presbyter de).

— (église de). *Arch. lég.*, iie part., *statuts*, iiie vol., 682, 713, 714.

— (patronage de), voy. Controviis (patronagium).

— (cure de). La collation de ladite, faite par les coutres de Reims. *Arch. lég.*, iie part., *statuts*, iiie vol., 683. Tombe ensuite à la nomination de l'archevêque, 686, 688, 689, 695, 697, 703, 736.

Contreuves (village de). *Arch. adm.*, t. III, 574. *Arch. lég.*, iie part., *statuts*, i^{er} vol., 70 ; *statuts*, iiie vol., 715.

— (dîme de), voy. Contruviis (décime de).

Contreville (hameau de). *Arch. adm.*, t. II, 1052.

Contribuant, voy. Sacre (contribuants au).

Controlleur, voy. pavé de Reims (contrôleur du).

Controviis (parochia de), voy. Contreuves (parochia de).

— (presbyter de). *Arch. adm.*, t. II, 111.

— (patronagium). *Arch. adm.*, t. II, 1112, 1113.

Contruèves (Champenois de), chevalier. *Arch. adm.*, t. II, 14.

Contrupacensis, in Cameraco abbas. *Arch. adm.*, t. II, 640, voy. Cantimpré (abbé de).

Contruviæ, voy. Contreuves.

Contruviis (decima de). *Arch. lég.*, iie part., *statuts*, i^{er} vol., 79, 104.

Contumax, voy. Contumacia.

Contumacia (contumace). *Arch. adm.*, t. I, 21, 751. *Arch. lég.*, i^{re} part., 23, 33, 46, 143, 152, 165, 170, 385, 392.

Contumacius, voy. Contumax.

Contumax. *Arch. lég.*, i^{re} part., 19, 46, 143, 150, 180, 213, 230, 255, 265, 296, 384, 410.

Conty (prince de), gouverneur et lieutenant général de Champagne. *Arch. lég.*, iie part., *statuts*, iie vol., 464, 666.

Convent (Jehan), lieutenant du bailly du chapitre. *Arch. lég.*, i^{re} part., 571 ; iie part., *statuts*, i^{er} vol., 528, 567, 568, 570, 592, 612, 615, 619, 621, 630, 646, 653, 655, 672, 722.

— (Érart), échevin *Arch. lég.*, iie part., *statuts*, i^{er} vol., 621, 649, 661, 664, 674, 686, 690, 699, 703, 750.

— voy. Conventus.

Conventuales ecclesiæ. *Arch. adm.*, t. I, 787. Sont à la garde de l'archevêque dans le diocèse de Reims, 846.

Conventualis, vide panis.

Conventuelle (messe). *Arch. adm.*, t. I, 204.

Conventus, voy. couvent, Avenaio (conventus de); Argentoles (de), Decanorum (de), Præhella (de), Sygniacensis (de).

Convers, voy. Naudet (le).

— (le), lanceur. *Arch. adm.*, t. II, 538.

Conversa (converse). *Arch. adm.*, t. II, 8. *Arch. lég.*, i^{re} partie, 305.

Conversi (P....), trésorier et chanoine de l'église de Reims. *Arch. adm.*, t. II, 616.

Convois, usages pratiqués anciennement à Reims dans lesdits. *Arch. adm.*, t. I, 724.

Coopello (molendinum de), *Arch. adm.*, 288.

Copelleia. Lieu relevant de l'abbaye de Saint-Remi de Reims. *Arch. lég.*, iie part., *statuts*, i^{er} vol., 171, 175.

Copelliaco (altar de). *Arch. lég.*, iie part., *statuts*, i^{er} vol., 94.

Copenas, bourgeois de Reims. *Arch. adm.*, t. III, 72.

Copertura (couverture). *Arch. adm.*, t. III, 90.

Cope-sac (Albricus), bourgeois de Reims. *Arch. adm.*, t. I, 843, 865.

Copillion (Pierre), greffier des vêtures et Copillon (François), notaire. *Arch. lég.*, iie part., *statuts*, iiie vol., 270.

— (Gérard), notaire. *Arch. lég.*, iie part., *statuts*, iie vol., 566, 712.

— (Pierre), notaire. *Arch. lég.*, i^{re} part., 661, *statuts*, i^{er} vol., 433.

— voy. Colson.

— (Raoul), marchand. *Arch. lég.*, iie part., *statuts*, i^{er} vol., 974.

Copin (Jacobus). *Arch. adm.*, t. II, 1040. *Arch. lég.*, i^{re} part., 258, 260.

Copineau (Jehan), curé de Lisy. *Arch. lég.*, i^{re} part., 883.

— nantissements. *Arch. lég.*, iie part., *statuts*, iiie vol., 254.

Copinus, voy. Copin (Jacobus).

Copitan (Gilles), savetier. *Arch. lég.*, iie part., *statuts*, iie vol., 239.

— (Adam) savetier. *Arch. lég.*, iie part., *statuts*, iie vol., 239.

Coppin (Pierre), curé de Devigny. *Arch. lég.*, i^{re} part., 884; iie part., *statuts*, i^{er} vol., 591.

— (Josse). *Arch. lég.*, iie part., *statuts*, i^{er} vol., 644, 653.

Coquaingne (Pierre), bourgeois de Reims. *Arch. adm.*, t. II, 1124, 1183, 1186; t. III, 69, 71, 72. *Arch. lég.*, iie part., *statuts*, i^{er} vol., 429.

— (Persons), voy. Coquaingne (Pierre).

Coquanbert (Jehan). *Arch. adm.*, t. II, 1187.

Coquangne (Pierre), voy. Coquaingne.

— (Colin). *Arch. adm.*, t. II, 1184, 1186.

Coquard (Jean), voy. Acloquais.

Coque (J. la), voy. Coque (Jehan la).

— (Philippe la). *Arch. adm.*, t. III, 38.

Coque (Rose la). *Arch. adm.*, t. III, 97.

— (Margareta la), religieuse de Presles, t. III, 393, 398.

— (Jehan la), tisserand. *Arch. adm.*, t. II, 269, 368? 371? 376, 692? 824, 830, 831.

— (Jacques la), receveur de l'archevêque de Reims, *Arch. adm.*, t. I, 1115. t. II, 36, 371.

— (Thomas la). *Arch. adm.*, t. II, 124, 552, 765.

— (Simon la), bourgeois de Reims. *Arch. adm.*, t. II, 368, 371.

— (Girardus la). *Arch. adm.*, t. I, 830; t. II, 381.

— (Raoul la). *Arch. adm.*, t. II, 93, 328, 376, 481, 559.

Coquebart (Habertus). *Arch. adm.*, t. II, 208.

Coquebert, échevin de Reims. *Arch. lég.*, iie part., *statuts*, iie vol., 968.

Coquebert (Gérard), capitaine de la milice bourgeoise. *Arch. lég.*, iie part., *statuts*, iie vol., 1014, 1028.

— (Henri), trésorier de France. *Arch. lég.*, iie part., *statuts*, iie vol., 1025.

Coquebin, voy. Jobannon (Bernard).

Coquelet (Herbin), bourgeois de Reims. *Arch. adm.*, t. III, 15, 81, 301, 393, 460. *Arch. lég.*, iie part., *statuts*, i^{er} vol., 677, 689, 748?

— (Colart), le jeune, bourgeois de Reims. *Arch. adm.*, t. III, 84, 249, 339, 831? 832, 834.

— (Gérard). *Arch. adm.*, t. III, 97, 98, 305, 465, 655. *Arch. lég.*, iie part., *statuts*, i^{er} vol., 613.

— (Colin), bourgeois de Reims. *Arch. adm.*, t. III, 249, 690, 692, 831. *Arch. lég.*, iie part., *statuts*, i^{er} vol., 615.

— (Jean), dit la Pinte, échevin. *Arch. adm.*, t. I, 729; t. II, 201, 284, 363, 367,

415, 486, 583, 603, 661, 705, 803, 809.

Coquelet (Jean), bourgeois de Reims, pris et rançonné par les seigneurs de Brienne. *Arch. adm.*, t. II, 127, 139, 153, 160, 250, 321, 328, 396, 410? 481, 559? 572, 581, 800, 992, 663, 800, 992; t. III, 138.

— (Jehennetus), mansionnaire du chapitre de Reims. *Arch. adm.*, t. II, 338.

— (Thomas), échevin. *Arch. adm.*, t. I, 1126; t. II, 60, 230, 299, 337, 393, 480, 487, 507, 603, 805? 826.

— (Jehan), drapier. *Arch. adm.*, t. II, 415, 498, 810? *Arch. lég.*, 1re part., 333.

— (Raoul). *Arch. adm.*, t. II, 604.

— (Colart), échevin. *Arch. adm.*, t. I, 83; t. II, 756, 762, 766, 800, 805, 862, 863; t. III, 14, 41, 51, 96, 97, 98, 104, 835, 839, 841, 888. *Arch. lég.*, IIe part., *statuts*, 1er vol., 527.

— (Thiébault). *Arch. adm.*, t. II, 543, 767, 809.

— (Colardus), alias La Pinte, citoyen de Reims, convaincu d'usure. *Arch. adm.*, t. II, 928.

— (Herbertus). *Arch. adm.*, t. III, 701, 797.

— (Robert). *Arch. adm.*, t. I, 904.

— (Milet), échevin. *Arch. adm.*, t III, 836, 841. *Arch. lég.*, IIe part., *statuts*, 1er vol., 397, 630? 732.

Coquelete (Aelis la). *Arch. adm.*, t. I, 1012.

— (Ponce la). *Arch. adm.*, t. II, 826.

Coqueletus (Petrus). *Arch. adm.*, t. III, 398.

Coquenato (Petrus de). *Arch. adm.*, t. III, 398.

Coquerel de Cruny, voy. Cruny (C. de).

— (Fremyn de), bailli de Vermandois. *Arch. adm.*, t. II, 70, 89, 120, 126, 157, 276, 344, 362. *Arch. lég.*, IIe part., *statuts*, IIIe vol., 28.

Coquerel (Oudart de), citoyen de Reims. *Arch. adm.*, t. III, 332.

— (Ancelot). *Arch. lég.*, 1re part., 898.

Coquereyo (Ludovicus de), vide Essartis (Johannes de).

Coqueron (Jean), échevin. *Arch. adm.*, t. III, 390, 439, 450, 451, 453.

Coqueronne (la). *Arch. lég.*, IIe part., *statuts*, 1er vol., 238.

Coquet (H.), parmentier. *Arch. adm.*, t. II, 827.

— (Marguerite). *Arch. adm.*, t. III, 264, 544, voy. Margota Coquet.

— (Jehan). *Arch. adm.*, t. III, 490.

Coquetel (Poussy). *Arch. lég.*, 1re part., 910.

Coquillart (Guillaume). *Arch. lég.*, 1re part., 650; IIe part., *statuts*, 1er vol., 370, 376, 641; *statuts*, IIe vol., 368.

— (Jehan), receveur à Reims. *Arch. lég.*, 1re part., 865, 897; IIe part., *statuts*, 1er vol., 680; *statuts*, IIe vol., 6.

— (P....), receveur des deniers communaux à Reims. *Arch. lég.*, IIe part., *statuts*, 1er vol., 681, 682.

— (Denys), bourgeois de Reims. *Arch. lég.*, IIe part., *statuts*, 1er vol., 767.

Coquin (Jehan), drapier. *Arch. lég.*, IIe part., *statuts*, 1er vol., 823.

— (Renaudus). *Arch. adm.*, t. I, 643.

— (J.), le jeune, bourgeois de Reims. *Arch. lég.*, IIe part., *statuts*, 1er vol., 777, 780, 796, 837.

Coquo, voy. Rilly (Coquo de).

Coradus, voy. Manre.

Corage (Perrart), cruleur. *Arch. adm.*, t. II, 827; t. III, 107.

— (Ponsart). *Arch. adm.*, t. II, 903.

Corart (Nicholaus), notaire. *Arch. lég.*, IIe part., *statuts*, IIe vol., 642.

Coratinayo (Stephanus de), chanoine de Reims, voy. Courtenayo (Stephanus de).

Corbeau (rue du). *Arch. lég.*, ii* part., *statuts*, i*er* vol., 567. *Arch. adm.* t. I, 80.

Corbeaux (maison aux). *Arch. adm.*, t. III, 369, 382, 823.

Corbegny, voy. Corbeny.

Corbeia, voy. Corbie.

— (Stephanus de), chanoine de Reims. *Arch. lég.*, ii* part., *statuts*, i*er* vol., 96.

Corbeil (ville de). *Arch. lég.*, ii* part., *statuts*, iii* vol., 533.

— (Renaut de), évêque de Paris, voy. Corbolio (Raynaldus de).

Corbeile (village de). *Arch. lég.*, i*re* part., 919.

Corbeium, voy. Corbie.

Corbel (Lambert). *Arch. adm.*, t. II, 162, 495, 644, 806.

— (J....). *Arch. adm.*, t. II, 826.

— (maison au), voy. Corbeaux.

— (Rose). *Arch. adm.*, t. II, 806.

Corbellio. (Corbeille). *Arch. adm.*, t. II, 956.

Corbeny (ville de). *Arch. adm.*, t. I, 69. Donnée par Clotaire à saint Remi, 89, 177, 242, 255, 312, 835, 869. *Arch. lég.*, i*re* part., 876, 902; ii* part., *statuts*, i*er* vol., 169, 233; *statuts*, iii* vol., 32.

— (palais de), voy. Corbiniacum palatium.

— (Robert de), voy. Corbiniaco (de).

— (Guillaume de). *Arch. adm.*, t. III, 127, 249, 253.

— (mairie féodale de). *Arch. lég.*, ii* part., *statuts*, ii* vol., 336.

— (trésorier de). *Arch. lég.*, ii* part., *statuts*, i*er* vol., 203. Voy. Bourgeois (Oudart).

— (prévôt de), voy. Chastelain (Thierry).

Corbeny (prieuré de). Donné par Charles le Simple au monastère de Saint-Remi de Reims. *Arch. adm.*, t. I, 72, 924. *Arch. lég.*, ii* part., *statuts*, i*er* vol., 198, 243, 244, 246, 251, 779.

Corbia, voy. Corbie.

Corbiaus (Guiardus), majeur de Laon. *Arch. adm.*, t. I, 519.

— (Lisiars), sergent du roi. *Arch. adm.*, t. II, 70.

Corbie (ville de). *Arch. adm.*, t. I, 255, 312; t. II, 637.

— (de), homme de loi. *Arch. lég.*, ii* part., *statuts*, iii* vol., 747.

— (Arnaut de), chancelier de France. *Arch. adm.*, t. II, 82, 1171; t. III, 827.

— (Jehan de), conseiller du roi. *Arch. lég.*, ii* part., *statuts*, ii* vol., 10.

Corbin (Jacques), jurisconsulte: traité dudit sur les droits de patronage, allégué. *Arch. lég.*, ii* part., *statuts*, iii* vol., 89.

— (Eustache), perruquier. *Arch. lég.*, ii* part., *statuts*, iii* vol., 192, 193, 194.

Corbiniaco (Robertus de). *Arch. adm.*, t. I, 288, 355.

— (prioratus de), voy. Corbeny (prieuré de).

Corbiniacum palatium. *Arch. adm.*, t. I, 329; voy. Corbeny.

Corbion (village de). *Arch. adm.*, t. II, 1085.

Corbisson (Jehan), sergent du roi. *Arch. lég.*, ii* part., *statuts*, i*er* vol., 589.

Corbolio (Raynaldus de), évêque de Paris. *Arch. lég.*, ii* part., *statuts*, i*er* vol., 82, 117.

— (Renaldus), chanoine de Reims. *Arch. adm.*, t. I, 637.

Corbon (village de), voy. Courboin.

— (paroisse de), voy. Courboin.

Corbon (Villiers de), seigneur d'Ecordal. *Arch. adm.*, t. I, 1109.

Corbonno (parochia de), voy. Courboin (paroisse de).

— Corborio (Reginaldus de), voy. Corbolio (Raynaldus de).

Corbuel (Jehan de). *Arch. adm.*, t. II, 692.

Corceium, voy. Courcy.

Corcellæ juxta Roceium. *Arch. lég.*, iie part., *statuts*, ier vol., 87. *Arch. adm.*, t. I, 74; voy. Courcelles-les-Roucy.

— voy. Courcelles-lès-Louvemont.

Cordelier (Lambert le). *Arch. adm.*, t. III, 395.

— (Jacques le). *Arch. adm.*, t. II, 526; t. III, 283. *Arch. lég.*, iie part., *statuts*, ier vol., 730.

— (Somme de droit canon d'un). *Arch. adm.*, t. III, 743.

— (Pierre). *Arch. lég.*, ire part., 878, 889.

Cordelières (les). *Arch. adm.*, t. II, 504, 519; voy. Yderon (des).

— (quarrel des). *Arch. adm.*, t. II, 535.

— de Reims (abbesse des), voy. Bouironne (Rose la), voy. Cordigerarum Remensium abbatissa.

Cordeliers. *Arch. adm.*, t. I, 525, 1014; t. II, 520; t. III, 213; voy. Reims (cordeliers de).

— (jardin des). *Arch. adm.*, t. I, 80. *Arch. lég.*, iie part., *statuts*, ier vol., 567.

— de Reims (église des). *Arch. adm.*, t. III, 332. *Arch. lég.*, iie part., *statuts*, iie vol., 826.

— (salle des), lieu des assemblées des corps de métiers. *Arch. lég.*, iie part., *statuts*, iie vol., 53.

Cordelle (Gobin). *Arch. adm.*, t. III, 694, 835, 837, 839, 842.

— (Jehan). *Arch. lég.*, iie part., *statuts*, iie vol., 212.

Corderan (sieur de), seigneur d'Auge. *Arch. adm.*, t. II, 1071.

Corderius (Clemens), citoyen de Reims. *Arch. adm.*, t. I, 830, 833, 852.

Cordier (Charles), régisseur de la ferme des vins. *Arch. lég.*, iie part., *statuts*, iiie vol., 222, 223, 614.

— (Gérart le). *Arch. lég.*, ire part., 589.

— (J.), échevin. *Arch. lég.*, iie part., ier vol., 854, 861.

— (Stephanus), procureur. *Arch. lég.*, iie part., *statuts*, ier vol., 803, 918, 934, 937, 940.

— bourgeois de Reims. *Arch. lég.*, iie part., *statuts*, iiie vol., 31.

— (Bernard le). *Arch. adm.*, t. II, 305, 489, 529, 604.

— (Colin le), boucher. *Arch. adm.*, t. II, 604, 986.

— (Jaquemin le). *Arch. adm.*, t. III, 471.

— (Pierre le), marchand. *Arch. adm.*, t. III, 693. *Arch. lég.*, iie part., *statuts*, iie vol., 709.

— concierge. *Arch. lég.*, iie part., *statuts*, iie vol., 858.

— (le), voy. Reims (cordiers de).

— (Jehan), notaire du roi. *Arch. adm.*, t. II, 997, 1133 ?

— (P. le), dit Grand-Dieu. *Arch. adm.*, t. III, 9, 692 ?

— voy. Reims (cordiers de).

Cordiers de Reims (statuts des). *Arch. lég.*, iie part., *statuts*, iie vol., 211, 213, 215.

Cordigerarum Remensium domus, voy. Reims (cordelières de).

— Bisuntinensium collegium. *Arch. adm.*, t. III, 770.

Cordigerarum Remensium abbatissa. *Arch. adm.*, t. III, 784.

Cordin (G.... le). *Arch. lég.*, IIe part., *statuts*, Ier vol., 770.

Cordonnerie, voy. Reims (cordonnerie de).

Cordonnier (Henry le). *Arch. adm.*, t. II, 675.

— (André le). *Arch. adm.*, t. III, 489.

— (Jacques le). *Arch. adm.*, t. II, 530.

— (Roart le), receveur des tailles. *Arch. adm.*, t. II, 250, 270, 700.

— (rue des). *Arch. adm.*, t. I, 776.

— voy. Reims (cordonniers de).

Cordonniers de Reims (statuts des). *Arch. lég.*, IIe part., *statuts*, IIe vol., 240, 248.

Corée (Thiébaut). *Arch. adm.*, t. I, 742 ; t. II, 12, 424; t. III, 98, 249.

— (Girardus), citoyen de Reims, voy. Coret (Gerardus).

— (Guichart), échevin de Reims. *Arch. adm.*, t. II, 11, 13.

— (Raulin). *Arch. adm.*, t. II, 700.

— (J.) *Arch. adm.*, t. III, 150.

Corepiscopi, voy. Aderoldus, Richardus.

Coret (Gerardus), citoyen de Reims. *Arch. adm.*, t. I, 1180 ; t. II, 1249.

Corfaus, voy. Bues (Oudinus).

Corgny (lieu de). *Arch. adm.*, t. I, 270.

Corin (Jehan). *Arch. adm.*, t. I, 919.

Corlandon (hospitalis de), voy. Courlandon.

Corlandonum, voy. Courlandon.

Cormery, conseiller du roi. *Arch. adm.*, t. II, 1216.

Cormicy (Oudardus de). *Arch. adm.*, t. I, 887.

— (forteresse de). Bâtie par Henry de France, archevêque de Reims. *Arch. adm.*, t. I, 12. *Arch. lég.*, IIe part., *statuts*, Ier vol., 626.

Cormicy (curé de), voy. Soreau (Augustin).

— (clercs de). *Arch. adm.*, t. II, 481.

— (échevins de), voy. Luydel le Pelé, Morel.

— (chapelain de). *Arch. adm.*, t. II, 105, 1061.

— (paroisse de). *Arch. adm.*, t. II, 1058.

— (prêtres de). *Arch. adm.*, t. II, 1059

— (Martin de), clerc de Reims. *Arch. adm.*, t. I, 810, 914 ; t. II, 481.

— (commune de). *Arch. adm.*, t. I, 863.

— (Miles de), écuyer. *Arch. adm.*, t. I, 972.

— (garenne de). *Arch. adm.*, t. II, 752.

— (prévôté de). *Arch. adm.*, t. III, 356, 407, 415, 424.

— (fours banneaux de). *Arch. adm.*, t. III, 662.

— (châtellenie de). *Arch. adm.*, t. II, 285, 883 ; t. III, 404, 417. *Arch. lég.*, Ire part., 607, 875, 909, 702 ; IIe part., *statuts*, IIIe vol., 43.

— (ville de). *Arch. adm.*, t. I, 9, 252, 275, 383, 412, 414, 447, 527, 566, 567, 860 ; t. II, 72, 293, 574, 771, 834, 836, 839, 883, 1056; t. III, 146, 249, 277, 401, 418, 426, 653, 789. *Arch. lég.*, Ire part., 754, 879, 905 ; IIe part., *statuts*, Ier vol., 108, 478, 483, 604, 680, 681, 687, 696, 715, 716, 804, 812, 883, 889; *statuts*, IIe vol., 422 ; *statuts*, IIIe vol., 43, 392.

— (autel de). *Arch adm.*, t. I, 218. voy. Culmisiaco (altar de).

— (Radulphus Scoticus de). *Arch. adm.*, t. I, 860.

— (territoire de). *Arch. lég.*, IIe part., *statuts*, Ier vol., 92.

— (vin de). *Arch. adm.*, t. I, 1056.

Cormissiaco (territorium de), voy. Cormicy (territoire de).

Cormissiacum, voy. Cormicy (village de).

Cormissy, voy. Cormicy.

Cormont (J....), bourgeois de Reims. *Arch. lég.*, II⁰ part., *statuts*, Iᵉʳ vol., 777.

Cormontreuil (Jaquet de). *Arch. adm.*, t. I, 961.

— (Herbert de). *Arch. adm.*, t. II, 74.

— (église de), voy. Curtemonasterioli (ecclesia de).

— (village de), voy. Cormonstrelium. *Arch. adm.*, t. I, 430, 1090; t. II, 341, 757, 1047, 1117, 1141; t. III, 100, 282, 621, 624, 627. *Arch. lég.*, Iʳᵉ part., 754, 881; 905, 909; II⁰ part., 963, *statuts*, Iᵉʳ vol. , 172, 174, 177, 182, 619, 693, 909; III⁰ vol. , 783, 785, 787, 790.

— (pêcherie de). *Arch. adm.*, t. I, 444, 445.

— (moulin de). *Arch. adm.*, t. II, 551; t. III, 52. *Arch. lég.*, II⁰ part., *statuts*, Iᵉʳ vol., 185.

— (terroir de). *Arch. lég.*, II⁰ part., *statuts*, Iᵉʳ vol., 238.

— (maire de), voy. Levesque (R.).

Cormoyeux (seigneur de). *Arch. adm.*, t. II, 1052.

— (paroisse de). *Arch. adm.*, t. II, 1054 ; voy. Courmoyer.

— *Arch. lég.*, Iʳᵉ part., 905; voy. Courmoyeux-près-Romery.

— (prêtre de), voy. Cormoyer.

Cormunt (Wido de). *Arch. lég.*, II⁰ part., *statuts*, Iᵉʳ vol., 166.

Cornaco (parrochia de), voy. Cornay (paroisse de).

— (capellania de). *Arch. adm.*, t. II, 1097.

— (villa de), voy. Cornay (village de).

Cornailles (maisons aux), voy. Corbeaux.

Cornay (Millet de), écuyer. *Arch. adm.*, t. II, 532.

Cornay (paroisse de). *Arch. adm.*, t. II, 1095, 1096.

— (chapellenie de), voy. Cornaco (capellania de).

— (baron de), seigneur de Marcq. *Arch. adm.*, t. II, 1097; voy. Poully (M. de).

— (village de). *Arch. adm.*, t. II, 1097.

Corne (Gérart la) de Saint-Pierremont, bourgeois de Reims. *Arch. adm.*, t. III, 39.

Corne-de-Cerf (rue de la). *Arch. lég.*, II⁰ part., *statuts*, III⁰ vol., 419.

Corneium, voy. Corgny.

Cornelia Lex. *Arch. lég.*, Iʳᵉ part., 408.

Cornellis (Johannes de) *Arch. adm.*, t. III, 394.

Cornet (baron de), voy. Cornay.

— (Antoine), bailly de M. de Neesle. *Arch. lég.*, Iʳᵉ part., 888, 896, 913.

— (J.). *Arch. lég.*, II⁰ part.; *statuts*, II⁰ vol., 253.

Cornette, habitant de Muyre. *Arch. adm.*, t. II, 895.

— (Guillaume), tondeur de drap. *Arch. lég.*, II⁰ part., *statuts*, II⁰ vol., 390, 392.

— (Robert), tondeur de drap. *Arch. lég.*, II⁰ part. , *statuts*, II⁰ vol. , 390.

— (Jacques), tondeur de drap. *Arch. lég.*, II⁰ part. , *statuts*, Iᵉʳ vol., 885 ; *statuts*, II⁰ vol., 392.

— (Nicolas), tondeur de drap. *Arch. lég.*, II⁰ part. , *statuts*, II⁰ vol., 394.

— (Antoine), tondeur de drap. *Arch. lég.*, II⁰ part. , *statuts*, II⁰ vol., 395.

— (Guillaume), chaudronnier. *Arch. lég.* II⁰ part., *statuts*, III⁰ vol., 101.

— (Didier), chaudronnier. *Arch. lég.*, II⁰ part., *statuts*, III⁰ vol., 101.

— (Jean-Baptiste), perruquier. *Arch. lég.*, II⁰ part. , *statuts*, III⁰ vol., 193.

Cornetus, vide Mons.

Corneyo (Johannes de), tourrier de N.-D.

de Reims. *Arch. lég.*, iie part. , *statuts*, i^{er} vol., 88, 119?

Cornie (femme la). *Arch. adm.*, t. II, 492.

Cornouaille (roi de), voy. Westin.

— (seigneur de), voy. Rost (Robert).

Cornu (Th.). *Arch. adm.* , t. II, 303.

— (Antoine). *Arch. lég.*, iie part., *statuts*, iie vol., 265.

— (Jean le). *Arch. lég.*, iie part. , *statuts*, iie vol., 336.

— (Toussaint), maître-charron. *Arch. lég.*, iie part. , *statuts*, i^{er} vol., 930.

— (Gombert-Nicolas), cabaretier. *Arch. lég.*, iie part. , *statuts*, iiie vol., 308 , 311, 326, 339.

— (Gombert), ajusteur de monnaies. *Arch. lég.*, iie part. , *statuts*, iiie vol., 187.

Cornufle, voy. Buiron (Oudart).

Corny (village de). *Arch. lég.*, i^{re} part., 888.

Corny-la-Ville. *Arch. adm.*, t. II, 1082.

— (église de). *Arch. adm.*, t. II, 1103.

Corona, voy. Tonsura, Franciæ Corona, Couronne.

Coronæ Franciæ Heredtagium. *Arch. adm.*, t. III, 192 ; voy. Couronne (apanage de la).

Coronamentum, voy. Couronnement.

Coronatio, voy. Couronnement.

Coronationis expensa, voy. Sacre (frais du).

Coronationis tallia. *Arch. adm.*, t. I, 1036, 1053.

Coronationis prandium, voy. Couronnement (festin du).

Corpelet (Noël), procureur. *Arch. lég.*, iie part., *statuts*, iie vol., 592.

Corpora, vide Mortuorum , Sanctorum Corpora.

Corporalis, vide Fides.

Corporalium (corporal). *Arch. adm.*, t. I, 222.

Corpore (homo de). *Arch. lég.*, i^{re} part., 230, 338.

Corpore (femina de). *Arch. adm.*, t. I, 803. *Arch. lég.*, i^{re} part., 230.

Corps de Notre-Seigneur, voy. Corpus Domini.

— (femme de), voy. Corpore (femina de).

— (homme de), voy. Corpore (homo de).

— de ville, voy. Reims (corps de ville de).

— (J.... le). *Arch. lég.* , iie part., *statuts*, i^{er} vol., 655.

— voy. Rivière (de).

— de Jésus-Christ (serment sur le). *Arch. lég.* , iie part., *statuts*, i^{er} vol., 927.

Corpus, voy. Christi.

Corquebert (Gérard), voy. Cocquebert.

Corrardus , chanoine de Sainte-Nourrice de Reims. *Arch. lég.*, iie part., *statuts*, i^{er} vol., 106.

Correcl (lieu de). *Arch. lég.*, iie part. , *statuts*, i^{er} vol., 107.

Correta. *Arch. adm.*, t. III, 90.

Corretarius (courtier). *Arch. adm.*, t. III, 98.

Correllus (Giletus). *Arch. adm.*, t. I, 812.

Corrier (Josse), marchand. *Arch. lég.*, iie part., *statuts*, i^{er} vol., 944.

Corrigia (ceinture de cuir). *Arch. adm.*, t. I, 449, 927.

Corroyeur, voy. Reims (corroyeurs de).

Corseur, voy. Lambin (le).

Cortigniaco (Johannes de), archiepiscopus, voy. Courtenay (Jean de), archevéque de Reims.

Cortina (tenture). *Arch. adm.* , t. I, 379, 508. *Arch. lég.*, iie part. , *statuts*, i^{er} vol., 80.

Cortoisour (prévôté de). *Arch. lég.* , iie part., *statuts*, i^{er} vol., 183.

Cortesmont, voy. Courtemont.

Corvaillant (Jehan). *Arch. lég.*, i^{re} part., 493, 519, 534.

Corval (Charles de), seigneur de Mayencourt. *Arch. lég.*, i^{re} part., 894.

Corvata, voy. Corvée.

Corvée, *Arch. adm.*, t. I, 278, 366, 911 ; t. II, 100, 102. *Arch. lég.*, IIᵉ part., *statuts*, Iᵉʳ vol., 868, 887.

Corveia, voy. Corvée.

Corvile, lieu des environs de Reims. *Arch. lég.*, IIᵉ part., *statuts*, Iᵉʳ vol., 106.

Corvizard (René), notaire à Alligny. *Arch. lég.*, IIᵉ part., *statuts*, IIIᵉ vol., 269.

— (Ponce), notaire. *Arch. lég.*, IIᵉ part., *statuts*, IIIᵉ vol., 269.

Corvolio (Gaufridus de), chanoine de Reims. *Arch. adm.*, t. II, 475.

Cosialis, vide Bladus.

Cosla, voy. Coslé.

— (abbatia de), donnée par l'archevêque Artaldus à l'abbaye de Saint-Remi de Reims. *Arch. adm.*, t. I, 88.

— Curtis (Caulaincourt?). *Arch. adm.*, t. I, 89, 90, 203, 313, 326.

Cosle (prieuré de). *Arch. adm.*, t. I, 5. Rétabli par l'archevêque de Mayence, *ibid.*, 88.

— (abbaye de), voy. Cosla (abbatia de).

Cosmes (hameau de). *Arch. adm.*, t. II, 1077.

Cosmydin, voy. Sancta Maria (de).

Cossart, annotateur, allégué au sujet d'un synode du diocèse de Reims. *Arch. adm.*, t. I, 98, 549.

— (Hugo), chevalier. *Arch. adm.*, t. I, 292, 294, 295, 305. *Arch. lég.*, IIᵉ part., *statuts*, Iᵉʳ vol., 97.

— (Robertus), chevalier. *Arch. adm.*, t. I, 305.

Cossé (marquis de), seigneur d'Evigny. *Arch. adm.*, t. II, 1076, 1108 ? 1109 ?

Cossée, femme de Fourques de Bourgogne. *Arch. adm.*, t. I, 908, 960.

— femme de Remi le Keue. *Arch. adm.*, t. I, 1125, t. II, 908.

Cosset-Brisacq, voy. Cossé.

Cossières (curé de), voy. Manesse (Jacques).

Cossin (Louis), menuisier. *Arch. lég.*, IIᵉ part., *statuts*, IIᵉ vol., 359.

Cosson (Jacques), conseiller du roi. *Arch. adm.*, t. III, 731, 770.

— (Baudenet le), sergent de la baillie de Reims. *Arch. adm.*, t. II, 701.

— (terre de). *Arch. adm.*, t. II, 1055.

— (château de). *Arch. adm.*, t. II, 1055.

— (Johannes), dit d'Orléans. *Arch. adm.*, t. III, 504.

Costeau (Nicolas), maître maçon. *Arch. lég.*, IIᵉ part., 490.

Costeil (Thomas), tailleur de robes du roi. *Arch. adm.*, t. II, 327.

Costel, voy. Brun.

Costereaux (les), cruautés commises par lesdits sur les Rémois durant les démêlés du comte de Champagne et de l'archevêque Henry de France. *Arch. adm.*, t. I, 369, 370.

Cosurnicus, voy. Cesurnicus.

Cot, voy. Buiron Thomasset (le).

Cotereaux, voy. Costereaux.

Cothereau (Philippe), notaire du roi. *Arch. lég.*, IIᵉ part., *statuts*, IIᵉ vol., 181.

Cottes (cense des), située à Crugny. *Arch. adm.*, t. I, 529. *Arch. lég.*, IIᵉ part., *statuts*, Iᵉʳ vol., 232.

— (officier des). *Arch. lég.*, IIᵉ part., *statuts*, Iᵉʳ vol., 212, 251, voy. Collet (Jean),.

Cotton (le P.), jésuite, confesseur de Henri IV. Lettres patentes obtenues par ledit pour l'établissement des jésuites à Reims. *Arch. lég.*, IIᵉ part., *statuts*, IIᵉ vol., 648.

Couardan (Guillaume de). *Arch. adm.*, t. I, 968.

Couarde (Pierre de), écuyer. *Arch. lég.*, Iʳᵉ part., 920.

Couart (Jean), curé de Vincy. *Arch. lég.*, i^re part., 886.

Couceyo (presbyter de). *Arch. adm.*, t. II, 1105, voy. Coucy.

— (patronagium de). *Arch. adm.*, t. II, 1106.

Conciaco (Enguerrannus de). *Arch. adm.*, t. I, 502.

— (Thoma de). *Arch. adm.*, t. I, 540.

Coucy (gouverneur de), voy. Bayencourt (Antoine de).

— (lieutenant général de), voy. Lefèvre (Nicolas), Lefèvre (Christophe).

— (prévôt de), voy. Saint-Quentin (Jacques de).

— (château de). *Arch. adm.*, t. I, 56, 269, 322, 352, 464 ; t. III, 601. *Arch. lég.*, i^re part., 886 ; iie part., *statuts*, i^er vol., 241 ; *statuts*, iie vol., 411.

— (Thomas de), voy. Couciaco (Thoma de).

— (Enguerrand de), voy. Couciaco (Enguerrannus).

— -la-Ville. *Arch. lég.*, i^re part., 885, 899, 917 ; iie part., *statuts*, i^er vol., 167, 478, 706, 904 ; *statuts*, iie vol., 21 ; *statuts*, iiie vol., 21, 269.

— (curé de), voy. Maufroy (Hilaire).

— -lez-Aipe. *Arch. lég.*, i^re part., 892, 900.

— -lez-Aipe (dame de), voy. Condé (Claude de).

— (ville de), voy. Coucy-la-Ville.

— (Jehan de), clerc. *Arch. adm.*, t. II, 483, 496, 603, 764, 769 ; t. III, 870. *Arch. lég.*, iie part., *statuts*, iie vol., 265.

— (rue de). *Arch. adm.*, t. II, 501.

— (Raoul de), abbé de Bonnefontaine. *Arch. lég.*, i^re part., 879, 889 ?

— (M. de), seigneur de Poilcourt. *Arch. adm.*, t. II, 1064, 1109 ; t. III, 310, 594, 598.

Coucy (Jacques de), seigneur de Chemery. *Arch. lég.*, i^re part., 889.

— (paroisse de). *Arch. adm.*, t. II, 1103, 1104.

— (patronage de), voy. Couceyo patronagium.

— (Hurtaut de), bourgeois de Reims. *Arch. adm.*, t. III, 465.

— (Robert de), abbé de Foisny. *Arch. lég.*, i^re part., 879.

— (Saint-Sauveur de), voy. S. Sauveur.

— (seigneurs de), voy. Cuvillières (Jehan de), Descannevelle (Jean), Couciaco (Enguerrannus de), Couciaco (Thoma de).

Couffin (terre de). *Arch. adm.*, t. II, 555.

Couhan (terre de), unie au temporel de l'archevêque de Reims. *Arch. adm.*, t. III, 305.

Couillart (le), sorte d'engin. *Arch. lég.*, iie part., *statuts*, i^er vol., 613, 644, 654.

Couillé (A....), bourgeois de Reims. *Arch. lég.*, iie part., *statuts*, i^er vol., 862.

Couillebaut (Husson), mercier. *Arch. adm.*, t. III, 842.

Couille-Mole, voy. Châlons (J. de).

Couillery (Ernoul de). *Arch. adm.*, t. II, 80, 149, 349.

Couillet (P....), bourgeois de Reims. *Arch. adm.*, t. III, 831.

— (Jehan). *Arch. lég.*, i^re part., 501.

— (Erart). *Arch. lég.*, i^re part., 531.

— (S....), bourgeois de Reims. *Arch. lég.*, iie part., *statuts*, i^er vol., 870.

Couillon (Henricus), dit le Grand Guiot. *Arch. adm.*, t. III, 432, 436, 439.

Couissiaco cluniacensis (prior de), voy. Cuissy (prieur de).

Coulaincourt (Jehan de). *Arch. lég.*, i^re part., 894.

v

Coulebaut, (Estienne), curé d'Amye-Fontaine. *Arch. lég.*, i^{re} part., 883.

Coulegis (village de). *Arch. lég.*, i^{re} part., 879.

Goulepuis (colessonus). *Arch. adm.*, t. III, 346.

Goulevagnier (village de). *Arch. lég.*, i^{re} part., 919.

Coulier (Aubri le). *Arch. adm.*, t. III, 766.

Coulis (Petrus), sergent du roi. *Arch. adm.*, t. II, 157, 160.

Coullans (Hugo de), maréchal de Champagne. *Arch. adm.*, t. I, 935.

— (Jehan de). *Arch. adm.*, t. II, 14, 318.

Goullon (Pierre), drapier. *Arch. lég.*, iie part., statuts, iie vol., 369, 373.

Goulmart (Herbin). *Arch. lég.*, iie part., statuts, iie vol., 315.

Coulommes. *Arch. adm.*, t. I, 242, 270, 312, 329, 525, 1089, 1090; t. II, 1052; t. III, 109, 416, 426, 601, 652. *Arch. lég.*, iie part., statuts, i^{er} vol., 167, 168, 175, 247; statuts, iie vol., 406

— (parochia de), voy. Coulommes-les-Attigny (paroisse de).

— (four de). *Arch. adm.*, t. III, 408.

— (dîme de). *Arch. lég.*, iie part., statuts, iie vol., 406.

— (presbyter de). *Arch. adm.*, t. II, 1052, 1111.

— (Guérin de), portier. *Arch. adm.*, t. III, 757.

— (Hennequin de). *Arch. adm.*, t. III, 837.

— (J. de), clerc de la chambre de Saint-Remi. *Arch. lég.*, iie part., statuts, i^{er} vol., 249.

— —en-la-Montagne, voy. Coulommes-lez-Reims.

Coulommes-la-Montagne (parochia de). *Arch. adm.*, t. II, 1052.

— -lez-Attigny. *Arch. adm.*, t. II, 1109; t. III, 417, 661. *Arch. lég.*, i^{re} part., 875, 903, 905, 909.

— (paroisse de). *Arch. adm.*, t. II, 1111.

— -lez-Reims. *Arch. lég.*, i^{re} part., 754, 876, 903, 905, 911? iie part., statuts, i^{er} vol., 795; statuts, iie vol. 276; statuts, iiie vol., 35.

Coulommiers (ville de). *Arch. lég.*, iie part., statuts, i^{er} vol., 243.

Coulomois (Jehan). *Arch. lég.*, iie part., statuts, i^{er} vol., 635.

Coulon (Th.), pelletier. *Arch. adm.*, t. II, 824.

— (Jehan), chanoine de Paris. *Arch. adm.*, t. III, 749.

— (Huguet). *Arch. adm.*, t. II, 913.

Coulongnes-en-la-Montagne (village de), voy. Coulommes-lez-Reims.

Coulumeulx-lez-Caurel (village de). *Arch. lég.*, i^{re} part., 876.

Counhardy (Pierre de), conseiller du roi. *Arch. lég.*, iie part., statuts, i^{er} vol., 814.

Coupecouille, bourgeois de Reims. *Arch. adm.*, t. II, 1188.

Coupeit (Perron). *Arch. adm.*, t. I, 768.

Coupet (village de). *Arch. lég.*, i^{re} part., 903.

Coupeville (Henri de). *Arch. adm.*, t. III, 660.

— -lez-Ormes (village de). *Arch. lég.*, i^{re} part., 919.

Coupez-sur-Cosle (village de). *Arch. lég.*, i^{re} part., 919.

Cour, voy. Curia, Rome (cour de), Chrestienté, Reims, Notre-Dame de Reims, Archidiacre de Reims, Laon, Reims (cour spirituelle de), Salins, Officialité de Reims.

— de Reims (coutumes de la), voy. Curiæ Remensis consuetudines.

Cour Notre-Dame de Reims (prison de la), *Arch. adm.*, t. II, 1192. *Arch. lég.*, ɪʳᵉ part., 571; voy. Curtis Beatæ Mariæ carcer.

— (M. de la), seigneur de Villiers-devant-Dun. *Arch. adm.*, t. II, 1092. *Arch. lég.*, ɪɪᵉ part., *statuts*, ɪɪᵉ vol., 635.

—-Renault (fief de la). *Arch. adm.*, t. II, 1442.

Courage (Ponsart), voy. Ponsardus.

— (Herbert), procureur de Saint-Symphorien de Reims. *Arch. adm.*, t. II, 674, 678, 1039.

Couraille (Johannes), échevin. *Arch. adm.*, t. II, 733.

Courant (Pierre). *Arch. lég.*, ɪɪᵉ part., *statuts*, ɪɪᵉ vol., 239

Courbe (J. de la), sergent d'armes du roi. *Arch. adm.*, t. III, 290.

Courbetau (village de). *Arch. lég.*, ɪʳᵉ part., 894.

Courbeville (J.). *Arch. adm.*, t. II, 486.

Courboin (village de). *Arch. adm.*, t. II, 1099.

— (paroisse de). *Arch. adm.*, t. II, 1109.

Courbon (Ysabiaux de). *Arch. adm.*, t. I, 1014.

— (presbyter de). *Arch. adm.*, t. II, 1112.

Courboneyo S. Remigii Remensis (prior de). *Arch. adm.*, t. II, 635.

— voy. Courboin.

Courbonno (Johannes Ludovicus de), écuyer. *Arch. adm.*, t. II, 411.

Courcelance, faubourg de Reims. *Arch. adm.*, t. I, 567, 568 ; mouvant de l'archevêque, t. I, 954; t. II, 495; t. III, 578.

— (damoiseau de). *Arch. adm.*, t. II, 558.

— (fief de). *Arch. adm.*, t. II, 716.

— voy. Courcelancy.

Courcelancium, voy. Courcelance.

Courcelancy (maison de). *Arch. adm.*, t. III, 379. *Arch. lég.*, ɪɪᵉ part., *statuts*, ɪᵉʳ vol., 104.

— (Guido de), miles. *Arch. adm.*, t. I, 567.

— (terra de). *Arch. lég.*, ɪɪᵉ part., *statuts*, ɪᵉʳ vol., 78.

Courcella juxta Remos, voy. Courcelles-les-Reims.

Courcelles (Colart de), écuyer. *Arch. adm.*, t. III, 147, 162.

— (R. de). *Arch. adm.*, t. III, 48, 49.

— (terre de), voy. Curcellis (terra de).

— (Alleu de), voy. Curcellis (alodius de).

— (Ph.... de), capitaine de Reims. *Arch. lég.*, ɪɪᵉ part., *statuts*, ɪᵉʳ vol., 853.

— (Gobin de). *Arch. adm.*, t. III, 49.

— (Agnès de). *Arch. adm.*, t. I, 1016.

— (Amelos de). *Arch. adm.*, t. II, 558.

— -lez-Roucy, voy. Corcellæ juxta Roceium.

— -dessus-Bourg (village de). *Arch. adm.*, t. III, 630.

— -lez-Reims (village de). *Arch. adm.*, t. I, 8, 227, 228, 1089; t. II, 105, 328, 334, 399, 554, 1046; t. III, 161, 281, 582, 872. *Arch. lég.*, ɪʳᵉ part., 754, 876, 901, 905; ɪɪᵉ part., *statuts*, ɪᵉʳ vol., 65, 165, 619; *statuts*, ɪɪɪᵉ vol., 31.

— -lez-Reims (mairie de). *Arch. adm.*, t. II, 383.

— -lez-Ronnay (ville de). *Arch. lég.*, ɪʳᵉ part., 754, 902, 905.

— -lez-Romain, voy. Courcelles-lez-Ronnay.

— -as-Porions (village de). *Arch. adm.*, t. I, 1090; t. II, 319.

— -lez-Ausson (ville de). *Arch. adm.*, t. III, 627.

— -lez-Louvemont (village de). *Arch. lég.*, ɪɪᵉ part., *statuts*, ɪᵉʳ vol., 169.

Courcellet (Renaud), prévôt des amendes à Betheniville. *Arch. adm.*, t. III, 413.

Courceyo (Houduinus de). *Arch. adm.*, t. I, 887.

— (presbyter de). *Arch. adm.*, t. II, 1059.

— (parochia de). *Arch. adm.*, t. II, 1058.

Courceyum, voy. Courcy.

Courcy (J. de), voy. Courcy (Jehan-Hurtaut de).

— (chemin de). *Arch. adm.*, t. II, 553.

— (autel de), voy. Curceyo (altar de),

— (chevalier de). *Arch. adm.*, t. II, 808.

— (mansionarii de). *Arch. adm.*, t. I, 704, 887.

— (mensura de). *Arch. adm.*, t. I, 705.

— (consuetudines de), *Arch. adm.*, t. I, 705.

— (territorium de). *Arch. adm.*, t. I, 708.

— (homines de), voy. Courcy (mansionarii de).

— (village de). *Arch. adm.*, t. I, 1090; t. II, 1057; t. III, 597. *Arch. lég.*, 1re part., 754, 901, 905; 11e part., *statuts*, 1er vol., 66, 718; *statuts*, 111e vol., 963.

— (rue de). *Arch. adm.*, t. II, 250.

— (paroisse de), voy. Courceyo (parrochia de).

— lez-Reims. *Arch. adm.*, t. III, 594. *Arch. lég.*, 11e part., *statuts*, 111e vol., 93, 684, 721.

— (Jehan Hurtaut de), bourgeois de Reims. *Arch. adm.*, t. II, 299? t. III, 655, 420? 421? 655, 663?

— (curé de). *Arch. lég.*, 1re part., 888; 11e part., *statuts*, 111e vol., 680, 696.

— -l'Abbaye (village de). *Arch. lég.*, 11e part., *statuts*, 1er vol., 693.

— (vin de). *Arch. lég.*, 11e part., *statuts*, 111e vol., 721, 737.

Courdel (Perrart), tonnellier. *Arch. adm.*, t. II, 550.

Courdemanche (templariorum domus de). *Arch. adm.*, t. II, 635.

Couretière, voy. Sezille (la).

Coureyo (Johannes Miletus de). *Arch. adm.*, t. III, 435.

Courgenay (village de). *Arch. adm.*, t. I, 1089, *Arch. lég.*, 1re part., 919.

Courget (Herbelotus). *Arch. adm.*, t. III, 769.

Courguilleret (A. de), chanoine de Reims. *Arch. lég.*, 11e part., *statuts*, 1er vol., 780.

Courguyer. voy. Courgenay.

Courlandon (ville de). *Arch. adm.*, t. II, 1056; t. III, 131. *Arch. lég.*, 1re part., 497; 11e part., *statuts*, 1er vol., 663; voy. Corlandonum.

— (Bernart de), bourgeois de Reims. *Arch. adm.*, t. III, 81, 240.

— (Nicolas de), voy. Curtelandonis (Nicholaus de).

— (Perart de). *Arch. adm.*, t. III, 81.

— (Guillaume de), sergent du bailliage de Reims. *Arch. adm.*, t. III, 312, 691, 796.

— (parochia de), voy. Courlandono (parochia de).

— (forteresse de). *Arch. adm.*, t. III, 157.

— (Petit-Dieu de). *Arch. lég.*, 1re part., 567.

— (hôpital de). *Arch. adm.*, t. III, 579.

— (prêtre de), voy. Courlandono (presbyter de).

Courlandono (parochia de). *Arch. adm.*, t. II, 1057, 1060.

— (presbyter de). *Arch. adm.*, t. II, 1057.

Courlet (Jesson). *Arch. lég.*, 1re part., 910.

Courliéges (Robertus). *Arch. adm.*, t. I, 519.

— (Guillermus). *Arch. adm.*, t. I, 519.

Courligis (village de). *Arch. lég.*, Iʳᵉ part., 899.

Courmartin-près-Caurel (village de). *Arch. lég.*, Iʳᵉ part., 876.

Courmas (village de). *Arch. adm.*, t. I, 1089; t. II, 1055. *Arch. lég.*, IIᵉ part., *statuts*, IIᵉ vol., 963.

— (chapelle de tolérance de). *Arch. adm.*, t. II, 1052, 1055.

— (seigneur de), voy. Fontaine (J... de la).

— (comte de). *Arch. adm.*, t. II, 1052.

Courmelet (H.), cordonnier. *Arch. adm.*, t. II, 826.

Courmelette (J....), parmentier. *Arch. adm.*, t. II, 827.

Courmelois, voy. Courmeloy.

Courmeloy (Jacques de). *Arch. adm.*, t. II, 25

— (Theobaldus), échevin. *Arch. adm.*, t. II, 230, 372 ? 603.

— (église de). *Arch. adm.*, t. II, 1117.

— (village de). *Arch. adm.*, t. I, 1090; t. II, 1117. *Arch. lég.*, Iʳᵉ part., 589, 754, 900, 905; IIᵉ part., *statuts*, Iᵉʳ vol., 715; *statuts*, IIᵉ vol., 963, 968.

Courmicy, voy. Cormicy.

Courmissiaco (capellania de), voy. Cormicy (chapellenie de).

— (villa de), voy. Cormicy (ville de).

— (presbyter de), voy. Cormicy (prêtre de).

— (communitas de), voy. Cormicy (commune de).

— (parochia de), voy. Cormicy (paroisse de).

Courmissiacum, voy. Cormicy.

Courmissy, voy. Cormicy.

Courmonsterol, voy. Cormontreuil.

Courmonsterol (Clemens de), voy. Cormontreuil (Clément de).

Courmonsterolium, voy. Cormontreuil.

Courmonsteruel (Gromart J. de). *Arch. adm.*, t. II, 673.

Courmoyer (presbyter de). *Arch. adm.*, t. II, 1052; voy. Cormoyeux.

— (parochia de), voy. Cormoyeux.

Couronne (jeu de la), uni dans Reims à celui de l'arbalète. *Arch. lég.*, IIᵉ part., *statuts*, Iᵉʳ vol., 321, 322.

— (jardin de la), voy. Arbalète (jardin de l').

— voy. Corona, France (couronne de).

— (hôtel de la). *Arch. adm.*, t. III, 22. *Arch. lég.*, Iʳᵉ part., 492, 509.

— (florin à la). *Arch. adm.*, t. III, 733.

— (écu à la). *Arch. adm.*, t. III, 736.

Couronnement. *Arch. adm.*, t. I, 384, 527, 539, 918. Démêlés entre les échevins et l'archevêque de Reims, au sujet des frais dudit, 922, 930, 1025, 1028, 1031, 1043, 1081; t. II, 193, 243, 560, 753, 755, 957, 958.

— (frais du), voy. Sacre (frais du).

— (taille du), voy. Coronationis allia.

— (festin du) *Arch. adm.*, t. II, 958. Les restes dudit appartiennent aux échevins et aux habitants de Reims, 959.

Courota, voy. Sanctus Amandus-in-Courota.

Courré (Gillet). *Arch. adm.*, t. II, 492, 1178, 1179; t. III, 449.

— (Jehan). *Arch. adm.*, t. II, 894, 906, 1179; t. III, 97.

— (Maurice), granger de l'archevêque. *Arch. adm.*, t. II, 894, 1187.

— (Ancelet), boulanger. *Arch. adm.*, t. II, 906.

— (Jesson), voy. Courré (Jehan).

— (Ancel), receveur des tailles. *Arch. adm.*, t. II, 807, 825, 828, 833, 836

Courré, voy. Pasquier.

Courret (Jehan), voy. Courré.

Courretaria, voy. Courtage.

Courretarius, voy. Courtier.

Courretier, voy. Huart (le).

Courrier (Herbin le), bourgeois de Reims. *Arch. adm.*, t. III, 471. *Arch. lég.*, ii⁰ part., *statuts*, iᵉʳ vol., 616, 617, 688.

— (Jesson le). *Arch. adm.*, t. III, 837.

Courrissel-lez-Reims (village de). *Arch. adm.*, t. III, 627.

Cours (J....), bourgeois de Reims. *Arch. adm.*, t. III, 17.

— voy. Reims (cours de).

Coursalain (alleu de), voy. Curte Salonis alodium.

— (Quarrel de). *Arch. adm.*, t. II, 512.

— (J. de), échevin de Reims. *Arch. adm.*, t. I, 642

— (bourg de). *Arch. adm.*, t. I, 1055; t. II, 408, 438, 511; voy. Coursalanus vicus.

— (terre de), voy. Cursali (de terra).

— (canton de), possédé par le chapitre de Reims. *Arch. adm.*, t. I, 78, 1015. En vertu de la donation du prévôt Oldaric. *Arch. lég.*, ii⁰ part., *statuts*, iii⁰ vol., 19.

— (Franche de), *Arch. adm.*, t. I, 1015.

— (fief de). *Arch. adm.*, t. I, 8. *Arch. lég.*, ii⁰ part., *statuts*, iᵉʳ vol., 568.

Coursalanus vicus, voy. Coursalain (bourg de).

Courserie (la), lieu des environs de Reims. *Arch. adm.*, t. II, 577.

Court (Thoumasses de la). *Arch. adm.*, t. I, 819.

— (Simonet de la). *Arch. adm.*, t. II, 692, 1000.

— (village de la). *Arch. lég.*, iʳᵉ part., 891.

Court (Pierre la). *Arch. lég.*, ii⁰ part., *statuts*, ii⁰ vol., 265; *statuts*, iii⁰ vol., 212?

— (Jehan de la), barbier. *Arch. lég.*, ii⁰ part., *statuts*, iᵉʳ vol., 980, 998?

— -au-Boz (la), lieu des environs de Reims? *Arch. adm.*, t. III, 493.

— -de-Soupir (village de). *Arch. lég.*, iʳᵉ part., 899.

Courtage, voy. Vins (courtage de).

— (droit de). *Arch. lég.*, ii⁰ part., *statuts*, iᵉʳ vol., 686.

Courtagnon (village de). *Arch. adm.*, t. I, 1089; t. II, 1053. *Arch. lég.*, iʳᵉ part., 754; ii⁰ part., *statuts*, ii⁰ vol., 963.

— (Lagoille de), grand maître des eaux et forêts de Champagne. *Arch. lég.*, ii⁰ part.; *statuts*, ii⁰ vol., 880, 881, 882.

— (paroisse de). *Arch. adm.*, t. II, 1054.

— (presbyter de). *Arch. adm.*, t. II, 1055.

— (Robin de), boulanger. *Arch. adm.*, t. II, 906.

— (Simon de), écuyer. *Arch. adm.*, t. II, 102.

— (Jehan de), seigneur de Landricourt. *Arch. lég.*, iʳᵉ part., 893.

— (Philippe de), seigneur de Montchamery. *Arch. lég.*, iʳᵉ part., 893.

Courtaille (Oudin). *Arch. adm.*, t. II, 906.

Courtaumer (ville de). *Arch. lég.*, ii⁰ part., *statuts*, iii⁰ vol., 533.

— (comte de) *Arch. lég.*, ii⁰ part., *statuts*, iii⁰ vol., 524.

Courtaumont (village de), voy. Courtemont.

Courtcèdre (lieu de). *Arch. lég.*, ii⁰ part., *statuts*, iᵉʳ vol., 169; voy. Curtis Cedronis.

Courteau (Antoine), prévôt de Crespy-en-Laonnois. *Arch. lég.*, 1re part., 895.

Courtecon (village de). *Arch. lég.*, 1re part., 879, 899.

— (curé de), voy. Bochet (Pierre).

Courteheuse (Guillaume de), chevalier. *Arch. adm.*, t. II, 186, 194.

Courtemberge (abbesse de). *Arch. adm.*, t. II, 641.

Courtemont (village de). *Arch. adm.*, t. I, 1089. *Arch. lég.*, 1re partie, 905 ; IIe part., *statuts*, 1er vol., 179, 806 ; *statuts*, IIIe vol., 393.

— (châtellenie de). *Arch. adm.*, t. II, 883.

Courtenay (Johannes de), archevêque de Reims. *Arch. adm.*, t. I, 819, 892, 913. *Arch. lég.*, IIe part., *statuts*, 1er vol., 89, 98 ? 119.

— (Robert de), bouteiller de France, voy. Curtinete (Robertus de).

— (Guillaume de), voy. Courtenayo (Guillermus de).

— (Robert de), archevêque de Reims, *Arch. adm.*, t. I, 82, 1123, 1125 ; t. II, 14, 25, 36, 60, 67, 98, 108, 111, 216, 225, 229, 245, 253, 257, 263, 274, 286, 292, 295, 331, 334, 363, 378, 406 ? 414 ? 472, 565, 575, 581 ? 938 ? 940. *Arch. lég.*, 1re part., 116, 132, 135 ; IIe part.; *statuts*, 1er vol., 71, 106, 115 ; *statuts*, IIe vol., 17, voy. Courtenayo (Robertus de).

— (Robert de), voy. Courtenayo (Robertus de).

— (Étienne), voy. Courtenayo (Stephanus).

Courtenayo (Stephanus), chanoine et prévôt de l'église de Reims. *Arch. adm.*, t. II, 475, 581, 622, 921, 1017, 1024, 1031 ; t. III, 18, 31, 332. *Arch. lég.*, IIe part., *statuts*, 1er vol., 104, 116, 122.

— (Guillermus de), chanoine de Reims. *Arch. adm.*, t. II, 475.

Courtenayo (Robertus de), chanoine de Reims. *Arch. adm.*, t. II, 475. *Arch. lég.*, IIe part., *statuts*, 1er vol., 74 ; voy. Courtenay (Robert).

Courtenmont (châtellenie de), voy. Courtemont.

Courtepée (Pierre). *Arch. adm.*, t. III, 12.

Courtequeue (Huet), mercier. *Arch. adm.*, t. III, 13, 105.

Courtesoz (ville de), voy. Courtisols.

Courtier (Jehan), enquesteur au siége de Laon. *Arch. lég.*, 1re part., 897.

Courtiéramont, voy. Courtemont.

Courtiers, voy. Reims (courtiers de) ; Vins (courtiers de).

Courtil (Ponsart du). *Arch. adm.*, t. III, 303.

— (N. du), échevin. *Arch. lég.*, IIe part., *statuts*, 1er vol., 861.

— (Agnès du), voy. Curtil.

— (Herbin du), voy. Curtil.

— (Pierrart du), échevin, voy. Courtil (Pierre de).

— (Cochart du). *Arch. adm.*, t. II, 535.

— (Pierre de), échevin. *Arch. adm.*, t. II, 241, 340 ? 376, 705, 768, 800, 805, 810, 829, 983 ; t. III, 20. *Arch. lég.*, IIe part., *statuts*, IIIe vol., 31 ; voy. Curtil.

— (Rohart du). *Arch. adm.*, t. II, 555.

— voy. Estiennes (courtil des).

Courtignon, voy. Courtagnon.

— (Jehan de), voy. Courtagnon (Jehan de).

— (Philippe de), voy. Courtagnon (Philippe de).

Courtin (M.), seigneur de Lagery, *Arch. adm.*, t. II, 1061.

— (M. de), seigneur de Vaux-en-Champagne. *Arch. adm.*, t. I, 1109, 1110.

Courtin, prêtre de l'église de Reims. *Arch. lég.*, IIe part., *statuts*, IIIe vol., 753.

Courtisac (prévôt de), voy. Monachus (Thomas).

Courtiseus (T. de), voy. Courtisols.

— voy. Rat (J. le).

Courtisols (moulins de). *Arch. lég.*, IIe part., *statuts*, Ier vol., 237.

— (T. de). *Arch. adm.*, t. II, 301.

— (ville de). *Arch. adm.*, t. I, 177, 269, 281, 321 ; t. III, 601, 608. *Arch. lég.*, IIe part., *statuts*, Ier vol., 167, 168, 170, 171, 244 ; voy. Curtis Ausorum.

— (autel de), voy. Curtis Ausorum altar.

— (dîme de). *Arch. adm.*, t. I, 230, 242.

— (prévôt de), voy. Curte Ausorum (præpositus de).

— (Henry de), voy. Curte Ausorum (Henricus de).

— (Saint-Martin de). *Arch. lég.*, Ire part., 919 ; IIe part., *statuts*, Ier vol., 169.

Courtizols (moulins de), voy. Courtisols.

Courtois le savetier. *Arch. adm.*, t. II, 672.

— (N ?), vicaire de l'église de Reims. *Arch. adm.*, t. III, 379.

— (Jehan, dit). *Arch. adm.*, t. III, 484.

— (Albertus de), presbyter. *Arch. lég.*, IIe part., *statuts*, Ier vol., 117.

— Guillelmus de), presbyter. *Arch. lég.*, IIe part., *statuts*, Ier vol., 117.

Courtomont, voy. Courtemont.

Courton (village de). *Arch. adm.*, t. I, 1089.

Courtonne (Nicole de), curé de Montigny-sur-Crocy. *Arch. lég.*, Ire part., 882.

Courtracense capitulum. *Arch. adm.*, t. II, 639.

Courtray (ville de). *Arch. adm.*, t. II, 29.

— (chapitre de), voy. Courtracense capitulum.

Courtrizy (dame de), voy. Mouet (Françoise).

— (village de). *Arch. lég.*, Ire part., 903, 919.

Courville (ville de). *Arch. adm.*, t. I, 221, 338, 383, 545, 546, 566, 1076, 1077 ; t. II, 82, 326, 383, 574, 771, 835, 840, 853, 1060 ; t. III, 108, 418, 426, 624, 653, 757, 766. *Arch. lég.*, Ire part., 754, 905 ; IIe part., *statuts*, Ier vol., 93 ; voy. Curvavilla.

— (prêtre), voy. Curvilla (presbyter de).

— (échevin de), voy. Mons (G. de).

— (autel de), voy. Curvilla (altar de).

— (châtellenie de). *Arch. adm.*, t. II, 286, 293, 883 ; t. III, 416, 662, 755. *Arch. lég.*, IIe part., *statuts*, IIIe vol., 43.

— (paroisse de), voy. Curvilla (parochia de).

— (capellania de). *Arch. adm.*, t. II, 1061.

— (château de). *Arch. adm.*, t. II, 1061 ; t. III, 662, 744, 746, 758. *Arch. lég.*, Ire part., 607 ; IIe part., *statuts*, Ier vol., 624.

— (châtelain de), voy. Curvilla (castellannus de).

— (Jehan, prévôt de). *Arch. adm.*, t. III, 106. *Arch. lég.*, IIe part., *statuts*, Ier vol., 117.

— (Haymart de), écuyer. *Arch. adm.*, t. III, 281.

— (curé de). *Arch. adm.*, t. III, 753, voy. Nicole.

— Courvilla (J... de), voy. Courville (Jehan de).

— (mesure de). *Arch. adm.*, t. III, 755.

— (maison de). *Arch. adm.*, t. III, 758.

Cousin (Jean-Jacques), bourgeois de Reims. *Arch. lég.*, IIe part., *statuts*, IIe vol., 852.

Cousin (Jehan), échevin. *Arch. lég.*, iie part., *statuts*, ier vol., 620.

Cousinet (Jesson), bourgeois de Reims. *Arch. lég.*, iie part., *statuts*, ier vol., 640, 652.

Cousseyo (parochia de), voy. Coucy (paroisse de).

— (patronagium de). *Arch. adm.*, t. II, 1108.

Coussie (Didier Valentin), notaire. *Arch. lég.*, iie part., *statuts*, iiie vol., 253.

Coussy (Jehan de), voy. Coucy.

Coustan, voy. Prouvais (Coustan de).

Cousteau (Pierre). *Arch. lég.*, iie part., *statuts*, iie vol., 265.

— (Nicaise). *Arch. lég.*, iie part., *statuts*, iie vol., 265.

Coustellier (Drouardus le), échevin. *Arch. adm.*, t. I, 1072.

— (Jesson le), échevin. *Arch. adm.*, t. III, 611.

Coustes (Charles des), seigneur de Pavant. *Arch. lég.*, ire part., 891.

Coustre (Charles le). *Arch. adm.*, t. III, 842.

Coustuma, voy. Coutume.

Coustumes (les), sorte de rente de blé et d'avoine. *Arch. adm.*, t. III, 601.

Coustumier (Jacques), drapier. *Arch. lég.*, iie part., *statuts*, iie vol., 375, 391.

Coustura, voy. Cousture.

Cousture (foire de la). *Arch. adm.*, t. I, 359, 447; t. II, 502, 920, 938, 941; t. III, 499, 815, 840, 869. *Arch. lég.*, ire part., 741, 743; iie part., *statuts*, ier vol., 334, 337, 339, 347, 534, 630, 634, 770, 884, 896, 936, 937. Police pendant la tenue de ladite, 941, 942, 944, 946, 947, 949, 956, 958, 967; *statuts*, iie vol., 212, 939; *statuts*, iiie vol., 25, 40, 66, 218, 401.

— (bourg de la), voy. Reims (cousture de).

Cousture (fossé de la). *Arch. adm.*, t. II, 1209.

— (Dommenge de la). *Arch. adm.*, t. II, 10, 118.

— (Dudin de la). *Arch. adm.*, t. I, 969.

— (Brion de la). *Arch. adm.*, t. I, 729, 740.

— (maires de). *Arch. adm.*, t. I, 737, 740, 835; voy. Fier-à-Bras, 1084; t. II, 10, 24, 33, 220, 238, 338; Troyon (Johannes), Pochardus (Johannes), 472, 495, 580, 748, 776, 901; Moustier (G. du), Vairon (Aubri), 1193; t. III, 306, 633; Cultura (major de).

— (mairie de la). *Arch. adm.*, t. II, 433, 673, 678; t. III, 68, 415, 422, 650.

— (plaids de la). *Arch. adm.*, t. II, 843, 903; t. III, 68, 71, 537, 783.

— (place de la). *Arch. lég.*, iie part., *statuts*, ier vol., 962, 967, 972; *statuts*, iie vol., 412; *statuts*, iiie vol., 92, 110, 303.

— (porte de la). *Arch. adm.*, t. I, 1088.

— (croix de la). *Arch. lég.*, iie part., *statuts*, ier vol., 859, 946; *statuts*, iie vol., 209, 363; *statuts*, iiie vol., 71, 92.

— (Robert de la), voy. Sergent du roi. *Arch. adm.*, t. II, 197, 266, 305, 313, 329, 358, 368, 371, 377, 453, 556, 584, 586, 602, 769, 777, 791, 809, 830, 832, 853, 987, 991, 1139, 1159, 1248; t. III, 21, 27. *Arch. lég.*, iie part., *statuts*, ier vol., 331, 439.

— (rue de la). *Arch. adm.*, t. I, 81. *Arch. lég.*, ire part., 1025; iie part., *statuts*, ier vol., 325, 568; *statuts*, iie vol., 939.

— (loges de la). *Arch. lég.*, iie part., *statuts*, iie vol., 498.

Cousturière (Amelline la), voy. Margorancia (la).

Coutances (archidiacre de), voy. Chabli (Gautier de).

Coutances (évêque de), voy. Coustantiensis (episcopus).

Coutelet (Pierre). *Arch. lég.*, iie part., *statuts*, iie vol., 161, 162.

— -Houssart. *Arch. lég.*, iie part., *statuts*, iie vol., 161.

— (Gilles). *Arch. lég.*, iie part., *statuts*, iie vol., 162.

— (Nicolas). *Arch. lég.*, iie part., *statuts*, iie vol., 162.

— (Hubert), boulanger. *Arch. lég.*, iie part., *statuts*, iie vol., 162.

— (Jean-Pierre), boulanger. *Arch. lég.*, iie part., *statuts*, iie vol., 162.

Coutellier, voy. Reims (coutelliers de).

— (Ponsart le). *Arch. adm.*, t. II, 502.

— (miles le), sergent du prévôt de Reims. *Arch. adm.*, t. II, 1182.

Couteliers de Reims (statuts des). *Arch. lég.*, iie part., *statuts*, iie vol., 1034.

Coutés, bourgeois de Reims. *Arch. adm.*, t. II, 303.

Coutier, citoyen de Reims. *Arch. lég.*, iie part., *statuts*, iiie vol., 746.

Coutrennes. *Arch. adm.*, t. III, 574 ; voy. Contreuves.

Coutrerie, voy. Reims (coutreries de).

Coutres de l'église de Reims (statuts des), voy. Custodes ecclesiæ Remensis, Statuta.

— voy. Reims (coutres de).

Coutricelle (la), lieu des environs de Reims. *Arch. adm.*, t. II, 382.

Coutume, voy. Anjou (coutume d'), Auvergne, Berry, Châlons, Champagne, Chaumont, Chauny, Clermont, Courcy, Escry, France, Grand-Perche, Laon, Maine, Nivernais, Nobles, Noyon, Paris, Picardie, Ponthieu, Reims, S. Quintin, S. Sixte, Sens, Soissons, Vermandois, Vitry ; voy. Consuetudo.

— (droit de). *Arch. lég.*, iie part., *statuts*, iiie vol., 387.

Couvenier, annaliste de Reims. *Arch. adm.*, t. I, 3, 4, 845.

Couvent, voy. Audecy (couvent d'), Célestins de Soissons, Cornille de Compiègne, Homblières, Longeaux, Longwé, Montdieu, Mont-Saint-Martin, Mouzon, Notre-Dame de Ham, Reclus, Reims (couvents de), Ribemont, Saint-Denis en France, Saint-Étienne-les-Soissons, S. Marc de Soissons, S. Thibaut, Val Saint-Pierre, Veignetz.

Couvillet (Anne), bourgeois de Reims. *Arch. lég.*, iie part. *statuts*, iiie vol., 36.

Couvin (J. de), clerc. *Arch. adm.*, t. II, 531.

Couvrelles, voy. Coverna-Villa.

Couvreur (Robin le). *Arch. adm.*, t. II, 511. *Arch. lég.*, iie part., *statuts*, i^{er} vol., 531.

— (Rousselet le). *Arch. adm.*, t. II, 522.

— (Baudesson le). *Arch. adm.*, t. II, 532.

— (Haquin le). *Arch. adm.*, t. II, 533.

— (Guibert le). *Arch. adm.*, t. II, 522.

— (Jehan le), de Tours-sur-Marne. *Arch. adm.*, t. II, 528, 906 ?

— (Jesson le), clerc. *Arch. adm.*, t. II, 512.

— (Jacobus le). *Arch. adm.*, t. III, 544.

— (François), coutre laïc de l'église de Reims. *Arch. lég.*, iie part., *statuts*, iiie vol., 704.

— (Estevenin le). *Arch. adm.*, t. II, 989.

Couyteron (sire de). *Arch. adm.*, t. III, 597.

Couzine (Guiot). *Arch. adm.*, t. I, 905.

Covarruvias (marquis de), seigneur de Bogny. *Arch. adm.*, t. II, 1068.

— (marquise de), dame de Raillicourt. *Arch. adm.*, t. II, 1077.

Coverna Villa. *Arch. adm.*, t. I, 313, 330, voy. Couvrelles, Covoville.

Coviez (Milo de). *Arch. adm.*, t. I, 278.

Covoville, lieu ressortissant de la prévôté foraine de Reims. *Arch. lég.*, ɪʳᵉ part., 905; voy. Coverna Villa.

Coyart (Colin). *Arch. lég.*, ɪʳᵉ part., 560.

Coyffa (coiffe, calotte)? *Arch. adm.*, t. I, 785.

Cramail (vicomtes de), voy. Vergeur (Charles de).

Cramallo (Guillelmus de), voy. Cramaus (Guillelmus de).

Cramandio (Simon de), voy. Cramant (Simon de).

Cramans (Guillelmus de), chanoine. *Arch. adm.*, 542. *Arch. lég.*, ɪɪᵉ part., *statuts*, ɪᵉʳ vol., 66, 84, 94, 105, 106, 122?

— voy. Cramant.

Cramant (village de). *Arch. adm.*, t. II, 1120.

— (paroisse de). *Arch. adm.*, t II, 1122. *Arch. lég.*, ɪɪᵉ part., *statuts*, ɪɪᵉ vol., 968.

— (Jean de), archevêque de Reims. *Arch. lég.*, ɪɪᵉ part., *statuts*, ɪɪɪᵉ vol., 512.

— (presbyter de). *Arch. adm.*, t. II, 112.

— (Simon de), archevêque de Reims, t. I, 62, 663, 667; t. II, 82. Investi le premier du titre de duc et pair, *ibid. Arch. lég.*, ɪɪᵉ part., *statuts*, ɪᵉʳ vol., 82, 103, 107, 108.

— (Petrus de), père du précédent. *Arch. lég.*, ɪɪᵉ part., *statuts*, ɪᵉʳ vol., 107.

— (sieur de). *Arch. lég.*, ɪɪᵉ part., *statuts*, ɪᵉʳ vol., 931.

Cramento (parochia de), voy. Cramant.

Crammisia. *Arch. lég.*, ɪʳᵉ part., 37.

Crancé (M. de), mousquetaire, seigneur de Balhéan. *Arch. adm.*, t. II, 1060? 1065, 1122.

Crancé (Dubois de), seigneur de Jonchery-sur-Suippe. *Arch. adm.*, t. II, 1114.

Crancei (M. de), voy. Crancé.

Crandelain (Adam), avocat à Laon. *Arch. adm.*, t. II, 760.

— (village de). *Arch. lég.*, ɪʳᵉ part., 879, 899.

Cranellus, vide Crenellus.

Crannuelle, voy. Craonelle.

Cransle, voy. Craonne.

Craon (Jehan de), archevêque de Reims. *Arch. adm.*, t. I, 62, 667, 1087; t. II, 1147. Défiance des Rémois contre ledit à la nouvelle de la prise du roi Jean; t. III, 79, 81, 103, 188, 204, 253. Charte ou composition entre ledit et son chapitre, désignée sous le nom de Johannine, 361, 362, 382, 388, 757. *Arch. lég.*, ɪɪᵉ part., *statuts*, ɪᵉʳ vol., 73; *statuts*, ɪɪɪᵉ vol., 10, 39, 60, 540, 617. Soupçonné d'intelligence avec les Anglais, 641.

— (Amaury de), chanoine et trésorier de l'église de Reims. *Arch. adm.*, t. III, 352, 355, 381.

— (Pierre de), seigneur de Rosoy. *Arch. adm.*, t. III, 118? 247, 592.

— (sieur de), capitaine de gens d'armes. *Arch. lég.*, ɪɪᵉ part., *statuts*, ɪᵉʳ vol., 797, 803.

— (ville de). *Arch. lég.*, ɪɪᵉ part., *statuts*, ɪᵉʳ vol., 799.

Craonna (Reginaldus de), avocat à Reims. *Arch. adm.*, t. II, 662.

— voy. Craonne.

— (Renaldus de), voy. Craonna (Reginaldus de).

— (Renaudus de), voy. Craonna (Reginaldus de).

Craonne (ville de). *Arch. adm.*, t. I, 37, 69, 177, 242, 329; t. III, 602. *Arch. lég.*, ɪʳᵉ part., 900; ɪɪᵉ part., *statuts*,

1ᵉʳ vol., 169 ; *statuts*, 11ᵉ vol., 336. Voy. Craubenna.

Craonne (curé de), voy. Drouart (Lambert).

— (Petrus de), chanoine et pitancier de Saint-Denis de Reims. *Arch. adm.*, t. II, 107.

— (Johannes de). *Arch. adm.*, t. II, 725 ; t. III, 109.

— (Jaquemin de), franc sergent de Reims, *Arch. adm.*, t. III, 382.

Craonnelles (village de). *Arch. lég.*, 1ʳᵉ part., 881.

— (curé de), voy. Normand (Jehan).

Crapaut-Mesnil (sire du). *Arch. adm.*, t. II, 1172.

— -Mesnil (châtellenie de). *Arch. lég.*, 1ʳᵉ part., 888.

Crapier (Jehan). *Arch. lég.*, 1ʳᵉ part., 898.

Craque-Poullier (quarrel de). *Arch. adm.*, t. II, 513.

Craquet (Oudinet Le Favier). *Arch. adm.*, t. II, 904, 911.

Cras (Huetus le), voy. Gras (Huet le).

Crasmerdeux, voy. Laon (Jehan de).

Crassus (W....), voy. Gormundus.

Craubenna, voy. Craonne.

Crau-d'Enfer (rue du), voy. Croc-d'Enfer.

Crauenna villa, voy. Craonne.

Crauguenna, voy. Craonne.

Craunna, voy. Craonne.

Craux (rue des). *Arch. adm.*, t. III, 623.

Cravète (Viardus), bourgeois de Reims. *Arch. adm.*, t II, 102.

Creancia (créance). *Arch. adm.*, t. III, 657. *Arch. lég.*, 1ʳᵉ part., 325 ?

Créancier, voy. Creditor.

Creantare (créanter, garantir). *Arch. adm.*, t. III, 657.

Creantum (créance, reconnaissance). *Arch. adm.*, t. II, 929, 931, 932.

Créceit (Perresson le), maire de Saint-Clément. *Arch. adm.*, t. III, 410, 412, 413.

Creciaco S. Johannis laudunensis (prior de). *Arch. adm.*, t. II, 635.

Crécy-sous-Barlencourt (village de). *Arch. lég.*, 1ʳᵉ part., 919.

— (curé de), voy. Maret (Robert).

— (bailli de). *Arch. adm.*, t. II, 910.

— (Antoine de), seigneur de Sons-lez-Chastillon. *Arch. lég.*, 1ʳᵉ part., 891.

— (Charles de), seigneur de Housset. *Arch. lég.*, 1ʳᵉ part., 891.

— (fief de). *Arch. lég.*, 1ʳᵉ part., 894.

— (vicomte de), voy. Tavernier (Loys).

— (ville de). *Arch. lég.*, 1ʳᵉ part., 877, 879, 909 ; 11ᵉ part., *statuts*, 11ᵉ vol., 10.

— -près-Bruyères (village de). *Arch. adm.*, t. I, 25.

— (bataille de). *Arch. adm.*, t. I, 1087 ; les gens de Reims s'y distinguent, t. II, 712, 1155, 1208 ; t. III, 214.

— -en-Brie (village de). *Arch. adm.*, t. II, 329, 558 ?

— -en-Savoie (Nicolas de), écuyer. *Arch. adm.*, t. III, 148, 162.

Credentia, vide Creancia (créancier).

Creditor. *Arch. adm.*, t. I, 344, 475, 505, 831, 833, 951. *Arch. lég.*, 1ʳᵉ part., 38, 45, 73, 76, 102, 171, 173, 176, 178, 296, 404.

Credo, voy. Reims (grand Credo de).

Credolio (capitulum de). *Arch. adm.*, t. II, 636 ; voy. Creil.

Credolium, voy. Creil.

Credonio (Petrus de), miles, voy. Craon (Pierre de).

— (Johannes de), archevêque de Reims, voy. Craon (Jean de).

Credulium, voy. Creil.

Creil (ville de). *Arch. adm.*, t. II, 134. *Arch. lég.*, IIe part., *statuts*, Ier vol., 802; voy. Credulium.

— (chapitre de), voy. Credolio (capitulum de).

Cremaille (A....), voy. Criemaille (Adam).

Crematio (brûlement), voy. Vivi Crematio.

Ciemieu (ville de). *Arch. lég.*, IIe part., *statuts*, IIIe vol., 5, 10, 55, 64, 66, 70. Édit donné en ladite ville allégué, 76, 78, 80, 82, 90, 91, 632.

Cremons (Petrus de), diacre. *Arch. lég.*, IIe part., *statuts*, Ier vol., 120.

Cren (Jo....) canonicus. *Arch. lég.*, IIe part., *statuts*, Ier vol., 118.

Crenaux (maison des). *Arch. lég.*, Ire part., 486, 588, 600.

— (rue des). *Arch. adm.*, t. I, 80. *Arch. lég.*, IIe part., *statuts*, Ier vol., 586; *statuts*, IIIe vol., 31.

Crenellus (Creneau). *Arch. adm.*, t. I, 556, 739, 807, 1005; t. III, 236, 245.

Creny (Johannes de), canonicus Braquensis. *Arch. adm.*, t. II, 1044.

— (ville de). *Arch. adm.*, t. I, 231, 623. *Arch. lég.*, Ire part., 919; voy. Crispiacum.

— (arquebusiers de). *Arch. lég.*, IIe part., *statuts*, IIe vol., 107.

Crépy-en-Valois (ville de). *Arch. adm.*, t. I, 703. *Arch. lég.*, IIe part., *statuts*, IIIe vol., 269.

Cresconius episcopus Villaregiensis. *Arch. adm.*, t. I, 140.

Crespeio Clugniacensis (prior de). *Arch. adm.*, t. II, 639.

Crespeium, voy. Crepy.

Crespellet (Jehan), batelier. *Arch. adm.*, t. II, 269.

— voy. Cardon (Girart).

Crespellus (Poncardus), dictus comes, juré de Hermonville. *Arch. adm.*, t. I, 769.

Crespellus, voy. Wautegay.

Crespigny (village de). *Arch. lég.*, Ire part., 909, 920.

Crespy (prévôt de), voy. Courteau (Antoine).

— -en-Valois, voy. Crépy.

Cressac (de), expéditionnaire en cour de Rome. *Arch. lég.*, IIe part., *statuts*, Ier vol., 258.

Cressy (moniales de), voy. Crécy (religieuses de).

Crest (ville de). *Arch. adm.*, t. III, 609.

Crestien (Étienne), boucher. *Arch. lég.*, IIe part., *statuts*, Ier vol., 998.

Cretaria. *Arch. lég.*, IIe part., *statuts*, Ier vol., 103.

Crété (Jean), tisserand. *Arch. lég.*, IIe part., *statuts*, IIe vol., 297.

Creteil (Peresson), voy. Creceit.

Cretel (lieu du). *Arch. adm.*, t. III, 609.

Crétencourt (village de). *Arch. lég.*, Ire part., 909.

Cretis (Simon de), prêtre. *Arch. lég.*, IIe part., *statuts*, Ier vol., 118.

Creuna, voy. Craonna.

Creunes, voy. Creutes.

Creutes (village de). *Arch. lég.*, Ire part., 894, 900.

Crevé, voy. Aubry (le).

— (Albericus le). *Arch. adm.*, t. I, 512, 1000, 1009; t. II, 733. Fonde à Reims le collége qui porte son nom. *Arch. lég.*, IIe part., *statuts*, IIe vol., 697, voy. Aubry (le).

Crèvecœur (M. de), seigneur de Poix. *Arch. adm.*, t. II, 1077.

— (Duham de), seigneur de Givron. *Arch. adm.*, t. II, 1081, 1105.

— (Philippe Desquerdes de). *Arch. lég.*, IIe part., *statuts*, Ier vol., 833.

— (ville de). *Arch. adm.*, t. II, 788. *Arch. lég.*, IIe part., *statuts*, Ier vol., 902.

Crèvecœur (tour de), à Reims. *Arch. adm.*, t. III, 213.

Crevée (la), rue de Reims. *Arch. adm.*, t. I, 97.

Crevés (Quarrel des). *Arch. adm.*, t. II, 511.

— (hôtel des). *Arch. adm.*, t. III, 623.

Crevisse (la), auberge de Reims? *Arch. lég.*, IIe part., *statuts*, Ier vol., 680.

Criage des vins (droit du). *Arch. lég.*, IIe part., *statuts*, Ier vol., 299.

Cridare (crier). *Arch. lég.*, IIe part., *statuts*, Ier vol., 894.

Cridus (cri). *Arch. lég.*, IIe part., *statuts*, Ier vol., 927.

Criée, voy. Biens (criées des vins de). Voy Cridus.

Criemaille (Adan). *Arch. adm.*, t. II, 513, 765, 768, 805, 914, 916, 984, 1187, 1195. Voy. Crémaille.

— (J.). *Arch. adm.*, t. II, 800.

— (Aubri), appariteur de l'archevêque de Reims. *Arch. adm.*, t. III, 381.

Crières (chapelle de). *Arch. adm.*, t. II, 1116.

Crime, voy. Crimen, lèze-majesté (crime de), faux, fausse-monnaie.

Crimen, voy. Crime.

Crisciniacum, voy. Crecy-près-Bruyères.

Crisma, voy. Chresme (saint).

Crisogonus Cardinalis, voy. Chrisogonus.

Crispiacum in Valesio, voy. Crespy-en-Valois.

Crispinio (abbas de). *Arch. adm.*, t. II, 640.

Crispinus major, vide Sanctus.

Crisy (abbaye de). *Arch. adm.*, t. II, 495.

Croc-d'Enfer (rue de). *Arch. adm.*, t. II, 510, 514.

Croc-d'Enfer (maison du). *Arch. adm.*, t. III, 49; voy. Crau d'Enfer.

Crochart (Pierre), échevin de Reims, voy. Crochet.

— (M.). *Arch. lég.*, IIe part., *statuts*, Ier vol., 861.

Crochet, voy. Rogelet, Père.

— (Jaquet). *Arch. adm.*, t. II, 806. *Arch. lég.*, IIe part., *statuts*, Ier vol., 642, 648, 652, 655? 755.

— (Ponsart). *Arch. adm.*, t. II, 894; t. III, 766.

— (P.) maître sergier. *Arch. lég.*, IIe part., *statuts*, Ier vol., 527, 617, 619, 638, 702, 709; *statuts*, IIe vol., 811.

— (Herbert), drapier. *Arch. adm.*, t. I, p. 961.

— (Pierre), échevin. *Arch. adm.*, t. III, 51, 313, 690, 692, 694, 834, 837, 839, 841, 888. *Arch. lég.*, Ire part., 535; IIe part., *statuts*, Ier vol., 413, 453, 539, 574, 610, 611, 615, 625, 626, 629, 631, 632, 643, 645, 647, 648, 656, 658, 667, 670, 674, 679, 681, 683, 689, 694.

Crocia (crosse). *Arch. adm.*, t. II, 642.

Crogy (Jesson). *Arch. adm.*, t. III, 836.

Crohin (J....). *Arch. adm.*, t. III, 839.

Croiseau (village du). *Arch. lég.*, Ire part., 892.

Croisée de Saint-Loup (village de la). *Arch. lég.*, IIe part., *statuts*, IIIe vol., 395.

— (seigneur de), voy. Duliz (Pierre).

Croisés, voy. Cruces signati.

Croisié (Henry le). *Arch. adm.*, t. II, 156, 755.

Croisille (Jean-Stanislas), religieux de Saint-Remi de Reims. *Arch. lég.*, IIe part., *statuts*, Ier vol., 235.

Croissy (J.... de). *Arch. lég.*, IIe part., *statuts*, Ier vol., 745.

— voy. Acrier (Croix d'), Fust, Sainte-

Bove, Cousture, Tirouer, Saint-André, Saint-Victor, Villiers-Sainte-Anne.

Croix-de-Sainte-Beuve (place de la). *Arch. lég.*, iie part., *statuts*, i^{er} vol., 897.

— (village de la). *Arch. lég.*, iie part., *statuts*, iiie vol., 389, 391.

— -de-Mendres (lieu de la). *Arch. lég.*, iie part., *statuts*, iiie vol., 391.

— (François de La), bourgeois de Paris. *Arch. lég.*, iie part., *statuts*, iie vol., 795, 808, 817.

— -d'Omont (seigneur de). *Arch. lég.*, iie part., *statuts*, i^{er} vol., 420.

— (Bérenger de la) s'empare d'Épernay pour le duc de Bourgogne. *Arch. lég.*, iie part., *statuts*, i^{er} vol., 506.

— -aux-Bois (lieu de la), du doyenné de Chesne. *Arch. adm.*, t. II, 1111.

— (La), tailleur d'habits. *Arch. lég.*, iie part., *statuts*, iie vol., 531.

— (Claude de La), mercier. *Arch. lég.*, iie part., *statuts*, iie vol., 560, 265.

— -à-la-Magdelaine (lieu de la). *Arch. adm.*, t. III, 379.

— (Thrace de La), capitaine de Reims désigné par Philippe le Bel pour hâter les fortifications de cette ville. *Arch. adm.*, t. II, 787, 990, 1136, 1137, 1144, 1146; t. III, 100, 230.

— (Geoffroy de La), sergent du roi. *Arch. adm.*, t. II, 1215, 1237.

— (Jehinnet de La). *Arch. adm.*, t. III, 489.

— (Gérard de La), imprimeur. *Arch. lég.*, iie part., *statuts*, iie vol., 469.

— (Trasse de La), voy. Croix (Thrace de La).

— (Blasphème contre la). *Arch. adm.*, t. III, 644.

— -Saint-Victor (carrefour de la). *Arch. lég.*, iie part., *statuts*, i^{er} vol., 878; *statuts*, iie vol., 312, 563.

— -à-Crys, voy Acrier (Croix d'), Saint-André, Villiers-Sainte-Anne (la), Saint-Victor-aux-Bois.

Croix-Morentienne (lieu de la). *Arch. lég.*, iie part., *statuts*, iie vol., 322.

— -de-la-Couture (carrefour de la). *Arch. lég.*, iie part., *statuts*, iie vol., 363.

Crolebois (Jehan). *Arch. adm.*, t. III, 249.

Cropte de Boursac, voy. Boursac.

Croquder (Guillaume). *Arch. adm.*, t. III, 798.

Croquefer, prisonnier de Reims. *Arch. lég.*, iie part., *statuts*, i^{er} vol., 614.

Crosat (Ponsart). *Arch. adm.*, t. III, 766.

Crossart (Jehan). *Arch. adm.*, t. I, 744 ? 905.

— (Robert). *Arch. adm.*, t. II, 302.

— (Thibaut). *Arch. adm.*, t. II, 304, 307, 673, 684, 800 ?

— (Rogier). *Arch. adm.*, t. II, 302.

— (Jaquet). *Arch. adm.*, t. II, 905.

Crotini (Perardus), bourgeois de Reims. *Arch. adm.*, t. II, 446.

Croulé (Pierre), sergent du roi. *Arch. lég.*, iie part., *statuts*, i^{er} vol., 591.

Crouy (Cocquebert de), seigneur de Romains. *Arch. adm.*, t. II, 1059.

Croy (Jehan de). *Arch. lég.*, iie part., *statuts*, i^{er} vol., 606, 640 ?

Croyaco (Johannes de), gantier. *Arch. adm.*, t. III, 197.

Croyer, voy. Reims (Croyers de).

— (Henry Le). *Arch. adm.*, t. III, 837.

— (Jehan Le), tonnelier. *Arch. adm.*, t. III, 841.

Crozat (M....), propriétaire du péage de Près. *Arch. lég.*, iie part., *statuts*, iiie vol., 390.

Cruavet (Jehan), pelletier. *Arch. adm.*, t. III, 837.

Cruce Signati. *Arch. adm.*, t. I, 542,

813. *Arch. lég.*, t. I, 1ʳᵉ part., 176. Voy. Croisés.

Cruchart (Jean), recteur de l'université de Reims. *Arch. lég.*, 11ᵉ part., *statuts*, 11ᵉ vol., 649, 654.

Crucifix (chapelle du). *Arch. adm.*, t. II, 1050.

— voy. Nouiers (Aubert de).

— *Arch. adm.*, t. I, 544, 576 ; voy. Crucifixus.

Crucifixus, voy. Crucifix.

Crugneyo (parrochia de), voy. Crugny (paroisse de).

Crugniaco (Radulphus de), sergent de Saint-Remi de Reims. *Arch. adm.*, t. I, 865.

Crugny (autel de). *Arch. adm.*, t. I, 206.

— (village de). *Arch. adm.*, t. I, 6, 56, 177, 242, 313 ; t. III, 108, 602, 610. *Arch. lég.*, 1ʳᵉ part., 490, 497, 523, 607, 754, 876, 901, 905, 911 ; 11ᵉ part., *statuts*, 1ᵉʳ vol., 167, 168, 169, 243 ; *statuts*, 111ᵉ vol., 393.

— (moulin de). *Arch. lég.*, 11ᵉ part., *statuts*, 1ᵉʳ vol., 232, 252.

— (seigneurie de). *Arch. lég.*, 11ᵉ part., *statuts*, 1ᵉʳ vol., 237.

— (paroisse de). *Arch. adm.*, t. II, 1058, 1060.

Cruisiet (Henry Le), voy. Croisié (Henry Le).

Cruleresse (Yderon la).

Cruleur (Prévost le). *Arch. adm.*, t. II, 872.

Cruleusc, voy. Méline (la).

Cruny (Ruffin de), échevin de Reims. *Arch. adm.*, t. II, 900.

— (Eudes de). *Arch. adm.*, t. II, 1195.

— (autel de), voy Crugny.

— (village de), voy. Crugny.

— (Rose de). *Arch. adm.*, t. II, 1195.

Cruny (R.... de), clerc. *Arch. adm.*, t. I, 1076, 1079.

— (B.... de), clerc. *Arch. adm.*, t. II, 535.

— (Henry de). *Arch. adm.*, t. II, 41.

— (Bauduyn de), avocat à Laon. *Arch. adm.*, t. II, 761 ; t. III, 20.

— (Simon de), voy. Crusniaco (Simon de).

— (Jean de), fèvre. *Arch. adm.*, t. II, 825 ; t. III, 105.

— (Girardus Kaqueriaus de), écuyer. *Arch. adm.*, t. II, 120, 123.

— (Gérard de), sergent du prévôt de Reims. *Arch. adm.*, t. II, 1176.

— (prévôt de), voy. Crusniaco (præpositus de).

— (Amile-Gérard de). *Arch. adm.*, t. II, 1187.

— (Ernoulet de). *Arch. adm.*, t. II, 1195.

Crupa varia. *Arch. adm.*, 1030.

Cruptinum (villa). *Arch. adm.*, t. I, 29.

Crusciniaco (Altar de). *Arch. adm.*, t. I.

Crusneium, voy. Cruny.

Crusnia, voy. Crugny.

Crusniaca villa, voy. Crugny (village de).

Crusniaco (Simon de). *Arch. adm.*, t. I, 827.

— (præpositus de). *Arch. lég.*, 11ᵉ part., *statuts*, 1ᵉʳ vol., 168, 176, 183.

Crustis (Johannes de), dormentier de l'église de Reims. *Arch. adm.*, t. II, 734.

Crusy (Hugues de). *Arch. adm.*, t. II, 651.

Cruta. *Arch. adm.*, t. II, 102.

Crux. *Arch. adm.*, t. I, 173, 222, 379, 425, 580, 584, 588, 613. Voy. Haimonis (crux), Jérusalem. *Arch. adm.*, t. II, 618 ; t. III, 771. *Arch. lég.*,

ᵣₑ part., 386; ɪɪᵉ part., *statuts*, ɪᵉʳ vol., 6, 80, 89, 93, 99, 102 ; *statuts*, ɪɪᵉ vol., 767. Voy. Croix.

Crypta S.-Mariæ, voy. N. D. de Reims (crypte de).

Cucheval (R....), gardien de Porte-Mars. *Arch. lég.*, ɪɪᵉ part., *statuts*, ɪᵉʳ vol., 730.

Cuens de Bar, voy. Prevostus (Adam).

Cuer (Thibaut le). *Arch. adm.*, t. II, 512.

Cuer (Régnault le), fripier. *Arch. adm.*, t. III, 836.

Cuer-de-Roi (Bertrand le). *Arch. adm.*, t. II, 903, 912.

— (Richart). *Arch. adm.*, t. III, 69.

— (G....), vergeur de vin. *Arch. lég.*, ɪɪᵉ part., *statuts*, ɪᵉʳ vol., 429.

Cueur (H. le), conseiller municipal. *Arch. lég.*, ɪɪᵉ part., *statuts*, ɪᵉʳ vol., 698.

Cuflies (village de). *Arch. lég.*, ɪʳᵉ part., 890.

Cugnart (Jean). *Arch. lég.*, ɪɪᵉ part., *statuts*, ɪɪᵉ vol., 265.

Cugnetiau (Lambin), tonnelier. *Arch. adm.*, t. III, 836.

Cugnon d'Alincourt, voy. Alincourt.

Cuice d'Oia, femme de Reims. *Arch. adm.*, t. I, 822, 834.

Cuiffiere (Ysabelet la). *Arch. adm.*, t. I, 1180.

Cuignières (Pierre de). *Arch. adm.*, t. II, 653, 797? 837 ?

— (Jean de). *Arch. adm.*, t. II, 654.

Cuile (Jehan), voy. Cuille.

Cuile-lez-Chatillon (manoir de). *Arch. adm.*, t. III, 686.

Cuillars (Perros). *Arch. adm.*, t. I, 740.

Cuille (Jehan de). *Arch. adm.*, t. II, 667, 681 ; t. III, 686.

— (Le Picart de). *Arch. adm.*, t. II, 678.

Cuilleret (R....), bourgeois de Reims. *Arch. lég.*, ɪɪᵉ part., *statuts*, ɪᵉʳ vol., 770.

Cuillier , maître couvreur. *Arch. lég.*, ɪɪᵉ part., *statuts*, ɪɪɪᵉ vol., 678.

— (Joseph), maître couvreur. *Arch. lég.*, ɪɪᵉ part., *statuts*, ɪɪɪᵉ vol., 678.

Cuilly (Renaudus de), écuyer. *Arch. adm.*, t. II, 103.

Cuimy (village de). *Arch. adm.*, t. II, 1054.

— (chapelain de). *Arch. adm.*, t. II, 1055.

— (presbyter de). *Arch. adm.*, t. II, 1054.

Cuiret (Nicolas), boulanger. *Arch. lég.*, ɪɪᵉ part., *statuts*, ɪɪᵉ vol., 161.

Cuirs (visiteurs des). *Arch. lég.*, ɪɪᵉ part., *statuts*, ɪɪɪᵉ vol., 12.

Cuiry-les-Ymiers (Yviers) (village de). *Arch. lég.*, ɪʳᵉ part., 884, 885, 888, 891.

Cuis (paroisse de). *Arch. adm.*, t. II, 1120.

— (village de). *Arch. lég.*, ɪʳᵉ part., 909.

— (presbyter de). *Arch. adm.*, t. II, 1120.

Cuisenier (E...., le), bourgeois de Reims. *Arch. lég.*, ɪɪᵉ part., *statuts*, ɪᵉʳ vol., 740.

— (J.... le), bourgeois de Reims. *Arch. lég.*, ɪɪᵉ part., *statuts*, ɪᵉʳ vol., 734.

Cuisiaco (Petrus de). *Arch. adm.*, t. II, 1041.

Cuisine (pré de la). *Arch. adm.*, t. III, 604.

Cuisiniers, voy. Reims (cuisiniers de).

— de Reims (statuts des). *Arch. lég.*, ɪɪᵉ part., *statuts*, ɪɪɪᵉ vol., 497.

Cuissardus (Robertus), voy. Cuissart (Robert).

— (Hugo). *Arch. lég.*, ɪɪᵉ part., *statuts*, ɪᵉʳ vol., 76.

Cuissart (Jehanson). *Arch. adm.*, t. II, 120.

— (Robin). *Arch. adm.*, t. I, 1096.

— (Gloie). *Arch. adm.*, t. II, 553.

— (Robert) , échevin de Reims. *Arch. adm.* t. I, 642; t. II, 802? 832. *Arch. lég.*, iie part., *statuts*, ier vol., 72?

— (Pierre), échevin de Reims. *Arch. adm.*, t. I, 1095, 1117, 1126; t. II, 13, 16, 25, 27.

— (Jehan). *Arch. adm.*, t. I, 1126. *Arch. lég.*, iie part., *statuts*, ier vol., 441.

— (Aubri). *Arch. adm.*, t. II, 393.

Cuisse-d'Ave, voy. Cuice d'Oia.

Cuisseyo (abbas de), voy. Cuisy (abbé de).

Cuissotte, conseiller municipal. *Arch. lég.*, iie part., *statuts* , iie vol., 589.

Cuisy (abbé de). *Arch. adm.*, t. II, 635, 1027, 1037, 1082, 1083. *Arch. lég.*, ire part., 877. Voy. Lucas.

— (territoire de). *Arch. adm.*, t. I, 760.

Cuisy (curé de), voy. Duval (Alard).

— (village de). *Arch. lég.*, ire part., 901, 905.

— (prieur de). *Arch. adm.*, t. II, 634, voy. Couissiaco (prior de).

— (Thomas de), voy. Cusi.

Cuitery (J. de), bailli de Reims. *Arch. adm.*, t. III, 304.

Cuitron (ville de). *Arch. adm.*, t. III, 580. *Arch. lég.*, ire part., 905.

Cujardus (Ponons), chanoine de Soissons. *Arch. adm.*, t. I, 1093.

Culcita puncta (instrument de torture). *Arch. adm.*, t. II, 183.

Cul-de-Leu, voy. Bricet.

Culdoc (Johannes). *Arch. adm.*, t. III, 404.

Cule (Renaut de), chevalier, gardien de Notre-Dame de Reims. *Arch. adm.*, t. III, 2.

Culès (Jacques). *Arch. adm.*, t. II, 40.

Culet, voy. Ernoulet.

Culloteau, cardeur de laine. *Arch. lég.*, iie part., *statuts*, iie vol., 853.

Culme (Jo.... de), chanoine. *Arch. lég.*, iie part., *statuts*, ier vol., 120.

Culmisiaco (altar de), voy. Cormicy (autel de).

Culmisiacum, voy. Cormicy.

Cul-par-Terre (Thierry), maçon. *Arch. adm.*, t. III, 835. *Arch. lég.*, ire part., 589.

Cultier (Adam). *Arch. adm.*, t. II, 1166.

Cultura (vicus de), voy. Reims (cousture de).

— vide Toiroio (cultura de).

— (Gervasius de), échevin de Reims. *Arch. adm.*, t. I, 244.

— major, voy. Chosseti (Stephanus), Cousture (maire de la).

Culture de Reims (rue de la). *Arch. adm.*, t. III, 633.

Culvizeau (hameau de). *Arch. adm.*, t. II, 1069. .

Cumena , sœur des frères de Brienne. *Arch. adm.*, t. II, 142.

Cumeriis (Johannes), canonicus Braquensis. *Arch. adm.*, t. II, 1044.

Cumeriis (capellania). *Arch. adm.*, t. II, 1122. Voy. Cumières.

Cumières (village de). *Arch. adm.*, t. II, 1120. *Arch. lég.*, ire part., 903, 905; iie part. , *statuts*, iie vol., 968.

— (chapellenie de), voy. Cumeriis (capell. de).

— (Estènes de), écuyer. *Arch. adm.*, t. II, 1013, 1015.

— (Gauchiers de), écuyer. *Arch. adm.*, t. II, 1013, 1014, 1016, 1017, 1020, 1021.

Cunchiais (Gérart), voy. Cunchiart.

Cunchiart (Gérart). *Arch. adm.*, t. II, 824; t. III, 41, 249, 393, 397.

— (Jacques). *Arch. adm.*, t. III, 133.

— (Perrars). *Arch. adm.*, t. III, 283.

Cundas (villa de), voy. Condé-sur-Marne.

Cunel (paroisse de). *Arch. adm.*, t. II, 1093.

— (village de). *Arch. adm.*, t. II, 1092.

Cunello-in-Imperio (parochia de), voy. Cunel (paroisse de).

— (presbyter de). *Arch. adm.*, t. II, 1094.

Cunello (Jo.... de), prêtre. *Arch. lég.*, statuts, ı^er vol., 121.

Cunellum-in-Imperio, voy. Cunel.

Cunguet (Colin), sergent de la prévôté de Reims. *Arch. adm.*, t. III, 831, 840, 842.

Cunières (Pierre de), voy. Cugnières.

Cupelez (sorte de mesure de capacité). *Arch. lég.*, ıı^e part., statuts, ı^er vol., 169.

Cupellia (altar de). *Arch. lég.*, ıı^e part., statuts, ı^er vol., 81.

Cuperly (seigneurie de). *Arch. lég.*, ıı^e part., statuts, ııı^e vol., 388.

Cupia-Borse (Herbertus). *Arch. adm.*, t. I, 837.

Cuppa (coupe). *Arch. lég.*, ıı^e part., statuts, ı^er vol., 78, 91, 102.

Cuquerel, voy. Maigret (Johannes).

Curate, voy. Prioulet (Jean).

Curatelle. *Arch. lég.*, ıı^e part., statuts, ıı^e vol., 952. Les notaires des villes sont affranchis de ladite, 993, 1009, 1012.

Curateur, voy. Curator.

Curator (curateur). *Arch. adm.*, t. I, 950; t. III, 73. *Arch. lég.*, ı^re part., 163, 169, 174, 187, 233, 287, 294, 382, 413, 418, 1004.

Curatus (curé), vide Bellomonte (curatus de), Blanzeyo (de), Burgo (de), Chamusiaco (de), Codreto (de), Hermondivilla (de), Marolio (de), Quercu (de), Remenses curati, S. Timothei, Vassognia (curatus de).

Curatus (parochialis). *Arch. lég.*, ı^re part., 86.

Curccio (altar de). *Arch. adm.*, t. I, 218, voy. Courcy (autel de).

Curcella prope Remos, voy. Courcelles-les-Reims.

— (terra de). *Arch. lég.*, ıı^e part., statuts, ı^er vol., 80, 89.

Curcellis (alodium). *Arch. lég.*, ıı^e part., statuts, ı^er vol., 66, voy. Courcelles (alleu de).

Cure, voy. diocèse de Reims (cures de), S. Michel de Reims (cure de), Deville Fîmes, Betheny, Sugny, Contreuve, Neumanil, Mont S. Remy, Cernay-lez-Reims, Escly, Avaux-la-Ville dit Asfeld, Ourges, Lavanne, Venderesse, Prouilly.

Curé, voy. Reims (curés de), Aesle (curé d'), Agnicourt, Aigny-sur-Marne, Aïpe, Aires, Alincourt, Alleux, Amigny, Amy-Fontaine, Anissecourt, Anisy, Arency, Athyes, Aumenancourt-le-Petit, Aure, Autremencourt, Avègres, Aysel, Balhan, Bancigny, Barby, Barenton-sur-Serre, Baulthor, Bazancourt, Beaumont-sur-Vesle, Beaurieu, Bergnicourt, Beru, Betigny, Betheniville, Bezannes, Bièvre, Blanzy, Blerancourt, Blombaisieux, Blombel, Bouconville, Boulaulx, Bray, Buz, Boult-sur-Suippe, Bourg, Bourgogne, Boutencourt, Bouzy, Bretigny, Brimont, Bruyères, Bucyles-Cerny, Celles, Cerny, Chaigny, Champfleury, Champilon, Charbogne, Chavigny, Châtelet, Chaudarde, Chaudyon, Chaumisy, Chemery-sur-Bar, Chermes, Chermisy, Chery-Chesnay, Chamery, Chevesne, Chevregny, Chivres, Chivy, Chuffilly, Cilly, Clamecy, Cormicy, Coucy-la-Ville, Courcy, Cossiè-

res, Courteçon, Crandelain, Craonelles, Crecy, Cuiry, Cuiry-les-Ymiers, Cuissy, Daigny, Deuillet, Dercy, Dannemarie, Devigny, Dizy, Espoye, Estouvelles, Estreuil, Escry, Evigny, Fontaine-le-Roy, Fourdrain, Festiaux, Fresnes, Faye-le-Sec, Fraillicourt, Flaignes, Folembray, Ferté-sur-Peron, Froimont, Guignicourt, Grandlud, Gueux, Guyen-court, Gisy, Godelencourt, Hannogne, Harcigny, Haris, Haveraulcourt, Heiz-Levesque, Héricourt, Hermonville, He-roul, Herpy, Hostel, Horgne, Horis, Hourges, Jonchery, Juniville, Lafaux, Landricourt, Landres, Laval, Lesquiel-les, Lizy, Lislet, Longueval, Lor, Ludes, Luilly, Machecourt, Macquilgny, Magde-lain, Mainbresson, Maineville-aux-Prés, Margival, Martigny, Marson, Mausloué, Mayot, Molins, Monceau-les-Leups, Montain, Montbavain, Montbré, Mont-châlons Montcornet, Montdejeux, Mon-tenault, Montfaucon, Montigny, Monti-gny-le-Franc, Montmarin, Mont-Saint-Jean, Monstreuil, Morigny, Mortier, Mouron, Nampcelles, Neufchastel, Neu-ville-à-Main, Neuville-en-Lannois, Neu-ville-les-Vrevin, Neuville-sur-Margival, Noirecourt, Nouviant-l'Abbesse, Ognol-les, Olignon, Omont, Ormes, Parfon-dereu, Petites-Armoises, Pierrepont, Pierremande, Poigny, Pommacle, Pont-favergier, Pougnicourt, Praesle, Prez, Prouvais, Proviseux, Pynon, Quincy, Ralicourt, Rambercourt, Regnicourt, Rethel, Roizy, Romigny, Rumigny, Saint-Aignan, Saint-Clément, Saint-Crespin, Saint-Denis-de-Vaulx-sur-Aisne, Sainte-Cécile-de-Terny, Sainte-Croix, Sainte-Geneviève, Sainte-Vau-bourg, Saint-Eloy, Saint-Etienne, Saint-Fregeux, Saint-Germain, Saint-Gly, Saint-Hilaire, Saint-Jacques, Saint-Jehan-aux-Bois, Saint-Julien, Saint-Julien-de-Reaulcourt, Saint-Lambert, Saint-Loup, Saint-Martin, Saint-Martin-de-Troly, Saint-Martin-Lheureux, Saint-Martin-sur-Bois, Saint-Maurice, Saint-Memye-de-Courtisols, Saint-Michel-de-Reims, Saint-Nicolas-aux-Bois, Saint-Nicolas-en-Lisle, Saint-Pierre-le-Long, Saint-Pierre-le-Vieux, Saint-Pierremont, Saint-Remy, Saint-Remy-de-Marson, Saint-Sauveur-de-Coucy, Saint-Sulpice, Saint-Symphorien, Saint-Syxte, Saint-Thierry-au-Mont-d'Or-les-Reims, Saint-Timothée, Sapogne, Sarcy, Sarry, Saulce-Champenoise, Scy, Semuy, Se-nac, Sept-Saulx, Sergnyon, Sery, Se-vigny, Sincenis, Sissonne, Sons, Soupir, Suzanne, Suzy, Termes, Terron-sur-Aisne, Thannay, Thaveau, Thenalles, Thilloy, Thouly, Thy, Tour-Saint-Remy, Trigny, Trinité-de-Châlons, Trois-Puits, Troly, Troussy, Vailly, Vaubray, Vauresaine, Venderesse, Ver-neuil, Viel S. Remy, Vieux, Villiers-le-Sec, Villiers-le-Tigueux, Vonc, Voul-paix, Vregne-aux-Bois, Vregny, Warme-riville, Ynves, Ysle.

Curetier (le), voy. Raoulin.

Cureur (Alexandre le). *Arch. adm.*, t. I, 1066.

— (Robert le). *Arch. adm.*, t. I, 1120.

— (Beraut le). *Arch. adm.*, t. II, 685, 824.

Curia, vide Marsnensis curia, Abbatis Sancti Remigii, Archidiaconi Remensis, Archiepiscopi Remensis, Basiliensis, Beatæ Mariæ, Buriandi, Christianitatis, Episcopi, Fratrum, Monachorum, Regis, Remorum cluma, Sancti Remigii Re-mensis, Schimmortera, Schinna, Spi-ritualis.

— Romana, voy. Rome (cour de).

— (Walterus de). *Arch. adm.*, t. I, 875, 878.

— episcopi (Guillelmus de). *Arch. adm.*, t. I, 519.

Curiæ Remensis consuetuedines. *Arch*

lég., 1re part., 25, 194, 275, voy. Cour de Reims (coutumes de la).

Curiæ Remensis sigilliferi, voy. Bertrannus, Nivernis (Guillermus de), Sedent (Petrus de).

— Remensis archidiaconi, positionarii, vide Rade (Radulphus le), Flavius (Gerardus de).

— Remensis officia. *Arch. adm.*, t. III, 417. *Arch. lég.*, 1re part., 18.

— Remensis sigillum, voy. Remorum curiæ sigillum.

Curie romaine (fonctions de ladite), dévolues en partie à l'échevinage rémois. *Arch. adm.*, t. I, 481.

Curieux (village de). *Arch. lég.*, 1re part., 919.

Curmessiacum, voy. Cormicy.

Curmestrol (villa de), voy. Cormontreuil.

Curmisiacum, voy. Cormicy.

Curmissy, voy. Cormicy.

— (Radulphus Scoticus de), voy. Cormicy.

— (Wilardus de), miles. *Arch adm.*, t. I, 365? 367.

— (Odo de), *Arch. adm.*, t. I, 363.

Curmussy, voy. Cormicy.

Curmustrellum, voy. Cormontreuil.

Curri (J.... de), chanoine. *Arch. lég.*, IIe part., *statuts*, 1er vol., 119.

Cursali (terra de), *Arch. adm.*, t. I, 423, voy. Coursalain.

Curselency, voy. Courcelancy.

Curte Ausorum (præpositus de). *Arch. lég.*, IIe part., *statuts*, 1er vol., 168.

— (Henricus de). *Arch. lég.*, IIe part., *statuts*, 1er vol., 170.

Curtelandonis (Nicholaus de), *Arch. adm.*, t. I, 317, 318, 319.

— (Hugo de), frère du précédent. *Arch. adm.*, t. I, 317, 319.

Curtemonasterioli (ecclesia de), *Arch adm.*, t. I, 354.

— Molendinum, vide Cormontreuil (moulin de).

Curtenayo (Willermus de), chanoine et vidame de Reims. *Arch. adm.*, t. II, 620. Voy. Courtenay.

Curtesalonis alodium. Appartient au chapitre de Reims. *Arch. adm.*, t. I, 78, 236. *Arch. lég.*, IIe part., *stat.*, 1er vol., 65. Voy. Coursalain (alleu de).

Curtil, voy. Courtil.

— (P.... du), voy. Courtie (Pierre du).

— (Agnès du). *Arch. adm.*, t. III, 752.

— (Herbin du). *Arch. adm.*, t. III, 836. *Arch. lég.*, IIe part., *statuts*, 1er vol., 539.

Curtiliz (alodium de). *Arch. lég.*, IIe part., *statuts*, 1er vol., 166.

Curtineto (Robertus de), bouteiller de France. *Arch. adm.*, t. I, 594; t. II, 176.

Curtis, voy. Belloverio (curtis de), Berna (de), Branzouis, Cosle (de), Gosonis, Hundeliaca (de), Sancti Martini, Sarpeia (de).

— Abbatis. *Arch. adm.*, t. I, 308, voy. Abbecourt.

— Accutior, voy. Aguilcourt.

— Ausorum (villa), voy. Courtisols.

— Ausorum altar. *Arch. lég.*, IIe part., *statuts*, 1er vol., 167.

— Auxorum, voy. Courtisols.

— Dominica. *Arch. adm.*, t. I, 9, voy. Courdemanche.

— Beatæ Mariæ Carcer. *Arch. adm.*, t. II, 218, voy. Cour-Notre-Dame (prison de la).

— Monachorum decima. *Arch. adm.*, t. I, 262, voy. Moyencourt.

Curvavilla, voy. Courville, Montibus super Curvillam.

Curvavilla (castellania de), voy. Courville châtellenie (de).

— (altar de). *Arch. adm.*, t. I, 508. *Arch. lég.*, IIe part., *statuts*, Ier vol., 104, voy. Courville (autel de).

— (Petrus de), clerc de Reims. *Arch. adm.*, t. I, 292. *Arch. lég.*, IIe part., *statuts*, Ier vol., 170.

— (Johannes de). *Arch. adm.*, t. II, 391, 475, 622.

— (Therricus de). *Arch. adm.*, t. III, 31.

— (Gouffier de). *Arch. adm.*, t. II, 286.

— (Castellanus de). *Arch. adm.*, t. II, 385, voy. Courville (châtelain de).

— (parochia de). *Arch. adm.*, t. II, 1057, voy. Courville (paroisse de).

— (presbyter de). *Arch. adm.*, t. II, 1057, voy. Courville.

Cusi (Thomas de); voy. Cuzy

Cussiacensis abbas, vide Cuisy (abbé de).

Cussinus (Coussin). *Arch. adm.*, t. II, 923; t. III, 771.

Custodes, vide Remenses custodes, Regalium custodes.

Custodia, vide Mosomii custodia, Remensis ecclesiæ, Terræ Sancti Remigii, Sigilli Capituli Remensis, Clavibus Thesauri Remensis (custodia de).

Custodibus ecclesiæ Remensis (statuta de). *Arch. lég.*, IIe part., *statuts*, Ier vol., 56. Voy. Coutres de Reims (statuts des).

Custos, vide Nundinarium campaniæ custodes. Prisonariarum clericorum hospitii.

Custus (cont). *Arch. adm.*, t. I, 884, 955; t. II, 659, 884, 944. *Arch. lég.*, Ire part., 197, 256, 275.

Cusy (P. de). *Arch. adm.*, t. III, 481.

Cuté (Jean). *Arch. lég.*, IIe part., *statuts*, IIe vol., 212.

Cuts (village de). *Arch. lég.*, Ire part., 909. Voy. Cuis?

Cuvella (cuve pour la teinture). *Arch. lég.*, Ire part., 242.

Cuvillier (Claude), mercier. *Arch. lég.*, IIe part., *statuts*, IIe vol., 570.

Cuvillières (Antoine de), seigneur d'Arpe. *Arch. lég.*, Ire part., 920.

— (Jehan de), seigneur de Coucy. *Arch. lég.*, Ire part., 920.

— (Jacques de), seigneur de la Roche. *Arch. lég.*, Ire part., 921.

Cuy (village de), voy. Cuis.

Cuyry (Roland de). *Arch. adm.* t. II, 1243.

Cuys (presbyter de), voy. Cuis.

Cuzy (Thomas de). *Arch. adm.*, t. I, 1116.

Cynrigny (maison de) près Reims. *Arch. adm.*, t. III, 604.

Cyprianus. *Arch. adm.*, t. I, 186, 187.

Cyprien (Jean). *Arch. lég.*, Ire part., 527.

Cyré (Aubry de), citoyen de Reims. *Arch. adm.*, t. III, 778.

Cyrotheca (gand). *Arch. adm.*, t. III, 769.

Cyrra (Théodoret, évêque de). *Arch. adm.*, t. I, 106.

Cysoin (lieu de) *Arch. adm.*, t. III, 621.

D.

Dabdel (Jehan), promoteur de la cour spirituelle de Reims. *Arch. adm.*, t. III, 873.

Dace (duc de), voy. Dacie.

Dachis (Pierre), prêtre. *Arch. lég.*, IIe part., *statuts*, IIIe vol., 41.

Dacia. *Arch. adm.*, t. I, 408, voy. Dacie.

— (archiepiscopus de), voy. Eskillus.

Dacie (duc de), voy. Ogier-le-Danois.

Dadeus, presbyter. *Arch. lég.*, IIe part., *statuts*, Ier vol, 80.

Dadon (Josseteau), conseiller. *Arch. lég.*, ne part., *statuts*, ne vol., 535.

— (Nicolas), acolyte. *Arch. lég.*, ne part., *statuts*. ne vol., 773.

Dæmon. *Arch. lég.*, 1re part., 411.

Daero, serve de l'église de Reims. *Arch. adm.*, t. I, 16.

Dagaleifus, colon légué par saint Remi à l'église de Reims. *Arch. adm.*, t. I, 15.

Dagarasena, voy. Dagaraseva.

Dagareseva, affranchie par saint Remi. *Arch. adm.*, t. I, 18.

Dagardus, voy. Dagaredus.

Dagaredus, colon légué par saint Remi à l'église de Reims. *Arch. adm.*, t. I, 15.

Dagaudus, voy. Dagaredus.

Dagny (Jean de), sergent du ban Saint-Remi. *Arch. lég.*, ne part., 546.

Dagobert, roi des Francs, immunités accordées par lédit à l'église de Reims. *Arch. adm.*, t. I, 26.

Dagobertus, voy. Dagobert.

Dagoné (Jehan). *Arch. adm.*, t. II, 653.

Dagoniers (Wachiers), échevin. *Arch. adm.*, t. II, 13.

Daïbertus, archevêque de Bourges. *Arch. adm.*, t. I, 115, 117, 173, 174.

Daigneau (J....), sergent de la forteresse de Reims. *Arch. lég.*, ne part., *statuts*, 1er vol., 908.

Daigny (village de). *Arch. adm.*, t. II, 1086. *Arch. lég.*, 1re part., 903.

— (curé de), Bossu (J....).

— (église de). *Arch. adm.*, t. II, 1088.

Daigout (J....), valet du stellage de Reims. *Arch. adm.*, t. III, 831.

Dailleur (Jean), bourgeois de Reims. *Arch. lég.*, ne part., *statuts*, me vol., 32.

Daillier (Louis), avocat. *Arch. lég.*, ne part., *statuts*, ne vol., 606? 749, *statuts*, me vol., 51, 115?

Daillier (Nicolas) le Jeune, voy. Dallier.

Daillon (seigneur de), voy. Dey (Michel).

Daillot (Gerardin), couvreur. *Arch. adm.*, t. III, 837.

— (Pierre). *Arch. lég.*, 1re part., 898.

Dain (Raoullet du). *Arch. lég.*, 1re part., 910.

— (Olivier le), barbier et ministre de Louis XI. *Arch. lég.*, ne part., *statuts*, 1er vol., 665, 817.

Dainbertus, templier. *Arch. adm.* t. I, 364.

Daingny (ecclesia de), voy. Daigny (église de).

Dair (Jehan). *Arch. adm.*, t. III, 24.

— (Laurent). *Arch. adm.*, t. III, 98.

Daitan (Jacques), membre du parlement. *Arch. adm.*, t. III, 22.

Dalemant (Jean). *Arch. adm.*, t. III, 836.

Dallier, voy. Daillier.

— (Nicolas), lieutenant des habitants de Reims. *Arch. lég.*, ne part., *statuts*, ne vol., 915, 925; *statuts*, me vol., 51, 258, 403?

Dalmatica (dalmatique). *Arch. adm.*, t. I, 222, 338, 379, 425, 449, 508; t. III, 760. *Arch. lég.*, ne part., *statuts*, 1er vol., 91, 93, 98, 99, 102, 193.

Dam (J....) la Paintre, sous-fermier de Saint-Remi de Reims. *Arch. adm.*, t. II, 1141.

Damairacum, voy. Damery.

Damas (étoffe de), voy. Damasco.

Damas (pomme de). *Arch. adm.*, t. III, 840.

Damasco (pannus de). *Arch. lég.*, ne part., *statuts*, 1er vol., 108.

Damasus (pape). *Arch. adm.*, t. I, 128, 129. Décrétales dudit alléguées, 138, 146, 150, 151.

Dambraine (Claude), marchand drapier. *Arch. lég.*, iie part., *statuts*, iie vol., 391, 535? 924?

— (André), marchand. *Arch. lég.*, iie part., *statuts*, i^{er} vol., 974.

Dambrayne, élu de Reims, voy. Dambraine.

Dame, voy. Yeve, Arcis-sur-Aube, Beaujeu, Chevesnes, Courtrizy, Étampes, Jehan, Notre-Dame de Sainte-Marieou des Prez (dames de), Rouy, Saint-Étienne (les), Val-de-Grâce de Paris (dames du).

— Marye, voy. Dannemarie.

Dameron-la-tellière. *Arch. adm.*, t. II, 532.

Damery (village de). *Arch. adm.*, t. I, 273, 724; t. II, 1120. *Arch. lég.*, i^{re} part., 876 ; iie part., *statuts*, i^{er} vol., 717.

— (Jehan Quoquin de). *Arch. adm.*, t. II, 673, 991.

— (terroir de). *Arch. adm.*, t. II, 1120.

— (seigneur de), voy. Bohan (Jean de).

Dames chanoinesses, voy. Andennes (Dames chanoinesses de).

Damey (Guillelmus de), presbyter. *Arch. lég.*, iie part., *statuts*, i^{er} vol., 121.

Damianus, vide Sanctus.

Damie (Walterus). *Arch. adm.*, t. III, 392.

Damié (R....), échevin. *Arch. adm.*, t. II, 800.

Damiens (P....), bourgeois de Reims. *Arch. lég.*, iie part., *statuts*, i^{er} vol., 770.

Damisan-la-tellière, bourgeois de Reims. *Arch. adm.*, t. II, 532.

Dammartin (ville de). *Arch. lég.*, iie part., *statuts*, i^{er} vol., 664, 666.

— (seigneurie de). *Arch. lég.*, iie part., *statuts*, iiie vol., 533.

Damoiseau, voy. Courcelance (damoiseau de), voy. Domicellus.

Damousis (Petrus de).

— (village de), voy. Damouzy.

— (presbyter de). *Arch. adm.*, t. II, 1068.

Damouzis (Petrus de), médecin et chanoine de Reims. *Arch. adm.*, t. II, 1032? 1043? t. III, 65. *Arch. lég.*, iie part., *statuts*, i^{er} vol., 101.

Damouzy (village de). *Arch. adm.*, t. II, 1070.

— (parochia de). *Arch. adm.*, t. II, 1071.

— (prêtre de), voy. Damousis (presbyter de).

Dampcourt (village de), voy. Dancourt.

Damphale (Jehan), drapier. *Arch. lég.*, i^{re} part., 554, 589; iie part., *statuts*, i^{er} vol., 384, 387, 390, 447.

Damphue (Person). *Arch. lég.*, iie part., *statuts*, i^{er} vol., 440.

— (ville de). *Arch. lég.*, i^{re} part., 878, 891.

— (Anne de). *Arch. lég.*, i^{re} part., 893.

Dampierre (Duval). *Arch. lég.*, iie part., *statuts*, iiie vol., 393.

Dampierre-au-Temple (village de). *Arch. lég.*, iie part., *statuts*, iiie vol., 389, 390.

— -le-Château (ville de). *Arch. lég.*, iie part., *statuts*, iiie vol., 390.

— -sur-Moyvre (village de). *Arch. lég.*, i^{re} part., 949.

— (seigneurie de). *Arch. lég.*, iie part., *statuts*, iie vol., 649.

— (seigneur de). *Arch. adm.*, t. I, 1087, 1088.

— (marquis de). *Arch. lég.*, iie part., *statuts*, iiie vol., 393, voy. Duval.

Dampierre (prieur de), voy. Damna-Pestra.

— (Ferry de). *Arch. adm.*, t. III, 663.

Dampierre (Andrieu de). *Arch. adm.*, t. III, 663.

Dampna-Petra Clugniacensis (prior de). *Arch. adm.*, t. II, 688.

Damvillare, voy. Damvillers.

Damvillers (ville de). *Arch. adm.*, t. III, 544.

Danaim (abbatissa de). *Arch. adm.*, t. II, 638.

Danarez (Ponsart). *Arch. adm.*, t. II, 673.

Danaudas (Robin), bourgeois de Reims. *Arch. adm.*, t. II, 349.

Dancourt (village de). *Arch. lég.*, Ire part., 891, 901.

Danemark (royaume de). *Arch. adm.*, t. I, 408.

Danemoux (lieu de). *Arch. lég.*, Ire part., 892.

Danet (Jehan), prieur de Barzy. *Arch. lég.*, Ire part., 881.

Danfale (Jehan), drapier, voy. Damphale.

Dangerium (danger). *Arch. adm.*, t. III, 236.

Danhiel, prêtre. *Arch. lég.*, IIe part., statuts, Ier vol., 68.

Daniel le sergier. *Arch. adm.*, t. II, 269.

— prophète. *Arch. lég.*, Ire part., 355, 456; IIe part., statuts, IIe vol., 762.

— (Pierre), drapier. *Arch. lég.*, IIe part., statuts, IIe vol., 373.

— évêque des Gaules. *Arch. adm.*, t. I, 191.

Danizy (village de). *Arch. lég.*, Ire part., 883, 899, 919.

Danné (Baudet). *Arch. adm.*, t. II, 1141.

Danncelle (Hugo), maire de Nantheuil. *Arch. adm.*, t. II, 726.

Dannèle (Raulin). *Arch. adm.*, t. II, 92.

Dannemarie (village de). *Arch. lég.*, Ire part., 883, 900.

— (curé de), voy. Bosseux (François).

Dannevoux (village de). *Arch. lég.*, IIe part., statuts, IIIe vol., 388.

Danois (Ogier le), détenu, d'après la tradition, dans la tour de la Porte-Chacre à Reims. *Arch. adm.*, t. II, 855.

— (Mlle le), dame de Nouvion-en-Portien. *Arch. adm.*, t. II, 1082.

Danoris (Nicolaus), chanoine de S. Pierre-aux-Dames. *Arch. adm.*, t. II, 1042.

Danorum regina, vide Adela.

Danoudet (Jesson). *Arch. adm.*, t. II, 900, 905; t. III, 40.

Daoudet, voy. Danoudet.

Daoust (Jehan, hôtel de). *Arch. lég.*, Ire part., 509.

— (Jacques), sous-chantre. *Arch. lég.*, Ire part., 878.

Dapiferi, vide Gervasius, Onulfus, Heribertus, Walterus, Rodulfus, Theobaudus, Balduinus.

Darde (Claude), écuyer. *Arch. lég.*, IIe part., statuts, IIe vol., 508.

Dardel (Colesson), appariteur de la cour de Reims. *Arch. adm.*, t. II, 901.

— (Jehan). *Arch. adm.*, t. III, 836, 841.

Dardon (P.), frère mineur à Reims. *Arch. lég.*, IIe part., statuts, Ier vol., 617.

Dare (Matheus), citoyen de Reims. *Arch. adm.*, t. II, 505.

Dargentiot, bourgeois de Reims. *Arch. adm.*, t. II, 1221.

Darigny, officier municipal. *Arch. lég.*, IIe part., statuts, IIIe vol., 176.

— gouverneur de Reims. *Arch. lég.*, IIe part., statuts, IIIe vol., 277.

Darmana villa, voy. Darmannes.

Darmannes (village de). *Arch. adm.*, t. I, 330.

Darmuel (lieu de). *Arch. adm.*, t. II, 551.

Darnisy (M.), seigneur de Mainbrecy. *Arch. adm.*, t. II, 1082.

Darodes (demoiselle de), dame de Tailly. *Arch. adm.*, t. II, 1094.

Darras (M.), propriétaire du péage de Prouilly. *Arch. lég.*, IIe part., IIIe vol., 393.

Dart (fontaine du). *Arch. adm.*, t. III, 609.

Darviller (Simonnet), échevin de Reims. *Arch. adm.*, t. III, 611.

Darvillières (G....), receveur des deniers communs. *Arch. lég.*, IIe part., *statuts*, Ier vol., 476, 682, 684, 691 et suiv., 695, 699, 701, 702, 894, 900.

Dasovinda, femme affranchie par le testament de saint Remi. *Arch. adm.*, t. I, 46.

Dathan, israélite, complice du lévite Corée. *Arch. adm.*, t. I, 208, 259.

Daucourt (village de). *Arch. lég.*, Ire part., 905.

Daudret (C....), échevin. *Arch. adm.*, t. III, 830.

Dauffart (Simon). *Arch. adm.*, t. II, 424, 893, 902.

Dauffin (monseigneur de Reims le), voy. Humbert-Dauphin.

Dauger (M.), lieutenant général, seigneur de Villers-le-Tourneur. *Arch. adm.*, t. II, 1107.

Daugi, avocat. *Arch. lég.*, IIe part., *statuts*, IIe vol., 625.

Daulcy (Gabriel), seigneur de Beaurain. *Arch. lég.*, Ire part., 890.

Daumé (Remi), bourgeois de Reims. *Arch. adm.*, t. II, 604.

Dauna, présente son fils comme oblat à Saint-Remi de Reims. *Arch. adm.*, t. I, 69.

Dauphin, voy. Viennois (dauphin de), France (d. de), Humbert-Dauphin.

— (Jean). *Arch. lég.*, IIe part., *statuts*, IIe vol., 363.

Dauphin (André), prêtre. *Arch. lég.*, IIe part., *statuts*, Ier vol., 204, 217, 219.

— (jeu du), voy. Arc du dauphin

Dauphine (rue). *Arch. lég.*, IIe part., *statuts*, IIe vol., 605; IIIe vol., 419.

— étoffe confectionnée à Reims. *Arch. lég.*, IIe part., *statuts*, IIe vol., 829.

Dauphiné (pays du). *Arch. lég.*, Ire part., 888, *statuts*, Ier vol., 509, 712, 804, 812; *statuts*, IIe vol., 955.

Dauveus, témoin signataire du testament de saint Remi. *Arch. adm.*, t. I, 23.

Dauvinus, prêtre et chanoine. *Arch. lég.*, IIe part., *statuts*, Ier vol., 75.

Davant (Nicholaus). *Arch. adm.*, t. III, 315.

Davanson (J....). *Arch. lég.*, IIe part., *statuts*, Ier vol., 617.

Davenne (M. de), seigneur d'Hermonville. *Arch. adm.*, t. II, 1057.

Davezan (J.), professeur de droit. *Arch. lég.*, IIe part., *statuts*, IIe vol., 748.

David (Bertrand). *Arch. adm.*, t. III, 12.

— prophète et roi. *Arch. adm.*, t. I, 158, 196, 199. *Arch. lég.*, Ire part., 286, 356, 433; IIe part., *statuts*, IIe vol., 764.

— (Petrus). *Arch. lég.*, IIe part., *statuts*, Ier vol., 78.

— (J....), bourgeois de Reims. *Arch. lég.*, IIe part., *statuts*, Ier vol., 773, 777, 781, 789.

Davisy (J.). *Arch. adm.*, t. II, 776.

— (Ferry de). *Arch. adm.*, t. II, 1023.

Daxia, voy. Deccia.

Day (parochia de). *Arch. adm.*, t. II, 1111.

— (presbyter de). *Arch. adm.*, t. II, 1112.

— (patronagium de). *Arch. adm.*, t. II, 1112, 1113.

— (J....), conseiller de l'évêque d'Orléans. *Arch. adm.*, t. III, 832.

Daymère (M.), bénéficier à Viroslai. *Arch. adm.*, t. II, 1090.

Deadvoare (désavouer). *Arch. adm.*, t. II, 726.

Dealles (Albericus dictus le), chanoine de Saint-Pierre-aux-Nonnains. *Arch. adm.*, t. II, 1042.

Deauratus (Simon). *Arch. adm.*, t. I, 350.

— (Johannes). *Arch. adm.*, t. I, 374. *Arch. lég.*, IIᵉ part., *statuts*, Iᵉʳ vol., 170?

Debar (Jean-Étienne), boulanger. *Arch. lég.*, IIᵉ part., *statuts*, IIᵉ vol., 162.

— (Gabriel), voy. Bar (G.).

— (Jean-Louis), religieux de Saint-Remi. *Arch. lég.*, IIᵉ part., *statuts*, Iᵉʳ vol., 293.

Debatum (débat). *Arch. adm.*, t. II, 330, 367, 474, 647, 709, 726, 875, 920, 955; t. III, 67, 184, 259, 318, 324, 397, 558, 665, 666, 862, 896, 906. *Arch. lég.*, Iʳᵉ part., 326; IIᵉ part., *statuts*, Iᵉʳ vol., 415, 430.

Debaune (Louis), notaire à Montfaucon. *Arch. lég.*, IIᵉ part., *statuts*, IIIᵉ vol., 252, 264.

— (Simon), notaire. *Arch. lég.*, IIᵉ part., *statuts*, IIIᵉ vol., 252, 264.

Debeauve, voy. Debaune.

Debeyne (Nicolas), notaire. *Arch. lég.*, IIᵉ part., *statuts*, IIIᵉ vol., 243, 256, 260.

Debilis moneta. *Arch. adm.*, t. II, 932; t. III, 33. *Arch. lég.*, Iʳᵉ part., 111; IIᵉ part., *statuts*, Iᵉʳ vol., 69.

Debitor (débiteur). *Arch. adm.*, t. I, 344. *Arch. lég.*, Iʳᵉ part., 38, 45, 60, 174, 211, 296.

Deblois (Jean), notaire à Compiègne. *Arch. lég.*, IIᵉ part., *statuts*, IIIᵉ vol., 265.

Debraine (Claude), serrurier. *Arch. lég.*, IIᵉ part., *statuts*, IIᵉ vol., 592.

Debuz (J....), marchand. *Arch. lég.*, IIᵉ part., *statuts*, Iᵉʳ vol., 640.

Décanat, voy. Decanatus, voy. Reims (decanat de), Chezy-en-Brie.

Decanatus, vide Alneto (de), Batignivilla (de), Grandi-Prato (de), Hermondivilla (de), Justines (de), Lavanna (de), Montana (de), Mosomo (de), Pontefabricato (de), Remensis, Rumigny (de), Sarnaco-in-Dormesio (de), Thieresca (de), Vidula (de). Vide Doyenné.

Decani Remensis receptio. *Arch. lég.*, IIᵉ part., *statuts*, Iᵉʳ vol., 14.

Decanorum conventus, quos Kalendas vocant, *Arch. adm.*, t. I, 279.

Decanus, vide Ambianensis, Aurelianensis, Cathalaunensis, Remensis ecclesiæ, Sancti Remigii Remensis, Senonensis, Silvanectensis, Turonensis ecclesiæ.

— voy. Doyen, origine de ce mot. *Arch. adm.*, t. I, 31.

Décapitation, voy. Capitis amputatio.

Deccia, femme de Reims. *Arch. lég.*, IIᵉ part., *statuts*, Iᵉʳ vol., 76.

Decennarii, voy. Dizainiers.

Decentius, évêque de Gubio. *Arch. adm.*, t. I, 188.

Déchargeur (Thomasse le). *Arch. adm.*, t. II, 96.

Decima, vide Dîme, Aceyo (de), Alaincourt (de), Alland'huy (de), Almericurte (de), Amagne (de), Annella (de), Antre (de), Arborum fructuum portantium, Atheiis (de), Atrio (de), Avanson (de), Baina (de), Bathenacurte (de), Beroniaco (de), Berruco (de), Bertincort (de), Bezannes (de), Bignicourt (de), Bladorum, Blaise (de), Bremericurte (de), Bugnicourt (de), Calmisiaco (de), Campiniaco (de), Campo-Florido (de), Carbonia (de), Gaseorum, Gergnion (de), Chalonvilla (de), Champturgeon (de), Chanadii villa

(de), Condé, Coulommes (de), Controviis (de), Curtis-Monachorum, Dricourt (de), Dusel (de), Ecordal (de), Emina (de), Face (de), Fagnon, Fara (de), Francorum villa (de), Germiniaco (de), Goheriis (de), Gotis (de), Guzencurt (de), Herpy (de), Joncherio (de), Juvigniaco (de), Lanzy (de), Lini decima, Liusdia (de), Louyois (de), Lovias (decima apud), Ludia (de), Luqui (de), Mailly (de), Marval (de), Masnillo (de), Mellofonte (de), Minuta decima, Montbré (de), Moucheroi (de), Muscherez (de), Naporum, Nantolio (de), Nocumento (de), Noviseyo (de), Nueroy (de), Olerum, Ovium, Ovorum, Pargny (de), Parva decima, Penicurte (de), Pertis (de), Policurte (de), Roiseio (de), Saceyo (de), Saint-Jean-sur-Tourbes, Saint-Loup, Salice-S.-Remigii (de), S. Clementi, S. Lamberto (de), S. Martin de Montigny-le-Sec, S. Moureto (de), Sancti Dionysii, Sancti Juliani, Sancti Sixti, Sancti Vaubourg, Sarmentorum (de), Saulx, Sennicurte (de), Sommesolz (de), Suppleto (de), Suminidia (de), Summapinu (de), Taissy (de), Tannione (de), Thelines (de), Terræ Sanctæ, Tribus-Puteis (de), Tron (de), Trouvilla (de), Ulmis (de), Vallibus (de), Vaudesaincourt (de), Veroium (apud), Vertili (de), Vilerzeto (de), Villare-Alerane (de), Vinearum, Vini, Vrigny (de), Vrilly (de), Vuandresicort (de), Warneio (de).

Déclinatoire. *Arch. lég.*, 1re part., 767, 778.

Decoucy (Nicolas), ajusteur des monnaies de Reims. *Arch. lég.*, 11e part., *statuts*, 111e vol., 187.

Décressac, expéditionnaire en cour de Rome. *Arch. lég.*, 11e part., *statuts*, 1er vol., 309.

Décrétales. *Arch. adm.*, t. I, 103, 107, 108, 128, 131, 183; t. III, 743. *Arch. lég.*, 1re part., 373, 388, 427; 11e part.,

statuts, 11e vol., 795; voy. Fausses Décrétales.

Decretalis, vide Decretales, vide Alexandri (dec.).

Decrets, voy. Sextes (déc. des), Clementines, Extravagantes.

Decretum, voy. Décrets, vide S. Nichosii decretum.

Décri, voy. Monnaies (décri des).

Dedicatio, vide Ecclesiarum (dedicatio).

Defaulx (Maurice), religieux de Saint-Remi. *Arch. lég.*, 11e part., *statuts*, 1er vol., 284, 293.

Defectus (défaut). *Arch. lég.*, 1re part., 156.

Défense, voy. Defensio.

Defensio. *Arch. lég.*, 1re part., 64; vide Sanctorum locorum defensio.

Defer (Philippe), notaire. *Arch. lég.*, 11e part., *statuts*, 111e vol., 243, 245, 253, 260, 266.

Deffaulx, bourgeois de Reims. *Arch. lég.*, 11e part., *statuts*, 1er vol., 703, 707, 711, 735.

Defoigny (Pierre), marchand drapier. *Arch. lég.*, 11e part., *statuts*, 11e vol., 394.

Defossés (Mlle des), dame en partie de Prouilly. *Arch. adm.*, t. II, 1059.

Defoulare (fouler). *Arch. adm.*, t. II, 726.

Defunctorum officium. *Arch. lég.*, 11e part., *statuts*, 1er vol., 51, 53.

Deger (Perrette, veuve), pain d'épicière à Reims. *Arch. lég.*, 11e part., *statuts*, 11e vol., 225.

Degesnes (Pierre), marchand tapissier. *Arch. lég.*, 11e part., *statuts*, 11e vol., 441.

Degot (Robert), tailleur d'habits. *Arch. lég.*, 11e part., *statuts*, 11e vol., 528.

Degradatio, vide Militis degradatio.

Dégradation, voy. Degradatio.

Dehan (Jean-Baptiste), religieux de Saint-Maur. *Arch. lég.*, IIe part., *statuts*, 1er vol., 281.

— (Nicolas), chaudronnier. *Arch. lég.*, IIe part., *statuts*, IIIe vol., 101.

Dehuz (Nicolas), notaire. *Arch. lég.*, IIe part., *statuts*, 1er vol., 885, *statuts*, IIe vol., 639.

— (Jean), marchand. *Arch. lég.*, IIe part., *statuts*, 1er vol., 635, 640, 877.

Dei, vide Casa Dei, Filiæ Dei.

Dei-Amicus, clerc de Laon. *Arch. adm.*, t. I, 292.

Deiciare. Fortasse deicere pro dejicere (abaisser, humilier). *Arch. lég.*, 1re part., 51.

Dei-Memoria (prior de), voy. Dieulimire.

Dei-Merito hospitalis, voy. Dieulimire (hôpital).

Dei-Merito (prior de), voy. Dieulimire (prieur de).

Dejean, procureur. *Arch. lég.*, IIe part., *statuts*, IIIe vol., 260.

Delachèze, notable de Reims. *Arch. lég.*, IIe part., *statuts*, IIe vol., 606.

Delacroix (Jehan), curé de Saint-Denis de Vaulx-sur-Aisne. *Arch. lég.*, 1re part., 885.

— (Martin), coutelier. *Arch. lég.*, IIe part., *statuts*, IIe vol., 1035, 1040.

Delagirandière (Étienne), voiturier. *Arch. lég.*, IIe part., *statuts*, IIIe vol., 94.

Délai (jurisprudence). *Arch. lég.*, 1re part., 765, 774.

Delaistre (Thomas), maître tonnelier. *Arch. lég.*, IIe part., *statuts*, IIe vol., 404, 413.

— (Henry), mercier. *Arch. lég.*, IIe part., *statuts*, IIIe vol., 102.

Delamotte (Adam), marchand mercier. *Arch. lég.*, IIe part., *statuts*, 1er vol.,

979; *statuts*, IIe vol., 577, 861, 1014; *statuts*, IIIe vol., 115.

— (Jean), épicier. *Arch. lég.*, *statuts*, IIIe vol., 92.

— voy. Pavaut.

Delapierre (Charles), notaire. *Arch. lég.*, 1re part., 898.

— (Jean-Baptiste), notaire. *Arch. lég.*, *statuts*, IIe part., IIIe vol., 243, 253, 265, 267.

Delarue (J. A.), voy. Rue.

Delassalle (Nicolas), procureur syndic de l'échevinage de Reims. *Arch. lég.*, IIe part., *statuts*, 1er vol., 460; *statuts*, IIe vol., 162, 635, 964.

— (François), marchand drapier. *Arch. lég.*, IIe part., *statuts*, IIe vol., 391, 399, 525, 606.

— commis à la recepte des deniers communs. *Arch. lég.*, IIe part., *statuts* IIe vol., 1011.

— (Jean-Baptiste), bourgeois de Reims. *Arch. lég.*, IIe part., *statuts*, IIe vol., 1014.

Delaunay, avocat. *Arch. lég.*, IIe part., *statuts*, IIIe vol., 103.

Delaval (Antoine), receveur des finances, *Arch. lég.*, IIe part., *statuts*, IIIe vol., 131.

— (R.), intendant des pauvres. *Arch. lég.*, IIe part., *statuts*, IIe vol., 95.

— (P.), échevin de Reims. *Arch. lég.*, IIe part., *statuts*, IIe vol., 193.

— (J....), bourgeois. *Arch. lég.*, IIe part., *statuts*, 1er vol., 773, 783, 796.

— (Pierre), archevêque de Reims, voy. Laval.

Delchez (Balthazar), seigneur de Ville-au-Bois-lez-Brieule-sur-Meuse. *Arch. lég.*, 1re part., 892.

Delect (Jehan), coutre et marguillier de l'église de Dresse. *Arch. lég.*, 1re part., 910.

Delerre (M....), seigneur, en partie, de Prouilly. *Arch. adm.*, t. II, 1058.

Deligny (Nicolas), menuisier. *Arch. lég.*, iie part., *statuts*, iie vol., 859.

— maître sergier. *Arch. lég.*, iie part., *statuts*, iie vol., 840.

Delioncourt (Guillaume-Guérin), procureur de l'officialité de Reims. *Arch. lég.*, iie part., *statuts*, iiie vol., 693.

Délivrance (Notre-Dame-de-). *Arch. lég.*, iie part., *statuts*, i^{er} vol., 780.

Dellaiz (Philippus). *Arch. adm.*, t. I, 332, 334; voy. Gozelo.

Delleglaud (Guy), notaire. *Arch. lég.*, iie part., *statuts*, iiie vol., 243, 253, 260.

Delleunes, maître maréchal à Reims. *Arch. lég.*, iie part., *statuts*, iie vol., 589.

Deloche (Nicolas-André), sénéchal de l'église de Reims. *Arch. lég.*, iie part., *statuts*, iiie vol., 729, 731.

Delongueval, avocat. *Arch. lég.*, iie part., *statuts*, iie vol., 32.

Delorme (Guillaume). *Arch. lég.*, iie part., *statuts*, iie vol., 374.

Delporte (Emmanuel), doyen de Saint-Remi. *Arch. lég.*, iie part., i^{er} vol., 284, 293.

Demain (Paul). *Arch. lég.*, iie part., *statuts*, iie vol., 485.

— (Henry), maître sergier. *Arch. lég.*, iie part., *statuts*, iie vol., 853, 859.

— (Et....), maître sergier. *Arch. lég.*, iie part., *statuts*, iie vol., 860.

— (Nicolas), maître charron. *Arch. lég.*, iie part., *statuts*, iie vol., 930.

Demanda (demande), *Arch. adm.*, t. II, 729, 869, 932, 933, 948, 1226; t. III, 90, 190, 268, 298, 316, 342, 399, 402, 536, 542, 555, 639, 703, 884, 910. *Arch. lég.*, iie part., *statuts*, i^{er} vol., 564.

Demandare (demander), *Arch. adm.*, t. III, 145, 562, 563. *Arch. lég.*, i^{re} part., 280; iie part., *statuts*, i^{er} vol., 46, 789.

Demay (Pierre). *Arch. lég.*, iie part., *statuts*, iie vol., 238.

Dembonay (Remigius), voy. Ambonay (Remi d').

Demége (Remiette). *Arch. lég.*, iie part., *statuts*, iie vol., 422.

Démocharès (Ant. Mouchi), annaliste, allégué à l'occasion de Tilpin, archevêque de Reims. *Arch. adm.*, t. I, 28.

Démon, voy. Dæmon.

Demonville (P. de), conseiller du roi. *Arch. adm.*, t. II, 1244.

Démosthènes, orateur grec. *Arch. lég.*, iie part., *statuts*, iie vol., 736.

Den (M....), seigneur de Malmy. *Arch. adm.*, t. II, 1100.

Denariata (prix d'une chose, denrée). *Arch. adm.*, t. III, 905. *Arch. lég.*, i^{re} part., 37; iie part., *statuts*, i^{er} vol., 427.

Denarius (denier). *Arch. adm.*, t. I, 231, 233, 263, 275, 304, 305, 310, 336, 354, 366, 380, 385, 386, 390, 403, 418, 419, 433, voy. Laudenensis, 358, 466, 473, 497, 499, 509, 513, 526, 538, 596, 622, 715. *Arch. adm.*, t. III, 847, 852. *Arch. lég.*, i^{re} part., 31, 547; iie part., *statuts*, i^{er} vol., 71, 75, 85, 88, 97, 168; *statuts*, iiie vol., 100, 119, 219; voy. Parisiensis, Remensis, Turonensis.

Deneveux (N....). *Arch. lég.*, iie part., *statuts*, iie vol., 859.

Denier blanc (monnaie). *Arch. adm.*, t. III, 26.

— obole. *Arch. lég.*, iie part., *statuts*, i^{er} vol., 211; *statuts*, iiie vol., 30,

— tournois. *Arch. adm.*, t. II, 578,

609 ; t. III, 29, 180, 736. *Arch. lég.*,
iie part., *statuts*, i^{er} vol., 429.

Denier noir. *Arch. adm.*, t. III, 20,
21.

— parisis, voy. Parisiensis denarius.

— voy. or (denier d'), or fin à l'écu
(denier d').

Denis (Rolland), procureur fiscal de l'archevêché de Reims. *Arch. lég.*, iie part.,
statuts, iie vol., 219, 332.

— (Thiébaut), *Arch. adm.*, t. III, 488.

— le Petit, compilation dudit, alléguée. *Arch. adm.*, t. I, 101 ; son projet
d'amener toutes les églises à recevoir le
code de l'Église italienne, 106, 108,
112.

Deniset (Jesson), tellier. *Arch. adm.*,
t. III, 837. *Arch. lég.*, iie part., *statuts*,
i^{er} vol., 770, 871 ; voy. Lebesgue.

Denisette, femme de Challe, déchargeur.
Arch. adm., t. II, 684.

Dennet (Claude), bailli de Ham. *Arch.
lég.*, i^{re} part., 888, 890.

Dennière (Colart), vacher, *Arch. adm.*,
t. II, 523.

Denollet (Louis), voy. Nollet.

Denrée (Symonet), voy. Denrée (Symon).

— (Symon), *Arch. adm.*, t. II, 759, 769,
1232.

— (Jehan), sergent du bailli de Reims.
Arch. adm., t. III, 450, 859.

— (André), sergent royal. *Arch. adm.*,
t. III, 809.

— voy. Denariata.

Dent (Ponsart le), drapier. *Arch. adm.*,
t. II, 539.

Dentart (R.... le), boulanger. *Arch adm.*,
t. III, 107.

Dentes (Nicolas). *Arch. lég.*, iie part.,
statuts, iie vol., 225.

Denumeramentum (dénombrement, recen-
sement). *Arch. adm.*, t. III, 657.

Denys, doyen de Sens. *Arch. adm.*, t. II,
186.

Deodatus, abbé de Saint-Remi de Reims.
Arch. adm., t. I, 823, 834, 838. *Arch.
lég.*, iie part., *statuts*, i^{er} vol., 191.

— lévite et chanoine. *Arch. lég.*, iie part.,
statuts, i^{er} vol., 72.

Deo-Medico (hospitalis de). *Arch. adm.*,
t. II, 811, 886, 1000, 1088. *Arch. lég.*,
i^{re} part., 492 ; voy. Dieu-le-Mire (hôpital
de).

Depain, voy. Chevrières.

Deparis (Élisabeth), mère du sieur d'Alaincourt. *Arch. lég.*, iie part., *statuts*,
iiie vol., 56.

— (Marguerite), femme de Louis Cauchon, vicomte d'Unchaire. *Arch. lég.*,
statuts, iiie vol., 56.

Depassentia (dépaissance). *Arch. adm.*,
t. II, 726 ; t. III, 226.

Dependencia (dépendance). *Arch. adm.*,
t. II, 596.

Deperthes (Hubert), avocat. *Arch. lég.*,
iie part., *statuts*, iie vol., 155, 243,
245, 421, 422, 528, 606, 852, 853 ;
statuts, iiie vol., 51, 111, 114, 115,
120, 169? 278, 350, 411, 423.

— (Élie), maître juré tonnellier. *Arch.
lég.*, iie part., *statuts*, iie vol., 421.

— (Antoine-François), prévôt et chanoine
de Montfaucon. *Arch. lég.*, iie part.,
statuts, iiie vol., 692.

— (Jean), voy. Perthes.

Deportatio (déportation). *Arch. lég.*,
i^{re} part., 378, 404

Depositio (déposition). *Arch. lég.*, i^{re} part.,
86.

Député, voy. Villes de la rivière d'Oise
(députés des), Reims (dép. de).

Derationare (affirmer). *Arch. adm.*, t. I,
285, 286.

Dercy (village de). *Arch. lég.*, i^{re} part.,
882, 899, 900.

— (curé de), voy. Place (J.... de la).

— (Pierre), prêtre de Reims. *Arch. adm.*, t. III, 751.

— (village de). *Arch. adm.*, t. III, 775.

Dericurtis, voy. Dricourt.

Derlau (C....), forgeron. *Arch. adm.*, t. III, 312.

Derlet, bourgeois de Reims. *Arch. lég.*, IIᵉ part., *statuts*, IIIᵉ vol., 662.

Derpy (Jehan), proposé au pape par les Rémois pour être abbé de Saint-Denis. *Arch. adm.*, t. III, 18.

Derosne (Jacques), coutelier. *Arch. lég.*, IIᵉ part., *statuts*, IIᵉ vol., 1034.

Dervense monasterium. *Arch. adm.*, t. I, 340, 376.

Dervilliers (François), vinaigrier. *Arch. lég.*, IIᵉ part., *statuts*, IIᵉ vol., 315.

— (N....), marchand. *Arch. lég.*, IIᵉ part., *statuts*, Iᵉʳ vol., 680, 683, 861, 862, 864, 877.

— (G....), receveur des deniers communs, voy. Darvilliers.

— (C....), pelletier. *Arch. lég.*, IIᵉ part., *statuts*, Iᵉʳ vol., 841, 851, 854.

Dervinensis (abbas de). *Arch. adm.*, t. II, 636.

Desabuguets (Louis-Abraham), chevalier. *Arch. lég.*, IIᵉ part., *statuts*, IIIᵉ vol., 57.

Desain (Nicolas-Louis), procureur des tonneliers de Reims. *Arch. lég.*, IIᵉ part., *statuts*, IIᵉ vol., 422; *statuts*, IIIᵉ vol., 51, 675?

— (Émery), taillandier. *Arch. lég.*, IIᵉ part., *statuts*, IIᵉ vol., 430, 593.

— commissaire de police. *Arch. lég.*, IIᵉ part., *statuts*, IIIᵉ vol., 440, 442, 443, 446, 447, 459.

Desart (Hurlund). *Arch. lég.*, IIᵉ part., *statuts*, Iᵉʳ vol., 167.

Desay (P....), bourgeois de Reims. *Arch. lég.*, IIᵉ part., *statuts*, Iᵉʳ vol., 773.

Descanevelle (Catherine), veuve de Simon Béguin. *Arch. lég.*, IIᵉ part., *statuts*, IIIᵉ vol., 56.

— (Jean), seigneur de Coucy. *Arch. lég.*, IIᵉ part., *statuts*, IIIᵉ vol., 57.

Deschamps (Estienne). *Arch. lég.*, IIᵉ part., *statuts*, IIᵉ vol., 238.

— (C....). *Arch. lég.*, IIᵉ part., *statuts*, Iᵉʳ vol., 647.

— (J....), capitaine de Reims. *Arch. lég.*, IIᵉ part., *statuts*, Iᵉʳ vol., 688, 879, 887.

Deschargeur, voy. Challe.

— (Girart le). *Arch. adm.*, t. II, 807.

Deschaut (J....). *Arch. lég.*, IIᵉ part., *statuts*, Iᵉʳ vol., 746.

Descorbies (B....), capitaine des troupes de la Ligue. *Arch. lég.*, IIᵉ part., *statuts*, Iᵉʳ vol., 717.

Descortis (Cochelus), prébendier du chapitre de Reims. *Arch. lég.*, IIᵉ part., *statuts*, Iᵉʳ vol., 94.

Descouzu (Drouet le). *Arch. adm.*, t. II, 697.

Deséré (Nicolas), marchand. *Arch. lég.*, IIᵉ part., *statuts*, IIᵉ vol., 797.

Desfontaines (M.... de), seigneur en partie de Branscourt. *Arch. adm.*, t. II, 1060.

Desforges (Marie-Denise). *Arch. lég.*, IIᵉ part., *statuts*, IIᵉ vol., 154.

Desfossés (Loys), seigneur de Longchamps. *Arch. lég.*, Iʳᵉ part., 920.

Deshays (Pierre). *Arch. lég.*, Iʳᵉ part., 898.

— tailleur d'habits. *Arch. lég.*, IIᵉ part., *statuts*, IIᵉ vol., 531.

Desjardins (Jacques-Remy), boulanger. *Arch. lég.*, IIᵉ part., *statuts*, Iᵉʳ vol., 161.

— (connétablie de). *Arch. lég.*, IIᵉ part., *statuts*, IIᵉ vol., 1015.

Desjardins (Favart), juge consul. *Arch. lég.*, ii⁹ part., *statuts*, i⁸ʳ vol., 979.

Desjean, notaire. *Arch. lég.*, ii⁹ part., *statuts*, iii⁹ vol., 249.

Desjours (Léon), seigneur de Crecy. *Arch. lég.*, i⁹ʳ part., 894.

Desmare (Jehan), avocat. *Arch. adm.*, t. III, 20.

Desmarets (Thierrion), lieutenant du bailli de Vermandois. *Arch. lég.*, ii⁹ part., *statuts*, iii⁹ vol., 614.

Desmaretz (Jehan), élu de Laon. *Arch. lég.*, i⁹ʳ part., 896.

— contrôleur général des finances. *Arch. lég.*, ii⁹ part., *statuts*, iii⁹ vol., 285.

Desmazures (Claude), curé de Neuville-sous-Laon. *Arch. lég.*, i⁹ʳ part., 883.

Desmoulins (Jérôme), official de Laon. *Arch. lég.*, i⁹ʳ part., 880.

— (Antoine-Quentin), boulanger. *Arch. lég.*, ii⁹ part., *statuts*, ii⁹ vol., 162.

— (Étienne-Henry-Éloy), boulanger. *Arch. lég.*, ii⁹ part., *statuts*, ii⁹ vol., 162.

— (Pierre), épicier. *Arch. lég.*, ii⁹ part., *statuts*, ii⁹ vol., 978; *statuts*, iii⁹ vol., 94.

Desmureaux (Robertus), maire de Beauvais. *Arch. adm.*, t. I, 597.

Desnes (Johannes le). *Arch. adm.*, t. II, 726.

Desnoyers, avocat. *Arch. lég.*, ii⁹ part., *statuts*, ii⁹ vol., 494.

Despert, voy. Maimbresson.

Despinoy de Pange (Mᵐᵉ), dame de Montmelian. *Arch. adm.*, t. II, 1082.

Desplay (M.), seigneur de Horgne. *Arch. adm.*, t. II, 1078.

Despoix (Pierre), chevalier, seigneur du Gricourt. *Arch. lég.*, i⁹ʳ part., 890.

Desportes (P.), bourgeois de Reims. *Arch. adm.*, t. II, 493.

— (Thiébaut), bourgeois de Reims. *Arch.*

adm., t. II, 546. *Arch. lég.*, i⁹ʳ part., 578.

Desportes (J...), guetteur de nuit. *Arch. lég.*, ii⁹ part., *statuts*, i⁸ʳ vol., 615.

Despoye (B....), bourgeois de Reims. *Arch. lég.*, ii⁹ part., *statuts*, i⁸ʳ vol., 788.

Despoyes (village de). *Arch. lég.*, ii⁹ part., *statuts*, iii⁹ vol., 391.

— (seigneurie de). *Arch. lég.*, ii⁹ part., *statuts*, iii⁹ vol., 391.

Despretz (Rainaldus). *Arch. lég.*, ii⁹ part., *statuts*, i⁸ʳ vol., 62.

Desprez (Bertaut). *Arch. adm.*, t. II, 732.

— (Jean), procureur. *Arch. lég.*, ii⁹ part., *statuts*, ii⁹ vol., 584.

— (André), curé de Cernay-les-Reims. *Arch. lég.*, ii⁹ part., *statuts*, i⁸ʳ vol., 323.

Despriez (Guillaume). *Arch. lég.*, i⁹ʳ part., 898.

— notaire au châtelet de Paris. *Arch. lég.*, ii⁹ part., *statuts*, ii⁹ vol., 925.

Desqueux, clerc de Reims. *Arch. lég.*, ii⁹ part., *statuts*, i⁸ʳ vol., 578.

— (L.....), fermier des vins. *Arch. lég.*, ii⁹ part., *statuts*, i⁸ʳ vol., 611.

Desrodé (Nicolas). *Arch. lég.*, ii⁹ part., *statuts*, i⁸ʳ vol., 323, 870; *statuts*, ii⁹ vol., 213.

Desrodets (Nicolas), voy. Desrodé.

Dessain (Nicolas), marchand drapier. *Arch. lég.*, ii⁹ part., *statuts*, ii⁹ vol., 691.

— (Thomas), notaire à Reims. *Arch. lég.*, ii⁹ part., *statuts*, iii⁹ vol., 103, 128, 258.

Dessein, notaire, voy. Dessain.

Dessin (M.), seigneur des Magneux. *Arch. adm.*, t. II, 1061.

Destouches (Pierre-Henry), maître perruquier. *Arch. lég.*, ii⁹ part., *statuts*, iii⁹ vol., 191, 193, 194.

Detaillum, voy. Detalium.

Detailly (Millet), bourgeois de Reims. *Arch. lég., statuts,* iie vol., 35.

Detalium (détail). *Arch. adm.,* t. III, 318, 846, 849, 852. *Arch. lég.,* iie part., *statuts,* i^er vol., 430.

Dettes, voy. Reims (dettes de).

Deu (messire), seigneur de Perthes-les-Hurleux. *Arch. adm.,* t. II, 1100.

Deuil (Antoine), procureur fiscal du chapitre de Reims. *Arch. lég.,* iie part., *statuts,* iiie vol., 67.

— (Gilles), notaire. *Arch. lég.,* iie part., *statuts,* iiie vol., 264.

Deuille (seigneurie de). *Arch. lég.,* iie part., *statuts,* iiie vol., 388.

Deuillet (curé de), voy. Chastelain (Jn.).

— (village de). *Arch. lég.,* i^re part., 890, 899.

Deuilly, voy. Douilly.

Deus (Dieu). *Arch. adm.,* t. I, 557, 564, 573, 577, 579, 580, 582, 614, 616, 633, 635, 656, 674, 678, 686, 692, 733, 753, 795, 802; t. II, 35, 625; t. III, 90, 244, 638, 724, 737, 803. *Arch. lég.,* i^re part., 27, 28, 30, 91, 109, 280, 347, 350, 356, 358, 364, 366, 374, 383, 390, 394, 412, 425, 434, 447, 449, 454, 457, 472, 474; iie part., 65, 251, *statuts,* i^er vol., 33, 49, 144, 152, 153, 225, 326, 328, 363; *statuts,* iie vol., 65, 251.

Deuteronomie, voy. Deuteronomus.

Deuteronomus (livre du Pentateuque). *Arch. lég.,* i^re part., 367.

Deutier (Simon). *Arch. lég.,* iie part., *statuts,* iie vol., 336.

Deuva (douve, fossé). *Arch. adm.,* t. II, 807.

Deux-Anges (rue des). *Arch. lég.,* iie part., *statuts,* iiie vol., 408.

Deux-Maisons (Robert de), bourgeois de Reims. *Arch. adm.,* t. III, 39.

Deux-Maisons (bâtiment particulier). *Arch. lég.,* i^re part., 755.

Deux-Moulins (chaussée d'Entre-). *Arch. lég.,* iie part., *statuts,* i^er vol., 569.

Deux-Ponts (moulin d'entre). voy. Entre-deux-Ponts (moulin d').

— (sieur des). *Arch. lég.,* iie partie, *statuts,* i^er vol., 459.

Devant-Saint-Jacques (quarrel de). *Arch. adm.,* t. II, 548.

Devaux (Philippe), passementier. *Arch. lég.,* iie part., *statuts,* iiie vol., 306.

Devestitura (dévétissement). *Arch. adm.,* t. II, 735.

Devic (Gilles), notaire à Aubigny. *Arch. lég.,* iie part., *statuts,* iiie vol., 252.

Devienne (Pierre), conseiller du parlement. *Arch. lég.,* iie part., *statuts,* iie vol., 939.

Devieux-Dampierre, contrôleur à Reims. *Arch. lég.,* iie part., *statuts,* iiie vol., 729, 732.

Devigny (village de). *Arch. lég.,* i^re part., 884.

— (curé de), voy. Coppin (Pierre).

Devilla (presbyter de). *Arch. adm.,* t. II, 1070; voy. Deville.

— (parochia de). *Arch. adm.,* t. II, 1070. Voy. Deville (paroisse de).

Deville (paroisse de). *Arch. adm.,* t. II, 1070, 1071.

— (curé de). *Arch. adm.,* t. II, 1071.

— (J....). *Arch. lég.,* iie part., *statuts,* i^er vol., 769.

— -sur-Retourne (village de). *Arch. lég.,* iie part., *statuts,* iiie vol., 391.

Devilliers, huissier. *Arch. lég.,* iie part., *statuts,* iiie vol., 98.

— (Pierre), notaire. *Arch. lég.,* iie part., *statuts,* iiie vol., 270.

Devin (Miletus le), bourgeois de Reims. *Arch. adm.,* t. II, 403.

Devin (Goivinus le), bourgeois de Reims. *Arch. adm.*, t. II, 403.

Dey (Michel), seigneur d'Aillon. *Arch. lég.*, 1re part., 890, 895.

— (Robert), prévôt de Saint-Quentin. *Arch. lég.*, 1re part., 895.

— (Robert), archidiacre de l'église de Reims. *Arch. lég.*, 11e part., *statuts*, 11e vol., 925, 1048.

— sénéchal de l'église de Reims. *Arch. lég.*, 11e part.; *statuts*, 111e vol., 171.

Dez (jeux de). *Arch. adm.*, t. III, 664, 668. *Arch. lég.*, 11e part., *statuts*, 1er vol., 347; *statuts*, 111e vol., 26.

Diabolus, voy. Diable.

Diable, esprit du mal. *Arch. adm.*, t. I, 160, 211. *Arch. lég.*, 1re part., 357, 434; 11e part., *statuts*, 1er vol., 329.

Diaconia ecclesia, vide Diaconie.

Diaconie des apôtres (église de la). *Arch. adm.*, t. I, 9, 11.

Diaconus, vide diacre, Remensis ecclesiæ diaconus.

Diacre, cérémonial de la réhabilitation dudit après sa dégradation. *Arch. adm.*, t. I, 168; souillé de péché mortel, 170, 205.

Diale (Robert le), de Heudelicourt. *Arch. adm.*, t. II, 674.

— (Robin le), savetier. *Arch. adm.*, t. II, 827.

— voy. Dyale.

Dialectica. *Arch. lég.*, 1re part., 478.

Dialectique, voy. Dialectica.

Dialial (Jacquemin le). *Arch. adm.*, t. III, 285.

Diapris (diapré). *Arch. lég.*, 11e part., *statuts*, 1er vol., 71.

Dichenaue (prior de). *Arch. adm.*, t. II, 638.

Dichiaco-prope-Duacum, vide Dichenaue.

Diciaco (P.... de), huissier au parlement. *Arch. adm.*, t. II, 152.

Didier (Thomas), bonnetier à Reims. *Arch. lég.*, 11e part., *statuts*, 11e vol., 278, 296.

— (Nicolas), marchand drapier. *Arch. lég.*, 11e part., *statuts*, 11e vol., 810.

Didry (lieu de). *Arch. adm.*, t. III, 50.

Dieppe (ville de). *Arch. lég.*, 11e part., *statuts*, 11e vol., 896; *statuts*, 111e vol., 224, 225, 227.

Dies dominica, voy. Dimanche.

— feriata. *Arch. adm.*, t. II, 593. *Arch. lég.*, 1re part., 37, 109, 152, 153, 187.

— artificialis. *Arch. lég.*, 1re part., 163.

Dieu, voy. Deus.

— (vilain serment de), voy. Blasphème.

— (C.... le), receveur des tailles. *Arch. lég.*, 11e part., *statuts*, 1er vol., 715, 718, 920, 922?

— (Claude le), receveur à Reims. *Arch. lég.*, 11e part., *statuts*, 1er vol., 929.

— (Charles le), bourgeois de Reims. *Arch. lég.*, 11e part., *statuts*, 111e vol., 385.

— (O.... le), voy. Ledieu.

— -Dote, lieu du terroir de Chuffilly. *Arch. adm.*, t. II, 1108.

Dieulimire (faubourg de). *Arch. adm.*, t. I, 12, 967; t. II, 495, 559. *Arch. lég.*, 1re part., 486, 517, 520; 11e part., *statuts*, 1er vol., 708, 745, 806, 845, 870; *statuts*, 111e vol., 419.

— (boulevard de). *Arch. lég.*, 11e part., *statuts*, 1er vol., 804.

— (fripiers de). *Arch. adm.*, t. II, 493.

Dieu-li-Mire (Girart de). *Arch. adm.*, t. II, 528.

Dieulimire (prieur de). *Arch. adm.*, t. II, 787, 1029, 1050; t. III, 208, 755.

Dieulimire (pont de). *Arch. lég.*, iie part., statuts, i^{er} vol., 804.

Dieulimire (terre de). *Arch. lég.*, iie part., statuts, i^{er} vol., 235.

— Limire (porte de). *Arch. adm.*, t. I, 11, 485, 1088. Origine de ce nom (*ibid.*); t. II, 577; t. III, 109, 127, 690. *Arch. lég.*, i^{re} part., 486, 487, 509, 519, 521, 529, 532, 535, 537, 541, 544, 545, 554, 559, 569, 574, 579, 589, 594, 596, 753 ; iie part., statuts, i^{er} vol., 240, 551, 565, 696, 698, 770, 785, 844, 859, 886, 898, 909, 912, 916 ; statuts, iie vol., 928 ; statuts, iiie vol., 385, 389, 392, 395, 396, 419.

— Limire (rue de). *Arch. lég.*, iie part., statuts, iiie vol., 419.

— Limire (hôpital de), voy. Deo medico (hospitalis de).

Diffamatus clericus. *Arch. lég.*, i^{re} part., 59.

Digestum (digeste), légué par Simon Cromaud à la bibliothèque du chapitre de Reims. *Arch. lég.*, iie part., statuts, i^{er} vol., 108.

Dignitatum ecclesiæ Remensis, voy. Église de Reims (dignités de l').

Digon (P.... de), voy. Dijon (Perresson de).

Dijon (T....). *Arch. lég.*, iie part., statuts, i^{er} vol., 684.

— (Saint-Benigne de). Sa collection des décrétales citée par Sirmond. *Arch. adm.*, t. I, 108.

— (ville de), dotée d'une commune par le duc de Bourgogne. *Arch. lég.*, iie part., statuts, iiie vol., 627.

— (Jehan), maître de l'œuvre de Notre-Dame de Reims. *Arch. adm.*, t. III, 751, 752, 835, 842. *Arch. lég.*, iie part., statuts, i^{er} vol., 651.

— (Ysabel de), religieuse cordelière de Reims. *Arch. adm.*, t. III, 835. *Arch. lég.*, iie part., statuts, i^{er} vol., 343?

Dijon (Pierre) Lainé. *Arch. adm.*, t. III, 836, 841. *Arch. lég.*, iie part., statuts, i^{er} vol., 738.

— (ville de). *Arch. lég.*, iie part., statuts, i^{er} vol., 671, 673, 810, 816 ; statuts, iie vol., 668.

— (Perresson de). *Arch. lég.*, iie part., statuts, i^{er} vol., 250, 342, 631, 644, 664, 667, 670, 673, 675, 677, 698, 709, 722, 737, 746.

Dilatio (délai). *Arch. lég.*, i^{re} part., 152, 190, 265.

Dilatorium (dilatoire). *Arch. lég.*, i^{re} part., 224, 769, 778.

Dimanche (observance du). *Arch. adm.*, t. I, 259. *Arch. lég.*, iie part., statuts, iie vol., 495, voy. Dies dominica.

Diminutio, vide Capitis diminutio.

Dimissoire, voy. Dimissoriæ litteræ.

Dimissoriæ litteræ. *Arch. lég.*, i^{re} part., 262, 457.

Dinant (ville de). *Arch. lég.*, iie part., statuts, i^{er} vol., 769. Ses habitants se réfugient à Reims pendant les guerres du duc de Bourgogne contre le roi de France, 843.

Dindima. *Arch. adm.*, t. I, 335.

Dinet (Nicolas), épicier. *Arch. lég.*, iie part., statuts, iie vol., 424.

— (Maurice), marchand sergier. *Arch. lég.*, iie part., statuts, iie vol., 807, 812.

Diocèse, voy. Amiens (diocèse d'), Arras, Autun, Beauvais, Boulogne, Châlons, Laon, Noyon, Reims, Senlis, Soissons, Toul, Tournay, Verdun.

Diocèse de Reims (bréviaire du). *Arch. lég.*, iie part., statuts, iie vol., 781.

— (cures du). *Arch. adm.*, t. II, 1042.

— (doyenné du). *Arch. adm.*, t. II, 1026, 1046; t. III, 279.

— (paroisses du), liste des saints sous

l'invocation desquels elles sont placées. *Arch. adm.*, t. II, 1033.

Diocèse (pouillé du). Notice sur les pouillés de la province, dressés durant les cinq derniers siècles. *Arch. adm.*, t. II, 1025.

Diœcesis, vide Cameracensis, Leodicensis, Lemovicensis, Cenomanensis, vide Diocèse.

— Remensis, presbyteri. *Arch. adm.*, t. I, 40.

Dionise (évêque de). *Arch. lég.*, IIe part., *statuts*, Ier vol., 828.

Dionysius, vide sanctus.

— presbyter. *Arch. lég.*, IIe part., *statuts*, Ier vol., 121.

Diquemue (J.... de), clerc. *Arch. adm.*, t. II, 530.

Diresson (Jehan). *Arch. adm.*, t. III, 837.

Disciplima, vide Ecclesiastica scolastica disciplina.

Discontinuatio (interruption). *Arch. adm.*, t. III, 908.

Disnet (M.), voy. Dinet.

Diso, miles. *Arch. lég.*, IIe part., *statuts*, Ier vol., 71.

— presbyter et canonicus. *Arch. lég.*, IIe part., *statuts*, Ier vol., 85, 103.

Dison (Evrardus). *Arch. adm.*, t. I, 878.

Dispersus (Arnulphus), legs dudit à Saint-Denis de Reims. *Arch. adm.*, t. I, 276.

Disteur, passementier. *Arch. lég.*, IIe part., *statuts*, IIIe vol., 306.

Distributor, vide Matutinarum (distr.) horarum.

Districtus (district), vide Ecclesiæ de Souppy (distr.).

Disy (village de), voy. Dizy.

Disyaco (Johannes de), chanoine, voy. Dizy (Jean de).

Diversificare (diversifier). *Arch. lég.*, Ire part., 156.

Dives, vide Ellandus.

Divin (Jean). *Arch. lég.*, IIe part., *statuts*, IIe vol., 321.

Divinum, vide Officium.

Divitis (Stephanus), coutre de l'église de Reims. *Arch. adm.*, t. II, 1035.

Divorce, voy. Divortium.

Divortium (divorce). *Arch. lég.*, Ire part., 410, 441.

Diwies (J....), laboureur. *Arch. lég.*, IIe part., *statuts*, Ier vol., 777.

Dixièmes (impôt des). *Arch. lég.*, IIe part., *statuts*, Ier vol., 462.

Dizaines, voy. Reims (dizaines de).

Dizainiers, voy. Reims (dizainiers de), voy. Decennarii.

Diziaco (parochia de), voy. Dizy (par. de).

Diziacum, voy. Dizy.

Dizy (paroisse de). *Arch. adm.*, t. II, 1121. *Arch. lég.*, IIe part., *statuts*, IIe vol., 968.

— (village de). *Arch. adm.*, t. II, 1121; t. III, 109. *Arch. lég.*, Ire part., 899, 903, 905, 911.

— (Jean de), chanoine de Reims. *Arch. adm.*, t. II, 91, 109.

— (curé de), voy. Lefevre (Magdelain de).

Doc (Jehan), évêque de Laon. *Arch. lég.*, Ire part., 877.

Docteur, université de Reims (docteurs de l').

Doctor, voy. Docteur.

Doctrine, voy. Saint Thomas (doctrine de).

Doctrinelli (Jo....), chanoine. *Arch. lég.*, IIe part., *statuts*, Ier vol., 119.

Doda, femme inscrite au nécrologe de l'église de Reims. *Arch. lég.*, IIe part., *statuts*, Ier vol., 63, 74, 89.

Dode (O. la). *Arch. adm.*, t. III, 70.

Dodellivilla (abbas de). *Arch. adm.*, t. II, 639.

Dodilo, vassal de l'église de Reims. *Arch. adm.*, t. I, 35, 36.

Dodin (Jesson). *Arch. adm.*, t. II, 1189, 1195.

— voy. Maigret (Jean).

Dodinot (Thomas). *Arch. adm.*, t. III, 841.

Dodo diacre et chanoine. *Arch. adm.*, t. I, 353. *Arch. lég.*, ɪɪᵉ part., *statuts*, ɪᵉʳ vol., 68, 168? voy. Odo.

— prêtre. *Arch. lég.*, ɪɪᵉ part., *statuts*, ɪᵉʳ vol., 68, 76, 92, 94.

— médecin. *Arch. lég.*, ɪɪᵉ part., *statuts*, ɪᵉʳ vol., 72, 80?

— aumônier de Saint-Remi de Reims. *Arch. lég.*, ɪɪᵉ part., *statuts*, ɪᵉʳ vol., 180.

— archidiacre. *Arch. adm.*, t. I, 332.

— clerc. *Arch. lég.*, ɪɪᵉ vol., *statuts*, ɪᵉʳ vol., 87.

— miles. *Arch. adm.*, t. I, 69. *Arch. lég.*, ɪɪᵉ part., *statuts*, ɪᵉʳ vol., 88.

Dodun, contrôleur général des finances. *Arch. lég.*, ɪɪᵉ part., *statuts*, ɪɪᵉ vol., 830.

Dogny (Huot). *Arch. adm.*, t. III, 837.

Doguin (Guichardus), presbyter. *Arch. lég.*, ɪɪᵉ part., *statuts*, ɪᵉʳ vol., 116.

Dohis (village de). *Arch. lég.*, ɪʳᵉ part., 900.

Doiart, courrier. *Arch. adm.*, t. II, 823.

Doien (Gorgier), échevin. *Arch. adm.*, t. III, 700, 778.

Doin, voy. Sellier.

Doinet le charpentier. *Arch. adm.*, t. II, 264.

— le Poissonneur. *Arch. adm.*, t. II, 506.

Doinetus Tallebos. *Arch. adm.*, t. I, 976.

Doing-de-Arroesia (prior de). *Arch. adm.*, t. II, 635.

Doitholio cluniacensis (prior de). *Arch. adm.*, t. II, 634.

Dola (Fulco de). *Arch. adm.*, t. III, 103.

Dolaincort (Molendinus de). *Arch. adm.*, 669. *Arch. lég.*, ɪɪᵉ part., *statuts*, ɪᵉʳ vol., 100.

Dolcortis, voy. Dricourt.

Dôle (ville de). *Arch. adm.*, t. III, 65.

— (évêque de), voy. Dolensis episcopus.

Dolensis episcopus, vide Theobaldus.

Dolignon (village de). *Arch. lég.*, ɪʳᵉ part., 899.

Dolium, vide Vini dolium.

Dollé, joueur d'instruments. *Arch. lég.*, ɪɪᵉ part., *statuts*, ɪɪᵉ vol., 625.

Domaine, voy. Dominium, Roi (domaine du).

Domal (Loys), curé de Folembray. *Arch. lég.*, ɪʳᵉ part., 886.

Domani (J...), chanoine. *Arch. lég.*, ɪɪᵉ part., *statuts*, ɪɪɪᵉ vol., 616.

Domanium, vide Domaine.

Domangiet, artilleur de Verdun. *Arch. adm.*, t. II, 699? 1139.

Domartin (Jean), archidiacre de Reims. *Arch. lég.*, ɪɪᵉ part., *statuts*, ɪɪᵉ vol., 405, 491.

Dombertus presbyter. *Arch. lég.*, ɪɪᵉ part., *statuts*, ɪᵉʳ vol., 102.

Dombray (Adam de). *Arch. lég.*, ɪɪᵉ part., *statuts*, ɪᵉʳ vol., 121.

Domely (village de). *Arch. adm.*, t. II, 1081.

Domenget-le-masson. *Arch. adm.*, t. II, 531.

— -le-Lamier. *Arch. adm.*, t. II, 531.

— (Marie), hôtelier à Reims. *Arch. lég.*, ɪɪᵉ part., *statuts*, ɪᵉʳ vol., 613.

— (Guyot), notable de Reims. *Arch. lég.*, ɪɪᵉ part., *statuts*, ɪᵉʳ vol., 797.

Dômery (village de). *Arch. adm.*, t. II, 1068. *Arch. lég.*, ɪʳᵉ part., 905.

Domestique, voy. Reims (domestiques de).

Domex (Oudart Ysabel). *Arch. adm.*, t. II, 671.

Domibus-supra-Sequanam (locus de). *Arch. adm.*, t. III, 518, voy. Maisons-sur-Seine (village de).

Domicella (damoiselle). *Arch. lég.*, 1re part., 222, voy. Anelina.

Domicellus. *Arch. lég.*, 1re part., 27, voy. Damoiseau.

Domicilium (domicile). *Arch. adm.*, t. I, 719; t. III, 961. *Arch. lég.*, 1re part., 115, 173; 408.

Domina, vide Tassiaco (dom. de).

Dominica, vide Vallis-dominica, Villa dominica).

Dominicains, voy. Reims (dominicains de).

Dominicus, vide Villa Francorum (Dominicus de).

— vide Mesus dominicus.

— prêtre de Saint-Michel de Reims. *Arch. lég.*, IIe part., *statuts*, 1er vol., 75, 87, 169.

Domini Remensis (patronagium). *Arch. adm.*, t. II, 1075, 1077, 1078, 1081, 1082, 1086, 1087, 1089, 1090, 1091, 1092, 1094, 1096, 1097, 1106, 1109, 1110, 1111, 1112, 1114, 1115, 1116, 1117, 1119; voy. Archevêque de Reims (patronage de l').

Dominique (J....), échevin. *Arch. lég.*, IIe part., *statuts*, 1er vol., 756.

Dominium (domaine). *Arch. adm.*, t. I, 16, 275, 452, 466, 488, 520, 557, 561, 593, 653, 772, 861, 925, 935; t. III, 517. *Arch. lég.*, 1re part., 196, 211, 449, 458; IIe part., *statuts*, 1er vol., 171, 408. Vide Regis dominium, Remensis civitatis, Archiepiscopi.

Dominus, vide Augimontis dominus, Auro (de), Bazochiarum, Boursolio (de), Buzancy (de), Châlons (de), Fera (de), Gotis (de), Ligius dominus, Quarnoto (de), Remensis, Resson (de), Roseto (de), S. Desiderio (de).

Dommange, bourreau de Châlons. *Arch. lég.*, 1re part., 549.

Dommanget, bourgeois de Reims, voy. Domangiet.

Dommangeville (Mme), seigneur en partie de Chouilly. *Arch. adm.*, t. II, 1120.

— (Mme de), dame de Mareuil. *Arch. adm.*, t. II, 1121.

Dommangin-le-Charpentier. *Arch. adm.*, t. II, 698.

— voy. Petit-Évreux.

Dommanjart, voy. Baconne.

Dommaria (altar de). *Arch. adm.*, t. I, 280.

Dommartin-le-Saint-Père (Gérart de), seigneur du bailliage de Reims. *Arch. adm.*, t. III, 795.

— (seigneur de), voy. Mathé (François).

— (Jean-Baptiste de), bourgeois de Paris. *Arch. lég.*, IIe part., *statuts*, IIe vol., 1008, 1009, 1011, 1015.

— huissier royal. *Arch. lég.*, IIe part., *statuts*, IIIe vol., 420.

Dommiat (Jean), avocat au parlement. *Arch. adm.*, t. II, 1006.

Dommelier (C....), bourgeois de Reims. *Arch. lég.*, IIe part., *statuts*, 1er vol., 862.

Dommenget (Thomas). *Arch. adm.*, t. II, 269? 531; t. III, 129.

Dommengnis de S. Dezier, bourgeois de Reims. *Arch. adm.*, t. III, 17.

Dommiery (village de). *Arch. lég.*, 1re part., 909.

Domno-Martino (altar de). *Arch. adm.*, t. I, 289.

Domno-Trojano (alodium de). *Arch. adm.*, t. I, 288.

Domnus Remigius, vide Domremy.

Domo (Baudenetus de). *Arch. adm.*, t. III, 398.

Domo-Dei de Castroportuensi (capellania de). *Arch. adm.*, t. II, 1084, 1085.

Domont (Jehan), avocat au parlement. *Arch. adm.*, t. II, 804, 828, 997?

Domparia (Henricus de), chanoine de Reims. *Arch. adm.*, t. II, 475, 1031. *Arch. lég.*, IIe part., *statuts*, Ier vol., 114.

Domremy (Jacques de). *Arch. adm.*, t. II, 538, 761.

— (Jehan de), clerc. *Arch. adm.*, t. II, 538.

— (Simon de). *Arch. adm.*, t. III, 106.

— (village de). *Arch. adm.*, t. I, 242; t. III, 603. *Arch. lég.*, IIe part., *statuts*, Ier vol., 165, 169; *statuts*, IIIe vol., 252.

Domus, vide Ancelli de Resson (domus de), Anemaing (de), Attigniaco (de), Babuel (de), Burgo (de), Baudeloti armigeri, Bavy (de), Chausniaco (de), Christianitatis Remensis, Clavys, (de), Colomes (de), Courdemanche (de), Dei de Pruvino, Estrepigny (de) hospitalis, Gueux (de), Hermunvilla (de), Landrici, Leprosariæ de Mosomo, Leprosariæ de Quercu, Leprosariæ de Chastellari, Malo respectu (de), Mercerii, hospitalis sancti Lazari, Militiæ Templi, Muira (de), censualis, Nièles (de), Novavilla (de), Oysemont (de), Presbyterorum parochialium Remensium, Sacy (de), Sapicourt, S. Sindulphi, Wignicourt (de), S. Malvilis, Sancto Spiritu (de), Symphoriani, Templariorum (de), Terrail (de), Tramereio (de), Verliaco (de), Vigneta (D. ad).

— Dei de Burgo (Capellania). *Arch. adm.*, t. II, 1111, 1113.

— de Attigniaco (capellania). *Arch. adm.*, t. II, 1111.

— de Nantholio (Capellanus). *Arch. adm.*, t. II, 1055.

Domus de Turno (Capellanus de). *Arch. adm.*, t. II, 1068.

— de Olizy (Capellanus de). *Arch. adm.*, t. II, 1098.

— voy. Turno (Domus Dei de), Olizy (Domus Dei de).

Don. *Arch. lég.*, Ire part., 627, 633, 675, 677, 678, voy. Donum.

— gratuit. Explication de ce mot. *Arch. lég.*, IIe part., *statuts*, Ier vol., 457.

— gratuit (impôt du). *Arch. lég.*, IIe part., *statuts*, Ier vol., 470.

— (village de), voy. Dono.

— (seigneur de), voy. Noirefontaine (Joachim de).

Donateur, voy. Donator.

Donatio (donation). *Arch. adm.*, t. I, 317, 332, 367, 397, 410, 412, 423, 436, 459, 462, 475, 532, 533, 582, 759. *Arch. lég.*, Ire part., 69, 154, 193, 211, 446, 616, 673, 829, 977.

Donatiste, voy. Donatistes.

Donatistes, secte d'hérétiques, concile d'Arles tenu à l'occasion desdits. *Arch. adm.*, t. I, 1, 195.

Donator. *Arch. lég.*, Ire part., 70, 182.

Donc (seigneurie de), (la duchesse de Mazarin, dame suzeraine de ladite). *Arch. adm.*, t. II, 1075.

— (patronage de), voy. Donco (patronagium de).

— (prêtre de), voy. Donco (presbyter de).

— (paroisse de), voy. Donco (par. de).

— (village de). *Arch. lég.*, IIe part., 892, 901, 905.

Donchereyo (parochia de), voy. Donchery (paroisse de).

— (patronagium (de), voy. Donchery (patronage de).

Doncheriaco (Witerus de). *Arch. adm.*, t. I, 424.

Donchery (Nicolaus de), chanoine de Reims. *Arch. adm.*, t. II, 475, 721, 1033?

— (M. de), béguine. *Arch. adm.*, t. II, 543.

— (Baudouin de), chanoine de Mézières. *Arch. adm.*, t. II, 1001, 1002, 1003, 1043.

— (Baptiste de). *Arch. adm.*, t. II, 1038.

— Balduinus (de), voy. Donchery (Baudouin de).

— supra-Mosam (presbyter de). *Arch. adm.*, t. II, 1075. *Arch. lég.*, 1re part., 901, 905.

— supra-Mosam , vide Donchery-sur-Meuse.

— (paroisse de). *Arch. adm.*, t. II, 1075.

— (patronage de). *Arch. adm.*, t. II, 1079.

— (prieuré de). *Arch. adm.*, t. II, 1079. *Arch. lég.*, 1re part., 881 ; 11e part., statuts, 111e vol., 391.

— (prévôté de). *Arch. lég.*, 11e part., statuts, 111e vol., 48.

— -sur-Meuse (ville de). *Arch. adm.*, t. II, 1132, 1143. *Arch. lég.*, 1re part., 901, 905 ; 11e part., statuts, 1er vol., 552, 793 ; statuts, 11e vol., 16, 570 ; statuts, 111e vol., 391.

Donco (parochia de). *Arch. adm.*, t. II, 1076.

— (presbyter de). *Arch. adm.*, t. II, 1079.

— (patronagium de). *Arch. adm.*, t. II, 1079.

Dongnolles (village de), voy. Ognolles.

Donnay (Jean), voy. Donnet.

Donnement (village de). *Arch. lég.*, 11e part., statuts , 111e vol., 390.

Donnet (Jehan), député des états de Laon. *Arch. lég.*, 1re part., 896, 898.

Donno-Martino (abbas de). *Arch. adm.*, t. II, 637.

— -Medardo (prior de). *Arch. adm.*, t. II, 638.

— -Remigio (Jacobus de). *Arch. adm.*, t. II, 385.

Dontrian (village de), voy. Dontrien.

Dontriano (Garinus de). *Arch. adm.*, t. II, 440.

— (presbyter de). *Arch. adm.*, t. II, 1115.

— (parochia de), voy. Dontrien (paroisse de).

Dontrien (échevin de), voy. Ourbin le Thonnellier.

— (maire de), voy. Beraut-Roubillaux.

— (moulin de). *Arch. adm.*, t. I, 1004, 1009.

— (village de). *Arch. adm.*, t. I, 981 ; t. II, 574 ; t. III, 279, 412, 414, 620, 652. *Arch. lég.*, 1re part., 875, 902, 905 ; 11e part., statuts, 11e vol., 860 ; voy. Donteraio.

— (châtellenie de). *Arch. adm.*, t. II, 883.

— (paroisse de). *Arch. adm.*, t. II, 1114.

— (prêtre de), voy. Dontriano (presbyter de).

Donum, vide Donatio.

Doquin (Guiardus). *Arch. lég.*, 11e part., statuts , 1er vol., 102.

Dorainville (Pierre). *Arch. lég.*, 1re part., 520.

— (Jean). *Arch. lég.*, 1re part., 520.

Dorcheuil (Jehan), curé de Montfaucon. *Arch. lég.*, 1re part., 885.

Dorée (M.), seigneur de Chouilly. *Arch. adm.*, t. II, 1120.

Dorelotière (Marie la). *Arch. adm.*, t. II, 528.

Doret (Colart), bourgeois de Reims. *Arch. adm.*, t. III, 45.

Dorigny (C.), trésorier de l'église de

Reims. *Arch. adm.*, t. I, 496. *Arch. lég.*, iiᵉ part., *statuts*, iᵉʳ vol., 635.

Dorigny (Claude), conseiller au siége de Laon. *Arch. lég.*, iʳᵉ part., 895; iiᵉ part., *statuts*, iᵉʳ vol., 117; *statuts*, iiᵉ vol., 1019, 1021.

— (Pierre), boulanger. *Arch. lég.*, iʳᵉ part., 895; iiᵉ part., *statuts*, iiᵉ vol., 144, 148, 150.

— (Philippe), mercier. *Arch. lég.*, iiᵉ part., *statuts*, iiᵉ vol., 560, 565, 567, 570, 797, 831, 1014, 1028; *statuts*, iiiᵉ vol., 82, 86? 212.

— (Jean), prêtre et chanoine de Saint-Timothée. *Arch. lég.*, iiᵉ part., *statuts*, iiiᵉ vol., 33.

— (Louis), marchand drapier. *Arch. lég.*, iiᵉ part., *statuts*, iiiᵉ vol., 148.

— (André), avocat. *Arch. lég.*, iʳᵉ part., 657, 802, 895; iiᵉ part., *statuts*, iᵉʳ vol., 874; *statuts*, iiᵉ vol., 4, 612? 619? 621, 630, 632, 683, 689, 691, 729.

— lieutenant criminel. *Arch. lég.*, iiᵉ part., *statuts*, iiᵉ vol., 1049.

— (famille de), dote l'hôpital général de Reims. *Arch. lég.*, iiᵉ part., *statuts*, iᵉʳ vol., 129; *statuts*, iiiᵉ vol., 150.

— (Nicolas), drapier. *Arch. lég.*, iiᵉ part., *statuts*, iiᵉ vol., 557, 1014.

— (Ger..), marchand. *Arch. lég.*, iiᵉ part., *statuts*, iᵉʳ vol., 908.

— (Gérard), mercier. *Arch. lég.*, iiᵉ part., *statuts*, iᵉʳ vol., 921; *statuts*, iiᵉ vol., 566.

— (Henry), mercier. *Arch. lég.*, iiᵉ part., *statuts*, iᵉʳ vol., 922; *statuts*, iiᵉ vol., 570.

— (Adam), marchand drapier. *Arch. lég.*, iiᵉ part., *statuts*, iᵉʳ vol., 683, 700, 727, 734, 740, 862, 866, 867, 872, 876, 885, 897, 901; *statuts*, iiᵉ vol., 577, 1014, 1028.

— (Jean), échevin. *Arch. lég.*, iiᵉ part.,

statuts, iᵉʳ vol., 464, 531, 845; *statuts*, iiᵉ vol., 802, 809; *statuts*, iiiᵉ vol., 101, 115.

Dorigny (Gibrien), voy. Rigny (Gibrien de), échevin.

— d'Agni, voy. Agny (Origny d').

Doriot (Jean), maître maçon. *Arch. lég.*, iiᵉ part., *statuts*, iᵉʳ vol., 772, 773, 776, 783, 787; *statuts*, iiᵉ vol., 479, 487.

— (Pierre), maréchal vétérinaire. *Arch. lég.*, iiᵉ part., *statuts*, iiᵉ vol., 586.

— (Louis), perruquier. *Arch. lég.*, iiᵉ part., *statuts*, iiiᵉ vol., 199.

Dorlis (Jehan). *Arch. adm.*, t. II, 804.

Dorlode (Thierry), ouvrier en soie. *Arch. lég.*, iiᵉ part., *statuts*, iiᵉ vol., 375.

Dormano (Johannes de), vide Dormans (Jehan de).

Dormans (Jehan de), avocat au parlement. *Arch. adm.*, t. III, 20.

— (Guillaume de), avocat au parlement. *Arch. adm.*, t. III, 22, 114.

— (ville de). *Arch. adm.*, t. III, 45, 108. *Arch. lég.*, iiᵉ part., *statuts*, iiiᵉ vol., 388.

— (Agnès de). *Arch. adm.*, t. III, 656.

— (Johannes de), cardinal. *Arch. lég.*, iiᵉ part., *statuts*, iᵉʳ vol., 98, 121, 351, 358.

Dormentarius, voy. Dormentier, Ecclesiæ Remensis dormentarii.

Dormentier, voy. Église de Reims (dormentier de l').

— (Gile le). *Arch. adm.*, t. I, 1119.

Dormesium. *Arch. adm.*, t. II, 735.

Dormitorius, vide Dortoir.

Dormois (pays de), voy. Dormesium.

Dorois (Jehan le). *Arch. adm.*, t. II, 917.

Doron (J.), tourneur. *Arch. adm.*, t. II, 826.

Dorot (P....), maître des comptes. *Arch. lég.*, iie part., *statuts*, i^{er} vol., 695.

Dorquenau (Jehan), bourgeois de Reims. *Arch. adm.*, t. III, 632.

Dorsalis, (sorte de tapis, tenture). *Arch. adm.*, t. I, 338.

Dortoir. *Arch. adm.*, t. I, 31, 221, 233, 645. *Arch. lég.*, i^{re} part., 236; iie part., *statuts*, i^{er} vol., 101, 217; *statuts*, iie vol., 770. Voy. Dormitorius.

Dorval (monseign. de), gouverneur de Champagne. *Arch. lég.*, iie part., *statuts*, i^{er} vol., 835, 836, 838, 842, 850, 853, 856, 858.

Dos, vide Dotalitium.

Doscia, lieu des environs de Reims. *Arch. lég.*, iie part., *statuts*, i^{er} vol., 83, 89.

Dot, voy. Dotalitium.

Dotalitium (dot, douaire). *Arch. adm.*, t. I, 494, 512. *Arch. lég.*, i^{re} part., 42, 68, 211, 284, 622, 682, 685, 694, 700, 833, 982.

Dothel (Ferdinand), maître cordonnier à Reims. *Arch. lég.*, iie part., *statuts*, iie vol., 244, 245.

Dotheniis (altar de). *Arch. adm.*, t. I, 280.

Douai (ville de). *Arch. adm.*, t. II, 28, 638. *Arch. lég.*, i^{re} part., 327; iie part., *statuts*, iie vol., 765; voy. Duacum.

Douaire, voy. Dotalitium.

Douart (Pierre), drapier. *Arch. lég.*, iie part., *statuts*, iie vol., 796.

— (Jean), drapier. *Arch. lég.*, iie part., *statuts*, iie vol., 806, 812.

— (Nicolas), drapier. *Arch. lég.*, iie part., *statuts*, iiie vol., 75.

— (Daniel), bruisseur. *Arch. lég.*, iie part., *statuts*, iiie vol., 122.

Douay (Quantin de), curé de Saint-Montain de la Fère. *Arch. lég.*, i^{re} part., 883.

Double (Jean le). *Arch. lég.*, iie part., *statuts*, iie vol., 238.

Double (Th.. le), sergent de la forteresse de Reims. *Arch. lég.*, iie part., *statuts*, i^{er} vol., 882.

— (sorte de monnaie). *Arch. lég.*, iie part., *statuts*, i^{er} vol., 726; prohibé à Reims, *statuts*, iiie vol., 71.

Doubleau (Jo.), trésorier de l'église de Reims. *Arch. lég.*, iie part., *statuts*, i^{er} vol., 115, 861, 862, 865.

Doublon, voy. Espagne (doublon d').

Doubs-Temps (J....), chanoine. *Arch. lég.*, iie part., *statuts*, i^{er} vol., 837.

Doucelet (Robinet), estaminier. *Arch. adm.* t. III, 836.

Doucet (Gobart), voy. Doulcet.

— (Regnault), voy. Doulcet.

Douchy (J. de), tisserand. *Arch. adm.*, t. II, 822, 826.

Douçon (paroisse de), voy. Doulçon.

Dougnolles, voy. Ognolles.

Douillet (Jesson), boulanger. *Arch. adm.*, t. II, 524.

Douilly (châtellenie de). *Arch. lég.*, i^{re} part., 888.

Doul (église de), voy. Doux.

Doul - Justa - Pargny (patronagium de). *Arch. adm.*, t. II, 1107.

Doulcet, homme de loi. *Arch. lég.*, i^{re} part., 882, 893, 909.

— (Pierre), écuyer. *Arch. lég.*, i^{re} part., 896, 897.

— (Regnault), lieutenant du bailli de Vermandois. *Arch. lég.*, i^{re} part., 650, 921; iie part., *statuts*, i^{er} vol., 375, 377, 378, 380, 677, 678, 775, 812, 813, 832; *statuts*, iiie vol., 34, 64, 614.

— (Gobert), lieutenant du bailli de Vermandois. *Arch. lég.*, iie part., *statuts*, iiie vol., 37, 614.

Doulçon (paroisse de), voy. Dulcone (parochia de).

Doulçon (patronage de), voy. Dulcone (patron de).

Doulcourt, voy. Dricourt.

Doullevane (seigneurie de). *Arch. lég.*, iie part., *statuts*, iiie vol., 533.

Doulx (Robert le). *Arch. adm.*, t. II, 603.

— (Jehan le). *Arch. lég.*, i^{re} part., 910.

— (Antoine le), conseiller. *Arch. lég.*, i^{re} part., 921.

Doulxamy, chanoine de Reims. *Arch. lég.*, iie part., *statuts*, i^{er} vol., 772, 774, 783.

Doumenge de la Cousture, voy. Cousture.

Doumengin (Jehan), maçon. *Arch. adm.*, t. III, 892.

Dournel, notaire au Châtelet de Paris. *Arch. lég.*, iie part., *statuts*, iie vol., 514.

Doury, mémoires dudit sur le stellage de Reims, allégués. *Arch. adm.*, t. I., 78. *Arch. lég.*, iie part., *statuts*, iie vol., 606; *statuts*, iiie vol., 101.

Dousson (Thierry). *Arch. lég.*, iie part., *statuts*, iie vol., 238.

Doux (église de). *Arch. adm.*, t. II, 1105.

— (village de). *Arch. adm.*, t. II, 1105.

— (patronagium de). *Arch. adm.*, t. II, 1108.

— (Jean-Baptiste le), bourgeois de Reims. *Arch. lég.*, iie part., *statuts*, iie vol., 102.

Douzaines (Jo...), chanoine. *Arch. lég.*, iie part., *statuts*, i^{er} vol., 119.

Douzis (parochia de), voy. Douzy (par. de).

— (presbyter de) *Arch. adm.*, t. II, 1089, voy. Douzy.

Douzy-les-Prés (village de). *Arch. adm.*, t. I, 6; t. II, 1086?

Douzy (concile de), *Arch. adm.*, t. I, 53. Hincmar, évêque de Laon, y est déposé, 57, 58, 61, 231, 747.

Douzy (J. de), clerc. *Arch. adm.*, t. II, 533.

— (paroisse de). *Arch. adm.*, t. II, 1087.

— (Nicolaus de), canonicus. *Arch. lég.*, iie part., *statuts*, i^{er} vol., 119.

— (prêtre de), voy. Douzis (presbyter).

— voy. Duziacum.

Doyen, voy. Bar-le-Duc (doyen de), Bayeux, Carignan (doyen de), Chrétienté de Reims (doyen de la), Chapitre de Reims, Decanus, Faculté de droit de Reims, Faculté de théologie de Reims (doyens de la), Notre-Dame de Reims, S. Agricole d'Avignon, S. Martin de Tours (doyen de), Tours en Touraine, Tournay.

— (Gorgier). *Arch. adm.*, t. III, 249, 303, 304, 307, 308, 309, 447, 452, 455.

— (François). *Arch. lég.*, iie part., *statuts*, iie vol., 374.

— (Jo....). *Arch. lég.*, iie part., *statuts*, i^{er} vol., 116.

Doyenné, voy. Attigny, Avaux-la-Ville, Bar, Cernay-en-Dormois, Cernay-lez-Reims, Charleville, Chastellet, Chesne, Chezy-en-Brie, Chrétienté, Decanatus, Diocèse de Reims (doyennés du), Escly, Fimes, Germainmont, Grand-Pré, Hermouville, Justines, Launoy, Lavanne, Mézières, Mouson, Mouzon, Ourges, Prouilly, Rethel, Rumigny, Vendresse.

Doyne (village de). *Arch. lég.*, i^{re} part., 909.

Doynet (C.). *Arch. adm.*, t. III, 830. *Arch. lég.*, iie part., *statuts*, i^{er} vol., 862.

— (Lienard), couvreur. *Arch. adm.*, t. III, 835.

— (Herbin), voy. Aussouce.

— (J....), maître de l'artillerie à Reims. *Arch. lég.*, iie part., *statuts*, i^{er} vol., 858, 862, 863.

Doynetus le Pautre, voy. Pautre.

Doynus Trinart, bourgeois de Reims. *Arch. adm.*, t. II, 1220.

Dozet (P.), recteur de l'université. *Arch. lég.*, IIe part., *statuts*, IIe vol., 654.

— (Pierre), archidiacre de Champagne. *Arch. lég.*, IIe part., *statuts*, IIe vol., 774, 781, 790.

Draco (Petrus), diacre et chanoine de Reims. *Arch. lég.*, IIe part., *statuts*, Ier vol., 104, 122.

Dragerium (drageoir). *Arch. adm*, t. III, 772.

Dragon (Aubert le). *Arch. adm.*, t II, 558.

Drajoie (Jean). *Arch. lég.*, IIe part., *statuts*, IIe vol., 364.

Drap (mesureur de), voy. Reims (mesureurs de).

Draperie, voy. Reims (draperie de).

— de Reims (charte de la). *Arch. adm.*, t. II, 1230.

Drapier, voy. Reims (drapiers de).

— (J.), forgeron. *Arch. adm.*, t. III, 835.

Drapiers de Reims (statuts des). *Arch. adm.*, t. III, 106. *Arch. lég.*, IIe part., *statuts*, IIe vol., 570; *statuts*, IIIe vol., 81, 84.

Drappelet (R.), bourgeois de Reims. *Arch. adm.*, t. III, 692.

Drapperia (draperie). *Arch. lég.*, Ire part., 325.

Draps (marché aux). *Arch. adm.*, t. I, 934; t. II, 50, 491, 496, 503; t. III, 49, 519, 623. *Arch. lég.*, IIe part., *statuts*, IIIe vol., 401.

— (foulons de). *Arch. adm.*, t. I, 932.

— (auneurs de). *Arch. lég.*, IIe part., *statuts*, Ier vol., 410.

— voy. Silésie (drap de).

Dravegny (Jean), voy. Dravigny.

Draveny (Jean), maître charron. *Arch. lég.*, IIe part., *statuts*, IIe vol., 930; *statuts*, IIIe vol., 93.

Dravigny (A...), maître sergier. *Arch. lég.*, IIe part., *statuts*, IIe vol., 859.

— (P...), maître sergier. *Arch. lég.*, IIe part., *statuts*, IIe vol., 859.

— (Jean), maître tonnelier. *Arch. lég.*, IIe part., *statuts*, IIe vol., 417.

Dré (J... de), greffier de l'échevinage. *Arch. adm.*, t. III, 696.

Dreize (seigneurie de). L'abbé de Signy est suzerain de ladite. *Arch. adm.*, t. II, 1081. *Arch. lég.*, Ire part., 905, 910.

Dreslincourt (village de). *Arch. lég.*, Ire part., 890.

Dreues de Plancy, chapelain de Notre-Dame de Reims, voy. Plancy.

— (Jourdain), avocat au parlement. *Arch. adm.*, t. II, 997, 1006.

Dreusson (J....), bourgeois de Reims. *Arch. lég.*, IIe part., *statuts*, Ier vol., 770.

Dreux (comte de), voy. Albret (J... d').

— (Robert, comte de). *Arch. lég.*, IIe part., *statuts*, IIIe vol., 610.

— -Limbourg (maison de). *Arch. adm.*, t. I, 292.

— (messire de), chapelain de S. Hilaire. t. III, 518.

— (Bude de), secrétaire du roi. *Arch. lég.*, IIe part., *statuts*, Ier vol., 626, 655.

— conseiller au parlement. *Arch. lég.*, IIe part., *statuts*, IIIe vol., 271.

Drevet (Ellebaut). *Arch. adm.*, t. II, 95.

Dreze, voy. Dreize.

Dricourt (village de). *Arch. adm.*, t. II, 1114. *Arch. lég.*, Ire part., 884, 905; IIe part., *statuts*, Ier vol., 169.

— (dîme de). *Arch. lég.*, IIe part., *statuts*, Ier vol., 243.

Driecourt, voy. Dricourt.

Driencourt (Altar de). *Arch. adm.*, t. I, 409, 461, 462.

— (village de). *Arch. lég.*, Ire part., 905.

Drigny (Gibrien), voy. Rigny (G. de).

Drillencourt, voy. Driencourt.

Droardus de Bazencort, voy. Bazencurte (Droardus de).

— la Barbe. *Arch. adm.*, t. I, 835.

— (Claudus). *Arch. adm.*, t. I, 901.

— clerc. *Arch. lég.*, 1re part., 210; 11e part., *statuts*, 1er vol., 172.

— prêtre de Reims. *Arch. lég.*, 11e part., *statuts*, 1er vol., 106.

Droayn (Meunier), voy. Munier (Drouetus).

Droco connétable de Philippe II, roi de France. *Arch. adm.*, t. I, 427, 431, 465, 466.

— de caritate, conseiller du roi, archidiacre de Soissons, voy. Caritate (Droco de).

— moine de S. Basle. *Arch. lég.*, 1re part., 116.

Droconis pastus. *Arch. adm.*, t. II, 385.

Droetus dictus Nigrus. *Arch. adm.*, t. I, 829, 839.

Drogo, chevalier et moine. *Arch. adm.*, t. I, 410. *Arch. lég.*, 11e part., *statuts*, 1er vol., 81? 95.

— lévite et chanoine. *Arch. lég.*, 11e part., *statuts*, 1er vol., 98, 169?

— chapelain. *Arch. adm.*, t. I, 223.

— échevin. *Arch. adm.*, t. I, 491. *Arch. lég.*, 11e part., *statuts*, 1er vol., 79, 80, 83, 95, 169, 170.

— Siccus, bienfaiteur de l'église de Reims. *Arch. lég.*, 11e part., *statuts*, 1er vol., 94.

— cantor. *Arch. lég.*, 11e part., *statuts*, 1er vol., 66.

— comes. *Arch. lég.*, 11e part., *statuts*, 1er vol., 87, 118.

— presbyter. *Arch. lég.*, 11e part., *statuts*, 1er vol., 87, 98?

— diacre. *Arch. adm.*, t. I, 319.

— chanoine, SS. Timothée et Apollinaire. *Arch. adm.*, t. I, 339. *Arch. lég.*, 11e part., *statuts*, 1er vol., 63.

Drogo, voy. Mordens carnem.

— præpositus. *Arch. adm.*, t. I, 308, 310, 318, 319, 365.

— abbé de Saint-Jean de Laon. *Arch. adm.*, t. I, 286.

— cancellarius. *Arch. adm.*, t. I, 292, 305, 308, 310, 318.

— clerc de Reims. *Arch. adm.*, t. I, 286. *Arch. lég.*, 11e part., *statuts*, 1er vol., 65, 83? 182.

Drogon de Hautvilliers, professeur d'humanités à Reims. Notice au sujet dudit. *Arch. adm.*, t. I, 667. Somme dudit. *Arch. lég.*, 1re part., 347, 444; voy. Altovillari (Drogo de).

Drogonis magistri capellania. *Arch. lég.*, 11e part., *statuts*, 1er vol., 106.

Droinet (J.), maître sergier. *Arch. lég.*, 11e part., *statuts*, 11e vol., 859.

— (N....), maître sergier. *Arch. lég.*, 11e part., *statuts*, 11e vol., 859.

Droisy (village de), voy. Droizy.

Droit, voy. Afforage (droit d'), Aînesse, Ajustage, Annelage, Aubaine, Avenage, Bâtardise, Bourgeoisie, Bourgeoisie de Reims, Carrières, Casernes, Chaussée, Cire, Congé, Courtage, Coutume, Criage des vins, Écheviuage de Reims, Étape, Étaux, Fournage, Fuschemarché, Gîte, Langoyage, Loges, Marc d'or, Marsage, Maubouge, Parisis, Pêche, Poids du roi, Pontonnage, Portage, Potage, Péage, Prévôté, Prévôté de Reims, Prévention, Prise, Quatrième, Ramée, Rouage, Rouage de vin, Sel, Stellage, Tabellionnage, Tonlieu, Vicomté de Reims, Visite, Voirie; voy. Jus.

— canonique, voy. Jus canonicum.

Droits seigneuriaux. *Arch. lég.*, 1re part., 714, 831, 834, 849, 856.

Droits féodaux , voy. Droits seigneuriaux.

— patrimoniaux , voy. Échevinage de Reims (droits patrimoniaux de l').

Droitura (droiture). *Arch. lég.*, 1re part., 182.

Droizy (village de). *Arch. adm.*, t. I, 999.

Drouardus, professeur aux écoles de Reims. *Arch. adm.*, t. I, 667.

— de Altovillari canonicus Remensis. *Arch. adm.*, t. I, 864.

— le Coustellier, échevin de Reims, voy. Coustellier.

— fils de Viardus Cravete. *Arch. adm.*, t. II, 102.

Drouart (Jehan), curé de Neufchâtel. *Arch. lég.*, 1re part., 883.

— (Pierre), maître juré, tonnelier. *Arch. lég.*, 11e part., *statuts*, 11e vol., 421.

— (Philippe-François), tailleur d'habits. *Arch. lég.*, 11e part., *statuts*, 11e vol., 528, 531.

— (connétablie de). *Arch. lég.*, 11e part., *statuts*, 11e vol., 1015.

— le Ferron, échevin de Reims. *Arch. adm.*, t. I, 1127.

— le Mire. *Arch. adm.*, t. II, 134.

— li Quareliés. *Arch. adm.*, t. II, 269.

— (Simon). *Arch. adm.*, t. III, 108.

— (J.), tavernier. *Arch. adm.*, t. III, 314.

— (Lambert), prieur de Sainte-Preuve. *Arch. lég.*, 1re part., 881.

— (Baulde), curé de Vailly. *Arch. lég.*, 1re part., 883.

Drouet (Pierre). *Arch. lég.*, 11e part., *statuts*, 11e vol., 238.

— (O....), conseiller municipal , voy. Drouet (Oudart).

— (Ponce), maître charpentier. *Arch. lég.*, 11e part., *statuts*, 111e vol., 671.

Drouet (Jean-Thierry) , maître charpentier. *Arch. lég.*, 11e part., *statuts*, 111e vol., 671.

Drouet (Oudart), procureur de Saint-Remi de Reims. *Arch. adm.*, t. III, 726. *Arch. lég.*, 1re part., 568, 592 ; 11e part., *statuts*, 1er vol., 700, 729.

— (Jehan), mégissier. *Arch. adm.*, t. III, 835.

— voy. Vilains.

— *Arch. adm.*, t. II, 840 ; voy. Thuisy (Drouet Bertaut de).

— le Pescheur, voy. Pescheur (Drouet le).

— fils de la Cadote. *Arch. adm.*, t. II, 894, 901.

— (J.), maître ouvrier des chaussées de Reims. *Arch. adm.*, t. III, 77.

— Lengèle , bourgeois de l'échevinage de Reims, voy. Lengele.

— le Proyer, voy. Proyer.

— Mauguete, tonnelier, voy. Maugnete. 537.

— li Blans, voy. Blans.

— le Noullier, poissonnier. *Arch. adm.*, t. II, 505.

— -Cheval. *Arch. adm.*, t. II, 522. *Arch. lég.*, 11e part., *statuts*, 1er vol., 615.

— le Fruitier, clerc. *Arch. adm.*, t. II, 526.

— le roulier. *Arch. adm.*, t. II, 801.

Drouetus parmentarius. *Arch. adm.*, t. I, 797, 812.

— Ridele, voy. Ridele.

— major Sancti Martini Remensis. *Arch. adm.*, t. II, 409.

— Meunier, bourgeois de Reims, voy. Meunier.

Drouin le maçon. *Arch. adm.*, t. II, 545.

— voy. Sillery (Drouin de).

Drouin Enlemule, voy. Enlesmule.

— (Florentin), ouvrier en soie. *Arch. lég.*, iie part., *statuts*, iie vol., 375.

— (Nicolas). *Arch. lég.*, iie part., *statuts*, iie vol., 239.

Droulot (Jehan). *Arch. adm.*, t. III, 841.

— (Jehan), voy. Esfincourt.

Drouynet (Poncelet), maçon. *Arch. lég.*, iie part., *statuts*, ier vol., 647.

Drouynus Molendinarius, voy. Meunier (Drouet).

Drouys le barbier, voy. Droyn.

Droyes (seigneurie de). *Arch. lég.*, iie part., *statuts*, iiie vol., 533.

Droyn le barbier. *Arch. adm.*, t. II, 763, 839.

Dru (Henry le). *Arch. lég.*, iie part., *statuts*, iir vol., 213.

— (J.... le). *Arch. lég.*, iie part., *statuts*, ier vol., 862.

— (Charles le), mercier. *Arch. lég.*, iie part., *statuts*, iie vol., 560.

Druardus de Villa Domange, bourgeois de Reims, voy. Villedomange.

Drugué (P. le). *Arch. adm.*, t. II, 800.

Drulei (lieu de). *Arch. lég.*, iie part., *statuts*, ier vol., 169.

Druleium, voy. Drulei.

Drulencourt (village de). *Arch. lég.*, ire part., 901. voy. Driencourt.

Druliacum, vide Druizel.

Drussot (Henry). *Arch. lég.*, ire part., 802.

Duaco (Jacobus de), chanoine de Cantipré. *Arch. lég.*, ire part., 117.

Duacum, vide Douai (ville de).

Duban (M.), seigneur de Vienne-la-Ville. *Arch. adm.*, t. II, 1101.

Dubois (G....), marchand. *Arch. lég.*, iie part., *statuts*, ier vol., 918, 922.

— (Tristan), bailli de Vermandois. *Arch. lég.*, iie part., *statuts*, iiie vol., 30.

Dubois (Augustin-Hubert). *Arch. lég.*, iie part., *statuts*, iie vol., 161.

— (Henry). *Arch. lég.*, iie part., *statuts*, ier vol., 862; *statuts*, iie vol., 204.

— (Simon), greffier au bailliage de Reims. *Arch. lég.*, iie part., *statuts*, iie vol., 373.

— (B....), bourgeois de Reims. *Arch. lég.*, iie part., *statuts*, ier vol., 659.

— (Josselin), sergent du roi. *Arch. lég.*, iie part., *statuts*, ier vol., 802.

— (Jean), bailli de l'archevêque de Reims. *Arch. adm.*, t. II, 107, 1162? 1243? seigneur d'Écordal. *Arch. lég.*, ire part., 892? 910?

— (Mme), dame d'Écordal. *Arch. adm.*, t. II, 1109.

— (Eudouart). *Arch. adm.*, t. III, 660.

— (Robert), boulanger. *Arch. lég.*, iie part., *statuts*, iie vol., 144.

Dubos (Jean), bailli de Reims, voy. Dubois.

— (Colin). *Arch. adm.*, t. III, 74.

— (abbé), Histoire des origines dudit alléguée à l'occasion de l'antiquité des franchises de Reims. *Arch. lég.*, iie part., *statuts*, iiie vol., 606, 608.

Duboys (N.), greffier de l'échevinage de Reims. *Arch. adm.*, t. I, 488.

— (Jacques), curé de Hourges. *Arch. lég.*, ire part., 886, 910?

— (Christophe), seigneur d'Écordal. *Arch. adm.*, t. II, 1105. *Arch. lég.*, ire part., 892.

— (Jehan), voy. Dubois.

Dubus (Jacques), notaire. *Arch. lég.*, iie part., *statuts*, iiie vol., 510.

— (Jean), sergent royal. *Arch. lég.*, iie part., *statuts*, iiie vol., 560.

Duc, voy. Aiguillon, Alençon (duc d'), Aimon, Aquitaine, Athènes, Aumale, Autriche, Bar, Bavière, Bedfort, Boufflers, Bouillon, Brabant, Bretagne

Bourbon, Bourgogne, Chartres, Chevreuse, Dace, Duc, Estissac, Godefroy, Gueldre, Guise, Guyenne, Hospital, Lancastre, Lorraine, Mayenne, Mazarin, Nemours, Nevers, Nivernais, Normandie, Orléans, Parme, Penthièvre, Uzès, Valois, Vendôme, Vivonne, voy. Dux.

Duc (mouton du), monnaie. *Arch. adm.*, t. III, 108.

— (Jean le), procureur de l'archevêque de Reims. *Arch. lég.*, IIe part., *statuts*, IIe vol., 331.

Ducandal (Warin), bourgeois. *Arch. lég.*, IIe part., *statuts*, Ier vol., 323.

— (Pierre), épicier. *Arch. lég.*, IIe part., *statuts*, IIIe vol., 93.

Ducanech (Maria), accusée d'hérésie. *Arch. adm.*, t. III, 640.

Ducange, historien et glossateur. *Arch. adm.*, t. I, 19, 440, 1018. *Arch. lég.*, IIe part., *statuts*, IIIe vol., 627.

Ducasse (la). *Arch. adm.*, t. III, 97.

Ducatus, vide Turingorum, voy. Duché.

Duchastel (connétablie de). *Arch. lég.*, IIe part., *statuts*, IIe vol., 1015.

Duchâtel, lieutenant du bailliage de Reims. *Arch. lég.*, IIe partie, 1047; *statuts*, IIe vol., 1047.

Duché, voy. Aquitaine (duché d'), Angoumois, Bourgogne, Bretagne, Guise, Laonnois, Lorraine, voy. Ducatus.

Duché-pairie, voy. Reims (duché-pairie de), Laon.

Duché-pairie de Reims (juridiction de la). *Arch. lég.*, IIe part., *statuts*, IIIe vol., 407.

Ducher (Nicolaus), chanoine. *Arch. lég.*, IIe part., *statuts*, Ier vol., 121.

Duchesne (N....), capitaine. *Arch. lég.*, IIe part., *statuts*, Ier vol., 717.

— (J.), bourgeois. *Arch. lég.*, IIe part., *statuts*, Ier vol., 631.

Duchesne historien. *Arch. adm.*, t. I, 56. Nobiliaire de Champagne dudit, allégué à l'occasion des comtes de Reims, 85, 93, 101, 272, 411, 560, 1017.

— (Jehan), sergent royal. *Arch. lég.*, Ire partie, 924; IIe partie, *statuts*, Ier vol., 630; *statuts*, IIIe vol., 85?

— (M. de), seigneur de Pargny. *Arch. adm.*, t. II, 1053.

— (Jehan), curé d'Aipe. *Arch. lég.*, Ire part., 883, 884?

— (E.), échevin. *Arch. adm.*, t. III, 303.

— (P.), échevin. *Arch. adm.*, t. III, 305.

— (la veuve). *Arch. lég.*, IIe part., *statuts*, IIe vol., 860.

Duchesse, voy. Ancenis (duch. de), Mazarin, Elbeuf.

Duchet (N....), chanoine. *Arch. lég.*, IIe part., *statuts*, Ier vol., 733, 736.

Ducis (Johannes), clerc. *Arch. adm.*, t. I, 1081.

Ducissa, vide Lotharingiæ Ducissa.

Ductio, personnage nommé dans le testament de S. Remi. *Arch. adm.*, t. I, 15.

Duda dicta Larga, civis Remensis. *Arch. adm.*, t. I, 711.

Dudart (Colart). *Arch. adm.*, t. II, 915.

Dudéré (Pierre). *Arch. adm.*, t. III, 836, 841. *Arch. lég.*, IIe part., *statuts*, Ier vol., 619? 861.

— (Jehan), voy. Dudré.

— (C....), bourgeois de Reims. *Arch. lég.*, IIe part., *statuts*, Ier vol., 754.

Dudet (Thierry). *Arch. adm.*, t. II, 808.

Dudin de la Couture, voy. Couture (Dudin de).

— (C....), bourgeois de Reims. *Arch. lég.*, IIe part., *statuts*, Ier vol., 844.

— (P....), bourgeois de l'échevinage. *Arch. lég.*, IIe part., *statuts*, Ier vol., 845.

Dudo, prêtre de Reims. *Arch. adm.*, t. I, 245.

— lévite et chanoine. *Arch. lég.*, ıı^e part., *statuts*, ı^{er} vol., 74, 83.

— échanson. *Arch. adm.*, t. I, 260.

— miles. *Arch. adm.*, t. I, 120, 353. *Arch. lég.*, ıı^e part., *statuts*, ı^{er} vol., 69.

— laicus. *Arch. lég.*, ıı^e part., *statuts*, ı^{er} vol., 71, 76, 92, 119, 171.

Dudon, doyen de Saint-Timothée. *Arch. adm.*, t. I, 265.

Dudré (Jehan), échevin. *Arch. adm.*, t. III, 841. *Arch. lég.*, ıı^e part., *statuts*, ı^{er} vol., 611, 612, 621, 629, 631, 637, 638, 639, 655, 657, 672, 692, 709, 725, 728, 856; *statuts*, ıı^e vol., 114.

— (P....), voy. Dudéré (Pierre).

— (C....), voy. Dudéré (Colart).

Dueil (Johannes de), capitaine de Reims. *Arch. adm.*, t. III, 170. *Arch. lég.*, ıı^e part., *statuts*, ıı^e vol., 403?

— (Antoine), procureur fiscal du bailliage de Reims. *Arch. lég.*, ıı^e part., *statuts*, ıı^e vol., 491.

Duel. *Arch. adm.*, t. I, 224, 228, 585, 601. Interdit aux clercs, 733, 822, 828, 834, 941; t. II, 931, 934; voy. Duellus.

Duellus, voy. Duel.

Dufay (Raoul), seigneur de Rogeris. *Arch. lég.*, ı^{re} part., 891.

— (Jacques), seigneur de Vouharies. *Arch. lég.*, ı^{re} part., 891; ıı^e part., *statuts*, ı^{er} vol., 649.

Dufflos, voy. Tassardus.

Dufour (J.), bourgeois de Reims. *Arch. adm.*, t. III, 469. *Arch. lég.*, ıı^e part., *statuts*, ı^{er} vol., 740.

Dugault (Claude), boulanger. *Arch. lég.*, ıı^e part., *statuts*, ıı^e vol., 321.

Dugny (seigneur de), voy. Feret (Charles).

Dugny (Moet de), lieutenant particulier de Reims. *Arch. lég.*, ıı^e part., *statuts*, ıı^e vol., 1049.

Duguet (G....), conseiller municipal. *Arch. lég.*, ıı^e part., *statuts*, ı^{er} vol., 612.

— (C....), chanoine. *Arch. lég.*, ıı^e part., *statuts*, ı^{er} vol., 615, 617, 618, 729, 743, 756.

— (N....). *Arch. lég.*, ıı^e part., *statuts*, ı^{er} vol., 753.

Duham, voy. Crèvecœur (Duham de).

Duhamel (M.), seigneur de Brière. *Arch. adm.*, t. II, 1099.

— (Jacques), seigneur d'Apilly. *Arch. lég.*, ı^{re} part., 890.

Duhan (M.), voy. Duhan (Jacques).

— (Colart). *Arch. adm.*, t. III, 842.

— (Jacques), seigneur de Tery et de Jandun? *Arch. adm.*, t. II, 1076. *Arch. lég.*, ıı^e part., *statuts*, ıı^e vol., 35, 37.

Duhautois (J....), bourgeois de Reims. *Arch. lég.*, ıı^e part., *statuts*, ı^{er} vol., 770.

Duisseillum, vide Duizel.

Duizel (village de). *Arch. adm.*, t. I, 177, 242, 312. *Arch. lég.*, ıı^e part., *statuts*, ı^{er} vol., 166, 169, 170, 171, 175, 213; voy. Dusellum.

— (seigneurie de). *Arch. lég.*, ıı^e part., *statuts*, ı^{er} vol., 243.

— (prévôt de). *Arch. lég.*, ıı^e part., *statuts*, ı^{er} vol., 243.

Dujardin (Jehan), sergent du chapitre de Reims. *Arch. lég.*, ı^{re} part., 578; ıı^e part., *statuts*, ı^{er} vol., 617, 729.

Dulcimus laicus. *Arch. lég.*, ıı^e part., *statuts*, ı^{er} vol., 74.

Dulcone (presbyter de). *Arch. adm.*, t. II, 1092; voy. Doulçon.

— (parochia de). *Arch. adm.*, t. II, 1092, 1094, voy. Doulçon.

— (patronagium de). *Arch. adm.*, t. II, 1094.

Duliz (Pierre), seigneur de Croiseau. *Arch. lég.*, Ire part., 892.

Dullandio (abbatissa de). *Arch. adm.*, t. II, 637.

Dullendio Acquinacensis (prior de). *Arch. adm.*, t. II, 638.

Dulmont (Ponce), chanoine. *Arch. lég.*, IIe part., *statuts*, Ier vol., 539, 610.

Dulot (Petrus). *Arch. adm.*, t. III, 769.

Dumengeot (Noël), marchand mercier. *Arch. lég.*, IIe part., *statuts*, IIe vol., 560.

Dumanoir (Guillaume), violon ordinaire du cabinet du roi. *Arch. lég.*, IIe part., *statuts*, IIe vol., 622, 628.

Dumay (Jacques). *Arch. lég.*, IIe part., *statuts*, IIe vol., 239.

Dumbertus, bienfaiteur de l'église de Reims. *Arch. lég.*, IIe part., *statuts*, Ier vol., 94.

Dumesgnil (C.), procureur. *Arch. lég.*, IIe part., *statuts*, IIe vol., 663, 748.

Dumesnil (Jehan), curé d'Aigny-sur-Marne. *Arch. lég.*, Ire part., 885.

Dumnum en Lorraine, voy. Dun.

Dumolinet (Ph....), bourgeois. *Arch. lég.*, IIe part., *statuts*, Ier vol., 770.

Dumont (Pierre). *Arch. lég.*, IIe part., *statuts*, IIe vol., 239.

— (Guillaume), juré des orfévres. *Arch. lég.*, IIe part., *statuts*, IIIe vol., 78.

Dumoustier (Adrien), curé de Baulthier et d'Andelain. *Arch. lég.*, Ire part., 833.

Dumparia (Henricus de), chanoine de Reims. *Arch. lég.*, IIe part., *statuts*, Ier vol., 66.

Dun (Ponce de). *Arch. adm.*, t. II, 528.

— (H. de), cordonnier. *Arch. adm.*, t. II, 826.

— en Lorraine (ville de), *Arch. adm.*, t. II, 1088, 1092, 1094. *Arch. lég.*, IIe part., *statuts*, Ier vol., 552.

Dun (Gérard de), notaire à Reims. *Arch. adm.*, t. III, 839.

— -le-Roi (ville de). *Arch. lég.*, IIe part., *statuts*, IIIe vol., 510.

— (religieux minimes de). *Arch. adm.*, t. II, 1039.

— (monastère de), voy. Duno (monasterium de).

— (doyenné de). *Arch. adm.*, t. II, 1091, 1094, 1100; t. III, 278. *Arch. lég.*, IIe part., *statuts*, Ier vol., 698, 715.

— (Colin de). *Arch. adm.*, t. I, 960.

Dunglubir (Willelmus de). *Arch. adm.*, t. I, 332.

Dun-le-Chastel (Helvis de). *Arch. adm.*, t. II, 694.

— -le-Château (paroisse de). *Arch. adm.*, t. II, 1092.

— (abbé de), voy. Duniis (abbas de).

— (prieuré de). *Arch. adm.*, t. II, 1094.

Dunesme (Gilbert), notaire à Vieil-Saint-Remi. *Arch. lég.*, IIe part., *statuts*, IIIe vol., 252, 264.

Duniis (abbas de). *Arch. adm.*, t. II, 639; voy. Dun (abbé de).

Dunio-de-Alvernia (prior de). *Arch. adm.*, t. II, 634.

Duno de imperio (prior de). *Arch. adm.*, t. I, 1029, 1094, vide S. Egidii de Duno (prior de).

— (decanatus), vide Dun (doyenné de).

— -Chastro (parochia de), vide Dun-le-Château (paroisse de).

— (monasterium). *Arch. adm.*, t. I, 1059.

— (Hugo de), canonicus Braquensis. *Arch. adm.*, t. II, 1044.

— (parochia de), voy. Sainte-Trinité de Dun (paroisse de).

Dunois, voy. Orléans (bâtard d').

— (pays du). *Arch. lég.*, IIe part., *statuts*, IIIe vol., 532.

Dunois (seigneur de), voy. Chevreuse (duc de).

Duntriel, voy. Dontrieu.

Duodeciacum, voy. Douzy-les-Prés.

Duodenus (sorte d'imposition, circonscription). *Arch. adm.*, t. I, 390, 423.

Duo-Pontes. *Arch. adm.*, t. I, 228; t. II, 399, 404.

Duo-Pontes (calceya inter). *Arch. adm.*, t. III, 227.

— (molendina ad). *Arch. lég.*, iie part., *statuts*, ier vol., 84.

Dupin (Claude), seigneur de Serizy. *Arch. lég.*, ire part., 920.

Duplessis (Gilles), bailli de Vermandois. *Arch. lég.*, iie part., *statuts*, iiie vol., 31.

Duplex, voy. Cadignan.

Dupont (Giles). *Arch. adm.*, t. II, 1243. *Arch. lég.*, iie part., *statuts*, iie vol., 336.

— (Antoine), armurier. *Arch. adm.*, t. III, 16.

— (Philippe), lieutenant du bailli de Vermandois. *Arch. lég.*, iie part., *statuts*, iiie vol., 31.

— voy. Compiègne (D. de).

Duprat (Antoine), chancellier de France. *Arch. lég.*, iie part., *statuts*, iie vol., 8.

Dupré (Antoine), prévôt de Saint-Jean-des-Vignes-lez-Soissons. *Arch. lég.*, ire part., 915.

Dupuis, chanoine de Laon. *Arch. lég.*, iie part., *statuts*, iie vol., 763, 777.

— frères (les), maîtres sergiers à Reims. *Arch. lég.*, iie part., *statuts*, iie vol., 859.

— (Nicolas), sous-cellerier de Saint-Remi de Reims. *Arch. lég.*, iie part., *statuts*, ier vol., 235.

— (Antoine), capitaine de Reims. *Arch. lég.*, iie part., *statuts*, ier vol., 686, 865, 870; *statuts*, iie vol., 23.

Dupuis, notaire du Châtelet de Paris. *Arch. lég.*, iie part., *statuts*, iie vol., 430, 871, 876, 877, 878, 882, 883.

Dupuy, historien allégué au sujet d'un vidimus de la charte communale de Beauvais, *Arch. adm.*, t. I, 560.

— (Regnault), curé de Renneville. *Arch. lég.*, ire part., 882.

— (Nicole), curé de Saint-Maurice. *Arch. lég.*, ire part., 885.

Dupuys (Adrien), seigneur de Bracheux. *Arch. lég.*, ire part., 894; iie part., *statuts*, ier vol., 884, 885, 886, 888.

— (Robert), conseiller au siége de Laon. *Arch. lég.*, ire part., 895.

— (Crespin), prieur de Plainchastel. *Arch. lég.*, ire part., 881.

— (Jehan), curé de Warmereville. *Arch. lég.*, ire part., 884, 892?

— (Charlotte de), dame de Chevesmes. *Arch. lég.*, ire part., 920.

Dur (Guillaume le), voy. Dure.

Duraiz (Petrus), exorciste du séminaire de Reims. *Arch. lég.*, iie part., *statuts*, iie vol., 773.

Durand (J.), fripier. *Arch. lég.*, iie part., *statuts*, ier vol., 728, 739, 740.

— (Guillaume), chanoine de Reims. *Arch. adm.*, t. III, 39.

— (Robert), chanoine de Reims. *Arch. adm.*, t. III, 352.

— (P...), maître sergier. *Arch. lég.*, iie part., *statuts*, iie vol., 811.

Durandi (Robertus). *Arch. adm.*, t. III, 369.

— (Johannes), sergent du roi. *Arch. adm.*, t. III, 665.

Durandus de Senonense, sergent du roi, vide Senonense (D. de).

— échevin. *Arch. lég.*, iie part., *statuts*, ier vol., 171.

Durannus, colon de l'église de Reims.

Arch. adm., t. I, 373. *Arch. lég.*, IIe part., *statuts*, Ier vol., 76, 86.

Durannus, lévite et chanoine. *Arch. lég.*, IIe part., *statuts*, Ier vol., 76, 79?

— thesaurarius Altissiodorensis. *Arch. lég.*, IIe part., *statuts*, Ier vol., 100, 101.

— (Herbertus), chanoine. *Arch. lég.*, IIe part., *statuts*, Ier vol., 121.

Durdemers (Hue de), chanoine de Reims. *Arch. adm.*, t. III, 598.

Durdret (C.), échevin de Reims. *Arch. adm.*, t. III, 690, 692, 837, 841.

Duré (Jean le). *Arch. lég.*, IIe part., *statuts*, IIe vol., 238.

— (P. la), voy. Ladure.

Dure (Guillaume le), drapier. *Arch. lég.*, IIe part., *statuts*, IIe vol., 265? 369.

Dureau (Ludovicus), sous-diacre. *Arch. lég.*, IIe part., *statuts*, IIe vol., 772.

Durel, voy. Ellandus.

Duremont (dame de). *Arch. adm.*, t. II, 1076, 1077.

Duret (Nicolas), perruquier. *Arch. lég.*, IIe part., *statuts*, IIIe vol., 191, 194, 199.

Dureteste (J....). *Arch. lég.*, IIe part., *statuts*, Ier vol., 651, 658, 731.

— (Hubert). *Arch. lég.*, IIe part., *statuts*, IIe vol., 238, 375.

— (Thomas). *Arch. lég.*, IIe part., *statuts*, IIe vol., 265.

— (Gille), ouvrier en soie. *Arch. lég.*, IIe part., *statuts*, IIe vol., 375.

— (Estienne), religieux réformé de Saint-Remi de Reims. *Arch. lég.*, IIe part., *statuts*, Ier vol., 199, 204, 211, 216, 219, 229.

Duretus, médecin cité dans les statuts de l'université de Reims. *Arch. lég.*, IIe part., *statuts*, IIe vol., 754.

Durocortorum, vide Reims (ville de).

Dusay (Jean-Rogier), lieutenant des habitants de Reims. *Arch. lég.*, IIe part., *statuts*, IIe vol., 635; *statuts*, IIIe vol., 211, 212.

Dusel (dîme de). *Arch. adm.*, t. I, 322.

— (abbas de). *Arch. lég.*, IIe part., *statuts*, Ier vol., 168.

Dutailly (Millet), bourgeois de Reims. *Arch. lég.*, IIe part., *statuts*, IIIe vol., 35.

Duthil (M.). *Arch. lég.*, IIe part., *statuts*, IIIe vol., 390.

Duval (Thibault), boucher. *Arch. lég.*, IIe part., *statuts*, Ier vol., 998.

— (Charles). *Arch. lég.*, IIe part., *statuts*, IIIe vol., 71.

— marquis de Dampierre. *Arch. lég.*, IIe part., *statuts*, IIIe vol., 390.

— voy. Lorion (Charles).

— du Manoir, seigneur d'Olisy-la-Montagne. *Arch. adm.*, t. II, 1054.

— (Jehan), échevin. *Arch. adm.*, t. III, 611.

— (Guille), procureur du roi. *Arch. adm.*, t. III, 837.

— (Alard), curé de Cuissy. *Arch. lég.*, Ire part., 885.

— (L....). *Arch. lég.*, IIe part., *statuts*, Ier vol., 466.

— (François), maître d'hôtel de monseigneur de Reims. *Arch. lég.*, IIe part., *statuts*, Ier vol., 827.

Duverger, avocat. *Arch. lég.*, IIe part., *statuts*, IIe vol., 508.

Duvivier, voy. Sutaine.

Dux, vide Godefridus, Lovaniensis, Henricus Saxoniæ, Lotharingiæ, Meraniæ, Laudunensis, vide Duc.

Duysello (prepositus de), vide Gervasius.

Duzey (abbé de), vide Dusel (abbas de).

— (prêtre de), voy. Dyseyo (presb. de).

Duziacense concilium, voy. Douzy (concile de).

Duziaco (firmitas de). *Arch. adm.*, t. I, 789.

Duziacum, voy. Douzy.

Dyale (Thiébaut le). *Arch. adm.*, t. II, 901.

Dyallot (H.... le), drapier. *Arch. adm.*, t. II, 513.

Dydimus. *Arch. lég.*, iie part., *statuts*, iie vol., 762.

Dyois (comté de). *Arch. adm.*, t. III, 842.

Dyot (Jehan), estaminier. *Arch. adm.*, t. III, 836.

Dyseyo (presbyter de). *Arch. adm.*, t. II, 1121.

Dyseium, vide Diziacum.

Dyso, prêtre et chanoine. *Arch. lég.*, iie part., *statuts*, i^{er} vol., 99.

Dyvettes (village de). *Arch. lég.*, i^{re} part., 909.

Dywys (Margaron). *Arch. adm.*, t. I, 1096.

E.

Eaque, docteur en médecine à Reims. *Arch. lég.*, iie part., *statuts*, iiie vol., 753.

Eaue (Robert l'), tavernier. *Arch. adm.*, t. III, 842.

Eaux et Forêts (grands maîtres des), voy. Champagne (eaux et forêts de), Châtillon (Gaucher de), Fleury (Claude-Henry de), Gondy (Albert de), Luxembourg (Waleran de), Melun (Jean de), Melun (Robert de), Rostaing (Tristan de), Tancarville (Guillaume IV de).

— (maîtrise des). *Arch. lég.*, iie part., *statuts*, iie vol., 14. Notice historique à ce sujet, *ibid.*, 881 ; voy. Reims (maîtrise des eaux et forêts de), Troyes, Chaumont, Saint-Dizier, Vassy, Sainte-Menehould, Vitry.

Eaux minérales, voy. Chenay, Fleschambaut, Forges.

Ébal (Rigaut), donne les dîmes de Rouvroy aux lépreux de Reims. *Arch. adm.*, t. II, 6.

Ébale, voy. Ebalus.

Ebalus, fils de Hugo Cauliculi, comte de Roucy, vide Rousseio (Ebalus, comes de).

Ebalus, præpositus. *Arch. adm.*, t. I, 259.

— Bos. *Arch. adm.*, t. I, 491.

— dominus Cathalaunensis. *Arch. lég.*, iie part., *statuts*, i^{er} vol., 83.

— archevêque de Reims, achète à prix d'argent la comté de Reims. *Arch. adm.*, t. I, 84, 86, 93, 203, 206, 497, 723. *Arch. lég.*, iie part., *statuts*, i^{er} vol., 80, 90, 117.

Ébannir (bannir). *Arch. adm.*, t. I, 598.

Ebbo, voy. Ebbon.

Ebbon, archevêque de Reims. *Arch. adm.*, t. I, 23 ; indicatum dudit, 31 ; sa déposition, 33, 34, 49, 50, 51 ; provoque la munificence de Louis le Débonnaire en faveur de la cathédrale, 74 ; déplace son chapitre de l'enceinte claustrale, 77, 140, 170, 224, 411 ; rebâtit la cathédrale, 724, 1056. *Arch. lég.*, iie part., *statuts*, i^{er} vol., 73, 169.

Ebo, voy. Ebbon, archevêque de Reims.

Ebrahardus, évêque de Bamberg. *Arch. adm.*, t. I, 327.

Ebrardus, maître du temple. *Arch. adm.*, t. I, 323.

Ebroicensis episcopus, vide Philippus, vide Évreux (évêque d').

Ebrunus (Petrus). *Arch. lég.* , iie part., *statuts*, 1er vol., 100.

Écaille (village de l'). *Arch. adm.*, t. II, 1103. *Arch. lég.*, 1re part. , 901, 904, 905.

— -lez-Cernicourt, voy. Écaille (village de l').

— (place de l'). *Arch. lég.* , iie part., *statuts*, 1er vol., 237.

Écancourt (M. d'), seigneur du Mont-Saint-Martin. *Arch. adm.*, t. II, 1114.

Ecbertus, archevêque de Trèves. *Arch. adm.*, t. I, 99.

Éclectisme gallican. *Arch. adm.*, t. I , 103.

Eccles (ville d'). *Arch. adm.*, t. III, 591.

Ecclesia, vide Altovillarensis ecclesia, Ambianensis, Amblimonte (de), Altreio (de), Anoloit (de), Ardullio (de), Argincourt (de), Armoisiis (de), Artaise (de), Aurelianensis, Aureomonte (de), Balan (de), Beatæ Mariæ, Beatæ Mariæ de Castello-Portuensi, Belenacurte (de), Belgin (de), Betignivilla (de), Braquensis, Boina (de), Bizuntinensis, Cameracensis, Calvomonte (de), Cambuslia (de), Carcassonnensis, Champigneul (de), Channeto (de), Chehery (de), Cheverciis (de), Claro-Marisco (de), Clunna (de), Condedas (de), Corny (de), Dainguy (de), Doul (de), Episcopalis, Eslensio (de), Escombre (de), Espinoy (de), Fiviensis, Flabais (de), Francoueto (de), Flignis (de), Gallicana, Gerson (de), Glaires (de), Hosden (de), Hospitalis, Igniacensis, Jonchery (de), Jovinianæ, Labesse (de), Laudunensis , Lindensis , Lobiensis , Lugdunensis , Lueres (de), Luysy (de), Maceriis (de), Maires (de), Manse (de), Manillis (de), Marsna (de) Mathiegio (de), Mediolanensis, Meldensis, Morlines (de), Neyla (de), Novavilla (de), Noviomensis, Omnium Martirum , Orisiaco (de), Ormont (de), Parisiensis, Parneyo (de), Petengio (de), Pontbar (de), Porrus (de), Puteolis (de), Remensis, Remericorte (de), Romana, Romoldicurte (de), Rothomagensis, Sanctæ Genovefæ, Sanctæ Gudulæ, Sanctæ Mariæ Magdalenæ de Cimaco, Sanctæ Mariæ in Burgo Registetensi, Sanctæ Mariæ Laudunensis, Sancti Albini, Sancti Juliani , Sancti Basoli , Sancti Martini , Sancti Michaelis de Finestella, Sancti Nichasii, Sancti Chrisogoni, Sancti Petri veteris, Sancti Thomæ prope Castrum Viennensem, Sancti Jacobi in Cultura, Sancti Petri de Ruminiaco, Sancti Stephani, Stannis (de), Sancti Hylarii, Sancti Symphoriani, Sancti Theodorici, Sarnaco (de), Sachy (de), Sechault (de), Sennicurte (de), Senonensis, Souppy (de), Sancti Cosmæ, Sancti Maximi in Barroduri, Sancti Memmii Cartagirensis , Sancto Memmio (de), Sancti Oricoli, Sancti Sisleni, Sancti Victoris, Skina (de), Sancto Leodegario, Sancto Remigio (de), SS. Apostolorum, SS. Timothei et Apollinaris, Tarsis (de), Tramereio (de), Trecensis, Universalis, Vassoignia (de), Ventabren (de), Vernol (de), Verisiaco (de), Vallis (de), Verzenayo (de), Villari in Silva (de), Villa-supra-Mosam (de), Villeta (de), Wassigneio (de).

Ecclesia collegiata. *Arch. adm.*, t. I, 750, 787. *Arch. lég.*; 1re part., 313, voy. Lobiensis eccl.

— de Quercu (Capellania de). *Arch. adm.*, t. II, 1113.

— matrix, vide Brool.

— parochialis, vide Sancti Martini Mosomensis.

— universalis, vide Catholica ecclesia.

Ecclesiarum dedicatio. *Arch. lég.*, 1re part., 399.

Ecclesiarum consecratio. *Arch. lég.*, ı^re part., 462.

— immunitates. *Arch. lég.*, ı^re part., 80, 460.

— patronatus. *Arch. adm*, t. I, 387. *Arch. lég.*, ı^re part., 477, ıı^e part., *statuts*, ı^er vol., 104.

— libertates. *Arch. adm.*, t. II, 597. *Arch. lég.*, ı^re part., 316 ; ıı^e part., *statuts*, ııı^e vol., 64 ; vide Ecclesiæ libertates.

— reconciliatio. *Arch. lég.*, ı^re part., 462.

— violatores. *Arch. adm.*, t. I, 553. *Arch. lég.*, ı^re part., 460.

— questores. *Arch. adm.*, t. I, 553.

Ecclesiastes. Livre de Salomon. *Arch. lég.*, ı^re part., 351.

Ecclesiastica jurisdictio. *Arch. adm.*, t. I, 694, 752, 883 ; t. II, 438, 621 ; t. III, 238, 477, 647, 861. *Arch. lég.*, ı^re part., 26, 64, 115, 120, 122 ; ıı^e part., *statuts*, ı^er vol., 348, 351, 354, 356.

— vide Bona.

— curia, vide Spiritualis curia.

— persona. *Arch. adm.*, t. I, 553, 556, 579, 586, 607, 615, 732, 734, 761, 795, 875, 1093, 1122 ; t. II, 20, 108, 163 ; t. III, 43, 803. *Arch. lég.*, ı^re part., 65, 241 ; vide Clericus.

— disciplina. *Arch. adm.*, t. I, 554, 556, 668. *Arch. lég.*, ıı^e part., *statuts*, ıı^e vol., 764.

— libertas. *Arch. adm.*, t. I, 32, 51 ; t. II, 885. *Arch. lég.*, ı^re part., 130, 138, 297 ; vide Ecclesiarum libertates.

— officia. *Arch. adm.*, t. III, 365. *Arch. lég.*, ıı^e part., *statuts*, ı^er vol., 24.

— sepultura. *Arch. adm.*, t. II, 594, 618. *Arch. lég.*, ı^re part., 125, 130, 292.

— sacramenta. *Arch. adm.*, t. II, 594 ; t. III, 366. *Arch. lég.*, ı^re part., 292 ; ıı^e part., *statuts*, ı^er vol., 3.

Ecclesiasticum beneficium. *Arch. adm.*, t. I, 694, 717, 727, 891 ; t. II, 887 ;

t. III, 365, 366. *Arch. lég.*, ı^re part., 59, 92, 94, 96, 264, 478 ; ıı^e part., *statuts*, ı^er vol., 57.

— forum. *Arch. adm.*, t. I, 520, 660, 694 ; t. II, 408. *Arch. lég.*, ı^re part., 182, 222, 398.

Ecclesiasticus judex. *Arch. adm.*, t. I, 660, 749, 805 ; t. II, 20. *Arch. lég.*, ı^re part., 68, 70, 331 ; ıı^e part., *statuts*, ı^er vol., 353.

Ecclesiæ de Souppy districtus. *Arch. adm.*, t. II, 1090.

Ecclesiæ patrimonium. *Arch. lég.*, ıı^e part., *statuts*, ı^er vol., 78.

— Remensis cantor, voy. Bliahardus, Charlet, Christianus, Fulco, Gervasius, Gregorius, Grinbertus, Haimars, Lambertus, Leo, Lugdunus (Petrus), Odo, Petrus, Pontius, Rainoldus, Richerus, Thomas, Villagardana (Johannes de), Wibertus, voy. Église de Reims (chantre de l').

— Remensis concilium provinciale, voy. Saint-Quentin, Laon, Chalons, Senlis.

— Remensis capicerii. *Arch. lég.*, ıı^e part., *statuts*, ı^er vol., 17, voy. Église de Reims (chapuciers de l').

— Remensis clavigeri. *Arch. lég.*, ıı^e part., *statuts*, ı^er vol., 43, 56, 91, 92, 101, voy. Église de Reims (clazeniers de l').

— Remensis congregatio. *Arch. adm.*, t. III, 784.

— libertates. *Arch. adm.*, t. I, 565, 576, 577, 579, 613, 614, 691, 692, 725, 735, 795 ; t. II, 612. *Arch. lég.*, ıı^e part., *statuts*, ı^er vol., 17.

— Remensis libraria. *Arch. lég.*, ıı^e part., *statuts*, ı^er vol., 25, 108.

— Remensis jocales. *Arch. lég.*, ıı^e part., *statuts*, ı^er vol., 72, 107.

— Remensis habitus. *Arch. lég.*, ıı^e part., *statuts*, ı^er vol., 72.

Ecclesiæ Remensis subcustos. *Arch. lég.*, iie part., *statuts*, i^{er} vol., 23.

— Remensis vinetarius. *Arch. lég.*, iie part., i^{er} vol., 17.

— terra. *Arch. adm.*, t. I, 517, 518.

Ecco, vide Ecto.

Eccreyo (altar de). *Arch. adm.*, t. I, 409, voy. Escry.

— (parochia de). *Arch. adm.*, t. II, 1065, voy. Escry.

— (presbyter de). *Arch. adm.*, t. II, 1066.

Échanson, voy. Roi (échansons du), Bantalu (P. de).

Échansonnerie. Quatre notables de Reims sont commis pour veiller à son entretien, à l'occasion des frais du sacre. *Arch. adm.*, t. II, 560.

Écharson (prior de). *Arch. adm.*, t. II, 1113.

— voy. Scala. Les blasphémateurs exposés à Reims sur ladite en face du portail de Notre-Dame de Reims. *Arch. adm.*, t. III, 639.

Échelle (paroisse de l'), voy. Scalis (parochia de).

— (village de l'). *Arch. lég.*, iie part., *statuts*, i^{er} vol., 107.

Échenillage, voy. Arbres (échenillage des).

Échevin, voy. Abbeville, Amiens, Arras, Attigny, Ban S. Remi (échevin perpétuel du), Bétigniville, Boul, Châlons, Cormicy, Courville, Dontrien, archevêque de Reims (échevins du ban de l'), Laon, Mons, Reims, Rochelle, S. Quentin, S. Thierry.

Échevinage de Reims (ban de l'). L'archevêque ne peut y percevoir aucun droit de vente. *Arch. adm.*, t. I, 86, 1060; t. II, 296, 492, 831, 1135; t. III, 239, 300, 304, 309, 778, 794, 835, 894. *Arch.*

lég., i^{re} part., 1024; iie part., *statuts*, i^{er} vol., 538; iie vol., 608, 917.

Échevinage de Reims (bourgeois de l'). *Arch. adm.*, t. II, 772, 856, 874, 889, 904, repoussent les prétentions de l'archevêque à leur imposer des tailles, 934, 952, 960, 1168, 1224, 1238; t. III, 298, 306, 308, 312, 318, 332, 474, 539, 644, 673, 714, 789. L'étranger qui se mariait à Reims avec la fille d'un bourgeois, devenait par ce fait bourgeois de l'échevinage, 790, 793, 795, 820, 824, 859, 891, 892. *Arch. lég.*, i^{re} part., 746, 756; iie part., *statuts*, i^{er} vol., 594, 596, *statuts*, iie vol., 608. Affranchis du droit de stellage, *statuts*, iiie vol., 307, 321, 322, 337, 344, 345, 404.

— de Reims (buffet de l'). *Arch. adm.*, t. I, 484, 488, 489, 490; t. II, 671, 982, 1007, 1042, 1043; t. III, 16, 390, 439, 689, 692, 698, 701, 879, 888. *Arch. lég.*, i^{re} part., 605, 861; iie part., *statuts*, i^{er} vol., 363, 441, 850; iie vol., 5, 7, 172, 269, 408, 530, 550, 848, 923; iiie vol., 281, 289. La voirie est un attribut particulier et indivisible dudit, 396, 399, 412. Lieu ordinaire où s'assemble le conseil de ville, 424. Composition dudit conseil (*ibid.*); sa juridiction (*ibid.*), 429, 432, 434, 451, 472.

— de Reims (chambre commune de l'), voy. Échevinage (buffet de l').

— de Reims (chartes de l'), voy. Reims (charte de).

— de Reims (clercs de l'), *Arch. adm.*, t. III, 75, 469, 473, 688, 692, 694, 879; voy. Reims (clercs de).

— de Reims (comptes de l'). *Arch. adm.*, t. II, 800, 822, 981; t. III, 19, 303.

— de Reims (coffre de l'), voy Échevinage (buffet de l').

— de Reims (conseil de l'). *Arch. adm.*, t. III, 827. *Arch. lég.*, iie part., *statuts*,

V

iie vol., 800; voy. Reims (conseil de ville de).

Échevinage de Reims (droits de l'). *Arch. adm.*, t. III, 462, 860, 900. *Arch. lég.*, iie part., *statuts*, i^er vol., 440, 443; iie vol., 277; iiie vol., 384.

— de Reims (fermiers de l'). *Arch. adm.*, 485.

— de Reims (franchises de l'). *Arch. adm.*, t. III, 790, 791, 893. *Arch. lég.*, iie part., *statuts*, i^er vol., 536; iie vol., 452, voy. Reims (franchises de).

— (greffier de l'). *Arch. adm.*, t. III, 888. *Arch. lég.*, iie part., *statuts*, iie vol., 32, 454. Vote aux élections des échevins, 539, 541. Fonctions dudit, *statuts*, iiie vol., 288, 289, 294, 384, 423, 425.

— (greffe de l'). *Arch. lég.*, iie part., *statuts*, iie vol., 554; passe au conseil de ville des échevins auxquels ledit greffe appartenait, *ibid.*, 800; n'est point une dépendance de celui de l'hôtel de ville, *statuts*, iiie vol., 289.

— (hôtel de l'). *Arch. lég.*, iie part., 4, *statuts*, i^er vol., 780, 792, 793, 796, 845.

— (loge de l'), voy. échevins (loge des).

— (juridiction de l'). *Arch. adm.*, t. III, 830. *Arch. lég.*, iie part., iie vol., 21, 28, 172, 176, 184; *statuts*, iiie vol., 58; tient ladite des premiers rois de France, 61, 62, 434, 460, 472, 608, 612.

— (justice de l'). *Arch. lég.*, *statuts*, iiie vol., 242; l'archevêque de Reims la lui enlève, *ibid.*, 281.

— (libertés de l'). *Arch. adm.*, t. II, 1204; t. III, 884, 893. *Arch. lég.*, iie part., *statuts*, i^er vol., 414, 536; *statuts*, iie vol., 452.

— (livre rouge de l'). *Arch. lég.*, i^re part., 741. *Arch. lég.*, iie part., *statuts*, i^er vol., 429.

Échevinage de Reims (prévôt de l'). *Arch. adm.*, t. I, 482, 490, 781. *Arch. lég.*, iie part., *statuts*, i^er vol., 794, 858, 864, *statuts*, iie vol., 5, 550, *statuts*, iiie vol., 68, 290.

— (procureur syndic de l'). *Arch. adm.*, t. II, 322; t. III, 701. *Arch. lég.*, iie part., *statuts*, iie vol., 454. Vote dans l'élection des échevins, 539, 541, *statuts*, iiie vol., 281; fonctions dudit, *ibid.*, 424.

— (priviléges de l'). *Arch. adm.*, t. II, 795, 953, 1200, 1225; t. III, 267, 403, 884, voy. Scabinatus Remensis privilegia.

— (Sceau de l'). *Arch. adm.*, t. I, 484; la crosse qui y est figurée détruit toutes les prétentions opposées par l'échevinage de Reims aux droits de l'archevêque, 956. Le procureur de l'archevêque leur dénie le droit de posséder ledit, 966. Contredit des échevins à ce sujet, 967; t. II, 280, 296, 400. Toutes procurations marquées dudit font foi devant les cours de justice, 421, 705, 781, 829, 1008, 1234; t. III, 1, 83, 253, 333, 431, 694, 785, 884. *Arch. lég.*, i^er part., 733, 965, iie part., *statuts*, i^er vol., 615, 617; *statuts*, iie vol., 4.

— (territoire de l'). *Arch. lég.*, iie part., *statuts*, iiie vol., 238.

— (sergents de l'). *Arch. adm.*, t. III, 694, 698. *Arch. lég.*, iie part., *statuts*, i^er vol., 617, *statuts*, iiie vol., 290, 423, voy. Reims (sergents de).

— (syndic de l'). *Arch. lég.*, iie part., *statuts*, iiie vol., 238, 291, 422; élu par les bourgeois, 561. Attribution dudit, *ibid.*, 562, 564, 575, 583. Durée des fonctions dudit, 587; ne peut être receveur, 589. Ses fonctions sont gratuites, 590, 645. Formes de l'élection dudit, 646.

Echevins (de Reims (élection des), lieu et

époque où elle se faisait. *Arch. adm.*, t. III, 243, 459, 557, 886, 894. *Arch. lég.*, IIᵉ part., 3, 6, 124, 172, 179, 181, 184, 452, 533, 534, 535, 552, *statuts*, Iᵉʳ vol., 409, 536, 573.

Échevins de Reims (loge des). *Arch. adm.*, t. I, 403; t. II, 307, 1232; t. III, 19, 20, 27, 291, 306, 390, 439, 468, 671, 674, 678, 686, 825, 943, 982, 983. *Arch. lég.*, IIᵉ part., *statuts*, Iᵉʳ vol., 363, 393; lieu où se jugent les affaires civiles, 394, 414, 429, 527, 538, 545, 571, 748, 769, 783, 795; voy. Scabinorum Remensium logia.

Échevins perpétuels, voy. Saint-Remi (Éch. p. de).

— de Reims (serment des). *Arch. lég.*, IIᵉ part., *statuts*, IIᵉ vol., 558, *statuts*, IIIᵉ vol., 281, 285. Prêtent ledit à l'archevêque, 429, 430. Et au roi depuis leur réunion au corps municipal, 618.

Echillus archiepiscopus, voy. Eskillus.

Éclipse-Fontaine, lieu du ressort du siége présidial de Reims. *Arch. lég.*, Iʳᵉ part., 905.

Écly (village d'). *Arch. adm.*, t. II, 1081. *Arch. lég.*, IIᵉ part., *statuts*, Iᵉʳ vol., 107.

— (paroisse de). *Arch. adm.*, t. IIᵉ, 1081.

— (presbyter de). *Arch. adm.*, t. II, 1081.

Écogne (village d'), relevant du doyenné de Mézières. *Arch. adm.*, t. II, 1078.

Écolâtre, voy. Leo, Odalric, Scholasticus.

École, voy. Reims (écoles de), Metz.

— de Notre-Dame de Reims (grand maître de l'). *Arch. adm.*, t. II, 918.

— chrétienne (frères de l'). *Arch. adm.*, t. I, 15.

Écoliers, voy. Reims (val des écoliers de).

— (maison des). *Arch. lég.*, IIᵉ part., *statuts*, IIIᵉ vol., 65.

Écombres (village d'). *Arch. adm.*, t. II, 1086, voy. Escombres.

— (église d'). *Arch. adm.*, t. II, 1087.

Économat, voy. Archevêché de Reims (économat de l').

Écorcheurs (les), aventuriers du XVᵉ siècle. *Arch. lég.*, IIᵉ part., *statuts*, Iᵉʳ vol., 629.

Écordal (dîme d'). *Arch. lég.*, IIᵉ part., *statuts*, Iᵉʳ vol., 243, 245.

— (M. d'), seigneur de Poilcourt. *Arch. adm.*, t. II, 1064.

— (Dubois d'), seigneur de Saint-Loup-aux-Bois, voy. Duboys (Christophe).

— (village d'). *Arch. adm.*, t. II, 1109. *Arch. lég.*, Iʳᵉ part., 891, 893, 902, 905.

Écosse (saumon d'); ordonnance qui règle la vente dudit à Reims, *Arch. adm.*, t. III, 717.

— (royaume d'). *Arch. adm.*, t. III, 783.

— (reine d'); réception de ladite à Reims. *Arch. lég.*, IIᵉ part., *statuts*, Iᵉʳ vol., 897.

Ecquevilly (marquis d'). *Arch. adm.*, t. II, 1076, 1077, 1089, 1090, 1102.

Écrevés (collége des). *Arch. adm.*, t. I, 13; la collation dudit appartient au doyen de Reims, 14, 664; t. II, 731. *Arch. lég.*, IIᵉ part., *statuts*, IIᵉ vol., 631. Les jésuites prennent possession dudit, 648, 651, 661, 696. Notice sur la fondation dudit, 697, 698.

Ecreya (Petrus de), voy. Escry (Pierre d').

Écry (village de), voy. Escry.

Écry (R. d'). *Arch. adm.*, t. II, 481.

— (Jesson d'), voy. Escry (Jean d').

Ecto, laicus. *Arch. lég.*, IIᵉ part., *statuts*, Iᵉʳ vol., 87.

Écu, voy. Jehan (écu), Haynaut (écu de), Couronne (écu à), Bruges (écu de). *Arch. lég.*, IIᵉ part., *statuts*, Iᵉʳ vol., 716.

Écu d'or (monnaie). *Arch. adm.*, t. III, 56, 641. *Arch. lég.*, iie part., *statuts*, i^{er} vol., 69, 373, 429, 613, 614, 625, 774, 778, 782, 793, 817, 820, 822, 823, 841, 846, 880, *statuts*, iiie vol., 48.

— philippus. *Arch. adm.*, t. III, 105, 108, 122.

— parisis. *Arch. lég.*, iie part., *statuts*, iie vol., 512.

— au soleil. *Arch. lég.*, iie part., *statuts*, i^{er} vol., 459, 475, 717; *statuts*, iie vol., 948.

— -florin. *Arch. lég.*, iie part., *statuts*, i^{er} vol., 823.

— de France (hôtel de l'). *Arch. lég.*, iie part., *statuts*, i^{er} vol., 775, 777.

Écueil (territoire d'). *Arch. adm.*, t. II, 972; t. III, 7.

— (Robertus), voy. Escuelh.

— (village d'). *Arch. adm.*, t. I, 243, 825, 1089; t. II, 1053.

— (prêtre d'), voy. Escuel.

Écureur, voy. Baudet.

Écuries-le-Repos (village des). *Arch. lég.*, iie part., *statuts*, iiie vol., 390.

Écuyer. Roi (écuyer du), Villers la Chièvre (écuyers de), voy. Armiger.

Edgith, reine des Anglo-Saxons. *Arch. adm.*, t. I, 208.

Édifice, voy. Reims (édifices de).

Édit, voy. Poitiers (édit de).

Edoardus, seigneur de Sancto-Desiderio, chevalier. *Arch. adm.*, t. III, 339.

Edoneifa, voy. Edoveifa.

Édouard, roi d'Angleterre, voy. Edwardus.

Édouard III, dit le Confesseur. *Arch. adm.*, t. I, 207, 208, 251.

Édouard III, roi d'Angleterre. *Arch. adm.*, t. III, 572. *Arch. lég.*, iie part., *statuts*, i^{er} vol., 86, 555.

Édouard IV, roi d'Angleterre. Préparatifs de défense des habitants de Reims à la descente dudit en France. *Arch. lég.*, iie part., *statuts*, i^{er} vol., 843.

Edoveifa, femme de l'église de Reims. *Arch. lég.*, t. I, 16.

Eduensis episcopus, voy. Autun (évêque d'), Henry.

Edwardus Anglorum rex, voy. Édouard.

Effestucatio (déguerpissement). *Arch. adm.*, t. I, 331.

Égée (le père), religieux de Saint-Remi. *Arch. adm.*, t. I, 212, 216, 264, 334.

Eget (Nicolas), marchand drapier. *Arch. lég.*, iie part., *statuts*, iie vol., 810.

Egidius, sergent du bailli de Reims. *Arch. adm.* t. III, 710.

— curé de Cormicy. *Arch. adm.*, t. III, 772.

— archevêque de Reims. *Arch. adm.*, t. I, 23, 150, 170.

— Cochelez Vicinus, voy. Vicinus.

— prieur de Saint-Remi. *Arch. adm.*, t. I, 825, 843.

Égland (chapelle de), voy. Glanna (capella de).

Église. Son entrée interdite à tous ceux qui auraient commis un meurtre dans son enceinte. *Arch. adm.*, t. I, 553; voy. Afrique, Allemagne, Alexandrie, Angleterre, Attigny, Auboncourt, Auvilliers, Betheny, Bourgogne, Bulhan, Carmes, Cheppe, Clairmarais, Condé, Contreuve, Courmeloy, Espagne, Gaules, Isle, Italie, Jouarre, Livry, Metz, Mont-Saint-Remi, Mouzon, Neufville, Rilly-la-Montagne, Romagne, Varennes, Saint-Ladre aux hommes, voy. Ecclesia.

— collégiale, voy. Mézières (église de), Saint-Quentin, Saint-Jehan de Laon, Châlons.

— (biens de l'). Peines contre les laïques usurpateurs desdites. *Arch. adm.*, t. I, 554.

Église de Reims (administrateur perpétuel de l'). *Arch. adm.*, t. III, 42.

— de Reims (chapelains de l'), Saint-Ladre aux femmes (chapelains de), voy. Remenses Capellani.

— gallicane, voy. France (Église de).

— grecque. Emprunt fait par Denis le Petit aux canons de ladite. *Arch. adm.*, t. I, 106.

— (libertés de l'), voy. Ecclesiarum libertates.

— (serfs d'). *Arch. lég.*, iie part., *statuts*, iiie vol., 607.

— de Reims (joyaux de l'), voy. Ecclesiæ Remensis jocales.

— (librairie de), voy. Ecclesiæ Remensis libraria.

— sous-coutre, vide Ecclesiæ Remensis subcustos.

— de Reims (chantre de l'). Attributions dudit. *Arch. adm.*, t. I, 686, 748. Patron de Somme-Arme, t. II, 1114; t. III, 114, 596, 654. *Arch. lég.*, iie part., *statuts*, i^{er} vol., 13, 19, 28, 31, 43. 55, 98, 512, 897.

— de Reims (dignités de l'). Notice au sujet desdites. *Arch. adm.*, t. I, 26, voy. Dignitates ecclesiæ Remensis.

— de Reims (dormentiers). *Arch. adm.*, t. I, 224. Distribution faite par ledit de la part de l'archevêque, *ibid.* ; t. II, 386, 412, 1049; t. III, 864. *Arch. lég.*, iie part., *statuts*, i^{er} vol., 12, 18, 43, 110 ; voy. Remensis ecclesiæ dormentarii.

— de Reims (franchises de l'), voy. Remensis ecclesiæ libertates.

— de Reims (fabrique de l'), voy. Remensis ecclesiæ fabrica.

— de Reims (juridiction de l'). *Arch. adm.*, t. III, 353, 355.

Église de Reims (hôtel-Dieu de l'), voy. Reims (hôtel-Dieu).

— de Reims (immunités de l'église de), voy. Remensis ecclesiæ libertates.

— de Reims (martyrologe de l'). Lieu spécialement destiné par le chapitre pour faire la lecture dudit. *Arch. adm.*, t. I, 747. *Arch. lég.*, iie part., *statuts*, i^{er} vol., 99, 108.

— de Reims (obituaire de l'). Notice historique au sujet dudit. *Arch. lég.*, iie part., *statuts*, i^{er} vol., 61, 62.

— de Reims (prévôt de l'), voy. Remensis ecclesiæ præpositus.

— de Reims (portail de l'). Les blasphémateurs y étaient exposés sur l'échelle. *Arch. adm.*, t. III, 639, 644.

— de Reims (prévôté de l'). *Arch. adm.*, t. III, 380.

— de Reims (priviléges de). voy. Ecclesiæ Remensis privilegia.

— de Reims (réfecturier de l'). *Arch. adm.*, t. III, 392. *Arch. lég.*, i^{re} part., *statuts*, i^{er} vol., 627.

— (règlements de), voy. Remensis ecclesiæ statuta.

— (sceau de l'). *Arch. lég.*, i^{re} part., 4, 733.

— (sénéchallerie de l'), voy. Remensis ecclesiæ senescallia.

— (sénéchaux de l'). Notice historique au sujet desdits. *Arch. adm.*, t. II, 386. *Arch. lég.*, iie part., *statuts*, i^{er} vol., 48, 832, 860, voy. Ambonnay (Gérart d'), Estain (J. d'), Fîmes, Monclin (Jean de), Pantoul (Jehan), Remensis ecclesiæ senescallia, Sarny (Th. de).

— (sergents de l'), voy. Remensis ecclesiæ servientes.

— (trésorier de l'), *Arch. adm.*, t. I, 924 ; Seigneur de Courcy, t. II, 1037, 1108, 1108; Patron de Mailly, 1118; t. III, 799. *Arch. lég.*, iie part., *statuts*, i^{er} vol.,

30, 43; iii⁰ vol., 720, voy. Remensis ecclesiæ thesaurarius, Villanus de Castro, Renaldus.

Église (trésor de l'), le bâtiment dudit fait partie du cloître de N.-D. *Arch. adm.*, t. I, 78; t. III, 516, 556. *Arch. lég.*, ii⁰ part., *statuts*, i⁰ʳ vol., 73; *statuts*, ii⁰ vol., 489; spolié par les révolutionnaires, *statuts*, iii⁰ vol., 76, 748.

— (trésorerie de), voy. Remensis ecclesiæ thesauraria.

— (usages de l'), voy. Remensis ecclesiæ consuetudines.

— (juges d'). *Arch. adm.*, t. II, 925.

— universelle. *Arch. adm.*, t. I, 142, 146, 149, 153, 159, 160, 162, 184, 186, 187, 188.

Egolesmensis comites. *Arch. adm.*, t. I, 690, voy. Angoulême (comte d').

Égon (Guillaume), landgrave de Furstemberg, commendataire, abbé de Saint-Remi de Reims. *Arch. lég.*, ii⁰ part., *statuts*, i⁰ʳ vol., 942; *statuts*, ii⁰ vol., 926; *statuts*, iii⁰ vol., 403, voy. Furstemberg.

Égret (Gilles), religieux de Saint-Hubert. *Arch. lég.*, i⁰ᵉ part., 887.

Eilbertus, bienfaiteur de Saint-Remi de Reims. *Arch. lég.*, ii⁰ part., *statuts*, i⁰ʳ vol., 169.

Élan-l'Abbaye (village d'). *Arch. adm.*, t. II, 332? t. III, 699. *Arch. lég.*, i⁰ᵉ part., 905; ii⁰ part., *statuts*, i⁰ʳ vol., 63.

— (abbé d'), voy. Ellantio (abbas de).

— (église d'), voy. Ellantio (ecclesia de).

— (maison d'). *Arch. adm.*, t. II, 1149.

Elargamentum (autorisation de poursuites en justice, élargissement). *Arch. adm.*, t. II, 796, 1228; t. III, 402, 552. *Arch. lég.*, ii⁰ part., *statuts*, i⁰ʳ vol., 394, 414.

Elargare (élargir). *Arch. adm.*, t. II, 649, 797; t. III, 548, 563.

Elbaut (Luquin), bourgeois. *Arch. adm.*, t. III, 837.

Elbertus presbyter. *Arch. adm.*, t. I, 254. *Arch. lég.*, ii⁰ part., *statuts*, i⁰ʳ vol., 76.

— archidiaconus. *Arch. adm.*, t. I, 332, 333.

— laicus. *Arch. lég.*, ii⁰ part., *statuts*, i⁰ʳ vol., 78.

— diaconus et canonicus. *Arch. lég.*, ii⁰ part., *statuts*, i⁰ʳ vol., 87.

Elbeuf (duchesse d'), dame de Marcq. *Arch. adm.*, t. II, 1097, 1099, 1101.

Electio. *Arch. lég.*, i⁰ᵉ part., 56, 79, 87, 135, 139, 158; vide Episcoporum elect., 228, 230, 269, 271, 471, 473; Remorum archiepiscopi (electio), étymologie de ce mot. *Arch. lég.*, ii⁰ part., t. I, 13, 42, voy. Élection.

Élection, voy. Échevins de Reims (élection des), Lieutenant de Reims, Conseil de ville de Reims, Maire de Reims, Officiers de Reims.

Élections, voy. Reims (élection de), Amiens, Bar-sur-Aube, Bordeaux, Blois, Châlons, Chartres, Château-Thierry, Chaumont, Compiègne, Épernay, Gien, Guise, Langres, Laon, Orléans, Paris, Provins, Rethel, Rethelois, Rouen, Sezanne, Soissons, Tours, Troyes, Vitry.

Eleemosina (aumône). *Arch. adm.*, t. I, 233, 309, 342, 345, 353, 430, 495, 497, 531, 532, 599, 629, 674, 711, 726, 1093; t. II, 105, 384; t. III, 86. *Arch. lég.*, i⁰ᵉ part., 182, 354, 391, 456; ii⁰ part., *statuts*, i⁰ʳ vol., 78, 79, 172, 180, 192; voy. S. Theodorici eleemosina.

Eleemosinaria (aumônerie). *Arch. adm.*, t. I, 231, 233.

Eleemosinarius (aumônier); vide Remen-

sis ecclesiæ eleemosinarius, Sancti Remigii Remensis.

Eledius, voy. Eulogius.

Elefella (altar de). *Arch. adm.*, t. I, 280.

Élers, voy. Eslers.

Eleuterius (martyr). *Arch. adm.*, t. I, 252.

Elfincoul (R. de), échevin de Mons. *Arch. adm.*, t. II, 481.

Elfincourt (marquis d'), seigneur de Tailly. *Arch. adm.*, t. II, 1094.

Élise (Colins d'). *Arch. adm.*, t. II, 906.

Elisierus, prêtre et chanoine. *Arch. lég.*, iie part., *statuts*, i^{er} vol., 71.

Élizabeth, femme de Reims. *Arch. adm.*, t. I, 353. *Arch. lég.*, iie part., *statuts*, i^{er} vol., 80, 120?

— femme de Richerus Mordens-Carnem. *Arch. adm.*, t. I, 410.

— femme de Gothuinus. *Arch. adm.*, t. I, 354. *Arch. lég.*, iie part., *statuts*, i^{er} vol., 76, 95.

— sœur de Hugo, chancelier. *Arch. lég.*, iie part., *statuts*, i^{er} vol., 96, 99?

Elizabetta laica, voy. Élizabeth, femme de Reims.

Ellantio (abbas de). *Arch. adm.*, t. II, 634, 1037, 1075, 1079, 1080, 1109, 1124. *Arch. lég.*, i^{re} part., 879.

— (ecclesia de). *Arch. adm.*, t. I, 509, 510. *Arch. lég.*, iie part., *statuts*, i^{er} vol., 70.

Ellantium, vide Elan.

Ellaudus, dictus Dives, homme de Trigny. *Arch. adm.*, t. I, 874.

— dictus Durel. *Arch. adm.*, t. I, 877.

Ellaus, clerc de Reims. *Arch. adm.*, t. I, 1013.

Ellebaudus, vide Macquart.

Ellebaut le Senionneur. *Arch. adm.*, t. I, 905.

— (Petrus), de Coursalain. *Arch. adm.*, t. I, 914.

Ellebaut (Theobaldus), voy. Ellebaut (Thibaut).

— (Bauduyn), dit le Rous. *Arch. adm.*, t. I, 1125.

— voy. Miles, Drevet (Milet). *Arch. adm.*, t. II, 43, 96.

— (Jean), recenseur pour les tailles à Reims. *Arch. adm.*, t. II, 517, 568; t. III, 142, 303?

— (Jaquet). *Arch. adm.*, t. II, 805, 806; t. III, 63.

— (J.), Tellier. *Arch. adm.*, t. II, 826.

— (Joffroy). *Arch. adm.*, t. II, 1187.

— (Thibaut), citoyen de Reims. *Arch. adm.*, t. II, 10, 43, 96; t. III, 285.

Ellencium, voy. Élan.

Éloi, voy. Saint-Éloi.

— frère de Jean le Sancier. *Arch. adm.*, t. II, 302.

Éloys (Matheus), huissier. *Arch. lég.*, iie part., *statuts*, iie vol., 773.

Élus (rue des). *Arch. adm.*, t. I, 906. *Arch. lég.*, iie part., *statuts*, iie vol., 14.

— définition de ce mot. *Arch. lég.*, iie part., *statuts*, iie vol., 13; voy. Reims (élus de).

Emancipatio (émancipation). *Arch. adm.*, t. I, 250.

Emancipatus, voy. Émancipé.

Émancipé. *Arch. lég.*, i^{re} part., 615, 618, 634, 706, 925.

Émelot de Clermont. *Arch. adm.*, t. II, 603.

Emenda (amende). *Arch. adm.*, t. I, 520, 619, 621, 624, 625, 627, 635, 641, 651, 653, 559, 751; 785, 798, 812, 829, 837, 854, 864, 867, 879, 881, 889, 909, 914, 926, 935, 953, 970; 1004, 1056, 1105; t. II, 19, 47, 232, 335, 383, 441, 465, 815, 854, 880, 881, 933, 952, 1221; t. III, 88, 145, 225, 234, 296, 314, 322, 348, 400,

433, 437, 459, 503, 536, 559, 616, 714, 847, 886. *Arch. lég.*, 1re part., 19, 20, 32, 37, 78, 118, 140, 182, 230, 243, 325, 327, 527, 633, 711, 714, 720, 726 ; 11e part., *statuts*, 1er vol., 87, 92, 98, 186, 338, 395, 406, 423, 429, 537, 788 ; *statuts*, 11e vol., 769, 827 ; *statuts*, 111e vol., 6, 85.

Emenda honorabilis. *Arch. adm.*, t. III, 235 477 ; voy. Amende honorable.

Emendamentum (amendement, engrais). *Arch. adm.*, t. III, 226.

Emendarum receptor. *Arch. adm.*, t. III, 418 ; voy. Amendes (receveur des).

— taxator, t. I, 754.

Emendatio (contrôle). *Arch. adm.*, t. I, 453, 526, 633, 634. *Arch. lég.*, 1re part., 322.

— mensuræ, appartient à l'archevêque dans le bourg de Saint-Remi de Reims. *Arch. adm.*, t. I, 858.

Émicourt (village d'). *Arch. lég.*, 1re part., 910.

Emina (decima de). *Arch. adm.*, t. I, 280, voy. Grains (dîme des).

Emma, religieuse. *Arch. lég.*, 11e part., *statuts*, 1er vol., 63, 70, 79 ? 82, 169 ?

Emmelina (recluse). *Arch. lég.*, 11e part., *statuts*, 1er vol., 72.

— uxor Ernaudi. *Arch. lég.*, 11e part., *statuts*, 1er vol., 90, 96 ?

Emmelinus (Renerus), bourgeois. *Arch. adm.*, 875.

Emmelos, voy. Grammaire.

Emmo, canonicus. *Arch. lég.*, 11e part., *statuts*, 1er vol., 69 ? 76.

Emolumentum (émolument). *Arch. lég.*, 1re part., 32.

Émont (hôtel d'). *Arch. lég.*, 1re part., 588, 597.

Émorieux (village d'), de la prévôté foraine de Reims. *Arch. lég.*, 1re partie, 905.

Emparamentum (remparement). *Arch. lég.*, 11e part., *statuts*, 1er vol., 582, voy. Amparamentum.

Emperère (Perresoul l'), bourgeois. *Arch. adm.*, t. III, 52, 54.

Empereur, voy. Allemagne (empereur d').

Empoisonnement. *Arch. adm.*, t. I, 173.

Empola (ampoule). voy. Sainte-Ampoule.

Emptio (achat). *Arch. adm.*, t. I, 401, 433, 510.

Emptor (acheteur). *Arch. lég.*, 1re part., 39, 136, 183, 190 ; 11e part., *statuts*, 1er vol., 79, 103.

Emundus, clerc. *Arch. lég.*, 11e part., *statuts*, 1er vol., 81.

Enamunte (Johannes de), miles. *Arch. adm.*, t. I, 424, 429, 431.

Enceinte, voy. Reims (enceinte de).

Encenium (don pour la table). *Arch. adm.*, t. I, 461.

Enclumier (J.... l'), bourgeois. *Arch. lég.*, 11e part., *statuts*, 1er vol., 656.

Encra Clugniacensis (prior de). *Arch. adm.*, t. II, 637.

Enduiseur (Alart l'). *Arch. adm.*, t. II, 532.

— (Raoul l'). *Arch. adm.*, t. II, 535, 693, 766.

Enfant (Collinet l'), peintre. *Arch. adm.*, t. II, 1195.

— (Jehan l'). *Arch. lég.*, 1re part., 494.

— (Antoine l'). *Arch. lég.*, 1re part., 898.

— -Jésus (maison de l'). *Arch. lég.*, 11e part., *statuts*, 1er vol., 130, 470.

— -Jésus (invocation de l'). *Arch. lég.*, 11e part., *statuts*, 1er vol., 130, 131.

— -Jésus (communauté des), voy. Enfant-Jésus (maison de l').

Enfants, voy. Reims, Enfants Trouvés, Chœur (enfants de), Ruffy (enfants de), Villers-la-Chievre (enfants de).

— Trouvés, voy. Reims (enfants trouvés de).

Enfer (Crau d'), maison de Reims. *Arch.
adm.*, t. II, 742.

Engarde (Girart de l'). *Arch. adm.*, t. II,
538.

Engelbertus, bienfaiteur de Saint-Remi
Arch. lég., iie part., *statuts*, ier vol.,
82.

Engelmer (Galterus), échevin. *Arch. adm.*,
t. I, 868; *Arch. lég.*, iie part., *statuts*,
ier vol., 171.

Engeriné (Oudart), voy. Engermet.

Engermet (Milo) vice-coutre de Notre-
Dame, t. I, 1104.

— (Thomas). *Arch. adm.*, t. II, 818.

— (Jehan). *Arch. adm.*, t. I, 1013, 1066;
t. II, 318, 603.

— (Colart), receveur des tailles. *Arch.
adm.*, t. II, 565, 678, 696? 990, 1235.

— (Oudart), échevin. *Arch. adm.*, t. II,
547, 603, 678, 800, 804, 806, 810,
835? 863, 391, 874, 895, 989, 1191,
1193, 1196; t. III, 97.

Enghien (Louis d'), seigneur de Bouilly.
Arch. lég., iie part., *statuts*, ier vol., 322.

Engilbertus (G.), échevin. *Arch. adm.*,
t. I, 789, voy. Ingilbertus.

Engilhenemense concilium. *Arch. adm.*,
t. I, 34, 88, voy. Ingelheim (concile d').

Englici (Herbertus), échevin de Boul. *Arch.
adm.*, t. II, 726, 878; voy. Anglici.

Engorran, voy. Barbier.

Enias, homme de chapitre de Reims. *Arch.
adm.*, t. I, 15.

Enjorrannus. *Arch. lég.*, ire part., 67.

Enlaidet, chandellier de Mons. *Arch. adm.*,
t. III, 837.

Enlemule (Drouin). *Arch. adm.*, t. III,
744.

Émery (M. d'), seigneur de Malmy. *Arch.
adm.*, t. II, 1090.

Ennete (Adenès). *Arch. adm.*, t. I, 959.

Énoch (patriarche). *Arch. lég.*, ire part.,
359.

Enrart le bouchier. *Arch. adm.*, t. II, 674.

— (Jesson). *Arch. adm.*, t. II, 102? 702.

Enregistreur, voy. Archevêque de Reims
(enregistreurs de l').

Enseigne, voy. Reims (enseignes de).

— des Trois Écus (maison de l'). *Arch.
adm.*, t. III, 894.

Enterrements (jurés-crieurs des). Règlement fixant les droits et salaires desdits. *Arch. lég.*, iie part., *statuts*,
iiie vol., 132. Les offices desdits sont
rachetés par la ville de Reims au profit
de l'hôpital général, *ibid.*

Entrecours. *Arch. adm.*, t. III, 865.

Entre-deux-Ponts (moulin d'). *Arch. adm.*,
t. III, 26, 909. *Arch. lég.*, iie part.,
statuts, ier vol., 549, 569, 829.

— (faubourg d'). *Arch. adm.*, t. III,
650. *Arch. lég.*, iie part., *statuts*,
ier vol., 685.

— (seigneurie d'), appartient au chapitre
de Reims. *Arch. adm.*, t. I, 79. A quel
titre? *ibid.*

Entrée, voy. Reims (entrée des rois à).

Envacrus, prêtre et chanoine. *Arch. lég.*,
iie part., *statuts*, ier vol., 88.

Envilla (Theodoricus d'), prêtre. *Arch.
lég.*, iie part., *statuts*, ier vol., 120.

Environs, voy. Reims (environs de).

Epaone (concile d'). *Arch. adm.*, t. I,
105.

Éparvule (château d'). *Arch. lég.*, ire part.,
901.

Épave. *Arch. adm.*, t. II, 849, 965, 967,
1241; t. III, 221. *Arch. lég.*, iie part.,
statuts, ier vol., 544, 828, 848.

Épense (village d'). *Arch. lég.*, iie part.,
statuts, iiie vol., 393.

Épernay (maison d'). *Arch. adm.*, t. II,
1149.

— (Jehan d'). *Arch. adm.*, t. III, 837.
Arch. lég., iie part., 562, 590.

— (Nichole d'), chanoine *Arch. adm.*,

t. III, 25, 382. *Arch. lég.*, IIᵉ part., 67; *statuts*, Iᵉʳ vol.

Épernay (Gruerie d'). *Arch. lég.*, IIᵉ part., *statuts*, IIᵉ vol., 15.

— (route d'). *Arch. lég.*, IIᵉ part., *statuts*, Iᵉʳ vol., 239.

— (chanoines réguliers d'). *Arch. adm.*, t. I, 276; t. II, 1039; voy. Sparnacenses canonici.

— (religieux d'), voy. Épernay (chanoines réguliers d').

— (doyenné d'). *Arch. adm.*, t. II, 1119, 1123; t. III, 279, voy. Sparnaco (decanatus de).

— (ville d'), voy. Sparnacum.

— voy. Saint-Martin d'Épernay.

— (paroisse d'). *Arch. adm.*, t. II, 1122.

— (abbé de), voy. Sparnacensis abbas.

— (prévôt d'). *Arch. adm.*, t. III, 108, 633.

— (Jean Aliaume d'). *Arch. adm.*, t. III, 448.

— (rivière d'). *Arch. adm.*, t. III, 839.

— (vin d'). *Arch. adm.*, t. III, 839.

— (élection d'). *Arch. lég.*, IIᵉ part., *statuts*, Iᵉʳ vol., 713, 718; *statuts*, IIᵉ vol., 968; *statuts*, IIIᵉ vol., 265.

— (minimes d'). *Arch. adm.*, t. I, 12.

Éperon (village de l'), voy. Lesperon.

Éperons. Par qui chaussés au sacre du roi. *Arch. adm.*, t. I, 529.

Éphèse (concile d'). *Arch. adm.*, t. I, 105, 107, 108.

— (évêque d'), voy. Étienne.

Épicerie (rue de l'). *Arch. lég.*, IIᵉ part., *statuts*, IIIᵉ vol., 401.

Éphotemont (seigneurie d'). *Arch. lég.*, IIᵉ part., *statuts*, IIIᵉ vol., 538.

Épiciers, voy. Reims (épiciers de). Paris (ép. de).

— de Reims (statuts des). *Arch. lég.*, IIᵉ part., *statuts*, IIᵉ vol., 5, 973.

Épillez (châtellenie de). *Arch. adm.*, t. II, 883.

Épine (Charles-Louis l'), voy. Lépine.

Épingliers, voy. Reims (épingliers de).

— de Reims (statuts des). *Arch. lég.*, IIᵉ part., *statuts*, IIᵉ vol., 542.

Épinois (M. d'). *Arch. lég.*, IIᵉ part., *statuts*, IIIᵉ vol., 388.

Épinonville (paroisse d'). *Arch. adm.*, t. II, 1093; voy. Espinondivilla (parochia de).

Épinoy (village d'). *Arch. adm.*, t. I, 1070.

Episcopales reditus. *Arch. adm.*, t I, 337.

Episcopalis ecclesia. *Arch. lég.*, Iʳᵉ part., 120.

Episcopi baillivus. *Arch. adm.*, t. I, 523, 595.

— curia. *Arch. adm.*, t. I, 520, 601.

— installatio. *Arch. lég.*, Iʳᵉ part., 90.

— electio. *Arch. lég.*, Iʳᵉ part., 159, 474.

— Gallicani. *Arch. adm.*, t. I, 372.

Episcoporum consecratio, voy. Évêques (consécration des).

Episcopus, vide Ambianensis episcopus, Argentinensis, Aurelianensis, Atrebatensis, Andegavensis, Bajocensis, Bayonensis, Belvacensis, Bembergensis, Brïocensis, Cabillonensis, Cameracensis, Carnotensis, Cathalaunensis, Cenomanensis, Claromontensis, Constantiensis, Ebroicensis, Eduensis, Germaniæ, Havelenburgensis, Hostiensis, Laudunensis, Leodiensis, Lexoviensis, Lingonensis, Lugdunensis, Magdeburgensis, Meldensis, Metensis, Morinensis, Neustriæ, Nivernensis, Noviomensis, Parisiensis, Pictavensis, Provinciæ Remensis episcopi, Radisponensis, Sabiniensis, Silvanectensis, Spirensis, Suessionensis, Trecensis, Tornacensis, Trajectensis, Tusculani, Virdunensis, Wirzburgensis, vide Évêque.

Epoye (village d'). *Arch. adm.*, t. I, 851,
  1090; t. II, 1063, 1117; t. III, 410,
  588. *Arch. lég.*, ɪʳᵉ part., 784, 876,
  902, 905, 911 ; voy. Espoya.

— (curé d'), voy. Pichot (Nicole).

— (François d'). *Arch. adm.*, t. III, 410.

— (paroisse de), voy. Espoya (par. de).

Epulæ, voy. Repas, Past.

Équignart (Jehan). *Arch. adm.*, t. III, 836.

Éracle Villiers, voy. Villiers.

Erambergis. *Arch. lég.*, ɪɪᵉ part., *statuts*,
  ɪᵉʳ vol., 91, 168.

Érard de Thuisy, voy. Thusy.

— (terre d'), voy. Erardi terra.

Érarde (Adeline l'). *Arch. adm.*, t. II,
  269.

— (Marie l'). *Arch. adm.*, t. II, 756, 800.

Erardi terra. *Arch. lég.*, ɪɪᵉ part., *statuts*,
  ɪᵉʳ vol., 5, 167.

Erardus, abbé de S. Lucien. *Arch. adm.*,
  t. I, 596.

— d'Alemant, conseiller du roi, voy. Alemant (Erardus l').

Érart (Robertus), clerc. *Arch. adm.*, t. II,
  332, 374, 417; t. III, 48, 393, 398.

— (Jehelol). *Arch. adm.*, t. I, 742 ; t. II,
  1140? 1152?

— (Thomas), échevin. *Arch. adm.*, t. I,
  990, 1084.

— (Robert), échevin. *Arch. adm.*, t. II,
  894, 896, 899, 903, 914, 1192, 1197,
  1201; t. III, 44, 80, 110, 112.

— (Thierry), échevin. *Arch. adm.*, t. II,
  270, 362.

Eraymneux (village d'). *Arch. lég.*,
  ɪʳᵉ part., 890.

Erbault (A.), général des aides. *Arch. lég.*,
  ɪɪᵉ part., *statuts*, ɪᵉʳ vol., 764, 767.

Erchamarus, presbyter et canonicus, voy.
  Erchanveus.

Erchambaldus, miles. *Arch. lég.*, ɪɪᵉ part.,
  statuts, ɪᵉʳ vol., 88.

Erchamveus, inscrit au nécrologe de Reims.
  Arch. lég., ɪɪᵉ part., *statuts*, ɪᵉʳ vol.,
  69.

Erchanticus, voy. Erchamveus.

Erchanveus, prêtre et chanoine. *Arch.
  lég.*, ɪɪᵉ part., *statuts*, ɪᵉʳ vol., 79, 83,
  89?

Erchenradus, évêque de Paris. *Arch. adm.*,
  t. I, 140. *Arch. lég.*, ɪɪᵉ part., *statuts*,
  ɪᵉʳ vol., 96.

Erchenraus, évêque de Paris, voy. Erchenradus.

Ercheux (village d'). *Arch. lég.*, ɪʳᵉ part.,
  878, 909.

Ercigny (Robert d'). *Arch. adm.*, t. II,
  1193.

Ercreyam, voy. Ecry.

Erembaudus, vide Eremboldus.

Eremboldus comes. *Arch. lég.*, ɪɪᵉ part.,
  statuts, ɪᵉʳ vol., 169.

Érembour de Monsterueil, voy. Montreuil
  (Eramb. de).

— voy. Châlons (Eramb. d').

Eremburgis, voy. Erambergis.

Eremita, vide Augustiniani eremitæ,
  vide Bruno.

Ergnetus (Gerardus), canonicus. *Arch. lég.*,
  ɪɪᵉ part., *statuts*, ɪᵉʳ vol., 120.

Ergot (Th.), échevin. *Arch. adm.*, t. II,
  800, 822, 823, 833, 835, 836, 840.

— (Renier). *Arch. adm.*, t. II, 1232.

— Alexandre). *Arch. adm.*, t. II, 824.

Erlandus, vidame de Reims. *Arch. adm.*,
  t. I, 251, 259, 415.

Erlaudus, presbyter. *Arch. lég.*, ɪɪᵉ part.,
  statuts, ɪᵉʳ vol., 68.

Erlaus (abbaye d'). *Arch. adm.*, t. II,
  495.

— (Quarrel d'). *Arch. adm.*, t. II, 521.

Erlaut (Drouart), tavernier. *Arch. adm.*,
  t. III, 842. *Arch. lég.*, ɪɪᵉ part., *statuts*,
  ɪᵉʳ vol., 413.

Erlebaldus , comte. *Arch. adm.*, t. I, 70.

Erlebaud, chanoine et prêtre. *Arch. adm.*, t. I, 264. *Arch. lég.*, IIe part., *statuts*, Ier vol., 96.

Erlebaudus, canonicus, voy. Erlebaud.

Erleboldus , laicus. *Arch. lég.*, IIe part., *statuts*, Ier vol., 81.

Erlons (village d'). *Arch. lég.*, 894, 900.

Erluinus, presbyter. *Arch. lég.*, IIe part., *statuts*, Ier vol., 73.

Ermanfridus, évêque de Beauvais. *Arch. lég.*, IIe part., *statuts*, Ier vol., 86.

Ermangaudus, inscrit sur le nécrologe de l'église de Reims. *Arch. lég.*, IIe part., *statuts*, Ier vol., 69.

Ermantrudis, laica. *Arch. lég.*, IIe part., *statuts*, Ier vol. , 72.

Ermengarda, femme de Valter, comte de Roucy. *Arch. adm.*, t. I, 273, 286. *Arch. lég.*, IIe part., *statuts*, Ier vol., 72? 76? 99?

Ermengardis , comitissa , voy. Ermengarda.

— regina. *Arch. lég.*, IIe part., *statuts*, Ier vol., 73.

— laica. *Arch. adm.*, t. 1, 904. *Arch. lég.*, IIe part., *statuts*, Ier vol., 78, 83, 85.

— reclusa. *Arch. lég.*, IIe part., *statuts*, Ier vol., 86.

Ermengarius , presbyter. *Arch. lég.*, IIe part., *statuts*, Ier vol., 82.

Ermengart, fille de Colart Truyette, bourgeois de Reims. *Arch. adm.*, t. I, 672, 690.

— mère d'Ernaut Galant, bourgeois de Reims. *Arch. adm.*, t. II, 678.

Ermenjardis, voy. Ermengardis.

Ermenjart, voy. Ermengardis.

— femme de Henry le Bourgeois. *Arch. adm.*, t. I, 1084.

Ermenjart, femme Morizon. *Arch. adm.*, t. II, 542.

— la Balecte , voy. Balecte.

— femme de Jehan de S. Timothée. *Arch. adm.*, t. II, 809.

— mère de Jesson le Clerc , bourgeois de Reims. *Arch. adm.*, t. II, 1193.

Ermenjon la Couturière. *Arch. adm.*, t. III, 752.

Ermenonville (village d'). *Arch. lég.*, IIe part., *statuts*, Ier vol., 800.

Ermenniona, sœur de Renaud de Cuilly, écuyer. *Arch. adm.*, t. II. 103.

Ermenrada, laica. *Arch. lég.*, IIe part., *statuts*, Ier vol. , 68.

Ermenraus, prêtre. *Arch. leg.*, IIe part., *statuts*, Ier vol., 86.

Ermenricus, diacre. *Arch. adm.*, t. I, 276, 283.

— chanoine. *Arch. lég.*, IIe part., *statuts*, Ier vol., 63, 67.

Ermensindis, laica. *Arch. lég.*, IIe part., *statuts*, Ier vol., 68, 74.

Ermiardis , vide Ermengardis.

Ermiardus, héritier de Gaubert de Bovencourt. *Arch. adm.*, t. I, 629.

Ermières-en-Brie (abbaye d'). *Arch. adm.*, t. II, 1209.

Ermina , Vie de ladite, écrite par J. Gerson. *Arch. adm.*, t. III, 910.

Ermite (E. l'). *Arch. adm.*, t. II, 533.

— (Thiébaut Jehan, dit l'), bourgeois de Reims. *Arch. adm.*, t. III, 381.

— (Nicolas l'). *Arch. lég.*, IIe part., *statuts*, Ier vol., 626, 643, 658, 660, 662, 673, 675, 681, 694, 703, 708, 710, 775, 782; *statuts*, IIe vol., 455.

— (C. l'). *Arch. lég.* IIe part., *statuts*, Ier vol., 631, 730, 739.

Ermite (Tristan l'), voy. Hermite.

Ermondus le carrelier, voy. Gemondus (le).

Ernaldus, miles. *Arch. adm.* t. I, 305.
— diacre. *Arch. adm.*, t. I, 387. *Arch. lég.*, iie part., *statuts*, i^er vol., 88.
— prêtre de Saint-Remi, *Arch. adm.*, t. I, 720.
Ernaudus, fils de Vallier d'Aubilly. *Arch. adm.*, t. I, 875. *Arch. lég.*, iie part., *statuts*, i^er vol., 90.
— voy. Ernoldus.
— dictus christianus miles. *Arch. adm.*, t. II, 99. *Arch. lég.*, iie part., *statuts*, i^er vol., 179.
Ernauldus, prévôt et chanoine de Blois. *Arch. adm.*, t. I, 387. *Arch. lég.*, iie part., *statuts*, i^er vol., 66, 95, 120.
Ernaut (Gadon), voy. Burigny.
— (André), procureur des chapeliers de Reims. *Arch. lég.*, iie part., *statuts*, iie vol., 208.
Ernoldus, prévôt de Blois, voy. Ernauldus.
Ernou (Alart), voy. Ernoul.
Ernoul (Jehan), charpentier. *Arch. adm.*, t. III, 835, 841. *Arch. lég.*, i^re part., 535.
— le déchargeur. *Arch. adm.*, t. II, 347.
— (Alart). *Arch. adm.*, t. II, 840; t. III, 41.
— Jesson, voy. Ernoul (Jehan).
Ernoulet Culet. *Arch. adm.*, t. II, 114.
— voy. Verrières (Ernoulet de), Bézu (Ern. de).
Ernores de Pommacle, voy. Pommacle (Hernoul de).
Ernouletus, barbitonsoris, voy. Hernoul le barbier.
Ernulfus, prêtre. *Arch. adm.*, t. I, 310.
— pêcheur. *Arch. adm.*, t. I, 514.
— -li-Vrais, juré de Hermonville. *Arch. adm.*, t. I, 769.
— chandelier. *Arch. adm*, t. II, 725.

Éroly (Alonce d'), seigneur de Mugnimont. *Arch. lég.*, i^re part., 921.
Erpeium, voy. Herpy.
Erpeyo (presbyter de). *Arch. adm.*, t. II, 1067.
— (parochia de). *Arch. adm.*, t. II, 1066.
— (mensura de). *Arch. lég.*, iie part., *statuts*, i^er vol., 179.
Erpy, voy. Herpy.
— -lez-Chastel-de-Portien (ville de), voy Herpy.
— (seigneurie d'), voy. Herpy.
— (prêtre de), voy. Erpeyo (presbyter de).
— (P.... de), chanoine, *Arch. lég.*, iie part., *statuts*, i^er vol., 615, 629, 636, 638, 640, 642, 646, 648, 653, 657, 674, 681, 684, 711, 752, 753, 756.
Erragium, vide Arragium.
Ersatare (essarter). *Arch adm.*, t. I, 546.
Ertaudus, miles. *Arch. adm.*, t. I, 286.
— (Milo). *Arch. lég.*, iie part., *statuts*, i^er vol., 102.
— (Gerardus). *Arch. lég.*, iie part., *statuts*, i^er vol., 102.
Ertaut, voy. Nogent.
Erthaudus (Johannes). *Arch. lég.*, iie part., *statuts*, i^er vol., 166.
Esaïa, propheta. *Arch. adm.*, t. I. 159.
Esbaubit (Jehan l'), échevin. *Arch. adm.*, t. III, 409, 412.
Escalle (ville de l'). *Arch. adm.*, t. III, 591.
Escalopier, voy. Lescalopier.
Escania (Guill. de). *Arch. adm.*, t. II, 1031.
Escannat (Aymericus), vide Sancto -Juniano.
Escaut (Antoine l'), échevin. *Arch. lég.*, iie part., *statuts*, iie vol., 559.

Eschame (C. de), échevin. *Arch. adm.*, t. I, 800.

Eschammete(Poncelet).*Arch. lég.*, iie part., *statuts*, i^er vol., 628, 659, 729, 730.

Eschangia (échange). *Arch. adm.*, t. II, 102.

Escharson (prévôté d'). *Arch. adm.*, t. III, 603. *Arch. lég.*, iie part., *statuts*, i^er vol., 244.

— (village d'). *Arch. adm.*, t. I, 451, 452. *Arch. lég.*, i^re partie, 903, 905.

— (prévôt d'), voy. Eschersonno (præpositus de).

Eschauderie, voy. Reims (eschauderie de).

Eschaume (lieu de l'). *Arch. adm.*, t. III, 600.

Eschaumete (Nicolas). *Arch. adm.*, t. III, 519.

Eschersonno (præpositus de). *Arch. adm.*, t. II, 1028.

Eschevinagium, voy. Échevinage.

Eschombault (Robert). *Arch. lég.*, iie part., *statuts*, iiie vol., 510.

Eschopardel (G. le), voy. Leschopardel.

Esclain (village d'). *Arch. lég.*, i^re part., 905.

Esclaires (village d'). *Arch. adm.*, t. I, 15. *Arch. lég.*, i^re part., 919.

Escle (village d'). *Arch. lég.*, i^re part., 905; iie part., *statuts*, i^er vol., 75.

Escleio (village d'), voy. Escle, Escly.

Esclenvillari (prepositio de). *Arch. adm.*, t. II, 638; voy. Esclainvilliers.

Esclères (village d'), voy. Esclaires.

Esclignatio. *Arch. adm.*, t. I, 596.

Esclimont (comte d'), voy. Bullion (Gabriel-Jérôme d').

Esclusa (villa d'). *Arch. adm.*, t. III, 405; voy. Écly.

Escly (doyenné d'). *Arch. lég.*, iie part., *statuts*, iiie vol, 680.

Escly (cure d'). Est à la nomination du trésorier de l'église de Reims. *Arch. lég.*, iie part., *statuts*, iiie vol., 689, 690, 694, 696, 734.

— voy. Écly.

Escoffe (Raulin l'), franc sergent. *Arch. adm.*, t. III, 869.

Escoffles (rue des), à Paris. *Arch. adm.*, t. II, 1217.

Escolium. *Arch. adm.*, t. I, 253; voy. Écueil (village d').

Escombres, voy. Écombres.

— (église d'), voy. Écombres.

— (ecclesia de), voy. Écombres (église d').

— (presbyter de). *Arch. adm.*, t. II, 1089.

Escordal, voy. Écordal.

— (presbyter de). *Arch. adm.*, t. II, 1110.

Escot (Colart l'), échevin. *Arch. adm.*, t. I, 990.

— (Jacques). *Arch. adm.*, t. II, 269, 371.

— (Guy l'), voy. Lescot (Guy).

Escouillés (Jehan l'). *Arch. adm.*, t. II, 320.

Escout-in-Brugensi (abbas de). *Arch. adm.*, t. II, 640.

Escrivelles (lieu d'). *Arch. adm.*, t. II, 553.

Escry (chemin d'). *Arch. adm.*, t. II, 553.

— (paroisse de), voy. Eccreyo (parochia de).

— (coutumes de). *Arch. adm.*, t. III, 394.

— (village d'). *Arch. adm.*, t. I, 328, 1084; t. II, 773; t. III, 392, 393. *Arch. lég.*, i^re part., 905, 911; iie part., *statuts*, iiie vol., 36.

— (Pierre d'), échevin. *Arch. adm.*, t. II, 603, 758, 764, 772, 801, 803, 805,

811, 823? 825, 828, 829, 833, 834, 835, 836, 837, 838, 839, 840, 842, 848, 873, 923, 943, 953, 982, 983, 993, 994, 995, 996, 998, 999, 1011, 1127, 1162.

Escry (seigneur d'), voy. Duhan (Jacques).

— (Drouars d'), échevin de Reims. *Arch. adm.*, t. II, 744, 805.

— (Juda d'), écuyer. *Arch. lég.*, iiᵉ part., *statuts*, iᵉʳ vol., 1, 77.

— (Vido de), écuyer. *Arch. lég.*, iiᵉ part., *statuts*, iᵉʳ vol., 92.

— (Drouet d'), voy. Escry (Drouars d').

— (Jean d'). *Arch. adm.*, t. III, 35, 466.

— (curé d'). *Arch. lég.*, iiᵉ part., *statuts*, iᵉʳ vol., 566.

— (Gérard d'). *Arch. adm.*, t. II, 603.

— (Raulin d'). *Arch. adm.*, t. II, 747, 768, 1003, 1005.

— (Thomas de), échevin. *Arch. adm.*, t. II, 135.

— (Joffroy d'). *Arch. adm.*, t. II, 303.

Escuel (presbyter de). *Arch. adm.*, t. II, 1054.

Escuelh (village d'), voy. Écueil.

— (Robertus de), échevin de Saint-Remi. *Arch. adm.*, t. I, 836.

Escuillier (Alart l'). *Arch. adm.*, t. II, 603, 779.

— (Gérard l'). *Arch. adm.*, t. II, 603.

— (Pierre l'). *Arch. adm.*, t. II, 603.

— (André l'). *Arch. adm.* t. II, 603.

Escumery, voy. Esmery.

Escurie (village d'). *Arch. lég.*, iiᵉ part., *statuts*, iiᵉ vol., 979.

Escuroel (Albricus), miles. *Arch. adm.*, t. I, 367.

— vide Albricus.

Escuvilly (village d'). *Arch. lég.*, iʳᵉ part., 908; voy. Écuvilly.

Escuyer (R. le), tonnellier, *Arch. adm.*, t. II, 301.

— (Haimart l'). *Arch. adm.*, t. II, 303.

— (Jehan l'), chandelier. *Arch. adm.*, t. II, 826; t. III, 837, 842.

Esfincourt (Droulot Jehan de l'), notaire de la cour de Reims. *Arch. lég.*, iiᵉ part., *statuts*, iᵉʳ vol., 247.

Esglantier (pré de l'). *Arch. lég.*, iiᵉ part., *statuts*, iᵉʳ vol., 86.

Eskendain (prior de), voy. Eskerchin.

Eskerchin de Trémont (prior de). *Arch. adm.*, t. II, 638.

Eskill, évêque de Lund. *Arch. adm.*, t. I, 408. L'église de Reims célèbre l'anniversaire de la mort dudit, 410. *Arch. lég.*, iiᵉ part., *statuts*, iᵉʳ vol., 90, 149, 172.

Eskillus, archiepiscopus in Dacia. *Arch. lég.*, voy. Eskill.

Eslan (abbé d'), voy. Eslantio (abbas de).

— l'abbaye, voy. Élan.

Eslantio (abbas de), voy. Ellantio.

Eslensio (ecclesia de), vide Ellantio.

Eslentium, vide Élan.

Eslers (parochia de), *Arch. adm.*, t. II, 1077. voy. Chalandry-Élaire (paroisse de).

— (patronagium de). *Arch. adm.*, t. II, 1079.

— (presbyter de). *Arch. adm.*, t. II, 1077.

Eslincourt (Jacques de), seigneur de Maurepaire. *Arch. lég.*, iʳᵉ part., 893.

Esloix (Deniset), drapier. *Arch. lég.*, iiᵉ part., *statuts*, iiᵉ vol., 373.

Esmaillet (Bertrand). *Arch. adm.*, t. II, 1181.

Esmereit (Ernoulet). *Arch. adm.*, t. II, 96.

Esmery (Nicole), curé de Pont-Farvergier. *Arch. lég.*, 1re part., 884.

— (seigneurie d'). *Arch. lég.*, 1re part., 889.

— procureur. *Arch. lég.*, 11e part., *statuts*, 11e vol., 628.

Espagnac (Léonard Sahuguet d'), conseiller. *Arch. lég.*, 11e part., *statuts*, 1er vol., 316.

— (d'), abbé de Sehuguet. *Arch. lég.*, 11e part., *statuts*, 111e vol., 554.

Espagne (roi d'). Influence dudit dans la ligue. *Arch. lég.*, 11e part., *statuts*, 1er vol., 917, 922, 925.

— (église d'). *Arch. adm.*, t. I, 102, 103, repousse l'introduction de l'office de France, 110, 111, 112.

— (royaume d'). *Arch. adm.*, t. I, 107, 109, 152, 159, 160, 168, 190; t. II, 755, 950. *Arch. lég.*, 11e part., *statuts*, 1er vol., 835; 11e vol., 572, 846.

— (Charles d'), connétable de France. *Arch. adm.*, t. III, 37.

— (laine d'). *Arch. lég.*, 11e part. *statuts*, 11e vol., 831, 841.

— (cire d'). *Arch. lég.*, 11e part., *statuts*, 11e vol., 990.

— (guerre d'). *Arch. lég.*, 11e part., *statuts*, 1er vol., 475, 481.

— (doublon d'), monnaie. *Arch. lég.*, 11e part., *statuts*, 1er vol., 917.

Espagnol (Jean l'), lieutenant des habitants de Reims, député pour aller complimenter Henri IV à son avénement. *Arch. lég.*, 11e part., *statuts*, 1er vol., 918.

— (Thomas l'), échevin de Reims. *Arch. lég.*, 11e part., *statuts*, 11e vol., 4.

— (Lionnet l'). *Arch. lég.*, 11e part., *statuts*, 11e vol., 238.

— (Claude l'), substitut du procureur général au siége de Reims. *Arch. lég.*, 11e part., *statuts*, 11e vol., 492.

Espagnol (Baude l'), échevin. *Arch. lég.*, 11e part., *statuts*, 11e vol., 559.

Espaignol (Jean l'), grand prieur de Saint-Remi de Reims. *Arch. lég.*, 11e part., *statuts*, 1er vol., 200.

Espar (abbaye de l'). *Arch. lég.*, 11e part., *statuts*, 11e vol., 605.

Espau (J. d'), dit Piéce, vicomte et seigneur de Puisieux. *Arch. adm.*, t. III, 832.

— (seigneur de), voy. Lyons (A. de).

Espehi (Ysabella de), béguine. *Arch. lég.*, 1re part., 117.

Espenonville (village d'). *Arch. lég.*, 1re part., 905.

Esperderesse (Sibille l'). *Arch. adm.*, t. II, 917.

Espergnamentum. *Arch. lég.*, 11e part., *statuts*, 1er vol., 198.

Espernay (Jehan d'), voy. Épernay.

Esperon (Poncelet de l'), dit Roucelot. *Arch. adm.*, t. III, 446, 455.

— (ville de l'). *Arch. adm.*, t. III, 590, 868. *Arch. lég.*, 11e part., *statuts*, 1er vol., 64, 84, 88.

— (prêtre de), voy. Esperondivilla (presbyter de).

— (Herbin de l'), sergent du chapitre de Reims. *Arch. adm.*, t. II, 393.

Esperondivilla (presbyter de). *Arch. adm.*, t. II, 1094, voy. Esperon.

Espeville (village de). *Arch. lég.*, 1re part., 878.

Espie (mont d'). *Arch. adm.*, t. II, 319.

Espignos (Johannes). *Arch. lég.*, 1re part., 178.

Espinart (Jehan), échevin. *Arch. adm.*, t. I, 904.

Espinasse (messire Philibert de l'). *Arch. adm.*, t. III, 748, 761, 763, 765, 769.

Espinay, voy. Espinoy.

Espinay (Adrianus (d'). *Arch. lég.*, iie part., *statuts*, iie vol., 642.

Espine (Guill. de), huissier au parlement. *Arch. adm.*, t. III, 809.

— (village de l'). *Arch. lég.*, i^re part., 879, 906, 919.

Espineul, voy. Sapigneul.

Espinondivilla (parochia de), voy. Epinou-ville.

Espinoy (ville d'). *Arch. adm.*, t. I, 664; t. II, 731, 733. *Arch. lég.*, i^re part., 754, 878, 889.

— (Bertrand d'), moine de Saint-Remi de Reims. *Arch. adm.*, t. II, 275.

— (ecclesia de), voy. Menil - l'Épinois, (église de).

Espinoys (Loys l'), conseiller. *Arch. lég.*, i^re part., 921.

Espoisse (Nicholas de l'), procureur de l'archevêque de Reims. *Arch. adm.*, t. III, 455, 504, 519, 527, 532.

Epoix, voy. Epoye.

— (Robert d'), seigneur d'Orgival. *Arch. lég.* i^re part., 890.

Espourdon (village d'). *Arch. lég.*, i^re part., 891, 919.

— (seigneur d'), voy. Sergent (Antoine le).

Espoya, voy. Époye.

— (presbyter de). *Arch. adm.*, t. II, 1064.

— (parochia de). *Arch. adm.*, t. II, 1064.

Espringale, espèce d'engin des portes de Reims. *Arch. adm.*, t. I, 778.

Espuisart (seigneur d'), voy. Flavigny (Guillaume de).

Esquillus Lundnsis episcopus, voy. Eskill.

Essambourg (Jehan d'), écuyer. *Arch. adm.*, t. I, 954.

Essartès (Martinus de). *Arch. adm.*, t. II, 194, 215.

— (Johannes de). *Arch. adm.*, t. II, 1033.

Essarts (Adam des). *Arch. adm.*, t. II, 488, 632.

— (Pierre des). *Arch. adm.*, t. II, 632.

— (seigneur des), voy. Monceau (François du).

Essia (altar de), vide Exsia.

Essoignium (empêchement, excuse). *Arch. adm.*, t. I., p. 452, 621.

Essonnis (abbas de), voy. Essonne (abbé de).

Essonne (abbé d'). *Arch. adm.* t. I, 588, 589 ; t. II, 634.

Essoniis (Johannes de), moine de Saint-Remi de Reims. *Arch. lég.*, iie part., *statuts*, i^er vol., 188.

Essoyes (village d'). *Arch. adm.*, t. I, 452, 621. *Arch. lég.*, iie part., *statuts*, iiie vol.

— (seigneurie d'). *Arch. lég.*, iie part., *statuts*, iiie vol., 388.

Estables (village d'). *Arch. adm.*, t. I, 450. *Arch. lég.*, i^re part., 903; iie part., *statuts*, 1er vol., 90, 97.

Estain (J. d'), sénéchal de l'église de Reims. *Arch. adm.*, t. II, 331.

Estain (comtesse d'). *Arch. lég.*, iie part., *statuts*, iiie vol., 393.

Estalle (village d'). *Arch. lég.*, i^re part., 876, 905.

Estamet (Ponsart), bourgeois de Reims. *Arch. lég.*, iie part., *statuts*, iiie vol., 31.

Estaminier, voy. Reims (estaminiers de).

Estaminiers de Reims (*statuts des*). *Arch. lég.*, iie part., *statuts*, iie vol., 226, 560.

Estanaye (Guillelmus de), voy. Estenia (Guill. de).

Estanchette (village d'). *Arch. lég.*, iie part., *statuts*, iiie vol., 393.

Estania (Guillelmus de), prévôt de Lausanne, vide Estenaye (D. G.).

Estantiense concilium. *Arch. adm.*, t. I, 271, voy. Étampes ? (concile d').

v

Estaple, voy. Reims (Estaple de).

Estaules (Jehan d'), fèvre. *Arch. adm.*, t. III, 106.

Estenaye (Guillelmus de), chanoine de Reims. *Arch. adm.*, t. II, 396, 410, 475, 622, 1241.

— (D. G.), prévôt de Lausanne. *Arch. adm.*, t. II, 614. *Arch. lég.*, II⁰ part., *statuts*, I⁰ʳ vol., 73.

Estène, voy. Étienne.

— -as-Mave, bourgeois de Reims. *Arch. adm.*, t. II, 808.

Estènes, clerc. *Arch. adm.*, t. II, 540.

Estevènes Chastelains, prévôt de Laon. *Arch. adm.*, t. I, 994.

Estevenet (J....), sergent de l'échevinage. *Arch. lég.*, II⁰ part., *statuts*, I⁰ʳ vol., 772.

— (Jehan) le jeune, barbier. *Arch. lég.*, II⁰ part., *statuts*, I⁰ʳ vol., 980.

Estien, valet de ville. *Arch. adm.*, t. II, 788.

— Estienne (J...), clerc de Reims. *Arch. lég.*, II⁰ part., *statuts*, I⁰ʳ vol., 921.

Estiennes (Courtil des). *Arch. adm.*, t. III, 488.

Estion (village de). La duchesse de Mazarin, dame dudit. *Arch. adm.*, t. II, 1070.

Estionno (Jacobus de), canonicus Braquensis. *Arch. adm.*, t. II, 1044.

Estissac (duc d'). *Arch. lég.*, II⁰ part., *statuts*, III⁰ vol., 389.

Estoile (maison de l'). *Arch. lég.*, II⁰ part., *statuts*, I⁰ʳ vol., 338.

Estona, ville d'Angleterre. *Arch. adm.*, t. I, 33, voy. Eton.

Estoramentum (fourniture, ameublement). *Arch. adm.*, t. II, 923.

Estouvelles (village d'). *Arch. lég.*, I⁰ᵉ part., 877, 903.

— (curé d'), voy. Bordes (Pierre des).

Estraières, voy. Estrereria.

Estrat (G... de l'), écuyer. *Arch. lég.*, II⁰ part., *statuts*, I⁰ʳ vol., 749, 750.

Estré (Jacques d'). *Arch. lég.*, II⁰ part., *statuts*, II⁰ vol., 212.

Estrebais, voy. Estrebay.

Estrebay (altar de). *Arch. adm.*, t. I, 508. *Arch. lég.*, II⁰ part., *statuts*, I⁰ʳ vol., 104.

— (presbyter de). *Arch. adm.*, t. II, 1073.

— (paroisse de). *Arch. adm.*, t. II, 1072, 1074.

— (chapelle d'). *Arch. adm.*, t. II, 1074.

— (Colinet d'). *Arch. adm.*, t. III, 837. *Arch. lég.*, II⁰ part., *statuts*, I⁰ʳ vol., 562.

— (Jehan d'), foulon. *Arch. adm.*, t. III, 837.

— (village de). *Arch. lég.*, I⁰ᵉ part., 905.

Estrébé (Jacques-Louis de), professeur de rhétorique à Reims. *Arch. adm.*, t. I, 667.

— voy. Estrebay.

Estrée (village de l'). *Arch. lég.*, I⁰ᵉ part., 919, 920.

Estrées (Guillaume d'), curé de Praesle-Lévesque. *Arch. lég.*, I⁰ᵉ part., 883.

— (Jehan), grand maître de l'artillerie de France. *Arch. lég.*, I⁰ᵉ part., 889.

— -au-pont-de-Crécy (village d'). *Arch. lég.*, I⁰ᵉ part., 891.

Estrehen (abbatissa de). *Arch. adm.*, t. II, 638.

Estrelin (poids pour la monnaie). *Arch. adm.*, t. III, 748, 769.

Estrepigny (patronagium de). *Arch. adm.*, t. II, 1079.

— (hospitalis de). *Arch. adm.*, t. II, 635.

— (parochia de). *Arch. adm.*, t. II, 1075, 1076, 1078.

— de Imperio (presbyter de). *Arch. adm.*, t. II, 1078.

Estrereria fortesse Extraeria (aubaine). *Arch. adm.*, t. III, 192, 193, 222, 228.

Estreuil, voy. Etreux.

— (curé d'), voy. Étreux.

Estrille (Remi). *Arch. adm.*, t. I, 740.

— (Marcus), échevin. *Arch. adm.*, t. I, 868.

— (B.), bourgeois de Reims. *Arch. adm.*, t. II, 868.

— (Thibaut l'). *Arch. adm.*, t. II, 804.

Estrivet (Robin). *Arch. adm.*, t. II, 685.

Estru (Jean d'), voy. Escry.

Estue (village de l'). *Arch. lég.*, Ire part., 920.

Étal, voy. Stallum, Reims (étaux de) Saint-Remi de Reims, Wastellerie.

Étales (village d'), le chapitre de Reims, seigneur dudit. *Arch. adm.*, t. II, 1072.

Étalonnage, voy. Reims (étalonnage de).

Étalons (conservateur des). *Arch. lég.*, IIe part., *statuts*, Ier vol., 306.

Etamfredus, chanoine et diacre. *Arch. lég.*, IIe part., *statuts*, Ier vol., 74.

Étamines (marché aux). *Arch. adm.*, t. II, 380.

Étampes (comte d'); rang dudit à la cérémonie du sacre. *Arch. adm.*, t. II, 575. *Arch. lég.*, IIe part., *statuts*, Ier vol., 641.

— (bailliage d'). *Arch. lég.*, Ire part., 869, 871.

— (concile d'), voy. Estantiense concilium?

— (Léonor d'), archevêque de Reims. *Arch. lég.*, IIe part., *statuts*, Ier vol., 347; *statuts*, IIe vol., 491, 605; *statuts*, IIIe vol., 6, 43, 56, 71, 72, 74, 84, 91, 94, 95, 400, 636.

— (dame d'). *Arch. lég.*, IIe part., *statuts*, IIIe vol., 57.

Étang, voy. Chastel-Lévêque (étang de).

Étape (droit d'), frappe même des villes affranchies. *Arch. lég.*, IIe part., *statuts*, Ier vol., 485.

État, voy. Tiers état, Vermandois (états de), province de Reims, Languedoïl, Orléans, Blois, Tours, Poitiers, Sens, Bourgogne.

— -major, voy. Reims (état-major de).

États généraux. *Arch. adm.*, t. II, 1009.

— -Unis (république des). *Arch. adm.*, t. I, 103.

Étaux à bouchers (droit sur les). *Arch. lég.*, IIe part., *statuts*, Ier vol., 290.

— (rue des). *Arch. lég.*, IIe part., *statuts*, Ier vol., 569. *Arch. adm.*, t. I, 81.

Éteignières (village d'). *Arch. adm.*, t. II, 1073.

— (vicariat indépendant). *Arch. adm.*, t. II, 1073.

Éterlin (Jehan), bourgeois de Bréban. *Arch. adm.*, t. III, 129.

Étienne IV, pape. *Arch. adm.*, t. I, 30; fausses décrétales attribuées audit, 224.

— évêque d'Éphèse. *Arch. adm.*, t. I, 103.

— abbé de Sainte-Geneviève de Paris. *Arch. adm.*, t. I, 436.

— (Lucas), dit Vennot, appariteur de l'archevêque de Reims. *Arch. adm.*, t. III, 381.

Etlebaldus, monachus et sacerdos. *Arch. lég.*, IIe part., *statuts*, Ier vol., 83.

Étoges (village d'). *Arch. lég.*, IIe part., *statuts*, IIIe vol., 390.

Éton (ville d'), voy. Estona.

Étrangers, voy. Reims (étrangers à).

Étreux (village d'). *Arch. lég.*, Ire part., 888, voy. Étreuil.

— (curé de). *Arch. lég.*, Ire part., 888.

Etzauther (Willemus). *Arch. adm.*, t. III, 851.

Eu (ville d'). *Arch. lég.*, IIe part., *statuts*, IIIe vol., 226.

Eucharistia. *Arch. adm.*, t. I, 198. *Arch. lég.*, IIe part., *statuts*, Ier vol., 4; *statuts*, IIe vol., 765.

Eucharistie, voy. Eucharistia.

Eudeline de Chaumont, béguine, voy. Chaumont (Eudeline de),

— de Mozchery, voy. Mozchery.

— fille de Colin d'Aizy. *Arch. lég.*, IIe part., *statuts*, Ier vol., 390.

Eudes, voy. Targe, Late, Bertrames, Targe.

— la Late, échevin de Reims, voy. Late (Eudes la).

— fils de Thibaut, comte de Champagne, vend le comté de Reims à Wido, archevêque. *Arch. adm.*, t. I, 85, 97.

— premier abbé de Saint-Remi de Reims. *Arch. adm.*, t. I, 273.

— le Hugier, voy. Hugier.

— (Pierre), bailli du chapitre de Reims, *Arch. adm.*, t. II, 761, 801, 981, 1189; t. III, 20.

Eudesson Chevalle, voy. Chevalle.

Eugène III, pape. *Arch. adm.*, t. I, 280, 311, 313? 314? 315, 316, 320, 321, 322, 355? *Arch. lég.*, IIe part., *statuts*, Ier vol., 85.

— IV, pape. *Arch. lég.*, IIe part., *statuts*, Ier vol., 753.

Eugenius, pape, voy. Eugène.

Eulodius, l'un des signataires du testament de Saint-Remi. *Arch. adm.*, t. I, 23.

Eulogius, évêque. *Arch. adm.*, t. I, 6. Signe au testament de Saint-Remi, 22.

Eunomius, personnage cité par Grégoire, de Tours. *Arch. lég.*, IIe part., *statuts*, IIIe vol., 631.

Eunus, censitaire de Saint-Remi. *Arch. lég.*, IIe part., *statuts*, Ier vol., 168.

Eusebia, religieuse. *Arch. lég.*, IIe part., *statuts*, Ier vol., 74.

Eusebius, pape. *Arch. adm.*, t. I, 137. Decretates dudit alléguées, 138, 148.

— Signataire du testament de Saint-Remi. *Arch. adm.*, t. I, 23.

Eustachius, homme du ban Saint-Remi. *Arch. adm.*, t. II, 837.

— de Paciaco, bailli de l'église de Reims, voy. Paciaco (Eust. de).

— échanson du comte de Flandre. *Arch. adm.*, t. I, 249.

— maître du Temple. *Arch. adm.*, t. I, 343.

— serviteur de Nicolas Albricus. *Arch. adm.*, t. I, 353. *Arch. lég.*, IIe part., *statuts*, Ier vol., 168.

— matricularius. *Arch. adm.*, t. I, 410.

Eutherus, presbyter. *Arch. lég.*, IIe part., *statuts*, Ier vol., 83.

Eutichès, fauteur de l'hérésie qui porte son nom. *Arch. adm.*, t. I, 167.

Eutropius, signataire du testament de Saint-Remi. *Arch. adm.*, t. I, 23.

Eva, héritière de Gaubert de Bovemourt. *Arch. adm.*, t. I, 629. *Arch. lég.*, IIe part., *statuts*, Ier vol., 89.

— mère des humains. *Arch. lég.*, Ire part., 431.

Evacrus, prêtre et chanoine. *Arch. lég.*, IIe part., *statuts*, Ier vol., 92.

Evangelium. *Arch. adm.*, t. I, 188, 196, 198, 229, 505, 529, 342, 551; t. II, 111, 365; t. III, 73, 497. *Arch. lég.*, Ire part., 28, 358, 366, 369, 371, 372, 401, 425, 444, 649; IIe part., *statuts*, Ier vol., 6, 10, 17, 40, 49, 51, 57, 61, 66, 91, 93, 94, 151, 171, 343; voy. Evangile.

Évangile (serment sur l') *Arch. adm.*, t. III, 83, 244, 352, 648. *Arch. lég.*, IIe part., *statuts*, Ier vol., 12, 23, 151, 605, 714; *statuts*, IIe vol., 4, 5, 185, 249; *statuts*, IIIe vol., 25, 289.

Évéché, voy Episcopatus.

Évêque, voy. Basilite (évêque de), Clermont, Coutances, Dionise, Nazianze, Palestine, Pamiers, Poitiers, Rochester, Saint-Lyon, Saintes, Strasbourg, Tarse, Viviers, voy. Episcopus.

— (cour de l'), voy. Episcopi curia.

— (installation de l'), voy. Episcopi installatio.

— (bailli de l'), voy. Episcopi ballivus.

— (consécration de l'), voy. Episcopi consecratio.

— (revenus de l'), voy. Episcopi redditus.

— (élection de l'), voy. Episcopi electio.

— injustement dégradé. *Arch. adm.*, t. I, 168; réhabilitation dudit (ibid), souillé de péché mortel, 170.

Evêques gallicans, voy. Episcopi gallicani.

Everardus, censitaire de Saint-Remi. *Arch. lég.*, iie part., *statuts*, ier vol., 168, 169.

Everellus, miles. *Arch. adm.*, t. I, 332.

Everewinus, censitaire de Saint-Remi. *Arch. lég.*, iie part., *statuts*, ier vol., 169.

Évergnicourt (seigneurie d'). *Arch. lég.*, ire part., 902.

Évericourt, voy. Évrincourt.

Evernum, lieu du diocèse de Reims. *Arch. adm.*, t. I, 268.

Évesque (Jehan l'), élu de Reims. *Arch. lég.*, iie part., *statuts*, iie vol., 172, 185, 814.

Evictio (éviction). *Arch. lég.*, ire part., 191.

Évide, femme de Godefroy de Braine. *Arch. adm.*, t. I, 205.

Evigneyo (patronagium de). *Arch. adm.*, t. II, 1080.

— (parochia de), voy. Évigny (paroisse d').

Évigny (village d'). *Arch. adm.*, t. II, 1076, 1079.

Évigny (patronage de), voy. Evigneyo (patronagium de).

— (presbyter de). *Arch. adm.*, t. II, 1077.

— (curé d'). *Arch. lég.*, iie part., 763, 777.

— (château d'). *Arch. adm.*, t. II, 1080.

— (paroisse d'). *Arch. adm.*, t. II, 1075.

Evrardus, notaire de la cour spirituelle de Reims. *Arch. lég.*, ire part., 166.

— levita et canonicus. *Arch. lég.*, iie part., *statuts*, ier vol., 75, 85.

— custos et monachus. *Arch. lég.*, iie part., *statuts*, ier vol., 98.

— diacre. *Arch. lég.*, iie part., *statuts*, ier vol., 116.

Evrart li Queux, voy. Queux.

— marchand, dit la Gaite, voy. Marchand.

— (Henry). *Arch. adm.*, t. III, 494.

— du Fossei, voy. Fossé (Évrard du).

Évregnicourt (prieur d'). *Arch. lég.*, ire part., 881.

Evregnicurte Sancti-Huberti-in-Ardana (prior de). *Arch. adm.*, t. II, 635.

Evressen (abbas de). *Arch. adm.*, t. II, 639.

Évreux (ville d'). *Arch. adm.*, t. III, 37. *Arch. lég.* iie part., *statuts*, iiie vol., 631.

— (évêque d'), voy. Ebroicensis episcopus.

Évrincourt (village d'). *Arch. lég.*, ire part., 878.

Ewrardus, signataire d'une charte d'Albricus qui donna son fils comme oblat à Saint-Remi de Reims. *Arch. adm.*, t. I, 69.

— cellerarius. *Arch. adm.*, t. I, 315.

— senescallus archiepiscopi Remensis. *Arch. adm.*, t. I, 367, 374.

Examitus (samit, soie). *Arch. adm.*, t. I, 423.

Excambium (change). *Arch. adm.*, t. I, 446.

Excessus (excès, sévices). *Arch. adm.*, t. II, 727.

Excester (évêque d'), voy. Willelmus.

Excommunication (sentence d'), *Arch. adm.*, t. I, 40, 67, 227, 230, 238, 370, 371, 375, 378, 396, 398, 410, 437, 469, 480, 503, 506, 537, 554, 556, 567, 581, 583, 586, 590, 602, 610, 611, 612, 614, 616, 617, 618, 619, 627, 632, 634, 638, 639, 641, 657, 658, 661, 662, 669, 674, 676, 679, 683, 690, 693, 717, 735, 751, 805, 885, 902, 956, 996, 1043, 1079, 1100; t. II, 10, 20, 163, 216, 317, 333, 614, 622, 722; t. III, 644, 679, 806. *Arch. lég.*, 1re part., 16, 19, 30, 75, 95, 98, 99, 101, 142, 148, 180, 217, 238, 239, 255, 264, 274, 279, 282, 292, 299, 385, 388, 390, 393, 454, 460, 465, 613, 846; 11e part., *statuts*, 1er vol., 341, 343, 348, 360; *statuts*, 11e vol., 81.; lancée contre les Rémois pour s'être soulevés contre l'archevêque, *statuts*, 111e vol., 612.

Excommunicatus, voy. Excommunié.

Excommunié, *Arch. adm.*, t. I, 198, 349, 375, 403, 460, 557, 570, 585, 587, 619, 627, 641, 657, 661, 675, 693, 933; t. II, 282, 401; comment la loi traitait la famille dudit dans certaines transactions, 594, 889, 905, 925; t. III, 366, 381; *Arch. lég.*, 1re part., 16, 55, 64, 113, 119, 125, 158, 175, 176, 186, 206, 208, 213, 221, 225, 228, 254, 255, 399, 462, 642; 11e part., *statuts*, 1er vol., 157, 350, 352, vide Sacerdos excommunicatus.

Excommuniés (place aux). *Arch. lég.*, 1re part., 490.

— (croix des). *Arch. lég.*, 1re part., 492.

— (registre des). *Arch. lég.*, 11e part., *statuts*, 1er vol., 43.

Excommuniement, voy. Excommunication.

Exécuteur testamentaire, voy. Testamentorum executor.

Exécuteur de la haute justice, voy. Reims (exécuteur de).

Exermont (paroisse d'). *Arch. adm.*, t. II, 1095.

Exhæredatio. *Arch. lég.*, 1re part., 444.

Exhérédation, voy. Exhæredatio.

Exigencia (exigence). *Arch. adm.*, t. III, 503.

Exoniæ episcopus, vide Willelmus.

Exorcisium (exorcisme). *Arch. adm.*, t. III, 831. *Arch. lég.*, 11e part., *statuts*, 11e vol., 765.

Exorcismus, vide Exorcisium.

Expectatorium (acte de procédure). *Arch. lég.*, 1re part., 257.

Expédition, voy. Terre sainte (expéd. en).

Expensa, vide Consecrationis regum expensæ.

Explectare (exécuter, exploiter). *Arch. adm.*, t. III, 434.

Explectamentum, vide Explectum.

Explectum (exploit). *Arch. adm.*, t. II, 407, 1164; t. III, 262, 266, 378, 402.

Exsia (villa de). *Arch. adm.*, t. I, 254, 274, 329?

— (altar de). *Arch. adm.*, t. I, 254, 274.

Extraneus (aubain, étranger). *Arch. adm.*, t. I, 654, 720, 872; t. III, 370. *Arch. lég.*, 1re part., 38.

Extravagantes (décrets des). *Arch. adm.*, t. I, 112; voy. Jean (extrav. de).

Eyamensis – prope – Ardenarde (abbas), *Arch. adm.*, t. II, 640.

Eysce., voy. Isse.

Erpeium, voy. Herpy.

Esculium, voy. Écueil. 243.

Estellagium, vide Stellagium.

Ézéchiel, prophète. *Arch. adm.*, t. I, 149. *Arch. lég.*, 1re part., 377.

F.

Fabarum modius. *Arch. lég.*, iie part., *statuts*, i^er vol., 171, 175, 181, 192, 194.

— (Jaquerus), mansionnaire de Faber Saint-Thierry. *Arch. adm.*, t. I, 908.

— (Theobaldus), mansionnaire de Saint-Thierry. *Arch. adm.*, t. I, 908.

Fabianus, pape, décrétales dudit alléguées. *Arch. adm.*, t. I, 138.

Fabri (Petrus). *Arch. adm.*, t. III, 705.

— (Jacobus), maire de Tours. *Arch. adm.*, t. II, 725; t. III, 404.

— (Michael), doyen de S. Symphorien de Reims. *Arch. adm.*, t. I, 271.

— (Humbertus). *Arch. adm.*, t. II, 1038.

— (Stephanus), gardien de l'église de Reims. *Arch. adm.*, t. III, 605.

— vide Mancipius.

Fabrica, vide Remensis ecclesiæ fabrica, S. Nichasii Remensis, S. Stephani Remensis.

Fabricatus, vide Pons.

Fabricæ Remensis ecclesiæ officiarius. *Arch. lég.*, *statuts*, i^er vol., 43, 51, 54.

— Remensis ecclesiæ provisor. *Arch. lég.*, iie part., *statuts*, i^er vol., 43, 46, 65.

— Remensis officium. *Arch. lég.*, iie part.; *statuts*, i^er vol., 52.

Fabricien ou son trésorier. La nomination dudit appartient au chapitre. *Arch. adm.*, t. I, 496.

Fabricosus, voy. Vicus.

Fabrique, voy. Fabrica, Reims (fabrique de).

— de l'église de Reims (officiers de la), voy. Fabricæ Remensis ecclesiæ officiarii.

— (proviseur de), voy. Fabricæ Remensis eccl. provisor

Fachaux (village de). *Arch. adm.*, t. I, 475; t. II, 1103, 1106. *Arch. lég.*, i^re part., *statuts*, i^er vol., 245; voy. Fauscadum.

Faciot (Pierre-Arnould), boulanger. *Arch. lég.*, iie part., *statuts*, iie vol., 161.

— (Jean-Pierre-Norbert), boulanger. *Arch. lég.*, iie part., *statuts*, iie vol., 162.

— (Nicolas), épicier. *Arch. lég.*, iie part., *statuts*, iie vol., 238, 978; iiie vol., 94, 308? 311, 334.

— (Jean). *Arch. lég.*, iie part., *statuts*, i^er vol., 862; *statuts*, iie vol., 336.

— (Adam), maître tonnelier. *Arch. lég.*, iie part., *statuts*, iie vol. 408.

— (Claude), sergent de ville. *Arch. lég.*, iie part., *statuts*, iie vol., 546.

— (P....). *Arch. lég.*, iie part., *statuts*, i^er vol., 862.

Facultas, vide Theologica facultas, voy. Faculté.

Facultatis medicæ Remensis statuta. *Arch. lég.*, iie part. *statuts*, iie vol., 749.

— juris Remensis statuta. *Arch. lég.*, iie part., *statuts*, iie vol., 756.

— theologicæ Remensis statuta. *Arch. lég.*, iie part.; *statuts*, iie vol., 761, 768.

Faculté de théologie de Reims (doyen de la), voy. Melot Lafrique (Jean).

— de droit de Reims (statuts de la), voy. Facultatis juris statuta.

— de droit de Reims (doyen de la), voy. Hubert (Simon).

— de médecine de Reims (doyen de la). *Arch. lég.*, iie part., *statuts*, iie vol., 663.

— de médecine de Reims (statuts de la).

voy. Facultatis medicæ Remensis statuta.

Fadelot (R.), bourgeois de Reims. *Arch. lég.*, *statuts*, 1ᵉʳ vol., 770.

Fadoues (presbyter de). *Arch. adm.*, t. II, 1080.

Faduez (parochia de), voy. Fawez in Imperio.

— voy. Failloué.

Fafadeu (Tommassés). *Arch. adm.*, t. I, 766.

Faglès (Jehan), dit Grand-Personne. *Arch. adm.*, t. II, 914.

Fagnier (Nicolas), drapier. *Arch. lég.*, IIᵉ part., *statuts*, IIᵉ vol., 373.

Fagnon (paroisse de). *Arch. adm.*, t. II, 1070, 1078, 1106.

— (dîme de). *Arch. lég.*, IIᵉ part., *statuts*, 1ᵉʳ vol., 239.

— près Sept-Fons, voy. Sargnon.

Fago (parochia de), voy. Faux (paroisse de).

Fago (presbyter de). *Arch. adm.*, t. II, 1104.

Fagon, intendant des finances. *Arch. lég.*, IIᵉ part., *statuts*, IIIᵉ vol., 387.

Fagos de la Noë, queux du roi, voy. Noë.

Fagot (Hemonetus), bourgeois de Reims. *Arch. adm.*, t. I, 976.

— (Jehan). *Arch. adm.*, t. III, 128, 129.

Fagota (la), maison de Reims. *Arch. adm.*, t. I, 976.

Fagotin (Jehan), voy. Loges.

Fagum, vide Faulx (village de).

Faichaux, voy. Fachaux.

Faignon le parmentier. *Arch. adm.*, t. I, 763.

— (Wauthiers). *Arch. adm.*, t. I, 1127.

— (parochia de), voy. Fagnon (paroisse de).

— (Jehan), alias Brethueil, appariteur de l'archevêque de Reims. *Arch. adm.*, t. III, 381, 382.

Faignon (Petrus). *Arch. adm.*, t. III, 800.

Faille (Nicolas), maître charron. *Arch. lég.*, IIᵉ part., *statuts*, IIᵉ vol., 930.

Faillolet (Jehan), sergent du capitaine de Reims. *Arch. lég.*, IIᵉ part., *statuts*, 1ᵉʳ vol., 580, 584, 585, 615, 640, 652?

Faillon (Poncelet). *Arch. adm.*, t. III, 820, 823, 892.

Failloué (village de). *Arch. adm.*, t. II, 1071.

— (parochia de), vide Fawez-in-Imperio (parochia de).

Failly (M. de), seigneur de Gueux. *Arch. adm.*, t. II, 1053, 1087.

— (Martinet de), seigneur de Chemery. *Arch. adm.*, t. II, 1096.

Failon, bourgeois de Reims, voy. Faillon (Poncelet).

Fainctif (Martin), curé de Saint-Pierremont. *Arch. lég.*, 1ʳᵉ part., 882.

Fainffe (M. de), seigneur de Sechault. *Arch. adm.*, t. II, 1099, 1100.

Fainiers (R....), quartenier de Reims. *Arch. lég.*, IIᵉ part., *statuts*, 1ᵉʳ vol., 756.

Fains (ville de). *Arch. adm.*, t. III, 609.

Faisant (Johannes). *Arch. adm.*, t. III, 398.

Faisnières (Isabella de). *Arch. adm.*, t. II, 102.

Faissault (village de). *Arch. adm.*, t. III, 601. *Arch. lég.*, IIᵉ part., 903, 906.

Faisselle (la), terre du ban de Saint-Remi. *Arch. adm.*, t. III, 554.

Faissiau (Jaquet), tavernier. *Arch. adm.*, t. III, 841.

Faisso, vide Fachaux.

— (Nemus de), vide Haya.

Falaise (ville de). *Arch. adm.*, t. II, 1111.

Arch. lég., ii⁰ part., *statuts*, i⁰ʳ vol., 956.

Falaize-le-Roy (village de). *Arch. lég.*, i⁰ part., 888.

— (autel de), voy. Falesia (altar de).

Falcatura (fauchée). *Arch. adm.*, t. I, 262, 354; voy. Prati falcatura.

Falco, chapelain de Saint-Symphorien de Reims. *Arch. adm.*, t. II, 1040, 1242.

— chapelain de Perrain. *Arch. adm.*, t. II, 1061.

Falcobergense capitulum. *Arch. adm.*, t. II, 639; voy. Fauquemberque.

Falconnet (M.), menuisier. *Arch. lég.*, ii⁰ part., *statuts*, ii⁰ vol., 359.

Faldestuorium, voy. Faldistorium.

Faldistorium (fauteuil). *Arch. adm.*, t. I, 222; t. III, 761.

Fales (Johannes). *Arch. adm.*, t. II, 1036, 1039.

Falesia (altar de). *Arch. adm.*, t. I, 252.

Falise (Jean), dit Pignon, messager. *Arch. lég.*, ii⁰ part., *statuts*, i⁰ʳ vol., 653.

Falle (Morinet), lieutenant du bailli de Vermandois. *Arch. lég.*, ii⁰ part., *statuts*, i⁰ʳ vol., 455, 474, 505, 612? 615, 626, 630, 633, 637, 653, 657, 668, 674, 725, 733, 746.

Falourdel, femme de Barbette (Alexandre), bourgeois de Reims. *Arch. adm.*, t. II, 903.

Falqua, vide Fauca.

Falsa moneta, voy. Fausse monnaie.

Falsarius (faussaire). *Arch. adm.*, t. I, 434. *Arch. lég.*, i⁰ part., 108.

Falsum (faux). *Arch. lég.*, i⁰ part., 184.

— testimonium. *Arch. lég.*, i⁰ part., 380.

Familles, voy. Labille (famille de), Châlons, Dorigny, Roucy, Marozie, Theodora.

Famuli, nom de certains serviteurs du chapitre de Reims, donnés par saint

Rigobert audit chapitre. *Arch. adm.*, t. I, 76.

Faniers (Johannes li), chapelain de Saint-Timothée de Reims, *Arch. adm.*, t. II, 1041.

Fannie, bourgeoise de Reims. *Arch. adm.*, t. II, 522.

Fano (fanon), ornement sacerdotal. *Arch. adm.*, t. I, 222.

Fara (capitulum de). *Arch. adm.*, t. II, 634; voy. Fère (chapitre de la).

— (terra de), *Arch. adm.*, t. I, 330.

— (decima de). *Arch. adm.*, t. I, 330.

— (nom d'homme). *Arch. lég.*, i⁰ part., 62.

— voy. Fère (ville de la).

Fare (abbé de la), grand vicaire de l'archevêque de Reims. *Arch. lég.*, ii⁰ part., *statuts*, iii⁰ vol., 170.

Farines (impôt sur les). *Arch. lég.*, ii⁰ part. *statuts*, i⁰ʳ vol., 464.

Farinet (Odin), dit Nachet. *Arch. adm.*, t. II, 1243.

Farmiers, Sancti-Nicolai-in-Bosco (prior de). *Arch. adm.*, t. II, 635.

Farmircus præpositus. *Arch. lég.*, ii⁰ part., *statuts*, i⁰ʳ vol. 75.

Farnurcus, presbyter. *Arch. lég.*, ii⁰ part., *statuts*, i⁰ʳ vol., 75.

Farou (Estienne), seigneur de Nançay. *Arch. lég.*, i⁰ part. 920.

Fascinariæ. *Arch. adm.*, t. I, 19.

Fassin le jardinier. *Arch. adm.*, t. III, 837.

Fassinel (village de). *Arch. lég.*, i⁰ part., 906.

Fasura. *Arch. lég.*, ii⁰ part., *statuts*, i⁰ʳ vol., 173.

Fau (Robertus de la). *Arch. adm.*, t. II, 72.

— (dîme de la). *Arch. adm.*, t. II, 743.

Faubacon (Colart). *Arch. adm.*, t. III, 836.

Faubaston (B.... le), bourgeois de Reims, *Arch. lég.*, iie part., *statuts*, ier vol. 740.

Faubourg, voy. Reims (faubourgs de), Mouzon, Saint-Julien-sur-Meuse (F. de).

Fauca, femme de Renerus Acarin, chevalier. *Arch. adm.*, t. II, 100.

Faucancurte (Petrus de), canonicus. *Arch. lég.*, iie part., *statuts*, ier vol., 119.

Fauche (village de). *Arch. adm.*, t. II, 393. *Arch. lég.*, iie part., *statuts*, iiie vol., 390.

Faucheron (Honoré), peigneur de laine. *Arch. lég.*, iie part., *statuts*, iie vol., 234.

— (Jean), notaire à Chamery. *Arch. lég.*, iie part., *statuts*, iiie vol., 256.

— (Pierre), notaire. *Arch. lég.*, iie part., *statuts*, iiie vol., 258.

Fauconnet (Millet), bourgeois de Reims. *Arch. adm.*, t. II, 696. *Arch. lég.*, iie part., *statuts*, iie vol., 337?

Fauconnerie (gentilhomme de la), voy. Clicquot (Claude).

Fauconnier (Jehan), lieutenant du bailli de Reims. *Arch. adm.*, t. II, 895, 896, 899, 904, 905, 910, 911, 916, 917, 918, 1189.

Fauconniet (Millet), voy. Fauconnet.

Faudel (François), bourgeois de Reims. *Arch. lég.*, iie part., *statuts*, iiie vol., 403.

Faulcon, chapelain, voy. Falco.

Faultrier (Jean), fermier des aides de Champagne. *Arch. lég.*, iie part., *statuts*, ier vol., 960, 971.

Faulx (Gillet le), censier du chapitre de Reims. *Arch. adm.*, III, 379.

— -sur-Cosle (village de). *Arch. lég.*, ire part., 878, 919?

— (seigneur de), voy. Jumont (Pierre).

— (paroisse de). *Arch. adm.*, t. II, 1103, 1104.

Fauquemberque (ville de). *Arch. adm.*, t. II, 1178.

— (chapitre de), voy. Falcobergense capitulum.

Fauratura (fourrure). *Arch. lég.*, t. III, 751.

Faure (François), tondeur de drap. *Arch. lég.*, iie part., *statuts*, iie vol., 390.

— (Antoine), chanoine de Reims. *Arch. lég.*, iie part., *statuts*, iie vol., 631, 778.

— (Pierre), receveur des aides. *Arch. lég.*, iie part., *statuts*, ier vol., 863, 952.

Faussaire, voy. Falsarius.

Faussandum, voy. Fachaux.

Faussart (R....), enduiseur. *Arch. adm.*, t. II, 826.

Fausse monnaie (crime de). *Arch. adm.*, t. II, 22, 1181; t. III, 12, 176, 308, 552. *Arch. lég.*, ire part., 402.

Fausses décrétales, origine desdites. *Arch. adm.*, t. I, 101, 109; but politique desdites, 111, 224.

Faussonnes (Antoine de), écuyer. *Arch. lég.*, ire part., 894.

— (village de). *Arch. lég.*, ire part., 894.

Faustré (Jacques). *Arch. lég.*, ire part., 890, 894, 896, 897.

— (Claude), procureur à Laon. *Arch. lég.*, ire part., 921.

Faustrez (Jacques), voy. Faustré.

Fauveste, la pourpoinderesse. *Arch. adm.*, t. II, 688.

Faux (paroisse de), voy. Faulx.

— en justice, voy. Falsum.

— témoignage, voy. Falsum testimonium.

Favart, doyen de Saint-Symphorien. *Arch. adm.*, t. I, 271.

— (Remy), professeur en droit civil et canon. *Arch. lég.*, iie part., *statuts*, iie vol., 630.

— (Jean), échevin. *Arch. lég.*, iie part.,

statuts, IIe vol., 797, 803, 810, 996? 999, 1010?

Favart (Rigobert), lieutenant des habitants de Reims. *Arch. lég.*, IIe part., *statuts*, IIe vol., 926.

— (Philippe), bourgeois de Reims. *Arch. lég.*, IIe part., *statuts*, IIe vol., 1014; *statuts*, IIIe vol., 440? 443, 446, 453.

— (François), épicier. *Arch. lég.*, IIe part., *statuts*, IIIe vol., 93.

— (Henri), échevin. *Arch. lég.*, IIe part., *statuts*, IIIe vol., 115.

— (Lancelot), conseiller municipal, surnommé Lucius Flaccus. *Arch. lég.*, IIe part., *statuts*, IIIe vol., 150.

— -Desjardins. *Arch. lég.*, IIe part., *statuts*, IIIe vol., 155.

— sénéchal du chapitre de Reims. *Arch. lég.*, IIe part., *statuts*, IIIe vol., 170, 171.

Favereau, voy. Favreau

Favereuse (rue de). *Arch. adm.*, t. II, 115, 517.

Faveroliis (patronatus de). *Arch. adm.*, t. II, 705, 1055.

Faverolles (patronagium de), voy. Faveroliis patronatus.

— (ville de). *Arch. lég.*, IIe part., 754; IIe part., *statuts*, IIe vol., 963.

— voy. Bacherius (de).

— (presbyter de). *Arch. adm.*, t. II, 1051.

— (parochia de). *Arch. adm.*, t. II, 1051, 1053, 1054.

Favia-Lex. *Arch. lég.*, IIe part., 379.

Favier, voy. Oudinet Craquet.

— (Raulin le). *Arch. adm.*, t. II, 911.

Favières-les-Sergy (village de). *Arch. lég.*, IIe part., 608.

Favignon (Petrus), élu pour les aides. *Arch. lég.*, IIe part., *statuts*, Ier vol., 397.

Favin, historien. Opinion dudit sur le comté de Reims. *Arch. adm.*, t. II, 82.

Favin (Pierre du), écuyer. *Arch. lég.*, IIe part., 892.

— (Antoine du), seigneur de Hameretz. *Arch. lég.*, IIe part., 892.

Favorgues juxta S. Quintinum (abbatissa de). *Arch. adm.*, t. II, 635.

Favre (S.), propriétaire du tabellionnage de Senlis. *Arch. lég.*, IIe part., *statuts*, IIIe vol., 263.

Favreau (Jean), ouvrier en soie. *Arch. lég.*, IIe part., *statuts*, IIe vol., 375.

— (Poncelet), tondeur de draps. *Arch. lég.*, IIe part. *statuts*, Ier vol., 871; *statuts*, IIe vol., 390, 392.

— (Vincent), bourgeois. Procès dudit contre le chapitre de Reims. *Arch. adm.*, t. I, 79. *Arch. lég.*, IIe part., *statuts*, IIIe vol., 115?

— (Jean-Pierre), bourgeois. *Arch. lég.*, IIe part., *statuts*, IIIe vol., 752.

Fawez in imperio (parochia de). *Arch. adm.*, t. II, 1078, voy. Faduez.

Fay (François de). *Arch. lég.*, IIe part., 890.

— (village de). *Arch. lég.*, IIe part., 891, 920.

— (J.... de), conseiller municipal. *Arch. lég.*, IIe part., *statuts*, Ier vol., 612.

— (Guillaume), notaire à Vieil-Saint-Rémi. *Arch. lég.*, IIe part., *statuts*, IIIe vol., 252, 264.

— (Rogo du), chevalier. *Arch. adm.*, t. II, 285, 303.

— (Godemard du), bailli de Vitry. *Arch. adm.*, t. II, 609, 994. Gouverneur de Vermandois, 1023.

— (Barthélemy), conseiller du roi. *Arch. lég.*, IIe part., 868, 870, 1066.

— -le-Sec (village de). *Arch. lég.*, IIe part., 884, 900.

— (curé de), voy. Charpentier (Jean).

— (Jacques de la), seigneur de Marfentaine. *Arch. lég.*, IIe part., 891.

Fay (Pierre), notaire à Domremy. *Arch. lég.*, iie part., *statuts*, iiie vol., 252, 264.

Fay (Remi), notaire. *Arch. lég.*, iie part., *statuts*, iiie vol., 253.

Faye (M. de la), avocat général. *Arch. lég.*, iie part., *statuts*, iiie vol., 535.

Fayel (bois du), appartient à l'archevêque de Reims. *Arch. adm.*, t. I, 546.

Faynot (Johannes), dictus Paurra. *Arch. adm.*, t. III, 615.

— (Jehan), dit Hachette. *Arch. adm.*, t. III, 841. *Arch. lég.*, iie part., *statuts*, ier vol., 629, 631.

Februarii castrum. *Arch. adm.*, t. I, 253.

Febvre (Pierre le), cordonnier. *Arch. lég.*, iie part., *statuts*, iie vol., 239.

— (Nicolas), bourgeois. *Arch. lég.*, iie part., *statuts*, ier vol., 838 ; *statuts*, iie vol., 239.

— (Georges le), religieux de Saint-Remi. *Arch. lég.*, iie part., *statuts*, ier vol., 217, 219.

— (Gilles le), sergent royal. *Arch. lég.*, iie part., *statuts*, iiie vol., 510, 516.

Fécamp, voy. Fiscannum.

— (Sainte-Trinité de). *Arch. lég.*, iie part., *statuts*, ier vol., 253 ; voy. Fiscannum.

Fedamia, donné par saint Remi, avec son mari, à l'église de Reims. *Arch. adm.*, t. I, 18.

Fedeau, voy. Feydeau.

Fedemiensis (abbas). *Arch. adm.*, t. II, 640.

Federicus (canon de). *Arch. lég.*, iie part., *statuts*, ier vol., 220.

Feiçot (Jehan), prévôt de Laon. *Arch. adm.*, t. II, 1156.

Feigne (Artus), drapier. *Arch. lég.*, iie part., *statuts*, iie vol., 373.

Felcourt, conseiller du roi. *Arch. lég.*, iie part., *statuts*, iiie vol., 420.

Feinf (M. de), seigneur de Tourteron *Arch. adm.*, t. I, 1112.

Felicitas, femme de Hugues, comte de Rethel. *Arch. adm.*, t. I, 454, 651.

Felines, nom d'homme. *Arch. lég.*, ire part., 151.

Félix, évêque, l'un des pères du concile de Carthage. *Arch. adm.*, t. I, 153.

Femina, voy. Femme, Corpore (Femina de).

Femme, voy. Charités (femmes des), Corps.

— franche. *Arch. adm.*, t. II, 965.

Femmes de Reims (contumes des). *Arch. lég.*, ire part., 606.

— mariées. Comment régies par la coutume de Reims. *Arch. lég.*, ire part., 926.

Fenare (fanuer). *Arch. adm.*, t. I, 878.

Fenebris (usuraire). *Arch. lég.*, ire part., 136.

Fenerator, vide Usurarius.

Fenerum braciatores, voy. Foin (brasseurs de).

Fénicourt (seigneur de). *Arch. lég.*, ire part., 893.

Fenneron (Willaume le). *Arch. adm.*, t. I, 1118.

Fenot (Pierre), drapier. *Arch. lég.*, iie part., *statuts*, iie vol., 373.

Fenouvelle (Jehan de), bourgeois de Reims. *Arch. adm.*, t. II, 685.

Fenus, vide Usura.

Feodalis terra. *Arch. adm.*, t. I, 388.

Féodalité. *Arch. adm.*, t. I, 550, 560.

Feodatus homo. *Arch. adm.*, t. I, 456.

Feodus, voy. Boillum (Feodus de), Bosonis Helpeio (de), Hugonis de Basæu, Hugonis Torselli, Luches (de), Nobilis, Petri de Herpeio, Regis, Remorum archiepiscopi, Stephani, Thuisy (de), Walteri Dapiferi. *Arch. adm.*, t. I, 363, 364, 367, 382, 383, 397, 454,

475, 494, 512, 520, 541, 558, 568, 690, 700, 727, 911, 935, 971, 1093; t. II, 21, 46, 48, 103, 728, 921, 929; t. III, 621, 657. *Arch. lég.*, Ire part., 137, 826, 838, 840, 854, 933, 941, 951; IIe part., *statuts*, Ier vol., 194; voy. Fief.

Fer (Jacoby le), procureur de l'archevêque. *Arch. adm.*, t. III, 729, 763, 764, 797, 875.

— (Th... le). *Arch. adm.*, t. III, 831.

— (Jacques le), voy. Fer Jacoby.

Fera (Dominus de), vide Castellione (Galterus de).

Ferbriange (village de). *Arch. lég.*, IIe part., *statuts*, IIIe vol., 390.

Fère (Gauchier, seigneur de). *Arch. adm.*, t. III, 597, 749, 769.

—-sous-Oise (châtellenie de la). *Arch. lég.*, Ire part., 888.

— -Champenoise (ville de). *Arch. lég.*, IIe part., *statuts*, IIIe vol., 395.

— -en-Tardenois (ville de la). *Arch. lég.*, IIe part., *statuts*, Ier vol., 916.

— (ville de la). *Arch. adm.*, t. I, 6. *Arch. lég.*, Ire part., 899; IIe part., *statuts*, Ier vol., 478, 723; *statuts*, IIe vol., 10; *statuts*, IIIe vol., 253, 533, 543.

— (Michié de la), doyen de S. Gervais. *Arch. adm.*, t. I, 919.

— (Jehan de la), porte-bouclier du roi, à la journée de Crécy. *Arch. adm.*, t. II, 712; voy. Ferée.

— (Colin de la), savetier. *Arch. adm.*, t. II, 522.

Ferée (Jehan de la). *Arch. adm.*, t. II, 906.

— (village de la). *Arch. adm.*, t. II, 1073.

Ferentino (M. de), chanoine de Reims. *Arch. adm.*, t. I, 622.

Feret (Lambert), écuyer sieur d'Alincourt. *Arch. lég.*, IIe vol., *statuts*, IIIe vol., 56.

— (Charles), capitaine de la ville de

Reims. *Arch. lég.*, IIe part., *statuts*, IIe vol., 712, 713.

Feret (Hierosme), administrateur du prieuré de Rethel. *Arch. lég.*, IIe part., *statuts*, Ier vol., 203, 217, 219, 226.

— (Pierre), écuyer. *Arch. lég.*, IIe part., *statuts*, Ier vol., 370, 373, 375, 377, 667? 836.

— (R....), sieur de Montlaurens. *Arch. lég.*, IIe part., *statuts*, Ier vol., 919, 931.

— (baron de), seigneur d'Écordal. *Arch. adm.*, t. II, 1109.

— (Antoine). *Arch. lég.*, Ire part., 896, 898; IIe part., *statuts*, Ier vol., 859.

— (Régnant), Charles, seigneur de Varimont, capitaine de Reims. *Arch. lég.*, IIe part., *statuts*, Ier vol., 708, 909; 931; *statuts*, IIe vol., 112, 119.

— (Hubert), seigneur de Montlaurens, capitaine de Reims. *Arch. lég.*, IIe part., 172; *statuts*, Ier vol., 691, 698, 888, 890, 892, 894, 900? 904, 905, 907, 917, 929, 931.

Feriaredus, tribun, dons faits par ledit à S. Remi. *Arch. adm.*, t. I, 17.

Feritas-Milonis, voy. Ferté-Milon, S. Vedasti prope Feritate.

Feritate-Milonis (prior de), vide Magdalenæ.

— (Hugo de), clerc de Reims. *Arch. adm.*, t. II, 333, 409.

Ferjeux (village de). *Arch. lég.*, IIe part., *statuts*, IIIe vol., 391.

Fermatura (fermeture). *Arch. adm.*, t. III, 902.

Ferme, voy. Vin ferme de Reims.

Fermeté, voy. Reims (fermeté de).

Fermier, voy. Échevinage de Reims, Fermiers, Roi, Vicomte de Reims, voy. Firmarius.

Fernague (Maheu la). *Arch. adm.*, t. II, 603.

Fernagut (Wede), bourgeois. *Arch. adm.*, t. II, 250.

— (J.), clerc. *Arch. adm.*, t. II, 382.

Fernambouc (bois de), employé dans la fabrique de Reims. *Arch. lég.*, ii° part., *statuts*, ii° vol., 878, 897.

Fernel, voy. Fernelius.

Fernelius, médecin. Sa doctrine était recommandée dans l'université de Reims. *Arch. lég.*, ii° part., *statuts*, ii° vol., 754.

Feron (le), avocat. *Arch. lég.*, ii° part., *statuts*, ii° vol., 493.

Ferrand (Fulgentius), diacre de Carthage. *Arch. adm.*, t. I, 107.

— (Michel), conseiller au parlement. *Arch. lég.*, ii° part., *statuts*, iii° vol., 271.

— (Ambroise), conseiller d'État. *Arch. lég.*, ii° part., *statuts*, iii° vol., 309.

— comte de Flandre, pris à la bataille de Bovines par les Champenois. *Arch. adm.*, t. I, 494.

Ferrandiau (Colin le). *Arch. adm.*, t. II, 394.

Ferrare (cardinal de). *Arch. lég.*, i°° part., 877.

Ferrariis (Nicolaus de), official et doyen. *Arch. adm.*, t. I, 992; t. II, 111. *Arch. lég.*, i°° part., 240; ii° part., *statuts*, i°° vol., 85, 117, 118.

Ferré (monseigneur de), voy. Fère (Gauchier de la).

Ferré (J. de la), boulanger. *Arch. adm.*, t. II, 826.

— (la), succursale du personnat d'Aouste. *Arch. lég.*, ii° part., *statuts*, ii° vol., 636.

Ferret (Hubert), capitaine de Reims. *Arch. lég.*, i°° part., 893.

— (Pierre), écuyer. *Arch. lég.*, ii° part., i°° vol., 820.

Ferri Pasté (M.), voy. Pasté.

Ferricus, chanoine de Langres. *Arch. adm.*, t. I, 601.

— mari d'Ade, sœur de Boson chevalier. *Arch. adm.*, t. I, 363.

Ferrières (Claude de), professeur de droit civil. *Arch. lég.*, ii° part., *statuts*, ii° vol., 630; *statuts*, iii° vol., 145, 147.

— (Pierre de). *Arch. adm.*, t. II, 14.

— (J... de), clerc. *Arch. adm.*, t. II, 530.

— (village de). *Arch. lég.*, i°° part., 901, 904, 906; ii° part., *statuts*, ii° vol., 276.

Ferron (Jacobus), chanoine de Reims. *Arch. adm.*, t. I, 793, 797, 808, 810; t. II, 101.

— (Guillelmus le). *Arch. adm.*, t. II, 646, 894; t. III, 39.

— (Hue le). *Arch. adm.*, t. II, 680, 809.

— (Johannes le), chanoine de Reims. *Arch. adm.*, t. II, 100.

— (Maran le), voy. Ferron (Morant le).

— (Jesson le), voy. Ferron (Jean le).

— (Jehan le), échevin de Reims. *Arch. adm.*, t. II, 894, 987; t. III, 39, 99, 188, 309, 648, 670, 686, 690, 692, 831, 833, 837, 841, 842. *Arch. lég.*, ii° part., *statuts*, i°° vol., 413.

— (Raulet le), bourgeois de Reims. *Arch. adm.*, t. III, 827.

— (Drouart le). *Arch. adm.*, t. I, 1117, 1127.

— (Morant le). *Arch. adm.*, t. II, 549, 544, 549.

— (Girard le), échevin de Laon. *Arch. adm.*, t. II, 168.

— (Aubri le). *Arch. adm.*, t. II, 303, 495, 515.

— (Garin le). *Arch. adm.*, t. II, 505.

— (Guillaume le), voy. Ferron (Guillelmus le).

Ferroni (Jacobus), presbyter. *Arch. lég.*, ii° part., *statuts*, i°° vol., 116.

Ferronne (Yde la). *Arch. adm.*, t. III, 97.

Ferronniers, voy. Reims (ferronniers de).

Ferrons (porte aux). *Arch. adm.*, t. I, 9, 10, 722. *Arch. lég.*, 1re part., 714; 11e part., *statuts*, 1er vol., 879; *statuts*, 11e vol., 13; *statuts*, 111e vol., 419, 641, 642.

Ferrouèle (Ponsart). *Arch. adm.*, t. II, 16.

Ferry, archevêque de Reims, voy. Cassinel.

— voy. Chardoinne, Davisy, Tupain.

Ferté-sous-Jouarre (ville de la). *Arch. adm.*, t. I, 273.

— -Milon (Hugues de la), procureur du chapitre de Reims. *Arch. adm.*, t. II, 370, 375.

— -Milon (ville de la). *Arch. adm.*, t. II, 484. *Arch. lég.*, 11e part., *statuts*, 1er vol., 915.

— -sur-Péron (curé de). *Arch. lég.*, 1re part., 887, 891, 900.

— -les-Olizy (ville de la). *Arch. lég.*, 11e part., *statuts*, 111e vol., 393.

— -Aucoul (la), voy. Ausculphi-Firmitas.

— -Superon, voy. Ferté-sur-Péron.

— (Colart de la), clerc. *Arch. adm.*, t. II, 481, 487, 574.

— (Pierre Papillon, seigneur de la), intendant de Champagne. *Arch. lég.*, 11e part., *statuts*, 11e vol., 845.

— -en-Ponthieu (ville de la). *Arch. adm.*, t. II, 1245; t. III, 117. *Arch. lég.*, 11e part., *statuts*, 1er vol., 539, 571, 576, 610.

— -sur-Aube (ville de la). *Arch. lég.*, 11e part., *statuts*, 111e vol., 395.

Fervant, prêtre. *Arch. lég.*, 11e part., *statuts*, 111e vol., 752, 753.

Ferveste (J....), bourgeois. *Arch. adm.*, t. II, 1141.

Fery (Charles), serrurier. *Arch. lég.*, 11e part., *statuts*, 11e vol., 591.

— (Jean), serrurier. *Arch. lég.*, 11e part., *statuts*, 11e vol., 591, 592.

Fery clerc. *Arch. lég.*, 11e part., *statuts*, 11e vol., 829.

— (André-Antoine), coutre de l'église de Reims. *Arch. lég.*, 11e part., *statuts*, 111e vol., 688, 700, 701, 705, 710, 713, 715, 717, 729, 731.

Feschières (hameau de). *Arch. adm.*, t. II, 1077.

Fescos (molendina de). *Arch. adm.*, t. I, 321.

Festieux (village de). *Arch. lég.*, 1re part., 877, 900.

— (seigneurie de). *Arch. lég.*, 11e part., *statuts*, 1er vol., 244.

— (curé de), voy. Baudet (Jean).

Festigny (village de). *Arch. adm.*, t. III, 108.

Festius (Colart de). *Arch. adm.*, t. I, 1116; t. II, 60.

Fetizon (Martin), tondeur de drap. *Arch. lég.*, 11e part., *statuts*, 11e vol., 394, 395.

— (Henry), mercier. *Arch. lég.*, 11e part., *statuts*, 11e vol., 566, 570.

— (Claude), mercier. *Arch. lég.*, 11e part., *statuts*, 11e vol., 566.

Fêtu (château de), l'archevêque de Reims fait abandon dudit à la ville. *Arch. lég.*, 11e part., *statuts*, 111e vol., 405, notice au sujet dudit *ibid*.

Feu, voy. Joie (feux de).

Feuchères (ville de). *Arch. adm.*, t. II, 1076.

Feuchières, voy. Feuchères.

Feudatarius (feudataire). *Arch. adm.*, t. I, 601, 726.

Feudum, voy. Fief.

Feuede (bois de la). *Arch. adm.*, t. III, 608.

Feufroy (seigneurie de). *Arch. lég.*, 1re part., 920.

Feuillie (village de la). *Arch. adm.*, t. II, 392.

Feutrier (Theobaldus le), chanoine de Troyes. *Arch. adm.*, t. I, 805.

Fèves (boisseau de), voy. Fabarum modius.

Fèvre (Remy le). *Arch. adm.*, t. III, 766. *Arch. lég.*, II part., *statuts*, IIe vol., 238, 264, 730.

— (Gillot le), de Tournay. *Arch. adm.*, t. III, 840.

— (François le), architecte. *Arch. lég.*, IIe part., *statuts*, Ier vol., 261, 264, 272.

— (Philippe le). *Arch. lég.*, *statuts*, IIIe vol., 36, 57.

— (Guillaume le). *Arch. lég.*, IIe part., *statuts*, IIIe vol., 36.

— (Girart le). *Arch. adm.*, t. II, 541.

— (Jehan le). *Arch. adm.*, t. II, 682. *Arch. lég.*, IIe part., *statuts*, Ier vol., 534.

— (J... le), voy. Lefèvre sergent du roi.

— (Thomas le), bourgeois de Reims. *Arch. adm.*, t. III, 459.

— (Pierre le), conseiller du roi. *Arch. adm.*, t. III, 703.

Fevret (Claude de), seigneur de Villers-devant-Mouzon. *Arch. adm.*, t. II, 1085.

Février (Jean-Baptiste), serrurier. *Arch. lég.*, IIe part., *statuts*, IIIe vol., 738, 739.

Feydeau (Antoine), seigneur de Bois-le-Vicomte, adjudicataire général des aides de France. *Arch. lég.*, IIe part., *statuts*, Ier vol., 960, 965, 969, 971, 972.

Fezole (Johannes), vide Roma (Fezole Johannes de).

Fiançailles, voy. Sponsalia.

Fideidatio (fidéicomis). *Arch. lég.*, Ire part., 240.

Fidejussor (fidéjusseur). *Arch. adm.*, t. I, 480, 523, 567, 579, 813, 939. *Arch. lég.*, Ire part., 45, 227, 405.

Fidejussorium (fidéjussion). *Arch. lég.*, IIe part., *statuts*, Ier vol., 159.

Fidèles, nom donné par Floard aux hommes levés par l'archevêque de Reims,

Heriveus, pour escorter Charles le Simple. *Arch. adm.*, t. I, 56 ; gardiens des places fortes de la campagne de Reims, *ibid.*

Fidelitas (féauté, fidélité). *Arch. adm.*, t. II, 104.

— per manum. *Arch. adm.*, t. I, 258.

Fidemium, vide Hondravilla de Fidemio.

Fides, vide Catholica.

— corporalis. *Arch. adm.*, t. I, 644, 813, 993.

Fidoul (Robert). *Arch. adm.*, t. II, 805, 806.

— (Robin), voy. Fidoul (Robert).

Fief (saisine de). *Arch. lég.*, IIe part., 841.

— (retrait de). *Arch. lég.*, Ire part., 850, 855, 923, 967.

— (confiscation de). *Arch. lég.*, Ire part., 853.

— noble. *Arch. adm.*, t. II, 43. *Arch. lég.*, IIe part., *statuts*, IIIe vol., 15.

— (arrière), voy. Retrofeodus, Franc-fief.

Fiefs, voy. Amigny (fief d'), Autreville, Autry, Cauny, Cour, Crécy, Feodus, Folembray, Gouveron, Jaquemart, Jumencourt, Luilly, Maire-Commune, Malhostel, Montbeton, Nanteuil-la-Fosse, Nausson (fief des chevaliers de), Neufville, Porte-à-Vesle, Pyat, Radinier, Reims, Renault, Rouaige, Sincenis, Tour-Carrée, Vidamé de Reims, Waron. *Arch. lég.*, IIe part., *statuts*, IIIe vol., 604 ; causes qui amenèrent l'établissement desdits, 623 ; déluge de maux qui fondit sur la France au moment de l'institution desdits, 633.

Fienffez (Pierre), gardien de la porte de Vesle. *Arch. adm.*, t. II, 978.

Fier-à-Bras, maire de la couture de Reims. *Arch. adm.*, t. I, 1083.

Ficrembas, voy. Bouries (Jn de).

Fieubet, conseiller d'État. *Arch. ég.*, iie part., *statuts*, iie vol., 630.

Fil, voy. Guibray (fil de).

Filain (Regnault de). *Arch. adm.*, t. III, 836.

— (village de). *Arch. adm.*, t. III, 488, 490, 493, 663. *Arch. lég.*, i^{re} part., 876, 900?

Filiæ-Dei, voy. Filles-Dieu.

Filiastri cenomanensis Guillelmus, vide Fillastre (Guillaume).

Filiorum Johannis de Germania, terra. *Arch. lég.*, iie part., *statuts*, i^{er} vol., 166.

Filius (fils). *Arch. lég.*, i^{re} part., 39, 69, 73, 76, 123, 132, 136; vide Naturalis.

Fillain (village de), voy. Filain.

— (Jacquemin de). *Arch. adm.*, t. III, 837.

Fillaines (village de), voy. Filain.

Fillastre (Jesson), plombeur. *Arch. adm.*, t. II, 903.

Filleau, arrêtiste, recueil dudit allégué. *Arch. lég.*, iie part., *statuts*, iiie vol., 632.

Filleron (E.), servante. *Arch. adm.*, t. II, 750.

— ouvrière en soie. *Arch. adm.*, t. I, 548.

— Guillaume, cardinal, doyen de Saint-Symphorien de Reims, lègue sa bibliothèque au chapitre. *Arch. adm.*, t. I, 59, 270, 723; t. III, 731, 733, 760, 761, 762, 766, 767, 772. *Arch. lég.*, iie part., *statuts*, i^{er} vol., 4, 11, 32, 108, 341.

Filles-Dieu (rue des). *Arch. adm.*, t. II, 523; t. III, 623. *Arch. lég.*, iie part., *statuts*, i^{er} vol., 728.

— (quarrel des). *Arch. adm.*, t. II, 525.

— voy. Reims (Filles-Dieu de).

Fillette (Bertremieu). *Arch. lég.*, i^{re} part., 563.

Fillette (Robert de), écuyer. *Arch. lég.*, i^{re} part., 892; iie part., *statuts*, iie vol., 5.

— (Jacques), bailli de l'archevêché. *Arch. lég.*, iie part., *statuts*, i^{er} vol., 844? 855, 858; *statuts*, iie vol., 4.

— (Nicolle), prévôt royal de Reims. *Arch. lég.*, iie part., *statuts*, i^{er} vol., 322, 862, 865; *statuts*, iiie vol., 40, 42.

— (Jacquemin), vicomte de Reims. *Arch. lég.*, iie part., *statuts*, i^{er} vol., 622, 662, 678? 680.

— (Robinet), notable de Reims. *Arch. lég.*, iie part., *statuts*, i^{er} vol., 623, 646, 647, 659.

— (Robert), maître des œuvres. *Arch. lég.*, iie part., *statuts*, i^{er} vol., 660.

— (J....), écuyer et capitaine de Reims. *Arch. lég.*, iie part., *statuts*, i^{er} vol., 855, 856, 860.

Filleul (Jacques). *Arch. lég.*, iie part., *statuts*, iie vol., 174.

Fillion (Nicolas), menuisier. *Arch. lég.*, iie part., *statuts*, iie vol., 359; *statuts*, iiie vol., 101.

— (Baltazard), perruquier. *Arch. lég.*, iie part., *statuts*, iiie vol., 191, 193, 194.

Fillota domicella, femme de Henrionnus de Ambleio, écuyer. *Arch. adm.*, t. II, 101.

Fils (Guillaume le), ouvrier en soie. *Arch. lég.*, iie part., *statuts*, iie vol., 375.

— voy. Filius.

Fimas, voy. Fimes (ville de).

Fimeis (capellania de). *Arch. lég.*, iie part., *statuts*, i^{er} vol., 106.

— (capellanus de). *Arch. adm.*, t. II, 1061.

— (Robertus de). *Arch. lég.*, i^{re} part., 92, 94.

— (Petrus de), voy. Fimis (Petrus de).

— (parochia de). *Arch. adm.*, t. II, 1057.

— (presbyter de). *Arch. adm.*, t. II, 1058.

Fimeis (leprosaria de). *Arch. adm.*, t. II, 1060. *Arch. lég.*, ı^{re} part., 199.

— (ville de). *Arch. adm.*, t. I, 290, 382; t. II, 383, 643, 1040, 1112, 1243, 1244; t. III, 45, 46, 57, 759. *Arch. lég.*, ıı^e part., *statuts*, ı^{er} vol., 72, 129, 453, 706, 716, 717, 872, 906, 933; ıı^e vol., 364; *statuts*, ııı^e vol., 338; voy. Fimas.

— (Notre-Dame de). *Arch. adm.*, t. II, 1060, 1061.

— (léproserie de), voy. Fimeis (leprosaria de).

— (Saint-Nicolas de). *Arch. adm.*, t. II, 1060, 1061.

— (paroisse de), voy. Fimeis (parochia de).

Fîmes (assises de). *Arch. adm.*, t. III, 46.

— (Marie de). *Arch. adm.*, t. III, 280.

— (Jehan de), écuyer. *Arch. adm.*, t. III, 659.

— (Hue de), médecin. *Arch. adm.*, t. II, 347.

— (vinage de). *Arch. adm.*, t. II, 296, 643.

— (Robert de). *Arch. adm.*, t. I, 1062.

— (Colart de). *Arch. adm.*, t. I, 1095.

— (Isabiaus de). *Arch. adm.*, t. I, 1115.

— (maire de), voy. Lisiart (Pierre).

— (siége royal de). *Arch. lég.*, ıı^e part., *statuts*, ıı^e vol., 12.

— (cure de). *Arch. lég.*, ıı^e part., *statuts*, ııı^e vol., 680; est à la nomination du trésorier de l'église de Reims, 689, 690, 694, 734.

— (concile de), voy. Sanctæ-Macræ concilium.

— (prévôt de). *Arch. adm.*, t. II, 225. *Arch. lég.*, ıı^e part., *statuts*, ı^{er} vol., 938; *statuts*, ııı^e vol., 64; voy. Bricet, Malecanche, Musart (Pierre).

— (præpositura de). *Arch. adm.*, t. II, 928, 930, 933. *Arch. lég.*, ı^{re} part., 567; ıı^e part., *statuts*, ı^{er} vol., 370, 381.

Fîmes (lieutenant de), voy. Grossaine (Jérôme).

— (prévôté de), voy. Fîmes (præpositura de).

— (tabellionatus de). *Arch. adm.*, t. II, 931.

— (prébendiers de), voy. Fimetis prebendarii.

— (doyenné de). *Arch. adm.*, t. II, 1060. *Arch. lég.*, ıı^e part., *statuts*, ııı^e vol., 680, 690.

— (église de). *Arch. adm.*, t. II, 1061.

— (chapelain de), voy. Fimeis capellanus.

Fimetis (prebendarii de). *Arch. adm.*, t. II, 385.

Fimis (Petrus de). chanoine de Laon. *Arch. lég.*, ıı^e part., *statuts*, ı^{er} vol., 64.

— (capellania de), vide Fimeis.

Finacio (appoint d'un compte). *Arch. adm.*, t. I, 867.

Finage, voy. Archevêque de Reims (finage de l').

Finagium (finage). *Arch. adm.*, t. I, 711.

Finance, voy. France (général des finances de).

Financiæ (finances). *Arch. adm.*, t. I, 646.

Finare (financer, solder). *Arch. adm.*, t. I, 866.

Finestella (Sancti-Michaeli ecclesia de), vide Sancti-Michaelis de Finestella.

Finette (fossé de la). *Arch. adm.*, t. II, 520.

Finfe (M. de), voy. Fainffe.

Firma (ferme). *Arch. adm.*, t. III, 418.

Firmalis (fermoir). *Arch. adm.*, t. I, 223.

Firmarius (fermier), vide Juvaminum firmarius.

Firmatura (fermeté, fortification). *Arch. adm.*, t. I, 452; t. III, 902.

Firmitas, vide Ausculphi, Duziaco (de), Firemitas, Remensis.

— Milonis, voy. Ferté-Milon.

Firmitate-Milonis, S. Johanni in Vineis (prior de). *Arch. adm.*, t. II, 634.

— (Hugo de), clerc et notaire du diocèse de Soissons. *Arch. adm.*, t. II, 735.

— (Hugo), notaire du chapitre de Reims. *Arch. adm.*, t. II, 385.

Fiscalis campus. *Arch. adm.*, t I, 276.

Fiscannum. *Arch. adm.*, t. II, 636, vide Fécamp, vide Nogento-ad-Virgines de Fiscanno.

Fiscus (fisc). *Arch lég.*, 1re part., 403.

Fisselle, médecin à Reims. *Arch. adm.*, t. II, 904.

Fistelo (Ruffinus de), voy. Fiteclo.

Fiteclo (Ruffinus de), chanoine. *Arch. adm.*, t. I, 976, 992, 996, 1003, 1007, 1011, 1037, 1059. *Arch. lég.*, 1re part., 248, 260; *statuts*, 11e vol., 103.

Fivensis ecclesia. *Arch. adm.*, t. I, 287.

Fives (ville de). *Arch. adm.*, t. I, 655.

— (prieuré de). *Arch. adm.*, t. III, 18.

— (église de), voy. Fivensis ecclesia.

Fixot, femme de Jesson d'Avenson. *Arch. adm.*, t. II, 1187.

Flaba, voy. Flabas (village de).

— (ecclesia de), vide Flabas (église de).

Flabais (village de), voy. Flabas.

— (presbyter de), voy. Flabas.

— (ecclesia de), vide Flabas (église de).

Flabas (église de). *Arch. adm.*, t. II, 1089.

— (village de). *Arch. adm.*, t. II, 1029, 1090.

— (presbyter de). *Arch. adm.*, t. II, 1087.

Flabein (lieu de). *Arch. adm.*, t. III, 607.

Flaco (sorte de pâtisserie en usage à Reims). *Arch. lég.*, 11e part., *statuts*, 1er vol., 365.

Flagellation, voy. Flagellorum verberatio.

Flagellorum verberatio. *Arch. lég.*, 1re part., 385.

Flageolet (Jean-Baptiste), religieux de Saint-Remi de Reims. *Arch. lég.*, 11e part., *statuts*, 1er vol., 293.

Flagiacum, vide Flagy ou Flaignes, S. Germani-in-Flagiaco, Brolio, Villari, S. Sepulchri.

Flagy (village de). *Arch. adm.*, t. II, 636, 1074?

Flaignes (parochia de). *Arch. adm.*, t. II, 1073.

— (presbyter de). *Arch. adm.*, t. II, 1074, 1087?

— (curé de), voy. Harpedane (Henry).

— (ecclesia). *Arch. adm.*, t. II, 1072? 1088.

— (forêt de), voy. Flangiis (Sylva de).

— (ville de). *Arch. adm.*, t. II, 1086; t. III, 592. *Arch. lég.*, 1re part., 876, 903, 906, 911.

Flaigneul de imperio (presbyter de), vide Flaignes.

Flaigneux, voy. Flaignes.

— (église de), voy. Flaignes (ecclesia de).

Flaignon (presbyter de), vide Flaignes.

Flaigny (église de), voy. Flignis (ecclesia de).

— voy. Flagy.

Flairicourt (Poncelet de), clerc. *Arch. adm.*, t. II, 527.

Flajolet (Auberi), bourgeois de Reims. *Arch. adm.*, t. II, 690, 808?

Flamain (H. le), de Fole Paine, voy. Fole Paine.

— (Adans le). *Arch. adm.*, t. I, 1015.

— (Benoit le). *Arch. adm.*, t. II, 896, 1199. *Arch. lég.*, 11e part., *statuts*, 1er vol., 772.

— (E.), bourgeois de Reims. *Arch. adm.*, t. III, 17.

Flamain (Gerardus), chanoine. *Arch. lég.*, IIe part. , *statuts* , Ier vol., 115.

— (Oudardus), chanoine. *Arch. lég.* , IIe part., *statuts*, Ier vol., 115.

Flamaing (Coleçon), échevin du ban de Saint-Remi. *Arch. lég.*, IIe part., *statuts*, Ier vol., 650.

— (B:), voy. Flamain.

Flamainne (Johannes), bourgeois de Châlons. *Arch. lég.*, Ire part., 295.

Flamains, voy. Flamands.

Flamands, appelés par l'archevêque de Reims contre les bourgeois révoltés. *Arch. adm.*, t. I, 348, 789; t. II, 949. *Arch. lég.*, IIe part., *statuts*, Ier vol., 805; *statuts*, IIIe vol., 608.

Flamang (Jehan le), mesureur de sel. *Arch. adm.*, t. III, 793, 819. *Arch. lég.*, IIe part., *statuts*, Ier vol., 421.

Flamiger de Libera, vide Libera.

Flamignon (P), échanson du roi. *Arch. adm.*, t. III, 686. *Arch. lég.* , Ire part., 585 ?

— (Guillaume), sergent du bailliage de Reims. *Arch. lég.*, IIe part., *statuts*, Ier vol., 862 ; *statuts*, IIe vol., 328, 333.

— (Oudart). *Arch. lég.* , IIe part. , *statuts*, Ier vol., 369, 375.

— (J....), sous-prieur de Saint-Remi. *Arch. lég.*, IIe part., *statuts*, Ier vol., 878.

Flamingis (Jehançonnus), voy. Flamang (Jehan le).

Flaminion (Pierre), doyen de la chrétienté. *Arch. lég.* , IIe part., *statuts*, Ier vol., 825.

Flancourt (moulin de). *Arch. adm.*, t. I, 358; t. II, 6.

Flandre (comte de). *Arch. adm.*, t. I, 429, 430, 867, 1086; t. II, 82. Rang dudit à la cérémonie du sacre, 575, 1106 ; t. III, 123, 145, 237, 756, *Arch. lég.*, Ire part., 76. Appelé par l'archevêque de Reims pour mettre à la raison ses bourgeois révoltés, IIe part. , *statuts*, IIIe vol., 608.

Flandre (province de), voy. Flandria. *Arch. adm.*, t. I, 13, 323, 655, 967; t. II, 27, 36, 164, 169, 587; t. III, 783. *Arch. lég.*, Ire part. , 83 , 324; IIe part. , *statuts* , Ier vol., 129 , 398 , 509 , 842 ; *statuts*, IIe vol. , 26, 349, 898; *statuts*, IIIe vol., 419, 742.

— (colle de). *Arch. lég.*, IIe part., *statuts*, IIe vol., 989.

— (prévôt de), voy. Flandrensis præpositus.

— (Robert de), frère de Philippe le Bel. *Arch. adm.*, t. I, 246, 248, 249 ; t. II, 28.

— (guerres de). *Arch. adm.*, t. II, 164, 169, 171, 557, 646; t. III, 522. *Arch. lég.*, IIe part., *statuts*, Ier vol., 885.

— (gros de), monnaie. *Arch. adm.*, t. III, 736. *Arch. lég.*, IIe part., *statuts*, Ier vol., 428, 429.

Flandrensis præpositus. *Arch. lég.*, IIe part., *statuts*, Ier vol., 168.

Flandreuses, vide Flamands.

Flandriæ comes, voy. Flandre (comte de).

Flandrin (Pierre). *Arch. lég.*, IIe part., *statuts*, IIe vol., 978.

Flandrine, femme d'Aubry de Vilé. *Arch. adm.*, t. II, 96.

— (Jacques), bourgeois. *Arch. adm.*, t. III, 842.

Flangiis (sylva de). *Arch. adm.*, t. I, 450, vide Flaignes.

Flanion (Augustin). *Arch. lég.*, IIe part., *statuts*, IIe vol., 212.

Flanmang (Jehan), voy. Flamang.

Flastre (Pierre), vinaigrier. *Arch. lég.*, IIe part., *statuts*, IIe vol., 315.

Flastré (Jean), sergent du bailliage. *Arch. lég.*, IIe part., *statuts*, IIe vol., 363.

Flato, flan, sorte de patisserie. *Arch. adm.*, t. II, 384, vide Flaco.

Flaumains (Johannes) , voy. Flamang (Jehan le).

lavarafena, voy. Flavarasena.

Flavarasena, *femme* affranchie par Saint-Remi. *Arch. adm.*, t. I, 18.

Flavart (Nicolas). *Arch. lég.*, 1re part., 910.

Flave Cneus, voy. Flavius Cneius.

Flavianus, affranchi par Saint-Remi. *Arch. adm.*, t. I, 18.

— évêque, l'un des pères du concile de Constantinople. *Arch. adm.*, t. I, 167.

Flavigné (J. de), sergent du chapitre de Reims. *Arch. adm.*, t. III, 15.

Flavigny (Charles de). *Arch. lég.*, 1re part., 921.

— (monastère de). *Arch. lég.*, 11e part., *statuts*, 11e vol., 85.

— (Jean de). *Arch. lég.*, 11e part., *statuts*, 11e vol., 325.

— (Gérart de), lieutenant général du bailliage de Vermandois. *Arch. lég.*, 11e part., *statuts*, 111e vol., 34, 614.

— (Pierre de), bailly du comté de Marle. *Arch. lég.*, 1re part., 888, 890.

— (Matthieu de), seigneur de Jaucourt. *Arch. lég.*, 1re part., 890, 894.

— (Noël de), seigneur de Ribauville. *Arch. lég.*, 1re part., 893.

— (Guillaume de), seigneur d'Espuisart. *Arch. lég.*, 1re part., 895.

Flavinus (Gerardus de), positionnaire de la cour de l'archidiacre de Reims. *Arch. adm.*, t. I, 1031.

Flavius (Cneius), allégué par l'auteur d'un traité des coutumes de Reims. *Arch. lég.*, 1re part., 650.

Flavoy (Raoul de). *Arch. adm.*, t. II, 546.

Flavy (village de). *Arch. lég.*, 1re part., 909.

— -le-Martel (village de). *Arch. lég.*, 1re part., 920.

— (Guillaume de), gouverneur de Com-

piègne. *Arch. lég.*, 11e part., *statuts*, 1er vol., 604, 632, 641.

Flay (village de), voy. Flayacum.

Flayacum. *Arch. adm.*, t. II, 636 ; vide Sancti-Remigii sub Claramonte, Brolio Sicco (de), Villar-Sancti-Sepulchri (de).

Fléau (Adam), maître charron. *Arch. lég.*, 11e part., *statuts*, 11e vol., 930.

Flèche (ville de la). *Arch. lég.*, 11e part., *statuts*, 11e vol., 690.

Fleigneux (village de). *Arch. adm.*, t. I, 263 ; voy. Flaignes.

— (forêt de), voy. Flangiis (sylva de).

Flengie, vide Flaignes.

Flengnum, vide Fleignes.

Flenville (Jehan de). *Arch. adm.*, t. III, 865.

Fleschambaut (chaussée de). *Arch. adm.*, t. I, 499. *Arch. lég.*, 11e part., *statuts*, 11e vol., 927.

— (rue de). *Arch. lég.*, 1re part., 506, 597 ; 11e part., *statuts*, 1er vol., 237, 239, 748 ; *statuts*, 11e vol., 928 ; *statuts*, 111e vol., 30, 419, 487.

— (porte de). *Arch. adm.*, t. I, 9, 13, 447, 448, 485 ; origine du nom de ladite, 1088, t. II, 6, 127, 128 ; t. III, 690. *Arch. lég.*, 1re part., 486, 489, 543, 554, 579, 581, 591, 599 ; 11e part., *statuts*, 1er vol., 240, 244, 265, 615, 696, 703, 785, 844, 886 ; *statuts*, 111e vol., 385, 389, 392, 395, 396, 419, 487, 492.

— (pont de). *Arch. adm.*, t. I, 230.

— (vivier de). *Arch. adm.*, t. I, 493 ; possédé par indivis par l'abbé de Saint-Remi et l'église de Reims. *Arch. lég.*, 11e part., *statuts*, 1er vol., 185.

— (moulins de). *Arch. adm.*, t. I, 281, 498, 499 ; t. II, 1139 ; t. III, 508. *Arch. lég.*, 1re part., 593 ; 11e part., *statuts*, 1er vol., 96, 188, 845.

— (eaux minérales de). *Arch. adm.*, t. I, 1056.

Fleschambaut (faubourg de). *Arch. lég.*, iie part., *statuts*, i^er vol., 236, 238, 244, 685, 702, 708, 720, 845, 910; *statuts*, iie vol, 13.

Flète (bois de la). *Arch. adm.*, t. III, 573.

Fleur de lis (obole blanche à la), monnaie. *Arch. adm.*, t. II, 892, 893.

— de lis blanche, monnaie. *Arch. adm.*, t. II, 894.

Fleure (Claude de). *Arch. lég.*, iie part., *statuts*, iie vol., 238.

Fleurignier (G. le), voy. Florinier.

Fleury en Argonne (village de). *Arch. lég.*, iie part., *statuts*, iiie vol., 393.

— -sur-Aisne (ville de). *Arch. lég.*, iie part., *statuts*, i^er vol., 109, 110.

— -la-Montagne (ville de). *Arch. adm.*, t. III, 593, 622. *Arch. lég.*, i^re part., 754.

— (Joly-Omer de), avocat général. *Arch. lég.*, iie part., *statuts*, iie vol., 595? *statuts*, iiie vol., 406, 471, 480, 553, 653? 656?

— (Louis). *Arch. lég.*, iie part., *statuts*, iie vol., 239.

— (Jehan), juré comptable. *Arch. adm.*, t. III, 836. *Arch. lég.*, iie part., *statuts*, iie vol., 239; *statuts*, iiie vol., 676, 678.

— (Joly de), procureur général, voy. Fleury (Omer-Joly de).

— (prêtre de), voy. Floreio in Riparia (presbyter de).

— (Hugues de), historien, allégué à l'occasion des comtes de Reims. *Arch. adm.*, t. I, 85, 86.

— (Aleu de), voy. Florinense Alodium.

— (Claude-Henri de), grand maître des eaux et forêts. *Arch. lég.*, iie part., *statuts*, iie vol., 14.

— (Charles), boulanger. *Arch. lég.*, iie part., *statuts*, iie vol., 162.

Fleury (Oudart). *Arch. lég.*, iie part., *statuts*, iie vol., 238.

— -la-Rivière (village de). *Arch. adm.*, t. II, 1053.

— -la-Rivière (paroisse de). *Arch. adm.*, t. II, 1053.

— (hameau de). *Arch. adm.*, t. I, 1089; t. II, 1055. *Arch. lég.*, i^re part., 906, 919; iie part., *statuts*, i^er vol., 96.

— voy. Petit-Fleury.

— (Jean). *Arch. lég.*, iie part., *statuts*, iie vol., 238.

Flève (monnaie). *Arch. adm.*, t. II, 912; t. III, 127, 505.

Flevilla (parochia de). *Arch. adm.*, t. II, 1095, 1096; voy. Fleville.

— (presbyter de). *Arch. adm.*, t. II, 1097.

Fleville (paroisse de), voy. Flevilla.

Flevines (Gerardus de), positionnaire de la cour de l'archidiacre de Reims. *Arch. adm.*, t. I, 1031.

Flexicuria Sancti-Luciani (prior de). *Arch. adm.*, t. II, 630.

Flodoard, historien et chanoine de Reims. *Arch. adm.*, t. I, 2, 3, 5, 10, 25, 26, 27, 28, 55, 56, 67; histoire dudit alléguée à l'occasion de l'institution des chanoines, 73, 84, 94, de la seigneurie du comté de Reims, 86, 665, 985. *Arch. lég.*, iie part., *statuts*, i^er vol., 74, 80, 271; des prétentions des notaires de Reims, *statuts*, iiie vol., 548, 607.

Flodoardus, presbyter et canonicus, voy. Flodoard.

Flichi (J. de). *Arch. adm.*, t. II, 489.

Fliers S. Vincentii-Laudunensis (prior de). *Arch. adm.*, t. II, 638.

Flignis (ecclesia de), vide Flaignes.

Flize (village de). *Arch. adm.*, t. II, 1075. *Arch. lég.*, i^re part., 901, 906.

Flocus (froc?) *Arch. lég.*, iiᵉ part., *statuts*, iᵉʳ vol., 197.

Floduldus, voy. Flodulphus.

Flodulphus, inscrit au nécrologe de Saint-Remi. *Arch. lég.*, iiᵉ part., *statuts*, iᵉʳ vol., 82.

Floing (Jacobus de), chanoine d'Avenay. *Arch. adm.*, t. II, 1045.

— (village de). *Arch. adm.*, t. II, 1086. *Arch. lég.*, iʳᵉ part., 902.

— (presbyter de). *Arch. adm.*, t. II, 1089.

— (paroisse de). *Arch. adm.*, t. II, 1088.

Floion (Colard de), sergent du roi. *Arch. adm.*, t. III, 26.

Floiry (R. de), charpentier. *Arch. adm.*, t. II, 532.

Floqués (Arnould), cordonnier. *Arch. adm.*, t. III, 24.

Floquet (maison de). *Arch. lég.*, iiᵉ part., *statuts*, iᵉʳ vol., 239.

Floreau (Denis). *Arch. lég.*, iʳᵉ part., 884, 886, 893.

Floregum in Riparia, voy. Fleury la Rivière.

— voy. Fleury.

Floreio in Riparia (presbyter de). *Arch. adm.*, t. II, 1054.

Florence (florin de), monnaie. *Arch. adm.*, t. II, 643; t. III, 83, 189. *Arch. lég.*, iiᵉ part., *statuts*, iᵉʳ vol., 63; voy. Florenus.

— (Gérard). *Arch. lég.*, iiᵉ partie, *statuts*, iiᵉ vol., 7.

— (ville de). *Arch. lég.*, iiᵉ part., *statuts*, iiᵉ vol., 570, 572; iiiᵉ vol., 300.

Florencia (Tancredus de), professeur de droit. *Arch. adm.*, t. I, 1107.

— (Mannus de), chanoine. *Arch. adm.*, t. II, 131.

— (Andreas), vide Florentia.

Florennes (Germain de), bourgeois de Reims. *Arch. lég.*, iiᵉ part., *statuts*, iᵉʳ vol., 322.

Florent (Nicholas). *Arch. adm.*, t. II, 1244.

— (village de). *Arch. lég.*, iiᵉ part., *statuts*, iiiᵉ vol., 388.

Florentia, trésorier de l'église de Reims. *Arch. adm.*, t. I, 496.

— (Andreas de), chanoine de Reims. *Arch. adm.*, t. II, 475.

Florentino (Mathias de), chanoine de Reims. *Arch. adm.*, t. II, 475.

Florenus regalis, vide Florin royal (monnaie).

— ad scutum, voy. Florin à l'écu.

— de Florentia, vide Florence (florin de).

— auri, voy. Or (florin d'); vide Johannis regis, Regales auri.

— Francus (monnaie), voy. Florin, Franc.

Flori (hameau de), voy. Fleury.

Floria la Chastellaine, religieuse d'Audrecy. *Arch. adm.*, t. III, 393.

— veuve d'Hugo de Porta. *Arch. adm.*, t. II, 102.

Floricourt (Jehan de). *Arch. adm.*, t. III, 728. *Arch. lég.*, iiᵉ part., *statuts*, iᵉʳ vol., 453, 539, 612, 615, 617, 619, 631, 670, 675, 681, 725, 727, 738, 745.

— (Huart de), prévôt de Laon, voy. Floricuria (Huardus de).

Floricuria (Huardus de), prévôt de Laon. *Arch. adm.*, t. III, 395. *Arch. lég.*, *statuts*, iiiᵉ vol., 29.

Floridas (Guillaume), prévôt forain de Laon, voy. Coffart (Guillaume).

Floridus, vide Campus.

Florie, femme de Robin le Tripier. *Arch. adm.*, t. I, 960.

—, femme de Thomas de Rohays, échevin. *Arch. adm.*, t. III, 20, 35.

Florig, voy. Florinier.

Florignier (Thomas le), clerc. *Arch. lég.*, iie part., *statuts*, iie vol., 181.

Florimont (Huart de), lieutenant du bailli de Vermandois. *Arch. lég.*, iie part., *statuts*, iiie vol., 63.

Florin , voy. Florence (florin de) ; France (florin à l'écu de), Or (florin d'), Couronne (florin à la), Bourgogne, Bruges , Hollande. Voy. Florence.

— à l'aignel (monnaie). *Arch. adm.*, t. II, 579, 756, 802.

— royal (monnaie). *Arch. adm.*, t. II, 579, 757, 763, 1008; t. III, 179. *Arch. lég.*, iie part., *statuts*, i^{er} vol., 824; voy. Florenus regalis.

— d'or à l'escu (monnaie). *Arch. adm.*, t. II, 765, 801, 1015; t. III, 53, 58, 64, 72, 82, 133. *Arch. lég.*, iie part., *statuts*, i^{er} vol., 69, 88.

— à l'escu (monnaie), voy. France (florin à l'écu de).

— franc. *Arch. adm.*, t. III, 576, 596. *Arch. lég.*, iie part., *statuts*, i^{er} vol., 68, 105; voy. Florenus francus.

Florinense alodium. *Arch. adm.*, t. I, 263.

Florinier (Gérard), marchand. *Arch. lég.*, i^{re} part., 759 ; iie part., *statuts*, i^{er} vol., 681, 683, 685, 865, 867, 872, 876, 883 ; *statuts*, iie vol., 4, 7, 23.

— (J....), bourgeois. *Arch. lég.*, iie part., *statuts*, i^{er} vol., 781.

Florino prope Basseiam (prior de). *Arch. adm.*, t. II, 630.

Florona, fille de Jean le châtelain. *Arch. adm.*, t. III, 398.

Flory (Geoffroy de), trésorier du roi. *Arch. adm.*, t. II, 821.

— (Jesson), voy. Fleury (Jean).

— la-Montagne, voy. Fleury.

Flot (Tossardus de). *Arch. adm.*, t. III, 437, 475.

Flotdegarius , chanoine. *Arch. lég.*, iie part., *statuts*, i^{er} vol., 76.

Flotgisius , vassal de l'église de Reims. *Arch. adm.*, t. I, 36.

Flotildis , inscrite au nécrologe de Reims. *Arch. lég.*, iie part., *statuts*, i^{er} vol., 70.

Floton, voy. Vuillé.

Flouart (Husson), tondeur de drap. *Arch. lég.*, iie part., *statuts*, iie vol., 392.

Floureau (Denys), procureur. *Arch. lég.*, i^{re} part., 898.

Flouret de Thuisy, écuyer, voy. Thuisy (Fleuriot de).

Flournay (lieu de), au diocèse de Châlons. *Arch. lég.*, iie part., *statuts*, i^{er} vol., 169.

Fluvius , vide Anam, Axona, Bairum , Canchia, Ligium, Materna, Suppia, Vidula.

Fluy (Henricus de), chanoine de Reims. *Arch. adm.*, t. I, 769 ; t. II, 99. *Arch. lég.*, iie part., *statuts*, i^{er} vol., 107, 120.

— (B. de), curé de Revelle. *Arch. lég.*, i^{re} part., 255 ; iie part., *statuts*, i^{er} vol., 94.

Focapis , sorte de pâtisserie. *Arch. lég.*, iie part., *statuts*, i^{er} vol., 365, 367.

Fogsies (Renerus de), chevalier. *Arch. adm.*, t. I, 451.

Foi, voy. Fides catholica.

— catholique (profession de). *Arch. lég.*, iie part., *statuts*, iie vol., 800.

Foigny (Simon de), maître imprimeur. *Arch. lég.*, iie part., *statuts*, i^{er} vol., 924 ; iie vol., 469.

Foin (brasseur de), voy. Reims (brasseurs de).

— (brassée de), terme de mesurage. *Arch. adm.*, t. I, 487. *Arch. lég.*, iie part., *statuts*, i^{er} vol., 684, 768.

Foire , voy. Beaucaire , Caen , Champagne et Brie, Châlons, Falaise, Guibray, Landit, Lyon , Nueveville,

Pont-à-Mouson (foire de), Provins, Reims, Roucy, Rouen, S. Denis en France, S. Laurent de Paris, S. Remi de Reims, Troyes. Voy. Nundina.

Foires de Champagne (garde des), voy. Alemant (Guillermus l').

— de Champagne (sergents de), voy. Campaniæ nundinarum servientes.

Foischez (abbé de), voy. Foisinacensis abbas.

Foisinacensis abbas. *Arch. adm.*, t. II, 635. *Arch. lég.*, 1re part., 879.

Foisse (Simon), maître maçon. *Arch. lég.*, iie part., *statuts*, iie vol., 490.

Foissin (Jessonnet), boucher. *Arch. lég.*, iie part., *statuts*, 1er vol., 439.

Folé (Lambert), marchand de Paris. *Arch. adm.*, t. II, 477.

Folembray (Jehan de), abbé de Clairefontaine. *Arch. lég.*, 1re part., 879.

— (village de). *Arch. lég.*, 1re part., 886, 889, 909.

— (curé de), voy. Domal (Loys).

— (capitaine de), voy. Estrées (J.)

— (fief de). *Arch. lég.*, 1re part., 894.

Fole-Paine, quartier de Reims. *Arch. adm.*, t. I, 427; 430, 907. *Arch. lég.*, 1re part., 532, 596, 605; iie part., *statuts*, 1er vol., 172, 174, 177.

— (mairie de). *Arch. adm.*, t. II, 383. *Arch. lég.*, 1re part., 486.

Fole-Paine (rue de). *Arch. adm.*, t. I, 97. *Arch. lég.*, 1re part., 575.

— (H. le Flamaind), bourgeois. *Arch. adm.*, t. II, 558.

Foleret (molendina de). *Arch. adm.*, t. I, 303, 498. *Arch. lég.*, iie part., *statuts*, 1er vol., 73.

Folet (Pierre), curé de S. Jehan. *Arch. lég.*, 1re part., 529, 600.

Fol-Garson. Voy. Mers (Joaquin de).

Folia (Johannes de), voy. Folie (Jehan de la).

Foliart le charlier. *Arch. adm.*, t. III,

Folie (chapitre de), voy. Foliacense capitulum.

Folie (village de). *Arch. adm.*, t. II, 1083. *Arch. lég.*, 1re part., 891, 893, 906; iie part., *statuts*, 1er vol., 614, 616.

— (Jehan de la), chanoine de Reims. *Arch. adm.*, t. II, 1034; t. III, 352.

— (forteresse de la). *Arch. lég.*, iie part., *statuts*, 1er vol., 576, 579, 581, 613, 646.

Folipena, voy. Fole-Paine.

Folle-Peine (rue de), voy. Fole-Paine.

Follet (Jo...), prêtre et chanoine. *Arch. lég.*, iie part., *statuts*, 1er vol., 118.

Folleville (Jehan de), conseiller du roi. *Arch. adm.*, t. III, 352.

Folliacense capitulum. *Arch. adm.*, t. II, 637.

Folliart (Regnault), cuisinier. *Arch. lég.*, iie part., *statuts*, iiie vol., 497.

Folmarié (Pierre le). *Arch. lég.*, iie part., *statuts*, 1er vol., 635, 645, 745.

Fond (Boussaroque de la). *Arch. lég.*, iie part., *statuts*, iiie vol., 742.

Fondeur (Pierre le). *Arch. adm.*, t. II, 303.

— (Marguerite le). *Arch. lég.*, iie part., *statuts*, iie vol., 570.

Fons, vide Constantii Fons, Mauberti, Loire.

Fons in Bosco-Surdolii. *Arch. adm.*, t. II, 298.

Fontaine, voy. Reims (fontaines de),

— (Pierre), cordonnier. *Arch. lég.*, iie part., *statuts*, iie vol., 238.

— -lez-Dun (village de). *Arch. adm.*, t. II, 1093.

— (sieur de la), voy. Bachelier (Henry).

Fontaine-lez-Dun (presbyter de), voy. Fontainus.

— (prêtre de), voy. Fontanis (presbyter).

— -le-Roy (ville de). *Arch. lég.*, i^{re} part., 883.

— (curé de), voy. Neuville (Arnaldus).

— voy. Rouillé (de).

— voy. Trigny (fontaine de), Dart.

— (Pierre de), clerc. *Arch. adm.*, t. I, 758, 899.

— (Jesson de la), cordonnier. *Arch. adm.*, t. II, 535; t. III, 446? 458.

— (Jehan de la), juge au Châtelet de Paris. *Arch. adm.*, t. II, 732; t. III, 842. *Arch. lég.*, i^{re} part., 759; iie part., i^{er} vol., 823, 862, 863.

— (Martin de la), cordonnier. *Arch. adm.*, t. II, 826.

Fontainebleau (ville de). *Arch. lég.*, iie part., *statuts*, iiie vol., 528.

Fontaine-lez-Épernay (village de). *Arch. adm.*, t. II, 1121.

— -lez-Épernay (paroisse de). *Arch. adm.*, t. II, 1122.

— -l'Abbé (seigneur de), voy. Hérault (René).

— -lez-Grateuil (village de). *Arch. adm.*, t. II, 1100.

— (village de). *Arch. lég.*, i^{re} part., 879, 889, 900.

— (Hubert de la), seigneur de Berlière, *Arch. lég.*, i^{re} part., 892.

— (Nicolas), cordonnier. *Arch. lég.*, iie part., *statuts*, iie vol., 238.

— (presbyter de). *Arch. adm.*, t. II, 1092, 1120.

— (Philippe de), écuyer. *Arch. adm.*, t. III, 660.

— -de-Bèze , chronique dudit allégué. *Arch. adm.*, t. I, 30.

Fontainez (Jesson), voy. Fontaine.

Fontana , vide Plombea fontana.

Fontaneis (Adam de), chevalier. *Arch. adm.*, t. I, 353.

Fontanieu (sieur de), maître des requêtes. *Arch. lég.*, iie part., *statuts*, iie vol., 671.

Fontanis (Petrus de), voy. Fontaine (Pierre de).

— (parochia de), voy. Fontaine-lez-Épernay (paroisse de).

Fontanon (M.), recueil des ordonnances des rois de France dudit allégué. *Arch. lég.*, iie part., *statuts*, iiie vol., 510.

Fontenas (Garinus le), mansionnaire du chapitre. *Arch. adm.*, t. II, 334.

— (Henricus le), mansionnaire du chapitre. *Arch. adm.*, t. II, 334.

Fontenay - Bauzery (village de). *Arch. lég.*, iie part., *statuts*, i^{er} vol., 64, 67.

Fontenay, chevaucheur du roi. *Arch. lég.*, iie part., *statuts*, i^{er} vol., 775, 780.

— -le-Comte (ville de). *Arch. lég.*, iie part., *statuts*, iiie vol., 531.

— -Baussay, voy. Fontenay-Bausery.

Fontenelle (Fremin de), conseiller municipal. *Arch. lég.*, iie part., *statuts*, iiie vol., 659.

Fontenelles (Petrus de), curé de Bourg. *Arch. adm.*, t. II, 1110.

Fontenille (prioratus de). *Arch. adm.*, t. II, 1113, voy. Sainte-Marguerite de Fontenille (prieuré de).

— (Guillaume de). *Arch. adm.*, t. II, 14.

Fontenoy (sieur de), voy. Espagnol (Jean l').

Forage (droit de), voy. Foragium.

Foragium. *Arch. adm.*, t. I, 289, 312, 385, 419, 637, 688, 909.

Forain, Reims (forains de); Clercs forains; Prevôt; Changeur, ouvrier; Foraneus.

Foraneus, vide Impositio foranea, Officialis, Præbenda, præpositus foraneus.

— juratus. *Arch. adm.*, t. II, 597.

Force (Piganiol de la). Description de la France dudit allégué. *Arch. lég.*, IIe part., *statuts*, IIIe vol., 750.

Forcia (force). *Arch. adm.*, t. I, 828.

Forcium, vide Libræ.

Fordant, notaire. *Arch. adm.*, t. III, 766.

Fordent (H...), bourgeois. *Arch. lég.*, IIe part., *statuts*, Ier vol., 729.

Foré (N...), voy. Forré.

Forefacere, vide Forisfacere.

Forefactum, vide Forisfactum.

Forest (Nicolas), tondeur de drap. *Arch. lég.*, IIe part., *statuts*, Ier vol., 477 ; *statuts*, IIe vol., 394, 395.

— (la), bois de l'archevêque de Reims. *Arch. adm.*, t. I, 546.

— (Simon). *Arch. lég.*, Ire part., 888.

— (Pierre de la), avocat au parlement. *Arch. adm.*, t. II, 776? 804? 829, 997, 1006.

— (Nicolas). *Arch. lég.*, Ire part., 759 ; IIe part., *statuts*, IIe vol., 334, 535.

— (village de). *Arch. adm.*, t. I, 855 ; t. II, 1075, 1078.

Foresta (villa de), voy. Forest (village de).

Foresta (forêt). *Arch. adm.*, t. I, 855. *Arch. lég.*, IIe part., *statuts*, Ier vol., 180 ; vide Waura (foresta de).

Forestarius. *Arch. adm.*, t. I, 249, 453.

Foresti Monasterii abbas. *Arch. adm.*, t. II, 637.

Forestier, voy. Forestarius.

Foresto (abbatissa de). *Arch. adm.*, t. II, 641.

Forêt (village de la), voy. Forest.

— voy. Chavigny (forêt de). Blombais, voy. Foresta.

— (A...), élu de Reims. *Arch. lég.*, IIe part., *statuts*, Ier vol., 921.

Forfaiture, voy. Forisfactum.

Forge (J... de), licencié. *Arch. lég.*, IIe part., *statuts*, Ier vol., 789.

— (maison de la). *Arch. adm.*, t. III, 49.

— (Pierre de la). *Arch. adm.*, t. III, 109.

— (Mahieu de la). *Arch. adm.*, t. III, 493.

Forge-Maillard (chapelle de tolérance de). *Arch. adm.*, t. II, 1069.

Forgeot, tailleur d'habits. *Arch. lég.*, IIe part., *statuts*, IIe vol., 534.

Forges (Perrinet de), écuyer. *Arch. adm.*, t. II, 895.

— (Guillaume des). *Arch. lég.*, Ire part., 903.

— -de-Linchamp (chapelle de tolérance de). *Arch. adm.*, t. II, 1071.

— (village de). *Arch. lég.*, Ire part., 501, 506, 552.

— (eaux de). *Arch. lég.*, IIe part., *statuts*, IIIe vol., 228.

Forgette (Mathieu), receveur de Reims. *Arch. adm.*, t. III, 748, 760, 765, 767.

Forgia (forge, hôtel de monnaies). *Arch. lég.*, IIe part., *statuts*, Ier vol., 88.

Forguehain-de-Afflignio (prioratus de). *Arch. adm.*, t. II, 641.

Fori ad bladum platea. *Arch. adm.*, t. II, 644 ; voy. Reims (halle au blé de).

Forisfacere (forfaire). *Arch. adm.*, t. I, 618, 853, 881 ; t. II, 231, 366, 644, 918 ; t. III, 240, 248, 616, 666.

Forisfactum (forfaiture). *Arch. adm.*, t. I, 223, 332, 366, 394, 400, 401, 403, 404, 408, 409, 418, 419, 430, 444, 448, 453, 454, 455, 458, 473, 521, 526, 546, 566, 598, 617, 618, 653, 812, 817, 864, 866, 878 ; t. II, 98, 232, 334, 399, 458, 647, 973 ; t. III, 237, 269, 314, 504, 559, 742. *Arch. lég.*, Ire part., 103, 190, 717, 855, 1006, 1009 ; IIe part., *statuts*, IIe vol., 956.

Forismaritagia, voy. Formariages.

Formage (Ponçardus). *Arch. lég.*, iie part., *statuts*, ier vol., 106.

Formariages. *Arch. adm.*, t. II, 848, 862, 964, 965. Accord entre le roi et Mgr de Reims au sujet desdits, *ibid.*, 966, 1241; t. III, 400, 600, 604, 608. *Arch. lég.*, ire part., 55, 230, 305, 608, 1007; iie part., *statuts*, ier vol., 171, 175, 545; *statuts*, iiie vol., 511, 514, 515.

Formentières (village de). *Arch. lég.*, ire part., 919.

Formundus, chanoine. *Arch. adm.*, t. I, 491.

Forniçateur, voy. Fornicator.

Fornicatio. *Arch. adm.*, t. III, 437. *Arch. lég.*, ire part., 52, 169, 381, 431.

Fornication, voy. Fornicatio.

Fornicator. *Arch. adm.*, t. I, 190. *Arch. lég.*, ire part., 394.

Fornue (Jean de). *Arch. lég.*, iie part., *statuts*, iie vol., 238.

Forquandus de Vallibus, vide Vallibus (Forq. de).

Forquetus fils de Henrionnus de Ambleio, écuyer. *Arch. adm.*, t. II, 101.

Forragium, vide Fourragium.

Forratura (fourrure). *Arch. adm.*, t. II, 338; t. III, 772.

Forratus (fourré). *Arch. adm.*, t. I, 1030; t. II, 1221.

Forré (Nicolas), échevin. *Arch. lég.*, iie part., *statuts*, ier vol., 863, 866, 868, 876, 885; *statuts*, iie vol., 4.

Forreiz (Henry). *Arch. adm.*, t. I, 959.

Forrest (Édouard), conseiller intendant des deniers communs. *Arch. lég.*, iie part., *statuts*, iie vol., 949.

Fort, voy. Mareuil (fort de l'île de).

— (Étienne), huissier royal. *Arch. lég.*, iie part., *statuts*, iiie vol., 657.

— (Jehan), boulanger. *Arch. lég.*, iie part., *statuts*, iie vol., 162.

Fort (Nicolas), boulanger. *Arch. lég.*, iie part., *statuts*, iie vol., 162.

Fortalitia (forteresse). *Arch. adm.*, t. III, 241.

Forte-Maison, fief de l'archevêque de Reims. *Arch. adm.*, t. III, 654.

Forte monnaie, voy. Fortis moneta.

Forteresse, voy. Attigny, Bazoche, Beaumont, Béthéniville, Courlandon, Fortericia, Folie (forteresse de la), Ile de Mareuil - sur - Marne, Menre, Mouzon, Neesle-en-Tardenois, Nogent-l'Ertaut, Ouchy, Passavant, Reims (forteresses de), Roucy (fort de), Saponay, Sary, Sept-Saulx, Sommevelle, Troissy, Vaucouleurs. Aucune forteresse ne peut être bâtie dans la juridiction de l'archevêque de Reims sans son autorisation. *Arch. adm.*, t. I, 1006; t. III, 241.

Forteresse de Reims (sergents de la); attributions desdits. *Arch. lég.*, iie part., *statuts*, ier vol., 878; *statuts*, iie vol., 97, 118, 123, 129, 820; *statuts*, iiie vol., 112, 182, 279, 285, 286, 293, 407, 482, 496, 604.

Fortericia (forteresse), voy. Gotis (forteritia de). Martis Portæ, Remorum.

Fort-Homme (Jean le), curé de Sommepy. *Arch. adm.*, t. III, 409.

Fortia (M... de), conseiller d'État. *Arch. lég.*, iie part., *statuts*, iie vol., 671.

Fortier (Oudinet), clerc. *Arch. adm.*, t. III, 313.

— (Jean), sergent de ville. *Arch. lég.*, iie part., *statuts*, iie vol., 546.

Fortification, voy. Reims (fortifications de).

Fortin (Nicolas). *Arch. lég.*, iie part., *statuts*, iie vol., 265.

Fortis moneta. *Arch. adm.*, t. II, 64.

— (Odo), frère d'Ébalus archevêque de Reims. *Arch. lég.*, iie part., *statuts*, ier vol., 90.

Forum. *Arch. adm.*, t. I, 682, vide Remense forum, Ecclesiasticum, Regium.

Forzy (Raulin). *Arch. lég.*, IIᵉ part., *statuts*, IIᵉ vol., 265.

— (Louis), conseiller du roi. *Arch. lég.*, IIᵉ part., *statuts*, IIIᵉ vol., 188.

Fossa, vide Garini Gabionis Fossa, Roherium.

— (Henricus de), médecin. *Arch. adm.*, t. II, 105.

— (Jacobus de), chanoine et prêtre. *Arch. lég.*, IIᵉ part., *statuts*, Iᵉʳ vol., 80.

Fossanova (Stephanus de), cardinal. *Arch. adm.*, t. I, 541, 542. *Arch. lég.*, IIᵉ part., *statuts*, Iᵉʳ vol., 97, 120.

Fossarius, vide Cochetus.

Fossart (voie la), voy. Voie.

Fossatis (Simon de). *Arch. adm.*, t. I, 869.

— (parochia de), voy. Fossé (paroisse de).

— (solidus de). *Arch. lég.*, IIᵉ part., *statuts*, Iᵉʳ vol., 86.

Fossatum. *Arch. adm.*, t. I, 386, 602, 636, *Arch. adm.*, t. I, 861, 975, 1068; t. II, 91; 106; t. III, 192, 215, 226, 236, 246, 905. vide Remorum fossata, Enrart fossatum, Roussent, voy. Fossé.

Fosse, voy. Fossa, Gillebert (fosse la).

— (place de la). *Arch. adm.*, t. II, 525.

— Dyanne (terres de la). *Arch. adm.*, t. II, 380, 1193.

Fossé (Évrard du). *Arch. adm.*, t. I, 890.

— (Jean). *Arch. lég.*, IIᵉ part., *statuts*, IIᵉ vol., 264.

Fossé, voy. Finette (fossé de), Blanc, Hexduin, archevêque (fossé de l').

— (hameau de). *Arch. adm.*, t. II, 1057, 1097.

— (paroisse de). *Arch. adm.*, t. II, 1095, 1098. *Arch. lég.*, IIᵉ part., *statuts*, IIᵉ vol., 642.

Fosserius, maître maçon des fortifications de Reims. *Arch. adm.*, t. III, 901.

Fossés (Aubri des), échevin. *Arch. adm.*, t. II, 666, 779, 808, 809, 839? t. III, 106.

— (Jehan des). *Arch. adm.*, t. II, 898, 899, 900; t. III, 434.

— (Bertrand des). *Arch. adm.*, t. II, 914.

— (S... des). *Arch. adm.*, t. III, 8.

— (Dionysius de), écuyer. *Arch. lég.*, IIᵉ part., *statuts*, IIᵉ vol., 642.

— voy. Reims (fossés de).

— (Colart des), échevin. *Arch. adm.*, t. II, 675, 758; t. III, 149.

— (Cochet des). *Arch. adm.*, t. II, 24.

— (Adam des), échevin. *Arch. adm.*, t. II, 671, 675, 705, 830?

— (Jacques des), échevin. *Arch. adm.*, t. II, 756, 802.

Fotengant (Huetus), bourgeois. *Arch. adm.*, t. II, 445.

Fou (Nicole de la), procureur de l'archevêque. *Arch. adm.*, t. II, 942, 943, 952.

— (Nicolay de la), voy. Fou Nicole.

Fouace (Egidius), procureur de l'archevêque. *Arch. adm.*, t. II, 1231; t. III, 492.

Fouacier (Raoul), curé de Guignecourt. *Arch. lég.*, Iʳᵉ part., 883.

Fouage, voy. Reims (fouage de).

Fouart (Jean). *Arch. lég.*, IIᵉ part., *statuts*, IIᵉ vol., 239.

Fouasse (Gile), voy. Fouace (Egidius).

— (Jehan), notaire royal. *Arch. adm.*, t. III, 833. *Arch. lég.*, Iʳᵉ part., 490, 898.

— (Henry), marchand drapier. *Arch. lég.*, IIᵉ part., *statuts*, IIᵉ vol., 391, 397.

Fouassié (Henri), voy. Fouasse.

Foubors (Gerardus) *Arch. adm.*, t. I, 852.

Foucardi de Warmerivilla Capellania. *Arch. lég.*, IIe part., *statuts*, Ier vol., 106.

Foucart (J...), régaleur. *Arch. adm.*, t. II, 680.

Foucaucourt (M... de), seigneur d'Andevanne. *Arch. adm.*, t. II, 1093.

— (village de). *Arch. lég.*, Ire part., 899, 900.

Foucaudus, échevin de Manillo. *Arch. adm.*, t. II, 733.

Fouée (Granier), procureur des échevins. *Arch. adm.*, t. III, 33.

Fouffry (village de). *Arch. lég.*, Ire part., 919.

Fougère (de), seigneur de Courlandon, prétend à la seigneurie de Baslieux; procès à ce sujet entre lui et la commune. *Arch. adm.*, t. II, 1056, 1057, 1100.

Fougnier (P.). *Arch. lég.*, IIe part., *statuts*, Ier vol., 630, 672, 675.

Fouilloy (chapitre de), voy. Folliacense capitulum,

Foulerde de Maubertifonte (molendinum de). *Arch. lég.*, IIe part., *statuts*, Ier vol., 66.

Foulerie (Colart de la), prévôt de Reims. *Arch. adm.*, t. II, 250, 270, 320, 394.

— (Coletus de la), échevin de Reims. *Arch. adm.*, t. II, 185.

— (Giles de la), échevin. *Arch. adm.*, t. II, 741, 868; t. III, 44.

— (P. de la), bourgeois. *Arch. adm.*, t. III, 831.

Foulet (Robinus). *Arch. adm.*, t. I, 925.

— (P....), bourgeois. *Arch. lég.*, IIe part., *statuts*, Ier vol., 846.

Foulonniers, voy. Reims (foulonniers de).

Foulquart (Gérard), échevin. *Arch. adm.*, t. I, 488, t. II, 175, 234, 488. *Arch. lég.*, IIe part., *statuts*, Ier vol., 701, 702, 707, 817, 848; *statuts*, IIe vol., 172.

— (Jehan), clerc de l'échevinage de Reims. *Arch. adm.*, t. II, 559. *Arch. lég.*, IIe part., *statuts*, Ier vol., 667, 668, 677, 796, 809, 812, 822, 825, 829, 832, 841 ? 844, 862.

Foulquart (Raulin). *Arch. lég.*, IIe part., *statuts*, Ier vol., 826, 827.

Foulques, archevêque de Reims, voy. Fulco.

— écolâtre de Reims. *Arch. adm.*, t. I, 667.

— doyen de Tournay. *Arch. adm.*, t. II, 341, 349, 361.

Fouquart, bailli de Reims. *Arch. adm.*, t. I, 808; t. II, 101.

Fouquerolles (seigneurie de). *Arch. lég.*, Ire part., 877.

Fouquet (Pierre), passementier. *Arch. lég.*, IIe part., *statuts*, IIIe vol., 306.

Fouquetus, voy. Lechesne; voy. Bourdin.

Four, Attigny (four d'), Tenue, Beaumont, Coulommes, Besace, Thuisy, Luistre, Chanonnes, Menre, Berthenville, Mutery, Sacy, Cormicy, Notre-Dame de Reims, Chativelle, voy. Furnus.

— (maison du). *Arch. adm.*, t. III, 894.

— -bannal, voy. Furnus-bannatus; Reims (fours bannaux de).

Fourberie, voy. Reims (fourberie de).

— (rue de la), voy. Tapissiers (rue des).

Fourbeur (Jehan le). *Arch. adm.*, t. II, 40, 339, 516, 915 ? t. III, 25, 382.

— (Gilet le). *Arch. adm.*, t. III, 15, 151, 303.

— (Jesson le), voy. Fourbeur (Jehan le).

— (Renaut le). *Arch. adm.*, t. II, 516; t. III, 25.

— (Pierre le). *Arch. adm.*, t. II, 516.

— (Thomas le). *Arch. adm.*, t. II, 915.

— (Oudart le). *Arch. adm.*, t. II, 915.

Fourbitor (J.), voy. Fourbeur (Jehan le).

Fourche, voy. Furca.

Fourches patibulaires, voy. Reims (fourches patibulaires de).

Fourdrain (village de). *Arch. lég.*, Ire part., 883, 900, 903.

— (curé de), voy. May (Jean).

Foureti (Johannes). *Arch. adm.*, t. III, 392.

Fourmegier (Guyot le). *Arch. adm.*, t. II, 998, 1219.

— (Thibaut le). *Arch. adm.*, t. II, 538.

Fourmezelles (abbas de). *Arch. adm.*, t. II, 639.

Fournage. *Arch. adm.*, t. III, 601.

— (droit de). *Arch. lég.*, IIe part., *statuts*, Ier vol., 240.

Fournarius, vide Furnarius.

Fourneau (Jacques), maître sergier. *Arch. lég.*, IIe part., *statuts*, Ier vol., 582; *statuts*, II° vol., 859; *statuts*, IIIe vol., 71.

— -Duchatel, maître sergier. *Arch. lég.*, IIe part., *statuts*, IIe vol., 860.

— (J.), voy. Fourneau (Jacques).

Fournel (Jehan), conseiller municipal. *Arch. lég.*, Ire part., 594; IIe part., *statuts*, Ier vol., 539, 574, 578, 615, 617, 625, 626, 630, 637, 642, 644, 646, 651, 655, 657, 659, 661, 670, 683, 689, 696, 703, 707, 711, 739, 753.

Fournet (J.), voy. Fournel.

— (Gobert), conseiller du roi. *Arch. lég.*, IIe part., *statuts*, Ier vol., 609, 670, 704, 838?

Fournier-li-Lades, bourgeois. *Arch. adm.*, t. I, 775.

— voy. Prot.

— -Coquo (Jehan). *Arch. lég.*, Ire part., 500.

— (Raoul), lieutenant du bailli de Vermandois. *Arch. lég.*, IIe part., *statuts*, IIIe vol., 32, 33, 614.

— (Pierre). *Arch. lég.*, IIe part., *statuts*, IIe vol., 264.

— (Mathieu), sergent du bailliage. *Arch.*

lég., IIe part., *statuts*, IIe vol., 328, 332.

Fournier-li-Lades (Jean), échevin. *Arch. lég.*, IIe part., *statuts*, Ier vol., 580, 626? 637, 642, 651, 653, 655, 657, 694, 700, 743, 753; *statuts*, IIe vol., 375.

— (Antoine), docteur en théologie. Legs fait par ledit à l'université de Reims. *Arch. lég.*, IIe part., *statuts*, IIe vol., 748; *statuts*, IIIe vol., 269?

— (Jacques), notaire. *Arch. lég.*, IIe part., *statuts*, IIIe vol., 269.

— (Wermons le). *Arch. adm.*, t. I, 765.

— (Thierry le). *Arch. adm.*, t. II, 61.

— (Gilet le). *Arch. adm.*, t. II, 497.

— (Robin le). *Arch. adm.*, t. II, 558.

Fournière (Agnès la). *Arch. adm.*, t. II, 534.

Fournire (fournir). *Arch. adm.*, t. III, 773.

Fournival (Remy), prêtre. *Arch. lég.*, IIe part., *statuts*, Ier vol., 203, 217, 219.

Fourquant (Colesson). *Arch. adm.*, t. III, 820.

Fourquart de Dôle. *Arch. adm.*, t. III, 65.

Fourques (village de). *Arch. adm.*, t. III, 586.

— voy. Picavés, Fripier.

Fourquet de Trois-Puits, voy. Trois-Puits.

— (Baudet), vinaigrier. *Arch. lég.*, IIe part., *statuts*, IIe vol., 315.

— le jeune, bourgeois. *Arch. lég.*, IIe part., *statuts*, Ier vol., 323.

— voy. Lacourt.

Fourquetus dictus Nanus. *Arch. adm.*, t. II, 232.

— (Boudin). *Arch. adm.*, t. III, 392.

Fourqueux (Guillaume de), archidiacre de Baugency. *Arch. adm.*, t. II, 1192.

— (Bouvard de), conseiller. *Arch. lég.*, IIe part., *statuts*, IIe vol., 524.

Fourragium (fourrage). *Arch. adm.*, t. I, 720; t. II, 312, 369.

Fourre (Hébert), charpentier. *Arch. adm.*, t. II, 544.

Fourrier, voy. Roi (fourrier du).

— (Warnet), queux de l'archevêque. *Arch. adm.*, t. III, 754.

Fourtault (N.), maître sergier. *Arch. lég.*, IIᵉ part., *statuts*, IIᵉ vol., 859.

Fourteau (J.), maître sergier. *Arch. lég.*, IIᵉ part., *statuts*, IIᵉ vol., 859.

Fourtère (W. le), maçon. *Arch. adm.*, t. II, 824.

Fouterel (Jehan), de Châlons. *Arch. adm.*, t. III, 840.

Fouzis (village de), voy. Fouzy.

— (parochia de), voy. Fouzy.

— (presbyter de), voy. Fouzy.

Fouzy (paroisse de). *Arch. adm.*, t. II, 1073, 1074.

— (village de). *Arch. adm.*, t. I, 263.

— (presbyter de). *Arch. adm.*, t. II, 1072.

Foveret (Antoine), curé de Landres. *Arch. lég.*, Iʳᵉ part., 884.

Foye (le), boucher. *Arch. adm.*, t. II, 699.

Foyny (religieux de). *Arch. adm.*, t. III, 38.

Fractura banni. *Arch. adm.*, t. I, 409, voy. Rupture de ban.

Fragillicurte (parochia de). *Arch. adm.*, t. II, 1066, voy. Fraillicourt.

— (capellania de), voy. Fraillicourt.

— (villa de), voy. Fraillicourt.

Frahan, voy. Frohan.

Fraillicourt (presbyter de). *Arch. adm.*, t. II, 1067.

— (prebendarii de). *Arch. lég.*, IIᵉ part., *statuts*, Iᵉʳ vol., 97.

— (curé de), voy. Jourdain (Thomas).

— (village de). *Arch. adm.*, t. I, 385, 387, 397, 454, 459; t. II, 1067; t. III, 592, 902, 906, 911. *Arch. lég.*, IIᵉ part., *statuts*, Iᵉʳ vol., 90, 95, 103, 106.

Fraillicourt (paroisse de), voy. Fragillicurte (parochia de).

— (Simonnes de). *Arch. adm.*, t. I, 959.

— (potestates de). *Arch. adm.*, t. II, 386.

— furnus de), voy. Fraillicurte.

— (capellania de). *Arch. lég.*, IIᵉ part., *statuts*, Iᵉʳ vol., 107.

— Fraillicurte (villa de), voy. Fraillicourt (village de).

— (Furnus de) *Arch. lég.*, IIᵉ part., *statuts*, Iᵉʳ vol., 82, 85, 100.

— (scabini de). *Arch. adm.*, t. I, 386, 391.

— (mansionarii). *Arch. adm.*, t. I, 389, 454, 455, 480.

— (homines de), voy. Fraillicurte mansionarii.

Fraine (village de), voy. Fresne.

Fraineus, voy. Fresne.

Frainoy (Martin de), pelletier. *Arch. adm.*, t. II, 898.

— (village de). *Arch. lég.*, Iʳᵉ part., 906.

Frainquex, voy. Villers-Franqueux.

Frais, voy. Sacre (frais du), Couronnement (frais du), Forteresse de Reims (frais de).

Fraislicurtis, voy. Fraillicourt.

Fraisne (Jean le), boulangier. *Arch. adm.*, t. III, 723, 868?

— près Reims (village de). *Arch. adm.*, t. III, 574, 597. *Arch. lég.*, IIᵉ part., *statuts*, Iᵉʳ vol., 75, 95.

— (Pierre le). *Arch. lég.*, IIᵉ part. *statuts*, Iᵉʳ vol., 635, 637, 654, 657, 676, 698, 709, 712, 722, 735, 741, 743.

— (Person le), voy. Fraisne (Pierre le).

Fraisneau (J....), maître d'hôtel. *Arch. lég.*, IIᵉ part., *statuts*, Iᵉʳ vol., 672.

Fraisnières (Isabelle de). *Arch. adm.*, t. II, 102.

Frambaldus, vide Sanctus.

Frambertus, prêtre et chanoine. *Arch. lég.*, iie part., *statuts*, i^{er} vol., 90.

Framegaudus, bienfaiteur de Saint-Remi de Reims. *Arch. lég.*, iie part., *statuts*, i^{er} vol., 83.

Framencurte de Hanno-prope-Lilers (prior de). *Arch. adm.*, t. II, 639.

Framenta (fragments, reliefs). *Arch. lég.*, iie part., *statuts*, i^{er} vol., 182; *statuts*, iiie vol., 533.

Framericus, prêtre et chanoine. *Arch. lég.*, iie part., *statuts*, i^{er} vol., 103, 170.

Framerius, vide Framericus.

Frampas (seigneurie de). *Arch. lég.*, iie part., *statuts*, iiie vol., 533.

Franc, voy. Lieu franc, Or (franc d'), Cheval (franc à), voy. Francus.

— aleu, voy. Francum alodium.

— (François le). *Arch. lég.*, iie part., *statuts*, iie vol., 238; *statuts*, iiie vol., 263.

— parisis à l'écrevisse (monnaie). *Arch. lég.*, iie part., *statuts*, i^{er} vol., 796.

— (Robert le), échevin de Laon. *Arch. adm.*, t. II, 168.

— -Jardin (carré du). *Arch. adm.*, t. II, 1214. *Arch. lég.*, iie part., *statuts*, i^{er} vol., 131.

— (Jehan le). *Arch. lég.*, i^{re} part., 910.

— (Antoine le), drapier. *Arch. lég.*, iie part., *statuts*, iie vol., 571, 635.

— sergent, voy. Francus serviens, Reims (francs sergents de).

— (ville de), voy. Francheville.

Franc (Thierry le). *Arch. lég.*, iie part., *statuts*, iiie vol., 212.

Français (rois des), voy. Francorum reges.

Francastel (village de). *Arch. lég.*, i^{re} part., 888.

Franca - sergentaria. *Arch. adm.*, t. II,

146. *Arch. lég.*, iie part., *statuts*, i^{er} vol., 87.

Francavalle (N. de), chanoine de Mézières. *Arch. adm.*, t. II, 1043.

— (parochia de), voy. Francheval (paroisse de).

— (presbyter de). *Arch. adm.*, t. II, 1089.

Francavallis, voy. Francheval.

Francavilla, voy. Francheville.

Franc-Carré, voy. Reims (franc carré de).

France (amiral de), voy. Bonnivet, Montauban (sieur de), Roussillon (comte de).

— (apôtre de), voy. S. Remy.

— (bouteiller de), voy. Auxerre (comte d'), Neufchastel (Jean de).

— (barons de). *Arch. adm.*, t. I, 539, 550. S'adressent au roi contre le clergé, 551, 628, 726, 733; t. II, 33; voy. Franciæ barones.

— (chambellan de), fonctions dudit à la cérémonie du sacre. *Arch. adm.*, t. II, 570.

— (chambrier de), fonctions dudit au sacre. *Arch. adm.*, t. I, 529.

— (Catherine de). *Arch. lég.*, iie part., *statuts*, i^{er} vol., 639; présents faits à ladite par la ville de Reims, *ibid.*

— (Jehan de), voy. Jean, roi de France.

— (chancelier de), fonctions dudit au sacre. *Arch. adm.*, t. II, 572. *Arch. lég.*, iie part., *statuts*, i^{er} vol., 639, 650; voy. Dupart (A.), Capis (Petrus de).

— (Claude, reine de), serment fait par la municipalité de Reims à l'occasion du mariage de ladite avec le duc de Valois. *Arch. lég.*, iie part., *statuts*, i^{er} vol., 856.

— (congrégation de). *Arch. adm.*, t. II, 1039. *Arch. lég.*, iie part., *statuts*, iie vol., 771, 780. Voy. Reims (augustins de).

— (connétable de). *Arch. adm.*, t. III,

60, 156. *Arch. lég.*, 11ᵉ part., *statuts*, 1ᵉʳ vol., 628, 648, 792, 803. Voy. Saint-Pol (Louis de), Espagne (Charles d'), Chatillon (Gaucher de).

France (couronne de). *Arch. adm.*, t. II, 728, 851, 852, 963; t. III, 13, 131, 141, 158, 191, 203, 212, 219, 221. *Arch. lég.*, 1ʳᵉ part., 1006; 11ᵉ part., *statuts*, 1ᵉʳ vol., 327, 328, 570, 801; rôle de ladite à la cérémonie du sacre, t. I, 529, 530.

— (coutumes de). *Arch. adm.*, t. I, 483; t. II, 342, 355, 454; t. III, 239. *Arch. lég.*, 1ʳᵉ part., 606, 613, 623, 662, 681, 712; *statuts*, 111ᵉ vol., 16, 95.

— (dauphin de). *Arch. lég.*, 11ᵉ part., 114; *statuts*, 1ᵉʳ vol., 497, 597, 600, 605, 618.

— (ducs de), s'érigent en princes souverains. *Arch. lég.*, 11ᵉ part., *statuts*, 111ᵉ vol., 628.

— (Église de). *Arch. adm.*, t. I, 107, 111, 199; voy. Gaules (Église des).

— (florin à l'écu de), monnaie. *Arch. adm.*, t. II, 834; t. III, 83, 179. *Arch. lég.*, 11ᵉ part., *statuts*, 1ᵉʳ vol., 68, 105.

— (frontière de). *Arch. adm.*, t. II, 1025, *Arch. lég.*, 1ʳᵉ part., 921.

— (général des finances de), voy. Semblançay.

— (Henry de), archevêque de Reims, voy. Henry Iᵉʳ.

— (maréchaux de), voy. Robert, Bertrand, seigneur de Bricquebecq, Trye (Mahieu de), Barres (Mᵍʳ des), Noyers (miles vi de), Audanhain, Boursac, Plessis (du), Hôpital (L'), Rieux, Marle (comte de), Aumont, Saint-Pol, Asfeld, Amville.

— (Madame de), dame de Magueux. *Arch. adm.*, t. II, 1061, 1121.

— (mouton de), monnaie. *Arch. adm.*, t. III, 105, 108.

— (pairs de), voy. Franciæ pares.

France (patron de), voy. Saint Denis, Saint Remi.

— (P.. de), capitaine. *Arch. lég.*, 11ᵉ part., *statuts*, 1ᵉʳ vol., 717.

— (queux de), voy. Roi (queux du).

— (régent de). *Arch. adm.*, t. III, 110, 140, 142, 143, 144, 148, 151, 153, 156. Demande de secours aux Rémois contre les Anglais qui s'avancent sur Paris, 159, 166, 212, 219, 223. *Arch. lég.*, 11ᵉ part., *statuts*, 1ᵉʳ vol., 597, 600, 616, 617, 668, 740; voy. Bedfort (duc de).

— (régente de). *Arch. lég.*, 11ᵉ part., *statuts*, 1ᵉʳ vol., 864, 866.

— (reine de). *Arch. adm.*, t. I, 581; t. II, 482; cérémonies observées au sacre de ladite, 573; t. III, 686. *Arch. lég.*, 11ᵉ part., *statuts*, 1ᵉʳ vol., 753.

— (Robert de), frère de Louis VII, médiateur entre les Rémois et son frère Henry archevêque. *Arch. lég.*, 11ᵉ part., *statuts*, 111ᵉ vol., 608.

— (roi de); libertés et immunités conférées par ledit à saint Remi. *Arch. adm.*, t. I, 312. L'archevêque de Reims a seul le droit de le sacrer et couronner, 381, 383, 549. Droits de gîte dudit dans l'église de Reims, 534, 575, 579, 582, 585 et seq., 592, 593, 598, 604, 628, seigneur de Saint-Remi de Reims, 757, 795. Démêlés dudit relatif à la garde de Saint-Remi, 803, 843, 867, 875, 920, 935, 939, 984, 988. Gardien de Saint-Nicaise de Reims, 1004, 1008, 1029, 1032, 1081; t. II, 32, 85, 286, 584, 628, 879, 944. Seigneur de Moncy - Saint-Pierre , 1068 ; de Mohon , 1076, 1077; haut justicier de Brieul-sur-Meuse, 1092, 1093; seigneur d'Ay, 1119, 1129; il a seul le droit de créer et octroyer écheyinage à Reims, 1198; t. III, 32, 79. Le roi d'Angleterre prend le titre dudit en marchant sur Reims,

147, 158. Protecteur de l'échevinage de ladite ville, 431, 702, 774. Seigneur de ladite ville, 821. Confère les franchises des foires de Reims. *Arch. lég.*, nᵉ part., *statuts*, iᵉʳ vol., 978. A quel titre ledit et ses successeurs admettent les lois romaines, *statuts*, nᵉ vol., 183. A lui seul appartient le droit de bourgeoisie, *statuts*, mᵉ vol., 628. Établit les bailliages pour faire reconnaître son autorité dans les provinces, *ibid.*

France (royaume de). *Arch. adm.*, t. I, 211, 370, 464, 477, 615, 726, 731, 733, 762, 894, 980; t. II, 12, 17, 31, 120, 235, 519, 574, 649, 689, 726, 796, 861, 965, 968; t. III, 41, 42, 83, 100, 108, 111, 273, 293, 344, 361, 480, 492, 614. *Arch. lég.*, iʳᵉ part., 109, 120, 448, 451, 453, 821; nᵉ part., *statuts*, iᵉʳ vol., 537, 541, 544, 614, 644, 766; *statuts*, nᵉ vol., 114, 920. Division politique et administrative dudit, *statuts*, mᵉ vol., 622; n'était point partagé en seigneuriés immédiatement après la conquête, *ibid.*, 623.

— (sénéchal de), fonction dudit au sacre du roi. *Arch. adm.*, t. I, 529; t. II, 571.

— (sieur de). *Arch. lég.*, nᵉ part., *statuts*, iᵉʳ vol., 252.

— (séneschallerie de). *Arch. adm.*, t. I, 415.

Franc-fief. *Arch. lég.*, nᵉ part., *statuts*, nᵉ vol., 452, 1001, 1009, 1012.

Francfort (ville de). *Arch. adm.*, 100.

Franche, voy. Femme franche, Personne franche.

— -Comté (province de la), fournit ses bœufs aux boucheries de Reims. *Arch. lég.*, nᵉ part., *statuts*, mᵉ vol., 506.

Francheval, voy. Francavallis.

— (paroisse de). *Arch. adm.*, t. II, 1086, 1087.

Francheville (village de). *Arch. adm.*, t. I,

451, 454; t. II, 31. *Arch. lég.*, iʳᵉ part., 878, 919. Voy. Franca villa.

Francia, voy. France (royaume de).

Franchise, surnom de la cité d'Arras. *Arch. lég.*, nᵉ part., *statuts*, iᵉʳ vol., 669.

Franchises, voy. Échevinage de Reims (fr. de l'), Église de Reims, voy. Franchisiæ.

Franchisiæ. *Arch. adm.*, t. I, 706; t. II, 196, 659, 884, 947, 968; t. III, 262, 296, 401, 518, 664, 693. *Arch. lég.*, nᵉ part., *statuts*, iᵉʳ vol., 171, 450. Voy. Franchises.

Franciæ cancellarius, voy. Capis (Petrus de), France (chancelier de).

Franciæ camerarius, voy. France (chambrier de).

— barones, vide France (barons de).

— coci, voy. Roi (queux du).

— constabularius, voy. France (connétable de).

— consuetudines, voy. France (coutumes de).

— corona, voy. France (couronne de).

— episcopi, vide Episcopi gallicani.

Franciæ pares. *Arch. adm.*, t. I, 528, 529, 560, 572, 935; t. II, 32, 181, 191, 235, 567, 851, 966, 978; t. III, 203, 212. *Arch. lég.*, iʳᵉ part., 327; nᵉ part., *statuts*, iᵉʳ vol., 353, 377, 530, 536; *statuts*, mᵉ vol., 616, 620; voy. France (pairs de).

— regnum, voy. France (royaume de).

— rex, voy. France (roi de).

— regina, voy. France (reine de), vide Marguerita, Maria, Johanna.

Franciscus, cardinal. *Arch. lég.*, nᵉ part., *statuts*, iᵉʳ vol., 122.

Francisia, voy. Franchisiæ.

Franc jardin (quarrel du). *Arch. adm.*, t. I, 38.

Franco Larois, voy. Larois.

Franco de Acra miles, voy. Acra.

— dictus Faufiles , échevin , voy. Franquet.

François (S.), apothicaire. *Arch. adm.*, t. III, 835.

—-le-Cervoisier. *Arch. adm.*, t. II, 526.

— Ier, roi de France. *Arch. adm.*, t. I, 667 , 1056 ; t. II , 1028. *Arch. lég.*, 1re part. , 731 ; *statuts*, 1er vol. , 457, 475 , 690, 857, 859 ; institue une foire à Reims, 943, 952, 954, 958 ; *statuts*, IIe vol., 7, 15. Augmente l'impôt du sel, 16, 26, 28, 81, *statuts*, IIIe vol., 4, 78, 237, 507, 519, 520, 528, 632.

— (Bernard), imprimeur. *Arch. lég.*, IIe part., *statuts*, IIe vol., 118, 469.

— voy. Valleia (Johannes de).

— (J....), dizainier. *Arch. lég.*, IIe part., *statuts*, 1er vol., 844.

Francorum reges, voy. Francs (rois des).

— terra. *Arch. adm.*, t. I, 235.

— villa, vide Villa-Francorum , Villiers Franqueux, Franqueville.

Francoueto (ecclesia de). *Arch. adm.*, t. II, 1085.

Francquart (Gaspard), tondeur de drap. *Arch. lég.*, IIe part., *statuts*, IIe vol., 392.

Francs (rois des). Saint Remi met sous leur protection ses dernières volontés testamentaires. *Arch. adm.* , t. I, 20. Défrayés à Reims par l'église quand ils y prennent gîte, 55. Voy. France (roi de).

Francs (terre des). Voy. Francorum terra.

— archers (capitaine des). *Arch. lég.*, IIe part., *statuts*, 1er vol., 762.

— Les seigneuries n'étaient pas connues à l'entrée desdits dans les Gaules. *Arch. lég.*, IIe part., *statuts*, IIIe vol., 622.

Francum alodium. *Arch. adm.*, t. II, 100, 407, 709. *Arch. lég.*, 1re part., 957 ; vide Franc aleu.

Francus homo. *Arch. adm.*, t. I , 778 ; vide Regis franci homines.

— (moneta). *Arch. adm.*, t. III, 87. *Arch. lég.*, IIe part. , *statuts*, 1er vol., 107, 398.

— auri, voy. Or (franc de).

Francus serviens, vide Franc sergent ; Remensis capituli franci servientes.

Francus le teinturier. *Arch. adm.*, t. I, 828.

Francville (Jean), estaminier. *Arch. lég.*, IIe part., *statuts*, IIe vol., 843.

Franoy (Bartholomeus de), miles. *Arch. adm.*, t. I, 593.

Franquefort (Arnould), maître boucher. *Arch. lég.* , IIe part. , *statuts* , IIe vol., 933.

Franques, l'archier. *Arch. adm.*, t. II, 503.

Franque (Gervy), clerc. *Arch. adm.*, t. II, 530.

— (Baudon). *Arch. adm.*, t. III, 108.

Franquet Paufilet, échevin. *Arch. adm.* , t. II, 604 , 661 , 681 , 700 , 747, 756 , 760 , 772 , 800 , 822, 823, 825? 828, 829, 830, 831, 834, 838, 841 , 843, 893 , 986 , 1175, 1176, 1177 ; t. III, 309.

— Boutelle. voy. Boutelet.

— (Théob.), citoyen de Reims. *Arch. adm.*, t. III, 240.

— (J.), sergent royal. *Arch. adm.*, t. III, 694. *Arch. lég.*, IIe part., *statuts*, 1er vol., 531, 980.

Franquetus, bourgeois. *Arch. adm.*, t. II, 861.

— dictus Rousser, clerc de Reims. *Arch. adm.*, t. III, 538.

Franqueville (village de). *Arch. lég.*, 1re part., 899.

Frasneti monasterio (prior de). *Arch. adm.*, t. II, 638.

Frasnetum, voy. Fresnay (village de).

Fratrea (fraternité). *Arch. adm.*, t. I, 434, 435.

— Augustinenses Remenses, voy. Reims (frères augustins de).

— Carmeliti Remenses, voy. Reims (frères carmélites de).

— B. Johannes Bisuntinensis. *Arch. adm.*, t. III, 770.

— vide Carmeli (fratres de), Clarevalle (de), Grandinenses, Hospitalarii, Hospitalis B. Mariæ Remensis, Landaives (de), Minores Monte-Dei (de), Pœnitentia (de), Predicatorum, Sacco (de), Sanctæ Mariæ ad Arnam, Sancti Antonii hospitalis, Templi, Vallis scholarium.

Fratrum minorum Gardianus. *Arch. adm.*, t. I, 787.

— de Terrenis Bisuntinensis, hospitalis. *Arch. adm.*, t. III, 771.

— Sancti Spiritus Bisuntinensis hospitalis. *Arch. adm.*, t. III, 771.

— alodium. *Arch. lég.*, IIᵉ part., *statuts*, Iᵉʳ vol., 75.

— curia. *Arch. lég.*, IIᵉ part., *statuts*, Iᵉʳ vol., 102.

Fraude, voy. Sel (fraudes sur le).

Fraus, vide Symoniaca.

Fraxin, voy. Frênes (village de).

Fraxines (Egidius), chanoine, voy. Fraxino (Eg.).

— (Egidius de), chanoine. *Arch. adm.*, t. II, 1036, 1042.

— (parochia de), voy. Fresne (parochia de).

— (presbyter de). *Arch. adm.*, t. II, 1063.

Fraynoit (Jehan de). *Arch. adm.*, t. III, 841.

Frazier (Perraut le), bourgeois. *Arch. adm.*, t. II, 913.

Frazino (Ysabellis d'). *Arch. adm.*, t. III, 438.

Frealricus (præpositus). *Arch. adm.*, t. I, 276.

Freda (frais, dépense). *Arch. adm.*, t. II, 7.

Fredebertus, diacre et chanoine. *Arch. lég.*, IIᵉ part., *statuts*, Iᵉʳ vol., 67, 104.

Fredegardus, chanoine. *Arch. lég.*, IIᵉ part., *statuts*, Iᵉʳ vol., 88.

Fredeluna, bienfaitrice du monastère de Saint-Remi. *Arch. lég.*, IIᵉ part., *statuts*, Iᵉʳ vol., 169.

Fredemarus, vassal de l'église de Reims. *Arch. adm.*, t. I, 36.

Fredericus imperator, Romanorum rex. *Arch. adm.*, t. I, 324, 325; confirme l'abbé de Saint-Remi dans la possession de Cosla et de ses dépendances, 326, 327, 333, 339, 495, 567? 616? *Arch. lég.*, Iʳᵉ part., 452.

— de Janua, chanoine de Reims, vide Vivaldis.

— voy. Guido.

— prêtre et chanoine. *Arch. lég.*, IIᵉ part., *statuts*, Iᵉʳ vol., 75, 85? 96, 97.

— échevin. *Arch. adm.*, t. I, 36.

— diacre. *Arch. adm.*, t. I, 241.

— prévôt. *Arch. adm.*, t. I, 283.

— dux. *Arch. lég.*, IIᵉ part., *statuts* Iᵉʳ vol., 80.

Frederus miles. *Arch. lég.*, IIᵉ part., *statuts*, Iᵉʳ vol, 71.

— levite et chanoine, vide Fredericus.

Freginville (village). *Arch. lég.*, IIᵉ part., *statuts*, IIIᵉ vol., 393.

Fresendis, religieuse et recluse. *Arch. lég.*, IIᵉ part., *statuts*, Iᵉʳ vol., 62? 96.

Frellicourt (capellanus de). *Arch. adm.*, t. II, 1068.

Fremery (Hugo de), échevin. *Arch. adm.*, t. I, 1072, 1117.

— (Renaut de), clerc. *Arch. adm.*, t. II, 418, 760, 768, 838, 990? 1000, 1031, 1235; t. III, 20, 21, 25; 44, 188.

— (J.), clerc. *Arch. adm.*, t. II, 531.

Fremery (Rousselet). *Arch. lég.*, 11ᵉ part., *statuts*, 11ᵉ vol., 177.

— (Hue de), voy. Fremery (Hugo de).

— (Regnaut de), voy. Fremery (Renaut de).

— (Thomas). *Arch. adm.*, t. III , 837.

Fremin, voy. Fremyn.

Fremin (Louis), lieutenant général de police de Reims, voy. Fremyn.

— (Philippe), lieutenant de police. *Arch. lég.*, 1ʳᵉ part., 897? 11ᵉ part., *statuts*, 1ᵉʳ vol., 433? *statuts*, 11ᵉ vol., 332.

— (Antoine). *Arch. lég.*, 11ᵉ part., *statuts*, 11ᵉ vol., 508.

— -Canelle (Mlle). *Arch. lég.*, 11ᵉ part., *statuts*, 111ᵉ vol., 392.

— conseiller. *Arch. adm.*, t. I, 530.

— (Renaut). *Arch. adm.*, t. II, 748.

— -le-Sellier, voy. Sellier (Fremin le).

— (Louis), voy. Fremyn.

— (Jacques), lieutenant général. *Arch. lég.*, 1ʳᵉ part., 759; 11ᵉ part., *statuts*, 1ᵉʳ vol., 687? 867, 869; *statuts*, 11ᵉ vol., 203, 456 ; *statuts*, 111ᵉ vol., 40, 78, 614.

Fremyn, voy. Sapicourt (Fremyns de).

Fréminet, le Sellier, bourgeois. *Arch. adm.*, t. III, 468.

— messager de l'archevêque. *Arch. adm.*, t. III, 758, 762.

— (D.), sergent du chapitre. *Arch. adm.*, t. III, 824. *Arch. lég.*, 11ᵉ part., *statuts*, 11ᵉ vol., 384, 387.

Fremont (village de). *Arch. lég.*, 1ʳᵉ part., 919 ; 11ᵉ part., *statuts*, 11ᵉ vol., 624.

Fremy (Thiébaut). *Arch. adm.*, t. II, 674.

Fremys, voy. Mas.

Fremyn (Louis), bailli de Reims. *Arch. lég.*, 11ᵉ part., *statuts*, 11ᵉ vol., 204, 227, 281, 342, 1034; *statuts*, 111ᵉ vol., 45, 50, 101; seigneur de Sapicourt, 132, 348.

— (famille de), rangée parmi les nobles

de Reims. *Arch. lég.*, 11ᵉ part., *statuts*, 1ᵉʳ vol., 886.

Fremyn (Jean), lieutenant du bailli de Vermandois. *Arch. lég.*, 1ʳᵉ part., 657; 11ᵉ part., *statuts*, 1ᵉʳ vol., 872, 874, 883, 885, 887, 897 ; *statuts*, 11ᵉ vol., 639.

— voy. Coquerel.

— seigneur de Stonne. *Arch. adm.*, t. II, 1091, 1117.

Frênes (village de), voy. Fresnes.

Frenet (Milet), sergent du chapitre. *Arch. adm.*, t. III, 129.

Frennes (Balduinus de). *Arch. adm.*, t. III, 819.

Frenoy (village de), voy. Fresnoy.

Freperii (Egidius), citoyen de Reims. *Arch. adm.*, t. III, 432, 436, 439.

Frépier (R. de). *Arch. adm.*, t. III, 277.

Frère (Jehan le), fèvre. *Arch. adm.*, t. III, 836.

Frères, voy. Augustins, Écoles chrétiennes (frères des), Brienne (frères de).

— mineurs, voy. Minores fratres.

— mineurs (église de), voy. Reims (minimes de).

— convers, voy. Hôtel-Dieu de Reims (frères conv. de l'), hôpital du Mont.

— mineurs (hôtel des). *Arch. adm.*, t. III, 623.

— prêcheurs, voy. Reims (frères prêcheurs de), voy. Predicatorum ordinum fratres.

Frescengia. *Arch. adm.*, t. I, 374.

Fresendis, abbesse de Saint-Pierre-aux-Nonnes de Reims. *Arch. lég.*, 11ᵉ part., *statuts*, 1ᵉʳ vol., 76.

Freslonnière (M. de la), seigneur de Corbon. *Arch. adm.*, t. II, 1099.

Fresnay (village de), voy. Fresnoy.

Fresne, boulanger. *Arch. adm.*, t. III, 756.

— (Jehan de), lecteur du couvent des

carmes de Reims. *Arch. lég.*, ɪɪᵉ part.; *statuts*, ɪɪᵉ vol., 114.

Fresne (P.... le), élu de Reims. *Arch. lég.*, ɪɪᵉ part., *statuts*, ɪᵉʳ vol., 704, 747.

— (paroisse de). *Arch. adm.*, t. II, 1062, 1063.

— près Reims (village de), voy. Fresnes.

— (prêtre de), voy. Fraxino presbyter (de).

— (Thiébaut du), écuyer. *Arch. adm.*, t. III, 610.

— (Henry le), écuyer. *Arch. adm.*, t. III, 660.

Fresnes (curé de), voy. Caigny (Pierre).

— (village de). *Arch. adm.*, t. I, 270, 1000, 1090; t. III, 547, 597. *Arch. lég.*, ɪʳᵉ part., 754, 876, 902, 909? ɪɪᵉ part., *statuts*, ɪᵉʳ vol., 77; *statuts*, ɪɪᵉ vol., 860.

Fresneto de Charran (prior de). *Arch. adm.*, t. II, 636.

Fresnoy (village de). *Arch. adm.*, t. I, 474? t. II, 1091. *Arch. lég.*, ɪʳᵉ part., 887, 901, 906.

— (Martin du), adjudicataire général des fermes de France. *Arch. lég.*, ɪɪᵉ part., *statuts*, ɪᵉʳ vol., 974.

Fresny (seigneur de), voy. Walon (Jacques de).

Fresse (Joannis), évêque de Bayonne. *Arch. lég.*, ɪɪᵉ part., *statuts*, ɪɪᵉ vol., 642.

Fressencourt (curé de), voy. Cachet (Jehan).

— (seigneur de), voy. Romerye (Jehan de).

— (René de), seigneur de Briquenay. *Arch. lég.*, ɪʳᵉ part., 894.

— (village de). *Arch. lég.*, ɪʳᵉ part., 900.

Fresson (Jehan), menuisier. *Arch. lég.*, ɪɪᵉ part., *statuts*, ɪɪᵉ vol., 359.

— (Mathieu), menuisier. *Arch. lég.*, ɪɪᵉ part, *statuts*, ɪɪᵉ vol., 359.

Fresson-Herpet (Jacques), menuisier. *Arch. lég.*, ɪɪᵉ part., *statuts*, ɪɪᵉ vol., 359.

Frète (maison de la). *Arch. adm.*, t. III, 661.

Fretel, voy. Saulx (Fretel de).

— (Françoise de). *Arch. lég.*, ɪʳᵉ part., 917.

Fréton (Pierre). *Arch. adm.*, t. II, 696.

Frétoy (village du). *Arch. lég.*, ɪʳᵉ part., 908, 920.

Fréty (village du). *Arch. adm.*, t. II, 1083. *Arch. lég.*, ɪʳᵉ part., 906.

Friaredus, homme condamné à mort et racheté par S. Remi. *Arch. adm.*, t. I, 19.

Friart (Herbertus). *Arch. adm.*, t. II, 403.

Frichambaudo (molendina de), voy. Fleschambault (moulins de).

Frichambaut (moulins de), voy. Fleschambault.

— (vivarium de), voy. Fleschambaut (vivier de).

— (calciata de), voy. Fleschambaut (chaussée de).

— (porte de). voy. Fleschambaut.

— (rue de), voy. Fleschambault.

Fricquet (Simon), quincaillier. *Arch. lég.*, ɪɪᵉ part., *statuts*, ɪɪɪᵉ vol., 348.

Frida, bienfaitrice de Saint-Remi. *Arch. lég.*, ɪɪᵉ part., *statuts*, ɪᵉʳ vol., 169.

Fridericus, archevêque de Tyr. *Arch. adm.*, t. I, 356.

Frigidimonte (abbas de). *Arch. adm.*, t. II, 636.

Frignicourt (village de). *Arch. lég.*, ɪɪᵉ part., *statuts*, ɪɪɪᵉ vol., 394.

Frilon (Lorin le). *Arch. adm.*, t. I, 741.

— (Estevenin le). *Arch. adm.*, t. I, 741.

Frinart (Jehan). *Arch. adm.*, t. III, 841.

Frinsnes (village de), voy. Fresnes.

Fripier, voy. Reims (fripiers de), Dieu-li-Mire (fripiers de la confrérie de).

Fripier (Robert), monnayeur. *Arch. lég.*, ii⁰ part., *statuts*, iii⁰ vol., 187, 348? 358.

— (Estienne), monnayeur. *Arch. lég.*, ii⁰ part., *statuts*, iii⁰ vol., 187, 348.

— (Prioul le). *Arch. adm.*, t. I, 736.

— (Fourques le). *Arch. adm.*, t. I, 959.

— (Herman le). *Arch. adm.*, t. II, 269, 534, 545.

— (Perresson le). *Arch. adm.*, t. II, 502.

— (Havet le), voy. Fripier (Perresson le).

— (Ponsart le). *Arch. adm.*, t. II, 540.

Frippier (Robert le), quincaillier. *Arch. lég.*, ii⁰ part., *statuts*, iii⁰ vol., 348.

Frique (François le), marchand, voy. Le-frique.

Frisonis (Perardus), voy. Frizon (Pierre le).

Frivolis, vide Appellatio.

Frixura *Arch. lég.*, ii⁰ part., *statuts*, i⁰ʳ vol., 173.

Frizon (Haimo le). *Arch. adm.*, t. I, 927.

— (Renier le). *Arch. adm.* t. I, 958.

— (Haymart le), prévôt de Reims. *Arch. adm.*, t. I, 995, 1028, 1075.

— (Herbessonnus le). *Arch. adm.*, t. II, 1219.

— (Jean-Baptiste), bourgeois de Reims. *Arch. lég.*, ii⁰ part., *statuts*, ii⁰ vol., 1014, 1028.

— (M....). *Arch. lég.*, ii⁰ part., *statuts*, i⁰ʳ vol., 687.

— voy. Beaumont.

— (H. le), voy. Frizon (Henri le).

— (Colin le). *Arch. adm.*, t. II, 895. *Arch. lég.*; ii⁰ part., *statuts*, i⁰ʳ vol., 642? 654, 772, 773, 777, 781.

— (Remy), prieur de Saint-Denis de Reims. *Arch. lég.*, i⁰ʳ part., 878.

Frizon (Pierre), conseiller au siége de Laon. *Arch. lég.*, i⁰ʳ part., 895, 996, 999? ii⁰ part., *statuts*, i⁰ʳ vol., 921.

— (Gobert), député des états de Reims. *Arch. lég.*, i⁰ʳ part., 897; ii⁰ part., *statuts*, i⁰ʳ vol., 716, 717; *statuts*, ii⁰ vol., 332.

— (Henry), avocat à Reims. *Arch. adm.*, t. I, 1115. *Arch. lég.*, i⁰ʳ part., 897, 900?

— (Philippe), échevin. *Arch. lég.*, ii⁰ part., *statuts*, i⁰ʳ vol., 708, 923? *statuts*, ii⁰ vol., 172, 559.

— (Drouon), élu de Reims. *Arch. lég.*, ii⁰ part., *statuts*, ii⁰ vol., 172.

— (Pierre), marchand mercier. *Arch. adm.*, t. II, 443. *Arch. lég.*, ii⁰ part., *statuts*, i⁰ʳ vol., 433; *statuts*, ii⁰ vol., 560, 566.

— (Nicolas), élu de Reims. *Arch. lég.*, ii⁰ part., *statuts*, i⁰ʳ vol., 369, 370, 373, 677, 824, 828, 836, 841, 854, 861, 921; *statuts*, ii⁰ vol., 4, 369.

— (Jehan). *Arch. lég.*, ii⁰ part., *statuts*, i⁰ʳ vol., 841, 848, 855, 861, 862, 876, *statuts*, ii⁰ vol., 369, 570.

— (Pierre), doyen de l'église de Reims. *Arch. lég.*, ii⁰ part., *statuts*, i⁰ʳ vol., 714, 827? 862, 915? 917; *statuts*, ii⁰ vol., 648, 690.

— (Édouard), procureur syndic. *Arch. lég.*, ii⁰ part., *statuts*, ii⁰ vol., 926.

— (Gérard), receveur. *Arch. lég.*, ii⁰ part., *statuts*, i⁰ʳ vol., 905, 918, 922; *statuts*, ii⁰ vol., 947.

— (Ponce), greffier du bailliage. *Arch. lég.*, ii⁰ part., *statuts*, ii⁰ vol., 249, 221, 225, 237, 301, 332.

— (Roland), conseiller. *Arch. lég.*, ii⁰ part., *statuts*, i⁰ʳ vol., 460; *statuts*, ii⁰ vol., 535.

Froadet (Huetus), bourgeois. *Arch. adm.*, t. II, 929.

Froc, manière dont les religieux de Saint-Nicaise portaient le dit. *Arch. adm.*, t. I, 655.

Frodo, moine. *Arch. lég.*, 11ᵉ part., *statuts*, 1ᵉʳ vol., 70.

Frogerius, signataire d'un diplôme de Philippe Iᵉʳ, qui confirme les priviléges de Saint-Remi. *Arch. adm.*, t. I, 243.

Frohan (village de), possédé par indivis par la reine de Hongrie et le duc de Bouillon. *Arch. adm.*, t. II, 1085, 1088.

Froidés (Johannes), voy. Froidet (Jehansonnus).

— (Aubri). *Arch. adm.*, t. II, 1186.

— (Robin), voy. Froidet.

Froidet (Herbert), clerc. *Arch. adm.*, t. II, 304, 395, 409.

— (Huet). *Arch. adm.*, t. II, 894.

— (Robert), bourgeois. *Arch. adm.*, t. III, 249, 253.

— (Jeançonnus), dictus Pipet, jaugeur de vins. *Arch. adm.*, t. II, 735. *Arch. lég.*, 11ᵉ part., *statuts*, 1ᵉʳ vol., 430.

Froidure (Remy), notaire de Jonchery. *Arch. lég.*, 11ᵉ part., *statuts*, 111ᵉ vol., 264.

Froimont (village de). *Arch. lég.*, 1ʳᵉ part., 879, 887, 900.

— (curé de). *Arch. lég.*, 1ʳᵉ part., 887.

Froissy (Drouart de), franc sergent. *Arch. adm.*, t. III, 870.

Fromage (J.), cordonnier. *Arch. adm.*, t. II, 827.

Fromager (Jehançonnus le), fruitier. *Arch. adm.*, t. II, 892, 893, 903, 910; t. III, 564.

— (Albericus le), frère du précédent. *Arch. adm.*, t. III, 564.

Fromages (dîme des), voy. Caseorum decima.

Fromagier (Collessonnus), citoyen de Reims. *Arch. adm.*, t. III, 432, 436, 437.

Froment, voy. Frumentum.

Froment (quartel de), voy. Frumenti quartellus.

— (septier de), voy. Frumenti sextarius.

— (minot de), voyez frumenti mina.

— (boisseau de), voy. Frumenti bustellus.

— (muid de), voy. Frumenti (modius).

— (Jehan), receveur des tailles. *Arch. adm.*, t. II, 44, 148, 240, 249, 416, 558, 617? 661, 696, 697, 769, 780, 1184, 1188, 1195; t. III, 9, 105, 283, 723, 837, 841. *Arch. lég.*, 11ᵉ part., *statuts*, 1ᵉʳ vol., 655.

— (Guillelmus), procureur de l'archevêque de Reims. *Arch. adm.*, t. II, 740. 1185? 1193?

— (Gringoire). *Arch. adm.*, t. II, 1187.

— (Milet), sergent du chapitre de Reims. t. III, 38.

— voy. Moirmont (F. de).

Fromenté (Noël), cordonnier. *Arch. lég.*, 11ᵉ part., *statuts*, 11ᵉ vol., 238.

Fromentières (village de). *Arch. lég.*, 11ᵉ part., *statuts*, 111ᵉ vol., 390.

Fromundus (Jacobus), bourgeois. *Arch. adm.*, t. I, 812.

Fromont le Tellier, bourgeois. *Arch. adm.*, t. II, 89.

Frontaria (frontière). *Arch. adm.*, t. III, 251.

Frontière, voy. France (frontière de), Champagne.

Frontus (Herbertus). *Arch. adm.*, t. I, 852.

Froté (Jean), notaire. *Arch. lég.*, 11ᵉ part., *statuts*, 11ᵉ vol., 302.

Frouardus (Jacobus). *Arch. adm.*, t. I, 797.

Frouart de Puseux, bourgeois. *Arch. adm.*, t. II, 1140.

— (vinage de). *Arch. adm.*, t. III, 620.

— (Étienne). *Arch. adm.*, t. III, 837.

— (B.....). *Arch. lég.*, 11ᵉ part., *statuts*, 1ᵉʳ vol., 673, 676, 729.

— voy. Lescot Bauduin.

Frouissares (Miles). *Arch. adm.* , t. I, 792.

Froumegier (Jehan le), voy. Fromager (Jehançonnùs le).

— (Thomas le). *Arch. adm.* , t. II, 904.

— (Perresson le). *Arch. adm.*, t. II, 904.

Froument (J...), receveur des tailles, voy. Froment.

— (Guillaume), voy. Froment.

Froussart (P...), maître sergier. *Arch. lég.*, IIᵉ part., *statuts*, IIᵉ vol., 859.

Froymont (village de), voy. Froimont.

—(Jehan de), barbier. *Arch. lég.*, IIᵉ part., *statuts*, Iᵉʳ vol., 980.

Fructuarius. *Arch. adm.*, t. II, 956. *Arch. lég.*, Iʳᵉ part., 461 ; vide Hospitii regii Fructuarius.

Fructus, vide Usurarius.

Fructuosus, évêque de Dorchester. *Arch. adm.*, t. I, 169.

Fruiterie, rôle qu'elle joue dans les frais du sacre à Reims. *Arch. adm.*, t. II, 561.

Fruitier, voy. Drouet (le), Robin (le).

Frumenteus, vignoble des environs de Reims. *Arch. adm.*, t. I, 86 6.

Frumenti modius. *Arch. adm.*, t. I, 499, 513, 514. *Arch. lég.*, Iʳᵉ part., 268 ; IIᵉ part., *statuts*, Iᵉʳ vol., 93, 94, 182.

— bustellus. *Arch. lég.*, IIᵉ part., *statuts*, Iᵉʳ vol., 169.

— quartellus. *Arch. lég.*, IIᵉ part., *statuts*, Iᵉʳ vol., 169, 768.

— sextarius. *Arch. adm.*, t. I, 497, 544, 547, 973, 986. *Arch. lég.*, IIᵉ part., *statuts*, Iᵉʳ vol., 76, 179, 334, 473, 496, 768, 847 ; *statuts*, IIIᵉ vol., 35, 116, 117, 179, 294.

— mina. *Arch. lég.*, IIᵉ part., *statuts*, Iᵉʳ vol., 78, 168? 169.

— (J...), voy. Froment (Jean).

Frumentinus, prévôt de Rumigny. *Arch. adm.*, t. I, 451.

Frumentum (froment). *Arch. adm.*, t. I, 335, 338. *Arch. lég.*, Iʳᵉ part., 37.

Fruminius, affranchi par le testament de saint Remi. *Arch. adm.*, t. I, 15.

Fuffronia, femme léguée par saint Remi à l'église de Reims. *Arch. adm.*, t. I, 4.

Fuillains (ville de), voy. Fieulaine.

Fulbertus, évêque de Chartres. *Arch. adm.* t. I, 203.

Fulcarius, prêtre. *Arch. lég.*, IIᵉ part., *statuts*, Iᵉʳ vol., 79.

Fulcaudi mansus. *Arch. adm.*, t. I, 288.

Fulcandus, prêtre. *Arch. lég.*, IIᵉ part., *statuts*, Iᵉʳ vol., 86.

— évêque de Noyon. *Arch. adm.*, t. I, 61.

Fulchradus, sous-diacre. *Arch. adm.*, t. I, 241, 245. *Arch. lég.*, IIᵉ part., *statuts*, Iᵉʳ vol., 71.

— chancellier. *Arch. adm.*, t. I, 254, 260, 277, 283.

— chanoine. *Arch. lég.*, IIᵉ part., *statuts*, Iᵉʳ vol., 65, 83, 99?

— laïque. *Arch. lég.*, IIᵉ part., *statuts*, Iᵉʳ vol., 72, 78.

— miles. *Arch. lég.*, IIᵉ part., *statuts*, Iᵉʳ vol., 88.

Fulco, abbas. *Arch. lég.*, IIᵉ part., *statuts*, Iᵉʳ vol., 95.

— archevêque de Reims, se plaint au pape des ravages des Normands. *Arch. adm.*, t. I, 55, 66, 666. *Arch. lég.*, IIᵉ part., *statuts*, Iᵉʳ vol., 83, 169.

— chanoine. *Arch. adm.*, t. I, 420.

— (D...), chapelain et prêtre. *Arch. adm.*, t. II, 616. *Arch. lég.*, IIᵉ part., *statuts*, Iᵉʳ vol., 114.

— sous-diacre. *Arch. adm.*, t. I, 241, 245, 387, 420?

— diacre de Saint-Nicaise. *Arch. adm.*, t. I, 251, 254. *Arch. lég.*, IIᵉ part., *statuts*, Iᵉʳ vol., 119.

— archidiacre. *Arch. adm.*, t. I, 259.

Fulco, chantre. *Arch. adm.*, t. 1, 301.
Arch. lég., 11ᵉ part., *statuts*, 1ᵉʳ vol., 93.
— -Carnifex, bourgeois. *Arch. adm.*,
t. III, 401.
Fulcardus, voy Fulchradus.
— clerc. *Arch. adm.*, t. I, 286, 292,
387. *Arch. lég.*, 11ᵉ part., *statuts*,
1ᵉʳ vol., 68, 77.
— chanoine. *Arch. adm.*, t. I, 335, 358.
Arch. lég., 11ᵉ part., *statuts*, 1ᵉʳ vol.,
73, 120.
— prévôt de Saint-Denis de Reims. *Arch.
adm.*, t. I, 353.
— doyen du chapitre. *Arch. adm.*, t. I,
357, 361, 362, 365, 374, 378, 380.
Arch. lég., 11ᵉ part., *statuts*, 1ᵉʳ vol.,
91.
— voy. Sparnaco (Fulco de).
Fulcoldus, censitaire de Saint-Remi. *Arch.
lég.*, 11ᵉ part., *statuts*, 1ᵉʳ vol., 169.
Fulinerus, échevin. *Arch. lég.*, 11ᵉ part.,
statuts, 1ᵉʳ vol., 171.
Fullonum molendina. *Arch. adm.*, t. I,
426, 427. *Arch. lég.*, 11ᵉ part., *statuts*,
1ᵉʳ vol., 167.
Fulzeio (capella de). *Arch. adm.*, t. I, 288.
Fumée (Jehan), peintre. *Arch. lég.*, 11ᵉ part.,
statuts, 1ᵉʳ vol., 647, 798?
Fumel (Jean), voy. Fumée.
Fumeron (M... de), seigneur de la Bertière.
Arch. adm., t. II, 1090, 1096.
Funérailles. *Arch. lég.*, 1ʳᵉ part., 664, 665.
Funis (Collardus), citoyen de Reims. *Arch.
lég.*, 1ʳᵉ part., 45.
Fur, vide Latro.
Furca (fourche). *Arch. adm.*, t. I, 881,
889, 1044, 1063. *Arch. lég.*, 1ʳᵉ part.,
378, 404. Vide Archiepiscopi furcæ.
Furcas (suspensio ad). *Arch. lég.*, 1ʳᵉ part.,
385.
Furcatura (fourchure). *Arch. adm.*, t. I,
286, 292.

Furnara (fournée). *Arch. lég.*, 1ʳᵉ part., 37.
Furnarius (Henricus), clerc. *Arch. adm.*,
t. II, 610.
Furnense capitulum. *Arch. adm.*, t. II,
639, voy. Furnes (chap. de).
Furnes (ville de). *Arch. adm.*, t. II, 32.
— (chapitre de), voy. Furnense capitulum.
Furnire (fournir). *Arch. lég.*, 11ᵉ part., *statuts*, 1ᵉʳ vol., 199.
Furnis, vide Hairicus.
Furnus, vide Alendusio (Furnus de), Anemaing (de), Ausons (de), Aventione (de),
Bairone (de), banni, Bar (de), Bithi-
gniaca-villa (de), Bodillo (de), Brimontello (de), Burigny (de), Canniaco (de),
Chasneio (de), Givereio (de), Gotis (de),
Fraillicurte (de), Janvry (de), Marqueuse
(de), Monachorum curia, Pissechien
(de), Poora (de), Pumbar (de), Sancti
Remigii, Sancti Supplicis.
— bannatus. *Arch. adm.*, t. I, 338, 354,
386, 428, 429; t. II, 102. *Arch. lég.*,
11ᵉ part., *statuts*, 1ᵉʳ vol., 243.
Furragium, vide Fourragium.
Furstemberg (landgrave de), voy. Egon
(Guille), abbé de Saint-Remy.
Furtigny (château de). *Arch. adm.*, t. II,
1074.
— (chapelle castrale de). *Arch. adm.*, t. II,
1074.
Furtum. *Arch. adm.*, t. I, 483, 484; t. II,
458; t. III, 269, 400, 544, 557, 637.
Arch. lég., 1ʳᵉ part., 136, 165, 376, 443;
11ᵉ part., *statuts*, 1ᵉʳ vol., 415; *statuts*,
11ᵉ vol., 37; *statuts*, 111ᵉ vol., 61.
Fuschemarché (droit de). *Arch. lég.*,
11ᵉ part., *statuts*, 1ᵉʳ vol., 299, 302.
Fuschemberg (cardinal de), abbé de Saint-
Germain-des-Prés. *Arch. lég.*, 11ᵉ part.,
statuts, 111ᵉ vol., 553.
Fuselier (Jehan le). *Arch. adm.*, t. III,
17, 836.
Fuselier (Jean-Baptiste), maître charron.

Arch. lég., ɪɪᵉ part., *statuts*, ɪɪᵉ vol., 421.

Fuselier (E... le), bourgeois. *Arch. lég.*, ɪɪᵉ part., *statuts*, ɪᵉʳ vol., 689, 709, 729.

Fuselier (T... le), bourgeois. *Arch. lég.*, ɪɪᵉ part., *statuts*, ɪᵉʳ vol., 740.

Fusicien (Gilles le). *Arch. adm.*, t. II, 525.

Fusilliers (rue des). *Arch. adm.*, t. I, 80. *Arch. lég.*, ɪɪᵉ part., *statuts*, ɪᵉʳ vol., 567.

Fusin (rue du). *Arch. lég.*, ɪɪᵉ part., *statuts*, ɪɪɪᵉ vol., 32.

Fussigny (Petrus-François de), chevalier. *Arch. adm.*, t. II, 135.

— (village de). *Arch. lég.*, ɪʳᵉ part., 890, 899.

Fust (croix du). *Arch lég.*, ɪʳᵉ part., 487, 522, 556.

— (rue du), voy. Crenaux.

Fustaire (Guillaume). *Arch. lég.*, ɪɪᵉ part., *statuts*, ɪɪᵉ vol., 225.

Fustium castigatio (bastonnade). *Arch. lég.*, ɪʳᵉ part., 385.

Fuvatrus, bienfaiteur de Saint-Remi. *Arch. lég.*, ɪɪᵉ part., *statuts*, ɪᵉʳ vol., 88.

Fuxum, *Arch. adm.*, t. I, 923; vide Foix.

Fuzée (Jesson), cordonnier. *Arch. adm.*, t. III, 69.

Fuzelier (J... le), bourgeois, voy. Fuselier.

Fymeis (Petrus de), bourgeois. *Arch. adm.*, t. II, 201, 663. *Arch. lég.*, ɪɪᵉ part., *statuts*, ɪᵉʳ vol., 114.

G.

Gabella, voy. Gabelle.

Gabelle. *Arch. adm.*, t. II, 977, 981, 1010, 1019; t. III, 74, 132. Défenses de porter du sel hors de Reims et règlements à ce sujet, 135, 139, 147, 161, 319, 358, 460, 817. *Arch. lég.*, ɪɪᵉ part., *statuts*, ɪᵉʳ vol., 421, 462, 509, 626, 668, 732, 740, 752.

Gabillon, notaire au Châtelet. *Arch lég.*, ɪɪᵉ part., *statuts*, ɪɪᵉ vol., 608; ɪɪɪᵉ vol., 74.

Gachère (Henry), artilleur. *Arch. lég.*, ɪɪᵉ part., *statuts*, ɪᵉʳ vol., 651.

Gadiot (Jean-Baptiste), épicier. *Arch. lég.*, ɪɪᵉ part., *statuts*, ɪɪᵉ vol., 978.

Gadre (Thomas). *Arch. adm.*, t. I, 908.

Gadrigare (transporter). *Arch. lég.*, ɪɪᵉ part., *statuts*, ɪᵉʳ vol., 199.

Gage (Simon), chevalier ès lois. *Arch. adm.*, t. II, 180.

Gage, voy. Bataille (gage de), Gagium.

Gageriæ. *Arch. lég.*, ɪɪᵉ part., *statuts*, ɪᵉʳ vol., 430.

Gagiare. *Arch. adm.*, t. I, 935, 953, 1056; t. II, 948.

Gagium. *Arch. adm.*, t. I, 943; t. II, 948.

Gaidon (R..), cordonnier. *Arch. adm.*, t. III, 470.

Gaietanus (Jacobus), cardinal, chanoine de Reims. *Arch. adm.*, t. II, 475. *Arch. lég.*, ɪɪᵉ part., *statuts*, ɪᵉʳ vol., 78, 83, 117.

Gaigne-Maille, commissionnaire. *Arch. adm.*, t. II, 1137.

Gaigne-Obole, porteur de blé. *Arch. adm.*, t. II, 907.

Gaignières, bourgeois de Reims. *Arch. adm.*, t. I, 764.

Gaillard (Mme la générale), don fait à ladite par la municipalité de Reims. *Arch. lég.*, ɪɪᵉ part., *statuts*, ɪᵉʳ vol., 832.

— général. Don fait audit par la ville de Reims. *Arch. lég.*, ɪɪᵉ part., *statuts*, ɪʳ vol., 841, 842, 846, 849.

— (C.), conseiller de parlement. *Arch. lég.*, ɪɪ part., *statuts*, ɪᵉʳ vol., 846.

Gaillard (Philippe), échevin. *Arch. adm.*, t. II, 666, 671, 705, 805.

— (Jehan), échevin. *Arch. adm.*, t. II, 903. *Arch. lég.*, iie part., *statuts*, 1er vol., 363.

— (Peresson), conreur. *Arch. adm.*, t. III, 835.

— (T.), conseiller municipal. *Arch.. lég.*, iie part., *statuts*, 1er vol., 642.

— (H....). *Arch. lég.*, iie part., *statuts*, 1er vol., 630, 784.

Gaille (Jehan la). *Arch. adm.*, t. II, 779.

Gaillot (M.). *Arch. lég.*, iie part., *statuts*, iiie vol., 389.

Gailloteau (M...), prêtre chapelain. *Arch. lég.*, iie part., *statuts*, 1er vol., 894.

Gaingneur (Gilet le), sergent du chapitre. *Arch. adm.*, t. III, 25, 28, 38, 39.

Gaingnierre (Raulin le). *Arch. adm.*, t. II, 915.

Gainnier (Jesson le). *Arch. adm.*, t. II, 416.

Gaipin, voy. Guespin.

Gaite (Briand la), voy. Gaite (Briars).

— (Evrart le), bourgeois. *Arch. adm.*, t. II, 148, 302, 415.

— (Thomas la), barbier. *Arch. adm.*, t. II, 508.

— (Briars Aubri , dit la). *Arch. adm.*, t. II, 148, 302? 415, 698 ? 806, 823.

Gaiteresse (Rose la). *Arch. adm.*, t. I, 1096 ; t. II, 303, 415.

Galant (Guyot). *Arch. adm.*, t. II, 678.

— (Ernaut). *Arch. adm.*, t. II, 678.

Galars (Guiardus). *Arch. adm.*, t. II, 1038.

Galba (gerbe). *Arch. adm.*, t. I, 473.

Galarius, vide Galcherus.

Galcherus Castellione, voy. Châtillon (Gaucher de).

Galderic, évêque de Laon. *Arch. adm.*, t. I, 268.

Galemer (Colet de), de Moronvillers. *Arch. adm.*, t. II, 349.

Galenus, médecin. *Arch. lég.*, iie part., *statuts*, iie vol., 754.

Galeran, huissier de la chambre des comptes. *Arch. adm.*, t. II, 842.

Galeranus, chanoine. *Arch. adm.*, t. I, 363, 364, 367.

Galerus, sous-diacre. *Arch. lég.*, iie part., *statuts*, 1er vol., 115, 116.

Galet (Jehan), bénéficier de l'église de Reims. *Arch. adm.*, t. III, 382, 745, 759?

Galetus (mesure de farine). *Arch. adm.*, t. I, 386.

Galfridus, évêque d'Amiens, vide Godefridus.

Galia, veuve d'Évrard Dison. *Arch. adm.*, t. I, 878.

Galia, femme de Johannes de Verzy, chevalier. *Arch. lég.*, 1re part., *statuts*, 1er vol., 100.

Galiache, receveur des tailles. *Arch. adm.*, t. II, 985.

Galicia (S. Jacobus in). *Arch. adm.*, t. III, 313, voy. Saint-Jacques en Galice.

Galien, voy. Galenus.

— (M), seigneur d'Olizy-Grand-Pré. *Arch. adm.*, t. II, 1097.

Galienne la Sevyre, voy. Sevyre.

Galieste (Thierry), voy. Galliete.

Gaillart (Salomons), bourgeois. t. II, 1083.

Gallerus (Jo.). *Arch. lég.*, iie part., *statuts*, 1er vol., 74, 424.

— comes. *Arch. lég.*, iie part., *statuts*, 1er vol., 121.

Galles (prince de). *Arch. adm.*, t. III, 79, prend ses quartiers à Villedomange pendant le siége de Reims. *Arch. lég.*, iie part., *statuts*, 1er vol. 762.

Gallet (Jehan), majeur de Coucy. *Arch. lég.*, 1re part., 897, 899.

Gallet (Henry), cordier. *Arch. lég.*, ɪɪᵉ part., *statuts*, ɪɪ₀ vol., 212.

Galli (Johannes), ouvrage dudit allégué. *Arch. lég.*, ɪɪᵉ part., *statuts*, ɪɪɪᵉ vol., 31, 614.

Gallia. *Arch. adm.*, t. I, 387, 482. *Arch. lég.*, ɪʳᵉ part., 348, 649; voy. France.

Galliæ episcopi. *Arch. adm.*, t. I, 20, 34, 46, 80, 192, 193, 194, 198, 199, 211; voy. Gaules (évêques des).

— regnum, voy. France (royaume de).

Gallican, voy. Éclectisme.

Gallicana ecclesia. *Arch. adm.*, t. I, 436, 445, 602, 615, 731.
Arch. lég., ɪʳᵉ part., 451, 454, 456, voy. Église gallicane.

Gallicanisme. *Arch. adm.*, t. I, 100. Notice sur l'origine et les motifs qui l'ont inspiré, 101, 102, 103. Fusion éclectique de tous les systèmes dans ledit. Usage habile fait par ledit des collections des décrétales, 112, 179.

Galliote (Thierri). *Arch. adm.*, t. II, 604, 807, 826.

Gallois (Nicolas), notaire à Béthéneville, *Arch. lég.*, ɪɪᵉ part., *statuts*, ɪɪɪᵉ vol., 252, 264.

— (Jehan le), sergent du prévôt de Reims. *Arch. adm.*, t. II, 394, 1166.¹

— (Baudouin le). *Arch. adm.*, t. III, 432, 436.

— (Robert le), apothicaire. *Arch. adm.*, t. III, 837.

— (Adenet le). *Arch. lég.*, ɪʳᵉ part., 520.

— (Ogier le). *Arch. lég.*, ɪʳᵉ part., 546.

— (Guillain), tisserand. *Arch. lég.*, ɪɪᵉ part., *statuts*. ɪɪᵉ vol., 302.

— (Jean), drapier. *Arch. lég.*, ɪɪᵉ part., *statuts*, ɪɪᵉ vol., 373, 859, *statuts*, ɪɪɪᵉ vol., 32?

— (connétablie de). *Arch. lég.*, ɪɪᵉ part., *statuts*, ɪɪᵉ vol., 1013.

Gallois (Robin le), bourgeois. *Arch. lég.*, ɪɪᵉ part., *statuts*, ɪᵉʳ vol., 443.

— (P. le), chevaucheur du roi. *Arch. lég.*, ɪʳᵉ part., *statuts*, ɪᵉʳ vol., 614.

Galloteau (Jean - Baptiste), tonnelier. *Arch. lég.*, ɪɪᵉ part., *statuts*, ɪɪᵉ vol., 417.

— (Martin), curé de Berru. *Arch. lég.*, ɪʳᵉ part., 887.

— (Jacques), taillandier. *Arch. lég.*, ɪɪᵉ part., *statuts*, ɪɪᵉ vol., 431.

Galloye, notaire au Châtelet. *Arch. lég.*, ɪɪᵉ part., *statuts*, ɪɪ₀ vol., 925.

Gallus, voy. Gaulois. *Arch. lég.*, ɪɪᵉ part., *statuts*, ɪɪᵉ vol., 752.

— (Rogerus). *Arch. adm.*, t. I, 367.

— (Thiébaut), bourgeois. *Arch. lég.*, ɪɪᵉ part., *statuts*, ɪᵉʳ vol., 780, 789, 798.

Gally (Jean), curé de Mortiers. *Arch. lég.*, ɪʳᵉ part., 882.

Galmin (N....), bourgeois. *Arch. lég.*, ɪɪᵉ part., *statuts*, ɪᵉʳ vol., 861, 868.

Galois, voy. Vertus.

Galopain (Nicolas), perruquier. *Arch. lég.*, ɪɪᵉ part., *statuts*, ɪɪɪᵉ vol., 191, 194.

Galteri (Betholdus), secrétaire de l'archevêque. *Arch. adm.*, t. III, 773.

Galterius, archidiacre de Liége. *Arch. lég.*, ɪɪᵉ part., *statuts*, ɪᵉʳ vol., 101; voy. Gaucher.

Galterus, prêtre et chantre. *Arch. lég.*, ɪɪᵉ part., *statuts*, ɪᵉʳ vol., 91, 120?

— chanoine. *Arch. adm.*, t. I, 464, 808. *Arch. lég.*, ɪʳᵉ part., 5; ɪɪᵉ part., *statuts*, ɪᵉʳ vol., 144.

— aumônier de Grandpré. *Arch. lég.*, ɪʳᵉ part., 135.

— évêque de Tournay, voy. Walterus.

— vide Lenicampo (Gerardus de).

— diacre. *Arch. adm.*, t. I, 387.

— vide Landricus.

Galterus miles. *Arch. lég.*, iie part., *statuts*, i^er vol., 92.

Galtherius, professeur de rhétorique à Reims. *Arch. adm.*, t. I, 666.

— archidiacre, voy. Galterius.

Galtherus, chanoine de Reims, voy. Galterus.

Galus (Thiébault), bourgeois, voy. Gallus.

Galvinus, citoyen de Reims. *Arch. adm.*, t. I, 376.

Gamaches (marquis de). *Arch. adm.*, t. II, 1066.

— (marquise de), dame de Chaumont-en-Portien. *Arch. adm.*, t. II, 1081, 1082, 1083.

Gamaches (village de). *Arch. adm.*, t. III, 37.

Gamachiis de Flay (prior de). *Arch. adm.*, t. II, 637.

Gamachium, voy. Gamaches.

Gamard (Colin), sergent. *Arch. lég.*, iie part., *statuts*, iiie vol., 33.

Gamelin (Pierre), procureur à Laon. *Arch. lég.*, i^re part., 921.

— (J...), greffier du bailliage. *Arch. lég.*, iie part., *statuts*, i^er vol., 531.

Gand (ville de). *Arch. adm.*, t. II, 28; t. III, 603. *Arch. lég.*, iie part., *statuts*, i^er vol., 938.

— (Poncelet du), maître charron. *Arch. lég.*, iie part., *statuts*, iie vol., 930.

Gandavum. *Arch. adm.*, t. II, 639; vide S. Pharahildis (in) Gandavo Sancti Petri (in), S. Bavouis (in).

Gandelus (village de). *Arch. adm.*, t. II, 328.

Gandenses, vide Gantois.

Gangan (Jean-Baptiste), boulanger. *Arch. lég.*, iie part., *statuts*, iie vol., 162.

Gangnagium (gagnage). *Arch. adm.*, t. III, 226.

Gangres (concile de). *Arch. adm.*, t. I, 104, 105.

Ganiches (Jehan la). *Arch. adm.*, t. II, 1243.

Gannelon (connétablie de). *Arch. lég.*, iie part., *statuts*, iie vol., 1015.

Ganneron (Jean), menuisier. *Arch. lég.*, iie part., *statuts*, iie vol., 359.

— (François), menuisier. *Arch. lég.*, iie part., *statuts*, iie vol., 359.

Gant (Balduinus de). *Arch. adm.*, t. I, 249.

Gantelet (Poncelet), mercier. *Arch. lég.*, iie part., *statuts*, iie vol., 564.

— (Raulin). *Arch. lég.*, iie part., *statuts*, iie vol., 226.

Ganteletus (gantelet). *Arch. adm.*, t. III, 313.

Ganterius (soliveau, poutre). *Arch. adm.*, t. III, 314, voy. Gantier.

Gantier, voy. Reims (gantiers de).

Garandia (garantie, caution). *Arch. adm.*, t. I, 284, 285, 620, 808, 916, 974, 993; t. II, 102, 584, 929; t. III, 240. *Arch. lég.*, i^re part., 275, 338.

Garandire (garantir). *Arch. adm.*, t. I, 485, 488, 909; t. II, 37, 584, 929. *Arch. lég.*, i^re part., 39.

Garandizare, vide Garandie.

Garandus (garant). *Arch. adm.*, t. I, 294, 317, 319; t. III, 171, 240.

Garanna (garenne), voy. Garena.

Garantia, vide Garandia.

Garantisare, voy. Garandire.

Garcio (garçon, valet). *Arch. adm.*, t. III, 315, 476. *Arch. lég.*, i^re part., 13, iie part., *statuts*, i^er vol., 173.

Gard (Guillaume), bruisseur. *Arch. lég.*, iie part., *statuts*, iiie vol., 122, 124.

— (Pierre), perruquier. *Arch. lég.*, iie part., *statuts*, iiie vol., 193, 194.

— conseiller municipal. *Arch. lég.*, iie part., *statuts*, iiie vol., 659.

Garda, vide Garde.

Garde, voy. Foires de Champagne (garde des), Reims (garde de), Porte de Reims, Archives de Reims, Prévôté de Paris, Châtelet de Paris (garde dn).

Garde bourgeoise, voy. Reims (garde bourgeoise de).

— bourgeoise de Reims (statuts de la). *Arch. lég.*, IIe part., *statuts*, IIe vol., 1026.

— noble. *Arch. lég.*, IIe part., *statuts*, IIIe vol., 635.

— (Pierre), le linier. *Arch. adm.*, t. II, 690.

— (Gérart de la). *Arch. adm.*, t. III, 40.

— -Blef (Colart). *Arch. adm.*, t. III, 841.

— (Claude de la), marchand épicier. *Arch. lég.*, IIe part., *statuts*, IIe vol., 560.

Gardes marchands, voy. Reims (gardes march. de).

Gardia (garde). *Arch. adm.*, t. I, 457, 790, 796, 820, 899, 971, 996, 1092; t. II, 22, 246, 408, 726, 798, 878, 918, 947; t. III, 203, 225, 239, 262, 902. *Arch. lég.*, IIe part., *statuts*, IIe vol., 993; vide Salvagardia.

Gardianus, vide Fratrum minorum Gardianus, Laudunensis villæ, voy. Gardien.

Gardiator, vide Remensis capituli gardiatores.

Gardien voy. Notre-Dame de Reims (gardiens de), Saint-Remi de Reims (gardiens de); vide Gardiator.

Gardillet (Johannes), clerc. *Arch. lég.*, IIe part., *statuts*, IIe vol., 773.

Gardinus, dit Joli-Cuer. *Arch. adm.*, t. III, 545.

Gardo (abbas de). *Arch. adm.*, t. II, 937.

Gardum (Vicus juxta). *Arch. lég.*, IIe part., *statuts*, Ier vol., 88.

Garena, voy. Cormissy (garena de). *Arch. adm.*, t. III, 224; voy. Garenne.

Garenart (J...), bourgeois de Reims. *Arch. lég.*, IIe part., *statuts*, Ier vol., 781.

Garenne (ferme de la). *Arch. lég.*, IIe part., *statuts*, IIIe vol., 265.

Garentiare, vide Garandire.

Garentire, vide Garandire.

Gargam de Chevigny, voy. Chevigny, Soudron.

Garin, abbé de Saint-Victor. *Arch. adm.*, t. I, 416, 436.

— élu de Senlis, *Arch. adm.*, t. I, 493.

— (G....), guetteur de nuit. *Arch. lég.*, IIe part., *statuts*, Ier vol., 615.

— (Perrinet), guetteur de nuit. *Arch. lég.*, IIe part., *statuts*, Ier vol., 640.

— (Jean) curé de Savigny. *Arch. lég.*, Ire part., 885.

Garinbertus (abbas). *Arch. adm.*, t. I, 98.

Garinet le parmentier. *Arch. adm.*, t. I, 773.

Garinetus de Dontriano. *Arch. adm.*, t. II, 396, 411.

Garingarius, presbyter. *Arch. lég.*, IIe part., *statuts*, Ier vol., 88.

Garini Gobionis fossa. *Arch. adm.*, t. I, 545.

— de Joinville capellania. *Arch. lég.*, IIe part., *statuts*, Ier vol., 107.

Garinois (Thomas le). *Arch. adm.*, t. II, 893.

— (Perrart le). *Arch. adm.*, t. II, 893.

Garinus, chapelain de l'archevêque de Reims. *Arch. adm.*, t. II, 1039. *Arch. lég.*, IIe part., *statuts*, Ier vol., 65, 116, 169?

— Mautibes, voy. Mautibé (Garin).

— évêque de Senlis. *Arch. adm.*, t. I, 519.

— fils de Johannes Carpentarius. *Arch. adm.*, t. I, 704.

— siccus. *Arch. adm.*, t. I, 838.

— -Blancus. *Arch. adm.*, t. I, 351.

— moine. *Arch. adm.*, t. I, 465.

Garinus Goïon, vide Gojon.

Garita (guérite). *Arch. adm.*, t. III, 216.

Garlache, voy. Souyn.

Garlanda (Anselmus de), panetier du roi. *Arch. adm.*, t. III, 261.

— (Willermus de). *Arch. adm.*, t. I, 261.

Garmereivilla (altar de), vide Warmereivilla.

Garnache (vin de). *Arch. adm.*, t. II, 300.

Garnamentum (vêtement). *Arch. lég.*, 1re part., 286.

Garnerius, écolâtre de Reims. *Arch. adm.*, t. I, 420. *Arch. lég.*, IIe part., *statuts*, 1er vol., 120.

— moine de Saint-Remi. *Arch. adm.*, t. I, 511.

— Talon, vide Talon.

Garnerus Talon, vide Talon.

— vide Gaufridus Cameracensis episcopus.

— Suessionensis. *Arch. adm.*, t. I, 511.

— frère d'Ansellus de Triagnello. *Arch. adm.*, t. I, 347.

— curé de Mareuil. *Arch. adm.*, t. II, 1119.

— évêque de Laon. *Arch. adm.*, t. I, 298.

— Écolâtre, vide Garnerius.

Garnier (Guillaume), épicier. *Arch. lég.*, IIe part., *statuts*, IIIe vol., 94.

— (Jacques), voiturier. *Arch. lég.*, IIe part., *statuts*, IIIe vol., 94.

— (François), perruquier. *Arch. lég.*, IIe part., *statuts*, IIIe vol., 199.

— (Arnould), marchand. *Arch. adm.*, t. II, 61, 486? *Arch. lég.*, IIIe part., *statuts*, IIIe vol., 93, 94.

— fils de Guillaume de Chaumont. *Arch. adm.*, t. II, 757, 985, 1008.

— (Jehan), avocat et prévôt de Compertrix. *Arch. lég.*, 1re part., 878, 895, 915, 997.

Garnier (R.), sergent du Châtelet. *Arch. adm.*, t. III, 686.

— (Claude-François), maître juré tonnelier. *Arch. lég.*, IIe part., *statuts*, IIe vol., 421.

— huissier. *Arch. lég.*, IIe part., *statuts*, IIe vol., 861.

— (Arnould), épicier. *Arch. lég.*, IIe part., *statuts*, IIe vol., 978.

Garnire (Garnir). *Arch. adm.*, t. III, 47.

Garnisio (Garnison). *Arch. adm.*, t. II, 47, 49, 285, 295; t. III, 3, 10, 517.

Garnot de Sueil, prévôt de Reims, voy. Sueil (Garnier de).

— (G....), maçon. *Arch. lég.*, IIe part., *statuts*, 1er vol., 647.

— (J....), receveur des deniers communs. *Arch. lég.*, IIe part., *statuts*, 1er vol., 670, 674, 676, 806, 809, 822, 825, 827, 832, 844, 845.

— (N....), sergent de l'échevinage. *Arch. lég.*, IIe part., *statuts*, 1er vol., 683, 829, 861, 862.

Garny-près-Bucy (village de). *Arch. lég.*, 1re part., 900.

Garrot (A....), marchand. *Arch. lég.*, IIe part., *statuts*, 1er vol., 690, 693, 695, 870, 892, 895.

— (N....). *Arch. lég.*, IIe part., *statuts*, 1er vol., 862.

— (Jean), chaudronnier. *Arch. lég.*, IIe part., *statuts*, IIIe vol., 102.

Garsini villa. *Arch. adm.*, t. I, 451.

Gascelinus, miles. *Arch. lég.*, IIe part., *statuts*, 1er vol., 104.

Gaschère (Henry), artilleur. *Arch. lég.*, IIe part., *statuts*, 1er vol., 639.

Gascogne (province de). *Arch. adm.*, t. II, 32, 634, 963; t. III, 340.

Gasconia, vide Gascogne.

Gasnier (Antoine), religieux de Saint-Remi. *Arch. lég.*, IIe part., *statuts*, 1er vol., 204, 217, 219, 228.

Gasprée (village de). *Arch. lég.*, ɪɪᵉ part., *statuts*, ɪɪᵉ vol,, 533.

Gaste (Antoine). *Arch. lég.*, ɪɪᵉ part., *statuts*, ɪɪᵉ vol., 975, 1004.

Gastellaria (Isabella). *Arch. adm.*, t. I, 831.

Gastellier (Renaut le). *Arch. adm.*, t. I, 302.

Gaston (Jean), lieutenant du bailli de Vermandois. *Arch. adm.*, t. I, 1087.

Gatinaut (Mme de), dame de Livry. *Arch. adm.*, t. II, 1117.

Gatinet (Nicolas), prêtre et religieux de Saint-Remi. *Arch. lég.*, ɪɪᵉ part., *statuts*, ɪᵉʳ vol., 204.

Gaubert (Herbertus). *Arch. adm.*, t. I, 908.

Gaubertus, trésorier de Saint-Denis de Reims. *Arch. adm.*, t. I, 353.
— vide Bouvancourt.

Gaucelinus (Johannes), cardinal. *Arch. adm.*, t. II, 396, 410, 475.

Gaucerus, sous-prieur, *Arch. adm.*, t. I, 311.

Gauche (Lambert la), marchand mercier. *Arch. lég.*, ɪɪᵉ part., *statuts*, ɪɪᵉ vol., 566.

Gaucher de Châtillon, voy. Castellionne (Galcherus de).
— de Reims, architecte, voy. Reims (Gaucher de).
— fils du connétable de France, Gaucher de Châtillon. *Arch. adm.*, t. II, 285.
— comte de Rethel, voy. Rethel (Gaucher de).

Gaucherus, châtelain de Laon. *Arch. adm.*, t. I, 643.

Gaucicuria (Johannes de), miles. *Arch. adm.* t. III, 518.
— (sire de). *Arch. lég.*, ɪɪᵉ part., *statuts*, ɪᵉʳ vol., 608, 794.

Gaucourt (Jean de), vide Gaucicuria (Johannes de).

Gaucourt, voy. Gaucicuria.

Gaude (Jehan la), voy. Gode.

Gaudiart (Pierre). *Arch. adm.*, t. II, 1243, 1244.

Gaudier (Nicolas), seigneur de Warissecourt. *Arch. lég.*, ɪʳᵉ part., 893.

Gaudina (Pierre), curé de Villenselve. *Arch. lég.*, ɪʳᵉ part., 885.

Gaudion, marchand d'Amboise. *Arch. lég.*, ɪɪᵉ part., *statuts*, ɪᵉʳ vol., 816.

Gaufred, évêque d'Avignon, charte dudit alléguée. *Arch. adm.*, t. I, 252.
— évêque de Laon. *Arch. adm.*, t. I, 61; voy. Bellomonte (Gaufridus de).

Gaufridus, frère mineur. *Arch. adm.*, t. I, 917.
— Carnotensis, légat du saint-siége. *Arch. adm.*, t. I, 302, 312.
— évêque de Beauvais. *Arch. adm.*, t. I, 584.
— évêque de Châlons. *Arch. adm.*, t. I, 312, 410.

Gaufroy Tartier, voy. Tartier (Gaufridus).

Gaugerius, voy. Jaugeur.

Gaugiaca villa. *Arch. adm.*, t. I, 280.

Gaugiator, voy. Jaugeur.

Gaulart (H.), chanoine. *Arch. lég.*, ɪɪᵉ part., *statuts*, ɪᵉʳ vol., 726.

Gaule Belgique. *Arch. lég.*, ɪʳᵉ part., 4; rang distingué de la ville de Reims dans ladite. *Arch. lég.*, ɪɪᵉ part., *statuts*, ɪɪɪᵉ vol., 605, 621.
— Belgique (primat de la); titre des archevêques de Reims. *Arch. lég.*, ɪɪᵉ part., *statuts*, ɪᵉʳ vol., 334; *statuts*, ɪɪᵉ vol., 605; *statuts*, ɪɪɪᵉ vol., 679, 738.

Gaulefridus, canonicus. *Arch. lég.*, ɪɪᵉ part., *statuts*, ɪᵉʳ vol., 89.

Gaules (évêques des), voy. Galliæ episcopi.
— (Église des); usage que le temps a consacré dans ladite. *Arch. adm.*, t. I, 76,

102; code de ladite allégué, 106; proteste contre les fausses décrétales, 108; liturgie de ladite, 110, 112.

Gaulet (P. J.), passementier juré. *Arch. lég.*, iiᵉ part., *statuts*, iiiᵉ vol., 306.

Gaultier (Pierre), curé de Vaubray. *Arch. lég.*, iʳᵉ part., 885; iiᵉ part., *statuts*, iᵉʳ vol., 921.

— (Gilles), député des états de la ville de Reims. *Arch. lég.*, iʳᵉ part., 897; *statuts*, iᵉʳ vol., 691.

— (Thomas), épinglier. *Arch. lég.*, iiᵉ part., *statuts*, iiᵉ vol., 543.

— (J....), échevin. *Arch. lég.*, iiᵉ part., *statuts*, iᵉʳ vol., 645, 714, 918, 922.

Gaumont (village de). *Arch. adm.*, t. II, 552, 1065. *Arch. lég.*, iiᵉ part., *statuts*, iiiᵉ vol., 391, voy. Gomont.

— (paroisse de). *Arch. adm.*, t. II, 1066.

— (prêtre de), voy. Gomont.

— (aleu de), voy. Gomonte (alodium de).

Gautier Bardin, bailli de Vermandois. *Arch. adm.*, t. I, 919, 990, 994, 999.

— (Raoul), curé d'Omont. *Arch. lég.*, iʳᵉ part., 885.

— Gilles), vice-recteur du collége des jésuites. *Arch. lég.*, iiᵉ part., *statuts*, iiᵉ vol., 652, 709, 710, 719.

Gautière (la belle). *Arch. adm.*, t. II, 690.

Gautselmus, clerc et missus dominicus. *Arch. adm.*, t. I, 41.

Gauvain (P.), l'orfévre, citoyen de Reims. *Arch. adm.*, t. II, 340.

— (Thomas). *Arch. adm.*, t. II, 780; t. III, 284?

— (Baudeçonus), citoyen de Reims. *Arch. adm.*, t. II, 287.

— (Perrinet). *Arch. adm.*, t. II, 701, 779.

— Perrelet, voy. Gauvain (Perrinet).

Gauve (Huardus la). *Arch. adm.*, t. III, 392.

Gavart (G.), maçon. *Arch. adm.*, t. II, 823.

Gavet (M....), maître sergier. *Arch. lég.*, iiᵉ part., *statuts*, iiᵉ vol., 859.

— (L....), maître sergier. *Arch. lég.*, iiᵉ part., *statuts*, iiᵉ vol., 860.

Gay (Jehan le), voy. Gay (Johannes).

— porcher de Courville. *Arch. adm.*, t. III, 759.

— (Remy le). *Arch. lég.*, iiᵉ part., *statuts*, iiᵉ vol., 239.

— (François le), maître de l'artillerie? *Arch. lég.*, iiᵉ part., *statuts*, iiᵉ vol., 369.

— (Moustellus le), homme de Chesnay. *Arch. adm.*, t. I, 797.

— (Johannes le), chanoine. *Arch. adm.*, t. II, 475, 622; t. III, 39, 108, 352.

Gayet (Baudesson). *Arch. adm.*, t. III, 766.

— (Poncelet), greffier. *Arch. lég.*, iiᵉ part., *statuts*, iiᵉ vol., 143.

Gayette, bourgeois. *Arch. adm.*, t. III, 780.

Gayo (J. de), voy. Gay (Johannes le).

Gaytani Jacobi prebenda. *Arch. adm.*, t. II, 705.

Gazo de Campania, voy. Campania.

Gazon (investiture par), voy. Cespitem (investitura per).

Gebahardus évêque de Wurtsbourg. *Arch. adm.*, t. I, 327.

Gebuinus, bourgeois. *Arch. adm.*, t. I, 253.

Geguinus, abbé de S. Nicaise. *Arch. adm.*, t. I, 245.

Gehennivilla. voy. Joinville.

Geherlot de Retest, voy. Ouedon.

Gehery (village de). *Arch. adm.*, t. III, 108, voy. Chéhery?

Gehier, voy. Mourmelon.

Gehillis, voy. Gehilly.

Gehilly (village de). *Arch. lég.*, 1re part., 876, 903, 906, voy. Chigny?

Gehina (gehenne, instrument de torture). *Arch. adm.*, t. II, 183, 239, 973.

Geho, voy. Lombart.

Gehot (J.), bourgeois. *Arch. lég.*, IIe part., *statuts*, 1er vol., 773, 776, 781, 788.

Geindius (Geins), procureur. *Arch. adm.*, t. I, 1085.

Geinfridus, échevin. *Arch. adm.*, t. I, 36.

Gela, inscrite au nécrologe de Reims. *Arch. lég.*, IIe part., *statuts*, 1er vol., 63.

Gelase, pape, voy. Gelasius.

Gelasius, pape. *Arch. adm.*, t. I, 144, 145, 183, 184, 185. Décrétales dudit alléguées, 187, 188.

Gelbertus, inscrit au nécrologe de Reims. *Arch. lég.*, IIe part., *statuts*, 1er vol., 85.

Gelboradense (capitulum). *Arch. adm.*, t. II, 636, voy. Gerberoy (chapitre de).

Geliart Wyllemot, voy. Wyllemot.

Gelippe (Étienne), baigneur. *Arch. adm.*, t. III, 835.

Gellais (Colin). *Arch. adm.*, t. I, 1042.

Gellé (René), procureur du chapitre *Arch. lég.*, IIe part., *statuts*, IIe vol., 155, 421, 422, 528, 861; IIIe vol., 498, 691? 716, 747.

Gellée (Pierre). *Arch. adm.*, t. III, 489.

— (le jeune). procureur. *Arch. lég.*, IIe part., *statuts*, IIe vol., 852|; *statuts*, IIIe vol., 442.

— (Jean-Baptiste), procureur de l'échevinage. *Arch. lég.*, IIe part., *statuts*, 1er vol., 990; IIe vol., 227, 413, 1034.

— (Claude), huissier de police. *Arch. lég.*, IIe part., *statuts*, IIe vol., 422, 424, 528; *statuts*, IIIe vol., 86.

Gellin (Jacob), bourgeois. *Arch. adm.*, t. III, 830.

Gelloni-supra-Matronum, voy. Jaalons.

Gelu (N....), sergier. *Arch. lég.*, IIe part., *statuts*, IIe vol., 859.

Gemblacum. *Arch. adm.*, t. I, 332.

Gemella, vide S. Martini de Gemellis.

Gemundus le carrelier. *Arch. adm.*, t. II, 1219, 1220.

Genaille (Jehan), conseiller. *Arch. lég.*, 1re part., 921.

Gencelinus (Constantius). *Arch. lég.*, IIe part., *statuts*, 1er vol., 81, 117.

Gendarmerie. *Arch. lég.*, IIe part., *statuts*, 1er vol., 701, 705, 712, 747, 767.

Gendein le Glout, voy. Glout.

Gendeville (village de). *Arch. lég.*, 1re part., 891.

Gendre (Jehan le). *Arch. lég.*, IIe part., *statuts*, IIe vol., 321.

— (Nicolas le), maître maçon. *Arch. lég.*, IIe part., *statuts*, IIe vol., 490.

— (le), ingénieur. *Arch. lég.*, IIe part., *statuts*, 1er vol., 512.

— (François le), bourgeois. *Arch. lég.*, IIe part., *statuts*, IIIe vol., 113, 419?

Gendreville, voy. Gendeville.

Gendun (Guillermus de), miles. *Arch. adm.*, t. II, 99.

Genduno (curatus de), voy. Jaudun (curé de).

— (parochia de), voy. Jandun (paroisse de).

— (patronagium de), voy. Jandun (patronage de).

Genebaudus, évêque et signataire du testament de S. Remi. *Arch. adm.*, t. I, 22.

Genecius, prêtre et chanoine. *Arch. lég.*, IIe part., *statuts*, 1er vol., 78.

Général, voy. Taillon (général du).

Generale concilium. *Arch. adm.*, t. II, 35. *Arch. lég.*, 1re part., 89, 100, voy. Pisis (g. c. de).

— capitulum. *Arch. lég.*, IIe part., *statuts*, 1er vol., 44, 54, 105, 143.

Généralité, voy. Champagne (généralité de), Châlons, Auch, Reims.

Généralité de Châlons (péages de la). *Arch. lég.*, ıı^e part., *statuts*, ııı^e vol., 386, 388.

Gencrus de Anchenero (clerc de), voy. Anchenero.

Gênes (ville de). Louis XII annonce aux habitans de Reims qu'il va attaquer ladite. *Arch. lég.*, ıı^e part., *statuts*, ı^{er} vol., 851.

Genèse (livre de la), voy. Genesis.

Genesis. *Arch. adm.*, t. I, 225. *Arch. lég.*, ı^{re} part., 425.

Genève (Mgr de). *Arch. adm.*, t. III, 354.

Geney (Jean), tonnelier. *Arch. lég.*, ıı^e part., *statuts*, ıı^e vol., 414.

Genfrin (Parson), tanneur. *Arch. lég.*, ıı^e part., *statuts*, ı^{er} vol., 822.

Geni (Laurencius de), notaire à Laon. *Arch. adm.*, t. II, 72.

Genicort (Ingerrandus de). *Arch. lég.*, ıı^e part., *statuts*, ı^{er} vol., 90, 97.

Genicourt (village de). *Arch. adm.*, t. III, 609.

Genlis (marquis de), seigneur de Lude. *Arch. adm.*, t. II, 1117, 1118, 1121.

— (seigneur de), voy. Hangest (Aubert).

Gennes (village de). *Arch. lég.*, ı^{re} part., 906.

Genot (Jean), tondeur de drap. *Arch. lég.*, ı^{re} part., *statuts*, ıı^e vol., 390.

— (Simon). *Arch. lég.*, ıı^e part., *statuts*, ııı^e vol., 36.

Genres (Ernoulés). *Arch. adm.*, t. I, 764.

— (Giles le). *Arch. adm.*, t. I, 958.

Gens voy. Reims (gens de), voy. Guerre (gens de).

Gens de guerre (logement des). *Arch. lég.*, ıı^e part., *statuts*, ı^{er} vol., 512, 515, 522. Excès desdits dans Reims et ses environs, 767, 768.

Gentil (M. de), seigneur d'Artaise. *Arch. adm.*, t. II, 1090; 1112?

— (Henry le) , retondeur. *Arch. lég.*, ıı^e part., *statuts*, ııı^e vol., 124.

— (Guillermus le). *Arch. adm.*, t. III, 535, 536.

— (Nicolas), ouvrier en soie. *Arch. lég.*, ıı^e part., *statuts*, ıı^e vol., 375, 415, 417.

— sergent royal. *Arch. lég.*, ıı^e part., *statuts*, ııı^e vol., 71.

Gentilhomme (Renaut le). *Arch. adm.*, t. II, 692.

Gentilhommes. Ceux de Reims et des environs font la guerre entre eux , et même contre les habitants , malgré les défenses de Philippe de Valois. *Arch. adm.*, t. II, 1017, voy. Fauconnerie (gentilhomme de la).

Gentillâtre (Claude), ouvrier en soie. *Arch. lég.*, ıı^e part., *statuts*, ıı^e vol., 375, 490.

— (Jacques). *Arch. lég.*, ıı^e part., *statuts*, ıı^e vol., 481.

Genvereyum, voy. Janvry.

Genvry (village de), voy. Janvry.

Geoffroy (Henry), professeur à Reims. *Arch. lég.*, ıı^e part., *statuts*, ıı^e vol., 713.

— (A.), enfant de chœur. *Arch. lég.*, ıı^e part., *statuts*, ı^{er} vol., 55.

— (Robert), notaire. *Arch. lég.*, ıı^e part., *statuts*, ııı^e vol., 243, 253, 265, 267.

— religieux de Saint-Remi , envoyé à Rome pour se plaindre de l'interdit lancé par l'archevêque. *Arch. adm.*, t. I, 267.

Geoffroyville (lieu de), ressortissant du bailliage et prévôté foraine de Reims. *Arch. lég.*, ı^{re} part., 906.

Geolfroy (Pierre), chaudronnier. *Arch. lég.*, ıı^e part., *statuts*, ııı^e vol., 101.

Georget (Petrus), prêtre. *Arch. lég.*, II⁰ part., *statuts*, 1ᵉʳ vol., 120.

Georgius, vide Sanctus.

Geraldus, abbé d'Aurillac. Lettre de Gerbert audit. *Arch. adm.*, t. I, 90.

Gérard (L....), charpentier. *Arch. lég.*, II⁰ part., *statuts*, 1ᵉʳ vol., 612; III⁰ vol., 747.

— (Jean-Nicolas), fossoyeur, exhume les reliques de saint Remi. *Arch. lég.*, II⁰ part., *statuts*, III⁰ vol., 752.

— maître de l'école de Saint-Denis. *Arch. adm.*, t. II, 320.

— (Mlle), dame d'Illy. *Arch. adm.*, t. II, 1086.

— (Jean), échevin de Reims. *Arch. adm.*, t. III, 448, 451. *Arch. lég.*, II⁰ part., *statuts*, II⁰ vol., 565, 570.

— tailleur d'habits. *Arch. lég.*, II⁰ part., *statuts*, II⁰ vol., 531.

— (Claude), religieux de Saint-Remi. *Arch. lég.*, II⁰ part., *statuts*, 1ᵉʳ vol., 284, 293.

— (Bernard), promoteur de la cour spirituelle de l'archevêque. *Arch. adm.*, t. III, 748.

— (Pierre). *Arch. adm.*, t. III, 749.

— le Pennelier. *Arch. adm.*, t. III, 836.

— (Roland), marchand mercier. *Arch. lég.*, II⁰ part., *statuts*, II⁰ vol., 560.

— (Nicolas), marchand mercier. *Arch. lég.*, II⁰ part., *statuts*, II⁰ vol., 560, 565.

— huissier. *Arch. lég.*, II⁰ part., *statuts*, 1ᵉʳ vol., 269, 277.

— (Dominique), conseiller de ville. *Arch. lég.*, II⁰ part., *statuts*, 1ᵉʳ vol., 574, 646, 617, 622, 626, 631, 633, 634, 636, 637, 638, 640, 642, 643, 644, 647, 649, 653, 655, 659, 667, 679, 681, 689, 695, 703, 707, 715, 725, 734, 740, 745, 844?

— le barbier. *Arch. adm.*, t. II, 488.

— (Claude), notaire à Villiers-Marmery.

Arch. lég., II⁰ part., *statuts*, III⁰ vol., 269.

Gérard l'épicier. *Arch. adm.*, t. II, 603.

— varlet. *Arch. adm.*, t. II, 675.

— le déchargeur, voy. Girart.

Gerardi-de-Registete capellania. *Arch. lég.*, II⁰ part., *statuts*, 1ᵉʳ vol., 106.

— -Blondi capellania. *Arch. lég.*, II⁰ part., *statuts*, 1ᵉʳ vol., 107.

Gérardin le parmentier. *Arch. adm.*, t. I, 1066.

— tailleur de pierre. *Arch. adm.*, t. II, 1187.

— le maçon. *Arch. adm.*, t. III, 610.

— -le-Fèvre. *Arch. lég.*, II⁰ part., *statuts*, 1ᵉʳ vol., 701.

— (Jean), maître juré charpentier. *Arch. lég.*, II⁰ part., *statuts*, III⁰ vol., 80.

Gerardus, frère convers. *Arch. lég.*, II⁰ part., *statuts*, 1ᵉʳ vol., 95, 120.

— sous-diacre. *Arch. lég.*, II⁰ part., *statuts*, 1ᵉʳ vol., 100, 114.

— abbé de Clairvaux. *Arch. lég.*, II⁰ part., *statuts*, 1ᵉʳ vol., 165.

— sous-prieur. *Arch. lég.*, II⁰ part., *statuts*, 1ᵉʳ vol., 171, 172.

— coutre de l'église de Reims. *Arch. adm.*, t. I, 491.

— prêtre et chanoine. *Arch. lég.*, II⁰ part., *statuts*, 1ᵉʳ vol., 81, 87, 116, 119?

— serviteur de Jehan de la Panse, citoyen. *Arch. adm.*, t. I, 1031.

— évêque de Sabine. *Arch. adm.*, t. I, 1046, 1054, 1057.

— abbé de Saint-Thierry de Reims. *Arch. adm.*, t. I, 863.

— aumônier de Saint-Thierry. *Arch. adm.*, t. I, 912, 917.

— évêque de Cambray. *Arch. lég.*, II⁰ part., *statuts*, 1ᵉʳ vol., 72, 89.

— archidiacre de Cambray. *Arch. lég.*, II⁰ part., *statuts*, 1ᵉʳ vol., 88.

Gerardus, évêque de Noyon. *Arch. lég.*, ii* part., *statuts*, i*er* vol., 32.

— miles. *Arch. adm.*, t. I, 375. *Arch. lég.*, ii* part., *statuts*, i*er* vol., 71, 83? 88.

— diacre. *Arch. adm.*, t. I, 254, 276, 283.

— doyen. *Arch. adm.*, t. I, 251.

— lévite. *Arch. lég.*, ii* part., *statuts*, i*er* vol., 87.

— chanoine de Saint-Denis de Reims. *Arch. adm.*, t. I, 353, 648. *Arch. lég.*, ii* part., *statuts*, i*er* vol., 78? 80?

Géraumes, homme de corps du chapitre. *Arch. adm.*, t. II, 686.

Geraumont (ville de). *Arch. adm.*, t. II, 31.

Geraust, voy. Jensoney.

Geraut, franc sergent. *Arch. adm.*, t. II, 216.

Gerbais (Jean), docteur en Sorbonne. *Arch. lég.*, ii* part., *statuts*, ii* vol., 925.

Gerbaldus comes. *Arch. lég.*, ii* part., *statuts*, i*er* vol., 79.

Gerbaudus, prêtre de Saint-Denis. *Arch. adm.*, t. I, 353. *Arch. lég.*, ii* part., *statuts*, i*er* vol., 70? 82? 167.

— de Venissa, voy. Venissa.

Gerbault (Baudenet), sergent du roi. *Arch. lég.*, ii* part., *statuts*, i*er* vol., 589, 668.

Gerbaut (Pierre-Nicolas), boulanger. *Arch. lég.*, ii* part., *statuts*, ii* vol., 162; iii* vol., 747?

Gerberga reine des Francs; don fait par ladite à S. Remi. *Arch. adm.*, t. I, 91, 92. *Arch. lég.*, ii* part. *statuts*, i*er* vol., 169.

Gerberoy (chapitre de), voy. Gelboradense capitulum.

Gerbert, archevêque de Reims, voy. Gerbertus.

— (champ de). *Arch. lég.*, i*re* part., 537.

— (vigne de). *Arch. lég.*, i*re* part., 591.

Gerbertus, archevêque de Reims. *Arch. adm.*, t. I, 33, 90, 92, 93, 97, 98, 99; citation d'un opuscule dudit, 100, 101, 103, 104, 112, 143, 163, 176, 178, 179, 200, 201, 202; enseigne la philosophie et les mathématiques à Reims, 666.

— prêtre et chanoine. *Arch. lég.*, ii* part., *statuts*, i*er* vol., 85, 168.

Gerbet (G.). *Arch. adm.*, t. I, 321.

Gerbier, avocat. *Arch. lég.*, ii* part., *statuts*, iii* vol., 658.

Gercy (village de). *Arch. lég.*, i*re* part., 899.

Gerdre (J.), maire de Hilier-le-Petit. *Arch. adm.*, t. III, 412.

Gerdré (Robert), maréchal vétérinaire. *Arch. lég.*, ii* partie, *statuts*, ii* vol., 586.

Gerfridus, diacre. *Arch. lég.*, ii* part., *statuts*, i*er* vol., 62.

— évêque. *Arch. lég.*, ii* part., *statuts*, i*er* vol., 73.

Gergaut (Jehan). *Arch. adm.*, t. II, 42.

— (Pierre). *Arch. adm.*, t. II, 604.

Gergny (seigneurie de). *Arch. lég.*, i*re* part., 888.

Geriaumin, voy. Bercelin.

Géricourt (Jehan de), procureur de Verdun. *Arch. adm.*, t. III, 756.

— (village de). *Arch. lég.*, i*re* part., 901, 906.

Gerifius, vide Gerisius.

Gerigny (prieuré de). *Arch. adm.*, t. II, 1084.

Gerimier (Guiotus de). *Arch. adm.*, t. II, 1115.

Geriné (J.) clerc. *Arch. adm.*, t. II, 509.

Gerisius, prêtre. *Arch. lég.*, ii* part., *statuts*, i*er* vol., 100.

Gerlindis, bienfaitrice de S. Remi de Reims. *Arch. lég.*, ii* part., *statuts*, i*er* vol., 67.

Gerlo, fils de Wido. *Arch. lég.*, nᵉ part., *statuts*, ıᵉʳ vol., 166.

Gerly (Charles-Nicolas), boulanger. *Arch. lég.*, nᵉ part., *statuts*, nᵉ vol., 163.

— (Pierre), boulanger. *Arch. lég.*, nᵉ part., *statuts*, nᵉ vol., 533.

Germaignia (presbyter de). *Arch. adm.*, t. II, 1121.

— (parochia de), voy. Germaine.

— (capellania de). *Arch. adm.*, t. II, 1122, 1123.

Germain (Rolland), écrivain juré à Reims. *Arch. lég.*, nᵉ part., *statuts*, nᵉ vol., 227.

Germaine (village de). *Arch. adm.*, t. II, 1089, 1121. *Arch. lég.*, nᵉ part., *statuts*, ıᵉʳ vol., 613.

— (paroisse de). *Arch. adm.*, t. II, 1122, 1123.

— (prêtre de), voy. Germaignia (presbyter de).

Germain-mont (doyenné de). *Arch. lég.*, nᵉ part., *statuts*, ıııᵉ vol., 680.

Germaire (Gerardus), clerc. *Arch. adm.*, t. II, 101.

Germania (paroisse de), voy. Germaine (paroisse de).

— (Odo de), canonicus. *Arch. lég.*, nᵉ part., *statuts*, ıᵉʳ vol., 70.

— (Johannes de). *Arch. lég.*, nᵉ part., *statuts*, ıᵉʳ vol., 83, 117.

— (Milo de). *Arch. lég.*, nᵉ part., *statuts*, ıᵉʳ vol., 85.

Germaniæ episcopi. *Arch. adm.*, t. I, 20, 34.

Germanie (royaume de). *Arch. adm.*, t. I, 109. Dévoué au saint-siége, 110, 145, 199. *Arch. lég.*, nᵉ part., *statuts*, ıııᵉ vol., 624.

— (évêques de), voy. Germaniæ episcopi.

Germanimonte (J. de), vide Arboso (Philippus de).

Germe (Hylaire de), sous-diacre et chanoine. *Arch. adm.*, t. II, 1242.

Germeny, voy. Germigny.

Germigneyo (parochia de), voy. Germigny.

— (Guido de), voy. Germigny (Guiot de).

Germigneyum, voy. Germigny.

Germigny (seigneurie de). *Arch. lég.*, nᵉ part., *statuts*, ıᵉʳ vol., 241.

— -lez-Machaut (ville de). *Arch. adm.*, t. III, 603. *Arch. lég.*, ıʳᵉ part., 754; nᵉ part., *statuts*, ıᵉʳ vol., 245.

— (paroisse de). *Arch. adm.*, t. II, 1108.

— (dîme de). *Arch. lég.*, nᵉ part., *statuts*, ıᵉʳ vol., 100.

Germigny (Guiot de), prévôt de Reims. *Arch. adm.*, t. I, 934, 990, 995, 1085, 1095, 1104, 1117. *Arch. lég.*, ıʳᵉ part., 320.

— (Thiébaut de), sergent du prévôt de Reims. *Arch. adm.*, t. II, 54.

— -en-la-Montagne (village de). *Arch. lég.*, ıʳᵉ part., 754; nᵉ part., *statuts*, nᵉ vol., 276.

— -pend-la-Pie-lez-Machaut, voy. Germigny-lez-Machaut.

— (Herblotus de). *Arch. adm.*, t. I, 544.

— (vicomte de). *Arch. adm.*, t. II, 1060.

— (presbyter (de). *Arch. adm.*, t. II, 112.

— (village de). *Arch. adm.*, t. I, 342, 1089; t. III, 579. *Arch. lég.*, ıʳᵉ part., 876, 889, 902, 906; nᵉ part., *statuts*, ıᵉʳ vol., 69, 77, 167.

— (Collard de), receveur d'Attigny. *Arch. adm.*, t. III, 748, 767.

— (Collesson de). *Arch. adm.*, t. III, 751.

— (Jehan de), dit Baudoyn, boutillier. *Arch. adm.*, t. III, 757.

— (J. Lassart de). *Arch. adm.*, t. III, 835.

Germigny (Nicole de), curé d'Hermonville. *Arch. lég.*, 1re part., 887.

Germiniaco (villa de), voy. Germigny.

— (Guiotus de), citoyen de Paris. *Arch. adm.*, t. II, 287.

— (Garinus de). *Arch. adm.*, t. II, 287.

— (decima de), voy. Germigny (dîme de).

Germinon (village de). *Arch. lég.*, *statuts*, IIIe vol., 389.

Germon, boulanger. *Arch. adm.*, t. I, 809.

— (Pontius), sous-diacre. *Arch. lég.*, IIe part., *statuts*, IIe vol., 772.

Germont (village de). *Arch. adm.*, t. II, 1095.

Germundus, prêtre et chanoine. *Arch. lég.*, IIe part., *statuts*, 1er vol., 63, 72.

Gernel, voy. Gernelle.

Gernelle (village de). *Arch. adm.*, t. II, 1077, 1078.

Gerniaca-curtis, voy. Gernicourt.

Gernicourt (village de). *Arch. adm.*, t. I, 74.

Geroardius, vassal de l'église de Reims. *Arch. adm.*, t. I, 36.

Geroardus, diacre. *Arch. lég.*, IIe part., *statuts*, 1er vol., 105.

Geroldus, lévite et chanoine. *Arch. lég.*, IIe part., *statuts*, 1er vol., 80, 83? 96, 166?

— prêtre et vidame. *Arch. lég.*, IIe part., *statuts*, 1er vol., 101.

Gerolvart (census de). *Arch. adm.*, t. II, 102.

Gerondel (Jacques). *Arch. lég.*, IIe part., *statuts*, IIe vol., 264.

Gerondele (altar de). *Arch. adm.*, t. I, 508. *Arch. lég.*, IIe part., *statuts*, 1er vol., 104.

Gerondelle, voy. Girondelle.

Gerondus, oblat de l'église de Saint-Remi. *Arch. adm.*, t. I, 69.

V

Gérosme (G....), chanoine. *Arch. lég.*, IIe part., *statuts*, 1er vol., 774.

Gerous le savetier. *Arch. adm.*, t. II, 269.

Gerraudimons (villa de). *Arch. lég.*, IIe part., *statuts*, 1er vol., 175, 181, voy. Giraumont.

Gerson (église de). *Arch. adm.*, t. I, 329.

— (village de). *Arch. adm.*, t. I, 242, 243, 312, 329, 344, 345, 701 ; t. II, 1084.

— (J....). *Arch. adm.*, t. III, 910. *Arch. lég.*, t. I, 177 ; t. III, 910.

Gersonno (homines de). *Arch. adm.*, t. I, 452.

Gersonnum, voy. Gerson.

Gersus, voy. Gerson.

Gertrudis, inscrite au nécrologe de Reims. *Arch. lég.*, IIe part., *statuts*, 1er vol., 68.

Geruzet (M.). *Arch. adm.*, t. I, 724.

Géruzet-Pierquin, fabricant. *Arch. lég.*, IIe part., *statuts*, IIe vol., 859.

— (F....), maître sergier. *Arch. lég.*, IIe part., *statuts*, IIe vol., 860.

Geruzez (Antoine-Louis), menuisier. *Arch. lég.*, IIe part., *statuts*, IIe vol., 359.

— (Nicolas), menuisier. *Arch. lég.*, IIe part., *statuts*, IIe vol., 359.

— -Jodry (Remy), menuisier. *Arch. lég.*, IIe part., *statuts*, IIe vol., 359.

Gervais, archevêque de Reims, donne au chapitre le terrain d'Entre-deux-Ponts. *Arch. adm.*, t. I, 79, 95, 96, 97, 209, 210 ; charte dudit en faveur du monastère de Saint-Denis, 215 et seq., 220, 252, 257, 258, 261, 264, 274, 282, 440, 654, 666, 723. *Arch. lég.*, 1re part., 3 ; IIe part., *statuts*, 1er vol., 84, 118, 569 ; IIIe vol., 21.

Gervaise, charpentier. *Arch. adm.*, t. II, 27.

Gervase (Ysambart), procureur au parlement. *Arch. adm.*, t. III, 764, 765.

46

Gervasius , archevêque de Reims, voy. Gervais.

— abbé de Prémontré. *Arch. adm.*, t. I, 512.

— chapelain. *Arch. adm.*, 311. *Arch. lég.*, 11e part., *statuts*, 1er vol., 66.

— dapifer. *Arch. adm.*, t. I, 243.

— sous-diacre. *Arch. adm.*, t. I, 276, 353, 283?

— chantre. *Arch. adm.*, t. I, 295, 305, 310. *Arch. lég.*, 11e part., *statuts*, 1er vol., 73.

— miles , frater Balduini. *Arch. adm.*, t. I, 305.

— archidiacre. *Arch. adm.*, t. I, 253.

— prévôt de Dusel. *Arch. adm.*, t. II, 66.

Gervinus. *Arch. lég.*, 11e part. , *statuts*, 1er vol. , 75, 79.

Gervit-la-Telliere. *Arch. adm.*, t. 1, 1084.

Gervy, voy. Franque.

Gery, voy. Laumonier.

— (Guillaume de). *Arch. lég.*, 11e part., *statuts*, 11e vol., 290.

— (Remy de), mercier. *Arch. lég.*, 11e part., *statuts*, 11e vol., 560.

Gerzeï (village de). *Arch. adm.*, t. I, 177. *Arch. lég.*, 11e part., *statuts*, 1er vol., 169.

Gerzicourt (village de). *Arch. lég.*, 1re part., 881.

Gesilis (village de). *Arch. adm.*, t. III, 591.

Gesincourt (village de). *Arch. lég.*, 11e part., *statuts*, 1er vol., 169.

Geslain (bois de). *Arch. lég.*, 11e part., *statuts*, 11e vol., 71.

Gesnes (village de). *Arch. adm.*, t. II, 1092.

Gesonnecourt, voy. Genicourt.

Gesponsart (village de). *Arch. adm.*, t. II, 1071.

— (paroisse de). *Arch. adm.*, t. II, 1078.

Gesson dictus roti, voy. Rôti.

Gest (Arnulphus de) miles. *Arch. adm.*, t. I, 316, 331, 332. *Arch. lég.*, 11e part., *statuts*, 1er vol., 91.

Gesvres (Léon Potier de), abbé de Saint-Remi. *Arch. lég.*, 11e part., *statuts*, 11e vol., 241, 535.

— (Jean Potier de), cardinal et évêque de Beauvais. *Arch. lég.*, 11e part., *statuts*, 11e vol., 515, 655.

Getho (abbas de). *Arch. adm.*, t. II, 640.

Geunfridus, voy. Geinfridus.

Geux (village de), voy. Gueux.

Gévaudan (manufacture de). *Arch. lég.*, 11e part. , *statuts*, 11e vol., 837.

— (montagnes du). *Arch. lég.*, 11e part., *statuts*, 1er vol., 604.

Ghilebiert, abbé de Saint-Remi. *Arch. adm.*, t. 1, 757.

Gibelota uxor Guioti de Arbore. *Arch. adm.*, t. III, 392.

Gibet, voy. Laon (gibet de), Archevêque de Reims (gibet de l').

Gibier. Règlement de police au sujet de la vente dudit. *Arch. lég.*, 11e part., *statuts*, 11e vol., 506.

Gibour (Jehan), échevin. *Arch. adm.*, t. III, 15, 84, 86, 99, 104, 249, 686, 696. *Arch. lég.*, 11e part., *statuts*, 1er vol., 610, 611, 637, 638, 639, 651, 657, 668, 672, 684, 697, 729, 734, 739, 746, 751, 756.

— (Thomas), échevin. *Arch. adm.*, t. III, 81, 133, 309, 648, 655, 670.

— (Bertrand). *Arch. adm.*, t. III, 339.

— (Jean), notaire. *Arch. lég.*, 11e part., *statuts*, 11e vol., 244, 256.

Gibré (Aubry), tisserand. *Arch. lég.*, 11e part., *statuts*, 11e vol., 297.

Gibrianus, vide Sanctus.

Gibuinus, archidiacre de Verdun. *Arch. lég.*, 11e part., *statuts*, 1er vol., 70.

Gibuinus évêque de Laon. *Arch. lég.*, iie part., *statuts*, i^{er} vol., 103.

Gieffroy, voy. Chardoim.

Giels le pourpoigneur. *Arch. adm.*, t. III, 25.

Giem (Étienne de). *Arch. adm.*, t. II, 653, 732.

Gien (élection de). *Arch. lég.*, iie part., *statuts*, i^{er} vol., 944, 946.

— (ville de). *Arch. lég.*, iie part., *statuts*, iiie vol., 532.

Gieu (Jehan le), voy. Juif (Jehan le).

— (Perricart le), voy. Juif (Pierre le).

— (Renaudin le). *Arch. adm.*, t. II, 604.

— (Guillaume le), voy. Juif (Guillemus le).

— (Aubry le). *Arch. adm.*, t. III, 280.

— (Colesson le). *Arch. adm.*, t. III, 707.

Gieux (maison des). *Arch. adm.*, t. II, 508.

— (Henry le), voy. Juif (Henry le).

Giey (village de). *Arch. lég.*, iie part., *statuts*, iiie vol., 395.

Gifagdis, uxor Bernoldi. *Arch. adm.*, t. I, 335.

Gifardus, laïque. *Arch. adm.*, t. I, 36.

Giffardus (R. Petrus), prêtre. *Arch. adm.*, t. II, 392.

Giffart (Julien), curé de Saint-Martin-de-Troly. *Arch. lég.*, i^{re} part., 886.

Giffe (Jehan le), échevin. *Arch. adm.*, t. III, 409.

Giffo (Lucas de), official de Reims. *Arch. lég.*, iie part., *statuts*, iie vol., 265.

Giffort (Guillaume), archevêque de Reims. *Arch. lég.*, iie part., *statuts*, i^{er} vol., 221 ; *statuts*, iie vol., 491, 502, 610 ; *statuts*, iiie vol., 6, 47, 68, 70.

Giffort (Guillaume), recteur de l'uni-versité de Reims. *Arch. lég.*, iie part., *statuts*, iie vol., 699, 712.

Gigault (J...), prévôt forain de Laon. *Arch. lég.*, iie part., *statuts*, i^{er} vol., 531.

Gigniere (R. le). *Arch. adm.*, t. III, 414.

Gilbert (Jacques), majeur de Saint-Remi. *Arch. lég.*, i^{re} part., 492, 506.

Gilbaut (Pierre), sénéchal de Notre-Dame. *Arch. lég.*, iie part., *statuts*, i^{er} vol., 116 ? 117, 701 ; *statuts*, iie vol., 144.

— (Henry), tisserand. *Arch. lég.*, iie part., *statuts*, iie vol., 302.

— (Jo...). *Arch. lég.*, iie part., *statuts*, i^{er} vol., 116, 862, 870 ; *statuts*, iiie vol., 350.

— (Jean), cuisinier. *Arch. lég.*, iie part., *statuts*, iiie vol., 497.

Gilbertus comes, vide Ragenold.

Gile, femme de Remy Cauchon, échevin. *Arch. adm.*, t. II, 603.

— femme de Pierre de Loivre. *Arch. adm.*, t. II, 757, 984.

Gilebert (J...). *Arch. adm.*, t. III, 283, 284.

— Voy. Gilet.

Gilebertus, prieur de Corbeny. *Arch. adm.*, t. I, 835, 869. *Arch. lég.*, iie part., *statuts*, i^{er} vol., 168.

Gilebin le chaussetier. *Arch. adm.*, t. I, 773 ? t. II, 823.

Gileine (Pierre), prêtre. *Arch. adm.*, t. III, 751.

Giles, marchand d'huile. *Arch. adm.*, t. I, 963.

— fils d'Estrivet (Robin). *Arch. adm.*, t. II, 685.

— chanoine, plante une vigne près de Porte-Mars. *Arch. adm.*, t. I, 1056.

— dit Bouche de Lièvre. *Arch. adm.*, t. II, 270.

Gilet, valet de pied. *Arch. adm.*, t. II, 839.

— (Gilebert), sergent de l'archevêché de Reims. *Arch. adm.*, t. III, 451.

— (Richard), bourgeois de Reims. *Arch. adm.*, t. III, 453.

— (Petit-Thomas). *Arch. adm.*, t. III, 511.

— (Robin). *Arch. adm.*, t. III, 728.

— (le chasublier). *Arch. adm.*, t. III, 752.

— (le parmentier). *Arch. adm.*, t. I, 1120.

— frère de Baudouin le Cas. *Arch. adm.*, t. II, 152.

Gileta, fille de Radulphus de Champigniaco. *Arch. adm.*, t. II, 105.

Gilette, nièce de Ponsart Bat la Nainne. *Arch. adm.*, t. II, 697.

— veuve de Jean le tripier. *Arch. adm.*, t. III, 707.

— nonain d'Origny. *Arch. adm.*, t. III, 764.

Giletus, filius Corelli. *Arch. adm.*, t. I, 812.

— frater Houduini de Courcy. *Arch. adm.*, t. I, 887.

Gilla. *Arch. lég.*, iie part., *statuts*, ier vol., 67, 69.

Gillac (Nicolas), mercier. *Arch. lég.*, iie part., *statuts*, iie vol., 560, 565.

Gillebert (fosse de). *Arch. adm.*, t. II, 513.

— (quarrel de la Fosse de). *Arch. adm.*, t. II, 513.

— (Colinus). *Arch. lég.*, ire part., 114.

Gillebin, voy. Vairet.

Gillenghien (abbatissa de). *Arch. adm.*, t. II, 641.

Gillequin, valet d'étable. *Arch. adm.*, t. III, 758, 760, 767.

Gilles, doyen de Bar. *Arch. adm.*, t. I, 1014.

— (Chevalier), bourgeois. *Arch. adm.*, t. II, 302, 603, 632, 674, 678, 986, 987.

— le pourpoingneur. *Arch. adm.*, t. II, 502.

— le braconnier. *Arch. adm.*, t. III, 758.

— (Jean). *Arch. lég.*, iie part., *statuts*, iie vol., 312.

Gillimanus, chanoine. *Arch. adm.*, t. I, 410.

Gillot (Nicolas), échevin. *Arch. lég.*, iie part., *statuts*, ier vol., 470; *statuts*, iie vol., 394, 610.

— (René), supérieur général de la congrégation de Saint-Maur. *Arch. lég.*, iie part., *statuts*, ier vol., 273, 279, 280, 288, 292, 313.

Gillotin (famille de). *Arch. adm.*, t. I, 494.

Gilnier (Pierre), chapelain. *Arch. adm.*, t. III, 757, 763, 764.

Gilo, sergent du prévôt de Laon. *Arch. adm.*, t. I, 867.

— doyen. *Arch. lég.*, iie part., *statuts*, ier vol., 142.

— prieur de Rethel. *Arch. lég.*, iie part., *statuts*, ier vol., 180.

Ginaut d'Artois, garde du scel de la prévôté de Fîmes, voy. Artois.

Gingimbris (gingembre). *Arch. lég.*, ire part., 155.

Ginguandoi (Jesson dictus). *Arch. adm.*, t. I, 993.

Ginone (P. de). *Arch. adm.*, t. III, 49, 470, 471.

Gipuinus, diacre et chanoine. *Arch. lég.*, iie part., *statuts*, ier vol., 81? 85? 104.

Girandière (Étienne), voy. Delagirandière.

Girardin (Moricet), boucher. *Arch. adm.*, t. III, 621? *Arch. lég.*, iie part., *statuts*, ier vol., 998.

Girardonnus, fils d'Albericus Buyron, bourgeois. *Arch. adm.*, t. I, 1080.

Girardoti (Girardus). *Arch. adm.*, t. III, 404.

Girardus, sous-diacre. *Arch. adm.*, t. I, 318, 319.

— chancelier. *Arch. adm.*, t. I, 364.

— diacre. *Arch. adm.*, t. I, 308? 311. *Arch. lég.*, II⁰ part., *statuts*, Iᵉʳ vol., 169?

— prieur de Saint-Remi. *Arch. adm.*, t. I, 346.

— abbé de Saint-Pierre d'Hautvilliers. *Arch. lég.*, Iʳᵉ part., 133.

Girart (Pierre), bourgeois. *Arch. adm.*, t. III, 755.

— (Bernard), promoteur en cour de Reims. *Arch. adm.*, t. III, 769.

— le cervoisier, bourgeois. *Arch. adm.*, t. II, 549.

— le tailleur, dit Boiliaux, clerc. voy. Tailleur.

— de l'école Saint-Denis. *Arch. adm.*, t. II, 537.

— fils de J. Cauchon. *Arch. adm.*, t. II, 491.

— le déchargeur. *Arch. adm.*, t. II, 491, 508, 604.

— de Dieulimire, voy. Dieulimire.

— Ferron, voy. Ferron.

Giraumont (village de), vide Gerraudimons.

Girevinnus, échevin. *Arch. lég.*, II⁰ part., *statuts*, Iᵉʳ vol., 171.

Giriot (Nicolas), tondeur de drap. *Arch. lég.*, II⁰ part., *statuts*, II⁰ vol., 395.

Girnel [A....-de]. *Arch. lég.*, II⁰ part., *statuts*, Iᵉʳ vol., 834.

Giroflé (lieu de). *Arch. adm.*, t. II, 1091.

Girondella molendinum, voy. Girondelle (moulin de).

Girondelle (village de). *Arch. adm.*, t. II, 1072, 1073.

Girondelle (chapelle de). *Arch. adm.*, t. II, 1074.

— (château de). *Arch. adm.* t. II, 1074.

— (autel de), voy. Gerondele (altar de).

— (moulin de). *Arch. adm.*, t. I, 450.

Girulphus, inscrit au nécrologe de Reims. *Arch. lég.*, II⁰ part., *statuts*, Iᵉʳ vol., 68.

Girwinus, inscrit au nécrologe de Reims. *Arch. lég.*, II⁰ part., *statuts*, Iᵉʳ vol., 169.

Gisardis-curtis, voy. Gesincourt.

Gisinbrandus, laicus. *Arch. adm.* t. I, 36.

Gisla matronne. *Arch. adm.*, t. I, 313. *Arch lég.*, II⁰ part., *statuts*, Iᵉʳ vol., 69?

Gislaudus, moine. *Arch. lég.*, II⁰ part., *statuts*, Iᵉʳ vol., 83.

— prévôt, vide Gisloldus.

Gislebertus, chanoine. *Arch. adm.*, t. I, 353. *Arch. lég.*, II⁰ part., *statuts*, Iᵉʳ vol., 66, 70? 78? 104.

— convers. *Arch. lég.*, II⁰ part., *statuts*, Iᵉʳ vol., 69.

— prêtre. *Arch. lég.*, II⁰ part., *statuts*, Iᵉʳ vol., 96.

— comes, vide Ragenold.

Gislehardus, échevin. *Arch. adm.*, t. I, 36.

Gislemarus, inscrit au nécrologe de Reims. *Arch. lég.*, II⁰ part., *statuts*, Iᵉʳ vol., 83.

Gisloldus, prévôt. *Arch. lég.*, II⁰ part., Iᵉʳ vol., 92? 97.

Gislulphus, inscrit au nécrologe de l'église de Reims. *Arch. lég.*, II⁰ part., *statuts*, Iᵉʳ vol., 66.

Gisnes (abbatissa de). *Arch. adm.*, t. II, 639.

Gisors (Pierre de). *Arch. adm.*, t. II, 302.

— (ville de). *Arch. adm.*, t. II, 328. *Arch. lég.*, II⁰ part., *statuts*, III⁰ vol., 226.

Gissiaco silvæ Majoris (prior de). *Arch. adm.*, t. II, 635.

Gissiacum, vide Gisy.

Gistus (gîte). *Arch. adm.* t. I, 282, 304, 380, 407, 450, 531, 762, 826, 832, 838, 841, 867, 1034, 1081; t. II, 328; t. III, 30; vide Gîte (droit de).

Gisy (village de). *Arch. lég.*, Ire part., 886, 899.

— (curé de), voy. Bazin (Pierre).

Gîte (droit de), donne naissance à Reims à l'impôt connu sous le nom de frais du sacre. *Arch. adm.*, t. I, 55. Redevance à laquelle étaient tenus les bourgeois de Saint-Remi pour le gîte du roi, 867. Les seigneurs lèvent ledit sur les bourgeois par forme d'indemnité, t. II, 390; t. III, 1, 27, 607.

Givardus, inscrit au nécrologe de Reims. *Arch. lég.*, IIe part., *statuts*, Ier vol., 73.

Givellus de Marmereivilla, voy. Marmereivilla.

Givereio (furnus de). *Arch. adm.*, t. I, 321.

— (quercetum de), vide Givereio (sylva de).

— (sylva de). *Arch. adm*, t. I, 429, 453? *Arch. lég.*, IIe part., *statuts*, Ier vol., 178, 181.

— (piscatura de). *Arch. lég.*, IIe part., *statuts*, Ier vol., 182.

— (altar de). *Arch. lég.*, IIe part., *statuts*, Ier vol., 87.

Giveron (Pierre de). *Arch. adm.*, t. II, 906.

Giveronno (presbyter de). *Arch. adm.*, t. II, 1084, 1090?

Givery (ville de), voy. Givry.

— (P. de), religieuse cordelière. *Arch. adm.*, t. III, 835.

— (Colesson de), maçon. *Arch. adm.*, t. III, 835.

— (Henry de), maçon. *Arch. adm.*, t. III, 836.

— -sur-Ayne, voy. Givry.

Givet (Stephanus), clerc. *Arch. adm.*, t. II, 101.

Givonne (village de). *Arch. adm.*, t. II, 1086.

— (paroisse de). *Arch. adm.*, t. II, 1088.

— (presbyter de), vide Giveronno. 1090.

Givron (village de). *Arch. adm.*, t. II, 1081.

— (paroisse de). *Arch. adm.*, t. II, 1083.

— (prêtre de), voy. Giveronno (presbyter de).

Givronval (village de). *Arch. adm.*, t. III, 609.

Givry (ville de). *Arch. adm.*, t. I, 329, 452, 622, 649, 701; t. II, 1109; t. III, 602, 603. *Arch. lég.*, Ire part., 876, 903, 909, 911; IIe part., *statuts*, Ier vol., 131, 181; *statuts*, IIIe vol., 388, 390, 393.

— (Mme de). *Arch. adm.*, t. III, 609.

— (marquis de). *Arch. lég.*, IIe part., *statuts*, IIIe vol., 393.

— sur-Aisne, voy. Givry (ville de).

— (four de), vide Givereio (furnus de).

— (vivier de), vide Givereio (piscatura de).

— (Gilet de). *Arch. adm.*, t. III, 107.

— (Étienne de), évêque de Troyes. *Arch. lég.*, IIe part., *statuts*, Ier vol., 130.

— (P. de), voy. Givery.

— (H. de), voy. Givery.

— (forêt de), vide Givereio (sylva de).

— (autel de), voy. Givereio (altar de).

— (terre de). *Arch. lég.*, IIe part., *statuts*, Ier vol., 245.

— (seigneurie de). *Arch. lég.*, IIe part., *statuts*, Ier vol., 245.

Giwrardus, inscrit au nécrologe de Reims. *Arch. lég.*, IIe part., *statuts*, Ier vol., 169.

Gizaucourt (village de). *Arch. adm.*, t. II, 1122.

— (M. de), seigneur de Plivot. *Arch. adm.*, t. II, 1122.

Glaiole (seigneur de). *Arch. adm.*, t. III, 660; voy. Fontaine (Philippe de).

Glaires (église de). *Arch. adm.*, t. II, 1085.

— (village de). *Arch. adm.*, t. II, 1090. *Arch. lég.*, 1re part., 903, 906.

Gland (village de). *Arch. adm.*, t. I, 5.

Glanna (capella de). *Arch. adm.*, t. I, 326, 330 ; t. II, 1074.

— (villa de), voy. Glannes.

Glannes (ville de). *Arch. adm.*, t. II, 835; t. III, 147, 162, 492. *Arch. lég.*, 1re part., 519, 559, 877, 899.

— (chapelle de), voy. Glanna (capella de).

Glaye (Petrus de la), citoyen de Reims. *Arch. adm.*, t. III, 432, 436, 438.

Glennes (Petrus de). *Arch. adm.*, t. II, 854.

— (ville de), voy. Glannes.

Glenum, voy. Gland.

Glisielle (Jean de la), voy. Glisière.

Glisière (Jehan de la). *Arch. adm.*, t. II, 678.

— (Aubri de la), sergent du prévôt de Reims. *Arch. adm.*, t. II, 635 ; t. III, 40.

— (Perressonus de la), courtier de vins. *Arch. lég.*, 11e part., *statuts*, 1er vol., 428.

— (Wautier de la). *Arch. adm.*, t. III, 72. *Arch. lég.*, 11e part., *statuts*, 1er vol., 428.

Gloie, voy. Cuissart.

— (Colin le Fas). *Arch. adm.*, t. II, 553.

Gloies (Pierre de) de Mailly, voy. Gloye.

Gloriette (bois de la). *Arch. adm.*, t. II, 743.

— (jardin de la). *Arch. adm.*, t. III, 49.

Glossatum, vide Psalterium.

Glossatura (glose). *Arch. lég.*, 11e part., *statuts*, 1er vol., 93.

Ious (R. le), cureur. *Arch. adm.*, t. II, 531.

Glout (Gendein le). *Arch. adm.*, t. III, 234.

Gloye (Pierre de la), sergent du prévôt de Reims. *Arch. adm.*, t. III, 129, 632.

Gobe (Jehan la). *Arch. adm.*, t. II, 603.

Gobelet (Gérard). *Arch. adm.*, t. III, 15.

— (Jehan), curé de Grandelain. *Arch. lég.*, 1re part., 882 ; 11e part., *statuts*, 1er vol., 631, 634, 658, 672?

Gobeletus (gobelet). *Arch. adm.*, t. III, 541, 772.

Gobert (Louis), greffier. *Arch. lég.*, 11e part., *statuts*, 111e vol., 191, 193, 194, 198.

— (M.), seigneur d'Andevanne. *Arch. adm.*, t. II, 1093.

— receveur général du bureau des pauvres. *Arch. lég.*, 11e part., *statuts*, 11e vol., 94.

— (Nicolas), sergier. *Arch. lég.*, 11e part., *statuts*, 11e vol., 796, 805, 807; *statuts*, 111e vol., 87, 88.

— (Gérard), notaire. *Arch. lég.*, 11e part., *statuts*, 1er vol., 433.

— le Mire, *Arch. adm.*, t. II, 513.

— de S. Nourrice. *Arch. adm.*, t. II, 514.

— lieutenant du bailli de Vermandois, voy. Sarrazin (Gobert).

— le boulangier. *Arch. adm.*, t. II, 603.

Gobertus, lévite et chanoine. *Arch. lég.*, 11e part., *statuts*, 1er vol., 92.

— sous-diacre. *Arch. lég.*, 11e part., *statuts*, 1er vol., 63, 116.

— (Johannes). *Arch. adm.*, t. III, 544.

— majeur de Laon. *Arch. lég.*, 1re part., 217.

— vide Monte-de-Sancti-Johannis (Thomas de).

Gobin, brasseur juré. *Arch. adm.*, t. III, 744? 754. *Arch. lég.*, 11e part., *statuts*, 11e vol., 6.

— Leviel, voy. Leviel.

Gobin (J.... le). *Arch. lég.*, ıı^e part., *statuts*, ı^{er} vol., 615, 631, 727, 733.

— (Georgin), sergent royal. *Arch. lég.*, ıı^e part., *statuts*, ı^{er} vol., 839.

— voy. Courcelles.

— voy. Cordelle.

— de la Porte-Saint-Pierre, bourgeois du ban de l'archevêque. *Arch. adm.*, t. III, 52, 54.

Gobinet Thioulés, voy. Thieulés.

— (Jehan). *Arch. adm.*, t. III, 836.

Gobinus, serviteur de Jehan de la Panse, citoyen de Reims. *Arch. adm.*, t. I, 1021.

— dictus le Partoys, voy. Partois.

Gobio (Garinus), vide Garini Gobioncis fossa.

— (Theobaldus), chanoine. *Arch. lég.*, ıı^e part., *statuts*, ı^{er} vol., 69.

Goda, religieuse. *Arch. lég.*, ıı^e part., *statuts*, ı^{er} vol., 78, 79?

Godard (Jean-Baptiste), ajusteur de monnaie. *Arch. lég.*, ıı^e part., *statuts*, ııı^e vol., 187.

— (J.), chanoine de Saint-Denis. *Arch. adm.*, t. II, 1105. *Arch. lég.*, ıı^e part., *statuts*, ı^{er} vol., 38, 107? 119, 131? 730, 858, 861, 862, 864, 891.

— (Th.... du), écuyer. *Arch. lég.*, ıı^e part., *statuts*, ı^{er} vol., 665, 667, 749, 751, 754, 772, 774, 779, 781, 790, 798, 804, 809, 812, 815; *statuts*, ııı^e vol., 388.

— régaleur du roi. *Arch. adm.*, t. III, 22.

— (Hugues), chanoine. *Arch. adm.*, t. I, 38, 352.

— (Regnault). *Arch. adm.*, t. III, 836.

— (François). *Arch. lég.*, ıı^e part., *statuts*, ıı^e vol., 264; *statuts*, ııı^e vol., 187.

— (Hue), voy. Godard Hugues.

— (château du). *Arch. adm.*, t. II, 1113.

Godard (seigneur de), voy. Gauchon (Jehan), Cauchon (Thomas).

— (Gérard), maréchal vétérinaire. *Arch. lég.*, ıı^e part., *statuts*, ıı^e vol., 586.

Godartius, chantre de l'église de Reims. *Arch. lég.*, ıı^e part., *statuts*, ı^{er} vol., 54.

Godbiliot, chanoine, lègue une maison au séminaire de Reims. *Arch. lég.*, ıı^e part., *statuts*, ıı^e vol., 773.

— (Charles), curé de Saint-Jacques de Reims. *Arch. lég.*, ıı^e part., *statuts*, ıı^e vol., 790.

Gode (Warnerus le). *Arch. adm.*, t. I, 759.

— (Thomas la), procureur de l'échevinage. *Arch. adm.*, t. III, 284, 309, 310, 469, 635, 648, 710.

— (Jehan la), sergent du chapitre. *Arch. adm.*, t. III, 311. *Arch. lég.*, ı^{re} part., 538, 578.

— (C.... la). *Arch. adm.*, t. III, 889.

Godefridi terra. *Arch. lég.*, ıı^e part., *statuts*, ı^{er} vol., 166.

Godefridus, dux Luvaniensis. *Arch. adm.*, t. I, 332.

— chanoine. *Arch. adm.*, t. I, 533, 625, 648. *Arch. lég.*, ıı^e part., *statuts*, ı^{er} vol., 78, 97.

— évêque d'Amiens. *Arch. adm.*, t. I, 559. *Arch. lég.*, ıı^e part., *statuts*, ı^{er} vol., 32.

— diacre. *Arch. adm.*, t. I, 244. *Arch. lég.*, ıı^e part., *statuts*, ı^{er} vol., 117.

— chancelier de l'église de Reims. *Arch. adm.*, t. I, 244, 245.

— écolâtre. *Arch. adm.*, t. I, 640, 641, 642. *Arch. lég.*, ıı^e part., *statuts*, ı^{er} vol., 63, 83, 114.

— l'un des juges dans le différend entre l'abbé de Saint-Denis de Reims et son couvent. *Arch. adm.*, t. I, 645. *Arch. lég.*, ıı^e part., *statuts*, ı^{er} vol., 86, 170?

Godefridus évêque de Cambrai, t. I, 60, 359, 563. *Arch. lég.*, iie part., *statuts*, i^{er} vol., 32.

— clerc. *Arch. lég.*, iie part., *statuts*, i^{er} vol., 73, 168.

— comes, père d'Adalbéron, archevêque de Reims. *Arch. lég.*, iie part., *statuts*, i^{er} vol., 96.

— évêque de Châlons. *Arch. adm.*, t. I, 203.

Godefrin (Jacques). *Arch. lég.*, i^{re} part., 910.

Godefroy, duc de Lorraine. *Arch. adm.*, t. I., 292, 338.

— duc de Louvain, voy. Godefridus lovaniensis dux.

— surnommé le philosophe, professe à Reims après saint Bruno. *Arch. adm.*, t. I, 666.

— chapelain. *Arch. adm.*, t. II, 395.

— (G). *Arch. adm.*, t. III, 283.

— avocat. *Arch. lég.*, iie part., *statuts*, iie vol., 671.

— (Gillet), sergent de la mairie de la Cousture. *Arch. adm.*, t. III, 381.

— de Braine, voy. Braine.

Godelencourt (village de). *Arch. lég.*, i^{re} part., 881, 899, 903.

— (curé de), voy. Pleugeron (Jehan).

Godel (Claude), abbé de Toussaints. *Arch. lég.*, i^{re} part., 879.

— (Jehan), vidame de l'archevêque. *Arch. adm.*, t. III, 893, 903.

Godelz (Jehan), sergent du roi. *Arch. adm.*, t. III, 388, 509, 764, 809, 825. *Arch. lég.*, iie part., *statuts*, i^{er} vol., 428, 437.

Godemard de Fay, voy. Fay (Godemard de).

Goderannus, prêtre. *Arch. adm.*, t. I, 400.

— abbé. *Arch. lég.*, iie part., *statuts*, i^{er} vol., 85.

Goderannus, voy. Manasses.

Godescalcus, clerc. *Arch. lég.*, iie part., *statuts*, i^{er} vol., 74.

Godesmannus, évêque d'Amiens, voy. Gotesmannus.

Godet (Guillaume), receveur du taillon. *Arch. lég.*, i^{re} part., 896, iie part., *statuts*, i^{er} vol., 875.

— (Nicolas), trompette juré du roi. *Arch. lég.*, iie part., *statuts*, iie vol., 469.

— (Antoine), trompette juré. *Arch. lég.*, 491; *statuts*, iie vol., 491.

— (Jehan), trompette. *Arch. adm.*, t. II, 808, 924? t. III, 309, 766. *Arch. lég.*, iie part., *statuts*, iie vol., 239, 508.

— seigneur du Taissy. *Arch. adm.*, t. II, 1118.

— (P.), potier d'étain. *Arch. adm.*, t. III, 310. *Arch. lég.*, iie part., *statuts*, i^{er} vol., 631, 658.

— (Jehan), voy. Godelz.

— (Régnier), maçon. *Arch. adm.*, t. II, 546, 1141.

— (Regnault), bourgeois. *Arch. adm.*, t. III, 459.

— (Presson), bourgeois. *Arch. adm.*, t. III, 836. *Arch. lég.*, i^{re} part., 520.

Godetus (godet, coupe). *Arch. adm.*, t. I, 1029; t. III, 772.

Godin (Jehan). *Arch. lég.*, i^{re} part., 597.

— (Raoul), curé de Saint-Maurice. *Arch. lég.*, iie part., *statuts*, iiie vol., 36.

— (Michel), curé de Saint-Maurice. *Arch. lég.*, iie part., *statuts*, iiie vol., 36.

Godinot (Nicolas), élu de Reims, *Arch. adm.*, t. II, 813? *Arch. lég.*, iie part., *statuts*, i^{er} vol., 921, 930; *statuts*, iie vol., 396, 611? *statuts*, iiie vol., 122, 124.

— (Jehan), chanoine. *Arch. adm.*, t. I, 459? t. III, 851. *Arch. lég.*, iie part., *statuts*, i^{er} vol., 130? 918; *statuts*, iiie vol., 485.

Godinot (Jean-Baptiste), drapier. *Arch. lég.*, iie part., *statuts*, iie vol., 396.

— (Julien), drapier. *Arch. lég.*, iie part., *statuts*, iie vol., 396.

— (Pierre), drapier. *Arch. lég.*, iie part., *statuts*, iie vol., 396, 829.

Godinus, canonicus Remensis, voy. Godinot (Jean).

Godricus, moine de Saint-Remy. *Arch. adm.*, t. I, 251.

Godulphus, prêtre et chanoine. *Arch. lég.*, iie part., *statuts*, i^{er} vol., 69.

Goffredus miles. *Arch. lég.*, iie part., *statuts*, i^{er} vol., 80.

Gogart (J.), garde des eaux de Betheniville. *Arch. adm.*, t. III, 413.

Gogo, prêtre et chanoine. *Arch. lég.*, iie part., *statuts*, i^{er} vol., 96.

Gogué (Gabriel), commissaire de police. *Arch. lég.*, iie part., *statuts*, iie vol., 418, 422, 852, 853; *statuts*, iiie vol., 229.

Goherio (decima de). *Arch. adm.*, t. I, 255.

Gohillon (R.). *Arch. adm.*, t. III, 841.

Goby de Flay (prior de). *Arch. adm.*, t. II, 638.

Goiencuria Sancti-Martini-in-Bosco (prior de). *Arch. adm.*, t. II, 637.

Goille (la), voy. Lagoille.

Goin, voy. Goyn.

Goingue-Obole (Charletus). *Arch. adm.*, t. II, 446.

Goingnon (Jean), voy. Brimontel.

Goins (Gerardus), diacre et chanoine. *Arch. lég.*, iie part., *statuts*, i^{er} vol., 87.

Goira-prope-Bethunam (prior de). *Arch. adm.*, t. II, 638.

Gois (Robertus le). *Arch. adm.*, t. II, 726.

Goisfridus, vide Ridello.

Goivinus le Devin, voy. Devin.

Goix (Odo de), presbyter, voy. Goix (Oudart le).

— (Remy le), religieux réformé de Saint-Remy. *Arch. lég.*, iie part., *statuts*, i^{er} vol., 199, 204, 216, 219, 229.

— (Oudart le), prêtre. *Arch. lég.*, iie part., *statuts*, i^{er} vol., 119, 217.

— (A. le), bourgeois. *Arch. lég.*, iie part., *statuts*, i^{er} vol., 862.

Goliart-Wilémés, marchand forain. *Arch. lég.*, iie part., *statuts*, i^{er} vol., 944.

Golinus, voy. Gossetus.

Gojons (Garinus). *Arch. adm.*, t. I, 843; t. II, 383.

Gojon (Régnault), sénéchal héréditaire et lieutenant général civil. *Arch. lég.*, iie part., *statuts*, iie vol., 368.

Gombert, voy. Saint-Gombert.

Gombertus, inscrit au nécrologe de Reims. *Arch. lég.*, iie part., *statuts*, i^{er} vol., 84.

Gombette (loi). *Arch. lég.*, iie part., *statuts*, iiie vol., 624.

Gombrezicourt (village de). *Arch. lég.*, i^{re} part., 881.

Gomons, voy. Gaumont.

Gomont, avocat. *Arch. lég.*, iie part., *statuts*, iie vol. 604.

— (Jean), lieutenant du bailli de Vermandois. *Arch. lég.*, iie part., *statuts*, iiie vol., 614.

— (village de), voy. Gaumont.

— (parochia de), voy. Gaumont.

— (Pierre de), clerc. *Arch. adm.*, t. II, 840? t. III, 389, 867.

— (Jehan de), notaire à Reims. *Arch. adm.*, t. II, 664; t. III, 388, 441, 764. *Arch. lég.*, iie part., *statuts*, i^{er} vol., 619, 644, 648, 658, 751, 758, 835, 841, *statuts*, iiie vol., 33.

— (Jean de), docteur en théologie. *Arch. lég.*, iie part., *statuts*, i^{er} vol., 642, 654, 753, 755; *statuts*, iie vol., 721.

— (Marie de). *Arch. adm.*, t. III, 867.

Gomont (presbyter de). *Arch. adm.*, t. II, 1067.

Gomonte (Johannes de), notaire de Reims, voy. Gomont (Jehan de).

Gomora. *Arch. adm.*, t. II, 913. *Arch. lég.*, ɪʳᵉ part., 372.

Gomore, bourgeois, *Arch. adm.*, t. II, 913.

Gomorrhe (ville de), voy. Gomora.

Gonard (Jehan), maçon. *Arch. adm.*, t. II, 1177.

Goncelinus, inscrit au nécrologe de Reims. *Arch. lég.*, ɪɪᵉ part., *statuts*, ɪᵉʳ vol., 92.

Gondebaut, roi de Bourgogne. *Arch. lég.*, ɪɪᵉ part., *statuts*, ɪɪɪᵉ vol., 624.

— (loi de), voy. Gombette.

Gondebert, frère de l'archevêque de Reims Nivart, bâtit le monastère de Saint-Pierre-les-Dames. *Arch. adm.*, t. I, 11, 12.

Gondrada, vide Gondraga.

Gondracus, inscrit au nécrologe de Reims. *Arch. lég.*, ɪɪᵉ part., *statuts*, ɪᵉʳ vol., 81.

Gondraga, laica. *Arch. lég.*, ɪɪᵉ part., *statuts*, ɪᵉʳ vol., 72, 74, 115.

Gondrecourt (seigneurie de). *Arch. lég.*, ɪɪᵉ part., *statuts*, ɪɪɪᵉ vol., 533.

Gondricaria, voy, Gondrecourt.

Gondricuria (Hugo de). *Arch. lég.*, ɪʳᵉ part., 294.

— Johannes de). *Arch. lég.*, ɪʳᵉ part., 294.

Gondy (Albert de), sieur de Perron, grand maître des eaux et forêts. *Arch. lég.*, ɪɪᵉ part., *statuts*, ɪɪᵉ vol., 14.

— (sieur de). fermier général. *Arch. lég.*, ɪʳᵉ part., *statuts*, ɪᵉʳ vol., 924.

Gonegundis, abbesse. *Arch. lég.*, ɪɪᵉ part., *statuts*, ɪᵉʳ vol., 80.

Gonel, huissier. *Arch. lég.*, ɪɪᵉ part., *statuts*, ɪᵉʳ vol., 262 ; *statuts*, ɪɪɪᵉ vol., 723, 730.

Gones (vinum de). *Arch. adm.*, t. I, 866.

Gonesse (Adenet). *Arch. adm.*, t. II, 1007.

Gonins (Ludovicus), diacre. *Arch. lég.*, ɪɪᵉ part., *statuts*, ɪᵉʳ vol., 118.

— (Gerardus), diacre. *Arch. lég.*, ɪɪᵉ part., *statuts*, ɪᵉʳ vol., 118.

Gonlains, prêtre. *Arch. lég.*, ɪɪᵉ part., *statuts*, ɪᵉʳ vol., 69, 100.

Gonnarus, prêtre, vide Gonlains.

Gonot (J. ..), bourgeois. *Arch. lég.*, ɪɪᵉ part., *statuts*, ɪᵉʳ vol., 770.

Gons (Altar de). *Arch. adm.*, t. I, 288.

Gontellus, laicus. *Arch. lég.*, ɪɪᵉ part., *statuts*, ɪᵉʳ vol., 118.

Gonterus, archipresbyter. *Arch. lég.*, ɪɪᵉ part., *statuts*, ɪᵉʳ vol., 68.

Gontet (M.), seigneur d'Olizy-Grand-Pré. *Arch. adm.*, t. II, 1097.

Gontier Wiel, voy. Wiet.

— (Guy), chanoine. *Arch. adm.*, t. II, 677 ? 682. *Arch. lég.*, ɪɪᵉ part., *statuts*, ɪᵉʳ vol., 114.

— (Nicolas), fermier des droits de la vicomté. *Arch. lég.*, ɪɪᵉ part., *statuts*, ɪɪᵉ vol., 156.

— (Guido), chanoine, voy Gontier (Guy).

Gontière (Guy), prêtre. *Arch. adm.*, t. III, 731, 762, 767, 768, 772, 774.

Gontio, prêtre. *Arch. lég.*, ɪɪᵉ part., *statuts*, ɪᵉʳ vol., 65, 100.

Gontramnus, archidiacre, lègue un antiphonaire et un martyrologe à l'église de Reims. *Arch. lég.*, ɪɪᵉ part., *statuts*, ɪᵉʳ vol., 89.

Gontran, doyen de l'église de Reims. *Arch. adm.*, t. I, 205.

Gontrin, maçon. *Arch. adm.*, t. III, 72.

Gor, fondeur de la statue du roi, destinée à la place royale de Reims. *Arch. lég.*, ɪɪᵉ part., *statuts*, ɪɪɪᵉ vol., 568.

Gorde (Theobalus), franc sergent. *Arch. lég.*, ɪɪᵉ part., *statuts*, ɪᵉʳ vol., 81.

Goret (Antoine), curé d'Amigny et de Rouy. *Arch. lég.*, 1re part., 883.

Gorgeron, voy. Colart.

Gorgete, bourgeois. *Arch. adm.*, t. II, 987.

Gorgier, fils de Guillot le macecrier. *Arch. adm.*, t. I, 905.

— (Pierre). *Arch. adm.*, t. II, 307, 761, 673, 774.

— (Thierry). *Arch. adm.*, t. II, 24, 61.

— (G). *Arch. adm.*, t. II, 493, 763, voy. Doyen.

— (Petrus), voy. Gorgier (Pierre).

— (Guillaume). *Arch. adm.*, t. II, 915, 916.

Goriart (Wyart) Chaumier. *Arch. adm.*, t. III, 837.

Gorjart (P.), élu de Reims. *Arch. lég.*, 11e part., *statuts*, 1er vol., 733, 740.

Gormont (Guillaume), garde de la prévoté de Paris. *Arch. adm.*, t. II, 889.

Gormundus-Crassus, bourgeois. *Arch. adm.*, t. I, 328, 618.

Gornay (Philippe de). *Arch. adm.*, t. II, 1244.

Gorra, commissaire du roi. *Arch. lég.*, 11e part., *statuts*, 1er vol., 869, 872.

Goscelinus, doyen. *Arch. adm.*, t. I, 272.

Goslenus de septem-montibus, vide Septem-montibus.

— évêque de Soissons. *Arch. adm.*, t. I, 302, 305, 308, 312, 315.

Gosmonte (alodium de). *Arch. lég.*, 11e part., *statuts*, 1er vol., 65, voy. Gaumont (Aleu de).

Gosse (Jean) du Chesne. *Arch. adm.*, t. III, 873.

Gossemard (N....). *Arch. lég.*, 11e part., *statuts*, 1er vol., 582.

— (Colin), sergent du roi. *Arch. lég.*, 11e part., *statuts*, 1er vol., 589.

Gossés (Henry), voy. Gosset.

Gosset (Jean), notaire de la cour de l'ar-

chidiacre. *Arch. adm.*, t. I, 1072, t. II, 26.

Gosset (Gobin), cordonnier, ou Gossetus Gobinus.

— de Reims, notaire de la cour de l'archidiacre, voy. Gosset (J.).

— (Henry), boulanger, t. II, 895, 899.

— (R.), savetier. *Arch. adm.*, 822.

— (Thierry). *Arch. adm.*, t. III, 488.

— le charbonnier. *Arch. adm.*, t. II, 902.

— (Jesson), boulanger. *Arch. adm.*, t. II, 1180.

Gossetus de Reims, voy. Gosset de Reims.

— (Golinus). *Arch. adm.*, t. I, 976; t. III, 105.

Gossinus, maire de Condé. *Arch. adm.*, t. II, 725.

Gosuinus, évêque de Tournay. *Arch. adm.*, t. I, 464.

Golbertus, laicus. *Arch. lég.*, 11e part., *statuts*, 1er vol., 81.

Goterus, inscrit au nécrologe de Reims. *Arch. lég.*, 11e part., *statuts*, 1er vol., 68.

Gotesmannus, évêque d'Amiens. *Arch. adm.*, t. I, 115, 118, 157, 174.

Gothadus, inscrit au nécrologe de Reims. *Arch. lég.*, 11e part., *statuts*, 1er vol., 76.

Goths (les). *Arch. lég.*, 11e part., *statuts*, 111e vol., 751.

Gotis (parochia de). *Arch. adm.*, t. II, 1051, 1054.

— (capellanus de). *Arch. adm.*, t. II, 1054.

— (presbyter de). *Arch. adm.*, t. II, 1055.

— (Balduinus de), voy. Vadières (Baudouin de).

— (patronagium de). *Arch. adm.*, t. II, 1055.

— (village de), voy. Gueux (village de).

— (decima de). *Arch. adm.*, t. I, 426. *Arch. lég.*, 11e part., *statuts*, 1er vol., 89.

Gotis (Furnus de). *Arch. adm.*, t. I, 516.

— fortericia (de). *Arch. adm.*, t. I, 516.

— (Willelmus de) grenetier de Saint-Denis de Reims. t I, 1037.

Gotmarus, vide Gonlains.

Gotsoldus, voy. Gotspoldus.

Gotspoldus, prêtre. *Arch. lég.*, IIe part., *statuts*, Ier vol., 72, 97.

Gouaix (Odo de), voy. Goix (Oudart le).

Gouaix (Guillelmus de). *Arch. lég.*, IIe part., *statuts*, Ier vol., 121.

Goubec (Jesson), cordonnier. *Arch. adm.*, t. II, 907.

Goucencourt (Mauritius de). *Arch. adm.*, t. I, 786.

—(Renerus de). *Arch. adm.*, t. II, 101.

Goudalier (Jehan le), échevin. *Arch. adm.*, t. III, 611.

Goudin (Henri), drapier. *Arch. adm.*, t. III, 622? *Arch. lég.*, IIe part., *statuts*, IIe vol., 396.

Goudrenoë (Hennequin). *Arch. lég.*, IIe part., *statuts*, Ier vol., 653.

Gouffier de Curvilla, voy. Curvilla.

—(Claude). grand écuyer de France. *Arch. lég.*, Ire part., 889.

Gouge (maison la). *Arch. adm.*, t. III, 36.

—(le), valet de ville. *Arch. adm.*, t. III, 45, 46.

—(Étienne le). *Arch. lég.*, IIe part., *statuts*, IIe vol., 519.

—(Philippe), maréchal vétérinaire. *Arch. lég.*, IIe part., *statuts*, IIe vol., 586.

Gougelet (Jean-Baptiste), chapucier du chapitre. *Arch. lég.*, IIe part., *statuts*, IIIe vol., 680.

Gougenet (J.), bourgeois. *Arch. adm.*, t. III, 831.

Goujon (Jehan), cordonnier. *Arch. adm.*, t. II, 118. *Arch. lég.*, IIe part., *statuts*, Ier vol., 841, 846, 851; *statuts*, IIe vol., 346.

Goujon (Pierre), écuyer. *Arch. lég.*, Ire part., 892.

— (Anne). *Arch. lég.*, Ire part., 892, IIe part., *statuts*, Ier vol., 300?

— (Marie). *Arch. lég.*, IIe part., *statuts*, IIIe vol., 517.

— (Guérin), chanoine de St-Symphorien mention faite dans son testament de plusieurs édifices religieux de Reims, détruits. *Arch. adm.*, t. I, 11.

— (Nicolas), sénéchal. *Arch. adm.*, t. I, 415. *Arch. lég.*, Ire part., 759, 892; IIe part., *statuts*, Ier vol., 680, 682, 686? 862, 867, 871, 876, 885, 951.

— (Guillaume), sénéchal *Arch. adm.*, t. I, 415. *Arch. lég.*, Ire part., 892.

— (Hierosme), seigneur de Vraux, sénéchal. *Arch. adm.*, t. I, 415. *Arch. lég.*, Ire part., 892, IIe part., *statuts*, Ier vol., 721, 907, 908, 917.

— (Guerinus), chanoine, *Arch. adm.*, t. I, 865. *Arch. lég.*, IIe part., *statuts*, Ier vol., 129.

— de Thuisy, voy. Thuisy.

— (Régnault), lieutenant général du baillage. *Arch. lég.*, IIe part., *statuts*, IIe vol., 648, 693, 697.

Goulain, voy. Goulin.

Goulart (Évrart), vergeur de vins. *Arch. adm.*, t. II, 901. *Arch. lég.*, IIe part., *statuts*, Ier vol., 429.

— (Pierre). *Arch. adm.*, t. III, 26, 648.

Goulet (Giles). *Arch. adm.*, t. III, 484.

Gouletus (Goulet). *Arch. adm.*, t. III, 902.

Goulin (Thiébaut). *Arch. adm.*, t. III, 69, 544. *Arch. lég.*, Ire part. 535? IIe part., *statuts*, IIe vol., 415.

— (Colesson), archer de la connétablie de Reims. *Arch. lég.*, IIe part., *statuts*, Ier vol., 531.

Goulinet (C.), bourgeois. *Arch. lég.*, IIe part., *statuts*, Ier vol., 770.

Goulinet (Jehan), bourgeois de Reims, *Arch. lég.*, ɪɪᵉ part., *statuts*, ɪᵉʳ vol., 321.

Gounnis (Théobaldus). *Arch. lég.*, ɪɪᵉ part., *statuts*, ɪᵉʳ vol., 77.

Gourhan (Pierre), marchand forain. *Arch. adm.*, t. III, 890.

Gourmas (seigneur de), voy. Toignel (G.).

Gourmet (Vincent). *Arch. lég.*, ɪɪᵉ part., *statuts*, ɪɪᵉ vol., 363.

Gourmetage (impôt sur le), établi à Reims pour couvrir les frais de l'acquisition faite par la ville des offices de courtiers et jaugeurs. *Arch. lég.*, ɪɪᵉ part., *statuts*, ɪᵉʳ vol., 468.

Gournay (Jehan de), archevêque de Reims. *Arch. adm.*, t. I, 894, 895, 903, 907, 917, 942, 980. *Arch. lég.*, ɪʳᵉ part., 10.

— (Jacques-Louis de), religieux de Saint-Remi. *Arch. lég.*, ɪɪᵉ part., *statuts*, ɪᵉʳ vol., 235.

— (ville de). *Arch. lég.*, ɪɪᵉ part., *statuts*, ɪɪɪᵉ vol., 226.

Gournayo Sancti - Quintini - Belvacensis (prior de). *Arch. adm.*, t. II, 636.

Goussancourt (Buène de). *Arch. adm.*, t. II, 1144; t. III, 25, 40.

— (Jehan de). *Arch. adm.*, t. II, 604, 996, 999; t. III, 95.

— (Remion de). *Arch. adm.*, t. II, 905.

— (Buèves de), voy. Goussancourt (Buène).

— (Hugo de), chanoine. *Arch. adm.*, t. II, 280.

— (village de). *Arch. adm.*, t. III, 108. *Arch. lég.*, ɪʳᵉ part., 889.

— (dîme de), voy. Gozonis-curte (decima de).

Gousset (Mgr), archevêque de Reims. *Arch. lég.*, ɪɪᵉ part., *statuts*, ɪᵉʳ vol., 37, 38.

Gouvelieu (Nicolas de). *Arch. lég.*, ɪʳᵉ part., 894.

Gouvernel, greffier en l'élection de Reims. *Arch. lég.*, ɪɪᵉ part., *statuts*, ɪᵉʳ vol., 677.

Gouvernes, voy. Governa-villa.

Gouverneur, voy. Champagne (gouverneur de), Coucy, Reims. — Reims (gouverneur des chaussées de), Sainte-Menehould, Soissons, Vermandois.

— (Petrus le), prévôt de Reims. *Arch. adm.*, t. I, 1105; t. II, 56, 70, 93, 336, 347; t. III, 836.

— (Pierre le), voy. Gouverneur (Petrus le).

Gouveron (fief de). *Arch. lég.*, ɪʳᵉ part., 894.

Gouviant (Jehan), orfèvre, *Arch. adm.*, t. III, 841.

Gouvion (G.), bourgeois. *Arch. lég.*, ɪɪᵉ part., *statuts*, ɪᵉʳ vol., 770.

— (N.), prévôt de l'échevinage. *Arch. lég.*, ɪɪᵉ part., *statuts*, ɪᵉʳ vol., 771, 772, 775, 777, 789, 795, 800, 806, 808, 825, 826.

— (Robert). *Arch. adm.*, t. III, 108.

— (Jehan), prévôt de Reims. *Arch. adm.*, t. III, 610, 615, 836, 840, 841, 842. *Arch. lég.*, ɪʳᵉ part., 594; ɪɪᵉ part., *statuts*, ɪᵉʳ vol., 539, 542? 579, 580, 582, 615, 617, 629, 631, 633, 637, 644, 649, 651, 653, 655, 657, 667, 670, 686, 689, 696, 706, 709, 712, 724, 728, 746, 749, 944, 945.

— (Bertrand), collecteur des tailles. *Arch. lég.*, ɪɪᵉ part., *statuts*, ɪᵉʳ vol., 545, 576.

Governa (villa de). *Arch. adm.*, t. I, 177.

Govin, voy. Canot.

Govinus (Theobaldus), diacre. *Arch. lég.*, ɪɪᵉ part., *statuts*, ɪᵉʳ vol., 115.

Govion (Thomas). *Arch. adm.*, t. I, 976.

— le Cordonnier. *Arch. adm.*, t. II, 675.

— (Haimadus). *Arch. lég.*, ɪɪᵉ part., *statuts*, ɪᵉʳ vol., 106, 121.

Goyn (G.), *Arch. adm.*, t. I, 640, 642.

Gozelo-Delaiz, bourgeois. *Arch. adm.*, t. I, 333.

Gozolo, voy. Maurvilles.

Gozonis-curte (decima de). *Arch. adm.*, t. I, 32.

Gozuinus, voy. Heimesberg.

Gracias (R.), receveur pour le roi à Vitry. *Arch. lég.*, ii�e part., *statuts*, i�er vol., 617.

Graduale (Graduel). *Arch. lég.*, ii�e part., *statuts*, i�er vol., 91.

Graillet (G.), bourgeois de l'échevinage pendu par ordre du bailli de l'archevêque. *Arch. adm.*, t. II, 836. Protestation des échevins à ce sujet, *ibid.*

— (Nicolas). docteur en droit. *Arch. lég.*, ii�e part., *statuts*, iii�e vol., 442, 443, 463.

— (Mᵐᵉ), dame d'Epoyes. *Arch. adm.*, t. II, 1063.

— (Adam), greffier du conseil de ville. *Arch. lég.*, ii�e part., *statuts*, ii�e vol., 808, 915.

— capitaine des arquebusiers de Reims. *Arch. lég.*, ii�e part., *statuts*, i�er vol., 715, 717; *statuts*, iii�e vol., 147? 439?

Grain (Colardus le). *Arch. adm.*, t. I, 759.

— -de-Cel (R.). *Arch. adm.*, t. II, 824.

— (Jehan le). *Arch. adm.*, t. III, 758.

Grains (billet des). Manière de les distribuer dans le chapitre de Reims. *Arch. lég.*, ii�e part., *statuts*, i�er vol., 106.

— (dîme des), voy. emina (decima de).

Graissiers, voy. Reims (graissiers de).

Gramarie (Helota). *Arch. lég.*, i⁰ part., 320.

Gramaus (Hanequin), clerc. *Arch. adm.*, t. II, 524.

Grambergis (abbas de). *Arch. adm.*, t. II, 640.

Grammaire (Aubry), échevin. *Arch. adm.*, t. II, 981, 998, 999, 1137, 1181, 1183, 1184, 1188, 1191, 1192, 1194; t. III, 14, 18, 19, 22, 23, 25, 27, 39, 40, 44, 70, 72, 80, 99, 104, 110, 112, 136, 174, 230, 240, 248, 451, 463.

Grammaire (Emmelos). *Arch. adm.*, t. II, 50.

— (Gringaudus le). *Arch. adm.*, t. II, 131.

— Albericus, voy. Grammaire Aubri.

— (Jean), bourgeois. *Arch. adm.*, t. I, 1087; t. III, 81, 82, 98, 99, 118, 157.

— (Remi), bourgeois. *Arch. adm.*, t. II, 57, 72, 200, 219, 224, 237, 239, 264, 341, 346, 361, 419, 472, 580, 660.

— (Aubert), *Arch. adm.*, t. III, 420.

Grammatica (grammaire). *Arch. lég.*, i⁰ part., 270, 478.

Grammaticus (Benedictus), diacre. *Arch. adm.*, t. I, 144.

Grammont (ordre de). *Arch. adm.*, t. III, 498.

Granarius. *Arch. adm.*, t. I, 513, 542, 543, 800; t. III, 10, 815. *Arch. lég.*, ii⁰ part., *statuts*, i⁰ vol., 177. Vide Granger.

Grancy (Eude de), chevalier, seigneur de Villiers. *Arch. adm.*, t. III, 607, 659.

Grand (Chrestien le). *Arch. lég.*, ii⁰ part., *statuts*, ii⁰ vol., 238.

— (Gabriel le), tourneur. *Arch. lég.*, ii⁰ part., *statuts*, ii⁰ vol., 581.

— (Davie le), tourneur. *Arch. lég.*, ii⁰ part., *statuts*, ii⁰ vol., 581.

— (François le), tourneur. *Arch. lég.*, ii⁰ part., *statuts*, ii⁰ vol., 581.

— (Pierre le), bourgeois. *Arch. lég.*, ii⁰ part., *statuts*, i⁰ vol., 244; *statuts*, ii⁰ vol., 608.

— -Guiot, voy. Couillon Henricus.

— (Jean). *Arch. adm.*, t. III, 8.

— -Jehan (maison de). *Arch. adm.*, t. III, 632.

— -Montfort (seigneur du), voy. Coquebert (Étienne).

— (Poncelet le), chandelier. *Arch. adm.*, t. II, 269.

— (Thierricus le). *Arch. adm.*, t. I, 824.

Grand (Bertrand le), de Venisse. *Arch. adm.*, t. II, 269.

— (Gérart le). *Arch. adm.*, t. II, 489.

— (Guillaume le). *Arch. adm.*, t. III, 490.

— (Jean le), marchand mercier. *Arch. lég.*, iie part., *statuts*, iie vol., 560.

Grandaillier (Loys), curé de Maineville-aux-Prez. *Arch. lég.*, i^re part., 885.

Grand-Amy (Nicole), curé de Châtelet. *Arch. lég.*, i^re part., 884.

— -Archidiaconé, voy. Reims (grand archidiaconé de).

— -Archidiacre, voy. archidiaconus major.

Grandcey (régiment de). *Arch. lég.*, iie part., *statuts*, i^er vol., 497.

Grandchamp (Marc de), seigneur de Magneux. *Arch. adm.*, t. II, 1061.

Grand-Champ-le-Buisson, voy. Grand-champ.

Granchamp (village de). *Arch. adm.*, t. II, 1081. *Arch. lég.*, i^re part., 881; iie part., i^er vol., 806 ?

— (paroisse de), voy. Grandicampo (parochia de).

— (patronage de), voy. Grandicampo (patr. de).

— -aux-Malades (maison de). *Arch. adm.*, t. III, 580.

— (prêtre de), voy. Grandi-Campo (presbyter de).

— -le-Petit (maison de). *Arch. adm.*, t. III, 580.

Grand-Clary (village de). *Arch. adm.*, t. II, 1092, 1094.

Grande-Couronne (compagnie de la). *Arch. lég.*, iie part., *statuts*, i^er vol., 326.

Grande-Couture (rue de la), voy. Vieille-Couture.

Grand-Credo (place du). *Arch. lég.*, iie part., *statuts*, iiie vol., 485.

Grand-Credo (rue du). *Arch. lég.*, iie part., *statuts*, iiie vol., 414.

Grand-Dieu, voy. Cordier (P. le).

Grande-Pratum-sub-Atrio, vide Grand-Pré.

Grandelain (village de). *Arch. lég.*, i^re part., 882.

— (curé de), voy. Gobelet (Jehan).

Grandes-Armoises (église des), voy. Armoisiis (ecclesia de).

— (village des). *Arch. adm.*, t. II, 1091. *Arch. lég.*, i^re part., 902, 904.

— voy. Petites-Armoises.

Grandes-Compagnies, le roi invite la ville de Reims à financer pour déloger lesdites, des villes qu'elles occupent sur la Seine et l'Yonne. *Arch. adm.*, t. III, 295.

Grandes-Loges (paroisse des). *Arch. adm.*, t. II, 1120, 1121.

— (prêtre des), voy. Logiis (presbyter de).

— (maison des). *Arch. adm.*, t. III, 50.

Grandes-Meulles (hôtellerie des). *Arch. lég.*, iie part., *statuts*, iie vol., 475.

Grandes-Mares (lieu des). *Arch. lég.*, iie part., *statuts*, i^er vol., 243.

Grandes routes. Dénombrement de celles qui aboutissent à Reims. *Arch. lég.*, iie part., *statuts*, iiie vol., 418, 419.

Grand-Fagnoti (Johannes). *Arch. adm.*, t. III, 630.

Grandhan (village de). *Arch. adm.*, t. II, 1100.

Grandicampo (parochia de). *Arch. adm.*, t. II, 1082.

— (presbyter de). *Arch. adm.*, t. II, 1084.

— (patronagium de). *Arch. adm.*, t. II, 1084.

Grandicuria (Eustacius de). *Arch. lég.*, i^re part., 279.

Grandi-Prato (decanatus de), voy. Grand-Pré (doyenné de).

Grand-Fontaine (Guyot de). *Arch. lég.*, iie part., *statuts*, i^{er} vol., 781.

Grandimontensis ordo, voy. Grammont (ordre de).

Grandi-Prato S. Dionisii (prior de). *Arch. adm.*, t. II, 634, 1029, 1089.

Grandi-Prato (Hecelinus comes de). *Arch. adm.*, t. I, 203. *Arch. lég.*, iie part., *statuts*, 1er vol., 82.

— (Herimanus comes de). *Arch. adm.*, t. I, 206.

— (Altar de). *Arch. adm.*, t. I, 252.

— (Balduinus de). *Arch. lég.*, iie part., *statuts*, i^{er} vol., 82.

Grandi-Prato (Henricus de), voy. Grand-Pré (Henry, comte de).

— (Petrus de). *Arch. adm.*, t. I, 436.

Grandis-Prati, comes, voy. Grand-Pré (comte de).

— canonici. *Arch. adm.*, t. I, 340.

Grandis-Sylva, abbas. *Arch. adm.*, t. I, 339, 1107.

Grand-Jardin (place du). *Arch. lég.*, iie part., *statuts*, i^{er} vol., 859.

Grandlud (village de). *Arch. lég.*, i^{re} part., 883, 900.

— (curé de), voy. Moreau (Jean).

Grand maître, voy. Roi (grand maistre de l'hôtel du); école de Notre-Dame-de-Reims; Eaux et forêts; Champagne (grand maître des eaux et forêts de).

Grand-Molinet (village du). *Arch. adm.*, t. III, 48.

Grand-Perche (coutume de). *Arch. lég.*, iie part., *statuts*, iiie vol., 383.

Grandpierre (Joseph), religieux de Saint-Remi. *Arch. lég.*, iie part., *statuts*, i^{er} vol., 284, 293.

Grand'pré (Thierry de). *Arch. adm.*, t. II, 1235.

— (Henry comte de), trésorier de Saint-Denis-de-Reims. *Arch. adm.*, t. III, 479.

Grand'pré (Madelaine de), dame de Sery. *Arch. lég.*, i^{re} part., 920.

— (Doulce de). *Arch. lég.*, iie part., *statuts*, i^{er} vol., 344.

— voy. Grande Pratum.

— (Jehennot de), *Arch. adm.*, t. III, 837.

— (Ferry de). *Arch. lég.*, i^{re} part., 589.

— (Pierre de), voy. Grandi Prato (Petrus de).

— (Pierre-Claude), perruquier. *Arch. lég.*, *statuts*, iiie vol., 193, 195, 198.

— (comte de), lieutenant du roi en Champagne. *Arch. adm.*, t. I, 383, 926; t. II, 123, 1096, 1097, 1098, 1101; t. III, 607. *Arch. lég.*, iie part., *statuts*, i^{er} vol., 552, 605, *statuts*, iiie vol., 148, 393.

— (chanoines de), voy. Grandis Prati canonici.

— (village de), voy. Grande Pratum. *Arch. adm.*, t. I, 253; t. II, 352, 1097; t. III, 339, 477, 833. *Arch. lég.*, iie part., *statuts*, i^{er} vol, 920; *statuts*, iie vol., 74; *statuts*, iiie vol., 243, 393.

— (prieur de), voy. Grandi Prato (prior de).

— (autel de), voy. Grandi Prato (altar de).

— (doyenné de). *Arch. adm.*, t. II, 1098; t. III, 278. *Arch. lég.*, iie part., *statuts*, i^{er} vol., 698, 715; *statuts*, iie vol., 636.

— (Th. de), pelletier. *Arch. adm.*, t. II, 827.

— (doyenné de). *Arch. adm.*, t. II, 1094, 1098. *Arch. lég.*, iie part., *statuts*, i^{er} vol., 842.

— (Réné-Charles), perruquier. *Arch. lég.*, iie part., *statuts*, iiie vol., 199.

Grand-Raoul (Paul), chanoine et écolâtre. *Arch. adm.*, t. I, 667? *Arch. lég.*, iie part., *statuts*, i^{er} vol., 117, 862,

865 , 867; *statuts*, ɪɪᵉ vol., 631, 638; *statuts*, ɪɪɪᵉ vol., 65, 412.

Grand-Raoul (Gilles), écolâtre. *Arch. adm.*, t. I, 663. *Arch. lég.*, ɪɪᵉ part., *statuts*, ɪᵉʳ vol., 119, 680, 893; *statuts*, ɪɪᵉ vol., 638.

— (Raoul), écolâtre, voy. Grand-Raoul (Paul).

Grandremy (Nicolas). *Arch. lég.*, ɪɪᵉ part., *statuts*, ɪɪᵉ vol., 239.

— (Grégoire). *Arch. lég.*, ɪɪᵉ part., *statuts*, ɪɪᵉ vol., 239, 485.

Grandreu (village de). *Arch. lég.*, ɪʳᵉ part., 878.

Grandreu (village de). *Arch. lég.*, ɪʳᵉ part., 678.

— (seigneurie de). *Arch. lég.*, ɪʳᵉ part., 890, 909, 919.

Grandroul (Raoul), curé d'Haveraulcourt. *Arch. lég.*, ɪʳᵉ part., 884.

— (Egidius), voy. Grand-Raoul (Gilles).

Grandroux (Paul), voy. Grand-Raoul.

— (Paul), écolâtre de l'église de Reims, voy. Grand-Raoul.

Grand le chandellier, chandellier Poncelet.

Grand-roi (le), voy. Saulx-Saint-Remi.

Grand-Selve (abbé de), voy. Grandis Sylva, abbas.

Grand-Vallet (Philippe de), chanoine. *Arch. lég.*, ɪɪᵉ part., *statuts*, ɪɪɪᵉ vol., 311, 312, 325.

Grand'ville (village de). *Arch. adm.*, t. II, 1075.

Grand-vicaire, voy. archevêque de Reims (grand vicaire de l') Saint-Remi (G. v. de) Saint-Denis, Saint-Nicaise.

Granea, voy. Grange.

Granelia (Guillermus de), chanoine de Sainte-Nourrice. *Arch. adm.*, t. II, 1042.

Granetarius, vide Granarius.

Grange, voy. Notre-Dame (grange de)

Mysi, temple de Reims, chapitre de Reims, archevêque de Reims; Aubigny, voy. Granea, Grangia.

Grange-Crossart (quarrel de la), *Arch. adm.*, t. II, 500.

Grange Hébert Chevallier (quarrel de la), t. II, 512.

Grange (Madame de lá). *Arch. lég.*, ɪɪᵉ part., *statuts*, ɪɪɪᵉ vol., 391.

Grangé, ouvrier peigneur de laine. *Arch. lég.*, ɪɪᵉ part., *statuts*, ɪɪᵉ vol., 1070.

Grange-aux-Bois (château de la). *Arch. adm.*, t. II, 1070.

Granger, voy. Granarius, archevêque (granger de l').

Granges (Jehan des). *Arch. lég.*, ɪɪᵉ part., *statuts*, ɪɪᵉ vol., 898.

Granget (la veuve). *Arch. lég.*, ɪɪᵉ part., *statuts*, ɪɪᵉ vol., 625.

Grangette (lieu de la). *Arch. lég.*, ɪʳᵉ part., 891, 893, 906.

Grangettes (village des). *Arch. lég.*, ɪɪᵉ part., *statuts*, ɪɪɪᵉ vol., 390.

Grangia, *Arch. adm.*, t. I, 396, 397, 447, 553, 763, 973, 986, 1101; t. II, 405, 931; t. III, 10. *Arch. lég.*, ɪʳᵉ part., 222; ɪɪᵉ part., *statuts*, ɪᵉʳ vol., 70, 80, vide Grange.

Grangiarius, vide Archiepiscopi Grangiarius.

Grangier (Jehan), charpentier. *Arch. adm.*, t. III, 836.

Grangies (J. de), maître d'hôtel du roi. *Arch. adm.*, t. III, 43.

Grant (H. le). *Arch. adm.*, t. I, 765.

— (Hannequin le), boucher de Reims. *Arch. adm.*, t. II, 962.

— (Girard). *Arch. adm.*, t. III, 751, 752, 757.

— (Ponsart le), tanneur. *Arch. adm.*, t. III, 842.

— (J.... le). *Arch. lég.*, ɪɪᵉ part., *statuts*, ɪᵉʳ vol., 632.

Grant (Simon), bourgeois de Reims. *Arch. lég.*, II⁰ part., *statuts*, 1ᵉʳ vol., 777, 832.

Grantchamp (Rogier de). *Arch adm.*, t. I, 1108.

— (J. de) Charreton. *Arch. adm.*, t. II, 827.

— (village de), voy. Grandchamp.

— (Jacqueline de), douairière de Sissonne. *Arch. lég.*, 1ʳᵉ part., 892.

Grant-Faulx (seigneurie de). *Arch. lég.*, 1ʳᵉ part., 893.

Grantisson (prior de). *Arch. adm.*, t. II, 638.

Grant-Persone (Colin le). *Arch. adm.*, t. II, 892, 914.

Grant-Personne (Colart le), voy. Grant-Persone (Colin le).

Grant-Persone, voy. Faglès (Jehan).

Grantreu (seigneurie de), voy. Grandreu.

Grantrieu, voy. Grandreu.

Grantvalet (Colardus), procureur de l'archevêque. *Arch. adm.*, t. III, 657, 831. *Arch. lég.*, 1ʳᵉ part., 569.

Grapis (grappe). *Arch. lég.*, 1ʳᵉ part., 17.

Gras (Guillelmus le), citoyen. *Arch. adm.*, t. II, 233, 536? 550.

— (Rogier le), clerc. *Arch. adm.*, t. II, 532.

— (Colet le). *Arch. adm.*, t. II, 1187.

— (Jehan le). *Arch. adm.*, t. I, 767; t. II, 133? 272.

— (Bauduyn le). *Arch. adm.*, t. I, 959.

— (Huet le). *Arch. adm.*, t. I, 1096; t. II, 492, 542. *Arch. lég.*, 1ʳᵉ part., 64, 68.

— (Michel le). *Arch. adm.*, t. II, 41.

— (Hue le), voy. Gras (Huet le).

— (A. le), receveur des tailles. *Arch. adm.*, t. II, 379.

— (Thomas le), échevin. *Arch. adm.*, t. II, 376, 486, 800? t. III, 86, 394, 459, 656.

— voy. Cras.

Grasse, voy. Agnès.

— (Johannes), voy. Gras (Jehan le).

— (ville de). *Arch. lég.*, II⁰ part., *statuts*, III⁰ vol., 631.

Grassin (Laurentius), chanoine. *Arch. lég.*, II⁰ part. *statuts*, 1ᵉʳ vol., 117.

— (M. de). *Arch. lég.*, II⁰ part., *statuts*, III⁰ vol., 394.

Grateuil (village de). *Arch. adm.*, t. II, 1100.

Gratianus, notaire. *Arch. adm.*, t. I, 355.

Gratien. Livre dudit *de Concordantia discordantium canonum*, allégué. *Arch. adm.*, t. I, 103.

Grauhenna (villa). *Arch. adm.*, t. I, 312, vide Grandhan?

Grave (Jehan), curé de Soupir et Moussy. *Arch. lég.*, 1ʳᵉ part., 883.

Gravelia (Leonardus de), prêtre. *Arch. adm.*, t. II, 1032. *Arch. lég.*, II⁰ part., *statuts*, 1ᵉʳ vol., 116.

— (J. de), dormentier. *Arch. adm.*, t. II, 1035.

— (Paganus de), chanoine. *Arch. adm.*, t. II, 475, 1032; t. III, 103. *Arch. lég.*, II⁰ part., *statuts*, 1ᵉʳ vol., 116.

— (Johannes de), voy. Gravelle.

Gravelines (ville de). *Arch. lég.*, II⁰ part., *statuts*, 1ᵉʳ vol., 605.

Gravelle (Jehan de), procureur des habitants séculiers de Reims. *Arch. adm.*, t. I, 1089; t. III, 836, 841. *Arch. lég.*, II⁰ part., *statuts*, 1ᵉʳ vol., 620, 646, 649, 663, 666, 686, 729, 750, 766, 770, 784.

— (Raoul de), chevalier. *Arch. adm.*, t. III, 51, 831, 843. *Arch. lég.*, II⁰ part., *statuts*, 1ᵉʳ vol., 527.

— (Berthemieu de), échevin. *Arch. adm.*, t. III, 831, 834, 837, 841. *Arch. lég.*, II⁰ part.; *statuts*, 1ᵉʳ vol., 413, 527?

— (Guy de). *Arch. adm.*, t. III, 842. *Arch. lég.*, II⁰ part., *statuts*, 1ᵉʳ vol., 732.

Gravelle (Benoît de). *Arch. adm.*, t. III, 842.

— (Pierre), barbier. *Arch. lég.*, iie part., *statuts*, i^{er} vol., 980.

Graville (Mgr de). *Arch. lég.*, i^{re} part., 315; iie part., *statuts*, i^{er} vol., 830.

Grayet (M.), seigneur d'Epoye. *Arch. adm.*, t. II, 1117.

— assesseur en droit, seigneur de Beine. *Arch. adm.*, t. II, 1117.

Grebère (Jehan de), seigneur de Prouille. *Arch. lég.*, i^{re} part., 892.

Grecia, mère de Rainaldus, archevêque de Reims. *Arch. lég.*, iie part., *statuts*, i^{er} vol., 78.

Grecier (Jacquemin le). *Arch. adm.*, t. III, 472.

Gredainville, lieutenant de la prévôté foraine de Reims. *Arch. lég.*, i^{re} part., 908, 909.

Greffarius. *Arch. lég.*, iie part., *statuts*, i^{er} vol., 199, voy. Greffier.

Greffe (Jehan-Baptiste), tailleur d'habits. *Arch. lég.*, iie part., *statuts*, iie vol., 531.

— voy. Échevinage de Reims (greffe de l').

Greffier, voy. Reims (greffier de l'échevinage de). Hôtel de ville, chapitre, chaussées de Reims (greffiers, gouverneurs de), voy. Greffarius.

Grégoire II, pape. *Arch. adm.*, t. I, 26, 107, 119, 120.

— IV, pape. *Arch. adm.*, t. I, 112.

— V, pape. *Arch. adm.*, t. I, 202.

— VII, pape. *Arch. adm.*, t. I, 110. Efforts dudit pour introduire en Espagne l'office grégorien, *ibid.*, 233, 234, 235, *et seq.*

— XIII, pape. *Arch. lég.*, iie part., *statuts*, iie vol., 689, 763, 765.

— XIV, pape. *Arch. lég.*, iie part., *statuts*, iie vol., 716.

Gregorius IX, pape. *Arch. adm.*, t. I, 444, 446, 542, 558, 560, 566, 568, 573, 575, 578, 579, 582, 583, 584, 589, 590, 591, 601, 603, 606, 611, 612, 616, 619, 623, 627, 628, 632, 687. Excommunie les Rémois pour s'être soulevés contre leur archevêque. *Arch. lég.*, iie part., *statuts*, iiie vol., 612.

Gregorius X, pape. *Arch. adm.*, t. I, 929, 930.

— chanoine de Reims. *Arch. lég.*, iie part., *statuts*, i^{er} vol., 114.

— voy. Cathalauno (Gregorius de).

— XIII, pape, voy. Grégoire XIII.

Grégoire, archevêque de Tours. Canon faussement attribué par ledit au concile de Nicée. *Arch. adm.*, t. I, 105. Citation dudit au sujet du mot senior. *Arch. lég.*, iie part., *statuts*, iiie vol., 621. Histoire d'Injuriosus du même allégué, *ibid.*

Grégoire — (Jehan), curé de Quincy. *Arch. lég.*, i^{re} part., 886.

Gregorius, bailli de Reims. *Arch. adm.*, t. II, 183, 230, 500, 670, 759.

— chantre. *Arch. adm.*, t. I, 318, 319. *Arch. lég.*, iie part., *statuts*, i^{er} vol., 82, 104, 122.

— prêtre. *Arch. adm.*, t. I, 305, 310, 720. *Arch. lég.*, iie part., *statuts*, i^{er} vol., 64.

— (Johannes), chanoine. *Arch. lég.*, iie part., *statuts*, i^{er} vol., 104.

— cardinal. *Arch. adm.*, t. I, 289.

— évêque de Sabine. *Arch. adm.*, t. I, 331.

— diacre. *Arch. adm.*, t. I, 387.

— l'un des évêques du concile de Vizachium. *Arch. adm.*, t. I, 168.

Gréné (Thomas), bourgeois. *Arch. adm.*, t. II, 486, 632, 771, 788, 818, 983, 989, 991, 1000, 1002, 1003, 1005, 1006, 1238? 1239.

Grené (Alexandre), échevin. *Arch. adm.*, t. III, 34, 40, 44.

Grenet, avocat. *Arch. lég.*, iie part., *statuts*, iie vol., 492.

Grenetarius, voy. Grainetier.

Grenier (Jacques), échevin. *Arch. adm.*, t. II, 95, 339, 603, 681, 705, 788, 800, 805. ; t. III, 393.

— (Guillaume). *Arch. adm.*, t. II, 690, 805.

— à sel, voy. Reims (Grenier à sel de).

Greniers (Pierre des). *Arch. adm.*, t. III, 109, 128.

Grenot, bourgeois. *Arch. lég.*, iie part., *statuts*, i^{er} vol., 819.

Grenons (as), voy. Prior.

— (Thierricus as). *Arch. adm.*, t. I, 1057.

— (Franque as). *Arch. adm.*, t. I, 1116.

— (E. as.), receveur des tailles à Reims. *Arch. adm.*, t. II, 416.

— (Gerart as), sergent de Saint-Remi de Reims. *Arch. adm.*, t. II, 676.

— (Petrus aux). *Arch. lég.*, iie part., *statuts*, i^{er} vol., 94; voy. Greniers (Pierre des).

Grenu (Jesson), bourgeois. *Arch. adm.*, t. III, 449.

Gresle (Jean le), échevin perpétuel du ban Saint-Remi. *Arch. lég.*, iie part., *statuts*, iie vol., 363.

— (Pierre le), bourgeois. *Arch. lég.*, iie part., *statuts*, i^{er} vol., 468.

Greslet (Martin), notaire de la cour spirituelle de l'archevêque de Reims. *Arch. adm.*, t. III, 301, 382.

Gresse (la), bourgeoise de Reims. *Arch. adm.*, t. II, 522.

Gressier (Jehan le) de Saint-Quentin. *Arch. adm.*, t. III, 473. *Arch. lég.*, iie part., *statuts*, i^{er} vol., 591.

— (Gérardin le), échevin. *Arch. lég.*, iie part., *statuts*, i^{er} vol., 591, 618, 620, 638.

Greue, terre du bailliage de Reims. *Arch. adm.*, t. II, 552.

Grève (lieu de la). *Arch. adm.*, t. II, 1096.

— (chapelle de tolérance de la). *Arch. adm.*, t. II, 1070.

Grez (Jacques du), prévôt de Condé. *Arch. lég.*, iie part., *statuts*, i^{er} vol., 203, 204, 209, 210, 217, 219, 226.

— (François-Germain de), religieux de Saint-Remi. *Arch. lég.*, iie part., *statuts*, i^{er} vol., 284, 293.

Gricourt (village de). *Arch. lég.*, i^{re} part., 890, 908.

Gridé (Jehan) de Sommepy, sergent du chapitre. *Arch. adm.*, t. III, 380.

Griecourt (village de), voy. Gricourt.

Griffarius, vide Greffarius.

Griffon (Jehan). *Arch. lég.*, i^{re} part., 897.

— (Jean-Baptiste), cordonnier. *Arch. lég.*, iie part., *statuts*, iie vol., 424.

Grifo, inscrit au nécrologe de Reims. *Arch. lég.*, iie part., *statuts*, i^{er} vol., 91.

Grigniaco (Hugo de), voy. Griniaco.

Grignicourt, voy. Guignicourt

Grignon (le), vide Clarambandus.

— (Jehan), curé de Balhan. *Arch. lég.*, i^{re} part., 887.

— (Pierre). *Arch. lég.*, i^{re} part., 882? 884? 888? 897.

Grigny (messire Jehan de). *Arch. adm.*, t. II, 1171.

Grihart (Oudet de). *Arch. adm.*, t. 765.

Grillot (Nicolas), tonnelier. *Arch. lég.*, iie part., *statuts*, i^{er} vol., 424.

— (Jehan), barbier. *Arch. lég.*, iie part. *statuts*, i^{er} vol., 980.

Grimaude (Agnès la). *Arch. adm.*, t. I, 1012.

Grimbertus, prêtre. *Arch. lég.*, iie part., *statuts*, i^{er} vol., 76.

Grimensard (hameau de). *Arch. adm.*, t. I, 1095.

Grimerius, trésorier de l'église de Bayeux. *Arch. adm.*, t. I, 1099, 1102. *Arch. lég.*, iie part., *statuts*, i^{er} vol., 107.

Grimges (Thomas de), chapelier. *Arch. lég.*, iie part., *statuts*, iie vol., 203.

Grimmars (Jesson), parmentier. *Arch.*, adm., t. II, 505.

Grimoardus, inscrit au nécrologe de Reims. *Arch. lég.*, ɪɪe part., *statuts*, ɪer vol., 78.

Grimaldus, voy. Grimoldus.

Grimoldus, serf de l'église de Reims. *Arch. adm.*, t. I, 35.

Grinat (Jehan), procureur des coutres de Saint-Hilaire de Reims. *Arch. adm.*, t. III, 543.

Grinbertus, chantre. *Arch. adm.*, t. I, 315.

Grinella (villa de), voy. Gernelle.

Gringaudus le Grammaire, voy. Grammaire.

Gringaut, voy. Portes.

— (Jehan). *Arch. lég.*, ɪre part., 170? 493, 535.

Gringneur (Gilet le), sergent du chapitre de Reims, voy. Gaingueur (G.... le).

Gringoire, bailli de Reims. Voy. Gregorius.

— oublier. *Arch. adm.*, t. II, 61? 482?

Gringot (Aclis). *Arch. adm.*, t. I, 1016.

Grinhart (G.). *Arch. adm.*, t. II, 756.

— (Raoulinus). *Arch. adm.*, t. II, 736.

— (Jesson), bourgeois. *Arch. adm.*, t. II, 157.

— (Ponsart). *Arch. adm.*, t. III, 12.

Griniaco (Hugo de), bailli de Reims. *Arch. adm.*, t. II, 340, 362? 376, 378? 404, 678? voy. Griny (Hue de).

Grinorret, sergent du prévôt de Reims. *Arch. adm.*, t III, 40.

Griny (Hue de), échevin. Voy. Griniaco (Hugo de).

— (J.... de), clerc, charpentier. *Arch. adm.*, t. II, 535.

— (Guillaume de), notaire. *Arch. adm.*, t. III, 837.

— (T.... de), courtier. *Arch. lég.*, ɪɪe part., *statuts*, ɪer vol., 428.

Grinis, voy. Eugermet (Oudart dit le).

Gris (Colardus le). *Arch. adm.*, t. I, 736, 838.

Grisart (J....), goberlier. *Arch. lég.*, ɪɪe part., *statuts*, ɪer vol., 661.

Grison (terre de). *Arch. lég.*, ɪɪe part., *statuts*, ɪer vol., 167.

— citoyen de Reims. *Arch. lég.*, ɪɪe part., *statuts*, ɪɪɪe vol., 746.

Grisondelle (Hugo de). *Arch. adm.*, t. I, 632.

Grisus (Gris). *Arch. adm.*, t. I, 1018; t. II, 1221.

Grive (La), bourgeoise. *Arch. adm.*, t. II, 894.

Grivellus. *Arch. adm.*, t. II, 956.

Griverius (Lombardus), prêtre. *Arch. lég.*, ɪɪe part., *statuts*, ɪer vol., 122.

Griveyo (parochia de), vide Grivy.

Grivo, père de Jean de Châlons, chevalier. *Arch. lég.*, ɪɪe part., *statuts*, ɪer vol., 72? 170.

Grivon, (village de). *Arch. lég.*, ɪɪe part. *statuts*, ɪɪɪe vol., 391.

Grivy (paroisse de). *Arch. adm.*, t. II, 1109.

— (presbyter de). *Arch. adm.*, t. II, 1113.

— (village de). *Arch. lég.*, ɪɪe part., *statuts*, ɪɪɪe vol., 265.

Grix (sieur de), seigneur d'Athis. *Arch. adm.*, t. II, 1119.

Grojeu (René). *Arch. lég.*, ɪre part., 898.

Gromart (J....), voy. Courmonsteruel.

Gronier, tailleur d'habits. *Arch. lég.*, ɪɪe part., *statuts*, ɪɪe vol., 531.

Gronuart (village de). *Arch. lég.*, ɪre part., 899, 919.

Gros, monnaie, voy. Metz (gros de), Flandres (gros de).

Gros tournois (livre), monnaie. *Arch. adm.*, t. II, 756, 1008; t. III, 289, 327, 350, 384, 745.

Gros (Lancelot le), ouvrier en soie. *Arch. lég.*, iie part., *statuts*, iie vol., 375.

— (Julien le), bourgeois. *Arch. lég.*, iie part., *statuts*, i^{er} vol., 604.

— (J.... le), gardien de Saint-Remi. *Arch. adm.*, t. II, 741, 830 ?

— (Henri le), d'Attigny. *Arch. adm.*, t. II, 978.

— (Jehan le), clerc. *Arch. adm.*, t. III, 836. *Arch. lég.*, i^{re} part., 910 ; iie part., *statuts*, iie vol., 209, 278.

— (Pierre le), drapier. *Arch. lég.*, iie part., *statuts*, iie vol., 369.

— (André le), religieux de Saint-Remi. *Arch. lég.*, iie part., *statuts*, i^{er} vol., 204, 211, 224.

Groseillers (rue des). *Arch. adm.*, t. I, 80. *Arch. lég.*, iie part., *statuts*, i^{er} vol., 567 ?

Grosparni (Raoul), doyen d'Orléans. *Arch. adm.*, t. II, 36, 85.

Grossaine (Petrus), licencié ès lois. *Arch. adm.*, t. III, 851. *Arch. lég.*, i^{re} part., 653, 713, 865 ; iie part., *statuts*, i^{er} vol., 650, 725, 844, 861.

— (Jérôme), bailli de Reims. *Arch. lég.*, i^{re} part., 865, 892, 895 ; iie part., *statuts*, i^{er} vol., 322, 691 ? 697, 701, 862, 866, 867, 870, 876, 884 ; *statuts*, iie vol., 4, 29 ; *statuts*, iiie vol., 37.

— (H.... de), lieutenant du bailli Vermandois. *Arch. lég.*, iie part., *statuts*, i^{er} vol., 475, 704, 872, 874.

— (N....), bourgeois. *Arch. lég.*, iie part., *statuts*, i^{er} vol., 675, 770, 775, 780, 795, 800, 808, 824, 846, 850, 854.

— (Thierry), sieur d'Irval. *Arch. lég.*, iie part., *statuts*, i^{er} vol., 682, 804, 861, 862, 896.

— (Pierre), curé des Alleux. *Arch. lég.*, i^{re} part., 884.

— (famille de), rangée parmi les nobles

de Reims. *Arch. lég.*, iie part., *statuts*, i^{er} vol., 885.

Grosse (Johannes), coutre. *Arch. adm.*, t. II, 1035.

— de Quercu (Johannes de), clerc. *Arch. lég.*, iie part., *statuts*, i^{er} vol., 355.

— -Bouteille (rue de la). *Arch. lég.*, iie part., *statuts*, iiie vol., 419.

— -Écritoire (rue de la). *Arch. adm.*, t. I, 80. *Arch. lég.*, iie part., *statuts*, i^{er} vol., 568 ; *statuts*, iiie vol., 419.

Grosselain (Toussaint), curé de Terron-sur-Aisne. *Arch. lég.*, i^{re} part., 884.

Grosseliers (rue des), voy. Groseillers.

Grosset (Jesson). *Arch. adm.*, t. II, 906.

— (Ponsore), doyen du chapitre. *Arch. adm.*, t. III, 379.

Grossier (Raoulin). *Arch. adm.*, t. II, 301.

Grossiers, voy. Reims (Grossiers de).

— de Reims (statuts des). *Arch. lég.*, iie part. ; *statuts*, iie vol., 560.

Grossum-Caput (Hugo), bourgeois. *Arch. adm.*, t. I, 852.

Grossus (J....) de Silley, vide Silley.

— (Gros). *Arch. lég.*, iie part., *statuts*, i^{er} vol., 70, 72, 77.

Grouet (Toussaint). *Arch. lég.*, iie part., *statuts*, iie vol., 546.

Grouleau (Jehan), sous-prieur de Saint-Nicolas du Val des Écoliers. *Arch. lég.*, i^{re} part., 881.

Grovestin, chef des troupes qui firent une irruption en Champagne en 1712. *Arch. lég.*, iie part., *statuts*, iie vol., 105 ; *statuts*, iiie vol., 145.

Grozeul (G...), sonneur de Reims. *Arch. lég.*, iie part., *statuts*, i^{er} vol., 640.

Gruaria. *Arch. adm.*, t. III, 220. *Arch. lég.*, iie part., *statuts*, iiie vol., 87, voy. Gruerie.

Gruarius, voy. Merceret (Baudenonus).

Grue (rue de la). *Arch. adm.*, t. I, 723. *Arch. lég.*, iie part., *statuts*, iiie vol., 406.

— (Thierry la). *Arch. adm.*, t. II, 672.

Gruere (altar de). *Arch. adm.*, t. I, 509. *Arch. lég.*, iie part., *statuts*, i^{er} vol., 104.

Gruerie, voy. Épernay (Gruerie d').

Grueriis (Parochia de). *Arch. adm.*, t. II, 1076; voy. Gruyères.

— (presbyter de). *Arch. adm.*, t. II, 1078.

— (patronagium de). *Arch. adm.*, t. II, 1079.

Gruignet (Regnault). *Arch. adm.*, t. III, 841.

Gruinchars (Raoul). *Arch. adm.*, t. I, 1062.

Gruiniant (Jehan) de Lefincourt. *Arch. adm.*, t. III, 16.

Grumel (Jean), charpentier. *Arch. adm.*, t. II, 541, 965, 967, 969.

— (Pierre), maître cordonnier. *Arch. lég.*, iie part.; *statuts*, iie vol., 238, 264.

Grumelier (Richard), épinglier. *Arch. lég.*, iie part.; *statuts*, iie vol., 543.

Gruthus (messire F. de), seigneur de Lefincourt. *Arch. adm.*, t. II, 1114.

Gruyères (paroisse de), voy. Grueriis (parochia de).

— (autel de), voy. Gruere (altar de).

— (Jehan de). *Arch. adm.*, t. III, 466.

— (patronage de), voy. Grueriis (patronagium de).

— (prêtre de), voy. Grueriis (presbyter de).

— (village de). *Arch. adm.*, t. I, 545, 546; t. II, 1076, 1077.

Gruyeria, voy. Gruyères.

Guago, laicus. *Arch. lég.*, iie part., *statuts*, i^{er} vol., 87.

Guaillons, bienfaiteur de Saint-Remi. *Arch. lég.*, iie part., *statuts*, i^{er} vol., 169.

Gualanus laicus. *Arch. lég.*, iie part., *statuts*, i^{er} vol., 71.

Gualburgis, femme inscrite au nécrologe de Reims. *Arch. lég.*, iie part., *statuts*, i^{er} vol., 69.

Gualbertus, prêtre et chanoine. *Arch. lég.*, iie part., *statuts*, i^{er} vol., 100.

Gualcherus, chevalier. *Arch. adm.*, t. I, 286.

Gualerannus abbé. *Arch. lég.*, iie part., *statuts*, i^{er} vol., 64.

Gualterius, évêque d'Autun, voy. Gualterus.

Gualterus, prêtre. *Arch. lég.*, iie part., *statuts*, i^{er} vol., 100.

— voy. Walterus.

— évêque d'Autun. *Arch. adm.*, t. I, 115, 122, 174, 175.

— frère de l'évêque Guy. *Arch. adm.*, t. I, 155.

— comes, père du précédent. *Arch. adm.*, t. I, 155, 242? 155.

— dictus imperator, moine de St-Thierry. *Arch. adm.*, t. I, 862, 879, 912.

— évêque de Laon. *Arch. adm.*, t. I, 208? 354.

— magister, *Arch. adm.*, t. I, 318, 346, 880. *Arch. lég.*, iie part., *statuts*, i^{er} vol., 78, 82, 87? 168? 170?

— abbé. *Arch. lég.*, iie part., *statuts*, i^{er} vol., 75.

Gualterus, chanoine. *Arch. lég.*, iie part., *statuts*, i^{er} vol., 65, 85.

Gualtherus (Johannes), doyen de Saint-Symphorien. *Arch. adm.*, t. I, 271.

Guandelandus, prêtre. *Arch. lég.*, iie part., *statuts*, i^{er} vol., 72.

Guandelricus. *Arch. lég.*, iie part., *statuts*, i^{er} vol., 70.

Guarans, vide Guarandus.

Guardia (garde). *Arch. lég.*, i^{re} part., *statuts*, i^{er} vol., 557, vide Gardia.

Guardianus, vide Gardianus.

Guarinus, abbé. *Arch. lég.*, iie part., *statuts*, i^{er} vol., 87.

— vide Garin.

— moine, *Arch. lég.*, iie part., *statuts*, i^{er} vol., 71.

— archidiacre. *Arch. lég.*, iie part., *statuts*, i^{er} vol., 75.

— sous-diacre et chanoine. *Arch. lég.*, iie part., *statuts*, i^{er} vol., 55, 100, 116.

—prêtre et chanoine. *Arch. lég.*, iie part., *statuts*, i^{er} vol., 76.

— laïque. *Arch. lég.*, iie part., *statuts*, i^{er} vol., 76, 79, 81, 86.

Guarmandus, chanoine. *Arch. lég.*, iie part., *statuts*, i^{er} vol., 81.

Guarnisio, vide Garnisio.

Guarnerus, accolyte, *Arch. lég.*, iie part., *statuts*, i^{er} vol., 72, 80.

— chevalier. *Arch. lég.*, iie part., *statuts*, i^{er} vol., 75.

— convers. *Arch. lég.*, iie part., *statuts*, i^{er} vol., 88.

— prêtre et chanoine. *Arch. lég.*, iie part., *statuts*, i^{er} vol., 99.

Guarnier, voy. Warnier.

Guast, vide Sancto Theodulfo (altar de).

Guartengen (altar de). *Arch. adm.*, t. I, 280.

Guarnereia capella, *Arch. adm.*, t. I, 280.

Gauterus, échevin, *Arch. adm.*, t. I, 311.

Guboldus, chevalier. *Arch. lég.*, iie part., *statuts*, i^{er} vol., 88.

Gué, voy. Papelentille (Gué de). Porte de Vesle (G. de).

Gué de la Porte-à-Vesle (carré du). *Arch. adm.*, t. II, 547.

Guédainne (P. la). *Arch. adm.*, t. II, 481.

v

Guédeau (Guillemin). *Arch. adm.*, t. III, 836.

Gué-d'Houssus (village du). *Arch. adm.*, t. II, 1069.

Guedricus, doyen. *Arch. adm.*, t. I, 223.

Gueldre (duc de). *Arch. lég.*, iie part., *statuts*, i^{er} vol., 805.

Guelpho. *Arch. lég.*, iie part., *statuts*, i^{er} vol., 62.

Guelpo, sous-diacre et chanoine. *Arch. lég.*, iie part., *statuts*, i^{er} vol., 76.

Guénégaut, conseiller d'État. *Arch. lég.*, iie part., *statuts*, iie vol., 628.

Guenoir, juriste. *Arch. lég.*, iie partie, *statuts*, iiie vol., 26. OEuvres dudit alléguées au sujet du droit de prévention, 27.

Guérard, membre de l'Institut, ouvrage dudit allégué à l'occasion du testament de Saint-Remi. *Arch. adm.*, t. I, 4, 25, 35, 36.

Guerbert (Jehan) de Vuin, taillandier. *Arch. adm.*, t. II, 1191.

Guerbigny (village de). *Arch. lég.*, i^{re} part., 888.

Guerchy (comte de). *Arch. lég.*, iie part., *statuts*, iiie vol., 554.

Guercius, chanoine de Sens. *Arch. adm.*, t. I, 603.

Guérin (Jean), notaire à Voncq. *Arch. lég.*, iie part., *statuts*, iiie vol., 244, 256, 258, 259.

— (Charles Millet), notaire à Vitry. *Arch. lég.*, iie part., *statuts*, iiie vol., 258.

— (Jacques), échevin. *Arch. adm.*, t. II, 376. *Arch. lég.* iie partie, *statuts*, i^{er} vol., 997; *statuts*, iie vol., 1025.

—(Philippe), avocat. *Arch. adm.*, t. II, 1112. *Arch. lég.*, iie part., *statuts*, i^{er} vol., 964, 972.

— -Delioncourt, procureur. *Arch. lég.*, iie part., *statuts*, iie vol. 156.

—(Jesson), taillandier. *Arch. lég.*, iie part., *statuts*, iie vol, 431.

49

Guerin (Thomas), religieux de Saint-Remi. *Arch. lég.*, iie part., *statuts*, i^{er} vol., 204, 217, 219.

Guerinot (Jehan), serrurier. *Arch. adm.*, t. III, 836.

Guériot (Nicolas de la Motte), capitaine de la milice de Reims. *Arch. lég.* iie part., *statuts*, iie vol., 369?1019, 1021.

— avocat. *Arch. lég.*, iie part., *statuts*, iiie vol., 350.

Guerite, voy. Garita.

Guermundus, frère du Guy, chanoine. *Arch. adm.*, t. I, 317. *Arch. lég.*, iie part., *statuts*, i^{er} vol., 106.

Guermundus de Castellione, voy. Castellicua (Wermundus de).

Guerpitio (déguerpissement). *Arch. adm.*, t. I, 331.

Guerra (guerre). *Arch. adm.*, t. I, 391, 451, 464 598, 806, 851, 985; t. II, 47, 49, 125, 128, 133, 137, 141, 143, 170, 187, 199, 646, 730; t. III, 10, 77, 94, 171, 176, 237, 242, 344, 540, 702, 815, 843, 847, 902. *Arch. lég.*, i^{re} part., 7; iie part., *statuts*, iie vol., 402, 422, 582.

Guerrare (guerroyer). *Arch. adm.*, t. III, 241.

Guerre, voy. Flandre (guerre de), Angleterre (guerres de), Espagne.

— (gens de), excès desdits dans Reims et ses environs. *Arch. lég.*, iie part., *statuts*, i^{er} vol., 767, 768, iie vol., 952, 993, 1008, 1012.

Guerreier (Johannes), chanoine de Saint-Nourrice. *Arch. adm.*, t. II, 1041.

Guerri, chapelain de Notre-Dame. *Arch. adm.*, t. II, 517, 538.

— le boulanger. *Arch. adm.*, t. I, 959; t. II, 25, 372, 519?

Guerricus, chanoine. *Arch. adm.*, t. I, 478, 479.

Guerricus, moine de Saint-Remi. *Arch. adm.*, t. I, 867.

Guery, curé de Vrigny, voy. Veresse.

Gues. voy. Gueux (village de).

Guesclin (Bertrand du), connétable de France. *Arch. adm.*, t. III, 533.

Guesne (Gesson la). *Arch. adm.*, t. III, 873.

Guespin (Johannes), échevin. *Arch. adm.*, t. II, 185, 230, 267, 286, 310, 321, 332, 340, 362, 376, 415, 461, 603, 666, 758, 802, 810.

Guespine (Marie la). *Arch. adm.*, t. III, 393, 398.

Guespines Apud-S. Petrum-veteris? *Arch. adm.*, t. II, 1049.

Guet, voy. Reims (guet de).

Guet (J... le), échevin. *Arch. lég.*, iie part., *statuts*, i^{er} vol., 632.

Guet (archers du). Préposés à la garde de l'hôtel de ville. *Arch. lég.*, *statuts*, iiie vol., 156, 158.

Gueteurs, voy. Reims (guetteurs de).

Guetus (Guet). *Arch. lég.*, iie part., *statuts*, i^{er} vol., 549, 552, 557, 563, 566, 586; *statuts*, iie vol., 993.

Guetier (J....), clerc. *Arch. lég.*, iie part., *statuts*, i^{er} vol., 371.

Guette (G.... la), lieutenant criminel. *Arch. lég.*, iie part., *statuts*, i^{er} vol., 716.

Gueulart (J....), abbé de Saint-Nicaise de Reims. *Arch. lég.*, iie part., *statuts*, i^{er} vol., 321.

Gueule (Morise la). *Arch. adm.*, t. II, 690.

— (Robin la). *Arch. adm.*, t. II, 519.

Gueux (village de). *Arch. adm.*, t. I, 537, 540, 850, 1089; t. II, 1053, 1056; t. III, 87. *Arch. lég.*, i^{re} part., 607, 754, 902, 906; iie part., *statuts*, i^{er} vol., 741.

— (dîme de), voy. Gotis decima.

Gueux (seigneur), voy. Miremont (J.), Vadières (Raoul de), Vadières (Baudoin), Failly (M. de), Bourgeois d'Augé, Cauchon (J.).

Gueux (Hubert de), voy. Lesdarneit.

— (paroisse de), voy. Gotis (parochia de).

— (prêtre de), voy. Gotis (presbyter de).

— (patronage de), voy. Gotis (patronagium de).

Gueux (chapelain de). vide Gotis (capellanus).

— (Guillaume de), curé de Chuffily. *Arch. lég.*, 1re part., 885.

— (maison de), voy. Gotis domus.

— (curé de), voy. Boucher (Hilaire).

— (rue des). *Arch. lég.*, 11e part., *statuts*, 111e vol., 406, 410, 411, 419.

— (forteresse de), voy. Gotis (fortericia de).

Guevin (Antoine), monnayeur. *Arch. lég.*, 11e part., *statuts*, 111e vol., 187.

Guiardus, miles filius Blihardi. *Arch. adm.*, t. I, 286.

— fils de Rénier Acarin, seigneur de Campigny. *Arch. adm.*, t. II, 104.

— prêtre. *Arch. lég.*, 11e part., *statuts*, 1er vol., 166.

Guiatonus, inscrit au nécrologe de Reims. *Arch. lég.*, 11e part., *statuts*, 1er vol., 120.

Guibarde (Margueron-la-). *Arch. adm.*, t. III, 105.

Guibert (Bertrand), échevin. *Arch. adm.*, t. II, 756, 800, 862, 882, 892, 893, 895, 896, 901, 902, 903, 904, 907, 911, 914, 918.

— (Bonnart). *Arch. adm.*, t. II, 895.

— (P....) *Arch. lég.*, 11e part., *statuts*, 1er vol., 862.

Guiberti (Gervasius). *Arch. adm.*, t. II, 1219.

Guibertus (Henricus). *Arch. adm.*, t. I, 543.

Guibertus, abbé de Saint-Nicaise de Reims. *Arch. adm.*, t. I, 973, 974, 1003, 1008, 1010.

Guibertus cantor Remensis, voy. Wibertus.

Guiboldus, homme donné par Jacques de Châtillon à Saint-Remi. *Arch. adm.*, t. I, 273.

Guibrai (fil de), vendu à Reims. *Arch. lég.*, 11e part., *statuts*, 11e vol., 99.

— (foire de). *Arch. lég.*, 11e part., *statuts*, 1er vol., 956, 979.

Guichard (Jacques-Nicolas), coutre-laïc de l'église de Reims. *Arch. lég.*, 11e part., *statuts*, 111e vol., 679, 697, 700, 711, 728, 729, 733.

Guichardus-Cauliculi, fils du comte de Roucy. *Arch. adm.*, t. I, 318. *Arch. lég.*, 1re part., 42 ?

Guichart-Corée, échevin, voy. Corée.

Guichart. *Arch. adm.*, t. III, 470, 690. *Arch. lég.*, 11e part., *statuts*, 11e vol., 1011.

Guicourt (village de). *Arch. lég.*, 1re part., 906.

Guido, évêque de Soissons. *Arch. adm.*, t. I, 115, 121. *Arch. lég.*, 11e part., *statuts*, 1er vol., 75, 116.

— évêque de Senlis. *Arch. adm.*, t. I, 155, 174, 203, 204.

— Comes. *Arch. adm.*, t. I, 117.

— moine de Saint-Remi. *Arch. adm.*, t. I, 295, 387. *Arch. lég.*, 11e part., *statuts*, 1er vol., 188.

— cardinal de S. Crisogone. *Arch. adm.*, t. I, 313, 314, 322, 331.

— Frédéricus, chevalier. *Arch. adm.*, t. I, 320; *Arch. lég.*, 11e part., 1er vol., 74? 87?

— évêque de Cambrai, voy. Guy.

— de Calvimonte, archidiacre de Châlons, voy. Calvimonte (Guido de).

Guido-Jumentus, abbé de Saint-Remi de Reims, voy. Jumentus.

Guido, trésorier de Saint-Remi de Reims. *Arch. adm.*, t. I, 644.

— archidiacre. *Arch. lég.*, iie part., *statuts*, i^{er} vol., 69.

Guido vide Tiburtine (episcopus de).

— laïque. *Arch. lég.*, iie part., *statuts*, i^{er} vol., 82, 83, 91.

— boutillier de France. *Arch. adm.*, t. I, 261, 298, 402, 416, 420, 427, 431, 465, 466.

— évêque de Châlons. *Arch. adm.*, t. I, 310. *Arch. lég.*, iie part., *statuts*, i^{er} vol., 81, 117,

— évêque de Langres. voy. Rupeforti (Guido de).

— dictus Sarrazin, voy. Sarrazin

— de Villamaris, chanoine de Reims, voy. Villamaris.

— de Colongnia, chanoine de Reims, voy. Colongnia (G. de).

— Scotus, voy. Lescot (Guy l').

— évêque de Liége. *Arch. lég.*, i^{re} part., 159.

— (Claudus), lévite et chanoine. *Arch. lég.*, iie part., *statuts*, i^{er} vol., 77, 80, 91.

Guido, aumônier de Saint-Remi. *Arch. adm.*, t. I, 425. *Arch. lég.*, iie part., *statuts*, i^{er} vol., 180.

— advocat. *Arch. lég.*, iie part., *statuts*, i^{er} vol., 82.

— évêque de Preneste. *Arch. adm.*, t. I, 456.

— abbé de Saint-Remi. *Arch. adm.*, t. I, 465, 474, 838. *Arch. lég.*, iie part., *statuts*, i^{er} vol., 178.

— cardinal de Bologne. *Arch. adm.*, t. II, 1029.

— abbé de Saint-Nicaise, vide Wido.

— Guido Ier, archevêque de Reims. *Arch. adm.*, t. I, 256, 258, 456, 457, 458, 854. *Arch. lég.*, i^{re} part., 6; iie part., *statuts*, i^{er} vol., 87, 88, 91, vide Châtillon (Guy de).

Guido, diacre. *Arch. adm.*, t. I, 241, 276, 283. *Arch. lég.*, iie part., *statuts*, i^{er} vol., 89.

— sous-diacre. *Arch. adm.*, t. I, 259, 283, 286, 305, 318, 319.

— échevin. *Arch. lég.*, iie part., *statuts*, i^{er} vol., 171.

— chanoine. Donne à Saint-Denis de Reims un terrain situé sur la place de cette ville. *Arch. adm.*, t. I, 275, 317? *Arch. lég.*, iie part., *statuts*, i^{er} vol., 121.

— prêtre. *Arch. lég.*, iie part., *statuts*, i^{er} vol., 66.

Guidon (Gérard). *Arch. adm.*, t. III, 129.

Guidonis de Atreio terra. *Arch. adm.*, t. I, 321, 329.

Guienne (duc de), voy. Guyenne.

Guieron (P. le), élu de Reims. *Arch. lég.*, iie part., *statuts*, i^{er} vol., 754.

Guigarius, inscrit au nécrologe de Reims. *Arch. lég.*, iie part., *statuts*, i^{er} vol., 92.

Guignicourt (Oudart de), sergent royal. *Arch. lég.*, iie part., *statuts*, i^{er} vol., 380.

Guiffroy (Martin). *Arch. adm.*, t. III, 837.

Guignery, voy. Quiquery.

Guignicourt (seigneur de), voy. Legras (Philippe).

Guignicourt (patronage de), voy. Guignicurte (patronagium de).

— (Pierre de). *Arch. adm.*, t. II, 770; t. III, 757.

— (famille de). *Arch. adm.*, t. II, 160. Poursuit les frères de Brienne (*ibid.*).

— (Raoul de). *Arch. adm.*, t. II, 423.

— (curé de), voy. Fouacier (Raoul). Malaise (Girard de). *Arch. lég.*, i^{re} part., 887.

— (village de). *Arch. adm.*, t. II, 1076. *Arch. lég.*, i^{re} part.; 885, 891, 900.

Guignicurte (patronagium de). *Arch. adm.*, t. II, 1079.

— (ville de), voy. Guignicourt (village de).

Guignolet (Jehan), dit Vin de Couchier. *Arch. lég.*, 1re part., 568.

Guihardus, voy. Givardus.

— prêtre et chanoine. *Arch. lég.*, 11e part., *statuts*, 1er vol., 95.

Guildericus, doyen; voy. Guildricus.

Guildricus, miles. *Arch. lég.*, 11e part., *statuts*, 1er vol., 76.

— lévite et chanoine. *Arch. lég.*, 11e part., *statuts*, 1er vol., 89, 95.

— doyen. *Arch. lég.*, 11e part., *statuts*, 1er vol., 120.

Guilehardis, vide Guilhardis.

Guilhardis. *Arch. lég.*, 11e part., *statuts*, 1er vol., 75.

Guillarde, voy. Margaie.

Guillart (Williaume), voy. Guillart (Guillaume).

— (Guillaume). *Arch. adm.*, t. I, 741; t. II, 698.

— (Jehan). *Arch. adm.*, t. II, 780.

— (T.). *Arch. lég.*, 11e part., *statuts*, 1er vol., 622.

— (Pierre), échevin. *Arch. adm.*, t. II, 547, 603, 675? 680? 769? 913, 1177, 1191.

— (Jaquet). *Arch. adm.*, t. III, 511.

— (Colesson). *Arch. adm.*, t. III, 841.

— (André), premier président au parlement de Bretagne. *Arch. lég.*, 1re part., 889.

— (N.), receveur de la taxe des pauvres. *Arch. lég.*, 11e part., *statuts*, 1er vol., 470.

— (Jehan), dit Chandellier, élu de Montvilliers. *Arch. lég.*, 11e part., *statuts*, 1er vol., 805, 872.

— (Jacques), sergent royal. *Arch. lég.*, 11e part., *statuts*, 111e vol., 510.

— (Hues). *Arch. adm.*, t. I, 1040.

— (Perrart), voy. Guillart (Pierre).

Guillat (J.), voy. Guillart (Jehan).

Guillaume, évêque de Châlons. *Arch. adm.*,

t. I, 667. *Arch. lég.*, 11e part., *statuts*, 1er vol., 65.

Guillaume (J.), varlet. *Arch. lég.*, 11e part., *statuts*, 1er vol., 673.

— évêque de Cambray, voy. Guillelmus.

— sénéchal de Reims; voy. Willermus.

— le ployeur de cerceaux. *Arch. adm.*, t. II, 532.

— fils de Rénier Akarin; voy. Willermus.

— tuteur de Joffroi d'Unchar. *Arch. adm.*, t. II, 686.

— évêque de Laon. *Arch. adm.*, t. I, 912.

— évêque de Bayeux. *Arch. adm.*, t. II, 949.

— abbé de Saint-Thierry; voy. Willelmus.

— de Saint-Nicaise; voy. Willelmus.

— abbé de Metz. *Arch. adm.*, t. I, 234; voy. Guillelmus.

— (N.), enfant de chœur. *Arch. lég.*, 11e part., *statuts*, 1er vol., 55.

— seneschal de Reims. *Arch. adm.*, t. I, 415.

— Goujon de Thuisy, seneschal de Reims, voy. Goujon (Guill.).

— frère de Robert de Flandres. *Arch. adm.*, t. II, 28.

— le Potier. *Arch. adm.*, t. II, 301.

— II aux-Blanches-Mains, archevêque de Reims. *Arch. adm.*, t. I, 79, 84; charte dudit relative à la prévôté de Reims, 224, 228, 300, 359, 380, 381, 384, 387, 391, 392, 398, 399, 402, 404 et seq., 411, 413 et seq., 422, 423, 424. Transige avec son chapitre au sujet des francs sergents, 438 et seq., 444 et seq., 451, 481, 483, 489, 512, 525, 527, 528, 531, 533 et seq. 559, 579, 630, 635, 652, 636, 663, 667, 864, 938, 952 966, 1086; t. II, 216, 225, 231, 412, 459, 581, 587, 610, 940, 943, 1104, 1238; t. III, 182, 268; Charte dudit, 886, 893. *Arch. lég.*, 1re part., 6, 485; 11e part., *statuts*, 1er vol., 71,

101, 102, 119, 171, 172, 174, 179, 183, 189, 437 ; *statuts*, IIe vol., 17, 34, 37, 43, 323, 327, 453, 910 ; *statuts*, IIIe vol., 39 ; restitue aux échevins leur juridiction contentieuse (*ibid.*), 59, 406, 427, 428, 450, 540, 609 ; régent du royaume, 610, 612, 613, 615, 619, 642.

Guillautiaus (Thierricus le), majeur de Boult. *Arch. adm.*, t. II, 726, 878.

Guille (Renier la). *Arch. adm.*, t. III, 25.

— (Jehan la), drapier. *Arch. adm.*, t. III, 751.

— voy. Villedomange.

Guillebaudus, prêtre. *Arch. lég.*, IIe part., *statuts*, Ier vol., 97.

Guillebertus, chapelain. *Arch. adm.*, t. I, 223, 297 ?

Guillelmus Carnotensis, signataire d'une charte de Gervais, archevêque de Reims. *Arch. adm.*, t. I, 223.

— archevêque de Rouen. *Arch. adm.*, t. I, 986.

— évêque d'Amiens, t. I, 986.

— abbé de Saint-Thierry, vide Willelmus.

— abbé. *Arch. lég.*, IIe part., *statuts*, Ier vol., 62.

— abbé de Saint-Nicaise, vide Willelmus.

— évêque de Châlons, voy. Guillaume.

— ad-albas-manus, voy. Guillaume II aux blanches-mains.

— chanoine de Saint-Denis de Reims. *Arch. adm.*, t. I, 533.

— chancelier. *Arch. adm.*, t. I, 328, 347, 836.

— archidiacre. *Arch. adm.*, t. I, 305, 308.

— lecteur. *Arch. adm.*, t. I, 276.

— filius Hugonis Albi. *Arch. adm.*, 273.

— notaire. *Arch. adm.*, t. I, 328.

— évêque d'Orléans, voy. Willelmus.

— cardinal et archidiacre de Reims. *Arch. lég.*, IIe part., *statuts*, Ier vol., 105, 121.

Guillelmus, évêque de Cambray. *Arch. adm.*, t. I, 60, 1111.

Guillemant religieux cordelier. *Arch. lég.*, IIe part., *statuts*, Ier vol., 532.

Guillemart (Jehan), sergent. *Arch. lég.*, Ire part., 910 ; IIe part., *statuts*, IIe vol., 181.

Guillemin le parmantier. *Arch. adm.*, t. I, 766, 993 ?

— valet de pied. *Arch. adm.*, t. II, 837, 840 ; t. III, 757.

— (Michel), majeur du ban Saint-Remi. *Arch. lég.*, IIe part., *statuts*, IIe vol., 926.

— orfèvre de Reims. *Arch. lég.*, IIe part., *statuts*, Ier vol., 389.

Guillermus, doyen du chapitre de Châlons. *Arch. adm.*, t. I, 873.

— prévôt de Saint-Denis de Reims. *Arch. adm.*, t. I, 858.

— évêque d'Arras. *Arch. adm.*, t. I, 1047, 1054, 1057.

— de Conc, prévôt de Laon. *Arch. adm.*, t. I, 643.

— aumônier de Saint-Remi. *Arch. lég.*, IIe part., *statuts*, Ier vol., 195.

Guillerot (N...). *Arch. lég.*, IIe part., *statuts*, Ier vol., 796.

— Guillette (la). *Arch. adm.*, t. II, 748.

Guillicourt (lieu de). *Arch. adm.*, t. III, 662.

Guillot le macecrier. *Arch. adm.*, t. I, 905, t. III, 486.

— le Goulu. *Arch. adm.*, t. II, 302.

— prêtre. *Arch. lég.*, IIe part., *statuts*, IIIe vol., 753.

— (ruelle la). *Arch. adm.*, t. II, 498, 511.

— (Thomas), sergent des caves de Sept-Saux. *Arch. adm.*, t. III, 760.

— (H.), bourgeois *Arch. adm.*, t. III, 832. *Arch. lég.*, IIe part., *statuts*, IIe vol., 860.

Guillot le Boucher, voy. Guillot le Macecrier.

— (Jean). *Arch. lég.*, ɪɪ° part., *statuts*, ɪɪ° vol., 238.

— (Nicolas), drapier. *Arch. lég.*, ɪɪ° part., *statuts*, ɪɪ° vol., 373.

— (Marc), drapier. *Arch. lég.*, ɪɪ° part., *statuts*, ɪɪ° vol., 373.

— (Simon), drapier. *Arch. lég.*, ɪɪ° part., *statuts*, ɪɪ° vol., 373.

— (Pierre), sergent du bailliage. *Arch. lég.*, ɪɪ° part., *statuts*, ɪɪ° vol., 487.

— (Nicaise), sergent de l'échevinage. *Arch. lég.*, ɪɪ° part., *statuts*, ɪɪ° vol., 618 ; *statuts*, ɪɪɪ° vol., 75.

Guillotus, voy. Merardus.

Guimares (Th.), échevin. *Arch. adm.*, t. I, 642.

Guimares (B.), échevin. *Arch. adm.*, 642.

Guimbert (Thomas), boulanger. *Arch. lég.*, ɪɪ° part., *statuts*, ɪɪ° vol., 533.

Guimbert (Thomas), boulanger. *Arch. lég.*, ɪɪ° part., *statuts*, ɪɪ° vol., 533.

— (Thierry), maître charpentier *Arch. lég.*, ɪɪ° part., *statuts*, ɪ° vol., 671.

Guinari comes. *Arch. adm.*, t. I, 591.

Guincourt (village de). *Arch. adm.*, t. II, 594, 1111. *Arch. lég.*, ɪ° part., 921.

— (prêtre de), voy. Guinicourt.

Guinemanus, inscrit au nécrologe de Reims. *Arch. lég.*, ɪɪ° part., *statuts*, ɪ° vol., 72, 76.

Guinement le savetier. *Arch. adm.*, t. II, 538.

Guines (comte de), voy. Guinari, Comes.

Guinet le mégissier. *Arch. adm.*, t. II, 521.

— (Pierre), procureur. *Arch. lég.*, ɪ° part., 921.

Guinicort (Petrus de) *Arch. adm.*, t. II, 160.

— (Hugo de). *Arch. adm.*, t. II, 160.

Guinicourt (ville de), voy. Guincourt.

Guinicourt (Simon de). *Arch. adm.*, t. III, 608.

— (presbyter de), voy. Yvernaudimonte (presbyter de).

Guininus, inscrit au nécrologe de Reims. *Arch. lég.*, ɪɪ° part., *statuts*, ɪ° vol., 88.

Guinones (Petrus de). *Arch. adm.*, t. III, 405.

Guionagium. *Arch. adm.*, t. I, 294, 450.

Guionne (presbyter de), vide Yvernaudimonte (presbyter de).

Guioran le boucher. *Arch. adm.* t. II, 505.

Guiot (Jesson), clerc, voy. Guyot.

— de Germans, voy. Germini (Guiot de).

Guioton (Jehan), voy. Guyot.

Guirardus miles. *Arch. adm.*, t. I, 287.

Guiricus, doyen de Saint-Thierry. *Arch. adm.*, t. I, 295.

Guirricus, diacre. *Arch. adm.*, t. I, 319.

Guiry (village de). *Arch. lég.*, ɪ° part., 906.

Guirpire (guerpir déguerpir). *Arch. adm.*, t. I, 285, 294.

Guise (duc de) *Arch. lég.*, ɪ° part., 888 ; ɪɪ° part., *statuts*, ɪ° vol., 112, 115, 478, 686, 688, 707, 712, 723, 869 ; passage dudit à Reims, 873, 875, 877, 878, 884, 887, 888, 890, 916, 918, 929, 931 ; *statuts*, ɪɪ° vol., 101.

— (Claude de), gouverneur de Champagne. *Arch. lég.*, ɪɪ° part., *statuts*, ɪ° vol., 866.

— (bailli de). *Arch. adm.*, t. II, 146.

— (Henry de), voy. Lorraine (Henry de).

— (cardinal de), voy. Lorraine (Louis de).

— (ville de). *Arch. adm.*, t. II, 1068 ; t. III, 79. *Arch. lég.*, ɪ° part., 899, 903 ; ɪɪ° part., *statuts*, ɪ° vol., 616, 715, 933.

— (Robert de). *Arch. adm.*, t. II, 1171, 1173.

Guise (chapitre de), voy. Guysense capitulum.

— (François de), voy. Guise (duc de).

— (duché de). *Arch. lég.*, 1re part., 888, 896.

— (élection de). *Arch. lég.*, 11e part., *statuts*, 1er vol., 976.

— (Charles de), cardinal, voy. Lorraine (Charles de).

— (Louis de), abbé de Saint-Remi de Reims, voy. Lorraine (Louis de).

Guispimentum. *Arch. adm.*, t. I, 273.

Guistella (Galterus de). *Arch. adm.*, t. I, 494.

Guitelmus, clerc. *Arch. lég.*, 11e part., *statuts*, 1er vol., 102.

Guiterinus, voy. Vuitrannus.

Guiterius, comte de Rhetel, voy. Guiterus.

Guiterus, miles, 286. *Arch. lég.*, 11e part., *statuts*, 1er vol., 80.

— voy Rethel (Guiterus comte de).

— *Arch. lég.*, 11e part., *statuts*, 1er vol., 83.

— sous-diacre et chanoine de Reims. *Arch. lég.*, 11e part., *statuts*, 1er vol., 94.

— voy. Vuiterus.

Guitron (lieu de). *Arch. adm.*, t. I, 1089.

Guivernel le Macecrier, voy. Guivernel le Boucher.

— le Boucher. *Arch. adm.*, t. II, 500, 505.

Guizot, historien. *Arch. adm.*, t. I, 102, 108.

Gumbertus, prévôt. *Arch. lég.*, 11e part., *statuts*, 1er vol., 92.

Gundacrus, vide Gondacrus.

Gundebadus, nommé au testament de Saint-Remi. *Arch. adm.*, t. I, 17.

Gundobadus, vide Gundebadus.

Gundoldus, prêtre. *Arch. lég.*, 11e part., *statuts*, 1er vol., 103.

Gundricus, serf d'église. *Arch. lég.*, 11e part., *statuts*, 1er vol., 104.

Gunfridus, inscrit au nécrologe de Reims. *Arch. lég.*, 11e part., *status*, 1er vol., 88.

Gunherus, prêtre. *Arch. lég.*, 11e part., *statuts*, 1er vol., 92.

Guns (ecclesia de). *Arch. adm.*, t. I, 355.

Guntardus, vassal de l'église de Reims. *Arch. adm.*, t. I, 69.

Gunterus. Deux maisons de la succession dudit sont données pour loger les béguines à Reims. *Arch. adm.*, t. I, 711.

Guntharius, archidiacre. *Arch. adm.*, t. I, 63, 747

Gunthellus. *Arch. lég.*, 11e part., *statuts*, 1er vol., 87.

Gunthelmus, clerc, voy. Guitelmus.

Guntherus, évêque de Spire. *Arch. adm.*, t. I, 327.

Guntio, prêtre et chanoine. *Arch. lég.*, 11e part., *statuts*, 1er vol., 96.

— vassal de l'église de Reims. *Arch. adm.*, t. I, 36.

Guntrani terra. *Arch. lég.*, 11e part., *statuts*, 1er vol., 166.

Guoys (Jehan le). couvreur, *Arch. adm.*, t. III, 835.

Gurard (Pierre), seigneur d'Artoise. *Arch. lég.*, 1re part., 892.

Gurot (A....), portier de la ville de Reims. *Arch. lég.*, 11e part., *statuts*, 1er vol., 886.

Guormacensis pagus. *Arch. adm.*, t. I, 67, voy. Wormacensis.

Guyardus, voy. Champigny.

Guyard (D.). docteur en théologie. *Arch. lég.*, 11e part. *statuts*, 11e vol., 748.

Guy-Bernard, évêque de Langres. *Arch. adm.*, t. II, 248.

— évêque de Cambrai. *Arch. adm.*, t. I, 61, 1110, 1122.

Guy, frère de Robert de Flandre. *Arch. adm.*, t. II, 28.

— de Roye, archevêque de Reims. voy. Roye (G. de).

— de Châtillon , archevêque de Reims. voy. Châtillon.

— évêque de Beauvais. *Arch. adm.*, t. I, 215.

— II, archevêque de Reims. *Arch. lég.*, IIᵉ part., *statuts*, IIIᵉ vol., 642.

— curé de Rumigny. *Arch. adm.*, t. II, 518, 767.

Guychart, dit Nanin, bourgeois. *Arch. adm.*, t. I, 774, 775

Guyencourt (village de). *Arch. lég.*, Iʳᵉ part., 881, 903, 906, 910.

— (dîme de), voy. Guzencurte (decima de).

— (curé de), voy. Maubourneau (Jean).

Guyenne (duché de). *Arch. adm.*, t. II, 32.

— (duc de). *Arch. lég.*, IIᵉ part. *statuts*, Iᵉʳ vol., 407, 420, 548, 790; voy. Aquitaine (duc d').

Guyet (Louis), tailleur d'habits. *Arch. lég.*, IIᵉ part., *statuts*, IIᵉ vol., 531.

Guynes, voy. Guines.

— (Charles de), seigneur du fief Pyat. *Arch. adm.*, Iʳᵉ part., 894.

Guyon (pont de). *Arch. lég.*, IIᵉ part., *statuts*, IIIᵉ vol., 390.

— Haimmardus, chanoine de Senlis, *Arch. adm.*, t. I, 318? 637.

Guyonne (paroisse de), voy. Givonne (paroisse de).

Guyot (Raoul), cuisinier. *Arch. lég.*, IIᵉ part., *statuts*, IIIᵉ vol., 497.

Guyot, l'apothicaire. *Arch. adm.*, t. II, 504, 529.

— le maréchal. *Arch. adm.*, t. III, 27 ? 744.

— (Jehan), procureur de l'échevinage. *Arch. adm.*, t. III, 822. *Arch. lég.*, Iʳᵉ part., 512, 550; IIᵉ part., *statuts*, Iᵉʳ vol., 627?

— (Nicolas), maître boulanger. *Arch. lég.*, IIᵉ part., *statuts*, IIᵉ vol., 159.

— (Jean), épinglier. *Arch. adm.*, t. III, 872. *Arch. lég.*, IIᵉ part., *statuts*, IIᵉ vol., 543.

— (Robert), sergent de la vicomté. *Arch. adm.*, t. III, 40. *Arch. lég.*, IIᵉ part., *statuts*, Iᵉʳ vol., 343.

— (P....). *Arch. lég.*, IIᵉ part., *statuts*, Iᵉʳ vol., 865; *statuts*, IIIᵉ vol., 432.

— (Guillaume), visiteur de marée. *Arch. lég.*, IIᵉ part., *statuts*, IIIᵉ vol., 439, 440, 441, 444, 453, 459, 463, 497.

Guyotin (père), maître sergier. *Arch. lég.*, IIᵉ part., *statuts*, IIᵉ vol., 860.

Guysense capitulum *Arch. adm.*, t. II, 634.

Guzencourt (decima de). *Arch. adm.*, t. I, 316.

Gyem (Étienne). *Arch. adm.*, t. II, 732.

Gyenville (Johannes), sénéchal de Champagne. *Arch. adm.*, t. I, 933; voy. Joinville (Jehan de?).

Gylindis. domina de Roseyo, voy. Roseyo (Gylindis de).

— (Emmeline). *Arch. adm.*, t. I, 719.

Gyso, évêque. *Arch. adm.*, t. I, 208.

Gyvro (paroisse de), voy. Givron.

H.

Haaboldus comes, bienfaiteur de Saint-Remi. *Arch. lég.*, IIᵉ part., *statuts*, Iᵉʳ vol., 65, 169.

Habert, échevin. *Arch. lég.*, IIᵉ part., *statuts*, IIᵉ vol., 589.

Habertus, prêtre, vide Harbertus.

Habit, voy. habitus.

Habitants de Reims (lieutenant des). *Arch. lég.*, ɪɪ^e part., *statuts*, ɪ^{er} vol., 130, 493, 494, 721, 839, 850, 910, 920, 921; *statuts*, ɪɪ^e vol., 536, 550, 959, 1010, 1013, 1048; *statuts*, ɪɪɪ^e vol., 81, 84, 135, 138, 143, 144; remplit à Reims les fonctions militaires en l'absence du capitaine pour le roi, 145, 150, 169, 172; notice sur les droits et fonctions dudit, 279; dispose de la milice bourgeoise, 280; droits de préséance dudit, 281, 284, 286, 294, 311, 321, 452, 481; éligible tous les ans, 560; choisi par le peuple, *ibid.*; ses attributions, *ibid*; colonel de la milice bourgeoise, *ibid.*, 563, 566, 575, 581, 583; durée des fonctions dudit, 586, 588; prête serment tous les ans, *ibid.*; fait toutes les propositions dans les assemblées du corps de ville, 589, 591, 604, 615, 616, 645, 657, 666; voy. Reims (maire de).

Habitator, voy. Banni archiepi scopi Remensis habitatores.

Habitus, vide Ecclesiæ Remensis habitus, Monasticus habitus.

Hachat (Jehan), courtier de vins. *Arch. adm.*, t. III, 742.

Hachette (A....). *Arch. adm.*, t. III, 16.

— (Pierre), tondeur de drap. *Arch. lég.*, ɪɪ^e part., *statuts*, ɪɪ^e vol., 392, 394.

— (Jacques), chanoine pénitencier. *Arch. lég.*, ɪɪ^e part., *statuts*, ɪ^{er} vol., 614, 630; *statuts*, ɪɪ^e vol., 394, 634.

— (Raoul), marchand. *Arch. lég.*, ɪɪ^e part., *statuts*, ɪ^{er} vol., 974.

— (Nicolas), surnommé Humidus, conseiller échevin. *Arch. lég.*, ɪɪ^e part., *statuts*, ɪ^{er} vol., 469, 974; *statuts*, ɪɪ^e vol., 238, 810, 1014, 1019, 1020, 1028; *statuts*, ɪɪɪ^e vol., 115, 147, 150, 151.

— (famille de). *Arch. lég.*, ɪɪ^e part., *statuts*, ɪɪɪ^e vol., 150.

Hachia (hache). *Arch. adm.*, t. I, 597.

Hacquebutiers, voy. Reims (hacquebutiers de), voy. Harquebusiers.

Hacqueville (Jehan de), écuyer. *Arch. adm.*, t. III, 147, 162.

— (N. Coton de), maître des comptes. *Arch. lég.*, ɪɪ^e part., *statuts*, ɪ^{er} vol., 695.

Hadeboldus (comes), vide Haaboldus.

Hadewinda, censitaire de Saint-Remi. *Arch. lég.*, ɪɪ^e part., *statuts*, ɪ^{er} vol., 169.

Hado, laïque. *Arch. lég.*, ɪɪ^e part., *statuts*, ɪ^{er} vol., 65.

Haduidis, vide Haduyndis.

Haduinus, diacre et chanoine. *Arch. lég.*, ɪɪ^e part., *statuts*, ɪ^{er} vol., 94.

Hadulfus, prêtre. *Arch. adm.*, t. I, 54.

Haduyndis, laica. *Arch. lég.*, ɪɪ^e part., *statuts*, ɪ^{er} vol., 74, 85, 92, 95? 170.

Hadvidis, vide Haduyndis.

Hæredetagium, vide Coronæ Franciæ hereditagium.

Hæreditagia, vide Héritages.

Hæreditas. *Arch. adm.*, t. I, 527. *Arch. lég.*, ɪ^{re} part., 40, 48, 73, 136, 150, 350, 412, 416, 425; ɪɪ^e part., *statuts*, ɪɪ^e vol., 1017; vide Hérédité, Succession.

Hæres. *Arch. lég.*, ɪ^{re} part., 40, 42, 54, 62, 162, 165, 190, 211, 294, 310, 324, 403, 407, 410, 421, 445, 626, 640; vide Héritier.

— (héritier). *Arch. adm.*, t. I, 615, 622, 705, 719; t. II, 595.

Hæresis. *Arch. adm.*, t. I, 573, 675; t. II, 34; voy. Hérésie.

Hæreticus. *Arch. adm.*, t. I, 574, 611, 629.

Hagaire, bourgeois. *Arch. adm.*, t. III, 71.

Haganus, notaire. *Arch. adm.*, t. I, 71.

Hagenfridus, clerc. *Arch. lég.*, ɪɪ^e part., *statuts*, ɪ^{er} vol., 80.

Hagnicourt (village d'), *Arch. adm.*, t. II, 1105, 1106.

Haguenin, chapelain de N. D. de Reims. *Arch. lég.*, iie part., *statuts*, iiie vol., 701.

Haguenon, voy. Viller.

Haia (haie, clôture). *Arch. adm.*, t. I, 450.

Haiderici curte (Alodium de). *Arch. adm.*, t. I, 262.

Haidericus, comes. *Arch. lég.*, iie part., *statuts*, i^{er} vol., 169.

— cellerier de Saint-Remi. *Arch. adm.*, t. I, 231.

— abbé. *Arch. adm.*, t. I, 410.

— prévôt de Saint-Remi. *Arch. adm.*, t. I, 311. *Arch. lég.*, iie part., *statuts*, i^{er} vol., 170.

— moine. *Arch. adm.*, t. I, 410. *Arch. lég.*, iie part., *statuts*, i^{er} vol., 82.

— prêtre. *Arch. lég.*, i^{re} part., iie part., *statuts*, i^{er} vol., 75, 100?

Haie (de la), commis au bureau des aides. *Arch. lég.*, iie part., *statuts*, i^{er} vol., 976.

Haiguidis, femme de Theobaudus de Maullis. *Arch. adm.*, t. I, 272.

Haimericus, cardinal. *Arch. adm.*, t. I, 282.

Haimeriis de Acquincurte (prior de). *Arch. adm.*, t. II, 644.

Haimerulphus. *Arch. lég.*, iie part., *statuts*, i^{er} vol., 84.

Haimet Cahier. *Arch. adm.*, t. II, 696.

Haimmardel (Henry le). *Arch. adm.*, t. III, 130.

Haimmardus Guyons, chanoine de Senlis, voy. Guyon.

— (Gregorius), lévite et chanoine. *Arch. lég.*, iie part. *statuts*, i^{er} vol., 88.

Haimmars, bourgeois. *Arch. adm.*, t. I, 730, 742.

Haimmart Bouquet, voy. Bouquet.

— le Barbier. *Arch. adm.*, t. I, 958.

— l'écuyer. *Arch. adm.*, t. II, 303.

Haimmart le mannier. *Arch. adm.*, t. II, 347.

— cordier. *Arch. adm.*, t. II, 502.

— le boulanger. *Arch. adm.* t. I, 764.

Haimo, bourgeois. *Arch. adm.*, t. I, 315. *Arch. lég.*, iie part., *statuts*, i^{er} vol., 70, 74, 80, 121.

— miles. *Arch. adm*, t. I, 287. *Arch. lég.*, iie part., *statuts*, i^{er} vol., 69.

— cantor Remensis. *Arch. adm.*, t. I, 425.

— vide Vacuus.

— (Garinus), prêtre, lègue la quarte part d'un moulin à S. Denis de Reims. *Arch. adm.*, t. I, 276, 305? 318? *Arch. lég.*, iie part., *statuts*, i^{er} vol., 81.

— puer et canonicus. *Arch. lég.*, iie part., *statuts*, i^{er} vol., 75.

Haimon (Stephanus). *Arch. adm.*, t. I, 927.

Haimonet, voy. Trongnart.

Hainault (Drouart de), bailli de Vermandois. *Arch. adm.*, t. III, 317. *Arch. lég.*, iie part., *statuts*, iiie vol., 30.

Hainaut (J. de), charpentier. *Arch. adm.*, t. II, 332.

— (Jacquemin de). *Arch. adm.*, t. II, 672.

— (P. de), fripier. *Arch. adm.*, t. II, 824.

— (province de). *Arch. lég.*, iie part., *statuts*, i^{er} vol., 509.

— (comte de). *Arch. adm.*, t. II, 30.

Haireux (Jehan le). *Arch. adm.*, t. II, 1243.

Hairicus, vide Odardus.

— Dictus Furnis, bourgeois. *Arch. adm.*, t. I, 875.

Hairoaldus, chancelier de l'église de Reims. *Arch. adm.*, t. I, 36.

Haistulphus. *Arch. lég.*, iie part., *statuts*, i^{er} vol., 67.

Haisum Sancti-Nicholai-in-Bosco (prior de). *Arch. adm.*, t. II, 638.

Hala (Petrus de). *Arch. adm.*, t. I, 594, 596.

Hala, vide Remensis Hala, Maubertifonte (Hala de), vide Halle.

Halade (Antoine). *Arch. lég.*, ı^{re} part., 898.

— (Jehan). *Arch. lég.*, ı^{re} part., 898.

Halanus, chevalier. *Arch. adm.*, t. I, 319.

Haldegarius, vide Hildegarius.

Haldericus, prévôt. *Arch. lég.*, ıı^e part., *statuts*, ı^{er} vol., 80.

Haleit(R.), courtier. *Arch. adm.*, t. II, 826.

Halenus (Coletus). *Arch. adm.*, t. II, 402.

Halepate (Giles). *Arch. adm.*, t. II, 1243.

Hales (Thiébaut de). *Arch. adm.*, t. II, 301.

— (Thomas de), tonnelier. *Arch. adm.*, t. III, 106.

— voy. Alles.

Halet (G. le), manouvrier. *Arch. adm.*, t. II, 826.

Halette (lieu de la). *Arch. adm.*, t. III, 490.

Halevin (Jehan), seigneur de Piennes. *Arch. lég.*, ı^{re} part., 889.

Halion (Thomas), receveur de Vailly. *Arch. adm.*, t. III, 748, 767.

Halisca (villa de). *Arch. adm.*, t. I, 29.

Halla, vide Hala.

Hallagium (hallage). *Arch. adm.*, t. II, 956 ; t. III, 601.

Halle, voy. Paris (halle de Reims).

— au pain (quarrel de la). *Arch. adm.*, t. II, 507.

Hallignicourt (village d'). *Arch. adm.*, t. II, 1103.

Halmericurte Helberti (molendina de), vide Helberti.

Halorée (Simon). *Arch. adm.*, t. I, 1066.

Halos (Pierre). *Arch. adm.*, t. 758.

Halouré (Richier), parmentier. *Arch. adm.*, t. II, 544.

— (T.). *Arch. adm.*, t. 547.

Haltrense capitulum. *Arch. adm.*, t. II, 640.

Halunoy (seigneur d'). *Arch lég.*, ı^{re} part., 893.

Ham (Azonis de), ermite. *Arch. adm.*, t. I, 288. *Arch. lég.*, ı^{re} part., 69.

— Voy. Hamus.

— (alodium de). *Arch. adm.*, t. I, 316, 332.

— (ecclesia de). *Arch. adm.*, t. I, 332.

— près Lillers, voy. Hamus prope Lilers.

— (medietas de). *Arch. adm.*, t. I, 332.

— (château de). *Arch. lég.*, ıı^e part., *statuts*, ı^{er} vol., 241, 622.

— (village de). *Arch. adm.*, t. I, 655. t. II, 1069. *Arch. lég.*, ıı^e part., *statuts*, IIIe vol., 393.

— -les-Moines (ville de). *Arch. adm.*, t. I, 655 ; t. II, 635 ; t. III, 620. *Arch. lég.*, ı^{re} part., 903, 906.

— (prieur de), voy. Hamo-monachorum.

— (Jehan de), notaire du roi. *Arch. adm.*, t. III, 309.

— (châtellenie de). *Arch. lég.*, ı^{re} part., 888.

Hamedeus, diacre. *Arch. lég.*, ıı^e part., *statuts*, ı^{er} vol., 73, 95.

Hamelez (altar de). *Arch. lég.*, ıı^e part., *statuts*, ı^{er} vol., 96.

Hamensis in Viromandia abbas. *Arch. adm.*, t. II, 635.

— prope Lilers abbas. *Arch. adm.*, t. II, 639.

Hameretz (village de). *Arch. lég.*, ı^{re} part., 892.

— (seigneur de), voy. Favin (Antoine du).

Hammel (Colin du), fripier. *Arch. adm.*, t. I, 992.

Hamet (Jehan), curé de Scy. *Arch. lég.*, ı^{re} part., 885.

Hamie (Jehan), clerc. *Arch. adm.*, t. III, 765.

Hamo - Monachorum (prior de). *Arch. adm.*, t. II, 635, 1028, 1071.

Hamoise (Maizer), bailli de Vermandois. *Arch. lég.*, ɪɪᵉ part., *statuts*, ɪɪᵉ vol., 31.

Hamus-Monachorum in Tornesio, vide Ham-les-Moines.

— prope Lilers. *Arch. adm.*, t. II, 639.

Han (ville de), voy. Ham.

— (château de), voy. Ham.

Hanape (altar de). *Arch. adm.*, t. I, 263.

— (village de), voy. Hannappe.

Hanaples, voy. Hannappe.

Hancardi (Guill. de), canonicus Braquensis. *Arch. adm.*, t. II, 1044.

Hance (Simon de). *Arch. adm.*, t. II, 989.

Hanein, fils de Jean dit Lalement, parmentier. *Arch. adm.*, t. III, 446, 452, 458.

Hanequin Gramaus, voy. Gramaus.

— voy. Luxembourg (Hanequin de).

Hangés (P. de), voy. Hangés (Petrus de).

— (Petrus de). *Arch. adm.*, t. II, 723, 764.

— (Aubert), seigneur de Genlis. *Arch. adm.*, t. II, 786.

Hangest (Guillaume de), bailli de Vermandois. *Arch. adm.*, t. I, 1121 ; t. II, 4, 720?

— (Colart de). *Arch. adm.*, t. II, 518.

Hanibaldia (Ricardus de). *Arch. adm.*, t. II, 705.

Hanière (Jehan). *Arch. adm.*, t. II, 732.

Hannape (paroisse de). *Arch. adm.*, t. II, 1073.

— *Arch. lég.*, ɪʳᵉ part., 879, 902, 906.

Hannapiis (parochia de), voy. Hannappe.

Hannaples, voy. Hannape.

Hannes (prior de). *Arch. adm.*, t. II, 638; vide Hamo-Monachorum (prior de.)

Hanno, bienfaiteur de l'église de Reims. *Arch. lég.*, ɪɪᵉ part., *statuts*, ɪᵉʳ vol., 99.

Hannogne (paroisse de), voy. Hanoingnia (parochia de).

— (prêtre de), voy. Hanoingnia (presbyter de).

— Saint-Martin (paroisse de), voy. Sancto-Martino de Hanognia (parochia de).

— (village d'.) *Arch. adm.*, t. II, 638, 1065. *Arch. lég.*, ɪʳᵉ part., 45, 906? 909? 911?

— (autel de); voy. Hannonia (altar de).

— (curé de), voy. Mary (Augustin).

Hannognia (Ægidius de), vide Hannonia.

Hannon (abbas de). *Arch. adm.*, t. II, 638.

— (prior de). *Arch. adm.*, t. II, 638.

Hannonia, voy. Haynaut.

— (Egidius de), abbé de Saint-Denis de Reims. *Arch. adm.*, t. II, 107? 248. *Arch. lég.*, ɪʳᵉ part., 135.

— (altar de). *Arch. adm.*, t. I, 288.

Hannoniæ comes, voy. Haynaut (comte de)

Hannotin (Jean), notaire. *Arch. lég.*, ɪɪᵉ part., ɪɪɪᵉ vol., 243, 256, 259.

Hanoingnia (presbyter de). *Arch. adm.*, t. II, 1065.

— (parochia de). *Arch. adm.*, t. II, 1066.

Hanon le Charreton. *Arch. adm.*, t. II, 536.

Hanongne (Gille de), abbé de Saint-Denis de Reims, voy. Hannonia (Egidius de).

— (P. de), charpentier. *Arch. adm.*, t. III, 72.

— (village d'), voy. Hannogne.

— (sieur d'), voy. Bachelier (Edmond).

Hanonium, voy. Hannogne.

Hans (molendinum de). *Arch. lég.*, ɪɪᵉ part., *statuts*, ɪᵉʳ vol., 167.

— (Henri de), garde de la comté de Chiny. *Arch. adm.*, t. II, 139. *Arch. lég.*, ɪʳᵉ part., 81?

— (Jacquemin de). *Arch. lég.*, ɪɪᵉ part., *statuts*, ɪɪᵉ vol., 212.

Hans (Colart de). *Arch. lég.*, ɪɪᵉ part., *statuts*, ɪɪᵉ vol., 212.

— (Nicolaus de), sous-diacre et chanoine. *Arch. lég.*, ɪɪᵉ part., *statuts*, ɪᵉʳ vol., 97, 121.

Hante (Clicquot de la). *Arch. lég.*, ɪɪᵉ part., *statuts*, ɪɪᵉ vol., 968 ; *statuts*, ɪɪɪᵉ vol., 423.

Hanus (Jean), seigneur de la Horgne. *Arch. lég.*, ɪʳᵉ part., 893.

Hanx (?) chanoine. *Arch. adm.*, t. I, 491.

Haorges, voy. Ourches.

Haouge (Oudardus de). *Arch. adm.*, t. II, 932.

Haourgiis (Balduinus de), chanoine. *Arch. adm.*, t. I, 912.

— (presbyter de), *Arch. adm.*, t. II, 1058.

— (parochia de). *Arch. adm.*, t. II, 1059, voy. Ourches.

Hape (Johannes), chanoine de Châlons. *Arch. adm.*, t. II, 392.

Haquilinus (Jacobus), bailly du comte de Champagne. *Arch. adm.*, t. I, 346, 387, 524.

Haquin (Gilles), prévôt de Paris. *Arch. adm.*, t. II, 279.

— le Couvreur, voy. Couvreur.

Harangière (Ysabel la). *Arch. adm.*, t. III, 379.

Haraucourt (parroisse de). *Arch. adm.*, t., II, 1089, 1090. *Arch. lég.*, ɪʳᵉ part., 884.

— (patronagium de). *Arch. adm.*, t. II, 1090, 1091.

— (Pierre de), chevalier. *Arch. adm.*, t. III, 139, 148.

Haraucurte (parochia de), voy. Haraucourt (paroisse de).

Haraudus, miles. *Arch. lég.*, ɪɪᵉ part., *statuts*, ɪᵉʳ vol., 89.

Harazée (lieu de la), dans le doyenné de

Cernay-en-Dormois (village de). *Arch. adm.*, t. II, 1101.

Harbaville (Nicolas), tailleur d'habits. *Arch. lég.*, ɪɪᵉ part., *statuts*, ɪɪᵉ vol., 531.

— (Jean-Baptiste), tailleur d'habits. *Arch. lég.*, ɪɪᵉ part., *statuts*, ɪɪᵉ vol., 531.

Harbertus, prêtre et chanoine. *Arch. lég.*, ɪɪᵉ part., *statuts*, ɪᵉʳ vol., 72, 73.

Harcigny (village d'), *Arch. lég.*, ɪʳᵉ part., 886, 903.

— (curé de), voy. Parent (Lambert).

Harciis (parochia de). *Arch. adm.*, t. II, 1069.

Harcourt (Richardus de). *Arch. adm.*, t. I, 592.

Harcy (village d'). *Arch. adm.*, t. II, 1068.

— (paroisse de), voy. Harciis (parochia de).

— (Hugo de), prêtre. *Arch. lég.*, ɪɪᵉ part., *statuts*, ɪᵉʳ vol., 115.

Hard (J.). *Arch. adm.*, t. II., 1137.

Hardericus, lévite, chanoine. *Arch. lég.*, ɪɪᵉ part., *statuts*, ɪᵉʳ vol. 65.

— diacre. *Arch. lég.*, ɪɪᵉ part., *statuts*, ɪᵉʳ vol., 114.

Hardi (Regnauld), batelier. *Arch. adm.*, t. II, 220, 222.

— (Jacobus). *Arch. adm.*, t. II, 1035, 1134, 1136, et seq.

— (Johannes), curé d'Heudreville. *Arch. adm.*, t. III, 769, 815? 819?

— (H.) bourgeois. *Arch. lég.*, ɪʳᵉ part., *statuts*, ɪᵉʳ vol., 871.

Hardierus, bourgeois de l'échevinage. *Arch. adm.*, t. I, 36.

Hardincus, prêtre. *Arch. lég.*, ɪɪᵉ part., *statuts*, ɪᵉʳ vol., 78.

Hardingerus, prêtre *Arch. lég.*, ɪɪᵉ part., *statuts*, ɪᵉʳ vol., 104.

Hardir (Walo). *Arch. lég.*, ɪɪᵉ part., *statuts*, ɪᵉʳ vol., 166.

Hardo, inscrit au nécrologe de Reims. *Arch. lég.*, iie part., *statuts*, ier vol., 77.

Hardouin (le père), collection des conciles du dit alléguée. *Arch. adm.*, t. I, 25, 208, 548, 549, 559, 563.

Hardoye (presbyter de), *Arch. adm.*, t. II, 1081.

— (paroisse de), *Arch. adm.*, t. II, 1083.

— (village de). *Arch. lég.*, ire part., 906.

Harduinus, prêtre. *Arch. lég.*, iie part., *statuts*, ier vol., 70? 83.

— (clerc). *Arch. lég.*, iie part., *statuts*, ier vol., 87, 90, 103.

Hardy (Johannes), vide Hardi.

Haregarius, laïque. *Arch. lég.*, iie part., *statuts*, ier vol., 87.

Harena juxta portam Martis. *Arch. adm.*, t. I, 624.

Harengs. Les échevins de Reims sont maintenus par le roi dans le droit de mettre le prix auxdits, contrairement aux prétentions de l'archevêque. *Arch. adm.*, t. II, 925; t. III, 717, 794.

— (marché aux). *Arch. adm.*, t. II, 162, t. III, 283.

— (procession des). Singulier usage du chapitre de Reims. *Arch. adm.*, t. II, 384.

Harenier (Ymbellet le). *Arch. adm.*, t. I, 738; t. II, 501.

— (Daniel le), *Arch. adm.*, t. II, 525.

— (Aubri le). *Arch. adm.*, t. I, 1012? t. II, 1189.

Hargeville (village de). *Arch. adm.*, t. III, 609.

Hargoulant (Thomas). *Arch. adm.*, t. II, 726.

Haricourt (village de). *Arch. adm.*, t. II, 1095.

Harigiers (Aubri li), voy. Harenier.

— (Adenes li). *Arch. adm.*, t. I, 707.

— (Huelons li). *Arch. adm.*, t. I, 738.

Harigiers (Yvelet li), voy. Harenier (Ymbellet le).

Harigisus, diacre et chanoine. *Arch. lég.*, iie part., *statuts*, ier vol., 89.

Harignier, voy. Harigiers.

Harigny (Jehan de), écuyer. *Arch. adm.*, t. III, 660.

Haris (village d'). *Arch. lég.*, ire part., 886, 903, 919.

— (curé d'), voir Pierre (Charles).

Harlet (Sébastien), ouvrier en soie. *Arch. lég.*, iie part., *statuts*, iie vol., 375.

Harma (arme, char?). *Arch. adm.*, t. I, 527.

Harmondivilla (Nicolaus de), diacre. *Arch. lég.*, iie part., *statuts*, ier vol., 114.

Harmonville (village d'). *Arch. lég.*, ire part., 911.

Harnes Sancti Petri Gandavensis (prior de). *Arch. adm.*, t. II, 638.

— (presbyter de), *Arch. adm.*, t. II, 640.

Harnesium (harnais). *Arch. adm.*, t. III, 771, 904.

Harnicourt, voy. Arnicourt.

Harnot, voy. Adenin.

Haroderaus. vide Hroderaus.

Haroldus dux. *Arch. adm.*, t. I, 208.

Harou (cri de). *Arch. lég.*, ire part., 8.

Haroud, messager de la ville. *Arch. adm.*, t. III, 762, 791.

Harouel, messager de la ville. *Arch. adm.*, t. III, 762, 791.

Harpedane (Henri), curé de Flaignes. *Arch. lég.*, ire part., 886.

Harrouys (André d'), intendant de la province de Champagne. *Arch. lég.*, iie part., *statuts*, ier vol., 506, *statuts*, iie vol., 998, 999; *statuts*, iiie vol., 163.

Hartwicus, archevêque de Brême. *Arch. adm.*, t. I, 327.

Harzillecourt (Nicolas de), seigneur de Loupines. *Arch. lég.*, ire part., 892.

Hasart (Hubelot). *Arch. adm.*, t. II, 1243.

Hasprai Sancti Vedasti Attrebatensis (prioratus de). *Arch. adm.*, t. II, 641.

Hastamorsel (Paganus). *Arch. adm.*, t. I, 293, 294.

Haste (Jehan de), procureur des religieux de Prémontré. *Arch. lég.*, 1re part., 877, 883, 890, 892, 897.

Hasteia, femme de Reims. *Arch. lég.*, IIe part., *statuts*, 1er vol., 68.

Haston (Jehan), voy. Hâton.

Hastulphus, prêtre et chanoine. *Arch. lég.*, IIe part., *statuts*, 1er vol., 71, 80?

Hasulphus, vide Hastulphus.

Haterel Milonis alodium. *Arch. adm.*, t. I, 354.

Hato, prêtre. *Arch. lég.*, IIe part., *statuts*, 1er vol. 66.

— laïque. *Arch. lég.*, IIe part., *statuts*, 1er vol., 66, 70.

Haton (Gobers), échevin de Laon. *Arch. adm.*, t. II, 168.

— (Jehan), clerc. *Arch. adm.*, t. II, 763, 767, 830? 836? 838, 840.

— (Jehan), lieutenant du bailli de Vermandois. *Arch. adm.*, t. II, 784, 786, 794, 801, 871, 960, 962, 969, 981, 994, 996, 1144, 1156, 1214. *Arch. lég.*, *statuts*, IIIe vol., 29, 63, 614.

Hatton, archevêque de Mayence. *Arch. adm.*, t. I, 67, 68.

Hatvidis, laica, vide Havidis.

Haudorosena, vide Baudoroseva.

Haudrecy (château d'). *Arch. adm.*, t. II, 1070.

— (village d'). *Arch. adm.*, t. II, 1058.

— (Mme d'). *Arch. adm.*, t. II, 1058.

Haudry (Me G.). *Arch. adm.*, t. II, 829.

Haulet (J.), chanoine. *Arch. adm.*, t. III, 598.

Haulmé (village de). *Arch. adm.*, t. II, 552, 1071.

Hault (Pierre de). *Arch. lég.*, IIe part., *statuts*, IIe vol., 238.

Haultion (village de). *Arch. lég.*, 1re part., 919.

Haulvinet (châtellenie de). *Arch. lég.*, 1re part., 875, 902.

Haumée (lieu de la), voy. Haulmé.

Haupillart (Jehan), chapelain de Notre-Dame. *Arch. lég.*, IIe part., *statuts*, 1er vol., 322.

Haus (G. de), *Arch. adm.*, t. III, 68.

— (Henry de), charpentier. *Arch. adm.*, t. III, 837.

Hauseyo (capellania de), vide Hauzey (chapelle de).

Haussimont (village de). *Arch. lég.*, IIe part., *statuts*, IIIe vol., 390.

Haussy (Egidius de). *Arch. adm.*, t. III, 641.

Haut-de-Cuer (Haymart). *Arch. adm.*, t. III, 98? 109, 127.

Hautecourt (Pierre de), procureur de l'échevinage. *Arch. adm.*, t. II, 998, 1006, 1231; t. III, 20.

Hautecuria (Petrus de), voy. Hautecourt (Pierre de).

Haute justice, voy. Alta justitia.

Haute-Marne (département de la). *Arch. adm.*, t. I, 15.

Hauteville (Caulet de), seigneur de Beigny. *Arch. adm.*, t. II, 1081, 1083.

Haution (village d'); voy. Haultion.

Haut justicier, voy. Reims (hauts justiciers de).

Hautoi (Mme du), chanoinesse à Metz. *Arch. adm.*, t. II, 1092.

— (M. de), seigneur de Bouconville. *Arch. adm.*, t. II, 1099, 1100.

Hautun (pain de). *Arch. lég.*, IIe part., *statuts*, 1er vol., 173.

Hautvilliers (abbaye d'). *Arch. adm.*, t. II, 248. *Arch. lég.*, iie part., *statuts*, ier vol., 301.

— (Drogon de), voy. Altovillari (Drogo de).

— -les-Forges (village de). *Arch. adm.*, t. II, 1073.

— (abbé de), voy. Altovillari (abbas de).

— (église de), voy. Altovillarensis ecclesiâ.

— (village d'), *Arch. adm.*, t. I, 1013 ; t. II, 359, 839. *Arch. lég.*, ire part., 904, 906.

— (religieux de), seigneurs d'Aigny. *Arch. adm.*, t. II, 1119, 1122 ; t. III, 22.

— (maison de). *Arch. lég.*, iie part., *statuts*, ier vol., 686.

— (terroir de). *Arch. adm.*, t. II, 1120.

— -lez-Épernay (paroisse de). *Arch. adm.*, t. II, 1121.

Hauvidis, femme de Radulfus le Batail. *Arch. lég.*, iie part., *statuts*, ier vol., 180.

Hauviné (village de). *Arch. adm.*, t. II, 1115. *Arch. lég.*, ire part., 906; iie part., *statuts*, iie vol., 860.

Hauvis (lieu de). *Arch. lég.*, iie part., *statuts*, ier vol., 69.

Hauyeta, fille de Henry d'Ambly, écuyer. *Arch. adm.*, t. II, 101.

Hauzey (chapelle d'). *Arch. adm.*, t. II, 1102.

Hauzy (Jessonus), bourgeois. *Arch. adm.*, t. II, 445.

Haveraulcourt (village d'), voy. Haraucourt.

— (curé d'), voy. Grandroul (Raoul).

Havet (Pierre), exécuteur des hautes œuvres. *Arch. lég.*, iie part., *statuts*, iiie vol., 475.

Havet (Peresson), voy. Havet (Pierre).

Havetel, élu d'Épernay. *Arch. lég.*, iie part., *statuts*, iiie vol., 265.

Havetus (crochet). *Arch. adm.*, t. II, 956.

Havidis laica. *Arch. lég.*, iie part., *statuts*, ier vol., 75, 76, 78, 79, 80, 81, 82? 89.

Havidus, vide Papelarde.

Haviette, femme de Jean Lefèvre. *Arch. adm.*, t. II, 682.

Havis (presbyter de). *Arch. adm.*, t. I, 1073.

— (parochia de), vide Havy (paroisse de).

— la Promosseresse, religieuse cordelière. *Arch. adm.*, t. III, 835.

Havium, voy. Havy.

Haviz, voy. Havy.

Havre (ville de). *Arch. lég.*, iie part., *statuts*, iiie vol., 128, 225, 227.

Havy (village de). *Arch. adm.*, t. I, 450 ; t. II, 1073 ; t. III, 594 ; voy. Havium.

— (paroisse de). *Arch. adm.*, t. II, 1074.

Havys, femme de Baudesson le Carrier. *Arch. adm.*, t. II, 134.

— la Bointeuse. *Arch. adm.*, t. II, 692.

— (parochia de), vide Havy.

Hawidis, femme de Herbertus Morlachar. *Arch. adm.*, t. I, 410.

— mère d'Hildewinus, archidiacre. *Arch. adm.*, t. I, 410.

Haya de Faisso. *Arch. adm.*, t. I, 620.

— de Quercu. *Arch. adm.*, t. I, 620.

— de Avenis. *Arch. adm.*, t. II, 179.

Haye (Jehan de la), de Valenciennes. *Arch. adm.*, t. III, 840.

— (Charles de la), seigneur de Ville-Savoie. *Arch. lég.*, ire part., 892.

— (Ludovicus de la). *Arch. lég.*, iie part., *statuts*, iie vol., 642.

Hayette de Saint-Ladre, béguine. *Arch. adm.*, t. II, 543.

Haymard(J....), clerc. *Arch. lég.*, IIe part., *statuts*, Ier vol., 582, 615, 616, 617, 618, 619, 621, 626, 627, 641.

Haymardus, frère de Theobaldus Gobio, chanoine. *Arch. lég.*, IIe part., *statuts*, Ier vol., 69, 168, 169?

— voy. Villa dominica.

Haymart (Alexandre). *Arch. lég.*, IIe part., *statuts*, Ier vol., 714.

— (Jesson), boulanger. *Arch. adm.*, t. III, 15. *Arch. lég.*, IIe part., *statuts*, Ier vol., 718, 734, 745, 760.

— (G....), quartenier de Reims. *Arch. lég.*, IIe part., *statuts*, Ier vol., 756.

— épicier. *Arch. adm.*, t. II, 483, 508, 524.

— (Henry). *Arch. lég.*, Ire part., 495, 524.

— fils de la Cossée. *Arch. adm.*, t. II, 908.

Haymelet (Jehan). *Arch. adm.*, t. III, 835. *Arch. lég.*, Ire part., 519, 559.

Haymes le Frison, prévôt de Reims, voy. Frison.

Haymo de Ulmis, vide Ulmis.

Haymonis-crux. *Arch. adm.*, t. I, 285, 286, 290, 291, 292.

Haynaut (écu de), monnaie. *Arch. adm.*, t. III, 733, 736.

— (Perrin de), de l'Ille. *Arch. adm.*, t. III, 840.

— (comte de). *Arch. lég.*, Ire part., 68, 76, 220; IIe part., *statuts*, IIe vol., 26; voy. Hannoniæ comes.

— (province de). *Arch. adm.*, t. I, 759; t. III, 589, 833. *Arch. lég.*, IIe part., 19; *statuts*, Ier vol., 388, 664, 842, 847, 935; *statuts*, IIIe vol., 742.

— (Jehan de). *Arch. adm.*, t. II, 1180.

— (Robin de). *Arch. adm.*, t. II, 1180.

— (Drouars de), lieutenant du bailly de Vermandois. *Arch. adm.*, t. II, 1237; t. III, 34? 253, 351, 353, 389, 446, 448, 460, 479, 517, 527. *Arch. lég.*, IIe part., *statuts*, IIe vol., 269.

Hayricus, vide Melfegio.

Hazart (R.). *Arch. adm.*, t. II, 493.

— (Jehan), croyer. *Arch. adm.*, t. III, 836.

— (Robin), franc sergent. *Arch. adm.*, t. II, 112, 493?

— (Millet), ouvrier en soie. *Arch. lég.*, IIe part., *statuts*, IIe vol., 375.

— (François), juré couvreur. *Arch. lég.*, IIe part., *statuts*, IIIe vol., 676, 678.

— (Henry), juré couvreur. *Arch. lég.*, IIe part., *statuts*, IIIe vol., 678.

Heaulme (maison du). *Arch. lég.*, Ire part., 505, 506, 597.

Heban (André), tondeur de drap. *Arch. lég.*, IIe part., *statuts*, IIe vol., 395.

Hebdomadarius, vide Remensis ecclesiæ (hebdom.).

Hébert de Bussy. *Arch. adm.*, t. II, 536.

— meunier. *Arch. lég.*, IIe part., *statuts*, Ier vol., 549.

Hebertus, doyen. *Arch. lég.*, IIe part., *statuts*, Ier vol., 121.

Hebolus comes. *Arch. adm.*, t. I, 238.

Hécart (Nicolas), imprimeur. *Arch. lég.*, IIe part., *statuts*, IIe vol., 469.

Hedenulfus, évêque de Laon. *Arch. adm.*, t. I, 63, 64.

Hédouin, procureur. *Arch. lég.*, IIe part., *statuts*, IIe vol., 595; *statuts*, IIIe vol., 666, 667.

Hédouville (M. de), seigneur de Sapigneul. *Arch. adm.*, t. II, 1057.

Heduino (Bartholomeus), moine de Saint-Remi. *Arch. adm.*, t. I, 907.

Hégat (Jacqueline). *Arch. lég.*, Ire part., 894.

Heigne (Jehan la). *Arch. adm.*, t. II, 779.

Heilawidis. *Arch. lég.*, IIe part., *statuts*, Ier vol., 167.

Heilz-Lévesque (village de). *Arch. lég.*, 1re part., 878, 906.

—-Lévesque (curé de). *Arch. lég.*, 1re part., 887.

Heimesberg (Gozuinus de). *Arch. adm.*, t. I, 324, 325.

Heinricus, notaire. *Arch. adm.*, t. I, 325.

Heiz-Lévesque, voy. Heilz.

Helberti de Halmericarle molendina. *Arch. adm.*, t. I, 288.

Helbertus, miles. *Arch. lég.*, ne part., *statuts*, 1er vol., 67.

— (presbyter). *Arch. lég.*, ne part., *statuts*, 1er vol., 116, 168?

Helena, laica. *Arch. lég.*, ne part., *statuts*, 1er vol., 87, 118.

Hélène, voy. Sainte.

Helesson, fille de Gautier le baigneur, voy. Helissan.

— femme de Guiot de Tours-sur-Marne. *Arch. adm.*, t. II, 1182.

Helgodus, miles et monachus. *Arch. lég.*, ne part., *statuts*, 1er vol., 91.

Helias, prévôt de Reims. *Arch. lég.*, ne part., *statuts*, 1er vol., 170.

— prophète. *Arch. adm.*, t. I, 292, 295? t. II, 926. *Arch. lég.*, ne part., *statuts*, ne vol., 762.

— major. *Arch. adm.*, t. I, 318.

Hélie, prophète, voy. Helias.

Helisanda, voy. Helisendis.

Helisendis, femme de Boson, chevalier. *Arch. adm.*, t. I, 363, 863. *Arch. lég.*, ne part., *statuts*, 1er vol., 66, 169?

Heliseus, prophète. *Arch. lég.*, ne part., *statuts*, ne vol., 762.

Helissan, fille de Gautier le baigneur. *Arch. adm.*, t. II, 891, 895, 900, 907.

Helissendis, vide Helisendis.

Hellande (Antoine de), capitaine de Reims. *Arch. lég.*, ne part., *statuts*, 1er vol., 321, 573, 608, 614, 622, 626, 637, 639, 644, 645, 647, 648, 654, 658, 661, 665, 677, 707, 742, 746, 760, 783, 805, 873; *statuts*, ne vol., 455.

Hellebeke (capitulum de). *Arch. adm.*, t. II, 639.

Helleio (Nicholaus de), procureur des abbés de Saint-Remi et de Saint-Nicaise. *Arch. adm.*, t. I, 1059.

Hellinus, abbé de Saint-Thierry. *Arch. adm.*, t. I, 290, 293, 295, 305? 306?

Hello-de-Lissen (prior de). *Arch. adm.*, t. II, 639.

Helluicus, sergent. *Arch. adm.*, t. I, 870.

Helluinus, prêtre et chanoine. *Arch. lég.*, ne part., *statuts*, 1er vol., 76.

Helluyns (Thiebaus). *Arch. adm.*, t. I, 728.

— (Garniers), échevin. *Arch. adm.*, t. I, 990.

— (Gerardus). *Arch. adm.*, t. II, 663.

Hélot, femme Haimmart. *Arch. adm.*, t. II, 347.

Helota, mère de Hemonetus Fagot. *Arch. adm.*, t. I, 976.

— femme de Gerardus dictus Comes, franc sergent de l'église de Reims. *Arch. adm.*, t. II, 132.

Heluydus, héritier de Gobertus de Bouvencort. *Arch. adm.*, t. I, 629.

Helvetia. *Arch. adm.*, t. I, 180.

Helvétie, voy. Helvetia.

Helvidis, sœur de Bozon, chevalier. *Arch. adm.*, t. I, 363.

— religieuse. *Arch. lég.*, ne part., *statuts*, 1er vol., 65, 68, 72? 77, 79? 89?

Helvinus, chanoine. *Arch. lég.*, ne part., *statuts*, 1er vol., 116, 117.

Helvyndis laica. *Arch. lég.*, ne part., *statuts*, 1er vol., 83.

Helvys, femme de Garnier de Blanzy. *Arch. adm.*, t. II, 11.

Helvys , femme de J. de Thuisy. *Arch. adm.*, t. II, 299.

Hemart (J.), voy. Haymart (Jesson).

Hémeré (de), collection de conciles dudit alléguée. *Arch. adm.*, t. I, 548, 549, 565, 667.

Hemio-Litardi (abbas de). *Arch. adm.*, t. II, 638.

Hemonetus Fagot, voy. Fagot.

Hemoquin, bourgeois de Troyes, *Arch. adm.*, t. III, 840.

Henaut (Rolandus). *Arch. adm.*, t. III, 313.

Hendre (M. la), marchand. *Arch. adm.*, t. II, 301.

Hennapiis (presbyter de). *Arch. adm.* t. II, 1074.

— (prior de). *Arch. adm.*, t. II, 1026, 1074.

Henne (la), bourgeois. *Arch. lég.*, 1re part., 113.

— (Pierre), chapelain du petit Saint-Quintin. *Arch. lég.*, ne part., *statuts*, me vol., 37.

Hennecot, messager. *Arch. adm.*, t. III, 281.

Henneguinus (Thiebart). *Arch. lég.*, ne part., *statuts*, 1er vol., 119.

Hennequin (Jehan), avocat. *Arch. lég.*, 1re part., 654, 657, 865 ; ne part., *statuts*, 1er vol., 700, 702, 706, 858, 861, 862, 904, 906; *statuts*, ne vol. 7, 694, 697.

— (Nicole), avocat *Arch. lég.*, 1re part., 897.

— conseiller au parlement. *Arch. lég.*, ne part., *statuts*, me vol., 271.

— voy. Troyes (Hennequin de), voy. Waudringaïne.

— voy. Lempereur.

Hennequivy (Jehan). *Arch. adm.*, t. II, 1172.

Hennet (Th.), courte-pointier. *Arch. adm.*, t. II, 327.

Hennin (Egidius de), moine de Saint-Gislin de Cambray. *Arch. lég.*, 1re part., 270, 273.

— (Nicolas), bourgeois. *Arch. lég.*, ne part., *statuts*, 1er vol., 434.

Hennoque (Jehan), *Arch. adm.*, t. I, 1061.

Hennset (M. d'), seigneur d'Anteny. *Arch. adm.*, t. II, 1071.

Hennuyer (Jehan), docteur en théologie. *Arch. lég.*, 1re part., 890.

Henrat, boulanger. *Arch. lég.*, ne part., *statuts*, ne vol. 163.

Henrici domus. *Arch. lég.*, me part., *statuts*, 1er vol., 166.

Henricus II, imperator. *Arch. adm.*, t. I, 203? 206, 207? 269 ; — excommunication dudit 270, 326. *Arch. lég.*, ne part., *statuts*, 1er vol., 85.

— chanoine de Symphorien. *Arch. adm.*, t. I, 861. *Arch. lég.*, ne part., *statuts*, 1er vol., 95.

— abbé de Saint-Remi. *Arch. adm.*, t. I, 240, 241, 243, 245, 265. *Arch. lég.*, ne part., *statuts*, 1er vol., 72.

— de Grandi-Prato comes. voy. Henry.

— comes, frère d'Adalberon, archevêque de Reims. *Arch. lég.*, ne part., *statuts*, 1er vol., 91.

— sous-diacre. *Arch. adm.*, t. I, 720.

— imperator, vide Henricus II, imperator.

— comes de Grandi-Prato, vide Henry, comte de Grandpré.

— Ier, comte de Champagne. *Arch. adm.*, t. I, 306, 316, 328, 346, 348? 360, 367, 368, 369, 370, 375, 376, 379, 410, 512.

— évêque d'Orléans. *Arch. lég.*, ne part., *statuts*, 1er vol., 78, 116.

— prêtre. *Arch. adm.*, t. I, 283, 286? 305, 318? 319, 387? 410? *Arch. lég.*,

ne part., *statuts*, 1er vol., 68, 74; 80, 95? 100?

Henricus, évêque de Strasbourg. *Arch. adm.*, t. I, 495.

— archidiacre. *Arch. adm.*, t. I, 640, 641.

— chevalier (frère de Guillaume de Dunglubir). *Arch. adm.*, t. I, 332. *Arch. lég.*, ne part., *statuts*, 1er vol., 88.

— I, Remorum archiepiscopus. *Arch. adm.*, t. I, 12, 23, 298, 338, 339, et seq., 346, 347, 349, 350, et seq., 357 et seq., 368 et seq., 374 et seq., 379, 414. Se refuse à reconnaître le privilége que le chapitre prétendait avoir d'excommunier, 438, 439, 481, 483, 500, 539, 540, 541, 545, 546, 547, 556, 557, 559, 560, 562, 563, 564, 565, 567, 568, 574, 577, 579, 582, 584, 588, 589, 610, 623, 624, 630, 639, 667, 822, 830, 839, 841, 845, 859, 1061. Donne aux lépreux les droits de la foire de Pâques. *Arch. adm.*, t. II, 6, 248; t. III, 907. *Arch. lég.*, 1re part., 1, 17; ne part., *statuts*, 1er vol., 32, 85, 99, 121; *statuts*, IIIe vol., 39, 59. Fait tous ses efforts pour détruire la commune de Reims, 608. Fut le fléau du peuple (*ibid.*), 609, 610.

— I, roi de France. *Arch. adm.*, t. I, 204? 207, 210, 279, 592. *Arch. lég.*, ne part., *statuts*, 1er vol., 88.

— roi de Jérusalem. *Arch. adm.*, t. I, 434. *Arch. lég.*, ne part., *statuts*, 1er vol., 92, 119.

— I, roi d'Angleterre. *Arch. adm.*, t. I, 251, 373.

— duc de Lorraine. *Arch. adm.*, t. I, 437.

— duc de Saxe. *Arch. adm.*, t. I, 327.

— I, duc de Brabant. *Arch. adm.*, t. I, 515.

— archevêque de Mayence. *Arch. adm.*, t. I, 327.

Henricus, évêque de Liége. *Arch. adm.*, t. I, 322, 331, 789.

— évêque d'Autun. *Arch. adm.*, t. I, 371.

— évêque de Ratisbonne. *Arch. adm.*, t. I, 327.

— prieur de Saint-Remi. *Arch. adm.*, t. I, 756. *Arch. lég.*, ne part., *statuts*, 1er vol., 192.

— chanoine de Saint-Symphorien. *Arch. adm.*, t. I, 914.

— granetarius. *Arch. adm.*, t. I, 637. *Arch. lég.*, ne part., *statuts*, 1er vol., 76? 82? 117?

— coquus, voy. Queux (Henry le).

— coutre de Saint-Martin. *Arch. adm.*, t. I, 333.

Henriette, bourgeois. *Arch. adm.*, t. II, 588.

Henrion-Lhabitant, juge-consul. *Arch. lég.*, ne part., *statuts*, 1er vol., 979.

Henriot, lieutenant de bourgeoisie. *Arch. lég.*, ne part., *statuts*, ne vol. 1030.

Henris. Ouvrage dudit allégué au sujet du droit de prévention du roi dans le bailliage de Vermandois. *Arch. lég.*, ne part., *statuts*, IIIe vol., 17.

Henrot (Colart). *Arch. adm.*, t. III, 488.

Henry III, roi de France. *Arch. lég.*, ne part., *statuts*, 1er vol., 135, 438, 477, 478, 483, 932; *statuts*, ne vol., 163, 167, 275, 947; *statuts*, IIIe vol., 14, 83, 84, 85, 88, 237, 266, 432, 498, 508.

— IV, roi de France. *Arch. adm.*, t. I, 12. *Arch. lég.* ne part., *statuts*, 1er vol., 326, 478, 722, 918, 922, 929, 932, 968; *statuts*, ne vol., 335, 364, 376, 651, 652, 657, 681, 682, 687, 691, 706, 709, 715; *statuts*, IIIe vol., 237.

— Ier, comte de Champagne, voy. Henricus I.

— comte de Bar. *Arch. adm.*, t. II, 1014.

Henry Roberel, voy. Roberel (Henrion).

— fils de Garnier de Blanzy. *Arch. adm.*, t. I, 1084.

— (Jean), drapier. *Arch. lég.*, IIᵉ part., *statuts*, IIᵉ vol., 373, 427, 807, 810, 859.

— (Pierre), marchand drapier. *Arch. lég.*, IIᵉ part., *statuts*, IIᵉ vol., 810, 812.

— VI, roi d'Angleterre. *Arch. lég.*, IIᵉ part., *statuts*, Iᵉʳ vol., 474, 536, 540, 543, 544, 608; *statuts*, IIIᵉ vol., 642.

— V, empereur d'Allemagne. *Arch. adm.*, t. I, 266.

— V, roi d'Angleterre. *Arch. lég.*, Iʳᵉ part., 586; IIᵉ part., *statuts*, Iᵉʳ vol., 400, 575? 576, 579, 584, 588, 780, 835?

— comte de Grandpré. *Arch. adm.*, t. I, 339, 954, 972.

— II de Braine, archevêque, voy. Brana (Henricus de).

— le Queux, voy. Queux.

— de France, frère de Louis VII, voy. Henricus I, remorum archiepiscopum.

— Iᵉʳ, roi de France, voy. Henricus I.

— II, roi de France. *Arch. lég.*, Iʳᵉ part., 606, 869, 871; IIᵉ part., *statuts*, Iᵉʳ vol., 258, 476, 897, 899, 901. Institue une foire à Reims, 943, 954, 962, *statuts*, IIᵉ vol., 12, 17, 70, 73, 76, 77, 87, 101, 648, 688, 723; *statuts*, IIIᵉ vol., 5, 65, 77, 99, 519, 528.

— (Jehan - Baptiste), boulanger. *Arch. lég.*, IIᵉ part., *statuts*, IIᵉ vol., 161.

— Iᵉʳ, archevêque de Reims, voy. Henricus Iᵉʳ.

— évêque d'Autun. *Arch. adm.*, t. I, 371.

— (Philippe), curé de Thamay. *Arch. lég.*, IIᵉ part., 885.

Henry (Thibaut). *Arch. lég.*, IIᵉ part., *statuts*, IIᵉ vol., 162.

— commis à la régale. *Arch. adm.*, t. I, 922. *Arch. lég.*, IIᵉ part., *statuts*, Iᵉʳ vol., 101?

Hérardus, archevêque de Tours. *Arch. adm.*, t. I, 47.

Hérart (J.), clerc. *Arch. adm.*, t. II, 535.

— (Robert). *Arch. adm.*, t. II, 810, 982, 993, 994, 995, et seq., 999.

— (Régnier), collecteur de tailles. *Arch. adm.*, t. II, 986, 987.

Héraucourt (presbyter de). *Arch. adm.*, t. II, 1087.

— (village de). *Arch. adm.*, t. III, 147.

Hérault (René), lieutenant général de police de Paris. *Arch. lég.*, IIᵉ part., 624.

Héraut, voy. Reims (héraut de).

Herbage, voy. Herbagium.

Herbagium. *Arch. adm.*, t. I, 278, 290, 499; t. II, 865; t. III, 227, 235; vide S. Theodorici herbagii.

Herbelot (Guillaume), curé de Romigny. *Arch. lég.*, Iʳᵉ part., 884.

— (J....), bourgeois. *Arch. lég.*, IIᵉ part., *statuts*, Iᵉʳ vol., 777.

— (L....), bourgeois. *Arch. lég.*, IIᵉ part., *statuts*, Iᵉʳ vol., 791.

Herberan - Carré, franc sergent. *Arch. adm.*, t. III, 865.

Herberaudus, mansionnaire du bourg Saint-Remi. *Arch. adm.*, t. II, 1030.

Herbert, comte de Vermandois, fait nommer son fils archevêque de Reims. *Arch. adm.*, t. I, 86. S'adjuge le temporel de la seigneurie dudit Reims. (*Ibid.*)

— (moulin d'). *Arch. adm.*, t. III, 620.

— abbé de Saint-Denis de Reims. *Arch. adm.*, t. I, 532.

— acolyte. *Arch. adm.*, t. I, 353.

— clerc de Laon. *Arch. adm.*, t. I, 292.

Herbert, colon. *Arch. adm.*, t. I, 373.

— dictus Chevalier. *Arch. adm.*, t. I, 908, t. II, 512.

— évêque d'Auxerre. *Arch. adm.*, t. I, 115.

— héritier de Gaubert de Bouvencort. *Arch. adm.*, t. I, 629.

Herberti vinea. *Arch. adm.*, t. I, 294.

Herbertus, abbé de Saint-Thierry. *Arch. adm.*, t. I, 380.

— maire de Champigny. *Arch. adm.*, t. II, 105.

Herbesson le cirier, bourgeois. *Arch. adm.*, t. II, 1083.

— voy. Pichelet.

Herbessonus, vide Vsperto.

Herbet (Hubert), coutre de l'église de Reims. *Arch. lég.*, IIe part., *statuts*, IIIe vol., 697, 699, 705, 710, 713, 715, 717, 723, 726.

Herbigny (village d'). *Arch. adm.*, t. II, 1081.

— (d'), chevalier de Saint-Louis. *Arch. lég.*, IIe part., *statuts*, IIIe vol., 154, 155?

Herbignys (capellania de). *Arch. adm.*, t. II, 1084.

Herbin (Thomas). *Arch. adm.*, t. I, 728; t. II, 501? 1189. *Arch. lég.*, Ire part., 54.

— le courrier. *Arch. adm.*, t. III, 837.

— (Regnault). *Arch. lég.*, Ire part., 522, 538, 568, 578.

— (Gérard). *Arch. lég.*, Ire part., 897.

— (Ode), bourgeois. *Arch. lég.*, IIe part., *statuts*, Ier vol., 823.

— (Jacques), doyen et syndic des notaires de Reims. *Arch. lég.*, IIe part., *statuts*, IIIe vol., 258.

Herbinet (Pierre), épicier. *Arch. lég.*, IIe part., *statuts*, IIe vol., 978.

Herbinus Wafflardus, vide Wafflard (Herbin).

Herblotus de Germigni. *Arch. adm.*, t. I, 544.

Herboldus, diacre. *Arch. lég.*, IIe part., *statuts*, Ier vol., 122.

Herbrannus, oblat de Saint-Remi. *Arch. adm.*, t. I, 69.

Hercanville (seigneur d'), voy. Hellande (Antoine).

Hérédité, *Arch. adm.*, t. I, 527. *Arch. lég.*, Ire part., 1017.

Herefort (évêché d'). *Arch. adm.*, t. I, 330.

Heremanus episcopus. *Arch. adm.*, t. I, 208.

Heremita (Petrus), chanoine. *Arch. adm.*, t. I, 832, 839. *Arch. lég.*, IIe part., *statuts*, Ier vol., 115.

Heremus, vide Ham (Azonis de).

Herent, juge consul. *Arch. lég.*, IIe part., *statuts*, Ier vol., 979.

Hæretici, vide Manichei, Nestoriani. *Arch. adm.*, t. I.

Hérésie. *Arch. adm.*, t. I, 119; t. III, 639, 642, 647. *Arch. lég.*, Ire part., 373, 386, 422; vide Hæresis.

Hérétique, voy. Hæreticus.

Hérétiques, se prévalent d'un écrit de Gerbert. *Arch. adm.*, t. I, 100, 192.

Hergival (village d'). *Arch. adm.*, t. III, 609.

Heribannus, inscrit au nécrologe de Reims. *Arch. lég.*, IIe part., *statuts*, Ier vol., 68, 76.

Heribertus, panetarius. *Arch. adm.*, t. I, 251, 260, 259, 305?

— miles. *Arch. lég.*, IIe part., *statuts*, Ier vol., 68, 70? 92.

— major. *Arch. lég.*, IIe part., *statuts*, Ier vol., 69.

Heribertus, chanoine. *Arch. lég.*, IIe part., *statuts*, Ier vol., 79, 83 ?

— prêtre et moine. *Arch. lég.*, IIe part., *statuts*, Ier vol., 84.

— comes. *Arch. adm.*, t. I, 84 ; obtint une terre à titre précaire de l'église de Reims, 91, 142, 155. *Arch. lég.*, IIe part., *statuts*, Ier vol., 169

— episcopus. *Arch. adm.*, t. I, 174.

— *Arch. lég.*, IIe part., *statuts*, Ier vol., 69, 78, 99, 168, 169.

— lecteur. *Arch. adm.*, t. I, 277.

— doyen. *Arch. adm.*, t. I, 305, 318. *Arch. lég.*, IIe part., *statuts*, Ier vol., 103.

Heribrannus, vide Heribannus.

Hericçon. *Arch. adm.*, t. II, 980.

Héricourt (Christophe d'), doyen de Ste-Geneviève de Laon. *Arch. lég.*, Ire part., 877, 880.

— (Antoine d'), curé de Verneuil. *Arch. lég.*, Ire part., 883, 892 ?

— (village d'). *Arch. lég.*, Ire part., 884, 890.

Herimannus, évêque de Metz. *Arch. adm.*, t. I, 235. *Arch. lég.*, IIe part., *statuts*, Ier vol., 79.

— bourgeois. *Arch. adm.*, t. I, 410. *Arch. lég.*, IIe part., *statuts*, Ier vol., 69.

— chanoine. *Arch. lég.*, IIe part., *statuts*, Ier vol., 70, 90.

— comte de Grand-Pré. *Arch. lég.*, IIe part., *statuts*, Ier vol., 72.

— prêtre et diacre. *Arch. lég.*, IIe part., *statuts*, Ier vol., 103 ; IIe part., *statuts*, Ier vol. 119.

Herimar, abbé de Saint-Remi, voy. Herimarus.

Herimarus, abbé de Saint-Remi. *Arch. adm.*, t. I, 223, 230, 410, 411. *Arch. lég.*, IIe part., *statuts*, Ier vol., 68 ? 102, 165.

Herimundus, vide Emundus.

Hérion (Jean), curé de Saint-Syxte. *Arch. lég.*, Ire partie, 885.

Heris (P....), chanoine. *Arch. lég.*, IIe part., *statuts*, IIIe vol., 616.

Herisendière, voy. Sacs.

Herisendis. *Arch. lég.*, IIe part., Ier vol., 169.

Hérisson, voy. Hirson, Heriçon.

Héritage-roturier. *Arch. lég.*, Ire part., 655, 657, 714.

— de Bourgogne (guerre pour l'). *Arch. lég.*, IIe part., *statuts*, Ier vol., 843.

Héritages. *Arch. adm.*, t. I, 527, 973 ; t. II, 259, 282. Ceux de la banlieue de Reims contribuent aux frais du sacre, 289, 294. L'archevêque prétend avoir jugement sur lesdits, à l'exclusion des échevins, 466, 558, 733, 884, 928, 930, 970, 1167 ; t. III, 86, 171, 226, 291, 292, 358, 478, 509, 514, 541, 557, 657. *Arch. lég.*, Ire part., 600, 638, 668, 706, 781, 783 ; IIe part., *statuts*, Ier vol., 68, 74, 127 ; *statuts*, IIe vol., 99.

Héritier, voy. Hæres.

Heriucus, vide Hervicus.

Hérival (village d'), voy. Herivallis.

Herivallis. *Arch. adm.*, t. II, 638.

Hérivée, archevêque de Reims, voy. Herveus.

Heriveus, voy. Herveus.

Herlandus, chanoine. *Arch. adm.*, t. I, 354.

Herlcherus, échevin. *Arch. adm.*, t. I, 36

Herlebaud, voy. Herlebaudus.

Herlebaudus, servant de l'archevêque. *Arch. adm.*, t. I, 364.

Herlebeche (boins de). *Arch. adm.*, t. I, 248, 249.

Herleboldus, lévite et chanoine. *Arch. adm.*, t. I, 212. *Arch. lég.*, iie part., *statuts*, i^{er} vol., 104.

Herlouin (Girard). *Arch. adm.*, t. II, 805.

Hermand (Jehan), sergent royal. *Arch. lég.*, iie part., *statuts*, i^{er} vol., 378, 627; *statuts*, iiie vol., 398.

— (Gérard), bourgeois. *Arch. adm.*, t. II, 269? *Arch.. lég.*, iie part., *statuts*, i^{er} vol., 656.

Hermandin, voy. Roi (Hermandin le).

Hermando (Simon de). *Arch. lég.*, iie part., *statuts*, i^{er} vol., 117.

Hermandus (Guillelmus), voy. Hermant (Guillaume).

Hermant (Husson). *Arch. lég.*, i^{re} part., 591.

— le fripier. *Arch. adm.*, t. II, 269, 534, 545.

— le chanevancier. *Arch. adm.*, t. II, 300.

— (Jourdain). *Arch. adm.*, t. II, 918.

— (Guillaume), échevin de Reims. *Arch. adm.*, t. III, 690, 692, 831, 832, 833, 834, 836, 842. *Arch. lég.*, i^{re} part., 168.

Herme (porte de). *Arch. adm.*, t. I, 72. *Arch. lég.*, i^{re} part., 506, 590, 600.

Hermel, voy. Herme.

Hermend (Husson), voy. Hermant.

Hermengardis, femme de Jacques de Châtillon. *Arch. adm.*, t. I, 272. *Arch. lég.*, iie part., *statuts*, i^{er} vol., 68.

Hermenjard, voy. Ermenjard.

Hermericus, diacre. *Arch. lég.*, iie part., *statuts*, i^{er} vol., 114.

Hermetus, vide Monciaco (Her. de).

Hermite (H. l'). *Arch. adm.*, t. I, 112.

— (Jacques l'), bailli de Reims. *Arch. adm.*, t. I, 958.

— (Tristan l'), grand prévôt des maré-

chaux de France. *Arch. lég.*, iie part., *statuts*, i^{er} vol., 606, 629, 762.

Hermoldus, inscrit au nécrologe de Reims. *Arch. lég.*, iie part., *statuts*, i^{er} vol., 67.

Hermondivilla (presbyter de). *Arch. adm.*, t. II, 1059.

— (alodium de). *Arch. lég.*, i^{re} part., 901; iie part., *statuts*, i^{er} vol., 69, 72.

— (Petrus de), gardien du chapitre. *Arch. adm.*, t. II, 184, 404; voy. Hermonville (Pierre d').

— (capellania de). *Arch. adm.*, t. II, 1061.

— (altar de). *Arch. adm.*, t. I, 244, 280, 917.

— (curatus de), voy. Hermonville (curé de).

— (mansionarii de). *Arch. adm.*, t. I, 772, 908.

— (territorium de), voy. Hermonville (territoire de).

— (consuetudines de). *Arch. adm.*, t. I, 772, 909.

— (decanatus de). *Arch. adm.*, t. II, 1056, 1061. *Arch. lég.*, iie part., *statuts*, i^{er} vol., 715; *statuts*, iiie vol., 680, 690.

— (parochia de). *Arch. adm.*, t. II, 1057;

Hermonville (aleu de), voy. Hermondivilla (alodium de).

— (autel de), voy. Hermondivilla (altar de).

— (mansionnaires de), voy. Hermondivilla (mansionarii).

— (vicomte d'), voy. Chardon (Guillaume).

— (Jean), sergier. *Arch. lég.*, iie part., *statuts*, iie vol., 82.

— (Pierre), chirurgien. *Arch. lég.*, iie part., *statuts*, iiie vol., 88.

— (Pierre d'), écolâtre. *Arch. adm.*, t. I, 667.

— (Nicolle de), doyen de l'église de Reims. *Arch. adm.*, t. III, 352, 596.

Hermonville (territoire d'). *Arch. adm.*, t. I, 924; t. III, 594. *Arch. lég.*, IIe part., *statuts*, Ier vol., 66.

— (curé d'), voy. Germigny (Nicole).

— (Wyet d'). *Arch. adm.*, t. II, 1175.

— (village d'). *Arch. adm.*, t. I, 15, 177, 242, 313, 329, 769, 860, 907, 1090; t. II, 7, 614, 1057; t. III, 108, 277, 581, 622, 693. *Arch. lég.*, Ire part., 605, 754, 876, 881, 901; IIe part., *statuts*, Ier vol., 87, 96, 176, 191, 218, 531, 715, 796; *statuts*, IIe vol., 276, 422; *statuts*, IIIe vol., 30.

— (maison d'). *Arch. lég.*, IIe part., *statuts*, Ier vol., 181, 182.

— (seigneurie d'). *Arch. lég.*, IIe part., *statuts*, IIIe vol., 392, 393.

— (doyenné d'), voy. Hermondivilla (decanatus de).

— (carrières d'). *Arch. adm.*, t. II, 1147.

— (coutumes d'), voy. Hermondivilla (consuetudines de).

— (paroisse d'), voy. Hermondivilla (parochia de).

Hermunvillá (domus de), voy. Hermonville (maison de).

Hernaut le déchargeur. *Arch. adm.*, t. II, 515.

Hernes (H. de). *Arch. adm.*, t. III, 594.

Hernoul le Clerc, voy. Clerc.

— le barbier, voy. Barbier.

Heroardus laicus. *Arch. lég.*, IIe part., *statuts*, Ier vol., 92.

Herodus, tétrarque de Judée. *Arch. lég.*, Ire part., 379, 433.

Héron (Claudius), clerc. *Arch. lég.*, IIe part., *statuts*, IIe vol., 773.

Heronodus, chancelier. *Arch. adm.*, t. I, 36.

Herpeium, vide Herpy.

— (nemus super). *Arch. adm.*, t. I, 321.

Herpet (connétable de). *Arch. lég.*, IIe part., *statuts*, IIe vol., 1015.

— (Regnaud), fermier de la vicomté. *Arch. lég.*, IIe part., *statuts*, IIe vol., 311, 324, 332.

Herpon (seigneurie d'). *Arch. lég.*, IIe part., *statuts*, IIIe vol., 393.

Herpy (village de). *Arch. adm.*, t. I, 242, 312, 321; t. II, 1065. *Arch. lég.*, Ire part., 876, 902, 905, 905, 911.

— -lez-Châtel-Portien (village de). *Arch. adm.*, t. III, 603.

— (curé de), voy. Roy (Thibault le).

— (prêtre de), voy. Erpeyo (presbyter de).

— -sous-Omont (village de). *Arch. lég.*, Ire part., 905.

— -sous-Bois, voy. Herpeium (nemus super).

— (dîme de). *Arch. lég.*, IIe part., *statuts*, Ier vol., 243.

— (paroisse de), voy. Erpeyo (parochia de).

— (seigneurie de). *Arch. lég.*, IIe part., *statuts*, Ier vol., 245.

— (P. de), voy. Erpy.

— (paroisse de), voy. Erpeyo (parochia de).

— (mesure de), voy. Erpeyo (mensura de).

Herrici monasterium. *Arch. adm.*, t. I, 68.

Herry (Jacob), ouvrier en soie. *Arch. lég.*, IIe part., *statuts*, IIe vol., 82.

Hersbertus, panetarius. *Arch. lég.*, IIe part., *statuts*, Ier vol., 82.

Hersendis, fille d'Helvidis, sœur de Boson, chevalier. *Arch. adm.*, t. I, 363.

— de Condeto. *Arch. adm.*, t. I, 347.

— Don fait par ladite à Sainte-Marie de Reims. *Arch. adm.*, t. I, 508. *Arch. lég.*, IIe part., *statuts*, Ier vol., 65, 66, 77, 80?

Hersendis, laica et sanctimonialis. *Arch. lég.*, IIe part., *statuts*, Ier vol., 80 ? 89, 122?

— femme de Nicolaus Aimery. *Arch. lég.*, IIe part., *statuts*, Ier vol., 103.

Hersunda, laica, vide Hersendis.

Herta-villa. *Arch. adm.*, t. I, 330 ; voy. Hertaultville.

Hertaultville (seigneur de), voy. Hellande (Antoine).

Hertines (lieu de). *Arch. lég.*, IIe part., *statuts*, Ier vol., 189.

Heruguet (J.). *Arch. adm.*, t. II, 483.

Herven, boulanger. *Arch. adm.*, t. I, 809.

Herveus, archevêque de Reims. *Arch. adm.*, t. I, 55. Escorte donnée par ledit à Charles le simple, 56, 67, 68, 69, 823. *Arch. lég.*, IIe part., *statuts*, Ier vol., 84, 169.

— évêque de Beauvais. *Arch. adm.*, t. I, 115, 117, 118, 174.

— chapelain. *Arch. lég.*, IIe part., *statuts*, Ier vol., 66, 114.

Hervicus miles. *Arch. lég.*, IIe part., *statuts*, Ier vol., 76, 79 ?

Herville (M. d'), seigneur de S. Marceau. *Arch. adm.*, t. II, 1075.

Hervius (Herbertus) juré d'Hermonville. *Arch. adm.*, t. I, 769.

Hervy, curé de Berru. *Arch. adm.*, t. II, 347.

— -le-Coch, voy. Coch.

Hery (Person). *Arch. adm.*, t. III, 147, 162.

Hesbinis (alodium de). *Arch. adm.*, t. I, 316.

— (terra de). *Arch. adm.*, t. I, 332, 333.

Hescelinus, comte de Grandpré, don fait par ledit à S. Remi. *Arch. adm.*, t. I, 275.

— vide Castello.

Heschelmus, vide Castro.

Hesdin (ville de). *Arch. adm.*, t. II, 1178 ; t. III, 151, 166. *Arch. lég.*, IIe part., *statuts*, Ier vol., 665, 805, 888.

Hesdin (ville de), voy. Hisdunum.

— (chapitre de), voy. Hisdunense capitulum.

Heset (Claude), boulanger. *Arch. lég.*, IIe part., *statuts*, IIe vol., 159, 162 ; voy. Hezet.

Hésiodes, poëte grec. *Arch. lég.*, IIe part., 736 ; *statuts*, IIe vol., 736.

Hespinis (lieu de). *Arch. lég.*, IIe part., *statuts*, Ier vol., 167, voy. Herbinis.

Hesselin (P....), maître des comptes. *Arch. lég.*, IIe part., *statuts*, Ier vol., 695.

Heucourt (Jehan d'). *Arch. adm.*, t. III, 891.

Heuda la Cirière. *Arch. adm.*, t. I, 908.

— la Noblère. *Arch. adm.*, t. II, 264.

Heude, femme d'Herbesson l'Asnier. *Arch. adm.*, t. II, 544.

Heudelicourt, voy. Heudesicourt.

Heudesicourt (village de) *Arch. adm.*, t. II, 674 ? t. III, 620 ? *Arch. lég.*, IIe part., *statuts*, IIIe vol., 392.

Heudezierville (Wautier de). *Arch. adm.*, t. II, 521.

Heudicourt, voy. Heudesicourt.

Heudinus. *Arch. adm.*, t. I, 831.

Heudon l'orfévre (quarrel de). *Arch. adm.*, t. II, 29, 517 ?

Heudoul (Jacobus). *Arch. lég.*, Ire part., 129.

— voy. Laitre.

Heudous l'orfévre, voy. Heudon.

Heudrégiville (village de). *Arch. lég.*, Ire part., 875, 876, 884, 906, 909.

— (curé de), voy. Dupuys (Jean).

Heudréliscourt (village de) *Arch. adm.*, t. II, 1062, 1064.

Heudresivilla, voy. Heudrisiville.

— (parochia de). *Arch. adm.*, t. II, 1062.

Hendresivilla (presbyter de). *Arch. adm.*, t. II, 1863.

Heudresiville (Bauduin de). *Arch. adm.*, t. II, 42.

— (village de). *Arch. adm.*, t. II, 407, 437 ; t. III, 407, 417, 425, 629, 595, 629, 653, 769. *Arch. lég.*, ıre part., 754.

— (paroisse de), voy. Heudresivilla (parochia de).

Heudreville (village de) *Arch. adm.*, t. III, 595, 653, 769.

Heudrigisville, voy. Heutregiville.

Heudrigiville, Saint-Masme (village de), voy. Heutregiville.

Heuduyn (Cornet). *Arch. adm.*, t. I, 1126.

Heumère (Jehan). *Arch. adm.*, t. II, 653.

Heures. *Arch. adm.*, t. II, 309 ; t. III, 103 ; sommes allouées aux chanoines de Reims pour leur assistance aux grandes et petites heures des offices. *Arch. lég.*, ıe part., *statuts*, ıer vol., 110 ; voy. horæ.

Heustan (capella de) *Arch. adm.*, t. I, 313, 330.

Heutregiville (paroisse de) voy. Heudresivilla (parochia de).

— (village de). *Arch. adm.*, t. I, 5, 9 ; t. II, 1063. *Arch. lég.*, ıre part., 754, 903 ; ıe part., *statuts*, ıer vol., 63.

Hevrardus prévôt. *Arch. lég.*, ıe part., *statuts*, ıer vol., 100.

Hexduin (fossé de). *Arch. adm.*, t. I, 553.

Hezet (C.), bourgeois de Reims. *Arch. lég.*, ıe part., *statuts*, ıer vol., 467, voy. Hezet (Claude).

— (Gérard). *Arch. lég.*, ıe part., *statuts*, ııe vol., 162.

Hibert (Nicolas), cuisinier. *Arch. lég.* ıe part., *statuts*, ıııe vol., 497.

— (Jean-Baptiste), mercier. *Arch. lég.*, ıe part., *statuts*, ııe vol., 162? 577, 996? 999? 1010? 1014.

Hibert (Philippe), enseigne de la milice bourgeoise. *Arch. lég.*, ıe part., *statuts*, ııe vol., 1014, 1022.

— (Jean-Joseph), capitaine-enseigne de bourgeoisie. *Arch. lég.*, ıe part., *statuts*, ııe vol., 1021.

— (Jacques), marchand. *Arch. lég.*, ıe part., *statuts*, ıer vol., 974.

Hiblot (P...), sergier. *Arch. lég.*, ıe part., *statuts*, ııe vol., 859.

— (Lancelot), tambour de ville. *Arch. lég.*, ıe part., *statuts*, ıııe vol., 496, 671 ?

Hichinaculus. *Arch. adm.*, t. I, 17.

Hiebert (Jehan), bourgeois de Reims. *Arch. lég.*, ıe part., *statuts*, ıer vol., 413 ; voy. Hibert.

Hieremia, vide Jeremia.

Hiermonville (village de), voy. Hermonville.

Hierosolima, vide Jérusalem.

Hiessart (rue de), *Arch. adm.*, t. II, 497, 692 ; t. III, 668.

Hilaria diacona, legs fait à ladite par S. Remi. *Arch. adm.*, t. I, 17.

Hilarius, vide Sanctus.

— parent de S. Remi. *Arch. adm.*, t. I, 5.

— évêque de Poitiers. *Arch. adm.*, t. I, 189.

— inscrit au nécrologe de Reims. *Arch. lég.*, ıe part., *statuts*, ıer vol., 90.

Hildarius, vide Hildierus.

Hildebertus, évêque du Mans, voy. Audebertus.

Hildebrannus, clerc. *Arch. lég.*, ıe part., *statuts*, ıer vol., 96.

Hildeburgis, religieuse. *Arch. lég.*, ıe part., *statuts*, ıer vol., 69, 79?

Hildefridus. *Arch. lég.*, ıe part., *statuts*, ıer vol., 82.

Hildegardis, religieuse. *Arch. lég.*, ıe part., *statuts*, ıer vol., 74.

Hildegarius, prêtre et chanoine. *Arch.*

lég., iie part., *statuts*, i^er vol., 82? 83, 85, 101? 105?

Hildegrimus, donne son neveu à l'abbaye de Saint-Remi. *Arch. adm.*, t. I, 51.

Hildemannus, évêque de Beauvais. *Arch. adm.*, t. I, 139.

Hildewinus, archidiacre. *Arch. adm.*, t. I, 410. *Arch. lég.*, iie part., *statuts*, i^er vol., 97.

Hildiardis comitissa. *Arch. adm.*, t. I, 35. *Arch. lég.*, iie part., *statuts*, i^er vol., 74? 79? 169.

Hildiaris, religieuse. *Arch. lég.*, iie part., *statuts*, i^er vol., 63.

Hildierdis, voy. Hildiardis.

Hildierus, clerc, vide Hildegarius.

— prêtre et chanoine, vide Hildegarius.

Hildoardus. *Arch. lég.*, iie part., *statuts*, i^er vol., 85.

Hildrada. *Arch. lég.*, iie part., *statuts*, i^er vol., 74.

Hildradus, prêtre et doyen. *Arch. lég.*, iie part., *statuts*, i^er vol., 70.

— moine. *Arch. lég.*, iie part., *statuts*, i^er vol., 87.

Hildreibouir (terra de). *Arch. lég.*, iie part., *statuts*, i^er vol., 167.

Hilduildis. *Arch. lég.*, iie part., *statuts*, i^er vol., 70.

Hilduinus, chanoine et prêtre. *Arch. adm.*, t. I, 498. *Arch. lég.*, iie part., *statuts*, i^er vol., 77, 85, 120.

— laïque. *Arch. adm.*, t. I, 65. *Arch. lég.*, iie part., *statuts*, i^er vol., 89.

Hilgaudus, presbyter et canonicus. *Arch. lég.*, iie part., *statuts*, i^er vol., 70.

Hilgodus miles, vide Helgodus.

Hilleson la mercière, voy. Mercière.

Hillet (Nicolas), avocat. *Arch. lég.*, iie part., *statuts*, iie vol., 413.

Hilons, femme de Gériaumin Bercelin. *Arch. adm.*, t. I, 904.

Hilos, femme de Remi la Latte. *Arch. adm.*, t. I, 1117.

Hilot, femme de Pierre de Tournay. *Arch. adm.*, t. II, 149.

Hilpericus, rex Francorum. *Arch. adm.*, t. I, 150, 983.

Hiltrannus. *Arch. lég.*, iie part. ; *statuts*, i^er vol., 69, 85.

Himiltrudis, abbesse. *Arch. lég.*, iie part., *statuts*, i^er vol., 7.

Hinaut (André). *Arch. lég.*, iie part., *statuts*, iie vol., 508.

Hincmar, archevêque de Reims. *Arch. adm.*, t. I, 2, 4, 23, 33 et seq., 51, 52 et seq., 63, 65, 74; augmente l'enceinte du cloître et le nombre des chanoines, 77, 84, 95; combat les fausses décrétales, 109, 151; citation d'un extrait de lettre du même, 151 ; autre emprunt fait aux écrits dudit, 179, 183, 184, 187, 188, 197. Querelle dudit avec son homonyme, évêque de Laon, 226, 335, 350, 666, 718, 724, 747, 982, 1056. *Arch. lég.*, iie part., *statuts*, i^er vol., 5, 104 ; iie part., *statuts*, iiie vol., 20, 607.

Hincmari capitula. *Arch. adm.*, t. I, 38.

Hincmarus, archevêque de Reims, voy. Hincmar.

— clerc. *Arch. lég.*, iie part., *statuts*, i^er vol., 63.

— abbé. *Arch. adm.*, t. I, 95. *Arch. lég.*, iie part., *statuts*, i^er vol., 71, 169.

— évêque de Laon. *Arch. adm.*, t. I, 33, 47, 51, 52, 53, 54, 55, 56, 57, 58, 65.

Hindulphe, chancelier de l'archevêque de Reims. *Arch. adm.*, t. I, 205.

Hinges (prior de). *Arch. adm.*, t. II, 638.

Hippocrates, médecin grec. *Arch. lég.*, iie part., *statuts*, iie vol., 750, 754.

Hippone (concile d'). *Arch. adm.*, t. I, 106.

Hiraut (Perrart le). *Arch. adm.*, t. II, 415, voy. Cauchon.

Hire (la), voy. Lahire.

Hirson (ville d'). *Arch. lég.*, Ire part., 888.

Hirtius, général romain; écrits dudit allégués au sujet du sénat de Reims. *Arch. lég.*, IIe part., *statuts*, IIIe vol., 606.

Hisdunense capitulum. *Arch. adm.*, t. II, 639, voy. Hesdin (chapitre de).

Hisdunum. *Arch. adm.*, t. II, 639, voy. Hesdin.

Hispania, voy. Espagne (royaume d').

Hispanus (Petrus). *Arch. lég.*, IIe part., *statuts*, Ier vol., 68, 115.

Hissa (Lambertus de), chanoine. *Arch. adm.*, t. I, 353.

Hisse (village de). *Arch. lég.*, IIe part., *statuts*, Ier vol., 167.

Histrionatus (métier d'histrion), excommunié par l'Église. *Arch. lég.*, Ire part., 391.

Hitier (François-Denis), contre-clerc. *Arch. lég.*, IIe part., *statuts*, IIIe vol., 697, 699, 704, 705, 710, 713, 715, 718, 723.

Hivert (M.), archiviste de la ville de Reims. *Arch. adm.*, t. I, 411, 1012; t. II, 558; t. III, 303.

Hlodowicus, Francorum rex, vide Clovis.

Hlotarius rex, voy. Lotharius.

Hoca (jeu du). *Arch. lég.*, IIe part., *statuts*, IIIe vol., 26.

Hocars (Odo), voy. Hocart (Oudars).

Hocart (Oudars). *Arch. adm.*, t. I, 744, 859 ?

— (Claude), tondeur de drap. *Arch. lég.*, IIe part., *statuts*, IIe vol., 294, 395.

Hocmont (village d'). *Arch. adm.*, t. II, 1076.

Hocquart (François), procureur du roi: *Arch. lég.*, Ire part., 911.

Hocques (village d'). *Arch. lég.*, Ire part., 910.

Hoderaus, échevin. *Arch. adm.*, t. I, 36.

Hodicq (Isaac), prévôt de Laon. *Arch. lég.*, Ire part., 895.

Hodierna, veuve. *Arch. adm.*, t. I, 839.

— religieuse. *Arch. lég.*, IIe part., *statuts*, Ier vol., 81.

Hodierne (Guillaume), bailli de Reims. *Arch. adm.*, t. III, 726, 842. *Arch. lég.*, Ire part., 568; IIe part., *statuts*, Ier vol., 581, 582, 587, 588, 615, 632, 647, 664, 674, 711, 723, 729, 736, 740, 748.

Hoio (L. de). *Arch. adm.*, t. I, 333.

Hois (nemus de). *Arch. adm.*, t. I, 453, 622.

Hoivinet (village de). *Arch. adm.*, t. III, 409, 410.

Holandre, parmentier. *Arch. lég.*, Ire part., 529.

Holdiarda. *Arch. lég.*, IIe part., *statuts*, Ier vol., 168.

Holduinus. *Arch. lég.*, IIe part., *statuts*, Ier vol., 168.

Hollande (province de). *Arch. adm.*, t. II, 30.

— (florin de). *Arch. adm.*, t. III, 733, 736.

Hollierus, médecin. *Arch. lég.*, IIe part., *statuts*, IIe vol., 754.

Hombleux (village de). *Arch. lég.*, Ire part., 878.

Homblières (couvent de). *Arch. lég.*, Ire part., 918.

— (abbé d'). *Arch. adm.*, t. II, 918.

Homencourt (seigneur de), voy. Cocterel (Antoine).

Homerus, poëte grec cité dans les statuts de l'Université de Reims. *Arch. lég.*, IIe part., *statuts*, IIe vol., 736.

Homicide (révélation d'). *Arch. adm.*, t. I, 366.

— Voy. Homicidium.

Homicidio (revelatio de), voy. Homicide (révélation de l').

Homicidium. *Arch. adm.*, t. I, 173, 418.
Mesures de police contre les étrangers
prévenus de meurtre sur un habitant de
Reims, 419, 484, 526, 585, 586, 593,
807, 832, 847, 943; t. II, 123, 144,
153, 161, 185, 613, 655; t. III, 400,
546, 859. Clerc homicide. *Arch. lég.*,
Ire part., 59, 119, 141, 380, 410, 431,
454, 459, 464; IIe part., *statuts*, Ier vol.,
354; *statuts*, IIe vol., 608; *statuts*,
t. III, 61, voy. Meurtre.

Homines, vide Archiepiscopi homines feodales.

Hominium, voy. Hommage.

Hommage. *Arch. adm.*, t. I, 383, 412,
421, 429, 504, 541, 568, 592; t. II, 29,
103, 919, 921, 929, 956, 957; t. III,
203, 657, 885. *Arch. lég.*, Ire part.,
844, 846, 857, 949; IIe part., *statuts*,
Ier vol., 31.

— lige. *Arch. adm.*, t I, 516, 572.

Hommagium, voy. Hommage.

— ligium, voy. Hommage lige.

Homme lige, voy. Ligius homo.

— de corps, voy. Chapitre de Reims
(hommes de corps du).

Homo, vide Bonus, Corpore, Feodatus,
Francus (homo de).

— (Johannes). *Arch. adm.*, t. II, 1137.

— (Nicolas). *Arch. lég.*, Ire part., 910.

— (Gérard), marchand-drapier. *Arch.
lég.*, IIe part., *statuts*, IIe vol., 577,
1014.

— (Jean), notaire. *Arch. lég.*, IIe part.,
statuts, IIIe vol., 243, 256, 258.

Hondeliaca curtis, voy. Houdelaincourt.

Hondrevilla-de-Fidemio (prior de). *Arch.
adm.*, t. II, 635.

Honestus, abbé de Saint-Apollinaire. *Arch.
adm.*, t. I, 167.

Hongrie (reine de). *Arch. adm.*, t. II,
1085.

Hongrois (les) se préparent à ravager
l'abbaye de Saint-Remi. *Arch. adm.*,
t. I, 72.

Honnecourt (abbé de), voy. Honnecuriensis, abbas.

Honnecuriensis, abbas. *Arch. adm.*, t. II,
164.

Honneur (vins d'). *Arch. lég.*, IIe part.,
statuts, Ier vol., 469.

Honoratus (Theobalbus), prêtre. *Arch.
lég.*, IIe part., *statuts*, Ier vol., 120

Honoré, curé de Buisseul. *Arch. adm.*,
t. III, 840.

Honorius II, pape. *Arch. adm.*, t. I, 218?
224? 274.

— III, pape. *Arch. adm.*, t. I, 279, 280.
500? 502? 503, 504, 506, 507, 510,
512, 525, 538, 616, 2726; t. II, 6.
Arch. lég., Ire part., 92, 94; IIe part.,
statuts, Ier vol., 187.

— IV, pape. *Arch. adm.*, t. I, 1016.

Honouré (J....), prêtre et chanoine. *Arch.
adm.*, t. III, 726. *Arch. lég.*, IIe part.,
statuts, Ier vol., 658, 733.

Honteuse, voy. Moulins (rue des).

Hôpital, Charité des femmes (hôpital de
la), Chartreux de Mont-Dieu, Château-
Portien, Courlandon, Incurables, Orphelins, Reims, religieux de Saint-Bâle
(hôpital général de), Saint-Denis, Saint-
Jean de Jérusalem, Saint-Ladre, Saint-
Louis, Saint-Louis-Jonchery, Saint-
Marcoul, Sainte-Catherine, Sainte-Marthe, Temple de Reims, voy. Hospitalis.

— (maréchal de l'), lieutenant général au
gouvernement de Champagne. voy. Hospital.

— (J.... de), receveur des tailles, voy. Ospital.

— (rue de l'). *Arch. adm.*, t. II, 540,

Hoquerel de Saint-Thierry (J. le). *Arch.
adm.*, t. II, 905.

Hoquetons. *Arch. lég.*, IIe part., *statuts*,

iie vol., 1024, *statuts*, iiie vol., 177, 180. Règlement qui régit lesdits, 180. Composition de la compagnie desdits. *Ibid.*

Horæ, voy. Heures.

Horarum officium. *Arch. adm.*, t. II, 1035. *Arch. lég.*, iie part., *statuts*, i^{er} vol., 54.

— officiarius, *Arch. lég.*, iie part., *statuts*, i^{er} vol., 43, 46, 50.

— distributor. *Arch. lég.*, iie part., *statuts*, i^{er} vol., 77, 101.

Horatius, poëte latin. Citations des œuvres dudit. *Arch. lég.*, i^{re} part., 361 ; iie part., *statuts*, iie vol., 736.

Hordeville (Pierre), curé de Poilcourt. *Arch. lég.*, iie part., *statuts*, iiie vol., 33.

Horgne (curé de). *Arch. lég.*, i^{re} part.. 888.

— (prêtre de), voy. Horgnia (presbyter de).

— (village de la). *Arch. adm.*, t. II, 1078. *Arch. lég.*, i^{re} part., 893, 902, 906 ; iie part., *statuts*, i^{er} vol., 107.

— (chapelle de la). *Arch. adm.*, t. II, 1079, 1104.

— (paroisse de la). *Arch. adm.*, t. II, 1103.

— (patronagium de). *Arch. adm.*, t. II, 1107.

Horgnia, voy. Horgne.

— (presbyter de). *Arch. adm.*, t. II, 1106.

Horgues (Jehan de), baron de Bouxtel. *Arch. lég.*, i^{re} part., 889.

Horicurte sancti-Petri-de Cella (prior de). *Arch. adm.*, t. II, 637.

Horis (village de). *Arch. lég.*, i^{re} part., 886, 899, 903.

— (N....), écuyer, élu pour les aides. *Arch. lég.*, iie part., *statuts*, i^{er} vol., 677, 849, 858, 863.

— (P....), bourgeois de Reims. *Arch. lég.*, iie part.. *statuts*, i^{er} vol., 780, 793 ? 796.

Horleville (Gilles), curé d'Ognolles. *Arch. lég.*, i^{re} part., 886.

Hormette (Jeanne la). *Arch. lég.*, iie part., *statuts*, iie vol., 278.

Hormisdas, pape. *Arch. adm.*, t. I, 2. Écrit dudit allégué au sujet de l'église Gallicane, 105, 106.

Hornea de Tréport (prior de). *Arch. adm.*, t. II, 637.

Hornées (Rose la). *Arch. adm.*, t. II, 696.

Hornés (Jesson). *Arch. adm.*, t. I, 696.

— (Thiébaut). *Arch. adm.*, t. II, 697.

Horreto (H. de). *Arch. adm.*, t. II, 228.

Hosden (ecclesia de), vide S. Johannis de Hosden ecclesia.

Hospes. *Arch. adm.*, t. I, 446, 644 ; t. III, 368.

Hospice, voy. Hôpital.

Hospital (N.... de), élu de Reims. *Arch. lég.*, iie part., *statuts*, i^{er} vol., 897.

— (duc de), gouverneur de Champagne. *Arch. lég.*, iie part., *statuts*, iie vol., 101.

— (maréchal de l'). *Arch. lég.*, iie part., *statuts*, iie vol., 118, 136, 138, 464.

— (Archambault de), religieux de Saint-Remi. *Arch. lég.*, iie part., *statuts*, i^{er} vol., 203, 217, 219, 227, 230.

— (rue de l'), voy. Hôpital.

Hospitaliers (ordre des). *Arch. adm.*, t. II, 1025 ; t. III, 498 ; voy. Temple de Reims (Hospitaliers du).

Hospitalis, vide Alberici le Creveit, Ardentium, Bisuntinensis, Bizuntinensis, Bodillo (de), Castroportuensi (de), Deo medico, Fratrum Sancti Spiritus, Fratrum de Terrenis, Hôpital, Hospitalis, Joncherio (de), Montis-Jovis, Novocastro (de), Registestensis, Sancti Antonii, Sanctæ Brigidæ de Mauberti fonte, Sancti Dionisii, Sancti Nichasii, Sancti Petri ad moniales beatæ Mariæ, Sancti Remigii, Sancti Spiritus Cathalaunensis

Hospitalis Remensis ecclesia. *Arch. adm.*, t. II, 184.

— Remensis procuratores. *Arch. lég.*, iie part., *statuts*, i^{er} vol., 90, 92, 93.

— Remensis statuta. *Arch. lég.*, iie part., *statuts*, i^{er} vol., 129, 131, 135, 138.

— Sancti Authorici Capellanius. *Arch. adm.*, t. II, 1050.

— S. Remigii, Remensis capellanius. *Arch. adm.*, t. II, 1050.

— beatæ Mariæ Remensis fratres, patrons de Prosne. *Arch. adm.*, t. II, 1118. *Arch. lég.*, iie part., *statuts*, i^{er} vol., 131.

— de S. Malvilis domus. *Arch. adm.*, t. II, 637.

— S. Remigii Remensis capellania. *Arch. adm.*, t. II, 1048.

— S. Petri ad moniales Remensis. *Arch. adm.*, t. II, 1048.

— S. Petri ad moniales Remensis capellani. *Arch. adm.*, t. II, 1049.

— S. Anthonii Remensis, capellania. *Arch. adm.*, t. II, 1049.

Hospitalitas. *Arch. adm.*, t. I, 396, 451, 622. *Arch. lég.*, i^{re} part., 237.

Hospitalité, voy. Hospitalitas.

Hospitalium, vide Hospitalitas.

Hospitarius, vide Hospitalier.

Hospitii regii fructuarius. *Arch. adm.*, t. II, 955.

— custos. *Arch. adm.*, t. I, 231.

— procurator. *Arch. adm.*, t. I, 426.

— regii, magister. *Arch. adm.*, t. II, 955.

Hospitio (Radulphus de). *Arch. adm.*, t. I, 842, 849, 856.

— (Balduynus de). *Arch. adm.*, t. II, 663.

— (Johannes de). *Arch. adm.*, t. I, 429.

Hospitium, vide Hospitalis, vide Regium hosp.

Host (Pierre de l'), charron. *Arch. lég.*, iie part., *statuts*, iie vol., 930.

Hostel (village de l'). *Arch. lég.*, i^{re} part., 887, 889, 900, 903.

— (seigneurie de l'). *Arch. lég.*, i^{re} part., 890.

Hostia (hostie). *Arch. adm.*, t. I, 407.

Hostiagius, vide Otage.

Hostiense (somme de). *Arch. adm.*, t. III, 743. *Arch. lég.*, iie part., *statuts*, i^{er} vol., 88.

Hôte, voy. Hospes.

Hôtel, voy. Reims (Hôtels de).

— de ville, voy. Reims (hôtel de ville de), Paris.

— de Reims (greffe de l'). *Arch. lég.*, iie part., *statuts*, iiie vol., 289, 291.

— des monnaies (voy. Reims, monnaie de).

— de Reims (justice de l'). *Arch. lég.*, iie part., *statuts*, iie vol., 17; *statuts*, iiie vol., 462.

— de ville (greffier de l'). *Arch. lég.*, iie part., *statuts*, iie vol., 954. Fonctions dudit, *statuts*, iiie vol., 288; pris parmi les notables (*ibid.*), 291.

— de Reims (procureur du roi de l'). *Arch. lég.*, iie part., *statuts*, iie vol., 954; *statuts*, iiie vol., 152.

— (rentes de). *Arch. lég.*, *statuts*, iiie vol., 143.

— (règlement de l'). *Arch. lég.*, *statuts*, iiie vol., 164, 165, 167.

Hôtel-Dieu, voy. Laon (Hôtel-Dieu de), Paris (Hôtel-Dieu de), Reims (Hôtel-Dieu de), Reims (sœurs de l'Hôtel-Dieu de).

— de Reims (statuts de l'), voy. Hospitalis Remensis statuta.

— (religieux de l'). *Arch. adm.*, t. III, 49. *Arch. lég.*, iie part., *statuts*, i^{er} vol., 131; *statuts*, iiie vol., 36, 405.

— (sœurs de l'). *Arch. lég.*, iie part., *statuts*, i^{er} vol., 58, 131, 133, 138; *statuts*, iiie vol., 36.

Hôtel-Dieu de Reims (bois de l'). *Arch. lég.*, II² part., *statuts*, I²ʳ vol., 806.

— (administrateurs de l'). *Arch. lég.*, II² vol., *statuts*, III² vol., 32.

— (sergents de l'), francs du droit du stellage. *Arch. lég.*, II² part., *statuts*, III² vol., 182, 319, 322.

Hôtel du roi (chevalier de l') , voy. Beaumont.

Hotelier, voy. Reims (hôtelleries de).

Hôtellerie. voy. Reims (hôtelleries de).

Hotman, conseiller au parlement. *Arch. lég.*, II² part., *statuts*, II² vol., 556.

Hotonne (ville de). *Arch. lég.*, II² part., *statuts*, II² vol., 570.

Houce (Wibertus la), prévôt du Tour. *Arch. adm.*, t. II, 725.

Houceste, valet. *Arch. adm.*, t. II, 329.

Houdain (Jehan le), chanoine. *Arch. adm.*, t. III, 869.

— (prieur de), voy. Houdaing.

Houdaing sancti Remigii Remensis (prior de). *Arch. adm.*, t. II , 638. *Arch. lég.*, II² part., *statuts*, I²ʳ vol., 249; vide Petrus.

Houdelaincourt (terre de), voy. Hundelincurte (terra de).

— (village de). *Arch. adm.*, t. I, 296 ; t. II, 282, 296.

Houdilcourt (village de). *Arch. adm.*, t. I, 656. *Arch. lég.*, I²ᵉ part., *statuts*, III² vol., 30, 32.

Houdillecourt, voy. Houdilcourt.

Houdin (Pierre), marchand de Néesle. *Arch. lég.*, I²ᵉ part., 898.

Houdinier (Henry). *Arch. lég.*, I²ᵉ part., 901.

Houdisy (village d'). *Arch. adm.*, t. II, 1071. *Arch. lég.*, II² part., *statuts*, III² vol., 394.

Houdregiville, voy. Houdreville.

Houdresiville, voy. Houdreville.

Houdreville (village d'). *Arch. lég.*, II² part., *statuts*, III² vol., 394.

— (autel de), voy. Huldrisivilla (altar de).

Houduin (Garnier), lieutenant du bailli de Vermandois. *Arch. adm.*, t. III, 509.

Houduinus, vide de Courceryo (H. de).

Houet (Pierre), curé de Bourg-Commin. *Arch. lég.*, I²ᵉ part., 883.

Hougart (Marguerite). *Arch. adm.*, t. III, 660.

— (Jean), bourgeois. *Arch. adm.*, t. III, 837.

Houillot, voy. Ambonnay (Perresson d').

Houletel, bourgeois. *Arch. lég.*, II² part., *statuts*, III² vol., 746.

Houlier, voy. Lefincourt.

Houllefret (Jehan de), seigneur de Tahure. *Arch. lég.*, I²ᵉ part., 892.

Houllier (Gilet le), boucher. *Arch. lég.*, II² part., *statuts*, I²ʳ vol., 998.

— (Robert le), dit de Baquehan, boucher. *Arch. lég.*, II² part., *statuts*, I²ʳ vol., 998.

Hourdez (Thirrion), barbier. *Arch. lég.*, II² part., *statuts*, I²ʳ vol., 980.

Hourdillerie-Mouton (lieu de la). *Arch. adm.*, t. II, 555.

Hourelle (Nicolas), boulanger. *Arch. lég.*, II² part., *statuts*, II² vol., 162.

Hourges (curé d'), voy. Duboys (Jacques).

— (ville d'). *Arch. lég.*, II² part., *statuts*, II² vol., 754, 902, 906, 911.

Hourlier, greffier de l'échevinage. *Arch. adm.*, t. III, 16. *Arch. lég.*, II² part., *statuts*, III² vol., 252.

— (Jehan le), cordonnier. *Arch. adm.*, t. III, 108.

— (Nicolas), syndic des notaires. *Arch. lég.*, II² part., *statuts*, III² vol., 252, 265.

Housia (housse). *Arch. adm.*, t. I, 1030.

Houssart (Jean), tisserand. *Arch. lég.*, II² part., *statuts*, II² vol., 297.

Houssaye (Mme de la), dame de Signy-le-Petit. *Arch. adm.*, t. II, 1074.

— (Pelletier de la), contrôleur général des finances. *Arch. lég.*, IIe part., *statuts*, IIe vol., 289.

Housse (grand), terroir des environs de Reims. *Arch. lég.*, Ire part., 491, 530, 533, 535, 546, 560, 564?

Houssel, voy. Housset.

Housset (village de). *Arch. lég.*, Ire part., 891, 900.

Houssette (Oudart), bourgeois. *Arch. adm.*, t. III, 634.

— (Jehan), charpentier. *Arch. adm.*, t. III, 842.

Housson (seigneurie de). *Arch. lég.*, Ire part., 893.

Houssoy (Jean de), bailli de Vermandois. *Arch. adm.*, t. III, 8.

Houtelet (François). *Arch. lég.*, IIe part., *statuts*, IIe vol., 154.

Houzeau (Nicolas). *Arch. lég.*, IIe part., *statuts*, IIe vol., 161.

— (Guillaume). *Arch. lég.*, IIe part., *statuts*, IIe vol., 162.

— (Liénard). *Arch. lég.*, IIe part., *statuts*, IIe vol., 162.

— (Jean-François), boulanger. *Arch. lég.*, IIe part., *statuts*, IIe vol., 162.

— (Jean). *Arch. lég.*, IIe part., *statuts*, 219.

Hoya, fortasse haia (haie, clôture). *Arch. adm.*, t. I, 546.

Hoye (Henry de la), curé de Chivy-Beaulne. *Arch. lég.*, Ire part., 883.

Hozeaux (Guillaume-Benoît). *Arch. lég.*, IIe part., *statuts*, IIe vol., 162.

Hu (Pierre de). *Arch. lég.*, IIe part., *statuts*, IIe vol., 204.

Huardes (Ever. de). *Arch. adm.*, t. I, 333.

Huardus, vide Gauve.

Huart le brasseur, bourgeois. *Arch. adm.*, t. II, 756, 768.

— voy. Champ.

— notaire au Châtelet de Paris. *Arch. lég.*, IIe part., *statuts*, IIe vol., 514.

— le courtier. *Arch. lég.*, IIe part., *statuts*, Ier vol., 428.

— (J....), bourgeois. *Arch. lég.*, IIe part., *statuts*, Ier vol., 656.

— (huissier). *Arch. lég.*, IIe part., *statuts*, IIIe vol., 747.

Hubaldus (cardinal), vide Ubaldus.

— bourgeois de Saint-Remi. *Arch. adm.*, t. I, 357. *Arch. lég.*, IIe part., *statuts*, Ier vol., 80

Huban (Jean de), clerc du roi. *Arch. adm.*, t. II, 419, 421.

Hubaudus, doyen. *Arch. adm.*, t. I, 372.

Hubaut (bois de). *Arch. adm.*, t. II, 742; t. III, 49. *Arch. lég.*, IIe part., *statuts*, Ier vol., 640.

Hubelot, voy. Hasart.

Hubert le Savetier. *Arch. adm.*, t. I, 1083.

— (Jehan), couvreur. *Arch. adm.*, t. III, 835. *Arch. lég.*, IIe part., *statuts*, Ier vol., 413.

— (Herbin), notaire. *Arch. adm.*, t. III, 695? 836.

— (François), bourgeois. *Arch. lég.*, IIe part., *statuts*, IIe vol., 277.

— (Louis), tondeur de drap. *Arch. lég.*, IIe part., *statuts*, IIe vol., 394.

— (Simon), doyen de la Faculté de droit. *Arch. lég.*, IIe part., *statuts*, IIe vol., 661, 694.

— (P.). *Arch. adm.*, t. II, 486. *Arch. lég.*, IIe part., *statuts*, IIe vol., 812.

— (Nicole), juré chandelier. *Arch. lég.*, IIe part., *statuts*, IIIe vol., 229.

Huberti Bulinghera terra. *Arch. lég.*, IIe part., *statuts*, Ier vol., 166.

Hubertus (doyen). *Arch. adm.*, t. I, 332, 333, 424? *Arch. lég.*, iiᵉ part., *statuts*, iᵉʳ vol., 637?

— évêque de Senlis. *Arch. adm.*, t. I, 261.

— archidiacre. *Arch. adm.*, t. I, 886.

Hubin (Jean), curé de Réthel. *Arch. lég.*, iiᵉ part., *statuts*, iᵉʳ vol., 780, 817, 821.

Hucbald, professeur de philosophie. *Arch. adm.*, t. I, 666.

Huce (lieu de la). *Arch. adm.*, t. II, 495; voy. Husse.

Hudilicourt (village de). *Arch. adm.*, t. III, 620, voy. Heudesicourt.

Hue (J...), bourgeois de Paris. *Arch. lég.*, iiᵉ part., *statuts*, iᵉʳ vol., 665.

— le Chaussetier. *Arch. adm.*, t. II, 269.

— (Guillaume), prévôt du marquisat de Néesle. *Arch. adm.*, t. II, 117? *Arch. lég.*, iʳᵉ part., 896.

Huedisse, bourgeois. *Arch. adm.*, t. II, 492.

Hues, clerc du temple de Reims. *Arch. adm.*, t. I, 1013.

Huet, varlet. *Arch. adm.*, t. II, 692? *Arch. lég.*, iiᵉ part., *statuts*, iiᵉ vol., 943.

— (Estienne), boucher. *Arch. lég.*, iiᵉ part., *statuts*, iᵉʳ vol., 998.

— notaire royal. *Arch. lég.*, iiᵉ part., *statuts*, iiiᵉ vol., 688, 695, 709.

— le cirier, voy. Cirier (Hue le).

— (Jehan), marchand de Nesle. *Arch. lég.*, iʳᵉ part., 898.

Hueta, fille de Jehan le Chastelain. *Arch. adm.*, t. III, 398.

Huette (Pierre), lieutenant du prévôt de Wailly. *Arch. adm.*, t. III, 493.

Huetus, gendre de Hardit. *Arch. adm.*, t. II, 183, 237, 238, 246, 361, 472, 580.

Huez (J.... le), quartenier de Reims. *Arch. lég.*, iiᵉ part., *statuts*, iᵉʳ vol., 845.

Hugdierus, vide Hardierus.

Huffalisia, échevin? *Arch. adm.*, t. I, 789.

Huffle, garde des ports de Reims. *Arch. adm.*, t. II, 303.

Huges (Olivier), conseiller. *Arch. lég.*, iiᵉ part., *statuts*, iᵉʳ vol., 821, 823.

Hugier (Eudes le). *Arch. adm.*, t. II, 550.

— (Miles le), vergeur de vins. *Arch. lég.*, iiᵉ part., *statuts*, iᵉʳ vol., 429.

Hugo, abbé de Cluny. *Arch. adm.*, t. I, 233.

— fils du comte Heribertus. *Arch. adm.*, 84, 87. Querelle dudit avec Artaldus son compétiteur au siége de Reims, 88; voy. Arci (Hugues de), archevêque de Reims.

— sous-diacre. *Arch. adm.*, t. I, 308, 353.

— évêque de Soissons. *Arch. adm.*, t. I, 349.

— moine de S Remi. *Arch. lég.*, iiᵉ part., *statuts*, iᵉʳ vol., 72, 96, 170.

— dux. *Arch. lég.*, iiᵉ part., *statuts*, iᵉʳ vol., 169.

— abbé de S. Remi. *Arch. adm.*, t. I, 326, 328; procès dudit contre l'écolâtre pour maintenir à ses moines le droit d'enseigner dans les écoles du bourg; 334, 410, 456, 457. *Arch. lég.*, iiᵉ part., *statuts*, iᵉʳ vol., 173.

— abbé de S. Pierre d'Hautvilliers. *Arch. adm.*, t. I, 253.

— abbé de Pontigny. *Arch. adm.*, t. I, 271, 312.

— archidiacre d'Ostrevant. *Arch. adm.*, t. I, 1057. *Arch. lég.*, iiᵉ part., *statuts*, iᵉʳ vol., 92.

— comte de Troyes, voy. Hugo comte de Champagne.

— comte de Champagne. *Arch. adm.*, t. I, 246, 253, 269, 270, 272, 275, 278, 329, 388?

Hugo comes registensis, voy. Réthel (Hugo comte de).

— rex, vide Hugues Capet.

— chancelier. *Arch. adm.*, t. I, 494, 498, 527. *Arch. lég.*, iie part., *statuts*, i^{er} vol., 96, 102.

— précepteur de la milice du Temple. *Arch. adm.*, t. I, 862.

— official de l'archidiacre. *Arch. adm.*, t. I, 887. *Arch. lég.*, iie part., *statuts*, iie vol., 73.

— doyen du chapitre, voy. Large (Hugo le).

— (Theodoricus), échevin. *Arch. adm.*, t. I, 260.

— connétable de France. *Arch. adm.*, t. I, 261.

— lévite et chanoine. *Arch. adm.*, t. I, 253, 444, 459. *Arch. lég.*, iie part. *statuts*, i^{er} vol., 85, 180, 103, 107.

— neveu de l'archevêque de Reims. *Arch. lég.*, iie part., *statuts*, i^{er} vol., 107.

— prêtre. *Arch. adm.*, t. I, 241. *Arch. lég.*, iie part., *statuts*, i^{er} vol., 70, 78, 121, 168?

— clerc. *Arch. lég.*, iie part. *statuts*, i^{er} vol., 65, 69, 76, 82, 89.

— chapelain. *Arch. adm.*, t. I, 311, 424, 429, 547. *Arch. lég.*, iie part., *statuts*, i^{er} vol., 171.

— moine de Gervasius de Ruffy, chanoine. *Arch. lég.*, iie part., *statuts*, i^{er} vol., 86.

— Coxardus miles, vide Cossard.

— vide Constantius.

— colon. *Arch. adm.*, t. I, 318. *Arch. lég.*, iie part., *statuts*, i^{er} vol., 78.

— vidame de Châlons *Arch. adm.*, t. I, 415.

— archidiacre. *Arch. adm.*, t. I, 276, 283, 303, 305, 308. *Arch. lég.*, iie part., *statuts*, i^{er} vol., 96, 115, 122.

— trésorier. *Arch. adm.*, t. I, 276, 283.

— chambrier. *Arch. adm.*, t. I, 293.

Hugo laïque. *Arch. lég.*, iie part., *statuts*, i^{er} vol., 82, 99.

— faber. *Arch. adm.*, t. I, 341.

— évêque d'Ostie. *Arch. adm.*, t. I, 331.

— prieur. *Arch. lég.*, iie part., *statuts*, i^{er} vol., 68.

— (Guillaume), sergent du prévôt. *Arch. adm.*, t. II, 1177, 1195; t. III, 25, 26, 40.

— chevalier. *Arch. lég.*, iie part., *statuts*, i^{er} vol., 64, 71, 79? 83, 86, 88, 91.

— évêque d'Auxerre. *Arch. adm.*, t. I, 302.

— évêque de Die. *Arch. adm.*, t. I, 237, 238.

Hugonis de Ambunnaio terra. *Arch. lég.*, iie part., *statuts*, i^{er} vol., 166.

— de Basœu molendina. *Arch. adm.*, t. I, 321; voy. Huon (moulin d').

— de Basœu feodus. *Arch. adm.*, t. I, 321.

— nemus. *Arch. lég.*, iie part., *statuts*, i^{er} vol., 96.

— albi, vide Guillelmus.

— molendinum, vide Huon (moulin d').

— de Cirelio alodium. *Arch. adm.*, t. I, 253? 288.

— alodium. *Arch. adm.*, t. I, 253.

— Torselli de Roceio feudus. *Arch. adm.*, t. I, 321.

Hugot (J...) maître sergier. *Arch. lég.*, iie part., *statuts*, iie vol., 812.

Huguenin, voy. Sauleit.

Huguenots. Mesures prises contre eux par le conseil de ville de Reims. *Arch. lég.*, iie part., *statuts*, i^{er} vol., 907, 910; *statuts*, iie vol., 250.

Hugues Capet, roi de France. *Arch. adm.*, t. I, 93. Diplôme dudit en faveur de l'église de Reims, 94, 96, 99, 115, 116, 119, 141. Protection qu'il accorde à l'abbaye de S. Remi, 176, 200, 666, 985. *Arch. lég.*, iie part., *statuts*,

iii⁰ vol., 20; confirme les priviléges de la même abbaye, 21 , 625.

Hugues (M. d'). *Arch. lég.*, ii⁰ part., *statuts*, iii⁰ vol., 390.

— prévôt et neveu de l'archevêque. *Arch. adm.*, t. I, 411, 412, 422.

— évêque de Laon. *Arch. adm.*, t. I, 61.

Huguet (Simon), fermier des aides. *Arch. lég.*, ii⁰ part., *statuts*, i⁰ʳ vol., 646, 654.

— clerc du prévôt de Reims. *Arch. adm.*, t. II, 1191.

Huguin (Louis), notaire. *Arch. lég.*, ii⁰ part., *statuts*, i⁰ʳ vol., 274, 280, 287, 297; iii⁰ vol., 269.

Huiare (huer). *Arch. adm.*, t. I, 580.

Huibert (Pierre), serrurier. *Arch. lég.*, ii⁰ part., *statuts*, iii⁰ vol., 476.

— (Nicolas), fils du précédent. *Arch. lég.*, ii⁰ part., *statuts*, iii⁰ vol., 476.

— (Marie), sœur du précédent. *Arch. lég.*, ii⁰ part., *statuts*, iii⁰ vol., 476.

Huignest (Jacques). *Arch. adm.*, t. II, 1195.

Huiquain (Jacques le). *Arch. adm.*, t. III, 138.

Huldericus comes. *Arch. adm.*, t. I, 5.

Huldewinus, vidame de Reims. *Arch. adm.*, t. I, 351.

Huldrisvilla (altar de), vide Houdreville.

Huleberge (lieu de). *Arch. adm.*, t. I, 330.

Hulin (H.). *Arch. lég.*, ii⁰ part., *statuts*, i⁰ʳ vol., 249.

— (Richard), bourgeois. *Arch. lég.*, ii⁰ part., *statuts*, i⁰ʳ vol., 474.

Hulot (Fierre le). *Arch. adm.*, t. III, 128.

Humbaldus, cardinal. *Arch. adm.* t. I, 322.

Humbert-Dauphin, archevêque de Reims. *Arch. adm.*, t. I, 222, 225; t. III, 40, 41, 58, 174, 204. *Arch. lég.*, ii⁰ part., *statuts*, i⁰ʳ vol., 80.

Humbert, évêque de Senlis. *Arch. adm.*, t. I, 268.

Humbertus, prêtre. *Arch. adm.*, t. I, 286.

— archevêque de Reims , vide Humbert-Dauphin.

Humemer (Nicolas). *Arch. adm.*, t. II, 609.

Humes (village de). *Arch. lég.*, ii⁰ part., *statuts*, iii⁰ vol., 388.

Humier (Pierre). *Arch. adm.*, t. II, 653.

Humières (Jehan), curé de Saint-Thierry au Mont-d'Or-lez-Reims. *Arch. lég.*, i⁰ᵉ part., 884.

— (Jacques d'), seigneur d'Héricourt. *Arch. lég.*, i⁰ᵉ part., 890.

— (Charlotte d'), dame de Campagne. *Arch. lég.*, i⁰ᵉ part., 920.

— (Louis-Joseph), vicaire général du diocèse de Reims, *Arch. lég.*, ii⁰ part., *statuts*, iii⁰ vol., 693.

— gouverneur de Picardie. *Arch. lég.*, i⁰ᵉ part., 913.

Humiliatorum ordo. *Arch. adm.*, t. III, 498.

Humiliés (ordre des), voy. Humiliatorum ordo.

Hundeliaca-curtis. *Arch. adm.*, t. I, 296; t. II, 282, 296; vide Hondelaincourt.

Hundelicurtis, villa, voy. Houdelaincourt.

Hundilicurte (terra de). *Arch. lég.*, ii⁰ part., *statuts*, i⁰ʳ vol., 64.

Hundulfus, prêtre. *Arch. lég.*, ii⁰ part., *statuts*, i⁰ʳ vol., 65.

Hunette (Perresson). *Arch. adm.*, t. III, 667.

Hungarius, prêtre et chanoine. *Arch. lég.*, ii⁰ part., *statuts*, i⁰ʳ vol., 90.

Hunicurtis, vide Rayo de Hunicurte.

Huns (les) achèvent la ruine de Reims, commencée par les Vandales. *Arch. adm.*, t. I, 482.

Huon de Sevigny, chevalier, voy. Sevigny (Huon de).

Huon, doyen de Notre-Dame. *Arch. adm.*, t. I, 1094.

— (moulin de). *Arch. adm.*, t. I, 230, 329 ; t. II, 577 ; t. III, 52. *Arch. lég.*, 1re part., 494, 513, 518, 519, 521, 535, 563, 574, 582, 589, 591 ; 11e part., *statuts*, 1er vol., 185, 238, 249 ; *statuts*, 111e vol., 32.

— (terre d'). *Arch. lég.*, 11e part., *statuts*, 1er vol., 235.

— (Nicolas), maître charpentier. *Arch. lég.*, 11e part., *statuts*, 111e vol., 671.

Hupain (Gerardus de). *Arch. adm.*, t. I, 332.

Hupencicurte (altar de). *Arch. adm.*, t. I, 280.

Hurderu (Antoine), avocat. *Arch. lég.*, 1re part., 878, 890.

Huré, tailleur d'habits. *Arch. lég.*, 11e part., *statuts*, 11e vol., 531.

Hureguet (Jaquet). *Arch. adm.*, t. II, 603.

Hurel (Claude), épinglier. *Arch. lég.*, 11e part., *statuts*, 11e vol., 543.

— (Bertrand), épinglier. *Arch. lég.*, 11e part., *statuts*, 11e vol., 546.

— J..., maître sergier. *Arch. lég.*, 11e part., *statuts*, 11e vol., 859.

Hurelu (Jehan), batelier. *Arch. adm.*, t. III, 105.

Hurent (Jehan), bourgeois. *Arch. lég.*, 11e part., *statuts*, 1er vol., 595.

Hurer (Alardus le), clerc. *Arch. adm.*, t. III, 769.

Huret (Jehan). *Arch. adm.*, t. III, 478.

Hureus (J. le), tripier. *Arch. adm.*, t. II, 825.

Hurex (Sanctus Martinus le), voy. Saint-Martin-l'Heureux.

Huriot, marchand. *Arch. lég.*, 11e part., 850, *statuts*, 11e vol., 850.

Hurlarout (Jacques). *Arch. lég.*, 1re part., 802.

Hurlund, voy. Desart.

Hurlus (village de). *Arch. adm.*, t. II, 1100.

Hurpin (Pierre), chapelain de Pontfavergier. *Arch. lég.*, 1re part., 886.

Hurtault, bourgeois. *Arch. adm.*, t. I, 772. *Arch. lég.*, 11e part., *statuts*, 111e vol., 408.

— (Nicole), curé de Sincenis. *Arch. lég.*, 1re part., 882.

— (Jacques), curé de Montenault. *Arch. lég.*, 1re part., 883 ; 11e part., *statuts*, 11e vol., 172 ?

— (Éloi). *Arch. lég.*, 1re part., 910.

— (Baudenet). *Arch. lég.*, 11e part., *statuts*, 1er vol., 861 ; *statuts*, 11e vol., 6.

— (Theobaldus), échevin. *Arch. adm.*, t. II, 115, 308, 415, 485, 603, 661, 666, 705, 758, 772, 800, 808, 809, 811, 824 ? 828 ; t. III, 50, 691. *Arch. lég.*, 11e part., *statuts*, 1er vol., 651 ? *statuts*, 111e vol., 154 ? 155 ?

— (Hue), bourgeois. *Arch. adm.*, t. II, 115, 269, 520, 1003, 1005 ; t. III, 174, 188, 249. *Arch. lég.*, 11e part., *statuts*, 1er vol., 622, 658, 661, 761, 770, 773, 774, 780, 792, 822 ?

— (Jehan), échevin. *Arch. adm.*, t. III, 311, 836, 842, 888, 901. *Arch. lég.*, 11e part., *statuts*, 1er vol., 475, 531.

— Huet, voy. Hurtaut (Hue).

Hurtel (Martin). *Arch. lég.*, 1re part., 580. 11e part., *statuts*, 1er vol., 654, 751 ?

Hurteleu (Henry le), échevin. *Arch. lég.*, 11e part., *statuts*, 1er vol., 620, 684, 738, 748, 770, 773, 782.

Hurteloup (Gérard). *Arch. adm.*, t. III, 835.

Hurtevin (Pierre), perruquier. *Arch. lég.*, 11e part., *statuts*, 111e vol., 191, 193, 194.

Husette (lieu de la). *Arch. adm.*, t. II, 380.

Husson (P...), échevin de Reims. *Arch. lég.*, 11e part., *statuts*, 1er vol., 922.

Husson (Simon), bourgeois. *Arch. lég.*, ɪɪᵉ part:, *statuts*, ɪɪɪᵉ vol., 399.

— voy. Sedent.

— (M.), seigneur de Givonne. *Arch. adm.*, t. II, 1086, 1088.

— (Aubri). *Arch. adm.*, t. III, 835.

— (Sajot). *Arch. lég.*, ɪʳᵉ part., 514, 582, 590, 604; ɪɪᵉ part., *statuts*, ɪᵉʳ vol., 637.

— (Nicolas), boulanger. *Arch. lég.*, ɪɪᵉ part., *statuts*, ɪɪᵉ vol., 162.

— (Thomas), voy. Tramery.

Hussonnus, vide Picotin.

Hutin, voy. Louis X.

— voy. Poulaillier.

— (Hilaire), maître charcutier. *Arch. lég.*, ɪɪᵉ part., *statuts*, ɪɪᵉ vol., 934, 938.

— (Colesson), notable de Reims. *Arch. lég.*, ɪɪᵉ part., *statuts*, ɪᵉʳ vol., 797.

Hutrel (Martin), fermier des aides. *Arch. lég.*, ɪɪᵉ part., *statuts*, ɪᵉʳ vol., 646, 647.

Hutreleur (Gérard le), bourgeois. *Arch. lég.*, ɪɪᵉ part., *statuts*, ɪᵉʳ vol., 413.

Huvinel (Évrart de), clerc. *Arch. adm.*, t. II, 537.

Huys (village de l'). *Arch. lég.*, ɪʳᵉ part., 919.

— (N.... de), receveur. *Arch. lég.*, ɪɪᵉ part., *statuts*, ɪᵉʳ vol., 872.

Huz (Nicolas), greffier du conseil de ville. *Arch. lég.*, ɪɪᵉ part, *statuts*, ɪɪᵉ vol., 23.

— (Guillaume), praticien. *Arch. lég.*, ɪɪᵉ part., *statuts*, ɪɪᵉ vol., 181.

Hydraulique (tour de l'). *Arch. lég.*, ɪɪᵉ part., *statuts*, ɪᵉʳ vol., 238.

Hylot, femme de Drouet le Proier. *Arch. adm.*, t. I, 1083.

— femme de J. de Bezannes. *Arch. adm.*, t. II, 756.

— femme de Jehan Riche. *Arch. adm.*, t. II, 780.

Hylvincus. *Arch. lég.*, ɪɪᵉ part., *statuts*, ɪᵉʳ vol., 74.

Hypocras (vin d'), offert par les Rémois aux ambassadeurs de l'empereur. *Arch. lég.*, ɪɪᵉ part., *statuts*, ɪᵉʳ vol., 853.

Hypopanti festum. *Arch. adm.* t. I, 383.

Hypotheca. *Arch. adm.*, t. II, 202. *Arch. lég.*, ɪʳᵉ part., 61, 157, 189, 196, 211, 242, 643, 733, 781, 961; vide hypothèque.

Hypothecaria. *Arch. lég.*, ɪʳᵉ part., 232, 276; vide Apothecaria.

Hypothèque, voy. Hypotheca.

Hyrpes (village d'). *Arch. adm.*, t. III, 609.

Hyvois, voy. Yvois.

I.

Iaue (Jehan de l'), de Tournay, remplit les fonctions de bailli de Reims. *Arch. adm.*, t. II, 682, 877.

— (Renier de l'). *Arch. adm.*, t. II, 1187.

Iaumont (paroisse de), voy. Aynaudi-monte (parochia de).

Ida (altar de). *Arch. adm.*, t. I, 280.

Ida, femme de Petrus Waimel, écuyer. *Arch. adm.*, t. II, 106.

Iderons, fille de Remi Estrille. *Arch. adm.*, t. I, 740.

Iems (village d'). *Arch. lég.*, ɪʳᵉ part., 911.

Ieronimus, vide Hieronimus.

Ierosolimitana peregrinatio. *Arch. adm.*, t. I, 298.

Ierosolimitani reges, voy. Balduinus, Henricus, Johannes.

Ierval (Perrinet de), voy. Ierval (Pierre de).

— (Pierre d'), écuyer, seigneur de Fîmes. *Arch. adm.*, t. II, 107.

— (Jehan d'), fils du précédent. *Arch. adm.*, t, II, 107.

Igelir, censitaire de Saint-Remi. *Arch. lég.*, IIe part., *statuts*, 1er vol, 166.

Iges (paroisse de). *Arch. adm.*, t. II, 1085.

— (village de). *Arch. lég.*, 1re part., 887, 902.

Igia (presbyter de). *Arch. adm.*, t. II, 1086.

— voy. Iges.

Igniacense monasterium, voy. Igny (abbaye d').

Igniacensis ecclesia, voy. Igny (église d').

— monachus, vide Hugo.

Igny (abbaye d'). *Arch. adm.*, t. I, 3, 67, 237.

— (église de). *Arch. adm.*, t. I, 806.

Ildebaldus, archevêque de Reims, non mentionné par les auteurs de la Gallia christiana. *Arch. adm.*, t. I, 27, 28.

Ildebaut, voy. Ildebaldus.

Iliade, enseignée dans l'université de Reims. *Arch. lég.*, IIe part., *statuts*, IIe vol., 736.

Ille (Oudart d'). *Arch. adm.*, t. II, 871.

— (Michelet d'), mercier. *Arch. adm.*, t. II, 1177.

Illiaco (J. de), chanoine de Saint-Nourrice. *Arch. adm.*, t. II, 1041, 1044?

Illy (village d'). *Arch. adm.*, t. II, 1086.

— (paroisse d'). *Arch. adm.*, t. II, 1088.

Imarus, évêque de Tusculum. *Arch. adm.*, t. I, 314, 322, 331.

Imbertus, prêtre. *Arch. adm.*, t. I, 278.

Imciour (Mme d'), voy. Imecourt.

Imecourt (M. de), seigneur d'Amblimont. *Arch. adm.*, t. II, 1087.

Imecourt (village d'). *Arch. adm.*, t. II, 1096.

— (Mme d'), dame de Brandeville. *Arch. adm.*, t. II, 1092.

Immeraudus, sergent du chapitre. *Arch. adm.*, t. II, 409.

Immeubles. *Arch. lég.*, 1re part., 212. Définition desdits dans la coutume de Reims.

Immobilia, voy. Immeubles.

Immunitas. Notice critique sur ce mot. *Arch. adm.*, t. I, 72, 225, 229, 692, 735; voy. Immunité.

Immunité, voy. Cloître (immunité du),

Imperio (prior de), vide Duno.

Implacitare (plaider). *Arch. adm.*, t. I, 609.

Impositio foranea. *Arch. adm.*, t. III, 404.

Impôt, voy. aides, capitation, cinquantièmes, dixièmes, don gratuit, farines gourmetage, milices gardes-côtes, quatrième.

Imprimerie (art de l'). *Arch. adm.*, t. III, 347, 436. *Arch. lég.*, 1re part., 186.

Imprimeur, voy. Seneux.

Imprimeurs de Reims (statuts des). *Arch. lég.*, IIe part., *statuts*, IIe vol., 467; *statuts*, IIIe vol., 65, 66, 79, 80, 82, 84, 746.

Imprisionare (emprisonner). *Arch. adm.*, t. I, 970; t. II, 5; t. III, 347, 436. *Arch. lég.*, 1re part., 186.

Inaumont (village d'). *Arch. adm.*, t. II, 1081.

— (Guy d') voy. Ainaudimento (Guido de).

— (paroisse d'), voy. Aynaudimonte (parochia de).

— (prêtre de), voy. Aingnaudimonte (presbyter d').

Inbannire (bannir). *Arch. adm.*, t. I, 389.

Incarnation (blasphème contre l'). *Arch. adm.*, t. III, 647.

Incendies. *Arch. adm.,* t. I, 821; t. III, 770. *Arch. lég.,* ₁ʳᵉ part., 808, 812. Mesures de police concernant lesdits, ₁₁ᵉ part., *statuts,* ₁₁₁ᵉ vol., 33.

Incendium, voy. Incendie.

Incensare (encenser). *Arch. lég.,* ₁₁ᵉ part. *statuts,* ₁ᵉʳ vol., 30.

Incensorium (encensoir). *Arch. adm.,* t. III, 770.

Incesta conjugia, voy. Mariages incestueux.

Inchy (prior de) *Arch. adm.,* t. II, 638.

Incorrigibilitas (incorrigibilité). *Arch. lég.,* ₁ʳᵉ part., 435.

Incurables (hôpital des). *Arch. lég.,* ₁₁ᵉ part., *statuts,* ₁ᵉʳ vol., 470.

Incursion, voy. Normands (incursion des).

Inde (bois d') en usage dans la fabrique de Reims. *Arch. lég.,* ₁₁ᵉ part., *statuts,* ₁₁ᵉ vol., 876, 878, 884, 889, 891, 893.

Indiction Césaréenne. *Arch. adm.,* t. I, 327.

Indicule, voy. Ebbon (indicule d').

Indominicatus mansus. *Arch., adm.,* t. I, 262, 354.

Indulgences, voy. Indulgentiæ.

Indulgentiæ. *Arch. adm.,* t. I, 359, 657, 684, 688, 694, 717, 735, 813, 815. *Arch. adm.,* t. II, 6, 642; t. III, 5. *Arch. lég.,* ₁ʳᵉ part., 388.

Iney (rue d'). *Arch. adm.,* t. II., 380.

Infamiæ notatio. *Arch. lég.,* ₁ᵉʳ part., 385, 414, 415, 417.

Infamie (marque d'), voy. Infamiæ notatio.

Infans (Thomas). *Arch. adm.,* t. I, 413. *Arch. lég.,* ₁₁ᵉ part., *statuts,* ₁ᵉʳ vol., 174.

Infirmaria, voy. Sancti Remigii infirmaria.

Infirmarius, voy. Sancti Remigii infirmarius.

Infirmi, vide Leprosi, Yssia (infirmi de).

Infirmier, voy. Infirmarius.

Ingelbertus. *Arch. lég.,* ₁₁ᵉ part., *statuts,* ₁ᵉʳ vol., 166.

Ingelheim (concile de), voy. Engilhemense concilum.

Ingelram, évêque de Metz, archi-chapelain et grand aumônier de Charlemagne. Fausses décrétales mélangées aux canons publiés par ledit. *Arch. adm.* t. I, 109, 110. Établit à Metz une école pour le chant Grégorien, 111.

Ingelramus, évêque de Laon. *Arch. adm.,* t. I, 269. *Arch. lég.,* ₁₁ᵉ part., *statuts,* ₁ᵉʳ vol., 91.

Ingelrannus, vide Ingelramus.

Ingenium (engin). *Arch. adm.,* t. I, 778; t. III, 225, 234, 246.

Ingerran le berger. *Arch. adm.,* t. III, 758.

Ingmarus archiepiscopus, vide Hincmar.

Ingniaco-Jardi (prior de). *Arch. adm.,* t. II, 1029.

Ingo, abbé de Saint-Remi, *Arch. lég.,* ₁₁ᵉ part., *statuts,* ₁ᵉʳ vol., 177, 178, 182.

— prieur de Saint-Remi. *Arch. lég.,* ₁₁ᵉ part., *statuts,* ₁ᵉʳ vol., 175.

Ingobertus (O....). *Arch. lég.,* ₁₁ᵉ part., *statuts,* ₁ᵉʳ vol., 63, 78?

Ingrada, voy. Ingunda.

Ingrande (Sebile l'). *Arch. adm.,* t. II, 809, 826.

Ingrannus. *Arch. lég.,* ₁₁ᵉ part., *statuts,* ₁ᵉʳ vol., 166.

Ingrans (Raoules). *Arch. adm.,* t. I, 786? 963; t. II, 550.

Ingrant (Robert), bourgeois. *Arch. adm.,* t. II, 374, 416, 677, 686; t. III, 393?

— voy. Yngrant.

— (Pierre). *Arch. adm.,* t. II, 376, 547, 603, 805, 810; t. III, 28, 35, 398.

— (Robert), dit Marmol. *Arch. adm.,* t. II, 666, 687, 810, 985.

— (Robinus), vide Ingrant (Robert).

— (Gerardus). *Arch. adm.,* t. II, 487, 603,

661, 805, 810, 823, 825, 828; t. III, 149.

Ingrant (Raoul), échevin. *Arc! . adm.*, t. I, 766? 963; t. II, 550, 800, 805, 822? 830? 838? 839.

— (Jesson). dit Parant. *Arch. adm.*, t. II, 666? 687.

— (B.). *Arch. adm.*, t. II, 547.

Ingubertus, vide Ingobertus.

Ingubrannus, abbé de d'Hautvillers. *Arch. adm.*, t. I, 285, 286.

Ingunda, laica. *Arch. adm.*, IIᵉ part., *statuts*, Iᵉʳ vol., 80.

Inhumation. *Arch. adm.*, t. I, 204.

Injuriosus. *Arch. lég.*, IIᵉ part., *statuts*, IIIᵉ vol., 621.

Innocent III, pape. *Arch. adm.*, t. I, 75, 144? 151, 188? Confirme la charte de Guillaume aux Blanches Mains qui défend aux sujets de se réunir en commune, 302, 416, 434, 436, 444, 446, 443, 456, 457, 461, 462, 463, 466, 467, 468, 471, 472, 475, 478, 479, 493; t. II, 6? *Arch. lég.*, Iʳᵉ part., 452.

— II, voy. Innocentius.

Innocentius, serf de l'église de Reims. *Arch. adm.*, t. I, 17.

— II, pape, *Arch. adm.*, t. I, 285, 288, 289, 290, 300, 301, 302, 312? 313? 316? *Arch. lég.*, IIᵉ part., *statuts*, Iᵉʳ vol., 169, 357?

— IV, pape. *Arch. adm.*, t. I, 567, 654, 655, 657, 658, 659, 660, 662, 669. Notice sur les constitutions dudit et sur la découverte du préambule du sexte, 670, 679, 687, 688, 694, 700, 701, 708, 716, 717, 722, 725, 731, 733, 734, 735. Constitution dudit sur un différend entre l'archevêque et l'archidiacre de Reims. t. I, 746, 762; t. II, 440? t. III, 802. *Arch. lég.*, Iʳᵉ part., 8, 29, 41? 43, 55, 63, 78, 79, 216, 224, 278, 302. *Arch. lég.*, IIᵉ part.,

statuts, Iᵉʳ vol., 86? 88? 108. Étend les priviléges de l'abbé de Saint-Remi de Reims, 193.

Inor (village d'). *Arch. adm.*, t. II, 1096.

Inquisiteur général, voy. Inquisitor.

Inquisitio (enquête), manière légale d'y procéder. *Arch. lég.*, Iʳᵉ part., 371.

Inquisitor generalis, vide (Perona Nicholaus de).

Inscalare (escalader). *Arch. adm.*, t. II, 337.

Insola (Johannes de), chanoine de Mézières. *Arch. adm.*, t. II, 1043.

Inspecteur, voy. Reims (inspecteurs de).

Installatio, vide Abbatis installatio, episcopi.

Instituta, vide Canonica instituta, Justiniani.

Insula, vide Cathalaunensis insula, Sancti Quintini (in), voy. Isle.

— (presbyter de). *Arch. adm.*, t. IIᵉ 1064.

— (Maria de). *Arch. lég.*, Iʳᵉ part., 175.

— (Simon de). *Arch. lég.*, Iʳᵉ part., 230.

— -A de-Cluniacensis (prior de). *Arch. adm.*, t. II, 636.

— (ecclesia de), voy. Isle (église d').

— (parochia de). *Arch. adm.*, t. II, 1063.

— (altar de). *Arch. lég.*, IIᵉ part., *statuts*, Iᵉʳ vol., 175.

— voy. Isle (village d').

— (mansionarii de). *Arch. adm.*, t. I, 537, 538.

Insulense capitulum. *Arch. adm.*, t. II, 639.

Intendant, voy. Champagne (intendant de).

Interampno (Manfredus de). *Arch. lég.*, Iʳᵉ part., 293.

— (Alpherius de). *Arch. lég.*, Iʳᵉ part., 293.

Interanne (Angelus de). *Arch. lég.*, Iʳᵉ part., 295.

Interdictio. *Arch. lég.*, Iʳᵉ part., 404.

Interdiction, voy. Interdictio.

Interdictus. *Arch. adm.*, t. I, 340, 371, 378, 398, 431, 432, 436, 437, 480, 503, 550, 557, 566, 570, 571, 572, 574, 577, 578, 583, 584, 594, 595, 597, 599, 600, 605, 606, 612, 627, 628, 632, 634, 635, 639, 641, 657, 659, 662, 673, 678, 687, 694, 735, 751, 820, 944, 1048, 1113; t. II, 29; t. III, 395, 806. *Arch. lég.*, 1ʳᵉ part., 30, 75, 77, 78, 88, 89, 160, 187, 274, 292, 460; 11ᵉ part., *statuts*, 1ᵉʳ vol., 3, 482.

Interdit, voy. Interdictus.

Interlocutoire, voy. Interlocutorium.

Interlocutorium. *Arch. lég.*, 1ʳᵉ part., 112, 156, 191, 221, 231.

Interpresura (entreprise). *Arch. adm.*, t. I, 870. *Arch. lég.*, 11ᵉ part., *statuts*, 1ᵉʳ vol., 422.

Interprisia, vide Interpresura.

Inteville (Jehan d'), conseiller du roi. *Arch. adm.*, t. I, 1087; t. II, 804, 812, 816, 817, 820.

Intricatio (difficulté? empêchement). *Arch. adm.*, t. II, 864.

Inventaires, procès entre l'archevêque et les notaires de Reims au sujet de la confection desdits. *Arch. lég.*, 1ʳᵉ part., 127, 175; 11ᵉ part., *statuts*, 111ᵉ vol., 238, 255, 271, 506, 518, 521, 523, 529, 537, 548.

Inventi pueri, voy. Reims (enfants trouvés de).

Inventio pecuniæ. *Arch. adm.*, t. I, 306.

Inventoria, voy. Inventaires.

Investitura (investiture), vide Cespitem (iuvestitura per), Ramum per, *Arch. adm.*, t. I, 386, 459, 973, 977; t. II, 735.

Invocation, voy. Enfant-Jésus (invocation de), Notre-Dame de Champfort, Notre-Dame de Consolation, Notre-Dame de Pureté, Saint-Adéric, Saint-Agricole.

Iolanda de Brona, comtesse, vide Iolès, comtesse de Braine. *Arch. lég.*, 11ᵉ part., *statuts*, 1ᵉʳ vol., 73, 78, 115.

Ipræ, vide Ypres.

Irbois, voy. Braux.

Irson (village d'). *Arch. lég.*, 1ʳᵉ part., 593; 11ᵉ part., *statuts*, 1ᵉʳ vol., 616.

Irval (abbé d'). *Arch. adm.*, t. II, 1060.

— (M. d'), chanoine de Reims, seigneur de Serzy-Maupas. *Arch. adm.*, t. II, 1061.

— (seigneur de), voy. Grossaine (T....).

Isaac, patriarche. *Arch. lég.*, 11ᵉ part., *statuts*, 11ᵉ vol., 252.

— prêtre et chanoine. *Arch. lég.*, 11ᵉ part., *statuts*, 1ᵉʳ vol., 78, 79?

— évêque de Langres. *Arch. lég.*, 11ᵉ part., *statuts*, 1ᵉʳ vol., 86.

Isabella, religieuse d'Argenteuil. *Arch. adm.*, t. I, 1021.

Isambardus, sous-diacre et chanoine. *Arch. adm.*, t. I, 241, 254. *Arch. lég.*, 11ᵉ part., *statuts*, 1ᵉʳ vol., 72, 94, 120.

— laïque. *Arch. lég.*, 11ᵉ part., *statuts*, 1ᵉʳ vol., 78.

— chevalier. *Arch. adm.*, t. I, 424, 425. *Arch. lég.*, 11ᵉ part., *statuts*, 1ᵉʳ vol., 84, 87.

— moine. *Arch. lég.*, 11ᵉ part., *statuts*, 1ᵉʳ vol., 83.

Isara, voy. Oise (rivière de).

Isardin, valet. *Arch. adm.*, t. III, 757.

Isaucourt (village d'). *Arch. lég.*, 1ʳᵉ part., 906.

Ischariot, vide Juda.

Isemburgis. *Arch. lég.*, 11ᵉ part., *statuts*, 1ᵉʳ vol., 65.

Isiaco (Guillelmus de), chanoine d'Orléans. *Arch. adm.*, t. II, 102.

Isidore Peccator ou Mercator, auteur des fausses décrétales. *Arch. adm.*, t. I, 108. Met lesdites sous le nom de Saint-Isidore de Séville, 109.

Isle (église d'). *Arch. adm.*, t. I, 230.

— de Mareuil-sur-Marne (forteresse de l'). *Arch. adm.*, t. III, 149.

— (Lancelot de l'), lieutenant du comte de Salisbury. *Arch. lég.*, IIᵉ part., *statuts*, Iᵉʳ vol., 613, 614, 616, 617, 629. 630, 634, 643, 673.

— (chapitre de), voy. Insulense capitulum.

— (paroisse d'), voy. Insula (parochia de).

— (village d'). *Arch. adm.*, t. I, 312, 321, 835, 928. *Arch. lég.*, Iʳᵉ part., 45, 523, 754, 876, 901, 906; IIᵉ part., *statuts*, Iᵉʳ vol., 167, 170, 243, 245; *statuts*, IIᵉ vol., 276; IIIᵉ vol., 32, 391,

— (seigneurie de) *Arch. lég.*, IIᵉ part, *statuts*, IIIᵉ vol., 394.

— -Adam (sire de l'). *Arch. lég.*, IIᵉ part., *statuts*, Iᵉʳ vol., 576, 578, 581, 600, 614, 644, 647, 649, 650.

— Voy. Chypre (île de).

Iso, diacre. *Arch. lég.*, IIᵉ part., *statuts*, Iᵉʳ vol., 90.

Isocrates, rhéteur grec. *Arch. lég*, IIᵉ part., *statuts*, IIᵉ vol., 736.

Isouart (Robert). *Arch. adm.*, t. II, 41.

Israël (peuple d'). *Arch. adm.*, t. I, 573. t. III, 735. *Arch. lég.*, Iʳᵉ part., 355, 356, 358, 373.

Issart (Jehan), bourgeois. *Arch. lég.*, IIᵉ part., *statuts*, IIIᵉ vol., 31.

Isse (village d'). *Arch. adm.*, t. I, 242; t. II, 1119; t. III, 604.

— (paroisse de). *Arch. adm.*, t. II, 1121.

Issis (parochia de), vide Isse.

Issoudun (ville d'). *Arch. lég.*, IIᵉ part., *statuts*, IIIᵉ vol., 532.

Istiis (parochia de), vide Istres.

Istres (village d'). *Arch. adm.*, t. II, 1120, 1121.

— (paroisse d'). *Arch. adm.*, t. II, 1120.

Istris (presbyter de). *Arch. adm.*, t. II, 1120.

— (villa de), vide Istres.

Italie (royaume de). *Arch. adm.*, t. I, 197. *Arch. lég.*, Iʳᵉ part., 650; IIᵉ part., *statuts*, Iᵉʳ vol., 713.

— (église d'). *Arch. adm.*, t. I, 102, 103, 107, 112.

Itasse (François), bourgeois. *Arch. lég.*, IIᵉ part., *statuts*, IIᵉ vol., 619.

Iter, vide Publicum iter.

Ivelle, archevêque de Reims, voy. Ivellus.

Ivellus, Remorum archiepiscopus. *Arch. adm.*, t. I, 567, 663, 667, 708, 715, 716, 717, 824, t. II, 412, 440, t. III, 851. *Arch. lég.*, IIᵉ part., *statuts*, Iᵉʳ vol., 122.

Ivernaudimons, voy. Yvernaumont.

Ivernaudimonte (parochia). *Arch. adm.*, t. II, 1076.

— (prêtre de), voy. Yvernaudimonte (presbyter de).

— (patronage d'), voy. Yvernaudimonte (patr. de).

Ives, évêque de Chartres, voy. Ivo.

Ivo, évêque de Chartres. *Arch. adm.*, t. I, 245, 248, 254, 257, 258. *Arch. lég.*, IIᵉ part., *statuts*, Iᵉʳ vol., 103.

— prêtre et chanoine. *Arch. lég.*, IIᵉ part., *statuts*, Iᵉʳ vol., 81, 122.

— archidiacre. *Arch. lég.*, IIᵉ part., *statuts*, IIᵉ vol., 122.

Ivoia, fille serve de l'église de Reims. *Arch. adm.*, t. I, 35.

Ivoiry (village). *Arch. adm.*, t. II, 1093; *Arch. lég.*, Iʳᵉ part., 901, 906.

— (Mᵐᵉ d'), dame de Germout. *Arch. adm.*, t. II, 1095.

Ivory, voy. Ivoiry.

Ivoy-Carignan (ville d'). *Arch. adm.*, t. II, 1040.

Ivoy-le-Petit (village d'). *Arch. lég.*, IIe part., *statuts*, IIe vol., 906.

Ivry (village d'). *Arch. lég.*, IIe part., *statuts*, IIIe vol., 226.

Ixermont (village d'). *Arch. adm.*, t. II, 1096.

— (prêtre d'), voy. Wixermont.

J.

Jaalons-sur-Marne (village de). *Arch. adm.*, t. I, 117. *Arch. lég.*, Ire part., 878, 917.

Jacinthus, diacre. *Arch. adm.*, t. I, 314.

Jacob (Henry), avocat. *Arch. lég.*, Ire part., 1015; IIe part., *statuts*, IIe vol., 155, 156, 503, 526; *statuts*, IIIe vol., 154, 659.

— (tabernaclés de). *Arch. lég.*, IIe part., *statuts*, IIe vol., 251.

Jacobé (Ambroise). *Arch. lég.*, Ire part., 878, 881, 897.

— (David). *Arch. lég.*, IIe part., *statuts*, IIe vol., 363.

Jacobins, voy. Reims (Jacobins de).

Jacobus, évêque de Thérouenne, vide Bolonia (Jacobus de).

— évêque de Préneste. *Arch. adm.*, t. I, 636.

— évêque de Soissons. *Arch. adm.*, t. I, 60, 545, 546, 559.

— moine de Saint-Remi. *Arch. adm.*, t. I, 86.

— curé de Saint-Michel de Reims. *Arch. adm.*, t. II, 617, 1036.

— chantre de S. Remi. *Arch. lég.*, IIe part., *statuts*, Ier vol., 172, 175.

— trésorier de Châlons. *Arch. adm.*, t. I, 364.

— diacre. *Arch. adm.*, t. I, 364.

— abbé de Saint-Denis, vide Jacques.

Jacomardus Maynier, vide Marchais.

Jacopin (François), marchand tapissier. *Arch. lég.*, IIe part., *statuts*, IIe vol., 441.

Jacopin (Élisabeth), marchande tapissière. *Arch. lég.*, IIe part., *statuts*, IIe vol., 444.

Jacopinus, vide Mareschal.

Jacoré, bourgeois, accusé de meurtre. *Arch. adm.*, t. I, 1066.

Jacotin (Jean), juré des orfèvres. *Arch. lég.*, IIe part., *statuts*, IIIe vol., 78.

Jacquart, voy. Colesson.

— (Jean), drapier. *Arch. lég.*, IIe part., *statuts*, IIe vol., 373.

— (Vincent), drapier. *Arch. lég.*, IIe part., *statuts*, IIe vol., 373.

— charpentier. *Arch. lég.*, IIe part., *statuts*, Ier vol., 249.

Jacquelot (Émery), clerc. *Arch. lég.*, IIe part., *statuts*, IIe vol., 408, 414.

— (Étienne), marchand tonnelier. *Arch. lég.*, IIe part., *statuts*, IIe vol., 416.

Jacquemart (Jh.-Remy), boulanger. *Arch. lég.*, IIe part., *statuts*, IIe vol., 161.

Jacquemin, voy. Grecier, Jaquier.

— (Th....). *Arch. lég.*, IIe part., *statuts*, Ier vol., 823, 832, 834, 835, 838, 844, 856.

— (Estienne). *Arch. adm.*, t. III, 836, 837.

— (Pierre), menuisier. *Arch. lég.*, IIe part., *statuts*, Ier vol., 837; *statuts*, IIe vol., 359.

— (Jean), ouvrier en soie. *Arch. lég.*, IIe part., *statuts*, Ier vol., 675, 677, 704, 727, 774, 838, 844; *statuts*, IIe vol., 375.

— (Nicole), avocat. *Arch. lég.*, IIe part., *statuts*, Ier vol., 650, 653, 654, 663,

762, 772, 775, 781, 786, 795, 807, 997.

Jacquemin, sergent du prévôt. *Arch. adm.*, t. II, 1135.

— le cordier. *Arch. adm.*, t. II, 1139.

— Joyret, voy. Joiret.

— (Jehan), tabellion du roi. *Arch. adm.*, t. III, 764. *Arch. lég.*, IIe part., *statuts*, Ier vol., 701.

—(Th....), échevin. *Arch. lég.*, IIe part., *statuts*, Ier vol., 676, 678.

— Jacques, abbé de Saint-Denis de Reims. *Arch. adm.*, t. I, 478, 479. *Arch. lég.*, IIe part., *statuts*, Ier vol., 618.

— abbé de Saint-Nicaise de Reims. *Arch. lég.*, IIe part., *statuts*, Ier vol., 636.

— médecin de M. de Beaujeu. *Arch. lég.*, IIe part., *statuts*, Ier vol., 828.

Jacques (les). Mesures prises à Reims à l'occasion desdits. *Arch. adm.*, t. III, 110.

— (Jo....), chanoine. *Arch. lég.*, IIe part., *statuts*, Ier vol., 118.

— charpentier du roi. *Arch. adm.*, t. II, 485.

— de Roisi, échevin, voy. Roisi (Jacques de).

— le chaussieur. *Arch. adm.*, t. III, 473.

— (Nicolas), tisserand. *Arch. lég.*, IIe part., *statuts*, IIe vol., 297.

— (François), drapier. *Arch. lég.*, IIe part., *statuts*, IIe vol., 373.

— (Simon), sergent de l'échevinage. *Arch. lég.*, IIe part., *statuts*, IIe vol., 488.

Jacquesson (Jehan). *Arch. adm.*, t. III, 837. *Arch. lég.*, IIe part., *statuts*, IIe vol., 185.

— voy. Manre.

Jacquet (Th....), bourgeois. *Arch. adm.*, t. I, 707? *Arch. lég.*, IIe part., *statuts*, Ier vol., 775.

— (Antoine), bourgeois. *Arch. adm.*, t. III, 52, 54.

Jacquet (Jean), receveur à Mousson. *Arch. adm.*, t. III, 749.

— valet de la prison de la ville. *Arch. adm.*, t. II, 651.

— charron. *Arch. adm.*, t. III, 759.

— (Jehan), curé de Sarcy. *Arch. lég.*, Ire part., 884.

— (Renoît), ouvrier en soie. *Arch. lég.*, IIe part., *statuts*, IIe vol., 375.

— (Jehan), meunier. *Arch. lég.*, Ire part., 529.

— tavernier. *Arch. lég.*, IIe part., *statuts*, Ier vol., 615.

Jacquetel (Raoul), chanoine. *Arch. adm.*, t. III, 749.

— (Ichan de), notaire à Reims. *Arch. adm.*, t. III, 836.

— (Nicolas), cuisinier. *Arch. lég.*, IIe part., *statuts*, IIIe vol., 497.

— (Gérard), épicier. *Arch. lég.*, IIe part., *statuts*, IIe vol., 978; *statuts*, IIIe vol., 229.

Jacquetelle (N....), maître sergier. *Arch. lég.*, IIe part., *statuts*, IIe vol., 860.

Jacqueti (R....), trésorier de l'église de Reims. *Arch. adm.*, t. I, 496.

Jacquier (J....), bourgeois. *Arch. lég.*, IIe part., *statuts*, Ier vol., 776, 783, 788.

Jacquin (Jérôme), prieur de Saint-Remi. *Arch. lég.*, Ire part., 882.

Jacquinart (Thomas), épinglier. *Arch. lég.*, IIe part., *statuts*, IIe vol., 543.

Jacquinet (Estienne), charpentier. *Arch. adm.*, t. III, 836.

— (Jean), drapier. *Arch. lég.*, IIe part., *statuts*, IIe vol., 796, 806, 810.

— (Noël), clerc. *Arch. lég.*, IIe part., *statuts*, IIe vol., 812.

— (Jacques), bruisseur. *Arch. lég.*, IIe part., *statuts*, IIIe vol. 122, 124.

Jaenvilla (Gaufridus de). *Arch. adm.*, t. I, 377.

Jaillet (Thierricus), major de Manillo. *Arch. adm.*, t. II, 733.

Jaingny (Jehan Ternue de), sergent du roi, voy. Ternu.

Jalla (jarre, cruche?). *Arch. adm.*, t. II, 956.

Jalon (village de), voy. Jaalons.

Jaloux (Jehan), épinglier. *Arch. lég.*, IIᵉ part., *statuts*, IIᵉ vol., 843.

— (Nicaise), charpentier. *Arch. lég.*, IIᵉ part., *statuts*, IIIᵉ vol., 671.

— (Claude), maître charpentier. *Arch. lég.*, IIᵉ part., *statuts*, IIIᵉ vol., 671.

— (François), maître charpentier. *Arch. lég.*, IIᵉ part., *statuts*, IIIᵉ vol., 671.

— (Simon), maître charpentier. *Arch. lég.*, IIᵉ part., *statuts*, IIIᵉ vol., 671.

Jambette (Rogier), sergent du prévôt. *Arch. adm.*, t. I, 927, 990.

Jambon, voy. Mayence.

Jamet (seigneurie de). *Arch. lég.*, Iʳᵉ part., 889.

Jamoinet, bourgeois. *Arch. adm.*. t. I, 940.

Jancourt (village de). *Arch. lég.*, Iʳᵉ part., 894.

Jandicurtis, vide Jancourt.

Jandun (paroisse de). *Arch. adm.*, t. II, 1075.

— (village de). *Arch. adm.*, t. II, 1076, 1077.

— (patronage de). *Arch. adm.*, t. II, 1080.

— (curé de), voy. Clavy (Colardus), Radulphus.

Janicurte (Injoramus de), diacre. *Arch. lég.*, IIᵉ part., *statuts*, Iᵉʳ vol., 119.

Janitor, vide Martis portæ janitor.

Jannier (J....), poissonnier. *Arch. adm.*, t. II, 483.

Janoré (Henry), procureur de l'archevêque. *Arch. adm.*, t. III, 657.

Jantes (village de). *Arch. lég.*, IIᵉ part., *statuts*, IIᵉ vol., 900.

Janua (Fredericus de), vide Vivaldis.

Januarius, lettre de saint Augustin audit. *Arch. adm.*, t. I, 187.

Janvereio (villa de), voy. Janvry.

— (alodium de), voy. Janvry (alen de).

Janvier (Jesson). *Arch. adm.*, t. II, 907, 998?

Janvry (ville de). *Arch. adm.*, t. I, 177, 242, 312, 329, 1089; t. II, 1060; t. III, 580, 603. *Arch. lég.*, Iʳᵉ part., 754, 876, 903, 906; IIᵉ part., *statuts*, Iᵉʳ vol., 167, 168, 170; *statuts*, IIᵉ vol., 276.

— (aleu de). *Arch. adm.*, t. I, 253. *Arch. lég.*, IIᵉ part., *statuts*, Iᵉʳ vol., 78.

— (four de). *Arch. lég.*, IIᵉ part., *statuts*, Iᵉʳ vol., 170.

— (seigneurie de). *Arch. lég.*, IIᵉ part., *statuts*, Iᵉʳ vol., 241.

Janzy (P. de) *Arch. adm.*, t. II, 492.

Japon (Jean). *Arch. lég.* IIᵉ part., *statuts*, IIᵉ vol., 279.

— (bois de). *Arch. lég.*, IIᵉ part., *statuts*, IIᵉ vol., 878.

Jaquemart (fief de). *Arch. adm.*, t. III, 590.

Jaqueminus, clerc de l'église de Reims. *Arch. adm.*, t. II, 201.

Jaquetelli (Radulphus), chanoine. *Arch. lég.*, IIᵉ part., *statuts*, Iᵉʳ vol., 67.

Jaquier (Colet le). *Arch. adm.*, t. III, 129.

— (Jaquemin), vergeur de vins. *Arch. adm.*, t. III, 663, 672. *Arch. lég.*, IIᵉ part., *statuts*, Iᵉʳ vol., 429.

Jard (rue du). *Arch. adm.*, t. I, 458; t. II, 381, 538.

— voy. Notre-Dame (Jard de).

— (bains du). *Arch. adm.*, t. II, 540, 912, 1185, 1190.

— (bourg du). *Arch. adm.*, t. I, 403, 416, 458, 1055, 1058; t. II, 241, 620, 673, 896; voy. Jardus.

— archevêque de Reims (Jard de).

Jard aux-Tripiers. *Arch. lég.*, IIe part., *statuts*, Ier vol., 692.

— – aux-Drapiers (rue du). *Arch. lég.*, IIe part., *statuts*, IIe vol., 179.

— (maison du). *Arch. adm.*, t. I, 81

— (carré du). *Arch. adm.*, t. I, 81, t. II, 540?

— (moulin du). *Arch. lég.*, IIe part., *statuts*, IIIe vol., 642.

— (religieuses du), voy. Jardo (moniales de).

— (Colynet du), écuyer. *Arch. adm.*, t. III, 147, 162.

— (trésorier du). *Arch. adm.*, t. I, 498.

Jardin saint Nichaise (Quarrel du), voy. Jard (carré du).

— de l'arbalète (statuts du). *Arch. lég.*, IIe part., *statuts*, Ier vol., 321.

— (Alexandre du). *Arch. adm.*, t. III, 283.

— (Gillet), de Courcelles. *Arch. adm.*, t. III, 872.

— (Jehan du). *Arch. lég.*, IIe part., *statuts*, IIe vol., 113.

Jardinier (Aubeletus le). *Arch. adm.*, t. I, 709.

— (Gérard le), maire de Saint-Remi. *Arch. adm.*, t. III, 675, 684.

— (Maurice le), bourgeois. *Arch. adm.*, t. III, 357.

— voir Reims (jardiniers de).

Jardino (moniales de). *Arch. adm.*, t. I, 1001.

Jardins (rue des), voy. Jard (rue du).

— voy. Reims (jardins de).

— (Ernoul des). *Arch. adm.*, t. I, 1108.

— (Adam des). *Arch. adm.*, t. I, 1094.

Jardinus (jardin). *Arch. adm.*, t. I, 558, 915, 999, 1103; t. II, 408; t. III, 191, 223, 224, 235, 245. *Arch. lég.*, IIe part., *statuts*, Ier vol., 68; vide Bodillo (J. de), S. Dionysii.

Jardus, vicus Remensis, voy. Jard (bourg du).

Jargeau (ville de). *Arch. lég.*, IIe part., *statuts*, Ier vol., 599.

Jario (Fulco de). *Arch. adm.*, t. I, 273.

Jarnicourt (Andreas de), chevalier. *Arch. lég.*, IIe part., *statuts*, Ier vol., 108.

Jarson (village de). *Arch. lég.*, Ire part., 903.

Jassenis (Christianus), sergent du roi. *Arch. adm.*, t. II, 141, 157, 187, 197, 266, 305, 313, 329, 342, 375.

— (Jacques), clerc du roi. *Arch. adm.*, t. II, 179, 180.

Jauge, voy. Reims (jauge de), Montagne, Paris.

Jaugeurs, voy. Reims (jaugeurs de).

Jaugny (Jehan de), sergent. *Arch. adm.*, t. III, 470.

Jaugona, voy. Jaulgonne.

Jaugonne (Jehan de), bourgeois. *Arch. adm.*, t. III, 826.

Jaulgonne (ville de). *Arch. adm.*, t. II, 124, 999.

Jaumo, prêtre et chanoine. *Arch. lég.*, IIe part., *statuts*, Ier vol., 82.

Jaune (Lisiardus le), citoyen de Laon. *Arch. adm.*, t. I, 1093.

— (Raoul le), clerc. *Arch. adm.*, t. II, 767, 781, 864.

— (Radulphus), voy. Jaune (Raoul).

Javelle (G....), bourgeois. *Arch. lég.*, IIe part., *statuts*, Ier vol., 250.

Javors (Henry), procureur de l'archevêque. *Arch. adm.*, t. III, 820.

Jay (R. le), receveur des tailles. *Arch. adm.*, t. I, 812? t. II, 416. *Arch. lég.*, IIe part., *statuts*, Ier vol., 296.

— (Johannes le). *Arch. adm.*, t. II, 1226; t. III, 70.

Jayant (J.... le), bourgeois. *Arch. lég.*, IIe part., *statuts*, Ier vol., 770.

Jayot (Simon), ouvrier en soie. *Arch. lég.*, ne part., *statuts*, ne vol., 375.

Jean , évêque de Châlons. *Arch. adm.* , t. I, 62.

Jehan XXII , pape, voy. Johannes.

— (Louis) , tondeur de drap. *Arch. lég.*, ne part. , *statuts*, ne vol. , 394 , 395.

— (David), taillandier. *Arch. lég.*, ne part., *statuts*, ne vol., 394, 395.

— (André), professeur de droit civil. *Arch. lég.*, ne part. , *statuts* , ne vol., 630.

— sous-chantre. *Arch. adm.*, t. I, 374.

— fils du prévôt de Chamuzy. *Arch. adm.*, t. II , 481, 487.

— abbé de Saint-Nicaise. Se croise pour la terre sainte, où il meurt. *Arch. adm.*, t. I, 265, 316, 332. *Arch. lég.*, ne part., *statuts*, 1er vol., 76.

— doyen de Saint - Symphorien , vide Johannes.

— roi de France. *Arch. adm.* , t. I, 11 ; t. II, 481, 486, 556, 631, 747, 1020, 1124 ; t. III, 3, 4, 10, 18, 27, 43, 45, 59 , 60 , 62 , 65 , 67 , 72 , 73 , 77 , 79 , 103, 115, 133, 163, 165, 167, 170, 176, 181, 185, 188, 191, 195, 196, 208 , 250 , 264 , 273 , 282 , 286 , 291 , 317 , 357 , 384. *Arch. lég.*, ne part. , *statuts*, 1er vol., 67, 86, 88, 427, 492 , 541 , 576, 614, 939 ; *statuts*, ne vol. , 8. Institue les élus à titre d'office à Reims, 13, 14, 16, 328 ; *statuts*, ne vol., 39, 540. Invite les Rémois à contribuer à sa rançon , 616 , 629. Prend sous sa sauve-garde le consulat de Clermont , 630.

— abbé de Saint-Denis de Reims. *Arch. lég.*, ne part., *statuts*, 1er vol., 636.

— (Michel) , charpentier. *Arch. lég.*, ne part., *statuts*, ne vol., 671.

— (Henry). *Arch. lég.*, ne part., *statuts*, ne part., 113, 142.

— (Robert). *Arch. lég.*, ne part. , *statuts*, ne vol., 263.

Jehan (Gérard) , tisserand , *Arch. lég.*, ne part., *statuts* , ne vol., 302.

— (Roland), tisserand. *Arch. lég.*, ne part., *statuts*, ne vol., 304.

— Jacques , écuyer, seigneur de Cerny. *Arch. lég.*, 1re part., 920.

— (Guillaume), sergent du roi. *Arch. lég.*, ne part., *statuts*, ne vol., 591.

— curé de Saint-Leu. *Arch. adm.*, t. III, 303.

— bourgeois de Bruges. *Arch. adm.*, t III, 840.

— cardinal de Limoges , légat du pape. *Arch. adm.*, t. III, 481, 497, 516.

— (messire) ; seigneur de Souatre et du Mesnil. *Arch. adm.*, t. III, 608.

— archidiacre de Bayeux. *Arch. adm.* , t. I, 332, 895.

— (Jacques), curé de Garry. *Arch. lég.*, 1re part., 887.

— (Pierrot), curé de Vaumonstreuil. *Arch. lég.*, 1re part., 887.

— (Martin) , avocat à Laon. *Arch. lég.*, 1re part., 921.

— (Benoît), procureur à Laon. *Arch. lég.*, 1re part., 921.

— (Bertrand), bailli de Vermandois. *Arch. adm.*, t. II, 193, 197.

— duc de Normandie, voy. Jehan, roi de France.

— l'Artilleur. *Arch. adm.* , t. II , 1137, 1138.

— (Charles), charlier. *Arch. adm.*, t. III, 835.

— (écu) monnaie. *Arch. adm* , t. III, 35, 38, 108.

— abbé de Saint-Thierry de Reims. *Arch. adm.*, t. I, 896 , 912, 917, 1006, 1057.

— coutre de Notre-Dame, *Arch. adm.*, t. I, 1013.

— maître des chaussées de Reims. *Arch. adm.*, t. III, 75.

Jehan cardinal, du titre de Quatre-Couronnés. *Arch. adm.*, t. III, 380.

— (Robert), chevalier du roi. *Arch. adm.*, t. II, 310.

— chapelain de Saint-Ladre. *Arch. adm.*, t. II, 418.

— chapelain de Saint-Remi. *Arch. adm.*, t, I, 308.

— le berger. *Arch. adm.*, t. II, 750.

— de Porte-Chacre (Quarrel de), voy. Porte-Chacre.

— fils d'Herbert Cochelet. *Arch. adm.*, t. II, 757.

— Petit, clerc. *Arch. adm.*, t. II, 801, 828.

— fournier de Saint-Denis. *Arch. adm.*, t. II, 823.

— maître du collége des Bons-Enfans. *Arch. adm.*, t. II, 904.

— -Dame Yève, cordonnier. *Arch. adm.*, t. II, 530.

— courrier de Notre-Dame. *Arch. adm.*, t. I, 1094.

Jehannart, bourgeois. *Arch. adm.*, t. III, 414.

Jehanne de Valois, nièce de Philippe-le-Bel, voy. Navarre (Jehanne de).

— fille de Louis XI. *Arch. lég.*, iie part., *statuts*, i^{er} vol., 850.

— de Bourgogne. *Arch. adm.*, t. II, 394.

— dame de Thuisy, voy. Thuisy.

— la parmentièle. *Arch. adm.*, t. II, 541.

— la pennetière. *Arch. adm.*, t. II, 541.

— femme d'Estenes de Cumières, écuyer. *Arch. adm.*, t. II, 1013.

— femme de Guy Marchaiville, chevalier. *Arch. adm.*, t. II, 1013.

Jehannon (Bernard), dit Coquebin, boucher. *Arch. lég.*, iie part., *statuts*, i^{er} vol., 998.

Jehannot (Martin), clerc. *Arch. adm.*, t. II, 298, 326, 906, 916.

Jehannot valet, *Arch. adm.*, t. III, 107, 759.

Jehanson, conseiller du roi. *Arch. lég.*, iie part., *statuts*, iiie vol., 419.

Jehart (Herbin), boucher. *Arch. lég.*, iie part., *statuts*, i^{er} vol., 998.

Jehelos le sergier. *Arch. adm.*, t. I, 741 ? t. II, 558.

Jeheneivilla, vide Joinville (ville de).

Jehenet le noëlier. *Arch adm.* t. I, 1084.

— Coquelet, drapier. *Arch. adm.*, t. II, 201, 320.

Jehennin, voy. Semonneur.

Jeheninnus, fils de Heude la cirière *Arch. adm.*, t. I, 908.

— sergent du trésorier de l'église de Reims. *Arch. adm.*, t. III, 380.

Jehery (village de). *Arch. adm.*, t. I, 1090; voy. Chéhery.

Jehesson, fils de Garnier de Blanzy. *Arch. adm.*, t. I, 1084.

— frère de Guiot le Chenus. *Arch. adm.*, t. I, 1117.

Jehessonius, vide Pance.

Jehier, bourgeois. *Arch. adm.*, t. I, 707.

Jehinnet, voy. Croix.

Jehnot l'estaminier. *Arch. adm.*, t. II, 535.

Jehot, voy. Colet.

Jejunium. *Arch. lég.*, i^{re} part., 398; iie part., *statuts*, i^{er} vol., 190, 195, 196; voy. Jeune.

Jendonus (dictus Garaust), l'un des meurtriers de Garinus de Germiniaco. *Arch. adm.*, t. II, 287.

Jenduno (patronagium de), vide Jaudun (patronage de).

Jennesson (Henry). *Arch. lég.*, i^{re} part., 499, 521.

— (Milet), *Arch. lég.*, i^{re} part., 559.

Jensonus (Géraust), l'un des meurtriers de Garinus de Germigny. *Arch. adm.*, t. II, 287.

Jensonus de Balneis, voy. Bains (Jenson des).

Jenvart (Robinet). *Arch. adm.*, t. III, 836.

Jeoffrin (Jo...) chanoine. *Arch. lég.*, ii⁰ part., *statuts*, i⁰ʳ vol., 118.

Jerbin, voy. Rechignart.

Jeremia prophète. *Arch. adm.*, t. I, 168, 542; *Arch. lég.*, iʳᵉ part., 349 ; ii⁰ part., *statuts*, i⁰ʳ vol., 94.

Jérusalem. *Arch. adm.*, t. I, 22, 249, 269, 285, 314, 318, 336, 362, 407, 508, 549, 569; t. II, 6. *Arch. lég.*, iʳᵉ part., 102, 130, 434, 454; ii⁰ part., *statuts*, i⁰ʳ vol., 83, 87, 89, 92, 193, 205; voy. Crux (in), Expeditio (in).

— (pèlerinage de), voy. Ierosolimitana peregrinatio.

Jéruzet (Matthieu), marchand mercier. *Arch. lég.*, ii⁰ part., *statuts*, ii⁰ vol., 520.

Jessier Maisgret, voy. Maigret (Jehan).

Jesson, valet. *Arch. adm.*, t. II, 891.

— du bourg S. Denys. *Arch. adm.*, t. III, 835.

— (David), tonnelier. *Arch. adm.*, t. III, 836.

— (Guillaume), ouvrier en soie. *Arch. lég.*, ii⁰ part., *statuts*, ii⁰ vol., 375.

— fils de Jacquet de Châlons. *Arch. adm.*, t. II, 910.

— (Alart). *Arch. adm.*, t. II, 603.

— fils d'Oudin le Besgue. *Arch. adm.*, t. II, 686.

— fils de Hurtaut. *Arch. adm.*, t. II, 115.

— le Petit, voy. Petit (Jehan le).

— le savetier. *Arch. adm.*, t. II, 535.

— le linier. *Arch. adm.*, t. II, 503.

Jesson fils du maître queux de S. Denis. *Arch. adm.*, t. II, 269.

— le boulanger. *Arch. adm.*, t. III, 15.

Jesson, le cordier. *Arch. adm.*, t. II, 1138.

— le fourbisseur. *Arch. adm.*, t. III, 835.

— fils de Jean Asfilles. *Arch. adm.*, t. II, 1139.

Jessonus, fils de Ferron. *Arch. adm.*, t. I, 646.

— dictus Maigret, vide Monsignart.

— Clerici, vide Clerc (Jesson le).

— le Borgne, vide Borgne (Jesson le)

— le Nage, vide Nage.

Jésuette Baisselle. *Arch. adm.*, t. II, 675.

— la fruitière. *Arch. adm.*, t. II, 685.

Jésuin, voy. Petit.

Jésuites (collége des), doté du prieuré de S. Maurice. *Arch. adm.*, t. I, 260; t. II, 1051; *Arch. lég.*, ii⁰ part., *statuts*, ii⁰ vol., 12, 650, 671, 714, 789.

— (église des). *Arch. adm.*, t. I, 15.

Jésus-Christ, voy. Christus.

Jésus (société de), voy. Jésuites.

Jeugny (Jean de), voy. Jaingny.

Jeune (Nicolas le), procureur fiscal. *Arch. lég.*, ii⁰ part., *statuts*, iii⁰ vol., 51, 83.

Jeûne, voy. Jejunium.

Jeune-Homme (Robert), estaminier. *Arch. lég.*, ii⁰ part., *statuts*, ii⁰ vol., 226, 413.

— (Nicolas), ouvrier en soie. *Arch. lég.*, ii⁰ part., *statuts*, ii⁰ vol., 375, 807.

— (Jean), maçon. *Arch. lég.*, ii⁰ part., *statuts*, ii⁰ vol., 479, 487, 692.

— (Rigobert), passementier. *Arch. lég.*, ii⁰ part., *statuts*, iii⁰ vol., 306.

— (Pierre), bourgeois. *Arch. lég.*, ii⁰ part., *statuts*, iii⁰ vol., 398, 746.

— notaire royal. *Arch. lég.*, ii⁰ part., *statuts*, iii⁰ vol., 688, 695.

Jeusne (Jacques le), bourgeois. *Arch. lég.*, ii⁰ part., *statuts*, ii⁰ vol., 1014, 1021.

Jeux, voy. Reims (jeux de).

Jeux (rue des). *Arch. adm.*, t. III, 833.

— (maisons des). *Arch. lég.*, iie part., *statuts*, iie vol., 27.

Jévigny (de), dame de Messincourt. *Arch. adm.*, t. II, 1086.

Joailliers de Reims (statuts des). *Arch. lég.*, iie part., *statuts*, iie vol., 560; *statuts*, iiie vol., 81.

Joannesse (la), sergière. *Arch. lég.*, iie part., *statuts*, iie vol., 860.

— (J. B.). maître sergier. *Arch. lég.*, iie part., *statuts*, iie vol., 860.

Joannine (la), voy. Johannina.

Job, patriarche. *Arch. lég.*, ire part., 304. Morales de S. Grégoire sur ledit, 335, 351, 403, 581.

Jobart, procureur des chartriers de S. Symphorien de Reims. *Arch. adm.*, t. II, 668, 747?

— (Person). *Arch. adm.*, t. III, 870.

— (Claude), sergent du bailliage. *Arch. lég.*, iie part., *statuts*, iie vol., 208, 487.

— (Nicaise). *Arch. lég.*, iie part., *statuts*, iie vol., 290, 293.

— (J. B.) *Arch. lég.*, iie part., 291; *statuts*, ier vol., 908.

Jobelot (Nicolas). fermier des aides. *Arch. lég.*, iie part., *statuts*, iiie vol., 113.

Jobert (Guiot), valet du stellage. *Arch. adm.*, t. III, 830, 837.

Jobin (J.), drapier. *Arch. lég.*, iie part., *statuts*, iie vol., 829.

Joblin (Jean), maire. *Arch. lég.*, iie part., *statuts*, iiie vol., 71.

Jocales (joyaux). *Arch. adm.*, t. III, 87; vide Ecclesiæ Remensis (jocales).

Jocelinus, prêtre. *Arch. adm.*, t. I, 310; *Arch. lég.*, iie part., *statuts*, ier vol., 97.

— prévôt. *Arch. adm.*, t. I, 311; *Arch. lég.*, iie part., *statuts*, ier vol., 89.

Jocelinus prieur de S. Remi de Reims. *Arch. adm.*, t. I, 231.

Joches (village de). *Arch. lég.*, ire part., 919.

Joecort (Gerardus de). *Arch. adm.*, t. I, 372.

Joeium, vide Villa.

Joello (molendinum de). *Arch. lég.*, iie part., *statuts*, ier vol., 64; vide Juhellus.

Joenvilla (Gaufridus de). *Arch. lég.*, iie part., *statuts*, ier vol., 165. Composition dudit avec l'abbé de S. Remi de Reims. (*ibid.*).

Joffridus, évêque de Paris. *Arch. adm.*, t. I, 243,

— évêque de Châlons. *Arch. adm.*, t. I, 305.

— diacre et chancelier. *Arch. adm.*, t. I, 245, 318, 319.

— doyen de S. Nicaise. *Arch. adm.*, t. I, 251; *Arch. lég.*, iie part., *statuts*, ier vol., 96, 120.

— prêtre. *Arch. adm.*, t. I, 254.

— vicomte de la Ferté-Aucoul. *Arch. adm.*, t. I, 273.

— abbé de S. Médard. *Arch. adm.*, t. I, 273, 278.

— neveu de Guido de Altreio. *Arch. adm.*, t. I, 321, 329; *Arch. lég.*, iie part., *statuts*, ier vol., 84?

— frère de Renaudus de Cuilli, écuyer. *Arch. adm.*, t. II, 103.

— frère de Guyot de Champigny, écuyer. *Arch. adm.*, t. II, 103.

— chanoine. *Arch. lég.*, iie part., *statuts*, ier vol., 67, 82.

Joffrin (Jean), abbé de Saint-Nicaise. *Arch. lég.*, iie part., *statuts*, ier vol., 772, 861, 865; *statuts*, iie vol., 265.

— (C...), bourgeois. *Arch. adm.*, t. I, 538? *Arch. lég.*, iie part., *statuts*, ier vol., 782.

Joffrin (Raoulin), boucher. *Arch. lég.*, 11ᵉ part., *statuts*, 1ᵉʳ vol., 998.

— (Pierre), maître chaudronnier. *Arch. lég.*, 11ᵉ part., *statuts*, 111ᵉ vol., 101.

Joffrinus, doyen. *Arch. adm.*, t. I, 276, 281.

Joffroy le cousturier, bourgeois. *Arch. adm.*, t. III, 382.

— le savetier. *Arch. adm.*, t. II, 269.

— frère de Remi Buiron. *Arch. adm.*, t. II, 806.

Johanna, veuve de Bouchard de Montmorency. *Arch. adm.*, t. II, 945.

— comtesse de Rethel. *Arch. adm.*, t. I, 651.

— reine de Navarre, voy. Navarre (Jehanne de).

— reine de France. *Arch. adm.*, t. I, 2, 193, 910, 1211 ; t. III, 202. *Arch. lég.*, 11ᵉ part., *statuts*, 1ᵉʳ vol., 71.

— Ruffa, femme de Thomasset le coquetier. *Arch. adm.*, t. II, 281.

Johannes VIII, pape. Lettre dudit à Hincmar, archevêque de Reims relative à l'ordination de l'évêque de Laon. *Arch. adm.*, t. I, 63, 64, 65, 112.

— XIII, pape. Lettre dudit à Adalberon. *Arch. adm.*, t. I, 90, 91.

— XVI, pape. *Arch. adm.*, t. I, 99? 141, 167, 194, 200, 201.

— XXI, pape. *Arch. adm.*, t. I, 933. *Arch. lég.*, 1ʳᵉ part., 129.

— XXII, pape. Extravagantes dudit. *Arch. adm.*, t. I, 112, 496; t. II, 229, 307, 334, 339, 364, 370, 391, 474, 661. *Arch. lég.*, 11ᵉ part., *statuts*, 1ᵉʳ vol., 130.

— XXIII, pape. *Arch. lég.*, 11ᵉ part., *statuts*, 1ᵉʳ vol., 108.

— defensor, vide Jehan (Martin).

— archiepiscopus primæ Justinianæ. *Arch. adm.*, t. I, 194, 195.

— Trajectensis episcopus. *Arch. adm.*, t. I, 1059.

Johannes, curé de Saint-Timothée. *Arch. adm.*, t. II, 132.

— écolâtre d'Auxerre, assiste au concile de Reims contre Arnulphe. *Arch. adm.*, t. I, 128.

— second prieur de Saint-Remi. *Arch. adm.*, t. I, 231.

— maire de Laon. *Arch. adm.*, t. I, 869.

— nonce apostolique. *Arch. adm.*, t. III, 361.

— dictus Flaumaius, chanoine. *Arch. adm.*, t. II, 1042.

— archidiacre, vide Jehan.

— chancelier de l'église de Reims. *Arch. adm.*, t. I, 346, 364, 367, 374.

— écuyer, seigneur de Châlons. *Arch. adm.*, t. I, 721, 999?

— Anglicus. *Arch. adm.*, t. I, 830.

— maréchal de France. *Arch. adm.*, t. I, 592.

— fils d'Herbet de Bazencourt. *Arch. adm.*, t. I, 834.

— Bibliothecarius, cardinal. *Arch. adm.*, t. I, 257, 264, 269.

— diacre. *Arch. adm.*, t. I, 241, 283, 310. *Arch. lég.*, 11ᵉ part., *statuts*, 1ᵉʳ vol., 63.

— chevalier. *Arch. lég.*, 11ᵉ part., *statuts*, 1ᵉʳ vol., 72.

— Adinus, vide Asini Johannes.

— medicus. *Arch. adm.*, t. I, 410. *Arch. lég.*, 11ᵉ part., *statuts*, 1ᵉʳ vol., 79.

— prêtre de Saint-Pierre. *Arch. adm.*, t. I, 600. *Arch. lég.*, 11ᵉ part., *statuts*, 1ᵉʳ vol., 74? 79.

— duc de Brabant. Legs fait par ledit à l'église de Reims. *Arch. lég.*, 11ᵉ part., *statuts*, 1ᵉʳ vol., 79.

— convers. *Arch. lég.*, 11ᵉ part., *statuts*, 1ᵉʳ vol., 82.

— vide Sarisberensis.

Johannes, comte de Haynaut. *Arch. lég.*, 1re part., 89.

— roi de Jérusalem. *Arch. lég.*, 1re part., 452.

— moine de Saint-Denis. *Arch. lég.*, IIe part., *statuts*, 1er vol., 90, 119.

— Ier, archevêque de Reims, vide Gournay (Jehan de).

— II, archevêque, vide Vienne (Jean de).

— III, archevêque, vide Craon (Jean de).

— chanoine. *Arch. adm.*, t. I, 353, 459, 628, 629, 715. *Arch. lég.*, IIe part., *statuts*, 1er vol., 75.

— sergent. *Arch. adm.*, t. I, 353? 848, 1002, 1024 ; t. II, 613. *Arch. lég.*, IIe part., *statuts*, 1er vol., 81.

— clerc. *Arch. lég.*, IIe part., *statuts*, 1er vol., 71, 171.

— curé de Saint-Julien de Reims. *Arch. adm.*, t. II, 641.

— vicaire. *Arch. adm.*, t. I, 356.

— sous-prieur. *Arch. adm.*, t. I, 346.

— fils du comte de Bretagne. *Arch. adm.*, t. I, 579.

— héritier de Gaubert de Bouvancourt. *Arch. adm.*, t. I, 629.

— évêque de Poitiers. *Arch. adm.*, t. I, 347.

— évêque de Chartres. *Arch. adm.*, t. I, 410.

— évêque de Thérouenne. *Arch. adm.*, t. I, 198? *Arch. lég.*, IIe part., *statuts*, 1er vol., 66.

— doyen du chapitre de Reims. *Arch. adm.*, t. I, 714. *Arch. lég.*, IIe part., *statuts*, 1er vol., 89, 105.

— abbé de Saint-Remi. *Arch. adm.*, t. I, 1092 ; t. II, 342, 614, 641, 784 ; t. III, 53. *Arch. lég.*, 1re part., 298 ; IIe part., *statuts*, 1er vol., 196, 636.

— prévôt de Saint-Omer. *Arch. adm.*, t. I, 311, 332. *Arch. lég.*, IIe part., *statuts*, 1er vol., 85.

Johannes, chantre. *Arch. adm.*, t. I, 1102.

— chambellan du roi Louis IX. *Arch. adm.*, t. I, 703. *Arch. lég.*, IIe part., *statuts*, 1er vol., 171 ?

— procureur de l'évêque de Thérouenne. *Arch. adm.*, t. I, 688.

— notaire *Arch. adm.*, t. I, 1057 ; t. II, 131.

— frère d'Arnoul de Gest. *Arch. adm.*, t. I, 316, 331, 333.

— sous-diacre de Saint-Denis. *Arch. adm.*, t. I, 353, 720? *Arch. lég.*, IIe part., *statuts*, 1er vol., 71, 82 ?

— prieur de Saint-Denis. *Arch. adm.*, t. II, 104.

Johannina (carta), alléguée au sujet de la juridiction du chapitre de Reims. *Arch. adm.*, t. I, 77, 441, 443. Origine et définition de ladite, t. III, 361, 743. *Arch. lég.*, IIe part., *statuts*, 1er vol., 341, 347.

Johannine (la), voy. Johannina.

Johanninus, barbier de l'archevêque. *Arch. adm.*, t. III, 771.

Johannis (Andrea). *Arch. adm.*, t. III, 772.

— regis regalis auri (monnaie). *Arch. lég.*, IIe part., *statuts*, 1er vol., 66.

— de Machau (capellania de). *Arch. lég.*, IIe part., *statuts*, 1er vol., 106.

Johannisvilla (major de). *Arch. lég.*, 1re part., 210 ; vide Joinville.

— (parochia de). *Arch. adm.*, t. II, 1014, 1105.

— -Parva. (patronagium de). *Arch. adm.*, t. II, 1107.

— (Guillelmus de), voy. Joinville (Guillaume de).

Johellus de Blanzeyo, vide Blanzeyo.

Johenton li Juys, voy. Juif (Joh. le).

Johin (Hubert), prêtre. *Arch. lég.*, IIe part., *statuts*, IIe vol., 777, 779.

— (Pierre). *Arch. lég.*, IIe part., *statuts*, IIe vol., 927.

Joiaco (terra de). *Arch. adm.*, t. I, 408.

Joiant (Aubert), voy. Orme (J. A. de l').

Joicy (village de). *Arch. lég.*, n⁰ part., *statuts*, nᵉ vol., 860.

Joie (feux de). *Arch. lég.*, nᵉ part., *statuts*, nᵉ vol., 106. Les maires allument lesdits après le gouverneur de la province, 1005.

Joigny (vicariat indépendant de). *Arch. adm.*, t. II, 1070.

— (Jehan de), sergent royal. *Arch. adm.*, t. III, 763? 778.

Join (Pierre), bourgeois. *Arch. lég.*, nᵉ part., *statuts*, mᵉ vol., 385.

Joingniville (Poncelet de), voy. Joinville.

Joinval, voy. Jonval.

— (capellania de), voy. Jonval (chapelle de).

— (capitulum de), voy. Joinville (chapitre de).

— (Rogerus de), chanoine. *Arch. lég.*, nᵉ part., *statuts*, 1ᵉʳ vol., 69.

— (Guillelmus de), voy. Joinville (Guillaume de).

Joinville (ville de). *Arch. adm.*, t. I, 242, 243, 312, 321, 329, 344, 345, 452, 622, 649; t. II, 1103. *Arch. lég.*, 1ʳᵉ part., 497, 523, 539, 549, 594, 876, 906, 909; nᵉ part., *statuts*, 1ᵉʳ vol., 169, 170, 245, 933; *statuts*, mᵉ vol., 394.

— (paroisse de), voy. Joannisvilla (parochia de).

— (patronage de), voy. Johannisvilla (patronagium de).

— (majeur de), voy. Johannisvilla (major de).

— (Poncelet de). *Arch. adm.*, t. III, 633.

— (sire de). *Arch. adm.*, t. I, 7. La seneschalerie de Champagne est héréditaire dans la maison dudit. 415, 494.

— (chapitre de). *Arch. adm.*, t. II, 636.

Joinville (prince de), gouverneur de Reims. *Arch. lég.*, nᵉ part., *statuts*, 1ᵉʳ vol. 933; *statuts*, nᵉ vol., 364.

— (Garinus de). *Arch. lég.*, nᵉ part., *statuts*, 1ᵉʳ vol., 107.

— (Guillaume de), archevêque de Reims. *Arch. adm.*, t. I, 60, 61; est condamné à prêter serment au chapitre, 224, 667, 822, 842, 854, 856. *Arch. lég.*, nᵉ part., *statuts*, 1ᵉʳ vol., 98, 121.

— (Jehan de), sénéchal de Champagne, voy. Gyenville (Jehan de).

Joirre (village de Saint-). *Arch. adm.*, t. II, 635.

Joli-cuer, voy. Gardinus.

— (Thomas). *Arch. adm.*, t. III, 837.

— (Adenet), pelletier. *Arch. adm.*, t. III, 836.

— (Johanneta), fille du précédent. *Arch. adm.*, t. III, 545.

Joliers, élu de Reims. *Arch. lég.*, nᵉ part., *statuts*, 1ᵉʳ vol., 698, 735, 740.

Joli-pied, valet du vicomte de Reims. *Arch. lég.*, 1ʳᵉ part., 548.

Jolit le chandelier. *Arch. adm.*, t. II, 537.

— (Richart). *Arch. adm.*, t. II, 774, 828, 834, 1000.

— clerc. *Arch. adm.*, t. II, 999; t. III, 46.

Jolivet (Euverart). *Arch. adm.*, t. II, 807.

— (Balduinus), chevalier. *Arch. lég.*, nᵉ part., *statuts*, 1ᵉʳ vol., 87.

— (Jacquet). *Arch. adm.*, t. II, 807.

Joliz (Raoul), procureur au parlement. *Arch. adm.*, t. III, 763.

Joly (Guillaume). *Arch. lég.*, nᵉ part., *statuts*, nᵉ vol., 113.

— (Thierry). *Arch. lég.*, nᵉ part., *statuts*, 1ᵉʳ vol., 592, 614, 615, 616, 631, 633, 634, 639, 647, 733, 737, 742, 745.

— (C...). *Arch. lég.*, nᵉ part., *statuts*, 1ᵉʳ vol., 672.

Joly (R....). *Arch. lég.*, 11ᵉ part., *statuts*, 1ᵉʳ vol., 746.

— (Simon). *Arch. lég.*, 11ᵉ part., *statuts*, 1ᵉʳ vol., 990.

Jolybois (J....), charbonnier. *Arch. lég.*, 11ᵉ part., *statuts*, 1ᵉʳ vol., 441.

Jome (Wyart), bourgeois. *Arch. adm.*, t. III, 610.

— voy. Adenot.

Jonchereyo (altar de), vide Jonchery (autel de).

— (parochia de), voy. Jonchery (paroisse de).

— (molendinum de), voy. Jonchery (moulin de).

— supra-Vidulam (villa de), voy. Jonchery-sur-Vesle (ville de).

— supra Soppiam (presbyter de). *Arch. adm.*, t. II, 1056, 1114? voy. Jonchery-sur-Suippe.

— (hospitales de), voy. Jonchery (hôpital de).

— (decima de), voy. Jonchery (dîme de).

Jonchery-sur-Vesle (ville de). *Arch. adm.*, t. I, 344, 346, 380; t. II, 768, 772, 998, 1060, t. III, 52, 57, 109, 581, 865. *Arch. lég.*, 1ʳᵉ part., 567, 607, 754, 876, 902, 906; 11ᵉ part., *statuts*, 1ᵉʳ vol., 64, 68, 74, 84, 91, 806, ; 111ᵉ vol., 264, 393.

— (moulin de). *Arch. adm.*, t. I, 425. *Arch lég.*, 11ᵉ part., *statuts*, 1ᵉʳ vol., 63, 73, 79, 93, 103.

— (autel de). *Arch. adm.*, t. I, 449. *Arch. lég.*, 11ᵉ part., *statuts*, 1ᵉʳ vol., 91, 101.

— (paroisse de). *Arch. adm.*, t. II, 1059, 1060.

— (Renaldus de). *Arch. adm.*, t. II, 1037; t. III, 327. *Arch. lég.*, 11ᵉ part., *statuts*, 111ᵉ vol., 267?

— (marché de). *Arch. adm.*, t. II, 768, 802.

Jonchery-supra-soppiam (personatus de). *Arch. lég.*, 11ᵉ part., *statuts*, 11ᵉ vol., 636.

— -sur-Suippe (prêtre de), voy. Jonchery-supra-Soppiam (presbyter de).

— (Regnault de), voy. Jonchery (Renaldus de).

— (hospital de). *Arch. adm.*, t. I, 886, 1084.

— (curé de), voy. Noblin (Jacques).

— (Evrart de). *Arch. adm.*, t. I, 1042.

— (dîme de). *Arch. lég.*, 11ᵉ part., *statuts*, 1ᵉʳ vol., 95.

— (Jacquier de). *Arch. adm.*, t. III, 129.

— (Baudenet de), franc sergent. *Arch. adm.*, t. III, 871.

— (église de). *Arch. lég.*, 11ᵉ part., *statuts*, 11ᵉ vol., 636.

— (vicomté de). *Arch. lég.*, 11ᵉ part., *statuts*, 1ᵉʳ vol., 98.

— (chapelle de). *Arch. lég.*, 11ᵉ part., *statuts*, 1ᵉʳ vol., 106.

— -sur-Suippe (patronage de). *Arch. adm.*, t. II, 116.

— -sur-Suippe (paroisse de). *Arch. adm.*, t. II, 1052, 1116.

Joncourt (village de). *Arch. lég.*, 1ʳᵉ part., 920.

Joncq (village de). *Arch. lég.*, 1ʳᵉ part., 906.

Joncry (village de), voy. Jonquery.

Jonet (Colardus). *Arch. adm.*, t. III, 393.

Jonguy (Jehan de), voy. Joigny.

Jonisvilla (Guillelmus de), archevêque de Reims, voy. Joinville (Guill. de).

Jonquereyo-supra-soppiam (parochia de), voy. Jonchery-sur-Suippe (paroisse de).

— (patronagium de), voy. Jonchery-sur-Suippe (patronage de).

Jonquery (village de). *Arch. adm.*, t. II, 1053. *Arch. lég.*, 1ʳᵉ part., 903, 906; 11ᵉ part., *statuts*, 11ᵉ vol., 963.

Jonquery (presbyter de). *Arch. adm.*, t. II, 1054.

Jontier (Perrart le). *Arch. adm.*, t. II, 892.

Jonval (village de). *Arch. adm.*, t. II, 1107. *Arch. lég.*, ı^{re} part., 892, 903.

— (chapelle de). *Arch. adm.*, t. II, 1106, 1107.

— (seigneur de), voy. Cauchon (Jean).

Jonviniaco (Gaucherus, comes de). *Arch. adm.*, t. I, 591.

Joppé (Guillaume). *Arch. adm.* t. III, 837.

Joran, abbé, voy. Jorannus.

Jorannus, prévôt de Saint-Nicaise, vide Jorannus, abbé de Saint-Nicaise.

— abbé de Saint-Nicaise, *Arch. adm.*, t. I, 261, 264, décline la justice de l'abbaye de Saint-Remi, 265; reconnaît que le bourg de Saint-Remi appartient à l'abbé de ce nom, 267; le pape l'invite à venir à Rome, conjointement avec l'abbé de Saint-Remi, pour terminer le différend existant entre leurs abbayes respectives, 268, 276, 285, 286, 288, 292, 654. *Arch. lég.*, ıı^e part., statuts, ı^{er} vol., 77?

Jordain (Renault), clerc. *Arch. adm.*, t. II, 500, 761, 800, 808, 823, 829, 841, 843, 932, 982, 992, 994, 998, 1005, 1007; t. III, 20, 26.

Jordanus, cardinal. *Arch. adm.*, t. I, 314.

— (R.). *Arch. adm.*, t. II, 339.

— (Henricus). *Arch. adm.*, t. II, 928.

— (Jacobus). *Arch. adm.*, t. II, 1034.

Joret (Jean), trompette juré de Reims. *Arch. lég.*, ıı^e part., statuts, ıı^e vol., 237, 363, 374.

Jornalis, vide Terræ jornalis.

Jornerium, vide Terræ jornalis.

Jorrand-le-grand, curé de Missy. *Arch. lég.*, ı^{re} part., 882.

Jorrannus, vide Jorannus.

Jorré (C...), dit d'Espoie, notable de Reims.

Arch. lég., ıı^e part., statuts, ı^{er} vol., 717, 734, 736.

Jorret, voy. Sairet.

Jorrin, voy. Vousère.

Josbertus, chevalier, *Arch. lég.*, ıı^e part., statuts, ı^{er} vol., 63? 73.

Joseph, patriarche, *Arch. adm.*, t. I, 225, 507.

Josne (P. le) bourgeois. *Arch. adm.*, t. III, 832.

— (Jehan le), courtier de vins, voy. Josnet.

— (Colin le), bourgeois. *Arch. lég.*, ıı^e part., statuts, ııı^e vol., 34.

Josnet (Jehan). *Arch. adm.*, t. III, 837. *Arch. lég.*, ı^{re} part., 494, 563; ıı^e part., statuts, ı^{er} vol., 433.

— (Jean). mercier. *Arch. lég.*, statuts, ıı^e vol., 433; voy. Josne.

— (Philippe). *Arch. lég.*, ıı^e part., statuts, ıı^e vol., 239.

— (Adam), *Arch. lég.*, ıı^e part., statuts, ıı^e vol., 239.

— (Jacques), ouvrier en soie. *Arch. lég.*, ıı^e part., statuts, ıı^e vol., 375.

— (Pierre), maître serrurier. *Arch. lég.*, ıı^e part., statuts, ıı^e vol., 592.

— (Nicolas), maître taillandier. *Arch. lég.*, ıı^e part., statuts, ıı^e vol., 593, 595.

Josse, archevêque de Tours. *Arch. adm.*, t. I, 371.

— (Guillaume), tabellion royal. *Arch. lég.*, ıı^e part., statuts, ı^{er} vol., 797; ııı^e vol., 748.

Josselin (Nicole), prévôt de la montagne de Reims. *Arch. lég.*, ıı^e part., statuts, ı^{er} vol., 679, 712, 714, 725, 730, 733, 746.

Josseteau (François), recteur de l'université. *Arch. lég.*, ıı^e part., statuts, ıı^e vol., 656, 658, 668, 711.

— (Gérard), greffier civil. *Arch. lég.*,

IIe part., *statuts*, IIe vol. 697, 722; *statuts*, IIIe vol., 57.

Josseteau (Nicolas), drapier. *Arch. lég.*, IIe part., *statuts*, IIe vol., 801, 1019; *statuts*, IIIe vol., 212.

— (Henry), capitaine de la milice bourgeoise. *Arch. lég.*, IIe part., *statuts*, IIe vol., 1014, 1028.

— (Petrus), chanoine. *Arch. lég.*, IIe part., *statuts*, Ier vol., 119.

— (Jean). *Arch. lég.*, IIe part., *statuts*, Ier vol., 756; *statuts*, IIe vol., 391.

— (Thomas), marchand drapier. *Arch. lég.*, IIe part., *statuts*, IIe vol., 391.

— bailli de Saint-Nicaise de Reims. *Arch. lég.*, IIe part., *statuts*, IIe vol., 429.

— (François), avocat au présidial. *Arch. lég.*, IIe part., *statuts*, IIe vol., 559.

— (Guillaume), avocat. *Arch. lég.*, IIe part., *statuts*, IIe vol., 617, 635, 926.

— voy. Dadon.

— (Eustache), élu de Reims. *Arch. lég.*, IIe part., *statuts*, Ier vol., 904; *statuts*, IIIe vol., 79, 147?

— (famille de). *Arch. lég.*, IIe part., *statuts*, IIIe vol., 150.

Jossier (Jean-Baptiste). *Arch. lég.*, IIe part., *statuts*, IIe vol., 290.

Josué, chef du peuple hébreu. *Arch. lég.*, Ire part., 349, 373.

Jouan (Claude), lieutenant du roi des violons de Vitry-le-Français. *Arch. lég.*, IIe part., *statuts*, IIe vol., 625.

Jouannes (village de). *Arch. lég.*, Ire part., 919.

Jouarre (église de). *Arch. lég.* Ire part., 608.

— (la Ferté-sous-), voy. Ferté.

Joubel (Person, dit), bourgeois. *Arch. adm.*, t. III, 453, 830.

Joudmès-Roulant (Quarrel de). *Arch. adm.*, t. II, 496.

Jouegny (Symon de). *Arch. adm.*, t. I, 823.

Jouellus (joyau). *Arch. adm.*, t. I, 871.

Jouet (Jehan). *Arch. lég.*, IIe part., *statuts*, IIe vol., 374, 829.

Jouette (Colard), drapier. *Arch. adm.*, t. III, 836, 841. *Arch. lég.*, IIe part., *statuts*, Ier vol., 413.

Joueurs d'instruments. *Arch. lég.*, IIe part., *statuts*, IIe vol., 626.

Jouglet (connétablie de). *Arch. lég.*, IIe part., *statuts*, IIe vol., 1015.

— (A....), bourgeois. *Arch. lég.*, IIe part., *statuts*, Ier vol., 770.

— (J....), bourgeois. *Arch. lég.*, IIe part., *statuts*, Ier vol., 776.

— (P....), maître ès arts. *Arch. lég.*, IIe part., *statuts*, Ier vol., 862.

Joullet, voy. Petit.

Jour férié, voy. Dies feriata.

— ouvrable, voy. Dies artificialis.

Jourdain (Thomas), curé de Fraillicourt. *Arch. lég.*, Ire part., 884.

— (Jehan), curé de Saint-Sulpice. *Arch. lég.*, Ire part., 887.

— (Claude-Maur), religieux. *Arch. lég.*, IIe part., *statuts*, Ier vol., 281, 288, 292.

— (Oudinet). *Arch. adm.*, t. II, 677, 701, 1195.

— (Regnault), clerc. *Arch. adm.*, t. II, 500, 982, 992, 994, 998, 1005, 1007, 1195; t. III, 20, 26.

Jourdan (P....), clerc. *Arch. adm.*, t. II, 1134, 1138.

Jourde (Laurent), curé de Blerencourt. *Arch. lég.*, Ire part., 886.

Jourdhieu (Charles), curé de Saint-Sauveur de Coucy. *Arch. lég.*, Ire part., 886.

— (Philippe). *Arch. lég.*, Ire part., 886, 898.

Jourdieu (Jehan). *Arch. lég.*, Ire part., 894.

— (Jacques). *Arch. lég.*, Ire part., 898.

Joureio (alodium de). *Arch. lég.*, II⁰ part., *statuts*, Iᵉʳ vol., 65.

Journée, voy. Barricades (journée des).

— (Pierre). *Arch. adm.*, t. II, 1189.

Jours, voy. Champagne (jours de), Vermandois.

Joutière (Brune la). *Arch. adm.*, t. I, 1108.

Jouvant, lieutenant particulier de Reims. *Arch. lég.*, II⁰ part., *statuts*, Iᵉʳ vol.; 263? 267? 296? *statuts*, II⁰ vol., 1047.

— (Antoine), maître charpentier. *Arch. lég.*, II⁰ part., *statuts*, II⁰ vol., 671.

Jouvence (Jehan). *Arch. adm.*, t. III, 519, 765.

Jouvency (le père), jésuite. *Arch. lég.*, II⁰ part., *statuts*, II⁰ vol., 690.

Joux (Remigny de). *Arch. lég.*, II⁰ part., *statuts*, III⁰ vol., 394.

Jouy (village de). *Arch. adm.*, t. II, 1053. *Arch. lég.*, Iʳᵉ part., 876, 899, 920.

Jovellus, archevêque de Reims, vide Juhellus.

Joviniana ecclesia. *Arch. adm.*, t. I, 9.

Jovinus, fondateur du monastère de Saint-Nicaise. *Arch. adm.*, t. I, 213.

Jovis, voy. Jupiter.

— -villa (Gaufridus de). *Arch. adm.*, t. I, 328.

Joy (Raoul de), commissaire du roi pour la réformation des monnaies. *Arch. adm.*, t. II, 90, 649, 732.

— (seigneur de), voy. Vergeur (Nicolas le).

— (ville de). *Arch. adm.*, t. I, 1089; t. III, 488, 489, 663. *Arch. lég.*, II⁰ part., *statuts*, Iᵉʳ vol., 167.

— (Hersens, femme de). *Arch. adm.*, t. II, 702.

Joyaut (Presson). *Arch. adm.*, t. III, 836.

Joye, voy. Pois.

Joye, servante. *Arch. adm.*, t. II, 530.

— la poissonnière. *Arch. adm.*, t. II, 62.

— (Simon la). *Arch. lég.*, Iʳᵉ part., 910.

— fille de Jacques Pois. *Arch. adm.*, t. II, 97.

Joyeulx (G.... le), bourgeois. *Arch. lég.*, II⁰ part., *statuts*, Iᵉʳ vol., 775, 820.

Joyeuse (marquis de), seigneur de Briquenay. *Arch. adm.*, t. II, 1095, 1099, 1100, 1101. *Arch. lég.*, II⁰ part., *statuts*, III⁰ vol., 393.

— (comte de), seigneur de Grand-Pré. *Arch. adm.*, t. II, 1097.

Joyeux, chanoine de Meaux et archiprêtre. *Arch. lég.*, II⁰ part., *statuts*, III⁰ vol., 753.

Joymet (J.), voy. Joiret (Jaquemin).

Joyn (Guillaume). *Arch. adm.*, t. III, 149.

Joyret (Jaquemin), citoyen. *Arch. adm.*, t. II, 332? t. III, 390, 690.

Jubaut (Jacobus), acolyte. *Arch. lég.*, II⁰ part., *statuts*, II⁰ vol., 773.

Jubilé. *Arch. adm.*, t. II, 6.

Juchery, voy. Jonchery.

Judas, apôtre. *Arch. adm.*, t. I, 21, 122, 123, 160, 194, 259, 312, 876. *Arch. lég.*, II⁰ part., *statuts*, II⁰ vol., 252.

Judeorum vicus. *Arch. adm.*, t. I, 305.

Judeus (Johannes), échevin, voy. Juif (Jean le).

— (Henricus), voy. Juif (Henri le).

— (Petrus), voy. Juif (Pierre le).

Judex, équivalant au mot bailli. *Arch. adm.*, t. I, 260. *Arch. lég.*, Iʳᵉ part., 187; vide Ecclesiasticus judex.

Judith, comtesse. *Arch. lég.*, II⁰ part., *statuts*, Iᵉʳ vol., 66.

Jue (Biautrix la). *Arch. adm.*, t. II, 42.

Juenet-Petit, bourgeois. *Arch. adm.*, t. II, 982.

Juerre (église de), voy. Jouarre.

Juge, voy. Église (juge d'), Police.

Juhellus, archevêque de Reims. *Arch.*

adm., t. I, 662, 704, 718, 786, 824, 826, 829, 836, 842, 850, 858, 861, 864. *Arch. lég.*, 1re part., 7, 8, 25; 11e part., *statuts*, 1er vol., 103.

Juif (Johenton), voy. Juif (Jehan le).

— (Thomas le), échevin de Reims. *Arch. adm.*, t. III, 19.

— (Guillelmus le). *Arch. adm.*, t. III, 105. *Arch. lég.*, 1re part., 82.

— (Jehan le), bourgeois. *Arch. adm.*, t. I, 185, 1089; t. II, 203, 261, 461, 604, 788, 840, 891.

— (Colesson le), voy. Gieu.

— (Aubry le), voy. Gieu.

— voy. Baudés.

— (Raulet le). *Arch. adm.*, t. II, 678.

— (Henry le), échevin. *Arch. adm.*, t. I, 1072; t. II, 152, 775, 800, 803, 810, 811, 829, 835, 862, 1008; t. III, 21, 22, 24, 25, 28, 34, 41, 68, 72, 108, 248, 341, 398, 500, 756.

— (Pierrart le), voy. Juif (Pierre le).

— (Pierre le). *Arch. adm.*, t. I, 355; t. II, 5, 604? 646, 1179; t. III, 17.

Juifs, donnent leur nom à un quartier de Reims. *Arch. adm.*, t. I, 906; y enseignent publiquement le Talmud, *ibid.* Taille établie sur lesdits, t. II, 20. Défenses faites au sujet desdits aux bouchers de Reims, t. III, 722.

— (rue des), voy. Juiverie (rue de la).

— (cimetière des). *Arch. adm.*, t. II, 320.

Juigniville (ville de). *Arch. adm.*, t. III, 604; voy. Joinville?

Juilly (Hugues de), docteur en théologie. *Arch. adm.*, t. I, 664; t. II, 606, 620, 733. *Arch. lég.*, 11e part., *statuts*, 1er vol., 42, 68, 114.

— (Hubertus de), doyen du chapitre. *Arch. lég.*, 11e part., *statuts*, 1er vol., 115, 116.

— (Étienne), chanoine de Saint-Timo

thée. *Arch. adm.*, t. I, 1041; t. III, 352, 369, 869. *Arch. lég.*, 11e part., *statuts*, 1er vol., 115, 119.

Juin (J.), procureur. *Arch. adm.*, t. I, 1091.

Juive (Beatrix la), voy. Jue (Biautrix la).

Juiverie (rue de la). *Arch. adm.*, t. I, 906; t. II, 505, 683, 700. *Arch. lég.*, 11e part., *statuts*, 11e vol., 14.

Jules César, Commentaires dudit, allégués au sujet de l'échevinage de Reims. *Arch. adm.*, t. I, 482.

Julia lex. *Arch. lég.*, 1re part., 379, 380.

Juliaco (Hugo de), voy. Juilly (Hugues de).

— (Hubertus de), voy. Juilly.

— (Stephanus de), voy. Juilly (Étienne de).

Juliane, mère du moine Sanson. *Arch. adm.*, t. I, 410.

Julianne (Jesson). *Arch. adm.*, t. II, 902.

Julianus, habitant de Reims. *Arch. adm.*, t. I, 898.

Juliart (Nicole), curé de Tour-Saint-Remi. *Arch. lég.*, 1re part., 883.

Julien le charpentier. *Arch. adm.*, t. I, 699.

— le parmentier. *Arch. adm.*, t. II, 542.

Julion (Renaudus), clerc. *Arch. adm.*, t. II, 333, 543.

— (Pierre), marguillier de Chaumuzy. *Arch. lég.*, 1re part., 910.

Julius, cardinal du titre de Saint-Marcel. *Arch. adm.*, t. I, 322.

— pape. Décrétales dudit alléguées. *Arch. adm.*, t. I, 137.

Julys, capitaine d'arquebusiers. *Arch. lég.*, 11e part., *statuts*, 1er vol., 717.

Jumegium, vide Monte-Tare.

Jumencourt (fief de). *Arch. lég.*, 1re part., 894.

Jumentus (Guido), abbé de Saint-Remi. *Arch. adm.*, t. I, 857.

Jumigny (village de). *Arch. adm.*, t. III, 620.

— (Richelin), boucher. *Arch. lég.*, IIe part., *statuts*, Ier vol., 998.

Jumont (Pierre de), seigneur de la Faulx. *Arch. lég.*, Ire part., 892.

Jungery, voy. Jonchery.

Junior (Balduinus), *Arch. adm.*, t. I, 509.

Junivilla (Guillelmus de), archevêque de Reims, voy. Joinville (Guillaume de).

— vide Joinville, Juniville.

Juniville (ville de). *Arch. adm.*, t. II, 1103. *Arch. lég.*, Ire part., 497, 523, 539, 549, 594.

— (curé de). *Arch. lég.*, IIe part., *statuts*, Ier vol., 212.

— (moulin de). *Arch. lég.*, IIe part., *statuts*, Ier vol., 243.

— (terrages de). *Arch. adm.*, t. III, 412.

— (Clicotel de). *Arch. lég.*, Ire part., 523.

Junkerio (altar de), voy. Jonchery (autel de).

Jupilles (Raoul de). *Arch. adm.*, t. I, 968.

Jupin (Thomas). *Arch. adm.*, t. II, 40; t. III, 72, 283, 284, 444.

— (Miles). *Arch. adm.*, t. II, 769, 984; t. III, 174.

— (Wède), mannier. *Arch. adm.*, t. II, 824.

Jupine (Agnès la) *Arch. adm.*, t. III, 29.

Jupiter, nom de certaines parties du territoire des environs de Reims. *Arch. adm.*, t. I, 16, 169. *Arch. lég.*, Ire part., 356.

Juppin (Jacques), échevin. *Arch. lég.*, IIe part., *statuts*, Ier vol., 626, 634, 651, 659, 693, 700, 710, 724, 734; *statuts*, IIe vol., 30.

Juppinsart (parochia de), voy. Gesponsart.

— de Imperio (presbyter de). *Arch. adm.*, t. II, 1180.

Juppuyns de Frichambaut, bourgeois. *Arch. adm.*, t. II, 558.

Juramentum, vide Hominii juramentum.

— voy. Serment.

Jurandes. *Arch. lég.*, IIe part., *statuts*, IIe vol., 223, 421, 799, 837, 932, 933, 935, 943; *statuts*, IIIe vol., 233, 357. Suppression desdites. *Arch. lég.*, IIe part., *statuts*, IIIe vol., 742, 743.

Jurat, vide Juratus.

Juratus. *Arch. adm.*, t. I, 298, 450, 519, 520, 526, 532, 533, 760, 874; t. II, 109. *Arch. lég.*, Ire part., 762; voy. Juré; *statuts*, IIe vol., 817; IIIe vol., 105.

Juré, voy. Prouilly (jurés de); Reims (jurés de); Roi (jurés du).

— forain, voy. Foraneus juratus.

Jurement, voy. Blasphème.

Juridiction, voy. Chapitre de Reims (juridiction du), Église de Reims, Échevinage de Reims, Saint-Remi, Duché-pairie de Reims, Hôtel de ville de Reims.

— temporelle, voy. Secularis jurisdictio.

Jurisdictio, vide Sancti Theodorici juridictio, Secularis, Ecclesiastica, Christianitatis, Archiepiscopi Remensis, voy. Juridiction.

— spiritualis, vide Ecclesiastica.

Jus canonicum. *Arch. adm.*, t. I, 815, 916. *Arch lég.*, Ire part., 103, 162, 200, 302, 385.

— civile. *Arch. adm.*, t. I, 815, 916. *Arch. lég.*, Ire part., 103, 366, 384.

— scriptum. *Arch. adm.*, t. III, 667.

— divinum. *Arch. lég.*, Ire part., 382.

— vide Advocationis, Jus altaris, Pignoris, Postliminii.

Justa (mesure de capacité). *Arch. adm.*, t. I, 231; t. II, 956; vide Vini justa.

Justel, compilateur. *Arch. adm.*, t. II, 954.

Justice, voy. Buffet de l'échevinage (justice

du), Chapitre de Reims, Saint-Sixte, Saubourg, Haute justice.

Justicier, voy. Reims (justiciers de).

Justina (molendinum de). *Arch. lég.*,
IIe part. , *statuts*, Ier vol., 77, 78, 82.

— (Henricus de). *Arch. lég.*, IIe part. ,
statuts , Ier vol., 103.

— (Johannes de). *Arch. lég.*, IIe part.,
statuts, Ier vol., 103.

— vide Justines.

Justines (prêtre de), voy. Justinis (presbyter de).

— (doyenné de). *Arch. adm.*, t. II,
1080; t. III, 278. *Arch. lég.*, IIe part.,
statuts , Ier vol., 715, 842.

— (moulin de), voy. Justina (molendinum
de).

— (pauvres de). *Arch. adm.*, t. I, 811.

— (ville de). *Arch. adm.*, t. II, 1081,
1109; t. III, 589. *Arch. lég.*, Ire part.,
876, 906; IIe part., *statuts*, Ier vol., 68,
82, 101, 103 ; IIIe vol. 32.

— (paroisse de), voy. Justinis (parochia
de).

— (René), bourgeois. *Arch. lég.*, IIe part.,
statuts, IIIe vol., 75.

Justingens (Anselmus de). *Arch. adm.*,
t. I, 495.

Justiniani institutiones. *Arch. lég.* ,
IIe part., *statuts* , IIe vol. , 759.

Justinianus , voy. Justinien.

Justinien, empereur ; Novelles dudit alléguées. *Arch. adm.* , t. I, 105. Code du
même allégué , 197, 226. *Arch. lég.*,
IIe part., *statuts* , IIe vol., 758.

Justinis (presbyter de). *Arch. adm.*, t. II,
1083.

— (parochia de). *Arch adm.*, t. II, 1082,
1084.

Justitia, vide Episcopi justitia, Alta, Bassa,
Media, Temporalis, Justa.

— (Petrus de). *Arch. adm.* , t. I, 519.

Juvant (connétablie de). *Arch. lég.* ,
IIe part., *statuts*, IIe vol., 1015.

Juvénal, poëte latin ; citation dudit. *Arch.
lég.*, Ire part., 430 ; IIe part. , *statuts*,
IIe vol., 736.

Juvenalis (Jacobus), archidiacre de Reims.
Arch. lég., IIe part., *statuts*, Ier vol., 75.

Juvenis (Andreas) , bailli de Vermandois.
Arch. adm., t. I, 643.

— chanoine. *Arch. adm.*, t. III, 39.

— (Rogerus), prêtre. *Arch. lég.* , IIe part.,
statuts, Ier vol., 121.

— villa, voy. Juniville.

Juvigniaco (decima de). *Arch. adm.*, t. I,
421. *Arch. lég.* , IIe part. , *statuts*,
Ier vol., 91.

— (Huardus de), écuyer. *Arch. lég.* ,
IIe part., *statuts*, Ier vol., 74.

Juvigny (Roland de), seigneur de Suzanne.
Arch. adm., t. II, 1112, 1117, 1121 ,
1122.

— (dîme de), vide Juvigniaco (decima de).

— (Olivier de). *Arch. adm.*, t. III, 149,
655, 659.

— (village de). *Arch. lég.*, Ire part., 900.

— (comte de), voy. Joviniaco (Gaucherus, comes de).

— (église de), voy. Joviniana ecclesia.

Juvincort (Immorannus de), lévite et chanoine. *Arch. lég.*, IIe part., *statuts*,
Ier vol., 91.

Juys (Pierardus le), voy. Juif (Pierre le).

— (Johenton le), voy. Juif (Jehan le).

Juzaucourt (village de). *Arch. adm.*, t. II,
1066.

K.

Kaingnet (R.), pelletier. *Arch. adm.*, t. II, 827 ; voy. Kainne (Regnier).

Kainne (bains de). *Arch. adm.*, t. II, 546.

— (Regnier). *Arch. adm.*, t. II, 546.

Kalendæ, nom d'une assemblée des doyens de Saint-Thierry de Reims. *Arch. adm.*, t. I, 279 ; vide Decanorum conventus.

Kalendre (Baudenet), voy. Calandre.

Kaqueriaus (Girardus) , dictus Aigrés. *Arch. adm.*, t. II, 121, 127, 142.

Karesme, bourgeois, gendre de Richard le Pelletier. *Arch. adm.*, t. II, 522.

Karolifous, voy. Charles-Fontaine.

Karoli-loci (abbas de). *Arch. adm.*, t. II, 638.

Karolus III, voy. Charles le Simple.

— empereur d'Allemagne. *Arch. adm.*, t. I, 326. *Arch. lég.*, iie part., *statuts*, i^{er} vol., 66, 102? 114? 115? 117? 118? 119? 120? 121?

— Andegavensis, voy. Anjou (Charles d').

— Magnus, voy. Charlemagne.

— Martellus. *Arch. adm.*, t. I, 26, 112. *Arch. lég.*, i^{re} part., 361 ; iie part., *statuts*, iie vol., 179 ; vide Charles-Martel.

K. Rouge (rue du). *Arch. adm.*, t. I, 80.

Arch. lég., iie part., *statuts*, i^{er} vol., 568.

Katallun, vide Catallum.

Katherina, veuve de Raymbaudus de Castel, fonde une chapelle au château de Varennes. *Arch. adm.*, t. II, 1097.

Kayart (Guillaume). *Arch. adm.*, t. II, 911.

Kayoto (Guillelmus), lecteur des frères prêcheurs. *Arch. adm.*, t. I, 1037.

Kelisson (Matthieu), recteur de l'université de Reims. *Arch. lég.*, iie part., *statuts*, iie vol., 699, 712.

Kercova (altar de). *Arch. adm.*, t. I, 380.

Kerembac (lieu de), dans l'évêché de Mayence. *Arch. adm.*, t. I, 330.

Kerlu Sancti-Bartholomei-Noviomensis (prior de). *Arch. adm.*, t. II, 635.

Keue (Remi le), voy. Queux.

Keux (Jehan le), voy. Queux.

— (Thomas le), voy. Queux.

Kiriberch (comitatus de). *Arch. adm.*, t. I, 326, 330.

Korliers Sancti-Bertini (prior de). *Arch. adm.*, t. II, 640.

Kuni, chapelain de N. D. *Arch. adm.*, t. II, 511.

L.

Labarre veuve (la). *Arch. lég.*, iie part., *statuts*, i^{er} vol., 765.

Labassé (Nicolas), maître juré tonnelier. *Arch. lég.*, iie part., *statuts*, iie vol., 421.

— (J....), bourgeois. *Arch. lég.*, iie part., *statuts*, i^{er} vol., 832.

— (Jean), greffier de la justice de Ville-domange. *Arch. lég.*, iie part., *statuts*, iiie vol., 252.

Labbe (le père), historien. *Arch. adm.*, t. I, 24, 35, 42, 55, 65, 85. Collection des conciles dudit alléguée au sujet d'un écrit de Gerbert, 100, 232, 549, 559,

Labbé (Christophe), licencié. *Arch. lég.*, iie part., *statuts*, i^{er} vol., 997.

Labbé (Jehan), commissaire du roi à Reims. *Arch. lég.*, 1re part., 481 ; 11e part., *statuts*, 1er vol. , 602 , 604 , 630 , 641 , 672, 770? 773? 822.

— (Pierre), bourgeois. *Arch. adm.*, t. III, 109. *Arch. lég.*, 11e part. , *statuts*, 1er vol., 774, 776, 781, 786.

Labellique (J. la), voy. Bellique.

Labesse (église de). *Arch. adm.*, t. II, 1086.

Labille (famille de). *Arch. adm.*, t. I, 340.

— (Hugo). *Arch. adm.*, t. I, 544.

Labitre (P....), bourgeois. *Arch. lég.*, 11e part. , *statuts*, 1er vol., 788.

Lablanche, greffier des insinuations ecclésiastiques. *Arch. lég.*, 11e part., 111e vol., 691.

Laboragium (labourage). *Arch. adm.*, t. III, 418.

Laboulle (loges de), voy. Boulle.

Laboureur, voy. Reims (laboureurs de).

Labourin (Gérart). *Arch. adm.*, t. II, 697.

Labre (Nicolas de). *Arch. lég.*, 11e part. , *statuts*, 11e vol., 238.

Labricogne (ville de). *Arch. lég.*, 1re part., 754.

Labrie (Salomon). *Arch. adm.*, t. III, 392.

Labriniacum. *Arch. adm.*, t. I, 16, vide Lavergny.

Labrue, bourgeois. *Arch. adm.*, t. III, 16.

Labruyère (Claire de). *Arch. lég.*, 11e part., *statuts*, 11e vol., 279.

Lacaille (Médard), maître charcutier. *Arch. lég.*, 11e part. , *statuts*, 11e vol., 931, 938.

— (Gérard), épicier. *Arch. lég.*, 11e part., *statuts*, 11e vol., 978, 979.

Lacatte (Noël), maître tonnelier. *Arch. lég.*, 11e part., *statuts*, 11e vol., 415.

— (Antoine), maître juré tonnelier. *Arch. lég.*, 11e part., *statuts*, 11e vol., 421.

Lacatte (J....), fabricant. *Arch. lég.*, 11e part., *statuts*, 11e vol., 859.

Laccorde (Jehan), bourgeois. *Arch. lég.*, 11e part., *statuts*, 11e vol., 22.

Lachau (Domengin), forgeron. *Arch. adm.*, t. III, 837.

Lac (Lancelot du), gouverneur d'Orléans. *Arch. lég.*, 11e part., *statuts*, 1er vol., 858.

Lacobe, tisserand. *Arch. adm.*, t. II, 539.

Lacointre (J....), élu de Reims. *Arch. lég.*, 11e part., *statuts*, 1er vol., 722.

Lacombe, compilateur. *Arch. adm.*, t. I, 560.

Lacoquerie (C.), bourgeois. *Arch. adm.*, t. III, 17.

Lacorde (Jehan), sergent royal. *Arch. lég.*, 1re part., 714 ; 11e part., *statuts*, 1er vol., 869, 870.

— (H....). *Arch. lég.*, 11e part., *statuts*, 1er vol., 862.

Lacourt, historien. *Arch. adm.*, t. I, 3, 8, 18, 212, 215 et seq., 222, 227, 228, 264, 270, 273, 293, 334, 358, 666, 722, 789. *Arch. lég.*, 1re part., 3 ; 11e part., *statuts*, 1er vol., 62, 321, 326.

— (Jacques), maître tonnelier. *Arch. lég.*, 11e part., *statuts*, 11e vol., 408, 417.

— (Andreas), exorciste. *Arch. lég.*, 11e part., *statuts*, 11e vol., 773.

— (Pierre), épicier. *Arch. lég.*, 11e part., *statuts*, 1er vol., 324 ; 11e vol., 978, 979.

— (Fourquet), marchand. *Arch. lég.*, 11e part., *statuts*, 1er vol., 323.

Lacroix (M.), seigneur de Taizy. *Arch. adm.*, t. II, 1083.

— (Charles), religieux de la congrégation de Saint-Maur. *Arch. lég.*, 11e part., *statuts*, 1er vol., 273, 280, 288, 292, 313.

— contrôleur à Paris. *Arch. lég.*, 11e part., *statuts*, 111e vol., 269.

Lac sanctum, vide Lac Virginis.

v

Lacu (Henricus de). *Arch. adm.* , t. II, 384.

— monasterii de Becco in Normania (prior de). *Arch. adm.*, t. II, 636.

Lac virginis beatæ. *Arch. adm.*, t. I, 544; t. III, 752. *Arch. lég.*, iiᵉ part., *statuts*, iᵉʳ vol., 73; iiᵉ vol., 766.

Ladame (P....), maître sergier. *Arch. lég*, iiᵉ part., *statuts*, iiᵉ vol., 860.

Lades, voy. Fourniers.

Ladico (Thomas de). *Arch. adm.*, t. II, 1032.

Ladoucé (Pierre), cardeur de laine. *Arch. lég.*, iiᵉ part., *statuts*, iiiᵉ vol., 443, 446, 447.

Ladrerie, voy. Reims (Ladreries de).

Ladure (P.), écolâtre. *Arch. adm.*, t. I, 663. *Arch. lég.* , iiᵉ part., *statuts*, iᵉʳ vol., 846, 851.

Ladvocat (P.) *Arch. adm.*, t. II, 946.

— (Jérôme), mercier. *Arch. lég.*, iiᵉ part., *statuts*, iiᵉ vol., 577.

Lafaulx (village de). *Arch. lég.*, iʳᵉ part., 884, 919.

— (curé de), voy. Duchesne (Jehan).

Lafillé (Colin). *Arch. adm.*, t. II, 652.

Lafons (Nicolas de), seigneur de Camas. *Arch. lég.*, iʳᵉ part., 891.

— commentateur de la coutume de Laon. *Arch. lég.* , iiᵉ part. , *statuts*, iiiᵉ vol., 555.

Laforest (Jean-Baptiste), tonnelier. *Arch. lég.*, *statuts*, iiᵉ vol., 417.

Lafrique (Nicolas), voy. Lefricque.

— (Jean), doyen de la faculté de théologie. *Arch. lég.*, iiᵉ part. , *statuts*, iiᵉ vol., 664.

Lagache (Bertrand), tailleur d'habits. *Arch. lég.*, iiᵉ part., *statuts*, iiᵉ vol., 531.

Lagauche (Simon), cuisinier. *Arch. lég.*, iiᵉ part., *statuts*, iiiᵉ vol., 497.

Lagaude (Jehan). *Arch. lég.*, iʳᵉ part., 523, 530.

Lagereyo (parochia de). *Arch. adm.*, t. II, 1057. *Arch. lég.*, iiᵉ part., *statuts*, iᵉʳ vol., 106.

Lageriis (milo), vide Lagerio.

— (Petrus), vide Lagery.

Lagerio (Guido), voy. Lagery.

— (altar de). *Arch. adm.*, t. I, 253.

— (Milo de), chanoine. *Arch. adm.*, t. I, 339? 468. *Arch. lég.*, iiᵉ part., *statuts*, iᵉʳ vol., 64, 78, 83, 114, 117.

— (Hugo de), prêtre et chanoine. *Arch. adm.*, t. I, 848. *Arch. lég.*, iiᵉ part., *statuts*, iᵉʳ vol., 74, 80, 115.

— (Thomas de). *Arch. lég.*, iiᵉ part., *statuts*, iᵉʳ vol., 78.

Lagery (Guillelmus de), sous-diacre. *Arch. lég.*, iiᵉ part., *statuts*, iᵉʳ vol., 92, 100, 121.

— (Guido de), chanoine. *Arch. adm.*, t. I, 491. *Arch. lég.*, iiᵉ part., *statuts*, iᵉʳ vol., 96, 120.

— (Hugo). vide Lagerio.

— (Wido de), voy. Lagery (Guido de).

— (paroisse de), voy. Lagereyo (parochia de).

— (presbyter de). *Arch. adm.* , t. II, 1058.

— (Petrus de), prêtre et chanoine. *Arch. lég.*, iiᵉ part., *statuts*, iᵉʳ vol., 73, 115.

— (village de). *Arch. adm.*, t. II, 296, 1061. *Arch. lég.*, iʳᵉ part., 607.

— (P. de), maçon. *Arch. adm.*, t. II, 541.

— (Guernier de), maçon. *Arch. adm.*, t. I, 542.

— (W. de), cordonnier. *Arch. adm.*, t. II, 824.

— (Estène de), maçon. *Arch. adm.*, t. II, 1137.

— (Regnaut de). *Arch. adm.*, t. III, 707.

Lagmiaci nundinæ. *Arch. adm.*, t. II, 931.

Lagnier (Catherine). *Arch. lég.*, IIe part., *statuts*, IIe vol., 226, 227.

Lagny (ville de). *Arch. adm.*, t. II, 928 ; t. III, 16. Assiégée par Charles III. *Arch. lég.*, IIe part., *statuts*, Ier vol., 602.

— (foires de), vide Lagmiaci nundinæ.

Lagode (Th. . . . la), procureur de l'échevinage. *Arch. adm.*, t. III, 701, 723.

Lagoille, voy. Tourtagnon (Lagoille de), voy. Courtagnon.

— (Jean), ouvrier en soie. *Arch. lég.*, IIe part., *statuts*, Ier vol., 776, 845, 862 ; *statuts*, IIe vol., 375.

— (Nicolas), marchand drapier. *Arch. lég.*, IIe part., *statuts*, IIe vol., 391.

Lagoillemote (J....). *Arch. lég.*, IIe part., *statuts*, Ier vol., 770.

Lagrange (Estienne de), chevalier. *Arch. adm.*, t. II, 82.

Laguille (Jehan), drapier. *Arch. adm.*, t. II, 527 ; t. III, 837, 841. *Arch. lég.*, IIe part., *statuts*, Ier vol., 770.

— (Person). *Arch. lég.*, Ire part., 520.

Lahévy (seigneurie de). *Arch. lég.*, Ire part., 891.

Lahire, bailli de Vermandois. *Arch. lég.*, IIe part., *statuts*, Ier vol., 633, 644, *statuts*, IIe vol., 114.

Laicus, voy. Laïque.

Laidet le boucher. *Arch. adm.*, t. II, 496.

Laier (Jehan de), écuyer. *Arch. adm.*, t. I, 1062.

Laifour (lieu de). *Arch. adm.*, t. II, 1071.

Laignel (Johannes), maire de Venisse. *Arch. adm.*, t. III, 519. *Arch. lég.*, Ire part., 511, 537, 549, 551, 553 ; IIe part., *statuts*, Ier vol., 945.

— (Jehan Petit), bourgeois. *Arch. adm.*, t. III, 826.

Laignel (Estienne). *Arch. lég.*, Ire part., 523, 538, 554.

Laignelet (P...), avocat. *Arch. lég.*, Ire part., 941, 956 ; IIe part., *statuts*, Ier vol., 893, 897, 904.

— grènetier. *Arch. lég.*, IIe part., *statuts*, Ier vol., 922.

— (Perardus Henricus), clerc. *Arch. adm.*, t. III, 769.

— (Pierre), bailli de Reims. *Arch. lég.*, Ire part., 657, 876? 896?

Laigniacum, voy. Lagny.

Laignier (Forget), ouvrier en soie. *Arch. lég.*, IIe part., *statuts*, IIe vol., 375.

Laigny (Perrot de). *Arch. adm.*, t. II, 1187.

— (village de). *Arch. lég.*, Ire part., 890, 909, 919.

Laillier (Nicole), chapelain du château de Coucy. *Arch. lég.*, Ire part., 886.

Laine, voy. Espagne (laine d'), Autriche, Auvergne, Berry, Ségovie, Auxois, Soria, Bourgogne, Champagne.

— Voy. Autriche (laine d'), Auvergne.

Lainglés (J.), tonnelier. *Arch. adm.*, t. III, 72.

Laingne (village de). *Arch. lég.*, Ire part., 497.

Lainguart, voy. Baude.

Lainzei (villa de). *Arch. adm.*, t. I, 428.

Laïque, ne peut disposer en aucune façon des biens de l'Église. *Arch. adm.*, t. I, 553.

Lair (Simon de), seigneur de Montgon. *Arch. lég.*, Ire part., 894.

Laireau (Robert), écuyer. *Arch. lég.*, Ire part., 891.

Laireio (altar de). *Arch. adm.*, t. I, 252.

Lais (Jehan le). *Arch. adm.*, t. II, 550.

Laisnyer (Jehan), sergent. *Arch. lég.*, IIe part., *statuts*, IIe vol., 24.

Laistre (Thomas de), sergent de ville.

Arch. lég., iie part., *statuts*, iie vol., 546

Laitière (Marie la). *Arch. adm.*, t. III, 97.

Laitre (Heudoul), le Parmentier. *Arch. adm.*, t. I, 1095? t. II, 42.

— (M. de). *Arch. adm.*, t. II, 673.

— (Eustace de), avocat au parlement. *Arch. adm.*, t. III, 827.

Lajoye (Nicolas), charcutier, *Arch. lég.*, iie part., *statuts*, iie vol., 939.

Lalain (Antoine de), religieux de Saint-Remi. *Arch. lég.*, iie part., *statuts*, ier vol., 204, 211, 216, 219.

Laleit (J.), tonnelier. *Arch. adm.*, t. II, 824.

Laleu (P. de), cirier. *Arch. adm.*, t. II, 826.

Lallemant (J. B.), quincailler. *Arch. lég.*, iie part., *statuts*, iiie vol., 358.

— (Georges), drapier. *Arch. lég.*, iie part., *statuts*, iie vol., 577.

— (Jean), recteur de l'université. *Arch. lég.*, iie part., *statuts*, ier vol., 121? *statuts*, iie vol., 654, 713, 722.

— (L....), maître de l'artillerie à Reims. *Arch. lég.*, iie part., *statuts*, ier vol., 885.

— (Robert), officier de la justice de Poilcourt. *Arch. lég.*, iie part., *statuts*, iiie vol., 35.

— (Jean), notaire *Arch. lég.*, iie part., *statuts*, ier vol., 243? 531 ; *statuts*, iiie vol., 244, 256, 265.

— (Gérard), laboureur. *Arch. lég.*, iie part., *statuts*, iiie vol., 36.

— (Henry). *Arch. adm.*, t. II, 827? *Arch. lég.*, iie part., *statuts*, iiie vol., 251.

— (Garnier). *Arch. adm.*, t. II, 301, 603.

— (Conrart), mercier. *Arch. adm.*, t. II, 827.

— (Thierry). *Arch. adm.*, t. II, 1223.

Lallemant (Adam). *Arch. adm.*, t. III, 138.

— (Jehan dit), parmentier. *Arch. adm.*, t. III, 447, 452, 455, 458, 833. *Arch. lég.*, iie part, *statuts*, iie vol., 265.

— (Pierre), maçon. *Arch. adm.*, t. III, 836.

— (Guillemin). *Arch. lég.*, ire part., 495 ; iie part., *statuts*, ier vol., 531? *statuts*, iie vol., 560, 564.

— (Colin). *Arch. lég.*, ire part., 502, 514 ; iie part., *statuts*, ier vol., 709.

— Colignon, voy. Lalement (Colin).

Laloe (Sebille de). *Arch. adm.*, t. II, 765.

Lalondre (Jean). *Arch. lég.*, iie part., *statuts*, ier vol., 862 ; *statuts*, iie vol., 238.

— (Jacques), chaudronnier. *Arch. lég.*, iie part., *statuts*, iiie vol., 101, 358.

— (Thomas), juré passementier. *Arch. lég.*, iie part., *statuts*, iiie vol., 306.

Lalondrelle (Étienne-Henry), perruquier. *Arch. lég.*, iie part., *statuts*, iiie vol., 191, 194, 199.

— (Jehan-Baptiste), perruquier. *Arch. lég.*, iie part., *statuts*, iiie vol., 191.

Laloure (Herbertus). *Arch. adm.*, t. III, 392.

Laluitre (Miletus), bourgeois. *Arch. adm.*, t. I, 709.

Lamagne (G....), voy. Lamaque.

— (J....), bourgeois. *Arch. lég.*, iie part., *statuts*, ier vol., 777.

Lamaque (G....), élu de Reims. *Arch. lég.*, iie part., *statuts*, ier vol., 701, 712, 722, 727, 745, 754.

Lambain (Jacques), écuyer du seigneur de Semeuse. *Arch. lég.*, iie part., *statuts*, ier vol., 502, 504.

Lambelot (Jehan), boucher. *Arch. adm.*, t. II, 856, 891, 894 ; t. III, 545.

Lambelotus (Johannes), vide Lambelot (Jehan).

Lambert, maître des requêtes. *Arch. lég.*, iie part., *statuts*, ier vol., 295.

Lambert (Colin), artilleur. *Arch. lég.*, nᵉ part., *statuts*, iᵉʳ vol., 613, 615, 619.

— (N....), sergent de la forteresse de Reims. *Arch. lég.*, nᵉ part., *statuts*, iᵉʳ vol., 908.

— coutre ecclésiastique. *Arch. lég.*, nᵉ part., *statuts*, iiiᵉ vol., 697, 698, 705, 710, 713, 715, 727, 729.

— de Chaumont, clerc. *Arch. adm.*, t. I, 1017, 1062.

— (Gérart), échevin. *Arch. adm.* t. III, 50, 833? 836, 841. *Arch. lég.*, nᵉ part., *statuts*, iᵉʳ vol., 64? 170, 171, 527.

— moine de Saint-Remi, envoyé à Rome pour se plaindre de l'archevêque de Reims. *Arch. adm.*, t. I, 267.

— doyen de Saint-Remi de Reims. *Arch. lég.*, nᵉ part., *statuts*, iᵉʳ vol., 170.

Lambertus, évêque d'Arras. *Arch. adm.*, t. I, 246, 247, 248, 249, 250. *Arch. lég.*, iʳᵉ part., *statuts*, iᵉʳ vol., 80.

— monnayeur. *Arch. adm.*, t. I, 253. *Arch. lég.*, nᵉ part., *statuts*, iᵉʳ vol., 69? 76? 81?

— prêtre et chantre. *Arch. adm.*, t. I, 259.

— échevin. *Arch. adm.*, t. I, 311. *Arch. lég.*, nᵉ part., *statuts*, iᵉʳ vol., 64? 170, 171.

— comes. *Arch. adm.*, t. I, 332.

— decanus, vide Lambert.

— matricularius. *Arch. adm.*, t. I, 410.

— miles. *Arch. lég.*, nᵉ part., *statuts*, iᵉʳ vol., 83.

— lévite et chanoine. *Arch. lég.*, nᵉ part., *statuts*, iᵉʳ vol., 93, 169?

Lambet (G....), échevin, voy. Lambert (Gérart).

Lambin, le corseur. *Arch. adm.*, t. II, 522.

— (J.), hoquetonier. *Arch. adm.*, t. I, 764; t. II, 823.

— (Gérard). *Arch. lég.*, iʳᵉ part., 910.

Lambinet, voy. Baudot.

Lambinus, chancelier. *Arch. adm.*, t. I, 390, 395, 403, 408, 409, 411, 412, 413, 417.

— Jouel, vide Montigniaco (Lambinus Jouel de).

— évêque de Thérouenne. *Arch. lég.*, nᵉ part., *statuts*, iᵉʳ vol., 83.

Lamblot (N...), maître sergier. *Arch. lég.*, nᵉ part., *statuts*, nᵉ vol., 812.

Lambrecy (village de). *Arch. lég.*, iʳᵉ part., 903.

— (seigneur de). *Arch. lég.*, nᵉ part., *statuts*, iᵉʳ vol., 717.

Lambrelle (château de). *Arch. adm.*, t. III, 1112.

Lambros de Castello-Comeracesio (prior de). *Arch. adm.*, t. II, 638.

Lamec (village de), voy. Lametz.

Lamecourt (château de). *Arch. adm.*, t. II, 1086.

Lamelinus, chanoine de Beauvais. *Arch. adm.*, t. I, 374.

Lamer (Claude). *Arch. lég.*, iʳᵉ part., 877, 897.

— (Jacques), bailli de Laonnais. *Arch. lég.*, iʳᵉ part., 877, 896.

— (Richard), sergent royal. *Arch. lég.*, iʳᵉ part., 921.

Lamesson (Pierre), prieur de Saint-Maurice de Reims. *Arch. lég.*, nᵉ part., *statuts*, nᵉ vol., 22.

Lametz (Christophe de), vicomte de Laon. *Arch. lég.*, iʳᵉ part., 889.

— (village de). *Arch. lég.*, iʳᵉ part., 906, 910.

— (Jehan de), écuyer. *Arch. lég.*, iʳᵉ part., 920.

Lamfridus, prêtre et chanoine. *Arch. lég.*, nᵉ part., *statuts*, iᵉʳ vol., 98.

Lamfroy (Robinet). *Arch. adm.*, t. III, 837.

Lamier (le), voy. Bovo, Domenget.

Lamier (Aubry le). *Arch. adm.*, t. II, 681.

— (Renaut le). *Arch. adm.*, t. II, 496, 759.

— (Poinset le). *Arch. adm.*, t. II, 534.

Lamisse (Raoul). *Arch. lég.*, 1re part., 894.

Lamoe (Robinus), boucher. *Arch. adm.*, t. II, 725.

Lamoignon, avocat général. *Arch. lég.*, IIe part., *statuts*, IIIe vol., 58.

Lamoreux (Johannes), clerc. *Arch. adm.*, t. III, 769.

Lamos (Jehan), voy. Lametz.

Lamotte (Nicolas de La), échevin. *Arch. lég.*, IIe part., *statuts*, IIe vol., 810.

— (Masson de la), avocat. *Arch. lég.*, IIe part., *statuts*, IIIe vol., 651, 656.

Lampart (F. Henry), commandeur du Temple. *Arch. lég.*, IIe part., *statuts*, IIIe vol., 33.

Lanage (G...), bourgeois de Reims. *Arch. lég.*, IIe part., *statuts*, Ier vol., 580.

Lancastre (duc de). *Arch. adm.*, t. III, 78, 156.

— (Henry de). *Arch. adm.*, t. III, 833. *Arch. lég.*, IIe part., *statuts*, Ier vol., 400.

Lancelot, voy. Salle, Hiblot, Paroissien, Isle.

Lanchèle (caleçon). *Arch. lég.*, IIe part., *statuts*, Ier vol., 341.

Lancium, voy. Lançon.

Lançon (village de). *Arch. adm.*, t. II, 638, 1099.

— (religieuses de). *Arch. adm.*, t. II, 199.

— (chapitre de), voy. Lansense capitulum.

Landaives (fratres de), voy. Landèves.

Landaviis (prior de). *Arch. adm.*, t. II, 1029, 1113.

— canonici regulares. *Arch. lég.*, IIe part., *statuts*, 1er vol., 96.

Lande (La), compilateur, omet dans sa collection un écrit de Gerbert. *Arch. adm.*, t. I, 100.

Lande frite (sergents de la). *Arch. adm.*, t. II, 1002.

— voy. Alxais (pays d').

Landèves (abbé de), seigneur de Chestre. *Arch. adm.*, t. II, 1111, 1112.

— (frères de). *Arch. adm.*, t. I, 1004.

— (village de). *Arch. adm.*, t. II, 1111. *Arch. lég.*, 1re part., 906.

— (prieur de), voy. Landavias (prior de).

— (maison de). *Arch. lég.*, IIe part., *statuts*, Ier vol., 130.

— (autel de), voy. Landovias (altar de).

— (chanoines de), voy. Landavias (canonici de).

Landiefay (seigneurie de). *Arch. lég.*, 1re part., 893.

Landit (foire du). *Arch. lég.*, IIe part., *statuts*, Ier vol., 955.

Lando, évêque de Reims, testament dudit. *Arch. adm.*, t. I, 25.

Landouzis, voy. Landouzy.

Landouzy (village de). *Arch. lég.*, 1re part., 889.

— (Remy). *Arch. lég.*, IIe part., *statuts*, IIe vol., 238.

— (Robert). *Arch. lég.*, IIe part., *statuts*, IIe vol., 363.

— (F...), maître de l'artillerie. *Arch. lég.*, IIe part., *statuts*, Ier vol., 858.

— (Adam), retendeur. *Arch. lég.*, IIe part., *statuts*, IIIe vol., 124.

Landovias (altar de). *Arch. adm.*, t. I, 254.

Landragin (Gérard), boulanger. *Arch. lég.*, IIe part., *statuts*, IIe vol., 163.

Landrecies (ville de). *Arch. lég.*, IIe part., *statuts*, Ier vol., 664.

Landres (altar de). *Arch. adm.*, t. I, 509. *Arch. lég.*, IIe part., *statuts*, Ier vol., 90, 95, 104.

Landres (presbyter de). *Arch. adm.*, t. II. 1096.

— (paroisse de). *Arch. adm.*, t. II, 1096, 1097. *Arch. lég.*, ɪʳᵉ part., 884; ɪɪᵉ part., *statuts*, ɪᵉʳ vol., 106.

— (curé de), voy. Foveret (Antoine).

— (baron de), seigneur d'Andevanne. *Arch. adm.*, t. II, 1093.

— (Maillart de), seigneur de Chennery. *Arch. adm.*, t. II, 1096, 1097.

Landreville (M. de), seigneur de Launoy. *Arch. adm.*, t. II, 1068, 1106, 1114.

— (village de). *Arch. adm.*, t. II, 1097.

Landrici Mercerii domus. *Arch. adm.*, t. I, 423.

Landricourt (ville de). *Arch. lég.*, ɪʳᵉ part., 882; 889, 909.

— (curé de), voy. Adam (Regnault).

Landricus, prêtre et chanoine. *Arch. lég.*, ɪɪᵉ part., *statuts*, ɪᵉʳ vol., 72, 104?

— (Galterus). *Arch. lég.*, t. I, 423.

Lâne (Nicolas), drapier, voy. Lasne.

— (Guillaume), drapier. *Arch. lég.*, ɪɪᵉ part., *statuts*, ɪɪᵉ vol., 373.

Langart (Poncelet). *Arch. lég.*, ɪɪᵉ part., *statuts*, ɪᵉʳ vol., 531.

Lange (Guillaume), bourgeois. *Arch. lég.*, ɪɪᵉ part., *statuts*, ɪɪɪᵉ vol., 250.

Langelier (Charles), imprimeur de l'ancienne coutume de Vermandois. *Arch. lég.*, ɪɪᵉ part., *statuts*, ɪɪɪᵉ vol., 14.

Langelin, administrateur de la municipalité de Reims. *Arch. lég.*, ɪɪᵉ part., *statuts*, ɪɪɪᵉ vol., 748.

Langest (Jean), bailli de Vermandois. *Arch. lég.*, ɪɪᵉ part., *statuts*, ɪɪɪᵉ vol., 32, voy. Hangest.

Langlesson (Colardus de). *Arch. lég.*, ɪɪᵉ part., *statuts*, ɪᵉʳ vol., 120.

Langlet (Jehan). *Arch. lég.*, ɪʳᵉ part., 898; ɪɪᵉ part., *statuts*, ɪɪᵉ vol., 239.

Langlet (Oudart), cordonnier. *Arch. lég.*, ɪɪᵉ part., *statuts*, ɪɪᵉ vol., 238?

— (Toussaint), menuisier. *Arch. lég.*, ɪɪᵉ part., *statuts*, ɪɪᵉ vol., 359.

— chirurgien. *Arch. lég.*, ɪɪᵉ part., *statuts*, ɪɪɪᵉ vol., 753.

Langlez (S.), bourgeois. *Arch. lég.*, ɪɪᵉ part., *statuts*, ɪᵉʳ vol., 780.

Langlois (M.) de Reims, seigneur de Falaise. *Arch. adm.*, t. II, 1111.

— (Adrien), vidame de Reims. *Arch. lég.*, ɪɪᵉ part., *statuts*, ɪɪᵉ vol., 634.

— (O...), maître sergier. *Arch. lég.*, ɪɪᵉ part., *statuts*, ɪɪᵉ vol., 812.

Langres (territoire de). *Arch. lég.*, t. I, 322, 330.

— (évêque de), voy. Lingonensis episcopus.

— (élection de). *Arch. lég.*, ɪɪᵉ part., *statuts*, ɪɪᵉ vol., 968.

— (ville de). *Arch. lég.*, ɪɪᵉ part., *statuts*, ɪᵉʳ vol., 475, 502, 706, 798, 837; *statuts*, ɪɪɪᵉ vol., 510, 553, 612.

Languéyage (droit de). *Arch. lég.*, ɪɪᵉ part., *statuts*, ɪᵉʳ vol., 240.

Languéyeur, voy. Porcs (Languéyeurs de).

Languedoc (pays de). *Arch. adm.*, t. I, 27, 28; t. III, 189. *Arch. lég.*, ɪɪᵉ part., *statuts*, ɪᵉʳ vol., 458, 492, 509, 541, 614, 626, 630, 642, 655, 842; *statuts*, ɪɪᵉ vol., 285, 897, 955, 1002; *statuts*, ɪɪɪᵉ vol., 631, 742. Voy. Languedoïl.

Languedoïl (États de la). *Arch. adm.*, t. III, 74, 273, 512.

— (pays de) *Arch. lég.*, ɪɪᵉ part., *statuts*, ɪᵉʳ vol., 458, 492, 541, 614, 626, 630, 655, 842.

— (nobles de la). *Arch. lég.*, ɪɪᵉ part., *statuts*, ɪᵉʳ vol., 543.

Languelier (Robert), échevin. *Arch. adm.*, t. III, 409.

Languet (Ferry de), bailli de Vermandois.

Arch. lég., iɪe part., *statuts*, iɪɪe vol., 32.

Languille (Jehan). *Arch. lég.*, ɪre part., 910.

Laniscourt (village de). *Arch. lég.*, ɪre part., 889, 900, voy. Anissecourt.

Lanneville-lez-Pomacle (ville de). *Arch. adm.*, t. III, 584.

Lanniaco (Hugo de), clerc. *Arch. lég.*, ɪre part., 116.

Lannoit (Aelis de). *Arch. adm.*, t. II, 904.

Lannoy (P. de), chaussetier. *Arch. adm.*, t. II, 542.

— (Estève de), drapier. *Arch. adm.*, t. III, 107.

— (Jehan de), bailli de Viez. *Arch. lég.*, ɪre part., 888, 896?

— (village de). *Arch. lég.*, ɪre part., 908.

Lansense capitulum. *Arch. adm.*, t. II, 638, voy. Lançon.

Lansquenet (jeu de). *Arch. lég.*, *statuts*, iɪɪe vol., 26.

Lansquenets. *Arch. lég.*, iɪe part., *statuts*, ɪer vol., 693, 869, 917.

Lanterna, vide Lanterne.

Lanternes, chaque citoyen est tenu en temps de guerre d'en allumer une devant sa porte. *Arch. adm.*, t. II, 833. *Arch. lég.*, iɪe part., *statuts*, ɪer vol., 514, 836, 837, 895; *statuts*, iɪɪe vol., 110. Le roi contribue à l'entretien desdites, 141, 143, 162, 438, 441, 457.

Lanternier (Lambin le). *Arch. adm.*, t. III, 889.

— (Colart le). *Arch. adm.*, t. II, 533.

— (Robin le). *Arch. adm.*, t. II, 533.

— (Gérardin le). *Arch. adm.*, t. II, 909.

— (H. le), condamné à mort par la justice de Saint-Remy. *Arch. adm.*, t. III, 310.

Lanthenois (Colesson). *Arch. lég.*, ɪre part., 530.

Lanzy (moulin de). *Arch. lég.*, iɪe part., *statuts*, ɪer vol., 243.

Laodicée (concile de). *Arch. adm.*, t. I, 104, 105.

Laon (diocèse de). *Arch. adm.*, t. II, 634, 1027, 1037, 1066; t. III, 598. *Arch. lég.*, iɪe part., *statuts*, ɪer vol., 169; iɪe vol., 14.

— (duc de), voy. Rochechouart (Jean-François).

— (duché-pairie de). *Arch. lég.*, ɪre part., 896; iɪe part., *statuts*, iɪɪe vol., 18.

— (évêché de). *Arch. adm.*, t. I, 280, 288, 313, 382.

— (église de), legs fait par Saint-Remi à ladite. *Arch. adm.*, t. I, 17, 142, 460, 461, 502, 1114; t. III, 493. *Arch. lég.*, ɪre part., 45, 78, 84, 289, privilége d'Urbain IV à ladite, 299; iɪe part., *statuts*, iɪɪe vol., 555.

— (Gibet de). *Arch. lég.*, ɪre part., 501.

— (livre de), monnaie, voy. Laudunensis libra.

— (hôtel dieu de). *Arch. lég.*, ɪre part., 881.

— (Notre-Dame de). *Arch. lég.*, iɪe part., *statuts*, ɪer vol., 244; *statuts*, iɪe vol., 777.

— (Saint-Remi de). *Arch. lég.*, ɪre part., 883.

— (hôtel de). *Arch. lég.*, iɪe part., *statuts*, ɪer vol., 235.

— (Hincmar de), voy. Hincmarus, évêque de Laon.

— (maire de), voy. Laudunensis major.

— (prévôté de). *Arch. adm.*, t. I, 1121; t. II, 141, 187, 197, 266, 433, 453, 752, 784, 871, 953, 1010, 1142, 1159, 1171, 1237; t. III, 8, 51, 611, 664, 691, 798, 820, 861. *Arch. lég.*, ɪre part., 481, 568, 874, 918; iɪe part., *statuts*, ɪer vol., 331, 380, 390, 526, 567, 614, 616, 617, 627; *statuts*, iɪe vol. 20; *statuts*, iɪɪe vol., 22, 30, 63.

— (prévôté foraine de). *Arch. lég.*, *statuts*, iɪɪe vol., 21.

Laon (territoire de). *Arch. adm.*, t. I, 329.

— (échevins de). *Arch. adm.*, t. I, 519, 643; t. II, 168, 187, 998. *Arch. lég.*, IIᵉ part., *statuts*, IIᵉ vol., 1008.

— (prévôt de), voy. Vauremont (P. de), Hodicq (Isaac).

— (prévôt forain de), voy. Gigaute (Jean).

— (élection de). *Arch. lég.*, IIᵉ part., *statuts*, Iᵉʳ vol., 904.

— (présidial de). *Arch. lég.*, IIᵉ part., *statuts*, Iᵉʳ vol., 263.

— (Saint-Cornille de). *Arch. lég.*, Iʳᵉ part., 883.

— (Saint-Vincent de). *Arch. lég.*, IIᵉ part., *statuts*, Iᵉʳ vol., 219.

— (vicomte de), voy. Lametz (Christophe de).

— (siége royal de), fait partie du siége de Reims. *Arch. lég.*, *statuts*, IIIᵉ vol., 19, 20, 38.

— (Arnould de). *Arch. adm.*, t. I, 666.

— (Mahaut de). *Arch. adm.*, t. II, 534.

— (Rose de). *Arch. adm.*, t. II, 542.

— (Jehan de), dit Crasmerdeux, fourbeur. *Arch. adm.*, t. II, 871.

— (Warnès de). *Arch. adm.*, t. III, 249.

— (ville de). *Arch. adm.*, t. I, 16, 123, 155, 181, 278, 285, 298, 334, 461, 483, 519, 642, 869, 1014, 1051; t. II, 69, 89, 120, 160, 165, 267, 317, 424, 587, 732, 763, 770, 771, 830, 834, 835, 838, 840, 847, 856, 982, 984, 1000, 1171, 1180, ; t. III, 12, 23, 26, 32, 37, 143, 163, 308, 388, 389, 461, 462, 469, 521, 536, 541, 589, 606, 688, 761, 809. *Arch. lég.*, Iʳᵉ part., 62, 653, 865, 869, 874, 883, 898, 914; IIᵉ part., *statuts*, Iᵉʳ vol., 384, 534, 552, 566, 580, 587, 605, 622, 641, 644, 653, 661, 701, 706, 720, 755, 757, 832, 840, 843, 866, 869, 904. Assiégée par le roi, 917, 927, 936, 939; *statuts*, IIᵉ vol., 7, 10, 18, 189, 291. Devint le siége du bailli de Vermandois, *statuts*, IIIᵉ vol., 5, 18, 19, 20, 26, 36. Les habitants de Reims sont tenus de plaider devant le siége de ladite, 46, 55, 63, 98, 253, 532, 553, 618, 632, 637.

Laon (assises de). *Arch. adm.*, t. II, 962, 1023, 1142, 1233; t. III, 5, 8, 33, *Arch. lég.*, IIᵉ part., *statuts*, Iᵉʳ vol., 165, 331, 376, 377, 378; *statuts*, IIIᵉ vol., 29, 30.

— (aune de). *Arch. adm.*, t. III, 489.

— (arquebusiers de). *Arch. lég.*, IIᵉ part., *statuts*, IIᵉ vol., 107.

— (capitaine de), voy. Béthune (Georges de).

— (clercs de), don fait auxdits par saint Remi dans son testament. *Arch. adm.*, t. I, 18.

— (commune de), charte de ladite. *Arch. adm.*, t. I, 297, 298, 299, 300. *Arch. lég.*, Iʳᵉ part., 289, 291, 328, 899.

— (châtelain de), voy. Laudunensis castellanus.

— (concile de). *Arch. adm.*, t. I, 18, 549, 563, 569, 599. *Arch. lég.*, IIᵉ part., *statuts*, IIIᵉ vol., 611.

— (chanoines de), voy. Laudunense capitulum.

— (cour de). *Arch. adm.*, t. III, 299, 534, 691. *Arch. lég.*, Iʳᵉ part., 113, 788.

— (vicomte de), voy. Laudunensis vicecomes.

— (denier de), voy. Laudunensis denarius.

— (doyen de), voy. Anselme.

— (coutumes de). *Arch. lég.*, Iʳᵉ part., 663, 681, 922; IIᵉ part., *statuts*, IIIᵉ vol., 21, 555.

— (évêque de), rang dudit à la cérémonie du sacre. *Arch. adm.*, t. II, 568, 634; voy. Laudunenis episcopus.

Laonnais (province de). *Arch. adm.*, t. I, 367; t. II, 1154. *Arch. lég.*, Iʳᵉ part., 873; IIᵉ part., *statuts*, Iᵉʳ vol., 913.

Laonnoy (Guillaume de). *Arch. adm.*, t. III, 656.

— -en-Portien (ville de). *Arch. adm.*, t. III, 656; voy. Launoy.

— (Jehan de). *Arch. adm.*, t. III, 656.

Lapate (Jaquet). *Arch. lég.*, Iʳᵉ part., 506.

Lapaut (Johannes). *Arch. adm.*, t. I, 410.

— (Herbertus), boulanger. *Arch. adm.*, t. I, 945.

Lapautre (L.), clerc. *Arch. adm.*, t. I, 1079.

Lapeleia (alodium de). *Arch. adm.*, t. I, 251, 281.

— (Algar comes de). *Arch. adm.*, t. I, 207.

Lapierre, seigneur de Taizy. *Arch. adm.*, t. II, 1083.

— (Jean), notaire à Chateau-Porcien. *Arch. lég.*, IIᵉ part., *statuts*, IIIᵉ vol., 266.

— (Estienne), notaire à Chateau-Porcien. *Arch. lég.*, IIᵉ part., *statuts*, IIIᵉ vol., 266.

Lapille (Claude), notaire. *Arch. lég.*, IIᵉ part., *statuts*, IIᵉ vol., 991; IIIᵉ vol., 115? 259.

Lapillus (P.). *Arch. adm.*, t. I, 340.

Lapine (Gilet). *Arch. lég.*, Iʳᵉ part., 498.

Lapion (Robert de). *Arch. adm.*, t. II, 685, 761, 770, 802, 829.

— (Jehan de). *Arch. adm.*, t. III, 249, 303.

— (village de). *Arch. lég.*, Iʳᵉ part., 919.

— Sancti-Pauli (prior de). *Arch. adm.*, t. II, 635.

Laplace, voy. Place.

Laponye (maison de). *Arch. lég.*, IIᵉ part., *statuts*, Iᵉʳ vol., 249.

Laporte, voy. Porte.

Laporte (Jehan de). *Arch. lég.*, Iʳᵉ part., 527, 542, 572, 581, 596.

Lapoulle (Jos.). *Arch. lég.*, IIᵉ part., *statuts*, IIᵉ vol., 291.

— (connétable de). *Arch. lég.*, IIᵉ part., *statuts*, IIᵉ vol., 1015.

Laquille, couvreur. *Arch. lég.*, IIᵉ part., *statuts*, IIIᵉ vol., 678.

Laquoque (J.). *Arch. adm.*, t. II, 534.

Larbalestier (Jehan). *Arch. adm.*, t. II, 653.

Larbroye (village de). *Arch. lég.*, Iʳᵉ part., 909.

Larcher, directeur des fortifications de Strasbourg. *Arch. adm.*, t. II, 1078.

— intendant de la généralité de Champagne. Ordonnance dudit sur la fabrique d'étoffes à Reims. *Arch. lég.*, IIᵉ part., *statuts*, Iᵉʳ vol., 506; IIᵉ vol., 822, 826, 970, 974.

— (Nicolas-Joseph), perruquier. *Arch. lég.*, IIᵉ part., *statuts*, IIIᵉ vol., 191, 198.

Larchevêque, voy. Adenet.

— (Haymart), passementier. *Arch. adm.*, t. III, 15.

Larchier, charpentier. *Arch. adm.*, t. II, 489.

— (Pierre), pelletier. *Arch. adm.*, t. III, 106.

Larcin, voy. Latrocinium.

Lardenois, voy. Baulandre.

Lares (molendinum de). *Arch. lég.*, IIᵉ part., *statuts*, Iᵉʳ vol., 166.

Large (rue). *Arch. adm.*, t. I, 38; t. II, 10. *Arch. lég.*, IIᵉ part., *statuts*, Iᵉʳ vol., 325, 628.

— (Hugues le), voy. Large (Hugo le).

— (Thomas le), dit le Roy-Frouart. *Arch. adm.*, t. III, 240.

— (Jehan Poulain le), bourgeois. *Arch. adm.*, t. III, 249, 707.

Large (Colesson le), dit Baudon. *Arch. adm.*, t. III, 836.

— (Maurice le), vinaigrier. *Arch. lég.*, IIe part., *statuts*, IIe vol., 315.

— (Jehan le), dit Trichet. *Arch. adm.*, t. II, 765, 806, 811.

— (Quarrel de le). *Arch. adm.*, t. II, 496.

— (Jehan le), voy. Cambray.

— (Robert le). *Arch. adm.*, t. I, 814, 1108, 1126.

— (Perrart le). *Arch. adm.*, t. II, 867, 1188.

— (Jehan le), dit Baudon. *Arch. adm.*, t. III, 39, 65, 501, 519.

— (Alain le), chanoine régulier de Saint-Augustin. *Arch. lég.*, IIe part., *statuts*, Ier vol., 296; *statuts*, IIe vol., 780, 790.

— (Hugo le), doyen du chapitre. *Arch. adm.*, t. I, 999; t. II, 475. *Arch. lég.*, IIe part., *statuts*, Ier vol., 63, 106, 114.

— (Hugo le), mansionnaire du chapitre. *Arch. adm.*, t. I, 1055; t. II, 712.

— (Hugo), dictus Cameraco. *Arch. adm.*, t. II, 229, 661 ? voy. Cambray (Hugo de).

— (Huesson le). *Arch. adm.*, t. I, 1015.

— (Baudon le). *Arch. adm.*, t. I, 1013; t. II, 758.

— (Hue le) de Coursalin. *Arch. adm.*, t. II, 270.

— (Pierre le), échevin. *Arch. adm.*, t. II, 666, 697, 705, 756, 758, 760, 775, 780, 800? 802, 807, 810, 840, 864, 865, 892, 894, 902, 908, 913, 918, 927, 932, 981, 982, 983, 987, 992, 993, 998, 1134, 1135, 1175, 1176, 1179, 1182, 1183, 1184, 1186, 1195.

— (Guillaume le). *Arch. adm.*, t. II, 1007.

— (Thomas), échevin. *Arch. adm.*, t. III, 15, 188, 238, 249, 296, 305, 356, 389, 393, 459.

— (Hues le), dit Blanchart. *Arch. adm.*, t. II, 269.

Large (Jehan le), échevin. *Arch. adm.*, t. I, 1084, 1108, 1116; t. II, 16, 50, 230, 270, 603, 756. *Arch. lég.*, IIe part., *statuts*, IIe vol., 315.

— (Jehan le), dit Tachet. *Arch. adm.*, t. II, 603, 697.

— (Henri le), bourgeois. *Arch. adm.*, t. II, 13, 269, 376, 492, 603; t. III, 19.

— (Hue le), échevin. *Arch. adm.*, t. I, 1108, 1116; t. II, 13, 16, 50, 61, 65, 93, 118, 135, 185, 299, 483, 603? 666, 680, 705, 759, 800, 803, 805, 822, 832, 833, 834, 839, 853, 899, 904, 911, 982, 986, 995, 996, 997, 999, 1007, 1008, 1175, 1176, 1177, 1179, 1180, 1182, 1188, 1191, 1192, 1196.

— (Hue le) le jeune. *Arch. lég.*, t. II, 604, 683, 774?

— (Nicolas le). *Arch. adm.*, t. II, 714. *Arch. lég.*, IIe part., *statuts*, Ier vol., 686, 862; *statuts*, IIe vol., 4, 560, 566.

— (Eudes le), poissonnier. *Arch. adm.*, t. II, 527, 555? 603, 781.

Largentier (N.), notaire. *Arch. lég.*, IIe part., *statuts*, Ier vol., 459, 717; IIIe vol., 266.

Largeriaco (Milo de), clerc, vide Lagerio.

Largesse (Nicole), prieur de Fismes, proposé par les Rémois pour être abbé de Saint-Nicaise. *Arch. adm.*, t. III, 18.

— (Remy), procureur de l'échevinage. *Arch. adm.*, t. III, 841. *Arch. lég.*, IIe part., *statuts*, Ier vol., 453, 548, 554, 557.

Larget (Warnesson). *Arch. adm.*, t. II, 750.

Largicurte Sancti-Petri Tullensis (prior de). *Arch. adm.*, t. II, 637.

Largus (Hugo), vide Large (Hue le).

Laroche (le père), jésuite du collége de Reims. *Arch. lég.*, IIe part., *statuts*, IIe vol., 649.

Laroche, citoyen de Reims. *Arch. lég.*, IIe part., *statuts*, IIIe vol., 746.

Larois (Franco), drapier. *Arch. adm.*, t. I, 1072.

Laroque, historien. *Arch. adm.*, t. I, 560.

Larrabi (Pontius), voy. Larrabis (Ponsart).

Larrabis (Ponsart), gardien de Saint-Remi. *Arch. adm.*, t. II, 916 ; t. III, 106, 306, 339.

— (Radulphus), sergent. *Arch. adm.*, t. III, 710.

Larragon (Aubry), élu de Reims. *Arch. adm.*, t. III, 841.

Larrois (Jehan). *Arch. adm.*, t. II, 1223.

Larroys Colart, sergent du roi. *Arch. adm.*, t. II, 989, 1139 ; t. III, 3, 21, 22, 283, 285. *Arch. lég.*, IIe part., *statuts*, IIe vol., 269.

Larzicourt (prieuré de). *Arch. lég.*, IIe part., *statuts*, IIe vol., 726.

— (village de). *Arch. lég.*, IIe part., *statuts*, IIIe vol., 389.

Lasaire (Thomas), tondeur de drap. *Arch. lég.*, IIe part., *statuts*, IIe vol., 392.

Lasalle, chanoine ; pavé en mosaïque trouvé dans la maison dudit. *Arch. adm.*, t. I, 367, 439, 496, 724 ; t. III, 687. *Arch. lég.*, IIe part., *statuts*, Ier vol., 37, 39, 62.

Lasne (Claude). *Arch. lég.*, IIe part., *statuts*, IIe vol., 265.

— (Nicolas), maître sergier. *Arch. lég.*, IIe part., *statuts*, IIe vol., 273, 811.

— (J....), maître sergier. *Arch. lég.*, IIe part., *statuts*, IIe vol., 812.

Lassart, voy. Germigny.

Lassigny (village de). *Arch. lég.*, Ire part., 890, 909.

Lastre (Matthieu de). *Arch. lég.*, Ire part., 898.

Lasy (village de). *Arch. lég.*, IIe part., *statuts*, IIIe vol., 265.

Lataillant (J.... de). *Arch. lég.*, IIe part., *statuts*, Ier vol., 531.

Late (Jehan la). *Arch. adm.*, t. II, 492, 641 ? 663, 757, 834, 1233 ; t. III, 521.

— (Eudes la), échevin. *Arch. adm.*, t. II, 369, 376, 480, 603, 705, 756 ?

— (Remi la). *Arch. adm.*, t. I, 1094, 1116, 1117.

— (Oudars la), échevin. *Arch. adm.*, t. II, 118 ? 183, 185, 483 ?

— (Thomas la), échevin. *Arch. adm.*, t. I, 1084, 1108 ; t. II, 13, 65, 230, 308, 349, 376, 491.

— (Herbert la), échevin. *Arch. adm.*, t. II, 481.

Latenel (Johannes), clerc. *Arch. adm.*, t. II, 133.

— (Bauduyn de). *Arch. adm.*, t. II, 905.

Laterna (lanterne). *Arch. lég.*, IIe part., *statuts*, Ier vol., 895 ; vide Lanterna

Lathomus (Herbertus), dictus chevalier. *Arch. adm.*, t. I, 910 ; t. III, 901.

Latiniaco (Robertus de), diacre et chanoine. *Arch. lég.*, IIe part., *statuts*, Ier vol., 101, 121.

Latran (concile de). *Arch. adm.*, t. I, 45, 467, 529, 554.

Latro. *Arch. adm.*, t. I, 268, 306, 307, 368, 376, 386, 390, 391, 408, 580, 596, 770, 847, 890, 911, 1045, 1060 ; t. II, 613. *Arch. lég.*, Ire part., 406, 475 ; voy. Voleur.

Latrocinium. *Arch. adm.*, t. II, 1218 ; t. III, 895. *Arch. lég.*, Ire part., 808, 812 ; IIe part., *statuts*, Ier vol., 416 ; *statuts*, IIe vol., 37 ; *statuts*, IIIe vol., 61 ; voy. Larcin.

Latude (M. de), seigneur de Douzy. *Arch. adm.*, t. II, 1086.

Laubépine (Guillaume de), seigneur de Châteauneuf - sur - Cher. *Arch. lég.*, IIe part., *statuts*, IIIe vol., 510.

Laubijois (H.), clerc. *Arch. adm.*, t. II, 526.

Laubréau (Germain), maître juré boulanger. *Arch. lég.*, ii* part.; *statuts*, ii* vol., 159, 162.

— notaire. *Arch. lég.*, ii* part., *statuts*, ii* vol., 991.

Laubrelle (village de). *Arch. lég.*, i*re part., 906.

Laubry (J. N.), fabricant. *Arch. lég.*, ii* part., *statuts*, ii* vol., 859.

Laucherel (Colesson). *Arch. adm.*, t. III, 870.

Laudience (Meline de), voy. Audience.

Laudijois (Jesnot), tavernier. *Arch. adm.*, t. III, 26.

— (Jehan), bourgeois. *Arch. adm.*, t. III, 39.

Laudon (Raoul de). *Arch. adm.*, t. III, 39.

Laudons (Duna), prope Brugium (abbas de). *Arch. adm.*, t. II, 640.

Laudunense capitulum. *Arch. adm.*, t. I, 460, 461, 525, 572, 897; t. II, 234, 634. *Arch. lég.*, i*re part., 126, 877.

Laudunenses assisiæ, voy. Laon (assises de).

— jurati. *Arch. lég.*, i*re part., 99, 100, 101, 109.

— episcopi, voy. Albert, Anselinus, Anselmus, Bellomonte (Gaufridus de), Doc (J.), Gibuinus, Gualterus, Hedenulphus, Hincmarus, Hugon, Ingelrannus, Padurle, Renaudus, Robertus, Rorico.

Laudunensis ecclesia. *Arch. adm.*, t. I, 460, 461, 502, 1114. *Arch. lég.*, i*re part., 78, 84, 289. Privilége accordé à ladite par Urbain IV, 299; voy. Laon (église de).

— libra (monnaie). *Arch. adm.*, t. I, 480.

— curia, voy. Laon (cour de).

— dux, voy. Rochechouart (Jean-François).

Laudunensis denarius (monnaie). *Arch. adm.*, t. I, 455.

— diœcesis, voy. Laon (diocèse de).

— major, vide Johannes.

— archidiaconus. *Arch. lég.*, i*re part., 120, 145.

— castellanus, vide Gaucherus.

— officialis. *Arch. lég.*, i*re part., 101, 113.

— præpositus, voy. Laon (prévôt de).

— pax, voy. Laon (commune de).

— vicecomes. *Arch. adm.*, t. I, 342.

Lauduno (Guillermus de), chanoine. *Arch. adm.*, t. I, 1047.

— (Petrus de), archidiacre de Baugency. *Arch. adm.*, t. II, 33.

— (Jordanus de). *Arch. adm.*, t. II, 72, 1037?

— (Marressona de), mansionnaire du chapitre. *Arch. adm.*, t. II, 337.

— (Robertus de), lévite et chanoine. *Arch. lég.*, ii* part., *statuts*, i*er vol., 96, 120.

Laudunum, voy. Laon (ville de).

Laugdunum, voy. Laon.

Laumônier (Gery), curé de Neuville. *Arch. lég.*, i*re part., 882.

— (François), curé de Voulpaix. *Arch. lég.*, i*re part., 883, 894.

— (Jehan), seigneur de Tournevel. *Arch. lég.*, i*re part., 891.

Launay (Magdelaine). *Arch. lég.*, i*re part., 893.

Launois (Valentin). *Arch. lég.*, ii* part., *statuts*, ii* vol., 265.

Launoit (Henrion de), boucher. *Arch. adm.*, t. II, 1180.

— (Colin de), boucher. *Arch. adm.*, t. II, 1192.

Launoy (doyenné de). *Arch. adm.*, t. II, 1077, 1078; t. III, 278. *Arch. lég.*, ii* part., *statuts*, i*er vol., 698, 842.

Launoy (Jehan le jeune de). *Arch. adm.*, t. II, 1176.

— (village de). *Arch. lég.*, 1re part., 903, 906 ; voy. Laonnoy.

— (Colart de), clerc. *Arch. adm.*, t. II, 1195.

— (G.), maçon. *Arch. adm.*, t. II, 827.

— (paroisse de), voy. Alneto (parochia de).

— (doyenné de), voy. Alneto (decanatus de).

— (abbé de), voy. Alneto (abbas de).

— (M. de), seigneur de Fachaux. *Arch. adm.*, t. II, 1106.

— voy. Colard (Pierre de), sergent du roi.

Laure (personatus de). *Arch. lég.*, IIe part., *statuts*, IIe vol., 636.

Lauredo (Theobaldus de), chevalier. *Arch. adm.*, t. I, 829, 832, 839? t. II, 98.

Laurencia, femme de Huetus de Ponte. *Arch. adm.*, t. III, 437.

Laurent (Jacques), notaire. *Arch. lég.*, IIe part., *statuts*, IIe vol., 696.

Laurentii-Bedelli vicus. *Arch. adm.*, t. I, 514.

Laurentius (Balduinus), chanoine de Mézières. *Arch. adm.*, t. II, 1043.

— chanoine de Liége. *Arch. lég.*, IIe part., *statuts*, 1er vol., 73, 115?

— (Jacobus), jaugeur de vin. *Arch. lég.*, IIe part., *statuts*, 1er vol., 429.

— diacre. *Arch. adm.*, t. I, 387.

— prêtre. *Arch. adm.*, t. I, 365.

— chanoine de Sainte-Nourrice de Reims *Arch. adm.*, t. I, 459. *Arch. lég.*, IIe part., *statuts*, 1er vol., 62, 90.

Laurigny (village de). *Arch. lég.*, 1re part., 900, 919.

Lauro (Renaudus de), voy. Lor (Regnault de).

— (presbyter de). *Arch. adm.*, t. II, 1065.

Lauro (patronagium de). *Arch. adm.*, t. II, 1066, 1068.

— (villa de), voy. Lor (village de).

Lausanna (præpositus de), vide Estenaye (Guillelmus).

Lauscita, femme nommée dans le testament de saint Remi. *Arch. adm.*, t. I, 18.

Lauson (ville de). *Arch. adm.*, t. III, 607 ; voy. Lançon.

Lauta, femme de corps léguée par saint Remi à l'église de Reims. *Arch. adm.*, t. I, 4.

Lauteau (Henry-Barthélemy), official de la cour spirituelle. *Arch. lég.*, IIe part., *statuts*, IIe vol., 635.

Lautrec (ville de). *Arch. lég.*, IIe part., *statuts*, IIIe vol., 628.

— (vicomte de). *Arch. lég.*, IIe part., *statuts*, IIIe vol., 628.

Lauvin (Geoffroy de), seigneur de Blérencourt. *Arch. lég.*, 1re part., 891.

Laval (Jean de), procureur syndic de l'échevinage. *Arch. lég.*, IIe part., *statuts*, 1er vol., 800? 804, 925? 963 ; *statuts*, IIe vol., 651, 682, 693, 694.

— (Nicolas de), notaire. *Arch. lég.*, IIe part., *statuts*, IIe vol., 698, 710.

— (Petrus de), archevêque de Reims. *Arch. lég.*, IIe part., *statuts*, 1er vol., 85, 378, 800. Établi par Louis XI son lieutenant général à Reims, 807. Sa révocation de cette charge, 811, 814. Meurt à Angers, 829, 846 ; *statuts*, IIIe vol., 38, 540.

— (R.... de), élu de Reims. *Arch. lég.*, IIe part., *statuts*, 1er vol., 921, 926.

— (curé de), voy. Servais Bouvier.

— (Guillaume de), notaire. *Arch. lég.*, IIe part., *statuts*, IIe vol., 240.

— (Jean de), ouvrier en soie. *Arch. lég.*, IIe part., *statuts*, IIe vol., 375, 389.

— (Louis de), procureur fiscal de l'arche-

vêque. *Arch. lég.*, ɪɪ^e part., *statuts*, ɪɪ^e vol., 610, 697.

Laval (Charles de). *Arch. adm.*, t. III, 66. *Arch. lég.*, ɪɪ^e part., *statuts*, ɪ^{er} vol., 608.

— -le-Roy (abbé de)., *Arch. lég.*, ɪ^{re} part., 879.

— — Morency (village de). *Arch. adm.*, t. II, 1101; t. III, 591. *Arch. lég.*, ɪ^{re} part., 876, 877, 902, 906; ɪɪ^e part., *statuts*, ɪ^{er} vol., 90, 97.

Lavallée (J.). *Arch. adm.*, t. III, 34.

Lavallis de Morency, vide Laval Morency.

Lavania (Albericus de), grand archidiacre. *Arch. adm.*, t. I, 995, 1076, 1078.

— (Albertus de), archidiacre. *Arch. adm.*, t. I, 1006, 1031, 1037; t. II, 102, 105. *Arch. lég.*, ɪ^{re} part., 311.

Lavanna (Martinus de). *Arch. adm.*, t. II, 403.

— (parochia de). *Arch. adm.*, t. II, 1064.

— (præbendarii de). *Arch. lég.*, ɪɪ^e part., *statuts*, ɪ^{er} vol., 100.

— (Rodulphus de), chanoine. *Arch. lég.*, ɪɪ^e part., *statuts*, ɪ^{er} vol., 349, 362.

— (capitulum de). *Arch. adm.*, t. II, 335.

— (potestates de). *Arch. adm.*, t. II, 386.

— (presbyter de). *Arch. adm.*, t. II, 1063.

Lavannes (village de). *Arch. adm.*, t. I, 380, 1090; t. II, 1063; t. III, 380, 584. *Arch. lég.*, ɪ^{re} part., 754, 876, 889, 902, 906, 909; ɪɪ^e part., *statuts*, ɪ^{er} vol., 99, 104, 715; *statuts*, ɪɪ^e vol., 860.

— (Doyenné de). *Arch. adm.*, t. III, 278. *Arch. lég.*, ɪɪ^e part., *statuts*, ɪ^{er} vol., 715; *statuts*, ɪɪɪ^e vol., 680, 690.

— (cure de), est à la nomination du trésorier de l'église de Reims. *Arch. lég.*, ɪɪ^e part., *statuts*, ɪɪɪ^e vol., 689, 690, 694, 696, 734.

— (chapitre de), voy. Lavanna (capitulum de).

Lavannes (Parressons de). *Arch. adm.*, t. I, 791.

— (doyenné de). *Arch. adm.*, t. III, 278. *Arch. lég.*, ɪɪ^e part., *statuts*, ɪ^{er} vol., 715; ɪɪɪ^e vol., *statuts*, 680, 690.

— (paroisse de), voy. Lavanna (parochia de).

Lavau-le-Roi (village de). *Arch. adm.*, t. I, 1013.

Lavenna, voy. Lavannes.

Lavenne, voy. Lavannes.

— (J.... de), procureur de l'hôtel-dieu de Reims. *Arch. lég.*, ɪɪ^e part., *statuts*, ɪ^{er} vol., 736.

Laverdy, contrôleur général des finances. *Arch. lég.*, ɪɪ^e part., *statuts*, ɪɪɪ^e vol., 417, 639.

Lavergny, voy. Labriniacum.

Laverin (Geoffroy de), abbé de Thenailles. *Arch. lég.*, ɪ^{re} part., 879.

Lavisié (Jehan), bourgeois. *Arch. adm.*, t. III, 894.

Lavocat-le-Tripier, bourgeois. *Arch. adm.*, t. II, 522.

Lavoir, voy. Reims (lavoirs de).

Lavore (Pierre de), chanoine. *Arch. lég.*, ɪɪ^e part., *statuts*, ɪ^{er} vol., 817.

Laya (Sanctus Germanus in). *Arch. adm.*, t. I, 989.

Layca persona. *Arch. adm.*, t. III, 548.

Laye (Olivier de), bailli de Vermandois. *Arch. adm.*, t. II, 1159.

Laynier (J.... le), sergent de la forteresse de Reims. *Arch. lég.*, ɪɪ^e part., *statuts*, ɪ^{er} vol., 858.

Lazarus, vide Sanctus.

— prêtre. *Arch. adm.*, t. I, 194, 196, 197.

Lea, grand vicaire de Saint-Remi. *Arch. lég.*, ɪɪ^e part., *statuts*, ɪɪɪ^e vol., 155.

Lebègue (Jean), doyen du chapitre. *Arch. lég.*, ɪɪ^e part., *statuts*, ɪ^{er} vol., 3.

Lebertus, évêque de Cambray. *Arch. lég.*, ɪɪ^e part., *statuts*, ɪ^{er} vol., 83.

Lebesgue (Jean), menuisier. *Arch. lég.*, iie part., *statuts*, iie vol., 359.

— (René), menuisier. *Arch. lég.*, iie part., *statuts*, iie vol., 359.

— (Denizet), garde de nuit. *Arch. lég.*, iie part., *statuts*, i^{er} vol., 615.

Lebin (Abraham). *Arch. lég.*, iie part., *statuts*, iie vol., 239, 264.

Leblanc (Vincent), seigneur de Vone. *Arch. adm.*, t. II, 1112.

— (Jean), menuisier. *Arch. lég.*, iie part., *statuts*, i^{er} vol., 682, 701, 731 ; iie vol., 359.

— greffier du bailliage de Vermandois. *Arch. lég.*, iie part., *statuts*, iiie vol., 56.

Lebret, conseiller d'État. *Arch. lég.*, iie part., *statuts*, iie vol., 508, 534. Son livre de la Souveraineté allégué, iiie vol., 52, 157?

Lebreton (Colart). *Arch. adm.*, t. II, 808.

Lebrun (Th.), savetier. *Arch. adm.*, t. II, 824.

— (Jacques), charron. *Arch. lég.*, iie part., *statuts*, iie vol., 930.

— (Guillaume), épicier. *Arch. lég.*, iie part., *statuts*, iie vol., 978 ; iiie vol., 94.

— Traité dudit sur la communauté, allégué au sujet des prétentions des notaires de Reims. *Arch. lég.*, iie part., *statuts*, iiie vol., 551.

Leburgis, bienfaiteur de l'église de Reims. *Arch. lég.*, iie part., *statuts*, i^{er} vol., 82.

Lécaille (village de). *Arch. lég.*, iie part., *statuts*, iiie vol., 391.

Lechartier (C....), bourgeois. *Arch. lég.*, iie part., *statuts*, i^{er} vol., 770.

Lechasurier, voy. Chasurier.

Lechat (E.), clerc. *Arch. adm.*, t. II, 535.

— (Jean), majeur de Saint-Nicaise. *Arch. lég.*, i^{re} part., 523, 554, 562.

Lechelle (village de). *Arch. lég.*, i^{re} part., 906.

Lecheron (Gérard), chanoine et aumônier de Saint-Remy. *Arch. lég.*, iie part., *statuts*, i^{er} vol., 770.

Lechesne (Fouquetus). *Arch. adm.*, t. III, 392.

Lecirier (Jean), voy. Cirier.

Leclerc (R....), bourgeois. *Arch. lég.*, iie part., *statuts*, i^{er} vol., 632, 655, 659; iiie vol., 555.

— (Jean), chaudronnier. *Arch. lég.*, *statuts*, iiie vol., 101, 747?

— (Philippus). *Arch. adm.*, t. II, 195, 366.

— (J.), drapier. *Arch. adm.*, t. II, 542.

— (Jehan), religieux cordelier. *Arch. lég.*, iie part., *statuts*, i^{er} vol., 617, 630.

— (Jean), dit Mouet, échevin. *Arch. adm.*, t. III, 678, 688, 705, 833, 841. *Arch. lég.*, iie part., *statuts*, i^{er} vol., 397, 625, 626? 638, 659.

— (Pierre), dit Moet, receveur des aides. *Arch. adm.*, t. III, 834, 836, 837, 841.

— (Gerardus), notaire. *Arch. adm.*, t. II, 621.

— (Colesson), dit Moet. *Arch. adm.*, t. III, 836.

— (Jacquet), sergent du bailliage. *Arch. adm.*, t. III, 841.

— (Claude), curé de Saint-Aignan et Saint-Remy. *Arch. lég.*, i^{re} part., 888.

— (Antoine). *Arch. lég.*, i^{re} part., 896; iie part., *statuts*, iie vol., 535 ?

— voy. Clerc.

Lecoq (Gérard), bourgeois. *Arch. lég.*, iie part., *statuts*, i^{er} vol., 323, 789.

Lecocq (J... R.), quincaillier. *Arch. lég.*, iie part., *statuts*, iiie vol., 358.

Lecointe (le père), historien. *Arch. adm.*, t. I, 26.

— (Pierre), notaire. *Arch. lég.*, iie part., *statuts*, iiie vol., 238, 243.

Lecomte (Henry), épicier. *Arch. lég.*, iie part., *statuts*, iiie vol., 229.

— quincaillier. *Arch. lég.*, iie part., *statuts*, iiie vol., 358.

Lecordier (P.), échevin. *Arch. adm.*, t. III, 311.

Lecorne, homme de loi. *Arch. lég.*, iie part., *statuts*, iiie vol., 747.

Lecornu, prisonnier du chapitre. *Arch. lég.*, i^{re} part., 523.

Lecourt (Pierre), charpentier. *Arch. lég.*, iie part., *statuts*, iiie vol., 671.

Lecroyer, voy. Croyer (le).

Lectionarius. *Arch. adm.*, t. I, 230, 336; voy. Lectionnaire.

Lectionnaire, voy. Saint-Remi (lectionnaire de).

Lector, vide Guillelmus, Heribertus, Stephanus.

Lectus (lit). *Arch. adm.*, t. I, 547; t. II, 869, 922; t. III, 773.

Lécuyer (M.), seigneur de Singly. *Arch. adm.*, t. II, 1077, 1105.

— (Jehan), dit Beauvarlet. *Arch. adm.*, t. III, 841.

— (Jean), lieutenant du bailli de Vermandois. *Arch. lég.*, iie part., *statuts*, iiie vol., 614.

Lecyrot (J....). *Arch. lég.*, iie part., *statuts*, i^{er} vol., 865.

Ledancourt (église de). *Arch. adm.*, t. II, 1075.

Ledieu (O....), receveur. *Arch. lég.*, iie part., *statuts*, i^{er} vol., 908; voy. Dieu.

Ledoux (Claude), conseiller. *Arch. lég.*, iie part., *statuts*, iie vol., 433.

Leduc (Madeleine). *Arch. lég.*, iie part., *statuts*, iiie vol., 56.

Ledulphi-mons, voy. Louvemont.

Ledvidis (alodium). *Arch. adm.*, t. I, 253. *Arch. lég.*, iie part., *statuts*, i^{er} vol., 65.

Ledvidis laica. *Arch. lég.*, iie part., *statuts*, i^{er} vol., 73, 88.

— religieuse. *Arch. lég.*, iie part., *statuts*, i^{er} vol., 79.

Ledvinus, prêtre et chanoine. *Arch. lég.*, iie part., *statuts*, i^{er} vol., 75.

Lefé (Jason). *Arch. lég.*, i^{re} part., 898.

Lefèvre (Jean-Baptiste), tailleur d'habits. *Arch. lég.*, iie part., *statuts*, iie vol., 531.

— (Ægidius), acolyte. *Arch. lég.*, iie part., *statuts*, iie vol., 773.

— (M.). *Arch. lég.*, iie part., *statuts*, iie vol., 948.

— (François), entrepreneur de bâtiments. *Arch. lég.*, iie part., *statuts*, iiie vol., 714, 716.

— (Chantereau), Traité des fiefs dudit allégué. *Arch. adm.*, t. I, 479. *Arch. lég.*, iie part., *statuts*, i^{er} vol., 673; *statuts*, iie vol., 155; *statuts*, iiie vol., 415, 418.

— (C.), professeur en Sorbonne, seigneur de Vantelet. *Arch. adm.*, t. II, 1060.

— (Huet). *Arch. adm.*, t. III, 379.

— (Jacquet), franc sergent. *Arch. adm.*, t. II, 834? 835? t. III, 382.

— voy. Pariset.

— (Philippe), voy. Fèvre.

— (Sébastien), argentier de Soissons. *Arch. lég.*, i^{re} part., 897.

— (Regnault), sergent au bailliage de Laon. *Arch. lég.*, i^{re} part., 897.

— (Christophe), lieutenant général de Coucy. *Arch. lég.*, iie part., *statuts*, iie vol., 508.

— (Charles), lieutenant criminel. *Arch. lég.*, iie part., *statuts*, iie vol., 508.

— (Artus). *Arch. lég.*, iie part., *statuts*, iie vol., 508.

— (Johançonus), voy. Lefèvre (Johannes).

— (Johannes). *Arch. adm.*, t. III, 392.

Arch. lég., iie part., *statuts*, iie vol., 307, 421.

Lefèvre (Magdelain le), curé de Dizy et Champilon. *Arch. lég.*, i^{re} part., 886.

— (Nicole), lieutenant général au bailliage de Goucy. *Arch. lég.*, i^{re} part., 893, 895, 897, 917 ; iie part., *statuts*, i^{er} vol., 770, 771, 775, 780, 786, 793, 795.

Leffincourt (presbyter de). *Arch. adm.*, t. II, 1111.

— (Houlier de). *Arch. lég.*, iie part., *statuts*, i^{er} vol., 345.

— (village de). *Arch. adm.*, t. II, 1114 ; t. III, 16.

— voy. Guiniaut (Jehan de).

— (Alexandre), voy. Lefincurte.

Lefloureit (D.) *Arch. adm.*, t. III, 72.

Lefilz (Pierre), épicier. *Arch. lég.*, iie part., *statuts*, iie vol., 978.

Lefincurte (Alexander de). *Arch. adm.*, t. II, 1037.

Leflanc (J.), maître sergier. *Arch. lég.*, iie part., *statuts*, iie vol., 812.

Leflormier (Jehan). *Arch. lég.*, i^{re} part., 527.

Lefort (J.). *Arch. lég.*, iie part., *statuts*, i^{er} vol., 862.

Lefraisne, voy. Fraisne.

— (P.), cirier et apothicaire. *Arch. lég.*, iie part., *statuts*, i^{er} vol., 629.

Lefranc (Pierre), boulanger. *Arch. adm.*, t. III, 753.

— substitut du procureur fiscal. *Arch. lég.*, iie part., *statuts*, iie vol., 554, 611.

— fabricant. *Arch. lég.*, iie part., *statuts*, iie vol., 859.

Lefricque (Guillain), sellier. *Arch. lég.*, iie part., *statuts*, i^{er} vol., 324.

— (Nicaise), marchand. *Arch. lég.*, iie part., i^{er} vol., 908, 922.

Lefricque (Gérard), peigneur de laine. *Arch. lég.*, iie part., *statuts*, iiie vol., 75.

— (Nicolas), marchand drapier. *Arch. lég.*, iie part., *statuts*, i^{er} vol., 974 ; iie vol., 391, 546? 1048?

— (François), capitaine de la milice bourgeoise. *Arch. lég.*, iie part., *statuts*, i^{er} vol., 458? iie vol., 1014, 1028.

— (Jeanne). *Arch. lég.*, iie part., *statuts*, iie vol., 1022.

— (Pierre), corroyeur. *Arch. lég.*, iie part., *statuts*, i^{er} vol., 322, 323.

— (Évrard), bourgeois. *Arch. lég.*, iie part., *statuts*, i^{er} vol., 324.

Lefridus. *Arch. lég.*, iie part., *statuts*, i^{er} vol., 8.

Légataire, voy. Legatarius.

Legatarius. *Arch. adm.*, t. I, 951 ; t. III, 775.

Legatum (legs). *Arch. lég.*, i^{re} part., 162, 196, 447, 609, 615, 627, 639, 658, 665, 829.

Legatus, vide Sedis Apostolicæ legati.

Legay, huissier. *Arch. lég.*, iie part., *statuts*, iiie vol., 229.

Legeay (Jean-Louis), boulanger. *Arch. lég.*, iie part., *statuts*, iie vol., 161.

Legenda (légende). *Arch. adm.*, t. I, 853.

Légende dorée. *Arch. adm.*, t. III, 743.

Legendre (Nicolas), boulanger. *Arch. lég.*, iie part., *statuts*, iie vol., 162.

Légionnaire, voy. Champagne (légionnaires de).

Legis (Jean), procureur de la ville de Reims. *Arch. lég.*, iie part., *statuts*, i^{er} vol., 527, 625, 629, 633, 636, 637, 640, 645, 646, 649, 652, 655, 657, 677, 733, 745, 947 ; *statuts*, iiie vol., 33?

Legius homo, vide Ligius homo.

Legnier (R....), maître sergier. *Arch. lég.*, iie part., *statuts*, iie vol., 812.

Legois (G....). *Arch. lég.*, 1re part., *statuts*, 1er vol., 671.

Legoix (Remi) , curé de Cernay-les-Reims. *Arch. lég.*, 11e part., *statuts*, 1er vol., 322.

Legouge (Estienne). *Arch. lég.*, 11e part., 529.

— (C....). *Arch. lég.*, 11e part., *statuts*, 1er vol., 677.

Legouvé, avocat. *Arch. lég.*, 11e part., *statuts*, 111e vol., 651, 656, 658.

Legoux (Gaspard), notaire. *Arch. lég.*, 11e part., *statuts*, 111e vol., 270.

Legrand (J....). *Arch. lég.*, 11e part., *statuts*, 1er vol., 630, 733.

— (Ponce), ajusteur des monnaies. *Arch. lég.*, 11e part., *statuts*, 111e vol., 187.

— (Marie). *Arch. lég.*, 11e part., *statuts*, 11e vol., 156.

— (Pierre), chandelier. *Arch. adm.* t. II, 823 ? *Arch. lég.*, 11e part., *statuts*, 11e vol. 485; 111e vol., 57.

— (Ponce), marchand charcutier. *Arch. lég.*, 11e part., *statuts*, 11e vol., 931, 938.

— (Perrart), coutre de Saint-Remi. *Arch. lég.*, 11e part., *statuts*, 1er vol , 247.

Legras (G.), clerc. *Arch. adm.*, t. II, 508.

— (Philippe) , seigneur de Guignicourt. *Arch. lég.*, 1re part., 891.

Legresle (Pierre), curé de Beaumont-sur-Vesle. *Arch. lég.*, 1re part., 884.

Legrinus, bienfaiteur de l'église de Reims. *Arch. lég.*, 11e part., *statuts*, 1er vol., 83.

Legros (François), maître juré tonnelier. *Arch. lég.*, 11e part., *statuts*, 11e vol., 421.

— (Regnault) (connétablie de). *Arch. lég.*, 11e part., *statuts*, 11e vol., 1015.

Legs, voy. Legatum.

Légumes (dîme des), voy. Olerum decima.

Lehan (village de). *Arch. lég.*, 1re part., 891.

Lehère (Robertus de). *Arch. adm.*, t. III, 501.

Leholier (Thomas). *Arch. adm.*, t. III, 392.

Leidradus, moine. *Arch. adm.*, t. I, 36.

Leingne (lieu du). *Arch. lég.*, 1re part., 540, 549, 594.

Lelarge-Lemoine, citoyen de Reims. *Arch. lég.*, 11e part., *statuts*, 111e vol., 746.

— (Remyon le), courtier. *Arch. adm.*, t. II, 301. *Arch. lég.*, 11e part., *statuts*, 1er vol., 780.

— (N.), voy. Large.

— vicaire général du chapitre et curé de Saint-Martin. *Arch. adm.*, t. II, 1051.

— (Claude le). *Arch. lég.*, 1re part., 1058.

— (Antoine), épicier. *Arch. lég.*, 11e part., *statuts*, 11e vol., 991.

— voy. Baudon (Jean dit).

— (connétablie de). *Arch. lég.*, 11e part., *statuts*, 11e vol., 1015.

Leletz (Antoine), chaudronnier. *Arch. lég.*, 11e part., *statuts*, 111e vol., 101.

— (Louis). *Arch. lég.*, 11e part., *statuts*, 111e vol., 101.

— (Jean), voy. Leleux.

Leleu (M.), seigneur de Cernay-lès-Reims. *Arch. adm.*, t. II, 1063.

— (Pierre), bourgeois. *Arch. lég.*, *statuts*, 11e part., 111e vol., 250.

— (Antoine), notaire. *Arch. lég.*, 11e part., *statuts*, 111e vol., 255, 269.

Leleux (Jean), bourgeois. *Arch. lég.*, 11e part., *statuts*, 1er vol., 322 ; *statuts*, 111e vol., 101 ?

Lelièvre (Nicolas), boulanger. *Arch. lég.*, 11e part., *statuts*, 11e vol., 161, 162.

Lelong (le père). *Arch. adm.*, t. I, 35 ? 527, 528.

Leloup (Sulpice), maître tonnelier. *Arch. lég.*, 11e part., *statuts*, 11e vol., 421.

Leluc (Jehannette). *Arch. lég.*, ne part., *statuts*, ne vol., 36.

Lemaire (Jehan), sergent du chapitre. *Arch. adm.*, t. III, 312. *Arch. lég.*, ire part., 490, 511; ne part., *statuts*, ne vol., 375? 453; ne vol., 746.

— (Nicaise), contrôleur du magasin de Laon. *Arch. lég.*, ire part., 896.

Lembin (Arnoulet), bourgeois. *Arch. lég.*, ne part., *statuts*, ier vol., 820.

Lemercier, procureur de l'Université. *Arch. lég.*, ne part., *statuts*, ne vol., 663.

Lemeré (Joseph), menuisier. *Arch. lég.*, ne part., *statuts*, ne vol., 359.

Lemezicurte (parochia de), voy. Melzicourt (paroisse de).

Lemisicourt (presbyter de). *Arch. adm.*, t. II, 1099.

Lemoine (Guillaume), greffier de la prévôté foraine de Laon. *Arch. lég.*, ire part., 897; ne part., *statuts*, ier vol., 455, 481? 489? 836?

— (Jean), clerc de la communauté des tonneliers. *Arch. lég.*, ne part., *statuts*, ne vol., 415, 422; ne vol., 746?

Lemosnier (Jesson), tavernier. *Arch. adm.*, t. III, 842. *Arch. lég.*, ne part., *statuts*, ier vol., 433.

— (Jehan), voy. Lemosnier (Jesson).

Lemovicensis diœcesis. *Arch. lég.*, ne part., *statuts*, ier vol., 107; vide Limoges.

Lemoviensis presbyter, voy. Parvus (Petrus).

Lempereur (Hennequin), sellier. *Arch. adm.*, t. II, 469, 472.

— (Jean). *Arch. lég.*, ne part., *statuts*, ier vol., 870, 885, 897, 898; *statuts*, ne vol., 606; *statuts*, ne vol., 45, 51.

Lenain (Jean), voy. Nain.

Lenermé, notaire. *Arch. lég.*, ne part., *statuts*, ier vol., 231.

Lenfant (Jesson). *Arch. adm.*, t. III, 72.

Lengarde (Gérart de). *Arch. adm.*, t. II, 677.

Lengele (Drouet). *Arch. adm.*, t. III, 308.

Lengermé (M.). *Arch. adm.*, t. II, 493.

Lenglet - Dufrénoy, compilateur. *Arch. adm.*, t. I, 560.

Lenglois (G.). *Arch. adm.*, t. II, 528.

Lenicampo (Gerardus de), chanoine de Mézières. *Arch. adm.*, t. II, 1043.

Lenice (Gabriel), tonnelier. *Arch. lég.*, ne part., *statuts*, ne vol., 422, 424.

Lenin (Augustin). *Arch. lég.*, ne part., *statuts*, ne vol., 162.

Lenoncourt (Robert de), archevêque de Reims. *Arch. adm.*, t. I, 415. *Arch. lég.*, ne part., *statuts*, ier vol., 120, 212? 232; *statuts*, ne vol., 8, 274; *statuts*, ne vol., 5, 11, 330, 618, 661.

— vidame de Reims. *Arch. lég.*, ne part., *statuts*, ier vol., 879; *statuts*, ne vol., 46.

Lenormand (V.), couvreur. *Arch. lég.*, ne part., *statuts*, ier vol., 612.

Leo, pape. *Arch. adm.*, t. I, 144, 184, 187, 188, 189, 193, 194, 196; vide Léon III.

— IV, pape. *Arch. adm.*, t. I, 37, 39.

— IX, pape. *Arch. adm.*, t. I, 96, 208, 256, 258, 267, 982.

— légat d'Adrien II. *Arch. adm.*, t. I, 53, 201, 202.

— écolâtre. *Arch. adm.*, t. I, 276? 283? S'oppose aux prétentions de l'abbé de Saint-Remi, qui attribue à ses moines le droit d'enseigner dans les écoles du bourg de ce nom, 334, 335.

— doyen du chapitre. *Arch. adm.*, t. I, 305, 308, 310, 318, 319, 346. *Arch. lég.*, ne part., *statuts*, ier vol., 67, 80, 84, 95, 120.

— chantre, voy. Leo, écolâtre.

— diacre. *Arch. lég.*, ne part., *statuts*, ier vol., 118.

Leo, néophyte. *Arch. adm.*, t. I, 18? 144, 387? 420? *Arch. lég.*, iie part., *statuts*, i^{er} vol., 104?

— abbas Sancti-Geslini. *Arch. adm.*, t. I, 346, 410.

— abbé de Saint-Denis de Reims. *Arch. adm.*, t. I, 589.

— voy. Reims (Leo de).

Leodecarius, chanoine, vide Leodegarius.

Leodegarius, chanoine. *Arch. adm.*, t. I, 714, 816, 859. *Arch. lég.*, iie part., *statuts*, i^{er} vol., 105, 106? 121?

Leodicensis episcopus, vide Albero; Albertus, Guido, Henricus; voy. Liége (évêques de).

— diœcesis. *Arch. adm.*, t. II, 1092; voy. Liége (diocèse de).

— archidiaconus, vide Amalricus, Galterius.

Leodium, voy. Liége (ville de).

Léon III, pape. Offre à Charlemagne la couronne impériale. *Arch. adm.*, t. I, 109.

Léonard (G....), notable de Reims. *Arch. lég.*, iie part., *statuts*, i^{er} vol., 582.

Leonardus, vide Sanctus.

— (Mattheus), citoyen de Laon. *Arch. adm.*, t. II, 228.

Leoninus, curé de Condren. *Arch. adm.*, t. II, 142.

Lepelitz (seigneurie de). *Arch. lég.*, iie part., *statuts*, iiie vol., 533.

Lephiliponnat, greffier du bailliage du Vermandois. *Arch. lég.*, iie part., *statuts*, iiie vol., 56.

Lepicart (Jean), procureur du roi à Laon. *Arch. lég.*, iie part., *statuts*, i^{er} vol., 321.

Lépine (Charles-Louis), perruquier. *Arch. lég.*, iie part., *statuts*, iiie vol., 194, 198.

Lepoint, épinglier. *Arch. lég.*, iie part., *statuts*, i^{er} vol., 347.

Leporis, chanoine de Mézières. *Arch. adm.*, t. II, 1043.

Lepoyvre (Nicole), procureur du chapitre de Reims, voy. Poivre.

— (P.), avocat. *Arch. lég.*, iie part., *statuts*, iiie vol., 43, 147?

Lèpre. Mesures prises à Reims contre ceux soupçonnés d'être atteints de ladite. *Arch. adm.*, t. III, 322.

Le Prestre, voy. Vau.

Lépreux. *Arch. adm.*, t. I, 378, 380, 402, 426, 446, 447, 886; t. II, 6; t. III, 321, 615. *Arch. lég.*, iie part., *statuts*, iie part., 13; voy. Leprosi.

— (Rogier le). *Arch. lég.*, i^{re} part., 533.

— (foire des); voy. Leprosorum nundina.

Leprévost (Jehan), seigneur de Toutefille. *Arch. lég.*, i^{re} part., 898.

Leprince (N.), sergier. *Arch. lég.*, iie part., *statuts*, iie vol., 859.

Leprosaria, vide Fimeis (leprosaria de).

Leprosariæ de Chastellari domus. *Arch. adm.*, t. II, 1106.

— de Quercu capellania. *Arch. adm.*, t. II, 1111.

— de Mosomo domus. *Arch. adm.*, t. II, 1090.

Léproserie, voy. Saint-Éloy (léproserie de), Sainte-Anne.

Léproseries de Reims (comptes des). *Arch. adm.*, t. II, 1166; t. III, 44.

Leprosi, vide Sancti-Lazari Remensis; Sancti-Medardi; vide Lépreux.

Leprosorum nundina, instituée par l'archevêque de Reims Guillaume II. *Arch. adm.*, t. I, 358, 359. Confirmée par Henry son successeur, 378, 380, 402, 446. Don fait par le même aux lépreux des droits de la foire de Pâques, t. II, 6.

Leprosus, vide Bernadus.

Lequart, bourgeois. *Arch. lég.*, iie part., *statuts*, i^{er} vol., 849.

Lequeux (G.), clerc du bailliage de Vermandois. *Arch. adm.*, t. III, 691, 694, 695. *Arch. lég.*, iie part., *statuts*, iie vol., 968 ; *statuts*, iiie vol., 176 ?

— (Jean), épicier. *Arch. lég.*, iie part., *statuts*, iie vol., 978 ; *statuts*, iiie vol., 92.

— (F....). *Arch. lég.*, iie part., *statuts*, i^{er} vol., 466.

— (Pierre), bourgeois de Reims. *Arch. lég.*, iie part., *statuts*, iiie part., 72.

— gouverneur de Reims. *Arch. lég.*, iie part., *statuts*, iiie vol., 277.

Lequier (M. de), seigneur de Puiseux. *Arch. adm.*, t. II, 1106.

Lereyo (parochia de), voy Lhéry (paroisse de).

— (presbyter de). *Arch. adm.*, t. II, 1060.

Leriche (Pierre), maître cuisinier. *Arch. lég.*, iie part., *statuts*, iie vol., 940, 941.

— (Raoul). *Arch. lég.*, iie part., *statuts*, iie part., 940, 941.

Lerines (Thiébaut), bourgeois. *Arch. adm.*, t. III, 453.

Lermite (Hue), clerc. *Arch. adm.*, t. II, 14.

— (Louis), juré menuisier. *Arch. lég.*, iie part., *statuts*, iie vol., 359.

— (Pierre), menuisier. *Arch. lég.*, iie part., *statuts*, i^{er} vol., 359.

Leroy (T.), charpentier, voir Roy (Thomas le).

— maître couvreur. *Arch. lég.*, iie part., *statuts*, iiie vol., 678.

— (P.), greffier de l'échevinage, voy. Roy (Pierre le).

— (Simon), estaminier. *Arch. lég.*, iie part., *statuts*, iie vol., 226, 227.

— (Pierre), maître tonnelier. *Arch. lég.*, iie part., *statuts*, i^{er} vol., 657 ; *statuts*, iie vol., 417.

Leroy (G.), crieur juré. *Arch. lég.*, iie part., *statuts*, i^{er} vol., 617.

Lery (Cauchon de). *Arch. lég.*, iie part., *statuts*, iiie vol., 390.

— (Simon de). *Arch. adm.*, t. II, 1038.

Lerzy, voy. Lhery.

Lesade (villa de). *Arch. lég.*, iie part., *statuts*, iie vol., 170.

Lesaige (Jehan), curé de Chevesne. *Arch. lég.*, i^{re} part., 886.

Lesbarre (Henricus), clerc. *Arch. lég.*, iie part., *statuts*, i^{er} vol., 354.

Lescacheur (Pierre), religieux de Saint-Remi. *Arch. lég.*, iie part., *statuts*, i^{er} vol., 211.

Lescaille (village de). *Arch. lég.*, iie part., *statuts*, iie vol., 276.

Lescaillon (Alexis), lecteur au séminaire de Reims. *Arch. lég.*, iie part., *statuts*, iie vol., 773.

— (Colesson), sergent du bailliage. *Arch. lég.*, iie part., *statuts*, i^{er} vol., 369, 373.

Lescalopier (César-Charles), intendant de Champagne. *Arch. lég.*, iie part., *statuts*, iie vol., 256, 288, 828, 830, 879 ; *statuts*, iiie vol., 163, 169.

Lescaret (Baudonetus). *Arch. adm.*, t. II, 402.

Lescel (alleu de), voy. Lescellis (alodium de).

Leschamme (four de). *Arch. lég.*, i^{re} part., 509.

Leschopardel (G....), bourgeois. *Arch. lég.*, iie part., *statuts*, i^{er} vol., 717, 730, 740.

Lesclopé (Claude). *Arch. lég.*, iie part., *statuts*, iie vol., 265.

Lescommelart (Adam), boucher. *Arch. lég.*, iie part., *statuts*, i^{er} vol., 998.

— (Gillet), boucher. *Arch. lég.*, iie part., *statuts*, i^{er} vol., 998.

Lescot (Perrart). *Arch. adm.*, t. II, 981. *Arch. lég.*, IIᵉ part., *statuts*, Iᵉʳ vol., 862, 870?

— (Haimart). *Arch. adm.*, t. II, 990.

— (Colin). *Arch. adm.*, t. II, 992.

— (Thomas), bourgeois. *Arch. adm.*, t. III, 80, 97.

— (Baudré), voy. Lescot Baudouin.

— (Johannes), échevin. *Arch. adm.*, t. II, 646, 738, 800? 894, 906, 913, 983, 992, 998; t. III, 255, 256, 257, 836, 890. *Arch. lég.*, IIᵉ part., *statuts*, Iᵉʳ vol., 580, 610, 612, 614, 615, 620, 629, 630, 632, 633, 636, 637, 638, 644, 647, 657, 659, 667, 670, 677, 684, 686, 712, 727, 738, 742, 823, 829, 838, 845, 850, 862, 870.

— (Nicolas), écuyer. *Arch. lég.*, IIᵉ part., *statuts*, Iᵉʳ vol., 633, 741, 758, 835.

— (Claude), chanoine. *Arch. lég.*, Iʳᵉ part., 897; IIᵉ part., *statuts*, IIᵉ vol., 193; *statuts*, IIIᵉ vol., 616.

— (Baudard), voy. Lescot (Baudouin).

— (Baudouin), dit Frouard, échevin. *Arch. adm.*, t. III, 97, 133? 142, 393, 398, 836, 842. *Arch. lég.*, IIᵉ part., *statuts*, Iᵉʳ vol., 397, 615, 657, 748.

— (Baudenet), citoyen de Reims. *Arch. adm.*, t. II, 1193; t. III, 255, 834, 835, 837, 840, 841. *Arch. lég.*, IIᵉ part., *statuts*, Iᵉʳ vol., 413, 667.

— (Guyot), bourgeois. *Arch. adm.*, t. III, 755. *Arch. lég.*, IIᵉ part., *statuts*, Iᵉʳ vol., 350, 352, 355, 362, 620, 645, 650, 654, 667, 672, 677, 686, 702, 740, 750, 770; voy. Lescot (Guy).

— (Guillelmus), chanoine. *Arch. lég.*, IIᵉ part., *statuts*, Iᵉʳ vol., 114.

— (Jacobus). *Arch. adm.*, t. II, 299, 303, 368, 646; t. III, 24. *Arch. lég.*, IIᵉ part., *statuts*, Iᵉʳ vol., 618.

— (Jessonnus), frère du précédent. *Arch. adm.*, t. II, 646.

Lescot (Guy), échevin. *Arch. adm.*, t. II, 666, 670, 701, 720, 738, 759, 802, 828, 982, 984; t. III, 19, 34, 75, 76, 93, 118, 188, 248, 339, 398, 420, 654, 728, 836, 841, 873. *Arch. lég.*, Iʳᵉ part., 494; IIᵉ part., *statuts*, Iᵉʳ vol., 527, 539, 612, 613, 615, 637, 646, 649, 696, 772, 775, 806.

Lescote (Agnès). *Arch. adm.*, t. II, 763, 779.

— voy. Ælipdis.

— (Beatrix), religieuse cordelière. *Arch. adm.*, t. III, 835.

Lescotine (lieu de). *Arch. adm.*, t. II, 699.

Lescure (Antoine-Pierre de La Condamine de), grand archidiacre de Reims. *Arch. lég.*, IIᵉ part., *statuts*, Iᵉʳ vol., 255, 259? 263, 269, 278, 282, 295, 298, 299, 316.

Lescuyer, voy. l'Écuyer.

— (Jean), lieutenant du bailli de Vermandois. *Arch. lég.*, IIᵉ part., *statuts*, IIIᵉ vol., 33.

Lesdarneit (Guiot). *Arch. adm.*, t. I, 768.

— (Hubert). *Arch. adm.*, t. I, 768.

Lesderne (Colesson), fermier des aides. *Arch. lég.*, IIᵉ part., *statuts*, Iᵉʳ vol., 646.

Lesfarques, avocat du conseil du roi. *Arch. lég.*, IIᵉ part., *statuts*, IIᵉ vol., 118.

Lesfleurs (Raulin), notaire. *Arch. lég.*, IIᵉ part., *statuts*, IIIᵉ vol., 253.

— (Louis), notaire. *Arch. lég.*, IIᵉ part., *statuts*, IIIᵉ vol., 253.

Lesgua (Robertus de), gardien royal. *Arch. adm.*, t. I, 511.

Lesmont (village de). *Arch. lég.*, IIᵉ part., *statuts*, IIIᵉ vol., 394.

Lesnicourt (village de). *Arch. adm.*, t. III, 574.

Lespagnol, seigneur de Bezannes. *Arch.*

adm., t. II, 1051. *Arch. lég., statuts*, IIIe vol., 155?

Lespagnol (Jean). *Arch. lég.*, IIe part., *statuts*, Ier vol., 773, 781, 788; *statuts*, IIe vol., 368.

— (Nicolas), marchand drapier. *Arch. lég.*, IIe part., *statuts*, IIe vol., 394, 399, 507, 535? 560? 564.

— voy. Espagnol.

— (Bertrand), marchand. *Arch. lég.*, IIe part., *statuts*, Ier vol., 946.

— (Claude), échevin. *Arch. adm.*, t. III, 697; voy. Bouilly.

— (Claude), procureur du roi. *Arch. lég.*, IIe part., *statuts*, IIe vol., 712, 713.

Lespaulart (Pierre), écolâtre de l'église de Soissons. *Arch. lég.*, Ire part., 897.

Lespaut, voy. Espau.

Lespée (Guillot de l'). *Arch. adm.*, t. II, 675.

— (Adam), curé de Campcelles. *Arch. lég.*, Ire part., 885.

Lesperon (village de). *Arch. adm.*, t. I, 904; t. II, 1072. *Arch. lég.*, Ire part., 876, 906; IIe part., *statuts*, Ier vol., 78, 82, 101.

Lespicier (Nicolas), mercier. *Arch. lég.*, IIe part., *statuts*, IIe vol., 560, 570; *statuts*, IIIe vol., 82.

— (Claude), mercier. *Arch. lég.*, IIe part., *statuts*, IIe vol., 560.

Lespoisse (Nicolas de), procureur de l'archevêque de Reims. *Arch. adm.*, t. III, 383, 682.

Lespré (village de). *Arch. lég.*, IIe part., *statuts*, IIIe vol., 394.

Lesquielles (village de). *Arch. lég.*, Ire part., 888.

— (curé de). *Arch. lég.*, Ire part., 888.

Lesquières S. Vincentii Laudunensis (prior de). *Arch. adm.*, t. II, 635.

Leste (Guillaume). *Arch. adm.*, t. II, 1177.

Lestourneau (Claude). *Arch. lég.*, IIe part., *statuts*, IIIe vol., 251, 263, 266.

Lestre (Garin de). *Arch. lég.*, Ire part., 549.

Lesueur, chanoine de Mézières. *Arch. adm.*, t. II, 1082.

Lesware (Henry), clerc. *Arch. adm.*, t. III, 873.

Letaudus, abbé. *Arch. lég.*, IIe part., *statuts*, Ier vol., 101.

— prêtre. *Arch. lég.*, IIe part., *statuts*, Ier vol., 73.

Letbertus, doyen. *Arch. adm.*, t. I, 292.

Letellier (Ch. Maurice), archevêque de Reims, voy. Tellier.

Letertre, citoyen de Reims. *Arch. lég.*, IIe part., *statuts*, IIIe vol., 746.

Letgardis, comitissa. *Arch. lég.*, IIe part., *statuts*, Ier vol., 81.

Letherus, prêtre et chanoine. *Arch. lég.*, IIe part., *statuts*, Ier vol., 71.

Lethilloy (N.), voy. Thilloy.

Lethinois (Nicolas), huissier. *Arch. lég.*, IIe part., *statuts*, IIe vol., 155, 843.

Lethsendis. *Arch. lég.*, IIe part., *statuts*, Ier vol., 69.

Leti (B.). *Arch. adm.*, t. II, 1051.

Letoina (villa de). *Arch. adm.*, t. I, 29.

Letoldus, archidiacre et chanoine. *Arch. lég.*, IIe part., *statuts*, Ier vol., 74, 82, 98

Letonnelier (Pierret). *Arch. lég.*, Ire part., 528.

Letourneau, voy. Lestourneau.

Letourneur (Pierre), maître juré. *Arch. lég.*, IIe part., *statuts*, IIe vol., 224.

Letsala. *Arch. lég.*, IIe part., *statuts*, Ier vol., 73.

Lettrée (seigneur de), voy. Mathé (François).

Letur, lieutenant général du bailli de Vermandois. *Arch. lég.*, iie part., *statuts*, ier vol., 870.

Leu, voy. Bruant (le).

— (Girart le). *Arch. adm.*, t. II, 805; t. III, 333.

— (Jehan dit le), chef des archers de Reims au siége de Roucy. *Arch. adm.*, t. III, 146.

— (Thibaut le). *Arch. adm.*, t. II, 604.

— (Jehan le) dit Petit-Mosnier. *Arch. adm.*, t. III, 836.

Leuberedus, serf racheté par saint Remi. *Arch. adm.*, t. I, 18.

Leuca, vide Tertia.

Leude (droit de). *Arch. lég.* iie part., *statuts*, iiie vol., 387.

Leudo, diacre et chanoine, *Arch. adm.*, t. I, 241 ? 278? *Arch. lég.*, iie part., *statuts*, ier vol., 72? 92, 99.

— laïque. *Arch. lég.*, iie part., *statuts*, ier vol., 81.

— clerc. *Arch. lég.*, iie part., *statuts*, ier vol., 100.

— vide Theudo, Uncar.

—archidiacre et prévôt.*Arch. lég.*,iiepart., *statuts*, ier vol., 103.

Leudocharius, serf de l'église de Reims. *Arch. adm.*, t. I, 18.

Leudonera, voy. Modoroseva.

Leudovera, serve de l'église de Reims. *Arch. adm.*, t. I, 18.

Leudunus. *Arch. lég.*, iie part., *statuts*, ier vol., 168.

Leudus canonicus, vide Leudo.

Leuilly (villa de). *Arch. adm.*, t. I, 7.

Leuleu, seigneur d'Aubilly. *Arch. adm.*, t. II, 1084.

Leullier, épicier. *Arch. lég.*, iie part., *statuts*, iiie vol., 94.

Leunblus (Herimanus). *Arch. adm.*, t. I, 223.

Leuricus, évêque. *Arch. adm.*, t. I, 207.

Leuroy (Simon de). *Arch. lég.*, ire part., 898.

Leus (Balduinus). *Arch. lég.*, iie part., *statuts*, ier vol., 166.

Leutadus, abbé. Voy. Letaudus.

Leuthadus, serf. *Arch. adm.*, t. I, 35.

Leutholdus. Voy. Leuthadus.

Leutiberedus, vide Leuberedus.

Leuville (Charles Leclerc de). *Arch. lég.*, iie part., *statuts*, iiie vol., 270.

—(Joseph Leclerc de). *Arch. lég.*, iie part., *statuts*, iiie vol., 270.

Leuvinus, doyen. *Arch. adm.*, t. I, 223, 240, 245. *Arch. lég.*, iie part., *statuts*, ier vol., 76, 82? vide Levatius-Leuwinus.

Leuze (Garin de). *Arch. adm.*, t. II, 269.

Leval (Symon), voy. Level.

— (Jean de)dit Mornin, courtier de vins. *Arch. lég.*, iie part., *statuts*, ier vol., 433.

Levarrier (Robert), curé d'Athies. *Arch. lég.*, ire part., 884.

Levasseur (Jacques), curé de Thy. *Arch. lég.*, ire part., 886.

— (C....), bourgeois. *Arch. lég.*, iie part., *statuts*, ier vol., 770.

— (Jean), fermier de la vicomté. *Arch. lég.*, iie part., *statuts*, iiie vol., 307, 326, 332.

Levatius, vide Leuvinus.

Lève. Voy. Pied-Lève.

Level (Symon), tonnelier, t. III, 837, 839.

Levergeur (G.), voy. Vergeur.

— (N.), voy. Vergeur.

Leverrier (P.), échevin. *Arch. adm.*, t. III 728.

— (J....), lieutenant général du bailli de Vermandois. *Arch. lég.*, iie part., *statuts*, ier vol., 678.

Leverrier (G.....), bourgeois, *Arch. lég.*, iie part., *statuts*, i^{er} vol., 775, 780, 789.

—(François), épicier. *Arch. lég.*, iie part., *statuts*, iiie vol., 94.

— (famille de). *Arch. lég.*, iie part., *statuts*, iiie vol., 150.

— Lévesque (Raoul), conseiller échevin. *Arch. lég.*, iie part., *statuts*, iie vol., 635, 1018, *statuts*, iiie vol., 212, 423?

— (Joas), surnommé Lucius, lieutenant du présidial de Reims. *Arch. lég.*, iie part., *statuts*, iie vol., 1010, *statuts*, iiie vol., 150.

— (Rigobert). *Arch. lég.*, iie part., *statuts*, iie vol., 1014, 1028 ; *statuts*, iiie vol., 93.

— (Henry), capitaine de bourgeoisie. *Arch. lég.*, iie part., *statuts*, iie vol., 1020.

— (Antoine), épicier à Reims. *Arch. lég.*, iie part., *statuts*, iiie vol., 93.

— (Henricus), doyen de S. Symphorien. *Arch. adm.*, t. I, 271.

— (R.), maire de Courmonstruel. *Arch. adm.*, t. II, 1141.

— (Guy), curé de S. Martin-L'heureux. *Arch., lég.*, i^{re} part., 886.

— (Jehan), lieutenant du bailli de Vermandois, seigneur de Cuiry. *Arch. lég.*, i^{re} part., 891 ; iie part., *statuts*, iiie vol., 33, 614.

— (Jacques), marchand drapier. *Arch. lég.*, iie part. *statuts*, iie vol., 577.

Levi (patriarche). *Arch. adm.*, t. II, 1024.

Leviel (Gobin). *Arch. lég.*, i^{re} part., 521.

Levoirier (Thiebaut), marchand drapier. *Arch. lég.*, iie part., *statuts*, i^{er} vol., 322.

Levoldus, vicomte. *Arch. adm.*, t. I, 278? Excommunié pour dommages causés par ledit à l'église de Reims, 283, 284, 285.

Levray (J.). *Arch. adm.*, t. III, 138.

Levrier (Robert). *Arch. adm.*, t. I, 10, 62; t. II, 12, 663, 739, 912, 1190 ; t. III, 752, 757, 771, 830, 837, 842. *Arch. lég.*, iie part., *statuts*, i^{er} vol., 698, 730.

— (Robin); voy. Levrier (Robert).

— (Evrart). *Arch. adm.*, t. II, p. 13, 494.

— (Guiotus), bourgeois. *Arch. adm.*, t. II, 201, 298? *Arch. lég.*, iie part., *statuts*, i^{er} vol., 730.

— (Jesson), voy. Levrier (Jehan).

— (Guido), citoyen de Reims. *Arch. adm.*, t. II, 308, 393, 415, 603, 646, 679? 738, 768? 786, voy. Guy.

— (Jacques), voy. Levrier (Jacquet).

— (Jacobus), voy. Levrier (Jacquet).

— (Jacquet). *Arch. adm.*, t. II, 603, 775? 875, 936, 1138; t. III, 149, 180.

— (G., quarrel de la maison de). *Arch. adm.*, t. II, 498.

— (Jehan). *Arch. adm.*, t. II, 269, 298? 1140, 1152; t. III, 240, 303 ?

Levrière (Agnès la). *Arch. adm.*, t. II, 823.

— (Aelis la), religieuse cordelière. *Arch. adm.*, t. III, 835.

Levulfus , vicomte de Triny. *Arch. adm.*, t. I, 317, 318.

— (Ebalus), fils du précédent. *Arch. adm.*, t. I, 306, 317, 319.

Lewinus, voy. Waltef.

— évêque. *Arch. adm.*, t. I, 208.

Levy (Poncelet). *Arch. lég.*, i^{re} part., 506.

— (Charles de). *Arch. lég.*, iie part., *statuts*, iie vol., 546.

Lex , vide Apulia lex, Aquilia, Bellomonte (de), Cornelia, Favia , Julia, Pompeia, Ripuaria, Salica, Vervini.

Lexoviensis episcopus. *Arch. adm.*, t. III, 769.

Lezelinus. *Arch. lég.*, iie part., *statuts*, i^{er} vol., 76.

Lèze-majesté(crime de). *Arch. adm.*, t. I, 6, 116, 158; t. III, 222. *Arch. lég.*, 1re part., 373, 380, 405.

Lezet (Jean), sergent. *Arch. lég.*, IIe part., *statuts*, IIe vol., 296.

Lezy, voy. Lizy.

Lhabitant, voy. Henrion.

Lhère (de), procureur. *Arch. lég.*, IIe part., *statuts*, IIe vol., 566.

Lhery (paroisse de). *Arch. adm.*, t. II, 1056, 1061.

— (prêtre de), voy. Lereyo (presbyter de).

Lhillette, tailleur d'habits. *Arch. lég.*, IIe part., *statuts*, IIe vol., 531.

Lhommedieu (Nicolas), sergent du bailliage. *Arch. lég.*, IIe part., *statuts*, IIe vol., 709.

Lhuilly (seigneur de), voy. Dampierre (Anna de).

Liad (Heribertus), chanoine. *Arch. lég.*, IIe part., *statuts*, 1er vol., 64.

Liard (monnaie). *Arch. lég.*, IIe part., *statuts*, IIIe vol., 119.

Liardeaux (Franciscus), acolyte. *Arch. lég.*, IIe part., *statuts*, IIe vol., 773.

Liart (Pierre), notaire. *Arch. adm.*, t. II, 844, 897, 983, 1006; t. III, 20, 45, 48.

— (ville de). *Arch. adm.*, t. I, 254; t. II, 383. *Arch. lég.*, IIe part., *statuts*, 1er vol., 104, 106.

— (altar de). *Arch. adm.*, t. I, 508.

— (Regnault de), chandellier. *Arch. adm.*, t. III, 835.

— voy. Lyart.

Liber, vide Serviens liber, Persona libera.

— voy. Moysi libri, Sententiarum liber.

— (Thomas). *Arch. lég.*, IIe part., *statuts*, 1er vol., 166.

Libera (presbyter de). *Arch. adm.*, t. II, 1059.

Libera (parochia de). *Arch. adm.*, t. II, 1058, 1061, voy. Loivre (paroisse de).

— (pauperes de). *Arch. adm.*, t. I, 811.

— (molendinum de). *Arch. lég.*, IIe part., *statuts*, 1er vol., 72, 80.

— (villa de), voy. Loivre.

— (Flamiger de), bourgeois. *Arch. adm.*, t. I, 903.

— (Petrus de), voy. Loivre (Pierre de).

— (Milo de), voy. Loivre (Mile de).

Libercy (village de), voy. Librecy.

Libert (Pierre-Nicolas), perruquier. *Arch. lég.*, IIe part., *statuts*, IIIe vol., 193, 194, 199.

Libertas, vide Ecclesiarum libertas, Ecclesiastica, Remensis ecclesiæ libertates, vide libertés.

Libertés, voy. Échevinage de Reims (libertés de l'), Reims (libertés de).

Libra, vide Cathalunensis libra, Laudunensis, Parisiensis, Pravinensis, Remensis, Turonensis.

— argenti. *Arch. adm.*, t. I, 6.

— fortis. *Arch. adm.*, t. I, 881.

Libraire, voy. Reims (libraires de).

Libraria, vide Ecclesiæ Remensis libraria.

Librata, voy. Terræ librata.

Libre, voy. Liber.

Librecy (village de). *Arch. adm.*, t. II, 1082.

Libremont (village de). *Arch. lég.*, 1re part., 908.

Libroiz (Oudardus), citoyen de Reims. *Arch. adm.*, t. III, 240.

Lices. *Arch. adm.*, t. I, 601; t. II, 621, 918; t. III, 353, 355, 356.

Liciæ, vide Lices.

Lictera. *Arch. lég.*, 1re part., 63, 67.

Lié (Godard). *Arch. lég.*, IIe part., *statuts*, IIe vol., 265.

Lié (Adam), habitant de Reims. *Arch. lég.*, IIe part., *statuts*, IIe vol., 469.

Liea. *Arch. adm.*, t. II, 956.

Liébert. voy. Liebertus.

— (Simonet), boucher. *Arch. lég.*, IIe part., *statuts*, Ier vol., 998.

Liebertus (Wychart). *Arch. adm.*, t. I, 792; t. II, 726.

Liége (Lorance de), mercière. *Arch. adm.*, t. II, 826.

— (évêque), voy. Leodicensis episcopus.

— (pays de). *Arch. adm.*, 1040. *Arch. lég.*, IIe part., *statuts*, Ier vol., 769, 788. Louis XI l'affranchit des tailles, 843, 935; *statuts*, IIe vol., 26.

— (Lambert de). *Arch. adm.*, t. III, 48.

— (diocèse de), voy. Leodicensis Diœcesis.

— (archidiacre de), vide Leodicensis archidiaconus.

— (évêché de). *Arch. adm.*, t. I, 289, 313, 330.

— (ville de). *Arch. adm.*, 29; t. II, 333, 773, 917, 1038. *Arch. lég.*, IIe part., 19, 780; *statuts*, Ier vol., 129, 552, 613, 769, 840; IIIe vol., 109, vide Leodium.

— Voy. saint Hubert de.

Liegenoux, bourgeois. *Arch. lég.*, IIe part., *statuts*, IIIe vol., 447, 459.

Liégeois (Wiès le), bourgeois. *Arch. adm.*, t. II, 89.

Liehtinberch, voy. Litebert.

Liéjart (la femme). *Arch. adm.*, t. II, 269.

Liénard (L.). *Arch. adm.*, t. I, 724. *Arch. lég.*, IIe part., *statuts*, Ier vol., 616, 921.

Lienard (Gérardin). *Arch. adm.*, t. III, 842. *Arch. lég.*, IIe part., *statuts*, Ier vol., 578, 630, 637, 646, 655, 657, 667, 701, 709, 733, 754.

Lienardus (Matheus). *Arch. adm.*, t. II, 208.

Liencourt (village de). *Arch. lég.*, Ire part., 890.

Liennard, le couvreur. *Arch. adm.*, t. III, 759, 760.

Liennart (Gérard), voy. Liénard (Gerardin).

Liepure (Nicolas le), maître charron. *Arch. lég.*, IIe part., *statuts*, IIe vol., 589.

— (Everard), maître charron. *Arch. lég.*, IIe part., *statuts*, IIe vol., 589.

Lierval (sieur de), voy. Boussut (J.... de).

Lies, sorte de prestation pour le vinage. *Arch. adm.*, t. I, 911.

Liesramont (Guillaume de). *Arch. adm.*, t. III, 663.

Liessis (Johannes de), abbé de Cantipré. *Arch. lég.*, Ire part., 117.

Liesse (ville de), voy. Lyesse.

Lieu-Franc. *Arch. adm.*, t. II, 966.

Lieu, voy. Barbe-as-Quanne (lieu de), Trésor de Reims, Didry, Croix-à-la-Magdeleine, Croix-Morentienne, Ruisselois, Naux-les-Gomont.

Lieutenant, voy. Bailli de Reims (lieutenant du), Bailliage de Reims, Châlons, Capitaine de Reims, Champagne, Coucy, Habitants de Reims (lieutenant des), Noyon, Présidial de Reims, Police, Rethelois, Ribemont, Saint-Quentin, Vermandois (lieutenant du bailly de).

— de Reims (élection du). *Arch. lég.*, IIe part., *statuts*, IIe vol., 536.

Liévin-à-la-Tache, voy. Tache.

— (Jean). *Arch. lég.*, Ire part., 910.

Lièvre (Robert le). *Arch. adm.*, t. II, 29.

Liezot (Jean), sergent du bailliage. *Arch. lég.*, IIe part., *statuts*, Ier vol., 823; *statuts*, IIe vol., 328, 333.

Ligais (Guillelmus), archidiacre d'Orléans. *Arch. lég.*, IIe part., *statuts*, Ier vol., 101.

Ligay (J.). *Arch. adm.*, t. II, 548.

Liger, voy. Loire.

Ligier de Bardilly-Saint-Pierre, voy. Bardilly.

— grand vicaire de Saint-Remi. *Arch. lég.*, IIe part., *statuts*, IIe vol.; 1047.

—. abbé de Saint-Remi. *Arch. lég.*, IIe part., *statuts*, Ier vol., 263.

Ligietas. *Arch. adm.*, t. I, 516, vide Homagium ligium.

Ligium flumen. *Arch. adm.*, t. II, 634, voy. Loire.

— vide Homagium.

Ligius homo. *Arch. adm.*, t. I, 382, 456, 593, vide Homme lige.

Ligius dominus. *Arch. adm.*, t. I, 480, vide Seigneur lige.

Lignager, voy. Retrait.

Lignart (Mahy). *Arch. adm.*, t. II, 203.

Ligne (pêche à la), droit qu'avaient les bourgeois de Reims de pêcher avec ladite en la rivière des moulins de l'archevêque. *Arch. adm.*, t. III, 796.

— collatérale. *Arch. lég.*, Ire part., 658, 663, 664, 839, 935.

— directe. *Arch. lég.*, Ire part., 663, 847.

— (prince de). *Arch. lég.*, IIe part., *statuts*, IIIe vol., 388.

Ligneyo-in-Imperio (parrochia de), voy. Liny (paroisse de).

Ligniaco-supra-Canchiam (prior de). *Arch. adm.*, t. II, 638.

Lignier (B.). *Arch. adm.*, t. III, 51. *Arch. lég.*, IIe part., *statuts*, Ier vol., 729, 743, 754.

Lignières (Réné de), seigneur de Charus. *Arch. lég.*, Ire part., 894.

Ligny, voy. Logny.

Ligue (la). *Arch. lég.*, IIe part., *statuts*, Ier vol., 479, 712. Les échevins de Paris invitent ceux de Reims à renouveler ladite, 714, 719, 910; les partisans de ladite ne l'emportent dans le conseil de Reims que par le suffrage des gens d'église, 912, 913; établie à Reims sous l'autorité des ducs de Guise et de Mayenne, 932.

Ligus, vide Urbe.

Lilers. *Arch. adm.*, t. II, 639, vide Hamus, prope Lilers.

— (chapitre de), voy. Lisleriis (capitulum de).

Lille (ville de). *Arch. adm.*, t. I, 655; t. II, 28. *Arch. lég.*, IIe part., *statuts*, IIe vol., 876, 943, voy. Ylle, Illi de Imperio.

— (Jean de), potier. *Arch. adm.*, t. III, 106.

Lillet Petrus, voy. Lislet.

Limanton, avocat. *Arch. lég.*, IIe part., *statuts*, IIe vol., 595.

Limbourg, voy. Dreux.

Limet (Pierre). *Arch. adm.*, t. III, 484.

Limezia (Stephanus de), chanoine. *Arch. adm.*, t. II, 475.

Limoges (ville de). *Arch. adm.*, t. III, 482. *Arch. lég.*, IIe part., *statuts*, IIIe vol., 628. Le roi ne possède point de domaine dans ladite, 631.

— (cardinal de), voy. Jehan.

— (diocèse de), voy. Lemovicensis diœcesis.

Limois (Johannes). *Arch. lég.*, Ire part., 170.

Lin (dîme du), voy. Lini decima.

Linage (Pierre), notaire. *Arch. lég.*, IIe part., *statuts*, IIIe vol., 253, 266.

— (Johannes de). *Arch. adm.*, t. II, 243, 257.

Linage (Perrart), orfèvre. *Arch. adm.*, t. III, 842.

— (G....), échevin. *Arch. lég.*, iie part., *statuts*, i^{er} vol., 624, 657, 671, 681, 684, 698, 709, 727, 733.

— (Élie de), receveur des aides. *Arch. lég.*, iie part., *statuts*, i^{er} vol., 629, 632, 645, 647, 654.

Linard (Simon, sergent. *Arch. adm.*, t. I, 727.

Linart (G....), élu de Reims. *Arch. lég.*, iie part., *statuts*, i^{er} vol., 722. *

Lincestre (drap de), vendu dans le commerce à Reims. *Arch. lég.*, iie part., *statuts*, iie vol., 572.

Lincestriæ episcopus, vide Robertus.

Lincolia (A. de). *Arch. adm.*, t. I, 251.

Lindensis ecclesia. *Arch. lég.*, iie part., *statuts*, i^{er} vol., 90.

Linea (ligne à pêcher). *Arch. adm.*, t. I, 823.

Lineyo (capitulum de). *Arch. adm.*, t. II, 1091, voy. Liny.

— (presbyter de). *Arch. adm.*, t. II, 1093.

Lingenies (marquis de). *Arch. lég.*, iie part., *statuts*, iiie vol., 388.

Lingonensis episcopus. *Arch. adm.* t. I, 582. Duc et pair, t. II, 82 ; rang dudit au sacre du roi, 568. *Arch. lég.*, iie part., *statuts*, i^{er} vol., 799, 820 ; *statuts*, iiie vol., 388. Arrêt rendu en faveur dudit concernant les droits de tabellionage, 508, 542, 553, voy. Langres (évêque de), Bruno, Guy, Bernard, Isaac, Rupeforte (Guido de).

Lini decima. *Arch. adm.*, t. I, 397, voy. Lin (dîme du).

Linier (le), voy. Jesson (le), Maruel (J. de), Garde (Pierre le), Adam.

— (Jehan le). *Arch. adm.*, t. II, 762, 804, 829, 841 ? t. III, 393 ?

Linier (Symon le). *Arch. adm.*, t. II, 807.

— (Baudon le). *Arch. adm.*, t. I, 744.

Arch. lég., iie part., *statuts*, i^{er} vol., 709.

Linier (Raulin le). *Arch. adm.*, t. III, 106.

Linières (Adam de), receveur général de l'archevêque. *Arch. adm.*, t. III, 893, 903, 904.

Linolet (Tebaldus), chanoine. *Arch. adm.*, t. I, 295.

Liny (paroisse de), voy. *Arch. adm.*, t. II, 1092, 1093, 1094.

— -sur-Chache (prieur de), voy. Ligniaco supra Canchiam (prior de).

— (chapitre de), voy. Lineyo (capitulum de).

— (prêtre de), voy. Lineyo (presbyter de).

Lioine, chapelain de Notre-Dame, voy. Lion.

Lion, chapelain de Notre-Dame de Reims. *Arch. adm.*, t. II, 424, 526, 530.

Liplaz, bourgeois condamné à faire réparation au chapitre. *Arch. adm.*, t. I, 543.

Liquart (H....). *Arch. lég.*, iie part., *statuts*, i^{er} vol., 862.

Lirense capitulum. *Arch. adm.*, t. II, 640, voy. Liry.

Lireyo (presbyter de). *Arch. adm.*, t. II, 1100.

— (Petrus de). *Arch. lég.*, iie part., *statuts*, i^{er} vol., 76.

Lireyum, voy. Liry.

Liroth (Walterus). *Arch. adm.*, t. I, 315.

Liry. *Arch. adm.*, t. II, 1114, voy. Lireyum.

— (paroisse de). *Arch. adm.*, t. II, 1100.

— (chapitre de), voy. Lirense capitulum.

— (prêtre de), voy. Lireyo (presbyter de).

Lisbonne (ville de). Trouble occasionné dans le commerce de Reims par le

tremblement de terre de ladite. *Arch. lég.*, IIe part., *statuts*, Ier vol., 412. Relations commerciales de Reims avec ladite, *statuts*, IIe vol., 846.

Lisiard (Pierre), maire de Fimes. *Arch. adm.*, t. II, 1243, 1244.

Lisiardus, évêque de Soissons. *Arch. adm.*, t. I, 261, 268.

Lisiars, voy. Corbiaus.

Lisiensis abbas. *Arch. adm.*, t. II, 630.

Lisieux (ville de). *Arch. lég.*, IIe part., *statuts*, IIe vol., 880.

— (évêque de). voy. Lexoviensis episcopus.

Lisle (sieur de). *Arch. lég.*, IIe part., *statuts*, Ier vol., 741.

Lisleriis capitulum. *Arch. adm.*, t. II, 639.

Lislet (Petrus de), chevalier. *Arch. adm.*, t. I, 510, *Arch. lég.*, IIe part., *statuts*, Ier vol., 70, 82, 92.

— (village de). *Arch. lég.*, IIe part., 887, 889, 900.

— (Perrequinus de), écuyer. *Arch. lég.*, IIe part., *statuts*, Ier vol., 100.

Lismodis, bienfaitrice de l'église de Reims. *Arch. lég.*, IIe part., *statuts*, Ier vol., 72.

Lisques (abbas de). *Arch. adm.*, t. II, 639.

Lissey (dîme de), voy. Lissuniis (decima de).

Lisson de Hello (prior de). *Arch. adm.*, t. II, 639.

Lisuniis (decima de). *Arch. adm.*, t. I, 262.

Litebert (castrum de). *Arch. adm.*, t. I, 495, voy. Liehtinberch.

Litta (villa de). *Arch. adm.*, t. I, 177, 310, 313, 437.

Littæ alodium. *Arch. adm.*, t. I, 290, 338.

Litteræ continuatiales. *Arch. lég.*, Ire part., 204.

— vide Dimissoriæ, Expectatoriæ, Obligatoriæ, Recognitoriæ.

Liturgie, voy. Gaules (liturgie des), Rome.

Liudes , voy. Ludes.

Liudet le drapier. *Arch. adm.*, t. II, 823.

Liudfredus, cardinal. *Arch. adm.*, t. I, 289.

Liusarches (Robertus de). *Arch. adm.*, t. I, 374.

Liusdia , voy. Ludes.

— (decima de), vide Ludia.

Liutward, archichancelier sous Charles le Gros. *Arch. adm.*, t. I, 29.

Liverone (altar de). *Arch. adm.*, t. I, 252.

Liversy (chapelle de tolérance de). *Arch. adm.*, t. I, 1070.

Livinis (capella de). *Arch. adm.*, t. I, 263.

Livre, voy. liber.

— blanc du chapitre. *Arch. adm.*, t. I, 300.

— rouge, voy. échevinage (livre R. de).

— parisis, parisiensis libra.

— tournois, voy. turonensis libra.

Livry (fief de). *Arch. adm.*, t. II, 716.

— (château de). *Arch. adm.*, 148.

— (M. de), conseiller du roi. *Arch. lég.*, IIe part., *statuts*, IIIe vol., 420.

— (ville de). *Arch. adm.*, t. II, 1117. *Arch. lég.*, Ire part., 734, IIe part. *statuts*, IIIe vol., 392, 393.

— (église de). *Arch. adm.*, t. II, 1117.

— (chapellenie de). *Arch. adm.*, t. II, 1119.

Lizet (Pierre), avocat du roi. *Arch. lég.*, IIe part., *statuts*, IIe vol., 8.

Lizot (Johannes). *Arch. adm.*, t. I, 837.

Lizy (seigneurie de). *Arch. lég.*, Ire part., 877.

— (curé de), voy. Copineau (Jehan).

Lizy (abbé de), voy. Lisiensis abbas.

Lo (abbas de). *Arch. adm.*, t. II, 639.

Lobach (villa de). *Arch. adm.* , t. I, 326, 330.

Lobbe (village de la). *Arch. adm.* , t. II, 1081.

— (paroisse de la). *Arch. adm.* , t. II. 1082.

— (château de la). *Arch. adm.*, t. II, 1091.

— (prêtre de), voy. Lobia (presbyter de).

— (abbé de), voy. Lobiensis abbas.

— (église de), voy. Lobiensis ecclesia.

Lobe (Jehan de la), échevin. *Arch. adm.*, t. II, 761; 800, 822, 835, 841, 1182, 1188; t. III, 20, 25, 35. *Arch. lég.*, 11ᵉ part., *statuts*, 11ᵉ vol., 239.

— (Robin de la). *Arch. adm.*, t. III, 22, 39, 285.

Lobia (presbyter de). *Arch. adm.*, t. II, 1082.

— (parochia de), voy. Lobbe (paroisse de la).

Lobiensis , vide, Sancti Wlmari.

— monachus. *Arch. lég.* , 1ʳᵉ part., 205, 234, 262.

— (abbas). *Arch. adm.*, t. II , 640. *Arch. lég.*, 1ʳᵉ part., 234.

— (ecclesia). *Arch. lég.*, 1ʳᵉ part., 313.

Lobiné (Regnault), sergent du prévôt. *Arch. adm.*, t. II, 982.

Lobreau , notaire. *Arch. lég.*, 11ᵉ part., *statuts*, 111ᵉ vol., 128.

Loca, vide Sacra, Remorum Loca vicina.

Locagium (louage). *Arch. adm.*, t. II, 1221; t. III , 799.

Locelinus, cordonnier. *Arch. lég.*, 11ᵉ part. *statuts*, 1ᵉʳ vol. , 168.

Lochard , avocat. *Arch. lég.*, 11ᵉ part., *statuts*, 111ᵉ vol., 199.

Lochart (Jean - Baptiste), religieux de S. Remi. *Arch. lég.*, 11ᵉ part., *statuts*, 1ᵉʳ vol., 235.

Loches (Johannes), chapelain de l'église de Mézières. *Arch. adm.*, t. II, 1043.

Loci-restaurati abbas. *Arch. adm.*, t. II, 634.

Loco-Dei (abbas de). *Arch. adm.*, t. II , 637.

Locquart (Pierre), sergent du bailliage. *Arch. lég.*, 11ᵉ part., *statuts*, 11ᵉ vol., 238, 833.

Locus , vide Domibus supra Sequanam (locus de), vide lieu.

Loderea. *Arch. lég.*, 11ᵉ part., *statuts*, 1ᵉʳ vol., 199.

Lodo in Anglia, voy. Londres.

Loe (Sebille la). *Arch. adm.*, t. II, 806.

Lofficial (Jesson). *Arch. lég.*, 1ʳᵉ part., 584.

Loge , voy. Bailli de Reims, Barse , Boulle , Change de Reims, Coiquauts , Coutûre , Échevins de Reims , Prévôt de Reims (loge du).

— (J. de la) , tellier. *Arch. adm.*, t. II, 827.

— (seigneur de la). *Arch. adm.*, t. III , 389.

Logement, voy. gens de guerre (logement des).

Loges (les Petites) [village des]. *Arch. lég.*, 1ʳᵉ part., 906.

— (Rogier des). *Arch. adm.*, t. II , 148.

— (Amellot des). *Arch. adm.* , t. II, 539.

— (Wautier des), laveur. *Arch. adm.*, t. II, 540.

— (Coleson des), voy. Loges (Colart des).

— (Colart des), clerc. *Arch. adm.*, t. II, 135; t. III , 128.

— (maison des). *Arch. adm.*, t. II, 743, 750, 998.

— (Jehan Fagotin des). *Arch. adm.*, t. III, 379. *Arch. lég.*, 11ᵉ part., *statuts*, 1ᵉʳ vol., 730.

Loges S. Bâle (village des). *Arch. lég.*, 1re part., 754.

— (droit de). *Arch. lég.*, 11e part., *statuts*, 1er vol., 299.

Logette (la). *Arch. lég.*, 11e part., *statuts*, 1er vol., 803.

Logia, voy. Loge.

Logiis (parochia de), voy. Grandes Loges (paroisse des).

Logiis (presbyter de). *Arch. adm.*, t. II, 1123.

Logny (Baudry de), chevalier. *Arch. adm.*, t. II, 929.

— (village de). *Arch. adm.*, t. II, 1073, 1081. *Arch. lég.*, 1re part., 876, 903.

— Logny-Bogny (ville de). *Arch. adm.*, t. II, 1074. *Arch. lég.*, 1re part., 906.

— lès-Chaumont (village de). *Arch. lég.*, 1re part., 906.

Loherain (Stéphanus le). *Arch. adm.*, t. II, 1219.

Loi Salique , voy. salica (lex).

— Ripuaire, voy. Ripuaria Lex.

— Gombette , voy. Gondebaud (loi de).

Loial (Adenet), boucher. *Arch. adm.*, t. II, 27, 40.

Loiaus (Adans), voy. Loial.

Loiegnis (Bauduyn de), voy. Loingnis.

Loignis, vide Logny-Bogny.

Loilier (Raoul). *Arch. adm.*, t. II, 603.

— (Pierre). *Arch. adm.*, t. III, 413. *Arch. lég.*, 11e part., *statuts*, 11e vol., 162?

— (Jehan), bourgeois. *Arch. lég.*, 11e part., *statuts*, 1er vol., 595.

Loingnis (Baudouin de), avocat. *Arch. adm.*, t. II, 982, 988, 989, 1002, 1004; t. III, 20.

Lointier, voy. Adenet.

Loire (Fons de). *Arch. adm.*, t. I, 475.

— (Châteauneuf sur).

Loire (rivière de). *Arch. adm.*, t. III, 785, voy. Liger.

— (Thierry le). *Arch. lég.*, 11e part., *statuts*, 11e vol., 238.

Lois (chevalier ès), voy. Gage (Simon).

Loiseau (Arnoul). *Arch. lég.*, 11e part., *statuts*, 11e vol., 297.

— (Guillaume), chanoine et promoteur de Reims. *Arch. lég.*, 11e part., *statuts*, 1er vol., 322.

— jurisconsulte, voy. Loyseau.

Loisel (Bauduyn) *Arch. adm.*, t. II, 806, 1180, 1221. *Arch. lég.*, 11e part., *statuts*, 1er vol., 794.

— (Pierre). *Arch. adm.*, t. III, 179, 673, 702 , voy. Loysel.

— (Girardus). *Arch. adm.*, t. III, 264, 544.

— (Johannes). *Arch. lég.*, 11e part., *statuts*, 1er vol., 794.

— (Marsonne). *Arch. adm.*, t. III, 264, 544.

Loiselet (Johannes). *Arch. adm.*, t. III, 769.

Loison (Charles). *Arch. lég.*, 11e part., *statuts*, 11e vol., 334.

Loisy (Nicole), curé de Saint-Nicolas en-l'Isle. *Arch. lég.*, 1re part., 887.

Loivre (Guido de), bourgeois. *Arch. adm.*, t. II, 492, 736, 805, 810, 811.

— (paroisse de), voir Libera (parochia de).

— (pauvres de), voy. Libera (pauperes de).

— (Symonetus de). *Arch. adm.*, t. II, 737.

— (Gilles de). *Arch. adm.*, t. II, 807, 809, 826, 1193.

— (Raulin de). *Arch. adm.*, t. III, 106.

— (Aubry de). *Arch. adm.*, t. III, 867.

— (village de). *Arch. adm.*, t. I, 1090; t. II, 743; t. III, 108, 586. *Arch. lég.*, 1re part , 754, 876, 901, 906.

Loivre (terroir de). *Arch. lég.* , ɪɪ^e part. , *statuts*, ɪɪɪ^e vol., 31.

— (moulin de), vide Libera (molendinum de).

— (prêtre de), voy. Libera (presbyter de).

— (paroisse de), voy. Libera (parochia de).

— voy. Loyvre.

— (Mile de), échevin. *Arch. adm.* , t. II , 603 , 666 , 679 , 711 , 736? 759 , 775 , 800 , 810 , 825 , 828 , 842 , 860 , 861 , 894 , 895 , 896 , 897, 983 , 984 , 993 , 1199 ; t. III , 17 , 19 , 20 , 22 , 24 , 25 , 28 , 34 , 36 , 39 , 40 , 44 , 71 , 72 , 73 , 105 , 108.

— (Perrecart de) , voir Loivre (Pierre de).

— (Pierre de) , citoyen de Reims. *Arch. adm.* , t. II , 95 , 183 , 185 , 349 , 550 , 736 . 757 , 770 , 861 , 984. *Arch. lég.* , ɪ^{re} part., 333.

Loizy-en-Brie (village de). *Arch. lég.* , ɪɪ^e part., *statuts*, ɪɪɪ^e vol., 390.

Lolier (Jehan), échevin. *Arch. adm.* , t. III , 835 , 839 , 888.

Lolo (H.), tellier. *Arch. adm.* , t. II , 824.

Lombard (Jehan le). *Arch. lég.* , ɪ^{re} part., 528.

— (Raoul). *Arch. lég.* , ɪ^{re} part., 886.

— (J….), dit Gehio. *Arch. lég.* , ɪɪ^e part., *statuts*, ɪ^{er} vol., 730.

Lombardel (Johannes). *Arch. adm.* , t. II , 303, 486? 945.

— (Dionysius), fils du précédent. *Arch. adm.*, t. II , 945.

Lombardians (J. le), voy. Lombardel.

Lombards, voy. Paris (Lombards de).

Lombardus (Willermus), chanoine. *Arch. adm.*, t. I , 491.

— voy. Griverius.

Lombardus (Rolandus) , chanoine de Sainte-Nourrice. *Arch. lég.* , ɪɪ^e part., *statuts*, ɪ^{er} vol., 107.

Lombart, voy. Folé, Vivien (le).

Lombray (village de). *Arch. lég.* , ɪ^{re} part., 891.

Lombus (Marie de), femme de Philippe de Bainne , chevalier. *Arch. adm.* , t. II , 855.

Lomegny (village de). *Arch.. lég.*, ɪ^{re} part., 903.

Lemognier (Jehan), sergent du roi. *Arch. lég.* , ɪɪ^e part. , *statuts*, ɪ^{er} vol. , 589 591.

Lonchamp (baron de), seigneur d'Écordal. *Arch. adm.*, t. II , 1109.

Loncjumel (J.), charpentier. *Arch. adm.* t. II , 489.

Londres (ville de). *Arch. adm.*, t. III , 164, 170 , 172 , 189. *Arch. lég.* , ɪɪ^e part., *statuts*, ɪɪ^e vol., 570, 896.

Longa-Aqua, vide Longueau.

— (prioratus de). *Arch. adm.*, t. I , 811 , 1016 ; t. II , 495, 504.

— (moniales de). *Arch. adm.*, t. I , 1002.

— (molendina de). *Arch. lég.* , ɪɪ^e part. , *statuts*, ɪ^{er} vol. , 170.

— (conventus de). *Arch. adm.* , t. II , 614, vide Longueau (couvent de), Longaignia.

Longat, voir Longet.

Longa-Valle (Balduinus de), chevalier. *Arch. adm.*, t. I , 270.

— (Johanna de), femme du précédent. *Arch. adm.*, t. I , 720.

Longavilla (Johannes de). *Arch. adm.* , t. I , 711.

Longet (Pierre), notaire. *Arch. lég.* , ɪɪ^e part., *statuts*, ɪɪɪ^e vol., 264.

Longeville (ville de). *Arch. adm.* , t. II , 1112.

— (seigneur de), voir Vertus (P…. de).

Longius (Pierre de), boulanger. *Arch. adm.*, t. II, 1179; t. III, 40 ?

Longnis (Perrenon), voy. Longius (Pierre).

Longny (Baudon), écuyer. *Arch. adm.*, t. III, 655.

Longobardus, chanoine et prêtre. *Arch. lég.*, II⁰ part., *statuts*, I⁰ʳ vol., 87.

Longo-Ponte (abbas de). *Arch. adm.*, t. II, 634.

— -Prato (Capitulum de). *Arch. adm.*, t. II, 637.

Longovado (abbas de). *Arch. adm.*, t. II, 634, 1027, 1037, 1110, 1113.

— (parochia de), voy. Longueau (paroisse de).

Longovillari (abbas de). *Arch. adm.*, t. II, 639.

Longpont (abbé de), voy. Longo-Ponte (abbas de).

— (ville de), voy. Longus Pons.

Long-Pré (chapitre de), voy. Longo-Prato (capitulum de).

Longueau (village de). *Arch. adm.*, t. II, 1111. *Arch. lég.*, II⁰ part., *statuts*, III⁰ vol., 391.

— (abbé de), voy. Longo-Vado (abbas de).

— (couvent de). *Arch. adm.*, t. I, 458; *Arch. lég.*, I⁰ part., 918.

— (prieuré de), voy. Longa-Aqua (prioratus de).

— (moulin de), voy. Longa-Aqua (molendinum de).

— (religieuses de), voy. Longa-Aqua (moniales de).

— (paroisse de). *Arch. adm.*, t. II, 1109.

Longueaue (rue de). *Arch. adm.*, t. II, 528; t. III, 623.

— (maison de). *Arch. adm.*, t. I, 15; t. II, 1149.

Longuejoue (Matthieu de), évêque de Soissons. *Arch. lég.*, I⁰ part., 918.

Longueroye (Stephanus), sergent du chapitre. *Arch. adm.*, t. II, 339.

— (lieu de). *Arch. adm.*, t. I, 553.

Longuespée (G.), page de Saint-Pierre. *Arch. adm.*, t. II, 525.

Longuet (Pierre). *Arch. lég.*, II⁰ part., *statuts*, II⁰ vol., 297.

Longueval (village de). *Arch. lég.*, I⁰ʳ part., 887, 890, 900, 901, 920.

— (curé de). *Arch. lég.*, I⁰ part., 887.

— (Philippe de), vicomte de Verneuil. *Arch. lég.*, I⁰ part., 893.

— (Jehan de), seigneur de Thenelles. *Arch. lég.*, I⁰ part., 920.

— (seigneur de). Voy. Boussut (N.... de).

— (Jehan de), abbé de Nogent. *Arch. lég.*, I⁰ part., 880; II⁰ part., *statuts*, II⁰ vol., 331 ?

— clerc. *Arch. lég.*, II⁰ part., *statuts*, I⁰ʳ vol., 876.

Longueville (comte de). *Arch. adm.*, t. III, 675.

— (Pierre de), procureur au siége de Châlons. *Arch. lég.*, I⁰ part., 879? 895, 916.

— (village de). *Arch. lég.*, II⁰ part., *statuts*, III⁰ vol., 393.

— (seigneurie de). *Arch. lég.*, II⁰ part., *statuts*, III⁰ vol., 533.

Longus-Pons. *Arch. lég.*, II⁰ part., *statuts*, I⁰ʳ vol., 93.

Longvillers (abbé de), voy. Longovillari (abbas de).

— (Regnault de), écuyer. *Arch. lég.*, I⁰ part., 920.

Longwé (abbé de), voy. Longueau.

— (village de), voy. Longueau.

— (couvent de), voy. Longueau.

Longwué (paroisse de), voy. Longueau.

Loniot (village de). *Arch. lég.*, I⁰ part., 901.

Lonny (paroisse de), voy. Lonnys (parochia de).

Lonny (prêtre de), voy. Lonnys (presbyter de).

— (chapelle de), voy. Lonnys (capellania
de).

— (forêt de), voy. Looguis (sylva de).

— (mansionnaires de), voy. Loognis (mansionarii).

Lonnys (parochia de). *Arch. adm.*, t. II,
1068.

— (presbyter de). *Arch. adm.*, t. II,
1069.

— (capellania de). *Arch. adm.*, t. II,
1071.

Lonvillé (Regnault de), écuyer, voy. Longvillers.

Loognis (Sylva de). *Arch. adm.*, t. I,
450, voy. Lonny (forêt de).

— (mansionarii de). *Arch. lég.*, IIᵉ part.,
statuts, Iᵉʳ vol., 71.

Loon (village de). *Arch. adm.*, t. II, 838,
840, 842, 843.

Loppin (Phlipot), dit le Paige. *Arch. lég.*,
Iʳᵉ part., 515, 541, 573.

Loques (Johannes). *Arch. adm.*, t. II,
1040, voy. Loquier.

Loquier (Jehan), échevin. *Arch. adm.*,
t. II, 692, 694, 832, 834, 835. *Arch.
lég.*, IIᵉ part., *statuts*, Iᵉʳ vol., 413.

Lor (Jehan de), capitaine de Reims. *Arch.
adm.*, t. II, 1171 ; t. III, 444, 749,
769. *Arch. lég.*, IIᵉ part., *statuts*,
IIIᵉ vol., 35?

— (curé de), voy. Camus (Pierre).

— (autel de). *Arch. adm.*, t. I, 449. *Arch.
lég.*, IIᵉ part., *statuts*, Iᵉʳ vol., 91, 95.

— (patronage de), voy. Lauro (patronagium de).

— (prêtre), vide Lauro (presbyter de).

— (Regnault de), chevalier du roi. *Arch.
adm.*, t. II, 194, 279, 305.

— (Galterus de), voy. Lor (Gaucher de).

— (château de). *Arch. adm.*, t. II, 1066.

Lor (village de). *Arch. adm.*, t. II, 1066.
Arch. lég., Iʳᵉ part., 902, 906, 910.

— (Gaucher de), seigneur de Resson, capitaine du château de Broyes. *Arch.
adm.*, t. I, 1155, 1157 ; t. II, 725.
Arch. lég., IIᵉ part., *statuts*, IIIᵉ vol.,
35.

Lorain (Nicolas le), ouvrier en soie. *Arch.
lég.*, IIᵉ part., *statuts*, IIᵉ vol., 375.

Lorant (Gilet), le boulanger. *Arch. adm.*,
t. I, 533? 765.

— (Jacquet), vergeur de vins. *Arch. adm.*,
t. III, 439, 441, 787. *Arch. lég.*,
IIᵉ part., *statuts*, Iᵉʳ vol., 776.

Lorcignol (Simonet). *Arch. adm.*, t. III,
17.

Loré (Thiébaut), clerc. *Arch. adm.*, t. III,
249.

Lorens (Gilet), fournier, voy. Lorant le
boulanger.

Lorent (Jaquet), voy. Lorant.

Loret (Thomas), franc sergent. *Arch.
adm.*, t. II, 396, 401, 434, 690.

Loriaco (Odo de), évêque de Bayeux et
chanoine de Reims. *Arch. lég.*, IIᵉ part.,
statuts, Iᵉʳ vol., 89.

— (Robertus de). *Arch. lég.*, IIᵉ part.,
statuts, Iᵉʳ vol., 116.

— (Stéphanus de), écolâtre. *Arch. adm.*,
t. I, 780. *Arch. lég.*, IIᵉ part., *statuts*,
Iᵉʳ vol., 117, 122?

Lorimariorum-Vicus. *Arch. lég.*, IIᵉ part.,
statuts, Iᵉʳ vol., 68.

Lorin, voy. Frilon.

— le boucher. *Arch. adm.*, t. II, 25, 26,
38, 120, 522.

— du Bois. *Arch. adm.*, t. II, 349.

— Antoine), vinaigrier. *Arch. lég.*,
IIᵉ part., *statuts*, IIᵉ vol., 315.

— (Carolus), clerc. *Arch. lég.*, IIᵉ part.,
statuts, IIᵉ vol., 773.

— (Ernoulet). *Arch. adm.*, t. II, 856.

Lorinet (Theobaldus). *Arch. adm.*, t. I, 544.

Loriol (ville de). *Arch. lég.*, IIe part., *statuts*, IIIe vol., 634.

Lorion (Charles, dit Duval), monnayeur. *Arch. lég.*, IIe part., *statuts*, IIIe vol., 187.

Lorisse (Guillaume), seigneur de Cirnelles. *Arch. lég.*, Ire part., 895.

Lormannus (R.). *Arch. adm.*, t. II, 617.

Lorme (Guillaume de). *Arch. lég.*, IIe part., *statuts*, IIe vol., 238.

Lormerie (la). *Arch. adm.*, t. II, 380.

— (pignon de). *Arch. adm.*, t. II, 517.

Lormier (J. le). *Arch. adm.*, t. II, 494, voy. Bergier.

Lormy (Quintin). *Arch. lég.*, Ire part., 910.

Lornier (Jean), commis aux tailles. *Arch. adm.*, t. III, 107, 690.

Lorot (J....), sergent de l'échevinage. *Arch. lég.*; IIe part., *statuts*, Ier vol., 861, 862.

Lorquin, potier de terre. *Arch. adm.*, t. III, 835.

Lorrain (Giles le), élu de Reims. *Arch. lég.*, IIe part., *statuts*, Ier vol., 716, 921.

— (Uguenin), l'ormier. *Arch. adm.*, t. II, 827.

— (Symmonins li), voy. Lorrain (Simon le).

— (Haymart le). *Arch. adm.*, t. II, 906, 965.

— (Colin le). *Arch. adm.*, t. II, 906, 965.

— (Simon le), sergent du prévôt. *Arch. adm.*, t. II, 690; t. III, 106, 379, 382.

— Hémart, voy. Lorrain Haymart.

— Colart, voy. Lorrain Colin.

Lorraine (duché de). *Arch. adm.*, t. I, 271, 290; t. II, 1021; t. III, 41, 242, 340, 480. *Arch. lég.*, IIe part., *statuts*, Ier vol., 167, 552, 843; *statuts*, IIe vol., 26, 80; *statuts*, IIIe vol., 742.

Lorraine (Claude de). *Arch. lég.*, IIe part., *statuts*, IIe vol., 367.

— (Henri de), duc de Guise, dit le Balafré. *Arch. lég.*, IIe part., *statuts*, Ier vol., 908, 909. Entrée dudit à Reims pendant les troubles de la ligue, 910, 929, 931. La ville de Reims, sous l'autorité dudit, se réunit à la ligue, 932. Le fils dudit tue le maréchal de Saint-Pol à Reims, *ibid.*, 933.

— (royaume de). *Arch. adm.*, t. I, 96, 101, 136; t. III, 251, voy. Lotharingia.

— (blanc de), monnaie. *Arch. adm.*, t. III, 376.

— (Henry de), archevêque de Reims. *Arch. lég.*, IIe part., *statuts*, Ier vol., 227, 246, 254; *statuts*, IIe vol., 405, 454, 508, 532, 551, 553, 554, 777; *statuts*, IIIe vol., 6, 70, 72, 82, 636.

— (Charles de), cardinal, archevêque de Reims, érige la pénitencerie de son église en dignité. *Arch. adm.*, t. I, 215. *Arch. lég.*, IIe part., *statuts*, Ier vol., 61, 94. Fondation faite par ledit en faveur des chanoines de Reims, 112, 123, 232, 914; *statuts*, IIe vol., 77, 80, 84, 91, 93, 172, 182, 185, 266, 271, 273, 632, 637, 639, 642, 648, 706, 761, 774, 776, 778, 780; *statuts*, IIIe vol., 8, 14, 15, 44, 66, 399? Fonde l'université de Reims, 412, 513, 619, 635, 750.

— (Renée de), abbesse de Saint-Pierre de Reims, voy. Lotharingia (Renata de).

— (Louis de), cardinal de Guise, archevêque de Reims. *Arch. adm.*, t. I, 415, 663, 667. *Arch. lég.*, Ire part., 875, 877, 888, 941, 956, 1004; IIe part., *statuts*, Ier vol., 569, 713, 908, 909; *statuts*, IIe vol., 70, 150,

272, 273, 275, 277, 306, 321, 327, 330, 336, 430, 658, 688, 689, 691, 697, 699, 708, 713, 715, 764, 910, 916; *statuts*, iii⁰ vol., 8, 40, 42, 43, 44, 48, 55, 57, 65, 66, 515, 535, 619, 635.

Lorraine (Bezerne en). *Arch. adm.*, t. II, 895.

— (duc de). Passage dudit à Reims. *Arch. lég.*, ii⁰ part., *statuts*, i⁰ʳ vol., 873, 916; voy. Lorraine (Henry de).

Lorrains (les). Négociation des Rémois avec le seigneur de Vaudemont au sujet desdits. *Arch. adm.*, t. III, 211.

Lorriaco (Stephanus de), vide Loriaco.

— (Robertus de), vide Loriaco.

Lorrignol (Jacques), mégissier. *Arch. lég.*, ii⁰ part., *statuts*, ii⁰ vol., 265, 332.

Lorris (Jehan de), clerc du roi. *Arch. adm.*, t. II, 298, 305, 327, 328.

— (Stephanus de), chanoine. *Arch. lég.*, ii⁰ part., *statuts*, i⁰ʳ vol., 74, 106; vide Loriaco (Steph. de).

— (Renaldus de). *Arch. lég.*, ii⁰ part., *statuts*, i⁰ʳ vol., 107.

Lorry (Raoul de), lieutenant du bailli de Vermandois. *Arch. adm.*, t. III, 33.

Lorsignol (Jacques), mégissier, voy. Lorrignol.

Lort (altar de), vide Lor.

Los (Th. de), échevin. *Arch. adm.*, t. I, 789.

Losanne (Jehan de). *Arch. adm.*, t. II, 1002, 1005, 1036, 1039.

— (Henry de), écuyer. *Arch. adm.*, t. III, 148, 162.

Lospital (G... de), bourgeois. *Arch. lég.*, ii⁰ part., *statuts*, i⁰ʳ vol., 678, 773.

Loste (Estienne). *Arch. adm.*, t. III, 841. *Arch. lég.*, i⁰ᵉ part., 517; ii⁰ part., *statuts*, i⁰ʳ vol., 944.

— (Jean), prieur de Saint-Erme. *Arch. lég.*, i⁰ᵉ part., 881.

Loste (Jehan de). *Arch. lég.*, ii⁰ part., *statuts*, i⁰ʳ vol., 389.

Lot, mesure de vin de Reims, voy. Lotus.

Lothaire, empereur, voy. Lotharius.

Lotharingi, vide Lorrains.

Lotharingia (Renata de), abbesse de Saint-Pierre-aux-Dames. *Arch. lég.*, ii⁰ part, *statuts*, i⁰ʳ vol., 107, 119. S'entretient avec son neveu le duc de Mayenne avant le meurtre du maréchal de Saint-Pol par le duc de Guise, 932.

Lotharingiæ dux, voy. Lorraine (duc de).

Lotharingus (Matheus). *Arch. adm.*, t. I, 328; t. II, 614.

Lotharius rex confirme les priviléges de Saint-Remi. *Arch. adm.*, t. I, 89, 141, 180, 199, 279. *Arch. lég.*, ii⁰ part., *statuts*, i⁰ʳ vol., 99.

— imperator. *Arch. adm.*, t. I, 30, 34, 37, 41, 53, 55. Se réfugie dans le château de Saint-Remi de Reims, 72; 95, 96, 117, 118, 139.

Lotizeau (Jacques), taillandier. *Arch. lég.*, ii⁰ part., *statuts*, ii⁰ vol., 429.

Lotuize, mère de l'abbé Simon. *Arch. adm.*, t. I, 410.

Lotus (mesure de vin). *Arch. adm.*, t. III, 262, 318, 843, 847.

Louage, voy. maisons de Reims (louage des).

Louedieu (Pierre), mercier. *Arch. lég.*, ii⁰ part., *statuts*, ii⁰ vol., 560.

Louet (Émery), conseiller du roi. *Arch. lég.*, ii⁰ part., *statuts*, i⁰ʳ vol., 814.

Louffault (T....), bourgeois. *Arch. lég.*, ii⁰ part., *statuts*, i⁰ʳ vol., 781.

Louis I⁰ʳ le Débonnaire, empereur. Don fait par ledit à sa fille Alpaïde du monastère de Saint-Remi de Reims. *Arch. adm.*, t. I, 12. Nouveaux priviléges accordés par ledit à l'église de Reims, 30, 34, 37, 45, 74. Capitulaire de *Admonitione unius monetæ* dudit, 82, 106,

112, 139, 157. *Arch. lég.*, iie part., *statuts*, iie vol., 75. Se dépouille de ses possessions en faveur des grands, *statuts*, iiie vol., 624.

Louis II, dit le Bègue, empereur. *Arch. adm.*, t. I, 64, 66.

— IV d'Outre-mer se réfugie avec son fils dans le château de Saint-Remi. *Arch. adm.*, t. I, 72, 80, 83. Donation faite par le duc à Artald, archevêque de la comté de Reims, 85, 87, 88, 89, 95, 985; t. III, 821. *Arch. lég.*, iie part., *statuts*, iiie vol., 20.

— VI, le Gros. Confirme un accord relatif à la justice du ban Saint-Remi et de la paroisse Saint-Nicaise. *Arch. adm.*, t. I, 97, 243, 257. Confirme à l'abbaye de Saint-Remi le marché établi sur ledit ban, 260, 273, 275, 283, 285, 287, 592? *Arch. lég.*, iie part., *statuts*, ier vol., 99.

— VII, le Jeune, roi de France. Donne les fossés de la ville à l'abbaye de Saint-Denis de Reims. *Arch. adm.*, t. I, 218, 219, 287, 292, 293, 296, 297, 299, 301, 302, 305, 308, 309, 310, 315, 318, 320, 322, 324, 328, 333, 339, 340, 343, 349, 353, 360, 365, 370, 371, 379, 431, 434, 438, 559, 667, 703. Érige Reims en duché. *Arch. adm.* t. II, 82, 87? *Arch. lég.*, iie part., *statuts*, ier vol., 92. Donne à l'abbaye de Saint-Remi la justice seigneuriale, *statuts*, iie vol., 13, 59, *statuts*, iiie vol., 607.

— VIII, le Lion, roi de France. *Arch. adm.*, t. I, 527, 531, 593? 598? 855? 1025. *Arch. lég.*, iie part., *statuts*, ier vol., 99, 121? *statuts*, iie vol., 43; *statuts*, iiie vol., 627.

— IX. Voy. Saint-Louis.

— X, dit le Hutin, roi de France. *Arch. adm.*, t. II, 30, 155, 160, 164, 169, 171, 176, 179, 190, 194, 197, 206, 209, 211, 212, 216, 227, 234, 256, 258, 284, 288, 364, 477, 884? *Arch. lég.*, iie part., *statuts*, ier vol., 545; *statuts*, iiie vol., 507, 629.

Louis XI, roi de France. *Arch. adm.*, t. I, 11; t. II, 560. *Arch. lég.*, ire part., 605, iie part., *statuts*, ier vol., 235, 407, 474, 486, 664, 668, 669, 761, 764, 766, 797, 807, 814, 825, 843, 950, 958, *statuts*, iie vol., 14. Augmente l'impôt du sel, 16, *statuts*, iiie vol., 38.

— XII, roi de France. *Arch. lég.*, ire part., 653, 913; iie part., *statuts*, ier vol., 475, 694, 850, 853, *statuts*, iiie vol., 39, 527.

— XIII, roi de France. *Arch. adm.*, t. I, 14. *Arch. lég.* iie part., *statuts*, iie vol., 459, 465, 548, 562, 652, 655, 680, 687, 931, 989, *statuts*, ier vol., 199, 229, 463, 467, 480, 483, 571. Confirme les foires franches de Reims, 958, 966, 976, 978. Statuts qu'il accorde aux sergiers de Reims, *statuts*, iiie vol., 82, 84, 88, 175, 276.

— XIV, roi de France. *Arch. adm.*, t. I, 103, 205, 1056. *Arch. lég.*, iie part., *statuts*, ier vol., 461, 464, 467, 509, 942; *statuts*, iie vol., 223, 463? 465, 514, 530, 590, 628, 666, 680, 766, 773, 819, 960, 1097; *statuts*, iiie vol., 102, 122, 175, 276, 339, 488.

— XV, roi de France. Fait fermer la monnaie de Reims. *Arch. adm.*, t. I, 83. *Arch. lég.*, iie part., *statuts*, ier vol., 258, 288, 294, 442, 464, *statuts*, iie vol., 100, 245, 246, 280, 289, 442, 464, 724, 843, 873, *statuts*, iiie vol., 238, 273, 386, 474, 549, 559, 580, 581, 633, 748.

— XVI, roi de France. *Arch. lég.*, iie part., *statuts*, ier vol., 288, 294, 303, 307, 461, 519, *statuts*, iiie vol., 679, 742, 748, 751.

— roi de Germanie, vide Ludovicus Germaniæ rex.

Lounys, voy. Logny.

Loup (Jean le), architecte de la cathédrale de Reims. *Arch. adm.*, t. I, 722.

— (Symonet le). *Arch. adm.*, t. III, 836.

Loupeigne (village de). *Arch. lég.*, 1re part., 892, 903, 919, 920.

Loupeio (dominus de), vide Boursolio (Radulphus de).

Loupines (seigneur de), voy. Harzillecourt (Nicolas de).

Loupvemont, voy. Louvemont.

Loupy (C. de), tellier. *Arch. adm.*, t. II, 824.

— (Raoul de). *Arch. adm.*, t. III, 609; voy. Boursolio (Radulphus de).

— (village de). *Arch. adm.*, t. III, 609. *Arch. lég.*, 11e part., *statuts*, 1er vol., 68.

— -le-Château (ville de). *Arch. lég.*, 11e part., *statuts*, 1er vol., 884.

Lourdeur, voy. Charlet.

Louré (Robin), sergent, voy. Lourez.

Louret (Thomas), prévôt de l'archevêché. *Arch. adm.*, t. II, 368, 370, 693, 700? 768? 903, 907, 917, 941, 1177, 1187? t. III, 70, 72. *Arch. lég.*, 11e part., *statuts*, 1er vol., 427.

— (Jehan), sergier. *Arch. adm.*, t. III, 106. *Arch. lég.*, 1re part., 546; 11e part., *statuts*, 1er vol., 709, 717, 729, 734, 781.

Lourez (Robin), sergent du prévôt de Reims. *Arch. adm.*, t. II, 913, 917; t. III, 70.

Loures (Thomas), voy. Louret.

Lourme (Jehan de). *Arch. adm.*, t. III, 835.

Louvain (Jehan de), potier. *Arch. adm.*, t. III, 106. *Arch. lég.*, 1re part., 595; 11e part., *statuts*, 1er vol., 672, 746, 756.

— (Adam de). *Arch. adm.*, t. III, 656.

— (Jobin), vicomte de Reims. *Arch. lég.*, 11e part., *statuts*, 1er vol., 549, 667? 944.

Louvain (duc de), voy. Lovaniensis dux.

— (Claudius de), doyen de Saint-Symphorien de Reims. *Arch. adm.*, t. I, 271.

Louvemont (village de). *Arch. adm.*, t. I, 177, 218, 221, 242, 269, 313. t. III, 604, 607; *Arch. lég.*, 11e part., *statuts*, 1er vol., 169.

— (Jehan de), commis pour les tailles. *Arch. adm.*, t. III, 706.

— (prévôté de). *Arch. lég.*, 11e part., *statuts*, 1er vol., 182.

— (seigneurie de). *Arch. lég.*, 11e part., *statuts*, 1er vol., 238.

Lovemons, voy. Louvemont.

Louvercy (village de). *Arch. lég.*, 1re part., 754, 860.

— (paroisse de). *Arch. adm.*, t. II, 1117, 1118.

Louvergeyo (parochia de), voy. Louvergny (paroisse de).

Louvergny (M.... de), seigneur de Cernay-lès-Reims. *Arch. adm.*, t. II, 1063.

— (paroisse de). *Arch. adm.*, t. II, 1110, 1111. *Arch. lég.*, 1re part., 906.

— (Jehan de), lieutenant du capitaine de Reims. *Arch. adm.*, t. III, 118, 328.

Louvet, historien. *Arch. lég.*, t. I, 549, 559, 574, 575, 578, 604; t. II, 530.

— (Colin). *Arch. adm.*, t. II, 383.

— (Jehan), barbier. *Arch. adm.*, t. III, 842. *Arch. lég.*, 11e part., *statuts*, 1er vol., 438, 667.

Louvières (seigneurie de). *Arch. lég.*, 11e part., *statuts*, 111e vol., 391.

Louvion (Claude-Joseph), passementier. *Arch. lég.*, 11e part., *statuts*, 111e vol., 306.

Louvoies (Jehan de). *Arch. adm.*, t. II, 906.

Louvoies (Martin de). *Arch. adm.*, t. II, 906.

— (Bernars de), chevalier. *Arch. adm.*, 1015.

— voy. Louvois.

Louvois (autel de). *Arch. adm.*, t. I, 461, 462.

— (village de). *Arch. adm.*, t. I, 862; t. II, 393. *Arch. lég.*, IIe part., *statuts*, Ier vol., 182.

— (église de). *Arch. lég.*, IIe part., *statuts*, Ier vol., 176.

— (dîme de). *Arch. adm.*, t. I, 231. *Arch. lég.*, IIe part., *statuts*, Ier vol., 243, 245.

— (château de). *Arch. lég.*, IIe part., *statuts*, Ier vol., 920.

— (marquis de), seigneur de Rilly-la-Montagne. *Arch. adm.*, t. II, 1117. Seigneur de Bisseuil, 1119, 1121, 1122; surintendant général des bâtiments. *Arch. lég.*, IIe part., *statuts*, IIe vol., 820, 913.

— (chapelle de), voy. Luporumviis (capellania de).

— (paroisse de). *Arch. adm.*, t. II, 1121. *Arch. lég.*, IIe part., *statuts*, Ier vol., 170.

— (abbé de), voy. Tellier (Camille le).

— (prêtre de), voy. Luporumviis (presbyter de).

Louvre, voy. Paris (Louvre de).

Louvrecy (village de), voy. Louvercy.

— (parochia de), voy. Louvercy.

Louvreny (presbyter de). *Arch. adm.*, t. II, 1112, 1117.

Louze (seigneurie de). *Arch. lég.*, IIe part., *statuts*, IIIe vol., 533.

Lovaniensis dux. *Arch. adm.*, t. I, 419. *Arch. lég.*, IIe part., *statuts*, Ier vol., 101; vide Louvain (duc de).

Lovet (Petrus), chapelain, *Arch. lég.*, IIe part., *statuts*, Ier vol., 118.

Lovias (decima de), vide Louvois (dîme de).

Lovois (altar de), vide Louvois (autel de).

Lovoy (Colinet de), cordonnier. *Arch. adm.*, t. III, 14.

— (Isabelet de), bourgeois. *Arch. adm.*, t. III, 15.

— (Baudon de). *Arch. adm.*, t. III, 608.

Loy (village de), voy. Loyes.

Loyal le sergier. *Arch. adm.*, t. II, 531.

Loyalté (Raoul la). *Arch. adm.*, t. II, 809.

Loyaut (R....), tellier. *Arch. adm.*, t. II, 826.

Loyes (village de). *Arch. lég.*, Ire part., 876.

Loyer, voy. Reims (loyers de).

Loyseau (Charles), jurisconsulte, traités des seigneuries dudit allégué. *Arch. lég.*, IIe part., *statuts*, IIIe vol., 13, 17, 28, 61, 508, 539, 540, 613, 623, 632.

Loysel (P....), sergent de la prévôté. *Arch. adm.*, t. III, 15. *Arch. lég.*, IIe part., *statuts*, IIe vol., 508.

— (Herbesson), pelletier. *Arch. adm.*, t. III, 836.

— (Pierre), voy. Loisel (Bauduin).

Loysi (Nicolaus de), chevalier. *Arch. adm.*, t. I, 519.

Loz, prope-insulam (abbas de). *Arch. adm.*, t. II, 640.

Lozanna (Johannes), voy. Losanne (Jean de).

Lu-lez-Reims (village de). *Arch. lég.*, IIe part., *statuts*, Ier vol., 169.

Lucanus Sanctæ Mariæ, lieu relevant de l'église de Reims. *Arch. lég.*, IIe part., *statuts*, Ier vol., 81.

Lucasus (M....). *Arch. adm.*, t. I, 724.

Lucas, abbas Cusiacensis. *Arch. adm.*, t. I, 278, 286, 292.

Lucas, cardinal. *Arch. adm.*, t. I, 289.

— (Claude). *Arch. lég.*, IIe part.; *statuts*, IIe vol., 265.

— (Jehan-Baptiste), consul. *Arch. lég.*, IIe part., *statuts*, Ier vol., 979.

Luce (Stephanus). *Arch. adm.*, t. II, 1037.

— pape, voy. Lucius III.

Lucemburg (Vrolricus, comes de), vide Luxembourg.

Luceron, voy. Braquet.

Luches (village de). *Arch. lég.*, Ire part., 892, IIe part., *statuts*, IIe vol., 368, 693.

— (fief de). *Arch. adm.*, t. I, 415.

— près Thuisy (château de). *Arch. lég.*, IIe part., *statuts*, Ier vol., 806.

Lucheul-en-Ternois (village de). *Arch. adm.*, t. II, 1153.

Lucheux, voy. Lucheul.

Luchocense capitulum. *Arch. adm.*, t. II, 640.

Luchon de Molesmin (prior de). *Arch. adm.*, t. II, 638.

Lucillus, évêque de Melite. *Arch. adm.*, t. I, 149.

Lucifer. *Arch. lég.*, Ire part., 426.

Lucius III, pape. *Arch. adm.*, t. I, 384, 392, 395, 397, 398, 403, 404, 405, 406. Confirme la charte de l'échevinage de Reims. *Arch. lég.*, IIe part., *statuts*, Ier vol., 436; *statuts*, IIe vol., 41, 328.

Lucregny (Mme de). *Arch. adm.*, t. III, 574.

Luda, vide Ludes.

Ludes (seigneur de). La maison dudit servait de réunion aux notables de Reims, élus pour l'imposition des tailles. *Arch. adm.*, t. I, 906. *Arch. lég.*, IIe part., *statuts*, Ier vol., 816, 824.

Ludes (Guido de), miles. *Arch. adm.*, t. I, 855.

Ludes (Renaud de), chevalier. *Arch. adm.*, t. II, 107, 407. *Arch. lég.*, IIe part., *statuts*, Ier vol., 74, 116.

— (Jehan de), chevalier. *Arch. adm.*, t. I, 972.

— (Jacques de) dit le Moine, chevalier. Lègue à Saint-Denis tous ses biens de Champigny. *Arch. adm.*, t. II, 107; t. III, 314.

— (paroisse de). *Arch. adm.*, t. II, 1117.

— (dîme de), voy. Ludia (decima de).

— (village de). *Arch. adm.*, t. I, 855, 1089. *Arch. lég.*, Ire part., 501, 754; IIe part., *statuts*, Ier vol., 715, 806; *statuts*, IIe vol., 865, 963, 968.

— le Boucher. *Arch. adm.*, t. II, 506, 674.

— (Marguet de). *Arch. adm.*, t. II, 779.

— (curé de), voy. Wyet (Pierre).

— (Colart de). *Arch. adm.*, t. III, 13.

— (dîme de), voy. Ludia (decima de).

— (Jacquetus de), voy. Ludes (Jacques de).

— (seigneur de), voy. Fillette (Jacques).

Ludet le Macecrier, voy. Ludes le Boucher.

— (Robert) fèvre. *Arch. adm.*, t. III, 107.

— (N....). *Arch. lég.*, IIe part., *statuts*, Ier vol., 711.

— le Boulanger. *Arch. adm.*, t. I, 892.

Ludi (Henricus), bourgeois. *Arch. adm.*, t. III, 475.

Ludia (Renaudus de), vide Ludes (Renaud de).

— (presbyter de). *Arch. adm.*, t. II, 1117.

— (Simon de). *Arch. lég.*, IIe part., *statuts*, Ier vol., 116.

— (parochia de), voy. Ludes, (paroisse de).

— (decima de). *Arch. adm.*, t. I, 415. *Arch. lég.*, IIe part., *statuts*, Ier vol., 71, 72, 102.

Ludin (Jehan). *Arch. lég.*, i^{re} part., 910.

Ludovicus, diacre et chanoine. *Arch. lég.*, iie part., *statuts*, i^{er} vol., 87.

— (Augustus). *Arch. lég.*, iie part., *statuts*, i^{er} vol., 83.

— Germaniæ rex. *Arch. adm.*, t. I, 39.

— Pius, vide Louis Ier le Débonnaire, empereur.

— IV, voy. Louis IV, d'Outre-Mer.

— VI (le Gros), voy. Louis VI.

— VII, voy. Louis VII, dit le Jeune.

— VIII, voy. Louis VIII.

— Balbus, vide Louis II, dit le Bègue.

Ludowaldus, nommé dans le testament de Saint-Remi. *Arch. adm.*, t. I, 6.

Lucres (capella de). *Arch. adm.*, t. I, 313.

— (ecclesia de). *Arch. adm.*, t. I, 330.

Luèvre (maison de). *Arch. adm.*, t. III, 619.

— (Gérardin de). *Arch. adm.*, t. III, 619.

Luffre (Personnus le). *Arch. adm.*, t. III, 392.

Lugdunense concilium, vide Lyon (concile de).

Lugdunensis ecclesia, voy. Lyon (église de).

— archiepiscopus, vide Remigius, Agobart, Daibertus.

Lugdunensium (provincia), voy. Lyonnais.

Lugduno (Stephanus de), chanoine de Reims. *Arch. adm.*, t. II, 731. *Arch. lég.*, i^{re} part., *statuts*, i^{er} vol., 88.

Lugdunum clavatum. Voy. Laon.

— Voy. Lyon (ville de).

Lugdunus (Petrus), chantre de l'église de Reims. *Arch. lég.*, iie part., *statuts*, i^{er} vol., 101.

Lugny (village de). *Arch. adm.*, t. I, 901.

Arch. lég., iie part., *statuts*, iie vol., 919.

Lugny près Marle (Pierre-Charles, seigneur de). *Arch. lég.*, i^{re} part., 891.

Luhuno-in-Sanguineterso Clugniacensis prior de). *Arch. adm.*, t. II, 637.

Luide (Guillaume de). *Arch. adm.*, t. III, 129.

Luillier (Raoullet). *Arch. adm.*, t. II, 507.

Luilly (village de). *Arch. lég.*, i^{re} part., 886.

— (curé de), voy. Mailly (Jehan de).

— (fief de). *Arch. lég.*, i^{re} part., 894.

Luinus, prêtre et chanoine. *Arch. lég.*, iie part., *statuts*, i^{er} vol., 85.

Luisdia (decima de), vide Ludia.

Luistre, voy. Luître.

Luître (village de). *Arch. adm.*, t. III, 410. *Arch. lég.*, iie part., *statuts*, iiie vol., 390.

Luliaco (Gobertus de), chevalier. *Arch. adm.*, t. I, 999.

Luma de Imperio (presbyter de). *Arch. adm.*, t. II, 1079.

— (parochia de). *Arch. adm.*, t. III, 1078.

— (patronagium de), t. II, 1079.

Lumes (village de). *Arch. adm.*, t. II, 1076.

— (prêtre de), voy. Luma de Imperio (presbyter de).

— (paroisse de), voy. Luma (parochia de).

Luna (Johannes de), chanoine. *Arch. lég.*, iie part., *statuts*, i^{er} vol., 115.

Lund (archevêque de), voy. Lundensis archiepiscopus.

Lundensis archiepiscopus, vide Eskill.

Lundi, fabricant. *Arch. lég.*, iie part., *statuts*, iie vol., 858.

Longus-Mons, lieu des environs de Reims. *Arch. adm.*, t. I, 475.

Lupanar. *Arch. adm.*, t. I, 1110; t. II, 252. *Arch. lég.*, 1re part., 396.

Lupellus, chanoine. *Arch. adm.*, t. I, 367, 374.

Lupimons, vide Louvemont.

Lupivia (altar de), vide Louvois (autel de).

Luponis-Mons, vide Louvemont.

Luporovia, voy. Louvois.

Luporumviis (petrus de), vide Luporu-viis.

— (presbyter de). *Arch. adm.*, t. II, 1120.

— (parochia de), voy. Louvois (paroisse de).

— (capellania de). *Arch. adm.*, t. II, 1123.

Luporuviis (Petrus de), official de Reims. *Arch. adm.*, t. I, 1071, 1076, 1078; t. II, 60, 105. *Arch. lég.*, 1re part., 311.

Lupus (J.), clerc. *Arch. adm.*, t. II, 641.

— évêque de Troyes. *Arch. adm.*, t. I, 8. Nommé dans le testament de Saint-Remi, 15, 18, 19, 22.

Luquin (Giletus), mesureur de foin. *Arch. adm.*, t. II, 312.

Luquin le Mareschal. *Arch. adm.*, t. II, 515.

— -le-Potier, échevin, voy. Potier.

Luquy (G. de), justiciable du chapitre de Reims. *Arch. adm.*, t. II, 339.

— (cense de). *Arch. lég.*, 11e part., *statuts*, 1er vol., 245.

— (Th....), clerc. *Arch. lég.*, 11e part., *statuts*, 1er vol., 341.

— (dîme de). *Arch. adm.*, t. II, 743; t. III, 49.

— (presbyter de). *Arch. adm.*, t. II, 1104.

— (village de). *Arch. adm.*, t. II, 1104.

Luquy (Lyvesson de). *Arch. adm.*, t. III, 97.

— (Pierre de), bourgeois. *Arch. lég.*, 11e part., *statuts*, 11e vol., 479.

Luseloy (bois de), appartient à l'archevêque de Reims. *Arch. adm.*, t. I, 546.

Lusignan (marquis de), seigneur de Sormonne. *Arch. adm.*, t. II, 1069, 1073.

Lusson (J....), bailli de Beaurenoir. *Arch. lég.*, 11e part., *statuts*, 1er vol., 784.

Luternay (village de), voy. Nutrenay.

Luvois, voy. Louvois.

Luvrigny (Johannes de). *Arch. adm.*, t. II, 1067.

Luxembourg (duc de). *Arch. lég.*, 11e part., *statuts*, 1er vol., 909, 910, 911, 916; *statuts*, 11e vol., 389, 394.

— (Vrolricus comes de). *Arch. adm.*, t. I, 325.

— (Jehan de), sire de Beaurenoir. *Arch. lég.*, 11e part., *statuts*, 1er vol., 577, 600, 606, 611? 616, 733, 734, 746.

— (duché du). *Arch. lég.*, 11e part., *statuts*, 1er vol., 673, 693, 698, 935.

— (Louis de), comte de Saint-Pol. *Arch. lég.*, 11e part., *statuts*, Ier vol., 784, 829.

— (Hanequin de), bourgeois. *Arch. adm.*, t. III, 81.

— (Françoise de), princesse d'Aigremont. *Arch. lég.*, 1re part., 920.

— (Waleran de), comte de Saint-Pol, grand-maître des eaux et forêts. *Arch. lég.*, 11e part., *statuts*, 1er vol., 539; *statuts*, 11e vol., 14.

— (ville de). *Arch. lég.*, 11e part., *statuts*, 1er vol., 476, 842.

Luydel le Pelé, voy. Peles.

Luyzy (ecclesia de), vide Luzy (église de).

Luzy (église de). *Arch. adm.*, t. II, 1086.

Lyard (paroisse de). *Arch. adm.*, t. II, 1073.

Lyart (Petrus), notaire, voy. Liart (Pierre).

Lyart (presbyter de). *Arch. adm.*, t. II, 1074.

— (J. de), conseiller municipal. *Arch. lég.*, IIe part., *statuts*, Ier vol., 612, 617, 620, 622, 631, 656, 700.

— (villa de), voy. Liart (villa de).

Lyaue (Renier de), bourgeois. *Arch. adm.*, t. II, 938.

Lyenart (Claude), avocat. *Arch. lég.*, Ire part., 837.

Lyerval (village de), voy. Lierval.

— (seigneur de), voy. Boussut (J..... de).

Lyesse (ville de), voy. Liesse.

Lyeur (Gilles le). *Arch. adm.*, t. III, 284.

Lyévin (Pierre), dit Aubillot. *Arch. lég.*, IIe part., *statuts*, Ier vol., 434.

Lyné, voy. Réponde.

Lynot (Mathurin). *Arch. lég.*, Ire part., 898.

Lyon (ville de). *Arch. adm.*, t. I, 661, 662, 668, 687, 688, 689, 694, 695, 700, 717, 725 ; t. III, 765. *Arch. lég.*, Ire part., 8, 650, IIe part., *statuts*, Ier vol., 86, 650, 805, 848; *statuts*, IIe vol., 200, 285, 690, 818, 895, 943, 992, 1001 ; *statuts*, IIIe vol., 262, 274, 563, 602, vide Lugdunum.

Lyon (orseille de). *Arch. lég.*, IIe part., *statuts*, IIe vol., 892.

— (concile de). *Arch. adm.*, t. I, 237, 238, 567, 670, 735.

— (Adolphe de), seigneur de Chy. *Arch. lég.*, Ire part., 921.

— (presbyter de). *Arch. adm.*, t. II, 1093.

— (Antoine de), prieur de Notre-Dame de Landèves. *Arch. lég.*, Ire part., 881.

— (foire de). *Arch. lég.*, IIe part., *statuts*, Ier vol., 959.

— (église de). *Arch. adm.*, t. I, 7.

— (archevéque de), voy. Lugdunensis, archiepiscopus.

Lyonnais (province du). *Arch. adm.*, t. I, 115. *Arch. lég.*, IIe part., *statuts*, Ier vol., 804.

Lyons (A. de), lieutenant général de Champagne. *Arch. lég.*, IIe part., *statuts*, Ier vol., 707.

Lys-d'or (enseigne du). *Arch. lég.*, IIe part., *statuts*, IIIe vol., 105.

Lysy (Estène de), écuyer. *Arch. adm.*, t. III, 609.

Lyvesson, voy. Luquy.

M.

Maalliaco (Johanes de), l'un des complices des frères de Brienne. *Arch. adm.*, t. II, 141.

Maalmes (Quien J. de). *Arch. adm.*, t. II, 483.

Maascot, lieu des environs de Reims. *Arch. adm.*, t. I, 760.

Mabilia, femme de Hugo, comte de Rethel. *Arch. adm.*, t. I, 621, 622.

Mabillon, historien. Opinion dudit au sujet d'un ancien concile de Reims. *Arch. adm.*, t. I, 93. Au sujet de la charte de l'archevéque Arnulfus, 94, 98. Liturgia Gallicana dudit, allégué, 110, 230, 234, 244, 285, 296, 314, 449.

Mabout, maître des requêtes. *Arch. lég.*, IIe part., *statuts*, IIe vol., 671.

Macaire (Claude), lieutenant de Saint-Quentin. *Arch. lég.*, Ire part., 895.

Macart (Poncardus), homme de Trigny. *Arch. adm.*, t. I, 643.

— (Henricus). *Arch. adm.*, t. I, 643.

— (Perrot). *Arch. adm.*, t. II, 131, 604.

— (Jacques). *Arch. adm.*, t. III, 380. voy. Macquart.

Macart (Nicole), curé de Ynves et de Pré. *Arch. lég.*, 1re part., 883, 885.

Macé, voy. Boutier.

Macedonianus, jurisconsulte. *Arch. lég.*, 1re part., 61.

Macela, uxor Richeri Matricularii. *Arch. lég.*, 11e part., *statuts*, 1er vol., 72, 76 ? 81 ? 172.

— femme de Pepin; legs fait par ladite à N. D. de Reims. *Arch. adm.*, t. I, 508. *Arch. lég.*, 11e part., *statuts*, 1er vol., 63 ? 84.

Macelæ molendinus, vide Macelau (moulin de).

Macelau (moulin de). *Arch. adm.*, t. I, 278, 280, 286, 291.

Maceleau, voy. Macellum.

Maceli (Belangier), prêtre. *Arch. lég.*, 11e part., *statuts*, 1er vol., 114.

Macelina, servante. *Arch. adm.*, t. I, 352.

Macelinus, maréchal. *Arch. adm.*, t. I, 325.

— clerc. *Arch. adm.*, t. I, 669. *Arch. lég.*, 11e part., *statuts*, 1er vol., 100.

Macellis (Theobaudus de). *Arch. adm.*, t. I, 272.

— (Gilbertus de), frère du précédent. *Arch. adm.*, t. I, 272.

— (Heremburgis de), nièce du précédent. *Arch. adm.*, t. I, 273.

Macellum. *Arch. adm.*, t. I, 329. *Arch. lég.*, 11e part., *statuts*, 1er vol., 75, vide Macelau.

Macequerrie, voy. Boucherie.

Maceriæ, vide Mézières.

Maceriense capitulum, vide Mézières (chapitre de).

— canonici, vide Mézières (chanoines de).

Maceriis (parochia de). *Arch. adm.*, t. II, 1075.

— (Thierricus de), avocat. *Arch. lég.*, 1re part., 320.

Maceriis (Jacobus de), chanoine. *Arch. lég.*, 11e part., *statuts*, 1er vol., 75, 116.

— (Petrus de). *Arch. lég.*, 11e part., *statuts*, 1er vol., 117.

— (ecclesia de), vide Mézières (église de).

— (prior de). *Arch. adm.*, t. II, 1028, 1080.

— (decanatus de), voy. Mézières (doyenné de).

— (presbyter de). *Arch. adm.*, t. II, 1075.

Machaenus miles. *Arch. adm.*, t. I, 286, 319.

Machainus, vide Machaenus.

Machart (Jehan), de Compiègne. *Arch. adm.*, t. III, 12, 13.

— (Guillaume), bourgeois. *Arch. adm.*, t. III, 301.

Machau (Denis), bourgeois. *Arch. adm.*, t. II, 299.

— (Jehan de), bourgeois. *Arch. adm.*, t. I, 768, voy. Machault.

Machaudio (parochia de), voy. Machault (paroisse de).

— (presbyter de). *Arch. adm.*, t. II, 1111.

— (Guillelmus de), chanoine. *Arch. adm.*, t. II, 1034; t. III, 31, 369, voy. Machault (Guillaume de).

— (Johannes de), chanoine. *Arch. adm.*, t. III, 103. *Arch. lég.*, 11e part., *statuts*, 1er vol., 106, voy. Machault (Jean de).

Machaudium, vide Machault.

Machault (village de). *Arch. adm.*, t. II, 1108. *Arch. lég.*, 11e part., *statuts*, 1er vol. 107; *statuts*, 111e vol., 391.

— (paroisse de). *Arch. adm.*, t. II, 1108.

— (mesure de). *Arch. adm.*, t. I, 493.

— (Guillaume de), bourgeois. *Arch. adm.*, t. II, 116 ? 824, 831, 833 ? Charles V loge en la maison dudit, t. III, 206.

— (Jean de), jésuite. *Arch. lég.*, 11e part., *statuts*, 11e vol., 697.

— contrôleur général des finances. *Arch. lég.*, 11e part., *statuts*, 11e vol., 842.

Macbaux (Willaume de), voy. Machault (Guill. de).

Machecourt (village de). *Arch. lég.*, ɪʳᵉ part., 887, 899.

Machefain, voy. Brehier.

Machefer (J.). *Arch. adm.*, t. III, 71.

Macheri (P.). *Arch. adm.*, t. II, 302.

Macheromenil (village de). *Arch. adm.*, t. II, 1082.

Machodio (mensura de), voy. Machault (mesure de).

Machoio (altar de). *Arch. adm.*, t. I, 338. *Arch. lég.*, ɪɪᵉ part., *statuts*, ɪᵉʳ vol., 80, 93.

Machoueit (Guillaume), tonnelier. *Arch. adm.*, t. II, 693.

Maciis (Asellinus de), prêtre. *Arch. lég.*, ɪɪᵉ part., *statuts*, ɪᵉʳ vol., 121.

Macillie (G. de), patron de Saint-Hilaire. *Arch. adm.*, t. II, 1116.

Maciot-le-maréchal. *Arch. adm.*, t. I, 744.

Maco (marais de). *Arch. adm.*, t. II, 962.

— (moulin de). *Arch. adm.*, t. II, 962.

Mâcon (ville de). *Arch. adm.*, t. III, 766. *Arch. lég.*, *statuts*, ɪɪɪᵉ vol., 14.

— (évêque de), voy. Matisconensis episcopus.

— (bailliage de). *Arch. lég.*, ɪɪᵉ part., *statuts*, ɪɪᵉ vol., 14.

— (comté de). *Arch. lég.*, ɪɪᵉ part., *statuts*, ɪɪɪᵉ vol., 585, 586.

Maçon (Regnauldin le). *Arch. adm.*, t. III, 836.

Maçons de Reims (statuts des). *Arch. lég.*, ɪɪᵉ part., *statuts*, ɪɪᵉ vol., 479 ; *statuts*, ɪɪɪᵉ vol., 745.

Macquart (Ellebaudus), brasseur. *Arch. adm.*, t. II, 339.

— (Perrot), voy. Macart.

— tailleur d'habits. *Arch. lég.*, ɪɪᵉ part., *statuts*, ɪɪᵉ vol., 531.

Macquart (Jacques), drapier. *Arch. lég.*, ɪɪᵉ part., *statuts*, ɪɪᵉ vol., 796, 806, 810, 811.

Macquenem (Noinville de). *Arch. adm.*, t. II, 111.

Macquigny (village de). *Arch. lég.*, ɪʳᵉ part., 888.

— (curé de). *Arch. lég.*, ɪʳᵉ part., 88.

Macrobius, philosophe et grammairien. *Arch. lég.*, ɪʳᵉ part., 360.

Macteau (Jean), tailleur d'habits. *Arch. lég.*, ɪɪᵉ part., *statuts*, ɪɪᵉ vol., 531.

— (Guillaume), tailleur d'habits. *Arch. lég.*, ɪɪᵉ part., *statuts*, ɪɪᵉ vol., 531.

Macyault (Antoinette de), dame de Chuffilly. *Arch. lég.*, ɪʳᵉ part., 892.

Madelulfus, clerc. *Arch. lég.*, ɪɪᵉ part., *statuts*, ɪᵉʳ vol., 101.

Maderni (Guillemin de). *Arch. adm.*, t. III, 885.

Madianitæ, peuple de l'Arabie. *Arch. adm.*, t. I, 573.

Madrius. *Arch. adm.*, t. III, 87.

Maestrech (cochenille de), employée dans la fabrique de Reims. *Arch. lég.*, ɪɪᵉ part., *statuts*, ɪɪᵉ vol., 891.

Magalonne (cardinal de). *Arch. adm.*, t. III, p. 354.

Magastre (Estienne). *Arch. lég.*, ɪʳᵉ part., 910.

Magdalenæ capella (de), voy. Magdelaine (chapelle de).

Magdebourg (continuateurs de), allégués au sujet d'un opuscule de Gerbert. *Arch. adm.*, t. I, 100.

Magdeburgensis episcopus, vide Nolbertus.

Magdelaine (chartriers de la). *Arch. adm.*, t. II, 504.

— (Baudessons de la). *Arch. adm.*, t. II, 898, 900.

— (Jacques de la), abbé de S. Mange. *Arch. lég.*, ɪʳᵉ part., 879.

— (rue de la). *Arch. adm.*, t. I, 81.

Arch. lég., iie part., *statuts*, i^{er} vol., 568.

Magdelaine (chapelle de la). *Arch. adm.*, t. II, 1050, 1067.

— (curé de la). *Arch. adm.*, t. II, 1149,

— (carré de la). *Arch. adm.*, t. III, 306.

— (paroisse de), voy. Sainte-Magdelaine de Reims.

Mageat frères, maîtres sergiers. *Arch. lég.*, iie part., *statuts*, iie vol., 859.

Magenardus. *Arch. lég.*, iie part., *statuts*, i^{er} vol., 76.

Magenfridus, prêtre et chanoine. *Arch. lég.*, iie part., *statuts*, i^{er} vol., 97.

Maginnet, curé de Saint-Julien. *Arch. lég.*, iie part., *statuts*, i^{er} vol., 267.

Magister, vide Hospitalis-Dei magister, hospitii Regii, operum ecclesiæ, puerorum chori, templi, theologicæ facultate (de).

— scholarum, vide Scholasticus.

Maglonne, voy. Maguelonne.

Magloria, femme de Jacobus de Aiscellis, chevalier. *Arch. adm.*, t. I, 721.

Magna-Mensura. *Arch. lég.*, iie part., *statuts*, i^{er} vol., 88.

Magnan, bourgeois. *Arch. lég.*, iie part., *statuts*, iiie vol., 414.

Magnant (village de). *Arch. lég.*, iie part., *statuts*, iiie vol., 390.

Magneron (Louis). *Arch. lég.*, iie part., *statuts*, iie vol., 238.

Magneux (châtellenie de). *Arch. lég.*, i^{re} part., 875, 893, 903.

Magneux (village de). *Arch. lég.*, i^{re} part. 909, 911.

— (paroisse de). *Arch. adm.*, t. II, 1057, 1061.

— devant Fimes, voy. Mannullis ante Fimeas.

— devant Reims (village de) *Arch. adm.*, t. I, 1090? t. III, 108, 407, 619, 622,

651, 655. *Arch. lég.*, i^{re} part., 754, 876, 906.

Magnien (Jesson le). *Arch. adm.*, t. II 1193.

Magnot (moulin de). *Arch. lég.*, iie part., *statuts*, i^{er} vol.. 806.

Magnus-Campus juxta Marfaulx. *Arch. adm.*, t. I, 886, voy. Grand-Champ.

Magny(seigneurie de). *Arch. lég.*, iie part., *statuts*, iiie vol., 533.

— (M. de). *Arch. lég.*, iie part., *statuts*, iiie vol., 748.

— (village de). *Arch. lég.*, i^{re} part., 839, 919.

— (Maurice). *Arch. lég.*, iie part., *statuts*, iie vol., 315.

— dessous Villers (village de). *Arch. adm.*, t. II, 382.

Maguelonne (M. de). *Arch. lég.*, iie part., *statuts*, i^{er} vol., 648.

Maguyn (Jehan). *Arch. lég.*, i^{re} part.. 910.

Mahaut, nonain d'Origny. *Arch. adm.*, t. III, 764.

Maheline, femme de Robert le boulanger. *Arch. adm.*, t. I, 1126.

Mahelota, femme de Richard de Champigny. *Arch. adm.*, t. II, 105.

Maheu (Guyons), official et chanoine. *Arch. adm.*, t. II; 100.

— la Fernague, voy. Fernague.

Mahiel, valet, voy. Mahuet.

Mahietus, vide Tellier,

Mahieu de Trye, voy. Trye.

Mahin (Thomas), prévôt de Saint-Denis de Reims. *Arch. lég.*, i^{re} part., 878.

—J..., maître sergier. *Arch. lég.*, iie part., *statuts*, iie vol., 860.

Mahuet, valet d'écurie. *Arch. adm.*, t. III, 758, 767.

—(Nicolas), ménétrier. *Arch. lég.*, iie part., *statuts*, iie vol., 278.

Mahuet (Jean), drapier. *Arch. lég.*, iie part., *statuts*, iie vol., 373.

Mahy, voy. Lignart.

Maicelet (J....). *Arch. adm.*, t. III, 832.

Maiel (Jehan du). *Arch. adm.*; t. I, 895.

Maigeusse (la), terre du chapitre de Reims. *Arch. lég.*, iie part., *statuts*, i^{er} vol., 806.

Maigneron (Gérard), bourgeois. *Arch. lég.*, iie part., *statuts*, i^{er} vol., 321.

Maignet (Louis), recteur du collége des jésuites. *Arch. lég.*, iie part., *statuts*, iie vol., 712, 713.

Maigneulx, voy. Magneux.

Maignières (village de). *Arch. lég.*, i^{re} part., 890.

Maigrelet (Gibelinus). *Arch. adm.*, t. III, 41.

Maigret (Jehan). *Arch. adm.*, t. II, 491? 1108.

— (Pierre). *Arch. adm.*, t. II, 604.

— (Balduynus). *Arch. adm.*, t. II, 604, 663, 788, 810, 811, 1007.

— (Thomas), échevin. *Arch. adm.*, t. II, 763, 778, 813, 814; t. III, 19, 34, 41, 68, 73, 108, 174, 188, 240, 303.

— (Jehan), dit Preudhomme. *Arch. adm.*, t. II, 779, 927, 930, 932; voy. Maigret (Johannes).

— (Johannes), dictus Cuquerel. *Arch. adm.*, t. II, 927, 930, 932; t. III, 393, 398.

— (Jehan), dit Dodin, bourgeois. *Arch. adm.*, t. II, 1217, 1237; t. III, 501, 664, 667.

— fief du chapitre de Reims. *Arch. adm.*, t. III, 583.

— (Estienne). *Arch. lég.*, i^{re} part., 895, 900? 918, iie part., *statuts*, iie vol., 390?

Maigrot (Radulphus). *Arch. adm.*, t. II, 195.

— (Jehan), voy. Maigret.

Mailart (François), bourgeois. *Arch. lég.*, iie part., *statuts*, i^{er} vol., 209.

Maillart, voy. Stenay (Maillard de).

— (Jean), religieux de Saint Remi. *Arch. lég.*, iie part., *statuts*, i^{er} vol., 203, 210, 217, 219, 227, 230.

— (Gilet). *Arch. adm.*, t. III, 488.

— (Pierre), clerc du roi. *Arch. adm.*, t. I, 597; t. II, 110. *Arch. lég.*, iie part., *statuts*, iie vol., 239, 279?

— (Jehan), cordonnier. *Arch. adm.*, t. III, 105.

— (Pierre), retendeur. *Arch. lég.*, iie part., *statuts*, iiie vol., 124.

Maillatus (Petrus), vide Maillart (Pierre).

Maille (monnaie). *Arch. adm.*, t. III, 722. *Arch. lég.*, i^{re} part., 542.

— Parisis. *Arch. adm.*, t. II, 250.

— de Reims. *Arch. adm.*, t. I, 83.

Maillefer (Jean), le jeune, capitaine de l'arbalète. *Arch. lég.*, iie part., *statuts*, i^{er} vol., 324, 865? 904, 922. *statuts*, iiie vol., 639? 660?

— voy. Suthaine.

— (Jean), marchand drapier. *Arch. lég.*, iie part., *statuts*, iie vol., 394, 559, 564? 801, 1014, 1021, 1028.

— (Nicaise), conseiller. *Arch. lég.*, iie part., *statuts*, iie vol., 535, 809, 996, 999? 1010? 1048? *statuts*, iiie vol., 154, 423.

— (Jacqueline), veuve de Remy le Poivre. *Arch. lég.*, iie part., *statuts*, iie vol., 566.

— (Charles), mercier. *Arch. lég.*, iie part., *statuts*, iie vol., 566, 570, 858.

— (Jean-Baptiste), procureur du roi. *Arch. lég.*, iie part., *statuts*, iie vol., 966, 1021; *statuts*, iiie vol., 440, 446, 438.

— (Henry). *Arch. lég.*, iie part., *statuts*, iie vol., 1014, 1028.

Mailles (R. des), sergent du prévôt. *Arch. adm.*, t. III, 690.

Maillet (Ponce), maître tonnelier. *Arch. lég.*, iie part., *statuts*, iie vol., 408.

— (J....), fermier des vins. *Arch. lég.*, iie partie, *statuts*, i^er vol., 611, 646, 743.

Mailliaco (Hugo de), chanoine d'Avenay. *Arch. adm.*, t. II, 1045.

Mailly (C.... de), bailli de Vermandois. *Arch. lég.*, iie part., *statuts*, i^er vol., 600.

— (V.... de), bourgeois. *Arch. lég.*, iie part., *statuts*, i^er vol., 832.

— (presbyter de). *Arch. adm.*, t. II, 1117.

— (Jehan de), curé de Luilly. *Arch. lég.*, i^re part., 886, 893?

— (paroisse de). *Arch. adm.*, t. II, 1118.

— (Balduinus de). *Arch. lég.*, iie part., *statuts*, i^er vol., 88, 97.

— (François de), archevêque de Reims. *Arch. lég.*, iie part., *statuts*, iie vol., 75, 650, 788; *statuts*, iiie vol., 135, 151, 167, 170, 171, 386, 400, 404, 408, 410, 437, 459.

— (ville de). *Arch. adm.*, t. I, 1090; t. II, 382; t. III, 585. *Arch. lég.*, i^re part., 755, 876, 902, 906, 911; iie part., *statuts*, i^er vol., 63, 84, 175; *statuts*, iie vol., 963, 968.

— (dîme de). *Arch. lég.*, iie part., *statuts*, i^er vol., 68, 71, 97, 103.

— (Perrart de). *Arch. adm.*, t. II, 509.

— (Colesson de). *Arch. adm.*, t. III, 128.

— (Antoine de), sénéchal de Saint-Quentin. *Arch. lég.*, i^re part., 890, 891.

— (Udericus). *Arch. lég.*, t. I, 410.

— (Jean Prioul de). *Arch. adm.*, t. II, 304? 483; t. III, 128, 130.

— (Jehan Peier de). *Arch. adm.*, t. III, 129.

— voir Gloies (Pierre des).

— voy. Malliacum.

Maimart (J.), boulanger. *Arch. adm.*, t. II, 300.

Maimbresson (Despert de), lieutenant du prévôt de Laon. *Arch. adm.*, t. III, 892.

Mainardus, prêtre. *Arch. adm.*, t. I, 241, 245. *Arch. lég.*, iie part., *statuts*, i^er vol., 69.

— laïque. *Arch. lég.*, iie part., *statuts*, i^er vol., 88.

Mainbour (Jehan le). *Arch. adm.*, t. II, 672.

— (Jesson), voy. Mainbour (Jehan le).

Mainbrecis (parochia de), voy. Mainbressy (paroisse de).

— (presbyter de). *Arch. adm.*, t. II, 1081.

Mainbreçon, voy. Mainbresson.

Mainbrecy, voy. Mainbressy.

Mainbresson (village de). *Arch. adm.*, t. II, 1082. *Arch. lég.*, i^re part., 885? 890, 906.

Mainbressy (paroisse de). *Arch. adm.*, t. II, 1083.

— (prêtre de), voy. Mainbrecis (presbyter de).

— (village de). *Arch. adm.*, t. II, 1082. *Arch. lég.*, i^re part., 89, 901, 906, 911; iie part., *statuts*, iiie vol., 391.

Mainburnia. *Arch. adm.*, t. III, 339. *Arch. lég.*, i^re part., 36, 39, 40, 311; vide Tutela.

Mainburniator. *Arch. lég.*, i^re part., 37, 39; vide Tutor.

Maincleval (lieu de). *Arch. adm.*, t. III, 622.

Maine (M. du), seigneur de Tailly. *Arch. adm.*, t. II, 1094.

— (province du). *Arch. adm.*, t. II, 329.

— (coutume du). *Arch. lég.*, iie part., *statuts*, iiie vol., 383.

Mainerius, vide Mainerus.

Mainerus, clerc. *Arch. adm.*, 491 ? *Arch. lég.*, iie part., *statuts*, i^{er} vol., 68, 87, 167? 171?

Mainelx, voy. Magneux.

Maineville-sur-Aisne (village de). *Arch. adm.*, t. III, 574.

— -aux-Prez (village de). *Arch. lég.*, i^{re} part., 885.

— -aux-Prez (curé de), voy. Grandaillier (Loys).

Mainfroy. *Arch. lég.*, i^{re} part., 452.

Maingneux (Lambertus de). *Arch. adm.*, t. II, 737.

Maingnien (Jehan le). *Arch. adm.*, t. II, 302, 539.

— (Person le), conseiller. *Arch. lég.*, iie part., *statuts*, i^{er} vol., 637, 730.

Maingot (Philippe), ouvrier en soie. *Arch. lég.*, iie part., *statuts*, iie vol., 375.

— (Nicolas), ouvrier en soie. *Arch. lég.*, iie part., *statuts*, iie vol., 375, 570.

— (Poncelet), marchand mercier. *Arch. lég.*, iie part., *statuts*, iie vol., 560, 564.

Mainieux-devant-Reims, voy. Magneux.

Mainiex (les), voy. Magneux (village de).

— (Jacques des). *Arch. adm.*, t. II, 785, 903.

— (Jehan des), bourgeois. *Arch. adm.*, t. II, 92; t. III, 105, 394, 398, 449, 452.

Mainil, voy. Mesnil.

Mainildis, laica. *Arch. lég.*, iie part., *statuts*, i^{er} vol., 74.

Mainillum, voy. Mesnil.

Mainius (Drouyn des). *Arch. adm.*, t. I, 1094.

— (Lambert des), échevin. *Arch. adm.*, t. II, 14, 135.

— (Jehessons des), voy. Meniex (Jehan de).

Mainmorte, voy. Manus mortua.

Mainmotte (Colin). *Arch. adm.*, t. II, 900.

Mainnien, voy. Maingnien.

Mainnier, bourgeois. *Arch. adm.*, t. I, 744.

— -dessous-les-Vilers (village de). *Arch. adm.*, t. II, 382; voy. Magny.

Mainricus, vide Mauricius.

Mainsidis. *Arch. lég.*, iie part., *statuts*, i^{er} vol., 69.

Maira (Riquardus). *Arch. lég.*, iie part., *statuts*, i^{er} vol., 166.

Maire de Reims (élection du). *Arch. lég.*, iie part., *statuts*, iie vol., 995.

— (lieutenant du). Les fonctions et privilèges dudit passent au vice-maire. *Arch. lég.*, iie part., *statuts*, iie vol., 997.

— voy. Reims (maire de); voy. Majeur.

— (Jehan le Moyne de), écuyer. *Arch. adm.*, t. III, 661.

— (Jehan le), procureur. *Arch. adm.*, t. III, 841, 842. *Arch. lég.*, iie part., *statuts*, i^{er} vol., 384.

— (Jacques du), seigneur d'Artaise. *Arch. lég.*, i^{re} part., 892, 920.

— -commune (fief de la). *Arch. lég.*, i^{re} part., 894.

— (P.... le), bourgeois de Reims. *Arch. lég.*, iie part., *statuts*, i^{er} vol., 770.

— (Raoul le). *Arch. adm.*, t. II, 696.

— (Jesson le), voy. Maire (Jehan le).

— (ecclesia de). *Arch. adm.*, t. II, 1085.

— (Jehan le), boulanger. *Arch. adm.*, t. III, 105. *Arch. lég.*, iie part., *statuts*, iie vol., 65.

Maire (village de). *Arch. adm.*, t. II, 1089. *Arch. lég.*, i^{re} part., iiie vol., 661, 906; voy. Mairy.

Maireau (Person). *Arch. lég.*, i^{re} part., 521, 591.

— (Nicaise), sergent du bailliage. *Arch. lég.*, iie part., *statuts*, iie vol., 328, 333.

Maireau, professeur de philosophie à la faculté de Reims. *Arch. lég.*, iie part, *statuts*, iie vol., 649.

— (Jean), monnayeur. *Arch. lég.*, iie part., *statuts*, iiie vol., 187.

— (Arnoult), l'aîné, monnayeur. *Arch. lég.*, iie part., *statuts*, iiie vol., 187.

Maireaux. Rétributions desdits dans le chapitre de Reims. *Arch. lég.*, iie part., *statuts*, i^{er} vol., 112.

Maireium, voy. Mairy.

Mairelier (P. le), voy. Marrelier.

Mairiaco (villa de), voy. Mairy.

Mairiau (J....), chanoine. *Arch. lég.*, iie part., *statuts*, i^{er} vol., 643, 644, 647, 649.

— (R....), élu de Reims. *Arch. lég.*, iie part., *statuts*, i^{er} vol., 730, 740.

Mairie, voy. Reims (mairie de), voy. Majoria.

— féodale, voy. Corbeny.

Mairy (capellania de). *Arch. adm.*, t. II, 1055.

— (village de), voy. Maire.

— -Mouzon in imperio (parochia de), voy. Mairy-Meuze.

— -Meuze (village de). *Arch. adm.*, t. II, 1087.

— (Robert de), chevalier. *Arch. adm.*, t. I, 816.

— (Oudard de), sergent du roi. *Arch. adm.*, t. II, 488.

— (dame de). *Arch. adm.*, t. II, 545; t. III, 651.

— (presbyter de). *Arch. adm.*, t. II, 1052.

— (village de). *Arch. adm.*, t. I, 270, 1093; t. II, 319, 1051, 1108; t. II, 651. *Arch. lég.*, i^{re} part., 754, 902; iie part., *statuts*, i^{er} vol., 69.

— (paroisse de). *Arch. adm.*, t. II, 1051, 1807, 1110.

— (abbé de). *Arch. adm.*, t. II, 1110.

Mairy (Ysabel de). *Arch. adm.*, t. III, 654, 659.

— (parochia), voy. Mairy (paroisse de).

— (presbyter de). *Arch. adm.*, t. II, 1052, 1090, 1111.

— (Baudesson de), pelletier. *Arch. adm.*, t. II, 531.

— -la-Montagne (paroisse de). *Arch. adm.*, t. II, 1051.

— (village de). *Arch. adm.*, t. II, 1053.

Maisechair (Robinet), boucher. *Arch. lég.*, iie part., *statuts*, i^{er} vol., 998.

Maiseio (Stephanus de), voy. Maizy.

Maisgrelet le boucher. *Arch. adm.*, t. II, 505.

Maisi, vide Maizy.

— (terre du). *Arch. adm.*, t. II, 552.

Maisidis, femme inscrite au nécrologe de Reims. *Arch. lég.*, iie part., *statuts*, i^{er} vol., 81.

Maisières (Thierri de), sergent de la baillie de Reims. *Arch. adm.*, t. II, 895, 903, 905, 953.

— (Simon de). *Arch. adm.*, t. I, 746.

— (Poncelcu de). pistonarius Remensis. *Arch. adm.*, t. II, 332.

— (Giles de). *Arch. adm.*, t. III, 12.

— (Bauduyn de). *Arch. adm.*, t. III, 36, 249. *Arch. lég.*, iie part., *statuts*, iie vol., 269.

— (Ponce de), femme de Guill. de Laonnoy. *Arch. adm.*, t. III, 656.

— (Marie de), religieuse cordelière. *Arch. adm.*, t. III, 835.

— (Watelet de). *Arch. lég.*, i^{re} part., 591, 601.

— -sur-Oise (village de). *Arch. lég.*, i^{re} part., 920.

— (Baudenet de), voy. Maisières (Bauduyn de).

— (de), voy. Aubuyns-Niers-Buene.

— (Jehan de). *Arch. adm.*, t. II, 688.

Maisières (chapitre de). *Arch. adm.*, t. II, voy. Mézières.

— (ville de), voy. Mézières.

Maisnel (Jean). *Arch. lég.*, iie part., *statuts*, iie vol., 238.

Maisneux, voy. Magneux.

— -lez-Reims, voy. Magneux.

Maisnieulx , voy. Mesneux.

Maisnil , voy. Crapaut.

— (Jacquemart du). *Arch. adm.*, t. III, 45.

— (Jehan du), prévôt forain de Laon. *Arch. adm.*, t. III, 176.

— (village de), voy. Mesnil.

Maisnillis (ecclesia de), voy. Mesnil-lez-Annelles (église de).

Maison , voy. Abbaye, Aubilly, Aume-nancourt, Auvillers, Avenay, Bailliage de Reims, Béguines de Reims, Blanc-Lion, Boffuy, Bonne-Semaine, Bricy , Charité de Reims , Chastel, Clairvaux, Courcelency, Courville, Domus, Écoliers, Élan , Enfant-Jésus , Épernay , Forte-Maison, Frète, Gougé, Grandes-Loges , Grand-Champ-aux-Malades , Jeux, Landèves, Limbourg, Longueau, Marcelant, Margy, Maupas, Moinson, Moinnerie, Morise, Mouzon, Navarre, Nesle, Patouars, Pescherainne, Pourcelette, Reims (maison du trésor de), Reims (maison de ville de), Refuge , Roches, Saint-Basle, Saint-Gilles, Saint-Hubert-des-Ardennes, Saint-Ladre , Saint-Ladre-aux-hommes, Saint-Ladre-aux-femmes, Saint-Martin de Laon, Saint-Thierry, Salles , Signy, Sillery , Stellage de Reims , Trois-Fontaines , Valleroy, Vaucler, Vicomté de Reims , Vorry, Vrilly, Waleppes, Ygny.

Maison-Blanche (village de). *Arch. lég.*, iie part., *statuts*, iie vol., 496; *statuts*, iiie vol., 394.

— de Saint-Martin de Laon (Quarrel de la). *Arch. adm.*, t. II, 527.

Maison-Rouge (hôtel de la). *Arch. adm.*, t. II, 1108. *Arch. lég.*, i^{re} part., 500.

Maisoncelles (village de). *Arch. adm.*, t. II, 1086. *Arch. lég.*, i^{re} part., 906.

— (patronage de). *Arch. adm.*, t. II, 1090.

Maisons (village de). *Arch. lég.*, iie part., *statuts*, iie vol., 860; voy. Domibus supra sequanum (locus de).

— de Reims (louage des). Époque de l'année où commençait ledit. *Arch. lég.*, i^{re} part., 1062.

Maissemy (village de). *Arch. lég.*, i^{re} part., 920.

Maistre (Gilles le). *Arch. lég.*, iie part., *statuts*, iie vol., 56.

— (P....). *Arch. lég.*, iie part., *statuts*, i^{er} vol., 616.

Maître, voy. Reims (maîtres des chaussées de), voy. Bons-Enfants.

— (le), avocat général. *Arch. lég.*, iie part., *statuts*, iie vol., 917.

— d'hôtel , voy. Roi (maîtres d'hôtel du).

Maîtres à danser (statuts des). *Arch. lég.*, iie part., *statuts*, iie vol., 624.

Maîtrises, voy. Reims (maîtrises de). Eaux et forêts, Grenier à sel, Monnaie, Traites-foraines.

Maizier (Hainoise), bailli de Vermandois. *Arch. lég.*, iie part., *statuts*, iiie vol., 31.

Maizy (Stephanus de), moine de Saint-Remi. *Arch. adm.*, t. I, 835, 850, 853.

— (Johannes de), moine de Saint-Remi de Reims. *Arch. adm.*, t. I, 860.

Majenardus. *Arch. lég.*, iie part., *statuts*, i^{er} vol., 78.

Majeur, voy. Trelon (majeur de), archevêque de Reims, voy. Major.

Major, vide Boul (major de), Capituli Remensis, Condeto (de), Johannisvilla (de), Nantholio (de), Remensis, Sancti Mar-

tini, Sancti Remigii, Sommepin (de), Thuisy (de), Tour (de), Trelon (de).

Major, archidiaconatus, voy. Reims (grand archidiaconé de).

— archidiaconus, voy. Reims (grand archidiacre de).

Majori-Vico (bannus de). *Arch. adm.*, t. I, 338.

Majoria, vide Anemaing (de), Manillis (de), Roisy (de), Rumigny (de), Salice, Sancti Remigii, Sancti Remigii (de); voy. Mairie.

Majoris monasterii Turonensis abbas. *Arch. adm.*, t. II, 946; patron de Vantelet, 1057; vide Bernardus.

Majus monasterium Turonense. *Arch. adm.*, t. I, 250; t. II, 946. *Arch. lég.*, IIe part., *statuts*, Ier vol., 65, 75.

Makarellus (maquereau). *Arch. lég.*, IIe part., *statuts*, Ier vol., 184.

Mala (Charles), chaudronnier. *Arch. lég.*, IIe part., *statuts*, IIIe vol., 102, 103.

Maladomo (capellania de). *Arch. adm.*, t. II, 1122.

Maladrerie, voy. Tramery (maladrerie de).

Malaise (Girard de). *Arch. lég.*, Ire part., 885.

Malapers (J....), gardien de Notre-Dame de Reims. *Arch. adm.*, t. III, 2.

Malappris (Robin), bourgeois. *Arch. adm.*, t. III, 389.

Malaquin (Jehan). *Arch. adm.*, t. II, 1243.

Malart (Guillaume), bourreau de Reims. *Arch. adm.*, t. III, 894.

Malarthus (Giles). *Arch. lég.*, IIe part., *statuts*, IIe part., IIe vol., 239.

Mala-Tolta, voy. Maltolta.

Malbodiense Dominarum Capitulum. *Arch. adm.*, t. II, 640.

Malbodio (prior de). *Arch. adm.*, t. II, 638.

Malbranq, compilateur de conciles. *Arch. adm.*, t. I, 66.

Malcanche (G....). *Arch. adm.*, t. II, 1144; voy. Brisset.

Malchus, l'un des satellites qui arrêta notre Sauveur. *Arch. lég.*, IIe part., *statuts*, IIe vol., 251.

Maldrus (madre). *Arch. adm.*, t. I, 325.

Maldy (Prime de), prieur d'Évregnicourt. *Arch. lég.*, Ire part., 881.

Maledenrée (Perrart). *Arch. adm.*, t. II, 696.

Male-Denrée (Jesson). *Arch. adm.*, t. III, 836. *Arch. lég.*, IIe part., *statuts*, Ier vol., 712.

Malederré (J....), voy. Male-denrée.

Malegrape, terre du chapitre de Reims. *Arch. adm.*, t. I, 785.

Malemi (parochia de), vide Malmy.

— (presbyter de), vide Malmy.

Malemont, voy. Mesmont.

Malepart (Jean), sergent du chapitre. *Arch. adm.*, t. II, 339, 395.

Malepert (Jehan), voy. Malepart.

Malerbe (Ponsart). *Arch. adm.*, t. II, 905.

Malesnoces (Robert). *Arch. adm.*, t. II, 806.

Malet (Albricus). *Arch. adm.*, t. I, 293, 295.

— (Colart), sergent du roi. *Arch. adm.*, t. II, 375.

— (Jehan), clerc du roi. *Arch. adm.*, t. II, 419, 421, 654.

Male-tante, voy. Maltolte, Mala-tolta.

Maleteau (Jehan), boucher. *Arch. lég.*, IIe part., *statuts*, Ier vol., 998.

Maletot (Paoul), curé de Vieux. *Arch. lég.*, Ire part., 884.

Malevaut (Jesson). *Arch. adm.*, t. III, 69.

Malezis (Jesnot de), clerc. *Arch. adm.*, t. II, 395.

Malfaut (Vincent). *Arch. adm.*, t. III, 842.

Malgouvelle (village de). *Arch. lég.*, IIe part., *statuts*, IIIe vol., 262.

Malguénle (moulin de). *Arch. adm.*, t III, 687.

Malherhe (Jacobus), acolyte. *Arch. lég.*, IIe part., *statuts*, IIe vol., 773.

Malbostel, fief des religieux de Nogent. *Arch. lég.*, Ire part., 894.

Mali, vide Thoma.

Malicorne (Jehan de), conseiller du roi. *Arch. adm.*, t. II, 1214.

Malines (ville de). *Arch. adm.*, t. II, 484, 673 ; t. III, 840.

— (Johannes de), charpentier. *Arch. adm.*, t. III, 901. *Arch. lég.*, IIe part., *statuts*, Ier vol., 944.

Malingre, sellier. *Arch. adm.*, t. III, 381.

Malingrey, procureur au parlement. *Arch. lég.*, IIe part., *statuts*, IIe vol., 832.

Malisse, bourgeois. *Arch. adm.*, t. III, 108.

Mallardi (Guido), chanoine de Mézières. *Arch. adm.*, t. II, 1043.

Malle (J.... de). *Arch. adm.*, t. II, 301.

— (Franque de), voy. Marle (F.... de).

— (Ernault de), prébendier de Reims. *Arch. lég.*, IIe part., *statuts*, Ier vol., 344.

Malleio (altar de). *Arch. adm.*, t. I, 338. *Arch lég.*, IIe part., *statuts*, Ier vol., 93.

Mallequin (Colin), boucher. *Arch. adm.*, t. II, 497.

Malliacum. *Arch. adm.*, t. I, 364 ; voy. Mailly.

Mallum. *Arch. lég.*, IIe part., *statuts*, IIIe vol., 621, 623.

Malmaison (village de). *Arch. adm.*, t. II, 1093, 1095. *Arch. lég.*, Ire part., 891, 901 ; IIe part., *statuts*, Ier vol., 244.

— près Champillon (chapelle de), voy. Maladomo (capellania de).

Mal-me-sers (Jehan). *Arch. adm.*, t. III, 827.

Malmont (Jean de), bourgeois de Reims. *Arch. adm.*, t. II, 77.

Malmonte (Gerardus de), préchantre de Bourges. *Arch. adm.*, t. I, 1050.

Malmy (paroisse de). *Arch. adm.*, t. II, 1085, 1090, 1100, 1101. *Arch. lég.*, Ire part., 906, 909, 910 ; IIe part., *statuts*, Ier vol., 106.

— (presbyter de). *Arch. adm.*, t. II, 1087, 1099.

Malo-Alneto, (Margareta de). *Arch. adm.*, t. II, 945.

— -Respectu (domus de). *Arch. adm.*, t. II, 635.

Malot (Philippot), barbier. *Arch. lég.*, IIe part., *statuts*, Ier vol., 980.

— prêtre. *Arch. lég.*, IIe part., *statuts*, IIIe vol., 753.

— citoyen de Reims. *Arch. adm.*, t. I, 722, 916.

— (Johannes). *Arch. adm.*, t. II, 403, 924 ?

— (Gilet le). *Arch. adm.*, t. II, 906.

— (Renaut le). *Arch. adm.*, t. II, 906.

— (Raoulin) dit le Bellique. *Arch. adm.*, t. III, 835.

Malot (Jean), maître tonnelier. *Arch. lég.*, IIe part., *statuts*, IIe vol., 417.

— (Garinus). *Arch. adm.*, t. I, 410, 424, 425, 429.

— (Aubri le). *Arch. adm.*, t. II, 92.

— (C...), maître sergier. *Arch. lég.*, IIe part., *statuts*, IIe vol., 859.

— (P....), barbier. *Arch. lég.*, IIe part., *statuts*, Ier vol., 777, 781.

Malthe (commanderie de). *Arch. adm.*, t. I, 15, 364.

— (ordre de). *Arch. adm.*, t. II, 1042.

Maltolta (maltôte). *Arch. adm.*, t. I, 515, 1080 ; t. II, 835, 836, 839, 1010.

Malum pactum (Thomas). *Arch. adm.*, t. I, 374.

Malus-Vicinus (Oudardus), chevalier. *Arch. adm.*, t. I, 320.

— (Guido). *Arch. adm.*, t. I, 592.

Malval (bois de). *Arch. adm.*, t. I, 546.

— (village de). *Arch. lég.*, 1re part., 879, 899.

Malvaux (Lambert), boulanger. *Arch. lég.*, iie part., *statuts*, iie vol., 162.

Mâmes (prieuré de), voy. Saint-Masmes.

— voy. Aumône.

Mamis (prior de). *Arch. adm.*, t. II, 1029.

Managium (maison, ménage). *Arch. adm.*, t. I, 908.

Manancourt (village de). *Arch. adm.*, t. II, 4.

Manant, voy. Reims (manants de), voy. Mansionarius.

Manasseri, vide Sanctus Hilarius.

Manasserus, frère du comte de Rethel. *Arch. adm.*, t. I, 246, 345. *Arch. lég.*, iie part., *statuts*, 1er vol., 104.

Manasses, archidiacre. *Arch. adm.*, t. I, 240, 245, 346?

— chevalier. Obtient de l'église de Reims une seigneurie à titre de précaire. *Arch. adm.*, t. I, 91, 309?

Manasses (Hugo), comte de Rethel. *Arch. adm.*, t. I, 373, 428, 816? t. II, 101.

— neveu de Guy, archevêque de Reims. *Arch. adm.*, t. I, 118? 121? 209.

— fils de Goderannus, chevalier. *Arch. adm.*, t. I, 319.

— chanoine. *Arch. lég.*, iie part., *statuts*, 1er vol., 65.

— archevêque de Reims. *Arch. adm.*, t. I, 218, 234, 235, 236, 237, 238, 239, 246, 247, 248, 250, 251, 252, 253, 254, 255, 259, 264, 265, 275, 266. *Arch. lég.*, iie part., *statuts*, 1er vol., 92, 119.

Manasses, sous-vidame. *Arch. adm.*, t. I, 305, 318.

— fils de Guiterus, comte de Rethel, voy. Manasses, chevalier.

— abbé de Saint-Bâle. *Arch. adm.*, t. I, 310.

Manceau (Claude), épinglier. *Arch. lég.*, iie part., *statuts*, iie vol., 543.

— (Jean), charcuitier. *Arch. lég.*, iie part., *statuts*, iie vol., 941.

Manche (de), docteur en médecine. *Arch. lég.*, iie part., *statuts*, iiie vol., 753.

Manchet (Guy), receveur du roi. *Arch. adm.*, t. I, 1085, 1091.

Manci (Guill. de), chanoine de Reims. *Arch. adm.*, t. II, 364.

Mancipius (Fabri). *Arch. adm.*, t. II, 1039.

Mandagot. *Arch. adm.*, t. III, 744. *Arch. lég.*, 1re part., 336, 344.

Mandagotus, vide Mandagot.

Mandeville (livre de). *Arch. adm.*, t. III, 744.

Manencort (village de), voy. Manancovrt.

Manerium (manoir). *Arch. adm.*, t. III, 10.

Manerius, chapelain de Saint Ladre. *Arch. adm.*, t. I, 546, 547, 548. *Arch. lég.*, iie part., *statuts*, 1er vol., 168.

— donne son fils comme oblat à l'église de Reims. *Arch. adm.*, t. I, 69.

Manesse (Jacques de). *Arch. lég.*, 1re part., 882.

Manesserius castellanus. *Arch. adm.*, t. III, 393.

Manessiers, comte de Rethel, voy. Manasses (Hugo).

Manet (Philippe), sergent royal. *Arch. lég.*, 1re part., 921.

Mange (Jehan de), seigneur de Barlemont. *Arch. lég.*, 1re part., 895, 921?

— (Claude de). *Arch. lég.*, 1re part., 895, 897.

— (Lancelot de), avocat de Laon. *Arch. lég.*, 1re part., 921.

Mange (Pierre de), avocat de Laon. *Arch. lég.*, 1re part., 921.

Mangin, huissier. *Arch. lég.*, 11e part., *statuts*, 11e vol., 593.

Mangonellus (mangoneau). *Arch. adm.*, t. I, 566, 602.

Manguenellus, vide Mangonellus.

Maniburnia, vide Mainburnia.

Manichéens, voy. Manichei.

Manichei. *Arch. lég.*, 1re part., 386.

Manicourt (seigneurie de). *Arch. lég.*, 1re part., 889, 907, 909.

— (village de). *Arch. lég.*, 1re part., 901, 915.

Manillis (majoria de). *Arch. adm.*, t. II, 383.

— (Ecclesia de), vide Mesnil-les-Annelles (église de).

— (Jessonius de). *Arch. adm.*, t. II, 735.

Manillo (major de), vide Juillet (Thierricus).

— (Scabinius de), vide Couraille (Johannes), Foucaudus.

Manillum, voy. Mesnil.

Manimont (M. de), seigneur de Cierges. *Arch. adm.*, t. II, 1092.

— (village de). *Arch. lég.*, 1re part., 906.

Manjuepois (Thomas). *Arch. adm.*, t. I, 941.

Manlia (Amalricus de), diacre et chanoine. *Arch. lég.*, 11e part., *statuts*, 1er vol., 92, 119.

Mannars (F. le). *Arch. adm.*, t. III, 72.

Mannases, vide Manasses.

Manne (Wautier la). *Arch. adm.*, t. I, 1000; t. III, 5.

Mannier (Haimart). *Arch. adm.*, t. II, 382?

— (Jehan le), bourgeois. *Arch. adm.*, t. II, 532.

Mannoury (Remi), menuisier. *Arch. lég.*, 11e part., *statuts*, 11e vol., 363.

v

Mannoy (Johannes). *Arch. adm.*, t. III, 392.

Mannus, vide Florencia.

— (Bartholomeus). *Arch. lég.*, 1re part., 395.

Manra (Oiselet J. de), clerc. *Arch. adm.*, t. II, 332, 538; t. III, 311.

— vide Manre.

— (presbyter de). *Arch. adm.*, t. II, 1100.

Manre (ville de). *Arch. adm.*, t. III, 131, 412, 660. *Arch. lég.*, 1re part., 607, 901, 906, 911; 11e part., *statuts*, 1er vol., 694.

— (seigneurie de). *Arch. adm.*, t. I, 926.

— (forteresse de). *Arch. adm.*, t. III, 178, 660.

— (Corardus de), barbier. *Arch. adm.*, t. II, 332.

— (paroisse de). *Arch. adm.*, t. II, 1099, 1100, 1115.

— (Four de). *Arch. adm.*, t. III, 595, 660.

— (chapellenie de). *Arch. adm.*, t. II, 1102.

— (Méline de). *Arch. adm.*, t. III, 835.

— (Jacquesson Chastel de), clerc de l'échevinage. *Arch. adm.*, t. III, 311, 453, 837, 842. *Arch. lég.*, 11e part., *statuts*, 1er vol., 414.

— (Jean de), cordonnier. *Arch. adm.*, t. II, 538; t. III, 105, 690, 691.

— (Henry le), sergent du prévôt. *Arch. adm.*, t. III, 72, 99.

— (Albericus de), échevin. *Arch. lég.*, 11e part., *statuts*, 1er vol., 397.

Mans (ville de). *Arch. lég.*, 11e part., *statuts*, 11e vol., 822.

— (évêque du), voy. Cenomanensis episcopus.

— (diocèse du), voy. Canomanensis diœcesis.

Manse, voy. Collége des jésuites de Reims

(manse du), Séminaire de Reims (manse archiépiscopale de), Saint-Remi de Reims, Chapitre de Reims; voy. Mansus.

Manse (église de la). *Arch. adm.*, t. II, 1087.

Mansi, compilateur. *Arch. adm.*, t. I, 42. Suppléments dudit allégués au sujet d'un écrit de Gerbert, 100.

Mansio, vide Mansus.

Mansionarius, vide Ausson (mansionarii de), Hermondivilla, Insula (de); Looignis (de), Remensis ecclesiæ, Rubiniaco (de), Sancti-Remigii, Sancti-Theodorici, Vallibus (de).

Mansionilis. *Arch. adm.*, t. I, 178, 243.

Mansionnaire, voy. Mansionarius.

Manso (Galterus de). *Arch. adm.*, t. I, 365.

Manso-Ticelini (Hugo de). *Arch. adm.*, t. I, 295, 321.

Mansuet, fondation par ledit de la chapelle de Saint-Julien en l'église collégiale de Mézières. *Arch. adm.*, t. II, 1079.

Mansura, vide Tancredis, Wulgrini, vide Masura.

Mansus, vide Bremericurte (mansus de); Fulcaudi, Indominicatus, Melfeia-villa (de), Pullio-villa (de), Roberti de Corbiniaco, Triniaca-villa (de).

Mantenay (Jacques de), archidiacre. *Arch. adm.*, t. III, 384.

Mantes (bailliage de). *Arch. lég.*, 1re part., 869, 871.

— -sur-Seine (ville de). *Arch. lég.*, IIe part., *statuts*, IIIe vol., 94, 533.

Manuel (Gaspard), tondeur de drap. *Arch. lég.*, IIe part., *statuts*, IIe vol., 394, 395.

— notaire royal. *Arch. lég.*, IIe part., *statuts*, IIe vol., 914.

Manufacture, voy. Auvergne, Gévaudan,

Reims, Rethel, Romorantin, Rouergue, Sommepy, Suippe.

Manufacture de Reims (statuts de la). *Arch. lég.*, IIe part., *statuts*, IIe vol., 795.

— (marque de la). *Arch. lég.*, IIe part., *statuts*, IIe vol., 856.

Manufirma, vide Virtutis.

Manulle (Jaspierre), voy. Manuel (Gaspard).

Manullis (parochia de), voy. Magneux (paroisse de).

— ante Fimeas (presbyter de). *Arch. adm.*, t. II, 1059.

Manumissus. *Arch. adm.*, t. I, 353, 463.

Manus-mortua. *Arch. adm.*, t. I, 73, 869, 903, 924, 971, 995, 1093; t. II, 848, 964, 965, 969, 966, 1241; t. III, 400, 492, 604, 608. *Arch. lég.*, 1re part., 55, 607, 608, 717; IIe part., *statuts*, 1er vol., 171, 175, 544; *statuts*, IIIe vol., 544, 544, 545. Voy. Main morte.

Manutenere (maintenir). *Arch. adm.*, t. I, 448.

Maquart (R.), berger. *Arch. adm.*, t. II, 750.

— (Pierre). *Arch. adm.*, t. II, 672? 940? 947? 984, 989.

— (Perrart), voy. Maquart (Pierre).

— voy. Macart.

Maque (Perresson la), franc sergent. *Arch. adm.*, t. III, 869.

Maquelin, pelletier. *Arch. adm.*, t. II, 826.

Mar (rue du), voy. Marc.

— (Quarrel du), voy. Marc.

Marais, voy. Reims (marais des environs de), voy. Marescus.

Marandes (Ja.... de), chanoine. *Arch. lég.*, IIe part., *statuts*, 1er vol., 118.

Maranwez (village de). *Arch. adm.*, t. II, 1082. *Arch. lég.*, 1re part., 906, 910.

Marbelinus. *Arch. adm.*, t, I, 352.

Marbretus (sorte d'étoffe). *Arch. adm.*, t. III, 772.

Marby (village de). *Arch. adm.*, t. II, 1073 ; t. III, 591. *Arch. lég.*, 1re part., 876, 907.

Marc (monnaie), voy. Or (marc d'), Argent ; voy. Marca.

— d'or (droits du). *Arch. lég.*, 11e part., *statuts*, 111e vol., 277, 291.

— (Jean Cauchon du), bourgeois. *Arch. adm.*, t. III, 728. *Arch. lég.*, 1re part., 563. 11e part., *statuts*, 1er vol., 574, 733, 746.

— (rue du). Origine de ce nom. *Arch. adm.*, t. I, 83. *Arch. lég.*, 11e part., *statuts*, 11e vol., 17, 423 ; *statuts*, 111e vol., 93.

— (Quarrel du). *Arch. adm.*, t. II , 499.

— (bourg du). *Arch. adm.*, t. II, 498, 903, 1192, 1195.

Marca (marc), monnaie. *Arch. adm.*, t. I, 263, 296, 343, 344, 356, 408, 466, 467, 543, 544, 546, 567, 607, 640, 641, 715, 981; t. II, 12; voy. Trecensis marca.

— argenti. *Arch. adm.*; t. I, 1004, 1029. t. II, 110, 333, 463, 617, 620, 657, 1132, 1194; t. III, 35, 88. *Arch. lég.*, 11e part., *statuts*, 1er vol., 63, 64, 71, 90, 601, 624, 625; vide Argent (marc d').

— historien. *Arch. adm.*, t. I, 105. Recherches dudit au sujet des décrétales, 108.

Marcau (Jean), dit Bayard. *Arch. lég.*, 11e part., *statuts*, 1er vol., 322.

Marcel, pape, voy. Marcellus.

Marcelaut (maison de). *Arch. adm.*, t. II, 743, 748; t. III, 50.

Marcelinus. *Arch. lég.*, 11e part., *statuts*, 1er vol., 87.

Marcellus, pape ; décrétales dudit alléguées. *Arch. adm.*, t. I, 138.

Marcelot (bois de). *Arch. adm.*, t. III, 416.

March (bourg du), voy. Marc.

Marcha, vide Marca.

Marchais (Jacomardus Maynier de). *Arch. adm.*, t. III, 364.

— (village de). *Arch. adm.*, t. II, 638. *Arch. lég.*, 1re part., 888, 900.

Marchal, administrateur de la municipalité de Reims. *Arch. lég.*, 11e part., *statuts*, 111e vol., 748.

Marchand (Jean-Baptiste), boulanger. *Arch. lég.*, 11e part., *statuts*, 11e vol., 162.

— (Vincent). *Arch. lég.*, 11e part., *statuts*, 11e vol., 238.

— (Claude), tisserand. *Arch. lég.*, 11e part., *statuts*, 11e vol., 297.

— (A....), maître sergier. *Arch. lég.*, 11e part., *statuts*, 11e vol., 859.

— (Jacques). *Arch. lég.*, 11e part., *statuts*, 1er vol., 613; *statuts*, 11e vol., 939.

— (Johannes), ostiarius, voy. Marchand (Jean).

— (Jehan), tourrier de N. D. *Arch. adm.*, t. II, 423 ; t. III, 39, 105. *Arch. lég.*, 11e part., *statuts*, 11e vol., 773.

— (Baudesson), boulanger. *Arch. adm.*, t. II, 546.

— (Torardus), dictus Gaite. *Arch. adm.*, t. II, 663, 900.

— (Jehenot le). *Arch. adm.*, t. III, 17.

— (Ricardus). *Arch. lég.*, 1re part., 157, 228.

— voy. Châlons (marchands de), Reims.

Marchandise (Renaudin). *Arch. adm.*, t. II, 692.

Marchandreau (J.). *Arch. lég.*, 11e part., *statuts*, 1er vol., 862.

Marche (maréchal de la). *Arch. lég.*, ne part., *statuts*, 1er vol., 900.

— (comte de la), voy. Marchiæ comes.

— (Robert de la). *Arch. adm.*, t. I, 968. *Arch. lég.*, ne part., *statuts*, 1er vol., 565.

— (Gérart de la). *Arch. adm.*, t. II, 603, 805?

— (Jehan de la), chevalier. *Arch. lég.*, 1re part., 889.

— d'Artois (roi d'armes de la). *Arch. lég.*, ne part., *statuts*, 1er vol., 616.

— voy. Allemagne (Marche d'), Artois, Reims; voy. Marchia.

Marché de Reims (place du). *Arch. adm.*, t. III, 233.

— au blé (place du), voy. Fori ad bladum platea.

— (Remy), tisserand. *Arch. lég.*, ne part., *statuts*, ne vol., 302.

— voy. Jonchery (marché de), Laon, Reims.

Marchello (Guillelmus de), chanoine. *Arch. adm.*, t. II, 475.

Marchena. *Arch. adm.*, t. II, 638 ; vide Marchais (village de); vide Sunt.

Marchia (marche), *Arch. adm.*, t. I, 507.

Marchiæ comes. *Arch. adm.*, t. I, 592 ; voy. Marche (comte de la).

Marchiet, voy. Clerc (G. le).

Marchio, vide Saxoniæ (marchio de), Styria (de); vide Marquis.

Marchisa (marquise), vide Mathildis.

Marchocolio (Radulphus de), chanoine. *Arch. adm.*, t. II, 475.

Marciliaco (Guillelmus de), chanoine. *Arch. adm.*, t. II, 475, 1031. Patron de Briquenay, 1498.

Marcilius. *Arch. lég.*, ne part., *statuts*, 1er vol., 167.

Marcillinia, vide Sancti Martini ecclesia.

Marcilly (Guillaume de), voy. Marciliaco (Guillelmus de).

— (Petrus de), abbé de Saint-Remi. *Arch. adm.*, t. III, 201. *Arch. lég.*, 1re part , 484, 492.

— (village de). *Arch. adm.*, t. I, 924. *Arch. lég.*, 1re part. , 754, 879, 900 ; ne part., *statuts*, 1er vol., 796 ; *statuts*, ne vol., 394.

Marcin le parmentier. *Arch. adm.*, t. I, 1084.

Marck (seigneur de la), possède un hôtel à Reims *Arch. adm.*, t. I, 724.

Marcoleifus, vide Totto.

Marcolin (village de), voy. Maricolum.

Marconcelle (Jehan de), artilleur. *Arch. adm.*, t. II, 1135, 1139, 1140.

Marconi-curtis, vide Marqueuse.

Marconville (Galois). *Arch. lég.*, ne part., *statuts*, ne vol., 859.

— (N.), maître sergier. *Arch. lég.*, ne part., *statuts*, ne vol., 859.

Marcot. voy. Tasseyo.

Marcovicus, affranchi par le testament de Saint-Remi. *Arch. adm.*, t. I, 16.

Marcq (village de). *Arch. adm.*, t. II, 1097; voy. Marc (bourg de).

Marcuardus. *Arch. adm.*, t. I, 325.

Marcurtium. *Arch. lég.*, ne part., *statuts*, 1er vol., 85.

Marcus, vide Marca.

Marcwaldus, abbé de Fulde. *Arch. adm.*, t. I, 327.

Marcy (village de). *Arch. lég.*, 1re part. , 883, 899, 900.

Mard (village de). *Arch. lég.*, 1re part., 902 ; voy. Marcq.

Mardeuil (M. de). *Arch. lég.*, ne part , *statuts*, ne vol., 420.

— (village de). *Arch. adm.*, t. II, 1121.

Mare (Eudeline la). *Arch. adm.*, t. II, 1243.

— (Gille de). *Arch. adm.*, t. III, 609.

Mare (Jacques de). *Arch. adm.*, t. III, 609.

— (Hector de la), curé de Martigny. *Arch. lég.* 1re part., 883.

Marécha, premier chirurgien du roi. *Arch. lég.*, iie part., *statuts*, iiie vol., 193.

Maréchal, voy. Champagne (maréchal de), France (maréchaux de), Soissons, Angleterre, Marche; voy. Marescallus.

— (Bertrand le). *Arch. adm.*, t. II, 682.

— (Jesnot le). *Arch. adm.*, t. II, 682; voy. Marescelli (Johannes).

— (Simon le), doyen de Saint-Symphorien. *Arch. adm*, t. I, 271.

— voy. Luguin (le), Sohiert (le).

— (Pierre le), sergent du roi. *Arch. adm.*, t. II, 423

— procureur. *Arch. lég.*, iie part., *statuts*, iiie vol., 253.

— ferrant; voy. Maréchaux ferrants de Reims (statuts des).

Maréchaussée (archers de la). *Arch. lég.*, iie part., *statuts*, i^{er} vol., 497, 522.

Maréchaux ferrants de Reims (statuts des). *Arch. lég.*, iie part., *statuts*, i^{er} vol., 841; *statuts*, iie vol., 385; *statuts*, iiie vol., 84.

— de France (prévôt des). *Arch. lég.*, iie part., *statuts*, i^{er} vol., 673.

Marée (visiteurs de la). *Arch. adm.*, t. I, 487, 488, 490; t. III, 4, 244, 716. *Arch. lég.*, iie part., *statuts*, iiie vol., 426; par qui nommés (*ibid.*) 431, 445, tenus de prêter serment devant le lieutenant de police, 449, 451, 454, 456; par qui institués, 462, 471.

— (revendeurs de). *Arch. lég.*, iie part., *statuts*, iiie vol., 74.

— (crieurs de). *Arch. lég.*, iie part., *statuts*, iiie vol., 162, 462.

— voy. Reims (marée de).

Marendel (P.), savetier. *Arch. adm.*, t. II, 827.

Mares (Thurien des), lieutenant du bailli de Vermandois. *Arch. adm.*, t. III, 52.

— (Denis des), chanoine. *Arch. lég.*, iie part., *statuts*, i^{er} vol., 549, 550, 557.

— (mile des). *Arch. adm.*, t. II, 1244.

— (Jehan des). *Arch. adm.*, t. III, 114, 452, 453.

— voy. Grandes mares.

Marés (Richier du). *Arch. adm.*, t. II, 696.

— (Robert du). *Arch. adm.*, t. II, 746.

Marescalcus, vide Marescallus.

Marescalli (Johannes). *Arch. adm.*, t. III, 475.

Marescallus, vide Campaniæ marescallus, Archiepiscopi Remensis.

— (Odo) *Arch. adm.*, t. I, 474.

Mareschal, de la Couture. *Arch. adm.*, t. I, 788.

— (Renaut le), févre. *Arch. adm.*, t. I, 788? t. III, 106

— (Jacquinus le). *Arch. adm.*, t. III, 437.

— (Pierre). *Arch. lég.*, iie part., *statuts*, iie vol., 315.

— (G.), clerc. *Arch. lég.*, iie part., *statuts*, i^{er} vol., 644.

Mareschaux (Colard li). *Arch. adm.*, t. II, 894, 901.

Marescus, vide Clarus-Marescus, Vidula (de); vide Marais.

Maresius; vide Marais.

Mareson, voy. Brimontel.

Maresonia, femme de Franquetus. *Arch. adm.*, t. II, 861.

Maresson, bourgeoise de l'échevinage. *Arch. adm.*, t. III, 73, 790, 827.

— sœur de Thibaut Cossars. *Arch. adm.*, t. II, 306.

— femme de Colin le parmentier. *Arch. adm.*, t. II, 675.

Maresson, femme de Picart. *Arch. adm.*, t. II, 685.

— fille de Perrin de Mouzon. *Arch. adm.*, t. II, 891.

— servante de Tiborin. *Arch. adm.*, t. II, 916.

Maressona, sœur converse de l'hospice de Notre-Dame. *Arch. adm.*, t. II, 8.

Marets (château des). *Arch. adm.*, t. II, 1059.

— (Robert), curé de Crécy. *Arch. lég.*, iie part., *statuts*, iie vol., 886.

— (Thierion des), lieutenant du bailli de Vermandois. *Arch. lég.*, iie part., *statuts*, iiie vol., 30.

Mareuil (ville de). *Arch. adm.*, t. II, 328, 1121, 1209; t. III, 131. *Arch. lég.*, iie part., *statuts*, i^{er} vol., 920; *statuts*, iiie vol., 395.

— -sur-Ay (paroisse de). *Arch. lég.*, iie part., *statuts*, iie vol., 968.

— (seigneur de), voy. Béthune (Robert de).

— (paroisse de). *Arch. adm.*, t. II, 1122.

— (fort de l'île de). Les habitants de Reims font le siége dudit. *Arch. adm.*, t. III, 146.

— (Jehan de). *Arch. adm.*, t. II, 534, 603.

— -dessus-Châtillon (village de). *Arch. adm.*, t. III, 108.

— -sous-Châtillon. *Arch. adm.*, t. III, 108

— -en-Brie (village de). *Arch. lég.*, iie part., *statuts*, i^{re} part., i^{er} vol., 613.

— (Pierre de), chanoine. *Arch. adm.*, t. III, 352. *Arch. lég.*, iie part., *statuts*, iiie vol., 31.

— (Gérard de), chanoine. *Arch. adm.*, t. III, 352.

Marfaudio (Petrus de). *Arch. adm.*, t. III, 86.

Marfaudium, vide Marfaux.

Marfaux (ville de). *Arch. adm.*, t. I, 886, 1030; t. II, 383, 1052, 1054; t. III, 580, 597. *Arch. lég.*, i^{re} part., 754, 876, 902, 907, 911; iie part., *statuts*, iiie vol., 36

— (Amelotte de). *Arch. adm.*, t. III, 264, 544.

— (Hugo de), dictus le Niez. *Arch. adm.*, t. II, 655.

— (Duponceaux de). *Arch. lég.*, *statuts*, iiie vol., 36.

— (Hugo de), voy. Marfaux.

Marfontaine (ville de). *Arch. adm.*, t. II, 484. *Arch. lég.*, i^{re} part., 891, 900.

— (T. de). *Arch. adm.*, t. II, 484.

— (seigneur de), voy. Faye (Jacques de la).

Margaie-la-Guillarde. *Arch. adm.*, t. II, 913, 914, 915.

Margalet (M.). *Arch. lég.*, iie part., *statuts*, i^{er} vol., 648.

Margareta, reine de France. *Arch. adm.*, t. I, 975.

— femme de Gérart Triquecel. *Arch. adm.*, t. II, 869.

— femme de Larrabis Ponsardus, prévôt de Reims. *Arch. adm.*, t. III, 307.

— femme de Henry de Vignay, chevalier. *Arch. lég.*, iie part., *statuts*, i^{er} vol., 93.

— femme de Galterus de Meso. *Arch. lég.*, iie part., *statuts*, i^{er} vol., 98, 121.

Margarita, vide Sancta.

— femme de Jean de Tagny, escuyer, sire de Champigny. *Arch. adm.*, t. II, 106.

— femme de Jacques de Roisi, échevin. *Arch. adm.*, t. II, 41.

— femme Pescherainne. *Arch. adm.*, t. II, 372.

Margaron, voy. Dywys.

— sœur de Giles de Loivre. *Arch. adm.*, t. II, 1193; t. III, 283?

Margaromme, voy. Yvois.

Margellis de Arroesia (prior de). *Arch. adm.*, t. II, 635.

Margerolle (village de). *Arch. adm.*, t. I, 428.

Margicourt (Johannes), clerc. *Arch. lég.*, 1re part., 129.

Margis (villa de). *Arch. adm.*, t. I, 428.

Margival (Jehan de), prévôt de Laon. *Arch. adm.*, t. II, 68, 70 ; t. III, 70.

— (village de). *Arch. lég.*, 1re part., 888, 900, 911.

— (curé de). *Arch. lég.*, 1re part., 888.

— (Antoine de), seigneur de Salency. *Arch. lég.*, 1re part., 890.

Margolaine (la). *Arch. lég.*, 1re part., 486.

Margorancia la cousturière. *Arch. adm.*, t. II, 621.

Margota, voy. Coquet (Marguerite).

Margouille (G....), bourgeois. *Arch. lég.*, 11e part., *statuts*, 1er vol., 770.

— (H....). *Arch. lég.*, 11e part., *statuts*, 1er vol., 778, 781, 796.

Margoniller (Jehan), receveur des tailles. *Arch. adm.*, t. III, 130, 283. *Arch. lég.*, 1re part., 523, 537, 554.

Margouillère (la), bourgeoise. *Arch. lég.*, 1re part., 509.

Margue, femme de Colart Pertois. *Arch. adm.*, t. II, 700.

— la Boiteuse. *Arch. adm.*, t. II, 530.

Marguerite, reine de France, voy. Margareta.

— veuve Watier. *Arch. lég.*, 11e part., *statuts*, 1er vol., 820.

Margueron, voy. Cirière.

— femme de Jehan le Fourbeur. *Arch. adm.*, t. III, 382.

Margueronna, femme de Noël Thierricus. *Arch. adm.*, t. III, 393.

Marguessonna, femme de Jean le Page. *Arch. adm.*, t. III, 393.

Marguet (J.), clerc. *Arch. adm.*, t. II, 546.

Arch. lég., 11e part., *statuts*, 1er vol., 865.

Marguet (mile), fossoyeur. *Arch. lég.*, 11e part., *statuts*, 1er vol., 772.

— voy. Censier.

Marguillier, voy. Saint-Remi (marguilliers de).

Margy (maison de). *Arch. lég.*, 11e part., *statuts*, 1er vol., 213.

Mari, voy. Maritus.

Maria, sœur des frères de Brienne. *Arch. adm.*, t. I, 1095 ? t. II, 142.

— femme d'Albericus Tournenfouye. *Arch. adm.*, t. II, 584. *Arch. lég.*, 11e part., *statuts*, 1er vol., 78 ?

— femme de Jehan la Late, citoyen de Reims. *Arch. adm.*, t. II, 641. *Arch. lég.*, 11e part., *statuts*, 1er vol., 97,

— religieuse de Saint-Pierre-aux-Dames. *Arch. adm.*, t. III, 394. *Arch. lég.*, 11e part., *statuts*, 1er vol., 71 ? 168 ?

— femme de Bernard de Solio. *Arch. adm.*, t. I, 532, 533. *Arch. lég.*, 11e part., *statuts*, 11e vol., 73, 80 ? 91 ?

— sancta in Porticu. *Arch. adm.*, t. I, 289, 331.

— femme de Gaubert de Bouvencort. *Arch. adm.*, t. I, 629.

— reine de France. *Arch. adm.*, t. I, 978.

Mariage, voy. Matrimonium.

Mariages incestueux ; condamnation desdits par le concile de Douzy. *Arch. adm.*, t. I, 60.

Mariclin (moulin de). *Arch. lég.*, 11e part., *statuts*, 1er vol., 806.

Maricolensis abbas. *Arch. adm.*, t. II, 640.

Maricolum. *Arch. adm.*, t. II, 635 ; vide Marcolin.

Marie, femme de Wède le Large. *Arch. adm.*, t. II, 781.

— (M. de), seigneur d'Hautvilliers-les-Forges. *Arch. adm.*, t. II, 1073.

Marie, femme du châtelain de Bethiniville. *Arch. adm.*, t. II, 352.

— servante. *Arch. adm.*, t. II, 493.

— femme de Cochet des Fossés. *Arch. adm.*, t. II, 24.

— femme de Guiard de Champigny, écuyer. *Arch. adm.*, t. II, 104.

— femme de Willaume Machaux. *Arch. adm.*, t. II, 116.

— femme de Wautier le chausseteur. *Arch. adm.*, t. II, 150.

— femme de Jehan Petisson, *Arch. adm.*, t. II, 162.

— la Converse. *Arch. adm.*, t. I, 1014.

— femme de Collin Gellais, boulanger. *Arch. adm.*, t. I, 1042.

— la Barbe. *Arch. adm.*, t. I, 1055.

— femme d'Hubert le savetier. *Arch. adm.*, t. I, 1083.

— femme de Warnesson le cirier, dit de Vaus. *Arch. adm.*, t. I, 1094.

— femme de Roulet Triqueseil. *Arch. adm.*, t. I, 1126.

Marigny (village de). *Arch. adm.*, t. II, 380. *Arch. lég.*, IIᵉ part., *statuts*, IIᵉ vol., 8; *statuts*, IIIᵉ vol., 393.

— seigneurie (de). *Arch. lég.*, IIᵉ part., *statuts*, IIIᵉ vol., 393.

— (Perrart de), conseiller du duc de Bourgogne, *Arch. lég.*, IIᵉ part., *statuts*, Iᵉʳ vol., 539.

— (comte de). *Arch. lég.*, IIᵉ part., *statuts*, IIIᵉ vol., 393.

— (Pierre de), voy. Marigny (Perrart de).

Marigot (Perçonnus), valet. *Arch. adm.*, t. III, 544.

Marillac, intendant de justice en Poitou. *Arch. lég.*, IIᵉ part., *statuts*, IIᵉ vol., 291.

— (Gabriel). *Arch. lég.*, IIᵉ part., *statuts*, IIᵉ vol., 331.

Marimentum, vide Marrinum.

Marin, conseiller. *Arch. lég.*, IIᵉ part., *statuts*, Iᵉʳ vol., 493, 495.

Marinus, légat du saint-siége. *Arch. adm.*, t. I, 88.

Mariolla (Durandus de), chapelain de Sainte-Nourrice. *Arch. adm.*, t. II, 1042.

Marion, avocat. *Arch. lég.*, IIᵉ part., *statuts*, IIᵉ vol., 327.

Mariot (Hilaire), curé de Villiers-le-Sec. *Arch. lég.*, Iʳᵉ part., 882.

Maritagium, vide Mariage.

Maritus. *Arch. lég.*, Iʳᵉ part., 98, 167, 170, 225, 232, 301, 320, 378, 381, 395, 407, 412, 422, 442, 620, 625, 629, 673, 695, 700.

Marizy (Estève de). *Arch. adm.*, t. III, 25.

Marjoleinne (la), femme de Reims. *Arch. lég.*, Iʳᵉ part., 517, 533.

Marla (Thomas de). *Arch. adm.*, t. I, 269.

— -de-Fidemio (prior de). *Arch. adm.*, t. II, 635.

— (Gerardus de), archidiacre et chanoine. *Arch. adm.*, t. I, 1008, 1037; t. II, 103.

— vide Marle (ville de).

Marle (comté de). *Arch. lég.*, Iʳᵉ part., 888; IIᵉ part., *statuts*, Iᵉʳ vol., 812; *statuts*, IIIᵉ vol., 253

— (ville de). *Arch. adm.*, t. II, 1154. *Arch. lég.*, Iʳᵉ part., 899, 903.

— (Henry de), avocat au parlement. *Arch. adm.*, t. III, 763.

— (F. de). *Arch. adm.*, t. I, 483, 603?

Marlémont (paroisse de), voy. Mellomonte (parochia de).

— (village de). *Arch. adm.*, t. II, 1074. *Arch. lég.*, Iʳᵉ part., 876, 902, 907.

— (chapelain de), voy. Vesle (Pierre de).

Marleville (Colart de), chaussier. *Arch. adm.*, t. III, 472.

Marli (J. de). *Arch. lég.*, Iʳᵉ part., 83.

Marlier (Prioul le). *Arch. adm.*, t. I, 764.

— (Thiébaut le). *Arch. adm.*, t. I, 767.

— (Thomas le), maire du bourg Saint-Remi. *Arch. adm.*, t. I, 827, 829.

— (Jean le). *Arch. adm.*, t. III, 147.

— (M.), laboureur et roturier, seigneur de Noirval. *Arch. adm.*, t. II, 1097.

— (Évrart le). *Arch. lég.*, iie part. *statuts*, i^{er} vol., 250.

— (Gilet le). *Arch. lég.*, iie part., *statuts*, i^{er} vol., 250.

— (Guillermus). *Arch. lég.*, iie part., *statuts*, i^{er} vol., 585, 589, 591.

— voy. Saint-Remi de Reims (marlier de).

Marlière..., secrétaire du roi. *Arch. lég.*, iie part., *statuts*, i^{er} vol., 628.

Marlin (Fiacre). *Arch. lég.*, iie part., *statuts*, iie vol., 363.

Marlot (Denis), épicier. *Arch. lég.*, iie part., *statuts*, iiie vol., 94.

— (Guillaume), échevin. *Arch. lég.*, iie part., *statuts*, iie vol., 599.

— (Jean), marchand mercier. *Arch. lég.*, iie part., *statuts*, iie vol., 565.

— (Pierre), chanoine régulier de Saint-Augustin. *Arch. lég.*, iie part., *statuts*, i^{er} vol., 223? *statuts*, iie vol., 780, 790; *statuts*, iiie vol., 212.

— (J....), chanoine et sénéchal de Reims. *Arch. lég.*, iie part., *statuts*, i^{er} vol., 770.

— historien et moine de Saint-Nicaise de Reims. *Arch. adm.*, t. I, 2, 28, 29, 70, 71. Erreurs dudit sur le capitulaire *de Admonitione unius monetæ*, 85, 91, 94, 97, 204, 208, 215, 217, 219, 224, 236, 239, 241, 247, 259, 261, 270, 271, 277, 281, 293, 297, 300, 303, 320, 322, 354, 416, 427, 436, 438, 439, 447, 448, 459, 466, 472, 515, 551, 556, 559, 563, 584, 665, 687, 716, 722, 789, 858, 873, 931; t. II, 82, 712. *Arch. lég.*, i^{re} part., 3; iie part.,

statuts, i^{er} vol., 131; *statuts*, iie vol., 70, 635, 1047; *statuts*, iiie vol., 14, 20, 28. Histoire dudit alléguée au sujet de l'érection du siége royal de Reims, 33, 61, 637, 643.

Marly (village de). *Arch. lég.*, iie part., *statuts*, iiie vol., 557, 603.

Marlz (Guillaume de la), abbé de Saint-Basle. *Arch. lég.*, i^{re} part., 879.

Marmande en Agenais (ville de). *Arch. adm.*, t. II, 783.

Marmereivilla (Givellus de), chanoine de Saint-Denis de Reims. *Arch. adm.*, t. I, 275, 276.

Marmery (G.), commis de Saint-Ladre-aux-Hommes. *Arch. adm.*, t. III, 50.

— (lieu de), voy. Marmoriacum.

Marmol, voy. Ingrant (Robert).

Marmonde, voy. Marmande.

Marmont, prêtre. *Arch. lég.*, iie part., *statuts*, iiie vol., 753.

Marmoriacum. *Arch. adm.*, t. I, 376; vide Marmery.

Marmoul (Robin). *Arch. adm.*, t. II, 623, 677; voy. Ingrant (Robert).

Marmous, voy. Marmoul.

Marmoutier (abbé de). *Arch. adm.*, t. II, 1060.

— (M. de). *Arch. adm.*, t. II, 1171.

Marna, vide Marsna.

— (vin de la). *Arch. lég.*, iie part., *statuts*, i^{er} vol., 633.

Marne (rivière de). *Arch. adm.*, t. I, 15, 18, 288, 291, 353; t. III, 153. *Arch. lég.*, i^{re} part., 537; iie part., *statuts*, i^{er} vol., 427, 434, 633, 840; *statuts*, iie vol., 17; *statuts*, iiie vol., 388, 389, 390, 394, 395, 505, 744; voy. Materna.

Marnes (Antoine de), seigneur de Montgenoux. *Arch. lég.*, i^{re} part., 920.

— (Jean de), chapelain de Saint-Jacques. *Arch. lég.*, iie part., *statuts*, i^{er} vol., 322.

Marnis (Galterus de), évêque de Tournay. *Arch. adm.*, t. I, 60.

Marnoirs (Colossonus), voy. Marnois (Colin le).

Marnois (Colin le), fruitier. *Arch. adm.*, t. II, 685, 1221 ?

Maroc (royaume de). *Arch. lég.*, IIᵉ part., *statuts*, IIᵉ vol., 823, 830.

Marocelle de Saint-Thierry, bourgeois. *Arch. adm.*, t. II, 530.

Marogilo (Nicolaus de). Charte dudit. Affranchit dans ses domaines certains hommes qu'il offre à Saint-Denys de Reims. *Arch. adm.*, t. I, 353.

— (Albricus de). *Arch. adm.*, t. I, 353.

— (Hendebalis de). *Arch. adm.*, t. I, 353.

— (Paganus de), chevalier. *Arch. adm.*, t. I, 353.

— (Rogerus de), chevalier. *Arch. adm.*, t. I, 353.

— (Cleopas de), chevalier. *Arch. adm.*, t. I, 353.

— (Varinus de), chevalier. *Arch. adm.*, t. I, 353.

Marolia (Durandus de). *Arch. adm.*, t. II, 1044.

Marolio (Johannes de). *Arch. adm.*, t. II, 1034.

— (Petrus de). *Arch. lég.*, IIᵉ part., *statuts*, Iᵉʳ vol., 118.

— (abbas de). *Arch. adm.*, t. II, 638.

— (curatus de), vide Nicholaus, Garnerus.

— (capellania de). *Arch. adm.*, t. II, 1122.

— (parochia de), vide Mareuil (paroisse de).

— de Britolio (prior de). *Arch. adm.*, t. II, 638.

Marolium. *Arch. adm.*, t. I, 671 ; t. II, 1025, vide Mareuil.

Maron (Arnould). *Arch. adm.*, t. III, 413, 414.

Marot (Jehan), marchand de Nesle. *Arch. lég.*, Iʳᵉ part., 898.

Marote de Beaune, voy. Baune.

Maroyé (Thomas), de Chaumisy. *Arch. adm.*, t. II, 892.

Marozie (famille de). *Arch. adm.*, t. I, 112.

Marpaut (G.). *Arch. adm.*, t. II, 960, 1237.

Marquant (Jeanne-Nicolle). *Arch. lég.*, IIᵉ part., *statuts*, IIᵉ vol., 163.

Marque, voy. Manufacture de Reims (marque de la), Vicomté de Reims.

Marqueniis (abbas de). *Arch. adm.*, t. II, 638.

Marqueny (hameau de). *Arch. adm.*, t. II, 1109. *Arch. lég.*, Iʳᵉ part., 907, 921.

— (presbyter de). *Arch. adm.*, t. II, 1111.

— -aux-Bois, voy. Marqueny (hameau de).

Marquet (Johannes), vide Maigret (Jehan).

Marquette (Pierre), enquesteur à Laon. *Arch. lég.*, Iʳᵉ part., 921.

— (Jacques), avocat à Laon. *Arch. lég.*, Iʳᵉ part., 921.

— (Claude), avocat à Laon. *Arch. lég.*, Iʳᵉ part., 921.

— (Jehan), receveur des tailles. *Arch. lég.*, Iʳᵉ part., 896 ; IIᵉ part., *statuts*, IIIᵉ vol., 555.

Marqueuse (J. de). *Arch. lég.*, IIᵉ part., *statuts*, Iᵉʳ vol., 632, 658.

— (lieu de). *Arch. adm.*, t. I, 270, 1090 ; t. II, 403 ; t. III, 584. *Arch. lég.*, Iʳᵉ part., 876 ; IIᵉ part., *statuts*, Iᵉʳ vol., 88, 93.

— (cour de). *Arch. adm.*, t. II, 519.

— (Furnus de). *Arch. lég.*, IIᵉ part., *statuts*, Iᵉʳ vol., 84, 92.

— (quarrel de la cour). *Arch. adm.*, t. II, 519.

— (terroir de). *Arch. adm.*, t. II, 1064.

Marqueux, voy. Marqueuse.

Marquigny, voy. Marqueny.

Marquis, voy. Ambly, Asfeld, Ayvelles, Béthune, Bouleuse, Cæfantano, Cossé, Covarruvias, Dampierre, Ecquevilly, Gamaches, Genlis, Givry, Joyeuse, Lingende, Lusignan, Mazarin, Montaigu, Nangis, Neesle, Pange, Plenoye, Puisieux, Pleurs, Reynel, Rochegude, Romance, Rothelin, Saint-Claire, Soiecourt, Souvré, Termes, Vieuville, Ville-sur-Tourbe, Wignacourt.

Marquisat, voy. Neesle (marq. de), Sillery, Avaux.

Marquise, voy. Marchisa.

Marrantia, vide Marrencia.

Marre (de la). Traité de police dudit allégué au sujet des prétentions des échevins de Reims sur la vente de la marée. *Arch. lég.*, iie part., *statuts*, iiie vol., 429, 465, 466.

Marrelier (Garinus le). *Arch. adm.*, t. I, 829.

— (R.) de Bodillo. *Arch. adm.*, t. II, 620.

— (Pierre le), charlier. *Arch. adm.*, t. III, 106, 459, 723.

— (Jehan le), de Glannes. *Arch. adm.*, t. III, 162.

Marrencia, sorte de rétribution pour l'assistance aux offices du chapitre. *Arch. lég.*, iie part., *statuts*, i^{er} vol., 49, 50, 54, 183.

Marrerium, vide Marrinnum.

Marriennum, vide Marrinnum.

Marrinnum (merrain). *Arch. adm.*, t. I, 403, 453, 622, 818; t. II, 645; t. III, 90.

Marsage (droit de). *Arch. lég.*, iie part., *statuts*, i^{er} vol., 299, 302.

Marsan, fille de Rogier le cordonnier. *Arch. adm.*, t. II, 503.

Marse, dame d'Aguisy. *Arch. adm.*, t. III, 107.

Marseille (ville de). *Arch. adm.*, t. III, 334. *Arch. lég.*, iie part., *statuts*, iie vol., 1016; *statuts*, iiie vol., 195.

Marseille (S. Louis de), voy. Marsilia (S. Ludovicus de).

Marsella (villa). *Arch. adm.*, t. I, 70, 878; voy. Marson?

Marsette, sœur de Collinet l'Enfant, peintre. *Arch. adm.*, t. II, 1195.

Marsilia (sanctus Ludovicus de), pèlerinage fait audit par les Rémois. *Arch. adm.*, t. II, 1206.

Marsilly (village de), voy. Marcilly.

— voy. Conteur (Joh. le).

Marsiria, laica. *Arch. lég.*, iie part., *statuts*, i^{er} vol., 89.

Marsna (abbatia de), donnée aux moines de Saint-Remi par la reine Gerburge. *Arch. adm.*, t. I, 92; vide Manre.

— (ecclesia de). *Arch. adm.*, t. I, 290, 313.

— (villa de). *Arch. adm.*, t. I, 90, 177, 310, 324, 325. *Arch. lég.*, iie part., *statuts*, i^{er} vol., 169, 182, 189; vide Manre.

Marsnensis curia. *Arch. adm.*, t. I, 325. Coutumes de ladite (*ibid.*)

— (Radulphus de). *Arch. lég.*, iie part., *statuts*, i^{er} vol., 172, 175.

— (præpositura de). *Arch. lég.*, iie part., *statuts*, i^{er} vol., 182.

Marson, fille de Coquelet (Thiébaut). *Arch. adm.*, t. II, 767.

— (Jean Moyen). *Arch. adm.*, t. II, 855.

— (curé de). *Arch. lég.*, i^{re} part., 887.

— (village de). *Arch. lég.*, i^{re} part., 906.

— voy. Bourgogne (Marson de).

Marsona la Norricete. *Arch. adm.*, t. II, 1220.

— vide Sarnay.

— femme de Baudouin le Galois. *Arch. adm.*, t. III, 432, 436.

Marsonne, voy. Loisel.

Mars-sous-Bourg (village de). *Arch. adm.*, t. II, 1108.

Marteau (Jacques), tourneur. *Arch. lég.*, iie part., *statuts*, iie vol., 581.

— (Claude), tourneur. *Arch. lég.*, iie part., *statuts*, iie vol., 581.

Martel (village de). *Arch. lég.*, i^{re} part., 909.

Martelet (Jehan). *Arch. adm.*, t. III, 511.

— (G....), de Mousson. *Arch. adm.*, t. III, 840.

Martellin (Aubry), sergent royal. *Arch. lég.* iie part., *statuts*, iiie vol., 510.

Martenne (dom). *Arch. adm.*, t. I, 216. Obstacles qu'il trouve à consulter les archives de Reims, 217, 230, 239, 367, 527, 549, 559; t. III, 731.

Marteville (village de). *Arch. lég.*, i^{re} part., 920.

Marthé (Charles), ouvrier en soie. *Arch. lég.*, iie part., *statuts*, iie vol., 375.

Martial (Jean), notaire à Meulan. *Arch. lég.*, iie part., *statuts*, iiie vol., 270.

— poëte latin; citation dudit. *Arch. lég.*, i^{re} part., 430.

Martigny (Quentin), avocat à Laon. *Arch. lég.*, i^{re} part., 921.

— (Pierre de). *Arch. lég.*, i^{re} part., 882, 888.

— (ville de). *Arch. lég.*, i^{re} part., 883, 888.

— (curé de), voy. Mare (Hector de la).

— (Innocent de), garde du scel du bailliage de Vermandois. *Arch. lég.*, i^{re} part., 921.

— (Jehan de), l'aîné, avocat. *Arch. lég.*, i^{re} part., 921.

Martimont (patronagium de). *Arch. adm.*, t. II, 1067.

Martin (L.), contrôleur des deniers communs. *Arch. lég.*, iie part., *statuts*, iie vol., 949.

— (Louis), perruquier. *Arch. lég.*, iie part., *statuts*, iiie vol., 199, 439? 459? 463.

Martin (Jean), notaire à Tourteron. *Arch. lég.*, iie part., *statuts*, iiie vol., 259.

— le porcher. *Arch. adm.*, t. I, 961.

— le fromager. *Arch. adm.*, t. II, 488.

— le Charreton. *Arch. adm.*, t. III, 75.

— (Jean), chanoine. *Arch. adm.*, t. III, 352, 369? *Arch. lég.*, iie part., *statuts*, i^{er} vol., 119.

— (J.), sergent. *Arch. adm.*, t. I, 1066? t. III, 832.

— (Charles). *Arch. lég.*, i^{re} part., 896.

— (Antoine), marchand de Neesle. *Arch. lég.*, i^{re} part., 898.

— (Jean), ouvrier en soie. *Arch. lég.*, iie part., *statuts*, iie vol., 375, 811.

— IV, pape, voy. Martinus.

— prévôt, voy. Martinus.

Martinet (Jesson), tellier. *Arch. adm.*, t. III, 835.

— (Nicolas), sergent royal. *Arch. lég.*, iie part., *statuts*, iie vol., 709.

Martini (Johannes), vide Martin (Jean).

Martinus, prévôt. *Arch. adm.* t. I, 358, 456, 543, 544. *Arch. lég.*, iie part., *statuts*, i^{er} vol., 71, 169, 170?

— élu de Beauvais. *Arch. adm.*, t. I, 507.

— IV, pape. *Arch. adm.*, t. I, 1027. *Arch. lég.*, iie part., *statuts*, iie vol., 74.

— de Courmissiaco, clerc de Reims. *Arch. adm.*, t. I, 810, 914; t. II, 481.

Martis-porta, vide Porte-Mars.

Martis-portæ castrum, vide Porte-Mars (château de).

— janitor. *Arch. adm.*, t. I, 715.

— baillivus. *Arch. adm.*, t. II, 336.

— castellanus. *Arch. adm.*, t. II, 359, 835.

— præpositus. *Arch. adm.*, t. II, 217, 336.

Martrois (village de). *Arch. lég.*, i^{re} part., 917.

Martyrologe , voy. Saint-Remi (martyrologe de), Église de Reims.

Martyrologium. *Arch. lég.*, ii\<sup\> part., *statuts*, ier vol., 89; voy. Martyrologe.

Marval (decima de). *Arch. lég.*, ii\<e\> part., *statuts*, ier vol., 100.

Marvault (ville de), voy. Marvaux.

Marvaux (ville de). *Arch. adm.*, t. II, 1100 ; t. III, 660. *Arch. lég.*, ire part., 884, 892, 907, 909, 911.

— (dîme de), voy. Marval (decima de).

Marvilla (Wateletus de). *Arch. adm.*, t. III, 476.

— (Jacques), curé de Saint-Michel de Reims. *Arch. adm.*, t. II, 1242.

— (Jehan). *Arch. adm.*, t. II, 862, 863.

— (village de), *Arch. adm.*, t. II, 1093.

Mary (Martin), notaire. *Arch. lég.*, ii\<e\> part., *statuts*, iii\<e\> vol., 244, 256.

— (Augustin) curé de Saint-Martin-sur-Bar. *Arch. lég.*, ire part., 885.

Marzella, vide Triniaco (villa de).

Marzelles (Gérart de). *Arch. adm.*, t. I, 738.

Marzilly (villa de). *Arch. adm.*, t. I, 911, 1090; vide Marcilly.

— (Pierre de), abbé de Saint-Remi, voy. Marcilly.

Mas (Fremys du), chapelain de Vendeuil, *Arch. lég.*, ire part., 886.

Masaugo (comitatus de). *Arch. adm.*, t. I, 90.

Masbuez (R.). *Arch. adm.*, t. II, 558.

Maschefer le Savetier. *Arch. adm.*, t. II, 524.

— (Hébert). *Arch. adm.*, t. II, 800, 809.

Maschot (molendinum de). *Arch. adm.*, t. I, 280, 286, 292.

Maselaine (fontaine de la), voy. Mazelaine.

Maseriis supra Ysaram de Maricolis (prior de). *Arch. adm.*, t. II, 635.

Maseriis (Balduynus de). *Arch. adm.*, t. III, 237.

Maskilinense capitulum. *Arch. adm.*, t. II, 640.

Masier (Henri le), seigneur de Beaussart, maistre d'hôtel du roi. *Arch. adm.*, t. III, 533.

Masnagium (ménage, mesnie). *Arch. adm.*, t. I, 705, 709.

Masnelibus (capella de), vide Mesneux.

Masnier (Thiébault le), sergent de chapitre. *Arch. lég.*, ii\<e\> part., *statuts*, ier vol., 384.

Masnillis (Johannes de), citoyen de Reims. *Arch. adm.*, t. II, 176.

— (presbyter de), voy. Mesneux.

Masnillo (decima de). *Arch. lég.*, ii\<e\> part., *statuts*, ier vol., 83.

Masnillum juxta Spinetum. *Arch. lég.*, ii\<e\> part., *statuts*, ier vol., 96.

Masques. Mesures de police contre lesdits. *Arch. lég.*, ii\<e\> part., *statuts*, iii\<e\> vol., 76.

Massa. *Arch. adm.*, t. III, 658.

Massart (Nicolas), notaire. *Arch. lég.*, ii\<e\> part., *statuts*, iii\<e\> vol., 244, 256.

— (Jean), notaire. *Arch. lég.*, ii\<e\> part., *statuts*, iii\<e\> vol., 256.

Massé (Valentin). *Arch. lég.*, ii\<e\> part., *statuts*, ii\<e\> vol., 162.

— (R....), maître sergier. *Arch. lég.*, ii\<e\> part., *statuts*, ii\<e\> vol., 859.

Masselayn (molendinum de). *Arch. adm.*, t. I, 760.

Massiges (paroisse de). *Arch. adm.*, t. II, 1099, 1100.

Massigiis (presbyter de). *Arch. adm.*, t. II, 1099.

— (parochia de), voy. Massiges (paroisse de).

Masson (Nicolaus), acolyte du séminaire de Reims. *Arch. lég.*, ii\<e\> part., *statuts*, ii\<e\> vol., 773.

Masson (Quantinet), fabricant. *Arch. lég.*, IIe part., *statuts*, IIe vol., 859.

— notaire. *Arch. lég.*, IIe part., *statuts*, Ier vol., 315.

— (Claudine), veuve de Nicolas Faciot, épicier. *Arch. lég.*, IIe part., *statuts*, IIIe vol., 334.

— (Villain), conseiller municipal. *Arch. lég.*, IIe part., *statuts*, IIIe vol., 660.

— (Warmes le). *Arch. adm.*, t. I, 740.

— (Jean), serrurier. *Arch. lég.*, IIe part., *statuts*, IIe vol., 593.

— (M.), seigneur d'Andevanne. *Arch. adm.*, t. II, 1093.

— (Hennequin le), clerc. *Arch. adm.*, t. III, 107.

— (Antoine), dit Pierrot. *Arch. lég.*, IIe part., *statuts*, IIe vol., 179; *statuts*, IIIe vol., 36.

— (Anne), revendeuse. *Arch. lég.*, IIe part., *statuts*, IIe vol., 442.

Massonagium (maçonnage). *Arch. adm.*, t. II, 645.

Massonnet (Jesson). *Arch. adm.*, t. II, 1198.

— avocat. *Arch. lég.*, IIe part., *statuts*, IIIe vol., 199.

— (Adenet). *Arch. adm.*, t. II, 1189.

Massour (Jehan le). *Arch. adm.*, t. III, 8.

Massy (Jehan), curé de Chesnay et Merfy. *Arch. lég.*, Ire part., 884.

— (la), veuve. *Arch. lég.*, IIe part., *statuts*, IIe vol., 443.

— (P....), greffier. *Arch. lég.*, IIe part., *statuts*, Ier vol., 716.

Masuier (Guillaume le), chanoine. *Arch. adm.*, t. III, 25.

Masura (maison, masure). *Arch. adm.*, t. I, 385, 911, 975; *Arch. lég.*, IIe part., *statuts*, Ier vol., 166.

Masuris (presbyter de). *Arch. adm.*, t. II, 1068.

— (parochia de). *Arch. adm.*, t. II, 1069, voy. Mazures (paroisse de).

— (abbatissa de). *Arch. adm.*, t. II, 1076.

Mater. *Arch. lég.*, Ire part., 39, 68, 226, 630; vide Sancti-Remigii Mater.

Materna fluvius, voy. Marne (rivière de).

Mathatias, roi de Judée. *Arch. lég.*, Ire part., 385.

Mathé (Nicolas), garde des sceaux du bailliage de Vermandois. *Arch. lég.*, IIe part., *statuts*, IIIe vol., 283.

— (François), conseiller du roi. *Arch. lég.*, IIe part., *statuts*, IIe vol., 712.

Mathée, abbesse de Saint-Pierre-aux-Nonains. *Arch. lég.*, IIe part., *statuts*, Ier vol., 636.

Mathei de Brecy (capellania de). *Arch. lég.*, IIe part., *statuts*, Ier vol., 106.

— terra. *Arch. adm.*, t. I, 321.

Mathein (P. de), queux du roi. *Arch. adm.*, t. II, 298.

Matheuc (Guillaume). *Arch. adm.*, t. II, 555.

Matheus, chambrier du roi Louis VII. *Arch. adm.*, t. I, 298, 402, 416, 420, 427, 431, 465.

— (chancelier). *Arch. adm.*, t. I, 432, 433, 435, 436, 438, 444, 446, 447.

— diacre. *Arch. adm.*, t. I, 259? *Arch. lég.*, IIe part., *statuts*, Ier vol., 90? 121.

— abbé de Saint-Denis en France. *Arch. adm.*, t. I, 999.

— trésorier du chapitre. *Arch. lég.*, IIe part., *statuts*, Ier vol., 71.

— chanoine trésorier de Saint-Quintin. *Arch. adm.*, t. I, 844? *Arch. lég.*, IIe part., *statuts*, Ier vol., 95, 115.

— (Johannes), acolyte. *Arch. lég.*, IIe part., *statuts*, IIe vol., 773.

— comte de Beaumont. *Arch. lég.*, IIe part., *statuts*, Ier vol., 101.

Mathieu (Guillaume). *Arch. lég.*, 1re part., 898.

— (Paris), historien allégué au sujet des statuts des barons de France. *Arch. adm.*, t. I, 690.

Mathigio (ecclesia de). *Arch. adm.*, t. I, 329.

Mathildis, sœur de Jean de Châlons, chevalier, tient en fief de Saint-Remi les moulins de l'abbaye de ce nom. *Arch. lég.*, 11e part., *statuts*, 1er vol. 170.

— femme de Nicolas de Rumigny. *Arch. adm.*, t. I, 451. *Arch. lég.*, 11e part., *statuts*, 1er vol., 83.

— marchisa de.... OEbalo. *Arch. adm.*, t. I, 236.

— comtesse de Flandre. *Arch. lég.*, 11e part., *statuts*, 1er vol., 71, 115.

— reine. *Arch. lég.*, 11e part., *statuts*, 1er vol., 72.

— laïque. *Arch. lég.*, 11e part., *statuts*, 1er vol., 86, 166, 168?

Matiffardus (Simon), archidiacre. *Arch. adm.*, t. I, 914, 941, 976, 996, 1003, 1007, 1011, 1017; t. II, 102.

Matis (P...), bourgeois. *Arch. lég.*, 11e part., *statuts*, 1er vol., 846.

Matisconensis comes. *Arch. adm.*, t. I, 591; voy. Mâcon (comte de).

— episcopus, vide Milo.

Matisfardus (Symon), vide Matiffardus.

— (Simon), évêque de Paris. *Arch. lég.*, 11e part., *statuts*, 1er vol., 83.

Matouges (village de). *Arch. lég.*, 1re part., 919.

Matra (Pierre), fourbisseur. *Arch. lég.*, 11e part., *statuts*, 1er vol., 332.

Matrannus (Albricus). *Arch. adm.*, t. I, 309.

— (Gilo), fils du précédent. *Arch. adm.*, t. I, 309.

Matricularius: Fonctions dudit dans le couvent. *Arch. adm.*, t. I, 646; t. II, 597.

Matricule, voy. Vierge (M. de).

Matrimoniis (redemptio de). *Arch. adm.*, t. I, 366.

Matrimonium. *Arch. adm.*, t. I, 520, 558, 696, 751, 943, 1018; t. III, 401. *Arch. lég.*, 1re part., 36, 39, 43, 52, 68, 83, 99, 126, 132, 147, 152, 160, 167, 169, 181, 182, 184, 204, 205, 226, 260, 284, 315, 320, 396, 399, 416, 425, 441, 473, 619, 623, 989; vide Maritagium.

Matrix, vide Ecclesia.

Matutinales redditus. *Arch. lég.*, 11e part., *statuts*, 1er vol., 69.

Matutinarum distributor. *Arch. lég.*, 11e partie, *statuts*, 1er vol., 68, 85, 90, 95.

Matz (village de). *Arch. lég.*, 1re partie, 919.

Mauberfontaine (ville de). *Arch. adm.*, t. I, 472, 473, 521; t. II, 1074; t. III, 591, 873. *Arch. lég.*, 1re part., 607, 876, 903, 907, 911; 11e part., *statuts*, 1er vol., 91; *statuts*, 11e vol., 121; *statuts*, 111e vol., 31.

— (Hugues de), directeur général des écoles d'Aubry-le-Crevé. *Arch. adm.*, t. I, 664; t. II, 734.

— (moulins de), voy. Maubertifonte (molendina de).

— (paroisse de), voy. Maubertifonte (parochia de).

— (halle de), voy. Maubertifonte (hala de).

Maubert (Jehan), fourbeur. *Arch. adm.*, t. III, 103.

Maubertifonte (villa de), voy. Mauberfontaine.

— (molendina de). *Arch. adm.*, t. I, 510, 886. *Arch. lég.*, 11e part., *statuts*, 1er vol., 70, 75, 78, 80, 83, 84, 90.

Maubertifonte (Hugo de), vide Mauber-fontaine (Hugues de).

— (Johannes de), chanoine de Saint-Nour-rice. *Arch. adm.*, t. II, 1041, 1043?

— (presbyter de). *Arch. adm.*, t. II, 1072.

— (parochia de). *Arch. adm.*, t. II, 1072.

— (bala de). *Arch. lég.*, iie part., *statuts*, i^er vol., 96.

Maubertus. *Arch. lég.*, iie part., *statuts*, i^er vol., 170.

Maubeston (Jehan de), seigneur de Celles. *Arch. lég.*, i^re part., 892.

Maubeuge (ville de). *Arch. adm.*, t. I, 1073; t. III, 18.

— (M. de), seigneur de Poilcourt. *Arch. adm.*, t. II, 1064, 1083.

Maubijois (Colart), vicomte de Reims. *Arch. adm.*, t. II, 808; t. III, 379.

Maubon (J...) *Arch. lég.*, iie part., *statuts*, i^er vol., 383.

Maubouge (droit de). *Arch. lég.*, iie part., *statuts*, i^er vol., 509; iiie vol., 159.

Maubourneau (Jehan), curé de Guyencourt. *Arch. lég.*, i^re part. 886.

Maubrecis (Willemin de). *Arch. adm.*, t. III, 17.

Maubrecy, voy. Mainbressy.

Maubresson (village de). *Arch. lég.*, i^re part., 901.

Maubrouet (Jean), notaire. *Arch. adm.*, t. III, 51, 697. *Arch. lég.*, iie part., 114, *statuts*, i^er vol., 454, 582, 592, 612, 615, 616, 617, 618, 619, 626, 628, 635, 639, 642, 649, 650, 653, 659, 718, 727, 730, 759, 760, 829, 844, 903, 911, 937, 947.

— (P.). *Arch. lég.*, iie part., *statuts*, i^er vol., 539.

Maubuisson - les - Pontoise (village de). *Arch. adm.*, t. II, 860; t. III, 516, 675?

Maucelière (Phelippot), poissonnier. *Arch. lég.*, iie part., *statuts*, i^er vol., 539.

Mauclerc (Andrieu), majeur de Trélon. *Arch. adm.*, t. II, 349.

— (Jehan), procureur de l'échevinage. *Arch. lég.*, iie part., *statuts*, iie vol, 4, 199 ? 201.

Maucomble, bourgeois de Sedan, seigneur de Glaire. *Arch. adm.*, t. II, 1090.

Maucorps (Robinus). *Arch. adm.*, t. II, 1219.

— (Jean), ouvrier en soie. *Arch. lég.*, iie part., *statuts*, iie vol., 375.

Maucourt (seigneurie de). *Arch. lég.*, i^re part., 889, 907, 909.

— -près-Lihons (village de). *Arch. lég.*, i^re part., 909.

— (commandeur de). *Arch. lég.*, iie part., *statuts*, iiie vol., 389.

Maucroix (François de), chanoine. *Arch. lég.*, iie part., *statuts*, iie vol., 787.

Maucruès (Pierre de). *Arch. adm.*, t. II, 581.

Maudignis (villa de), vide Mondigny.

Maudijois (Pierre les). *Arch. adm.*, t. II, 779, voy. Maubijois.

— (Garin les). *Arch. adm.*, t. II, 779.

Maufroit (P.), parmentier. *Arch. adm.*, t. II, 826.

Maufroy (Hilaire), curé de Coucy. *Arch. lég.*, i^re part., 886.

Maugarny (village de). *Arch. lég.*, i^re part., 907, 919.

Maugier (Robert), conseiller du roi. *Arch. adm.*, t. III, 852.

Maugis le bouchier. *Arch. adm.*, t. II, 699, 962.

Mauguète (Drouet), tonnelier. *Arch. adm.*, t. II, 537.

Maulare (moudre.). *Arch. adm.*, t. I, 345.

Mauleur (Person). *Arch. lég.*, i^re part., 524, 563.

Maulevant (Oudinet). *Arch. adm.*, t. III, 835.

Maulevault, bourgeois. *Arch. lég.*, 1ʳᵉ part., 697, 701.

Mauloué (Person), voy. Mauleur.

— (village de). *Arch. lég.*, 1ʳᵉ part., 900.

Mauloueit le savetier. *Arch. adm.*, t. II, 1195.

Mauly (Charles de), seigneur d'Artaise. *Arch. lég.*, 1ʳᵉ part., 893.

Maumont (Giraut de). *Arch. adm.*, t. I, 968.

Maumonté (Colin). *Arch. adm.*, t. II, 910, 914, 1187.

Maunancourt (village de). *Arch. lég.*, 1ʳᵉ part., 909.

Maupas (Henri de), abbé de Saint-Denis de Reims, cède la maison des béguines de Sainte-Agnès aux échevins. *Arch. adm.*, t. I, 13. *Arch. lég.*, 11ᵉ part., statuts, 1ᵉʳ vol., 129.

— (seigneur de), voy. Cauchon (Thierry).

— (Robert de), sergent du roi. *Arch. adm.*, t. III, 45, 46, 47. *Arch. lég.*, 11ᵉ part., statuts, 1ᵉʳ vol., 859? 861, 901?

— (château de). *Arch. adm.*, t. III, 148.

— (maison de). *Arch. adm.*, t. III, 148, 660.

— (village de). *Arch. lég.*, 11ᵉ part., statuts, 11ᵉ vol., 963.

Maupinot, conseiller. *Arch. lég.*, 11ᵉ part., statuts, 11ᵉ vol., 1010.

Maupou (Vincent), notaire du roi. *Arch. lég.*, 11ᵉ part., statuts, 11ᵉ vol., 181.

— voy. Ableige.

Maupyu (Nicole), curé de Brimont. *Arch. lég.*, 1ʳᵉ part., 887.

Mauquarré (Bertrand), cureur de toiles. *Arch. adm.*, t. II, 899.

Maur (Bazin), religieux de Saint-Remi. *Arch. lég.*, 11ᵉ part., statuts, 1ᵉʳ vol., 204. 211, 216, 219.

Mauregart (N. de). *Arch. adm.*, t. III, 283.

Mauregny (village de). *Arch. lég.*, 1ʳᵉ part., 919.

Maureny (Clarin de), lieutenant du prévôt de Laon. *Arch. adm.*, t. III, 2.

— voy. Mauregny.

Maurepaire (seigneur de), voy. Eslincourt (Jacques).

Mauri (Camellin). *Arch. adm.*, t. II, 534.

Mauriau (Rolin). *Arch. lég.*, 11ᵉ part., statuts, 1ᵉʳ vol., 622.

Mauricius, sous-diacre et chanoine. *Arch. adm.*, t. I, 120? *Arch. lég.*, 11ᵉ part., statuts, 1ᵉʳ vol., 76.

Maurilius, colon légué par Saint-Remi à l'église de Reims. *Arch. adm.*, t. I, 4.

Maurille (Allart), épicier. *Arch. lég.*, 11ᵉ part., statuts, 11ᵉ vol., 978.

Maurillus, chanoine. *Arch. lég.*, 11ᵉ part., statuts, 1ᵉʳ vol., 116.

Mauri-Mons (villa de). *Arch. lég.*, 11ᵉ part., statuts, 1ᵉʳ vol., 87.

Maurimontis abbas. *Arch. adm.*, t. II, 1026, 1058, 1093, 1099, 1100, 1115; voy. Thomas.

Maurin, docteur en théologie. *Arch. lég.*, 11ᵉ part., statuts, 1ᵉʳ vol., 915.

Mauringus, oblat de Saint-Remi. *Arch. adm.*, t. I, 69.

Mauritanie (concile de). *Arch. adm.*, t. I, 128, 129.

Mauroy (lieu de). *Arch. adm.*, t. I, 111, 622.

— (Jehan), dit Fournier. *Arch. lég.*, 1ʳᵉ part., 527.

Maurri (Jehan), receveur des tailles. *Arch. adm.*, t. III, 97.

— (Pierre), receveur des tailles. *Arch. adm.*, t. III, 98.

— le cordonnier. *Arch. adm.*, t. III, 98.

Maurri (Jehan), pelletier. *Arch. adm.*, t. II, 347? 823? t. III, 106.

Maurvilles (Richardus de). *Arch. adm.*, t. I, 332.

— (Bonefacius de). *Arch. adm.*, t. I, 333.

— (Gozolo de). *Arch. adm.*, t. I, 332.

Maury (Jesson), voy. Maurri (Jean).

Mauseot (Pentouf). *Arch. adm.*, t. III, 188.

Mausloué (village de), voy. Montloué.

Mautibé (Garin), *Arch. adm.*, t. II, 906, 1216, 1217.

Maut-Levault (Huguenin), boucher. *Arch. adm.*, t. III, 890.

Mauvais (Jehan le). *Arch. adm.*, t. II, 1176, 1183, 1187; t. III, 820?

— (Franquet le). *Arch. adm.*, t. II, 1189, 1192, 1193, 1237.

Mauvaise (Jehan de), voy. Mauvais.

Mauvisse, voy. Villiers.

Maves (Watier as), févre. *Arch. adm.*, t. II, 908.

— (Aubry as). *Arch. adm.*, t. II, 908; t. III, 69, 71.

Mavonay (Léonard), curé de Parfondereu. *Arch. lég.*, ɪʳᵉ part., 884.

Maximilien, duc d'Autriche. *Arch. lég.*, ɪɪᵉ part., *statuts*, ɪᵉʳ vol., 805, 833, 835. Aide le duc de Clarence à détrôner le roi d'Angleterre, *ibid.*, 839, 844.

Maximinus episcopus Bagaiensis. *Arch. adm.*, t. I, 167.

Maximus, episcopus. *Arch. adm.*, t. I, 191, 196.

May (château de). *Arch. adm.*, t. II, 1073.

— (Nicole de), curé de ..... *Arch. lég.*, ɪʳᵉ part., 883.

— (Jean), curé de Fourdrain. *Arch. lég.*, ɪʳᵉ part., 883.

— (Jacques de), chevalier de la couronne des archers de Reims. *Arch. lég.*, ɪɪᵉ part., *statuts*, ɪᵉʳ vol., 322.

Mayaifer (Jehan de), boucher. *Arch. lég.*, ɪɪᵉ part., *statuts*, ɪᵉʳ vol., 998.

Mayence (archevêques de), voy. Adalbert, Boniface, Hatton, Riculphe.

— (évêché de). *Arch. adm.*, t. I, 313, 330.

— (jambon de). *Arch. lég.*, ɪɪᵉ part., *statuts*, ɪɪᵉ vol., 990.

— (ville de). *Arch. adm.*, t. I, 67, 109.

Mayencourt (Joachim de), prieur de Bellefontaine. *Arch. lég.*, ɪʳᵉ part., 882.

— (Charles de), seigneur de Corval. *Arch. lég.*, ɪʳᵉ part., 894.

Mayenne (duc de). *Arch. lég.*, ɪɪᵉ part., *statuts*, ɪᵉʳ vol., 570, 571, 712, 717. 719, 913, 915. Vient avec le duc de Guise à Reims, 916, 922, 923, 926, 930, 931. Reims, sous son autorité, se réunit à la ligue, 932.

— du Fresny, franc sergent du chapitre *Arch. lég.*, ɪɪᵉ part., *statuts*, ɪɪɪᵉ vol., 33.

Mayette (Didier), maître tonnelier. *Arch. lég.*, ɪɪᵉ part., *statuts*, ɪɪᵉ vol., 417.

Mayeur (Simon le), chapelain de Cauroy. *Arch. lég.*, ɪʳᵉ part., 885.

— voy. Ban Saint-Remi (majeur du).

Maynon (Jehan), conseiller au siége de Laon. *Arch. lég.*, ɪʳᵉ part., 895.

Mayot (curé de). *Arch. lég.*, ɪʳᵉ part., 880.

Mayre (Godefroy), curé de Vauresaine. *Arch. lég.*, ɪʳᵉ part., 883.

Mayrel (Jacques), avocat à Laon. *Arch. lég.*, ɪʳᵉ part., 921.

— (François), avocat à Laon. *Arch. lég.*, ɪʳᵉ part., 921.

Maximes, voy. Saint-Charles (maximes de).

Mazareus Cyphus (Hanap de madre). *Arch. adm.*, t. III, 772.

Mazarin (duchesse de), dame de Château-Porcien. *Arch. adm.*, t. II, 1065, 1069, 1070, 1075, 1077, 1078, 1082, 1083,

1086, 1091, 1095, 1103, 1104, 1106, 1108, 1109, 1110, 1111. *Arch. lég.*, ue part., *statuts*, iiie vol., 389, 395.

Mazarin (marquise de), dame d'Iges. *Arch. adm.*, t. II, 1090.

— (duc de). *Arch. lég.*, ue part., *statuts*, iiie vol., 57, 391.

Mazarinus, vide Ciphus.

Mazelaine (Fontaine de). *Arch. adm.*, t. II, 42? 381.

Mazermy (patronagium de), vide Mazerny (patronage de).

Mazerneyo (parochia de), vide Mazerny (paroisse de).

Mazerny (patronage de). *Arch. adm.*, t. II, 1107, 1108.

— (village de). *Arch. adm.*, t. II, 1077, 1081, 1103. *Arch. lég.*, ire part., 902, 907.

— (presbyter de). *Arch. adm.*, t. II, 1102.

— (paroisse de). *Arch. adm.*, t. II, 1103.

Mazin (Jacques), tondeur de drap. *Arch. lég.*, ue part., *statuts*, ue vol., 392.

Mazures (paroisse des), voy. Mazuriis (parochia de).

— (Pierre), cuisinier. *Arch. lég.*, ue part., *statuts*, iiie vol., 497.

— (prieuré de. *Arch. adm.*, t. II, 1070.

— (abbesse de), voy. Masuriis (abbatissa de).

— (village des). *Arch. adm.*, t. II, 1070.

Mea (J...), bourgeois. *Arch. lég.*, ue part., *statuts*, ier vol., 776.

Meaux (ville de). *Arch. adm.*, t. II, 328, 1082; t. III, 209, 903. *Arch. lég.*, ire part., 102; ue part., *statuts*, ier vol., 577, 602, 640, 665, 745, 778; *statuts*, iiie vol., 532, 753; voy. Meldæ.

— (Jehan de), messager du roi. *Arch. adm.*, t. II, 1145.

— (bailli de). *Arch. lég.*, ue part., *statuts*, ier vol., 830.

Meaux (commune de), voy. Meldensis communitas.

— (évêque de), voy. Barral (Louis-Matthias), Boulei (Nicolas); vide Meldensis episcopus.

— (concile de), voy. Meldense concilium.

— (église de), voy. Meldensis ecclesia.

Médard (P....). *Arch. lég.*, ue part., *statuts*, ier vol., 862.

Medardus, évêque, signataire du testament de Saint-Remi. *Arch. adm.*, t. I, 22.

— voy. Medaridus.

Medaridus, affranchi de l'église de Reims. *Arch. adm.*, t. I, 16.

Médecin, voy. Reims (médecins de).

Media villa (Johannes de). *Arch. adm.*, t. II, 142.

— justitia. *Arch. lég.*, ue part., *statuts*, ier vol.; 575; voy. Moyenne justice.

Medicus, vide Johannes, Remenses physici, Walterus.

Medietaria. *Arch. adm.*, t. I, 619.

Medietas, vide Ambleio (de), Augustæ, Ham (medietas de), Resbais (de).

Mediolanensis ecclesia. *Arch. adm.*, t. III, 851; vide Milan (église de).

Medovicus, affranchi. *Arch. adm.*, t. I, 16.

Meel-juxta-Antuerpiam (villa de). *Arch. adm.*, t. III, 851.

Megissier (Bertrand le). *Arch. adm.*, t. I, 1120.

— (Étienne le). *Arch. adm.*, t. II, 269.

— (Reginaldus dictus le). *Arch. adm.*, t. III, 67.

— (Jesson le). *Arch. adm.*, t. III, 837.

Mégissiers de Reims (statuts des). *Arch. adm.*, t. III, 730. *Arch. lég.*, ue part., *statuts*, ier vol., 841; *statuts*, ue vol., 264.

Megret, voy. Maigret.

Megrigny (M. de). *Arch. lég.*, ue part., *statuts*, iiie vol., 390.

Mehun–sur–Eure (village de). *Arch. lég.*, nᵉ part., *statuts*, ı^{er} vol., 757.

Meingnart (Herbertus). *Arch. adm.*, t. II, 726.

Meis (Jehan de), voy. Mès.

Melanius, vinitor, nommé dans le testament de saint Remi. *Arch. adm.*, t. I, 8, 18.

Melchiade, pape. Fausses décrétales attribuées audit. *Arch. adm.*, t. I, 111.

Melchisedech, roi de Salem et grand prêtre. *Arch. adm.*, t. II, 1024.

Meldæ, vide Meaux.

Meldeuse concilium. *Arch. adm.*, t. I, 34.

Meldensis episcopus, vide Meaux (évêque de).

— ecclesia. *Arch. adm.*, t. I, 476.

— archidiaconus. *Arch. lég.*, ı^{re} part., 101.

— communitas. *Arch. lég.*, ı^{re} part., 101.

— decanus, vide Michael.

— civitas; vide Meaux (ville de).

Meldunum, voy. Melun.

Meledino (Philippus de), chanoine. *Arch. adm.*, t. II, 475, 591.

— (Robertus de), chanoine. *Arch. adm.*, t. II, 475.

Melereio (alodium de). *Arch. lég.*, nᵉ part., *statuts*, ı^{er} vol., 94.

Melfegio (Warinus de). *Arch. adm.*, t. I, 314, 315.

— (Hairicus de). *Arch. adm.*, t. I, 315.

Melfeia (villa de). *Arch. adm.*, t. I, 279, 380.

Melignon (Gile), échevin. *Arch. adm.*, t. III, 834. *Arch. lég.*, ı^{re} part., 600.

Meligny (village de). *Arch. adm.*, t. II, 1111.

Melin (Jehan), dit l'abbé. *Arch. adm.*, t. II, 1243.

Melina, fille de Guy Levrier. *Arch. adm.*, t. II, 648.

Meline (village de), voy. Méliguy.

— la Cruleuse. *Arch. adm.*, t. II, 40.

— femme de Jehan de Mezières. *Arch. adm.*, t. II, 688.

— béguine. *Arch. adm.*, t. II, 500, 747.

— chambrière de N. Courtois, vicaire de Reims. *Arch. adm.*, t. II, 379.

Melinet (Gilles). *Arch. lég.*, nᵉ part., *statuts*, ı^{er} vol., 265.

Melinette (Aubri), coutre de Saint-Remi. *Arch. lég.*, nᵉ part., *statuts*, ı^{er} vol., 247.

Melinon (Jehan), voy. Menneville (M. J. de).

— (Gile), voy. Melignon.

Melinus, cocher. *Arch. adm.*, t. I, 1021.

Melior, solliciteur à Rome pour le comte de Champagne. *Arch. adm.*, t. I, 370.

Mellaricus, serf de l'église de Reims. *Arch. adm.*, t. I, 16, 18?

Mellaridus, vide Mellaricus.

Mellatena, serve de l'église de Reims. *Arch. adm.*, t. I, 18.

Mellemont (village de). *Arch. adm.*, t. I, 521; t. III, 592. *Arch. lég.*, nᵉ part., *statuts*, ı^{er} vol., 91.

— (Thiébaut de), échevin. *Arch. adm.*, t III, 448, 470.

— (Pierre de), receveur des deniers du sacre. *Arch. adm.*, t. III, 511, 677.

Mellerault(village de). *Arch. lég.*, nᵉ part., *statuts*, ıIIᵉ vol., 533.

Melles (Gombaud de), lieutenant du capitaine de Reims. *Arch. lég.*, ı^{re} part., 489.

Mellin (Renier). *Arch. adm.*, t. II, 395.

— curé de Méry. *Arch. adm.*, t. II, 1242.

Mellimons, voy. Mellemont, Marlemont.

Mellimonte (potestas de). *Arch. lég.*, nᵉ part., *statuts*, ı^{er} vol., 103.

Mellodunum, voy. Meldunum.

Melloficus, vide Mellovicus.

Mellofonte (villa de). *Arch. adm.*, t. I, 355.

— (decima de). *Arch. adm.*, t. I, 262.

Mellomons, voy. Marlemont.

Mellomonte (Gerardus de), clerc. *Arch. adm.*, t. II, 91, 407.

— (parochia de). *Arch. adm.*, t. II, 1072. *Arch. lég.*, IIe part.; *statuts*, Ier vol., 71.

— (presbyter de). *Arch. adm.*, t. II, 1074.

— (Egidius de), voy. Melmont (Giles).

Mellot (Pierre Gaime de), collecteur des formariages au bailliage de Vermandois. *Arch. adm.*, t. II, 862.

Mellote (Gilet la). *Arch. adm.*, t. II, 1217.

— (Baudinet la). *Arch. adm.*, t. II, 1217.

Melloto (Guillelmus de). *Arch. adm.*, t. I, 591.

— (Droco de). *Arch. adm.*, t. I, 591.

Mellovicus. *Arch. adm.*, t. I, 15, 16.

Melmont (Giles), échevin. *Arch. adm.*, t. II, 332. *Arch. lég.*, Ire part., 509; IIe part., *statuts*, Ier vol., 397.

— (Egidius), voy. Melmont (Giles).

Melot (H.), recteur de l'université. *Arch. lég.*, IIe part., *statuts*, IIe vol., 654.

— (Remi), marchand drapier. *Arch. lég.*, IIe part., *statuts*, IIe vol., 391.

— sœur de Jesson de Molinet. *Arch. adm.*, t. II, 679.

— doyen de la faculté de théologie et curé de Saint-Hilaire de Reims. *Arch. adm.*, t. II, 1050; voy. Melot (H.)

— femme de Vuillé Floton. *Arch. adm.*, t. III, 681.

Melota, femme de Colessonnus Waleti. *Arch. adm.*, t. III, 393.

— femme de Colardus Langlesson. *Arch. lég.*, IIe part., *statuts*, Ier vol., 120.

Melphi terra. *Arch. adm.*, t. I, 293.

— (Robertus Enaldus). *Arch. adm.*, I, 295.

Melrain (prior de), *Arch. adm.*, t. II, 638.

Melun (ville de). *Arch. adm.*, t. I, 586, 587, 588. Le régent demande des secours aux Rémois pour défendre ladite contre le roi de Navarre. *Arch. adm.*, t. III, 142, 762. *Arch. lég.*, IIe part., *statuts*, IIIe vol., 531, 554.

— (vicomte de). *Arch. adm.*, t. III, 777.

— (Jehan de), premier grand maître des eaux et forêts. *Arch. adm.*, t. III, 78? *Arch. lég.*, IIe part., *statuts*, IIe vol., 14.

— (Robert de), grand maître des eaux et forêts. *Arch. lég.*, IIe part., *statuts*, IIe vol., 14.

— (comtesse de), dame de Sommepy. *Arch. adm.*, t. II, 116.

Melus Rogerii terra. *Arch. lég.*, IIe part., *statuts*, Ier vol., 66.

Melzicourt (paroisse de). *Arch. adm.*, t. II, 1100, 1102.

Membre, bénéficier du doyenné de Mézières. *Arch. adm.*, t. II, 1075.

— (H. le). *Arch. lég.*, IIe part., *statuts*, IIe vol., 291.

— (Thomas-Thierry), pelletier. *Arch. lég.*, IIe part., *statuts*, IIe vol., 332.

— (Jehan le), promoteur de la cour spirituelle. *Arch. lég.*, IIe part, *statuts*, Ier vol., 822.

Membrecies, voy. Mainbressy.

Membron (Pierre). *Arch. lég.*, IIe part., *statuts*, IIe vol., 239.

Membru (Henry le), licencié ès lois. *Arch. lég.*, IIe part., *statuts*, Ier vol., 770, 771, 772, 773, 775, 781, 786, 795, 808, 828, 832, 835, 842, 844.

— (N....), bourgeois. *Arch. lég.*, IIe part., *statuts*, Ier vol., 773, 783, 786, 796, 800, 812, 814, 817, 819, 825, 835, 842.

Memetus, vide Sanctus Memetus.

Memie (Parisot), boulanger. *Arch. lég.*, IIe part., *statuts*, IIe vol., 162.

Memonte (presbyter de). *Arch. adm.*, t. II, 1080, 1084.

— (parochia de). *Arch. adm.*, t. II, 1082.

— (patronagium de). *Arch. adm.*, t. II, 1084.

— (Guillelmus de), chanoine. *Arch. lég.*, IIe part., *statuts*, Ier vol., 116.

Ménage (G.), bourgeois. *Arch. adm.*, t. I, 865.

Ménardière (sieur de la). Introduit les jésuites à Caen. *Arch. lég.*, IIe part., *statuts*, IIe vol., 690.

Menault (Louis), marchand mercier. *Arch. lég.*, IIe part., *statuts*, IIe vol., 560.

Menbrecy (village de), voy. Mainbressy.

Menbresson (village de), voy. Mainbresson.

Mende (évêché de). *Arch. lég.*, IIe part., *statuts*, Ier vol., 604.

Mendiants (ordre des). *Arch. adm.*, t. III, 134, 786. *Arch. lég.*, IIe part., *statuts*, Ier vol., 212, 829; *statuts*, IIe vol., 85.

— voy. Reims (mendiants de).

Mené, huissier. *Arch. lég.*, IIe part., *statuts*, Ier vol., 262, 269, 279, 284.

Meneix, voy. Mesneux.

Menesio (Gerardus de), chanoine et official. *Arch. adm.*, t. I, 711. *Arch. lég.*, IIe part., *statuts*, Ier vol., 107; vide Menessier (Gerard).

Menessier, tailleur d'habits. *Arch. lég.*, IIe part., *statuts*, IIe vol., 531.

— (Gérard). *Arch. adm.*, t. II, 424, 520.

Menessies (seigneurie de). *Arch. lég.*, Ire part., 877.

— (prieur de), voy. Menniciis (prior de).

Menestrels. Défenses auxdits d'exercer publiquement leur profession à Reims pendant les montres des gens de guerre. *Arch. adm.*, t. II, 852. *Arch. lég.*, IIe part., *statuts*, Ier vol., 701.

Ménétriers, voy. Ménestrels.

Meneux, voy. Mesneux.

Mengyn, curé d'Aure. *Arch. lég.*, IIe part., 884.

Ménil, voy. Mesnil.

Meniot (Adrien), tailleur d'habits. *Arch. lég.*, IIe part., *statuts*, IIe vol., 528, 531.

— (Jean-Nicolas), tailleur d'habits. *Arch. lég.*, IIe part., *statuts*, IIe vol., 528.

— (Antoine), tailleur d'habits. *Arch. lég.*, IIe part., *statuts*, IIe vol., 528.

Menissier, dit Cauchon. *Arch. adm.*, t. II, 603, 655; voy. Cauchon (Manasserius).

— (Perrart), clerc. *Arch. adm.*, t. II, 530.

Menjumate (Jehan), prévôt de Laon. *Arch. adm.*, t. II, 1002, 1003.

Mennemont (Jehan-Moëtde), écuyer. *Arch. adm.*, t. III, 661.

Menneville (Melinon Jean de), écuyer. *Arch. adm.*, t. III, 662.

— (village de). *Arch. adm.*, t. III, 662. *Arch. lég.*, Ire part., 901.

Menniciis (prior de). *Arch. adm.*, t. II, 1094; vide Menessis.

Menot (Quintin), maître charpentier. *Arch. lég.*, IIe part., *statuts*, IIIe vol., 671.

Menouville, prêtre. *Arch. lég.*, IIe part., *statuts*, IIIe vol., 753.

Menouvrier (Huet le). *Arch. adm.*, t. II, 534.

Menre, voy. Manre.

Menria, voy. Manre.

Menrival (Jehan de). *Arch. adm.*, t. II, 1243, 1244.

Mensa, vide Remorum archiepiscopi mensa.

Mensloet (homines de). *Arch. adm.*, t. I, 391.

Mensura, vide Particæ, Mesure.

Mensurator, voy. Mesureur.

Menu, magister. *Arch. adm.*, t. II, 725.

Menuisiers (statuts des). *Arch. lég.*,

iie part., *statuts*, ier vol., 841 ; *statuts*, iie vol., 342 ; *statuts*, iiie vol., 746.

Mer (de la), avocat. *Arch. lég.*, iie part., *statuts*, iie vol., 611.

Merardus (Guillotus). *Arch. adm.*, t. I, 797.

Meratena, femme serve de l'église de Reims. *Arch. adm.*, t. I, 16.

Meratina, vide Meratena.

Mercadec (Hercule), voy. Rohan (prince de).

Mercansia (marchandise). *Arch. lég.*, iie part., *statuts*, ier vol., 157, 159.

Mercati platea, voy. Marché de Reims (place du).

Mercato (Henricus de). *Arch. adm.*, t. I, 838.

Mercator, voy. Isidore.

Mercatores clerici. *Arch. lég.*, ire part., 287.

Mercatum, vide Remense mercatum Sancti-Remigii, Sancti-Sulpicii.

Merceret (Baudessonus), gruyer de la comtesse de Champagne. *Arch. adm.*, t. III, 202.

Merceria, voy. Mercerie.

Mercerie (rue de la). *Arch. adm.*, t. I, 958.

— voy. Reims (mercerie de).

Mercerii, vide Landrici domus.

Mercerius (Walterius), voy. Mercier (Wautier le).

— (Johannes), voy. Mercier (Jehan le).

Merci (Raoulinus de). *Arch. lég.*, ire part., 230.

Mercier (Thomas), recteur de l'université. *Arch. lég.*, iie part., *statuts*, iie vol., 654. 655, 656, 658, 663, 672, 686, 711, 789, 722, 747.

— (Adenet), voy. Mercier (Audrinet).

— professeur au collége de la Marche. *Arch. lég.*, iie part., *statuts*, iie vol., 749.

Mercier (Pierre le). *Arch. adm.*, t. II, 671 ; t. III, 69? 840. *Arch. lég.*, iie part., *statuts*, ier vol., 944.

— (Thomas le), menuisier. *Arch. adm.*, t. II, 526.

— (Guarnier le). *Arch. adm.*, t. II, 520, 529.

— (Audrinet le). *Arch. adm.*, t. II, 965, 967, 969.

— (Bardoul le). *Arch. adm.*, t. I, 745.

— (Wautier le). *Arch. adm.*, t. II, 184, 502.

— (Conrart le). *Arch. adm.*, t. II, 529.

— (Lambert le). *Arch. adm.*, t. II, 603.

— (Jehan le), bourgeois. *Arch. adm.*, t. II, 231, 233, 504, 900; t. III, 873. *Arch. lég.*, ire part., 185; iie part., *statuts*, ier vol., 65; *statuts*, iie vol., 195, 394, 571.

— (Laurent). *Arch. lég.*, iie part., *statuts*, iie vol., 939.

— (Jean-Baptiste), religieux de Saint-Remi. *Arch. lég.*, iie part., *statuts*, ier vol., 235.

— (Henry le), barbier. *Arch. lég.*, iie part., *statuts*, ier vol., 980.

— (Fourcault), barbier. *Arch. lég.*, iie part., *statuts*, ier vol., 980.

— (Morise le). *Arch. adm.*, t. II, 604.

— (Bertrand le), de Pissechien. *Arch. adm.*, t. II, 558.

— (Eustache), marchand. *Arch. lég.*, iie part., *statuts*, iie vol., 76.

— (Jacques). *Arch. lég.*, iie part., *statuts*, iie vol., 76.

— (Nicolas), notaire. *Arch. lég.*, iie part., *statuts*, iie vol., 181, 324, 330.

— voy. Reims (merciers de).

Mercière (Nicole la). *Arch. lég.*, ire part., 657.

— (Hilleson la). *Arch. adm.*, t. II, 524.

Mercy (Maximilian de), religieux réformé

de Saint-Remi. *Arch. lég.*, ɪɪᵉ part., *statuts*, ɪᵉʳ vol., 199, 201, 204, 210, 216, 217, 219, 229.

Merel, voy. Mourmelon (Jehan de).

Merelessart (Charles de), seigneur de Missy. *Arch. lég.*, ɪʳᵉ part., 891.

Meremont (bois de). *Arch. adm.*, t. III, 608.

Merestona, ville d'Angleterre. *Arch. adm.*, t. I, 330.

Meretrix. *Arch. lég.*, ɪʳᵉ part., 391, 412, 426.

Mereysum, vide Méry.

Merfaudium, vide Marfaux.

Merfaus (Petrus de), sous-chantre. *Arch. adm.*, t. I, 491, 809; t. II, 714, 804, 1141. *Arch. lég.*, ɪɪᵉ part., *statuts*, ɪᵉʳ vol., 107.

— (Henri de), échevin. *Arch. adm.*, t. II, 36, 376, 415, 661, 683, 759, 761, 804.

— (Johannes de). *Arch. adm.*, t. II, 368, 371, 760, 986, 987; t. III, 24, 109.

— (Guarnier de). *Arch. adm.*, t. II, 534, 779.

— (François de). *Arch. adm.*, t. II, 804.

Merfaut (ville de), voy. Marfaux.

— Voy. Bourdesse.

— (Renaut de). *Arch. adm.*, t. II, 906.

— (presbyter de). *Arch. adm.*, t. II, 1051, 1052.

— (Goubin de). *Arch. adm.*, t. III, 69,

— (P.), voy. Merfaus (Petrus de),

Merfe (Jehan de). *Arch. adm.*, t. III, 393.

Merfeium, vide Merfy.

Merfy (village de). *Arch. adm.*, t. I, 931, 1089, 1090; t. II, 1057; t. III, 109, 622. *Arch. lég.*, ɪʳᵉ part., 884, 902, 907, 911; ɪɪᵉ part., *statuts*, ɪɪᵉ vol., 963; ɪɪɪᵉ vol., 393.

— (Andrieu de), notaire. *Arch. adm.*,

t. III, 763, 775. *Arch. lég.*, ɪɪᵉ part., *statuts*, ɪᵉʳ vol., 453.

Merfy-lez-Chufilly (village de). *Arch. lég.*, ɪʳᵉ part., 907.

Mergnicourt (village de). *Arch. lég.*, ɪʳᵉ part., 902.

Meriaco (Dyonisius de), chanoine. *Arch. adm.*, t. II, 1033; t. III, 31. *Arch. lég.*, ɪɪᵉ part., *statuts*, ɪᵉʳ vol., 107, 120.

— (Gerardus de), chanoine. *Arch. lég.*, ɪɪᵉ part., *statuts*, ɪᵉʳ vol., 120.

Merifandio (Henricus de), vide Merfaus (Henri de).

Merileium. *Arch. lég.*, ɪɪᵉ part., *statuts*, ɪᵉʳ vol., 71.

Merken (abbatissa de). *Arch. adm.*, t. II, 639.

Merlan (hameau de). *Arch. adm.*, t. II, 1062. *Arch. lég.*, ɪɪᵉ part., *statuts*, ɪɪɪᵉ vol., 393.

— (Jehan), foulon. *Arch. adm.*, t. III, 836.

Merlant (Radulphus de). *Arch. adm.*, t. I, 823.

Merlet (Gille) *Arch. adm.*, t. III, 534.

— (village de). *Arch. lég.*, ɪʳᵉ part., 879, 901; voy. Veret.

Merlière (Arras de la), dame de Prouilly. *Arch. adm.*, t. II, 1858.

Merlieu (seigneurie de). *Arch. lég.*, ɪʳᵉ part., 877.

Merlin le parmentier. *Arch. adm.*, t. II, 539.

— (F…), bourgeois. *Arch. lég.*, ɪɪᵉ part., *statuts*, ɪᵉʳ vol., 776.

Merloto (capitulum de). *Arch. adm.*, t. II, 636.

— de Verzelayo (prior de). *Arch. adm.*, t. II, 636.

Merlou (village de). *Arch. lég.*, ɪɪᵉ part., *statuts*, ɪɪᵉ vol., 896.

Merochel (lieu de). *Arch. adm.*, t. I, 417.

Mérovingiens. Respect desdits pour les libertés et franchises de l'église de Reims. *Arch. adm.*, t. I, 482.

Merri (Stephanus de). *Arch. adm.*, t. II, 1038, 1041.

Mers (Joaquin), dit Fol-Garçon. *Arch. adm.*, t. II, 913, 917.

Merse (Jehan de), tavernier. *Arch. adm.*, t. III, 40.

Mersenne (lieu de). *Arch. lég.*, IIe part., *statuts*, Ier vol., 169; voy. Marsne.

Merumvastis, serf de l'église de Reims. *Arch. adm.*, t. I, 16.

Mervaut (parochia de). *Arch. adm.*, t. II, 1092; voy. Marvaux.

— (presbyter de). *Arch. adm.*, t. II, 1093.

Méry (M. de), seigneur de Villers-devant-Raucourt. *Arch. adm.*, t. II, 1091.

— (Denis de). *Arch. adm.*, t. III, 25.

— (Antoine), tondeur de drap. *Arch. lég.*, IIe part., *statuts*, IIe vol., 395.

— (village de). *Arch. lég.*, IIe part., *statuts*, IIe vol., 963; voy. Mairy.

— (paroisse de), voy. Mairy.

— (Jehan de). *Arch. adm.*, t. II, 995.

— (curé de), voy. Mellin.

— -lez-Chufilly (village de). *Arch. lég.*, Ire part., 907.

— -sur-Seine (ville de). *Arch. lég.*, IIe part., *statuts*, IIIe vol., 394.

Mes, voy. Auviller (Mes d'), Belleval, Mez, Mouson, Saint-Bâle, Saint-Gilles, Saint-Thierry.

Mès (Jehan de). *Arch. adm.*, t. I, 742; t. II, 550; t. III, 106.

— (Lorent de). *Arch. adm.*, t. II, 555.

— (Andrieux de), tellier. *Arch. adm.*, t. II, 824.

— (Thierry de). *Arch. adm.*, t. III, 99.

— -S.-Basle (Perrot du). *Arch. adm.*, t. I, 763. *Arch. lég.*, Ire part., 546.

Mesancelle (patronagium de), voy. Maisoncelles.

Mesbrecourt (seigneurie de). *Arch. lég.*, Ire part., 890, 899.

Mesche (Watier la). *Arch. adm.*, t. II, 836.

— (Pasquier), ouvrier en soie. *Arch. lég.*, IIe part., *statuts*, IIe vol., 375.

— (Jehan la), bourgeois. *Arch. lég.*, IIe part., *statuts*, Ier vol., 434.

Meschine (Petrus de), prêtre. *Arch. adm.*, t. I, 596.

Mèses (Oudart des), fermier des aides. *Arch. lég.*, IIe part., *statuts*, Ier vol., 620, 650, 701, 708, 725, 744.

Mesgret (Thomas), voy. Maigret.

Mesle (Pasquier de), curé d'Aysel. *Arch. lég.*, Ire part., 884.

Mesleia (mêlée). *Arch. adm.*, t. I, 596, 715, 822, 826, 830.

Meslette, voy. Ruffi (Giles de).

— (Bauduyn la). *Arch. adm.*, t. II, 1189, 1191, 1195, 1237.

— (village de). *Arch. lég.*, Ire part., 879.

Meslier (Jean), chanoine. *Arch. lég.*, IIe part., *statuts*, Ier vol., 119; *statuts*, IIe vol., 763, 777.

Mesmes (M. de), conseiller au parlement. *Arch. lég.*, IIe part., *statuts*, IIIe vol., 516.

Mesmont (paroisse de), voy. Memonte (parochia de).

— (chapelle castrale de). *Arch. adm.*, t. II, 1082.

— (village de). *Arch. lég.*, Ire part., 884; voy. Malmont.

— (patronage de), voy. Mesmonte (patronagium de).

Mesnager (Jean), taillandier. *Arch. lég.*, IIe part., *statuts*, IIe vol., 430.

Mesneux (presbyter de). *Arch. adm.*, t. II, 1052.

— (village de). *Arch. adm.*, t. I, 415, 911;

t. II, 1013, 1017, 1054; t. III, 210,
416, 425, 573, 580. *Arch. lég.*, *statuts*,
1er vol., 167, 245; 11e part., *statuts*,
11e vol., 276, 963, 968.

Mesneux (église de). *Arch. adm.*, t. II, 1104.

— (Baptiste du), avocat du roi. *Arch. lég.*,
11e part., *statuts*, 11e vol., 174.

— (seigneur du). *Arch. lég.*, 11e part., *statuts*, 111e vol., 390.

— -les-Annelles (paroisse de). *Arch. adm.*, t. II, 1104.

— -les-Annelles (église de). *Arch. adm.*, t. II, 1104.

Mesnil-lez-Espinoy (ville de). *Arch. adm.*,
t. I, 664; t. II, 1103. *Arch. lég.*,
1re part., 754.

— (village de). *Arch. adm.*, t. II, 733,
1100, 1102; t. III, 100, 590? 620.
Arch. lég., 1re part., 907; 11e part.,
statuts, 111e vol., 30, 35, 390, 392.

— (seigneurie du). *Arch. lég.*, 11e part.,
statuts, 111e vol., 533.

Mesnix, voy. Mesneux.

Meso (Galterus de). *Arch. lég.*, 11e part.,
statuts, 1er vol., 98, 121.

— (Johannes de), chanoine de Sainte-
Nourrice. *Arch. lég.*, 11e part., *statuts*,
1er vol., 107.

Mesodavis (Robertus de), prêtre. *Arch.
adm.*, t. II, 617. Conflit à l'occasion
des funérailles dudit (*ibid.*).

Mesprendere (méprendre). *Arch. adm.*,
t. III, 559, 566.

Mès-Roland (lieu du), voy. Mez-Roland.

Messagier (Guillaume le), sergent du prévôt de Reims. *Arch. adm.*, t. II, 1177.

Messana. *Arch. adm.*, t. I, 298; voy.
Messine.

Messancourt (presbyter de), vide Messincourt.

Messe, voy. Conventuelle, Prieur, Roi,
Tercelière (messe du), Vidame (du),
Vierge; voy. Missa.

Messey (M. de). *Arch. lég.*, 11e part.,
statuts, 111e vol., 390.

Messier (Gerbert le). *Arch. adm.*, t. I,
744.

Messincourt (village de). *Arch. adm.*,
t. II, 1086.

— (parochia de). *Arch. adm.*, t. II,
1087.

— (presbyter de). *Arch. adm.*, t. III,
1089.

Messine (ville de), voy. Messana.

Messiniensis abbatissa. *Arch. adm.*, t. II,
639.

Messo sancti Basoli (Petrus de). *Arch.
adm.*, t. II, 99.

Mesterius (métier). *Arch. lég.*, 1re part.,
203; 11e part., *statuts*, 1er vol., 194.

Mestilionis sextarius, voy. Méteil (setier de). *Arch. adm.*, t. II, 932.

Mestrad (seigneurie de). *Arch. lég.*,
11e part., *statuts*, 111e vol., 533.

Mestrude (Nicolas-Ambroise), boulanger.
Arch. lég., 11e part., *statuts*, 11e vol.,
161.

Mesurage, voy. Sel (mesurage de).

Mesure (unité de). *Arch. adm.*, t. II, 272.

— (contrôle de), appartient à l'archevêque dans le bourg Saint-Remi. *Arch.
adm.*, t. I, 858.

— voy. Auchy (mesure d'), Chapitre de
Reims, Courville, Paris, Reims, Vicomté
de Reims; voy. Mensura.

Mesureur, voy. Charbon (mesureurs de),
Drap, Reims, Sel; voy. Brasseurs.

Mesus dominicus, vide Altovillari (mesus
de), Sancti Theodorici.

Mesvilliers (Pierre), supérieur du petit
séminaire de Reims. *Arch. lég.*, 11e part.,
statuts, 11e vol., 776.

Méteil (setier de), voy. Mestilionis sextarius.

Metensis episcopus, vide Bar (Regnault
de), Ingelram.

Methis (Albericus de), chanoine. *Arch.
adm.*, t. II, 814, 1032.

Métier, voy. Reims (métiers de); voy.
Mesterius.

Metreau (Jean), charbonnier. *Arch. lég.*,
IIe part., *statuts*, IIIe vol., 101, 187?

— (Gérard), chaudronnier. *Arch. lég.*,
IIe part., *statuts*, IIIe vol., 101, 102.

— prévôt des ajusteurs des monnaies de
Reims. *Arch. lég.*, IIe part., *statuts*,
IIIe vol., 187.

Metrellis (Jo.... de), chanoine. *Arch. lég.*,
IIe part., *statuts*, Ier vol., 117.

Metreta, vide Vini metreta.

Métropole, voy. Reims (ville de).

Metropolicus, vide Metropolitanus.

Metropolitanus. *Arch. adm.*, t. I, 682,
683, 716. *Arch. lég.*, Ire part., 70, 85,
122, 159.

Mettayer (Jean), maréchal. *Arch. lég.*,
IIe part., *statuts*, IIe vol., 363.

Metz (Jehan de), sergent des foires de
Champagne. *Arch. adm.*, t. II, 680.
Arch. lég., IIe part., *statuts*, Ier vol.,
740.

— (ville de). *Arch. adm.*, t. I, 450, 818;
t. II, 1021, 1075, 1089, 1112; t. III,
840. *Arch. lég.*, IIe part., *statuts*,
IIe vol., 1016.

— (église de). *Arch. lég.*, IIe part., *statuts*, IIe vol., 85.

— (chanoinesse de), voy. Hautoi (madame d').

— (école de), fondée par l'évêque Ingelram. *Arch. adm.*, t. I, 110.

— (évêché de). *Arch. adm.*, t. I, 110.

— (évêque de), vide Metensis episcopus.

— (parlement de). *Arch. adm.*, t. II,
1040.

— (roi de). *Arch. lég.*, IIe part., *statuts*,
IIe vol., 179.

— (Jean de). *Arch. lég.*, IIe part., *statuts*,
IIe vol., 219, 221.

Metz (village de la), dans le doyenné de
Chesne. *Arch. adm.*, t. II, 1111.

— (Aubri de), chanoine de Reims. *Arch.
adm.*, t. III, 25.

— nom de certaines maisons de refuge.
Arch. adm., t. I, 806; voy. S. Thierry
(Metz de), Mès-Roland.

Meu (Guillaume de). *Arch. adm.*, t. II,
1171.

Meubles, voy. Mobilia.

Meulan (capitaine de), voy. Dain (Olivier
le).

— (ville de). *Arch. adm*, t. II, 998. *Arch.
lég.*, Ire part., 569, 593; IIe part.,
statuts, IIIe vol., 270.

— (bailliage de). *Arch. lég.*, Ire part.,
869, 871.

— (Jehan de), procureur fiscal du marquisat de Nesle. *Arch. lég.*, Ire part.,
896.

— (Antoine), praticien. *Arch. lég.*,
Ire part., 898.

Meules, voy. Grandes meules.

Meumeto (Huetus de), préposé au tonlieu
de Reims. *Arch. adm.*, t. II, 401, 403,
434.

Meung-sur-Loire (ville de). *Arch. lég.*,
IIe part., *statuts*, Ier vol., 596, 599.

Meunier (Drouet). *Arch. adm.*, t. II, 185,
341, 420.

— greffier du bailliage, voy. Meusnier
(Claude).

— (Huetus). *Arch. adm.*, t. II, 185, 341.

Meuniers. *Arch. lég.*, IIe part., *statuts*,
IIe vol., 155. Mesure de police concernant lesdits, 504; *statuts*, IIIe vol., 68,
71, 72, 73.

— (rue des). *Arch. adm.*, t. II, 380.

— voy. Reims (meuniers de).

Meurier, maître boulanger. *Arch. lég.*,
IIe part., *statuts*, IIe vol., 162.

Meurtre, voy. Murtrum, homicidium.

Meuse (rivière de). *Arch. lég.*, iie part., *statuts*, i^{er} vol., 552, *statuts*, iie vol., 17 ; *statuts*, iiie vol., 388, 391, 393, 394, 395.

Meusnier (Pierre), tondeur de drap. *Arch. lég.*, iie part., *statuts*, iie vol., 392, 566.

— (Claude), greffier du bailliage. *Arch. lég.*, iie part., *statuts*, iie vol., 405, 829.

— (connétablie de). *Arch. lég.*, iie part., *statuts*, iie vol., 1015 ; *statuts*, iiie vol., 348.

Mez (Wautier de). *Arch. adm.*, t. III, 80.

— (Colin de). *Arch. adm.*, t. III, 81.

Mézières (ville de), *Arch. adm.*, t. I, 56, 1002, t. II, 634, 838, 1040, 1058, 1071, 1076, 1090, 1092, 1112, 1114 ; t. III, 840. *Arch. lég.*, i^{re} part., 914, iie part., *statuts*, i^{er} vol., 552, 622, 666, 706, 717, 834, 840, 917, 919, 924, 926, 927, 933 ; *statuts*, iiie vol., 419.

— (église collégiale de). *Arch. adm.*, t. I, 263 ; t. II, 1043, 1079, 1080.

— (prieur de), voy. Maceriis (prior de).

— (paroisse de), voy. Maceriis (parochia de).

— (prêtre de), voy. Maceriis (presbyter de).

— (chapitre de). *Arch. adm.*, t. II, 525, 634, 1038, 1043, 1069. Patron de Rimont, 1077, 1078, 1079. *Arch. lég.*, iie part., *statuts*, iie vol., 763, 777.

— (doyenné de). *Arch. adm.*, t. II, 1075, 1069, 1080, 1079 ; t. III, 279. *Arch. lég.*, iie part., *statuts*, i^{er} vol., 698.

Mezo (Gallerus de), vide Meso (Galterus de).

Mez-Roland (bourg de). *Arch. adm.*, t. I, 1030, t. II, 380, 396, 797.

— -Saint-Thierry (quarrel du). *Arch. adm.*, t. II, 519.

Michaël, chapelain. *Arch. adm.*, t. I, 367 ; t. II, 618?

— doyen de Meaux. *Arch. adm.*, t. I, 297.

Michault, ouvrier. *Arch. lég.*, iie part., *statuts*, i^{er} vol., 263 ; *statuts*, iie vol., 413.

Michel, sous-fermier de Saint-Remi. *Arch. adm.*, t. II, 1140.

— (Guillaume), greffier. *Arch. lég.*, i^{re} part., 898.

— (Jean), drapier. *Arch. lég.*, iie part., *statuts*, iie vol., 369, 373.

— le charpentier. *Arch. adm.*, t. II, 547.

— de Paris, bailli de Vermandois, voy. Paris (Michel de).

— (connétablie de). *Arch. lég.*, iie part., *statuts*, iie vol., 1015.

— (Jehan), médecin du roi. *Arch. lég.*, iie part., *statuts*, i^{er} vol., 826.

— (Simonet), boucher. *Arch. lég.*, iie part., *statuts*, i^{er} vol., 998.

— valet de ville. *Arch. lég.*, iie part., *statuts*, iiie vol., 182.

— (Jean), passementier. *Arch. lég.*, iie part., *statuts*, iiie vol., 306.

Michelet (P....), bourgeois. *Arch. lég.*, iie part., *statuts*, i^{er} vol., 683, 861, 862.

Michié, voy. Fère.

Michon (Adrian), marchand mercier *Arch. lég.*, iie part., *statuts*, iie vol., 570.

Micy (abbaye de). *Arch. adm.*, t. I, 100.

Midi (Perresson). *Arch. adm.*, t. III, 836.

Midonne (Renier). *Arch. adm.*, t. II, 1243.

Mielan, voy. Meulan (ville de).

Miette (N.), marchand. *Arch. adm.*, t. II, 302.

Migaillot (Jehan), clerc du conseil de ville. *Arch. lég.*, iie part., *statuts*, i^{er} vol.,

612, 659, 660, 662, 706, 770, 782, 838, 859, 903, 934, 940.

Migaillot (Robert), licencié. *Arch. lég.*, iie part., *statuts*, ier vol., 997.

Migeon, tailleur d'habits. *Arch. lég.*, iie part., *statuts*, iie vol., 531.

Mignart (Jehan). *Arch. lég.*, ire part., 522.

Mignot, manouvrier. *Arch. adm.*, t. III, 48.

— (Pierre), religieux de Saint-Remi. *Arch. lég.*, iie part., *statuts*, ier vol., 235, 284, 293.

— (Étienne), bourgeois. *Arch. lég.*, iie part., *statuts*, ier vol., 325.

— (J....), clerc du bailli de Vermandois. *Arch. lég.*, iie part., *statuts*, ier vol., 627.

Migran (Petrus), voy. Yngrant (Petrus).

Mijon, femme du Barrois. *Arch. lég.*, ire part., 541.

Milan (ville de). *Arch. lég.*, iie part., *statuts*, iie vol., 570, 572; *statuts*, iiie vol., 300.

— (église de), voy. Mediolanis ecclesia.

Milanais (royaume du). Expédition de Louis XII dans ledit annoncée aux habitants de Reims. *Arch. lég.*, iie part., *statuts*, ier vol., 850.

Milça (connétablie de). *Arch. lég.*, iie part., *statuts*, iie vol., 1015.

Milers (Oilarz). *Arch. lég.*, iie part., *statuts*, ier vol., 167.

Miles casatus. Nom sous lequel Floard désigne les hommes d'armes de l'archevêque de Reims. *Arch. adm.*, t. I, 56, 317.

— le barbier. *Arch. adm.*, t. II, 1186.

— voy. chevalier.

Milet (Pierre). *Arch. adm.*, t. III, 599. *Arch. lég.*, iie part., *statuts*, ier vol., 634.

Milet (Jehan), prévôt de Laon. *Arch. adm.*, t. III, 870. *Arch. lég.*, iie part., *statuts*, ier vol., 341.

— (C....), lieutenant du bailli de Reims. *Arch. lég.*, iie part., *statuts*, ier vol., 876.

Miletus le chastelain. *Arch. adm.*, t. I, 744.

— fils de Robert le Cureur. *Arch. adm.*, t. I, 1120.

— (Baudesson), tonnelier. *Arch. adm.*, t. III, 841. *Arch. lég.*, iie part., *statuts*, ier vol., 483.

— fils Laluitre. *Arch. adm.*, t. I, 709.

Milève (concile de). *Arch. adm.*, t. I, 105, 106, 152.

Milevitanum concilium, vide Milève (concile de).

Milfort, voy. Milifortis.

Milice, voy. Reims (milice bourgeoise de).

— garde-côtes (impôt pour la). *Arch. lég.*, iie part., *statuts*, ier vol., 462.

— bourgeoise (capitaine de la). *Arch. lég.*, iie part., *statuts*, iie vol., 106, 108; *statuts*, iiie vol., 138.

— (chefs de la). *Arch. lég.*, iie part., *statuts*, iie vol., 1007, 1008; *statuts*, iiie vol., 162.

— (sergents de la), fonctions desdits. *Arch. lég.*, iie part., *statuts*, iiie vol., 156.

Milifortis villa. *Arch. adm.*, t. I, 330.

Milimbrica (villa). *Arch. adm.*, t. I, 29.

Militia, vide Templi militia; vide Milice.

Militiæ templi de Oysemont, domus. *Arch. adm.*, t. II, 637.

Militis (Balduinus). *Arch. adm.*, t. II, 736 t. III, 394.

— (Henricus). *Arch. adm.*, t. III, 501.

— degradatio. *Arch. lég.*, ire part., 41.

— ordinatio. *Arch. lég.*, ire part., 41.

Militis (Oudardus), échevin. *Arch. lég.*, IIe part., *statuts*, Ier vol., 397.

Milleau, citoyen de Reims. *Arch. lég.*, IIe part., *statuts*, IIIe vol., 746.

Millet (Estienne), bailly de Rozoy. *Arch. lég.*, Ire part., 914.

— (Nicolaus), lecteur au séminaire de Reims. *Arch. lég.*, IIe part., *statuts*, IIe vol., 773.

— (Joseph-Nicolas), chanoine de Reims. *Arch. lég.*, IIe part., *statuts*, IIe vol., 790.

— (Poncette), femme Huibert. *Arch. lég.*, IIe part., *statuts*, IIIe vol., 476.

Milleyum, voy. Milly.

Milliaco, S. Luciani Belvacensis (prior de). *Arch. adm.*, t. II, 636.

— (altar de). *Arch. lég.*, IIe part., *statuts*, Ier vol., 92.

Milly (connétablie de). *Arch. lég.*, IIe part., *statuts*, IIe vol., 1015.

— (village de). *Arch. adm.*, t. II, 1091, 1093.

— lez-Clermont (village de). *Arch. adm.*, t. III, 614.

— (prieur de), voy. Milliaco S. Luciani Belvacensis (prior de).

— (autel de), voy. Milliaco (altar de).

Milo, presbyter. *Arch. lég.*, IIe part., *statuts*, Ier vol., 80.

— lévite et chanoine. *Arch. lég.*, IIe part., *statuts*, Ier vol., 100, 169?

— évêque de Mâcon. *Arch. adm.*, t. I, 115, 174.

— évêque de Thérouanne. *Arch. adm.*, t. I, 303.

— laïque. *Arch. lég.*, IIe part., *statuts*, Ier vol., 121.

— évêque de Beauvais. *Arch. lég.*, IIe part., *statuts*, Ier vol., 32, 91, 103, 119.

— (Gérardus). *Arch. lég.*, IIe part., *statuts*, Ier vol., 63.

Milo, prévôt de Reims. *Arch. adm.*, t. I, 472, 498.

— sous-chantre. *Arch. adm.*, t. I, 352. *Arch. lég.*, IIe part., *statuts*, Ier vol., 83, 117.

— sous-diacre. *Arch. adm.*, t. I, 365. *Arch. lég.*, IIe part., *statuts*, Ier vol., 66, 114.

— chanoine. *Arch. lég.*, IIe part., *statuts*, Ier vol., 63, 71, 95.

— abbé de Saint-Remi. *Arch. adm.*, t. I, 855. *Arch. lég.*, IIe part., *statuts*, Ier vol., 178, 181.

— évêque de Soissons. *Arch. adm.*, t. I, 917.

— chevalier. *Arch. lég.*, IIe part., *statuts*, Ier vol., 69.

— diacre. *Arch. adm.*, t. I, 720.

— vide Feritas Milonis.

Miloie (Colart), conseiller municipal. *Arch. lég.*, IIe part., *statuts*, Ier vol., 612, 617, 656, 659.

— (T....), notable de Reims. *Arch. lég.*, IIe part., *statuts*, Ier vol., 619, 622, 625.

— (Jehan de), garde de la prévôté de Paris. *Arch. adm.*, t. II, 659. *Arch. lég.*, IIe part., *statuts*, Ier vol., 249.

— seigneur d'Amagne. *Arch. adm.*, t. II, 1104.

— archevêque intrus de Reims et de Trèves. *Arch. adm.*, t. I, 21.

— le Blanc, voy. Mile le Blanc.

Milore (Colart), majeur de Saint-Nicaise. *Arch. lég.*, Ire part., 562 ; IIe part., *statuts*, Ier vol., 648, 698, 712.

— (J....), élu de Reims. *Arch. lég.*, IIe part., *statuts*, Ier vol., 701.

Miltrium, vide Mutry.

Mimatensis cardinalis, vide Guillelmus.

Mimerat (Guillelmus le), sergent royal. *Arch. lég.*, IIe part., *statuts*, Ier vol., 934.

Mimin (Henry), échevin perpétuel du ban Saint-Remi. *Arch. lég.*, iie part., *statuts*, i^er vol., 924? 930 ; *statuts*, iie vol., 363.

— (Jean), marchand drapier. *Arch. lég.*, iie part., *statuts*, iie vol., 390, 399.

— (Nicolas), marchand drapier. *Arch. lég.*, iie part., *statuts*, i^er vol., 921 , *statuts*, iie vol., 577.

— (Adam), échevin. *Arch. lég.*, iie part., *statuts*, i^er vol., 874.

— notaire du ban Saint-Remi. *Arch. lég.*, iie part., *statuts*, iiie vol. , 258.

Mina. *Arch. adm.*, t. I, 386, 513, 719, 1061 ; t. II, 102. *Arch. lég.*, iie part., *statuts*, i^er vol., 64, 67, 69 ; voy. Frumenti mina.

Minart, avocat. *Arch. lég.*, iie part., *statuts*, iie vol. , 36, 40, 44.

Minaticus (droit prélevé sur les grains). *Arch. adm.*, t. I, 259, 312.

Minaucourt (paroisse de). *Arch. adm.*, t. II, 1100.

— (Ponsart de). *Arch. adm.*, t. II, 340.

— (prêtre de), voy. Minoricurte (presbyter de).

Minbru (Henry le). *Arch. lég.*, i^re part. , 650.

Mine, voy. Mina, Emina.

Minecourt (Perres de). *Arch. adm.*, t. II, 392.

Minellus (minot), vide Salis minellus.

Minerve, nom d'une certaine partie du territoire de Reims. *Arch. adm.*, t. I, 16, 564.

Mineur. *Arch. adm.*, t. I, 697, 951 ; t. III, 73. *Arch. lég.*, i^re part., 163, 174, 193, 198, 212, 233, 311, 362, 449, 443, 827 , 833 , 841, 926 , 938 , 965 ; iie part., *statuts*, i^er vol., 124 ; *statuts*, iie vol., 596 ; *statuts*, iiie vol., 15.

Mineurs ; voy. Minores fratres.

Mingnot le Fourrier. *Arch. adm.*, t. III, 754, 758.

Minimes (rue des). *Arch. lég.*, iie part. *statuts*, i^er vol., 237.

— de Reims (église des). *Arch. adm.*, t. I, 14, 15 ; t. III, 623. *Arch. lég.*, iie part., *statuts*, i^er vol., 243, 251, 287, 617, 909 ; *statuts*, iie vol., 547.

— (chapelle des). *Arch. lég.*, iie part., *statuts*, iiie vol., 753.

— voy. Reims (Minimes de), Épernay.

Ministerialis, vide Sancti-Remigii ministeriales.

Ministérial (chapelle de), voy. Saint-Jean.

Minor, vide Litta, vide Persona.

— archidiaconus Remensis. *Arch. adm.*, t. II, 596, 1031.

Minores fratres. *Arch. adm.*, t. I, 602, 754, 841, 986, 1000, 1017, 1019, 1027, 1053 ; t. III, 85, 766. *Arch. lég.*, i^re part., 43, 119, 132, 136 ; voy. Minimes.

— sorores. *Arch. adm.*, t. II, 384.

— fratres grandinenses. *Arch. lég.*, i^re part., 130.

Minoricurte (presbyter de), *Arch. adm.*, t. II, 1101.

— (parochia de), voy. Minaucourt (paroisse de).

Minot, voy. Sel (minot de), voy. Minellus.

Minuta decima. *Arch. lég.*, iie part., *statuts*, i^er vol., 172.

Minutus varius (menu vair). *Arch. adm.*, t. I, 1029 ; t. III, 973.

Miolot, huissier au Châtelet. *Arch. lég.*, iie part., *statuts*, i^er vol., 202.

Miquelet (Remigius), bourgeois. *Arch. adm.*, t. III, 401.

Miracle, femme Hurtaut. *Arch. adm.*, t. II, 115, 151, 169.

— femme Vié. *Arch. adm.*, t. I, 1148.

Mire (le). *Arch. adm.*, t. III, 873; voy. Dieulimire.

Miremont (Guillaume de), prieur du Val-des-Écoliers. *Arch. lég.* , iʳᵉ part., 880.

— (Jehan de), seigneur de Bérieux. *Arch. lég.* , iʳᵉ part., 890, iiᵉ part., *statuts*, iᵉʳ vol., 856 ?

Mirmande (ville de). *Arch. lég.*, iiᵉ part., *statuts*, iiiᵉ vol., 631.

Mirmont (de), échevin. *Arch. adm.*, t. I, 789.

Miromesnil (Hue de), intendant de Champagne. *Arch. lég.* , iiᵉ part., *statuts*, iᵉʳ vol., 305, 306, 500? 977; *statuts*, iiᵉ vol., 575, 826.

Mirouyère (Évrart). *Arch. adm.*, t. I, 906.

Miroy (M,). notaire , seigneur de Tourtezon. *Arch. adm.*, t. II, 1112.

Mirval (abbé de), conseiller du dauphin, depuis Charles V. *Arch. adm.*, t. III, 205.

Miséricorde (bureau de la). *Arch. lég.*, iiᵉ part., *statuts*, iiᵉ vol., 37, 92.

Misericordia Dei (Johannes de). *Arch. adm.*, t. I, 373.

Misia (mise). *Arch. adm.*, t. I, 477; t. II, 124, 143, 332, 364, 583, 884; t. III, 47, 710. *Arch. lég.*, iiᵉ part., *statuts*, iᵉʳ vol., 151, 155.

Mison, religieuse de Saint-Antoine. *Arch. adm.*, t. III, 756.

Missa (messe), vide Requiem (missa de), Sancto-Spiritu , Vicedomini.

Missale, voy. Missel.

Missanhaye (connétablie de). *Arch. lég.* , iiᵉ part., *statuts*, iiᵉ vol., 1015

Missel , voy. Rouen (missel de).

Misset (Jehan), notaire. *Arch. lég.*, iiᵉ part., *statuts*, iiiᵉ vol., 259.

Mission (congrégation de la). *Arch. adm.*, t. II, 1039.

— (pères de la). *Arch. lég.*, iiᵉ part., *statuts*, iiᵉ vol., 770.

Missy (village de). *Arch. lég.*, iʳᵉ part., 882, 891.

— (curé de), voy. Jorrant le Grand.

Miste (André-Nicolas-Marie), boulanger. *Arch. lég.*, iiᵉ part. *statuts*, iiᵉ vol., 161.

Mitainne (Thiébaut), charreton. *Arch. adm.*, t. III, 757, 760, 767.

Miteau (Nicolas). *Arch. lég.*, iʳᵉ part., 1058.

— (Jean-Baptiste), boulanger. *Arch. lég.*, iiᵉ part., *statuts*, iiᵉ vol., 162, 859.

Mitouart (Jehan), maître chapelier. *Arch. lég.* iiᵉ part., *statuts*, iᵉʳ vol., 915, 928? 929, *statuts*, iiᵉ vol., 203.

Mittart (Ponsart). *Arch. adm.*, t. III, 379.

Moancourt , voy. Maunancourt.

Moate (Adam le). *Arch. lég.*, iiᵉ part., *statuts*, iᵉʳ vol., 429.

Mobilia Bona (biens meubles). *Arch. adm.*, t. II, 952. *Arch. lég.*, iʳᵉ part., 98. Comment définis par la coutume de Reims, 928, 966, 1061, iiᵉ part., *statuts*, iᵉʳ vol., 349, 350, 354.

Mochy (Jehan), avocat. *Arch. lég.* iʳᵉ part., 924.

Modagium (modiation). *Arch. adm.*, t. I, 289, 354.

Modaine (Jehan-Baptiste), boulanger. *Arch. lég.*, iiᵉ part., *statuts*, iiᵉ vol., 155.

— (Xavier-Léonard), boulanger. *Arch. lég.*, iiᵉ part., *statuts*, iiᵉ vol., 161.

— (Julien). *Arch. lég.*, iiᵉ part., *statuts*, iiᵉ vol., 162.

Mode (Gérard). *Arch. lég.*, iiᵉ part., *statuts*, iiᵉ vol., 238.

Modène (Valentin), fermier de la vicomté. *Arch. lég.*, iiᵉ part., *statuts*, iiᵉ vol., 939.

Moderanne. Donation faite par ledit a Saint-Remi. *Arch. adm.*, t. I, 25.

Moderatus , voy. Prætextatus.

Moderosena, femme de corps de l'église de Reims. *Arch. adm.*, t. I, 18.

Moderoseva, vide Moderosena.

Modet (Jean). *Arch. lég.*, iie part., *statuts*, iiie vol., 31.

Modiagium, vide Modagium.

Modiata (mesure agraire). *Arch. adm.*, t. I, 473, 620; vide Terræ modiata.

Modin (montagne de). *Arch. lég.*, ire part., 355.

Modius, vide Avenæ modius, Bladi, Fabarum, Frumenti, Pisarum, Siliginis, Vineæ, Vini; vide Boisseau.

Moet (Jean), écuyer, seigneur de Brouillet. *Arch. lég.*, iie part., *statuts*, ier vol., 636, 637, 639, 649, 652, 660, 667, 670, 673, 677, 683, 823, 834, 838, 841, 846, 854, 908? 926, *statuts*, iie vol., 559.

— (Colart le), clerc. *Arch. adm.*, t. II, 530.

— (Colesson). *Arch. adm.*, t. III, 841.

— (Philippe), marchand. *Arch. adm.*, t. III, 843. *Arch. lég.*, iie part., *statuts*, ier vol., 322, 717, 862, 867; *statuts*, iie vol., 4, 7.

— (Nicole), chanoine. *Arch. lég.*, ire part. 677, 895; iie part., *statuts*, ier vol., 770, 775, 780, 796, 850; *statuts*, iiie vol., 616.

— (Guillaume), élu de Reims. *Arch. lég.*, iie part., *statuts*, ier vol., 845, 858. Seigneur de Taissy, 862, 865, 867, 870, 873, 876; *statuts*, iie vol., 4.

— (Claude). *Arch. lég.*, iie part., *statuts*, iie vol., 6, 321.

— (Pierre), échevin. *Arch. lég.*, iie part., *statuts*, ier vol., 862, 884; *statuts*, iie vol., 172, 559.

— (Thierry), prévôt de l'échevinage. *Arch. lég.*, iie part., *statuts*, ier vol., 716, 770, *statuts*, iie vol., 924.

Moet (Johannes), prêtre. *Arch. lég.*, iie part., *statuts*, ier vol., 121, 862.

— voy. Duguy.

— (Jean), apothicaire. *Arch. lég.*, iie part., *statuts*, ier vol., 322, 342, 574? 580, 617, 620, 626, 628, 629, 630, 634, 644, 695, 703? 711, 724, 746.

— (Gérard), marchand. *Arch. lég.*, iie part., *statuts*, ier vol., 322, 494, 680, 687, 849.

— (Isabiu), fille de Jean Moet. *Arch. lég.*, iie part., *statuts*, ier vol., 342.

— (B....). *Arch. lég.*, iie part., *statuts*, ier vol., 678, 851, 854.

Moguet (Jehançon), voy. Maigret.

Moguntinensis archiepiscopus, vide Conradus, Henricus, Mayence (évêque de).

Mohon (paroisse de). *Arch. adm.*, t. II, 1076.

Moiar (sorte de rente en vin). *Arch. adm.*, t. III, 602.

Moilin (Charles). *Arch. lég.*, ire part., 893, 899.

— (Pierre), procureur à Coucy. *Arch. lég.*, ire part., 898, 909? 917.

Moine (Le), archiviste. *Arch. adm.*, t. I, 987; t. II, 172, 177. *Arch. lég.*, iie part., *statuts*, ier vol., 340.

— (P. Le). *Arch. adm.*, t. III, 283; voy. Moyne.

Moinerie (maison de la). *Arch. adm.*, t. III, 620.

Moinet (Jacques), notaire. *Arch. lég.*, iie part., *statuts*, iiie vol., 509.

Moinnyot (Ponsart), potier d'étain. *Arch. adm.*, t. III, 820.

Moinremont, boulanger. *Arch. adm.*, t. II, 906.

Moinron-Viller (terroir de). *Arch. adm.*, t. III, 629; voy. Moronvilliers.

Moinson (maison de). *Arch. adm.*, t. III, 20, 22, 45, 50.

v

Moinson (seigneur de), voy. Vendières.

— (village de). *Arch. adm.*, t. III, 46, 48.

Moinssant, bourgeois. *Arch. adm.*, t. III, 69.

Moiri (vinea de). *Arch. adm.*, t. I, 417.

Moirmont (abbé de). *Arch. adm.*, t. II, 1037, 1038.

— (froment de). *Arch. lég.*, iiᵉ part., *statuts*, iᵉʳ vol., 108, 123.

Moironviller (quarrel de). *Arch. adm.*, t. I, 531.

— (rue de). *Arch. lég.*, iʳᵉ part., 552.

Moisne (Louis Le), cordonnier. *Arch. lég.*, iiᵉ part., *statuts*, iiᵉ vol., 238.

— (Henry Le, sergent au bailliage de Reims. *Arch. lég.*, iiᵉ part., *statuts*, iiᵉ vol., 263.

Moisseium, vide Moissy.

Moissy (village de). *Arch. adm.*, t. II, 380. *Arch. lég.*, iiᵉ part., *statuts*, iᵉʳ vol., 91.

Moizet (village de). *Arch. lég.*, iʳᵉ part., 903.

Moizy, voy. Moissy.

Molan (Philibert), voy. Moulart.

Molé (Guillaume), conseiller municipal. *Arch. lég.*, iiᵉ part., *statuts*, iᵉʳ vol., 637, 736, 739, 750.

— voy. Tudert.

Molendinarius, vide Drouynus.

Molendino (Gregorius de), vide Moulin.

— (Jo.... de), chanoine. *Arch. lég.*, iiᵉ part., *statuts*, iᵉʳ vol., 119.

Molendinorum vicus. *Arch. adm.*, t. I, 500, 837, 839; t. II, 1049; t. III, 58.

Molendinum, vide Abbatissa (de), Aguliacacurte (de), Almericurte (de), Betaincort (de), Bethenacurte (de), Bodillo (de), Calciata (de), Condato (de); Coopello (de), Curtemonasteriolis, Dolaincort (de), Duo-Pontes (ad), Fallonum,

Fescos (de), Foleres (de), Girondella (de), Grandi Prato, Hans (de), Helberti, Joello (de), Jonchereio (de), Justina (de), Lares (de), Libera (de), Longa-Aqua (de), Macelau (de), Macele (de), Manasseri (de), Maschot (de), Masselayn, Mauberti-Fonte, Petrara (de), Potestatum, Prea in Potestatibus (de), Puizun (de), Reteste (de); Sanctæ Genovefæ, Sancti Martini, Sancti Petri et Sancti Stephani ad Arnam, Sancti Remigii, Sancto Hillerio (de), Sancti Theodorici, Sarnai (ad), Vici-Molendinorum, Vidula, Warmerivilla (de), Warne (de); vide Moulin.

Molesma, vide Molesmes, Aria (de), Noexitello (de).

Molesmes (abbé de). *Arch. adm.*, t. II, 1067, 1110.

— (abbaye de), *Arch. adm.*, t. II, 634.. *Arch. lég.*, iiᵉ part., *statuts*, iᵉʳ vol., 219.

Molet (Wyet), de Berru. *Arch. adm.*, t. III, 72. *Arch. lég.*, iiᵉ part., *statuts*, iiiᵉ vol., 611 ?

Moliens-Sancti-Fusciani-in-Nemore (prior de). *Arch. adm.*, t. II, 637.

Molinchart (Raoul de), échevin de Laon, *Arch. adm.*, t. II, 168.

— (village de). *Arch. lég.*, iʳᵉ part., 899, 900.

Molincourt (seigneur de), voy. Aguère (Philippe d').

Molinet (Jesson du). *Arch. adm.*, t. II, 678.

— (village de ?). *Arch. adm.*, t. II, 770, 1189. *Arch. lég.*, iiᵉ part., *statuts*, iᵉʳ vol., 613, 842.

— le Grand (village de). *Arch. adm.*, t. II, 830.

— (Baudenet du), écuyer. *Arch. lég.*, iiᵉ part., *statuts*, iᵉʳ vol., 378, 620, 645, 656, 661, 684, 748, 756, 758,

775, 777, 780, 787, 795, 798, 807, 808, 815, 859, 901, 934, 940.

Molinet (Baude), voy. Molinet (Baudenet).

— (P.... du), bourgeois. *Arch. lég.*, iiᵉ part., *statuts*, iᵉʳ vol., 658.

Molinets (porte aux). *Arch. lég.*, iiᵉ part., *statuts*, iᵉʳ vol., 323.

Molin - Rigault (village de). *Arch. lég.*, iʳᵉ part., 903, 907, 909.

Molins (Rauldé de), prévôt de l'échevinage. *Arch. adm.*, t. II, 567.

— (Grégoire de), bourgeois. *Arch. adm.*, t. III, 249.

— (village de). *Arch. lég.*, iʳᵉ part., 877, 879, 899, 901, 907.

— (curé de). *Arch. lég*, iʳᵉ part., 887.

— -en-Laonnois (village de), voy. Molins.

Mollet (Thiébaut), bourgeois. *Arch. adm.*, t. III, 690. *Arch. lég.*, iiᵉ part., *statuts*, iᵉʳ vol., 341.

Molnirs (Rogerus). *Arch. lég.*, iiᵉ part., *statuts*, iᵉʳ vol., 167.

Moltura (mouture). *Arch. adm.*, t. I, 402, 513, 514, 670; t. III, 908. *Arch. lég.*, iiᵉ part., *statuts*, iᵉʳ vol., 100.

Momaison, voy. Ribemont.

Mombrés (village de), voy. Montbré.

Momiana, nièce de Charlemagne. Don fait par ladite à Saint-Remi. *Arch. adm.*, t. I, 29.

Monacharius, affranchi. *Arch. adm.*, t. I, 16.

Monache (Oudard), marchand mercier. *Arch. lég.*, iiᵉ part., *statuts*, iiᵉ vol., 560, 564.

Monachus (Thomas), prévôt de Courtisac. *Arch. adm.*, t. I, 839.

Monamit, voy. Chastelain (J. le).

Monampthueil (seigneurie de). *Arch. lég.*, iʳᵉ part., 877.

Monasteriis in Argonia (abbas de). *Arch. adm.*, t. II, 636.

Monasteriolum, vide S. Salini (abbas), Sanctæ Austrabertæ; vide Montreuil.

Monasticus habitus. *Arch. adm.*, t. I, 343, 548, 556, 625, 668. *Arch. lég.*, iiᵉ part., *statuts*, iᵉʳ vol., 100.

Monbas (ville de). *Arch. adm.*, t. I, 192.

Monbaye (villa de). *Arch. adm.*, t. I, 254; vide Monbas.

Monblainvilla (parochia de), voy. Montblainville (paroisse de).

— (patronagium de). *Arch. adm.*, t. II, 1098.

Monbretum, vide Montbré.

— (François du), seigneur des Essarts. *Arch. lég.*, iʳᵉ part., 893.

— (Georges du), seigneur de Landiefay. *Arch. lég.*, iʳᵉ part., 893.

— (Pierre). *Arch. lég.*, iiᵉ part., *statuts*, iiᵉ vol., 264.

— (Guillaume), bruisseur. *Arch. lég.*, iiᵉ part., *statuts*, iiiᵉ vol., 122, 124.

Monceals, voy. Monceaux.

Monceau-lez-Leups (village de). *Arch. lég.*, iiᵉ part., *statuts*, iᵉʳ vol., 883, 899.

Monceaux (ville de). *Arch. adm.*, t. II, 998. *Arch. lég.*, iʳᵉ part., 899; iiᵉ part., *statuts*, iᵉʳ vol., 176.

— (abbé de), voy. Moncellis (abbas de).

— (Jehan de). *Arch. adm.*, t. II, 1217; t. III, 836.

— (prévôté de). *Arch. lég.*, iiᵉ part., *statuts*, iᵉʳ vol., 192.

— -sur-Oise (dîme de). *Arch. lég.*, iiᵉ part., *statuts*, iᵉʳ vol., 243.

— (seigneurie de), *ibid.*

Moncel-de-lez-Pont-Saint-Maxence (village de). *Arch. adm.*, t. II, 873.

— (Robert du). *Arch. adm.*, t. III, 440.

— (Rémion du). *Arch. adm.*, t. III, 836.

— (seigneur de), voy. Conort (Jehan).

Moncelle (hameau de). *Arch. adm.*, t. I, 313; t. II, 1085.

Moncellis (abbas de). *Arch. adm.*, t. II, 636.

Moncello Sancti Quintini (abbas de). *Arch. adm.*, t. II, 635.

Moncellum, voy. Moncel et Monceaux.

Moncellus (Thomas). *Arch. adm.*, t. I, 812.

Moncels, voy. Moncetz.

Moncenense dominarum capitulum. *Arch. adm.*, t. II, 640.

Moncetz (village de). *Arch. lég.*, i^re part., 919.

Monchaio-in-Bosco-de-Corbia (prior de). *Arch. adm.*, t. II, 638.

Monchantin (village de), voy. Montcheutin.

Monchesier, lieu des environs de Reims. *Arch. adm.*, t. II, 551.

Monchy (Balduinus de). *Arch. adm.*, t. I, 596.

Monci (altar de). *Arch. adm.*, t. I, 330.

Monciaco (Hermetus de). *Arch. adm.*, t. II, 1039.

Monciau (præpositura de), voy. Monceaux prévôté de).

Monclin (Jehan de), sénéchal de l'église de Reims. *Arch. adm.*, t. II, 395, 588.

Moncourt (autel de), voy. Montecurte (altar de).

Moncy-Notre-Dame (village de). *Arch. adm.*, t. II, 1068.

— -de-Pierre (village de). *Arch. adm.*, t. II, 1068.

— (M. de), seigneur de Moncy-Notre-Dame. *Arch. adm.* t. II, 1068, 1076, 1078, 1100, 1171.

— (autel de), voy. Monci (altar de).

Mondain (Hubert), ouvrier en soie. *Arch. lég.*, iie part., *statuts*, iie vol., 375.

Mondejeux (village de), voy. Mont-de-Jeux.

Mondescourt (village de). *Arch. lég.*, i^re part., 878.

Mondigny (village de). *Arch. adm.*, t. II, 1058, 1075, 1076. *Arch. lég.*, i^re part., 907.

Moneta, vide Admonitione unius monetæ, Debilis, Denarius, Falsa, Fortis, Florenus regalis, Florenus ad scutum, Francus, Francus auri, Grossus, Libra, Marca, Mosomagensis Solidus, Turonensis; vide Monnaie.

Monetagium (hôtel des monnaies). *Arch. adm.*, t. II, 46.

Monetariorum vicus. *Arch. lég.*, iie part., *statuts*, i^er vol., 98.

Monetarius, vide Lambertus.

Moneuze (Nicolas), boulanger. *Arch. lég.*, iie part., *statuts*, iie vol., 162.

Monfaux (village de). *Arch. adm.*, t. II, 1100.

Mongendre (Nicolas), ouvrier en soie. *Arch. lég.*, iie part., *statuts*, iie vol., 375.

Mongeot (M.), seigneur de Guincourt. *Arch. adm.*, t. II, 1111.

Mongoie (lieu de). *Arch. adm.*, t. II, 552.

Mongon, voy. Montgon.

Monieronis (villa). *Arch. adm.*, t. I, 253.

Monjeugloy (rue de). *Arch. adm.*, t. II, 499.

Monlanier (bois de). *Arch. adm.*, t. I, 546.

Monnaie. Notice historique sur l'établissement de ladite. *Arch. lég.*, iie part., *statuts*, iie vol., 17.

— voy. Agnels vieux, Aigle (moutons à), Argent (marc d'), Blanc parisis, Châlons, Denier blanc, Denier d'or, Denier parisis, Denier noir, Denier tournois, Duc (mouton du) tournois, Écu d'or, Écu Philippus, Fausse monnaie, Fleur de lys blanche, Florence (florin de), Florin à l'agnel, Florin à l'écu, Florin royal, France (moutons de), Gros tournois, Jehan (écus de), Liard, Maille parisis, Mouton, Mou-

zon , Obole, Or (double d'), Parisis, Parisis d'or , Provins, Royaux, Royaux d'or.

Monnaie (unité de). *Arch. adm.*, t. II, 273 ; vide Admonitioni unius monetæ (capitulum de).

— (change de). *Arch. adm.*, t. II, 664 ; voy. Reims (change de).

— voy. Flève.

Monnaies (décri des). *Arch. lég.*, IIe part., *statuts*, Ier vol., 889.

Monnayeurs de Reims (statuts des). *Arch. lég.*, IIe part., *statuts*, IIIe vol., 185.

Monneliant (presbyter de). *Arch. adm.*, t. II, 1081.

Monneti (Johannes). *Arch. adm.*, t. II, 1219.

Monnier, fourrier aux clercs. *Arch. adm.*, t. II, 303.

— (Jehan le). *Arch. adm.*, t. III, 837, 841.

Monniers (rue des), voy. Meuniers.

Monnin, bourgeois. *Arch. adm.*, t. II, 744.

Monnoye (sieur de la), avocat. *Arch. lég.*, IIe part., *statuts*, IIIe vol., 405, 410, 412, 470, 472, 480.

Monory (Nicolas-Antoine), tailleur d'habits. *Arch. lég.*, IIe part., *statuts*, IIe vol., 442, 531.

Mons, vide Cantevaux, Cassini, Longus, Samariæ, Sancti-Eligii, Sancti-Germani, Sancti-Remigii, Riboldi-Mons, Valesius.

— (G. de), échevin de Courville. *Arch. adm.*, t. II, 481.

— (mairie de). *Arch. adm.*, t. III, 584.

— -sur-Courville (village de). *Arch. adm.*, t. I, 546 ; t. II, 853 ? t. III, 426 ? 653. *Arch. lég.*, Ire part., 903, 909.

— en Laonnais (ville de). *Arch. lég.*, Ire partie, 877, 903.

— (Huet de). *Arch. adm.*, t. II, 1243.

Mons-Argi, vide Montargis.

— -Acutus, vide Montaigu.

Monsart (Gilles de), seigneur d'Aure. *Arch. lég.*, Ire part., 920.

— -Baie. *Arch. adm.*, t. I, 263 ; vide Montbré ?

Mons-Cornetus, vide Mont-Cornet.

— -d'Areinne, vide Aresnes (Mont-d').

— -Dei, vide Montdieu.

— -Falco, vide Montfaucon.

— -Ferratus. *Arch. adm.*, t. I, 218, 221.

Monsignart (Jesson), dit Maigret. *Arch. adm.*, t. II, 646, 906, 1189, 1195.

Monslaurencius, voy. Mont-Laurent.

Mons-Marinus. *Arch. lég.*, IIe part., *statuts*, Ier vol., 106.

Mons-Mirabilis, vide Montmirail.

Mons-Ruentianum, vide Mont-Rancien.

Mons – Sancti – Petri, voy. Mont-Saint-Pierre.

Monstellus, fils Le Gay. *Arch. adm.*, t. I, 797.

Monsterolio (Guillaume de), chanoine. *Arch. lég.*, IIe part., *statuts*, Ier vol., 66.

Monsterolium, vide Montreuil.

Monsteruel (J. de), voy. Montreuil.

Mont, voy. Aresnes (Mont-d'), Berru, Espie, Notre-Dame-de-Reims, Sassey.

— (collége du), *Arch. lég.*, IIe part., *statuts*, IIe vol., 696.

— (J. du). *Arch. adm.*, t. II, 776.

— (Gilet du), couturier. *Arch. adm.*, t. III, 837, 842.

— (Reginaldus du), prêtre. *Arch. lég.*, IIe part., *statuts*, Ier vol., 119.

Montagne, voy. Reims (montagne de), Gévaudan, Modin, Pargny.

— (doyenné de la). *Arch. adm.*, t. II, 1051 ; t. III, 278. *Arch. lég.*, IIe part., *statuts*, Ier vol., 715.

Montagne (château de). *Arch. adm*, t. II. 1085.

— de Reims (bois de la). *Arch. adm.*, t. III, 832.

— (Jehan de). *Arch. adm.*, t. III, 840.

— (Jauge de la). *Arch. lég.* iie part., 724.

— (prévôt de la), voy. Josselin (Nicole).

— de Reims. *Arch. adm.*, t. I, 844, 854. *Arch. lég.*, iie part., *statuts*, i^er vol., 168.

Montagu, voy. Montaigu.

— (Gérart de). *Arch. adm.*, t. II, 764, 775.

— (F. de), clerc du roi. *Arch. adm.* t. III, 257.

Montagut (Jean de), général et réformateurs de monnayes *Arch. adm.*, t. III, 309, 527, 889.

Montaignes (seigneurie de). *Arch. lég.*, i^re part., 890.

Montaignon (village de). *Arch. lég.*, iie part., *statuts*, iiie vol., 389.

Montaigu (marquise de), dame de Saint-Fergeux. *Arch. adm.*, t. II, 1083. *Arch. lég.*, i^re part., 888.

— (village de). *Arch. lég.*, i^re part., 888, 899, iie part., *statuts*, i^er vol., 694.

— (monseigneur de). *Arch. lég.*, iie part., *statuts*, i^er vol., 651, 652, 833.

— (Jehan de), voy. Neufchastel (Jean de).

Montallé (Jean-Baptiste), conseiller. *Arch. lég.*, iie part., *statuts*, iie vol., 417.

Montana. *Arch. adm.*, t. I, 844, 854; vide Sancti Remigii, Remensis.

— (decanatus de), vide Montagne (doyenné de la).

— Remensi (præpositus de), voy. Montagne (prévôt de la).

Mont-Ansenois (terres de). *Arch. adm.*, t. II, 380.

Montarcenne (village de). *Arch. lég.*, i^re part. 877.

Montargis (ville de). *Arch. adm.*, t. I, 136. Charles IV s'y retire sur l'avis que les Anglais voulaient l'enfermer dans Sens; t. II, 279. *Arch. lég.*, iie part., *statuts*, i^er vol., 597, 617.

Montauban (ville de). *Arch. adm.*, t. III, 741.

— (M. de), amiral de France. *Arch. lég.*, iie part., *statuts*, i^er vol., 762.

Montaulieu (Jehan de), conseiller du roi. *Arch. lég.*, iie part., *statuts*, iie vol., 10.

Montbavain (village de). *Arch. lég.*, i^re part., 877, 888, 900.

— (curé de). *Arch. lég.*, i^re part., 888.

Montberault (village de). *Arch. lég.*, i^re part., 877.

Montbeton (fief de). *Arch. adm.*, t. III, 610.

Montblainville (paroisse de). *Arch. adm.*, t. II, 1096, 1097.

Montbré (village de). *Arch. adm.*, t. I, 1090; t. II, 1046, 1048; t. III, 100, 281, 407, 416, 425, 426, 651, 655. *Arch. lég.*, i^re part., 754, 875, 893, 903, 909, 910; iie part., *statuts*, i^er vol., 175, 213, 715, 717, 912; *statuts*, iie vol., 963, 968.

— (curé de), voy. Bailly (André).

— (decima de). *Arch. lég.*, iie part., *statuts*, i^er vol., 171, 175, 240.

— (J.... de). *Arch. lég.*, iie part., *statuts*, i^er vol., 655.

Montbrison (Bernard de). *Arch. lég.*, iie part., *statuts*, i^er vol., 571.

Mont-Cassel (ville de). *Arch. lég.*, iie part., *statuts*, i^er vol., 805.

Mont-Cassin (monastère de), voy. Cassini-Montis monasterium.

Mont-Châlons (ville de). *Arch. lég.*, i^re part., 883, 899.

— (curé de), voy. Champaigne (Sébastien).

Montcheutin (paroisse de). *Arch. adm.*, t. II, 1099, 1100.

— (village de). *Arch. lég.*, iie part., statuts, iiie vol., 392.

Montchevreul (messire Colart de). *Arch. adm.*, t. III, 177.

Montclin (J.), voy. Monteclino (Johannes de).

— (presbyter de). *Arch. adm.*, t. II, 1104.

— (capellania de). *Arch. adm.*, t. II, 1106.

— (village de). *Arch. adm.*, t. II, 1104.

Montcornet (chapellenie de), fondée par Jehanne de Rumigny. *Arch. adm.*, t. II, 1025, 1070, 1071.

— (ville de). *Arch. adm.*, t. II, 1069. *Arch. lég.*, i^{re} part., 883, 899; iie part., statuts, i^{er} vol., 717, 933; statuts, iiie vol., 391.

— (Marrasserus de). *Arch. lég.*, i^{re} part., 225.

— -en-Ardennes (ville de). *Arch. lég.*, iie part., statuts, iie vol. , 364.

— (curé de), voy. Noël (Bertrand).

Mont-de-Jeux (comtesse de), dame de Saint-Lambert. *Arch. adm.*, t. II, 1109.

— (ville de). *Arch. adm.*, t. II, 1111. *Arch. lég.*, i^{re} part., 885, 907, 909, 910.

— (hôpital de), voy. Montis-Jovis hospitalis (prieur de) ; voy. Montjou.

Mont-de-Pierre (village de). *Arch. lég.*, i^{re} part. , 907.

Mont-de-Piété , voy. Rome (Mont-de-Piété de).

Montdesiderii - Clugniacensis (prior de). *Arch. adm.*, t. II, 637.

Mont-de-Vendeux (lieu de). *Arch. adm.*, t. III, 69.

Montdidier (ville de). *Arch. adm.*, t. II, 272, 1161. *Arch. lég.*, i^{re} part., 913; iie part., statuts, i^{er} vol., 789, 904.

Montdidier (prévôté de). *Arch. adm.*, t. II, 1171, 1172.

— (Tournelles de). *Arch. lég.*, i^{re} part., 888.

Mont-Dieu (prieur de), voy .Monte Dei prior.

— (Chartreux de). *Arch. adm.*, t. I, 1001; t. II, 1112. *Arch. lég.*, i^{re} part. , 881 ; iie part., statuts, i^{er} vol., 182, 244; statuts, iie vol., 769.

— (village de). *Arch. lég.*, i^{re} part., 907, iie part., statuts, i^{er} vol., 182.

— (religieux de), voy. Monte-Dei fratres.

Montdoulcet (Guillaume de). *Arch. lég.*, i^{re} part., 920.

Monte (Hugo de). *Arch. lég.*, iie part., statuts, i^{er} vol., 166.

— (Alelmus de). *Arch. lég.*, iie part., statuts, i^{er} vol., 166.

Monteacuto (Johannes Valerius de). *Arch. adm.*, t. I, 912.

Monte-Arceio (casa de). *Arch. adm.*, t. I, 354.

Montebon (vin de). *Arch. adm.*, t. I, 1056.

Montecaptivo (presbyter de). *Arch. adm.*, t. II, 1099.

— (parochia de) , voy. Montcheutin (paroisse de).

Monte-Che-in-Monte-Mirabili (prior de). *Arch. adm.*, t. II, 634.

Monteclino (Johannes de), maître ès lois. *Arch. adm.*, t. II, 107.

— (Johannes de), official de l'archevêque. *Arch. adm.*, t. II, 333, 364, 369, 391, 395, 434, 475, 588, 616, 622. *Arch. lég.*, i^{re} part., 136; iie part., statuts, i^{er} vol., 119.

Monteclivo (Jo.... de), voy. Monteclino.

Montecorneto (Hugo de), miles. *Arch. adm.*, t. I, 451.

— (capellania de), vide Montcornet (chapellenie de).

Montecornetum, voy. Montcornet.

Monte-Dei (prior de). *Arch. adm.*, t. II, 1030, 1091.

— fratres, voy. Mont-Dieu (chartreux de).

Montée, voy. Saint-Nicaise (montée de).

Mont-Espie (arbre de). *Arch. adm.*, t. III, 649.

Montefalco, voy. Montfaucon (ville de).

Montefalcone (Poncius de). *Arch. lég.*, II* part. , *statuts*, 1ᵉʳ vol., 449, 465.

Monte-Felici (prior de). *Arch. adm.*, t. II, 634.

Montegaio (Nanterus de). *Arch. adm.*, t. I, 243.

— (Henricus de), donne ses serfs à l'église de Reims. *Arch. adm.*, t. I, 272, 273.

Montegnyaco - Cluniacensi (prior de). *Arch. adm.*, t. II, 634.

Montegnyacum, vide Montigny.

Monte-Hermeri (parochia de). *Arch. adm.*, t. II, 1070; vide Monthermé.

— (presbyter de). *Arch. adm.*, t. II, 1071.

Monte-Laurentii (decima de). *Arch lég.*, II* part. , *statuts*, 1ᵉʳ vol. , 72, 79, 81, 102.

Montelon (paroisse de). *Arch. lég.*, II* part., *statuts*, II* vol. , 968.

Montemarino (parochia de), voy. Montmarin (paroisse de).

— (presbyter de). *Arch. adm.*, t. II, 1109.

Montemeldano (parochia de). *Arch. adm.*, t. II, 1083.

Monte-Mirabili (Hugo de), prêtre et chanoine. *Arch. lég.*, II* part., *statuts*, 1ᵉʳ vol., 79, 103, 116.

Montemorenciaco (Buchardus de), panetier de France. *Arch. adm.*, t I, 591 ; t. II, 945; vide Montmorency.

Montenault (village de). *Arch. lég.*, 1ʳᵉ part., 883, 900.

— (curé de), voy. Hurtault (Jacques).

Montenay (Jean de), chanoine régulier de Saint-Augustin. *Arch. lég.*, II* part., *statuts*, II* vol., 780.

Montenayo majoris monasterii (prior de). *Arch. adm.*, t. II, 638.

Montensis (villa). *Arch. lég.*, 1ʳᵉ part., 89.

Montepreux (village de). *Arch. lég.*, II* part., *statuts*, III* vol., 390.

Montereau (ville de). *Arch. lég.*, II* part., *statuts*, 1ᵉʳ vol., 632.

Monterel, voy. Montreuil.

Monte-Remensi (Novavilla de). *Arch. lég.*, II* part., *statuts*, 1ᵉʳ vol., 81 ; voy. Neuville-lez-Reims.

Monteruel (Jehan de), voy. Montreuil.

Monte-S.-Johannis (Thomas de). *Arch. adm.*, t. II, 1040.

— (Petrus de), chanoine de Sainte-Nourrice. *Arch. adm.*, t. II, 1040, 1042.

Monte-Sancti-Martini (villa de), vide Mont-Saint-Martin.

Monte-S.-Petri (presbyter de). *Arch. adm.*, t. II, 1053.

— (parochia de). *Arch. adm.*, t. II, 1053.

— (villa de), voy. Mont-Saint-Pierre.

— (altar de). *Arch. lég.*, II* part., *statuts*, 1ᵉʳ vol., 92.

Monte-Sancti-Remigii (parochia de). *Arch. adm.*, t. II, 1114.

— (presbyter de). *Arch. adm.*, t. II, 1109, 1114.

— (patronagium de). *Arch. adm.*, t. II, 1112, 1113.

Montesclaire (Jehan , châtelain de). *Arch. adm.*, t. II, 767.

Monte-Spoliato de Herivalle (prior de). *Arch. adm.*, t. II, 638.

Monte-Tremulo (Petrus de) presbyter. *Arch. lég.*, II* part., *statuts*, 1ᵉʳ vol., 114, 116.

Monte-Ture de Jumegiis (prior de). *Arch. adm.*, t. II, 636.

Monteya (montée). *Arch. adm.*, t. II, 797.

Montfalou (Pierre). *Arch. adm.*, t. II, 270.

Montfaucon (Pierre de), commissaire du roi pour les aides. *Arch. lég.*, ɪɪᵉ part., *statuts*, ɪᵉʳ vol., 510, 513, 526, 684, 699, 702?

— (chanoine de), voy. Montisfalconis canonicus.

— (Ponce de), promoteur de la cour spirituelle de l'archevêque. *Arch. adm.*, t. III, 726. *Arch. lég.*, ɪɪᵉ part., *statuts*, ɪᵉʳ vol., 528, 539, 587, 588, 592, 612, 613, 615, 616, 617, 620, 621, 622, 628, 630, 632, 633, 636, 638, 644, 647, 653, 659, 667, 742.

— (Jehan de), promoteur de la cour spirituelle de l'archevêque. *Arch. adm.*, t. III, 748, 768, 769. *Arch. lég.*, ɪʳᵉ part., 731; ɪɪᵉ part., *siatuts*, ɪɪᵉ vol., 114.

— (Gérard de). *Arch. lég.*, ɪʳᵉ part., 605, 609, 638; ɪɪᵉ part., *statuts*, ɪᵉʳ vol., 574, 592, 618, 637, 659, 667, 673, 679, 683, 684, 689, 707, 709, 711, 722, 734, 750, 947.

— (Jehesson de). *Arch. adm.*, t. I, 1096. *Arch. adm.*, t. II, 499?

— (paroisse de), voy. Montefalconis (parochia de).

— (ville de). *Arch. adm.*, t. I, 917; t. II, 1014, 1093. *Arch. lég.*, ɪʳᵉ part., 901, 907, 910; ɪɪᵉ part., *statuts*, ɪᵉʳ vol., 315, 552; *statuts*, ɪɪᵉ vol., 16; *statuts*, ɪɪɪᵉ vol., 42, 252, 269, 388.

— (chapitre de), voy. Montisfalconis capitulum.

— (prévôté de). *Arch. adm.*, t. II, 1044, 1171. *Arch. lég.*, ɪɪᵉ part., *statuts*, ɪᵉʳ vol., 825; *statuts*, ɪɪɪᵉ vol., 692.

— (curé de), voy. Dorcheuil (Jn).

Montfaucon (église collégiale de). *Arch. lég.*, ɪɪᵉ part., *statuts*, ɪᵉʳ vol., 315; *statuts*, ɪɪɪᵉ vol., 692.

— (Bernard de). *Arch. lég.*, ɪɪᵉ part., *statuts*, ɪᵉʳ vol., 340.

Montfaucontel (Husson de), écuyer. *Arch. adm.*, t. III, 139.

Montfauxel (hameau de). *Arch. adm.* t. II, 1099.

Montferrand (ville de). Le roi ne possède point de domaine dans la ville. *Arch. lég.*, ɪɪᵉ part., *statuts*, ɪɪɪᵉ vol., 631.

Montflambert (ferme de). *Arch. adm.*, t. II, 1121.

— (Duchâtel de), secrétaire du roi. *Arch. lég.*, ɪɪᵉ part., *statuts*, ɪɪɪᵉ vol., 415, 418.

Montfort (vicomte de), seigneur de Mairy-la-Montagne. *Arch. adm.*, t. II, 1053, 1054.

— (Comte de), voy. Montisfortis (comes).

— (Mlle de), dame de Sainte-Euphraise. *Arch. adm.*, t. II, 1055.

— (bailliage de). *Arch. lég.*, ɪʳᵉ part., 869.

Montfrabeuf (M. de), seigneur de Tenorgues. *Arch. adm.*, t. II, 1097.

Montfrin (ville de). *Arch. lég.*, ɪɪᵉ part., *statuts*, ɪɪɪᵉ vol., 631.

Montgenoux (village de). *Arch. lég.*, ɪʳᵉ part., 920.

Montgeot (M. de), seigneur en partie d'Hermonville. *Arch. adm.*, t. II, 1058.

Mont-Gérant (lieu de). *Arch. adm.*, t. II, 552.

Montgérard (D. G.), prieur de Saint-Martin d'Épernay. *Arch. adm.*, t. I, 3.

Montgon (village de). *Arch. adm.*, t. II, 1110, 1111.

— (Regnault, seigneur de). *Arch. adm.*, t. II, 1111.

— (presbyter de). *Arch. adm.*, t. II, 1112.

— (seigneur de), voy. Lair (Simon de).

Montguyon (M. de), seigneur de Puisieux. *Arch. adm.*, t. II, 1106.

Monthalier (village de). *Arch. lég.*, ii° part., *statuts*, iii° vol., 392.

Monthaudin (Guillaume de). *Arch. adm.*, t. III, 743.

Monthéamery, voy. Monthermé.

Monthelon (François), avocat. *Arch. lég.*, ii° part., *statuts*, ii° vol., 332, 493, 611.

Monthenri (Paul), tisserand. *Arch. lég.*, ii° part., *statuts*, ii° vol., 297.

Montheri (Nicolas), tisserand. *Arch. lég.*, ii° part., *statuts*, ii° vol., 304.

Monthermé (paroisse de), voy. Monte-Hermeri (parochia de).

— (ville de). *Arch. lég.*, i°° part., 893.

— (J…. de). *Arch. lég.*, ii° part., *statuts*, i°° vol., 742.

— (prêtre de), voy. Monte-Hermeri (presbyter de).

Montheron (M.), seigneur de Taizy. *Arch. adm.*, t. II, 1083.

— (village de). *Arch. adm.*, t. II, 1092.

Montheya, vide Henricus.

Monthiercelin (seigneurie de). *Arch. lég.*, ii° part., *statuts*, iii° vol., 394.

Monthois (ville de). *Arch. adm.*, t. II, 1099.

Montiaco (ecclesia de). *Arch. adm.*, t. I, 322.

Montibus (castellania de). *Arch. adm.*, t. II, 286, 883.

— (parochia de). *Arch. adm.*, t. II, 1056.

— (Guiotus de). *Arch. adm.*, t. II, 286.

— supra Curvillam (presbyter de). *Arch. adm.*, t. II, 1057, 1091.

— super Curvillam, voy. Mons-sur-Courville.

Montier (Jehan), maître chapelier. *Arch. lég.*, ii° part., *statuts*, ii° vol., 203.

Montier-en-Der (abbaye de). *Arch. adm.*, t. I, 231.

Montigneyo (parochia de), voy. Montigny-sur-Vesle (paroisse de).

Montigniaco (Johannes de), gardien des foires de Champagne. *Arch. adm.*, t. I, 935; voy. Montigny (Jehan de).

— (Lambinus de). *Arch. adm.*, t. II, 226.

Montigny-sous-Marle (village de). *Arch. lég.* i°° part., 899, 903.

— -sur-Meuze (paroisse de). *Arch. adm.*, t. II, 1092, 1093.

— -sur-Vesle (paroisse de). *Arch. adm.*, t. II, 1056, 1059, 1103; t. III, 597.

— (prévôt de), voy. Symonnet (Philippe).

— -sur-Vesle (village de); le prévôt de l'église de Reims, seigneur dudit. *Arch. adm.*, t. II, 1058. *Arch. lég.*, i°° part., 754, 907.

— (ville de). *Arch. adm.*, t. I, 321, 329, 421; t. II, 1076; t. III, 109. *Arch. lég.*, i°° part., 877, 879, 899, 902.

— -le-Franc (village de). *Arch. lég.*, i°° part., 877, 887, 900.

— (Jean de), prévôt de Courtisot. *Arch. lég.*, i°° part., 880.

— (Pierre de). *Arch. lég.*, i°° part., 897.

— (presbyter de). *Arch. adm.*, t. II, 1058, 1093, 1120.

— (curé de), voy. Patelette (Guill.).

— (patronagium de). *Arch. adm.*, t. II, 1094.

— (Simon de), drapier. *Arch. lég.*, ii° part., *statuts*, ii° vol., 373.

— (Thomas de). *Arch. lég.*, ii° part., *statuts*, i°° vol., 92.

— (M. de), seigneur en partie de Prouilly. *Arch. adm.*, t. II, 1059, 1105; voy. Hollande (A. D.).

— -sur-Crécy (village de). *Arch. lég.*, i°° part., 883.

— -sur-Crécy (curé de), voy. Courtonne (Nicole de).

Montigny-le-Sec (village de). *Arch. adm.*, t. I, 83.

Montineium. *Arch. lég.*, iie part., *statuts*, 1er vol., 170; vide Montigny.

Montiniacnm, vide Montigny.

Montirandier (ville de). *Arch. lég.*, iie part., *statuts*, iiie vol., 53, 533, 543.

Montiscurie (altar de). *Arch. adm.*, t. I, 274.

Montisfalconis capellanus, vide Vienna (Dominicus de).

— (presbyter de). *Arch. adm.*, t. II, 1093.

— (parochia de) *Arch. adm.*, t. II, 1093.

— capitulum. *Arch. adm.*, t. II, 634, 1038, 1044, 1092, 1093, 1094, 1211; t. III, 281.

— canonicus, vide Prior as Grenons.

— præpositura, vide Montfaucon (prévôté de).

Montisfortis comes. *Arch. adm.*, t. I, 591.

Montis-Jovis hospitalis. *Arch. adm.*, t. I, 1000; vide Mont-de-Jeux.

— -Marini castrum. *Arch. lég.*, iie part., *statuts*, 1er vol., 586.

— -Reguli sylva. *Arch. adm.*, t. I, 272.

— -Sanctæ-Mariæ concilium. *Arch. adm.*, t. I, 91.

— -Sancti-Eligii abbas. *Arch. adm.*, t. II, 638.

— -Sancti-Martini abbas. *Arch. adm.*, t. II, 640.

— -Sancti-Remigii territorium. *Arch. adm.*, t. I, 262.

— -Tricardi (villa). *Arch. adm.*, t. I, 1044.

— -Valloli vinarium. *Arch. adm.*, t. I, 251; vide Mont-Vallois.

— (Féliis Heronneron villa). *Arch. lég.*, iie part., *statuts*, 1er vol., 80.

Montizeau (Aubertus). *Arch. lég.*, iie part., *statuts*, 1er vol., 803, 806, 873.

Montjou (Sébastien de), tondeur de draps. *Arch. lég.*, iie part., *statuts*, iie vol., 392.

Mont-Jou (prieur de). *Arch. adm.*, t. I, 12; voy. Mont-de-Jeux.

Montjoye, héraut d'armes de France. *Arch. lég.*, iie part., *statuts*, 1er vol., 602.

Mont-Laurent (rue de). *Arch. adm.*, t. I, 80, 637. *Arch. lég.*, iie part., *statuts*, iie vol., 13.

— (village de). *Arch. adm.*, t. II, 1102. *Arch. lég.*, 1re part., 893.

— (territoire de). *Arch. adm.*, t. II, 101.

— (presbyter de). *Arch. adm.*, t. II, 1105.

Montlaurent (seigneur de), rangé parmi les nobles de Reims. *Arch. lég.*, iie part., *statuts*, 1er vol., 886; voy. Feret (Hubert).

— (Claude - Alexis), boulanger. *Arch. lég.*, iie part., *statuts*, iie vol., 161.

— (Simon de). *Arch. adm.*, t. I, 1118.

— (G. de). *Arch. adm.*, t. III, 51. *Arch. lég.*, iie part., *statuts*, 1er vol., 615, 620, 626, 631, 633, 634, 636, 639, 649, 653, 657, 659.

— (de), lieutenant du capitaine de Reims. *Arch. lég.*, iie part., *statuts*, iie vol., 113, 128, 140.

— (J. B.), boulanger. *Arch. lég.*, iie part., *statuts*, iie vol., 162.

— (rue de). *Arch. lég.*, iie part., *statuts*, 1er vol., 567.

Montlhéry (ville de). *Arch. lég.*, iie part., *statuts*, 1er vol., 772, 784, 842.

Montloué (village de). *Arch. lég.*, 1re part., 887.

Montmarin (paroisse de). *Arch. adm.*, t. II, 1108, 1109.

— (curé de), voy. Roy (Pierre le).

— (village de), voy. Mons-Marinus.

Montmédy (ville de). *Arch. adm.*, t. II, 128, 139.

Montmeillan (ville de). *Arch. adm.*, t. II, 1082.

— (paroisse de), voy. Montemeliano (parochia de).

Montmirail (Symon de). *Arch. adm.*, t. II, 653, 829, 837.

— voy. Mons-Mirabilis.

Montmorency (Bouchart de), voy. Montemorenciaco (Buchardus de).

Montmort en Brie (village de). *Arch. adm.*, t. II, 1176.

Montnantheuil (Jehan de), écuyer. *Arch. adm.*, t. III, 609; voy. Monamptheuil.

Mont-Notre-Dame (village de). *Arch. lég.*, iie part., *statuts*, ier vol., 579.

Montois (Jehan le), déchargeur. *Arch. adm.*, t. II, 1192.

— (ville de). *Arch. lég.*, ire part., 575.

Montoison (Jehan de). *Arch. adm.*, t. II, 42.

— (rue de). *Arch. adm.*, t. I, 80 ; t. III, 623. *Arch. lég.*, iie part., *statuts*, ier vol., 567.

— (ruelle de). *Arch. adm.*, t. II, 520.

Montpellier (ville de). *Arch. adm.*, t. III, 761. *Arch. lég.*, iie part., *statuts*, iiie vol., 522, 552, 631, 632.

— (université de). *Arch. lég.*, iie part., *statuts*, iie vol., 677.

— (tartre de). *Arch. lég.*, iie part., *statuts*, iie vol., 891.

Mont-Rancien (village de). *Arch. adm.*, t. I, 857; t. II, 318; t. III, 281, 865.

Montreuil-sur-Mer (ville de). *Arch. adm.*, t. II, 248, 273, 637, 916. *Arch. lég.*, ire part., 888 ; iie part., *statuts*, iiie vol., 631, 633.

— -aux-Lions (village de). *Arch. adm.*, t. I, 18.

— (Érembour de), marchand de Paris. *Arch. adm.*, t. II, 482.

Montreuil (Gerbert de). *Arch. adm.*, t. II, 691.

— (Jehan de), tellier. *Arch. adm.*, t. II, 538, 667, 1188.

— (Guill. de), voy. Monsterolio (G. de).

— (curé de). *Arch. lég.*, ire part., 888.

Montrichart (ville de). *Arch. adm.*, t. I, 1044; voy. Mons-Tricardus.

Montrule (Jehan de), voy. Montreuil.

Mont-Saint-Jean (ville de). *Arch. lég.*, ire part., 879, 900.

— -Saint-Jean (curé de), voy. Watier (Henry).

— -Saint-Martin (ville de). *Arch. adm.*, t. II, 1114; t. III, 594, 629. *Arch. lég.*, ire part., 892; iie part., *statuts*, ier vol., 76.

— -Saint-Martin (curé de), voy. Charpentier (Pierre).

— -Saint-Martin (couvent de). *Arch. lég.*, ire part., 918.

— -Saint-Père (village de), voy. Mont-Saint-Pierre.

— -Saint-Pierre, près Tinqueux (prêtres de), voy. Montis-Sancti-Petri (presbyter de).

— -Saint-Pierre (village de). *Arch. adm.*, t. I, 1090; t. II, 834; t. III, 578. *Arch. lég.*, ire part., 754 ; iie part., *statuts*, ier vol., 78, 106.

— -Saint-Remi (paroisse de). *Arch. adm.*, t. II, 1108.

— -Saint-Remi (église de). *Arch. lég.*, iie part., *statuts*, iiie vol., 713, 714.

— -Saint-Remi (chapelle du). *Arch. adm.*, t. II, 1116. *Arch. lég.*, iie part., *statuts*, iiie vol., 686, 688. Le chapelain de ladite est à la nomination du chapitre de Reims, 689, 690, 695, 719, 720, 734.

— -Saint-Remi (village de). *Arch. adm.*, t. I, 5; t. III, 410. *Arch. lég.*, ire part., 754, 875.

Mont-Sainte-Marie (concile de), voy. Montis-Sanctæ-Mariæ concilium.

Montserre, près Reims. *Arch. adm.*, t. III, 573.

Mont-sur-Courville (paroisse de), voy. Montibus-supra–Curvillam (parochia de).

— -sur-Courville (village de). *Arch. adm.*, t. II, 383, 1061; t. III, 662, 747, 754. *Arch. lég.*, ı^{re} part., 875, 907.

— -sur-Courville (prévôté de). *Arch. adm.*, t. II, 11, 285.

Montvalois (maire de), voy. Perros li Keus.

— (village de). *Arch. adm.*, t. I, 253, 447; t. II, 551; t. III, 622. *Arch. lég.*, ıı^e part., *statuts,* ı^{er} vol., 79.

Mont-Vallois (vinage de), voy. Montis-Valloli vinarium.

Montvilliers (village de). *Arch. lég.*, ıı^e part., *statuts,* ı^{er} vol., 805.

Montz (châtellenie de), voy. Montibus (castellania de).

Montzay (Jehan de), procureur à Laon. *Arch. lég.*, ı^{re} part., 921.

Monulfus, affranchi par saint Remi. *Arch. adm.*, t. I, 15.

Monville, bourgeois. *Arch. adm.*, t. II, 932, 1216, 1234.

Mooleur (Jehan le), bourgeois. *Arch. adm.*, t. III, 40.

Mopinot, capitaine de bourgeoisie. *Arch. lég.*, ıı^e part., *statuts,* ıı^e vol., 1030, 1049; *statuts,* ııı^e vol., 659, 660.

— (Pierre-Louis), conseiller et échevin. *Arch. lég.*, ıı^e part., *statuts,* ı^{er} vol., 297, 979; ııı^e vol., 103?

— (Simon), perruquier. *Arch. lég.*, ıı^e part., *statuts,* ııı^e vol., 191, 194.

— Voy. Comte.

Mora, serve de l'église de Reims. *Arch. adm.*, t. I, 16.

Mora, voy. Salvanariæ-supra-Moram.

Morailles (Jacques de). *Arch. lég.*, ı^{re} part., 898.

Moraine (Séverin), procureur lay de l'archevêque de Reims. *Arch. adm.*, t. III, 726. *Arch. lég.*, ıı^e part., *statuts,* ı^{er} vol., 587, 588, 615, 637, 725, 752.

Morancurte (Johannes de). *Arch. adm.*, t. II, 1037.

Morannus, lévite et chanoine. *Arch. lég.*, ıı^e part., *statuts,* ı^{er} vol., 87.

Moraudi-Montis prior. *Arch. adm.*, t. II, 637.

Morbois (Jean), bonnetier. *Arch. lég.*, ıı^e part., *statuts,* ıı^e vol., 278, 296.

Morcel (Colesson), clerc de Reims. *Arch. lég.*, ıı^e part., *statuts,* ı^{er} vol., 611, 657, 661, 672, 702.

Mordens-Carnem (Drogo), abbé de Saint-Nicaise. *Arch. adm.*, t. I, 271? 410? 437.

— (Garinus), bourgeois. *Arch. adm.*, t. I, 344, 374. *Arch. lég.*, ıı^e part., *statuts,* ı^{er} vol., 64.

— (Herbertus), lévite et chanoine. *Arch. adm.*, t. I, 410. *Arch. lég.*, ıı^e part., *statuts,* ı^{er} vol., 101.

— (Richercus), bourgeois. *Arch. adm.*, t. I, 365.

— -panem (Drogo), frère du précédent. *Arch. adm.*, t. I, 174.

Mordret (Symon), commissaire du roi. *Arch. adm.*, t. II, 214.

Moreau (Simon), barbier étuviste. *Arch. lég.*, ıı^e part., *statuts,* ııı^e vol., 88.

— (Nicolas), fermier général de Coucy. *Arch. lég.*, ıı^e part., *statuts,* ııı^e vol., 269, 293.

— (Cl....), commis à la recette. *Arch. lég.*, ıı^e part., *statuts,* ı^{er} vol., 696.

— (Thomas). *Arch. lég.*, ıı^e part., *statuts,* ı^{er} vol., 827.

Moreau (Philippot), marchand. *Arch. lég.*, iie part., *statuts*, i^{er} vol., 946.

— (Coleçon), boucher. *Arch. lég.*, iie part., *statuts*, i^{er} vol., 998.

— (Jehan), curé de Grandlud. *Arch. lég.*, i^{re} part., 883.

— (Jehan), contre de Vaumontreuil. *Arch. lég.*, i^{re} part., 570, 910; iie part., *statuts*, iie vol., 364.

— (Henry), procureur. *Arch. lég.*, iie part., *statuts*, iie vol., 592.

— (connétablie de). *Arch. lég.*, iie part., *statuts*, iie vol., 1015.

— (Raulin), courtier de vins. *Arch. lég.*, iie part., *statuts*, i^{er} vol., 433.

— (Martin). *Arch. adm.*, t. III, 873.

— (François). *Arch. lég.*, i^{re} part., 897.

— (Thierry). *Arch. lég.*, iie part., *statuts*, iie vol., 212.

— (Hubert). *Arch. lég.*, iie part., *statuts*, iie vol., 212.

— (Gérard), ouvrier en soie. *Arch. lég.*, iie part., *statuts*, iie vol., 375.

Morel (Walo). *Arch. lég.*, iie part., *statuts*, i^{er} vol., 166.

— (Jehan), abbé de Saint-Denis de Reims. *Arch. lég.*, iie part., *statuts*, i^{er} vol., 549.

— (M.), échevin de Cormicy. *Arch. adm.*, t. II, 481, 487.

— (Guillaume). *Arch. adm.*, t. II, 581.

— réfroiturier de l'église de Reims. *Arch. adm.*, t. II, 700. *Arch. lég.*, iie part., *statuts*, i^{er} vol., 627.

— (Jesson), bourgeois. *Arch. adm.*, t. II, 960, 963; t. III, 697, 836. *Arch. lég.*, iie part., *statuts*, i^{er} vol., 650?

— (Henricus), bourgeois. *Arch. adm.*, t. II, 961, 964; t. III, 836.

— (Guy), procureur de l'abbé de Saint-Nicaise de Reims. *Arch. adm.*, t. II, 1127.

Morel (Jaqueminus). *Arch. adm.*, t. III, 769.

— (François), procureur à Laon. *Arch. lég.*, i^{re} part., 921, 1011? 1057; iie part., *statuts*, i^{er} vol., 858.

— (Pierre), drapier. *Arch. lég.*, iie part., *statuts*, iie vol., 398.

— (Pontius), prêtre. *Arch. lég.*, iie part., *statuts*, i^{er} vol., 116.

— (Blanche). *Arch. adm.*, t. II, 700.

Morelinais (altar de). *Arch. adm.*, t. I, 289, 333.

Morellus, poissonnier. *Arch. adm.*, t. I, 435.

— (Guillelmus), procureur du roi. *Arch. adm.*, t. II, 721.

Morendi vallis. *Arch. adm.*, t. I, 288.

Morensy (village de). *Arch. lég.*, i^{re} part., 902.

Moret (Robertus de), majeur de Beauvais. *Arch. adm.*, t. I, 595, 599.

— (Jehan de), prévôt de Laon. *Arch. adm.*, t. II, 424. *Arch. lég.*, i^{re} partie 910? iie part., *statuts*, i^{er} vol., 646, 627, 741.

— (Gabriel), épicier. *Arch. lég.*, *statuts*, iiie vol., 94.

Moreuil (abbé de), voy. Marolio (abbas de).

— (village de). *Arch. lég.*, i^{re} part., 901.

Moreul, voy. Moreuil.

Morgnyvalle (abbatissa de). *Arch. adm.*, t. II, 634.

Moria, vide Mora.

Moriau, courtier en blé. *Arch. adm.*, t. II, 906.

— le mire. *Arch. adm.*, t. I, 1013.

— (Robert). *Arch. lég.*, iie part., *statuts*, i^{er} vol., 613, 615, 617, 619, 644, 735.

— (Th....), hôtelier de l'Asne-Royé. *Arch. lég.*, iie part., *statuts*, i^{er} vol., 650.

Moricanus, vide Castello in Moricanis (abbas de).

Morientium pœnitentia. *Arch. adm.*, t. I, 555, 612.

Morigny (village de). *Arch. lég.*, 1re part., 888, 900.

— (curé de). *Arch. lég.*, 1re part., 888.

Morille (la), lieu des environs de Reims. *Arch. adm.*, t. II, 381, 748.

Morillis (insula de). *Arch. adm.*, t. I, 228; t. II, 399.

Morillon (Jacques de), seigneur de Marne, lieutenant de Châlons. *Arch. lég.*, 1re part., 895.

Morin-le-Petit (village de). *Arch. adm.*, t. I, 18.

Morinensis episcopus. *Arch. adm.*, t. I, 550, 564, 584, 586, 587, 600, 604, 605, 688, 694, 702; t. II, 639. *Arch. lég.*, 1re part., 71, 315; vide Adalbertus, Bolonia (Jacobus de), Johannes, Lambinus, Petrus, Raymond.

— curia. *Arch. lég.*, 1re part., 67.

— capitulares. *Arch. adm.*, t. I, 642; t. II, 639. *Arch. lég.*, 1re part., 316.

— ecclesia, voy. Thérouanne (église de).

— episcopatus, voy. Thérouanne (évêché de).

Morinet, voy. Falle.

Morioles (comtesse de). *Arch. adm.*, t. II, 1077, 1093, 1094.

— (comte de). *Arch. adm.*, t. II, 1094.

— (château de). *Arch. adm.*, t. II, 1094.

Morise (maison de). *Arch. adm.*, t. III, 590.

Morisset (Claude), notaire à Châlons. *Arch. lég.*, 11e part., *statuts*, t. III, 511.

Moritono (Stephanus comes de). *Arch. adm.*, t. I, 273.

Morlachar (Richerus), vide Mordens-Carnem.

Morlancourt (village de). *Arch. lég.*, 1re part., 889.

Morlet (Guillaume), notaire. *Arch. lég.*, 11e part., *statuts*, 111e vol., 243, 253, 256, 260.

Morlin (Pierre), prieur de Saint-Pierre. *Arch. lég.*, 1re part., 877, 880, 886.

Morlines (ecclesia de). *Arch. adm.*, t. I, 263.

— (Arnulfus de), *Arch. adm.*, t. I, 263.

Mormoreïum parvum, voy. Mourmelon le Petit.

— magnum, voy. Mourmelon le Grand.

Mormoron, voy. Mourmelon.

Mornin, voy. Leval (Jehan).

Morolio (abbas de). *Arch. adm.*, t. II, 637, 1172; voy. Moreuil.

Moronval (Symon de). *Arch. adm.*, t. II, 868.

Moronvilliers (village de). *Arch. adm.*, t. II, 349; t. III, 409, 411. *Arch. lég.*, 1re part., 754, 907; 11e part., *statuts*, 11e vol., 563.

— (paroisse de). *Arch. adm.*, t. II, 1114.

— (terrages de). *Arch. adm.*, t. III, 412.

— (rue de), voy. Carmes (rue des).

— (Jacquet de), sergent de l'archevêque. *Arch. adm.*, t. III, 380.

Mort (N.... la), chanoine, receveur des deniers communaux. *Arch. lég.*, 11e part., *statuts*, 1er vol., 822, 836, 838, 850.

Morta (Gérard), chaudronnier. *Arch. lég.*, 11e part., *statuts*, 111e vol., 101.

— (Jean-Baptiste), charpentier. *Arch. lég.*, 11e part., *statuts*, 111e vol., 671.

Mortain (comte de), *Arch. lég.*, 11e part., *statuts*, 1er vol., 420.

Morteau (village de). *Arch. lég.*, 1re part., 497, 567, 907.

Morte-main, voy. Manus-mortua.

Morteroleum, sorte de ragoût. *Arch. lég.*, ii° part., *statuts*, i^{er} vol., 173.

Mortes-payes. *Arch. adm.*, t. I, 1087.

Mortes-Yaues, voy. Morteau.

Mortis (Nicolas), prêtre. *Arch. lég.*, ii° part., *statuts*, i^{er} vol., 120, 667, 670, 774.

Morts (service des), voy. Mortuorum servitium.

— (vigiles des), voy. Mortuorum vigiliæ.

Mortua-Semoia, lieu appartenant au chapitre de Saint-Remi. *Arch. adm.*, t. I, 621.

Mortuorum pœnitentia, vide Morientium.

— corpora. *Arch. adm.*, t. I, 627.

— servitium. *Arch. lég.*, ii° part., *statuts*, i^{er} vol., 52.

— vigiliæ. *Arch. lég.*, ii° part., *statuts*, i^{er} vol., 108.

Mortuyes (J....). *Arch. lég.*, ii° part., *statuts*, i^{er} vol., 769.

Moruel (Jehan de), sergent du roi. *Arch. adm.*, t. I, 1121 ; t. II, 187.

Moscherio (villa de). *Arch. adm.*, t. I, 312.

Mosnier (Raoul le). *Arch. adm.*, t. III, 835. *Arch. lég.*, i^{re} part., 903.

— (Jesson le). *Arch. lég.*, ii° part., *statuts*, i^{er} vol., 628, 659, 743.

Mosomagensis solidus. *Arch. adm.*, t. I, 19.

Mosomense concilium, voy. Mouzon (concile de).

Mosomensis abbas. *Arch. adm.*, t. II, 1068, 1069, 1070, 1075, 1076, 1077, 1078, 1079, 1085, 1086, 1087, 1088, 1089, 1090, 1095, 1105, 1107, 1110, 1113 ; vide Mouzon.

Mosomii castrum, vide Mouzon (château de).

Mosomio (abbas de), vide Mosomensis.

— (monasterium de), voy. Mouzon (abbaye de).

Mosomo (presbyter de). *Arch. adm.*, t. II, 1090. *Arch. lég.*, i^{re} part., 95.

Mosomo (decanatus). *Arch. adm.*, t. II, 1085, 1089, 1091 ; t. III, 278. *Arch. lég.*, ii° part., *statuts*, i^{er} vol., 715, 842 ; *statuts*, iii° vol., 680, 690.

— (præpositus de). *Arch. adm.*, t. II, 1090.

— (capellania de). *Arch. adm.*, t. II, 1089.

— (scabini de). *Arch. adm.*, t. II, 1090.

— (castellania de). *Arch. lég.*, ii° part., *statuts*, i^{er} vol., 98.

— (villa de), vide Mouzon.

— (Hugo de) dictus Boucher, tabellion royal. *Arch. adm.*, t. II, 184 ; voy. Bouchar.

— (J. de), clerc, voy. Moussou (Jehan de).

— (L. de). *Arch. adm.*, t. II, 617.

Mosomum, vide Mouzon.

Mostars (Johannes). *Arch. lég.*, i^{re} part., 329.

Mote (Jesson), voy. Mothe (Jehan de la).

Mothe - Audancourt (Mme de la), voy. Mothe-Houdancourt.

— (Jean de la), mercier. *Arch. adm.*, t. II, 911, 1189. *Arch. lég.*, ii° part., *statuts*, i^{er} vol., 862, 921 ; *statuts*, ii° vol., 566, 797.

— (Claude), échevin. *Arch. adm.*, t. I, 488. *Arch. lég.*, ii° part., *statuts*, ii° vol., 172.

— (Ysabiaul de la). *Arch. adm.*, t. II, 93.

— (Mgr Florent de la). *Arch. adm.*, t. II, 672.

— (Guillaume). *Arch. lég.*, i^{re} part., 657, 663.

— -Houdancourt (Mme de la), dame de Saint-Germain-Mont. *Arch. adm.*, t. II, 1066, 1082.

— (Jacques de la), abbé de Saint-Pry. *Arch. lég.*, i^{re} part., 879.

— (Claude), notaire. *Arch. lég.*, i^{re} part., 897 ; ii° part., *statuts*, ii° vol., 330.

Moteya (Henricus de), official de l'archidiacre. *Arch. adm.*, t. I, 531.

Mothe (Nicolas), voy. Gueriot.

Mothet (Claude), sergent royal. *Arch. lég.*, 1re part., 898.

— (Martin), greffier du bailliage de Châlons. *Arch. lég.*, 1re part., 897.

— (C....), bourgeois. *Arch. lég.*, 11e part., *statuts*, 1er vol., 701.

Motiseau (A....te), bourgeois. *Arch. lég.*, 11e part., *statuts*, 1er vol., 777.

Motizeau (Girardin), boucher. *Arch. lég.*, 11e part., *statuts*, 1er vol., 998.

Motte (la), lieu des environs de Reims. *Arch. adm.*, t. III, 661. *Arch. lég.*, 1re part., 755.

— (Jean de la), marchand, voy. Mothe.

— (Nicolas de la), échevin. *Arch. lég.*, 11e part., *statuts*, 11e vol., 797; voy. Gueriot.

— -Hachette (Nicolas), bourgeois. *Arch. lég.*, 11e part., *statuts*, 11e vol., 1021.

Motté (Antoine), notaire. *Arch. lég.*, 11e part., *statuts*, 111e vol., 244, 256.

— (François), curé de Saint-Étienne de Reims. *Arch. lég.*, 11e part., *statuts*, 111e vol., 691, 693.

Mouche (Rogier la), marchand de Paris. *Arch. lég.*, 11e part., *statuts*, 1er vol., 946.

Mouchery (village de). *Arch. adm.*, t. I, 1090.

— (dîme de). *Arch. lég.*, 11e part., *statuts*, 1er vol., 175.

Mouchet (Guy), voy. Manchet.

Mouchette (Jean-Baptiste), conseiller. *Arch. lég.*, 11e part., *statuts*, 111e vol., 239.

Mouchy (prior de). *Arch. adm.*, t. II, 638.

— (Ant. de). *Arch. adm.*, t. I, 28.

— (Regnault de), sergent royal. *Arch. lég.*, 1re part., 921.

Mouchy (Jehan de), clerc. *Arch. adm.*, t. III, 107.

— (Antoine de), procureur du roi. *Arch. lég.*, 1re part., 875, 895, 922.

Mouciaco (capitulum de). *Arch. adm.*, t. II, 636.

Muocy, voy. Moussy.

Mouet, voy. Leclerc.

— (Françoise), dame de Courtrizy. *Arch. lég.*, 1re part., 893.

Mouire, voy. Muire.

Mouisons (villa de). *Arch. adm.*, t. I, 516; t. II, 296. *Arch. lég.*, 1re part., 567, 607; voy. Mouzon.

— (maison de). *Arch. adm.*, t. II, 747.

Moulart (Philibert). *Arch. lég.*, 11e part., *statuts*, 1er vol., 597, 602.

Moulin, voy. Alliancelles, Archevêque de Reims, Aubierge, Bayart, Beaumont, Bechegrain, Belestre, Betheniville, Boult, Bourgeron, Brulé, Chapitre, Chemient, Cierges, Clarissel, Compensi, Cormontreuil (moulin de), Courtisols, Dontrian, Entre-deux-Ponts, Flancourt, Fleschambaut, Herbert, Huon, Jard, Juniville, Maco, Magnot, Malgueule, Mariclin, Neuville, Notre-Dame de Reims, Planche, Porte-Vesle, Poterne, Retheze, Rigaut, Rouillard, Rue du Moulin, Sablon, Sept-Saulx, Saint-Martin-l'Heureux, Saint-Remi de Reims, Séeles, Tainqueux, Thil, Ventaux, Vrilly; voy. Molendinum.

— (Gregorius), coutre. *Arch. adm.*, t. II, 1035; t. III, 198.

— (hameau de). *Arch. adm.*, t. II, 1104.

— (rue du). *Arch. lég.*, 1re part., 505, 517, 525, 529, 545, 550, 570, 587; 11e part., *statuts*, 1er vol., 212, 699; *statuts*, 111e vol., 30.

— (Charles du), jurisconsulte. Traité des fiefs dudit allégué. *Arch. lég.*, 11e part., *statuts*, 111e vol., 13.

Moulinet (enseigne du). *Arch. lég.*, ii* part., *statuts*, 1er vol., 202, 615.

— (hôtel du). *Arch. lég.*, ii* part., *statuts*, 1er vol., 672; *statuts*, iii* vol., 31.

— (grand quarrel du). *Arch. adm.*, t. II, 515.

Moulins (Raoul des), secrétaire du roi. *Arch. adm.*, t. II, 994.

— (rue des). *Arch. adm.*, t. I, 97, 458, 1086, 1087; t. II, 535, 550, 558, 1141, 1147; t. III, 600. *Arch. lég.*, 1re part., 486, 500; ii* part., *statuts*, 1er vol., 859, 871, 882; *statuts*, ii* vol., 30, 155,

— (ville de). *Arch. adm.*, t. II, 1087. *Arch. lég.*, ii* part., *statuts*, ii* vol., 88, 311; *statuts*, iii* vol., 483.

— (prieuré de). *Arch. adm.*, t. II, 1088.

— (bourg de), voy. Molendinorum vicus.

Mouniers (rue de), voy. Meuniers.

Mourants (confession des), vide Morientium pœnitentia.

Mourart (Estevenin de). *Arch. adm.*, t. III, 766.

— voy. Quiens.

Mourette (B), quincaillier. *Arch. lég.*, ii* part., *statuts*, iii* vol., 358.

Mourmelon (Colart Oudart de). *Arch. adm.*, t. III, 128.

— (Perresson Gehier de). *Arch. adm.*, t. III, 128.

— (Jehan Mérel de). *Arch. adm.*, t. III, 128.

— (Perrot de). *Arch. adm.*, t. III, 744.

— (Jaquet de), févre. *Arch. adm.*, t. III, 836.

— (Rogerus de). *Arch. adm.*, t. II, 374.

— (Hernaut de), échevin. *Arch. adm.*, t. II, 800.

— (E. de), échevin. *Arch. adm.*, t. II, 822.

— (Arnaudus de). *Arch. adm.*, t. II, 1162, 1163.

Mourmelon (Jehan de), échevin. *Arch. adm.*, t. III, 109, 140, 112, 249, 511.

— -le-Grand (village de). *Arch. adm.*, t. I, 276; t. II, 1117; t. III, 584. *Arch. lég.*, 1re part., 754, 876, 907; ii* part., *statuts*, 1er vol., 72, 99, 106.

— -le-Petit (village de). *Arch. adm.*, t. I, 276; t. III, 585, 788. *Arch. lég.*, 1re part., 754, 907, 909; ii* part., *statuts*, ii* vol., 860; *statuts*, iii* vol., 392.

— -le-Grand (paroisse de), voy. Grand-Mourmelon.

— -le-Petit (paroisse de). *Arch. adm.*, t. II, 1117.

— (prêtre de), voy. Mourmeronno (presbyter de).

Mourmerone (Balduinus de). *Arch. adm.*, t. II, 1037.

Mourmeronum-Magnum, voy. Mourmelon-le-Grand.

— -Parvum, voy. Mourmelon-le-Petit.

Mouron (village de). *Arch. adm.*, t. II, 1099.

— (presbyter de). *Arch. adm.*, t. II, 1101.

— (curé de), voy. Ravineau (Jean).

— (Ponce), franc sergent du chapitre. *Arch. lég.*, ii* part., *statuts*, iii* vol., 340.

Mouronvilliers, voy. Moronvilliers.

Mouson, voy. Mouzon.

Moussiacum, voy. Moussy.

Mousso (Jean-Pierre Chartrée), grand prieur de Saint-Remi. *Arch. lég.*, ii* part., *statuts*, 1er vol., 235, 243.

Mousson (abbas de). *Arch. adm.*, t. I, 450, 567, 867; t. II, 634, 1026, 1037, 1038; vide Mosomensis (abbas).

— (prévôté de). *Arch. adm.*, t. III, 447.

— (abbaye de). *Arch. adm.*, t. I, 91, 382; t. II, 248, 634. *Arch. lég.*, 1re part., 914.

Mousson (Thierry de). *Arch. adm.*, t. II, 672.

— (Lambin de), sergent de la baillie de Reims. *Arch. adm.*, t. II, 675, 688, 702.

— (Jacquemin de). *Arch. adm.*, t. II, 699.

— (Perrin de). *Arch. adm.*, t. II, 891.

— (Jehan de). *Arch. adm.*, t. II, 583; t. III, 865.

— voy. Pont-à-Mousson.

Moussy (village de). *Arch. lég.*, ı^{re} part., 877, 899.

— (paroisse de). *Arch. lég.*, ıı^e part., statuts, ıı^e vol., 968.

— (J.... de), serviteur du duc d'Orléans. *Arch. lég.*, ıı^e part., statuts, ı^{er} vol., 650.

— (chapitre de), voy. Mouciaco (capitulum de).

— (prieuré de), voy. Mouchy.

Moustarde, valet de ville. *Arch. adm.*, t. II, 998.

Moustier (G. de), maire de la Cousture. *Arch. adm.*, t. II, 953.

— (Guillaume de), lieutenant du bailli de Reims. *Arch. adm.*, t. II, 1175, 1176, 1177, 1179, 1181, 1183, 1185, 1186, 1191, 1194, 1207?

— (Jehan du), curé de Saint-Nicolas-au-Bois. *Arch. lég.*, ı^{re} part., 883.

— (H.), enfant de chœur. *Arch. lég.*, ıı^e part., statuts, ı^{er} vol., 55.

Moutardiers (statuts des). *Arch. lég.*, ıı^e part., statuts, ıı^e vol., 315.

Mouthiemont (village de). *Arch. lég.*, ı^{re} part., 902.

Moutier-en-Celle (Pierre, abbé de), voy. Petrus Cellensis.

Moutisiau (Colart le). *Arch. adm.*, t. III, 836.

Moutizeau (Aubertus), sergent de ville.

Arch. lég., ıı^e part., statuts, ı^{er} vol., 921, 926, 934, 938.

Mouton (Jacquet). *Arch. adm.*, t. III, 38, 45, 49.

— (monnaie), voy. Aigle (mouton à l'), France (mouton de), Or (mouton d').

— (Robert). *Arch. adm.*, t. I, 773, 832, 839, 917; t. II, 956.

— (Reginaldus). *Arch. adm.*, t. II, 193.

— (Poncinus), clerc. *Arch. lég.*, ı^{re} part., 311.

— (Aubri). *Arch. adm.*, t. II, 780.

— Noir (enseigne du). *Arch. lég.*, ı^{re} part., 1035.

— (Thierricus). *Arch. adm.*, t. II, 869.

— (G.). *Arch. adm.*, t. II, 1137.

— (Gerardus), citoyen de Reims. *Arch. adm.*, t. II, 1166.

— (Bernard). *Arch. adm.*, t. II, 1177.

Moutonnet, voy. Villa-Dominica (Jessonus de).

— (Antoine), sergent du prévôt de Laon. *Arch. lég.*, ıı^e part., statuts, ı^{er} vol., 595.

Moutonnier, voy. Quains (le).

Moutors (Perresson le). *Arch. adm.*, t. II, 906.

— (Jehan le), déchargeur. *Arch. adm.*, t. II, 911.

Mouy (M. de), seigneur de Tailly. *Arch. adm.*, t. II, 1094.

— (baron de), seigneur d'Ardeuil. *Arch. adm.*, t. II, 1099, 1100.

— (Jacques de). *Arch. lég.*, ı^{re} part., 894.

— (ville de). *Arch. lég.*, ıı^e part., statuts, ıı^e vol., 570, 572, 880, 896.

Mouyronvillari (parochia de), vide Moronvilliers (paroisse de).

Mouyronville (rue de), voy. Moironvilliers.

Mouyson (M. de), seigneur de Vieux, voy. Muyzon.

Mouzaire (village de), au doyenné de Mézières. *Arch. adm.*, t. II, 1078.

Mouzay (Alard de), capitaine de milice. *Arch. lég.*, iie part., *statuts*, i^{er} vol., 728.

Mouzis (Petrus de), chanoine. *Arch. lég.*, iie part., *statuts*, i^{er} vol., 124.

Mouzon (concile de). L'archevêque de Reims, Artald est conservé par ledit dans la possession de son siége. *Arch. adm.*, t. I, 87, 204 ; voy. Mosomense concilium.

— (mès de). *Arch. adm.*, t. II, 500.

— (monnaie de). *Arch. adm.*, t. I, 206 ; 207.

— (église de). *Arch. adm.*, t. II, 1088.

— (abbé de), voy. Mosomensis (abbas).

— (château de), bâti sous la deuxième race. *Arch. adm.*, t. I, 56, 383, 465 ; t. II, 1089 ; t. III, 418. *Arch. lég.*, iie part., *statuts*, i^{er} vol., 730, 732.

— (chronique de). *Arch. adm.*, t. I, 75.

— Bar (doyenné de), voy. Mosomo (decanatus de).

— (châtelain de), voy. Jehan.

— (Jacques, greffier du bailliage de). *Arch. lég.*, iie part., 362 ; *statuts*, i^{er} vol., 485, 961.

— (chapellenie de), voy. Mosomo (capellania de).

— (châtellenie de), voy. Mosomo (castellania de).

— (ville de). *Arch. adm.*, t. I, 61, 785 ; t. II, 1000, 1040, 1087, 1089, 1090 ; t. III, 66, 110, 215, 216, 234, 479, 480, 495, 496, 749. *Arch. lég.*, i^{re} part., 607 ; iie part., *statuts*, i^{er} vol., 552, 694, 702, 800, 801, 805 ; *statuts*, iiie vol., 393.

— (religieux de), seigneurs d'Autrecourt. *Arch. adm.*, t. II, 1085, 1090. *Arch. lég.*, i^{re} part., 948.

Mouzon-Meuse (doyenné de), voy. Mosomo (decanatus de).

— (sou de), voy. Mosomagensis solidus.

Moy (M. de), prévôt de Laon. *Arch. adm.*, t. III, 617.

Moyen (Nicolas), doyen de Saint-Symphorien. *Arch. adm.*, t. I, 271. *Arch. lég.*, i^{re} part., 880 ; iie part., *statuts*, i^{er} vol., 716.

— (Jehan Robert). *Arch. lég.*, iie part., *statuts*, iie vol., 239.

Moyencourt (village de). *Arch. lég.*, i^{re} part., 908.

— (dîme de), voy. Curtis monachorum decima.

Moymer (village de). *Arch. lég.*, iie part., *statuts*, i^{er} vol., 616, 651, 679, 681, 683, 685, 686, 717, 725, 727, 730.

Moyne (bois le). *Arch. adm.*, 602.

— (Jehan le), voy. Maire.

— (Henry le), écuyer. *Arch. adm.*, t. III, 661. *Arch. lég.*, iie part., *statuts*, iie vol., 488.

— (Guillaume le), notaire. *Arch. lég.*, iie part., *statuts*, iie vol., 239.

— (Jean le), notaire. *Arch. lég.*, iie part., *statuts*, iie vol., 239.

— (C....), bourgeois. *Arch. lég.*, iie part., *statuts*, i^{er} vol., 773.

Moynec, voy. Moynet.

Moynet, marchand. *Arch. adm.*, t. II, 486 ; t. III, 756.

Moynnot (Ponsinet), potier d'étain. *Arch. adm.*, t. III, 736, 830.

Moyse, législateur du peuple hébreu. *Arch. adm.*, t. I, 225, 508, 542 ; t. III, 743. *Arch. lég.*, i^{re} part., 28, 349, 355, 357, 358, 367, 373, 434, 455, 468. Livres dudit allégués, iie part., *statuts*, i^{er} vol., 89, 94.

Moyseyum. *Arch. lég.*, iie part., *statuts*, i^{er} vol., 83, 84, 102 ; vide Moussy ?

Moysus, vide Moyse.

Mozchery (Eudeline de), béguine. *Arch. adm.*, t. II, 541.

Mucedent (Huet de), échevin. *Arch. adm.*, t. II, 800, 822, 825, 826, 827, 828, 843, 848.

Mucy (village de), voy. Mussy.

Muelle (la), servante. *Arch. adm.*, t. III, 754, 757, 767.

Muguimont (seigneur de), voy. Eroly (Alonce d').

Muhoing (parochia de). *Arch. adm.*, t. II, 1075; vide Mohon.

— (presbyter de). *Arch. adm.*, t. II, 1076.

Muid, voy. Auxerre (muid d'), Avoine, Paris, Reims, Sel.

Muira (domus de). *Arch. adm.*, t, I, 409.

Muire (château de). *Arch. adm.*, t. II, 747? 1055.

— (terre de). *Arch. adm.*, t. III, p. 417, 425.

— (seigneur de), voy. Noël (Nicolas).

— (maison de), voy. Muira (domus de).

— (Blanchet de). *Arch. adm.*, t. I, 415.

— (prés de). *Arch. adm.*, t. II, 554.

— (Jacques de). *Arch. adm.*, t. I, 415.

— (village de). *Arch. adm.*, t. II, 895; t. III, 50, 656.

— (seigneurie de). *Arch. lég.*, iie part., *statuts*, ier vol. 909; *statuts*, iie vol., 606; *statuts*, iiie vol., 51.

Muiron (André), procureur. *Arch. lég.*, iie part., *statuts*, iie vol., 155.

— (Gérard), trompette juré. *Arch. lég.*, iie part., *statuts*, iie vol., 209, 487, 489, 545.

— (F….) , fabricant, *Arch. lég.*, iie part., *statuts*, iie vol., 859.

— (Marie), veuve du sieur de Caumartin, garde des sceaux. *Arch. lég.*, iie part., *statuts*, iiie vol., 250, 253.

— (Jehan). *Arch. lég.*, ire part., 910.

Muironviller (presbyter de). *Arch. adm.*, t. II, 1115.

Muisemont-sur-Cosle (village de). *Arch. lég.*, iie part., *statuts*, iie vol., 979.

Muisi (Jacques le), conseiller du roi. *Arch. adm.*, t. II, 1244.

Muisons (village de), voy. Muizon.

Muizon (village de). *Arch. adm.*, t. I, 1090. *Arch. lég.*, ire part., 754; iie part., *statuts*, ier vol., 322, 806 ?

— (presbyter de). *Arch. adm.*, t. II, 1060.

— (patronagium de). *Arch. adm.*, t. II, 1061,

— (parochia de). *Arch. adm.*, t. II, 1056. *Arch. lég.*, iie part., *statuts*, iie vol., 630.

— (M. de), seigneur de Vieux. *Arch. adm.*, t. II, 1100.

Mule (maison de la). *Arch. adm.*, t. II, 743, 750; t. III, 50.

Mulet (Robert), conseiller du roi. *Arch. adm.*, t. II, 679, 989, 1005, 1125, 1126, 1127.

Mulettes (étal aux). *Arch. adm.*, t. II, 491, 495.

Muletus (Johannes), conseiller du roi. *Arch. adm.*, t. II, 649.

Mulier. *Arch. adm.*, t. I, 619. Ne doit parler aux religieux qu'en public, et dans les parties les plus évidentes de l'église, 648, 657, 669. Doit être autorisée de son mari, t. II, 584. N'est point admise à Laon à témoigner en justice, t. III, 831. *Arch. lég.*, ire part., 53, 118, 127, 149, 162, 164, 167, 178, 225, 262, 273, 274, 382, 388, 397, 407, 412, 422, 423, 428, 433, 465, 614, 706. Peines prononcées contre celle qui habite avec les chanoines, iie part. *statuts*, ier vol. 156; voy. Femme.

Mulot (Guillaume). *Arch. adm.*, t. II, 1172.

Mulat (François), tourneur. *Arch. lég.*, IIe part., *statuts*, IIe vol., 581.

Multeau (Barthélemy), imprimeur de l'Université. *Arch. lég.*, IIe part., *statuts*, IIe vol., 75.

— (Gobin), bourgeois. *Arch. lég.*, IIe part., *statuts*, Ier vol., 888; *statuts*, IIIe vol., 688? 700?

Multrum, vide Murtrum.

Munbres (decima de), vide Montbré.

Munceio (palatium de). *Arch. adm.*, t. I, 262.

Muncellum. *Arch. adm.*, t. I, 329; vide Monceaux.

Municipium, vide Sedes Remensis.

Munier (Huet), bourgeois. Procès causé par ledit entre l'échevinage et l'archevêque. *Arch. adm.*, t. II, 89, 219, 239, 419.

— (Drouetus), bourgeois. *Arch. adm.*, t. II, 185, 220, 341; vide Meunier.

Munilleyo (Jacobus de). *Arch. adm.*, t. II, 1037, 1040.

Munition, voy. Reims (munitions de).

Munitionibus (alodium de). *Arch. adm.*, t. I, 78, 236.

Munstreolo (Galterus de), prêtre. *Arch. lég.*, IIe part., *statuts*, Ier vol., 114.

Mur, voy. Reims (murs de).

Mure (maison de la), voy. Mule.

Murelis (village de). *Arch. lég.*, Ire part., 891.

Muret (châtellenie de). *Arch. lég.*, Ire part., 888.

— (village de). *Arch. lég.*, Ire part., 919.

Muretin (village de), voy. Murtin.

Muretum, vide Muret.

Murfin (P.), charbonnier. *Arch. adm.*, t. II, 537.

Murguet (Jean). *Arch. lég.*, IIe part., *statuts*, IIe vol., 226.

Murguet (Nicolas), vinaigrier. *Arch. lég.*, IIe part., *statuts*, IIe vol., 515.

Murigny (Rouilla de). *Arch. lég.*, Ire part., *statuts*, Ier vol., 238.

— (pré de). *Arch. adm.*, t. I, 499.

— -les-Reims (village de). *Arch. adm.*, t. I, 499. *Arch. lég.*, Ire part., 582, 596; IIe part., *statuts*, Ier vol., 169? 188.

— (chapelain de). *Arch. lég.*, IIe part., *statuts*, Ier vol., 212.

— (cense de). *Arch. lég.*, IIe part., *statuts*, Ier vol., 213, 243.

— (ban de). *Arch. lég.*, IIe part., *statuts*, Ier vol., 236, 238.

Muriniaci pratum, vide Murigny (pré de).

Muriniacum, vide Murigny.

Murmenrium. *Arch. adm.*, t. I, 524; vide Mourmelon?

Murmureium. *Arch. lég.*, IIe part., *statuts*, Ier vol., 74, 81; vide Mourmelon?

Murrimonte (abbas de). *Arch. adm.*, t. II, 636.

Murterius (meurtrier). *Arch. adm.*, t. I, 1060.

Murtin (ville de). *Arch. adm.*, t. II, 1069, 1072; t. III, 620. *Arch. lég.*, Ire part., 903, 907.

Murtrire (meurtrir). *Arch. adm.*, t. I, 448.

Murtrum (meurtre). *Arch. adm.*, t. I, 394, 400, 408, 596, 821, 862, 968, 966, 1063; t. II, 228, 368, 458, 655, 813, 1163, 1248; t. III, 185, 269, 637, 859. *Arch. lég.*, Ire part., 549, 809, 812; IIe part., *statuts*, Ier vol., 415; *statuts*, IIe vol., 37.

Murvaux-de-Imperio (parochia de). *Arch. adm.*, t. II, 1093, 1400.

Musart (Nicolas). *Arch. lég.*, IIe part., *statuts*, Ier vol., 761, 764, 766, 769, 772

777, 786, 793, 796, 799, 805; *statuts*, iie vol., 113, 142; *statuts*, iiie vol., 616.

Musart (Pierre), prévôt de Fîmes. *Arch. lég.*, iie part , *statuts*, i^{er} vol., 650, 667, 708, 741, 743, 755, 784, 800, 856, 859, 871, 934, 936, 939; *statuts*, iie vol., 455.

— (Colart), grènetier du grenier à sel. *Arch. lég.*, iie part., *statuts*, i^{er} vol., 647.

— (Th....), contrôleur du greffe. *Arch. lég.*, iie part., *statuts*, i^{er} vol., 667.

Musceium, vide Mussy.

Muscherez (decima de). *Arch. lég.*, iie part., *statuts*, i^{er} vol., 171.

Muscherio (capella de). *Arch. adm.*, t. I, 329.

Mussan (M. de), seigneur de Semuid. *Arch. adm.*, t. II, 1112.

Mussy (Jacques de), chevalier. *Arch. adm.*, t. II, 1192.

— -l'Évesque (ville de). *Arch. adm.*, t. I, 74? t. III, 609. *Arch. lég.*, iie part., *statuts*, i^{er} vol., 706.

Muta, femme nommée dans le testament de saint Remi. *Arch. adm.*, t. I, 15.

Mutationibus (alodium de). *Arch. lég.*, iie part., *statuts*, i^{er} vol., 65.

Mutery, vide Mutry.

Mutigneyo (parochia de), vide Mutigny.

Mutigny (village de). *Arch. adm.*, t. II, 1121.

— (paroisse de). *Arch. adm.*, t. II, 1122.

Mutilatio. *Arch. lég.*, i^{re} part., 384, 389, 459.

Mutomaque ou Micmac. Nom d'une rébellion survenue à Reims. *Arch. lég.*, iie part., *statuts*, i^{er} vol., 760.

Muton (Robertus), vide Mouton.

Mutonis (Jacobus), vide Mouton (Jacquet).

Mutreium, vide Mutry.

Mutrieyo, (capellania de), vide Mutry.

Mutry (Gaucher de), chevalier. *Arch. adm.*, t. I, 1121; t. II, 140, 831, 832, 837, 842; t. III, 608. Commande la milice de Reims pendant la descente des Anglais en Champagne. *Arch. lég.*, iie part., *statuts*, iiie vol., 615.

— (Theobaldus de). *Arch. adm.*, t. I, 410, 413.

— (Rotuldus de). *Arch. lég.*, i^{re} part., 490.

— (village de). *Arch. adm.*, t. I, 848; t. II, 832. *Arch. lég.*, iie part., *statuts*, i^{er} vol., 169.

— (chapellenie de). *Arch. adm.*, t. II, 1122.

— (four de). *Arch. adm.*, t. III, 608.

— (Johannes de). *Arch. adm.*, t. I, 843, 845, 868.

— voy. Savetié.

Muyre, voy. Muire.

Muyron (Jehan), voy. Muiron.

Muy-Samson (maison de). *Arch. adm.*, t. III, 755.

Muyson (parochia de), voy. Muizon.

Mymin (Nicole), avocat. *Arch. lég.*, i^{re} part., 897.

— (Claude). *Arch. lég.*, iie part., *statuts*, iie vol., 368.

Myneray (Jehan), conseiller et maître des comptes. *Arch. lég.*, iie part., *statuts*, i^{er} vol., 805.

Myot (R.), (quarrel de). *Arch. adm.*, t. II, 513.

Mysi (grange de). *Arch. adm.*, t. II, 498; voy. Missy.

Mystères. Par qui préparés à Reims à l'occasion du sacre. *Arch. adm.*, t. II, 566. *Arch. lég.*, iie part., *statuts*, i^{er} vol., 682, 683, 880; voy. Passion (mystère de la).

My-Voye (village de). *Arch. lég.*, i^{re} part., 892.

— (seigneur de), voy. Favin (Pierre du) écuyer.

N.

Nachet, voy. Farinet (Odin), Camus (Jehan le).

Nafles (Guillaume de), chanoine, voy. Nealpha (Guillermus de).

Nage (Jehan le). *Arch. adm.* , t. II, 13, 195, 392, 603, 655, 758, 760, 769, 788, 814, 898, 904, 908, 910, 912, 981, 982, 984, 991, 1007, 1137, 1179, 1181, 1183, 1186, 1198; t. III, 17, 19, 21, 22, 25, 26, 34, 38, 39, 44, 70, 71, 106. Envoyé en otage en Angleterre pour la rançon du roi Jehan, 172, 174, 885, 887.

— (Guillelmus le), bourgeois. *Arch. adm.*, t. I, 843; t. II, 195, 320, 983, 998.

— (Perros le), voy. Nage (Pierre le).

— (Pierre le), dit Bassinet. *Arch. adm.*, t. I, 746; t. II, 604, 823, 1185.

— (Gilo la). *Arch. adm.*, t. II, 663.

— (Remi la), clerc. *Arch. adm.*, t. II, 535, 604.

— (Jesson le), voy. Nage (Jehan le).

— (Johannes), voy. Nage (Jehan le).

— (Garnier la). *Arch. adm.*, t. III, 48, 105, 108, 138, 188, 303, 305, 333.

— (Robert la), échevin. *Arch. adm.*, t. III, 835, 840, 841, 842. *Arch. lég.*, iie part., *statuts*, ier vol., 397.

Naguenet (P.). *Arch. adm.*, t. II, 300.

Nain (Williaume le). *Arch. adm.*, t. I, 904.

— (Wrehart le). *Arch. adm.*, t. I, 904.

— (Fourques le). *Arch. adm.*, t. II, 603.

— (Perresson le). *Arch. adm.*, t. II, 906.

— (Baudet le). *Arch. adm.*, t. II, 491 ? 988.

— (Guichard le). *Arch. adm.*, t. II, 1136, 1138.

— (Gilet le), fermier des vins. *Arch. lég.*, iie part., *statuts*, ier vol., 611.

Nain (B.), voy. Nain (Baudet le).

— (Jehan le), échevin. *Arch. adm.*, t. II, 14, 65, 93, 135, 349, 425; t. III, 841. *Arch. lég.*, iie part., *statuts*, ier vol., 739, 743.

— (Jakes le), échevin. *Arch. adm.*, t. I, 990.

Nainne, voy. Agnès.

Nampcelles (village de). *Arch. lég.*, ire part., 885, 900.

— (curé de). *Arch. lég.*, ire part., 888; voy. Lespée (Adam).

Namps (Baujois de), maître des œuvres. *Arch. lég.*, iie part., *statuts*, ier vol., 858, 862.

Nampteuil-la-Fosse, voy. Nanteuil.

— (village de). *Arch. lég.*, iie part., *statuts*, iiie vol., 391.

Namur (comté de). *Arch. adm.*, t. II, 31.

— (G.), sergent de recette. *Arch. adm.*, t. II, 770.

— (Thiessequin de). *Arch. adm.*, t. III, 841.

— (Jehan de), religieux. *Arch. lég.*, iie part., *statuts*, ier vol., 617.

Namurco (Henricus de), chanoine. *Arch. adm.*, t. II, 475.

— (Balduinus de). *Arch. adm.*, t. II, 1037.

— (Egidius de). *Arch. adm.*, t. II, 1037.

Nançay (village de). *Arch. lég.*, ire part., 920.

Nancelles, voy. Nampcelles.

Nancy (ville de). *Arch. adm.*, t. III, 41. *Arch. lég.*, iie part., *statuts*, ier vol., 804; *statuts*, iie vol., 859.

Nangis (marquis de). *Arch. lég.*, iie part., *statuts*, iiie vol., 554.

Nani (Rogerus). *Arch. lég.*, iie part., *statuts*, ier vol., 90.

Nanin, voy. Guychart.

Nanterius, voy. Montegais.

Nanterus. *Arch. lég.*, IIe part., *statuts*, Ier vol., 169.

Nantes (université de). *Arch. lég.*, IIe part., *statuts*, IIe vol., 666, 670.

Nanteuil-la-Fosse (village de). *Arch. adm.*, t. II, 1054. *Arch. lég.*, Ire part., 754, 919.

— (paroisse de). *Arch. adm.*, t. II, 1502.

— (fief de). *Arch. lég.*, Ire part., 894.

— -sur-Aisne (ville de), voy. Nanteuil.

— (paroisse de). *Arch. adm.*, t. II, 1081.

— (ville de). *Arch. adm.*, t. I, 1089 ; t. II, 1055, 1082, 1084. *Arch. lég.*, IIe part., *statuts*, Ier vol., 167, 751, 756.

— (seigneur de). *Arch. adm.*, t. II, 301.

— (dîme de), voy. Nantolio (decima de).

— (chapelain de), voy. Nantolio (capellanus de).

Nanteuil (maire de), voy. Nantolio (major de).

— (Jehan de), échevin. *Arch. adm.*, t. II, 585, 747, 891, 892, 894, 897, 901, 903, 904, 906, 944, 1181, 1206 ; t. III, 41.

— (Jehan de), chaufournier. *Arch. adm.*, t. II, 824.

— (Morise de), boulanger. *Arch. adm.*, t. II, 826.

— (Rogier), boulanger. *Arch. adm.*, t. II, 906.

— (Milo de), voy. Nantolio (Milo).

— (Bertrand de), notaire. *Arch. adm.*, t. III, 99, 249.

Nanthuel, voy. Nanteuil.

Nantiers (Herbertus). *Arch. lég.*, IIe part., *statuts*, Ier vol., 117.

Nantildis. *Arch. lég.*, IIe part., *statuts*, Ier vol., 74.

Nantillois (village de). *Arch. adm.*, t. II, 1094.

Nantissement. *Arch. lég.*, Ire part., 733, 961 ; voy. Garandia.

Nantois, voy. Nantoy.

Nantolio (Milo de), évêque de Beauvais, gardien de l'église de Reims. *Arch. adm.*, t. I, 60, 507, 508, 521, 524, 543, 549, 564? 593, 596, 598. *Arch. lég.*, IIe part., *statuts*, Ier vol., 79. Poursuit les auteurs de l'émeute soulevée dans ladite ville, *statuts*, IIIe vol., 611.

— (capellanus de). *Arch. adm.*, t. II, 1054.

— (Milo de), vicarius archiepiscopi. *Arch. adm.*, t. I, 868.

— (Galcherus de), vide Nantolio (Galterus de).

— (Renaldus de). *Arch. lég.*, IIe part., *statuts*, Ier vol., 106.

— (Johannes de), voy. Nanteuil (Jean de).

— (Erardus de), miles. *Arch. lég.*, IIe part., *statuts*, Ier vol., 64, 68, 115.

— (Galterus de). *Arch. adm.*, t I, 850. *Arch. lég.*, IIe part., *statuts*, Ier vol., 68.

— (Hugo de), prêtre et chanoine. *Arch. lég.*, IIe part., *statuts*, Ier vol., 70, 115.

— (decima de). *Arch. lég.*, IIe part., *statuts*, Ier vol., 79 ? 103.

— (major de), voy. Danneelle (Hugo).

— (presbyter de). *Arch. adm.*, t. II, 1051, 1054, 1082.

— in Tardano (parochia de), vide Nantheuil-la-Fosse.

— (Robertus de), évêque de Beauvais. *Arch. lég.*, IIe part., *statuts*, Ier vol., 73, 79? 115, 117, 118.

— (Reginaldus de), évêque de Beauvais. *Arch. lég.*, IIe part., *statuts*, Ier vol., 120.

— (M.), prévôt de Reims. *Arch. adm.*, t. I, 448.

— (Perrardus de). *Arch. adm.*, t. II, 726.

Nantolio (Amendinus de). *Arch. adm.*, t. II, 726.

— (Remigius de) soutient sous main les frères de Brienne ses neveux contre les échevins de Reims. *Arch. adm.*, t. II, 125, 137, 202.

— (Theobaldus de), chevalier. *Arch. adm.*, t. II, 142.

— (parochia de), voy. Nanteuil-sur-Aisne (paroisse de).

— (villa de), voy. Nanteuil.

— (capellania de). *Arch. adm.*, t. II, 1084, 1085. *Arch. lég.*, IIe part., statuts, Ier vol., 106.

Nantouillet (seigneur de), voy. Courcelles (Ph. de).

Nantoy-le-Sorterens (village de). *Arch. adm.*, t. III, 609.

Nanus, vide Fourquetu.

— (Johannes), échevin. *Arch. adm.*, t. II, 185, 230.

Nanz (Jehan de), clerc de Reims. *Arch. lég.*, IIe part., statuts, Ier vol., 566.

Naon (Johannes le). *Arch. adm.*, t. I, 760.

Naples (village de). *Arch. lég.*, Ire part., 907.

Naporum decima. *Arch. adm.*, t. I, 77.

Nappéges (pré des). *Arch. adm.*, t. III, 601.

Narbonne (archevêque de). *Arch. lég.*, IIe part., statuts, Ier vol., 639, 644, 767. Opposition dudit à l'érection du siége royal dans ladite ville; statuts, IIIe vol., 629.

— (vicomte de). Opposition dudit à l'érection du siége royal dans ladite ville. *Arch. lég.*, IIe part., statuts, IIIe vol., 629.

Narbonne (ville de). *Arch. lég.*, IIe part., statuts, IIIe vol., 63.

Narmas (Jehan). *Arch. adm.*, t. III, 485.

Narroti (Guillelmus), gardien de l'église de Reims. *Arch. adm.*, t. III, 665.

Nassau (prince de), seigneur de Bannogne. *Arch. adm.*, t. II, 1065, 1066. *Arch. lég.*, IIe part., statuts, IIIe vol., 393.

Natalis (Johannes), bourgeois. *Arch. adm.*, t. III, 671, 729.

— (Honorat), chanoine. *Arch. lég.*, IIe part., statuts, Ier vol., 114.

Nate (Thiebaus le). *Arch. adm.*, t. I, 791.

— (Huet le). *Arch. adm.*, t. I, 814.

Natiés (Gauchier le). *Arch. adm.*, t. II, 269.

Nation de Reims (chevaliers de la). *Arch. lég.*, IIe part., statuts, Ier vol., 553.

Natté (François). *Arch. lég.*, IIe part., statuts, IIIe vol., 265.

— (Louis). *Arch. lég.*, IIe part., statuts, IIIe vol., 265.

Naturalis filius. *Arch. lég.*, Ire part., 440.

Nau (P. de la), chanoine. *Arch. adm.*, t. III, 469.

Naudet-le-convers. *Arch. adm.*, t. I, 741, 742.

— (Jehan), maçon. *Arch. adm.*, t. III, 836.

— (Colesson). *Arch. adm.*, t. III, 836. *Arch. lég.*, IIe part., statuts, Ier vol., 946.

— (Remion). *Arch. lég.*, Ire part., 527, 600.

Nauroy (village de). *Arch. adm.*, t. I, 329; t. II, 117; t. III, 410. *Arch. lég.*, Ire part., 907; IIe part., statuts, Ier vol., 169, 245; statuts, IIe vol., 860; voy. Nœroy.

— (seigneurie de). *Arch. lég.*, IIe part., statuts, Ier vol., 251.

Nausson (village de). *Arch. lég.*, Ire part., 891, 902.

— (fief de chevaliers de). *Arch. lég.*, Ire part., 891.

Naux-les-Gomont (lieu de). *Arch. lég.*, iie part., *statuts*, iiie vol., 30.

Navalisia, voy. Neuflise.

— (presbyter de), vide Novalisia.

Navar (Jean), chevalier, comte palatin. *Arch. lég.*, iie part., *statuts*, iiie vol., 526.

Navarot (N....), seigneur de Colombiers. *Arch. lég.*, iie part., *statuts*, i^{er} vol., 820, 822.

Navarra, voy. Navarre.

Navarræ rex. *Arch. adm.*, t. I, 843, 876, 971; t. II, 30; comte d'Évreux, 82, 879; t. III, 22, 37, 38, 78, 157. *Arch. lég.*, i^{re} part., 888, 890; iie part., *statuts*, i^{er} vol., 713, 943; voy. Henri IV, voy. Navarre (roi de).

— (Guillermus de), chanoine. *Arch. adm.*, t. II, 45.

— regina. *Arch. lég.*, iie part., *statuts*, i^{er} vol., 713.

Navarrais (faction des). *Arch. lég.*, iie part., *statuts*, i^{er} vol., 939.

Navarre (Jehanne, reine de), vide Johanna.

— (Jehan), chevalier, comte palatin. *Arch. lég.*, iie part., *statuts*, iiie vol., 539; voy. Navar.

— (Jehan de), procureur fiscal du duc de Guise. *Arch. lég.*, i^{re} part., 888, 898.

— compilateur de canons. *Arch. lég.*, iie part., *statuts*, i^{er} vol., 220.

— (Jehanne, reine de). *Arch. adm.*, t. I, 989; t. II, 30; t. III, 95, 213, 277.

— (maison royale de). *Arch. lég.*, iie part., *statuts*, i^{er} vol., 254.

— (royaume de). *Arch. adm.*, t. I, 579, 711. *Arch. lég.*, i^{re} part., 120; iie part., *statuts*, iiie vol., 693.

— (roi de), voy. Charles Ier.

— (chancelier de). *Arch. adm.*, t. II, 759.

Navarre (Philippe de). *Arch. adm.*, t. III, 142.

— (Johannes), curé de Trigny. *Arch. adm.*, t. III, 769. *Arch. lég.*, i^{re} part., 879.

Navart (Jehan de). *Arch. lég.*, i^{re} part., 881.

Navelot (Jean-Claude), boulanger. *Arch. lég.*, iie part., *statuts*, iie vol., 162.

Navet (J.), maçon. *Arch. adm.*, t. II, 1138, 1140, 1141.

Navets (dîme des), voy. Naporum decima.

Navi (J.), clerc. *Arch. adm.*, t. I, 1079.

Navier, médecin. *Arch. lég.*, iie part., *statuts*, iiie vol., 752, 753.

Nazareth en Palestine. *Arch. lég.*, i^{re} part., 477.

Naziance (évêque de), voy. Letellier (Ch. Maurice).

Neafle (G. de), voy. Nealpha (Guillelmus de).

Nealpha (Guillermus de), chanoine. *Arch. adm.*, t. II, 475, 489, 678, 1032. *Arch. lég.*, iie part., *statuts*, i^{er} vol., 78, 116.

— (Oddo de), chanoine. *Arch. adm.*, t. I, 1055, 1057. *Arch. lég.*, iie part., *statuts*, i^{er} vol., 120.

— (Hugo de). *Arch. adm.*, t. II, 1033.

Neapoleo cardinal et archidiacre de Reims. *Arch. adm.*, t. II, 396, 411, 475, 590, 619. *Arch. lég.*, iie part., *statuts*, i^{er} vol., 88, 119.

Neant (Jehan), curé de Saint-Julien de Reims. *Arch. lég.*, i^{re} part., 583.

Neaufle (G. de), (quarrel de). *Arch. adm.*, t. II, 527.

Nécrologe (le). Par qui réglé dans le convent. *Arch. adm.*, t. I, 656.

Nedonchel (Gille, sire de). *Arch. adm.*, t. III, 598, 610.

Nelis (ecclesia de). *Arch. adm.*, t. I, 313.

Nemesion. *Arch. adm.*, t. I, 147, 194.

Neminco (altar de). *Arch. lég.*, ıı^e part., *statuts*, ıı^e vol., 73.

Nemincus donné par l'archevêque Fulco au couvent de Saint-Remi. *Arch. lég.*, ıı^e part., *statuts*, ı^{er} vol., 83.

Nemmeris sylva. *Arch. adm.*, t. I, 321.

Nemours (hôtel de). *Arch. lég.*, ıı^e part., *statuts*, ı^{er} vol., 231.

— (ville de). *Arch. lég.*, ıı^e part., *statuts*, ı^{er} vol., 713; ıı^e part., *statuts*, ııı^e vol., 531.

— (duc de). *Arch. lég.*, ıı^e part., *statuts*, ııı^e vol., 531, 542, 547.

— (M. de), archevêque de Reims, voy. Savoye (Henry de).

Nemorum pastura. *Arch. adm.*, t. I, 321.

Nemus, vide Beneveto (Nemus de), Connagio (de), Hugonis, Villari-Aleran (de), Sivereio (de), Vernay (de), vide Sylva.

Néocésarée (concile de). *Arch. adm.*, t. I, 104, 105.

Nepo (Jehan). *Arch. adm*, t. II, 24 ; t. III, 401.

Nepotis (Jehançonnus), voy. Nepo (Jehan).

— (Jacobus). *Arch. lég.*, ı^{re} part., 175, vide Nepveux.

Nepveux (Jacobus), notaire. *Arch. lég.*, ıı^e part., *statuts*, ıı^e vol., 642.

— (P.... le). *Arch. lég.*, ıı^e part., *statuts*, ı^{er} vol., 648, 651.

Nera (villa de). *Arch. adm.*, t. I, 29.

Néron, empereur. *Arch. lég.*, ı^{re} part., 379.

— Recueil d'ordonnances dudit alléguées. *Arch. lég.*, ıı^e part., *statuts*, ııı^e vol., 633.

Nesles (maison de). *Arch. adm.*, t. III, 213.

— (ville de). *Arch. lég.*, ı^{re} part., 899; ıı^e part., *statuts*, ı^{er} vol., 112, 632, 640, 641, 651, 767; *statuts*, ııı^e vol., 510.

Nesles - en - Tardenois (forteresse de). *Arch. lég.*, ıı^e part., *statuts*, ı^{er} vol., 576, 578, 579, 581.

— (siége de). *Arch. lég.*, ıı^e part., *statuts*, ı^{er} vol., 611, 614.

— (chapitre de), voy. Nigellense capitulum.

— (Robert de), chevalier. *Arch. adm.*, t. III, 656, voy. Nigella (Robertus de).

— (marquis de), voy. Sainte-Maure (Loys de).

— (marquisat de). *Arch. lég.*, ı^{re} part., 896 ; ıı^e part., *statuts*, ııı^e vol., 510.

— (sire de). *Arch. adm.*, t. I, 968.

— (prieur de), voy. Nigella (prior de).

— (autel de), voy. Nigella altar.

— (église de), vide Nelis (ecclesia de).

Nestoriani. *Arch. lég.*, ı^{re} part., 386.

Nestoriens, voy. Nestoriani.

Nestorius, hérésiarque. *Arch. adm.*, t. I, 191. Lettre de Cœlestinus audit, *ibid.*

Netelet (Johannes), chanoine. *Arch. lég.*, ıı^e part., *statuts*, ı^{er} vol., 115, 772, 774, 778, 786; *statuts*, ııı^e vol., 616.

Netosa (villa de). *Arch. adm.*, t. I, 29.

Neufbost (sieur de). *Arch. lég.*, ıı^e part., *statuts*, ııı^e vol., 534.

Neufchastel-sur-Aisne (ville de). *Arch. adm.*, t. II, 136, 380? t. III, 15, 17, 661. *Arch. lég.*, ı^{re} part., 883, 888, 902 ; ıı^e part., *statuts*, ııı^e vol., 226.

— (curé de), voy. Drouart (Jean).

— (Jehan de), capitaine de Reims. *Arch. lég.*, ıı^e part., *statuts*, ı^{er} vol., 453.

Neuflize (P. Milet de). *Arch. adm.*, t. III, 832.

— (prêtre de), voy. Novalisia (presbyter de).

— (paroisse de), voy. Novalisia.

— (baron de), voy. Neuvelize.

— (ville de), voy. Neuvelize.

Neufmaisons (paroisse de). *Arch. adm.*, t. II, 1069.

— (prêtre de), voy. Novem-domibus (presbyter de).

Neufmanil (paroisse de). *Arch. adm.*, t. II, 1076, 1077.

Neufmanil (cure de). *Arch. lég.*, ııᵉ part., *statuts*, ıııᵉ vol., 683. La collation de ladite passe des coutres de Reims à l'archevêque, 686, 688, 689, 695, 697, 703, 736.

Neufville (fief de). *Arch. lég.*, ıʳᵉ part., 894.

— Henry de la). *Arch. lég.*, ııᵉ part., *statuts*, ıᵉʳ vol., 762.

— dit l'Archevêque (château de), voy. Neuville.

— (église de la), voy. Neuville.

— (Guy de). *Arch. adm.*, t. III, 660.

— (Antoine de), seigneur de Laigny, voy. Neuville.

— -Housset, voy. Neuville.

— (seigneur de la), voy. Baudier (Guilain), Pavant (Jean).

Neuilly-Entelle (village de). *Arch. lég.*, ııᵉ part., *statuts*, ııᵉ vol., 852.

Neustriæ episcopi. *Arch. adm.*, t. I, 20.

Neuve, voy. Porte-Neuve, Reims (Neuve rue de).

Neuvelize (baron de), seigneur d'Arcy-Ponsard. *Arch. adm.*, t. II, 1060, 1102. *Arch. lég.*, ııᵉ part., *statuts*, ııᵉ vol., 762, 777, voy. Cauchon (Jean).

— (ville de). *Arch. adm.*, t. II, 1103. *Arch. lég.*, ııᵉ part., *statuts*, ııᵉ vol., 860, voy. Neuflize.

— (paroisse de). *Arch. adm.*, t. II, 1104.

— -Neuville (église de la). *Arch. lég.*, ııᵉ part., *statuts*, ıᵉʳ vol., 806.

— (village de). *Arch. adm.*, t. II, 318, 567, 1056, 1057; t. III, 277, 281, 409, 424. *Arch. lég.*, ıʳᵉ part., 879, 902; ııᵉ part., *statuts*, ıᵉʳ vol., 678, 720; *statuts*, ıııᵉ vol., 388, 394, voy. Novavilla.

Neuvelize (vinage de). *Arch. adm.*, t. III, 419.

— (moulin de). *Arch. adm.*, t. II, 404; t. III, 227, 416, 423, 424. *Arch. lég.*, ııᵉ part., *statuts*, ıᵉʳ vol., 829.

— (commandeur de la). *Arch. lég.*, ııᵉ part., *statuts*, ıııᵉ vol., 389.

— (Absalon de), curé de Fontaine-le-Roy et de Neuville-lez-Vrevin. *Arch. lég.*, ıʳᵉ part., 883.

— (prieur de), voy. Feret (Hiérosme).

— -à-Maire (village de). *Arch. adm.*, t. II, 1090, 1091. *Arch. lég.*, ıʳᵉ part., 907, 910.

— -à-Maire (paroisse de), voy. Novavilla-ad-Majorem (parochia de).

— -à-Maire, voy. Alart (Jean).

— -à-Beauvoir, voy. Nueveville.

— -à-Montrantien, voy. Neuville.

Neuville-Housset (village de). *Arch. adm.*, t. I, 1090; t. II, 553, 750. *Arch. lég.*, ıʳᵉ part., 891, 900; ııᵉ part., *statuts*, ıııᵉ vol., 391.

— -lès-Attigny (village de). *Arch. adm.*, t. II, p. 1111.

— -au-Pont (Jean de la). *Arch. adm.*, t. III, 129.

— dit l'Archevêque (château de). *Arch. lég.*, ııᵉ part., *statuts*, ıᵉʳ vol., 806, 807, 811, 826.

— près Courcelle de lès Reims (château de). *Arch. adm.*, t. III, 161, 147, 227, 415, 651, 872, 893? *Arch. lég.*, ııᵉ part., *statuts*, ıᵉʳ vol., 806, 844.

— -devant-Cormicy (village de). *Arch. adm.*, t. III, 594, 653. *Arch. lég.*, ıʳᵉ part., 754, 875, 884, 907.

— -lez-Vrevin (village de). *Arch. lég.*, ıʳᵉ part., 883.

— -en-Laonnois. *Arch. lég.*, ıʳᵉ part., 882, 889, 900.

Neuville-en-Laonnois (curé de), voy. Aumônier (Géry l'), Desmazure (Claude).

— -lez-Vrévin (curé de), voy. Neuville (Absalon de).

— -en-Tourne-à-Fuy (village de). *Arch. adm.*, t. II, 1063; voy. Novavilla-as-Tourneurs.

— -en-Tourne-à-Fuy (paroisse de), voy. Novavilla-Tourne-en-Fuyes (parochia de).

— (chemin de la). *Arch. adm.*, t. II, 577.

— -à-Montrancien (village de). *Arch. adm.*, t. III, 582, 865. *Arch. lég.*, 1re part., 907.

— -devant-Pomacle (village de). *Arch. lég.*, 1re part., 754.

— (Antoine de la), chevalier, seigneur de Vaulx. *Arch. lég.*, 1re part., 890, 920, 11e part., *statuts*, 1er vol., 717.

— -aux-Larris (village de). *Arch. adm.*, t. II, 1053, 1056.

— -aux-Tourneurs (paroisse de). *Arch. adm.*, t. II, 1073.

— -aux-Prés (paroisse de), voy. Novavilla-in-Pratis (parochia de).

— -les-Vuassigny (paroisse de), voy. Novavilla-juxta-Wassignis (parochia de).

— -lès-This (paroisse de), voy. Novavilla-juxta-This (parochia de).

— -lès-Vuasigny (village de). *Arch. adm.*, t. II, 1082.

— -en-Beauvais (paroisse de la). *Arch. adm.*, t. II, 1121.

— -lez-Reims (village de). *Arch. adm.*, t. I, 9; t. III, 379, 468, 573. *Arch. lég.*, 1re part., 754, 755, 875, 876, 902, 911; 11e part., *statuts*, 1er vol., 90, 92, 97, 107, *statuts*, 11e vol., 321, *statuts*, 111e vol., 392.

— -sur-Margival (village de). *Arch. lég.*, 1re part., 884, 890.

— -sur-Margival (curé de), voy. Achet (Robert).

— -sous-Margival (village de). *Arch. lég.*, 1re part., 900.

Neuville-sous-Laon, voy. Neuville-en-Laonnais.

Neuvilette (village de la). *Arch. adm.*, t. II, 1046, 1048. *Arch. lég.*, 11e part., *statuts*, 111e vol., 112, 290, 443, 446, 461.

— (prieuré de). *Arch. adm.*, t. II, 1101.

Neuvizy (ville de). *Arch. adm.*, t. II, 1103, 1107; t. III, 608. *Arch. lég.*, 1re part., 892, 901, 907; 11e part., *statuts*, 1er vol., 169.

— (dîme de). *Arch. lég.*, 11e part., *statuts*, 1er vol., 243.

— (baronnie de). *Arch. lég.*, 11e part., *statuts*, 1er vol., 243, 285.

Nevelet (Christophe), recteur du collége des jésuites. *Arch. lég.*, 11e part., *statuts*, 11e vol., 674, 697, 700, 705.

Nevelo, archidiacre de Soissons. *Arch. adm.*, t. I, 546.

Nevers (duc de). *Arch. lég.*, 1re part., 914; 11e part., *statuts*, 1er vol., 641, 698, 712, 793, 900, *statuts*, 11e vol., 121, 459, 479; *statuts*, 111e vol., 509, 510, 542.

— (évêque de), voy. Nivernensis episcopus.

Nevesio (Gerardus de), diacre et chanoine de Reims. *Arch. lég.*, 11e part., *statuts*, 1er vol., 97.

Neveu (Louis), docteur en théologie de la faculté de Paris. *Arch. lég.*, 11e part., *statuts*, 11e vol., 790.

Neveux, tailleur d'habits. *Arch. lég.*, 11e part., *statuts*, 11e vol., 531.

Nevoin (Th....), orfévre. *Arch. adm.*, t. II, 327.

Nevolus, miles. *Arch. lég.*, 11e part., *statuts*, 1er vol., 87.

Neyla (villa de). *Arch. adm.*, t. I, 281, vide Nesles.

— (ecclesia de). *Arch. adm.*, t. I, 281.

Nicée (concile de). *Arch. adm.*, t. I, 104, 143, 151, 152, 183, 184, 187, 188, 189, 193, 194, 195.

Nichaise, fauconnier de Mgr de Beaumont. *Arch. adm.*, t. II, 480.

Nicholaus I, pape. *Arch. adm.*, t. I, 42, 43, 44, 45, 46, 47, 50, 51, 55, 112 ? 150 ? 151 ? 210, 211, 224.

— III, pape. *Arch. adm.*, t. I, 953.

— IV. *Arch. adm.*, t. I, 655, 659, 815, 1046, 1055, 1058. *Arch. lég.*, 1re part., 309.

— de Vico dictus Novellus, voy. Vico.

— cardinal. *Arch. adm.*, t. I, 313.

— évêque de Meaux. *Arch. lég.*, IIe part., *statuts*, 1er vol., 116.

— évêque de Cambray. *Arch. adm.*, t. I, 310.

— abbé d'Hautvilliers. *Arch. adm.*, t. I, 310.

— curé de Mareuil. *Arch. adm.*, t. II, 1119.

— abbé de Saint-Nicaise de Reims. *Arch. adm.*, t. I, 305, 654.

— camerier de Saint-Remi. *Arch. adm.*, t. I, 805.

— Armatus, chanoine. *Arch. adm.*, t. II, 475.

— vicomte de Statfort, voy. Stafort.

— (Eustachius), curé de Thelures. *Arch. adm.*, t. III, 769.

— chanoine de Saint-Denis de Reims. *Arch. adm.*, t. I, 353, 478, 479. *Arch. lég.*, IIe part., *statuts*, 1er vol., 96 ?

— archidiacre. *Arch. adm.*, t. I, 276, 293 ? 731 ? *Arch. lég.*, IIe part., *statuts*, 1er vol., 92.

Nicholaus, chapelain de Saint-Remy. *Arch. adm.*, t. I, 245 ? 424. *Arch. lég.*, IIe part., *statuts*, 1er vol., 188.

— prévôt. *Arch. adm.*, t. I, 261 ? 456.

— vide Nicolaus.

Nichole Gervasius, voy. Nicole.

Niclequin, le sellier. *Arch. adm.*, t. III, 835.

Nicol Sanguiun, voy. Sanguiun.

— aumônier de Saint-Remi de Reims. *Arch. lég.*, IIe part., *statuts*, 1er vol., 180.

— (Jacques), bruisseur. *Arch. lég.*, *statuts*, IIIe vol., 122, 124.

— (Henri), retendeur. *Arch. lég.*, *statuts*, IIIe vol, 124.

Nicolaï (Philipon), conseiller du roi. *Arch. adm.*, t. II, 732.

Nicolas (Noël), tourneur. *Arch. lég.*, IIe part., *statuts*, IIe vol., 581.

— (Michel), chaudronnier. *Arch. lég.*, IIe part., *statuts*, IIIe vol., 101.

— IV, pape, voy. Nicholaus.

— (Bernard). *Arch. lég.*, IIe part., *statuts*, IIe vol., 374.

— abbé d'Épernay. *Arch. adm.*, t. II, 248.

— (Jehan), vidame de l'église de Reims. *Arch. adm.*, t. III, 196, 380.

— (Estienne), procureur à Laon. *Arch. lég.*, 1re part., 921.

— (Robert), procureur à Laon. *Arch. lég.*, 1re part., 921.

— (Bertrand). *Arch. lég.*, IIe part., *statuts*, IIe vol., 226.

— (Martin), bonnetier. *Arch. lég.*, IIe part., *statuts*, IIe vol., 291.

Nicolaus, vide Nicholaus.

Nicole, commis de la maison Bouffut. *Arch. adm.*, t. II, 744, 750.

— curé de Courville. *Arch. adm.*, t III, 760.

— (Bernard), curé de Saint-Pierre-le-Long. *Arch. lég.*, 1re part., 885.

— (Clément), bailly de l'évêché de Châlons. *Arch. lég.*, 1re part., 896.

Nicolle (la veuve). *Arch. lég.*, IIe part. *statuts*, IIe vol., 212.

Nicole, chapelain de Saint-Ladre-aux-Femmes. *Arch. adm.*, t. II, 13.

Nicole (Jacques), drapier. *Arch. lég.*, *statuts*, 1er vol., 651 ; *statuts*, 11e vol., 396.

— (Gervasius). *Arch. adm.*, t. I, 925.

Nicosia, vide Nicosie (ville de).

Nicosie (ville de). Jehan de Bourbon, chanoine de Reims, meurt dans ladite à son retour de Jérusalem. *Arch. lég.*, 11e part., *statuts*, 1er vol., 93.

Nicquet (Arthur), procureur. *Arch. lég.*, 11e part., *statuts*, 1er vol., 692.

Nidrox (P.), procureur de l'archevêque de Reims. *Arch. adm.*, t. I, 603.

Nieblay (Johannes). *Arch. adm.*, t. III, 369.

Nieles (villa de). *Arch. lég.*, 11e part., *statuts*, 1er vol., 171, 175.

— (domus de). *Arch. lég.*, 11e part., *statuts*, 1er vol., 176.

— (præpositura de). *Arch. lég.*, 11e part., *statuts*, 1er vol., 181, 186, 191.

Nieppoglise majoris monasterii (prior de). *Arch. adm.*, t. II, 639.

Nieulx (Jehan de). *Arch. lég.*, 1re part., 898.

Niez (le), voy. Marfaut (Hugo de).

Nifustes, femme du corps de l'église de Reims. *Arch. adm.*, t. I, 15.

Nigella, voy. Nesles.

Nigella (altar de). *Arch. lég.*, 11e part., *statuts*, 1er vol., 77.

— (Johannes de). *Arch. adm.*, t. I, 591.

— (Robertus de), frère mineur. *Arch. adm.*, t. I, 780.

— (Simon de), chanoine de Noyon. *Arch. adm.*, t. I, 999, 1110.

— juxta Lancium (prior de). *Arch. adm.*, t. II, 638.

Nigellense capitulum. *Arch. adm.*, t. II, 635, vide Nesles (chapitre de).

Niger (Thomas), archidiacre de Bayeux. *Arch. lég.*, 11e part., *statuts*, 1er vol., 67.

Nigrus, vide Droetus.

Nîmes (Symon de). *Arch. adm.*, t. III, 69.

— (ville de). *Arch. adm.*, t. III, 761, 766.

Niniatence, vide Niviatence.

Ninive (abbas de). *Arch. adm.*, t. II, 640.

Niort (ville de). *Arch. lég.*, 11e part., *statuts*, 111e vol., 531.

Niret (Philippe) le jeune, maître des œuvres à Reims. *Arch. lég.*, 11e part., *statuts*, 11e vol., 24.

Niset (Herbertus). *Arch. adm.*, t. III, 393.

Nisson (Th.), savetier. *Arch. adm.*, t. II, 524.

Nisy-le-Comte, voy. Nizy.

Nivard, archevêque de Reims. *Arch. adm.*, t. I, 11.

Nivelent (Jehan le), potier de terre. *Arch. adm.*, t. III, 105.

Nivelle (Geoffroy de), fourrier du roi. *Arch. adm.*, t. III, 59.

— (Jehan de). *Arch. adm.*, t. III, 862.

Nivernais (duc de). Voy. Nevers.

Nivernais (coutume du). *Arch. lég.*, 11e part., *statuts*, 111e vol., 551.

Nivernensis episcopus, vide Willelmus.

Nivernis (Guillermus de), chancelier de la cour de Reims. *Arch. adm.*, t. III, 107. *Arch. lég.*, 11e part., *statuts*, 1er vol., 64, 114 ?

Nivert (Jacques), imprimeur. *Arch. lég.*, 1re part., 743.

Niveseium, voy. Neuvisy.

Nivesia mansionilis. *Arch. adm.*, t. I, 70.

Niveste (village de). *Arch. lég.*, 11e part., *statuts*, 111e vol., 388.

Niviatena, femme de corps de l'église de Reims. *Arch. adm.*, t. I, 4.

Nivinus. *Arch. adm.*, t. I, 53.

Nivot (Jehan). *Arch., adm.*, t. II, 856.

Nizy-le-Comte (village de). *Arch. lég.*, 1re part., 888, 902.

Noailles (marquis de), seigneur de Bouleuze. *Arch. adm.*, t. II, 1052, 1054.

Noailles (comte de), seigneur de Warmeriville. *Arch. adm.*, t. II, 1064.

Nobilis, voy. Noble.

Nobilis feodus, voy. Fief-Noble.

Nobilitas, voy. Noblesse.

Noble, voy. Beauvoisis (nobles de), Champagne, Languedoil, Province de Reims, Reims, Vermandois.

— (B...le), échevin. *Arch. lég.*, iie part., *statuts*, i^er vol., 754.

— (Evrast le). *Arch. adm.*, t. III, 754.

— (Baudesson le), teinturier. *Arch. adm.*, t. III, 70.

Noblesse (privilège de). *Arch. lég.*, i^re part., 362. Les maires de villes sont investis dudit. *Arch. lég.*, iie part., *statuts*, i^er vol., 886; *statuts*, iie vol., 106, 993.

Nobles (ban des), notice au sujet dudit. *Arch. adm.*, t. II, 1124.

— (coûtume des). *Arch. lég.*, i^re part., 655.

Noblet (J.), fripier. *Arch. adm.*, t. II, 823. *Arch. lég.*, i^re part., 534 ?

— (François), conseiller du roi, adjudicataire des travaux pour la canalisation de la Vesle. *Arch. lég.*, iie part. *statuts*, i^er vol., 875; *statuts*, iiie vol., 111, 114, 115, 120, 146, 147, 150, 180.

— (Jehan), avocat. *Arch. lég.*, i^re part., 897? iie part., *statuts*, i^er vol., 697.

— (Jehan), cordier. *Arch. lég.*, iie part., *statuts*, iie vol., 212.

— (Nicolas). *Arch. lég.*, iie part., *statuts*, iie vol., 610.

— recteur de l'université de Reims. *Arch. lég.*, iie part., *statuts*, iie vol., 689.

— (Regnault), tailleur de pierres. *Arch. lég.*, iie part., *statuts*, i^er vol., 322.

Noblin (Guillaume). *Arch. lég.*, i^re part., 876, 880; iie part., *statuts*, i^er vol., 773, 783, 832.

— (Jacques), curé de Jonchery. *Arch. lég.*, i^re part., 884.

— (Gérard), marchand. *Arch. lég.*, iie part., *statuts*, i^er vol., 817, 821.

Noblyon (Médard). *Arch. lég.*, i^re part., 889.

Noca, femme de corps léguée par saint Remi. *Arch. adm.*, t. I, 17.

Nocerium villa. *Arch. adm.*, t. I, 312.

Noces, voy. Nuptiæ.

Nocherius, abbé d'Hautvilliers. *Arch. adm.*, t. I, 245. *Arch. lég.*, iie part., *statuts*, i^er vol., 83.

— évêque de Liége. *Arch. adm.*, t. I, 178.

Noctelet, chanoine et sénéchal de Reims. *Arch. lég.*, iie part., *statuts*, i^er vol., 770.

Nocturniacum villa. *Arch. adm.*, t. I, 280, 308.

Nocumento (decima de). *Arch. adm.*, t. I, 354.

Nocton (Gérardin). *Arch. lég.*, iie part., *statuts*, iie vol., 239.

Noda (Guillermus de). *Arch. adm.*, t. III, 190.

Noë (village de). *Arch. adm.*, t. II, 1101.

— (arche de). *Arch. lég.*, iie part., *statuts*, iie vol., 251.

— (Jehan de). *Arch. adm.*, t. II, 114 ; t. III, 413.

— (Jacques de la), chevalier garde des foires de Champagne. *Arch. adm.*, t. II, 266.

— (Guillaume de), chevalier maître d'hôtel du roi. *Arch. adm.*, t. II, 480, 631, 945?

— (Oudardus de), chevalier, fils du précédent. *Arch. adm.*, t. II, 945.

— (Fagos de la), queux du roi. *Arch. adm.*, t. II, 483.

Noel (Thibaut-Nicolas), greffier secrétaire de la ville. *Arch. lég.*, iie part., *statuts*, iie vol., 1025; *statuts*, iiie vol., 423, 616, 691.

— (Nicolas), receveur des deniers communs. *Arch. lég.*, iie part., *statuts*, i^{er} vol., 663, 668, 770, 817, 822, 841, 846, 861, 862, 903, 904; *statuts*, iie vol., 4, 172, 185.

— (Jean), lieutenant particulier du bailli de Vermandois. *Arch. lég.*, iie part., *statuts*, iiie vol., 34, 614.

— (Philippe), bourgeois. *Arch. adm.*, t. III, 97, 337.

— (Jehan) pannetier. *Arch. adm.*, t. III, 180, 479, 705, 728, 831, 889, 890. *Arch. lég.*, iie part., *statuts*, i^{er} vol., 368, 369, 371, 372, 376, 379, 578, 580, 582, 611, 614, 615, 629, 637, 646, 648, 656, 667, 671, 684, 686, 698, 750, 770, 772, 784, 791, 812, 822, 826, 831, 848, 854, 861, 862, 864; *statuts*, iie vol., 6, 7.

— (Thierry), échevin. *Arch. adm.*, t. II, 646; t. III, 259, 307, 308, 389, 391, 393, 686, 690, 692, 700, 830, 831, 833, 837, 841, 842, 888, 901. *Arch. lég.*, iie part., *statuts*, i^{er} vol., 658, 724, 754, 772, 774, 802, 808, *statuts*, iie vol., 4, 618, 625, 629.

— (Henry). *Arch. adm.*, t. I, 961.

— (C...), échevin. *Arch. adm.*, t. III, 832.

— (Thomas), cordonnier. *Arch. adm.*, t. III, 836. *Arch. lég.*, iie part., *statuts*, i^{er} vol., 663, 760.

— (Bertrand), curé de Montcornet. *Arch. lég.*, i^{re} part., 883.

— (Oudart), receveur général du taillier de Reims. *Arch. lég.*, i^{re} part., 896; iie part., *statuts*, i^{er} vol., 678, 854, 858, 861, 842; *statuts*, iie vol., 7, 172.

— (P.), échevin. *Arch. adm.*, t. I, 488;

t. II, 483. *Arch. lég.*, iie part., *statuts*, i^{er} vol., 267, 770, 775.

Noel (Pierre), avocat. *Arch. adm.*, t. II 834. *Arch. lég.*, i^{re} part., 657, 899. iie part., *statuts*, i^{er} vol., 692; *statuts* iie vol., 172, 181, 185, 193.

— (M.) fabricant de Sedan, seigneur de Francheval. *Arch. adm.*, t. II, 1086.

— (Adam). *Arch. adm.*, t. III, 17, 20, 22, 36, 38.

— (Jean-Baptiste). *Arch. lég.*, iie part. *statuts*, iie vol., 224.

Noelle (monseigneur de). *Arch. adm.* t. II, 894.

Noelier , voy. Jehennet.

Noerium, vide Nauroy.

Noeron (rivière de). *Arch. adm.*, t. I 1089.

Noeroy (Jehelos de). *Arch. adm.*, t. I, 729.

Noeroy (Raoul de). *Arch. adm.*, t. I, 742.

— (Jehan de). *Arch. adm.*, t. I, 763.

— Voy. Nauroy.

Noexitello de Molesmis (prior de). *Arch. adm.*, t. II, 636.

Nogent abbatissa (parochia de), voy. Nogent-Labbesse.

— abbatissæ (presbyter de). *Arch. adm.* t. II, 1063.

— -sous-Coucy (abbé de), voy. Nogento sub-Coucyum (abbas de).

— en la Montagne (bois de). *Arch. adm.* t. III, 759.

— (abbé de), voy. Longueval (Jean de).

— -Labesse (village de). *Arch. adm.* t. I, 342, 1090. *Arch. lég.*, i^{re} part. 754, 881, 907, 911.

— (paroisse de). *Arch. adm.*, t. II, 1063.

— l'Erlaut (forteresse de). *Arch. adm.*, t. III, 178.

— -Thuilly (village de). *Arch. lég.*, i^{re} part., 909.

— en la Montagne (prévôté de). *Arch.*

adm., t. II, 294 ; t. III, 407, 416, 424, 631.

Nogent aux Vierges (prieur de), voy. Nogento ad Virgines (prior de.)

— -sur-Seine (ville de). *Arch. lég.*, IIᵉ part., *statuts*, Iᵉʳ vol., 597, 633.

— (ville de), *Arch. adm.*, t. I, 855, 1089 ; t. II, 326, 555, 574, 1063 ; t. III, 426, 769. *Arch. lég.*, Iʳᵉ part., 755, 876, 901, 907 ; IIᵉ part., *statuts*, Iᵉʳ vol., 167, 715, 775, 806 ; *statuts*, IIᵉ vol., 860 ; *statuts*, IIIᵉ vol., 30, 392 ; vide Nonjentum.

— (A. de), savetier. *Arch. adm.*, t. II, 823.

— (châtellenie de). *Arch. adm.*, t. II, 293, 883. *Arch. lég.*, Iʳᵉ part., 607 ; IIᵉ part., *statuts*, IIIᵉ vol., 43.

— (presbyter de). *Arch. adm.*, t. II, 1052.

— (église de), voy. Nongento (ecclesia de).

— (religieux de). *Arch. lég.*, Iʳᵉ part., 894.

— -la-Montagne (village de). *Arch. adm.*, t. II, 853, 1055 ; t. III, 585. *Arch. lég.*, Iʳᵉ part., 754, 875.

Nogentel (Jehan de), seigneur de Trolly. *Arch. lég.*, Iʳᵉ part., 920.

Nogento ad Virgines de Fiscanno (prior de). *Arch. adm.*, t. II, 636.

— (castellania de), vide Nogent (châtellenie de).

— -sub-Couceyum (abbas de). *Arch. adm.*, t. II, 634.

Nohan (village de). *Arch. adm.*, t. II, 1070.

Noien (Guillaume de), conseiller du roi. *Arch. adm.*, t. II, 1244.

Noinville (de), voy. Macquenem, seigneur de Montyon.

Nointel (sieur de), intendant de Champagne. *Arch. lég.*, IIᵉ part., *statuts*, IIIᵉ vol., 163.

Noir (M. le), conseiller du roi, seigneur de Villers-devant-Tour. *Arch. adm.*, t. II, 1066.

Noir (Jehan le). *Arch. adm.*, t. III, 98.

— (Bertrand le), bourgeois. *Arch. adm.*, t. III, 453.

Noirecourt (J. de). *Arch. adm.*, t. II, 303.

— (village de). *Arch. lég.*, Iʳᵉ part., 887, 890, 900.

Noirefontaine (Joachim de), seigneur de Donc. *Arch. lég.*, Iʳᵉ part., 892.

Noiret (P.), maître sergier. *Arch. lég.*, IIᵉ part., *statuts*, IIᵉ vol., 859.

Noireval (J. de). *Arch. adm.*, t. II, 748.

Noirmoutiers (abbaye de). *Arch. adm.*, t. I, 260.

Noiron (Jean), marchand drapier. *Arch. lég.*, IIᵉ part., *statuts*, IIᵉ vol., 391, 559 ? 606.

— (Nicolas), bailli du chapitre de N. D. de Reims. *Arch. lég.*, IIᵉ part., *statuts*, Iᵉʳ vol., 929 ; *statuts*, IIᵉ vol., 927 ; *statuts* IIIᵉ vol., 51, 115.

Noirval (village de). *Arch. adm.*, t. II, 1097.

Noiset (Jehan), chanoine. *Arch. adm.*, t. III, 352.

— (Aubericus). *Arch. adm.*, t. III, 393.

Noisette (Michel). *Arch. adm.*, t. II, 1171.

— (Margue la). *Arch. lég.*, Iʳᵉ part., 509.

Noisia (Noise, tumulte). *Arch. adm.*, t. II. 623. *Arch. lég.*, Iʳᵉ part., 20.

Noisiaco (Nicolas de), prêtre. *Arch. lég.*, IIᵉ part., *statuts*, Iᵉʳ vol., 121.

Noizelle (G.), maître sergier. *Arch. lég.*, IIᵉ part., *statuts*, IIᵉ vol., 859.

Nojentum, vide Nogent.

Nolbertus, évêque de Magdebourg. *Arch. lég.*, IIᵉ part., *statuts*, Iᵉʳ vol., 82.

Nolin (Jehan), maître chapelier. *Arch. lég.*, IIᵉ part., *statuts*, IIᵉ vol., 203.

— (Estienne), tisserand. *Arch. lég.*, IIᵉ part., *statuts*, IIᵉ vol., 296, 302.

Nolin (Pierre), tisserand. *Arch. lég.*, iie part., *statuts*, iie vol., 297.

— (Charles), chanoine et coutre. *Arch. lég.*, iie part., *statuts*, iie vol., 790; *statuts*, iiie vol., 704.

Nollet (Louis), perruquier. *Arch. lég.*, iie part., *statuts*, iiie vol., 199.

Nonain, voy. Troies (nonains de).

Nonancourt (ville de). *Arch. lég.*, iie part., *statuts*, iiie vol., 226.

Noncourt (P. de). *Arch. lég.*, iie part., *statuts*, i^{er} vol., 844.

Nongento (ecclesia de). *Arch. adm.*, t. I, 354, vide Nogent.

— (Petrus de), abbé de S. Remi. *Arch. adm.*, t. I, 511.

Nongentum, voy. Nogent.

Nongrant (Jehan), prévôt de l'archevêque. *Arch. adm.*, t. III, 795, 890.

Nonnio, serf, affranchi par saint Remi. *Arch. adm.*, t. I, 18.

Non-nobles. *Arch. adm.*, t. II, 949, 1160, 1169; t. III, 63, 81, 465; voy. Roturiers.

Noquet (Bertrand). *Arch. adm.*, t. III, 493.

Noquin (J...). *Arch. leg.*, iie part., *statuts*, i^{er} vol., 655, 656, 667, 672, 696, 701, 709, 727, 734, 746, 754.

— -le-Potier. *Arch. lég.*, iie part., *statuts*, i^{er} vol., 698, 728.

Norchus, villa in ducatu Toringorum, vide Nortus.

Nord (porte du), convertie en forteresse féodale. *Arch. adm.*, t. I, 26, voy. Porte-Mars.

Norelle (Jehan de), fermier des hauts parages de Vermandois. *Arch. lég.*, iie part., *statuts*, i^{er} vol., 531.

Norentonne (comte de), voy. Northampton.

Normaisières (village de). *Arch. lég.*, i^{re} part., 899.

Normand (Jehan), curé de Craonnelles. *Arch. lég.*, i^{re} part., 882.

Normandie (province de). *Arch. adm.*, t. I, 216; t. II, 636, 963; t. III, 556. *Arch. lég.*, i^{re} part., 569; iie part., *statuts*, i^{er} vol., 509, 753, 809, 842; *statuts*, iiie vol., 130, 221, 223, 225.

— (Hilaire de). *Arch. lég.*, i^{re} part., 88.

— (connétable de), voy. Normanniæ constabularius.

— (rue de). *Arch. adm.*, t. I, 260; t. II, 532. *Arch. lég.*, iie part., *statuts*, iie vol., 12.

— (duc de). Rang dudit à la cérémonie du sacre. *Arch. adm.*, t. II, 575, 950, 980, 999, 1014, 1020, 1244; t. III, 79, 110, 115, 168, 175, 206, 212; voy. Jehan.

— (duché de), voy. Normandie (province de).

Normands (incursion des). *Arch. adm.*, t. I, 12, 66. Ravages desdits. *Arch. lég.*, iie part., *statuts*, iiie vol., 624.

Normandus (Johannes), doyen de l'église de Reims. *Arch. adm.*, t. I, 1050. *Arch. lég.*, iie part., *statuts*, i^{er} vol., 78, 116.

Normania, vide Normandie.

Normanniæ constabularius. *Arch. adm.*, t. I, 591.

Normannus (Johannes), vide Normandus.

Normant (Herbert le), bourgeois. *Arch. adm.*, t. II, 23.

— (R. le). *Arch. adm.*, t. II, 303.

— (Guillaume le). *Arch. adm.*, t. III, 487.

— (Jehan le). *Arch. adm.*, t. III, 490.

Normée (village de). *Arch. lég.*, iie part., *statuts*, iiie vol., 390.

Noroy, voy. Nauroy,

Norricette, voy. Marsoria.

Northampton (comte de). *Arch. adm.*, t. III, 156.

Nortus (villa de) in ducatu Toringorum.
Arch. adm., t. I, 326, 330.

Nostra-Domina, voy. Podio in Arvernia
(N. D. de), Ruppe Amatoris, voy.
Notre-Dame.

Notable, voy. Reims (notables de).

Notaire, voy. Notarius.

Notaires (salaire des), voy.

Notariorum salaria. *Arch. adm.*, t. II,
592. *Arch. leg.*, 1re part., 194, 306.

Notarius, vide Remensis capituli notarius.

— apostolicus, vide Afrancia (Claude).

— intrinsecus. *Arch. adm.*, t. III, 418.

— foraneus. *Arch. adm.*, t. III, 418.

Notatio, vide Infamiæ notatio.

Noti (Jehannon), boucher. *Arch. lég.*,
11e part., *statuts*, 1er vol., 998.

Notre-Dame, voy. Arbois, Ausson, Châlons, Château-Porcien, Champfort, Consolation, Délivrance ; Fimes, Laon,
Mazures, Reims, Saint-Germain-Mont,
Tours-sur-Marne, Val des Écoliers.

— d'Arbois (chapitre de). *Arch. adm.*,
t. III, 768.

— de Champfort (invocation de). *Arch.
adm.*, t. II, 1067.

— de Château-Porcien (chapelle de). *Arch.
adm.*, t. II, 1067.

— de Consolation (invocation de). *Arch.
adm.*, t. II, 1070.

— de Ham (couvent de). *Arch. lég.*,
1re part., 918.

— de Landèves (prieur de). *Arch. lég.*,
1re part., 881.

— de Luzy (chapelle de). *Arch. adm.*,
t. II, 1088.

— de Mouzon (prieuré de), *Arch. adm.*,
t. II, 1088.

— de Nanteuil-sur-Aisne (chapelle de),
voy. Nantoliis (capellania de).

— de Nesle (chapitre de). *Arch. lég.*,
1re part., 880.

Notre-Dame de Pouilly (chapelle de).
Arch. adm., t. II, 1089.

— des Prés (dames de), *Arch. adm.*, t. II,
1089.

— de Pureté (invocation de). *Arch. lég.*,
11e part., *statuts*, 1er vol., 130.

— de Reims (ban de). *Arch. adm.*, t. I,
477 ; t. II, 587.

— de Reims (chanoines de). *Arch. adm.*,
t. I, 407, 459, 477 ; t. III, 14, 15, 104,
862. *Arch. lég.*, 11e part., *statuts*, 1er vol.,
793, voy. Reims (chanoines de).

— de Reims (chapelains de). *Arch. adm.*,
t. I, 745 ; t. II, 493. *Arch. lég.*, 11e part.,
statuts, 1er vol., 611 ; *statuts*, 11e vol.,
683, 704, voy. Remensis ecclesiæ capellani.

— de Reims (chapelle de). *Arch. adm.*,
t. III, 874.

— de Reims (chapitre de). *Arch. adm.*,
t. I, 429, 438, 719 ; t. II, 244, 257,
494, 567, 1050, 1129, 1144. *Arch. lég.*,
1re part., 93, 94, 368 ; 11e part., *statuts*, 1er vol., 252, 256, 300, 301, 308,
613 ; *statuts*, 11e vol., 585 ; *statuts*,
11e vol., 30, 51, 67, 68, 70, 76, 98,
284, 390, 391, 535, 613. Est représenté au conseil de ville par ses sénéchaux, 641. A eu séance audit conseil
depuis sa création, 644, 652, 654, 656,
657, 679. Voy. Reims (chapitre de).

— de Reims (cloître de), agrandi par les
archevêques au 1xe siècle. *Arch. adm.*,
t. I, 74 ; forme l'une des six grandes
enclaves du chapitre au sein de la cité,
77 ; t. II, 380, 517, 526, 1168, 1248 ;
t. III, 862. *Arch. lég.*, 1re part., 592,
11e part., *statuts*, 1er vol., 94, 375, 567,
796 ; le maréchal de Saint-Pol loge dans
ledit, 932 ; donné au chapitre par l'archevêque Seulphe, *statuts*, 11e vol., 19.

— de Reims (congrégation de). *Arch.
adm.*, t. I, 79, 536 ; t. II, 1046 ; t. III,
368, 862. *Arch. lég.*, 11e part., *statuts*,

ɪᵉʳ vol., 347; *statuts*, ɪɪᵉ vol., 305, 314; *statuts*, ɪɪɪᵉ vol., 683, 684, 701, 736.

Notre-Dame de Reims (cour de), anciennement basse-cour de la maison commune des chanoines. *Arch. adm.*, t. I, 77; comprenait les écoles de grammaire, 78; t. II, 380, 395, 513; t. III, 39, 524, 527, 576. *Arch. lég.*, ɪɪᵉ part., *statuts*, ɪᵉʳ vol., 617; *statuts*, ɪɪᵉ vol., 305.

— de Reims (coutres de), voy. Reims (coutres de).

— de Reims (crypte de). *Arch. adm.*, t. I, 234.

— de Reims (doyen de), voy. Remensis ecclesiæ decanus.

— de Reims (écoles de). *Arch. adm.*, t. I, 663, 667, 1000; t. II, 380.

— de Reims (église de). *Arch. adm.*, t. II, 566; t. III, 2, 26, 32, 80, 101, 215, 505, 570, 575, 719, 760, 820. *Arch. lég.*, ɪʳᵉ part., 516, 567; ɪɪᵉ part., *statuts*, ɪᵉʳ vol., 104, 226, 572, 819, 847; *statuts*, ɪɪɪᵉ vol., 732.

— de Reims (fabrique de), voy. Remensis ecclesia fabrica.

— de Reims (four de). *Arch. adm.*, t. III, 723.

— de Reims (gardiens de), voy. Culé (Renaut de), Malapers (J.).

— de Reims (grange de). *Arch. adm.*, t. III, 380.

— de Reims (hôpital de). *Arch. adm.*, t. III, 420, 477, voy. Remensis ecclesiæ hospitalis.

— de Reims (hôtel de). *Arch. adm.*, t. I, 1084; t. II, 93, 193, 493, 515, 742; t. III, 24, 583. *Arch. lég.*, ɪɪᵉ part., *statuts*, ɪᵉʳ vol., 342.

— de Reims (Hôtel-Dieu de). *Arch. adm.*, t. III, 208, 209, 258, 594, 597. *Arch. lég.*, ɪɪᵉ part., 607, voy. Reims (Hôtel-Dieu de).

— de Reims (jard. de). *Arch. lég.*, ɪɪᵉ part., *statuts*, ɪᵉʳ vol., 728.

Notre-Dame de Reims (Mansionnaires de), voy. Beatæ Mariæ Remensis Mansionarii.

— de Reims (mont de). *Arch. adm.*, t. III, 17.

— de Reims (moulins de). *Arch. adm.*, t. III, 508.

— de Reims (parvis de). *Arch. adm.*, t. II, 408, 438, 621, 918; t. III, 369, 418. *Arch. lég.*, ɪɪᵉ part., *statuts*, ɪᵉʳ vol., 878, *statuts*, ɪɪᵉ vol., 35.

— de Reims (prévôt de), voy. Remensis ecclesiæ præpositus.

— de Reims (sénéchal de) représente le chapitre de la cathédrale au conseil de ville. *Arch. lég.*, ɪɪᵉ part., *statuts*, ɪᵉʳ vol., 832; *statuts*, ɪɪɪᵉ vol., 641, voy. Remensis ecclesiæ senescallus.

— de Reims (touriers de). *Arch. lég.*, ɪɪᵉ part., *statuts*, ɪᵉʳ vol., 769.

— de Reims (trésorerie de), voy. Remensis ecclesiæ thesaurum.

— de Reims (trésorier de). *Arch. lég.*, ɪʳᵉ part., 879, voy. église de Reims (trésorier de l').

— de Rumigny (chapelle de). *Arch. adm.*, t. II, 1074.

— de Saint-Germain-Mont (chapelle de). *Arch. adm.*, t. II, 1067.

— de Saint-Hilaire (chapelle de). Fondée par M. Melot, curé dudit lieu. *Arch. adm.*, t. II, 1050.

— de Sainte-Marie, voy. Notre-Dame de Prés (dames de).

— de Soissons (religieux de). *Arch. adm.*, t. III, 494.

— des Vignes, voy. Soissons (Notre-Dame de).

Nouailles (Guido de), chanoine. *Arch. lég.*, ɪɪᵉ part., *statuts*, ɪᵉʳ vol., 75, 116.

Nouart (paroisse de). *Arch. adm.*, t. II, 1092, 1093.

Nouay (paroisse de), voy. Nouart.

Noue (M. de), seigneur de Cambray. *Arch. adm.*, t. II, 1052.

Nouel (Theodericus), voy. Noel (Thierry).

Nouférisme, titre d'un pamphlet satyrique contre les officiers de l'hôtel de ville de Reims. *Arch. lég.*, IIe part., *statuts*, IIIe vol., 145.

Nous-Ferons, nom sous lequel sont désignés les susdits officiers. *Arch. lég.*, IIe part., *statuts*, IIIe vol., 146.

Nougrant (Jehan), prévôt de Reims, *Arch. adm.*, t. III, 632.

Nouiers (Aubert de), dit le Crucifix, *Arch. adm.*, t. III, 25.

Nouilly (Robert de). *Arch. adm.*, t. II, 555.

Nouroy (Perraut de). *Arch. adm.*, t. II, 1246.

— (J. de), receveur des tailles. *Arch. adm.*, t. III, 283.

— (Bertrand de), citoyen de Reims. *Arch. adm.*, t. III, 448.

— (terrages de). *Arch. adm.*, t. III, 412.

— (village de), voy. Nauroy.

Nourrice, voy. Sainte-Nourrice.

Nouvelle (Husson de la). *Arch. adm.*, t. II, 913.

Nouveau Testament, voy. Testamentum novum.

Nouvellet, capitaine de bourgeoisie. *Arch. lég.*, IIe part., *statuts*, IIe vol., 1030, 1049.

— notaire. *Arch. lég.*, IIe part., *statuts*, Ier vol., 239.

— (Pierre), conseiller du roi. *Arch. lég.*, IIe part., *statuts*, IIIe vol., 99.

— bailli et lieutenant général de police. *Arch. lég.*, IIe part., *statuts*, IIIe vol., 410.

Nouveyo (prior de), vide Novy (prieur de).

Nouviaco (prior de), vide Novy.

Nouviano (parochia de). *Arch. adm.*, t. II, 1076, voy. Nouvion-sur-Meuse (paroisse de).

Nouviano (patronagium de). *Arch. adm.*, t. II, 1079.

Nouvionno (parochia de), voy. Nouvion-en Porcien (paroisse de).

Nouviant (presbyter de). *Arch. adm.*, t. II, 1078.

— (Étienne de). *Arch. adm.*, t. III, 837.

— -le-Vaigneux (village de), voy. Nouvion.

— -l'Abbesse, voy. Nouvion.

— -l'Abbesse (curé de), voy. Chevalier (Jean).

— (patronagium de), voy. Nouviant (pat. de).

Nouville (village de). *Arch. lég.*, Ire part., 907.

Nouvion (Jehan de), bourgeois de Reims. *Arch. adm.*, t. III, 40.

— (village de). *Arch. lég.*, Ire part., 888, 901, 915.

— -l'Abbesse (village de). *Arch. lég.*, Ire part., 879, 899.

— -lez-Vigneulx (village de). *Arch. lég.*, Ire part., 877, 899.

— -sur-Meuse (village de). *Arch. lég.*, Ire part., 907, 914.

— -sur-Meuze (paroisse de), voy. Nouviano (par. de).

— -en-Porcien (paroisse de). *Arch. adm.*, t. II, 1081, 1082.

— (Jehan li Potelains de), bourgeois de Reims. *Arch. adm.*, t. III, 38.

Nouvy (Garnier de), clerc. *Arch. adm.*, t. II, 498.

— (Jehan de). *Arch. adm.*, t. III, 98, 837.

— (Jehannette de). *Arch. lég.*, Ire part., 575.

— voy. Novy.

Nouzon (vicariat indépendant de). *Arch. adm.*, t. II, 1070.

Novalis. *Arch. adm.*, t. I, 355, 396, 453, 454.

Novalisia (Renaudus de), notaire. *Arch. adm.*, t. II, 861, 679, 861.

— (parochia de), voy. Neuflize (paroisse de).

— (presbyter de). *Arch. adm.*, t. II, 1105.

Nova-Villa (Galerus de), écolâtre. *Arch. lég.*, II° part., *statuts*, 1ᵉʳ vol., 120, 121

— (Galcherus de), chanoine. *Arch. adm.*, t. I, 1047; t. II, 7. *Arch. lég.*, 1ʳᵉ part., 298.

Novavilla (ecclesia de). *Arch. adm.*, t. I, 329.

— (presbyter de). *Arch. adm.*, t. II, 1046, 1053, 1063.

— (carta de). *Arch. adm.*, t. I, 414.

— –Chaulardi (parochia de). *Arch. adm.*, t. II, 1054, voy. Neuville-aux-Larris.

— –in-Monte Remensi, voy. Neuvillette (la).

— –ad-Maires (presbyter de). *Arch. adm.*, t. II, 1087.

— ad majores (parochia de). *Arch. adm.*, t. II, 1085, voy. Neuville-à-Maire.

— apud-Bellum-visum (presbyter de). *Arch. adm.*, t. II, 1120.

— apud Sanctum Ymogium, voy. Nueve-ville.

— –as-Tourneurs (paroisse de). *Arch. adm.*, t. II, 1072.

— –in-Pratis (parochia de). *Arch. adm.*, t. II, 1072, voy. Neuville-aux-Prés.

— –in-Pratis (presbyter de). *Arch. adm.*, t. II, 1074.

— in finagio de Ausoncia. *Arch. adm.*, t. I, 711, 988.

— juxta Aussonciam (presbyter de). *Arch. adm.*, t. II, 1064.

Novavilla juxta Wermerivilla. *Arch. lég.*, II° part., *statuts*, 1ᵉʳ vol., 87, 98.

— juxta Pommalla (parochia de). *Arch. adm.*, t. II, 1063.

— Tourne en Fuye (parochia de). *Arch. adm.*, t. II, 1064.

— –juxta–This (parochia de). *Arch. adm.*, t. II, 1069.

— –juxta-Autheny (presbyter de). *Arch. adm.*, t. II, 1073.

— –juxta-Wassignis (parochia de). *Arch. adm.*, t. II, 1082, voy. Neuville-les-Vuassigny (parochia de).

— (presbyter de). *Arch. adm.*, t. II, 1081.

— –juxta-Cormissiacum. *Arch. adm.*, t. I, 414, 421, 426, 504? t. II, 883.

— (J. de), chanoine d'Avenay. *Arch. adm.*, t. II, 1045.

— (Milo de). *Arch. lég.*, II° part., *statuts*, 1ᵉʳ vol., 92.

— –apud S.-Ymogium (presbyter de). *Arch. adm.*, t. II, 1120.

— voy. Neuville, voy. Neuville-lez-Reims.

— (domus de). *Arch. adm.*, t. II, 635.

— Genestarum (Johannes de), écolier. *Arch. adm.*, t. II, 735.

— Regis (Stephanus de), chanoine de Sainte-Nourrice. *Arch. adm.*, t. II, 1042.

— Regis. *Arch. adm.*, t. II, 1037, voy. Neuville-le-Roy.

Novavilleta sancti Huberti in Ardanna (prior de). *Arch. adm.*, t. II, 634, 1028.

— (prior de). *Arch. adm.*, t. II, 1102.

Noveileisio (altar de). *Arch. adm.*, t. I, 274.

Noveliers (Jehan le), poissonnier. *Arch. adm.*, t. I, 1083.

Noveium minus. *Arch. adm.*, t. I, 321, vide Novy-le-Petit.

Novellus, vide Vico.

Novem-Domibus (parochia de), vide Neuf-maisons (paroisse de).

— (presbyter de). *Arch. adm.*, t. II, 1070.

Noveray (P.), bourgeois. *Arch. adm.*, t. II, 547.

Noviaco (prior de), vide Novy (prieur de).

— Sylvæ majoris in Gasconia (prior de). *Arch. adm.*, t. II, 634.

Noviant (pont de). *Arch. adm.*, t. III, 594.

— (sire de), conseiller du roi. *Arch. adm.*, t. III, 777.

— (village de). *Arch. lég.*, iiᵉ part., statuts, iᵉʳ vol., 84.

— (péage de). *Arch. lég.*, iiᵉ part., statuts, iᵉʳ vol., 85.

Novicius, vide Novitius.

Novie (Henricus de). *Arch. adm.*, t. I, 429. *Arch. lég.*, iiᵉ part., statuts, iᵉʳ vol., 189.

Noviens-villa. *Arch. adm.*, t. I, 221; vide Nogent.

Noviliacum (villa). *Arch. adm.*, t. I, 64.

Novilla (Galcherus de), vide Novavilla.

— (Johannes Castellanus de). *Arch. adm.*, t. II, 184? 334.

— (Alanus Castellanus de), miles. *Arch. adm.*, t. I, 808.

— juxta Cormissiacum, vide Novavilla.

— (castrum de). *Arch. adm.*, t. III, 418.

Novio (monasterium de). *Arch. adm.*, t. I, 1059; vide Novy.

Noviomense capitulum. *Arch. adm.*, t. II, 635.

Noviomensis episcopus. *Arch. adm.*, t. I, 549, 571, 584, 587, 600, 604, 688, 694, 702. Comte et pair de France, t. II, 82. Rang dudit au sacre du roi, 568, 635; t. III, 144. *Arch. lég.*, iiᵉ part., statuts, iiiᵉ vol., 47, 605, 619, 633, 649, 654, 657; voy. Bazochiis (Girardus de), Boursac, Charlot (Pierre), Fulcaudus, Gerardus, Noyon (évêque de), Petrus, Rabotus, Rainoldus.

Noviomensis ecclesia. *Arch. adm.*, t. I, 1110; t. II, 607.

— Diœcesis, voy. Noyon (diocèse de).

Noviomum, vide Noyon.

Novion (sénéchal de), voy. Marginat (Antoine de).

Novionno (presbyter de). *Arch. adm.*, t. II, 1082.

Novionnus, clerc. *Arch. adm.*, t. II, 132.

Noviseyo (decima de). *Arch. lég.*, iiᵉ part., statuts, iᵉʳ vol., 188.

Noviseyum, voy. Neuvisy.

Novisse (J.), notaire. *Arch. adm.*, t. II, 855. *Arch. lég.*, iiᵉ part., statuts, iᵉʳ vol., 861.

— (Pierre), élu de Reims. *Arch. lég.*, iiᵉ part., statuts, iᵉʳ vol., 862, 870, 921; statuts, iiᵉ vol., 4.

Novitius (novice). *Arch. adm.*, t. I, 233. *Arch. lég.*, iʳᵉ part., 132.

Novo-Castello (Rogerus de), doyen de l'église de Reims. *Arch. adm.*, t. I, 278, 286, 295?

— (Stephanus de), chevalier. *Arch. adm.*, t. I, 320. *Arch. lég.*, iiᵉ part., statuts, iᵉʳ vol., 98, 121.

— (Stephanus); chanoine. *Arch. lég.*, iiᵉ part., statuts, iᵉʳ vol., 87, 118.

Novo-Castro (hospitalis de). *Arch. adm.*, t. I, 1021.

— (Lambertus de). *Arch. adm.*, t. III, 392.

— (Hugo de), comes. *Arch. adm.*, t. I, 321.

— (Stephanus de), miles, vide Novo-Castello.

— (Arnulfus de), vide Dispersus.

Novum-Castrum. *Arch. adm.*, t. II, 7; vide Neufchatel.

Novus-Vicus. *Arch. adm.*, t. I, 1055; t. II, 655; vide Neuvy.

— juxta-Vadum in Jardo. *Arch. lég.*, iiᵉ part., statuts, iᵉʳ vol., 94.

Novy (prieur de). *Arch. adm.*, t. II, 1028, 1039, 1080, 1103, 1106, 1107, 1108.

— (religieux de), seigneurs de Macheromenil. *Arch. adm.*, t. II, 1082, 1117.

— (ville de). *Arch. adm.*, t. II, 1105; t. III, 842.

— le Petit (village de), voy. Noveium minus.

— (paroisse de). *Arch. adm.*, t. II, 1107.

— (prieuré de). *Arch. adm.*, t. II, 1107.

— (chapitre de), vide Novio (capitulum de).

— (Henricus de), vide Novie.

— (monastère de), vide Novio (monasterium de).

Novyon (Claude), seigneur de Radouel. *Arch. lég.*, 1re part., 891.

— (Jehan de), sieur d'Aguilicourt. *Arch. lég.*, 1re part., 193.

Noyale, voy. Noyelles.

Noyelles (chapitre de). *Arch. adm.*, t. II, 637.

— (village de). *Arch. lég.*, 1re part., 920.

Noyers (sire de). *Arch. adm.*, t. II, 393.

— (monseigneur de). *Arch. adm.*, t. II, 819.

— (Miles VI de), maréchal de France. *Arch. adm.*, t. II, 392.

— (village de). *Arch. adm.*, t. II, 1026.

— (paroisse de), voy. Nucibus (parochia de).

Noyon (trésorier de). *Arch. adm.*, t. II, 1172.

— (coutume de). *Arch. lég.*, 1re part., *statuts*, 917, 1018; IIe part., *statuts*, IIIe vol., 47.

— (bailliage de). *Arch. lég.*, IIe part., *statuts*, IIIe vol., 648, 649, 652, 654.

— (église de), voy. Noviomensis ecclesia.

— (évêque de), voy. Noviomensis episcopus.

Noyon (chapitre de), voy. Novomiense capitulum.

— (S. Éloy de). *Arch. adm.*, t. III, 144.

— (lieutenant de), voy. Chastelain (Loys le).

— (prévôt de), voy. Conte (Jean le).

— (ville de). *Arch. adm.*, t. I, 549, 559, 593, 599, 642; t. II, 120, 272, 280, 484, 992, 998, 1010; t. III, 23, 37, 143. *Arch. lég.*, 1re part., 878, 899; IIe part., *statuts*, 1re vol., 653, 665, 904; *statuts*, IIIe vol., 15, 17, 21, 47, 637, 638, 651, 656; voy. Novionum.

— (diocèse de). *Arch. adm.*, t. II, 607, 635.

— (comté de). *Arch. lég.*, 1re part., 878; IIe part., *statuts*, IIIe vol., 648.

— (clercs de). *Arch. adm.*, t. I, 236.

— -en-Porcien, voy. Noyon.

— (évêché de). *Arch. adm.*, t. I, 274, 280, 382.

— (concile de). *Arch. adm.*, t. I, 549, 551, 556, 559, 568, 598.

Noyr (Jesson le). *Arch. adm.*, t. II, 696.

Nucia, vide Muta.

Nucibus (Jacobus Jacobi de). *Arch. adm.*, t. II, 624.

— (presbyter de). *Arch. adm.*, t. II, 1088.

— (parochia de). *Arch. adm.*, t. II, 1088, 1090.

Nuclearium, vide Nauroy.

Nuefchastel, voy. Neufchâtel.

Nuefve-rue, voy. Reims (Neuve-rue de).

Nuefville (Guillaume), clerc du roi. *Arch. adm.*, t. I, 895.

— (Jehan de), chanoine. *Arch. adm.*, t. II, 803. *Arch. lég.*, IIe part., *statuts*, 1er vol., 341.

— lez-Courmissy, voy. Novilla juxta Cormissiacum.

Nuefvisy, voy. Neuvisy.

Nuefvisy (terragium de). *Arch. adm.*, t. II, 1106, 1108.

Nueroy, (decima de). *Arch. lég.*, 11e part., *statuts*, 1er vol., 171, 175; voy. Nauroy.

Nues, voy. Villers-aux-Nœuds.

Nueveville (foire de). *Arch. adm.*, t. I, 818.

— (village de), voy. Neuville.

— à S. Ymoge (ville de). *Arch. adm.*, t. I, 1089, vide Nova-villa apud Sanctum-Ymogium.

— à Beauvoir (village de). *Arch. adm.*, t. I, 1089.

— à Montrantien (village de). *Arch. adm.*, t. I, 1090.

Nueville-le-Trésorier (village de). *Arch. adm.*, t. I, 1090; voy. Neuville.

— (village de), voy. Neuville.

— (Thierry de la). *Arch. adm.*, t. II, 688.

— (Guyon de). *Arch. lég.*, 11e part., *statuts*, 11e vol., 238.

Nubiaco (Nicolaus de), chanoine. *Arch. adm.*, t. II, 475.

Nuisement (J.), clerc. *Arch. adm.*, t. II, 544.

— (village de). *Arch. lég.*, 1re part., 919.

Nuliers (Jesson le). *Arch. adm.*, t. II, 907.

Nullu-de-Hamo-Monachorum in Tornesio, vide Hamo-Monachorum (prior de).

Nully (J. de). *Arch. adm.*, t. III, 894; voy. Nuliers (Jesson le).

Nummatus (nommé). *Arch. adm.*, t. II, 297.

Nummus (écu), monnaie. *Arch. adm.*, t. I, 284, 294, 719. *Arch. lég.*, 11e part., *statuts*, 1er vol., 98; vide Remensis nummus.

Nundina. *Arch. adm.*, t. I, 221, 358, 359, 484, 580, 603, 1007; vide Campaniæ, Leprosorum Remensium, Liguiaci, Sancti Aigulfi de Pruvino, Sancti Johannis, Sancti Theodorici; vide Foire.

Nundinarum Campaniæ custodes, voy. Foires de Champagne (gardes des).

— servientes, vide Foires de Champagne (sergents des).

Nuntius, vide Remensis ecclesiæ nuntii, – Sedis apostolicæ.

Nuptiæ (noces). Somme dévolue au prêtre célébrant lesdites. *Arch. adm.*, t. I, 262. *Arch. lég.*, 1re part., 412, 415, 433, 678.

Nussy-sur-Aisne (village de). *Arch. lég.*, 1re part., 903.

Nutrenay (village de). *Arch. adm.*, t. I, 1090; t. II, 1056; voy. Lutrenay.

Nyeble (J.), chanoine et maître des œuvres de Reims. *Arch. lég.*, 11e part., *statuts*, 1er vol., 667, 839.

O.

Obéissance (vœu d'). *Arch. lég.*, 11e part., *statuts*, 1er vol., 138.

Oberti de Ventileio terra. *Arch. adm.*, t. I, 321.

Obertus, chanoine. *Arch. adm.*, t. I, 295. *Arch. lég.*, 11e part., *statuts*, 1er vol., 78.

Obertus, prêtre et doyen. *Arch. lég.*, 11e part., *statuts*, 1er vol., 105.

Obits. Par qui réglés dans le couvent. *Arch. adm.*, t. I, 656; t. III, 587, dans le chapitre de Reims. *Arch. lég.*, 11e part., *statuts*, 1er vol., 106, 112, 113; 115, 116, 123.

Obituaire, voy. Église de Reims (obituaire de l'), S. Denis, S. Remi.

Obitus, vide Obit.

Oblatio. *Arch. adm.*, t. I, 495, 496, 497, 530, 1032; t. II, 925.

Oblatrix. *Arch. adm.*, t. I, 218, 221, 275; vide Quadragentaria.

Obligatio. *Arch. lég.*, 1re part., 192, 733, 776.

Obligation, voy. Obligatio.

Obligatoriæ litteræ. *Arch. adm.*, t. II, 597. *Arch. lég.*, 1re part., 264, 312.

Obole poitevine (monnaie). *Arch. adm.*, t. III, 769.

— parisis. *Arch. lég.*, 1re part., 741, 748, 752, 758.

— d'or, voy. Obolus aureus.

Obolus. *Arch. adm.*, t. I, 497, 909; t. II, 99. *Arch. lég.*, IIe part., *statuts*, 1er vol., 64, 68; voy. Obole, Parisiensis.

— aureus. *Arch. adm.*, t. III, 541.

Obsequia (obsèques). *Arch. lég.*, 1re part., 286.

Obses. *Arch. adm.*, t. I, 394, 400, 401; t. III, 185, 268, 551; vide Otage.

Obsidio, vide Remensis.

Obventio. *Arch. adm.*, t. I, 388.

Ocery (Joffroy d'). *Arch. adm.*, t. II, 65.

Oches (ville d'). *Arch. adm.*, t. II, 1097.

Ochonius valletus. *Arch. adm.*, t. II, 125.

Octavianus cardinal. *Arch. adm.*, t. I, 322.

— antipape. *Arch. adm.*, t. I, 337, 339.

— (Johannes). *Arch. adm.*, t. I, 144, 223.

— secrétaire du sacré palais. *Arch adm.*, t. I, 215.

Octobonus, vide Ottobonus.

Octroi, voy. Reims (octroi de).

Oda, laica. *Arch. lég.*, IIe part., *statuts*, 1er vol., 65, 69, 82, 83, 117.

— comitissa. *Arch. lég.*, IIe part., *statuts*, 1er vol., 75.

Oda, femme d'Adelhardus, chevalier. *Arch. lég.*, IIe part., *statuts*, 1er vol., 89.

Odalhardus. *Arch. lég.*, IIe part., *statuts*, 1er vol., 76.

Odalricus, archevêque de Reims. *Arch. adm.*, t. I, 86, 89, 90, 91. Fait brûler et raser les maisons du ban S. Remi, à cause du meurtre d'un de ses parents, 96. Testament dudit, 235. *Arch. lég.*, IIe part., *statuts*, 1er vol., 98.

— évêque. *Arch. lég.*, IIe part., *statuts*, 1er vol., 169.

— prévôt de l'église de Reims. *Arch. adm.*, t. I, 78, 219, 222. Legs fait par ledit au chapitre, 223, 335, 411. *Arch. lég.*, IIe part., *statuts*, 1er vol., 62, 63, 65, 67, 71, 82, 95, 69. Donne au susdit chapitre les cantons de Tirelire et de Coursalain, *statuts*, IIIe vol., 19.

— chancelier. *Arch. adm.*, t. I, 207, 219.

— diacre. *Arch. adm.*, t. I, 241. *Arch. lég.*, IIe part., *statuts*, 1er vol., 80, 168?

— cardinal et écolâtre de Reims. *Arch. adm.*, t. I, 265. Correspondance dudit avec Jorran, abbé de Saint-Nicaise, 266. *Arch. lég.*, IIe part., *statuts*, 1er vol., 91; voy. Odalricus, prévôt.

— lévite et chanoine. *Arch. lég.*, IIe part., *statuts*, 1er vol., 67, 75, 91, 121?

— prêtre de Saint-Nicaise. *Arch. adm.*, t. I, 251, 254. *Arch. lég.*, IIe part., *statuts*, 1er vol., 64.

— comes. *Arch. lég.*, IIe part., *statuts*, 1er vol., 71.

— (Hugo), frère du prévôt de Reims. *Arch. lég.*, IIe part., *statuts*, 1er vol., 64.

Odardus, sergent de l'abbé de Saint-Thierry. *Arch. adm.*, t. I, 278, 294. *Arch. lég.*, IIe part., *statuts*, 1er vol., 168.

— (Hairicus). *Arch. adm.*, t. I, 295.

— vide Biaune, Planche.

Odela, laica. *Arch. lég.*, IIe part., *statuts*, 1er vol., 65, 82, 85, 97, 120.

Odelerius. *Arch. lég.*, iie part., *statuts*, ier vol., 170.

Odelgisus, acolyte. *Arch., lég.*, iie part., *statuts*, ier vol., 76.

— prêtre. *Arch. lég.*, iie part., *statuts*, ier vol., 80.

Odelhardus, archidiacre. *Arch. adm.*, t. I, 63, 747?

— prêtre. *Arch. lég.*, iie part., *statuts*, ier vol., 68.

Odelmarus, laïque. *Arch. adm.*, t. I, 36.

Odelnia, mère de l'évêque Samson. *Arch. adm.*, t. I, 410.

Odelo, vide Oidelo.

Odeneham, maréchal de France, voy. Audanhain.

Odeta, filleule de l'archevêque de Reims Richard Pique. *Arch. adm.*, t. III, 772.

Odetus, charpentier. *Arch. adm.*, t. I, 638.

Odille, abbesse de Saint-Pierre aux Dames. *Arch. adm.*, t. I, 205.

Odilo, levite et chanoine. *Arch. lég.*, iie part., *statuts*, ier vol., 75, 99 ?

Odin, voy. Farinet.

— voy. Tourdy.

Odion, voy. Porte à Velle.

— fille de Prévost le Cruleur. *Arch. adm.*, t. II, 872.

Odo (Jérôme), chanoine de Saint-Denis de Reims, *Arch. adm.*, t. I, 459? 532, 533. *Arch. lég.*, iie part., *statuts*, ier vol., 62, 72, 76, 91, 658.

— abbé de Saint-Denis de Reims. *Arch. adm.*, t. I, 345, 353, 617.

— sous-diacre et diacre. *Arch. lég.*, iie part., *statuts*, ier vol., 65, 121, 734.

— prêtre. *Arch. adm.*, t. I, 241, 245, 276, 283. *Arch. lég.*, iie part., *statuts*, ier vol., 70, 75, 79, 86, 87? 114.

— comte de Champagne. *Arch. adm.*, t. I, 204, 243. *Arch. lég.*, iie part., *statuts*, ier vol., 72, 99, 115, 121.

Odo II, duc de Bourgogne, épouse la fille de Ragenold, comte de Reims. *Arch. adm.*, t. I, 85. S'empare du comté de Reims, *ibid.*, 371.

— évêque de Senlis. *Arch. adm.*, t. I, 115, 121.

— Blesensis, lévite et chanoine. *Arch. lég.*, iie part., *statuts*, ier vol., 99.

— évêque de Paris. *Arch. adm.*, t. I, 51, 155, 174. *Arch. lég.*, iie part., *statuts*, ier vol., 85, 118.

— chantre. *Arch. adm.*, t. I, 223. *Arch. lég.*, iie part., *statuts*, ier vol., 96, 120.

— évêque de Tusculum, légat du saint-siége. *Arch. lég.*, ire part., 468; iie part., *statuts*, ier vol., 89.

— laïque. *Arch. adm.*, t. I, 514. *Arch. lég.*, iie part., *statuts*, ier vol., 62, 67, 84 ? 83, 170? 692.

— archidiacre de Châlons. *Arch. adm.*, t. I, 218. *Arch. lég.*, iie part., *statuts*, ier vol., 68, 83, 755?

— miles Sancti-Remigii. *Arch. lég.*, iie part., *statuts*, ier vol., 70, 94.

— abbé de Saint-Remi. *Arch. adm.*, t. I, 231, 270, 273, 276, 287, 290, 293, 305, 310, 312? 320? 321, 410. *Arch. lég.*, iie part., *statuts*, ier vol., 170, 172? 173, 174.

— cardinal. *Arch. adm.*, t. I, 314, 322.

— clerc. *Arch. adm.*, t. I, 341.

— Camisia. *Arch. adm.*, t. I, 318.

— mari d'Ida de Bray. *Arch. adm.*, t. I, 318.

— évêque de Bayeux. *Arch. lég.*, iie part., *statuts*, ier vol., 116, 119.

— sous-prieur de Saint-Remi. *Arch. lég.*, iie part., *statuts*, ier vol., 188.

— vide Nealpha.

— voy. Marescallus.

— acolyte. *Arch. adm.*, t. I, 353.

— rex. *Arch. lég.*, iie part., *statuts*, ier vol., 62, 114.

Odoctarus, marquis de Styrie. *Arch. adm.*, t. I, 327.

Odon, religieux de Saint-Remi, député à Rome par ses confrères au sujet du différend d'entre eux et ceux de Saint-Nicaise. *Arch. adm.*, t. I, 267, 268.

— duc de Bourgogne, voy. Odo II.

— prieur. *Arch. adm.*, t. I, 711.

— évêque de Cambrai. *Arch. adm.*, t. I, 268.

— archevêque de Rouen. *Arch. adm.*, t. I, 804.

— (ponceau de l'), voy. Odonis poncellus.

— (alleu d'), voy. Odonis de Quarnaco.

Odonis de Quarnaco (alodium de). *Arch. adm.*, t. I, 275.

— poncellus. *Arch. adm.*, t. I, 499.

Odonsselle (hameau d'). *Arch. adm.*, t. II, 1069.

— (château de). *Arch. adm.*, t. II, 1069.

Odot (Radulphus). *Arch. adm.*, t. III, 392.

Odron, femme de Garin de Trois-Puits. *Arch. adm.*, t. II, 806.

Odyssæa, poëme d'Homère. *Arch. lég.*, IIe part., *statuts*, IIe vol., 736.

OEbalus, archevêque, vide Ebalus.

OEconomat. *Arch. lég.*, IIe part., *statuts*, IIIe vol., 172.

OEil-de-Bœuf (Guillelmus), bourgeois. *Arch. adm.*, t. II, 445.

OEs majoris monasterii (prior de). *Arch. adm.*, t. II, 639.

OEudon (poncel de), voy. Odonis poncellus.

OEufs (dîme des), voy. Ovorum decima.

Ofay (Matthieu d'), lieutenant de Ribemont. *Arch. lég.*, Ire part., 895.

Offemont (Mgr d'), conseiller du roi. *Arch. adm.*, t. II, 894, 1171.

Office divin, voy. Officium divinum.

Offices, érection desdits en bénéfices. *Arch. adm.*, t. 594, 656. Abus qui s'en sui-

virent, (*ibid.*), 734. *Arch. lég.*, IIe part., *statuts*, IIe vol., 954; voy. Reims (offices de), Milice bourgeoise.

Officia, voy. Offices.

Official, voy. Chrestienté (official de la) Reims.

— forain, voy. Officialis foraneus.

Officialis. *Arch. adm.*, t. I, 304, 404, 537, 556, 659, 673, 683, 695, ; t. II, 20. *Arch. lég.*, Ire part., 74, 168, 179, 190; voy. Official.

— foraneus. *Arch. adm.*, t. I, 677, 681, 697, vide Ambianensis, Archidiaconi, Archiepiscopi, Cameracensis, Laudunensis, Suessionensis, Tornacensis.

Officialité, voy. Reims (officialité de).

— de Reims (sceau de l'). *Arch. lég.*, Ire part., 3.

Officiarius, voy. officier.

Officier, voy. Roi (officiers du), Archevêque de Reims, Chapitre de Reims, Cottes, Présidial de Reims, Université de Reims, Voirie de Reims.

Officiers de Reims (élection des). *Arch. lég.*, IIe part., *statuts*, Ier vol., 609.

Officium divinum. *Arch. adm.*, t. II, 612. *Arch. lég.*, IIe part., *statuts*, Ier vol., 54.

— vide Curiæ Remensis officia, Defunctorum, Ecclesiastica officia, Fabricæ Remensis, Horarum, Remensis ecclesiæ, Sententiarum.

Offrande, voy. Oblatio.

Ogé (J.... d'), chambellan du roi. *Arch. lég.*, IIe part., *statuts*, Ier vol., 664, 708, 713, 742.

Oges (Hugues d'), capitaine. *Arch. lég.*, IIe part., *statuts*, Ier vol., 717.

— voy. Ogias, Auge.

Oggeio (capella de). *Arch. adm.*, t. I, 288.

Ogier le Danois, parent de l'archevêque Tilpin. *Arch. adm.*, t. I, 79. L'un des pairs de Charlemagne (*ibid.*). Cède au chapitre de Reims la mairie de Saint-

Martin (*ibid.*). Charte dudit, t. II, 855, duc de Dace. *Arch. lég.*, iie part., *statuts*, iiie vol., 19.

Ogier (Pierre d'), conseiller du roi. *Arch. adm.*, t. III, 731 ; 770. *Arch. lég.*, iie part., *statuts*, i^{er} vol., 871.

— (Jehan), procureur. *Arch. lég.*, iie part., *statuts*, iie vol., 158.

— (A....), orfévre. *Arch. lég.*, iie part., *statuts*, i^{er} vol., 707.

— voy. Palamède.

Ogisla. *Arch. lég.*, iie part., *statuts*, i^{er} vol., 80.

Ognolles (village d'). *Arch. lég.*, i^{re} part., 886, 903.

— (curé de), voy. Horleville (Giles).

Ogny (paroisse de), voy. Aongneyo (parochia de).

— (village d'). *Arch. adm.*, t. II, 1061. *Arch. lég.*, i^{re} part., 893.

Ohardus, chanoine. *Arch. adm.*, t. I, 459.

Oia, vide Cuice.

Oidelardus. *Arch. lég.*, iie part., *statuts*, i^{er} vol., 69 ; vide Oilardus.

Oidelo, abbé. *Arch. lég.*, iie part., *statuts*, i^{er} vol., 62, 63 ? 169 ?

Oies (jeu des). *Arch. adm.*, t. II, 917. *Arch. lég.*, i^{re} part., 494.

Oignon (Guiot). *Arch. adm.*, t. III, 109.

Oignons (rue des). *Arch. adm.*, t. II, 380, 496 ; t. III, 380.

Oilardi terra. *Arch. lég.*, iie part., *statuts*, i^{er} vol., 166.

Oilardus, abbé de Saint-Pierre de Châlons. *Arch. lég.*, iie part., *statuts*, i^{er} vol., 75.

Oilarz, voy. Miles.

Oilier (Jesson l'), bourgeois de l'échevinage. *Arch. adm.*, t. III, 893.

Oignon le boucher. *Arch. adm.*, t. II, 505.

Oiry (paroisse d'). *Arch. adm.*, t. II, 1120, 1122.

Oiry (presbyter de). *Arch. adm.*, t. II, 1121.

Oise (rivière d'). *Arch. adm.*, t. II, 297, 635, 1151. *Arch. lég.*, iie part., *statuts*, i^{er} vol., 434.

Oiseau (roi de l'). *Arch. lég.*, iie part., *statuts*, iie vol., 101 ; voy. Arquebuse (oiseau de l').

Oiselet l'orfévre, voy. Aurifaber.

— (J.), voy. Oizellet.

Oiseltus, voy. Bertremet (Odo).

Oisemont (Jehan d'). *Arch. adm.*, t. III, 485.

Oison (Jehan d'), chevalier. *Arch. adm.*, t. I, 1015.

Oisy (village d'). *Arch. lég.*, i^{re} part., 888.

Oizellet, voy. Menre.

Oizy, voy. Oisy.

Olbertus, moine de Saint-Remi. *Arch. adm.*, t. I, 67.

Olcineo (Savarinus de). *Arch. adm.*, t. I, 273.

Olderic, vide Odalricus.

Oldericus, vide Odalricus.

— diacre. *Arch. adm.*, t. I, 251.

Olerorum decima. *Arch. adm.*, t. I, 771.

Olezy, voy. Olizy.

Olignon (village d'). *Arch. lég.*, i^{re} part., 888.

— (curé de). *Arch. lég.*, i^{re} part., 888.

Oligny (village d'). *Arch. lég.*, i^{re} part., 900.

Olim. Antérieur à ceux du parlement, conservé aux archives de Reims. *Arch. adm.*, t. I, 707.

Olincourt (village d'). *Arch. lég.*, i^{re} part., 911.

Oliseium, vide Olizy.

Olisi, voy. Olizy.

Olivariis (sylva de). *Arch. adm.*, t. I, 450.

Olive la cirière, femme Maury. *Arch. adm.*, t. II, 347.

Olive (J.). *Arch. adm.*, t. III, 8.

Oliverius, frère de Boson Chevalier. *Arch. adm.*, t. I, 363.

— (Johannes). *Arch. adm.*, t. III, 198.

Olivier, fils de Jolit le chandelier. *Arch. adm.*, t. II, 537.

— (Louis), bourgeois. *Arch. lég.*, IIe part., *statuts*, IIIe vol., 57.

Oliviers (lieu des). *Arch. adm.*, t. III, 592.

— (Nicole des), médecin. *Arch. adm.*, t. III, 758. *Arch. lég.*, IIe part., *statuts*, Ier vol., 733?

Olizeo (Gerardus de), fonde une chapelle à Olizy-Grandpré. *Arch. adm.*, t. II, 1097.

Olizy (Egidius de), écuyer. *Arch. adm.*, t. II, p. 752.

— (Gérard d'), voy. Olizeo (Gerardus de).

— (village d'). *Arch. lég.*, Ire part., 607, 909.

— -la-Montagne (paroisse d'). *Arch. adm.*, t. II, 1052, 1055, 1054. 1056.

— (presbyter de). *Arch. adm.*, t. II, 1053, 1096.

— (capellania de). *Arch. adm.*, t. II, 1055.

— -Grandpré (village d'). *Arch. adm.*, t. II, 1097.

— (Domus Dei de). *Arch. adm.*, t. II, 1098.

Olmannus, prêtre et chanoine. *Arch. lég.*, IIe part., *statuts*, Ier vol., 100.

Olobergis (ecclesia de). *Arch. adm.*, t. I, 313.

Olricus, prêtre de Châlons. *Arch. adm.*, t. I, 364.

— fils d'Helvidis, sœur de Boson chevalier. *Arch. adm.*, t. I, 363.

Omicourt (église d'). *Arch. adm.*, t. II, 1085.

— (village d'). *Arch. adm.*, t. II, 1090. *Arch. lég.*, Ire part., 901, 907.

Omicourt (prieuré d'). *Arch. adm.*, t. II, 1090.

Omme (Baudon de l'). *Arch. adm.*, 420.

Omnium Martyrum ecclesia. *Arch. adm.*, t. I, 9, 220.

— Sanctorum in insula Cathalaunensi abbas. *Arch. adm.*, t. II, 636, 1025, 1101.

Omont (prévôté d'). *Arch. lég.*, IIe part., *statuts*, IIIe vol., 48.

— (prieuré d'), voy. Aumont.

— (curé d'), voy. Gautier (Raoul).

— -le-Chastel (village d'). *Arch. lég.*, Ire part., 902, 907; IIe part., *statuts*, IIIe vol., 391?

— (château d'), bâti sous la deuxième race. *Arch. adm.*, t. I, 56.

Onc (village d'). *Arch. lég.*, Ire part., 918.

— (paroisse d'). *Arch. adm.*, t. II, 1086, 1088, voy. Yon.

Onchamp (hameau d'). *Arch. adm.*, t. II, 1069.

Onchery (prévôté d'). *Arch. lég.*, Ire part., 902.

Onchy (village d'). *Arch. adm.*, t. III, 131.

Oncle (Jehan l'). *Arch. adm.*, t. II, 742.

Onco (parochia de), voy. Onc.

Onctions, emplois desdites à la cérémonie du sacre. *Arch. adm.*, t. I, 529. *Arch. lég.*, IIe part., *statuts*, IIe vol., 766.

Onda, procureur fondé du chapitre de Saint-Remi. *Arch. lég.*, IIe part., *statuts*, Ier vol., 269, 273?

Onguemont (Jesson). *Arch. adm.*, t. II, 901.

— (Roulet). *Arch. adm.*, t. II, 901, 904.

Onichinus. *Arch. adm.*, t. I, 223.

Onrezy (village d'). *Arch. lég.*, Ire part., 754.

Onulfus, sénéchal du comte de Flandre. *Arch. adm.*, t. I, 249.

Onze mille vierges (chapelle des). *Arch. lég.*, 1re part., 887.

— mille vierges (chapelain des), voy. Moisy (Raoul).

Opere (Giletus de), bourgeois de Chaudardre. *Arch. adm.*, t. I, 903.

Operum ecclesiæ Remensis magister. *Arch. lég.*, 11e part., *statuts*, 1er vol., 43, 68; voy. Reims (maître des œuvres de).

Oppidum, vide Tourteron.

Or, voy. Chypre (or de). Paris.

— (Royal d'), monnaie. *Arch. adm.*, t. II, 802, 811; t. III, 166, 175, 189.

— (franc d'). *Arch. adm.*, t. III, 170, 179, 253, 276, 294, 295, 303, 332, 348, 385, 538, 670, 686, 702, 736, 776. Valeur dudit par rapport au marc, 805. *Arch. lég.*, 11e part., *statuts*, 1er vol., 67, 81, 101, 102.

— (mouton d'). *Arch. adm.*, t. III, 733, 736.

— (parisis d'). *Arch. adm.*, t. II, 763.

— (florin d'). *Arch. adm.*, t. III, 190, 302, 433, 439, 444, 507, 670, 772, 833. *Arch. lég.*, 11e part., *statuts*, 1er vol., 75.

— (florin franc d'). *Arch. adm.*, t. III, 746.

— (écu d'), voy. Écu d'or.

— (salut d'). *Arch. lég.*, 11e part., *statuts*, 1er vol., 626, 644.

— (denier d'). *Arch. adm.*, t. I, 530; t. II, 602.

— (double d'). *Arch. adm.*, t. II, 988.

— (marc d'). *Arch. adm.*, t. III, 180, 671. *Arch. lég.*, 11e part., *statuts*, 1er vol., 64.

— fin à l'écu (denier d'). *Arch. adm.*, t. III, 180.

— (madame d'). *Arch. lég.*, 11e part., *statuts*, 1er vol., 602.

Orainville (village d'). *Arch. lég.*, 1re part., 754, 891, 901.

Orange (prince d'). *Arch. lég.*, 11e part., *statuts*, 1er vol., 613.

Oratorium (oratoire). *Arch. lég.*, 1re part., 461, 464.

Orbacense monasterium. *Arch. adm.*, t. I, 382; vide Orbais.

Orbacensis abbas, vide Orbais (abbé d').

Orbaco (Odo d'), frère prêcheur. *Arch. adm.*, t. I, 1023.

Orbais (abbé d'). *Arch. adm.*, t. II, 248, 634.

— (Mez d'). *Arch. adm.*, t. I, 1109.

— (Jehan d'), architecte de la cathédrale de Reims. *Arch. adm.*, t. I, 722, 789.

— (monastère d'), voy. Orbacense monasterium.

Orceinville (Pierre d'), chanoine de Reims. *Arch. adm.*, t. III, 867.

Orchies (Johannes de), proviseur de la léproserie de Reims. *Arch. adm.*, t. I, 1076.

Orchimont (prévôt d'), voy. Vauthier (M.).

Orcos, voy. Ourton.

Ordeomanso (terra de). *Arch. lég.*, 11e part., *statuts*, 1er vol., 63.

Ordilo, chapelain de Charles le Simple. *Arch. adm.*, t. I, 89. Don fait par ledit à l'abbaye de Saint-Remi, *ibid.*

Ordinarius (ordinaire). *Arch. adm.*, t. I, 553, 554, 555, 642, 673, 677, 681, 687, 698, 708, 710. *Arch. lég.*, 1re part., 59, 84, 132, 225, 282, 283; 11e part., *statuts*, 1er vol., 359, 361.

Ordinatio, vide Clericorum ordinatio, Militis.

Ordo, vide Calatravensis, Camaldulensis, Cartusiensis, Cisterciensis, Clamatensis, Cluniacensis, Grandimontensis, Hierosolimitani, Hospitalium, Humiliatorum, Præmostratensis, Saccorum, S. Augustini, S. Johannis, Theutonicorum, Vallisombrosæ, Victoris; vide Ordre.

Ordre, voy. Chartreux (ordre des), Ci-

teaux, Jacobins, Malthe, Mendiants, Saint-Benoît, S. François, S. Jehan de Jérusalem, S. Augustin, S. Vanne, Saint-Esprit, Temple, Toison-d'Or; voy. Ordo.

Ordre de S. Benoît (supérieur général de l'). *Arch. lég.*, II° part., *statuts*, I° vol., 272; voy. Gillot (René).

Oreille (Guiot l'). *Arch. adm.*, t. II, 895.

Orfeuil (Gaspard-Louis Rouillé d'), intendant de Champagne. *Arch. lég.*, II° part., *statuts*, I° vol., 521, 522, 978; *statuts*, III° vol., 395, 417, 419.

Orfévre (Jehan l'). *Arch. adm.*, t. I, 1062.

— (Pierre l'). *Arch. adm.*, t. III, 681, 891, 892.

— (Guill. l'), échevin. *Arch. adm.*, t. III, 888. *Arch. lég.*, II° part., *statuts*, I° vol., 413.

— (Simon l'). *Arch. adm.*, t. I, 365, 736.

— (Wautier l'). *Arch. adm.*, t. II, 148.

— voy. Tasse.

— (Baudé l'). *Arch. adm.*, t. II, 915.

— (Oisel l'), voy. Aurifaber (Oiseletus).

Orfévrerie, voy. Reims (orfévrerie de).

Orgeval (village d'). *Arch. adm.*, t. II, 554. *Arch. lég.*, I° part., 890, 899.

Orgis (village d'). *Arch. lég.*, II° part., *statuts*, III° vol., 394.

Orient (empire d'). *Arch. adm.*, t. I, 104.

— (église d'), voy. Orientalis ecclesia.

Orientalis ecclesia. *Arch. adm.*, t. I, 342.

Oriente (Ernandus de), chambrier de l'archevêque de Reims. *Arch. adm.*, t. I, 432.

Origène, docteur de l'Église. *Arch. lég.*, II° part., *statuts*, II° vol., 762.

Origine, voy. taxe des pauvres (origine de la).

Origniaco (Eustachius de), conseiller de l'archevêque de Reims. *Arch. adm.*, t. I, 870.

Origniaco (abbatissa de), voy. Origny (abbesse de).

Origny (abbesse d'). *Arch. adm.*, t. II, 248, 635; t. III, 594, 598. *Arch. lég.*, II° part., *statuts*, I° vol., 69.

— (nonains d'), voy. Mahaut, Gilette.

— -en-Thiérache (ville d'). *Arch. lég.*, I° part., 327, 899.

— (René d'). *Arch. lég.*, II° part., *statuts*, II° vol., 238.

— (Louis-Duval d'), gouverneur de Reims. *Arch. lég.*, II° part., *statuts*, II° vol., 464.

— (A.... d'), voy. Dorigny.

Orillardus, chambrier de S. Remi. *Arch. adm.*, t. I, 511.

Orincourt (Jehan d'), curé de Terme. *Arch. lég.*, I° part., 886.

Oriolle (Pierre d'), chancelier de France. *Arch. lég.*, II° part., *statuts*, I° vol., 823.

Orione (abbas de). *Arch. adm.*, t. II, 636.

Orisiaco (ecclesia de). *Arch. adm.*, t. I, 329.

— (Philippe d'), oncle du roi Jean. *Arch. adm.*, t. III, 177.

Orléans (Mlle d'). *Arch. lég.*, II° part., *statuts*, III° vol., 52.

— (Philippe d'), régent de France. *Arch. lég.*, II° part., *statuts*, II° vol., 830, 880; *statuts*, III° vol., 172, 173.

— (duc d'). *Arch. adm.*, t. II, 1061; t. III, 48, 178. *Arch. lég.*, II° part., *statuts*, I° vol., 407, 548, 605, 648, 753, 835; *statuts*, II° vol., 28, 830; *statuts*, III° vol., 269, 394, 395, 509, 532, 585, 649, 652.

— (Louis-Philippe, duc d'). *Arch. lég.*, II° part., *statuts*, III° vol., 653, 654, 656, 657.

— (ville d'). *Arch. adm.*, t. I, 1047; t. II, 272; t. III, 213, 840. *Arch. lég.*, II° part., *statuts*, I° vol., 596, 597, 635, 643, 644, 649, 742, 771, 840, 917; *statuts*, II° vol., 285, 344, 570;

572, 877, 878; *statuts*, iiie vol., 5, 42, 77, 78, 90, 91, 128, 414, 522, 532, 543, 552, 632.

Orléans (archidiacre d'), voy. Aurelianensis archidiaconus.

— (doyen d'), voy. Aurelianensis decanus.

— (évêque d'), voy. Aurelianensis episcopus.

— (bâtard d'). *Arch. lég.*, iie part., *statuts*, i^{er} vol., 639, 755 ; voy. Dunois.

— (archevêque d'). *Arch. lég.*, iie part., *statuts*, iie vol., 639.

— (élection d'). *Arch. lég.*, iie part., *statuts*, i^{er} vol., 944, 946; *statuts*, iie vol., 947.

— (S. Aignan d'). *Arch. lég.*, iie part., *statuts*, i^{er} vol., 835.

— (Jaquemart d'), sellier. *Arch. adm.*, t. III, 756.

— (Étienne d'), voy. Aurelianensis (Stephanus).

— (Henri-Auguste d'), marquis de Rothelin, gouverneur de Reims. *Arch. lég.*, iie part., *statuts*, iie vol., 460.

— (Université d'). *Arch. lég.*, iie part., *statuts*, iie vol., 73.

— (États d'). *Arch. lég.*, iie part., *statuts*, i^{er} vol., 570, 571 ; *statuts*, iie vol., 196.

Orly (Hélie d'), commissaire du roi pour la réformation des monnaies. *Arch. adm.*, t. II, 90.

Orme-à-Vefve (lieu de l'). *Arch. adm.*, t. III, 649.

— (Aubert Joiant d'). *Arch. adm.*, t. III, 865.

Ormes (curé d'), voy. Beroche (J.).

— (Estienne d'), sergent royal. *Arch. lég.*, iie part., *statuts*, i^{er} vol., 378.

— (village d'), voy. Ulmis (villa de).

Ormesson (sieur d'). *Arch. lég.*, iie part., *statuts*, iiie vol., 160.

Ormissel (lieu de l'). *Arch. adm.*, t. II, 555.

Ormont (église d'). *Arch. adm.*, t. II, 495, 1061; voy. Aureomonte (eccl. de).

— (religieuses d'), voy. Aureomonte (moniales de).

— (prévôt d'), vide Ormonte (præpositus de).

Ormonte (præpositus de). *Arch. adm.*, t. I, 828.

Ormoy (Jacques-Martin d'), directeur des aides. *Arch. lég.*, iie part., *statuts*, iie vol., 407.

Orphelins (hôpital des). *Arch. adm.*, t. I, 15. *Arch. lég.*, iie part., *statuts*, iiie vol., 15.

Orranivilla, vide Ourrainville.

— (curatus de), vide Petrus.

— (Ponsinus de). *Arch. lég.*, i^{re} part., 113, 114, 115.

Orreil (Giletus de). *Arch. adm.*, t. I, 797.

Orreinville (Sohiez d'), bourgeois. *Arch. adm.*, t. III, 466.

Orry, contrôleur général des finances. *Arch. lég.*, iie part., *statuts*, iie vol., 833, 834, 837, 839, 841; *statuts*, iiie vol., 278, 359.

Orron (Guermundus de), chevalier. *Arch. adm.*, t. I, 364.

Orso, presbyter. *Arch. lég.*, iie part., *statuts*, i^{er} vol., 82.

Orseille, voy. Lyon (Orseille de).

Ortaise, voy. Tour d'Ortaise.

Ortorum decima. *Arch. adm.*, t. I, 771.

Ortus, vide Fulcaudi Quillet.

Ortyes (Jacques des). *Arch. lég.*, i^{re} part., 889.

Orval (Gilles d'). *Arch. adm.*, t. I, 1088.

Osandus. *Arch. lég.*, iie part., *statuts*, i^{er} vol., 73.

Osanne, bailli du chapitre. *Arch. adm.*, t. II, 387.

Osius, évêque espagnol. Doctrines dudit en faveur du Saint-Siége. *Arch. adm.*, t. I, 105, 147.

Osmundus, chanoine. *Arch. lég.*, iie part., *statuts*, i^{er} vol., 72.

Ospital (rue d'), voy. Hôpital.

— (Jehan de l'). *Arch. lég.*, iie part., *statuts*, i^{er} vol., 860, 861; *statuts*, iie vol., 7.

— (G. de l'). *Arch. lég.*, iie part., *statuts*, i^{er} vol., 796, 839.

Ossat (cardinal d'). *Arch. lég.*, iie part., *statuts*, iie vol., 690.

Osson (Olivier d'), voy. Ausson.

Ost (l'). *Arch. adm.*, t. I, 1060. Démêlés au sujet dudit entre l'abbé de Saint-Remi et l'archevêque de Reims, 1068.

Ostain (abbé d'). *Arch. lég.*, iie part., *statuts*, i^{re} vol., 686.

Ostée (Aubri de l'). *Arch. adm.*, t. I, 1012, 1125; t. II, 1140?

— (Guy de l'), échevin. *Arch. adm.*, t. II, 14, 803?

Ostel (Aubri de l'), voy. Ostée (Aubri de l').

— (Guy de l'), voy. Ostée.

— (Bauduyn de l'), citoyen de Reims. *Arch. adm.*, t. II, 340, 604, 763, 775, 1176, 1177, 1184, 1185.

— (ville d'). *Arch. adm.*, t. III, 494.

Osterna (capella de). *Arch. adm.*, t. I, 326, 330.

Ostraldus, episcopus. *Arch. lég.*, iie part., *statuts*, i^{er} vol., 74.

Ostrevano, vide Hugo.

Ostroldus, serf de l'église de Reims. *Arch. adm.*, t. I, 35.

Otage. *Arch. adm.*, t. III, 169, 170, 188. Habitants de Reims envoyés à ce titre en Angleterre pour la rançon du roi Jean, 304, 317, 357, 384, 389.

Othon II, roi de Germanie. *Arch. adm.*, t. I, 88, 90, 92, 93, 100, 144, 145, 202, 666.

— fils du précéent. *Arch. adm.* t. I, 666.

— empereur. *Arch. adm.*, t. I, 493.

Othinus. *Arch. lég.*, iie part., *statuts*, i^{er} vol., 104.

Otho, empereur, voy. Othon.

— charpentier. *Arch. adm.*, t. I, 638.

— chanoine. *Arch. lég.*, iie part., *statuts*, i^{er} vol., 69.

— acolyte et chanoine, fils du roi Lothaire. *Arch. lég.*, iie part., *statuts*, i^{er} vol., 89, 99.

Otin (hôtel d'). *Arch. adm.*, t. I, 990.

Otradus. *Arch. lég.*, iie part., *statuts*, i^{er} vol., 76.

Otrannus miles. *Arch. adm.*, t. I, 292? 305.

Otrisius, chanoine. *Arch. lég.*, iie part., *statuts*, i^{er} vol., 64.

Otto, acolyte et chanoine, vide Otho.

— duc de Bourgogne, vide Odo.

Ottoboni cardinalis bibliotheca. *Arch. lég.*, iie part., *statuts*, i^{er} vol., 107.

Ottobonus, cardinal et archidiacre de Reims. *Arch. adm.*, t. I, 716, 719, 747, 759, 787, 793, 806, 820, 874; t. III, 802. *Arch. lég.*, i^{re} part., 8; iie part., *statuts*, i^{er} vol., 62, 79, 107? 117, 193.

Oubliettes, voy. chapitre de Reims (oubliettes du).

Ouche (Jehan d'), chevalier. *Arch. adm.*, t. II, 443.

— -le-Château (seigneurie d'). *Arch. lég.*, i^{re} part., 902.

Ouchery, voy. Vechery.

Ouchie (prévôt d'), commissaire du roi. *Arch. adm.*, t. II, 296.

— (prévôté d'). *Arch. adm.*, t. III, 45.

— (prieur d'). *Arch. adm.*, t. II, 1029.

Ouchie (assises d'). *Arch. adm.*, t. III, 46, 48.

— (vicomté d'). *Arch. lég.*, 1re part., 584.

— (village d'), voy. Ouchy.

Ouchy (J. d'), drapier. *Arch. adm.*, t. II, 540.

— (H. d'), clerc. *Arch. adm.*, t. II, 548.

— (forteresse d'). *Arch. adm.*, t. III, 177.

Ouda (Jean), maître tonnelier. *Arch. lég.*, 11e part., *statuts*, 11e vol., 415, 421.

— (Nicolas), chanoine et sénéchal du chapitre. *Arch. lég.*, 11e part., *statuts*, 111e vol., 695, 697, 698, 700, 704, 706, 709, 713, 721, 727.

Oudan (Janno), bourgeois. *Arch. lég.*, 11e part., *statuts*, 111e vol., 34.

Oudardus (H.), évêque d'Angers. *Arch. lég.*, 11e part., *statuts*, 1er vol., 102, 121.

Oudart (Noël), général du taillon. *Arch. adm.*, t. I, 488.

— (Jacques), échevin. *Arch. lég.*, 1re part., 1011, 1057; 11e part., *statuts*, 1er vol., 493? 641, 651, 657, 701; *statuts*, 11e vol., 375; *statuts*, 111e vol., 748.

— voy. Hocart.

— le cureur. *Arch. adm.*, t. I, 756.

— (Jehan), échevin, *Arch. lég.*, 1re part., 563; 11e part., *statuts*, 1er vol., 645, 657, 682, 701, 717, 728, 738, 746, 759; *statuts*, 11e vol., 421; *statuts*, 111e vol., 101?

— (Constant), curé d'Aumenancourt-le-Petit. *Arch. lég.*, 1re part., 885.

— (Richard). *Arch. lég.*, 1re part., 910.

— frère de Jean Labbé. *Arch. adm.*, t. II, 697.

— (Julianne). *Arch. adm.*, t. II, 902.

Oudeneit, bourgeois. *Arch. adm.*, t. II, 1139.

Oudet, fournisseur du sacre. *Arch. adm.*, t. II, 487.

Oudet (André), recteur de l'Université. *Arch. lég.*, 11e part., *statuts*, 11e vol., 652, 708, 711, 713, 715.

Oudie, voy. Mourmelon (Colet d').

Oudin (Gérard), mercier. *Arch. lég.*, 11e part., *statuts*, 11e vol., 560.

— (Jean), marchand mercier. *Arch. lég.*, 11e part., *statuts*, 11e vol., 565; *statuts*, 111e vol., 400.

— (A....), drapier. *Arch. lég.*, 11e part., *statuts*, 11e vol., 829.

— l'Estaminier. *Arch. adm.*, t. II, 535.

— (Françoise). *Arch. lég.*, 1re part., 678, 685, 688, 693; 11e part., *statuts*, 11e vol., 330.

— (Pierre), boulanger. *Arch. lég.*, 11e part., *statuts*, 11e vol., 144: *statuts*, 111e vol., 239?

— (Estienne). *Arch. lég.*, 11e part., *statuts*, 11e vol., 150.

Oudinet (George), trésorier de Saint-Remi. *Arch. lég.*, 11e part., *statuts*, 1er vol., 199, 203, 209, 216, 217, 219, 229.

— (Nicolas). *Arch. lég.*, 11e part., *statuts*, 111e vol., 51.

— (Guillaume), maître sergier. *Arch. lég.*, 11e part., *statuts*, 111e vol., 82.

— (René), bruïsseur. *Arch. lég.*, 11e part., *statuts*, 111e vol., 122, 124.

— voy. Beste, Craquet, Saint-Loup.

— (Pierre), mercier. *Arch. lég.*, 11e part., *statuts*, 11e vol., 570, 1020; *statuts*, 111e vol., 212.

— (Henry), procureur. *Arch. lég.*, 1re part., 897, 11e part. *statuts*, 1er vol., 921.

— (Jean), avocat. *Arch. lég.*, 11e part., *statuts*, 11e vol., 391, 491? 606, 635; *statuts*, 111e vol., 67?

— prévôt. *Arch. adm.*, t. I, 876.

— (Martinus), doyen de Saint-Symphorien. *Arch. adm.*, t. I, 271.

Oudin, varlet. *Arch. adm.*, t. II, 675.

Oudinus. *Arch. lég.*, 1re part., 110, 111.

Oue (village d'). *Arch. lég.*, 1re part., 901.

Ouedeline, voy. Pasquier.

Ouedon le majeur. *Arch. adm.*, t. I, 816.

— (Geberlot d'). *Arch. adm.*, t. I, 816.

Oues (rue des). *Arch. adm.*, t. II, 544.

Ouilly (Robert d'). *Arch. adm.*, t. II, 555.

Oulandon (Raoul d'), chanoine. *Arch. adm.*, t. III, 352.

Oulchy-le-Château (ville d'). *Arch. adm.*, t. II, 609.

— (prévôt royal d'), voy. Humemer (Nicolas).

— -en-Tardenois (ville d'). *Arch. lég.*, 1re part., 583.

Ourainville (village d'). *Arch. adm.*, t. I, 1090.

Ourbin, voy. Tonnelier.

Ourches (village d'). *Arch. adm.*, t. II, 1061. *Arch. lég.*, 11e part., *statuts*, 1er vol., 107, 467; voy. Haouge, Haorges.

— (paroisse d'), voy. Haourgiis (parochia de).

— (prêtre de), voy. Haourgiis (presbyter de).

— (doyenné d'). *Arch. lég.*, 11e part., *statuts*, 111e vol., 680, 690.

— (curé d'), est à la nomination du trésorier de l'église de Reims. *Arch. lég.*, 11e part., *statuts*, 111e vol., 689, 690, 694, 696, 734.

Ourges (village d'), voy. Ourches.

Ouriet (J...). *Arch. lég.*, 11e part., *statuts*, 1er vol., 862.

Ourietus, voy. Bilhau.

Ourmeaulx (Jehan des), dit Breyefort. *Arch. lég.*, 11e part., *statuts*, 1er vol., 388.

Ourme-de-Vesve (chemin de l'). *Arch. adm.*, t. II, 553.

Ourmes (Jacques d'). *Arch. adm.*, t. II, 906. *Arch. lég.*, 1re part., 608.

— (Aubert d'). *Arch. adm.*, t. III, 283.

— (Pierre d'). *Arch. adm.*, t. II, 539; t. III, 723.

— (E....), sergent royal. *Arch. lég.*, 11e part., *statuts*, 1er vol., 627.

— (Stephanus d'). *Arch. lég.*, 11e part., *statuts*, 1er vol., 915.

— (Wautier d'). *Arch. adm.*, t. I, 95.

— (village d'). *Arch. adm.*, t. I, 1090, t. II, 743, 748, 834; t. III, 50, 576, 627, 629.

— -sur-Vesle (village d'). *Arch. adm.*, t. II, 1139.

Ourri le parmentier. *Arch. adm.*, t. I, 766.

— le boulanger. *Arch. adm.*, t. II, 531.

Ourricus, voy. Robillart.

Ourton (village d'). *Arch. adm.*, t. I.

Oury (A.), tailleur de robes. *Arch. adm.*, t. II, 824.

Outragium (outrage). *Arch. adm.*, t. I, 970.

Outre (village d'). *Arch. lég.*, 1re part., 899.

Outre-L'yaue (Tassart d'), noble de Reims. *Arch. adm.*, t. III, 280.

Outremer (voyage d'). *Arch. adm.*, t. I, 171, 273.

— (Loys d'), roi de France. *Arch. lég.*, 11e part., *statuts*, 11e vol., 179; voy. Louis IV.

Ouverland (François). *Arch. lég.*, 11e part., *statuts*, 11e vol., 238.

Ouvrier forain. *Arch. lég.*, 11e part., *statuts*, 1er vol., 337; voy. Reims (ouvrier de).

Ovestein (prince d'), seigneur de Hesse. *Arch. adm.*, t. II, 1078.

Ovid, voy. Xaubourel.

Ovide, poëte latin, voy. Ovidius.

Ovidius. *Arch. lég.*, i^re part., 430, iie part., *statuts*, iie vol., 735.

Ovium (decima). *Arch. lég.*, iie part., *statuts*, i^er vol., 168.

Ovorum decima. *Arch. adm.*, t. I, 771, 1000.

Oya, vide Oye.

Oye (village d'). *Arch. adm.*, t. III, 609. *Arch. lég.*, i^re part., 283.

Oyreio (parochia de), vide Oiry.

Oyry (presbyter de), vide Oiry.

Oysel le savetier. *Arch. adm.*, t. II, 269, 537.

Oysemont, maison de l'ordre du Temple. *Arch. adm.*, t. II, 637.

Ozanne (Benjamin), bailli du chapitre. *Arch. lég.*, iie part., *statuts*, iie vol., 487? 492.

— (Jean), bailli du chapitre. *Arch. lég.*, iie part., *statuts*, iie vol., 493, 1048.

Ozias (dame d'). *Arch. lég.*, i^re part., 920.

P.

Pacarde (Emmeline la). *Arch. adm.*, t. II, 438; t. III, 376.

Pacars, voy. Pascart.

Pachi, voy. Adenin.

Paciaco (Eustachius de), bailli de Reims. *Arch. adm.*, t. II, 201, 285.

Pacience (N.), coutre de Saint-Remi. *Arch. lég.*, iie part., *statuts*, i^er vol., 247.

Pacon (Theodoricus le). *Arch. adm.*, t. III, 437.

— (Melina le), femme du précédent *Arch. adm.*, t. III, 1111.

Pactum, vide Malum.

Pacy en Valois, voy. Passy.

Padeburna. *Arch. adm.*, t. I, 325.

Padeburnensis archiepiscopus, voy. Bernardus.

Paderborn (ville de), voy. Padeburna.

— (archevêque de), voy. Padeburnensis archiepiscopus.

Padurle, évêque de Laon. *Arch. adm.*, t. I, 1056.

Pagamentum (payement). *Arch. adm.*, t. I, 505, 618.

Paganus, panetier. *Arch. adm.*, t. I, 305.

Arch. lég., iie part., *statuts*, i^er vol., 84, 169.

Paganus, dormentier. *Arch. lég.*, iie part., *statuts*, i^er vol., 101.

— chevalier. *Arch. lég.*, iie part., *statuts*, i^er vol., 72.

— bourgeois. *Arch. adm.*, t. I, 273, 378.

Pagare (payer). *Arch. adm.*, t. I, 993.

Page (Johannes le). *Arch. adm.*, t. III, 393. *Arch. lég.*, iie part., *statuts*, iie vol., 430.

— (Jean), ouvrier en soie. *Arch. lég.*, iie part., *statuts*, iie vol., 375; *statuts*, iiie vol., 37.

— (Jean-Baptiste), juré de Reims. *Arch. lég.*, iie part., *statuts*, iie vol., 424.

Pagi (le père). *Arch. adm.*, t. I, 208.

Pagnier (J.), sergier. *Arch. adm.*, t. II, 826.

Pagus, vide Arvernicus pagus, Guormacensis, Remensis, Riburiensis, Roslissis, Rutenicus, Suessionicus, Tardanensis.

Paige (Nicol. le), religieux de Saint-Remi. *Arch. lég.*, iie part., *statuts*, i^er vol., 212.

Paillars, voy. Paillart.

Paillart, fils de Simon de Maisières. *Arch. adm.*, t. I, 746.

— (Philibert), docteur ès lois. *Arch. adm.*, t. II, 82.

— (Philippe), sergent du roi. *Arch. adm.*, t. II, 585, 602.

— (Jehan). *Arch. adm.*, t. II, 674? 692.

— (Raoul), sergent du roi. *Arch. adm.*, t. II, 791, 804, 809, 831, 834, 871, 951, 981, 982, 988, 990, 994, 1010. *Arch. lég.*; IIe part., statuts, Ier vol., 439.

— (Remion). *Arch. adm.*, t. II, 893.

Paillet (Thomas). *Arch. lég.*, IIe part., statuts, IIe vol., 239.

— (Pierre). *Arch. lég.*, IIe part., statuts, IIe vol., 239.

Paillette (Gérard la). *Arch. adm.*, t. III, 836.

Pain. *Arch. adm.*, t. I, 231, 232, 233, 236, 338, 360, 419, 436, 517, 518, 526, 530, 539, 668, 914; t. II, 253, 385, 641. Les bourgeois de Reims invoquent le droit de faire crier ledit dans les rues, 924, 958. Par qui taxé? t. III, 244, 350, 419. Distribution dudit faite aux chanoines, 577. Règlement sur ledit, 727. *Arch. lég.*, Ire part., 87; IIe part., statuts, Ier vol., 65, 90, 127. Taux dudit, statuts, IIIe vol., 73; voy. Chapitre (pain du), Vidame; voy. Panis.

— (maison du). *Arch. adm.*, t. III, 623.

— (tonlieu du); voy. Panis theloneum.

Painçons (M.), receveur général. *Arch. lég.*, IIe part., statuts, Ier vol., 635.

Pain-de-Seigle, sergent royal préposé à la garde de Saint-Remi. *Arch. adm.*, t. I, 836.

— -d'épiciers. *Arch. lég.*, IIe part., statuts, IIe vol., 219, 233; statuts, IIIe vol., 220.

Painiaco, vide Gerbertus.

Painiel (T.), sergent du roi. *Arch. adm.*, t. III, 15.

Paintre (Jean la), sous-infirmier de Saint-Remi. *Arch. adm.*, t. II, 641 à 1105, voy. Dam (Jean).

— (Perrinet le). *Arch. lég.*, IIe part., statuts, Ier vol., 647.

— (Melinia, fille de). *Arch. adm.*, t. 641.

Pairie, voy. Reims (pairie de); vide Pareria, Paritas.

Pairs, voy. Pares.

Pais (Jehan), verrier. *Arch. adm.*, t. III, 842.

Païsans (F. le), homme de Trigny. *Arch. adm.*, t. I, 644.

Paisant (Arnulfus). *Arch. adm.*, t. I, 110.

Paisseneuse (étal de la). *Arch. adm.*, t. II, 742.

Paissiaco (Renerus de), voy. Passy (Renier de).

Païssionneux (Robert le). *Arch. adm.*, t. II, 489.

Paissy (ville de), voy. Passy.

Paivy, voy. Pavy.

Palafredus, vide palefridus.

Palais, voy. archevêque de Reims (palais de l'), Paris, Reims.

— de Reims (chapelain du). *Arch. adm.*, t. II, 524, 1047.

— (appariteurs du). *Arch. adm.*, t. 776.

— archiépiscopal de Reims (chapelle du). *Arch. adm.*, t. II, 1050.

— des rois francs (grands du). *Arch. adm.*, t. II, 1050.

Palamède (Ogier), barbier. *Arch. lég.*, IIe part., statuts, Ier vol., 893.

Palatii Remensis capellania. *Arch. adm.*, t. II, 1048.

— Remensis capellanus, voy. Palais de Reims (chapelain du).

Palatium, vide Aquisgrani, Corbiacum,

Munceio (de), Tahu (de), Tau (de); voy.
Palais.

Palazin (Richard le), vergeur de vin. *Arch.
lég.*, IIe part., *statuts*, Ier vol., 429.

Palefridus (palefroi). *Arch. adm.*, t. I,
343, 456. *Arch. lég.*, Ire part., 91.

Palestine (royaume de). *Arch. adm.*, t. I,
1086.

— (évêque de), voy. Barberin (Antoine).

Palicium (palissade). *Arch. adm.*, t. II,
920.

Pallamentum, vide parlamentum.

Pallemalle (jeu de). *Arch. lég.*, IIe part.,
statuts, Ier vol., 701.

Pallium. *Arch. adm.*, t. I, 37, 49, 50, 168,
222, 315, 338, 379, 383, 449, 463,
472, 512, 528. *Arch. lég.*, IIe part.,
statuts, Ier vol., 10, 70, 91, 93, 99.

Palluau (Denis de), conseiller. *Arch. lég.*,
IIe part., *statuts*, IIe vol., 804.

Pamiers (évêque de). *Arch. lég.*, IIIe part.,
statuts, Ier vol., 651.

Pammereau (Jehan), potier d'étain. *Arch.
adm.*, t. III, 841.

Panassac (Mgr de). *Arch. lég.*, IIe part.,
statuts, Ier vol., 650.

Panault (Ch. du), seigneur de Taisy. *Arch.
lég.*, IIe part., *statuts*, Ier vol., 717.

Panbon (Nicolas), notaire. *Arch. lég.*,
IIe part., *statuts*, IIIe vol., 252, 264.

Pance (Jehan la), citoyen de Reims. *Arch.
adm.*, t. I, 1017, 1018; t. II, 14, 36,
185, 392. *Arch. lég.*, Ire part., 69, 233.

— (Robert la). *Arch. adm.*, t. II, 663.

— (Jehessonius la), voy. Pance (Jehan la).

Pancette (J.), échevin de Betheniville.
Arch. adm., t. III, 412.

Pancy (village de). *Arch. adm.*, t. I, 786.
Arch. lég., Ire part., 899.

— (Theobaldus de), évêque de Dol. *Arch.
lég.*, IIe part., Ier vol., 63.

Pancyum, voy. Pancy.

V.

Pandectæ, voy. Pandectes.

Pandectes (les). *Arch. lég.*, IIe part., *statuts*, IIe vol., 759.

Pandio. *Arch. lég.*, Ire part., 449.

Pandulphus, chanoine de Châlons. *Arch.
adm.*, t. I, 731.

Panetarius, vide Remensis ecclesiæ panetarius, S. Nichasii, S. Remigii; vide
panetier.

Paneteria, vide regia.

Paneterie. *Arch. adm.*, t. I, 411; t. II,
560, 956; voy. Reims (paneterie de).

Panetier, voy. Reims (panetier de), Roi.

Panfilet, voy. Paufilet.

Pange (de), voy. Despinoy (Mme).

— (marquis de), seigneur de Frety. *Arch.
adm.*, t. II, 1083.

Panier (Alexander), chanoine. *Arch. lég.*,
IIe part., *statuts*, Ier vol., 117.

— (Renauldus) chanoine. *Arch. lég.*,
IIe part., *statuts*, Ier vol., 117.

— (Didier), cordonnier. *Arch. lég.*, IIe part.,
statuts, IIe vol., 243.

Panis, voy. Vendemiis (panis de), hautun;
voy. Pain.

— theloneum. *Arch. adm.*, t. II, 434.

— capitularis. *Arch. lég.*, IIe part., *statuts*,
Ier vol., 44; voy. Chapitre (pain du).

— conventualis. *Arch. lég.*, IIe part., *statuts*, Ier vol., 177, 194.

Pannare. *Arch. adm.*, t. III, 313.

Pannus, vide Damasco pannus (de).

Panthænus. *Arch. lég.*, IIe part., *statuts*,
IIe vol., 762.

Pantin (village de). *Arch. lég.*, IIe part.,
statuts, IIIe vol., 532, 543.

Pantouf (Jean), conseiller du roi. *Arch.
adm.*, t. II, 853; t. III, 20.

— (Jehan), vicaire de l'archevêque. *Arch.
adm.*, t. II, 872, 1000, 1005, 1032?
voy. Pentour (Jean), t. III, 102.

Pantouf (Jean), sénéchal de l'église de Reims. *Arch. adm.*, t. II, 886.

Papa, voy. pape.

Paparo (Johannes), cardinal. *Arch. adm.*, t. I, 322.

Pape (le). *Arch. adm.*, t. I, 597, 600, 603, 632, 634; t. II, 29, 87, 584, 642, 705; t. III, 307, 549, 607. *Arch. lég.*, 1re part., 7, 22, 92, 103, 119, 120, 126, 137, 266, 283, 318, 349, 387, 400, 430, 453, 457; voy. Adrianus IV, Adrianus V, Anacletus, Benedictus XXII, Boniface VIII, Clément V, Gregorius VII, Gregorius IX, Innocent III, Innocent IV, Urbain II, Urbain IV, Urbain VIII.

— (chambre du). *Arch. adm.*, t. III, 755.

— (collecteurs du). *Arch. adm.*, t. III, 763.

Papelarde (Garinus la). *Arch. adm.*, t. I, 797, 812.

— (Blanchia la). *Arch. adm.*, t. I, 914.

— (Havidus). *Arch. adm.*, t. I, 1021.

Papelart (Raulet le). *Arch. adm.*, t. II, 25.

— (J.... le), élu de Reims. *Arch. lég.*, IIe part., *statuts*, 1er vol., 730.

Papelentille (gué de). *Arch. adm.*, t. II, 554; t. III, 379.

Papelina, nom de la cloche du réfectoire du chapitre de Reims. *Arch. adm.*, t. II, 383.

Papeline, nom donné à la distribution de vin des caves de l'archevêque faite au chapitre. *Arch. adm.*, t. III, 875. *Arch. lég.*, IIe part., *statuts*, 1er vol., 89.

Papelinus, voy. Papeline.

Papetiers (statuts des). *Arch. lég.*, IIe part., *statuts*, IIIe vol., 359, 372.

Papier. Ordonnance réglant le tarif dudit. *Arch. lég.*, 1re part., *statuts*, IIIe vol., 364, 367.

Papilenticus (Thebaldus). *Arch. lég.*, IIe part., *statuts*, 1er vol., 102, 141.

Papilentio (Theobaldus de), vide Papilenticus.

Papillart (Jean). *Arch. adm.*, t. III, 8.

Papillon, voy. Ferté.

Pappolus, l'un des signataires du testament de Saint-Remi. *Arch. adm.*, t. I, 24.

Paquarde (Emmelina la), voy. Pacarde.

Paquet (Guiotus), prévôt de Courville. *Arch. adm.*, t. II, 186.

Paquier (Milet). *Arch. adm.*, t. I, 1117.

— (Jehan). *Arch. adm.*, t. III, 484. *Arch. lég.*, IIe part., *statuts*, IIIe vol., 72.

Paradisy (Gerardus). *Arch. adm.*, t. I, 70.

Paramentum (ornement). *Arch. adm.*, t. III, 760, 770.

Parchappe, voy. Vinay.

Parcheminiers. Devoirs auxquels ils sont astreints en temps de guerre. *Arch. adm.*, t. II, 833. *Arch. lég.*, IIe part., *statuts*, IIe vol., 76, 265.

Parcheval, chapelain de Saint-Thierry. *Arch. adm.*, t. III, 8.

Parco (abbas de). *Arch. adm.*, t. I, 332.

Pardon, voy. S. Luc (pardons de).

Pardryan (Hugues). *Arch. adm.*, t. II, 632.

Pardule, évêque de Laon. *Arch. adm.*, t. I, 230.

Paregy, voy. Pargny.

Parent (Gérard(, sergent de Notre-Dame. *Arch. lég.*, IIe part., *statuts*, IIe vol.

— (Jacques), mercier. *Arch. lég.*, IIe part., *statuts*, IIe vol., 570.

— (Guillaume), recteur de l'université. *Arch. lég.*, IIe part., *statuts*, 1er 115? *statuts*, IIe vol., 699, 712, 713.

— (Louis), chaudronnier. *Arch. lég.*, IIe part., *statuts*, IIIe vol., 104.

— (Simon), chaudronnier. *Arch. lég.*, IIe part., *statuts*, IIIe vol., 102.

— (Jacob). *Arch. adm.*, t. III, 487.

Parent (Lambert), curé d'Harcigny. *Arch. lég.*, ıʳᵉ part., 886.

— (Thomas), échevin. *Arch. lég.*, ııᵉ part., *statuts*, ıᵉʳ vol., 909, 918, 921, 922, 928, 930; *statuts*, ııᵉ vol., 163, 265.

— (Étienne), marchand tapissier. *Arch. lég.*, ııᵉ part., *statuts*, ııᵉ vol., 441, 444.

— (Antoine), marchand tapissier. *Arch. lég.*, ııᵉ part. *statuts*, ııᵉ vol., 441.

Pareria. *Arch. adm.*, t. I, 592, 899; t. II, 262; t. III, 905; vide Pairie.

Pares. *Arch. adm.*, t. I, 599, 790, 899; t. II, 30; vide Franciæ pares.

Parfait (J.), échevin. *Arch. adm.*, t. III, 834.

Parfondereu (village de). *Arch. lég.*, ıʳᵉ part. 884, 893, 903.

— (curé de), voy. Mavonay (Léonard).

Parfondeval (village de). *Arch. lég.*, ıʳᵉ part., 900.

Pargnan (village de), voy. Perguant.

Pargneyo (capellania de), vide Pargny chapellenie de).

— (ecclesia de), vide Pargny (église de).

Pargny (montagne de), terre qu'on extrayait de ladite pour le foulage. *Arch. lég.*, ııᵉ part., *statuts*, ııᵉ vol., 845, 848.

— (Huardus de). *Arch. adm.*, t. I, 830.

— (Robertus de), prévôt de Laon. *Arch. adm.*, t. I, 822, 834.

— (ville de). *Arch. adm*, t. I, 1089; t. II, 985, 1032, 1053, 1107; t. III, 488, 490, 493, 579, 663, 707. *Arch. lég*, ıʳᵉ part., 755, 876, 879, 900, 907, 911, 919; ııᵉ part., *statuts*, ıᵉʳ vol., 806; *statuts*, ııᵉ vol., 405, 406.

— (presbyter de). *Arch. adm.*, t. II, 1104.

— (chapellenie de). *Arch. adm.*, t. II, 1107.

— (église de). *Arch. adm.*, t. II, 1105.

— (dîme de). *Arch. lég.*, ııᵉ part., *statuts*, ıᵉʳ vol., 247; *statuts*, ııᵉ vol., 406.

Paria (pairie), vide Paritas.

Parilletus, écuyer. *Arch. lég.*, ııᵉ part., *statuts*, ıᵉʳ vol., 75.

Paris (académiciens de), voy. Parisiensis academici.

— (archidiacre de), voy. Parisiensis archidiaconus.

— (aune de). *Arch. adm.*, t. III, 489. *Arch. lég.*, ııᵉ part., *statuts*, ııᵉ vol., 230, 373, 801, 802, 807, 864, 867.

— (châtelet de). *Arch. adm.*, t. II, 122, 392, 652, 681, 722, 992, 1023; t. III, 177. *Arch. lég.*, ııᵉ part., *statuts*, ıᵉʳ vol., 202, 532; *statuts*, ııᵉ vol., 1049; *statuts*, ıııᵉ vol., 17, 182, 238, 383, 582.

— (chapitre de), voy. Parisiense capitulum.

— (collége de), vide Parisiense collegium.

— (concile de), voy. Parisiense concilium.

— (coutume de). *Arch. lég.*, ıʳᵉ part., 1018, 1040; ııᵉ part., *statuts*, ıııᵉ vol., 551.

— (denier de), voy. Parisiensis denarius.

— (doyen de), voy. Parisiensis decanus.

— (droit de). *Arch. lég.*, ııᵉ part., *statuts*, ıııᵉ vol., 266.

— (église de). *Arch. adm.*, t. I, 716. *Arch. lég.*, ıʳᵉ part., 918; ııᵉ part., *statuts*, ııᵉ vol., 73.

— (élection de). *Arch. lég.*, ııᵉ part., *statuts*, ıᵉʳ vol., 943, 945, 951.

— (épiciers de). *Arch. lég.*, ııᵉ part., *statuts*, ııᵉ vol., 974, 984.

— (évêque de), voy. Parisiensis episcopus.

— (halle de). *Arch. lég.*, ııᵉ part., *statuts*, ııᵉ vol., 834.

— (hôtel au Platel de). *Arch. adm.*, t. II, 1217.

— (hôtel de). *Arch. adm.*, t. III, 758.

— (hôtel de ville de). *Arch. lég.*, ııᵉ part., *statuts*, ııᵉ vol., 819, 955; *statuts*, ıııᵉ vol., 489, 666.

Paris (hôtel de). *Arch. adm.*, t. III, 750, 758.

— (hôtel de la Fleur-de-lis de). *Arch. adm.*, t. III, 766.

— (Hôtel-Dieu de), seigneur de Tour. *Arch. adm.*, t. II, 1066, 1081. *Arch. lég.*, IIe part., *statuts*, IIIe vol., 393.

— (hôtel Saint-Louis de). *Arch. lég.*, IIe part., *statuts*, IIe vol., 606.

— (jauge de). *Arch. lég.*, IIe part., *statuts*, IIe vol., 968.

— (livre de), voy. Parisiensis libra.

— (Lombards de). *Arch. adm.*, t. III, 178.

— (Louvre de). Collection dudit alléguée à l'occasion d'un écrit de Gerbert. *Arch. adm.*, t. I, 400; t. II, 487, t. III, 213, 309, 531. *Arch. lég.*, IIe part., *statuts*, Ier vol., 883.

— (mesure de), voy. Parisiensis mensura.

— (mesure de). *Arch. adm.*, t. III, 834. *Arch. lég.*, Ire part., 725; IIe part., *statuts*, IIe vol., 838, 846, 900, 901.

— (muid de). *Arch. lég.*, *statuts*, IIIe vol., 76.

— (obole de), voy. Parisiensis obola.

— (pinte de). *Arch. lég.*, IIe part., *statuts*, IIIe vol., 223.

— (or de), voy. Bassin (or du).

— (Palais-Royal de). *Arch. lég.*, IIe part., *statuts*, Ier vol., 381.

— (parlement de). *Arch. lég.*, Ire part., 913; IIe part., *statuts*, IIe vol., 919, 925.

— (pont-Neuf de). *Arch. adm.*, t. III, 766.

— (pont Saint-Michel de). *Arch. lég.*, IIe part., *statuts*, IIe vol., 606,

— (porte de), voy. Parisius (porta).

— (prévôt de), voy. Aubriot (Hugues), Bullion (Gabriel-Jérôme de), Haquin (Gilles).

— (prévôt royal). *Arch. lég.*, IIe part., *statuts*, IIIe vol., 95.

Paris (prévôté de). *Arch. adm.*, t. II, 689, 704, 716, 891; t. III, 114. *Arch. lég.*, IIe part., *statuts*, Ier vol., 513; *statuts*, IIe vol., 837.

— (Sainte-Chapelle de). *Arch. adm.*, t. II, 1037, 1038, 1067; t. III, 851.

— (Sainte-Geneviève de). *Arch. adm.*, t. I, 6, 18, 270, 983. *Arch. lég.*, IIe part., *statuts*, IIIe vol., 530, 552; voy. Genovefæ Parisiensis.

— (Saint-Sulpice de). *Arch. lég.*, IIe part., *statuts*, Ier vol., 235, 292; *statuts*, IIe vol., 789.

— (Saint-Martin des Champs de). *Arch. lég.*, IIe part., *statuts*, IIe vol., 18; *statuts*, IIIe vol., 530, 552.

— (université de), voy. Parisiensis universitas.

— (temple de). *Arch. adm.*, t. I, 100; t. II, 487.

— (Trinitaires de). *Arch. adm.*, t. II, 1092.

— (Val-de-Grâce de). *Arch. adm.*, t. II, 1054.

— (ville de). *Arch. adm.*, t. I, 320, 401, 431, 436, 462, 466, 485, 511, 537, 539, 608, 610, 667, 703, 707, 736, 758, 782, 790, 873, 876, 882, 897, 913, 920, 923, 939, 965, 1014, 1024, 1035, 1051, 1053, 1100, 1120; t. II, 4, 29, 37, 51, 82, 146, 151, 155, 194, 204, 239, 258, 266, 275, 305, 321, 392, 423, 461, 477, 484, 487, 598, 632, 649, 663, 677, 759, 774, 796, 802, 820, 836, 837, 840, 842, 849, 862, 868, 871, 950, 977, 983, 984, 989, 996, 998, 999, 1019, 1046, 1052, 1138, 1162, 1182, 1194, 1217; t. III, 26, 65, 96, 144, 159, 166, 212, 274, 291, 307, 446, 541, 589, 735, 761, 890, 903. *Arch. lég.*, Ire part., 8, 279, 320, 722; IIe part., *statuts*, Ier vol., 125, 147, 199, 231, 434, 492, 543, 579, 590, 598, 603, 610.

629, 641, 644, 653, 665, 713, 715, 773, 790, 796, 828, 842, 849, 856, 866, 869, 880, 883. Les habitants de Reims adoptent le mode d'élection par connétablies de ladite, 891. Les mêmes habitants repoussent les offres des Parisiens pour les faire entrer dans la Ligue, 911 ; iie part., *statuts*, iie vol., 26, 167, 170, 182, 193, 269, 285, 343, 376, 430, 441, 513, 561, 578, 625, 628, 781, 818, 834, 879, 885, 924, 932, 943, 960, 983, 992, 992, 1001, 1035 ; *statuts*, iiie vol., 102, 104, 140, 174. Les barbiers de Reims règlent leurs statuts sur ceux de ladite, 189, 195, 274, 282, 307, 382, 383, 417, 429, 430, 431, 453, 457, 464, 517, 522, 531, 532, 579, 636, 657, 751.

Paris (vicomte de), voy. Remiremont (Miles de).

— (vicomté de). *Arch. lég.*, iie part., *statuts*, iie vol., 837.

— (Andrieu de), bourgeois de Reims. *Arch. adm.*, t. III, 248.

— (Étienne), bonnetier. *Arch. lég.*, iie part., *statuts*, iie vol., 296.

— (Regnier de). *Arch. adm.*, t. III, 692, 694. *Arch. lég.*, iie part., *statuts*, i^{er} vol., 846.

— (Remi de), conseiller. *Arch. lég.* iie part., *statuts*, i^{er} vol., 493, 841.

— (Jehan de), mire. *Arch. adm.*, t. II, 349, 603, 653, 691, 692. *Arch. lég.*, i^{re} part., 892, iie part., *statuts*, i^{er} vol., 637, 729.

— (Matthieu). *Arch. adm.*, t. I, 690.

— (Louis), archiviste de la ville de Reims, *Arch. adm.*, t. I, 222, 756. *Arch. lég.*, iie part., *statuts*, i^{er} vol., 944, 947, 977.

— (Raoul de). *Arch. adm.*, t. II, 327.

— (Michel de), bailli de Vermandois. *Arch. adm.*, t. II, 360.

— (Catelin de). *Arch. adm.*, t. II, 555.

Paris manouvrier. *Arch. adm.*, t. II, 824.

— (Robert de), échevin de Reims. *Arch. lég.*, iie part., *statuts*, i^{er} vol., 678, 680, 847, 848, 854 ; *statuts*, iie vol., 6.

— (Oudart de), sieur de Branscourt, échevin. *Arch. lég.* iie part. *statuts*, iie vol., 559.

— (Claudius), lecteur au séminaire de Reims. *Arch. lég.*, iie part., *statuts*, iie vol., 773.

— (Bartholomé de). *Arch. adm.*, t. II, 990.

Pariset Lefèvre, bourgeois. *Arch. adm.*, t. III, 380.

Parisiense capitulum. *Arch. adm.*, t. II, 385.

— concilium. *Arch. adm.*, t. I, 35, 37, 60 ; t. II, 590. *Arch. lég.*, i^{re} part., 448.

— collegium. *Arch. adm.*, t. I, 1050.

Parisienses academici. *Arch. adm.*, t. I, 774.

Parisiensis archidiaconus. *Arch. adm.*, t. I, 472, 601.

— denarius. *Arch. adm.*, t. I, 798, 812, 889, 908, 992, 1055, 1084 ; t. II, 100, 560, 595, 659, 704, 856 ; t. III, 28, 179, 200, 288, 301, 318, 507, 512, 636, 683, 699, 736, 755, 778, 796, 821, 867. *Arch. lég.*, i^{re} part., 111, 286, 488, 508, 519, 542, 548, 554, 572, 576, 584, 596, 633, 635, 711, 714, 721, 726, 737, 745, 749, 752, 759, 812 ; iie part., *statuts*, i^{er} vol., 198, 327, 329, 400, 473, 945, 949 ; *statuts*, iiie vol., 33, 35, 384.

— decanus, vide Stephanus.

— ecclesia, vide Paris (église de).

— episcopus, vide Corbolio (Raynaldus de), Erchenradus, Odo, Renaudus.

— libra. *Arch. adm.*, t. I, 476, 510, 536, 542, 569, 598, 618, 629, 637, 644, 649, 703, 710, 754, 770, 781,

798, 802, 810 , 935, 957, 970, 973, 992 , 999 , 1000, 1021, 1055, 1093, 1100, 1104; t. II, 36, 45, 59, 99, 101, 104, 128 , 140, 153, 171, 210, 212, 215, 235, 256, 258, 280, 393, 406, 437, 560, 584, 659, 704, 822, 847, 861 , 879, 885, 928, 930, 932, 937; t. III, 179, 189, 297, 313, 341, 395, 476, 541 , 616, 780, 904. *Arch. lég.*, Ire part., 91, 109, 114, 134, 170, 236, 243, 261, 268, 277, 314, 519; IIe part., *statuts*, Ier vol., 13, 63 , 64 , 66 , 70, 75, 78 , 80 , 82, 83, 85 , 92, 93, 95, 97, 99, 103, 107, 194, 195, 198, 387, 401 , 402 , 539, 654 , 821, 949 ; *statuts*, IIe vol., 113, 218, 495, 594, 870 ; *statuts*, IIIe vol., 35 , 475.

Parisiensis mensura. *Arch. adm.*, t. III, 816.

— obolus. *Arch. adm.*, t. I, 714; t. II, 704.

— præpositus, voy. Paris (prévôt de).

— solidus. *Arch. adm.*, t. I, 11 , 545, 704, 709, 811, 812, 908, 963, 973, 992, 1075, 1093; t. II, 102, 104, 147, 192, 250, 485, 592, 659, 704, 738, 845, 890, 903, 937; t. III, 172, 179, 302, 321 , 518 , 543 , 635, 668, 743, 852. *Arch. lég.*, Ire part., 13, 111, 503, 527, 558, 589, 598, 634, 636, 711, 714 , 721 , 725, 727, 737, 745, 760, 808, 812, 861 , 957 , 965 , 1012; IIe part., *statuts*, Ier vol., 13, 66, 68, 70, 72, 74, 78, 88 , 94, 101, 160, 194, 198, 247, 328, 329, 436, 447, 468, 473, 496, 539, 757, 796, 900, 995; *statuts*, IIe vol., 27, 218, 266, 361, 481, 512, 801 ; *statuts*, IIIe vol., 36, 218, 402.

— universitas. *Arch. lég.*, Ire part., 278 ; IIe part., *statuts*, Ier vol., 124; *statuts*, IIe vol., 71, 76, 77 , 81 , 84, 467, 649, 655, 665 , 667 , 670 , 677 , 678 , 686, 688, 715.

Parisiensis, voy. maille, denier, sol, écu, obole.

Parisius porta. *Arch. adm.*, t. II, 932.

— collegium , vide Parisiense collégium.

— (Mattheus de), lévite et chanoine. *Arch. lég.*, IIe part., *statuts*, Ier vol., 103; voy. Pâris (Matthieu).

— (Johannes de). *Arch. lég.*, IIe part., *statuts*, Ier vol., 103 ; voy. Paris (Jehan de).

— (Radulphus de), chanoine de Reims. *Arch. adm.*, t. II , 475; voy. Paris (Raoul de).

Parisot (M. de), seigneur de Selles. *Arch. adm.*, t. II , 1064, 1115.

— voy. Villelongue.

Paritas, vide pairie.

Parjure , voy. perjurium.

Parlamentum, vide parlement.

Parlatorium (parloir, parlement) *Arch. adm.*, t. I, 1078; t. II, 184.

Parlement. *Arch. adm.*, t. I, 490, 563, 646, 790, 897, 913, 934; t. II, 76, 246 , voy. Paris (parlement de), Metz (parlement de).

Parlorium, vide Parlatorium.

Parma (Hilarius de), chanoine. *Arch. adm.*, t. II, 475, 622, 1033. Patron de Briquenay, 1098.

Parme (duc de). *Arch. lég.*, IIe part., *statuts*, Ier vol., p. 571, 925, 926.

Parmentarius, vide Drouetus, Villermus, Wietus.

Parmentier (Jean), lieutenant en la justice Bezannes. *Arch. lég.*, Ire part., 497? IIe part., *statuts*, IIIe vol., 28.

— (Templier le). *Arch. adm.*, t. II, 673.

— (Colin le). *Arch. adm.*, t. II, 674.

— (Germont le). *Arch. adm.*, t. II, 698.

— (Richart le). *Arch. adm.*, t. II, 915.

— (D...), bourgeois. *Arch. lég.*, IIe part., *statuts*, Ier vol., 871, 882 ; voy. Drouetus.

Parmentier (Rainier). *Arch. adm.*, t. III, 17.

— (Jaquier le). *Arch. adm.*, t. II, 1243.

— (Gilet le). *Arch. adm.*, t. III, 69.

— (Henri le). *Arch. adm.*, t. II, 672, t. III, 837.

— (Perrin le). *Arch. adm.*, t. I, 1066.

Parmini (Thomas). *Arch. lég.*, iie part., *statuts*, i^er vol., p. 586.

Parnaco (Pontius de), official de la cour de l'archidiacre. *Arch. adm.*, t. I, 787; t. II, 100. *Arch. lég.*, iie part., *statuts*, i^er vol., 193.

Parnant (Herveus Robertus). *Arch. adm.*, t. I, 838.

Parneyo (ecclesia de), voy. Pargny, (église de).

— (patronagium de). *Arch. adm.*, t. II, 1107.

Parochia, prise anciennement pour dio-cèse, *Arch. adm.*, t. I, 59, 60. *Arch. lég.*, i^re part., 284 ; vide Paroisse.

Paroisse, voy. diocèse de Reims (paroisses du).

Paroissien (Lancelot), maître charpentier. *Arch. lég.*, iie part., *statuts*, iiie vol., 671.

— (Jehan-Baptiste), maître charpentier. *Arch. lég.*, iie part., *statuts*, iiie vol., 671.

Parovius, legs fait audit par saint Remi. *Arch. adm.*, t. I, 17.

Parpe-la-Ville (seigneur de), voy. Amer-val.

Parreria, vide Pareria.

Parresson, voy. Lavanne.

— le barbier. *Arch. adm.*, t. I, 958.

Parricidium. *Arch. lég.*, i^re part., 381.

Particæ mensura. *Arch. adm.*, t. I, 308.

Partois (Jehan le). *Arch. adm.*, t. II, 906. *Arch. lég.*, iie part., *statuts*, i^er vol., 641.

Partois (Gobinus le), mansionnaire du chapitre. *Arch. adm.*, t. I, 1103.

Party (Simon), ouvrier en soie. *Arch. lég.*, iie part., *statuts*, iie vol., 375.

Parva decima. *Arch. lég.*, iie part., *sta-tuts*, i^er vol., 167.

Parvi (Guillermus), tailleur de pierre. *Arch. adm.*, t. III, 901.

— (Johannes). *Arch. lég.*, i^re part., 46.

Parvisius, vide Remensis.

Parvy (Petrus), presbyter. *Arch. lég.*, iie part., *statuts*, i^er vol., 119.

Parvulorum baptisma. *Arch. adm.*, t. I, 555, 612.

Parvus (Theodoricus), chevalier. *Arch. lég.*, iie part., *statuts*, i^er vol. 75.

— (Petrus), prêtre. *Arch. lég.*, iie part., *statuts*, i^er vol., 89.

Parvus, voy. Radulphus.

Pas (Jehan de), tabellion. *Arch. adm.*, t. III, 842.

Pascal, voy. Comput.

Pascardus, vide Pascart.

Pascart (Jehan). *Arch. adm.*, t. II, 603, 746, 864, 865, 993 ; t. III, 138, 188, 237, 240. *Arch. lég.*, iie part., *statuts*, i^er vol., 170? 441.

— (Pierre), échevin. *Arch. adm.*, t. I, 1117, 1120, 1127 ; t. II, 13, 16, 54.

— (Henri). *Arch. adm.*, t. II, 464, 663.

Paschal II, pape. *Arch. adm.*, t. I, 96, 97, 255, 257, 258, 260, 261, 263, 264, 265. Détention dudit par Henri V, 266, 269, 564.

Paschalis, voy. Paschal.

— prêtre. *Arch. lég.*, iie part., *statuts*, i^er vol., 76.

— doyen. *Arch. lég.*, iie part., *statuts*, i^er vol., 79.

Paschasidis, voy. Paschasiola.

Paschasiola, femme affranchie par saint Remi. *Arch. adm.*, t. I, 15.

Pasquarde, voy. Aalis.

Pasquardes (maison de). *Arch. adm.*, t. II, 524.

Pasque (Severius), sergent du roi. *Arch. adm.*, t. III, 665.

Pasqueron (Peresson). *Arch. adm.*, t. III, 837.

Pasques (chapelle de). *Arch. adm.*, t. II, 1106.

— (connétablie de). *Arch. lég.*, IIe part., *statuts*, IIe vol., 1015.

Pasquet (Nicolas), sergent au bailliage de Laon. *Arch. lég.*, Ire part., 897.

Pasquier (J. de), écuyer. *Arch. adm.*, t. II, 533.

— bourgeois. *Arch. adm.*, t. I, 746.

— (Ouedeline, femme de). *Arch. adm.*, t. I, 746.

— (Courret), échevin. *Arch. adm.*, t. II, 800.

— tonnellier. *Arch. adm.*, t. III, 69.

— (Oudart), boulanger. *Arch. lég.*, IIe part., *statuts*, IIe vol., 533.

— (Jean), peigneur de laine. *Arch. lég.*, IIe part., *statuts*, IIIe vol., 85.

— (Antoine), tabellion. *Arch. lég.*, IIe part., *statuts*, IIIe vol., 269.

Pasquis (capellania de), voy. Pasques (Ch. de).

Pasquot (Charles), bourgeois à chanoine. *Arch. lég.*, IIe part., *statuts*, IIIe vol., 312, 327.

Passagium (passage). *Arch. adm.*, t. III, 901, 903. *Arch. lég.*, IIe part., *statuts*, Ier vol., 84; vide Peage.

Passaige (François du). *Arch. lég.*, Ire part., 894.

Passare (passer). *Arch. adm.*, t. II, 972; t. III, 237, 706, 709, 812.

Passavant (forteresse de). *Arch. lég.*, IIe part., *statuts*, Ier vol., 730.

Passec (seigneurie de). *Arch. adm.*, Ire part., 878.

Passée (Regnault). *Arch. lég.*, IIe part., *statuts*, IIe vol., 237, 264.

Passeentarte (J.), échevin. *Arch. adm.*, t. II, 800.

— (Oudinet), voy. Passentarte (Oudart).

Passel, voy. Passec.

Passeleu prope Sanctum Desiderium (prior de). *Arch. adm.*, t. II, 637.

Passelles (village de). *Arch. lég.*, Ire part., 909.

Passementiers (statuts des). *Arch. lég.*, IIe part., *statuts*, IIIe vol., 295.

Passentarte (Oudart), prévôt de Reims. *Arch. adm.*, t. II, 800; t. III, 284, 306, 308, 392, 404, 432, 435, 43., 462.

Passiaco (Terricus de), voy. Passy (Thierry de).

— (Johannes de). *Arch. adm.*, t. III, 7..

— (Gerbertus de), moine de Saint-Nicaise de Reims. *Arch. adm.*, t. I, 10.., 1003.

— (Renerus de), voy. Passy (Reiner de).

Passiacum, voy. Passy.

Passion (mystère de la), joué à Reims pour conjurer la peste et la guerre. *Arch. lég.*, IIe part, *statuts*, Ier vol., 271.

Passionneus (Robin le). *Arch. adm.*, ..., 93.

Passot (Claude), charpentier. *Arch. lég.*, IIe part., *statuts*, IIIe vol., 80.

— (Jehan), charpentier. *Arch. lég.*, IIe part., *statuts*, IIIe vol., 80.

Passoulet (Jehan). *Arch. adm.*, t. I, ...

Passu Clugniacensis (prior de). *Arch. adm.*, t. II, 638.

Passy (Thierry de). *Arch. adm.*, ..., 727, 825, 828, 834, 865, 869.

— (Renier de), official de Reims. *Arch. adm.*, t. I, 810, 812, 878, 926, ...

99, 101. *Arch. lég.*, iiie part., *statuts*, i^{er} vol., 122.

Passy (Robert de), avocat. *Arch. adm.*, t. III, 20.

— (Jean de), conseiller du roi. *Arch. adm.*, t. III, 434.

— en Valois (ville de). *Arch. adm.*, t. I, 18, 563; t. III, 492. *Arch. lég.*, i^{re} part., 877, 879, 899; iie part., *statuts*, iie vol., 563, *statuts*, iiie vol., 226, 394.

— (Eustache de), voy. Paciaco.

Past. *Arch. adm.*, t. I, 260; t. II, 216, 338, 384, 406. *Arch. lég.*, iie part., *statuts*, i^{er} vol., 177, 186, 195, 198, 252; vide Pastus.

— (Nicolas). *Arch. adm.*, t. III, 837.

— (Charles), maître charron. *Arch. lég.*, iie part., *statuts*, iie vol., 930.

— (Gobin), boucher. *Arch. lég.*, iie part., *statuts*, i^{er} vol., 998.

— (Ferry de). *Arch. adm.*, t. III, 149; voy. Ferri.

Pastoureau (Jo....), alias Regis, prêtre. *Arch. lég.*, iie part., *statuts*, i^{er} vol., 116.

Pastourel (Elbaut). *Arch. adm.*, t. III, 836.

Pastura, vide Nemorum, Sancti Theodorici.

Pasturagium (pâturage). *Arch. adm.*, t. I, 870; vide Pastura.

Pastus, vide S. Nichasii pastus, Adalberonis, Bliardi, Droconis; vide Past.

Pâté (Jehan), boulanger. *Arch. adm.*, t. II, 403? *Arch. lég.*, iie part., *statuts*, iie vol., 162.

— (Pierre), boulanger. *Arch. lég.*, iie part., *statuts*, iie vol., 162.

Patelet (Gorin). *Arch. adm.*, t. II, 1243.

Patelette (Guillaume), curé de Montigny et Bazoches. *Arch. lég.*, i^{re} part., 886.

Patentes, établissement desdites. *Arch. lég.*, iie part., *statuts*, iiie vol., 742.

Patequin (Colart), sergent royal. *Arch. adm.*, t. II, 433, 448, 754.

Paterniacum, lieu des environs de Reims. *Arch. lég.*, iie part., *statuts*, i^{er} vol., 66.

Patez (Colinus). *Arch. lég.*, i^{re} part., 190.

Patin (Jean), maître bonnetier. *Arch. lég.*, iie part., *statuts*, iie vol., 291.

— (Guido), docteur en médecine à la faculté de Paris. *Arch. lég.*, iie part., *statuts*, iie vol., 749.

— (Benoît), charpentier. *Arch. lég.*, iie part., *statuts*, iiie vol., 671.

— (Pierre), charpentier. *Arch. lég.*, iie part., *statuts*, iiie vol., 671.

— (Remi), charpentier. *Arch. lég.*, iie part., *statuts*, iiie vol., 671.

Patins (Manasserus), bourgeois. *Arch. adm.*, t. II, 68.

Pâtissiers de Reims (statuts des). *Arch. lég.*, iie part., *statuts*, i^{er} vol., 841; *statuts*, iie vol., 144, 942.

Patniacum monasterium. *Arch. lég.*, iie part., *statuts*, i^{er} vol., 100.

Patouart (J.), maçon. *Arch. adm.*, t. II, 1140.

— (maison de). *Arch. adm.*, t. III, 621.

Patouillart (Nicolas). *Arch. lég.*, iie part, *statuts*, iiie vol., 51.

Patoul (Galterus), moine de Saint-Remi. *Arch. adm.*, t. I, 870.

Patoulin (E.). *Arch. adm.*, t. II, 823.

Patoullet (Johannes). *Arch. adm.*, t. II, 300, 402.

Patoux (Michel), maître tonnelier. *Arch. lég.*, iie part., *statuts*, iie vol., 417.

Patriarcat, voy. Alexandrie (patriarcat de).

Patrimonium, vide Ecclesiæ patrimonium.

Patrocinium, vide Patronatus.

Patron (patronus). France (patron de la), vide Patronus.

Patronage, voy. Saint Denis (patronage de); voy. Patronagium.

Patronagium, vide Patronatus.

Patronatus. *Arch. adm.*, t. I, 382, 395, 417, 421, 432, 444, 474, 478, 509, 552, 714, 755, 886; t. III, 804. *Arch. lég.*, ı^{re} part., 48; ıı^e part., *statuts*, ıı^e vol., 638; vide Ecclesiarum patronatus.

Patronus. *Arch. lég.*, ı^{re} part., 119, 128, 441; vide Patron.

Patrouillart, avocat. *Arch. lég.*, ıı^e part., *statuts*, ıı^e vol., 591, 606.

Pau (ville de). *Arch. lég.*, ıı^e part., *statuts*, ıı^e vol., 668.

Paufilés, voy. Franquet.

— (Henry), boucher. *Arch. adm.*, t. II, 25, 27, 38.

Paufilet (Bertrand). *Arch. adm.*, t. II, 825, 894.

— (J....), bourgeois. *Arch. lég.*, ıı^e part., *statuts*, ı^{er} vol., 781.

Paufin (Nicolas), sergier. *Arch. lég.*, ıı^e part., *statuts*, ıı^e vol., 796.

Pauilly (parochia de), voy. Poilly.

Paul III, pape. *Arch. lég.*, ıı^e part., *statuts*, ıı^e vol., 70, 72, 75, 688.

— Émile, historien. *Arch. lég.*, ıı^e part., *statuts*, ıı^e vol., 179.

Paulet (Remi). *Arch. lég.*, ıı^e part., *statuts*, ıı^e vol., 162.

Paulette, concierge de l'hôtel de l'archevêque. *Arch. adm.*, t. III, 758, 772.

Paulmier (maître), secrétaire du roi. *Arch. lég.*, ıı^e part., *statuts*, ı^{er} vol., 711.

— (Jehan le), boucher. *Arch. lég.*, ıı^e part., *statuts*, ı^{er} vol., 998.

Paulon (Oudart). *Arch. lég.*, ıı^e part., *statuts*, ıı^e vol., 431.

Paulus, évêque de Téatine. *Arch. adm.*, t. I, 147, 148, 194.

Paulus, légat du pape Adrien II. *Arch. adm.*, t. I, 53.

— vide Sanctus.

Paumacle, voy. Pomacle.

Paumier (Barthélemy). *Arch. adm.*, t. II, 732.

Paupere (Odo le). *Arch. adm.*, t. III, 545.

Pauperes. *Arch. adm.*, t. I, 329, 330, 338, 346, 363, 380, 397, 409, 426, 436, 443, 447, 503, 508, 509, 510, 542, 580, 646, 677; t. II, 407, 1125. *Arch. lég.*, ı^{re} part., 91, 382, 391, 442, 450, 453, 477, ıı^e part., *statuts*, ıı^e vol., 88; vide Pauvres, vide Clerici pauperes, Scholares, Libera (de) Sancti Nichasii.

Paupertates, voy. Pauvretés, S. Rigoberti.

Pauperum præbenda. *Arch. adm.*, t. I, 478.

Paura (parochia de), voy. Pauvre (paroisse de).

— (presbyter de). *Arch. adm.*, t. II, 1412.

Paurra (J. de), notaire. *Arch. adm.*, t. I, 1076, 1049; vide Faynot (Johannes).

Paute (Hues le). *Arch. adm.*, t. II, 904.

— (Thiercicus le), chapelain. *Arch. adm.*, t. II, 1049.

Pautre (Doynetus, dit le). *Arch. adm.*, t. II, 184.

— (Jo... la). *Arch. lég.*, ıı^e part., *statuts*, ı^{er} vol., 116.

Pauvre (ville de). *Arch. adm.*, t. I, 312, 452, 622, 649; t. III, 604. *Arch. lég.*, ı^{re} part., 755, 876, 902, 907; ıı^e part., *statuts*, ı^{er} vol., 235, 245; voy. Poora.

— (seigneurie de). *Arch. lég.*, ıı^e part., *statuts*, ı^{er} vol., 251.

— (Four de), voy. Poora (furnus de).

— (paroisse de). *Arch. adm.*, t. II, 1108, 1114.

Pauvre (prêtre de), voy. Paura (presbyter de).

Pauvres. Don fait auxdits par saint Remi
dans son testament. *Arch. adm.*, t. I,
8, 13, 14, 18, 20. L'archevêque Hincmar fonde un hospice pour lesdits,
37, 38, 74, 75 ; t. II, 493, 937 ; t. III,
280, 752, 762. *Arch. lég.*, II⁰ part.,
statuts, I⁰ʳ vol., 65, 70, 76, 77, 78,
79, 85, 86, 88, 91, 93, 98, 101, 103,
165, 265, 357, 403, 896, 906 ; *statuts*,
II⁰ vol., 87, 88, 179, 491, 498, 535.
Les habitants non cotisés pour lesdits
ne participent point aux élections municipales, 536, 755 ; *statuts*, III⁰ vol.,
65, 68, 69, 70, 73, 74 ; voy. Justines
(pauvres de), Scry, Saint Rigobert,
Saint Remi.

— (archers des). *Arch. lég.*, II⁰ part.,
statuts, III⁰ vol., 280, 288, 293, 482,
496.

— (bureau des). *Arch. lég.*, II⁰ part., *statuts*, I⁰ʳ vol., 101.

— (police des). *Arch. lég.*, II⁰ part., *statuts*, II⁰ vol., 94, 491.

— (prébende des), voy. Pauperum præbenda.

— (lavement des pieds des). *Arch. adm.*,
t. I, 656.

— (taxe des). *Arch. lég.*, II⁰ part., *statuts*,
I⁰ʳ vol., 457, 469, 515, 896, 899 ; *statuts*, II⁰ vol., 87. Origine de ladite, 92,
119 ; *statuts*, III⁰ vol., 69, 70, 283, 564,
617.

Pauvretés conférées par le chapitre de
Reims. *Arch. adm.*, t. I, 443. *Arch.
lég.*, II⁰ part., *statuts*, II⁰ vol., 84.

— (vœu de). *Arch. lég.*, II⁰ part., *statuts*, I⁰ʳ vol., 138.

Pavant (M. de), seigneur de Mondigny.
Arch. adm., t. II, 1076, 1083, 1092,
1111. *Arch. lég.*, II⁰ part., *statuts*,
III⁰ vol., 391.

— (chevalier de), seigneur de Belleville.
Arch. adm., t. II, 1095.

Pavant (Jehan de), seigneur de la Neufville.
Arch. lég., I⁰ part., 892.

— (Joseph-Adam Delamotte de), fabricant. *Arch. lég.*, II⁰ part., *statuts*,
II⁰ vol., 861.

Pavé (contrôleur du), présenté par le chapitre et institué par les échevins. *Arch.
adm.*, t. I, 489, 723.

Pavea (Ricardus de), appariteur de la
cour de Reims. *Arch. adm.*, t. II, 614,
620, 623.

Pavée (rue). *Arch. lég.*, II⁰ part., *statuts*,
I⁰ʳ vol., 231.

Paviaco (præbendarii de). *Arch. adm.*,
t. II, 385.

Pavie (ville de). *Arch. lég.*, II⁰ part., *statuts*, I⁰ʳ vol., 682.

— (concile de). *Arch. adm.*, t. I, 201.

Pavilio (tente, pavillon). *Arch. adm.*,
t. II, 920.

Pavillon (Yves de). *Arch. adm.*, t. II,
364.

— (Remigiensis de), bachelier en théologie. *Arch. lég.*, II⁰ part., *statuts*,
II⁰ vol., 772.

Pavilon (seigneurie de). *Arch. lég.*,
I⁰ part., 893.

Pavimenta viarum. *Arch. adm.*, t. I, 602.

Paviot (M. du), seigneur de Nanthillois.
Arch. adm., t. II, 1094.

Pavoy (monseigneur de), lieutenant du
gouverneur de Champagne. *Arch. lég.*,
II⁰ part., *statuts*, I⁰ʳ vol., 872.

Pax, vide Laudunensis.

Payart, président de la municipalité de
Reims. *Arch. lég.*, II⁰ part., *statuts*,
III⁰ vol., 748.

Payen (Clément), sergent du bailliage de
Reims. *Arch. lég.*, II⁰ part., *statuts*,
II⁰ vol., 328, 333.

— (Philibert), religieux de Saint-Remi.
Arch. lég., II⁰ part., *statuts*, I⁰ʳ vol.,
235.

Payen (S....), marchand. *Arch. lég.*, iie part., *statuts*, i^{er} vol., 691, 870; *statuts*, iiie vol., 306.

— (Pierre), conseiller au parlement. *Arch. lég.*, iie part., *statuts*, iiie vol., 271.

Payeur (Jehan le). *Arch. adm.*, t. II, 896.

— pêcheur. *Arch. adm.*, t. II, 902.

Paynier (Reginaldus dictus), chanoine. *Arch. adm.*, t. I, 1106; t. II, 200.

Payot (Henri), clerc du conseil de ville. *Arch. lég.*, i^{re} part., 650; iie part., *statuts*, i^{er} vol., 767, 772, 774, 780, 786, 793, 797, 803, 809.

— (Jean), panetier. *Arch. lég.*, iie part., *statuts*, iie vol., 336.

Pays, voy. Liége (pays de), Perche, Perthois.

— Bas (province des). *Arch. lég.*, iie part., *statuts*, i^{er} vol., 835.

Payveyo (parochia de). *Arch. adm.*, t. II, 1056; vide Pevy.

Péage. *Arch. adm.*, t. I, 688, 913; t. II, 7, 297, 728, 879, 880; t. III, 517, 518, *Arch. lég.*, iie part., *statuts*, iiie vol., 387; voy. Beaumont (pays de), Noviant, généralité de Châlons, Reims, Waudenoys; voy. Pedagium, Vinagium.

— (droit de). *Arch. lég.*, iie part., *statuts*, iiie vol., 386, 624.

Péager, voy. Pedagiator.

Peccator, voy. Isidore.

Peccatum mortale. *Arch. adm.*, t. III, 550. *Arch. lég.*, i^{re} part., 10, 147, 184, 323, 380.

Pêche (droit de), contesté par les religieux de Saint-Remi aux habitants de Reims. *Arch. adm.*, t. III, 52.

— voy. Ligne (pêche à la); voy. Vesle (pêche de la).

Pêcherie, voy. Cormontreuil, Piscatura.

Pêcheur, voy. Reims (pêcheurs de).

Pecia (pièce). *Arch. adm.*, t. II, 105, 333. *Arch. lég.*, i^{re} part., 98, 187.

Pecora (Raphaël de), chanoine. *Arch. lég.*, iie part., *statuts*, i^{er} vol., 117.

— (Egidius de), sous-chantre. *Arch. lég.*, iie part., *statuts*, i^{er} vol., 120.

Pecoul, maître tonnelier. *Arch. lég.*, iie part., *statuts*, iie vol., 415.

Pecunia, vide Inventio pecuniæ.

Pedagiarium, voy. Péage.

Pedagiator, vide Bapalmis pedagiatores.

Pedagium, vide Pontis de Bucy pedagio, Bapalmis.

Pediculosa Quercus. *Arch. lég.*, iie part., *statuts*, i^{er} vol., 189.

Peier, voy. Mailly.

Peigné, notaire. *Arch. lég.*, iie part., *statuts*, i^{er} vol., 263.

Peimes (Jehan). *Arch. adm.*, t. III, 38.

Pein-Leveit, bourgeois. *Arch. adm.*, t. II, 905.

Peintre, voy. Charlet.

Peirona (Jacobus de). *Arch. adm.*, t. I, 831.

Pejorantis - villa (Hugo). *Arch. lég.*, iie part., *statuts*, i^{er} vol., 166.

Pelagius, herésiarque. *Arch. adm.*, t. I, 153.

Pelé (Lorens le), échevin de Bethenivill. *Arch. adm.*, t. III, 745.

Pelecourt (parochia de), voy. Poilcourt.

Pèlerin. *Arch. adm.*, t. I, 230; t. II, 2, *Arch. lég.*, iie part., *statuts*, i^{er} vol., 165.

— Bataille (carré du). *Arch. adm.*, t. I, 38. *Arch. lég.*, iie part., *statuts*, i^{er} vol., 131.

Pèlerinage, voy. S. Éloy de Noyon (pèl. de), S. Couvin, S. Jacques en Galice; voy. Peregrinatio.

Pelés (Bertrannus le), homme de Frign. *Arch. adm.*, t. I, 634.

Pelés (Huardus le). *Arch. adm.*, t. I, 643.

— (Auberonnus le). *Arch. adm.*, t. I, 875.

— (Luydel le) , échevin de Cormicy. *Arch. adm.*, t. II, 481.

Pelevé (Nicole de), évêque, voy. Pellevé (Nicolas).

Pellée (Alis la). *Arch. adm.*, t. II, 525.

Pellemontier (seigneurie de). *Arch. lég.*, iie part., *statuts*, iiie vol., 533.

Pelleterie (rue de la). *Arch. adm.*, t. II, 498 ; t. III, 668.

Pelletier (Guillemin le). *Arch. adm.*, t. III, 796.

— (Peresson le). *Arch. adm.*, t. III, 835.

— (Gérart le). *Arch. lég.*, ire part., 550.

— (Jehan), curé de Saint-Fregeux. *Arch. lég.*, ire part., 887.

— (Charles-Étienne), intendant de la province de Champagne, voy. Beaupré.

— (Richard le). *Arch. adm.*, t. II, 522, 1220.

— (frère Aubri le). *Arch. adm.*, t. II, 680.

— (Rohars le). *Arch. adm.*, t. II, 681.

— (Hubert le). *Arch. adm.*, t. II, 33? 764? 773, 831, 832, 834? 837, 838.

— (Humbertus le), bourgeois du ban de l'archevêque. *Arch. adm.*, t. II, 795, 972, 975, 1218. *Arch. lég.*, iie part., *statuts*, ier vol., 977.

— (Baudessonus le). *Arch. adm.*, t. II, 1218.

— (Simon), de Paris. *Arch. lég.*, iie part., *statuts*, ier vol., 633.

— (Jesson le), boucher. *Arch. lég.*, iie part., *statuts*, ier vol., 998.

— contrôleur général des finances. *Arch. lég.*, iie part., *statuts*, iiie vol., 224.

— (Cours le). *Arch. lég.*, iie part., *statuts*, iiie vol., 481, 482, 483, 492, 495.

Pellevé (Nicolas), cardinal et archevêque de Reims. *Arch. lég.*, iie part., *statuts*, iie vol., 690.

Pellevé (Nicolas de), évêque d'Amiens. *Arch. adm.*, t. I, 60. *Arch. lég.*, ire part., 889.

Pelliceia (pelisse). *Arch. adm.*, t. I, 596, 865, 1030. *Arch. lég.*, iie part., *statuts*, ier vol., 54.

Pellicia, vide Pelliceia.

Pelliparius (Humbertus), voy. Pelletier (Humbertus le).

— (Alardus). *Arch. adm.*, t. II, 854.

— (Herbertus), échevin. *Arch. adm.*, t. III, 58.

— (Thomas). *Arch. lég.*, iie part., *statuts*, ier vol., 165.

Pelliquant (Johannes). *Arch. adm.*, t. III, 392.

Pellissonium (pelisse , pelisson). *Arch. adm.*, t. I, 1018.

Pellite, voy. Rethel.

Pellot, voy. Pelloti.

Pelloti (Pierre de), lieutenant général du bailli de Vermandois. *Arch. lég.*, iie part., *statuts*, iiie vol., 34, 614.

Pelos (Estènes). *Arch. adm.*, t. II, 27.

Peltier (Hubert le), voy. Pelletier.

Pelvau, voy. Val.

Pelvel, voy. Pelvau.

Pemi (Jehan). *Arch. lég.*, ire part., 538, 568.

Penancourt (dîme de), voy. Penicurte (decima de).

— (seigneurie de). *Arch. lég.*, ire part., 877.

Penboir, voy. Bon (Robert de).

Pence, voy. Pance.

Pendeur (Gérart le). *Arch. adm.*, t. II, 917.

Penicurte (decima de). *Arch. adm.*, t. I, 449. *Arch. lég.*, iie part., *statuts*, ier vol., 91.

Penicurtis, voy. Penancourt.

Pénitence publique. *Arch. adm.*, t. III, 644, 645.

Pénitencier, voy. Reims (pénitenciers de).

Pennel (Theodoricus), sergent du roi. *Arch. adm*, t. III, 435, 469, 664, 671.

Pennetarius, voy. Panetarius.

Pennetière, voy. Jehanne (la).

Pennier (Reginaldus), voy. Paynier.

— (Rasé), bourgeois. *Arch. adm.*, t. III, 837.

Pennes (Jehan), voy. Pennis.

Pennis (Johannes), chanoine. *Arch. adm.*, t. II, 475, 622, 1032? 1065. *Arch. lég.*, IIe part., *statuts*, Ier vol., 86, 118.

Pennuel (Théodoricus), voy. Pennel.

Penonville (village de). *Arch. lég.*, Ire part., 907.

Penthièvre (duc de). *Arch. lég.*, IIe part., *statuts*, IIIe vol., 394, 395.

Pentour (J.), voy. Pantouf.

Peon (le), huissier. *Arch. lég.*, IIe part., *statuts*, Ier vol., 751.

Peornois (prior de). *Arch. adm.*, t. II, 638.

Pépaux, huissier au Châtelet de Paris. *Arch. lég.*, IIe part., *statuts*, Ier vol., 281.

Pépin, roi des Francs, voy. Pepinus.

— (Jehan). *Arch. adm.*, t. II, 676, 695; t. III, 500.

— (Nicolas), marchand épicier. *Arch. lég.*, IIe part., *statuts*, IIe vol., 560.

— conseiller. *Arch. lég.*, IIe part., *statuts*, IIe vol., 1010.

— grand vicaire de l'archevêque. *Arch. lég.*, IIe part., *statuts*, IIIe vol., 171.

— maire du palais, voy. Pipinus.

Pepini (Radulphus), sergent du roi. *Arch. adm.*, t. III, 665.

Pérard (Pierre), sergier. *Arch. lég.*, IIe part., *statuts*, IIe vol., 242, 860.

Pérard (H.), maître sergier. *Arch. lég.*, IIe part., *statuts*, IIe vol., 859.

— (Étienne), échevin. *Arch. lég.*, IIe part., *statuts*, Ier vol., 539.

Perardus, vide Bridoue, Laignelet.

Percenaut, voy. Ausson.

Perceval, voy. Bazeilles (P. de).

Perche (pays de). *Arch. adm.*, t. II, 329. *Arch. lég.*, IIe part., *statuts*, Ier vol., 616.

— (comte du), voy. Salisbury.

— (J. la). *Arch. adm.*, t. II, 493.

— (Giles la). *Arch. adm.*, t. I, 1118.

— (Baudouin la). *Arch. adm.*, t. II, 520.

— (Alexandre la). *Arch. adm.*, t. III, 63.

Percheron (Noël), procureur au parlement. *Arch. lég.*, IIe part., *statuts*, IIe vol., 924.

Perchet (Jehan), dit Phébé. *Arch. adm.*, t. III, 831.

Perchette (P.). *Arch. adm.*, t. II, 895. *Arch. lég.*, IIe part., *statuts*, Ier vol., 770.

Perdue (rue la). *Arch. adm.*, t. I, 260; t. II, 532; t. III, 626. *Arch. lég.*, Ire part., 486, 510, 517, 533, 588, 597; IIe part., *statuts*, IIe vol., 12.

Père (Crochet), drapier. *Arch. adm.*, t. III, 837.

— voy. Mission (pères de la)

Perée (Jehan de la) d'Amiens. *Arch. adm.*, t. III, 840.

Peregrinagium, vide Peregrinatio.

Peregrinatio, vide Jerosolimitana, S. Jacobum in Galicia (pereg. apud), Sanctum Nicolaum de Barro; voy. Pèlerinage.

Peregrinus, vide Pèlerin.

Peresonnus, vide Buschet.

Pereuse (la), voy. Petrosa-Villa.

Perferelenbac (ville de). *Arch. adm.*, t. I, 330.

Perfonderue, voy. Parfondereu.

Pergamo (Mattheus de). *Arch. adm.*, t. II, 1032.

Pergnant (Guillaume de), prêtre. *Arch. adm.*, t. III, 351.

— (village de). *Arch. lég.*, 1re part., 899; voy. Pargnan.

Pérignon (Sebastianus), clerc. *Arch. lég.*, IIe part., *statuts*, IIe vol., 773.

— lieutenant criminel. *Arch. lég.*, IIe part., *statuts*, 1er vol., 503.

Perillon (André), menuisier. *Arch. lég.*, IIe part., *statuts*, IIe vol., 359.

Périn, notaire à Montfaucon. *Arch. lég.*, IIe part., *statuts*, 1er vol., 314.

— (Charles), perruquier. *Arch. lég.*, IIe part., *statuts*, IIIe vol., 191, 194, 198, 199.

— (Simon), coutre ecclésiastique. *Arch. lég.*, IIe part., *statuts*, IIIe vol., 697, 698, 700, 711.

Perier (champs au). *Arch. adm.*, t. III, 609.

Perjurium. *Arch. adm.*, t. I, 120, 198, 240. *Arch. lég.*, 1re part., 36, 43, 168, 202, 206, 208, 380; vide Parjure.

Perière (Guille de la). *Arch. lég.*, 1re part., 1024.

Perlet (Jean). *Arch. lég.*, IIe part., *statuts*, IIe vol., 265.

Perona, voy. Péronne.

— (Johannes de), chanoine. *Arch. adm.*, t. I, 651. *Arch. lég.*, IIe part., *statuts*, 1er vol., 83, 117.

— (Julianus de), miles. *Arch. adm.*, t. I, 790.

— (Nicolaus de), inquisiteur général. *Arch. adm.*, t. III, 639.

— (comes de). *Arch. adm.*, t. I, 323.

Péronense capitulum. *Arch. adm.*, t. II, 635.

Péronne (ville de). *Arch. adm.*, t. I, 304, 429, 430, 515, 913; t. II, 272, 790, 810; t. III, 639. *Arch. lég.*, 1re part., 913; IIe part., *statuts*, 1er vol., 244, 804, 904; *statuts*, IIIe vol., 553.

Péronne (prévôté de). *Arch. adm.*, t. II, 1171, 1172.

— (chapitre de), voy. Peronense capitulum.

— (Jehan de). *Arch. adm.*, t. III, 130.

Pérot, maître sergier, *Arch. lég.*, IIe part., *statuts*, IIe vol., 859.

Pérouse (ville de). *Arch. adm.*, t. I, 446. *Arch. lég.*, IIe part., *statuts*, 1er vol., 437.

Perpignan (université de). *Arch. lég.*, IIe part., *statuts*, IIe vol., 677.

— (ville de). *Arch. lég.*, IIe part., *statuts*, 1er vol., 791.

Perrain (lieu de). *Arch. adm.*, t. II, 1060, 1061.

— (capellanus de), vide Falco.

Perrardus, fils de Pierre de Bezannes. *Arch. adm.*, t. II, 262.

Perrart la Nage Bassinet, voy. Nage (Pierre le).

— le chaussetier. *Arch. adm.*, t. II, 515.

— le pourpoigneur. *Arch. adm.*, t. II, 526.

— frère d'Enrart le boucher. *Arch. adm.*, t. II, 674.

— fils de Baudouin le Cas. *Arch. adm.*, t. II, 152.

— fils de Pierre Buiron. *Arch. adm.*, t. II, 161.

— receveur des tailles de Saint-Clément. *Arch. adm.*, t. II, 481.

— voy. Mailly.

Perrecarde (Sebile la). *Arch. adm.*, t. I, 1108.

Perreçon, voy. Sigars.

— (Regnaud), accusé de fausse monnaie. *Arch. adm.*, t. III, 176.

Perrenet, voy. Petit-Fourrier.

Perrenet, voy. Rabasche.

Perrequini Lislet (Emmelina uxor). *Arch. lég.*, iie part., *statuts*, ier vol., 100.

Perres, voy. Minecourt.

Perresson, fils de Jehan de Cuille. *Arch. adm.*, t. II, 667, 692.

— valet. *Arch. adm.*, t. II, 692.

— fils de Helvys de Dun-le-Chastel. *Arch. adm.*, t. II, 694.

— voy. Sarnay.

— fils de Gilet le Bouchut. *Arch. adm.*, t. II, 917.

— (Aymeri). *Arch. adm.*, t. III, 38, 39, 40.

Perressonars, fils d'Haymon de Champigny. *Arch. adm.*, t. II, 101.

Perressonis porta. *Arch. lég.*, iie part., *statuts*, ier vol., 168.

Perressonus, fils de Henri le Fontanas. *Arch. adm.*, t. II, 335.

Perreta, fille de Johannes le Cochetier. *Arch. adm.*, t. II, 945.

Perrette (Robin). *Arch. lég.*, iie part., *statuts*, iie vol., 278.

— (N....), médecin. *Arch. lég.*, iie part., *statuts*, ier vol., 849.

Perreuse (hameau de la). *Arch. adm.*, t. III, 606; voy. Petrosa-Villa.

Perrier (Frémy). *Arch. lég.*, iie part., *statuts*, iie vol., 315.

— (Johannes), sous-diacre. *Arch. lég.*, iie part., *statuts*, iie vol., 772.

— (connétablie de). *Arch. lég.*, iie part., *statuts*, iie vol., 1015.

Perrière (pignon de la). *Arch. adm.*, t. II, 517.

— (rue de la). *Arch. adm.*, t. I, 12, 79. *Arch. lég.*, ire part., 573; iie part., *statuts*, ier vol., 567; *statuts*, iiie vol., 32, 419.

Perrin le Breton. *Arch. lég.*, ire part., 521.

Perrin (Nicole), curé d'Alincourt. *Arch. lég.*, ire part., 884.

— le Pourpoingneur. *Arch. adm.*, t. II, 503, 688, 689, 693, 696, 701.

— le Charpentier. *Arch. adm.*, t. II, 531.

— clerc. *Arch. adm.*, t. II, 652.

— Charreton. *Arch. adm.*, t. II, 750.

— (David). *Arch. adm.*, t. III, 488.

— voy. Parmentier.

Perrinet d'Ierval, écuyer. *Arch. adm.*, t. II, 107, 120, 123, 127, 147.

— gendre de Piérart de Suny. *Arch. adm.*, t. II, 120, 142.

— le sellier. *Arch. adm.*, t. III, 835.

— (Jehannot). *Arch. lég.*, ire part., 570.

— (Nicolas), maître tonnellier. *Arch. lég.*, iie part., *statuts*, iie vol., 417.

Perrinetus, valet. *Arch. adm.*, t. II, 654; t. III, 772.

Perrinus, dictus imperator, homme de Trigny. *Arch. adm.*, t. I, 874, 877.

— voy. Waimel.

— (Guiotus), *Arch. adm.*, t. III, 392.

Perron de la Chainne, voy. Chaîne (P... de la).

— (cardinal du). *Arch. lég.*, iie part., *statuts*, iie vol., 690.

Perrot, voy. Cuillars, Meis, Pine, Queux, S. Bâle, Sellier.

— (Moricet), boucher. *Arch. lég.*, iie part., *statuts*, ier vol., 998.

Perrotin (Raoul), notaire du parlement. *Arch. adm.*, t. II, 996.

— (J...). *Arch. adm.*, t. III, 45.

Perruquiers de Reims, soumis à la juridiction du bailli de Vermandois. *Arch. lég.*, iie part., *statuts*, iiie vol., 197, 199, 746.

Persin (Gobin), apothicaire. *Arch. adm.*, t. III, 844. *Arch. lég.*, iie part., *statuts*, ier vol., 580, 645, 628, 630, 631, 632,

633, 637, 638, 642, 644, 647, 649,
655, 655, 657, 659, 661, 666, 673,
675, 677, 682, 693, 696, 701, 709,
712, 715, 722, 729, 734, 740, 746,
752, 756.

Persius, poëte latin. *Arch. lég.*, iie part.,
statuts, iie vol., 736.

Person (Simonnet). *Arch. lég.*, i^{re} part.,
563; iie part., *statuts*, i^{er} vol., 637,
646.

— dit Coquaingue. *Arch. adm.*, t. III,
440.

— (Charlot), notable de Reims. *Arch. lég.*,
iie part., *statuts*, i^{er} vol., 797.

— Voy. Aubigny, Camus, Héry, Joubel,
Picard.

— voy. Varlet, Grand.

— Franche, voy. Persona libera.

— (Robin la). *Arch. adm.*, t. I, 1094.

— (Jacques la). *Arch. adm.*, t. II, 95, 117.

— (Jehan la) *Arch. adm.*, t. III, 379.

Persona, voy. Ecclesiastica, Laica.

— Libera. *Arch. adm.*, t. II, 728, 966,
1165; t. III, 298, 397.

— Minor, voy. Mineur.

Personatus, voy. Acy, Aoust, Ancreville,
Attigny, Birmontel, Brandeville, Cham-
pigneul, Jonchery, Laure, Manas-
sery, Sancto-Clemente (de), Sancto-
Hilario (de), Sancto-Quintino-Parvo (de),
Savigny, Thagny.

Personio (le père), jésuite. *Arch. lég.*,
iie part., *statuts*, iie vol., 690.

Personnus, voy. L'Offre.

Pertes, voy. Perthes.

Perthes (ville de). *Arch. lég.*, i^{re} part.,
907, iie part., *statuts*, iie vol., 860.

— -lez-Rethel (ville de). *Arch. adm.*,
t. II, 1103.

— (paroisse de). *Arch. adm.*, t. II, 1104.

— -lez-Hurlus (village de). *Arch. adm.*,
t. II, 1115; t. III, 660.

v

Perthes (paroisse de). *Arch. adm.*, t. II,
1099, 1100, 1115.

— (dîme de), voy. Pertis (decima de).

— (H.... de). *Arch. adm.*, t. II, 290,
824. *Arch. lég.*, iie part., *statuts*,
iie vol., 968, 1049.

— (Antoine-François), prêtre et chanoine.
Arch. lég., iie part., *statuts*, i^{er} vol., 315.

— (Caumont de), seigneur d'Istres. *Arch.
adm.*, t. II, 1121.

— (église de), voy. Perthis (ecclesia de).

— (Gilet de). *Arch. adm.*, t. II, 827.

— (Thomas de). *Arch. adm.*, t. II, 836.

— (bois de). *Arch. adm.*, t. III, 602.

— (Antoine de), sergent au bailliage de
Reims. *Arch. lég.*, iie part., *statuts*,
iie vol., 374, 375.

— (P.... de). chanoine. *Arch. lég.*, iie part.,
statuts, i^{er} vol., 660, 758, 762, 778,
779, 780, 786, 795, 798, 800, 807,
825.

— (Jehan de), tellier. *Arch. adm.*, t. II,
531, 827, *Arch. lég.*, i^{re} part., 504, 531,
582, 590, 601; iie part., *statuts*,
i^{er} vol., 632; *statuts*, iie vol., 179;
statuts, iiie vol., 31.

Perthis-in-Ulliis (presbyter de). *Arch.
adm.*, t. II, 1099.

— (ecclesia de). *Arch. adm.*, t. I, 312.

— -Juxta-Ulliis (parochia de), voy. Per-
thes-lez-Hurlus (paroisse de).

— -In Ulliis (patronagium de). *Arch. adm.*,
t. II, 1102.

— (presbyter de). *Arch. adm.*, t. II, 1103;
vide Perthis (Jessonius de).

— (Petrus de), chanoine. *Arch. lég.*,
iie part., *statuts*, i^{er} vol., 120.

— (parochia de), voy. Perthes-lez-Rhetel
(paroisse de).

— (Jessonius de), presbyter. *Arch. lég.*,
iie part., *statuts*, i^{er} vol., 119, 121?

Perthuis (ville de). *Arch. lég.*, iie part.,
statuts, iie vol., 914.

Pertica (mesure agraire). *Arch. lég.*,
 IIe part., *statuts*, Ier vol., 83, 94, 102 ;
 vide Terræ perticata.

Pertico (Theobaldus), archidiacre de
 Reims. *Arch. adm.*, t. I, 463, 472.
 Arch. lég., IIe part., *statuts*, Ier vol., 81.

Pertis (ecclesia de), vide Perthis.

— Monasterii Dervinensis (prior de).
 Arch. adm., t. II, 637.

— (decima de). *Arch. lég.*, IIe part., *statuts*, Ier vol., 76, 239.

Pertois (Colart le). *Arch. adm.*, t. II, 700.

— manouvrier. *Arch. adm.*, t. II, 824.

— (Antoine), tisserand. *Arch. lég.*,
 IIe part., *statuts*, IIe vol., 304.

— (Perrinot), hôte de la Crévisse. *Arch.
 lég.*, IIe part., *statuts*, Ier vol., 650.

— (pays du). *Arch. adm.*, t. II, 767.

Pertuisay (Gobin le), chandellier. *Arch.
 adm.*, t. III, 836.

Perruchis (Franciscus de), chanoine. *Arch.
 adm.*, t. II, 475.

Perucain (Estienne), maître charron. *Arch.
 lég.*, IIe part., *statuts*, IIe vol., 930.

Péruse (ville de), voy. Perusium.

Perusium. *Arch. adm.*, t. I, 582, 583,
 726, 733, 735, 762.

Pervicarius (Gibelinus), échevin. *Arch.
 adm.*, t. I, 642.

Pescherainne (Pierre). *Arch. adm.*, t. II,
 372, 669.

— (Adenet). *Arch. adm.*, t. II, 669.

Pesche-Rainne (Robin), drapier. *Arch.
 adm.*, t. I, 961.

— (maison de). *Arch. adm.*, t. II, 1141.

— (Yverone la). *Arch. adm.*, t. II, 1220,
 1223.

Pescheur (Drouet le). *Arch. adm.*, t. II,
 843.

— (Claude), épicier. *Arch. lég.*, IIe part.,
 statuts, IIe vol., 978, 979, 991 ; *statuts*, IIIe vol., 94, 118 ?

Pescheur (M. le). *Arch. lég.*, IIe
 — *statuts*, IIIe vol., 393.

Peschinot (Pierre), clerc. *Arch.
 t. II, 897.

Peschour (Colet le). *Arch. adm.*, t. I,
 413.

Pesloel (Andrieux). *Arch. lég.*, Ire
 898.

Peslupi (Guido), lévite et chanoine. *Arch.
 adm.*, t. I, 424. *Arch. lég.*, IIe
 statuts, Ier vol., 102, 171.

— (Simon), vidame de Reims. *Arch. adm.*,
 t. I, 365, 894. *Arch. lég.*, IIe part.,
 statuts, Ier vol., 102.

Pes-Lupi (Rainaldus). *Arch. lég.*, IIe part.,
 statuts, Ier vol., 76.

Peste. Mesure de police prise à Reims
 contre ladite. *Arch. lég.*, IIe part., *statuts*, Ier vol., 871, 888 ; *statuts*, IIIe vol.,
 71.

Pesteit (Estènes). *Arch. adm.*, t. II,

Pestel (Aubri). *Arch. adm.*, t. I, 1082

— (Renier), poissonnier. *Arch.
 t. II, 354.

Pestelet de Novilla, mansionnaire du chapitre. *Arch. adm.*, t. II, 336.

Pestelu (Jehan), receveur général du domaine du roi. *Arch. lég.*, Ire part.,
 896.

Pestivyen (Sébastien de), seigneur de
 bermont. *Arch. lég.*, Ire part., 890.

Pestot (Nicole), curé de Timothée. *Arch.
 lég.*, Ire part., 885.

Petaut (Gilles), bruisseur. *Arch. lég.*,
 IIe part., *statuts*, IIIe vol., 122,
 187.

Petengio (ecclesia de), *Arch. adm.*,
 280.

Petillon (J....). *Arch. adm.*, t. II, 7

— (Colart). *Arch. adm.*, t. III, 24,
 398.

— (Petrus). *Arch. adm.*, t. III, 24,

Petillon (Huetus). *Arch. adm.*, t. III, 398.

— (Colesson), lieutenant du bailli de l'archevêque de Reims. *Arch. adm.*, t. II, 779; t. III, 14.

Petiot (Jehannet), charpentier. *Arch. adm.*, t. II, 1243.

— (B....), échevin. *Arch. adm.*, t. III, 834.

Petisson (Jehan). *Arch. adm.*, t. II, 162.

Petit-Bidaut (Colin, dit le), bourgeois. *Arch. adm.*, t. III, 82.

Petit (Claude), curé de Sergnyon. *Arch. lég.*, Iʳᵉ part., 886.

— (Regnault), chapelain de Saint-Maurice. *Arch. lég.*, statuts, IIIᵉ vol., 36.

— (Augustin), sénéchal de Notre-Dame de Reims. *Arch. lég.*, IIᵉ part., statuts, IIIᵉ vol., 67.

— voy. Brandoulz.

— -Bos (Regnault). *Arch. adm.*, t. III, 745.

— -Blanc (monnaie). *Arch. lég.*, IIᵉ part., statuts, Iᵉʳ vol., 887.

— -Clary (seigneurie de). *Arch. adm.*, t. II, 1092, 1094.

— (Huet). *Arch. adm.*, t. III, 574.

— (G....), messager. *Arch. adm.*, t. II, 827.

— (Thomas le), échevin. *Arch. adm.*, t. II, 804, 894, 898, 899, 900, 902, 903, 905, 910, 912, 915 ? 930; t. III, 837.

— -Picard. *Arch. adm.*, t. II, 906.

— -Prestre (Jennot), bailli de Bar. *Arch. adm.*, t. II, 1014.

— (Perresson). *Arch. adm.*, t. III, 108. *Arch. lég.*, IIᵉ part., statuts, Iᵉʳ vol., 691 ? 863 ? 867.

— -Guérin (Jehan), de Tremery, officier du chapitre. *Arch. adm.*, t. III, 197. *Arch. lég.*, IIᵉ part., statuts, Iᵉʳ vol., 267.

Petit (Bertrand), maître charron. *Arch. lég.*, IIᵉ part., statuts, IIᵉ vol., 930.

— (Remi), charcutier. *Arch. lég.*, IIᵉ part., statuts, IIᵉ vol., 931, 938.

— (connétablie de). *Arch. lég.*, IIᵉ part., statuts, IIᵉ vol., 1015.

— (Jehan), commissaire du roi d'Angleterre. *Arch. lég.*, IIᵉ part., statuts, Iᵉʳ vol., 577, 611 ? 862; statuts, IIIᵉ vol., 80 ?

— (Thiébaut le). *Arch. adm.*, t. II, 756, 775 ? 788, 810; t. III, 21, 107.

— (Pierre le), tellier. *Arch. adm.*, t. II, 29, 269. *Arch. lég.*, IIᵉ part., statuts, Iᵉʳ vol., 876.

— (Rogier le), échevin. *Arch. adm.*, t. II, 425, 603, 674, 747, 763, 780, 800, 805, 822.

— (Haymart le). *Arch. adm.*, t. II, 550.

— -Jehan (Claude), avocat au parlement. *Arch. lég.*, IIᵉ part., statuts, Iᵉʳ vol., 201.

— -Milet (Jehan). *Arch. adm.*, t. III, 129.

— (Gobertus), chanoine. *Arch. lég.*, IIᵉ part., statuts, Iᵉʳ vol., 114.

— (Cristophe). *Arch. lég.*, IIᵉ part., statuts, IIᵉ vol., 212.

— (Nicolas), tisserand. *Arch. lég.*, IIᵉ part., statuts, IIᵉ vol., 297, 1019.

— (Jehan le), bourgeois. *Arch. adm.*, t. I, 737; t. II, 219, 604, 1039; t. III, 837. *Arch. lég.*, IIᵉ part., statuts, Iᵉʳ vol., 640, 652.

— -Dieu, valet de ville. *Arch. adm.*, t. III, 46, 68; voy. Courlandon.

— -Évreux (Dommangin le). *Arch. adm.*, t. III, 745.

— Simonnet, bourgeois. *Arch. adm.*, t. II, 1193, 1217. *Arch. lég.*, IIᵉ part., statuts, IIIᵉ vol., 307.

— (Colin le), tondeur. *Arch. adm.*, t. II, 1196, 1198; t. III, 831.

Petit (Guillaume le). *Arch. adm.*, t. III, 26 , 284. *Arch. lég.* , 11ᵉ part., *statuts*, 11ᵉ vol., 391.

— (Joullet le). *Arch. adm.* , t. III , 26.

— -Gentil (Willimetus). *Arch. adm.*, t. III, 393.

— -Gayne (G....). *Arch. adm.*, t. III , 460.

— -Fournier (Perrenet le). *Arch. adm.*, t. III, 757.

— -Prévost, boucher. *Arch. adm.*, t. III, 499.

— -Jean (maison de). *Arch. adm.*, t. III, 634.

— (Colesson), lanternier. *Arch. adm.*, t. III, 837.

— -Jehan (Pierre). *Arch. adm.*, t. III, 842.

— (Perrinetus) , vinatier du chapitre. *Arch. adm.*, t. III, 876.

— (Pierre), garde de la prévôté de Laon. *Arch. adm.*, t. II, 126, 136. *Arch. lég.*, 1ʳᵉ part., 654?

— (le) de Langres. *Arch. adm.*, t. II, 332.

— (Henri le), charpentier *Arch. adm.*, t. II, 550, 824.

— (Remi le), échevin. *Arch. adm.*, t. II, 680? 696? 810.

— (Jehan), porcher. *Arch. adm.*, t. II, 750, 762? 1243.

— -Huis de Saint-Pierre (quarrel du), *Arch. adm.*, t. II, 510.

— -Jesnin, voy. Petit-Jehannin.

— -Jehannin. *Arch. adm.*, t. II, 759? 805, 895, 987, 1001, 1002, 1005 ; t. III, 308.

— (Huet), boulanger. *Arch. adm.*, t. II, 827.

— -Preux (Oudinet), échevin. *Arch. adm.*, t. III, 311 , 766.

— -Prévôt (Guillelmus), clerc. *Arch. adm.*, t. III, 769.

Petit (Gobertus), prêtre et chanoine de Reims. *Arch. lég.*, 11ᵉ part., *statuts*, 1ᵉʳ vol., 114.

— -Sayne (Jehan), écuyer. *Arch. adm.*, t. III, 836.

— -Saint-Quintin (chapelain du). *Arch. lég.*, 11ᵉ part., *statuts*, 111ᵉ vol., 37.

— -Fleury (hameau du). *Arch. adm.*, t. II, 1053.

— Molinet (lieu du). *Arch. adm.*, t. III, 13.

— -Trouan (village de). *Arch. lég.*, 1ʳᵉ part., 919.

Petite-Cour (quarrel de la). *Arch. adm.*, t. II, 526, 652.

— -Barbarie (chemin de la). *Arch. lég.*, 11ᵉ part., *statuts*, 1ᵉʳ vol., 238.

Petites-Armoises (village des). *Arch. adm.*, t. II, 1091. *Arch. lég.*, 1ʳᵉ part., 902, 904, 921.

— -Armoises (curé des), voy. Henri (Philippe).

— -Loges (village des). *Arch. adm.*, t. II, 1118. *Arch. lég.*, 1ʳᵉ part., 901.

Pétitoire , voy. Petitorium.

Petitorium. *Arch. lég.*, 1ʳᵉ part. , 190, 667, 804.

Petitot (Thomas), boulanger. *Arch. lég.*, 11ᵉ part. , *statuts*, 11ᵉ vol., 163.

Petitpied (Augustin), sénéchal du chapitre. *Arch. lég.*, 11ᵉ part., 491.

Petitvallet (Jehan), coureur. *Arch. adm.*, t. III, 107.

Petizon (Martin), tondeur de drap, voy. Fetizon.

Petra (Eustacius de), procureur du chapitre. *Arch. adm.*, t. III, 383, 451, 475, 500, 504, 527, 645, 797.

Petrafonte (Johannes de), chanoine de Senlis. *Arch. adm.*, t. II, 67.

— majoris monasterii (prior de). *Arch. adm.*, t. II, 634.

Petrarius (Pierreri). *Arch. adm.*, t. I, 566, 602.

Petri (Johannes), chanoine de Mézières. *Arch. adm.*, t. II, 1043.

— -Monte (altar de). *Arch. adm.*, t. I, 234, 283.

— de Herpeio (feodus). *Arch. adm.*, t. I, p. 321.

— de-Joinville (capellania). *Arch. lég.*, IIe part., *statuts*, Ier vol., 106.

Petrosa (villa), *Arch. adm.*, t. I, 424, 425, 428, 474, 621 ; t. II, 1103. *Arch. lég.* Ire part., 876 ; IIe part., *statuts*, Ier vol., 245 ; vide Pereuse.

— (molendinum de), *Arch. adm.*, t. I, 622.

Petroso (prior de), *Arch. adm.*, t. II, 638.

Petrus, granetarius. *Arch. lég.*, IIe part., *statuts*, Ier vol., 192.

— archevêque de Pavie. *Arch. adm.*, t. I, 145.

— archevêque de Ravenne. *Arch. adm.*, t. I, 167, 168.

— sous-prieur de Saint-Remi, *Arch. adm.*, t. I, 756.

— frater Alani de Novilla militis. *Arch. adm.*, t. I, 808.

— sous-chantre. *Arch. adm.*, t. I, 817, 999. *Arch. lég.*, IIe part., *statuts*, Ier vol., 73.

— (Claudus), abbé de Saint-Remi. *Arch. adm.*, t. I, 822, 834, 836, 842, 846, 856, 865. *Arch. lég.*, IIe part., *statuts*, Ier vol., 185.

— prêtre et moine. *Arch. lég.*, IIe part., *statuts*, Ier vol., 87.

— abbé d'Hautvilliers. *Arch. lég.*, IIe part., *statuts*, Ier vol., 92.

— lévite et chanoine. *Arch. lég.*, IIe part., *statuts*, Ier vol., 95, 116.

— prévôt de l'archevêque, *Arch. adm.*, t. I, p. 1100.

— curé de Chesne. *Arch. adm.*, t. II, 1108.

— Judeus, voy. Juif (Pierre le).

Petrus, évêque de Noyon. *Arch. lég.* IIe part., *statuts*, Ier vol., 32 ; voy. Charlot (Pierre).

— acolyte. *Arch. lég.*, IIe part., *statuts*, Ier vol., 88.

— abbé de Bucilly. *Arch. adm.*, t. I, 314.

— évêque de Beauvais. *Arch. adm.*, t. I, 277.

— moine de Saint-Médard. *Arch. adm.*, t. I, 273. *Arch. lég.*, IIe part., *statuts*, Ier vol., 81.

— chevalier. *Arch. adm.*, t. I, 272, 1091. *Arch. lég.*, IIe part., *statuts*, Ier vol., 85.

— cardinal. *Arch. adm.*, t. I, 282, 348, 439, 1059.

— archidiacre. *Arch. adm.*, t. I, 594, 598.

— évêque d'Albe. *Arch. adm.*, t. I, 670, 688, 694, 701. *Arch. lég.*, Ire part., 25.

— comte de Bretagne. *Arch. adm.*, t. I, 690.

— chancelier. *Arch. adm.*, t. I, 731.

— laïque. *Arch. lég.*, IIe part., *statuts*, Ier vol., 81.

— abbé de Saint-Remi. *Arch. adm.*, t. I, 492, 498? 505, 537, 543. *Arch. lég.*, IIe part., *statuts*, Ier vol., 172, 173, 174, 175, 177, 178, 180, 183, 184, 188, 191 ; vide Nogento (Petrus de), Petrus (Claudus).

— vide Scriptor.

— frère de J. Chastelain. *Arch. adm.*, t. II, 720.

— évêque de Chartres. *Arch. adm.*, t. I, 410.

— prieur de Saint-Remi. *Arch. adm.*, t. I, 424, 429. *Arch. lég.*, IIe part., *statuts*, Ier vol., 192.

— Parisiensis, doyen de l'église de Reims. *Arch. adm.*, t. I, 427, 491,

524, 535. *Arch. lég.*, IIe part., *statuts*,
Ier vol., 93, 106, 191.

Petrus, cellerier de Saint-Remi. *Arch. adm.*,
t. I, 311.

— archevêque de Reims. *Arch. adm.*,
t. I, 931, 932, 942, 971, 977, 987,
989, 996, 998, 1003, 1007, 1008,
1011, 1028, 1031, 1044, 1053,
1087, 1102, 1109, 1111, 1114, 1122,
1125; t. II, 103, 245; voy. Barbet
(Pierre).

— frère convers de l'hospice de Notre-
Dame. *Arch. adm.*, t. I, 995.

— Cellensis, abbé de Saint-Remi. *Arch.
adm.*, t. I, 343, 345, 346, 347, 351,
357, 358, 362, 364, 368, 372, 373,
374, 376, 377, 408, 454, 474? 475?
Arch. lég., IIe part., *statuts*, Ier vol.,
165, 174; voy. Moutier-en-Celle
(Pierre de).

— curé d'Orreinville. *Arch. lég.*, Ire part.,
113, 114, 115.

— de Sacy, abbé de Saint-Remi, voy. Sacy.

— prieur de Houdain. *Arch. adm.*, t. I,
844. *Arch. lég.*, IIe part., *statuts*,
Ier vol., 171.

— chevalier et bailli de l'archevêque.
Arch. adm., t. I, 857.

— diacre de Saint-Denis. *Arch. adm.*,
t. I, 353.

— prêtre de Saint-Sixte. *Arch. adm.*,
t. I, 308, 319, 638. *Arch. lég.*, IIe part.,
statuts, Ier vol., 68, 74, 78? 87? 100.

— évêque de Thérouenne. *Arch. adm.*,
t. I, 559.

— chapelain. *Arch. adm.*, t. I, 345;
vide Altrio (Petrus de).

— sous-diacre. *Arch. adm.*, t. I, 276,
283, 387, 550.

— chapelain de l'abbé de Saint-Remi.
Arch. adm., t. I, 425, 511, 1002.

— aumônier de Saint-Remi. *Arch. adm.*,
t. I, 429.

Petrus, évêque d'Orléans. *Arch. a...*
1050.

— évêque de Bayeux, vide Bavais
(... de).

— diacre de Tours-sur-Marne. *Ar...
adm.*, t. I, 353.

— l'un des meurtriers de G. de Ce...
gny. *Arch. adm.*, t. II, 287.

— sénéchal de Châlons. *Arch. adm.*, ...
364.

— vidame de Reims. *Arch. adm.*, ...
367, 374.

— (Bernardus), ex prieur de Grand...
Arch. adm., t. I, 372.

Peuchet, bourgeois. *Arch. lég.*, IIe par...
statuts, IIIe vol., 443, 440.

Peuchon (Jehan, le). *Arch. adm.*, t. I...
836.

Peudenfant (Jean), prévôt des monnayeur...
Arch. lég., IIe part., *statuts*, IIIe vol...
187.

Péverel (Bauduinus). *Arch. lég.*, IIe part...
statuts, Ier vol., 166.

Pevy (paroisse de), voy. Payveyo (paro...
chia de).

— (village de). *Arch. adm.*, t. II, 16...
Arch. lég., Ire part., 755, 876, 88...
907; IIe part., *statuts*, Ier vol., 69...

— (vicomté de). *Arch. lég.*, IIe part., ...
tuts, IIIe vol., 393.

— (presbyter de). *Arch. adm.*, t. II...
1057.

Peyre, teinturier de Sedan, seign...
Pouru-Saint-Remy. *Arch. adm.*, t...
1087.

Pezé (Nicaise). *Arch. lég.*, Ire part., 9...

Phalampin (abbas de). *Arch. adm.*, t...
640.

Phallet (J....), chapelain. *Arch. ...*
t. II, 525.

Phamista, vide Psalmista.

Pharaon (jeu du). *Arch. lég.*, IIe ...
statuts, IIIe vol., 26.

Pharisæus. *Arch. lég.*, ıre part., 350.

Phelipaux (Jacob), conseiller du roi délégué pour la réformation de l'abbaye de Saint-Remi. *Arch. lég.*, ııe part., *statuts*, ıer vol., 199, 201, 221, 229, 307; *statuts*, ıııe vol., 579.

Phélippe, voy. Suart.

— abbé de Saint-Nicaise. *Arch. adm.*, t. II, 708.

Phelpin (Jean), l'aîné, sergent du bailliage. *Arch. lég.*, ııe part., 219, 221, 491.

Philipotus, tourrier. *Arch. adm.*, t. II, 612.

Philippart (Aubry). *Arch. adm.*, t. II, 24.

Philippe, voy. Trye.

— châtelain de Bar *Arch. adm.*, t. III, 609.

— duc d'Autriche. *Arch. lég.*, ııe part., *statuts*, ıer vol., 835.

— Ier, roi de France, voy. Philippus I.

— II, roi d'Espagne. Intrigues dudit pendant les troubles de la Ligue. *Arch. lég.*, ııe part., *statuts*, ıer vol., 917, 922, 925, 933.

— II, dit Auguste, roi de France. *Arch. adm.*, t. I, 287, 384, 392, 398, 399, 405, 411, 413, 414, 426, 429, 430, 444, 446, 448, 449, 464, 465, 466, 471, 476, 479, 480, 481, 486, 491, 510, 515, 550, 592, 596, 597, 703, 757, 777, 837, 872, 931, 966, 1085; t. II, 17, 1155. Confirme la charte de l'échevinage de Reims. *Arch. lég.*, ııe part., *statuts*, ıer vol., 86, 91, 124, 437, 936; *statuts*, ııe vol., 41, 176, 327; *statuts*, ıııe vol., 428, 627, 635.

— le Hardi, voy. Philippus III.

— IV, dit le Bel, roi de France. *Arch. adm.*, t. I, 1012, 1016, 1024, 1034, 1036, 1043, 1044, 1052, 1080, 1082, 1085, 1089, 1091, 1092, 1097, 1099, 1109, 1114, 1121, 1125,; t. II, 1, 3, 4, 12, 15, 17, 30, 33, 38, 45, 46, 48, 51, 57, 63, 65, 72, 75, 84, 104, 118, 122, 127, 133, 135, 137, 139, 141, 143, 145, 173, 234, 238, 284, 287, 472, 958; t. III, 66, 335, 507, 556. *Arch. lég.*, ıre part., 288; ııe part., *statuts*, ıer vol., 102, 543; *statuts*, ııe vol., 14; *statuts*, ıııe vol., 28. Abroge la coutume d'instituer les clercs notaires, 237, 507, 509, 519, 526, 530, 539, 615.

Philippe V, le Long, roi de France. *Arch. adm.*, t. II, 30, 186, 189, 193, 195, 200, 201, 203, 204, 209, 212, 216, 219, 224, 226, 244, 247, 251, 255, 258, 263, 265, 270, 275, 288, 291, 364, 384, 428, 564? Déclare le tabellionnage de son domaine. *Arch. lég.*, ııe part., *statuts*, ıııe vol., 237, 527.

— VI, roi de France. *Arch. adm.*, t. I, 83, 1092; t. II, 32, 124, 461, 464, 474, 476, 479. Dépenses faites à Reims pour les frais du sacre dudit, t. II, 480. 491, 550, 556, 559, 582, 585, 598, 606, 630, 649, 659, 680, 690, 711, 713, 716, 721, 724, 736, 740, 751, 755, 777, 782, 786, 791, 797, 813, 817, 820, 821, 847, 849, 850, 857, 859, 860, 871, 873, 874, 875, 883, 919, 923, 925, 936, 941, 953, 955, 961, 962, 965, 971, 976, 977, 978, 980, 1009, 1016, 1019, 1020, 1024, 1027, 1142, 1145, 1147, 1151, 1156, 1161, 1166, 1168, 1207, 1209, 1213, 1226, 1237, 1240, 1245; t. III, 62, 106, 115, 214, 246, 291, 557; 908. Établit les greniers à sel. *Arch. lég.*, ııe part., *statuts*, ıer vol., 439, 558. Lettres dudit relatives aux foires de Reims, 978; *statuts*, ııe vol., 16; *statuts*, ıııe vol., 52, 62, 63, 237, 507, 509, 519; 629.

— II, duc de Bourgogne. *Arch. adm.*, t. III, 165, 522, 523.

Philippide (la), poëme de G. Le Breton; citation dudit. *Arch. adm.*, t. I, 464.

Philipponus, franc sergent. *Arch. adm.*, t. II, 338.

Philippus, prêtre. *Arch. adm.*, t. I, 310.

— chanoine de Saint-Symphorien. *Arch. adm.*, t. I, 374.

— écolâtre de Bayeux. *Arch. adm.*, t. I, 804.

— archidiacre de Reims. *Arch. adm.*, t. I, 332, 333. *Arch. lég.*, ıı^e part., *statuts*, ı^{er} vol., 101, 121.

— vidame de Reims. *Arch. adm.*, t. I, 420, 424.

— évêque d'Évreux. *Arch. adm.*, t. I, 601. *Arch. lég.*, ıı^e part., *statuts*, ı^{er} vol., 89, 119.

— Clerici, bourgeois. *Arch. adm.*, t. II, 813.

— I, roi de France, confirme aux archevêques la possession du comté de Reims. *Arch. adm.*, t. I, 84, 96, 210, 211, 213, 219, 220, 239, 241, 243, 245, 254, 260, 283, 285, 297, 779. Confirme les priviléges accordés par ses prédécesseurs à l'abbaye de Saint-Remi. *Arch. lég.*, ıı^e part., *statuts*, ııı^e vol., 21.

— évêque de Beauvais. *Arch. adm.*, t. I, 450. *Arch. lég.*, ıı^e part., *statuts*, ı^{er} vol., 97, 121.

— évêque de Châlons. *Arch. adm.*, t. I, 559. *Arch. lég.*, ıı^e part., *statuts*, ı^{er} vol., 75.

— II, vide Philippe Auguste.

— Pulcher, vide Philippe IV.

— III, dit le Hardy, roi de France. *Arch. adm.*, t. I, 611, 918, 920, 932, 970, 978, 982, 985, 987, 989, 991, 997, 998, 1025, 1109. *Arch. lég.*, ıı^e part., *statuts*, ı^{er} vol., 118; *statuts*, ııı^e vol., 28, 406, 627.

Phincourt (terrages de). *Arch. adm.*, t. III, 630.

Phorion (sieur de), agent du roi. *Arch. lég.*, ıı^e part., *statuts*, ı^{er} vol., 717, 719.

Physici, vide Remenses.

Piautre (Ourbin), sergent de Dontrien. *Arch. adm.*, t. III, 412.

Picarde (Aelis la). *Arch. adm.*, t. III, 452.

Picardiaux (Jehan le), bourgeois. *Arch. adm.*, t. II, 89.

Picardie (communes de). *Arch. adm.*, t. I, 493.

— (province de). *Arch. adm.*, t. I, 515; t. II, 712; t. III, 73, 94, 833. *Arch. lég.*, ı^{re} part., 913; ıı^e part., *statuts*, ı^{er} vol., 542. Envahie par les Anglais, 561, 664, 693, 803, 888. Le roi a droit de prévention en ladite, *statuts*, ıı^e vol., 17.

— (coutume de). *Arch. lég.*, ıı^e part., *statuts*, ııı^e vol., 17.

Picart (Poncelinus). *Arch. adm.*, t. I, 643, 875?

— (Guillaume le). *Arch. adm.*, t. II, 302. *Arch. lég.*, ıı^e part., *statuts*, ı^{er} vol., 812.

— (Colart le). *Arch. adm.*, t. II, 685.

— (Jesnon le), poulier. *Arch. adm.*, t. II, 698.

— (Jehan le), tabellion. *Arch. adm.*, t. III, 129, 764, 827, 835, 842. *Arch. lég.*, ıı^e part., *statuts*, ı^{er} vol., 676, 739, 740; *statuts*, ıı^e vol., 113.

— (G.). *Arch. adm.*, t. II, 742.

— (Person le), clerc. *Arch. adm.*, t. III, 285.

— (Jehennin). *Arch. lég.*, ı^{re} part., 517, 587.

— (François), seigneur de Sevigny. *Arch. lég.*, ı^{re} part., 920.

Picart, général des finances. *Arch. lég.*, IIe part., *statuts*, Ier vol., 664.

Picavés (Robin). *Arch. adm.*, t. I, 959.

— (Fourques). *Arch. adm.*, t. I, 959.

— (Bauduyn), dit la Cahute. *Arch. adm.*, t. II, 603, 780.

— (Baudenet), voy. Picavés (Bauduyn).

Picavette (Aalis la). *Arch. adm.*, t. II, 603, 781.

— (Rose la). *Arch. adm.*, t. II, 641, 781, 805.

Picechian, voy. Pissechien.

Picenum, province d'Italie. *Arch. adm.*, t. I, 195.

Pichart (dom Ponce), religieux de Saint-Remi. *Arch. adm.*, t. I, 217. *Arch. lég.*, IIe part., *statuts*, Ier vol., 203, 217, 227, 230.

Piche (Balduinus la). *Arch. adm.*, t. I, 939.

— (la), bourgeois de Reims. *Arch. adm.*, t. I, 966.

— (Person la). *Arch. adm.*, t. III, 870.

— (Robert la), guetteur de nuit. *Arch. lég.*, IIe part., *statuts*, Ier vol., 640.

Pichelet (Herbesson), fournier du chapitre. *Arch. adm.*, t. III, 105.

Pichery, bourgeois. *Arch. lég.*, IIe part., *statuts*, IIe vol., 38, 45.

Pichés (Giles). *Arch. adm.*, t. I, 743.

— le macecrier. *Arch. adm.*, t. I, 764.

— le Boucher, voy. Pichés le Macecrier.

— (Jehan). *Arch. adm.*, t. III, 305.

Pichié (Lambert), écuyer. *Arch. adm.*, t. III, 656.

— (Guillelmin), capitaine du château de Betheniville. *Arch. adm.*, t. III, 758.

Pichoine (Thomas). *Arch. adm.*, t. II, 543.

— (Robert). *Arch. adm.*, t. II, 773.

Pichon le savetier. *Arch. adm.*, t. II, 523.

Pichon (Melchisédech), exorciste. *Arch. lég.*, IIe part., *statuts*, IIe vol., 773.

Pichot (Thomas). *Arch. lég.*, Ire part., 589.

— (Nicole), curé d'Espoye. *Arch. lég.*, Ire part., 885.

— (Gerardus). *Arch. lég.*, IIe part., *statuts*, Ier vol., 365.

— (Emmelina, femme de). *Arch. lég.*, IIe part., *statuts*, Ier vol., 365.

Pichoyne, voy. Pichoine.

Pico (Adam de), prêtre et chanoine. *Arch. lég.*, IIe part., *statuts*, Ier vol., 75.

Picochian, voy. Pissechien.

Picot (Valet). *Arch. lég.*, IIe part., *statuts*, IIe vol., 209.

Picotin (Hussonnus, dictus). *Arch. adm.*, t. III, 771.

— (Jehan), maître cordonnier. *Arch. lég.*, IIe part., *statuts*, IIe vol., 243.

Picque (Richard), archevêque de Reims. *Arch. adm.*, t. I, 62. Reconnaît au chapitre le droit de justice dans les cantons de sa seigneurie, 82 ; t. II, 1085 ; t. III, 406, 415, 422, 479, 648, 665, 731, 761, 763. *Arch. lég.*, IIe part., *statuts*, Ier vol., 102, 107, 121, 569 ; *statuts*, IIe vol., 57 ; *statuts*, IIIe vol., 31, 241, 614, 617.

Picque (Étienne), frère du précédent. *Arch. adm.*, t. III, 732, 762, 765, 767, 769, 773, 863.

— (Guyot), neveu du précédent. *Arch. adm.*, t. III, 765, 767, 773.

— (Hugo). *Arch. adm.*, t. III, 772.

Picqueis (Jehan), voy. Piquet (Johannes).

Pictavensis comes, vide Alfonsus.

— episcopus, vide Johannes.

Pictaviæ comitatus. *Arch. adm.*, t. I, 988.

Pictoris (Johannes), chanoine. *Arch. adm.*, t. II, 1044.

Pideux (Jehan), tisserand. *Arch. lég.*, IIe part., *statuts*, IIe vol., 304.

Pie (sire Jehan la). *Arch. adm.*, t. II, 651.

Pie IV, pape, voy. Pius IV.

— VI, pape. *Arch. lég.*, IIe part., *statuts*, Ier vol., 255, 258, 267, 295, 303.

Pieca, vide Pecia.

Pied, voy. Roi (pied de).

Piedargent (Marguerite). *Arch. lég.*, Ire part., 167.

Piedefer (Robert). *Arch. adm.*, t. II, 652.

— (François), commandeur de Boncourt. *Arch. lég.*, Ire part., 882.

Piédepièce (Pierre), curé d'Auissecourt. *Arch. lég.*, Ire part., 884.

Pied-Lève, nom d'une cérémonie du chapitre de Reims au jeudi saint. *Arch. adm.*, t. I, 747, 873.

Piélève, voy. Pied-Lève.

Piennes (Loys de), prieur de Vailly. *Arch. lég.*, Ire part., 882.

— (seigneurie de). *Arch. lég.*, Ire part., 889.

Pierardus, dictus le Juif, vide Juif (Pierre le).

Pierars le boucher. *Arch. adm.*, t. II, 550.

Pierelot (François), huissier du Châtelet. *Arch. lég.*, IIe part., *statuts*, IIe vol., 709.

Pieretel (Thibaut), de Metz. *Arch. adm.*, t. III, 83.

Pierlot (Gilles), chasse-pauvre. *Arch. lég.*, IIe part., *statuts*, IIIe vol., 443.

— (Gérard), garde des remparts de Reims, *Arch. lég.*, IIe part., *statuts*, IIIe vol., 495.

Pierone, voy. Vilains.

Pierrart, voy. Suny.

— du Courtil, échevin. voy. Courtil.

— le Juif, voy. Juif (Pierre le)

Pierre le Vénérable (statuts de), *Arch. adm.*, t. I, 231.

Pierre-Morin (livre de). *Arch. lég.*, IIe part., *statuts*, IIIe vol., 390.

— (Gérard). *Arch. lég.*, IIe part., *statuts*, IIe vol., 265.

— (Jacobus de la), exorciste. *Arch. lég.*, IIe part., *statuts*, IIe vol., 773.

— Henri, (connétablie de), *Arch. lég.*, IIe part., *statuts*, IIe vol., 1015.

— évêque de Senlis, *Arch. adm.*, t. I, 60.

— évêque de Beauvais. *Arch. adm.*, t. I, 61.

— (Benoît), avocat à Laon. *Arch. lég.*, Ire part., 921.

— professeur de philosophie du collège des Bons-Enfants. *Arch. lég.*, IIe part., *statuts*, IIe vol., 75.

— (Estienne), sergent royal. *Arch. lég.*, IIe part., *statuts*, IIe vol., 90.

— (Henri). *Arch. lég.*, IIe part., *statuts*, IIe vol., 162.

— (Michel). *Arch. lég.*, IIe partie, *statuts*, IIe vol., 219.

— le pourpoigneur, voy. Perrin.

— abbé de Saint-Denis de Reims. *Arch. adm.*, t. I, 858.

— le Chantre. *Arch. adm.*, t. I, 906.

— -Liens, prévôt de Reims. *Arch. adm.*, t. I, 761.

— le Savetier. *Arch. adm.*, t. III, 17.

— (Eustache de la), voy. Petra (Eustacius de).

— (Wytace de la), procureur des échevins. *Arch. adm.*, t. III, 455, 532.

— (Charles), curé de Haris.

— (Robert), *Arch. lég.*, IIe part., *statuts*, IIe vol., 239.

— Roger, voy. Clément VI, pape.

— évêque de Clermont. *Arch. adm.*, t. I, 1171.

— le parcheminier. *Arch. adm.*, t. II, [illegible]

— (maistre), clerc régaleur. *Arch. adm.*, t. II, 680.

— d'Ourmes, boulanger, voy. Ourmes.

Pierre-au-Change , voy. Reims (Pierre au Change de).

——au-Change de Reims (carrefour de la). *Arch. lég.*, iiᵉ part., *statuts*, iiᵉ vol., 363.

— (justice de). *Arch. adm.*, t. I, 488, 490.

—(pont de la), *Arch. adm.*, t. II, 43.

Pierrefonds (prévôté de). *Arch. lég.*, iʳᵉ part., 915.

Pierremande (ville de). *Arch. lég.*, iʳᵉ part., 886, 894, 909.

— (curé de), voy. Brisard (Jehan).

Pierremont , voy. Saint.

Pierrepont (ville de). *Arch. adm.* , t. I, 912. *Arch. lég.*, iʳᵉ part., 900. *Arch. lég.*, iiᵉ part., *statuts*, iiiᵉ vol., 391.

— (curé de). *Arch. lég.*, iʳᵉ part., 887.

—(châtellenie de). *Arch. lég.* , iʳᵉ part., 888.

Pierret (Jehan). *Arch. adm.*, t. III, 837.

— (P.), drapier. *Arch. lég.*, iiᵉ part., *statuts*, iiᵉ vol., 829.

— maître en chirurgie. *Arch. lég.*, iiᵉ part., *statuts*, iiiᵉ vol., 753.

— Raoul, voy. Raoul (Pierre).

Pierrette (François), marchand. *Arch. lég.*, iiᵉ part., *statuts*, iiᵉ vol., 797.

Pierron (François). *Arch. lég.*, iiᵉ part., *statuts*, iiᵉ vol., 375.

Pierrot , maître sergier. *Arch. lég.* , iiᵉ part., *statuts*, iiᵉ vol., 859.

Pierry (paroisse de), *Arch. lég.*, iiᵉ part., *statuts*, iiᵉ vol., 968.

Pierson (Robert), *Arch. lég.* , iiᵉ part., *statuts*, iiᵉ vol., 208, 209.

Pietancia, vide Pitancia.

Piet-Dieu, homme de Courlandon, *Arch. lég.*, iʳᵉ part., 497.

Pied-Fort, voy. Roye.

Pigalle , statuaire. Le corps de ville de Reims vote une somme pour la statue du roi confiée au ciseau dudit. *Arch. lég.*, iiᵉ part., *statuts*, iiiᵉ vol., 568.

Piganiol, voy. Force.

Pigeons. Dommage causé par lesdits aux récoltes dans la Champagne. *Arch. lég.*, iiᵉ part., *statuts*, iiiᵉ vol., 505, 506.

Pietre, voy. Allemant.

— (Pierre) , procureur. *Arch. lég.*, iiᵉ part. , *statuts*, iiᵉ vol. , 979.

Pigès (Jacques), bourgeois. *Arch. adm.*, t. II, 1183, 1217.

Pignaculus, *Arch. adm.*, t. II, 439 ; vide Pignon.

Pigney, voy. Pigny.

Pignicourt, voy. Pougnicourt.

Pignolet (François), boulanger. *Arch. lég.*, iiᵉ part. , *statuts*, , iiᵉ vol., 162.

Pignon, voy. Falise, Lormerie, Pignaculus.

— (Nicolas), maître charcutier. *Arch. lég.*, iiᵉ part., *statuts*, iiᵉ vol., 931, 938.

— (G. du), sergent du prévôt. *Arch. adm.*, t. III, 841. *Arch. lég.*, iʳᵉ part., 540.

Pignoris jus. *Arch. lég.*, iiᵉ part., *statuts*, iᵉʳ vol., 165.

Pigny (village de). *Arch. lég.*, iiᵉ part., *statuts*, iiiᵉ vol., 389.

Pigoise (monnaie), nom du denier tournois. *Arch. adm.*, t. II, 578.

Pigoncel (Jehan). *Arch. adm.*, t. III, 412.

Pijon (Jehan), parmentier. *Arch. adm.*, t. II, 694.

—(Haimart), fils du précédent. *Arch. adm.*, t. II, 694.

Pilart (Ponsart). *Arch. adm.*, t. III, 106.

Pilatus, gouverneur de Judée. *Arch. lég.*, iʳᵉ part., 379.

Pilerium , vide Pillarium.

Pilet (Jehan), échevin de Courville. *Arch. adm.*, t. III, 747.

Pillarium (pilier). *Arch. adm.*, t. III, 197. *Arch. lég.*, 1re part., 18 ; 11e part., *statuts*, 111e vol., 23.

Pille (Thomas), marchand mercier. *Arch. lég.*, 11e part., *statuts*, 11e vol., 560, 565.

Pilles (Jo...), prévôt. *Arch. lég.*, 11e part., *statuts*, 1er vol., 118.

Pillier (Philippe). *Arch. lég.*, 11e part., *statuts*, 11e vol., 162.

— (Gilles), mercier. *Arch. lég.*, 11e part., *statuts*, 11e vol., 564.

— (Gérard), religieux de Saint - Remi. *Arch. lég.*, 11e part., *statuts*, 1er vol., 203, 217, 219, 228.

Pillière (Claude), boulanger. *Arch. lég.*, 11e part., *statuts*, 11e vol., 161.

Pillois (Simon). *Arch. lég.*, 11e part., *statuts*, 11e vol., 307 ; *statuts*, 111e vol., 662.

— (Julien), lieutenant des habitants de Reims et partisan de la Ligue. *Arch. lég.*, 11e part., *statuts*, 1er vol., 716, 913. Trahison dudit, 914, 918, 922, 927, 928, 931.

Pillory (Pierre), voy. Pilory (Petrus).

Pilloteau (Jehan). *Arch. adm.*, t. III, 837. *Arch. lég.*, 11e part., *statuts*, 1er vol., 797.

Pillouart (Jehan). *Arch. lég.*, 11e part., *statuts*, 111e vol., 33.

Pilori. *Arch. adm.*, t. II, 1243 ; voy. Saint–Remi (pilori de).

Pilory (Petrus), lieutenant du bailli de Vermandois. *Arch. lég.*, 11e part., *statuts*, 1er vol., 378, 800, 849, 871, 933, 936, 938, 939.

Pilotel (Jehan), bourgeois. *Arch. adm.*, t. III, 380.

Pinart (Nicolas). *Arch. lég.*, 1re part., 666.

Pincecuns (Stephanus). *Arch. lég.*, 11e part., *statuts*, 1er vol., 166.

Pinceleu (Colin). *Arch. adm.*, t. II, 300.

Pincerna, vide Dudo, Eustachius, Walterus.

Pinchart (Jean), épicier. *Arch. lég.*, 11e part., *statuts*, 111e vol., 92, 93.

— cordonnier. *Arch. lég.*, 11e part., *statuts*, 1er vol., 928.

—(Henri), marchand. *Arch. lég.*, 11e part., *statuts*, 111e vol., 93.

— (N....), écolâtre de Reims. *Arch. adm.*, t. I, 663.

— (Pierre), *Arch. lég.*, 11e part., *statuts*, 11e vol., 238.

— (Nicolas), épicier. *Arch. lég.*, 11e part., *statuts*, 11e vol., 978 ; *statuts*, 111e vol., 94.

— (connétablie de). *Arch. lég.*, 11e part., *statuts*, 11e vol., 1015.

— capitaine de bourgeoisie, voy. Mopinot.

Pinchon (Guillaume), archidiacre d'Avranches. *Arch. adm.*, t. II, 812, 816, 817, 820.

Pinconiense capitulum. *Arch. adm.*, t. II, 637.

Pindarus, poëte grec. *Arch. lég.*, 11e part., *statuts*, 11e vol., 736.

Pine (Perrot la). *Arch. adm.*, t. I, 738, 814. *Arch. lég.*, 1re part., 546.

— (Gilet la). *Arch. lég.*, 1re part., 546.

Pineau. *Arch. lég.*, 11e part., *statuts*, 1er vol., 115, 118, 120, 121.

Pinegale (Giletus). *Arch. adm.*, t. I, 931.

Pinet (A....), maître sergier. *Arch. lég.*, 11e part., *statuts*, 11e vol., 812.

Pinette, avocat. *Arch. lég.*, 11e part., *statuts*, 11e vol., 492.

Pingard, bourgeois. *Arch. lég.*, 11e part., *statuts*, 111e vol., 662.

Pingniaco (Théobaldus de). *Arch. adm.*, t. I, 833.

Pinguenet (Johannes), doyen de Saint-Symphorien. *Arch. adm.*, t. I, 271.

Pinon (village de). *Arch. lég.*, 1re part., 900, 918.

Pinsehaste (Colin), chapelain de Neuville. *Arch. adm.*, t. III, 872.

Pinson (Guillaume). *Arch. adm.*, t. II, 989.

— (Jehan), prêtre. *Arch. adm.*, t. III, 751, 757.

— (Radulphus). *Arch. adm.*, t. II, 1034.

Pinta (Claude), principal du collége des Bons-Enfants. *Arch. lég.*, 11e part., *statuts*, 11e vol., 713.

— vide Pinte.

Pintart, voy. Bures.

Pintat (D...), vice-recteur du collége de Reims. *Arch. lég.*, 11e part., *statuts*, 11e vol., 649.

Pinte (P....), maître sergier. *Arch. lég.*, 11e part., *statuts*, 11e vol., 812.

— (André), passementier. *Arch. lég.*, 11e part., *statuts*, 111e vol., 306.

— voy. Paris (pinte de).

Pinteville-Vaugeux (Jean-Baptiste de), lieutenant général au bailliage de Châlons. *Arch. lég.*, 11e part., *statuts*, 11e vol., 979, 980.

— -Vaugeux (village de). *Arch. lég.*, 11e part., *statuts*, 11e vol., 979.

Pintheau (Nicolas), supérieur du petit séminaire de Reims. *Arch. lég.*, 11e part., *statuts*, 11e vol., 778.

Pioche (Jehan), procureur. *Arch. lég.*, 1re part., 653, 745, 759, 865; 11e part., *statuts*, 1er vol., 677, 680, 682, 690, 693, 696, 859, 862, 890, 894; *statuts*, 11e vol., 342, 404.

— (Nicolas), élu de Reims. *Arch. lég.*, 1re part., 657.

— (Claude), *Arch. lég.*, 1re part., 672, 896? 11e part., *statuts*, 1er vol., 904, 905, 906.

— (Aymery), conseiller au siége présidial de Laon. *Arch. lég.*, 1re part., 895;

11e part., *statuts*, 1er vol., 686, 702, 868, 882? 885, 897, 898, 901; *statuts*, 11e vol., 4, 10.

Pioche (Gibrien). *Arch. lég.*, 11e part., *statuts*, 1er vol., 680, 682, 694, 862, 867.

— (Guillaume), député des états de Reims. *Arch. lég.*, 1re part., 897; 11e partie, *statuts*, 1er vol., 872, 876.

— (Regnault). *Arch. lég.*, 11e part., *statuts*, 1er vol., 846; *statuts*, 11e vol., 29, 35.

— (P....), général des finances. *Arch. lég.*, 11e part., *statuts*, 1er vol., 707.

— (Guyon). *Arch. lég.*, 11e part., *statuts*, 1er vol., 862.

— (D....), conseiller. *Arch. lég.*, 11e part., *statuts*, 1er vol., 872.

Piort (Reginaldus), prêtre. *Arch. lég.*, 11e part., *statuts*, 1er vol., 116.

Piot (Renaudus), chanoine. *Arch. lég.*, 11e part., *statuts*, 1er vol., 74, 105.

Pipe (J....le), mégissier. *Arch. adm.*, t. II, 505; t. III, 471.

Piperno (Petrus de). *Arch. adm.*, t. II, 1032.

— (Johannes de), secrétaire du pape. *Arch. lég.*, 1re part., 295.

Pipet, voy. Froidet.

Pipinus, rex Francorum. *Arch. adm.*, t. I, 27, 28, 112, 613. Don fait par ledit à l'église de Reims, 508. *Arch. lég.*, 11e part., *statuts*, 111e vol., 623.

— (laïque), *Arch. lég.*, 11e part., *statuts*, 1er vol., 84.

— roi d'Aquitaine. *Arch. adm.*, t. I, 30.

Piquart (Renaut le). *Arch. adm.*, t. II, 500.

— (Nicolas), épicier. *Arch. lég.*, 11e part., *statuts*, 111e vol., 94.

Piquavette (la). *Arch. adm.*, t. II, 493.

— (bains de la). *Arch. adm.*, t. II, 546.

Pique-en-Pance (J....). *Arch. adm.*, t. II, 527.

Picque, homme de Trigny. *Arch. adm.*, t. I, 643; t. II, 244.

— (Richard), voy. Picque.

Piquet (Johannes). *Arch. adm.*, t. II, 987. *Arch. lég.*, 1re part.; 332, 337.

Piris (prior de), vide Saint-Sulpice de Prix (prieur de).

— Sancti-Heberti in Ardanna (prior de). *Arch. adm.*, t. II, 634, 1028.

— (parochia de). *Arch. adm.*, t. II, 1068, 1069, 1088.

— (presbyter de). *Arch. adm.*, t. II, 1069.

Piron (François-Louis), tailleur d'habits. *Arch. lég.*, IIe part., *statuts*, IIe vol., 531.

Pisan (cardinal de). *Arch. lég.*, 1re part., 877.

Pisarum modius. *Arch. lég.*, IIe part., *statuts*, 1er vol., 175.

Piscaria, vide Piscatura.

Piscatio, vide Piscatura.

Piscator, vide S. Remigii, Remenses.

Piscatoria, vide Piscatura.

Piscatura, vide Ambleio (piscatura de), Fola-Paina (de), Givercio (de), S. Theodorici, Vidulæ.

Piscibus (Nicolaus de)), chanoine de Saint-Pierre-aux-Nonains. *Arch. adm.*, t. I, 1042.

Piscicularius, vide Morellus.

Pise (concile de). *Arch. adm.*, t. I, 271, 289. *Arch. lég.*, IIe part., *statuts*, 1er vol., 107.

Piset (Herbertus), voy. Niset.

Pisis (parochia de), voy. Poix (paroisse de).

— (generale concilium de), voy. Pise (concile de)

Pison (Jacobus). *Arch. lég.*, 1re part., 211.

Pissart (Pierre). *Arch. adm.*, t. III, 488.

Pissechien (Philippot de). *Arch. adm.*, t. II, 1187.

— (chemin de). *Arch. adm.*, t. I, 545. *Arch. lég.*, 1re part., 486.

— Baudesson de). *Arch. adm.*, t. I, 1015.

— (four de). *Arch. adm.*, t. I, 628.

— (mairie de), voy. S. Martin (mairie de).

— (faubourg de). *Arch. adm.*, t. I, 567, 853; t. II, 381.

Pisseleu (rentes de). *Arch. adm.*, t. III, 587.

Pissenière, voy. Joye.

Pissiaco (Robertus de). *Arch. adm.*, t. I, 545.

— (Gaco de). *Arch. adm.*, t. I, 592.

— (Simon de). *Arch. adm.*, t. I, 549, 596.

Pissoniaul (J.). *Arch. adm.*, t. III, 68.

Pissonnerie, voy. Marizy (Estèves de).

Pista (Pierre), tailleur d'habits, *Arch. lég.*, IIe part., *statuts*, IIe vol., 332.

Pistarum concilium, vide Pistes (concile de).

Pistes (concile de). *Arch. adm.*, t. I, 41, 51.

Pistolet (rue du). *Arch. lég.*, IIe part., *statuts*, 1er vol., 237.

Pistonarius, vide Maisières (Poncelatus de).

Pistor, vide Capituli Remensis pistor.

Pitancia (pitance). *Arch. adm.*, t. I, 409, 426, 646, 811, 1000; t. II, 384, 748. *Arch. lég.*, IIe part., *statuts*, 1er vol., 66, 89, 92, 100, 103, 173, 180, 181, 182, 190, 196, 198; vide Vini pitancia.

Pitanciarius (pitancier). *Arch. adm.*, t. I, 645. Attributions dudit, 646, 800; vide S. Remi (pitancier de).

Pitat, avocat. *Arch. lég.*, 1re part., 1012; IIe part. *statuts*, IIe vol., 1047.

Piton (Colesson), sonneur du guet. *Arch. lég.*, IIe part., *statuts*, 1er vol., 643, 646, 652.

Pitoye (la). *Arch. adm.*, t. III, 772.

Pître (Nicolas le), condamné à mort pour vol. *Arch. lég.*, ɪɪ^e part., *statuts*, ɪɪɪ^e vol., 475.

— (Adrian le), condamné à mort pour vol. *Arch. lég.*, ɪɪ^e part., *statuts*, ɪɪɪ^e vol., 475.

Pius IV, pape. *Arch. lég.*, ɪɪ^e part., *statuts*, ɪɪ^e vol., 642.

Pivis (monasterium de). *Arch. adm.*, t. I, 1059.

Piz-de-Beuf (A.). *Arch. adm.*, t. II, 558.

Placars, bourgeois. *Arch. adm.*, t. I, 744.

Place, voy. Boucherie, Cana, Cousture, Croix de S. Beuve, Écaille, Excommuniés, Fosse, Grand-Jardin, Harena, Marché, Saint-Étienne, Saint-Maurice, Saint-Pierre, Suzanne, Temple, Ville de Reims (place royale de).

— (Renaut de la). *Arch. adm.*, t. III, 108.

— (P.... de la), mercier. *Arch. adm.*, t. III, 839. *Arch. lég.*, ɪɪ^e part., *statuts*, ɪ^{er} vol., 626, 667.

— (C.... de la), bourgeois. *Arch. lég.*, ɪɪ^e part., *statuts*, ɪ^{er} vol., 631, 657, 672, 682, 693, 696, 710, 724, 729, 738.

Placencia (Giffardus de), chapelain. *Arch. adm.*, t. II, 1044.

— (Gauffridus de), chanoine de Tournay. *Arch. adm.*, t. I, 1102; t. II, 1036.

Placentia (Egidius de), voy. Plaisance (Gilles de).

— (Raphinus de), vide Plaisance (Raphin de).

— (Guillermus de). *Arch. adm.*, t. II, 1036, 1038.

Placide (Simonnet), religieux de Saint-Remi. *Arch. lég.*, ɪɪ^e part., *statuts*, ɪ^{er} vol., 203.

Placidia, femme de corps de l'église de Reims. *Arch. adm.*, t. I, 16.

Placitare. *Arch. adm.*, t. I, 608, 609. *Arch. lég.*, ɪ^{re} part., 65.

Placitis (census de). *Arch. adm.*, t. II, 102.

Placitum, vide Chezy, Martis-Portæ, S. Theodorici; vide Plaid.

— bannale. *Arch. lég.*, ɪ^{re} part., 64, 159.

Plaid, voy. Baillie de Reims (plaids de la), Cousture, Chrétienté, Prévôté, S. Remi, S. Sixte, Venisse; voy. Placitum.

Plain (ville du). *Arch. adm.*, t. III, 608. *Arch. lég.*, ɪ^{re} part.. 903, 907; voy. Plaines.

Plainchastel-sus-Coucy (prieuré de). *Arch. lég.*, ɪ^{re} part., 881.

Plaines (ville de), voy. Plain.

Plaiotro (Marcus de). *Arch. adm.*, t. I, 328.

Plaisance (Giles le), chanoine et sous-chantre. *Arch. adm.*, t. II, 475, 622, 1032, 1038, 1043? 1044? t. III, 102, 177, 352. *Arch. lég.*, ɪɪ^e part., *statuts*, ɪ^{er} vol., 120.

— (Raphin de), sous-chantre. *Arch. adm.*, t. II, 1034; t. III, 352.

— (cardinal de). *Arch. lég.*, ɪɪ^e part., *statuts*, ɪ^{er} vol., 926, vide Plancentia.

— (Guillaume de), vide Placentia (Guill. de).

Plaisant (Jean-Baptiste). *Arch. lég.*, ɪɪ^e part., *statuts*, ɪɪɪ^e vol., 244, 256.

Plaissier (Martin du). *Arch. adm.*, t. II, 990.

— (Remy de). *Arch. adm.*, t. II, 603.

Planceyo (Hugo de). *Arch. adm.*, t. II, 1036.

Planche (Odardus de la). *Arch. adm.*, t. I, 835.

— (moulin de la). *Arch. adm.*, t. III, 601.

Planchette, voy. Venize (planchette de).

— (lieu de la). *Arch. lég.*, ɪɪ^e part., *statuts*, ɪ^{er} vol., 795, 796, 798, 800.

Plancy (Dreux de), chapelain de Notre-Dame. *Arch. adm.*, t. I, 527.

— (Nicolas de). *Arch. adm.*, t. III, 748.

— (seigneur de). *Arch. lég.*, IIe part., *statuts*, Ier vol., 601.

— (village de). *Arch. lég.*, IIe part.; *statuts*, IIIe vol., 395.

— (Moreau de). *Arch. lég.*, IIe part., *statuts*, IIIe vol., 395.

Planrult (seigneurie de). *Arch. lég.*, IIe part., *statuts*, IIIe vol., 533.

Plantes (terre de). *Arch. adm.*, t. II, 552.

Plasiano (G. de). *Arch. adm.*, t. II, 152.

Plat (Johannes le), citoyen de Reims. *Arch. adm.*, 847, 851, 858; t. II, 11, 23, 100.

— (Gérard le), *Arch. adm.*, t. I, 1039.

Platea, vide Remensis platea; vide Place.

Platel (hôtel au), voy. Paris (hôtel du Platel de).

Platelet, bourgeois. *Arch. adm.*, t. II, 746.

Platellus (assiette). *Arch. adm.*, t. II, 956.

Platon, philosophe grec. *Arch. lég.*, IIe part., *statuts*, IIe vol., 736.

Plâtre, voy. Witry (plâtre de).

Platrière (H.... de la), seigneur de Bordillon, lieutenant général du gouverneur de Champagne. *Arch. lég.*, IIe part., *statuts*, Ier vol., 698.

Plautus, poëte latin. *Arch. lég.*, IIe part., *statuts*, IIe vol., 736.

Pleata. *Arch. adm*, t. II, 232.

Plebeiæ-supra-Maternam, voy. Pliny-sur-Marne.

Plége, voy. Plegius.

Plegius. *Arch. adm.*, t. I, 317, 319, 540, 644, 813, 816, 831, 890, 935; t. II, 932; voy. Plége.

Plenoye (marquis de), seigneur de Lonny. *Arch. adm.*, t. II, 1068, 1069.

Plerigny (village de). *Arch. adm.*, t. I, h.

Pleriniacum, vide Plerigny.

Pleisseir (Godefridus de), prêtre. *Arch. lég.*, IIe part., *statuts*, Ier vol., 119.

Plessiers-de-Roye (village de). *Arch. lég.*, Ire part., 888, 907.

— -Casseleux (village de). *Arch. lég.*, Ire part., 909.

— -Godain-(village de). *Arch. lég.*, Ire part., 920.

Plessis (village de), *Arch. lég.*, Ire part., 890.

— (Praslin), maréchal de France. *Arch. lég.*, IIe part., *statuts*, IIe vol., 122, 106.

— (Jehan du), appariteur de la cour spirituelle. *Arch. lég.*, IIe part., *statuts*, Ier vol., 813.

Plengeron (Jehan), curé de Godelencourt. *Arch. lég.*, Ire part., 883.

Pleure, voy. Pleurs.

Pleurs (marquis de), seigneur de Nanteuil-la-Fosse. *Arch. adm.*, t. II, 1054. *Arch. lég.*, IIe part., *statuts*, IIIe vol., 393.

— (Jehan de), saunier. *Arch. lég.*, Ire part., 746.

— (Eustache de), saunier. *Arch. lég.*, Ire part., 746.

— (marquisat de) *Arch. lég.* IIe part., *statuts*, IIIe vol., 393.

Pleveius, vide Plivy.

Plevy, voy. Plivy.

Plexio (Gaufridus de), chanoine de Soissons. *Arch. adm.*, t. II, 109.

Plicart (Loys), parmentier. *Arch. adm.* t. III, 836.

Plicet (Peresson). *Arch. adm.*, t. III, 83.

Plimiers (Jehan de), procureur de l'archevêque de Reims. *Arch. adm.*, t. III, .

Pline, historien. Citation dudit relative à la ville de Reims. *Arch. adm.*, t. I, .

Pliney (Bertran de). *Arch. adm.*, t. II, 802.

Pliny-sur-Marne (village de). *Arch. adm.* t. I, 10.

Plissier (J.), chanoine. *Arch. lég.*, iie part., *statuts*, ier vol., 659.

Pliveium, vide Plivy.

Plivot (paroisse de). *Arch. adm.*, t. II, 1121, 1122.

— (paroisse de), voy. S. Quintini de Plivis.

— (mairie de), *Arch. lég.*, iie part., *statuts*, ier vol., 237.

Plivy (village de). *Arch. adm.*, t. I, 252, 329 ; t. III, 604. *Arch. lég.*, ire part., 876 ; iie part., *statuts*, ier vol., 167.

Plombais (Alardin de), *Arch. adm.*, t. II, 394.

Plomion (village de). *Arch. lég.* ire part., 919.

Plommecoc, voy. Plumecoc.

Plommet, voy. Plumé.

Plommier (Pierre le), *Arch. adm.*, t. II, 537.

— (Oudinet le), sergent du prévôt de Reims. *Arch. adm.*, t. III, 40.

— (Raoulin le). *Arch. adm.*, t. III, 837, 876.

Plotton (Raymond). *Arch. lég.*, iie part., *statuts*, ier vol., 962.

Plouquet (J.), sergent du bailliage. *Arch. lég.*, iie part., *statuts*, ier vol., 649.

Ployart (village de). *Arch. lég.*, ire part., 899.

Ployaux (village de), *Arch. lég.*, ire part., 907.

Plumbea-Fontana, vide Fraillicurte (villa de).

Plumé (Pierre), sergent de la prévôté de Laon. *Arch. adm.*, t. III, 798. *Arch. lég.*, ire part., 490, 501, 537, 541.

Plumeçoc, bourgeois. t. II, 74, 302.

Plupen (Jehan). *Arch. lég.*, iie part., *statuts*, iie vol., 225.

Pocesse (bailli de), voy. Aogny (Colart d').

Pochardus (Johannes), maire de la Cousture. *Arch. adm.*, t. II, 363.

Pochart (P.). *Arch. adm.*, t. II, 800, 822, 836, 839.

— (B). *Arch. adm.*, t. II, 800.

— (Jehan). *Arch. adm.*, t. II, p. 1004; t. III, 836.

— (Jacquemart). *Arch. adm.*, t. III, 491.

Pochon (J.), échevin d'Attigny. *Arch. adm.*, t. II, 481.

Podio in Arvernia (Nostra Domina de). *Arch. adm.*, t. II, 1207 ; voy. Notre-Dame du Puy.

Poël-Dormant-Bénard, sorte de serrure. *Arch. lég.* iie part., *statuts*, iie vol., 600.

Poële (M.), conseiller. *Arch. lég.*, iie part., *statuts*, iiie vol., 8. Dévoué au cardinal de Guise, 619.

Poenciaco (Gaufridus de), *Arch. adm.*, t. I, 592.

Pœnitentia, vide Morientium, Mortuorum.

— (fratres de). *Arch. adm.*, t. I, 808, 811, 1019.

Pœnitentiarius, vide Begue (Johannes le).

Poëte (Renaudus), clerc. *Arch. adm.*, t. I, 917.

Pogny (village de), *Arch. lég.*, ire part., 878.

— (curé de), *Arch. lég.*, ire part., 887.

Poichart, voy. Pochart.

Poids, voy. Reims (poids de), Roi.

— du roi (droit du). *Arch. lég.*, iie part., *statuts*, ier vol., 299.

Poignant, avocat. *Arch. lég.*, iie part., *statuts*, ier vol., 935.

Poignart (Jehan), curé de Thilloy. *Arch. lég.*, ire part., 887.

— (Pierre), curé de Béthigny. *Arch. lég.*, iie part., *statut*, iie vol., 239.

Poil, voy. Cheval (poil de queue de), Vache.

Poilcourt (paroisse de). *Arch. adm.*, t. II, 1064.

— (village de). *Arch. adm.*, t. III, 594. *Arch. lég.*, Ire part., 902, 907 ; IIe part., *statuts*, IIe vol., 860 ; *statuts*, IIIe vol., 30, 35, 393.

— (dîme de), voy. Policurte (decima de).

— (curé de). *Arch. lég.*, IIe part., *statuts*, IIIe vol., 33.

— (prêtre de). *Arch. adm.*, t. II, 1062.

Poillarde (Riverius la), échevin de Boul. *Arch. adm.*, t. II, 726, 878.

Poille (M.), conseiller. *Arch. lég.*, IIe part., *statuts*, IIe vol., 15, 66.

Poillon (villa de). *Arch. adm.*, t. I, 931.

Poilly (presbyter de). *Arch. adm.*, t. II, 1051, 1090.

— (parochia de). *Arch. adm.*, t. II, 1051, 1090.

— (village de). *Arch. adm.*, t. II, 1054. *Arch. lég.*, Ire part., 877.

— (G.... de), bourgeois. *Arch. lég.*, IIe part., *statuts*, Ier vol., 777, 781.

Poincinet (François), drapier. *Arch. lég.*, IIe part., *statuts*, IIe vol., 796, 806, 812.

Poinçon (mesure de capacité), voy. Charbon (poinçon de), vin.

Poincy (village de). *Arch. lég.*, IIe part., *statuts*, IIe vol., 963.

Poingny, voy. Pogny.

Poinset, voy. Lamier.

— (Jesson), fils du précédent. *Arch. adm.*, t. II, 534.

Poinsinet (Pierre), boulanger. *Arch. lég.*, IIe part., *statuts*, Ier vol., 161.

— (Jean), marchand. *Arch. lég.*, IIe part., *statuts*, IIe vol., 843.

Point-du-Jour (rue du). *Arch. adm.*, t. I, 80. *Arch. lég.*, IIe part., *statuts*, Ier vol., 567.

Pointillard, bourgeois. *Arch. lég.*, IIe part., *statuts*, IIIe vol., 443.

Pointillon (Théodore), coutelier. *Arch. lég.*, IIe part., *statuts*, IIe vol., 1034.

Poiresson (M. de). *Arch. lég.*, IIe part., *statuts*, IIIe vol., 390.

Poiret (P....). *Arch. lég.*, IIe part., *statuts*, Ier vol., 770.

Pois (Jacques le), échevin. *Arch. adm.*, t. II, 14, 97, 233, 342, 349, 362, 369, 394, 1193 ; t. III, 836.

— (Pierre le). *Arch. adm*, t. I, 919.

— (Ch. le). *Arch. adm.*, t. II, 681.

— (R.... de). *Arch. lég.*, IIe part., *statuts*, Ier vol., 630, 657, 739, 754.

— (Ménissier le). *Arch. adm.*, t. II, 60[illegible]

— (Thomas le), échevin. *Arch. adm.*, t. I, 1037 ; t. II, 16, 230, 655, 756, 7[illegible], 777, 803, 810, 830, 831, 834, 8[illegible], 1137, 1138, 1207, 1211 ; t. III, [illegible], 25, 26, 28, 35, 39, 48, 81, 82, [illegible], 98, 110, 136, 166, 174, 240, [illegible], 252, 255, 393, 398, 479. *Arch. lég.*, IIe part, *statuts*, Ier vol., 617, 6[illegible], 728, 740? 754.

— (Thomas) le jeune, échevin. *Arch. adm.*, t. II, 681 ; t. III, 19, 20.

— (boisseau de), voy. Pisarum mod[illegible]

Pois-au-Lart (Lambertus), moine de [illegible] Remi. *Arch. adm.*, t. I, 842.

Poisle (M. de), voy. Poille.

Poislebois (Barthélemy). *Arch.* [illegible] IIe part., *statuts*, IIIe vol., 265.

Poissionneur, voy. Doinet.

Poisson, fourniture dudit pour [illegible] du sacre. *Arch. adm.*, t. II, 56[illegible]

— de mer, ordonnance qui règle [illegible] dudit à Reims. *Arch. adm.*, t. III, 716.

Poisson (vente du). *Arch. adm.*, t. I, 489, 490.

— d'eau douce, ordonnance qui règle la vente dudit à Reims. *Arch. adm.*, t. III, 718.

— (vendeurs de). *Arch. lég.*, iie part., *statuts*, ier vol., 436.

Poissonnerie (Raulin de la). *Arch. adm.*, t. II, 1001, 1008.

— voy. Reims (poissonnerie de).

Poissonneus (Robertus, dictus le), boucher. *Arch. adm.*, t. II, 645.

Poissonnier (Baudesson le). *Arch. adm.*, t. II, 547.

Poissonniers (rue des). *Arch. adm.*, t. I, 38, 81. *Arch. lég.*, iie part., *statuts*, ier vol., 568.

— voy. Roi (poissonniers du).

Poissy (ville de). *Arch. lég.*, ire part., 877 ; iie part., *statuts*, iie vol., 703, 716.

— (Anne de), veuve de Jérome Couchon. *Arch. lég.*, iie part., *statuts*, iiie vol., 250.

Poissyaco (Renerus de), vide Paissiaco.

Poitel (Laurent), tondeur de drap. *Arch. lég.*, iie part., *statuts*, iie vol., 392.

Poitevin (Pierre), bourgeois. *Arch. lég.*, iie part., *statuts*, ier vol., 485, 961.

Poitevins (Henricus), homme de Trigny. *Arch. adm.*, t. I, 643.

Poitiers (édit de), exempte le maire et les échevins du logement des gens de guerre. *Arch. lég.*, iie part., *statuts*, iiie vol., 156.

— (bataille de). *Arch. adm.*, t. III, 79, 110, 157, 208. Après la perte de ladite les Rémois font des préparatifs de défense dans leur ville. *Arch. lég.*, iie part., *statuts*, iiie vol., 615, 644.

— (ville de). *Arch. lég.*, iie part., *statuts*, ier vol., 631 ; *statuts*, iie vol., 291 ; *statuts*, iiie vol., 532.

Poitiers (université de). *Arch. lég.*, iie part., *statuts*, iie vol., 665, 670, 677.

— (états de). *Arch. lég.*, iie part., *statuts*, ier vol., 570.

— (évêque de). *Arch. lég.*, iie part., *statuts*, ier vol., 644.

Poitou (province de). *Arch. adm.*, t. III, 157. *Arch. lég.*, iie part., *statuts*, ier vol., 712.

— (sénéchaussée de). *Arch. lég.*, ire part., 869, 871.

— (comte de), voy. Pictavensis comes.

— (comté de), voy. Pictaviæ comitatus.

Poivre (Remi le), marchand mercier. *Arch. lég.*, iie part., *statuts*, iie vol., 566, 570.

— (Maurice le). *Arch. lég.*, iie part., *statuts*, iie vol., 584.

— (André le), religieux de Saint-Remi. *Arch. lég.*, iie part., *statuts*, ier vol., 203, 217, 219.

— (André le), épicier. *Arch. lég.*, iie part., *statuts*, iiie vol., 93.

— voy. Lepoivre.

— (Nicole le), procureur du chapître. *Arch. lég.*, ire part., 876, 897, 915 ; iie part., *statuts*, iie vol., 220, 296, 328, 333.

— (Nicaise le), lieutenant des eaux et forêts. *Arch. lég.*, iie part., *statuts*, ier vol., 921 ; *statuts*, iie vol., 545, 546 ; *statuts*, iiie vol., 51.

— (M. le), seigneur de Villernaux-Nœuds. *Arch. adm.*, t. II, 1055. *Arch. lég.*, iie part., *statuts*, iiie vol., 392.

— (Jehan). *Arch. lég.*, ire part., 898, 956 ? 1001 ; iie part., *statuts*, iie vol., 590, 810.

— (Toussaint le), marchand mercier. *Arch. lég.*, iie part., *statuts*, iie vol., 560, 565, 606.

Poix (comte de), charte curieuse dudit.

Arch. lég., ii⁰ part., *statuts*, iii⁰ vol., 625.

Poix (paroisse de). *Arch. adm.*, t. II, 1076, 1077.

— (patronage de). *Arch. adm.*, t. II, 1080.

— (ville de). *Arch. adm.*, t. I, 454. *Arch. lég.*, i⁰ part., 919; ii⁰ part., *statuts*, iii⁰ vol., 391.

— (Thomas le), voy. Pois.

Polecourt (presbyter de), voy. Poilcourt.

Police, voy. Reims (police de). Pauvres.

— (lieutenant de). *Arch. lég.*, ii⁰ part., *statuts*, i⁰ vol., 444; *statuts*, ii⁰ vol., 290, 579, 1036 ; réunion de la charge dudit à la justice de l'archevêché de Reims, 1044. Les officiers du roi demandent la réunion à leur corps de l'office dudit, *statuts*, iii⁰ vol., 10, 111, 117, 154, 192, 351, 575.

Policurte (decima de). *Arch. lég.*, ii⁰ part., *statuts*, i⁰ vol., 87.

Policurtis, vide Poilcourt.

Polis (Gobinus le). *Arch. lég.*, *statuts*, i⁰ vol., 383.

Polkin , sorte de mesure pour les grains. *Arch. lég.*, ii⁰ part., *statuts*, i⁰ vol., 166.

Pollecour, voy. Poilcourt.

Polliaco (Simon de), prêtre. *Arch. lég.*, ii⁰ part., *statuts*, i⁰ vol., 116.

Pollux (étoile de). *Arch. lég.*, ii⁰ part., *statuts*, i⁰ vol., 223.

Pologne (royaume de). *Arch. lég.*, ii⁰ part., *statuts*, i⁰ vol., 822, 824.

— (roi de). *Arch. lég.*, ii⁰ part., *statuts*, i⁰ vol., 708.

Polonceau (Nicolas), marchand mercier. *Arch. lég.*, ii⁰ part., *statuts*, ii⁰ vol., 577, 1021.

— (Emmanuel-Nicolas-François), sénéchal et chanoine du chapitre. *Arch. lég.*, ii⁰ part., *statuts*, iii⁰ vol., 691,

695, 697, 700, 704, 705, 709, 713, 721, 727, 729, 731.

Polonceau (Henri), notable de Reims. *Arch. lég.*, ii⁰ part., *statuts*, i⁰ vol. 921 ; *statuts*, iii⁰ vol., 57.

— (Raoul), avocat. *Arch. lég.*, ii⁰ part. *statuts*, i⁰ vol., 928.

— grand vicaire de Saint-Nicaise. *Arch. lég.*, ii⁰ part., *statuts*, iii⁰ vol., 135.

Polra (villa de). *Arch. lég.*, ii⁰ part., *statuts*, i⁰ vol., 189.

Polypticum , vide Remigianum.

Pomacle (village de). *Arch. adm.*, t. I, 312, 321, 1090; t. II, 1062, 1063 t. III, 604, 627. *Arch. lég.*, i⁰ part. 755, 876, 902, 907, 911; ii⁰ part. *statuts*, ii⁰ vol., 276, 860; voy. Paumacle.

— (Hernoul de). *Arch. adm.*, t. II 806, 912, 1021.

— (Jehan de), frère du précédent. *Arch. adm.*, t. II, 1021.

— (curé de), voy. Barbier (Jean).

— voy. Novavilla.

— (seigneurie de). *Arch. lég.*, ii⁰ part. *statuts*, i⁰ vol., 238.

Pombar et Flabais (prévôt de). *Arch. adm.*, t. II, 1029 ; voy. Pontavert?

— (four de). *Arch. adm.*, t. I, 321.

— (prêtre de). *Arch. adm.*, t. II, 1085.

— (J. B.), maître sergier. *Arch. lég.*, ii⁰ part., *statuts*, ii⁰ vol., 859.

— (seigneurie de). *Arch. lég.*, ii⁰ part., *statuts*, i⁰ vol., 243.

Pomereu (sieur de), intendant de Champagne. *Arch. lég.*, ii⁰ part., *statuts* iii⁰ vol., 163.

Pomme, voy. Damas.

Pommiers (village de). *Arch. adm.*, t. II 1182, 1183.

Pommyer, sénéchal. *Arch. lég.*, ii⁰ part., *statuts*, iii⁰ vol., 154.

Pommyer (François-Emmanuel), conseiller au parlement. *Arch. lég.*, iie part.,
statuts, iiie vol., 667.
— doyen du chapitre. *Arch. lég.*, iie part.,
statuts, iie vol., 788.
Pompeia lex. *Arch. lég.*, ire part., 381.
Pompella, vide Pompelle.
Pompelle (arbre de la). *Arch. adm.*, t. II,
319; t. III, 649.
— (chemin de la). *Arch. lég.*, ire part.,
518, 521.
— (la), lieu de la banlieue de Reims.
Arch. adm., t. I, 859; t. II, 577.
Arch. lég., ire part., 595.
Pomponne (Jehan de), panetier du roi
Jean. *Arch. adm.*, t. III, 164.
— (Thurot), receveur des tailles. *Arch.
lég.*, iie part., *statuts*, ier vol., 714,
715, 716.
Ponancé (Theobaldus de), voy. Pancy.
Poncardi de Burgundia capellania. *Arch.
lég.*, iie part., *statuts*, ier vol., 107.
Poncardus, sergent de l'abbé de Saint-
Thierry. *Arch. adm.*, t. I, 278.
— diacre. *Arch. adm.*, t. I, 253. *Arch.
lég*, iie part., *statuts*, ier vol., 96,
115.
— dictus Courage. *Arch. adm.*, t. II,
614, 800, 807, 981, 992.
— fils de Bleheri. *Arch. adm.*, t. I, 812.
Ponçart le coutelier, voy. Ponsardus.
Ponce, femme Froment. *Arch. adm.*,
t. II, 891; t. III, 283.
— -Petit, bourgeois. *Arch. lég.*, ire part.,
865.
— femme de Thiébaut Coquellet. *Arch.
adm.*, t. I, 767, 809, 826.
— femme d'Ernoul Couillery. *Arch. adm.*,
t. II, 149.
Ponceau (le), lieu d'un quartier de Reims.
Arch. lég., iie part., *statuts*, iiie vol.,
92.

Poncelet du Pont (Ysabel, femme de).
Arch. adm., t. I, 893.
— queux de Saint-Remi. *Arch. adm.*,
t. III, 107, 836. *Arch. lég.*, ire part.,
903.
— (Hérode). *Arch. adm.*, t. III, 873.
Ponceletus, mansionnaire du chapitre de
Lavannes. *Arch. adm.*, t. II, 335.
— dictus Bobille. *Arch. adm.*, t. III,
322.
Poncellet (Jehan), sergent du roi. *Arch.
lég.*, iie part., *statuts*, ier vol., 594,
805?
Poncellis (Henricus de), doyen de Saint-
Symphorien. *Arch. adm.*, t. I, 271.
— (Hugo de), vicaire de l'archevêque.
Arch. adm., t. III, 875.
Poncel-OEudon. *Arch. lég.*, ire part., 554,
590; vide Odonis Poncellus.
Poncelot, voy. Joigniville (P. de).
Poncet, huissier. *Arch. lég.*, iie part.,
statuts, iie vol., 658.
Ponceti domicella. *Arch. adm.*, t. III, 392.
Poncette la sergière. *Arch. adm.*, t. II,
531.
— femme Launois. *Arch. adm.*, t. II,
1176.
Poncher (M.). *Arch. lég.*, *statuts*, iiie vol.,
390.
Poncia, femme de Richer Balderan. *Arch.
adm.*, t. I, 276.
— mansionnaire de l'église de Reims.
Arch. adm., t. I, 500.
— mère des frères de Brienne. *Arch.
adm.*, t. II, 142.
— veuve de J. Chinet, chapelle fondée
par ladite à Mouzon. *Arch. adm.*, t. II,
1090.
Poncignart (Jehan). *Arch. adm.*, t. III,
412.
Poncignicourt (village de). *Arch. adm.*,
t. III, 492. *Arch. lég.*, ire part., 877,
900.

Poncin le Wastelier. *Arch. adm.*, t. II, 40, 549.

— voy. Bains.

Poncinet, tailleur de robes. *Arch. adm.*, t. II, 269.

— des Murs, cordier. *Arch. adm.*, t. III, 835.

Poncinus, fils de Robert le Clerc. *Arch. adm.*, t. II, 403. *Arch. lég.*, Iʳᵉ part., 97.

Poncit (Robin le). *Arch. adm.*, t. II, 114.

Poncius, chevalier. *Arch. lég.*, IIᵉ part., *statuts*, Iᵉʳ vol., 67.

Poncon (village de). *Arch. adm.*, t. II, 319, 567.

Ponctuateur, voy. Chapitre de Reims (ponctuateurs du).

Poncy (Theobaldus de). *Arch. adm.*, t. I, 926, 968.

— (Hugo de), chanoine. *Arch. lég.*, IIᵉ part., *statuts*, Iᵉʳ vol., 92.

Ponetus, vide Bonovultu.

Pongiaco (Nicholaus de), docteur en théologie. *Arch. adm.*, t. II, 200, 201, 391, 475, 622. *Arch. lég.*, IIᵉ part, *statuts*, Iᵉʳ vol., 114.

Ponlanden (seigneur de), voy. Bossebec (François de).

Ponons, vide Cujardus.

Ponpelle (arbre à la), voy. Pompelle.

Pons, vide Pont.

— -Arceius, vide Pont-Arcy.

— -Allicius, vide Pont-Caillier.

— (Jaquin de), appariteur de la cour de l'archidiacre. *Arch. adm.*, t. II, 897.

Ponsardin, fils de Rogier. *Arch. adm.*, t. I, 1066.

Ponsardus, mansionnaire de Saint-Denis. *Arch. adm.*, t. I, 1030.

— vide Waigny, Wychardus.

— le coutelier, échevin. *Arch. adm.*, t. II, 354, 583 ; voy. Coutelier (Ponsart le).

Ponsardus, prévôt. *Arch. adm.*, t. I, 320.

Ponsart, voy. Bat-la-Naine, Chanterel-Bruel, Danarez, Malerbe.

— censier du chapitre. *Arch. adm.*, t. I, 774 ? t. II, 757.

— prêtre de Caurroy. *Arch. adm.*, t. II, 559.

— la Clés, maçon. *Arch. adm.*, t. II, 61.

— fils de Julienne de Villers-aux-Nœuds. *Arch. adm.*, t. II, 908.

— (Regnier). *Arch. adm.*, t. III, 129.

— (Jean). *Arch. adm.*, t. III, 130.

— maître des chaussées. *Arch. adm.*, t. III, 75.

— le boucher. *Arch. adm.*, t. III, 379.

— (Pierre). *Arch. lég.*, Iʳᵉ part., 677.

Pons-Pairi, vide Pombar, Pontavert.

— Barrius, vide Pombar, Pontavert.

Ponselin, voy. Chetu.

Pons-Fabricatius. *Arch. adm.*, t. I, 275, 783, 852, 862, 1030. *Arch. lég.*, *statuts*, Iᵉʳ vol., 69, 75, 77, 88, 90 ; vide Pontfaverger.

Pons-Guiardi, vide Pont-Givart.

Ponsignon (Nicolas), acolyte. *Arch. lég.*, IIᵉ part., *statuts*, IIᵉ vol., 773.

Ponsin (Jo....), chanoine. *Arch. lég.*, IIᵉ part., *statuts*, Iᵉʳ vol., 116.

— (Pierre), maître charpentier. *Arch. lég.*, IIᵉ part., *statuts*, IIIᵉ vol., 671.

Pons-Juvardi, vide Pont-Givart.

— -Leveyus (pont-levis). *Arch. adm.*, t. III, 192, 193.

Ponsort (M. de), seigneur de Vaux-lez-Mouron. *Arch. adm.*, t. II, 1101.

Ponsos, femme de Garinet le parmentier. *Arch. adm.*, t. I, 773, 963 ?

Pont, voy. Archevêque (pont de l'), Avignon, Dieulimire, Fleschambaut, Huon, Meulan, Noviant, Paris, Pierre-au-

Change, Porte-Chacre, Porte-Mars, Saint-Léonard, Saint-Martin-l'Heureux, Vaire, Vesle. Les réparations de ceux de Reims compètent aux échevins. *Arch. lég.*, iie part., *statuts*, iiie vol., 385.

Pont (Gibrian du), député des états de Reims. *Arch. lég.*, i^{re} part., 897.

— (Poncelet du). *Arch. adm.*, t. I, 738, 893.

— (Joffroy du), cordonnier. *Arch. adm.*, t. III, 108.

— (Jehan du), chirurgien. *Arch. adm.*, t. III, 758, 841.

— -à-Bar (église de), voy. Pontbar (ecclesia de).

— -à-Bussy (village de) *Arch. lég.*, i^{re} part., 899.

Pontaillier (Jehan de), voy. Pontcaillier.

Pont-à-Mousson (foire de). *Arch. adm.*, t. I, 818.

— (université de). *Arch. lég.*, iie part., *statuts*, iie vol., 677.

— (ville de). *Arch. adm.*, t. I, 450.

Pontarcy (village de). *Arch. adm.*, t. II, 484; t. III, 131, 146. *Arch. lég.*, iie part. *statuts*, i^{er} vol., 78, 759; voy. Arcy-Ponsart.

Pont-à-Vaire, voy. Pontavert.

Pontavert (ville de). *Arch. adm.*, t. I, 177, 242, 278, 284, 313, 428, 452, 475, 621, 622, 649, 850; t. II, 982; t. III, 108. *Arch. lég.*, iie part., *statuts*, iie vol., 852; voy. Pons-Bairi.

— (église de), voy. Pontbar.

Pontbar (ecclesia de). *Arch. adm.*, t. II, 1086.

— (village de). *Arch. lég.*, i^{re} part., 607.

Pontbrian (sieur de). *Arch. lég.*, iie part., *statuts*, i^{er} vol., 816, 824.

Pontcaillier (Jehan de), écuyer. *Arch. adm.*, t. III, 522, 523, 533, 647, 671, 672, 673, 676, 701, 702, 703, 705, 707.

Pontcaillier (Guy de), maréchal duc de Bourgogne. *Arch. adm.*, t. III, 522, 523.

— (ville de). *Arch. adm.*, t. III, 847, 890.

Pontcarré (Camus de), maître des requêtes. *Arch. lég.*, iie part., *statuts*, iie vol., 671, 688.

Pontchardus, chanoine. *Arch. adm.*, t. I, 450.

Pontchartrain (Phelypeaux de), contrôleur général des finances. *Arch. lég.*, iie part., *statuts*, iie vol., 970, 975, 995, 1009, 1016.

Pont-d'Arches (village de). *Arch. adm.*, t. II, 1068. *Arch. lég.*, iie part., *statuts*, iiie vol., 394.

— (vicariat de tolérance de). *Arch. adm.*, t. II, 1068.

Pont-de-Pierre (chapelle de tolérance de) *Arch. adm.*, t. II, 1077.

Pont de-Vaux (Joseph de). *Arch. adm.*, t. III, 478.

— (Huetus de). *Arch. adm.*, t. III, 437.

— (Robertus de). *Arch. adm.*, t. III, 710.

Ponte de Bainson cluniacensis (prior de). *Arch. adm.*, t. II, 634.

— (Nicolaus de), laïque. *Arch. lég.*, iie part., *statuts*, i^{er} vol., 114.

— (Johannes de), prêtre. *Arch. lég.*, iie part., *statuts*, i^{er} vol., 120.

— Fabricato (presbyter de). *Arch. adm.*, t. II, 1062.

— (altar de). *Arch. adm.*, t. II, 1065.

— (ecclesia de). *Arch. adm.*, t. I, 253. *Arch. lég.*, iie part., *statuts*, i^{er} vol., 100; *statuts*, iiie vol., 682, 713, 714, 716.

— (patronagium de). *Arch. adm.*, t. II, 1064.

— (villa de), voy. Pontfavergier.

Ponte (J. de). *Arch. adm.*, t. II, 339.

— (decanatus de). *Arch. adm.*, t. II, 1062.

— (parochia de), vide Pontfaverger (paroisse de).

Pontelevio (Guillelmus de). *Arch. adm.*, t. II, 1034.

Pontembairius, vide Pontavert.

Ponteraven (Pierre), voy. Pontravers.

Ponte-Sanctæ-Maxanciæ (prior de). *Arch. adm.*, t. II, 636.

Pontetremulo (Petrus de), chanoine. *Arch. adm.*, t. I, 1006.

Pontfaverger (Robert de), prévôt de Reims. *Arch. adm.*, t. I, 808; t. II, 101.

— (alleu de), vide Pontis fabricati alodium.

— (ville de). *Arch. adm.*, t. II, 347, 1064; t. III, 108, 409, 410, 411, 583. *Arch. lég.*, 1re part., 607, 755, 876, 902, 907, 910; 11e part., statuts, 1er vol., 64, 702; statuts, 11e vol., 860; statuts, 111e vol., 34, 715.

— (paroisse de). *Arch. adm.*, t. II, 1062.

— (curé de), voy. Esmery (Nicole).

— (église de) voy. Pontefabricato (ecclesia de).

— (chapelain de), voy. Hupin (Pierre).

— (autel de), vide Pontefabricato (altar de).

— (patronage de), vide Pontefabricato (patronagium de).

— (décanat de), vide Pontefabricato (decanatus de).

Pont-Givart (village de). *Arch. adm.*, t. I, 1090; t. II, 1063. *Arch. lég.*, 11e part., statuts, 111e vol., 392.

Pontheolis (capellania de). *Arch. adm.*, t. II, 1106.

Ponthieu (province de). *Arch. lég.*, 11e part., statuts, 1er vol., 926.

Ponthion-sur-le-Sault (village de). *Arch. adm.*, t. I, 63, 1090.

— (concile de), vide Pontigonense concilium.

Pontia. *Arch. lég.*, 11e part., statuts, 1er vol., 97.

Pontiaco (Hugo de), prêtre. *Arch. lég.*, 11e part., statuts, 1er vol., 119.

Pontibus (Johannes de). *Arch. adm.*, t. II, 735.

— (Petrus de), bourgeois de Paris. *Arch. adm.*, t. III, 540.

Pontifex, vide Summus.

Pontigny (abbaye de). *Arch. adm.*, t. II, 328.

Pontigonense concilium. *Arch. adm.*, t. I, 63; vide Ponthion.

Pontigum, vide Ponthion-sur-Sault.

Pontii propositi de Novo-Castro terra. *Arch. adm.*, t. I, 321.

Pontiniaco (Robertus de), chevalier. *Arch. adm.*, t. I, 864.

Pontiniacum, vide Pontigny.

Pontisara, vide Pontoise.

— (Herveus de). *Arch. adm.*, t. I, 83.

— vide Roquerolles, Bella Ecclesia.

Pontisfabricati alodium. *Arch. lég.*, 11e partie, statuts, 1er vol., 77.

Pontius, lévite et chanoine. *Arch. lég.*, 11e part., statuts, 1er vol., 91.

— diacre. *Arch. lég.*, 11e part., statuts, 1er vol., 119.

— évêque d'Arras. *Arch. adm.*, t. I; *Arch. lég.*, 11e part., statuts, 1er vol., 32.

— moine. *Arch. adm.*, t. I, 373.

— chantre. *Arch. adm.*, t. I, 346.

Pontivum, vide Pontivy.

Pontivy (ville de). *Arch. adm.*, t. I, 638.

— (comte de). *Arch. adm.*, t. I, 884.

Pont-l'Évêque (ville de). *Arch. adm.*,

t. II, 305. *Arch. lég.*, ı^{re} part., 878, 909.

Pontoise (ville de). *Arch. adm.*, t. I, 606, 827, 1036, 1082; t. II, 79, 392, 804, 825, 835, 836. *Arch. lég.*; ı^{re} part., 889, 907; ıı^e part., *statuts*, ı^{er} vol., 602, 648, 653; *statuts*, ııı^e vol., 226.

Ponton (village de), voy. Ponthion.

Pontonnage (droit de). *Arch. lég.*, ıı^e part., *statuts*, ııı^e vol., 386.

Pontrain (Gaspart), tondeur de drap. *Arch. lég.*, ıı^e part., *statuts*, ıı^e vol., 390.

— (Pierre), tondeur de drap. *Arch. lég.*, ıı^e part., *statuts*, ıı^e vol., 390, 392.

Pontravers (Pierre de), bourgeois. *Arch. lég.*, ıı^e part., *statuts*, ı^{er} vol., 828.

Pontray (cense de). *Arch. lég.*, ı^{re} part., 755.

Ponts (rue d'Entre-deux-). *Arch. adm.*, t. II, 381, 688. *Arch. lég.*, ıı^e part., *statuts*, ıı^e vol., 314.

Pont-Sainte-Maxence (ville de). *Arch. adm.*, t. II, 836, 993, 999. *Arch. lég.*, ıı^e part., *statuts*, ııı^e vol., 532, 543.

— (prieur de), vide Ponte-Sancta-Maxancia (prior de).

— -Séricourt, voy. Poncignicourt.

Ponturay (chapelle de). *Arch. lég.*, ıı^e part., *statuts*, ı^{er} vol., 806.

Ponville (Toussaint de), religieux réformé de Saint-Remi. *Arch. lég.*, ıı^e part., *statuts*, ı^{er} vol., 199, 201, 203, 216, 219, 229.

— (Jean), religieux profès de Saint-Remi. *Arch. lég.*, ıı^e part., *statuts*, ı^{er} vol., 217.

Poollyo (parochia de), voy. Pouilly (paroisse de).

Poora, vide Pauvre (village du).

— (furnus de). *Arch. adm.*, t. I, 321.

Pootez (lieu de). *Arch. adm.*, t. II, 120.

Popean, voy. Popehan.

Popehan (Simon), bourgeois. *Arch. lég.*, ıı^e part., *statuts*, ı^{er} vol., 377, 378, 676, 777, 836; *statuts*, ııı^e vol., 35.

— (J....). *Arch. lég.*, ıı^e part., *statuts*, ı^{er} vol., 862.

Popelain (Jacques), bourgeois. *Arch. lég.*, ıı^e part., *statuts*, ı^{er} vol., 322.

Popincourt (Jehan de), président de la cour des comptes. *Arch. lég.*, ıı^e part., *statuts*, ı^{er} vol., 767.

Populus (Perresson). *Arch. adm.*, t. I, 1038.

Poquelin (Guy), bourgeois de Paris. *Arch. lég.*, ıı^e part., *statuts*, ıı^e vol., 795, 808, 817.

Porcarius (Jacobus), échevin. *Arch. adm.*, t. I, 836; vide Cauchon (Jacques).

Porcellet (hôtel du). *Arch. adm.*, t. II, 436; voy. Pourcelette.

Porcense territorium. *Arch. lég.*, ıı^e part., *statuts*, ı^{er} vol., 82.

Porcheret (Oudart), curé de Sept-Saulx. *Arch. lég.*, ı^{re} part., 884.

Porciani-Castrum, voy. Château-Porcien.

— comes, voy. Porcien (comte de).

Porcien (Mgr de), capitaine de Reims. *Arch. adm.*, t. III, 310; voy. Châtillon (Gaucher de).

— (comte de), voy. Châtillon (Gaucher de).

— (comté de). *Arch. adm.*, t. I, 243; t. II, 784. *Arch. lég.*, ıı^e part., *statuts*, ı^{er} vol., 552, 804.

— (prince de). *Arch. adm.*, t. II, 1067; t. III, 145.

— (territoire de), voy. Porcense territorium.

Porcis (H. de), échevin. *Arch. adm.*, t. I, 642.

Porcs (visiteurs de). Attributions desdits. *Arch. adm.*, t. I, 487. Par qui institués, 488. *Arch. lég.*, *statuts*, ııı^e vol., 50.

Cérès, Dieulimire, Ferrons, Flescham-
baut, Hermet, Molinets, Nord, Poterne,
Reims, Renier-Buiron, Rue des Moulins,
Saint-Antoine, Saint-Denis, Saint-Ni-
caise, Saint-Pierre-le-Vieux, Valoise,
Vénus, Vicomté.

Porte (Martin de la). *Arch. adm.*, t. I,
707.

— (Pierre de la), doyen de Notre-Dame.
Arch. adm., t. II, 527 ; voy. Laporte.

— -aux-Ferrons (rue de la). *Arch. lég.*,
IIe part., *statuts*, IIIe vol., 419 ; voy.
Ferrons.

— -à-Vesle (Tour de). *Arch. adm.*, t. II,
538.

— -Bazée. *Arch. adm.*, t. I, 9, 10, 11,
12, convertie en forteresse municipale,
26, 205, 853, 954 ; t. II, 42, 528, 536 ;
t. III, 77, 471, 472 ; 656, 689, 690,
696. *Arch. lég.*, Ire part., 714, 753 ;
IIe part., *statuts*, IIe vol., 13 ; *statuts*,
IIIe vol., 641.

— -Bacchi porta ; voy. Cérès (porte de).

— -Chacre (bourg de) ; origine de ce nom.
Arch. adm., t. I, 9, 276, 338, 567 ;
t. II, 380, 519, 855 ; t. III, 67, 76,
127, 159, 161, 225, 471, 472, 689,
692, 696. *Arch. lég.*, Ire part., 540, 714,
756, 879 ; IIe part., *statuts*, Ier vol.,
80, 83, 550, 565, 613, 640, 696, 708,
736, 739, 745, 770, 785, 804, 806,
845, 847, 886, 926 ; *statuts*, IIe vol.,
113 ; voy. Cérès (faubourg de).

— (fossés de). *Arch. adm.*, t. II, 1138.

— (pont de). *Arch. adm.*, t. II, 1137,
1140.

— (quarrel de). *Arch. adm.*, t. II, 519.

— (rue de). *Arch. adm.*, t. II, 855.

— (tour de), tradition sur la détention
d'Ogier-le-Danois dans ladite. *Arch.
adm.*, t. II, 855. ; appartient au chapitre de Reims (*ibid.*). *Arch. lég.*,
IIe part., *statuts*, Ier vol., 739.

Porte-Chacre (Jehan de). *Arch. adm.*,
t. II, 1127 ; t. III, 840.

— (Robert de). *Arch.*, *adm.*, t. II, 349,
806, 810 ; t. III, 81.

— (Robin de), voy. Porte-Chacre (Robert).

— -Chartre, voy. Porte-Chacre.

— (Robin de), voy. Porte-Chacre (Robert
de).

— de Bétigny (quarrel de la). *Arch. adm.*,
t. II, 522.

— Dieu-Lumière (chaussée de la). *Arch.
lég.*, IIe part., *statuts*, IIe vol., 927.

— -Rénier-Buiron (quarrel de la). *Arch.
adm.*, t. II, 545.

— -Mars, voy. Martis porta.

— (bailli de), voy. Martis portæ baillivus.

— -Mars (bourg de). *Arch. adm.*, t. I,
9, 10, 363, 485, 566, 567, 602, 610,
618, 715, 768, 785, 845, 848, 853,
891, 970, 1045, 1056, 1086, 1105 ;
t. II, 43, 70, 75, 76, 116, 144, 183,
320, 379, 405, 501, 668, 675, 764,
902, 1146, 1150, 1157, 1195 ; t. III,
77, 119, 209, 225, 226, 239, 245, 256,
379, 471, 472, 689, 892. *Arch. lég.*,
Ire part., 8, 109, 540, 569, 592, 714 ;
IIe part., *statuts*, Ier vol., 72, 89, 696,
703, 704, 708, 724, 729, 730, 738,
741, 754, 771, 797, 798, 800, 804, 806,
807, 831, 845, 886 ; *statuts*, IIe vol.,
113, 142, 928 ; *statuts*, IIIe vol., 389,
396, 411, 419, 443, 446, 641.

— (château de). Fondation dudit. *Arch.
adm.*, t. I, 12 ; converti en forteresse
féodale, 26 ; sert pendant cinq siècles
au campement du premier pair féodal
du royaume (*ibid.*). Les évêques diocésains prêtent serment à l'archevêque
dans ledit, 62 ; t. II, 43, 206, 221, 248,
371, 451, 502, 513, 675, 872, 909,
953, 973, 974, 1010, 1050, 1144,
1179 ; t. III, 79, 110, 118, 119, 136,
138, 161, 191, 209, 211, 213, 215,
219, 224, 239, 251, 255, 304, 337,

364, 379, 388, 417, 449, 502, 578, 649, 654, 671, 736, 744, 758, 795, 834, 845, 878, 891, 903. *Arch. lég.*, ı^{re} part., 541, 573, 577; ıı^e part., *statuts*, ı^{er} vol., 371. Les échevins sont tenus de se transporter dans ledit pour juger des affaires criminelles de la cité, 394; résidence habituelle des archevêques de Reims, 418, 565, 600, 620, 625, 628, 629, 632, 636, 642, 659, 661, 678, 806, 807, 810, 815, 828, 844; lieu de réunion des joueurs d'arc, 846, 848, 870, 885, 913, 914, 916; les habitants obtiennent du roi la démolition dudit, 918, 930, 932; *statuts*, ıı^e vol., 557, 761, 771. Le peuple de Reims soulevé par les exactions de l'archevêque forme le blocus dudit, *statuts*, ııı^e vol., 612, 615.

Porté–Mars (châtelain de), voy. Martis portæ castellanus.

— (chemin de). *Arch. adm.*, t. II, 492, 915, 1195; t. III, 520, 690.

— (forteresse de), voy. Porte-Mars (château de).

— (chaussée de), voy. Portæ Martis calceia.

— (geôlier de). *Arch. lég.*, ıı^e part., *statuts*, ı^{er} vol., 43.

— (plaids de). *Arch. adm.*, t. II, 1175, 1177, 1181, 1191, 1196, 1197; t. III, 447; voy. Martis portæ placita.

— (prévôt de), voy. Martis portæ præpositus.

— (prison de). *Arch. adm.*, t. II, 225, 656, 672, 753, 1182, 1185, 1196, 1202; t. III, 37, 204, 273, 379, 388, 841. *Arch. lég.*, ı^{re} part., 549, 576; ıı^e part., *statuts*, ı^{er} vol., 39; *statuts*, ıı^e vol., 34, 41.

— (rue de). *Arch. lég.*, ıı^e part., *statuts*, ıı^e vol., 557.

— vieille rue de). *Arch. adm.*, t. II, 380; t III, 437.

Portemas (castrum de), vide Porte-Mars (château de).

Porte-Murée, voy. Saint-Nicaise (porte de).

— -Neuve, voy. Reims (porte Neuve de).

— royale, voy. Porte-Chacre.

— -Renier-Buiron (chaussée de), voy. Portæ Reneri Buironis calceia.

— -Valoise (quarrel de la). *Arch. adm.*, t. II, 536.

Porterius (Radulphus). *Arch. adm.*, t. I, 648; t. II, 386.

Porte Saint-Pierre-le-Vieux (quarrel de la). *Arch. adm.*, t. II, 544.

Porte-Vesle, voy. Vesle.

— voy. Gobin.

— -Vesle (château de). *Arch. lég.*, ıı^e part., *statuts*, ı^{er} vol., 810.

— (chaussée de). *Arch. adm.*, t. II, 583.

— (fief de). *Arch. lég.*, ı^{re} part., 891.

— (gué de). *Arch. adm.*, t. II, 547.

— (moulins de). *Arch. adm.*, t. III, 406, 687.

— (pont de). *Arch. adm.*, t. III, 687.

— (portiers de), voy. Robert, Fienffez (Pierre).

— (quarrel de). *Arch. adm.*, t. II, 547.

— (tour de). *Arch. lég.*, ıı^e part., *statuts*, ı^{er} vol., 838.

Portes de Reims (clefs des), voy. Reims (clefs de).

— (garde des). *Arch. adm.*, t. III, 112; voy. Reims (garde de).

— (Robin des), clerc. *Arch. adm.*, t. II, 531.

— (Sebille des). *Arch. adm.*, t. II, 603.

— (Jehan des). *Arch. adm.*, t. II, 1181.

— (Colard des). *Arch. adm.*, t. III, 836.

— (Amarris des). *Arch. adm.*, t. I, 904.

— (Thiébaut des). *Arch. adm.*, t. II, 603.

— (Gringaut des). *Arch. adm.*, t. I, 904.

— (Thomas des). *Arch. adm.*, t. II, 779.

Portevin (champ de). *Arch. adm.*, t. II, 583.

Portier, voy. Porte de Vesle (Portiers de la).

Portiés (Rohart, dit). *Arch. adm.*, t. II, 675.

Portis (Hugues de), chanoine. *Arch. adm.*, t. II, 91, 109.

Portorium. *Arch. adm.*, t. II, 620 ; vide Portagium.

Portuense, vide Castellum.

Portuensis comes, vide Castellione (Galcherus de).

— episcopus. *Arch. adm.*, t. I, 656.

— cardinalis, vide Bolonia (Guido de).

Portugal (royaume de). *Arch. adm.*, t. II, 950. *Arch. lég.*, IIe part., statuts, Ier vol., 835 ; statuts, IIe vol., 846.

— (roi de). *Arch. lég.*, IIe part., statuts, Ier vol., 664.

Positionarius, officier de la cour spirituelle. *Arch. adm.*, t. II, 595 ; t. III, 418. *Arch. lég.*, Ire part., 177, 249, vide Curiæ archiepiscopi positionarius.

Possessio. *Arch. lég.*, Ire part., 77, 221, 222, 274.

Possessoire, vide Possessorium.

Possessorium. *Arch. lég.*, Ire part., 190, 212, 221, 667, 672, 804 ; IIe part., statuts, Ier vol., 358, 425.

Postées (lieu des). *Arch. adm.*, t. II, 394, voy. Potelz.

Postel (Charles), seigneur de Sons. *Arch. lég.*, Ire part., 890.

Posterna (poterne.) *Arch. adm.*, t. I, 248, 275.

— (Gerardus de). *Arch. adm.*, t. I, 363.

Postillus. *Arch. adm.*, t. II, 439. *Arch. lég.*, IIe part., statuts, Ier vol., 93.

Postliminii jus. *Arch. lég.*, Ire part., 383.

Pot (G.). *Arch. lég.*, IIe part., statuts, Ier vol., 833.

Potage (Gerardus), chanoine de Sainte-Nourrice. *Arch. adm.*, t. II, 1041.

— (Jehan), seigneur de la prévôté de Reims. *Arch. adm.*, t. III, 796.

— (droit de). *Arch. lég.*, IIe part., statuts, Ier vol., 299.

Potagium. *Arch. lég.*, IIe part., statuts, Ier vol., 195 ; vide Potage.

Potamius, archevêque de Braga. *Arch. adm.*, t. I, 168, 169, 170, 194.

Pot-d'Étain (enseigne du). *Arch. lég.*, Ire part., 597, 600.

Potel (Laurent), chaudronnier. *Arch. lég.*, IIe part., statuts, IIIe vol., 101, 187.

Potelains, voy. Nouvion.

Potelz (bailli de), voy. Blanchart (Philippe).

Poterius (Johannes), chanoine. *Arch. lég.*, IIe part., statuts, Ier vol., 350, 362.

Poterne, voy. Jard (poterne du) ; voy. Posterna.

— (la), porte de Reims. *Arch. adm.*, t. II, 1248 ; t. III, 655.

— (quarrel de la). *Arch. adm.*, t. II, 514.

— (moulin de la). *Arch. lég.*, IIe part., statuts, Ier vol., 829.

— (rue de la). *Arch. lég.*, IIe part., statuts, Ier vol., 875.

Potestas. *Arch. adm.*, t. I, 454, 473, 504, 509, 521, 522, 523, 565, 593, 726. *Arch. lég.*, IIe part., statuts, Ier vol., 90, 91, 97 ; vide Buiron potestats, Mellimonte (de), Remensis ecclesiæ, sancti Remigii, Vindenissa ; vide Seigneurie.

Potestatibus (præpositus de). *Arch. lég.*, IIe part., statuts, Ier vol., 78, 86, 95, 96.

Potestatum molendina. *Arch. adm.*, t. Ier, 473. *Arch. lég.*, IIe part., statuts, Ier vol., 92.

— terra. *Arch. adm.*, t. I, 473, 521, 522, 523, 524. *Arch. lég.*, IIe part., statuts, Ier vol., 104.

Potets (mines d'argent des). *Arch. adm.*, t. I, 1056.

— (terre des). *Arch. adm.*, t. I, 4; t. III, 589.

Potez (pays des). *Arch. lég.*, iie part., *statuts*, iie vol., 15.

Pothé (Pierre), maître tonnelier. *Arch. lég.*, iie part., *statuts*, iiie vol., 238; 363, 364, 416.

— (Nicolas). *Arch. lég.*, iie part., *statuts*,

Pothelin (Claude), menuisier. *Arch. lég.*, iie part., *statuts*, iie vol., 359.

Potier-Pizit, voy. Potière-Pesée.

— voy. Reims (potiers de).

— (Remi le). *Arch. adm.*, t. II, 604, 830.

— (P.... de). *Arch. lég.*, iie part., *statuts*, i^{er} vol., 632.

— (Étienne), échevin. *Arch. adm.*, t. III, 50, 931, 836, 841. *Arch. lég.*, iie part., *statuts*, i^{er} vol., 413, 453.

— (Jehan). *Arch. adm.*, t. III, 493, 873.

— (Robert). *Arch. adm.*, t. III, 837.

— (C.... le). *Arch. lég.*, iie part., *statuts*, i^{er} vol., 676, 907.

— (Luquin le), échevin. *Arch. adm.*, t. III, 430.

— (Jean), cardinal, voy. Gesvres.

Potière (Ponce la). *Arch. adm.*, t. II, 809.

— Pesée (village de). *Arch. lég.*, i^{re} part., 878.

Poton, voy. Xaintrailles.

Potus (pot). *Arch. adm.*; t. II, 385, 986. *Arch. lég.*, iie part., *statuts*, i^{er} vol., 199; vide Vini potus.

Pouffe (J....), secrétaire du roi. *Arch. lég.*, iie part., *statuts*, i^{er} vol., 782, 791.

Pougnicourt (village de). *Arch. lég.*, i^{re} part., 887, 902.

— (curé de). *Arch. lég.*, i^{re} part., 887.

Pougny (village de). *Arch. lég.*, iie part., *statuts*, iiie vol., 390.

Pouille (Colin la), bourgeois de Saint-Menehould. *Arch. adm.*, t. II, 1016, 1017.

— (province de la), voy. Apulia.

Pouillé, voy. Diocèse de Reims (pouillé du).

Pouilleron (J.), bourgeois. *Arch. lég.*, iie part., *statuts*, i^{er} vol., 675, 676, 728, 737, 739.

Pouillon (village de). *Arch. adm.*, t. I, 279; t. II, 1059, 1090; t. III, 8, 106. *Arch. lég.*, i^{re} part., 755, 902, 907; iie part., *statuts*, iie vol., 963; *statuts*, iiie vol., 392.

— (Jehan de), maçon. *Arch. adm.*, t. II, 1136; t. III, 836.

— (hommes de), vide Pullio-villa (hommes de).

Pouilly (M. de). *Arch. adm.*, t. II, 1052, 1060; seigneur de Saint-Pierre-sur-Vence, 1075, 1076; baron de Cornet, 1099; dissertation dudit sur l'histoire romaine, alléguée. *Arch. lég.*, iie part., *statuts*, iiie vol., 622.

— (paroisse de). *Arch. adm.*, t. II, 1086, 1087, 1088.

— (baron de). *Arch. adm.*, t. II, 1087, 1096.

— (ville de). *Arch. lég.*, i^{re} part., 902, 907.

— (Louis-Jean-Levesque de), lieutenant des habitants de Reims. *Arch. lég.*, iie part., *statuts*, iie vol., 988, 104[illegible].

Poulaillier (Hutin le). *Arch. adm.*, t. II, 307.

Poulain (Agnès, femme le). *Arch. adm.*, t. II, 780.

— (Mme), dame de Boulancourt. *Arch. adm.*, t. II, 1077.

— (Pierre), sergent du roi. *Arch. adm.*, t. III, 813.

— (Thomas), perruquier. *Arch. lég.*, *statuts*, iiie vol., 193, 194, 198, 199.

Poularde (Renerius la), vide Poillarde (Riverius la).

Poulerie (ruelle de la). *Arch. adm.*, t. I, 1041.

Poulet (H.), valet à cureur. *Arch. adm.*, t. II, 826.

— (Absalon), receveur des tailles. *Arch. lég.*, IIe part., *statuts*, 1er vol., 699.

Poulier (Quarreit le). *Arch. adm.*, t. II, 842, 904.

— (Drouet le). *Arch adm.*, t. II, 764, 775, 1219.

— (Herbert le). *Arch. adm.*, t. II, 801, 904, 911.

— (Guillaume le), fils de Drouet. *Arch. adm.*, t. II, 764.

Poulle (Gerardin la), capitaine de Bétheniville. *Arch. adm.*, t. III, 413.

Poulletier (Louis), notaire. *Arch. lég.*, IIe part., *statuts*, IIIe vol., 265.

Poullière, voy. Rousse.

Poupart (M. de), religionnaire et seigneur de Neuvelize. *Arch. adm.*, t. II, 1103.

Poupelet (Henry). *Arch. adm.*, t. I, 1066.

Poura, vide Pauvre.

Pourart (F.), maître sergier. *Arch. lég.*, IIe part., *statuts*, IIe vol., 860.

Pourcelette (hôtel de la). *Arch. adm.*, t. II, 65, 376, 526, 768, 1127, 1149; t. III, 202, 369, 428, 823, 853. *Arch. lég.*, IIe part., *statuts*, 1er vol., 686.

— (maison de la), voy. Pourcelette (hôtel de la).

— (quarrel de la). *Arch. adm.*, t. II, 526.

Pourcy (village de). *Arch. adm.*, t. I, 1089, t. II, 1052, 1054.

Poure, voy. Tavernier.

— (Clerc le). *Arch. adm.*, t. III, 13.

— (Colesson de.), teinturier. *Arch. adm.*, t. III, 835.

— (Adam le), échevin de Laon. *Arch. adm.*, t. II, 168.

Poures-Jolis (village de). *Arch. adm.*, t. III, 36.

Pourmonseur (Colart le). *Arch. adm.*, t. II, 780, 805.

Pourmossur, voy. Pourmonseur.

Pouron (hameau de). *Arch. adm.*, t. II, 1085.

Pourpoinderesse, voy. Serigneu, Fauveste.

Pourpoingneur (Pierre le). *Arch. adm.*, t. II, 503, 688, 689, 693, 696, 701.

Pourpris, voy. S. Nicaise (pourpris de), voy. Pourprisium.

Pourprisium. *Arch. adm.*, t. I, 914.

Pouru-Saint-Remy (église de), voy. Porrus (ecclesia de).

— -aux-Bois (église de). *Arch. adm.*, t. II, 1088.

— marchand drapier. *Arch. lég.*, IIe part., *statuts*, IIe vol., 797.

Poury (Johannes le). *Arch. adm.*, t. III, 759.

Pouselin, voy. Chetu.

Poussin (Nicolas). *Arch. lég.*, 1re part., 894.

— seigneur de Nanteuil-la-Fosse.

Poutrain (Jean), tisserand. *Arch. lég.*, IIe part., *statuts*, IIe vol., 301.

Pouvre, tavernier. *Arch. adm.*, t. II, 1007, voy. Celle.

Povillon-Pierrart. *Arch. adm.*, t. I, 525. *Arch. lég.*, IIe part., *statuts*, 1er vol., 247.

— Phierard, voy. Povillon Pierrart.

Povre (Gérart le). *Arch. adm.*, t. II, 61.

Poys (presbyter de). *Arch. adm.*, t. II, 1076.

— (Jacobus le), échevin, voy. Pois.

Præbenda (prébende). *Arch. adm.*, t. I, 212, 224, 225, 232, 236, 373, 384, 441, 459, 582, 713, 892, 895, 955; t. II, 8. *Arch. lég.*, 1re part., 126, 276,

Précheur (Richard le), porte à Troyes les lettres de Jehanne la Pucelle. *Arch. lég.*, IIe part., *statuts*, Ier vol., 599, 601.

Précheurs de Reims (prieur des). *Arch. lég.*, IIe part., *statuts*, Ier vol., 814.

— (quarrel des). *Arch. adm.*, t. II, 542.

— voy. Reims (frères précheurs de).

Précueil (Nicolas). *Arch. lég.*, Ire part., 898.

Pré-de-les-Til (village de). *Arch. adm.*, t. III, 108.

Predo, vide Latro.

Predona, lieu des environs de Reims. *Arch. lég.*, IIe part., *statuts*, Ier vol., 88.

Prée (villa de), vide Prez.

— (altar de). *Arch. adm.*, t. I, 508. *Arch. lég.*, IIe part., *statuts*, Ier vol., 104.

— (Jean de), bourgeois. *Arch. adm.*, t. III, 81.

Prégent (M.). *Arch. lég.*, IIe part., *statuts*, Ier vol., 212.

Preia (sylva de). *Arch. adm.*, t. I, 450.

Prélat (J.), bourgeois. *Arch. lég.*, IIe part., *statuts*, Ier vol., 770, 776.

Prelator, vide Prelatus.

Prelatus (prélat). *Arch. lég.*, Ire part., 59, 73, 132, 303, 356, 373, 418.

Prémart (G.), bourgeois. *Arch. lég.*, IIe part., *statuts*, Ier vol., 871.

Prémecy (Bertrand de). *Arch. adm.*, t. II, 696.

— (village de). *Arch. adm.*, t. II, 1054, 1056; voy. Premery.

Prémery (village de). *Arch. lég.*, IIe part., *statuts*, IIe vol., 641.

Premiaco-prope-cameracum (abbatissa de). *Arch. adm.*, t. II, 641.

Prémiart (Jean), mercier. *Arch. lég.*, IIe part., *statuts*, IIe vol., 219, 281, 566.

Prémiart (Guillaume) *Arch. lég.*, IIe part., *statuts*, IIe vol., 219.

— (Claude). *Arch. lég.*, IIe part., *statuts*, IIe vol., 221.

— (Antoine), mercier. *Arch. lég.*, IIe part., *statuts*, IIe vol., 566.

— (Jacques), mercier. *Arch. lég.*, IIe part., *statuts*, IIe vol., 566.

— (abbas). *Arch. adm.*, t. II, 635. *Arch. lég.*, Ire part., 877.

Premonstratensis ordo, vide Prémontré (ordre de).

Prémontré (village de). *Arch. lég.*, Ire part., 909.

— (ordre de). *Arch. adm.*, t. I, 314; t. II, 248, 636; t. III, 498. *Arch. lég.*, Ire part., 106.

— (abbé de), voy. Premonstratensis (abbas de).

Prenestinus, vide Willelmus.

Prés, voy. Muire (prés de).

— (Perresson des). *Arch. adm.*, t. III, 129.

Presbtre Bloqueau. *Arch. lég.*, Ire part., 522.

Presbyter, vide Aldenarde (quatuor presbyteri de), Beatæ Mariæ Magdalenæ, Sancti Hylarii Remensis, Sancti Juliani, Sancti Martini, Sancti Petri Veteris, Sancti Symphoriani, Sancti Syxti, Sancti Timothei, Sancto Theodorico (de); vide Reims (prêtres de).

Presbyterorum parochialium domus. *Arch. adm.*, t. II, 645.

Prescription, voy. Præscriptio.

Présentateurs de bourgeois, institués par l'échevinage. *Arch. adm.*, t. I, 487. Attributions desdits, *ibid.*

Présentation, voy. Bourgeois (présentation de), voy. Præsentatio.

Présidial, voy. Laon (présidial de), Reims.

— de Reims (officiers du). *Arch. lég.*, IIe part., *statuts*, IIe vol., 490.

Présidial (lieutenant du), voy. Cocquebert (André).

Présles (prieuré de). *Arch. adm.*, t. II, 1087.

— (ville de). *Arch. adm.*, t. I, 1089.

— (seigneur de). *Arch. lég.*, 1re part., 877.

— (curé de), voy. Estrées (Guill. d')

— (Raoul de), *Arch. adm.*, t. II, 485.

— (prieuse de), voy. Praelle.

— voy. Præhella.

— (religieuses de), vide Pratella (moniales de).

Pressier-Godin (village de). *Arch. lég.*, 1re part., 909.

Pressoirs, voy. Reims (pressoirs banaux de).

— (Simon du), ouvrier en soie. *Arch. lég.*, IIe part. *statuts*, IIe vol., 375.

Presson-le-Cordier. *Arch. adm.*, t. III, 15; voy. Godet.

Pressorare (presser). *Arch. adm.*, t. I, 705.

Pressorium (pressoir). *Arch. adm.*, t. I, 705.

Pressot (J..., bourgeois de Reims. *Arch. lég.*, IIe part., *statuts*, 1er vol., 782.

Prestellet, tavernier. *Arch. adm.*, t. III, 521.

Prestine (Jacques la) *Arch. adm.*, t. II, 603.

Presto (Bertrand). *Arch. adm.*, t. II, 820.

Prestre (Jehan le), sergent du prévôt. *Arch. adm.*, t. II, 40.

Pretextatus, neveu de saint Remi. *Arch. adm.*, t. I, 17, 18.

Prenosa, salle où le chapitre de Reims allait lire le Martyrologe. *Arch. adm.*, t. I, 747; t. III, 36..., 680. Où se faisait la cérémonie de réception des chanoines. *Arch. lég.*, IIe part., *statuts*, 1er vol., 12, 57, 62, ..., 341. Le jour de leur nomination les lieutenants et officiers de ... Réun... ladite, *statuts*, ..., 285.

Prêtre, adhérent d'un ... *adm.*, t. I, 16..., l'auteur... ... un roi, 162...; ... même envers le roi, ...; pour la réhabilitat... Sonaille de poche ..., 175. Conspirat... ...byter.

Prêtres (terre des). *Arch. lég.*, *statuts*, 1er vol., 119, 192.

— cardinaux. *Arch. lég.*, IIe part., *statuts*, 1er vol., 224.

Preudon (Contard), échevin. *Arch.*, t. III, 614.

— (Colesson). *Arch.*, ...

— (Jehan). *Arch. adm.*, t. III...; *Arch. lég.*, IIe part., *statuts*, 779, 781.

— (Gobert). *Arch. lég.*, IIe part., 1er vol., 773, 862.

Prévention (droit de). ... *statuts*, IIIe vol., ...; ...ent au roi et non... la ville de Reims, ...chargés de maintenir... Le roi ne peut jamais... ..., 52, ..., 93, 96.

Prévost (C...), bourg... *Arch.*, IIe part., *statuts*, ..., 770.

— (Pierre). *Arch. lég.*, II... 1er vol., 288; *statuts*, II..., 49...

— (Nicolas), visiteur de mar..., IIe part., *statuts*, 1er vol., 453, 459, 463, 497.

— voy. Prévôt.

— (Gilles), curé de ...non..., 1re part., 883.

789, 796, 798, 800, 812, 836, 844, 997.

Prilicourt (village de). *Arch. lég.*, ɪʳᵉ part., 902.

Primat, voy. Gaule Belgique.

Primatie, voy. Archevêque de Reims (primatie de).

Prime (messe de). *Arch. adm.*, t. I, 204.

Primiceio (alodium de). *Arch. adm.*, t. I, 253.

Primitio (Gilo de). *Arch. lég.*, ɪɪᵉ part., 253; *statuts*, ɪᵉʳ vol., 106.

Prin (Raoulin), boucher. *Arch. lég.*, ɪɪᵉ part.; *statuts*, ɪᵉʳ vol., 998; *statuts*, ɪɪɪᵉ vol., 71 ?

— Voy. Perrain.

Prince, voy. Châtillon (Hugues de), Chabanais, Condé, Conti, Galles, Ligne, Nassau, Orange, Ovestein, Porcien, Rohan, Salm, Soubise.

— (Jehan le), estaminier. *Arch. adm.*, t. III, 835.

Principal, voy. Collége de Reims (principal du).

Principis vicus. *Arch. adm.*, t. I, 1016.

Principius, évêque nommé dans le testament de S. Remi. *Arch. adm.*, t. I, 15.

Prinet (Pierre), clerc. *Arch. adm.*, t. II, 423.

Prior, chanoine. *Arch. adm.*, t. I, 491, 593. *Arch. lég.*, ɪɪᵉ part., *statuts*, ɪᵉʳ vol., 118.

— Matriculatius, vicomte du bourg Saint-Remi. *Arch. adm.*, t. I, 833.

— as Grenons, chanoine de Montfaucon. *Arch. adm.*, t. I, 917.

— (Hugo), diacre. *Arch. lég.*, ɪɪᵉ part., *statuts*, ɪᵉʳ vol., 114.

— vide Remenses priores.

Prioratus, vide Beatæ-Mariæ de Castro Portuensi, Beatæ Mariæ de Vasseyo, Beatæ Mariæ in Valencencia de Hannon, Bello-Loco, Forguehain de Affligniio,

Haimeriis de Acquaincurte, Hasprai (de), Longa-Aqua, Sancta Valburge, Sancti-Mauritii Remensis, S. Salvii prope Valencenciam, S. Vedasti Attrebatensis; Turribus supra Maternam, voy. Prieuré.

Priorissa, vide Bigardis, Joirre, Sancto Christophoro (priorissa de).

Prioul, voy. Marlier.

— le maréchal. *Arch. adm.*, t. II, 509.

— le charpentier. *Arch. adm.*, t. II, 548.

— (S.), bourgeois. *Arch. lég.*, ɪɪᵉ part., *statuts*, ɪᵉʳ vol., 770, 778.

— voy. Fripier.

— voy. Mailly.

Prioulati (Johannes), prêtre. *Arch. lég.*, ɪɪᵉ part., *statuts*, ɪᵉʳ vol., 116.

Prioulet le cordier. *Arch. adm.*, t. I, 820.

— (Jehan), dit Curate. *Arch. lég.*, ɪɪᵉ part., *statuts*, ɪᵉʳ vol., 592, 651, 676, 737, 742, 746, 753, 831.

Prious (Ernaudus), homme de Trigny. *Arch. adm.*, t. I, 643.

Prisas (village de). *Arch. lég.*, ɪʳᵉ part., 899.

Prisces, voy. Prisas.

Prise (droit de). *Arch. adm.*, t. III, 59.

— voy. voleurs (prise des).

— voy. Prisia.

Prisia (prise). *Arch. adm.*, t. II, 15, 17, 403, 613, 727, 879, 1218; t. III, 10, 106, 193, 296, 559.

Prisio, voy. Prison.

Prison, voy. Reims (prisons de), S. Remi.

Prisonariorum clericorum custos. *Arch. adm.*, t. III, 419.

Prisonarius (prisonnier). *Arch. adm.*, t. II, 450, 727, 797, 814, 932, 1216, 1227; t. III, 170, 187, 235, 240, 265, 315, 340, 401, 419, 437, 548. *Arch. lég.*, ɪɪᵉ part., *statuts*, ɪᵉʳ vol., 416, 914.

Prisonia (prison). *Arch. adm.*, t. I, 543,

Prona (Isabella de), vicomtesse de Châlons. *Arch. lég.*, ɪɪᵉ part., *statuts*, ɪᵉʳ vol., 115.

Propertius, poëte latin. *Arch. lég.*, ɪɪᵉ part., *statuts*, ɪɪᵉ vol., 736.

Prophe (Simonet), pâtissier. *Arch. lég.*, ɪɪᵉ part., *statuts*, ɪᵉʳ vol., 375.

Proprisium (pourpris). *Arch. adm.*, t. I, 558, 806; t. II, 439.

Proslin (Émery), teinturier. *Arch. lég.*, ɪɪᵉ part., *statuts*, ɪɪᵉ vol., 291, 832.

Prosnes (village de). *Arch. adm.*, t. II, 1117. *Arch. lég.*, ɪʳᵉ part., 755, 907; ɪɪᵉ part., 860; *statuts*, ɪᵉʳ vol., 715.

— (paroisse de). *Arch. adm.*, t. II, 1118.

— (Perisson de), marchand. *Arch. lég.*, ɪɪᵉ part., *statuts*, ɪᵉʳ vol., 946.

Prosper, écrits dudit contre Cassien allégués. *Arch. adm.*, t. I, 197.

Prot (Fournier), boucher. *Arch. lég.*, ɪɪᵉ part., *statuts*, ɪᵉʳ vol., 998.

Protectum (auvent). *Arch. adm.*, t. II, 91.

Prou (Nicolas le), marchand mercier, *Arch. lég.*, ɪɪᵉ part., *statuts*, ɪɪᵉ vol., 560.

Prouille (seigneur de), voy. Grebère (Jean).

Prouilleyo (parochia de). *Arch. adm.*, t. II, 1059, vide Prouilly.

— (presbyter de). *Arch. adm.*, t. II, 1060.

Prouilly (cure de), est à la nomination du trésorier de l'église de Reims. *Arch. lég.*, ɪɪᵉ part., *statuts*, ɪɪɪᵉ vol., 689, 690, 694, 696, 734.

— (ville de). *Arch. adm.*, t. II, 743, 750, 1053; t. III, 574. *Arch. lég.*, ɪʳᵉ part., 755; ɪɪᵉ part., *statuts*, ɪɪᵉ vol., 963; *statuts*, ɪɪɪᵉ vol., 393.

— (paroisse de), voy. Prouilleyo (parochia de).

— (jurés de). *Arch. adm.*, t. III, 49.

Prouilly (Haymardus de), chapelain. *Arch. lég.*, ɪɪᵉ part., *statuts*, ɪɪᵉ vol., 67, 114.

— (doyenné de). *Arch. lég.*, ɪɪᵉ part., *statuts*, ɪɪɪᵉ vol., 680.

Prounais (village de), voy. Prouvais.

Prouvais (village de). *Arch. lég.*, ɪʳᵉ part., 887, 891, 901.

— (Constant de), chanoine. *Arch. adm.*, t. III, 352. *Arch. lég.*, ɪɪᵉ part., *statuts*, ɪᵉʳ vol., 116.

— (Jehan de), clerc. *Arch. adm.*, t. II, 516, 673.

— (curé de). *Arch. lég.*, ɪʳᵉ part., 887.

Prouvay (Nicolas), chaudronnier. *Arch. lég.*, ɪɪᵉ part., *statuts*, ɪɪɪᵉ vol., 101.

Provays (Jehan de), voy. Prouvais.

Provence (pays de). *Arch. lég.*, ɪɪᵉ part., *statuts*, ɪᵉʳ vol., 509; *statuts*, ɪɪᵉ vol., 955.

— (comte de), vide Provinciæ comes.

Provignon (Lyonnet). *Arch. lég.*, ɪʳᵉ part., 910.

Proville (Pierre), conseiller du roi. *Arch. adm.*, t. II, 357.

Province, voy. Reims, Trèves, Aquitaine, Berry, Ponthieu; voy. Provincia.

— de Reims (États de la). *Arch. adm.*, t. II, 1019.

— (nobles de la). *Arch. adm.*, t. II, 1161; voy. Reims (nobles de).

— (évêques de la) Serment desdits à l'église de Reims. *Arch. adm.*, t. I, 59.

Provincia, vide Aquitanorum, Bituricensium, Lugdunensium prima, Rothomagensis, Senonensis.

Provinciæ comes. *Arch. adm.*, t. I, 819, vide Provence (comte de).

Provinciale concilium. *Arch. adm.*, t. I, 553; t. II, 925.

Provinciolus, colon légué par S. Remi à l'église de Reims. *Arch. adm.*, t. I, 4.

Provins (élection de). *Arch. lég.*, ii° part., *statuts*, i⁽ʳ⁾ vol., 944, 946.

— (Étienne de), voy. Pruvino (Stephanus de).

— (sol de), vide Provinensis solidus.

— (livre de), vide Provinensis libra.

— (ville de). *Arch. adm.*, t. I, 278, 618, 1073. *Arch. lég.*, ii° part., *statuts*, iii° vol., 332.

— (monnaie de). *Arch. adm.*, t. I, 276, 290, 434.

— (foire de). *Arch. lég.*, ii° part., *statuts*, i⁽ʳ⁾ vol., 943.

— (François de), procureur du chapitre de Reims. *Arch. adm.*, t. II, 1133.

— (Robert de), garde du châtelet de Paris. *Arch. adm.*, t. II, 652.

Proviseur, voy. Proviseur, Collège de Reims, Sorbonne; voy. Provisor.

Proviseux (village de). *Arch. lég.*, i⁽ʳ⁾ part., 887, 900.

— (curé de). *Arch. lég.*, i⁽ʳ⁾ part., 887.

Provisor, vide Leprosariæ Remensis provisor; Fabricæ Remensis, vide Proviseur.

Provisy (Poncelet de), sergent du chapitre. *Arch. adm.*, t. III, 379.

— (village de). *Arch. lég.*, i⁽ʳ⁾ part., 907.

Proyer (Drouet le). *Arch. adm.*, t. I, 1683.

Prudentius, colon légué par S. Remi à l'église de Reims. *Arch. adm.*, t. I, 4.

Prudhomme (Jehan), curé de Saint-Éloy de Reims. *Arch. adm.*, t. I, 43.

— Voy. Maigret (Jehan).

Prud'hommes. *Arch. lég.*, ii° part., *statuts*, ii° vol., 406.

Prudonneau (Jean), sergier. *Arch. lég.*, ii° part., *statuts*, ii° vol., 736, 807.

Pruino Urogo de. *Arch. adm.*, t. I, 328.

Pruinus, chanoine. *Arch. lég.*, ii° part., *statuts*, i⁽ʳ⁾ vol., 123.

Prunecy (lieu de). *Arch. lég.*, i⁽ʳ⁾ part., 907.

Prunay (village de). *Arch. adm.*, t. I, 970, 1090; t. II, 117; t. III, 659. *Arch. lég.*, i⁽ʳ⁾ part., 755, 902, 907; ii° part., *statuts*, i⁽ʳ⁾ vol., 715; *statuts*, ii° vol., 860.

— (paroisse de). *Arch. adm.*, t. II, 1118.

— (Jehan de), écuyer. *Arch. adm.*, t. II, 522, 824. *Arch. lég.*, ii° part., *statuts*, i⁽ʳ⁾ vol., 92.

— (prêtre de), voy. Pruneyo (presbyter de).

Pruneau (N....), sergier. *Arch. lég.*, ii° part., *statuts*, ii° vol., 859.

Pruneto (presbyter de), vide Pruneyo.

— (Johannes de), voy. Prunay (Jean de).

— presbyter de, voy. Pruneyo.

Pruneyo (parochia de), vide Prunay (paroisse de).

— presbyter de. *Arch. adm.*, t. II, 1059, 1118.

— (Guillelmus de), chevalier, garde de la terre de l'archevêque de Reims. *Arch. adm.*, t. II, 927, 938.

Prunis (Stephanus de), archidiacre. *Arch. lég.*, ii° part., *statuts*, i⁽ʳ⁾ vol., 116.

Prunot (Richard). *Arch. adm.*, t. I, 730, 736, 738.

Prunoy (village de), voy. Prunay.

— (Ernoul de). *Arch. adm.*, t. I, 1126.

— (Jehan de), sergent du prévôt de Reims. *Arch. adm.*, t. III, 40, 58, voy. Prunay.

Prusche, voy. Arbalétrier.

Pruser (Simon), dit Bourdon, boulanger. *Arch. lég.*, ii° part., *statuts*, i⁽ʳ⁾ vol., 368, 369, 370, 371, 375, 376, 379.

Prusias, roi de Bythinie. *Arch. adm.*, t. I, 102.

Pruvinensis libra. *Arch. adm.*, t. I, 305, 544, 1019. *Arch. lég.*, ii° part., *statuts*, i⁽ʳ⁾ vol., 64, 73, 85, 87, 92, 101, 104, 180, 192; voy. Provins (livre de).

Pruvinensis solidus. *Arch. lég.*, IIe part., *statuts*, Ier vol., 72, 92, 97, 172, 174, 176 ; voy. Provins (sol de).

Pruvino (Stephanus de) , archidiacre. *Arch. adm.*, t. I, 645. *Arch. lég.*, IIe part., *statuts*, Ier vol., 63, 74.

Pruvinum, voy. Provins.

Psalmista. *Arch. lég.*, Ire part., 367, 373, 383, 424.

Psalmiste, voy. Psalmista.

Psalmodia (psalmodie). *Arch. lég.*, IIe part., *statuts*, Ier vol., 40.

Psalterium (psautier). *Arch. adm.*, t. I, 336, 380, 542 ; t. III, 742. *Arch. lég.*, IIe part., *statuts*, Ier vol., 91, 93.

Publica, vide Via.

Publicum iter, vide Via publica.

Puce (Adam la), appariteur du palais. *Arch. adm.*, t. II, 545, 673.

Pucele, femme de Raoul Cauchon. *Arch. adm.*, t. II, 78, 299, 393.

Pucelle (Jehanne la). *Arch. lég.*, IIe part., *statuts*, Ier vol., 596. Lettre de ladite aux habitants de Troyes, 601 ; autre de la même aux habitants de Reims, 603, 605, 622, 743.

— sœur d'Aubri de Thuisy. *Arch. adm.*, t. II, 763, 774, 1006.

— avocat. *Arch. lég.*, IIe part., *statuts*, IIe vol., 603.

Pucemagne (villa de). *Arch. adm.*, t. II, 1077.

— (presbyter de). *Arch. adm.*, t. II, 1079.

Pudentiana, vide Sancta.

Puer (Thomas). *Arch. adm.*, t. I, 374, 410.

— vide Richerus, Hugo, Boni pueri, Inventi.

Pueri chori Remensis, voy. Reims (enfants de chœur de).

Puerorum chori magister. *Arch. lég.*, IIe part., *statuts*, Ier vol., 43.

Pugeio (Odo de). *Arch. adm.*, t. I, 328.

Pugnicourt (Herbin de). *Arch. adm.*, t. II, 696.

Puilla , tailleur d'habits. *Arch. lég.*, IIe part., *statuts*, IIe vol., 531.

Puillon (Ernaudus), homme de Trigny. *Arch. adm.*, t. I, 644, 875.

— voy. Pouillon.

Puiole (Aubrion). *Arch. adm.*, t. I, 743.

Puis (M. de), maître des eaux et forêts. *Arch. adm.*, t. III, 312.

— (Philippe du), conseiller du roi. *Arch. adm.*, t. III, 852.

— (Antoine du), écuyer. *Arch. lég.*, IIe part., *statuts*, IIe vol., 4.

Puiseulx (village de), voy. Puisieux.

Puisieux (église de). *Arch. adm.*, t. II, 1103, 1119.

— (village de). *Arch. adm.*, t. II, 1106, 1118 ; t. III, 596, 627, 654. *Arch. lég.*, Ire part., 755, 901, 907 ; IIe part., *statuts*, Ier vol., 167, 531 ; *statuts*, IIe vol., 360, 963, 968.

— (prêtre de), voy. Puteolis (presbyter de).

— (Perrart de). *Arch. adm.*, t. III, 20, 45, 129.

— (Thierry de). *Arch. adm.*, t. III, 129.

— (paroisse de). *Arch. adm.*, t. II, 1113.

— (chapelle de), voy. Puteolis (capella de).

— (marquis de). *Arch. lég.*, IIe part., *statuts*, IIIe vol., 392, 394.

Puisines (village de). *Arch. adm.*, t. I, 1089, 1090. *Arch. lég.*, Ire part., 907.

Puissant (O), parmentier. *Arch. adm.*, t. II, 503.

Puisuel (Perrart de), voy. Puisieux.

Puits, voy. Reims, Vrilly.

— (rue du). *Arch. lég.*, IIe part., *statuts*, IIIe vol., 419.

Puizun (molendinum de). *Arch. adm.*, t. I, 286, 292.

Pujol (Mme). *Arch. lég.*, 11e part., statuts, 111e vol., 394.

Pulchérie, impératrice. *Arch. adm.*, t. I, 189.

Pulchi (Philippus). *Arch. lég.*, 11e part., statuts, 1er vol., 121.

Pullarius (Thomassetus), vide Coc (Thomasset le).

Pullio-villa (homines de). *Arch. adm.*, t. I, 380; vide Pouillon.

Pumaclum, vide Pomacle.

Pumbar (Furnus de), vide Pombar.

Punctator, vide Vicariorum punctator capituli Remensis.

Punye (Guillaume), curé de Sissonne. *Arch. lég.*, 1re part., 885.

Pupille, vide Pupillus.

Pupillus. *Arch. adm.*, t. I, 950. *Arch. lég.*, 1re part., 119, 128, 169.

Puret (J.), cordonnier et bourgeois du chapitre. *Arch. adm.*, t. III, 15.

Purgatio canonica. *Arch. adm.*, t. I, 552.

Purpret (sorte de redevance féodale). *Arch. lég.*, 1re part., 840, 849.

Puseux, voy. Frouart (de).

— (Pierre de), voy. Puisieux (Perrart de).

Pusines, voy. Puisines.

Pussemenge, voy. Pucemagne.

— (Gérard). *Arch. lég.*, 1re part., 897; 11e part., statuts, 11e vol., 165.

— (Remi), prévôt fermier de Reims. *Arch. lég.*, 11e part., statuts, 11e vol., 320, 322.

Pussemenge (Nicolas). *Arch. lég.*, 11e part., statuts, 1er vol., 322, 323, 884.

— (P....), conseiller. *Arch. lég.*, 11e part., statuts, 1er vol., 922.

Pussot (Jehan), collecteur des tailles. *Arch. lég.*, 1re part., 654, 865, 868, 877, 1015; 11e part., statuts, 1er vol., 676, 678, 680, 823, 829, 838, 855, 856, 858, 861, 862; statuts, 11e vol., 4, 6.

Pussort (Henri), seigneur de Cernay. *Arch. lég.*, 11e part., statuts, 11e vol., 91.

Puteo (Enulfus de). *Arch. adm.*, t. I, 643.

Puteolis (presbyter de). *Arch. adm.*, t. II, 1115.

— (Warnerus de), chanoine d'Avenay. *Arch. adm.*, t. III, 364.

— (ecclesia de), voy. Puisieux (église de).

— (capella de). *Arch. adm.*, t. II, 1107.

— (parochia), vide Puisieux (paroisse de).

Puys-sous-Moyvre (village de). *Arch. lég.*, 1re part., 893.

Pyat (Jehan), seigneur de Tombelles. *Arch. lég.*, 1re part., 892.

— (seigneur du fief de), voy. Guynes (Charles de).

Pynon (village de). *Arch. lég.*, 1re part., 883, 889.

— (curé de), voy. Prévost (Gilles).

Pyot (Claude), curé de Chaumuzy. *Arch. lég.*, 1re part., 887.

Pyrénées (les). *Arch. adm.*, t. I, 112.

Pyrot (Regnault), chanoine de Metz. *Arch. lég.*, 11e part., statuts, 11e vol., 85.

Q.

Quadragintariæ. *Arch. adm.*, t. I, 224; vide Oblatrix.

Quadromonte (capella de). *Arch. adm.*, t. I, 280.

Quafronsart (terre de). *Arch. lég.*, 11e part., statuts, 1er vol., 167.

Quaiquam (Pierre le), voy. Quiquain (Perrart).

Quantin (Pierrot), curé de Blombel et Blombuisieux. *Arch. lég.*, ı^{re} part., 886.

Quantipré, voy. Cantipré.

Quarante (rue des). *Arch. adm.*, t. II, 496.

Quarelié, voy. Drouart.

Quarellus (carreau, flèche), vide Quarrel.

Quaresme (Oudart). *Arch. adm.*, t. II, 690.

Quarnaco (presbyter de). *Arch. adm.*, t. I, 1097.

— (Renerus de). *Arch. adm.*, t. I, 275.

— (Odo de). *Arch. adm.*, t. I, 275.

Quarnay (Herbertus de) *Arch. adm.*, t. I, 304.

Quarneto (Johannes de), chevalier, fonde la chapelle de Sainte-Marguerite du Châtel. *Arch. adm.*, t. II, 1097.

Quarré (Jehan), échevin. *Arch. adm.*, t. II, 65, 135, 230, 286, 376, 603, 661? 705, 788, 800, 806, 916? *Arch. lég.*, ıı^e part., *statuts*, ı^{er} vol., 533, 659? 749? 754?

— (Johannes), dictus de Boul. *Arch. adm.*, t. III, 615.

— (Petrus). *Arch. adm.*, t. II, 483, 663?

— (Thomas). *Arch. adm.*, t. II, 916? t. III, 65.

Quarreit (J.), savetier. *Arch. adm.*, t. II, 823.

— voy. Quarré, Ruffin.

Quarrel, voy. Adenet-Lointier, Agot-Alligot, Avenay, Bains du Jart, Bergier, Bezannes, Bons-Enfans, Buef, Cerf, Changes, Chastellains, Chien, Chièvre, Chrestienté, Clermont, Cordellières, Coursalain, Cossart, Craque-Poullier, Crevés, Devant-Saint-Jacques, Erlaus, Grange, Grange-Crossart, Grange-Hébert-Chevalier, Gué de la Porte-à-Vesle, Halle-au-Pain, Heudon-Lorfévre, Jardin-Saint-Nichaise, Joudmès-Roullant, Jehan de Porte-Chacre, Large, Levrier, Maison de Saint-Martin de Laon, Marc, Mez-Saint-Thierry, Moironviller, Monniers, Moullinet, Myot, Neaufle, Petite-Cour, Petit-Huis-Saint-Pierre, Porte-de-Bethigny, Porte-Saint-Pierre-le-Viez, Porte-Renier-Buiron, Porte-Valoise, Poterne, Prêcheurs, Saint-Estienne, Saint-Hylaire, Saint-Pierre, Saint-Jacques-le-Joulier, Saint-Patris, Saint-Pierre-le-Viez, Saint-Pierre-as-Nonains, Sainte-Marguerite, Setrelage, Thiez, Trésor, Vau-des-Écoliers, Vaucler, Vau-le-Roy, Viez-Couture, Walleppe, Wastellerie; voy. Carrefour.

Quarrellus, voy. Quarrel.

Quarret (Thomas), sergent du chapitre. *Arch. adm.*, t. I, 1055, 1057.

— (Petrus), vide Quarré.

Quarrez (Johannes), vide Quarré.

Quarrier (E. le). *Arch. lég.*, ıı^e part., *statuts*, ı^{er} vol., 729, 730.

Quarrouge (le), *Arch. adm.*, t. II, 512, voy. K. rouge.

Quartel, voy. Blé (quartel de), Quartellus.

— (M.), seigneur de Puisieux. *Arch. adm.*, t. II, 1106.

Quartellus. *Arch. adm.*, t. I, 499, 517, 526, 1061; t. II, 102, 616. *Arch. lég.*, ıı^e part., *statuts*, ı^{er} vol., 69, 77, 90, 91; vide Frumenti quartellus, Archiepiscopi; vide Quartel.

Quarteniers, voy. Reims (quarteniers de).

Quarterium (quartier). *Arch. adm.*, t. I, 263, 310, 321, 386, 408, 419, 974; vide Terræ quarterium.

Quarterus, vide Quarterium.

Quartier (Jean), charpentier *Arch. adm.*, t. III, 836.

— (J.), receveur des aides. *Arch. lég.*, ıı^e part., *statuts*, ı^{er} vol., 612, 674, 771.

Quartier, voy. Reims (quartiers de).

Quatreaguillaume, voy. Adnetus.

Quatre-Champs (paroisse de). *Arch. adm.*, t. II, 1109, 1111.

— (Jacques de), clerc. *Arch. adm.*, 535, 1182, 1183.

Quatre-Fils-Aymon (maison des). *Arch. lég.*, 1re part., 517, 532.

Quatre-Sols (Colars), juré du roi. *Arch., adm.*, t III, 51, 617. *Arch. lég.*, 11e part., *statuts*, 1er vol., 592, 617, 639, 650, 651, 660.

— (Jehan de). *Arch. lég.*, 11e part., *statuts*, 1er vol., 780, 782, 788; *statuts*, 11e vol., 113, 392.

— (Collin), greffier. *Arch. lég.*, 11e part., *statuts*, 1er vol., 614, 615, 619, 621; *statuts*, 11e vol., 114.

— (Nicolas). *Arch. lég.*, 11e part., *statuts*, 1er vol., 627; *statuts*, 11e vol., 238.

— (Gabriel), maître tonnelier. *Arch. lég.*, 11e part., *statuts*, 11e vol., 408, 417.

— (P.), fermier de l'aide. *Arch. lég.*, 11e part., *statuts*, 1er vol., 672, 676, 702, 711, 770, 772?

Quatreulz (rue de). *Arch. lég.*, 1re part., 530, 541, 546, 592.

Quatrième (impôt du). *Arch. lég.*, 11e part., *statuts*, 1er vol., 463.

— (droit de). *Arch. lég.*, 11e part., *statuts*, 11e vol., 223, 224.

Quatuor-Campis (parochia de), vide Quatre-Champs (paroisse de).

— (presbyter de). *Arch., adm.*, t. II, 1112.

Quatuor-Fratres (Remigius), échevin. *Arch. lég.*, 11e part., *statuts*, 1er vol., 171.

Quean (Jean) maître charcutier. *Arch. lég.* 11e part., *statuts*, 11e vol., 939.

Queant (J. B.), maître sergier. *Arch. lég.*, 11e part., *statuts*, 11e vol., 859, 860?

Quenelle (du), chirurgien. *Arch. lég.*, 11e part., *statuts*, 111e vol., 753.

Quenet (Jean-Baptiste), maître charpentier. *Arch. lég.*, 11e part., *statuts*, 111e vol., 671.

— (Remi), charpentier. *Arch. lég.*, 11e part., *statuts*, 111e vol., 671.

Quenoche (Person), échevin du ban Saint-Remi. *Arch. lég.*, 11e partie, *statuts*, 1er vol., p. 650, 713.

Quercetum, vide Givereio.

Quercu (curatus de), vide Ulmonte (N. de).

— (parochia de), vide Chesne (paroisse de).

— (Ada). *Arch. adm.*, t. III, 73.

— vide Haya, Grosse.

— (R. de), bailli du chapitre. *Arch. adm.*, t. II, 363, 619.

— (Johannes de). *Arch. adm.*, t. II, 200, 284? 798.

Quercus, vide Pediculosa.

Quesnel (Robertus). *Arch. adm.*, t. II, 1036.

— Édition des œuvres du pape saint-Léon dudit alléguée. *Arch. adm.*, t. I, 105.

Quesnoy (ville de). *Arch. adm.*, t. I, 1073. *Arch. lég.*, 11e part., *statuts*, 1er vol., 665, 666.

Questio. *Arch. adm.*, t. III, 539, 551, 896; vide Tormentum.

Questionare (mettre à la question). *Arch. adm.*, t. III, 551, 896.

Questor, vide Ecclesiarum.

Queue, voy. Vin (queue de), Cauda.

Queuriot (J....), maître sergier. *Arch. lég.*, 11e part., *statuts*, 11e vol. 812.

Queutelot (Jean), laboureur. *Arch. lég.*, 11e part., *statuts*, 111e vol., 258.

Queux, voy. Lequeux, voy. Roi.

— (Oudinet le) *Arch. adm.*, t. II, 906.

— (Nicolas le), lieutenant du roi. *Arch. lég.*, 11e part., *statuts*, 11e vol., 464.

Queux (Évrart le). *Arch. adm.*, t. II, 483.

— (Johannes le) *Arch. adm.*, t. II, 1220 ;
t. III, 411, 412, 757.

— (Bernardus le). *Arch. lég.*, ɪɪ^e part.,
statuts, ɪ^{er} vol., 428.

— (Perrot le), maire de Montvallois,
Arch. adm., t. I, 738, 851, 1013 ?

— (Robin le), tourneur, *Arch. adm.*,
t. II, 537.

— (Henri le), t. I, 513, 514 ; t. II,
303.

— (Fourquet le). *Arch. adm.*, t. II,
696.

— (Thomas le). *Arch. adm.*, t. I, 768.

— (Jehan le), voy. Queux (Johannes).

Quevenra (Adenet), cordier. *Arch. lég.*,
ɪɪ^e part., *statuts*, ɪ^{er} vol., 595.

Quex (Petrus le), voy. Queux (Perrot le).

Quicheron, fabricant. *Arch. lég.*, ɪɪ^e part.,
statuts, ɪɪ^e vol., 859.

Quictus (quitte). *Arch. adm.*, t. II, 584.

Quien (P. le), bourgeois. *Arch. adm.*,
t. III, 17.

— (J.), voy. Maalmes.

Quiens (Mourard des), conseiller du roi.
Arch. lég., ɪɪ^e part., *statuts*, ɪ^{er} vol.,
408.

Quierzy (synode de), voy. Carisiacum
(synodus de).

Qui-Guery (Jehan), mégissier. *Arch. adm.*,
t. III, 836.

Quinquin (Joffrois), chevalier. *Arch.
adm.*, t. I, 895, 972.

Quillart (Thomas), marchand mercier.
Arch. lég., ɪɪ^e part., *statuts*, ɪɪ^e vol.,
561.

Quilles (jeu de). Arrêt du parlement qui
autorise les bourgeois de Reims à jouer
audit malgré l'opposition des officiers
de l'archevêque. *Arch. adm.*, t. II, 940.

Quillet (Evrart), receveur de l'archevêché.
Arch. lég., ɪɪ^e part., *statuts*, ɪ^{er} vol.,
736, 746.

Quillet (Fulcaudus). *Arch. adm.*, t. I, 288.

Quillot (Poncelet). *Arch. adm.*, t. III, 836.

Quincailliers de Reims (statuts des). *Arch.
lég.*, ɪɪ^e part., *statuts*, ɪɪɪ^e vol., 105,
348.

Quincy (village de). *Arch. lég.*, ɪ^{re} part.,
886, 893, 909, 919, 920.

— (curé de), voy. Grégoire (Jean).

Qui-ne-rit (Robelès). *Arch. adm.*, t. I, 741.

Quinquagenarii, vide Cinquanteniers.

Quint-Denier (droit du). *Arch. lég.*,
ɪ^{re} part., 834.

Quint-et-Requint (droit du). *Arch. lég.*,
ɪ^{re} part., 835.

Quintilianus, rhéteur latin. *Arch. lég.*,
ɪɪ^e part., *statuts*, ɪɪ^e vol., 736.

Quintin (Pierre), bourgeois. *Arch. lég.*,
ɪɪ^e part., *statuts*, ɪɪɪ^e vol.,

Quintus, frère de Cicéron. *Arch. adm.*,
t. I, 667.

Qui-porte-la-pâte (Ysaberon). *Arch. adm.*,
t. II, 903.

Quiquain (Perrat le), mesureur de grains.
Arch. adm., t. II, 801 ; t. III, 744.

— (L.), gouverneur des chaussées de
Reims. *Arch. adm.*, t. III, 835,

— (Gérars). *Arch. adm.*, t. II, 673.

Quiquam (Odo le), doyen de Saint-Symphorien. *Arch. adm.*, t. I, 270.

— (Jacques le). *Arch. adm.*, t. II, 999,
1197, 1204 ; t. III, 16, 19, 24, 404.

— (Henri le), échevin. *Arch. adm.*,
t. III, 259, 449, 690, 691, 692, 694,
695, 831, 832, 835, 836, 839, 841.
Arch. lég., ɪɪ^e part., *statuts*, ɪ^{er} vol.,
413.

Quiquempoy (village de). *Arch. adm.*,
t. III, 57.

Quiquery (village de). *Arch. lég.*, ɪ^{re} part.,
878.

Quiquot (Gaufridus), chevalier. *Arch.
adm.*, t. I, 970.

Quirot (Étienne), religieux de Saint-Remi. *Arch. lég.*, iie part., *statuts*, i^{er} vol., 235.

Qui-se-maria (Robert), chevaucheur de l'écurie de la reine. *Arch. adm.*, t. II, 303, 487, 489.

Quittare (quitter, décharger). *Arch. adm.*, t. I, 618, 619, 643, 650, 911 ; t. II, 870, 929.

Quittus (quitte). *Arch. adm.*, t. II, 869, 886.

Quochart, voy. Courtil.

Quochelet (Thomas), voy. Cochelet.

Quochet (Garnier), cordonnier. **Arch.** *adm.*, t. II, 527.

Quocrenier, voy. Boivin.

Quocu (R. le), orfèvre. *Arch. adm.*, t. II, 800.

Quoquerel, voy. Coquerel.

Quoquin, voy. Damery.

Quoqueingne (P.). *Arch. adm.*, t. II, 800.

Quoquellet (Thibaut), voy. Coquelet.

— (Jehan), dit la Pinte, voy. Coquelet.

— (Guillaume). *Arch. adm.*, t. II, 985.

Quoquenne, tonnelier. *Arch. adm.*, t. II, 808.

R.

Rabaille (N....), bourgeois. *Arch. lég.*, iie part., *statuts*, i^{er} vol., 870.

Rabaiche (femme). *Arch. adm.*, t. II, 685.

Rabasche (Perrenet). *Arch. adm.*, t. III, 757.

Rabertus, prêtre et chanoine. *Arch. lég.*, iie part., *statuts*, i^{er} vol., 83.

Rabillart, chevaucheur du roi. *Arch. lég.*, iie part., *statuts*, i^{er} vol., 616.

Rabillon (Philippus), chanoine et prêtre. *Arch. lég.*, iie part., *statuts*, i^{er} vol., 114.

Rabo, chevalier. *Arch. adm.*, t. I, 364.

Rabodus, évêque de Noyon. *Arch. lég.*, iie part., *statuts*, i^{er} vol., 73.

Rabouillart (T...), prêtre et chanoine. *Arch. lég.*, iie part., *statuts*, i^{er} vol., 612, 728, 734, 739.

— (M....). *Arch. lég.*, iie part., *statuts*, i^{er} vol., 637.

— (C....), échevin. *Arch. lég.*, *statuts*, i^{er} vol., 692.

Rachecourt (seigneurie de). *Arch. lég.*, iie part., *statuts*, iiie vol., 533

Rachinbourgs. *Arch. lég.*, iie part., *statuts*, iiie vol., 609, 623 ; voy. Échevins.

Racquet (Guillaume), gouverneur de Soissons. *Arch. lég.*, i^{re} part., 897.

Rade (J.... le), bourgeois. *Arch. lég.*, iie part., *statuts*, i^{er} vol., 770, 781.

— (Radulphus le), positionnaire de la cour de l'archidiacre. *Arch. adm.*, t. I, 1031.

Radel (Guillelmus). *Arch. adm.*, t. III, 771.

— fermier des aides. *Arch. lég.*, iie part., *statuts*, i^{er} vol., 499, 501.

Radercaus. *Arch. lég.*, iie part., *statuts*, i^{er} vol., 62.

Raderus père, parent de l'évêque Sanson. *Arch. adm.*, t. I, 410.

Radicis (Guillelmus de). *Arch. lég.*, iie part., *statuts*, i^{er} vol., 115, 117.

Radimer (fief de). *Arch. lég.*, i^{re} part., 894.

Radin (M.). *Arch. lég.*, iie part., *statuts*, i^{er} vol., 791.

Radiscurte (Ponchardus), chevalier. *Arch. adm.*, t. I, 373.

Radix (Vuillelmus). *Arch. lég.* , ɪɪᵉ part., *statuts*, ɪᵉʳ vol., 73, 81.

Radoardus, chanoine. *Arch. lég.*, ɪɪᵉ part., *statuts*, ɪᵉʳ vol., 64.

Radonnez (Johannes), chevalier. *Arch. adm.*, t. II, 107.

Radouel (village de). *Arch. lég.*, ɪʳᵉ part., 900.

Radricot , espagnol , exécuté à Reims. *Arch. lég.*, ɪɪᵉ part., *statuts*, ɪᵉʳ vol. , 568.

Raduin, prévôt de Saint-Remi. *Arch. adm.*, t. I, 385.

Radulfus, vide Radulphus.

Radulphi porta. *Arch. adm.*, t. I, 262.

— alodium. *Arch. adm.* , t. I, 253; vide Lescellis.

Radulphus le Vert, archevêque de Reims, vide Raoul.

— abbé de Mouzon. *Arch. adm.*, t. I, 253. *Arch. lég.*, ɪɪᵉ part., *statuts*, ɪᵉʳ vol., 63? 88? 90 ?

— Albus. *Arch. lég.* , ɪɪᵉ part., *statuts*, ɪᵉʳ vol., 65.

— chevalier, père de l'archevêque de Reims Sanson. *Arch. adm.*, t. I, 305, 320. *Arch. lég.*, ɪɪᵉ part., *statuts*, ɪᵉʳ vol., 74, 86, 87, 90.

— comte de Vermandois, sénéchal du roi Louis VII. *Arch. adm.*, t. I, 293, 298, 320, 402, 416.

— dictus Parvus, écolâtre. *Arch. adm.*, t. I, 667. *Arch. lég.*, ɪɪᵉ part., *statuts*, ɪᵉʳ vol., 100, 121.

— infirmus. *Arch. adm.*, t. I, 857.

— cordelier, *Arch. adm.*, t. II, 735.

— La Coque, vide Coque (Raoul la).

— légat du saint-siége. *Arch. adm.*, t. I, 901.

— bourgeois de Laon. *Arch. adm.*, t. I, 866. *Arch. lég.*, ɪɪᵉ part., *statuts*, ɪᵉʳ vol., 69, 78? 84.

Radulphus, roi des Romains. *Arch. lég.*, ɪʳᵉ part., 293.

— prêtre et chanoine. *Arch. adm.*, t. I, 310, 995. *Arch. lég.*, ɪɪᵉ part., *statuts*, ɪᵉʳ vol., 66, 74, 83, 85, 114, 419.

— prieur du val de Saint-Pierre. *Arch. lég.*, ɪɪᵉ part., *statuts*, ɪᵉʳ vol., 171.

— sous-diacre. *Arch. adm.*, t. I, 241 ; vide Rodulphus.

— archidiacre. *Arch. adm.*, t. I, 278, 308. *Arch. lég.*, ɪɪᵉ part., *statuts*, ɪᵉʳ vol., 65.

— chancelier. *Arch. adm.*, t. I, 278.

— clerc de Laon. *Arch. adm.*, t. I, 292.

— laïque. *Arch. lég.*, ɪɪᵉ part., *statuts*, ɪᵉʳ vol., 74, 79? 84, 85, 89, 93.

— écuyer. *Arch. adm.*, t. II, 103, 104.

— camerarius. *Arch. adm.*, t. I, 245.

— châtelain de Bellestre. *Arch. adm.*, t. I, 491? t. II, 99.

— curé de Champigny. *Arch. adm.*, t. II, 106.

— vide Scutellarius.

— sous-diacre de Chartres et chanoine de Reims. *Arch. lég.*, ɪɪᵉ part., *statuts*, ɪᵉʳ vol., 71.

— curé de Jandun. *Arch. adm.*, t. II, 1075.

— (Bertrandus). *Arch. adm.*, t. II, 1166.

— (Jacqueletus) , prêtre. *Arch. lég.*, ɪɪᵉ part., *statuts*, ɪᵉʳ vol., 114.

— prêtre de Saint-Vast de Beauvais. *Arch. adm.*, t. I, 595.

— prieur de Saint-Remi. *Arch. adm.*, t. I, 511.

— Viridus, vide Raoul le Vert.

— comte de Crespy. *Arch. adm.*, t. I, 231. *Arch. lég.*, ɪɪᵉ part., *statuts*, ɪᵉʳ vol., 104.

— diacre et chanoine. *Arch. adm.*, t. I, 360? 365? 459? 695? *Arch. lég.*, ɪɪᵉ part., *statuts*, ɪᵉʳ vol., 88.

Radulphus, prévôt de Saint-Nicaise de Reims. *Arch. adm.*, t. I, 251, 253.

— évêque. *Arch. lég.*, iie part., *statuts*, 1er vol., 63.

— fils de Johannes de Hospitio. *Arch. adm.*, t. I, 429.

— (Aquilon) *Arch. adm.*, t. I, 363.

— sergent de l'archevêque. *Arch. adm.*, t. I, 364.

— doyen de l'église de Reims. *Arch. adm.*, t. I, 416, 422, 425, 426. *Arch. lég.*, iie part., *statuts*, 1er vol., 89, 119.

— portier. *Arch. adm.*, t. I, 830.

— lévite et chanoine, oncle du prévôt de Reims Odalric. *Arch. lég.*, iie part., *statuts*, 1er vol., 85, 92, 96, 102, 169.

Raensianus, vide Mons.

Rafoldus, vassal de l'église de Reims. *Arch. adm.*, t. I, 36.

Rafrichart (Colart). *Arch. adm.*, t. III, 379.

Raganerus, lévite et chanoine. *Arch. lég.*, iie part., *statuts*, 1er vol., 62.

Ragehardus, voy. Ragenhardus.

Ragembaldus, chanoine. *Arch. lég.*, iie part., *statuts*, 1er vol., 63.

Ragenerus, chantre. *Arch. lég.*, iie part., *statuts*, 1er vol., 76.

— sergent. *Arch. lég.*, iie part., *statuts*, 1er vol., 67, 76, 83?

— prévôt et chanoine. *Arch. lég.*, iie part., *statuts*, 1er vol., 80, 99, 117.

— clerc, t. I, 305, 310. *Arch. lég.*, iie part., *statuts*, 1er vol., 71 ? 84, 87.

Ragenhardus. *Arch. lég.*, iie part., *statuts*, 1er vol., 78.

Ragenold, comte de Reims, époque à laquelle il obtient ce titre. *Arch. adm.*, t. I, 85. Fondateur de la puissance de la maison de Roucy (*ibid.*), donne la moitié de la vicomté et six étaux de boucher à l'abbé de Saint-Remi (*ibid.*),

86, cité devant le concile de Saint-Thierry pour se voir excommunié (*ibid.*), 89. *Arch. lég.*, iie part. *statuts*, 1er vol., 80, 169.

— Ragenold (Gislebert), fils du précédent. *Arch. adm.*, t. I, 85 ; épitaphe dudit (*ibid.*), 96. *Arch. lég.*, iie part., *statuts*, 1er vol., 76 ?

Ragentrudis, abbesse. *Arch. lég.*, iie part., *statuts*, 1er vol., 100.

Raginaldus, grand archidiacre de Reims. *Arch. adm.*, t. I, 746.

Raginerus, clerc, vide Ragenerus.

Raginoldus, comte, vide Ragenold.

Ragisus, prêtre. *Arch. lég.*, iie part., *statuts*, 1er vol., 63.

Ragueneau, avocat au parlement. *Arch. lég.*, iie part., *statuts*, iie vol., 921.

Raguenerus, vide Ragenerus.

Raguet, chanoine de Saint-Pierre de Reims. *Arch. adm.*, t. II, 530.

— (Aubry). *Arch. adm.*, t. II, 603, 758.

Rahericurti-villa, vide Rarecourt.

Raherium vivarium. *Arch. adm.*, t. I, 286, 291, 292, 975.

Rahisco (villa de). *Arch. adm.*, t. I, 29.

Raiderus, vide Tarny.

Raillencourt (J ...de). *Arch. lég.*, iie part., *statuts*, 1er vol., 777.

— (village de). *Arch. lég.*, iie part., *statuts*, iiie vol., 391.

Raillicourt (paroisse de). *Arch. adm.*, t. II, 1077. *Arch. lég.*, 1re part., 876, 907.

— (seigneurie de). *Arch. lég.*, iie part., *statuts*, 1er vol., 241.

— (Roland de). *Arch. adm.*, t. III, 307.

— (Baude de), bourgeois. *Arch. adm.*, t. III, 281, 332.

— (Peresson de), fils du précédent. *Arch. adm.*, t. III, 332.

Raillicourt (J. de), bourgeois. *Arch. lég.*, IIe part., *statuts*, Ier vol., 656, 675, 733.

Raimbaldus laicus. *Arch. lég.*, IIe part., *statuts*, Ier vol., 76.

Raimbaut (J.), fripier. *Arch. adm.*, t. II, 544.

— voy. Travillié.

Raimbert (Huet). *Arch. adm.*, t. II, 499.

— (Guiot) *Arch. adm.*, t. II, 536.

Raimbertus, moine. *Arch. lég.*, IIe part., *statuts*, Ier vol., 78.

Raimbost (Jesson), cordonnier. *Arch. adm.*, t. II, 905.

Raimuudus, cardinal de Sainte-Marie. *Arch. adm.*, t. 1, 348.

— archidiacre de Châlons. *Arch. lég*, IIe part., *statuts*, Ier vol., 75.

— (Johannes), prêtre. *Arch. lég.*, IIe part., *statuts*, Ier vol., 116.

— abbé d'Aurillac. Lettre de Gerbert audit. *Arch. adm.*, t. I, 98.

Rain (Henricus). *Arch. adm.*, t. I, 332.

Rainaldi, auteur des *Annales ecclésiastiques. Arch. adm.*, t. I, 549, 559.

Rainaldus, prieur. *Arch. adm.*, t. I, 310, 311.

— archevêque de Reims. *Arch. adm.*, t. I, 239, 240, 241, 244, 245, 246, 247, 252, 253, 274, 275, 278, 281, et seq., 290, 292, 293? 295, 296, 302, 312, 332. *Arch. lég.*, IIe part., *statuts*, Ier vol., 64, 65, 78, 98, 114.

— prieur de Saint-Remi. *Arch. lég.*, IIe part., *statuts*, Ier vol., 171.

— chevalier. *Arch. adm.*, t. I, 305.

— jurisconsulte. *Arch. adm.*, t. I, 308.

— lévite et chanoine. *Arch. lég.*, IIe part., *statuts*, Ier vol., 65? 72? 77, 87? 88? 116, 165.

— bourgeois. *Arch. adm.*, t. I, 378.

— prêtre. *Arch. lég.*, IIe part., *statuts*, Ier vol., 70? 115.

v

Rainardis, laica. *Arch. lég.*, IIe part., *statuts*, Ier vol., 78.

Rainardus, prêtre. *Arch. lég.*, IIe part., *statuts*, Ier vol., 83, 168.

Rainaudus, presbyter, vide Rainaldus.

Rainbal (village de). *Arch. lég.*, Ire part., 900.

Rainbaudus, censitaire de Saint-Remi. *Arch. lég.*, IIe part., *statuts*, Ier vol., 165.

Rainerius, cardinal du titre de Saint-Price. *Arch. adm.*, t. I, 313.

— fils du vidame de Reims. *Arch. adm.*, t. I, 126, 346.

— vide Buiron.

— chevalier. *Arch. adm.*, t. I, 286.

— diacre. *Arch. adm.*, t. I, 276.

— chapelain du comte de Flandre. *Arch. adm.*, t. I, 429.

Rainerus, archidiacre. *Arch. adm.*, t. 1, 233.

Raineville (village de), voy. Renneville.

Rainfroi, compétiteur de Charles Martel. *Arch. adm.*, t. I, 26.

Raingardis, laica. *Arch. lég.*, IIe part., *statuts*, Ier vol., 74, 75, 76.

— monacha. *Arch. lég.*, IIe part., *statuts*, Ier vol., 77, 80.

Raingerus, clerc. *Arch. lég.*, IIe part., *statuts*, Ier vol., 88.

Rainier, voy. Parmentier.

Rainmon, valet du vidame de Reims. *Arch. adm.*, t. III, 379.

Rainniers, voy. Vezins.

Rainoldus, vicomte. *Arch. lég.*, IIe part., *statuts*, Ier vol., 62? 63? 70.

— chantre. *Arch. adm.*, t. I, 346.

— évêque de Noyon. *Arch. lég.*, IIe part., *statuts*, Ier vol., 87.

— chevalier, vassal de l'archevêque de Reims. *Arch. adm.*, t. I, 156.

83

Rainoldus, sous-diacre. *Arch. adm.*, t. 1, 241, 365.

Rainrada, laica, *Arch. lég.* IIe part., *statuts*, Ier vol , 81.

Rainsidis, laica. *Arch. lég.*, IIe part., *statuts*, Ier vol., 83.

Rainssant (Jehan), échevin de. *Arch. adm.*, t. 1, 488. *Arch. lég.*, IIe part., *statuts*, Ier vol , 921; *statuts*, IIe vol., 172, 697.

— (Gérart), présentateur de bourgeois. *Arch. lég.*, IIe part., *statuts*, Ier vol., 870. *Arch. adm.*, t. III, 16.

— (Nicolas), notaire. *Arch. lég.*, IIe part. *statuts*, IIe vol., 302.

— (Ph....), greffier. *Arch. lég.*, IIe part., *statuts*, Ier vol., 908, 922.

Rainuidis, recluse. *Arch. lég.*, IIe part., *statuts*, Ier vol., 74.

Raison (seigneur de), voy. Resson.

Rajecourt (Mgr de). *Arch. adm.*, t. II, 303.

Ralicurte (Laurentius de), chanoine. *Arch. lég.*, IIe part., *statuts*, Ier vol., 69, 115.

Ralicurtis, vide Raillicourt.

Rambercourt (ville de), voy. Rembercourt.

— (curé de). *Arch. lég.*, Ire part., 887.

Rambradus, prêtre et chanoine. *Arch. lég.*, IIe part., *statuts*, Ier vol., 98.

Ramburelle (H. de), maître d'hôtel du connétable de France. *Arch. lég.*, IIe part., *statuts*, Ier vol., 790, 801.

Ramecourt (ville de). *Arch. lég.*, Ire part., 899.

Ramée (droit de). *Arch. lég.*, IIe part., *statuts*, Ier vol., 299, 302.

— (Charles de la), capitaine de Reims. *Arch. lég.*, IIe part., *statuts*, Ier vol., 670, 832, 835, 836, 838, 840, 845, 848, 850, 853.

Ramelzcium, voy. Ramoulzei.

Ramerup (lieu de). *Arch. lég.*, IIe part., *statuts*, IIIe vol., 394.

Rammundis, vide Rainuidis

Ramnus, prévôt et chanoine. *Arch. lég.*, IIe part., *statuts*, Ier vol., 72.

Ramoulzei (village de). *Arch. lég.*, IIe part., *statuts*, Ier vol., 169.

Rampart (J.), condamné à mort par la justice de Saint-Remi. *Arch. adm.*, t. III, 310.

— voy. Reims (remparts de).

Ramploumeit (Walterus le). *Arch. adm.*, t. I, 231.

Rampon (village de). *Arch. lég.*, Ire part., 919.

Ramum (investitura per). *Arch. adm.*, t. I, 333.

Ranagis (Robertus), citoyen de Reims. *Arch. adm.*, t. I, 853.

Rançon. *Arch. adm.*, t. III, 165, 166. Les habitants de Reims contribuent à celle du roi Jehan, 282.

Rancouado (Walterus de). *Arch. adm.*, t. II, 1039.

— (presbyter de). *Arch adm.*, t. II, 1069.

— (parochia de). *Arch. adm.*, t. II, 1068, 1069; vide Renwez.

Randonnes, voy. Radonnes.

Randoulat (L....), maître sergier. *Arch. lég.*, IIe part., *statuts*, IIe vol., 879.

Randulfus, acolyte. *Arch. lég.*, IIe part., *statuts*, Ier vol., 89.

Rannavilla (Symon de), écolier. *Arch. adm.*, t. II, 735.

— (parochia de), voy. Renneville.

Rantien, voy. Mont-Rancien, Neuville (la).

Raoul le Vert, archevêque de Reims. *Arch. adm.*, t. I, 97, 254, 256, 257, 258. Donne à l'abbaye de Noirmoutiers le prieuré de Saint-Maurice, 260, 261. Élu par une partie du clergé, 265. Intervient dans le différend d'Azenaire, abbé de Saint-Remi, et de Joran, abbé de Saint-Nicaise, 266; donne à ce der-

nier le droit de justice au ban de Saint-
Remi, 266 ; cite les bourgeois dudit
ban à sa cour spirituelle, 267, 268,
269, 270, 272, 274, 275 et seq., 303,
329. *Arch. lég.*, IIe part., *statuts*, Ier vol.,
73, 86.

Raoul le Vert, prévôt de l'église de Reims.
Arch. adm., t. I, 415, 497, 566.

— roi des Français. *Arch. adm.*, t. I,
72.

— I, comte de Vermandois. *Arch. adm.*,
t. I, 314, 323.

— la Coque, receveur des tailles. *Arch.
adm.*, t. II, 318, 416, 481, 604 ; voy.
Coque.

— le maçon. *Arch. adm.*, t. II, 303, 546.

— le parmentier. *Arch. adm.*, t. II, 604.

— l'épicier. *Arch. adm.*, t. II, 678 ; voy.
Raoullet.

— (Jehan). *Arch. adm.*, t. III, 280.

— (Thierry), seigneur de Saint-Thierry,
capitaine de la milice bourgeoise. *Arch.
lég.*, IIe part., *statuts*, IIe vol., 1014,
1028 ; *statuts*, IIIe vol., 212.

— (Pierre), perruquier. *Arch. lég.*,
IIe part., *statuts*, IIIe vol., 191, 199.

— sergent de la prévôté de Laon. *Arch.
adm.*, t. II, 953.

— voy. Souvain.

— portier. *Arch. adm.*, t. II, 507.

Raoulès, frère de Jehelos de Châlons.
Arch. adm., t. I, 737.

— fils de Perrot le Blanc. *Arch. adm.*,
t. I, 820.

Raoulet (Jourdain), franc sergent du chapitre. *Arch. adm.*, t. II, 116, 770 ;
t. III, 382.

— voy. Thuzy.

Raoulin, voy. Saint-Estène

— le curetier. *Arch. adm.*, t. II, 533.

— le charpentier. *Arch. adm.*, t. III, 759,
760.

Raoulin, voy. Raulin, Dannèle, Champigny.

Raoulinus, prévôt du chapitre. *Arch.
adm.*, t. II, 618.

— vide Briaingna, Grinhart.

Raoullet l'espicier, clerc. *Arch. adm.*,
t. II, 511, 680 ; voy. Raoul.

— voy. Luillier.

Rapet (Thomas). *Arch. adm.*, t. II, 689,
714.

Raphin, voy. Plaisance.

Rapt, voy. Raptus.

Raptor. *Arch. adm.*, t. I, 537. *Arch. lég.*,
Ire part., 386, 391, 425, 459.

Raptus. *Arch. adm.*, t. I, 408, 596, 821.
Arch. lég., Ire part., 812.

Raquier (Jehan). *Arch. lég.*, IIe part., *statuts*, Ier vol., 815.

Raravilla, vide Senicurte (villa de).

Rarecourt (ville de). *Arch. adm.*, t. I, 321,
423, 428, 475 ; t. II, 1089.

— (Jehan de), charpentier. *Arch. adm.*,
t. II, 1187.

Raricurtis, vide Rarecourt.

Raris (village de). *Arch. lég.*, Ire part.,
882, 900.

Raspertus, bourgeois. *Arch. adm.*, t. I,
543, 544.

Rasorium (rasoir). *Arch. adm.*, t. I, 233.

Rassa (J.), voy. Rassart.

Rassart (Jehan), de Mailly. *Arch. adm.*,
t. III, 380.

Rasse, voy. Pennier.

Rassequin (Waroquier), bourgeois. *Arch.
adm.*, t. III, 836.

Rat (J. le). *Arch. adm.*, t. II, 301.

Ratbertus, échevin. *Arch. adm.*, t. I, 36.

Ratbodus, évêque de Noyon. *Arch. adm.*,
t. I, 115, 118, 136, 137.

Ratherius, évêque de Vérone. *Arch. adm.*,
t. I, 167.

Ratholdus, prêtre et chanoine. *Arch. lég.*, 11e part., *statuts*, 1er vol., 80.

Ratiau (Estevenon). *Arch. adm.*, t. III, 836.

— (Andrieu), potier d'étain. *Arch. adm.*, t. III, 837.

Ratmandus, presbyter, vide Rainaudus.

Rauciacum, vide Roucy.

Raucourt (Girart, dit de). *Arch. adm.*, t. II, 999.

— (presbyter de). *Arch. adm.*, t. II, 1076, 1086.

— (paroisse de). *Arch. adm.*, t. II, 1077, 1089, 1090.

— (P....), bourgeois. *Arch. lég.*, 11e part., *statuts*, 1er vol., 773.

Raucroy (parochia de), vide Rocroy.

Raucurte (parochia de), voy. Raucourt (paroisse de).

Raudulphus, vide Siccus, Spinteo, Trugny.

Rauldé, voy. Molins.

Raulé Cocquault, mercier. *Arch. lég.*, 11e part., *statuts*, 11e vol., 570.

Raulet, voy. Ongnemont.

— clerc. *Arch. adm.*, t. II, 764.

— (Alard). *Arch. adm.*, t. II, 678; t. III, 423.

— (Hubert), vinaigrier. *Arch. lég.*, 11e part., *statuts*, 11e vol., 315.

— (Agnès). *Arch. adm.*, t. I, 1126.

— fils de Raoul de Bazoches. *Arch. adm.*, t. II, 97.

— fils de Guill. le Gras. *Arch. adm.*, t. II, 550.

— voy. Buevelet, Remis, Triqueseil.

Raulin de Champigny, écuyer. *Arch. adm.*, t. II, 106; voy. Champigny.

— (Jourdain), voy. Raoulet.

— valet. *Arch. adm.*, t. II, 696.

— d'Escry (hôtel de). *Arch. adm.*, t. II, 991.

— voy. Forzy, Gantele, Linier, Loivret.

Raulin (François), boulanger. *Arch. lég.*, 11e part., *statuts*, 11e vol., 162, 1034?

Raulinus (Bridet). *Arch. adm.*, t. II, 403.

— vide Rouque.

Rauloy (Gravière de), avocat. *Arch. lég.*, 11e part., *statuts*, 111e vol., 548.

Ravenel (Mahieu de), panetier du roi. *Arch. adm.*, t. II, 482.

Ravennatensis (Jacobus). *Arch. lég.*, 1re part., 162, 203.

Ravest (J.), messager de la chambre ès deniers. *Arch. adm.*, t. II, 830.

Ravian (Guillelmus), d'Orléans. *Arch. adm.*, t. III, 840.

Ravineau (Jehan), curé de Mouron. *Arch. lég.*, 1re part., 885.

— (Ph.), conseiller de ville. *Arch. lég.*, 11e part., *statuts*, 11e vol., 559, 1010.

— voy. Toussicourt.

— (Gerardus), prêtre et chanoine. *Arch. lég.*, 11e part., *statuts*, 1er vol., 121, 489.

— (Jean), grand prieur de Saint-Remi. *Arch. lég.*, 11e part., *statuts*, 1er vol., 199, 202, 215, 217, 219, 229.

Ravinaux (Adam), religieux de Saint-Remi. *Arch. lég.*, 11e part., *statuts*, 1er vol., 212.

Ravisseur, voy. Raptor.

Ravouez (Jehan), voy. Renwez.

Ray (seigneur de). *Arch. adm.*, t. III, 749.

Raymond (Jehan), bourgeois. *Arch. lég.*, 11e part., *statuts*, 1er vol., 770, 773, 778, 780.

— évêque de Thérouane. *Arch. adm.*, t. I, 61.

Raymondus (Raynaudus). *Arch. adm.*, t. III, 103.

Raynaud, voy. Belay.

Raynerius, vide Raynerus.

Raynerus, sous-diacre. *Arch. adm.*, t. I, 157? 472.

Rayneval (village de). *Arch. lég.*, i^{re} part., 899.

Raynouard, historien. Acte faussement allégué par ledit. *Arch. adm.*, t. I, 30. Vers du poëme de Sigloard omis par le même, 67, 239, 247, 255.

Rayo de Hunicurte (prior de). *Arch. adm.*, t. II, 638.

Rays (sire de). *Arch. lég.*, i^{re} part., 515.

Reatum. *Arch. adm.*, t. I, 579 ; vide Rieti.

Reaux (M. des). *Arch. lég.*, iie part., *statuts*, iiie vol., 394.

Rebaille (N....). *Arch. lég.*, iie part., *statuts*, i^{er} vol., 691.

Rebelle (Estienne le). *Arch. lég.*, i^{re} part., 528, 537, 542, 596.

— (Estevenin), voy. Rebelle (Estienne le).

Rebez, vide Aignicuria, Castella des Ullois.

Rebolet, sergier. *Arch. adm.*, t. II, 826.

Rebondi (A. de), sergent de la forteresse de Reims. *Arch. lég.*, iie part., *statuts*, i^{er} vol., 388, 858.

Rebours, procureur de l'archevêque de Reims. *Arch. lég.*, iie part., *statuts*, iie vol., 36, 44, 68.

Rebuffe. Recueil d'ordonnances dudit allégué. *Arch. lég.*, iie part., *statuts*, iiie vol., 526.

Rebus (Guillaume). *Arch. adm.*, t. III, 488.

Receptio, voy. Archidiaconi, Archiepiscopi Remensis receptio, Canonicorum, Cantoris, Clericorum, Decani Remensis, Præpositi ecclesiæ Remensis, Scolastici, Thesaurarii, Vicedomini.

Receptor, vide Emendarum.

Receveur, voy. Reims (receveur de).

Rechignart (Jerbin). *Arch. adm.*, t. II, 1187.

— (Adenet). *Arch. adm.*, t. II, 806, 1188.

Récicourt (P.). *Arch. adm.*, t. II, 489.

Récicourt (M. de), juge consul. *Arch. adm.*, t. II, 1046. *Arch. lég.*, iie part., *statuts*, i^{er} vol., 979 ; *statuts*, iie vol., 859 ; *statuts*, iiie vol., 195, 198, 221, 660 ? 664.

Reclosiis (Johannes de), dormentier du chapitre. *Arch. adm.*, t. II, 131.

Recognitio, vide Advoamentum.

Recognitoriæ litteræ. *Arch. adm.*, t. II, 593. *Arch. lég.*, i^{re} part., 173, 197, 267, 311.

Recompensatio (indemnité, compensation). *Arch. adm.*, t. I, 638 ; t. III, 908. *Arch. lég.*, i^{re} part., 106.

Reconciliatio (réconciliation) ; somme dévolue au prêtre célébrant pour ladite. *Arch. adm.*, t. I, 262 ; vide Ecclesarium reconciliatio.

Reconventio. *Arch. lég.*, i^{re} part., 86.

Recordus. *Arch. adm.*, t. II, 1229.

Recourt (M. de), seigneur de Sapicourt. *Arch. adm.*, t. II, 1060.

— (Rogué de). *Arch. adm.*, t. III, 23.

— (la veuve). *Arch. lég.*, iie part., *statuts*, iiie vol., 746.

Récréance. *Arch. adm.*, t. I, 867 ; t. II, 15, 51. Procès au sujet de ladite entre l'archevêque de Reims et les échevins, 52, 57, 58, 62, 73, 75, 122, 213, 220, 225, 228, 235, 239, 256, 264, 330. Tout malfaiteur recreu d'après la coutume de France est hors du péril du corps, 357, 368, 420, 448, 457, 598, 698, 702, 709, 754, 795, 834, 919, 967, 970, 973, 1012, 1190, 1218, 1228, 1237 ; t. III, 26, 33, 68, 184, 187, 261, 262, 265, 323, 388, 401, 524, 543, 544, 552, 558, 640, 665, 878, 902. *Arch. lég.*, i^{re} part., 790, 802 ; *statuts*, i^{er} vol., 373, 381, 414, 421 ; vide Recredentia.

Recredentia, vide Récréance.

Recredere (recroire). *Arch. adm.*, t. II, 239, 265, 427, 465, 973, 1237.

Recteur, voy. Rector, Université de Reims (recteur de l').

Rector, vide Recteur.

Rectoris (Petrus), procureur des maîtres d'hôtel du roi. *Arch. adm.*, t. III, 44.

Recusatio (récusation). *Arch. lég.*, 1re part., 266.

Redditus, vide Chaumusiaco (redditus de), Matutinales, Remensis villæ, Ulmis (de) Vitam (redditus ad); voy. Rente.

Redeau (Guillaume). *Arch. adm.*, t. III, 760.

Redebentia (redevance). *Arch. adm.*, t. I, 1061 ; t. II, 399, 958, 959; t. III, 67, 800. *Arch. lég.*, 1re part., 222 ; IIe part., statuts, 1er vol., 171.

Redemptio, vide Matrimoniis.

Redhibitio. *Arch. adm.*, t. I, 224, 226, 228.

Redibencia, voy. Redebentia.

Reccourt (Rogo de). *Arch. adm.*, t. II, 945.

— (Michaelis de). *Arch. adm.*, t. II, 945.

— Rees (Johannes des). *Arch. adm.*, t. III, 392.

Refectorarius (réfecturier). *Arch. adm.*, t. II, 383.

Refectorium (réfectoire). *Arch. adm.*, t. I, 31, 224, 231, 233, 338, 426, 436, 437, 513, 646, 655, 915, 955, 983; t. II, 184. *Arch. lég.*, 1re part., 236; IIe part., statuts, 1er vol., 41, 56, 65, 68, 77, 78, 80, 90, 93, 98, 127, 145, 173, 183, 185, 191, 196.

Refectuarium, vide Refectorium.

Refecturier, voy. Refroiturier.

Réformateurs (les), publient un opuscule de Gerbert. *Arch. adm.*, t. I, 100.

Reformatio. *Arch. lég.*, 1re part., 235 ; vide Réformation.

Réformation, voy. Abbaye de Saint-Remi (réformation de l').

Refroiteur (Jehan du). *Arch. adm.*, t. II, 507.

Refroiturier, voy. Église de Reims (refroiturier de l').

Refuge (maisons de), destination desdites. *Arch. adm.*, t. I, 724, 806 ; t. II, 947; voy. Mez.

Refugium, voy. Refuge.

Régale. *Arch. adm.*, t. I, 416, 434, 511, 512, 563, 584, 586, 605, 873, 877, 893, 989, 1114; t. II, 88, 253, 634, 677, 721 ; t. III, 13, 83, 637, 751. *Arch. lég.*, IIe part., statuts, 1er vol., 321; statuts, IIe vol., 7; vide Regalia.

Régales, voy. Royaux.

— (gardien des), vide Regalium custodes.

Régaleur, voy. Reims (régaleur de), Roi.

Regalia, vide Régale.

Regalimonte (abbas de). *Arch. adm.*, t. II, 636.

Regalium custodes. *Arch. adm.*, t. I, 889.

Regemboldus. *Arch. lég.*, IIe part., statuts, 1er vol., 76.

Régent, voy. France (régent de).

Regia corona, vide Franciæ corona.

— panetaria. *Arch. adm.*, t. II, 956.

— vide Via.

Regiaco (monasterium de). *Arch. lég.*, IIe part., statuts, IIe vol., 642.

— (abbas de), voy. Beauquaire (Franciscus de).

Régien (S.), s'oppose à l'incorporation des jésuites en la faculté de théologie de Bourges. *Arch. lég.*, IIe part., statuts, IIe vol., 679.

Régiment, voy. Bourgogne, Grandcey, Rembures (régiment de), Royal-Alsace.

Regina, vide Ansgardis, Danorum, Ermengardis, Franciæ, Mathildis.

Reginaldus, curé de Saint-Timothée de Reims. *Arch. adm.*, t. I, 577, 578.

Reginaldus de Corbolio. *Arch. adm.*, t. I,
710 ; vide Corbolio (Renaldus de).

— vide Mouton.

— de Briaingnia, vide Renaudus.

— (Paulus), vide Regnault (Paul).

— (Gregorius). *Arch. adm.*, t. II, 1040.

— vide Regis.

— vide Regnault.

— archevêque de Reims, voy. Chartres
(Régnault de).

— abbé de Saint-Denis de Reims. *Arch.
lég.*, 1re part., 135.

— (Guillelmus), docteur anglais. *Arch.
lég.*, 11e part., *statuts*, 11e vol., 690, 699.

Regis, vide S. Albino (Petrus de), Novavilla.

— baillivus. *Arch. adm.*, t. I, 519.

— capellanus. *Arch. lég.*, 11e part., *statuts*, 1er vol., 43.

— clerici, vide Roi (clercs du).

— consiliarii, voy. Roi (conseillers du).

— coronatio, voy. Roi (sacre du).

— curia, voy. Roi (cour du).

— dominium. *Arch. adm.*, t. I, 604 ; t. II,
273.

— feodus. *Arch. adm.*, t. I, 607, 711.

— franci homines. *Arch. adm.*, t. I, 520.

— præpositus. *Arch. adm.*, t. I, 519.

— officiarii, voy. Roi (officiers du).

— scancionarii, voy. Roi (échansons du).

— servientes. *Arch. adm.*, t. I, 826, 832 ;
t. II, 173 ; t. III, 819.

— (Petrus), chanoine de Tours. *Arch.
adm.*, t. II, 1122. *Arch. lég*, 11e part.,
statuts, 1er vol., 562 ?

— (Jo…), prévôt. *Arch. lég.*, 11e part., *statuts*, 1er vol., 116, 117, 118, 119, 120,
121, 122 ; voy. Roy (Jehan le).

— (Richardus), citoyen de Reims. *Arch.
adm.*, t. III, 240.

Regis (Garinus), citoyen de Reims. *Arch.
adm.*, t. III, 240.

— (Reginaldus). *Arch. adm.*, t. III, 392.
Arch. lég., 11e part., *statuts*, 1er vol.,
116.

— Jehansonnus, voy. Roy (Jehan le).

Registeste castellum, voy. Rethel (château de).

— consuetudines, vide Rethel (coutumes
de).

— monasterium. *Arch. adm.*, t. I, 309,
1059.

— (parochia de). *Arch. adm.*, t. II, 1081.

— (presbyter de), vide. Gueriot (Nicolas).

— (Gerardus de). *Arch. lég.*, 11e part.,
statuts, 1er vol., 106.

— (Simon de), tisserand. *Arch. adm.*,
t. I, 1072.

— Sancti Remigii (prior de). *Arch. adm.*,
t. II, 634, 1028.

Registestenses scholæ. *Arch. adm.*, t. I,
377 ; voy. Rethel (écoles de).

— homines. *Arch. adm.*, t. I, 433.

Registestensis comes, voy. Rethel (comte
de).

— mensura, voy. Rethel (mesure de).

— burgus. *Arch. adm.*, t. I, 312, 452.

— hospitalis, voy. Rethel (hôpital de).

Registestis, voy. Rethel (ville de).

Registrarius, voy. Enregistreur.

Registre (Oudart dn). *Arch. adm.*, t. II,
521.

— voy. Excommuniés (registre des).

Registrorum camera. *Arch. adm.*, t. II,
439.

Regium forum. *Arch. adm.*, t. II, 813.

— hospitium. *Arch. adm.*, t. II, 955.

Règle, voy. Ordre, Saint-Benoît (règle de).

Règlements, voy. Église de Reims, Hôtel
de ville de Reims, Séminaire de Reims
(règlement du), Sergents et huissiers de
police de Reims ; voy. Statuts.

Regnard (Jean le), bourgeois. *Arch. lég.*, IIe part., *statuts*, Ier vol., 832.

— (C.), maître sergier. *Arch. lég.*, IIe part., *statuts*, IIe vol., 859, 999.

— (Daniel). *Arch. lég.*, IIe part., *statuts*, IIe vol., 156.

— (Jacques), ouvrier en soie. *Arch. lég.*, IIe part., *statuts*, IIe vol., 375.

— (Nicolas), ouvrier en soie. *Arch. lég.*, IIe part., *statuts*, IIe vol., 375, 390; *statuts*, IIIe vol., 124.

— (René) marchand sergier. *Arch. lég.*, IIe part., *statuts*, IIe vol., 807, 810.

— (Jacques), conseiller au parlement. *Arch. lég.*, IIe part., *statuts*, IIe vol., 813, 1010; *statuts*, IIIe vol., 115?

Regnaudus, chevalier. *Arch. lég.*, IIe part., *statuts*, Ier vol., 93.

Regnauldieu (J.), sonneur. *Arch. lég.*, IIe part., *statuts*, Ier vol., 615.

Regnauldus, abbé de Saint-Denis de Reims. *Arch. adm.*, t. I, 1006.

— vide Sancto Memmete (Regnauldus de).

Regnault, le parcheminier. *Arch. adm.*, t. III, 379.

— (Paul), recteur de l'université de Reims. *Arch. lég.*, IIe part., *statuts*, IIe vol., 699, 704, 706.

— (Aubri) notaire *Arch. lég.*, IIe part., *statuts*, IIe vol., 239, 328?

— (Nicaise), conseiller échevin. *Arch. lég.*, IIe part., *statuts*, IIIe vol., 212.

— (Nicolas-Pierre-Joseph), conseiller du roi. *Arch. lég.*, IIe part., *statuts*, IIIe vol., 195.

— (Nicolas), échevin. *Arch. lég.*, IIe part., *statuts*, IIe vol., 559, 996, 999; *statuts*, IIIe vol., 115.

— (Thomas), maître charcutier. *Arch. lég.*, IIe part., *statuts*, IIe vol., 941.

— (Adam), conseiller du roi. *Arch. lég.*, IIe part., *statuts*, IIe vol., 1010, 1014.

— (Paul), religieux réformé de Saint-Remi. *Arch. lég.*, IIe part., *statuts*, Ier vol., 199, 203, 216, 229, 230.

Regnault (Paul), recteur de l'université de Reims. *Arch. lég.*, IIe part., *statuts*, IIe vol., 699, 704, 706.

— (Claude), prieur de Saint-Thomas. *Arch. lég.*, IIe part., *statuts*, Ier vol., 217, 219.

— (André), maître tonnelier. *Arch. lég.*, IIe part., *statuts*, IIe vol., 415.

— (J....), maître sergier. *Arch. lég.*, IIe part., *statuts*, IIe vol., 859.

— (Clément), marchand. *Arch. lég.*, IIe part., *statuts*, IIe vol., 935.

— (Perrart), bourgeois. *Arch. adm.*, t. III, 380, 758? *Arch. lég.*, IIe part., *statuts*, Ier vol., 790.

— (Jean). *Arch. lég.*, IIe part., *statuts*, IIe vol., 212, 635; *statuts*, IIIe vol., 101.

— voy. Chartres (Regnault de).

Regnicourt (paroisse de). *Arch. adm.*, t. II, 1105.

— (presbyter de). *Arch. adm.*, t. II, 1105.

— (patronagium de). *Arch. adm.*, t. I, 1107.

— (curé de), voy. Roussy (Jacques de).

— (village de). *Arch. lég.*, Ire part., 901, 907; IIe part., *statuts*, IIIe vol., 391.

Regnicurte (parrochia de), voy. Regnicourt (paroisse de.).

Regnier (M.), seigneur de Chehery. *Arch. adm.*, t. II, 1090.

— Buiron (porte de), voy. Renier.

— (Claude), curé d'Athis. *Arch. lég.*, Ire part., 885.

— (Jehan), avocat à Laon. *Arch. lég.*, Ire part., 924.

— (Ponce), lieutenant du premier chirurgien du roi à Reims. *Arch. lég.*, IIe part., *statuts*, IIIe vol., 191, 193, 195, 199.

Regnum, vide Franciæ.

Regnesson (Remon), curé de Vieil-Saint-Remi. *Arch. lég.*, Ire part., 884.

Reguetus (arrière-guet). *Arch. lég.*, iie part., *statuts*, i^{er} vol., 552.

Reguigny (village de). *Arch. lég.*, i^{re} part., 902.

Regula, vide Sancti Benedicti.

Regum Franciæ consecratio, vide Regis coronatio.

Reignier (M. de), seigneur de Machero-ménil. *Arch. adm.*, t. II, 1082.

Reignouvez (vicariat indépendant de). *Arch. adm.*, t. II, 1073.

Reillart (Clément de). *Arch. adm.*, t. III, 893.

Reims (abbés de); voy. Remenses abbates.

— (abreuvoirs de). *Arch. lég.* iie part., *statuts*, iie vol., 880 ; voy. Ruisselet.

— (académie de). *Arch. adm.*, t. I, 271 ; *Arch. lég.*, iie part., *statuts*, iie vol., 747.

— (acatisseurs de), voy. Reims (réton-deurs de).

— (administration municipale de), Mémoire concernant ladite. *Arch. lég.*, iie part., *statuts*, iiie vol., 558.

— (aides de). *Arch. adm.*, t. III, 897. L'archevêque ou l'un de ses officiers est tenu d'assister aux comptes desdits. *Arch. lég.*, iie part., *statuts*, i^{er} vol., 397, 406, 435, 472, 477, 500, 558, 568, 609, 611, 679, 693, 761, 776, 807, 860, 890, 901 ; voy. Reims (octroi de).

— (amidonniers de). Défenses de police concernant lesdits. *Arch. lég.*, iie part., *statuts*, iiie vol., 99.

— (anelleurs de), voy. Reims (mesureurs de).

— (appariteurs de), voy. Remenses apparitores.

— (approvisionnement de). *Arch. lég.*, iie part., *statuts*, iiie vol., 465, 481.

— (arbalétriers de). *Arch. lég.*, iie part., *statuts*, i^{er} vol., 322, 327, 398, 619, 650, 734, 747, 841, 854, 857 ; *statuts*, iie vol., 1015.

Reims (archers de). *Arch. lég.*, iie part., *statuts*, i^{er} vol., 512, 781, 790, 794, 841 ; *statuts*, iie vol., 123, 128, 1024 ; *statuts*, iiie vol., 177, 279, 280, 286, 293 ; voy. Pauvres (archers des).

— (archevêché de). *Arch. adm.*, t. III, 305, 473. *Arch. lég.*, i^{re} part., 739 ; iie part., *statuts*, i^{er} vol., 255, 298, 307, 568, 575, 793; *statuts*, iiie vol., 116.

— (archevêque de). *Arch. adm.*, t. I, 13. Tenu de lever des troupes à ses dépens en temps de guerre, 55. Possédait plusieurs fiefs avant la donation du comté, 56. Conteste au chapitre le droit de recevoir le serment des abbés et évêques du diocèse, 62. Seul seigneur de la comté, 84. N'a jamais joui des droits qu'entraîne la possession territoriale dudit comté, 86. N'a jamais perçu un droit général de cens, pas même de vente sur le ban de l'échevinage (*ibid.*). Force les habitants du ban Saint-Remi à ses chevauchées, 87. Origine de la possession territoriale dudit dans Reims (*ibid.*). Serment prêté par ledit à son installation, 222, 339, 359, 362, 365, 369, 370, 371, 377, 382, 383. Faisait les frais du banquet du sacre, 384, 412, 413, 426, 427, 466, 479, 489, 515, 525. Fonctions dudit au sacre, 528, 529. Serment prêté par ledit d'observer les coutumes et franchises du chapitre, 533, 534, 540, 542. Ses démêlés avec ledit chapitre, 560, 590, 599, 601, 603, 604, 608, 612, 617, 629, 631, 636. Obtient du pape qu'aucun légat ou sous-légat ne puisse excommunier sans son ordre spécial, 662, 668, 680, 687, 689, 694, 698, 700, 707, 716, 717, 735, 748, 776, 790, 795, 803, 836. Conteste au roi la garde de l'abbaye de Saint-Remi, 841, 861. Nombre d'hommes

qu'il est tenu de fournir pour l'ost du roi, 866, 871, 889, 893, 906, 920, 935, 936, 963, 970, 982, 986, 994, 1024, 1031, 1035, 1065, 1068, 1078, 1091, 1099, 1102, 1108, 1117, 1122; t. II, 1, 7, 17, 27, 45, 57, 63, 65, 68, 72, 75. Procès entre ledit et les échevins au sujet du droit de recréance, 76, 79, 83. Est investi du droit de justice sur les bourgeois et échevins de son ban, 88, 89, 90. Est investi de la seigneurie et garde des rues, chaussées et chemins, etc., 91, 93, 101, 144. Maintient contre l'échevinage le droit de juger les blasphémateurs, 156, 163, 164, 170, 177, 179, 191, 196, 203, 206, 209, 211, 213, 219, 234. Les abbés de Reims prêtent serment audit, 249, 255, 257, 263, 276, 284, 321. Débats entre ledit et les échevins relatifs à la juridiction, 342. Tient le temporel en pairie et baronnie, 344, 347, 367, 377, 385. Procès entre les mêmes relatifs aux frais du sacre. 370, 397, 447, 433, 441, 461, 466, 557. Premier en rang au sacre parmi les ecclésiastiques, 575, 580, 709, 741, 753. Tenu de servir le roi dans ses guerres, 793, 796, 853, 860, 863, 871, 873, 875, 882, 887, 889, 898, 900, 910, 912, 921, 925, 934, 938, 946, 952, 961, 964, 971, 973, 1010, 1012, 1021, 1030, 1036. Seigneur de Chamery, 1052, 1066, 1109, 1113; de Saint-Clément, 1114, 1127, 1133, 1139, 1148. La garde des portes de Reims appartient audit, 1155, 1162, 1192, 1197, 1208, 1213, 1221, 1230, 1238, 1248; t. III, 13, 22, 74. Institué par le roi capitaine de Reims, 77, 82, 105, 110, 134, 137, 145, 153, 157, 161, 175, 186, 191, 195, 199, 204, 207, 219, 227, 252, 262, 264, 301, 315, 322, 334, 361, 367, 378, 381. Reconnaît qu'il n'a aucun droit de police dans la ville, 383, 384, 400. Ne relève en sa qualité de pair que du parlement, 431,

436, 443, 473, 500, 507, 518, 524, 530, 538, 543, 611, 618, 630, 638. Premier pair ecclésiastique, 648. Usages établis à la première entrée dudit, 658, 664, 672, 678, 684, 703, 711, 757, 786, 809, 819, 831, 861, 883, 889, 898, 907. *Arch. lég.*, ı^{re} part., 96, 109, 137, 163, 274, 276, 307, 526, 544, 762, 805. Forme de la réception dudit, ıı^e part., *statuts*, ı^{er} vol., 4, 8, 26, 202. Don fait par ledit à son avénement aux religieux de Saint-Remi, 286, 298, 332, 353, 380. Aucun impôt ne peut être taxé sans le consentement dudit, 403, 414, 512, 530, 533, 526, 590, 798, 805. Offre faite par ledit aux habitants d'obtenir pour repeupler la ville une université, 848, 855. Assiste en personne ou par son grand vicaire aux élections des membres du conseil de ville, 867. Possède la haute justice dans Reims, 938. Prétend à la garde et gouvernement de la ville, 939. Droits dudit sur les foires de la Couture, 947; ıı^e part., *statuts*, ıı^e vol., 29, 39, 60, 69, 178, 181, 189, 208, 218, 304, 423, 551, 595, 605. Légat né du saint-siége, 629. Fonde l'université à Reims (*ibid.*), 910, 940, 946, 999. N'a jamais eu de droit de police dans Reims, ıı^e part., *statuts*, ııı^e vol., 10. A toujours reconnu le droit de prévention aux officiers du roi, 27. A la seigneurie sans juridiction contentieuse, 39. Ne peut opposer aucun vice d'usurpation à la possession du roi pendant la vacance de son siége, 58. N'a qu'une juridiction foncière dans Reims, 59, 84. Ni lui ni ses officiers n'ont le droit d'ériger des communautés dans la ville, 90, 110. Prétention dudit de se faire représenter par son grand vicaire à l'audition des comptes de l'hôtel de ville, 161, 168. Plaintes contre les échevins adressées par ledit au roi à ce sujet, 169. Repousse comme injurieux le titre de premier conseiller du conseil de ville,

469. Procès entre les fermiers de la vicomté dudit et les bourgeois de la terre commune au sujet du droit de stellage, 340. N'a aucun droit sur la grande voirie, 385, 392. Différend dudit avec les échevins au sujet de la vente de la marée, 426, 432. Prétend à toute police dans Reims, 449. Est investi du droit de notariat et tabellionnage dans son diocèse, 511. Ce droit aurait été usurpé par ledit sur les échevins, 512. Droits dudit dans Reims, 514, 540, 546. La haute justice dudit ne peut anéantir les priviléges des habitants, 605. N'avait dans le principe aucune juridiction temporelle dans Reims, 609. Se soumet à la juridiction du bailli de Vermandois, 614. Ne tient que de l'autorité royale son droit d'entrée dans l'hôtel de ville, 616. N'a proprement pas de justice dans Reims, 620. Tente de s'emparer des juridictions de ladite ville, 633, 634, 652, 658.

Reims (archidiaconé de), voy. Remensis archidiaconatus.

— (archidiacre de), met les évêques provinciaux en possession de leur siége. *Arch. adm.*, t. I, 61, 357, 375, 581, 717, 748, 788, 793, 902; t. II, 408, 841, 892, 897, 1000, 1002, 1005, 1051. Patron de Neuville-aux-Larris, 1054, 1064, 1066, 1069, 1078, 1080, 1087, 1091, 1096, 1103, 1105, 1108, 1111, 1112, 1113, 1116, 1183; t. III, 384, 799, 872. *Arch. lég.*, Ire part., 15, 90, 163, 239, 333, 605; IIe part., *statuts*, Ier vol., 7, 11, 28, 43, 897, 901; voy. Champagne (archidiacre de).

— (armes de). *Arch. adm.*, t. III, 736. *Arch. lég.*, IIe part., *statuts*, Ier vol., 879. Professions qui sont tenues de porter lesdites sur leurs habits, *statuts*, IIIe vol., 281, 284.

— (armoiries de), voy. Reims (armes de).

Reims (arquebuse de). *Arch. lég.*, IIe part., *statuts*, IIIe vol., 293, 581.

— (arquebusiers de). *Arch. lég.*, IIe part., *statuts*, Ier vol., 326, 715; *statuts*, IIe vol., 28, 101, 103. Soumis à l'autorité du maire et des échevins, 104. Prétentions desdits à une antiquité reculée, 106. Vont à la rencontre du prince à son entrée, 107, 121, 128, 137, 1015; *statuts*, IIIe vol., 279, 294, 581.

— (arrière-ban de). *Arch. lég.*, IIe part., *statuts*, Ier vol., 888; *statuts*, IIIe vol., 605.

— (arsenal de). *Arch. adm.*, t. I, 1086. *Arch. lég.*, IIe part., *statuts*, Ier vol., 499, 512. Suppression demandée par l'archevêque d'une partie du personnel dudit, *statuts*, IIIe vol., 139, 159, 166, 280, 293, 294.

— (artillerie de). *Arch. lég.*, IIe part., *statuts*, Ier vol., 469, 667, 669, 739, 784, 789, 791, 793, 794, 804, 841, 887, 895, 896; *statuts*, IIIe vol., 159, 284.

— (aubergistes de). Défenses auxdits d'acheter ailleurs que sur le marché les viandes de boucherie. *Arch. lég.*, IIe part., *statuts*, Ier vol., 992; *statuts*, IIIe vol., 664, 745; voy. Reims (taverniers de).

— (auditeurs des comptes de). *Arch. adm.*, t. III, 356.

— (augustins de). *Arch. adm.*, t. I, 15; t. II, 384; t. III, 767. *Arch. lég.*, Ire part., 753; IIe part., *statuts*, Ier vol., 782, 817, 857, 863; *statuts*, IIe vol., 575, 677, 679, 764, 780, 976, 979; *statuts*, IIIe vol., 123, 124, 296.

— (avocats de). *Arch. lég.*, Ire part., 10; voy. Remenses advocati.

— (avoués de), voy. Remenses advocati.

— (bailli de). *Arch. adm.*, t. I, 484, 927, 953, 961, 1038; t. II, 16, 26, 43, 53, 93, 105, 154, 253, 792, 836, 865, 902, 910, 915, 963, 1118, 1193, 1202, 1216; t. III, 12, 21, 22, 27, 306, 350,

446, 452, 463, 549, 575, 576, 638, 779, 789. Ne peut prononcer aucun jugement interlocutoire et définitif ès causes des bourgeois de l'échevinage, 826, 858, 892. *Arch. lég.*, Ire part., 677, 693, 806, 860, 915; IIe part., *statuts*, Ier vol., 332, 347, 364, 372, 377, 410, 434, 624, 712, 731, 738, 790, 794, 825, 831, 850, 858, 867; IIe part., *statuts*, IIe vol., 22, 30, 45. Défenses faites audit de prendre le titre de conseiller du roi, 57, 60, 113, 173, 240, 327, 631, 915, 933, 943, 944, 1036; *statuts*, IIIe vol., 53, 78, 124, 228, 285, 353; voy. Archevêché de Reims (bailli de l').

Reims (bailliage de). *Arch. adm.*, t. I, 489; t. II, 667, 792, 891, 1140; t. III, 413, 595, 831. *Arch. lég.*, Ire part., 904; IIe part., *statuts*, Ier vol., 587; *statuts*, IIe vol., 920; *statuts*, IIIe vol., 19, 550, 604, 649.

— (bailliage ducal de). *Arch. lég.*, IIe part., *statuts*, IIIe vol., 281, 325, 327, 332, 409, 452, 465. Union de la police audit, 473, 505, 637, 739.

— (bailliage royal de). *Arch. lég.*, IIe part., *statuts*, IIIe vol., 42. Uni à la prévôté royale, 64, 65, 76, 95, 450, 455, 505, 635, 649, 652, 654.

— (baillie de), voy. Reims (bailliage de).

— (baillis de), voy. Artois (Jehan d'), Ballet (Noël), Barrois (Jehan-Baptiste), Bergeat (François), Blanzy (Jean de), Bourgeois (René), Carbon (Jean-Baptiste), Châlons (Grégoire de), Chardon (Jehan), Chastillon (Jean Dubois de), Chayne, Chevalier (George), Chevalier (Jean), Condé (Remi de), Dubos (J.), Fouquart, Fremyn (Louis), Gringoire, Griniaco (Hugo de), Hermite (Jacques l'), Sanguin (Nicol), Souyn (Claude), Toignel (Pierre).

— (bains de), voy. Jart (bains du), Kainue, Piquavette, Viez-Couture.

Reims (ban de). *Arch. adm.*, t. I, 1121; t. II, 156. Difficulté de faire l'estimation des biens des citoyens dudit, 260; t. III, 73, 668. *Arch. lég.*, Ire part., 763; IIe part., *statuts*, Ier vol., 888; *statuts*, IIIe vol., 605; voy. Ban, Bannus.

— (banlieue de). Droit dont jouissait l'archevêque dans certaines parties de ladite. *Arch. adm.*, t. I, 87, 409, 537, 849, 850, 862, 889, 891, 980, 982, 990, 991, 999, 1003, 1004, 1008, 1011, 1045, 1053, 1060, 1063; t. II, 18, 271. Les habitants de ladite contribuent aux frais du sacre, 288, 293, 318. L'archevêque a haute et basse justice dans ladite, 319, 585, 1204; t. III, 75, 139, 197, 225, 227, 576, 649, 719, 843. *Arch. lég.*, Ire part., 494, 502, 523, 526, 540, 556, 811; IIe part., *statuts*, Ier vol., 333, 476, 478. Défense faite d'acheter de la viande de boucherie dans ladite, 992; *statuts*, IIe vol., 293, 301, 579, 986; *statuts*, IIIe vol., 109, 400, 461; voy. Banleuca, Remorum bannileuga.

— (barbiers de). Règlements concernant lesdits. *Arch. adm.*, t. III, 722. Se refusent à soigner les malades. *Arch. lég.*, IIe part., *statuts*, Ier vol., 893, 967. Dépendent de la juridiction du bailli de Vermandois, et non du bailli de l'archevêque, *statuts*, IIIe vol., 88. Statuts desdits, 189, 195, 197, 199, 209.

— (barre de). *Arch. adm.*, t. III, 13.

— (barrières de). *Arch. adm.*, t. II, 277.

— (Baudouin de), chevalier, accompagne saint Louis à la croisade. *Arch. adm.*, t. I, 494, 558; voy. Balduinus Remensis.

— (béguines de). *Arch. adm.*, t. I, 711, 1020. *Arch. lég.*, IIe part., *statuts*, Ier vol., 129, 130, 806; voy. Saint-Timothée (béguines de), Saint-Denis.

— (bénéficiers de). Plaintes des habitants

de Reims contre les clercs bénéficiers qui ne contribuaient pas aux fortifications de la ville. *Arch. adm.*, t. III, 115. *Arch. lég.*, ɪɪᵉ part., *statuts*, ɪɪᵉ vol., 774.

Reims (Bertrand de), gantier. *Arch. adm.*, t. II, 692.

— (bibliothèque de). *Arch. adm.*, t. I, 224. *Arch. lég.*, ɪʳᵉ part., 649, 868; ɪɪᵉ part., *statuts*, ɪᵉʳ vol., 37.

— (bois de). *Arch. lég.*, ɪɪᵉ part., *statuts*, ɪᵉʳ vol., 542.

— (bonde de). *Arch. lég.*, ɪʳᵉ part., 817.

— (bonnetiers de). *Arch. lég.*, ɪɪᵉ part., *statuts*, ɪɪᵉ vol., 278, 290; *statuts*, ɪɪɪᵉ vol., 220.

— (Bons-Enfants de), voy. Bons-Enfants (collége des).

— (bornes de). Servent à déterminer la seigneurie du chapitre. *Arch. adm.*, t. I, 80, 81; voy. Sainte-Basalmie, Saint-Timothée.

— (boucherie de). *Arch. adm.*, t. I, 25. Règlement concernant ladite, 26, 40, 380, 936, 940, 1019, 1041; t. III, 415, 422, 525, 619, 650, 698, 833, 891. *Arch. lég.*, ɪʳᵉ part., 487; ɪɪᵉ part.; *statuts*, ɪᵉʳ vol., 988, 990. Police de ladite, *statuts*, ɪɪᵉ vol., 501; *statuts*, ɪɪɪᵉ vol., 71, 128, 130. Tire ses bestiaux de la Franche-Comté et de la Suisse, 506.

— (boucheries de), voy. Saint-Remi, Reims (vieille boucherie de).

— (bouchers de). *Arch. adm.*, t. I, 82, 85; t. III, 356, 485, 523. Mettent le feu par imprudence à une partie de la ville, 537, 542. Règlement relatif auxdits, 720, 790. *Arch. lég.*, ɪʳᵉ part., 756; ɪɪᵉ part., *statuts*, ɪᵉʳ vol., 880. Statuts de la corporation desdits, 987, 990, 997; *statuts*, ɪɪᵉ vol., 501, 933, 942; *statuts*, ɪɪɪᵉ vol., 47, 48. Défenses de

police concernant lesdits, 49, 70, 215, 431, 506, 747.

Reims (boulangerie de). *Arch. lég.*, ɪɪᵉ part., *statuts*, ɪᵉʳ vol., 371.

— (boulangers de). *Arch. adm.*, t. II, 888, 897. Règlement relatif auxdits, t. III, 722, 727. *Arch. lég.*, ɪʳᵉ part., 723, 1042; ɪɪᵉ part., *statuts*, ɪᵉʳ vol., 831, 841. Mesures de police concernant lesdits, *statuts*, ɪɪᵉ vol., 504, 532, 942, *statuts*, ɪɪɪᵉ vol., 58, 60, 65, 69, 73, 76, 219, 431, 747.

— (boulevard de). *Arch. lég.*, ɪɪᵉ part., *statuts*, ɪᵉʳ vol., 787; voy. Dieulimire.

— (bourgeois de). Liens hiérarchiques qui unissent lesdits à l'archevêque *Arch. adm.*, t. I, 156, 320. Se soulèvent contre ce dernier à l'instigation des clercs, 347. Chassent ses officiers de la ville, (*ibid.*). Citadelle élevée par l'archevêque pour contenir lesdits, 369. Secours accordé par eux pour les frais du banquet du sacre, 384, 391, 393, 398, 400, 403, 408, 427, 433. Le chapitre choisit ses francs sergents parmi lesdits, 442, 473. Convocation desdits pour l'élection des échevins, 486, 743, 608, 617, 619, 623, 703, 707, 740, 743, 776, 782, 835, 872, 919, 927, 942, 966, 969, 978, 989, 997, 1024, 1044, 1062; t. II, 4, 7, 13, 17, 36, 51, 57, 63, 75, 124, 265, 284, 307, 322. Nul ne peut être bourgeois en deux lieux en même temps, 353, 364. Ne peuvent être détenus que pour crime manifeste, 371, 460. Sauf les cas de meurtre et de rapt, les officiers de l'archevêque sont tenus de délivrer lesdits, sous la caution de l'échevinage, 464. Se placent sous la protection du roi, 663, 712, 816, 927, 977, 999. La femme d'un bourgeois détenue pour crime capital peut être élargie par serment, 1184, 1207; t. III, 16, 73, 82, 103, 107, 116, 142, 144, 151, 163,

175, 186 , 188 , 195 , 199 , 269 , 443, 446 , 458 , 464 , 522 , 530 , 676 , 810 , 857 , 889, 902. *Arch. lég.*, 1re part., 809 ; 11e part. , *statuts* , 1er vol., 333, 364. Ne peuvent être jugés ou élargis par les échevins qu'en leur loge, 393, 398. Charles VI exempte lesdits de toutes prises de bétail et denrées pour ceux de sa maison, 407, 432, 506, 526, 536 , 544 , 548 , 592, 606, 635 , 640 , 670. Chargés de la garde du château de Porte-Mars , 754 , 794. Maintiennent l'union avec les Parisiens pendant la ligue , 912 ; *statuts* , 11e vol. , 10 , 22 , 33, 58, 179, 691, 695, 917, 919, 985 ; *statuts*, 111e vol., 27, 34, 88. Mesures de police contre lesdits , 99. Chargés de subsides par le conseil de ville , 139, 140, 141. S'adressent pour leurs constructions au greffier de l'échevinage, 289. Procédures faites au décès desdits, 524. Ne peuvent avoir de fonctions dans le corps de ville, s'ils ne sont originaires de Reims , 595. Part qu'ils prennent à l'élection des conseillers et échevins, 597, 605. Exactions exercées contre lesdits par l'archevêque Henri de Braines, 611.

Reims (bourgeois avennés de). *Arch. adm.*, t. III, 14 , 534. *Arch. lég.* , 11e part. , *statuts*, 111e vol., 29.

— (bourgeois à chanoines de), voy. Chapitre de Reims (bourgeois du).

— (bourgeois clercs de). Moyens employés par lesdits pour perpétuer leurs priviléges dans leurs familles. *Arch. adm.*, t. III, 11e part., 116. Se refusent de contribuer aux fortifications de la ville, *ibid.*

— (bourgeoisie de). S'empare du gouvernement militaire de la ville. *Arch. adm.*, t. I , 26 , 83. Prétentions de ladite relatives à l'antiquité de ses libertés, 156. Antiques immunités de ladite, 304. Contribue dans le principe aux frais du gîte lors du sacre, *ibid.* Attaquée par les seigneurs hauts justiciers, et défendue par l'échevinage, 392. Considère saint Remi comme auteur de ses libertés, 481. Conditions requises pour être admis à participer aux priviléges de ladite , t. II, 220. Moyens employés par ladite pour s'enrichir, 1166 , t. III, 349. *Arch. lég.* , 11e part. , *statuts* , 1er vol., 535.

Reims (boursiers de). *Arch. adm.*, t. I, 663. *Arch. lég.*, 11e part., *statuts*, 11e vol., 634.

— (brasseurs de bière de). *Arch. lég.*, 11e part., *statuts*, 111e vol., 72.

— (brasseurs de foins de). Charge et attributions desdits. *Arch. adm.*, t. I, 486, 490. Par qui nommés, t. II, 312, 321, 339, 366. Les échevins sont maintenus dans leur droit, à l'égard desdits, contre les prétentions du chapitre, 369, t. III, 244. *Arch. lég.* , 1re part., 528 , 599 ; 11e part. , *statuts*, 1er vol. , 439 , 440.

— (bureau de la ville de). *Arch. lég.*, 11e part. , *statuts*, 1er vol. , 315 ; voy. Échevinage (buffet de l'), Miséricorde, Pauvres.

— (cabaretiers de). *Arch. lég.* , 11e part., *statuts* , 11e vol. , 499 , 985. Défenses auxdits d'acheter des viandes de boucherie ailleurs que sur le marché, *statuts*, 1er vol. , 992 ; *statuts* , 111e vol., 23 , 29. Tenus d'apporter au greffe du conseil les noms et qualités de leurs hôtes, etc., 30, 32, 41, 45, 46, 67, 75, 76, 79, 94, 114, 214, 431, 502, 664, 745.

— (campagne de). Lutte des populations de ladite contre la féodalité. *Arch. adm* , t. I, 70.

— (capitaine de). *Arch. adm.*, t. II, 200. Ceux qui se réfugient dans la ville en temps de guerre sont tenus de déclarer audit les hôtels qu'ils ont loués, 833, 850, 851, 852 ; t. III, 81, 103. Fonc-

tions attribuées audit, 118, 135, 150.
La nomination dudit appartient au roi,
et non à l'archevêque, 212, 282, 336,
387, 459, 461, 677; t. III, 783, 784,
810, 833, 843, 845, 853, 879, 890,
898. *Arch. lég.*, iie part., *statuts*,
i^{er} vol., 403, 432, 528, 537, 548, 552,
561, 571, 575, 579, 584, 609, 618,
688, 702, 720, 756, 763, 790, 850,
907, 924, 930; *statuts*, iie vol., 112,
118, 120. N'a que le titre d'écuyer,
123, 132, 135, 139, 366; *statuts*,
iiie vol., 147. Notice historique sur les
droits et fonctions dudit, 278, 288,
293. Est exempt des droits de tutelle et
de curatelle, 491; voy. Habitants de
Reims (lieutenant des).

Reims (capitainerie de). *Arch. lég.*,
i^{re} part., 759.

—(capitaines de), voy. Anglure (Ogier d'),
Barat (Jean), Bohan (Gobert de), Bo-
ves (Baudouin de), Charny (Jehan de),
Cochinart (Raulin), Courcelles (Ph. de),
Croix (Thrace de la), Deuil (Johannes
de), Dupuis (Antoine), Feret (Hubert),
Feret (Regnault), Fillette (J.), Hellande
(Antoine), Lor (Jehan de), Meran (Ro-
bert de), Neufchastel (Jehan de), Por-
cien (M. de), Ramée (Charles de la),
Sueil (Robert de), Tirant (Robinet), Ze-
landre (Antoine de).

— (capucins de). *Arch. adm.*, t. I, 15,
81. Logent, à leur entrée dans Reims,
au collége d'Aubry-le-Crevé, 664.

— (carmélites de). *Arch. adm.*, t. I, 15,
81. *Arch. lég.*, iie part., *statuts*, i^{er} vol.,
568.

— (carmes de), *Arch. adm.*, t. I, 15;
t. II, 712. *Arch. lég.*, i^{re} part., 509,
529, 552, 660; iie part., *statuts*, i^{er} vol.,
322, 742, 817, 859; *statuts*, iie vol.,
389, 394, 395; *statuts*, iiie vol., 22.

— (carrefours de). *Arch. adm.*, t. II, 988,
990. *Arch. lég.*, iie part., *statuts*,

iiie vol., 67, 79, 82, 475; voy. Croix
de la Couture, Croix Saint-Victor, Petite-Cour (carrefour de la), Pierre aux
Changes; voy. Quarrel.

Reims (carrés de), voy. Franc-Jardin,
Pèlerin-Bataille.

— (cartulaire de). *Arch. adm.*, t. I, 411,
447. Le procureur syndic de la ville est
chargé de la garde dudit. *Arch. lég.*,
iie part., *statuts*, iiie vol., 282, 287.

— (casernes de). *Arch. lég.*, iie part., *statuts*, iiie vol., 148. Utilité de l'établissement desdites, 162, 284; voy. Gens
de guerre (logement des).

— (cathédrale de). *Arch. adm.*, t. I, 11,
94, 95, 498. Notice archéologique sur
la reconstruction de ladite après l'incendie de 1251, 722, 1037; t. II, 418,
1046, 1062, 1063, 1072.

— (chambre du registre de). *Arch. adm.*,
t. I, 359.

— (chambre syndicale de), voy. Échevinage (buffet de l').

— (chancellerie de), voy. Remensis cancellaria.

— (chanceliers de), voy. Alexander,
Guillelmus, Hugo, Johannes, Lambinus.

— (chandeliers graissiers de). *Arch. lég.*,
iie part., *statuts*, iie vol., 502, 942.
Mesures de police concernant lesdits,
statuts, iiie vol., 49, 228, 230, 349,
746.

— (change de). *Arch. adm.*, t. I, 833,
850, 1108; t. II, 230, 502, 834, 835,
875, 904, 916, 936, 1181, 1215; t. III,
12, 36, 85, 407, 459, 707, 794, 910.
Arch. lég., i^{re} part., 570, 573; iie part.,
statuts, i^{er} vol., 394, 593, 595; voy.
Remense cambium.

— (changeurs de). *Arch. adm.*, t. I, 394,
401; t. III, 85, 171. Payaient une
redevance à l'archevêque, t. I, 82.
Loge desdits, t. III, 84. Entrepren-

nent sur les droits domaniaux de l'archevêque. *Arch. lég.*, ii* part., *statuts*, ii* vol., 28.

- Reims (chanoines de), priviléges accordés auxdits par l'archevêque Seulphe. *Arch. adm.*, t. I, 74. Relâchement desdits, *ibid.* La vie commune desdits est rompue, 75. Non résidants, 360, 375, 378. Philippe Auguste prend lesdits sous sa protection, 448, 456. Fonctions desdits au sacre du roi, 528, 558, 560, 566, 625. L'école d'Aubry-le-Crévé augmentée par la libéralité de l'un d'eux, 664, 703, 718, 866, 873; t. II, 98. Excommuniés par l'archevèque, 475, 589, 723, 863, 887; t. III, 367, 387. *Arch. lég.*, ir* part., 30, 467; ii* part., *statuts*, i* vol., 26, 31, 39, 48, 99, 123, 139, 186, 297, 813, 904.

— (chantre de). *Arch. adm.*, t. I, 665; t. III, 114, 596, 654; voy. Ecclesiæ Remensis cantor.

— (chapelains de), voy. Remensis ecclesiæ capellani; voy. Chapelain.

— (chapeliers de. *Arch. lég.*, ii* part., *statuts*, ii* vol., 251; *statuts*, iii* vol., 220, 745.

— (chapelles de, voy. S. Marcoul, S. Michel, Capellania, Chapelle.

— (chapellerie de, voy. Capellania, Capellaria.

— (chapitre de, administrateur de l'Hôtel-Dieu. *Arch. adm.*, t. I, 38. Empiète sur l'autorité de l'archevêque, 59. Confirme l'élection des évêques diocésains, 61. Est présent au serment des archevêques, 62. Devient seigneur foncier, 76. A qui doit-il ce titre? *ibid.* Origine de ses dotations territoriales, 77. Note topographique sur l'emplacement de la grange dudit, 78. Seigneuries qu'il possède dans Reims, *ibid.* Haute, moyenne et basse justice qu'il a dans ces dites

seigneuries, 81, 82. Prétentions dudit à la possesion du comté, 84. Époque à laquelle remonte le susdit serment des archevèques, 248. Livre blanc dudit, 300. Défenses de Guillaume aux **Blanches Mains** aux sujets dudit de se réunir à ceux de l'archevêché, *ibid.* Don fait par le chapitre aux templiers de l'église de la Trinité et de ses prébendes, 364, 384, 387, 397, 403, 412, **420**, **425**, **426**, **438**. Haute justice dudit sur le terrain de Campagne nommé **terre commune**; 443, 448, 456, **459**, **460**, **462**, **464**, **465**, **480**. Droit qu'il a de présenter le contrôleur du pavé, 489, 493, 502, 503, 509, 513, 514, 517, **524**, **527**, 533, 534, 536, 543, 545, **558**. Démêlés dudit avec l'archevêque, **560**, **561**, 566, **567**, 579, 581 *et seq.*, **606**, 624, 627, 639, 641, 657, 664, **668**, 687, 700, 712, 715, 717, 718, 730, 748, 774, 782 *et seq.*, 787, 794, **803**, 817, 862, 872, 882, 900, 918, **924**, 931, 932, 936, 952, 977, 987. **988**, 995, 1028, 1036, 1037, 1043, **1054**, 1057, 1075, 1087, 1092, 1099, **1102**, 1110, 1111, 1122, 1125; t. II, 8, **45**, 46, 67, 90, 124, 216, **241**, **245**, **252**, 276, 293, 309, 311, 364, 391, **433**, 439, 462, 526, 587, 610, 635, **659**, 715, 720, 725, 734, 789, 813, **848**, 849, 863, 883, 886, 917, 921, **996**, 1021, 1036, 1040, 1048. Seigneur de Chamery, 1052; d'Ecueil, 1053. Patron de Cambrecy, 1054, 1063, 1064, **1066**, 1068, 1070, 1081, 1085, 1089, **1100**, 1103, 1105, 1106, 1108, 1110, **1111**, 1117, 1119, 1226; t. III, 4, 7, 10, **20**, 31, 53, 59, 74, 114, 176, 208, **299**, 351, 355, 360, 378, 383, 420, **442**, 478, 495, 500, 523, 651, 653, **678**, 684, 687, 693, 700, 711, 714, **784**, 821, 861, 904. *Arch. lég.*, ii* part., *statuts*, i* vol., 8, 12, 19, 42, **48**, 54, 98, 103, 108, 121, 125, 136, **148**, 187, 268, 297, 311, 357, 384, **392**,

402, 439, 512, 529, 530, 536, 568,
581, 680, 719, 753, 835. Nombre des
chanoines composant ledit, 935; *statuts*, ne vol., 189, 304, 368, 405,
490, 694, 749, 789; *statuts*, iiie vol.,
6, 11, 32, 33, 37, 242, 393, 525.
Mémoire dudit contre les notaires de la
ville, 548. Ses officiers ont le droit de
faire des inventaires, *ibid.* Siége par
ses députés au corps de ville, 585,
649, 715.

Reims (chapitres cathédraux de la province
de). *Arch. adm.*, t. II, 608.

— (charbonniers de). *Arch. adm.*, t. II,
320, 867; t. III, 306. *Arch. lég.*,
ne part., *statuts*, iiie vol., 87.

— (charcutiers de). *Arch. lég.*, ne part.,
statuts, ne vol., 151, 154, 931, 940;
statuts, iiie vol., 217, 219.

— (charpentiers de). *Arch. lég.*, ne part.,
statuts, ier vol., 841; *statuts*, ne vol.,
357; *statuts*, iiie vol., 79, 84, 668, 746.

— (charrons de). *Arch. lég.*, ire part.,
statuts, iiie vol., 746.

— (charte de). *Arch. adm.*, t. I, 969;
t. II, 222, 322, 324, 451. Le roi de
France fait respecter ladite contre l'archevêque, 456, 468, 754, 903, 975,
1218, 1224, 1225, 1238; t. III, 181,
312, 330, 388, 431, 464, 527, 558.
Arch. lég., ne part., *statuts*, ier vol.,
936; *statuts*, ne vol., 553; *statuts*,
iiie vol., 609.

— (chartreries de). Notice historique relative auxdites. *Arch. adm.*, t. I, 14.

— (chartriers de). *Arch. adm.*, t. II, 545,
937. Notice historique sur l'institution
desdits. *Arch. lég.*, ire part., 1045; voy.
Saint-Étienne (chartriers de), Saint-Denis, Saint-Hilaire, Saint-Julien, Sainte-
Magdelaine, Saint-Martin, Saint-Pierre,
Saint-Symphorien, Saint-Timothée.

— (châteaux de), voy. Porte-Mars, Porte-
Vesle.

Reims (châtellenies de). Les habitants desdites contribuent aux frais du sacre. *Arch.
adm.*, t. II, 177. L'archevêque y contribue aussi en qualité de seigneur desdites, *ibid.* Moyens employés par celuici pour s'en dispenser, *ibid.*, 217, 292,
300. *Arch. lég.*, ire part., 605.

— (chaudronniers de). *Arch. lég.*, ne part.,
statuts, iiie vol., 102. Déclaration du
roi concernant la profession desdits, 103,
105, 108, 120, 349, 350, 356, 747.

— (chaussée de). *Arch. adm.*, t. I, 393,
404, 409, 420. Droits perçus sur ladite
par les fermiers de l'échevinage, 485,
486, 488, 495, 994; t. II, 91, 326,
404, 435, 460, 1210, 1214. Les échevins se prétendent contre l'archevêque
en possession de la réparation desdites,
1231; t. III, 8, 9, 75, 93, 223, 244,
468, 469, 472, 631, 687, 688, 724,
794, 823, 903. *Arch. lég.*, ire part.,
488, 861; ne part., *statuts*, ier vol.,
333, 363, 499, 642, 687, 856; *statuts*,
ne vol., 174, 413, 453; *statuts*, iiie vol.,
63. Inspection et alignement desdites,
153. Officiers qui sont chargés de la
conservation desdites, 281, 382, 385,
voy. Calceia.

— (chaussetiers de). *Arch. lég.*, ne part.,
statuts, ne vol., 192, 200; *statuts*,
iiie vol., 65, 79, 81, 84.

— (chevaliers de), voy. Remenses milites.

— (chirurgiens de). *Arch. lég.*, ne part.,
statuts, iiie vol., 67. Soumis à la juridiction du bailli de Vermandois, 88,
293.

— (cimetières de), voy. Juifs, S. Étienne,
S. Hilaire, S. Jacques, S. Jehan, S. Martin, S. Timothée.

— (citadelle de), bâtie par l'archevêque
pour contenir les bourgeois. *Arch. adm.*,
t. I, 369.

— (cité de). *Arch. adm.*, t. I, 70. Le chapitre possède une seigneurie foncière

v

dans ladite, 77. Renfermait anciennement la ville, 78. Le gouvernement militaire de ladite est entre les mains de
l'échevinage, 154, 231, 358, 363, 364,
416, 417, 419, 432, 445, 477, 566,
567, 583, 710, 713, 718, 751, 871,
910, 933, 937, 941, 984, 995, 1003,
1035, 1055, 1099, 1100, 1110; t. II,
10, 19, 59. Guerre des frères de Brienne
contre les habitants de ladite, 124, 133,
136, 200, 252, 291, 494, 585, 605, 622,
704, 799, 846, 851, 853, 887, 988, 990,
1142; t. III, 64, 166, 210, 242, 319,
376, 385, 595, 668, 679, 803, 833, 838.
Arch. lég., Ire part., 94, 115, 200, 296,
654, 805; IIe part., *statuts*, Ier vol., 336,
363, 428, 530, 574, 603, 609, 761, 806,
940, 946. L'enclave de ladite appartient
aux gens d'église ou de main-morte,
statuts, IIIe vol., 55. Le roi a toute justice dans l'étendue de ladite, 620, 634.
L'échevinage avait seul autrefois l'exercice de la justice contentieuse dans ladite, 641, 642; voy. Reims (ville de).

Reims (citoyens de). *Arch. adm.*, t. I, 405,
434, 442, 477, 480, 481, 486, 507, 527,
577, 579, 583, 585, 590, 608, 610, 612,
617, 624, 626, 632, 638, 644, 668, 704,
706, 776, 781, 823, 832, 836, 891, 922,
935, 1026, 1081, 1089, 1091, 1109;
t. II, 3, 53, 118, 128, 137. Le roi leur
permet de porter des armes pour se défendre, 139, 141, 153, 170, 183, 189,
193, 199, 204, 212, 243, 600, 644;
t. III, 339. *Arch. lég.*, Ire part., 30.
Ne peuvent être arrêtés pour dettes,
177, 239; IIe part., *statuts*, Ier vol., 86;
statuts, IIIe vol., 145.

— (Claude de), bourgeois. *Arch. lég.*,
Ire part., 667.

— (Clazeniers de). *Arch. lég.*, IIe part.,
statuts, Ier vol., 469; *statuts*, IIIe vol.,
288, 293, 480, 482. Voy. Reims (portiers de).

— (clefs de). La garde desdites appartient
à l'archevêque. *Arch. adm.*, t. I, 26,
480, 481; t. II, 1155; t. III, 902.
Arch. lég., Ire part., 332; IIe part., *sta-*
tuts, Ier vol., 602, 746, 845. Le lieutenant des habitants ne doit livrer lesdites qu'après avoir pris les ordres du
conseil, 910, 936; *statuts*, IIe vol.,
118, 121, 123, 127, 133, 134, 139,
364.

Reims (clercs de). *Arch. adm.*, t. I, 154.
Déliés de leur serment envers l'archevêque, 174. Prisonniers dudit, 180,
236. Élisent le successeur de l'archevêque excommunié, 238, 246, 247, 431,
464. Rapports desdits avec les échevins
à l'occasion des frais du sacre, 488,
663. Tombent sous la juridiction de l'archevêque, 752. Garde et perception des
revenus desdits, 753, 1016, 1035, 1053.
Exempts de la taille, t. II, 19, 317,
320. Prétendent être exempts des frais
du sacre, 388, 715. Us et coutumes
desdits en ce qui touche la garde de la
ville, 787, 1146; t. III, 94, 134, 708.
Arch. lég., Ire part., 26, 163, 297, 307,
321, 747, 756, 1066; IIe part., *statuts*,
Ier vol., 4, 39, 75, 77, 88, 96, 353, 356;
statuts, IIe vol., 780; *statuts*, IIIe vol.,
54. Condamnés à contribuer aux frais
du sacre, 613.

Reims (clercs mariés de). *Arch. lég.*,
IIe part., *statuts*, Ier vol., 382. Payent
la taille, *ibid.*

— (clergé de) tenu de contribuer aux fortifications de la ville. *Arch. adm.*, t. II,
816, 997. S'élève contre l'impôt des
décimes, 1024, 1144, 1145, 1207;
t. III, 114, 684, 784, 879. *Arch.*
lég., IIe part., *statuts*, Ier vol.,
432, 465, 478, 479, 480, 483,
486, 489, 493, 509, 523, 529, 530.
N'est soumis au guet que dans les dan-
gers pressants, 547, 548, 550. Factum
dudit contre les échevins qui veulent
l'obliger à faire le guet, 553, 555, 559.

Se refuse, pendant l'invasion des Anglais, à faire le guet et garde dans la ville, 560. Remontrances faites par ledit à ce sujet, 564. Liste de répartition des membres dudit qui doivent veiller à la garde des portes de Reims, 565. Refuse d'assister au conseil de ville convoqué pour les tailles, à l'occasion du siége de Nesle, 580, 585, 617, 641, 670, 685, 687, 698, 718, 744, 756, 768, 780, 794, 844, 833, 854, 860, 867, 871. Se refuse à participer à certains impôts, 880, 884, 891, 896; *statuts*, iie vol., 93. Les députés dudit ont voix à l'élection des officiers municipaux, 541, 694, 780, 788; *statuts*, iiie vol., 63. Réclame contre l'obligation que veulent lui faire les bourgeois de monter la garde, *ibid.*, 68, 145, 165, 166. Conseille au peuple de prendre les armes pour s'opposer à la tyrannie de l'archevêque Henri de France, 608.

Reims (cloches de). Les habitants ne peuvent mettre en branle lesdites sans l'autorisation de l'archevêque. *Arch. adm.*, t. III, 210. Voy. Bancloque.

— (cloître de), voy. Notre-Dame.

— (clôture de), voy. Reims (fermeté de).

— (cocassiers de). *Arch. lég.*, iie part., *statuts*, iie vol., 942.

— (Colart le Bec de), voy. Bec (Colart le).

— (collecteurs des tailles de). Sont à la nomination des échevins. *Arch. adm.*, t. III, 789; *Arch. lég.*, iie part., *statuts*, i^{er} vol., 519.

— (collége royal de). *Arch. adm.*, t. I, 724; *Arch. lég.*, iie part., *statuts*, iie vol., 631.

— (commandeur de). Seigneur de Moronvilliers. *Arch. adm.*, t. II, 1114, 1116.

— (commissaire de police de). *Arch. lég.*, iie part., *statuts*, iiie vol., 113, 290, 452, 454, 458, 464, 465, 472.

— (commun peuple de). *Arch. adm.*, t. III, 844. S'insurge contre les échevins à l'instigation de l'archevêque, 845. Voy. Remenses hommes.

Reims (commune de). Première apparition de ladite. *Arch. adm.*, t. I, 296, 497. Charte de ladite, *ibid.*, 299, 301, 833. Les hommes de ladite se distinguent à la journée de Crécy, t. II, 712, 1245; t. III, 18, 79, 556, 672, 838. Charte de ladite perdue. *Arch. lég.*, iie part., *statuts*, iiie vol., 607. Attaques de Henri de France contre ladite, 608, 612. Confirmée par le roi Jehan, 616. Aussi ancienne que la monarchie, 620. A toujours été sous la protection immédiate de la couronne, *ibid.*, 634.

— (communautés de). *Arch. lég.*, iie part., *statuts*, iiie vol., 593.

— (compagnies de). Le pape écrit à Louis VII de dissiper lesdites. *Arch. adm.*, t. I, 302.

— (compagnonnage de). *Arch. lég.*, iie part., *statuts*, iie vol., 249, 888, 905.

— (comté de). Donation dudit à l'archevêque, par Louis d'Outremer. *Arch. adm.*, t. I, 83. Confirmée par Philippe Ier, 84. N'est nullement territoriale par rapport à l'archevêque, 86. Étendue dudit, *ibid.*, 938. Érigé en duché par Louis VII, t. II, 82. *Arch. lég.*, iie part., *statuts*, i^{er} vol., 568. Uni à l'archevêché, *statuts*, iiie vol., 18. Autre donation dudit, 19, 22, 396. La ville de Reims est-elle comprise dans ledit? 607.

— (Comte de), commande en temps de guerre les troupes levées par l'archevêque. *Arch. adm.*, t. I, 55, 56. N'entre point en partage avec le chapitre, 79. Les comtes de Rouen sont les plus anciens titulaires dudit, 85, la dignité dudit est conférée par le roi, 87. La juridiction de la ville appartient audit à l'exclusion des échevins. *Arch. lég.*, iie part., *statuts*, iiie vol., 512, exerce la dite juridiction pour le roi, *ibid.*

Reims (Concile de). *Arch. adm.*, t. I, 24, tenu par ordre de Charlemagne, 30, 62, 67, 73, 92, 93, 100, 115, 197, 200, 201, 208, 209, 246, 250, 269, 270, 287, 320, 587, 593, 1027, 1059; t. II, 23.

— (confiseurs de). *Arch. lég.*, iie part., *statuts*, iie vol., 973, 977.

— (confréries de). Voy. S. Jubrien, S. Antoine. Voy. Remensis ecclesiæ confréria.

— (connétables de). *Arch. adm.*, t. I, 900; t. III, 843. *Arch. lég.*, iie part., *statuts*, i^{er} vol., 460, 512, 522, 578, 685, 695, 739, 747, 755, 766, 798, 802, 834, 838, 863. Chargés d'aller convoquer les habitants par les maisons, 866, 868, 869, 871, 875, 880, 885, 890, 891, 897, 899, 907, 924; *statuts*, iie vol., 135, 137. Concourent à l'élection des officiers municipaux, 536, 1024; *statuts*, iiie vol., 39, 158, 162, 166, 167, 491, 540, 560. Voy. Bailli (connétablie de), Benoît, Bernard, Bona, Bouzenet, Briquet, Colinet, Desjardin, Drouart, Duchastel, Gallois, Ganelon, Herpet, Jouglet, Juvant, Lapoulle, Legros, Lelarge, Mounier, Michel, Milça, Milly, Missanhaye, Moreau, Pasques, Perrier, Petit, Pierre, Pinchart, Prévost, Regnault, Savoye, Tellier, Tourtebatte.

— (conseil de ville de). *Arch. adm.*, t. II, 1134; t. III, 46, 96, 109, 114, 127, 135, 138, 142, 159, 261, 325, 461, 689, 728, 845, 888. *Arch. lég.*, i^{re} part., 865; iie part., *statuts*, i^{er} vol., 130, 267, 427, 432, 445, 453, 460, 463, 495, 496, 497, 503, 521, 523, 527, 529, 570, 608, 611, 615, 618, 621, 636, 641, 677, 688, 691, 730, 753, 781, 839, 850. Élection des membres dudit, 867, 869, 871, 906. Se prononce pour la Ligue, 912. A seul le droit de faire les baux et adjudications, 968; *statuts*, iie vol., 15, 20, 23, 91. La direction de la police des pauvres est du ressort dudit, 93, 105, 112, 113, 115, 118, 132, 203, 269. Lieu ordinaire des séances dudit, 454, 498. La connaissance du pavé est adjugée audit par arrêt, 550, 552. Cède les prérogatives de l'échevinage, 553, 631, 632, 648, 651, 800, 910, 914, 959, 1018, 1023; *statuts*, iiie vol., 11, 32, 68, 69, 70, 76, 120, 135. Composition du personnel dudit, 154, 179, 278, 283, 343. A seul le droit de connaître du gouvernement des pavé et chaussées, 382, 390, 472. Mémoire historique sur la création dudit, 641. Composition primitive dudit, 642. Séparation des attributions dudit d'avec celles du corps de ville, 643, 645, 657. Voy. Reims (corps de ville de).

Reims (conseillers de). *Arch. lég.*, i^{re} part., 555, 566, 568, 593, 636; iie part., *statuts*, i^{er} vol., 129, 461, 573, 890, 894, 977; *statuts*, iie vol., 129, 132, 451, 453. Nombre desdits, 454, 460, 538, 540, 816, 821, 964, 991, 994, 1010; *statuts*, iiie vol., 84, 85, 114, 135. Abus reprochés auxdits, 139. Durée de leurs fonctions, *ibid*. Inégalité des subsides répartis par eux sur les bourgeois, 140, 142, 145. Exempts des logements des gens de guerre, 156, 157, 164. Plainte de l'archevêque contre lesdits, 169, 179, 286, 320, 453. Ordre observé à la nomination desdits, 564. Toujours choisis parmi les notables, 586. Prêtent serment tous les ans, 588.

— (consuls de). *Arch. lég.*, iie part., *statuts*, i^{er} vol., 977; *statuts*, iie vol., 171; *statuts*, iiie vol., 559.

— (cordeliers de). *Arch. adm.*, t. I, 45, 601; t. III, 569, 629, 840, 841. *Arch. lég.*, iie part., *statuts*, i^{er} vol., 6, 250, 459, 470, 546, 627, 641, 681, 687, 742, 751, 759, 762, 768, 769, 791, 802, 809, 817, 832, 835, 839, 842, 844, 878, 880, 913; *statuts*, iie vol., 205, 266, 334, 454, 530, 677, 679, 724, 798, 811, 872,

930 ; *statuts*, iiiᵉ vol., 182, 232, 286.
Lieu ordinaire des assemblées des communautés et jurandes, 676.

Reims (cordiers de). *Arch. adm.*, t. III, 729, 815. *Arch. lég.*, iiᵉ part., *statuts*, iiᵉ vol., 210.

— (cordonnerie de). *Arch. adm.*, t. I, 792, 934, 1116.

— (cordonniers de). *Arch. adm.*, t. III, 488, 729. *Arch. lég.*, iiᵉ part., *statuts*, iᵉʳ vol., 841 ; *statuts*, iiᵉ vol., 239, *statuts*, iiiᵉ vol., 745.

— (corps de ville de). *Arch. lég.*, iiᵉ part., *statuts*, iᵉʳ vol., 239, 443, 466, 485, 500, 524, 764 ; *statuts*, iiᵉ vol., 13, 91, 453, 491, 550, 552, 555, 649, 788, 789, 994, 1008, 1047 ; *statuts*, iiiᵉ vol., 18, 19, 76, 113, 171, 172, 182, 184, 212, 242, 278. Le maire est chef dudit, 279. Attributions dudit, *ibid.*, 281, 285. Nomme les officiers de la mairie, 290, 294. Transaction dudit avec l'archevêque, au sujet du stellage, 330, 340, 341, 393, 399, 400. Est maintenu dans son droit de juridiction sur les chaussées, 411. Droit de police dudit sur la marée, 427, 429, 438, 472, 491. Prérogatives dudit, 560. Tous les habitants, nobles ou roturiers, sont sous sa juridiction, *ibid.* Composition dudit, 561. Ordre observé pour la nomination de ses membres, *ibid.* Observations sur les prérogatives dudit, 563. Nombre de ses membres, 566, 568. Les adjudications des baux et revenus patrimoniaux sont toujours faites dans une assemblée générale dudit, 572. Il est en possession de connaître des contestations relatives aux biens patrimoniaux, 577. Les notables des différents ordres sont représentés dans sa composition, 583. Jour de ses réunions, 598, 599. Réunion de l'échevinage audit, 618, 637, 638, 645.

— (corroyeurs de). *Arch. adm.*, t. II, 33.

— (cour spirituelle de). *Arch. adm.*, t. III, 786. *Arch. lég.*, iiᵉ part., *statuts*, iiᵉ vol., 635. Voy. Archiepiscopi Remensis curia.

Reims (cours de), voy. Godart, Lepelletier, Marqueuse, Notre-Dame.

— (courtiers de). Institués par les échevins. *Arch. adm.*, t. I, 486. Fonctions desdits, *ibid.* Conditions de la réception desdits, *ibid.* Droits prélevés par lesdits, *ibid.*, 488, 490. *Arch. lég.*, iiᵉ part., *statuts*, iᵉʳ vol., 461, 508 ; *statuts*, iiᵉ vol., 203 ; *statuts*, iiiᵉ vol., 72, 162, 280.

— (courtiers en vin). *Arch. adm.*, t. II, 370. *Arch. lég.*, iʳᵉ part., 1064 ; iiᵉ part., *statuts*, iᵉʳ vol., 432, 436, 440, 445, 469, *statuts*, iiᵉ vol., 959, 969.

— (cousture de). *Arch. adm.*, t. I, 38. Origine du nom de ladite, 79. Terrain de ladite concédé aux bourgeois par l'archevêque Guillaume aux Blanches-Mains pour y bâtir un faubourg, *ibid.*, 446, 609, 859, 992, 1086 ; t. II, 24, 104, 149, 546, 671, 901, 1147, 1193, 1209, 1214 ; t. III, 36, 119, 246, 314, 379, 380, 445, 635, 821, 839, 907. *Arch. lég.*, iʳᵉ part., 715, 862, 1011, 1021, 1035 ; iiᵉ part., *statuts*, iᵉʳ vol., 168, 569, 728, 854, 917, 944, 956 ; *statuts*, iiiᵉ vol., 642.

— (coutelliers de). *Arch. lég.*, iiᵉ part., *statuts*, iiᵉ vol., 250. Statuts desdits, 1034 ; *statuts*, iiiᵉ vol., 745.

— (coutreries de). *Arch. adm.*, t. I, 498. *Arch. lég.*, iiᵉ part., *statuts*, iᵉʳ vol., 18, 20 ; *statuts*, iiiᵉ vol., 689 ; voy. Remensis ecclesiæ custodiæ.

— (coutres de), échappent par le privilége de leur office aux charges publiques. *Arch. adm.*, t. I, 495, 497, 801, 886 ; t. II, 1037, 1039, 1109, 1112, 1114 ; t. III, 368, 383, 542. *Arch. lég.*, iiᵉ part., *statuts*, iᵉʳ vol., 17, 18, 21, 43, 55. Francs du droit de stellage ; *statuts*, iiiᵉ vol., 319. Extinction des

titres et bénéfices desdits, 679. Sont nommés par le chanoine tournaire, 681. Fonctions desdits, *ibid.*, 682. Le chapitre prétend les soumettre à porter la croix aux processions, 683, 685, 687, 711, 730; voy. Remensis ecclesiæ custodes.

Reims (coutumes de). *Arch. adm.*, t. I, 926, 961, 1119; t. II, 62, 79, 95, 97, 150, 282, 355, 647, 682, 856, 857, 884, 903, 909, 961, 974, 976, 1184, 1199, 1220, 1222; t. III, 332, 370, 394, 440. *Arch. lég.*, 1re part., 17, 18, 35, 110, 142, 199, 320, 344, 605, 606, 608, 609, 613, 620, 622, 628, 630, 632, 637, 638, 640, 643, 647, 649, 653, 657, 661, 663, 671, 681, 684, 697, 701, 707, 712, 805, 821, 849, 859, 865, 867, 868, 904, 917, 923, 1015, 1031, 1040, 1061; 11e part., *statuts*, 1er vol., 332, 338, 846; *statuts*, 11e vol., 18, 177, 180, 184, 618; *statuts*, 111e vol., 20, 21, 41, 137, 242, 383, 397, 406, 409, 413, 547, 551, 555, 556, 608, 636, 637; voy. Remenses consuetudines.

— (couvents de), voy. Val-des-Écoliers, Carmes, Saint-Étienne.

— (couvreurs de). *Arch. lég.*, 11e part., *statuts*, 111e vol., 675, 745.

— (croyers de). *Arch. lég.*, 11e part., *statuts*, 11e vol., 507. Défenses faites auxdits à l'occasion de l'ouverture des croyères, *statuts*, 111e vol., 97.

— (cuisiniers de). *Arch. lég.*, 11e part., *statuts*, 942; *statuts*, 111e vol., 25, 70, 79, 497; voy. Cuisiniers de Reims (statuts des), 747.

— (culture de), voy. Remensis cultura, voy. Cousture.

— (cul-de-sacs de), voy. Chenix.

— (curés de). *Arch. adm.*, t. II, 495, 1149. Fauteurs de la Ligue. *Arch. lég.*, 11e part., *statuts*, 1er vol., 912.

Reims (décanat de), voy. Remensis ecclesiæ decanatus.

— (denier de), voy. Remensis denarius.

— (deniers communs de). *Arch. lég.*, 11e part., *statuts*, 1er vol., 538, 609, 610, 611, 617, 621, 655, 658, 660, 663, 668, 674, 846, 907; *statuts*, 111e vol., 128, 168, 287, 291, 292, 571, 572, 573, 575.

— (deniers patrimoniaux de), voy. Reims (deniers communs de).

— (députés de). *Arch. lég.*, 11e part., *statuts*, 1er vol., 570.

— (dettes de). *Arch. lég.*, 11e part., *statuts*, 1er vol., 499.

— (diocèse de). *Arch. adm.*, t. I, 24, 178, 201, 288, 378, 501, 515, 605, 683, 716, 754, 894, 912, 1016, 1032; t. II, 8, 170, 178, 595, 622, 634, 704, 733, 887, 1024, 1031, 1045, 1066, 1083, 1171; t. III, 130, 277, 282, 310, 319, 360, 384, 385, 597, 629, 807, 833. *Arch. lég.*, 1re part., 17, 22, 94, 115, 200, 282, 296, 568; 11e part., *statuts*, 1er vol., 169, 265, 285, 313, 397, 699; *statuts*, 11e vol., 18, 763, 774, 787; voy. Remensis diœcesis.

— (dizaines de). *Arch. adm.*, t. III, 845.

— (dizainiers de). *Arch. adm.*, t. III, 247, 250, 843. *Arch. lég.*, 11e part., *statuts*, 1er vol., 522, 556, 618, 785, 798, 802, 839, 844, 863, 869, 870, 887, 890, 924.

— (docteurs en théologie de), voy. Bègue (Johannes), Thuillier (Nicolas), Oudinet (Martinus), Pougiaco (Nicolaus de), Juliaco (Hugo de).

— (domaine de), voy. Remensis civitatis dominium.

— (domestiques de). Mesures de police concernant lesdits. *Arch. lég.*, 11e part., *statuts*, 11e vol., 506.

— (dominicains de), établis par l'arche-

vêque Guillaume de Joinville. *Arch. adm.*, t. I, 667. *Arch. lég.*, IIe part., *statuts*, Ire vol. 933; *statuts*, IIe vol., 677, 679, 724.

Reims (doyen de), voy. Remensis ecclesiæ decanus.

— (doyenné de), voy. Remensis ecclesiæ decanatus.

— (draperie de). *Arch. adm.*, t. II, 844, 1232. *Arch. lég.*, IIe part., *statuts*, IIe vol., 829.

— (drapiers de). *Arch. adm.*, t. I, 1071; t. II, 844. *Arch. lég.*, IIe part., *statuts*, Ire vol. 841, 852. Statuts desdits, *statuts*, IIe vol., 191, 200, 798, 823, 825, 839, 843, 852, 858, 859, 874, 976; *statuts*, IIIe vol., 8, 49, 65, 74, 79, 85, 86, 103, 307, 747.

— (duc de). *Arch. adm.*, t. III, 355, 638. *Arch. lég.*, Ire part., 805, 812; IIe part., *statuts*, Ire vol., 292, 536; *statuts*, IIe vol., 762, 781, 999? voy. Reims (archevêque de).

— (duché-pairie de). *Arch. adm.*, t. I, 1063; t. III, 851. *Arch. lég.*, IIe part., *statuts*, IIe vol., 60, 351, 607; *statuts*, IIIe vol., 10, 49, 92, 589.

— (echauderie de), voy. Reims (eschauderie de).

— (échevinage de). *Arch. adm.*, t. I, 83. Limites du ban dudit, 86. Fondé sur la liberté antique, 156. Liaisons dudit avec l'abbaye de Saint-Denis, 215. Charte dans laquelle le nom d'échevin figure pour la première fois, 251, 300. Charte dudit, 384, 385. Protecteur de la bourgeoisie contre les seigneurs hauts justiciers, 392. Exposé sommaire des attributions et organisation dudit, 481. Identité dudit avec l'ancien sénat gaulois des *Remi*, *ibid.* Époque du renouvellement dudit, 482, 483, 484, 485. Charges et offices de la cité qui sont à la nomination dudit, 486, 487, 489, 490, 560.

Démêlés dudit avec le chapitre, 566, 579, 607, 611, 624, 626, 627. Notice sur le sceau dudit, 955, 1012, 1050, 1087; t. II, 1. Démêlés entre ledit et l'archevêque au sujet du droit de récréance, 53, 56, 62, 73, 77, 129; au sujet des frais du sacre, 172, 179, 202. Conditions requises pour être admis bourgeois de son ban, 220, 280, 321, 342. Autre démêlé avec l'archevêque relatif à la juridiction dudit, *ibid.*, 378. Nombre des membres dudit, 442. Renouvelés tous les ans, *ibid.*, 550. Les marchés pour les frais du sacre sont enregistrés par ledit, 561, 643, 664, 714, 859, 862, 912, 1198. Notice relative aux droits et priviléges dudit, 1233. Autres démêlés dudit avec l'archevêque relatifs au droit de récréance, 1236; t. III, 165, 179, 244, 300, 306, 390, 453, 530, 672. Antiquité dudit. 674, 688. *Arch. lég.*, Ire part., 1036; IIe part., *statuts*, Ier vol., 535, 593, 608; *statuts*, IIe vol., 43, 47, 58. Réunion dudit au conseil de ville, 548, 550, 552, 932, 1018; *statuts*, IIIe vol., 69. Attaques violentes de l'archevêque Henry de Braines contre ledit, 612. Réunion dudit au corps municipal, 618, 641. Nombre des membres dudit à son origine, *ibid.* Le gouvernement civil, militaire et politique était dévolu audit, *ibid.* Son administration n'était soumise qu'aux *missi dominici*, *ibid.* Époque à laquelle cessa la plénitude de cette puissance, *ibid.* Réglement qui partage les fonctions respectives dudit et celles du conseil de ville, 643.

Reims (échevins de). Droit desdits à nommer à certaines cures. *Arch. adm.*, t. I, 13. Interviennent dans un accord entre l'archevêque et le chapitre, relatif à la haute et à la basse justice sur le territoire de la ville, 82. Chefs de la bourgeoisie, 156. L'archevêque intervient

dans l'élection desdits, 392, 393, 394, 400, 401. Droits, fonctions et priviléges desdits, 446, 480, 481, 482, 483. Chargés des préparatifs pour les entrées, couronnement et sacre des rois, 487. Juridiction desdits sur les matières tant civiles que criminelles des bourgeois, 488, 489. Accord entre lesdits et les seigneurs justiciers, *ibid.* Instituent le contrôleur du pavé, *ibid.*, 490, 491, 507, 527, 538. Démêlés desdits avec le chapitre, 566, 567, 577, 581, 583, 590, 606, 611, 618, 623, 627, 639, 641, 707, 727, 741, 759, 774, 776, 777, 780, 782, 792, 809, 822, 831, 874, 891, 892, 904, 905, 920, 922, 955, 958, 965, 969, 972, 992, 994, 1025, 1029, 1032, 1043, 1071, 1085, 1089, 1094, 1119, 1125; t. II., 1, 5, 6, 7, 11, 28, 34, 39, 50. Débats entre lesdits et l'archevêque au sujet d'un arrêt de récréance, 52, 54, 58, 64, 68. Charte desdits, 70, 72. Demandent à être déliés de l'obéissance à l'archevêque, *ibid.*, 79, 83, 89, 90, 112, 113, 126, 128, 133, 143, 149, 155. Contestent à l'archevêque le droit de juger les blasphémateurs, 156, 162, 176, 179, 187, 193, 196, 199, 203, 206, 211, 213, 219, 234, 237, 243, 250, 253. Hors de l'échevinage, ils n'ont ni justice, ni seigneurie, ban, cloche, etc., 254, 260, 263, 266, 272, 276, 279, 284, 292. Chargés de la prisée des héritages pour les dépenses du sacre, 294. Se plaignent au roi de la détention illégale de plusieurs bourgeois, 297, 299, 304, 307, 212, 333, 339. Ne peuvent donner procuration sans le concours des habitants, 343, 368. Démêlés desdits avec le clergé au sujet des frais du sacre, 389, 404, 414, 417, 441, 461, 466, 474, 556, 559. Interviennent avec les notables pour le contrôle de la paneterie, à l'occasion des frais du sacre, 560. La cour donne avis auxdits du

sacre du nouveau roi, 566. Les reliefs du repas du sacre appartiennent auxdits, 575, 585, 600, 631, 653, 830, 840, 842, 854, 856, 865, 867, 873, 875, 889. Contestent à l'archevêque le jugement des blasphémateurs, 898, 915, 934, 938, 942, 943, 953, 962, 964, 965, 971, 978, 984, 988, 991, 1012, 1126, 1144, 1152, 1161, 1175. En appellent au roi comme souverain juge, 1198. Sont dispensés de plaider à la cour de l'archevêque, 1199. Peuvent traîner ce dernier à la cour du roi, 1200, 1210, 1214, 1231, 1233, 1235, 1238; t. III, 1, 3, 14, 23, 32, 36, 43, 67, 74, 82, 93, 94, 114, 140, 191, 264, 287, 294, 310, 330, 337, 348, 356, 382, 383, 389, 429, 436, 446, 451, 454, 458, 469, 473, 498, 500, 520, 528, 552, 569, 611, 630, 640, 672. Ne peuvent s'assembler ou lever des tailles sans l'autorisation de l'archevêque, 673, 684, 687, 699, 701, 711, 762, 777, 779, 785, 787, 809. Investis du droit de conférer la bourgeoisie, 824, 825, 843, 851, 858, 879, 880. Sont justiciables de l'archevêque, 883, 889, 898, 907. *Arch. lég.*, 1re part., 507, 579, 654, 861, 1011, 1025, 1035; IIe part., *statuts*, 1er vol., 129, 267, 332, 403, 414. Revendiquent la juridiction sur les jangeurs de vin, 429, 430, 432, 436. Droit immémorial desdits de pourvoir aux offices de police, 440, 513, 523, 526, 529, 535, 548, 571, 575, 606, 635, 641, 880, 977; *statuts*, IIe vol., 29, 41, 43, 104, 108, 172, 175, 277, 325, 327, 451, 460. Ont voix à l'élection des officiers municipaux, 541. Réduits au nombre de six, contrairement à leur charte, 553, 603. Maintenus au droit de connaître des causes tant civiles que criminelles des bourgeois de leur ban, 608, 632, 666, 670, 740, 743, 794, 816, 820, 850, 911, 938, 959, 977, 991, 1008, 1048; *sta-*

tuts, iii* vol., 33. Usurpation de l'archevêque sur la juridiction desdits, 59,
84, 110, 114, 135. Serment desdits, 137,
140. Préposés à la vente de la marée,
142, 145. Suspension desdits pour refus
de serment, 153. Tiennent leur pouvoir
du peuple, 166. Prêtent serment entre
les mains du bailli de l'archevêque, 154.
Autorisés par le roi à se gouverner eux-
mêmes, après la suppression de l'office
de gouverneur, 278. Seuls investis du
droit de grande voirie, 382, 384, 392,
397. L'époque de leur élection remonte
à Jules César, qui en parle dans ses
Commentaires, 427. Ont toute police
sur la marée, 448, 455. Abandon fait
par lesdits à l'archevêque des droits de
l'échevinage, 512. Sont choisis par le
corps de ville, 585, 586. Prêtent serment tous les ans, 588. Conditions dudit serment, 590. Élus par le peuple en
présence des envoyés royaux, 606.
Lutte desdits avec Henri de France au
sujet de leurs franchises, 608, 609.

Reims (écolâtre de) *Arch. adm.*, t. I, 357.
Notice relative aux attributions dudit,
663, 664, 1013. Seigneur de la Cerleau,
t. II, 337, 1072 ; t. III, 596, 654. *Arch.
lég.*, ii* part., *statuts*, i** vol., 10, 30,
808 ; voy. Albricus, Drogon, Garnerius,
Godefridus, Grand-Raoul (Paul), Grand-
Raval (Giles), Hermonville (Pierre d'),
Laduré (P.), Léo, Pinchart, Saga (Gilbert de), Sugny (M. de), Tartier (Geo-
froy), Torota (Adam), Vichier (Ameus
de).

— (écolatrie de) ; voy. Remensis ecclesiæ
scholastica.

— (écoles de) *Arch. lég.*, i** part., 444 ;
ii* part., *statuts*, iii* vol., 665, 673 ;
voy. Aubri-le-Crevé, Notre-Dame,
S. Denis, S. Jacques, S. Remi, Temple.

— (école de théologie de). *Arch. adm.*,
t. I, 35. *Arch. lég.*, ii* part., *statuts*,

i** vol., 761, 762, 769, 772, 776, 789,
790, 799, 808, 848.

Reims (écoliers de). *Arch. adm.*, t. I, 357,
663, 664. Règlement intérieur desdits,
668. Mesures de police relatives auxdits. *Arch. lég.*, ii* part., *statuts*,
ii* vol., 496, 654, 685, 687. Défense
auxdits de sortir la nuit, *statuts*,
iii* vol., 69.

—(écu de), monnaie. *Arch. adm.*, t. I, 386.

— (édifices de). *Arch. lég.*, i** part., 859 ;

—(Église de). *Arch. adm.*, t. I, 4, 7, 21, 23.
Priviléges accordés à ladite par les Carlovingiens, 27, 28, 30, 37, 61, 62, 84.
Achète de ses deniers la ville d'Épernay, 94, 95, 122, 201, 203, 209, 212,
213, 221, 223 *et seq.*, 237. Différend de
ladite avec l'Église de Soissons, 254,
264, 270, 271, 281, 299 *et seq.*, 301,
309, 320, 334, 342, 346, 347, 349,
364. Le comte de Champagne déclare
la guerre à ladite, 369. Il est excommunié, 370, 371, 381, 382, 385, 387,
388, 390, 408, 412, 414 *et seq.*, 420,
421, 422, 427, 431, 436, 445. Phi-
lippe-Auguste prend ladite sous sa protection, 448 *et seq.*, 356, 457, 460. *et
seq.*, 471, 472, 476, 477, 478, 480,
397, 498, 500, 501, 508, 509, 517,
521 *et seq.*, 534, 536, 543, 544, 556,
558, 560, 562, 566, 569, 574, 577,
578, 580, 583, 585, 586, 590, 601, 607,
625, 638. Illustre en hommes doctes,
666, 670, 678, 682, 687, 699, 703, 704,
717, 751, 775, 785, 812, 823, 830, 853,
872, 892, 893, 895, 914, 928, 941, 946,
955, 985, 997, 999, 1028, 1032, 1053,
1113, 1122 ; t. II, 8, 47, 68, 91. Les
abbés et abbesses du diocèse sont tenus
de prêter serment en ladite, 248, 250,
338, 396, 406, 437, 439, 475, 610,
626, 658. Note critique relative à la
manière de supputer le temps dans ladite, 681, 813, 884, 887, 921, 1014 ;
t. III, 40, 66, 145, 197, 239, 241,

253, 353, 375, 383, 482, 572, 589, 654, 673, 740, 744, 808, 851, 890. *Arch. lég.*, 1re part., 106, 109, 139, 198, 476, 607, 762; 11e part., *statuts*, 1er vol., 17, 22, 26, 31, 88, 89, 98, 101, 103, 104, 107, 153, 314, 338, 373, 410, 422, 556, 557, 589, 821, 824, 892. Indulgences à ceux qui visitent ladite, 935; *statuts*, 11e vol., 81, 273, 784; *statuts*, 111e vol., 20. Les membres de ladite francs du droit de stellage, 331.

Reims (églises de). Louis VII prend lesdites sous sa protection. *Arch. adm.*, t. I, 299, 300, 431, 714, 858. Contribuent à la garde de la ville. *Arch. adm.*, t. II, 789. Voy. Diaconie des Apôtres (église de la), Frères mineurs, Igny, Martyrs, Notre-Dame, S. Agricole, S. Bâle, SS. Côme et Damiens, S. Crépin, S. Éloy, S. Étienne, S. Germain, S. Hylaire, S. Jacques, S. Jehan, S. Julien, S. Martin, S. Maurice, S. Michel, S. Pierre-aux-Clercs, S. Pierre-aux-Nonains, S. Pierre-le-Vieux, S. Quentin, S. Remi, S. Symphorien, S. Syxte, SS. Timothée et Apollinaire, S. Victor, Sainte Anne, Sainte Geneviève, Sainte Magdeleine, Sainte Nourrice, Temple, Trinité.

— (élection de). *Arch. lég.*, 11e part., *statuts*, 1er vol., 465, 470, 482, 486, 493, 501, 531, 605, 673, 693, 697, 698, 701, 702, 721, 833, 842, 904, 944, 945, 951, 961, 968; *statuts*, 11e vol., 408, 947, 959; *statuts*, 111e vol., 113, 251.

— (élections de). *Arch. lég.*, 11e part., *statuts*, 1er vol., 408, 609, 615, 846, 848; Formule desdites relatives aux officiers de Reims, 867, 869, 876, 893, 894. Ont lieu à l'entrée du carême, 906; *statuts*, 11e vol., 124, 131, 367, 368, 451. *statuts*, 111e vol., 143, 145, 146. Brigues à l'occasion desdites, 147, 148, 178, 233, 284, 285, 286, 294, 296.

— (élus de). *Arch. adm.*, t. III, 277, 282, 293, 319, 378, 465. Refusent de contribuer aux tailles, 783, 797, 810, 898. *Arch. lég.*, 1re part., 896. Juridiction contentieuse accordée auxdits par nos rois, 11e part., *statuts*, 1er vol., 452, 483, 490, 491, 620, 661, 663, 691, 702, 747, 768, 776, 781, 790, 810, 835, 847, 866, 875, 881. Sont exempts du guet sous certaines conditions, 885, 963; *statuts*, 11e vol., 14, 24, 536, 976; *statuts*, 111e vol., 113.

Reims (enceinte de), voy. Reims (fermeture de).

— (enfants trouvés de). *Arch. adm.*, t. I, 1024.

— (enfants de chœur de). *Arch. adm.*, t. II, 309, 385. *Arch. lég.*, 11e part., *statuts*, 1er vol., 6, 14, 43, 50, 69, 10, 125.

— (enseignes de). Voy. Bassin, Belle-Image (la), Lys-d'Or, Moulinet, Mouton-Noir, Pot-d'Étain, Saint-Lié, Saint-Nicolas-au-Ban, Trois-Écus.

— (entrée du roi à). *Arch. lég.*, 11e part., 105, 109. Les frais de ladite sont à la charge des habitants, *statuts*, 1er vol., 878, 880, 897.

— (environs de). *Arch. adm.*, t. I, 30.

— (épiciers de). *Arch. adm.*, t. II, 1165, t. III, 729. *Arch. lég.*, 11e part., *statuts*, 11e vol., 11, 973, 977, 980; *statuts*, 111e vol., 10. Relèvent de la juridiction des officiers du roi et non de l'archevêque, 90. Ont toujours fait partie de la communauté des merciers, 91, 92, 93, 94, 96, 97, 220, 746.

— (épingliers de). Statuts desdits. *Arch. lég.*, 11e part., *statuts*, 11e vol., 542.

— (eschauderie de). *Arch. adm.*, t. II, 497.

— (estaple de). *Arch. adm.*, t. II, 923.

— (étalonnage de). *Arch. lég.*, 11e part., *statuts*, 1er vol., 507; *statuts*, 111e vol., 98.

Reims (étamines de). Réglement sur la marque desdites. *Arch. lég.*, iie part., *statuts*, iiie vol., 79.

— (étaminiers de). *Arch. lég.*, iie part., *statuts*, i^{er} vol., 841 ; *statuts*, iie vol., 226, 796, 798, 805, 823, 839, 843 ; 874, 976 ; *statuts*, iiie vol., 6, 49, 65, 72, 74, 82, 84, 85, 86, 90.

— (état-major de). Est réuni au corps de ville par la suppression de l'office de gouverneur. *Arch. lég.*, iie part., *statuts*, iiie vol., 278.

— (étaux de). *Arch. adm.*, t. II, 276, 644, 798, 936. *Arch. lég.*, iie part., *statuts*, i^{er} vol., 63 ; *statuts*, iiie vol., 29. Les échevins se plaignent de ceux que l'archevêque a fait mettre dans les rues, 62. Voy. Change (étal du), Mulettes, Paisseneuse, Vairet.

— (étrangers à), voy. Reims (forains de).

— (évêques diocésains de), voy. Remorum episcopi, diœcesis.

— (exécuteur de la haute justice de). Mesures prises contre les exactions dudit dans les foires et marchés. *Arch. lég.*, iie part., *statuts*, iiie vol., 72.

— (fabricants de bas de). *Arch. lég.*, iie part., *statuts*, iie vol., 285, 854.

— (fabrique de), voy. Reims (manufacture de).

— (faculté de théologie de). Consultée après l'abjuration de Henri IV pour délier les habitants de leurs serments à la Ligue. *Arch. lég.*, iie part., *statuts*, i^{er} vol., 933.

— (familles de), voy. Baron, Champagne, Champagne-Barré, Champagne-Varin, Gillotin, Guignicourt, Dorigny, Hachette, Josseteau, Levesque, Rogier, Ruffy.

— (faubourgs de). *Arch. adm.*, t. I, 203, 218, 228, 326, 432, 443. Les habitants desdits sont exempts des droits de chaussée, 486, 488, 490, 566, 567, 782, 787,

938, 1021, 1080 ; t. II, 218, 399, 584 ; t. III, 133, 288, 326. Sont tenus en fief par l'archevêque, 649, 777, 821, 879. *Arch. lég.*, i^{re} part., 762, 1053, 1064 ; iie part., *statuts*, i^{er} vol., 321, 435, 460, 631, 666. Ordre d'abattre lesdits à l'approche des Anglais, 847, 849, 969, 978 ; *statuts*, iie vol., 155, 266, 293, 314, 351, 421, 579, 965, 986 ; *statuts*, iiie vol., 12. Le procureur syndic de la ville est chargé de visiter lesdits, 284 ; voy. Cerès (faubourg de), Courcelance, Dieulimire, Fleschambaut, Pissechien, Vesle ; voy. Remorum suburbia.

Reims (femmes de). *Arch. adm.*, t. III, 431. *Arch. lég.*, iie part., *statuts*, i^{er} vol., 335.

— (fermes de). *Arch. lég.*, iie part., *statuts*, iiie vol., 283.

— (fermeté de). *Arch. adm.*, t. I, 476, 477 ; t. II, 786, 810, 812, 816, 820, 830, 840, 842, 843, 847, 848, 877, 932, 997, 1125, 1134, 1139, 1145, 1161, 1208, 1213 ; t. III, 114, 192, 219, 251, 256, 530, 649, 724. *Arch. lég.*, i^{re} part., 486, 488, 493, 517, 533, 538, 544, 546, 549, 558, 566, 587, 594 ; voy. Reims (fortifications de), (forteresse de).

— (fermiers de). *Arch. adm.*, t. III, 890. *Arch. lég.*, i^{re} part., 758, 759.

— (ferronniers de). *Arch. lég.*, iie part., *statuts*, iie vol., 1034.

— (fiefs de), voy. Courcelance, Coursalin, Livry, Portage, Porte-Cerès.

— (Filles-Dieu de). *Arch. adm.*, t. I, 13, 814, 1000, 1020 ; t. II, 523.

— (foires de). *Arch. adm.*, t. I, 359, 707 ; t. II, 919 ; t. III, 163, 910. *Arch. lég.*, iie part., *statuts*, i^{er} vol., 766, 840. Les échevins demandent au roi deux nouvelles foires franches, 884. Mesures de police à l'occasion desdites, 935. Deux

desdites sont d'origine féodale et deux d'origine royale, 942, 951, 953, 955, 960, 966, 971, 976 ; *statuts*, iiie vol., 7, 43, 44. Police pendant lesdites, 62, 63, 73, 74, 75, 98, 217, 219, 303, 401 ; voy. Cousture (foire de la), Lepreux, S. Remi.

Reims (fontaines de). *Arch. lég.*, iie part., *statuts*, iiie vol., 150. La juridiction et entretien desdites appartient au conseil de ville, 484, 488, 494, 495, 665, 673 ; voy. Maselaine.

— (forains de). *Arch. adm.*, t. I, 443, 672, 1015 ; t. II, 91, 432, 558, 591. Droits d'entrée perçus sur lesdits, 979 ; t. III, 373. *Arch. lég.*, iie part., *statuts*, iie vol., 177. Sont justiciables du vidame, 333.

— (forteresse de). *Arch. adm.*, t. I, 608, 609, 868, 1110 ; t. II, 316, 599, 606, 794, 858, 1126, 1144, 1146, 1157 ; t. III, 82, 93, 99, 100, 114, 119, 141, 172, 178, 227, 243, 348, 683, 685, 688, 838, 843, 852. *Arch. lég.*, i^{re} part., 1021 ; iie part., *statuts*, i^{er} vol., 428, 432, 465, 557, 580, 618, 642, 647, 683, 720, 732, 739, 797, 799, 838, 847. Tombent sous la juridiction du roi et du capitaine des habitants, à l'exclusion des seigneurs de la ville, 941 ; *statuts*, iie vol., 142. Appartiennent en propre au domaine du roi, *statuts*, iiie vol., 617. Nul ne peut être admis dans lesdites sans le consentement des habitants, 627 ; voy. Reims (fortifications de), (fermeté de).

— (fortifications de). *Arch. adm.*, t. II, 1151 ; t. III, 80, 97, 104, 110, 115, 138, 146, 150, 158, 214, 252, 261, 281, 288, 295, 326, 329, 337, 338, 259, 385, 444, 445, 506, 532, 569, 688, 698, 706, 782, 785, 810, 855, 879, 898, 902. *Arch. lég.*, iie part., *statuts*, i^{er} vol., 398, 399, 403, 463, 469, 473, 477, 482, 496, 498, 539,

548, 558, 568, 610, 612, 619, 631, 633, 637, 638, 652, 666, 667, 683, 684, 685, 687, 689, 695, 696, 698, 702, 705, 709, 710, 712, 719, 753, 766, 793, 795, 797, 799, 800. Mandement de Louis XI aux habitants pour réparer lesdites, 802, 806, 813, 817, 818, 829, 868. Les mendiants obligés de travailler auxdites, 875, 882, 885, 892, 893, 895, 896, 899, 900, 905, 926, 935. Tombent sous la juridiction du roi et du capitaine de la ville, 941, *statuts*, iie vol., 93, 98, 119, 124, 127, 130, 134, 138, 140, 141, 818, 1024, *statuts*, iiie vol., 35, 278. Le conseil de ville a seul la juridiction et police desdites, 474, 481 ; voy. Reims (fermeté de).

Reims (fossés de). Dîme desdits donnés à l'abbaye de Saint-Denis par l'archevêque Gervais. *Arch. adm.*, t. I, 218, 275, 293, 477, 739, 806, 808, 977. Les Nicasiens obtiennent du chapitre de clore l'espace entre lesdits et leur couvent, 986, 1060, 1063, 1106 ; t. II, 245, 251, 265, 405, 474, 499, 524, 684, 941, 1127 ; t. III, 119, 169, 199, 256, 600. *Arch. lég.*, i^{re} part., 1044 ; iie part., *statuts*, i^{er} vol., 321, 419, 559, 562, 624, 739, 744, 787, 797, 801, 803, 869. Tombent sous la juridiction du capitaine de la ville et de son lieutenant, 938. Défenses de conduire les bestiaux dans lesdits, *statuts*, iie vol., 124, 128, 140 ; *statuts*, iiie vol., 39, 284. Appartiennent en propre domaine au roi, 617 ; voy. Cousture (fossés de la), Porte-Chacre.

— (fouage de). *Arch. adm.*, t. III, 275, 308, 349, 358, 384, 429 ? Les nobles exempts dudit, 465, 514, 532.

— (foulonniers de). *Arch. adm.*, t. I, 932, *Arch. lég.*, iie part., *statuts*, i^{er} vol., 841 ; *statuts*, iie vol., 845.

— (fourberie de). *Arch. adm.*, t. II, 516.

Reims (fourches patibulaires de); voy. Reims (gibet de).

— (fours bannaux de). *Arch. lég.*, 1re part., 509, 1056; 11e part., *statuts*, 1er vol., 367.

— (franc-carré de). *Arch. lég.*, 11e part., *statuts*, 11e vol., 13.

— (franchises de), commises à la garde de l'échevinage. *Arch. adm*, t. I, 967; t. II, 659, 970, 976, 1166; t. III, 84, 244, 299, 534, 632, 635, 821. *Arch. lég.*, 1re part., 809; 11e part., *statuts*, 1er vol., 330, 340, 401, 449, 450, 546, 589, 592, 607, 910, 930, 960; *statuts*, 11e vol., 180; voy. Échevinage (franchises de).

— (francs-archers de). *Arch. lég.*, 11e part., *statuts*, 1er vol., 661, 664, 762, 769, 771, 777, 780.

— (francs-sergents de). Ancien nom desdits. *Arch. adm.*, t. I, 74, 438. Fonctions et priviléges desdits, 440, 443. Les plus riches bourgeois tiennent à honneur la charge desdits, *ibid.* Administrateurs du temporel des chanoines, *ibid.*, 784; t. II, 91, 215, 334, 384. Les habitants du ban de l'archevêque sont tels de droit, 396, 480, 887. *Arch. lég.*, 1re part., 746, 756; 11e part., *statuts*, 1er vol., 346; *statuts*, 11e vol., 274; *statuts*, 11e vol., 308, 330. Affranchis du droit de stellage, 331, 345.

— (frères carmélites de). *Arch. adm.* t. III, 767; voy. Carmel (frères de).

— (frères mineurs de), vide Minores.

— (frères prêcheurs de). *Arch. adm.*, t. I, 573, 574, 579, 618, 646, 986, 1000, 1014; t. II, 830; t. III, 764. *Arch. lég.*, 11e part., *statuts*, 1er vol., 86, 814, 817; *statuts*, 11e vol., 414, 415, 560; *statuts*, 11e vol., 349.

— (fripiers de). *Arch. lég.*, 11e part., *statuts*, 1er vol., 841.

Reims (gantiers de). *Arch. lég.*, 11e part., *statuts*, 11e vol., 265.

— (garde de). *Arch. adm.*, t. II, 1126, 1130; t. III, 204, 214, 218, 231, 241, 247. L'archevêque prétend seul avoir ladite, 250, 259, 325, 329, 843. *Arch. lég.*, 11e part., *statuts*, 1er vol., 403, 419, 547, 551, 552, 557, 559, 579, 702, 712, 715, 766, 768, 782, 784, 786, 799, 810, 817, 833, 838, 845, 847, 864, 899, 925, 935, 936. Appartient au roi, 938. *Arch. lég.*, 11e part., *statuts*, 11e vol., 1024, 1026; *statuts*, 11e vol., 145, 156, 278, 613.

— (gardes des marchands de). *Arch. lég.*, 11e part., *statuts*, 11e vol., 102, 103.

— (garnison de). *Arch. lég.*, 11e part., *statuts*, 1er vol., 497, 715; *statuts*, 11e vol., 64.

— (Gaucher de), architecte de la cathédrale. *Arch. adm.*, t. I, 722.

— (généralité de). *Arch. lég.*, 11e part., *statuts*, 1er vol., 502.

— (gens de). *Arch. adm.*, t. II, 812. Tenus en temps de guerre d'obéir à leurs dizainiers, 833.

— (gentilshommes de), voy. Reims (nobles de).

— (gibet de). *Arch. lég.*, 1re part., 556, 568, 570, 593, 812; 11e part., *statuts*, 11e vol., 402, 475; voy. Reims (fourches patibulaires de).

— (gouvernement de). *Arch. lég.*, 11e part., *statuts*, 11e vol., 604. Ne reconnaît d'autre supérieur que le roi, 613, 647.

— (gouverneur de). *Arch. lég.*, 11e part., *statuts*, 11e vol., 121; *statuts*, 11e vol., 178, 276, 566, 581; voy. habitants de Reims (lieutenant des), Rothelin (marquis de), Tour (baron de).

— (gouverneurs des chaussées de). *Arch. adm.*, t. I, 487; t. III, 688, 695. *Arch. lég.*, 11e part., *statuts*, 11e vol.

-397, 398, 406, 424, 481 ; voy. Guillard (Jean), Rouillard (Guill.).

Reims (graissiers de). *Arch. lég.*, II° part., *statuts*, I°r vol., 84 ; *statuts*, II° vol., 942. Défenses de police relatives auxdits *statuts*, III° vol., 49, 228, 230, 319.

— (grand-archidiaconé de). *Arch. adm.*, t. II, 591, 1046.

— (grand-archidiacre de). *Arch. adm.* t. I, 640, 717, 748 ; t. II, 1030, 1036, 1037. Patron de Blaigny, 1055 ; de Neuville et de Boyacourt, 1056, 1064, 1091 ; de Montblainville, 1098, 1107 ; de Mont-Saint-Remy, 1113 ; de Saint-Clément, 1115 ; t. III, 654 ; voy. Lescure (Antoine-Pierre de la Condamine de), Lavania (Albricus de).

— (grand chantre de). *Arch. adm.*, t. II, 1037, 1062.

— (grand crédo de). *Arch. adm.*, t. I, 80. *Arch. lég.*, II° part., *statuts*, I°r vol., 512, 567.

— (grande boucherie de). *Arch. adm.*, t. III, 492, 941.

— (grange de). *Arch. adm.*, t. III, 759. *Arch. lég.*, II° part., *statuts*, I°r vol., 646.

— (granger de), voy. grangiarius.

— (greffier de l'échevinage de). *Arch. adm.*, t. III, 689, 697, voy. Échevinage (greffier de l').

— (grenier à sel de). *Arch. adm.*, t. III, 793, 816. *Arch. lég.*, II° part., *statuts*, I°r vol., 43, 426, 497, 612, 715, 796, 850 ; *statuts*, II° vol., 13, 915.

— (grenier de). *Arch. adm.*, t. III, 816.

— (grossiers de). *Arch. lég.*, II° part., *statuts*, II° vol., 560 ; *statuts*, III° vol., 72, 90.

— (guet de). *Arch. lég.*, II° part., *statuts*, I°r vol., 449, 512, 539 ; *statuts*, II° vol., 128, 134, 137. Les ecclésiastiques sou-mis audit dans les dang[ers], 547, 548, 552, 557, 559, 642, 701, 708, 784, 835, 863, 875, 885, 898 ; *statuts*, 145, 156. Le capitaine de Reims le mot d'ordre dudit, 279, voy. Guetus.

Reims (guetteurs de). *Arch. adm.*, t. I[I], *Arch. lég.*, II° part., *statuts*, 61[...].

— (habitants de). *Arch. adm.*, t. II, 187. Philippe le Long autorise à garder eux-mêmes leur ville en de guerre, 195, 267, 272. Contribuent aux frais du sacre, 292, 297. Philippe de Valois décharge lesd[its] partie du subside pour les gu[erres de] Flandre, 557. Contribuent à l[a guerre] contre les frères de Brienne, 582, 599, 643, 786. Se déchargent, moyennant finance, de suivre le roi à la gu[erre], 793, 819. Ceux qui n'ont pas vêtu hoqueton après l'ordre qui en a été dans la ville, perdent leur cote. Tenus, en temps de guerre, de tout armés en leurs maisons, d'obéir à leur connétable, *ibid.*, de mer des feux, *ibid.*, 857, 962, 977, 1009, 1144, 1152, 1161, 1240, 1245 ; t. III, 18, 38, 59, 79, 130. Prennent le château de B[...] 145. Assiègent et prennent Sis[...] 157, 162, 167, 204, 207, 253, 295, 304, 317, 507, 508, 529, 532, 535, 683, 705, 706, 708, 833, 879. *Arch. lég.*, I°r part., 654, 747, 756, 864, 899, II° part., *statuts*, I°r vol., 397, 506, 551, 558, 601, 702, 797. Accusés par Louis XI d'avoir livrer leur ville aux Anglais, 83[...]. Tiennent pour le roi pendant les tr[oubles] de la Ligue, 910. Se refusent aux av[ances] des parisiens, 911. Henri IV se[...] leur fidélité, 933. Le capitaine de[...]

ville a droit de les assembler en temps de guerre, mais en présence de l'évêque, 939. Ont toujours reconnu les officiers du roi pour juges, *statuts*, iie vol., 7, 9, 10, 67, 121, 436, 482, 486, 323. Confirment l'élection de leurs officiers municipaux, 455, 459. Jugés par leurs échevins, 553, 666, 999; *statuts*, iiie vol., 9. Plainte desdits contre les gens de guerre, 34. Ressortent de la juridiction du bailli de Vermandois, 38. Règlement des impositions levées sur lesdits, 114. Attachement desdits à leurs privilèges, 558. Repoussent les Anglais, 559. Nobles ou roturiers, tous sont soumis au corps de ville, 560; voy. Reims (citoyens de), Reims (bourgeois de).

Reims (hacquebutiers de). *Arch. lég.*, iie part., *statuts*, i^{er} vol., 702, 889. Henri II accorde certains privilèges auxdits, 897.

— (halle de). *Arch. adm.*, t. I, 13, 72, 435, 447, 602; t. III, 4. *Arch. lég.*, iie part., *statuts*, iie vol., 859; *statuts*, iiie vol., 72, 76, 139.

— (halle au pain de). *Arch. adm.*, t. II, 614; t. III, 356, 407, 415, 422.

— (harengers de). *Arch. adm.*, t. II, 898.

— (hauts justiciers de). *Arch. adm.*, t. I, 490. *Arch. lég.*, i^{re} part., 762, 809; *statuts*, iiie vol., 4, 5, 10, 11, 16, 18, 25, 26, 34, 42, 43, 44. Reconnaissent que le roi a droit de prévention sur eux et sur tous les seigneurs du bailliage de Vermandois, 45, 47, 48, 51, 54, 55, 68, 70, 76, 82, 345, 396. N'ont pas de droit sur la voirie, 397, 405, 613, 612, 614.

— (héraut de). *Arch. lég.*, iie part., *statuts*, i^{er} vol., 833; *statuts*, iiie vol., 180.

— (héritages nobles de). *Arch. lég.*, i^{re} part., 825, 834.

— histoire communale de. *Arch. adm.*, t. I, 297.

Reims (historiens de). *Arch. adm.*, t. I, 291, 350, 373.

— (hommes célèbres de). *Arch. adm.*, t. I, 665, 666.

— (hommes de fiefs de), voy. Archiepiscopi Remensis homines feodales.

— (hôpital général de). *Arch. adm.*, t. I, 13, 15, 80. *Arch. lég.*, iie part., *statuts*, i^{er} vol., 101, 129, 130, 256, 258, 265, 270, 286, 294, 295, 297, 299, 300, 301, 303, 307, 312, 315, 169, 170, 568, 992; *statuts*, iie vol., 13, 556, 606, 658, 725, 801; *statuts*, iiie vol., 51. Rachat fait par la ville au profit dudit, des offices de jurés crieurs d'enterrements, 132, 281, 422.

— (hospitaliers de). *Arch. adm.*, t. I, 364, 436, 438, 1023; t. II, 634. *Arch. lég.*, iie part., *statuts*, i^{er} vol., 109, 686.

— (hôtel de ville de). *Arch. adm.*, t. I, 80, 358, 447, 481, 484, 664, 969; t. II, 136, 321, 713; t. III, 20. *Arch. lég.*, iie part., *statuts*, i^{er} vol., 165, 169, 496, 499, 504, 568, 571, 850, 866, 869; *statuts*, iie vol., 109, 123, 132, 135, 137, 168, 291, 407, 454, 534, 537, 554, 694, 818, 832, 852, 870, 951, 992, 994, 1019; *statuts*, iiie vol., 68, 69, 98, 112, 118, 135, 137, 139, 142, 144, 145, 148. Réforme dudit, 149. Reste longtemps inachevé, 150, 152. Abus qui se sont glissés dans ledit, 153, 155. Apologie de l'administration dudit, 161. Le peuple y est convoqué tous les ans, et pourquoi, 164, 282, 284, 288. Droit dudit sur la vente du poisson, 128, 431, 436, 447, 452, 458, 460, 161. Centre de la juridiction des bourgeois, 581. Époque de la construction dudit, 616.

— (Hôtel-Dieu de). *Arch. adm.*, t. I, 15. Rétabli par l'archevêque Hincmar, 38. Nommé matricule de la Vierge par le testament de saint Remi, *ibid.* Legs fait

audit par l'évêque Bennade, *ibid.*, 78, 308, 426, 497, 498, 629, 810, 987, 995, 999, 1018; t. II, 8, 91, 151, 309. Seigneur de Bouvancourt, 1056, 1065; de Cauroy-les-Machault, 1113, 1214, 1247; t. III, 10, 197, 377, 651, 761. *Arch. lég.*, ɪʳᵉ part., 880; ɪɪᵉ part., *statuts*, ɪᵉʳ vol., 62, 65, 73, 76, 78, 80, 83, 89, 92, 93, 95, 96, 100, 104, 112, 124. L'origine dudit remonte aux premiers temps du christianisme, 129. Notice historique sur ledit, 131, 137, 300, 470, 565, 736, 806, 992; *statuts*, ɪɪᵉ vol., 13, 15, 557, 662, 881.

Reims (hôtelleries de). *Arch. lég.*, ɪɪᵉ part., *statuts*, ɪᵉʳ vol., 613; *statuts*, ɪɪᵉ vol., 29; voy. grandes meulles.

— (hôteliers de). Ne peuvent, en temps de guerre, héberger les étrangers plus d'une nuit. *Arch. adm.*, t. II, 832. Défense de laisser sortir aucun de leurs hôtes après le couvre feu, 893; t. III, 730. *Arch. lég.*, ɪɪᵉ part., *statuts*, ɪᵉʳ vol., 749; *statuts*, ɪɪᵉ vol., 187, 366, 499; *statuts*, ɪɪɪᵉ vol., 29, 46, 67, 69, 71, 79, 114, 502.

— (inspecteurs de). *Arch. lég.*, ɪɪᵉ part., *statuts*, ɪᵉʳ vol., 506.

— (jacobins de). *Arch. adm.*, t. I, 15. *Arch. lég.*, ɪɪᵉ part., *statuts*, ɪɪᵉ vol., 312, 441, 563, 1034.

— (jard de). *Arch. adm.*, t. III, 407, 415, 423, 582, 821. *Arch. lég.*, ɪɪᵉ part., *statuts*, ɪᵉʳ vol., 707; *statuts*, ɪɪᵉ vol., 496; *statuts*, ɪɪɪᵉ vol., 642; voy. jardus.

— (jardiniers de). *Arch. lég.*, ɪɪᵉ part., *statuts*, ɪᵉʳ vol., 84.

— (jardins de), voy. Arbalète, Ban Saint-Remi, Boteilles, Capucins, Cordeliers, Couronne, Gloriette, Saint-Hubert, Saint-Ladre-aux-Femmes, Saint-Nicaise, Saint-Pierre-aux-Dames, Saint-Sébastien.

— (jauge de). *Arch. lég.*, ɪʳᵉ part., 724; ɪɪᵉ part., *statuts*, ɪɪɪᵉ vol., 88, 90, 98.

Reims (jaugeurs de). Attributions, salaires et réception desdits. *Arch. adm.*, t. I, 486; t. III, 438, 648, 672. *Arch. lég.*, ɪʳᵉ part., 508; ɪɪᵉ part., *statuts*, ɪᵉʳ vol., 429. Justiciables des échevins et non du chapitre, *ibid.* Les échevins réclament la juridiction sur lesdits, 435, 469; *statuts*, ɪɪɪᵉ vol., 63, 65.

— (Jehan de), chevalier, maître d'hôtel de Charles V. *Arch. adm.*, t. I, 491; t. II, 298, 603? t. III, 80, 634. *Arch. lég.*, ɪɪᵉ part., *statuts*, ɪᵉʳ vol., 634, 656, 675, 698, 701, 752, 756, 770, 774, 784, 786, 795, 808, 810, 819, 997.

— (jésuites de). Occupent à leur première entrée à Reims le collége d'Aubry-le-Crevé. *Arch. adm.*, t. I, 664, 747. *Arch. lég.*, ɪɪᵉ part., *statuts*, ɪᵉʳ vol., 238; *statuts*, ɪɪᵉ vol., 648, 650, 651, 663, 666, 673, 675, 678, 679. Rappel desdits en France, 681, 682, 688, 691, 693, 695, 697, 703, 705, 709, 714, 724, 788; *statuts*, ɪɪɪᵉ vol., 51. Seigneurs hauts justiciers, 405.

— (jeux de). Mesures de police relatives auxdits. *Arch. lég.*, ɪɪᵉ part., *statuts*, ɪɪᵉ vol., 496. Voy. Arc du dauphin, Bassette, Brelan, Couronne, Dez, Hoca, Lansquenet, Oies, Pallemalle, Pharaon, Quilles, Torquet, Triques.

— (joailliers de). *Arch. lég.*, ɪɪᵉ part., *statuts*, ɪɪᵉ vol., 560, 989; *statuts*, ɪɪɪᵉ vol., 72, 81, 82, 84, 90, 105.

— (jurats de), voy. Reims (jurés de).

— (jurés de). *Arch. adm.*, t. I, 260. *Arch. lég.*, ɪɪᵉ part., *statuts*, ɪᵉʳ vol., 504; *statuts*, ɪɪᵉ vol., 214, 222, 230, 267, 386, 418, 834, 858, 888, 890, 937, 988, 1044; *statuts*, ɪɪɪᵉ vol., 72, 76, 77, 79. Prêtent serment par-devant le bailli de Vermandois, 81, 82, 83, 85, 87, 106.

124, 125, 233, 296, 298, 353, 357, 559, 677.

Reims (jurés crieurs de), voy. Enterrements.

— (juridictions de). *Arch. adm.*, t. II, 1134. *Arch. lég.*, IIe part., *statuts*, IIe vol., 12; *statuts*, IIIe vol., 620. L'archevêque avait le projet de s'emparer desdites, 633.

— (justices de). *Arch. adm.*, t. II, 288; t. III, 886. *Arch. lég.*, Ire part., 763; Nombre des hautes, IIe part., *statuts*, Ier vol., 935. Appartiennent toutes aux ecclésiastiques, *statuts*, IIe vol., 12, 13, 305, 605; *statuts*, IIIe vol., 137, 549, 620; voy. Hôtel des monnaies (justice de l'), S. Denis, S. Maurice, S. Nicaise, S. Remi, Temple.

— (justiciers de). Nombre desdits. *Arch. lég.*, IIe part., *statuts*, Ier vol., 935.

— (laboureurs de). *Arch. lég.*, IIe part., *statuts*, Ier vol., 841; *statuts*, IIIe vol., 66, 67, 84, 95, 336, 345. Plaintes desdits contre les pigeonniers, 504. Arrêt obtenu par eux à ce sujet, *ibid.*, 506. Deux d'entre lesdits ont droit d'entrée, comme membres, au conseil de ville, 647.

— (ladreries de). *Arch. adm.*, t. II, 6. *Arch. lég.*, IIe part., *statuts*, IIe vol., 91, 174.

— (lavoirs de). *Arch. lég.*, IIe part., *statuts*, IIe vol., 880, 882.

— (libertés de). Respect qu'avaient pour lesdites les Mérovingiens et Carlovingiens. *Arch. adm.*, t. I, 482; t. II, 976; t. III, 84. *Arch. lég.*, Ire part., 809, 1025; IIe part., *statuts*, Ier vol., 340, 450, 910; *statuts*, IIe vol., 180; *statuts*, IIIe vol., 607.

— (libraires de). *Arch. lég.*, IIe part., *statuts*, IIe vol., 75, 467; *statuts*, IIIe vol., 66, 80, 82, 84, 216.

— (lieutenant de la ville de), voy. Habitants de Reims (lieutenant des), Reims (maire de).

Reims (lieutenant criminel de). *Arch. lég.*, IIe part., *statuts*, IIIe vol., 53, 54, 68.

— (lieutenant général de). *Arch. lég.*, IIe part., *statuts*, IIIe vol., 70. Connaît de l'exécution des règlements de police, 72, 73, 81, 82, 84, 85, 87, 93, 96, 102, 136.

— (lieutenant du bailli de). *Arch. lég.*, IIe part., *statuts*, IIe vol., 24, 113, 451, 535, 798, 807; *statuts*, IIIe vol., 53; voy. Boullis (Jehan), Bourgogne, Colin, Lévesque (Joas).

— (lieutenant de courte robe de). *Arch. lég.*, Ire part., 896; *statuts*, IIIe vol., 53.

— (lieutenant de police de). *Arch. lég.*, IIe part., *statuts*, IIe vol., 290, 579, 1036. Réunion dudit à la justice de l'archevêché, 1041; *statuts*, IIIe vol., 154, 192, 575, 583; voy. Reims (bailli de).

— (lieutenant du capitaine de). Usurpations dudit. *Arch. lég.*, IIe part., *statuts*, IIe vol., 115, 119. Attributions dudit, 127, 139; voy. Vassé (Charles de).

— (lieutenant du prévôt de), voy. Aubijois (Colinet l'), Colart, Lourré (Thomas), Renier (Froment).

— (livre de), monnaie. *Arch. adm.*, t. I, 366, 402, 416, 429, 444, 447, 450, 498, 499, 522, 547, 548. *Arch. lég.*, IIe part., *statuts*, Ier vol., 63, 70, 74, 81, 83, 88, 96, 104, 177, 613; voy. Remensis libra.

— (loyers de). *Arch. lég.*, Ire part., 731, 791, 1062.

— (macquerrie de), voy. Reims (boucherie de).

— (maire de). *Arch. adm.*, t. I, 297; t. III, 3, 140. *Arch. lég.*, Ire part., 491; IIe part., *statuts*, Ier vol., 306, 513; *statuts*, IIe vol., 104, 105, 108, 179, 938, 977, 991, 994; *statuts*, IIIe vol.,

110, 112, 155, 140, 152. La parafe des comptes de l'hôtel de ville est attribuée à lui seul, à l'exclusion du bailli de l'archevêque, 164. Chef de l'hôtel de ville, *ibid.* Tient son pouvoir du peuple, 166, 173, 179, 182, 222. Lieutenant de la ville, 279. Attributions dudit, *ibid.*, 559, 560, 582 ; voy. Habitants de Reims (lieutenant des).

Reims (mairies de), voy. Bourg de Vesle, Courcelles, Cousture, Fole-Paine (de), S. Martin de Reims, Venisse ; voy. Majoria.

— (maison de ville de). *Arch. adm.*, t. II, 989 ; t. III, 3. Louée en partie à une personne sûre, à cause du voisinage du cartulaire. *Arch. lég.*, IIᵉ part., *statuts*, Iᵉʳ vol., 895, 919 ; *statuts*, IIᵉ vol., 6 ; *statuts*, IIIᵉ vol., 38 ; voy. Reims (hôtel de ville de).

— (maisons de). *Arch. lég.*, Iʳᵉ part., 1041, 1051. Police concernant lesdites, IIᵉ part., 498 ; *statuts*, Iᵉʳ vol., 87. Police concernant la propriété desdites. *Arch. lég.*, *statuts*, IIIᵉ vol., 73 ; voy. Ange, Asne Royet, Barbastre, Belleval, Bois-du-Pré, Boufflut, Bureau des aides, Cantipré, Chartre-Ogier, Clermont, Cloître, Corbeaux, Créneaux, Cyvirigny, Enfer (crau d'), Enseigne des Trois-Écus, Estoile, Floquet, Forge, Four, Gieux, Grand-Jehan, Hautvilliers, Heaulme, Jard, Laponye, Loges, Luevre, Maison-Blanche, Marcelant, Mule, Pain, Petit-Jehan, Pourcelete, Quatre-Fils-Aymon, Rose, Rouge, Rousse-la-Poullière, Saint-Antoine, Saint-Fiacre, Saint-Maurice, Signe, Signy, Trésor, Trois-Fontaines, Warnet.

— maîtres de la chaussée de. *Arch. adm.*, t. II, 716, 861, 972 ; t. III, 7, 8 ; voy. Drouet (J.), Ponsart.

— (maîtres des œuvres de), voy. Operum

ecclesiæ Remensis magister ; voy. Orbais.

Reims (maîtrise des eaux et forêts de). *Arch. lég.*, IIᵉ part., *statuts*, Iᵉʳ vol., 540 ; *statuts*, IIᵉ vol., 15 ; *statuts*, IIIᵉ vol., 477, 479, 489.

— (maîtrises de). *Arch. lég.*, IIᵉ part., *statuts*, IIᵉ vol., 13, 983.

— (manse archiépiscopale de). *Arch. lég.*, IIᵉ part., *statuts*, Iᵉʳ vol., 265, 271.

— (mansionnaires de). *Arch. adm.*, t. III, 902. *Arch. lég.*, IIᵉ part., *statuts*, Iᵉʳ vol., 506, 526, 885 ; voy. Remensis Ecclesiæ mansionarii.

— (manufacture de). *Arch. lég.*, IIᵉ part., *statuts*, Iᵉʳ vol., 491, 497, 848 ; *statuts*, IIᵉ vol., 15, 795, 816, 822, §26, 829, 834, 839, 845, 850, 854, 856, 858, 870, 877, 880 ; *statuts*, IIIᵉ vol., 122, 123, 128, 665.

— (marais des environs de). *Arch. adm.*, t. II, 717, 865, 866, 940. Les bourgeois prétendent avoir l'usage desdits, 962. Convertis en prairies par la canalisation de la Vesle. *Arch. lég.*, IIᵉ part., *statuts*, Iᵉʳ vol., 873, 901, 902, 904 ; *statuts*, IIᵉ vol., 307, 314, 496 ; voy. Maco (marais de).

— (marchands de). *Arch. adm.*, t. I, 848. *Arch. lég.*, Iʳᵉ part., 1026, 1027 ; IIᵉ part., *statuts*, Iᵉʳ vol., 544, 552, 780, 844, 889, 900, 945 ; *statuts*, IIᵉ vol., 51, 171, 412, 841, 878, 980 ; *statuts*, IIIᵉ vol., 29, 39, 41, 50, 52, 55, 94. Défenses faites auxdits, 98.

— (marchands forains de). *Arch. lég.*, IIᵉ part., *statuts*, Iᵉʳ vol., 426, 852 ; *statuts*, IIIᵉ vol., 13, 63, 66, 73, 83, 98, 108, 116, 148, 216, 303, 336, 358.

— (marche de). *Arch. adm.*, t. II, 851, 853.

— (marchés de). *Arch. adm.*, t. I, 275, 425, 433, 513, 518 ; t. II, 498, 940 ; t. III, 15, 749, 791, 795, 890. *Arch.*

lég., iie part., *statuts*, i^{er} vol., 76, 847 ; *statuts*, iiie vol., 24, 43, 62, 74, 80, 82, 84, 116, 308, 461 ; voy. Cochons (marché aux), Draps, Étamines, Harengs, Pentecôte, Saint-Remi, Souliers ; voy. Remense forum.

Reims (marché au blé de). *Arch. adm.*, t. II, 149. Les contestations entre les habitués dudit sont jugées par les échevins, et non par le prévôt, 907 ; t. III, 624. *Arch. lég.*, i^{re} part., 569, 758. Police intérieure dudit, iie part., *statuts*, i^{er} vol., 370, 627, 844, 863, 878 ; *statuts*, iie vol., 499 ; *statuts*, iiie vol., 333, 401. Lieu des exécutions de la haute justice, 476.

— (marché aux chevaux de). *Arch. adm.*, t. I, 484, 490 ; t. II, 415, 501 ; t. III, 20. *Arch. lég.*, i^{re} part., 573 ; iie part., *statuts*, i^{er} vol., 863, 878, 882 ; *statuts*, iie vol., 4, 5, 11 ; *statuts*, iiie vol., 92.

— (marché au drap de). *Arch. lég.*, iie part., *statuts*, i^{er} vol., 878 ; *statuts*, iiie vol., 419 ; voy. Draps (marché aux).

— (marée de). *Arch. lég.*, iie part., *statuts*, i^{er} vol., 438, 442, 443 ; *statuts*, iie vol., 1046, 1048 ; *statuts*, iiie vol., 6, 74, 75, 112. Tarif des droits dus aux officiers de la ville par les chasse-marée, 113, 142. Abus signalés à l'occasion de ladite, 153, 163, 167, 290, 426, 429. Intervention des échevins dans la vente de ladite, 430, 434, 436, 437, 438, 440, 445, 448, 449, 458, 460, 464, 472.

— (médecins de). Exempts de guet et garde. *Arch. lég.*, iie part., *statuts*, i^{er} vol., 849 ; *statuts*, iie vol., 755 ; *statuts*, iiie vol., 89.

— (mendiants de). *Arch. lég.*, iie part., *statuts*, i^{er} vol., 308, 467. Forcés de travailler aux remparts, 869, 875, 896, 903, 905. Défenses auxdits d'entrer dans la ville, *statuts*, iie vol., 498 ; *sta-*

tuts, iiie vol., 34, 40, 69, 73, 158, 483.

Reims (mercerie de). *Arch. adm.*, t. II, 148. *Arch. lég.*, i^{re} part., 750 ; iie part., *statuts*, iie vol., 829 ; *statuts*, iiie vol., 66, 81, 82, 84, 90, 93, 94, 102, 103, 105, 747.

— (merciers de). *Arch. adm.*, t. III, 611, 729. *Arch. lég.*, iie part., *statuts*, i^{er} vol., 841. Étaux occupés par lesdits à la foire de la Couture, 947 ; *statuts*, iie vol., 560, 796, 804, 989 ; *statuts*, iiie vol., 10, 81, 91.

— (mesures de), *Arch. adm.*, t. I, 497, 538, 547, 973, 986 ; t. III, 262, 318, 355, 577, 582, 597, 600, 601, 603, 624, 816, 908. *Arch. lég.*, i^{re} part., 527, 721. La diversité desdites persiste jusqu'au xvie siècle, 722, 757 ; iie part., *statuts*, i^{er} vol., 171, 175, 286, 506, 587, 593 ; *statuts*, iie vol., 405, 406, 507, 1044 ; *statuts*, iiie vol., 25, 72, 73, 739, 840 ; voy. Centum, Lot, Vicomte (pied du).

— (mesureurs de), institués par l'échevinage. *Arch. adm.*, t. I, 487. Attributions desdits, *ibid.*, 490 ; t. II, 381, 790 ; t. III, 244, 356, 793, 815. *Arch. lég.*, i^{re} part., 491, 579, 599, 758 ; iie part., *statuts*, i^{er} vol., 421 ; *statuts*, iiie vol., 57, 77, 89, 90. Prescriptions de police à l'égard desdits, 98, 99, 110, 153, 162, 281, 291, 231, 338, 436, 441, 451.

— (métiers de). Gardent les portes de la ville pendant le couronnement. *Arch. adm.*, t. I, 769, 778 ; t. III, 196. Sept d'entre lesdits dépendent du vidame. *Arch. lég.*, iie part., *statuts*, i^{er} vol., 330 ; *statuts*, iiie vol., 77.

— (métropole de). *Arch. adm.*, t. I, 24, 450.

— (milice bourgeoise de). *Arch. adm.*, t. I, 367, 368. *Arch. lég.*, iie part.,

statuts, ı^{er} vol., 513, 514; *statuts*, ıı^e vol., 104. Antiquité de ladite, 105, 1007, 1024; *statuts*, ııı^e vol., 141, 279, 293, 491, 497, 581, 615. Part qu'elle prend à la défense de la ville pendant le siége des Anglais, 641.

Reims (monnaie de). Notice sur celle de la deuxième race. *Arch. adm.*, t. I, 82. Sur le droit de fabrique de ladite, *ibid.* Toute autre que celle de l'archevéque interdite dans le diocèse, *ibid.* Bénéfices des archevéques sur le change de ladite, *ibid.* Distinction entre ladite et celle du roi appelée *moneta publica*, *ibid.* Époque où elle cesse d'avoir cours, 83. Fabrication de ladite transportée à Saint-Omer, *ibid.* Rétablie à Reims sous Colbert, *ibid.* Marque de ladite, *ibid.* Le droit de fabriquer ladite est conféré par le roi, 87, 206, 207, 719; t. II, 178. *Arch. lég.*, ıı^e part., *statuts*, ı^{er} vol., 68, 922; *statuts*, ıı^e vol., 13; marque de ladite, 17; *statuts*, ııı^e vol., 71, 185.

— (monnayeurs de), voy. Monnayeurs (statuts des).

— (montagne de) *Arch. adm.*, t. I, 1089; t. III, 138, 601, 603, 621, 693, 832. *Arch. lég.*, ı^{re} part., 500, 571, 607; ıı^e part., *statuts*, ı^{er} vol., 67, 427, 542, 615, 619, 640, 859; voy. Remensis montana.

— (muid de). *Arch. adm.*, t. III, 133.

— (munitions de). *Arch. adm.*, t. II, 1207.

— (murs de). *Arch. adm.*, t. I, 30, 419, 502, 1061, 1086, 1092; t. II, 195, 291, 435, 474, 997, 1126, 1128; t. III, 199, 218, 236, 256, 810, 832, 902. *Arch. lég.*, ı^{re} part., 549; ıı^e part., *statuts*, ı^{er} vol., 101, 482, 551, 584, 647, 741, 898. Prétentions de l'archevéque à la juridiction desdits, 936. Impôt établi sur la foire de la Couture pour la réparation desdits, 947; *statuts*, ııı^e vol., 35.

Reims (Neuve-Rue de). *Arch. adm.*, t. I, 80, 97, 205, 206, 260, 485, 929; t. II, 381, 492, 531; t. III, 17, 600, 629. *Arch. lég.*, ı^{re} part., 485, 502, 517, 532, 545, 553, 587, 590, 597, 600, 743, 753; ıı^e part., *statuts*, ı^{er} vol., 237, 249, 568, 859; *statuts*, ıı^e vol., 12, 648, 928; *statuts*, ııı^e vol., 389, 392, 393, 419.

— (Nicolas de). *Arch. adm.*, t. III, 797.

— (nobles de), appelés Casati. *Arch. adm.*, t. I, 56; t. III, 465, 528. *Arch. lég.*, ı^{re} part., 747, 756, 821, 857, 924, 1066; ıı^e part., *statuts*, ı^{er} vol., 480, 486, 490, 497, 509, 523, 606, 670, 678, 687, 771, 784, 794, 811, 839, 841, 846, 851, 860, 867, 868, 884, 888, 891; *statuts*, ıı^e vol., 691; *statuts*, ııı^e vol., 6, 10, 16, 54, 55, 56, 343, 560; voy. Clerjon, Fremyn, Grossaine, Montlaurens, Outre-Lyane (Tassart de).

— (notables de). Définition du nom desdits. *Arch. lég.*, ıı^e partie, *statuts*, ı^{er} vol., 321, 357, 539, 544, 562, 622, 641, 679, 680, 698, 729, 739, 741, 747, 782, 845, 871, 903, 906, 924; *statuts*, ıı^e vol., 535. Arrêt du conseil de ville relatif auxdits (*ibid.*), 537; Emprisonnés par les ligueurs après l'abjuration de Henri IV, 932; *statuts*, ııı^e vol., 146, 284, 563. Époque de l'assemblée desdits, 565, 566, 574, 592. Le nombre desdits équivaut à celui des communautés de la ville, 593. Ne peuvent être officiers municipaux s'ils ne sont nés à Reims, 644. Élection de ceux d'entre eux qui doivent entrer dans le conseil de ville, 646.

— (notaires de). Défense auxdits d'exploiter hors de la ville ni dans les faubourgs. *Arch. adm.*, t. II, 592. Nombre desdits fixé par la loi, 596. *Arch. lég.*, ı^{re} part., 14, 24, 96, 163; ıı^e part., *statuts*, ııı^e vol., 237. Différend desdits

avec les officiers de l'archevêque relatif aux inventaires, 238, 244, 248, 255, 257, 259, 270, 271, 507, 512, 518, 521, 525, 529, 534. Le chapitre s'oppose aux inventaires desdits faits dans l'étendue de sa justice, 548, 551, 556, 593.

Reims (Notre-Dame de). *Arch. adm.*, t. I, 3, 215, 217. Don fait à ladite de la terre de Courcelles, 228, 718, 1095; t. II, 61, 94, 272, 277, 304, 321, 443, 900; t. III, 365. *Arch. lég.*, i^{re} part., 740; iie part., *statuts*, i^{er} vol., 256; *statuts*, iie vol., 406; voy. Reims (cathédrale de).

— (octrois de). *Arch. lég.*, iie part., *statuts*, i^{er} vol., 456, 474, 488, 490, 496, 499, 500, 506, 509, 512, 757; *statuts*, iie vol., 105, 530, 951, 965; *statuts*, iiie vol., 159, 277, 279, 288, 294, voy. Reims (aides de).

— (offices de). *Arch. lég.*, iie part., *statuts*, iie vol., 954; *statuts*, iiie vol., 174. Conclusion du conseil municipal pour le rachat desdits (*ibid.*), 183, 184, 273, 286.

— (official de). *Arch. adm.*, t. I, 674, 676, 678, 680, 684, 774, 800, 927, 931, 946, 1043; t. II, 10, 19, 77, 104, 216, 281, 525. Est tenu, concurremment avec les échevins, de faire la taille du sacre, 576; t. II, 704, 889; t. III, 91, 541. *Arch. lég.*, i^{re} part., 3, 4, 27, 88, 90, 95, 97, 138, 146, 148, 239, 244, 248, 255, 258, 260, 265, 268, 282, 301, 306, 307, 311, 321, 343, 880; iie part., *statuts*, i^{er} vol., 342.

— (officialité de). *Arch. lég.*, i^{re} part., 4; voy. Appel de jugements de ladite à Rome, Archevêque (cour de l').

— (officiers municipaux de). *Arch. adm.*, t. I, 311, 1082. *Arch. lég.*, iie part., *statuts*, i^{er} vol., 265, 471, 508; *statuts*, iie vol., 24, 726; *statuts*, iiie vol., 169, 176, 273, 277, 284, 285, 286, 293, 418,

428, 467, 562. Mode de leur élection, 567, 568, 569, 577. Jugent des contestations sur les droits d'octroi, 578, 581. Élus par voie de scrutin, 584, 587, 594, 604, 616, 617, 637, 656, 662, 665, 689.

Reims (orfévrerie de). *Arch. adm.*, t. II, 1168.

— (orfévres de). *Arch. adm.*, t. III, 729. *Arch. lég.*, iie part., *statuts*, iiie vol., 64, 66, 78, 80, 82, 84, 745.

— (ouvriers de). *Arch. lég.*, iie part., *statuts*, i^{er} vol., 553; *statuts*, iiie vol., 288.

— (pairie de). *Arch. adm.*, t. III, 885. *Arch. lég.*, iie part., *statuts*, iie vol., 18.

— (Palais-Royal de). *Arch. adm.*, t. I, 542, 609; t. II, 516, 872. *Arch. lég.*, iie part., *statuts*, iie vol., 16. Le roi n'a de juridiction que dans l'étendue dudit, 606, 748; *statuts*, iiie vol., 38. Auditoire compris par ledit dans sa circonscription, 45. Seul domaine du roi dans Reims, 51.

— (paneterie de). *Arch. adm.*, t. III, 657. *Arch. lég.*, iie part., *statuts*, i^{er} vol., 364. Règles auxquelles est soumise ladite sur le ban de l'archevêque, 366.

— (panetiers de), voy. Barbe (Hue la), Noël (Jean), Vinay (H. de).

— (paroisses de). *Arch. adm.*, t. I, 787; t. II, 593. *Arch. lég.*, i^{re} part., 15. Comment contribuent-elles à l'élection des officiers municipaux? iie part., *statuts*, iie vol., 536. Heures de la réunion des paroissiens pour ladite élection, *ibid.*; voy. Saint-André, Saint-Denis, Saint-Étienne, Saint-Hilaire, Saint-Jacques, Saint-Julien, Saint-Martin, Saint-Maurice, Saint-Michel, Saint-Pierre aux Clercs, Saint-Symphorin, Sainte-Madeleine.

— (pâtisserie de). *Arch. adm.*, t. II, 506, voy. Reims (wastellerie de).

Reims (pavé de). Amendes applicables à la réparation dudit. *Arch. adm.*, t. I, 484; t. II, 418. Les échevins se prétendent contre l'archevêque en possession de ladite réparation, 1231; t. III, 8, 794, 823. La connaissance dudit est adjugée au conseil de ville. *Arch. lég.*, iie part., *statuts*, i^{er} vol., 332, 334, 363, 469, 496, 499; *statuts*, iie vol., 550; *statuts*, iiie vol., 7, 63, 65, 143, 153, 382, 409, 485, 613.

— (péages de). *Arch. lég.*, i^{re} part., 740.

— (pécheurs de). *Arch. adm.*, t. I, 823; t. III, 486; voy. Remenses piscatores.

— (peigneurs de laine de). *Arch. lég.*, iie part., *statuts*, iiie vol., 82, 83, 84, 85, 86.

— (peintres de). *Arch. lég.*, iie part., *statuts*, i^{er} vol., 335.

— (pelletiers de). *Arch. adm.*, t. III, 730. *Arch. lég.*, iie part., *statuts*, i^{er} vol., 841.

— (pénitencerie de), érigée en dignité. *Arch. adm.*, t. I, 215.

— (pénitencier de). *Arch. adm.*, t. II, 1037. Seigneur de Sarcy, 1055; voy. Hachette (Jacques).

— (petit archidiacre de). *Arch. adm.*, t. III, 654.

— (peuple de). *Arch. adm.*, t. I, 247, 300, 641; t. II, 169; t. III, 235; Incapacité dudit dans les élections des membres du conseil de ville. *Arch. lég.*, iie part., *statuts*, iiie vol., 642.

— (Pierre de). Se signale à la bataille de Bouvines. *Arch. adm.*, t. I, 494.

— (Pierre au Change de). Étymologie de ladite. *Arch. adm.*, t. I, 82. Les ventes publiques se font sur ladite, *ibid.*; t. II, 494; t. III, 730. *Arch. lég.*, iie part., *statuts*, i^{er} vol., 76, 368, 369, 370, 373, 374, 411. Lieu ordinaire des publications, 888, 912, 980; *statuts*, iie vol., 180, 301, 363, 373, 391, 555,

612, 922; *statuts*, iiie vol., 245, 401, 409.

Reims (place de Ville). *Arch. adm.*, t. I, 80. Autrefois marché aux chevaux, 490; voy. Reims (place Royale de).

— (place Royale de). *Arch. lég.*, iie part., *statuts*, i^{er} vol., 512, 517; *statuts*, iiie vol., 419, 568, 569, 666, 673.

— (poids de), voy. Reims (mesure de).

— (poissonnerie de). *Arch. adm.*, t. II, 380, 507; t. III, 650. *Arch. lég.*, iie part., *statuts*, i^{er} vol., 841.

— (police de). *Arch. adm.*, t. III, 244. *Arch. lég.*, iie part., *statuts*, i^{er} vol., 427, 469, 527, 537, 941; *statuts*, iie vol., 187, 271, 311, 453, 491, 494, 595, 816, 934, 1042, 1046, 1047; *statuts*, iiie vol., 3. Le droit d'icelle dans Reims appartient au roi, 4, 6. Appartient aux échevins et non à l'archevêque, 10, 18, 22, 28, 38, 48, 59, 61, 62, 64, 66, 67, 68, 70, 73, 74, 77, 162, 281, 383, 396, 402, 403, 407, 427, 428, 435, 436, 437, 445, 448, 450, 456, 473, 514, 546, 636, 739, 740.

— (porte de). *Arch. lég.*, i^{re} part., 722.

— (porte Neuve de). *Arch. adm.*, t. I, 769, 1088; t. II, 519, 984, 1187, 1246; t. III, 119, 226, 235. *Arch. lég.*, iie part., *statuts*, i^{er} vol., 619, 793.

— (porte Royale de). *Arch. lég.*, iie part., *statuts*, iiie vol., 485.

— (portes de). Refus par l'archevêque saint Rigobert d'ouvrir lesdites à Charles Martel. *Arch. adm.*, t. I, 26. Ouvertes à l'ennemi par l'archevêque Arnulfe, 141, 154, 156, 218, 229. Les citoyens réclament de l'archevêque les clefs desdites, 777; t. II, 98. Les mêmes obligent l'archevêque à tenir lesdites en bon état, 137, 195. Le chapitre prétend le droit d'entrer et de sortir auxdites pour ses sergents, 399. L'archevêque a les clefs desdites, 978. Les droits d'en-

trée ne peuvent être perçus par ses officiers que sur les forains, 979, 1021. Lesdites appartiennent aux églises, 1146; t. III, 210, 222, 231, 506. *Arch. lég.*, ɪɪᵉ part., *statuts*, ɪᵉʳ vol., 335, 419, 496, 499, 559, 562. Membres du clergé désignés pour veiller à la garde desdites, 565, 597, 647, 835, 845, 863, 885; *statuts*, ɪɪᵉ vol., 130, 133, 142; *statuts*, ɪɪɪᵉ vol., 112. La réparation desdites compètent à l'échevinage, 385, 480.

Reims (portiers de). *Arch. lég.*, ɪɪᵉ part., *statuts*, ɪᵉʳ vol., 841; *statuts*, ɪɪɪᵉ vol., 293, 480, 482; voy. Reims (clazeniers de).

— (pourpointiers de). *Arch. adm.*, t. III, 730; voy. Reims (tailleurs d'habits de).

— (prêcheurs de), voy. Remenses prædicatores.

— (présidial de). *Arch. lég.*, ɪʳᵉ part., 904; ɪɪᵉ part., 11, 118, 123, 558, 603, 605, 630, 667, 680, 693, 788, 805, 820, 976, 978, 979, 1049; *statuts*, ɪᵉʳ vol., 101, 235, 486; *statuts*, ɪɪɪᵉ vol., 57, 62, 70, 82, 86, 140, 149, 281, 550.

— (pressoirs bannaux de). *Arch. adm.*, t. III, 634.

— (prêtres de). Communauté formée par lesdits dès le xɪɪɪᵉ siècle. *Arch. adm.*, t. I, 1126; voy. Reims (clergé de).

— Reims (prévôt de). Pouvoir presque absolu dudit. *Arch. adm.*, t. I, 224, 809, 860, 892, 904, 927, 953, 959, 1094, 1119; t. II, 23, 38, 42, 43, 113, 221, 304, 368, 694, 768, 834, 836, 837, 857, 860, 865, 867, 869, 897, 904, 909, 912, 939, 964, 975, 982, 1037. Les amendes du marché de la ville appartiennent audit, 1175, 1181, 1186, 1210, 1215, 1231; t. III, 262, 307, 378, 382, 454, 483, 621, 638, 788, 794, 815. Ne peut prononcer aucun jugement interlocutoire et définitif ès causes des bourgeois de l'échevinage, 826, 865, 892. *Arch. lég.*, ɪʳᵉ part., 127, 156, 314, 547, 556. Partage avec les échevins le droit de pourvoir aux offices de police, ɪɪᵉ part., *statuts*, ɪᵉʳ vol., 440, 443, 628, 712, 799, 880. Loue les étaux et règle les places à la foire de la Couture, 947; *statuts*, ɪɪᵉ vol., 58. 67, 181, 212; *statuts*, ɪɪɪᵉ vol., 13, 419, 423; voy. Remensis ecclesiæ præpositus.

Reims (prévôt royal de). *Arch. lég.*, ɪɪᵉ part., *statuts*, ɪɪɪᵉ vol., 40, 41, 76. Droit de police dudit sur les corps de métiers, 78, 79.

— (prévôté de). *Arch. adm.*, t. I, 420, 421, 422; t. II, 433, 1157; t. III, 15, 415, 422, 650. *Arch. lég.*, ɪʳᵉ part., 902, 904, 912, 915, 964; ɪɪᵉ part., *statuts*, ɪɪᵉ vol., 180; *statuts*, ɪɪɪᵉ vol., 17, 19, 48, 211, 250, 399.

— (prévôté foraine de). *Arch. lég.*, ɪʳᵉ part., 904; ɪɪᵉ part., *statuts*, ɪɪɪᵉ vol., 42, 46, 618.

— (prévôté royale de). *Arch. lég.*, *statuts*, ɪɪɪᵉ vol., 40, 43. Unie au bailliage royal, 64, 77.

— (prévôts de), voy. Attigniaco (Robertus Boton de), Bourg (Robèle du), Buirot (J.), Charron (Hubert), Chenovelle (Robertus de), Choilly (J. de), Colardus, Foubrie (Colard de La), Fillette (Nicole), Frison (Haymard le), Germigny (Guiot de), Louzé (Thomas), Milo, Nougrant (J.), Passentarte (Oudard), Pontfavergier (Robert de), Raoulinus, Rocroy (Baudon de), Senlis (Jean de), Suel (Garnot de), Tour-sur-Marne (Nicole de).

— (prieurs de), voy. Remenses priores.

— (prisons de). *Arch. adm.*, t. II, 651. *Arch. lég.*, ɪɪᵉ part., *statuts*, ɪɪɪᵉ vol., 25; voy. Bonne-Semaine, Cour-Notre-Dame, Porte-Mars.

— (priviléges de), voy. Reims (franchises

de). *Arch. adm.*, t. II, 976, 1166; t. III,
335, 355. *Arch. lég.*, 1re part., 809;
IIe part., *statuts*, 1er vol., 644, 906,
960. Confirmés par Charles V. *Arch.
lég.*, IIe part., *statuts*, IIIe vol., 559,
584, 604. Les Romains conservent lesdits, 605. Leur origine, 606. Confirmés implicitement par saint Louis, 612,
620.

Reims (procureur du roi de). Fonctions dudit. *Arch. lég.*, IIe part., *statuts*, IIIe vol.,
284.

— (procureur syndic de). Droits et fonctions dudit. *Arch. lég.*, IIe part., *statuts*, IIIe vol., 282, 403, 407, 417, 422,
478; voy. Échevinage (syndic de l').

— (province de). *Arch. adm.*, t. I, 115,
352, 359, 377, 431, 438, 476, 515, 550,
571, 572, 574, 575, 577, 586, 587, 588,
594, 604, 612, 627, 632, 635, 636, 671,
679, 695, 702, 718, 725, 774, 1016,
1027; t. II, 18, 19, 65, 67, 607, 626,
924, 1025. *Arch. lég.*, 1re part., 6, 19,
105; IIe part., *statuts*, 1er vol., 37.
Mise en interdit par l'archevêque Henri
de Braines, *statuts*, IIIe vol., 614.

— (puits de), voy. Chaîne.

— (quarrels de), voy. Reims (carrefours
de).

— (quarténiers de). *Arch. adm.*, t. III,
843. *Arch. lég.*, IIe part., *statuts*, 1er vol.,
556, 680, 708, 739, 747, 755, 784, 786,
834, 839, 845, 864, 871, 894; *statuts*,
IIIe vol., 39, 540.

— (quartiers de). *Arch. lég.*, IIe part.,
statuts, IIe vol., 1024. Division desdits
en compagnies et connétablies, *statuts*,
IIIe vol., 158.

— (remparts de). *Arch. adm.*, t. I, 11,
80, 81, 97. *Arch. lég.*, *statuts*, IIIe vol.,
35, 39, 92, 284, 112. Le conseil de
ville a seul la police et juridiction desdits, 174, 176, 181, 183, 190; voy.
Reims (fortifications de).

Reims (recenseurs de la taille de), voy. Remenses taillatores.

— (receveur de). Ne pourra entrer dans
le conseil de ville après la sortie de sa
charge. *Arch. lég.*, IIe part., *statuts*,
IIIe vol., 143. Obligé de rendre ses
comptes six mois après l'année expirée,
ibid., 144, 158, 165, 285. Nature des
fonctions dudit, 287, Élu par le peuple,
562. Attributions de sa charge, *ibid.*,
563, 573, 583, 584. Durée de ses fonctions, 587. Caution qu'il fournit avant
d'entrer dans lesdites, 588.

— (régaleurs de), voy. Foucart, (J.),
Clerc (Pierre le).

— (registrateurs de). *Arch. lég.*, 1re part.,
18, 29.

— (registre de). *Arch. lég.*, 1re part., 19;
voy. Reims (chambre du registre de).

— (relieurs de). *Arch. lég.*, IIe part.,
statuts, IIIe vol., 66, 80.

— (Remi de), mercier. *Arch. lég.*, IIe part.,
statuts, IIe vol., 560.

— (retendeurs de), voy. Retendeurs (statuts des).

— (revendeurs de marée de). Règlement
de police relatif auxdits. *Arch. lég.*,
IIe part., *statuts*, IIe vol., 505.

— (revenus de). *Arch. adm.*, t. I, 608.
Arch. lég., IIe part., *statuts*, 1er vol.,
498, 499; *statuts*, IIIe vol., 141, 159.

— (roi de). *Arch. lég.*, IIe part., *statuts*,
IIe vol., 179.

— (rue Neuve), voy. Reims Neuve-Rue
de).

— (ruelles de), voy. Bons-Enfants, Chappelet, Guillot, Mar, Montoison, Poulerie.

— (rues de). *Arch. adm.*, t. III, 244.
Arch. lég., IIe part., *statuts*, 1er vol.,
461. Police desdites, *statuts*, IIe vol.,
497; *statuts*, IIIe vol., 19, 33, 74, 76.
Inspection et alignement desdites, 153.

Reims (salles de), voy. Grantmaire.

— (saunerie de). *Arch. adm.*, t. I, 1126.

— (sauniers de). *Arch. adm.*, t. III, 487.

— (sceau de la cour de), voy. Remorum curiæ sigillum.

— (seigneur de), voy. Remensis dominus.

— (seigneuries de). *Arch. lég.*, Ire part., 762, 808; IIe part., *statuts*, Ier vol., 575; *statuts*, IIe vol., 327. Ne sont que des démembrements du comté, *statuts*, IIIe vol., 18. Les archevêques, en qualité de comtes de Reims, donnent l'investiture desdites, se réservant la police desdites sur les portions démembrées, *ibid.*, 63, 100, 456; voy. Entre-deux-Ponts, Muire, S. Maurice.

— (selliers de). *Arch. lég.*, IIe part., *statuts*, Ier vol., 841; *statuts*, IIe vol., 249; *statuts*, IIIe vol., 215, 746.

— (séminaire de). *Arch. adm.*, t. II, 1037. Seigneur de Thin-le-Moutier, 1070, 1095. Fondé par le cardinal de Lorraine. *Arch. lég.*, IIe part., *statuts*, Ier vol., 122, 300; *statuts*, IIe vol., 761, 774, 780; *statuts*, IIIe vol., 407, 413, 714.

— (séminaire des Anglais de). *Arch. lég.*, IIe part., *statuts*, IIe vol., 648.

— (sénat de). *Arch. lég.*, IIe part., *statuts*, IIIe vol., 406. Existe jusqu'à la troisième race, 606.

— (sénéchal de). *Arch. lég.*, IIe part., *statuts*, Ier vol., 71; voy. Remensis ecclesiæ senescallus.

— (sénéchal héréditaire de), voy. Gojon (Regnault).

— (sénéchaussée de). *Arch. adm.*, t. I, 415; t. II, 379; t. III, 380, 420, 576, 597. *Arch. lég.*, IIe part., *statuts*, Ier vol., 68; *statuts*, IIIe vol., 254.

— (serfs de). *Arch. lég.*, Ire part., 606. Deviennent libres après un an de séjour à Reims, IIe part., *statuts*, IIIe vol., 615.

Reims (sergents du chapitre de), voy. Remensis capituli servientes.

— (sergents de ville de). *Arch. lég.*, IIe part., *statuts*, IIe vol., 541; voy. Échevinage (sergents de l').

— (sergents royaux de). *Arch. lég.*, IIe part., *statuts*, IIe vol., 820.

— (sergiers de). *Arch. lég.*, IIe part., *statuts*, Ier vol., 444; *statuts*, IIe vol., 796, 805, 823, 825, 839, 843, 852, 859, 874, 977; *statuts*, IIIe vol., 6, 72, 73, 82 et seq.

— (serruriers de). *Arch. adm.*, t. III, 730. *Arch. lég.*, IIe part., *statuts*, Ier vol., 841; *statuts*, IIe vol., 589, 1034; *statuts*, IIIe vol., 745.

— (sestrelage de), voy. Reims (stellage de).

— (siége de). *Arch. adm.*, t. I, 202, 216, 465. Pendant la vacance dudit, les biens de l'archevêché sont entre les mains du chapitre, 517, 718, 885, 917, 918; t. III, 156, 178, 236. *Arch. lég.*, Ire part., 90, 912; IIe part., *statuts*, IIe vol., 9; *statuts*, IIIe vol., 19, 22, 51, 58; voy. Sedes Remensis.

— (siége présidial de), voy. Reims (présidial de).

— (siége royal de). *Arch. lég.*, IIe part., *statuts*, Ier vol., 571, 864, 866; *statuts*, IIe vol., 19, 189, 606, 694. Époque de la translation dudit à Reims, *statuts*, IIIe vol., 10, 33. Avantages qui en résultent pour les habitants, *ibid.*, 34, 38, 40, 48, 52, 54, 55, 64, 70, 78 82. Destination dudit, 635. Jouit des mêmes attributions qu'avait autrefois le bailli de Vermandois, *ibid.*

— (Société des bibliophiles de). *Arch. adm.*, t. III, 731. *Arch. lég.*, IIe part., *statuts*, Ier vol., 321.

— (sœurs de l'Hôtel-Dieu de). *Arch. adm.*, t. III, 59.

Reims (sou de), monnaie. *Arch. adm.*, t. I, 366, 374, 402, 409, 428, 455, 547. *Arch. lég.*, IIe part., *statuts*, Ier vol., 64, 65, 72, 85, 96, 103; voy. Remensis solidus.

— (sous-chantre de). *Arch. adm*, t. I, 784; t. III, 544. *Arch. lég.*, IIe part., *statuts*, Ier vol., 39, 55.

— (sous-chantrerie de), vide Remensis ecclesiæ succentoria de).

— (sous-semainier de), voy. Remensis ecclesiæ sub-hebdomadarius.

— (stellage de). *Arch. adm.*, t. I, 76, 447, 630; t. II, 383, 896, 1177; t. III, 356, 419, 621, 655, 792, 830. *Arch. lég.*, Ire part., 507, 740; IIe part., *statuts*, IIe vol., 1047; *statuts*, IIIe vol., 11. Transaction entre l'archevêque et les échevins relative audit, 659, 660; voy. Stellage.

— (syndic de), voy. Laval. *Arch. lég.*, *statuts*, IIIe vol., 135. Ne peut être conseiller de ville après la sortie de sa charge, 143, 144, 158, 165, 170, 171, 172. Droits et fonctions dudit, 282, 284, 286; voy. échevinage (syndic de l'.

— (syndicat de). *Arch. lég.*, IIe part., *statuts*, IIIe vol., 118.

— (synode de). *Arch. adm.*, t. I, 178; t. II, 480, t. III, 800; voy. Reims (concile de).

— (tabellionnage de). *Arch. lég.*, IIe part., *statuts*, IIIe vol., 236. Dévolu d'abord aux clercs exclusivement, 237. Philippe le Bel réunit ledit à son domaine, 245, 251, 255. Les échevins abandonnent les droits dudit à l'archevêque, 512; voy. Reims (notaires de).

— (taillandiers de). *Arch. lég.*, IIe part., *statuts*, Ier vol., 844; IIe vol., 428, 1034; *statuts*, IIIe vol., 745.

— (taille de). *Arch. adm.*, t. I, 969, 1052;

t. II, 1, 15. Terme fixé aux habitants pour racheter les gages de ladite, 833, 1163; t. III, 141, 292, 350, 443, 672, 677, 687, 788. Prétentions des échevins à ordonner et asseoir ladite, 789, 809, 850, 855, 886. *Arch. lég.*, Ire part., 109; IIe part., *statuts*, Ier vol., 382, 448, 456, 519, 520, 537, 575, 580, 583, 592, 675, 698, 795, 841, 834, 840, 914.

Reims (tailleurs d'habits de). *Arch. lég.*, IIe part., *statuts*, IIe vol., 250. Règlements et statuts desdits, 509; *statuts*, IIIe vol., 305, 745.

— (tambours de) *Arch. lég.*, IIe part., *statuts*, IIe vol., 843; *statuts*, IIIe vol., 177.

— (tanneurs de). *Arch. adm.*, t. III, 729, 730. *Arch. lég.*, IIe part., *statuts*, IIe vol., 26; *statuts*, IIIe vol., 747.

— (tapissiers de). *Arch. lég.*, IIe part., *statuts*, IIe vol., 441; *statuts*, IIIe vol., 745.

— (taverniers de). Règlement qui fixe le prix auquel lesdits doivent vendre le vin. *Arch. adm.*, t. II, 39, 900; t. III, 303, 484, 810, 853, 900. *Arch. lég.*, Ire part., 504, 579; IIe part., *statuts*, Ier vol., 742, 784. Tenus d'apporter au greffe du conseil les noms et qualités de leurs hôtes; *statuts*, IIe vol., 65, 187, 453, 499; *statuts*, IIIe vol., 30, 32.

— (teinturiers de). *Arch. adm.*, t. III, 730. *Arch. lég.*, IIe part., *statuts*, Ier vol., 844, 852; *statuts*, IIe vol., 290, 873; *statuts*, IIIe vol., 32, 86, 747.

— (temple de). *Arch. adm.*, t. I, 15. L'élection des échevins a lieu dans ledit, 486, t. II, 12, 184, 380, 383, 499, 512, 553, 994; t. III, 22, 208. *Arch. lég.*, IIe part., *statuts*, Ier vol., 445, 565, 686, 742; *statuts*, IIe vol., 5, 13, 606; *statuts*, IIIe vol., 476.

Reims (templiers de). *Arch. adm.*, t. II, 634. *Arch. lég.*, iie part., *statuts*, ier vol., 92.

— (terre commune du chapitre de). Les habitants de ladite sont affranchis du droit de stellage. *Arch. lég.*, iie part., *statuts*, iiie vol., 307, 318, 321, 330, 344.

— (territoire de). *Arch. adm.*, t. I, 115, 213, 321, 845, 889, 973, 986; t. II, 717, 733, 1050; t. III, 49, 627, 629, 668. *Arch. lég.*, iie part., *statuts*, iie vol., 322. Partagé entre les seigneurs hauts justiciers, *statuts*, iiie vol., 5. Le roi ne possède aucun domaine en fonds dans ledit, *ibid.*, 9, 31, 77, 525. Considéré comme faisant partie du domaine de la couronne, 618, 635.

— (terroir de). *Arch. adm.*, t. III, 622. *Arch. lég.*, ire part., 722, 723; iie part., *statuts*, ier vol., 236, 237, 238; *statuts*, iiie vol., 30, 32. Nature dudit, 504. Ses productions, *ibid.* A toujours appartenu à la couronne, 620, 637.

— (Thomas le Bieu de), chanoine de Soissons. *Arch. adm.*, t. I, 919.

— (tiers état de). *Arch. lég.*, iie part., *statuts*, ier vol., 570, 571.

— (tisserands de). *Arch. adm.*, t. I, 1071. *Arch. lég.*, ire part., 578; iie part., *statuts*, ier vol., 851. Statuts desdits, *statuts*, iie vol., 296, 369.

— (toiliers de). *Arch. adm.*, t. III, 489.

— (tonlieu de). *Arch. adm.* t. I, 416, 444. *Arch. lég.*, ire part., 598, 746.

— (tonneliers de). *Arch. adm.*, t. III, 487. Statuts desdits. *Arch. lég.*, iie part., *statuts*, ier vol., 437, 686, 841, 969; *statuts*, iie vol., 404, 411; *statuts*, iiie vol., 746.

— (tournelles de). *Arch. adm.*, t. II, 827, 1128; t. III, 13; *Arch. lég.*, iie part., *statuts*, ier vol., 558, 787, 834; voy. Ronds-Grès (tournelle de).

Reims (tourneurs de). *Arch. lég.*, iie part., *statuts*, iie vol., 581; *statuts*, iiie vol., 746.

— (tours de). *Arch. lég.*, iie part., *statuts*, ier vol., 647, 847, 864. Appartiennent en propre domaine du roi, *statuts*, iiie vol., 617; voy. Belle-Tour, Chantereine, Hydraulique, Porte-Chacre, Porte-Vesle, Saint-Adrien, Saint-Étienne, Saint-Georges, Saint-Maurice, Serpentine.

— (trésorerie de), voy. Remensis ecclesiæ thesauraria.

— (trésorier de). Charges et priviléges dudit. *Arch. adm.*, t. I, 496; étendue de sa juridiction, *ibid.* Démêlés dudit avec le chapitre, *ibid.*; t. II, 1001, 1037; t. III, 351, 596, 654. *Arch. lég.*, ire part., 559; voy. Blanchard (J.), Castrovillani (G. de), Craon (A. de), Designy, Florentia, Renardus, Vianne (Regnaub de); voy. Ecclesiæ Remensis thesaurarius.

— (tripiers de). *Arch. adm.*, t. III, 538, 542.

— (triperie de). *Arch. adm.*, t. III, 650.

— (université de). *Arch. adm.*, t. I, 663, 667, 747; t. II, 1037, 1039. *Arch. lég.*, ire part., 640; iie part., *statuts*, ier vol., 456, 848, 896, 900; *statuts*, iie vol., 9, 70; rôle des officiers et suppôts d'icelle, 74, 75, 77, 277, 467, 654, 663, 673, 677, 688, 699, 703, 715, 723; *statuts*, iiie vol., 80.

— (usages de). *Arch. lég.*, ire part., 1066.

— (vagabonds de). *Arch. lég.*, iie part., *statuts*, iie vol., 495; mesures de police contre lesdits, 498; *statuts*, iiie vol., 39, 72, 73, 74; voy. Reims (mendiants de).

— (Val des écoliers de). *Arch. lég.*, ire part., 485, 587; iie part., *statuts*, ier vol., 565, 825, 864.

— (valets de ville de). *Arch. lég.*, iie part., *statuts*, iiie vol., 177, 481.

Reims (vanniers de), voy. Vanniers (statuts des).

—(véelliers de). Voy. Reims (guetteurs de).

— (vergeur de vin de). *Arch. adm.*, t. III, 788. *Arch. lég.*, iʳᵉ part., 528, 543, 551, 579, 598.

— (verriers de). *Arch. lég.*, iiᵉ part., *statuts*, iᵉʳ vol., 335.

— (vicaire général de). *Arch. lég.*, iiᵉ part., *statuts*, iiᵉ vol., 788; voy. Bachelier, Cadignan, Lelarge, Roulant, Trye (Philippe de).

— (vicomte de). *Arch. adm.*, t. II, 218, 679, 748, 790, 830, 867, 937, 991, 1140, 1151; t. III, 14, 73, 306, 378, 420, 723, 791, 824, 881. *Arch. lég.*, iʳᵉ part., 542, 551, 555, 581, 598, 741; iiᵉ part., *statuts*, iᵉʳ vol., 421, 880; voy. Boniaut (J.), Buissy (Jacq.), Fillette (Jacquemin), Larrabis (Ponsardus), Louvain (Jobin), Maubijois (Colart), Rousseau (Milet); voy. Sestelagerius, Vidame.

—(vicomté de), tombe aux mains des laïques. *Arch. adm.*, t. I, 85; t. II, 433, 459; t. III, 414, 415, 419, 462, 621, 650, 655, 748, 754, 778, 792, 891. *Arch. lég.*, iʳᵉ part., 657, 740, 755, 759; iiᵉ part., *statuts*, iᵉʳ vol., 108, 334, 341, 344, 527; *statuts*, iiiᵉ vol., 82, 98, 119, 315, 320, 335, 344, 660, 661.

— (vidame de), conduit en temps de guerre les troupes de l'archevêque. *Arch. adm.*, t. I, 55, 408, 866, 1060; t. II, 489, 875, 1049, 1192; t. III, 39, 59, 103, 420, 436, 473, 596, 630, 651, 654, 754, 890. *Arch. lég.*, iʳᵉ part., 528, 542, 555, 861; iiᵉ part., *statuts*, iᵉʳ vol., 30, 86, 96, 300. Juridiction dudit, 331, 332, 935; *statuts*, iiᵉ vol., 12, 85, 535, 606; *statuts*, iiiᵉ vol., 383; voy. Reims (vicomte de).

— (vidamée de), voy. Remensis ecclesiæ vicedominatus.

Reims (vieille boucherie de). *Arch. adm.*, t. II, 150, 645, 689.

— (vieux marché de). *Arch. adm.*, t. II, 193, 515. *Arch. lég.*, iiᵉ part., *statuts*, iiᵉ vol., 557; *statuts*, iiiᵉ vol., 48.

— (vignobles de). *Arch. lég.*, iiᵉ part., *statuts*, iᵉʳ vol., 446, 519. Mesures de police prescrite aux vignerons pour garantir lesdits des insectes; *statuts*, iiiᵉ vol., 96.

—(villages des environs de). Liste de ceux qui contribuent aux fortifications de Reims *Arch. adm.*, t. I, 1089. Refus des mêmes de contribuer auxdites, t. III, 93. *Arch. lég.*, iʳᵉ part., 721, 730, 739, 805; iiᵉ part., *statuts*, iᵉʳ vol., 377, 478, 666, 699, 793, 818. La juridiction des crimes commis auxdits appartient au lieutenant et gens du conseil de Reims, 920. Contingent fourni par lesdits pour travailler aux remparts de la ville, 923; *statuts*, iiᵉ vol., 11, 275.

— (ville de). Notice sur le droit de battre monnaie de ladite. *Arch. adm.*, t. I, 82, 141, 180. Redevances de certains monastères de ladite à l'arrivée du roi, 304. 305, 308. S'insurge contre l'archevêque, 347, 348, 353. Qualifiée de métropolitaine par Strabon, 482. Lieu des assemblées des états généraux des Gaules sous Vespasien, *ibid.* Ravagée par les Vandales, *ibid.* Appelée Præpotens par S. Jérôme, *ibid.* Ruinée par les Huns, *ibid.* Époque assignée par César à l'élection des magistrats de ladite, *ibid.*, 488, 509, 519, 525. Notice sur l'agrandissement de ladite, 1094, 1101; t. II, 67, 71, 82, 93. Refus du clergé de contribuer aux fortifications de ladite, 816, 822. Déclaration à laquelle sont tenus ceux qui se réfugient en ladite en temps de guerre, 833, 836, 838; t. III, 3, 18, 44, 79. Qualifiée de noble, 84, 109. Traité d'alliance de ladite avec ceux de Châlons, 120; avec ceux

de Rethel, 123, 139, 152. Assiégée par les Anglais, 157, 162, 166, 167, 173, 179. Ancien nom de ladite, 273. Liberté de ladite sous les Romains, 821, 879, 891, 903. *Arch. lég.*, ɪʳᵉ part., 104, 432, 485, 913, 1021; ɪɪᵉ part., *statuts*, ɪᵉʳ vol., 199, 261, 336, 424. Mise au nombre des villes franches, 457, 460. Diminution de la population de ladite, 472, 477, 490. Fournit au roi cinquante hommes de pied, 864. Capitale du comté de Champagne, 873, 904, 906. Ceux d'Épernay implorent le secours de ladite, 919. Livrée à Henri IV par le duc de Guise, 933. Confins de ladite, 935. La garde de ladite appartient au roi, 938. Punie par Louis XI à l'occasion d'une émeute, 950, 951. Reine des Gaules Belgiques sous les Romains, 968. Translation du siége du bailliage de Vermandois en ladite; *statuts*, ɪɪᵉ vol., 19, 26. Frontière du royaume, 67. Délibérations du conseil de ladite pendant le siége des Anglais, 115, 121, 136, 266, 275. Ordonnance de Henri IV après la reddition de ladite, 364, 503. L'archevêque usurpe sur ladite certains droits de haute justice, 552, 579, 685, 870, 983. A été toujours du ressort du bailliage de Vermandois, *statuts*, ɪɪɪᵉ vol., 18. Le roi ne possède dans ladite aucun domaine en propre, 50. L'enclave de ladite appartient aux gens d'Église ou de mainmorte, 55. Soumise à la prévention et juridiction du même bailli de Vermandois, 63, 77, 128. Rachète les offices des jurés crieurs d'enterrements, 132. Péages de ladite, 389. Divisée en quartiers à l'instar de Paris, 490. Le roi ne possède dans ladite aucun territoire, 519. Confirmée par Clovis dans tous ses droits, 541. Mémoire relatif à l'administration municipale de ladite, 558. Tous les rois de France ont confirmé les priviléges de ladite, 559. Divisée en compagnies, 564. Possède, comme ville du sacre, le droit de nommer ses officiers municipaux, 581. Réunit les charges créées en différents temps à l'hôtel de ville, 538. Rang distingué de ladite dans les Gaules du temps de César, 604. Antique gouvernement républicain de ladite, 606. Conserve, sous les deux premières races, le droit de se gouverner elle-même, *ibid.* Reste unie au domaine de la couronne, 613. Choisie par les rois de la deuxième race pour lieu de leur sépulture, *ibid.* Le serf établi dans ladite depuis un an devient libre, 615, 651, 656.

Reims (vin de). *Arch. adm.*, t. I, 1056; t. III, 530, 876, 898. Règlement de police sur ledit. *Arch. lég.*, ɪɪᵉ part., *statuts*, ɪᵉʳ vol., 427, 432, 467, 471, 477, 882, 961, 964, 967, 968. Vendu en franchise durant les grandes foires de cette ville, 971, 973, 978, 979. Défense d'en fabriquer d'étranger, *statuts*, ɪɪᵉ vol., 505; *statuts*, ɪɪɪᵉ vol., 69, 71; et d'en vendre, 73, 76, 431, 674.

— (vinage de), voy. Vinagium.

— (vinaigriers de); voy. Vinaigriers (statuts des).

— (visiteurs des vivres de). *Arch. adm.*, t. III, 712, 715, 727. *Arch. lég.*, ɪɪᵉ part., *statuts*, ɪɪɪᵉ vol., 113.

— (voie publique de). *Arch. adm.*, t. II, 276, 403, 417, 598, 798, 936, 940, 970, 1127. *Arch. lég.*, ɪʳᵉ part., 503.

— (voirie de). *Arch. adm.*, t. II, 716; t. III, 519, 724. *Arch. lég.*, ɪɪᵉ part., *statuts*, ɪɪᵉ vol., 1046; *statuts*, ɪɪɪᵉ vol., 63. Officier chargé de veiller sur ladite, 281. Tombe sous les attributions du greffier de l'échevinage, 289. Distinguée en grande et petite voirie, 383. L'une dépend de la haute et moyenne justice, l'autre de la basse, *ibid.*, 396, 404, 420, 428.

— (wastellerie de), voy. Reims (pâtisserie de).

Reine, voy. France, Écosse, Hongrie (reine de); voy. Regina.

Reinerus, bienfaiteur de S. Nicaise de Reims. *Arch. adm.*, t. I, 354.

Reinoldus, chantre de Compiègne, *Arch. adm.*, t. I, 374.

Reîtres. *Arch. lég.*, ıı^e part., *statuts*, ı^{er} vol., 701. Employés par le roi de Navarre, 925.

Relampont (Rambaut), sergent à cheval du roi. *Arch. adm.*, t. III, 705.

Relegatio, vide Bannitio.

Relevatio, vide Homicidio (relevatio de).

Reliaco (alodium de). *Arch. lég.*, ıı^e part., *statuts*, ı^{er} vol., 72.

Relicourt (ville de). *Arch. adm.*, t. III, 601.

— (gilet de). *Arch. adm.*, t. III, 764.

Relief ou rachat. *Arch. lég.*, ı^{re} part., 838.

Relieur, voy. Reims (relieurs de).

Religieuses, voy. Clairmarais, Hôtel-Dieu de Reims (sœurs de l'), Lançon, S. Pierre, S. Pierre-d'Avenay.

— de l'Hôtel-Dieu de Reims (statuts des). *Arch. lég.*, ıı^e part., *statuts*, ı^{er} vol., 133, 138.

Religieux, voy. Blancs-Manteaux, Cluny, Dun, Épernay, Foyni, Hautvilliers, Hôtel-Dieu de Reims, Mendiant, Mouzon, Nogent, Notre-Dame de Soissons, Novy, Ridre, Sept-Fontaines, Signy, S. Denis de Reims, S. Hubert, S. Paul de Verdun, S. Yved de Braine, Valroy, Vauclers.

— de Saint Basle (hospice des). *Arch. adm.*, t. I, 12.

Religion catholique. *Arch. lég.*, ı^{re} part., 119, 124, 129. *Arch. lég.*, ıı^e part., *statuts*, ı^{er} vol., 922. Le conseil de ville de Reims jure de mourir dans ladite, 927. Les communautés des marchands ne peuvent admettre dans leur sein que des sujets catholiques. *Arch. lég.*, *statuts*, ıı^e vol., 932; *statuts*, ııı^e vol., 232.

Religionnaire, voy. Poupart.

Religiosa loca. *Arch. adm.*, t. II, 123.

Relindis présente comme oblat son cousin à S. Remi. *Arch. adm.*, t. I, 69.

Relingues (Girardus de), archidiacre de Brabant. *Arch. adm.*, t. I, 1111.

Reliques, voy. Reliquiæ.

Reliquiæ. *Arch. adm.*, t. I, 480, 585, 586, 636. *Arch. lég.*, ıı^e part., *statuts*, ı^{er} vol., 74, 91; vide Beati Ignatii reliquiæ.

Remehan (chapelle castrale de). *Arch. adm.*, t. II, 1087.

Remense cambium, vide Reims (change de).

— collegium, vide Reims (collége de).

— concilium, vide Reims (concile de).

— forum, vide Reims (place de).

— mercatum, vide Reims (marché de).

— palatium, vide Reims (palais de).

— registrum, vide Reims (registre de).

— sextrelagium, vide Reims (stellage de).

— templum, vide Reims (temple de).

— territorium, vide Reims (territoire de).

— theloneum, vide Reims (tonlieu de).

Remenses abbates, vide Sancti Basoli, Cheminone (de) S. Dionysii, S. Medardi, S. Nichasii, S. Remigii, S. Theodorici.

— advocati, vide Craonna (Reginaldus de), Gomonte (Johannes de), S. Hylario (Oudardus de), Mellomonte (Girardus de).

— apparitores. *Arch. lég.*, ı^{re} part., 21.

— augustini, vide Reims (augustins de).

— aurifabri, vide Reims (orfévres de).

— beguinæ, vide Reims (béguines de).

— boulengarii, vide Reims (boulangers de).

Remenses cancellarii, vide Reims (chanceliers de)..
— canonici, vide Reims (chanoines de).
— carpentarii, vide Reims (charpentiers
de).
— cives, vide Reims (citoyens de).
— clerici, vide Reims (clercs de).
— confreriæ, vide Reims (confréries de).
— consuetudines, vide Reims (coutumes
de).
— curati, vide Reims (curés de).
— decennarii, vide Reims (dizainiers de),
t. II, 678.
— domus, vide S. Martini, Regnaudi de
Chalonno, Reims (maisons de), Roberti,
Vallis scholarium.
— ecclesiæ, vide Reims (églises de).
— electi, vide Reims (élus de).
— fortaliciæ, vide Reims (forteresses de).
— homines, Arch. adm., t. I, 476, 480,
752; vide Reims (hommes célèbres de).
— mansionarii, Arch. adm., t. II, 345; vide
Reims (mansionnaires de).
— medici, vide Reims (médecins de).
— milites, vide Avenay (Petrus de), Albericus, Balduinus, Boso, Peslupi (Simon), Prugneio (Guillaume de), Rabo,
Septem-Montibus (Goslenus de), Sillery
(Hugo de), Wilardus; vide Reims (chevaliers de).
— muri, vide Reims (murs de).
— notarii, vide Reims (notaires de).
— nundinæ, vide Reims (foires de)
— physici, vide Reims (médecins de).
— portæ, vide Aussone (porta de), Bacchi,
Basilicarum, Carceris, Martis, Parisius,
Perressonis, Radulphi, Sancti-Dyonisii,
Sancti-Lazari-ad-homines, Sancti-Nichasii, Suessionica, Tilliaco (de), Veneris,
Viriliaco (de); vide Reims (portes de).
— piscatores, vide Reims (pêcheurs de).
— prædicatores, Arch. adm., t. I, 712,
811, 1018. Arch. lég., 1re part., 119.

Remenses priores. Arch. adm., t. I, 554,
556, 646, 800; vide Dieulimire (prior
de), Remensium prædicatorum, Remorum archiepiscopi, Sancti-Dionysii,
Sancti-Mauritii, Sancti-Remigii, Vallis
scholarium.
— registrarii, vide Reims (registrateurs
de).
— scabini, vide Reims (échevins de).
— senescalli. Arch. adm., t. II, 364, 383,
Arch lég., IIe part., statuts, 1er vol., 43,
47, 71, 89, 95, 97, 99, 101, 102, 155;
statuts, IIIe vol., 67, 68, 171, 666, 717,
733; vide Bongarson (Petrus), Marcs
(Denis des); vide Église de Reims (sénéchaux de l').
— servientes, vide Reims (sergents de).
— tavernarii, vide Reims (taverniers de).
— tonsores, vide Reims (barbiers de).
Remensia monasteria, vide Sancti-Basoli,
Sancti-Dionysii, Sancti-Nichasii, Sancti-
Remigii, Sancti-Symphoriani, Sancti-
Syxti, Sancti-Théobaldi, Sancti-Timothei.
Remensis academia, vide Reims (académie
de).
— archidiaconatus. Arch. adm., t. I, 748,
752, 883; t. II, 290, 339, 438; t. III,
799, 802. Arch. lég., 1re part., 24, 121;
IIe part., statuts, 1er vol., 29; vide
Champagne (archidiacre de).
— archidiaconi procurator, Arch. adm.,
t. I, 357.
— baillivus, vide Reims (bailli de).
— bannus, vide Reims (ban de).
— calceiæ magistri, voy. Reims (maîtres
de la chaussée de).
— calciata, vide Reims (chaussée de),
Reims (chapelains de); voy. Église de
Reims (chapelle de l').
— cancellaria. Arch. adm., t. I, 716,
717.
— capitaneus, vide Reims (capitaine de).
— capituli baillivus. Arch. adm., t. II,

364. *Arch. lég.*, 1re part., 116 ; 11e part., *statuts*, 1er vol., 13 ; vide Cathalauno (Gregorius), Eudes (Pierre), Osanne, chapitre de Reims (bailli du).

Remensis capituli bannus. *Arch. adm.*, t. II, 201, 227 ; vide chapitre de Reims (ban du).

— capituli gardiator. *Arch. adm.*, t. II, 385 ; voy. Hermondivilla (Petrus de).

— capituli notarius. *Arch. lég.*, 11e part., *statuts*, 1er vol., 25.

— capituli servientes. *Arch. adm.*, t. I, 822, 947, 1046 ; t. II, 10, 107, 109, 131, 383, 863. *Arch. lég.*, 11e part., *statuts*, 1er vol., 17, 25, 26 ; vide chapitre de Reims (servants du).

— capituli territorium. *Arch. adm.*, t. II, 241.

— carnificeria, vide Reims (boucherie de).

— civitas, vide Reims (cité de).

— civitatis dominium. *Arch. adm.*, t. I, 382 ; vide Reims (domaine de).

— clausura, vide Reims (fermeté de).

— comitatus, vide Reims (comté de).

— Cultura. *Arch. adm.*, t. I, 402, vide Reims (Cousture de).

— curia, vide Remorum.

— curiæ apparitores, vide Remenses apparitores.

— curiæ officialis. *Arch. adm.*, t. II, 592.

— curiæ procurator. *Arch. adm.*, t. II, 592.

Remensis custodia, vide Reims (garde de).

— denarius, vide Reims (denier de).

— diœcesis, vide Reims (diocèse de).

— domini nemora, vide Archiepiscopi Remensis silvæ.

— dominus. *Arch. adm.*, t. I, 537, 590, 597 ; t. II, 1099, 1101, 1102, 1103, 1105, 1108 ; vide Remorum archiepiscopum.

— ducatus, voy. Reims (duché de).

Remensis dux, vide Reims (duc de).

— ecclesia, vide Reims (église de).

— ecclesiæ archipresbiter, vide Sigloardus.

— ecclesiæ capellani. *Arch. adm.*, t. II, 10, 514. *Arch. lég.*, 11e part., *statuts*, 1er vol., 18, 19, 43, 54, 75, 98, 100, 101, 102 ; vide Albi (Johannes), Bernerus, Clarissello (Simon de), Collomedio (Petrus de), Fulco (D.), Johannes, Manerius, Michael, Normandus, S. Albino (Petrus de), Trelodio (D. Th.) ; vide église de Reims (chapelains de), Notre-Dame.

— ecclesiæ capucerii. *Arch. lég.*, 11e partie, *statuts*, 1er vol., 20.

— ecclesiæ clerici, vide Reims (clercs de).

— ecclesiæ consuetudines. *Arch. adm.*, t. I, 386, 398, 427, 430, 444, 459, 473, 479, 492, 533, 534, 560, 561, 562, 678, 682, 688, 695, 703, 783, 795, 883, 909, 938, 1028, 1932 ; t. II, 8, 238, 396, 404 ; t. III, 32, 372, 378. *Arch. lég.*, 1re part., 138 ; 11e part., *statuts*, 1er vol., 17, 40, 42, 125 ; voy. Église de Reims (usages de l').

— ecclesiæ custodes, vide Reims (coutres de).

— ecclesiæ custodiæ, vide Reims (coutreries de).

— ecclesiæ decanatus. *Arch. adm.*, t. II, 1046. *Arch. lég.*, 11e part., *statuts*, 1er vol., 28.

— ecclesiæ decanus. Origine de ce nom. *Arch. adm.*, t. I, 31 ; t. II, 1125 ; t. III, 53 ; vide Constant, Fulco, Hermonville (Nicole d'), Jailly (Hugues de), Lebègue J.), Letbertus, Normandus, Petrus, Radulphus, Sailleio Nicholaus de), Stephanus, Trecis (Petrus de).

— ecclesiæ diaconus. *Arch. adm.*, t. I, 403. *Arch. lég.*, 11e part., *statuts*, 1er vol., 43 ; vide Boso, Ernaldus, Galterus, Grégorius, Johannes, Laurentius, Petrus, Remigius.

Remensis ecclesiæ dormentarii, vide Crustis (Johannes de), Gravelia (J. de), Paganus, Reclosiis (J. de), vide Église de Reims (dormentiers de l').

— ecclesiæ eleemosinarius. *Arch. adm.*, t. I, 231. Visite les pauvres de la ville une fois par semaine, 232, 233. Qualités requises dans ledit, 647. Détail des fonctions dudit, *ibid. Arch. lég.*, 11e partie, *statuts*, 1er vol., 83; voy. Reims (aumôniers de).

— ecclesiæ fabrica. *Arch. adm.*, t. I, 674, 678, 885, 1000, 1018; t. II, 108, 411; t. III, 42, 103, 774, 751. *Arch. lég.*, 11e part., *statuts*, 1er vol., 23, 88, 258, 302; *statuts*, 111e vol., 680, 682, 688, 690, 704, 712, 722, 737; vide Église de Reims (fabrique de l').

— ecclesiæ fratres. *Arch. adm.*, t. I, 459, 460, 461, 472, 504, 521, 630, 631, 639, 719, 804, 816, 918, 954, 986; 1028; t. II, 8, 98, 146, 200, 217, 252, 395, 397, 433, 588, 736; t. III, 42. *Arch. lég.*, 1re part., 305; 11e part., *statuts*, 1er vol., 58, 105, 118, 839; voy. Reims (clercs de).

— ecclesiæ homines. *Arch. adm.*, t. I, 429; vide Reims (bourgeois de).

— ecclesiæ hebdomadarius. *Arch. lég.*, 11e part., *statuts*, 1er vol., 43, 58, 68, 101.

— ecclesiæ hospitales. *Arch. adm.*, t. I, 630, 631. *Arch. lég.*, 11e part., *statuts*, 1er vol., 43, 59; voy. Reims (Hôtel-Dieu de).

— ecclesiæ jurisdictio, voy. Église de Reims (juridiction de l').

— ecclesiæ libertates, accrues par le roi Childebert. *Arch. adm.*, t. I, 23, 26. Confirmées par le pape Adrien Ier, 28, 30, 75, 533, 534, 561, 584, 639, 675, 679, 703, 715, 783, 947, 1038; t. II, 239, 617; t. III, 296, 680. *Arch. lég.*, 11e part., *statuts*, 1er vol., 17, 49.

— ecclesiæ mansionarii. *Arch. adm.*, t. I, 718, 735, 783; t. II, 217, 334, 398; voy. Reims (mansionnaires de).

Remensis ecclesiæ necrologium, vide église de Reims (obituaire de l').

— ecclesiæ officia. *Arch. lég.*, 11e part., *statuts*, 1er vol., 24.

— ecclesiæ officiarii, vide Capituli, Fabricæ, Horarum, Turrarius.

— ecclesiæ panetarius. *Arch. lég.*, 11e part., *statuts*, 1er vol., 18, 43.

— ecclesiæ potestates. *Arch. adm.*, t. I, 811, 817; t. II, 385. *Arch. lég.*, 11e part., *statuts*, 1er vol., 26, 71; vide Anemant (Potestas de), Aventione (de), Burgondia, Fraillicourt, Lavanna (de).

— ecclesiæ præbendæ. *Arch. adm.*, t. II, 721, 723; t. III, 372. *Arch. lég.*, 11e part., *statuts*, 1er vol., 13, 43, 60, 105, 107, 344, 556, 910.

— ecclesiæ præcantor. *Arch. lég.*, 11e part., *statuts*, 1er vol., 43, 159.

— ecclesiæ præpositus. *Arch. adm.*, t. I, 385, 388. Préside au chapitre, 411, 436, 459, 464. Succède au præfectus Remorum des Gallo-Romains, 482, 504, 517, 523, 540, 707, 775; t. II, 610, 790, 831, 832, 1017. Patron de Montigny-sur-Vesle, 1056, 1058, 1108; t. III, 596, 734. *Arch. lég.*, 11e part., *statuts*, 1er vol., 13, 19, 27, 31, 43, 249, 512, 529.

— ecclesiæ privilegia, confirmés par le pape Benoît III. *Arch. adm.*, t. I, 39, 43, 59, 715, 937, 951, 1048. *Arch. lég.*, 11e part., *statuts*, 1er vol., 49; vide Ecclesiæ Remensis libertates.

— ecclesiæ schola, vide Reims (école de).

— ecclesiæ scholastica. *Arch. lég.*, 11e part., *statuts*, 1er vol., 30, 43; vide Reims (écolâtrie de).

— ecclesiæ scholasticus, vide Reims (écolâtre de).

— ecclesiæ senescallia. *Arch. adm.*, t. III,

250. *Arch. lég.*, iie part., *statuts*, i^{er} vol., 43, 95; vide Église de Reims (sénéchaussée de l').

Remensis ecclesiæ servientes. *Arch. adm.*, t. I, 477, 718, 735, 783, 947; t. II, 339, 398, 889, 938. *Arch. lég.*, iie part., *statuts*, i^{er} vol., 124, 126, 533, 585; *statuts*, iiie vol., 23, 281, 283, 287, 293.

— ecclesiæ statuta. *Arch. adm.*, t. I, 24, 987, 1029. *Arch. lég.*, iie part., *statuts*, i^{er} vol., 3, 37, 39, 42, 45, 48, 54, 63, 147, 154.

— ecclesiæ subcantor, vide Reims (souschantre de).

— ecclesiæ subhebdomadarius. *Arch. lég.*, iie part., *statuts*, i^{er} vol., 114, 116.

— ecclesiæ succentor, vide Reims (souschantre de).

— ecclesiæ succentoria. *Arch. lég.*, iie part., *statuts*, i^{er} vol., 30.

— ecclesiæ suffraganei, vide Remorum archiepiscopi suffraganei.

— ecclesiæ thesauraria. Injustement conférée par Louis VII à son frère. *Arch. adm.*, t. I, 302, 414, 421, 422, 495, 625, 709, 786; t. II, 705, 917; t. III, 376. *Arch. lég.*, iie part., *statuts*, i^{er} vol., 29, 151; vide Notre-Dame de Reims (trésorerie de).

— ecclesiæ thesaurarius. *Arch. adm.*, t. I, 414, 421, 496, 498; vide Église de Reims (trésorier de l').

— ecclesiæ thesaurum, vide Église de Reims (trésor de l').

— ecclesiæ turrarius, vide Notre-Dame de Reims (tourrier de).

— ecclesiæ vicedominatus. *Arch. lég.*, iie part., *statuts*, i^{er} vol., 30.

— ecclesiæ vicedominus, vide Reims (vidame de).

— firmitas, vide Reims (fermeté de).

— hala, vide Reims (halle de).

Remensis libra, vide Reims (livre de).

— major, vide Reims (maire de).

— mensura, vide Reims (mesure de).

— metropolis, vide Reims (métropole de

— moneta, vide Reims (monnaie de).

— montana, vide Reims (montagne de).

— nummus, vide Reims (écu de).

— obsidio, vide Reims (siége de).

— pagus. *Arch. adm.*, t. I, 71.

— panetaria, vide Reims (paneterie de)

— paritas, vide Reims (pairie de).

— parvisius, vide Notre-Dame (parv de).

— pauperes, vide Reims (mendiants de

— platea, vide Fori-ad-Bladum plate mercati, Reims (marché de).

— populus, vide Reims (peuple de)

— præpositus, vide Reims (prévôt de).

— provincia, vide Reims (province de).

— provinciæ ecclesiæ censuales. *Arc adm.*, t. I, 351.

— provinciæ episcopi. *Arch. adm.*, t. 256, 266. Interviennent au différen entre les abbés de S. Remi et de S. N caise, 267, 378, 604, 605, 918.

— rector, vide Université de Reims (rec teur de l').

— scholasticus, vide Reims (écolâtre de

— sedes, vide Reims (siége de).

— senescallus, vide Reims (sénéchal de

— sestelagerius, vide Vicedominus.

— solidus, vide Reims (sou de).

— tallia, vide Reims (taille de).

— taillatores, vide Reims (collecteurs de tailles de).

— universitas, vide Reims (université de)

— vicecomes, vide Reims (vicomte de).

— villæ redditus, vide Reims (revenus de).

Remensium canonicorum servientes, vide Chapitre de Reims (servants du).

Remensium prædicatorum domus. *Arch. adm.*, t. I, 806.

— prædicatorum lector, vide Kayoto (Guillelmus de).

— prædicatorum prior. *Arch. adm.*, t. I, 712, 1023.

— prædicatorum supprior. *Arch. adm.*, t. I, 787.

— scabinorum procurator, vide Guespin (Johannes).

Remericorte (ecclesia de). *Arch. lég.*, II⁰ part., *statuts*, I⁰ʳ vol., 87.

Remi (sénat gaulois des.). *Arch. adm.*, t. I, 481.

Remi (Pierre), maître de la chambre aux deniers de l'hôtel du roi. *Arch. adm.*, t. II, 173, 477; voy. Remy.

Remies (village de). *Arch. lég.*, I⁰ part., 877.

Remigianum polypticum. *Arch. adm.*, t. I, 312, 328.

Remigii castrum, vide S. Remigii castellum.

Remigius, diacre. *Arch. adm.*, t. I, 387. *Arch. lég.*, II⁰ part., *statuts*, I⁰ʳ vol., 81, 166.

— prêtre. *Arch. lég.*, II⁰ part., *statuts*, I⁰ʳ vol., 79, 86, 93, 119.

— évêque de Laon. *Arch. adm*, t. I, 56.

— filius Radulphi de Hospitio. *Arch. adm.*, t. I, 842, 856.

— Carbonarius, bourgeois. *Arch. adm.*, t. II, 445.

— moine de Trèves. Lettre adressée audit par Gerbert, archevêque de Reims. *Arch. adm.*, t. I, 92, 97. *Arch. lég.*, I⁰ part., 62 ? II⁰ part., *statuts*, I⁰ʳ vol., 74.

— villanus. *Arch. adm.*, t. I, 1079.

— héritier de Gaubert de Bovencourt. *Arch. adm.*, t. I, 629.

Remiguy, voy. Joux.

Remilly, (prêtre de), voy. Rumilly.

— (village de). *Arch. adm.*, t. II, 1069.

— -les-Potées (paroisse de). *Arch. adm.*, t. II, 1068, 1069.

— -sur-Meuse (paroisse de). *Arch. adm.*, t. II, 1090.

Remin (Giles), chanoine de Noyon. *Arch. adm.*, t. II, 58.

Remion, voy. Buiron.

— le potier, voy. Potier (Remi le).

— fils de Remi Cauchon. *Arch. adm.*, t. II, 916.

— fils de Thomas de Cusy. *Arch. adm.*, t. I, 1116.

— fils de Robert la Bonne. *Arch. adm.*, t. I, 809.

— voy. Chevalier.

Remiremont (miles de), procureur du roi. *Arch. adm.*, t. II, 658.

Remis (civitas campestris de). *Arch. adm.*, t. I, 350.

— (Henricus de), prêtre. *Arch. adm.*, t. II, 1034. *Arch. lég.*, II⁰ part., *statuts*, I⁰ʳ vol., 118.

— (Huetus de). *Arch. adm.*, t. III, 392.

— (Robertus de), notaire. *Arch. adm.*, t. II, 184, 186, 333.

— (Theobaldus de). *Arch. adm.*, t. I, 328.

— (Leo de), curé de Cauroy. *Arch. adm.*, t. II, 392, 715.

— (Robinus), vide Remis (Robertus de).

— (Robertus de), notaire. *Arch. adm.*, t. II, 186. *Arch. lég.*, II⁰ part., *statuts*, I⁰ʳ vol., 81.

— (Ponsardus de), scribe. *Arch. adm.*, t. II, 186.

— (Rauletus de), apothicaire. *Arch. adm.*, t. II, 332.

Remistanus, prêtre, *Arch. lég.*, II⁰ part., *statuts*, I⁰ʳ vol., 79, 83?

Remoigne (Gerart de). *Arch. adm.*, t. II, 757.

Rémois. Stipulation desdits avec Clovis relatives à leurs libertés. *Arch. adm.*, t. I, 482; t. III, 159, 164, 165, 387; voy. Reims (citoyens de).

Rémond (vicomte de), seigneur de Sorbon. *Arch. adm.*, t. II, 1083, 1103.

— vicaire et official de l'archevéque. *Arch. adm.*, t. III, 726.

— procureur du roi. *Arch.lég.*, IIᵉ part., *statuts*, IIᵉ vol., 40, 42, 45.

— (Jehan), prévôt de N. D. de Reims. *Arch. lég.*, IIᵉ part., *statuts*, Iᵉʳ vol., 453, 529, 547, 587, 588, 625, 628, 637, 638, 640, 652, 659, 757.

Remonville (village de). *Arch. adm.*, t. II, 1093.

Remorum archiepiscopatus, vide Reims (archevêché de).

— archiepiscopi arma. *Arch. adm.*, t. I, 1006.

— archiepiscopi burgenses. *Arch. adm.*, t. I, 484, 540, 580, 612, 758; t. II, 288, 905; vide Archevêque de Reims (bourgeois du ban de l').

— archiepiscopi camerarius, vide Oriente (Ernaudus de).

— archiepiscopi commensales. *Arch. adm.*, t. I, 750, 797.

— archiepiscopi electio. *Arch. lég.*, Iʳᵉ part., 474, 475.

— archiepiscopi feodus. *Arch. adm.*, t. I, 516, 558, 579, 585, 586.

— archiepiscopi mensa. *Arch. adm.*, t. I, 718; t. III, 804.

— archiepiscopi officiales, vide Archevêque de Reims (officiers de l').

— archiepiscopi palatium, voy. Archevêque de Reims (palais de l').

— archiepiscopi præpositi, voy. Archevêque de Reims (prévôts de l').

— archiepiscopi prior. *Arch. adm.*, t. I, 502, 573.

— archiepiscopi procurator. *Arch. adm.*, t. I, 275; t. II, 322; vide Nidrox, Chalistre (Stephanus de).

Remorum archiepiscopi scabini, vide Archevêque de Reims (échevins du ban de l').

— archiepiscopi senescalli, vide Arceis (Hugo de), Érard, Ewrardus, Fleuriot, Goujon (Guillaume), Goujon (Nicolas), Goujon (Hierosme), Regnauld, Willermus.

— archiepiscopi senescallus. Privilége dudit à l'entrée de l'archevêque dans Reims. *Arch. adm.*, t. I, 414, 415, 526.

— archiepiscopi servientes. *Arch. adm.*, t. I, 566, 580; t. II, 22, 335. *Arch. lég.*, IIᵉ part., *statuts*, IIIᵉ vol., 49.

— archiepiscopi suffraganei. *Arch. adm.*, t. I, 600, 670, 673, 675, 676, 680, 694, 697, 708, 722, 1058; t. II, 887. *Arch. lég.*, Iʳᵉ part., 333; IIᵉ part., *statuts*, Iᵉʳ vol., 28.

— archiepiscopi terra. *Arch. adm.*, t. I, 830; t. II, 961; vide Archiepiscopi Remensis terra.

— archiepiscopi vicarius. *Arch. adm.*, t. I, 718; t. II, 1139. *Arch. lég.*, IIᵉ part., *statuts*, Iᵉʳ vol., 18, 54.

— bannileuga, vide Reims (banlieue de).

— cathedralis ecclesia, vide Reims (cathédrale de).

— cleri, vide Reims (clercs de).

— communitas, vide Reims (commune de).

— curia. *Arch. adm.*, t. I, 270, 354, 382, 283, 524, 628, 629, 672, 675, 680, 683, 695, 708, 711, 748, 769, 778, 917; t. II, 10, 109, 185, 282, 307, 339, 434, 590, 624, 642, 901; t. III, 54, 641, 799. *Arch. lég.*, Iʳᵉ part., 21, 97, 169, 176, 198, 205, 241, 248, 251, 253, 257, 258, 261, 267, 282, 312, 655, 766; voy. Reims (cour spirituelle de).

Remorum curiæ sigillum. *Arch. adm.*, t. I, 628; t. II, 627. *Arch. lég.*, 1re part., 4, 90.

— episcopi diœceseos. Saint Remi remet à trois d'entre lesdits le jugement du clerc qui contreviendrait à son testament. *Arch. adm.*, t. I, 20, 21, 74, 98. Lettre desdits au pape contre leur métropolitain Arnulphe, 99, 115, 141, 201, 223; vide Remorum archiepiscopi suffraganei.

— fortericia, vide Reims (forteresses de).

— fossata, vide Reims (fossés de).

— loca vicina, vide Reims (environs de).

— populus communis, vide Reims (commun peuple de).

— stalla, vide Reims (étaux de).

— suburbia, vide Reims (faubourgs de).

— synodus, vide Reims (synode de).

— via publica, vide Reims (voie publique de).

Rempart (Jehan). *Arch. adm.*, t. III, 889.

Remy (Jo....), neveu du grand archidiacre de Champagne. *Arch. lég.*, 11e part., statuts, 1er vol., 118.

— (Petrus), archidiacre de Champagne. *Arch. lég.*, 11e part., statuts, 1er vol., 118; statuts, 11e vol., 93, 94.

— (Jacques). *Arch. lég.*, 11e part., statuts, 11e vol., 238.

— (Charles). *Arch. lég.*, 11e part., statuts, 11e vol., 963.

— Chevalier. *Arch. adm.*, t. II, 603; t. III, 106.

— le ployeur de cerceaux. *Arch. adm.*, t. II, 827.

— berger de Courville. *Arch. adm.*, t. III, 759.

— (Pierre), vidame de Reims. *Arch. lég.*, 1re part., 880.

Renaldus, bouteiller de Saint-Remi. *Arch. lég.*, 11e part., statuts, 1er vol., 182.

— mansionnaire de l'église de Reims. *Arch.* adm., t. I, 500. *Arch. lég.*, 11e part., statuts, 1er vol., 97?

Renaldus, sous-diacre et trésorier de l'église de Reims. *Arch. lég.*, 11e part., statuts, 1er vol., 98, 121.

— serf. *Arch. lég.*, 11e part., statuts, 1er vol., 104.

— chapelain. *Arch. lég.*, 11e part., statuts, 1er vol., 115.

Renard (Raimon). *Arch. adm.*, t. III, 65.

— (Jehan), pâtissier. *Arch. adm.*, t. III, 835.

— (Guillaume), épicier. *Arch. lég.*, 11e part., statuts, 11e vol., 94.

— (Nicolas), voy. Regnard.

— (Jean-Baptiste). *Arch. lég.*, 11e part., statuts, 11e vol., 161.

— (Jean), tondeur de drap. *Arch. lég.*, 11e part., statuts, 11e vol., 391? 469.

— Tarte (J. F.), maître sergier. *Arch. lég.*, 11e part., statuts, 11e vol., 860.

— voy. Gaigne-Maille.

Renarde (Ysabella la). *Arch. adm.*, t. III, 432, 436. *Arch. lég.*, 11e part., statuts, 1er vol., 714?

Renardus, trésorier de l'église de Reims. *Arch. adm.*, t. I, 704, 708.

Renaudin, fils de Brione de la Couture. *Arch. adm.*, t. I, 729.

— voy. Marchandise, Waimel.

— évêque de Laon. *Arch. adm.*, t. I, 464.

— dictus Hardit, pâtissier. *Arch. adm.*, t. II, 183. *Arch. lég.*, 1re part., 62? 11e part., statuts, 1er vol., 71?

— vide Briaingnel

— évêque de Paris. *Arch. lég.*, 11e part., statuts, 1er vol., 101.

Renaudus, fils de Brouillat. *Arch. adm.*, t. II, 403.

— dictus Bergier, citoyen de Reims. *Arch. adm.*, t. II, 615.

— (Bertraudus). *Arch. adm.*, t. II, 1031.

Renaussart (seigneurie de). *Arch. lég.*, ı^{re} part., 893.

Renault, comte de Reims, voy. Ragenold.

— le lasseur. *Arch. adm.*, t. II, 685.

— (Aubry), sergent du bailliage. *Arch. lég.*, ıı^e part., *statuts*, ıı^e vol., 333.

Renaut, prévôt de Chaumuzy. *Arch. adm.*, t. II, 481.

— le savetier. *Arch. adm.*, t. II, 492, 529, 603.

— le boulanger. *Arch. adm.*, t. I, 729.

— le scieur de planches. *Arch. adm.*, t. II, 269.

René (Noël), religieux réformé de Saint-Remi. *Arch. lég.*, ıı^e part., *statuts*, ı^{er} vol., 199, 203, 216, 219, 229.

— huissier royal. *Arch. lég.*, ıı^e part., *statuts*, ı^{er} vol., 298.

— Buiron (Porte de), voy. Renier-Buiron.

Renerus, chevalier. *Arch. adm.*, t. II, 101, 805.

— vestiarius S. Dionysii Remensis. *Arch. adm.*, t. I, 830? 1037.

Renfermerie (rue de la). *Arch. lég.*, ıı^e part., *statuts*, ııı^e vol., 419.

Renier Aubri, vergeur de vin. *Arch. adm.*, t. III, 439, 441, 459.

— -Buiron (porte de). *Arch. adm.*, t. I, 769, 992, 1087; t. II, 405, 545, 1147; t. III, 119, 149, 209, 225, 227, 235, 245, 256, 380, 381, 418, 468. *Arch. lég.*, ıı^e part. *statuts*, ı^{er} vol., 859, 941, 947; *statuts*, ııı^e vol., 62.

— (Froment), lieutenant du prévôt. *Arch. adm.*, t. II, 678.

— (J.) tonnelier. *Arch. adm.*, t. II, 824.

— chevalier, voy. Renerus.

— (Colin), accusé de fausse monnaie. *Arch. adm.*, t. III, 176.

Rennart Gaigne-Maille. *Arch. adm.*, t. II, 1186; voy. Gaigne-Maille.

Rennes (ville de). *Arch. lég.*, ı^{re} part., 278.

Renneville (presbyter de). *Arch. adm.*, t. I, 1067.

— (curé de), voy. Dupuy (Regnault).

— (paroisse de). *Arch. adm.*, t. II, 1066.

— (village de). *Arch. lég.*, ı^{re} part., 907, 911.

Renoldus, chanoine. *Arch. lég.*, ıı^e part., *statuts*, ı^{er} vol., 116.

Renonciation, vide Renuntiatio.

Renouart (Jehan). *Arch. adm.*, t. III, 380.

Renoudus prêtre. *Arch. lég.*, ı^{re} part., *statuts*, ı^{er} vol., 106.

Rente, voy. Bourgeoisies, Coustumes, Hôtel de ville de Reims, Pisseleu, Sauvement.

— viagère, voy. Vitam (redditus ad).

Renté (H.), échevin. *Arch. lég.*, ıı^e part., *statuts*, ı^{er} vol., 668.

Renton-près-Pauvre (village de). *Arch. adm.*, t. II, 1109.

Renty (prior de). *Arch. adm.*, t. II, 639.

— (François de), chevalier. *Arch. lég.*, ı^{re} part., 891.

Renuble-Bifin (lieu de). *Arch. adm.*, t. III, 609.

Renuntiatio. *Arch. lég.*, ı^{re} part., 173, 183.

Renwez (village de). *Arch. adm.*, t. II, 773.

— (paroisse de), voy. Rancouado (parochia de).

— (Jehan de), bourgeois. *Arch. adm.*, t. II, 1179, 1181; t. III, 824. *Arch. lég.*, ıı^e part., *statuts*, ı^{er} vol., 388.

— (Jehannette de). *Arch. lég.*, ı^{re} part., 526.

Repas anniversaire donné aux moines de Saint-Denis de Reims en mémoire d'une fondation faite en l'abbaye par Hugues, comte de Champagne. *Arch. adm.*,

t. I, 275 ; Innocent III restreint et fixe la somme qui doit être affectée à ceux donnés aux prélats dans leurs visites diocésaines. 467 ; voy. Epulæ, Past.

Replienellus (Guillermus), official de Reims. *Arch. adm.*, t. I, 1031.

Réponde (Lyné de). *Arch. adm.*, t. III, 756.

Reportagium (apport, report). *Arch. lég.*, i^re part. 98.

République française. *Arch. lég.*. i^re part., *statuts*, iie vol., 1028; voy. Respublica.

Repulso, vide Campo.

Requiem (messe du). *Arch. lég.*, iie part., *statuts*, i^er vol., 330.

Resbais (alodium de). *Arch. adm.*, t. I, 316.

— (medietas de). *Arch. adm.*, t. I, 332.

Rescelina. *Arch. lég.*, iie part., *statuts*, i^er vol., 79.

Rescoussere (rescoure, secourir). *Arch. adm.*, t. I, 833.

Rescoussio (rescousse). *Arch. adm.*, t. I, 837; t. II, 335.

Rescriptio. *Arch. lég.*, i^re part., 258, 266.

Rescriptum. *Arch. lég.*, i^re part., 198.

Rescussio, vide Rescoussio.

Résidence. *Arch. adm.*, t. II, 592; t. III, 770. *Arch. lég.*, i^re part., 281 ; iie part., *statuts*, i^er vol., 14, 15, 16, 19, 28, 30, 31. Les chanoines sont tenus à ladite pour conserver leurs prébendes, 126.

Residentia, vide Résidence.

Resignatio, (résignation). *Arch. lég.*, i^re part., 303.

Resigny (village de). *Arch. lég.*, i^re part., 890, 903.

Resompte, nom d'une thèse soutenue par les écoliers de Reims. *Arch. lég.*, iie part., *statuts*, i^er vol., 124.

Respublica. *Arch. lég.*, i^re part., 382 ; vide République.

Resson (capellania de). *Arch. adm.*, t. II, 1107.

— (seigneur de). *Arch. adm.*, t. II, 1105 ; voy. Lor (Gaucher de), Tenrrecuir (Jehançon).

— (abbaye royale de). *Arch. lég.*, iie part., *statuts*, i^er vol., 255.

— (abbé de), voy. Lescure (Antoine-Pierre de la Condamine de).

— (Denise de). *Arch. adm.*, t. II, 697.

— (presbyter de). *Arch. adm.*, t. II, 1104.

— (dominus de), Resson (seigneur de).

Ressortissare (ressortir). *Arch. lég.*, iie part., *statuts*, i^er vol., 353.

Ressortus (ressort). *Arch. adm.*, t. II, 21 ; t. III, 192, 226, 548, 642. *Arch. lég.*, iie part., *statuts*, i^er vol., 395, 575.

Restabilimentum (rétablissement). *Arch. adm.*, t. III, 402, 403. *Arch. lég.*, iie part., *statuts*, i^er vol., 582.

Resta (reste). *Arch. adm.*, t. II, 542.

Restachare (réparer). *Arch. adm.*, t. I, 513, 514.

Restachatio (réparation). *Arch. adm.*, t. I, 514.

Restedunus, inscrit sur l'obituaire. *Arch. lég.*, iie part., *statuts*, i^er vol., 83.

Restel (P. de), voy. Rethel (Gellite de).

Restella, vide Rethel (ville de).

Restellæ comes, vide Rethel (comte de).

Restellus (herse alias restel). *Arch. adm.*, t. I, 878, 881 ; t. II, 335.

Restes, voy. Sacre (restes du).

Retendeurs de Reims (statuts des). *Arch. lég.*, iie part., *statuts*, iiie vol., 121, 122.

Retest (Pierre de), voy. Rethel.

— (prior de), vide Registeste (prior de).

— (Henricus de), vide Rethel.

— (Thiébaut), vide Rethel.

Reteste (molendinum de). *Arch. adm.*, t. I, 308, 663.

— castrum, vide Rethel (château de).

Rethel (Pierre de). *Arch. adm.*, t. III, 249? 662. *Arch. lég.*, 1re part., 497, 506, 558, 578.

— (Henricus de). *Arch. adm.*, t. I, 532, 533.

— (Thiébaut de). *Arch. adm.*, t. III, 37.

— (Ponsart de). *Arch. adm.*, t. III, 69.

— (moulin de), voy. Reteste (molendinum de).

— (Auberée de). *Arch. adm.*, t. II, 542.

— (bailli de). *Arch. adm.*, t. II, 119.

— (comte de). *Arch. adm.*, t. I, 388, 423, 424, 425, 428, 454, 464, 785, 835, 849, 851, 867, 1070; t. II, 119, 383. Rang dudit à la cérémonie du sacre, 575, 1084, 1106; t. III, 700. *Arch. lég.*, 11e part., *statuts*, 1er vol., 793; voy. Albret (J. d'), Gaucher, Hugo, Johannes, Manasses.

— (comté de). *Arch. adm.*, t. III, 277, 586, 601, 607, 630. *Arch. lég.*, 1re part., 525; 11e part., *statuts*, 1er vol., 552, 600, 933; *statuts*, 111e vol., 510.

— (coutumes de). *Arch. adm.*, t. I, 128.

— (doyenné de). *Arch. adm.*, t. II, 1080, 1084. *Arch. lég.*, 11e part., *statuts*, 111e vol., 680, 690.

— (Guterius, comte de), vide Rethel (Guiterus).

— (paroisse de), voy. Regiteste (parochia de).

— (Gervasius, comte de). *Arch. adm.*, t. I, 269.

— (Guiterus, comte de). *Arch. adm.*, t. I, 281, 309, 318.

— (Pellite de). *Arch. adm.*, t. II, 534.

— (mesure de). *Arch. lég.*, 11e part., *statuts*, 1er vol., 92, 100.

— (hôpital de). *Arch. adm.*, t. I, 1001.

— (bourg de), vide Registertensis burgus.

Rethel (Hugo, comte de), donne des serfs e des terres à Saint-Denys de Reims. *Arch. adm.*, t. I, 275, 288, 345, 410 451, 454, 473, 492, 649? 840. *Arch. lég.*, 11e part., *statuts*, 1er vol., 90, 102

— (Gaucher, comte de). *Arch. adm.*, t. II 100.

— (Johannes, comte de). *Arch. adm.*, t. I 309? 622. S'engage à ne point loger lui ni ses gens, dans les maisons d Saint-Remi, 701, 823, 825, 835, 840 *Arch. lég.*, 11e part., *statuts*, 1er vol. 93.

— (Henricus, comte de). *Arch. adm.*, t. I 345.

— (manufacture de). *Arch. lég.*, 11e part statuts, 111e vol., 126.

— (ville de). *Arch. adm.*, t. I, 321, 345 382, 425, 650, 1073; t. II, 28, 1082 1084, 1106. Alliance de ladite ave Reims, t. III, 123. Plusieurs habitan de Reims se réfugient en ladite apr les ravages des grandes compagnies 358, 681. *Arch. lég.*, 11e part., 81 statuts, 1er vol., 167, 204, 233, 49 622, 706, 840, 857. Nouveau pac d'alliance de ladite avec ceux de Reim 919, 927; statuts, 11e vol., 816.

— (Rogesius, comte de). *Arch. lég.* 11e part., *statuts*, 1er vol., 121.

— (château de). *Arch. adm.*, t. I, 270 329, t. II, 1082.

— (curé de). *Arch. adm.*, t. II, 108 voy. Hubin (Jean).

— (prieuré de). *Arch. adm.*, t. II, 108 *Arch. lég.*, 11e part., *statuts*, 1er vol. 203, 217, 219, 237, 244, 251.

— (Nicolas, comte de). *Arch. adm.*, t. 972.

— (écoles de), voy. Registestenses schola

— -Mazarin (ville de). *Arch. lég.*, 11e part statuts, 111e vol., 389, 395, 638.

Rethelois (pays de). *Arch. adm.*, t. III 408. *Arch. lég.*, 1re part., 914; 11e part.

statuts, 1ᵉʳ vol., 509, 616, 788, 840, 913.

Rethelois (lieutenant général du), voy. Vieuville (marquis de la).

— (élection de). *Arch. lég.*, 11ᵉ part., *statuts*, 1ᵉʳ vol., 834, 904; *statuts*, 11ᵉ vol., 968.

Rethest (Nicole de), bourgeois de Reims. *Arch adm.*, t. III, 17.

— (Pierre de), voy. Rethel.

Retheze (moulin de). *Arch. lég.*, 11ᵉ part., *statuts*, 11ᵉ vol., 633.

Rethorica. *Arch. lég.*, 1ʳᵉ part., 478.

Retinas (villa de), vide Rettina.

Retornæ vinagium. *Arch. lég.*, 11ᵉ part., *statuts*, 1ᵉʳ vol., 64.

Retoune (rivière de). *Arch. adm.*, t. III, 585, 604.

Retractatio. *Arch. lég.*, 1ʳᵉ part., 331.

Retrait, voy. fief (retrait de).

— lignager. *Arch. lég.*, 1ʳᵉ part., 706, 712, 923, 944, 967, 974.

Retro-bannus, vide arrière-ban.

Retrofeodus, *Arch. adm.*, t. II, 728. *Arch. lég.*, 1ʳᵉ part., 976; 11ᵉ part., *statuts*, 1ᵉʳ vol., 576 ; vide arrière-fief.

Rettina (villa de). *Arch. adm.*, t. I, 178, 313.

Reuillon (village de). *Arch. adm.*, t. I, 1089.

Reuilly (châtellenie de). *Arch. adm.*, t. II, 883.

Reuminiaco (prior de). *Arch. adm.*, t. II, 639 ; vide Rumigny (prieur de).

Reusseta, femme de Renerus Alemans. *Arch. lég.*, 1ʳᵉ part., 110, 111, 112.

Reveillonum, vide Reuilly.

Revel (Gaspard), maître serrurier. *Arch. lég.*, 11ᵉ part., *statuts*, 11ᵉ vol., 591.

Revella (curatus de), vide Fluy (B. de).

Revelon (seigneurie de). *Arch. lég.*, 11ᵉ part., *statuts*, 1ᵉʳ vol., 244.

Revelon (terre de). *Arch. lég.*, 11ᵉ part., *statuts*, 1ᵉʳ vol., 244.

Revendeur de marée, voy. Reims (revendeurs de marée de).

Revendication. *Arch. lég.*, 1ʳᵉ part., 789.

Reveneyo (Nicholaus de), chanoine d'Avenay. *Arch. adm.*, t. II, 1045.

Revenu, voy. archevêché de Reims (revenus de).

Revenutus (revenu). *Arch. adm.*, t. III, 524, 801. *Arch. lég.*, 11ᵉ part., *statuts*, 1ᵉʳ vol., 583.

Reverseau (Gueau de), avocat. *Arch. lég.*, 11ᵉ part., *statuts*, 111ᵉ vol., 405, 410, 412, 414, 466, 470.

Revigny (J. de), charreton. *Arch. lég.*, 11ᵉ part., *statuts*, 1ᵉʳ vol., 644.

Revillon (village de). *Arch. lég.*, 1ʳᵉ part., 907.

Revocatio, *Arch. lég.*, 1ʳᵉ part., 69.

Rewadiare (élargir sous caution). *Arch. adm.*, t. I, 36.

Rex, vide Angliæ, Aquitanorum, Castellæ, Christianissimus, Francorum, Jerosolimitanus, Navaræ.

Reynel (marquis de). *Arch. lég.*, 11ᵉ part., *statuts*, 1ᵉʳ vol., 391.

Rhenus, vide Rhin.

Rhin (fleuve du). *Arch. adm.*, t. I, 6.

Riant (Denis), avocat. *Arch. lég.*, 11ᵉ part., *statuts*, 11ᵉ vol., 330.

Ribaille (Pierre), religieux de Saint Remi. *Arch. lég.*, 11ᵉ part., *statuts*, 1ᵉʳ vol., 213.

Ribaldus (ribaud). *Arch. adm.*, t. III, 476.

— diacre et chanoine. *Arch. lég.*, 11ᵉ part., *statuts*, 1ᵉʳ vol., 101.

Ribaudimons, vide Ribemont.

Ribauville (village de). *Arch. lég.*, 1ʳᵉ part., 893.

Ribecourt (village de). *Arch. lég.*, 1ʳᵉ part., 908.

Ribemont (couvent de). *Arch. lég.*, 1re part., 918.

— (ville de). *Arch. adm.*, t. I, 228; t. II, 634; t. III, 622. *Arch. lég.*, IIe part., *statuts*, 1er vol., 904; *statuts*, IIIe vol., 21 ; voy. Riboldimous.

— (prévôté de). *Arch. adm.*, t. II, 1171.

— (momaison de). *Arch. adm.*, t. III, 621.

— (lieutenant de), voy. Ofay (Mathieu d').

Riboldimons, vide Ribemont.

Riboldus; vide Ricboldus,

Ribuerensis pagus. *Arch. adm.*, t. I, 326.

Ricardus, cardinal, vide Richardus.

— écuyer. *Arch. adm.*, t. II, 100.

— chapelain. *Arch. adm.*; t. I, 425.

— abbé, vide Richardus.

Ricart (M.), manouvrier. *Arch. adm.*, t. III, 831.

Ricboldus. *Arch. lég.*, IIe part., *statuts*, 1er vol., 91.

Richaldus, corepiscopus. *Arch. lég.*, IIe part., *statuts*, 1er vol., 82, 87.

— diacre et chanoine, vide Ribaldus.

Richard (Jean), estaminier. *Arch. lég.*, IIe part., *statuts*, IIe vol., 226.

— archidiacre de Reims. *Arch. adm.*, t. I, 205.

— (Antoine), notaire à Amiens. *Arch. lég.*, IIe part., *statuts*, IIIe vol., 271.

— (Mgr. J.), curé de Reims. *Arch. adm.*, t. III, 44.

— le cherton. *Arch. adm.*, t. III, 759.

— (Jean), marchand drapier. *Arch. lég.*, IIe part., *statuts*, IIe vol., 810.

— (N.), maître sergier. *Arch. lég.*, IIe part., *statuts*, IIe vol., 812.

— (J...), potier d'étain. *Arch. lég.*, IIe part., *statuts*, 1er vol., 776.

Richard (P....), bourgeois. *Arch. lég.*, IIe part., *statuts*, 1er vol., 789.

— voy. Picque.

Richard religieux de S. François, théologien. *Arch. adm.*, t. I, 667.

— (Johannes), chapelain de S. Timothée de Reims. *Arch. adm.*, t. II, 1041.

Richardi Murianici terra. *Arch. adm.*, t. 264.

Richardus, frère de l'archevêque de Reims Arnulphe. *Arch. adm.*, t. I, 121, 15

— abbé de S. Viton de Verdun. *Arch. adm.*, t. I, 206. *Arch. lég.*, IIe part., *statuts*, 1er vol., 83.

— lévite et chanoine. *Arch. lég.*, IIe part., *statuts*, 1er vol., 83.

— évêque de Verdun. *Arch. lég.*, IIe part., *statuts*, 1er vol., 98.

— chantre. *Arch. lég.*, IIe part., *statut* 1er vol., 117.

— cardinal et chanoine. *Arch. lég.*, IIe part., *statuts*, 1er vol., 81, 117.

— roi. *Arch. adm.*, t. I, 592, 596.

— coutre. *Arch. adm.*, t. I, 785.

— prêtre. *Arch. lég.*, IIe part., *statuts* 1er vol., 65, 82.

— bourgeois. *Arch. adm.*, t. II, 38 *Arch. lég.*, 1re part., 141; IIe part., *statuts*, 1er vol., 85, 118.

— chevalier. *Arch. lég.*, IIe part., *statuts* 1er vol., 76, 81.

Riche (M. le), seigneur de Vandy. *Arch. adm.*, t. II, 1112.

— (Robert le), citoyen de Reims. *Arch. adm.*, t. III, 778.

— (Pierre le), cuisinier. *Arch. lég.*, IIe part., *statuts*, IIIe vol., 497.

— (Anne le), veuve de Nicolas (Prévost) cuisinier. *Arch. lég.*, IIe part., *statuts* IIIe vol., 497.

— (Jehan le). *Arch. adm.*, t. II, 496 780.

— (Hues le). *Arch. adm.*, t. II, 705; t. III 39.

— (Remigius le), échevin. *Arch. adm.*

t. II, 201. *Arch. lég.*, IIe part., *statuts*, Ier vol., 428.

Riche (Gylet le). *Arch. adm.*, t. II, 808.

Richebourg (Jehan de), seigneur de Marquigny. *Arch. lég.*, Ire part., 924.

— (sieur de), voy. Favart (Rigobert).

— (village de). *Arch. lég.*, IIe part., *statuts*, IIIe vol., 395.

Riche-Homme (Gilet le). *Arch. adm.*, t. I, 1083.

Richelet, charreton. *Arch. adm.*, t. III, 757, 760, 767.

— doyen de la faculté de médecine de Reims. *Arch. lég.*, IIe part., *statuts*, IIe vol., 700.

— (Nicolas-Jean), marchand. *Arch. lég.*, IIe part., *statuts*, IIe vol., 797.

Richelin, voy. Jumigny.

Richemont (comte de), connétable de France. *Arch. adm.*, t. III, 156. *Arch. lég.*, IIe part., *statuts*, Ier vol., 608, 629; *statuts*, IIIe vol., 616, 643.

Richer, chantre, voy. Richerus.

— trésorier. *Arch. adm.*, t. I, 205.

— (Jean-Baptiste-Nicolas), charpentier. *Arch. lég.*, IIe part., *statuts*, IIIe vol., 671.

— (Henry), voy. Ville.

— (Espoie). *Arch. adm.*, t. III, 511.

— procureur. *Arch. lég.*, IIe part., *statuts*, IIe vol., 591; *statuts*, IIIe vol., 556.

— (Robert le). *Arch. adm.*, t. I, 640.

— (Jehan). *Arch. lég.*, IIe part., *statuts*, IIe vol., 9.

— (A.), maître sergier. *Arch. lég.*, IIe part., *statuts*, IIe vol., 859.

— expéditionnaire en cour de Rome. *Arch. lég.*, IIe part., *statuts*, Ier vol., 258, 309.

Richerus, chanoine de S. Denis de Reims. *Arch. adm.*, t. I, 644. *Arch. lég.*,

IIe part., *statuts*, Ier vol., 65, 662 89? 94?

Richerus, chantre de l'église de Reims. *Arch. adm.*, t. I, 205, 244, 245, 253; *Arch. lég.*, IIe part., *statuts*, Ier vol., 80, 102, 105.

— juge. *Arch. lég.*, IIe part., *statuts*, Ier vol., 94, 113, 169?

— chevalier. *Arch. adm.*, t. I, 305. *Arch. lég.*, IIe part., *statuts*, Ier vol., 65, 114.

— abbé de S. Bâle. *Arch. adm.*, t. I, 253.

— macharius. *Arch. lég.*, IIe part., *statuts*, Ier vol., 170, 172.

— puer. *Arch. lég.*, IIe part., *statuts*, Ier vol., 82.

— *Arch. adm.*, t. I, 374; vide Mordens-Carnem.

Richetus, matricularius, voy. Richerus macharius.

Richeu (la), veuve. *Arch. adm.*, t. I, 1014; t. II, 700?

Richeut la Sencière. *Arch. adm.*, t. II, 537.

Richier, voy. Rihier; Richelin.

— veuve (la), voy. Richeu.

— (Colart). *Arch. adm.*, t. III, 707.

— (J.), sergent de ville. *Arch. lég.*, IIe part., *statuts*, Ier vol., 823, 838, 863, 892.

— (J.), notaire. *Arch. lég.*, IIe part., *statuts*, Ier vol. 882.

— voy. Marés.

Richildis, abbesse. *Arch. lég.*, IIe part., *statuts*, Ier vol., 75, 81? 82.

Richoara, religieuse. *Arch. lég.*, IIe part., *statuts*, Ier vol., 76, 169.

Richuara, vide Richoara.

Ricot, voy. Taissy.

Ricuidis, femme de Robertus, homme de S. Thierry. *Arch. adm.*, t. I, 314.

Riculphe, archevêque de Mayence, accuse

Hincmar d'avoir apporté d'Espagne les fausses décrétales. *Arch. adm.*, t. I, 109. Chapelain de Charlemagne, *ibid.* Primat de toute la Germanie, 111.

Rideau (Guillaume), palefrenier. *Arch. adm.*, t. III, 757, 767.

Ridelle (Drouetus), notaire. *Arch. adm.*, t. I, 1072.

Ridello (Goisfridus de). *Arch. adm.*, t. I, 251.

Ridez, boucher. *Arch. lég.*, iiᵉ part , *statuts*, iᵉʳ vol., 998.

Riduara villa. *Arch. adm.*, t. I. 330.

Riencourt (Henry de), seigneur de Parfonderue. *Arch. lég.*, iʳᵉ part., 893.

Rieti (ville de), voy. Reatum.

Rieux (maréchal de). *Arch. lég.*, iiᵉ part., *statuts*, iᵉʳ vol., 755.

Rifuinus. *Arch. adm.*, t. I, 51.

Riga (Pierre de), écolâtre de Reims. *Arch. adm.*, t. I, 666.

Rigaut, voy. Ébal, Molin-Rigaut.

— (maison de). *Arch. adm.*, t. III, 623.

Rigfredus, vassal de l'église de Reims. *Arch. adm.*, t. I, 36.

Righardus, vassal de la même église. *Arch. adm.*, t. I, 36.

Rignello (Arnulfus de). *Arch. lég.*, iiᵉ part., *statuts*, iᵉʳ vol., 165.

Rignicourt, voy. Regnicourt.

Rigny (village de). *Arch. adm.*, t. III, 605.

— (vicomte de), voir Sancourt (Claude de).

— (Geberien de), échevin. *Arch. lég.*, iiᵉ part., *statuts*, iiᵉ vol., 796, 807, 810.

— abbé de), voy. Beauquaire (F. de).

Rigobert, voy. Saint Rigobert.

Rigolet (Jehan), peintre. *Arch. adm.*, t. III, 836.

Rigot (Guido), chanoine. *Arch. adm.*, t. I,
867. *Arch. lég.*, iiᵉ part., *statuts*, iᵉʳ vol., 77, 107, 122.

Rigoz, voy. Rigot.

Rihier (J....), sergent de ville *Arch. lég.*, iiᵉ part., *statuts*, iᵉʳ vol., 789, 807.

Rilleyum, vide Rilly.

Rilliaco (Paganus de). *Arch. adm.*, t. I, 848.

Rilliacum, vide Rilly.

Rillan (village de). *Arch. lég.*, iiᵉ part., *statuts*, iiiᵉ vol., 390.

Rilly (village de). *Arch. adm.*, t. I, 1089; t. III, 109. *Arch. lég.*, iʳᵉ part., 500, 594, 755, 876, 903, 907, 909, 911; iiᵉ part., *statuts*, iᵉʳ vol., 218, 244, 531, 674, 715; *statuts*, iiᵉ vol., 276, 963, 968.

— (Otho de), chevalier. *Arch. adm.*, t. I, 857.

— (Pelletier de), procureur. *Arch. lég.*, iiᵉ part., *statuts*, iiiᵉ vol., 484, 556.

— (Wiart de), tavernier. *Arch. adm.*, t. III, 98.

— (terre de). *Arch. adm.*, t. III, 424.

— (J.... de), maître des eaux et forêts de Champagne. *Arch. adm.*, t. III, 832.

— (Coquo de). *Arch. lég.*, iʳᵉ part , 526.

— -aux-Oyes (village de). *Arch. adm.*, t. II, 1109. *Arch. lég.*, iʳᵉ part., 907.

— -la-Montagne (église de). *Arch. adm.*, t. II, 1116.

— -la-Montagne (village de). *Arch. adm.*, t. II, 1117.

Rimaucourt (village de). *Arch. lég.*, iiᵉ part., *statuts*, iiiᵉ vol., 390.

Rimhamna (villa de). *Arch. adm.*, t. I, 29.

Rimini (synode de), vide Ariminensis Synodus.

Rimogne (village de). *Arch. adm.*, t. II, 1068. *Arch. lég.*, iiᵉ part., *statuts*, iiiᵉ vol., 393.

Rimogne (Robert de). *Arch. adm.*, t. II, 1068.

Rimont (paroisse de), vide Rimonte (parochia de).

— (patronage de), vide Rimonte (patronagium de).

— (presbyter de). *Arch. adm.*, t. II, 1079.

Rimonte (parochia de). *Arch. adm.*, t. II, 1077.

— (patronagium de). *Arch. adm.*, t. II, 1079.

Rimuinus, inscrit sur le nécrologe de Reims. *Arch. lég.*, iie part., *statuts*, i[er] vol., 75.

Rinardus, prêtre de Châlons. *Arch. adm.*, t. I, 364.

Rincourt (M. de), seigneur de Balaives. *Arch. adm.*, t. II, 1076.

— (village de). *Arch. lég.*, i[re] part., 901.

Rinel (J. de). *Arch. lég.*, iie part., *statuts*, i[er] vol., 740.

Riolanus, médecin. *Arch. lég.*, iie part., *statuts*, iie vol., 754.

Riom (ville de). *Arch. lég.*, iie part., *statuts*, iiie vol., 52.

Riota (dispute). *Arch. adm.*, t. III, 296.

Ripaldus, prêtre-chanoine. *Arch. lég.*, iie part., *statuts*, i[er] vol., 96.

Riparia, vide Chemiselle.

Ripont (village de). *Arch. adm.*, t. II, 1100.

— (Regnault du), lieutenant du bailli de Vermandois. *Arch. adm.*, t. II, 988, 1001, 1002, 1004.

Ripuaria lex. *Arch. lég.*, iie part., *statuts*, iiie vol., 622, 624 ; vide Loi Ripuaire.

Riquème le quarelleur. *Arch. adm.*, t. III, 820.

Rislei, vide Rislle.

Rislle (census de). *Arch. lég.*, iie part., *statuts*, i[er] vol., 167, 168.

Risnel (Hugo de). *Arch. adm.*, t. I, 379.

Riulet (Nicaise), bourgeois. *Arch. lég.*, iie part., *statuts*, iiie vol., 496.

Rivart (Remigius). *Arch. adm.*, t. III, 615.

— (Laurent), ouvrier en soie. *Arch. lég.*, iie part., *statuts*, iie vol., 375.

— (Jehan-Baptiste), bourgeois *Arch. lég.*, iie part., *statuts*, i[er] vol., 990.

— (Timothée). *Arch. lég.*, iie part., *statuts*, i[er] vol., 990.

Rivecurte S. Nandregesilli (prior de). *Arch. adm.*, t. II, 636.

Rivel (sieur de). *Arch. lég.*, iie part., *statuts*, i[er] vol., 577.

Rivereuil (village de). *Arch. lég.*, iie part., *statuts*, iiie vol., 394.

Rivet (dom.), historien allégué au sujet du concile de Reims. *Arch. adm.*, t. I, 93, 98.

Rivière, voy. Aire, Aisne, Ardre, Attigny, Bloise, Burie, Épernay, Loire, Meuse, Retoune, Rognon, Saint-Lynart, Seine, Somme, Suippe, Thuisy, Yonne, voy. Fluvius.

— (Antoine de). *Arch. lég.*, i[re] part., 910.

— (Claude-Thomas). *Arch. lég.*, iie part., *statuts*, iie vol., 243.

— (M. de). *Arch. adm.*, t. II, 1093.

— (Pierre de), notable de Reims. *Arch. lég.*, iie part., *statuts*, i[er] vol., 759 ; *statuts*, iie vol., 394.

— -de-Corps (village de). *Arch. lég.*, iie part., *statuts*, iie vol., 563.

— Neuve. *Arch. lég.*, iie part., *statuts*, i[er] vol., 238.

Rivol (Louis-Charles); curateur du duc de Rohan. *Arch. lég.*, iie part., *statuts*, iiie vol., 531.

Roagium, vide Rotagium.

Roart le Cordewanier, receveur des tailles, *Arch. adm.*, t. II, 416.

Roba (robe). *Arch. adm.*, t. III, 751, 772. *Arch. lég.*, i[re] part., 261.

Robac (Jean de), curé de Vitry-le-Reims. *Arch. lég.*, ıı^e part., *statuts*, ııı^e vol., 37.

Robaillet (Jaquet). *Arch. adm.*, t. III, 865.

Robaria, vide Roberia.

Robecourt, voy. Robertina-Carta.

Ribele, voy. Bourc.

Robelès, voy. Qui-ne-rit.

Robelete (Hues). *Arch. adm.*, t. I, 764.

Robelin (Jehan). *Arch. adm.*, t. I, 792.

Roberchamp (Jehan), bailli de l'archevêque de Reims. *Arch. adm.*, t. III, 656, 834, 837, 841. *Arch. lég.*, ı^{re} part., 507, 592; ıı^e part., *statuts*, ı^{er} vol., 400, 412; 453, 539, 571 ?

— (Pierre), prieur de Choisy. *Arch. lég.*, ı^{re} part., 585.

Roberel (Henrion de). *Arch. adm.*, t. II, 891, 892, 904, 1192, 1193.

— (Hennequin de). *Arch. adm.*, t. II, 915, 916.

Roberia (roberie vol). *Arch. adm.*, t. I, 1101; t. II, 226.

Robert (Jehan), élu de Laon. *Arch. lég.*, ı^{re} part., 896, 897.

— frère de Henry de France, archevêque, voy. Robertus.

— -Ingrant (rue de). *Arch. adm.*, t. II, 911.

— (Billet), maître des comptes, seigneur de Breuil. *Arch. adm.*, t. II, 1060.

— tailleur de robes. *Arch. adm.*, t. II, 827.

— portier de Porte-de-Vesle. *Arch. adm.*, t. II, 911.

— (Bertrand), seigneur de Briquebecq, maréchal de France. *Arch. adm.*, t. II, 485, 632, 816.

— (Pierre). *Arch. lég.*, ı^{re} part., 877, 897.

— (maistre). *Arch. adm.*, t. II, 1236.

— (Marie), boucher. *Arch. adm.*, t. III, 835, 841.

Robert (Bauduyn), commis de S. Ladre. *Arch. adm.*, t. III, 50.

— le mercier. *Arch. adm.*, t. III, 484.

— (Guiscard). *Arch. lég*, ı^{re} part., 432.

— (Claude), lieutenant de courte-robe au baillage de Vermandois. *Arch. lég.*, ı^{re} part., 896.

— (Jean). *Arch. lég.*, ıı^e part., *statuts*, ıı^e vol., 239.

— (Claude), savetier. *Arch. lég.*, ıı^e part., *statuts*, ıı^e vol., 239.

— (Anger), marchand tapissier. *Arch. lég.*, ıı^e part., *statuts*, ıı^e vol., 441.

— (André), marchand mercier. *Arch. lég.*, ıı^e part., *statuts*, ıı^e vol., 566, 570.

— (G....), sénéchal. *Arch. lég.*, ıı^e part., *statuts*, ı^{er} vol., 691.

— (P....), dit l'Épine, capitaine. *Arch. lég.*, ıı^e part., *statuts*, ı^{er} vol., 717.

— (Nicolas), épicier. *Arch. lég.*, ıı^e part., *statuts*, ııı^e vol., 94.

— (M.), seigneur du Châtelet. *Arch. lég.*, ıı^e part., *statuts*, ııı^e vol., 393.

— (seigneurie de). *Arch. lég.*, ıı^e part., *statuts*, ııı^e vol., 533.

— le cordonnier. Voy. Robin.

— le parmentier. *Arch. adm.*, t. II, 541.

— roi des Français, voy. Robertus.

Roberticampus, vide Roberchamp.

Robertina carta. *Arch. adm.*, t. II, 216.

Robertine (la), voy. Robertina carta.

Robertus, granger de l'archevêque. *Arch. adm.*, t. I, 545.

— official de Beauvais. *Arch. adm.*, t. I, 595.

— prêtre de Saint-Lambert. *Arch. adm.*, t. I, 533.

— frère de Henry de France, archevêque de Reims. *Arch. adm.*, t. I, 348. Ménage la paix entre ce dernier et les

bourgeois, *ibid. Arch. lég.*, 1re part., 759, voy. France (Robert de).

Robertus prévôt de Rumigny. *Arch. adm.*, t. I, 451.

Robin, le cordonnier. *Arch. adm.*, t. II, 511, 531.

— (David), maître juré, tonnelier. *Arch. lég.*, IIe part., *statuts*, IIe vol., 421.

— (Cheilet), voy. Clarisset.

— dit Argent. *Arch. adm.*, t. II, 672.

— voy. Bures.

— (Pierre), sénéchal. *Arch. lég.*, IIe part., *statuts*, IIe vol., 279, 559.

— voy. Viète.

— le vieullier. *Arch. adm.*, t. II, 525.

— le fruitier. *Arch. adm.*, t. II, 529, 685.

— le Vachier (rue de). *Arch. adm.*, t. II, 541.

Robines (Petrus de), curé de Bourg. *Arch. adm.*, t. II, 1110.

Robinet (Buinart). *Arch. adm.*, t. III, 17, voy. Buinart.

— le pâtissier. *Arch. adm.*, t. III, 836.

— (Simon), boucher. *Arch. lég.*, IIe part., *statuts*, 1er vol., 998.

Robinetus, dit Belle Maison, cordonnier-clerc. *Arch. adm.*, t. III, 769.

Robingus, clerc. *Arch. lég.*, IIe part., *statuts*, 1er vol., 73.

Robinus, vide Remis, Foulet.

— de vendingieres, voy. Vendangeur.

— fils de Guy-Levrier. *Arch. adm.*, t. II, 647.

— fils de Johannes Anglicus. *Arch. adm.*, t. I, 830.

— le Bons. *Arch. adm.*, t. I, 875.

Roboam, roi de Judée. *Arch. lég.*, 1re partie, 451.

Robreq (Robert), sergier. *Arch. lég.*, IIe part., *statuts*, IIIe vol., 83.

Rocan (château de). *Arch. adm.*, t. II, 1090.

— (lieu de). *Arch. lég.*, 1re part., 907.

Rocart (Oudinet). *Arch. adm.*, t. III, 453.

Rocciensis (Gerardus), vide Roceio (Girardus de).

Roceio (Azo de), abbé de Bucilly. *Arch. adm.*, t. I, 292, 314.

— (Guido de), archidiacre de Châlons. *Arch. adm.*, t. I, 364. *Arch. lég.*, IIe part., *statuts*, 1er vol., 81.

— (Alanus de), chanoine. *Arch. adm.*, t. I, 408, 476. *Arch. lég.*, IIe part., *statuts*, 1er vol., 77.

— (Ertaldus de). *Arch. adm.*, t. I, 292, 308.

— (Girardus de), *Arch. adm.*, t. I, 278, 285, 286. Trouble de l'église de Saint-Thierry de Reims dans ses droits de pêche et d'extraction de pierres, t. I, 291, 292, 294, 295, 315.

— (Gervasius de), chevalier. *Arch. adm.*, t. I, 286, 319.

— (Albertus de). *Arch. lég.*, IIe part., *statuts*, 1er vol., 65.

— (Hugo de), miles, vide Roucy.

Roch (C.), quincaillier. *Arch. lég.*, IIe part., *statuts*, IIIe vol., 358.

Roche (hameau de). *Arch. adm.*, t. II, 1108. *Arch. lég.*, 1re part., 921.

— (château de). *Arch. adm.*, t. II, 1110.

— (seigneurs de), voy. Vouziers (Henry de).

— (Philippe la), perruquier. *Arch. lég.*, IIe part., *statuts*, IIIe vol., 193, 194.

— (N.), juré passementier. *Arch. lég.*, IIe part., *statuts*, IIIe vol., 306.

— Aimon (Charles-Antoine de la), archevêque de Reims. *Arch. lég.*, IIe part., *statuts*, 1er vol., 255, 259, 265, 269, 274, 278, 283, 292, 295, 299, 303, 306, 308, 311, 313; *statuts*, IIe vol., 724; *statuts*, IIIe vol., 524, 533, 639.

Rochechouart (Jehan François de), évêque de Laon et cardinal. *Arch. lég.*,
iie part., *statuts*, i^{er} vol., 235, 236,
243, 266, 284, 296, 315, *statuts*,
iiie vol., 513, 520, 533.

Rochefort (Thomas de). *Arch. adm.*, t. I,
1202.

— (seigneurs de). *Arch. lég.*, iie part.,
statuts, i^{er} vol., 601.

— (ville de). *Arch. lég.*, iie part., *statuts*,
iiie vol., 532.

Rochegude (marquis de), seigneur d'Ecly.
Arch. adm., t. II, 1081.

Rochelle (ville de la). *Arch. lég.*, iie part.,
statuts, i^{er} vol., 485; *statuts*, iie vol.,
179; *statuts*, iiie vol., 532.

Rochemadour. *Arch. adm.*, t. II, 31.

Rocher, marchand. *Arch. lég.*, iie part.,
statuts, iie vol., 797.

Roches (maison de). *Arch. adm.*, t. III,
661.

— (village de). *Arch. lég.*, i^{re} part., 902,
907.

Rochester (évêque de). *Arch. lég.*, iie part.,
statuts, i^{er} vol., 605.

Rochette (M. de la). *Arch. lég.*, iie part.,
statuts, iie vol., 364.

Rochetus (rochet). *Arch. adm.*, t. I, 748.

Rociensis (Walterus). *Arch. adm.*, t. I,
278? 286.

Rocourt (J....), guetteur de nuit. *Arch.
lég.*, iie part., *statuts*, i^{er} vol., 640.

— (ville de), voy. Raucourt.

Rocq (Jehan), seigneur de Ville. *Arch.
lég.*, i^{re} part., 893.

Rocquemaurel (Claude de), seigneur de
Barzy. *Arch. lég.*, i^{re} part., 893.

Rocroy (Baudon de), prévôt de Reims.
Arch. adm., t. I, 904.

— (paroisse de). *Arch. adm.*, t. II, 1071.

— (prêtre de). *Arch. adm.*, t. II, 1071.

— (ville de). Le roi de France seigneur de ladite. *Arch. adm.*, t. II,
1069. *Arch. lég.*, iie part., *statuts*,
i^{er} vol., 747, 917. Livrée par le duc
de Guise à Henry IV, 933, *statuts*,
iie vol., 121, 364.

Rodan (Baudinus). *Arch. adm.*, t. I, 831.

Rodefroy, prévôt de Saint-Remi. *Arch.
adm.*, t. I, 335.

Rodemac, voy. Rodemach.

Rodemach (Giles de), seigneur de Chasse-
Pierre. *Arch. adm.*, t. II, 1210. Guerre
à outrance faite par ledit aux Rémois,
1212, 1213, 1240, 1243, 1245; t. III,
45, 47, 661.

— (Jehan de). *Arch. adm.*, t. III, 664.

— (sieur de). *Arch. adm.*, t. I, 1087.

Rodemacre (Giles de), voy. Rodemach.

Rodericus, chevalier. *Arch. lég.*, iie part.,
statuts, i^{er} vol., 78.

— diacre. *Arch. lég.*, iie part., *statuts*,
i^{er} vol., 93.

Rodigionis-vallis, vide Vallis Rodigionis.

Rodilo, clerc. *Arch. lég.*, iie part., *statuts*,
i^{er} vol., 95.

Rodium, vide S. Foillani de Rodio, abbas.

Rodoant (Jacobus). *Arch. lég.*, iie part.,
statuts, i^{er} vol., 170.

Rodoardus, prêtre-chanoine. *Arch. lég.*,
iie part., *statuts*, i^{er} vol., 69.

— laïque. *Arch. lég.*, iie part., *statuts*,
i^{er} vol., 81.

— évêque de Châlons. *Arch. lég.*, iie part.,
statuts, i^{er} vol., 87.

Rodoinus, acolyte. *Arch. lég.*, iie part.,
statuts, i^{er} vol., 71.

Rodolphus, acolyte-chanoine. *Arch. lég.*,
iie part., *statuts*, i^{er} vol., 91, 94, 96,
115.

— archidiacre, vide Radulphus.

— écolâtre, vide Radulphus.

— comte de Vermandois, vide Radulphus.

Rodolphus , Albus, vide Radulphus.

— moine. *Arch. adm.*, t. I, 373. *Arch. lég.*, iie part., *statuts*, 1er vol., 88.

— abbé, vide Radulphus.

Rodoaldus. *Arch. lég.*, iie part., *statuts*, 1er vol., 83.

— prêtre. *Arch. lég.*, iie part., *statuts*, 1er vol., 81, 101.

— archidiacre - chanoine. *Arch. lég.*, iie part. , *statuts*, 1er vol., 101.

Rodolphe , archevêque de Reims, voy. Raoul le Vert.

Roeium, vide Roizy.

Roella (bas-côté de la nef). *Arch. lég.*, iie part., *statuts*, 1er vol., 54, 69, 107.

Rofredus , prêtre. *Arch. lég.*, iie part., *statuts*, 1er vol , 78.

Rogationes. *Arch. lég.*, iie part., *statuts*, 1er vol., 41 , 184; *statuts*, iie vol., 765.

Rogations, voy. Rogationes.

Rogebertus, chanoine. *Arch. lég.*, iie part., *statuts*, 1er vol., 92.

Rogelet, tailleur de pierres. *Arch. adm.*, t. II, 824, 900.

— (Crochet). *Arch. adm.*, t. III, 21.

— (Claude), maître tonnelier. *Arch. lég.*, iie part., *statuts*, iie vol., 404; *statuts*, iiie vol., 101.

Rogelotus, vide Jambette.

Rogemont (Jehan de), aumussier. *Arch. lég.*, iie part. , *statuts*, 1er vol., 946.

Rogenoldus comes, vide Ragenold.

Roger (Jean), prévôt de l'échevinage. *Arch. lég.*, iie part., *statuts*, iie vol., 507, 514.

— (Jacques), voy. Rogier.

— (Abraham), voy. Rogier.

— (N....), notaire. *Arch. lég.*, iie part., *statuts*, 1er vol., 929.

— (madame la présidente), dame d'Omicourt. *Arch. adm.*, t. II, 1090, 1104.

— voy. Bazoras.

Roger moine de S. Remi, député à Rome à l'occasion d'un différend entre l'abbaye dudit et celle de Saint - Nicaise de Reims. *Arch. adm.*, t. I, 267.

Rogerin (Jesson). *Arch. adm.*, t. III, 129.

Rogeris (village de). *Arch. lég.*, 1re part., 891.

— (seigneur de), voy. Dufay (Raoul).

Rogerus, tiers prieur de S. Remi. *Arch. adm.*, t. I, 231.

— abbé de S. Remi de Reims. *Arch. adm.*, t. II, 66, 193. *Arch. lég.*, 1re part., *statuts*, 1er vol., 195.

— doyen, voy. Novo-Castello.

— de Cernay. *Arch. lég.*, iie part., *statuts*, 1er vol., 74.

— évêque de Châlons. *Arch. lég.*, iie part., *statuts*, 1er vol., 104.

— Catalaunensis , miles. *Arch. adm.*, t. I, 367 ; vide Chalones (Roger de).

— prêtre. *Arch. adm.*, t. I, 308, 310, 318, 319.

— diacre. *Arch. adm.*, t. I, 364 , 720. *Arch. lég*, iie part., *statuts*, 1er vol., 86, 97, 101.

— sous-diacre. *Arch. adm.*, t. I, 305, 308, 319, 387.

— trésorier de S. Denis de Reims. *Arch. adm.*, t. I, 644.

— archidiacre. *Arch. adm.*, t. I,, 253. *Arch. lég.*, iie part., *statuts*, 1er vol., 89, 97, 121.

— chevalier, *Arch. lég.*, iie part., *statuts*, 1er vol., 77, 82, 86.

— prêtre-chanoine. *Arch. lég.*, iie part., *statuts*, 1er vol., 67, 69? 79? 86 , 92? 166? 168, 169, 170?

Rogier (Jean - François), lieutenant de bourgeoisie. *Arch. lég.*, iie part., *statuts*, iie vol., 1019, 1021; *statuts*, iiie vol., 495.

— (famille de). *Arch. lég.*, iie part., *statuts*, iiie vol., 150.

Rogier (Jacques), vice-lieutenant des habitants de Reims. *Arch. lég.*, iie part., statuts, iiie vol., 211, 212.

— historien de Reims. *Arch. adm.*, t. I, 358, 384, 447, 578, 781, 949, 955, 969, 1026, 1066? t. II, 16, 172, 177, 198, 234, 270, 477, 484, 567; t. III, 82, 208, 215. *Arch. lég.*, iie part., statuts, i^{er} vol., 571, 712, 765, 797, 912; statuts, iie vol., 113, 320, 967; statuts, iiie vol., 28.

— voy. Jambette.

— -le-Petit, voy. Petit (Rogier le).

— (Guillaume), notaire à Reims. *Arch. lég.*, iie part., statuts, i^{er} vol., 870; statuts, iie vol., 929.

— (Guillaume), marchand drapier. *Arch. lég.*, iie part., statuts, iie vol., 391.

— (Thomas), charcutier. *Arch. lég.*, iie part., statuts, iie vol., 931, 933, 938.

— langueyeur de porcs. *Arch. lég.*, iie part., statuts, iie vol., 943.

— (Philippe), bourgeois. *Arch. lég.*, iie part., statuts, iie vol., 797, 1014, 1018, 1028; statuts, iiie vol., 483.

— (Abraham), marchand mercier. *Arch. lég.*, iie part., statuts, iie vol., 565, 796.

— (Raoul), marchand drapier. *Arch. lég.*, iie part., statuts, iie vol. 577, 1014, 1028.

— recteur de l'Université de Reims. *Arch. lég.*, iie part., statuts, iie vol., 659, 664, 712.

— (Thomas), notaire. *Arch. lég.*, iie part., statuts, i^{er} vol., 231; statuts iie vol., 698, 712.

— (Poncelet), marchand. *Arch. lég.*, iie part., statuts, i^{er} vol., 862; statuts, iie vol., 709.

— (Jean), notaire à Reims. *Arch. lég.*, iie part. statuts, iie vol. 315, 394, 566.

Rogier (Nicolas), ouvrier en soie. *Arch. lég.*, iie part., statuts, iie vol., 375, 390, 394, 399.

— avocat. *Arch. lég.*, iie part., statuts, iie vol., 422, 659, 1010; statuts, iiie vol., 115?

— (Jacques), marchand mercier. *Arch. lég.*, iie part., statuts, iie vol., 565, 635, 796? 804, 810, 1014, 1019.

— clerc du bailli de l'archevêque. *Arch. adm.*, t. II, 443.

— le cordonnier. *Arch. adm.*, t. II, 503.

— le fèvre. *Arch. adm.* t. III, 76.

— (Jehan), drapier juré. *Arch. lég.*, iie part., statuts, iie vol., 195, 70 803, 807, 810.

— -Champ (ville de). *Arch. adm.*, t. III, 591.

Rogiercourt (village de). *Arch. lég.*, i^{re} part., 899.

Rogisus, chanoine. *Arch. lég.*, iie part., statuts, i^{er} vol., 75? 99.

Rognac (fief de). *Arch. lég.*, i^{re} part., 907.

Rognan (village de). *Arch. lég.*, i^{re} part., 907.

Rognon (rivière de). *Arch. lég.*, iie part., statuts, iiie vol., 390.

Rogny (village de). *Arch. lég.*, i^{re} part., 899.

— (seigneurie de). *Arch. lég.*, i^{re} part., 883, 887; voy. Rouy.

Rogo, voy. Fay.

Rogondus. *Arch. lég.*, iie part., statuts, i^{er} vol., 78.

Roguet (Jehan). *Arch. adm.*, t. III, 855.

— (T.). *Arch. lég.*, iie part., statuts, i^{er} vol., 615.

Rohais, voy. Rohays.

— (Radulphus de), chanoine. *Arch. lég.*, iie part., statuts, i^{er} vol. 83, 117.

— (Gualterus de). *Arch. adm.*, t. I, 301.

Rohan (Louis-Henri-Marie de), légataire universel de l'archevêque de Reims du même nom. *Arch. lég.*, IIe part., *statuts*, IIIe vol., 530.

— (prince de), gouverneur de Champagne et Brie. *Arch. lég.*, IIe part., *statuts*, IIe vol., 103, 109.

— (Armand Guéméné Jules de), archevêque de Reims. *Arch. lég.*, IIe part., *statuts*, IIe vol., 632, 1045; *statuts*, IIIe vol., 172, 211, 238, 240, 310, 338, 340, 385, 387, 396, 399, 400, 403, 405, 406, 408, 410, 412, 413. Différend dudit avec les échevins au sujet de la vente de la marée, 427, 470, 471 ; avec les notaires de Reims, 506, 507, 510, 517, 530.

Rohardus. *Arch. adm.*, t. I, 621. *Arch. lég.*, IIe part., *statuts*, Ier vol., 4, 69, 81.

Rohart, voy. Cordonnier, Courtil.

— (J.), vacher. *Arch. adm.*, t. II, 824.

— (Symonet), pâtissier. *Arch. adm.*, t. III, 835.

— (Aloldus). *Arch. lég.*, IIe part., *statuts*, Ier vol., 166.

Rohay, voy. Rohays.

— (Oudinet de). *Arch. lég.*, Ire part., 553.

Rohays (Marie de). *Arch. adm.* t. II, 269.

— (Remi de). *Arch. adm.*, t. II, 362, 415.

— (Robert de). *Arch. adm.*, t. II, 548.

— (Baudon de). *Arch. adm.*, t. II, 548.

— (Huet de), fils du précédent. *Arch. adm.*, t. II, 548.

— (Johannes), clerc. *Arch. adm.*, t. II, 517, 566; 603, 1134? 1136, 1137; t. III, 20, 332.

— (Béatrix de). *Arch. adm.*, t. II, 766, 826.

— (Garin de), bourgeois. *Arch. adm.*, t. III, 249.

— (Philippe de). *Arch. adm.*, t. III, 249.

— voy. Rohais.

Rohays (Thomas de), échevin. *Arch. adm.*, t. I, 292, 293, 491.; t. II, 185, 286, 339, 362, 376, 415, 559, 572, 583, 603, 661, 681, 705, 740, 756, 760, 765, 771, 786, 800, 802, 805, 807, 808, 809, 810, 811, 818, 821, 822, 823, 825, 829, 831, 834, 839, 840, 853, 893, 895, 898, 902, 912, 913, 914, 915, 982, 992, 993, 1144, 1181, 1184, 1188, 1189, 1192; voy. Roys.

— (Huart de), échevin. *Arch. adm.*, t. II, 800, 804, 806, 807, 808, 809, 811, 821, 822, 825, 861, 1227; t. III, 20, 35.

— (Jaquet de). *Arch. adm.*, t. II, 811, 1137, 1138, 1139.

— (Oudart de). *Arch. adm.*, t. III, 841.

— Huardus, voy. Rohays (Huart de).

Rohella (altar de). *Arch. lég.*, IIe part., *statuts*, Ier vol., 22.

Rohellam (Beata-Maria ad). *Arch. lég.*, IIe part., *statuts*, Ier vol., 20.

— vide Roella.

Roheries (abbas de). *Arch. adm.*, t. II, 635.

Roheude, fille de Martin de Sernais. *Arch. adm.*, t. I, 628.

Rohon (Nicolas), drapier. *Arch. lég.*, IIe part., *statuts*, IIe vol., 373.

Roi. Doctrine de l'église relative aux attentats contre la personne dudit. *Arch. adm.*, t. I, 162, 163, 164, 166, 173, 174, 175, 177, 180. Entretien de la table dudit, 181 ; fidélité due à sa personne, 192, 197, 199, 209, 214, 215, 225, 226; conserve le droit de juridiction dans Reims. *Arch. lég.*, IIe part., *statuts*, IIIe vol., 9, voy. Aquitaine (roi d'), Angleterre, Bourgogne, Castille, Espagne, Metz, Oiseau, Pologne, Portugal, Reims, Ribauds, Sicile, Soissons, Violons.

— (argentiers du), voy. Toussac (Pierre de), Sainte-Ragonde (Nicolas de), Sentré (Alexandre).

Roi (bailli du), voy. Regis baillivus.

— (aides du). *Arch. adm.*, t. III, 797.

— -Artus, bourgeois. *Arch. adm.*, t. I, 1015.

— d'armes, voy. Marche d'Artois (roi d'armes de la).

— des violons (statuts du). *Arch. lég.*, IIe part., *statuts*, IIe vol., 621.

— (chapelle du). Particularités sur l'office du chapelain de ladite. *Arch. adm.*, t. II, 1048.

— (chapelain du), voy. Regis capellanus.

— (chambellan du), voy. Cervole (P. de).

— (clercs du), voy. Giem (Estienne de), Huban (Jehan de), Lorris (Jehan de), Maillard (Pierre), Montaga (F. de), Suessione (Johannes de).

— (commissaires du), voy. Joy (Raoul de), Orly (Hélie d').

— (conseillers du), voy. Alemant (Erardus d'), Ambonnay (R. d'), Aubreville (Guill. d'), Caritate (Droco de), Castellione (Dominicus de), Chastelier (Johannes du), Muletus (Johannes de), Nicholaï (Philippus), Noir (M. le), Pantouf (J.), Proville (Pierre de), Waudencourt (Fauvel de).

— (cour du). *Arch. adm.*, t. I, 360, 519, 520, 585, 586, 824, 942, 979, 1003, 1006; t. II, 69, 186. Les habitants du ban de l'archevêque de Reims demandent à être justiciables de ladite, 258, 284, 311, 427. *Arch. lég.*, Ire part., 326, 330.

— (couronnement du), voy. Regis coronatio.

— (domaine du), voy. Regis dominium.

— (échanson du), voy. Cabour (Thomas de), Flamignon (P.), Soecourt (dominus de), Regis scancionarius.

— (écuyer du), voy. Yambeville (P. d').

— (fermiers du). *Arch. lég.*, Ire part., 811.

Roi (fourrier du), voy. Nivelle ([...] de).

— (grand maître de l'hostel du), Beaumont (Jehan de).

— (Hermandin le). *Arch. adm.*, 1119.

— (hôtel du). *Arch. adm.*, t. III, 2 [...]

— (juré du), voy. Quatresols (C.).

— (J. le), bourgeois de Reims. [...] adm., t. I, 1119; t. II, 146.

— (Imbert le), sergent de Saint- [...] *Arch. adm.*, t. II, 347.

— (Nicolas le), receveur. *Arch.* [...] IIe part., *statuts*, IIe vol., 1025.

— (lieutenants de), voy. Roucy ([...] de), Queux (Nicolas le).

— (maître d'hôtel du), voy. Bous (H [...] Boutainville (R. de), Châtillon, Co [...] (Raoul de), Grangiis (J. de), M [...] (Henri), Noé (Guill. de), Villers (P. [...]

— (messe pour le). *Arch. lég.*, IIe p [...] *statuts*, Ire vol., [...]

— (officiers du), bourgeois qui pré[...]tent ce titre pour être affranchis [...] taille. *Arch. adm.*, t. III, 676. *A[...] lég.*, Ire part., 331, 580. La con[...]sance des cas royaux appartient [...] dits exclusivement dans Reims, [...] que de la police générale, IIe [...] *statuts*, IIe vol., 607; *statuts*, III [...] 82, 83, 85, 88, 89, 92, 96, 98; [...] Regis officiarii.

— (panetier du), voy. Montmoren[...] (Buchardus de), Pelveau-du-Val, [...] ponne (Jehan de), Ravenel, Tr[...]

— (poissonnier du), voy. Bagnier ([...]

— (prévôt du), voy. Regis præpos[...]

— (pied de). *Arch. lég.*, Ire part., [...]

— (poids de). *Arch. lég.*, IIe part., [...] IIIe vol., 100.

— (procureurs du), voy. Bucy [...] de), Remiremont (miles de).

— (queux du), voy. Castellione ([...]

nes de), Mathein (P. de), Noé (Fagos de la), S. Dizier (Jehan de).

Roi (regaleur du), voy. Godart.

— (sacre du). Les échevins de Reims sont chargés de l'ordonnance dudit *Arch. adm.*, t. I, 484, 487, 488, 527, 528, 529, 539. Différend entre les archevêques et l'échevinage au sujet du payement des frais dudit, 919, 1034; t. II, 278, 288. Notice sur le cérémonial dudit, 567, 883, 986; t. III, 1, 4, 5, 22, 95, 287, 290, 293, 312, 482, 556, 607, 903. *Arch. lég.*, ɪʳᵉ part., 564, 596; ɪɪᵉ part., *statuts*, ɪᵉʳ vol., 200, 286, 290, 407, 481. Priviléges accordés à la ville de Reims à l'occasion dudit, 509, 510, 597, 622, 663, 767, 897. Le roi pendant ledit fait le serment de garder la ville, 938, 951, 952, 955; *statuts*, ɪɪᵉ vol., 105, 174, 464; *statuts*, ɪɪɪᵉ vol., 581 ; voy. Regis coronatio.

Roi (sauvegarde du). *Arch. adm.*, t. III, 211. *Arch. lég.*, ɪɪᵉ part., *statuts*, ɪɪɪᵉ vol., 626. Les Capétiens prennent les communes sous ladite, 628, 630.

— (secrétaire du), voy. Moulins (Raoul de).

— (tailleur du), voy. Conté (Th.)

— (valet de chambre du), voy. Chevalier (Pierre).

Roia (Robertus de), diacre - chanoine. *Arch. lég.*, ɪɪᵉ part., *statuts*, ɪᵉʳ vol., 88.

Roibusson (Simon de). *Arch. adm.*, t. II, 36.

Roie de terre, voy. Roya terræ.

Roiger (Jehan). *Arch. adm.*, t. II, 1243.

Roisei, voy. Roizy.

Roiseio (decima de). *Arch. lég.*, ɪɪᵉ part., *statuts*, ɪᵉʳ vol., 171, 175.

Roisellum, vide Roizy.

Roisolia (raisolle, sorte de pâtisserie). *Arch. lég.*, ɪɪᵉ part., *statuts*, ɪᵉʳ vol., 173, 180.

Roisolla, vide Roisolia.

Roissy, voy. Roizy.

— (Aubry de). *Arch. adm.*, t. II, 912.

— (Jacques de), échevin. *Arch. adm.*, t. I, 1127; t. II, 41 ?

— (Ernaut de). *Arch. adm.*, t. II, 540.

— (Simon de). *Arch. adm.*, t. I, 1127; t. II, 368, 912, 1190.

— (Rose de). *Arch. adm.*, t. II, 912.

— (Jesson de). *Arch. adm.*, t. II, 912.

Roisves (Toussaint de). *Arch. lég.*, ɪɪᵉ part., *statuts*, ɪᵉʳ vol., 828.

Roizy (ville de). *Arch. adm.*, t. I, 312, 913; t. II, 1064; t. III, 605. *Arch. lég.*, ɪʳᵉ part., 903, 907; ɪɪᵉ part., *statuts*, ɪᵉʳ vol., 167, 176; *statuts*, ɪɪᵉ vol., 276.

— (curé de), voy. Thion (François).

— (majoria de). *Arch. lég.*, ɪɪᵉ part., *statuts*, ɪᵉʳ vol., 198.

— (seigneurie de). *Arch. lég.*, ɪɪᵉ part., *statuts*, ɪᵉʳ vol., 239.

Rokignicourt, voy. Roquignicourt.

— (Rogiers de). *Arch. adm.*, t. II, 901.

Rokignys (Guillermus de), notaire. *Arch. adm.*, t. II, 308; t. III, 41.

Roland (Gérard), fermier de l'aide. *Arch. lég.*, ɪɪᵉ part., *statuts*, ɪᵉʳ vol., 929.

— (Nicolas), fermier de l'aide. *Arch. lég.*, ɪɪᵉ part., *statuts*, ɪᵉʳ vol., 973.

— (Pierre), conseiller au siége de Laon. *Arch. lég.*, ɪʳᵉ part., 895.

— (Pierre-Barthélemy), conseiller. *Arch. lég.*, ɪɪᵉ part., *statuts*, ɪɪɪᵉ vol., 241.

— (Remi). *Arch. lég.*, ɪɪᵉ part., *statuts*, ɪɪᵉ vol., 157.

— (Jean), marchand mercier. *Arch. lég.*, ɪɪᵉ part., *statuts*, ɪᵉʳ vol., 458; *statuts*, ɪɪᵉ vol., 565.

— (Pierre), marchand mercier. *Arch. lég.*, ɪɪᵉ part., *statuts*, ɪɪᵉ vol., 565, 796, 805.

— (François), marchand mercier. *Arch. lég.*, ɪɪᵉ part., *statuts*, ɪɪᵉ vol., 566.

Roland (Magdelaine), veuve de Charles Mail-lefer. *Arch. lég.*, 11ᵉ part., *statuts*, 11ᵉ vol., 566.

— (Louis), marchand. *Arch. lég.*, 11ᵉ part., *statuts*, 11ᵉ vol., 796, 805.

— le cordonnier. *Arch. adm.*, t. II, 93.

— (Jehan), avocat. *Arch. lég.*, 1ʳᵉ part., 657, 876, 897 ; 11ᵉ part., *statuts*, 1ᵉʳ vol., 894, 921.

— (Jacques). *Arch. lég.*, 1ʳᵉ part., 657.

— (Denis). *Arch. lég.*, 1ʳᵉ part., 880, 897, 904 ; 11ᵉ part., *statuts*, 1ᵉʳ vol., 921.

— (Nicole), curé de Bergnicourt. *Arch. lég.*, 1ʳᵉ part., 884.

— théologal de Reims. *Arch. lég.*, 11ᵉ partie, *statuts*, 1ᵉʳ vol., 430.

— voy. Mez.

— (Louis), lieutenant des habitants de Reims. *Arch. lég.*, 11ᵉ part., *statuts*, 11ᵉ vol., 4010. Surnommé Lentulus Regulus ; *statuts*, 111ᵉ vol., 450, 451.

— (I.), grand vicaire de l'archevêque de Reims. *Arch. lég.*, 11ᵉ part., *statuts*, 11ᵉ vol., 4010.

— (Philippus), diacre-chanoine. *Arch. lég.*, 11ᵉ part., *statuts*, 1ᵉʳ vol., 447.

Rolandini (somme de). *Arch. adm.*, t. III, 743.

Rolandus, cardinal. *Arch. adm.*, t. I, 334.

— curé de Vassoignia.

— prêtre-chanoine. *Arch. leg.*, 11ᵉ part., *statuts*, 1ᵉʳ vol., 75.

— vide Lombardus.

Rolb (Jacob). Recueil dudit allégué. *Arch. lég.*, 11ᵉ part., *statuts*, 111ᵉ vol., 748.

Roligio (Guy de), notaire. *Arch. adm.*, t. II, 370, 642.

Rolinus, vide Spineto.

Rollé, tailleur d'habits. *Arch. lég.*, 11ᵉ part., *statuts*, 11ᵉ vol., 534.

Rollet (Nicolas). *Arch. lég.*, 11ᵉ part., *statuts*, 11ᵉ vol., 265.

Roma, vide Rome.

— (Jacobus de), chanoine. *Arch. adm.*, t. II, 619.

— (Egidius de). *Arch. adm.*, t. II, 4034.

— (Paulus de). *Arch. adm.*, t. III, 369.

— (Johannes Fezole de). *Arch. adm.*, t. III, 369.

Romagne (village de la). *Arch. adm.*, t. II, 4082, 4093.

— (paroisse de la). *Arch. adm.*, t. II, 4083, 4092.

— (presbyter de). *Arch. adm.*, t. II, 4084, 4092.

— (église de). *Arch. adm.*, t. II, 4094.

Romagnia, vide Romagne.

Romagny (J. B.), maître sergier. *Arch. lég.*, 11ᵉ part., *statuts*, 11ᵉ vol., 859.

— (Christophe), marchand charcutier. *Arch. lég.*, 11ᵉ part., *statuts*, 11ᵉ vol., 931, 938.

Romain, voy. Calcul.

— (Guillaume), estaminier. *Arch. lég.*, 11ᵉ part., *statuts*, 11ᵉ vol., 226.

— (Jean), drapier. *Arch. lég.*, 11ᵉ part., *statuts*, 11ᵉ vol., 396 ; *statuts*, 111ᵉ vol., 422, 424.

— (presbyter de). *Arch. adm.*, t. II, 4057.

— (parochia de). *Arch. adm.*, t. II, 4059.

— (village de). *Arch. adm.*, t. II, 4059. *Arch. lég.*, 1ʳᵉ part., 755, 903.

— La ville de Reims fait alliance avec lesdits. *Arch. lég.*, 11ᵉ part., *statuts*, 111ᵉ vol., 605. Sa fidélité à l'observer, 606.

Romains (coutume des). *Arch. adm.*, t. I, 470.

— (Jehan de), coutre de Notre-Dame de Reims. *Arch. adm.*, t. III, 862.

Romana ecclesia, voy. Rome (église de).

— curia, vide Rome (cour de).

Romance (baron de), seigneur d'Inau-mont. *Arch. adm.*, t. II , 1081, 1082.

— (marquis de). *Arch. adm.* , t. II, 1103, 1105.

— voy. Acy-Romance.

Romanæ ecclesiæ census. *Arch. adm.* , t. I, 351.

— ecclesiæ legatus, vide Sedis apostolicæ.

Romaniæ imperium. *Arch. adm.* , t. I, 576.

Romanus pontifex, vide Rome (pontife de).

— (Petrus), chanoine. *Arch. adm.*, t. I, 542. *Arch. lég.* , iie part. , *statuts* , ier vol., 94 , 97, 120 ?

— sous-diacre. *Arch. lég.*, iie part., *statuts* , ier vol., 95.

— (Nicolaus). *Arch. lég.*, iie part., *statuts*, ier vol., 107.

Romaucourt, voy. Remaucourt.

Rome (alun de), employé par les teinturiers en soie de Reims. *Arch. lég.* , iie part., *statuts*, iie vol., 891.

— (appel à). *Arch. adm.*, t. I, 370 ; t. II, 91.

— (cour de). Rapports des archevêques de Reims avec ladite. *Arch. adm.* , t. I, 179, 339, 340 , 565 , 566 , 570 , 573 , 587 , 589, 601, 604, 606 , 611 , 626 ; t. II, 9, 77, 889, 921 ; t. III, 607, 756, 808 , 812. *Arch. lég.*, ire part. , 389 ; iie part., *statuts* , ier vol., 307.

— (collége de). *Arch. adm.* , t. III, 19.

— (concile de). *Arch. adm.* , t. I, 238.

— (église de). *Arch. adm.*, t. I , 43, 112, 142, 143 , 145 , 146 , 147 , 150 , 151 , 152, 183 , 188 , 193 , 240 , 256 , 266 , 289, 301 , 314 , 337 , 445, 567 , 614 , 671 , 680, 734, 885 ; t. II, 34, 47, 392, 498 , t. III , 803. *Arch. lég.* , ire part. , 386, 453, 456.

— (évêque de), se réduit au strict nécessaire pour maintenir l'unité. *Arch. adm.*, t. I, 105, 106 ; voy. Rome (pontife de).

Rome (Gilesde), chanoine. *Arch. adm.*, t. III, 38.

— (liturgie de), introduite en Espagne . *Arch. adm.* , t. I , 110.

— (mont de piété de). *Arch. lég.*, iie part., *statuts* , iie vol., 925.

— (pontife de). *Arch. adm.*, t. I, 112, 119. Le concile de Reims se déclare en communion avec ledit, 120, 129, 139, 140, 142, 143, 144, 146, 149, 151, 168, 181, 183, 193, 197, 198, 215, 561 ; t. III, 806. *Arch. lég.*, iie part. , *statuts*, iiie vol. , 611 ; voy. Pape.

— (Paule de), chanoine. *Arch. adm.*, t. III, 280, 352.

— (ville de). *Arch. adm.*, t. I , 42 , 43, 44 ; mère commune de toutes les Églises, 102 , 183, 201 , 207 , 265 , 266 , 267 , 271 , 304 , 331 , 336 , 346 , 349 , 350, 384 , 434 , 457 , 565, 656 , 758 , 892 , 929 ; t. II, 5, 606. *Arch. lég.*, ire part. , 5 , 68 , 294 , 454 ; iie part. , *statuts* , ier vol. , 63 , 72 , 78, 87, 95 , 97, 107, 108, 835, 929 ; *statuts*, iie vol. , 699 , 886, 925 ; *statuts*, iiie vol. , 611.

Romeray, voy. Romery.

Romery (vicariat de tolérance de). *Arch. adm.*, t. II, 1053.

— (presbyter de). *Arch. adm.*, t. II, 1076.

— (Jehan de), seigneur de Frassancourt. *Arch. lég.*, ire part., 891.

— (ville de). *Arch. lég.*, ire part. , 907 , 919 ; iie part. , *statuts*, iiie vol. , 532.

Romestrel (terra de). *Arch. adm.* , t. I, 332.

Romigny (ville de). *Arch. adm.* , t. II, 1054. *Arch. lég.*, ire part. , 884, 889, 901, 907 ; iie part. , *statuts*, iie vol., 963.

— (curé de), voy. Herbelot (Guill.).

— (presbyter de). *Arch. adm.*, t. II, 1053.

Rominot (P....), sergier. *Arch. lég.*, iie part., *statuts*, iie vol., 859.

— -Petit (P....), sergier. *Arch. lég.*, iie part., *statuts*, iie vol., 859.

Rommagnia, vide Néapoleo.

Rommaigne, voy. Romagne.

Rommant (Gérard). *Arch. adm.*, t. II, 682.

Rommaucourt (presbyter de), voy. Remaucourt (prêtre de).

Remaucourt (paroisse de). *Arch. adm.*, t. II, 1082.

— (prêtre de). *Arch. adm.*, t. II, 1081.

— (village de). *Arch. adm.*, t. II, 1082. *Arch. lég.*, i^{re} part., 907.

— (église de), voy. Romoldi-curte (ecclesia de).

Rembercourt (village de). *Arch. lég.*, i^{re} part., 887.

Rembures (régiment de). *Arch. lég.*, iie part., *statuts*, iie vol., 122.

Romnaucourt (presbyter de), voy. Remaucourt.

Romoldi-curte (ecclesia de). *Arch. adm.*, t. I, 277; vide Remaucourt.

Romoldus, prêtre. *Arch. lég.*, iie part., *statuts*, i^{er} vol., 65.

Romont (chapelle de). *Arch. adm.*, t. II, 1117.

Romorantin (manufacture de). *Arch. lég.*, iie part., *statuts*, iie vol., 837.

Romulfus, abbé de Senones., *Arch. adm.*, t. I, 128.

Romulphus, prêtre-chanoine. *Arch. lég.*, iie part., *statuts*, i^{er} vol., 87.

— fils du duc Lupus, abbé de Sens. *Arch. adm.*, t. I, 92? 128.

— archevêque de Reims. Testament dudit. *Arch. adm.*, t. I, 23.

Romulus, roi de Rome. *Arch. lég.*, i^{re} part., 432.

Ronay (Jehan de). *Arch. adm.*, t. II, 836.

— (seigneurie de). *Arch. lég.*, iie part., *statuts*, iiie vol., 30; voy. Rosn

Ronceray (abbaye de). *Arch. lég.*, iie part., *statuts*, iiie vol., 543.

Roncheriis (Johannes de), clerc. *Arch. adm.*, t. II, 734.

Ronchières, voy. Ronciers.

Ronciers (Herbin de). *Arch. adm.*, t. II, 147.

Rondeau (Gabriel), marchand de *Arch. lég.*, iie part., *statuts*, iie vol., 391.

— (Hubertus), acolyte. *Arch.* iie part., *statuts*, iie vol., 773.

— (Robert-Marie), docteur en théologie, chanoine. *Arch. lég.*, iie part., *statuts*, i^{er} vol., 263, 266, 269, 316; *statuts*, iiie vol., 691?

— sénéchal de Reims. *Arch. lég.*, iie part., *statuts*, i^{er} vol., 273.

Rondel (P.), potier. *Arch. adm.*, t. II, 826. *Arch. lég.*, i^{re} part., 497, 539.

— (Jehan). *Arch. lég.*, i^{re} part., 568.

Rondeti (Guillelmus). *Arch. adm.*, t. III, 772.

Ronds-Grés (tournelle des). *Arch. adm.*, t. II, 380.

Ronnay (village de), voy. Rosnay.

Ronnayo (parochia du), vide Rosnay (paroisse de).

— (Johannes de), chevalier. *Arch.* t. II, 930.

Ronsart (Ja...). *Arch. lég.*, iie part., *statuts*, i^{er} vol., 371.

Roquart (J.), chapelain de Notre-Dame. *Arch. adm.*, t. II, 526, 530.

Roquecourt (village de). *Arch. lég.*, i^{re} part., 919.

Roquerolles de Pontisara (prior de). *Arch. adm.*, t. II, 636.

Roquet (Jehan). *Arch. adm.*, t. III, 520, 891, 892.

— (Raoulot). *Arch. adm.*, t. III, 836, 842.

— (Colesson), mercier. *Arch. adm.*, t. III, 842. *Arch. lég.*, iie part., *statuts*, i^{er} vol., 574, 578, 579, 618, 624, 629, 630, 644, 646, 659, 661, 674, 676, 679, 682, 684, 689, 695, 697, 703, 722, 734, 745.

— (P.), bourgeois. *Arch. lég.*, iie part., *statuts*, i^{er} vol., 580, 581, 670.

Roquignicourt (hameau de). *Arch. adm.*, t. I, 1090; t. II, 1057, 1058; t. III, 594. *Arch. lég.*, i^{re} part., 755, 893.

Roquignis (Guillaume de). *Arch. adm.*, t. III, 109.

— (C. de). *Arch. adm.*, t. II, 827.

— (presbyter de). *Arch. adm.*, t. II, 1081.

— (parochia de), vide Roquigny (paroisse de).

Roquigny (village de). *Arch. lég.*, i^{re} part., 907; iie part., *statuts*, iiie vol., 391.

— (paroisse de). *Arch. adm.*, t. II, 1083.

— (Hue de), clerc. *Arch. adm.*, t. II, 542.

Roquincourt (hameau de), voy. Roquigni- court.

— -les-Vantes (village de). *Arch. lég.*, iie part., *statuts*, i^{er} vol., 806.

Rorico, évêque d'Amiens. *Arch. lég.*, iie part., *statuts*, i^{er} vol., 96.

— évêque de Laon. *Arch. lég.*, iie part., *statuts*, i^{er} vol., 103.

Rosa, fille de Renerus Acarin. *Arch. adm.*, t. II, 102.

— sœur de Gringandus. *Arch. adm.*, t. II, 131.

Rosaire. *Arch. adm.*, t. III, 743, 772.

Rosariis (moniales de). *Arch. adm.*, t. I, 1002.

Rosarium, vide Rosaire.

Rosay (Agnès de). *Arch. adm.*, t. II, 17.

Roscelinus, vide Compendio (R. de).

Rose (Pierre), bourgeois. *Arch. lég.*, iie part., *statuts*, i^{er} vol., 773, 788, 822, 846.

— (Jean-Baptiste-Nicolas), professeur de mathématiques. *Arch. lég.*, iie part., *statuts*, iiie vol., 738, 739.

Rosé (M....), bourgeois. *Arch. lég.*, iie part., *statuts*, i^{er} vol., 870.

Rosée (Johannes). *Arch. adm.*, t. III, 475.

Roseio (R. de). *Arch. adm.*, t. I, 404.

— (Alanus de). *Arch. lég.*, iie part., *statuts*, i^{er} vol., 116.

— (decima de), vide Roiseio.

Roseium, vide Roizy.

Rosente capitulum. *Arch. adm.*, t. II, 634.

Roseti consuetudo. *Arch. adm.*, t. I, 386.

— villa, vide Rosetum.

— mensura. *Arch. adm.*, t. I, 455.

Roseto (Clarembaldus de). *Arch. adm.*, t. I, 306, 316.

— (Raynaldus, dominus de). *Arch. adm.*, t. I, 387, 390.

— (Rogerus de), chevalier. *Arch. lég.*, iie part., *statuts*, i^{er} vol., 82, 85, 90, 103, 122.

— (Johannes de), chanoine et prévôt de l'hospice d'Aubry-le-Crevé. *Arch. adm.*, t. II, 733.

— (Rogerus de), sous-diacre. *Arch. adm.*, t. I, 364, 454, 459, 480, 504, 521, 540.

— (Nicholaus de). *Arch. adm.*, t. I, 480.

— (Juliana de). *Arch. adm.*, t. I, 390.

Rosetum. *Arch. adm.*, t. I, 352, 388, 390, 454, 460, 464 ; vide Roizy.

Roseyo (Gylindis, domina de). *Arch. adm.*, t. I, 719.

— (Girardus de). *Arch. adm.*, t. I, 719.

Rosier (François), chanoine. *Arch. lég.*, ne part., *statuts*, ne vol., 713.

Rosindis. *Arch. lég.*, ne part., *statuts*, ier vol., 64.

Roslinxe, vide Roslissis.

Roslissis pagus. *Arch. adm.*, t. I, 326, 330.

Rosnachense capitulum. *Arch. adm.*, t. II, 640 ; vide Rosnay (chapitre de).

Rosnay (paroisse de). *Arch. adm.*, t. II, 1058, 1060, 1061, 1111.

— (ville de). *Arch. lég.*, ire part., 876 ; t. III, 108, 278, 580, 597. *Arch. lég.*, ire part., 755, 907.

— (presbyter de). *Arch. adm.*, t. II, 1057.

— (chapitre de), vide Rosnachense capitulum.

Rosoy (seigneur de), voy. Craon (Pierre).

— -en-Brie (ville de). *Arch. lég.*, ne part., *statuts*, nie vol., 554. La justice de ladite appartient au chapitre de Reims, 554.

Rost (Robert de), sire de Cornouaille. *Arch. lég.*, ne part., *statuts*, ier vol., 605.

Rostaing (Tristan de), grand maître des eaux et forêts. *Arch. lég.*, ne part., *statuts*, ne vol., 14.

Rotagium (rouage), sorte d'impôt. *Arch. adm.*, t. I, 259, 268, 289, 306, 312, 317, 318, 344, 354, 637, 688, 827, 909, 1060. *Arch. lég.*, ne part., *statuts*, ier vol., 64.

Rotare (voyager). *Arch. adm.*, t. I, 456.

Rotfadus, moine de Saint-Remi. *Arch. adm.*, t. I, 40.

Rotgerius. *Arch. adm.*, t. I, 118, 121.

Rotgorus, archevêque. *Arch. adm.*, t. I, 71.

Rothadus, évêque de Soissons. *Arch. adm.*, t. I, 33. Excommunication dudit, 41, 42, 43, 44, 45, 46. *Arch. lég.* ne part., *statuts*, ier vol., 80.

Rothardus, prêtre. *Arch. lég.*, ne part. *statuts*, ier vol., 71, 102.

— évêque, vide Rothadus.

Rothelin (marquis de), gouverneur de Reims. *Arch. lég.*, ne part., *statuts* ne vol., 104, 460 ; *statuts*, nie vol., 175 276.

— voy. Orléans (Henri-Auguste d').

Rothildis. *Arch. lég.*, ne part., *statuts* ier vol., 72, 75, 76.

Rotholdus, prêtre-chanoine. *Arch. lég.* ne part., *statuts*, ier vol., 80.

Rothomagensis ecclesia, vide Rouen (église de).

— archiepiscopus, vide Odo (Guillelmus).

— provincia. *Arch. adm.*, t. I, 689.

— villa, vide Rouen (ville de).

Roti (Jesson, dit). *Arch. adm.*, t. II, 813

Rotisset, avocat. *Arch. lég.*, ne part., *statuts*, ne vol., 606 ; *statuts*, nie vol. 51.

Rotlaus, bienfaiteur de l'église de Reims. *Arch. lég.*, ne part., *statuts*, ier vol., 82, 169.

Rotleius, vide Rotlaus.

Rotroldus, trésorier de Tours. *Arch. adm.*, t. I, 413.

Rotrudis, laica. *Arch. lég.*, ne part., *statuts*, ier vol., 71.

Rotsindis. *Arch. lég.*, ne part., *statuts*, ier vol., 80.

Roturier. *Arch. adm.*, t. II, 1083. *Arch. lég.*, ire part., 924 ; ne part., *statuts*, ier vol., 58.

Rouage, voy. Rotagium, Vin (rouage de).

Rouage (droit de). *Arch. lég.*, iie part., *statuts*, i^{er} vol., 403, 686; voy. Vin.

— (fief de). *Arch. lég.*, i^{re} part., 894.

Rouault (Joachim de), maréchal. *Arch. lég.*, iie part., *statuts*, i^{er} vol., 762, 764.

Rouay (seigneurie de). *Arch. lég.*, iie part., *statuts*, iiie vol., 30.

Roucel (Aubry), voy. Roussel.

— (Peresson), charpentier. *Arch. adm.*, t. III, 835.

Roucelet (Oudin le). *Arch. adm.*, t. II, 700.

— (Robert), bourgeois. *Arch. adm.*, t. III, 36.

— (Jean), voy. Roussel.

— voy. Colinus Alemani.

— Poncelet, voy. Espernon (Poncelet de l').

Roucelot, voy. Esperon (Poncelet de l').

— (Peresson), charpentier, voy. Roucel.

— (Jehan) le jeune, voy. Roussel.

Rouceyo (Maria, comitessa de). *Arch. adm.*, t. I, 720, 912.

Rouciaci comes, voy. Roucy (comte de).

— obsidio, vide Roucy (siége de).

Rouciaco (Johannes de), vide Roucy (Jehan, comte de).

— (Yda de), voy. Roucy (Yda de).

Roucillon (Guill. de). *Arch. adm.*, t. II, 1033.

Roucis (Ysabelet), femme de Domangin de Sorcy. *Arch. adm.*, t. II, 896.

Roucy (comte de). *Arch. adm.*, t. I, 594, 878, 895, 971, 1121; t. II, 7, 1054, 1085, 1089, 1112; t. III, 37, 144, 216, 219, 234, 687. *Arch. lég.* i^{re} part., 888; iie part., *statuts*, iiie vol., 385.

— (Jehan, comte de). *Arch. adm.*, t. I, 83, 910, 912; t. III, 249.

Roucy (Hugo, comte de). *Arch. adm.*, t. I, 89? 283, 286, 303, 319, 620? 622?

— (Yda de), comtesse de Dreux. *Arch. adm.*, t. III, 189, 190.

— (famille de). *Arch. adm.*, t. I, 84, 86.

— (château de), voy. Roucy (forteresse de).

— (ville de). *Arch., adm.*, t. I, 74, 321, 335, 382; t. II, 7, 892; t. III, 108, 214.

— (M. de), seigneur de Manre. *Arch. adm.*, t. II, 1100. Propriétaire du péage de Porte - Vesle. *Arch. lég.*, iie part., *statuts*, iiie vol., 396.

— (mademoiselle de), dame de Manre. *Arch. adm.*, t. II, 1100.

— (Gautier de), voy. Rociensis (Walterus).

— (Robert de), lieutenant du roi. *Arch. adm.*, t. II, 1153.

— (Jehan de), receveur des aides. *Arch. adm.*, t. III, 84, 85, 108, 338, 842.

— (forteresse de). *Arch. adm.*, t. III, 131, 144.

— (foire de). *Arch. adm.*, t. III, 356.

— (siége de). *Arch. adm.*, t. III, 237.

— (pré de). *Arch. adm.*, t. III, 608.

— (H. de), licencié. *Arch. lég.*, iie part., *statuts*, i^{er} vol., 862.

Rouen (H.... de), praticien *Arch. lég.*, iie part., *statuts*, i^{er} vol., 867.

— (élection de). *Arch. lég.*, iie part., *statuts*, i^{er} vol., 943, 945, 951.

— (église de). *Arch. adm.*, t. I, 893, 895.

— (foire de). *Arch. lég.*, iie part., *statuts*, i^{er} vol., 955, 959.

— (ville de). *Arch. adm.*, t. I, 554; t. II, 79, 328, 1124, 1138; t. III, 405. *Arch. lég.*, iie part., *statuts*, i^{er} vol., 399, 766, 796, 926; *statuts*, iie vol., 573,

869, 943 ; *statuts*, IIIe vol., 128, 222, 224, 225, 227, 534, 606.

Rouen (missel de). *Arch. adm.*, t. III, 744, 769.

— (bailli de). *Arch. adm.*, t. I, 968 ; t. II, 79.

— (capitaine de). Accompagne à Reims le roi de Castille. *Arch. lég.*, IIe part., *statuts*, Ier vol., 664.

Rouergue (manufacture de). *Arch. lég.*, IIe part., *statuts*, IIe vol., 837.

Rouge (Poncelet le), bourgeois. *Arch. adm.*, t. III, 459.

Rougeau (Girardus). *Arch. adm.*, t. III, 392.

— (Theobaldus). *Arch. adm.*, t. III, 392.

Rougemont, secrétaire du roi. *Arch. adm.*, t. II, 977.

Rougeois (village de). *Arch. lég.*, Ire part., 900.

Rouge-Rose (hôtel de la). *Arch. adm.*, t. III, 870, 871. *Arch. lég.*, IIe part., *statuts*, Ier vol., 341 ?

Rouges-Yeux (Ysabel aux). *Arch. lég.*, IIe part., *statuts*, Ier vol., 644.

Rouget (Nicolas), maître charpentier. *Arch. lég.*, IIe part., *statuts*, IIIe vol., 671, 746.

Rougny (ville de), voy. Rogny.

Rouilla (moulin de), voy. Murigny, Rouillard.

Rouillard (moulin de). *Arch. adm.*, t. I, 81 ; t. III, 687. Cédé par l'archevêque Gervais au chapitre. *Arch. lég.*, IIe part., *statuts*, Ier vol., 560, 829.

Rouillé, voy. Orfeuil.

Rouillon (Johannes), chapelain du château de Varennes. *Arch. adm.*, t. II, 1098.

Rouillot (J....). *Arch. lég.*, IIe part., *statuts*, Ier vol., 871.

Roulant, grand vicaire. *Arch. lég.*, IIe part., *statuts*, IIIe vol., 168.

Roulet, voy. Ongnemont.

Roulin, voy. Armoises (Roulin des).

— le charpentier. *Arch. adm.*, t. III, 752.

— (Jacquesson), notaire royal. *Arch. lég.*, IIe part., *statuts*, IIe vol., 172.

Roullant (Hennequin), clerc. *Arch. adm.*, t. II, 530.

Roullart (Jean). *Arch. lég.*, IIe part., *statuts*, IIe vol., 239.

Roullaut, voy. Joudmès.

Roumagne (Jehan de la), commis aux tailles. *Arch. adm.*, t. III, 108, 283.

Roumancourt (Oudart de), bourgeois. *Arch. adm.*, t. III, 723.

Roumegny (terre de). *Arch. adm.*, t. III, 592.

Rounelle (Jean). *Arch. adm.*, t. III, 381.

Rouny, voy. Rogny.

Rouque (Raulinus la). *Arch. adm.*, t. III, 392.

Rous (J. le), receveur des tailles. *Arch. adm.*, t. II, 250.

— (Robin le). *Arch. adm.*, t. III, 40.

Rouscy (le). *Arch. lég.*, IIe part., *statuts*, IIe vol., 322.

Rousée (Jessonus), bourgeois. *Arch. adm.*, t. II, 444, 998.

Roussan (J. de), bourgeois. *Arch. adm.*, t. III, 537.

Rousse la poullière. *Arch. adm.*, t. II, 493, 772.

— (maison de). *Arch. adm.*, t. II, 503.

Rousseau (Jean-Louis), maître couvreur. *Arch. lég.*, IIe part., *statuts*, IIIe vol., 678.

— tailleur d'habits. *Arch. lég.*, IIe part., *statuts*, IIe vol., 531.

— (Pierre), fermier de la vicomté. *Arch. lég.*, IIe part., *statuts*, IIe vol., 939.

— (Milet), vicomte de Reims. *Arch. lég.*, IIe part., *statuts*, Ier vol., 436.

Rousseau (Regnault), maître charpentier. *Arch. lég.*, ii° part., *statuts*, iii° vol., 671.

— (Jean-Baptiste), maître couvreur. *Arch. lég.*, ii° part., *statuts*, iii° vol., 678.

Rousseio (Ebalus, comes dè). *Arch. adm.*, t. I, 249, 318, 656. *Arch. lég.*, ii° part., *statuts*, i° vol., 118.

— (Gervasius), sous-diacre. *Arch. lég.*, ii° part., *statuts*, i° vol., 118.

— (Ebalus de), chanoine. *Arch. lég.*, ii° part., *statuts*, i° vol., 78.

Roussel (Aubri). *Arch. adm.*, t. II, 894, 895, 896.

— (Jehan le), sergent. *Arch. adm.*, t. II, 999. *Arch. lég.*, i° part., 503, 580?

— (Claude), recteur de l'université de Reims. *Arch. lég.*, ii° part., *statuts*, ii° vol., 658, 660.

— (Gobert). *Arch. adm.*, t. II, 871.

— seigneur de Cramant. *Arch. adm.*, t. II, 1120.

— (Thiébaut), forestier. *Arch. adm.*, t. III; 759.

— (Perrinet). *Arch. adm.*, t. III, 832, 835.

— (Jehan), dit le Grand-Jean. *Arch. adm.*, t. III, 835. *Arch. lég.*, i° part., 581.

— (Egidius). *Arch. adm.*, t. I, 77.

— (Ernoul). *Arch. adm.*, t. I, 743.

— (Giletus), homme de Trigny. *Arch. adm.*, t. I, 874; t. II, 491.

— (Perresson), voy. Roussel (Perrinet).

Rousselet. *Arch. adm.*, t. II, 774, 998; voy. Fremery.

— (Jehan), dit Gorge-de-Renart. *Arch. lég.*, i° part., 519, 526, 541, 573, 579.

— (François), avocat. *Arch. lég.*, i° part., 897; ii° part., *statuts*, i° vol., 910, 917, 918, 922, 931; *statuts*, ii° vol., 172, 193.

Rousselet (Watrin), sergent royal. *Arch. lég.*, i° part., 898.

— (Nicolas). *Arch. lég.*, ii° part., *statuts*, ii° vol. 212.

— (Didier), *Arch. lég.*, ii° part., *statuts*, ii° vol., 212.

— (Jean), procureur. *Arch. lég.*, ii° part., *statuts*, i° vol., 627, 646, 649, 650, 672, 696, 862, 929; *statuts*, ii° vol., 391, 548.

— (Pierre de), procureur. *Arch. lég.*, i° part., *statuts*, ii° vol., 584.

— (poire de). *Arch. lég.*, ii° part., *statuts*, ii° part., *statuts*, i° vol., 469.

Roussent (fossatum de). *Arch. adm.*, t. II, 102.

Roussés (Jesnin), manouvrier. *Arch. adm.*, t. III, 26.

Rousset (J....), bourgeois. *Arch. lég.*, ii° part., *statuts*, i° vol., 777.

— (G....). *Arch. lég.*, ii° part., *statuts*, i° vol., 862, 894.

Roussillon (comte de), amiral de France. *Arch. lég.*, ii° part., *statuts*, i° vol., 767.

Roussy, voy. Roucy.

— (Simon de). *Arch. lég.*, ii° part., *statuts*, ii° vol., 265.

— (Charles de), abbé de Laval-le-Roi. *Arch. lég.*, i° part., 879.

— (Jacques de), curé de Regnicourt. *Arch. lég.*, i° part., 886.

— (Joachim de), seigneur de Sainte-Preuve. *Arch. lég.*, i° part., 890.

— (Raoulin). *Arch. lég.*, i° part., 910.

— (Jacques), marchand drapier. *Arch. lég.*, ii° part., *statuts*, ii° vol., 810, 811.

— (vaches de). *Arch. lég.*, ii° part., *statuts*, ii° vol., 990.

Route, voy. Grandes routes, Épernay (chemin d').

Routhon (presbyter de), voy. Routon.

Routier (Nicolas), franc sergent. *Arch. lég.*, iie part., *statuts*, iie vol., 306.

— (Pierre), recteur de l'université de Reims. *Arch. lég.*, iie part., *statuts*, iie vol., 654, 776, 779.

Routon (presbyter de). *Arch. adm.*, t. II, 1109.

Rouveio (alodium de), voy. Rovreio.

Rouvereio (Henricus de), chevalier. *Arch. lég.*, iie part., *statuts*, i^{er} vol., 78.

Rouvereium, vide Rouvray.

Rouverel, vide Rouvray.

Rouvray (presbyter de). *Arch. adm.*, t. II, 1099.

— (alleu de), voy. Rouvreio (alodium de).

— (village de). *Arch. lég.*, i^{re} part., 909.

Rouvre (village de). *Arch. lég.*, iie part., *statuts*, iiie vol., 390.

Rouvroy (ville de). *Arch. adm.*, t. II, 1073, 1100. *Arch. lég.*, i^{re} part., 889.

— (parochia de). *Arch. adm.*, t. II, 1099.

— (Béatrix de). *Arch. adm.*, t. II, 1176.

(Regnault de), ouvrier en soie. *Arch. lég.*, iie part., *statuts*, iie vol., 375.

— (Johannes), sous-diacre. *Arch. lég.*, iie part., *statuts*, iie vol., 772.

Roux (Bauduin le). *Arch. adm.*, t. II, 550.

— (Nicolas le). *Arch. lég.*, i^{re} part., 685, iie part., *statuts*, i^{er} vol., 862.

— (Étienne le). *Arch. lég.*, i^{re} part., 898.

— (le), recteur de l'université de Reims. *Arch. lég.*, iie part., *statuts*, iie vol., 664.

— (Gervès le). *Arch. lég.*, iie part., *statuts*, iie vol., 997.

— (Huetus le), courtier de vins. *Arch. lég.*, iie part., *statuts*, i^{er} vol., 428.

— (Olivier le), maître des comptes. *Arch. lég.*, iie part., *statuts*, i^{er} vol., 767.

Rouy (dame de). *Arch. adm.*, t. III, 37.

— (seigneurie de). *Arch. lég.*, i^{re} part., 883, 887 ; voy. Rogny.

— (Raoul de), lieutenant du bailli de

Vermandois. *Arch. lég.*, iie part., *statuts*, iiie vol., 29, 614.

Rouver (Gardin), messager de la ville de Reims. *Arch. lég.*, iie part., *statuts*, i^{er} vol., 739.

Rouzée, sergent de la prévôté. *Arch. lég.*, i^{re} part., 540.

Rouzoy (village de). *Arch. lég.*, i^{re} part., 899.

Rovreio (alodium de). *Arch. adm.*, t. I, 236. *Arch. lég.*, iie part., *statuts*, i^{er} vol., 65.

Roy (Guillaume le), sergent du roi. *Arch. lég.*, iie part., *statuts*, i^{er} vol., 376, 377, 379, 381.

— (Pierre le), échevin de Reims. *Arch. lég.*, iie part., *statuts*, i^{er} vol., 539, 574, 625, 626, 629, 631, 633, 634, 636, 637, 638, 640, 642, 651, 930.

— (Jehan le), sergent du roi. *Arch. lég.*, iie part., *statuts*, i^{er} vol., 589, 634, 823.

— (A. le), receveur des tailles. *Arch. adm.*, t. II, 241. *Arch. lég.*, iie part., *statuts*, i^{er} vol., 325.

— (Jehan le), bourgeois. *Arch. adm.*, t. I, 1038 ; t. III, 84, 85, 398 ; voy. Regis (Johannes).

— (Baudouin de). *Arch. adm.*, t. II, 203, 279, 305.

— (Ponsart le), boulanger. *Arch. adm.*, t. II, 269 ; t. III, 51. *Arch. lég.*, iie part., *statuts*, i^{er} vol., 624, 667, 671, 681, 684, 689, 702, 708, 722, 742, 749.

— (Aubri le). *Arch. adm.*, t. II, 269.

— (C.... le), sellier. *Arch. adm.*, t. III, 833.

— (Renaut le). *Arch. adm.*, t. III, 40, 41.

— -Frouart, voy. Large (Thomas le).

— (Thomas le). *Arch. adm.*, t. III, 72, 314, 836.

— (Jacquet le). *Arch. adm.*, t. III, 413.

Roy (Gilet le). *Arch. adm.*, t. III, 835.
Arch. lég., iie part., *statuts*, er vol., 776.
— (Pierre le), greffier de l'échevinage.
Arch. adm., t. III, 695, 728, 835,
839, 840, 841. *Arch. lég.*, iie part.,
statuts, 1er vol., 413, 453, 455, 527,
580, 614, 617, 619.
— (Loys le), curé de Serincourt. *Arch.
lég.*, ire part., 882.
— (Thibaut le), curé de Herpy et de Sainte-
Vaubourg. *Arch. lég.*, ire part., 886.
— (Pierre le), curé de Montmarin. *Arch.
lég.*, ire part., 886.
— (Jacques le). *Arch. lég.*, ire part., 898.
— (Jean-Baptiste le), boulanger. *Arch.
lég.*, iie part., *statuts*, iie vol., 162.
Roya terræ. *Arch. adm.*, t. I, 749, 783,
786, 938, 943, 1042; t. II, 98, 398,
615, 689; t. III, 369, 370. *Arch. lég.*,
ire part., 5; iie part., *statuts*, 1er vol.,
351, 360, 861; *statuts*, iiie vol., 504;
voy. Roie de terre.
— (Robertus de), diacre. *Arch. lég.*,
iie part., *statuts*, 1er vol., 118.
— (Guido de), archevêque de Reims,
voy. Roye (Guy de).
Royal-Alsace (régiment de). *Arch. lég.*,
iie part., *statuts*, 1er vol., 497.
Royaucourt (ville de). *Arch. lég.*, ire part.,
890.
Royault, appariteur du palais. *Arch. adm.*,
t. III, 285.
Royaume, voy. Angleterre, Espagne,
France, Maroc, Navarre, Pologne, Portugal; voy. Regnum.
Royaux (monnaie). *Arch. adm.*, t. III,
108, 172, 422; voy. Or (royaux d'),
Regales.
Roye (Guy de), archevêque de Reims.
Arch. adm., t. I, 62, 225, 442; t. II,
248; t. III, 756, 761, 764, 777, 803,
840, 891. *Arch. lég.*, iie part., *statuts*,
1er vol., 82, 108, 117, 345, 422.

Roye (ville de). *Arch. adm.*, t. II, 272,
1159. *Arch. lég.*, ire part., 899, 903,
913; iie part., *statuts*, 1er vol., 343,
904; *statuts*, iiie vol., 533.
— (prévôté de). *Arch. adm.*, t. II, 1171,
1172.
— (chapitre de), voy. Royense capitulum.
— (seigneur de). *Arch. adm.*, t. III,
310; voy. Béthune (Robert de).
— (Jehan Piet - Fort de), foulon de
drap. *Arch. adm.*, t. III, p. 764.
— (Oudinet de). *Arch. lég.*, ire part.,
516, 587.
— de Terre, voy. Roya terræ.
— (Guillaume de), archevêque de Reims.
Arch. lég., ire part., *statuts*, 1er vol.,
593; voy. Roy (Guy de).
— (Baudouin de), voy. Roy.
— (Pierre). *Arch. adm.*, t. II, 536.
Royense capitulum. *Arch. adm.*, t. II,
637.
Royer (J). *Arch. adm.*, t. III, 164.
— (G....). *Arch. lég.*, iie part., *statuts*,
1er vol., 862.
Royet, voy. Asne.
Roynat (Jehan le), appariteur de l'arche-
vêque. *Arch. adm.*, t. III, 381.
Roys, voy. Rohays.
— (Thomas le), boulanger. *Arch. adm.*,
t. II, 902.
Roze (François). *Arch. lég.*, ire part.,
898; iie part., *statuts*, iie vol., 172,
499?
— (Pierre). *Arch. lég.*, iie part, *statuts*,
iie vol., 204.
— (Jean), maître maçon. *Arch. lég.*,
iie part., *statuts*, iie vol., 419, 487.
— (Nicolas), maître maçon. *Arch. lég.*,
iie part., *statuts*, iie vol., 479, 487.
Rozel (Jehan de). *Arch. lég.*, ire part.,
894.

Rozet (Claude), épicier. *Arch. lég.*, ii* part., *statuts*, iii* vol., 94.

Rozière (M. de la), commandant à Saint-Malo, seigneur de Vuagnon. *Arch. adm.*, t. II, 1083.

Rozières (seigneurie de). *Arch. lég.*, ii* part., *statuts*, ii* vol., 533.

Rozinbault (Nicolas). *Arch. lég.*, ii* part , *statuts*, ii* vol., 533.

Rozoy (chapitre de). *Arch. lég.*, i* part., 881.

— (ville de). *Arch. lég.*, i* part., 886, 914; ii* part., *statuts*, iii* vol. 391.

— en-Tierache, voy. Rozoy.

Rozy, tailleur d'habits. *Arch. lég.*, ii* part., *statuts*, ii* vol., 531.

Rubécourt (ville de). *Arch. adm.*, t. II, 1086.

— (presbyter de). *Arch. adm.*, t. II, 1090.

— (paroisse de). *Arch. adm.*, t. II, 1087.

Rubei (Johannes). *Arch. lég.*, ii* part., *statuts*, i* vol., 395.

Rubencourt, voy. Rubécourt.

Rubignis (presbyter de), vide Vassogne (Antoine).

Rubigny (village de). *Arch. adm.*, t. II, 1083. *Arch. lég.*, i* part., 882, 901, 907, 911.

— (prêtre de), voy. Rubignis (presbyter de).

— (mansionnaires de). *Arch. adm.*, t. I, 388.

Rubiniaco (mansionarii de), voy. Rubigny (mansionnaires de).

Rubnecourt, voy. Rubécourt.

Rue du Moulin (moulin de la). *Arch. adm.*, t. III, 52. *Arch. lég.*, ii* part., *statuts*, i* vol., 238, 244, 845; *statuts*, ii* vol., 155.

— (J.... de la), quartenier de Reims. *Arch. lég.*, ii* part., *statuts*, i* vol., 845.

— voy. Reims (rues de); voy. Pavée, Bourbon.

Rue (Jean-Antoine la), perruquier. *Arch. lég.*, ii* part., *statuts*, iii* vol., 193, 195, 199.

— -Perdue (quarrel de la). *Arch. adm.*, t. II, 532.

— des Moulins (porte de la). *Arch. lég.*, ii* part., *statuts*, i* vol., 871.

Ruel (Pierre de). *Arch. adm.*, t. II, 486.

— (Christophe), manouvrier. *Arch. lég.*, ii* part., *statuts*, ii* vol., 840.

Ruella (Morandus de). *Arch. adm.*, t. I, 788.

Ruelle, voy. Reims (ruelles de).

— (Jesson de la). *Arch. adm.*, t. II, 903.

— (Jehan de la). *Arch. adm.*, t. III, 836.

— (Jehan de la), dit François. *Arch. adm.*, t. III, 836.

— (G....), élu de Reims. *Arch. lég.*, ii* part., *statuts*, i* vol., 793, 799.

Ruelles (rue des). *Arch. adm.*, t. I, 80. *Arch. lég.*, ii* part., *statuts*, i* vol., 567.

Ruette (village de). *Arch. adm.*, t. II, 1093.

Rueuile (Guillaume de), archidiacre de Chartres. *Arch. adm.*, t. I, 968.

Ruffa, vide Johanna.

Ruffey (Gilet de). *Arch. adm.*, t. II, 603; voy. Ruffy (Giles de).

— (paroisse de), voy. Ruffeyo (parochia de).

— (écuyer de), voy. Ruffeyo (armiger de).

— voy. Ruffy.

Ruffeyo (armiger de). *Arch. adm.*, t. I, 1077.

— (Ponceletus de), écolier de Reims. *Arch. adm.*, t. II, 735.

— (Balduinus de), écolier. *Arch. adm.*, t. II, 735.

— (presbyter de). *Arch. adm.*, t. II, 1063.

Ruffeyo (Vuilburgis de). *Arch. lég.*, iie part., *statuts*, i^er vol,, 78, 116.

— (parochia de). voy. *Arch. adm.*, t. II, 1063.

— (Gervaisius de), sous-diacre-chanoine. *Arch. lég.*, iie part., *statuts*, i^er vol., 86.

Ruffiaco (liberi de), voy. Ruffy (enfants de).

— (Almanricus de). *Arch. adm.*, t. II, 4.

Ruffin (Thomas). *Arch. adm.*, t. II, 697.

— (Carré), bourgeois. *Arch. adm.*, t. II, 697 ; t. III, 105.

— chanoine. *Arch. adm.*, t. III, 39.

Ruffus clericus. *Arch. lég.*, iie part., *statuts*, i^er vol., 79.

Ruffy (Johannes de), chanoine. *Arch. adm.*, t. I, 321 ; t. III, 357.

— (comtesse de). *Arch. adm.*, t. I, 1084.

— (Giles de), dit la Meslette. *Arch. adm.*, t. II, 698.

— (Baudenet de). *Arch. adm.*, t. I, 876 ; t. III, 307.

— (Robertus de). *Arch. adm.*, t. I, 837.

— (Oudart de). *Arch. adm.*, t. II, 54.

— (Maurri de). *Arch. adm.*, t. II, 74.

— (Gérard de), écuyer. *Arch. adm.*, t. II, 117, 1013, 1014, 1017.

— (Huardus de), brasseur. *Arch. adm.*, t. II. 339.

— (Henri de). *Arch. adm.*, t. II, 915.

— (famille de). *Arch. adm.*, t. II, 1013.

— (terre de). *Arch. adm.*, t. II, 1013. Tenue en fief lige de l'archevêché de Reims, *ibid.*, 1016, 1017.

— (chemin de). *Arch. adm.*, t. II, 553.

— (enfants de). *Arch. adm.*, t. II, 1101, 1124 ; t. II, 1, 3, 7, 431.

— (territoire de). *Arch. adm.*, t. I, 760; voy. Ruffy (terre de).

— (ville de). *Arch. adm.*, t. I, 1090;

t. II, 97, 319, 556, 558, 567; t. III, 407, 417, 425, 627, 649, 654. *Arch. lég.*, i^re part., 755, 875, iie part., *statuts*, iiie vol., 31.

Rufinus, vide Fiteclo.

— official de Reims. *Arch. lég.*, i^re part., 89, 94, 96, 97.

Rufus (Ludovicus). *Arch. lég.*, iie part., *statuts*, i^er vol., 166.

— prévôt de Beauvais. *Arch. adm.*, t. I, 835.

— sergent du prévôt de Laon. *Arch. adm.*, t. I, 867.

— (Mattheus). *Arch. adm.*, t. I, 364.

— (Odo), prêtre-chanoine. *Arch. lég.*, iie part., *statuts*, i^er vol., 70, 79, 115.

Ruilliaco (Jacobus de), voy. Ruilly (Jacques de).

Ruilly (Jehan de). *Arch. adm.*, t. II, 732.

— (Jacques de), président du parlement. *Arch. adm.*, t. III, 259, 260, 705.

— (Gauthier de), religieux de Saint-Remi de Reims. *Arch. lég.*, i^re partie, 484.

Ruinart (M.), seigneur de Brimont. *Arch. adm.*, t. II, 1063.

Ruisselois (village de). *Arch. lég.*, i^re part., 907; iie part., *statuts*, iiie vol., 30.

Ruisselot (abreuvoir du). *Arch. lég.*, iie part., *statuts*, i^er vol., 699.

— (rue du). *Arch. lég.*, iie part., *statuts*, iiie vol., 449.

Ruliaco (Galterus de), prévôt de Saint-Remi-la-Montagne. *Arch. adm.*, t. III, 811.

Rulicurte montis S. Eligii (prior de). *Arch. adm.*, t. II, 638.

Rumestat (alodium de). *Arch. adm.*, t. I, 316.

Rumigneyo (parochia de), vide Rumigny (paroisse de).

Rumigniaco (Johannes de), vide Rumigny (Jehan de).

v

Rumigny (paroisse de). *Arch. adm.*, t. II 1071.

— (doyenné de), voy. Rumigny (decanatus de).

— (monastère de), voy. Ruminiaco (monasterium de).

— (Jehanne de) fonde la chapelle de Montcornet. *Arch. adm.*, t. II, 1025.

— (Jehan de), archidiacre de Cambrai. *Arch. lég.*, i^{re} part., 262, 264.

— -in-Thieresca (decanatus de). *Arch. adm.*, t. II, 1071.

— (capellanus de). *Arch. adm.*, t. II, 1074.

— (ville de). *Arch. adm.*, t. I, 229; t. II, 1058, 1074; t. III, 108. *Arch. lég.*, iie part., *statuts*, iiie vol., 394; voy. Romigny.

— (presbyter de). *Arch. adm.*, t. II, 1071.

— (prieur de), voy. Reuminiaco (prior de).

— (decanatus de). *Arch. adm.*, t. II, 1071, 1074; t. III, 278. *Arch. lég.*, iie part., *statuts*, i^{er} vol., 698, 715, 842.

— (majoria de). *Arch. lég.*, iie part., *statuts*, i^{er} vol., 67.

— (doyenné de), voy. Rumigny (decanatus de).

— (seigneur de). *Arch. adm.*, t. I, 269, 655; voy. Rumigny (baron de).

— (Wiardet de). *Arch. adm.*, t. I, 1062.

— (Renaut de), clerc. *Arch. adm.*, t. II, 523.

— (curé de), voy. Guy.

— (Johannes de), prêtre. *Arch. lég.*, iie part., *statuts*, i^{er} vol., 67, 107, 114.

— (capellania de). *Arch. adm.*, t. II, 1074.

— (Jacobus de), chevalier. *Arch. adm.*, t. I, 540.

— (prieuré de). *Arch. adm.*, t. II, 1074.

Rumigny (baron de). *Arch. lég.*, i^{re} part., 888.

Rumiliaco (Nicolaus de), vide Ruminiaco.

Rumilly (parochia de), vide Rémilly-lez-Potets (paroisse de).

— (presbyter de). *Arch. adm.*, t. II, 1069, 1085.

Ruminiaco (Golcherus de). *Arch. adm.*, t. I, 451, 480.

— (Nicolaus de). *Arch. adm.*, t. I, 254, 261, 436, 437, 448, 450, 540, 632. *Arch. lég.*, iie part., *statuts*, i^{er} vol., 69, 115.

— (Colardus de). *Arch. adm.*, t. I, 632.

— ecclesia (S. Petri de). *Arch. adm.*, t. I, 263.

— (Colinus de). *Arch. adm.*, t. I, 480.

— (monasterium de). *Arch. adm.*, t. I, 1059.

— (Johannes de), vide Rumigny (Jehan de).

Rumme (village de). *Arch. lég.*, i^{re} part., 907; voy. Rumont.

Rumont (Marie de), abbesse de Saint-Pierre-aux-Nonains. *Arch. adm.*, t. II, 340.

— voy. Rumme.

Rupe-Amatoris (Nostra domina de). *Arch. adm.*, t. II, 1206.

Rupecaverda (villa de). *Arch. lég.*, iie part., *statuts*, i^{er} vol., 107.

Rupe-Caverdi (Fulcaudus de), chanoine. *Arch. adm.*, t. II, 1032; vide Ventodoro (Helias de).

— (Aidemarus de), chanoine. *Arch. adm.*, t. II, 1033.

Rupeforti (Guido de), chanoine de Reims et évêque de Langres. *Arch. lég.*, iie part., *statuts*, i^{er} vol., 80, 117.

Rupenegata (D. B. de). *Arch. adm.*, t. II, 226.

Rupture de ban, voy. Fractura banni.

Russafelt (terra de). *Arch. lég.*, ii⁰ part., *statuts*, i⁰ʳ vol., 166.

Russequin, vide Villa-ad-Prata.

Russie (vaches de). *Arch. lég.*, ii⁰ part., *statuts*, ii⁰ vol., 576.

Russisson (village de). *Arch. adm.*, t. I, 1090.

Rusticolus, témoin signataire du testament de S. Remi. *Arch. adm.*, t. I, 23, 196?

Rusticus, martyr. *Arch. adm.*, t. I, 252.

Rutenicus pagus. *Arch. adm.*, t. I, 27.

Ruth, voy. Profondus.

Ruy (François-Charles), perruquier. *Arch. lég.*, ii⁰ part., *statuts*, iii⁰ vol., 191, 194, 199.

S.

Saale (J....). *Arch. lég.*, ii⁰ part., *statuts*, i⁰ʳ vol., 862.

Sabaudia (Aymo de), archidiacre de Reims. *Arch. adm.*, t. II, 228, 339, 409.

— (Élinon de), chevalier, inspecteur des fortifications de Reims. *Arch. adm.*, t. III, 246.

— vide Claromonte (Ludovicus de).

Sabaudiæ comes, vide Savoie (comte de).

Sabiné (évêque de), voy. Sabinensis episcopus.

Sabinensis episcopus. *Arch. lég.*, i⁰ʳ part., 109, 193; vide Gerardus.

Sablon (moulin de) *Arch. adm.*, t. III, 602. *Arch. lég.*, ii⁰ part., *statuts*, i⁰ʳ vol., 245.

Sablonariæ-supra-Maternam, voy. Sablonières.

Sablonnières (ville de). *Arch. adm.*, t. I, 18.

Sabrevois (Jehan de), chevalier, seigneur de Ville. *Arch. lég.*, i⁰ʳ part., 890.

Sabucetum, vide Souchez.

Sacco (fratres de). *Arch. adm.*, t. II, 257.

Saccorum ordo. *Arch. adm.*, t. I, 1019.

Sacerdoce, voy. Sacerdotium.

Sacerdos, vide Presbyter.

Sacerdos excommunicatus. *Arch. lég.*, i⁰ᵉ part., 207.

Sacerdotium. *Arch. lég.*, i⁰ᵉ part., 382.

Saceyo (decima de), voy. Sacy (dîme de).

— (Théobaldus de), échevin. *Arch. adm.*, t. I, 642.

— (Thomas de), *Arch. lég.*, i⁰ᵉ part., 320.

— Arnulphus de), clerc et sous-diacre. *Arch. lég.*, ii⁰ part., *statuts*, i⁰ʳ vol., 94.

— Herverus de). *Arch. lég.*, ii⁰ part., *statuts*, i⁰ʳ vol., 194.

Saceyum, voy. Sacy.

Sache-Entre-deux-Ponts (rue du). *Arch. lég.*, ii⁰ part., *statuts*, iii⁰ vol., 37.

Sachets (ordre des), voy. Saccorum ordo.

Sacheyum, vide Sachy.

Sachy (village de). *Arch. adm.*, t. I, 329; t. II, 1086.

— (ecclesia de). *Arch. adm.*, t. II, 1087.

Saciacus, voy. Sacy.

Sacovin (Jacobus), chanoine. *Arch. lég.*, ii⁰ part., *statuts*, i⁰ʳ vol., 107.

Sacquepée (Raoul). *Arch. lég.*, ii⁰ part., *statuts*, ii⁰ vol., 508.

— (Jean). *Arch. lég.*, ii⁰ part., *statuts*, ii⁰ vol., 508.

Sacquet (T....), bourgeois. *Arch. lég.*, iie part., *statuts*, ier vol., 770.

Sacqs-de-la-Berisandière (rue des). *Arch. adm.*, t. I, 204.

Sacra loca. *Arch. adm.*, t. II, 657.

Sacramentum. *Arch. adm.*, t. I, 436, 512, 570, 760 ; t. II, 423. *Arch. lég.*, ire part., 269, 390, 415 ; vide Ecclesiastica sacramenta, Juramentum, Sacrements.

Sacrarium. *Arch. adm.*, t. I, 246 ; vide Sacristie.

Sacre (frais du). *Arch. adm.*, t. I, 38, 55. Par qui payés? 220, 1033, 1081. Supportés jadis par l'archevêque, t. II, 172. Débats au sujet desdits, entre l'archevêque et les échevins, *ibid.*, 176, 197, 204, 207, 210, 213, 219, 234, 236, 258, 276, 285. Transaction, entre les mêmes, relative auxdits, 286, 289, 292, 296, 299. Prétention des pauvres de Saint-Remi d'être affranchis desdits, 317, 326. Autres débats, sur le même sujet, entre les échevins et les clercs, 386, 476, 480, 556, 559, 630, 634, 658, 724, 853, 884, 939, 944 ; t. III, 26, 27, 32, 43, 75, 244, 273, 291, 295, 358, 508, 522. *Arch. lég.*, iie part., *statuts*, ier vol., 464, 480, 489, 524, 525, 568 ; *statuts*, iie vol., 321, 322 ; *statuts*, iiie vol., 613, 614.

— (cérémonie du). *Arch. lég.*, iie part., *statuts*, iie vol., 123, 124 ; voy. Regis coronatio.

— (collecteurs du). *Arch. adm.*, t. III, 95.

— (contribuants au). *Arch.*, adm., t. III, 292, 294.

— voy. Roi (sacre du).

— (restes du). *Arch. adm.*, t. II, 3. Appartiennent aux échevins, 5, 43.

— (souper du). *Arch. adm.*, t. III, 39.

— (taille du). *Arch. lég.*, ire part., 560.

Sacrements (administration desdits). *Arch. adm.*, t. I, 204. *Arch. lég.*, iie part., *statuts*, ier vol., 139 ; voy. Sacramentum.

Sacrilége, voy. Sacrilegium.

Sacrilegium. *Arch. adm.*, t. I, 445, 555, 786 ; t. II, 612 ; t. III, 42. *Arch. lég.*, ire part., 214, 376, 460, 808, 812.

Sacristie, tablettes de ladite. *Arch. adm.*, t. I, 205 ; voy. Sacrarium.

Sacrocesare (Stephanus, comes de). *Arch. adm.*, t. I, 591.

Sacy (presbyter de). *Arch. adm.*, t. II, 1052.

— (dîme de). *Arch. lég.*, iie part., *statuts*, ier vol., 194.

— (domus de). *Arch. adm.*, t. II, 1094 ; voy. Sassey (domus de).

— (four de). *Arch. adm.*, t. III, 610.

— (église de). *Arch. lég.*, iie part., *statuts*, ier vol., 699.

— (village de). *Arch. adm.*, t. I, 177, 212, 825, 1090 ; t. II, 1054 ; t. III, 100. *Arch. lég.*, ire part., 876, 908, 911, ; iie part., *statuts*, ier vol., 168, 218, 244, 245 ; *statuts*, iie vol., 276 ; voy. Saceyum.

— en la montagne de Reims. *Arch. adm.*, t. III, 605, 622. *Arch. lég.*, ire part., 755.

— (Petrus de), abbé de Saint-Remi. *Arch. adm.*, t. I, 823, 829, 834, 838, 811, 813, 848, 860, 865 ; voy. Sacy (Perrart de).

— (A. de), tonnelier. *Arch. adm.*, t. II, 824.

— (Jean de). *Arch. adm.*, t. I, 737, 890.

— (Aubry de). *Arch. adm.*, t. I, 1012.

— (Burdinus de). *Arch. adm.*, t. I, 826 ; voy. Burdin dit Buisson.

— (Clarin de). *Arch. adm.*, t. II, 38.

— (Perrart de), clerc. *Arch. adm.*, t. II, 496 ; voy. Sacy (Petrus de).

Sadelin (Gerbert), bourgeois. *Arch. adm.*, t. II, 1183.

— boulanger. *Arch. adm.*, t. III, 106.

Sadet le clerc. *Arch. adm.*, t. I, 766.

Sadetus, chanoine de Saint-Symphorien, *Arch. adm.*, t. I, 788. *Arch. lég.*, Ire part., 7.

Sæcularis jurisdictio. *Arch. adm.*, t. I, 606, 681, 995 ; t. III, 647. *Arch. lég.*, IIe part., *statuts*, Ier vol., 348.

Saga (Gilbert de), écolâtre de Reims. *Arch. adm.*, t. I, 667.

Sage (J. le), parmentier. *Arch. adm.*, t. III, 17.

— (le). *Arch. lég.*, IIe part., *statuts*, IIe vol., 8.

Saget (H....). *Arch. lég.*, IIe part., *statuts*, Ier vol., 658, 665, 676, 698, 701, 709, 725, 734, 740, 745, 753, 757.

Sagia. *Arch. lég.*, IIe part., *statuts*, Ier vol., 189.

Sagimen (sain, graisse). *Arch. lég.*, IIe part., *statuts*, Ier vol., 188.

Sagittaire. Notice sur la figure allégorique dudit, placé sur le pignon de la cathédrale de Reims. *Arch. lég.*, Ire part., 4, 373, 391 ; voy. Centaurus.

Sagittarius. Voy. Sagittaire.

Sagot (P.), boucher. *Arch. lég.*, IIe part., *statuts*, Ier vol., 249.

— (H....). *Arch. lég.*, IIe part., *statuts*, Ier vol., 696.

Saguet (Thomas), bourgeois. *Arch. lég.*, IIe part., *statuts*, Ier vol., 777, 784.

Sahuguet, voy. Espagnol.

Saï (Rogier de), député de Reims. *Arch. lég.*, IIe part., *statuts*, IIIe vol., 174.

Saignolo (Colessonus de), clerc. *Arch. adm.*, t. III, 769.

Saigot (Colesson), *Arch. lég.*, Ire part., 527.

Sailleio (Nicholaus de), doyen du cha-

pitre. *Arch. lég.*, IIe part., *statuts*, Ier vol., 100.

Sailleio (Guido de), sous-diacre et chanoine. *Arch. lég.*, IIe part., Ier vol., 86.

— (Theodorius de), diacre et chanoine. *Arch. lég.*, IIe part., *statuts*, Ier vol., 93.

Saillia (avant-loge, saillie). *Arch. adm.*, t. I, 894 ; t. II, 875, 876.

Sailly (prior de). *Arch. adm.*, t. II, 638.

— (Jehan de), prévôt de Reims. *Arch. lég.*, Ire part., 876, 880 ; IIe part., *statuts*, IIe vol., 93.

Sain (de), notaire, voy. Dessain (Thomas).

Sainctot (Étienne), conseiller au parlement. *Arch. lég.*, IIe part., *statuts*, IIe vol., 628.

Saine (Bertrand le). *Arch. adm.*, t. II, 482 ; voy. Sayne.

Sainecourt (lieu de). *Arch. adm.*, t. III, 488.

Saineresse, voy. Agnès.

Saingly, voy. Singly.

Sains (Nicolas de), religieux de Saint-Remi. *Arch. lég.*, IIe part., *statuts*, Ier vol., 203, 217, 219, 228.

Saint-Ader (prieur de), seigneur de Chagny. *Arch. adm.*, t. II, 1111, 1113 ; voy. Chaigneio (prior de).

— -Aderic (Invocation de). *Arch. adm.*, t. II, 1112.

— -Adrien (tour de), *Arch. lég.*, IIe part., *statuts*, IIIe vol., 476.

— -Agricole d'Avignon (doyen de), voy. Baume (prieur de la).

— -Agricole de Reims (église de), voy. Saint-Nicaise.

— -Agricole (invocation de). *Arch. adm.*, t. I, 87.

— -Aignan (invocation de). *Arch. adm.*, t. II, 1033.

Saint-Aignan (curé de), voy. Leclerc (Claude).

— -Aignan (paroisse de). *Arch. adm.*, t. II, 1089, 1090.

— -Aignan d'Orléans (église de). *Arch. adm.*, t. III, 213.

— -Aignan-aux-Bois (village de). *Arch. lég.*, ı^{re} part., 889.

— -Aignan (village de). *Arch. lég.*, ı^{re} part., 901, 904.

— -Aignan (terre de). *Arch. adm.*, t. III, 656.

— -Aignan, voy. Orléans (Saint-Aignan d').

Saint Albert , martyrisé à Reims. *Arch. adm.*, t. I, 1088.

Saint-Alpin, voy. Châlons (Saint-Alpin de).

Saint-Amand (monastère de). *Arch. adm.*, t. I, 666.

— -Amand (invocation de). *Arch. adm.*, t. II, 1033.

— -Amand (village de). *Arch. lég.*, ı^{re} part., 878, 919.

— -Amand. Voy. Sanctus Amandus.

— -Amand (bataille de), gagnée par le maréchal de Saint-Pol , sur l'armée royale. *Arch. lég.*, ıı^e part., *statuts*, ı^{er} vol., 932.

Saint-Ambroise (cloître de). *Arch. lég.*, *statuts*, ııı^e vol., 533.

Saint-André (croix de). *Arch. lég.*, ıı^e part., *statuts*, ı^{er} vol., 597 ; *statuts*, ıı^e vol., 349.

— -André (président de). *Arch. lég.*, ıı^e part., *statuts*, ıı^e vol., 58 ; voy. Saint-André (M. de).

— -André (M. de), seigneur de Chepy. *Arch. adm.*, t. II, 1096 ; voy. Saint-André (président de).

— -André (invocation de). *Arch. adm.*, t. II, 1033.

— -André (paroisse de). *Arch. adm.*, t. I, 15 ; t. II, 1046.

Saint-André de Bourg (chapelle de). *Arch. adm.*, t. III, 147, 161.

— -André des Arts. (paroisse de). *Arch. lég.*, ıı^e part., *statuts*, ı^{er} vol., 231 *statuts*, ıı^e vol., 605.

Saint-Antoine de Reims (hôpital de). *Arch. adm.*, t. I, 441 , 448, 763, 787, 1000, 1014, 1019 ; t. II, 521 ; t. III, 418, 420, 421, 755, 763, 771. *Arch. lég.*, ı^{re} part., 546, 561, 570 ; ıı^e part., *statuts*, ı^{er} vol., 300, 301, 893 ; *statuts*, ıı^e vol., 649 ; voy. Ardentium hospitalis.

— -Antoine de Reims (rue de). *Arch. adm.*, t. II, 652. *Arch. lég.*, ı^{re} part., 573.

— Antoine de Reims (église de). *Arch. adm.*, t. I, 15. *Arch. lég.*, ıı^e part., *statuts*, ııı^e vol., 408.

— -Antoine de Reims (monastère de), voy. Sancti-Antonii monasterium.

— -Antoine de Reims (aumône de). *Arch. adm.*, t. II, 529.

— -Antoine de Reims (maison de). *Arch. lég.*, ı^{re} part., 486, 513 ; voy. Saint-Antoine (hôpital de).

— -Antoine de Reims (confrérie de). *Arch. lég.*, ıı^e part., *statuts*, ı^{er} vol , 565 ; *statuts*, ıı^e vol., 337.

— -Antoine de Reims (porte de). *Arch. lég.*, ıı^e part., *statuts*, ı^{er} vol, 898.

Saint-Antonin (ville de). *Arch. lég.*, ıı^e part., *statuts*, ııı^e vol., 631.

Saint-Apollinaire (abbé de), voy. Honestus.

Saint-Arnould (invocation de). *Arch. adm.*, t. II, 1033.

— -Arnould. Clovis veut donner audit sa nièce Scariberge en mariage avec le comté de Reims pour dot. *Arch. lég.*, ıı^e part., *statuts*, ııı^e vol., 512.

Saint-Aubeuf (paroisse de), voir S. Obodo (parochia de).

— -Aubeuf (fief de), *Arch. lég.*, ı^{re} part., 891.

Saint-Aubeuf (Giraut de), clerc. *Arch. adm.*, t. II, 301.

Saint-Augustin. *Arch. adm.*, t. I, 143, 153. Livre du Baptême dudit allégué, 182, 187. De la Pénitence du même allégué, 190, 193.

— -Augustin (règle de). *Arch. adm.*, t. I, 218, 221; voy. S. Augustin (ordre de).

— -Augustin (hospitaliers de). Fonctions desdits. *Arch. adm.*, t. I, 78.

— -Augustin (chanoines réguliers de). *Arch. lég.*, iie part., *statuts*, iie vol., 788.

— -Augustin (ordre de). *Arch. adm.*, t. I, 12; t. III, 498. *Arch. lég.*, iie part., *statuts*, ier vol., 839.

Saint-Avit d'Orléans (église de). *Arch. adm.*, t. III, 213.

Saint-Baldéric (invocation de). *Arch. adm.*, t. II, 1033.

Saint-Bâle, voy. Sanctus Basolus.

— -Bâle (abbaye de). *Arch. adm.*, t. I, 368. Bienfaiteurs de ladite, 369, 382; t. II, 248; t. III, 156. *Arch. lég.*, ire part., 107, 116, 235; iie part., *statuts*, ier vol., 199, 252.

— -Bâle (abbé de), voy. Sancti-Basoli (abbas).

— -Bâle (autel de), voy. Sancti-Basoli (altar).

— -Bâle (chapitre de). *Arch. lég.*, ire part., 808.

— -Bâle (concile de). *Arch. adm.*, t. I, 94. L'archevêque de Reims, Arnulphe, déposé dans ledit, 100, 103, 128, 178, 179.

— -Bâle (église de). Frais de gîte dus par ladite à l'arrivée du roi à Reims. *Arch. adm.*, t. I, 171, 304, 365, 762, 850; t. II, 495; t. III, 528, 606.

— -Bâle (invocation de). *Arch. adm.*, t. II, 1033.

Saint-Bâle (maison de). *Arch. adm.*, t. II, 1149; voy. S. Bâle (mès de).

— -Bâle (mès de). *Arch. adm.*, t. II, 518.

— -Bâle (mesure de), voy. S. Basoli mensura.

— -Bâle (prieur de). *Arch. lég.*, iie part., *statuts*, ier vol., 750.

— -Bâle (religieux de), seigneurs des Petites-Loges. *Arch. adm.*, t. II, 1118; t. III, 22, 652. Se retirent à Reims à l'approche des Anglais. *Arch. lég.*, iie part., *statuts*, ier vol., 847.

— -Bâle (village de). *Arch. adm.*, t. I, 17, 289; t. II, 839, 1067. *Arch. lég.*, ire part., 889.

Saint-Barnabé (invocation de). *Arch. adm.*, t. II, 1033.

Saint Barthélemy, voy. Sanctus Bartholomeus.

— -Barthélemy (invocation de). *Arch. adm.*, t. II, 1033.

— -Barthélemy (chapelles de). *Arch. adm.*, t. II, 1047.

Saint-Baussonne (Jehan-Francois de), seigneur de Bertricourt. *Arch. lég.*, ire part., 893.

Saint-Bénigne, voy. Dijon (Saint-Bénigne de).

Saint-Benoît (ordre de). *Arch. adm.*, t. I, 475, 661, 815, 903; t. II, 635; t. III, 498. *Arch. lég.*, ire part, 269; iie part., *statuts*, ier vol., 69, 167, 170, 193, 200, 205, 220, 227, 231, 255, 259, 265, 270.

— -Benoît-sur-Loire (invocation de). *Arch. adm.*, t. II, 1033.

— -Benoît-sur-Loire (règle de) suivie dans tout l'Occident. *Arch. adm.*, t. I, 25, 287, 331, 335. *Arch. lég.*, iie part., *statuts*, ier vol., 33, 220.

— -Benoît-sur-Loire (abbé de). *Arch. adm.*, t. II, 1038.

Saint-Benoît-sur-Loire (monastère de), voy. S. Benedicti monasterium.

Saint Bernard, abbé de Clairvaux. *Arch. adm.*, t. 1, 271, 282, 297, 300, 302, 308, 309, 312, 316, 320. *Arch. lég.*, iie part., *statuts*, iiie vol., 608.

— -Bernard (prieur de). *Arch. lég.*, i^{re} part., 513, 590; iie part., *statuts*, i^{er} vol., 756.

— -Bernard (chapelle de). *Arch. adm.*, t. I, 15. *Arch. lég.*, i^{re} part., 512, 521, 537. Démolie comme nuisible aux fortifications de Reims, iie part., *statuts*, i^{er} vol., 720, 806, 816.

— -Bernard (prieuré de) détruit par ordre de Raulin Cochinart, capitaine de Reims. *Arch. adm.*, t. I, 11.

— -Bernard (ordre de), voy. Cîteaux.

Saint-Bertin (abbaye de). *Arch. lég.*, iie part., *statuts*, i^{er} vol., 605.

Saint-Bertremieu-en-Bieau-Leu (village de). *Arch. adm.*, t. I, 745.

Saint-Blaise (invocation de). *Arch. adm.*, t. II, 1033.

Saint-de-la-Horgne (village de). *Arch. adm.*, t. II, 1106.

Saint-Blanquart, capitaine de cent arquebusiers. *Arch. lég.*, iie part., *statuts*, i^{er} vol., 717, 718. Entretenu par les Rémois au service de la Sainte-Union. 920.

Saint-Boniface (invocation de). *Arch. adm.*, t. II, 1033.

Saint-Brice (invocation de). *Arch. adm.*, t. II, 1033.

— -Brice (village de). *Arch. adm.*, t. III, 468. *Arch. lég.*, i^{re} part., 910; iie part., *statuts*, iie vol., 860.

— -Brice de Reims. *Arch. lég.*, iie part., *statuts*, i^{er} vol., 565.

Saint-Brieuc (évêque de), voy. Briocensis episcopus.

Saint Bruno enseigne la sainte Écriture à Reims. *Arch. adm.*, t. I, 666.

Saint-Bry (village de). *Arch. adm.*, t. I, 1090; t. II, 567; t. III, 281, 468, 469, 582, 688. *Arch. lég.*, i^{re} part., 754, 901, 905.

— -Bry (Baudet de), clerc. *Arch. adm.*, t. II, 254.

Saint-Calixte (invocation de). *Arch. adm.*, t. II, 1033.

— -Calixte (chapelle de). *Arch. adm.*, t. II, 1047.

Saint Charles (maximes de). *Arch. lég.*, iie part., *statuts*, iie vol., 781, 784.

Saint-Charles Borromée (invocation de). *Arch. adm.*, t. II, 1033.

Saint-Christophe (invocation de). *Arch. adm.*, t. II, 1033.

— -Christophe (chapelle de). *Arch. adm.*, t. II, 1110. *Arch. lég.*, iie part. *statuts*, i^{er} vol., 212.

Saint-Christophe-en-Halate (village de). *Arch. adm.*, t. II, 607, 636, 1162.

— -Christophe de Reims (église de), voy. S. Christophori.

Saint-Chamand (Mme de). *Arch. lég.*, iie part., *statuts*, iiie vol., 394.

Saint Chrodegang, évêque de Metz, institue, à l'exemple de S. Rigobert, les chanoines réguliers. *Arch. adm.*, t. I, 25.

Saint-Claude (invocation de). *Arch. adm.*, t. II, 1033.

Saint-Clément (village de). *Arch. adm.*, t. II, 181, 374, 1114; t. III, 279, 410, 412, 652. *Arch. lég.*, i^{re} part., 875, 903, 905, 909.

— -Clément (châtellenie de). Appartient à l'archevêque de Reims. *Arch. adm.*, t. II, 883.

— -Clément (Jehan de), berger de la grange de Reims. *Arch. adm.*, t. III, 759.

Saint Clément, pape. Canons faussement attribués audit. *Arch. adm.*, t. I, 106.

— Clément (invocation de). *Arch. adm.*, t. II, 1033.

— -Clément (curé de). *Arch. lég.*, ı^{re} part., 888.

— -Clément (patronage de), voy. Sancto-Clemente (patronagium de).

— -Clément (paroisse de). *Arch. adm.*, t. II, 1114.

— -Clément (prêtre de), voy. Sancto-Clemente (presbyter de).

Saint-Cornille, voy. Laon (S. Cornille de).

— -Cornille de Laon (chapelains royaux de). *Arch. lég.*, ı^{re} part., 883.

— -Cornille de Compiégne (couvent de). *Arch. lég.*, ı^{re} part., 918.

Saint-Cosme (chapitre de). *Arch. adm.*, t. III, 208.

— -Cosme (Aubry de), maçon. *Arch. adm.*, t. III, 836, 842.

— -Cosme (rue de). *Arch. lég.*, ıı^e part., statuts, ııı^e vol., 31.

— -Cosme et Saint-Damien (église de). *Arch. adm.*, t. I, 11. Dépendait de l'abbaye de Saint-Remi, *ibid.*, 94, 95; t. III, 606 ?

— Cosme et Damien (invocation de). *Arch. adm.*, t. II, 1033.

Saint-Contest, voy. Chastaigneray.

Saint-Couvin (pèlerinage de). *Arch. adm.*, t. II, 1177.

Saint-Crépin (église de). *Arch. adm.*, t. I, 11.

— Crépin et saint Crépinien (invocation de). *Arch. adm.*, t. II, 1033.

Saint-Crespin (Huart de), capitaine du château de Courville. *Arch. adm.*, t. III, 758.

— -Crespin de Saulce-Champenoise (curé de), voy. Colard (Antoine).

— -Crespin-le-Grand, voy. Soissons (S. C. le G. de).

Saint-Crespin-en-Chaye, voy. Soissons (S. C. en Ch. de).

Saint-Cristophe (village de). *Arch. adm.*, t. II, 802.

Saint Cyr (invocation de). *Arch. adm.*, t. II, 1033.

Saint Denis (invocation de). *Arch. adm.*, t. II, 1033.

— -Denis, huissier. *Arch. lég.*, ıı^e part., statuts, ııı^e vol., 623, 726.

— Denis, martyr. *Arch. adm.*, t. I, 211, 217, 220, 252. Patron de la France. *Arch. lég.*, ı^{re} part., 485, ıı^e part., statuts, ı^{er} vol., 843.

— -Denis (Pierre de). *Arch. adm.*; t. III, 249.

Saint-Denis de Reims (abbaye de). *Arch. adm.*, t. I, 15. Charte de fondation de ladite, 216. Chartrier de ladite, 217. Titre primordial de ladite, relatif à son ban et à sa justice, 218, 220, 229, 252, 253, 255; 274, 275, 305, 382, 442, 513, 514, 531, 644, 811, 1028; t. II, 38, 82, 162, 833, 1042, 1097; t. III, 575, 750, 799. *Arch. lég.*, ıı^e part., statuts, ı^{er} vol., 92, 261, 279, 300, 304, 530, 556, 557, 812, 844. Propriétaire en partie des marais de la Vesle, 872; statuts, ıı^e vol., 13, 82, 312, 606, 782, 786, 789; voy. Sancti Dionysii monasterium.

— -Denis de Reims (abbé de). *Arch. adm.*, t. I, 81, 225, 360, 361, 467, 478, 479, 579, 588, 644. Les écoles du monastère sont à la collation dudit, 664, 712, 787, 810, 934, 968, 1036, 1059, 1075, 1114, 1122; t. II, 99, 104. Terres données audit par le sire de Champigny, 106, 623, 704, 790, 1025, 1037, 1038, 1050. Seigneur de Champigny, 1052. Patron de Lagery, 1057, 1065, 1095, 1100, 1102, 1104, 1105, 1107 et seq., 1119, 1149, 1247; t. III, 114, 208, 682, 768, 799, 832. *Arch. lég.*,

1re part., 563 ; IIe part., *statuts*, 1er vol., 536, 539, 541, 563, 609, 615, 618, 621, 622, 626, 632, 636, 678, 684, 704, 729, 776, 778, 793, 806, 839, 867, 870, 892 ; *statuts*, IIe vol., 559 ; *statuts*, IIIe vol., 405. Est représenté par son grand vicaire au conseil de ville, 566, 583, 616, 641. Le roi concède certains terrains audit, 642, 644. Occupe le premier rang parmi les conseillers de ville, 646 ; voy. Sancti Dionysii abbas.

Saint-Denis de Reims (abbés de), voy. Cauchon (Claude), Hanonge (Gilles de), Herbertus, Léo, Morel (J.), Odo, Pierre, Reginaldus, Regnauldus.

— -Denis de Reims (aumône de). *Arch. adm.*, t. II, 494, 514. *Arch. lég.*, IIe part., *statuts*, 1er vol., 129.

— Denis de Reims (autel de). *Arch. adm.*, t. I, 220.

— -Denis de Reims (ban de), voy. Sancti Dionysii bannus.

— -Denis de Reims (béguines de). *Arch. adm.*, t. I, 13.

— -Denis de Reims (bourg de). *Arch. adm.*, t. I, 274, 711, 715, 761, 963, 1030, 1086 ; t. III, 871. *Arch. lég.*, IIe part., *statuts*, 1er vol., 130, *statuts*, IIIe vol., 32.

— -Denis de Reims (chanoines de). *Arch. adm.*, t. I, 324, 416, 468, 533, 808, 906 ; t. II, 101 ; voy. Sancti Dionysii canonici, 1119. Seigneurs d'Isse. *Arch. lég.*, IIe part., *statuts*, 1er vol., 5, 130, 864.

— -Denis de Reims (chapitre de), voy. S. Dionysii capitulum.

— -Denis de Reims (chartriers de) *Arch. adm.*, t. II, 505.

— -Denis de Reims (cimetière de), voy. Sancti Dionysii Remensis cemeterium.

— -Denis de Reims (curé de). *Arch. lég.*, IIe part., *statuts*, 1er vol., 787, 855.

Saint-Denis de Reims (école de). La collation de ladite appartient à l'abbé. *Arch. adm.*, t. I, 664 ; t. II, 537.

— -Denis de Reims (église de). *Arch. adm.*, t. I, 87, 274, 276, 293, 353, 416, 432, 435, 528, 532, 788, 850, 1000, 1085 ; t. II, 44, 99, 100, 148, 150, 317, 748. Les habitants de Reims mettent en sûreté dans ladite les trésors du roi après la bataille de Poitiers ; t. III, 79, 89, 260, 420, 459, 479, 528, 733, 805. *Arch. lég.*, 1re part., 607, IIe part., *statuts*, 1er vol., 11, 100, 103, 130, 551, 554 ; voy. Sancti Dionysii ecclesia.

— -Denis de Reims (francs sergents de), affranchis du droit de stellage. *Arch. lég.*, IIe part., *statuts*, IIIe vol., 322.

— -Denis de Reims (grand vicaire de). *Arch. lég.*, IIe part., *statuts*, IIIe vol., 666 ; voy. Carbon.

— -Denis de Reims (grande salle de), *Arch. lég.*, IIe part., *statuts*, 1er vol., 272.

— -Denis de Reims (grènetier de). *Arch. adm.*, t. II, 843.

— -Denis de Reims (hôpital de), voy. S. Dionysii hospitalis.

— -Denis de Reims (justice de). *Arch. lég.*, IIe part., *statuts*, IIIe vol., 154.

— -Denis de Reims (obituaire de). *Arch. adm.*, t. I, 667.

— -Denis de Reims (paroisse de). *Arch. adm.*, t. I, 14, 15 ; t. II, 249, 318, 393, 416, 808, 823, 824, 834, 937, 985, 1046 ; t. III, 35, 98, 279, 306. *Arch. lég.*, 1re partie, 905, IIe part., *statuts*, 1er vol., 453, 611, 618, 619, 630, 654, 844, 870, 880, 884, *statuts*, IIe vol. 535.

— -Denis de Reims (patronage de). *Arch. adm.*, t. II, 1089.

— -Denis de Reims (porte de). *Arch.*

adm., t. I, 1028, 1085; t. II, 515, 536; t. III, 469. *Arch. lég.*, ɪʳᵉ part., 502, 714, ɪɪᵉ part., *statuts*, ɪɪɪᵉ vol., 37, 641, 642.

Saint-Denis de Reims (prieur de). *Arch. lég.*, ɪɪᵉ part., *statuts*, ɪᵉʳ vol., 685; *statuts*, ɪɪᵉ vol., 748; voy. Marlot (Pierre).

— -Denis de Reims (religieux de), seigneur de Ménil-L'Epinois. *Arch. adm.*, t. I, 1103; t. III, 18, 650, 651, 755, 871. *Arch. lég.*, ɪɪᵉ part., *statuts*, ɪᵉʳ vol., 560, 565, 855.

— -Denis de Reims (rue de). *Arch. adm.*, t. I, 81. *Arch. lég.*, ɪɪᵉ part., *statuts*, ɪᵉʳ vol., 568, *statuts*, ɪɪɪᵉ vol., 411, 419.

— -Denis de Reims (trésor de). *Arch. adm.*, t. III, 733.

Saint-Denis en France (abbaye de). *Arch. lég.*, ɪʳᵉ part., 918.

— -Denis en France (abbé de). Fonctions dudit au sacre. *Arch. adm.*, t. I, 529, 592, 609; t. II, 570.

— -Denis en France (foire de). *Arch. lég.*, ɪɪᵉ part., *statuts*, ɪᵉʳ vol., 959.

Saint-Dizier (Jean de), queux du roi. *Arch. adm.*, t. III, 44, 865?

— -Dizier (maîtrise des eaux et forêts de). *Arch. lég.*, ɪɪᵉ part., *statuts*, ɪɪᵉ vol., 45.

— -Dizier (ville de). *Arch. lég.*, ɪɪᵉ part., *statuts*, ɪᵉʳ vol., 706, *statuts*, ɪɪᵉ vol., 364, *statuts*, ɪɪɪᵉ vol. 251, 263, 394.

— -Dizier (invocation de). *Arch. adm.*, t. II, 1034.

Saint-Dôme (village de). *Arch. lég.*, ɪʳᵉ part., 899.

Saint-Donatien de Bruges (chapitre de). *Arch. adm.*, t. I, 548.

Saint Éloy (invocation de). *Arch. adm.*, t. I, 13; t. II, 1034.

— Éloy de Noyon. *Arch. adm.*, t. III, 144. *Arch. lég.*, ɪʳᵉ part., 880; voy. Noyon (S. Éloy de).

Saint-Éloy de Noyon (pèlerinage de). *Arch. adm.*, t. II, 177.

Saint-Éloy de Reims (bailli de). *Arch. lég.*, ɪɪᵉ part., *statuts*, ɪɪᵉ vol., 606; *statuts*, ɪɪɪᵉ vol., 51.

— -Éloy de Reims (chapelle de), démolie comme nuisant aux fortifications de Reims. *Arch. lég.*, ɪɪᵉ part., *statuts*, ɪᵉʳ vol., 720.

— -Éloy de Reims (curé de). La nomination dudit appartient aux échevins. *Arch. adm.*, t. I, 13; t. II, 1149, voy. Balemy (Nicole).

— -Éloy de Reims (église de). *Arch. adm.*, t. I, 485; t. II, 6, 742; t. III, 49. *Arch. lég.*, ɪɪᵉ part., *statuts*, ɪɪᵉ vol., 13.

— -Éloy de Reims (hôpital de), voy. S. Éloy (léproserie de).

— -Éloy de Reims (léproserie de). *Arch. adm.*, t. I, 12; *Arch. lég.*, ɪɪᵉ part., *statuts*, ɪᵉʳ vol., 129.

— -Éloy de Reims (maire de). *Arch. adm.*, t. I, 835.

— -Éloy de Reims (sœurs de). *Arch. adm.*, t. II, 6.

Saint - Erme (prieur de). *Arch. lég.*, ɪɪᵉ part., 881.

— -Erme (prieuré de). *Arch. lég.*, ɪɪᵉ part., *statuts*, ɪᵉʳ vol. 245.

— -Erme (village de). *Arch. lég.*, ɪʳᵉ part., 899.

Saint-Esprit (ordre de). *Arch. lég.*, ɪɪᵉ part., *statuts*, ɪᵉʳ vol. 292.

Saint-Estène, voy. S. Étienne.

Saint-Estève (Jean de). voy. S. Étienne.

— -Estève (Raoulin de), clerc. *Arch. adm.*, t. II, 835.

Saint-Étienne (village de), voy. Saint-Étienne (invocation de). *Arch. adm.*, t. II, 1034.

— -Étienne (Jehan de), écuyer. *Arch. adm.*, t. III, 608.

Saint-Étienne-à-Arne (prieuré de). *Arch. adm.*, t. II, 1116.

— -Étienne-à-Arne (village de). *Arch. adm.*, t. I, 449; t. II, 1115; t. III, 411. *Arch. lég.*, 906, IIᵉ part., *statuts*, IIᵉ vol., 860; vide S. Stephanus super Arnam.

— -Étienne-aux-Ormes (village de). *Arch. adm.*, t. I, 15.

— -Étienne de Châlons (chapitre de). *Arch. adm.*, t. II, 1122.

— -Étienne de Reims (abbaye de). *Arch. adm.*, t. I, 15, 204, 669; t. II, 44; *Arch. lég.*, IIᵉ part., *statuts*, IIIᵉ vol., 543.

— -Étienne de Reims (abbesse de), dame de Roché. *Arch. adm.*, t. II, 1108.

— -Étienne de Reims (chartriers de). *Arch. adm.*, t. II, 524.

— -Étienne de Reims (cimetière de). *Arch. lég.*, IIᵉ part., *statuts*, IIᵉ vol. 790.

— -Étienne de Reims (cloître de). *Arch. lég.*, IIᵉ part., *statuts*, IIIᵉ vol., 533.

— -Étienne de Reims (couvent de). *Arch. lég.*, IIᵉ part., *statuts*, IIᵉ vol., 649.

— -Étienne de Reims (curé de). *Arch. adm.*, t. II, 495, 1149; t. III, 784. *Arch. lég.*, IIᵉ part., *statuts*, Iᵉʳ vol., 6, voy. Aubry, Molté (François), Wyet (Pierre).

— -Étienne de Reims (dames de). *Arch. adm.*, t. I, 15, 97; t. II, 114.

— -Étienne de Reims (église de). L'origine de ladite remonte à S. Remi. *Arch. adm.*, t. I, 2; t. II, 867; t. III, 369. *Arch. lég.*, IIᵉ part., *statuts*, Iᵉʳ vol., 565.

— -Étienne de Reims (paroisse de). *Arch. adm.*, t. I, 14, 15; t. II, 118, 148, 240, 249, 317, 393, 416, 523, 558, 765, 806, 825, 826, 827, 937, 986, 1046, 1050; t. III, 35, 97, 106, 280, 306. *Arch. lég.*, IIᵉ part., *statuts*, Iᵉʳ vol., 453, 611, 612, 618, 630, 634, 635, 844, 861, 870, 873, 880, 884; *statuts*, IIᵉ vol., 474, 535, 644, 789.

Saint-Étienne de Reims (place de). *Arch. lég.*, IIᵉ part., *statuts*, IIIᵉ vol., 38.

— -Étienne de Reims (quarrel de). *Arch. adm.*, t. II, 525.

— -Étienne de Reims (rue de). *Arch. adm.*, t. II, 134, 380, 693. *Arch. lég.*, IIᵉ part., *statuts*, IIIᵉ vol., 415, 416, 419.

— -Étienne de Reims (tour de). *Arch. lég.*, IIᵉ part., *statuts*, Iᵉʳ vol., 898.

— -Étienne de Troyes (doyen de). *Arch. adm.*, t. I, 224.

— -Étienne-les-Soissons (couvent de). *Arch. lég.*, Iʳᵉ part., 881.

— -Étienne-sur-Suippe (ville de). *Arch. adm.*, t. I, 15, 421, 1090; t. III, 588, 629. *Arch. lég.*, Iʳᵉ part., 775, 903, 906; IIᵉ part., *statuts*, Iᵉʳ vol., 89, *statuts*, IIIᵉ vol., 392.

Saint Eude, abbé de Cluny. *Arch. adm.*, t. I, 666.

Saint-Euphraise (village de). *Arch. lég.*, IIᵉ part., *statuts*, IIᵉ vol., 963.

— -Euphraise (paroisse de), voy. Sancta Eufrasia (parochia de).

— -Euphraise (prêtre de), voy. Sancta Euphrasia (presbyter de).

Saint-Euverte d'Orléans (église de). *Arch. adm.*, t. III, 213.

Saint-Fergeul (Guillaume de), garde de Reims. *Arch. adm.*, t. III, 353, 451, 501.

Saint-Ferjeux (paroisse de), voy. Sancto Ferreolo (parochia de).

— -Ferjeux (curé de), voy. Pelletier (Jean).

— Ferjeux (village de). *Arch. lég.*, IIᵉ part., *statuts*, IIIᵉ vol., 391.

Saint Fiacre (invocation de). *Arch. adm.*, t. II, 1034.

— -Fiacre (maison de). *Arch. adm.*, t. III, 197.

Saint Firmin (invocation de). *Arch. adm.*, t. II, 1034.

Saint - Fleschambaut , voy. Fleschambaut.

Saint François d'Assise (invocation de). *Arch. adm.*, t. II, 1034.

Saint - François (ordre de). *Arch. lég.*, ii⁰ part., *statuts*, 1ᵉʳ vol., 532.

Saint-Fregieul (Guillaume de), voy. Saint-Fergeul.

Saint Gaucher (invocation de), voy. Saint-Gauthier.

Saint Gauthier (invocation de), *Arch. adm.*, t. II, 1034.

Saint Georges (invocation de). *Arch. adm.*, t. II, 1034.

— -Georges (tour de). *Arch. lég.*, ii⁰ part., *statuts*, 1ᵉʳ vol., 898.

— -Georges (village de). *Arch. adm.*, t. II, 1097.

— -Georges (chapelle de). *Arch. adm.*, t. II, 1098.

— -Georges-aux-Gueux, voy. Gotis.

— -Georges de Bocherville (abbaye de). *Arch. adm.*, t. II, 328.

— -Georges d'Ardenay (chapellenie de). *Arch. adm.*, t. II, 1118, 1119.

Saint Germain (invocation de). *Arch. adm.*, t. II, 1034.

— -Germain (curé de), voy. Baudesson (Nicole). *Arch. lég.*, 1ʳᵉ part., 888.

— -Germain (village de). *Arch. adm.*, t. III, 608. *Arch. lég.*, 1ʳᵉ part., 887.

Saint-Germain (Jehan de), sergent du Châtelet. *Arch. adm.*, t. II, 992.

— -Germain (Jehan le Chien de), écuyer. *Arch. adm.*, t. III, 655. *Arch. lég.*, ii⁰ part., *statuts*, 1ᵉʳ vol., 803?

— -Germain en Laye (ville de). *Arch. lég.*, ii⁰ part., *statuts*, iii⁰ vol., 531.

— -Germain-la-Ville. *Arch. lég.*, 1ʳᵉ part., 878, 949.

— -Germain des Prez (abbaye de). *Arch. adm.*, t. I, 472, 1017. *Arch. lég.*, ii⁰ part., *statuts*, 1ᵉʳ vol., 254, 288, 292; *statuts*, ii⁰ vol., 182; *statuts*, iii⁰ vol., 531, 542, 553.

Saint-Germain des Prez (abbé de). *Arch. lég.*, ii⁰ part., *statuts*, iii⁰ vol., 522, 547, 552; voy. Rochaimon (Ch. A. de).

— -Germain (paroisse de). *Arch. lég.*, ii⁰ part., *statuts*, 1ᵉʳ vol., 231.

— -Germain (Renaud de). *Arch. adm.*, t. II, 893.

— -Germain de Reims (église de), voy. Sancti Germani Remensis ecclesia.

Saint-Germaimmont (paroisse de), voy. Sancto Germanimonte (parochia de).

— -Germain-Mont (Notre-Dame de). *Arch. adm.*, t. II, 1067.

— -Germain-Mont (doyenné de). *Arch. adm.*, t. III, 277. *Arch. lég.*, ii⁰ part., *statuts*, iii⁰ vol., 690.

Saint-Gervais de Paris (paroisse de). *Arch. lég.*, ii⁰ part., *statuts*, ii⁰ vol., 912.

— -Gervais et Saint-Protais de Guise (chapitre de). *Arch. lég.*, 1ʳᵉ part., 881.

Saint-Gery (Jacobus de), recteur du collége de Reims. *Arch. lég.*, ii⁰ part., *statuts*, ii⁰ vol., 649, 676, 700, 706, 707.

Saint-Gibrien (village de). *Arch. adm.*, t. II, 643. *Arch. lég.*, 1ʳᵉ part., 906.

— Gibrien (invocation de). *Arch. adm.*, t. II, 1034.

Saint Gilles (invocation de). *Arch. adm.*, t. II, 1034.

— -Gilles (Jehan de), chapelain de Notre-Dame. *Arch. adm.*, t. III, 761, 766.

— Gilles (maison de). *Arch. adm.*, t. II, 518, 1149.

— -Gilles (mès de), voy. Saint-Gilles (maison de).

— -Gilles (paroisse de). *Arch. adm.*, t. II, 1056, 1061.

— -Gilles (village de). *Arch. adm.*, t. II, 31, 888. *Arch. lég.*, 1ʳᵉ part., 910.

Saint-Gilles (vinage de). *Arch. adm.*, t. II, 296, 643.

— -Gilles à Arcy (prieur de), voy. Sancti Egidii de Arceyo prior.

Saint-Gly (curé de), voy. Herion (Jean).

Saint Gobert (invocation de). *Arch. adm.*, t. II, 1034.

— -Gobert (village de). *Arch. lég.*, 1re part., 899.

— -Gobert d'Omont (prieur de). *Arch. adm.*, t. II, 1108.

Saint-Gobin (Simon de), prévôt de Laon. *Arch. adm.*, t. II, 1001.

— -Gobin (Ancel de), procureur de l'échevinage. *Arch. adm.*, t. III, 304.

— -Gobin (prieuré de). *Arch. lég.*, 1re part., 882.

— -Gobin (village de). *Arch. lég.*, 1re part., 900.

Saint-Gombet, voy. Saint-Gombert.

Saint-Gombert. *Arch. adm.*, t. I, 663. Fonde le monastère de Saint-Pierre de Reims, 724.

Saint Gorgon (invocation de). *Arch. adm.*, t. II, 1034.

Saint-Goubains (village de), voy. Saint-Gobin.

Saint-Grégoire (homélies de). *Arch. adm.*, t. III, 743.

— Grégoire, pape. *Arch. adm.*, t. I, 108, 144, 146 *et seq.*, 171, 190, 191, 194 *et seq.* Livre des morales sacramentaires dudit allégué, 335.

Saint Hélein (invocation de). *Arch. adm.*, t. II, 1034.

Saint Hilaire (invocation de). *Arch. adm.*, t. II, 1034.

— -Hilaire de Reims (chartriers de). *Arch. adm.*, t. II, 504.

— -Hilaire de Reims (cimetière de), célèbre par la sépulture de saint Mérilolain. *Arch. adm.*, t. I, 10; t. II, 1049; t. III, 209, 258. *Arch. lég.*, IIe part., statuts, 1er vol., 806, 817; statuts, IIIe vol., 446.

Saint-Hilaire de Reims (curé de). *Arch. adm.*, t. II, 495, 1149; t. III, 784. *Arch. lég.*, IIe part., statuts, 1er vol., 6, voy. Melot, Coiffy (Jehan de), Tavernier (Jean).

— -Hilaire de Reims (paroisse de). Ruinée avec son faubourg pendant les guerres des Anglais. *Arch. adm.*, t. I, 10, 14, 15; t. II, 118, 218, 250, 393, 415, 491, 559, 579, 804, 806, 822, 823, 834, 937, 985, 1046, 1050; t. III, 35, 105, 279, 306, 519, 542, 873. *Arch. lég.*, 1re part., 911; IIe part., statuts, 1er vol., 453, 474, 565, 611, 618, 630, 634, 636, 645, 653, 844, 861, 870, 873, 880, 884; statuts, IIe vol., 455, 535.

— -Hilaire de Reims (église de). Ruinée pendant la guerre des Anglais. *Arch. adm.*, t. I, 10, 74, 262, 335, 788, 1013, 1019, 1091; t. II, 10, 147, 317; t. III, 377.

— -Hilaire de Reims (faubourg de). *Arch. adm.*, t. I, 567.

— -Hilaire de Reims (quarrel de). *Arch. adm.*, t. II, 499.

— -Hilaire de Reims (rue de). *Arch. adm.*, t. II, 499.

— -Hilaire de Reims (village de). Priviléges dudit. *Arch. adm.*, t. I, 261; le ban et la justice dudit appartiennent à l'église de Saint-Nicolas, 262.

— -Hilaire le Grand ou le Ménissier (paroisse de). *Arch. adm.*, t. II, 1115.

— -Hilaire (patronage de), voy. Sancto Hilerio Manasseri (patronagium de).

— -Hilaire le Grand (moulin de), voy. Sancto Hilario Manasseri (molendinum de).

— -Hilaire le Petit (paroisse de). *Arch. adm.*, t. II, 1114, 1115. *Arch. lég.*,

1re part., 902 ; 11e part., *statuts*, 1er vol.,
60, 565 ; *statuts*, 11e vol., 860.

Saint-Hillier (seigneurie de). *Arch. lég.*,
11e part. *statuts*, 111e vol., 392.

— -Hillier (Oudart de), échevin. *Arch.
adm.*, t. II, 678, 696, 760, 803, 828.

— -Hillier (Héri de). *Arch. adm.*, t. II,
696.

— -Hillier (G. de), tabellion. *Arch. adm.*,
t. II, 839 ; t. III, 72, 73.

— -Hillier (Colinet de), appariteur de
l'archidiacre de Reims. *Arch. adm.*,
t. II, 1197.

— -Hillier (Gérard de). *Arch. adm.*,
t. III, 69.

— -Hillier (Remy de), chanoine. *Arch.
adm.*, t. III, 352, 479, 772.

— -Hillier (Jean de), élu de Reims. *Arch.
adm.*, t. III, 465, 517.

— -Hillier (Jeannou). *Arch. lég.*, 11e part.,
statuts, 11e vol., 238.

— -Hillier (Thomas de), official, voy.
Sancto Hilario (Thomas de).

Saint-Hillier le Menissier (village de). *Arch.
lég.*, 1re part., 755, voy. Saint-Hilaire
le Grand.

— -Hillier le Petit (village de). *Arch.
adm.*, t. I, 270? t. III, 409, 411, 412,
620. *Arch. lég.*, 1re part., 906.

Saint Honoré (invocation de). *Arch.
adm.*, t. II, 1034.

Saint-Hubert (abbé de). *Arch. adm.*, t. II,
1069, 1070.

— -Hubert (église de). *Arch. adm.*, t. II,
526.

— Hubert (invocation de). *Arch. adm.*,
t. II, 1034.

— -Hubert (jardin de). *Arch. adm.*, t. II,
527.

— -Hubert de Liége (abbé de). *Arch.
adm.*, t. II, 1038.

— -Hubert des Ardennes (maison de).
Arch. adm., t. II, 1067, 1088.

Saint-Hubert des Ardennes (religieux de),
voy. Egret (Gilles).

Saint Hyppolyte (invocation de). *Arch.
adm.*, t. II, 1034.

Saint Ignace (reliques de), voy. Beati Ignatii Reliquiæ.

Saint-Imoge (paroisse de). *Arch. adm.*,
t. II, 1121, 1122.

Saint Isidore, voy. Séville (S. Is. de).

Saint Jacques (invocation de). *Arch. adm.*,
t. II, 1034.

— -Jacques (chapelle de). *Arch. adm.*,
t. II, 1047.

— -Jacques (cimetière de). *Arch. adm.*,
t. II, 555.

— -Jacques (école de). *Arch. adm.*,
t. III, 284.

— -Jacques (chapelain de), voy. Marne
(Jehan de).

— -Jacques (église de). *Arch. adm.*, t. II,
495 ; t. III, 377. *Arch. lég.*, 11e part.,
statuts, 1er vol., 565, 946 ; *statuts*,
11e vol., 812.

— -Jacques (curé de). *Arch. adm.*, t. II,
495, 1149 ; t. III, 784. *Arch. lég.*,
11e part., *statuts*, 1er vol., 825, voy.
Godbillot (Charles).

— -Jacques (paroisse de). *Arch. adm.*,
t. I, 14, 38, 1017, 1020 ; t. II, 31?
118, 151, 240, 317, 319, 393, 416,
568, 579, 808, 824, 834, 840, 937,
985, 1046, 1050 ; t. III, 35, 98, 106 ;
279, 306. *Arch. lég.*, 11e part., *statuts*,
1er vol., 60, 453, 611, 612, 618, 619,
630, 634, 654, 844, 861, 870, 880,
884 ; *statuts*, 11e vol., 535.

— -Jacques en Galice (pèlerinage de).
Arch. adm., t. III, 333, 459, voy. Galicia (S. J. in).

— -Jacques le Joûtier. *Arch. adm.*, t. II,
504, 517.

— -Jacques le Jouteur (quarrel de). *Arch.
adm.*, t. II, 493.

Saint Jean, voy. Châlons (S. Jean de).

Saint-Jean aux Bois (curé de), voy. Soizard (Jehan).

— -Jean aux Bois (paroisse de). *Arch. adm.*, t. II, 1083.

— -Jean aux Bois (village de). *Arch. lég.*, 1re part., 902, 906, 911 ; 11e part., *statuts*, 111e vol., 394.

Saint Jean–Baptiste (invocation de). *Arch. adm.*, t. II, 1034.

— -Jean-Baptiste (chapelle de). *Arch. adm.*, t. II, 1047.

Saint Jean l'évangéliste (invocation de). *Arch. adm.*, t. II, 1034.

— -Jean d'Hermonville (chapelle de). *Arch. adm.*, t. II, 106.

— -Jean de Jérusalem (hôpital de). *Arch. adm.*, t. II, 830; t. III, 866.

— -Jean de Jérusalem (Ordre de). *Arch. adm.*, t. I, 364 ; t. III, 498.

— -Jean de Laon (abbaye de). *Arch. lég.*, 11e part., *statuts*, 1er vol., 273.

— -Jean de Laon (église collégiale de). *Arch. lég.*, 1re part., 880.

— -Jean de Reims (cimetière de). *Arch. lég.*, 1re part., 588.

— -Jean de Reims (cure de). *Arch. adm.*, t. II, 1149; t. III, 784.

— -Jean de Reims (église de). *Arch. adm.*, t. I, 11, 97.

— -Jean de Reims (paroisse de). *Arch. adm.*, t. I, 14; t. II, 937, 1046, 1047; t. III, 280, 619. *Arch. lég.*, 11e part., *statuts*, 11e vol., 536.

— -Jean de Reims (rue de). *Arch. adm.*, t. I, 97.

— -Jean de Reims du Ministeriat (chapelle de). *Arch. adm.*, t. II, 1098.

— -Jean de Vertus (chapitre de). *Arch. lég.*, 11e part., *statuts*, 111e vol., 389.

— -Jean des Vignes les Soissons (abbaye de). *Arch. lég.*, 1re part., 915.

Saint-Jean sur Moivre (seigneurie de). *Arch. lég.*, 1re part., 878.

— -Jean sur Tourbe (village de). *Arch. adm.*, t. II, 1100, 1101. *Arch. lég.*, 11e part., *statuts*, 1er vol., 244; *statuts*, 111e vol., 393.

Saint Jérôme (invocation de). Parole dudit alléguée. *Arch. adm.* t. I, 193. Déplore les ravages des Vandales dans Reims, 482; t. II, 1034.

Saint-Jubrien (confrérie de). *Arch. lég.*, 1re part., 511, 530.

— -Jubrien (village de). *Arch. lég.*, 1re part., 919.

Saint Julien (invocation de). *Arch. adm.*, t. II, 1034.

— -Julien de Reims (autel de), voy. Sancti Juliani altar.

— -Julien de Reims (chartriers de). *Arch. adm.*, t. II, 504.

— -Julien de Reims (confrérie de). *Arch. lég.*, 11e part., *statuts*, 11e vol., 622, 627.

— -Julien de Reims (curé de), voy. Savart (Jean-Baptiste), Johannes.

— -Julien de Reims (dîmes de). *Arch. lég.*, 11e part., *statuts*, 1er vol., 172.

— -Julien de Reims (église de). *Arch. adm.*, t. I, 72, 95, 230, 281, 1020; t. II, 745, 1049. *Arch. lég.*, 1re part., 530, 583, 590; voy. Sancti Juliani personnatus ecclesia.

— -Julien de Reims (paroisse de). *Arch. adm.*, t. I, 14, 15; t. II, 937, 1046, 1047, 1050, 1120; t. III, 98, 108, 279. *Arch. lég.*, 1re part., 509; 11e part., *statuts*, 1er vol., 221, 265, 312, 315, 861, 870, 873, 884; *statuts*, 11e vol., 536.

— -Julien de Reims (prêtre de), voy. S. Juliani Remensis presbyter.

— -Julien de Reims (prieuré de). *Arch. adm.*, t. II, 1079.

Saint Julien de Reims (reliques de), voy.
S. Juliani reliquiæ.
— -Julien de Reims (rue de). *Arch. lég.*,
iie part., *statuts*, i^{er} vol., 237.
— -Julien de Mézières (prieuré de). *Arch.
lég.*, i^{re} part., 881, 906, 914.
— -Julien de Reaulcourt (curé de), voy.
Castel (Nicole) Maginnet.
— -Julien le Pauvre de Laon (chapitre de).
Arch. lég., i^{re} part., 881.
— -Julien-sur-Meuse (faubourg de). *Arch.
lég.*, i^{re} part., 914.
Saint Just (invocation de). *Arch. adm.*,
t. II, 1034.
— -Just (M. de). *Arch. lég.*, iie part.,
statuts, i^{er} vol., 767.
— -Just (village de). *Arch. lég.*, iie part.,
statuts, iiie vol., 393.
Saint-Juvin (chapelle de). *Arch. adm.*,
t. II, 1050.
— Juvin (invocation de). *Arch. adm.*,
t. II, 1034.
— -Juvin (paroisse de). *Arch. adm.*, t. II,
1095, 1097.
— -Juvin (village de). *Arch. lég.*, iie part.,
statuts, iiie vol., 388, 393.
Saint Ladre (maison de). *Arch. adm.*,
t. II, 834, 836, 837, 838, 865,
1087, 1231, 1232; t. III, 49, 50,
907; voy. S. Ladre (hôpitaux de).
— -Ladre (bonde de). *Arch. adm.*, t. II,
552; t. III, 50.
— -Ladre (hôpitaux de). *Arch. adm.*,
t. I, 13, 49, 161, 484. Les échevins
administrateurs perpétuels desdits, 485,
546, 787, 1126. Notice historique sur
l'établissement desdits, t. II, 6, 13,
404, 836; t. III, 830, 890. *Arch. lég.*,
iie part., *statuts*, iie vol., 174.
— -Ladre (lépreux de), voy. Sancti-Lazari
leprosi.
— -Ladre (paroisse de). *Arch. adm.*,
t. II, 495, 515; t. III, 49.

Saint-Ladre (procureur de). *Arch. adm.*,
t. II, 192, 495; voy. Sancti-Lazari
provisor.
Saint-Ladre-aux-Femmes (chapellenie de).
Arch. adm., t. II, 418, 838, 839, 855.
— -Ladre-aux-Femmes (chapelain de).
Arch. adm., t. II, 1049; t. III, 50,
188; voy. Jehan.
— -Ladre-aux-Femmes (faubourg de).
Arch. adm., t. I, 567, 568; t. III, 49.
— -Ladre-aux-Femmes (hôpital de). *Arch.
adm.*, t. II, 112, 742; t. III, 49.
— -Ladre-aux-Hommes (église de) abat-
tue pour la défense de Reims. *Arch.
adm.*, t. III, 147.
Saint-Ladre-aux-Hommes (faubourg de).
Arch. adm., t. I, 548, 567; t. II,
25, 743.
— -Ladre-aux-Hommes (porte de). *Arch.
adm.*, t. I, 568.
Saint Lambert (invocation de). *Arch. adm.*,
t. II, 1034.
— -Lambert (chapellenie de), voy.
Sancto Lamberto (capellania de).
— -Lambert (curé de), voy. Villant
(Claude).
— -Lambert (Gilon de), chevalier. *Arch.
adm.*, t. I, 816.
— -Lambert (Jehan de), appariteur. *Arch.
adm.*, t. II, 1189? t. III, 841.
— -Lambert (paroisse de). *Arch. adm.*,
t. II, 1110.
— -Lambert (Ponce de). *Arch. adm.*,
t. II, 1189.
— -Lambert (prêtre de), voy. Sancto
Lamberto (presbyter de).
— -Lambert (village de). *Arch. adm.*,
t. II, 484, 1109. *Arch. lég.*, i^{re} part.,
901, 906, 910.
— -Lambert de Harcy (paroisse de), voy.
Archiis (parochia de).
Saint Laurent (invocation de). *Arch.
adm.*, t. II, 1034.

Saint-Laurent (chapelle de). *Arch. adm.*, t. I, 13; t. II, 1030. *Arch. lég.*, 11e part., *statuts*, 1er vol., 212.

— -Laurent (village de). *Arch. adm.*, t. II, 1077.

— - Laurent - lès - Marville (village de). *Arch. adm.*, t. III, 147, 162.

— -Laurent de Paris (paroisse de). *Arch. lég.*, 11e part., *statuts*, 11e vol., 913.

— -Laurent de Paris (foire de) *Arch. lég.*, 11e part., *statuts*, 1er vol., 935.

Saint Lazare (invocation de). *Arch. adm.*, t II, 1034.

— Lazare, voy. S. Ladre.

— -Lazare de Semuid (chapellenie de). *Arch. adm.*, t. II, 1111; voy. Semouya (capellania de).

Saint Léger (invocation de). *Arch. adm.*, t. II, 1034.

— -Léger (chapelle de). *Arch. adm.*, t. II, 1064.

— -Léger (J. de), voy. S. Ligier.

— -Léger (village de). *Arch. lég*, 11e part., *statuts*, 11e vol., 390.

Saint Léon, pape. *Arch. adm.*, t. I, 105, 106, 108.

Saint Léonard (invocation de). *Arch. adm.*, t. II, 1035.

— -Léonard (ban de). *Arch. lég.*, 11e part., *statuts*, 1er vol., 236, 238.

— -Léonard (chapelle de). *Arch. adm.*, t. II, 1047.

— -Léonard (chemin de). *Arch. lég.*, 11e part., 518, 533.

— -Léonard (pont de). *Arch. lég.*, 11e part., *statuts*, 1er vol., 238.

— -Léonard (église de), voy. Sancto Leodegario (ecclesia de).

— -Léonard (paroisse de). *Arch. adm.*, t. II, 318. *Arch. lég.*, 11e part., 512; 11e part., *statuts*, 1er vol., 238.

— -Léonard (rivière de). *Arch. adm.*, t. III, 407, 423.

Saint-Léonard (village de). *Arch. adm.*, t. I, 1090; t. II, 268, 560, 1046. *Arch. lég.*, 1re part., 584, 595, 735, 902, 906; 11e part., *statuts*, 1er vol., 238; *statuts* 111e vol., 33.

Saint-Leu (Adam de), voy. S. Loup.

— -Leu (Bernard de). *Arch. adm.*, t. II 603, 807.

— -Leu (Jehan de), voy. S. Loup.

— -Leu (Poncelet de), fripier. *Arch. adm.*, t. III, 107.

Saint Lié (invocation de). *Arch. adm.*, t. II 1035.

— -Lié (chapelle de). *Arch. adm.*, t. II 1035.

— -Lié (enseigne de). *Arch. lég.*, 1re part. 1035, 1036.

Saint-Liébaut (seigneurie de). *Arch. lég.* 11e part., *statuts*, 111e vol., 389.

Saint-Liénard (chapelle de). voy. S. Léonard.

— -Liénard (chemin de). voy. S. Léonard.

Saint-Ligier (Raulet de). *Arch. adm.*, t. III 109, 127.

— -Ligier (J. de). *Arch. adm.*, t. III, 673 *Arch. lég.*, 11e part., *statuts*, 1er vol., 632 740.

Saint-Linard (village de), voy. S. Léonard.

Saint-Louis, roi de France. Confirme la charte de Philippe Auguste, qui prend l'église de Reims sous sa protection. *Arch. adm.*, t. I, 448, 494, 539. Démêlé dudit avec le clergé de la province de Reims, 549, 550, 559, 568, 572 575, 605, 606, 608, 610, 612, 619, 630 631, 703, 704, 707, 727, 763, 776, 779 780, 782, 789, 816, 849, 844, 892, 895 896, 913, 917, 930, 980, 985, 1025 t II, 1, 21, 46, 60, 83, 284, 1155 *Arch. lég.*, 1re part., 353, 357, 364 11e part., *statuts*, 1er vol, 604; *statuts*

iie vol., 106, 327; *statuts*, iiie vol., 22, 39, 59, 540. Messe solennelle célébrée le jour de sa fête par le corps de ville de Reims, invite les Rémois à construire des fortifications pour se défendre contre les surprises de leur archevêque, 611. Se rend à Beauvais pour y apaiser l'émeute des bourgeois contre leur évêque, *ibid.*, 612, 628, 748, voy. Ludovicus IX.

Saint Louis (invocation de). *Arch. adm.*, t. II, 1035. Patron des monnayeurs de Reims, *Arch. lég.*, iie part., *statuts*, iiie vol., 185.

— -Louis (hôpital de). *Arch. adm.*, t. I, 15. *Arch. lég.*, iie part., *statuts*, ier vol., 130.

— -Louis (chapelle de) fondée en la collégiale de Mézières. *Arch. adm.*, t. II, 1080.

— -Louis de Paris (prieur de), seigneur de Senuc. *Arch. adm.*, t. II, 1097.

— -Louis (chanoine de). *Arch. adm.*, t. II, 1097.

Saint Loup (invocation de). *Arch. adm.*, t. II, 1035.

— -Loup (Adam de), clerc. *Arch. adm.*, t. II, 325, voy. S. Leu.

— -Loup (Gérard de), échevin. *Arch. adm.*, t. III, 841. *Arch. lég.*, ire part., 537, 574; iie part., *statuts*, ier vol., 539, 611, 637, 655, 656, 659, 667, 674, 682, 698, 725, 734, 741.

— -Loup (Jehan de), échevin. *Arch. adm.*, t. III, 690, 692, 831, 833, 837, 839, 841, 842. *Arch. lég.*, ire part., 495; iie part., *statuts*, ier vol., 413.

— -Loup (chapellenie de), voy. Sancto Lupo (capellania de).

— -Loup (curé de), voy. Clément (Pierre).

— -Loup (baron de), seigneur d'Arnicourt. *Arch. adm.*, t. II, 1081.

Saint-Loup (Bernard de), voy. Sancto Lupo (Bernardus de).

— -Loup (Oudinet de), appariteur de l'archevêque de Reims. *Arch. adm.*, t. III, 381.

— -Loup (dîme de). *Arch. lég.*, iie part., *statuts*, ier vol., 239.

— -Loup-aux-Bois (paroisse de). *Arch. adm.*, t. II, 1103, 1105, 1106, 1108. *Arch. lég.*, ire part., 889, 906, 909.

— -Loup en Champagne (village de). *Arch. adm.*, t. II, 1103. *Arch. lég.*, iie part., *statuts*, iie vol., 860.

— -Loup en Champagne (paroisse de). *Arch. adm.*, t. II, 1105; voy. S. Lupo in Campania (parochia de).

— -Loup en Champagne (patronage de), voy. S. Lupo (patronagium de).

Saint Luc (invocation de). *Arch. adm.*, t. II, 1035.

— -Luc (pardons de) octroyés par le pape à l'église de Reims. *Arch. adm.*, t. I, 359.

Saint-Lyon (évêque de). *Arch. adm.*, t. III, 767.

Saint-Magloire (église de). *Arch. lég.*, iie part., *statuts*, iie vol., 182.

— -Magloire (abbé de). *Arch. lég.*, iie part., *statuts*, iiie vol., 530, 542, 552.

Saint-Malo (ville de). *Arch. adm.*, t. II, 1083. *Arch. lég.*, iie part., *statuts*, iiie vol., 631.

Saint-Mâme (ville de). *Arch. adm.*, t. III, 595, 653. *Arch. lég.*, ire part., 876, 909; iie part., *statuts*, iie vol., 860; *statuts*, iiie vol., 391.

Saint-Mange (village de). *Arch. adm.*, t. II, 1042. *Arch. lég.*, ire part., 878; voy. S. Menge.

— -Mange (Poncelot dit de), échevin de Reims *Arch. adm.*, t. III, 611.

Saint-Mange (abbé de). *Arch. lég.*, 1re part., 879.

Saint-Marc (Garnier de). *Arch. adm.*, t. II, 95, 705.

— -Marc (Jean de), clerc. *Arch. adm.*, t. II, 533, 913? 1177.

— -Marc (Henry de). *Arch. adm.*, t. II, 705 , 805.

— -Marc (Pierre Bridoul de). *Arch. adm.*, t. II, 1187.

— -Marc (Guiot de). *Arch. adm.*, t. II, 604, 779, 1195.

— -Marc (Pérart de), clerc, 530, 604.

— -Marc (Jesson de). *Arch. adm.*, t. II, 117, 332, 608.

— -Marc (Voye de). *Arch. adm.*, t. II, 553.

Saint-Marc-à-Cachot (chapelle de). *Arch. adm.*, t. I, 11; t. III, 147, 161. *Arch. lég.*, IIe part., *statuts*, 1er vol., 806, 816.

— -Marc-de-Soissons (couvent de). *Arch. lég.*, 1re part., 585, 608.

— -Marc de Soissons (abbé de). *Arch. lég.*, 1re part., 877.

Saint-Marceau (village de). *Arch. adm.*, t. II, 1075.

Saint Marcel (invocation de). *Arch. adm.*, t. II, 1035.

— -Marcel (église de). *Arch. lég.*, IIe part., *statuts* , IIe vol., 182.

— -Marcel (paroisse de). *Arch. adm.*, t. II, 1069.

— -Marcel (prêtre de), voy. Sancto-Marcello (presbyter de).

Saint-Marcoul (chapelle de) *Arch. adm.*, t. I, 11.

— -Marcoul (hôpital de). *Arch. adm.*, t. I, 13, 15. *Arch. lég.*, IIe part., *statuts*, 1er vol. , 15, 129; *statuts*, IIIe vol., 281.

— -Marcoul (prieuré de), *Arch. lég.*, IIe part. , *statuts*, 1er vol., 227.

Saint-Marcoul (trésorier de), voy. Bourgeois (Oudart).

Saint-Mard (village de). *Arch. lég.*, 1re part., 901.

Saint Martin (invocation de). *Arch. adm.*, t. II, 1035.

— -Martin (chapelle de). *Arch. adm.*, t. II, 1110.

— -Martin évêque de Braga. *Arch. adm.*, t. I, 106. Choix fait par ledit dans le Codex universel des canons les mieux appropriés à l'Espagne (*ibid.*).

— -Martin (Henri de). *Arch. adm.*, t. II. 772.

— -Martin-des-Champs (église de). *Arch. lég.*, IIe part., *statuts*, IIe vol., 182, voy. Paris (Saint-Martin-des-Champs de).

— -Martin-des-Champs (abbaye de). *Arch. adm.*, t. I, 314.

— -Martin de Courtisot (église de). voy. Sancti – Martini Curtis – Ausorum ecclesia.

— -Martin d'Ablois (paroisse de). *Arch. lég.*, IIe part., *statuts*, IIe vol., 968.

— -Martin de Laon (abbaye de). *Arch. lég.*, IIe part., *statuts*, 1er vol., 244.

— -Martin de Laon (abbé de). *Arch. adm.*, t. II, 635, 1027, 1037, 1066, 1082. 1083 , 1084. *Arch. lég.*, 1re part., 876, vide Sancti-Martini Laudunensis abbas.

— -Martin de Laon (église de), *Arch. adm.*, t. III, 624.

— -Martin de Laon (Maison de). *Arch. adm.*, t. II, 526; t. III, 369, 823. *Arch. lég.*, IIe part., *statuts*, 1er vol., 567, voy. Sancti-Martini Laudunensis domus.

— -Martin de Laon (rue de). *Arch. lég.*, IIe part., *statuts*, 1er vol., 728.

— -Martin de Metz (abbé de), voy. Sancti-Martini Metensis abbas.

Saint-Martin de Montigny-le-Sec (dîme de). *Arch. adm.*, t. I, 83.

— -Martin de Mouzon (église de), voy. Sancti-Martini-Mosomensis ecclesia.

— -Martin d'Épernay (abbé de). *Arch. adm.*, t. II, 1037. *Arch. lég.*, 1ʳᵉ part., 334, 336.

— -Martin d'Épernay (abbaye de). *Arch. adm.*, t. I, 12. *Arch. lég.*, 1ʳᵉ part., 336.

— -Martin d'Épernay (prieur de), voy. Montgerard (D. G.).

Saint-Martin de Reims (caveau de), ancienne sépulture romaine. *Arch. adm.*, t. I, 724.

— -Martin de Reims (chartrier de). *Arch. adm.*, t. II, 381.

— -Martin de Reims (cimetière de). *Arch. lég.*, 1ʳᵉ part., 486, 517, 532, 588.

— -Martin de Reims (curé de). *Arch. adm.*, t. II, 1149 ; t. III, 784, voy. Lelarge.

— -Martin de Reims (église de), voy. Sancti-Martini Remensis ecclesia.

— -Martin de Reims (mairie de), acquisition de ladite faite à Ogier le Danois par le chapitre. *Arch. adm.*, t. I, 79, 80 ; t. II, 381, 383, 542 ; t. III, 567. *Arch. lég.*, 1ʳᵉ part., 560 ; IIᵉ part., statuts, IIᵉ vol., 19, statuts, IIIᵉ vol., 76, 335.

— -Martin de Reims (paroisse de). *Arch. adm.*, t. I, 14, 15, 80 ; t. II, 937, 1046, 1047 ; t. III, 107, 279. *Arch. lég.*, IIᵉ part., statuts, 1ᵉʳ vol., 567, 634 ; statuts, IIᵉ vol., 536.

— -Martin de Reims (terre de). *Arch. adm.*, t. I, 517, 518 ; t. II, 401, 434. *Arch. lég.*, IIᵉ part., statuts, 1ᵉʳ vol., 344.

— -Martin de Tours (doyen de). *Arch. adm.*, t. I, 968 ; t. II, 1123.

Saint-Martin de Troly (curé de), voy. Giffard (Julien).

— -Martin-des-Bois (abbé de), voy. Sancti Martini in Bosco abbas.

— -Martin-les-Saint-Maulge, voy. Saint-Memie de Courtisols.

— -Martin - l'Heureux (châtellenie de). *Arch. adm.*, t. I, 981 ; t. II, 883. *Arch. lég.*, 1ʳᵉ part. 910.

— -Martin-l'Heureux (curé de), voy. Levesque Guy.

— -Martin-l'Heureux (moulin de). *Arch. adm.*, t. I, 230 ; t. III, 428.

— -Martin-l'Heureux (paroisse de). *Arch. adm.*, t. II, 1114 ; t. III, 279. *Arch. lég.*, 1ʳᵉ part., 902.

— -Martin-l'Heureux (village de). *Arch. adm.*, t. II, 481, 574 ; t. III, 410, 417, 652. *Arch. lég.*, 1ʳᵉ part., 875, 903, 907, 909 ; IIᵉ part., statuts, IIᵉ vol., 860 ; statuts, IIIᵉ vol., 392 ?

— -Martin sur Bar (curé de), voy. Mary (Augustin).

— -Martin sur Bar (paroisse de). *Arch. adm.*, t. II, 1076, 1077. *Arch. lég.*, 1ʳᵉ part, 907.

— -Martin sur le Pré (seigneurie de). *Arch. lég.*, 1ʳᵉ part., 878, 919.

Saint Masme (invocation de). *Arch. adm.*, t. II, 1035.

— -Masme (prieuré de). *Arch. adm.*, t. II, 1097, 1098.

— -Masme (village de). *Arch. adm.*, t. II, 1094. *Arch. lég.*, 1ʳᵉ part., 884, 903, 907.

Saint-Mataingue, voy. Aalis.

Saint-Matelin (Jesson de). *Arch. adm.*, t. III, 836.

Saint Mathieu (invocation de). *Arch. adm.*, t. II, 1035.

— -Maur (chapelle de). *Arch. adm.*, t. I, 15 ; t. II, 1050.

Saint-Maur (congrégation de). *Arch. adm.*, t. I, 560; t. II, 1111. *Arch. lég.*, IIe part., *statuts*, Ier vol., 231, 235, 255, 259, 265, 270, 304.

— Maur (invocation de). *Arch. adm.*, t. II, 1035.

— -Maur (réforme de). *Arch. adm.*, t. I, 656.

— -Maur (Richart de), boulanger. *Arch. adm.*, t. II, 300.

Saint - Maurice (bailli de). *Arch. lég.*, IIe part., *statuts*, IIe vol., 606; voy. Chaise (Nicolas de la).

— -Maurice (bailliage de). *Arch. lég.*, IIe part., *statuts*, Ier vol., 444; *statuts*, IIIe vol., 76.

— -Maurice (curé de). *Arch. adm.*, t. II, 1149; t. III, 784. *Arch. lég.*, IIe part., *statuts*, IIe vol., 648; voy. Godin (Raoul); voy. Dupuy (Nicole).

— -Maurice (église de), voy. Sancti-Mauritii ecclesia.

— Maurice (invocation de). *Arch. adm.*, t. II, 1035.

— -Maurice (justice de). *Arch. lég.*, IIe part., *statuts*, IIIe vol., 154.

— -Maurice (maison de). *Arch. lég.*, IIe part., *statuts*, Ier vol., 238.

— -Maurice (paroisse de). *Arch. adm.*, t. I, 14, 15; t. II, 118, 240, 249, 318, 393, 416, 558, 806, 825, 826, 827, 937, 986, 1046, 1050; t. III, 38, 98, 108, 279, 306. *Arch. lég.*, IIe part., *statuts*, Ier vol., 153; *statuts*, IIe vol., 536.

— -Maurice (place de). *Arch. lég.*, Ire part., 493.

— -Maurice (prieur de). *Arch. adm.*, t. II, 1149; t. III, 208. *Arch. lég.*, IIe part., *statuts*, Ier vol., 565, 686, 886; *statuts*, IIIe vol., 32.

— -Maurice (prieuré de). Fondation dudit. *Arch. adm.*, t. I, 260. Uni au collége des jésuites de Reims, *ibid.* Haute, moyenne et basse justice dévolues à ce collège, *ibid.* Étendue de son ban et de son territoire, *ibid.*, t. II, 1050; t. III, 784. *Arch. lég.*, IIe part., *statuts*, IIe vol., 12, 22, 189, 648, 726; *statuts*, IIIe vol., 37.

Saint-Maurice (seigneurie de). *Arch. lég.*, IIe part., *statuts*, IIe vol., 489; *statuts*, IIIe vol., 153.

— -Maurice (tour de). *Arch. lég.*, IIe part., *statuts*, Ier vol., 898.

Saint Maurille (invocation de). *Arch. adm.*, t. II, 1035.

Saint Médard (invocation de). *Arch. adm.*, t. II, 1035.

— -Médard de Soissons (abbé de). *Arch. adm.*, t. II, 1038.

Saint-Memmes. *Arch. adm.*, t. II, 1064; voy. Saint-Masme.

Saint-Memmie (abbé de). *Arch. lég.*, IIe part., *statuts*, IIIe vol., 390, 533, 542, 543.

— -Memmie (église de), voy. Sancto-Memmio (ecclesia de).

— -Memmie (autel de), voy. Sancto-Memmio (altar de).

— Memmie (invocation de). *Arch. adm.*, t. II, 1035.

— -Memmie de Courtisols (curé de). *Arch. lég.*, Ire part., 887. voy. Saint-Martin-lez-Maulge.

— -Memmie - lès - Châlons (village de). *Arch. lég.*, IIe part., *statuts*, IIIe vol., 388, 543.

Saint-Menge (curé de). Dépend du prince de Condé. *Arch. adm.*, t. II, 1042, 1087.

Saint Merilolain. Lieu de la sépulture dudit. *Arch. adm.*, t. I, 10.

Saint-Mery (patronage de). *Arch. adm.*, t. II, 1116.

Saint-Meur (Hilaire de). *Arch. lég.*, Ire part., 898.

Saint-Michel (invocation de). *Arch. adm.*, t. II, 1035.

— -Michel (Gilet de), clerc. *Arch. adm.*, t. II, 509, 993.

— -Michel (Girart de). *Arch. adm.*, t. II, 537.

— -Michel de Reims (chapelle de). *Arch. adm.*, t. I, 12.

— -Michel de Reims (curé de), pasteur de l'hôtel-Dieu. *Arch. adm.*, t. I, 78. Confesse et enterre les religieuses dudit hôtel, *ibid.*, t. II, 495. *Arch. lég.*, IIe part., *statuts*, Ier vol., 13, 19.. Rang dudit dans le chapitre métropolitain, 43, 811 ; voy. Cinuel (Nicaise), Marville (Jacques de).

— -Michel de Reims (cure de). *Arch. adm.*, t. II, 1046.

— -Michel de Reims (église de). Position topographique de ladite. *Arch. adm.*, t. I, 78.. Origine de ladite, *ibid.*, t. III, 377. *Arch. lég.*, IIe part., *statuts*, Ier vol., 343.

— -Michel (paroisse de). *Arch. adm.*, t. I, 15 ; t. II, 1046. *Arch. lég.*, IIe part., *statuts*, IIe vol., 538.

— -Michel (prieuré de). *Arch. lég.*, Ire part., 583.

— -Michel-en-Thiérache (abbé de). *Arch. lég.*, Ire part., 879.

Saint-Montain de la Fère (chapitre de). *Arch. lég.*, Ire part., 884.

— -Montain de la Fère (curé de), voy. Douai (Quantin de).

Saint-Morel (prêtre de), voy. Sancto-Moureto (presbyter de).

— -Morel (village de). *Arch. adm.*, t. II, 1101.

Saint-Morice (Toumas de). *Arch. adm.*, t. II, 41.

Saint-Nicaise (invocation de). *Arch. adm.*, t. II, 1035, 1171.

— -Nicaise voy. Châlons (Saint-Nicaise de).

— -Nicaise (Gilles de). *Arch. adm.*, t. III, 107.

— -Nicaise (Jehan de). *Arch. adm.*, t. II, 604.

— -Nicaise (Liégeois de). *Arch. adm.*, t. III, 107.

— -Nicaise de Reims (abbaye de). *Arch. adm.*, t. I, 5, 55, 98, 213, 254, 261. Différend de ladite avec celle de S. Remi, 264 ; manuscrit de ladite (*ibid.*), l'archevêque Gervais y introduit les Bénédictins, *ibid.*, 277, 282, 288, 305, 306, 315, 316, 341, 354, 382, 485, 504. Constitutions et cérémonies de ladite différentes de celles des autres monastères, 655. Privilèges accordés par Innocent IV à ladite 688, 700, 724, 801, 973, 976, 990, 991, 994. Procès entre l'archevêque et l'abbé, relatifs à la garde de ladite, 999, 1008, 1011, 1086, 1093, 1101 ; t. II, 76, 164, 187, 194, 245, 248, 251. La garde de ladite est adjugée à l'archevêque, 253, clôture de ladite 291, 314, 577, 599, 606, 747, 990, 1005 ; t. III, 18, 389, 618, 629, 749 ; *Arch. lég.*, Ire part., 1011 ; IIe part., *statuts*, Ier vol., 242, 300, 301, 402, 530, 556, 577, 565. Doutes sur l'origine de ladite, *statuts*, IIIe vol., 18, 20, 37.

— -Nicaise (abbé de), voy. Sancti Nichasii Remensis abbas.

— -Nicaise (aumônier de). Attributions dudit. *Arch. adm.*, t. I, 656.

— -Nicaise (bailli de). *Arch. lég.*, Ire part., 861 ; IIe part., *statuts*, IIe vol., 606, *statuts*, IIIe vol., 36, 51, 383.

— -Nicaise (bailliage de). *Arch. lég.*, IIe part., *statuts*, IIIe vol., 76.

— -Nicaise (ban de). *Arch. adm.*, t. II, 443, 585, 987 ; t. III, 74. *Arch. lég.*,

1re part., 1020 ; 11e part., *statuts*, 111e vol., 436.

Saint-Nicaise (bourg de), voy. Sancti-Nichasii Remensis burgus.

— -Nicaise (chambrier de). *Arch. lég.*, 11e part., *statuts*, 1er vol., 796.

— -Nicaise (chapelain de), voy. Sancti-Nichasii capellanus.

— -Nicaise (chapelles de). *Arch. adm.*, t. II, 1047.

— -Nicaise (chapitre de). *Arch. lég.*, 11e part., *statuts*, 1er vol., 536, 551, 850, *statuts*, 11e vol., 12.

— -Nicaise (clocher de). *Arch. lég.*, 11e part., *statuts*, 1er vol., 787.

— -Nicaise (cloître de), voy. Sancti-Nichasii claustrum.

— -Nicaise (échevins du ban de), voy. banni sancti-Nichasii Scabini.

— -Nicaise (église de). *Arch. adm.*, t. I, 11, 187, 211, 244, 251, 263, 272, 282, 287, 322, 331, 332, 333, 346, 355, 427, 461, 566, 739, 807, 839, 850. La garde de ladite appartient à l'archevêque, 862, 974, 977, 999, 1110 ; t. II, 246, cause de la clôture de ladite, 265, 312, 477, 1020, 1125 ; t. III, 420, 528, 605, 654. *Arch. lég.*, 1re part., 607 ; 11e part., *statuts*, 1er vol., 103, 640, 847.

— -Nicaise (grand-vicaire de), voy. Polonceau.

— -Nicaise (fabrique de), voy. Sancti-Nichasii fabrica.

— -Nicaise (garde de), voy. Sancti-Nichasii gardia.

— -Nicaise (hôpital de), voy. Sancti-Nichasii hospitalis.

— -Nicaise (jardin de). *Arch. adm.*, t. III, 618. *Arch. lég.*, 1re part., 587.

— -Nicaise (justice de). *Arch. lég.*, 11e part., *statuts*, 111e vol., 154.

Saint-Nicaise (mès de). *Arch. adm.*, t. III, 623.

— -Nicaise (moines de), voy. Saint-Nicaise (religieux de).

— -Nicaise (monastère de), voy. Saint-Nicaise (abbaye de).

— -Nicaise (montée de). *Arch. lég.*, 11e part., *statuts*, 111e vol., 35.

— -Nicaise (panetier de), voy. Sancti-Nichasii panetarius.

— -Nicaise (paroisse de). *Arch. adm.*, t. I, 269.

— -Nicaise (past de), voy. Sancti-Nichasii pastus.

— -Nicaise (place de). *Arch. lég.*, 11e part., *statuts*, 111e vol., 419.

— -Nicaise (porte de). *Arch. adm.*, t. I, 800, 986, 1088 ; t. II, 1126 ; t. III, 119, 226, 235. *Arch. lég.*, 1re part., 486, 512, 517, 520, 532, 535, 588 ; 11e part., *statuts*, 1er vol., 685, 785, 898, *statuts*, 111e vol., 392, 642.

— -Nicaise (prieur de), voy. Sancti-Nichasii prior.

— -Nicaise (religieux de). *Arch. adm.*, t. I, 654, 985, 1002 ; t. II, 253, 474, 590, 1039, 1125 et seq. ; t. III, 18, 226, 622, 654, 660, 784. *Arch. lég.*, 11e part., *statuts*, 1er vol., 832 ; *statuts*, 111e vol., 32 et seq., 405.

— -Nicaise (rue de). *Arch. adm.*, t. II, 1128 ; t. III, 619 ; *Arch. lég.*, 1re part., 486, 517, 588.

— -Nicaise (sous-prieur de), voy. Sancti-Nichasii subprior.

— -Nicaise (trésorier de), voy. Sancti-Nichasii thesaurarius.

Saint-Nicaise-des-Prés de Tournay (abbé de), voy. Sancti-Nichasii-in-pratis Tornacensis abbas.

Saint Nicolas (invocation de). *Arch. adm.*, t. II, 1035.

Saint-Nicolas au Ban (enseigne de). *Arch. lég.*, iie part., *statuts*, 1er vol., 112.

— -Nicolas au Bois (abbé de). *Arch. adm.*, t. II, 634. *Arch. lég.*, 1re part., 878.

— -Nicolas au Bois (curé de), voy. Moustier (Jehan du).

— -Nicolas au Bois (village de). *Arch. lég.*, 1re part., 900.

— -Nicolas de Furnes (abbé de), voy. Sancti-Nicholai Furnensis abbas.

— -Nicolas de Cernay (chapellenie de), voy. Sancti-Nicholai de Sarnaco capellania.

— -Nicolas de Reims (chapelle de). *Arch. adm.*, t. I, 78. La sainte ampoule était rapportée dans ladite après le sacre, 262, 528; t. II, 1048.

— -Nicolas (chapitre de), voy. S. Nicholai capitulum.

— -Nicolas de Ribemont (abbé de). *Arch. adm.*, t. II, 634, 1172.

— -Nicolas de Ribemont (église de). *Arch. adm.*, t. III, 622.

— -Nicolas de Senlis (prieur de), voy. S. Nicholai Silvanectensis prior.

— -Nicolas de Virlouzet (chapelle de). *Arch. adm.*, t. III, 161.

— -Nicolas de Virlouzet (moines de), voy. S. Nicholai de Villouzet monachi.

— -Nicolas d'Inaumont (chapellenie de), voy. S. Nicholai de Aynaudimonte capellania.

— -Nicolas du Val des Écoliers de Laon (prieuré de). *Arch. lég.*, 1re part., 884.

— -Nicolas en l'Isle (curé de), voy. Loisy (Nicole).

— -Nicolas en l'Isle (village de). *Arch. lég.*, 1re part., 887.

Saint Nivard (invocation de). *Arch. adm.*, t. II, 1035.

— -Nivard, archevêque de Reims. *Arch. adm.*, t. I, 23. Testament dudit, 25.

— -Nivard d'Hautvilliers (prieur de). *Arch.* adm., t. II, 1123; voy. S. Nivardi de Altovillari (prior de).

Saint Obeuf (invocation de). *Arch. adm.*, t. II, 1035.

— -Obeuf (paroisse de), voy. Sancto-Obodo (parochia de).

— -Obeuf (Thomas de). *Arch. adm.*, t. II, 379.

— -Obeuf (village de). *Arch. lég.*, 1re part., 907; iie part., *statuts*, 1er vol., 392.

Saint-Omer (ville de). *Arch. adm.*, t. II, 273; t. III, 73, 165, 167; *Arch. lég.*, iie part., *statuts*, 1er vol., 605, 644, 838.

— -Omer (concile de). *Arch. adm.*, t. II, 250.

— -Omer (chapitre de), voy. Sancti-Audomari capitulum.

— -Omer (prévôt de), voy. Sancti-Audomari præpositus.

Saint Onésime (invocation de). *Arch. adm.*, t. II, 1035.

Saint-Orbeul (village de). *Arch. adm.*, t. I, 1090.

Saint-Oricle (église de), voy. Sancti-Oricoli ecclesia; voy. Senuc.

— -Oricle (invocation de). *Arch. adm.*, t. II, 1035.

— Oricle de Senuc (prieur de). *Arch. adm.*, t. II, 1098; voy. Senuco (prior de).

Saint Pantaléon (invocation de). *Arch. adm.*, t. II, 1035.

Saint-Patrice (chapelle de). *Arch. adm.*, t. I, 15, 663, 787; t. II, 495, 1048. *Arch. lég.*, iie part., *statuts*, iie vol., 634, 644, 785; *statuts*, iiie vol., 412.

— -Patrice (quarrel de). *Arch. adm.*, t. II, 527.

Saint Paul (invocation de). *Arch. adm.*, t. II, 1035.

— -Paul (chapelle de). *Arch. adm.*, t. II, 1048.

— -Paul (comte de), voy. Saint-Pol.

Saint-Paul (bâtard), voy. Saint-Pol.

— -Paul de Verdun (religieux de). *Arch. adm.*, t. II, 1039.

— -Paul (sieur de), lieutenant général au gouvernement de Champagne, voy. S. Pol.

Saint-Père (seigneurie de). *Arch. lég.*, IIᵉ part., *statuts*, IIIᵉ vol., 533.

Saint-Pie (invocation de). *Arch. adm.*, t. II, 1035.

Saint-Pierre, premier évêque de Rome, allegué au sujet des fausses décrétales. *Arch. adm.*, t. I, 108.

— -Pierre (cardinal de). *Arch. lég.*, IIᵉ part., *statuts*, Iᵉʳ vol., 604.

— -Pierre (Carré de), avocat. *Arch. lég.*, IIᵉ part., IIIᵉ vol., 651, 653, 656, 658.

— -Pierre (chapelle de). *Arch. adm.*, t. II, 1048. *Arch. lég.*, IIᵉ part., *statuts*, IIᵉ vol., 787.

— -Pierre (chanoines de), voy. Saint-Pierre le Vieux.

— -Pierre (église de). *Arch. adm.*, t. I, 95, 315; voy. Sancti-Petri Veteris ecclesia.

— Pierre (invocation de). *Arch. adm.*, t. II, 1035.

— -Pierre (paroisse de), voy. Saint-Pierre le Vieux (paroisse de).

— -Pierre (ponceau de). *Arch. adm.*, t. III, 488.

— -Pierre (prévôté de). *Arch. adm.*, t. I, 203. Notice historique relative à ladite, *ibid.*

— -Pierre (sieur de), grand sénéchal de Normandie. *Arch. lég.*, IIᵉ part., *statuts*, Iᵉʳ vol., 810, 815.

— -Pierre (village de). *Arch. lég.*, Iʳᵉ part., 899, 907.

— -Pierre (vin de). *Arch. lég.*, IIᵉ part., *statuts*, Iᵉʳ vol., 118.

— -Pierre, voy. Mézières (Saint-Pierre de).

Saint-Pierre à Arne (village de). *Arch. lég.*, Iʳᵉ part., *statuts*, IIᵉ vol., 563.

— -Pierre à Arne (moulin de). *Arch. lég.*, IIᵉ part., *statuts*, Iᵉʳ vol., 79.

— -Pierre à Arne (paroisse de). *Arch. adm.*, t. II, 1114, 1115. *Arch. lég.*, Iʳᵉ part., 907; voy. Sancto-Petro ad Arnam (parochia de).

— -Pierre-Accourant (village de). *Arch. lég.*, Iʳᵉ part., 904.

— -Pierre à Cernay (village de). *Arch. adm.*, t. II, 555.

— -Pierre au Mont (cathédrale de). *Arch. lég.*, IIᵉ part., *statuts*, IIIᵉ vol., 343; voy. Saint-Pierremont.

— -Pierre aux Dames (abbaye de), bâtie par Gondebert, frère de l'archevêque de Reims Nivard. *Arch. adm.*, t. I, 11, 15. Notice sur l'origine de ladite, 204. Limites de la seigneurie foncière de ladite, 205. Droits de justice et juridiction foncière de ladite, 206; t. II, 517, 700. Collégiale, 1050; t. III, 149, 578, 700. *Arch. lég.*, IIᵉ part., *statuts*, Iᵉʳ vol., 736; *statuts*, IIᵉ vol., 13, 606; *statuts*, IIIᵉ vol., 26, 76.

— -Pierre aux Dames (abbesse de), voy. Sancti-Petri ad Moniales abbatissa.

— -Pierre aux Dames (aumône de). *Arch. adm.*, t. II, 494, 527, 856, 1050. *Arch. lég.*, Iʳᵉ part., 591; IIᵉ part., *statuts*, IIᵉ vol., 93.

— -Pierre aux Dames (bailli de), voy. Bec (Colart le).

— -Pierre aux Dames (chanoines de). *Arch. adm.*, t. II, 495, 525, 1042, 1149.

— -Pierre aux Dames (chapelains de), non fondés, mais commis par l'abbesse. *Arch. adm.*, t. I, 205. Part desdits dans les fondations acceptées par les chanoines, *ibid.*; revenu desdits, *ibid.*; fonctions desdits, *ibid.*; t. II, 524, 1149.

Saint-Pierre aux Dames (chartrier de).
Arch. adm., t. II, 513.

— -Pierre aux Dames (église de), voy.
Sancti-Petri ad Moniales ecclesias.

— -Pierre aux Dames (hôpital de), voy.
Sancti-Petri ad Moniales hospitalis.

— -Pierre aux Dames (jardin de). *Arch.
adm.*, t. I, 80. *Arch. lég.*, iie part.,
statuts, i^{er} vol., 567.

— -Pierre aux Dames (place de). *Arch.
adm.*, t. II, 523. *Arch. lég.*, iie part.,
statuts, iie vol., 469, 800, 821, 841,
864; *statuts*, iiie vol., 36, 92.

— -Pierre aux Dames (quarrél de). *Arch.
adm.*, t. II, 510, 523.

— -Pierre aux Dames (religieuses de). *Arch.
adm.*, t. I, 12; t. II, 853; t. III, 208.
Arch. lég., iie part., *statuts*, iiie vol., 30.

— -Pierre aux Clercs (église de). *Arch.
adm.*, t. I, 11; t. II, 178.

— -Pierre aux Clercs (paroisse de). *Arch.
adm.*, t. I, 15.

— -Pierre au Parvy, voy. Soissons
(Saint-Pierre de).

— -Pierre aux Nonains, voy. Saint-
Pierre aux Dames.

— -Pierre d'Auviller (église de), voy.
Sancti-Petri de Altovillari ecclesia.

— -Pierre d'Auviller (monastère de), voy.
S. Petri de Altovillari monasterium.

— -Pierre d'Avenay (religieuses de). *Arch.
adm.*, t. III, 623. *Arch. lég.*, iie part.,
statuts, iiie vol., 394.

— -Pierre de Brétigny (prieur de), voy.
Magdelaine (J. de la).

— -Pierre de Châlons, voy. Sancti-Petri
Cathalamensis.

— -Pierre de Rumigny (autel de). *Arch.
adm.*, t. I, 229.

— -Pierre de Rumigny (alleu de), voy.
Sancti-Petri Ruminiacensis alodium.

— -Pierre de Rumigny (église de), voy.
Sancti-Petri de Ruminiaco ecclesia.

Saint-Pierre de Tour-sur-Marne (chapelain
de), voy. S. Petri de Turno capellanus.

— -Pierre de Tour-sur-Marne (prieuré de),
voy. Turribus-supra-Maternam (prioratus de).

— -Pierre de Verzenay (chapellenie de),
voy. Verzenay (capellania de).

Saint-Pierre le Long (curé de), voy. Madeleine (J. de la).

Saint-Pierre le Montier (bailliage de). *Arch.
lég.*, iie part., *statuts*, iie vol., 14.

Saint-Pierre le Vieux (chanoines de). *Arch.
adm.*, t. I, 204, 220.

— -Pierre le Vieux (chapitre de). *Arch.
lég.*, iie part., *statuts*, i^{er} vol., 686;
statuts, iiie vol., 51.

— -Pierre le Vieux (cimetière de). *Arch.
adm.*, t. I, 80; t. II, 513, 544. *Arch.
lég.*, iie part., *statuts*, i^{er} vol., 568, 685,
739; *statuts*, iiie vol., 411.

— -Pierre le Vieux (curé de). *Arch. adm.*,
t. II, 1149; t. III, 784. *Arch. lég.*,
iie part., *statuts*, i^{er} vol., 6; voy. Houdain (Jean).

— -Pierre le Vieux (église de). *Arch.
adm.*, t. I, 664, 721; t. II, 44, 149,
151, 178, 317, 734; t. III, 44. *Arch.
lég.*, iie part., *statuts*, i^{er} vol., 322, 565,
946.

— -Pierre le Vieux (hôpital de), voy.
S. Petri Veteris hospitalis.

— -Pierre le Vieux (paroisse de). *Arch.
adm.*, t. II, 118, 148, 219, 250, 379,
380, 393, 416, 493, 565, 578, 765?
804, 806, 822, 823, 827, 834? 937,
985, 1046, 1149; t. III, 21, 35? 97,
105, 279, 285, 306. *Arch. lég.*, i^{re} part.,
910; iie part., *statuts*, i^{er} vol., 60, 453,
474, 568, 611, 642, 618, 630, 635, 648,
653? 682? 844, 870, 873, 880, 884;
statuts, iie vol., 455, 535

— -Pierre le Vieux (porte de). *Arch. adm.*,
t. I, 769, 1088; t. II, 514, 513. *Arch.*

lég., Ire part., 714; IIe part., *statuts*, Ier vol., 817; *statuts*, IIIe vol., 641.

Saint-Pierre le Vieux (quarrel de). *Arch. adm.*, t. II, 514, 544.

— -Pierre le Vieux (rue de). *Arch. adm.*, t. I, 809, 1084, 1094.

— -Pierre le Vieux de Laon (église de), voy. Sancti-Petri Veteris Laudunensis ecclesia.

Saint Pierre le Vif. Chronique dudit alléguée au sujet des comtes de Reims. *Arch. adm.*, t. I, 85, 86.

Saint-Pierre-sur-Vence (village de). *Arch. adm.*, t. II, 1075, 1076. *Arch. lég.*, Ire part., 901.

Saint-Pierremont (abbaye de). *Arch. lég.*, Ire part., 919.

— -Pierremont (abbé de). *Arch. adm.*, t. II, 636? *Arch. lég.*, IIe part., *statuts*, IIIe vol., 533, 542.

— -Pierremont (curé de), voy. Fainctif (Martin).

— -Pierremont (paroisse de). *Arch. adm.*, t. II, 1095, 1097.

— -Pierremont (village de). *Arch. adm.*, t. II, 913, 1112; t. III, 39. *Arch. lég.*, Ire part., 889, 900.

— -Pierremont, voy. Saint-Pierre au Mont.

Saint-Pol (Antoine, comte de), lieutenant général pour le roi en Champagne. *Arch. lég.*, IIe part., *statuts*, Ier vol., 717, 719, 720, 912. Tué à Reims par le duc de Guise, 914, 915, 917, 920. Fait tenir sa fille sur les fonds par la ville de Reims, 922, 924, 925, 926, 927, 928, 929, 930, 932. Relations dudit avec le roi d'Espagne, 933.

— -Pol (bâtard de). *Arch. lég.*, IIe part., *statuts*, Ier vol., 616.

— -Pol (comte de), voy. Luxembourg (Waleran de), Luxembourg (Louis de).

— -Pol (Jehan de), sergent du roi. *Arch. adm.*, t. II, 193.

Saint Ponce (invocation de). *Arch. adm.*, t. II, 1035.

— -Ponce (village de). *Arch. adm.*, t. II, 1088.

— -Ponce d'Évigny (chapelle de), fondée à la collégiale de Mézières. *Arch. adm.*, t. II, 1080; voy. Sancto-Pontio (capellania de).

Saint-Pouange (seigneur de). *Arch. lég.*, IIe part., *statuts*, Ier vol., 707.

Saint-Poursain (village de). *Arch. adm.*, t. II, 483, 507.

Saint-Pry (abbé de), voy. Mothe (Jacques de la).

Saint-Quentin (autel de), voy. Sancti Quintini altar.

— -Quentin (bourgeois de), voy. Sancti Quintini burgenses.

— -Quentin (chapitre de), vide Sancti Quintini capitulum.

— -Quentin (charte de). *Arch. lég.*, IIe part., *statuts*, IIIe vol., 609.

— -Quentin (concile de). *Arch. adm.*, t. I, 549, 550, 556, 565, 570, 571, 574, 584, 597, 599, 600, 623, 632, 635, 636, 919.

— -Quentin (coutume de). *Arch. lég.*, IIe part., *statuts*, IIIe vol., 20.

— -Quentin (échevins de). *Arch. lég.*, IIe part., *statuts*, IIe vol., 1008.

— Quentin (invocation de). *Arch. adm.*, t. II, 1035.

— -Quentin (Jacques de), prévôt de Coucy. *Arch. lég.*, Ire part., 895; IIe part., *statuts*, Ier vol., 610.

— -Quentin (Jacquet de), sonneur. *Arch. lég.*, IIe part., *statuts*, Ier vol., 615, 632.

— -Quentin (Jehan de). *Arch. adm.*, t. III, 17.

— -Quentin (maire de). *Arch. adm.*, t. II, 840. *Arch. lég.*, IIe part., *statuts*, IIe vol., 1008.

Saint-Quentin (lieutenant de), voy. Macaire (Claude).

— -Quentin (Mlle de), dame de Beine. *Arch. adm.* t. II, 1117.

— -Quentin (M. de), seigneur de Cierges. *Arch. adm.*, t. II, 1092.

— -Quentin (prévôt de). *Arch. lég.*, iʳᵉ part., 895.

— -Quentin (prévôté de). *Arch. adm.*, t. II, 1171.

— -Quentin (sénéchal de), voy. Mailly (A. de).

— -Quentin (ville de). *Arch. adm.*, t. I, 572, 601 ; t. II, 272, 484, 607, 790, 793, 812, 821, 840, 1138 ; t. III, 143. *Arch. lég.*, iʳᵉ part., 44, 48, 899 ; iiᵉ part., *statuts*, iᵉʳ vol., 792, 829, 904 ; *statuts*, iiᵉ vol., 979 ; *statuts*, iiiᵉ vol., 21, 26, 27, 47, 53, 533, 543.

— -Quentin de Beauvais (abbé de), voy. Sancti-Quintini Belvacensis abbas.

— -Quentin de Plivot (paroisse de), voy. Sancti-Quintini de Plivis (parochia de).

— -Quentin de Reims (église de). *Arch. adm.*, t. I, 11.

Saint-Quintin en l'Isle (abbaye de). *Arch. lég.*, iiᵉ part., *statuts*, iᵉʳ vol., 292.

— -Quintin en l'Isle (abbé de), voy. Bours (Jean de), Talleyrand-Périgord; voy. Sancti-Quintini in Insula abbas.

— -Quintin le Petit (paroisse de), voy. S. Quintino Parvo (parochia de).

— -Quintin (village de). *Arch. lég.*, iʳᵉ part., 903.

— -Quintin sur Cosle (village de). *Arch. lég.*, iᵉᵉ part., 919.

Saint Raoul (invocation de). *Arch. adm.*, t. II, 1035.

Saint Remacle (invocation de). *Arch. adm.*, t. II, 1035.

Saint-Remi de Reims (abbaye de). *Arch. adm.* t. I, 12. Fortifiée contre les Normands, *ibid.*, 15, 29, 51, 69; contre les Hongrois, 72. Fondation de ladite, 88, 89, 91. Donation de l'archevêque Arnulphe à ladite, 94, 95, 176. Dotée par Hugues Capet, 177, 178, 203, 206, 208, 209, 239. Chartrier de ladite, 217, 231, 235, 241, 246, 256, 328, 477. Repas dû par ladite à l'archevêque de Reims, 258, 259, 260, 264. Sert de lieu de pénitence à Alberic, abbé de S. Nicaise après sa déposition, 265, 266, 267, 268, 272, 273, 277, 281, 290, 303, 305, 309, 310, 311. Cartulaire de ladite, 314, 322, 324, 327. Droit de ladite d'enseigner dans les écoles du bourg, 334, 336, 339, 341, 342, 352, 360, 362, 366, 377, 379, 382. Priviléges concédés à ladite par le pape Lucius, 111, 395, 398, 413, 430, 457, 466, 472, 475, 495, 504, 506, 559, 658, 660, 727. Tombe sous la main de l'archevêque pendant sa vacance, 756. Le roi de France, seigneur de ladite, 757. La garde de ladite est conférée au roi par arrêt du parlement, 790, 791, 795, 823, 828. Doit tous les ans le gîte au roi, 869, 879, 1034, 1086; t. II, 33, 48, 187, 193, 203, 243, 248, 271, 275, 288, 360, 740, 955, 1024. La seigneurie de Chamery appartient à ladite, 1055, 1102 ; t. III, 386, 598, 664, 711, 716, 821, 892. *Arch. lég.*, iiᵉ part., *statuts*, iᵉʳ vol., 166, 199, 201, 208. État général du revenu temporel de ladite, 211, 220. Articles relatifs aux religieux réformés et non réformés de ladite, 221. Union de ladite à l'archevêché, 254, 257, 306, 392, 402, 530, 575. Doutes sur l'origine de ladite; iiᵉ part., *statuts*, iiiᵉ vol., 20. Ne tient pas des archevêques sa haute justice, 21, 36, 63, 65, 97, 98, 116, 335.

Saint-Remi (abbé de). *Arch. adm.*, t. I, 51, 96. Toute la justice du bourg de l'abbaye appartient audit, 97. Le droit de strelage appartient au même par indivis avec l'ar-

chevêque *ibid.*, 341, 342, 343, 357, 361, 362, 365, 368, 377, 378, 379, 395, 398, 406, 415, 425, 475, 504, 511. Porte la sainte ampoule au sacre, 528, 542, 608, 621, 630, 631, 637, 650, 658, 756, 800, 805, 815, 816, 822, 889, 901, 906, 924, 933, 935, 1059, 1060, 1068; t. II, 53, 139, 257, 275, 459, 474, 482, 569, 589, 623, 641, 740, 790, 837, 842, 843, 888, 889, 996, 1025, 1037, 1048, 1050. Seigneur de Champigny, 1052; de Sacy, 1054, 1062, 1064, 1066, 1077, 1080, 1081, 1084, 1086, 1096, 1097, 1099, 1103, 1105, 1108, 1110, 1117, 1119, 1121, 1123, 1149, 1178, 1247; t. III, 1, 52, 59, 114, 207, 233, 238, 243, 283, 577, 610, 649, 726, 753, 853, 881, 892. *Arch. lég.*, 1re part., 298, 481, 493, 499, 584, 601, 760, 763, 1001 ; 11e part., *statuts*, 1er vol., 166. Tenu d'aller avec ses moines à la rencontre de la procession du chapitre et de l'archevêque, 186. Prérogatives dudit, 286, 316, 331, 392, 448, 536, 539, 541, 563, 581, 584, 609, 615, 621, 622, 636, 661, 678, 684, 699, 704, 729, 776, 844, 851, 865, 867, 892, 897, 901, 904, 910. Haut justicier de Reims, 935, 938; *statuts*, 11e vol., 275, 309, 693; *statuts*, 111e vol., 10, 29, 63, 393, 495. Représenté au corps de ville par son grand vicaire, 566, 585, 616, 637, 641, 642, 644, 646; voy. Caunait, Cellensis (Petrus), Claudus, Deodatus, Égon (Guill.), Eude Ier, Gesvres, Ghielebiert, Guido, Hérimar, Hugo, Ingo, Ligier, Lorraine (Henry de), Marcilly, Milo (Johannes), Odo, Petrus, Rogerus, Sacy (Petrus de), Simon.

Saint-Remi (archives de) *Arch. adm.*, t. I, 272, 815.

—–Remi (aumône de). *Arch. adm.*, t. I, 13, 230; t. III, 883. *Arch. lég.*, 11e part., *statuts*, 1er vol., 214, 286, 291, 304 ; *statuts*, 111e vol., 31.

Saint-Remi (aumônier de). *Arch. adm.*, t. II, 504, 559; t. III, 831. *Arch. lég.*, 1re part., 584; 11e part., *statuts*, 1er vol., 772, 796 ; voy. Attigny (Jehan d').

—–Remi (bailli de). *Arch. lég.*, 1re part., 861 ; 11e part., *statuts*, 1er vol., 241, 263, 291, 825; *statuts*, 11e vol., 490, 606, 1047, 1048 ; *statuts*, 111e vol., 35, 68, 92, 98, 383; voy. S. Remigii baillivus.

—–Remi (bailliage de). *Arch. lég.*, *statuts*, 111e vol., 238.

—–Remi (ban de). *Arch. adm.*, t. I, 85. Brûlé et rasé par ordre de l'archevêque Odalric, et pourquoi? 96. Réparé par son successeur Adalberon, *ibid.* Circonscription dudit, 97, 264. Prétentions de l'abbé de Saint-Nicaise sur ledit, 266, 311, 329, 441, 477, 485, 636, 638, 824, 831, 837, 889, 974, 1060, 1064, 1058, 1087; t. II, 7, 175, 227, 321. Procès entre les habitants dudit et ceux du ban de l'archevêque relatif aux frais de la guerre contre les frères de Brienne, 419, 443. 459, 550, 585, 587, 765, 791, 831, 888, 916; t. III, 74, 202, 310, 371, 570, 625. Droit de prise de vivres qu'a l'abbé de S. Remi sur ledit, 713, 723, 784. *Arch. lég.*, 1re part., 485, 498, 512, 532, 537, 543, 545, 551, 553, 558, 566, 578, 584, 592, 601, 746, 876, 1020 ; 11e part., *statuts*, 1er vol., 236, 239. 241, 253, 296, 325, 331, 401, 444, 584, 611, 612, 618, 646, 844, 938. Foire dudit, 942 ; *statuts*, 11e vol., 237, 304, 309, 411, 469, 507, 820; *statuts*, 111e vol., 15. Droits de seigneurie dudit, 20, 436.

—–Remi (Baudon de), voy. S. Remi (Bauduyn de).

—–Remi (Bauduyn de). *Arch. adm.*, t. II, 604, 982; t. III, 41. *Arch. lég.*, 11e part., *statuts*, 1er vol., 574, 580, 623, 628, 630, 631, 633, 634, 636, 638, 642, 644, 659, 669, 672, 677,

681, 683, 690, 695, 699, 702, 711, 722, 734.

Saint-Remi (bois de). *Arch. adm.*, t. III, 607.

— -Remi (bibliothèque de). *Arch. adm.*, t. I, 336. *Arch. lég.*, iie part., *statuts*, i^er vol., 216, 251.

— -Remi (bourg de) voy. Saint-Remi (ban de).

— -Remi (bourgeois du ban de). Menacent de déposer leur abbé, 266. Protestent avec les religieux contre une sentence de l'archevêque, *ibid*. Enlèvent les troupeaux de Saint-Nicaise, *ibid*. Combat entre eux et ceux de Saint-Nicaise, *ibid*. Cités par l'archevêque à sa cour spirituelle, 267. Titres invoqués par les religieux, contre ce dernier, *ibid*. Interdit de l'archevêque, 379, 602, 822, 826, 835, 838, 843. Condition imposée aux étrangers pour être admis au rang desdits, 849, 865, 872, 1060; t. II, 112, 129, 175, 320, 569, 580. Tenus de contribuer à la guerre contre les frères de Brienne, 582, 788, 854, 1021. *Arch. lég.*, iie part., *statuts*, i^er vol., 331, 347; vide Sancti-Remigii burgenses.

— -Remi (cellerier de). *Arch. adm.*, t. II, 747. *Arch. lég.*, iie part., *statuts*, i^er vol., 170; voy. Salle (Nicolas de la), Sancti-Remigii cellerarius.

— -Remi (chambrerie de). *Arch. adm.*, t. III, 3.

— -Remi (champ de). *Arch. lég.* iie part., *statuts*, i^er vol., 169.

— -Remi de Reims (chantre de), voy. Bignicourt (Jacques).

— -Remi (chapelle de). *Arch. adm.*, t. II, 1048, 1116.

— -Remi (chapitre de). *Arch. adm.*, t. I, 267, 272, 346, 430, 454, 461, 510, 513, 843; t. II, 177, 259, 293, 1021; t. III, 16, 508, 821. *Arch. lég.*, i^re part.,

808; iie part., *statuts*, i^er vol., 175, 536, 549, 850; *statuts*, iie vol., 12, 535; voy. Sancti-Remigii capitulum.

Saint-Remi (chasse de). *Arch. lég.*, iie part., *statuts*, i^er vol., 290.

— -Remi (château de), bâti par l'archevêque Seulphe. *Arch. adm.*, t. I, 72. Sert de retraite à Louis d'Outre-Mer et à Lothaire, *ibid*. Priviléges dudit, 95.

— -Remi (châtelain du ban de), droits dudit. *Arch. adm.*, t. I, 72. *Arch. lég.*, i^re part., 488, 518, 520, 535, 544, 591.

— -Remi (chaussée de). *Arch. lég.*, iie part., *statuts*, iie vol., 925, 926.

— -Remi (cour de), voy. Sancti-Remigii Remensis curia.

— -Remi (coutres de). Échappent par le privilége de leur office, aux charges de la cité. *Arch. adm.*, t. II, 112. *Arch. lég.*, i^re part., 529; iie part., *statuts*, i^er vol., 247. Revenus et émoluments desdits, 248.

— -Remi (coutumes de). *Arch. adm.*, t. I, 265.

— -Remi (curé de), voy. Leclerc (Claude), Thion (François).

— -Remi (doyen de), voy. Sancti-Remigii decanus.

— -Remi (échevins du ban de). Nombre desdits. *Arch. adm.*, t. II, 432, 854, 955, 1021; t. III, 841.

— -Remi (échevins perpétuels de). *Arch. lég.*, iie part., *statuts*, iie vol., 585.

— -Remi (écoles de). *Arch. adm.*, t. I, 334, 336, 664.

— -Remi (église de). Ancien nom de ladite. *Arch. adm.*, t. I, 87, 94, 270, 273, 277, 292, 299, 313, 320, 325, 326, 336, 340, 376, 409, 423, 424, 427, 430, 432, 437, 451, 453, 454, 461, 462, 474, 477, 499, 502, 505, 620, 621, 636, 638, 649, 701, 723,

782, 787, 803, 846, 871, 941, 974, 1060; t. II, 347, 477, 712; t. III, 1, 528, 545. *Arch. lég.*, 1re part., 484, 487, 515, 534, 539, 564, 590; IIe part., *statuts*, IIIe vol., 93.

Saint-Remi (Ernaut de). *Arch. adm.*, t. I, 1041; t. II, 116.

— -Remi (étal de). *Arch. adm.*, t. II, 748.

— -Remi, évêque de Reims. Testament dudit. *Arch. adm.*, t. I, 2, 4 et seq. Destine certains revenus à ceux qui viendront prier sur son tombeau, 94, 208, 222, 223, 240, 241. Immunités de la sépulture dudit, 242, 243, 255, 256, 258, 259. Serment fait sur le corps dudit, 273, 309, 310, 313, 328, 336, 338, 364, 481, 503, 666, 785, 982, 555, *Arch. lég.*, 1re part., 362. Patron de la France, 485, 513. Privilèges et franchises accordées audit par les rois francs; *statuts*, 1er vol., 492, 843; *statuts*, IIIe vol., 427, 606, 608. Exhumation des reliques dudit, 751, 752.

— -Remi (faubourg de). *Arch. adm.*, t. I, 259, 274.

— -Remi (foire de). *Arch. lég.*, 1re part., 547, 579, 582, 586, 598; IIe part., *statuts*, 1er vol. 241, 242. Privilèges de ladite, 285, 291, 339, 630, 631, 634, 881, 942; *statuts*, IIIe vol., 30.

— -Remi (garde de). *Arch. adm.*, t. I, 795, 796; 803, 813, 820. Appartient au roi, 821, 826, 841, 897, 917, 982, 1016; t. II, 17; voy. Sancti-Remigii custodia.

— -Remi (gardiens de). *Arch. lég.*, 1re part., 558; voy. Gros (Jule).

— -Remi (Gobert de). *Arch. adm.*, t. I, 119.

— -Remi (grand prieur de). *Arch. lég.*, IIe part., *statuts*, 1er vol., 290. Droit dudit de porter la sainte ampoule au sacre, *ibid.*; voy. Bar (Pierre-Gabriel de), Vauquin.

Saint-Remi (grand vicaire de), représente son abbé au conseil de ville. *Arch. lég.*, IIe part., *statuts*, IIIe vol., 566, 666; voy. Léo, Ligier.

— -Remi (habitants du ban de), voy. Sancti Remigii mansionarii.

— -Remi (halle de), voy. Saint-Remi (marché de).

— -Remi (Henri de). *Arch. lég.*, IIe part., *statuts*, IIe vol., 364.

— -Remi (histoire de). *Arch. adm.*, t. I, 264.

— Remi (invocation de). *Arch. adm.*, t. II, 1035, 1036. *Arch. lég.*, 1re part., 362.

— -Remi (Jehan de), échevin. *Arch. adm.*, t. II, 96, 116, 666, 670, 697, 829, 1008; t. III, 86, 309, 429, 463, 520, 655, 656, 668, 701, 843.

— -Remi (juridiction de). *Arch. lég.*, 1re part., 571; II part., *statuts*, 1er vol., 240.

— -Remi (justice de). *Arch. adm.*, t. I, 35. Par qui administrée? 94, 97. Limites de ladite, *ibid.*, 265, 312; t. III, 713. *Arch. lég.*, 1re part., 486, 535, 540, 556, 565, 601; IIe part., *statuts*, 1er vol., 584; *statuts*, IIIe vol., 154, 242, 436.

— -Remi (lectionnaire de). *Arch. lég.*, IIe part., *statuts*, 1er vol., 165, 169.

— -Remi (maire de). *Arch. adm.*, t. II, 747; t. III, 726. *Arch. lég.*, 1re part., 560, 592; voy. Constant, Jardinier (Gerart le).

— -Remi (mairie de), voy. Sancti Remigii Remensis majoria.

— -Remi (manse abbatiale de). *Arch. lég.*, IIe part., *statuts*, 1er vol., 311.

— -Remi (marché de), *Arch. adm.*, t. I, 863. *Arch. lég.*, 1re part., 547, 600; IIe part. *statuts*, 1er vol., 237, 240, 285, 291, 299, 301, 302; *statuts*, IIe vol., 119.

Saint-Remi (marguillers de). Échappent par le privilége de leur office aux charges de la cité. *Arch. adm.*, t. II, 112.

— -Remi (marliers de). *Arch. lég.*, 11ᵉ part., *statuts*, 1ᵉʳ vol., 250.

— -Remi (martyrologe de). *Arch. adm.*, t. I, 411. *Arch. lég.*, 11ᵉ part., *statuts*, 1ᵉʳ vol., 165, 170.

— -Remi (moines de), voy. Sancti-Remigii monachi.

— -Remi (moulins de). *Arch. adm.*, t. I, 344, 458, 864; t. III, 81. *Arch. lég.*, 11ᵉ part., *statuts*, 1ᵉʳ vol., 64, 168, 170, 172, 176; *statuts*, 111ᵉ vol., 642.

— -Remi (obituaire de). *Arch. adm.*, t. I, 411.

— -Remi (pauvres de). *Arch. adm.*, t. II, 317. Exempts des frais du sacre, *ibid.*, 854, 938; t. III, 15, 420, 421.

— -Remi (Pierre de). *Arch. lég.*, 11ᵉ part., *statuts*, 1ᵉʳ vol., 637.

— -Remi (pilori de). *Arch. lég.*, 11ᵉ part., *statuts*, 1ᵉʳ vol., 847.

— -Remi (pitancier de). *Arch. adm.*, t. II, 748.

— -Remi (plaids de). *Arch. adm.*, t. I, 265.

— -Remi (polyptique de), voy. Remigianus polypticus.

— -Remi (porte de). *Arch. adm.*, t. II, 1126. *Arch. lég.*, 11ᵉ part., *statuts*, 1ᵉʳ vol., 243.

— -Remi (prévôt de), voy. Sancti-Remigii præpositus.

— -Remi (prieur claustral de), voy. Saint-Remi (grand prieur de).

— -Remi (prieur de), voy. Sancti-Remigii prior.

— -Remi (prison de). *Arch. lég.*, 1ʳᵉ part., 569, 570.

— -Remi (priviléges de). *Arch. adm.*, t. I, 657. *Arch. lég.*, 11ᵉ part., *statuts*, 1ᵉʳ vol., 290.

Saint-Remi (puits de). *Arch. adm.*, t. I, 1015.

— -Remi (religieux de). *Arch. adm.*, t. I, 13; t. III, 52, 54, 55, 163, 500, 508, 649, 651, 729, 784, 852. *Arch. lég.*, 1ʳᵉ part., 499, 516, 547, 587; 11ᵉ part., *statuts*, 1ᵉʳ vol., 291, 565, 569; *statuts*, 11ᵉ vol., 273; *statuts*, 111ᵉ vol., 15. Attaquent un arrêt qui adjuge la police de la ville à l'archevêque, *ibid.*, 30, 33, 37, 63. Donnent aux échevins de Reims le péage des portes Dieulimère et Fleschambaut, 392, 487, 613; voy. Sancti-Remigii Remensis monachi.

— -Remi (rue de). *Arch. lég.*, 11ᵉ part., *statuts*, 111ᵉ vol., 419.

— Remi (sceau de). *Arch. lég.*, 1ʳᵉ part., 733, voy. S. Remigii Sigillum.

— -Remi (sénéchal de), voy. Benoît (Claude).

— -Remi (sous-prieur de), voy. Boubaix (Jean-Louis), Flamignon (J.), Odo, Petrus, Vaurouart (Nicolas).

— -Remi (terre de). *Arch. adm.*, t. I, 425, 825, 845, 866; t. III, 627. *Arch. lég.*, 1ʳᵉ part., 861, 1011.

— -Remi (Th. de). *Arch. adm.*, t. III, 836.

— -Remi (trésorier de), voy. Sancti-Remigii thesaurarius.

— -Remi (vicomte de). *Arch. adm.*, t. III, 419.

— -Remi (vicomté de). *Arch. lég.*, 1ʳᵉ part., 753; 11ᵉ part., *statuts*, 1ᵉʳ vol., 286, 296.

— -Remi (viviers de). *Arch. adm.*, t. II, 1141.

— -Remi à la place de Laon (curé de), voy. Mare (Hector de La).

— -Remi de Marson (curé de), voy. Buat (Nicole).

Saint-Remi de Vantelet (prieur de), voy. Ventelayo (prior de).

— -Remi-le-Petit (église de). *Arch. adm.*, t. II, 1105.

— -Remi-le-Petit (patronage de), voy. Sancto - Remigio - Parvo (patronagium de).

— -Remi-le-Petit (village de). *Arch. adm.*, t. II, 1103. *Arch. lég.*, ıʳᵉ part., 901, 907; ıı° part., *statuts*, ıı° vol., 638; *statuts*, ııı° vol., 389, 392; voy. Sancti-Remigii villa.

Saint Rigobert, archevêque de Reims. *Arch. adm.*, t. I, 12, 21, 23, 25. Encourt la disgrâce de Charles Martel, 26. 73. Donne une manse commune aux chanoines, 74, 76, 77. Les femmes de Reims, redevables audit de la coutume relative à leurs mariages. *Arch. lég.*, ıʳᵉ part., 606.

— -Rigobert (pauvres de). *Arch. adm.*, t. I, 13, 74, 443; t. II, 384; t. III, 15. 397. *Arch. lég.*, ıʳᵉ part., 746; ıı° part., *statuts*, ıᵉʳ vol., 129; *statuts*, ıı° vol., 305, 308. Francs du droit de stellage, 319, 322.

— Rigobert (pauvretés de), voy. Sancti Rigoberti paupertates.

— -Rigobert de Rethel (chapellenie de). voy. Sancti-Rigoberti de Regiteste capellania.

Saint Roch (invocation de). *Arch. adm.*, t. II, 1036.

Saint Ruffin (invocation de). *Arch. adm.*, 1036.

Saint-Saudun (Colart de). *Arch. adm.*, t. II, 541.

Saint-Sauve (abbé de). *Arch., adm.*, t. II, 248.

— Sauve-lès-Valenciennes (prieur de), voy. Sancti - Salvii prope Valenciam prior.

Saint-Sauveur (invocation de). *Arch. adm.*, t. II, 1036.

Saint-Sauveur de Coucy (curé de), voy. Jourdhieu (Charles).

— -Sauveur de Coucy (église de). *Arch. lég.*, ıʳᵉ part. 886.

— -Sauveur (abbé de), voy. Sancti-Salvatoris de Virtute abbas.

Saint Sébastien (invocation de). *Arch. adm.*, t. II, 1036.

— -Sébastien (jardin de). *Arch. lég.*, ıı° part., *statuts*, ıᵉʳ vol., 888.

Saint-Sépulcre de Cambray (abbé du), voy. Sancti-Sepulcri Cameracensis abbas.

Saint-Siége (légats du), voy. Sedis apostolicæ legati.

Saint-Simon (chapelle de), voy. Sancti-Simonis capella.

— Simon (invocation de). *Arch. adm.*, t. II, 1036.

— -Simon (village de). *Arch. lég.*, ıʳᵉ part., 920.

Saint Sindulphe (invocation de). *Arch. adm.*, t. II, 1036.

— Sindulphe (maison de), vide S. Sindulphi domus.

— -Sindulphe (prêtre de), voy. Sancto-Sindolpho (presbyter de).

Saint-Souplet (dîme). *Arch. adm.*, t. II, 1115; voy. Sancto-Soppleto (decima de).

— -Souplet (village de). *Arch. adm.*, t. II, 1099. *Arch. lég.* ıı° part., *statuts*, ıı° vol., 195, 563.

— -Souplet (patronage de), voy. Sancto-Soppleto (patronagium de).

Sainte - Soyne (Jehan de), quincaillier. *Arch. lég.*, ıı° part., *statuts*, ıᵉʳ vol., 946.

Saint-Sulpice (cloître de). *Arch. lég.*, ıı° part., *statuts*, ııı° vol., 533, 443.

— -Sulpice (four de), voy. Sancti-Sulplicis furnus.

Saint Sulpice (invocation de). *Arch. adm.*, t. II, 1036.

— -Sulpice, voy. Paris (Saint-Sulpice de).

— -Sulpice de Prix (prieur de). *Arch. adm.*, t. II, 1080.

Saint Sylvestre (invocation de). *Arch. adm.*, t. II, 1036.

— Sylvestre, pape. *Arch. adm.*, t. I, 108.

Saint-Symphorien (bourg de), voy. Sancti-Symphoriani burgus.

— -Symphorien (censive de). *Arch. adm.*, t. II, 940.

— -Symphorien (chanoines de), voy. Sancti-Symphoriani canonici.

— -Symphorien (chapelain de). *Arch. adm.*, t. II, 504, 1040, 1149; voy. Faulcon.

— -Symphorien (chapitre de). *Arch. adm.*, t. I, 338, 420, 906, 1056; t. II, 466, 494, 853, 1038, 1050, 1055. Patron d'Ayvelles, 1077; de Maure, 1100, 1105, 1107, 1108, 1110, 1111, 1115, 1149; t. III, 208, 755, 784, 852. *Arch. lég.*, 1re part., 276; 11e part., *statuts*, 1er vol., 104, 549, 621, 636, 685, 839; *statuts*, 111e vol., 33, 37.

— -Symphorien (chartriers de). *Arch. adm.*, t. II, 504, 668.

— -Symphorien (collégiale de). *Arch. adm.*, t. I, 14, 270. Pavés en mosaïque de ladite, 271; t. II, 747; t. III, 623, 760. *Arch. lég.*, 1re part., 956; 11e part., *statuts*, 1er vol., 847; *statuts*, 11e vol., 638; voy. Sancti-Symphoriani ecclesia.

— -Symphorien (curé de). Empiète sur la juridiction de l'Hôtel-Dieu de Reims. *Arch. adm.*, t. I, 78; t. II, 504. *Arch. lég.*, 11e part., *statuts*, 1er vol., 641.

— -Symphorien (doyen de), *Arch. adm.*, t. I, 787, 1422; t. II, 885, 790, 853, 1038, 1039, 1110; t. III, 784. *Arch.*

lég., 11e part., *statuts*, 111e vol., 34; voy. Favart.

Saint-Symphorien (église de), voy. Sancti-Symphoriani ecclesia.

— Symphorien (invocation de). *Arch. adm.*, t. II, 1036.

— Symphorien (maison de), voy. Sancti-Symphoriani domus.

— -Symphorien (monastère de), voy. Sancti-Symphoriani monasterium.

— Symphorien (paroisse de). *Arch. adm.*, t. I, 12, 14, 78; t. II, 250, 317, 393, 416, 565, 579, 806, 825, 834, 937, 986, 1046; t. III, 35, 105, 279. *Arch. lég.*, 1re part., 911; 11e part., *statuts*, 1er vol., 292, 453, 611, 612, 618, 630, 634, 635, 861, 870, 873, 880, 884; *statuts*, 11e vol., 90, 535.

— -Symphorien (prébende de). *Arch. lég.*, 11e part., *statuts*, 11e vol., 556.

— -Symphorien (prêtre de), voy. Sancti-Symphoriani presbyter.

— -Symphorien (procureur de). *Arch. adm.*, t. II, 692; voy. Courage (Herbert).

— -Symphorien (quarrel de). *Arch. adm.*, t. II, 520; t. III, 306.

— -Symphorien (rue de). *Arch. adm.*, t. III, 623.

Saint-Syxte (autel de), voy. Sancti-Syxti altar.

— -Syxte (bénéfice de). *Arch. adm.*, t. I, 265.

— -Syxte (bourg de). *Arch. adm.*, t. I, 1086.

— -Syxte (coutume de). *Arch. adm.*, t. I, 265.

— -Syxte (curé de). *Arch. adm.*, t. II, 1149; t. III, 784; voy. Henrion (Jean).

— Syxte (dîme de), voy. Sancti-Syxti decima.

— -Syxte (église de). *Arch. adm.*, t. I,

10, 11, 212, 264, 268, 277, 351, 974,
1016. *Arch. lég.*, 1re part., 529.

Saint-Syxte (justice de). Appartient à
l'abbé de Saint-Nicaise. *Arch. adm.*, t. I,
265.

— -Syxte (paroisse de). *Arch. adm.*,
t. I, 97 ; t. II, 1048 ; t. III, 98, 279,
623.

— -Syxte (plaids de). *Arch. adm.*, t. I,
263.

— -Syxte (prêtre de), voy. Sancti-Syxti
presbyter.

— -Syxte (rue de). *Arch. lég.*, IIe part.,
statuts, IIIe vol., 419.

Saint-Thaon (Geoffroy de), seigneur d'Aizelles. *Arch. lég.*, 1re part., 891.

Saint Théodulphe (invocation de). *Arch.
adm.*, t. II, 1036.

Saint-Thibaut (chapelle de). *Arch. adm.*,
t. II, 1067.

— -Thibaut (couvent de). *Arch. lég.*,
1re part., 881.

— Thibaut (invocation de). *Arch. adm.*,
t. II, 1036.

— -Thibaut (village de). *Arch. lég.*,
1re part., 900.

— -Thibaut de Château-Porcien (prieur
de), voy. Sancti-Theobaldi de Castro-
Portuensi prior.

— -Thibaut de Soissons (prieur de). *Arch.
adm.*, t. II, 1039.

Saint-Thierry de Reims (abbaye de). *Arch.
adm.*, t. I, 71 ; t. III, 2. Démolie et
brûlée par ordre de Gaucher de Châtillon, 130. Les comtes de Richemont et
de Northampton s'établissent dans ladite
pendant le siége de Reims, 156, 384,
390, 582, 690. Le roi Louis XI loge
dans ladite pendant son séjour à Reims.
Arch. lég., IIe part., *statuts*, 1er vol.,
761, 872.

— -Thierry (autel de), voy. Sancti-Theodorici altar.

Saint-Thierry (abbé de), voy. Sancti-Theodorici abbas.

— -Thierry (ban de), voy. Sancti-Theodorici bannus.

— -Thierry (biens de). *Arch. adm.*, t. I,
280.

— -Thierry (cartulaire de). *Arch. adm,*
t. I, 272, 283.

— -Thierry (chemin de). *Arch. adm.*,
t. III, 649.

— -Thierry (concile de). Ragenold, comte
de Reims est excommunié dans ledit.
Arch. adm., t. I, 86, 89.

— -Thierry (échevins de). *Arch. adm.*,
t. III, 5, 9.

— -Thierry (église de), voy. Sancti-Theodorici ecclesia.

— -Thierry (justice de), voy. Sancti-Theodorici justitia.

— Thierry (maison de) , voy. Saint-
Thierry (mès de).

— -Thierry (mansionnaires de), voy.
Sancti-Theodorici mansionarii.

— Thierry (mès de). *Arch. adm.*, t. II,
474, 519, 1149.

— -Thierry (moines de), voy. Saint-
Thierry (religieux de).

— -Thierry (monastère de), voy. Sancti-
Theodorici monasterium.

— -Thierry (montagne de). *Arch. adm.*,
t. I, 1056. Charbon de terre de ladite.
ibid.

— -Thierry (quarrel). *Arch. adm.*, t. II,
519.

— -Thierry (pêcherie de), vide Sancti-
Theodorici piscatura.

— -Thierry (prévôt de). *Arch. lég.*,
IIe part., *statuts*, 1er vol., 756.

— -Thierry (prieur de). *Arch. adm.*, t. II,
1102 , voy. Regnault (Claude).

— -Thierry (religieux de). *Arch. adm.*,
t. III, 22, 690, 694, 839, 889. *Arch. lég.*
IIe part., *statuts*, 1er vol., 806, 817

statuts, iie vol., 29, 35, voy. S. Theodorici monachi.

Saint-Thierry (village de). *Arch. adm.*, t. I, 279, 284, 304, 380, 1090; t. II, 319, 481, 1059; t. III, 108, 691. *Arch. lég.*, i^{re} part., 755, 884, 902, 908, iie part., *statuts*, i^{er} vol., 316, 767, 806, 847; *statuts*, iie vol., 963, 968; *statuts*, iiie vol., 392.

— -Thierry, voy. Villers, Marocelle (de).

— -Thierry au Mont d'Or, voy. Saint-Thierry (village de).

Saint-Thomas (chapelle de), fondée en la collégiale de Mézières. *Arch. adm.*, t. II, 1080.

— -Thomas (doctrine de). *Arch. lég.*, iie part., *statuts*, iie vol., 781, 784.

— Thomas (invocation de). *Arch. adm.*, t. II, 1036.

— -Thomas (prieuré de). *Arch. lég.*, iie part., *statuts*, i^{er} vol., 245.

— -Thomas (village de). *Arch. adm.*, t. II, 1101. *Arch. lég.*, i^{re} part., 890, 900.

— Thomas de Cantorbéry (invocation de). *Arch. adm.*, t. II, 1036.

Saint-Timothée (ban de), voy. Sancti-Timothei bannus.

— -Timothée (béguines de). *Arch. adm.*, t. I, 13.

— -Timothée (cartulaire de). *Arch. adm.*, t. I, 80, 664. *Arch. lég.*, iie part., *statuts*, i^{er} vol., 568.

— -Timothée (chanoines de). *Arch. adm.*, t. I, 230, 265, 368, 376, 406, 407, 408, 985; t. II, 1041, *Arch. lég.*, iie part.; *statuts*, i^{er} vol., 212, 286, 636, 686, 819; *statuts*, iiie vol., 30, 32, 34, 51, 98, 613.

— -Timothée (chapelain de), voy. Sancti-Timothei capellanus.

Saint-Timothée (chapitre de). *Arch. adm.*, t. I, 264, 265, 420, 636, 973; t. II, 1040, 1050, seigneur de Béthisy, 1063, 1149; t. III, 208, 420, 649, 784, 852. *Arch. lég.*, i^{re} part., 880; iie part., *statuts*, i^{er} vol., 300, 549, 624; *statuts*, iie vol., 606, 763.

— -Timothée (chartriers de). *Arch. adm.*, t. II, 504, 748.

— -Timothée (cimetière de). *Arch. lég.*, i^{re} part., 520.

— -Timothée (collégiale de). *Arch. adm.*, t. I, 14, 80; t. II, 1050. *Arch. lég.*, i^{re} part., 486, 510, 518, iie part.; *statuts*, i^{er} vol., 551, 557.

— -Timothée (croix de). *Arch. adm.*, t. I, 97.

— -Timothée (curé de). *Arch. adm.*, t. II, 1149; t. III, 784. *Arch. lég.*, iie part., *statuts*, iiie vol., 32, voy. Johannes.

— -Timothée (dîme de). *Arch. adm.*, t. I, 277.

— -Timothée (église de), date du vi^e siècle. *Arch. adm.*, t. I, 87, 95, 96, 97, 212, 268, 407, 578, 927; t. III, 5, 625, 629, 835. *Arch. lég.*, i^{re} part., 197, 520, 545, 572; iie part., *statuts*, i^{er} vol., 169, 563, 565; *statuts*, iie vol., 13.

— -Timothée (Henry de). *Arch. adm.*, t. II, 604.

— Timothée (invocation de). *Arch. adm.*, t. II, 1036.

— -Timothée (Jehan de). *Arch. adm.*, t. II, 809; t. III, 98, 1141, 1142.

— -Timothée (paroisse de). *Arch. adm.*, t. I, 14, 15, 1000; t. II, 492, 826, 827, 937, 1046; t. III, 98, 107, 279; *Arch. lég.*, Ire part., 597; iie part.; *statuts*, i^{er} vol., 861, 870, 873, 884; *statuts*, iie vol., 536.

— -Timothée (prébendes de). *Arch. adm.*,

t. I, 271 ; *Arch. lég.*, II° part., *statuts*, I°° vol., 556, 821.

Saint-Timothée (quarrel de). *Arch. adm.*, t. II, 807, 986 ; t. III, 35, 306.

— -Timothée (Robert de), échevin. *Arch. adm.*, t. III, 389.

— -Timothée (trésorier de), voy. Saint-Timothei thesaurarius.

Saint Trazain (invocation de). *Arch. adm.*, t. I, 1036.

Saint - Urbain (cloître de). *Arch. lég.*, II° part., *statuts*, III° vol., 532, 543.

— Urbain (invocation de). *Arch. adm.*, t. II, 1036.

— -Urbain (Simon de). *Arch. adm.*, t. II, 1036.

Saint-Valery (seigneurie de). *Arch. lég.*, II° part., *statuts*, III° vol., 509.

Saint-Vallier (dame de). *Arch. lég.*, II° part., *statuts*, III° vol., 390.

Saint Vannes (invocation de). *Arch. adm.*, t. II, 1036.

— -Vannes (ordre de). *Arch. lég.*, II° part., *statuts*, I°° vol., 221.

— -Vannes (Thierry de), juge consul. *Arch. lég.*, II° part., *statuts*, I°° vol., 979.

— -Vannes de Verdun (abbé de). *Arch. adm.*, t. II, 1038.

— -Vannes de Verdun (bénédictins de). *Arch. adm.*, t. II, 1101.

Saint-Vast (abbaye de), voy. Sancti-Vedasti monasterium.

— Vast (invocation de). *Arch. adm.*, t. II, 1036 ; voy. Sanctus Vedastus.

Saint-Victor (abbés de), voy. Garin, Hugues.

— -Victor (croix de). *Arch. adm.*, t. I, 10. *Arch. lég.*, II° part., *statuts*, I°° vol., 844.

— Victor (invocation de). *Arch. adm.*, t. II, 1036.

Saint-Victor (église de), voy. Sancti-Victoris ecclesia.

— -Victor (ordre de), voy. Sancti-Victoris ordo.

— -Victor de Paris (église de). *Arch. lég.*, II° part., *statuts*, II° vol., 182 ; voy. Paris (Saint-Victor de).

— -Victor de Marseille (abbaye de). *Arch. adm.*, t. II, 56.

Saint Vincent (invocation de). *Arch. adm.*, t. II, 1036.

— -Vincent (M. de), seigneur de Marvaux. *Arch. adm.*, t. II, 1093.

— -Vincent (Péresson de), clerc de l'échevinage de Reims. *Arch. adm.*, t. III, 691, 692, 694, 695, 834, 837.

— -Vincent de Laon (abbé de). *Arch. adm.*, t. II, 1037, 1103, 1110. *Arch. lég.*, I°° part., 877, voy. S. Vincentii Laudunensis abbas.

— -Vincent de Letanne (M. de), seigneur de Brecy. *Arch. adm.*, t. II, 1099.

Saint-Vinoc (abbé de), vide Sancti Vinoci abbas.

Saint-Vital (cardinal de), archidiacre de Reims. *Arch. lég.*, II° part., *statuts*, III° vol., 31.

Saint-Viteny , voy. Sancti - Victoris ecclesia.

Saint-Viton de Verdun (abbé de), voy. Ricardus.

Saint-Ymoge. *Arch. adm.*, t. I, 1089 ; voy. Novavilla.

Saint-Yvel de Braine (religieux de). *Arch. adm.*, t. III, 494.

Sainte Agathe (invocation de). *Arch. adm.*, t. II, 1033.

Sainte-Agnès (béguines de). *Arch. adm.*, t. I, 13. *Arch. lég.*, II° part., *statuts*, I°° vol., 129.

Sainte-Ampoule. *Arch. adm.*, t. III, 2, 3, 555. *Arch. lég.*, II° part., *statuts*, I°° vol.,

290. Louis XI se fait porter ladite, 669; *statuts*, ii° vol., 78.

Sainte-Ampoule (barons de la). *Arch. adm.*, t. III, 4.

Sainte-Anne (chapelle de). *Arch. adm.*, t. I, 13; t. II, 1049, 1123. *Arch. lég.*, ii° part., *statuts*, i°ʳ vol., 720.

— -Anne (église de). Droit des échevins de Reims de présenter un sujet à la cure de ladite. *Arch. adm.*, t. I, 485.

— Anne (invocation de). *Arch. adm.*, t. II, 1033.

— -Anne (léproserie de). *Arch. lég.*, ii° part., *statuts*, i°ʳ vol., 129.

— -Anne (vinage de). *Arch. adm.*, t. III, 419.

Sainte-Balsamie (borne de). *Arch. adm.*, t. I, 80. *Arch. lég.*, ii° part., *statuts*, i°ʳ vol., 567.

— -Balsamie (chanoine de), voy. Portis (Hugo de), Sanctæ-Nutricis canonici.

— -Balsamie (chapitre de), voy. Sainte-Nourrice.

— -Balsamie (collégiale de). *Arch. adm.*, t. I, 11, 14, 80; t. II, 1050. *Arch. lég.*, ii° part., *statuts*, i°ʳ vol., 567; voy. Sainte-Nourrice.

— -Balsamie (rue de). *Arch. lég.*, ii° part., *statuts*, i°ʳ vol., 567; *statuts*, iii° vol., 419.

Sainte-Barbe (jardin de), voy. Arbalète (jardin de l').

Sainte-Belande de Thin-le-Monthier (prieuré de). *Arch. lég.*, ii° part., *statuts*, ii° vol., 787.

Sainte-Bove (croix de). *Arch. lég.*, i°ʳ part., 733.

Sainte-Catherine (hôpital de). *Arch. adm.*, t. I, 15.

— Catherine (invocation de). *Arch. adm.*, t. II, 1033.

— -Catherine (Mᵐᵉ de). *Arch. lég.*, ii° part., *statuts*, iii° vol., 393.

Sainte-Catherine de Chevrières (hameau de). *Arch. adm.*, t. II, 1106.

Sainte-Cécile de Terny (curé de). *Arch. lég.*, i°ʳ part., 888; voy. Terny (Sainte-Cécile de).

Sainte-Chapelle de Paris (chapitre de la). *Arch. adm.*, t. II, 1038. Seigneur de Saint-Hilaire-le-Petit, t. II, 1115; voy. Paris (Sainte-Chapelle de).

— -Chapelle de Paris. Justice seigneuriale du cloître de ladite. *Arch. lég.*, ii° part., *statuts*, iii° vol., 533.

Sainte-Claire (abbaye de). *Arch. adm.*, t. I, 15.

— -Claire (invocation de). *Arch. adm.*, t. II, 1033.

— -Claire (M. de), seigneur en partie de Brancecourt. *Arch. adm.*, t. II, 1060, 1061, 1114.

Sainte-Claire (marquis de), seigneur de Tainqueux. *Arch. adm.*, t. II, 1055, 1105; de Villesur-Retourne, 1116.

Sainte-Cornille de Compiégne (église de). *Arch. adm.*, t. II, 530.

Sainte-Croix (autel de), voy. Sanctæ Crucis altar.

Sainte-Croix (cardinal de). *Arch. adm.*, t. II, 1033. *Arch. lég.*, ii° part., *statuts*, i°ʳ vol., 604, 629.

— -Croix (chapelle de). *Arch. adm.*, t. II, 1123.

— -Croix (curé de). *Arch. lég.*, i°ʳ part., 887.

— Croix (invocation de la). *Arch. adm.*, t. II, 1033.

— -Croix (village de). *Arch. adm.*, t. II, 31. *Arch. lég.*, i°ʳ part., 899.

Sainte-Élisabeth (invocation de). *Arch. adm.*, t. II, 1034.

Sainte-Euphraise, voy. Sainte-Frèze.

Sainte-Eutrope (chapelle de). *Arch. adm.*, t. II, 1050.

Sainte Eutrope (invocation de). *Arch. adm.*, t. II, 1034.

Sainte-Frèze (village de). *Arch. adm.*, t. I, 1089; t. II, 1055; t. III, 109, 479. *Arch., lég.*, 1re part. 755.

—Sainte-Geneviève (abbé de). *Arch. lég.*, 1re part., *statuts*, 1er vol., 37; *statuts*, 11e vol., 789.

— -Geneviève (église de), voy. Sanctæ Genovefæ ecclesia.

— -Geneviève (curé de). *Arch. lég.*, 1re part., 888.

— -Geneviève de Reims (église de), voy. Sanctæ - Genovefæ Remensis ecclesia.

— Geneviève (invocation de). *Arch. adm.*, t. II, 1034.

— -Geneviève (village de). *Arch. lég.*, 1re part., 899.

— -Geneviève, voy. Paris (Sainte-Geneviève de).

— -Geneviève de Laon (collége de). *Arch. lég.*, 1re part., 877.

— -Geneviève de Paris (abbé de). *Arch. adm.*, t. I, 560. *Arch. lég.*, 11e part., *statuts*, t. III, 530, 542, 547, 552; voy. Étienne, Chaubert (Jean-Baptiste).

— -Geneviève de Paris (église de). *Arch. lég.*, 11e part., *statuts*, 11e vol., 182.

Sainte Gertrude (invocation de). *Arch. adm.*, t. II, 1034.

Sainte-Gudule de Bruxelles (église), vide Sanctæ Gudulæ ecclesia.

Sainte Hélène (corps de). *Arch. adm.*, t. I, 667.

— Hélène (invocation de). *Arch. adm.*, t. II, 1034.

Sainte Juliette (invocation de). *Arch. adm.*, t. II, 1034.

Sainte Machre (invocation de). *Arch. adm.*, t. II, 1035.

— -Machre (concile de), voy. Sanctæ-Macriæ concilium.

Sainte-Madeleine de Reims (curé de), voy. Beatæ Mariæ Magdalenæ curatus.

— -Madeleine de Reims (paroisse de). *Arch. adm.*, t. I, 14, 15; t. II, 241, 319, 393, 568, 808, 824, 834, 840, 937, 985, 1046, 1050; t. III, 35, 98, 106, 279, 283. *Arch. lég.*, 11e part., *statuts*, 1er vol., 453, 565, 611, 618, 619, 630, 634, 654, 844, 861, 870, 584.

Sainte-Mame (ville de), voy. Saint-Mâme.

Sainte-Margrie (Etienne de), chanoine. *Arch. adm.*, t. III, 352.

Sainte-Marguerite (chapelle de). *Arch. adm*, t. II, 1049. Notice relative aux fonctions du chapelain de ladite, *ibid.*, 1067.

— -Marguerite (église de). *Arch. adm.*, t. II, 519.

Sainte Marguerite (invocation de). *Arch. adm.*, t. II, 1035.

— -Marguerite (quarrel de). *Arch. adm.*, t. II, 517.

— -Marguerite (rue de). *Arch. adm.*, t. I, 12. *Arch. lég.*, 11e part., *statuts*, 111e vol., 31.

— -Marguerite de Crécy (prieuré de). *Arch. lég.*, 11e part., *statuts*, 11e vol., 787.

— -Marguerite de Fontenille (prieuré de), voy. Fontenille (prioratus de).

— -Marguerite de Châtel (chapelle de). *Arch. adm.*, t. II, 1097; voy. Castellare (capellania apud).

Sainte-Marie (archevêque de). *Arch. lég.*, 11e part., *statuts*, 111e vol., 44.

— Marie (invocation de). *Arch. adm.*, t. II, 1025.

Sainte-Marie-à-Py (paroisse de). *Arch. adm.*, t. II, 1114, 1115; voy. Sanctæ Mariæ-ad-Pinum (parochia de).

— -Marie de Teugny (chapelle de). *Arch. adm.*, t. II, 1106.

Sainte-Marie Égyptienne (chapelle de), fondée en la collégiale de Mézières. *Arch. adm.*, t. II. 1080.

— Marie-Madeleine (invocation de). *Arch. adm.*, t. II, 1035.

— -Marie-Madeleine de Verdun (chapitre de), voy. Verdun (chapitre de).

— -Marie-Madeleine de Montcornet (chapellenie de), voy. Montecorneto (capellania de).

— -Marie-sous-Bourg (paroisse de). *Arch. adm.*, t. II, 1111, voy. Sancta-Maria subtus Burgum.

— -Marie-sous-Bourg (village de). *Arch. adm.*, t. II, 1109.

Sainte Marie, voy. Beata Maria, Sancta Maria, Sainte-Vierge.

— -Marie (Amedeus, cardinal de), archidiacre de Reims. *Arch. adm.*, t. III, 803.

— -Marie (C. de), boucher. *Arch. adm.*, t. III, 834.

— -Marie au Pont Saint-Hubert (seigneurie de). *Arch. lég.*, IIᵉ part., *statuts*, IIIᵉ vol., 389.

Sainte-Marthe (bois de). *Arch. lég.*, IIᵉ part., *statuts*, IIᵉ vol., 878.

— -Marthe (hôpital de). *Arch. adm.*, t. I, 15, dit des Magneuses, fondé par la veuve de Colbert. *Arch. lég.*, IIᵉ part., *statuts*, Iᵉʳ vol. 129.

Sainte-Maure (Loys de), marquis de Nesle. *Arch. lég.*, Iʳᵉ part., 888.

Sainte-Menehould (gouverneur de). *Arch. lég.*, IIᵉ part. statuts, IIIᵉ vol., 388.

— -Menehould (Jacquemin de). *Arch. adm.*, t. III, 836.

— -Menehould (maîtrise des eaux et forêts de). *Arch. lég.*, IIᵉ part., *statuts*, IIᵉ vol., 13.

— -Menehould (prévôté de). *Arch. adm.*, t. II, 1013, 1017, 1018. *Arch. lég.*,

Iʳᵉ part., 911; IIᵉ part., *statuts*, IIIᵉ vol., 64.

Sainte-Menehould (ville de). *Arch. adm.*, t. II, 304, 426, 716, 1040, 1093; t. III, 606. *Arch. lég.*, Iʳᵉ part., 607, 914; IIᵉ part., *statuts*, Iᵉʳ vol., 617, 706, 796, 800, 920; *statuts*, IIᵉ vol., 121, 291.

— -Menehould (Trignel - Gérard de), écuyer. *Arch. adm.*, t. III, 663.

Sainte-Nourrice (chanoines de), voy. Sanctæ-Nutricis canonici.

— -Nourrice (chapelain de). *Arch. adm.*, t. II, 495.

— -Nourrice (chapitre de). *Arch. adm.*, t. II, 1096, 1099, 1118, 1122, 1149; t. III, 208, 852. *Arch. lég.*, Iʳᵉ part., 308; IIᵉ part., *statuts*, Iᵉʳ vol., 549, 621, 636, 686; *statuts*, IIᵉ vol., 762, 777; *statuts*, IIIᵉ vol., 36, 98.

— -Nourrice (église de). *Arch. adm.*, t. I, 459, 542; t. II, 495, 1038; t. III, 628, 835. *Arch. lég.*, Iʳᵉ part., 486, 500, 517, 532, 545, 880; IIᵉ part., *statuts*, Iᵉʳ vol., 551, 557; *statuts*, IIᵉ vol., 638

— -Nourrice (prébende de). *Arch. lég.*, IIᵉ part., *statuts*, Iᵉʳ vol., 556.

Sainte-Palaye (Lacurne de). Note dudit sur un manuscrit relatif à l'histoire de Reims. *Arch. adm.*, t. I, 67, 68.

Sainte-Preuve (prieuré de). *Arch. lég.*, Iʳᵉ part., 881; IIᵉ part., *statuts*, IIᵉ vol., 726.

— -Preuve (seigneurie de). *Arch. lég.*, Iʳᵉ part., 890.

— -Preuve (village de). *Arch. lég.*, Iʳᵉ part., 901, 919.

Sainte-Ragonde (Nicolas de), argentier du roi. *Arch. adm.*, t. II, 487, 632.

Sainte Reine (invocation de). *Arch. adm.*, t. II, 1035,

Sainteron (Hannequin de). *Arch. adm.*, t. III, 452.

Sainte Trinité (invocation de). *Arch. adm.*, t. II, 1036.

— -Trinité de Châlons (chapitre de), voy. Sanctæ-Trinitatis Cathalaunensis capitulum.

— -Trinité de Dun (paroisse de). *Arch. adm.*, t. II, 1093.

— -Trinité, voy. Fécamp (Sainte-Trinité de).

Sainte-Union. Les Rhémois adhèrent à ladite. *Arch. lég.*, IIe part., *statuts*, Ier vol., 920, 924, 925, 927, 928, 931.

Sainte-Vaubourg (village de). *Arch. adm.*, t. II, 1109. *Arch. lég.*, Ire part., 903, 908, 911.

— -Vaubourg (curé de), voy. Roy (Thibaut le).

— -Vaubourg (dîme de). *Arch. lég.*, IIe part., *statuts*, Ier vol., 244.

— Vaubourg (invocation de). *Arch. adm.*, t. II, 1036.

— -Vaubourg (paroisse de). *Arch. adm.*, t. II, 1110; voy. S. Valburge (parochia de).

— -Vaubourg (prieur de), voy. Sanctæ-Valburge (prior de).

— -Vaubourg (prieuré de). *Arch. adm.*, t. II, 1110. *Arch. lég.*, IIe part., *statuts*, Ier vol., 213.

Sainte Vierge (invocation de la). *Arch. adm.*, t. II, 1036.

— Vierge et S. Pierre (invocation de). *Arch. adm.*, t. II, 1036.

— Vierge et S. Jean évangéliste (invocation de). t. II, 1036.

Saints (blasphémateurs des). *Arch. adm.*, t. III, 642.

Saints Caut, Cantien et Cantianille (invocation de). *Arch. adm.*, t. II, 1033.

— Ferréole et Ferratien (invocation de). *Arch. adm.*, t. II, 1034.

— Germain et saint-Gemme (invocation de). *Arch. adm.*, t. II, 1034.

Saints Innocents (invocation des). *Arch. adm.*, t. II, 1034.

Sairet (Jorret), poissonnier. *Arch. adm.*, t. III, 25.

Saisiaco (Stephanus Neapolitanus de), cardinal. *Arch. lég.*, IIe part., *statuts*, Ier vol., 122.

Saisiamentum. *Arch. lég.*, IIe part., *statuts*, Ier vol., 349; vide Saisina.

Saisina. *Arch. adm.*, t. I, 675, 777, 780, 790, 884, 889, 923, 935, 980, 1009, 1045, 1060, 1069; t. II, 17, 58, 72, 77, 83, 109. 197, 260, 403, 468, 585, 593, 642, 678, 709, 718, 866, 871, 872, 875, 918, 919, 923, 947, 957, 960, 966, 971, 973, 1011, 1163, 1165, 1198; t. III, 67, 87, 95, 183, 198, 225, 239, 322, 402, 502, 525, 643, 801, 884, 902, 904, 910. *Arch. lég.*, Ire part., 20, 325, 326, 794, 802, 841, 961; IIe part., *statuts*, Ier vol., 54, 349, 352, 365, 395, 421, 537, 579, 886, 888; *statuts*, IIIe vol., 509.

Saisinator. *Arch. adm.*, t. III, 239.

Saisine, voy. Saisina, voy. Fief (saisine de).

Saisire (saisir). *Arch. adm.*, t. I, 332, 539, 547, 554, 598, 654, 751, 778, 870, 881, 884, 894, 927, 970, 1045; t. II, 5, 22, 365, 427, 928; t. III, 92, 435, 525, 664, 775. *Arch. lég.*, Ire part., 103, 325, 384; IIe part., *statuts*, Ier vol., 349, 353.

Saisitio, voy. Saisina.

Sajot, voy. Husson.

Sakel (Ernulfus). *Arch. lég.*, IIe part., *statuts*, Ier vol., 167.

Sala (Salle). *Arch. adm.*, t. I, 915.

Salaco, clerc. *Arch. lég.*, IIe part., *statuts*, Ier vol., 74.

Salagium (sorte de mesure pour le sel). *Arch. adm.*, t. I, 1061.

Salaire, vide Salarium.

Salarium. *Arch. adm.*, 673. *Arch. lég.*, 1re part., 13, 11e part., *statuts*, 1er vol., 193; vide Advocatorum salarium, Procuratorum, Notariorum, Audientia-riorum.

Salceia, vide Salcia.

Salces (M. de), seigneur de Deville. *Arch. adm.*, t. II, 1068, 1071, 1096. *Arch. lég.*, 11e part., *statuts*, 111e vol., 388.

— (vicomtesse de), dame de Bauny. *Arch. adm.*, t. II, 1095.

Salcia-ad-Tournelles (capellania de), voy. Saulce-aux-Tournelles (chapellenie de).

— -Campania, vide Saulce-Champenoise (village de).

— -Campania (parochia de), vide Saulce-Champenoise (paroisse de).

— -Campania (presbyter de). *Arch. adm.*, t. II, 1110.

— -in-Bosco (parochia de), vide Saulce-en-Bois (paroisse de).

— -in-Bosco (patronagium de). *Arch. adm.*, t. II, 1107.

— -in-Bosco (presbyter de). *Arch. adm.*, t. II, 1105.

Salduns. Dévouement desdits à leurs chefs. *Arch. adm.*, t. I, 102.

Sale (Simon de la). *Arch. adm.*, t. II, 36.

Salehadin (Robin), boucher. *Arch. adm.*, t. II, 521, 962.

— (Guillaume). *Arch. adm.*, t. II, 808.

Salemon (J.). *Arch. adm.*, t. III, 688.

Salency (village de). *Arch. lég.*, 1re part., 890.

Salenove (Pierre). *Arch. lég.*, 1re part., 894.

Salertia. *Arch. lég.*, 11e part., *statuts*, 1er vol., 173.

Salesbriæ episcopus. *Arch. adm.*, t. I, 251; vide Salisbury (évêque de).

Salfielo (villa de). *Arch. adm.*, t. I, 29.

Salica lex. *Arch. lég.*, 11e part., *statuts*, 111e vol., 622, 624.

Salice (Jacobus de). *Arch. lég.*, 1re part., 260.

— -Sancti-Remigii decima. *Arch. lég.*, 11e part., *statuts*, 1er vol., 174, 175.

— -Sancti-Remigii (majoria de). *Arch. lég.*, 11e part. *statuts*, 1er vol., 198.

— -Sancti-Remigii (parochia de). *Arch. adm.*, t. II, 1064; vide Saulx-Saint-Remi (paroisse de).

— -Sancti-Remigii (presbyter de). *Arch. adm.*, t. II, 1063.

Salices Comitis. *Arch. adm.*, t. I, 355.

— -Sancti-Remigii, vide Saulx-Saint-Remi.

Salin (cour). *Arch. lég.*, 11e part., *statuts*, 1er vol., 567; *statuts*, 111e vol., 649; voy. Coursalain.

Salis minellus. *Arch. adm.*, t. III, 770; voy. Sel (minot de).

Salisbury (comte de), gouverneur de Champagne. *Arch. lég.*, 11e part., *statuts*, 1er vol., 577, 613, 640, 681, 682, 724, 725, 726, 727, 766.

— (évêque de), voy. Salesbriæ episcopus.

Salix. *Arch. lég.*, 11e part., *statuts*, 1er vol., 167; vide Saulx (village de), Septem-Salices.

Sallaberga, religieuse. *Arch. lég.*, 11e part., *statuts*, 1er vol., 69.

Sallaberry (abbé de). *Arch. lég.*, 11e part., *statuts*, 111e vol., 525.

Salle (Jehan-Louis de la), sénéchal du chapitre. *Arch. adm.*, t. I, 59; t. III, 851. *Arch. lég.*, 11e part., *statuts*, 111e vol., 470.

— (Nicolas de la), conseiller-échevin. *Arch. lég.*, 11e part., *statuts*, 111e vol., 242.

— voy. Reims (salle de), Saint-Denis de Reims.

Salle (Charles), curé de Troly. *Arch. lég.*, Ire part., 886.

— (Pierre de la), marchand. *Arch. lég.*, IIe part.; *statuts*, IIe vol., 797; *statuts*, IIIe vol., 51?

— (Louis de la), conseiller au présidial. *Arch. lég.*, IIe part., *statuts*, IIe vol., 803, 810, 968, 1018?

— (Pierre-Antoine de la), capitaine de bourgeoisie. *Arch. lég.*, IIe part., *statuts*, IIe vol., 1021.

— (Nicolas de la), prêtre et cellerier de Saint-Remi. *Arch. lég.*, IIe part., *statuts*, Ier vol., 231.

— (J.... de la), bourgeois. *Arch. lég.*, IIe part., *statuts*, Ier vol., 666.

— (Lancelot de la), soupçonné d'intelligence avec les huguenots. *Arch. lég.*, IIe part., *statuts*, Ier vol., 709, 927.

— (E.... de), bourgeois. *Arch. lég.*, IIe part., *statuts*, Ier vol., 927.

Salleio (Theodoricus de), diacre. *Arch. lég.*, IIe part., *statuts*, Ier vol., 119.

— (Nicolaus de), doyen. *Arch. lég.*, IIe part., *statuts*, Ier vol., 121.

— (comte de). *Arch. lég.*, IIe part., *statuts*, IIIe vol., 393.

Salles (maison de). *Arch. adm.*, t. II, 1094.

Sallia (saillie). *Arch. adm.*, t. II, 798.

Sallières (Jehan), clerc. *Arch. adm.*, t. II, 758, 775.

Salluste, historien, voy. Sallustius.

Sallustius. *Arch. lég.*, IIe part., *statuts*, IIe vol., 735.

Salm (prince de), seigneur de Charleville. *Arch. adm.*, t. II, 1068.

Salmes (Jehan), notaire. *Arch. lég.*, IIe part., *statuts*, IIIe vol., 508, 509.

Salmon (Guillaume), maître d'hôtel de l'archevêque de Reims. *Arch. adm.*, t. III, 753, 754, 757, 767, 772, 901.

Salmon (Claude), panetier. *Arch. lég.*, IIe part., *statuts*, IIe vol., 336.

—(Jehan), poissonnier. *Arch. lég.*, IIe part., *statuts*, Ier vol., 539.

Salo, chevalier. *Arch. lég.*, IIe part., *statuts*, Ier vol., 102.

Salomon, voy. Labrie.

— roi de Judée. Livres dudit allégués. *Arch. adm.*, t. I, 542. *Arch. lég.*, Ire part., 357, 359, 367, 403, 427, 431, 439, 451, 466; IIe part., *statuts*, Ier vol., 935.

— (Guillaume), voy. Salmon

—(Johannes), acolyte. *Arch. lég.*, IIe part., *statuts*, IIe vol., 773.

— laïque. *Arch. lég.*, IIe part., *statuts*, Ier vol., 82.

— (Siméon), cuisinier. *Arch. lég.*, IIe part., *statuts*, IIIe vol., 497.

Salto (ecclesia de), voy. Saulx (église de).

Saltz (comte de), seigneur d'Apremont. *Arch. adm.*, t. II, 1097.

Saluces (Hugues de). *Arch. adm.*, t. III, 749, 769.

— (pays de). *Arch. lég.*, Ire part., 888.

—(cardinal de), voy. Saluciarum cardinalis.

Saluciarum cardinalis, archidiacre de Reims. *Arch. adm.*, t. III, 799, voy. Sainte-Marie (Amedeus de), Amadeus.

Salut, voy. Or (salut d').

Salvagardia. *Arch. adm.*, t. I, 269, 495, 1010; t. II, 383; vide Sauvegarde, Salvamentum; vide Vuadenois, Warmerivilla.

Salvanariæ, vide Sablonnières.

Salvaticis (J. de). *Arch. adm.*, t. II, 1034.

Salvavilla, vide Sauville.

— (territorium de). *Arch. adm.*, t. I, 475.

Samaria. *Arch. lég.*, Ire part., 356.

Samarie (royaume de), voy. Samaria.

Samiceus (de soie, samit). *Arch. adm.*, t. III, 32.

Samnium contrée de l'Italie. *Arch. adm.*, t. I, 194.

Sampegniaci miles, voy. Boso (Hugo).

Sampegniacum, voy. Sampigny.

Sampigny (château de). *Arch. adm.*, t. I, 368. Place d'armes de gentilshommes pillards, *ibid.*; rasée par l'archevêque de Reims, 368.

— (Jehan de), écuyer. *Arch. lég.*, IIe part., *statuts*, Ier vol. 798.

— (village de). *Arch. adm.*, t. I, 360, 362, 364.

Samso, moine. *Arch. adm.*, t. I, 410.

Samson, archevêque de Reims. *Arch. adm.*, t. I, 84, 296, 302, 303, 304, 305, 306, 308, 309, 310, 313, 315, 316, 317, 318, 320, 321, 322, 323, 327, 328, 337, 338, 358, 381, 410, 434; t. II, 6. *Arch. lég.*, IIe part.; *statuts*, Ier vol., 73, 74, 93, 119, 172; *statuts*, IIe vol., 17.

Samuel, roi de Judée. *Arch. adm.*, t. I, 333. *Arch. lég.*, Ire part., 362; IIe part., *statuts*, IIe vol., 762.

— prêtre-chanoine. *Arch. lég.*, IIe part., *statuts*, Ier vol., 92.

Sancourt (Claude de), vicomte de Rigny. *Arch. lég.*, Ire part., 891.

Sancta, vide Terra.

Sancta - Eufrasia (parochia de). *Arch. adm.*, t. II, 1051; voy. Sainte-Frèze.

— -Eufrasia (presbyter de). *Arch. adm.*, t. II, 1051.

Sancta-Margarita (Stephanus de). *Arch. adm.*, t. III, 369.

— -Maria (Guillermus de), chanoine. *Arch. adm.*, t. II, 475.

— -Maria ad Cameracum. *Arch. lég.*, IIe part., *statuts*, Ier vol., 69.

— -Maria ad Curiam. *Arch. lég.*, IIe part., *statuts*, Ier vol., 91.

Sancta-Maria ad Pinum (parochia de), voy. Sainte-Marie à Py (paroisse de).

— -Maria ad Pinum (presbyter de). *Arch. adm.*, t. II, 1115.

— -Maria de Monte (ecclesia de). *Arch. adm.*, t. I, 218.

— -Maria-subtus-Burgum, vide Sainte-Marie-sous-Bourg.

— -Maria-subtus-Burgum (altar de). *Arch. adm.*, t. I, 508. *Arch. lég.*, IIe part., *statuts*, Ier vol., 104.

— -Maria-subtus-Burgum (parochia de), voy. Sainte-Marie-sous-Bourg (paroisse de).

— -Maria (presbyter de). *Arch. adm.*, t. II, 1112.

Sancta-Prisca. *Arch. adm.*, t. I, 314.

Sancta-Prudentiana. *Arch. adm.*, t. I, 478.

Sancta-Savina (cardinalis de). *Arch. adm.*, t. I, 331, 382.

Sancta - Valburge (parochia de), voy. Sainte-Vaubourg (paroisse de).

— -Valburge (prioratus de). *Arch. adm.*, t. II, 705.

— -Valburge (presbyter de). *Arch. adm.*, t. II, 1110.

— -Valburge de Molesmis (prior de). *Arch. adm.*, t. II, 634, 1028.

Sancta-Vulnara in Bosco (villa de). *Arch. adm.*, t. I, 789.

Sancta-Wanna Virdunensis. *Arch. adm.*, t. II, 637.

Sanctæ-Austrabertæ in Monsteriolo abbatissa. *Arch. adm.*, t. II, 637.

Sanctæ-Botrudis prior. *Arch. adm.*, t. II, 638.

Sanctæ-Brigidæ de Maubertifonte hospitalis. *Arch. adm.*, t. I, 811, 1001.

Sanctæ-Crucis altar. *Arch. adm.*, t. I, 344.

— -Crucis Cameracensis capitulum. *Arch. adm.*, t. II, 640.

Sanctæ-Crucis ecclesia , vide Cambray (Sainte-Croix de).

— -Crucis de Vitriaco prior. *Arch. adm.*, t. II, 637.

Sanctæ-Elizabeth de Genlis abbas. *Arch. adm.*, t. II, 635.

Sanctæ-Genovafæ juxta Remis capellania. *Arch. adm.*, t. II, 1055.

— -Genovafæ abbas. *Arch. adm.*, t. I, 735, 933, voy. Stephanus.

— -Genovafæ alodium. *Arch. adm.*, t. I, 263.

— -Genovafæ ecclesia. *Arch. adm.*, t. I, 263, 322.

— -Genovafæ prior. *Arch. adm.*, t. II, 634.

— -Genovafæ villa. *Arch. adm.*, t. I, 263, 408.

— -Genovafæ de Vitriaco prior. *Arch. adm.*, t. II, 637.

— -Genovafæ Parisiensis , vide Paris (Sainte-Geneviève de).

— -Genovafæ abbas, vide Sainte-Geneviève de Paris (abbé de).

Sanctæ-Gudulæ Bruxellensis ecclesia. *Arch. adm.*, t. I, 515.

Sanctæ-Macræ concilium. *Arch. adm.*, t. I, 65, 77.

Sanctæ-Margaritæ archidiaconus. *Arch. adm.*, t. I, 805.

— -Margaritæ monachi. *Arch. adm.*, t. II, 1116.

Sanctæ-Mariæ ad Arnam fratres. *Arch. lég.*, IIe part., *statuts*, 1er vol. , 79.

— -Mariæ Bisuntinensis collegium. *Arch. adm.*, t. III, 770.

— -Mariæ capitulum. *Arch. adm.*, t. II, 635 ; vide Notre-Dame de Reims (chapitre de).

— -Mariæ de Piceio de Flay prior. *Arch. adm.*, t. II, 637.

— -Mariæ Ventabren ecclesia. *Arch. adm.*, t. I, 313.

Sanctæ-Mariæ de Virtute abbas. *Arch. adm.*, t. II, 636, 1027.

— -Mariæ hospitalis , vide Beatæ-Mariæ Remensis hospitium.

— -Mariæ in Bolonia abbas. *Arch. adm.*, t. II, 639.

— -Mariæ in Bosco abbatissa. *Arch. adm.*, t. II, 639.

— -Mariæ in Britolio abbas. *Arch. adm.*, t. II, 636.

— -Mariæ in Brugis capitulum. *Arch. adm.*, t. II, 639.

— -Mariæ in Cagia Meldensis abbas. *Arch. adm.*, t. I, 468.

— -Mariæ in Cosmydin diaconus, vide Jacinthus.

— -Mariæ Laudunensis ecclesia. *Arch. adm.*, t. I, 297.

— -Mariæ villa libera. *Arch. adm.*, t. I, 275.

Sanctæ-Mariæ-Magdalenæ Remensis ecclesia. *Arch. adm.*, t. I, 297 ; t. II, 322, 1000 ; t. III, 377.

— -Mariæ-Magdalenæ de Cimaco altar. *Arch. adm.*, t. I, 289.

— - Mariæ - Magdalenæ ecclesia. *Arch. adm.*, t. I, 203.

Sanctæ-Nutricis canonici. *Arch. adm.*, t. I, 383, 459 ; t. II, 1041. *Arch. lég.*, IIe part., *statuts*, 1er vol., 5, 77, 563 ; vide Auffart (Williams d'), Corrardus.

— -Nutricis capitulum, vide Sainte-Nourrice (chapitre de).

— -Nutricis ecclesia. *Arch. adm.*, t. I, 459, 512 ; t. II, 495. *Arch. lég.*, 1re part. 588 ; IIe part., *statuts*, 1er vol., 91, 563 ; vide Sainte-Balzamie.

Sanctæ - Trinitatis Cathalaunensis capitulum. *Arch. adm.*, t. II, 636, 1038, 1039.

Sancti-Acheoli abbas. *Arch. adm.*, t. II, 637 ; vide Saint-Acheul (abbé de).

Sancti-Aigulfi de Pruvino nundina. *Arch. adm.*, t. I, 618.

Sancti-Alberti Cameracensis abbas. *Arch. adm.*, t. II, 640.

Sancti-Albini ecclesia. *Arch. adm.*, t. I, 263.

— -Albini de Harpouval de Britolio prior. *Arch. adm.*, t. II, 637.

— -Albini prope Bapalmam prior. *Arch. adm.*, t. II, 638.

Sancti - Alpini Cathalaunensis decanus. *Arch. adm.*, t. I, 536.

Sancti-Amandi de Johannisvilla capellania. *Arch. adm.*, t. II, 1106.

Sancti-Amati capitulum. *Arch. adm.*, t. II, 638.

Sancti-Andreæ in Castello Camaresceio abbas. *Arch. adm.*, t. II, 640.

— -Andreæ in Nemore abbas. *Arch. adm.*, t. II, 637.

— -Andreæ prope Ariam prior. *Arch. adm.*, t. II, 639.

— -Andreæ prope Brugium abbas. *Arch. adm.*, t. II, 640.

Sancti-Antonii hospitalis, voy. Saint-Antoine (hôpital de).

— -Antonii monasterium. *Arch. adm.*, t. I, 27 ; voy. Saint-Ladre.

Sancti-Arnulfi Metensis abbas. *Arch. adm.*, t. I, 234.

— -Arnulfi abbatia. *Arch. adm.*, t. I, 235.

Sancti-Audomari capitulum. *Arch. adm.*, t. II, 639 ; vide Saint-Omer.

— -Audomari præpositus. *Arch. adm.*, t. I, 784 ; 794 ; vide Blesis (Johannes de).

Sancti-Augustini Morinensis abbas. *Arch. adm.*, t. II, 639.

— -Augustini monasterium. *Arch. adm.*, t. I, 1058.

— -Augustini regula. *Arch. adm.*, t. I,

645 ; t. II, 248, 636 ; voy. Saint-Augustin (règle de).

Sancti-Bartholomei abbatia, vide Sancti-Theodorici.

— -Bartholomei capitulum. *Arch. adm.*, t. II, 636.

— -Bartholomei Noviomensis abbas. *Arch. adm.*, t. II, 635.

Sancti-Basoli abbas. *Arch. adm.*, t. I, 567, 861, 866 ; t. II, 151, 504, 634, 1026, 1037, 1116, 1117, 1118, 1119, 1122, 1123 ; t. III, 754. *Arch. lég.*, 1re part., 333 ; IIe part., *statuts*, 1er vol., 756 ; vide Saint-Bâle (abbé de).

— -Basoli abbatia, vide Saint-Bâle (abbaye de).

— -Basoli altar. *Arch. adm.*, t. I, 289, 355.

— -Basoli monachi ecclesia, voy. Saint-Bâle (église de).

— -Basoli mensura. *Arch. adm.*, t. I, 366.

— -Basoli monachi, vide Saint-Bâle (religieux de).

— -Basoli prior, vide Saint-Bâle (prieur de).

— -Basoli villa, voy. Saint-Bâle (village de).

Sancti-Bavonis in Gandavo prior. *Arch. adm.*, t. II, 640.

Sancti-Benedicti monasterium. *Arch. adm.*, t. II, 1058.

— -Benedicti ordo, vide Saint-Benoît (ordre de).

— -Benedicti regula, vide Saint-Benoît (règle de).

Sancti-Bertini in Sancto-Audomaro abbas. *Arch. adm.*, t. II, 639,

Sancti-Brichi juxta Remos presbyter. *Arch. adm.*, t. II, 1046.

Sancti-Chrysogonis ecclesia. *Arch. adm.*, t. I, 271.

Sancti - Christophori Remensis ecclesia. *Arch. adm.*, t. I, 10.

Sancti-Clementis decima. *Arch. lég.*, 11ᵉ part., *statuts*, 1ᵉʳ vol., .72, 74, 88.

Sancti-Constancii præbenda. *Arch. lég.*, 11ᵉ part., *statuts*, 1ᵉʳ vol., 182.

Sancti-Cosmæ canonici. *Arch. lég.*, 11ᵉ part., *statuts*, 1ᵉʳ vol., 179.

— -Cosmæ ecclesia. *Arch. adm.*, t. I, 863.

— -Cosmæ præbenda. *Arch. lég.*, 11ᵉ part., *statuts*, 1ᵉʳ vol., 182.

— -Cosmæ Parisiensis ecclesia. *Arch. adm.*, t. I, 1053.

Sancti-Crispini in Cavea abbas. *Arch. adm.*, t. II, 634.

— -Crispini Suessionensis abbas. *Arch. adm.*, t. I, 588, 589 ; t. II, 634.

— -Crispini capitulum. *Arch. adm.*, t. I, 671.

— -Crispini prior. *Arch. adm.*, t. II, 635.

— -Crispini monasterium. *Arch. lég.*, 1ʳᵉ part., 77 ; vide Soissons (Saint-Crépin de).

Sancti-Damiani Remensis abbatissa. *Arch. adm.*, t. I, 787.

— -Damiani Sorores minores. *Arch. adm.*, t. I, 811, 1000.

Sancti-Dionysii de Mosomo porta. *Arch. adm.*, t. II, 1090.

— -Dionysii in Brokereya abbas. *Arch. adm.*, t. II, 640.

— -Dionysii Remensis abbatia, vide Saint-Denis de Reims (abbaye de).

— -Dionysii Remensis abbas, voy. Saint-Denis de Reims (abbé de).

— -Dionysii Remensis altar. *Arch. adm.*, t. I, 353.

— -Dionysii Remensis bannus. *Arch. adm.*, t. I, 262. *Arch. lég.*, 11ᵉ part., *statuts*, 1ᵉʳ vol., 612.

— -Dionysii Remensis burgus, vide Saint-Denis de Reims (bourg de).

— -Dionysii Remensis camerarii. *Arch. adm.*, t. I, 532.

Sancti-Dionysii Remensis canonici, voy. Saint-Denis de Reims (chanoines de).

— -Dionysii Remensis capitulum. *Arch. adm.*, t. I, 478, 479, 514, 723. *Arch. lég.*, 1ʳᵉ part., *statuts*, 1ᵉʳ vol., 537 ; vide Saint-Denis (chapitre de).

— -Dionysii Remensis cimiterium. *Arch. adm.*, t. I, 81, 995 ; t. II, 163, 216. *Arch. lég.*, 11ᵉ part., *statuts*, 1ᵉʳ vol., 569 ; vide S. Denis (cimetière de).

— -Dionysii Remensis consuetudines. *Arch. adm.*, t. I, 644.

— -Dionysii Remensis decanus, vide Robertus.

— -Dionysii Remensis ecclesia, vide Saint-Denis de Reims (église de).

— -Dionysii Remensis homines. *Arch. adm.*, t. I, 808, 1030 ; t. II, 98.

— -Dionysii Remensis hospitalis. *Arch. adm.*, t. I, 811, 894, 1019. *Arch. lég.*, 11ᵉ part., *statuts*, 1ᵉʳ vol., 130.

— -Dionysii Remensis Jardinus, transformé en cimetière pendant l'épidémie de 1349. *Arch. adm.*, t. II, 1247.

— -Dionysii Remensis justicia. *Arch. adm.*, t. I, 262.

— -Dionysii Remensis monachi. *Arch. adm.*, t. I, 432 ; t. II, 216.

— -Dionysii Remensis monasterium, voy. Saint-Denis de Reims (abbaye de).

— -Dionysii Remensis porta. *Arch. adm.*, t. I, 383.

— -Dionysii Remensis præpositus, vide Hannonia (Ægidius de), Guillermus, Walterus (D.).

— -Dionysii Remensis presbyter. *Arch. adm.*, t. II, 1048.

— -Dionysii Remensis prior. *Arch. adm.*, t. I, 478, 644 ; vide Johannes.

— -Dionysii Remensis senescallus. *Arch. adm.*, t. I, 1037 ; vide Castellione (Huetus de).

Sancti-Dionysii Remensis thesaurarius, vide Guido, Rogerus.

— -Dionysii Remensis thesaurus. *Arch. adm.*, t. III, 179.

Sancti-Donatiani capitulum. *Arch. adm.*, t. II, 639 ; voy. Saint-Donatien de Bruges (chapitre de).

Sancti-Egidii monasterium. *Arch. adm.*, t. I, 1059.

— -Egidii apud Arceyum parochia, voy. S. Gilles près Arcy (paroisse de).

— -Egidii apud Arceyum presbyter. *Arch. adm.*, t. II, 1057.

— -Egidii de Arceyo prior. *Arch. adm.*, t. II, 1028.

— -Egidii de Arceyo prior. *Arch. adm.*, t. II, 1056. Patron du Breuil, 1057, 1061.

— -Egidii de Duno prior. *Arch. adm.*, t. II, 1092, 1094.

Sancti-Eligii-Fontis abbas. *Arch. adm.*, t. II, 635.

— -Eligii Mons, vide Brebroennes.

— -Eligii Noviomensis abbas. *Arch. adm.*, t. II, 635.

Sancti-Foilloni de Rodio abbas. *Arch. adm.*, t, II, 640.

Sancti-Frambaldi capitulum. *Arch. adm.*, t. II, 638.

Sancti-Fusciani in Nemore abbas. *Arch. adm.*, t. II, 637.

Sancti-Galgani monasterium. *Arch. adm.*, t. I, 1059,

Sancti-Gaugerici Cameracensis capitulum. *Arch. adm.*, t. II, 640.

Sancti-Gennuari in Flagiaco abbas. *Arch. adm.*, t. II, 636.

Sancti-Georgii de Hisduno prior. *Arch. adm.*, t. II, 639.

Sancti-Geraldi monasterium. *Arch. adm.*, t. I, 200.

Sancti-Germani mons. *Arch. adm.*, t. I, 355 ; voy. Saint-Germainmont (village de).

Sancti-Germani decanatus. *Arch. adm.*, t. II, 1065, 1068.

— -Germani Remensis ecclesia. *Arch. adm.*, t. I, 10, 11.

Sancti-Gisleni Cameracensis abbas. *Arch. adm.*, t. II, 640.

— -Gisleni Cameracensis monasterium. *Arch. lég.*, 1re part., 86, 88, 270, 271, 273.

Sancti-Gisseni abbas, vide Sancti-Gisleni.

Sancti-Helani de Buxolio abbas. *Arch. adm.*, t. I, 282, 288.

Sancti-Hilarii de Buxito altar. *Arch. adm.*, t. I, 289.

— -Hilarii de Johannisvilla presbyter. *Arch. adm.*, t. II, 1104.

— -Hilarii Remensis curatus, vide Saint-Hilaire de Reims (curé de).

— -Hilarii Remensis ecclesia, vide Saint-Hilaire de Reims (église de).

— -Hilarii Remensis presbyter. *Arch. adm.*, t. II, 1047.

— -Hilarii Remensis suburbium, voy. Saint-Hilaire de Reims (faubourg de).

Sancti-Huberti monasterium. *Arch. adm.*, t. I, 239 ; t. II, 1082; voy. Saint-Hubert (abbaye de).

— -Huberti abbas. *Arch. adm.*, t. II, 1026, 1068, 1076, 1079, 1088.

Sancti-Jacobi in cultura ecclesia. *Arch. adm.*, t. I, 1000 ; voy. Saint-Jacques de Reims (église de).

— -Jacobi Pruvinensis abbas. *Arch. adm.*, t. I, 468.

— -Jacobi Remensis ecclesia, voy. Saint-Jacques de Reims (église de).

Sancti-Johannis nundina. *Arch. adm.*, t. I, 505,

— -Johannis Ambianensis abbas. *Arch. adm.*, t. II, 637.

v

Sancti-Johannis Hierosolimitani ordo, vide Saint-Jehan de Jérusalem (ordre de).

— -Johannis in Bosco abbatissa. *Arch. adm.*, t. II, 634.

— -Johannis in Burgo capitulum. *Arch. adm.*, t. II, 634.

— -Johannis in Vineis, vide Firmitas Milonis; vide Sancti-Stephani in monte mirabili prior.

— -Johannis in Vineis Suessionensis abbas. *Arch. adm.*, t. II, 634, 1026.

— -Johannis in Vineis presbyter. *Arch. lég.*, IIᵉ part., *statuts*, 1ᵉʳ vol., 93; vide Fulco.

— -Johannis in Vineis thesaurarius. *Arch. adm.*, t. I, 644.

— -Johannis Laudunensis abbas. *Arch. adm.*, t. I, 286; t. II, 634, 1026; vide Drogo.

— -Johannis Laudunensis prior, vide Volet (Jean-Baptiste).

Sancti-Johannis-Baptistæ de Hosden ecclesia. *Arch. adm.*, t. I, 287, 313, 322, 330.

— -Johannis Morinensis abbas. *Arch. adm.*, t. II, 639.

— -Johannis Morinensis prior. *Arch. adm.*, t. II, 639.

— -Johannis Remensis presbyter. *Arch. adm.*, t. II, 1049.

— -Johannis Remensis ecclesia. *Arch. adm.*, t. I, 10; voy. Saint-Jehan (église de).

— -Johannis Valecenensis abbas. *Arch. adm.*, t. II, 640.

Sancti-Jovini altar. *Arch. adm.*, t. I, 254, 274.

Sancti-Judoci supra Mare abbas. *Arch. adm.*, t. II, 637.

Sancti-Juliani Remensis altar. *Arch. adm.*, 277. *Arch. lég.*, IIᵉ part., *statuts*, 1ᵉʳ vol., 171, 175.

Sancti-Juliani Remensis curatus, vide Saint-Julien (curé de).

— -Juliani Remensis parochia, vide Saint-Julien (paroisse de).

— -Juliani Remensis presbyter. *Arch. adm.*, t. II, 1048.

— -Juliani Remensis reliquiæ. *Arch. adm.*, t. I, 222.

— -Juliani Remensis sine personatu ecclesia. *Arch. adm.*, t. I, 312; vide Saint-Julien (église de).

Sancti-Justi abbas. *Arch. adm.*, t. II, 636.

— -Justi prope Belvacum abbatissa. *Arch. adm.*, t. II, 636.

Sancti-Lamberti capitulum. *Arch. adm.*, t. II, 331.

Sancti-Laurentii capella. *Arch. adm.*, t. I, 231.

— -Laurentii capitulum. *Arch. adm.*, t. II, 635.

— -Laurentii præbenda. *Arch. lég.*, IIᵉ part., *statuts*, 1ᵉʳ vol., 182.

— -Laurentii terra. *Arch. adm.*, t. I, 388.

Sancti-Lazari, leprosi. *Arch. adm.*, t. I, 710, 811, 1000, 1076; t. II, 91, 133, 741, 825, 830, 832; vide Reims (lépreux de).

— -Lazari provisor, vide Calvimonte (G. de); vide S. Ladre (procureur de).

— -Lazari ad Mulieres capellania, vide Saint-Ladre aux Femmes (chapellenie de).

— -Lazari ad Mulieres capellanus, vide Saint-Ladre aux Femmes (chapelain de).

— -Lazari ad Mulieres porta, voy. Saint-Ladre aux Femmes (porte de).

— -Lazari ad Mulieres suburbium, voy. Saint-Ladre aux Femmes (faubourg de).

— -Lazari ad Homines porta, voy. Saint-Ladre aux Hommes (porte de).

Sancti-Lazari ad Homines suburbium, voy. Saint-Ladre aux Hommes (faubourg de).

Sancti-Leodegardii alodium. *Arch. adm.*, t. I, 288.

— -Leodegardii bannus. *Arch. adm.*, t. I, 288.

— -Leodegardii justitia. *Arch. adm.*, t. I, 288.

— -Leodegardii in Bosco prior. *Arch. adm.*, t. II, 634.

— -Leogardii Suessionensis abbas. *Arch. adm.*, t. II, 634.

Sancti-Luciani Belvacensis abbas. *Arch. adm.*, t. II, 636.

Sancti-Mangii Cathalaunensis abbas. *Arch. adm.*, t. II, 636.

Sancti-Martini ecclesia. *Arch. adm*, t. I, 313.

— -Martini terra. *Arch. adm.*, t. I, 517, 518 ; t. II, 401, 434.

— -Martini molendina. *Arch. lég.*, iie part, *statuts*, ier vol., 67.

— -Martini moncellus. *Arch. adm.*, t. I, 502.

— -Martini villa. Droit d'herbage dû par les habitants de ladite à Saint-Nicaise. *Arch. adm.*, t. I, 262, 329.

— -Martini curtis Ausorum ecclesia. *Arch. adm.*, t. I, 313 ; voy. Courtisols (Saint-Martin de).

— -Martini de Cappa altar. *Arch. adm.*, t. I, 355.

— -Martini de Gemellis abbas. *Arch. adm.*, t. I, 637.

— -Martini de Marcilliana ecclesia. *Arch. adm.*, t. I, 313.

— -Martini de Sparnaco abbas , voy. Saint-Martin d'Épernay (abbé de).

— -Martini de Triola ecclesia. *Arch. adm.*, t. I, 313.

— -Martini de Lauduno domus , vide Saint-Martin de Laon (maison de).

Sancti-Martini in Bosco abbas. *Arch. adm.*, t. II, 636.

— -Martini in pabulo abbas. *Arch. adm.*, t. II, 640.

— -Martini in Ypra abbas. *Arch. adm.*, t. II, 639.

— -Martini Laudunensis abbas, vo. Saint-Martin de Laon (abbé de).

— -Martini Metensis abbas, vide Albericus.

— -Martini Mosomensis ecclesia. *Arch. adm.*, t. II, 1090.

— -Martini Remensis ecclesia. *Arch. adm.*, t. I, 9, 10, 11 ; soumise à la juridiction du chapitre, 94, 97, 228, 313 ; t. II, 241, 281, 1051 ; t. III, 377, 382, 626. *Arch. lég.*, ire part., 517, 545 ; iie part., *statuts*, ier vol., 568.

— -Martini Remensis parochia , voy. Saint-Martin de Reims (paroisse de).

— -Martini presbyter. *Arch. adm.*, t. II, 1048.

— -Martini terra, voy. Saint-Martin (terre de).

— -Martini Tornacensis abbas. *Arch. adm.*, t. I, 640 ; voy. Tournay (Saint-Martin de).

— -Martini Turonensis monasterium. *Arch. adm.*, t. I, 457, 582 ; t. II, 635 ; vide Saint-Martin de Tours (abbaye de).

Sancti-Mauri Virdunensis abbatissa. *Arch. adm.*, t. II, 1102.

Sancti-Mauritii Remensis ecclesia. *Arch. adm.*, t. I, 11, 502, 578, 667, 857, 1014 ; t. II, 44, 148, 495. *Arch. lég.*, iie part., *statuts*, ier vol., 389.

— -Mauritii presbyter. *Arch. adm.*, t. II, 1048.

— -Mauritii prior. *Arch. adm.*, t. I, 503 ; t. II, 946, 1030, 1050.

— -Mauritii prioratus. *Arch. adm.*, t. I, 407 ; voy. Saint-Maurice (prieuré de).

Sancti-Maximi terra. *Arch. lég.*, iie part., *statuts*, i^{er} vol., 167.

— -Maximi in Barroduci ecclesia. *Arch. adm.*, t. II, 1098.

Sancti-Medardi abbas. *Arch. adm.*, t. I, 362 ; vide Joffridus.

— -Medardi ecclesia. *Arch. adm.*, t. I, 336.

— -Medardi leprosi. *Arch. adm.*, t. I, 1000.

— -Medardi monasterium. *Arch. adm.*, t. I, 273.

— -Medardi villa. *Arch. adm.*, t. I, 711 ; vide Saint-Médard.

— -Medardi Suessionensis abbas. *Arch. adm.*, t. II, 1073, 1076, 1079, 1085, 1088, 1247.

— -Medardi supra Alnam prior. *Arch. adm.*, t. II, 637.

Sancti-Memmii ecclesia. *Arch. adm.*, t. I, 19.

— -Memmii villa. *Arch. adm.*, t. II, 880 ; vide Saint-Mâme.

Sancti-Mercerii scholasticus. *Arch. adm.*, t. II, 1031.

Sancti-Michaelis in Antevurpia abbas. *Arch. adm.*, t. II, 640.

— -Michaelis de Finistella ecclesia. *Arch. adm.*, t. I, 313, 330.

— -Michaelis in domo Ancelli de Resson capellania. *Arch. adm.*, t. II, 1108.

— -Michaelis in Terrescha, abbas. *Arch. adm.*, t. II, 634.

— -Michaelis prope Atrebatum prior. *Arch. adm.*, t. II, 638.

— -Michaelis Remensis capitulum. *Arch. adm.*, t. II, 636.

— -Michaelis Remensis curatus, vide Jacobus.

— -Michaelis Remensis ecclesia. *Arch. adm.*, t. I, 886 ; t. III, 377 ; voy. Saint-Michel de Reims (église de).

Sancti-Michaelis Remensis presbyter. *Arch. lég.*, iie part., *statuts*, i^{er} vol., 89.

Sancti - Nichasii decretum. *Arch. lég.*, i^{re} part., 158.

— -Nichasii in Pratis Tormacensis abbas. *Arch. adm.*, t. II, 640.

— -Nichasii Remensis abbas. *Arch. adm.*, t. I, 96, 97, 355, 365, 655, 806, 808, 862, 1014, 1059 ; t. II, 139, 268, 291, 589, 623, 790, 837, 847, 889, 982, 997, 999, 1018, 1025, 1047, 1048, 1050, 1064, 1066, 1067, 1068, 1069, 1071, 1072, 1073, 1078, 1084, 1089, 1101, 1105, 1107, 1114, 1122, 1127, 1149 ; t. III, 38, 114, 208, 233, 357, 395, 577, 784, 852. *Arch. lég.*, i^{re} part., 137, 560, 763, 861, 1001 ; iie part., *statuts*, i^{er} vol., 33, 536, 539, 541, 563, 581, 609, 615, 621, 622, 684, 710, 776, 793, 839, 844, 849, 851, 867, 870, 935 ; *statuts*, iiie vol., 10, 33, 34, 566, 585, 616, 637, 641, 642, 644, 646.

— -Nichasii Remensis burgus. *Arch. adm.*, t. I, 269, 354, 974, 986.

— -Nichasii Remensis camerarius. *Arch. adm.*, t. II, 1029.

— -Nichasii Remensis capellanus. *Arch. lég.*, iie part., *statuts*, i^{er} vol., 98.

— -Nichasii Remensis capitulum, voy. Saint-Nicaise de Reims (chapitre de).

— -Nichasii Remensis claustrum. *Arch. adm.*, t. I, 289.

— -Nichasii Remensis fabrica. *Arch. adm.*, t. I, 1000.

— -Nichasii Remensis gardia. *Arch. adm.*, t. I, 1008, 1036.

— -Nichasii Remensis hospitalis. *Arch. adm.*, t. I, 811, 1000.

— -Nichasii Remensis monachi, voy. Saint-Nicaise de Reims (religieux de).

— -Nichasii Remensis monasterium, voy. Saint-Nicaise de Reims (abbaye de).

Sancti-Nichasii Remensis panetarius. *Arch. adm.*, t. I, 499.

— -Nichasii Remensis parochia, voy. Saint-Nicaise (paroisse de).

— -Nichasii Remensis pastus. *Arch. adm.*, t. I, 412; t. II, 385.

— -Nichasii Remensis porta, vide Saint-Nicaise (porte de).

— -Nichasii Remensis præpositus, vide Radulphus.

— -Nichasii Remensis prior. *Arch. lég.*, ɪɪᵉ part., *statuts*, ɪᵉʳ vol., 549.

— -Nichasii Remensis subprior. *Arch. adm.*, t. I, 787. *Arch. lég.*, ɪɪᵉ part., *statuts*, ɪᵉʳ vol., 855.

— -Nichasii Remensis suburbium. *Arch. adm.*, t. I, 289; voy. Saint-Nicaise (faubourg de).

— -Nichasii Remensis thesaurarius. *Arch. adm.*, t. II, 1027. *Arch. lég.*, ɪɪᵉ part., *statuts*, ɪᵉʳ vol., 710, 855; vide Thierricus.

Sancti-Nicholai capella, voy. Saint-Nicolas (chapelle de).

— -Nicholai capitulum. *Arch. adm.*, t. II, 635.

— -Nicholai ad Villouzet monachi. *Arch. adm.*, t. II, 1029.

— -Nicholai de Aynaudimonte capellani. *Arch. adm.*, t. II, 1084; vide Saint-Nicolas d'Inaumont (chapelle de).

— -Nicholai de Ribaudimonte abbas, vide Saint-Nicolas de Ribaumont (abbé de).

— -Nicholai de Sarpeia - curte capella. *Arch. adm.*, t. I, 288.

— -Nicholai Furnensis abbas. *Arch. adm.*, t. II, 639.

— -Nicholai in Bosco abbas, vide Saint-Nicolas des Bois (abbé de).

— -Nicholai in ecclesia de Sarnaco capellania. *Arch. adm.*, t. II, 1102.

— -Nicholai Silvanectensis prior. *Arch. adm.*, t. II, 638.

Sancti-Nivardi de Altovillari prior. *Arch. adm.*, t. II, 1028, 1123; voy. Saint-Nivard d'Hautvillers (prieur de).

— -Nivardi episcopus Remensis, voy. Saint-Nivard.

Sancti-Oricoli ecclesia. *Arch. adm.*, t. I, 329; vide Saint-Oricle.

Sancti-Patricii Remensis capellania, voy. Saint-Patrice de Reims (chapellenie de).

— -Patricii Remensis capellanus. *Arch. adm.*, t. II, 1049.

Sancti-Pauli Bisuntenensis collegium. *Arch. adm.*, t. III, 770.

— -Pauli comes. *Arch. adm.*, t. I, 591, 690; vide Saint-Pol (comte de).

— -Pauli in Bosco Sylvæ majoris prior. *Arch. adm.*, t. II, 634.

— -Pauli in Tornesio capitulum. *Arch. adm.*, t. II, 639.

— -Pauli Virdunensis abbas. *Arch. adm.*, t. II, 1027, 1092.

Sancti-Petri ad Arnam molendinum, vide Saint-Pierre à Arne (moulin de).

— -Petri ad Moniales abbatissa. *Arch. adm.*, t. I, 355, 787, 924, 1059; t. II, 425, 585, 789, 790, 1025, 1038, 1048, 1050. Dame de Bezannes, 1051, 1062, 1065, 1067, 1103, 1106? 1113 et seq., 1117, 1149; t. III, 208, 685, 768, 784. *Arch. lég.*, ɪʳᵉ part., 881, 1001; ɪɪᵉ part., *statuts*, ɪᵉʳ vol., 33, 621, 685, 897, 922, 925, 927, 930; *statuts*, ɪɪᵉ vol., 93; *statuts*, ɪɪɪᵉ vol., 9, 29, 405; vide Fresindis, Lotharingia (Renata de), Mathée, Rumont (Marie de), Themine (Mme de); voy. S. Pierre aux Dames (abbesse de).

— -Petri ad Moniales hospitalis. *Arch. adm.*, t. I, 1000, 1019.

— -Petri ad Moniales canonici, voy. Saint-Pierre-aux-Dames (chanoines de).

— -Petri ad Moniales ecclesia. *Arch. adm.*, t. I, 355, 850, 924, 629, 1002;

1014, 1125; t. II, 383, 523, 1050 ; t. III, 654. *Arch. lég.*, 1re part., 223 ; 11e part., *statuts*, 1er vol., 564, 565.

Sancti-Petri ad Moniales monasterium, voy. Saint-Pierre aux Dames (abbaye de).

— -Petri ad Montes Cathalaunensis abbas. *Arch. adm.*, t. II, 636. *Arch. lég.*, 1re part., 878 ; voy. Oilardus ; voy. Châlons (Saint-Pierre de).

— -Petri Bisuntinensis ecclesia. *Arch. adm.*, t. III, 770.

— -Petri-Casletensis capitulum. *Arch. adm.*, t. II, 639.

— -Petri de Altovillari monasterium. *Arch. adm.*, t. I, 382 ; t. III, 654. *Arch. lég.*, 1re part., 133 ; voy. Saint-Pierre d'Auviller (monastère de).

— -Petri de Corbeio abbas. *Arch. adm.*, t. II, 637.

— -Petri de Ruminiaco alodium. *Arch. adm.*, t. I, 254.

— -Petri de Ruminiaco altar, voy. Saint-Pierre de Rumigny (autel de).

— -Petri de Ruminiaco ecclesia. *Arch. adm.*, t. I, 261, 263.

— -Petri de Jandicurte ecclesia. *Arch. adm.*, t. I, 255.

— -Petri de Selincuria abbas. *Arch. adm.*, t. II, 637.

— -Petri de Turno capellanus. *Arch. adm.*, t. II, 1068.

— -Petri Grandinensis monachi. *Arch. lég.*, 1re part, 130.

— -Petri in Foro capitulum. *Arch. adm.*, t. II, 634.

— -Petri in Gandavo abbas. *Arch. adm.*, t. II, 640.

— -Petri Remensis ecclesia, vide Saint-Pierre (église de).

— -Petri Remensis monasterium, vide Saint-Pierre aux Dames (abbaye de).

— -Petri Suessionensis canonicus, vide Ausculphus.

Sancti-Petri Veteris curatus, voy. Saint-Pierre le Vieux (curé de).

— -Petri Veteris ecclesia. *Arch. adm.*, t. I, 95, 345, 357, 788, 1018 ; voy. Saint-Pierre le Vieux (église de).

— -Petri Veteris hospitalis, *Arch. adm.*, t. I, 1000.

— -Petri Veteris parochia. *Arch. adm.*, t. I, 886, 1018, 1020.

— -Petri Veteris presbyter. *Arch. adm.*, t. I, 1013; t. II, 10, 1047.

— -Petri Veteris Laudunensis ecclesia. *Arch. adm.*, t. II, 72.

Sancti - Pharaildis in Gandavo capitulum. *Arch. adm.*, t. II, 639.

Sancti-Prejecti abbas. *Arch. adm.*, t. II, 635.

Sancti-Quintini altar. *Arch. adm.*, t. I, 253. *Arch. lég.*, 11e part., *statuts*, 1er vol., 95.

— -Quintini burgenses. *Arch. adm.*, t. I, 382.

— -Quintini capitulum. *Arch. adm.*, t. II, 635. *Arch. lég.*, 1re part., 880, 907.

— -Quintini Belvacensis abbas. *Arch. adm.*, t. II, 636.

— -Quintini Belvacensis abbatia. *Arch. adm.*, t. I, 236 ; t. II, 634.

— -Quintini Belvacensis de Plivis parochia. *Arch. adm.*, t. II, 1120.

— -Quintini de Plivis presbyter. *Arch. adm.*, t. II, 1121.

— -Quintini Remensis ecclesia, vide Saint-Quentin de Reims (église de).

Sancti - Reguli capitulum. *Arch. adm.*, t. II, 638.

Sancti-Remigii abbas, vide Saint-Remi (abbé de).

— -Remigii abbatia, voy. Saint-Remi (abbaye de).

— -Remigii bannus, vide Saint-Remi (ban de).

— -Remigii basilica. *Arch. adm.*, t. I, 25.

Sancti-Remigii burgenses; vide Saint-Remi (bourgeois de).

— Remigii burgus. *Arch. adm.*, t. I, 256, 259, 264. Interdit lancé par Raoul le Vert, archevêque de Reims contre les églises dudit, 268. Époque de la tenue des plaids dudit, *ibid.*, 272, 273, 312, 328. Écoles dudit, 334, 336, 404, 424, 428, 452, 453, 458, 465, 475, 621, 822. *Arch. lég.*, iie part., *statuts*, i^{er} vol., 167 ; vide Saint-Remi (bourg de).

— -Remigii buticularius. *Arch. adm.*, t. I, 414 ; vide Remualdus.

— -Remigii camerarius. *Arch. adm.*, t. I, 452, 856. *Arch. lég.*, iie part., *statuts*, i^{er} vol., 173, 175 ; vide Baiardus, Nicolaus.

— -Remigii cancellarius, vide Anselmus.

— -Remigii capellanus, vide Albertus, Hilderius, Hugo, Johannes, Maloz (Garinus), Nicholaus.

— -Remigii capitulum, vide Saint-Remi (chapitre de).

— -Remigii castellanus. *Arch. adm.*, t. I, 839, 849, 851 ; vide Saint-Remi (châtelain de).

— -Remigii castellum. *Arch. adm.*, t. I, 259, 312, 328.

— -Remigii cathedra. *Arch. lég.*, iie part., *statuts*, i^{er} vol., 8, 11.

— -Remigii consuetudinarius. *Arch. adm.*, t. I, 231, 234.

— -Remigii consuetudines. *Arch. adm.*, t. I, 833, *Arch. lég.*, iie part., *statuts*, i^{er} vol., 194.

— -Remigii curia. *Arch. adm.*, t. I, 821. *Arch. lég.*, iie part., *statuts*, i^{er} vol., 165.

— -Remigii custodia, vide Saint-Remi (garde de).

— -Remigii decanus. *Arch. adm.*, t. II, 259 ; vide Bertrand (Claude-Joseph),

Delporte (Emmanuel) ; vide Saint-Remi (doyen de).

Sancti-Remigii ecclesia, vide Saint-Remi (église de).

— Remigii eleemosynarius, vide Avem, Bigot, Dodo, Guido, Nicol, Petrus, Zacharius.

— -Remigii furnus. *Arch. adm.*, t. I, 309.

— -Remigii gardia, vide Saint-Remi (garde de).

— -Remigii hala, vide Saint-Remi (marché de).

— -Remigii homines. *Arch. adm.*, t. I, 328, 337, 342, 352, 357, 358, 361, 377, 404, 430, 452, 453, 454. Prêtent serment de fidélité au roi, 511, 659, 822, 847.

— -Remigii hospitium. Le comte Hugo de Rethel donne un four pour l'entretien dudit. *Arch. adm.*, t. I, 345, 346, 1000.

— -Remigii infirmaria. *Arch. lég.*, iie part., *statuts*, i^{er} vol., 171, 172, 190, 245.

— -Remigii infirmarius. *Arch. adm.*, t. II, 1029, *Arch. lég.*, i^{re} part., 561 ; iie part., *statuts*, i^{er} vol., 171, 172.

— -Remigii Remensis justitia, voy. Saint-Remi (justice de).

— -Remigii major. *Arch. adm.*, t. I, 822. 837 ; vide Cailler (Petrus), Mairlier (Thomas), Theobaldus, Villaribus (Anselinus).

— -Remigii majoria. *Arch. adm.*, t. I, 637. *Arch. lég.*, iie part., *statuts*, i^{er} vol., 180, 235.

— -Remigii mancipii. *Arch. adm.*, t. I, 35.

— -Remigii mansionarii. *Arch. adm.*, t. I, 476, 650, 659, 660, 821, 872.

— -Remigii mater, vide Celina.

— -Remigii mercatus. *Arch. adm.*, t. I, 258.

Confirmé par un diplôme de Louis VI, 260, 830; vide Saint-Remi (marché de).

Sancti-Remigii ministeriales. *Arch. adm.*, t. I, 800.

— -Remigii molendina, vide Saint-Remi (moulins de).

— -Remigii monachi. *Arch. adm.*, t. I, 323, 340, 343, 368, 373, 377, 378, 395, 398, 411, 423, 428, 444, 451, 504, 506. Fonctions desdits au sacre, 528, 538, 566, 603, 620, 727, 756, 762, 805, 889, 933, 1044; t. II, 164, 268, 1021, 1046. Seigneurs de Coulomme la Montagne, 1053, 1063, 1091. De l'Écaille, 1103, 1112, 1114, 1117, 1176. *Arch. lég.*, 1re part., 485; ii e part., *statuts*, 1er vol., 331, 450, 536, 832, vide Saint-Remi (religieux de).

— -Remigii monasterium, vide Saint-Remi (abbaye de).

— -Remigii mons. *Arch. adm.*, t. II, 1026; t. III, 811.

— -Remigii montana, voy. Sancti-Remigii mons.

— -Remigii panetarius. *Arch. adm.*, t. I, 499. La charge dudit est héréditaire. *Arch. lég.*, ii e part., *statuts*, 1er vol., 182.

— -Remigii piscatores. *Arch. adm.*, t. I, 500.

— -Remigii potestates. *Arch. adm.*, t. I, 452, 453, 649; voy. Saint-Remi (seigneuries de).

— -Remigii præpositus. *Arch. adm.*, t. I, 311; vide Balduinus, Haidericus, Helias, Hugues, Raduin, Rodefroy; vide Saint-Remi (prévôt de).

— -Remigii presbyter, vide Ernaldus, Gregorius.

— -Remigii prior. *Arch. lég.*, ii e part., *statuts*, 1er vol., 274. Honneurs dont jouissait ledit au sacre du roi, 286, 300, 619, 839, 855; vide Saint-Remi (prieur de).

Sancti-Remigii priores, vide Bignicourt (Jacques de), Bourgeois, Egidius, Espaignol, Henricus, Hugo, Johannes, Mousso, Radulphus, Rainaldus, Ravineau, Wiardus.

— -Remigii procurator. *Arch. adm.*, t. I, 462; vide Saint-Remi (procureur de).

— -Remigii scabini. *Arch. adm.*, t. I, 830; vide Fremery (Hugo de), Balduinus dictus comes.

— -Remigii servientes. *Arch. adm.*, t. I, 259, 621, 622. *Arch. lég.*, ii e part., *statuts*, 1er vol., 182.

— -Remigii sigillum. *Arch. adm.*, t. I, 558, 559; voy. Saint-Remi (sceau de).

— -Remigii subprior, vide Saint-Remi (sous-prieur de).

— -Remigii suburbium, vide Saint-Remi (faubourg de).

— -Remigii terra, vide Saint-Remi (terre de).

— -Remigii testamentum, vide Saint-Remi (testament de).

— -Remigii thesaurarius. *Arch. lég.*, ii e part., *statuts*, 1er vol., 216.

— -Remigii vicus, vide Sancti-Remigii burgus.

— -Remigii villa. *Arch. adm.*, t. I, 269, 281, 313, 427, 649; vide Saint-Remi (village de).

— -Remigii de Burgo cives. *Arch. adm.*, t. I, 471, 472.

— -Remigii de Celto altar. *Arch. adm.*, t. I, 282, 288.

— -Remigii de Pleveis presbyter. *Arch. adm.*, t. II, 1121.

— -Remigii de Plivis parochia, vide Saint-Remi de Plivot (paroisse de).

— -Remigii Salix, vide Saulx-Saint-Remi (village de).

— -Remigii sub Claromonte prior. *Arch. adm.*, t. II, 636.

Sancti - Remigii - supra - Brachiam prior. *Arch. adm.*, t. II, 636.

— -Remigii Silvanectensis abbatissa. *Arch. adm.*, t. II, 638.

Sancti-Rigoberti de Regiteste capellania. *Arch. adm.*, t. II, 1084.

— -Rigoberti pauperes, vide S. Rigobert (pauvres de).

— -Rigoberti paupertates. *Arch. adm.*, t. III, 418. *Arch. lég.*, iie part., *statuts*, iie vol., 771; voy. Saint-Rigobert (pauvretés de).

Sancti-Salini in Monasteriolis abbas. *Arch. adm.*, t. II, 637.

— -Salvatoris de Virtuto abbas. *Arch. adm.*, t. II, 636, 1027.

— -Salvii prope Valencenciam prioratus. *Arch. adm.*, t. II, 641.

Sancti-Sepulchri Cameracensis abbas. *Arch. adm.*, t. II, 640.

— -Sindulphi domus. *Arch. adm.*, t. II, 1026.

— -Sisleni ecclesia. *Arch. lég.*, ire part., 269.

Sancti-Spiritus Cathalaunensis hospitalis. *Arch. adm.*, t. I, 1004, 1021.

— -Stephani Bizuntinensis ecclesia. *Arch. adm.*, t. III, 768.

— -Stephani Divionensis abbas. *Arch. adm.*, t. III, 771; vide Saint-Étienne de Dijon (abbé de).

— -Stephani in Montemirabili prior. *Arch. adm.*, t. II, 634.

— -Stephani Remensis curatus, vide Saint-Étienne de Reims (curé de).

— -Stephani Remensis ecclesia. *Arch. adm.*, t. I, 788, 929, 1004, 1014; t. II, 1049; vide Saint-Étienne de Reims (église de).

— -Stephani Remensis parochia, vide Saint-Étienne (paroisse de).

— -Stephani-Remensis presbyter. *Arch. adm.*, t. II, 1047; vide Acharinus.

Sancti-Sulpitii altar. *Arch. adm.*, t. I, 261, 263.

— -Supplicis furnus. *Arch. adm.*, t. I, 345.

— -Symeonis capella. *Arch. lég.*, iie part., *statuts*, ier vol., 209.

Sancti-Symphoriani burgus. *Arch. adm.*, t. I, 338.

— -Symphoriani canonici. *Arch. adm.*, t. I, 12, 476, 1002; t. II, 590, 1079. *Arch. lég.*, iie part., *statuts*, ier vol., 5, 486, 793, 819; *statuts*, iiie vol., 31.

— -Symphoriani capellanus, voy. Saint-Symphorien (chapelain de).

— -Symphoriani capitulum, voy. Saint-Symphorien (chapitre de),

— -Symphoriani decanus, voy. Saint-Symphorien (doyen de).

— -Symphoriani domus. *Arch. adm.*, t. I, 357.

— -Symphoriani ecclesia. *Arch. adm.* t. I, 270, 271. Dédicace de ladite, 303, 357, 723, 788. Est à la garde de l'archevêque, 861; t. III, 232, 835. *Arch. lég.*, iie part., *statuts*, ier vol., 66, 84, 100, 557, 563, 611; *statuts*, iie vol., 771; *statuts*, iiie vol., 732; vide Symphoriani (collégiale de).

— -Symphoriani monasterium, *Arch. adm.*, t. I, 255, 914, 1012; t. II, 525, voy. Saint-Symphorien (collégiale de).

— -Symphoriani præbenda, voy. Saint-Symphorien (prébende de).

— -Symphoriani presbyter. *Arch. adm.*, t. II, 1046. *Arch. lég.*, iie part., *statuts*, ier vol., 565.

— -Symphoriani Belvacensis abbas. *Arch. adm.*, t. II, 636.

Sancti-Syxti altar. *Arch. adm.*, t. I, 264, 265.

— -Syxti casa. *Arch. adm.*, t. I, 508. *Arch. lég.*, iie part., *statuts*, ier vol., 71, 85, 86, 104.

Sancti-Syxti curatus, vide Saint-Sixte (curé de).

— -Syxti decima. *Arch. lég.*, IIe part., *statuts*, Ier vol., 86.

— -Syxti ecclesia, vide Saint-Sixte (église de).

— -Syxti parochia, vide Saint-Sixte de Reims (paroisse de).

— -Syxti presbyter. *Arch. adm.*, t. II, 1049.

— -Syxti de Vitriaco prior. *Arch. adm.*, t. II, 637.

— -Syxti majoris monasterii prior. *Arch. adm.*, t. II, 634.

Sancti-Theobaldi monasterium. *Arch. adm.*, 277, 1059.

— -Theobaldi prioratus. *Arch. adm.*, t. I, 811.

— -Theobaldi in Castro-Portuense (prior de). *Arch. adm.*, t. II, 634, 1028, 1884; voy. Saint-Thibaut de Château-Porcien (prieur de).

Sancti-Theodorici abbas. *Arch. adm.*, t. I, 284, 285, 643, 651, 708, 769, 785, 793, 794, 797, 812, 867, 874, 877, 903, 912, 913, 932, 971, 1114; t. II, 618, 634, 1025. Patron d'Hermonville, 1057, 1061, 1064, 1104, 1109, 1114, 1115; t. III, 6, 8, 691, 692, 753. *Arch. lég.*, Ire part., 877; IIe part., *statuts*, Ier vol., 648, 661, 759, 766; *statuts*, IIIe vol., 34, 392; vide Saint-Thierry (abbé de).

— -Theodorici altar. *Arch. adm.*, t. I, 317.

— -Theodorici bannus. *Arch. adm.*, t. I, 291.

— -Theodorici capitulum. *Arch. adm.*, t. I, 294, 887; vide Saint-Thierry (chapitre de).

— -Theodorici concilium, vide Saint-Thierry (concile de).

— -Theodorici ecclesia. *Arch. adm.*, t. I, 244, 278. Deux comtes excommuniés pour dommages causés à ladite, 283, 285, 286, 290. Démêlés de ladite relatifs aux droits de pêche et d'extraction de pierres, 291, 293 *et seq.*, 305, 320, 629, 643, 653, 759. Droits de gîte de ladite, 762, 850. Est à la garde de l'archevêque, 863, 879, 887, 932; t. III, 654. *Arch. lég.*, Ire part., 607; vide Saint-Thierry (église de).

Sancti-Theodorici fratres, vide Sancti-Theodorici monachi.

— -Theodorici homines. *Arch. adm.*, t. I, 380, 931.

— -Theodorici juridictio. *Arch. adm.*, t. I, 290.

— -Theodorici justicia. *Arch. adm.*, t. I, 291.

— -Theodorici mansionarii. *Arch. adm.*, t. I, 644, 709.

— -Theodorici mesus-dominicus. *Arch. adm.*, t. I, 759.

— -Theodorici monachi. *Arch. adm.*, t. I, 380, 566; t. II, 962; vide Gualterus dictus imperator.

— -Theodorici monasterium. *Arch. adm.*, t. I, 248, 279, 280, 305, 318, 382, 759, 769, 797, 895, 907, 910, 921; t. II, 248, 326. *Arch. lég.*, Ire part., 475; IIe part., *statuts*, IIIe vol., 65; voy. S. Thierry (abbaye).

— -Theodorici parochia. *Arch. adm.*, t. I, 280; t. II, 1057; vide Saint-Thierry (paroisse de).

— -Theodorici piscatura. *Arch. adm.*, t. I, 286, 291, 292.

— -Theodorici villa, vide Saint-Thierry (ville de).

Sancti-Thomæ ecclesia. *Arch. adm.*, t. I, 281.

— -Thomæ-juxta-Vienne prior. *Arch. adm.*, t. II, 1029.

— -Thomæ-prope-castrum-Viennensem ecclesia. *Arch. adm.*, t. I, 329.

Sancti-Timothei Remensis bannus. *Arch. adm.*, t. I, 568.

— -Timothei capellanus. *Arch. adm.*, t. II, 1041.

— -Timothei canonici, voy. Saint-Timothée (chanoines de).

— -Timothei capitulum, voy. Saint-Timothée (chapitre de).

— -Timothei ecclesia, voy. Saint-Timothée (église de).

— -Timothei homines. *Arch. adm.*, t. I, 636.

— -Timothei parochia, voy. Saint-Timothée (paroisse de).

— -Timothei presbyter. *Arch. adm.*, t. II, 1048.

— -Timothei thesaurarius. *Arch. adm.*, t. I, 787. *Arch. lég.*, iʳᵉ part., 197, 308.

Sancti-Urbani abbas. *Arch. adm.*, t. II, 636.

Sancti-Vedasti monasterium. *Arch. adm.*, t. I, 139; vide Saint-Vaste (abbaye de).

— -Vedasti capitulum. *Arch. adm.*, t. I, 636.

— -Vedasti-prope-Feritatem prior. *Arch. adm.*, t. II, 634.

Sancti-Victoris ecclesia. *Arch. adm.*, t. I, 9, 329.

— -Victoris ordo. *Arch. adm.*, t. II, 638; vide Saint-Victor (ordre de).

Sancti-Vincentii Bisuntinensis collegium. *Arch. adm.*, t. III, 770.

— -Vincentii Laudunensis abbas. *Arch. adm.*, t. II, 1026, 1110.

-Vincentii Silvanectensis abbas. *Arch. adm.*, t. II, 638.

Sancti-Walerici burgenses. *Arch. adm.*, t. I, 382.

Sancti-Winoci abbas. *Arch. adm.*, t. II, 639.

Sancti-Withoni Virdunensis abbas. *Arch. adm.*, t. II, 1026, 1064, 1077.

Sancti-Wulmari in Nemore abbas. *Arch. adm.*, t. II, 639.

— -Wulmari Lobiensis capitulum. *Arch. adm.*, t. II, 640.

Sancti-Yvodii de Brana abbas. *Arch. adm.*, t. II, 634.

— Sancto-Agniano (parochia de), voy. Saint-Agnan (paroisse de).

— -Agniano (patronagium de). *Arch. adm.*, t. II, 1091.

— -Amando in Couroto (prior de). *Arch. adm.*, t. II, 635.

Sancto-Amano (Lambertus de), vide Blanchaudun.

Sancto-Artrindo (Johannes de). *Arch. adm.*, t. III, 404.

Sancto-Christophoro de Joirre (priorissa de). *Arch. adm.*, t. II, 635.

— -Christophoro in Halate, vide Saint-Christophe en Halate.

Sancto-Clemente (presbyter de). *Arch. adm.*, t. II, 1113.

— -Clemente (personatus de). *Arch. lég.*, iiᵉ part., *statuts*, iiᵉ vol, 636.

— -Clemente (patronagium de). *Arch. adm.*, t. II, 1115, 1116.

— -Clemente (parochia de), voy. Saint-Clément (paroisse de).

Sancto - Desiderio (dominus de), vide Edoardus.

— -Desiderio (villa de). *Arch. adm.*, t. III, 339, vide Saint-Dizier (ville de).

— -Desiderio (communitas de). *Arch. adm.*, t. III, 343.

Sancto-Dionysio (Odo de), garde des régales de l'église de Reims. *Arch. adm.*, t. I, 866.

— -Dionysio (Michael de), official. *Arch. adm.*, t. II, 99. *Arch. lég.*, iiᵉ part., *statuts*, iᵉʳ vol., 91, 101, 149.

— -Dionysio (Dominicus de), prêtre. *Arch. lég.*, iiᵉ part., *statuts*, iᵉʳ vol., 63.

Sancto-Egidio (Johannes de). *Arch. adm.*, t. III, 773.

Sancto-Ermino de Lobiis (prior de). *Arch. adm.*, t. II, 635.

Sancto-Eustachio (Cinchinus de). *Arch. lég.*, IIe part., *statuts*, Ier vol., 95, 122.

Sancto-Ferreolo (presbyter de). *Arch. adm.*, t. II, 1081.

— -Ferreolo (parochia de). *Arch. adm.*, t. II, 1083, voy. Saint Fergeux (paroisse de).

— -Ferreolo (Herveus de), prêtre. *Arch. lég.*, IIe part., *statuts*, Ier vol., 118.

Sancto-Fragolio (Guillermus de), vide Saint-Ferguel (Guill. de).

Sancto-Germanimonte (presbyter de). *Arch. adm.*, t. II, 1067.

— -Germanimonte (parochia de). *Arch. adm.*, t. II, 1066, vide Saint-Germainmont.

Sancto-Hilario (Oudardus de), avocat. *Arch. adm.*, t. II, 661, 663.

— -Hilario (Thomas de), official. *Arch. adm.*, t. II, 615.

— -Hilario-Manasseri molendinum. *Arch. adm.*, t. I, 1004.

— -Hilario (parochia de), vide Saint-Hilaire le Grand ou le Ménissier (paroisse de).

— -Hilario Menesserii (patronagium de). *Arch. adm.*, t. II, 1116.

— -Hilario Manasserii (personatus de). *Arch. lég.*, IIe part., *statuts*, IIe vol., 636.

— -Hilario (presbyter de). *Arch. adm.*, t. II, 1115.

— -Hilario Parvo (parochia), vide Saint-Hilaire le Petit (paroisse de).

— -Hilario (presbyter de). *Arch. adm.*, t. II, 1114.

— -Hilario (Remigius de). *Arch. adm.*, t. III, 369, 773. *Arch. lég.*, IIe part., *statuts*, Ier vol., 64, 114.

Sancto-Imoga (parochia de), voy. Saint-Imoges (paroisse de).

Sancto-Johanne-ad-Turbam (parochia de), vide Saint-Jean sur Tourbe (paroisse de).

— -Johanne in Bosco (parochia de), vide Saint-Jehan aux Bois (paroisse de).

Sancto-Juliano-prope-Macerias (prior de). *Arch. adm.*, t. II, 634.

Sancto-Juniano (Escannat Aymericus de). *Arch. adm.*, t. II, 1032.

Sancto-Juviano (presbyter de). *Arch. adm.*, t. II, 1097.

Sancto-Juvino (parochia de), vide Saint-Juvin (paroisse de).

Sancto-Lacte (Robertus de). *Arch. lég.*, IIe part., *statuts*, Ier vol., 107.

Sancto-Lamberto (altar de). *Arch. adm.*, t. I, 232.

— -Lamberto (capellania de). *Arch. adm.*, t. II, 1112.

— -Lamberto (parochia de), vide Saint-Lambert (paroisse de).

— -Lamberto (presbyter de). *Arch. adm.*, t. II, 1110.

Sancto-Laurentio (Hugo de). *Arch. adm.*, t. I, 324.

— -Laurentio in Nemore (prior de). *Arch. adm.*, t. II, 638.

Sancto-Leodegario (Johannes de). *Arch. adm.*, t. III, 702.

— -Leodegario (altar de). *Arch. adm.*, t. I, 288.

— -Leodegario (ecclesia de). *Arch. adm.*, t. I, 288 ; vide Saint-Léonard (église de).

— -Leoderio (Johannes de). *Arch. adm.*, t. III, 702.

Sancto-Lupo (altar de). *Arch. adm.*, t. I, 421, 449, 508. *Arch. lég.*, IIe part., *statuts*, Ier vol., 91, 104.

— -Lupo (Bernardus de). *Arch. adm.*, t. I, 806, 870.

Sancto-Lupo (patronagium de). *Arch. adm.*, t. II, 1107.

— -Lupo de Cherensio (prior de). *Arch. adm.*, t. II, 636.

— -Lupo in Campania (parochia de), vide Saint-Loup en Champagne (paroisse de).

— -Lupo in Campania (presbyter de). *Arch. adm.*, t. II, 1106.

— -Lupo in Bosco (capellania de). *Arch. adm.*, t. II, 1106; voy. Saint-Loup (chapellenie de).

— -Lupo in Bosio (parochia de), vide Saint-Loup aux bois (paroisse de).

— -Lupo in Bosio (presbyter de). *Arch. adm.*, t. II, 1103.

Sancto-Mamio (patronagium de), vide Sancto-Martino.

Sancto-Marcello (parochia de), vide Saint-Marcel (paroisse de).

— -Marcello (presbyter de). *Arch. adm.*, t. II, 1070.

Sancto-Martino (parochia de), vide Saint-Martin du Bar (paroisse de).

— -Martino (patronagium de). *Arch. adm.*, t. II, 1079; vide Sancto-Mamio.

— -Martino de Hanognia (parochia de). *Arch. adm.*, t. II, 1078.

— -Martino et Botoncourt (presbyter de). *Arch. adm.*, t. II, 1078.

— -Martino-Gibboso (presbyter de). *Arch. adm.*, t. II, 115; voy. Saint-Martin l'Heureux.

Sancto-Medardo (altar de). *Arch. adm.*, t. II, 1063.

— -Medardo (decima de). *Arch. lég.*, IIe part., *statuts*, Ier vol., 68.

— -Medardo (Henricus de). *Arch. adm.*, t. II, 1221, 1223.

— -Medardo (parochia de). *Arch. adm.*, t. II, 1062.

— -Medardo, (patronagium de). *Arch. adm.*, t. II, 1065.

Sancto-Medardo (presbyter de). *Arch. adm.*, t. II, 1062.

Sancto-Memmete (Regnauldus de), chanoine. *Arch. adm.*, t. II, 1006.

Sancto-Memmio (altar de). *Arch. adm.*, t. I, 449. *Arch. lég.*, IIe part., *statuts*, Ier vol., 91.

— -Memmio (Heudregisvilla de), voy. Heudregiville Saint-Mame.

— -Memmio (ecclesia de). *Arch. adm.*, t. II, 1085; vide Saint-Mame ou Saint-Memmie.

Sancto-Mesiano Belvacensi (prior de). *Arch. adm.*, t. II, 636.

Sancto-Michaele-juxta-Cathalaunum (prior de). *Arch. adm.*, t. II, 1030.

— -Michaele (presbyter de), voy. Dominicus, Henricus.

Sancto-Moreto (Gilo de). *Arch. lég.*, IIe part., *statuts*, Ier vol., 64.

Sancto-Moureto (presbyter de). *Arch. adm.*, t. II, 1112.

— -Moureto (decima de). *Arch. lég.*, IIe part., *statuts*, Ier vol., 74.

Sancto-Nichasio (Rodolphus de). *Arch. lég.*, IIe part., *statuts*, Ier vol., 92, 119.

Sancto-Obodo (presbyteri de). *Arch. adm.*, t. II, 1057.

— -Obodo (parochia de). *Arch. adm.*, t. II, 1057; vide Saint-Obœuf (paroisse de).

Sancto-Obolo (Thomas de). *Arch. adm.*, t. II, 378.

Sancto-Paulo (Egidius de), clerc. *Arch. lég.*, Ire part., 251, 252.

— -Paulo (Paganus de). *Arch. adm.*, t. I, 278.

Sancto-Petrimonte (parochia de), voy. Saint-Pierremont (paroisse de).

— -Petrimonte (presbyter de). *Arch. adm.*, t. II, 1096.

Sancto-Petro-ad-Arnam (presbyter de). *Arch. adm.*, t. II, 1114.

Sancto-Petro-ad-Arnam (parochia de), voy. Saint-Pierre à Arne (paroisse de).

Sancto-Pontio (capellania de). *Arch. adm.*, t. II, 1079, 1080; vide Saint-Ponce d'Evigny (chapellenie de).

Sancto-Quintino-juxta-Vallem-regiam (parochia de). *Arch. lég.*, iie part., *statuts*, i^{er} vol., 106.

Sancto-Quintino Parvo (presbyter de). *Arch. adm.*, t. II, 1066.

— -Quintino Parvo (patronagium de). *Arch. adm.*, t. II, 1066, 1068.

— -Quintino Parvo (parochia de). *Arch. adm.*, t. II, 1066.

— -Sancto-Quintino Parvo (personatus de). *Arch. lég.*, iie part., *statuts*, iie vol., 636.

Sancto-Remigio (Balduinus de), chevalier. *Arch. adm.*, t. II, 105; vide Saint-Remi Bauduyn de).

— -Remigio (Fulco de), prêtre et chanoine. *Arch. lég.*, iie part., *statuts*, i^{er} vol., 68, 114.

— -Remigio (Johannes de). *Arch. adm.*, t. III, 85; vide Saint-Remi (Jehan de).

— -Remigio (Nicholaus de), chanoine. *Arch. lég.*, iie part., *statuts*, i^{er} vol., 76, 116.

— -Remigio (Pierardus de). *Arch. adm.*, t. II, 646; vide Saint-Remi (Pierre de).

— -Remigio (Petrus de), chevalier. *Arch. adm.*, t. I, 305; vide Saint-Remi (Pierre de).

— -Remigio (Thomas de). *Arch. adm.*, t. I, 491.

— -Remigio Parvo (ecclesia de), vide Saint-Remi le Petit (église de).

— -Remigio Parvo (patronagium de). *Arch. adm.*, t. II, 1107, 1108.

Sancto-Sindulpho (presbyter de). *Arch. adm.*, t. II, 1115, vide Saint-Sindulphe.

Sancto-Spiritu (missa de). *Arch. adm.*,

t. II, 734. *Arch. lég.*, i^{re} part., 286; iie part., *statuts*, i^{er} vol., 108.

Sancto-Stephano (altar de). *Arch. adm.*, t. II, 1064.

— -Stephano (presbyter de). *Arch. adm.*, t. II, 1064.

— -Stephano-ad-Arnam (decima de). *Arch. adm.*, t. I, 149. *Arch. lég.*, iie part., *statuts*, i^{er} vol., 91.

— -Stephano-ad-Arnam (parochia de), vide Saint-Étienne à Arne (paroisse de).

— -Stephano-ad-Arnam (patronagium de). *Arch. adm.*, t. II, 1116.

— -Stephano-ad-Arnam (presbyter de). *Arch. adm.*, t. II, 1, 15.

— -Stephano-supra-Sopjam (parochia de), vide Saint-Étienne-sur-Suippe (paroisse de).

— -Stephano-supra-Sopiam (patronagium de). *Arch. adm.*, t. II, 1065.

— -Suppleto (decima de). *Arch. lég.*, iie part., *statuts*, i^{er} vol., 70, 77, 90, 102.

— -Suppleto (parochia de). voy. Saint-Souplet (paroisse de).

— -Suppleto (patronagium de). *Arch. adm.*, t. II, 1116.

— -Suppleto (patronus de). *Arch. adm.*, t. II, 1116.

— -Suppleto (presbyter de). *Arch. adm.*, t. II, 1115.

Sancto-Theodorico (Gilo de), prêtre-chanoine. *Arch. lég.*, iie part., *statuts*, i^{er} vol., 89, 119.

— -Theodorico (parochia de), vide Sancti-Theodorici.

— -Theodorico (Poncardus de). *Arch. lég.*, iie part., *statuts*, i^{er} vol., 69.

— -Theodorico (Odo de), sous-diacre. *Arch. adm.*, t. I, 110. *Arch. lég.*, iie part., *statuts*, i^{er} vol., 83, 118.

Sancto-Theodorico (presbyter de). *Arch. adm.*, t. II, 1056.

Sancto-Theodulfo (altar de). *Arch. adm.*, t. I, 280.

Sancto-Thoma Sancti-Remigii Remensis (prior de). *Arch. adm.*, t. II, 634.

Sancto-Thoma Sancti-Vincentii Laudunensis (prior de). *Arch. adm.*, t. II, 635.

Sancto-Timotheo (Gerardus de). *Arch. adm.*, t. I, 374.

Sancto-Valburge (prior de). *Arch. adm.*, t. II, 1113 ; voy. Saint-Vaubourg (prieur de).

Sanctorum-Apostolorum ecclesia. *Arch. adm.*, t. I, 270.

Sanctorum-Crispini et Crespiniani ecclesia. *Arch. adm.*, t. I, 9.

Sanctorum-Martyrum Timothei et Apollinaris ecclesia. *Arch. adm.*, t. I, 9.

Sanctorum-Omnium in Insula canonici. *Arch. lég.*, Ire part., 82.

Sanctum spulchrum cameracense. *Arch. adm.*, t. II, 638. *Arch. lég.*, Ire part., 187 ; vide Cambrai (église de).

Sanctus-Adrianus, vide Saint-Adrien.

Sanctus-Amandus in Pabula. *Arch. adm.*, t. II, 635.

Sanctus-Audoenus. *Arch. adm.*, t. I, 314, 637, 759.

Sanctus-Audomarus. *Arch. adm.*, t. I, 560, 576, 913 ; vide Saint-Omer.

Sanctus-Augustinus. *Arch. adm.*, t. III, 361. *Arch. lég.*, Ire part., 354, 395, 434; vide Saint-Augustin.

Sanctus-Bacchus. *Arch. adm.*, t. I, 289, 314.

Sanctus-Bartholomeus Novionensis. *Arch. adm.*, t. I, 671 ; t. II, 634; vide Saint-Barthelemy de Noyon.

Sanctus Benedictus, vide Saint-Benoît.

— -Benedictus-supra-Ligium. *Arch. adm.*, t. II, 634 ; vide Saint-Benoît sur Loire.

Sanctus-Benignus Divionensis. *Arch. adm.*, t. II, 637; voy. Saint-Bénigne de Dijon.

Sanctus-Bertinus, vide Saint-Bertin.

Sanctus Cariletus. Don des reliques dudit fait par Gervais, archevêque de Reims, à l'église de Notre-Dame de la même ville. *Arch. adm.*, t. I, 222.

Sanctus-Carolus Borromeus pontifex. Obit fondé en son honneur à Reims par l'archevêque Maurice Le Tellier. *Arch. lég.*, IIe part., *statuts*, Ier vol., 121.

Sanctus-Chrisogonus. *Arch. adm.*, t. I, 213, 331 ; vide Saint-Chrisogone

Sanctus-Clodoaldus Parisiensis. *Arch. adm.*, t. I, 1050.

Sanctus-Cosma. *Arch. adm.*, t. I, 462, 611, 787; vide Saint-Cosme.

Sanctus-Cyriacus. *Arch. adm.*, t. I, 314.

Sanctus-Damasius. *Arch. adm.*, t. I, 314.

Sanctus-Damianus. *Arch. adm.*, t. I, 462, 611; vide Saint-Damien.

Sanctus-Desiderius. *Arch. adm.*, t. II, 637; vide Saint-Dizier.

Sanctus-Dionysius, vide Saint-Denis.

— -Dyonysius in Francia, vide Saint-Denis en France.

Sanctus-Frambaldus, *Arch. adm.*, t. I, 101 ; vide Saint-Frambourg.

Sanctus-Germanus de Pratis, vide Saint-Germain des Prés.

— -Germanus in Laya, vide Laya (Sanctus-Germanus in).

Sanctus-Gibrianus. *Arch. adm.*, t. II, 643, vide Saint-Gibrien.

Sanctus-Hilarius Parvus, vide Saint-Hilaire le Petit.

Santus-Manasseri, vide Saint-Hilaire le Menissier.

Sanctus-Hubertus in Ardanna, vide Evregnicurte (prior de); vide Saint-Hubert en Ardennes.

Sanctus-Jacobus in Galicia, vide Saint-Jacques en Galice.

Sanctus-Laurentius, vide Saint-Laurent.

Sanctus-Leodogarius , vide Sanctus Leonardus.

— -Leonardus , vide Saint-Leonard ou
Saint-Lyénard.

Sanctus-Lupus episcopus, vide Saint-Loup,
évêque de Troyes.

— -Lupus in Bosco , vide Saint-Loup aux-
Bois.

Sanctus-Malvilus. *Arch. adm.* , t. II, 637,
vide hospitalis Sancti-Malvili.

Sanctus-Marcellus, vide Saint-Marcel.

Sanctus-Marcus, vide Saint-Marc.

Sanctus-Martinus. Reliques dudit. *Arch.
adm.*, t. I, 222 ; vide Saint-Martin.

— -Martinus in Bosco. *Arch. adm.*, t. II,
637 ; vide Saint-Martin aux Bois.

— -Martinus le Haireux , vide Saint-Martin l'Heureux.

— -Martinus Tornacensis, vide Tournay
(Saint-Martin de).

Sanctus-Matheus, vide Saint-Matthieu.

Sanctus-Medardus, vide Saint-Médard.

Sanctus-Memetus, vide Sancto-Memeto (Regnauldus de).

Sanctus-Memmius , vide Saint-Masme ,
Saint-Memie.

Sanctus-Michael , vide Saint-Michel.

Sanctus-Moretus. *Arch. lég.* , IIe part. ,
statuts , 1er vol., 73.

Sanctus-Nicholaus , vide Saint-Nicolas.

— -Nicholaus à Villezer. *Arch. adm.*, t. I,
973 , 936.

— -Nicholaus in Bosco , vide Saint-Nicolas
au Bois.

Sanctus-Nivardus, vide Saint-Nivard.

Sanctus-Patricius , voy. Saint-Patrice.

Sanctus-Petrus , vide Saint-Pierre.

— -Petrus ad Harenas Metensis. *Arch.
adm.*, t. I , 770.

— -Petrus Cathalaunensis. *Arch. adm.*,
t. II, 626 ; vide Châlons (Saint-Pierre de).

Sanctus-Petrus Gandavensis. *Arch. adm.*,
t. II, 638.

— -Petrus super Anam. *Arch. adm.*, t. I,
354 ; vide Saint-Pierre à Arne.

— -Petrus Tullensis. *Arch. adm.* , t. II,
637 ; vide Tulle (Saint-Pierre de).

Sanctus-Pharon Meldensis , vide Adon
Sancti-Pharonis, vide Saint-Pharon.

Sanctus - Quintinus Noviomensis, vide
Noyon (Saint-Quintin de).

— -Quintinus Parvus , vide Saint-Quintin
le Petit.

Sanctus Remigius, vide Saint-Remi.

— -Remigius Parvus, vide Saint-Remi le
Petit.

Sanctus-Richarius in Pontivo. *Arch. adm.*,
t. II, 640 ; vide Saint-Richer.

Sanctus-Sergius. *Arch. adm.* , t. I, 314,
331 ; vide Saint Sarge.

— -Sergius Sinicius. *Arch. adm.* , t. I,
974.

Sanctus-Spiritus. *Arch. adm.* , t. I, 7,
20, 21. 32 , 122. 133 , 160 , 176,
185, 188, 190, 228, 244, 301, 302,
329, 503, 551, 945 ; t. II, 138 ; t. III,
361. *Arch. lég.*, 1re part., 456, 472,
IIe part. , *statuts*, 1er vol., 225, 626.

Sanctus-Stephanus, vide Saint-Étienne.

— -Stephanus super Soppiam. *Arch.
adm.*, t. I, 421. *Arch. lég.*, IIe part.,
statuts, 1er vol., 89 ; vide Saint-Étienne
sur Suippe.

Sanctus-Sylvestris , vide Saint-Sylvestre.

Sanctus-Syxtus, vide Saint-Syxte.

Sanctus-Theodoricus , vide Saint-Thierry.

Sanctus Thoma , vide Cantorbia (Beatus
Thoma de ; vide Becket (Thomas).

Sanctus-Timotheus , vide Saint-Timothée.

Sanctus-Vandregesillas in Normania. *Arch.
adm.*, t. II, 636 ; vide Rivecurte, Saint-
Vandrille.

Sanctus-Vedastus Attrebatensis. *Arch.*

adm., t. II, 641 ; vide Saint-Vast (abbaye de).

Sanctus-Victor prope Parisium. *Arch. adm.*, t. I, 1100 ; t. II, 638 ; vide Saint-Victor (abbaye de).

Sanctus-Vincentius, vide Saint-Vincent, Laon (Saint-Vincent de).

Sanctus-Vulmarus in Bosco. *Arch. adm.*, t. II, 638 ; vide Sancti-Wulmarii in Nemore.

Sanctus-Winocus, vide Sancti-Winoci abbas.

Sanctus-Yvo Parisinus. *Arch. adm.*, t. II, 655.

Sanglerino (Petrus), prêtre. *Arch. lég.*, iie part., *statuts*, i^er vol., 115.

Sanglerius (Aymaricus), prêtre. *Arch. lég.*, iie part., *statuts*, i^er vol., 119.

Sanguineterso (prior de). *Arch. adm.*, t. I, 637 ; vide Luhuno.

Sanguis. *Arch. adm.*, t. I, 325, 366, 526, 530, 581, 596, 720, 822, 830 ; t. II, 727, 898 ; t. III, 43. *Arch. lég.*, i^re part., 5, 290, 360, 380, 389, 403, 730 ; iie part., *statuts*, i^er vol., 175.

Sanguiun (Nicol), bailli du chapitre. *Arch. adm.*, t. II, 566.

Sanguyn (Guérin), seigneur de Bosmont. *Arch. lég.*, i^re part., 891.

Sause, voy. Aiguillier.

— (Moricet), boucher. *Arch. lég.*, iie part., *statuts*, i^er vol., 998.

Santal (bois de). *Arch. lég.*, iie part., *statuts*, iie vol., 878.

Santembien (Baudouin), voy. Satembien.

— (Jehan). *Arch. lég.*, i^re part., 500.

— (Perresson). *Arch. adm.*, t. III, 890.

Santerre (Olivier), curé de Bruyères. *Arch. lég.*, i^re part., 882.

Sapicort, voy. Sapicourt.

Sapicort (molendina de) *Arch. lég.*, iie part., *statuts*, i^er vol., 177.

Sapicourt (domus de). *Arch. adm.*, t. II, 1025.

— (Fremyn de), seigneur en partie de Branscourt. *Arch. adm.*, t. II, 1060.

— (moulin de), voy. Sapicort (molendina de).

— (seigneurie de). *Arch. lég.*, iie part., *statuts*, i^er vol., 240 ; *statuts*, iiie vol., 132.

— (ville de). *Arch. adm.*, t. I, 242, 312, 855, 1089 ; t. II, 1060 ; t. III, 605. *Arch. lég.*, i^re part., 497, 523, 567, 876, 901, 908.

Sapigneul (village de). *Arch. adm.*, t. II, 1057 ; t. III, 661. *Arch. lég.*, i^re part., 754, 889, 908.

— (A. de), trésorière des Cordelières de Reims. *Arch. adm.*, t. III, 835.

— (Ælidis de), femme d'Étienne de Chavourges, écuyer. *Arch. lég.*, iie part., *statuts*, i^er vol., 108.

— (seigneur de), voy. Bezannes (Philippe de).

Sapigneux, voy. Sapigneul.

Sapignicourt (village de). *Arch. lég.*, i^re part., 878, 919.

Sapogne (curé de), voy. Brondon (Jean).

— (Guy de), chevalier. *Arch. adm.*, t. I, 972.

— (paroisse de). *Arch. adm.*, t. II, 1076, 1077.

— (patronage). *Arch. adm.*, t. II, 1079.

— (presbyter de). *Arch. adm.*, t. II, 1079.

— (village de). *Arch. lég.*, i^re part., 901, 908, 911.

Saponay (forteresse de). *Arch. adm.*, t. III, 178.

— (Jehanne de), dame d'Unchar. *Arch. adm.*, t. III, 608.

Saponay (village de). *Arch. adm.*, t. III, 131.

Saprongne, voy. Sapogne.

— (curé de), voy. Sapogne.

Saquespée (Petrus), dictus de Corbie, notaire. *Arch. adm.*, t. III, 364.

— (Raoul), contrôleur du domaine du roi. *Arch. lég.*, 1re part., 898.

Saquet (Th.), fermier de l'aide. *Arch. lég.*, 11e part., *statuts*, 1er vol., 672.

Sarceio (Johannes de) miles *Arch. adm.*, t. I, 879, 881.

— (Henricus de). *Arch. adm.*, t. I, 474.

— (Hugo de), archidiacre. *Arch. adm.*, t. I, 491, 531. *Arch. lég.*, 11e part., *statuts*, 1er vol., 122.

— (Odo de). *Arch. adm.*, t. I, 410, 424, 425, 429.

— (presbyter de). *Arch. adm.*, t. II, 1052, 1104.

— (patronatus de). *Arch. adm.*, t. II, 705, 1051.

Sarceium, vide Sarcy.

Sarcelles près Saint-Denis (village de). *Arch. adm.*, t. III, 833.

Sarcelles (Guillelmus de). *Arch. lég.*, 11e part., *statuts*, 1er vol., 76, 116.

Sarceris (Hugo de), vide Sarceio.

Sarches (Pommyer de), sénéchal. *Arch. lég.*, 11e part., *statuts*, 11e vol., 269, 273.

Sarcy (ville de). *Arch. adm.*, t. I, 1089; t. II, 1055; t. III, 381. *Arch. lég.*, 1re part., 878, 889, 908, 910, 911.

— (paroisse de). *Arch. adm.*, t. II, 1051.

— patronatus de), vide Sarceio.

— (presbyter de, vide Sarceio.

Sardena (Martha de), mère de Simon Cramaud, archevêque de Reims. *Arch. lég.*, 11e part., *statuts*, 1er vol., 107.

Sardes (concile de). *Arch. adm.*, t. I, 106, 107, 108, 147.

Sardique (concile de), voy. Sardes.

Sare-Louis (village de). *Arch. lég.*, 11e part., *statuts*, 111e vol., 93.

Sargia (serge). *Arch. adm.*, t. II, 957.

Sargière, voy. Poncette (la).

Sarginis (Theobaldus de), chanoine. *Arch. adm.*, t. II, 200, 475.

Sargnon, voy. Cernion.

Sarigent (village de). *Arch. lég.*, 1re part., 903.

Sarimarium, vide Sermiers.

Sarisberensis (Johannes), vide Sarisbery (Jehan de).

Sarisbery (Jehan de). Écrits desdits allégués à l'occasion des priviléges de Reims. *Arch. adm.*, t. I, 347, 349. *Arch. lég.*, 11e part., *statuts*, 111e vol., 610.

Sarlet (Pierre), notaire. *Arch. lég.*, 11e part., *statuts*, 111e vol., 244, 256.

Sarmaisia Sancti-Audoeni (prior de). *Arch. adm.*, t. II, 637.

Sarmentorum vinearum decima. *Arch. adm.*, t. I, 77.

Sarments (dîme des), vide Sarmentorum decima.

Sarmiers, voy. Sermiers.

Sarmineto (Rainaldus de), chanoine. *Arch. adm.*, t. II, 475, 622.

Sarnaco (ecclesia de). *Arch. adm.*, t. II, 1102.

— (Thomas de), echevin. *Arch. adm.*, t. II, 334, 364, 622. *Arch. lég.*, 11e part., *statuts*, 1er vol., 117.

— in-Dormesio (decanatus de), vide Cernay-en-Dormois (decanat de).

— (presbyter de). *Arch. adm.*, t. II, 1098.

— le Pele (presbyter de). *Arch. adm.*, t. II, 1063.

— (parochia de), vide Cernay-lez-Reims (paroisse de).

Sarnacum, voy. Cernay.

Sarnay (Martinus de). *Arch. adm.*, t. I, 628.

— (Marsona de). *Arch. adm.*, t. III, 392.

— (Jehan de). *Arch. adm.*, t. II, 61.

— (Étienne de), tailleur de robes. *Arch. adm.*, t. III, 105.

— (Perresson le Taulier de). *Arch. adm.*, t. III, 129.

— (Hugues de), cordonnier. *Arch. adm.*, t. II, 269.

— (Th. de). *Arch. adm.*, t. II, 588.

— (molendinum de). *Arch. adm.*, t. I, 354.

— (Witerius de). *Arch. adm.*, t. I, 339, 364.

Sarneio (capella de). *Arch. adm.*, t. I, 329.

Sarny (Th. de), chanoine et sénéchal de l'église de Reims. *Arch. adm.*, t. II, 331.

— (seigneur de), voy. Suzannes (J. de).

Saroy, voy. Sarry.

Sarpeiacurtis, vide Sapicourt.

Sarqueis (H. de), vide Sarquex (Hugo de).

Sarquex (Hugo de), grand archidiacre de Reims. *Arch. adm.*, t. I, 517, 547, 643; t. II, 99. *Arch. lég.*, IIe part., *statuts*, Ier vol., 103.

Sarrabruche (Anne de). *Arch. lég.*, IIe part., *statuts*, Ier vol., 348; voy. Sarrebruche.

Sarraceni. *Arch. adm.*, t. I, 108. *Arch. lég.*, Ire part., 387, 452; IIe part., *statuts*, Ier vol., 74.

Sarrasins, voy. Sarraceni.

Sarratura (serrure). *Arch. adm.*, t. III, 905.

Sarrazin (Guy), chanoine. *Arch. adm.*, t. II, 385, 760, 775, 801, 828.

— (Jacques), boucher. *Arch. lég.*, IIe part., *statuts*, Ier vol., 998.

Sarrazin (Jehan), notaire. *Arch. adm.*, t. II, 697, 806. *Arch. lég.*, IIe part., *statuts*, IIIe vol., 243, 253? 258, 270, 406.

— (Gobert), lieutenant du bailli de Vermandois. *Arch. adm.*, t. II, 214, 225, 460, 599. *Arch. lég.*, IIe part., *statuts*, IIIe vol., 29, 614.

— (Gilles), commissaire du roi pour les fortifications de Reims. *Arch. adm.*, t. I, 1087; t. II, 794, 830, 836, 839, 840, 843.

— (Charles), notaire. *Arch. lég.*, IIe part., *statuts*, IIIe vol., 259, 270.

Sarre (Colart de), bourgeois. *Arch. adm.*, t. III, 835.

Sarrebruche (Guillaumette de), comtesse de Braine. *Arch. lég.*, Ire part., 888.

Sarreyo (villa de). *Arch. adm.*, t. II, 1183. *Arch. lég.*, Ire part., 887; voy. Sarry (village de).

Sarron (village de). *Arch. lég.*, IIe part., *statuts*, IIIe vol., 393.

— (seigneurie de). *Arch. lég.*, IIe part., *statuts*, IIIe vol., 393.

Sarry (village de), voy. Sarreyo (villa de).

— (curé de), voy. Jean (Jacques).

— (forteresse de). *Arch. lég.*, IIe part., *statuts*, IIe vol., 114.

— (rue de). *Arch. adm.*, t. I, 1014; t. II, 74.

Sart, huissier. *Arch. lég.*, IIe part., *statuts*, Ier vol., 261; *statuts*, IIIe vol., 659, 688, 700, 706, 710, 715, 722, 732.

Sartare. *Arch. adm.*, t. I, 388.

Sartatectum. *Arch. lég.*, Ire part., 461.

Sarteau (village de). *Arch. lég.*, Ire part., 899.

Sartes (village de). *Arch. lég.*, IIe part., 908.

Sarton (prior de). *Arch. adm.*, t. II, 638.

Sartus. *Arch. adm.*, t. I, 263.

Sarzy-les-Mau... (village de). Arch. lég., 1re part., 903, 908.

Sassey (village de). Arch. adm., t. I, 1093, 1094; vide Sacy.

Satembien (Baudouin). Arch. adm., t. III, 483.

Sathan. Arch. adm., t. I, 190, 581. Arch. lég., 1re part., 318, 353, 357, 383, 432, 478.

Satiacum. Arch. adm., t. I, 312; vide Sacy.

Satisfactio. Arch. adm., t. I, 343, 595, 599, 600, 626, 632, 640, 642, 679, 684. Arch. lég., 1re part., 85.

Sau (Joh. de). Arch. adm., t. III, 670.

Saubert (Guillaume). Arch. lég., IIe part., statuts, IIe vol., 226.

Saubinet, bourgeois. Arch. adm., t. III, 830.

— notaire. Arch. lég., IIe part., statuts, IIe vol., 573; statuts, IIIe vol., 147, 148, 154, 155, 255, 259.

Saubourg (bourg de). Arch. adm., t. I, 636, 973, 974, 976, 986; t. II, 245, 252, 265, 315; t. III, 619. Arch. lég., IIe part., statuts, 1er vol., 739.

— (rue de). Arch. adm., t. I, 80, 985? 164. Dépend de l'abbaye de Saint-Nicaise, 165. Débats au sujet de ladite entre cette abbaye et celle de Saint-Remi, 166, 1128. Arch. lég., IIe part., statuts, 1er vol., 567, 739; statuts, IIe vol., 29.

— justice de. Arch. adm., t. II, 268.

Sauce (Jean de). Arch. adm., t. II, 496, 693, 827?

— (Robert de). Arch. adm., t. II, 544.

— (Baudesson de), échevin. Arch. adm., t. II, 800, 822? 906?

— -en-Bois (Jehan de). Arch. adm., t. II, 871.

— (Jesson de). Arch. adm., t. II, 906; voy. Saulse (Jehan de).

Sauce (Gérart de). Arch. adm., t. III, 870.

— voy. Saulce.

Saucé (Jacques), maçon. Arch. lég., IIe part., statuts, IIIe vol., 407, 411.

Saucevert (J.). Arch. adm., t. II, 303.

Saucier (Jehan le). Arch. adm., t. II, 302.

Saucourt (Jean-François), perruquier. Arch. lég., IIe part., statuts, IIIe vol., 191, 194, 199.

Saudée (terre de). Arch. adm., t. II, 252.

Saudre (Étienne), maître au collége des Écrevés. Arch. lég., IIe part., statuts, IIe vol., 698.

Saudron (Henricus de), drapier. Arch. adm., t. I, 1072.

— (Petrus de). Arch. adm., t. II, 661, 675? 807, 825, 828.

— (Rogelet de), drapier. Arch. adm., t. I, 961.

— (ville de). Arch. lég., IIe part., statuts, IIe vol., 12.

Sauge (P.). Arch. adm., t. III, 69, 72.

Saugette (ville de). Arch. adm., t. II, 1156.

Saul, médecin, bienfaiteur de l'église de Reims. Arch. lég., IIe part., statuts, 1er vol., 90.

Saül, roi d'Israel. Arch. adm., t. I, 496.

Saulce (Jehan), poissonnier. Arch. lég., IIe part., statuts, 1er vol., 539, 675.

— -aux-Tournelles (chapelle de). Arch. adm., t. II, 1106.

— -Champenoise (village de). Arch. adm., t. I, 996. Arch. lég., 1re part., 885, 902, 908; IIe part., statuts, 1er vol., 62, 92.

— (paroisse de). Arch. adm., t. II, 1108, 1109. Arch. lég., IIe part., statuts, 1er vol., 68, 69.

— (prêtre de). vide Salcia-Campania (presbyter de).

Saulce–en–Bois (paroisse de). *Arch. adm.*, t. II, 1103, 1105.

Saulcet (Jehan), dit l'Espagnol. *Arch. lég.*, IIe part., *statuts*, Ier vol., 823.

Sauleit (Huguenin de). *Arch. adm.*, t. II, 1180.

Saulin, voy. Cochet.

Saulmory (paroisse de). *Arch. adm.*, t. II, 1092, 1094.

— (prêtre de), voy. Saumoureyo (presbyter de).

Saulnay (M. de). *Arch. adm.*, t. II, 1093.

Saulnois (Matthieu), maître chapelier. *Arch. lég.*, IIe part., *statuts*, IIe vol., 203.

— fermier de l'aide. *Arch. lég.*, IIe part., *statuts*, Ier vol., 929.

Saulse (Jehan de), boucher. *Arch. adm.*, t. III, 841.

Saulterelle (Claude). *Arch. lég.*, IIe part., *statuts*, IIe vol., 312.

Saulx (Colart de), garde du scel de la prévôté de Sainte-Menehould. *Arch. adm.*, t. II, 1013, 1017 ; t. III, 662.

— (église de). *Arch. adm.*, t. II, 1104.

— (Fretel de). *Arch. adm.*, t. III, 149.

— (Hutin de), chevalier conseigneur de Montbret. *Arch. adm.*, t. III, 651, 655, 660.

— (Jehan de). *Arch. adm.*, t. III, 660.

— (Pierre de), pannelier. *Arch. lég.*, IIe part., *statuts*, IIe vol., 336.

— (ville de). *Arch. adm.*, t. III, 583. *Arch. lég.*, IIe part., *statuts*, Ier vol., 198.

— -lez-Rethel (village de). *Arch. adm.*, t. I, 5.

— -Saint-Remi (dîme de), voy. Salicis-Sancti-Remigii decima.

— (mairie de), voy. Salicis-Sancti-Remigii majoria.

— (paroisse de), voy. Salice Sancti Remigii (parochia de).

Saulx-Saint-Remi (seigneurie de). *Arch. lég.*, IIe part., *statuts*, Ier vol., 239.

— (village de). *Arch. adm.*, t. I, 5, 177, 230, 242, 312, 321. *Arch. lég.*, Ire part., 876, 903, 908; IIe part., *statuts*, Ier vol., 167, 169, 181, 243 ; *statuts*, IIe vol., 276 ; *statuts*, IIIe vol., 392.

Saumery, voy. Saulmory.

Saumière (dame de). *Arch. adm.*, t. II, 1082.

Saumoureio (presbyter de). *Arch. adm.*, 1093.

Saumoureyum, vide Saulmory.

Saumur (ville de). *Arch. lég.*, IIe part., *statuts*, IIIe vol., 533.

Saunarius. *Arch. adm.*, t. III, 90 : vide Saunier.

Saunerie, voy. Reims (saunerie de)

Saunier, voy. Saunarius

— (Simon le). *Arch. adm.*, t. II, 11, 492, 506, 604.

— (Thierricus le). *Arch. adm.*, t. II, 403.

Sauria (Petrus de), chanoine. *Arch. lég.*, IIe part., *statuts*, Ier vol., 115.

Saurin, avocat. *Arch. lég.*, IIe part., *statuts*, IIe vol., 508.

Saus (Jehan de), tailleur de robes. *Arch. adm.*, t. II, 918.

— (Henricus de). *Arch. adm.*, t. I, 832.

— -Saint-Remi (village de). *Arch. adm.*, t. III, 605 ; voy. Saulx-Saint-Remi.

Sausselles, notaire royal. *Arch. lég.*, IIe part., *statuts*, IIe vol., 456.

Sausseuil (hameau de). *Arch. adm.*, t. II, 1108.

— (Béguin de), seigneur d'Heutregiville et de Selles. *Arch. adm.*, t. II, 1063 ? 1064, 1104.

Sautré (Charles), boulanger. *Arch. lég.*, IIe part., *statuts*, IIe vol., 162.

— (Antoine), tondeur de drap. *Arch. lég.*, IIe part., *statuts*, IIe vol., 395.

Sautrel (Médard), boulanger. *Arch. lég.*, iie part., *statuts*, iie vol., 151.

Sautresle (Jean), tisserand. *Arch. lég.*, iie part., *statuts*, iie vol., 297.

Sautril (Jean), peigneur de laine. *Arch. lég.*, iie part., *statuts*, iiie vol., 83.

Sauvage (le), clerc du registre du palais. *Arch. adm.*, t. II, 916.

— (Agnès la). *Arch. adm.*, t. III, 17.

— (P. le), chanoine. *Arch. adm.*, t. III, 728. *Arch. lég.*, iie part., *statuts*, i^{er} vol., 611, 612, 614, 619, 621, 624, 642, 646, 649, 653, 680, 685, 692, 698, 717, 724, 730, 734.

— (Margine la), religieuse cordelière. *Arch. adm.*, t. III, 835.

— (Claude), panetier. *Arch. lég.*, iie part., *statuts*, iie vol., 336.

— notaire du Châtelet. *Arch. lég.*, iie part., *statuts*, i^{er} vol., 235.

— (Jaquemin le). *Arch. adm.*, t. III, 758.

— (Seigneurie de). *Arch. lég.*, iie part., *statuts*, iiie vol., 533.

Sauvale (Nichasius), lieutenant du prévôt forain de Laon. *Arch. adm.*, t. III, 613.

Sauve-garde. *Arch. adm.*, t. II, 598, 646, 731, 925; t. III, 45, 47, 239, 297, 523, 664. *Arch. lég.*, iie part., *statuts*, i^{er} vol., 532; voy. Roi (Sauve-garde du), Salvagardia.

Sauveloup (Jehan), agent du comte de Champagne à Rome. *Arch. adm.*, t. I, 370.

Sauvement (nom d'une espèce de rente). *Arch. adm.*, t. III, 412; voy. Salvamentum.

Sauveur, voy. Christ.

Sauville (ville de). *Arch. adm.*, t. I, 474; t. II, 554, 1111; t. III, 601. *Arch. lég.*, i^{re} part., 876, 902, 908; iie part., *statuts*, i^{er} vol., 245.

auville (seigneurie de). *Arch. lég.*, iie part., *statuts*, i^{er} vol., 251.

— (Warnet de), boulanger. *Arch. adm.*, t. III, 836.

— (territoire de), voy. Salvavilla (territorium de).

Sauvrezy (village de). *Arch. lég.*, i^{re} part., 879.

Sauzancourt (Hugo de). *Arch. lég.*, iie part., *statuts*, i^{er} vol., 119.

Savaricus, chevalier. *Arch. adm.*, t. I, 320.

Savart (Jean-Baptiste), curé de Saint-Julien de Reims. *Arch. lég.*, iie part., *statuts*, i^{er} vol., 235.

— (Pierre), notaire, à Tourteron. *Arch. lég.*, iie part., *statuts*, iiie vol., 259, 260, 264.

Savelon (Baudier de), teinturier. *Arch. adm.*, t. III, 40.

Saveneyo (parochia de), vide Savigny-sur-Ardres (paroisse de).

Savetié (Jehan). *Arch. adm.*, t. III, 129.

Savetier (Noël le). *Arch. adm.*, t. III, 836.

— (Thomas le). *Arch. lég.*, i^{re} part., 496, 505, 557.

Saveuse (Charles de), conseiller de parlement. *Arch. lég.*, iie part., *statuts*, i^{er} vol., 600? 741? *statuts*, iie vol., 748.

Savigniaco (parochia de), vide Savigny-sur-Aisne (paroisse de).

— (presbyter de). *Arch. adm.*, t. II, 1057, 1112.

Savigny (J. de), sergent du roi. *Arch. lég.*, iie part., *statuts*, i^{er} vol., 341.

— (Hercules de), capitaine. *Arch. lég.*, iie part., *statuts*, i^{er} vol., 717.

— (Perrier de), seigneur de Savigny-sur-Ardre. *Arch. adm.*, t. II, 1061.

— (Gilbert de), seigneur de Lizy. *Arch. adm.*, t. II, 1102, 1114.

Savigny (Beguin de), seigneur du Mesnil. *Arch. adm.*, t. II, 1102, 1104.

— (Colart de). *Arch. adm.*, t. II, 1183, 1187, 1191, 1196, 1197; t. III, 28, 68, 70, 71, 73.

— (Guillaume de). *Arch. adm.*, t. III, 479.

— (N. de), avocat au parlement. *Arch. adm.*, t. III, 890, 891, 892. *Arch. lég.*, iie part., *statuts*, i^{er} vol., 616.

— (Geoffroy de), seigneur de Vaulx. *Arch. lég.*, i^{re} part., 893.

— (seigneur de), voy. Guermundus de Castellione, Cauchon.

— -sur-Aisne (paroisse de). *Arch. adm.*, t. II, 1111.

— -sur-Ardre (village de). *Arch. adm.*, t. II, 909, 1101. *Arch. lég.*, i^{re} part., 755, 902, iie part., *statuts*, i^{er} vol., 654; *statuts*, iie vol., 637, 963.

— -sur-Ardre (paroisse de). *Arch. adm.*, t. II, 1061. *Arch. lég.*, i^{re} part., 908.

Savin, avocat. *Arch. lég.*, iie part., *statuts*, iiie vol., 651, 653, 656, 658.

Savoisy (Philippe de), maître d'hôtel de la reine. *Arch. adm.*, t. III, 762.

Savoré (Henry), receveur du bailliage. *Arch. adm.*, t. III, 748.

Savoret (Hugo). *Arch. lég.*, iie part, *statuts*, i^{er} vol., 166.

Savoye (Nicolas), serrurier. *Arch. lég.*, iie part., *statuts*, iie vol., 591, 578.

— (L.), juge consul. *Arch. lég.*, iie part., *statuts*, i^{er} vol., 979.

— (Henry de), archevêque de Reims. *Arch. lég.*, iie part., *statuts*, i^{er} vol., 284, 289; *statuts*, iie vol., 555, 609, 612, 927? *statuts*, iiie vol., 7, 74, 636.

— (comté de). *Arch. adm.*, t. III, 148, 162. *Arch. lég.*, i^{re} part., 888, voy. Amadeus.

— (connétablie de). *Arch. lég.*, iie part., *statuts*, iie vol., 1015.

Savoye (Roger). *Arch. lég.*, iie part., *statuts*, i^{er} vol., 263, 267; *statuts*, iie vol., 162.

— (Jean-Joseph), estaminier. *Arch. lég.*, iie part., *statuts*, iie vol., 226, 227.

— (Jean), taillandier. *Arch. lég.*, iie part., *statuts*, iie vol., 226, 227, 429.

— (Pierre), taillandier. *Arch. lég.*, iie part., *statuts*, iie vol., 430; *statuts*, iiie vol., 746?

Saxe (marquis de), voy. Saxonia (marchio de).

Saxonia (marchio de), vide Adelbertus.

Saxvidis, femme inscrite sur l'obituaire de Reims. *Arch. lég.*, iie part., *statuts*, i^{er} vol., 86.

Say (prior de). *Arch. adm.*, t. II, 638.

Sayne (Jehan le), couvreur. *Arch. adm.*, t. III, 836.

Sayo (parochia de), vide Sy (paroisse de).

Sbaralea, éditeur de bulles. *Arch. adm.*, t. I, 670.

Scabinagium, vide échevinage.

Scabinatus, vide échevinage.

Scabinatus Remensis carta, voy. Échevinage de Reims (charte de l').

— Remensis bannus, voy. Échevinage de Reims (ban de l').

— Remensis privilegia, vide Reims (priviléges de)

Scabini, vide Fraillicurte (scabini de), Laudunenses, Manillo (de), Mosomo (de), Remenses, Sancti-Remigii, Sommepin (de), vide Échevins.

Scabinorum Remensium logia, vide Échevins de Reims (loge des).

— Remensium procurator, vide Échevinage (procureur de l').

Scala, vide Echelle.

— (parochia de). *Arch. adm.*, t. II, 1073, vide Échelle (paroisse de l').

Scala (presbyter de). *Arch. adm.*, t. II, 1074.

Scalnasia, vide Quadromonte.

Scambiorum lapis, vide Reims (Pierre au change de).

Scambium, vide Cambium.

Scamellis (Petrus de), pape? *Arch. adm.*, t. II, 1034.

Scancionarius. *Arch. adm.*, t. II, 956, vide Regis scancionarius, vide Échanson.

Scandale, vide Scandalum.

Scandalum. *Arch. adm.*, t. I, 133, 552, 560, 576, 590. 602, 646, 712, 942; t. II, 660; t. III, 361 *Arch. lég.*, 1re part., 10, 17, 86, 118, 184, 312. 317, 388; IIe part., *statuts*, 1er vol., 40.

Scannam (banc). *Arch. adm.*, t. II, 957.

Scariberge, nièce de Clovis, offerte en mariage à S. Arnould, avec le comté de Reims. *Arch. lég.*, IIe part., *statuts*, IIIe vol., 512, 541.

Scarlata (écarlate). *Arch. adm.*, t. III, 773.

Scaunistai (villa de). *Arch. adm.*, t. I, 326, 330.

Sceau, voy. Bailliage de Reims (sceau du), bailli de Saint-Remi, Chapitre, Échevinage, Église de Reims. Officialité. Prévôté, Saint-Remi, Sénéchaussée de l'église de Reims (sceau de la).

Scedent (ecclesia de), voy. Sedan (église de).

Scel, voy. Sceau.

Schehery (Jo. de). *Arch. lég.*, IIe part., *statuts*, 1er vol., 115.

Schimmortera (curia de). *Arch. adm.*, t. I, 325.

Schinna (curia de). *Arch. adm.*, t. I, 325.

Schismaticus, vide Allemaniæ schismatici.

Scholæ, vide Parisienses, Sancti-Remigii, Regienstenses.

Scholares, vide Écolâtre.

Scholares, vide Aurelianenses, Parisienses, Remenses.

— pauperes. *Arch. adm.*, t. II, 733.

Scholarium, vide Vallis.

Scholastica, vide Ecclesiæ Remensis Scholastica.

— disciplina. *Arch. lég.*, IIe part., *statuts*, IIe vol., 767.

Scholastici Remensis receptio. *Arch. lég.*, IIe part., *statuts*, 1er vol., 16.

Scholasticus, vide Bajocensis, Remensis Sancti-Mercerii Virdunensis, vide Écolâtre.

Schulemberg (maréchal de). *Arch. lég.*, IIe part., *statuts*, IIIe vol., 65.

Sciebertus, diacre. *Arch. lég.*, IIe part., *statuts*, 1er vol., 119.

Scieur (Gérart le). *Arch. adm.*, t. II, 550.

Scladrona (villa de). *Arch. adm.*, t. I, 15.

Sclaron, vide Scladrona.

Sclumanz (ecclesia de). *Arch. adm.*, t. I, 313.

Scoti (Guiotus), voy. Lescot (Guy).

— Balduinus dictus Frouart, voir Lescot Baudouin.

— Johannes. *Arch. lég.*, IIe part., *statuts*, 1er vol., 397.

Scotia (Nicholaus de). *Arch. lég.*, 1re part., 295.

Scotus Guido. vide Lescot (Guy).

— (Matheus). *Arch. lég.*, IIe part., *statuts*, 1er vol., 80,

Scriba, voy. Capituli Remensis (Scriba), Senescalciæ Remensis.

Scribot Jean, notaire. *Arch. lég.*, IIe part., *statuts*, IIIe vol., 243, 256.

Scriptor (Petrus). *Arch. adm.*, t. I, 349.

Scuel (village de). *Arch. adm.*, t. III, 108.

Scultetus. *Arch. adm.*, t. I, 325.

Scutarii homines. *Arch. adm.*, t. I, 520.

Scutellarius (Radulphus), chapelain de Mézières. *Arch. adm.*, t. II, 1043.

Scutifer. *Arch. adm.*, t. I, 855, vide Armiger.

Scutum, vide écu.

— auri, vide écu d'or.

— ad coronam. *Arch. lég.*, iie part., *statuts*, i^er vol., 107 ; vide Couronne (écu à la).

Scy (village de). *Arch. lég.*, i^re part., 885.

— (curé de), voy. Hamet (Jean).

Scythie (royaume de). *Arch. adm.*, t. I, 106.

Seaudieu (A. le), fermier des vins. *Arch. lég.*, iie part., *statuts*, i^er vol., 611.

Sebertus, citoyen de Reims. *Arch. adm.*, t. I, 376.

Sebilla, femme de Robert de Thuisy. *Arch. adm.*, t. II, 642.

Sebille, femme de Robert Lelarge. *Arch. adm.*, t. I, 814 ; t. II, 766?

— femme de Pierre Yngrant. *Arch. adm.*, t. III, 35.

— femme de Thomas des Portes. *Arch. adm.*, t. II, 779.

Secana, vide Sequana.

Secano (Ainbaldus de), chanoine. *Arch. adm.*, t. I, 200, 201.

Sechault (ecclesia de). *Arch. adm.*, t. II, 1098.

— (paroisse). *Arch. adm.*, t. II, 1099, 1100.

Seccherons (Ernaudus). *Arch. adm.*, t. I, 812.

Secheval (village de). *Arch. adm.*, t. II, 1069.

Sechim (lignum de), *Arch. lég.*, i^re part., 465.

Secrétaire, voy. Roi (secrétaires du).

Secte, voy. Astrologues ou Mathématiciens (secte des).

Sedan (Jesson de), clerc, *Arch. adm.*, t. III, 107.

— (Jehan de), sergent du vidame. *Arch. adm.*, t. III, 380.

Sedan (Bechet de), seigneur de Baalon. *Arch. adm.*, t. II, 1087, 1092.

— (Château de), *Arch. adm.*, t. II, 1089 ; t. III, 480.

— (ville de). *Arch. adm.*, t. II, 1040, 1085, *et seq.*, 1103. *Arch. lég.*, iie part., *statuts*, iie vol., 570, 572 ; *statuts*, iiie vol., 109.

Sedent (Husson de), clerc. *Arch. adm.*, t. II, 519.

— (Jesson de), voy. Sedan.

— (Petrus de), chancelier de la cour de l'archevêque. *Arch. adm.*, t. II, 109.

— (presbyter de). *Arch. adm.*, t. II, 1090.

Sedes apostolica. *Arch. adm.*, t. I, 42, 43, 44, 54, 64, 120, 128, 133, 151, 166, 184, 185, 187, 193, 194, 195, 214, 561, 675, 687, 693, 701, 717, 732, 735, 748, 762, 797, 800, 946, 1046, 1059, 1078, 1110 ; t. II, 414, 610, 622, 722, 1113 ; t. III, 92, 365, 640, 808. *Arch. lég.*, i^re part., 85, 92, 94, 110, 129, 139, 159, 240, 267, 274, 277, 278, 282, 298, 308, 321, 348, 352, 400, 449 ; iie part., *statuts*, i^er vol., 33, 193, 220 ; *statuts*, iie vol., 82, 83.

Sedis apostolicæ commissiones. Bulle d'Honorius III qui affranchit desdites les moines de Saint-Remi. *Arch. adm.*, t. I, 538. *Arch. lég.*, iie part., *statuts*, iie vol., 763.

— apostolicæ legati. *Arch. adm.*, t. I, 63, 106, 438, 662, 689, 712, 732. *Arch. lég.*, i^re part., 22, 286 ; vide Gaufridus Carnotensis, Guillaume, archevêque de Reims, Hugo, évêque, Johannes, Leo, Marinus, Paulus, Perona (Nicolaus de), Radulphus, Simon, Willelmus Senonensis.

— apostolicæ nuntii, vide Sedis apostolicæ legati.

v

Sedis apostolicæ Remensis, vide Reims (siége de).

— apostolicæ Remensis municipium. *Arch. adm.* t. II, 212.

Sée (village de). *Arch. lég.*, ı^{re} part., 908.

Séeles (moulins de), voy. Selles.

— (village de) voy. Selles.

Séez (évêque de). *Arch. lég.*, ıı^e part., statuts, ı^{er} vol., 608.

Séga, cardinal. *Arch. lég.*, ıı^e part., statuts, ıı^e vol., 690.

Segardus, sous-diacre. *Arch. lég.*, ıı^e part., statuts, ı^{er} vol., 76, 116.

Segny (village de). *Arch. adm.*, t. III, 277.

Ségovie (laine de), employée dans la fabrique de Reims. *Arch. lég.*, ıı^e part., statuts, ıı^e vol., 572, 831, 841, 850.

Seguin (R.), bourgeois. *Arch. adm.*, t. III, 17.

— (Jehannette), fille du précédent. *Arch. adm.*, t. III, 17.

— ménétrier. *Arch. adm.*, t. III, 836.

— abbé de Chaise-Dieu, rétablit la discipline dans l'abbaye de Saint-Nicaise de Reims. *Arch. adm.*, t. I, 244, 265. Charte souscrite par ledit *ibid.*, 654.

Seguinus, abbas Casa Dei, vide Séguin.

Sehardus, chevalier, vassal de l'archevêque de Reims. *Arch. adm.*, t. I, 156.

Seibertus major. *Arch. adm.*, t. I, 251. *Arch. lég.*, ıı^e part., statuts, ı^{er} vol., 67.

— lévite et chanoine, *Arch. lég.*, ıı^e part., statuts, 1er vol., 92.

Seigle, voy. Pain.

Seigneur féodal. *Arch. lég.*, ı^{re} part., 838, 842, 844, 846, 849, 852, 854, 856, 936, 948, 953, 975.

— lige, voy. Ligius dominus.

— (serge de). *Arch. lég.*, ıı^e part., statuts, ıı^e vol., 572.

Seigneurie, voy. Potestas.

Seigneuries (moulins des), voy. **Potestatum** molendina.

Seignier, substitut du procureur général. *Arch. lég.*, ıı^e part., statuts, ııı^e vol., 740.

Seilis (altar de). *Arch. adm.*, t. I, 280.

Seine (rivière). *Arch. adm.*, t. I, 482; t. III, 295, 785. *Arch. lég.*, ıı^e part., statuts, ı^{er} vol., 434, 616, 624, 625, 631, 632, 842, 849, 888; statuts, ııı^e vol., 389.

— (village de). *Arch. lég.*, ı^{re} part., 903.

— -et-Marne (département de). *Arch. adm.*, t. I, 18.

Sel. *Arch. adm.*, t. II, 134, 136, 522, 834, 846, 852. *Arch. lég.*, ıı^e part., statuts, ı^{er} vol., 455, 472, 474, 483, 509, 656, 668, 687, 709, 768, 790, 791, 796, 890; voy. Gabelle, Reims (grenier à sel de).

— (droit sur le). *Arch. lég.*, ıı^e part., statuts, ı^{er} vol., 299, 483.

— (minot de). *Arch. adm.*, t. III, 770. *Arch. lég.*, ıı^e part., statuts, ı^{er} vol., 426, 473, 475, 478, 611, 612, 621, 657, 679, 687, 696, 757, 889; voy. Salis minellus.

— (mesurage du). *Arch. adm.*, t. III, 815. *Arch. lég.*, ıı^e part., statuts, ı^{er} vol., 420. Les préposés dudit, nommés par l'archevêque, 421.

— (Wautier le), orfévre. *Arch. adm.*, t. II, 382, 983.

Seleriaco (villa de). *Arch. adm.*, t. I, 275.

Selin (Jean), marchand drapier. *Arch. lég.*, ıı^e part., statuts, ıı^e vol., 810.

Selincourt. voy. Selincuria.

Selincuria villa. *Arch. adm.*, t. II, 637.

Selingny, voy. Sévigny.

Sella (Petrus de), chanoine. *Arch. adm.*, t. II, 110. *Arch. lég.*, ıı^e part., statuts, ı^{er} vol., 117.

Sellarii (Simonetus). *Arch. adm.*, t. III, 392.

Selle (Estevenin de la). *Arch. adm.*, t. II, 674.

— (J. de la), notable de Reims. *Arch. lég.*, ıı⁰ part., *statuts*, ı⁰ʳ vol., 739.

— (Th. de la), clerc. *Arch. adm.*, t. II, 332, 527 ; t. III, 469, 471.

Selles (ville de). *Arch. adm.*, t. II, 1063, 1064 ; t. III, 660. *Arch. lég.*, ıʳ⁰ part., 755, 920.

— (Johannes de), écuyer. *Arch. lég.*, ıı⁰ part., *statuts*, ı⁰ʳ vol., 63.

— (moulins de). *Arch. lég.*, ıʳ⁰ part., 908.

— (prêtre de), voy. Sellis (presbyter de).

— (paroisse de), voy. Sellis (parochia de).

Sellier (Doin le). *Arch. adm.*, t. II, 150.

—(Frémin le). *Arch. adm.*, t III, 471. *Arch. lég.*, ıı⁰ part., *statuts*, ı⁰ʳ vol., 773.

—(Aubelet le). *Arch. adm.*, t. III, 833.

— (B.), enfant de chœur. *Arch. lég.*, ıı⁰ part., *statuts*, ı⁰ʳ vol., 55.

— (C.... le). *Arch. lég.*, ıı⁰ part., *statuts*, ı⁰ʳ vol., 655.

— (Wattelet le), bourgeois. *Arch. lég.*, ıı⁰ part., *statuts*, ı⁰ʳ vol., 656, 659.

— (Perrot le), tourier de Porte-Mars. *Arch. adm.*, t. III, 756.

— voy. Reims (selliers de).

Sellis (presbyter de). *Arch. adm.*, t. II, 1063.

— (parochia de). *Arch. adm.*, t. II, 1064.

Selve (village de). *Arch. lég.*, ıʳ⁰ part., 902.

Semainier, voy. Hebdomadarius, Septimanarius.

Sematus (semé). *Arch. lég.*, ıı⁰ part., *statuts*, ı⁰ʳ vol., 74.

Semblançay, général des finances. *Arch. lég.*, ıı⁰ part., *statuts*, ıı⁰ vol., 20.

Semeuse (ville de). *Arch. lég.*, ıʳ⁰ part., 908, 909 ; ıı⁰ part., *statuts*, ı⁰ʳ vol., 502, 504.

Semide (monastère de), voy. Sumuia (monasterium de).

— (ville de). *Arch. adm.*, t. II, 1026, 1064, 1099, 1115.

— (prêtre de). *Arch. adm.*, t. II, 1111.

— (prieur de). *Arch. adm.*, t. II, 1029.

Semidia (prior de), voy. Semide (prieur de).

— (presbyter de), voy. Semide (prêtre de).

Semilly (Johannes de), sous-majeur de Laon. *Arch. lég.*, ıʳ⁰ part., 289.

Séminaire, voy. Reims (séminaires de).

— de Reims (statuts du). *Arch. lég.*, ıı⁰ part., *statuts*, ıı⁰ vol., 781, 788.

— de Reims (supérieur du). *Arch. adm.*, t. II, 1037, 1039.

— de Reims (manse du). *Arch. lég.*, ıı⁰ part., *statuts*, ıı⁰ vol., 787.

Semoia, vide Mortua.

Semoine (village de). *Arch. lég.*, ıı⁰ part., *statuts*, ııı⁰ vol., 395.

Semoneur, voy. Ellebaut.

— (Jehennin le). *Arch. adm.*, t. I, 730, 737, 791.

Semonneux (Gérard de). *Arch. lég.*, ıı⁰ part., *statuts*, ıı⁰ vol., 239.

Semouya (capellania de), voy. Semuy (chapellenie de), Saint-Lazare.

Semuid, voy. Semuy.

Semuy (village de). *Arch. adm.*, t. II, 1112. *Arch. lég.*, ıʳ⁰ part., 903, 908, 911.

— (presbyter de). *Arch. adm.*, t. II, 1109.

— (prieuré de). *Arch. adm.*, t. II, 1113.

— (chapelle de). *Arch. adm.*, t. II, 1113.

— (curé de). *Arch. lég.*, ıʳ⁰ part., 888.

— (prieur de), voy. Charpentier (Claude),

Senard-Ponte de Luciano (prior de). *Arch. adm.*, t. II, 637.

Sénart (village de). *Arch. lég*, 1re part., 906.

— (J.) *Arch. lég.*, IIe part., *statuts*, 1er vol., 615.

— (Pierre), bruisseur. *Arch. lég.*, IIe part., *statuts*, IIIe vol., 122, 124.

Sénat, voy. Reims (sénat de).

Senatus-consultus, vide Turpiliani (Senatus-consultus de).

Sencière, voy. Richeut.

Séné (Mathieu), aubergiste. *Arch. lég.*, IIe part., *statuts*, IIIe vol., 239.

Seneca, philosophe ; citation des Morales dudit. *Arch. adm.*, t. I, 180. *Arch. lég.*, 1re part., 360.

Sénéchal, voy. Carcassonne (sénéchal de), Chapitre de Reims ; Église de Reims, France, Notre-Dame de Reims, Novion, Reims, Saint-Quentin, Saint-Remi de Reims, Senescallus, Toulouse, Vermandois.

— (Ravou le). *Arch. adm.*, t. II, 832.

— de l'église de Reims (sceau du). *Arch. lég.*, 1re part., 965.

Sénéchaussée, voy. Reims (sénéchaussée de), Église de Reims ; voy. Senescallia.

Sénéchallerie, voy. Poitou (sénéchallerie de), France.

Sénéchaussée, voy. Senescallia.

Senectère (comte de), seigneur de Champlat. *Arch. adm.*, t. II, 1082.

Senèque, voy. Seneca.

Senescalli (Johannes). *Arch. adm.*, t. III, 404.

Senescallia. *Arch. adm.*, t. II, 1035, voy. Remensis ecclesiæ (senescallia), voy. Sénéchaussée, Sénéchallerie.

— Remensis scriba. *Arch. lég.*, IIe part., *statuts*, 1er vol., 43.

Senescallus. *Arch. adm.*, t. I, 314, 518.

521, 542, 645, 748 ; vide Campania senescallus, Archiepiscopi Remensis, Remensis capituli ; vide Sénéchal.

Seneux (M.), imprimeur à Châlons. *Arch. adm.*, t. II, 1120.

Senex (Odo). *Arch. lég.*, IIe part., *statuts*, 1er vol., 166.

Senglain (Petrus), neveu de l'évêque de Bayeux. *Arch. lég.*, IIe part., *statuts*, 1er vol., 71.

Sengleyo (parochia de). *Arch. adm.*, t. II, 1078.

— (patronagium de). *Arch. adm.*, t. II, 1079.

Senlis (concile de). *Arch. adm.*, t. I, 41, 42, 43. Anathématise les voleurs de Reims, 98, 123, 563, 569, 604, 605, 636 ; t. II, 176, 219. 418.

— (bailliage de). *Arch. adm.*, t. I, 780. *Arch. lég.*, IIe part., *statuts*, 1er vol., 576.

— (diocèse de). *Arch. adm.*, t. II, 1027.

— (évêché de). *Arch. adm.*, t. I, 382.

— (évêque de), voy. Silvanectensis episcopus.

— (chapitre de), voy. Silvaneciense capitulum.

— (ville de). *Arch. adm.*, t. I, 83, 549, 642, 695 ; t. II, 65 ; t. III, 307, 312, 903. *Arch. lég.*, IIe part., *statuts*, 1er vol., 665 ; *statuts*, IIIe vol., 263.

— (Jehan de), échevin. *Arch. adm.*, t. II, 893.

— (Jehan de), sergent du roi. *Arch. adm.*, t. II, 231, 533, 679 ? 851, 869.

— (Jehan de), prévôt de Reims. *Arch. adm.*, t. II, 650, 673, 683, 795, 797, 869, 870, 888, 892, 894, 895, 898, 900, 901, 903, 909, 914, 916, 918, 923, 947, 953, 973, 974, 1144, 1175, 1176, 1177, 1179, 1181, 1191, 1192, 1195, 1198, 1201, 1210, 1216, 1217, 1231 ; t. III, 379, 382, 794, 885, 890

Senlis (Henri de), voy. Silvanecti (Henricus de).

— (G. de). *Arch. adm.*, t. II, 575.

— (Philippot de). *Arch. adm.*, t. III, 836.

Sennart (Jean), tondeur de drap. *Arch. lég.*, IIe part., *statuts*, IIe vol., 390.

Sennicurte (villa de). *Arch. adm.*, t. I, 262.

— (ecclesia de). *Arch. adm.*, t. I, 262, 355.

Senogiense capitulum. *Arch. adm.*, t. II, 640; vide Senonges (chapitre de).

Senonensis abbas, vide Romulfus?

— archiepiscopus. *Arch. adm.*, t. I, 733, 734, 986, 1117; vide Willelmus.

— decanus, vide Denys.

— (Durandus), sergent royal. *Arch. adm.*, t. I, 115, 689.

— ecclesia. *Arch. adm.*, t. I, 615, 893, 895.

— metropolis, vide Sens (ville de).

— provincia. *Arch. adm.*, t. I, 115.

Senones (abbé de), vide Romulfus?

Senonges (chapitre de), voy. Senongiense capitulum.

Senonis (Odo de), chanoine. *Arch. adm.*, t. I, 1037, 1059, 1102; t. II, 103, 385. *Arch. lég.*, IIe part., *statuts*, Ier vol., 114, 115.

— (Gerardus de), chanoine. *Arch. adm.*, t. II, 103.

— (Galterus de), prêtre. *Arch. lég.*, IIe part., *statuts*, Ier vol., 67? 114.

— (Guillelmus de), vide Sens (Guillaume de).

Sens (abbé de), voy. Senonensis abbas.

— (Adam de), conseiller du roi. *Arch. adm.*, t. II, 1244.

— (archevêque de), vide Senonensis archiepiscopus.

— (bailliage de). *Arch. lég.*, IIe part., *statuts*, IIe vol., 14, 334.

Sens (coutumes de). *Arch. lég.*, Ire part., 946.

— (doyen de), voy. Denys.

— (église de), voy. Senonensis ecclesia.

— (états généraux de). *Arch. lég.*, IIe part., *statuts*, Ier vol., 571.

— (Guillaume de), président du parlement. *Arch. adm.*, t. II, 1244; t. III, 871, 891. *Arch. lég.*, IIe part., *statuts*, Ier vol., 350, 355.

— (Jehan de), tailleur de robes. *Arch. adm.*, t. III, 52, 54.

— (province de), voy. Senonensis provincia.

— (trésorier de). *Arch. adm.*, t. II, 1001.

— (ville de), première métropole des Séquanais. *Arch. adm.*, t. I, 115, 531; t. II, 279; t. III, 762. *Arch. lég.*, Ire part., 915; IIe part., *statuts*, Ier vol., 617; *statuts*, IIe vol., 695; *statuts*, IIIe vol., 14, 520.

Sensaine (Jehan le Grand de). *Arch. adm.*, t. III, 840.

Senté (Jehan), boursier de l'hôtel de Notre-Dame. *Arch. adm.*, t. III, 24.

Sentences (livre des), voy. Sententiarum liber.

Sententiare (rendre une sentence). *Arch. lég.*, Ire part., 77.

Sententiarum liber. *Arch. lég.*, IIe part., *statuts*, Ier vol., 93.

Sentré (Alexandre), argentier du roi. *Arch. lég.*, IIe part., *statuts*, Ier vol., 767.

Senuc (paroisse de). *Arch. adm.*, t. II, 1096, 1997.

— (curé de), voy. Sugny (Loys de).

— (prieuré de). *Arch. adm.*, t. II, 1098, *Arch. lég.*, IIe part., *statuts*, Ier vol., 244.

— (prêtre de), voy. Senuco (presbyter de).

— (ville de). *Arch. adm.*, t. I, 242, 243; t. III, 605. *Arch. lég.*, Ire part., 908; voy. Saint-Oricle.

Senuc (Guibertus de), échevin de Saint-
Remi. *Arch. adm.*, t. I, 836.

— (prévôt de), voy. Baume (Henry de).

Senuco (parochia de), vide Senuc (paroisse
de).

— (presbyter de). *Arch. adm.*, t. II, 1096.

— (prior de), vide Saint-Oricle de Senuc
(prior de).

— Sancti-Remigii Remensis (prior de).
Arch. adm., t. I, 634, 1028.

Senzelia (altar de). *Arch. adm.*, t. I, 289.

Seiolo (altar de). *Arch. lég.*, ii⁰ part.,
statuts, i⁰ʳ vol., 87.

Seoins (Agnès de). *Arch. adm.*, t. III, 662.

Sepau (lieu de). *Arch. adm.*, t. I, 388.

Sepilly (hameau de). *Arch. adm.*, t. I,
970, 1089; t. III, 653.

Septem-Fontibus (abbas de). *Arch. adm.*,
t. II, 634, 1027, 1037, 1068, 1069,
1070, 1077, 1078, 1080, 1104; vide
Sept-Fontaines (abbé de).

— (monachi de), vide Sept-Fontaines (religieux de).

Septem-Montibus (Goslenus de), chevalier. *Arch. adm.*, t. I, 354, 364, 365.

Septem-Salices, vide Sept-Saux.

— -Salicibus (alodium de). *Arch. adm.*,
t. I, 329.

— (capellania de). *Arch. adm.*, t. II,
1119.

— (castrum de), vide Sept-Saux (château
de).

— (castellania de), vide Sept-Saux (châtellenie de).

— (Guiotus de), vide Sept-Saux (Guiot de).

— (mensura de). *Arch. adm.*, t. I, 366.

— (molendinum de), vide Sept-Saux (moulin de).

— (parochia de), vide Sept-Saux (paroisse
de).

— (presbyter de). *Arch. adm.*, t. II, 1117.

— (turris de). *Arch. adm.*, t. I, 367.

Sept-Fontaines (abbé de), vide Septem-
Fontibus (abbas de).

— (religieux de), seigneurs de Chaumont.
Arch. adm., t. II, 1089.

Sept - Forges (village de). *Arch. lég.*,
i⁰ʳ part., 901.

Septimanarius. *Arch. adm.*, t. I, 471, 542.
Arch. lég., ii⁰ part., *statuts*, i⁰ʳ vol., 94;
vide Semainier.

Septimania. *Arch. adm.*, t. I, 7.

Septimanie (province de), vide Septimania.

Sept-Sarges (village de). *Arch. adm.*, t. II,
1094. *Arch. lég*, i⁰ʳ part., 908.

Sept-Saux (aleu de), vide Septem-Salicibus (alodium de).

Sept-Saulx (bourg de). *Arch. adm.*, t. I,
242, 263, 365. Le seigneur dudit pille
les vassaux de Saint-Bâle, 268, 372,
376, 379, 383, 417, 863; t. II, 326,
574, 853; t. III, 52, 57, 110, 212,
216, 231, 658, 746, 760, 768, 769.
Arch. lég., i⁰ʳ part., 755, 876, 908,
909; ii⁰ part., *statuts*, i⁰ʳ vol., 602,
624, 626, 628, 635, 755, 920; *statuts*,
iii⁰ vol., 254, 388.

— (chapellenie de), vide Septem-Salicibus (capellania de).

— (château de), bâti par l'archevêque de
Reims Henry de France. *Arch. adm.*,
t. I, 12; t. III, 758. *Arch. lég.*, i⁰ʳ part.,
statuts, i⁰ʳ vol., 99, 626.

Sept-Saux (châtellenie de). *Arch. adm.*,
t. I, 369, 415; t. II, 285, 293, 863,
appartient à l'archevêque de Reims;
t. III, 279, 417, 427, 652, 657, 746,
748. *Arch. lég.*, i⁰ʳ part. 875; ii⁰ part.,
statuts, iii⁰ vol., 43.

— (curé de), vide Pocheret (Oudart).

— (forteresse de), vide Sept-Saux (château de).

— (Guiot de), clerc. *Arch. adm.*, t. II,
332, 481, 487.

Sept-Saux (Jehan de). *Arch. adm.*, t. III, 658.

Sept-Saux (mesure de), voy. Septem-Salicibus (mensura de).

— (moulin de). *Arch. adm.*, t. III, 659.

— (paroisse de). *Arch. adm.*, t. II, 1118, 1119.

— (prévôté de). *Arch. adm.*, t. III, 409, 416, 424.

Septvaulx (village de). *Arch. lég.*, 1re part., 883, 899, 911.

Sepultura, vide Sépulture.

Sépulture. *Arch. adm.*, t. I, 207, 209, 217, 231, 330, 396, 570, accordée à la femme de l'excommunié, morte en couches, 657, 724; t. II, 623, 925. *Arch. lég.*, 1re part., 47, 86, 114, 461, 700; 11e part., *statuts*, 1er vol., 65.

Sequana, vide Seine (rivière de).

Séquestre. *Arch. lég.*, 11e part., *statuts*, 11e vol., 1009.

Sera, lieu du territoire de Reims. *Arch. adm.*, t. I, 388, 389.

Serain (Jehan de), bourgeois. *Arch. adm.*, t. III, 81.

Seraincourt (village de). *Arch. adm.*, t. II, 1066. *Arch. lég.*, 1re part., 882, 903, 908.

— curé de, voy. Roy (Loys de).

Seraine, prêtre. *Arch. lég.*, 11e part., *statuts*, 11e vol., 753.

Serbaudi (Oliverius), chanoine. *Arch. lég.*, 1re part., *statuts*, 1er vol., 75.

Serches (village de). *Arch. lég.*, 1re part., 919.

Sercy (seigneur de), voy. Alvequin (Jacques.

Serennia (Johannes de). *Arch. lég.*, 11e part., *statuts*, 1er vol., 90; vide Serain.

Sereno-Fonte (Ancelinus de), doyen de Saint-Symphorien. *Arch. adm.*, t. I, 270.

Sereno-Fonte (Michael de), doyen de la collégiale de Saint-Symphorien. *Arch. adm.*, t. I, 270; t. II, 1034, 1038, 1140, 1151; t. III, 31, *Arch. lég.*, 11e part., *statuts*, 1er vol., 119.

Serenus-Fons, voy. Cerfontaine.

Serf. *Arch. adm.*, t. I, 346, 385; t. II, 966. *Arch. lég.*, 1re part., 388, 406, 416, 418, 450, 460; 11e part., *statuts*, 1er vol., 73, 94, 96. Conditions auxquelles ledit acquiert sa liberté; *statuts*, 111e vol., 615; nom sous lequel il était désigné dans les anciennes chartes, 627, voy. Servus.

— (Watier du). *Arch. adm.*, t. II, 834, 840.

Serge, voy. Seigneur.

Sergent (Antoine le), seigneur d'Espourdon. *Arch. lég.*, 1re part., 892.

Sergent, voy. Baillie de Reims (sergents de la). Chapitre, Échevinage, Foires de Champagne, forteresse de Reims, hôtel de ville, milice bourgeoise, prévôt de Reims, prévôté de Laon, Reims, Roy, voy. Serviens.

Sergentaria (sergenterie). *Arch. adm.*, t. II, 953, vide Franca.

Sergents de police de Reims (règlements des). *Arch. lég.*, 11e part., *statuts*, 111e vol., 22, 139.

Sergier, voy. Reims (sergiers de).

Serginis (Stephanus de), vide Sancto Albino (Petrus de).

Sergius, pape. *Arch. adm.*, t. I, 150.

Sergnon (curé de), voy. Cernion.

— (paroisse de), voy. Cernion.

Sergnyen (village de). *Arch. lég.*, 11e part., 911, voy. Cernion.

Sergy (J. de). *Arch. adm.*, t. II, 541.

— (Jehenette de), béguine. *Arch. adm.*, t. III, 17.

— (village de). *Arch. lég.*, 1re part., 603.

Seriaco (abbas de). *Arch. adm.*, t. II, 637.

816   TABLE GÉNÉRALE

Serifontaine (Michiel de), voy. Sereno-Fonte (Michael de).

— voy. Cerfontaine.

Serigne, femme de Robin le boulanger. *Arch. adm.*, t. II, 74.

Serigneu la pourpoinderesse. *Arch. adm.*, t. II, 688.

Serincourt, voy. Scraincourt.

Serine (Jehan). *Arch. adm.*, t. III, 765.

Seris (Robertus de). *Arch. adm.*, t. II, 1033; t. III, 74? 81? *Arch. lég.*, IIe part., *statuts*, IIe vol., 709, 717.

— (Jean de), clerc de l'échevinage de Reims. *Arch. adm.*, t. III, 692, 693, 837.

— (ville de), voy. Sery.

Serisay (Guillaume de). *Arch. lég.*, IIe part., *statuts*, Ier vol., 812.

Serizy (village de). *Arch. lég.*, Ire part., 894, 920.

Serjantarius. *Arch. adm.*, t I, 624, 626, vide Sergent.

Serlant (Remy). *Arch. lég.*, IIe part., *statuts*, IIe vol., 238, 263.

Serlau (village de). *Arch. lég.*, Ire part., 908, voy. Cerleau.

— procureur au parlement. *Arch. lég.*, IIe part., *statuts*, IIe vol., 516.

Serloe, voy. Cerleau.

Serlon (Remi), fermier du revenu des amendes. *Arch. lég.*, IIe part., *statuts*, IIe vol., 927.

Sermaize (baron de), voy. Viefville (François de la).

— (village de). *Arch. lég.*, Ire part., 909.

Sermantiers, voy. Armentières.

Serment, prêté par les évêques de la province de Reims à l'église métropolitaine. *Arch. adm.*, t. I, 61. Les chevaliers et le peuple de Reims prêtent ledit, 141. Par qui impose? 151. L'archevêque soumis audit 224. 225, 237, 419, 428, 434, 435, 444, 460, 465, 469, 470, 476, 477, 480. Prêté par les échevins à l'archevêque, 491, 516, 527. Par le roi à son sacre, 529, 534, 535, 552, 561, 580, 582, 603, 619, 621, 640, 642, 646, 656, 676, 686, 688, 690, 693, 696, 706, 717, 786, 815, 945, 1124; t. II, 125, 212, 217. Formule dudit prêté par les abbés à l'archevêque de Reims, 249, 406, 595, 607, 649, 735, 882; t. III, 88, 343, 368, 398, 477, 497, 558. *Arch. lég.*, Ire part., 24, 36, 37, 39, 48, 75, 96, 119, 138, 154, 157, 159, 162, 163, 166, 167, 190, 206, 222, 235, 249, 265, 268, 278, 281, 285, 316, 409, 413; IIe part.; *statuts*, Ier vol., 11, 15, 17, 19, 25, 31, 46, 50, 59, 137, 166, 262, 327, 361, 402; *statuts*, IIe vol., 634, 644, 1009; *statuts*, IIIe vol., 681; voy. Juramentum.

Serment, voy. Abbé de Saint-Remi (serment de l'), Arbalète, Corps de J. C., Échevins de Reims, Évangile.

Sermiers (village de). *Arch. adm.*, t. I, 1089, t. II, 574, 853, 883, 1055; t. III, 621, 622. *Arch. lég.*, Ire part., 908, 911; IIe part., *statuts*, Ier vol., 96.

— (châtellenie de). *Arch. adm.*, t. II, 883.

— (paroisse de). *Arch. adm.*, t. II, 1053

— (prêtre de). *Arch. adm.*, t. II, 1052.

Sermiers-en-la-Montagne; voy. Sermiers.

Sernay (habitants de) tenus de contribuer aux frais du sacre. *Arch. adm.*, t. III, 75.

— (Guy de). *Arch. adm.*, t. II, 1137.

— (Robin de). *Arch. adm.*, t. II, 906.

— (Thomas de). *Arch. adm.*, t. II, 775, 994.

Sernay en Dormois (ville de). *Arch. adm.*, t. II, 555; t. III, 27, 75, 649. *Arch. lég.*, Ire part., 540, 887; voy. Cernay.

Sernay devant Reims (village de). *Arch. adm.*, t. III, 603, 619; voy. Cernay.

— le Pelé-lez-Reims (village de). *Arch. adm.*, t. III, 624; voy. Cernay.

Sernicourt (village de). *Arch. lég.*, 1re part., 911.

Sernion, voy. Cernion.

Serny (ville de). *Arch. lég.*, 1re part., 909.

Serpente (rue). *Arch. lég.*, 11e part., *statuts*, 11e vol., 924.

Serpentine (tour de la). *Arch. lég.*, 11e part., *statuts*, 1er vol., 699.

Serrurier, voy. Reims (serruriers de).

— (Gérard le). *Arch. adm.*, t. II, 301.

Serruriers de Reims (statuts des). *Arch. lég.*, 11e part., *statuts*, 11e vol., 589.

— Serulfus, vide Sorulfus.

Servagium (servage). *Arch. adm.*, t. I, 454; vide Servitus.

Serval (Jehan de), marchand. *Arch. lég.*, 1re part., 759; 11e part., *statuts*, 1er vol., 862, 866-868, 876.

— (Nicaise de), seigneur de Talemas. *Arch. lég.*, 1re part., 891, 11e part., *statuts*, 1er vol., 436? 922.

— (André), élu de Reims. *Arch. lég.*, 1re part., 896.

— (Pierre), archidiacre. *Arch. lég.*, 11e part., *statuts*, 1er vol., 117 689? 699, 885, 897; *statuts*, 11e vol., 4, 648, 690.

— (Claude) fabricant de serges. *Arch. lég.*, 11e part., *statuts*, 11e vol., 831.

Servasy (Pierre), menuisier. *Arch. lég.*, 11e part., *statuts*, 11e vol., 359.

Servays (Johannes). *Arch. adm.*, t. I, 1041. *Arch. lég.*, 11e part., *statuts*, 11e vol., 772.

— (Bouvier), curé de Laval et de Goris. *Arch. lég.*, 1re part., 886.

Serviens liber, vide Francus serviens.

Servientes, vide Baillivi Remensis ser-vientes, Beatæ Mariæ Remensis, Campaniæ nundinarum, Castellione (de), Regis, Remensis ecclesiæ, Remensium canonicorum, Remorum archiepiscopi, Sancti Remigii.

Servieta (serviette). *Arch. lég.*, 11e part., *statuts*, 1er vol., 195.

Servilis, vide Conditio.

Servin, avocat général. *Arch. lég.*, 11e part., 273, 494; *statuts*, 111e vol., 8, 15, 17, 47, 68, 510, 619.

Servion (village de), dans le doyenné de Charleville. *Arch. adm.*, t. II, 1069.

Servitium, vide Mortuorum.

Servitude, voy. Servitus.

Servitus. *Arch. adm.*, t. I, 614, 700; t. III, 401. *Arch. lég.*, 1re part., 66, 224, 385. Comment réglée par la coutume de Reims, 1010, 1015, 1027, 1032; voy. Servitude.

Servon (paroisse de). *Arch. adm.*, t. II, 1101.

— (patronage de), voy. Servonno (patronagium de).

— (prêtre de), voy. Servonno (presbyter de).

Servonno (patronagium de). *Arch. adm.*, t. II, 1102.

— (parochia de), vide Servon (paroisse de).

— (presbyter de), *Arch. adm.*, t. II, 1101.

— (Henricus de), chapelain de Saint-Pierre aux Nones. *Arch. adm.*, t. II, 385, 1042.

Servus, vide Serf.

Sery (Bernard de). *Arch. adm.*, t. II, 1083.

— (curé de). *Arch. lég.*, 11e part., *statuts*, 11e vol., 763, 777; voy. Verde (Nicole).

— (Ludovicus de), évêque de Coutances. *Arch. lég.*, 11e part., *statuts*, 1er vol., 122.

Sery (Nicolas de), marchand drapier. *Arch. lég.*, IIe part., *statuts*, IIe vol., 810.

— (paroisse de). *Arch. adm.*, t. II. 1081; t. III, 46.

— (pauperes de). *Arch. adm.*, t. I, 811.

— (presbyter de). *Arch. adm.*, t. II, 1082.

— (village de). *Arch. adm.*, t. I, 17; t. II, 1083; t. III, 16, 620. *Arch. lég.*, Ire part., 904; IIe part., *statuts*, IIe vol., 763, 963.

Serzeyo (parochia de), vide Serzy (paroisse de).

— (village de), voy. Serzy (village de).

Serzy (paroisse de). *Arch. adm.*, t. II, 1060.

— (presbyter de). *Arch. adm.*, t. II, 1058.

— (village de). *Arch. adm.*, t. I, 313; t. III, 602. *Arch. lég.*, IIe part., *statuts*, IIe vol., 963.

— Maupas (paroisse de). *Arch. adm.*, t. II, 1058, 1061.

Sestasse (Raoulin), mercier. *Arch. adm.*, t. III, 837.

Sestellagium, vide Sesterlagium.

Sesterlagium. *Arch. adm.*, t. I, 306, 354, 394, 404, 517, 518, 637, 638, 830, 848, 909, 973, 1060; t. II, 404, 406, 434, 679, 693; t. III, 72. *Arch. lég.*, IIe part., *statuts*, Ier vol., 344; vide Remense Sesterlagium, Stellage, Strelage.

Sethenay (ville de). *Arch. lég.*, IIe part., *statuts*, Ier vol., 552.

Setia, vide Sery.

Setier, voy. Vinage (setier de), Sextarius.

Setonne (patronagium de), vide Stonne.

— (capellania de), vide Stonne.

Seuberlara (villa). *Arch. adm.*, t. I, 29.

Seudras le Bueur, sergent de ville. *Arch. lég.*, IIe part., *statuts*, Ier vol., 807.

Seuil (Hue de). *Arch. adm.*, t. III, 608.

Seuil (Jean de), voy. Solio (Johannes de).

— (paroisse de). *Arch. adm.*, t. II, 1104, 1105.

— (patronage de), voy. Solio (patronagium de).

Seulphus, archevêque de Reims. *Arch. adm.*, t. I, 12. Fortifie l'abbaye de Saint-Remi à cause des incursions des Hongrois, 72. Soixante-douze concessions relatives à l'indemnité du cloître faites par ledit aux chanoines, 73, 74, 75, 77, 78, 95, 982. *Arch. lég.*, IIe part., *statuts*, Ier vol., 90, 119, 169? Don du cloître fait par ledit au chapitre, *statuts*, IIIe vol., 19.

Seuphus, vide Seulphus.

Seure (M. de), seigneur de Poix. *Arch. adm.*, t. II, 1077.

Seval (Simon de), franc sergent du chapitre. *Arch. lég.*, IIe part., *statuts*, IIIe vol., 33.

Séverin (Petrus). *Arch. adm.*, t. II, 209; voy. Moraine.

Severt (Aymé-Jehan-Jacques), conseiller. *Arch. lég.*, IIe part., *statuts*, IIIe vol., 317.

Sevigne (parochia de), vide Sevigny (paroisse de).

Sevigneyo (paroisse de), vide Sevigny (paroisse de).

— (patronagium de), vide Sevigny (patronage de).

Sevigneyum, vide Sevigny (ville de).

Sevigny (chapelle de). *Arch. adm.*, t. I, 1067.

— (château de). *Arch. adm.*, t. II, 1067.

— (curé de), voy. Garin (Jehan).

— (Huon de), chevalier, *Arch. adm.*, t. I, 816.

— (autel de), voy. Sevigniaco (altar de).

— (paroisse de), *Arch. adm.*, t. II, 1066. *Arch. lég.*, IIe part., *statuts*, Ier vol., 106.

Sevigny (patronage de). *Arch. adm.*, t. II, 1066, 1068.

— (personatus de). *Arch. lég.*, ıı^e part., *statuts*, ıı^e vol., 636.

— (presbyter de). *Arch. adm.*, t. II, 1066.

— (ville de). *Arch. adm.*, t. III, 109. *Arch. lég.*, ı^{re} part., 901, 906, 920.

— la Forest (village de). *Arch. adm.*, t. II, 1072.

Séville (saint Isidore de). *Arch. adm.*, t. I, 101. Compilation de canons dudit alléguée, 108. Frère de Léonce, l'apôtre des Wisigoths, *ibid.*, 112. Livre des Origines dudit, 335.

Sevoye-sur-Cosle (village). *Arch. lég.*, ı^{re} part., 919.

Sevricourt (M. de), seigneur de Vaux-lez-Mouron. *Arch. adm.*, t. II, 1101.

Sevyre (Galienne la). *Arch. adm.*, t. I, 775.

— (Ponce la). *Arch. adm.*, t. I, 776.

Sextarius, *Arch. adm.*, t. I, 236, 251, 305, 321, 344, 354, 355, 366, 385, 408, 418, 446, 452, 461, 493, 570. *Arch. lég.*, ıı^e part., *statuts*, ı^{er} vol., 63, 64, 65, 66, 68, 75, 77, 81, 83, 88, 90, 91; vide Setier; voy. Avenæ sextarius, Bladi, Cervisiæ, Frumenti, Mestilionis, Siliginis, Vini.

— consialis. *Arch. lég.*, ı^{re} part., 222.

Sextellage, voy. Stellage.

Sextellagerius, vide Simon.

Sextes (décrets de). *Arch. adm.*, t. I, 112.

Sez (Colart de). *Arch. lég.*, ı^{re} part., 549.

— (Colesson de), voy. Sez (Colart de).

Sezania, vide Sezanne.

Sezanna (Nicolaus de), diacre. *Arch. lég.*, ıı^e part., *statuts*, ı^{er} vol., 119.

Sézanne (élection de). *Arch. lég.*, ıı^e part., *statuts*, ıı^e vol., 968.

— (Johannes de). *Arch. lég.*, ıı^e part., *statuts*, ı^{er} vol., 106.

Sézanne (ville de). *Arch. adm.*, t. II, 347; t. III, 1111. *Arch. lég.*, ıı^e part., *statuts*, ı^{er} vol., 616, 697, 698; *statuts*, ııı^e vol., 520, 528.

Sezille (Oudart). *Arch. adm.*, t. III, 831, 834, 837. *Arch. lég.*, ıı^e part., *statuts*, ı^{er} vol., 392.

— la couratière d'estamine. *Arch. adm.*, t. II, 522.

— femme de Gaucher de Cumjerse, écuyer. *Arch. adm.*, t. II, 1013.

Sibilla laica. *Arch. adm.*, t. I, 410. *Arch. lég.*, ıı^e part., *statuts*, ı^{er} vol., 81.

— filia Gylindis dominæ de Roseyo. *Arch. adm.*, t. I, 719.

— femme de Gui Châtelain, chevalier. *Arch. adm.*, t. II, 99.

— femme d'Odo de Bourgogne, bourgeois. *Arch. lég.*, ıı^e part., *statuts*, ı^{er} vol., 117, 121.

Sibille, femme de Jean la Pance. *Arch. adm.*, t. I, 1017.

— IV, abbesse de Saint-Pierre aux Dames. *Arch. adm.*, t. I, 204, 205, 663?

Sicard (Franciscus), prêtre-chanoine, et sous-chantre. *Arch. lég.*, ıı^e part., *statuts*, ı^{er} vol., 120.

Sicca-Salix (villa de). *Arch. adm.*, t. I, 253.

Siccus, vide Drogo, Garinus.

— (Radulphus). *Arch. adm.*, t. I, 832, 839.

Sicfarius, prévôt de Saint-Remi. *Arch. adm.*, t. I, 335. Célèbre par une methode sur le comput, *ibid.*

— enfant-chanoine. *Arch. lég.*, ıı^e part., *statuts*, ı^{er} vol., 94.

Sichelmus, prêtre. *Arch. lég.*, ıı^e part., *statuts*, ı^{er} vol., 71, 93.

Sicile (roi de). *Arch. lég.*, ıı^e part., ı^{er} vol., 657.

— (royaume de), voy. Sicilia.

Sicilia. *Arch. adm.*, t. I, 894. *Arch. lég.*, ı^{re} part., 451.

Sicliniense capitulum. *Arch. adm.*, t. II, 639.

Siége, voy. Calais (siége de), Laon, Reims, Vitry.

— apostolique (commissions du), vide Sedis apostolicæ commissiones.

— (légats du), vide Sedis apostolicæ legati, Nuntii.

— royal, voy. Reims (siége royal de), Châlons, Épernay, Fismes, Vertus.

— de Reims (vacance du). *Arch. lég.*, IIe part., *statuts*, Ier vol., 265, 285; *statuts*, IIIe vol., 7, 58, 132, 171, 172.

Sierge, voy. Cierges.

— (presbyter de), voy. Cierges.

— (Perrinet de), pâtissier. *Arch. adm.*, t. III, 25.

— (Pierre de), voy. Cierges.

Sigardus, accolyte-chanoine. *Arch. lég.*, IIe part., *statuts*, Ier vol., 82.

— sous-diacre et chanoine. *Arch. lég.*, IIe part., *statuts*, Ier vol., 101.

Sigars, fils de Person de Villiers la Chièvre, l'un des complices de Gauchier de Cumières. *Arch. adm.*, t. II, 1020, 1021, 1213

— (Werions). *Arch. adm.*, t. II, 123, 1243.

— le Petit (Loys). *Arch. adm.*, t. II, 1213, 1213.

— le Petit (Perrotin). *Arch. adm.*, t. II, 1243.

Sigebert, chroniqueur. *Arch. adm.*, t. I, 666.

Sigebertus, clerc. *Arch. lég.*, IIe part., *statuts*, Ier vol., 88, 97; vide Sigibertus (presbyter).

Sigebodus, vassal de l'église de Reims. *Arch. adm.*, t. I, 69.

Sigeboldus. *Arch. lég.*, IIe part., *statuts*, Ier vol., 75.

Sigemundus. *Arch. lég.*, IIe part., *statuts*, Ier vol., 68.

Sigibertus, voy. Sigebert.

— prêtre. *Arch. lég.*, IIe part., *statuts*, Ier vol., 63, 67.

Sigilli capituli custodia. *Arch. lég.*, IIe part., *statuts*, Ier vol., 76.

Sigillifer. *Arch. adm.*, t. II, 592; Curiæ Remensis sigillifer.

Sigillum, vide Remorum curiæ sigillum, Sancti-Remigii.

Sigilus. *Arch. adm.*, t. I, 236.

Sigloard, archiprêtre de l'église de Reims et historien. *Arch. adm.*, t. I, 35, 67, 666, 747. *Arch. lég.*, IIe part., *statuts*, Ier vol., 75.

Sigloardus, vide Sigloard.

Signe (Guillot du). *Arch. lég.*, Ire part., 577.

— (maison du). *Arch. lég.*, IIe part., *statuts*, Ier vol., 249.

Signeio (alodium de). *Arch. lég.*, IIe part., *statuts*, Ier vol., 72, 96; voy. Signy (alleu de).

Signiacense monasterium, vide Signy (abbaye de).

Signiacensis (abbas). *Arch. adm.*, t. I, 495, 634, 1037. Seigneur de Chappes, 1080, 1081, 1082, 1083, 1124. *Arch. lég.*, Ire part., 887; IIe part., *statuts*, Ier vol., 686; *statuts*, IIe vol., 35; *statuts*, IIIe vol., 35.

Signiaco Parvo (parochia de). *Arch. adm.*, t. II, 1072; vide Signy le Petit (paroisse de).

— Parvo (presbyter de). *Arch. adm.*, t. II, 1072

— Parvo (J. de), chanoine de Saint-Nourrice. *Arch. adm.*, t. II, 1011.

Signinus, sous-diacre et chanoine. *Arch. lég.*, IIe part., *statuts*, Ier vol., 73.

Signolet (Jean). *Arch. lég.*, IIe part., *statuts*, IIe vol., 226.

Signuelle (Huisselin de), tisseur de drap. *Arch. adm.*, t. III, 834.

Signy (abbaye de). *Arch. adm.*, t. I, 417, 900, 1013; t. II, 383. *Arch. lég.*, ı^re part., 941, 956|, 1001.

— (abbé de), voy. Signiacensis abbas.

— (alleu de), voy. Signeio (alodium de).

— (maison de). *Arch. adm.*, t. II, 497, 1149.

— le Petit (paroisse de); voy. Signiaco Parvo (parochia de).

— (prêtre de), voy. Signiaco Parvo (presbyter de).

— (ville de), voy. Signy l'Abbaye.

— l'Abbaye (ville de), *Arch. adm.*, t. II, 1074, 1083. *Arch. lég.* ı^re part., 908, 910; ıı^e part., *statuts.*, ııı^e vol., 252.

— (religieux de), seigneurs de Domery. *Arch. adm.*, t. II, 1068, 1082, 1083. *Arch. lég.*, ı^re part., 877; ıı^e part., *statuts*, ııı^e vol., 35, 37.

— (château de). *Arch. adm.*, t. II, 1074.

Sigoboldus, vide Sigeboldus.

Sigonius, archevêque, préside le concile de Saint-Bâle-lez-Reims. *Arch. adm.*, t. II, 115, 116, 127, 128, 157, 174, 178.

Sii (presbyter de); vide Sy (prêtre de).

— (village de), voy. Sy.

Silésie (drap de). *Arch. lég.*, ıı^e part., *statuts*, ı^er vol., 846.

Silice (Robertus de), chanoine-prêtre. *Arch. lég.*, ıı^e part., *statuts*, ı^er vol., 114.

— (Rodoardus de), chanoine-prêtre. *Arch. lég.*, ıı^e part., *statuts*, ı^er vol., 114.

Siliginis modius. *Arch. adm.*, t. I, 497. *Arch. lég.*, ıı^e part., *statuts*, ı^er vol., 100; vide Froment (boisseau de).

— sextarius. *Arch. lég.*, ıı^e part., *statuts*, ı^er vol., 104, 173, 179.

Silleranus, famulus. *Arch. lég.*, ıı^e part., *statuts*, ı^er vol., 101.

Sillereio (Cecilia de). *Arch. adm.* t. I, 413.

Silleriacum, vide Sillery.

Sillery (Drouin de). *Arch. adm.*, t. III, 128.

— (Huet de). *Arch. adm.*, t. III, 129.

— (Hugo de), chevalier. *Arch. adm.*, t I, 363, 367, 374. *Arch. lég.*, ıı^e part., ı^er vol., 84.

— (marquisat de). *Arch. lég.*, ıı^e part., *statuts*, ıı^e vol., 725, 727; *statuts*, ııı^e vol., 392.

— (maison de). *Arch. lég.*, ıı^e part., *statuts*, ı^er vol., 886; *statuts*, ıı^e vol., 648.

— (Nicolas Brulart de), abbé de Valroy. *Arch. lég.*, ıı^e part., *statuts*, ıı^e vol., 648.

— (paroisse de). *Arch. adm.*, t. II., 119.

— (presbyter de). *Arch. adm.*, t. II, 117.

— (Ponsart de). *Arch. adm.*, t. III, 129.

— (ville de). *Arch. adm.* t. I, 847, 1090; t. II, 319, 1118; t. III, 596, 627, 649, 655, 656. *Arch. lég.*, ı^re part., 755, 903, 908; ıı^e part., *statuts*, ı^er vol., 167, 531, 693, 804; *statuts*, ıı^e vol., 725, 860, 963, 968; *statuts*, ııı^e vol., 392.

Sillet (Noël), notaire à Montfaucon. *Arch. lég.*, ıı^e part., *statuts*, ııı^e vol., 269.

Silley (Grossus J. de). *Arch. adm.*, t. II, 620.

Silly (M. de). *Arch. lég.*, ıı^e part., *statuts*, ııı^e vol., 388.

— (village de). *Arch. lég.*, ı^re part., 900.

Silvanectense capitulum. *Arch. adm.*, t. II, 67, 638.

— concilium, vide Senlis (concile de).

Silvanectenses canonici, vide Barrone (Johannes de); Boussois (Stephanus de); Petrafonte (Johannes de).

Silvanectensis decanus, vide Barrone (Guillermus de).

Silvanectensis diœcesis. *Arch. adm.*, t. II, 638.

—— episcopus. *Arch. adm.*, t. I, 362, 449, 549, 570, 571, 579, 584, 586, 587, 599, 604, 626, 640, 642; t. II, 638. *Arch. lég.*, 1ʳᵉ part., 279; vide Adam, Garinus, Guido, Hubert, Humbert, Odo, Pierre.

Silvanecto (Johannes de), vide Senlis (Jehan de), prévôt de Reims.

— (Henricus de), archidiacre de Reims. *Arch. lég.*, 11ᵉ part., *statuts*, 1ᵉʳ vol., 98, 121.

Silvanectnm, vide Senlis (ville de).

Silvanus, prêtre. *Arch. lég.*, 11ᵉ part., *statuts*, 1ᵉʳ vol., 104.

Silvestus (Petrus), écolâtre. *Arch. lég.*, 11ᵉ part., *statuts*, 1ᵉʳ vol., 120.

Silviniaco (altar de). *Arch. adm.*, t. I, 449. *Arch. lég.*, 11ᵉ part., *statuts*, 1ᵉʳ vol., 91.

Silvitona villa. *Arch. adm.*, t. I, 330.

Similio laicus. *Arch. lég.*, 11ᵉ part., *statuts*, 1ᵉʳ vol., 66.

Siméon, laïque. *Arch. lég.*, 11ᵉ part., *statuts*, 1ᵉʳ vol., 67.

— enfant-clerc. *Arch. lég.*, 11ᵉ part., *statuts*, 1ᵉʳ vol., 88.

Simon le Magicien. *Arch. adm.*, t. I, 197. *Arch. lég.*, 1ʳᵉ part., 456.

— abbé de Saint-Remi. *Arch. adm.*, t. I, 404, 410, 428, 429, 430, 567. *Arch. lég.*, 11ᵉ part., *statuts*, 1ᵉʳ vol., 170, 172, 174, 178.

— archidiacre de Sens. *Arch. adm.*, t. I, 310.

— archevêque de Reims. *Arch. lég.*, 11ᵉ part., *statuts*, 1ᵉʳ vol., 120; voy. Cramant.

— (Apostolicus), bailli du comte de Champagne. *Arch. adm.*, t. I, 524, 876.

— cardinal-légat. *Arch. adm.*, t. I, 895, 936, 975; t. II, 440. *Arch. lég.*, 11ᵉ part., *statuts*, 1ᵉʳ vol., 351, 388.

Simon, curé d'Hermonville. *Arch. adm.*, t. I, 917.

— avocat. *Arch. lég.*, 11ᵉ part., *statuts*, 111ᵉ vol., 471.

— (François), apothicaire. *Arch. adm.*, t. III, 841.

— (N.), bourgeois. *Arch. lég.*, 11ᵉ part., *statuts*, 1ᵉʳ vol., 773.

— sextellagerius, vide Simon, vidame de Reims.

— diacre. *Arch. adm.*, t. I, 318. *Arch. lég.*, 11ᵉ part., *statuts*, 1ᵉʳ vol., 71.

— fauteur de la commune de Reims. *Arch. adm.*, t. I, 303.

— échevin. *Arch. adm.*, t. I, 311.

— (Benoît), procureur. *Arch. lég.*, 11ᵉ part., *statuts*, 11ᵉ vol., 843, 968; *statuts*, 111ᵉ vol., 102.

— évêque de Paris. *Arch. adm.*, t. I, 1047, 1054, 1057. *Arch. lég.*, 11ᵉ part., *statuts*, 1ᵉʳ vol., 117.

— (H.), clerc de Reims. *Arch. lég.*, 11ᵉ part., *statuts*, 1ᵉʳ vol., 738, 746, 770, 779.

— (Jehan) dit Caro. *Arch. lég.*, 11ᵉ part., *statuts*, 1ᵉʳ vol., 650.

— vidame de Reims. *Arch. adm.*, t. II, 337, *Arch. lég.*, 11ᵉ part., *statuts*, 1ᵉʳ vol., 73, 74, 106.

— acolyte-chanoine. *Arch. lég.*, 11ᵉ part., *statuts*, 1ᵉʳ vol., 82, 85? 97? 117?

— (Johannes), prêtre. *Arch. lég.*, 11ᵉ part., *statuts*, 1ᵉʳ vol., 102, 115? 747.

— doyen de Saint-Remi de Reims. *Arch. lég.*, 11ᵉ part., *statuts*, 1ᵉʳ vol., 171.

— frère de l'hospice de Saint-Ladre. *Arch. adm.*, t. I, 547.

— frère mineur. *Arch. adm.*, t. I, 878.

— fils de Rainaldus. *Arch. adm.*, t. I, 303.

— varlet. *Arch. adm.*, t. II, 323. *Arch. lég.*, 11ᵉ part., *statuts*, 1ᵉʳ vol., 67.

Simones, voy. Fraillicourt.

Simones, fils d'Ysabiaul de la Mothe. *Arch.
adm.*, t. II, 93.

Simonia, voy. Simonie.

Simoniachus. *Arch. lég.*, 1ʳᵉ part., 108.

Simoniaque, voy. Simoniachus.

Simonie, évêques accusés de ladite. *Arch.
adm.*, t. I, 210, 244, 468, 894. *Arch.
lég.*, 1ʳᵉ part., 58, 65, 159, 349,
422.

Simonine (charte). *Arch. lég.*, IIᵉ part.,
statuts, 1ᵉʳ vol., 344, 347.

Simonnet (Pierre), marchand. *Arch. lég.*,
IIᵉ part., *statuts*, 1ᵉʳ vol., 927, 928;
statuts, IIᵉ vol., 805, 807? 812; *statuts*, IIIᵉ vol., 82, 83.

— le Cloutier. *Arch. adm.*, t. II, 486;
voy. Symonnet.

Simonot (Martin), boulanger. *Arch. lég.*,
IIᵉ part., *statuts*, IIᵉ vol., 161.

Simons (Pierre), voy. Simonet.

Sincelia villa, vide Sinceny.

Sinceny (ville de). *Arch. adm.*, t. I, 263.
Arch. lég., 1ʳᵉ part., 882, 909.

— (curé de), voy. Hurtault (Nicole).

— (fief de). *Arch. lég.*, 1ʳᵉ part., 894.

Sinemuro (Milo). *Arch. lég.*, 1ʳᵉ part.,
213.

Singaudicurt (villa de). *Arch. adm.*, t. I,
407.

Singly (villa de). *Arch. adm.*, t. I, 288;
t. II, 1077, 1079; t. III, 620. *Arch.
lég.*, 1ʳᵉ part., 906, 908, 909.

— (presbyter de). *Arch. adm.*, t. II,
1076, 1112.

— (paroisse de), voy. Sengleyo (parochia de).

— (patronage de), voy. Sengleyo (patronagium de).

Singulus (sorte d'ornement). *Arch. adm.*,
t. I, 222.

Sinodochium (oratoire). *Arch. lég.*, 1ʳᵉ part.,
464.

Sipaux, huissier. *Arch. lég.*, IIᵉ part.,
statuts, 1ᵉʳ vol., 279.

Sirepreux (George de), curé de Trigny.
Arch. lég., 1ʳᵉ part., 882.

Sirice (saint), pape. *Arch. adm.*, t. I, 107.
Décrétales dudit alléguées, *ibid.*

Sirmond (le père), jésuite. *Arch. adm.*,
t. I, 3, 55, 100. Compilation des conciles dudit alléguée, 106, 548, 551,
563, 953.

Sisenandus, roi des Goths. *Arch. adm.*,
t. I, 160.

Sissonne (Mahius de). *Arch. adm.*, t. II,
673.

— (ville de). *Arch. adm.*, t. III, 131,
157. *Arch. lég.*, 1ʳᵉ part., 892, 903,
911.

— (curé de). *Arch. lég.*, 1ʳᵉ part., 919;
voy. Punye (Guillaume).

— (douairière de), voy. Grant-Champ
(Jacqueline de).

Situatus (situé). *Arch. adm.*, t. II, 471;
t. III, 89, 370, 907.

Sivereio (Nemus de). *Arch. lég.*, IIᵉ part.,
statuts, 1ᵉʳ vol., 189.

— (miles de). *Arch. lég.*, IIᵉ part., *statuts*, 1ᵉʳ vol., 189.

Sivigniaco (altar de). *Arch. lég.*, IIᵉ part.,
statuts, 1ᵉʳ vol., 95; vide Sevigny (autel de).

Sivry (village de). *Arch. adm.*, t. II,
1098.

— (bois de), voy. Sivereio (nemus de).

Sixtus, pape. Décrétales dudit alléguées.
Arch. adm., t. I, 136; vide Syxte.

Sizancourt (seigneur de), voy. Chastelain
(Loys le).

Skimorte (capelles de), vide Squimorte.

Skina (ecclesia de). *Arch. adm.*, t. I, 313,
330.

824   TABLE GÉNÉRALE

Smarna (ecclesia de). *Arch. adm.*, t. I, 313.

Soalnea villa. *Arch. adm.*, t. I, 29.

Sobieteau (Jean), bourgeois. *Arch. lég.*, IIe part., *statuts*, IIIe vol., 33 ; voy. Sobretel.

Sobretel (Person). *Arch. lég.*, Ire part., 527 ; IIe part., *statuts*, Ier vol., 672.

— (Jehan), clerc de Reims. *Arch. lég.*, IIe part., *statuts*, Ier vol., 701, 703, 740.

Société, voy. Jésus (société de).

Sodoma. *Arch. lég.*, Ire part., 372.

Sodome (ville de), voy. Sodoma.

Soecourt (dominus de), scancionarius Franciæ. *Arch. adm.*, t. II, 945.

Sœurs, voy. Hôtel - Dieu (sœurs de l') Saint-Éloi.

— de l'Hôtel-Dieu (statuts des). *Arch. lég.*, IIe part., *statuts*, Ier vol., 58.

Soeicourt (marquis de). *Arch. adm.*, t. II, 1081.

Sohier (Théodore), coutelier. *Arch. lég.*, IIe part., *statuts*, IIe vol., 1035, 1040.

— (Thomas), chandelier. *Arch. lég.*, IIe part., *statuts*, IIIe vol., 229.

Sohiert le maréchal. *Arch. adm.*, t. II, 515.

Sohiez, voy. Orreinville (Joh. de).

Soibaut (Jehan), charreton. *Arch. adm.*, t. II, 347.

Soifarius, vide Sicfarius.

Soigle, four banal de Saint-Remi. *Arch. lég.*, Ire part., 552.

Soignium (sorte de prestation). *Arch. adm.*, t. I, 344. *Arch. lég.* IIe part., *statuts*, Ier vol., 64.

Soigny (village de). *Arch. lég.*, IIe part., *statuts*, IIIe vol., 390.

Soin (paroisse de). *Arch. adm.*, t. II, 1116.

Soissonnais (pays du). *Arch. adm.*, t. I, 493. *Arch. lég.*, IIe part., *statuts*, IIe vol., 829.

Soissons (argentier de), voy. Lefèvre (Sébastien).

— (archidiacre de), voy. Charité (Dreux de la), Charité (Hue de la).

— (arquebusiers de). *Arch. lég.*, IIe part., *statuts*, IIe vol., 107.

— (Bertrand de), architecte de la cathédrale de Reims. *Arch. adm.*, t. I, 722.

— (chapitre de), voy. Suessionense capitulum.

— (comte de). *Arch. adm.*, t. I, 383. *Arch. lég.*, Ire part., 888 ; IIe part., *statuts*, IIe vol., 666.

— (concile de). *Arch. adm.*, t. I, 26, 39, 41, 43, 47, 48, 49, 84, 269, 323, 333.

— (coutume de). *Arch. lég.*, IIe part., *statuts*, IIIe vol., 21.

— (diocèse de). *Arch. adm.*, t. II, 634, 886 ; t. III, 483. *Arch. lég.*, IIe part., *statuts*, Ier vol., 169 ; *statuts*, IIe vol., 14.

— (église de). Différend de ladite avec celle de Reims. *Arch. adm.*, t. I, 254, 411.

— (élection de). *Arch. lég.*, IIe part., *statuts*, Ier vol., 713, 904.

— (évêché de). *Arch. adm.*, t. I, 382.

— (évêque de), voy. Suessionensis episcopus.

— (Gile de). *Arch. adm.*, t. II, 764.

— (gouverneur de), voy. Rocquet (Guillaume).

— (Guiot de). *Arch. adm.*, t. II, 603.

— (maréchal de), voy. Margival (Antoine de).

— (Notre-Dame des Vignes de). *Arch. adm.*, t. I, 586. *Arch. lég.*, Ire part., 918.

— (official de), voy. Suessionensis officialis.

Soissons (porte de), voy. Ferrons.

— (prévôt de). *Arch. adm.*, t. III, 881.

— (roi de). *Arch. lég.*, iie part., *statuts*, iie vol., 179.

— (Saint-Crépin de), voy. Sancti-Crespini Suession. ecclesia.

— (Saint-Crespin le Grand de). *Arch. lég.*, ire part., 918.

— (Saint-Crespin en Chaye de). *Arch. lég.*, ire part., 918.

— (Saint-Martin de). *Arch. lég.*, ire part., 919.

— (Saint-Pierre au Parvy de). *Arch. lég.*, ire part., 918.

— (Saint-Quentin de). *Arch. lég.*, ire part., 919.

— (territoire de). *Arch. adm.*, t. I, 69, 322, 329 ; vide Suessionicus pagus.

Soissons (ville de). *Arch. adm.*, t. I, 502, 567, 642, 919, 923 ; t. II, 272, 484, 773, 981, 998, 1007, 1171 ; t. III, 46, 143, 312, 760, 903. *Arch. lég.*, iie part., *statuts*, ier vol., 661, 707, 769, 778, 913, 916, 927, 932 ; *statuts*, iie vol., 18, 291, 694 ; *statuts*, iiie vol., 149, 270, 419.

Soivrelet (Jehan), prévôt de Laon. *Arch. adm.*, t. II, 1005.

Soizard (Jehan), curé de Saint-Jehan aux Bois. *Arch. lég.*, ire part., 886.

Soize (village de). *Arch. lég.*, ire part., 900.

Sol, voy. Solidus.

— parisis, voy. Parisiensis solidus.

— de Mouson, vide Mosomagensis solidus.

— de Provins, vide Pruvinensis solidus.

— sterling, vide Solidus sterlingus.

Soleau (Jean). *Arch. lég.*, iie part., *statuts*, iie vol., 265.

— (Claude). *Arch. lég.*, iie part., *statuts*, iie vol., 265.

Solemniacus, vide Sardena (Marta de).

Solet (G.....), bourgeois. *Arch. lég.*, iie part., *statuts*, ier vol., 861.

Soliaco (Henricus de). *Arch. adm.*, t. I, 591.

Solidus. *Arch. adm.*, t. I, 9, 222, 223, 253, 263, 275, 276, 277, 288, 290, 294, 303, 307, 317, 319, 321, 325, 344, 346, 353, 354, 366, 374, 386, 394, 397, 401, 417, 418, 419, 420, 423, 435, 436, 438, 464, 497, 499, 521, 526, 621. *Arch. lég.*, *statuts*, iiie vol., 223 ; vide Mosomagensis solidus, Parisiensis, Remensis, Turonensis ; vide Sol.

— Pruvinensis, vide Fossatis (solidus de).

Solidus sterlingus. *Arch. lég.*, iie part., *statuts*, ier vol., 101.

Solier (Jehan du), échevin de Courville. *Arch. adm.*, t. III, 747.

— (P.... du), procureur. *Arch. lég.*, iie part., *statuts*, ier vol., 617.

Solio (Bernardus de). *Arch. adm.*, t. I, 532, 533.

— (Coletus de), fils du précédent. *Arch. adm.*, t. I, 533.

— (Colinus de), sergent du prévôt. *Arch. adm.*, t. I, 927.

— (Isabella de). *Arch. adm.*, t. I, 533.

— (parochia de), vide Seuil (paroisse de).

— (patronagium de). *Arch. adm.*, t. II, 1107.

— (presbyter de). *Arch. adm.*, t. II, 1102.

Solitanus episcopus, vide Maximus.

Sollet (Georges), boulanger. *Arch. lég.*, iie part., *statuts*, iie vol., 144, 150.

Sollot (Nicolas), échevin. *Arch. lég.*, iie part., *statuts*, iie vol., 263.

Solon (Jehan-Baptiste), cellerier de Saint-Remi. *Arch. lég.*, iie part., *statuts*, ier vol., 235.

Somide (decima de). *Arch. lég.*, iie part., *statuts*, ier vol., 88, 104.

Sommaine (village de). *Arch. lég.*, 1re part., 905.

Sommapinu (capellania de). *Arch. adm.*, t. II, 1116.

— (parochia de), voy. Sommepy (paroisse de).

— (presbyter de). *Arch. adm.*, t. II, 1115.

Somme, voy. Cordelier (somme du), Drogon, Rolandini, voy. Summa.

— (rivière de). *Arch. adm.*, t. III, 776. *Arch. lég.*, 11e part., *statuts*, 1er vol., 655.

— (R. de la), tellier. *Arch. adm.*, t. II, 826.

— à-Arne (paroisse de). *Arch. adm.*, t. II, 1114.

— -à-Arne (prêtre de). *Arch. adm.*, t. II, 1115.

— -à-Arne (village de). *Arch. lég.*, 1re part., 908.

— -Haute (village de). *Arch. lég.*, 11e part., *statuts*, 111e vol., 388.

Sommepin (major de), vide Sommepy (maire de).

— (Fourquet de). *Arch. adm.*, t. II, 673.

— Scabini de, vide Sommepy (échevins de).

— (autel de), vide Summopi altar.

Sommepy (chapellenie de), voy. Summapinu (capellania de).

— (Colart de, bourgeois de l'archidiacre de Liege. *Arch. adm.*, t. II, 907.

— curé de. *Arch. adm.*, t. III, 112; voy. Forthomme (Jean le).

— (dîme de), voy. Summapinu (decima de).

— (échevins de). *Arch. adm.*, t. II, 813.

— (maire de). *Arch. adm.*, t. II, 813.

— (paroisse de). *Arch. adm.*, t. II, 1115, 1116.

— (village de). *Arch. adm.*, t. III, 763.

Arch. lég., 1re part., 889; 11e part., *statuts*, 111e vol., 390; voy. Sompuy.

Sommepy (Wede de). *Arch. adm.*, t. II, 907.

Sommepuy, voy. Sompuy.

Sommerance (capellania de). *Arch. adm.*, t. II, 1097.

— (Margarite de, dame d'Artaise. *Arch. adm.*, t. III, 655.

Sommesolz, voy. Sommesous.

Sommesous (village de). *Arch. lég.*, 11e part., *statuts*, 111e vol., 390; voy. Summesaut.

— (dîme de). *Arch. lég.*, 11e part., *statuts*, 1er vol., 244.

Sommesuippe (paroisse de). *Arch. adm.*, t. II, 1115, 1116.

— (prêtre de), voy. Summa-Suippa (presbyter de).

Somme-Tourbe (paroisse de). *Arch. adm.*, t. II, 1100, 1101.

— prêtre de, voy. Summa-Turba (presbyter de).

Sommette (village de). *Arch. adm.*, t. II, 1098. *Arch. lég.*, 1re part., 889.

Sommevesle (forteresse de). *Arch. lég.*, 11e part., *statuts*, 11e vol., 114.

— Robert de, voy. Summavidula (Robertus de).

Sommevilla, vide Sommeville.

Sommeville (ville de). *Arch. adm.*, t. I, 130.

Sommevoir (village de). *Arch. lég.*, 11e part., *statuts*, 111e vol., 533.

Sommièvre (marquise de), dame de Faverolles. *Arch. adm.*, t. II, 1053; de Tramery, 1055, 1061, 1064.

— (L. de, écuyer. *Arch. adm.*, t. III, 833.

Sompuy (manufacture de). *Arch. lég.*, 11e part., *statuts*, 111e vol., 126.

— ville de. *Arch. adm.*, t. III, 46; voy. Sommepy.

Son (village de). *Arch. adm.*, t. II, 1083. *Arch. lég.*, ı^{re} part. , 887, 890.

— (Balduinus), écuyer. *Arch. adm.*, t. II, 102, 104.

Songepois (Jehan). *Arch. adm.* , t. III, 486.

Songny (Gilles), curé de Bouconville. *Arch. lég.* , ı^{re} part., 882.

Songy (village de). *Arch. lég.*, ı^{re} part., 919.

Sonnace , archevêque de Reims. *Arch. adm.*, t. I, 23; testament dudit, 24.

Sonnatius, vide Sonnace.

Sonniata (sorte de prestation). *Arch. adm.*, t. I, 221.

Sonnoveifa, vide Sunnoveifa.

Sous-lez-Chatillon (village de). *Arch. lég.*, ı^{re} part., 891, 900.

— (comtesse de), vide Sunno (comitissa de).

Sous-lez-Chastelain (village de). *Arch. lég.*, ı^{re} part., 900.

Soppia, vide Suippe (bourg de).

— (capellania de). *Arch. adm.* , t. II, 1115, 1116.

— (Henricus de). *Arch. lég.* , ıı^e part., *statuts*, ı^{er} vol., 189.

— (parochia de), voy. Suippe (paroisse de).

— (presbyter de). *Arch. adm.*, t. II, 1113.

Soppletus – Sanctus. *Arch. lég.*, ıı^e part., *statuts*, ı^{er} vol., 70; vide S. Souplet.

Sorbays (Gerardus de), cellerier. *Arch. adm.* , t. II, 663.

Sorbon (Gilet de), clerc. *Arch. adm.*, t. I, 540.

— (Henry de), ouvrier en soie. *Arch. lég.*, ıı^e part., *statuts*, ıı^e vol., 375.

— (Jehan de). *Arch. adm.*, t. III, 759. *Arch. lég.*, ıı^e part., *statuts*, ı^{er} vol., 775.

Sorbon (paroisse de). *Arch. adm.* , t. II, 1082.

— (prêtre de), voy. Sorbonno (presbyter de).

— (village de). *Arch. adm.*, t. II, 1083.

Sorbonio (parochia de), vide Sorbon (paroisse de).

Sorbonne (maison de). *Arch. adm.*, t. I, 287; t. II, 1055.

— (professeur de), voy. Lefevre (C.).

— (proviseur de), voy. Tellier (Ch. Maurice de).

Sorbonno (presbyter de). *Arch. adm.*, t. II , 1084 ; vide Sorbon.

Sorcietés (Jehan le). *Arch. adm.*, t. II, 269.

Sorceyo (Johannes de), moine d'Hautvilliers. *Arch. lég.*, ı^{re} part., 133.

— (parochia de), vide Sorcy (paroisse de).

Sorcy (Doumengin de). *Arch. adm.*, t. II, 896.

— (Henriès de). *Arch. adm.*, t. II, 392.

— (paroisse de). *Arch. adm.*, t. II, 1105. 1106.

— (Poncelet). *Arch. lég.* , ıı^e part., *statuts*, ıı^e vol., 265.

— (Pierre). *Arch. lég.*, ıı^e part., *statuts*, ıı^e vol., 265.

— (seigneur de), voy. Vouziers (Henry de).

Soreau (Augustin), curé de Cormicy. *Arch. lég.* , ı^{re} part., 884.

Sorel (Pierre), bourgeois. *Arch. lég.*, ıı^e part., *statuts*, ıı^e vol., 325.

Soret (Nicolas), maître savetier. *Arch. lég.*, ıı^e part., *statuts*, ıı^e vol., 239, 264.

Soria (laine de), employée dans la fabrique de Reims. *Arch. lég.*, ıı^e part., *statuts*, ıı^e vol., 334.

Sormonne (village de). *Arch. adm.*, t. II, 1069.

Soror. *Arch. lég.* , ı^{re} part., 40, 126,

vide Filiæ minores. S. Damiani Remensis sorores.

Sorulfos, laïque. *Arch. adm.*, t. I, 36.

Sot (Th. le). *Arch. adm.*, t. II, 827.

Sotest (Johannes). *Arch. adm.*, t. II, 725.

Sotularis (soulier). *Arch. adm.*, t. I, 409, 426, 509. *Arch. lég.*, IIe part., *statuts*, Ier vol., 63, 65, 86, 88, 90, 92, 93, 96, 98, 100, 103, 104, 197.

Sou, voy. Sol.

Souain (Adam de). *Arch. adm.*, t. III, 108. *Arch. lég.*, Ire part., 548?

— (chapellenie de). *Arch. adm.*, t. II, 1116.

— (Jehan de). *Arch. adm.*, t. II, 669.

— (paroisse de). *Arch. adm.*, t. II, 1115.

— (prêtre de). *Arch. adm.*, t. II, 1115.

— voy. Souyn.

Souano (parochia de), vide Souain (paroisse de).

— (presbyter de), voy. Souain (prêtre de).

Souastre (village de). *Arch. adm.*, t. III, 608.

Soubise (prince de). *Arch. lég.*, IIe part., 104.

Soubreteau (J.), voy. Sobretel.

Soubretet (J.), voy. Sobretel.

Souchez (village de). *Arch. adm.*, t. I, 19.

Soudant (S.... le). *Arch. adm.*, t. III, 691.

— (Jehan), échevin. *Arch. lég.*, IIe part., *statuts*, Ier vol., 623, 658, 663, 770, 772, 775, 779, 780, 789, 804, 831.

Soudoye (Ponce Louis), boulanger. *Arch. lég.*, IIe part., *statuts*, IIe vol., 162.

Soudron (châtelain de), voy. Pinteville-Vaugeux (Jean-Baptiste de).

— (village de). *Arch. lég.*, IIe part., *statuts*, IIIe vol., 389.

— (Gargam de), conseiller du roi. *Arch. lég.*, IIe part., *statuts*, IIIe vol., 420.

Souffrant (Ernaut). *Arch. adm.*, t. III, 379.

Sougny, voy. Sogny.

Souken-pope-Ruilicurle (prior de). *Arch. adm.*, t. II, 638.

Souliers (marché aux). *Arch. adm.*, t. II, 742.

Soultrain (Pierre), tondeur de drap. *Arch. lég.*, IIe part., *statuts*, IIe vol., 391, 392.

— (Nicolas), tondeur de drap. *Arch. lég.*, IIe part., *statuts*, IIe vol., 392.

Soumelan (Jehan). *Arch. adm.*, t. II, 1243.

Souper, voy. Sacre (souper du).

Souphie, femme de Robert le Lièvre. *Arch. adm.*, t. II, 29.

Soupir (village de). *Arch. lég.*, Ire part., 888, 899.

— (curé de), voy. Grave (Jean).

Soupoyers, moine d'Hautvilliers. *Arch. adm.*, t. II, 1029.

Soupplet (village de Saint-), voy. Suppletum.

Souppy (ecclesia de). *Arch. adm.*, t. II, 1087.

— (village de). *Arch. adm.*, t. II, 1087.

Sourdet (Robert). *Arch. adm.*, t. III, 15.

Sous (M. de), seigneur d'Ardeuil. *Arch. adm.*, t. II, 1099.

Sous-chantre, voy. Succentor.

Sous-diacre, injustement degradé. *Arch. adm.*, t. I, 168. Cérémonial de la réhabilitation dudit (*ibid.*), 205; voy. Subdiaconus.

Sous-semainier, voy. Subhebdomadarius.

Soussetière (Nicolas). *Arch. lég.*, Ire part., 898.

Souterel (Jehan), marchand. *Arch. lég.*, IIe part., *statuts*, Ier vol., 944.

Souvain (Raoul), chevalier. *Arch. adm.*, t. II, 653.

Souvre (marquis de). *Arch. lég.*, IIe part., *statuts*, IIIe vol., 391.

Souyn (Claude), bailli de l'archevêque. *Arch. lég.*, iiᵉ part. , *statuts*, iiᵉ vol., 204, 393, 509, 554, 581, 610, 1048.

— (Galarche), avocat. *Arch. lég.*, iʳᵉ part., 897 ; iiᵉ part. , *statuts*, iᵉʳ vol. , 322, 869 ; *statuts* , iiᵉ vol., 556.

— (N....), député de Reims aux états de Blois. *Arch. lég.*, iiᵉ part., *statuts*, iᵉʳ vol., 711, 908, 910. Participation dudit à la ligue, 913, 922? 924, 928? 930.

— (M. de), seigneur de Cosson. *Arch. adm.*, t. II, 1055.

— (François-Joseph), lieutenant des habitants de Reims. *Arch. lég.*, iiᵉ part., *statuts* , iᵉʳ vol., 297, 923?

Souyppe (Garnier de), cordonnier, t. II, 527.

— (Jehan de), parmentier. *Arch. adm.*, t. II, 682.

— (Girart), cordonnier. *Arch. adm.*, t. II, 537.

— (Ponce, femme de Jean de). *Arch. adm.* , t. II, 682.

Souzmarne (Girart de). *Arch. adm.* , t. II, 653.

Souzy (sieur de). *Arch. lég.*, iiᵉ part., *statuts* , iᵉʳ vol., 915.

Soyecourt (Giles de). *Arch. adm.*, t. III, 251, 255, 288.

Soyer (Etienne), monnayeur. *Arch. lég.* , iiᵉ part., *statuts*, iiiᵉ vol., 187.

Soyeur (Gérart le). *Arch. adm.*, t. II, 1141.

— (Henry le). *Arch. adm.*, t. III, 284.

— (Jehan le). *Arch. adm.*, t. II, 698.

Sparnacenses canonici, vide Epernay (chanoines de).

Sparnacensis abbas. *Arch. adm.*, t. I, 450 ; t. II, 516, 634, 1025, 1038, 1096, 1122 ; vide Épernay (abbé d'), vide Nicholaus.

Sparnaco (abbas de), vide Sparnacensis abbas.

— (abbatia de). *Arch. adm.*, t. I, 872.

— (presbyter de). *Arch. adm.*, t. II, 1120)

— (parochia de), voy. Épernay (paroisse de).

— (frater minores de), voy. Épernay (Minimes de).

— (Castellania de). *Arch. adm.*, t. III, 341.

— (Guido de), notaire. *Arch. adm.*, t. II, 185.

— (Johannes de), chanoine. *Arch. lég.*, iiᵉ part., *statuts*, iᵉʳ vol., 63.

— (Decanatus de), voy. Épernay (doyenné de).

— (Nicholaus de), chanoine de Reims ; voy. Épernay (Nichole d').

— (theloneus de). *Arch. adm.*, t. I, 434. *Arch. lég.*, iiᵉ part., *statuts*, iᵉʳ vol., 92.

— (Hugo de). *Arch. adm.*, t. I, 424. *Arch. lég.*, iiᵉ part., *statuts*, iᵉʳ vol., 77.

— (Fulco de), diacre-chanoine. *Arch. lég.*, iiᵉ part., *statuts*, iᵉʳ vol., 75.

— (Rodulphus de), chevalier. *Arch. lég.*, iiᵉ part., *statuts*, iᵉʳ vol. , 77.

— (Nicolaus de), diacre. *Arch. lég.*, *statuts*, iᵉʳ vol., 114.

— chanoine de Reims, voy. Épernay (Nichole de).

Sparnacum. *Arch. adm.*, t. I, 6, 34 ; bâtie sous la seconde race, 56 ; achetée par l'église de Reims, 94, 328, 369, 382, 450 ; t. II, 634, 1035, 1040, 1042, 1121 ; t. III, 131, 606. *Arch. lég.*, iiᵉ part., *statuts*, iᵉʳ vol., 476, 479, 606, 617, 622, 640, 663, 694, 706, 715, 717, 718, 843, 859, 909. Implore le secours de Reims, 919, 926. Assiégée et prise par le maréchal de Saint-Pol, 932 ; *statuts*, iiiᵉ vol., 262, 419 ; vide Epernay.

Spata (Guido), trésorier de Bayeux. *Arch. adm.*, t. I, 1112.

Spava. *Arch. adm.*, t. III, 192, 193, 226, 228 ; vide Épave.

Spelta (épautre). *Arch. adm.*, t. I, 335.

Spernicensis abbas, vide Sparnacensis.

Spernus, vide Sprevus.

Spervus, prêtre. *Arch. lég.*, IIe part., statuts, Ier vol., 103 ; vide Sprevus.

Spicia (Guillermus de), chanoine. *Arch. adm.*, t. II, 475.

Spifame (Pierre), commandeur de Puisieulx. *Arch. lég.*, Ire part., 882.

— secrétaire du général Gaillard. *Arch. lég.*, IIe part., statuts, Ier vol., 841.

Spilliacum, voy. Epillez.

Spilly (lieu de). *Arch. lég.*, Ire part., 908.

Spinalo (Garinus de), moine de Saint-Remi. *Arch. lég.*, Ire part., 298.

Spine, vide Canis.

Spineto (Henricus de). *Arch. adm.*, t. I, 346.

— Radulphus de). *Arch. adm.*, t. I, 839, 849, 851.

— (Rolinus de). *Arch. adm.*, t. I, 346.

Spinetum. *Arch. adm.*, t. I, 850. *Arch. lég.*, IIe part., statuts, Ier vol., 96? vide Épinay.

Spingula épingle). *Arch. adm.*, t. I, 223.

Spinula (Godefridus de), chanoine. *Arch. adm.*, t. II, 339, 394.

Spiphame (Ja...., prêtre. *Arch. lég.*, IIe part., statuts, Ier vol., 120.

Spiritualis curia. *Arch. adm.*, t. III, 346. *Arch. lég.*, Ire part., 127 ; voy. Reims (cour spirituelle de).

Spiritus, vide Sanctus.

Sply (village de). *Arch. lég.*, Ire part., 877.

Spoia (altar de). *Arch. adm.*, t. I, 280 ; vide Epoye.

Spoletis dux, vide Welpho.

Sponde (H. de, ouvrage dudit, allégué. *Arch. adm.*, t. I, 548, 549.

Sponsalia. *Arch. lég.*, Ire part., 147, 154, 169, 184, 205, 281, 412, 415, 433, 625; vide Fiançailles.

Sponsus. *Arch. lég.*, Ire part., 164.

Sprevus, chorévêque. *Arch. lég.*, IIe part., statuts, Ier vol., 72.

Springala (espringalle). *Arch. adm.*, t. III, 225, 246.

Squimorte (capella de). *Arch. adm.*, t. I, 313, 330.

Squinæ ecclesia, vide Skina.

Sta (Nicolas), maître couvreur. *Arch. lég.*, IIe part., statuts, IIe vol., 238 ; statuts, IIIe vol., 678.

— (Gérard). *Arch. lég.*, IIe part., statuts, IIe vol., 239.

Stafort (Nicolaus, vicomte de. *Arch. adm.*, t. I, 251.

Stafortshira. *Arch. adm.*, t. I, 251.

Stafortshire (comté de. voy. Stafortshira.

Stagium (stalle). *Arch. lég.*, IIe part., statuts, Ier vol., 128.

Stagnum. vide Vernay.

Staise G..., garde de la prévôté de Paris. *Arch. adm.*, t. III, 114.

Staises Jehan, bailli du chapitre. *Arch. lég.*, IIe part., statuts, IIIe vol., 30.

— (Gilles, bailli de Vermandois. *Arch. lég.*, IIe part., statuts, IIe vol., 29.

— Guillaume), bailli de Vermandois. *Arch. adm.*, t. II, 1237 ; t. III, 5, 7, 12.

Stallum. *Arch. adm.*, t. I, 420, 421, 433, 435, 436, 582, 833 ; t. II, 216, 270, 956, 1042 ; t. III, 540. *Arch. lég.*, IIe part., statuts, Ier vol., 26, 72, 87, 92, 94, 98, 101 ; vide Etal, Castellione-supra-Maternam, Stella, Portalitia, Remorum.

Stamberg (altar de). *Arch. adm.*, t. I, 274.

Stampis (Nicolaus de). *Arch. adm.*, t. I, 410. *Arch. lég.*, iie part., *statuts*, i^{er} vol., 170, 172.

— (Petrus de), chanoine de Reims. *Arch. adm.*, 463, 472.

Stana (villa de). *Arch. adm*, t. I, 383 ; voy. Letanne.

Stançon (Jacques), lieutenant du bailli de Reims. *Arch. lég.*, iie part., *statuts*, i^{er} vol., 532.

Stannevelles (Toussaint de). *Arch. lég.*, i^{re} part., 520.

Stannis (ecclesia de). *Arch. adm.*, t. II, 1087.

Stannum, vide Stagnum.

Statuimus (décrétale). *Arch. adm.*, t. III, 645.

Statuta, vide Baronum Franciæ, Custodibus ecclesiæ (stat. de), Facultatis juris, Facultatis medicæ, Facultatis theologicæ, Flebotomiis; Hospitalis Remensis, Remensis ecclesiæ, Universitatis Remensis.

Statuts, voy. Abbaye de Saint-Rémi, Arquebusiers, Baigneurs, Barbiers-perruquiers, Bonnetiers, Boulangers, Chapeliers, Chaircuitiers, Chapitre général, Chaudronniers, Cordiers, Cordonniers, Corps de métiers, Couteliers, Cuisiniers, Drapiers, Épiciers, Épingliers, Estaminiers, Garde-bourgeoise de Reims, Grossiers, Imprimeurs de Reims, Jardin de l'arbalète, Joailliers, Maîtres à danser, Manufacture de Reims, Maréchaux, Mégissiers, Merciers, Monnayeurs, Moutardiers, Ouvriers en soie, Pain d'épiciers, Papetiers, Passementiers, Pâtissiers, Pierre le Vénérable, Quincailliers, Religieuses de l'Hôtel-Dieu, Retendeurs, Roi des violons, Séminaire de Reims, Sœurs de l'Hôtel-Dieu, Taillandiers, Tailleurs d'habits, Teinturiers, Tondeurs de draps, Tonneliers, Tourneurs, Udalric, Université de Paris, Vinaigriers.

Stelingus (setier du stellage de Reims). *Arch. adm.*, t. II, 335, 420.

Stellage, origine de ce mot. *Arch. adm.*, t. I, 82; voy. Archevêque de Reims (stellage de l'), Attigny, Reims.

— (droit de), appartenant par indivis à l'abbé de Saint-Remi et à l'archevêque. *Arch. adm.*, t. I, 268, 656, 744 ; t. II, 112, 381 ; t. III, 381, 601. *Arch. lég.*, iie part., *statuts*, i^{er} vol., 240, 255, 258, 295, 298, 302, 307 ; *statuts*, iie vol., 157, 274 ; *statuts*, iiie vol., 55, 117, 118. Les habitants de la terre commune de Reims sont affranchis dudit, 307, 308, 313, 320. Désignation des personnes laïques qui jouissent dudit, 330, 332, 340, 346, 660. Les habitants de Reims tentent de se soustraire audit, 661.

— (hôtel du). *Arch. adm.*, t. III, 723, 820, 825.

— (maison du), voy. Stellage (hôtel du).

— (quarrel du). *Arch. adm.*, t. II, 507.

Stellagium, vide Stellage.

Stenay (ville de). *Arch. adm.*, t. II, 1040, 1083. *Arch. lég.*, iie part., *statuts*, i^{er} vol., 476.

— (Maillard de), seigneur de Chennery. *Arch. adm.*, t. II, 1096.

Stephani feodus. *Arch. adm.*, t. I, 321.

Stephanus, archevêque d'Afrique. *Arch. adm.*, t. I, 128, 129.

— chancelier. *Arch. adm.*, t. I, 261.

— lecteur. *Arch. adm.*, t. I, 277.

— évêque de Preneste et cardinal. *Arch. adm.*, t. I, 309.

— comte de Blois. *Arch. adm.*, t. I, 243 ? 290. Legs fait par ledit à l'église de Reims. *Arch. lég.*, iie part., *statuts*, i^{er} vol., 72, 99 ?

Stephanus, bouteiller du roi saint Louis. *Arch. adm.*, t. I, 703.

— prêtre. *Arch. adm.*, t. I, 410.

— abbé de Sainte-Geneviève. *Arch. adm.*, t. I, 416.

— sous-diacre. *Arch. adm.*, t. I, 259.

— colon. *Arch. adm.*, t. I, 253.

— évêque de Noyon. *Arch. adm.*, t. I, 464.

— oblat de Saint-Remi. *Arch. adm.*, t. I, 69.

— abbé de Saint-Bâle. *Arch. adm.*, t. I, 917, 1006. *Arch. lég.*, 1re part., 116 ; 11e part., *statuts*, 1er vol., 89.

— sergent du prévôt de Laon. *Arch. adm.*, t. I, 927.

— de Courtenayo, voy. Courtenay (Étienne de).

— doyen de l'église de Reims. *Arch. adm.*, t. I, 639. *Arch. lég.*, 11e part., *statuts*, 1er vol., 119, 166.

— prêtre-chanoine. *Arch. lég.*, 11e part., *statuts*, 1er vol., 90, 93, 95, 119, 166.

— (Bertrandus). *Arch. adm.*, t. II, 1033.

— contre et diacre. *Arch. lég.*, 11e part., *statuts*, 1er vol., 81, 83.

— acolyte. *Arch. lég.*, 11e part., *statuts*, 1er vol., 96.

— diacre-chanoine. *Arch. lég.*, 11e part., *statuts*, 1er vol., 98, 99.

— pape. Décrétales dudit alléguées. *Arch. adm.*, t. I, 136, 209, 225.

Sterlagium, vide Stellage.

Sterlingus, vide Solidus.

Stigandus, archevêque. *Arch. adm.*, t. I, 208.

Stillicidium (stillicide). *Arch. lég.*, 1re part., 35, 36.

Stips canonica. Définition de ce mot. *Arch. adm.*, t. I, 224 ; vide Præbenda.

Stiria (marchio de), vide Styrie (marquis de).

Stogia (alodium de). *Arch. adm.*, t. I, 236. *Arch. lég.*, 11e part., *statuts*, 1er vol., 63.

Stola (robe, étole). *Arch. adm.*, t. I, 222, 338. *Arch. lég.*, 11e part., *statuts*, 1er vol., 82.

Stonne (capellania de). *Arch. adm.*, t. II, 1089, 1091.

— (parochia de). t. II, 1086, 1089, 1091 ; vide Stana.

Stonne (patronagium de). *Arch. adm.*, t. II, 1090.

Stonnia (presbyter de). *Arch. adm.*, t. II, 1086.

Stourne (M.), doyen de Carignan. *Arch. adm.*, t. II, 1088.

Strabo (Jacobus), citoyen de Reims. *Arch. adm.*, t. I, 547, 565.

Strabon, historien, allégué au sujet de l'échevinage de Reims. *Arch. adm.*, t. I, 482. *Arch. lég.*, 11e part., *statuts*, 11e vol., 179.

Straminis (vicus de), prope Parisius. *Arch. adm.*, t. II, 655.

Stranbourg, voy. Strasbourg.

Strano (Symon de), chapelain de Saint-Timothée. *Arch. adm.*, t. II, 1041.

Strasbourg (évêque de), voy. Wilderodus.

— Université de. *Arch. lég.*, 11e part., *statuts*, 11e vol., 677.

— ville de. *Arch. adm.*, t. III, 83.

Strelage, voy. Stellage.

Strocus. *Arch. adm.*, t. III, 902.

Stuffa (etuxe). *Arch. lég.*, 11e part., *statuts*, 1er vol., 55.

Sturgus (esturgeon). *Arch. adm.*, t. III, 956.

Styrie (marquis de), voy. Odoctarus.

Suart (Philippe), chanoine de Laon. *Arch. adm.*, t. I, 1035.

Suavicuria (Petrus de), vide Clarissello (Symon de).

Subacourt (village de). *Arch. lég.*, 1re part., 899.

Subcustos, vide Ecclesiæ Remensis sub-custodes.

Subdiaconus, vide Sous-diacre.

Sube (M.). *Arch. lég.*, IIe part., *statuts*, IIIe vol., 394.

Subhastation (sorte de vente publique). *Arch. lég.*, IIe part., *statuts*, Ier vol., 537.

Subhebdomadarius, voy. Remensis eccle-siæ subhebdomadarius, Sous-semainier.

Subinfirmarius (sous - infirmier). *Arch. adm.*, t. I, 294.

Submonio (avertissement). *Arch. adm.*, t. I, 294.

Subnaym (villa de). *Arch. adm.*, t. I, 263.

Subornatio (captation). *Arch. lég.*, 1re part., 185, 267.

Subprior, vide Remensium prædicatorum subprior, Sancti-Nichasii, Sancti-Re-migii.

Subsides. Deviennent perpétuels à dater de Charles VII, sous le nom de taille royale. *Arch. lég.*, IIe part., *statuts*, Ier vol., 457; voy. Reims (aides de).

Subsidium, vide Subside.

Subtil (Jehan le), bourgeois. *Arch. lég.*, IIe part., *statuts*, Ier vol., 434.

— (Éverard le), bourgeois. *Arch. lég.*, IIe part., *statuts*, Ier vol., 434.

— (Errard le), boucher. *Arch. lég.*, IIe part., *statuts*, Ier vol., 998.

Suburbium, vide Sancti-Nichasii Subur-bium, Sancti-Remigii; vide Reims (fau-bourgs de).

Subvicedominus (sous-vidame), vide Ma-nasses.

Succentor. *Arch. adm.*, t. I, 444, 583, 611, 616, 664; vide Remensis ecclesiæ succentor; vide Sous-chantre.

Succentoria (sous-chantrerie), vide Re-mensis ecclesiæ succentoria.

Succession. *Arch. lég.*, 1re part., 662, 673, 998, 1003. L'archevéque de Reims s'at-tribue la juridiction sur celles des rotu-riers, etc., IIe part., *statuts*, IIIe vol., 95; voy. Hæreditas.

Succursale, vide Ferrée (la).

Sucque (Nicaise le), maître de l'artillerie à Reims. *Arch. lég.*, IIe part., *statuts*, IIe vol., 369.

Sucre, employé dans les repas du couron-nement. *Arch. adm.*, t. II, 327, 482.

Sueil (Garnier de), prévôt. *Arch. adm.*, t. I, 730, 737, 761; t. II, 582.

— (Gobart de), capitaine de Reims. *Arch. adm.*, t. I, 346, 373; t. III, 306, 348, 356, 384, 390, 445.

— (Guido de), chanoine. *Arch. lég.*, IIe part., *statuts*, Ier vol., 63.

— (Jacquot de), bourgeois. *Arch. adm.*, t. III, 80.

— (M.... de), élu de Reims. *Arch. lég.*, IIe part., *statuts*, Ier vol., 885, 901.

— (seigneur de), voy. Briotin (Jean).

Suessio, vide Soissons.

Suessione (Arnulphus de), chanoine de Laon, prévôt de Notre-Dame de Reims. *Arch. adm.*, t. II, 226, 475.

— (Johannes), prévôt de Notre-Dame. *Arch. adm.*, t. II, 704.

Suessionense capitulum. *Arch. adm.*, t. II, 634; vide Soissons (chapitre de).

— concilium, vide Soissons (concile de).

Suessionenses canonici, vide Plexio (Gau-fridus de), Radulphus.

Suessionensis archidiaconus, vide Soissons (archidiacre de).

— comes, vide Soissons (comité de).

— comitissa, vide Avelina.

— diœcesis, vide Soissons (diocèse de).

— ecclesia, vide Soissons (église de).

Suessionensis episcopatus, vide Soissons (évêché de).

— episcopus. *Arch. adm.*, t. I, 549, 569, 570, 584, 586, 587, 598, 604, 605, 633, 671, 688, 694, 702, 1114; t. II, 65, 108, 634; t. III, 753, 776; vide Bazoches (Jacobus de), Berole, Guido, Hugo, Jacobus, Longuejoue (Matthieu de), Milo.

— officialis. *Arch. lég.*, 1re part., 254.

Suessionica porta, vide Soissons (porte de).

Suessionicus pagus. *Arch. adm.*, t. I, 60; vide Soissonnais (pays de).

Sueur (Philippe le), bruisseur. *Arch. lég.*, 11e part., *statuts*, 111e vol., 122, 124.

Suève (dame de). *Arch. adm.*, t. II, 1076.

— (M. de), seigneur d'Aincreville. *Arch. adm.*, t. II, 1091.

Suffraganeus. *Arch. adm.*, t. I, 671, 695. *Arch. lég.*, 1re part., 100, 138, 195, 255, 258; vide Remorum archiepiscopi suffraganei.

Suffragant, vide Suffraganeus.

Suffronia, vide Fuffronia.

Suger, abbé de Saint-Denis, ministre de Louis VII. *Arch. adm.*, t. I, 320, 322, 333. Cité à l'occasion de l'armée que les Rémois fournirent au roi pour s'opposer à l'empereur. *Arch. lég.*, 11e part., *statuts*, 111e vol., 607.

Suggerius abbas S. Dionysii, vide Suger.

Sugny (Pierart de), écuyer; voy. Suny.

— (village de). *Arch. adm.*, t. II, 112, 1078, 1114.

— (M. de), écolâtre de Reims. *Arch. adm.*, t. I, 663; t. II, 126.

— (paroisse de), voy. Suneyo (parochia de).

— (seigneur de), voy. Biche (M. de La).

— (cure de). *Arch. lég.*, 11e part., *statuts*, 111e vol., 683. La nomination à ladite passe des comtes de Reims à l'arche-

véque, 686, 688, 689, 695, 697, 703, 736.

Sugny (prêtre de), voy. Suneyo (presbyter de).

Suicide. *Arch. adm.*, t. II, 420.

Suippes (bourg de). *Arch. adm.*, t. I, 724. *Arch. lég.*, 11e part., *statuts*, 111e vol., 391.

— (chapellenie de), voy. Soppia (capellania de).

— (Colart de). *Arch. adm.*, t. II, 304.

— (Henri de), voy. Soppia (Henricus de).

— (Jehan de), receveur des tailles. *Arch. adm.*, t. III, 283, 326.

— (manufacture de). *Arch. lég.*, 11e part., *statuts*, 111e vol., 126.

— (paroisse de). *Arch. adm.*, t. II, 1115, 1116.

— (rivière de). *Arch. adm.*, t. I, 329, 434, 839; t. III, 583, 595. *Arch. lég.*, 11e part., *statuts*, 1er vol., 837, 843; voy. Suppia.

— (Rogier de), échevin. *Arch. adm.*, t. III, 834, 837, 841. *Arch. lég.*, 1re part., 519, 523, 538, 554, 572, 581, 586; 11e part., *statuts*, 1er vol., 578, 582, 612, 615, 646, 659, 672, 701, 709, 725.

Suippiæ vinagium. *Arch. lég.*, 11e part., *statuts*, 1er vol., 63.

Sairon (Ernaudus). *Arch. adm.*, t. I, 797.

Suisse (pays de). *Arch. lég.*, 11e part., *statuts*, 11e vol., 887. Les bœufs dudit approvisionnent la boucherie de Reims, *statuts*, 111e vol., 506.

Suiziaco (Stephanus de), prêtre et cardinal. *Arch. lég.*, 11e part., *statuts*, 1er vol., 103.

Suizy (village de). *Arch. lég.*, 1re part., 899.

Sulain (bois de). *Arch. adm.*, t. II, 319, 1139, 1146, 1147; t. III, 149, 649.

Arch. lég., 11ᵉ part., *statuts*, 1ᵉʳ vol., 806.

Sully (monseigneur de), voy. Suylli.

Sulmone (villa de). *Arch. adm.*, t. I, 354.

Sulphus, archevêque de Reims, vide Séulphus.

Sumbrina (mesure de capacité). *Arch. adm.*, t. I, 325.

Suminida (decima de). *Arch. adm.*, t. I, 501.

Summa, voy. Hostiensis, Cepiensis, Somme.

Summa-Arna (presbyter de), vide Somme-à-Arne (prêtre de).

— (parochia de), voy. Somme-à-Arne (paroisse de).

Summapinu (decima de). *Arch. lég.*, 11ᵉ part., *statuts*, 1ᵉʳ vol., 74, 92, 95, 97.

— (capellania de), vide Sommepy (chapellenie).

Summa-Soppia (presbyter de). *Arch. adm.*, t. II, 1114.

— (parochia de), vide Somme-Suippe (paroisse de).

— -Turba (presbyter de). *Arch. adm.*, t. II, 1101.

— (parochia de), voy. Somme-Tourbe (paroisse de).

— -Vidula (Robertus de), châtelain de Vitry. *Arch. adm.*, t. I, 711.

Summesaut (villa de). *Arch. lég.*, 11ᵉ part., *statuts*, 1ᵉʳ vol., 171, 175; vide Sommesous.

Summide (decima de). *Arch. lég.*, 11ᵉ part., *statuts*, 1ᵉʳ vol., 79.

Summide (villa de). *Arch. lég.*, 11ᵉ part., *statuts*, 1ᵉʳ vol., 70.

Summopi (altar de). *Arch. adm.*, t. I, 280; vide Sommepy.

Summus pontifex. *Arch. adm.*, t. I, 695, 700, 717, 750, 883; t. II, 35; t. III, 558; vide Papa.

Sumuia (monasterium de). *Arch. adm.*, t. I, 1059; vide Semide (monastère de).

Suneis (Droardus de). *Arch. lég.*, 11ᵉ part., *statuts*, 1ᵉʳ vol., 165.

— (Stephanus de). *Arch. lég.*, 11ᵉ part., *statuts*, 1ᵉʳ vol., 165.

Suneyo (parochia de). *Arch. adm.*, t. II, 1075.

— (presbyter de). *Arch. adm.*, t. II, 1078.

Sunno (Bauderus de), vide Sons (Baudouin de).

— (comitissa de). *Arch. adm.*, t. II, 104.

Sunnoveifa, femme rachetée par saint Remi. *Arch. adm.*, t. I, 18.

Sunt-de-Marchenis (prior de). *Arch. adm.*, t. II, 638.

Suny (Pierart de), écuyer. *Arch. adm.*, t. II, 120.

Supérieur, voy. Séminaire de Reims (supérieur du), Congrégation de France, Carmes.

— général, voy. Congrégation de la Mission, Ordre de Saint-Benoît.

Superlicium (surplis). *Arch. adm.*, t. III, 773.

Supis fluvius, vide Suippe (rivière de).

Suppiæ fluvius, vide Suippe (rivière de).

Supplex, vide Sanctus.

Supplicia, femme inscrite sur l'obituaire de Reims. *Arch. lég.*, 11ᵉ part., *statuts*, 1ᵉʳ vol., 68.

Sure (Jehan de La), procureur en courtage. *Arch. lég.*, 11ᵉ part., *statuts*, 1ᵉʳ vol., 997.

Sureau (R.). *Arch. lég.*, 11ᵉ part., *statuts*, 1ᵉʳ vol., 616.

— (Mathias), laboureur. *Arch. lég.*, 11ᵉ part., *statuts*, 111ᵉ vol., 338.

Suriac (Gerardus de). *Arch. lég.*, iie part., *statuts*, 1er vol., 421.

Surthardus, laïque inscrit sur l'obituaire de Reims. *Arch. lég.*, iie part., *statuts*, 1er vol., 69.

Sury (village de, la duchesse de Mazarin dame dudit. *Arch. adm.*, t. II, 1070.

Suspensio. *Arch. adm.*, t. I, 661, 662, 674, 699, 751, 902, 1018. *Arch. lég.*, 1re part., 279.

— vide Furcas suspensio ad.

Sutaine (G., maître sergier. *Arch. lég.*, iie part., *statuts*, 1er vol., 979 ; *statuts*, iie vol., 859, 967.

— syndic de la ville de Reims. *Arch. lég.*, iie part., *statuts*, iie vol., 1047 ; *statuts*, iiie vol., 154.

— (Joseph-Philippe), religieux de Saint-Remi. *Arch. lég.*, iie part., *statuts*, 1er vol., 235, 284, 293.

— Maillefer, seigneur de Givron. *Arch. adm.*, t. II, 1081. *Arch. lég.*, iie part., *statuts*, iiie vol., 155.

— Berthelin, juge consul. *Arch. lég.*, iie part., *statuts*, 1er vol., 979 ; *statuts*, iiie vol., 155.

— chevalier de Saint-Louis. *Arch. lég.*, iie part., *statuts*, iiie vol., 154, 155.

Suylli (M. de), commissaire du roi. *Arch. adm.*, t. II, 272.

Suzanna, voy. Suzanne.

Suzanne (curé de), voy. Bety-Denis.

— (Jehan de, seigneur de Terves. *Arch. lég.*, 1re part., 920 ; iie part., *statuts*, 1er vol., 779, 795, 797.

— (place de. *Arch. adm.*, t. I, 97, 260. *Arch. lég.*, iie part, *statuts*, iie vol., 12 ; *statuts*, iiie vol., 93.

— (presbyter de). *Arch. adm.*, t. II, 1111.

— village de. *Arch. adm.*, t. II, 1113. *Arch. lég.*, 1re part., 117, 891, 908, 909.

Suzanne (sieur de), maître de l'artillerie. *Arch. lég.*, iie part., *statuts*, 1er vol., 585.

Suze (seigneur de La). *Arch. lég.*, iie part., *statuts*, 1er vol., 120.

Suzoy (village de). *Arch. lég.*, 1re part., 878, 909.

Suzy (village de. *Arch. lég.*, 1re part., 879.

— curé de). *Arch. lég.*, 1re part., 887.

Sy paroisse de, voy. Sayo (parochia de). *Arch. adm.*, t. II, 1086, 1091.

— (prêtre de). *Arch. adm.*, t. II, 1085.

— château de. *Arch. adm.*, t. II, 1091.

— (ville de. *Arch. lég.*, 1re part., 903-908 ; iie part., *statuts*, iiie vol., 269.

Sybille, voy. Sibylle.

Sydou, cordonnier. *Arch. adm.*, t. II, 532.

Sygniacensis conventus, vide Signy (abbaye de).

— abbas, vide Signy (abbé de).

Syguinus, prêtre de Champigny. *Arch. adm.*, t. II, 99.

Sylva, vide Albiniaco (Sylva de), Archiepiscopi, Arsuris (de), Bairon (de), Beatæ Mariæ Registestensis, Chalmisiaco de Champigniaco (de), Communiæ, Domini Remensis, Faisso (de), Flargiis de). Gyvereio (de), Herlebede de, Herpeio de), Hois (de), Neemeris (de), Olivariis (de), Preia (de). Sulain, Vanhunem de), Villari, ville Nemus.

Sylva in Gasconia (abbas de), patron de Romigny. *Arch. adm.*, t. II, 1051.

Sylverius, pape. *Arch. adm.*, t. I, 135. vide Sylvestris.

Sylvestris, vide Sanctus.

Sylvestris II, pape. *Arch. adm.*, t. I, 202.

Symmachus, pape. Décrétales dudit alléguées. *Arch. adm.*, t. I, 137.

Symonet, fils de la Halorée. *Arch. adm.*, t. I, 1066.

Symonet le boucher. *Arch. adm.*, t. III, 98.

— (Philippe), religieux réformé de Saint-Remi et prévôt de Montigny. *Arch. lég.*, IIᵉ part., *statuts*, Iᵉʳ vol., 199, 217, 229, 914.

— (Placide), religieux profès de Saint-Remi. *Arch. lég.*, IIᵉ part., *statuts*, Iᵉʳ vol., 216, 219.

Symphorien, voy. Saint.

Synagoga. *Arch. lég.*, Iʳᵉ part., 350.

Syndic, voy. Échevinage (syndic de l'), Reims.

Synduinus, prêtre-chanoine. *Arch. lég.*, IIᵉ part., *statuts*, Iᵉʳ vol., 72.

Synode, voy. Arminiens, Calcédoine, Constantinople, Reims, Rimini; vide Synodus.

Synodus, vide Carisiacum, Sylvanectensis, Concilium.

Syrach, père de Jésus. *Arch. adm.*, t. I, 129.

Syrenc (Nicolas), échevin. *Arch. lég.*, IIᵉ part., *statuts*, Iᵉʳ vol., 645.

Syrène (Nicolas), chanoine. *Arch. lég.*, IIᵉ part., *statuts*, Iᵉʳ vol., 740.

Syresia (parochia de). *Arch. adm.*, t. II, 1086; vide Cesse.

Syxte, voy. Saint.

T.

Tabellio, vide Tabellion.

Tabellion. *Arch. adm.*, t. II, 595, 929. Nature de l'office dudit, t. III, 418. *Arch. lég.*, Iʳᵉ part., 166, 176; voy. Acier (Jean), Bouchar (Hugo).

Tabellionatus, vide Tabellionnage.

Tabellionnage, voy. Reims (tabellionnage de), Fimes.

— (droit de). *Arch. lég.*, IIᵉ part., *statuts*, IIIᵉ vol., 245, 250, 256, 259. Acquis aux simples seigneurs, 507, 523, 530, 540, 547.

Tabernæ, vide Tavernes.

Tabernacle, voy. Jacob (tabernacle de).

Tabernarius, vide Tavernier.

Table-Dieu, nom du produit des aumônes en nature données par les bourgeois. *Arch. adm.*, t. II, 937.

Tablier (Baudenet le). *Arch. adm.*, t. III, 835, 837.

Taboureau, conseiller d'État. *Arch. lég.*, IIᵉ part., *statuts*, Iᵉʳ vol., 296.

Tabours (rue des). *Arch. lég.*, Iʳᵉ part., 573.

Tabouzel (Baudesson), clerc de Saint-Michel de Reims. *Arch. lég.*, IIᵉ part., *statuts*, Iᵉʳ vol., 343.

Tache (Blaivasson à la). *Arch. adm.*, t. II, 604; 682? 692?

— (Hues à la). *Arch. adm.*, t. I, 905.

— (Liévin à la), chanoine. *Arch. adm.*, t. I, 1084; t. III, 25, 303, 304, 306, 357, 389, 464, 511, 778.

— (Thomas à la), échevin. *Arch. adm.*, t. III, 841. *Arch. lég.*, IIᵉ part., *statuts*, Iᵉʳ vol., 397.

Tacheron (André), curé de Bezannes. *Arch. lég.*, Iʳᵉ part., 987.

Tachet (Jean) *Arch. adm.*, t. II, 376; voy. Large (Jehan le).

Tacite (Cornelius), historien allégué au sujet de l'échevinage de Reims. *Arch. adm.*, t. I, 482.

Taconnet (Louis). *Arch. lég.*, IIᵉ part., *statuts*, IIᵉ vol., 212.

Tacoué, valet des murs de Reims. *Arch. adm.*, t. III, 309.

Tacus (Henricus). *Arch. adm.*, t. I, 836.

Tagnon (paroisse de). *Arch. adm.*, t. II, 1101, 1105, 1106.

— (dîme de), voy. Tannione (decima de).

— (Galterus de), vide Thanion.

— presbyter de, vide Tannion.

— (villa de), vide Tainy.

Tahu (palatium de), voy. Tau (palais de).

Tahura (parochia de). *Arch. adm.*, t. II, 1099, 1101, 1102.

— (presbyter de). *Arch. adm.*, t. II, 1100.

Tahure, jardinier. *Arch. lég.*, 1re part., 543; voy. Thaure.

— paroisse de, voy. Tahura (parochia de).

— (seigneur de), voy. Houllefret (Jehan de).

— (Thibaut de). *Arch. adm.*, t. I, 1062. *Arch. lég.*, 1re part., 532.

— (ville de). *Arch. adm.*, t. III, 660. *Arch. lég.*, 1re part., 908.

Taiche (Blayne à la), voy. Tache Blaivaisson à la.

Taillandiers, voy. Reims (taillandiers de).

— de Reims (statuts des). *Arch. lég.*, IIe part., *statuts*, IIe vol., 428.

Taillant (P.), élu de Reims. *Arch. lég.*, IIe part., *statuts*, Ier vol., 648, 658, 666, 717, 730.

Taillare (tailler, imposer). *Arch. adm.*, t. I, 609, 610, 721, 1053; t. II, 64, 105. *Arch. lég.*, 1re part., 86.

Taillatio, vide Taille.

Taillator. *Arch. adm.*, t. I, 927, 1028; t. II, 1163; vide Tailleur, Tailles (collecteur de).

Taille. *Arch. adm.*, t. III, 210. Défense aux échevins de lever ladite sans l'autorisation de l'archevêque, *ibid.*, 275.

Arch. lég., IIe part., *statuts*, Ier vol., 480; voy. Sacre (taille du).

Taille-Gueule (bois de). *Arch. lég.*, IIe part., *statuts*, Ier vol., 617.

Taille royale. Origine de ladite. *Arch. lég.*, IIe part., *statuts*, Ier vol., 457.

Tailles (collecteur de). *Arch. adm.*, t. I, 927, 1028; t. II, 1163. *Arch. lég.*, IIe part., *statuts*, IIIe vol., 166; voy. Taillator.

Taillet (Remy). *Arch. lég.*, IIe part., *statuts*, IIe vol., 209.

— Laurent, procureur. *Arch. lég.*, IIe part., *statuts*, IIe vol., 302.

— sergent du bailliage de). *Arch. lég.*, IIe part., *statuts*, IIe vol., 618.

Taillette (lieu de la). *Arch. adm.*, t. II, 1069.

Tailleur, voy. Reims (tailleurs de).

— (Girart le), dit Boiliaue, clerc. *Arch. adm.*, t. II, 535.

Tailleurs d'habits de Reims (statuts des). *Arch. lég.*, IIe part., *statuts*, IIe vol., 509.

Taillia, vide Taille.

Taillier (Baudenet le). *Arch. adm.*, t. III, 766.

— Estienne le), sergent royal. *Arch. lég.*, IIe part., *statuts*, IIe vol., 29.

Taillon (général du), voy. Oudart (Noël).

— (T. de), clerc. *Arch. adm.*, t. II, 525.

Tailly (village de). *Arch. adm.*, t. II, 1094.

— P.... de , commissaire du roi. *Arch. lég.*, IIe part., *statuts*, Ier vol., 664.

Tainaium, vide Tannay.

Tainières (villa de), vide Eteignères.

Tainkene (Thomas de). *Arch. lég.*, IIe part., *statuts*, Ier vol., 77.

Tainqueux (moulin de). *Arch. lég.*, IIe part., *statuts*, Ier vol., 829.

— (Thomas de), voy. Tainkene.

— (seigneurie de, possédée en partie par

le chapitre de Reims. *Arch. adm.*, t. I, 228.

Tainqueux (village de). *Arch. adm.*, t. I, 227, 1090; t. II, 440, 554, 1055; t. III, 469, 578. *Arch. lég.*, Ire part., 754; IIe part., *statuts*, Ier vol., 873.

Taint (Garin le). *Arch. adm.*, t. I, 767.

Tainturier (Anjorran le). *Arch. adm.*, t. I, 1015.

Tainy (village de). *Arch. adm.*, t. II, 1106; vide Tagnon.

Taiot, voy. Avenson (Pierre d').

Taircio (Helias de). *Arch. adm.*, t. I, 321.

Tairis (capellania de), vide Tery (chapellenie de).

Taisseio (Johannes de), chevalier. *Arch. adm.*, t. II, 105.

Taissiaco (decima de), vide Taissy (dîme de).

— (domina de). *Arch. adm.*, t. I, 970.

Taissy (B. de), écuyer. *Arch. adm.*, t. II, 1083.

— (dame de), voy. Tassiaco (domina de).

— (dîme de). *Arch. adm.*, t. I, 415. *Arch. lég.*, IIe part., *statuts*, Ier vol., 76, 172, 174, 244.

— (maire de), voy. Thomaletus.

Taissy (Jehan-Marguerite de). *Arch. lég.*, Ire part., 501.

— (moulin de). *Arch. adm.*, t. III, 594.

— (chaussée de). *Arch. adm.*, t. I, 852.

— (paroisse de). *Arch. adm.*, t. II, 1119.

— (presbyter de). *Arch. adm.*, t. II, 1083, 1116.

— (Ricot de), écuyer; voy. Tasseyo (Marcot de).

— (seigneur de), voy. Toignel (J.), Moet (G.).

— (ville de). *Arch. adm.*, t. I, 9, 177, 230, 242, 275, 277, 329, 970; t. II, 1118; t. III, 149, 573, 651, 655. *Arch.*

lég., Ire part., 755, 875, 891, 900, 908; IIe part., *statuts*, Ier vol., 107, 167, 168, 169, 176, 213, 244, 448, 693, 717; *statuts*, IIe vol., 963, 968.

Taizy (village de). *Arch. adm.*, t. II, 1083.

— (patronagium de), voy. Tarzy.

Talebart (Jehan), sergent à cheval. *Arch. adm.*, t. III, 707, 756.

Talemas (village de). *Arch. lég.*, Ire part., 891.

Talier (Perrart le). *Arch. adm.*, t. II, 681.

Tali-Loco (Nicholaus de), chancelier du grand archidiacre de Reims. *Arch. adm.*, t. I, 996.

Tallart (Jehan), voy. Talebart.

— (J.), collecteur des tailles. *Arch. lég.*, IIe part., *statuts*, Ier vol., 453.

Tallebos, voy. Doinetus.

Talleyrand-Périgord (Alexandre-Angélique de), coadjuteur de l'archevêque de Reims. *Arch. adm.*, t. II, 1050. *Arch. lég.*, IIe part., *statuts*, Ier vol., 256, 277, 281, 292, 295, 302, 304, 308, 311, 313; *statuts*, IIIe vol., 664, 679, 738, 740.

Tallia. *Arch. adm.*, t. I, 385, 388, 390, 418, 439, 465, 466, 476, 523, 524, 526, 537, 538, 608, 610, 652, 721, 778, 906, 926, 930, 1029; t. II, 19, 59, 63, 752, 777; t. III, 51, 67, 192, 228, 237, 344, 395, 693, 706, 708, 853. *Arch. lég.*, IIe part., *statuts*, Ier vol., 165, 383, 403; vide Coronationis tallia, Remensis, Sancti-Theodorici; vide Taille.

Talmud, enseigné publiquement à Reims. *Arch. adm.*, t. I, 906.

Talo (étalon, mesure). *Arch. adm.*, t. III, 846.

Talon (Garnerus), chevalier. *Arch. adm.*, t. I, 829, 857. *Arch. lég.*, IIe part., *statuts*, Ier vol., 180, 192.

Talon (Omer), avocat général. *Arch. lég.*, iiᵉ part., *statuts*, iiᵉ vol., 611 ; *statuts*, iiiᵉ vol., 17, 49, 73, 383.

Talpusiacum. *Arch. adm.*, t. I, 17.

Taluns (Garnerus), vide Talon.

— (Anselmus), fils du précédent. *Arch. lég.*, iiᵉ part., *statuts*, iᵉʳ vol., 192.

Tambonneau (M.), président. *Arch. lég.*, iiᵉ part., *statuts*, iᵉʳ vol., 695.

Tambour (rue du). *Arch. adm.*, t. I, 82, 489, 722 ; *Arch. lég.*, iiᵉ part., *statuts*, iiiᵉ vol., 406, 419 ; voy. Tabours.

— voy. Reims (tambours de).

Tammion (homines de). *Arch. adm.*, t. I, 453.

Tammo (prêtre). *Arch. lég.*, iiᵉ part., *statuts*, iᵉʳ vol., 82.

Tancarville, voy. Melun (Jehan de).

— (Guillaume IV, de), grand maître des eaux et forêts. *Arch. lég.*, iiᵉ part., *statuts*, iiᵉ vol., 14.

Tanche (vente de la). *Arch. adm.*, t. III, 581.

Tancradus, inscrit sur l'obituaire de Reims. *Arch. lég.*, iiᵉ part., *statuts*, iᵉʳ vol., 78; vide Tancredus.

Tancredis (mansura). *Arch. lég.*, iiᵉ part., *statuts*, iᵉʳ vol., 166.

Tancredus, vide Florencia.

Tandant (W. le), courtier. *Arch. adm.*, t. II, 301.

Tanières (village de). *Arch. adm.*, t. I, 555. *Arch. lég.*, iʳᵉ part., 900.

Tanion, voy. Tannion.

— (Bonardus de), clerc. *Arch. adm.*, t. I, 429.

— (decima de). *Arch. adm.*, t. I, 510. *Arch. lég.*, iiᵉ part., *statuts*, iᵉʳ vol., 70, 82, 92, 100, 243.

— (Hubert de), bourgeois. *Arch. adm.*, t. III, 40.

— (J.... de). *Arch. lég.*, iiᵉ part., *statuts*, iᵉʳ vol., 333.

Tanion (presbyter de), vide Tanny.

Tannay (village de). *Arch. adm.*, t. I, 313, 321, 329, 344, 345, 428, 452, 475, 621, 622, 649. *Arch. lég.*, iʳᵉ part., 902, 908; iiᵉ part., *statuts*, iᵉʳ vol., 167, 169 ; voy. Tasnaïum.

— (seigneurie de). *Arch. lég.*, iiᵉ part., *statuts*, iᵉʳ vol., 243.

Tanneur, voy. Reims (tanneurs de).

— (Jehan le), bourgeois. *Arch. adm.*, t. III, 389.

Tannione (patronagium de). *Arch. adm.*, t. II, 1107.

Tannium, vide Tannay, Tany.

Tannot (Jehan), tisserand. *Arch. adm.*, t. III, 452.

Tanny (parochia de). *Arch. adm.*, t. II, 1086, 1091. *Arch. lég.*, iʳᵉ part., 607, 885 ; iiᵉ part., *statuts*, iᵉʳ vol., 212.

— (église de), voy. Tannione (ecclesia de).

— (curé de), voy. Henry (Philippe-).

— (dîme de), voy. Tannione (decima de).

— (presbyter de). *Arch. adm.*, t. II, 1085, 1103?

— (patronage de), voy. Tannione (patronagium de).

Tanqueux, vide Tainqueux.

Tantine (la), béguine. *Arch. adm.*, t. II, 521.

Tanton (Antoine), notaire. *Arch. lég.*, iiᵉ part., *statuts*, iiiᵉ vol., 265.

Taon (Martin), maçon. *Arch. adm.*, t. II, 501.

Tapecium. *Arch. adm.*, t. I, 338, 379.

Taperel (ville de). *Arch. adm.*, t. III, 574.

Tapissiers (rue des). *Arch. adm.*, t. I, 14, 78, 80, 663, 667 ; t. III, 576. *Arch. lég.*, iiᵉ part., *statuts*, iᵉʳ vol., 567 ; *statuts*, iiᵉ vol., 631 ; *statuts*, iiiᵉ vol., 419.

— de Reims (statuts des). *Arch. lég.*, iiᵉ part., *statuts*, iiᵉ vol., 411.

Taquenier (Thomas le). *Arch. adm.*, t. II, 829.

Tarasco, vide Tarascon.

Tarascon (ville de). *Arch. adm.*, t. I, 1054.

Tarbé (P.) *Arch. lég.*, IIe part., *statuts*, Ier vol., 324, 326.

Tarche (Oudart). *Arch. lég.*, IIe part., *statuts*, IIe vol., 265.

Tardanensis pagus, voy. Tardenois.

Tardani-villæ altar. *Arch. adm.*, t. I, 420, 449. *Arch. lég.*, IIe part., *statuts*, Ier vol., 75, 94, 95.

— ecclesia. *Arch. adm.*, t. I, 887.

Tardenois (pays du). *Arch. adm.*, t. I, 91. *Arch. lég.*, Ire part., 607 ; IIe part., *statuts*, Ier vol., 576 ; voy. Oulchy.

Tardonium, voy. Tardenois.

Tarelu (Philippe de), chanoine. *Arch. adm.*, t. III, 39.

Targe (Eudes). *Arch. adm.*, t. I, 729.

Tarny (Raiderus de). *Arch. adm.*, t. I, 410.

Tarot (Henricus, dictus), proviseur de Saint-Ladre de Reims. *Arch. adm.*, t. I, 1076.

Tarse (évêque de). *Arch. lég.*, IIe part., *statuts*, IIe vol., 777.

Tarsis (capellania de), vide Tarzy (chapelle de).

— (ecclesia de). *Arch. adm.*, t. II, 1072, vide Tarzy.

Tarsy, vide Tarzy.

Tartara. *Arch. adm.*, t. II, 956.

Tartier (Gaufridus), écolâtre. *Arch. adm.*, t. I, 663. *Arch. lég.*, IIe part., *statuts*, Ier vol., 114, 343.

— (Didier), greffier de l'Université. *Arch. lég.*, Ire part., 898.

Tartre, voy. Montpellier (tartre de).

Tarzy (chapellenie de). *Arch. adm.*, t. II, 1084.

Tarzy (église de), voy. Tarsis (ecclesia de).

— (Hue de), chanoine. *Arch. adm.*, t. III, 352.

— (paroisse de). *Arch. adm.*, t. II, 1081.

— (patronage de). *Arch. adm.*, t. II, 1084, 1085.

— (village de). *Arch. adm.*, t. II, 1074.

Tasca (Richardus de), prêtre. *Arch. lég.*, IIe part., *statuts*, Ier vol., 120.

— (Romanus de). *Arch. lég.*, IIe part., *statuts*, Ier vol., 120.

Tasnaium, voy. Tannay.

Tasnay, voy. Tannay.

Tassardus, voy. Flot.

— Duflos, voy. Flot (Tassardus du).

Tassart, voy. Outrelyaue (Tassart de).

— (Antoine), seigneur de Belloy. *Arch. lég.*, Ire part., 894.

— (J.), bourgeois. *Arch. lég.*, IIe part., *statuts*, Ier vol., 675, 740.

Tasse l'orfévre, bourgeois. *Arch. adm.*, t. II, 496.

—(Claudius), acolyte. *Arch. lég.*, IIe part., *statuts*, IIe vol., 773.

Tasseyo (Marcot de), écuyer. *Arch. lég.*, IIe part., *statuts*, Ier vol., 104.

— (Joffridus de), frère du précédent. *Arch. lég.*, IIe part., *statuts*, Ier vol., 104.

Tassicum, vide Taissy.

Tassin, voy. Tilloy.

— l'épicier. *Arch. adm.*, t. II, 525.

— (Bergier), lieutenant du bailli. *Arch. adm.*, t. II, 892, 916 ; t. III, 36, 73 ? 214.

— (Jesson), frère du précédent. *Arch. adm.*, t. II, 892.

— (Rose). *Arch. adm.*, t. II, 525.

— (Remi). *Arch. lég.*, IIe part., *statuts*, IIe vol., 226, 227.

— (Jacques), bruisseur. *Arch. lég.*, IIe part., *statuts*, IIIe vol., 122, 124.

Tatour (M. de), seigneur de Sapicourt. *Arch. adm.*, t. II, 1060.

Tau (palais de). *Arch. adm.*, t. I, 293. *Arch. lég.*, IIe part., *statuts*, IIe vol., 643.

Taulette (seigneurie de). *Arch. lég.*, Ire part., 890.

Taulier (Pierre le). *Arch. adm.*, t. II, 604.

— (Huet le). *Arch. adm.*, t. II, 604.

Taulinus, frère de Renaud de Cuilly, écuyer. *Arch. adm.*, t. II, 103.

Tauxeriis (presbyter de). *Arch. adm.*, t. II, 1120.

— (parochia de), vide Tauxières (pa-...).

Tauxier (Nicolas), menuisier. *Arch. lég.*, IIe part., *statuts*, IIe vol., 359.

— (Jean) ouvrier en soie. *Arch. lég.*, IIe part., *statuts*, IIe vol., 375.

— (Claude), notaire à Reims. *Arch. lég.*, IIe part., *statuts*, IIIe vol., 264-442?

Tauxières (paroisse de). *Arch. adm.*, t. II, 1122.

Tavannes (comte de). *Arch. lég.*, IIe part., *statuts*, IIIe vol., 388.

Taveaux (village de), voy. Thaveaux.

Tavellis (Gerardus de). *Arch. lég.*, IIe part., *statuts*, Ier vol., 121.

Tavernes. *Arch. adm.*, t. I, 259, 329, 385, 469. Interdites aux clercs. *Arch. lég.*, IIe part., *statuts*, Ier vol., 55. Aux ecclesiastiques, 156; vide Taberna.

Tavernier, voy. Reims (taverniers de).

— (Giles), tisserand. *Arch. adm.*, t. III, 106.

— (Jehan), curé de Saint-Hilaire de Reims. *Arch. lég.*, Ire part., 884, 894.

— (J.). *Arch. adm.*, t. II, 960.

— (Loys), vicomte de Crécy. *Arch. lég.*, Ire part., 894.

— (Guillaume), procureur fiscal. *Arch. lég.*, IIe part., *statuts*, IIe vol., 328, 333, 697.

Tavernier (Pouré le), bourgeois. *Arch. adm.*, t. III, 39; voy. Celle (Étienne de la).

Taversy (Jehan de). *Arch. adm.*, t. II, 732.

Taxatio, vide Taxe.

Taxator, vide Emendarum.

Taxe des pauvres (origine de la). *Arch. lég.*, IIe part., *statuts*, IIe vol., 92; voy. Pauvres (taxe des).

Taxeium. *Arch. lég.*, IIe part., *statuts*, Ier vol., 92; vide Taissy.

Tayons (Adam). *Arch. adm.*, t. I, 1016.

Tayriaco (capellania de), vide Tery (chapellenie de).

Tebaldus Guichardus. *Arch. adm.*, t. I, 295. *Arch. lég.*, IIe part., *statuts*, Ier vol., 168.

Teberca, laica. *Arch. lég.*, IIe part., *statuts*, Ier vol., 102.

Tebertus. *Arch. lég.*, IIe part., *statuts*, Ier vol., 91, 169.

Teboldus, clerc. *Arch. lég.*, IIe part., *statuts*, Ier vol., 82.

— laique. *Arch. lég.*, IIe part., *statuts*, Ier vol., 82.

Tecelinus. *Arch. lég.*, IIe part., *statuts*, Ier vol., 168.

Tedicus, laique. *Arch. adm.*, t. I, 36.

Tefridus, chanoine. *Arch. lég.*, IIe part., *statuts*, IIe vol., 96.

Tegrinus (O.), prêtre et chanoine. *Arch. lég.*, IIe part., *statuts*, Ier vol., 64, 90.

Teigneux, voy. Colinus.

Teinturiers de Reims (statuts des). *Arch. lég.*, IIe part., *statuts*, IIe vol., 873. voy. Reims (teinturiers de).

Teisy (calecia de), vide Taissy (chaussée de).

Telesphore, pape, fausses décrétales attribuées audit. *Arch. adm.*, t. I, 111.

Télinge, tailleur d'habits. *Arch. lég.*, IIᵉ part., *statuts*, IIᵉ vol., 531.

Telines, voy. Thélines

Tellier (Charles-Maurice le), archevêque de Reims. *Arch. adm.*, t. I, 489, 490, 491; t. II, 1048? 1071, 1123. *Arch. lég.*, IIᵉ part., *statuts*, Iᵉʳ vol., 62, 91, 120, 121, 284, 289, 334, 436, 508. *statuts*, IIᵉ vol., 272, 274, 322? 631, 643, 650, 664, 723, 766, 770, 773, 774, 776, 784, 788, 911, 913, 975, 977, 1041, 1046; *statuts*, IIIᵉ vol., 4, 7. Obtient la réunion de la police à son duché, 10, 14, 16, 17, 111, 114, 115, 154, 159, 161, 171, 242, 308, 330, 337, 396, 397, 399, 408, 412, 413, 427, 430, 433, 457, 473, 541, 618, 619, 636, 637. Les échevins abandonnent un de leurs droits de justice, 643, 661.

— (Baudouin le). *Arch. adm.*, t. II, 269, 533.

— (Gérard le). *Arch. adm.*, t. I, 1120.

— (Colart le). *Arch. adm.*, t. III, 836.

— (Mahietus le). *Arch. adm.*, t. III, 392.

— (Pierre le), boulanger. *Arch. adm.*, t. III, 836? *Arch. lég.*, IIᵉ part., *statuts*, IIᵉ vol., 162.

— (Perresson), voy. Tellier (Pierre le).

— (Jean), bruisseur. *Arch. lég.*, IIᵉ part., *statuts*, IIIᵉ vol., 122, 124.

— (connétablie de Louis). *Arch. lég.*, IIᵉ part., *statuts*, IIᵉ vol., 1015.

— (connétáblie de Esly). *Arch. lég.*, IIᵉ part., *statuts*, IIᵉ vol., 1015.

— (connétablie de Jean). *Arch. lég.*, Iʳᵉ part., *statuts*, IIᵉ vol., 1015.

— (Michel le), chancelier de France. *Arch. lég.*, IIᵉ part., *statuts*, Iᵉʳ vol., 120, 923?

— (Camille), abbé de Louvois. *Arch. lég.*, IIᵉ part., *statuts*, IIᵉ vol., 773.

Telliers (rue des). *Arch. adm.*, t. 1, 1125; t. II, 380, 512, 683. *Arch. lég.*, IIᵉ part., *statuts*, IIIᵉ vol., 411, 412, 745.

Telmont (Jehan Brouet de), président au présidial de Reims. *Arch. lég.*, IIᵉ part., *statuts*, IIᵉ vol., 12.

Telon (Pierre). *Arch. lég.*, IIᵉ part., *statuts*, IIᵉ vol., 490.

Telonagium, vide Theloneum, Tonlieu.

Telonne (lieu de). *Arch. adm.*, t. II, 1026.

Témoignage. *Arch. adm.*, t. I, 463, 471, 506. Les moines de Saint-Remi ne peuvent être admis audit devant les tribunaux séculiers, 507, 514, 535, 545, 696, 712, 751. *Arch. lég.*, Iʳᵉ part., 36, 422; IIᵉ part., *statuts*, IIᵉ vol., 760, 769; vide Testimonium.

— (faux), vide Falsum testimonium.

Templarii, vide Templiers.

Temple, voy. Paris (temple de), Reims.

— (commandeur du). *Arch. adm.*, t. I, 664; t. II, 1039. Seigneur de Brémericourt, 1058. *Arch. lég.*, IIᵉ part., *statuts*, IIIᵉ vol., 405.

— (écoles du). La collation desdites appartient au commandeur. *Arch. adm.*, t. I, 664.

— (Odart du). *Arch. adm.*, t. II, 1243, 1244.

— (église du), érigée par Saint-Remi en l'honneur de Saint-Martin. *Arch. adm.*, t. I, 14.

— (grange du). *Arch. adm.*, t. III, 21, 36.

— (hôpital du). *Arch. adm.*, t. III, 306.

— (justice du). *Arch. lég.*, IIᵉ part., *statuts*, IIIᵉ vol., 154.

— (maison du). *Arch. adm.*, t. I, 364, 486; t. II, 12; t. III, 243, 392. *Arch. lég.*, IIᵉ part., *statuts*, IIIᵉ vol., 76; voy. Oysemont.

— (maîtres du), voy. Templi magistri.

— (place du). *Arch. lég.*, IIᵉ part., *statuts*, IIᵉ vol., 13.

Temple (prieur du). *Arch. lég.*, IIe part., *status*, IIIe vol., 542, 552.
— (rue du). *Arch. adm.*, t. II, 380, 501. *Arch. lég.*, IIe part., *statuts*, IIIe vol., 13.
Templi fratres, vide Templiers.
— magistri. *Arch. adm.*, t. I, 337; vide Ebrardus. Eustachius.
— milites. vide Templiers.
— militia. vide Templiers.
Templiau (Étienne), échevin. *Arch. adm.*, t. III, 834, 837.
Templiers. *Arch. adm.*, t. I, 364; t. II, 12, 65. Les biens desdits attribués aux hospitaliers, 1025. Seigneurs de Courtagnon, 1054. Patrons des chapellenies de Nanteuil, 1055; de Liry, 1100, 1109, 1111, 1114, 1117, 1149; vide Baro, Hugo.
Templo Gaufredus de, chanoine. *Arch. lég.*, IIe part., *statuts*, Ier vol., 117.
Templum, vide Temple.
Temporalis jurisdictio. *Arch. lég.*, IIe part., 64.
— — justitia. *Arch. adm.*, t. I, 798, 812.
Temporel, voy. Archevêché de Reims (temporel de l').
Temps (Remi le), curé de Thouly. *Arch. lég.*, Ire part., 886.
Tenailles, voy. Thenailles.
Tenargues (presbyter de), vide Tenorgues.
Tenatura (tenure). *Arch. adm.*, t. I, 395, 401.
Tenay (paroisse de), voy. Taunoy.
Tendans, voy. Cauchon.
Tendente-Cauda. *Arch. adm.*, t. II, 399. vide Tainqueux.
Tenellis (abbas de). *Arch. adm.*, t. II, 635; vide Thenelles.
Tercursolus, serf de l'église de Reims. *Arch. adm.*, t. I, 16.
Tennaiens, colon légué par Saint-Remi à l'église de Reims. *Arch. adm.*, t. I, 1.

Tennaredus. *Arch. adm.*, t. I, 15.
Tennione (ecclesia de). *Arch. adm.*, t. I, 312.
Tenorgiis (villa de), vide Tenorgues.
Tenorgues (village de). *Arch. adm.*, t. II, 1097; t. III, 177.
— (parochia de). *Arch. adm.*, t. II, 1096.
— (presbyter de). *Arch. adm.*, t. II, 1096.
Tenre (Jean le). *Arch. adm.*, t. III, 76.
— (Thiebault le). *Arch. adm.*, t. III, 76.
Tenrecuir (Jebançon). *Arch. adm.*, t. II, 630.
Tenret le mercier. *Arch. adm.*, t. III, 484.
Tenue (four de la). *Arch. adm.*, t. III, 408.
Teodinus, prêtre, signataire du testament de Saint-Remi. *Arch. adm.*, t. I, 23.
Tepuditas. *Arch. lég.*, Ire part., 17.
Tercelière (messe de la). *Arch. adm.*, t. II, 747.
Terentianus, poète latin. *Arch. lég.*, IIe part. *statuts*, IIe vol., 75.
Terme (borne de). *Arch. lég.*, IIe part., *statuts*, Ier vol., 239.
— voy. Châtillon (terme de).
Termes (baron de), seigneur de Bantheville. *Arch. adm.*, t. II, 1093; voy. Lardenois, Desahuguets.
— (curé de). *Arch. lég.*, Ire part., 887; voy. Orincourt (Jean de).
— Johannes de, chevalier. *Arch. adm.*, t. I, 568.
— Mme de. *Arch. adm.*, t. I, 954.
— marquis de, seigneur de Rosnay. *Arch. adm.*, t. II, 1061, 1111?
— presbyter de. *Arch. adm.*, t. II, 1093.
— village de. *Arch. adm.*, t. II, 1093, 1098. *Arch. lég.*, Ire part., 903, 919; IIe part., *statuts*, Ier vol., 920; *statuts*, IIIe vol., 57.

Termicy (ville de). *Arch. lég.*, IIᵉ part., *statuts*, IIIᵉ vol., 638.

Termie (Jean), voy. Ternu.

Ternu (Jehan), échevin de Laon. *Arch. adm.*, t. II, 468; t. III, 611, 634, 664, 757, 765, 809, 820, 890.

Terny (Sainte-Cécile de). *Arch. lég.*, Iʳᵉ part., 888.

— (village de). *Arch. lég.*, Iʳᵉ part., 900.

Teroldus, vide Letoldûs.

Teronium-super-Axonam, vide Terron-sur-Aisne.

Terra, vide Archiepiscopi.

— sancta. *Arch. adm.*, t. I, 414; t. II, 272, 494, 732, 1001, 1021. *Arch. lég.*, Iʳᵉ part., 387; vide Terre sainte.

Terræ (buisellus). *Arch. adm.*, t. I, 908. *Arch. lég.*, IIᵉ part., *statuts*, Iᵉʳ vol., 169.

— custodia. *Arch. adm.*, t. I, 521, 817.

— jornalis. *Arch. adm.*, t. I, 253, 288, 474; t. III, 538. *Arch. lég.*, IIᵉ part., *statuts*, Iᵉʳ vol., 68, 74, 75, 81, 82, 89. 92, 93, 95, 96, 99, 101, 102, 166.

— librata. *Arch. adm.*, t. III, 87, 536. *Arch. lég.*, IIᵉ part., *statuts*, Iᵉʳ vol., 63.

— modiata, vide Royâ terræ.

— quarterium. *Arch. lég.*, IIᵉ part., *statuts*, Iᵉʳ vol., 165.

— perticata. *Arch. adm.*, t. I, 403, 458.

— sanctæ decima. *Arch. adm.*, t. I, 412.

Terrage, voy. Beaumont, Juniville, Moronvilliers, Nouroy, Nuefvizy.

Terragium. *Arch. adm.*, t. I, 362, 366, 387, 388, 424, 425, 473, 474, 475, 620; t. III, 601. *Arch. lég.*, IIᵉ part., *statuts*, Iᵉʳ vol., 88; vide Terrage.

Terrail (domus de). *Arch. lég.*, IIᵉ part., *statuts*, Iᵉʳ vol., 77.

— (abbé de), contrôleur général des finances. *Arch. lég.*, IIᵉ part., *statuts*, IIIᵉ vol., 386, 418, 675.

Terre, voy. Terra.

— (boisseau de), voy. Terræ buisellus.

— (journal de), voy. Terræ jornalis.

— (roye de), voy. Roya terræ.

— commune, voy. Vesle (maire du bourg de).

— sainte, voy. Terra sancta.

— sainte (expédition de). *Arch. adm.*, t. II, 272; voy. Outre-mer (voyage d').

Terresca, vide Sancti-Michaelis.

Terreux (Jehan). *Arch. adm.*, t. II, 679.

Terricus de Passiaco, vide Bergue, Passy (Thierry de), Vion.

Terrier (village de). *Arch. adm.*, t. III, 608. *Arch. lég.*, Iʳᵉ part., 903, 908; voy. Thairier.

Territoire, voy. Archevêché de Reims, Arras, Asfeld, Balan, Châlons, Curssy, Échevinage, Écueil, Langres, Laon, Monslaurens, Reims, Ruffy; voy. Territorium.

Territorium, vide Cormiciaco (territorium de), Hermondivilla (de), Montis-S.-Remigii, Porcense, Remensis capituli, Salvevillæ; vide Territoire.

Terroir, voy. Bezannes, Buzy, Cernay, Champigny, Chavigny, Cormontreuil, Marqueuse, Moronvilliers.

Terron (sieur de), lieutenant de la ville de Reims. *Arch. lég.*, IIᵉ part., *statuts*, IIᵉ vol., 118, 535?

— (hommes de). *Arch. adm.*, t. I, 452.

— (paroisse de). *Arch. adm.*, t. II, 1110.

— (presbyter de). *Arch. adm.*, t. II, 1109.

— (salvamentum de). *Arch. adm.*, t. I, 622.

— (sieur de), voy. Colbert (Jean).

— -juxta-Vendilium, vide Terron-lez-Vendresse.

— -lez-Vendresse (village de). *Arch. adm.*, t. I, 451, 454, 492, 493.

— -sur-Aisne (curé de), voy. Grosselain (Toussaint).

Terron-sur-Aisne (village de). *Arch. adm.*, *lég.*, 329; t. II, 1112; t. III, 769. *Arch.* t. I, ᵣʳᵉ part., 903, 908; ııᵉ part., *statuts*, ıʳʳ vol., 169.

Terrona-super-Axonam, vide Terron-sur-Aisne.

Terrono (parochia de), vide Terron (paroisse de).

Terruns, vide Terron-juxta-Vendilium.

Tertia-Leuca (Petrus de). *Arch. adm.*, t. II, 1034.

Tertre (Honoré le), capitaine de bourgeoisie. *Arch. lég.*, ııᵉ part., , *statuts*, ııᵉ vol., 1030.

Tery (baronnie de). *Arch. adm.*, t. II, 1105.

— (chapellenie de). *Arch. adm.*, t. II, 1103, 1106.

— (château de). *Arch. adm.*, t. II, 1105, 1108.

— (Helias de), voy Tairico.

— (hameau de). *Arch. adm.*, t. II, 1106.

Tescelina, vide Rescelina.

Tesciacum, vide Taissy.

Tessiacum, vide Taissy.

Testament. *Arch. adm.*, t. I, 648, 943, 949. Captation dudit, t. III, 86, 775. *Arch. lég.*, ıʳᵉ part., 31, 127, 180, 218, 239, 280, 314, 381, 396, 414, 416, 447, 622, 629, 679, 829, 993. Age auquel il est permis de faire ledit, 994, 1003; ııᵉ part., *statuts*, ıʳʳ vol., 153, 361.

Testamentorum executor. *Arch. lég.*, ıʳᵉ part., 172, 180, 190, 214, 258, 310, 319, 996; ııᵉ part., *statuts*, ıʳʳ vol., 52, 361.

Testamentum, vide Sancti-Nivardi, Sancti-Remigii, Sonnatii; vide Testament.

— Novum. *Arch. adm.*, t. I, 226. *Arch. lég.*, ııᵉ part., *statuts*, ııᵉ vol., 768, 785, 786; vide Evangelium.

— Vetus, *Arch. adm.*, t. I, 226, 552. *Arch. lég.*, ıʳᵉ part., 426; ııᵉ part.,

statuts, ıʳʳ vol., 58; *statuts*, ııᵉ vol., 768.

Testardus (Albertus). *Arch. lég.*, ııᵉ part., *statuts*, ıʳʳ vol., 102.

Testart (Évrard), échevin. *Arch. adm.*, t. II, 481.

— (Jacques). *Arch. adm.*, t. III, 656.

— (Johannes). *Arch. lég.*, ıʳᵉ part., 143.

Testateur, voy. Testator.

Testator. *Arch. adm.*, t. I, 811. *Arch. lég.*, ıʳᵉ part., 196, 407, 470; ııᵉ part., statuts, ıʳʳ vol., 71, 153.

Teste (Gerbert à la), drapier. *Arch. adm.*, t. I, 961.

— (J....). *Arch. lég.*, ııᵉ part., *statuts*, ıʳʳ vol., 655, 709.

— (Gaucher la). *Arch. lég.*, ııᵉ part., *statuts*, ıʳʳ vol., 827.

Testelette (Jehan). *Arch. adm.*, t. II, 903, 1217; t. III, 836.

— (Gérard), pelletier. *Arch. lég.*, ııᵉ part., *statuts*, ııᵉ vol., 332.

— (Gobin) barbier. *Arch. lég.*, ııᵉ part., *statuts*, ıʳʳ vol., 980.

— (Person). *Arch. lég.*, ııᵉ part., *statuts*, ıʳʳ vol., 980.

— (Jesson), voy. Testelette (Jehan).

Testimonium, vide Falsum, vide Témoignage.

Testis. *Arch. adm.*, t. I, 562, 676, 678, 685, 751, 760, 799, 821, 841, 859, t. III, 316, 897. *Arch. lég.*, ıʳᵉ part. 23, 36, 40, 41, 66. 83, 93, 94, 95, 96, 112, 141, 142, 152, 164, 172, 174, 177, 178, 181, 184, 205, 207, 220, 226, 227, 248, 249, 261, 327, 398.

Testu (Milet). *Arch. adm.*, t. II, 1243, 1244.

Tetberga, vide Teberca.

Tetbertus, vide Teutbertus.

Tetgrinus, vide Tegrinus.

Tetherus. *Arch. lég.*, ııᵉ part., *statuts*, ıʳʳ vol., 81.

Telmarus. *Arch. lég.*, iie part., *statuts*, i^{er} vol., 66.

Tetrada. *Arch. lég.*, iie part., *statuts*, i^{er} vol., 82.

Teudenay, voy. Tannay.

Teudericus, laïque. *Arch. adm.*, t. I, 36.

Teudonia, vide Teudonina.

Teudonina, femme affranchie par le testament de Saint-Remi. *Arch. adm.*, t. I, 16.

Teudonivia, vide Teudonina.

Teudorosena, vide Teudoroseva.

Teudoroseva, femme de corps de l'église de Reims. *Arch. lég.*, t. I, 16.

Teudracus, *Arch. lég.*, iie part., *statuts*, i^{er} vol., 78.

Teutbertus, serf de l'église de Reims. *Arch. adm.*, t. I, 36.

Teuto, prévôt. *Arch. lég.*, iie part., *statuts*, i^{er} vol., 75.

— diacre-chanoine. *Arch. lég.*, iie part., *statuts*, i^{er} vol., 83.

— prêtre-chanoine. *Arch. lég.*, iie part., *statuts*, i^{er} vol., 93, 101.

Teutonicus (Robertus). *Arch. lég.*, iie part., *statuts*, i^{er} vol., 77, 116.

Thairier (village de), voy. Terrier.

Thaisy (major de), vide Taissy (maire de).

Thanay (presbyter de), vide Tannay.

Thanières (village de). *Arch. lég.*, i^{re} part., 919.

Thanion (Galterus de), chanoine de Sainte-Nourrice. *Arch. lég.*, iie part., *statuts*, i^{er} vol., 107.

Thanione (parochia de), voy. Tagnon (paroisse de).

Tharisi (Hugo de), chevalier, *Arch. adm.*, t. I, 451.

Tharsis (ville de). *Arch. lég.*, i^{re} part., 425.

Thassart (Antoine), seigneur de Belly. *Arch. lég.*, i^{re} part., 920.

Thandart, greffier. *Arch. lég.*, iie part., *statuts*, iie vol., 843.

Thaveau (village de). *Arch. lég.*, i^{re} part., 877, 900; voy. Taveaux.

— (curé de). *Arch. lég.*, i^{re} part. 887.

Thay, voy. Thy.

Theatinus (Mathias), procureur. *Arch. adm.*, t. I, 1059.

Thebertus. *Arch. lég.*, iie part. *statuts*, i^{er} vol., 68; vide Teutbertus.

Theboldus, prêtre-chanoine. *Arch. lég.*, i^{re} part., *statuts*, i^{er} vol., 94.

Thedericus. *Arch. lég.*, iie part., *statuts*, i^{er} vol., 95.

Theiner, auteur des Recherches sur les collections des décrétales. *Arch. adm.*, t. I, 670.

Thelina (altar de). *Arch. adm.*, t. I, 280.

Thelines (autel de). voy. Thelina (altar de).

— (decima de). *Arch. adm.*, t. II, 743; t. III, 49. *Arch. lég.*, i^{re} part., *statuts*, i^{er} vol., 73, 75, 84.

— (dîme de), voy. Thelines (decima de).

— (parochia de). *Arch. adm.*, t. II, 1109.

— (presbyter de). *Arch. adm.*, t. II, 1109.

— (Radulphus de), vide Thelines (Raoul de).

— (Raoul de), chanoine. *Arch. adm.*, t. II, 91, 110, 131. *Arch. lég.*, iie part., *statuts*, i^{er} vol., 70, 115.

Theloneum. *Arch. adm.*, t. I, 28, 224, 259, 263, 275, 289, 312, 327, 354, 385, 390, 425, 426, 473, 517, 518, 795, 864, 909, 1060; t. II, 91, 381, 401, 406, 434; t. III, 378, 419, 517. *Arch. lég.*, i^{re} part., 508; iie part., *statuts*, i^{er} vol., 65, 73, 82, 83, 98, 99, 345; vide Tonnieu

Thelures (curé de), voy. Nicholaus (Eustachius).

Thémines (Mme de), abbesse de Saint-Pierre aux Nones. *Arch. adm.*, t. II 1050.

Thenailles (abbé de), voy. Laverin (Geoffroy).

— (curé de). *Arch. lég.* , 1re part., 887.

— (village de). *Arch. adm.*, t. III, 609.

Thenelles (abbé), voy. Tenellis (abbas de).

— (village de). *Arch. lég.*, 1re part , 920.

Theobaldus, comte de Champagne. *Arch. adm.*, t. I, 308? 435, 479, 494, 516, 541, 558. *Arch. lég.* , 1re part., 364 ; 11e part., *statuts*, 1er vol., 99, 168 ; vide Thibaut.

— comte de Blois. *Arch. lég.*, 11e part., *statuts*, 1er vol., 64.

— comte de la Pouille. *Arch. lég.* 1re part., 452.

— comte de Barri. *Arch. adm.*, t. I, 308? 451.

— sénéchal de Philippe Auguste. *Arch. adm.*, t. I, 402, 416.

— dictus Matricularius, majeur de Saint-Remi. *Arch. adm.*, t. I, 824, 827, 829, 831, 837, 851, 865.

— prévôt de Saint-Thierry. *Arch. adm.*, t. I, 72? 373? 912.

— gardien des frères mineurs. *Arch. adm.*, t. I, 917.

— moine de Saint – Remi. *Arch. lég.*, 11e part., *statuts*, 1er vol., 188.

— clerc. *Arch. adm.*, t. I, 356. *Arch. lég.*, 11e part. , *statuts* , 1er vol., 168.

— fils de Jehan la Panse. *Arch. adm.*, t. I, 1021.

— d'Attigny, frère prêcheur. *Arch. adm.*, t. I, 1024.

— évêque. *Arch. lég.*, 11e part., *statuts*, 1er vol., 114.

— neveu de l'archevêque de Reims. *Arch. lég.*, 11e part., *statuts*, 1er vol., 107.

— fils d'Haimon de Champigny. *Arch. adm.*, t. II, 101.

— prêtre de Saint-Denis de Reims. *Arch. adm.*, t. I, 353. *Arch. lég.*, 11e part., *statuts*, 1er vol., 94, 119.

Theobaldus Castellanus, échevin. *Arch. adm.*, t. II, 185, 308, voy. Chastelain (Thiebaut le).

Theobardus laicus; vide Thetardus.

Theobaudus , comte et sénéchal de Louis VII. *Arch. adm.*, t. I , 298.

— comte de Troyes. *Arch. adm.*, t. I, 272, 274 ; vide Thibaut.

Theoboldus. *Arch. lég.* , 11e part., *statuts*, 1er vol., 71.

Theodacrus, prêtre. *Arch. lég.*, 11e part., *statuts*, 1er vol., 70.

Theodicus. *Arch. lég.*, 11e part., *statuts*, 1er vol. , 168, 169.

Theodonis-Villa. *Arch. adm.*, t. I, 150; t. II, 1086 ; vide Thionville.

Theodonis-Villæ concilium. *Arch. adm.*, t. I, 34; vide Thionville (concile de).

Theodora (famille de). *Arch. adm.*, t. I, 112.

Théodoret, voy. Cyrra.

Théodoric , roi, voy. Theodoricus rex.

Theodorici terra. *Arch. adm.* , t. I, 382.

Theodoricus, archevêque de Trèves. *Arch. adm.*, t. I, 495.

— lévite et chanoine. *Arch. adm.*, t. I, 459. *Arch. lég.*, 11e part., *statuts*, 1er vol., 69? 94.

— trésorier de Saint-Nicaise , vide Thierricus.

— prêtre. *Arch. lég.*, 11e part., *statuts*, 1er vol., 96.

— abbé. *Arch. lég.*, 11e part., *statuts*, 1er vol., 95.

— échevin, vide Hugo.

— sergent. *Arch. lég.*, 11e part., *statuts*, 11e vol., 67, 84? 89? 103.

— chevalier, *Arch. adm.*, t. I, 283. *Arch. lég.*, 11e part., *statuts*, 1er vol., 68.

— comte de Flandres. *Arch. adm.*, t. I, 287.

— sous-diacre et chanoine. *Arch. lég.*, 11e part. , *statuts*, 1er vol., 85.

Theodoricus , acolyte. *Arch. adm.*, t. I, 353.

— Metensis. *Arch. lég.* , iie part., *statuts*, ier vol., 65.

— rex. *Arch. adm.*, t. I, 812. *Arch. lég.* , iie part. , *statuts* , iie vol., 179.

— vide Sanctus Theodoricus.

Theodorosena, vide Teudoroseva.

Theodosius , empereur, *Arch. adm.*, t. I, 120? 613 , 692.

Theodowinus , évêque de Sainte-Ruffine. *Arch. adm.*, t. I, 289.

Theodulphus, chevalier. *Arch. lég.*, iie part., *statuts*, ier vol., 77? 81.

Theolda. *Arch. lég.* , iie part. , *statuts* , ier vol., 168.

Theologica facultas , vide Reims (faculté de théologie de).

— facultate (magister de). *Arch. adm.*, t. I, 855. *Arch. lég.*, iie part., *statuts*, iie vol., 734 , 767.

Theophania, imperatrice. *Arch. adm.*, t. I, 92, 93, 158.

Theotemicus (Petrus). *Arch. adm.* , t. I, 1019; vide Theutonicus.

Theotime , surnom des archevêques de Reims. *Arch. lég.* , iie part. , *statuts* , iie vol., 150.

Theotonicorum ordo. *Arch. adm.* , t. III, 498.

Theotonicus (Johannes), official de l'archi_ diacre. *Arch. lég.*, ire part., 311.

Thérache , voy. Thiérache.

Thériaque, usage de ladite à Reims. *Arch. lég.* , iie part., *statuts*, ier vol., 737.

Thermes, voy. Termes.

Thérouanne (évêché de). *Arch. adm.*, t. I, 274, 313, 382; vide Morinensis episcopatus.

— (évêque de), voy. Morinensis episcopus.

— (église de). *Arch. lég.*, ire part., 67, 317; voy. Morinensis ecclesia.

v

Thérouanne (chapitre de), voy. Morinense capitulum.

— (ville de). *Arch. adm.*, t. II, 273. Assiégée par les Anglais. *Arch. lég.*, iie part., *statuts*, ier vol. , 475, 805 , 819. Prise par les mêmes, 952 , 958.

Therricus. *Arch. adm.* , t. III, 103; vide Theodoricus.

Thesart (Louis), archevêque de Reims. *Arch. adm.*, t. III, 170, 387, 406, 413, 415, 741. *Arch. lég.*, iie part. , *statuts*, ier vol., 96.

Thesauraria, vide Remensis.

Thesaurarii ecclesiæ Remensis receptio. *Arch. lég.*, iie part., *statuts*, ier vol., 16.

Thesaurarius. *Arch. adm.*, t. I, 497, 596, 646 , 656, 748, 800; vide Altovillari (thesaurarius de), Remensis, sancti Nichasii, sancti Timothei, trésorier.

Thesauro (Fulco de). *Arch. adm.* , t. I, 363.

Thesaurum, vide Sancti Dionysii, sancti Nicholai.

Theszarde (Jesnette la). *Arch. adm.*, t. II , 697.

Thetardus, laïque. *Arch. lég.* , iie part. , *statuts* , ier vol., 68.

Thetbodus , vide Theobaldus.

Theudericus, comte de Reims. *Arch. adm.*, t. I, 55.

Theudo. *Arch. lég.* , iie part. , *statuts* , ier vol., 80.

Theuphania , vide Theophania.

Theutarius, vassal de l'église de Reims. *Arch. adm.*, t. I, 36.

Theuterus, prêtre. *Arch. lég.* , iie part. , *statuts*, ier vol., 104.

Theutonicus (Petrus). *Arch. adm.* , t. I, 1023.

Thévenot (Etienne). *Arch. lég.*, iie part., *statuts* , iie vol., 204.

Thévenot (Nicolas), tisserand. *Arch. lég.*, iiᵉ part., *statuts*, iiᵉ vol., 297.

— (Jean), tisserand. *Arch. lég.*, iiᵉ part., *statuts*, iiᵉ vol., 297.

— (Henri). *Arch. lég.*, iiᵉ part., *statuts*, iiᵉ vol., 927.

Thibarion (Poncelet), marchand drapier. *Arch. lég.*, iiᵉ part., *statuts*, iiᵉ vol., 391.

Thibaut, comte de Blois, vide Theobaldus comes Blesensis.

— sénéchal de Louis VII, vide Theobaldus.

— sénéchal de Philippe Auguste, vide Theobaldus comes et senescallus.

— comte de Troyes, vide Theobaudus comes Trecensis.

— III, comte de Champagne. *Arch. adm.*, t. I, 85, 97? voy. Theobaldus.

— archer, prisonnier à Reims. *Arch. lég.*, iiᵉ part., *statuts*, iᵉʳ vol., 777.

— (Bernard). *Arch. lég.*, iiᵉ part., *statuts*, iiᵉ vol., 212.

— (Nicolas), voiturier. *Arch. lég.*, iiᵉ part., *statuts*, iiiᵉ vol., 93.

Thibie (village de). *Arch. lég.*, iʳᵉ part., 878, 919; iiᵉ part., *statuts*, iiiᵉ vol., 390.

Thiébaut (Nicolas-Noel), greffier de l'échevinage. *Arch. lég.*, iiᵉ part., *statuts*, iiiᵉ vol., 657.

— le boutier. *Arch. adm.*, t. II, 301.

— le serrurier. *Arch. adm.*, t. II, 301.

— (Jean), voy. Ermite.

— voy. Tiébaut.

Thiécourt (village de). *Arch. lég.*, iʳᵉ part., 878, 909.

Thieffrain (village de). *Arch. lég.*, iiᵉ part., *statuts*, iiiᵉ vol., 390.

Thielay (presbyter de). *Arch. adm.*, t. II, 1071.

Thiérache (pays de). *Arch. adm.*, t. II, 784, 821; t. III, 589. *Arch. lég.*, iiᵉ part., *statuts*, iᵉʳ vol., 913.

Thiérache (ville de). *Arch. adm.*, t. II, 1153.

Thierce-Lieu (Pierre de). *Arch. adm.*, t. II, 678.

Thieretz (village de), *Arch. lég.*, iʳᵉ part., 889; iiᵉ part., *statuts*, iiiᵉ vol., 32.

Thierigny (village de). *Arch. lég.*, iʳᵉ part., 877.

Thiéros (Gérart). *Arch. adm.*, t. III, 130.

Thierricus, pitancier de S. Bâle. *Arch. lég.*, iʳᵉ part., 95? 116.

— roi. *Arch. adm.*, t. I, 797.

— bourgeois. *Arch. adm.*, t. I, 827; t. II, 444.

— trésorier de S. Nicaise. *Arch. adm.*, t. I, 1002, 1003.

Thierrion (Jehan). *Arch. lég.*, iiᵉ part., *statuts*, iiᵉ vol., 29, 34, 41, 44, 52, 297.

— (Nicolas), tisserand. *Arch. lég.*, iiᵉ part., *statuts*, iiᵉ vol., 296, 301.

— (Jacques), tisserand. *Arch. lég.*, iiᵉ part., *statuts*, iiᵉ vol., 304.

— capitaine de bourgeoisie. *Arch. lég.*, iiᵉ part., *statuts*, iᵉʳ vol., 524; *statuts*, iiᵉ vol., 1030.

— (Lucien), bourgeois. *Arch. lég.*, iiᵉ part., *statuts*, iiiᵉ vol., 36.

Thierry (Jean). *Arch. lég.*, iiᵉ part., *statuts*, iᵉʳ vol., 776, 781, 783, 789, 823; *statuts*, iiᵉ vol., 238.

— (Jacobus), prêtre du séminaire de Reims. *Arch. lég.*, iiᵉ part., *statuts*, iᵉʳ vol., 619; *statuts*, iiᵉ vol., 772.

— (Henri), capitaine de bourgeoisie. *Arch. lég.*, iiᵉ part., *statuts*, iiᵉ vol., 1020; voy. Thierrion.

— (N....), élu de Reims. *Arch. lég.*, iiᵉ part., *statuts*, iᵉʳ vol., 716.

— (O....), receveur du temporel de l'archevêché. *Arch. lég.*, iiᵉ part., *statuts*, iᵉʳ vol., 862.

— (Augustin), historien. Lettres sur l'his

toire de France dudit alléguées. *Arch. adm.*, t. I, 301.

Thierry (Amédée), historien, allégué au sujet de l'Église d'Espagne. *Arch. adm.*, t. I, 402.

— (Claude), curé de la Trinité de Châlons. *Arch. lég.*, 1re part., 887; 11e part., *statuts*, 1er vol., 962.

— (M. de), seigneur de Braux. *Arch. adm.*, t. II, 1070.

— le poulailler. *Arch. adm.*, t. II, 302.

— -Près (village de). *Arch. lég.*, 1re part., 908.

— de Passy, sergent. *Arch. adm.*, t. I, 727, 825, 828, 834, 865, 869.

— Le Grand, brasseur de l'échevinage. *Arch. adm.*, t. II, 339.

— le cordier. *Arch. adm.*, t. II, 533.

— (Ligés), tonnelier. *Arch. adm.*, t. II, 546.

— (Chastelet). *Arch. adm.*, t. I, 958.

— voy. Saint Thierry.

Thiers (baron de). *Arch. adm.*, t. II, 1103. *Arch. lég.*, 11e part., *statuts*, 111e vol., 395.

Thies, voy. Thiez.

Thiessart (Henri). *Arch. adm.*, t. II, 679.

Thiesselain (J....), bourgeois. *Arch. lég.*, 11e part., *statuts*, 1er vol., 783.

Thiessequin, voy. Namur.

Thiessette, femme de Gilet de Pertes. *Arch. adm.*, t. II, 827.

Thieulés (Gobinet). *Arch. adm.*, t. II, 893.

Thiève (ferme de). *Arch. adm.*, t. II, 1078.

Thiez (Gilet le). *Arch. adm.*, t. II, 415, 807, 809; t. III, 471. *Arch. lég.*, 11e part., *statuts*, 1er vol., 428?

— (Herbert le), franc sergent. *Arch. adm.*, t. II, 216, 492.

— (Herbert), échevin. *Arch. adm.*, t. II, 11, 43, 54, 80, 149.

Thiez (Renautle), fils du précédent. *Arch. adm.*, t. II, 28? 43.

— (Pierre le), échevin. *Arch. adm.*, t. II, 604, 705, 805, 810.

— (quarrel de P. le). *Arch. adm.*, t. II, 501.

— (Thomas le), échevin. *Arch. adm.*, t. III, 188, 249, 307.

— (Rose le). *Arch. adm.*, t. II, 807.

— (Colesson le), notable de Reims. *Arch. adm.*, t. III, 188.

— (Jehessons le). *Arch. adm.*, t. II, 54.

Thil (Theobaldus de). *Arch. adm.*, t. I, 704.

— (Bertrannus de), fils du précédent. *Arch. adm.*, t. I, 704.

— (vicariat de tolérance de). *Arch. adm.*, t. II, 1059.

— (moulin de). *Arch. lég.*, 1re part., 755; 11e part., *statuts*, 1er vol., 806.

— (village de). *Arch. adm.*, t. I, 242, 931, 1090; t. III, 691, 693. *Arch. lég.*, 1re part., 755, 902, 908; 11e part., *statuts*, 11e vol., 963; *statuts*, 111e vol., 392.

Thillois (village de) *Arch. adm.*, t. I, 279, 1090; t. II, 99, 107, 834, 1053; t. III, 100, 578. *Arch. lég.*, 1re part., 755, 876, 903, 910; 11e part., *statuts*, 1er vol., 532; *statuts*, 11e vol., 860, 963, 968; voy. Tilloy.

Thilloy (C.... de). *Arch. lég.*, 11e part., *statuts*, 1er vol., 861, 862.

— (N....), praticien. *Arch. lég.*, 11e part., *statuts*, 1er vol., 862, 908, 922.

Thim (Symonet), coureur. *Arch. adm.*, t. III, 836.

Thimerais (pays de). *Arch. lég.*, 11e part., *statuts*, 111e vol., 226; voy. Châteauneuf.

Thin-le-Moutier (paroisse de), voy. Thino (parochia de).

— -le-Moutier (village de). *Arch. lég.*,

i^{re} part., 901, 908; iie part., *statuts*, iie vol., 787; *statuts*, iiie vol., 265.

Thin-le-Moutier (prieur de), voy. Thino prior de), sainte Belande.

Thino (parochia de). *Arch. adm.*, t. II, 1070.

— (prior de). *Arch. adm.*, t. II, 1071. *Arch. lég.*, i^{re} part., 879.

Thiois (Johannes dictus), chanoine de Châlons. *Arch. adm.*, t. II, 392.

Thion (François), curé de Verneuil. *Arch. lég.*, i^{re} part., 885.

Thioti (Milo). *Arch. adm.*, t. III, 392.

Thionville, voy. Theodonis villa.

— (concile de), voy. Theodonis villa concilium.

Thioulés (Gobinés), voy. Thieulés.

Thiret (Pierre), sergent royal. *Arch. lég.*, iie part., *statuts*, i^{er} vol., 377, 826, 828.

— (J....), procureur des habitants de Reims. *Arch. lég.*, iie part., *statuts*, i^{er} vol., 696.

— (Person), voy. Tiret (Pierre).

This (presbyter de). *Arch. adm.*, t. II, 1077.

— (parochia de). *Arch. adm.*, t. II, 1077.

— (village de). *Arch. adm.*, t. II, 1078. *Arch. lég.*, iie part., *statuts*, iiie vol., 331.

Thizo (Ernulfus). *Arch. lég.*, iie part., *statuts*, i^{er} vol., 166.

Thoblet, échevin perpétuel du ban Saint-Remi. *Arch. lég.*, iie part., *statuts*, iie vol., 488.

Thoiry (village de), soumis au droit de gîte. *Arch. adm.*, t. I, 1081.

Tholoneum, vide Theloneum.

Tholosensis comes, vide Toulouse (comte de).

Thomalet, major de Saint-Thierry. *Arch. adm.*, t. II, 352.

— (Jehennin). *Arch. adm.*, t. II, 352.

Thomaletus, voy. Thomalet.

Thomas, évêque de Verdun, voy. Blamont (Th. de).

— abbas Mauri-Montis. *Arch. lég.*, iie part., *statuts*, i^{er} vol., 171.

— sous-chantre. *Arch. lég.*, iie part., *statuts*, i^{er} vol., 89.

— (Pierre), huissier. *Arch. lég.*, i^{re} part., 898.

— chapelain. *Arch. adm.*, t. II, 1061.

— -li-Viex. *Arch. adm.*, t. II, 810.

— chevalier. *Arch. adm.*, t. I, 305.

— vicomte. *Arch. adm.*, t. I, 287.

— chanoine de Saint-Denis. *Arch. adm.*, t. I, 508, 611. *Arch. lég.*, iie part., *statuts*, i^{er} vol., 77, 81.

— moine de Saint-Remi. *Arch. adm.*, t. I, 860.

— écuyer. *Arch. lég.*, iie part., *statuts*, i^{er} vol., 66.

— le tailleur. *Arch. adm.*, t. II, 535.

— fils de Ruffin-Quarreit. *Arch. adm.*, t. II, 697.

— varlet de Thomas le barbier. *Arch. adm.*, t. II, 685.

— chantre de l'église de Reims. *Arch. adm.*, t. I, 422. *Arch. lég.*, iie part., *statuts*, i^{er} vol., 78, 94, 120.

— doyen de Malines. *Arch. adm.*, t. I, 670, 699.

— comte de Bar. *Arch. adm.*, t. I, 808.

— prêtre d'Ourmes. *Arch. adm.*, t. I, 356, 365. *Arch. lég.*, iie part., *statuts*, i^{er} vol., 75, 96?

— doyen de Saint-Remi. *Arch. adm.*, t. I, 311.

— prévôt de Laon. *Arch. adm.*, t. I, 869.

— sous-diacre. *Arch. adm.*, t. I, 341, 1062. *Arch. lég.*, iie part., *statuts*, i^{er} vol., 116.

— colon de Saint-Remi. *Arch. adm.*, t. I, 311. *Arch. lég.*, iie part., *statuts*, i^{er} vol., 171.

Thomas-Mali , bourgeois de Saint-Remi. *Arch. adm.*, t. I, 357.

— majeur de Saint-Remi? *Arch. adm.* , t. I , 410.

— de Roaco, vide Rohais (Thomas de).

Thomassetus pullarius , vide Coc (Thomasset le).

— fils de Burdin Buiron. *Arch. adm.*, t. II, 663.

Thoni (Johannes de), chevalier. *Arch. adm.*, t. I, 912; vide Thugny (J. de).

Thonnance (village de). *Arch. lég.*, 1re part., 878, 906.

Thoralto (capitulum de). *Arch. adm.* t. II, 639.

Thorellus, bienfaiteur de l'église de Reims. *Arch. lég.*, 11e part., *statuts*, 1er vol., 93.

Thorotes (Jehan de), chevalier. *Arch. adm.*, t. III, 662.

Thory (Firmin), religieux de Saint-Remi. *Arch. lég.*, 11e part., *statuts*, 1er vol., 235.

Thosin (village de). *Arch. lég.*, 1re part., 919.

Thosny (village de). *Arch. lég.*, 1re part., 900.

Thou (Christophe de). *Arch. lég.*, 1re part., 868, 870, 873, 1067 ; 11e part., *statuts*, 11e vol., 24.

— (Eustachius de), chanoine. *Arch. lég.*, 11e part., *statuts*, 1er vol., 118.

— (Auguste de), premier président. *Arch. lég.*, 11e part., *statuts*, 111e vol., 510.

— -sur-Marne (village de). *Arch. lég.*, 1re part., 892, 916.

Thougny (seigneurie de). *Arch. lég.*, 1re part., 919.

Thoulis (village de). *Arch. lég.*, 1re part., 903.

Thouly, bourgeois. *Arch. lég.*, 11e part., *statuts*, 111e vol., 443.

Thoumasset. *Arch. adm.*, t. I, 1066 ; voy. Coc (Th. le).

Thourizet (village de), voy. Tourizet.

Thourotte (Gauchier de), maréchal héréditaire de Champagne. *Arch. lég.* , 11e part., *statuts*, 1er vol., 773.

Thoynard (M.). *Arch. lég.*, 11e part., *statuts*, 111e vol , 395.

Thrace, voy. Croix.

Thuery-les-Yviers (village de). *Arch. lég.*, 1re part., 900.

Thugny (Jean de), écuyer seigneur de Champigny. *Arch. adm.*, t. II, 106 , 337, 997, 1001, 1004, 1144, 1146 ; voy. Chingny (Jean de).

— (personatus de). *Arch. lég.*, 11e part., *statuts*, 11e vol., 636.

— (village de), légué par Saint-Remi à l'église de Reims. *Arch. adm.*, t. I, 4, 242 ; voy. Thony, Thosny.

— (chapellenie de), voy. Tuigneyo (capellania de).

— (prêtre de), voy. Tuigneyo (presbyter de).

— (paroisse de). *Arch. adm.*, t. II, 1105, 1106.

— (patronage de), voy. Tigneyo (patronagium de).

Thuiet (Thierry). *Arch. adm.* , t. III, 284.

Thuilier (Nicolas), doyen de Saint-Symphorien. *Arch. adm.*, t. I, 271.

— (Nicolas) , mégissier. *Arch. lég.* , 11e part., *statuts*, 11e vol., 265.

Thuiseyo (parochia de), vide Thuisy (paroisse de).

— (patronagium de), vide Thuisy (patronage de).

Thuisiaco (Guillelmus de), citoyen de Reims. *Arch. adm.*, t. II, 229, 233.

Thuisy (Aubry de). *Arch. adm.*, t. II, 604, 661, 763, 774, 779, 830, 831, 832, 834, 856, 1006; t. III, 20, 831.

— (Albricus), voy. Thuisy (Aubry de).

— (charte de). *Arch. adm.*, t. I, 417, 418.

Thuisy (Drouet Bertaut de). *Arch. adm.*, t. III, 128, 129.

— (Goujon de), seigneur de Challerange. *Arch. adm.*, t. II, 1099.

— (Jacobus de), official de Reims. *Arch. lég.*, iiᵉ part., *statuts*, iᵉʳ vol., 85.

— (Jehan de), citoyen de Reims. *Arch. adm.*, t. II, 641, 806? t. III, 767. *Arch. lég.*, iiᵉ part., *statuts*, iᵉʳ vol., 823, 838.

— (presbyter de). *Arch. adm.*, t. II, 1117.

— (Hierosme de), sénéchal de Reims. *Arch. adm.*, t. I, 415.

— (patronage de). *Arch. adm.*, t. II, 1118, 1119.

— (Jehanne, dame de). *Arch. adm.*, t. I, 415.

— (paroisse de). *Arch. adm.*, t. II, 1119.

— (B.... de), écuyer. *Arch. lég.*, iiᵉ part., *statuts*, iᵉʳ vol., 663.

— (seigneur de), sénéchal héréditaire de l'archevéque de Reims. *Arch. adm.*, t. I, 415.

— (Fleuriot de), écuyer sénéchal de l'archevéque. *Arch. adm.*, t. I, 415; t. II, 493, 555, 674.

— (Érard de), sénéchal de l'archevéque. *Arch. adm.*, t. I, 415.

— (Regnault de), sénéchal. *Arch. adm.*, t. I, 415.

— (M. de). *Arch. lég.*, iiᵉ part., *statuts*, iᵉʳ vol., 777; *statuts*, iiiᵉ vol., 388, 392, 393.

— (Guiot de). *Arch. adm.*, t. II, 483; t. III, 285.

— (Colart de). *Arch. adm.*, t. II, 675.

— (marquis de). *Arch. adm.*, t. II, 1114, 1115, 1117, 1118.

— (Mélot de). *Arch. adm.*, t. II, 780.

— (Flouret de), voy. Thuisy (Fleuriot de).

— (Guillaume de), voy. Tuisiacum (Guill. de).

Thuisy (Pierre de), échevin. *Arch. adm.*, t. II, 810; t. III, 306, 655, 728, 826, 840, 841. *Arch. lég.*, iiᵉ part., *statuts*, iᵉʳ vol., 397, 622, 642, 643, 644, 646, 647, 654, 668, 682, 700, 708, 725, 739.

— (Theobaldus de), citoyen de Reims. *Arch. adm.*, t. II, 641; t. III, 107.

— (Thomas de). *Arch. adm.*, t. III, 179.

— (fief de), mouvant de l'archevéché. *Arch. adm.*, t. I, 415, 416.

— (rivière de). *Arch. adm.*, t. III, 416.

— (Remi de). *Arch. adm.*, t. II, 758.

— (Raoulet de), curé de Saint-Jacques. *Arch. adm.*, t. II, 529.

— (ville de). *Arch. adm.*, t. I, 418, 970; t. II, 1099, 1119; t. III, 407, 425, 652, 659. *Arch. lég.*, iʳᵉ part., 755, 873, 892, 901, 908; iiᵉ part, *statuts*, iᵉʳ vol., 806; *statuts*, iiᵉ vol., 361, 693.

— de Saint-Souplet (M. de), seigneur de Châlons-le-Vergeur. *Arch. adm.*, t. II, 1056, 1114.

Thumery (J.), conseiller du roi. *Arch. lég.*, iiᵉ part., *statuts*, iᵉʳ vol., 864; *statuts*, iiᵉ vol., 9.

Thur (castrum de). *Arch. adm.*, t. I, 315, 355.

Thuret (J.), clerc bénéficier. *Arch. adm.*, t. III, 284.

— (Pierre), religieux profés de Saint-Remi. *Arch. lég.*, iiᵉ part., *statuts*, iᵉʳ vol., 217, 219.

— (Thierry), grand vicaire de l'archevéque. *Arch. lég.*, iiᵉ part., *statuts*, iiiᵉ vol., 68.

— livre des rubriques dudit allégue. *Arch. lég.*, iiᵉ part., *statuts*, iiiᵉ vol., 708, 709.

Thureture (Thomas). *Arch. adm.*, t. I, 1057.

Thurien, voy. Narcz.

Thuringe (duché de), voy. Turingorum ducatus.

Thurot, voy. Pomponne.

Thuzy (Raoul de), voy. Thuisy.

— (Pierre), voy. Thuisy.

Thuy (village de). *Arch. lég.*, 1re part., 918 ; voy. Thy.

Thuyau le poissonnier. *Arch. adm.*, t. II, 301.

Thy (village de). *Arch. lég.*, 1re part., 886.

— (curé de), voy. Levasseur (Jacques).

Tibère, empereur. *Arch. lég.*, IIe part., *statuts*, IIIe vol., 179.

Tibie (village de). *Arch. adm.*, t. I, 390, voy. Thibie.

Tiborin, boulanger. *Arch. adm.*, t. II, 906, 916.

Tiburtine (Guido, évêque de). *Arch. adm.*, t. I, 289.

Tiébaut Lépicier, clerc. *Arch. adm.*, t. I, 745, voy. Thiébaut.

Tiecet (Bertrand). *Arch. adm.*, t. I, 792.

Tiémé (Amelos le). *Arch. adm.*, t. I, 558.

Tiercelet (Rodolphus), sous-diacre. *Arch. lég.*, IIe part., *statuts*, IIe vol., 772.

Tiercelieue (Pierre de), chanoine. *Arch. adm.*, t. II, 653 ; t. III, 352.

Tiergeville (Jehan de), lieutenant du bailli de Vermandois. *Arch. adm.*, t. II, 375, 585.

Tierricus de Passiaco, vide Passy (Thierry de).

Tierrion, fils de Guillot le boucher. *Arch. adm.*, t. I, 905 ; t. II, 1021.

Tierry, voy. Saint-Thierry, Theodoricus.

Tiers état. *Arch. adm.*, t. I, 560, voy. Reims (tiers état de).

Ties (rue de Jehan le). *Arch. adm.*, t. I, 729.

Tieulier (J....), courtier en vin. *Arch. lég.*, IIe part., *statuts*, 1er vol., 428.

— (Th....), guetteur de nuit. *Arch. lég.*, IIe part., *statuts*, 1er vol., 652.

Tigeou (Jacques), curé de Vregne-aux-Bois. *Arch. lég.*, 1re part., 884.

Tigneyo (patronagium de). *Arch. adm.*, t. II, 1106.

Tigniaco (Johannes de), écuyer. *Arch. adm.*, t. II, 104 ; vide Thugny (J. de).

— (Willardus de), moine de Saint-Remi. *Arch. adm.*, t. I, 843.

Tijot (Thiébaut). *Arch. adm.*, t. III, 837.

Til (village de), voy. Thil.

Tilia (villa de). *Arch. adm.*, t. I, 177, vide Thil.

Tillet (du), secrétaire du roi. *Arch. lég.*, IIe part., *statuts*, IIe vol., 456.

Tilleto (Tassinus de), vide Tilloy (Tassin du).

— (Thomas de), vide Tilloy.

Tilleyum, vide Thillois.

Tillia (Pontius de). *Arch. adm.*, t. I, 295.

Tilliaco (porta de). *Arch. adm.*, t. II, 102.

Tillio (villa de), vide Thillois.

Tilloy (H.... de), fripier. *Arch. adm.*, t. II, 824.

— (curé de), voy. Poignart (Jean).

— (Pierre du). *Arch. adm.*, t. III, 106.

— (Tassin de), clerc. *Arch. adm.*, t. III, 868. *Arch. lég.*, IIe part., *statuts*, 1er vol., 342, 349, 354.

— (Thomas de). *Arch. adm.*, t. III, 868. *Arch. lég.*, IIe part., *statuts*, 1er vol., 342, 349, 354.

— (porte de), vide Tilliaco (porta de).

— (rue de). *Arch. adm.*, t. I, 38, 1083 ; t. III, 284. *Arch. lég.*, IIe part., *statuts*, 1er vol., 947.

Tilpin, archevêque de Reims. *Arch. adm.*,

t. I, 23, 26, 27, 28, 29. Change les chanoines en religieux bénédictins, 95, 334, 335. *Arch. lég.*, iie part., *statuts*, ier vol., 90.

Tilpin (Pierre), échevin perpétuel du ban de Saint-Remi. *Arch. lég.*, iie part., *statuts*, iie vol., 488, 546 ; voy. Tilquin.

Tilpinus (archiepiscopus), vide Tilpin.

Tilquin (Pierre), voy. Tilpin.

Timonage (droit de). Origine dudit. *Arch. adm.*, t. I, 82, 394, 433, 1060; t. II, 644 ; vide Tonlieu.

Timonagium, vide Timonage.

Timonel (Evrardus). *Arch. adm.*, t. III, 475.

Timothei et Apollinaris martyrum basilica. Nommée dans le testament de Saint-Remi. *Arch. adm.*, t. I, 23.

Tincturarius, vide Teinturier.

Tino (prior de). *Arch. adm.*, t. II, 1028.

— (presbyter de). *Arch. adm.*, t. II, 1069.

Tinois (Simon). *Arch. lég.*, iie part., *statuts*, iie vol., 443.

Tintelier (Louis). *Arch. lég.*, iie part., *statuts*, iie vol., 204.

— (Remy). *Arch. lég.*, iie part., *statuts*, iie vol., 204.

Tinteville (Jehan de). *Arch. adm.*, t. II, 836, 837, 842. *Arch. lég.*, ire part., 920; iie part., *statuts*, ier vol., 908 ? 912 ?

— (village de). *Arch. lég.*, iie part., *statuts*, ier vol., 912.

Tirant (Robinet le), voy. Tiran (Robert le).

Tiran (Robert le), capitaine de Reims. *Arch. adm.*, t. III, 312, 782, 835, 839, 842, 901. *Arch. lég.*, iie part., *statuts*, ier vol., 399, 548.

Tirelot (G....), échevin. *Arch. adm.*, t. III, 834.

Tirelio (Bertha de). *Arch. lég.*, ire part., 206.

Tirelire (canton de la). Possédée en seigneurie par le chapitre de Reims. *Arch. adm.*, t. I, 78, 80, 236, 542, 1103. *Arch. lég.*, iie part., *statuts*, ier vol., 97, 101, 567; donné au chapitre par le prévôt Olderic, *statuts*, iiie vol., 19.

Tirelire (rue de la). *Arch. adm.*, t. I, 80. *Arch. lég.*, iie part., *statuts*, ier vol., 568.

— (terre de la). *Arch. adm.*, t. I, 510; t. II, 380. *Arch. lég.*, iie part., *statuts*, ier vol., 71, 92.

Tiremonnense capitulum. *Arch. adm.*, t. II, 640 ; voy. Tirlemont.

Tiret (Parson). *Arch. lég.*, iie part., *statuts*, ier vol., 824.

Tire-vit (rue de). *Arch. adm.*, t. II, 547; t. III, 640. *Arch. lég.*, iie part., *statuts*, iiie vol., 32.

Tirlemont (chapitre de), voy. Tiremonnense capitulum.

Tirot, bourgeois expulsé de Reims. *Arch. lég.*, iie part., *statuts*, ier vol., 922.

Tirouer (croix du), voy. Trahoir.

Tiroul (Philippe). *Arch. adm.*, t. II, 1007; t. III, 37.

Tirous (Philippe), voy. Tiroul.

Tirrion, avocat. *Arch. lég.*, iie part., *statuts*, iie vol., 625.

Tirvit (rue de), voy. Tire-vit.

Tisserand, voy. Reims (tisserands de).

— (Abraham). Histoire chronologique dudit alléguée. *Arch. lég.*, iie part., *statuts*, iiie vol., 57.

Tobie, patriarche. *Arch. lég.*, ire part., 315, 354, 363.

Toges (village de). *Arch. adm.*, t. II, 1111.

Togniel (Pierre), voy. Toignel.

Toignel (Pierre), bailli du chapitre de Reims. *Arch. lég.*, ı^{re} part., 523, 525, 537, 569, 575, 593; ıı^e part., *statuts*, ı^{er} vol., 378, 448, 567, 619, 653, 667, 742, 745, 753, 800, 823, 904.

— (J....), seigneur de Toissy, escuyer. *Arch. lég.*, ı^{re} part., 654; ıı^e part., *statuts*, ı^{er} vol., 775, 780, 781, 783, 789, 832, 838, 844, 846, 849, 851, 904, 939.

— (Guillaume), homme fieffé de l'archevêque de Reims. *Arch. lég.*, ıı^e part., *statuts*, ı^{er} vol., 374, 827, 831, 832, 835, 838, 842, 846, 849, 850, 853, 854?

— (C....). *Arch. lég.*, ıı^e part., *statuts*, ı^{er} vol., 797.

Toigny (Jacques de), échevin. *Arch. adm.*, t. III, 311. *Arch. lég.*, ıı^e part., *statuts*, ı^{er} vol., 344.

Toiles du roi (archers des). *Arch. lég.*, ı^{re} part., 898.

Toilier (Thiébaut le). *Arch. adm.*, t. I, 1040.

— voy. Reims (toiliers de).

Toilière (Jehanette la). *Arch. adm.*, t. II, 892.

Toillus (curé de). *Arch. lég.*, ı^{re} part., 919.

Toireio (cultura de). *Arch. adm.*, t. I, 275.

Toisi (village de). *Arch. adm.*, t. I, 1089.

Toison d'or (ordre de la). *Arch. lég.*, ıı^e part., *statuts*, ı^{er} vol., 833.

Tolède (concile de). *Arch. adm.*, t. I, 73, 74, 101, 103, 105, 108, 110, 112. Canons dudit allégués, 116, 158, 161, 162, 165, 168, 170, 196.

— (église de), voy. Espagne (église d').

Tolérance (chapelle de), voy. Courmas, Forge-Maillard, Forges de Linchamp, Grève, Liverzy.

— (vicariat de), voy. Pont-d'Arches, Romery, Thil.

Tollio, voy. Totticio.

v

Tolta, vide Mala-Tolta.

Tombes (fief de). *Arch. lég.*, ı^{re} part., 894.

— de-Gieu (terres de). *Arch. adm.*, t. II, 380.

Tomelaire (Valeran de), religieux de Saint-Remi. *Arch. lég.*, ıı^e part., *statuts*, ı^{er} vol., 222.

Tondereau (Jehan le). *Arch. lég.*, ı^{re} part., 563.

Tondeur (Colard le). *Arch. adm.*, t. II, 1189.

— (Guibert le). *Arch. adm.*, t. II, 672.

— (Henri le). *Arch. adm.*, t. II, 535.

— (Jacquemart le), maire de Saint-Martin. *Arch. adm.*, t. III, 413? *Arch. lég.*, ı^{re} part., 496.

— (Oudart le). *Arch. adm.*, t. II, 672.

— (Wède le). *Arch. adm.*, t. II, 672.

Tondeurs de drap (statuts des). *Arch. lég.*, ıı^e part., *statuts*, ıı^e vol., 390, 394; *statuts*, ııı^e vol., 122.

Toneleyum, vide Theloneum.

Tonieu (droit de), nommé timonage dans la vicomté de Reims. *Arch. adm.*, t. I, 82. *Arch. lég.*, ı^{re} part., 746; ıı^e part., *statuts*, ı^{er} vol., 299, 302, 344, 403; voy. Theloneum, Reims (tonlieu de).

Tonleium, vide Theloneum.

Tonnelier (Jesson le). *Arch. adm.*, t. III, 382. *Arch. lég.*, ıı^e part., *statuts*, ı^{er} vol., 428.

— (G.... le). *Arch. adm.*, t. III, 691, 693.

— (Thierry le). *Arch. adm.*, t. II, 746, 896, 897, 898.

— (Raulin), sonneur de Reims. *Arch. lég.*, ıı^e part., *statuts*, ı^{er} vol., 652.

— (Ourbin le), échevin de Dontrien. *Arch. adm.*, t. II, 481.

Tonneliers de Reims (statuts des), voy. Reims (tonneliers de).

108

Tonneliis (Johannes de), vide Tonnelier (Jesson le).

Tonnoire, voy. Aumic (Hue de).

Tonsor, vide Remenses tonsores.

Tonsura. *Arch. adm.*, t. II, 656 ; t. III, 89. *Arch. lég.*, 1re part., 81, 105, 307, 338 ; 11e part., *statuts*, 1er vol., 16, 50, 54, 155 ; *statuts*, 11e vol., 769, 782, 793.

Tonsure, voy. Tonsura.

Tony, vidame de Laon. *Arch. lég.*, 1re part., 888 ; voy. Thony.

Topica (topiques), lus dans l'Université de Reims. *Arch. lég.*, 11e part., *statuts*, 11e vol., 726.

Toragium. *Arch. adm.*, t. I, 1044, 1052 ; vide Tourage, Turragium.

Torchet (Ponce), notaire. *Arch. lég.*, 11e part., *statuts*, 11e vol., 573 ; *statuts*, 111e vol., 256, 259.

Torchia (torche). *Arch. adm.*, t. II, 956.

Torcy (Henri de). *Arch. adm.*, t. II, 604.

— (parochia de). *Arch. adm.*, t. II, 1088, 1091.

— (presbyter de). *Arch. adm.*, t. II, 1088. *Arch. lég.*, 11e part., *statuts*, 111e vol., 752, 753.

— (village de). *Arch. lég.*, 1re part, 903, 908 ; 11e part., *statuts*, 11e vol., 606.

— (prêtre de), voy. Torcy (presbyter de).

Torel (Canelle de), voy. Torelle.

Torelle (Canel de), seigneur de Leudes. *Arch. adm.*, t. II, 1117. *Arch. lég.*, 11e part., *statuts*, 111e vol., 154, 155.

Torellus, vide Thorellus.

Toringa, vide Austria.

Toringii, vide Turingii.

Tormentare (tourmenter, mettre à la question). *Arch. adm.*, t. III, 896.

Tormentum, vide Quæstio.

Tornacense capitulum. *Arch. adm.*, t. I, 730 ; t. II, 639 ; vide Tournay (chapitre de).

Tornacensis archidiaconus, vide Tournay (archidiacre de).

— decanus, vide Tournay (doyen de).

— diœcesis. *Arch. adm.*, t. II, 639. *Arch. lég.*, 1re part., 45, 248, 258.

— episcopatus, vide Tournay (évéché de).

— episcopus. *Arch. adm.*, t. I, 549, 584, 587, 600, 671, 688, 694, 702 ; t. II, 639. *Arch. lég.*, 11e part., *statuts*, 1er vol., 32, 420, 539 ; *statuts*, 111e vol., 610 ; vide Gozuinus, Walterus.

— officialis. *Arch. lég.*, 1re part., 258.

Tornacum, vide Tournay (ville de).

Torneamentum, vide Tournois.

Tornella (Ingerannus de). *Arch. adm.*, t. I, 596.

— (vicus de), voy. Tornelle.

Tornelle (bourg de). *Arch. adm.*, t. I, 542. *Arch. lég.*, 11e part., *statuts*, 1er vol., 94, 97.

Tornesium, vide Tournay.

Tornisel (villa de). *Arch. adm.*, t. II, 1063.

Torota (Johannes de). *Arch. adm.*, t. I, 825, 840.

— (Anselmus de), chanoine. *Arch. lég.*, 11e part., *statuts*, 1er vol., 63, 114.

— (Adam de), écolâtre. *Arch. lég.*, 11e part., *statuts*, 1er vol., 116.

Torquet (jeu du), voy. Brelan.

Torry (village de). *Arch. lég.*, 11e part., *statuts*, 111e vol., 51.

Torselli (H.) de Novo-Castro terra. *Arch. adm.*, t. I, 321.

— Hugonis feodus. *Arch. adm.*, t. I, 321.

Torta (tourte). *Arch. adm.*, t. I, 234.

Tortio, vide Totticio.

Tosaphat. Addition faite sous ce titre par les juifs de Reims au Talmud. *Arch. adm.*, t. I, 906.

Tostinus (Gyrd.). *Arch. adm.*, t. I, 208.

Totno, vide Totto.

Totticio, serf de l'église de Reims. *Arch. adm.*, t. I, 17.

Totto, affranchi par saint Remi. *Arch. adm.*, t. I, 18.

— Marcoleifus, fils du précédent. *Arch. adm.*, t. I, 18.

Touche (P.... de la), écuyer. *Arch. lég.*, iie part., *statuts*, ier vol., 774.

Touciaco (Johannes de). *Arch. adm.*, t. I, 592.

Toucul (Henri), boucher. *Arch. lég.*, iie part., *statuts*, ier vol., 998.

— (Raoulin), boucher. *Arch. lég.*, iie part., *statuts*, ier vol., 998.

— (Jacques), boucher. *Arch. lég.*, iie part., *statuts*, ier vol., 998.

Toul (diocèse de). *Arch. lég.*, iie part., *statuts*, ier vol., 169.

— (évêché de). *Arch. adm.*, t. I, 330.

— (ville de). *Arch. adm.*, t. I, 818.

Touligny (hameau de). *Arch. adm.*, t. II, 1076.

Toulis, vide Thoulis.

Toulon (J. de), chanoine. *Arch. adm.*, t. II, 523.

— (village de). *Arch. lég.*, iie part., *statuts*, iiie vol., 390.

Toulongeon (M. de). *Arch. lég.*, iie part., *statuts*, ier vol., 613.

— (Chorez de). *Arch. lég.*, iie part., *statuts*, iiie vol., 420.

Toulouse (comte de). Rang dudit à la cérémonie du sacre. *Arch. adm.*, t. I, 819; t. II, 575. *Arch. lég.*, iie part., *statuts*, iiie vol., 553.

— (ville de). *Arch. adm.*, t. III, 334.

Arch. lég., iie part., *statuts*, ier vol., 773; *statuts*, iie vol., 681; *statuts*, iiie vol., 527, 632.

Toulouse (université de). *Arch. lég.*, iie part., *statuts*, iie vol., 677.

— (archevêque de), défend sous peine d'excommunication les réceptions des compagnons - ouvriers. *Arch. lég.*, iie part., *statuts*, iie vol., 254.

— (sénéchal de). Réception dudit à Reims. *Arch. lég.*, iie part., *statuts*, ier vol., 777, 786.

— -la-Gaillarde. *Arch. adm.*, t. III, 337.

Toumelet (Jehan), juré du roi, *Arch. lég.*, iie part., *statuts*, ier vol., 526.

Touque, voy. Bonneville.

Tour, voy. Reims (tours de), S. Rigobert.

— (Martin de la), curé de Chermes. *Arch. lég.*, ire part., 883.

— (H...., de), capitaine de Sainte-Menehould. *Arch. lég.*, iie part., *statuts*, ier vol., 616, 617, 643.

— (baron de), gouverneur de Reims. *Arch. lég.*, iie part., *statuts*, iie vol., 104, 459; *statuts*, iiie vol., 175, 276.

— (majeur de), voy. Fabri (Jacobus).

— (paroisse de). *Arch. adm.*, t. II, 1067.

— (prêtre de), voy. Turno (presbyter de).

— (prévôt de), voy. Houce (Wilbertus la).

— (village de). *Arch. adm.*, t. II, 1066, 1067. *Arch. lég.*, ire part., 912; iie part., *statuts*, iiie vol., 393; voy. Turno (villa de).

— d'Ortaise (M. de), seigneur de Mairy, *Arch. adm.*, t. II, 1108.

— Carrée (fief de la). *Arch. lég.*, ire part., 894.

— Saint-Remi (village de). *Arch. lég.*, ire part., 883.

Tour-Saint-Remi (curé de), voy. Juliart (Nicole).

Tourage (droit de), voy. Toragium.

Touraine (duc de), *Arch. adm.*, t. III, 783.

Tourcelle (parochia de). *Arch. adm.*, t. II, 1109, 1110.

— (presbyter de). *Arch. adm.*, t. II, 1112.

— (village de). *Arch. lég.*, 1re part., 755.

Tourdy (Odin). *Arch. adm.*, t. II, 1243.

Touriset (village de). *Arch. lég.*, 1re part., 881, 904, 909 ; 11e part., *statuts*, 111e vol. 31.

Tourizel (terroir de). *Arch. adm.*, t. II, 553.

Tourment (Guillaume). *Arch. lég.*, 11e part., *statuts*, 11e vol., 238.

Tourmente (Robinetus), charpentier. *Arch. adm.*, t. III, 859.

Tournaire. *Arch. adm.*, t. II, 1037 ; voy. Cathédrale de Reims (tournaire de la), Chapitre.

Tournant (Michel), sergent du roi. *Arch. adm.*, t. II, 327.

Tournay (archidiacre de), voy. Portal (Jehan du).

— (diocèse de), voy. Tornacensis diœcesis.

— (chapitre de), voy. Tornacense capitulum.

— (doyen de), voy. Foulques.

— (évéché de). *Arch. adm.*, t. I, 280, 382.

— (évêque de), voy. Tornacensis episcopus.

— (Saint-Martin de). *Arch. lég.*, 1re part., 47 ; voy. Sancti-Martini Tornacensis ecclesia.

— (Thomassin de) *Arch. adm.*, t. III, 490.

Tournay (ville de). *Arch. adm.*, t. I, 502 ; t. II, 272, 712, 812, 863, 873 ; t. III, 17, 70, 841. *Arch. lég.*, 11e part., *statuts*, 1er vol., 805, 938.

— (Jehan de), procureur de l'archevêque de Reims. *Arch. adm.*, t. II, 1188, 1189 ? 1238 ?

— (Hennequin de). *Arch. adm.*, t. III, 38.

— (Colart de). *Arch. adm.*, t. III, 379.

— (Étienne de). *Arch. adm.*, t. I, 434. *Arch. lég.*, 11e part., *statuts*, 1er vol., 37.

— (Pierre de), *Arch. adm*, t. II, 149, 1177.

— (Rose de). *Arch. adm.*, t. II, 530.

— (J. de), savetier. *Arch. adm.*, t. II, 824.

— (J. de), fromagier. *Arch. adm.*, t. II, 824.

— (Jehan de), fèvre. *Arch. adm.*, t. II, 1140.

Tourne (village de). *Arch. adm.*, t. II, 1070. ; voy. Turna.

— (paroisse de), voy. Turna (parochia de).

Tournebâton, servant de la léproserie de Reims. *Arch. adm.*, t. I, 1076.

Tournebouel (lieu de). *Arch. lég.*, 1re part., 509.

— (rue de). *Arch. lég.*, 1re part., 606.

Tourne-en-Fuye (Albericus). *Arch. adm.*, t. II, 584.

— (Johannes). *Arch. adm.*, t. II, 620.

Tournefils (Jeanne-Nicolle), adjudicataire de la ferme des octrois à Reims. *Arch. lég.*, 11e part., *statuts*, 1er vol., 522.

Tournelle (J.), parmentier. *Arch. adm.*, t. II, 526.

— (Colin de la), boulanger. *Arch. adm.*, t. II, 826, 906 ?

— voy. Montdidier (Tournelle de), Reims.

Tournet (Jesson), tisserand. *Arch. lég.*, iie part., *statuts*, iie vol., 302.

Tourneur , greffier. *Arch. adm.*, t. II , 921, 1171.

— (Guiot le). *Arch. adm.*, t. II , 269.

— (Jean le) *Arch. lég.*, iie part., *statuts*, ier vol., 862, 876; *statuts*, iie vol., 4.

— (M. le), conseiller du roi. *Arch. adm.*, t. II , 1171.

— (Perrart le). *Arch. adm.*, t. II, 533.

Tourneurs de Reims (statuts des). *Arch. lég.*, iie part., *statuts*, iie vol., 581.

Tournevel (village de). *Arch. lég.*, ire part., 894.

— (seigneur de), voy. Laumonier (Jean).

Tournois. Le pape désapprouve les prières faites par l'archevêque de Reims pour un chevalier mort dans ledit. *Arch. adm.*, t. I, 341, 391 ; t. II , 50. *Arch. lég.*, ire part., 391, 434; voy. Torneamentum.

— voy. Gros tournois, Denier.

Tournon (université de). *Arch. lég.*, iie part., *statuts*, iie vol., 703.

Tourrissel (village de). *Arch. adm.*, t. I, 1090.

Tours (archevêque de). *Arch. adm.*, t. II, 65. *Arch. lég.*, iie part. , *statuts* , ier vol., 844, 849 ; voy. Grégoire, Josse ; voy. Toronensis archiepiscopus.

— (chanoines de), seigneurs d'Athis. *Arch. adm.*, t. II, 1119, 1122.

— (concile de). *Arch. lég.*, iie part., *statuts*, iie vol., 87.

— (doyen de), voy. Saint-Martin de Tours (doyen de).

— (états de). *Arch. lég.*, iie part., *statuts*, ier vol., 570, 856.

— (élection de). *Arch lég.*, iie part., *statuts*, ier vol., 944, 946.

— (ville de). *Arch. adm.*, t. III, 333.

Arch. lég., iie part., *statuts*, ier vol., 632, 751, 782, 836, 840; *statuts*, iie vol., 573 ; *statuts*, iiie vol., 531, 532, 621.

Tours , voy. Saint-Martin de Tours.

— -sur-Marne (ville de). *Arch. adm.*, t. I, 415; t. II, 353, 484, 559, 1122; t. III, 87, 383. *Arch. lég.*, ire part., 105, 133, 901, 906, 919; iie part., *statuts*, ier vol., 249, 341, 579, 714.

— -sur-Marne (Pierre de). *Arch. adm.*, t. II, 42; t. III, 383.

— -sur-Marne (Jehannot de), voy. Tours-sur-Marne (Jehan de).

— -sur-Marne (Drouart de), chanoine. *Arch. adm.*, t. II, 525.

— -sur-Marne (Jehan de), échevin. *Arch. adm.*, t. III, 835.

— -sur-Marne (prieuré de), voy. Turribus-supra-Maternam (prioratus de).

— -sur-Marne (prieur de). *Arch. adm.*, t. II, 1039, 1123.

— -sur-Marne (trésorerie de). *Arch. adm.*, t. II, 1123.

— -sur-Marne (sacristie de). *Arch. adm.*, t. II, 1123.

— -sur-Marne (paroisse de). *Arch. adm.*, t. II, 1123, voy. Turribus-supra-Maternam (parochia de).

— -sur-Marne (Notre-Dame de). *Arch. adm.*, t. II, 1123.

— -sur-Marne (Guiot de). *Arch. adm.*, t. II, 1182.

— -sur-Marne (Nicole de), prévôt de l'église de Reims. *Arch. adm.*, t. III, 351, 758.

Tourtagnon (Lagoille, seigneur de). *Arch. adm.*, t. II, 1053 ; voy. Courtagnon.

Tourtebatte (Claude). *Arch. lég.*, iie part., *statuts*, iie vol., 162, 239.

— (Nicolas). *Arch. lég.*, iie part., *statuts*, iie vol., 212.

Tourtebatte (Pierre), marchand drapier. *Arch. lég.*, ii⁰ part.,*statuts*, ii⁰ vol., 810.

— (connétable de). *Arch. lég.*, ii⁰ part., *statuts*, ii⁰ vol., 1015.

— (Hélène), veuve Drouart. *Arch. lég.*, ii⁰ part., *statuts*, iii⁰ vol., 122.

Tourteron (bourg de). *Arch. adm.*, t. I, 271. *Arch. lég.*, i⁰ part., 903, 908, 911 ; ii⁰ part., *statuts*, iii⁰ vol., 243, 258, 270.

— (paroisse de). *Arch. adm.*, t. II, 1110, 1112.

— (prêtre de), voy. Tuerteron (presbyter de).

Tourteronno (parochia de), voy. Tourteron (paroisse de).

Tourville (prévôté de). *Arch. adm.*, t. III, 412.

Tous (Robert de). *Arch. adm.*, t. III, 744.

Tousicort, voy. Toussicourt.

Toussaint (Alexis), cuisinier. *Arch. lég.*, ii⁰ part., *statuts*, iii⁰ vol., 497.

— de Châlons (abbé de). *Arch. adm.*, t. II, 1037.

— en l'Isle (abbé de). *Arch. lég.*, ii⁰ part., *statuts*, iii⁰ vol., 533, 542, 543 ; voy. Omnium Sanctorum in Insula Cathalaunensis abbas ; voy. Godet (Claude).

Toussac (Pierre de), argentier du roi. *Arch. adm.*, t. II, 327, 375.

Toussicourt (hameau de). *Arch. adm.*, t. I, 924, 1090; t. II, 1058. *Arch. lég.*, ii⁰ part., *statuts*, i⁰ vol., 796.

— (Ravineau de), conseiller. *Arch. lég.*, ii⁰ part., *statuts*, ii⁰ vol., 1010.

Tout-y-Faut (rue de). *Arch. adm.*, t. I, 97.

Toutefille (seigneur de), voy. Leprévôt (Jehan).

Toyreium. *Arch. adm.*, t. I, 253.

Tracius de Cruce, vide Croix (Thrace de la).

Tragète (Oudet), échevin. *Arch. adm.*, t. I, 904.

Trahison. *Arch. adm.*, t. II, 458; t. III, 637. Le jugement de ladite appartient dans Reims à l'archevêque, 638. *Arch. lég.*, ii⁰ part., *statuts*, i⁰ vol., 416; voy. Proditio.

Trahoir (croix du). *Arch. adm.*, t. II, 1217.

Trahon (village de). *Arch. lég.*, i⁰ part., 908.

Trahynare (traîner). *Arch. adm.*, t. II, 384.

Trailon (Simon de), voy. Trélon.

Train (village de). *Arch. lég.*, i⁰ part., 903.

Traite foraine. *Arch. lég.*, ii⁰ part., *statuts*, ii⁰ vol., 13. Notice historique sur ladite, 16.

Traité de paix, voy. Arras.

Trajanopole (archevêque de), voy. Talleyrand-Périgord.

Trajectensis episcopus, vide Johannes.

Tramecourt (village de). *Arch. lég.*, i⁰ part., 892.

— (seigneur de), voy. Héricourt (Antoine.

— (Jehannet de), lieutenant du connétable de France. *Arch. lég.*, ii⁰ part., *statuts*, i⁰ vol., 767, 783, 790.

Tramereio (alodium de). *Arch. adm.*, t. I, 283.

— (domus de). *Arch. adm.*, t. II, 385.

— (ecclesia de). *Arch. lég.*, ii⁰ part., *statuts*, i⁰ vol., 104.

Tramereyum, vide Tramery.

Trameriaco (Baudenetus de), vide Tramery (Baudenet de).

Tramery (Henri de). *Arch. adm.*, t. II, 96, 116.

Tramery (Henriar de). *Arch. adm.*, t. II, 581.

— (Baudenet de). *Arch. adm.*, t. II, 321, 1227.

— (Doard le Vert de). *Arch. adm.*, t. II, 394.

— (Thomas, Husson de). *Arch. lég.*, iie part., *statuts*, iiie vol., 37.

— (Jehan de), professeur ès lois. *Arch. adm.*, t. II, 708; t. III, 28?

— (village de). *Arch. adm.*, t. I, 886, 1090; t. II, 1055; t. III, 108, 279, 579. *Arch. lég.*, ire part., 607, 755, 876, 908, 910; iie part., *statuts*, ier vol., 69, 83, 89; *statuts*, iie vol., 963.

— (paroisse de). *Arch. adm.*, t. II, 1051.

— (église de), voy. Tramereio (ecclesia de).

— (vicecomitatus de). *Arch. lég.*, iie part., *statuts*, ier vol., 64.

— (maison de), voy. Tramereio (domus de).

— (presbyter de). *Arch. adm.*, t. II, 1052.

— (alleu de), voy. Tramereio (alodium de).

— (maladrerie de). *Arch. adm.*, t. III, 579.

Tranancourt, voy. Bazancourt.

Tranchant, sous-prieur de Saint-Remi. *Arch. adm.*, t. I, 334.

Trané (J....), boulanger. *Arch. adm.*, t. II, 503.

Transfiguration (chapelle de la). *Arch. adm.*, t. II, 1049.

Transmarina via. *Arch. adm.*, t. I, 703, vide Outre-mer (voyage d').

Transportus (transport). *Arch. adm.*, t. III, 89.

Transversium, vide Travescy.

Trapes (Guillaume de). *Arch. adm.*, t. II, 968.

Tratte (hameau de). *Arch. adm.*, t. II, 1055.

Traussit (P.), procureur. *Arch. adm.*, t. III, 831.

Travadoz (Richardus). *Arch. lég.*, iie part., *statuts*, ier vol., 121.

Trave (Jehan le). *Arch. adm.*, t. II, 603.

Travescy (village de). *Arch. lég.*, ire part., 891, 899.

Travillié (Raimbaut). *Arch. adm.*, t. III, 379.

Tray (Jehan). *Arch. adm.*, t. II, 809.

— (Marie), femme du précédent. *Arch. adm.*, t. II, 809, 826.

Traynel (seigneur de), panetier du roi. *Arch. adm.*, t. II, 1147, 1151, t. III, 44.

Trecæ, vide Troyes.

Trécens, voy. Trecensus.

Trecense concilium, vide Troyes (concile de).

Trecensis (comes), vide Hugo, Henricus.

— (comitissa), vide Blancha.

— archidiaconus, vide Arnulphus.

— episcopus. *Arch. adm.*, t. I, 733. *Arch. lég.*, iie part., *statuts*, ier vol., 601, 788; vide Givri (Étienne de), Lupus.

— (Petrus), vide Trecis (Petrus de).

— (Guiotus), vide Troyes (Guyot de).

— marcha. *Arch. adm.*, t. III, 805.

— (Thomas). *Arch. lég.*, iie part., *statuts*, ier vol., 170.

Trecensus. *Arch. adm.*, t. I, 397, 398, 420, 513, 514. *Arch. lég.*, iie part., *statuts*, ier vol., 170.

Tréchâteau (village de). *Arch. lég.*, iie part., *statuts*, iiie vol., 388.

Trecis (Johannes de), archidiacre de Bayeux. *Arch. adm.*, t. I, 804, 844, 900; t. II, 945? 1116.

Trecis (Petrus de), doyen du chapitre de Reims. *Arch. adm.*, t. II, 396; t. III, 394, 398. *Arch. lég.*, ıı^e part., *statuts*, ı^{er} vol., 80, 117.

— (Stephanus de), chanoine. *Arch. adm.*, t. II, 394, 475, 622.

Trécy (village de). *Arch. lég.*, ıı^e part., *statuts*, ııı^e vol., 395.

Trefoliis (Gilbertus de), prêtre. *Arch. lég.*, ıı^e part., *statuts*, ı^{er} vol., 114.

Tréfonds, vide Trefundus.

Trefundus. *Arch. adm.*, t. II, 408, 520, 522.

Trelodio (Thomas de), procureur de l'archevêque. *Arch. adm.*, t. I, 1102; t. II, 332, 392, 555.

— (Simon de). *Arch. adm.*, t. II, 524, 548, 618; voy. Treslon.

— (Johanna de), femme du précédent. *Arch. adm.*, t. II, 618.

Trelon, voy. Treslon.

Tremblay (village de). *Arch. adm.*, t. II, 1072.

Trembloys (bois du). *Arch. lég.*, ıı^e part., *statuts*, ı^{er} vol., 806.

Tremery, voy. Tramery.

— (Nicaise de). *Arch. adm.*, t. III, 767.

Trémoille (sire de la). *Arch. lég.*, ı^{re} part., *statuts*, ı^{er} vol., 608.

Tremonte (prior de). *Arch. adm.*, t. II, 638; vide Eskerchin.

Trenchiennes-prope-Gandavum (abbas de). *Arch. adm.*, t. II, 640.

Trente (concile de), voy. Tridentinum concilium.

Trépail (village de). *Arch. adm.*, t. II, 1121, 1122. *Arch. lég.*, ı^{re} part., 878, 901, 908, 916, 919; voy. Trespail.

— (paroisse de). *Arch. adm.*, t. II, 1121.

— (prêtre de). *Arch. adm.*, t. II, 1121.

Trepailles (presbyter de), vide Trepail (prêtre de).

Trepalio (parochia de), vide Trepail (paroisse de).

Trépayl, voy. Trépail.

Trépigny (village de). *Arch. adm.*, t. II, 1100.

Tréport (ville de). *Arch. adm.*, t. II, 637.

Treseul, voy. Vin (treseul de).

Tresfondus, vide Trefondus.

Treslecat (Loys). *Arch. lég.*, ı^{re} part., 894.

Treslon (chapelain de). *Arch. adm.*, t. II, 1054.

— (Jehan de), clerc. *Arch. adm.*, t. II, 524, 525, 689; t. III, 283.

— (majeur de), voy. Mauclerc (Andrieu).

— (Simon de), voy. Trelodio (Simon de).

— (Thomas de), voy. Trelodio (Thomas de).

— (village de). *Arch. adm.*, t. II, 1051, 1054, 1055; t. III, 45. *Arch. lég.*, ı^{re} part., 755; ıı^e part., *statuts*, ı^{er} vol., 604, 663; *statuts*, ıı^e vol., 963; *statuts*, ııı^e vol., 393.

Tresoliis (Gilebertus de), prêtre-chanoine. *Arch. lég.*, ıı^e part., *statuts*, ı^{er} vol., 66.

Trésor, voy. Église de Reims (trésor de l'. Reims, Saint-Denis; voy. Inventio pecuniæ.

— (Mahaut du). *Arch. adm.*, t. II, 178.

— (maison du). *Arch. adm.*, t. II, 162, 742, 1011, 1239.

— (quarrel du). *Arch. adm.*, t. II, 516.

— (rue du). *Arch. adm.*, t. I, 80. *Arch. lég.*, ıı^e part., *statuts*, ı^{er} vol., 567.

Trésorerie, voy. Jardin (trésorerie du). Reims, Tours-sur-Marne; vide Thesauraria.

Trésorier, voy. Reims (trésorier de), Sens, Noyon, Corbeny, Saint-Marcoul, Saint-Denis; voy. Thesaurarius.

— de l'église de Reims (bailli du). *Arch. lég.*, ıı^e part., *statuts*, ıı^e vol., 606.

Trésorier (réception du), vide Thesaurarii Remensis receptio.

Trespal (village de), voy. Trepail.

Tres-Putei, vide Trois-Puits.

Tressaint (village de), voy. Tresseium.

Tresseium. *Arch. adm.*, t. I, 321. *Arch. lég.*, iie part., *statuts*, ier vol., 167.

Tressiacum, vide Tresseium.

Trestres (lieu de). *Arch. lég.*, iie part., *statuts*, ier vol., 169.

Tretellus (tréteau). *Arch. adm.*, t. II, 957.

Treuga (trêve). *Arch. adm.*, t. I, 419, 824, 863; t. II, 194. *Arch. lég.*, ire part., 40.

Treverica porta, voy. Cérès (porte de).

Trèves (archevêché de). *Arch. adm.*, t. I, 21; t. III, 278.

— (archevêque de), voy. Trevirensis archiepiscopus.

— (concile de), voy. Trevirense concilium.

— (province de). *Arch. lég.*, iie part., *statuts*, iie vol., 80.

— (sire de). *Arch. lég.*, iie part.; *statuts*, ier vol., 608.

Trevirense concilium. *Arch. adm.*, t. II, 88.

— archiepiscopus, vide Ecbertus.

Tria (Guillelmus de), voy. Trye (Guillaume de).

Triagnello (Ansellus de). *Arch. adm.*, t. I, 347.

Triancourt (village de). *Arch. lég.*, iie part., *statuts*, iiie vol., 388.

Triart (Stephanus). *Arch. lég.*, iie part., *statuts*, ier vol., 166.

Tribalet, vide Alardinus.

Triboul (Jehan). *Arch. adm.*, t. III, 836.

Triboul (Jehan), receveur des deniers communs de Reims. *Arch. lég.*, iie part., *statuts*, ier vol., 539, 619, 622, 625, 631, 721, 732.

Triboulet, sergent du prévôt de Reims. *Arch. adm.*, t. II, 395.

— (J.), fruitier. *Arch. adm.*, t. II, voy. Tribouleti (Johannes).

Tribouleti (Johannes), citoyen de Reims, t. III, 819. *Arch. lég.*, iie part., *statuts*, ier vol., 421.

Tribous (B.). *Arch. adm.*, t. I, 1061.

Tribout (J.) *Arch. lég.*, iie part., *statuts*, ier vol., 453, 658.

Tribus-Fontibus (abbas de). *Arch. adm.*, t. I, 449; t. II, 636. *Arch. lég.*, iie part., *statuts*, ier vol., 686; vide Trois-Fontaines (abbé de).

— (abbatia de). *Arch. adm.*, t. II, 1149.

Tribus-Puteis (decima de). *Arch. lég.*, iie part., *statuts*, ier vol., 171, 175, 240, 243.

— (Garinus de). *Arch. adm.*, t. II, 603, 661, 764, 777, 806, 1175; t. III, 72.

— (Perardus), vide Trois-Puits (Pierre de).

— (parochia de). *Arch. adm.*, t. II, 1048.

— (presbyter de). *Arch. adm.*, t. II, 1049.

— (Radulphus de). *Arch. adm.*, t. I, 876.

Tricardus, vide Mons.

Tricassinum concilium, vide Troyes (concile de).

Trichet, voy. Large (J. la).

— (Guillaume), voy. Trichot.

— (Grégoire). *Arch. lég.*, iie part., *statuts*, iie vol., 315.

— (Nicolas), vinaigrier. *Arch. lég.*, iie part., *statuts*, iie vol., 315.

Trichot (Jehan). *Arch. lég.*, ire part., 503, 510.

— (Guillaume). *Arch. lég.*, ire part., 551, 595; voy. Trichet.

Tricot (Jehan), procureur. *Arch. adm.*,

t. III, 836, 837, 842. *Arch. lég.*, ıı^e part., *statuts*, ı^{er} vol., 551, 626, 722, 734, 740.

Tricot (Raulinus). *Arch. lég.*, ıı^e part., *statuts*, ı^{er} vol., 793.

Tricquot (Ponce), religieux carme. *Arch. lég.*, ıı^e part., *statuts*, ıı^e vol., 414.

— (J.), voy. Tricot.

Tridelle (Jehan), conseiller. *Arch. lég.*, ıı^e part., *statuts*, ı^{er} vol., 637, 677.

Tridentinum concilium. *Arch. lég.*, ıı^e part., *statuts*, ıı^e vol., 762, 774, 778, 779, 781, 784; vide Trente (concile de).

Trie, voy. Trye.

Triennalis Codex. Notice relative audit. *Arch. adm.*, t. II, 1024.

Triers (Constant de). *Arch. lég.*, ıı^e part., *statuts*, ııı^e vol., 392.

Trigneis (parochia de), vide Trigny (paroisse de).

Trignel (Gerard), voy. Sainte-Menehould (Trig. G. de).

Trignes (village de). *Arch. adm.*, t. II, 1071; vide Trigny.

Trigniaci comitatus, vide Trigny (comté de).

Trigniacum, vide Trigny.

Trigny (autel de), voy. Triniaco (altar de).

— (comté de). *Arch. adm.*, t. I, 283.

— (commune de), voy. Triniaco (communitas de).

— (curé de), voy. Sirepreux (George).

— (fontaine de). *Arch. adm.*, t. I, 1056.

— (Jehan de), cordonnier. *Arch. adm.*, t. III, 827, 837.

— (Jesson de), voy. Trigny (Jehan de).

— (paroisse de). *Arch. adm.*, t. I, 280; t. II, 1058.

— (presbyter de). *Arch. adm.*, t. II, 1058.

— (ville de). *Arch. adm.*, t. I, 70, 253, 278, 284, 306, 307, 319, 614, 651, 652, 874, 877, 917, 1090, 1121; t. II, 7,

1089; t. III, 108, 426, 769. *Arch. lég.*, ı^{re} part., 755, 902, 908; ıı^e part., *statuts*, ıı^e vol., 963; *statuts*, ııı^e vol., 392. Seigneurie, *ibid.*

Trigny (vicomté de), voy. Triniaco (vicecomitatus de).

Trilicium (treillis, grille). *Arch. adm.*, t. III, 902.

Trinart, voy. Doinus.

— Jehan, fripier. *Arch. adm.*, t. III, 766.

Triniaco (altar de). *Arch. adm.*, t. I, 280.

— (communitas de). *Arch. adm.*, t. I, 653, 875, 880.

— (parochia de), vide Trigny (paroisse de).

— (vicecomitatus de). *Arch. adm.*, t. I, 306, 316, 317.

— (villa de), vide Trigny (ville de).

Trinitaires, voy. Paris (trinitaires de).

Trinitas. *Arch. adm.*, t. III, 737. *Arch. lég.*, ı^{re} part., 50, 153, 358; ıı^e part., *statuts*, ı^{er} vol., 40; vide Trinité.

Trinité, troisième personne divine, voy. Trinitas.

— (blasphème contre la). *Arch. adm.*, t. III, 639, 644. *Arch. lég.*, ıı^e part., *statuts*, ıı^e vol., 250.

— (église de la), rétablie à Reims dans le xı^e siècle. *Arch. adm.*, t. I, 364.

— de Châlons (chapitre de la), voy. Sanctæ-Trinitatis cathalaunensis (capitulum).

— de Châlons (curé de la), voy. Thiery (Claude).

Trinquet (Jehan). *Arch. adm.*, t. III, 129.

Triola, vide Sancti Martini.

Triomphe, voy. Arc.

Tripache (Jehan), curé de Berzu. *Arch. lég.*, ı^{re} part., 882.

Triperie, voy. Reims (triperie de).

Tripes (bourg aux). *Arch. adm.*, t. II, 52.

Tripier, voy. Reims (tripiers de).

Tripier (Thiébault le). *Arch. adm.*, t. I, 876 ; t. II, 912.

— (Robin le). *Arch. adm.*, t. I, 876, 960.

— (Garin le). *Arch. adm.*, t. I, 958.

— (Radulphus le), bourgeois. *Arch. adm.*, t. III, 401.

— (Jehan le) dit Bouchi, bourgeois. *Arch. adm.*, t. III, 707.

— (Raoulet le), boucher. *Arch. adm.*, t. III, 791.

Tripière (Rose la). *Arch. adm.*, t. I, 1041 ; t. II, 61.

— (Miquelle la). *Arch. adm.*, t. II, 780.

Trippet le sellier. *Arch. adm.*, t. III, 67, 71.

Tiquecel, voy. Triquesel.

Triquedon (Thomasset). *Arch. lég.*, 1re part., 494 ; 11e part., *statuts*, 1er vol., 980.

Triquère (Jehan), bourgeois du chapitre. *Arch. adm.*, t. III, 381.

Triques, voy. Triquet.

Triquèse (Garin). *Arch. adm.*, t. II, 53, 57.

Triqueseil, voy. Triquesel.

Triquesel (Adnetus), citoyen de Reims. *Arch. adm.*, t. III, 240.

— (Gérard). *Arch. adm.*, t. II, 604, 663, 809, 869, 912.

— (Raulet). *Arch. adm.*, t. I, 1126.

— (Thierricus). *Arch. adm.*, t. III, 63, 65.

Triquessel (Theodoricus), voy. Triquesel (Thierricus).

Triquet (jeu du). *Arch. adm.*, t. III, 664, 668. *Arch. lég.*, 1re part., 494.

Triquète (Gerardus). *Arch. adm.*, t. II, 280, 370.

Trisande (la). *Arch. lég.* 1re part., 608, 743.

Tris-Fontaines (abbaye de), voy. Tribus-Fontibus (abbatia de).

— (Albéric de). *Arch. adm.*, t. I, 84.

— (maison de). *Arch. adm.*, t. II, 65.

Tristan (Louis-Éléonor), archidiacre de Champagne et supérieur du petit séminaire de Reims. *Arch. lég.*, 11e part., *statuts*, 11e vol., 776, 778.

Tristan, voy. Dubois.

Trithème, chroniqueur. *Arch. adm.*, t. I, 666.

Trochin (Gerardus), clerc. *Arch. adm.*, t. II, 69, 72.

Troingnarde (Aelis la). *Arch. adm.*, t. II, 1195.

Troingnart (T.), pelletier. *Arch. adm.*, t. II, 519.

Trois-écus (enseigne des). *Arch. adm.*, t. III, 894.

Trois-Évêchés (pays des). *Arch. lég.*, 11e part., *statuts*, 111e vol., 742.

Trois-Fontaines (abbé de), voy. Tribus-Fontibus (abbas de).

Trois-Monts (Philippe de). *Arch. adm.*, t. II, 1123, 1143.

Trois-Puits (curé de). *Arch. lég.*, 11e part., *statuts*, 1er vol., 212 ; voy. Bailly (André).

— (dîme de), voy. Tribus-Puteis (decima de).

— (Fourquet de). *Arch. adm.*, t. I, 1109.

— (Garin de), voy. Tribus-Puteis (Garinus de).

— (Jaquet de). *Arch. adm.*, t. II, 604.

— (Perrart de). *Arch. adm.*, t. II, 604.

— (Pierre de). *Arch. adm.*, t. I, 281, 780, 800 ? 1175.

— (village de). *Arch. adm.*, t. I, 876, 1090 ; t. II, 16, 1046 ; t. III, 100, 281, 585. *Arch. lég.*, 1re part., 755, 876, 902, 908, 910 ; 11e part., *statuts*, 1er vol., 90, 175, 213, 715, 912 ; *statuts*, 11e vol., 963, 968 ; voy Tribus-Puteis (villa de).

Trois-Sols (Jehan). *Arch. adm.*, t. III, 25.

Trois-Sols (Regnault), bourgeois. *Arch. adm.*, t. III, 382.

Troissy (Jehan), garde de la justice de Saint-Remi. *Arch. lég.*, 1re part., 497, 523, 537.

— (nonains de), voy. Trosseio (moniales de).

— (seigneur de). *Arch. lég.*, 1re part., 571; 11e part., *statuts*, 1er vol., 614; voy. Châtillon (J. de).

— (Drouet de). *Arch. adm.*, t. III, 20. *Arch. lég.*, 1re part., 490.

— (Jehan de), bailli du chapitre. *Arch. adm.*, t. III, 834, 837, 841, 842.

— (village de). *Arch. adm.*, t. III, 131. *Arch. lég.*, 11e part., *statuts*, 1er vol., 613.

— (forteresse de). *Arch. adm.*, t. III, 178.

— (Pierre de), bailli du chapitre. *Arch. adm.*, t. III, 383.

Trojano, vide Domno.

Trollon (Johannes de). *Arch. adm.*, t. II, 1141; vide Treslon.

Troly, voy. Trosly.

Trompette (Henry le). *Arch. lég.*, 1re part., 581, 599.

Tron (dîme de). *Arch. lég.*, 11e part., *statuts*, 1er vol., 244.

Trongnard (Haimonet). *Arch. adm.*, t. I, 1115, 1125.

Tronson (Étienne), fabricant. *Arch. lég.*, 11e part., *statuts*, 1er vol., 267, 270, 979; *statuts*, 11e vol., 859.

Tronsson-Tronsson, capitaine de bourgeoisie. *Arch. lég.*, 11e part., *statuts*, 11e vol., 1030; *statuts*, 111e vol., 660.

— voy. Comte, Clicquot.

Tropmignot (Pierre). *Arch. adm.*, t. I, 488. *Arch. lég.*, 1re part., 666, 878, 889, 897, 956, 1001; 11e part., *statuts*, 1er vol., 433; *statuts*, 11e vol., 172, 175, 183, 330.

Tropmignot (J....), bourgeois. *Arch. lég.*, 11e part., *statuts*, 1er vol., 870.

Trosleium concilium, vide Trosly (concile de).

Trosly (concile de). *Arch. adm.*, t. I, 69. Le comte Erlebaldus excommunié dans ledit, 70.

— (curé de), voy. Salle (Charles).

— (ville de). *Arch. lég.*, 1re part., 886, 893, 909, 920.

Trosseio (moniales de). *Arch. adm.*, t. I, 1002; vide Troissy (nonains de).

Trossel (Theodoricus). *Arch. adm.*, t. I, 278.

Trotemers (Johannes). *Arch. lég.*, 11e part., *statuts*, 1er vol., 166.

Trotin (Jehan). *Arch. lég.*, 11e part., *statuts*, 11e vol., 212.

Trotinet (R.), channier. *Arch. adm.*, t. II, 826.

Troucy, voy. Troussy.

Trouillard (N....), bourgeois. *Arch. lég.*, 11e part., *statuts*, 1er vol., 323.

Trouillet (Gaspard), curé de Cerny. *Arch. lég.*, 1re part., 883.

Trouson (P.), maître sergier. *Arch. lég.*, 11e part., *statuts*, 11e vol., 812.

Troussel (Petrus), archevêque de Reims. *Arch. lég.*, 11e part., *statuts*, 1er vol., 103.

Trousset (Remy), maître tonnelier. *Arch. lég.*, 11e part., *statuts*, 11e vol., 417.

— (Pierre). *Arch. adm.*, t. III, 431, 812. *Arch. lég.*, 11e part., *statuts*, 1er vol., 392.

— (Adam). *Arch. adm.*, t. III, 481.

— (O.), bourgeois. *Arch. adm.*, t. III, 831.

Troussetus (Petrus), vide Trousset (Pierre).

Troussy (village de) *Arch. lég.*, 1re part., 879.

— (curé de), voy. Alix (Philippe).

Trouvilla (decima de). *Arch. adm.*, t. I,
330.

Troyes (bailli de), voy. Bellier (J.).

— (archidiacre de), voy. Trecensis archidiaconus.

— (chantre de). *Arch. adm.*, t. II, 832,
834, 837, 838, 843, voy. Aussois
(Jean d').

— (Colart de). *Arch. adm.*, t. II, 1180.

— (comte de), voy. Trecensis comes.

— (concile de). *Arch. adm.*, t. I, 50, 64,
65.

— (élection de). *Arch. lég.*, iie part., *statuts*, i^er vol., 943, 945; *statuts*, iie vol.,
968.

— (évêque de), voy. Trecensis episcopus.

— (Guillaume de), chanoine de Reims.
Arch. adm., t. III, 38. *Arch. lég.*,
iie part., *statuts*, i^er vol., 743, 777,
781, 787.

— (Guiot de), échevin de Reims. *Arch.
adm.*, t. III, 303, 305, 441, 398. *Arch.
lég.*, iie part., *statuts*, i^er vol., 659, 693,
791.

— (foires de). *Arch. adm.*, t. I, 708.
Arch. lég., iie part., *statuts*, i^er vol.,
943, 979, voy. Campania nondinæ.

— (Hennequin de), marchand. *Arch.
lég.*, iie part., *statuts*, i^er vol., 946.

— (marc de), voy. Trecensis marcha.

— (Marie de). *Arch. adm.*, t. II, 680.

— (maîtrise des eaux et forêts de). *Arch.
lég.*, iie part., *statuts*, iie vol., 15.

— (Jehan de), teinturier. *Arch. adm.*,
t. II, 302, 683, 903; t. III, 752. *Arch.
lég.*, iie part., *statuts*, i^er vol., 946.

— (nonains de). *Arch. adm.*, t. II, 559.

— (Perrinet de), hoquetonier. *Arch.
adm.*, t. II, 894, 904; voy. Trecis (Petrus de).

— (Thomasset de). *Arch. adm.*, t. III,
837.

Troyes (ville de). *Arch. adm.*, t. I, 265, 407,
708, 971, 1002; t. II, 837; t. III, 159,
840. *Arch. lég.* iie part.. *statuts*, i^er vol.,
480, 481, 502, 521, 596, 598, 601,
602, 604, 642, 644, 649, 671, 676,
686, 706, 720, 741, 833, 843, 868,
914, 923, 927; *statuts*, iie vol., 170,
200, 561, 573; *statuts*, iiie vol., 150,
389, 520, 528, 531, 532, 543.

Troylon, voy. Troyon.

Troyon (Johannes de), maire de la Cousture. *Arch. adm.*, t. II, 183, 185, 219,
238, 271, 310, 363.

— (Jehan de), sous-bailli de Reims.
Arch. adm., t. II, 320, 333, 365, 502,
523 ? 529 ?

— (Robert de). *Arch. adm.*, t. III, 20,
21, 35.

— (village de). *Arch. lég.*, i^re part., 879,
900, 919; iie part., *statuts*, i^er vol.,
179; voy. Troylon.

Trubert (J.), tailleur de pierres. *Arch.
adm.*, t. II, 533, 827.

— (Jesson). *Arch. adm.*, t. II, 893.

— (Presson), tonnelier. *Arch. adm.*, t. III,
836.

Truboldus. *Arch. lég.*, iie part., *statuts*,
i^er vol., 78.

Truc (Jacques), procureur général du
roi. *Arch. lég.*, iie part., *statuts*, iiie vol.,
250, 269

— (Jérôme). *Arch. lég.*, iie part., *statuts*,
iiie vol., 250, 270.

Truffet (Jehan). *Arch. adm.*, t. III, 837.

Trugneio (capellania), vide Trugny (chapellenie de).

Trugny (Radulphus de). *Arch. adm.*, t. I,
826.

— (chapellenie de). *Arch. adm.*, t. II,
1106.

Truisseyo (Johannes de), vide Truissy
(Jehan de).

Truissy (Jehan de), notaire. *Arch. adm.*, t. III, 353, 364, 388.

Trumelat (Jehan), tabellion. *Arch. adm.*, t. III, 836, 841. *Arch. lég.*, ii* part., *statuts*, i*r* vol., 454.

Trumelet (Jesson), voy. Trumelet (Jehan).

— (Jehan). *Arch. adm.*, t. III, 473, 695, 837. *Arch. lég.*, ii* part., *statuts*, i*r* vol., 451, 592.

Truneyo (capellania de), voy. Trugny (chapellenie de).

Trunus (Jehannin). *Arch. adm.*, t. III, 840.

Truquetins (Ernaut). *Arch. adm.*, t. II, 690.

Trussy (Jehan de), citoyen de Reims. *Arch. adm.*, t. III, 447.

— (village de). *Arch. lég.*, i*re* part., 899, voy. Troussy.

Trutgarius, chanoine. *Arch. lég.*, ii* part., *statuts*, i*r* vol., 76.

Truttanus (truand). *Arch. adm.*, t. II, 627.

Truyette (Gerart). *Arch. adm.*, t. I, 1096; t. II, 92, 178, 685.

— (Colart). *Arch. adm.*, t. II, 672, 690.

— (Jesson). *Arch. adm.*, t. II, 685.

Trya (Guillermus de), voy. Trye (Guillaume de), archevêque de Reims.

— (Mathieus de), voy. Trye (Mathieu de).

Trye (Guillaume de), archevêque de Reims. *Arch. adm.*, t. I, 225, 496; t. II, 263, 356, 412, 418, 472, 475, 587, 598, 610, 665, 715, 1013; t. III, 37, 189, 190, 336, 376, 547, 556. *Arch. lég.*, i*re* part., 333; ii* part., *statuts*, i*r* vol., 94, 120.

— (Philippe de), vicaire général. *Arch. adm.*, t. II, 473, 622.

— (Mahieu de), maréchal de France.

Arch. adm., t. II, 285, 485, 622, 812? 813, 816; t. III, 189, 190.

Tubenna (Arnulphus). *Arch. adm.*, t. II, 403.

Tudeniacum, vide Tugny.

Tudort (Claude), conseiller. *Arch. lég.*, ii* part., *statuts*, iii* vol., 198, 503.

— (Molé), conseiller. *Arch. lég.*, ii* part., *statuts*, iii* vol., 506.

Tuebuef (P.). *Arch. adm.*, t. I, 714.

— (Remigius). *Arch. adm.*, t. I, 828.

— (Radulphus). *Arch. adm.*, t. I, 858.

— (Henricus), chanoine de Paris. *Arch. adm.*, t. I, 933.

Tuerteron (presbyter de). *Arch. adm.*, t. II, 1109.

Tuigneyo (capellania de). *Arch. adm.*, t. II,, 1103.

— (patronagium de). *Arch. adm.*, t. II, 1108.

— (presbyter de). *Arch. adm.*, t. II, 1105.

— (parochia de), vide Thugny (parochia de).

Tuisiacum, vide Thuisy.

Tulebenne (J. la). *Arch. adm.*, t. II, 403.

Tulerii (Jacobus), bourgeois. *Arch. adm.*, t. II 401.

Tulet (Rogerus). *Arch. lég.*, i*re* part., 113.

Tuleur (F.). *Arch. lég.*, ii* part., *statuts*, i*r* vol., 371.

Tulle (Saint-Pierre de), voy. Sanctus-Petrus Tullensis.

— (concile de), voy. Tullense concilium.

Tullii (Ricardus), chanoine de Laon. *Arch. lég.*, i*re* part., 116.

Tunica, vide Tunique.

Tunique. Saint Remi lègue la sienne dans son testament. *Arch. adm.*, t. I, 19, 222, 338, 379, 409, 426, 449, 507,

508, 509, 510, 542, 596, 785, 865; t. III, 760. *Arch. lég.*, iie part., *statuts*, ier vol., 63, 65, 74, 77, 86, 88, 91, 92, 93, 96, 98, 100, 103, 104.

Tupain (Ferry). *Arch. lég.*, ire part., 544, 554.

Tupegniaco Cluniacensi (prior de). *Arch. adm.*, t. II, 635.

Tur (G.... le), envoyé du roi. *Arch. lég.*, iie part., *statuts*, ier vol., 644.

Turba (altar de). *Arch. lég.*,, iie part, *statuts*, ier vol., 92.

Turbuluns (Ricardus). *Arch. lég.*, iie part., *statuts*, ier vol., 165.

Turcs (les). *Arch. lég.*, iie part., *statuts*, ier vol., 835.

Turennæ vicecomes. *Arch. adm.*, t. I, 591.

Turenne (vicomte de), voy. Turennæ vicecomes.

Turin (concile de). *Arch. adm.*, t. I, 194, 196.

Turingorum ducatus. *Arch. adm.*, t. I, 330.

Turlin (Pierre), commis à taille. *Arch. adm.*, t. III, 647, 673, 703, 704, 749, 756. *Arch. lég.*, iie part., *statuts*, iie vol., 413.

Turlin (Jean-François), huissier. *Arch. lég.*, iie part., *statuts*, iie vol., 423, 592.

Turlure (Nicolas). *Arch. lég.*, iie part., *statuts*, iie vol., 155, 243.

Turna, vide Tourne.

— (Petrus de), chanoine. *Arch. adm.*, t. II, 1044.

— (parochia de). *Arch. adm.*, t. II, 1068.

— (presbyter de). *Arch. adm.*, t. II, 1070.

Turno (domus Dei de). *Arch. adm.*, t. II, 1067.

— (præpositus de). *Arch. adm.*, t. II, 1028.

— (parochia de), vide Tour (paroisse de).

Turno (presbyter de). *Arch. adm.*, t. II, 1067.

— (villa de), vide Tour (village de).

Turo-super-Maternam, vide Tours-sur-Marne.

Turonensis archiepiscopus. *Arch. adm.*, t. I, 986; vide Audebertus, Herardus.

— libra. *Arch. adm.*, t. I, 542, 759, 788, 808, 829, 911, 914, 997, 1007, 1019, 1049, 1082, 1098; t. II, 121, 650, 832, 869, 933; t. III, 89, 172, 477, 496, 542, 711, 801. *Arch. lég.*, ire part., 261; iie part., *statuts*, ier vol., 65, 66, 68, 70, 75, 78, 79, 85, 88, 89, 93, 94, 95, 429, 447, 449, 577, 584, 689, 820, 832; *statuts*, iie vol., 639, 753, 800; vide Livre tournois.

— solidus. *Arch. adm.*, t. I, 786, 794, 1098; t. II, 869; t. III, 179, 512. *Arch. lég.*, ire part., 32; iie part., *statuts*, ier vol., 54, 66, 195.

— denarius, voy. Denier tournois.

— grossus. *Arch. adm.*, t. III, 179.

— ecclesiæ decanus. *Arch. adm.*, t. II, 1123.

— (Rogerius). *Arch. adm.*, t. I, 263.

Turot (Henricus), proviseur de S. Ladre. *Arch. adm.*, t. I, 1076, 1078. *Arch. lég.*, iie part., *statuts*, ier vol., 264.

Turpiliani senatus-consultus. *Arch. lég.*, ire part., 374.

Turpin, archevêque, voy. Tilpin.

— trésorier de France. *Arch. lég.*, iie part., *statuts*, iiie vol., 415, 419.

— huissier. *Arch. lég.*, iie part., *statuts*, iie vol., 421, 488; *statuts*, iiie vol., 44?

— (Hubert), commis du greffier de l'échevinage. *Arch. lég.*, iie part., *statuts*, iie vol., 610.

— (Nicolas), tonnelier. *Arch. lég.*, iie part., *statuts*, ier vol., 437.

Turpin (R....). *Arch. lég.*, ii* part., *statuts*, i*er* vol., 470.

— (N....), quincaillier. *Arch. lég.*, ii* part., *statuts*, iii* vol., 358.

Turragium. *Arch. adm.*, t. II, 5, 620; vide Toragium.

Turrarius, vide Bonæ septimanæ, Remensis ecclesiæ.

Turres-supra-Maternam, vide Tours sur-Marne.

Turribus (Nicholaus de), prévôt de l'église de Reims. *Arch. adm.*, t. III, 772. *Arch. lég.*, ii* part., *statuts*, i*er* vol., 117.

— (Robertus de), chanoine. *Arch. lég.*, ii* part., *statuts*, i*er* vol., 117.

— -super-Maternam (Petrus de). *Arch. adm.*, t. I, 363.

— -supra-Maternam (prioratus de). *Arch. adm.*, t. II, 1030, 1121, 1123.

— -supra-Maternam, vide Tours-sur-Marne.

— -supra-Maternam (parochia de), vide Tours-sur-Marne (paroisse de).

— (presbyter de). *Arch. adm.*, t. II, 1119.

— -supra-Maternam (prior de), vide S. Pierre de Tours-sur-Marne (prieur de).

— (canonici de). *Arch. adm.*, t. II, 1123.

Turris, vide Septem-Salices.

Turro (Bliardus de), chevalier. *Arch. adm.*, t. I, 262, 354.

Tuscia, vide Welpho dux.

Tusculanensis episcopus. *Arch. adm.*, t. I, 689, 691; vide Odo.

Tusculanum. *Arch. adm.*, t. I, 337.

Tusculum (évêque de), voy. Tusculanensis episcopus.

Tutela, voy. Tutelle.

Tutelle. *Arch. adm.*, t. I, 950; t. III, 73. *Arch. lég.*, i*re* part., 28, 198, 289, 424, 827; ii* part., *statuts*, i*er* vol., 300; *statuts*, ii* vol., 508, 952. Les maires des villes sont affranchis de ladite, 991, 1009, 1012; *statuts*, iii* vol., 10, 25, 56, 516.

Tuteur. *Arch. adm.*, t. I, 950; t. III, 73. *Arch. lég.*, i*re* part., 119, 128; 222, 294, 408, 413, 418, 424, 814, 1011.

Tutevier (Pierre). *Arch. adm.*, t. III, 88.

Tutor, vide Tuteur.

Tuzy, vide Thuisy.

Tyan, poissonnier. *Arch. adm.*, t. I, 332.

Tyay (Gérard le). *Arch. adm.*, t. III, 836; voy. Thiez.

Tyl, voy. Thil (village de).

Tyno monasterii Modomensis (prior de). *Arch. adm.*, t. II, 634.

Tynsiaco (Perrardus de), bourgeois. *Arch. lég.*, ii* part., *statuts*, i*er* vol., 365.

Tyrant (le), procureur du bailly de Vermandois. *Arch. lég.*, ii* part., *statuts*, ii* vol., 8.

U.

Ubaldus (cardinal). *Arch. adm.*, t. I, 314, 322.

Uchar (Robinus), vide Unchar (Robin d').

Uchery, voy. Vechery.

Uddulfus. *Arch. adm.*, t. I, 15.

Udo, archevêque de Trèves. *Arch. adm.*, t. I, 227.

Udo, sous-diacre et chanoine. *Arch. lég.*, i*re* part., *statuts*, i*er* vol., 77.

Ugant (Jehan). *Arch. adm.*, t. III, ii* part., 696.

Ugny-le-Gay (village d'). *Arch. lég.*, i*re* part., 909, 920.

Ugo, vide Hugo, Hugues.

Ugo, trésorier et sous-diacre. *Arch. lég.*, II° part., *statuts*, I°° vol., 91.

Uguenin, voy. Lorrain.

Ulcheio (Henricus de), notaire. *Arch. adm.*, t. II, 663.

— Sancti-Augustini (prior de). *Arch. adm.*, t. II, 634.

Ullay (chapelle d'). *Arch. lég.*, I°° part., 607; voy. Ully.

Ullus (Adam d'), bourgeois de Reims. *Arch. adm.*, t. III, 632.

Ully (village d'). *Arch. lég.*, I°° part., 899.

Ulmeyo ad Moniales Sancti-Benigni Divionensis (prior de). *Arch. adm.*, t. II, 637.

Ulmimonte (Blihardus de). *Arch. adm.*, t. I, 286.

Ulmis (decima de). *Arch. lég.*, II° part., *statuts*, I°° vol., 70.

— (Haymo de), chevalier. *Arch. adm.*, t. II, 99.

— (parochia de). *Arch. adm.*, t. II, 1053, 1054.

— (presbyter de). *Arch. adm.*, t. II, 1053; vide Thomas.

— (redditus de). *Arch. lég.*, II° part., *statuts*, I°° vol., 63.

— (villa de). *Arch. adm.*, t. I, 542, 857; t. II, 282, 384, 1054. *Arch. lég.*, I°° part., 754, 876, 902, 907; II° part., *statuts*, I°° vol., 67, 73, 83, 87, 94, 99, 100; *statuts*, II° vol., 963, 968; vide Ormes et Ourmes.

Ulmons, voy. Omont et Aumont.

Ulmont (Ponce de), chanoine. *Arch. lég.*, II° part., *statuts*, I°° vol., 615, 617, 619, 621, 635, 645, 657, 667, 669, 674, 684, 689, 691, 694, 699, 705, 709, 712, 715, 722.

Ulmonte (Guido de), vide Castellanus (Guido).

Ulmonte (N. de), curé de Chesne, t. II, 1108.

— (parochia de), vide Aumont (paroisse de).

— (prior de), vide Saint-Gobert d'Omont (prieur de).

— (presbyter de). *Arch. adm.*, t. II, 1104.

— Sancti-Vincentii Laudunensis (prior de) 643, 1028.

Ulna. *Arch. adm.*, t. III, 100. *Arch. lég.*, II° part., *statuts*, I°° vol., 77, 93; vide Aune.

Ulnis (Stephanus de), dizainier de Reims. *Arch. lég.*, II° part., *statuts*, I°° vol., 562.

Ulricus. *Arch. adm.*, t. I, 250; vide Ardolio (Ulricus de).

Uncar (Leudo de). *Arch. adm.*, t. I, 278.

Unchair (vicomte de), voy. Cauchon (Louis).

— (village de). *Arch. adm.*, t. II, 1061.

— (Jesnette d'). *Arch. adm.*, t. II, 686.

— (Agnès d'). *Arch. adm.*, t. II, 686.

— (H. d'), tellier. *Arch. adm.*, t. II, 826.

— (Ogier d'), chevalier, *Arch. adm.*, t. III, 1, 3, 608.

— (Ponce, femme de Gontier d'), *Arch. adm.*, t. II, 686.

— (paroisse de). *Arch. adm.*, t. II, 1057.

— (Jehan d'), clerc. *Arch. adm.*, t. II, 332, 508, 685, 747, 1187.

— (Oudin d'), le Besgue. *Arch. adm.*, t. II, 685, 686.

— (Michelet d'). *Arch. adm.*, t. II, 686.

— (Marie d'). *Arch. adm.*, t. II, 686.

— (Alison d'). *Arch. adm.*, t. II, 686.

— (prêtre d'), voy. Uno-Curru (presbyter de).

— (Robert de), voy. Unchar (Robin d').

— (Robin d'). *Arch. adm.*, t. II, 675, 678, 686, 1220.

Unchair (Méline d'), femme du précédent. *Arch. adm.*, t. II, 686.
— (Baudouin d'), vide Uno-Karro (Balduinus de).
— (Joffroy d'). *Arch. adm.*, t. II, 685.
— (Ertaud d'). *Arch. adm.*, t. II, 686.
— (Gontier d'), sergent du bailliage. *Arch. adm.*, t. II, 394, 666, 685.
— (Jesson d'), voy. Unchar (Jehan d').
— (Wiet d'), sergent du bailliage. *Arch. adm.*, t. II, 394.
Unchar, voy. Unchair.
Uncia (once). *Arch. adm.*, t. I, 335. *Arch. lég.*, IIe part., *statuts*, Ier vol., 188, 191.
Unctiones, vide Onctions.
Union, voy. Saint-Union.
Unité, voy. Monnaie (unité de), Mesure.
Universalis ecclesia. *Arch. lég.*, Ire part., 348; voy. Église universelle.
Universitas, vide Parisiensis, Remensis, Université.
Universitatis Remensis statuta. *Arch. lég.*, IIe part., *statuts*, IIe vol., 629, 684, 747.
Université, voy. Aix, Besançon, Bordeaux, Bourges, Caen, Cahors, Montpellier, Nantes, Orléans, Paris, Perpignan, Poitiers, Pont-à-Mousson, Reims, Strasbourg, Toulouse, Tournon, Valence.
— de Paris (docteurs de l'). *Arch. lég.*, IIe part., *statuts*, IIe vol., 660.
— de Paris (statuts de l'). *Arch. lég.*, IIe part., *statuts*, IIe vol., 660.
— de Reims (armes de l'). *Arch. lég.*, IIe part., *statuts*, IIe vol., 745.
— de Reims (collége de l'). *Arch. adm.*, t. I, 14, 1054.
— de Reims (officiers de l'). *Arch. lég.*, IIe part., *statuts*, IIe vol., 74, 669, 677; *statuts*, IIIe vol., 145.
— de Reims (priviléges de l'). *Arch. lég.*, IIe part., *statuts*, IIe vol., 77.

Université de Reims (recteur de l'). *Arch. adm.*, t. I, 456, 693. Soumis à la juridiction archiépiscopale, 753, 885, 1059; *Arch. adm.*, t. II, 20, 654.
— de Reims (recteurs de l'). voy. Audry (J.), Blanzy (M.), Blavier, Bouvem (L.), Clocquet (A), Clocquet (J.), Colin (N.), Cruchart (Jean), Dozet (P.), Giffort (Guillaume), Josseteau (François), Kélisson (Mathieu), Lalemant (J.), Melot (H.), Mercier, Oudet (André), Noblet, Parent, (Guillaume), Regnault (Paul), Rogier, Roussel, Routier (P.), Roux, Wiet.
— de Reims (rue de l'). *Arch. lég.*, IIe part., *statuts*, IIIe vol., 419.
— de Reims (statuts de l'), vide Universitatis Remensis statuta.
Uno-Curru (J. de), vide Unchar (Jehan d').
— (parochia de), vide Unchar (paroisse d').
— (presbyter de). *Arch. adm.*, t. II, 1061.
Uno-Karro (Balduinus de), chevalier. *Arch. adm.*, t. II, 320.
Unxona (prior de), voy. Vienne (prior de).
Urbain II, pape. *Arch. adm.*, t. I, 240, 241, 247, 248, 249, 250, 666. *Arch. lég.*, IIe part., *statuts*, Ier vol., 122.
— IV, pape. *Arch. adm.*, t. I, 804, 813, 819, 820, 882. *Arch. lég.*, Ire part., 299.
— V, pape. *Arch. adm.*, t. III, 362. *Arch. lég.*, IIe part., *statuts*, Ier vol., 103.
— VI, *Arch. adm.*, t. III, 383.
— VIII. *Arch. adm.*, t. I, 656.
Urbanus, vide Urbain.
Urbe (Ligus de), chanoine. *Arch. adm.*, t. II, 475.
— (Ursus de), chanoine. *Arch. adm.*, t. II, 475.

Urbevetana civitas. *Arch. adm.*, t. I, 1059 (Orviette).

Urcel (village de). *Arch. lég.*, 1re part., 877, 884.

Urgel (ville d'). Manuscrit de la bibliothèque de ladite, alléguée. *Arch. adm.*, t. I, 108.

Urmes Sancti - Bartholomei Noviomensis (prior de). *Arch. adm.*, t. II, 635.

Urna (villa de). *Arch. adm.*, t. I, 29, vide Walciteia.

Urogo, vide Pruino.

Ursel (village d'), voy. Urcel.

— (Isabelet d'). *Arch. adm.*, t. III, 17.

Ursiandus, vide Ursiaudus.

Ursiaudus, échevin. *Arch. adm.*, t. I, 36.

Ursicampo (abbas de). *Arch. adm.*, t. II, 635.

Ursini (terra de). *Arch. adm.*, t. I, 354.

Ursinis (Jacobus de), vide Ursins (Jacques des).

— (Johannes IV Juvenalis de), vide Ursins (J. Juvenal des).

Ursins (Jacques des), archevêque de Reims. *Arch. adm.*, t. I, 62. *Arch. lég.*, IIe part., statuts, 1er vol., 118, 378.

— (Jehan Juvénal des), archevêque de Reims. *Arch. adm.*, t I, 62, *Arch. lég.*, 1re part., 746 ; IIe part., statuts, 1er vol., 86, 118, 321, 378, 662, 800, 939 ; statuts, IIe vol., 7 ; statuts, IIIe vol., 34. Opposition du dit à l'établissement du siége royal, 39, 644.

— (Charles des), abbé de Saint-Nicaise de Reims. *Arch. lég.*, 1re part., 878.

— (Catherine des), douairière de la Ferté-Peron. *Arch. lég.*, 1re part., 891.

— (Loys des), seigneur de Sommepy. *Arch. lég.*, 1re part., 889.

— (Jehan de), seigneur de Neuville. *Arch. lég.*, 1re part., 890.

Ursinus, vassal de l'église de Reims. *Arch. adm.*, t. I, 36.

Ursio, abbé de Saint-Denis de Reims. *Arch. adm.*, t. I, 274, 276, 305. *Arch. lég.*, IIe part., statuts, 1er vol., 70.

Ursins, évêque de Senlis, chancelier de Philippe Ier. *Arch. adm.*, t. I, 243.

Ursoldus, échevin. *Arch. adm.*, t. I, 36.

Ursus, archidiacre. *Arch. adm.*, t. I, 19, 221 ?

— chevalier. *Arch. adm.*, t. I, 855.

— vide Urbe.

Usage, voy. chapitre de Reims (usages du) Reims, voy. Usagium.

Usagium. *Arch. adm.*, t. I, 167, 413, 650, 726, 772, 777 ; t. II, 717. *Arch. lég.*, 1re part., statuts, 1er vol., 365 ; vide Usage.

Usambardus, sous - diacre. *Arch. lég.*, IIe part., statuts, 1er vol., 115.

Ustensile, sorte d'impôt indirect. *Arch. lég.*, IIe part., statuts, 1er vol., 459, 484.

Usufructus, vide Usufruit.

Usufruit. *Arch. adm.*, t. I, 91. *Arch. lég.*, 1re part., 932.

Usura. *Arch. adm.*, t. I, 362, 372, 354, 355, 815 ; t. II, 21, 189, 927. *Arch. lég.*, 1re part., 75, 102, 323.

Usuraria, vide Usura.

Usurarius. *Arch. adm.*, t. I, 358, 551, 552, 944 ; t. II, 131, 1167. *Arch. lég.*, 1re part., 75, 82, 136, 154, 192, 212, 268, 391.

Usure, voy. Usura.

Usurier, voy. Usurarius.

Usus, vide Usagium.

Uxor. *Arch. adm.*, t. I, 696 ; t. III, 303. *Arch. lég.*, 1re part., 53, 68, 98, 127, 196, 200, 203, 225, 284, 301, 320, 378, 626.

Uxorati clerici. *Arch. adm.*, t. I, 725 ; t. II, 143.

Uzès (duc d'). *Arch. lég.*, IIe part., statuts, IIIe vol., 532, 547.

V.

Vaailly, voy. Vailly.

Vaca , conseiller du parlement. *Arch. adm.*, t. II, 1216, 1217, 1234.

Vacance, voy. Siége de Reims (vacance du).

Vacant, voy. Biens.

Vacaran (J.) , poissonnier. *Arch. adm.*, t. II, 547.

Vacculiaco (villa de). *Arch. adm.*, t. I, 4, 15,

Vache (poil de queue de). Défense d'en vendre, et pourquoi? *Arch. adm.*, t. II, 832.

— (Jacques la), commissaire du roi. *Arch. adm.*, t. II, 989 , 1005, 1125 , 1127, 1169, 1171 ; t. III, 251, 259.

— (rue de la). *Arch. adm.*, t. III, 623.

— (hôtel de la). *Arch. lég.*, 1re part., 503.

— voy. Roussy (v. de).

Vachecuite (le père), t. II, 500.

Vacher (Isambars le). *Arch. adm.* t. II, 62.

— (Jehan le). *Arch. adm.*, t. II, 750.

— (Robin le). *Arch. adm.*, t. II, 60, 541.

Vacuus (Haimo), diacre et chanoine. *Arch. lég.*, IIe part., *statuts*, 1er vol., 86, 118.

Vaculiacum villa, voy. Vacculiaco (villa de).

Vadelaincourt, voy. Wadelincourt.

Vadenay (village de). *Arch. adm.*, t. I, 17, 494. *Arch. lég.* , IIe part., *statuts*, IIIe vol., 388. Seigneurie, *ibid.*

Vadencourt, voy. Wadencourt.

Vadiare (gager, engager). *Arch. adm.*, t. I, 36, 933.

Vadières (Baudouin de), seigneur de Gueux, voy. Vendières.

Vadières (Raoul de), écuyer, seigneur de Gueux; voy. Vendières.

Vadimont (village de). *Arch. adm.*, t. II, 1067. *Arch. lég.*, Ire part., 905.

Vadium (gage). *Arch. adm.*, t. I, 3 ; vide Belli vadium.

Vagabond, voy. Reims (vagabonds).

Vagnier (Nicolas), bourgeois. *Arch. lég.*, IIe part., *statuts*, 1er vol., 322.

Vaillant (M.), seigneur de Damery, *Arch. adm.*, t. II, 1120.

Vailliaco (Johannes de), prevôt de l'église de Reims et archidiacre de Châlons. *Arch. lég.*, IIe part., *statuts*, 1er vol., 79, 116 ; vide Wailly (J. de).

Vailly (capitaine de), voy. Favin (Pierre du).

— (curé de), voy. Drouart (*Baulde*).

— (prévoté de). *Arch. adm.*, t. III, 663.

— (prieuré de). *Arch. lég.*, 1re part.,

— (seigneurie de). *Arch. adm.*, 480.

— (Jehan de). *Arch. adm.*, t. II, 1244.

— (Robin de). *Arch. adm.*, t. III, voy. Wailly (Robert de).

— (le Clerc de). *Arch. adm.*, t. III, 1.

— (Jacquemin de), pelletier. *Arch. adm.*, t. III, 835.

— (Colin). *Arch. lég.*, 1re part., 521.

— (Loran de), sergent du roi. *Arch. adm.*, t. II, 755, 767, 773, 777, 781, 829 , 830, 831 , 832, 839 , 840, 843.

— (Robert de), *Arch. lég.*, IIe part., 1er vol., 106.

— sur-Aisne (ville de) *Arch. adm.*, t. II, 484, 778, 838, 906 ; t. III, 483.

487, 496, 758, 767, 768. *Arch. lég.*, iʳᵉ part., 876, 898, iiᵉ part. , *statuts*, iᵉʳ vol. , 706.

Vaire (Pont à), voy. Pontavert.

Vairet (étal de). *Arch. adm.*, t. II , 742 ,

— (Gillebin). *Arch. adm.*, t. II, 806, 931.

Vairon (Aubry), maire de la Cousture. *Arch. adm.*, t. II, 1184, 1185; t. III, 688?

Vaisly; voy. Vailly.

Vaissellum (vase). *Arch. adm.*, t. III, 87.

Val (Pelveau du), panetier du roi. *Arch. adm.*, t. II, 298, 300.

Valade (Jehan), doyen de Saint-Symphorien. *Arch. adm.*, t. I, 271.

Valavregny (seigneurie de). *Arch. lég.*, iʳᵉ part., 877, 919.

Valcenensis, vide Aula.

Val-de-Grâce de Paris (abbesse du), dame de Jonquery. *Arch. adm.*, t. II, 1053.

— (dames du). *Arch. adm.*, t. II, 1054, 1055, 1060.

— voy. Paris (Val-de-Grâce de).

Valderic, voy. Galderic.

Val des Écoliers, voy. Reims (Val des Écoliers de).

— (Notre-Dame du), *Arch. lég.*, iiᵉ part.; 789.

— des Écoliers (prieur du). *Arch. lég.*, iʳᵉ part., 880; iiᵉ part., *statuts*, iᵉʳ vol., 758 , voy. Vallis Scholarium prior.

— des Écoliers (religieux du), voy. Vallis Scholarium fratres.

— des Écoliers (prieuré du). *Arch. adm.*, t. I, 669 ; voy. Saint-Étienne les Dames.

— des Écoliers (couvent du). *Arch. lég.*, iʳᵉ part., 753.

— des Écoliers (quarrel du). *Arch. adm.*, t. II, 534.

Val-Dieu (abbé de), voy. Vallis-Dei abbas.

Val-Dieu (abbaye de). *Arch. adm.*, t. I, 34? *Arch. lég.*, iiᵉ part., *statuts*, iᵉʳ vol., 242.

Valençay (Léonor de), voy. Étampes

Valence (université de), *Arch. lég.* , iiᵉ part., *statuts*, iiᵉ vol., 666, 670.

— (ville de) *Arch. adm.*, t. I, 542. *Arch. lég.*, iiᵉ part. , *statuts*, iᵉʳ vol. , 509 ; *statuts*, iiiᵉ vol., 631.

— (concile de). *Arch. adm.*, t. I, 170.

Valencencia, vide Valenciennes.

Valencia, vide Valence.

— (Jacobus de), chanoine de Cantipré. *Arch. lég.*, iʳᵉ part., 117.

Valenciennes (ville de). *Arch. adm.* , t. I, 1073; t. II, 644, 1073, 1082 ; t. III, 16, 840. *Arch. lég.*, iᵉ part., 89.

— (chapitre de), voy. Aula Valencenensi (capitulum de).

— (Guillaume de), fontanier. *Arch. adm.*, t. III, 758.

Valenthensis, voy. Valenciennes.

Valentin (Étienne), épicier. *Arch. lég.*, iiᵉ part., *statuts*, iiᵉ vol., 978 ; *statuts*, iiiᵉ vol., 94.

— (Adam), épicier. *Arch. lég.*, iiiᵉ part., *statuts*, iiiᵉ vol., 92.

Valentinianus, empereur. *Arch. adm.*, t. I, 615.

Valentinois (comté de). *Arch. adm.*, t. III, 842.

Valentinus, hérésiarque du iiᵉ siècle. *Arch. adm.*, t. I, 167.

Valentouria (dominus de). *Arch. lég.*, iʳᵉ part., 74,

Valeriæ, vide Valleroy, Valray.

Valerius-Mons. *Arch. adm.*, t. I, 253 , vide Montvalois.

Vales (J. de), maître des comptes. *Arch. lég.*, iiᵉ part., *statuts*, iᵉʳ vol., 695.

Valesia porta, vide Valoise (porte).

Valesio, vide Crispiacum (in), vide Crepy en Valois.

Valesius-Mons , vide Montvalois.

Valet, voy. Reims (valets de la ville de), roi (valets du).

Valet (Guillaume), lieutenant du bailli de Vermandois. *Arch. lég.*, iie part., statuts, i^{er} vol., 378, 662, 743, 744, 762, 770, 772? 774, 780, 787, 795, 798, 803, 808, 823, 873, 915, 918, 934, 936, 937, 940; *statuts*, iie vol., 11, *statuts*, iiie vol., 34, 614.

— (J....), receveur des aides. *Arch. lég.*, iie part., *statuts*, i^{er} vol., 667; voy. Vualet.

— (Estène), voy. Walet (Estienne).

— (Nicolas), cuisinier. *Arch. lég.*, iie part., *statuts*, iiie vol., 497.

— (Estevenin), voy. Walet (Estienne).

Valeterris (Evrardus de), citoyen de Reims. *Arch. adm.*, t. II, 99.

Valette (Ysabel la). *Arch. adm.*, t. II, 347.

Val-Fleury (prieuré de). *Arch. lég.*, iie part., *statuts*, i^{er} vol., 244.

— (prieur de), voy. Valle-Florida (prior de).

— -Saint-Pierre (couvent du). *Arch. lég.*, i^{re} part., 881.

Vallart (G....). *Arch. adm.*, t. III, 9.

Valle (molendinum de). *Arch. lég.*, iie part., *statuts*, i^{er} vol., 91.

— (Beata-Maria de). *Arch. lég.*, i^{re} part., 266.

— -Florida (prior de). *Arch. adm.*, t. II, 636.

— -Grinosa. *Arch. adm.*, t. I, 784, 794, vide Vaugrineuse.

Vallée (village de la). *Arch. adm.*, t. III, 622. *Arch. lég.*, i^{re} part., 908, voy. Goudin.

— (Jehan de la), échevin. *Arch. adm.*, t. III, 303, 535?

Valle-Grinosa (Willermus de). *Arch. lég.*, iie part., *statuts*, i^{er} vol., 107, 117.

Valleia (Johannes de), dictus François. *Arch. adm.*, t. III, 314; voy. Vallée (Jehan de la).

Vallemonstruosa (Johannes de), chanoine de Saint-Pierre aux Nonnains. *Arch. adm.*, t. II, 1042.

— (presbyter de). *Arch. adm.*, t. II, 1103.

— (parochia de), voy. Vaux-Montreuil (paroisse de).

Vallenchenis (Johannes de), alias Balbartus, courtier. *Arch. lég.*, iie part., *statuts*, i^{er} vol., 428.

Valleret, voy. Valray.

Valieroy (abbé de). *Arch. adm.*, t. I, 1067; t. II, 248, 634, 1065, 1067, 1124. *Arch. lég.*, iie part., *statuts*, i^{er} vol., 686, *statuts*, iie vol., 690.

— (religieux de). *Arch. lég.*, iie part., *statuts*, iiie vol., 37.

— (Baudet de). *Arch. adm.*, t. III, 36.

— (maison de). *Arch. adm.*, t. II, 1149.

— (quarrel de). *Arch. adm.*, t. II, 499.

— (ville de). *Arch. adm.*, t. II, 495, 500.

Valletus (varlet). *Arch. adm.*, t. I, 313; t. II, 287.

Valliaco (Johannes de). *Arch. lég.*, i^{re} part., 314; vide Vailly (J. de).

— (Petrus de). *Arch. adm.*, t. II, 1031.

— -Sancti-Crispini-Majoris (prior de). *Arch. adm.*, t. II, 634.

Valliacum, vide Vailly.

Vallibus (Mattheus de), chevalier. *Arch. adm.*, t. I, 373.

— (Simon de), chanoine de Laon. *Arch. adm.*, t. I, 468.

— (Fourquaudus de), chevalier. *Arch. adm.*, t. I, 629.

Vallibus (Henricus de), chevalier. *Arch. adm.*, t. III, 364, 771.

— (Johannes de), échevin. *Arch. adm.*, t. I, 642, 1055, 1057 ; t. III, 339.

— (decima de). *Arch. adm.*, t. I, 338. *Arch. lég.*, iie part., *statuts*, i^er vol., 87, 91, 93, 96, 104.

— (parochia de). *Arch. adm.*, t. II, 1095 ; vide Vaux-les-Mouron (paroisse de), Vaux-en-Champagne.

— (presbyter de). *Arch. adm.*, t. II. 1112.

Vallis, vide Morendi, Rodigionis.

— (ecclesia de). *Arch. adm.*, t. I, 329.

— Christianæ (abbas). *Arch. adm.*, t. II, 634.

— Claræ (abbas de). *Arch. adm.*, t. II, 635 ; vide Vauclerc (abbé de).

— Dei (abbas). *Arch. adm.*, t. II, 604, 1027, 1038, 1080, vide Val-Dieu (abbé de).

— Dei (abbatia), vide Val-Dieu (abbaye de).

— Dominica, vide Villedomenge.

— Monstruosa, vide Vaux-Montreuil.

— Regis (abbas), vide Valleroy (abbé de).

— Remondi (capellania de). *Arch. adm.*, t. II, 1122, 1123 ; voy. Voremond (chapellenie de).

— Rodigionis. *Arch. adm.*, t I, 407, 412, 420, 421, 422, 670. *Arch. lég.*, iie part., *statuts*, i^er vol., 90, 98, 100.

— Sancti-Petri (prior), vide Radulphus.

— Scholarium domus. *Arch. adm.*, t. II, 493, 655, vide Val des Ecoliers (maison du).

— Scholarium fratres. *Arch. adm.*, t. I, 811, 1001, 1014, 1019 ; t. II, 534. *Arch. lég.*, iie part., *statuts*, i^er vol., 817, 886.

Vallis Scholarium (prior de). *Arch. adm.*, t. I, 787. *Arch. lég.*, iie part., *statuts*, i^er vol., 810, 839, 864.

— Secretæ abbas. *Arch. adm.*, t. II. 634.

— Serenæ abbas. *Arch. adm.*, t. II, 634 ; vide Valsery (abbé de).

Valmonte (Symon de), professeur d'écriture sacrée. *Arch. adm.*, t. I, 667.

Valoiles (abbas de). *Arch. adm.*, t. II, 637.

Valois (Adrien de), historien. *Arch. adm.*, t. I, 19.

— (bailliage de). *Arch. lég.*, i^re part., 915 ; iie part., *statuts*, i^er vol., 577.

— (comté de). *Arch. adm.*, t. II, 285. *Arch. lég.*, i^re part., 915.

— (comtesse de). *Arch. lég.*, iie part., *statuts*, i^er vol., 101.

— (duc de). *Arch. lég.*, iie part., *statuts*, i^er vol., 857 ; voy. François Ier.

— (Philippe de), voy. Philippe VI.

Valoise (porte). *Arch. adm.*, t. I, 433, 769, 1042 ; t. II, 514, 536 ; t. III, 654.

Valoquier (Poncelet le), boulanger. *Arch. adm.*, t. III, 837.

Valoret (seigneur de), voy. Calouet (Hubert de).

Valray (village de). *Arch. adm.*, t. I, 313, 330 ; voy. Valeriæ.

Valroy (abbé de), voy. Valleroy.

Valry, notaire de Paris. *Arch. lég.*, iie part., *statuts*, iie vol., 464.

Valsery (abbé de), voy. Vallis-Serenæ abbas.

Valte (Jehan). *Arch. adm.*, t. II, 852.

Valterus, prieur de Saint-Denis de Reims. *Arch. adm.*, t. I, 353.

— fils de Henrionus de Ambleio, écuyer. *Arch. adm.*, t. II, 101.

Vandales. Époque de l'irruption desdits à Reims. *Arch. adm.*, t. I, 482. *Arch. lég.*, iie part., *statuts*, i^er vol., 751.

Venderesse, voy. Vendresse.

Vandeuil (village de). *Arch. adm.*, t. II, 1059, 1060; t. III, 609. *Arch. lég.*, 1re part., 755.

— (chapelain de), voy. Mas (Fremys du).

— (châtellenie de). *Arch. lég.*, 1re part., 888.

— (Jehan, sire de). *Arch. adm.*, t. II, 1172.

Vandeuvre (village de), voy. Vandœuvre.

Vandière (Mme de), dame de Vouzy. *Arch. adm.*, t. II, 1110.

Vandières (seigneur de). voy. Lévesque (Joas).

— (Raoul de), voy. Vendières.

— (Baudouin de), voy. Vendières.

— voy. Vendières.

Vandiers (M. de), seigneur de Comtreville. *Arch. adm.*, t. II, 1052.

Vandœuvre (ville de). *Arch. lég.*, 11e part., *statuts*, 111e vol., 390.

Vandresse (Gérard), chanoine. *Arch. lég.*, 11e part., *statuts*, 111e vol., 32.

Vandy (ville de). *Arch. adm.*, t. II, 1100, 1112. *Arch. lég.*, 1re part., 902, 908; 11e part., *statuts*, 111e vol., 352.

— (paroisse de). *Arch. adm.*, t. II, 1109.

— (chapellenie de). *Arch. adm.*, t. II, 1112.

— (Rogerius de). *Arch. adm.*, t. I, 321, 832.

— (presbyter de). *Arch. adm.*, t. II, 1111.

Vanin (Pierre). *Arch. lég.*, 11e part., *statuts*, 11e vol., 238.

— (Jacques), fermier de la vicomté de. *Arch. lég.*, 11e part., *statuts*, 11e vol., 238, *statuts*, 111e vol., 115, 340.

— (Thomas), épicier. *Arch. lég.*, 11e part., *statuts*, 11e vol., 978, *statuts*, 111e vol., 115.

Vanin (Jean), épicier. *Arch. lég.*, 11e part., *statuts*, 11e vol., 978.

Vanna (vanne). *Arch. adm.*, t. I, 263.

Vanne (la). *Arch. adm.*, t. I, 411, voy. Lavannes.

— (Colart de la). *Arch. adm.*, t. III, 379.

— (Raoul de la), chanoine. *Arch. adm.*, t. III, 868.

Vannelay, boucher. *Arch. lég.*, 11e part., *statuts*, 11e vol., 858.

Vannes (concile de). Décret dudit relatif aux maisons de refuge. *Arch. adm.*, t. I, 806.

Vanniers (statuts des). *Arch. lég.*, 11e part., *statuts*, 11e vol., 336.

Vannieruier (Jehan). *Arch. lég.*, 11e part., *statuts*, 11e vol., 238.

Vannin (Jehan), procureur général des pauvres. *Arch. lég.*, 11e part., *statuts*, 11e vol., 179.

Vannoise (Jehan de), bailli de Vermandois. *Arch. lég.*, 11e part., *statuts*, 1re vol., 331, *statuts*, 111e vol., 29; voy. Vernoise.

Vanteiquet (Galtherus), bourgeois. *Arch. adm.*, t. III, 401.

Vantelay, voy. Ventelay.

Vantelet, voy. Ventelay.

Vanternaux, tailleur d'habits. *Arch. lég.*, 11e part., *statuts*, 11e vol., 331.

Varanna, vide Varennes.

— (J. de), vide Varennes (J. de).

Vareine (M. de), seigneur de Cramart, voy. Varennes.

Varennes (Mattheus de), chevalier. *Arch. adm.*, t. II, 624, 1120.

— (Jehan de), boucher. *Arch. adm.*, t. II, 519, 962, 1040; t. III, 105.

Varennes (prêtre de), voy. Varennis (presbyter de).

— (chapellenie de). *Arch. adm.*, t. II, 1097.

— (église de). *Arch. adm.*, t. II, 1098.

— (ville de). *Arch. adm.*, t. II, 1040, 1096, 1098. *Arch. lég.*, iʳᵉ part., 889, iiᵉ part., *statuts*, iᵉʳ vol., 552 ; voy. Varanna.

Varennis (presbyter de). *Arch. adm.*, t. II, 1097.

Varesne, voy. Varennes.

Vargemoulin (village de). *Arch. adm.*, t. II, 1100.

Varie (Pons de), vide Pontavert.

Varilles (terres de). *Arch. adm.*, t. II, 380. *Arch. lég.*, iiᵉ part., *statuts*, iᵉʳ vol., 101.

Varillum, vide Varilles.

Varimont (sieur de), capitaine de Reims. *Arch. lég.*, iiᵉ part., *statuts*, iiᵉ vol., 138, *statuts*, iiiᵉ vol., 279.

Variscourt (village de). *Arch. adm.*, t. II, 1057; t. III, 662. *Arch. lég.*, iʳᵉ part., 882, 891, 893, 903.

Varius (vair), vide Minutus, Crupa.

Varlés (Colin le), vergeur de vins. *Arch. lég.*, iiᵉ part., *statuts*, iᵉʳ vol., 429.

Varlet (P....), collecteur des tailles. *Arch. lég.*, iiᵉ part., *statuts*, iᵉʳ vol., 453.

— (L....). *Arch. lég.*, iiᵉ part., *statuts*, iᵉʳ vol., 862.

— voy. Parvis de Reims (varlets de). — voy. Jone.

— (Jehan), boulanger. *Arch. adm.*, t. III, 835. *Arch. lég.*, iiᵉ part., *statuts*, 1014.

— (Perresson), pelletier. *Arch. adm.*, t. III, 837. *Arch. lég.*, iiᵉ part., *statuts*, iᵉʳ vol., 413.

— (Simon), procureur. *Arch. lég.*, iiᵉ part., *statuts*, iiᵉ vol., 589; *statuts*, iiiᵉ vol., 392.

Varlet (Jean), substitut du procureur du roi. *Arch. lég.*, iiᵉ part., 814, 1028; *statuts*, iᵉʳ vol., 861.

— (Georges), bourgeois. *Arch. lég.*, iiᵉ part., *statuts*, iᵉʳ vol., 130.

Varly (Joseph), écolier des jésuites. *Arch. lég.*, iiᵉ part., *statuts*, iiᵉ vol., 660.

Varmerivilla, vide Varmeriville.

Varmery (fossatum de). *Arch. adm.*, t. II, 100.

Varnecourt (sieur de), voy. Vecalet (Jean).

Varnier, greffier de l'officialité de Châlons. *Arch. lég.*, iiᵉ part., *statuts*, iᵉʳ vol., 316.

Varoquier (C.), bourgeois. *Arch. adm.*, t. III, 16. *Arch. lég.*, iiᵉ part., *statuts*, iᵉʳ vol., 531.

Varraz (Jacques), chevalier. *Arch. adm.*, t. I, 972.

Varruyer, bourgeois. *Arch. lég.*, iiᵉ part., *statuts*, iᵉʳ vol., 323.

Vart (Pierre de). *Arch. adm.*, t. II, 678.

Vary (Pierre). *Arch. lég.*, iiᵉ part., *statuts*, iiᵉ vol., 113, 142.

Vasantis, cuisinier. *Arch. adm.*, t. I, 18.

Vasconia, voy. Gascogne.

Vascosan (Michel), imprimeur. *Arch. adm.*, t. II, 667.

Vasellamenta (vaisselle). *Arch. adm.*, t. II, 203, 958.

Vassal, voy. Vassallus.

Vassallus. *Arch. adm.*, t. I, 56; t. II, 21. *Arch. lég.*, iʳᵉ part., 442, 444, 836, 848, 842, 849, 852, 854, 856, 936, 942, 947, 951.

Vassé (Charles de), seigneur de Muison, capitaine de Reims. *Arch. lég.*, iiᵉ part., *statuts*, iᵉʳ vol., 322, 844, 849.

Vasselles (Pierre de), écuyer. *Arch. lég.*, iiᵉ part., *statuts*, iᵉʳ vol., 567.

Vasseriis (Robertus de), prêtre. *Arch. lég.*, iiᵉ part., *statuts*, iᵉʳ vol., 119.

v

Vasseriis (Fremondus de). *Arch. lég.*, iie part., *statuts*, ier vol., 119.

Vasseur (le), notaire du Châtelet. *Arch. lég.*, iie part., *statuts*, iiie vol., 401.

Vassigny (G.), vide Wassigny.

Vassimont (village de). *Arch. lég.*, ire part., *statuts*, iiie vol., 390.

Vassogne (Antoine), curé de Rubigny. *Arch. lég.*, ire part., 882.

— (église de), voy. Vassoignia (ecclesia de).

— (curé de), voy. Vassoignia (curatus de).

— (Pierre de), notaire. *Arch. adm.*, t. III, 842.

Vassoignia (ecclesia de). *Arch. adm.*, t. II, 133.

— (curatus de), vide Rolandus.

Vassongne, voy. Vassogne.

Vassongnia (Guillermus de), chanoine de Reims. *Arch. adm.*, t. II, 475, 1033.

Vassus. *Arch. lég.*, iie part., *statuts*, iiie vol., 622 ; vide Vassallus.

Vassy (Jehan de). *Arch. lég.*, ire part., 547.

— (maîtrise des eaux et forêts de). *Arch. lég.*, iie part., *statuts*, iie vol., 15.

— (prieuré de). *Arch. lég.*, iie part., *statuts*, iie vol., 726.

— (prieur de), voy. Waissy (prior de).

— (ville de). *Arch. adm.*, t. II, 484. *Arch. lég.*, iie part., *statuts*, iiie vol., 53.

Vasti, femme du roi Assuérus. *Arch. lég.*, ire part., 378.

Vatier (Jaquemin), voy. Watier.

Vattier-le-Noir (rue de). *Arch. adm.*, t. I, 804.

Vaubourg (curé de), voy. Gaultier (Pierre).

Vaucacour (Hélie de), chanoine. *Arch. adm.*, t. III, 25.

Vaucamus (village de). *Arch. lég.*, ire part., 909.

Vaucellensis (abbas). *Arch. adm.*, t. II, 641.

Vaucelles (abbé de), voy. Vaucellensis (abbas).

— (ville de). *Arch. adm.*, t. II, 101. *Arch. lég.*, ire part., 877, 902, 917.

Vaucharis, voy. Vauchery.

Vauchelet (J....), bourgeois de Reims. *Arch. lég.*, iie part., *statuts*, ier vol., 781.

— (N.). *Arch. lég.*, iie part., *statuts*, iiie vol., 862.

Vauchelles (ville de). *Arch. lég.*, ire part., 909 ; voy. Vaucelles.

Vaucher, tailleur d'habits. *Arch. lég.*, iie part., *statuts*, iie vol., 531.

Vauchery (ville de). *Arch. adm.*, t. II, 607. *Arch. lég.*, ire part., 900.

Vauclair, voy. Vaucler.

Vaucler (abbé de), voy. Vallis Claræ (abbas).

— (Jehan de). *Arch. adm.*, t. II, 16[illegible].

— (Jesnin de). *Arch. adm.*, t. II, [illegible].

— (maison de). *Arch. adm.*, t. I, 10[illegible] ; t. II, 510, 1149. *Arch. lég.*, iie part., *statuts*, ier vol., 686.

— (religieux de). *Arch. adm.*, t. II, [illegible].

— (quarrel de). *Arch. adm.*, t. II, [illegible].

— (terre de). *Arch. adm.*, t. III, [illegible].

— (village de). *Arch. adm.*, t. II, [illegible]. *Arch. lég.*, ire part., 887.

Vauclerois (M. de), seigneur de C[illegible]. *Arch. adm.*, t. II, 1056.

Vaucogne (village de). *Arch. lég.*, iie part., *statuts*, iiie vol., 390.

Vaucois (Jehan de). *Arch. adm.*, t. I, [illegible].

Vaucouleurs (forteresse de). *Arch. lég.*, iie part., *statuts*, ier vol., 730.

Vaucourt (N. de), receveur du [illegible] la foraine. *Arch. lég.*, iie part., *statuts*, ier vol., 924.

Vaucresson (seigneur de), [illegible] (René).

Vaudebas (sieur de), élu de Reims. *Arch. lég.*, iie part., *statuts*, i^{er} vol., 920.

Vaudeleur (Gabrier), religieux réformé de Saint-Remi. *Arch. lég.*, iie part., *statuts*, i^{er} vol., 199, 203, 216, 219, 229.

— (Philippe), prêtre et religieux de Saint-Remi. *Arch. lég*, iie part., *statuts*, i^{er} vol., 217.

Vaudemonche, voy. Vaudemanges.

Vaudemanges (village de). *Arch. adm.*, t. II, 1122; t. III, 606. *Arch. lég.*, i^{re} part., 878, 916, 919.

— (Charles de), seigneur d'Omicourt. *Arch. lég.*, i^{re} part., 920.

Vaudemengus, voy. Vaudemanges.

Vaudemont (comte de). *Arch. adm.*, t. III, 211.

— (ville de). *Arch. lég.*, i^{re} part., 901.

Vauderus (Guillelmus de). *Arch. lég.*, iie part., *statuts*, i^{er} vol., 121.

Vaudesaincourt (village de). *Arch. lég.*, iie part., *statuts*, iie vol., 563, 860.

— (patronage de), voy. Waudessaincurte (patronagium de).

— (dîme de). *Arch. lég.*, iie part., *statuts*, i^{er} vol., 245.

Vaudesson (curé de), voy. Vallerand (Roland).

— (village de). *Arch. lég.*, i^{re} part., 887.

— voy. Wayer.

Vaudestré (village de). *Arch. lég.*, i^{re} part., 908.

Vaudiculet (paroisse de). *Arch. adm.*, t. II, 1095.

— (village de). *Arch. adm.*, t. II, 1098.

Vaudier, avocat. *Arch. lég.*, iie part., *statuts*, iiie vol., 480, 482.

Vaudin (le père), prieur de Saint-Denis de Reims. *Arch. adm.*, t. I, 216.

Vaufraison (terres de). *Arch. adm.*, t. II, 380, 553.

Vaufrizain, voy. Vaufraison.

Vaugrineuse, voy. Valle-Grinosa (villa de).

Vauharus (village de). *Arch. lég.*, i^{re} part., 891.

— (seigneur de), voy. Dufay (Jacques).

Vauhunem (sylva de). *Arch. lég.*, iie part., i^{er} vol., 171, 174.

Vaulchier (N....), receveur du grenier à sel. *Arch. lég.*, iie part., *statuts*, i^{er} vol., 715.

Vau des Écoliers, voy. Val des Écoliers.

Vau le Prestre (lieu de). *Arch. adm.*, t. II, 382.

Vau le Roy (quarrel de), voy. Valleroy.

— (village de), voy. Valleroy.

Vaulx (Brice de), échevin. *Arch. adm.*, t. II, 168.

— (Christophe de), seigneur d'Écordal. *Arch. lég.*, i^{re} part., 891.

— (Gallerans de), bailli de Vermandois. *Arch. adm.*, t. II, 777, 781, 786, 791, 793, 820, 847.

— (Guillaume de). *Arch. adm.*, t. I, 759; t. III, 95, 188, 423? 743; voy. Vaus.

— (Hugues de), seigneur de Cutz. *Arch. lég.*, i^{re} part., 893.

— (Jehan de), écuyer. *Arch. adm.*, t. III, 661, 841. *Arch. lég.*, i^{re} part., 891; voy. Vaus.

— (Jehan Robert de), chanoine. *Arch. adm.*, t. II, 15.

— (Loys de), seigneur de Suzanne. *Arch. lég.*, i^{re} part., 891, iie part., *statuts*, i^{er} vol., 887.

— (Mme de). *Arch. lég.*, iie part., *statuts*, i^{er} vol., 714.

— (ville de). *Arch. adm.*, t. II, 1059, 1061, 1067, 1072, 1083; t. III, 590, 661; voy. Vaux.

Vaulx d'Estrés (ville de). *Arch. lég.*, i^{re} part., 755.

— -Lesperon (village de). *Arch. lég.*, i^{re} part., 903.

— les Rubigny (village de). *Arch lég.*, i^{re} part., 901, 908.

— -Montreuil, voy. Vaux-Montreuil.

— -sur-Aisne (ville de). *Arch. lég.*, i^{re} part., 885, 908, 910.

Vaulxerrois (M. de), élu de Reims. *Arch. lég.*, iie part., *statuts*, i^{er} vol., 919.

Vauquay (Thierry de). *Arch. lég.*, iie part., 550.

Vaupergnes (Georges de), seigneur de Fay. *Arch. lég.*, i^{re} part. 920.

Vaurefroy (village de). *Arch. lég.*, iie part., *statuts*, iiie vol., 390.

Vauresaine (village de). *Arch. lég.*, i^{re} part., 883, 900.

— (curé de), voy. Mayre (Godefroy).

Vaurevelles (chemin des). *Arch. lég.*, iie part., *statuts*, i^{er} vol., 239.

Vaurouart (Guillaume), avocat. *Arch. lég.*, i^{re} part., 896, 897; iie part., *statuts*, i^{er} vol., 691, 883? 906?

— (Nicolas), sous-prieur de Saint-Remi. *Arch. lég.*, iie part. *statuts*, i^{er} vol., 199, 203, 208, 210, 216, 217, 219, 221, 223, 229.

— (P. de), prévôt de Laon. *Arch. lég.*, i^{re} part., *statuts*, i^{er} vol., 650, 671, 678, 844, 854.

— (J....), maître ès arts. *Arch. lég.*, iie part., *statuts*, i^{er} vol., 862.

Vaus (Jehan de), échevin. *Arch. adm.*, t. I, 1095; t. II, 759; t. III, 99, 831.

— (R. de). *Arch. adm.*, t. II, 493, 685.

— (G. de), receveur des tailles. *Arch. adm.*, t. II, 250.

Vaussaillon (village de). *Arch. lég.*, i^{re} vol., 900.

— (Enguerrand de), lieutenant du bailli

de Vermandois. *Arch., lég.*, iie part., *statuts*, i^{er} vol., 384, 413.

Vaute (Renaud de la). *Arch. adm.*, t. III, 48.

Vauthier, prévôt d'Orchimont. *Arch. adm.*, t. II, 1078.

Vautraincourt (patronagium de). *Arch. adm.*, t. II, 1079, 1080.

— (parochia de). *Arch. adm.*, t. II, 1078.

Vauvert (ville de). *Arch. adm.*, t.

— près Paris (chartreux de). *Arch.* t. III, 494.

Vaux, voy. Vaulx.

— (seigneur de). *Arch. adm.*, 1147, 1151. *Arch. lég.*, iie part., *statuts*, i^{er} vol., 920, 936 : voy. Chientemps (S.).

— (Henri de), chevalier. *Arch. adm.*, t. III, 413.

— (Gaulcher de). *Arch. lég.*, iie *statuts*, iie vol., 239.

— (Simon de), sergent de ville. *Arch. lég.*, iie part., *statuts*, iie vol., 546.

— (Jacques de), épinglier. *Arch.* iie part., *statuts*, iie vol., 546.

— en Champagne (village de). *Arch. adm.*, t. II, 1109; t. III. 661.

— en Champagne (paroisse de). *Arch. adm.*, t. II, 1110.

— les Mouron (paroisse de). *Arch. adm.*, t. II, 1099, 1101.

— -Montreuil (ville de). *Arch. adm.*, t. II, 100. *Arch. lég.*, i^{re} part., 881, 908, 909, 910.

— -Montreuil (paroisse de). *Arch. adm.*, t. II, 1103, 1106.

— -sur-Blaise (seigneurie de). *Arch. lég.*, iie part., *statuts*, iiie vol., 532.

Vauzelles (hameau de). *Arch. adm.*, t. II, 1101; voy. Vaucelles.

Vavasseur, voy. Vavassor.

Vavassor. *Arch. adm.*, t. II, 493.

Vavassour (J. le). *Arch. adm.*, t. II, 489.

Vavin (Jacques). *Arch. lég.*, IIᵉ part., *statuts*, IIIᵉ vol., 401.

Vaynart (Jehan de), d'Amiens. *Arch. adm.*, t. III, 840.

Veau, voy. Angleterre (veaux d').

— (Jehan le), fripier. *Arch. adm.*, t. III, 833, 837.

Vechery (village de). *Arch. adm.*, t. II, 1100; voy. Uchery.

Vecqueville (village de). *Arch. lég.*, IIᵉ part., *statuts*, IIIᵉ vol., 394.

Vedastus, évêque d'Arras, sacré par saint Remi. *Arch. adm.*, t. II, 19, 22; vide Saint-Vast.

Veellier (Garinet le). *Arch. adm.*, t. II, 692.

— voy. Reims (veelliers de).

Veelly (village de). *Arch. adm.*, t. III, 131; voy. Vesly, Vailly.

Veez (presbyter de), voy. Vez (prêtre de).

— (parochia de), vide Vez (paroisse de).

— (patronagium de). *Arch. adm.*, t. II, voy. Vez (patronage de).

— -lez-Thuisy, voy. Vez.

Vefve, voy. Orme (à).

— (Remigius le). *Arch. adm.*, t. II, 368, 371.

— (Guillermus le). *Arch. adm.*, t. II, 927.

Veignetz (couvent de). *Arch. lég.*, Iʳᵉ part., 919.

— (village de). *Arch. lég.*, Iʳᵉ part., 919.

Veillico (Laurencius de). *Arch. adm.*, t. II, 795.

Veilly, voy. Vailly.

Veldenzen (comes de). *Arch. adm.*, t. I, 495.

Vellaumont (Simon de), tisserand. *Arch. adm.*, t. I, 1072.

Velletri (ville de). *Arch. adm.*, t. I, 396.

Velletro (Andreas de), chanoine. *Arch. adm.*, t. II, 475. *Arch. lég.*, IIᵉ part., *statuts*, Iᵉʳ vol., 120.

Velletus (sorte d'étoffe). *Arch. adm.*, t. III, 32. *Arch. lég.*, IIᵉ part., *statuts*, Iᵉʳ vol., 108.

Velu (Nicaise), armurier. *Arch. lég.*, IIᵉ part., *statuts*, Iᵉʳ vol., 624.

Vely, héraut d'armes. *Arch. lég.*, IIᵉ part., *statuts*, Iᵉʳ vol., 819.

Velye (village de). *Arch. lég.*, IIᵉ part., *statuts*, IIIᵉ vol., 589; voy. Vailly, Vesly.

Venaire (la), bourgeoise de Reims. *Arch. lég.*, t. I, 743.

Venda, vide Venta.

Vendanges, voy. Vindemiæ.

— (pain de), voy. Vendemiis (panis de).

Vendangeur (Jesson le). *Arch. adm.*, t. III, 353.

— (Robin le). *Arch. adm.*, t. I, 875.

Vende (Thierry de), bourgeois. *Arch. adm.*, t. III, 16.

Vendemiis (panis de). *Arch. adm.*, t. I, 513.

Vendenay, voy. Vadenay.

Venderesse, voy. Vendresse.

— (Colart de). *Arch. adm.*, t. II, 514.

— (comte de), voy. Vindocinensis comes.

— (Jesson de), ladre de Reims. *Arch. adm.*, t. III, 30.

— (Renaut de). *Arch. adm.*, t. II, 36.

Venderiis (Radulphus de), chevalier. *Arch. adm.*, t. I, 924.

Vendeulg, voy. Vandeuil.

— (messire de), voy. Vandeuil (Jehan de).

Vendeur, voy. Venditor.

Vendeux (Robert de), sergent du bailliage. *Arch. adm.*, t. III, 453.

Vendeyo (parochia de), voy. Vandy (paroisse de).

Vendières (Baudon de), voy. Vendières (Baudouin de).

— (Baudouin de), chevalier. *Arch. adm.*, t. I, 516, 855; t. II, 296, 375, 532; t. III, 22, 45.

— (Raoul de), écuyer. *Arch. adm.*, t. II, 375; t. III, 312, 749. *Arch. lég.*, IIᵉ part., *statuts*, IIᵉ vol., 791.

— (village de). *Arch. adm.*, t. III, 45, 48.

Vendilio (Warnerus de). *Arch. adm.*, t. I, 493.

Venditio. *Arch. adm.*, t. I, 264, 364, 385, 499, 500, 509, 510, 578, 637, 909, 916; t. III, 399. *Arch. lég.*, Iʳᵉ part., 155, 169, 191, 670, 684, 711, 835, 955; IIᵉ part., *statuts*, Iᵉʳ vol., 115, 430; vide Venta.

Venditor. *Arch. lég.*, Iʳᵉ part., 183, 190, 407; IIᵉ part., *statuts*, Iᵉʳ vol., 103; vide Vendeur.

Vendolio Sancti — Vincentii Laudunensis (prior de). *Arch. adm.*, t. II, 635.

Vendosme (cardinal de). *Arch. lég.*, Iʳᵉ part., 877, 944, 956, 1001.

— (comte de). *Arch. lég.*, IIᵉ part., *statuts*, Iᵉʳ vol., 608, 629, 639, 746, 826, 830; *statuts*, IIIᵉ vol., 509.

— (monseigneur de). *Arch. lég.*, IIᵉ part., *statuts*, Iᵉʳ vol., 828.

— (duc de). *Arch. lég.*, IIᵉ part., *statuts*, IIIᵉ vol., 542.

Vendresse (comte de), voy. Vindocinensis comes.

— (bourg de). *Arch. adm.*, t. I, 17, 91; t. II, 383. *Arch. lég.*, Iʳᵉ part., 879, 900, 902, 908, 911; IIᵉ part., *statuts*, Iᵉʳ vol., 121; *statuts*, IIIᵉ vol., 259, 391; voy. Vindenissa.

— (doyenné de). *Arch. lég.*, IIᵉ part., *statuts*, IIIᵉ vol., 680.

— (curé de). Le trésorier de l'église de Reims nomme à ladite. *Arch.*, IIᵉ part., *statuts*, IIIᵉ vol., 691, 694, 696, 734.

Vendresse (curé de), voy. A[illegible] (Pierre d'), Wyart Nicole.

— (paroisse de). *Arch. adm.*, t. [illegible], 1091.

— (presbyter de). *Arch. adm.*, t. II, 1001.

Vencium. *Arch. lég.*, IIᵉ part., *statuts*, Iᵉʳ vol., 169; vide Flournay.

Veneris porta. *Arch. adm.*, t. I, 9, [illegible]; vide Vénus (porte de).

Venise (écarlate de). *Arch. lég.*, IIᵉ part., *statuts*, IIᵉ vol., 881.

Venissa, voy. Venisse (bourg de).

— (Gerbaudus de), échevin. *Arch. adm.*, t. I, 642.

Venisse (Bertrand de). *Arch. adm.*, t. [illegible], 684.

— (bourg de). *Arch. adm.*, t. I, [illegible], 835, 960; t. II, 675, 683; t. III, [illegible]. *Arch. lég.*, Iʳᵉ part., 485, 529, [illegible], 545, 570; IIᵉ part., *statuts*, Iᵉʳ [vol.], 945.

— (Colin de). *Arch. adm.*, t. II, 825.

— (mairie de). *Arch. adm.*, t. I, [illegible], t. II, 433; t. III, 70, 650. *Arch.*, IIᵉ part., *statuts*, IIIᵉ vol., 642.

— (maire de). *Arch. adm.*, t. I, 737, [illegible], t. III, 68. *Arch. lég.*, IIᵉ part., *statuts*, Iᵉʳ vol., 945.

— (plaids de). *Arch. adm.*, t. III, 65, 73, 537, 783.

— (planchette de). *Arch. lég.*, IIᵉ [part.], *statuts*, Iᵉʳ vol., 237, 238.

— (rue de). *Arch. adm.*, t. I, 97, [illegible], 1086; t. II, 269; t. III, 821.

Venize, voy. Venisse.

Vennaire (Ysabel la). *Arch. adm.*, t. [illegible], 1094.

Vennans, secrétaire du roi. *Arch.* [illegible], t. II, 821.

Vennatus (vanné). *Arch. adm.*, t. [illegible]

Venne (Robert de la). *Arch. adm.*, t. II, 23.

Vennot, voy. Étienne (Lucas).

Venoys (Franciscus de), écuyer. *Arch. lég.*, IIe part., *statuts*, IIe vol., 642.

Venta (vente). *Arch. adm.*, t. I, 344, 710, 829, 831, 835, 911, 973, 977; t. II, 101, 102, 383. *Arch. lég.*, IIe part., *statuts*, Ier vol., 64, 69, 77; vide Venditio.

Ventabren (castrum de). *Arch. adm.*, t. I, 330.

— (ecclesia de). *Arch. adm.*, t. I, 330, vide Sancta-Maria de Ventenbren.

Ventallus (vanne). *Arch. adm.*, t. I, 500.

Ventaux (moulin de). *Arch. lég.*, IIe part. *statuts*, Ier vol., 806.

Vente, voy. Venditio, Venta.

Ventelay (ville de). *Arch. lég.*, Ire part., 755; IIe part., *statuts*, IIe vol., 963.

— (prêtre de). *Arch. adm.*, t. II, 1058.

— (prieur de). *Arch. adm.*, t. II, 634, 1030, 1061. *Arch. lég.*, IIe part., *statuts*, IIe vol., 771.

— (paroisse de). *Arch. adm.*, t. II, 1057, 1060.

— (Pierre de). *Arch. adm.*, t. II, 603, 1030.

Ventelayo (prior de), vide Ventelay (prieur de).

— (parochia de), vide Ventelay (paroisse de).

Ventes, nom de certaines rentes. *Arch. adm.*, t. III, 821.

Ventiel (Pierre), élu de Reims. *Arch. lég.*, IIe part., *statuts*, IIe vol., 90.

Ventilayo, vide Oberti terra.

Ventiniaca villa, *Arch. adm.*, t. I, 275.

Ventodoro (Helias), vide Rupe-Cavardi (Fulcaudus de).

Venu (Colin le). *Arch. lég.*, IIe part., *statuts*, IIe vol., 81.

Vénus, déesse. *Arch. lég.*, Ire part., 456.

Vénus (porte de), voy. Veneris porta.

Veny (Thomas de). *Arch. adm.*, t. III, 825.

Ver (Adam), chevalier. *Arch. adm.*, t. II, 279, 285, 303, 328.

— (altar de). *Arch. lég.*, IIe part., *statuts*, Ier vol., 96.

— (village de). *Arch. lég.*, IIe part., *statuts*, Ier vol., 106.

Verberie, secrétaire du roi. *Arch. adm.*, t. II, 863.

Verberatio, vide Flagellorum.

Verceil (évêque de), voy. Carditius.

Vercellensis episcopus, voy. Verceil (évêque de).

Vercellis (Bonifacius de). *Arch. adm.*, t. I, 1107.

— (Guillermus de). *Arch. adm.*, t. I, 1107.

— (Jacobus de), dictus Grassus, notaire. *Arch. adm.*, t. I, 1107.

Vereli (Jehan de). *Arch. adm.*, t. III, 837.

Verde (Margaron la). *Arch. adm.*, t. II, 683.

— (Nicole), curé de Sery. *Arch. lég.*, Ire part., 884.

Verdenay, voy. Verzenay.

— (presbyter de). *Arch. adm.*, t. II, 1117.

Verdenayo (Guido de), chevalier. *Arch. lég.*, IIe part., *statuts*, Ier vol., 68.

Verdun (abbé de), voy. Virdunensis abbas.

— (archidiacre de), voy. Virdunensis archidiaconus.

— (écolâtre de), voy. Virdunensis scholasticus.

— (Jacques de), voy. Verdun (Jacobus de).

— (chapitre de). *Arch. adm.*, t. II, 117, 118, 1038. Seigneur de Fontaine-lez-Dun, 1093, 1094; voy. Sainte-Marie-Madeleine.

Verdun (concile de), voy. Virdunense concilium.

— (évêque de), voy. Virdunensis episcopus.

— (diocèse de). *Arch. adm.*, t. II, 1038.

— (Hugues de). *Arch. adm.*, t. III, 837.

— (Jehan de), marchand de porcs. *Arch. adm.*, t. I, 1096.

— (Saint-Viton de). *Arch. adm.*, t. I, 206.

— (ville de). *Arch. adm.*, t. I, 818, 874, 891 ; t. II, 989, 1004, 1038, 1040, 1087, 1092 ; t. III, 545, 756. *Arch. lég.*, Ire part., 554, 576 ; IIe part., *statuts*, Ier vol., 713.

Veresse (Guery), curé de Vrigny. *Arch. lég.*, Ire part., 884.

Veret, voy. Merlet.

Vergennes (Louis Gravier de), ministre d'État. *Arch. lég.*, IIe part., *statuts*, IIIe vol., 687, 688.

Vergeresse (R. la), béguine. *Arch. adm.*, t. II, 538.

Vergeur, voy. Vin (vergeurs de), Reims.

— (Ernoul le) *Arch. adm.*, t. I, 1117.

— (Millet le). *Arch. adm.*, t. II, 547.

— (Raoul le). *Arch. adm.*, t. III, 648. *Arch. lég.*, IIe part., *statuts*, Ier vol., 742, 754.

— (J.... le), lieutenant du bailli de Reims. *Arch. lég.*, IIe part., *statuts*, Ier vol., 876, 877.

— (H.... le), écuyer, vicomte de Cramaille. *Arch. lég.*, IIe part., *statuts*, Ier vol., 918.

— (Charles, baron de), bailli de Vermandois. *Arch. lég.*, IIe part., *statuts*, IIe vol., 195, 563.

— (Nicolas le), écuyer, seigneur de Joy. *Arch. lég.*, Ire part., 759, 891 ; IIe part., *statuts*, Ier vol., 863, 865, 367, 376 ; *statuts*, IIe vol., 4.

— (Guillaume le). *Arch. lég.*, IIe part.,

statuts, Ier vol., 680, 863 ; *statuts*, IIe vol., 6.

Vergeur (P.... le). *Arch. lég.*, IIe part., *statuts*, Ier vol., 631.

— (baron de), voy. Charles (B. de V.).

Vergier (Aubry le). *Arch. adm.*, t. III, 865.

Vergière (la), femme de Reims. *Arch. adm.*, t. II, 769.

Vergny-de-les-Reims (village de). *Arch. adm.*, t. III, 597 ; voy. Vrigny.

— (ville de), voy. Vregny.

— (presbyter de), voy. Vregny.

— (Thomas de). *Arch. adm.*, t. III, 12.

Vergobert, magistrat gaulois. *Arch. adm.*, t. I, 482.

Vergy (seigneur de). *Arch. lég.*, IIe part., *statuts*, Ier vol., 730.

Verisiaco (J. de), écuyer. *Arch. adm.*, t. II, 598.

— (ecclesia de). *Arch. adm.*, t. I, 324.

Verizy, voy. Verzy.

Verliaco (domus de). *Arch. adm.*, t. II, 635.

Vermandois (Auguste de). Histoire dudit alléguée. *Arch. adm.*, t. I, 667.

— (bailli de). *Arch. adm.*, t. I, 334, 483, 727, 819, 901, 905, 923, 934, 967, 981, 988, 1033, 1036, 1082, 1087, 1092, 1101, 1110, 1120 ; t. II, 1, 4, 7, 15, 17, 23, 45, 49, 53, 57, 72, 75, 79, 110, 123, 131, 134, 137, 139, 142, 145, 163, 169, 171, 176, 182, 187, 194, 202, 207, 210, 225, 228, 231, 233, 238, 241, 247, 253, 265, 277, 295, 312, 321, 326, 373, 420, 443, 460, 556, 577, 598, 606, 642, 660, 712, 723, 736, 751, 772, 795, 812, 816, 817, 818, 849, 854, 859, 863, 919, 923, 943, 949, 961, 977, 987, 996, 1012, 1016, 1019, 1022, 1124, 1133, 1142, 1154, 1155, 1161, 1167, 1168, 1198, 1202, 1209, 1213, 1219,

1230, 1243, 1247; t. III, 1, 4, 5, 20, 22, 32, 45, 52, 61, 66, 74, 75, 81, 91, 94, 102, 165, 190, 201, 264, 298, 384, 386, 387, 429, 443, 461, 465, 520, 647, 676, 677, 776, 779, 809, 815, 809, 881. *Arch. lég.*, Ire part., 912, 964; IIe part., *statuts*, Ier vol., 1, 383, 434, 473, 531, 536, 544, 552, 576, 623, 632, 641, 688, 698, 730, 740, 780, 804, 831, 888. Préside à l'élection des officiers de Reims, 893, 939; *statuts*, IIe vol., 7, 24, 45, 68, 88, 142, 171, 173, 186, 277, 491, 508, 558, 579, 651, 710, 798, 981. Premier des quatre plus anciens baillis du royaume, *statuts*, IIIe vol., 4. Siége dudit au XIIIe siècle, *ibid.* Transféré à Laon, *ibid.* Succède aux commissaires royaux, *ibid.* A son siége à Laon et à Reims, 5. Jouit, dans cette dernière ville, de la juridiction royale par prévention, 14. Connaît des causes civiles et criminelles, 22. Époque de son établissement, 28. Juridiction dudit sur les bourgeois de Reims, 37. Droit de prévention dudit sur les nobles de la même ville, 54, 55. Prend l'avis des hauts justiciers relativement à ses ordonnances de police, 77, 512, 513. Connaît en première instance dans ladite ville, 613. L'archevêque est soumis à la juridiction dudit, 614; voy. Viromanduensis baillivus.

Vermandois (bailliage de). *Arch. adm.*, t. I, 549, 778; t. II, 266, 677, 726, 858, 862, 871, 926, 937, 950, 967, 980, 992, 1168, 1193, 1194; t. III, 11, 23, 131, 302, 389, 404, 571, 575, 610, 618, 523, 625, 628, 764, 798, 861. *Arch. lég.*, Ire part., 567, 652, 781, 783, 821, 869, 888, 913, 915, 935; IIe part., *statuts*, Ier vol., 380, 392, 610; *statuts*, IIe vol., 503; *statuts*, IIIe vol., 61, 625. Le siége dudit est transféré à Reims, 618, 637.

— (baillie de). *Arch. adm.*, t. II, 272, 331, 348, 414, 471, 649, 768, 786, 874, 875, 932; t. III, 360. *Arch. lég.*, IIe part., *statuts*, Ier vol., 566, 580, 587; voy. Vermandois (bailliage de).

Vermandois (baillis de), voy. Bains (Jehan de), Bardin (Gaultier), Beaumont (Pierre de), Bertier, Blondel (Guillaume), Blondel (Jehan), Coquerel (Frémyn de), Dubois (Tristan), Hainault (Drouars), Hangest (Guillaume de), Houssaye (Jehan), Juvenis (Andreas), Lahire, Langest (Jean de), Languet (Fery de), Laye (Olivier de), Mailly (C. de), Maizier (Hainoise), Paris (Michel de), Staise (Guillaume de), Vaulx (Galerans de), Vergeur (Charles baron de), Vannoise (Jehan de).

— (comte de). Usurpation faite sur ledit par l'archevêque de Reims Henri de Braine. *Arch. lég.*, IIe part., *statuts*, IIIe vol., 612; voy. Herbert.

— (coutume de). *Arch. lég.*, Ire part., 681, 857, 871, 904, 914, 916, 1028; IIe part., *statuts*, Ier vol., 904, 906; *statuts*, IIe vol., 11, 18; *statuts*, IIIe vol., 10, 14, 15, 16, 18. Règle la ville de Reims dans tous les cas où la coutume locale n'a point statué, 19, 21, 24, 52, 54, 635, 636.

— (États de). *Arch. adm.*, t. II, 1009, 1171.

— (gouverneur de). *Arch. adm.*, t. II, 1004; t. III, 764.

— (Hugues de), archevêque de Reims. *Arch. adm.*, t. I, 95? 334.

— (jours de). *Arch. adm.*, t. II, 1230, 1232, 1248; t. III, 190, 635, 670, 778, 845, 891. *Arch. lég.*, Ire part., 482; IIe part., *statuts*, Ier vol., 378.

— (nobles de). *Arch. adm.*, t. II, 1171; t. III, 11.

— (lieutenant du bailli de). *Arch. adm.*, t. III, 675; voy. Repont (Regnaut de), Sarrasin (Gobert), Wolemeix (Regnaut de).

Vermandois (pays de). *Arch. lég.*, ii* part., *statuts*, 1*r* vol., 169. Le droit de prévention dans ledit appartient au roi ; *statuts*, iii* vol., 17. Rentre dans le domaine de la couronne, 613 ; t. II, 266, 607, 635, 829, 835 ; t. III, 32, 43, 59, 291.

— (priviléges de). *Arch. adm.*, t. III, 43 ; voy. Vermandois (coutume de).

— (sénéchal de), voy. Mailly (A. de).

Vermans (abbé de). *Arch. adm.*, t. II, 635.

— (S. de), avocat. *Arch. adm.*, t. III, 694.

Vermentone (P. de), chanoine. *Arch. adm.*, t. II, 396.

Vermeriense concilium. *Arch. adm.*, t. I, 27. Juge de la querelle de Rothade évêque de Soissons, et d'Hincmar de Reims, 44, 52, 53 ; voy. Vermiers (concile de).

Vermiers-en-Perche (ville de). *Arch. lég.*, ii* part., *statuts*, 1*r* vol., 616.

— (concile de), voy. Vermeriense concilium.

Vermiculum , vide Vermillon.

Vermillon. Les tenanciers de Saint-Remi tenus de fournir ledit aux moines pour leurs transcriptions. *Arch. adm.*, t. I, 335, 336.

Vermont (Nicaise), drapier juré. *Arch. lég.*, ii* part., *statuts*, iii* vol., 87.

Vernandus , vidame. *Arch. lég.*, ii* part., *statuts*, 1*r* vol., 121.

Vernau (François Thomas), religieux de Saint-Remi. *Arch. lég.*, ii* part., *statuts*, 1*r* vol., 235.

Vernay (étang de), donné par le roi Jean au chapitre de Reims, et pourquoi ? *Arch. lég.*, ii* part., *statuts*, 1*r* vol., 67.

— (bois de). *Arch lég.*, ii* part., *statuts*, 1*r* vol., 68.

Vornet (Jean), procureur général des bé-nédictins. *Arch. lég.*, ii* part., [illegible], 1*er* vol., 287, 289, 291, 293.

Verneuil (village de). *Arch. adm.*, [illegible]I, 45. *Arch. lég.*, 1*re* part., 883 [illegible] 909 ; ii* part., *statuts*, iii* vol., 294.

— (Étienne de). *Arch. lég.*, 1*re* [illegible].

— (curé de), voy. Héricourt (Antoine et) Thion (François).

— (Rémion de). *Arch. adm.*, t. III, [illegible].

— (église de). *Arch. adm.*, t. I, [illegible] ; voy. Vernol.

— (Milo de). *Arch. adm.*, t. I, 321, [illegible].

— (vicomte de), voy. Longueval (Philippe de).

— —sur-Serre (ville de). *Arch.* [illegible], 1*re* part., 877, 887, 899.

Verniacum. *Arch. lég.*, ii* part., [illegible], 1*er* vol., 89, 93, 104 ; voy. Verny (village de).

Vernifridus , laicus. *Arch. lég.*, ii* [illegible], *statuts*, 1*er* vol., 117.

Vernivianus. *Arch. adm.*, t. I, 15.

Vernoise (Jehan de), bailli de Vermandois. *Arch. lég.*, ii* part., *statuts*, iii* [illegible], 63, voy. Vannoise.

Vernol (église de), voy. Verneuil.

Vernolio-de-Moleslis (prior [illegible] adm., t. II, 636.

Vernon-sur-Seine (ville de). *Arch.* [illegible], t. I, 819. *Arch. lég.*, ii* part., [illegible] iii* vol., 94, 236.

Vernonum , vide Vernon.

Vernuanus , vide Vernivianus.

Vernuel , vide Verneuil.

— (J. de), cordonnier. *Arch. adm.*, t. II, 532.

Verny (village de), voy. Verniacum.

— (G. de), fripier. *Arch. adm.*, t. II, 543.

Veroium (decima apud). *Arch. adm.*, t. I, 330 ; voy. Vraux (dime de).

— vide Vraux.

Veromandia , vide Vermandois (pays de).

Véron (Pierre), roi des arbalétriers. *Arch. lég.*, iiᵉ part., *statuts*, iᵉʳ vol., 236.

Verone (ville de). *Arch. adm.* , t. I, 406.

Verpel (le Clerc de). *Arch. adm.*, t. II, 321.

— (paroisse). *Arch. adm.*, t. II, 1093, 1098. *Arch. lég.*, iiᵉ part., *statuts*, iiᵉ vol., 75.

— (Watier de), pâtissier. *Arch. adm.*, t. III, 40.

Verrariis (Renaudus de), chapelain de l'église de Mézières. *Arch. adm.*, t. II, 1043, 1044?

Verrerie (rue de la). *Arch. lég.*, iiᵉ part., *statuts*, iiᵉ vol., 924.

Verrier (J.... le). *Arch. lég.*, iiᵉ part., *statuts*, iᵉʳ vol., 651, 754.

— (G.... le), bourgeois. *Arch. lég.*, iiᵉ part., *statuts* , iᵉʳ vol., 770, 773.

— voy. Reims (verriers de).

— (Aubry le). *Arch. adm.*, t. II, 604.

— (M. de), seigneur de Tailly. *Arch. adm.*, t. II, 1094.

— (P. le), échevin. *Arch. adm.*, t. III, 51, 696, 836. *Arch. lég.*, iiᵉ part., *statuts*, iᵉʳ vol., 527, 616, 646.

— (François) , boulanger. *Arch. lég.*, iiᵉ part., *statuts* , iiᵉ vol., 16.

Verrière (Jehanne la). *Arch. adm.*, t. II, 300.

Verrières (Jehan de), seigneur de Montdejeux. *Arch. lég.*, iʳᵉ part., 893.

— (Ernoulet de). *Arch. adm.*, t. III, 80.

— (ville de). *Arch. adm.*, t. II, 466, 819, 921, 1096. *Arch. lég.*, iʳᵉ part., 908, 910.

Verry, voy. Very.

Versailles (ville de). *Arch. adm.*, t. II, 1090.

Versenay (Jehan de), voy. Verzenay (Jehan de).

Versigny (prêtre de), voy. Aversigneio (presbyter de).

Versillis (Herbertus de). *Arch. adm.*, t. I, 491.

Verson (Petrus de). *Arch. lég.*, iʳᵉ part., 84.

Vert, voy. Doart.

— (Colin le)., voy. Vert (Colart le).

— (Colart le), échevin. *Arch. adm.*, t. III, 534, 611, 820.

— (Léonnet le). *Arch. lég.*, iiᵉ part., *statuts*, iiᵉ vol., 226.

— (Raoul le), voy. Radulphus, archevêque de Reims.

Vertheim (ville de). *Arch. adm.*, t. II, 1078.

Vertiscus, prince et préfet de Reims. *Arch. adm.*, t. I, 482.

Vertus (château de), voy. Virtutum castrum.

— (comte de). *Arch. lég.*, iiᵉ part., *statuts*, iiiᵉ vol., 390.

— (siége royal de). *Arch. lég.*, iiᵉ part., *statuts*, iᵉʳ vol., 12.

— (ville de). *Arch. adm.*, t. I, 91; t. II, 1109. *Arch. lég.*, iiᵉ part., *statuts* , iᵉʳ vol., 99, *statuts*, iiiᵉ vol., 389, 390.

— (Galois de), procureur. *Arch. lég.*, iiᵉ part., *statuts*, iᵉʳ vol., 703, 783.

— (P.... de), écuyer, sieur de Longeville, capitaine de Reims. *Arch. lég.*, iiᵉ part., *statuts*, iᵉʳ vol., 853.

Veruelle (Privot), bourgeois. *Arch. adm.*, t. III, 836.

Vervini lex. *Arch. adm.*, t. I, 473 ; vide Vervins (charte de).

Vervins (charte de), voy. Vervini lex.

— (monseigneur de). *Arch. lég.*, iiᵉ part., *statuts*, iᵉʳ vol., 622.

Vervins (Adenet). *Arch. adm.*, t. I, 1014.

— (ville de). *Arch. lég.*, 1re part., 883, 888, 903; IIe part., *statuts*, 1er vol., 805.

Vervivianus, vide Vernivianus.

Very (village de). *Arch. adm.*, t. II, 1096.

Verzeau (Marius), notaire à Aubigny. *Arch. lég.*, IIe part., *statuts*, IIIe vol., 252, 264.

Verzelaico (Simon de), diacre-chanoine. *Arch. lég.*, IIe part., *statuts*, 1er vol., 78, 116.

Verzelay (ville de). *Arch. adm.*, t. I, 1090; t. II, 636; voy. Verzenay, Vezelay.

— (Bertrand de). *Arch. adm.*, t. I, 766, 788.

— (Henri de), chancelier du roi. *Arch. adm.*, t. I, 968.

— (Michael de), chanoine de Reims. *Arch. lég.*, IIe part., *statuts*, 1er vol., 68.

— (Aymeri de), voy. Vezelay.

Verzelayo (Ancelinus de). *Arch. adm.*, t. II, 1033.

Verzelayum, vide Verzelay, Vezelay.

Verzellencis episcopus, vide Verceil (évêque de).

Verzenay (seigneurs de), voy. Cauchon (Jacques).

— (ville de). *Arch. adm.*, t. I, 1090; t. II, 382, 1118. *Arch. lég.*, 1re part., 755, 901, 908; IIe part., *statuts*, 1er vol., 674, 715; *statuts*, IIe vol., 963, 968; *statuts*, IIIe vol., 394.

— (capella de). *Arch. adm.*, t. II, 1117, 1118, 1119. *Arch. lég.*, IIe part., *statuts*, 1er vol., 106; voy. Saint-Pierre de Verzenay (chapelle de).

— (église de). *Arch. adm.*, t. II, 1118.

— (Jehan de), sergent du roi. *Arch. adm.*, t. III, 284, 835.

— (Guido de), voy. Verzenayo (Guido de).

Verzenayo (ecclesia de), vide Verzenay (église de).

— (Guido de), chevalier. *Arch. lég.*, IIe part., *statuts*, 1er vol., 71, 97, 10...

Verzeyo (parochia de), vide Verzy (paroisse de).

Verzy (paroisse de). *Arch. adm.*, t. II, 1117, 1118.

— (ville de). *Arch. adm.*, t. I, ...; t. III, 659. *Arch. lég.*, 1re part., 902, 908, 910; IIe part., 96..., *statuts*, 1er vol., 513, 672, 674..., 775; *statuts*, IIIe vol., 256, 258.

— (curé de), voy. Champenoix (Pierre).

— voy. Verzeium.

— (G. de), cureur. *Arch. adm.*, ..., 824.

— (presbyter de). *Arch. adm.*, t. II, 1117.

— (Henri le Jaqueta de). *Arch. lég.*, 1re part., 521.

Vesanæ villæ alodium. *Arch. adm.*, t. I, 316.

Vesigneux (village de), voy. Vessigneul.

Vesle (bourg de). *Arch. adm.*, t. I, ..., 856, 992, 1057, 1086; t. II, 241..., 547, 663, 1148, 1181; t. III, ... *Arch. lég.*, 1re part., 551, 919; IIe part., *statuts*, 1er vol., 73, 77, 567, ..., 708, 720, 728; *statuts*, IIIe vol., ... Désigné sous le nom de terre com..., ibid, 51, 419; vide Vidulæ burgus

— (faubourg de). *Arch. adm.*, t. I, ... Terres possédées dans ledit par le chapitre de Reims, 79; la seigneurie dudit appartient au même chapitre, 81...

— (doyenné de la). *Arch. adm.*, t. III, 279... *Arch. lég.*, IIe part., *statuts*, 1er vol., 73.

— (moulins de). *Arch. adm.*, t. I, 492..., 500, 513; t. III, 406, 415, 422. *Arch. lég.*, IIe part., *statuts*, 1er vol., 869..., 872; *statuts*, IIe vol., 35...

Vesle (mairie de). *Arch. adm.*, t. I, 81 ;
t. III, 283. Nommée terre commune.
Arch. lég., iie part., *statuts*, iiie vol.,
19.

— (porte de). *Arch. adm.*, t. I, 81, 208,
228, 274, 275, 293, 485, 502, 663,
769, 1046, 1048, 1056, 1087; t. II, 6,
399, 404, 577, 911, 936, 965, 969,
978, 988, 991, 1012, 1139, 1147,
1148; t. III, 81, 226, 379, 470, 472,
656, 689, 690, 907. *Arch. lég.*, ire part.,
109 ; iie part., *statuts*, ier vol., 565, 568,
615, 619, 633, 634, 684, 685, 696,
703, 704, 720, 739, 759, 770, 785,
787, 831, 845, 847, 886, 909. L'archevêque prétend une part à la propriété de ladite, 940; *statuts*, iie vol.,
15, 928; *statuts*, iiie vol., 62, 385,
389, 395, 396, 398, 419; voy. Vidulæ
porta.

— (pont de). *Arch. adm.*, t. I, 513.
Arch. lég., iie part., *statuts*, iie vol.,
307.

— (pêche de la). *Arch. lég.*, iie part., *statuts*, ier vol., 244; vide Vidulæ piscatura.

— (Pierre de), chapelain de Marlemont.
Arch. lég., ire part., 886.

— (rivière de). *Arch. adm.*, t. I, 222,
223, 285, 290, 291, 760, 853, 911;
t. III, 49, 51, 57, 91, 104, 312, 408,
415, 422, 572, 574, 578, 600, 601,
650, 716, 872, 901. *Arch. lég.*, ire part.,
532, 587; iie part., *statuts*, ier vol.,
236, 237, 347, 701, 708, 831, 843,
869. Canalisation de ladite, 872, 873,
874, 875. Essai pour rendre ladite navigable jusqu'à l'Aisne, 901, 904, 906;
statuts, iie vol., 15, 633, 881, 882;
statuts, iiie vol., 64, 389, 613, 642.

— (rue de). *Arch. adm.*, t. I, 11, 81.
Arch. lég., iie part., *statuts*, ier vol.,
568; *statuts*, iiie vol., 419.

— (tour de). *Arch. lég.*, iie part., *statuts*,
ier vol., 685.

Veslerie (la), quartier de Reims. *Arch.
adm.*, t. III, 50.

Veslud (village de). *Arch. lég.*, ire part.,
900.

Vesly (bailli de). *Arch. lég.*, iie part.,
statuts, ier vol., 43.

— (ville de). *Arch. adm.*, t. III, 131.
Arch. lég., iie part., *statuts*, ier vol.,
715; voy. Vailly.

Vespasien, empereur. *Arch. adm.*, t. I,
482.

Vesper (Watiez de), patissier. *Arch. adm.*,
t. III, 28.

Vespert (J. de), clerc. *Arch. adm.*, t. II,
332.

Vesperto (parochia de), voy. Verpel (paroisse de).

— (presbyter de). *Arch. adm.*, t. II,
1096.

— (Herbessonus), clerc de Reims. *Arch.
adm.*, t. II, 308.

Vesselementum, vide Vasellamenta.

Vessigneul (village de). *Arch. adm.*, t. III,
608. *Arch. lég.*, iie part., *statuts*,
iiie vol., 390; voy. Vezigneul-sur-
Marne.

Vestitura (vêture). *Arch. adm.*, t. I, 344,
747, 911; t. II, 102. *Arch. lég.*, ire
part., 711, 713, 955, 960; iie part.,
statuts, ier vol., 64, 69, 77.

Vesve (Rogier le), voy. veuve.

— (maison de). *Arch. adm.*, t. III, 889.

Veteri-Arsico (prior de). *Arch. adm.*, t. II,
634; vide Arcy-le-Viel (prieur de).

Vetulis Johannes, vide Vieille (J. la).

Vetulus (Guido). *Arch. lég.*, iie part., *statuts*,
ier vol., 169.

Vetus, vide Testamentum.

Vetus-Arsicum, vide Arcy-le-Viel.

Veulant (Martin), sergent. *Arch. lég.*, iie
part., *statuts*, iiie vol., 509.

Veuve. *Arch. adm.*, t. I, 619, 760. *Arch.*

lég., 1re part., 182, 687, 689, 690, 694, 697, 700, 818, 824, 833, 839, 842, 937, 981, 991; 11e part., *statuts*, 11e vol., 943, 984; *statuts*, 111e vol., 15, 109, 125. Dispositions faites en faveur de ladite dans les statuts des communautés ouvrières de Reims, 234, 297, 298, 378; voy. Vidua.

Veuve (Rogier le). *Arch. adm.*, t. II, 759; 803, 810, 1008.

— (Robert de la). *Arch. adm.*, t. II, 532.

— (Prieur de la), charreton. *Arch. adm.*, t. II, 827.

Vey (Wido de), chapelain. *Arch. adm.*, t. I, 273.

Vez (village de), voy. Wez.

Vezelay, voy. Vezelayum.

— (Aymeri de), examinateur au Châtelet de Paris. *Arch. adm.*, t. II, 652.

— (ville de). *Arch. adm.*, t. II, 635, voy. Verzenay.

— (Michel de), voy. Verzelay (Michaël de).

— (Michaël de), prêtre. *Arch. lég.*, 11e part., *statuts*, 1er vol., 114.

Vezigneul-sur-Marne (village de). *Arch. lég.*, 1re part., 878; voy. Vessigneul.

Vezins (Rainier). *Arch. adm.*, t. I, 737, 905.

Vezolo de Chesiaco (prior de). *Arch. adm.*, t. II, 634.

Via publica. *Arch. adm.*, t. I, 307, 363, 602, 802, 819; t. III, 904; vide Remorum via publica, Reims (chaussée de).

— regia, vide Via publica.

— vide Pissechien, Sancta-Maria, Transmarina.

Viagium (voyage). *Arch. lég.*, 11e part., *statuts*, 1er vol., 160.

Vialart (Nicolas), maître des œuvres. *Arch. lég.*, 11e part., *statuts*, 11e vol., 24.

Viana (capellania de). *Arch. adm.*, t. II, 1101.

Viana, vide Vienna.

— (parochia de), vide Vienne-le-Château (paroisse).

Vianne (Jehan de), pâtissier. *Arch. adm.*, t. II, 604.

— (Regnault de), trésorier. *Arch. adm.*, t. II, 855, 918, 926, 1158; t. III, 197.

Viapres-le-Petit (village de). *Arch. lég.*, 11e part., *statuts*, 111e vol., 394.

Viardin le cordier. *Arch. adm.*, t. I, 113.

Viaria. *Arch. adm.*, t. I, 366, 596; vide Voirie.

Viarmes (village de). *Arch. lég.*, 1re part., 910; voy. Biermes.

Viart, le mégissier. *Arch. adm.*, t. II, 311.

— valet de pied. *Arch. adm.*, t. II, 975.

— (Nicolas), marchand drapier. *Arch. lég.*, 11e part., *statuts*, 11e vol., 391.

— (Pierre), marchand. *Arch. lég.*, 11e part., *statuts*, 11e vol., 807, 810, 811.

Viarum, vide Pavimenta.

Viasne-la-Ville, voy. Vienne.

Viasona (prior de), vide Vienne (prieur de).

Viaticum (viatique). *Arch. adm.*, t. I, 113, 604; *Arch. lég.*, 11e part., *statuts*, 1er vol., 911.

Viatoria, vide Viaria.

Viaxonia (parochia de), vide Vienne-la-Ville (paroisse de).

— (prior de), vide Vienne (prieur de).

Viburti (Thomas), laïque. *Arch. lég.*, 11e part., *statuts*, 1er vol., 120.

Vicaire, voy. Reims (vicaire général de), Reims (grand vicaire de).

Vicandus, boucher. *Arch. adm.*, t. I, 204.

Vicariat, voy. Tolérance (vicariat de).

— indépendant, voy. Château-Regnault, Eteignières, Joigny, Nouzon, Revez.

Vicariorum punctator. *Arch. lég.*, 11e part., *statuts*, 1er vol., 43.

Vicarius, vide Remorum archiepiscopi, Remensis ecclesiæ; vide Vicaire.

Vicecomes, vide Castri-duni, Laudunensis, Remensis, Stafort.

Vicedomina, vide Cathalaunensis.

Vicedominatus, vide Remensis ecclesiæ, Reims (vidamé de).

Vicedomini receptio. *Arch. lég.*, iie part., *statuts*, i^{er} vol., 16.

— missa, vide Vidame (messe du).

Vicedominus, vide Cathalaunensis, Remensis.

Vicemonte (parochia de), vide Exermont (paroisse de).

Vicenus-juxta-Parisios, vide Vincennes.

Vichette (Symonnet). *Arch. adm.*, t. III, 837.

Vichier (Ameus de), écolâtre. *Arch. adm.*, t. III, 352.

Vici-Molendinorum molendina. *Arch. lég.*, iie part., *statuts*, i^{er} vol., 179.

Vicinis (Milo de), vide Voisins (Mile de).

Vicinus-Cochelez (Egidius). *Arch. adm.*, t. I, 491.

Vico (Petrus de). *Arch. adm.*, t. II, 1040.

— (Nicolaus, dictus Novellus de), notaire. *Arch. adm.*, t. I, 1049.

— (parochia de), voy. Vieux-les-Asfeld (paroisse de).

— Judeorum (Ernaudus de). *Arch. lég.*, iie part., *statuts*, i^{er} vol., 82.

— Judeorum (Gerardus de), chevalier. *Arch. adm.*, t. I, 305.

— Judeorum (Guillelmus de), prêtre-chanoine. *Arch. lég.*, iie part., *statuts*, i^{er} vol., 97, 120.

— juxta-Eccreyum (presbyter). *Arch. adm.*, t. II, 1066.

— Sancti-Remigii (presbyter de). *Arch. adm.*, t. II, 1104.

— Sancti-Remigii parochia, vide Vieux Saint-Remi (paroisse de).

Vico Sancti-Remigii (præpositura de). *Arch. lég.*, iie part., *statuts*, i^{er} vol., 183.

— Sancti-Remigii (præpositus de). *Arch. adm.*, t. II, 1029; vide Sancti-Remigii præpositus.

Vicogne (abbé de). voy. Viconia (abbas de).

Vicomte, voy. Archevêque de Reims (vicomte de l'), Chagny, Chartogne, Crécy, Germigny, Hermanville, Laon, Lautrec, Melun, Montfort, Narbonne, Paris, Reims, Remont, Rigny, Unchair, Verneuil; voy. Vicedominus.

— (pied de), mesure de Reims. *Arch. adm.*, t. I, 487. *Arch. lég.*, i^{re} part., 1053.

Vicomté, voy. Aizy, Chanonnes, Pevy, Reims, Saint-Remi, Warmeriville.

— de Reims (porte de la). *Arch. adm.*, t. III, 698.

— de Reims (charte de la). *Arch. lég.*, i^{re} part., 722, 723; iie part., *statuts*, iiie vol., 114.

— de Reims (droits de la). *Arch. lég.*, i^{re} part., 745; iie part., *statuts*, iiie vol., 406, 663.

— de Reims (marque de la). *Arch. lég.*, iie part., *statuts*, iiie vol., 46.

— de Reims (maison de la). *Arch. adm.*, t. III, 820. *Arch. lég.*, iie part., *statuts*, i^{er} vol., 301; *statuts*, iiie vol., 118.

— de Reims (mesure de la). *Arch. lég.*, iie part., *statuts*, iiie vol., 684, 722.

— de Reims (fermiers de la). *Arch. lég.*, i^{re} part., 758; iie part., *statuts*, iie vol., 939; *statuts*, iiie vol., 118, 120, 307, 308. Ne peuvent exiger le droit de stellage des bourgeois de la terre commune, 323, 331, 337, 339.

Viconia (abbas de). *Arch. adm.*, t. II, 638.

Vicos Bertrand, voy. Vicot.

Vicot (Bertrand). *Arch. adm.*, t. II, 994,

996 ; t. III, 8, 20, 37. *Arch. lég.*, ɪɪᵉ part., *statuts*, ɪᵉʳ vol., 331.

Victoria (abbas de). *Arch. adm.*, t. II, 638.

Vicus, vide Alutariorum, Cultura (de), Jardo (de), Judeorum, Laurentii-Bedelli, Lorimariorum, Molendinorum, Monetariorum, Portæ-Martis, Principis, Straminis ; vide Bourg.

— -Fabricosus. *Arch. lég.*, ɪɪᵉ part., *statuts*, ɪᵉʳ vol., 76.

— -Sancti-Remigii. *Arch. adm.*, t. I, 239, 240, 242 ; vide Vieux Saint-Remi.

Vidame, voy. Châlons (vid. de), Chartres, Reims ; voy. Vicedominus, Vicomte.

— (bourgeois du). *Arch. lég.*, ɪɪᵉ part., *statuts*, ɪᵉʳ vol., 340.

— (bailli du). *Arch. lég.*, ɪɪᵉ part., *statuts*, ɪɪᵉ vol., 606, 1035.

— (messe du). *Arch. lég.*, ɪɪᵉ part., *statuts*, ɪᵉʳ vol., 120, 123, 124.

— (pain du). *Arch. lég.*, ɪɪᵉ part., *statuts*, ɪᵉʳ vol., 119.

Vidamé, voy. Reims (vidamé de), Chapitre de Saint-Remi.

— de Reims (fief du). En quoi consiste ledit ? *Arch. lég.*, ɪɪᵉ part., *statuts*, ɪᵉʳ vol., 332.

Vidant (Perrinet). *Arch. adm.*, t. III, 835.

Vido, diacre de Saint-Denis. *Arch. adm.*, t. I, 353.

Vidua, voy. Veuve.

— (lieu de). *Arch. adm.*, t. I, 291.

Vidula (decanatus de). *Arch. adm.*, t. II, 1116, 1118 ; vide Vesle (doyenné de).

— (Fluvius), vide Vesle (rivière de la).

— (Philippus de), sous-diacre-chanoine. *Arch. lég.*, ɪɪᵉ part., *statuts*, ɪᵉʳ vol., 82, 117.

— (porta de), vide Vesle (porte de).

— burgus, vide Vesle (bourg de).

Vidulæ molendina, vide Vesle (moulins de).

Vidulæ pons, vide Vesle (pont de).

— piscatura. *Arch. adm.*, t. II, 641.

Viduns (Rogerus de), citoyen de Reims. *Arch. adm.*, t. II, 641.

Vié, fils de Jehan le Chien. *Arch. adm.*, t. I, 1118.

Viefville (François de la), baron de Sermaize. *Arch. lég.*, ɪʳᵉ part., 890.

— (Pierre de la), seigneur de Chaileret. *Arch. lég.*, ɪʳᵉ part., 890.

— (seigneur de la), voy. Longueval Philippe.

Vieil, avocat. *Arch. lég.*, ɪɪᵉ part., *statuts*, ɪɪɪᵉ vol., 651, 656, 658.

— -Arcy, voy. Arcy-le-Vieil.

Vieilarnoux (M. de), conseiller du roi. *Arch. lég.*, ɪɪᵉ part., *statuts*, ɪᵉʳ vol., 614.

Vieillardi (J.), voy. Vieillart (Jehan), échevin.

Vieillart (Jehan), échevin. *Arch. adm.*, t. III, 19, 34, 41, 68, 71, 72, 188, 240, 248, 303, 304, 306, 333, 389. *Arch. lég.*, ɪɪᵉ part., *statuts*, ɪᵉʳ vol., 612, 626, 637, 680, 681, 708, 722, 727, 773, 774, 780, 786, 795, 808.

— (Remi), échevin. *Arch. adm.*, t. III, 454, 888.

— (Michelet). *Arch. adm.*, t. III, 834. *Arch. lég.*, ɪʳᵉ part., 1015 ?

— (Nicolas), échevin. *Arch. lég.*, ɪɪᵉ part., *statuts*, ɪᵉʳ vol., 858, 862 ; *statuts*, ɪɪᵉ vol., 4.

— (Claude), maître sergier. *Arch. lég.*, ɪɪᵉ part., *statuts*, ɪɪᵉ vol., 840.

— (Petrus), échevin. *Arch. adm.*, t. II, 5, 15, 27 ; t. III, 76 ?

— avocat. *Arch. lég.*, ɪɪᵉ part., *statuts*, ɪɪᵉ vol., 155, 328.

Vieille-Cousture (rue de la). *Arch. adm.*, t. I, 38, 809, 963, 1083, 1096, 1117. *Arch. lég.*, ɪɪᵉ part., *statuts*, ɪᵉʳ vol., 131, 628 ; *statuts*, ɪɪɪᵉ vol., 419.

Vieille-Cousture (bains de la). *Arch. adm.*, t. II, 493.

— (quarrel de la). *Arch. adm.*, t. II, 544.

Vièle (Dominique), marchand de Nesle. *Arch. lég.*, 1re part., 898.

Vieilleville en Sorbonne (abbé de), seigneur de Villedomange. *Arch. adm.*, t. II, 1055.

Vielleville (village de). *Arch. adm.*, t. II, 1106.

Viellevoye (chemin de la). *Arch. adm.*, t. II, 552.

Vielle (Jehan la), conseiller du roi. *Arch. adm.*, t. III, 732, 749, 761, 762, 764, 765, 768, 771.

Viel-Saint-Remi (bourg de). *Arch. adm.*, t. II, 1100; t. III, 606. *Arch. lég.*, 1re part., 876, 908, 910; IIe part., *statuts*, 1er vol., 244; *statuts*, IIIe vol., 252.

— (curé de), voy. Reguesson (Remon).

— (prévôt de), voy. Vuilquin (Estienne).

— (seigneurie de). *Arch. lég.*, IIe part., *statuts*, 1er vol., 245.

Viencourt (seigneurie de). *Arch. lég.*, 1re part., 894.

Vienna (capellania de). *Arch. adm.*, t. II, 1102.

— (Dominicus de), chapelain de Montfaucon. *Arch. adm.*, t. II, 1044.

— (Johannes de), vide Vienne (Jehan de), archevêque de Reims.

— (parochia de), vide Vienne-le-Château (paroisse de).

— (presbyter de). *Arch. adm.*, t. II, 1101.

— (Symon de). *Arch. adm.*, t. II, 1033.

Vienne (chapellenie de), voy. Vienna (capellania de).

— (concile de). L'ordre des béguines aboli dans ledit par Clément V. *Arch. adm.*, t. I, 13; t. III, 32. *Arch. lég.*, IIe part., *statuts*, 1er vol., 45, 430; voy. Viennense concilium.

Vienne (H. de). *Arch. lég.*, IIe part., *statuts*, 1er vol., 654.

— (Ludovicus de), prêtre-chanoine. *Arch. lég.*, IIe part., *statuts*, 1er vol., 115.

— (Jehan de), archevêque de Reims. *Arch. adm.*, t. I, 62, 225; t. II, 108, 610, 755, 844, 851, 852, 889, 890, 938; t. III, 5, 11, 18, 224. *Arch. lég.*, IIe part., *statuts*, 1er vol., 83, 117, 346; *statuts*, IIe vol., 370, 639. Impôt établi par les marmitons dudit sur les mariages, *statuts*, IIIe vol., 625.

— voy. Bègue (Étienne le).

— (prêtre de), voy. Vienna (presbyter de).

— (prieur de). *Arch. adm.*, t. I, 634, 1029.

— -le-Château (paroisse de). *Arch. adm.*, t. II, 1099, 1101, 1102.

— -le-Château (village de). *Arch. adm.*, t. I, 280, 329; t. II, 1102. *Arch. lég.*, IIe part., *statuts*, IIIe vol., 388.

— -la-Ville (paroisse de). *Arch. adm.*, t. II, 1101. *Arch. lég.*, IIe part., *statuts*, IIIe vol., 393; voy. Viaxona.

Viennense castrum, vide Vienne-le-Château.

Viennense concilium, vide Vienne (concile de).

Viennois (dauphin de), voy. archevêque de Reims. *Arch. lég.*, IIe part., *statuts*, 1er vol., 407; voy. Humbert, Dauphin.

Vierge Marie (blasphème contre la). *Arch. adm.*, t. III, 638, 644; *Arch. lég.*, IIe part., *statuts*, 1er vol., 328; *statuts*, IIe vol., 43, 60, 364, 494.

— (matricule de). *Arch. adm.*, t. I, 38.

— (messe de la). *Arch. adm.*, t. I, 205.

— voy. Beata Maria.

Viète (Robin). *Arch. adm.*, t. II, 542.

Vieulaines (Jacques de), lieutenant du bailli de Vermandois. *Arch. adm.*, t. III, 683.

V

Vieuillier (J. le). *Arch. adm.*, t. II, 493.

Vieuville (marquis de la). *Arch. lég.*, IIe part., *statuts*, IIe vol., 121, 151, 429.

— duc de la. *Arch. lég.*, IIe part., *statuts*, IIe vol., 135.

— François de la, voy. Vielville.

— Pierre de la, voy. Vielville.

Vieux (curé de), voy. Maletot (Raoul).

— (Gérard), tisserand. *Arch. lég.*, IIe part., *statuts*, IIe vol., 301.

— (Poncelet de), voy. Viex.

— -les-Asfeld (paroisse de). *Arch. adm.*, t. II, 1065, 1066.

— -les-Chehery (village de). *Arch. lég.*, Ire part., 908.

— -les-Escry (village de). *Arch. lég.*, Ire part., 908, 911, 918.

— -les-Manre (village de). *Arch. adm.*, t. III, 660. *Arch. lég.*, Ire part., 908.

— -Saint-Remi, voy. Viel-Saint-Remi (bourg de).

— (paroisse de). *Arch. adm.*, t. II, 1103, 1106; voy. Vico Sancti-Remigii (parochia de).

— -sur-Aisne (village de). *Arch. lég.*, Ire part., 902, 908; IIe part., *statuts*, IIe vol., 860.

Vieux-Arcy (prieur de), voy. Veteri-Arsia (prior de).

— voy. Arcy-le-Viel.

Vieville (Benoit de la), bourgeois. *Arch. lég.*, IIe part., *statuts*, IIe vol., 32, 182.

— (Tessin de la), bourgeois. *Arch. lég.*, IIe part., *statuts*, IIe vol., 32.

Viex, voy. Vieux.

— (Poncelet de), clerc. *Arch. lég.*, t. II, 538.

Viez-Couture, voy. Vieille-Cousture.

Viez-Maison (seigneur de), voy. Balaine (Guill. de).

Vigilia. *Arch. adm.*, 460, 509. *Arch. lég.*, IIe part., *statuts*, Ier vol., 53, 54, 66, 75, 84, 94, 95, 96; IIe part., *statuts*, Ier vol., 113; voy. Mortuorum.

Vignacourt (marquis de), voy. **Wignacourt**.

Vignai (Henricus de), chevalier. *Arch. lég.*, IIe part., *statuts*, Ier vol., 88, 93.

Vignau (M. du), seigneur de **Barbaise**. *Arch. adm.*, t. II, 1076.

Vigne (Nicole de la), chanoine. *Arch. adm.*, t. III, 678.

— voy. Gerbert (N. de).

— (J.... de la), chanoine. *Arch. lég.*, IIe part., *statuts*, IIe vol., 453.

— (Pierre de la). *Arch. lég.*, IIe part., *statuts*, Ier vol., 600, 740.

Vigneron (Thierry le), valet. *Arch. adm.*, t. II, 1021.

— (Marguerite). *Arch. lég.*, IIe part., *statuts*, IIe vol., 279.

— (Simon). *Arch. lég.*, IIe part., **statuts**, IIe vol., 325.

— (Jacques le), marchand de vin. *Arch. lég.*, IIe part., *statuts*, Ier vol., 539, 637, 742, 862.

Vignerons. Défenses de police relatives auxdits. *Arch. lég.*, IIe part., *statuts*, IIe vol., 95.

Vignetam domus ad. *Arch. lég.*, IIe part., *statuts*, Ier vol., 66.

Vignette (Jehan). *Arch. adm.*, t. III, 102, 112.

— (rue de la). *Arch. adm.*, t. I, 80. *Arch. lég.*, IIe part., *statuts*, Ier vol., 568.

Vigneux (village de). *Arch. lég.*, Ire part., 878, 900.

Vignes (Jehan). *Arch. adm.*, t. III, 281.

Vignez, voy. Vigneux.

Vignicourt (Le Camus de). *Arch. lég.*, Ire part., 589.

Vignobles, voy. Reims (vignobles de).

Vignoi (Henricus de), vide Vignai.

— (Margareta de), femme du précédent. *Arch. lég.*, iie part., *statuts*, ier vol., 88.

Vignolles (M. de), seigneur de Selle. *Arch. adm.*, t. II, 1064.

Vignon (Adrian), marchand de Néesle. *Arch. lég.*, ire part., 898.

— (Matthieu). *Arch. lég.*, iie part., *statuts*, iie vol. 238.

— (J....), bourgeois. *Arch. lég.*, iie part., *statuts*, ier vol., 834.

Vignory (seigneurie de). *Arch. lég.*, iie part., *statuts*, iiie vol., 398.

Vigny (Person de). *Arch. lég.*, iie part., *statuts*, ier vol., 828.

Vigreux (Jehan). *Arch. adm.*, t. III, 98.

— (Pierre), tonnelier. *Arch. lég.*, iie part., *statuts*, iie vol., 374, 417.

Viguereux (Henricus le). *Arch. adm.*, t. II, 1226.

Vilain (Jehan le), déchargeur. *Arch. adm.*, t. II, 893 ; t. III, 70.

— (Jacques), sergent royal. *Arch. adm.*, t. III, 809.

— (Drouet le), vergeur de vin. *Arch. lég.*, iie part., *statuts*, ier vol., 429.

— (Pierone). *Arch. adm.*, t. I, 757.

Vilaines (Jehan). *Arch. adm.*, t. II, 1244.

— voy. Villaines.

Vilario (miles de). *Arch. adm.*, t. I, 362.

Vilers, voy. Villers.

Vilert-in-Selvei, vide Ville-en-Selve.

Vilerzeto (ecclesia de), vide Villerzel (église de).

— (decima de). *Arch. adm.*, t. I, 262, 384.

Vilé (Aubry de). *Arch. adm.*, t. II, 96.

Vilers-ad-Nues, voy. Villers-aux-Nœuds.

Vilers-as-Neux, voy. Villers-aux-Nœuds.

— (Julianne de), voy. Villers-aux-Nœuds.

Vilesaint (lieu de). *Arch. lég.*, iie part., *statuts*, ier vol., 175.

Vileta. *Arch. lég.*, ire part., 80.

Villa-ad-Prata (Russequin de).

Villa-Cappa (altar de). *Arch. adm.*, t. I, 289.

Villages, voy. Reims (villages des environs de).

Villadominica, vide Villedomange.

— (Haymardus de). *Arch. lég.*, iie part., *statuts*, ier vol., 170.

— (Jessonius de), dit Moutonnet, vide Villedomange (Jesson de).

— (Petrus de), échevin, vide Villedomange (Pierre de).

— (parochia de). *Arch. adm.*, t. II, 1051, 1054.

— præpositus, vide Villedomange (prévôt de).

— (presbyter de). *Arch. adm.*, t. II, 1052.

Villa-Exsia (altar de). *Arch. adm.*, t. I, 254, 269.

Villa-Francorum (Theodoricus de). *Arch. adm.*, t. I, 315.

— -Francorum (Albricus de). *Arch. adm.*, t. I, 315.

— -Francorum, voy. Villers-Franqueux.

— -Francorum (dominicus de). *Arch. adm.*, t. I, 315.

Villagardana (Johannes de), chantre de l'église de Reims. *Arch. adm.*, t. I, 996, 1006 ; t. II, 102, 111. *Arch. lég.*, iie part., *statuts*, ier vol., 116.

Villa-in-Tardana, vide Ville-en-Tardenois, Tardani villa.

— (presbyter de). *Arch. adm.*, t. II, 1054.

— (parochia de). *Arch. adm.*, t. II, 1051.

Villain (Colart le), pelletier. *Arch. adm.*, t. II, 321.

— (Pierre), notaire. *Arch. lég.*, iie part., *statuts*, ier vol., 235, 282, 314.

— (Millet), boucher. *Arch. lég.*, iie part., *statuts*, ier vol., 998.

Villain, voy. Masson.

— régisseur de la manse abbatiale de Saint-Remi. *Arch. lég.*, II° part., *statuts*, 1er vol., 263, 266.

Villaines (presbyter de). *Arch. adm.*, t. II, 1053.

— (ville de). *Arch. adm.*, t. I, 504; t. III, 590; *Arch. lég.*, 1re part., 876, 903, 908.

— (Jehan), voy. Vilaines.

Villa-Joeium. *Arch. lég.*, II° part., *statuts*, 1er vol., 72.

Villamaris (Guido de), écolâtre et chanoine de Reims. *Arch. adm.*, t. II, 475. *Arch. lég.*, II° part., *statuts*, 1er vol., 65, 114.

Villamontery (presbyter de). *Arch. adm.*, t. II, 1086.

— (parochia de). *Arch. adm.*, t. II, 1087.

— (patronagium de). *Arch. adm.*, t. II, 1090, 1091.

— voy. Villemontry.

Villanier (Guy de), chanoine. *Arch. adm.*, t. II, 369.

Villanis (A. de), doyen de Mézières. *Arch. adm.*, t. II, 333.

— (Johannes de), conseiller du roi. *Arch. adm.*, t. III, 208.

— (alodium de). *Arch. lég.*, II° part., *statuts*, 1er vol., 102.

Villanova (Hugo de). *Arch. adm.*, t. II, 1037.

— -prope Avenionem. *Arch. adm.*, t. III, 842.

— vide Nova villa.

Villanus, cardinal. *Arch. adm.*, t. I, 314.

— trésorier de l'église de Reims. *Arch. adm.*, t. I, 496; vide Castro Villano (Nicholaus de).

— vide Remigius.

Villa quæ dicitur Castellum (altar de). *Arch. adm.*, t. I, 254.

Villare, vide Villers.

Villare ad Nodos, vide Villers-aux-Nœuds ad Nodon.

— Alleranum, vide Villers-Allerand.

— Ante-Raucourt, voy. Villers-devant-Raucourt.

— Ante-Turnum, voy. Villers-devant-Tour.

— -Arnulphi. *Arch. lég.*, II° part., statuts, 1er vol., 94.

— Francorum, voy. Villers-Franqueux.

— in Estaneis, vide Villers en Argonne.

— Sancti-Remigii. *Arch. adm.*, t. I, 112.

— -sub-Sylva. *Arch. adm.*, t. I, 396, vide Ville-en-Selve.

— -subtus-sanctum-Theodoricum. *Arch. adm.*, t. I, 931, 1090, vide Villers-sous-saint-Thierry.

Villari ad Nodos (presbyter de). *Arch. adm.*, t. II, 1054.

— Allerano (decima de), vide Villers-Allerand (dîme de).

— Allerano (nemus de), vide Villers-Allerand (bois de).

— (parochia), vide Villers-Allerand (paroisse de).

— -supra-Montem. *Arch. adm.*, t. II, 1076. *Arch. lég.*, 1re part., 909; vide Villers sur le Mont.

— -Allerano (presbyter de). *Arch. adm.*, t. II, 1118.

— (altar de). *Arch. adm.*, t. I, 112, *Arch. lég.*, II° part., statuts, 1er vol., 95.

— ante Macerias (parochia de). *Arch. adm.*, t. II, 1077.

— ante Macerias (patronagium de). *Arch. adm.*, t. II, 1079.

— ante Macerias (presbyter de). *Arch. adm.*, t. II, 1080.

— ante Raucourt (parochia de), vide Villers devant Raucourt (paroisse de).

Villari ante Raucourt (presbyter de). *Arch. adm.*, t. II, 1088.

— ante Turnum (parochia de). *Arch. adm.*, t. II, 1065, 1066.

— ante Turnum (patronagium de). *Arch. adm.*, t. II, 1066, 1068, 1108.

— ante Turnum (presbyter de). *Arch. adm.*, t. II, 1066.

Villaribus (Anselinus de), maire de Saint-Remi. *Arch. adm.*, t. I, 839.

— (Johannes de), vide Villers (Jehan de).

— (Martinus de). *Arch. adm.*, t. II, 403.

— (Guillelmus de). *Arch. adm.*, t. I, 834. *Arch. lég.*, 1re part., 260.

Villari-Francoso (Stephanus de), écolier. *Arch. adm.*, t. II, 735.

— in Sylva (ecclesia de). *Arch. lég.*, 11e part., *statuts*, 1er vol., 176,

— in Sylva (Odelinus abbas de). *Arch. adm.*, t. I, 332.

— in Sylva (parochia de), vide Ville-en-Selve (paroisse de).

— in Sylva (presbyter de). *Arch. adm.*, t. II, 1120.

— in Tardonio (prior de). *Arch. adm.*, t. II, 634.

— le Tourneur (presbyter de). *Arch. adm.*, t. II, 1106.

— le Tourneur (patronagium de). *Arch. adm.*, t. II, 1107.

— (Villelmus de), vide Villaribus (Guillelmus de).

— -Marmery (presbyter de). *Arch. adm.*, t. II, 1118.

— -Marmery (parochia de), voy. Villers-Marmery (paroisse de).

— Sancti-Sepulchri, vide Flagniaco (prior de). *Arch. adm.*, t. II, 636.

— -Sarnaco (parochia de). *Arch. adm.*, t. II, 1087, vide Villers-Cernay (paroisse de).

— Sarnay (presbyter de). *Arch. adm.*, t. II, 1099.

Villarisicco (Johannes de). *Arch. adm.*, t. I, 894, 995. *Arch. lég.*, 11e part., *statuts*, 1er vol., 117.

Villarisicum, vide Villers-le-Sec.

Villari-supra-Montem (patronagium de). *Arch. adm.*, t. II, 1080.

— -supra-Mosam, vide Villa.

— -Sylva de Vezelayo (prior de). *Arch. adm.*, t. II, 605.

— -Tornoso (patronagium de), vide Villari le Tourneur.

— (Willelmus de), vide Villaribus (Guillelmus de).

Villars (comte). *Arch. lég.*, 11e part., *statuts*, 11e vol., 20.

— -supra-Barrum (patronagium de). *Arch. adm.*, t. II, 1090.

— -supra-Mosam (ecclesia de). *Arch. adm.*, t. II, 1089; vide Villers-devant-Mouzon (église de).

Villa-supra-Turbam (capellania de). *Arch. adm.*, t. II, 1101, 1102; vide Ville-sur-Tourbe.

— -super-Vensam. *Arch. adm.*, t. II, 1076; vide Ville-sur-Vence.

Villæ mensura, vide Reims (mesure de).

Ville (Barthélemy de), trésorier des deniers communs. *Arch. lég.*, 11e part., *statuts*, 111e vol., 132.

— (Didier de), trésorier des deniers communs. *Arch. lég.*, 11e part., *statuts*, 111e vol., 132.

— (Gérard de), voy. Villé.

— (Guillaume de), voy. Cassinel.

— (village de). *Arch. lég.*, 1re part., 890.

Villé (Jacquemin de), écuyer. *Arch. adm.*, t. III, 1, 3.

— (Nicolas-Joseph), coutre-clerc. *Arch. lég.*, 11e part., *statuts*, 111e vol., 697, 704, 705, 710, 715, 729.

— de Girardin (hôtel de). *Arch. adm.*, t. III, 177.

Villé (Gérard de), ou la Rose, sergent du chapitre de Reims). *Arch. adm.*, t. III, 382, 870. *Arch. lég.*, II° part., *statuts*, I°° vol., 890.

— (Henri Richer de). *Arch. adm.*, t. III, 411.

Ville-aux-Bois (hameau de). *Arch. adm.*, t. II, 1060. *Arch. lég.*, I°° part., 888, 908.

Ville-aux-Bois-lez-Brieule-sur-Meuse. *Arch. lég.*, I°° part., 892.

Ville-Chétif (village de). *Arch. lég.*, I°° part., *statuts*, III° vol., 390.

— (Agenoult de). *Arch. lég.*, II° part., *statuts*, III° vol., 390.

Villecholles (seigneur de), voy. Carpentier (Jehan).

— (village de). *Arch. lég.*, I°° part., 920.

Villedomange (Druardus de), bourgeois. *Arch. adm.*, t. I, 618.

— (Garnier, baron de). *Arch. adm.*, t. III, 40.

— (Guille de). *Arch. adm.*, t. III, 25.

— (Jehan de), sergent du chapitre. *Arch. adm.*, t. I, 61, 1094; t. II, 229, 233, 332, 483; t. III, 15. *Arch. lég.*, II° part., *statuts*, I°° vol., 429.

— (Jesson de), voy. Villedomange (Jehan de).

— (Perrecart de). *Arch. adm.*, t. II, 14, 38, 230? 376? 445? 728.

— (Pierre de), voy. Villedomange (Perrecart de).

— (Rose de). *Arch. adm.*, t. II, 493.

— (Guichart de). *Arch. adm.*, t. I, 961.

— (P. de), notable de Reims. *Arch. adm.*, t. II, 267; voy. Villedomange (Pierre de).

— (prévôt de). *Arch. adm.*, t. II, 1030, 1055. *Arch. lég.*, II° part., *statuts*, II° vol., 774.

— (ville de). *Arch. adm.*, t. I, 242, 253, 320, 1089; t. II, 1055, 1056; t. III, 100, 109, 157. *Arch. lég.*, I°° part., 594, 755, 902, 908; II° part., I°° vol., 65, 82, 534, 671; III° part., 232; voy. Villa dominica.

Villefranche. *Arch. adm.*, t. II, — *Arch. lég.*, II° part., *statuts*, II° vol., 121; *statuts*, III° vol., 388.

Ville-Foudrin. *Arch. lég.*, I°° part., 901.

Villegardains (J. de), chantre de Reims. *Arch. adm.*, t. I, 972; voy. Johannes.

Villeir-Asnorum, vide Villers-aux-Nœuds.

Villelongue (M. de) seigneur d'Arras. *Arch. adm.*, t. II, 1070, 1071, 1100, 1101, 1108, 1109, 1110, 1114.

— (Parizot de), seigneur de Corbon. *Arch. adm.*, t. II, 1099.

Ville-Melle (village de). *Arch. adm.*, t. II, 1089.

— (presbyter de). *Arch. adm.*, t. II, 1051, 1052.

Villemontry (villa de). *Arch. adm.*, t. II, 1087.

— (paroisse de), voy. Villa-Montery (parochia de).

— (patronage de), voy. Villamonteri.

Villemort (seigneurie de). *Arch. lég.*, II° part., *statuts*, III° vol., 389.

Villemur (ville de). *Arch. lég.*, II° part., *statuts*, III° vol., 631.

Villenauze (village de). *Arch. lég.*, II° part., *statuts*, III° vol., 394.

Ville-en-Blaisois (seigneurie de). *Arch. lég.*, II° part., *statuts*, III° vol., 533.

— -en-Louvoy (village de). *Arch. adm.*, t. II, 923.

— -en-Précz (village de). *Arch. adm.*, t. II, 757.

— -en-Selve (paroisse de). *Arch. adm.*, t. II, 1124, 1122.

— -en-Selve (curé de), voy. Gaudin (Pierre).

— -en-Selve (ville de). *Arch. adm.*

t. I, 177, 242, 312, 380, 461, 462,
855. *Arch. lég.*, i^{re} part., 902, 908 ;
iie part., *statuts*, i^{er} vol., 168, 169,
182, 806 ; voy. Villare-in-Sylva.

Ville-en-Tardenois (ville de). *Arch. adm.*,
t. II, 702, 1051, 1055, 1056 ; t. III,
108, 381. *Arch. lég.*, i^{re} part., 876,
889, 892, 901, 908, 911 ; iie part., *statuts*, i^{er} vol., 106 ; *statuts*, iiie vol.,
41, 269 ; voy. Villa-in-Tardano.

— (curé de). *Arch. lég.*, iie part., *statuts*,
iie vol., 763, 777, voy. Lévesque (Guy).

— -Neve, voy. Villeneuve.

Villeneuve-le-Roy (ville de). *Arch. lég.*,
iie part., *statuts*, iiie vol., 531.

— -près-Avignon, voy. Villanova-prope-
Avenionem.

Villenove (Estienne de), chanoine. *Arch.
adm.*, t. III, 863.

Villepereur (J. de), chevalier. *Arch. adm.*,
t. II, 279.

Villermont (Hennequin de), seigneur de
Cramail. *Arch. adm.*, t. II, 1120.

Villeroy (champ de). *Arch. adm.*, t. II,
552.

Villermus, sous-prieur de Saint-Remi.
Arch. lég., iie part., *statuts*, i^{er} vol.,
175.

Villers (sire de), voy. Bainne (Ph. de).

— (ville de). *Arch. adm.*, t. I, 313, 1089 ;
t. III, 408, 621. *Arch. lég.*, i^{re} part.,
908.

— (moulins de). *Arch. lég.*, iie part., *statuts*, i^{er} vol., 189.

— (Jehan de), chevalier. *Arch. adm.*,
t. II, 699 ; t. III, 341, 381.

— voy. Mainnier.

— (Jehan-Thierry de). *Arch. adm.*, t. III,
128.

— (P. de), chevalier, maître d'hôtel du
roi. *Arch. adm.*, t. III, 287.

— (Guillermus de), bourgeois de Reims.
Arch. adm., t. I, 822.

Villers (Jacquemin de). *Arch. lég.*, iie part.,
520 ; iie part., *statuts*, i^{er} vol., 630 ?
701, 730, 739.

— (N..... de), receveur des deniers communs. *Arch. lég.*, iie part., *statuts*,
i^{er} vol., 858.

— (Perrot de). *Arch. adm.*, t. II, 303 ;
t. III, 251.

— (Raoul de), bourgeois de Reims. *Arch.
adm.*, t. II, 680, 741, 808, 985 ? 1007.

— -Aaneux, voy. Villers-aux-Nœuds.

— -ad-Noes, voy. Villers-aux-Nœuds.

— -Allerand (bois de). *Arch. lég.*, iie part.,
statuts, i^{er} vol., 171, 174.

— -Allerand (dîme de). *Arch. lég.*, iie part.,
statuts, i^{er} vol., 171, 175, 218, 243.

— -Allerand (Jehan-Philippe de). *Arch.
lég.*, i^{re} part., 522.

— -Allerand (paroisse de). *Arch. adm.*,
t. II, 1116 ; voy. Villari-Allerano (parochia de).

— (village de) *Arch. adm.*, t. I, 5. Nommée au testament de saint Remi, *ibid.*,
177, 230, 242 ; les habitans dudit censitaire, de l'abbaye de Saint-Remi, 310,
311, 312, 352, 855, 1089 ; t. III, 100,
605, 832. *Arch. lég.*, i^{re} part., 500,
522, 755, 876, 903, 908, 909 ; iie part.,
statuts, i^{er} vol. 168, 191, 199, 244,
715 ; *statuts*, iie vol., 276, 963, 968 ;
voy. Villare-Aleranum.

— -as-Nex, voy. Villers-aux-Nœuds.

— -aux-Bois, voy. Villare-in-Sylva.

— -aux-Nœuds (ville de), *Arch. adm.*, t. I,
89, 421, 845, 847, 848, 1090 ; t. II,
300, 574, 902, 1055, 1181 ; t. III, 100,
622. *Arch. lég.*, i^{re} part., 607, 755,
908 ; iie part., *statuts*, i^{er} vol., 169, 212,
806 ; *statuts*, iie vol., 963, 968 ; *statuts*,
statuts, iiie vol., 37 ; voy. Villare-ad-
Nodos.

— -aux-Nœuds (chemin de). *Arch. lég.*,
iie part., *statuts*, i^{er} vol., 239.

Villesavoye (capitaine de), voy. Clerannoy (G. de).

— (village de). *Arch. lég.*, i^re part.,
892, 903, 919.

— (seigneur de), voy. Hay (Charles de).

Villeseneux (village de). *Arch. lég.*,
i^re part., 919 ; *statuts*, iiie vol., 389.

Ville-sur-Cousance (village de). *Arch.
lég.*, i^re part., 919.

— -sur-Retourne (village de). *Arch. adm.*,
t. II, 1116.

— -sur-Tourbe (chapellenie de), voy.
Villa-supra-Turbam (capellania de).

— -sur-Tourbe (marquis de). *Arch. adm.*,
t. II, 1102, voy. Ecquevilly (M. de).

— -sur-Tourbe (ville de). *Arch. adm.*,
t. II, 1101.

— -sur-Vence, voy. Villa-super-Vensam.

Villet (Laurent), voiturier. *Arch. lég.*,
iie part., *statuts*, iie vol., 854.

— (Thomas), marchand. *Arch. lég.*,
iie part., *statuts*, iie vol., 935.

Villeta (ecclesia de), vide Villette (église
de).

Villette (église de). *Arch. adm.*, t. II,
1088.

— (Lespagnol de). *Arch. adm.*, t. II,
1057. *Arch. lég.*, iie part., *statuts*,
iie vol., 1047.

— (prêtre de). *Arch. adm.*, t. II, 1058.

— (Remi). *Arch. adm.*, t. III, 147, 162.

— (village de). *Arch. adm.*, t. II, 1090.
Arch. lég., i^re part., 902.

Villezer, voy. Villerzel, vide S. Nicholaus
(de).

Villicus. *Arch. adm.*, t. I, 307, vide Bardulphus, Hugo, Stephanus.

Villiers (Eracle), notaire. *Arch. lég.*,
iie part., *statuts*, iie vol., 696.

— (Jehan de), conseiller. *Arch. lég.*,
iie part., *statuts*, i^er vol., 637, 657.

— (Manoisse de). *Arch. lég.*, iie part., *statuts*, iiie vol., 393.

Villiers (ville de). *Arch. adm.*, t. III, 659.

— -Marmery, voy. Villers.

— (M. de), seigneur de Juzancourt. *Arch.
adm.*, t. II, 1066, 114.

— (Joffroy de). *Arch. lég.*, iie part., *statuts*, i^er vol., 620, 622.

— (Pierre de), grand maître d'hôtel du
roi. *Arch. adm.*, t. III, 507, 508.

— -devant-Dun (village de). *Arch. adm.*,
t. II, 1092, 1093.

— -devant-Raucourt (paroisse de). *Arch.
adm.*, t. II, 1085 ; voy. Villers.

— -devant-Raucourt (village de), voy.
Villers.

— -en-Argonne, voy. Villers.

— -la-Chièvre (enfants de). *Arch. adm.*,
t. II, p. 989 ; voy. Villers-la-Chièvre
(écuyers de).

— -la-Chièvre (Person de), exécuté à
Reims comme complice de Gauthier de
Cummières. *Arch. adm.*, t. II, 1018,
1021.

— -la-Chièvre (village de). *Arch. adm.*,
t. II, 1021, 1213, 1243.

— -le-Sec (village de). *Arch. adm.*, t. I,
788. *Arch. lég.*, iie part., *statuts*, iie vol.,
882.

— -Sainte-Anne (croix de). *Arch. lég.*,
iie part., *statuts*, i^er vol., 806.

— -Sainte-Anne (village de). *Arch. lég.*,
i^re part., 902, 909 ; iie part., *statuts*
iiie vol., 392.

Villotte (village de). *Arch. lég.*, i^re part.,
878, 919.

Villouzet, vide S. Nicholaus (ad).

Villula, vide Villare.

Villy (Gerardus de). *Arch. adm.*, t. II,
1220.

Vimeu (prévôté de). *Arch. lég.*, iie part.,
statuts, i^er vol., 767.

Vimont (G.... de), premier huissier du

parlement. *Arch. lég.*, ii⁰ part., *statuts*, i⁰ʳ vol., 617.

Vin. *Arch. adm.*, t. I, 97, 231, 232, 233. 263, 307, 312, 385, 455, 530, 1124; t. II, 39, 253, 385, 478, 858; la police dudit appartient, dans Reims, à l'échevinage, 923, 956, 958, 1173; t. III, 198; moyennant le congé de l'archevêque, 199, 254, 262. Octroi d'un impôt sur ledit fait aux Rémois par le roi Jehan, 286, 288, 311, 317, 325, 326, 350, 358. Droits prélevés sur l'exportation dudit, 404, 408, 419, 794, 811, 854. *Arch. lég.*, i⁰ᵉ part., 581; ii⁰ part., *statuts*, i⁰ʳ vol., 182, 455, 539, 705.

— voy. Aï, Auxerre, Beaune, Bourgogne, Champagne, Cormicy, Courcy, Épernay, Garnache, Honneur, Marne, Montebon, Popeline, Reims, Rivière, Saint-Pierre; voy. Vins (ferme des).

— (courtiers de). *Arch. adm.*, t. III, 244. *Arch. lég.*, ii⁰ part., *statuts*, i⁰ʳ vol., 426, 429; *statuts*, iii⁰ vol., 73; voy. Reims (courtiers de vin de).

— (criage du). *Arch. lég.*, ii⁰ part., *statuts*, i⁰ʳ vol., 299.

— (dîme du). voy. Vini decima.

— (pinte de). *Arch. lég.*, ii⁰ part., *statuts*, i⁰ʳ vol., 402, 686.

— (poinçon de). *Arch. lég.*, ii⁰ part., *statuts*, i⁰ʳ vol., 514, 515, 524. 686, 748, 774, 823, 858, 879, 897; *statuts*, iii⁰ vol., 73; voy. Vini carropera.

— (pot de). *Arch. adm.*, t. II, 385. *Arch. lég.*, ii⁰ part., *statuts*, i⁰ʳ vol., 686; *statuts*, iii⁰ vol., 73.

— (queue de), voy. Vini cauda.

— (rouage de). *Arch. lég.*, i⁰ᵉ part., 508, 581; voy. Rotagium.

— (setier de), voy. Vini sextarius.

— (tresuel de). *Arch. lég.*, ii⁰ part., *statuts*, i⁰ʳ vol., 248.

— (vergeurs de), voy. Reims (jaugeurs).

— du coucher, voy. Guignolet (Jean).

Vinacurte (capitulum de). *Arch. adm.*, t. II, 637.

Vinagium. *Arch. adm.*, t. I, 317, 319, 327, 344, 380, 390, 391, 455, 687, 688, 854, 909, 911, 1060; t. II, 7, 107, 643; t. III, 379, 380, 419, 682, 905. *Arch. lég.*, i⁰ᵉ part., 714, 720, 744, 755; ii⁰ part., *statuts*, i⁰ʳ vol., 64, 91, 175, 344, 345; vide Vinage.

Vinage, voy. Acy, Attigny, Fismes, Frouart, Montvalois, Neuville, Reims, Saint-Anne, Saint-Gille, Sarnay, Villers; voy. Vinagium.

— (setier de) *Arch. lég.*, *statuts*, ii⁰ vol., 30.

Vinaigriers (statuts des). *Arch. lég.*, ii⁰ part., *statuts*, ii⁰ vol., 315.

Vinarium. *Arch. adm.*, t. II, 981; vide vinagium

Vinaticum, vide Vinagium.

Vinay (H. de), panetier de l'église de Reims. *Arch. adm.*, t. II, 1035, 1036; voy. Vignai (H. de).

— (Henricus de), chanoine d'Avenay. *Arch. adm.*, t. II, 1045.

— (D. Parchappe de), prévôt de l'archevêque de Reims. *Arch. lég.*, ii⁰ part., *statuts*, ii⁰ vol., 788.

— (paroisse de). *Arch. lég.*, ii⁰ part., *statuts*, ii⁰ vol., 968.

— (église de), voy. Viniaci ecclesia.

Vincennes (village de). *Arch. adm.*, t. I, 589; t. II, 821, 848. *Arch. lég.*, ii⁰ part., *statuts*, iii⁰ vol., 394.

— (chanoines de), propriétaires du péage de Méry-sur-Seine. *Arch. lég.*, ii⁰ part., *statuts*, iii⁰ vol., 394.

Vincent (dom), bibliothécaire de Saint-Remi. *Arch. adm.*, t. I, 27, 28, 35.

— (Jacques-Claude), moine de Saint-Remi. *Arch. lég.*, ii⁰ part., *statuts*, i⁰ʳ vol., 235, 284, 293.

Vincent de Châlons, poissonnier. *Arch. adm.*, t. II, 483.

Vincestre, voy. Adabestre.

Vinceyo (Gobertus de). *Arch. adm.*, t. II, 1037.

Vinceyum, vide Vincey.

Vincey (village de). Théâtre de la querelle de Charles Martel et de Rainfroy. *Arch. adm.*, t. I, 26. *Arch. lég.*, 1re part., 886, 900.

— (curé de), voy. Couart (Jean).

Vinci, voy. Vincey.

Vinco (Henricus de). *Arch. lég.*, IIe part., *statuts*, 1er vol., 121.

Vindé (Colardus le). *Arch. adm.*, t. I, 825.

Vindemiæ. *Arch. adm.*, t. I, 570, 720, 735; t. III, 301; vide Vendanges.

Vindemius. *Arch. lég.*, IIe part., *statuts*, 1er vol., 68.

Vindenissa, vide Vendresse.

Vindocinensis comes. *Arch. adm.*, t. I, 591.

Vindonissa, vide Vendresse.

Vindragasius, vide Widragasius.

Vinea, vide Blancoison (de), Herberti, Moiri, Richardi - Muriniaci, Warne (de), Yssia (de).

— (Jo.... de). *Arch. lég.*, IIe part., *statuts*, 1er vol., 120.

— (Nicholaus de). *Arch. lég.*, IIe part., *statuts*, 1er vol., 120.

— (modius). *Arch. lég.*, IIe part., *statuts*, 1er vol., 169.

Vineel (moniales de) *Arch. adm.*, t. I, 1002.

Vineis (Johannes de). *Arch. adm.*, t. II, 1038; vide Vinea (Jo. de).

Vinet (Jean), procureur général de la congrégation de Saint-Maur. *Arch. lég.*, IIe part., *statuts*, 1er vol., 279.

Vineta, vide Vinea.

Vinetarius. *Arch. adm.*, t. II, 386; vide Remensis ecclesiæ; vide Vinitor.

Vini sextarius. *Arch. adm.*, t. I, 497. *Arch. lég.*, IIe part., *statuts*, 1er vol., 96, 173, 641, 650; *statuts*, IIIe vol., 73.

— modius. *Arch. adm.*, t. I, 497. *Arch. lég.*, IIe part., *statuts*, 1er vol., 62, 64, 65, 72, 73, 76, 80, 81, 82, 84, 87, 89, 95, 96, 102, 191.

— decima. *Arch. lég.*, IIe part., *statuts*, 1er vol., 63, 64, 85, 199.

— metrata. *Arch. lég.*, IIe part., *statuts*, 1er vol., 173.

— cauda. *Arch. adm.*, t. III, 262, 405. *Arch. lég.*, IIe part., *statuts*, 1er vol., 194, 198, 402, 428, 446, 473, 474, 478, 482, 483, 611, 614, 628, 673, 679, 705, 748, 757, 768, 811, 966; vide Vin (poinçon de).

— justa. *Arch. adm.*, t. I, 233.

— rotagium, vide Vin (rouage de).

— pitancia. *Arch. lég.*, IIe part., *statuts*, 1er vol., 189, 191.

— potus, voy. Vin (pot de).

— carropera. *Arch. lég.*, IIe part., *statuts*, 1er vol., 167; vide Vini Cauda.

— dolium, vide Vini cauda.

— pinta, vide Vin (pinte de).

Viniaci ecclesia. *Arch. adm.*, t. I, 312.

Viniata (Étienne de), homme célèbre de l'université de Reims. *Arch. adm.*, t. I, 667.

Vinitor, vide Capituli remensis vinetarius.

Vinofeifa. *Arch. adm.*, t. I, 15.

Vinofeisa, vide Vinofeifa.

Vins (aide sur les). *Arch. adm.*, t. III, 810. *Arch. lég.*, IIe part., *statuts*, 1er vol., 462.

— (courtage des). *Arch. lég.*, IIe part., *statuts*, 1er vol., 426, 429.

— (ferme des). *Arch. adm.*, t. III, 301,

401. *Arch. lég.*, iie part., *statuts*, ire vol., 611, 866.

Vintonne (Petrus de), chanoine. *Arch. adm.*, t. II, 475.

Vinum, vide Gones, Vin.

Violaines (M. de). *Arch. adm.*, t. II, 1055.

— (village de). *Arch. lég.*, ire part., 919; iie part., *statuts*, iie vol., 963.

— (Jacques de), lieutenant du bailli de Vermandois. *Arch. lég.*, iie part., *statuts*, iiie vol., 34, 644.

Violance Robert). voy. Violant.

Violant (Robert). *Arch. lég.*, ire part., 894, 398.

Violator, vide Ecclesiarum.

Violle (Jacques); conseiller du roi. *Arch. lég.*, ire part., 868, 871. 1067.

Violons (roi des). *Arch. lég.*, iie part., *statuts*, iie vol., 621, 627.

Viou (Thierricus de), bailli de l'archevêque. *Arch. adm.*, t. I, 845.

Viot (Mlle). *Arch. adm.*, t. II, 1071.

Vipe (Baldessonus la). *Arch. adm.*, t. II, 444.

Viqus, vide Vicus.

Virdumense capitulum, vide Verdun (chapitre de).

— concilium. Artald archevêque de Reims y est confirmé dans la possession de son siège. *Arch. adm.*, t. I, 86.

Virdumensis, vide Sancti Vitonii, Sancti Pauli.

— abbas, vide Richardus.

— archidiaconus, vide Gobuinus.

— episcopus, vide Blamont (Thomas de), Adalberon.

— scholasticus. *Arch. adm.*, t. II, 1094; vide Verdun (écolâtre de).

Virduno (Jacolaus de). *Arch. adm.*, t. III, 544.

Virgarius, vide Gaugerius.

Virgilius, poëte latin. *Arch. lég.*, iie part., *statuts*, ire vol., 735.

Virginis lac, vide Lac sanctum.

Virginitas. *Arch. lég.*, ire part., 137.

Virginité, voy. Virginitas.

Virginum consecratio. *Arch. lég.*, ire part., 399, 463.

Virginy (paroisse de). *Arch. adm.*, t. II, 1100, 1101.

— prêtre de), voy. Aversigneyo (presbyter de)

Virgo beata. *Arch. adm.*, t. I, 289, 297, 309, 359, 544, 568, 587, 588, 668, 790, 912. *Arch. lég.*, ire part., 91, 333, 356, 363, 421, 456; iie part., *statuts*, iie vol., 80, 252; vide Beata Maria.

Viridarium (verger). *Arch. adm.*, t. I, 328. *Arch. lég.*, iie part., *statuts*, ire vol., 75.

Viridus, vide Radulphus.

Viriliaco (porta de). *Arch. lég.*, iie part., ire vol., 168.

— bannus de). *Arch. adm.*, t. I, 287.

Virisiaco ecclesia de). *Arch. adm.*, t. I, 329.

Virlouzet Saint-Nicolas de). *Arch. adm.*, t. III, 147. *Arch. lég.*, ire part., 265.

— dime de). *Arch. lég.*, iie part., *statuts*, ire vol., 249; iiie vol., 55, 35.

Virollay village de). *Arch. adm.*, t. II, 1090; voy. Virotée

Viromandia, vide Vermandois.

Viromanduenses dies, vide Vermandois (jours de).

Viromanduensis bailivia, vide Vermandois (bailliage de).

— bailivus, vide Vermandois (bailli de).

Viromendues, vide Vermandois.

Viroslai village de). *Arch. adm.*, t. II, 1090.

Virotée, voy. Virollay.

Virtutis castrum. *Arch. adm.*, t. I, 273, 290, 382; t. II, *Arch. lég.*, iie part., *statuts*, i^{er} vol., 72.

Virtuto (canonici de), vide Sancti-Salvatoris, Sanctæ-Mariæ.

— (Nicholaus de). *Arch. adm.*, t. II, 1038.

— (Hugo de), diacre-chanoine. *Arch. lég.*, iie part., *statuts*, i^{er} vol., 90.

— (Odo de), diacre. *Arch. lég.*, iie part., *statuts*, i^{er} vol., 119.

Virtutus, vide Vertus.

Viry-Noureuil (village de). *Arch. lég.*, i^{re} part., 909, 918.

Visart (Roland). *Arch. lég.*, iie part., *statuts*, iie vol., 238.

Viscot (Pierre), tisserand. *Arch. lég.*, iie part., *statuts*, iie vol., 301.

Visemont (Jehan de). *Arch. adm.*, t. III, 487.

Visene (villa de). *Arch. adm.*, t. I, 332, 333.

Visenolio (abbas de). *Arch. adm.*, t. II, 637.

Visins (Guilla de). *Arch. adm.*, t. I, 353.

Visitatio. *Arch. adm.*, t. I, 467. Constitue une des prérogatives de l'archevêque de Reims, 515, 552, 671, 678; *Arch. lég.*, i^{re} part., 215.

— vide Visite (droit de).

Visiteurs, voy. Marée (visiteurs de), Cuirs, Porcs, Reims (visiteurs des vivres de).

Visnel - ante - Cathalaunum. *Arch. lég.*, iie part., *statuts*, i^{er} vol., 167.

Visous (Johannes le). *Arch. adm.*, t. I, 759.

Vistrebeau, conseiller du parlement. *Arch. adm.*, t. II, 633.

Vita (Jean F.). *Arch. lég.*, iie part., *statuts*, iie vol., 161.

— (Didier). *Arch. lég.*, iie part., *statuts*, iie vol., 290.

Vital, cardinal. *Arch. adm.*, t. II, 216.

Vitalis, affranchi par le testament de saint Remi. *Arch. adm.*, t. I, 17.

Vitam (redditus ad). *Arch. adm.*, t. III, 339, 392, 395; vide Rente viagère.

Vitart (Jehan le), bourgeois. *Arch. lég.*, iie part., *statuts*, iiie vol., 36.

Vitaux (André), menuisier. *Arch. lég.*, iie part., *statuts*, iie vol., 359.

Viter (Gilles), drapier. *Arch. lég.*, iie part., *statuts*, iie vol., 796, 806, 810, 811, 931? 938?

Viterbe (ville de), voy. Viterbium.

Viterbio (Renerus de), chanoine de Reims. *Arch. lég.*, iie part., *statuts*, i^{er} vol., 117.

Viterbium. *Arch. adm.*, t. I, 608, 612, 616, 617, 629; vide Viterbe.

Vitere (Gilles), voy. Viter.

Viteredus, serf de l'église de Reims. *Arch. adm.*, t. I, 16.

Vitou (Simon). *Arch. lég.*, iie part., iiie vol., 71.

Vitriaco (Baudessonus de), bourgeois. *Arch. adm.*, t. III, 401.

— (Gaufridus de). *Arch. adm.*, t. II, 209.

— (Hugo de), sous-diacre, *Arch. adm.*, t. I, 364.

— (Castellanus), vide Montesclaire (Jehan de), Summa-Vidula (Robertus de).

— vide Sanctæ-Genovefæ, Sanctæ-Crucis, Sancti-Theobaldi.

Vitriacum, vide Vitry.

Vitriacus baillivus. *Arch. adm.*, t. I, 1092; t. II, 3, 4, 7, 225, 295, 643, 812, 816, 817, 830, 863, 943, 991, 1046, 1022, 1210, 1247; t. III, 45, 339; *Arch. lég.*, iie part., *statuts*, i^{er} vol., 370, 455, 536, 682, 828, 876, 881, 882, 896; *statuts*, iiie vol., 64, 513.

Vitriarius (Radulphus), notaire du chapitre. *Arch. adm.*, t. III, 469.

Vitro (Gilles), voy. Viter.

Vitrum (verre). *Arch. adm.*, t. II, 986.

Vitry (bailli de), voy. Fay (Godemard de), Cervolles (P. de); voy. Vitriacus baillivus.

— (bailliage de). *Arch. adm.*, t. II, 926; t. III, 610, 628. *Arch. lég.*, Ire part., 583, 653, 911, 935; IIe part., *statuts*, Ier vol., 381, 392, 532, 517; *statuts*, IIe vol., 19; *statuts*, IIIe vol., 265.

— (Baudeçon de), boucher. *Arch. adm.*, t. III, 991.

— (coutume de). *Arch. lég.*, Ire part., 663, 664, 914.

— (élection de). *Arch. lég.*, IIe part., *statuts*, IIe vol., 968.

— (hôtel de). *Arch. lég.*, IIe part., *statuts*, Ier vol., 939.

— (maîtrise des eaux et forêts de). *Arch. lég.*, IIe part., *statuts*, IIe vol., 15.

— (Jehan de), official de Reims. *Arch. adm.*, t. II, 1183; t. III, 259? 260; *Arch. lég.*, IIe part., *statuts*, Ier vol., 618, 631, 633, 636, 638, 639, 640, 644, 648, 706, 717, 737, 760.

— (J. de), tanneur. *Arch. adm.*, t. II, 548, 824.

— (P. de). *Arch. lég.*, IIe part., *statuts*, Ier vol., 648.

— (siége royal de). *Arch. lég.*, IIe part., *statuts*, IIIe vol., 116.

— (ville de). *Arch. adm.*, t. I, 269, 382, 711; t. II, 484, 767, 1064; t. III, 593, 606, 649. *Arch. lég.*, Ire part., 595, 876, 903, 909; IIe part., *statuts*, Ier vol., 371, 713; *statuts*, IIe vol., 291; *statuts*, IIIe vol., 244, 251, 258, 263; voy. Vitry-le-Français.

— -le-Français (ville de). *Arch. adm.*, t. II, 1040. *Arch. lég.*, IIe part., *statuts*, Ier vol., 916, 932; *statuts*, IIe vol., 625; *statuts*, IIIe vol., 266, 268, 389, 532.

— -le-Croisé (seigneurie de). *Arch. lég.*, IIe part., *statuts*, IIIe vol., 390.

Vitry-lez-Reims, voy. Witry.

— (paroisse de), voy. Witreyo (parochia de).

Vitula, vide Vidula.

Vituli (Johannes), sergent du roi. *Arch. adm.*, t. III, 665.

Vitulus (Henricus). *Arch. adm.*, t. I, [illegible]

Viu (decima de). *Arch. lég.*, IIe part., *statuts*, Ier vol., 100.

Vivaise (village de). *Arch. lég.*, Ire part., 877, 900.

Vivaldis de Janua (Fredericus de), [illegible]noine. *Arch. adm.*, t. II, 131, [illegible] 588, 613? 622; *Arch. lég.*, IIe part., *statuts*, Ier vol., 121.

Vivariis (J. de), chapelain de Courland[illegible] *Arch. adm.*, t. II, 1061.

— (presbyter de). *Arch. adm.*, t. [illegible] 1077.

— (parochia de), vide Vivier (paroisse de).

— (patronagium de). *Arch. adm.*, t. [illegible] 1079.

Vivarium. *Arch. adm.*, t. I, 314, [illegible], 423, 424, 981; t. III, 53, 905; [illegible] Raherium, S. Remigii, Vivier.

Vivens (village de). *Arch. adm.*, t. III, [illegible]

Vivers (terra de). *Arch. adm.*, t. I, [illegible]

Vivi crematio. *Arch. lég.*, Ire part., [illegible]

Vivianus Magistri, vide Vivien-le-Lombard.

Vivien-le-Lombard, bourgeois. *Arch. adm.*, t. III, 382, 514.

Vivière (la), lieu des environs de Reims. *Arch. adm.*, t. II, 558.

Viviers, voy. Fleschambault, Sancti-Remigii vivarium.

— (évêque de). *Arch. adm.*, t. [illegible], 285.

— -en-Brie (village de). *Arch. adm.*, t. II, 788, 1090? *Arch. lég.*, Ire part., 901, 909.

Viviers (ban de). *Arch. lég.*, Ire part., 892, 893, 910?

— (paroisse de). *Arch. adm.*, t. II, 1077, 1078, 1112; voy. Vivariis (parochia de).

— (patronage de), voy. Vivariis (patronagium de).

— (prêtre de), voy. Vivariis (presbyter de).

Viville (François), sergent de l'échevinage. *Arch. lég.*, IIe part., *statuts*, IIIe vol., 423, 484, 496.

Vivonne (duc de). *Arch. lég.*, IIe part., *statuts*, IIe vol., 101.

Vivres. Taux desdits. *Arch. lég.*, IIe part., *statuts*, IIIe vol., 75, 76; voy. Reims (visiteurs des vivres de).

Vizachii concilium. *Arch. adm.*, t. I, 148, 168.

Vize (Charles de), prêtre. *Arch. lég.*, IIe part., *statuts*, Ier vol., 204, 217, 219.

Vizim-Marchant (Johannes), citoyen de Reims. *Arch. adm.*, t. II, 184.

Vlade (H.), voy. Wlade.

Voali (Johannes de). *Arch. adm.*, t. II, 401.

Vœneium. *Arch. lég.*, IIe part., *statuts*, Ier vol., 65.

Vœngelin, vide Vœngen.

Vœngen (Vœngelin de), chevalier allemand accusé d'avoir rançonné un bourgeois de Reims. *Arch. adm.*, t. III, 82.

Vœu, voy. Chasteté (vœu de), Obéissance, Pauvreté, Votum.

Voie, voy. Vieille, Saint-Marc, Reims, Via publica.

— -Fossart (lieu de la). *Arch. lég.*, IIe part., *statuts*, IIe vol., 74, 75.

Voilmy (Raulin), tondeur de drap. *Arch. lég.*, IIe part., *statuts*, IIe vol., 392.

— (Pierre), tondeur de drap. *Arch. lég.*, IIe part., *statuts*, IIe vol., 392.

Voipreux (village de). *Arch. lég.*, IIe part., *statuts*, IIIe vol., 389.

Voirie (droit de). *Arch. adm.*, t. II, 460; *Arch. lég.*, IIe part., *statuts*, IIIe vol., 405, 422; voy. Viaria, Reims (voirie de), Briulet.

— (officiers de la). Règlement relatif auxdits. *Arch. lég.*, IIe part., *statuts*, IIIe vol., 423.

Voirier (Claude le), lieutenant de courterobe. *Arch. lég.*, Ire part., 896.

— (Jean le), lieutenant général du bailli de Vermandois. *Arch. lég.*, IIe part., *statuts*, Ier vol., 656, 658, 667, 679, 680, 681, 682, 709; *statuts*, IIIe vol., 36, 614.

— (Gobin le). *Arch. lég.*, IIe part., *statuts*, Ier vol., 827.

Voisin (R.), fabricant. *Arch. lég.*, IIe part., *statuts*, IIe vol., 859.

Voisins (Mile de), conseiller du dauphin (depuis Charles V). *Arch. adm.*, t. III, 205; voy. Vicinis (Milo de).

— (terroir de). *Arch. adm.*, t. III, 629.

Voispreux, voy. Voipreux.

Vol, voy. Furtum Latrocinium.

Volant (Évrard). *Arch. adm.*, t. III, 836.

Volet (Jean-Baptiste), prieur de Saint-Jean de Laon. *Arch. lég.*, IIe part., *statuts*, Ier vol., 273, 274, 280.

Voleurs (prise des), appartient par indivis à l'abbé de Saint-Remi et à l'archevêque. *Arch. adm.*, t. I, 268. 307; le vicomte ne peut tenir les plaids pour juger lesdits sans le concours des échevins (*ibid*).

Volta (clôture, margelle de puits). *Arch. adm.*, t. I, 915.

Vonco (presbyter de). *Arch. adm.*, t. II, 1409.

— (parochia de), voy. Voncq (paroisse de).

— (patronagium de). *Arch. adm.*, t. II, 1112.

Vonco (Henricus de), lévite et chanoine. *Arch. lég.*, ii* part., *statuts*, i*' vol., 102.

Voncq (seigneur de). *Arch. adm.*, t. II, 744, voy. Dupuis (Jehan), Apremont (Jean d'), Bohan (Th. de), Desahuguets (Louis-Abraham).

— (paroisse de). *Arch. adm.*, t. II, 1110, 1112, 1113.

— (prêtre de), voy. Vonco (presbyter de).

— (curé de). *Arch. lég.*, i*' part., 888.

— (village). *Arch. adm.*, t. I, 19; t. II, 1112. *Arch. lég.*, i** part., 909, 911. ii* part., *statuts*, iii* vol., 57, 258, 259, 265.

Vongensus, vide Voncq.

Vongues près Attigny (village de). *Arch. lég.*, i** part., 901; voy. Voncq.

Voremond (chapellenie de), voy. Vallis-Remondi capellania.

Vorges (village de). *Arch. lég.*, i** part., 899.

Vorsanne (seigneurie de). *Arch. lég.*, i** part., 892.

Vosages (terre de). *Arch. adm.*, t. I, 177.

Vosagi, vide Vosges.

Vosges (montagnes des). *Arch. adm.*, t. I, 5, 6.

Vosiers (capella de). *Arch. adm.*, t. I, 280.

Votum. *Arch. adm.*, t. I, 675. *Arch. lég.*, i** part., 232, 417; vide Vœu.

Vouet (Nicolas), monnayeur. *Arch. lég.*, ii* part., *statuts*, iii* vol., 487.

Voulges, marchand. *Arch. lég.*, ii* part., *statuts*, ii* vol., 806.

Voulpaix (ville de). *Arch. lég.*, i** part., 883, 889, 900.

— (curé de), voy. Laumonier (François).

Voulzy (village de). *Arch. lég.*, ii* part., *statuts*, i** vol., 693.

Vous (Guill. de), voy. Wois.

Vousère (Jorrin). *Arch. adm.*, t. III, 827.

Vousiennes (lieu de). *Arch. adm.*, t. II, 349.

Vousiés (Jehan de), voy. Vouziers.

Vouzelle (Louis de), notaire. *Arch. lég.*, ii* part., *statuts*, iii* vol., 269.

Vouziers (Ysabel de). *Arch. adm.*, t. III, 660.

— (presbyter de). *Arch. adm.*, t. II, 1109.

— (Henry de), chevalier, sire de Sorcy. *Arch. adm.*, t. III, 661. *Arch. lég.*, ii* part., *statuts*, i** vol., 419.

— (Jehan Oudart de). *Arch. lég.*, i** part., 561, 563.

— (Jehan de), mire. *Arch. adm.*, t. III, 856.

— (ville de). *Arch. adm.*, t. I, 19.

Vouzy (ville de). *Arch. adm.*, t. II, 1108, 1109, 1110, 1112. *Arch. lég.*, ii* part., *statuts*, iii* vol., 244, 389.

Voyage, voy. Outre-mer (voyage d').

Voye (village de). *Arch. lég.*, i** part., 901.

Voyennes (village de). *Arch. lég.*, i** part., 879, 899.

Voyes-Blanches (village de). *Arch. lég.*, ii* part., *statuts*, iii* vol., 394.

Voys (Guill.), voy. Woys.

Voysin, commissaire déporté en la généralité de Reims. *Arch. lég.*, ii* part., *statuts*, ii* vol., 666.

Vraudio (parochia de), vide Vraux (paroisse de).

Vraux (presbyter de). *Arch. adm.*, t. II, 1121.

— (paroisse de). *Arch. adm.*, t. II, 1119, 1122.

— (sieur de). *Arch. lég.*, ii* part., *statuts*, i** vol., 920, 927; voy. Claude.

— (ville de). *Arch. adm.*, t. I, 415.

Vray (Oudart le), bourgeois. *Arch. adm.*, t. III, 249, 357, 398.

Vrecy (lieu de). *Arch. lég.*, ıre part., 894.

Vregne-aux-Bois, voy. Vrignes-aux-Bois.

Vregny (curé de), voy. Guery-Veresse.

— (dîme de). *Arch. lég.*, ıı^e part., *statuts*, ı^{er} vol., 247.

— (ville de). *Arch. adm.*, t. I, 996, 1089 ; t. II, 1052, 1053, 1125 ; t. III, 109, 469, 579. *Arch. lég.*, ıre part., 876, 884, 902, 909 ; ıı^e part., *statuts*, ıı^e vol., 405, 406, 860.

— (presbyter de). *Arch. adm.*, t. II, 1052,

Vrelaigne, voy. Vrelaines.

Vrelaines (village de). *Arch. lég.*, ıre part., 878.

Vresca-villa, voy. Vresse.

Vresse (village de). *Arch. adm.*, t. II, 1075, 1078.

Vrevin (Thomas de). *Arch. adm.*, t. III, 656.

— (village de). *Arch. lég.*, ıre part., 883, 889, 903 ; voy. Vervins.

— (de), lieutenant général du bailliage de Chauny. *Arch. lég.*, ıı^e part., *statuts*, ıı^e vol., 14. Commentaires dudit sur la coutume dudit bailliage allégué, *ibid.*

Vrezenay (village de). *Arch. adm.*, t. III, 659.

Vrezeyo (parochia de), vide Vrizy, Verzy.

Vrigile (Jehan), bourgeois. *Arch. adm.*, t. III, 873, 841, 842.

Vrignemeuze (ville de). *Arch. adm.*, t. II. 1075. *Arch. lég.*, ıre part., 901, 909 ; voy. Vrignes-sur-Meuse.

— voy. Vrignia in Imperio.

Vrignes-aux-Bois (curé de), voy. Tigeou (Jacques).

— -aux-Bois (village de). *Arch. adm.*, t. II, 1078. *Arch. lég.*, ıre part., 884, 902, 909.

— de Imperio (patronagium de). *Arch. adm.*, t. II, 1079, 1080.

— de Imperio (presbyter de). *Arch. adm.*, t. II, 1079.

Vrignes (parochia de). *Arch. adm.*, t. II, 1078.

— -sur-Meuse, voy. Vrignemeuze.

Vrignia in Imperio sive in Bosco (parochia de). *Arch. adm.*, t. II, 1077, 1078 ; vide Vrignes-aux-Bois.

— in-Bosco (patronagium de), voy. Vrignes-aux-Bois (patronage de).

Vrigny (ban de). *Arch. lég.*, ıı^e part., *statuts*, ı^{er} vol., 236.

— (dîme de). *Arch. lég.*, ıı^e part., *statuts*, ıı^e vol., 406.

— (Lambert de), bourgeois du ban de l'archevêque. *Arch. adm.*, t. II, 874.

— à la Montagne (village de). *Arch. lég.*, ıre part., 754 ; voy. Vregny (ville de).

Vrilleyum, vide Vrilly, Vrigny.

Vrilly (decima de). *Arch. lég.*, ıı^e part., *statuts*, ı^{er} vol., 85.

— (village de). *Arch. adm.*, t. I, 177, 242, 255, 264, 265, 268, 277, 916, 1090 ; t. II, 555 ; t. III, 578, 621. *Arch. lég.*, ıre part., 490, 520, 524, 535, 555, 559, 566, 571, 574, 591, 756 ; ıı^e part., *statuts*, ı^{er} vol., 86, 185 ; voy. Vrilleyum.

— (ban de), voy. Viriliaco (bannus de).

— (chemin de). *Arch. lég.*, ıre part., 486.

— (maison de). *Arch. lég.*, ıre part., 601.

— (moulin de). *Arch. adm.*, t. II, 551, 577 ; t. III, 594, 621. *Arch. lég.*, ıre part., 137, 486, 512 ; ıı^e part., *statuts*, ı^{er} vol, 236, 238.

— (porte de), voy. Viriliaco (porta de).

— (puits de). *Arch. lég.*, ıre part., 533, 588.

Vrinia (villa de). *Arch. adm.*, t. I, 29.

Vriseyo (presbyter de). *Arch. adm.*, t. II, 1109 ; vide Vrizy (prêtre de).

Vrizy (paroisse de). *Arch. adm.*, t. II, 1109, 1110 ; voy. Vreseyo (parochia de).

— (prêtre de), voy. Vriseyo (presbyter de).

Vrizy (Johannes de), chevalier. *Arch. lég.*, ıı^e part., *statuts*, ı^{er} vol., 100.

Vuaco (Johannes de), sous-diacre-chanoine. *Arch. lég.*, ıı^e part., *statuts*, ı^{er} vol., 96.

Vuadenois (altar de), vide Vuadunois.

— (salvamentum de). *Arch. lég.*, ıı^e part., *statuts*, ı^{er} vol., 96.

Vuado. Inscrit sur l'obituaire de Saint-Remi. *Arch. lég.*, ıı^e part., *statuts*, ı^{er} vol., 71.

Vuadunois (altar de). *Arch. lég.*, ıı^e part., *statuts*, ı^{er} vol., 81.

— voy. Vadenay

Vuagnon (paroisse de), voy. Wagnon.

— (village de), voy. Wagnon.

Vuaisseio (Fromondus de), lévite et chanoine. *Arch. lég.*, ıı^e part., *statuts*, ı^{er} vol., 92.

Vualbertus, vide Gualbertus.

Vualefridus, vide Gaulefridus.

Vualet (Jehan), bailli de Vermandois. *Arch. lég.*, ıı^e part., *statuts*, ııı^e vol., 64.

Vuallerus, chanoine, vide Vualterus.

Vualtadus, chanoine. *Arch. lég.*, ıı^e part., *statuts*, ı^{er} vol., 76.

Vualterus, chanoine. *Arch. lég.*, ıı^e part., *statuts*, ı^{er} vol., 67, 79, 170.

Vuamart (Lorin). *Arch. lég.*, ıı^e part., *statuts*, ı^{er} vol., 827.

Vuandel (alodium de). *Arch. lég.*, ıı^e part., *statuts*, ı^{er} vol., 93.

Vuanderiis (Vuillelmus de). *Arch. lég.*, ıı^e part., *statuts*, ı^{er} vol., 102; vide Vendières.

Vuandresicort (decima de). *Arch. lég.*, ıı^e part., *statuts*, ı^{er} vol., 100.

Vuarco (Johannes de), sous-diacre. *Arch. lég.*, ıı^e part., *statuts*, ı^{er} vol., 120.

Vuarcq (paroisse de); voy. Warcq.

Vuarel (Jo....), prêtre. *Arch. lég.*, ıı^e part., *statuts*, ı^{er} vol., 119.

Vuares (Hugo de). *Arch. lég.*, ıı^e part., ı^{er} vol., 104.

Vuarimundus, prêtre-chanoine. *Arch. lég.*, ıı^e part., *statuts*, ı^{er} vol., 76.

Vuarinus, vide Guarinus, Varin.

Vuarmerivilla, vide Warmerivilla.

Vuarmont (Nicaise), maître drapier. *Arch. lég.*, ıı^e part., *statuts*, ıı^e vol., 796, 806, 810, 811, 813.

Vuarnecourt, voy. Warnecourt.

Vuarnier (Noël), tourneur. *Arch. lég.*, ıı^e part., *statuts*, ıı^e vol., 581; voy. Guarnier.

— (Étienne), voiturier. *Arch. lég.*, ıı^e part., *statuts*, ııı^e vol., 93.

Vuarosium (terre de). *Arch. lég.*, ıı^e part., *statuts*, ı^{er} vol., 103.

Vuartel (Ponce), menuisier. *Arch. lég.*, ıı^e part., *statuts*, ıı^e vol., 359.

Vuarterus, cantor, vide Gualterus.

Vuasigny (paroisse de), voy. Wassigny.

— (ville de), voy. Wassigny.

— (Canel de), seigneur de Coucy, voy. Wassigny.

Vuatier (Pierre). *Arch. lég.*, ıı^e part., *statuts*, ıı^e vol., 226.

Vuatry (René), marchand drapier, *Arch. lég.*, ıı^e part., *statuts*, ıı^e vol., 813.

Vuerinfridus, vide Vuernefridus.

Vuernefridus, laicus. *Arch. lég.*, ıı^e part., *statuts*, ı^{er} vol., 82.

Vuiart (François). *Arch. lég.*, ıı^e part., *statuts*, ıı^e vol., 608; voy. Vuiart.

Vuibert (Jacques). *Arch. lég.*, ıı^e part., *statuts*, ıı^e vol., 201; *statuts*, ııı^e vol., 747?

Vuibertus, cantor et presbyter, voy. Vibertus.

Vuiburgis, vide Vuilburgis.

Vuido, chanoine. *Arch. lég.*, ıı^e part., *statuts*, ı^{er} vol., 92.

Vuido, vassal de l'église de Reims. *Arch. adm.*, t. I, 36.

Vuiet (Collet), boucher. *Arch. lég.*, iie part., *statuts*, i^{er} vol., 998.

Vuignacourt (N. D.), seigneur d'Aubon-court. *Arch. adm.*, t. II, 1104.

Vuihardis, femme de Lewinus. *Arch. lég.*, iie part., *statuts*, i^{er} vol., 66.

Vuilbert (Nicolas). *Arch. lég.*, iie part., *statuts*, iie vol., 485.

Vuilburgis, vide Ruffeyo.

Vuildricus, lévite-chanoine, vide Guildricus.

Vuillé (Floton), de Rethel. *Arch. adm.*, t. III, 681.

Vuillelmus, archevéque de Reims, vide Guillelmus.

— diacre. *Arch. lég.*, iie part., *statuts*, i^{er} vol., 74.

Vuillemet (Nicolas), tisserand. *Arch. lég.*, iie part., *statuts*, iie vol., 297.

Vuilmault (Antoine), ouvrier en soie. *Arch. lég.*, iie part., *statuts*, iie vol.; 375.

Vuilot (Nicolas), mercier. *Arch. lég.*, iie part., *statuts*, iie vol., 570.

Vuilquin, grand prieur de Saint-Remi. *Arch. lég.*, iie part., *statuts*, iie vol., 809.

— (Estienne), infirmier et prévôt de Vieil-Saint-Remi. *Arch. lég.*, iie part., *statuts*, i^{er} vol., 203, 208, 211, 226, 230.

Vuin, voy. Guerbert (Jehan de).

Vuinage, voy. Vinage.

Vuiot (M.). *Arch. adm.*, t. II, 1117.

Vuisart (Robert), prévôt forain de Laon. *Arch. adm.*, t. III, 523.

Vuisburgis, mère de Hugo de Ruffy. *Arch. lég.*, iie part., *statuts*, i^{er} vol., 86.

Vuiseppe. voy. Wiseppe.

Vuisolles (Jehan de). *Arch. lég.*, i^{re} part., 500.

Vuiterus, vide Challeranges.

— oncle d'Odalric, prévôt de Reims. *Arch. lég.*, iie part., *statuts*, i^{er} vol., 95.

Vuitry (Johannes de), doyen de Saint-Symphorien. *Arch. adm.*, t. I, 271.

— prévôt. *Arch. lég.*, iie part., *statuts*, i^{er} vol., 122.

Vuitrannus. *Arch. lég*, iie part., *statuts*, i^{er} vol., 75.

Vuldense monasterium. *Arch. adm.*, t. I, 140; vide Fuldes (abbaye de?).

Vulfandus, évêque. *Arch. lég.*, iie part., *statuts*, i^{er} vol., 95.

Vulfardus, prêtre. *Arch. lég.*, iie part., *statuts*, i^{er} vol., 75, 76?

Vulfarius, vide Vufardus.

— archevéque de Reims, vide Wulfaire.

Vulnara, vide Sancta.

Vuncam, vide Voncq.

Vunco (patronagium de), vide Voncq (patronage de).

Vuyart (Nicolas), écolâtre de Reims. *Arch. adm.*, t. I, 663. *Arch. lég.*, iie part., *statuts*, iie vol., 642.

— (Pierre). *Arch. lég.*, iie part., *statuts*, iie vol., 238.

Vyennot de Tollemer. *Arch. adm.*, t. III, 148, 162.

W.

Wachelot (Jehan), charpentier. *Arch. adm.*
t. III, 836.

Wachiers, voy. Dagoniers.

Wadalaincurte (presbyter de). *Arch. adm.*,
t. II, 1088; vide Wadelincourt.

Wadelincourt (paroisse de). *Arch. adm.*,
t. II, 1088, 1091.

— (patronage de). *Arch. adm.*, t. II,
1089, 1090.

Wadencourt (Fauvel de), chevalier-con-
seiller du roi. *Arch. adm.*, t. II, 857.

— (village de). *Arch. adm.*, t. II,
1068. *Arch. lég.*, 1re part.., 920; voy.
Vadencourt.

Wadenois (J. le). *Arch. adm.*, t. II, 683.

Wadenois (Ernandus le), chapelain. *Arch.
adm.*, t. II, 1049.

Wadiare, vide Vadiare.

Wadimont, voy. Vadimont.

Wadsincourt (village de), *Arch. adm.*, t. II,
1114.

— (presbyter de). *Arch. adm.*, t. II,
1115.

Wager (Henri), adjudicataire de la ferme
des octrois. *Arch. lég.*, IIe part., *statuts*,
1er vol.. 522.

Wafflart (Herbin). *Arch. adm.*, t. II, 441,
753, 1175.

Watlardus, vide Wafflart.

Wagnon (village de). *Arch. adm.* t. I,
1062; t. II, 1083.

— (paroisse de). *Arch. adm.*, t. II, 1082.

— (presbyter de). *Arch. adm.*, t. II, 1081.

Wahait (Juliotb de). *Arch. adm.*, t. I,
332.

Waidelaincourt (patronagium de), vide
Vadelaincourt.

Waigne-Maille (Johannes), vide Gaigne-
Maille.

Waignou. voy. Wagnon.

Waigny (Ponsardus). *Arch. adm.*, t. II,
332; t. III, 472.

Wailly (ville de). *Arch. lég.*, IIe part.,
statuts, 1er vol., 776; voy. Vailly.

— en Argonne (ville de). *Arch. adm.*,
t. II, 137.

— (J.....), héraut d'armes. *Arch.*,
IIe part., *statuts*, 1er vol., 794,
798.

Waimart (Jesson). *Arch. adm.*, t. II,

Waimel (Petrus), écuyer. *Arch. adm.*,
t. II, 106.

— (Perrinus), fils du précédent. *Arch.
adm.*, t. II, 106.

— (Renaudin), écuyer, frère du précédent. *Arch. adm.*, t. II, 107, 108.—

Waingny (Ponsard de), vide Waigny.

Waire (J. la), orfévre-clerc. *Arch. adm.*,
t. II, 532.

Wairi prope Clarum-Montem (prior de).
Arch. adm., t. II, 636.

Waisseyo (Nicholaus de). *Arch. lég.*,
IIe part., *statuts*, 1er vol., 189.

Waisseyuns, vide Vassy.

Waissy (prior de) *Arch. adm.*, t. II, 671.

— (Jehan de), voy. Vassy.

Walandus, clerc de l'église romaine. *Arch.
adm.*, t. I, 351.

Walbertus, chevalier. *Arch. adm.*, t. I,
321.

Walcherius, cellerier de Saint-Remi. *Arch.
lég.*, IIe part., *statuts*, 1er vol., 1...

Walcherus, aïeul de Gaucher de Châtillon.
Arch. adm., t. I, 278.

— le Bourgeois, procureur du chapitre.
Arch. adm., t. I, 1058.

— colon. *Arch. adm.*, t. I, 373.

Walciteia, vide Urna.

Waldericus, vide Baillif.

Waldessonius, vide Bobant.

Wal-d'Estrés (village de). *Arch. lég.*, ii° part., *statuts*, iii° vol., 391.

Walec (Colardos), avocat. *Arch. lég.*, i^re part., 320.

Walée (D. la), justiciable du chapitre. *Arch. adm.*, t. II, 339.

— (Drouart la), receveur des tailles. *Arch. adm.* t. II, 381; t. III, 38, 39.

— (Drouet la), sergent du chapitre. *Arch. adm.*, t. II, 804, 917; t. III, 24, 25, 28.

— (Jehan la), bourgeois. *Arch. adm.*, t. III, 248. *Arch. lég.*, i^re part., 498.

Walemis (Jehan de). *Arch. adm.*, t. III, 766.

Walencourt (Jehan de). *Arch. adm.*, t. III, 13.

Waleppes (maison de). *Arch. adm.*, t. I, 1013; t. II, 1149. *Arch. lég.*, i^re part., 909.

— (quarrel de). *Arch. adm.*, t. II, 500.

Walerias, vide Valray.

Walericus, vide Sanctus.

Walet (Estienne). *Arch. adm.*, t. II, 548, 759, 769, 773, 801, 808, 809, 811, 824, 825, 829, 838, 841, 842, 843; t. III, 836, 841. *Arch. lég.*, i^re part., 580; iie part., *statuts*, i^er vol., 388; voy. Valet.

— (Colart), bourgeois. *Arch. adm.*, t. II, 95, 117; t. III, 465, 837?

— (Guillaume), lieutenant du bailli de Vermandois; voy. Valet.

— (David). *Arch. adm.*, t. I, 786.

— (Perrote). *Arch. adm.*, t. II, 95, 117.

— voy. Lespaut.

Waleti (Collessonnus). *Arch. adm.*, t. III, 393; vide Walet (Colart).

Walez (Colart de), fèvre. *Arch. adm.*, t. III, 837; voy. Walet (Colart).

Waline (G.). *Arch. adm.*, t. II, 832.

— (Pierre), bourgeois. *Arch. lég.*, iie part., *statuts*, i^er vol., 592, 639, 668, 675.

— (Henri), notaire. *Arch. lég.*, iie part., *statuts*, iiie vol., 244, 256.

Walineiz (P.), voy. Waline (Pierre).

Walleio (Nicholaus de). *Arch. lég.*, iie part., *statuts*, i^er vol., 180.

Wallerand (Roland), curé de Vaudesson. *Arch. lég.*, i^re part., 887.

Wallers (péage de). *Arch. adm.*, t. II, 609.

Walmez (Raynaut de), lieutenant du bailli de Vermandois. *Arch. adm.*, t. II, 877, 1010; voy. Wolemeix.

Walmy (Colart de), couturier. *Arch. adm.*, t. III, 837.

Walo, chevalier. *Arch. adm.*, t. I, 69, 321.

— (Hélias), frère du précédent. *Arch. adm.*, t. I, 410.

— vide Wilgebert.

— vide Widonis.

— vide Hardir, Morel.

Walon (Jacques de), seigneur de Fresny. *Arch. lég.*, i^re part., 891.

Waltef (Lewinus). *Arch. adm.*, t. I, 208. *Arch. lég.*, iie part., *statuts*, i^er vol., 66.

Walterii dapiferi feudus. *Arch. adm.*, t. I, 321.

Walterus monachus, vide Gualterus.

— vide Liroth.

— Imperator, prévôt de Trigny. *Arch. adm.*, t. I, 917; vide Gualterus.

— (Aubillus). *Arch. adm.*, t. I, 875.

— évêque d'Autun, vide Gualterus.

Walterus, fils de Rodolphus, comte de Crespy. *Arch. adm.*, t. I, 229, 232.

— échanson de la cour impériale. *Arch. adm.*, t. I, 495.

— fils de Gylindis, dame de Rosoy. *Arch. adm.*, t. I, 719.

— évêque de Tournay. *Arch. adm.*, t. I, 731. *Arch. lég.*, IIe part., statuts, Ier vol., 32; vide Gualterus.

— tresorier. *Arch. adm.*, t. I, 731.

— prevôt de Saint-Denis. *Arch. adm.*, t. II, 103.

— dapifer. *Arch. adm.*, t. I, 273.

— diacre. *Arch. adm.*, t. I, 215.

— médecin. *Arch. adm.*, t. I, 346.

— comes, vide Gualterus.

— vide Remploumeit.

— vide Mercerius.

— vide Rociensis.

Waltir. *Arch. lég.*, IIe part., statuts, Ier vol., 167; voy. Atrio.

— (Anselmus). *Arch. lég.*, IIe part., statuts, Ier vol., 167.

Wamba, roi des Goths d'Espagne. *Arch. adm.*, t. I, 112.

Wandart (Jacquet). *Arch. adm.*, t. II, 1189.

Wandececurt (villa de). *Arch. lég.*, IIe part., statuts, Ier vol., 167; vide Wadencourt.

Wandelaincurte (parochia de), vide Wadelincourt (paroisse de).

— (patronagium de), vide Wadelincourt (patronage de).

Wandelbertus. *Arch. adm.*, t. I, 69.

Wandignis (seigneur de), voy. Bos het (Nicole).

Wangnepain (Prévost). *Arch. adm.*, t. II, 692.

Waquerie (Egidius), procureur de l'echevinage. *Arch. adm.*, t. I, 1078.

Wareo (parochia de), vide **Warcq** (paroisse de).

— presbyter de). *Arch. adm.*, t. II, 1069.

Warcq (paroisse de). *Arch. adm.*, t. II, 1068, 1070.

— (Pierre de). *Arch. adm.*, t. II, 807, 808.

— village de). *Arch. lég.*, IIe part., statuts, IIIe vol., 391; voy. **Warecq**.

Ware (terre de). *Arch. adm.*, t. III, 279.

— (Giles de), sergier. *Arch. adm.*, t. II, 827.

Warecq. voy. **Warcq**.

Warigny (Ponsart de), collecteur des tailles. *Arch. adm.*, t. III, 304.

— (ville de). *Arch. adm.*, t. III, 660. *Arch. lég.*, Ire part., 909.

— Pierre de, seigneur de **Warigny-lez-Sedan**. *Arch. lég.*, Ire part., 893.

— -Artaize (Pierre de), écuyer. *Arch. lég.*, Ire part., 920.

Warin Colart, voy. Varin.

— (Jehan), courtier. *Arch. adm.*, t. III, 836.

— (Jehan), prieur de Douchery. *Arch. lég.*, Ire part., 881.

— (terra de). *Arch. lég.*, IIe part., statuts, Ier vol., 167.

— voy. Ducandal.

Warinbertus, vide **Warinherus**.

Warinherus, serf. *Arch. adm.*, t. I, 35.

Warinus, vide Meltegis.

Warissecourt, voy. Variscourt.

Warlet (Aubert), chevaucheur du roi. *Arch. lég.*, IIe part., statuts, Ier vol., 774.

— (J.), maitre de l'artillerie. *Arch. lég.*, IIe part., statuts, Ier vol., 806.

Warmerivilla, vide **Warmeriville**.

— parochia de). *Arch. adm.*, t. II, 1062, 1064.

Warmerivilla (Renaudus de), chapelain. *Arch. lég.*, ıı⁰ part., *statuts*, ı⁰ʳ vol., 73.
— (molendinum de). *Arch. lég.*, ıı⁰ part., *statuts*, ı⁰ʳ vol., 73, 76.
— (altar de). *Arch. adm.*, t. I, 420, 449. *Arch. lég.*, ıı⁰ part., *statuts*, ı⁰ʳ vol., 91, 101.
— (alodium de). *Arch. lég.*, ıı⁰ part., *statuts*, ı⁰ʳ vol., 72.
— (salvamentum de). *Arch. adm.*, t. I. 669. *Arch. lég.*, ı⁰ part., *statuts*, ı⁰ʳ vol., 93, 100, 103.
— (presbyter de). *Arch. adm.*, t. II, 1062.
— (Fulco de), chapelain. *Arch. lég.*, ıı⁰ part., *statuts*, ı⁰ʳ vol., 66.
Warmeriville (village de). *Arch. adm.*, t. II, 382; t. III, 379, 588, 606. *Arch. lég.*, ı⁰ part., 755, 876, 902, 909; ıı⁰ part., *statuts*, ı⁰ʳ vol., 63, 74, 85, 87, 106, 167; *statuts*, ıı⁰ vol., 860; *statuts*, ıı⁰ vol., 392; voy. Warmerivilla.
— (Thiébaut de), écuyer. *Arch. adm.*, t. III, 609.
— (vicomté de). *Arch. adm.*, t. III, 609.
— (curé de), voy. Dupuys (J.).
Warmondy (parochia de), vide Logiis.
Warmont (Pierre de). *Arch. lég.*, ı⁰ part., 910.
Warnancourt (Simon de), écuyer. *Arch. adm.*, t. III, 661.
— (Robert de), écuyer. *Arch. adm.*, t. III, 661.
Warne (pratum de). *Arch. adm.*, t. I, 263.
— (molendinum de). *Arch. adm.*, t. I, 263.
— (vinea de). *Arch. adm.*, t. I, 263.
Warnecourt (village de). *Arch. adm.*, t. II, 1075, 1076.
Warneio (decima de). *Arch. adm.*, t. I, 504.

Warnerius le tailleur. *Arch. adm.*, t. I, 704.
— (Henricus). *Arch. adm.*, t. I, 704.
— moine de Saint-Remi. *Arch. lég.*, ıı⁰ part., *statuts*, ı⁰ʳ vol., 188.
— vide Godé, Puteolis, Vendilio.
Warnès, voy. Laon (Warnès de).
Warnesson, tanneur. *Arch. lég.*, ı⁰ part., 513, 549; voy. Larget.
Warneston (abbas de). *Arch. adm.*, t. II, 639.
Warnet (J.), charretier. *Arch. lég.*, ıı⁰ part., *statuts*, ı⁰ʳ vol., 671.
— (Daniel-Joseph), perruquier. *Arch. lég.*, *statuts*, ıı⁰ vol., 193, 194, 198, 199.
— (maison de). *Arch. adm.*, t. III, 22.
— écuyer. *Arch. adm.*, t. III, 757.
— (Pochétiaux). *Arch. adm.*, t. III, 836.
— voy. Sauville, Bourg, Fourrier.
Warnier (Jean-Baptiste), tonnelier. *Arch. lég.*, ıı⁰ part., *statuts*, ıı⁰ vol., 422.
Warnos, voy. Sueil.
Warny (Guérart de), clerc. *Arch. adm.*, t. II, 509.
Waron (fief de). *Arch. adm.*, t. II, 1112.
Waroquier, fils de Bauduin le Boutillier. *Arch. adm.*, t. II, 1188.
— voy. Rassequin.
— (Drouet). *Arch. adm.*, t. III, 380.
Warriz (Guill. de). *Arch. adm.*, t. III, 284.
Wart (Pierre de). *Arch. adm.*, t. II, 682.
Warte (Thomas le). *Arch. adm.*, t. III, 744.
Warwate (jardin de). *Arch. adm.*, t. III, 49.
Warwick (comte de). *Arch. lég.*, ıı⁰ part., *statuts*, ı⁰ʳ vol., 766.
Wasegni (Renaut de), vide Wassigny.

Waseperdue, bourgeois. *Arch. adm.*, t. II, 541.

Wasigneio (ecclesia de). *Arch. adm.*, t. II, 637.

Wasigny (Renaut de), charlier. *Arch. adm.*, t. II, 493, 523, 808, 908 ; t. III, 380.

— (Raoul de). *Arch. adm.*, t. II, 550.

— (Pierre de), sergent royal. *Arch. adm.*, t. III, 809.

— (Guillaume de), sergent royal. *Arch. adm.*, t. III, 809, 873.

— (Jesson de). *Arch. adm.*, t. II, 906. 1189 ; voy. Wassigny (Johannes de).

— (Canel de), seigneur de Coucy. *Arch. adm.*, t. II, 1104.

— (Jehanne de), ferronne. *Arch. adm.*, t. II, 1191.

— (église de), voy. Vasigneio (ecclesia de).

— (Thierry de), *Arch. adm.*, t. III, 837.

— (paroisse de). *Arch. adm.*, t. II, 1082.

— (ville de). *Arch. adm.*, t. II, 1084. *Arch. lég.*, 1re part., 607.

— (Guillelmus de), chanoine. *Arch. lég.*, IIe part., *statuts*, 1er vol., 350, 355, 362 ; IIe part., *statuts*, 1er vol., 449.

Wasno-Castro (prior de). *Arch. adm.*, t. II, 637.

Wasnon-ad-Dominas (prior de). *Arch. adm.*, t. II, 637.

Wassaillon (Raoul de). *Arch. adm.*, t. III, 27.

Wasserie (Robert de), chanoine. *Arch. adm.*, t. III, 352.

Wassignis (Johannes de), chanoine de Sainte-Nourrice. *Arch. adm.*, t. II, 1042.

— (parochia), vide Wasigny (paroisse de).

— (presbyter de). *Arch. adm.*, t. II, 1083

Wassignis, vide Novavilla.

Wassinhac (M. de), seigneur d'Imécourt. *Arch. adm.*, t. II, 1096.

Wastefale (castrum de). *Arch. adm.*, t. II, 728, 881. *Arch. lég.*, 1re part., 888.

Waste-in-Bolonezio (prior de). *Arch. adm.*, t. II, 639.

Wastellerie, voy. Reims (pâtisserie de).

— (étaux de la). *Arch. adm.*, t. II, 506.

— (quarrel de la). *Arch. adm.*, t. II, 505.

Wastellet, voy. Chesne.

Wastellier (Gervaise le). *Arch. adm.*, t. II, 505 ; t. III, 831.

— (Poncin le), voy. Poncin.

— (Hemart le). *Arch. adm.*, t. II, 505.

— (Raimonet le). *Arch. adm.*, t. II, 704.

— (Jehan le). *Arch. adm.*, t. II, 604.

— (Jesson le). *Arch. adm.*, t. II, 688.

— (Philippon le). *Arch. lég.*, 1re part., 608.

— (Thiebaut le). *Arch. lég.*, 1re part., 608.

Wata (Albricus). *Arch. adm.*, t. III, 469. *Arch. lég.*, IIe part., *statuts*, 1er vol., 647.

Watefal (château de), voy. Wastefale castrum.

Watelet, voy. Maisières. Sellier.

— (J....), notable de Reims. *Arch. lég.*, IIe part., *statuts*, 1er vol., 739.

Wateletus, vide Marvilla.

Watenes (abbas de). *Arch. adm.*, t. II, 639.

Watet (Jehan), cabaretier. *Arch. adm.*, t. III, 485.

Watier (Henri), curé de Mont-Saint-Jean. *Arch. lég.*, 1re part., 882.

— tailleur d'habits. *Arch. lég.*, IIe part., *statuts*, IIe vol., 531.

— inspecteur des manufactures. *Arch. lég.*, IIe part., *statuts*, IIe vol., 845, 851, 854, 856, 859.

Watier (Jaquemin), bourgeois. *Arch. lég.*, iie part., *statuts*, ier vol., 770, 775, 776, 777, 788, 788, 820, 838?

— voy. Wès, Wautier, Verpel.

—Faignon. *Arch. adm.*, t. I, 1042; voy. Faignon (Wautier).

— fils de Maquart, manouvrier. *Arch. adm.*, t. II, 910.

Watrin (N.), foulonnier. *Arch. lég.*, iie part., 845, *statuts*, iie vol., 845.

— (J.), foulonnier. *Arch. lég.*, iie part., *statuts*, ier vol., 845.

—(Gervais), bourgeois. *Arch. lég.*, iie part., *statuts*, ier vol., 798, 862.

Watrincourt de imperio (presbyter de). *Arch. adm.*, t. II, 1076.

Waucherus, frère de Henri, archevêque de Reims, *Arch. adm.*, t. I, 540.

Waudenoys (péage de), *Arch. adm.*, t. III, 630.

Waudessaincurte (patronagium de), vide Vaudesincourt.

Waudringaine (Hennequin de), marchand. *Arch. lég.*, iie part., *statuts*, ier vol., 946.

Waura (forêt royale de), *Arch. adm.*, t. I, 29. Villages compris dans ladite, *ibid.*.

Waus (Stephanus le). *Arch. adm.*, t. I, 829.

Wautegay (Crespellus de). *Arch. adm.*, t. I, 771.

Wauthier (Jean), échevin du ban Saint-Remi. *Arch. lég.*, iie part., *statuts*, ier vol., 630.

— le mercier. *Arch. adm.*, t. II, 393, 603.

— (mairie de), *Arch. adm.*, t. III, 629.

— d'Ourmes, bourgeois de Reims. *Arch. adm.*, t. I, 957.

— le Charpentier, bourgeois de Reims, *Arch. adm.*, t. II, 548; voy. Charpentier.

— le Chausseteur. *Arch. adm.* t. II, 150.

Wauthier-le-Noir (bourg de). *Arch. adm.*, t. III, 369; voy. Vautier.

— -le-Noir (rue de). *Arch. adm.*, t. II, 42.

Wautraincourt (parochia de), voy. Vautraincourt.

— (patronagium de), voy. Vautraincourt.

Wayer (Jehan), cordier. *Arch. adm.*, t. III, 836; voy. Vaudesson.

Waymetus. *Arch. adm.*, t. II, 337.

Waztier-aux-Mares, maréchal. *Arch. adm.*, t. II, 549.

Wechel (A. de). *Arch. adm.*, t. I, 100.

Wède de Bourgogne, échevin. *Arch. adm.*, t. II, 13, 25, 27, 603; voy. Bourgogne.

— le tripier. *Arch. adm.*, t. II, 178.

— la Latte, échevin. *Arch. adm.*, t. II, 415, 487; voy. Late (Eudes la).

— (Adenet). *Arch. adm.*, t. II, 675.

— (sire de). *Arch. adm.*, t. II, 675.

Wederon-de-Bour. *Arch. adm.*, t. II, 116, 702.

Welfarius, archevêque de Reims, vide Wulfaire.

Welphe, duc et marquis de Spolette. *Arch. adm.*, t. I, 325, 327.

Wermons, voy. Fournier.

Wermundus, chanoine. *Arch. adm.*, t. II, 793.

— frère de Levuldus, chevalier. *Arch. adm.*, t. I, 278.

Werricus, contre de l'église de Reims. *Arch. adm.*, t. I, 315.

— moine de Saint-Remi. *Arch. adm.*, t. I, 859.

— vide Prato.

Werrion, l'un des complices de Gaucher de Commières. *Arch. adm.*, t. II, 1020, 1021.

— voy. Sigars.

Wes, voy. Wez.

Westin (Jehan), dit le roi de Cornouaille. *Arch. adm.*, t. II, 712.

Weude le Large, voy. Large (Eudes le).

— la Late, voy. Late (Eudes la).

Wez (E. de), chevalier. *Arch. adm.*, t. II, 333.

— (Pierre de), écuyer. *Arch. lég.*, 1re part., 892.

— (Watiers de), chevalier, *Arch. adm.*, t. II, 89.

— (Jehan de), échevin. *Arch. adm.*, t. III, 611.

— (maison de). *Arch. adm.*, t. III, 582.

— (paroisse de). *Arch. adm.*, t. II., 1119.

— (patronage de). *Arch. adm.*, t. II, 1118, 1119.

— (presbyter de). *Arch. adm.*, t. II, 1117.

— (village de). *Arch. adm.*, t. I, 1090; t. II, 1118, 1138; t. III, 627, 659; *Arch. lég.*, 11e part., statuts, 11e vol., 860; voy. Vez.

— -lez-Thuisy (village de). *Arch. adm.*, t. III, 652; *Arch. lég.*, 1re part., 753, 875, 908, 909.

Wiardus, majeur de Saint-Remi. *Arch. adm.*, t. I, 410.

— prêtre. *Arch. adm.*, t. III, 24. *Arch. lég.*, 11e part., statuts, 1er vol., 166, 168.

— tiers-prieur de Saint-Remi. *Arch. lég.*, 11e part., statuts, 1er vol., 175.

Wiart (Guillaume), écolâtre de Reims. *Arch. lég.*, 1re part., 880.

— prêtre, vide Wiardus.

— sergent de Betheniville. *Arch. adm.*, t. II, 359, 998 ? 999.

— voy. Rilly.

Wibert le boucher. *Arch. adm.*, t. III, 486.

— (Joseph), boulanger. *Arch. lég.*, 11e part., statuts, 11e vol., 161.

— (Jean-Baptiste). *Arch. lég.*, 11e part., statuts, 1er vol., 166, statuts, 11e vol., 161.

Wibertus, chantre de l'église de Reims. *Arch. adm.*, t. I, 509; *Arch. lég.*, 11e part., statuts, 1er vol., 81, 102, 103, 104, 117, 168?

Wicardi (Johannes), chanoine de Mézières. *Arch. adm.*, t. II, 1043.

Wicardus, oblat de Saint-Remi. *Arch. adm.*, t. I, 69.

Wichardus. *Arch. adm.*, t. I, 69.

Wiches (Guido le). *Arch. adm.*, t. I, 917.

Widea, femme de Conchiart. *Arch. adm.*, t. III, 393.

Widelete, femme la Barbe. *Arch. adm.*, t. I, 767.

Widet (Louis), perruquier. *Arch. lég.*, 11e part., statuts, 111e vol., 191, 194, 198.

Widle, femme de Gilet le macecrier. *Arch. adm.*, t. I, 767.

Wido Ier, archevêque de Reims, voy. Châtillon (Guy de).

Wido, abbé de Saint-Nicaise. *Arch. adm.*, t. I, 254, 354, 360, 410, 654.

— archidiacre. *Arch. adm.*, t. I, 278.

— buticularius, vide Guido, bouteiller de France.

— cardinal, vide Guido.

— chambellan du roi. *Arch. adm.*, t. I, 261.

— diacre, vide Guido.

— chapelain, vide Vey.

— frère de Boson, chevalier. *Arch. adm.*, t. I, 363; *Arch. lég.*, 11e part., statuts, 1er vol., 166? vide Cormunt.

— prévôt de Saint-Jehan de Laon. *Arch. adm.*, t. I, 286.

Widonis (Walo). *Arch. lég.*, 11e part., statuts, 1er vol., 166.

Widragasius, affranchi par saint Remi. *Arch. adm.*, t. I, 15.

Widre la mercière. *Arch. adm.*, t. II, 549.

Wies, voy. Liégeois.

Wiet, voy. Molet, Unchar.

— (Gabriel) , le jeune. *Arch. lég.*, Ire part., 910.

— recteur de l'Université de Reims. *Arch. lég.*, IIe part., *statuts*, IIe vol., 689.

— fils de Rose la tripière. *Arch. adm.*, t. I, 1042.

Wiotus, vide Caureto.

Wifridus. *Arch. lég.*, IIe part., *statuts*, Ier vol., 166.

Wignacourt (marquis de). *Arch. adm.*, t. II, 1076.

Wignicourt (domus de). *Arch. adm.*, t. II, 1026.

— (village de). *Arch. lég.*, IIe part., 881, 909.

Wigny (Pierre de), sergent du roi. *Arch. lég.*, IIe part., *statuts*, Ier vol., 370, 372.

Wilardus, vide Curmissy.

Wilderodus, évêque de Strasbourg. *Arch. adm.*, t. I, 179, 199.

Wilgeber (Walo). *Arch. lég.*, IIe part., *statuts*, Ier vol., 166.

Willant (Claude), curé de Saint-Lambert. *Arch. lég.*, Ire part., 885.

Willardus, vide Trigniaco.

Willars (Huetus). *Arch. adm.*, t. I, 875.

Willarzy (seigneur de), voy. Oge (J....: d').

Willaume, voy. Guillaume.

Willebertus , évêque de Châlons. *Arch. adm.*, t. I, 82.

Willelmine, charte de Guillaume, archevêque de Reims, confirmant les priviléges de la bourgeoisie. *Arch. adm.*, t. I, 391, 965. *Arch. lég.*, IIe part., *statuts*, IIe vol., 453.

Willelminus. *Arch. lég.*, IIe part., *statuts*, Ier vol., 167; vide Butri.

Willelmus, évêque de Nevers. *Arch. adm.*, t. I, 464.

Willelmus, évêque d'Orléans. *Arch. adm.*, t. I, 715. *Arch. lég.*, IIe part., *statuts*, Ier vol., 90, 119

— archevêque de Reims. voy. Guillaume.

— chanoine. *Arch. adm.*, t. I, 824.

— de Dunglubir. *Arch. adm.*, t. I, 332, 333, 362? vide Dunglubir.

— archevêque de Sens. *Arch. adm.*, t. I, 361.

— cancellarius, vide Guillermus.

— abbé de Saint-Thierry. *Arch. adm.*, t. I, 278, 279, 284, 285, 291, 330.

— évêque de Pénestre. *Arch. adm.*, t. I, 289.

— abbé de Saint-Nicaise. *Arch. adm.*, t. I, 310.

— évêque d'Excester. *Arch. adm.*, t. I, 251.

— abbé de Metz. *Arch. adm.*, t. I, 234, 235.

— roi des Anglais. *Arch. adm.* t. I, 251.

— Buiron, citoyen de Reims. *Arch. adm.*, t. I, 1021; vide Buiron.

Willequin (T.... de). *Arch. adm.*, t. III, 850; voy. Châlons (Willequin de).

Willequine (Rose la). *Arch. adm.*, t. I, 738.

— (Hilessens la). *Arch. adm.*, t. I, 740.

Willerique (Simonetus), bourgeois. *Arch. adm.*, t. II, 444.

Willermont (seigneur de), voy. Chivry (Jehan de).

Willermus, vide Lombardus.

— évêque ; signataire d'une charte de donation du comte anglais Algar, en faveur de saint Remi. *Arch. adm.* t. I, 208.

— archevêque de Reims, vide Trye (Guillaume de).

— fils d'Akarin , chevalier. *Arch. adm*, t. II, 103

Willermus, fils de Gylindis, dame de Rosay. *Arch. adm.*, t. I, 719.

— sénéchal de l'église de Reims. *Arch.
adm.*, t. I, 418, 419. *Arch. lég.*,
11e part., *statuts*, 1er vol., 166.

Willot (J.), bourgeois. *Arch. lég.*, 11e part.,
statuts, 1er vol., 924.

Winage, voy. Vinage, Vinagium.

Winebaudus (Constantin). *Arch. lég.*,
11e part., *statuts*, 1er vol., 165.

Winément (Chermet), boucher. *Arch.
adm.*, t. II, 27, 492.

Winti (Godefridus de), chevalier. *Arch.
adm.*, t. I, 551.

Wionagium; vide Vinage.

Wiron (Wermundus de), *Arch. adm.*,
t. I, 364.

— -Maurende (seigneurie de). *Arch. lég.*,
1re part., 918.

Wiry-Noureuille, voy. Viry-Noureuil.

Wisement le cervoisier, *Arch. adm.*, t. II,
320.

Wiseppe (seigneurie de), possédée par le
prince de Condé. *Arch. adm.*, t. II,
1093.

Wisignicourt (seigneurie de). *Arch. lég.*,
1re part., 877, 949.

Wisigoths (les). *Arch. adm.*, t. I, 108.

Witace, voy. Pierre (Witace de la).

— (Robert), franc sergent de Notre-
Dame. *Arch. lég.*, 11e part., *statuts*,
1er vol., 342.

— conseiller clerc au présidial de Reims.
Mémoires dudit allégués. *Arch. adm.*,
t. I, 87. *Arch. lég.*, 11e part., *statuts*,
11e vol., 1047.

Witardus (Robert), sergent, vide Witart.

Witart (Robert), sergent de la prévôté
de Laon, *Arch. adm.*, t. III, 163, 264,
291, 301, 388, 465, 501, 539, 544,
707, 732.

— (Estienne), *Arch. adm.*, t. III, 837.

Witasse (Estienne), curé de Ralicourt.
Arch. lég., 1re part, 887.

— conseiller, voy. Witace.

Witereyo (Willelmus de), écolier. *Arch.
adm.*, t. II, 735.

Witerius, fils d'Ulricus de Ardolio, chevalier. *Arch. adm.*, t. I, 320.

— comte de Rethel. *Arch. adm.*, t. I,
321, 322, 345.

— frère de Boson, chevalier. *Arch. adm.*,
t. I, 363.

Witery (villa de). *Arch. lég.*, 1re part.,
911; vide Witry-lez-Reims.

Witreyo (parochia de), vide Witry (paroisse de).

— (presbyter de), vide Witry (prêtre de).

Witry-lez-Reims (village de). *Arch. adm.*,
t. I, 270, 864, 1090; t. II, 319; t. III,
624. *Arch. lég.*, 1re part., 755, 905,
909; 11e part., *statuts*, 1er vol., 617;
statuts, 11e vol., 860.

— (Guillaume de), voy. Witreyo (Guillermus de).

— (curé de), voy. Robac (Jehan de).

— (plâtre de). *Arch. adm.*, t. I, 1056.

— (paroisse de). *Arch. adm.*, t. II, 1062;
voy. Vitry.

— (prêtre de). *Arch. adm.*, t. II, 1063;
voy. Vitry.

— (Jehan de), chanoine. *Arch. lég.*,
11e part., *statuts*, 1er vol., 615, 616, 631,
650, 652, 657, 660, 662; voy. Vuitry.

Wivry (Jehan de), bourgeois. *Arch.
adm.*, t. III, 382.

Wixermont, voy. Ixermont.

— presbyter de). *Arch. adm.*, t. II, 1097.

Wlade (Hennequin), fermier de l'aide.
Arch. lég., 11e part., *statuts*, 1er vol.,
619, 620, 621, 646, 656, 725, 729.

Wlfereio (prædium de). *Arch. adm.*, t. I,
263.

Wlfiniaco (villa de). *Arch. adm.*, t. I, 74.

Wlnatus. *Arch. adm.*, t. I, 911; vide Braciés.

Wois (Guillelmus de), official de Reims. *Arch. adm.*, t. I, 1071, 1079; t. II, 291, 312, 334, 391, 474, 475, 613, 621. *Arch. lég.*, II° part., *statuts*, I° vol., 64.

Wolemcix (Reynaus de), voy. Wolmez.

Wormacensis pagus, vide Guormacensis.

Wreivilla (altar de). *Arch. adm.*, t. I, 280.

Wulfadus, archevêque de Bourges. *Arch. adm.*, t. I, 47, 48, 49, 50, 51.

Wulfaire, archevêque de Reims. Saxons prisonniers confiés à sa garde par Charlemagne. *Arch. adm.*, t. I, 9, 23, 29, 95. *Arch. lég.*, II° part., *statuts*, I° vol., 96. Remplit les fonctions de juge du roi à Reims sous Charlemagne ; *statuts*, III° vol., 28, 607.

Wulgrini mansura. *Arch. lég.*, II° part., *statuts*, I° vol., 166.

Wyart, batelier. *Arch. adm.*, t. II, 1139.

— de Persueil, receveur des tailles. *Arch. adm.*, t. II, 569.

Wyart (Nicole), curé de Venderesse. *Arch. lég.*, I° part., 212.

— (Jehan). *Arch. lég.*, II° part., *statuts*, II° vol., 212.

— voy. Jome.

Wychart (Ponsardus). *Arch. adm.*, t. II, 726.

Wyet (Brehier). *Arch. adm.*, t. III, 836.

— (Pierre), curé de Saint-Étienne et de Ludes. *Arch. lég.*, I° part., 885.

— (Colette), bourgeois. *Arch. lég.*, II° part., *statuts*, I° vol., 770.

— voy. Hermonville.

Wyllemot (Geliart), de Valenciennes. *Arch. adm.*, t. III, 840.

Wynicurte (ecclesia de), vide Omicourt (église d').

Wyon, censitaire des environs de Reims. *Arch. adm.*, t. II, 745.

Wytace, voy. Witasse.

Wytier (Jehan), tavernier. *Arch. adm.*, t. III, 842.

X.

Xaintrailles (Poton de). Plaintes des habitants de Reims contre les soldats dudit. *Arch. lég.*, II° part., *statuts*, I° vol., 743, 749, 751, 755.

Xantis (Petrus de), prêtre-chanoine. *Arch. lég.*, II° part., *statuts*, I° vol., 92, 119.

Xaubourel (Ovid de), seigneur d'Arlanges. *Arch. adm.*, t. II, 1088.

Xenodochium, vide Balatoforus.

Y.

Y (Robert de), lieutenant criminel. *Arch. lég.*, II° part., *statuts*, II° vol., 508, 610.

— (Robert de), chanoine, grand archidiacre de Reims. *Arch. lég.*, II° part., 781, 809.

Yambeville (P. d'), écuyer du roi. *Arch. adm.*, t. II, 298, 303.

Yaue (Jehans d'), bailli de l'archevêque de Reims. *Arch. adm.*, t. II, 785.

— (R. de l'). *Arch. adm.*, t. II, 1141.

Yde, femme de Gérard de Châlons. *Arch. adm.*, t. II, 92.

— veuve de Petrus de Glennes. *Arch. adm.*, t. II, 854.

Yde la feronne. *Arch. adm.*, t. II, 1191.

Ydemptitas (identité). *Arch. lég.*, 1re part., 318.

Yderon la cruleresse. *Arch. adm.*, t. II, 513.

— des Cordelières. *Arch. adm.*, t. II, 543.

— femme de Bernier le moutardier. *Arch. adm.*, t. II, 742.

Yderona, vide Camusa.

Ydron, femme de Colin du Hammel, fripier. *Arch. adm.*, t. I, 992.

Yenville (Jehan d'), sergent du roi. *Arch. adm.*, t. II, 488.

Yeuz-de-Rat (Jesson). *Arch. adm.*, t. III, 890.

Yève, voy. Buissière.

Yges, voy. Iges.

Ygia (parochia de), vide Iges (paroisse d').

Ygniacensis abbas. *Arch. adm.*, t. II, 248, 634, 760, 804, 1061, 1124. *Arch. lég.*, IIe part., *statuts*, 1er vol., 686 ; vide Igny (abbé de).

— abbatia, vide Igny (abbaye d').

— ecclesia, vide Igny (église d')·

Ygniaco-Jardi Spernacensis (prior de). *Arch. adm.*, t. II, 634.

Ygny (abbé d'), voy. Ygniacensis abbas.

— (bois d'). *Arch. lég.*, IIe part., *statuts*, 1er vol., 806.

— (Coureil d'), bourgeois de Reims. *Arch. adm.*, t. II, 829.

— (maison d'). *Arch. adm.*, t. II, 1149.

— (quarrel d'). *Arch. adm.*, t. II, 536.

— (village d'). *Arch. adm.*, t. I, 1014 ; t. II, 760. *Arch. lég.* IIe part., *statuts*, 1er vol., 857 ; voy. Igny.

Ylarius, vide Hilarius.

Ylle (ville d'). *Arch. adm.*, t. III, 604 ; voy. Lille.

Ylli de imperio (presbyter de). *Arch. adm.*, t. II, 1087.

Ymbellet, voy. Barenier.

Ymoge, voy. Saint.

Yngrant, voy. Ingrant.

Ynor (village d'). *Arch. adm.*, t. II, 1087 ; voy. Inor.

Ynteville (Jehan d'), voy. Inteville.

Ynves (curé d'), voy. Macart (Nicole).

— voy. Yvoi le Petit.

Yoland (Jean), vinaigrier. *Arch. lég.*, IIe part., *statuts*, IIe vol., 315.

Yon (paroisse de). *Arch. adm.*, t. II, 1086, 1088 ; voy. Oncq.

Yonne (rivière d'). *Arch. adm.*, t. II, 1083 ; t. III, 295. *Arch. lég.*, IIe part., *statuts*, 1er vol., 434, 632, 655, 849, 888.

Yonnet (Vincent d'), capitaine de gens d'armes. *Arch. lég.*, IIe part., *statuts*, 1er vol., 606.

Ypecourt (village de). *Arch. lég.*, 1er part., 919.

Ypotheca, vide Hypotheca.

Ypothecaria, vide Hypothecaria.

Ypothecarius, vide Hypothecarius.

Ypre, voy. Ypres (ville d').

Yprensis decanus, vide Ypres (doyen d').

— curia. *Arch. lég.*, 1re part., 67.

Ypres (ville d'). *Arch. adm.*, t. II, 28, 587, 639. *Arch. lég.*, IIe part., *statuts*, IIe vol., 896 ; voy. Ipræ.

— (cour d'), voy. Yprensis curia.

— (doyen d'). *Arch. lég.*, 1re part., 70.

— (Hennequin d'). *Arch. adm.*, t. III, 840.

Ypris (Johannes de), notaire. *Arch. adm.*, t. II, 133.

Yrson (village de), voy. Irson.

Ysabeau, femme de Perrot Macquart. *Arch. adm.*, t. II, 1234.

Ysabel, servante. *Arch. adm.*, t. II, 685, 750 ; voy. Isaberon.

— femme de Colet le Gras. *Arch. adm.*, t. II, 1187.

Ysabel, femme de Simon Denrée. *Arch. adm.*, t. II, 1232.

Ysabella, femme de Morise de Clermont. *Arch. adm.*, t. II, 190.

— femme de Rogerus Viduns, citoyen de Reims. *Arch. adm.*, t. II, 641.

— veuve de Robinus Maucorps. *Arch. adm.*, t. II, 1219.

— comtesse de Roucy, *Arch. adm.*, t. I, 911.

Ysabellis, fille de Pierre le Dulot. *Arch. adm.*, t. III, 769.

Ysaberon, fille de Remi la Late. *Arch. adm.*, t. I, 1094.

— fille de Chaumont le boulanger. *Arch. adm.*, t. II, 523; voy. Chaumont.

— servante, voy. Isabel.

— sœur de Fauveste, la pourpoinderesse. *Arch. adm.*, t. II, 688.

— voy. Qui-porte-la-pâte.

Isaberonna Papelarde. *Arch. adm.*, t. I, 976.

Ysabin, femme de Thomas Gauvain. *Arch. adm.*, t. II, 766? 780.

Ysabina, fille de Jean le Mainiex. *Arch. adm.*, t. III, 398.

Ysaie, prophète. Les juifs de Reims conservent la rotule dudit. *Arch. adm.*, t. I, 906. *Arch. lég.*, 1re part., 351, 355, 383, 450.

Ysambardus, apothicaire. *Arch. adm.*, t. II, 332. *Arch. lég.*, 11e part., *statuts*, 1er vol., 105.

Ysambart le Baier, voy. Bacquier.

— voy. Gervase.

Ysara, vide Isara.

Ysart (Jehan), échevin. *Arch. adm.*, t. III, 844.

Ysle (village d'). *Arch. lég.*, 1re part., 885; voy. Isle (village de).

— (curé de), voy. Barbier (Jehan).

Ysmaldus. *Arch. adm.*, t. III, 769.

Ysoine, secrétaire d'État. *Arch. lég.*, 11e part., *statuts*, 1er vol., 802.

Ysore le Déchargeur. *Arch. adm.*, t. II, 515.

Ysse, voy. Isse.

Yssia, voy. Isse.

— (presbyter de). *Arch. adm.*, t. II, 1120.

— (infirmi de). *Arch. lég.*, 11e part., *statuts*, 1er vol., 166.

— (vineæ de). *Arch. lég.*, 11e part., *statuts*, 1er vol., 166.

Yssiaco (Johannes de). *Arch. adm.*, t. II, 1033.

Yverdun (Pierre d'), chapelain de l'église de Reims. *Arch. adm.*, t. III, 381.

Yvernaudimonte (presbyter de). *Arch. adm.*, t. II, 1078; voy. Guinicourt.

— (patronagium de). *Arch. adm.*, t. II, 1080.

Yvernaumont (paroisse d'), voy. Yvernaudimonte (parochia de).

— (patronage d'), voy. Yvernaudimonte (patronagium de).

— (prêtre d'), voy. Yvernaudimonte (presbyter de).

— (village d'). *Arch. adm.*, t. II, 1076; *Arch. lég.*, 1re part., 919.

Yviers (village des). *Arch. lég.*, 11e part, 899; voy. Yvoy-le-Petit.

Yvies (Johannes de), drapier. *Arch. adm.*, t. III, 58.

Yvo, archidiacre. *Arch. lég.*, 11e part., *statuts*, 1er vol., 103.

— tabellion. *Arch. lég.*, 1re part., 248.

Yvodio (Herbertus de). *Arch. lég.*, 11e part., *statuts*, 1er vol., 79.

Yvoi (Margaronne d'), mansionnaire du chapitre. *Arch. adm.*, t. I, 1055.

— (ville d'). *Arch. lég.*, 11e part., *statuts*, 1er vol., 666, 673.

— -le-Petit (village d'). *Arch. lég.*, 1re part., 883.

Yvonis-Britonis capellania. *Arch. lég.*, 11e part., *statuts*, 1er vol., 106.

Ywoix-en-Luxembourg (ville d'). *Arch. lég.*, 11e part., *statuts*, 1er vol., 843.

Z.

Zacharias, pape. *Arch. adm.*, t. I, 108, 613.

— chanoine. *Arch. lég.*, 11e part., *statuts*, 1er vol., 66, 68.

Zacharie, pape, voy. Zacharias.

Zacharinus, aumônier de Saint-Remi. *Arch. adm.*, t. I, 231.

Zachée, antienne sous le nom dudit. *Arch. lég.*, 11e part., *statuts*, 1er vol., 112.

Zande (Jacobus de). *Arch. lég.*, 1re part., 258, 259, 260.

Zélande (province de). *Arch. lég.*, 11e part., *statuts*, 1er vol., 835.

Zelandre (Antoine de), capitaine de Reims. *Arch. adm.*, t. II, 566.

Zenebecca (abbas de). *Arch. adm.*, t. II, 639.

Zénon. *Arch. lég.*, 1re part., 449.

Zosimus, pape. *Arch. adm.*, t. I, 143, 194, 196.

Zoutendale (abbas de). *Arch. adm.*, t. II, 640.

INDEX CHRONOLOGIQUE.

314. Concile d'Ancyre. *Arch. adm.*, t. I, 104.

315. Concile de Néocasarée. *Arch. adm.*, t. I, 104.

325. Concile de Nicée. *Arch. adm.*, t. I, 104.

333. Concile de Gangres. *Arch. adm.*, t. I, 104.

345. Concile d'Antioche. *Arch. adm.*, t. I, 104.

346. Époque où l'église de Saint-Nicaise se trouvait entre les mains d'un corps clérical. *Arch. adm.*, t. I, 87.

368. Concile de Laodicée. *Arch. adm.*, t. I, 104.

411. Les Vandales donnent un premier échec à la ville de Reims. *Arch. adm.*, t. I, 482.

431. Conciles généraux d'Éphèse. *Arch. adm.*, t. I, 105.

451. Concile de Chalcédoine. *Arch. adm.*, t. I., 105.

453. Les Huns achèvent la ruine de Reims commencée par les Vandales. *Arch. adm.*, t. I, 482.

460. Époque présumée où le pape S. Léon fit faire la traduction des conciles. *Arch. adm.*, t. I, 105.

496. Baptême de Clovis. *Arch. adm.*, t. I, 2.

496. Époque où le moine Denys le Petit travaillait à son *Codex vetus*. *Arch. adm.*, t. I, 107.

500. Époque où le même travaillait aux Décrétales. *Arch. adm.*, t. I, 107.

517. Époque où le pape Hormisdas écrivait sur les canons de l'Église gallicane. *Arch. adm.*, t. I, 105.

563. Concile de Braga. *Arch. adm.*, t. I, 105.

566. Concile de Tours. *Arch. lég.*, IIe part., *statuts*, IIe vol., 87.

570. Travail de S. Martin, évêque de Braga, sur le choix des canons du *Codex* les mieux appropriés à l'Espagne. *Arch. adm.*, t. I, 106.

700. Époque approximative de la transcription du livre des origines de S. Isidore dans l'abbaye de Saint-Remi. *Arch. adm.*, t. I, 335.

717. Les archevêques de Reims sont investis du gouvernement militaire de la ville. *Arch. adm.*, t. I, 26.

756. Avénement de Tilpin au siége archiépiscopal de Reims. *Arch. adm.*, t. I, 28.

768 à 791. Espace durant lequel Ingelram, évêque de Metz, occupa son siége. *Arch. adm.*, t. I, 109.

769. Époque présumée du sacre de Tilpin, archevêque de Reims. *Arch. adm.*, t. I, 28.

775 (vers). Fragment d'une lettre du pape Adrien I à l'archevêque de Reims Tilpin. *Arch. adm.*, t. I, 26.

780. Époque approximative de la trancription du *Pontifical* de Tilpin. *Arch. adm.*, t. I, 335.

785. Époque où parurent par fragments

les fausses Décrétales. *Arch. adm.*, t. I, 109.

785. Septembre 19. Date des capitulaires du pape Adrien I. *Arch. adm.*, t. I, 110.

794. Époque présumée de la mort du même. *Arch. adm.*, t. I, 29.

799. Transcription du *Sacramentaire* de S. Grégoire dans l'abbaye de Saint-Remi. *Arch. adm.*, t. I, 335.

802 ? Époque où Vulfare exerçait les fonctions d'envoyé de roi à Reims. *Arch. lég.*, IIe part., *statuts*, IIIe vol., 607.

803. Publication du capitulaire de Charlemagne relatif à la monnaie. *Arch. adm.*, t. I, 82.

816. Date du capitulaire qui porte des modifications à l'élection du successeur de Wulfaire archevêque de Reims. *Arch. adm.*, t. I, 29.

823. Publication du capitulaire de Louis le Débonnaire, intitulé *de admonitione unius monetæ. Arch. adm.*, t. I, 82.

843. Ragenold, fondateur de la maison de Coucy, est investi du titre de comte de Reims. *Arch. adm.*, t. I, 85.

846. Concile de Paris. *Arch. adm.*, t. I, 37.

850. Aurélian enseigne la théologie à Reims. *Arch. adm.*, t. I, 666.

852. Date d'un capitulaire de l'archevêque Hincmar, enjoignant aux prêtres de son diocèse l'étude du comput. *Arch. adm.*, t. I, 336.

861. Juin 25. Ouverture du concile de Pitres. *Arch. adm.*, t. I, 44.

863. Permission accordée à Rothade, évêque de Soissons, de se rendre à Rome. *Arch. adm.*, t. I, 45.

865. Date assignée par Bréquigny à une lettre du pape Nicolas I à Louis et à

Charles le Chauve. *Arch. adm.*, t. I, 45.

871. Concile de Douzy. *Arch. adm.*, t. I, 747.

877. Capitules dressés par Hincmar. *Arch. adm.*, t. I, 747.

890. Remy d'Auxerre enseigne les arts libéraux à Reims. *Arch. adm.*, t. I, 666.

923. Mort de Seulphe, archevêque de Reims. *Arch. lég.*, IIe part., *statuts*, IIIe vol., 19.

940. L'échevinage rémois passe de la suprématie du comte barbare, sous celle de l'archevêque. *Arch. adm.*, t. I, 481.

940. Louis d'Outre-mer cède à l'archevêque Artald, le comté de Reims avec le droit de battre monnaie. *Arch. adm.*, t. I, 95, 489. *Arch. lég.*, IIe part., 17, *statuts*, IIe vol., 17.

953. Citation de Ragenold, comte de Reims, au concile de Saint-Thierry comme détenteur des biens de l'église. *Arch. adm.*, t. I, 86.

954. Charte royale en faveur de Saint-Remi. *Arch. adm.*, t. I, 95. *Arch. lég.*, IIe part., *statuts*, IIIe vol., 21.

966. Excommunication de Ragenold par l'archevêque Odalric. *Arch. adm.*, t. I, 86.

974. Gerbert enseigne la philosophie et les mathématiques à Reims. *Arch. adm.*, t. I, 666.

980. Le maistre de Saint-Bruno professe les saintes lettres à Reims. *Arch. adm.*, t. I, 666.

989. Charte d'Adalbéron, archevêque de Reims, confirmant les priviléges de Saint-Remi. *Arch. adm.*, t. I, 96; *Arch. lég.*, IIe part., *statuts*, Ier vol., 296.

989. Donation par l'archevêque Arnould

à l'abbaye de Saint-Remi du ban de ladite et des droits y attachés. *Arch. lég.,* iie part., *statuts,* iiie vol., 20.

1005. Lettre des religieux de Saint-Remi à ceux de Saint-Thierry sur la mort de l'abbé Arbodus. *Arch. adm.,* t. I, 566.

1020. Époque à laquelle le maistre de Saint-Bruno cesse de professer les saintes lettres à Reims. *Arch. adm.,* t. I, 666.

1023. L'archevêque de Reims Ebalus achète le comté de cette ville. *Arch. adm.,* t. I, 84.

1031. Mort du précédent. *Arch. adm.,* t. I, 724.

1033. Charte de Guy de Châtillon, archevêque de Reims, qui reconnaît à Odille, abbesse de Saint-Pierre-aux-Dames, la juridiction de la prévôté de ce monastère. *Arch. adm.,* t. I, 205.

1036. Date présumée d'une charte de Guy, archevêque de Reims, sur une concession d'autel à l'église de Saint-Pierre-aux-Dames. *Arch. adm.,* t. I, 204.

1049. Bulle de Léon IX relative à l'abbaye de Saint-Remi. *Arch. adm.,* t. I, 96.

1050. Saint Bruno enseigne l'Écriture sainte à Reims. *Arch. adm.,* t. I, 666.

1052. Acte relatif à la seigneurie foncière de Saint-Pierre-aux-Dames, cité par Bidet et non retrouvé. *Arch. adm.,* t. I, 205.

1055. Octobre. Date présumée de l'élévation de Gervais au siége archiépiscopal de Reims. *Arch. adm.,* t. I, 217.

1060. Saint Bruno enseigne l'Écriture sainte à Reims. *Arch. adm.,* t. I, 666.

1064. Juin 13. Acte relatif au revenu accordé par Gervais, archevêque de

Reims, aux chanoines de Saint-Timothée. *Arch. adm.,* t. I, 230.

1065 ou 1066. Bénédictins mis par Gervais dans l'abbaye de Saint-Nicaise. *Arch. adm.,* t. I, 264.

1067. Mort de Gervais, archevêque de Reims. *Arch. adm.,* t. I, 224.

1067. Date suspecte alléguée par Marlot à l'occasion de la charte de Gervais. *Arch. adm.,* t. I, 216.

1068. Février 3. Date assignée par Bréquigny à une lettre de Lambertus, évêque d'Arras, adressée aux clercs et au peuple de Reims, au sujet de l'élection de Manassès. *Arch. adm.,* t. I, 247.

1070. Saint Bruno enseigne l'Écriture sainte à Reims. *Arch. adm.,* t. I, 666.

1071. Mort d'Hérimar, abbé de Saint-Remi. *Arch. adm.,* t. I, 411.

1075. Mort d'Odalricus, prévôt de l'église de Reims. *Arch. lég.,* iie part., *statuts,* i^{er} vol., 62.

1079 ou 1080. Concile de Lyon. *Arch. adm.,* t. I, 238.

1080. Époque à laquelle vivait Godefroy, surnommé le Philosophe. *Arch. adm.,* t. I, 666.

1090. Diplôme de Philippe I en faveur de l'abbaye de Saint-Remi. *Arch. adm.,* t. I, 260; *Arch. lég.,* iie part., *statuts,* iiie vol., 21.

1095. Novembre 18. Concile de Clermont. *Arch. adm.,* t. I, 224.

1095. Titre concernant la fondation de quatre chanoines dans le monastère de Saint-Pierre-aux-Dames. *Arch. adm.,* t. I, 204.

1095. Date assignée par M. Raynouard à la lettre du pape Urbain II qui félicite le peuple de Reims sur l'élection de Manassès. *Arch. adm.,* t. I, 247.

1095. Mars 4. Date assignée par Bréquigny à la même lettre. *Arch. adm.*, t. I, 248.

1096. Serment des archevêques de Reims. qui fixe les priviléges du chapitre. *Arch. adm.*, t. I, 438.

1096. Janvier 6. Date assignée par Bréquigny à la première lettre d'Urbain II, aux évêques suffragants de Reims, relative à l'ordination de Manassès. *Arch. adm.*, t. I, 248.

1100. Charte de Manassès, archevêque de Reims. *Arch. adm.*, t. I, 259.

1102. Joran exerce la charge de prévôt de S. Nicaise de Reims. *Arch. adm.*, t. I, 658.

1103. Élection de Joran, abbé de S. Nicaise. *Arch. adm.*, t. I, 265.

1103. Transaction entre les chanoines de S. Symphorien et ceux de S. Denis. *Arch. adm.*, t. I, 906.

1106. Legs de plusieurs autels fait par Manassès, archevêque de Reims, à l'abbaye de S. Denis. *Arch. adm.*, t. I, 254.

1106. Date erronée donnée par M. Raynouard à une charte du même, relative à un litige entre les chanoines de S. Symphorien et ceux de S. Denis. *Arch. adm.*, t. I, 255.

1107. Date erronée assignée par Bréquigny à une lettre d'Ives de Chartres au pape Pascal. *Arch. adm.*, t. I, 258.

1107. Bulle de Pascal II, relative à certains priviléges de S. Remi. *Arch. adm.*, t. I, 260.

1109. Charte de Radulphe, archevêque de Reims en faveur de S. Remi, *Arch. adm.*, t. I, 251.

1109. Charte de Raoul le Vert, archevêque de Reims, qui attribue au trésorier de S. Nicaise, la présentation à la cure de Branscourt. *Arch. adm.*, t. I. 656.

1110. Statuts recueillis par S. Udalric pour l'abbaye de Cluny et accommodés à l'usage de celle de S. Remi. *Arch. adm.*, t. I, 231.

1110. Janvier 3. Bulle de Pascal II, relative aux priviléges de S. Remi. *Arch. adm.*, t. I, 255.

1110. Époque présumée du don fait par Raoul-le-Vert, du prieuré de S. Maurice à l'abbaye de Marmoutier. *Arch. adm.*, t. I, 260.

1110. Charte de l'archevêque Rainold, relative à une donation d'autels. *Arch. adm.*, t. I, 274.

1112. Deux bulles de Pascal II, dont l'une concerne une contestation entre les abbayes de S. Remi et de S. Nicaise. *Arch. adm.*, t. I, 263.

1114. Charte qui fait mention pour la première fois du sénéschal de Reims. *Arch. adm.*, t. I, 415.

1115. Mars 28. Concile de Reims, tenu par le légat Conon. *Arch. adm.*, t. I, 270.

1118. Mort d'Azenaire, abbé de S. Remi. *Arch. adm.*, t. I, 273.

De 1118 à 1151. Durée du gouvernement d'Odon, abbé de S. Remi. *Arch. lég.*, IIe part., *statuts*, 1er vol., 170.

1119. Acte constatant un don d'une terre, fait par Richerus Balderanus, à l'abbaye de S. Denis de Reims. *Arch. adm.*, t. I, 276.

1124. Mars. Date rectifiée d'une charte du comte Théobaudus, relative à une donation faite à S. Remi. *Arch. adm.*, t. I, 273.

1126. Privilége du pape Honorius, relatif à une donation de dîmes, faite par Gervais, archevêque de Reims, à l'abbaye de S. Denis. *Arch. adm.*, t. I, 218.

1127. Charte de l'archevêque de Mayence

Adalbert, qui rétablit le prince de Cosle. *Arch. adm.*, t. I, 5.

1127. Fondation du prieuré de S. Maurice de Reims. *Arch. adm.*, t. I, 260.

1130. Albéric fait refleurir les lettres à Reims. *Arch. adm.*, t. I, 666.

1134. Date des premiers actes relatifs à l'établissement des offices claustraux dans l'abbaye de Saint-Remi. *Arch. adm.*, t. I, 231.

1134. Charte d'Odon, abbé de S. Remi, par laquelle il nomme Zacharius aumônier. *Arch. adm.*, t. I, 231.

1136. Réunion des hôpitaux de Reims. *Arch. adm.*, t. I, 230.

1137. Époque de la mort de Desprets Rainaldus, dont le nom clôt un obituaire de l'église de Reims. *Arch. lég.*, IIe part., *statuts*, Ier vol., 62.

1138. Époque assignée par tous les historiens à la mort de Rainald, archevêque de Reims. *Arch. adm.*, t. I, 296.

1138. Concession faite par le roi à l'abbé de S. Denis de Reims, de certains fossés et terrains de ladite ville. *Arch. lég.*, IIe part., *statuts*, IIIe vol., 642.

1139. Bulle d'Innocent II, relative aux immunités de l'abbaye de S. Denis. *Arch. adm.*, t. I, 274.

1139. Janvier 13. Mort de Rainald, archevêque de Reims. *Arch. adm.*, t. I, 296.

1139. Date assignée par Marlot à la mort de Hugo, archidiacre de Reims. *Arch. adm.*, t. I, 303.

1140. Élection de Sanson au siége archiépiscopal de Reims. *Arch. adm.*, t. I, 296.

1140. Novembre. Époque avant laquelle on ne trouve aucune date certaine pour la première année du pontificat de Sanson. *Arch. adm.*, t. I, 296.

1140. Date assignée par Cocquault à une bulle d'Innocent III. *Arch. adm.*, t. I, 300.

1140. Fausse date assignée par Bréquigny à une lettre de Samson, archevêque de Reims. *Arch. adm.*, t. I, 320.

1140. Époque où Atulf le Lombard enseignait les belles-lettres à Reims. *Arch. adm.*, t. I, 666.

1144. Août. Rectification relative à la huitième année du règne de Louis VII. *Arch. adm.*, t. I, 308.

1144. Époque approximative du don du monastère de Bucilly, fait à l'abbaye de Saint-Martin des Champs. *Arch. adm.*, t. I, 314.

1146. Août 1er. Date relative à l'avénement de Samson au siége de Reims. *Arch. adm.*, t. I, 296.

1146. Charte concernant les biens de l'hospice Saint-Ladre à Reims. *Arch. adm.*, t. II, 6.

1147. Année du règne de Louis VII. Alléguée à l'appui de l'époque probable du commencement du pontificat de Samson. *Arch. adm.*, t. I, 296.

1148. Le monastère de Bucilly passe à l'ordre de Prémontré. *Arch. adm.*, t. I, 314.

1150. La Porte-Chacre désignée dans l'ancien rituel de N. D. de Reims, à cette époque, sous le nom de Porte-Chartre. *Arch. adm.*, t. I, 9.

1152. Charte de Samson, archevêque de Reims, non retrouvée au cartulaire de l'hôtel de ville, relative à une concession de foires aux lépreux de cette ville. *Arch. adm.*, t. I, 358.

1152. Don d'un terrain pour bâtir fait aux mêmes lépreux par Roger de Bellocerto. *Arch. adm.*, t. II, 6.

1160. Juillet 15. Bulle d'Alexandre III

confirmative du décret de Samson, sur les chanoines non résidents. *Arch. adm.*, t. I, 360.

1161. Pierre de Riga tient les écoles à Reims. *Arch. adm.*, t. I, 666.

1161. Avénement de Henri de France au siége pontifical de Reims. *Arch. lég.*, IIe part., *statuts*, IIIe vol., 608.

1164. Acquisition faite par Pierre, abbé de Saint-Remi, à Hilduin chanoine, du tiers des moulins de Folleret. *Arch. adm.*, t. I, 498.

1164. Date fausse attribuée par les historiens de Reims à une sédition contre l'archevêque de cette ville. *Arch. adm.*, t. I, 347.

1164. Date assignée par Bréquigny à une lettre du pape Alexandre III, à Henri, archevêque de Reims relative aux chanoines de la même ville. *Arch. adm.*, t. I, 349.

1164. Lettre du pape Alexandre III à Louis VII en faveur des chanoines de Reims. *Arch. adm.*, t. I, 349.

1164. Date assignée par les historiens de Reims au différend entre Henri de France, archevêque, et son chapitre. *Arch. adm.*, t. I, 438.

1167. La bourgeoisie de Reims considère saint Remi comme l'auteur de ses libertés. *Arch. adm.*, t. I, 481.

1168. L'archevêque de Reims dépouille les échevins de la juridiction contentieuse. *Arch. lég.*, IIe part., *statuts*, IIIe vol., 39.

1168. Usurpation du tabellionage faite sur les échevins de Reims par l'archevêque. *Arch. lég.*, IIe part., *statuts*, IIIe vol., 512.

1170. Décembre 13. Bulle d'Alexandre III confirmant le décret de Henri, arche-

véque de Reims relatif aux chanoines non résidents. *Arch. adm.*, t. I, 360.

1170. Le chapitre de Reims donne l'église de la Trinité et ses prébendes aux chevaliers du Temple. *Arch. adm.*, t. I, 364.

1170 à 1180. Époque à laquelle vivait Galthérius, professeur à Reims. *Arch. adm.*, t. I, 667.

1170. Henri de France, archevêque de Reims, donne les droits de la foire de Pâques aux lépreux de cette ville. *Arch. adm.*, t. II, 6.

1170. Fondation par Begge, prêtre de Liége de la société des béguines. *Arch. lég.*, IIe part., *statuts*, Ier vol., 129.

1172. Date assignée par Bréquigny à une lettre du pape Alexandre III à Henri, archevêque de Reims, relative aux chanoines de cette ville. *Arch. adm.*, t. I, 349.

1172. Lettre du pape Alexandre III à Louis VII en faveur des chanoines de Reims. *Arch. adm.*, t. I, 349.

1175. Mort de Henri de France, archevêque de Reims. *Arch. adm.*, t. I, 3.

1176. Composition ou accord entre Gaufridus de Joenvilla et l'abbé de S. Remi sur certaines terres y spécifiées. *Arch. lég.*, IIe part., *statuts*, Ier vol., 165.

1179. Troisième concile de Latran. *Arch. adm.*, t. I, 467.

1179 (environ). Louis VII érige le comté de Reims en duché. *Arch. adm.*, t. II, 82.

1180 (environ). Lettre de Garin, abbé de S. Victor, au doyen des chanoines de Reims, sur le relâchement de la vie commune desdits. *Arch. adm.*, t. I, 436.

1181. Date qui rectifie celle assignée par Bréquigny à une lettre d'Étienne, abbé

de Sainte-Geneviève, aux doyen et collége de l'église de Reims. *Arch. adm.*, t. I, 416.

1181 (environ). Lettre du pape Alexandre III aux chanoines de Reims, relative au relâchement de la vie commune. *Arch. adm.*, t. I, 436. *

1181 (environ). Lettre du pape Étienne sur le même sujet. *Arch. adm.*, t. I, 436.

1182. Conquête par la bourgeoisie de Reims de ses libertés antiques. *Arch. adm.*, t. I, 481. *Arch. lég.*, iiᵉ part., *statuts*, iiᵉ vol., 453.

1182. Charte obtenue par ladite bourgeoisie à cette occasion. *Arch. adm.*, t. I, 488. *Arch. lég.*, iiᵉ part., *statuts*, iiᵉ vol., 41.

1182. Charte de Guillaume de Champagne, archevêque de Reims, relative à la juridiction de l'échevinage. *Arch. adm.*, t. I, 489. *Arch. lég.*, iiᵉ part., *statuts*, iᵉʳ vol., 437 ; *statuts*, iiᵉ vol., 37, 43, 327.

1182. Confirmation par Philippe Auguste, de la susdite charte. *Arch. lég.*, iiᵉ part., *statuts*, iᵉʳ vol., 437 ; *statuts*, iiᵉ vol., 44.

1182. Premier acte authentique qui témoigne des relations des archevéques et des échevins de Reims. *Arch. adm.*, t. I, 84.

1184. Augmentation des religieux du prieuré de Saint-Maurice. *Arch. adm.*, t. I, 260.

1184. Privilége de Guillaume, archevêque de Reims, qui confirme au couvent de Saint-Remi les dîmes de Bezannes. *Arch. adm.*, t. I, 406.

1184. Époque où Philippe Auguste mit en usage le pavé sur la voie publique. *Arch. lég.*, iiᵉ part., *statuts*, iiiᵉ vol., 406.

1185. Blehardus, prédécesseur de Balduinus, occupe la prévôté de Saint-Remi. *Arch. adm.*, t. I, 424.

1185. Date alléguée sur un acte relatif aux coutumes de Châlons. *Arch. adm.*, t. I, 719.

1188. Hommage du prévôt de Reims au chapitre. *Arch. adm.*, t. I, 412.

1188. Liste nécrologique donnée par Guillaume, archevêque de Reims, dans laquelle figure le nom de Garin Maloz. *Arch. adm.*, t. I, 424.

1190. Date fausse assignée par Bréquigny à une lettre d'Étienne, abbé de Sainte-Geneviève, aux doyen et collége de l'église de Reims. *Arch. adm.*, t. I, 416.

1190. Lettre de Guillaume, évêque de Châlons, à Louis VII concernant l'écolâtre Eoulques. *Arch. adm.*, t. I, 667.

1191. Janvier 26. Bulle de Clément III, confirmant un diplôme de Philippe Auguste, relatif à la succession de l'archevêque de Reims. *Arch. adm.*, t. I, 413.

1192. Charte de Guillaume de Champagne, archevêque de Reims, relative à la prévôté de son église. *Arch. adm.*, t. I, 224.

1192. Hommage du prévôt de Reims au chapitre. *Arch. adm.*, t. I, 412.

1192. Charte de Guillaume archevêque de Reims qui investit Balduinus de la prévôté. *Arch. adm.*, t. I, 424.

1192. Concession du même à l'écolâtre de Reims, de cinq muids de froment par an, à prendre sur le moulin de Rethel. *Arch. adm.*, t. I, 663.

1194. Date alléguée sur un acte relatif aux coutumes de Châlons. *Arch. adm.*, t. I, 719.

1196. Mort de Hildewinus, archidiacre de Champagne. *Arch. adm.*, t. I, 410.

1197. Guillaume aux Blanches Mains, archevêque de Reims, termine le différend élevé entre le chapitre et son prédécesseur, au sujet d'une excommunication. *Arch. adm.*, t. I, 439.

1197. Charte du même portant concession d'un franc servant à l'abbaye de Saint-Denis. *Arch. adm.*, t. I, 440.

1197. Acte par lequel Simon, abbé de Saint-Remi accorde, sur la dîme de Tailly, une certaine somme pour l'entretien du couvent. *Arch. lég.*, iie part., *statuts*, ier vol., 172.

1199. Date assignée par Cocquault au transport du village de Tainqueux, fait par Thibault comte de Champagne, à Guillaume archevêque de Reims. *Arch. adm.*, t. I, 227.

1199. Acquisition par l'abbé de Saint-Remi des dîmes de Taissy. *Arch. adm.*, t. I, 415.

1200. Lettre du pape Innocent III aux doyen et chanoines de Reims sur le relâchement de la vie commune. *Arch. adm.*, t. I, 436.

1200. Charte de Guillaume de Champagne relative à l'ordination de Joran, abbé de Saint-Nicaise. *Arch. adm.*, t. I, 655.

1200. Époque où fut dressé l'ancien ordinaire de l'église de Reims. *Arch. adm.*, t. I, 747.

1200. Accord fait par Pierre, abbé de Saint-Remi, concernant certaines redevances dues à son couvent. *Arch. lég.*, iie part., *statuts*, ier vol., 174.

1201. Février 13. Bulle d'Innocent III, confirmant un privilége de Lucius III, en faveur des moines de Saint-Remi. *Arch. adm.*, t. I, 398.

1201. Extrait d'une bulle d'Innocent III, relative à une composition entre l'archevêque et le chapitre de Reims. *Arch. adm.*, t. I, 444.

1201. Bulle confirmative d'une charte de Guillaume, archevêque de Reims, relative à la foire des lépreux de cette ville. *Arch. adm.*, t. I, 446.

1201. Acte d'échange de Montbré, Duizel et Trois-Ponts, fait par le couvent de Saint-Remi de Reims. *Arch. lég.*, iie part., *statuts*, ier vol., 175.

1202. Avril. Confirmation par Philippe Auguste de la reconnaissance d'une rente que le chapitre de Reims doit prendre sur l'archevêché. *Arch. adm.*, t. I, 444.

1203. Date controversée sur la mort de Guillaume aux Blanches Mains, archevêque de Reims. *Arch. adm.*, t. I, 449.

1203. Compromis entre l'abbé de Saint-Remi de Reims et son couvent sur certains cens et redevances. *Arch. lég.*, iie part., *statuts*, ier vol., 175.

1205. Date controversée assignée par Bréquigny au concile provincial de Saint-Quentin. *Arch. adm.*, t. I, 584.

1205. Donation de certaines terres et bâtisses, faite par l'abbé de Saint-Remi de Reims à son couvent. *Arch. lég.*, iie part., *statuts*, ier vol., 178.

1206. Gilles, chanoine de Reims plante une vigne proche la Porte-Mars. *Arch. adm.*, t. I, 1056.

1207. Charte de Guy, abbé de Saint-Remi, qui applique certains legs pieux au service anniversaire des frères défunts de son couvent. *Arch. lég.*, iie part., *statuts*, ier vol., 178.

1208. Date assignée par Bréquigny à une lettre d'Albéric, archevêque, à Philippe Auguste, relative à un fort que les habitants de Reims se proposaient de bâtir. *Arch. adm.*, t. I, 476.

1208. Mars 18. Sentence interlocutoire rendue sur un différend entre l'abbé et les chanoines de Saint-Denis de Reims *Arch. adm.*, t. I, 479.

1209. Confirmation par Albéric, archevêque de Reims, d'une charte de Guy, abbé de Saint-Remi, relative à l'assise des tailles dans le bourg de ce nom. *Arch. adm.*, t. I, 466.

1209. Charte du même, relative à la bouteillerie de Saint-Rémi. *Arch. lég.*, iie part., *statuts*, ier vol., 179.

1211. Janvier 25. Bulle d'Innocent III, relative à l'assise des bourgeois du ban Saint-Remi. *Arch. adm.*, t. I, 472.

1211. Albéric, archevêque de Reims, jette les fondements d'une église. *Arch. adm.*, t. I, 724.

1211. Philippe Auguste contraint les échevins de Reims à remettre les clefs de la ville à l'archevêque. *Arch. lég.*, iie part., *statuts*, iie vol., 328.

1212. Charte d'Albéric relative aux immunités des francs servants des chanoines. *Arch. adm.*, t. I, 440.

1212. Juillet 13. Mandement du roi au bailli de Vermandois, relatif aux exactions commises par les seigneurs de Brienne sur les habitants de Reims. *Arch. adm.*, t. II, 143.

1213. Date assignée par Bréquigny à une lettre d'Albéric à Philippe Auguste, relative à une forteresse que les habitants de Reims proposaient de bâtir. *Arch. adm.*, t. I, 476.

1213. Séjour de Philippe Auguste à Reims. *Arch. adm.*, t. I, 838.

1213. Milon, seigneur d'Amagne, bâtit une chapelle à Montclin. *Arch. adm.*, t. II, 1104.

1213. Février. Composition ou accord fait entre Pierre, abbé de Saint-Remi et son couvent, relative à l'infirmerie et à la cuisine. *Arch. lég.*, iie part., *statuts*, ier vol., 180.

1214. Époque où vivait Radulfe, écolâtre de Reims. *Arch. adm.*, t. I, 667.

1215. Accord par lequel la manse du trésorier est séparée de celle de l'église de Reims. *Arch. adm.*, t. I, 496.

1215. Novembre 11. Quatrième concile de Latran. *Arch. adm.*, t. I, 554.

1215. Compromis entre l'abbé de Saint-Remi de Reims et son couvent sur certaines prébendes de vivres. *Arch. lég.*, iie part., *statuts*, ier vol., 184.

1216. Juin. Privilége de l'abbé de Saint-Remi de Reims et de son couvent sur le vivier de Frichambaut, etc. *Arch. lég.*, iie part., *statuts*, ier vol., 185.

1216. Charte d'Albéric, archevêque de Reims, dans laquelle il reconnaît que la seigneurie de la Coûture appartient au chapitre. *Arch. lég.*, iie part., ier vol., 569.

1216. La vie commune cesse dans le chapitre de Reims. *Arch. adm.*, t. I, 75.

1217. Date assignée par le livre Blanc à la réquisition faite par Philippe Auguste au chapitre de Reims, de lui envoyer ses hommes pour son expédition contre le comte de Flandres. *Arch. adm.*, t. I, 429.

1217. Avril. Confirmation par le pape Honorius III des rentes de l'infirmerie et réfectoire de Saint-Remi de Reims. *Arch. lég.*, iie part., *statuts*, ier vol., 187.

1217. Avril 22. Confirmation par le même d'une charte de l'église de Reims relative au vivier, pont et moulin de Frichambaut. *Arch. adm.*, t. I, 500.

1217. Décembre 16. Privilége d'Hono-

rius III en faveur de Saint-Nicaise, relatif au droit de rachat. *Arch. adm.*, t. I, 504.

1218. Accord entre l'abbé et les religieux de Saint-Remi sur certaines rentes applicables à l'entretien de la librairie et du réfectoire du couvent. *Arch. lég.*, 11ᵉ part., *statuts*, 1ᵉʳ vol., 188.

1219. Époque où fut commencée, d'après la chronique de S. Nicaise, l'enceinte des murs de Reims. *Arch. adm.*, t. I, 1086. *Arch. lég.*, 11ᵉ part., *statuts*, 111ᵉ vol., 642.

1220. Époque où Drogon de Hautvilliers professait les humanités à Reims. *Arch. adm.*, t. I, 667.

1220. Milon, seigneur d'Amagne, dote la chapelle qu'il a bâtie à Montclin. *Arch. adm.*, t. II, 1104.

1220. Accord par lequel la manse du trésorier est séparée de celle de l'église de Reims. *Arch. adm.*, t. I, 496.

1220. Février. Confirmation de l'accord précédent par l'archevêque. *Arch. adm.*, t. I, 498.

1222. Sentence arbitrale relative aux priviléges de l'archidiaconé de Reims. *Arch. adm.*, t. I, 747.

1222. Fondation du monastère de Clairmarais. *Arch. adm.*, t. I, 11.

1223. Concile de Paris. *Arch. adm.*, t. I, 60.

1223. Serment de Jacobus de Bazoches, évêque de Soissons. *Arch. lég.*, 11ᵉ part., *statuts*, 1ᵉʳ vol., 32.

1223. Octobre. Lettres de Guillaume, archevêque de Reims, relatives à l'administration des revenus de l'abbaye de Saint-Remi. *Arch. lég.*, 11ᵉ part., *statuts*, 1ᵉʳ vol., 189.

1223. Décembre. Acte par lequel Pierre, abbé de Saint-Remi, restitue la dîme de

Neuvisy et autres rentes à son couvent pour son anniversaire. *Arch. lég.*, 11ᵉ part., *statuts*, 1ᵉʳ vol., 188.

1224. Guillaume de Joinville, archevêque de Reims, condamné à prêter le serment usité par ses prédécesseurs. *Arch. adm.*, t. I, 224.

1224. Date erronée attribuée à un acte relatif à la garde de Saint-Remi. *Arch. adm.*, t. I, 822.

1225. Armée que les Rémois unis aux Châlonnais conduisent au roi contre l'empereur. *Arch. lég.*, 11ᵉ part., *statuts*, 111ᵉ vol., 607.

1225. Acte contenant les griefs du clergé contre Philippe Auguste. *Arch. adm.*, t. I, 550.

1225. Statut de Pierre, abbé de Saint-Remi de Reims, relatif aux conditions d'admission dans son couvent de certaines personnes qui désirent prendre l'habit. *Arch. lég.*, 11ᵉ part., *statuts*, 1ᵉʳ vol., 189.

1225. Juillet. Privilegium abbatis sancti Remigii Remensis, de minutione, quotiens debent minui fratres. *Arch. lég.*, 11ᵉ part., *statuts*, 1ᵉʳ vol., 190.

1226. Mort de Louis VIII. *Arch. adm.*, t. I, 838.

1227. Avénement de Henri de Braine au siége pontifical de Reims. *Arch. lég.*, 11ᵉ part., *statuts*, 111ᵉ vol., 610.

1227. Mars. Acte par lequel l'abbé de Saint-Remi règle la distribution de certaine pitance de vin aux frères de son couvent. *Arch. lég.*, 11ᵉ part., *statuts*, 1ᵉʳ vol., 191.

1228. Élévation du même au siége de Reims. *Arch. adm.*, t. I, 1086.

1228. Le château de Porte-Mars fortifié par le même. *Arch. adm.*, t. I, 12.

1229. Bulle de Grégoire IX, relative à un

démêlé entre le chapitre de Reims et son archevêque. *Arch. adm.*, t. I, 444.

1232. Date fausse, attribuée par Cossart à un concile provincial de l'église de Reims. *Arch. adm.*, t. I, 549.

1232. Émeute à Beauvais. *Arch. lég.*, ıı^e part., *statuts*, ıııe vol., 611.

1233. Date controversée relative au concile de S. Quentin, à l'occasion des démêlés de S. Louis avec Milon, évêque de Beauvais. *Arch. adm.*, t. I, 550.

1233. Février 25. Concile de Noyon. *Arch. adm.*, t. I, 551, 559.

1234. Mai. Compromis entre les mansionnaires de l'abbaye de S. Remi et les moines, relatif à l'étang de cette abbaye. *Arch. adm.*, t. I, 504.

1235. Acte contenant les protestations du clergé contre les empiétements de la royauté. *Arch. adm.*, t. I, 550.

1239. Mort de Déodat, abbé de S. Remi. *Arch. adm.*, t. I, 835.

1239. Charte du même, relative aux revenus des prévôtés de Nicles et de Braux. *Arch. lég.*, ıı^e part., *statuts*, ı^{er} vol., 191.

1239. Élection de Pierre de Sacy en qualité d'abbé de S.-Remi. *Arch. adm.*, t. I, 823.

1240. Troisième dimanche après la Circoncision. Copie d'une lettre de Grégoire IX à l'évêque de Senlis et à l'archidiacre de Châlons, leur enjoignant d'absoudre les échevins de Reims, d'une excommunication. *Arch. adm.*, t. I, 627.

1240. Époque à laquelle l'écolâtre Albricus expliquait l'Écriture sainte à Reims. *Arch. adm.*, t. I, 667.

1240. Juillet. Mort de Henri de Braine, archevêque de Reims. *Arch. adm.*, t. I, 823.

1243. Février. Serment de Petrus, évêque de Noyon. *Arch. adm.* t. I, 60. *Arch. lég.*, ıı^e part., *statuts*, ı^{er} vol., 32.

1246. Pierre, abbé de S. Denis de Reims, souscrit une charte en faveur des dominicains. *Arch. adm.*, t. I, 858.

1246. Charte qui permet aux échevins de Reims, de faire chanter à S. Ladre-aux-Femmes par un prêtre de leur choix. *Arch. adm.*, t. II, 6.

1247. Mars. Titre constatant un droit de surcens dû aux chanoines de S. Pierre-aux-Dames, sur une maison sise à Reims. *Arch. adm.*, t. I, 204.

1247. Date assignée par Math. Paris, à une pièce relative à la ligue des barons de France contre le clergé. *Arch. adm.*, t. I, 690.

1247. Août 27. Bulle d'Innocent IV, enjoignant l'exécution du décret de Henri, archevêque de Reims, relatif aux chanoines non résidents. *Arch. adm.*, t. I, 860.

1248. Janvier 25. Adhésion des évêques de Châlons et de Cambrai, à une sentence arbitrale de l'évêque Pierre, touchant le différend de l'archevêque de Reims et de ses suffragants. *Arch. adm.*, t. I, 670.

1248. Février. Date relative à un accord fait entre le comte de Rethel et l'abbaye de S. Remi de Reims. *Arch. adm.*, t. I, 650.

1248. Mars 15. Article additionnel à la sentence de Pierre, évêque d'Albe, relatif au différend d'entre l'archevêque de Reims et ses suffragants. *Arch. adm.*, t. I, 699.

1249. Élection de Pierre, en qualité d'abbé de S. Denis de Reims. *Arch. adm.*, t. I, 858.

1249. Octobre. Ordonnance réglant la collation des bénéfices et prébendes de

l'église de Reims. *Arch. lég.*, iie part., *statuts*, i^{er} vol., 105.

1250. Modification apportée dans l'organisation intérieure de l'abbaye de S. Nicaise de Reims. *Arch. adm.*, t. I, 655.

1250. Acte d'association de la même abbaye. *Arch. adm.*, t. I, 655.

1250. Décembre. Mort d'Yvelle, archevêque de Reims. *Arch. adm.*, t. I, 824.

1251. Juillet 19. Lettres du bailli de Vermandois, qui saisit au nom du roi, les biens de l'abbaye de S. Remi. *Arch. adm.*, t. I, 727.

1251. Mort de Pierre, abbé de S. Remi. *Arch. adm.*, t. I, 869.

1252. Mort de la reine Blanche, mère de saint Louis. *Arch. adm.*, t. I, 865.

1253. Date restituée à un acte sur une enquête relative à la garde de S. Remi. *Arch. adm.*, t. I, 834.

1253. Thomas de Beaumetz, archevêque de Reims, permet aux religieux de S. Nicaise, de bâtir une muraille sur le bord du rempart environnant leur église. *Arch. adm.*, t. I, 1086.

1254. Retour de saint Louis de la terre sainte. *Arch. adm.*, t. I, 865.

1254. Mort de Gilebert, prieur de Corbigny et abbé de S. Remi. *Arch. adm.*, t. I, 869.

1254. Août 17. Bref d'Innocent IV, accordant des priviléges particuliers à l'abbé de S. Remi. *Arch. lég.*, iie part., *statuts*, i^{er} vol., 193.

1255. Date assignée par l'auteur d'un mémoire intitulé : *Plan de la ville de Reims*, à un accord fait entre les habitants d'Hermonville et les chanoines de Reims. *Arch. adm.*, t. I, 769.

1256. Bulle d'Alexandre IV, relative à une composition entre le chapitre de

Reims et l'archevêque. *Arch. adm.*, t. I, 444.

1256. Janvier 25. Ampliation et sanction donnée par le même, à plusieurs pièces relatives au différend de l'archevêque de Reims et de ses suffragants. *Arch. adm.*, t. I, 670.

1257. Institution par Sibylle III, abbesse de S. Pierre-aux-Dames, de quatre chanoines dans son monastère. *Arch. adm.*, t. I, 205.

1257. Bulle d'Alexandre IV à Thomas de Beaumetz, archevêque de Reims, l'exhortant à maintenir les coutumes et libertés de son église. *Arch. adm.*, t. I, 224.

1257. Janvier 19. Statut par lequel l'abbé de Saint-Remi de Reims interdit les aliénations des maisons et prieurés appartenant à son couvent. *Arch. lég.*, iie part., *statuts*, i^{er} vol., 193.

1257. Août. Sentence arbitrale rendue entre l'abbesse de S. Pierre-aux-Dames, Sibylle IV et les chanoines de la même abbaye. *Arch. adm.*, 204.

1257. Septembre. Acte qui règle les attributions et revenus du panetier de Saint-Remi. *Arch. lég.*, iie part., *statuts*, i^{er} vol., 193.

1258. L'archevêque Thomas de Beaumetz veut retirer aux échevins de Reims la juridiction contentieuse. *Arch. lég.*, iie part., *statuts*, iiie vol., 39.

1259. Septembre. Sentence interlocutoire sur un procès entre l'abbaye de Saint-Remi et l'archevêque de Reims. *Arch. adm.*, t. I, 870.

1260. Sentence arbitrale entre les abbés de Saint-Remi et de Saint-Nicaise, relative à la garde des clefs de la porte de cette dernière abbaye. *Arch. adm.*, t. I, 1086.

1261. Mars 30. Transaction relative à le

reprise du procès entre l'archevêque et l'abbaye de Saint-Remi. *Arch. adm.*, t. I, 870.

1261. Août 29. Élection de Jacques de Troyes à la papauté, sous le nom d'Urbain IV. *Arch. adm.*, t. I, 804.

1262. Février 17. Date assignée par Martel à la mort de Thomas de Beaumetz, archevêque de Reims. *Arch. adm.*, t. I, 845.

1262. Mars 6. Date faussement alléguée, relative à un compromis entre l'archevêque de Reims et son chapitre d'une part, et le roi de France de l'autre. *Arch. adm.*, t. I, 803.

1262. Décembre 18. Procuration de Thomas de Beaumetz, archevêque de Reims. *Arch. adm.*, t. I, 820.

1263. Février 15. Mort du même. *Arch. adm.*, t. I, 820.

1265. Juillet 1er. Bulle de Clément IV, qui sanctionne une charte de Thomas, archevêque de Reims, relative au couvent de Saint-Nicaise. *Arch. adm.*, t. I, 807.

1266. Juin 5. Bulle de Clément IV confirmant une sentence sur un différend entre l'archidiacre de Reims et le chapitre. *Arch. adm.*, t. I, 882.

1266. Premier établissement des béguines à Nivelles en Flandre. *Arch. lég.*, IIe part., *statuts*, Ier vol., 129.

1267. Date controversée sur un acte relatif à la garde de Saint-Remi. *Arch. adm.*, t. I, 823.

1268. Mort de Renaudus, évêque de Paris. *Arch. lég.*, IIe part., *statuts*, Ier vol., 101.

1270. Date faussement alléguée par Ducange relative au testament de Sibylle, comtesse de Flandre. *Arch. adm.*, t. I, 1018.

1270. Date du plus ancien règlement sur la police de la voirie. *Arch. lég.*, IIe part., *statuts*, IIIe vol., 406.

1272. Jugement cité par Rogier sur le débat de l'archevêque de Reims et des bourgeois, au sujet des frais du couronnement. *Arch. adm.*, t. I, 1026.

1274. Extrait d'une bulle de Grégoire X, confirmative de celle d'Alexandre III, qui prend sous sa protection l'église de Reims. *Arch. adm.*, t. I, 383.

1274. Charte de Philippe III relative aux frais du couronnement. *Arch. adm.*, t. I, 931.

1279. Novembre 1er. Arrêt qui reconnaît comme authentique le sceau de l'échevinage. *Arch. adm.*, t. I, 489.

1280. Acquisition par Cécile, abbesse de Saint-Pierre-aux-Dames, de nouveaux droits de justice en faveur de son monastère. *Arch. adm.*, t. I, 205.

1280. Sénéchalat de Fleuriot de Thuisy. *Arch. adm.*, t. I, 415.

1280. Statuts de l'église de Reims. *Arch. lég.*, IIe part., *statuts*, Ier vol., 37.

1282. Statuts de l'église de Reims. *Arch. lég.*, IIe part., *statuts*, Ier vol., 38.

1286. Date assignée à un mandement adressé aux officiaux de Reims. *Arch. adm.*, t. I, 1044.

1286. Élection de Guillaume, évêque de Cambrai. *Arch. adm.*, t. I, 60.

1287. Juillet. Date fausse assignée par les historiens de Reims à un jugement de la Cour des comptes de Paris sur les démêlés entre les échevins de Reims et l'archevêque au sujet des frais du couronnement. *Arch. adm.*, t. I, 922.

1288. Février. Bulle de Nicolas IV, confirmative d'une autre d'Innocent IV, relative aux amendes pécuniaires infligées par le clergé de Reims, sous pré-

texte d'excommunication. *Arch. adm.*, t. I, 659.

1289. Commission pour assigner devant le bailli de Vermandois un bourgeois de Reims. *Arch. lég.*, 11e part., *statuts*, 111e vol., 613.

1290. Mars. Arrêt relatif aux héritages imposés pour les frais du sacre. *Arch. adm.*, t. II, 388.

1291. Mars. Les héritages des gens d'église de Reims sont affranchis de la taille pour le sacre. *Arch. adm.*, t. II, 576.

1293. Date assignée à un mandement adressé aux officiaux de Reims. *Arch. adm.*, t. I, 1044.

1294. Philippe le Bel envoie le seigneur de Dampierre à Reims pour enjoindre de faire travailler incessamment à la clôture de la ville. *Arch. adm.*, t. I, 1087.

1294. Essai d'impôt indirect tenté par la royauté. *Arch. lég.*, 11e part., *statuts*, 1er vol., 457.

1296. Pierre le Gouverneur, prévôt de l'église de Reims. *Arch. adm.*, t. II, 70.

1297. Pierre d'Hermonville, écolâtre de Reims. *Arch. adm.*, t. I, 667.

1298. Date rectificative d'un acte contenu dans le livre Rouge de l'échevinage. *Arch. adm.*, t. II, 11.

1298. Date de la mort du prédécesseur de Robert de Courtenay, archevêque de Reims. *Arch. adm.*, t. II, 253.

1299. Serment de Robert de Courtenay, archevêque de Reims. *Arch. adm.*, t. I, 225.

1299. Janvier. Inventaire de certains ustensiles et meubles appartenant à l'abbaye de Saint-Remi de Reims. *Arch. lég.*, 11e part., *statuts*, 1er vol., 149.

1299. Mars 12. Règlement de l'abbé de Saint-Remi de Reims qui modifie la part que l'abbé Azenaire avait léguée à son couvent pour son anniversaire. *Arch. lég.*, 11e part., *statuts*, 1er vol., 195.

1299. Mai 7. Commission du bailli de Vermandois pour faire des poursuites contre un bourgeois de Reims. *Arch. lég.*, 11e part., *statuts*, 11e vol., 28.

1299. Septembre 8. Élection du même siége archiépiscopal de Reims. *Arch. adm.*, t. II, 253.

1300. Liste des doyens de la collégiale de Saint-Symphorien, donnée par Lacourt. *Arch. adm.*, t. I, 270.

1300. Cessation d'une redevance de froment due aux lépreux de Reims. *Arch. adm.*, t. I, 446.

1300. Acte d'association de l'abbaye de Saint-Nicaise de Reims avec le chapitre de Notre-Dame. *Arch. adm.*, t. I, 655.

1301. Charte relative à une donation d'un surcens sur les tables des changeurs de Reims. *Arch. adm.*, t. I, 88.

1302. Lettres de Philippe le Bel, relatives aux priviléges des nobles et gens d'église. *Arch. lég.*, 11e part., *statuts*, 1er vol., 543.

1302. Février 28. Arrêt qui déclare que le parlement de Paris retiendra les causes dans le cas de récréance. *Arch. adm.*, t. II, 52.

1302. Mars. Abrogation par le même, de la coutume d'employer les clercs pour retenir les actes publics. *Arch. lég.*, 11e part., *statuts*, 111e vol., 237, 507.

1302. Mars 13. Ordonnance de Philippe le Bel, pour la réformation du royaume. *Arch. adm.*, t. III, 66.

1302. Mars 23. Date assignée dans le li-

vré de l'échevinage de Reims , à une ordonnance pour la réformation du royaume. *Arch. adm.*, t. II, 28.

1302. Mai 3. Statuts de Philippe le Bel adressés aux sénéchaux de Carcassonne et de Beaucaire. *Arch. adm.*, t. II, 18.

1303. Date présumée d'un pouillé de la province de Reims. *Arch. adm.*, t. II, 1025.

1303. Fondation par Jehan de Rumigny , de la chapelle de Montcornet. *Arch. adm.*, t. II, 1025, 1074.

1305. Avril 2. Mort de Jeanne, reine de Navarre. *Arch. adm.*, t. II, 30.

1305. Mai 19. Mariage de Guillaume , comte de Hainaut, et de Jeanne de Valois. *Arch. adm.*, t. II, 30.

1305. (Octave de Pâques.). Ordonnance de Philippe le Bel, relative à la police des grains. *Arch. lég.*, ii° part., *statuts*, iii° vol., 336.

1306. Odo de Caureto élu doyen de St. Symphorien. *Arch. adm.*, t. I, 270.

1306. Époque où Raoul de Grosparmi, doyen d'Orléans, était membre de l'échevinage de Reims. *Arch. adm.*, t. II, 85.

1306. Novembre 4. Acte cité par Rogier, au sujet d'une demande d'arrêt de récréance, faite par les bourgeois de Reims. *Arch. adm.*, t. II, 16.

1308. Vidimus par Philippe le Bel du susdit arrêt. *Arch. adm.*, t. III, 335.

1308. Janvier 2. Arrêt contre les prétentions des échevins de Reims invoquant un arrêt perpétuel de récréance. *Arch. adm.*, t. II, 16.

1308. janvier 26. Arrêt relatif aux chartes et papiers de l'échevinage de Reims. *Arch. adm.*, t. III, 334.

1308. Janvier 26. Lettres royaux qui confirment la charte octroyée par l'ar-

chevêque de Reims Guillaume , à l'archevêque de cette ville. *Arch. adm.*, t. III, 268.

1308. Novembre 5. Nouvel acte relatif au procès de récréance entre les échevins de Reims et l'archevêque. *Arch. adm.*, t. II, 76.

1308. Décembre 15. Acte sur le même sujet. *Arch. adm.*, t. II, 75.

1309 (environ). La maison du Temple de Reims, et ses dépendances, passent aux hospitaliers. *Arch. adm.*, t. I, 364.

1309. Mars. Assignation de l'archevêque de Reims au chapitre. *Arch. adm.* t. II, 94.

1309. Avril 20. Présence de Philippe le Bel à Rouen. *Arch. adm.*, t. II, 79.

1310. Sénéchalat d'Érard de Thusy. *Arch. adm.*, t. I, 415.

1310. Avril 9, 10 et 11. Appel du chapitre de Reims au pape. *Arch. adm.*, t. II, 94.

1311. Concile de Vienne, dans lequel le pape Clément V abolit l'institut des béguines. *Arch. lég.*, ii° part., *statuts*, i° vol., 130.

1312. Date trouvée sur la tombe de Gilbert de Saga, écolâtre de Reims. *Arch. adm.*, t. I, 667.

1312. Date présumée d'un pouillé de la province de Reims. *Arch. adm.*, t. II, 1025.

1312. Août 9. Commission de Philippe le Bel, au bailli de Vermandois, contre les brigands qui ravageaient les environs de Reims. *Arch. lég.*, ii° part., *statuts*, iii° vol., 28.

1314. Testament relatif à l'hôpital d'Aubry-le-Crevé. *Arch. adm.*, t. I, 664.

1314. Testament de Guérin (Goujon), chanoine de Saint-Symphorien de Reims. *Arch. adm.*, t. I, 11.

1314. Avril 28. Les frères de Brienne re-couvrent leur liberté. *Arch. adm.*, t. II. 160.

1314. Novembre 29. Avénement de Louis X au trône. *Arch. adm.*, t. II, 161.

1315 (environ). Le siége du bailliage de Vermandois est transféré de Saint-Quentin à Laon. *Arch. lég.*, IIe part., *statuts*, IIIe vol., 4, 27.

1315. Sacre de Louis X. *Arch. adm.*, t. II, 173.

1315. Mai. Ordonnance de Louis X, relative aux épaves, mortes-mains, aubains, etc. *Arch. lég.*, IIe part., *statuts*, Ier vol., 545.

1315. Juin 5. Lettre du même à l'archevêque de Reims, relative à la convocation de l'ost de Flandres. *Arch. adm.*, t. II, 164.

1315. Septembre 1. Lettres-patentes de Louis X, relatives aux cas royaux dans les seigneuries. *Arch. lég.*, IIe part., *statuts*, IIIe vol., 628.

1315. Octobre 16. Commission du roi pour le payement des frais du sacre. *Arch. adm.*, t. II, 177.

1316. Mars. Ordonnance capitulaire relative aux réparations à faire aux maisons des chanoines de Reims. *Arch. adm.*, t. I, 75.

1316. Juin 5. Mort de Regnault de Bar., évêque de Metz. *Arch. adm.*, t. II, 161.

1317. Janvier 6. Sacre de Philippe V. *Arch. adm.*, t. II, 479.

1317. Août 1er. Débats entre l'archevêque et les échevins, relatifs aux frais du sacre. *Arch. adm.*, t. II, 172.

1317. Novembre 11. Procès-verbal de récréance pour les bourgeois de Reims. *Arch. adm.*, t. II, 215.

1318. Janvier 31. Commission relative à une récréance des bourgeois de Reims. *Arch. adm.*, t. II, 215.

1319. Arrêt relatif aux frais du sacre. *Arch. adm.*, t. II, 174.

1319. Serment prêté par Pierre, évêque de Senlis. *Arch. adm.*, t. I, 60.

1319. Ordonnance de Philippe V, qui déclare le tabellionnage de son domaine. *Arch. lég.*, IIe part., *statuts*, IIIe vol., 237.

1320. Satisfaction donnée par Fulcaudus, évêque de Noyon, au chapitre de Reims au sujet de ses lettres de promotion. *Arch. adm.*, t. I, 61.

1320. Janvier 31. Arrêt confirmatif de la juridiction de l'échevinage de Reims. *Arch. lég.*, IIe part., *statuts*, IIe vol., 41.

1320. Mai 26. Note relative aux démêlés de l'archevêque de Reims avec l'échevinage, à l'occasion des frais du sacre. *Arch. adm.*, t. II, 172.

1321. Serment prêté par Albert, évêque de Laon, au chapitre de Reims. *Arch. adm.*, t. I, 60.

1321. Février 22. Commission obtenue par les échevins de Reims contre la prétention du chapitre de faire placer des barrières autour du cloître. *Arch. adm.*, t. II, 277.

1321. Juin 17. Commission du lieutenant du bailli de Vermandois, ordonnant l'enlèvement d'étaux, que l'archevêque de Reims avait fait dresser. *Arch. lég.*, IIe part., *statuts*, IIIe vol., 29.

1321. Juillet. Rescrit du commissaire délégué par le bailli de Reims, faisant suite à une commission pour enlever les susdits étaux. *Arch. adm.*, t. II, 270.

1321. Août 21. Accord relatif à la paneterie de Reims. *Arch. lég.*, IIe part., *statuts*, Ier vol., 366.

1322. Mémoire relatif aux maisons canoniales de l'église de Reims. *Arch. adm.*, t. I, 75.

1322. Février 21. Sacre de Charles IV, dit le Bel. *Arch. adm.*, t. II, 479.

1322. Mai 13 et 25. Actes sur la prisée des héritages à l'occasion des frais du sacre. *Arch. adm.*, t. II, 388.

1322. Mai 15. Protestation du procureur de l'archevêque de Reims, relative aux frais du sacre. *Arch. adm.*, t. II, 289.

1322. Juin 19. Rescrit d'un sergent du roi constatant l'exécution d'une commission relative à la clôture de Saint-Nicaise de Reims. *Arch. adm.*, t. II, 314.

1322. Octobre 30. Autre rescrit du même sur le même sujet. *Arch. adm.*, t. II, 315.

1322. Novembre. Autre rescrit du même sur le même sujet. *Arch. adm.*, t. II, 315.

1323 (environ). Défenses de Charles IV aux évêques et aux grands seigneurs de battre monnaie. *Arch. adm.*, t. I, 82.

1323. Mars 3. Mort de Robert de Courtenay, archevêque de Reims. *Arch. adm.*, t. II, 472.

1323. Décembre 10. Sentence arbitrale rendue sur les prétentions des échevins et du chapitre de Reims, au sujet des brasseurs de foin. *Arch. lég.*, 11e part., *statuts*, 1er vol., 439.

1324. Serment de Guillaume de Trye, archevêque de Reims. *Arch. adm.*, t. I, 225.

1324. Janvier. Accord relatif aux frais du sacre. *Arch. adm.*, t. II, 390.

1324. Mars 3. Mort de Robert de Courtenay, archevêque de Reims. *Arch. adm.*, t. II, 378, 472.

1324. Mai 16. Commission du roi au bailli de Vermandois, relative à une enquête sur certains excès commis à Reims. *Arch. adm.*, t. II, 374.

1324. Novembre 10. Rescription de Pierre Maréchal sergent du roi, jointe à un mandement de S. M., pour revendiquer un bourgeois de Reims. *Arch. adm.*, t. II, 378.

1325. Janvier. Notice relative aux débats de l'archevêque de Reims avec l'échevinage, au sujet des frais du sacre. *Arch. adm.*, t. II, 173.

1325. Avril, mai, juin, juillet. Accord relatif aux frais du sacre que les clercs sont tenus de payer. *Arch. adm.*, t. II, 390.

1327. Statuts de l'église de Reims. *Arch. lég.*, 11e part., *statuts*, 1er vol., 37.

1327. Signification faite par le chapitre de Reims à l'archevêque Guillaume de Trye, au sujet de la juridiction spirituelle dudit. *Arch. adm.*, t. I, 496.

1327. Décembre 12. Reprise d'une demande en restitution de frais de sacre intentée par l'archevêque contre les échevins, à la suite du procès. *Arch. adm.*, t. II, 263.

1328. Acte de foi et hommage rendu par Florentia, trésorier de l'église de Reims, au chapitre. *Arch. adm.*, t. I, 496.

1328. Arrêt qui condamne les habitants du ban Saint-Remi à contribuer avec la ville à l'achèvement des murs d'enceinte. *Arch. adm.*, t. I, 1087.

1328. Janvier 30. Arrêt relatif à l'affaire de Huetus-Filiaster Hardit et de Remi Grammaire, bourgeois de Reims. *Arch. adm.*, t. II, 472.

1328. Février 1er. Mort de Charles IV, dit le Bel. *Arch. adm.*, t. II, 479.

1328. Du 1er février au 1er avril. Régence de Philippe VI de Valois. *Arch. adm.*, t. II, 477.

1328. Février 9. Commission relative aux frais du sacre. *Arch. adm.*, t. II, 558.

1328. Juin 29. Confirmation par Philippe VI, d'un arrêt rendu sur un procès entre les majeurs et échevins de Reims, à l'occasion de certains murs et fossés. *Arch. adm.*, t. II, 474.

1329. Janvier 7. Jugement définitif du parlement sur le procès entre les habitants du ban de l'archevêque et ceux du ban Saint-Remi, à l'occasion des frais de la guerre contre les frères de Brienne. *Arch. adm.*, t. II, 421.

1329. Novembre 14. Date assignée à un ordre du roi pour l'élargissement de certains bourgeois de Reims prisonniers. *Arch. adm.*, t. II, 649.

1329. Novembre 14. Commission d'enquête donnée par Philippe VI de Valois, à l'occasion de certains excès des habitants de Reims contre un de leurs concitoyens. *Arch. adm.*, t. II, 649.

1330. Bulle de Jean XXII, relative à la juridiction spirituelle du chapitre de Reims. *Arch. adm.*, t. I, 496.

1330. Lettres patentes du roi qui déchargent l'abbé de Saint-Nicaise de contribuer au reste des fortifications de Reims. *Arch. adm.*, t. I, 1088.

1330. Mai 28. Commission du bailli de Vermandois, contre les marchands de bois qui usaient de mesures trop petites. *Arch. lég.*, IIe part., *statuts*, IIIe vol., 29.

1330. Novembre 14. Date assignée à une commission du roi, relative à l'élargissement de certains bourgeois de Reims. *Arch. adm.*, t. II, 649.

1331. Première année du décanat de Hugues de Juilly. *Arch. lég.*, IIe part., *statuts*, Ier vol., 42.

1331. Philippe de Valois établit les greniers à sel. *Arch. lég.*, IIe part., *statuts*, 16.

1331. Acte de foi et hommage rendu par Jacqueti, trésorier de l'église de Reims, au chapitre. *Arch. adm.*, t. I, 496.

1331. Novembre 13. Arrêt de la cour du parlement, relatif à un bourgeois de Reims arrêté à Paris. *Arch. adm.*, t. II, 646.

1332. Commissaires envoyés à Reims par le roi, pour hâter l'achèvement des fortifications. *Arch. adm.*, t. II, 787.

1332. Voyage d'outre-mer arrêté par Philippe VI. *Arch. adm.*, t. I, 83.

1332. Création des notaires par le même. *Arch. lég.*, IIe part., *statuts*, IIIe vol., 237.

1332. Mai 20. Enquête relative à un meurtre attribué à Jehan de Senlis, prévôt de l'archevêque. *Arch. adm.*, t. II, 652.

1332. Août 14. Date faussement assignée au premier registre des plaids de Reims. *Arch. adm.*, t. II, 665.

De mars 1333 à avril 1334. Extraits des registres du parlement, relatifs au meurtre de Perrart Buiron. *Arch. adm.*, t. II, 650.

1333. Mars 28. Interrogatoire à l'occasion du meurtre attribué à Jehan de Senlis, prévôt de l'archevêque. *Arch. adm.*, t. II, 651.

1333. Avril 24. Lettres du roi au bailli de Vermandois, l'invitant à mettre la paix entre les habitants de Reims. *Arch. adm.*, t. II, 711.

1333. Mai 7. Notice sur les plaids en

baillie et en prévôté de Reims. *Arch. adm.*, t. II, 667.

1333. Mai 28. Exploits en la baillie et prévôté de Reims. *Arch. adm.*, t. II, 692.

1333. Juillet 31. Lettre relative aux frais des procès soutenus pour les affaires du sacre. *Arch. adm.*, t. II, 643.

1333. Décembre 1er. Commission de Philippe de Valois au bailli de Vermandois, sur le même sujet. *Arch. adm.*, t. II, 654.

1334. Acte par lequel l'évêque de Cambrai reconnaît qu'il est tenu de présenter ses lettres de promotion au chapitre de Reims. *Arch. adm.*, t. I, 61.

1334. Nouvelle Porte-Mars bâtie à Reims à côté de l'ancienne. *Arch. adm.*, t. I, 1086.

1334. Avril. Exploits de la baillie et prévôté de Reims. *Arch. adm.*, t. II, 675.

1334. Avril. Interrogatoire au sujet du meurtre attribué à Jehan de Senlis, prévôt de l'archevêque de Reims. *Arch. adm.*, t. II, 654.

1334. Novembre 21. Commission de Philippe VI de Valois au bailli de Vermandois, relative à la même affaire. *Arch. adm.*, t. II, 655.

1334. Décembre 29. Serment prêté par quelques échevins de Reims, à l'occasion de l'enquête ordonnée sur le meurtre précédent. *Arch. adm.*, t. II, 655.

1335. Philippe VI de Valois supprime le droit sur le sel. *Arch. lég.*, IIe part., *statuts*, IIe vol., 16.

1335. Donation faite par Étienne de Lyon, chanoine de Reims, à l'hôpital d'Aubry-le-Crevé. *Arch. adm.*, t. I, 664.

1335. Juin 19. Exploits en la baillie et prévôté de Reims. *Arch. adm.*, t. II, 683.

1336. Mai 4. Commission du roi au bailli de Vermandois, lui enjoignant d'ajourner certains bourgeois de Reims à la cour du parlement, *Arch. adm.*, t. II, 736.

1337. Sommation du chapitre de Reims aux évêques de Tournay et de Therouenne, relative à la présentation de leurs lettres de promotion. *Arch. adm.*, t. I, 61.

1337. Arrêt du Châtelet sur un différend entre le comte de Porcien et le chapitre de Reims. *Arch. adm.*, t. I, 732.

1337. Acte de foi et hommage rendu par G. de Castro-Villani, trésorier de l'église de Reims au chapitre. *Arch. adm.*, t. I, 496.

1337. Février 8. Arrêt du parlement relatif au précédent différend entre le comte de Porcien et le chapitre de Reims. *Arch. adm.*, t. II, 730.

1337. Novembre 17. Acte dans lequel G. Chateauvillain, trésorier de l'église de Reims, reconnaît tenir du chapitre la juridiction temporelle de ladite église. *Arch. adm.*, t. III, 355.

1338. Ordonnance de Philippe VI de Valois, qui défend à ses officiers d'entreprendre sur les juridictions des seigneurs hauts justiciers. *Arch. lég.*, IIe part., *statuts*, IIIe vol., 52.

1338. Plaintes faites au même sur la lenteur des travaux des fortifications de Reims. *Arch. adm.*, t. I, 1087.

1338. Janvier 30. Commission obtenue par les échevins pour faire assigner l'archevêque au sujet des entreprises de ce dernier sur le pavé de la ville. *Arch. lég.*, IIe part., *statuts*, IIIe vol., 29.

1338. Mai 15. Commission de Philippe VI de Valois, qui maintient les échevins en possession de nommer aux offices de

mesureurs de charbon et brasseurs de foin. *Arch. lég.*, IIe part., *statuts*, 1er vol., 439.

1338. Mai 16. Lettre au sujet des entreprises du prévôt de l'archevêque contre la charte de l'échevinage de Reims. *Arch. adm.*, t. II, 790.

1339. Sommation du chapitre de Reims à l'évêque de Senlis, lui enjoignant de présenter ses lettres de promotion. *Arch. adm.*, t. I, 61.

1339. Mai 6. Mandement du roi au bailli de Vermandois relatif aux excès commis par quelques habitants de Reims sur l'un de leurs concitoyens. *Arch. adm.*, t. II, 813.

1339. Novembre. Lettres de l'évêque de Paris où sont stipulées les redevances dues par le trésorier de l'église de Reims. *Arch. adm.*, t. III. 355.

1340. Serment de Jean de Vienne, archevêque de Reims. *Arch. adm.*, t. I, 225.

1340. Entrée en fonctions de Baudouin de Boves, capitaine de Reims. *Arch. adm.*, t. II, 787.

1340. Mai. Règlement en forme de statuts donné par Jean II de Vienne, archevêque de Reims aux drapiers de cette ville. *Arch. lég.*, IIe part., *statuts*, IIe vol., 370.

1340. Octobre. Règlement de l'abbé de de Saint-Remi relatif à certaines rentes applicables à la table et à l'infirmerie de son couvent. *Arch. lég.*, IIe part., *statuts*, 1er vol., 196.

1341. Acte par lequel les évêques de Laon et de Thérouenne reconnaissent qu'ils sont tenus de présenter leurs lettres de promotion au chapitre de Reims. *Arch. adm.*, t. I, 64.

1341. Avril 18. Arrêt du parlement relatif à l'élargissement sous caution de Jehan de Senlis, prévôt de l'archevêque de Reims. *Arch. adm.*, t. II, 796.

1342. Avril 2. Jugement qui octroie à l'archevêque et aux échevins de Reims de passer accord sur le procès mu entre eux au sujet de l'élection de R. Cauchon et de B. Guibert. *Arch. adm.*, t. II, 883.

1342. Juin 6. Accord entre l'archevêque de Reims et les échevins relatif au droit de juridiction que ceux-ci prétendaient sur les marchands de Reims. *Arch. lég.*, IIe part., *statuts*, 1er vol., 436.

1343. Août 15. L'abbé de Saint-Nicaise de Reims fulmine une excommunication contre les échevins au sujet d'un lépreux. *Arch. adm.*, t. II, 889.

1343. Août 20. L'official de Reims révoque l'excommunication de l'abbé de Saint-Nicaise. *Arch. adm.*, t. II, 889.

1343. Août 23. Le lépreux Robert de Bon, dit Penboir, interjette appel à Rome de l'excommunication de l'abbé de Saint-Nicaise. *Arch. adm.*, t. II, 889.

1344. Janvier 7. Plaids de la prévôté de Reims. *Arch. adm.*, t. II, 892.

1344. Janvier 8. Lettres royaux relatifs à un démêlé entre l'archevêque de Reims et les bourgeois. *Arch. adm.*, t. II, 942.

1344. Avril 23. Date assignée par Rogier à une commission du roi au bailli de Vermandois relative à la police des vins. *Arch. adm.*, t. II, 923.

1344. Juillet 25. Commission du lieutenant du bailli de Vermandois en faveur des échevins contre les seigneurs hauts justiciers relative à la police de la foire. *Arch. lég.*, IIe part., *statuts*, IIIe vol., 29.

1345. Janvier 2. Guillaume de Trye archevêque de Reims, se désiste d'une demande en restitution des frais du sacre faite aux échevins. *Arch. adm.*, t. II, 263.

1345. Mai. Contrat de vente de diverses terres en exécution du testament de Thomas de Cernay, chanoine de Reims. *Arch. adm.*, t. II, 1125.

1345. Août 22. Lettres de Philippe VI, relative à l'envoi fait par le pape, de Jean de Vienne archevêque de Reims, en Castille. *Arch. adm.*, t. II, 926.

1345. Septembre 24. Jugement des assises de Laon, relatif à la dépaissance de prairies du territoire de Reims. *Arch. lég.*, ıı^e part., *statuts*, ııı^e vol., 29.

1345. Novembre 28 et 29. Dates de documents relatifs aux étaux de Reims. *Arch. adm.*, t. II, 936.

1345. Décembre 31. Arrêt contre certains bourgeois accusés d'usure. *Arch. adm.*, t. I, 932.

1346. Date d'un Codex ou Pouillé de la province de Reims. *Arch. adm.*, t. II, 1025.

1346. Philippe de Valois ordonne l'exécution de règlements sur les pauvres. *Arch. lég.*, ıı^e part., *statuts*, ıı^e vol. 87.

1346. Janvier. Plaids de la prévôté de Reims. *Arch. adm.*, t. II, 1177.

1846. Janvier 21. Arrêt contre certains bourgeois de Reims accusés d'usure. *Arch. adm.*, t. II, 932.

1346. Mars. Comptes de l'échevinage de Reims. *Arch. adm.*, t. II, 981.

1346. Mars 20. Arrêt intervenu sur un différend entre les habitants de Reims et le chapitre de cette ville. *Arch. adm.*, t. I, 1087.

1346. Mars 23. Arrêt qui oblige le clergé de Reims à contribuer aux frais des fortifications. *Arch. lég.*, ıı^e part., *statuts*, ı^{er} vol., 478.

1346. Mars 28. Date d'un arrêt relatif aux étaux de la ville de Reims. *Arch. adm.*, t. II, 936.

1346. Avril 3. Convocation des habitants de Reims aux états du Vermandois. *Arch. adm.*, t. II, 1019.

1346. Mai 26. Mandement du roi relatif aux guerres d'Angleterre. *Arch. adm.*, t. II, 949.

1346. Juin 7. Arrêt relatif au droit que prétendaient les bourgeois de Reims de faire crier le pain dans les rues. *Arch. adm.*, t. II, 924.

1346. Juin 17. Date d'un document relatif aux états de la ville de Reims. *Arch. adm.*, t. II, 936.

1346. Juillet 31. Commission au bailli de Vermandois pour la convocation du ban et arrière-ban. *Arch. adm.*, t. II, 1124.

1346. Novembre 23. Autre commission adressée au même, concernant les ecclésiastiques qui refusaient de monter la garde à Reims. *Arch. lég.*, ıı^e part., *statuts*, ıı^e vol., 29.

1347. Époque à laquelle vivait Étienne de Viniiata professeur à Reims. *Arch. adm.*, t. I, 667.

1347. Sommation du chapitre de Reims à l'évêque de Beauvais au sujet des lettres de promotion de ce dernier. *Arch. adm.*, t. I, 64.

1347. Serment prêté par l'abbé d'Igny à Jean de Vienne, archevêque de Reims. *Arch. adm.*, t. II, 248.

1347. Mars 12. Commission au bailli de Vermandois pour la convocation du ban et de l'arrière-ban. *Arch. adm.*, t. II, 1124.

1347. Mars 23. Règlement de Philippe de Valois relatif à une contribution pour les fortifications de Reims. *Arch. adm.*, t. III, 115.

1347. Avril 23. Commission au bailli de Vermandois pour la convocation du ban

et de l'arrière-ban. *Arch. adm.*, t. II, 1124.

1347. Mai 15. Commission à Robert de Roucy, lieutenant du roi en Vermandois pour la levée du ban et de l'arrière-ban. *Arch. adm.*, t. II, 1153.

1347. Août 3. Commission du roi pour mander les nobles et non-nobles, de la province de Reims et du Beauvoisis. *Arch. adm.*, t. II, p. 1161.

1347. Novembre 22. Réponse des échevins à une lettre du roi, qui les invite à envoyer à Paris quelques notables de leur ville. *Arch. adm.*, t. II, 1162.

1348. Sentence arbitraire du bailli de l'archevêque qui règle les limites de la Cousture de Reims. *Arch. adm.*, t. I, 38.

1348. Mai 2. Plaids de la prévôté Reims. *Arch. adm.*, t. II, 1176.

1348. Juin. Plaids de la prévôté de Reims. *Arch. adm.*, t. II, 1175.

1348. Septembre 4. Commission du roi relative aux fortifications de Reims. *Arch. adm.*, t. II, 1213.

1349. Janvier 17. Commission du roi relative aux fortifications de Reims. *Arch. adm.*, t. II, 1213.

1349. Février 5. Plaids de la prévôté de Reims. *Arch. adm.*, t. II, 1186.

1349. Mars 19. Procès contre l'échevinage de Reims. *Arch. adm.*, t. II, 1237.

1349. Août. Lettres de Philippe de Valois relatives aux foires de Reims. *Arch. lég.*, II⁰ part., *statuts*, I⁰ʳ vol., 978.

1349. Novembre 27. Arrêt contre le prieur de Saint-Maurice de Reims, qui le déboute de ses prétentions à la haute et basse justice. *Arch. adm.*, t. II, 946.

1349. Décembre 15. Commission du bailli de Vermandois pour forcer tous ceux qui refusent de contribuer aux frais de la guerre contre Giles de Rodemac et ses complices. *Arch. adm.*, t. II, 1243.

1350. Ordonnance du roi Jean, concernant la police des grains, *Arch. lég.*, II⁰ part., *statuts*, III⁰ vol., 336.

1350. Suppression par le roi Jean des droits sur le sel. *Arch. lég.*, II⁰ part., *statuts*, II⁰ vol., 16.

1350. Époque où fut ruinée l'église de Saint-Hilaire de Reims. *Arch. adm.*, t. I, 10.

1350. Septembre 26. Compte de la Chambrerie de Saint-Remi. *Arch. adm.*, t. III, 3.

1350. Octobre 23. Commission du roi relative aux visiteurs de la marée à Reims. *Arch. adm.*, t. III, 4. *Arch. lég.*, II⁰ part., *statuts*, II⁰ vol., 269.

1351. Mars 11. Sentence du bailli de Vermandois relative aux loges et halles de Reims. *Arch. lég.*, II⁰ part., *statuts*, III⁰ vol., 29.

1352. Serment de Hugues d'Arcy, archevêque de Reims. *Arch. adm.*, t. I, 225.

1352. Mars 11. Sentence du bailli de Vermandois qui oblige le chapitre de l'église de Reims à réparer les dégâts faits pendant la cérémonie du sacre. *Arch. adm.*, t. II, 576.

1352. Septembre 22. Donation d'une maison par le trésorier pour fondation de messes en faveur de feu Jean de Vienne, archevêque de Reims. *Arch. adm.*, t. II, 855.

1353. Serment de Humbert Dauphin, archevêque de Reims. *Arch. adm.*, t. I, 225.

1353. Janvier 15. Sentence du bailli de Vermandois, sur un procès entre le couvent de Saint-Nicaise et le chapitre de

Reims au sujet d'un homme mort. *Arch. lég.*, ii° part., *statuts*, iii° vol., 29.

1353. Décembre 10. Arrêt qui allége, en faveur de l'échevinage de Reims, les frais du sacre, contre les prétentions des officiers de la couronne. *Arch. adm.*, t. II, 178.

1354. Août 15. Sentence du bailli de Vermandois contre certains bourgeois de Reims pour des rentes dues par eux à l'abbé de Saint-Remi et à l'abbesse de Saint-Pierre de la même ville *Arch. lég.*, ii° part., *statuts*, iii° vol., 29.

1354. Octobre 9. Commission pour faire rendre aux échevins de Reims les dépenses du souper du sacre. *Arch. adm.*, t. III, 39.

1355. Comptes de l'échevinage de Reims pour la réparation des chaussées. *Arch. adm.*, t. III, 75.

1355. Le roi Jean rétablit le droit sur le sel, après l'avoir supprimé. *Arch. lég.*, ii° part., *statuts*, ii° vol., 16.

1355. Janvier 19. Accord d'après lequel les habitants de Cernay sont tenus de contribuer aux frais du sacre. *Arch. adm.*, t. III, 75.

1355. Jeudi après Pâques. Information relative à un meurtre commis à Reims. *Arch. adm.*, t. III, 65.

1355. Avril 12. Sentence au profit des religieux de Saint-Nicaise de Reims contre Gobert de la Bauve, au sujet de l'entrecours des villages d'Houdillecourt, du Mesnil et de Poillecourt. *Arch. lég.*, ii° part., *statuts*, iii° vol., 30.

1355. Décembre. Ordonnance du roi Jehan relative aux eaux et forêts et autres juridictions. *Arch. lég.*, ii° part., *statuts*, i° vol., 541.

1356. Mars 18. Arrêt relatif à l'annulation d'un legs fait aux frères mineurs de Reims. *Arch. adm.*, t. III, 93.

1356. Mai 8. Tenue des états pour les subsides. *Arch. adm.*, t. III, 78.

1356. Mai 26. Ordonnance portant établissement de subsides. *Arch. adm.*, t. III, 78.

1356. Septembre 19. Époque où les habitants de Reims reçurent avis de la prise du roi Jean, et des mesures à prendre par eux à cette occasion. *Arch. adm.*, t. III, 79.

1357. Mai 5. Pièce relative au droit de l'échevinage de Reims sur la marée. *Arch. adm.*, t. III, 4.

1357. Mai 15. Arrêt relatif aux villages des environs de Reims, qui doivent contribuer aux fortifications de cette ville. *Arch. adm.*, t. III, 100.

1357. Mai 16. Commission du roi relative aux serges que les échevins de Reims sont tenus de donner aux huissiers d'armes de sa maison. *Arch. adm.*, t. III, 95.

1357. Novembre 18. Commission pour maintenir les échevins dans le droit d'instituer des courtiers. *Arch. lég.*, ii° part., *statuts*, i° vol., 427.

1358. Rétablissement de l'impôt sur le sel, pour la rançon du roi Jean. *Arch. lég.*, ii° part., *statuts*, ii° vol., 16.

1358. Érection du conseil de ville de Reims. *Arch. lég.*, ii° part., *statuts*, ii° vol., 454.

1358. Avril. Commission du roi pour des réparations à faire aux fortifications de Reims. *Arch. adm.*, t. III, 81.

1358. Septembre 9. Lettres de création du conseil de ville de Reims. *Arch. adm.*, t. II, 128.

1358. Septembre 19. Lettres du régent qui autorisent les Rémois, en l'absence de l'archevêque, à fortifier leur ville. *Arch. adm.*, t. III, 110.

1358. Décembre. Institution par Charles V, de la charge de capitaine de Reims. *Arch. lég.*, iie part., *statuts*, iie vol., 126.

1358. Décembre 30. Lettres du même, autorisant les susdits à fortifier le château Porte-Mars. *Arch. adm.*, t. III, 136.

1359. Gaucher de Châtillon démolit l'église de Saint-Lazare de Reims. *Arch. adm.*, t. II, 6.

1359. Destruction de l'abbaye de Clairmarais. *Arch. adm.*, t. I, 11.

1359. Prise du château de Roucy par les Anglais. *Arch. adm.*, t. III, 111.

1359. Juillet 25. Mandement du roi de Navarre, pour s'emparer de Melun. *Arch. adm.*, t. III, 142.

1359. Août 9. Lettres patentes qui instituent la compagnie des arbalétriers de Paris. *Arch. lég.*, iie part., *statuts*, i^{er} vol., 322.

1359. Décembre 4. Arrivée du roi d'Angleterre et de son armée devant Reims. *Arch. adm.*, t. III, 156.

1360. Époque où la ville de Reims fut entièrement close de murs. *Arch. lég.*, iie part., *statuts*, iiie vol., 642.

1360. Date de l'obituaire de Saint-Denis, relative à Drouardus, professeur à Reims. *Arch. adm.*, t. I, 66.

1360. Rétablissement de l'abbaye de Clairmarais, dans la rue de Vesle. *Arch. adm.*, t. I, 11.

1360. Compte des deniers communs de la ville de Reims. *Arch. adm.*, t. III, 159.

1360. Les habitants de Reims repoussent l'armée anglaise de leurs murailles. *Arch. lég.*, iie part., *statuts*, iiie vol., 559.

1360. Janvier. Lettres dudit roi, accordant aux bourgeois de Reims un impôt sur le vin pour réparer les dommages causés par la guerre à leur ville. *Arch. adm.*, t. III, 200.

1360. Janvier 11. Le roi d'Angleterre contraint de lever le siége de Reims. *Arch. adm.*, t. III, 157.

1360. Juin 21. Lettre relative à l'accord fait entre les échevins et les religieux de Saint-Remi, au sujet du droit de pêche dans la Vesle. *Arch. adm.*, t. III, 52.

1360. Juin 21. Sentence qui accorde aux habitants de Reims de pêcher en la rivière qui passe en la rue du Moulin. *Arch. lég.*, iie part., *statuts*, iie vol., 30.

1360. Octobre 25. Le dauphin va recevoir son père à Boulogne, après sa captivité en Angleterre. *Arch. adm.*, t. III, 205.

1360. Novembre 13. Somme offerte pour les Rémois au roi Jean, au retour de sa captivité. *Arch. adm.*, t. III, 166.

1360. Décembre 1er. Lettres patentes du roi Jean relatives à l'établissement du premier grand maître des eaux et forêts. *Arch. lég.*, iie part., *statuts*, iie vol., 14.

1361. Lettres relatives aux priviléges et franchises de l'échevinage de Reims. *Arch. adm.*, t. III, 562.

1361. Janvier 1er. Comptes de la ville de Reims. *Arch. adm.*, t. III, 127.

1361. Janvier 12. Lettre du régent aux bourgeois de Reims, dans laquelle il se porte comme médiateur entre eux et l'archevêque. *Arch. adm.*, t. III, 208.

1361. Janvier 25. Départ des bourgeois de Reims allant en Angleterre comme otages pour le roi Jean. *Arch. adm.*, t. III, 189.

1361. Février 5. Lettre dans laquelle est

contenue la réponse des échevins aux envoyés du régent, pour pacifier leurs démêlés avec l'archevêque. *Arch. adm.*, t. III, 205.

1361. Décembre. Arrêt confirmatif de la juridiction de l'échevinage de Reims. *Arch. lég.*, IIe part., *statuts*, IIe vol., 41.

1361. Décembre 23. Date alléguée à l'occasion d'un mandement du roi au bailli du Vermandois. *Arch. adm.*, t. II, 15.

1362. Février 8. Commission d'ajournement de l'archevêque de Reims contre les habitants de cette ville, au sujet d'une réparation qu'il exigeait d'eux. *Arch. adm.*, t. III, 207.

1362. Mars 3. Ajournement fait par les commissaires du roi aux bourgeois de Reims, à l'occasion du différend de ces derniers avec l'archevêque. *Arch. adm.*, t. III, 208.

1362. Avril 23. Commission du bailli de Vermandois, contre les religieux de St. Remi au sujet des droits illégalement imposés à ceux qui vendaient du pain dans leur ban. *Arch. lég.*, IIe part., *statuts*, IIIe vol., 30.

1362. Septembre 7. Arrêt relatif à la juridiction du vidame sur certains corps de métiers de Reims. *Arch. adm.*, t. III, 197.

1362. Décembre 10. Sentence relative à l'héritage d'un citoyen de Reims tué à la prise du château de Roucy. *Arch. adm.*, t. III, 145.

1363. Ordonnance du roi qui maintient à ses baillis et lieutenants le droit de connaître des cas royaux dans les seigneuries. *Arch. lég.*, IIe part., *statuts*, IIIe vol., 629.

1363. Avril 8. Arrêt qui confirme l'au-

thenticité du sceau de l'échevinage de Reims. *Arch. adm.*, t. I, 489.

1363. Avril 8. Arrêt qui déboute l'archevêque de Reims de la garde et gouvernement de la ville. *Arch., lég.*, IIe part., *statuts*, IIe vol., 141 ; *statuts*, IIIe vol., 60.

1363. Mai 19. Arrêt du parlement relatif à la récréance de certains malfaiteurs de Reims. *Arch. adm.*, t. III, 546.

1363. Mai 30. Accord entre Jehanne, comtesse de Champagne et le couvent de Saint-Remi de Reims relatif à la gruerie de ladite comtesse. *Arch. adm.*, t. III, 202.

1363. Juin 17. Lettres du roi Charles V, qui enjoint aux receveurs pour la taille du sacre de rendre leur compte aux échevins. *Arch. adm.*, t. II. 577.

1363. Août 8. Arrêt du parlement relatif aux démêlés de l'archevêque et des échevins de Reims, à l'occasion des murs construits devant le château de Porte-Mars. *Arch. adm.*, t. III, 251, 255.

1364. Arrêt confirmatif de la juridiction de l'échevinage de Reims. *Arch. lég.*, IIe part., *statuts*, IIe vol., 41.

1364. Mars 20 et 28. Substitution d'un des conseillers du roi, chargé de ménager un accord entre l'archevêque de Reims et l'échevinage. *Arch. adm.*, t. III, 251.

1364. Mars 28. Commission aux délégués du parlement pour hâter la conclusion de l'accord à faire entre les échevins de Reims et l'archevêque, au sujet des fortifications du château de Porte-Mars. *Arch. adm.*, t. III, 255.

1364. Avril 26. Arrêt exécutoire relatif à la démolition des murs appartenant à l'archevêque de Reims. *Arch. adm.*, t. III, 255, 260.

1364. Mai 24. Arrivée à Reims d'un sergent d'armes pour contraindre les habitants à fournir des provisions à l'occasion du sacre. *Arch. adm.*, t. III, 291.

1364. Juin. Sacre de Charles V. *Arch. adm.*, t. III, 292.

1366. Mort de Richard Picque, archevêque de Reims. *Arch. lég.*, iie part., *statuts*, i^{er} vol., 102.

1366. Février 10. Comptes de greffe de l'échevinage de Reims. *Arch. adm.*, t. III, 303.

1366. Août 26. Époque où Jacques Capellet, bourgeois de Reims, se rendit en otage en Angleterre pour le roi Jean. *Arch., adm.*, t. III, 170

1366. Octobre 22. Sentence du lieutenant du bailli de Vermandois, au profit du chapitre de Saint-Timothée. *Arch. lég.*, iie part., *statuts*, iiie vol., 30.

1366. Octobre 26. Sentence du bailli de Vermandois, relative à une maison de Reims. *Arch. lég.*, iie part., *statuts*, iiie vol., 30.

1367. Juin 25. Date de la réception de lettres des gens des aides, relatives à la remission accordée par le roi à la ville de Reims, à l'occasion de sa rançon. *Arch. adm.*, t. III, 282.

1367. Juillet 6. Lettres royaux relatifs aux emprunts contractés par la ville de Reims pour la rançon du roi Jean. *Arch. adm.*, t. III, 282.

1368. Février 19. Lettres du roi portant création d'un lieutenant du capitaine de Reims. *Arch. adm.*, t. III, 329.

1368. Mars. Sentence arbitrale des échevins de Reims. *Arch. adm.*, t. III, 334.

1368. Juillet 29. Acte par lequel le lieutenant du bailli de Vermandois remet le chapitre de Reims en possession de la seigneurie de Ronay. *Arch. lég.*, iie part., *statuts*, iiie vol., 30.

1369. Mars 9. Arrêt relatif à la charte de l'échevinage de Reims. *Arch. adm.*, t. III, 333.

1369. Mars 14. Arrêt sur le même sujet. *Arch. adm.*, t. III, 333.

1369. Avril 20. Vidimus d'un arrêt du 26 janvier 1308 relatif à la charte de l'échevinage de Reims. *Arch. adm.*, t. III, 334, 336; *Arch. lég.*, iie part., *statuts*, i^{er} vol., 437.

1369. Juin 1er. Sentence du lieutenant du bailli de Vermandois rendue entre le chapitre de Notre-Dame et celui de Saint-Timothée de Reims sur une entreprise de juridiction. *Arch. lég.*, iie part., *statuts*, iiie vol., 30.

1370. Époque où Richard enseignait la théologie à Reims. *Arch. adm.*, t. I, 667.

1370. Janvier. Époque à laquelle quelques habitants de Reims tenaient à ferme l'imposition sur les vins. *Arch. adm.*, t. III, 404.

1370. Février 7. Date de certaines lettres sur une vente de vin faite à Rouen. *Arch. adm.*, t. III, 405.

1371. Lundi après Pâques fleuries. Transaction entre l'archevêque de Reims et les échevins, interdisant audit archevêque de faire aucuns édits, bans ou criées. *Arch. lég.*, iie part., *statuts*, iiie vol., 60.

1371. Décembre 13. Transaction entre l'archevêque et les échevins de Reims relative à la police. *Arch. lég.* iie part., *statuts*, iiie vol., 10.

1372. Acte de foi et hommage rendu par A. de Craon, trésorier de l'église de Reims, au chapitre. *Arch. adm.*, t. I, 496.

1372. Mai. Accord entre l'archevêque de Reims et le chapitre relatif à plusieurs différends. *Arch. lég.*, iie part., *statuts*, i^{er} vol., 98.

1372. Juin. Mort de Jean de Dormans, prêtre et cardinal. *Arch. lég.*, iie part., *statuts*, i^{er} vol., 98.

1372. Août 23. Accord entre l'archevêque, le chapitre et les échevins, relatif à la police de Reims. *Arch. adm.*, t. III, 383.

1372. Septembre 21. Lettres confirmatives d'un accord entre l'archevêque de Reims et le chapitre. *Arch. adm.*, t. III, 363.

1373. Arrêt confirmatif de la juridiction de l'échevinage. *Arch. lég.*, iie part., *statuts*, iie vol., 43.

1373. Juin 9. Lettres du roi qui prolongent l'octroi de deux deniers à prendre sur l'imposition de douze deniers par livre. *Arch. adm.*, t. III, 357.

1373. Juin 17. Lettres du roi sur la manière de lever l'impôt à Reims. *Arch. adm.*, t. III, 350.

1373. Août 8. Vidimus de lettres de don fait par le roi aux habitants de Reims. *Arch. adm.*, t. III, 384.

1373. Août 17. Injonction du roi au receveur de Reims de délivrer les deniers de l'octroi par lui ordonné. *Arch. adm.*, t. III, 357.

1374. Janvier 1er. Fouages dus au roi par les habitants de Reims. *Arch. adm.*, t. III, 391.

1374. Mai 8. Assignation faite à l'archevêque et aux échevins de Reims à l'occasion de la recréance d'un bourgeois. *Arch. adm.*, t. III, 389.

1375. Juin. Dénombrement des biens de l'archevêque de Reims. *Arch. adm.*, t. III, 406.

1375. Octobre 12. Mort de Louis Thezart, archevêque de Reims. *Arch. adm.*, t. III, 406.

1376. Déclaration de Charles V, sur les traites foraines. *Arch. lég.*, iie part., *statuts*, iie vol., 16.

1376. Janvier 3. Richard Picque, archevêque de Reims, prend possession de son siége. *Arch. adm.*, t. III, 422.

1376. Mai 28. Acte relatif à la juridiction temporelle de l'église de Reims. *Arch. adm.*, t. III, 353.

1376. Décembre 4. Commission du parlement pour mettre à exécution un arrêt contre le prévôt de Reims. *Arch. adm.*, t. III, 434.

1377. Juin 4. Lettres relatives aux octrois et impositions de la ville de Reims. *Arch. adm.*, t. III, 357.

1377. Août 5. Transaction entre l'archevêque de Reims et le vidame d'une part, et le chapitre d'autre, au sujet de leur juridiction respective. *Arch. lég.*, iie part., *statuts*, i^{er} vol., 335.

1377. Septembre 6. Lettres du roi au bailli de Vermandois, lui enjoignant de faire rentrer quelques fonds dus à l'échevinage de Reims, pour être employés aux fortifications de la ville. *Arch. adm.*, t. III, 445.

1378. Février 9. Arrêt qui confirme les droits des échevins de Reims sur la police. *Arch. adm.*, t. I, 483.

1378. Avril 12. Comptes de l'échevinag de Reims. *Arch. adm.*, t. III, 305.

1378. Juillet 15. Commission du roi à un huissier du parlement, relative à un démêlé entre les bourgeois et les échevins. *Arch. adm.*, t. III, 459.

1378. Juillet 17. Procès sur des rentes achetées par Bertrand Gibour des habi-

tants de Grand-Pré. *Arch. adm.*, t. III, 339.

1378. Juillet 25. Délibération du conseil de ville de Paris sur un cas criminel. *Arch. adm*, t. III, 451.

1378. Juillet 29 *et* 31. Acte relatif aux priviléges de l'échevinage. *Arch. adm.*, t. III, 448.

1378. Octobre 9. Jugement au profit des religieux de Saint-Remi, pour une entreprise faite contre eux. *Arch. lég., statuts*, IIIe vol., 30.

1379. Février 8. Lettres patentes de Charles V, relatives à la juridiction des échevins de Reims sur le courtage des vins. *Arch. lég.*, IIe part., *statuts*, Ier vol., 437.

1379. Juillet 23. Arrêt du parlement sur un procès entre un bourgeois de Reims et les échevins. *Arch. adm.*, t. III, 501.

1380. Lettres de Charles V confirmant les priviléges des nobles et gens d'église. *Arch. lég.*, IIe part., *statuts*, Ier vol., 543.

1380. Transaction sur un procès entre les gens de l'archevêque et de l'échevinage, pour un cas criminel. *Arch. adm.*, t. III, 452.

1380. Janvier 19. Commission du bailli de Vermandois, relative à la prisée des héritages de Reims pour les frais du sacre. *Arch. adm.*, t. III, 509.

1380. Février 7. Ordonnance sur les vivres de la ville de Reims. *Arch. adm.*, t. III, 716.

1380. Mars 6. Accord entre les échevins et l'archevêque de Reims, sur le même procès pendant en parlement. *Arch. adm.*, t. III, 504.

1380. Avril 3. Lettres d'un sergent royal relatives à la police du courtage des vins. *Arch. lég.*, IIe part., *statuts*, Ier vol., 428.

1380. Juin 28. Inventaire de joyaux donnés par Charles V à l'église de Reims. *Arch. adm.*, t. III, 505.

1381. Charles VI augmente les droits sur le sel. *Arch. lég.*, IIe part., *statuts*, IIe vol., 16.

1381. Février 26. Acte relatif à l'exécution de la clause d'un compromis entre l'archevêque de Reims et le chapitre. *Arch. adm.*, t. III, 378.

1381. Mars 16. Arrêt sur un procès intéressant les droits de l'échevinage de Reims. *Arch. adm.*, t. III, 462.

1381. Mars 31. Arrêt du parlement relatif à un procès concernant la taille de Reims. *Arch. adm.*, t. III, 535.

1381. Mai 13. Lettres de procuration du cardinal Jean relatives au temporel de la trésorerie du chapitre de Reims. *Arch. adm.*, t. III, 516.

1381. Juillet 12. Dénombrement du chapitre de l'église de Reims. *Arch. adm.*, t. III, 516.

1381. Juillet 15. Lettres de Charles VI, qui nomme des gardiens pour le monastère de Saint-Remi. *Arch. adm.*, t. III, 660.

1381. Septembre 23. Vidimus de certaines lettres relatives aux frais du sacre. *Arch. adm.*, t. III, 509.

1382. Consécration de l'église de la Madeleine, bâtie par les habitants du faubourg de Vesle. *Arch. adm.*, t. II, 241.

1382 ou 89. Mars 11. Fondation d'une messe d'obit pour Dionysius de Meriaco. *Arch. lég.*, IIe part., *statuts*, Ier vol., 107.

1382. Avril 2. Arrêt du parlement sur un procès entre l'archevêque et le cha-

pitre de Reims, au sujet de certains étaux. *Arch. adm.*, t. III, 513.

1382. Août 30. Lettres du roi prenant sous sa protection un bourgeois de Reims. *Arch. adm.*, t. III, 459.

1382. Septembre 4. Obligation consentie par Oudard Passentarte au sujet de la gestion de la prévôté de Reims. *Arch. adm.*, t. III, 435.

1382. Octobre. Installation du capitaine de Reims. *Arch. adm.*, t. III, 701.

1382. Octobre 11. Pièce relative à une cause pendant au parlement, sur un privilége de l'échevinage de Reims. *Arch. adm.*, t. III, 431.

1382. Octobre 15. Prêt d'une certaine somme fait par le seigneur de Gueux à l'archevêque de Reims. *Arch. adm.*, t. III, 748.

1382. Novembre 17. Commission relative à la police du courtage des vins. *Arch. lég.*, iie part., *statuts*, 1er vol., 428.

1383. Janvier 31. Lettres de rémission de Philippe, duc de Bourgogne, en faveur du prévôt forain de Laon et des habitants de Reims pour une arrestation illégale faite par eux. *Arch. adm.*, t. III, 523.

1383. Juillet 2. Lettres d'approbation des sceaux des trésoriers de France. *Arch. adm.*, t. III, 527.

1383. Juillet 24. Lettres du roi relatives au logement des gens de guerre à Reims. *Arch. adm.*, t. III, 387.

1383. Novembre 20. Lettres du roi Charles VI, qui contraint les receveurs de la taille pour les frais du sacre, à rendre compte aux échevins. *Arch. adm.*, t. II, 577.

1383. Décembre 23. Document contenant des renseignements sur l'état des otages du roi Jean en Angleterre. *Arch. adm.*, t. III, 169.

1384. Janvier 15. Arrêt en faveur du vidame de Reims contre certaines constructions érigées sur la voie publique par les échevins. *Arch. adm.*, t. III, 519.

1384. Janvier 15. Accord entre les échevins et l'archevêque de Reims, au sujet de la taille pour les fortifications de ladite ville. *Arch. adm.*, t. III, 532.

1384. Février 23. Arrêt confirmatif de la juridiction de l'archevêque de Reims sur les blasphémateurs. *Arch. lég.*, iie part., *statuts*, iie vol., 38.

1384. Mai 11. Arrêt relatif aux chartes et papiers de l'échevinage de Reims. *Arch. adm.*, t. III, 334.

1384. Juillet 16. Arrêt qui homologue un accord entre l'archevêque de Reims et son chapitre, relatif à la haute, moyenne et basse justice que ce dernier possède sur le territoire de la seigneurie de Reims. *Arch. adm.*, t. I, 82.

1385. Février. Accord entre l'archevêque et les échevins relatif au susdit pressoir. *Arch. adm.*, t. III, 637.

1385. Février 13. Arrêt contre Nicaise Sauval, lieutenant du prévôt forain de Laon. *Arch. adm.*, t. III, 612.

1385. Février 20. Arrêt qui attribue à l'archevêque de Reims, à l'exclusion des échevins, les cas d'hérésie. *Arch. adm.*, t. III, 643.

1385. Février 20. Arrêt relatif à un procès sur les blasphèmes. *Arch. adm.*, t. III, 637, 643.

1385. Mars 10. Arrêt contre Jean de Passentarte, prévôt de Reims, relatif à la gestion de sa charge. *Arch. adm.*, t. III, 436.

1385. Novembre 24. Accord entre l'archevêque et le chapitre de Reims au

sujet de certains étaux de boucherie. *Arch. adm.*, t. III, 526.

1385. Novembre 24. Lettres de garde du roi sur un débat entre l'archevêque de Reims et les échevins, relatif à un pressoir banal. *Arch. adm.*, t. III, 634.

1385. Décembre 9. Arrêt du parlement contre un bourgeois de Reims, qui s'était porté à des voies de fait contre un bourgeois de l'archevêque. *Arch. adm.*, t. III, 475.

1386. Acte de foi et hommage rendu par J. Blanchard trésorier de l'église de Reims au chapitre. *Arch. adm.*, t. I, 496,

1386. Février 14. Fondation d'un obit pour Richardus de Besançons, archevêque de Reims. *Arch. lég.*, IIe part., *statuts*, Ier vol., 107.

1386. (Avant Pâques.) Sentence du lieutenant du bailli de Vermandois, qui condamne à l'amende un sieur Jean Modet, pour délits commis par lui envers le chapitre. *Arch. lég.*, IIe part., *statuts*, IIIe vol., 31.

1386. Mars 10. Acte relatif à la reddition des comptes de la gestion d'Oudart Passentarte, prévôt de Reims. *Arch. adm.*, t. III, 435.

1386. Avril 18. Arrêt du parlement sur un procès entre Guillaume le Gentil et sa femme, contre Jacques la Barbe, receveur des tailles à Reims. *Arch. adm.*, t. III, 537.

1387. Institution par le chapitre de Reims d'un courtier de vin. *Arch. lég.*, IIe part., *statuts*, Ier vol., 429.

1387. Septembre 14. Copie de la rescription d'un exploit fait pour l'archevêque de Reims contre les échevins, au sujet d'un pressoir banal. *Arch. adm.*, t. III, 634.

1387. Septembre 27. Sentence du bailli de Vermandois, qui condamne un bourgeois de Reims à payer un suroens aux chanoines de Saint-Timothée. *Arch. lég.*, IIe part., *statuts*, IIIe vol., 31.

1388. Mai 18. Commission pour ajourner l'archevêque de Reims au sujet du droit de pêche prétendu par les bourgeois de Reims sur les étangs du Chastel-Levéque. *Arch. adm.*, t. III, 688.

1388. Décembre 24. Arrêt du parlement sur un procès entre quelques particuliers et l'échevinage de Reims. *Arch. adm.*, t. III, 179.

1389. Date assignée à l'écriture du manuscrit relatif aux jugements de l'échevinage de Reims. *Arch. adm.*, t. I, 1038.

1389. Février 12. Arrêt sur un procès entre quelques particuliers et l'échevinage de Reims. *Arch. adm.*, t. III, 180.

1389. Juin 3. Arrêt qui homologue une transaction entre l'archevêque et les échevins de Reims concernant l'exercice de la justice dans le ban de l'archevêque. *Arch. lég.*, IIe part., *statuts*, IIIe vol., 41.

1389. Juin 26. Arrêt du parlement qui condamne les échevins de Reims à payer à Jehan de la Bove, capitaine de la ville, une somme à lui due. *Arch. adm.*, t. III, 701.

1389. Août 16. Essai sur les farines fait à Reims dans la maison du stellage. *Arch. adm.*, t. III, 723.

1389. Septembre 7. Mort de Richard Picque, archevêque de Reims. *Arch. lég.*, IIe part., *statuts*, IIe vol., 57.

1389. Novembre 5. Publication à Reims des lettres de Charles VI, portant prolongation de l'octroi levé pour les fortifications de cette ville. *Arch. adm.*, t. III, 699.

1389. Décembre. Inventaire des biens de

feu Richard Picque, archevêque de Reims. *Arch. adm.*, t. III, 732.

1389. Décembre 13. Testament de Richard Picque, archevêque de Reims. *Arch. adm.*, t. III, 406.

1390. Mars 13. Commission du roi au bailli de Vermandois pour contraindre les habitants de Reims à restituer certaines sommes qu'ils voulaient s'attribuer. *Arch. adm.*, t. III, 647.

1390. Mars 24. Arrêt relatif à un accord entre les officiers de l'archevêque de Reims et les échevins, au sujet de la taille. *Arch. adm.*, t. III, 703.

1390. Mars 30. Lettres royaux sur le procès entre les échevins de Reims et les officiers de l'archevêque au sujet de la taille. *Arch. adm.*, t. III, 705.

1390. Juin 25. Exploit du sergent chargé de faire payer les tailles à certains habitants de Reims, en vertu d'un arrêt du parlement. *Arch. adm.*, t. III, 706.

1390. Juillet 9. Notification faite par le sergent du roi au parlement, de l'exécution des lettres royaux relatifs à un arrêt qui condamne certains habitants de Reims à payer la taille. *Arch. adm.*, t. III, 705.

1391. Janvier 10. Accord entre les échevins de Reims et l'archevêque, relatif aux poissons vendus aux marchés de la ville. *Arch. adm.*, t. III, 890.

1391. Mai 18. Acte qui désigne les commissaires chargés de faire exécuter le testament de Richard Picque, archevêque de Reims. *Arch. adm.*, t. III, 731.

1392. Janvier 10. Accord entre les échevins et le chapitre, relatif aux jaugeurs de vin. *Arch. lég.*, iie part., *statuts*, i^{er} vol., 430.

1392. Novembre 7. Procès-verbal qui maintient le prévôt de l'archevêque de Reims en possession de lever des droits de vente sur certains habitants. *Arch. adm.*, t. III, 778.

1393. Serment de Guy de Roye, archevêque de Reims. *Arch. adm.*, t. I, 225.

1393. Mars 12. Commission impétrée par les échevins et le chapitre, pour forcer l'archevêque à réparer le pont de la Porte-Vesle. *Arch. adm.*, t. III, 687.

1393. Avril 15. Synode de l'église de Reims. *Arch. lég.*, iie part., *statuts*, i^{er} vol., 4.

1393. Juillet 19. Exploit d'ajournement au prévôt de Reims, pour avoir entrepris sur les priviléges des cordiers de cette ville. *Arch. lég.*, iie part., *statuts*, iie vol., 212.

1393. Août. Homologation d'une transaction relative à l'archidiacre de Reims. *Arch. adm.*, t. III, 809.

1393. Août 30. Arrêt du parlement qui confirme l'archevêque de Reims dans son droit à la nomination des mesureurs de sel. *Arch. adm.*, t. III, 818.

1393. Novembre 10. Procès-verbal qui maintient le prévôt de l'archevêque de Reims en possession des droits de ventes sur certains habitants. *Arch. adm.*, t. III, 779.

1394. Époque du meurtre commis par Tassin de Tilloy sur son frère. *Arch. lég.*, iie part., *statuts*, i^{er} vol., 355.

1394. Janvier 10. Commission qui ajourne en parlement le vicomte de Reims, pour avoir engagé, hors de la présence des échevins, les meubles de certains bourgeois. *Arch. adm.*, t. III, 779.

1394. Février 20. Sentence du bailli de Vermandois au profit du chapitre de Reims, relative aux moulins de Boult. *Arch. lég.*, iie part., *statuts*, iiie vol., 31.

1394. Mars 20. Conclusion du chapitre de Reims concernant la dignité de l'archidiacre. *Arch. adm.*, t. I, 747.

1394. Mai 20. Commission du roi au premier huissier du parlement, pour maintenir les échevins de Reims dans leur droit de conférer la bourgeoisie. *Arch. adm.*, t. III, 824.

1395. Mars 18. Sentence rendue entre les religieux de Saint-Remi et l'aumônier dudit couvent sur certains droits de rente et prestation annuelle. *Arch. lég.*, ii* part., *statuts*, iii* vol., 31.

1395. Mai 6. Lettres de Charles VI, qui accorde à l'échevinage de Reims, un aide pour contribuer aux fortifications de la ville. *Arch. adm.*, t. III, 848.

1395. Juin 19. Renouvellement de l'association entre le chapitre de Reims et celui de Laon. *Arch. adm.*, t. I, 461.

1396. Avril 12. Nomination d'un commissaire chargé de recevoir des bourgeois, pendant le litige élevé à cette occasion, entre les échevins et l'archevêque. *Arch. adm.*, t. III, 823.

1396. Juin 7. Fondation d'un obit en faveur de Jacobus Sacovin, chanoine de Reims. *Arch. lég.*, ii* part., *statuts*, i*er* vol., 107.

1396. Décembre 13. Arrêt relatif aux priviléges du chapitre de Reims. *Arch. lég.*, ii* part., *statuts*, i*er* vol., 354.

1397. Mars 2. Arrêt confirmatif de la juridiction de l'échevinage de Reims. *Arch. lég.*, ii* part., *statuts*, ii* vol., 38.

1397. Novembre 2. Quittance de divers matériaux pour les fortifications de Reims. *Arch. adm.*, t. III, 688.

1397. Novembre 16. Commission accordée aux échevins de Reims pour faire assigner en parlement l'archevêque et son prévôt, pour exactions dans les ventes et saisies de meubles. *Arch. adm.*, t. III, 779.

1398. Arrêt semblable au précédent. *Arch. lég.*, ii* part., *statuts*, ii* vol., 43, 49.

1398. Février 15. Sentence arbitrale rendue entre le chapitre de Reims et le prieur de Saint-Maurice sur certaines dîmes. *Arch. lég.*, ii* part., *statuts*, iii* vol., 32.

1398. Août 28. Arrêt qui déboute les échevins de Reims de leur complainte contre l'archevêque, qui soutient qu'ils n'ont aucune justice séparée. *Arch. lég.*, ii* part., *statuts*, ii* vol., 916.

1399. Serment prêté par l'abbé de Valroy à Guy de Roye, archevêque de Reims. *Arch. adm.*, t. II, 248.

1399. Février 7. Arrêt du parlement portant accord entre les coutres et paroissiens de Saint-Hilaire de Reims, et les bouchers et tripiers de la même paroisse, au sujet de l'abatage des animaux. *Arch. adm.*, t. III, 543.

1399. Mai. Arrêt sur un procès entre l'abbé et couvent de Saint-Denis de Reims et l'archidiacre de cette ville, à l'occasion de certaines sommes. *Arch. adm.*, t. III, 799.

1399. Juillet 30. Assignation contre un bourgeois de Reims, accusé du délit de pêche. *Arch. lég.*, ii* part., *statuts*, iii* vol., 32.

1400. Guillaume Filiastre, doyen de Saint-Symphorien. *Arch. adm.*, t. I, 270.

1400. Arrêt relatif aux francs-servants des chanoines. *Arch. adm.*, t. I, 441.

1400. Élection de Gaufroy Tartier à l'office d'écolâtre. *Arch. adm.*, t. I, 663.

1400. Époque où Guillaume Filiastre fit

bâtir la maison du cloître de la cathédrale. *Arch. adm.*, t. I, 723.

1400. Date d'un ancien collectaire de l'église de Reims. *Arch. adm.*, t. I, 747.

1401. Époque où cessent les instances des échevins de Reims contre les archevêques de cette ville, en qualité d'administrateurs des hôpitaux des lépreux. *Arch. adm.*, t. I, 446.

1401. Sentence du lieutenant du bailli de Vermandois entre le curé de Saint-Timothée et le chapitre de Reims, relative aux offrandes et oblations à l'autel de ladite paroisse. *Arch. lég.*, IIe part., *statuts*, IIIe vol., 32.

1401. Septembre 1er. Arrêt du parlement qui maintient à l'archevêque de Reims, contre les échevins, le droit de juger les blasphémateurs. *Arch. adm.*, t. III, 638.

1402. L'abbé d'Orbois bénit l'abbesse d'Origny. *Arch. adm.*, t. II, 248.

1402. Le chapitre de Reims invoque une assertion de l'archevêque Guy de Roye au sujet des francs servants. *Arch. adm.*, t. I, 442.

1402. Mars 30. Extrait d'une commission du bailli de Vermandois, relative à un procès pour sévices contre les marchands de Reims. *Arch. lég.*, IIe part., *statuts*, Ier vol., 388.

1402. Juin 31. Sentence du bailli de Vermandois, qui condamne deux bourgeois de Reims à continuer un surcens au chapitre. *Arch. lég.*, IIe part., *statuts*, IIIe vol., 32.

1403. Mars 7. Lettres de Charles VI, relatives au pavage des chaussées de Reims. *Arch. adm.*, t. III, 8, n° DCXXII.

1403. Décembre 19. Arrêt qui enjoint

aux Rémois de parfaire au château de Porte-Mars des réparations. *Arch. adm.*, t. III, 259.

1404. Septembre 16. Commission qui ajourne les habitants de Reims pour voir autoriser certains arrêts au profit de l'archevêque. *Arch. adm.*, t. III, 260.

1404. Septembre 21. Rescrit du sergent chargé de mettre à exécution la précédente commission. *Arch. adm.*, t. III, 260.

1404. Décembre 12. Sentence interlocutoire sur un procès entre l'archevêque et les échevins de Reims relatif à un droit de péage sur la Vesle. *Arch. adm.*, t. III, 901, n° CMLXXIII.

1405. Janvier 31. Arrêt du parlement qui maintient à l'archevêque de Reims le droit de juger les blasphémateurs. *Arch. adm.*, t. III, 638.

1405. Février 26. Arrêts par lesquels un règlement général est fait entre le bailli et les échevins de Reims. *Arch. lég.*, IIe part., *statuts*, IIe vol., 916.

1405. Août 29. Transaction par laquelle le chapitre de Reims est maintenu dans le droit d'inventaire après décès sur les meubles des membres de la congrégation de Notre-Dame. *Arch. lég.*, IIe part., *statuts*, Ier vol., 342.

1406. Novembre. Commission relative à la levée d'une taille pour le roi. *Arch. lég.*, IIe part., *statuts*, Ier vol., 401, n° IX.

1406. Décembre 8. Vidimus par les échevins de l'instruction relative à la démolition de certaines fortifications. *Arch. adm.*, t. III, 257, 261.

1407. Février. Commission relative à la levée d'une taille pour le roi. *Arch. lég.*, IIe part., *statuts*, Ier vol., 401.

1407. Mars 8. Arrêt du parlement qui

confirme l'archidiacre de Reims en la possession d'une maison destinée aux fonctions de son office. *Arch. adm.*, t. III, 799.

1407. Avril 13. Arrêt relatif aux appels frivoles, à l'occasion d'un procès dirigé pour sévices contre des officiers du bailli du chapitre de Reims. *Arch. lég.*, IIe part., *statuts*, Ier vol., 392.

1408. Reconnaissance du bailli, relative au trésor de l'église de Reims. *Arch. adm.*, t. I, 496.

1408. Janvier 7. Acte relatif à l'office des mesureurs de sel à Reims. *Arch. lég.*, IIe part., *statuts*, Ier vol., 422.

1408. Août 23. Arrêt relatif à une taille imposée aux bourgeois. *Arch. lég.*, IIe part., *statuts*, Ier vol., 401.

1409. Janvier 22. Commission qui assigne devant le bailli de Vermandois un teinturier qui s'était réfugié dans une maison du bourg Saint-Denis de Reims. *Arch. lég.*, Ire part., *statuts*, IIIe vol., 32.

1410. Pierre et Simon de Valmonte, professeurs d'écriture sainte à Reims. *Arch. adm.*, t. I, 667.

1410. Août 1er. Conclusion du chapitre relative à la compilation du cardinal Guillaume Filliastre, cardinal du T. de Saint-Marc. *Arch. lég.*, IIe part., *statuts*, Ier vol., 5.

1410. Septembre 13. Confirmation d'une sentence du bailli de Vermandois relative un procès de sévices des officiers du bailli du chapitre contre un habitant de Reims. *Arch. lég.*, IIe part., *statuts*, 393.

1411. Serment prêté à l'église de Reims par Charles, évêque de Châlons. *Arch. adm.*, t. I, 62.

1411. Ordonnance de Charles VI, réglant les droits du lieutenant de Reims sur la milice. *Arch. lég.*, IIe part., *statuts*, Ier vol., IIIe vol., 280.

1411. Droit des chanoines du chapitre de Reims d'avoir des francs servants, tant sur le ban de l'archevêque que sur celui de Saint-Remi. *Arch. adm.*, t. I, 441.

1411. Acte par lequel l'archevêque de Reims, Simon de Cramaud, déclare qu'il ne prétend pas préjudicier au droit qu'avait le chapitre d'élire le doyen et l'écolâtre. *Arch. adm.*, t. I, 663.

1411. Mars 7. Transaction relative au droit d'inventaire du chapitre de Reims. *Arch. lég.*, IIe part., *statuts*, Ier vol., 342.

1411. Décembre 28. Commission donnée au bailli de Vermandois au sujet des aides ou subsides de Reims. *Arch. lég.*, IIe part., *statuts*, Ier vol., 406.

1412. Avril 19. Transaction entre l'archevêque de Reims et le vidame d'une part, et le chapitre d'autre part, au sujet de leur juridiction respective. *Arch. lég.*, IIe part., *statuts*, Ier vol., 335.

1412. Août 24. Commission relative à un emprunt fait pour les guerres. *Arch. lég.*, IIe part., *statuts.*, Ier vol., 438.

1412. Décembre. Diverses donations et fondations faites en faveur de l'église de Reims par l'archevêque Simond de Cramaud. *Arch. lég.*, IIe part., *statuts*, Ier vol., 108.

1413. Avril 27. Époque d'un dénombrement fait par le bailli de l'archevêché de Reims. *Arch. adm.*, t. III, 657.

1413. Juillet 18. Arrêt du parlement de Paris qui adjuge aux abbés de Saint-Denis de Reims la recréance d'un muid de froment à prendre sur les revenus de Courville. *Arch. adm.*, t. II, 82.

1414. Octobre 16. Lettres royaux qui obligent les gens d'église de Reims à

faire le guet et garde. *Arch. lég.*, nᵉ part., *statuts*, 1ᵉʳ vol., 547.

1415. Défi des arbalétriers de Sézanne à ceux de Reims. *Arch. lég.*, nᵉ part., *statuts*, 1ᵉʳ vol., 324.

1415. Février 28. Arrêt confirmatif de la juridiction de l'échevinage de Reims. *Arch. lég.*, nᵉ part., *statuts*, 1ᵉʳ vol., 41.

1415. Août 16? Addition d'un nouvel article aux statuts de l'église de Reims. *Arch. lég.*, nᵉ part., *statuts*, 1ᵉʳ vol., 53.

1416. Avril 7. Arrêt du parlement sur un procès entre Hugues la Barbe et le bailli de l'archevêque de Reims au sujet de l'office de la paneterie. *Arch. adm.*, t. III, 656.

1416. Avril 24. Sentence du bailli de Vermandois relative à certaine prestation due au chapitre de Reims par le commandeur du Temple. *Arch. lég.*, nᵉ part., *statuts*, IIIᵉ vol., 33.

1416. Juin 26. Lettres de Charles VII relatives à la garde des portes de Reims et à la reddition des comptes de cette ville. *Arch. lég.*, nᵉ part., *statuts*, 1ᵉʳ vol., 559.

1418. Août 20. Lettres du roi portant nomination de G. de Châtillon en qualité de capitaine de Reims. *Arch. lég.*, nᵉ part., *statuts*, 1ᵉʳ vol., 454.

1418. Septembre 28. Lettres du sire de Montaigu résignant ses fonctions de capitaine de Reims. *Arch. lég.*, nᵉ part., *statuts*, 1ᵉʳ vol., 454.

1419. Juin 23. Sentence du lieutenant du bailli de Vermandois relative au patronage de la cure de Poilconrt. *Arch. lég.*, nᵉ part., *statuts*, IIIᵉ vol., 33.

1420. Février 19. Accord entre les seigneurs justiciers et les échevins de Reims. *Arch. adm.*, t. I, 489.

1420. Février 19. Arrêt d'homologation d'une transaction relative à la haute, moyenne et basse justice passée entre l'archevêque de Reims et les échevins, etc. *Arch. lég.*, nᵉ part., *statuts*, 1ᵉʳ vol., 569.

1420. Avril 27. Accord entre les différents membres du clergé de Reims sur le guet et garde. *Arch. lég.*, nᵉ part., *statuts*, 1ᵉʳ vol., 563.

1421. Mars 7. Arrêt qui condamne certains habitants de Reims à une réparation envers un nommé Martin Baillot. *Arch. adm.*, t. III, 615.

1421. Août 9. Copie d'une conclusion de l'échevinage de Reims pour s'opposer à l'institution d'un lieutenant du capitaine de la ville. *Arch. lég.*, nᵉ part., *statuts*, 1ᵉʳ vol., 571.

1422. Septembre 23. Lettres de Charles VI qui concèdent à la ville de Reims certains impôts pour réparation des fortifications. *Arch. lég.*, nᵉ part., *statuts*, 1ᵉʳ vol., 472.

1422. Septembre 25. Attache concernant l'impôt du don gratuit racheté par la ville de Reims. *Arch. lég.*, nᵉ part., *statuts*, 1ᵉʳ vol., 472.

1423. Février 22. Lettre de J. Lescot, bourgeois de Reims, relative à son office de receveur des deniers communaux. *Arch. lég.*, nᵉ part., *statuts*, 1ᵉʳ vol., 610.

1423. Juin 12. Sentence du lieutenant du bailli de Vermandois au profit du chapitre de Reims contre un sergent pour arrestation illégale faite par ce dernier. *Arch. lég.*, nᵉ part., *statuts*, IIIᵉ vol., 33.

1424. Serment prêté par Pierre, évêque de Beauvais, à l'église de Reims. *Arch. adm.*, t. I, 62.

1424. Juin 13. Commission du roi Henri V d'Angleterre au sire de l'Isle-Adam, pour s'emparer de la forteresse de Nesle-

en-Tardenois. *Arch. lég.*, iie part., *statuts*, ier vol. , 577.

1424. Août 24. Commission du même pour la taille de Reims. *Arch. lég.*, iie part., *statuts*, ier vol., 579.

1424. Octobre 31. Don de 600 liv. tourn. fait par Henri V, roi d'Angleterre, à la ville de Reims, à prendre sur la recette des aides, pour réparation des fortifications de cette ville. *Arch. lég.*, iie part., *statuts*, ier vol., 474.

1425. Octobre 1er. Comptes des deniers communs de Reims. *Arch. lég*, iie part., *statuts*, ier vol., 618.

1425. Octobre 30. Procès criminel fait au précédent. *Arch. lég.*, iie part., *statuts*, iie vol., 142.

1425. Novembre 12. Un nommé Jehan Henri est mis à la question pour larcin commis à Reims. *Arch. lég.*, iie part., *statuts*, iie vol., 113.

1425. Décembre 28. Procès-verbal d'élection d'officiers municipaux à Reims. *Arch. lég.*, iie part., *statuts*, iie vol., 434.

1426. Étienne de Givry, évêque de Troyes, fait don de 40 liv. à l'aumône de Saint-Denis de Reims. *Arch. lég.*, iie part., *statuts*, ier vol., 130.

1426. Septembre 11. Acte qui réduit certaine somme affectée à l'archidiacre de Reims. *Arch. adm.*, t. III, 805.

1426. Septembre 30. Comptes des deniers communs de Reims. *Arch. lég.*, iie part., *statuts*, ier vol., 618.

1427. Juillet 31. Procès-verbal entre les échevins de Reims et le bailli de l'archevêché relatif à la revendication ou le récréance d'un prisonnier. *Arch. lég.*, iie part., *statuts*, iiie vol., 33.

1428. Essai fait sur le pain par les boulangers de Reims. *Arch. lég.*, iie part., *statuts*, iie vol., 157.

1428. Mars 17. Sommation des échevins aux lieutenants du prévôt de Laon sur une saisie des poids et balances faits par ces derniers. *Arch. lég.*, iie part., *statuts*, ier vol., 594.

1428. Novembre 6. Mort de Guillaume Filiastre, doyen de Saint-Symphorien. *Arch. adm.*, t. I. 271.

1429. Serment prêté par Jehan, évêque de Châlons à l'église de Reims. *Arch. adm.*, t. I, 62.

1429. Mort de Gérard de Montfaucon. *Arch. lég.*, ire part., 605.

1429. Février 13. Lettres de Charles VI permettant l'introduction à Reims des chairs salées, ailleurs que dans son grenier à sel de ladite ville. *Arch. lég.*, iie part., *statuts*, ier vol., 426.

1429. Mars 23. Commission du bailli de Vermandois relative à un empiétement fait par quelques marchands de bestiaux sur les possessions des échevins de Reims. *Arch. lég.*, iie part., *statuts*, ier vol., 440.

1430. Septembre 17. Lettres de Charles VII, qui accorde pour un an la levée de certains deniers sur l'entrée des vendanges à Reims. *Arch. lég.*, iie part., *statuts*, ier vol., 474.

1431. Janvier 12. Lettres d'octroi du petit aide à Reims. *Arch. lég.*, iie part., *statuts*, ier vol., 622.

1432. Lettres du même, relatives à une crue du petit aide à Reims. *Arch. lég.*, iie part., *statuts*, ier vol., 624.

1432. Avril 3. Sentence rendue par le lieutenant du bailli de Vermandois entre les religieux de Saint-Remi et le chapitre de Saint-Timothée pour droits de censives et juridictions. *Arch. lég.*, iie part., *statuts*, iiie vol., 33.

1432. Décembre 15. Lettres de Charles VII pour envoyer une assemblée à Poitiers.

Arch. lég., ɪɪᵉ part., *statuts*, ɪɪɪᵉ vol., 616.

1444. Comptes des octrois et patrimoniaux de Reims. *Arch. lég.*, ɪɪᵉ part., *statuts*, ɪᵉʳ vol., 656.

1444. Serment prêté par Jean Juvénal des Ursins, lors évêque de Laon, à l'église de Reims. *Arch. adm.*, t. I, 62.

1444. Juin 14. Sentence du lieutenant du bailli de Vermandois, relative à une émotion causée à Reims par des soldats logés dans ladite ville. *Arch. lég.*, ɪɪᵉ part., *statuts*, ɪɪɪᵉ vol., 34.

1445. Comptes des octrois et patrimoniaux de Reims. *Arch. lég.*, ɪɪᵉ part., *statuts*, ɪᵉʳ vol., 657,

1445. Mars 27. Lettres patentes de Charles VII qui renvoie toutes les causes de l'Université de Paris au parlement. *Arch. lég.*, ɪɪᵉ part., *statuts*, ɪɪᵉ vol., 669.

1446. Comptes des octrois et patrimoniaux de Reims. *Arch. lég.*, ɪɪᵉ part., *statuts*, ɪᵉʳ vol., 657.

1447. Mars 5. Appel fait par Antoine de Hollande, capitaine de Reims, contre l'élection du lieutenant et du procureur des habitants. *Arch. lég.*, ɪɪᵉ part., *statuts*, ɪɪᵉ vol., 455.

1448. Mars 5. Comptes des octrois et patrimoniaux de Reims. *Arch. lég.*, ɪɪᵉ part., *statuts*, ɪᵉʳ vol., 664.

1449. Jours ordinaires des Vermandois. *Arch. lég.*, ɪɪᵉ part., *statuts*, ɪᵉʳ vol., 378.

1449. Février 25. Comptes des octrois et patrimoniaux de Reims. *Arch. lég.*, ɪɪᵉ part., *statuts*, ɪᵉʳ vol., 661.

1449. Mars 30. Commissions du roi Charles VII relative à la voirie. *Arch. lég.*, ɪɪᵉ part., *statuts*, ɪɪɪᵉ vol., 5.

1450. Note sur les contres de l'église de

Reims. *Arch. lég.*, ɪɪᵉ part., *statuts*, ɪᵉʳ vol., 247.

1450. Avril–Octobre. Comptes des octrois et patrimoniaux de Reims. *Arch. lég.*, ɪɪᵉ part., *statuts*, ɪᵉʳ vol., 661.

1450. Septembre 12. Sentence du lieutenant général du bailli de Vermandois contre deux particuliers de Reims qui avaient entrepris sur la juridiction des religieux de Saint-Remi. *Arch. lég.*, ɪɪᵉ part., *statuts*, ɪɪɪᵉ vol., 34.

1451. Pardons généraux de la Saint-Luc accordés par le pape à l'église de Reims. *Arch. adm.*, t. I, 359. *Arch. lég.*, ɪɪᵉ part., *statuts*, ɪᵉʳ vol., 935.

1452. Entreprises faites par les officiers de l'archevêché, ceux du chapitre et de l'abbaye de Saint-Remi sur la juridiction royale. *Arch. lég.*, ɪɪᵉ part., *statuts*, ɪɪɪᵉ vol., 4.

1452. Juillet 3. Conclusions du conseil de ville relatives à une prise d'eau par le chapitre. *Arch. lég.*, ɪɪᵉ part., *statuts*, ɪᵉʳ vol., 937.

1452. Décembre 12. Vidimus des échevins de Reims relatif à un règlement entre les drapiers et tisserands de cette ville. *Arch. adm.* t. I, 1071.

1453. Mai 8. Acte d'ajournement relatif à la juridiction de l'archevêque de Reims sur certains bourgeois de cette ville. *Arch. lég.*, ɪɪᵉ part., *statuts*, ɪᵉʳ vol., 378, nᵒ v.

1454. Compte des octrois et patrimoniaux de Reims. *Arch. lég.*, ɪɪᵉ part., *statuts*, ɪᵉʳ vol., 662

1454. Janvier 2. Arrêt rendu entre les habitants et l'archevêque de Reims au sujet de leurs juridictions respectives. *Arch. lég.*, ɪɪᵉ part., *statuts*, ɪᵉʳ vol., 935.

1455. Juin 12. Lettres patentes qui

exemptent certaines foires de Reims d'un impôt. *Arch. lég.*, II° part., *statuts*, Ier vol., 945.

1455. Août 9. Mandement au bailli de Vermandois accordant aux habitants de Reims un délai pour une reddition de comptes. *Arch. lég.*, II° part., *statuts*, Ier vol., 663.

1455. Octobre 15. Commission au même pour recouvrer les deniers communs prêtés au roi. *Arch. lég.*, II° part., *statuts*, Ier vol., 663, 757.

1456. Compte des octrois et patrimoniaux de Reims. *Arch. lég.*, II° part., *statuts*, Ier vol., 662.

1456. Avril 27. Mandement au bailli de Vermandois relatif aux deniers communs de Reims. *Arch. lég.*, II° part., *statuts*, Ier vol., 663.

1456. Août 14. Règlements des tapissiers de la ville de Paris. *Arch. lég.*, II° part., *statuts*, II° vol., 444.

1458. Janvier 21. Procès-verbal sur une infraction aux règlements des échevins de Reims relatif aux visiteurs des porcs. *Arch. lég.*, II° part., *statuts*, Ier vol., 438.

1458. Mars 9. Vidimus d'une note relative aux villages des environs de Reims qui doivent contribuer aux fortifications de cette ville. *Arch. adm.*, t. I, 1089.

1458. Avril 21. Lettres de Charles IV qui établit une imposition sur les foires de la Couture pour servir à réparer les murs d'enceinte de Reims. *Arch. lég.*, II° part., *statuts*, Ier vol., 947.

1459. Compte des octrois et patrimoniaux de Reims. *Arch. lég.*, II° part., *statuts*, Ier vol., 662.

1460. Penitentiale ecclesiæ metropolis Remensis. *Arch. adm.*, t. I, 215.

1461. Sacre du roi Louis XI. *Arch. lég.*, II° part., *statuts*, Ier vol., 321, n° 1.

1461. Janvier 15. Sentence du lieutenant général du bailli de Vermandois qui maintient le chapitre de Reims en la possession du terrage de Pontfavergier. *Arch. lég.*, II° part., *statuts*, III° vol., 34.

1461. Décembre. Lettre d'abolition de Louis XI en faveur de la ville de Reims. *Arch. lég.*, II° part., *statuts*, Ier vol., 763.

1462. Mai 25. Arrêt du parlement de Toulouse, qui condamne un comte palatin à une amende honorable pour usurpation des droits du roi. *Arch. lég.*, II° part., *statuts*, III° vol., 527.

1462. Juin 16. Défauts sur les amendes de la prévôté foraine de Laon. *Arch. lég.*, II° part., *statuts*, Ier vol., 531.

1464. Août 9. Lettres de Louis XI qui permet pour un an, à la ville de Reims de lever un octroi sur le sel et sur chaque queue de vin. *Arch. lég.*, II° part., *statuts*, Ier vol., 474.

1465. Août. Édit de Louis XI, qui supprime le sou pour livre levé sur les marchandises. *Arch. lég.*, II° part., *statuts*, Ier vol., 463.

1465. Septembre 4. Procès fait à un greffier de Reims, pour avoir fauché de l'herbe dans les fossés de Porte-Mars. *Arch. lég.*, II° part., *statuts*, II° vol., 113, 142.

1466. Mars 23. Règlement des bouchers de Reims. *Arch. lég.*, II° part., *statuts*, Ier vol., 993.

1467. Déclaration qui supprime le sou pour livre sur les marchandises à Reims. *Arch. lég.*, II° part., *statuts*, Ier vol.; 463.

1467. Avril 9. Lettres patentes du même, relatives à la boucherie de Reims. *Arch. lég.*, II° part., *statuts*, Ier vol., 993.

1467. Mai 3. Réception de Gobert de Bohan, capitaine de Reims, en qualité de chevalier de l'Arbalète. *Arch. lég.*, II⁰ part., *statuts*, I⁰ʳ vol., 321.

1467. Juin. Lettre de Louis XI aux habitants de Reims, relative à des négociations avec le roi d'Angleterre. *Arch. lég.*, II⁰ part., *statuts*, I⁰ʳ vol., 766.

1469. Janvier 18. Plein pouvoir donné aux échevins de Reims pour vérifier les comptes des receveurs. *Arch. lég.*, II⁰ part., *statuts*, I⁰ʳ vol., 791.

1471. Septembre 3. Lettres de Louis XI, qui maintient aux habitants de Reims, les franchises des foires de la Couture. *Arch. lég.*, II⁰ part., *statuts*, I⁰ʳ vol., 951.

1472. Février 9. Lettres de Louis XI, relatives à une prolongation d'octroi pour la ville de Reims. *Arch. lég.*, II⁰ part., *statuts*, I⁰ʳ vol., 668, 671.

1473. Guy Bernard élu abbé de Saint-Remi. *Arch. adm.*, t. II, 248.

1473. Mai 13. Acte relatif à une fourniture de sel pour la ville de Reims. *Arch. lég.*, II⁰ part., *statuts*, I⁰ʳ vol., 669.

1473. Juillet 14. Mort de J. Juvénal des Ursins, archevêque de Reims. *Arch. lég.*, II⁰ part., *statuts*, I⁰ʳ vol., 321.

1473. Septembre 21. Commission de Louis XI à Raulin Couchinart, pour faire réparer les forteresses de Reims. *Arch. lég.*, II⁰ part., *statuts*, I⁰ʳ vol., 797.

1474. Août 19. Inventaire des munitions de guerre de Reims. *Arch. lég.*, II⁰ part., *statuts*, I⁰ʳ vol., 805.

1474. Octobre 23. Lettre relative à la fixation du prix du sel à Reims. *Arch. lég.*, II⁰ part., *statuts*, I⁰ʳ vol., 668.

1474. Décembre 7. Commission de Raoul

Cochinart, maître d'hôtel du roi, relative aux fortifications de Reims. *Arch. lég.*, II⁰ part., *statuts*, I⁰ʳ vol., 801.

1475. Juillet 16. Commission du roi au seigneur de Labrosse, son maître d'hostel, pour achever les réparations de la forteresse de Reims. *Arch. lég.*, II⁰ part., *statuts*, I⁰ʳ vol., 801.

1475. Juillet 28. Lettres de Louis XI aux bourgeois de Reims, les invitant au plus vite à travailler à la réparation des fortifications de leur ville. *Arch. lég.*, II⁰ part., *statuts*, I⁰ʳ vol., 801.

1476. Compte des deniers communs de Reims. *Arch. lég.*, II⁰ part., *statuts*, I⁰ʳ vol., 663.

1476. Février 12. Lettre de Louis XI, enjoignant aux habitants de Reims d'envoyer des poudres et de l'artillerie à Amiens. *Arch. lég.*, II⁰ part. *statuts*, I⁰ʳ vol., 664.

1476. Avril 9. Lettres du maître d'hostel de Louis XI, aux habitants de Reims, relatives aux fortifications de cette ville. *Arch. lég.*, II⁰ part., *statuts*, I⁰ʳ vol., 804.

1477. Mort du duc de Bourgogne, Charles le Téméraire. *Arch. lég.*, II⁰ part., *statuts*, I⁰ʳ vol., 804.

1477. Juin 2. Lettre de Raulin Cochinart, capitaine d'Amboise et de Reims, relative aux fortifications de cette dernière ville. *Arch. lég.*, II⁰ part., *statuts*, I⁰ʳ vol., 806.

1477. Juin 4. Lettres de Louis XI, qui établit l'archevêque de Reims, Pierre de Laval, son lieutenant général. *Arch. lég.*, II⁰ part., *statuts*, I⁰ʳ vol., 808.

1478. Époque où Jehan Foulquart dressa son traité des frais du sacre. *Arch. adm.*, t. II, 559.

1478. Avril 3. Lettre du sire d'Albret aux officiers du roi et au conseil de ville

de Reims, pour un approvisionnement de vin à Mézières. *Arch. lég.*, 11e part., *statuts*, 1er vol., 666.

1478. Mai 15. Commission du roi à Olivier le Dain, lui enjoignant d'approvisionner de vivres et de munitions Condé et le Quesnoy. *Arch. lég.*, 11e part., *statuts*, 1er vol., 665.

1479. Janvier 7. Lettres du même au bailli de Vermandois, relatives à un reddition de comptes des deniers communs de Reims. *Arch. lég.*, 11e part., *statuts*, 1er vol., 669.

1479. Janvier 27. Lettres royales, chargeant certains commissaires de faire lever des vivres en Champagne. *Arch. lég.*, 11e part., *statuts*, 1er vol., 672.

1479. Avril 23. Sentence du lieutenant du bailli de Vermandois, qui condamne les bourgeois de Reims, à payer au chapitre de S. Symphorien, les arrérages d'une rente d'une maison. *Arch. lég.*, 11e part., *statuts*, 111e vol., 34.

1480. Comptes des deniers communs de Reims. *Arch. lég.*, 11e part., *statuts*, 1er vol., 668, 670.

1480. Mai 18. Lettres du roi qui commissionnent certains personnages pour faire diriger des vivres sur l'armée, *Arch. lég.*, 11e part., *statuts*, 1er vol., 673.

1481. Époque de la rédaction des ancienne et nouvelle coutumes de Reims. *Arch. adm.*, t. 1, 489.

1481. Date d'un pouillé de l'église de Reims. *Arch. adm.*, t. II, 1026.

1481. Août 18. Lettres royaux, relatifs à la transcription et collection des coutumes de Reims. *Arch. lég.*, 1re part., 652.

1481. Octobre 10. Lettre du bailli de Vermandois, qui enjoint la transcription et collection de ces mêmes coutumes. *Arch.*

lég., 1re part., 653; 11e part., *statuts*, 1er vol., 1.

1482. Mai 10. Extrait d'un mémoire de Denys le Bouthelyer, greffier du conseil de ville de Reims, relatif à un inventaire des vivres de la ville. *Arch. lég.*, 11e part., *statuts*, 1er vol., 769.

1482. Juin 16. Réception de Simonet Bignicourt, boucher de Reims, en qualité de chevalier de l'Arbalète. *Arch. lég.*, 11e part., *statuts*, 1er vol., 322.

1483. Août. Mort de Louis XI. *Arch. lég.*, 11e part., *statuts*, 1er vol., 814.

1483. Novembre 29. Lettres de Charles VIII, qui proroge pour dix ans le petit aide accordé à la ville de Reims, et pour six ans, un droit de barrage sur le vin traversant la rivière d'Aisne. *Arch. lég.*, 11e part., *statuts*, 1er vol. 474.

1484. La ville de Reims est comprise parmi les villes franches. *Arch. lég.*, 11e par., *statuts*, 1er vol., 437.

1484. La royauté remet aux habitants de Reims, l'impôt direct et la taille affectés, depuis Charles VII, aux troupes régulières. *Arch. lég.*, 11e part., *statuts*, 1er vol., 463.

1484. Janvier 17. Acte relatif à la paneterie de Reims. *Arch. lég.*, 11e part., *statuts*, 1er vol., 371.

1484. Février 23. Procès-verbal des délibérations du conseil de la ville de Reims. *Arch. lég.*, 11e part., *statuts*, 1er vol., 825.

1484. Juillet 1er. Lettre du même relative aux aides. *Arch. lég.*, 11e part., *statuts*, 1er vol., 675.

1484. Juillet 23. Sentence du lieutenant du bailli de Vermandois, qui renvoie l'archevêque de Reims et son chapitre devant le lieutenant de cette ville pour régler les différends existant entre

eux. *Arch. lég.*, iie part., *statuts*, iiie vol., 35.

1484. Décembre 23. Lettres de Charles VIII relatives aux deniers communs de la ville de Reims. *Arch. lég.*, iie part., *statuts*, i^{er} vol., 669.

1485. Janvier 6. Sentence portant condamnation à payer certains secours dus à un bourgeois. *Arch. lég.*, iie part., *statuts*, iiie vol., 35.

1485. Mai. Lettres d'abolition de Charles VIII en faveur de Raulin Cochinart, maître d'hôtel de Louis XI et capitaine de Reims. *Arch. lég.*, iie part., *statuts*, i^{er} vol., 829.

1485. Juin 1er. Arrêt du parlement relatif à la paneterie de Reims. *Arch. lég.*, iie part., *statuts*, i^{er} vol., 371.

1485. Juillet 1er. Lettres patentes du roi, qui octroie aux habitants de Reims une exemption de tailles pour dix ans moyennant certaines conditions. *Arch. lég.*, iie part., *statuts*, i^{er} vol., 840.

1486. Mai 29. Acte relatif à la boulangerie de Reims. *Arch. lég.*, iie part., *statuts*, i^{er} vol., 373.

1486. Août 1er. Mandement du capitaine de Reims pour le payement de certaine somme relative à l'artillerie de la ville. *Arch. lég.*, iie part., *statuts*, i^{er} vol., 795.

1486. Septembre 15. Rescrit d'ajournement sur le même sujet. *Arch. lég.*, iie part., *statuts*, i^{er} vol., 380.

1487. Élection de Ladure (P.) à l'office d'écolâtre de Reims. *Arch. adm.*, t. I, 663.

1487. Statuts de l'église de Reims. *Arch. lég.*, iie part., *statuts*, i^{er} vol., 39, 158.

1487. Mars 3. Transaction par laquelle se trouve reconnue l'exemption de la taille pour les francs sergents de Reims. *Arch. lég.*, iie part., *statuts*, i^{er} vol., 347.

1488. Mai 4. Réception dans la compagnie de l'Arbalète de Jean Moët. *Arch. lég.*, iie part., *statuts*, i^{er} vol., 322.

1488. Mai 6. Contrat de vente du fief de la dîme de Montigny-le-Sec, allégué à l'occasion de la monnaie de Reims. *Arch. adm.*, t. I, 83.

1489. Septembre 21. Commission du lieutenant du bailli de Vermandois pour contraindre un particulier à payer une somme à laquelle il avait été condamné par sentence précédente. *Arch. lég.*, iie part., *statuts*, iiie vol., 34.

1489. Octobre 3. Lecture à Reims des lettres qui annoncent la paix avec l'archiduc Maximilien. *Arch. lég.*, iie part., *statuts*, i^{er} vol., 839.

1490. Compte des octrois et patrimoniaux de Reims. *Arch. lég.*, iie part., *statuts*, i^{er} vol., 678.

1490. Ordonnance de Charles VIII qui oblige les notaires à prêter serment devant les baillis ou sénéchaux. *Arch. lég.*, iie part., *statuts*, iiie vol., 237.

1491. Octobre 1er. Compte des octrois et patrimoniaux de Reims. *Arch. lég.*, iie part., *statuts*, i^{er} vol., 678.

1492. Compte des octrois et patrimoniaux de Reims. *Arch. lég.*, iie part., *statuts*, i^{er} vol., 678.

1492. Octobre 9. Commission du lieutenant du bailli de Vermandois, qui ordonne que les habitants de Coulomeslez-Reims soient assignés pour droits seigneuriaux dus à Jean Chardon. *Arch. lég.*, iie part., *statuts*, iiie vol., 34.

1493. Compte des octrois et patrimoniaux de Reims. *Arch. lég.*, iie part., *statuts*, i^{er} vol., 679.

1493. Mai 19. Réception de Jean Leleux, en qualité de chevalier de l'Arbalète. *Arch. lég.*, iie part., *statuts*, i^{er} vol., 322.

1493. Août 21. Le chapitre de Reims reçoit la nouvelle de la mort de l'archevêque de Reims, Pierre de Laval. *Arch. lég.*, IIe part., *statuts*, Ier vol., 829.

1494. Compte des octrois et patrimoniaux de Reims. *Arch. lég.*, IIe part., *statuts*, Ier vol., 679.

1494. Avril 15. Réception de Jean Chinoir, seigneur de Chambrecy, dans la compagnie des arbalétriers de Reims. *Arch. lég.*, IIe part., *statuts*, Ier vol., 322.

1494. Mai 1er. Réception de Jean de Bohan, seigneur de Damery dans la même compagnie. *Arch. lég.*, IIe part., *statuts*, Ier vol., 322.

1495. Compte des octrois et patrimoniaux de Reims. *Arch. lég.*, IIe part., *statuts*, Ier vol., 679.

1495. Mai 16. Réception dans la compagnie de l'Arbalète de Reims de Thiébaut Levoirier, marchand drapier. *Arch. lég.*, IIe part., *statuts*, Ier vol., 322.

1496. Juin 8. Lettres royaux demandant une somme à plusieurs villes pour soutenir la guerre d'Espagne. *Arch. lég.*, IIe part., *statuts*, Ier vol., 475.

1496. Septembre 9. Lettres par lesquelles la ville de Reims est imposée 1300 liv. *Arch. lég.*, IIe part., *statuts*, Ier vol., 475.

1497. Mai 6. Réception de Charles Vassé, écuyer, dans la compagnie de l'Arbalète. *Arch. lég.*, IIe part., *statuts*, Ier vol., 322.

1497. Juin 15. Réception dans la même compagnie de Louis d'Enghien, seigneur de Bouilly et Guillaume Chardon, vicomte d'Hermonville. *Arch. lég.*, IIe part., *statuts*, Ier vol., 322.

1498. Mai 6. Réception de Jean Chier-temps dans la même compagnie de Reims. *Arch. lég.*, IIe part., *statuts*, Ier vol., 322.

1498. Juin 13. Lettres de Charles VIII portant continuation de l'aide accordé à la ville de Reims sur le sel et sur le vin. *Arch. lég.*, IIe part., *statuts*, Ier vol., 475.

1499. Juin 8. Achat de trois maisons à Reims pour bâtir l'hôtel de ville. *Arch. adm.*, t. III, 20.

1499. Septembre 12. Louis XII annonce aux Rémois son expédition contre le Milanais. *Arch. lég.*, IIe part., *statuts*, Ier vol., 85.

1501. Mai 1er. Élection de Gilles Grand-Raoul à la dignité d'écolâtre de Reims. *Arch. adm.*, t. I, 663.

1501. Juillet 6. Lettres royaux impétrées par J. Coquillart, receveur, pour la reddition de ses comptes. *Arch. lég.*, IIe part., *statuts*, Ier vol., 853.

1501. Août 8. Réception de Guillaume Loiseau, chanoine de Reims, dans la compagnie des arbalétriers de cette ville. *Arch. lég.*, IIe part., *statuts*, Ier vol., 322.

1502. Mai 1er. Cérémonie du jour de l'*Oiseau* à Reims. *Arch. lég.*, IIe part., *statuts*, Ier vol., 322.

1503. Novembre 24. Lettres portant exemption pour la ville de Reims d'une imposition sur les grains, farines, etc. *Arch. lég.*, IIe part., *statuts*, Ier vol., 463, 475.

1504. Mars 6. Réception de Jean de Marne, chapelain dans la compagnie des arbalétriers de Reims. *Arch. lég.*, IIe part., *statuts*, Ier vol., 322.

1504. Mai 24. Séance du conseil de ville de Reims. *Arch. lég.*, IIe part., *statuts*, Ier vol., 854.

1504. Août 9. Lettres du *roi* qui nomment

J. Fillette, écuyer, à l'office de capitaine de Reims. *Arch. lég.*, IIe part., *statuts*, Ier vol., 855.

1505. Mars 4. Assemblée du conseil de ville de Reims. *Arch. lég.*, IIe part., *statuts*, Ier vol., 856.

1505. Avril 25. Service de requiem célébré à Reims, pour deux chevaliers de l'Arbalète. *Arch. lég.*, IIe part., *statuts*, Ier vol., 322.

1506. Janvier 27. Sentence qui maintient les échevins dans leur droit sur la marée. *Arch. adm.*, t. III, 4.

1506. Avril 28. Procuration des habitants de Reims relative à l'assemblée générale des députés des villes convoquées par le roi à Tours. *Arch. lég.*, IIe part., *statuts*, Ier vol., 570.

1506. Mai 19. Serment fait par les bonnes villes de France, à l'occasion du mariage du duc de Valois. *Arch. lég.*, IIe part., *statuts*, Ier vol., 857.

1506. Août 28. Collation de certaines chartes et arrêts relatifs à la ville de Reims. *Arch. adm.*, t. III, 851.

1507. Août 27. Sentence du bailli de Vermandois, qui maintient les droits des échevins sur la marée. *Arch. adm.*, t. III, 4.

1507. Octobre 8, février 24. Réunion et délibération du conseil de ville de Reims. *Arch. lég.*, IIe part., *statuts*, Ier vol., 857.

1508. Compte des octrois et patrimoniaux de Reims. *Arch. lég.*, IIe part., *statuts*, Ier vol., 679.

1508. Novembre 12. Séance du conseil de ville de Reims. *Arch. lég.*, IIe part., *statuts*, Ier vol., 858.

1509. Jacques de Muire fait l'office du sénéchal à Reims à l'entrée de l'archevêque R. de Lenoncourt. *Arch. adm.*, t. I, 415.

1509. Translation de l'hospice de Dieu-li-Mire dans l'intérieur de Reims. *Arch. adm.*, t. I, 12.

1509. Mai 1er. Réception de Jehan Haupillart chapelain de N. D. de Reims dans la compagnie de l'Arbalète. *Arch. lég.*, IIe part., *statuts*, Ier vol., 322.

1510. Dénombrement des vassaux qui font hommage à l'archevêque de Reims. *Arch. adm.*, t. I, 415.

1510. Décembre 10. Traité entre le chapitre de Reims et la veuve Marsons Jehan Moyen, pour l'enlèvement de la porte Chacre d'une pierre qui gênait un cours d'eau. *Arch. adm.*, t. II, 855.

1512. Février 16. Nomination des receveurs des deniers communaux à Reims. *Arch. lég.*, IIe part., *statuts*, Ier vol., 858.

1512. Mai 16. Réception de Jean Barbier, dans la compagnie de l'Arbalète. *Arch. lég.*, IIe part., *statuts*, Ier vol., 322.

1512. Octobre 1er. Compte des octrois et patrimoniaux de Reims. *Arch. lég.*, IIe part., *statuts*, Ier vol., 679.

1513. Compte des octrois et patrimoniaux de Reims. *Arch. lég.*, IIe part., *statuts*, Ier vol., 680.

1513. Mai 2. Délibération du conseil de ville relative aux deniers communs et au guet. *Arch. lég.*, IIe part., *statuts*, Ier vol., 858.

1513. Juillet 22. Lettres de Louis XII relatives à une levée de 3000 liv. pour un don gratuit à cause de la guerre des Anglais qui assiégeaient Térouenne. *Arch. lég.*, IIe part., *statuts*, Ier vol., 475.

1514. Mars 22. Lettres portant exemption temporaire pour la ville de Reims

à l'imposition sur les grains. *Arch. lég.*, IIe part., *statuts*, 1er vol., 463.

1514. Mai 19. Le chapitre de Reims oblige l'écolâtre à rendre compte des deniers reçus pour les pauvres clercs et leurs enfants. *Arch. adm.*, t. I, 663.

1514. Décembre 4. Commission du bailli de Vermandois pour maintenir les langueyeurs de porcs nommés par les échevins, en possession de leurs droits. *Arch. lég.*, IIe part., *statuts*, 1er vol., 438.

1515. Mariage de Jeanne, dame de Thuisy, avec Nicolas Goujon. *Arch. adm.*, t. I, 415.

1515. Statuts de l'église de Reims. *Arch. lég.*, IIe part. *statuts*, 1er vol., 39.

1515. Compte des octrois et patrimoniaux de Reims. *Arch. lég.*, IIe part., *statuts*, 1er vol., 680.

1515. Octobre 3. Lettres royaux qui contrôlent les deniers communs. *Arch. lég.*, IIe part., *statuts*, 1er vol., 682.

1515. Décembre 3. Conclusion du chapitre de Reims relative au bâtiment des écoles externes de cette ville. *Arch. adm.*, t. I, 663.

1516. Département des décimes faits entre les membres du clergé de Reims. *Arch. adm.*, t. II, 1027.

1516. Compte des octrois et patrimoniaux de Reims. *Arch. lég.*, IIe part., *statuts*, 1er vol., 681, 682.

1516. Avril 18. Lettres de François I demandant à la ville de Reims un don pour la guerre. *Arch. lég.*, IIe part., *statuts*, 1er vol., 475.

1516. Juin 27. Appointement rendu par le bailli de Vermandois entre l'abbé et religieux de Saint-Nicaise et les religieux de Signy. *Arch. lég.*, IIe part., *statuts*, IIIe vol., 37.

1516. Juillet 28. Conclusion du chapitre

relative au bâtiment des écoles externes de Reims. *Arch. adm.*, t. I, 663, 665.

1516. Août 16. Concordat de François I. *Arch. adm.*, t. II, 1021.

1517. Le chapitre de Reims fait bâtir quatre maisons à la place de l'ancien bâtiment des écoles externes de la même ville. *Arch. adm*, t. I, 78, 663.

1517. Février 17. Procès-verbal d'élection des échevins de Reims. *Arch. lég.*, IIe part., *statuts*, IIe vol., 4.

1517. Mai. Conclusions du même chapitre sur le même objet. *Arch. adm.*, t. I, 663.

1517. Mai 29. Transaction entre l'abbé de Saint-Denis et le chapitre de Reims, relative aux écoles de Saint-Michel. *Arch. adm.*, t. I, 665.

1518. Compte des octrois et patrimoniaux de Reims. *Arch. lég.*, IIe part., *statuts*, 1er vol., 682, 683.

1518. Juillet 30. Sentence arbitrale concernant les bourgeois-à-chanoines de Reims. *Arch. lég.*, IIe part., *statuts*, 1er vol., 347.

1519. Compte des octrois de Reims. *Arch. lég.*, IIe part., *statuts*, 1er vol., 684.

1520. Époque à laquelle Jacques-Louis d'Estrébé professait la rhétorique à Reims. *Arch. adm.*, t. I, 667.

1520. Compte des octrois de Reims. *Arch. lég.*, IIe part., *statuts*, 1er vol., 684.

1521. Mars 18. Arrêt du parlement qui homologue les transactions précédentes. *Arch. lég.*, IIe part., *statuts*, IIe vol., 274.

1521. Avril 18. Articles relatifs aux aides, délibérés en l'hôtel de ville de Paris. *Arch. lég.*, IIe part., *statuts*, 1er vol., 475.

1521. Décembre 30. Transaction qui déclare les francs sergents du chapitre de

Reims exempts du droit de stellage. *Arch. lég.*, ii⁰ part., *statuts*, ii⁰ vol., 274.

1522. Charte qui règle la boulangerie de Reims. *Arch. lég.*, ii⁰ part., *statuts*, ii⁰ vol., 160.

1522. Avril 22 et juin 3. Arrêts du parlement relatifs à la police des pauvres. *Arch. lég.*, ii⁰ part., *statuts*, ii⁰ vol., 87.

1522. Octobre 24. Accord relatif à la perception des droits appartenant à la vicomté de Reims. *Arch. lég.*, i⁰ part., 759.

1522. Décembre. Charte relative à la ferme de la vicomté de Reims. *Arch. lég.*, ii⁰ part., *statuts*, ii⁰ vol., 157ₐ

1522. Décembre 31. Passation du même accord devant les notaires de Reims. *Arch. lég.*, i⁰ part., 759.

1523. Homologation de la charte relative à la ferme de la vicomté de Reims. *Arch. lég.*, ii⁰ part., *statuts*, ii⁰ vol., 157.

1523. Édit portant création d'un siége royal à Reims. *Arch. lég.*, ii⁰ part., *statuts*, iii⁰ vol., 22, 46, 605.

1523. Mars 28. Homologation par le parlement d'un accord relatif à la perception des droits en la vicomté de Reims. *Arch. lég.*, i⁰ part., 760.

1523. Juin. Lettres patentes de François I sur le même sujet. *Arch. lég.*, ii⁰ part., *statuts*, ii⁰ vol., 8.

1523. Juillet 17. Arrêt d'enregistrement de l'édit qui érige un siége royal en la ville de Reims. *Arch. lég.*, ii⁰ part., *statuts*, ii⁰ vol., 8.

1524. Compte des octrois de Reims. *Arch. lég.*, ii⁰ part., *statuts*, i⁰ vol., 684.

1524. Mars 24. Date de l'impression de l'accord relatif à la perception des droits en la vicomté de Reims. *Arch. lég.*, i⁰ part., 760.

1524. Avril 28. Réception de Philippe Moët jeune, marchand à Reims, dans la compagnie de l'Arbalète. *Arch. lég.*, ii⁰ part., *statuts*, i⁰ vol., 322.

1525. Avril 18. Arrêté du conseil de ville de Reims, qui déclare qu'à l'avenir les affaires seront réglées à l'hôtel de ville par le conseil ordinaire. *Arch. lég.*, ii⁰ part., *statuts*, ii⁰ vol., 21.

1525. Juin 12. Réception de Gérard Moët, marchand, dans la compagnie de l'Arbalète. *Arch. lég.*, ii⁰ part., *statuts*, i⁰ vol., 322.

1525. Août 26. Arrêt du grand conseil, qui déboute l'archevêque de Reims de son opposition à l'érection du siége royal. *Arch. lég.*, ii⁰ part., *statuts*, ii⁰ vol., 8.

1526. Mars 13. Assemblée pour les élections de Reims. *Arch. lég.*, ii⁰ part., *statuts*, i⁰ vol., 867.

1526. Avril 5. Lettres d'institution de courtiers et auneurs de drap. *Arch. lég.*, ii⁰ part., *statuts*, i⁰ vol., 475.

1526. Mai 3. Réception de Jehan Colbert, apothicaire à Reims, dans la compagnie de l'Arbalète. *Arch. lég.*, ii⁰ part., *statuts*, i⁰ vol., 322.

1527. Mars 4. Assemblée pour l'élection des officiers de Reims. *Arch. lég.*, ii⁰ part., *statuts*, i⁰ vol., 867.

1527. Mai 18. Réception de Nicolas Pussot, praticien, dans la compagnie de l'Arbalète. *Arch. lég.*, ii⁰ part., *statuts*, i⁰ vol., 322.

1528. Compte des deniers communs de Reims. *Arch. lég.*, ii⁰ part., *statuts*, i⁰ vol., 686.

1528. Mai 22. Réception de Jean Chiertemps, bourgeois, dans la compagnie de l'Arbalète. *Arch. lég.*, ii⁰ part., *statuts*, i⁰ vol., 322.

1528. Juillet 3. Arrêt du grand conseil

relatif à l'établissement d'un siége royal à Reims. *Arch. lég.*, IIe part., *statuts*, IIe vol., 8.

1528. Octobre 22. Claudius de Louvain reçu doyen de Saint-Symphorien de Reims. *Arch. adm.*, t. I, 271.

1529. Compte des deniers communs de de Reims. *Arch. lég.*, IIe part., *statuts*, Ier vol., 686.

1529. Mars 9. Conclusions du conseil de ville de Reims relatives aux élections des officiers municipaux; réparations à faire à la rivière de Vesle, etc. *Arch. lég.*, IIe part., *statuts*, Ier vol., 870, 872.

1530. Impression de l'ancienne coutume de Vermandois. *Arch. lég.*, IIe part., *statuts*, IIIe vol., 14.

1530. Janvier 4. Passage des ducs de Guise et de Lorraine à Reims. *Arch. lég.*, IIe part., *statuts*, Ier vol., 873.

1530. Janvier 29. Arrêt du parlement qui ordonne une réélection des officiers de la ville de Reims. *Arch. lég.*, IIe part., *statuts*, IIe vol., 334.

1531. Compte des patrimoniaux de Reims. *Arch. lég.*, IIe part., *statuts*, Ier vol., 686.

1531. Mai 4. Émeute à Reims à l'occasion de la cherté des grains. *Arch. lég.*, IIe part., *statuts*, Ier vol., 875.

1531. Août 7. Réception de Gérard Chiertemps, marchand à Reims, dans la compagnie de l'Arbalète. *Arch. lég.*, IIe part., *statuts*, Ier vol., 322.

1531. Décembre 12 et 13. Arrêt confirmatif de la juridiction de l'échevinage de Reims. *Arch. lég.*, IIe part., *statuts*, IIe vol., 42.

1532. Compte des patrimoniaux de Reims. *Arch. lég.*, IIe part., *statuts*, Ier vol., 686.

1532. Juin 12. Commission obtenue par le juge et garde des sceaux de la prévôté de Reims relative à la juridiction contentieuse de ladite prévôté en toutes matières civiles et criminelles. *Arch. lég.*, IIe part., *statuts*, IIIe vol., 40.

1533. Compte des octrois de Reims. *Arch. lég.*, IIe part., *statuts*, IIe vol., 687.

1533. Avril 25. Lettres patentes de François déclarant qu'il n'entendait pas comprendre la ville de Reims dans celles dont il avait ordonné le retranchement des octrois. *Arch. lég.*, IIe part., *statuts*, Ier vol., 475.

1533. Mai 4 et 25. Réception de Michel Bachelier, sergent royal, et de Carlache Souyn, avocat, dans la compagnie de l'Arbalète de Reims. *Arch. lég.*, IIe part., *statuts*, Ier vol., 322.

1534. Ordonnance de François I, qui oblige les notaires à prêter serment devant les baillis. *Arch. lég.*, IIe part., *statuts*, IIIe vol., 237.

1534. Compte des octrois de Reims. *Arch. lég.*, IIe part., *statuts*, Ier vol., 687, 688.

1534. Avril 26. Délibération et conclusions du conseil de ville de Reims, sur la révision des comptes de la ville et sur la vente des vins, etc. *Arch. lég.*, IIe part., *statuts*, Ier vol., 882.

1534. Décembre 13. Réception de Regnault Noblet, tailleur de pierres, dans la compagnie de l'Arbalète. *Arch. lég.*, IIe part., *statuts*, Ier vol., 322.

1535. Date de l'impression de l'ancienne coutume de Vermandois. *Arch. lég.*, IIe part., *statuts*, IIIe vol., 15.

1535. Compte des octrois de Reims. *Arch. lég.*, IIe part., *statuts*, Ier vol., 687, 688.

1535. Avril 21. Sommaire des délibérations et conclusions du conseil de ville de

Reims. *Arch. lég.*, ii*e* part., *statuts*, i*er* vol., 883.

1535. Août 20. Lettres de François I, maintenant les habitants de Reims dans la franchise des foires qu'il leur a octroyée. *Arch. lég.*, ii*e* part., *statuts*, i*er* vol., 953.

1536. Compte des octrois de Reims. *Arch. lég.*, ii*e* part., *statuts*, i*er* vol., 689.

1536. Mai 18. Sommaire des délibérations et conclusions du conseil de ville de Reims. *Arch. lég.*, ii*e* part., *statuts*, i*er* vol., 885.

1536. Juin. Édit de Crémieux relatif à la police générale du royaume, allégué à l'occasion d'un arrêt obtenu par les officiers du présidial de Reims. *Arch. lég.*, ii*e* part., *statuts*, ii*e* vol., 491 ; *statuts*, iii*e* vol., 5.

1537. Époque où les chevaliers de l'Arquebuse commencèrent à être connus à Reims. *Arch. lég.*, ii*e* part., *statuts*, ii*e* vol., 105.

1537. Arrêt qui ordonne l'exécution de la charte relative à la ferme de la vicomté de Reims. *Arch. lég.*, ii*e* part., *statuts*, ii*e* vol., 157.

1537. Mars 8. Acte d'élection des échevins et conseillers de Reims. *Arch. lég.*, ii*e* part., *statuts*, ii*e* vol., 454.

1537. Mai 3. Réception de Hubert Bachelier, marchand, dans la compagnie de l'Arbalète. *Arch. lég.*, ii*e* part., ii*e* vol , 322.

1538. Règlement du chapitre général de Reims, concernant les vicaires et chapelains. *Arch. lég.*, ii*e* part., *statuts*, i*er* vol., 54.

1538. Novembre 26. Arrêt confirmatif de la juridiction de l'échevinage de Reims. *Arch. lég.*, ii*e* part., *statuts*, ii*e* vol., 34.

1538. Décembre 10. Arrêt confirmatif de la juridiction de l'échevinage de Reims. *Arch. lég.*, ii*e* part., *statuts*, ii*e* vol., 40.

1538. Décembre 17. Commission du bailli de Vermandois, pour faire jouir les habitants de Reims d'un octroi sur le vin. *Arch. lég.*, ii*e* part., *statuts*, i*er* vol., 475.

1539. Comptes des octrois de Reims. *Arch. lég.*, ii*e* part., *statuts*, i*er* vol., 689.

1539. Décembre 3. Délibération et conclusion du conseil de ville de Reims. *Arch. lég.*, ii*e* part., *statuts*, i*er* vol., 889.

1540. Date de l'impression d'un commentaire de Jacques Louis d'Estrébé sur le livre *de Oratore* de Cicéron. *Arch. adm.*, t. I, 667.

1540. Comptes des octrois de Reims. *Arch. lég.*, ii*e* part., *statuts*, i*er* vol., 689.

1540. Bulle de Paul III qui confirme l'institut des jésuites. *Arch. lég.*, ii*e* part., *statuts*, ii*e* vol., 688.

1540. Août 24. Service funèbre pour Germain de Florennes, chevalier de l'Arbalète. *Arch. lég.*, ii*e* part., *statuts*, i*er* vol., 322.

1541. Décembre 5. Arrêt contradictoire qui défend aux baillis de l'archevéché de Reims de prendre le titre de conseillers du roi. *Arch. lég.*, ii*e* part., *statuts*, ii*e* vol., 56 , 173.

1541. Décembre 5. Arrêt allégué par les échevins pour contraindre les officiers de l'archevêque à exécuter leurs ordonnances. *Arch. lég.*, ii*e* part., *statuts*, ii*e* vol., 329.

1541. Décembre 15. Arrêt autorisant le bailli de l'archevêque d'assister à l'audience des deux échevins qui ren-

daient la justice aux bourgeois du ban dudit archevêque. *Arch. adm.*, t. I, 489.

1542. Compte des patrimoniaux de Reims. *Arch. lég.*, IIᵉ part, *statuts*, Iᵉʳ vol., 689.

1542. Établissement des bureaux des traites foraines. *Arch. lég.*, IIᵉ part., *statuts*, IIᵉ vol., 17.

1542. Juillet 25. Lettres relatives à un emprunt sur les villes de Reims, Langres, etc., à l'occasion de la guerre. *Arch. lég.*, IIᵉ part., *statuts*, Iᵉʳ vol., 475.

1542. Novembre. Édit de François I, relatif aux droits de tabellionage. *Arch. lég.*, IIᵉ part., *statuts*, IIIᵉ vol., 507.

1543. Deniers communs de la ville de Reims. *Arch. lég.*, IIᵉ part., *statuts*, Iᵉʳ vol., 693.

1543. Mai 8. Déclaration du roi relative à une cotisation de la ville de Reims pour l'entretien des gens de guerre. *Arch. lég.*, IIᵉ part., *statuts*, Iᵉʳ vol., 475.

1543. Décembre 2. Règlement fait à Reims pour la subsistance des pauvres. *Arch. lég.*, IIᵉ part., *statuts*, IIᵉ vol., 88.

1544. Règlement de police portant création de visiteurs pour la marque du cuir. *Arch. lég.*, IIᵉ part., *statuts*, IIIᵉ vol., 12.

1544. Avril 28. Lettres relatives à un emprunt fait aux villes de Reims et Châlons pour la guerre contre les Anglais. *Arch. lég.*, IIᵉ part., *statuts*, Iᵉʳ vol., 476.

1544. Mai 1ᵉʳ. Réception de Nicolas Vagnier, bourgeois de Reims dans la compagnie de l'Arbalète. *Arch. lég.*, IIᵉ part., *statuts*, Iᵉʳ vol., 322.

1544. Août 8. Permission accordée par le chapitre de Reims à Paul Grand Raoul,

écolâtre, de rebâtir le collége des Bons-Enfants de cette ville. *Arch. adm.*, t. I, 663.

1545. Février 15. Réception de Jean le Jeune en qualité de doyen de Saint-Symphorien. *Arch. adm.*, t. I, 271.

1545. Août 22. Article des coutumes de Reims allégué en cour de bailliage. *Arch. lég.*, Iʳᵉ part., 693.

1545. Octobre 15. Approbation d'un article des coutumes de Reims par plusieurs gens de loi. *Arch. lég.* Iʳᵉ part., 657, 663.

1545. Novembre 19. Article des mêmes coutumes allégué en jugement. *Arch. lég.*, Iʳᵉ part., 661.

1546. Maistre P. Grand Roux ou Raoul, transfère les écoles de l'église de Notre-Dame de Reims au collége des Bons-Enfants. *Arch. adm.*, t. I, 667.

1546. Mars 12. Arrêt qui confirme le bailli de l'archevêque dans le droit d'assister à l'audience des deux échevins qui rendaient la justice aux bourgeois de son ban. *Arch. adm.*, t. I, 489. *Arch. lég.*, IIᵉ part., *statuts*, IIᵉ vol., 173, 917.

1546. Mars 12. Arrêt qui enjoint aux officiers du bailliage d'exécuter les arrêts et ordonnancés rendues par les échevins de Reims. *Arch. lég.*, IIᵉ part., *statuts*, IIᵉ vol., 330.

1547. Avant Pâques. Lettres patentes du roi qui confirme la bulle d'érection de l'Université de Reims. *Arch. lég.*, IIᵉ part., *statuts*, IIᵉ vol., 75.

1547. Juillet 9. Ordonnance de Henri II, sur les pauvres. *Arch. lég.*, IIᵉ part., *statuts*, IIᵉ vol., 88.

1547. Septembre 4. Commission pour contraindre à financer pour la solde de gens de guerre. *Arch. lég.*, Iʳᵉ part., *statuts*, Iᵉʳ vol., 476.

1547. Novembre. Charte de Henri II, relative aux notariats. *Arch. lég.*, ne part., *statuts*, me vol., 519.

1548. Érection de la pénitencerie de l'église de Reims en dignité. *Arch. adm.*, t. I, 215.

1548. Compte des octrois et patrimoniaux de Reims. *Arch. lég.*, ne part., *statuts*, rer vol., 695.

1548. Août. Délibérations et conclusions du conseil de ville de Reims. *Arch. lég.*, ne part., *statuts*, rer vol., 894.

1548. Décembre 18. Lettre de Henri II, qui permet de vendre un octroi fait à la ville de Reims. *Arch. lég.*, ne part., *statuts*, rer vol., 476.

1549. Janvier 30. Arrêt d'enregistrement des lettres patentes du roi relatives à l'Université de Reims. *Arch. lég.*, rre part., *statuts*, ne vol., 75.

1549. Septembre. Édit de Henri II, qui établit des officiers sous le titre de maîtres des ports ou juges des traites. *Arch. lég.*, ne part., *statuts*, ne vol., 17.

1549. Octobre 12. Bail d'une maison fait par le chapitre de Reims. *Arch. adm.*, t. II, 856.

1549. Novembre 2. Conclusion d'une délibération relative à un procès de simple saisie. *Arch. lég.*, rre part., 802.

1550. Époque où fut écrite la tablette du cartulaire de Reims, relative aux fonctions de l'archidiacre. *Arch. adm.*, t. I, 748.

1550. Février 19. Article des coutumes de Reims, allégué en justice. *Arch. lég.*, rre part., 700, 703.

1550. Juin 26. Enregistrement au greffe du bailliage de Reims de la bulle de Paul III, relative à l'Université de cette ville. *Arch. lég.*, ne part., *statuts*, ne vol., 73.

1550. Juillet. Article des coutumes de Reims allégué dans un acte public. *Arch. lég.*, rre part., 677.

1551. Lettres patentes de Henri II, établissant des officiers sous le titre de maîtres des ports ou juges des traites. *Arch. lég.*, ne part., *statuts*, ne vol., 17.

1551. Octobre. Édit qui crée des jaugeurs dans les villes situées sur les rivières de Seine, Yonne, Marne, etc. *Arch. lég.*, ne part., *statuts*, rer vol., 434.

1551. Décembre 23. Article des coutumes de Reims allégué en justice. *Arch. lég.*, rre part., 667.

1552. Octobre. Lettres patentes de Henri II, confirmant les priviléges de l'Université de Reims. *Arch. lég.*, ne part., *statuts*, ne vol., 79, 96, 100.

1552. Octobre 2. Lettres patentes du même, confirmant les priviléges du capitaine des arquebusiers et du roi de l'Oiseau à Reims. *Arch. lég.*, ne part., *statuts*, ne vol., 101.

1552. Octobre 13. Article des coutumes de Reims allégué en justice. *Arch. lég.*, rre part., 713, 714.

1552. Octobre 14. Lettres patentes du même, qui autorise le règlement général sur la taxe des pauvres de Reims. *Arch. lég.*, ne part., *statuts*, ne vol., 89, 93.

1553. Impression du coutumier de Reims. *Arch. lég.*, rre part., 922.

1553. Juillet 1er. Épître de N. Bacquenois, qui dédie à Ch. de Lorraine, archevêque de Reims, les coutumes imprimées de cette ville. *Arch. lég.*, rre part., 649.

1553. Décembre 2. Désistement des officiers du roi du procès fait aux échevins de Reims, à l'occasion des restes du sacre. *Arch. adm.*, t. III, 44.

1553. Décembre 10. Autre désistement sur le même sujet. *Arch. adm.*, t. III, 44.

1554. Janvier. Sentence du bailli de Vermandois contre divers bourgeois de Reims qui se refusaient à la répartition des tailles. *Arch. lég.*, iiᵉ part., *statuts*, iᵉʳ vol., 476.

1554. Avril 1ᵉʳ. Institution et fondation du collège des Bons-Enfants à Reims. *Arch. lég.*, iiᵉ part., *statuts*, iiᵉ vol., 637.

1554. Avril 2. Acte de dotation du collège de l'Université de Reims, par le cardinal de Lorraine. *Arch. lég.*, iiᵉ part., *statuts*, iiᵉ vol., 639.

1555. Janvier 27. Nomination d'un lieutenant des habitants de Reims. *Arch. lég.*, iiᵉ part., *statuts*, 1ᵉʳ vol., 904.

1555. Juin 19. Sentence du bailli de Reims contre les vendeurs de marée non institués par l'échevinage. *Arch. adm.*, t. I, 487.

1555. Novembre 6. Comptes des octrois de Reims. *Arch. adm.*, t. I, 487.

1556. Époque de la rédaction des anciennes et nouvelles coutumes de Reims. *Arch. adm.*, t. I, 489.

1556. Avril 10. Lettres patentes portant suppression de l'office du receveur des deniers communs à Reims. *Arch. lég.*, iiᵉ part., *statuts*, iiᵉ vol., 948.

1556. Avril 16. Lettres portant suppression de l'office de receveur des deniers communs à Reims. *Arch. lég.*, iiᵉ part., *statuts*, iᵉʳ vol., 476.

1556. Août 19. Lettres patentes de Henri II, relatives à la rédaction des nouvelles coutumes de Reims. *Arch. lég.*, iʳᵉ part., 606, 869, 871.

1556. Septembre 5. Ratification de compte des deniers communs de Reims. *Arch. lég.*, iiᵉ part., *statuts*, iᵉʳ vol., 695.

1556. Septembre 15. Commission de Henri III, qui adjoint le sieur Burdin à M. de Thou, pour la rédaction desdites coutumes. *Arch. lég.*, iʳᵉ part., 872.

1556. Septembre 18. Lettres du président de Thou au bailli de Vermandois, relatives à la rédaction des nouvelles coutumes de Reims. *Arch. lég.*, iʳᵉ part., 873.

1556. Octobre 15. Lettres du bailli de Vermandois, convoquant une assemblée à Laon pour la rédaction des nouvelles coutumes de Reims. *Arch. lég.*, iʳᵉ part., 875.

1556. Octobre 31. Commission de Henri II au président de Thou pour la rédaction des susdites coutumes. *Arch. lég.*, iʳᵉ part., 868.

1556. Décembre 31. Compte des octrois de Reims. *Arch. lég.*, iiᵉ part., *statuts*, iᵉʳ vol., 699.

1557. Juillet. Arrêt du conseil d'État relatif à la police de la ville de Reims. *Arch. lég.*, iiᵉ part., *statuts*, iiᵉ vol., 138.

1557. Juillet 2. Arrêt du conseil d'État portant règlement entre le capitaine et lieutenant et les gens du conseil de ville de Reims. *Arch. lég.*, iiᵉ part., *statuts*, iiᵉ vol., 118, 126, 128, 130.

1557. Juillet 12. Arrêt du conseil sur les fonctions et attributions du capitaine de Reims et de son lieutenant. *Arch. lég.*, iiᵉ part., *statuts*, iiᵉ vol., 113, 119.

1558. Compte des octrois de Reims. *Arch. lég.*, iiᵉ part., *statuts*, iᵉʳ vol., 700, 702.

1558. Février 23. Arrêt d'enregistrement portant réserve expresse de la prévention en faveur des officiers du roi.

Arch. lég., IIe part., *statuts*, IIIe vol., 27.

1558. Mai et octobre. Délibérations et conclusions du conseil de ville de Reims, relatives à l'institution et réception du receveur des deniers communs. *Arch. lég.*, IIe part., *statuts*, Ier vol., 906.

1559. De Mai à Décembre. Réception de Pierre Colbert, marchand à Robert-Auger, dans la compagnie des arbalétriers de Reims. *Arch. lég.*, IIe part., *statuts*, Ier vol., 323.

1559. Septembre. Lettres patentes de François II, confirmant les priviléges de l'Université de Reims. *Arch. lég.*, IIe part., *statuts*, IIe vol., 80.

1559. Novembre. Lettres patentes du même confirmant les lettres de Henri II sur le privilége accordé au capitaine des arquebusiers de Reims. *Arch. lég.*, IIe part., *statuts*, IIe vol., 101.

1560. Ordonnance d'Orléans qui réunit la prévôté royale de Reims au bailliage. *Arch. lég.*, IIe part., *statuts*, IIIe vol., 5, 42.

1560. Compte des deniers communs et patrimoniaux de Reims. *Arch. lég.*, IIe part., *statuts*, Ier vol., 703.

1560. Janvier. Ordonnance d'Orléans relative aux statuts des arts et métiers. *Arch. lég.*, IIe part., *statuts*, IIIe vol., 77.

1560. Mars 9. Réception de Fourquet Lacour, bourgeois de Reims dans la compagnie des arbalétriers. *Arch. lég.*, IIe part., *statuts*, Ier vol., 323.

1560. Mai 12. Ordonnance de l'archevêque de Reims qui modifie l'administration du collége des Bons-Enfants. *Arch. lég.*, IIe part.; *statuts*, IIe vol., 637.

1561. Mai 16. Lettres patentes de Charles IX, confirmant les priviléges de l'U-niversité de Reims. *Arch. lég.*, IIe part., *statuts*, IIe vol., 80.

1561. Octobre. Contrat de Poissy, qui modifie l'assiette et les bases de l'impôt sur les décimes de Reims. *Arch. adm.*, t. II, 1024.

1561. Novembre 5. Traité entre M. Vuyart, écolâtre de Reims, et l'archevêque, relatif au collége des Bons-Enfants. *Arch. adm.*, t. I, 663.

1561. Novembre 12. Conclusion du chapitre de Reims, qui ratifie le traité précédent. *Arch. adm.*, t. I, 663.

1562. Février 19. Sentence du bailli de Reims, relative au courtage des vins. *Arch. lég.*, IIe part., *statuts*, Ier vol., 437.

1562. Avril 6. Requête des maîtres boulangers de Reims. *Arch. lég.*, IIe part., *statuts*, IIe vol., 150.

1562. Avril 11. Compte des octrois de Reims. *Arch. lég.*, IIe part., *statuts*, Ier vol., 704.

1562. Juin 6 à 1563 juin 6. Comptes de Colbert (G.), le receveur général des deniers des pauvres à Reims. *Arch. lég.*, IIe part., *statuts*, IIe vol., 93.

1563. Février 16. Déclaration du procureur fiscal de l'archevêché, par laquelle il admet deux juridictions distinctes et séparées, appartenant l'une et l'autre aux échevins de Reims. *Arch. adm.*, t. I, 490.

1563. Novembre 9. Arrêt qui oblige l'abbé et abbaye de Saint-Denis de Reims à payer la taxe des pauvres. *Arch. lég.*, IIe part., *statuts*, IIe vol., 89.

1563. Décembre 7. Arrêté qui oblige le commandeur du temple de Reims à payer la taxe des pauvres. *Arch. lég.*, IIe part., *statuts*, IIe vol., 89.

1564. Mémoire officiel dressé par ordre de

l'échevinage de Reims sur ses propres attributions. *Arch. adm.*, t. I, 481, 484, 488.

1564. Serment prêté à l'église de Reims, par l'abbé de Saint-Sauve de Montreuil-sur-Mer, *Arch. adm.*, t. II, 248.

1564. Démembrement de la paroisse de Létanne de celle de Beaumont. *Arch. adm.* t. II, 1086.

1564. Mai 4. Arrêt de vérification des lettres patentes des juges-consuls de Reims. *Arch. lég.*, IIᵉ part., *statuts*, IIᵉ vol., 168.

1565. Compte des octrois de Reims. *Arch. lég.*, IIᵉ part., *statuts*, Iᵉʳ vol., 705, 706, 874.

1565. Décembre 7. Arrêt du parlement relatif au courtage des vins à Reims. *Arch. lég.*, IIᵉ part., *statuts*, Iᵉʳ vol., 437.

1566. Guillaume Goujon, sénéchal de Reims, reconnaît que son fief de Thuisy est mouvant de Monsieur de Reims. *Arch. adm.*, t. I, 415.

1566. Conclusions d'une assemblée générale de Reims, qui obligent les ecclésiastiques à payer, par moitié avec les laïques, la taxe des pauvres. *Arch. lég.*, IIᵉ part., *statuts*, IIᵉ vol., 89.

1566. Janvier 21. Conclusion du chapitre de Reims, qui ratifie le traité fait entre l'écolâtre et l'archevêque au sujet du collége des Bons-Enfants. *Arch. adm.*, t. I, 663.

1566. Février. Ordonnance de Charles IX pour la répression de la mendicité. *Arch. lég.*, Iʳᵉ part., *statuts*, IIᵉ vol., 88.

1567. Époque de la promotion de Henri-Claude de Fleury à la chargé de grand maître des eaux et forêts. *Arch. lég.*, IIᵉ part., *statuts*, IIᵉ vol., 14.

1567. Compte de la recette du bureau des pauvres à Reims. *Arch. lég.*, IIᵉ part., *statuts*, IIᵉ vol., 95.

1567. Fondation d'un séminaire à Reims par le cardinal Charles de Lorraine. *Arch. lég.*, IIᵉ part., *statuts*, IIᵉ vol., 774.

1567. Octobre 5. Procès-verbal d'une visite faite au petit séminaire de Reims par le cardinal Charles de Lorraine. *Arch. lég.*, IIᵉ part., *statuts*, IIᵉ vol., 776.

1568. Statuts de l'église de Reims. *Arch. lég.*, IIᵉ part., *statuts*, Iᵉʳ vol., 39.

1568. Avril 23. Conclusion du conseil de ville de Reims, relative à une fourniture de farines pour les gens de guerre. *Arch. lég.*, IIᵉ part., *statuts*, Iᵉʳ vol., 476.

1568. Mai 24. Arrêt qui enjoint aux officiers du bailliage de Reims d'exécuter les arrêts et ordonnances des échevins. *Arch. lég.*, IIᵉ part., *statuts*, IIᵉ vol., 239.

1568. Septembre 10. Lettres de Charles IX, qui déclarent que le clergé de Reims doit contribuer pour les fortifications de ladite ville. *Arch. lég.*, IIᵉ part., *statuts*, Iᵉʳ vol., 478.

1569. Les commissaires députés pour travailler à rendre la Vesle navigable font démolir les moulins Brûlé et de Rethel. *Arch. adm.*, t. I, 663.

1569. Contestation entre les officiers du roi et ceux de la ville de Reims au sujet de la police. *Arch. lég.*, IIᵉ part., *statuts*, IIIᵉ vol., 14.

1569. Juillet 1ᵉʳ. Traité par lequel le chapitre de Reims s'engage à payer à l'écolâtre un surcens pour le rétablissement du moulin de Rethel. *Arch. adm.*, t. I, 664.

1569. Juillet 4. Conclusion du chapitre ratifiant le traité précédent. *Arch. adm.*, t. I, 664.

1569. Décembre 31. Requête des chapeliers de Reims au bailli de cette ville pour obtenir des statuts. *Arch. lég.*, IIe part., *statuts*, IIe vol., 203.

1570. Requête de la ville de Reims à Charles IX, relative à la fabrication des étamines. *Arch. lég.*, IIe part., *statuts*, IIIe vol., 65.

1570. Compte de la recette du bureau des pauvres. *Arch. lég.*, IIe part., *statuts*, IIe vol., 94.

1570. Juillet 7. Sentence en faveur des boulangers de Reims contre Claude Noël, panetier. *Arch. lég.*, IIe part., *statuts*, IIe vol., 151.

1570. Novembre 7. Conclusions des échevins de Reims relatives aux règlements à imposer aux chaussetiers et drapiers. *Arch. lég.*, IIe part., *statuts*, IIe vol., 193.

1571. Mai 11. Arrêt du bailli de Reims sur le règlement des pain-d'épiciers de Reims. *Arch. lég.*, IIe part., *statuts*, IIe vol., 225.

1571. Septembre 7. Procuration des cordonniers de Reims. *Arch. lég.*, IIe part., *statuts*, IIe vol., 239.

1571. Septembre 21. Procuration des savetiers de Reims. *Arch. lég.*, IIe part., *statuts*, IIe vol., 240.

1571. Novembre 17. Publication des statuts des pains-d'épiciers de Reims. *Arch. lég.*, IIe part., *statuts*, IIe vol., 225.

1572. Février 6. Publication des statuts des estaminiers de Reims. *Arch. lég.*, IIe part., *statuts*, IIe vol., 237.

1572. Mai 9. Réception de Jean Colbert jeune, bourgeois de Reims, dans la compagnie des arbalétriers. *Arch. lég.*, IIe part., *statuts*, Ier vol., 323.

1572. Septembre 3. Arrêt relatif à la ga-belle de Reims. *Arch. lég.*, IIe part., *statuts*, Ier vol., 426.

1573. Vérification de la recette du bureau des pauvres. *Arch. lég.*, IIe part., *statuts*, IIe vol., 94.

1573. Ordonnance qui règle la juridiction des juges et consuls créés dans les villes du royaume. *Arch. lég.*, IIe part., *statuts*, IIe vol., 167.

1573. Mars 10. Homologation des statuts des cordonniers de Reims. *Arch. lég.*, IIe part., *statuts*, IIe vol., 262.

1573. Mars 13. Transaction entre les maîtres cordonniers et les maîtres savetiers de Reims. *Arch. lég.*, IIe part., *statuts*, IIe vol., 263.

1573. Mai 26. Arrêt contre deux habitants de Reims convaincus de vol. *Arch. lég.*, IIe part., *statuts*, IIIe vol., 475.

1573. Décembre 26. Règlement de l'assemblée générale de Reims relative aux pauvres valides. *Arch. lég.*, IIe part., *statuts*, IIe vol., 89.

1574. Mort de Nicolas Moyen, doyen de Saint-Symphorien. *Arch. adm.*, t. I, 271.

1574. Plusieurs bourgeois de Reims refusent de se soumettre au règlement de l'assemblée générale sur la taxe des pauvres. *Arch. lég.*, IIe part., *statuts*, IIe vol., 90.

1574. Août 5. Réception de Nicolas Chesnau, en qualité de doyen de Saint-Symphorien. *Arch. adm.*, t. I, 271.

1574. Octobre. Lettres patentes du roi relatives à l'office des maîtres des œuvres maçons et charpentiers. *Arch. lég.*, Ire part., 1024.

1575. Édit de création d'un office de garde-notes en chaque siège royal. *Arch. lég.*, IIe part., *statuts*, IIIe vol., 237, 508.

1575. Février. Lettres patentes de Henri III, confirmant les priviléges de l'Université de Reims. *Arch. lég.*, ii⁰ part., *statuts*, ii⁰ vol., 80.

1575. Avril. Lettres patentes du même, confirmant les priviléges du capitaine des arquebusiers de Reims. *Arch. lég.*, ii⁰ part., *statuts*, ii⁰ vol., 101.

1575. Mai. Suppression de la charge de grand maître des eaux et foréts de France. *Arch. lég.*, ii⁰ part., *statuts*, ii⁰ vol., 15.

1575. Octobre 12. Procès contre Pierre Vary, habitant de Reims, pour blessures faites à un de ses concitoyens. *Arch. lég.*, ii⁰ part., *statuts*, ii⁰ vol., 113, 142.

1576. Compte des octrois et patrimoniaux de Reims. *Arch. lég.*, ii⁰ part., *statuts*, i⁰ʳ vol., 709.

1576. Juin 15, août 22. Lettres de Henri III, relatives à certaines sommes à imposer aux habitants de Reims pour la solde des troupes. *Arch. lég.*, ii⁰ part., *statuts*, i⁰ʳ vol., 477.

1576. Octobre. Lettres patentes de Henri III, qui homologuent un règlement pour la vente du poisson de mer. *Arch. adm.*, t. I, 489. *Arch. lég.*, ii⁰ part., *statuts*, i⁰ʳ vol., 438.

1577. Ordonnances de Henri III pour la police générale du royaume, alléguées à l'occasion des officiers du présidial de Reims. *Arch. lég.*, ii⁰ part., *statuts*, ii⁰ vol., 490.

1577. Octobre 10. Sentence du bailli de l'archevêque, qui déboute deux bourgeois à chanoines de Reims de leur appel à la justice du chapitre. *Arch. lég.*, ii⁰ part., *statuts*, ii⁰ vol., 307.

1577. Décembre 2. Édit du roi relatif au règlement de la police dans la ville de Reims. *Arch. lég.*, ii⁰ part., *statuts*, ii⁰ vol., 312.

1578. Compte de la recette du bureau des pauvres à Reims. *Arch. lég.*, ii⁰ part., *statuts*, ii⁰ vol., 94.

1578. Plusieurs particuliers de Reims refusent de se soumettre au règlement de l'assemblée générale sur la taxe des pauvres. *Arch. lég.*, ii⁰ part., *statuts*, ii⁰ vol., 90.

1578. Août 14. Arrêt du parlement qui homologue la taxe des pauvres de Reims. *Arch. lég.*, ii⁰ part., *statuts*, ii⁰ vol., 90, 96.

1578. Septembre 5. Transaction qui rend communes les mesures du ban de l'archevêché et celles du ban de Saint-Remi de Reims. *Arch. lég.*, i⁰ʳ part., 722.

1579. Mars 7. Arrêt du parlement, qui attribue la police générale de la ville de Reims à l'archevêque. *Arch. lég.*, ii⁰ part., *statuts*, ii⁰ vol., 272.

1579. Juin 3. Arrêt qui maintient les religieux de Saint-Remi en possession de la police de leur ban. *Arch. lég.*, ii⁰ part., *statuts*, ii⁰ vol., 272 ; *statuts*, iii⁰ vol., 15.

1579. Décembre 7. Lettres patentes qui autorisent une imposition à Reims pour bâtir le palais royal de cette ville. *Arch. lég.*, ii⁰ part., *statuts*, ii⁰ vol., 12.

1580. Janvier 26. Appointement du bailli de Vermandois contre certains bourgeois de Reims. *Arch. lég.*, ii⁰ part., *statuts*, ii⁰ vol., 277.

1580. Juillet. Requête des habitants de Reims pour être déchargés d'une part de solde pour les gens de guerre. *Arch. lég.*, ii⁰ part., *statuts*, i⁰ʳ vol., 477.

1580. Décembre 21. Lettres patentes du roi qui autorisent l'établissement des juges-consuls à Reims. *Arch. lég.*, ii⁰ part., *statuts*, ii⁰ vol., 168.

1581. Février 18. Lettres patentes de

Henri III, confirmant une élection d'échevins à Reims. *Arch. lég.*, 11e part., *statuts*, 11e vol., 163.

1581. Août 20. Lettres patentes du même, confirmant l'établissement des juges - consuls à Reims. *Arch. lég.*, 11e part., *statuts*, 11e vol., 170, 171.

1581. Août 26. Fondation d'un obit en faveur d'Antoine Beauchesne, chanoine de Reims. *Arch. lég.*, 11e part., *statuts*, 1er vol., 107.

1582. Compte des patrimoniaux de Reims. *Arch. lég.*, 11e part., *statuts*, 1er vol., 710.

1582. Février 3. Lettres du roi ordonnant vérification de ses lettres patentes du 8 février 1581, relatives à l'élection des échevins de Reims. *Arch. lég.*, 11e part., *statuts*, 11e vol., 165.

1582. Février 5. Enregistrement des lettres patentes du roi confirmant une élection d'échevins. *Arch. lég.*, 11e part., *statuts*, 11e vol., 163.

1582. Février 16. Adjudication aux enchères d'une maison canoniale. *Arch. adm.*, t. I, 75.

1582. Mai 30. Arrêt relatif à l'érection du comté de Rethel en duché-pairie. *Arch. lég.*, 11e part., *statuts*, 111e vol., 48.

1582. Août. Lettres de Henri III, portant suppression de l'office de receveur des droits communs patrimoniaux et d'octroi de Reims. *Arch. lég.*, 11e part., *statuts*, 11e vol., 947.

1582. Septembre 22. Publications des statuts des tisserands à Reims. *Arch. lég.*, 11e part., *statuts*, 11e vol., 302.

1582. Novembre 19. Statuts des vinaigriers et moutardiers de Reims. *Arch. lég.*, 11e part., *statuts*, 111e vol., 315.

1582. Décembre 23. Réception de Michaël Fabri en qualité de doyen de Saint-Symphorien. *Arch. adm.*, t. I, 271.

1583. Quaterne de papier dressé après cette date, à la suite du *Codex triennalis* du diocèse de Reims. *Arch. adm.*, t. II, 1026.

1583. Office de sénéchal rempli par Hiérosme Goujon, à l'entrée de Louis de Lorraine, cardinal de Guise. *Arch. adm.*, t. I, 445.

1583. Février. Obit fondé par François de Lorraine, duc de Guise. *Arch. lég.*, 11e part., *statuts*, 1er vol., 115.

1583. Avril 30. Obit fondé par le roi Charles IX. *Arch. lég.*, 11e part., *statuts*, 1er vol., 116.

1583. Octobre 30. Obit fondé par Michel Le Tellier, chancelier de France. *Arch. lég.*, 11e part., *statuts*, 1er vol., 120.

1583. Décembre 12. Sentence du bailli de Reims contre un bourgeois pour payement de droits de vente. *Arch. lég.*, 11e part., *statuts*, 11e vol., 321.

1584. Février 1er. Sentence du bailli de Reims contre un habitant de cette ville, au sujet du payement des droits de vente exigés par l'archevêque. *Arch. lég.*, 11e part., *statuts*, 11e vol., 325.

1584. Juin 9. Enregistrement par le parlement de la bulle d'érection de l'Université de Tournon. *Arch. lég.*, 11e part., *statuts*, 11e vol., 703.

1584. Juin 30. Enregistrement de l'édit de Charles IX relatif à l'administration des hôpitaux. *Arch. lég.*, 11e part., *statuts*, 1er vol., 139.

1585. Les officiers de l'archevêque de Reims tentent d'établir une imposition annuelle sur les habitants. *Arch. lég.*, 11e part., *statuts*, 11e vol., 322.

1585. Compte des patrimoniaux de Reims. *Arch. lég.*, 11e part., *statuts*, 1er vol., 710.

1585. Février 23. Arrêt qui défend aux officiers de l'archevêque de Reims de contrevenir aux arrêts rendus par les échevins. *Arch. lég.*, iie part., *statuts*, iie vol., 328.

1585. Mars 22. Arrêt du parlement concernant le payement des droits de vente exigés par l'archevêque de Reims sur certains habitants. *Arch. lég.*, iie part.; *statuts*, iie vol., 324.

1586. Création d'offices de grands maîtres en questeurs des eaux et forêts. *Arch. lég.*, iie part., *statuts*, iie vol., 15.

1586. Mai 22. Ordonnance de Henri III pour la répression de la mendicité. *Arch. lég.*, iie part., *statuts*, iie vol., 88.

1586. Septembre 6. Arrêt obtenu par les habitants dn Reims contre l'archevêque, qui soutenait que les droits de vente lui étaient dus. *Arch. lég.*, iie part., *statuts*, iie vol., 321.

1587. Création de nouveaux offices de grands maîtres des eaux et forêts. *Arch. lég.*, iie part., *statuts*, iie vol., 15.

1587. Avril 23. Édit qui étend à la ville de Reims l'institution des tribunaux consulaires créés pour la ville de Paris. *Arch. lég.*, iie part., *statuts*, iie vol., 168.

1587. Septembre 12 ou 22. Transaction par laquelle l'archevêque de Reims et l'abbé de Saint-Remi se sont mutuellement reconnus toute justice et police chacun dans leur ban respectif. *Arch. lég.*, iie part., *statuts*, i^{er} vol., 569; *statuts*, iie vol., 279.

1588. Création de nouveaux offices de grands maîtres des eaux et forêts. *Arch. lég.*, iie part., *statuts*, iie vol., 15.

1588. Répartition des décimes faite entre les membres du clergé de Reims. *Arch. adm*, t. II, 1027.

1588. Mars 24. Arrêt qui ordonne une nouvelle assemblée générale pour une élection d'échevins. *Arch. lég.*, iie part., *statuts*, iie vol., 335.

1588. Juin 3. Réception de Pinchart (N.) en qualité d'écolâtre de Reims. *Arch. adm.*, t. I, 663.

1588. Septembre 10. Inventaire de la succession de M. le cardinal de Guise, archevêque de Reims. *Arch. lég.*, iie part., *statuts*, iiie vol., 55.

1588. Octobre 17. Commission du roi pour la levée des tailles, taillons et subsides de l'année 1589. *Arch. lég.*, iie part., *statuts*, i^{er} vol., 712.

1589. Inventaire de la succession du cardinal de Guise, archevêque de Reims. *Arch. lég.*, iie part., *statuts*, iiie vol., 55.

1589. Janvier 1er. Procès-verbal de réception de Nicolas Bignecourt, chaussetier, dans la compagnie des arbalétriers. *Arch. lég.*, iie part., *statuts*, i^{er} vol., 323.

1589. Janvier 9. Serment des vanniers de Reims d'observer leurs statuts. *Arch. lég.*, iie part., *statuts*, iie vol., 341.

1589. Août 20. Entérinement de la transaction passée entre les maîtres cordonniers et savetiers de Reims. *Arch. lég.*, iie part., *statuts*, iie vol., 264.

1590. Procédure faite à l'écolâtre de Reims pour l'obliger à s'acquitter de certaines parties de sa charge. *Arch. adm.*, t. I, 664.

1590. Subventions demandées par le roi pour l'archevêque du palais de Reims. *Arch. lég.*, iie part., *statuts*, i^{er} vol., 459.

1590. Décembre 29. Assemblée de Reims où sont nommés trois députés des trois ordres pour se rendre aux états d'Orléans. *Arch. lég.*, iie part., *statuts*, i^{er} vol., 570.

1591. Compte des octrois et patrimoniaux de Reims. *Arch. lég.*, 11e part., *statuts*, 1er vol., 719.

1591. Septembre 19. Conclusion de l'hôtel de ville de Reims qui confirme la nomination de ses députés du tiers état pour assister aux états de Blois. *Arch. lég.*, 11e part., *statuts*, 1er vol., 571.

1591. Novembre 13. Copie d'une lettre du duc de Mayenne aux députés de Reims, relative à l'arrivée de l'armée du duc de Parme. *Arch. lég.*, 11e part., *statuts*, 1er vol., 571.

1592. Compte des deniers royaux de Reims. *Arch. lég.*, 11e part., *statuts*, 1er vol., 721.

1592. Novembre 13. Acte de réception de Fouquet le jeune, bourgeois de Reims, dans la compagnie de l'Arbalète. *Arch. lég.*, 11e part., *statuts*, 1er vol., 323.

1592. Décembre 23. Récépissé par les députés du tiers état de la ville de Reims du cahier de remontrances du 23 août 1588. *Arch. lég.*, 11e part., *statuts*, 1er vol. 571.

1593. Compte des octrois de Reims. *Arch. lég.*, 11e part., *statuts*, 1er vol., 722.

1593. Mai 20. Réception de Johannes le Bègue, en qualité de doyen de Saint-Symphorien. *Arch. adm.*, t. I, 271.

1594. Arrêt du parlement qui interdit la résidence dans le royaume aux jésuites. *Arch. lég.*, 11e part., *statuts*, 11e vol., 681.

1594. Mars 13. Réception de Nicolas Desrodets dans la compagnie des arquebusiers de Reims. *Arch. lég.*, 11e part., *statuts*, 1er vol., 323.

1594. Juin 11. Acte d'assemblée et conclusion de la ville de Reims au sujet de l'élection des échevins. *Arch. lég.*, 11e part., *statuts*, 11e vol., 335.

1594. Septembre 3. Création par Henri IV

des offices de surintendant et contrôleur des deniers communs. *Arch. lég.*, 11e part., *statuts*, 11e vol., 948.

1595. Compte de la recette du bureau des pauvres. *Arch. lég.*, 11e part., *statuts*, 11e vol., 94.

1595. Février 20. Acte d'assemblée de officiers de la ville de Reims. *Arch. lég.*, 11e part., *statuts*, 11e vol., 368.

1595. Mai 4. Réception en la compagnie de l'Arbalète de Remi le Goix, curé de Cernay. *Arch. lég.*, 11e part., *statuts*, 1er vol., 322.

1595. Août 23. Arrêt du parlement qui entérine une requête présentée au conseil général relative à une élection d'échevins, ensemble les lettres patentes qui confirment cet arrêt. *Arch. lég.*, 11e part., *statuts*, 11e vol., 334, 335.

1596. Procédure faite à l'écolâtre de Reims pour l'obliger à s'acquitter de certaine partie de sa charge. *Arch. adm.*, t. 1, 664.

1596. Les capucins de Reims prennent possession des bâtiments du collège des Écrevés. *Arch. lég.*, 11e part., *statuts*, 11e vol., 697.

1596. M. de Guise est demandé comme coadjuteur à Reims. *Arch. lég.*, 11e part., *statuts*, 11e vol., 699.

1596. Septembre 6. Statuts et règlements des tonneliers de Reims. *Arch. lég.*, 11e part., *statuts*, 11e vol., 404.

1597. Compte de la recette du bureau des pauvres. *Arch. lég.*, 11e part., *statuts*, 11e vol., 95.

1597. Février 13. Accord entre le conseil de ville de Reims et le clergé de cette ville relatif à la taxe des pauvres. *Arch. lég.*, 11e part., *statuts*, 11e vol., 95.

1597. Avril 30. Arrêt du parlement relatif à l'administration de l'Hôtel-Dieu de

Reims. *Arch. lég.*, ɪɪᵉ part., *statuts*, ɪᵉʳ vol., 141.

1597. Juin 27. Arrêt du conseil de ville qui vote un emprunt pour faire sortir la garnison du duc de Guise. *Arch. lég.*, ɪɪᵉ part., *statuts*, ɪᵉʳ vol., 478, 479.

1598. Réunion du tabellionage au notariat. *Arch. lég.*, ɪɪᵉ part., *statuts*, ɪɪɪᵉ vol., 237.

1598. Janvier 7 et 14. Jugements des officiers du bailliage de Reims relatifs à l'administration de l'Hôtel-Dieu de cette ville. *Arch. lég.*, ɪɪᵉ part., *statuts*, ɪᵉʳ vol., 141.

1598. Mai 5. Arrêt du parlement qui confirme les jugements ci-dessus. *Arch. lég.*, ɪɪᵉ part., *statuts*, ɪᵉʳ vol., 141.

1598. Juin 24. Requête des tisserands de Reims pour obtenir de nouveaux statuts. *Arch. lég.*, ɪɪᵉ part., *statuts*, ɪɪᵉ vol., 369.

1598. Juillet 26. Acte de réception d'un chevalier de l'Arbalète. *Arch. lég.*, ɪɪᵉ part., *statuts*, ɪᵉʳ vol., 323.

1599. Compte de la recette du bureau des pauvres. *Arch. lég.*, ɪɪᵉ part., *statuts*, ɪɪᵉ vol., 95.

1599. Avril 20. Arrêt du conseil d'État portant décharge de partie d'une subvention fournie par la ville de Reims. *Arch. lég.*, ɪɪᵉ part., *statuts*, ɪᵉʳ vol., 481.

1599. Juin 4. Acte de réception d'un chevalier de l'Arbalète à Reims. *Arch. lég.*, ɪɪᵉ part., *statuts*, ɪᵉʳ vol., 323.

1599. Décembre 9. Statuts des drapiers de Reims. *Arch. lég.*, ɪɪᵉ part., *statuts*, ɪɪᵉ vol., 373.

1600. Mars 30. Arrêt du conseil d'État qui règle les franchises des villes de Champagne, etc. *Arch. lég.*, ɪɪᵉ part., *statuts*, ɪᵉʳ vol., 481.

1600. Mai 27. Requête des ouvriers en soie de Reims pour obtenir des statuts. *Arch. lég.*, ɪɪᵉ part., *statuts*, ɪɪᵉ vol., 375.

1600. Juin. Arrêt du conseil d'État qui ordonne l'homologation des statuts des tonneliers de Reims. *Arch. lég.*, ɪɪᵉ part., *statuts*, ɪɪᵉ vol., 427.

1601. Réception de Philippe de Bec en qualité de coadjuteur à Reims. *Arch. lég.*, ɪɪᵉ part., *statuts*, ɪɪᵉ vol., 699.

1601. Janvier 3. Statuts des ouvriers en soie de Reims. *Arch. lég.*, ɪɪᵉ part., *statuts*, ɪɪᵉ vol., 379.

1601. Mars 8. Lettres patentes relatives à une subvention de la ville de Reims. *Arch. lég.*, ɪɪᵉ part., *statuts*, ɪᵉʳ vol. 482.

1602. Mars 5. Arrêt du parlement sur la taxe des pauvres. *Arch. lég.*, ɪɪᵉ part., *statuts*, ɪɪᵉ vol., 90.

1602. Mars 15. Arrêts servant de règlement général sur la taxe des pauvres. *Arch. lég.*, ɪɪᵉ part., *statuts*, ɪɪᵉ vol., 119.

1602. Avril 29. Publication de l'arrêt précédent. *Arch. lég.*, ɪɪᵉ part., *statuts*, ɪɪᵉ vol., 90.

1602. Juillet 13. Requête des tondeurs de draps de Reims pour obtenir des statuts. *Arch. lég.*, ɪɪᵉ part., *statuts*, ɪɪᵉ vol., 390.

1603. Compte de la recette du bureau des pauvres. *Arch. lég.*, ɪɪᵉ part., *statuts*, ɪɪᵉ vol., 95.

1603. Juin 10. Sentence du bailliage de Reims relative aux statuts des tondeurs de drap de cette ville. *Arch. lég.*, ɪɪᵉ part., *statuts*, ɪɪᵉ vol., 391.

1603. Août 19. Sentence portant règlement pour les taillandiers de Reims.

Arch. lég., IIe part., *statuts*, IIe vol., 429.

1603. Novembre 8. Certificat de la publication faite à Reims des statuts des estaminiers de cette ville. *Arch. lég.*, IIe part., *statuts*, IIe vol., 237.

1604. Janvier. Lettres patentes de Henri IV, confirmant le privilége du capitaine des arquebusiers de Reims. *Arch. lég.*, IIe part., *statuts*, IIe vol., 101.

1604. Mars 3. Certificat de la publication des statuts des estaminiers de Reims. *Arch. lég.*, IIe part., *statuts*, IIe vol., 237.

1604. Septembre 7. Additions aux statuts des tisserands de toile. *Arch. lég.*, IIe part., *statuts*, IIe vol., 302.

1604. Décembre 10. Délibération du chapitre de Reims sur les démêlés des jésuites avec l'Université. *Arch. lég.*, IIe part., *statuts*, IIe vol., 664.

1605. M. de Guise succède à Philippe de Bec en qualité de coadjuteur de M. de Reims. *Arch. lég.*, IIe part., *statuts*, IIe vol., 699.

1605. Janvier 12. Inventaire de la succession de Philippe du Bec, achevèque de Reims. *Arch. lég.*, IIe part., *statuts*, IIIe vol., 55.

1605. Février. Lettres patentes de Henri IV confirmant les priviléges de l'Université de Reims. *Arch. lég.*, IIe part., *statuts*, IIe vol., 80.

1605. Avril 5. Arrêt relatif aux élections et nomination des administrateurs de l'Hôtel-Dieu de Reims. *Arch. lég.*, IIe part., *statuts*, Ier vol., 115.

1606. Mars 26. Lettres patentes sur l'établissement des jésuites à Reims. *Arch. lég.*, IIe part., *statuts*, IIe vol., 648, 656, 681, 691.

1606. Mai 4. Acte de réception d'un chevalier de l'Arbalète à Reims. *Arch. lég.*, IIe part., *statuts*, Ier vol., 324.

1606. Août 24. Les jésuites sont mis en possession du collége des Écrevés à Reims. *Arch. lég.*, IIe part., *statuts*, IIe vol., 648, 651.

1607. Janvier 26. Lettres de déclaration et arrêt du conseil d'État qui ordonne que les publications, baux et délivrance d'octroi se feront à l'hôtel de ville de Reims. *Arch. lég.*, IIe part., *statuts*, IIe vol., 550.

1607. Décembre. Lettres patentes de Henri IV, approuvant les statuts des ouvriers en soie de Reims. *Arch. lég.*, IIe part., *statuts*, IIe vol., 377.

1607. Décembre 3. Arrêt rendu entre l'archevêque de Reims et Christophe Lefèvre au sujet de la garde d'enfants mineurs. *Arch. lég.*, IIe part., *statuts*, IIe vol., 508.

1608. Juillet 4. Traité sur la liquidation des dettes pour l'entretien, pendant les troubles, des fortifications de Reims. *Arch. lég.*, IIe part., *statuts*, Ier vol., 482.

1608. Août 4. Arrêt qui condamne les échevins de Reims au payement de certaine contribution. *Arch. lég.*, IIe part., *statuts*, Ier vol., 482.

1608. Octobre 18. Ouverture du collége de jésuites dans la rue Neuve à Reims. *Arch. lég.*, IIe part., *statuts*, IIe vol., 648.

1609. Lettres patentes qui autorisent les jésuites à enseigner la théologie à Reims. *Arch. lég.*, IIe part., *statuts*, IIe vol., 692.

1609. Septembre 17. Ordonnance du bailli de Reims, qui modifie les statuts des menuisiers de cette ville. *Arch. lég*, IIe part., *statuts*, IIe vol., 362.

1609. Octobre 14 et 15. Décret par lequel les jésuites de Reims sont agrégés à l'Université de cette ville. *Arch. lég.*, ii° part., *statuts*, ii° vol., 654, 676, 682.

1609. Octobre 15. Décret concernant les jésuites de Reims. *Arch. lég.*, ii° part., *statuts*, ii° vol. 698.

1610. Époque où les proviseurs de la fabrique de l'église de Reims furent remplacés par les sénéchaux du chapitre. *Arch. adm.*, t. II, 388.

De 1610 à 1628. Lettres de Louis XIII, qui prorogent, pendant dix ans les petits aides sur le sel de Reims et sur l'aunage d'étamines. *Arch. lég.*, ii° part., *statuts*, i°r vol., 483.

1610. Lettres patentes qui autorisent les jésuites à enseigner les humanités et les arts à Reims. *Arch. lég.*, ii° part., *statuts*, ii° vol., 692.

1610. Janvier 7. Remontrances du recteur de l'Université de Reims, relatives à la séance des jésuites en la procession de ladite Université. *Arch. lég.*, ii° part., *statuts*, ii° vol., 707.

1610. Octobre. Lettres patentes de Louis XIII, confirmant les priviléges de l'Université de Reims. *Arch. lég.*, ii° part., *statuts*, ii° vol., 80.

1611. Mars 12. Arrêt qui attribue à l'archevêque de Reims la police générale de la ville. *Arch. lég.*, ii° part., *statuts*, ii° vol., 273.

1611. Mars 12. Arrêt relatif aux statuts des taillandiers de Reims. *Arch. lég.*, ii° part., *statuts*, ii° vol., 430.

1611. Juillet 19. Arrêt du parlement qui confirme les jésuites de Reims dans le droit de plaider devant le bailli de Vermandois. *Arch. lég.*, ii° part., *statuts*, ii° vol., 654.

1612. Les capucins de Reims rentrent, après l'expulsion des jésuites, en possession des bâtiments du collége des Écrevés. *Arch. lég.*, ii° part., *statuts*, ii° vol., 697.

1612. Statuts de l'église de Reims. *Arch. lég.*, ii° part., *statuts*, i°r vol., 39.

1612. Décembre 3. Arrêt relatif aux élections et nominations des administrateurs de l'Hôtel-Dieu de Reims. *Arch. lég.*, ii° part., *statuts*, i°r vol., 146.

1613. Septembre 7. Arrêt du conseil d'État relatif à un droit d'aide sur les vins, accordé aux habitants de Reims. *Arch. lég.*, ii° part., *statuts*, i°r vol., 483.

1613. Octobre 3. Arrêt relatif à des subventions accordées à la ville de Reims. *Arch. lég.*, ii° part., *statuts*, i°r vol., 483.

1614. Mars 18. Lettres de provision données au baron de Tour, pour la charge de gouverneur de la ville de Reims. *Arch. lég.*, ii° part., *statuts*, ii° vol., 459.

1614. Avril 19. Arrêt du bailliage de Reims qui modifie un article des statuts des pain-d'épiciers de cette ville. *Arch. lég.*, ii° part., *statuts*, ii° vol., 222.

1614. Juin 20. Annexation de la paroisse des Grandes-Loges à la cure de Bouy. *Arch. adm.*, t. II, 1120.

1614. Juillet 21. Commission aux gens du tiers état de Reims, relative aux remontrances et doléances à proposer aux états généraux de Sens. *Arch. lég.*, ii° part., *statuts*, i°r vol., 571.

1615. C. Dorigny, trésorier de l'église de Reims, réclame contre la juridiction que s'attribuait le chapitre. *Arch. adm.*, t. I, 496.

1615. Janvier 8. Lettres relatives à une subvention pour la ville de Reims.

Arch. lég., II* part., *statuts*, I*er* vol., 484.

1615. Avril 25. Mémoire de Bergier sur l'échevinage de Reims. *Arch. adm.*, t. I, 481.

1615. Septembre 31. Date d'un plan de la ville de Reims, où sont déterminés les limites du chapitre. *Arch. adm.*, t. I, 80. *Arch. lég.*, II* part., *statuts*, I*er* vol., 568.

1616. Le prieuré du Val des Écoliers, à Reims, devient abbaye de Saint-Étienne aux Dames. *Arch. adm.*, t. I, 669.

1616. Contribution payée par le clergé de Reims. *Arch. lég.*, II* part., *statuts*, I*er* vol., 439.

1616. Juin 21. Annexation de la paroisse de Plivot à la cure de Saint-Remi. *Arch. adm.*, t. II, 1121.

1617. Extraits d'un mémoire relatif aux élections de Reims. *Arch. lég.*, II* part., *statuts*, II* vol., 152.

1617. Février 1. Lettres patentes du roi confirmant les élections des officiers de la ville de Reims. *Arch. lég.*, II* part., *statuts*, II* vol., 143.

1617. Février 8 et 9. Publication à Reims du règlement relatif aux élections de cette ville. *Arch. lég.*, II* part., *statuts*, II* vol., 431.

1617. Juillet 31. Réception de Jehan Barant, en qualité de doyen de Saint-Symphorien. *Arch. adm.*, t. I, 277.

1618. Mai 17. Les trésoriers généraux, au préjudice d'un arrêt précédent, font saisir des fonds destinés à l'entretien du pavé de Reims. *Arch. lég.*, II* part., *statuts*, II* vol., 550.

1618. Juin. Statuts des libraires de Paris. *Arch. lég.*, II* part., *statuts*, II* vol., 468.

1618. Juillet 12. Règlement et statuts des vanniers de Reims. *Arch. lég.*, II* part., *statuts*, II* vol., 339.

1618. Août 28. Addition faite par le bailli de Reims aux articles des statuts des tondeurs de drap. *Arch. lég.*, II* part., *statuts*, II* vol., 393.

1619. Époque à laquelle écrivait Rogier, historien de Reims. *Arch. adm.*, t. I, 358.

1619. Août 26. Lettre de sauvegarde accordée aux jésuites de Reims. *Arch. lég.*, II* part., *statuts*, II* vol., 631.

1619. Décembre 10. Arrêt du parlement contre les chaussetiers de Reims, allégué à l'occasion des statuts des tailleurs d'habits de cette ville. *Arch. lég.*, II* part., *statuts*, II* vol., 510.

1620. Janvier 20. Lettres d'institution pour les échevins, courtiers et auneurs de drap. *Arch. lég.*, II* part., *statuts*, I*er* vol., 175.

1620. Février. Édit de création des offices de courtiers de vins, vendeurs de poissons et langueyeurs de porcs. *Arch. lég.*, II* part., *statuts*, I*er* vol., 136.

1620. Mai. Lettres patentes de Louis XIII, confirmant les privilèges du capitaine des arquebusiers de Reims. *Arch. lég.*, II* part., *statuts*, II* vol., 101.

1620. Décembre 10. Relief d'adresse sur la suppression d'un gouverneur et d'un lieutenant à Reims. *Arch. lég.*, II* part., *statuts*, II* vol., 466.

1621. Mars. Arrêt du conseil d'État qui rapporte les provisions du gouverneur de Reims. *Arch. lég.*, II* part., *statuts*, II* vol., 276.

1621. Avril 2. Arrêt du conseil d'État qui maintient les échevins de Reims dans leurs charges et privilèges. *Arch. lég.*, II* part., *statuts*, II* vol., 554.

1621. Juin. Édit de Louis XIII portant création de trois receveurs des deniers communs, patrimoniaux et d'octroi. *Arch. lég.*, ii* part., *statuts*, ii* vol., 948.

1621. Août 4. Entérinement de la déclaration du roi qui casse les provisions pour la charge de gouverneur de Reims, donnée au baron de Tour. *Arch. lég.*, ii* part., *statuts*, ii* vol., 459.

1622. Fondation à Reims de la maison de l'*Enfant-Jésus. Arch. lég.*, ii* part., *statuts*, i*er vol., 130.

1622. Mars 10. Arrêt du conseil d'État qui maintient les échevins de Reims dans leurs chartes et priviléges. *Arch. lég.*, ii* part., *statuts*, ii* vol., 554.

1622. Mars 10. Arrêt qui confirme une sentence des commissaires du roi concernant les offices de police de Reims. *Arch. lég.*, ii* part., *statuts*, i*er vol., 440.

1623. Février 23. Nicolas Thuilier, reçu doyen de Saint-Symphorien. *Arch. adm.*, t. I, 271.

1623. Mars. Lettres patentes du roi sur le règlement des imprimeurs-libraires de la ville de Reims. *Arch. lég.*, ii* part., *statuts*, ii* vol., 467.

1623. Juillet. Lettres patentes du roi portant autorisation des anciens statuts des drapiers et chaussetiers de Reims. *Arch. lég.*, ii* part., *statuts*, ii* vol., 195.

1624. Date de l'impression d'un *Processionnel* de l'église de Reims. *Arch. adm.*, t. I, 748.

1624. Janvier 8. Arrêt qui argue de faux un arrêt précédent relatif à la police générale que s'attribuait l'archevêque de Reims. *Arch. lég.*, ii* part., *statuts*, ii* vol., 273, *statuts*, iii* vol., 47.

1624. Mai 21. Enregistrement des lettres patentes du roi qui autorise les anciens statuts des drapiers et chaussetiers de Reims. *Arch. lég.*, ii* part., *statuts*, ii* vol., 196.

1625. Fondation de la chapelle de Notre-Dame de Luzy. *Arch. adm.*, t. II, 1088.

1625. Mai 31. Arrêt du parlement qui enjoint l'observation des lettres patentes du roi, relatives aux statuts des imprimeurs et libraires de Reims. *Arch. lég.*, ii* part., *statuts*, ii* vol., 467.

1625. Novembre 22. Arrêt du parlement relatif à la réforme de l'abbaye de Saint-Remi de Reims. *Arch. lég.*, ii* part., *statuts*, i*er vol., 229.

1625. Décembre 1*er. Arrêt allégué au sujet des attributions de la police à Reims. *Arch. lég.*, ii* part., *statuts*, ii* vol., 491.

1626. Règlement sur une surtaxe pour les pauvres de Reims, à l'occasion de la stérilité de l'année. *Arch. lég.*, ii* part., *statuts*, ii* vol., 91.

1626. Juin 15. Sentence du bailli de Reims, qui ordonne l'insertion d'un nouvel article au règlement des tondeurs de drap de cette ville. *Arch. lég.*, ii* part., *statuts*, ii* vol., 391.

1626. Juin 25. Ordonnance du lieutenant général de Reims, relative à ladite surtaxe. *Arch. lég.*, ii* part., *statuts*, ii* vol., 91.

1626. Août 14. Arrêt qui interdit aux merciers de Reims la vente des draperies dites de laines grasses. *Arch. lég.*, ii* part., *statuts*, ii* vol., 570.

1626. Octobre 23. Arrêt du parlement qui ordonne que, par provision, l'ordonnance du lieutenant général sur ladite taxe sera exécutée. *Arch. lég.*, ii* part., *statuts*, ii* vol., 91.

1626. Novembre 21. Requête des tail-

leurs d'habits de Reims pour obtenir des statuts. *Arch. lég.*, 11e part., *statuts*, 11e vol., 509.

1627. Mars. Lettres patentes relatives aux statuts des tapissiers de Reims. *Arch. lég.*, 11e part., *statuts*, 11e vol., 441.

1627. Mars 12. Arrêt par lequel Sa Majesté ordonne que l'arrêt du parlement du 23 octobre 1626 sur la taxe des pauvres de Reims sera exécuté. *Arch. lég.*, 11e part., *statuts*, 11e vol., 91.

1627. Mai 29. Publication du règlement de la communauté des maçons de Reims. *Arch. lég.*, 11e part., *statuts*, 11e vol., 488.

1627. Décembre 14. Arrêt relatif à l'intervention des échevins dans les causes d'appel concernant les bourgeois. *Arch. lég.*, 11e part., *statuts*, 11e vol., 610.

1628. Époque où la forme des vœux des sœurs de l'Hôtel-Dieu de Reims a été réglée. *Arch. lég.*, 11e part., *statuts*, 1er vol., 131.

1628. Rétablissement des offices de courtiers de vins, vendeurs de poisson, etc. *Arch. lég.*, 11e part., *statuts*, 1er vol., 436.

1628. Décembre 7. Séance du conseil de ville de Reims pour l'élection des échevins. *Arch. lég.*, 11e part., *statuts*, 11e vol., 535.

1628. Décembre 16. Conclusion du conseil général de Reims sur la taxe des pauvres. *Arch. lég.*, 11e part., *statuts*, 11e vol., 96.

1629. Mars. Lettres patentes portant suppression du gouverneur de la ville de Reims. *Arch. lég.*, 11e part., *statuts*, 11e vol., 118.

1629. Mars 13. Sentence du buffet de l'échevinage relative aux maîtres boulangers et au procureur fiscal de l'éche-

vinage. *Arch. lég.*, 11e part., *statuts*, 11e vol., 531.

1629. Août 29, septembre 18. Procès-verbaux sur le jaugeage des vins. *Arch. lég.*, 11e part., *statuts*, 11e vol., 406.

1630. Copie d'une charte de Gervais, archevêque de Reims, relative à la fondation de Saint-Remi. *Arch. adm.*, t. I, 217.

1630. Mai 22. Sentence du bailliage de Reims, relative aux statuts des chapeliers de cette ville. *Arch. lég.*, 11e part., *statuts*, 11e vol., 208.

1630. Mai 28. Arrêt du parlement portant règlement pour la contenance des tonneaux de vendanges. *Arch. lég.*, 11e part., *statuts*, 11e vol., 405, 407.

1630. Juillet 27. Arrêt relatif aux prérogatives des sénéchaux de l'église de Reims. *Arch. adm.*, t. II, 388.

1631. Août 28. Représentation d'une pièce des jésuites de Reims, dans laquelle ils tournent en dérision l'Université de cette ville. *Arch. lég.*, 11e part., *statuts*, 11e vol., 721.

1632. Août 23. Sentence du bailli de Vermandois relative aux priviléges de l'Université de Reims. *Arch. lég.*, 11e part., *statuts*, 11e vol., 76.

1632. Novembre 13. Requête d'évocation relative aux susdits priviléges. *Arch. lég.* 11e part., *statuts*, 11e vol., 76.

1632. Décembre. Édit qui révoque l'hérédité de la vente des vins. *Arch. lég.*, 11e part., *statuts*, 1er vol., 485.

1633. Conclusions du conseil de ville de Reims pour fonder une maison de charité pour les pauvres valides. *Arch. lég.*, 11e part, *statuts*, 11e vol., 91.

1633. Construction de l'hôtel de ville de Reims. *Arch. lég.*, 11e part., *statuts*, 11e vol., 616.

1633. Janvier. Lettres patentes du roi Louis XIII, sur le même sujet. *Arch. adm.*, t. I, 14.

1633. Janvier. Lettres patentes du roi, qui approuvent cet établissement. *Arch. lég.*, ɪɪ^e part., *statuts*, ɪɪ^e vol., 91.

1633. Janvier 27. Requête relative aux priviléges de l'Université de Reims. *Arch. lég.*, ɪɪ^e part., *statuts*, ɪɪ^e vol., 76.

1633. Janvier 31. Assemblée du conseil de ville relative aux mesures à prendre en temps de contagion. *Arch. lég.*, ɪɪ^e part., *statuts*, ɪɪ^e vol., 1048.

1633. Février 7. Arrêt d'appointement relatif aux susdits priviléges. *Arch. lég.*, ɪɪ^e part., *statuts*, ɪɪ^e vol., 76.

1633. Juillet 6. Lettres patentes qui autorisent l'érection de l'hôpital général de Reims. *Arch. lég.*, ɪɪ^e part., *statuts*, ɪ^{er} vol., 129.

1633. Novembre 1er. Abandon des biens des chartreries de Reims, fait à l'hôpital général. *Arch. adm.*, t. I, 14.

1634. Époque où le receveur du bureau des pauvres de Reims cesse de toucher la quote-part du clergé. *Arch. lég.*, ɪɪ^e part., *statuts*, ɪɪ^e vol., 95.

1634. Janvier 13, février 15. Règlements de la police générale relatifs aux pauvres. *Arch. adm.*, t. I, 14.

1634. Novembre 28. Arrêt du siége présidial de Reims relatif à la police des pauvres. *Arch. lég.*, ɪɪ^e part., *statuts*, ɪɪ^e vol., 499, 500.

1634. Novembre 28. Arrêt qui défend aux maires et échevins de Reims de se mêler de la police. *Arch. lég.*, ɪɪ^e part., *statuts*, ɪɪɪ^e vol., 6.

1635. Fondation par la veuve de Colbert de l'hôpital de Sainte-Marthe, dit des *Magneuses* à Reims. *Arch. lég.*, ɪɪ^e part., *statuts*, ɪ^{er} vol., 129.

1635. Mars. 8. Sentence du bailli de Reims sur un procès entre les tondeurs de drap de Reims. *Arch. lég.*, ɪɪ^e part., *statuts*, ɪɪ^e vol., 395.

1635. Mai 22. Collation des statuts des tisserands de toile de Reims. *Arch. lég.*, ɪɪ^e part., *statuts*, ɪɪ^e vol., 304.

1635. Mai 24. Assemblée pour les mesures à prendre en temps de contagion. *Arch lég.*, ɪɪ^e part., *statuts*, 1094.

1635. Août 17. Arrêt qui affecte les anciens bâtiments de la ladrerie de Reims à la fondation de l'hôpital général. *Arch. adm.*, t. I, 13; t. II, 6. *Arch. lég.*, ɪɪ^e part., *statuts*, ɪɪ^e vol., 92.

1636. Réunion des hôpitaux de Reims. *Arch. adm.*, t. I, 230.

1636. Janvier 9. Réunion de l'échevinage au corps de ville. *Arch. adm.*, t. I. 490. *Arch. lég.*, ɪɪ^e part., *statuts*, ɪɪ^e vol., 454; *statuts*, ɪɪɪ^e vol., 618, 641.

1636. Juin 14. Arrêt du parlement sur un différend entre l'archevêque de Reims et les échevins, relatif aux boulangers de cette ville. *Arch. lég.*, ɪɪ^e part., *statuts*, ɪɪ^e vol., 533.

1636. Juillet 18. Sentence interprétant certains articles des statuts des cordiers de Reims. *Arch. lég.*, ɪɪ^e part., *statuts*, ɪɪ^e vol., 213.

1637. Construction de l'hôtel de ville de Reims. *Arch. lég.*, ɪɪ^e part., *statuts*, ɪɪ^e vol., 168.

1637. Janvier 31. Arrêt du conseil d'État qui dispense certains ecclésiastiques de contribuer aux prêts et emprunts pour la subsistance des gens de guerre. *Arch. lég.*, ɪɪ^e part., *statuts*, ɪ^{er} vol., 480.

1637. Mars 24. Arrêt du conseil du roi qui confirme l'agrégation des pères jésuites à l'Université de Bourges. *Arch. lég.*, ɪɪ^e part., *statuts*, ɪɪ^e vol., 679.

1638. Janvier 26. Sentence contre la communauté des teinturiers de Reims. *Arch. lég.*, iie part. , *statuts* , iie vol., 201.

1638. Juin 11. Avis du lieutenant général du présidial de Reims concernant les statuts des marchands merciers grossiers de cette ville. *Arch. lég.* , iie part., *statuts*, iie vol., 561.

1638. Juillet 1er. Lettres patentes accordées aux sergiers de Reims. *Arch. lég.*, iie part., *statuts*, iiie vol., 83.

1639. La justice du buffet de l'échevinage est composée, à dater de cette époque, de douze juges. *Arch. adm.*, t. I, 489.

1639. Statuts des merciers de Reims. *Arch. lég.*, iie part., *statuts*, iie vol., 292.

1639. Avril 21. Lettres d'enregistrement des statuts des merciers, grossiers et joailliers de Reims. *Arch. lég.*, iie part., *statuts*, iie vol., 563.

1639. Juin 25,26. Transaction par laquelle la ville de Reims abandonne à l'archevêque les droits les plus importants de la haute justice de l'échevinage. *Arch. lég.*, iie part., *statuts*, iie vol., 551, 552.

1640. Statuts de l'église de Reims. *Arch. lég.*, iie part., *statuts*, i^{er} vol., 39.

1640. Janvier 16. Arrêt du parlement contre les complices de la mort de Jean de Menreval. *Arch. adm.*, t. II, 1244.

1640. Juillet. Arrêt qui décharge le corps de ville de Reims d'une assignation au sujet de certaine subvention. *Arch. lég.*, iie part., *statuts*, i^{er} vol., 485.

1641. Statut relatif à la garde des clefs de la fabrique , confiées aux sénéchaux de l'église de Reims. *Arch. adm.*, t. II, 388.

1641. Répartition des décimes faite entre les membres du clergé de Reims. *Arch. adm.*, t. II, 1027.

1641. Réformation des sœurs de l'Hôtel-Dieu de Reims. *Arch. lég.*, iie part. *statuts*, i^{er} vol., 131.

1641. Décembre 7. Provision du gouverneur de la ville de Reims donnée au marquis de Rothelin. *Arch. lég.* , iie part., *statuts*, iie vol., 461.

1642. Cession d'une place dans l'enclos de l'hôtel de ville aux juges et consuls de Reims. *Arch. lég.*, iie part., *statuts*, iie vol., 168.

1642. Janvier 25. Serment de l'abbesse de Saint-Pierre de Reims. *Arch. lég.*, iie part., *statuts*, i^{er} vol., 33.

1642. Avril 9. Arrêt du conseil d'État qui condamne les officiers du présidial de Reims et de l'élection à payer leur part de la subsistance. *Arch. lég.*, iie part., *statuts*, i^{er} vol., 486.

1643. Suppression des claviers commis à la garde de la fabrique de l'église de Reims. *Arch. adm.*, t. II, 388.

1643. Juin 3. Règlement de l'Hôtel-Dieu de Reims dressé par les réformateurs. *Arch. lég.*, iie part., *statuts*, i^{er} vol., 131.

1643. Novembre 12. Arrêt du conseil d'État relatif à la ferme des vins. *Arch. lég.*, iie part., *statuts*, i^{er} vol., 486.

1644. Perfectionnement dans la fabrication du pain blanc. *Arch. lég.*, iie part., *statuts*, iie vol., 157.

1644. Mars 2. Sentence du prévôt de Paris relative à la confrérie des maîtres à danser. *Arch. lég.*, iie part., *statuts*, iie vol., 624.

1644. Août. Lettres patentes qui confirment les statuts des maréchaux de Reims. *Arch. lég.*, iie part., *statuts*, iie vol., 585.

1644. Novembre 19. Arrêt du conseil d'État qui décharge des particuliers de Reims du sou pour livre pour l'entrée du bois et des foins. *Arch. lég.*, iie part., *statuts*, i^{er} vol., 468.

1645. Février. Sentence du bailliage de Reims sur l'enregistrement des lettres patentes, confirmant les statuts des maréchaux de cette ville. *Arch. lég.*, IIe part., *statuts*, IIe vol., 585.

1645. Septembre 21. Consultations des docteurs en théologie sur les cérémonies de réception des compagnons ouvriers. *Arch. lég.*, IIe part., *statuts*, IIe vol., 250.

1645. Novembre 29. Transaction entre l'archevêque et le chapitre de Reims au sujet d'une sentence rendue par le bailli contre un marchand. *Arch. lég.*, IIe part., *statuts*, Ier vol., 347.

1646. Département des décimes fait entre les membres du clergé de Reims. *Arch. adm.*, t. II, 1027.

1646. Avril 21. Arrêt contradictoire relatif à la police de Reims. *Arch. lég.*, IIe part., *statuts*, IIIe vol., 6.

1646. Mai 28. Acte d'opposition de la faculté de Reims à l'établissement d'une seconde maison des jésuites. *Arch. lég.*, IIe part., *statuts*, IIe vol., 649.

1646. Mai 29. Conclusion pour assembler les douze compagnies de la ville. *Arch. lég.*, IIe part., *statuts*, Ier vol., 486.

1647. Janvier 30. Arrêt du conseil relatif à la taxe. *Arch. lég.*, IIe part., *statuts*, Ier vol., 487.

1647. Juin 5. Arrêt qui déclare le clergé de Reims exempt du droit d'aide sur les vins. *Arch. lég.*, IIe part., *statuts*, Ier vol., 489.

1647. Décembre 17. Sentence qui explique le règlement des cordiers de Reims. *Arch. lég.*, IIe part., *statuts*, IIe vol., 213.

1648. Inventaire cité par Lacour à l'occasion d'une charte de Samson, archevêque de Reims. *Arch. adm.*, t. I, 358.

1648. Date de l'impression du pouillé général de l'église de Reims. *Arch. adm.*, t. II, 1027.

1648. Février 20. Réception de Johannes Pinguenet, en qualité de doyen de Saint-Symphorien. *Arch. adm.*, t. I, 271.

1648. Mai 30. Sentence de l'official de Paris qui condamne les cérémonies de réception des ouvriers compagnons. *Arch. lég.*, IIe part., *statuts*, IIe vol., 254.

1649. Juillet 8. Lettres de provision de la charge de capitaine de Reims. *Arch. lég.*, IIe part., *statuts*, IIe vol., 118.

1649. Novembre 21. Arrêt du parlement qui attribue la préséance dans les cérémonies au plus ancien échevin. *Arch. lég.*, IIe part., *statuts*, IIe vol., 549.

1650. Les habitants de Reims soutiennent pendant un mois les efforts de l'armée lorraine. *Arch. lég.*, IIe part., *statuts*, IIe vol., 122.

1650. Fondation de l'hôpital de Saint-Marcoul. *Arch. lég.*, IIe part., *statuts*, Ier vol., 129.

1650. Avril 2. Certificat du sieur Terron, ex-lieutenant de Reims, constatant qu'il avait toujours pris l'ordre du capitaine de la ville. *Arch. lég.*, IIe part., 118; *statuts*, IIe vol., 118.

1651. Les gens du conseil de Reims, sous prétexte que le capitaine leur a refusé les clefs, font briser les serrures et les portes de la ville, les Anglais étant devant Reims. *Arch. lég.*, IIe part., *statuts*, IIe vol., 115.

1651. Septembre 11. Sentence du bailli du Temple qui condamne les réceptions des ouvriers compagnons. *Arch. lég.*, IIe part., *statuts*, IIe vol., 254.

1651. Décembre. Procès-verbal du capitaine de Reims sur l'infraction de règlement, par le lieutenant et gens du

conseil de cette ville. *Arch. lég.*, iie part., *statuts*, iie vol., 118.

1652. Le conseil de ville de Reims délibère s'il donnera entrée dans ses murs aux Anglais. *Arch. lég.*, iie part., *statuts*, iie vol., 115.

1652. Mai 17, juillet 24. Conclusions du conseil de ville relatives à une négociation avec le duc de Lorraine pendant qu'il assiégeait Reims. *Arch. lég.*, iie part., *statuts*, iie vol., 126.

1652. Octobre 17. Procès-verbal du capitaine de Reims sur l'infraction faite au règlement par le lieutenant et gens du conseil de cette ville. *Arch. lég.*, iie part., *statuts*, iie vol., 118.

1653. Janvier 15. Homologation par le parlement d'un concordat entre l'abbé et les religieux de Saint-Remi de Reims pour le partage des biens de l'abbaye. *Arch. lég.*, iie part., *statuts*, i^{er} vol., 254.

1653. Février 24. Mandement des trésoriers de France pour les subsistances. *Arch. lég.*, iie part., *statuts*, i^{er} vol., 489.

1653. Juin 13. Acte de réception d'un chevalier de l'Arbalète à Reims. *Arch. lég.*, iie part., *statuts*, i^{er} vol., 324.

1654. Août 27. Arrêt du conseil d'État qui décharge les habitants de Reims de certaines sommes en considération des frais du sacre. *Arch. lég.*, iie part., *statuts*, i^{er} vol., 489.

1654. Août 28. Arrêt de requête ordonnant assignation aux lieutenant et gardes de conseil de Reims. *Arch. lég.*, iie part., *statuts*, iie vol., 112.

1654. Septembre 25. Arrêt qui confirme la transaction passée entre l'archevêque et les échevins au sujet des droits de haute justice. *Arch. lég.*, iie part., *statuts*, iie vol., 555, 608, 612.

1655. Janvier 28. Lettres patentes confirmant un arrêt du conseil d'État sur la police de la ville. *Arch. lég.*, iie part., *statuts*, iie vol., 139.

1655. Janvier 28. Arrêt du conseil d'État qui rapporte les provisions de gouverneur de la ville de Reims. *Arch. lég.*, iie part., *statuts*, iiie vol., 276.

1655. Mars. Lettres patentes de Louis XIV confirmant les priviléges de l'Université de Reims. *Arch. lég.*, iie part., *statuts*, iie vol., 80.

1655. Août 19. Conclusion du chapitre général de l'église de Reims relative aux fonctions des sénéchaux de cette église. *Arch. adm.*, t. II, 387.

1656. Mars 17. Arrêt portant défense aux officiers de l'archevêque de molester les procureurs et sergents qui procèdent par-devant les échevins. *Arch. lég.*, iie part., *statuts*, iie vol., 617.

1656. Septembre 5. Arrêt qui porte que les échevins pourront faire les inventaires, scellés, tutelles, etc. *Arch. lég.*, iie part., *statuts*, iie vol., 620.

1656. Décembre 13. Arrêt du conseil qui crée un impôt sur les farines. *Arch. lég.*, iie part., *statuts*, i^{er} vol., 464.

De 1657 à décembre 1667. Vacance du siége archiépiscopal de Reims. *Arch. lég.*, iie part., *statuts*, iie vol., 75.

1657. Janvier 23. Sentence relative à une infraction aux statuts des chapeliers de Reims. *Arch. lég.*, iie part. *statuts*, iie vol., 203.

1657. Mai 17. Arrêt du conseil d'État qui condamne les officiers de la maréchaussée de Reims à payer le quatrième du vin par eux vendu. *Arch. lég.*, iie part., *statuts*, i^{er} vol., 489.

1658. Octobre. Lettres patentes obtenues par le roi des violons et la confrérie de

Saint-Julien. *Arch. lég.*, ii* part., *statuts*, ii* vol., 628.

1658. Décembre 4. Traité fait entre les conseil de ville et chapitre de Reims, au sujet des administrateurs de l'Hôtel-Dieu. *Arch. lég.*, ii* part., *statuts*, i*r* vol., 147.

1658. Décembre 13. Arrêt du parlement qui confirme le droit des jésuites de Reims de ne plaider que devant le juge conservateur. *Arch. lég.*, ii* part., *statuts*, ii* vol., 720.

1659. Août. Édit du roi relatif à la charge de roi des violons ou joueur d'instruments. *Arch. lég.*, ii* part., *statuts*, ii* vol., 621.

1659. Novembre 19. Décret de l'Université, en forme de statut, concernant les séance et honneurs dus au recteur. *Arch. lég.*, ii* part., *statuts*, ii* vol., 654.

1660. Juillet 1*er*. Attestation des recteurs de l'Université de Reims par laquelle ils reconnaissent l'agrégation des jésuites à ladite Université. *Arch. lég.*, ii* part., *statuts*, ii* vol., 654.

1660. Juillet 14. Fondation, par M. Le-large, vicaire général du chapitre, de la chapelle de Sainte-Reine. *Arch. adm.*, t. II, 1051.

1660. Novembre 5. Conclusion de la police générale sur la taxe des pauvres à Reims. *Arch. lég.*, ii* part., *statuts*, ii* vol., 96.

1661. Réunion de l'hospice des Orphelins et des Vieillards de Reims. *Arch. lég.*, ii* part., *statuts*, ii* vol., 129.

1661. Février 12. Délibération du conseil de ville pour l'établissement d'une seconde maison des jésuites. *Arch. lég.*, ii* part., *statuts*, ii* vol., 21.

1661. Novembre 4. Conclusion du conseil de ville relative à l'entretien du collége des Bons-Enfants. *Arch. lég.*, ii* part., *statuts*, ii* vol., 634.

1661. Décembre 5. Arrêt contradictoire allégué au sujet des attributions de la police de Reims. *Arch. lég.*, ii* part., *statuts*, ii* vol., 491.

1662. Statuts de l'Université de Reims. *Arch. lég.*, ii* part., *statuts*, ii* vol., 684.

1662. Mai 16. Arrêt du parlement qui confirme les statuts et priviléges de l'Université de Reims. *Arch. lég.*, ii* part., *statuts*, ii* vol., 748.

1662. Juillet 21. Arrêt du conseil sur le différend entre les jésuites et l'Université de Reims. *Arch. lég.*, ii* part., *statuts*, ii* vol., 656.

1662. Juillet 21. Arrêt du conseil qui fait défense de poursuivre les jésuites de Reims. *Arch. lég.*, ii* part., *statuts*, ii* vol., 686.

1662. Octobre 4. Arrêt du conseil qui condamne les nobles de Reims à payer le droit de quatrième pour les vins. *Arch. lég.*, ii* part., *statuts*, i*er* vol., 490.

1663. Avril 26. Conclusion de l'Université de Reims qui désavoue un certificat obtenu de quelques recteurs par les jésuites. *Arch. lég.*, ii* part., *statuts*, ii* vol., 684, 711.

1663. Septembre 13. Homologation d'une conclusion relative aux statuts des tondeurs de drap de Reims. *Arch. lég.*, ii* part., *statuts*, ii* vol., 394.

1663. Décembre 11. Arrêt du conseil privé du roi relatif au différend entre les jésuites et l'Université de Reims. *Arch. lég.*, ii* part., *statuts*, ii* vol., 656.

1664. Mars 13. Arrêt du parlement donné au profit de l'Université de Reims contre

les jésuites et leurs écoliers. *Arch. lég.*, iie part., *statuts*, iie vol., 662, 671.

1664. Juillet 8. Arrêt qui ordonne l'exécution de celui du 11 septembre 1663, relatif aux démêlés des jésuites avec l'Université de Reims. *Arch. lég.*, iie part., *statuts*, iie vol., 661.

1664. Août. Arrêt du conseil d'État confirmatif des statuts des sergiers et estaminiers de Reims. *Arch. lég.*, iie part., *statuts*, iie vol., 797.

1664. Août 19. Arrêt concernant les jésuites de Reims. *Arch. lég.*, iie part., *statuts*, iie vol., 686.

1665. Février 3. Arrêt du parlement qui confirme les statuts des sergiers et estaminiers de Reims. *Arch. lég.*, iie part., *statuts*, iie vol., 812.

1665. Juin 10. Requête des marchands sergiers de la ville de Reims. *Arch. lég.*, iie part., *statuts*, iie vol., 796.

1665. Novembre 19. Arrêt du conseil d'État relatif à la liquidation des dettes de la ville de Reims. *Arch. lég.*, iie part., *statuts*, i^er vol., 494.

1666. Mars 27. Requête des marchands négociants et trafiquants de serges de Reims. *Arch. lég.*, iie part., *statuts*, iie vol., 797.

1666. Octobre 4. Statuts pour les manufactures de draps, serges, étamines, etc. *Arch. lég.*, iie part., *statuts*, iie vol., 819.

1667. Janvier 7. Arrêt concernant la taille imposée à la communauté des sergiers et estaminiers de Reims. *Arch. lég.*, iie part., *statuts*, iie vol., 812.

1667. Septembre 6. Délibération sur la taille imposée aux sergiers et estaminiers de Reims. *Arch. lég.*, iie part., *statuts*, iie vol., 811.

1667. Octobre 25. Conclusions des tondeurs de drap de Reims, portant règlements pour les compagnons. *Arch. lég.*, iie part., *statuts*, iie vol., 393.

1668. Janvier 24. Arrêt du parlement relatif à l'imposition de la taille sur les métiers. *Arch. lég.*, iie part., *statuts*, iie vol., 811.

1668. Juin 21. Homologation d'une conclusion des tondeurs de drap de Reims portant règlement, pour les compagnons. *Arch. lég.*, iie part., *statuts*, iie vol., 393.

1668. Août 7. Ordonnance de police générale sur le fait des laines. *Arch. lég.*, iie part., *statuts*, iiie vol., 87.

1669. Mars 15. Arrêt du conseil relatif à la ferme des aides. *Arch. lég.*, iie part., *statuts*, i^er vol., 494.

1669. Août. Édit de suppression de différentes charges de maîtres des eaux et forêts. *Arch. lég.*, iie part., *statuts*, iie vol., 15.

1669. Août. Règlement pour la juridiction des procès et différends concernant les manufactures. *Arch. lég.*, iie part., *statuts*, iie vol., 816.

1669. Septembre 13. Confirmation des statuts des drapiers, sergiers et estaminiers de Reims. *Arch. lég.*, iie part., *statuts*, iie vol., 819.

1670. Ordonnance relative au droit de prévention du roi dans le bailliage du Vermandois. *Arch. lég.*, iie part., iiie vol., 17, 24.

1670. Procès-verbal relatif aux limites du chapitre de Reims. *Arch. adm.*, t. I, 81.

1670. Mars 11. Transaction entre l'archevêque et l'échevinage relative à l'abandon de la justice de ce dernier. *Arch. lég.*, iie part., *statuts*, iiie vol., 242, 512, 541, 543.

1670. Août 9. Arrêt contradictoire relatif

à la manière de conférer les coutreries laïques et chapiceries de l'église de Reims. *Arch. adm.*, t. I, 497.

1671. Ch. Maurice Le Tellier, archevêque de Reims, fait construire un marché dans la cour de son palais. *Arch. adm.*, t. I, 489.

1671. Janvier 15. Arrêt du conseil relatif aux anciens octrois à perpétuité de la ville de Reims. *Arch. lég.*, IIᵉ part., *statuts*, Iᵉʳ vol., 494.

1671. Juillet 10. Réception de Simon Favart en qualité de doyen de Saint-Symphorien. *Arch. adm.*, t. I, 271.

1671. Août 3. Arrêt du conseil d'État relatif à la teinture de Reims. *Arch. lég.*, IIᵉ part., *statuts*, IIᵉ vol., 874.

1672. Septembre 13. Conclusion relative aux statuts des tondeurs de drap de Reims. *Arch. lég.*, IIᵉ part., *statuts*, IIᵉ vol., 394.

1672. Septembre 20. Conclusion du conseil relative à l'abandon du droit de chaussée de Saint-Remi. *Arch. lég.*, IIᵉ part., *statuts*, IIᵉ vol., 926.

1673. Mars. Édit du roi qui érige en communauté les épiciers de Reims, en vertu de leurs statuts. *Arch. lég.*, IIᵉ part., 974.

1674. Réunion de toutes les juridictions de la ville de Paris au Châtelet. *Arch. lég.*, IIᵉ part., *statuts*, IIᵉ vol., 383.

1674. Février 1ᵉʳ. Lettres de provision relatives à la profession d'un barbier de Reims. *Arch. lég.*, IIᵉ part., *statuts*, IIIᵉ vol., 88.

1674. Mars 15. Délibération des épiciers de Reims pour être érigés en corps de communauté. *Arch. lég.*, IIᵉ part., *statuts*, IIᵉ vol., 974.

1674. Août 23. Arrêt du parlement réglant l'habitation et loyer des maisons canoniales. *Arch. adm.*, t. I, 75.

1674. Octobre 5. Ordonnance de l'archevêque Le Tellier qui supprime le titre curial de Brabant. *Arch. adm.*, t. II, 1123.

1674. Octobre 27. Arrêt relatif à une imposition pour les arts et métiers. *Arch. lég.*, IIᵉ part., *statuts*, Iᵉʳ vol., 495.

1674. Novembre 21. Sentence rendue en explication du règlement des cordiers de Reims. *Arch. lég.*, IIᵉ part., *statuts*, IIᵉ vol., 213.

1675. Mars 5. Conclusion relative aux statuts des tondeurs de drap de Reims. *Arch. lég.*, IIᵉ part., *statuts*, IIᵉ vol., 393.

1675. Juillet 12. Arrêt du conseil d'État relatif aux ustensiles des soldats. *Arch. lég.*, IIᵉ part., *statuts*, Iᵉʳ vol., 497.

1676. Janvier 2. Réception de Henricus Lévesque, en qualité de doyen de Saint-Symphorien. *Arch. adm.*, t. I, 271.

1676. Janvier 4. Arrêt du conseil d'État relatif aux ustensiles des soldats. *Arch. lég.*, IIᵉ part., *statuts*, Iᵉʳ vol., 497.

1676. Juin. Lettres patentes de Louis XIV pour l'établissement à perpétuité d'un séminaire à Reims. *Arch. lég.*, IIᵉ part., *statuts*, IIᵉ vol., 766, 773.

1676. Juillet 21. Disposition testamentaire de Pierre Dozat, archidiacre de Champagne, qui fonde à perpétuité une mission dans son archidiaconé. *Arch. lég.*, IIᵉ part., *statuts*, IIᵉ vol., 782.

1677. Août 28. Arrêt de la cour des aides relatif à la vente des vins en gros. *Arch. lég.*, IIᵉ part., *statuts*, Iᵉʳ vol., 974.

1677. Décembre 4. Arrêt du conseil d'État qui autorise une capitation à Reims. *Arch. lég.*, IIᵉ part., *statuts*, Iᵉʳ vol., 497.

1678. Fondation d'une communauté de filles séculières par Roland, théologal de Reims. *Arch. lég.*, iie part., *statuts*, ier vol., 130.

1678, Juin 4. Arrêt du conseil d'État concernant la fabrique des étoffes à Reims. *Arch. lég.*, iie part., *statuts*, iie vol., 825.

1678. Août 18. Réception de Jacobus Audry, en qualité de doyen de Saint-Symphorien. *Arch. adm.*, t. I, 271.

1679. Rétablissement à Reims de la fabrication de la monnaie transférée sur la fin du xve siècle à Saint-Omer. *Arch. lég.*, iie part., *statuts*, iie vol., 17.

1679. Lettres patentes qui constituent la communauté des filles régulières, fondée à Reims par Roland, théologal de Notre-Dame. *Arch. lég.*, iie part., *statuts*, ier vol., 130.

1679. Janvier 21. Décret d'union de plusieurs patronages au petit séminaire de Reims. *Arch. lég.*, iie part., *statuts*, iie vol., 779.

1680. Suppression de la chaire de pénitencier dans l'abbaye de Saint-Denis. *Arch. adm.*, t. I, 215.

1680. Janvier 15. Ordonnance de l'intendant de justice autorisant les bonnetiers de Poitiers à teindre les bas manufacturés par eux. *Arch. lég.*, iie part., *statuts*, iie vol., 291.

1680. Juillet 2. Arrêt du conseil d'État concernant la vérification et liquidation des dettes de la ville. *Arch. lég.*, iie part., *statuts*, ier vol., 498.

1680. Octobre 10. Décret d'union du petit au grand séminaire de Reims. *Arch. lég.*, iie part., *statuts*, iie vol., 776.

1681. Statuts des bonnetiers de Reims. *Arch. lég.*, iie part., *statuts*, iie vol., 292.

1681. Août 9. Arrêt du conseil d'État relatif aux comptes de la ville de Reims et emploi des octrois. *Arch. lég.*, iie part., *statuts*, ier vol., 498.

1681. Décembre 20. Arrêt du conseil d'État qui décharge les comptables de Reims de la gestion des comptes de certaines années. *Arch. lég.*, iie part., *statuts*, ier vol., 465.

1681. Décembre 20. Arrêt du conseil qui ordonne la levée de nouveaux octrois à Reims. *Arch. lég.*, iie part., *statuts*, ier vol., 499.

1682. Octobre 10. Décret qui réunit le séminaire fondé par Mgr Letellier, archevêque de Reims, au séminaire de cette ville. *Arch. lég.*, iie part., *statuts*, iie vol., 769.

1683. Mars. Édit du roi, réglant les statuts des pain-d'épiciers de Reims. *Arch. lég.*, iie part., *statuts*, iie vol., 223.

1683. Juin 9. Arrêt contradictoire intervenu entre la communauté des merciers et celle des drapiers de Reims. *Arch. lég.*, iie part., *statuts*, iie vol., 572.

1683. Novembre 11. Décret de l'archevêque Charles de Lorraine, relatif à l'entretien du séminaire qu'il a fondé à Reims. *Arch. lég.*, iie part., *statuts*, iie vol., 787.

1684. Mars 18. Lettres qui exemptent certains officiers de Reims du logement des troupes. *Arch. lég.*, iie part., *statuts*, ier vol., 500.

1684. Juillet 10. Statuts des menuisiers de Reims. *Arch. lég.*, iie part., *statuts*, iie vol., 352.

1684. Août 18. Acte de réception de bourgeois. *Arch. adm.*, t. III, 16.

1684. Octobre 2. Décret de l'archevêque

Charles de Lorraine, relatif à l'entretien du séminaire qu'il a fondé à Reims. *Arch. lég.*, iiᵉ part., *statuts*, iiᵉ vol., 787.

1685. Fondation d'une certaine somme faite à l'hôpital général de Reims, et applicable à huit femmes ou filles de mauvaise vie. *Arch. lég.*, iiᵉ part., *statuts*, iᵉʳ vol., 129.

1685. Époque où l'on cessa dans l'église de Reims de se servir de la tablette couverte en velours rouge du cartulaire pour les prières et collectes. *Arch. adm.*, t. I, 748.

1685. Époque où fut écrite une autre tablette de maroquin rouge servant aux prières dans la même église. *Arch. adm.*, t. I, 748.

1685. Janvier. Union des greniers à sel aux élections des villes où ils étaient établis. *Arch. lég.*, iiᵉ part., *statuts*, iiᵉ vol., 16.

1685. Mars 2. Sentence rendue en explication du règlement des cordiers de Reims. *Arch. lég.*, iiᵉ part., *statuts*, iiᵉ vol., 213.

1686. Juillet 3. Arrêt du conseil qui maintient les huissiers et sergents de l'hôtel de ville de Paris au droit de donner, à l'exclusion des sergents du Châtelet, les assignations pour plaider au bureau de la ville. *Arch. lég.*, iiᵉ part., *statuts*, iiᵉ vol., 819.

1686. Octobre 8. Conclusion qui modifie un article des statuts des vinaigriers de Reims. *Arch. lég.*, iiᵉ part., *statuts*, iiᵉ vol., 319.

1686. Décembre 12. Homologation par le bailli de l'archevêque de Reims de la conclusion précédente. *Arch. lég.*, iʳᵉ part., *statuts*, iiᵉ vol., 319.

1687. Mars. Acte de notoriété établissant le droit du roi de connaître des causes civiles et criminelles dans le bailliage de Vermandois. *Arch. lég.*, iiᵉ part., *statuts*, iiiᵉ vol., 18.

1687. Mars 20. Ordonnance du sieur Miroménil, intendant de Champagne, relative à la manufacture de Reims. *Arch. lég.*, iiᵉ part., *statuts*, iiᵉ vol., 826.

1687. Avril 16. Arrêt du conseil d'État qui confirme l'ordonnance de l'intendant de la province de Champagne, sur la réunion des communautés des merciers et drapiers de Reims. *Arch. lég.*, iiᵉ part., *statuts*, iiᵉ vol., 575, 825.

1688. Juin 16. Arrêt du conseil d'État concernant les largeurs et les longueurs des étoffes de la fabrique de Reims. *Arch. lég.*, iiᵉ part., *statuts*, iiᵉ vol., 821.

1688. Août 18. Acte de notoriété, constatant l'étendue du territoire de Reims que possédaient les gens du roi. *Arch. lég.*, iiᵉ part., *statuts*, iiᵉ vol., 606.

1688. Août 27. Certificat des officiers des différentes justices de Reims, relatif au titre de conseiller du roi usurpé par le bailli de l'archevêque. *Arch. lég.*, iiᵉ part., *statuts*, iiᵉ vol., 27.

1689. Janvier 15. Arrêt du conseil qui abolit un impôt sur les farines. *Arch. lég.*, iiᵉ part., *statuts*, iᵉʳ vol., 465.

1689. Avril 29. Sentence rendue en explication des statuts des cordiers de Reims. *Arch. lég.*, iiᵉ part., *statuts*, iiᵉ vol., 213.

1689. Mai 13. Arrêt portant réclamation entre les bouchers et charcutiers de Reims. *Arch. lég.*, iiᵉ part., *statuts*, iiᵉ vol., 933.

1689. Octobre 4. Conclusion par laquelle le conseil de ville reconnaît les prérogatives des sénéchaux de l'église de Reims. *Arch. adm.*, t. II, 388.

1690. Les réparations de la grande sacristie de Reims sont modifiées. *Arch. adm.*, t. I, 747.

1690. Janvier. Création d'offices de jurés crieurs d'enterrements à Reims. *Arch. lég.*, IIe part., *statuts*, IIIe vol., 132.

1690. Mai 23. Règlement relatif aux arquebusiers de Reims. *Arch. lég.*, IIe part., *statuts*, IIe vol., 109.

1690. Juillet. Édit de création des procureurs du roi et greffiers des hôtels de ville du royaume. *Arch. lég.*, IIe part., *statuts*, IIe vol., 954.

1690. Août 26. Arrêt du conseil d'État relatif aux adjudications de la ville de Reims. *Arch. lég.*, IIe part., *statuts*, Ier vol., 301.

1690. Décembre. Rachat par la ville des susdits offices au profit de l'hôpital général. *Arch. lég.*, IIe part., *statuts*, IIIe vol., 132.

1691. Inventaire des frais du sacre par Copillon. *Arch. adm.*, t. II, 176.

1691. Avril 10. Arrêt du conseil d'État qui valide l'emprunt fait par la ville de Reims, pour les offices de procureur du roi et de greffier de l'hôtel de ville. *Arch. lég.*, IIe part., *statuts*, IIe vol., 958.

1691. Juin. Édit du roi concernant les courtiers gourmets et commissionnaires de vins, cidre, etc. *Arch. lég.*, IIe part., *statuts*, IIe vol., 959.

1692. Juin 8. Vente des offices de courtiers et commissaires des vins. *Arch. lég.*, IIe part., *statuts*, Ier vol., 963.

1692. Juillet 24. Arrêt relatif aux octrois de la ville de Reims. *Arch. lég.*, IIe part., *statuts*, Ier vol., 302.

1692. Juillet 28. Règlement de l'archevêque de Reims pour le collège des Bons-Enfants. *Arch. lég.*, IIe part., *statuts*, IIe vol., 643.

1692. Septembre 12. Comptes arrêtés au conseil de ville de Reims pour la capitation municipale. *Arch. lég.*, IIe part., *statuts*, Ier vol., 461.

1693. Janvier 14. Ordonnance portant règlement sur la fabrique de Reims. *Arch. lég.*, IIe part., *statuts*, IIe vol., 822.

1693. Mars 10. Arrêt du grand conseil au sujet du scellé d'inventaire du chevalier Désahuguets. *Arch. lég.*, IIe part., *statuts*, IIIe vol., 57.

1693. Mars 17. Arrêt du conseil d'État portant approbation du règlement des épiciers de Reims. *Arch. lég.*, IIe part., *statuts*, IIe vol., 974.

1693. Juillet 18. Quittance de sommes payées par MM. du conseil de ville de Reims. *Arch. lég.*, IIe part., *statuts*, IIe vol., 964.

1693. Septembre 14. Sentence de l'hôtel de ville de Reims qui défend aux bonnetiers de teindre eux-mêmes leurs objets manufacturés. *Arch. lég.*, IIe part., *statuts*, IIe vol., 290.

1694. Priviléges accordés aux arquebusiers de Reims. *Arch. lég.*, IIe part., *statuts*, IIe vol., 106.

1694. Mars. Édit du roi qui crée des charges de capitaines et des milices bourgeoises des villes. *Arch. lég.*, IIe part., *statuts*, IIe vol., 1022.

1694. Juin 22. Arrêt du conseil d'État qui réunit les offices des chefs de la milice bourgeoise. *Arch. lég.*, IIe part., *statuts*, IIe vol., 1008.

1694. Août. Édit de Louis XIV qui sépare les greniers à sel des élections des villes où ils étaient établis. *Arch. lég.*, IIe part., *statuts*, IIe vol., 16.

1695. Juin 8. Arrêt du parlement qui au-

torise une fondation faite en faveur de l'hôpital général de Reims. *Arch. lég.*, iie part., *statuts*, i^{er} vol., 129.

1695. Juin 21. Procession générale de l'Université ordonnée par l'archevêque de Reims. *Arch. lég.*, iie part., *statuts*, iie vol., 664.

1695. Juillet 12. Arrêt interlocutoire relatif aux statuts des tondeurs de drap de Reims. *Arch. lég.*, iie part., *statuts*, iie vol., 396.

1695. Juillet 19. Arrêt du conseil d'État qui confirme les habitants de Champagne en la possession de leurs eaux moyennant finance. *Arch. lég.*, iie part., *statuts*, i^{er} vol., 502.

1695. Octobre 18. Arrêt du conseil d'État qui règle les fonctions des officiers des greniers à sel. *Arch. lég.*, iie part., *statuts*, iie vol., 16.

1696. Factum relatif à la police. *Arch. lég.*, iie part., *statuts*, iiie vol., 4.

1696. Avril. Édit du roi qui réunit les offices des jaugeurs au corps de ville. *Arch. lég.*, iie part., *statuts*, iie vol., 966.

1696. Septembre 4. Déclaration du roi portant règlement pour la perception des droits des courtiers des vins. *Arch. lég.*, iie part., *statuts*, iie vol., 964.

1696. Décembre 5. Arrêt qui attribue à l'archevêque la connaissance des causes de ses domaines de Saint-Remi et autres. *Arch. lég.*, iie part., *statuts*, iiie vol., 5.

1696. Décembre 18. Sentence du bailli de l'abbaye de Saint-Denis de Reims, relative aux charcutiers et boulangers du ban de ladite abbaye. *Arch. lég.*, iie part., *statuts*, iie vol., 151.

1697. Janvier. Arrêt du conseil d'État relatif aux statuts de l'Université de Reims. *Arch. lég.*, iie part., *statuts*, iie vol., 629.

1697. Janvier 4. Arrêt du conseil d'État confirmant les priviléges de l'Université de Reims. *Arch. lég.*, iie part., *statuts*, iie vol., 75.

1697. Juin 3. Procès entre la communauté des boulangers et celle des charcutiers de Reims. *Arch. lég.*, iie part., *statuts*, iie vol., 152.

1697. Septembre 4. Sentence relative à l'exécution des statuts des cordiers de Reims. *Arch. lég.*, i^{re} part., *statuts*, iie vol., 215.

1698. Février 18. Rétablissement de l'impôt sur les farines. *Arch. lég.*, iie part., *statuts*, i^{er} vol., 465, 503.

1698. Avril 15. Édit du roi qui crée dans toutes les villes des offices de jaugeur de futailles. *Arch. lég.*, iie part., *statuts*, iie vol., 964.

1698. Décembre 9. Arrêt du conseil d'État relatif à une imposition de certaine somme sur la ville de Reims. *Arch. lég.*, iie part., *statuts*, i^{er} vol., 504.

1699. Mai 2. Accord entre les drapiers, étaminiers et les sergiers de Reims. *Arch. lég.*, iie part., *statuts*, iie vol., 826.

1699. Octobre. Édit de création de la charge de lieutenant de police à Reims. *Arch. adm.*, t. I, 488, 490. *Arch. lég.*, i^{re} part., 722.

1699. Décembre 1er. Arrêt du conseil qui réunit les charges de police au bailliage de l'archevêché. *Arch. adm.*, t. I, 490.

1699. Décembre 1er. Arrêt de réunion des offices de police au bailliage de l'archevêché. *Arch. lég.*, iie part., *statuts*, iie vol., 57.

1700. Date de la gravure d'un sceau des

1004   INDEX CHRONOLOGIQUE.

sénéchaux de l'église de Reims. *Arch. adm.*, t. II, 387.

1700. Janvier 19. Sentence rendue sur une interprétation du règlement des cordiers de Reims. *Arch. lég.*, ii* part., *statuts*, ii* vol., 213.

1700. Mars 10. Protestation des officiers royaux contre l'union des charges de police au bailliage de l'archevêché de Reims. *Arch. adm.*, t. I, 491.

1700. Septembre 6. Homologation par le bailli de Reims des statuts des chapeliers de cette ville. *Arch. lég.*, ii* part., *statuts*, ii* vol., 205.

1701. Mars 10. Époque de la première édition des ordonnances de police revues par les gens de l'archevêque de Reims. *Arch. lég.*, ii* part., *statuts*, iii* vol., 3.

1701. Juin 4. Ordonnance de l'intendant de justice de Poitou, autorisant les bonnetiers à teindre les bas de leur fabrique. *Arch. lég.*, ii* part., *statuts*, ii* vol., 291.

1701. Décembre 31. Arrêt contradictoire de règlement entre les bonnetiers et teinturiers de Poitiers. *Arch. lég.*, ii* part., *statuts*, ii* vol., 291.

1702. Septembre. Lettres patentes portant continuation des statuts des tondeurs de drap de Reims. *Arch. lég.*, ii* part., *statuts*, ii* vol., 396.

1702. Novembre 28. Traité par lequel l'archevêque de Reims Le Tellier, donne à perpétuité aux chanoines réguliers de la congrégation de France la direction du séminaire qu'il a fondé. *Arch. lég.*, ii* part., *statuts*, ii* vol., 771.

1702. Novembre 29. Acte d'opposition à l'enregistrement des lettres patentes portant confirmation des statuts des tondeurs de drap de Reims. *Arch. lég.*, ii* part., *statuts*, ii* vol., 397.

1703. Janvier 18. Requête des tondeurs de drap de Reims pour l'enregistrement des lettres patentes qui confirment leurs statuts. *Arch. lég.*, ii* part., *statuts*, ii* vol., 395.

1703. Mai 29. Arrêt sur opposition faite à l'enregistrement des lettres patentes portant confirmation des statuts des tondeurs de drap de Reims. *Arch. lég.*, ii* part., *statuts*, ii* vol., 396.

1703. Juillet 2. Transaction entre l'archevêque de Reims et le corps de ville relative au droit de stellage. *Arch. lég.*, ii* part., *statuts*, iii* vol., 330.

1703. Juillet 17. Arrêt du parlement relatif aux statuts des tondeurs de drap de Reims. *Arch. lég.*, ii* part., *statuts*, ii* vol., 393.

1703. Août. Lettres patentes confirmatives des statuts des retendeurs bruisseurs de Reims. *Arch. lég.*, ii* part., *statuts*, iii* vol., 121.

1704. Mars 8. Arrêt du parlement concernant l'abbaye de Saint-Remi. *Arch. lég.*, ii* part., *statuts*, i** vol., 296.

1704. Avril. Mort du cardinal de Fuschemberg, abbé de Saint-Germain des Prés. *Arch. lég.*, ii* part., *statuts*, iii* vol., 553.

1704. Septembre 2. Arrêt du conseil d'État qui décharge la ville de Reims de certaines taxes. *Arch. lég.*, ii* part., *statuts*, ii* vol., 996.

1704. Septembre 29. Conclusions de la communauté des retendeurs de Reims. *Arch. lég.*, ii* part., *statuts*, iii* vol., 124.

1704. Décembre 9. Articles convenus et accordés pour servir à la communauté réunie des drapiers et merciers de Reims. *Arch. lég.*, ii* part., *statuts*, ii* vol., 574.

1704. Décembre 30. Arrêt du conseil d'É-

tat qui réunit la communauté des merciers de Reims à celle des drapiers. *Arch. lég.*, iie part., *statuts*, iie vol., 572.

1705. Janvier 13. Lettres patentes du roi sur l'arrêt du 30 décembre 1704, portant union de la communauté des marchands drapiers et merciers de Reims. *Arch. lég.*, iie part., *statuts*, iie vol., 574.

1705. Septembre 18. Jugement portant défense à deux bonnetiers de Reims de faire teindre eux-mêmes les bas de leur fabrique. *Arch. lég.*, iie part., *statuts*, iie vol., 290.

1705. Octobre 19. Sentence du juge de police de Reims qui condamne un teinturier de cette ville à payer une indemnité à un bonnetier. *Arch. lég.*, iie part., *statuts*, iie vol., 291.

1706. Février 19. Sentence du juge de police de Reims, qui condamne un teinturier à payer une indemnité à un bonnetier. *Arch. lég.*, iie part., *statuts*, iie vol., 291.

1706. Avril 20. Homologation des statuts revisés des bonnetiers de Reims. *Arch. lég.*, iie part., *statuts*, iie vol., 280.

1706. Octobre 30. Arrêt du conseil d'État en faveur de la communauté des bonnetiers de Reims. *Arch. lég.*, iie part., *statuts*, iie vol., 290.

1707. Février 8. Quittance de finance d'une somme relative à l'office d'inspecteur aux boucheries. *Arch. lég.*, iie part., *statuts*, i^{er} vol., 505.

1707. Août 30. Articles pour servir aux statuts des pain-d'épiciers de Reims. *Arch. lég.*, iie part., *statuts*, iie vol., 225.

1707. Octobre. Édit portant réunion des offices de maire et de lieutenant de maire. *Arch. lég.*, iie part., *statuts*, iie vol., 1001.

1708. Février. Lettres patentes du roi, portant règlement des pain-d'épiciers de Reims. *Arch. lég.*, iie part. *statuts*, iie vol., 223.

1708. Mars. Lettres patentes confirmant les statuts des serruriers de Reims. *Arch. lég.*, iie part., *statuts*, iie vol., 596.

1708. Mars 30. Enregistrement des articles présentés, pour servir de statuts aux pain-d'épiciers de Reims. *Arch. lég.*, iie part., *statuts*, iie vol., 225.

1708. Octobre. Édit qui autorise les présidents des présidiaux du bailliage de Vermandois de porter des robes rouges. *Arch. lég.*, iie part., *statuts*, iie vol., 12.

1709. Formule des billets d'avis envoyés aux connétables de Reims pour convoquer à l'élection des officiers municipaux. *Arch. lég.*, iie part., *statuts*, iie vol., 536.

1709. Janvier. Lettres patentes qui confirment la donation du séminaire de Reims aux chanoines réguliers. *Arch. lég.*, iie part., *statuts*, iie vol., 789.

1709. Janvier. Édit de création des offices des receveurs des deniers communs de certaines villes. *Arch. lég.*, iie part., *statuts*, iiie vol., 128.

1709. Avril 30. Arrêt du conseil d'État relatif à la marque des fabricants de bas. *Arch. lég.*, iie part., *statuts*, iie vol., 286.

1709. Mai 14. Déclaration de Louis XIV relative à la police des grains. *Arch. lég.*, iie part., *statuts*, iiie vol., 339.

1710. Février 10. Règlement et statuts des estaminiers de Reims. *Arch. lég.*, iie part., *statuts*, iie vol., 226.

1710. Juillet 3. Sentence qui modifie les

statuts des serruriers de Reims. *Arch. lég.*, iie part., *statuts*, iie vol., 591.

1710. Novembre 22. Avis du lieutenant de police de Reims relatif aux statuts des estaminiers de cette ville. *Arch. lég.*, iie part., *statuts*, iie vol., 231.

1710. Novembre 24. Avis du corps de ville de Reims relatif aux statuts des estaminiers de cette ville. *Arch. lég.*, iie part., *statuts*, iie vol., 231.

1711. Pavé de mosaïque trouvé à Reims dans la maison de M. Lasalle. *Arch. adm.*, t. I, 723.

1711. Imprimeur imposé par l'archevêque de Reims à l'Université de cette ville. *Arch. lég.*, iie part., *statuts*, iie vol., 75.

1711. Janvier. Lettres patentes du roi relatives aux statuts des estaminiers de Reims. *Arch. lég.*, iie part., *statuts*, iie vol., 232.

1711. Février 12. Arrêt du parlement qui surseoit à l'enregistrement des lettres patentes relatives aux statuts des estaminiers de Reims. *Arch. lég.*, iie part., *statuts*, iie vol., 232.

1711. Juin 12. Ordonnance de police relative aux ventes et achats de denrées. *Arch. lég.*, iie part., *statuts*, iiie vol., 86.

1712 (environ). Assemblée des élus de Reims pour l'imposition des tailles. *Arch. adm.*, t. I, 906.

1712. Janvier 26. Sentence rendue en explication du règlement des cordiers de Reims. *Arch. lég.*, iie part., *statuts*, iie vol., 213.

1712. Juin. Arrivée de dom Martenne à Reims. *Arch. adm.*, t. I, 216.

1713. Avril 1er. Découverte d'une inscription de pierre tumulaire dans l'abbaye de Saint-Remi. *Arch. adm.*, t. I, 335.

1713. Avril 4. Arrêt du conseil qui condamne le clergé de Reims au payement de l'octroi sur les farines. *Arch. lég.*, iie part., *statuts*, i^{er} vol., 508.

1713. Juillet 20. Quittance de finance pour les offices d'échevins alternatifs. *Arch. lég.*, iie part., *statuts*, iie vol., 1003.

1714. Élection de M. de Sugny à l'office d'écolâtre de Reims. *Arch. adm.*, t. I, 663.

1714. Reconstruction du pont de Porte-Vesle. *Arch. adm.*, t. III, 687.

1714. Arrêt contradictoire du conseil royal en faveur des arquebusiers de Soissons, Laon et Crépy. *Arch. lég.*, iie part., *statuts*, iie vol., 107.

1714. Juin 8. Sentence des requêtes qui règle que la maison du trésorier de l'église de Reims fait partie du cloître ou maison commune du chapitre. *Arch. adm.*, t. I, 78.

1715. Lettre de M. Cocquebert à dom Martenne, relative à la difficulté de consulter les archives de l'abbaye de Saint-Denis. *Arch. adm.*, t. I, 246.

1715. Le *Pied-lève* ou *Mandatum* qui se faisait auparavant dans l'ancienne salle du chapitre est transféré dans la grande sacristie de l'église de Reims. *Arch. adm.*, t. I, 747.

1715. Janvier 26. Règlement général du roi qui accorde la préséance aux arquebusiers de Reims sur la milice bourgeoise. *Arch. lég.*, iie part., *statuts*, iie vol., 103.

1715. Juin. Réception de Martinus Oudinet en qualité de doyen de Saint-Symphorien. *Arch. adm.*, t. I, 274.

1715. Septembre 16. Arrêt du parlement relatif à la communauté des merciers et bonnetiers de Reims. *Arch. lég.*, iie part., *statuts*, iie vol., 292.

1715. Octobre 8. Arrêt du conseil d'État qui ordonne aux échevins de Reims de tenir un registre pour y transcrire les délibérations de l'hôtel de ville. *Arch. lég.*, ne part., *statuts*, ine vol., 135.

1715. Décembre 5. Ordonnance de Mgr le prince de Rohan en faveur de la compagnie des chevaliers de l'Arquebuse à Reims. *Arch. lég.*, ne part., *statuts*, ne vol., 103.

1716. Avril. Arrêt qui décide la contestation relative à la manière de conférer les coutreries laïques et chapuceries. *Arch. adm.*, t. I, 497.

1716. Juillet 27. Règlement relatif aux droits attribués à la ferme des poids du roi. *Arch. lég.*, ne part., *statuts*, ine vol., 100.

1716. Août 18. Ordonnance du roi qui défend aux militaires cordonniers de fournir des chaussures aux bourgeois. *Arch. lég.*, ne part., *statuts*, ne vol., 256.

1716. Novembre 5. Délibération du conseil de la ville de Reims, relative à la translation chez les jésuites du séminaire de M. Le Tellier. *Arch. lég.*, ne part., *statuts*, ne vol., 21.

1717. Mars 17. Arrêt du conseil concernant les jurés gardes de la fabrique de Reims. *Arch. lég.*, ne part., *statuts*, ne vol., 860.

1717. Juin. Édit du roi portant suppression des offices des maire, échevins, consuls, jurats, etc., tant dans l'étendue des généralités de pays d'élection qu'en Bretagne. *Arch. lég.*, ne part., *statuts*, ne vol., 1003.

1717. Juin 13. Arrêt confirmant la clause qui exclut des charges municipales de Reims, les étrangers. *Arch. lég.*, ne part., *statuts*, ne vol., 335.

1718. Avril 8. Arrêt du parlement sur l'opposition faite à l'enregistrement des statuts des tailleurs d'habits et fripiers de Reims. *Arch. lég.*, ne part., *statuts*, ne vol., 516.

1718. Juillet 5. Arrêt du parlement qui donne mainlevée d'une interdiction prononcée par l'écolâtre de Reims contre un maître d'école. *Arch. lég.*, ne part., *statuts*, ne vol., 642.

1718. Juillet 9. Procès-verbal relatif à une marque pour la fabrique de Reims. *Arch. lég.*, ne part., *statuts*, ne vol., 828.

1719. Février 4. Collation d'un arrêt en faveur de l'archevêque de Reims contre les échevins, à raison des comptes de la ville. *Arch. adm.*, t. III, 850.

1719. Octobre 2. Arrêt du conseil qui renvoie une cause relative à l'Université de Caen au parlement de Rouen. *Arch. lég.*, ne part., *statuts*, ne vol., 669.

1719. Octobre 14. Ordonnance de l'intendant de Champagne qui défend aux militaires ouvriers cordonniers de fournir des chaussures aux bourgeois, au détriment des cordonniers de ville. *Arch. lég.*, ne part., *statuts*, ne vol., 256.

1720. Février 6. Statuts des arquebusiers de la ville de Reims. *Arch. lég.*, ne part., *statuts*, ne vol., 111.

1720. Juillet 7. Avis relatif au serment du roi de l'Oiseau. *Arch. lég.*, ne part., *statuts*, ne vol., 111.

1720. Août 11. Arrêt du conseil d'État portant règlement pour les bas de laine et autres ouvrages. *Arch. lég.*, ne part., *statuts*, ne vol., 289.

1720. Novembre 22. Arrêt relatif aux fabricants de bas. *Arch. lég.*, ne part., *statuts*, ne vol., 289.

1721. Juillet 3. Arrêt du conseil d'État qui défend la fabrication des bas d'es-

tame à deux fils. *Arch. lég.*, ii* part., *statuts*, ii* vol., 290.

1721. Juillet 28. Ordonnance de police concernant les ventes et achats de vivres et de denrées. *Arch. lég.*, ii* part., *statuts*, iii* vol., 86.

1722. Janvier. Mort de Martinus Oudinet, doyen de Saint-Symphorien. *Arch. adm.*, t. I, 271.

1722. Août. Édit de création d'offices municipaux. *Arch. lég.*, ii* part., *statuts*, ii* vol., 21.

1723. Délibération du conseil de ville sur le rachat des offices municipaux. *Arch. lég.*, ii* part., *statuts*, ii* vol., 21.

1723. Janvier 26. Arrêt du conseil d'État qui permet aux villes et communautés d'acquérir les offices municipaux. *Arch. lég.*, ii* part., *statuts*, iii* vol., 174.

1723. Mars 7. Jonction du siége royal et présidial de Reims et du corps de ville. *Arch. lég.*, ii* part., *statuts*, ii* vol., 649.

1723. Juillet 29. Arrêt sur appel portant règlement entre les charcutiers de Reims et les tueurs de porcs. *Arch. lég.*, ii* part., *statuts*, ii* vol., 935.

1723. Août. Édit qui rétablit à Reims les offices de gouverneur et lieutenant du roi. *Arch. lég.*, ii* part., *statuts*, ii* vol., 164.

1723. Septembre 13. Jugement arbitral sur les contestations entre les anciens capitaines de la milice de Reims et les nouveaux. *Arch. lég.*, ii* part., *statuts*, ii* vol., 1018.

1723. Décembre 11. Arrêt du conseil d'État qui députe des commissaires pour connaître des différends entre l'Université de Reims et les jésuites. *Arch. lég.*, ii* part., *statuts*, ii* vol., 650.

1723. Décembre 16. Arrêt du conseil d'É-

tat relatif au droit de stellage dont les bourgeois de la terre commune de Reims se prétendaient affranchis. *Arch. lég.*, ii* part., *statuts*, iii* vol., 308.

1724. Suppression des offices municipaux à Reims. *Arch. lég.*, ii* part., *statuts*, ii* vol., 21.

1724. Avril 12. Signification d'un mémoire des jésuites contre l'Université de Reims. *Arch. lég.*, ii* part., *statuts*, ii* vol., 688.

1724. Mai 30. Arrêt du conseil d'État supprimant l'office de gouverneur de Reims. *Arch. lég.*, ii* part., *statuts*, iii* vol., 277.

1724. Juin 30. Lettres patentes de Louis XV, qui suppriment la charge de gouverneur de Reims. *Arch. lég.*, ii* part., *statuts*, ii* vol., 464.

1724. Juillet 18. Déclaration du roi relative à la suppression de la mendicité. *Arch. lég.*, ii* part., *statuts*, iii* vol., 40.

1724. Août 13. Arrêt du conseil qui règle la longueur des étoffes de la manufacture de Reims. *Arch. lég.*, ii* part., *statuts*, ii* vol., 839.

1725. Édit relatif aux économats. *Arch. lég.*, ii* part., *statuts*, iii* vol., 172.

De 1725 à 1779. Actes de délibération d'élection, etc., relatifs aux chevaliers de l'Arquebuse. *Arch. lég.*, ii* part., *statuts*, ii* vol., 111.

1725. Avril 9. Conclusions du conseil de ville de Reims relatives au tarif de la marée. *Arch. lég.*, ii* part., *statuts*, ii* vol., 270.

1725. Mai 28. Jugement interlocutoire du conseil de ville de Reims fixant le jour du tir de l'oiseau. *Arch. lég.*, ii* part., *statuts*, ii* vol., 111.

1726. Avril 23. Arrêt du conseil d'État

portant acquisition et réunion pour la ville de Reims de deux offices de conseiller du roi, trésoriers, receveurs des deniers patrimoniaux et d'octroi. *Arch. lég.*, ɪɪᵉ part., *statuts*, ɪɪɪᵉ vol., 131.

1726. Août 24. Arrêt du conseil d'État en faveur des bonnetiers de Tours. *Arch. lég.*, ɪɪᵉ part., *statuts*, ɪɪᵉ vol., 293.

1726. Août 29. Ordonnance de police concernant les vignerons de Reims. *Arch. lég.*, ɪɪᵉ part., *statuts*, ɪɪɪᵉ vol., 99.

1727. Mars 1ᵉʳ. Déclaration du roi relative aux nourrices et recommanderesses. *Arch. lég.*, ɪɪᵉ part., *statuts*, ɪɪɪᵉ vol., 99.

1727. Mai 24. Transaction entre le prince de Rohan, archevêque de Reims, et MM. de la ville, au sujet des droits de la prévôté dudit archevêque. *Arch. lég.* ɪɪᵉ part., *statuts*, ɪɪᵉ vol., 211.

1727. Mai 27. Ordonnance de l'archevêque de Reims concernant l'administration des biens du collége des Bons-Enfants. *Arch. lég.*, ɪɪᵉ part., *statuts*, ɪɪᵉ vol., 632.

1727. Juillet 1ᵉʳ. Arrêt du conseil qui déboute les merciers de Tours de leur opposition à un autre arrêt rendu en faveur des bonnetiers de cette ville. *Arch. lég.*, ɪɪᵉ part., *statuts*, ɪɪᵉ vol., 293.

1727. Août 21. Publication de diverses ordonnances de police. *Arch. lég.*, ɪɪᵉ part., *statuts*, ɪɪɪᵉ vol., 3.

1727. Novembre. Lettres patentes de Louis XV portant permission au chapitre de Reims de faire exercer ses justices de campagne en ladite ville, par le bailli et autres officiers dudit chapitre. *Arch. lég.*, ɪɪᵉ part., *statuts*, ɪɪᵉ vol., 187.

1728. Avril 9. Délibération relative au costume de cérémonie des chevaliers de l'Arquebuse. *Arch. lég.*, ɪɪᵉ part., *statuts*, ɪɪᵉ vol., 111.

1728. Mai 10. Déclaration du roi relative aux statuts de l'imprimerie. *Arch. lég.*, ɪɪᵉ part., *statuts*, ɪɪᵉ vol., 470.

1728. Juillet 20. Provisions de la charge de contrôleur du pavé de la ville de Reims. *Arch. adm.*, t. III, 693.

1728. Août 16. Enregistrement des provisions précédentes au greffe de l'hôtel de ville. *Arch. adm.*, t. III, 694.

1729. Liste des maîtres jurés tonneliers de Reims. *Arch. lég.*, ɪɪᵉ part., *statuts*, ɪɪᵉ vol., 421.

1729. Mars 22. Arrêt rendu sur la requête des gardes de la communauté réunie des sergiers et drapiers de Reims. *Arch. lég.*, ɪɪᵉ part., *statuts*, ɪɪᵉ vol., 821.

1730. Mars 3. Procès-verbal pour l'exécution de l'arrêt du 28 mai 1630, réglant la contenance des tonneaux de vendanges. *Arch. lég.*, ɪɪᵉ part., *statuts*, ɪɪᵉ vol., 405.

1730. Avril 26. Ordonnance générale pour la réformation des tonneaux, payement de la dîme, sûreté et garde des vignes. *Arch. lég.*, ɪɪᵉ part., *statuts*, ɪɪᵉ vol., 407.

1730. Juillet 14. Sentence du bailliage de Reims, relative aux statuts des savetiers de cette ville. *Arch. lég.*, ɪɪᵉ part.; *statuts*, ɪɪᵉ vol., 248.

1731. Juin 9. Ordonnances du bailli du chapitre de Reims sur l'exécution des lettres patentes du roi attributives de la juridiction sur tous les habitants des lieux dépendants dudit chapitre. *Arch. lég.*, ɪɪᵉ part., *statuts*, ɪɪᵉ vol., 185.

1731. Août 4. Ordonnance relative à la voirie. *Arch. lég.*, ɪɪᵉ part., *statuts*, ɪɪɪᵉ vol., 420.

V

1731. Août 30. Arrêt qui défend aux bonnetiers de Tours d'acheter et faire venir des marchandises foulées, etc. *Arch. lég.*, iie part., *statuts*, iie vol., 293.

1731. Décembre 20. Sentence du lieutenant général de police de Reims relative aux apprentis compagnons tonneliers *Arch. lég.*, iie part., *statuts*, iie vol., 413.

1732. Avril 6. Délibération de la communauté des cordiers de Reims sur les statuts qui les régissent. *Arch. lég.*, iie part., *statuts*, iie vol., 213.

1732. Mai 27. Arrêt du conseil d'État en faveur des sergiers de Reims contre les marchands drapiers. *Arch. lég.*, iie part., *statuts*, iie vol., 834.

1733. Mars 16. Arrêt du conseil d'État qui réunit l'office claustral de l'abbaye de Saint-Denis à la mense conventuelle. *Arch. lég.*, iie part., *statuts*, i^{er} vol., 130.

1733. Août 12. Arrêt du conseil d'État relatif à la manufacture d'étoffes de Reims. *Arch. lég.*, iie part., *statuts*, iie vol., 834.

1733. Novembre. Édit du roi portant rétablissement des offices des gouverneurs, lieutenants de maire et autres officiers des hôtels de ville du royaume. *Arch. lég.*, iie part., *statuts*, iiie vol., 273.

1734. Copie du serment des archevêques de Reims. *Arch. adm.*, t. 1, 224.

1735. Déclaration du roi qui maintient les religieux de Saint-Remi dans le droit de nommer les coutres dépendants de l'abbaye, pendant la vacance du siége de Reims. *Arch. lég.*, iie part., *statuts*, i^{er} vol., 285.

1735. Août 20. Homologation par le parlement des statuts des bonnetiers de Reims. *Arch. lég.*, iie part., *statuts*, iie vol., 281.

1735. Octobre 1er. Arrêt du conseil d'État relatif au commerce des laines. *Arch. lég.*, iie part., *statuts*, iie vol., 837.

1735. Octobre 31. Ordonnance du bailli de Reims qui enjoint l'enregistrement et publication des statuts précédents. *Arch. lég.*, iie part., *statuts*, iie vol., 294.

1736. Avril 6. Ordonnance de police enjoignant l'exécution des statuts des maîtres à danser. *Arch. lég.*, iie part., *statuts*, iie vol., 624.

1736. Mai 3. Conclusions de la communauté des maîtres cordiers de Reims. *Arch. lég.*, iie part., *statuts*, iie vol., 213.

1736. Mai 15. Déclaration du roi portant défense de porter sur les habits des boutons faits au métier. *Arch. lég.*, iie part., *statuts*, iiie vol., 304.

1736. Mai 18. Lettres patentes confirmatives des statuts des menuisiers de Reims. *Arch. lég.*, iie part., *statuts*, iie vol., 357.

1736. Juin 25. Arrêt du bailliage de Reims sur les statuts des cordiers. *Arch. lég.*, iie part., *statuts*, iie vol., 214.

1736. Novembre 22. Règlement pour les sergents et huissiers de police de Reims. *Arch. lég.*, iie part., *statuts*, iiie vol., 22.

1737. Janvier 24. Homologation d'une conclusion des maîtres tonneliers de Reims relative aux bois qui doivent leur être fournis. *Arch. lég.*, iie part., *statuts*, iie vol., 414.

1737. Février 12. Requête des maîtres tonneliers au bailli de Reims pour obtenir l'homologation d'une conclusion relative à leurs statuts. *Arch. lég.*, iie part., *statuts*, iie vol., 414.

1737. Avril 26. Ordonnance du bailli de Reims qui modifie un article des statuts des vinaigriers de cette ville. *Arch. lég.*, ii° part., *statuts*, ii° vol., 320.

1737. Octobre. Lettres patentes relatives aux statuts des quincailliers de Reims. *Arch. lég.*, ii° part., *statuts*, iii° vol., 349.

1738. Différend entre les notaires de Reims et les officiers de l'archevêché au sujet de la confection des inventaires. *Arch. lég.*, ii° part., *statuts*, iii° vol., 238.

1738. Juin 28. Sentence du lieutenant de police de Vitry, relative aux maîtres à danser. *Arch. lég.*, ii° part., *statuts*, ii° vol., 625.

1738. Septembre 6. Homologation d'une conclusion des maîtres tonneliers de Reims, qui ordonne une taille sur la communauté. *Arch. lég.*, ii° part., *statuts*, ii° vol., 416.

1739. Mai 9. Homologation d'une conclusion des maîtres tonneliers de Reims qui ordonne une taille sur la communauté. *Arch. lég.*, ii° part., *statuts*, ii° vol., 417.

1739. Juin. Arrêt du parlement sur les règlements des meuniers de Reims. *Arch. lég.*, ii° part., *statuts*, ii° vol., 155.

1739. Juillet 15. Arrêt du conseil d'État concernant la fabrique d'étoffes de Reims. *Arch. lég.*, ii° part., *statuts*, ii° vol., 838.

1739. Décembre 5. Ordonnance relative à la marée. *Arch. lég.*, ii° part., *statuts*, iii° vol., 113.

1740. Avril 11. Arrêt contradictoire sur une contestation entre les menuisiers et charpentiers de Reims. *Arch. lég.*, ii° part., *statuts*, ii° vol., 357.

1740. Juillet 27. Déclaration du roi relative aux ouvrages de chaudronnerie. *Arch. lég.*, ii° part., *statuts*, iii° vol., 103.

1740. Août 2. Arrêt du conseil d'État allégué contre les marchands bonnetiers de Reims. *Arch. lég.*, ii° part., *statuts*, ii° vol., 292.

1740. Septembre 7. Arrêt du parlement qui modifie un article des statuts des cordonniers et savetiers de Reims. *Arch. lég.*, ii° part., *statuts*, ii° vol., 256.

1741. Mai 19. Transaction entre les merciers et chaudronniers de Reims. *Arch. lég.*, ii° part., *statuts*, iii° vol., 102.

1741. Juin 20. Arrêt du conseil d'État relatif à la vente de certains produits de la fabrique de Reims. *Arch. lég.*, ii° part., *statuts*, ii° vol., 840.

1741. Septembre 18. Tarif du poids que doivent peser les rames des différentes sortes de papier dans tout le royaume. *Arch. lég.*, ii° part., *statuts*, iii° vol., 364, 367.

1742. Septembre 1er. Ordonnance relative à la police des grains. *Arch. lég.*, ii° part., *statuts*, iii° vol., 52.

1743. Mai 7. Statuts et règlement des boulangers de Reims. *Arch. lég.*, ii° part., *statuts*, ii° vol., 161.

1743. Mai 11. Arrêt qui confirme les statuts précédents. *Arch. lég.*, ii° part., *statuts*, ii° vol., 163.

1743. Juillet 16. Règlement des bonnetiers de Reims, allégué contre les merciers de cette ville. *Arch. lég.*, ii° part., *statuts*, ii° vol., 292.

1744 à 1747. Ordonnances de convocation des chevaliers de l'Arquebuse. *Arch. lég.*, ii° part., *statuts*, ii° vol., 111.

1744. Juillet 24. Arrêt du conseil d'État sur une contestation entre les menui-

siers et charpentiers de Reims au sujet de leurs statuts. *Arch. lég.*, iie part., *statuts*, iie vol., 357.

1745. Époque à laquelle les archevêques de Reims ont contesté la justice de l'échevinage dite *du Buffet. Arch. adm.*, t. I, 489.

1746. Septembre 11. Arrêt du conseil d'État concernant la fabrication des étoffes de Reims. *Arch. lég.*, iie part., *statuts*, iie vol., 841.

1746. Décembre 29. Arrêt du conseil d'État qui défend de conférer des lettres de maîtrise dans la fabrique de Reims si elles n'ont les qualités requises. *Arch. lég.*, iie part., *statuts*, iie vol., 842.

1747. Novembre 6 et 13. Délibérations du conseil de ville de Reims sur le tarif de la marée. *Arch. lég.*, iie part., *statuts*, iie vol., 270.

1747. Décembre 13. Jugement de police contre un fabricant de Reims. *Arch. lég.*, iie part., *statuts*, iie vol., 843.

1748. Juillet 8. Délibération du conseil ordinaire de Reims, concernant les courtiers en vin de cette ville. *Arch. lég.*, iie part., *statuts*, iie vol., 966.

1748. Décembre 20. Règlement des prévôt et échevins de Reims, relatif aux fonctions des officiers de la voirie. *Arch. lég.*, iie part., *statuts*, iiie vol., 423.

1749. Janvier 2. Défenses de l'intendant de Champagne aux militaires cordonniers de Reims, de fournir les bourgeois de chaussures. *Arch. lég.*, iie part., *statuts*, iie vol., 256.

1749. Janvier 2. Lettres patentes sur arrêt portant règlement pour les compagnons et ouvriers des fabriques et manufactures du royaume. *Arch. lég.*, iie part., *statuts*, iie vol., 843.

1749. Mai 29. Ordonnance de police sur la librairie et imprimerie de Reims. *Arch. lég.*, iie part., *statuts*, iie vol., 469.

1749. Juillet 7. Ordonnance du conseil municipal de Reims, relative à l'ouverture des portes de la ville. *Arch. lég.*, iie part., *statuts*, iiie vol., 480.

1749. Août 1er. Ordonnance de police qui enjoint aux fabricants de campagne de se faire inscrire au greffe de la police. *Arch. lég.*, iie part., *statuts*, iie vol., 844.

1749. Août 9. Homologation d'une sentence portant modification des statuts des tailleurs d'habits et fripiers de Reims. *Arch. lég.*, iie part., *statuts*, iie vol., 528.

1749. Décembre 20. Ordonnance de l'intendant de Champagne, concernant les foulonniers de Reims. *Arch. lég.*, iie part., *statuts*, iie vol., 845.

1750. Février 13. Acte d'accord entre le corps de ville et l'abbé de Saint-Remi, relatif à un passage public à ouvrir dans l'avant-cour de l'abbaye. *Arch. lég.*, iie part., *statuts*, i^{er} vol., 239.

1750. Juin 1er. Ordonnance relative aux remparts, glacis et fortifications de Reims. *Arch. lég.*, iie part., *statuts*, iiie vol., 481.

1750. Juillet 20. Permission du bailli de Reims aux menuisiers de faire réimprimer leurs statuts. *Arch. lég.*, iie part., *statuts*, iie vol., 359.

1750. Août 13. Arrêt du conseil en faveur des bonnetiers d'Angers contre les merciers de la même ville. *Arch. lég.*, iie part., *statuts*, iie vol., 293.

1750. Décembre 31. Ordonnance de l'intendant de Champagne, relative à la fabrique d'étamines de Reims. *Arch. lég.*, iie part., *statuts*, iie vol., 845.

1751. Arrêt qui confirme au chapitre de Reims la seigneurie de la Barbe-aux-Cannes. *Arch. adm.*, t. I, 81. *Arch. lég.*, iie part., *statuts*, i^{er} vol., 569.

1751. Mai 27. Lettres patentes de Louis XV, confirmant celles de Henri II, sur une imposition pour l'entretien des fortifications de Reims. *Arch. lég.*, iie part., *statuts*, iie vol., 100.

1751. Septembre 23. Tarif des droits de voirie. *Arch. lég.*, iie part., *statuts*, iiie vol., 422.

1751. Septembre 30. Ordonnance portant règlement sur la garde des remparts et portes de Reims. *Arch. lég.*, iie part., *statuts*, iiie vol., 482.

1752. Jugement de l'hôtel de ville relatif aux fontaines. *Arch. lég.*, iie part., *statuts*, iiie vol., 495.

1752. Janvier 23. Sentence qui homologue une délibération de la communauté des marchands tapissiers de Reims. *Arch. lég.*, iie part., *statuts*, iie vol., 441.

1752. Juin 9. Jugement de police relatif aux meuniers de Reims. *Arch. lég.*, iie part., *statuts*, iie vol., 155.

1752. Juillet 13. Sentence relative aux entreprises de la communauté des charrons sur celle des tonneliers. *Arch. lég.*, iie part., *statuts*, iie vol., 421.

1752. Juillet 20. Jugement de police relatif aux mêmes. *Arch. lég.*, iie part., *statuts*, iie vol., 156.

1753. Février 20. Ordonnance de l'intendant de Champagne ; portant règlement pour différentes sortes d'étoffes qui se fabriquent à Reims. *Arch. lég.*, iie part., *statuts*, iie vol., 849.

1753. Août 16. Ordonnance de police pour la marque du nouveau plomb de fabrique des étoffes de la manufacture de Reims. *Arch. lég.*, iie part., *statuts*, iie vol., 851.

1753. Septembre 24. Arrêt du conseil d'État relatif aux saisies d'étoffes de la manufacture de Reims, en contravention aux règlements. *Arch. lég.*, iie part., *statuts*, iie vol., 851.

1754. Septembre 5. Jugement de police qui défend aux taillandiers de Reims d'entreprendre sur les serruriers. *Arch. lég.*, iie part., *statuts*, iie vol., 592.

1754. Octobre 11. Sentence du bailli de Reims au sujet des statuts des cordonniers. *Arch. lég.*, iie part., *statuts*, iie vol., 242.

1754. Novembre 12. Sentence d'homologation des statuts des tailleurs d'habits et fripiers de Reims. *Arch. lég.*, iie part., *statuts*, iie vol., 530.

1754. Décembre 16. Sentence qui définit les limites du carré de la paroisse de Saint-Jacques de Reims. *Arch. adm.*, t. I, 38.

1755. Février 20. Requête des savetiers de Reims. *Arch. lég.*, iie part., *statuts*, iie vol., 244.

1755. Mai 2. Sentence du bailli de Reims en faveur des savetiers. *Arch. lég.*, iie part., *statuts*, iie vol., 244.

1755. Juillet 30. Requête des savetiers de Reims. *Arch. lég.*, iie part., *statuts*, iie vol., 245.

1755. Août 18. Délibération de la communauté des vanniers de Reims. *Arch. lég.*, iie part., *statuts*, iie vol., 339.

1756. Février 7. Arrêt du parlement en faveur des savetiers de Reims. *Arch. lég.*, iie part., *statuts*, iie vol., 245.

1756. Septembre 10. Sentence contre les tonneliers forains pour contravention

aux règlements. *Arch. lég.*, iie part., *statuts*, iie vol., 422.

1756. Septembre 17. Sentence relative aux entreprises des épiciers sur la communauté des tonneliers de Reims. *Arch. lég.*, iie part., *statuts*, iie vol., 423.

1757. Mars 10. Jugement de police qui permet aux fabricants de Reims d'acheter chez leurs confrères les pièces d'étoffes qui leur manqueront pour compléter et assortir leurs envois. *Arch. lég.*, iie part., *statuts*, iie vol., 857.

1757. Juillet 14. Jugement de police relatif au commerce des laines. *Arch. lég.*, iie part., *statuts*, iie vol., 857.

1757. Octobre 30. Lettres de Louis XV, ordonnant la fermeture de la monnaie de Reims. *Arch. lég.*, iie part., *statuts*, iie vol., 17.

1758. Assemblée qui soumet le clergé de Reims aux décimes. *Arch. adm.*, t. II, 1013.

1758. Février 19. Lettres de Louis XV, ordonnant la réouverture de la monnaie de Reims. *Arch. lég.*, iie part., *statuts*, iie vol., 17; *statuts*, iiie vol., 185.

1758. Avril-Août. Édit du roi relatif aux dons gratuits de la ville de Reims. *Arch. lég.*, iie part., *statuts*, i^{er} vol., 470.

1758. Juin 30. Jugement de police concernant la taille sur les métiers. *Arch. lég.*, iie part., *statuts*, iie vol., 859.

1759. L'église de la Trinité de Reims devient commanderie servante de Malte. *Arch. adm.*, t. I, 364.

1759. Janvier 3. Arrêt du conseil relatif aux dons gratuits de la ville de Reims. *Arch. lég.*, iie part., *statuts*, i^{er} vol., 470.

1759. Avril 6. Arrêt du conseil et lettres patentes relatives au rachat par la ville de Reims d'un don gratuit. *Arch. lég.*, iie part., *statuts*, i^{er} vol., 512.

1760. Date du tarif qui a servi de base à la répartition de l'impôt à Reims. *Arch. adm.*, t. II, 1042.

1760. Assemblée générale du clergé. *Arch. adm.*, t. II, 1042.

1760 (environ). Mémoire du conseil de ville de Reims, relatif aux officiers municipaux qui sont affranchis du logement des gens de guerre. *Arch. lég.*, iie part., *statuts*, i^{er} vol., 513.

1760. Mai 9. Arrêt du parlement contre les jésuites de Reims. *Arch. lég.*, iie part., *statuts*, iie vol., 789.

1761. Septembre 3. Règlement relatif aux connétables de Reims. *Arch. lég.*, iie part., *statuts*, iie vol., 1024.

1762. Mars 2. Arrêt du conseil d'État au profit des bonnetiers de Reims, contre les marchands merciers de cette ville. *Arch. lég.*, iie part., *statuts*, iie vol., 293.

1762. Octobre 14. Arrêt du conseil d'État qui réglemente le payement des mandements faits par les officiers municipaux de Reims. *Arch. lég.*, iie part., *statuts*, i^{er} vol., 512.

1762. Novembre 3. Arrêt du conseil qui commue le droit de quatrième prélevé à Reims en un droit fixe. *Arch. lég.*, iie part., *statuts*, i^{er} vol., 463.

1763. Mars 11. Arrêt du bailli de Reims, ordonnant la publication de l'arrêt du conseil d'État au profit des bonnetiers de Reims contre les merciers de ladite ville. *Arch. lég.*, iie part., *statuts*, iie vol., 293.

1763. Août 27. Arrêt portant règlement sur la forme de procéder à l'élection des officiers de la communauté des

barbiers-perruquiers, baigneurs, etc. *Arch. lég.*, ii* part., *statuts*, iii* vol., 491.

1763. Décembre 29. Arrêt du conseil d'État, qui exempte certaines personnes des impositions qui seront faites par capitation à Reims. *Arch. lég.*, ii* part., *statuts*, i*er* vol., 513.

1764. Janvier. Époque où commença à courir l'impôt du don gratuit pour la ville de Reims. *Arch. lég.*, ii* part., *statuts*, i*er* vol., 471.

1764. Juin 3. Acte capitulaire de Saint-Remi relatif au revenu de l'abbaye. *Arch. lég.*, ii* part., *statuts*, i*er* vol., 286.

1764. Juin 25. Arrêt du parlement relatif à la communauté des maîtres perruquiers de Reims. *Arch. lég.*, ii* part., *statuts*, iii* vol., 195.

1764. Septembre 4. Lettres patentes du roi portant suppression du collége des jésuites, et union de ses biens-fonds au collége des Bons-Enfants. *Arch. lég.*, ii* part., *statuts*, ii* vol., 724.

1765. Février 15. Bail de la ferme de la vicomté de Reims. *Arch. lég.*, ii* part., *statuts*, ii* vol., 157.

1765. Février 27. Arrêt du conseil d'État relatif à la voirie de Reims. *Arch. lég.*, ii* part., *statuts*, iii* vol., 415.

1765. Juin 7. Sentence du bailliage relative à un nouveau droit de stellage que le fermier de la vicomté de Reims voulait introduire sur le grain. *Arch. lég.*, ii* part., *statuts*, ii* vol., 156.

1765. Juillet 24. Arrêt du conseil d'État qui condamne les habitants de Verzy à payer un droit sur les vins. *Arch. lég.*, ii* part., *statuts*, i*er* vol., 513.

1765. Novembre 12. Arrêt du parlement relatif à la communauté des barbiers-perruquiers de Reims. *Arch. lég.*, ii* part., *statuts*, iii* vol., 198.

1766. Juin 6. Titre nouveau des prévôts et échevins de Paris au profit des maire et échevins de Reims concernant les gages des officiers de la milice bourgeoise. *Arch. lég.*, ii* part., *statuts*, iii* vol., 513.

1766. Juin 15. Déclaration du roi interprétative de certains articles de l'édit relatif à la présidence des notables des villes et bourgs du royaume. *Arch. lég.*, ii* part., *statuts*, iii* vol., 596.

1766. Octobre 6. Délibération de l'hôtel de ville de Reims sur le rachat des offices de gouverneur et de lieutenant général pour le roi. *Arch. lég.*, ii* part., *statuts*, ii* vol., 465.

1766. Novembre 15. Lettres de provision de l'office de gouverneur de Reims. *Arch. lég.*, ii* part., *statuts*, ii* vol., 465.

1767. Janvier 16. Contre-lettre de M. Souyn, par laquelle il renonce aux gages attribués à l'office de lieutenant général du présidial de Reims. *Arch. lég.* ii* part., *statuts*, ii* vol., 465.

1767. Janvier 22. Lettres de provision de l'office de lieutenant général au présidial de Reims. *Arch. lég.*, ii* part., *statuts*, ii* vol., 465.

1767. Mars 24. Arrêt du conseil qui réunit la communauté des cordonniers de Reims à celle des savetiers de cette ville. *Arch. lég.*, ii* part., *statuts*, ii* vol., 246.

1767. Mai 12. Arrêt du parlement relatif à l'exécution des édits de 1764 et 1765 portant règlement pour la ville de Reims, etc. *Arch. lég.*, ii* part., *statuts*, iii* vol., 654.

1767. Juin 20. Arrêt relatif à la communauté des perruquiers et barbiers-étu-

vistes de Reims. *Arch. lég.* ıı⁰ part., *statuts*, ııı⁰ vol., 199.

1768. Février 16. Arrêt du conseil d'État qui autorise les lieutenant et échevins de Reims à lever et percevoir certains droits sur les vins. *Arch. lég.*, ıı⁰ part., *statuts*, ı⁰ʳ vol., 514.

1769. Mars 12. Ordonnance de M. l'intendant qui confirme une délibération du conseil de ville de Reims, relative aux gages de lieutenant du roi de ladite ville. *Arch. lég.*, ıı⁰ part., *statuts*, ıı⁰ vol., 465.

1769. Septembre 4. Arrêt du conseil d'État relatif à la perception de certains droits sur les vins et autres boissons à Reims. *Arch. lég.*, ıı⁰ part., *statuts*, ı⁰ʳ vol., 514.

1769. Septembre 7. Transactions sur le stellage entre l'archevêque et les échevins de Reims. *Arch. lég.*, ıı⁰ part., *statuts*, ııı⁰ vol., 659.

1770. Janvier 23. Arrêt relatif aux tapissiers et aux menuisiers de la ville de Reims. *Arch. lég.*, ıı⁰ part., *statuts*, ıı⁰ vol., 443.

1770. Juillet 16. Statuts pour la compagnie de la garde bourgeoise de Reims. *Arch. lég.*, ıı⁰ part., *statuts*, ıı⁰ vol., 1026.

1770. Septembre 6. Délibération d'une assemblée générale de l'hôtel de ville de Reims relative aux frais de logement des troupes. *Arch. lég.*, ıı⁰ part., *statuts*, ı⁰ʳ vol., 515.

1771. Mars 9. Lettre du conseil de ville de Reims au chancelier, dans laquelle il le prie d'ordonner que le lieutenant des habitants et le procureur syndic soient présents aux assemblées générales de police. *Arch. lég.*, ıı⁰ part., *statuts*, ıı⁰ vol., 1047.

1771. Mars 10. Arrêt du conseil d'État du

roi contenant règlement sur les péages et bacs dans l'étendue de la généralité de Châlons. *Arch. lég.*, ıı⁰ part., *statuts*, ııı⁰ vol., 386.

1772. Requête de MM. de la police générale au roi. *Arch. lég.*, ıı⁰ part., *statuts*, ıı⁰ vol., 1048.

1772. Juin 6. Lettres patentes de Louis XV, qui établissent un droit de petit aide sur les vins et bières fabriqués à Reims. *Arch. lég.*, ıı⁰ part., *statuts*, ı⁰ʳ vol., 515.

1772. Juin 6. Lettres patentes du roi permettant aux gens du conseil et lieutenant de Reims d'acquérir les offices municipaux. *Arch. lég.*, ıı⁰ part., *statuts*, ııı⁰ vol., 672.

1772. Août 4. Décret de Mgr Talleyrand de Périgord, coadjuteur de l'archevêque de Reims, qui supprime la chapelle de l'Aumône. *Arch. adm.*, t. II, 1050.

1773. Août 7. Ordonnance de l'intendant de Champagne, relative au logement des gens de guerre. *Arch. lég.*, ıı⁰ part., *statuts*, ı⁰ʳ vol., 515.

1773. Août 13. Arrêt du conseil d'État qui renouvelle les règlements pour la voirie de Reims. *Arch. lég.*, ıı⁰ part., *statuts*, ııı⁰ vol., 415.

1774. Juillet 21. Sentence homologative d'une conclusion des maîtres couvreurs de Reims. *Arch. lég.*, ıı⁰ part., *statuts*, ııı⁰ vol., 675.

1774. Décembre 2. Lettres patentes du roi relatives aux nouveaux statuts des cordonniers et savetiers de Reims réunis. *Arch. lég.*, ıı⁰ part., *statuts*, ıı⁰ vol., 248.

1774. Décembre 19. Délibération de la communauté des vanniers de Reims. *Arch. lég.*, ıı⁰ part., *statuts*, ıı⁰ vol., 339.

1774. Décembre 24. Sentence du lieutenant général de police qui homologue et ordonne l'exécution de deux délibérations de la communauté des vanniers de Reims. *Arch. lég.*, IIe part., *statuts*, IIe vol., 339.

1775. Impôt assis à Reims par la chambre syndicale de cette ville. *Arch. adm.*, t. II, 1042, 1043, 1045.

1775. Septembre. Bulle de Pie VI, qui ordonne de procéder à l'extinction et suppression de l'abbaye de Saint-Remi *Arch. lég.*, IIe part., *statuts*, Ier vol., 258.

1775. Novembre 18. Ordonnance du roi relative à la suppression et extinction de la susdite abbaye. *Arch. lég.*, IIe part., *statuts*, Ier vol., 259.

1776. Pouillé de l'église de Reims dressé par M. Bauni, chanoine de Saint-Symphorien. *Arch. adm.*, t. II, 1027.

1776. Janvier 16. Traité dressé par les religieux de Saint-Remi, relatif à l'extinction et suppression de leur abbaye, et à son union avec l'archevêché. *Arch. lég.*, IIe part., *statuts*, Ier vol., 284.

1776. Octobre 16. Lettres d'attache relatives à la suppression de l'abbaye de Saint-Remi de Reims. *Arch. lég.*, IIe part., *statuts*, Ier vol., 258.

1777. Pouillé de l'église de Reims dressé par M. Bauni, chanoine de Saint-Symphorien. *Arch. adm.*, t. II, 1027.

1777. Février 7. Arrêt du conseil d'État relatif à l'abbaye de Saint-Remi. *Arch. lég.*, IIe part., *statuts*, Ier vol., 296.

1777. Avril. Édit qui crée plusieurs maîtres boulangers à Reims. *Arch. lég.*, IIe part., *statuts*, IIe vol., 161.

1778. Février 25. Décret de Claude d'Argent, commissaire du pape, par lequel le droit de l'abbaye de Reims est uni à l'hôpital général. *Arch. lég.*, IIe part., *statuts*, Ier vol., 295.

1778. Avril. Lettres du roi relatives à l'union de l'abbaye de Saint-Remi à l'archevêché. *Arch. lég.*, IIe part., *statuts*, Ier vol., 302.

1778. Octobre 2. Contrôle de la bulle de Pie VI, relative à l'extinction et suppression de l'abbaye de Saint-Remi. *Arch. lég.*, IIe part., *statuts*, Ier vol., 258.

1779. Décembre 20. Mémoire des juges consulaires de Reims, relatif aux grandes foires de cette ville. *Arch. lég.*, IIe part., *statuts*, Ier vol., 978.

1780. Août 25. Ordonnance du roi relative à une imposition sur les villes franches et abonnées de la généralité de Châlons. *Arch. lég.*, IIe part., *statuts*, Ier vol., 521.

1781. Mars 15. État des sommes arrêtées pour les contributions des paroisses aux logements de la brigade de maréchaussée de Reims. *Arch. lég.*, IIe part., *statuts*, Ier vol. 521.

1781. Avril 6. Brevet du roi pour l'extinction des titres et bénéfices des coutures inamovibles de l'église de Reims. *Arch. lég.*, IIe part., *statuts*, IIIe vol., 679.

1782. Juillet 13. Sentence contradictoire de l'élection de Reims, relative aux comptes de la ville. *Arch. lég.*, IIe part., *statuts*, Ier vol., 522.

1783. Février 1er. Ordonnance de l'intendant de Reims, relative à une capitation sur les habitants. *Arch. lég.*, IIe part., *statuts*, Ier vol., 522.

1787. Rectification faite par Lemoine à l'inventaire de 1691 sur les frais du sacre. *Arch. adm.*, t. II, 177.

1787. Octobre. Les chanoines réguliers renoncent au don du séminaire de Reims fait par l'archevêque. *Arch. lég.*, IIᵉ part., *statuts*, IIᵉ vol., 789.

1835. Époque à laquelle les biens des descendants de Pierre de Reims sont passés à d'autres familles de cette ville. *Arch. adm.*, t. I, 494.

FIN DE L'INDEX CHRONOLOGIQUE.

Imprimerie de Ch. Lahure (ancienne maison Crapelet)
rue de Vaugirard, 9, près de l'Odéon.